JURISPRUDENCE GÉNÉRALE

SUPPLÉMENT AU RÉPERTOIRE

MÉTHODIQUE ET ALPHABÉTIQUE

DE LÉGISLATION

DE DOCTRINE ET DE JURISPRUDENCE

EN MATIÈRE DE DROIT CIVIL, COMMERCIAL, CRIMINEL, ADMINISTRATIF,
DE DROIT DES GENS ET DE DROIT PUBLIC.

De MM. DALLOZ,

Publié sous la direction de MM.

Gaston GRIOLET
Docteur en droit

Charles VERGÉ
Maître des Requêtes honoraire au Conseil d'État

Avec le concours de **M. C. KŒHLER**, Docteur en droit

Et la collaboration de plusieurs magistrats et jurisconsultes.

TOME DOUZIÈME

A PARIS
AU BUREAU DE LA JURISPRUDENCE GÉNÉRALE
RUE DE LILLE, N° 19
1893

JURISPRUDENCE GÉNÉRALE

SUPPLÉMENT

AU

RÉPERTOIRE MÉTHODIQUE ET ALPHABÉTIQUE

DE LÉGISLATION, DE DOCTRINE

ET DE JURISPRUDENCE

ORGANISATION DE L'ALGÉRIE. — A raison des projets de loi dont le Parlement est saisi et qui apportent, sur divers points, d'importantes modifications à l'organisation de l'Algérie, nous ajournons l'étude de cette matière qui sera traitée en un *Appendice*, à la fin de l'ouvrage.

ORGANISATION DES COLONIES. — Ce qui a été dit *suprà*, vº *Organisation de l'Algérie*, s'applique également au traité concernant l'*Organisation des colonies*.

ORGANISATION ÉCONOMIQUE.

Division.

Art. 1er. — *Législation* (*Rép.* nos 1 et 2).

1. Sous le nom d'*organisation économique*, nous entendons l'organisation agricole, industrielle et commerciale de la France (V. *Rép.* nº 1). Depuis la publication du *Répertoire*, cette matière a donné lieu à de nombreux actes législatifs ou administratifs, et surtout à de nombreux projets. On se l'explique sans peine par les besoins nouveaux que tant de faits économiques récents ont créés à l'agriculture et à l'industrie. L'organisation de nos ministères a été modifiée et dotée de rouages nouveaux. Celle du conseil supérieur de l'agriculture, du commerce et de l'industrie a été bien des fois remaniée. Elle a été l'objet, ainsi que celle des autres corps consultatifs, de diverses propositions tendant à en faire, par l'application plus complète du système électif, une représentation plus vraie et plus puissante des intéressés. Si ces projets n'ont pas encore abouti, après avoir traversé deux législatures, il en est autrement de ceux qui tendaient à organiser l'enseignement agricole, commercial et industriel et d'où sont sortis notamment : pour l'agriculture, les lois du 9 août 1876 sur l'Institut agronomique, du 30 juill. 1875, sur les écoles pratiques d'agriculture, du 16 juin 1879, sur l'enseignement départemental et communal de l'agriculture, sans parler de l'organisation nouvelle des écoles vétérinaires (Décr. 18 févr. 1887) et de l'Ecole des haras (Décr. 20 juill. 1892); pour le commerce et l'industrie, la loi du 11 déc. 1880 sur les écoles manuelles d'apprentissage, une réglementation nouvelle des écoles d'arts et métiers, diverses créations d'écoles supérieures de commerce, d'écoles nationales d'industrie, d'art industriel ou décoratif, divers décrets et arrêtés sur l'enseignement du travail manuel dans les écoles. Enfin, l'organisation des manufactures nationales et des expositions universelles, la défense de l'agriculture contre le phylloxera et le doryphora, l'encouragement de certaines cultures industrielles comme celles du lin, du chanvre et de la soie, ont tenu une place importante dans la législation relative à notre organisation économique. — Quant à la jurisprudence, elle a eu à résoudre quelques problèmes intéressants sur l'organisation et la situation légale des chambres de commerce et des comices agricoles.

Tableau de la législation.

17-22 juill. 1869. — Décret qui rétablit le ministère de l'agriculture et du commerce (D. P. 69. 4. 59).

29 sept.-4 déc. 1869. — Décret portant que le secrétaire général du ministère de l'agriculture et du commerce et les directeurs du commerce intérieur et du commerce extérieur sont membres de droit du comité consultatif des arts et manufactures (D. P. 70. 4. 10).

18 nov.-4 déc. 1869. — Décret modifiant l'art. 1 du décret du 2 févr. 1853, en ce qui concerne la composition du conseil supérieur du commerce, de l'agriculture et de l'industrie (D. P. 70. 4. 10).

19-20 mars 1870. — Décret instituant un conseil supérieur de l'enseignement technique près du ministre de l'agriculture et du commerce.

5-10 sept. 1870. — Décret rattachant au ministère du commerce les manufactures de Sèvres, de Beauvais et des Gobelins (D. P. 70. 4. 86).

2-10 janv. 1871. — Décret réunissant au ministère de l'instruction publique, des cultes et des beaux-arts, les manufactures de Sèvres, de Beauvais et des Gobelins (D. P. 71. 4. 1).

22-26 janv. 1872. — Décret qui détermine le mode d'élection des membres des chambres de commerce et des chambres consultatives des arts et manufactures (D. P. 72. 4. 27).

13 mars-5 juin 1872. — Décret portant réorganisation du conseil supérieur du commerce, de l'agriculture et de l'industrie (D. P. 72. 4. 82).

6-12 mai 1872. — Décret relatif à l'organisation du conseil supérieur du commerce, de l'agriculture et de l'industrie (*Journ. off.* du 12 mai 1872).

19 mai-18 juin 1873. — Décret portant règlement pour les écoles nationales vétérinaires (D. P. 73. 4. 71).

5 juin-10 juill. 1873. — Décret portant réorganisation du conseil supérieur du commerce, de l'agriculture et de l'industrie (D. P. 73. 4. 76).

6 nov.-10 déc. 1873. — Décret portant règlement pour les écoles d'arts et métiers (D. P. 74. 4. 22).

18 févr.-28 mars 1874. — Décret qui augmente le nombre des bourses d'élèves militaires à l'Ecole vétérinaire d'Alfort (D. P. 74. 4. 65).

29 mai 2-juin 1874. — Loi sur les haras et les remontes (D. P. 75. 4. 6).

22-26 juill. 1874. — Loi qui crée un prix de 300 000 fr. au profit de l'inventeur d'un moyen efficace pour détruire le phylloxera (D. P. 75. 4. 20).

3 déc. 1874.-7 janv. 1875. — Décret qui supprime l'école élémentaire annexée au Conservatoire des arts et métiers (D. P. 75. 4. 74).

30 juill.-5 août 1875. — Loi sur l'enseignement élémentaire pratique de l'agriculture (D. P. 76. 4. 24).

29 juill.-1er août 1876. — Loi relative à l'ouverture à Paris d'une exposition internationale universelle en 1878 (D. P. 76. 4. 118).

9-12 août 1876. — Loi qui crée au Conservatoire des arts et métiers, à Paris, une école destinée à l'étude et à l'enseignement des sciences dans leurs rapports avec l'agriculture sous le nom d'*Institut agronomique* (D. P. 76. 4. 122).

13 oct. 1877-12 janv. 1878. — Décrets concernant la perception des droits d'entrées, locations et autres produits dérivant de l'exposition internationale universelle de 1878 (D. P. 78. 4. 6).

3-4 avr. 1878. — Loi portant exemption de l'impôt de 5 pour 100 établi par la loi du 21 mars 1874 et des droits de statistique pour les marchandises expédiées en petite vitesse par chemin de fer à destination de l'exposition universelle, et fixant le régime applicable à celles de ces marchandises qui seront livrées à la consommation (D. P. 78. 4. 50).

18-20 juin 1878. — Loi qui alloue une indemnité de 30 fr. par mois, pendant six mois, à tous les capitaines, lieutenants, sous-lieutenants et assimilés des armées de terre et de mer dans le rayon de l'octroi de Paris (D. P. 78. 4. 75).

21-22 juin 1878. — Loi qui ouvre au ministre de l'intérieur, sur l'exercice 1878, un crédit extraordinaire de 500 000 fr. pour la célébration de fêtes publiques pendant l'exposition universelle (D. P. 78. 4. 98).

24-26 juin 1878. — Loi qui ouvre, au ministre de l'instruction publique, un crédit sur l'exercice 1878, à l'effet de réunir à Paris, pour visiter l'exposition et assister à des conférences pédagogiques, des instituteurs et autres membres de l'enseignement primaire (D. P. 78. 4. 75).

15-18 juill. 1878. — Loi relative aux mesures à prendre pour arrêter les progrès du phylloxera et du doryphora (D. P. 79. 4. 1).

26 déc. 1878-1er mars 1879. — Décret portant règlement d'administration publique pour l'exécution de la loi du 15 juill. 1878, relative aux mesures à prendre en vue d'arrêter les progrès du phylloxera et du doryphora (D. P. 79. 4. 31).

17 févr. 1879. — Arrêté du ministre de l'instruction publique instituant un concours annuel près la manufacture nationale de Sèvres (*Journ. off.* du 17 févr. 1879).

16-17 juin 1879. — Loi relative à l'enseignement départemental et communal de l'agriculture (D. P. 79. 4. 68).

2-4 août 1879. — Loi qui modifie plusieurs dispositions de la loi du 15 juill. 1878, relative aux mesures à prendre pour arrêter les progrès du phylloxera et du doryphora (D. P. 79. 4. 87).

1er-2 oct. 1879. — Décret concernant l'organisation du conseil supérieur du commerce, de l'agriculture et de l'industrie (D. P. 80. 4. 91).

8-9 avr. 1880. — Décret ratifiant des acquisitions de terrains par la chambre de commerce de Paris à l'effet d'y établir une école de hautes études commerciales et autorisant ladite chambre à contracter un emprunt (*Journ. off.* du 9 avr. 1880).

9 juin 1880. — Décret relatif aux concours ouverts dans les départements pour la nomination aux fonctions de professeur départemental d'agriculture (*Code des lois politiques et administratives*, t. 3, v° *Agriculture*).

18 oct. 1880-19 févr. 1881. — Décret qui réorganise le comité consultatif des arts et manufactures (D. P. 82. 4. 11).

23-26 oct. 1880. — Décret portant qu'il sera ouvert à Paris un congrès international d'électriciens et une exposition d'électricité (D. P. 81. 4. 112).

11-12 déc. 1880. — Loi sur les écoles manuelles d'apprentissage (D. P. 81. 4. 49).

10-12 mars 1881. — Loi qui crée une école d'arts et métiers à Lille (D. P. 82. 4. 50).

10-12 mars 1881. — Loi qui crée à Nevers une école nationale professionnelle spéciale à la grosse chaudronnerie et aux grandes constructions en fer (D. P. 82. 4. 50).

20-22 avr. 1881. — Loi qui exempte du droit de statistique les produits envoyés à l'exposition internationale d'électricité et qui fixe le régime applicable à ceux de ces produits qui seront livrés à la consommation (D. P. 81. 4. 120).

15-16 juin 1881. — Loi qui crée une école nationale d'art décoratif et un musée national à Limoges (D. P. 82. 4. 24).

5-6 juill. 1881. — Loi portant dérogation aux dispositions de l'art. 32, § 3, de la loi du 5 juill. 1844 sur les brevets d'invention à l'occasion de l'exposition internationale d'électricité tenue à Paris en 1881 (D. P. 82. 4. 54).

27-29 juill. 1881. — Loi qui autorise la construction et l'installation de l'Ecole centrale des arts et manufactures sur l'emplacement du marché Saint-Martin à Paris (D. P. 82. 4. 60).

30 juill.-2 août 1881. — Décret sur l'organisation des écoles manuelles d'apprentissage (*Journ. off.* du 2 août 1881).

18-21 août 1881. — Loi ayant pour objet la création d'une école nationale des arts industriels à Roubaix (Nord) (*Journ. off.* du 21 août 1881).

7-8 oct. 1881. — Décret portant organisation de l'Ecole nationale de dessin pour les jeunes filles (*Journ. off.* du 8 oct. 1881).

7-8 oct. 1881. — Décret portant création d'une école nationale d'art décoratif à Nice (*Journ. off.* du 8 oct. 1881).

21 oct. 1881-14 févr. 1882. — Décret portant règlement pour les écoles nationales vétérinaires (D. P. 82. 4. 111).

14-15 nov. 1881. — Décret qui crée un ministère de l'agriculture (D. P. 82. 4. 98).

25-26 nov. 1881. — Décret portant organisation de l'administration centrale du ministère de l'agriculture (*Journ. off.* du 26 nov. 1881).

7-10 janv. 1882. — Arrêté du ministre de l'agriculture instituant au ministère de l'agriculture quatre commissions techniques correspondant aux différents services du ministère (*Journ. off.* du 10 janv. 1882).

11-12 janv. 1882. — Décret instituant un conseil supérieur près du ministère de l'agriculture et nommant les membres de ce conseil (*Journ. off.* du 12 janv. 1882).

30-31 janv. 1882. — Décret rapportant celui du 14 nov. 1881 qui créait un ministère des arts (*Journ. off.* du 31 janv. 1882).

30-31 janv. 1882. — Décret détachant du ministère du commerce l'administration des colonies et la rattachant au ministère de la marine (*Journ. off.* du 31 janv. 1882).

18-19 févr. 1882. — Décret qui organise l'administration centrale du ministère de l'agriculture (D. P. 83. 4. 44).

13 mai-26 août 1882. — Décret qui modifie l'organisation de l'administration centrale du ministère de l'agriculture (D. P. 83. 4. 44).

15-18 mai 1882. — Décret portant promulgation de la convention phylloxérique signée le 3 nov. 1881 entre la France, l'Allemagne, l'Autriche-Hongrie, le Portugal et la Suisse (D. P. 83. 4. 42).

25 juill.-1er août 1882. — Décret fixant la composition du conseil supérieur de l'agriculture (*Journ. off.* du 1er août 1882).

28-31 juill. 1882. — Arrêté du ministre de l'instruction publique affectant les locaux précédemment occupés par l'école Pape-Carpentier à l'installation de cours normaux préparatoires à l'enseignement du travail manuel dans les écoles normales et dans les écoles primaires supérieures (*Journ. off.* du 31 juill. 1882).

28-31 juill. 1882. — Arrêté du ministre de l'instruction publique chargeant M. Salicis d'une mission ayant pour objet l'inspection générale du travail manuel dans les établissements d'instruction publique et en particulier l'organisation des cours normaux pour l'enseignement du travail manuel institués à Paris (*Journ. off.* du 31 juill. 1882).

13-14 oct. 1882. — Décret fixant la composition et nommant les membres du conseil supérieur du commerce et de l'industrie (*Journ. off.* du 14 oct. 1882).

21-23 mars 1883. — Loi relative au phylloxera en Algérie (D. P. 83. 4. 73).

7-9 juill. 1883. — Décret concernant l'institution d'un ordre du Mérite agricole destiné à récompenser les services rendus à l'agriculture (D. P. 84. 4. 5).

20-21 juill. 1883. — Arrêté du ministre de l'instruction publique portant création d'un certificat d'aptitude à l'enseignement du travail manuel et fixant les sujets des examens pour l'obtention dudit certificat (*Journ. off.* du 21 juill. 1883).

9 oct. 1883. — Arrêté ministériel modifiant l'art. 17, § final de l'arrêté du 19 nov. 1854 sur la nomination aux chaires vacantes du Conservatoire des arts et métiers (Paulet, *Code annoté du commerce et de l'industrie*, p. 694).

27 nov.-4 déc. 1883. — Décret fixant la composition du conseil supérieur de l'enseignement technique (*Journ. off.* du 4 déc. 1883).

7-9 nov. 1884. — Arrêté du ministre de l'instruction publique et des beaux-arts, instituant un concours près la manufacture nationale de Beauvais (*Journ. off.* du 9 nov. 1884).

8-10 nov. 1884. — Décret ayant pour objet l'institution d'une exposition internationale universelle en 1889 (*Journ. off.* du 10 nov. 1884).

8-10 nov. 1884. — Décret instituant une commission consultative près le ministère du commerce en vue de l'exposition universelle de 1889 (*Journ. off.* du 10 nov. 1884).

19 févr.-31 mars 1885. — Décret qui institue auprès du ministère du commerce un conseil supérieur de statistique (D. P. 85. 4. 75).

29 mars-3 avr. 1885. — Loi étendant à la zone franche du pays de Gex et de la Haute-Savoie la loi du 21 mars 1883 relative au phylloxera en Algérie (*Journ. off.* du 3 avr. 1885).

4-7 avr. 1885. — Décret portant règlement pour les écoles nationales d'arts et métiers (D. P. 86. 4. 8).

7-8 janv. 1886. — Décret dénommant le ministère du commerce *Ministère du commerce et de l'industrie* (D. P. 86. 4. 79).

20-21 févr. 1886. — Arrêté du ministre de l'agriculture réglant la composition du conseil de perfectionnement des écoles vétérinaires (*Journ. off.* du 21 févr. 1886).

27-28 avr.-1886. — Loi tendant à autoriser la concession gratuite au département de la Seine, pour les enfants assistés, de terrains domaniaux situés en Algérie (*Journ. off.* du 28 avr. 1886).

30 avr.-3 mai-1886. — Décret constituant en entrepôt réel des douanes les locaux affectés à l'exposition maritime internationale du Havre (D. P. 87. 4. 39).

30 avr.-12 mai 1886. — Loi relative à l'usurpation des médailles et récompenses industrielles (D. P. 86. 4. 65).

21-23 mai 1886. — Décret constituant en entrepôt réel des douanes le pavillon de la Ville de Paris (Champs-Elysées) et les locaux affectés à l'exposition internationale ouvrière (D. P. 87. 4. 39).

6-7 juill. 1886. — Loi relative à l'exposition universelle de 1889 (D. P. 86. 4. 83).

16-20 juill 1886.— Décret concernant des médailles d'honneur à décerner par le ministre du commerce et de l'industrie (D. P. 88. 4. 39) et arrêté ministériel fixant les mesures de détail relatives à cette distinction (*Journ. off.* du 20 juill. 1886).

28-30 juill. 1886. — Décret réglant l'organisation et les attributions du personnel supérieur de l'exposition universelle de 1889 (*Journ. off.* du 30 juill. 1886).

28-31 juill. 1886. — Loi ayant pour objet l'organisation des syndicats en Algérie pour la défense contre le phylloxera (D. P. 87. 4. 40).

25-27 août 1886. — Loi qui constitue en entrepôt réel des douanes les locaux affectés à l'exposition universelle de 1889 et fixe le régime applicable aux marchandises admises à cette exposition (*Journ. off.* du 27 août 1886).

26-27 août 1886. — Arrêté du ministre du commerce et de l'industrie portant règlement d'administration publique pour l'exposition universelle de 1889 (*Journ. off.* du 27 août 1886).

20-23 nov. 1886. — Décret transférant du ministère de l'intérieur au ministère du commerce et de l'industrie, le service des sociétés professionnelles (*Journ. off.* du 23 nov. 1886).

18 févr.-14 mars 1887. — Décret portant organisation des écoles nationales vétérinaires (*Journ. off.* du 14 mars 1887).

11-14 avr. 1887. — Décret portant règlement d'administration publique pour l'organisation des services du ministère du commerce et de l'industrie (D. P. 87. 4. 79).

18-19 juin 1887. — Décret qui augmente le nombre de croix de chevaliers et institue des croix d'officiers du Mérite agricole (D. P. 88. 4. 3).

28 juill. 1887. — Arrêté ministériel instituant des bourses industrielles de voyage.

4 août 1887. — Arrêté du ministre du commerce et de l'industrie, précédé d'un exposé de motifs, instituant à Paris, pendant la durée de l'exposition universelle de 1889, une série de congrès et de conférences (*Journ. off.* du 4 août 1887).

28-29 sept. 1887. — Décret portant règlement d'administration publique pour l'organisation des services du ministère de l'agriculture (*Journ. off.* du 29 sept. 1887).

25-27 oct. 1887. — Arrêté du ministre de l'instruction publique et du ministre de l'agriculture instituant une commission pour le développement et le perfectionnement de l'enseignement agricole dans les établissements universitaires (*Journ. off.* du 27 oct. 1887).

12-14 déc. 1887. — Arrêté du ministre de l'agriculture, instituant une commission spéciale chargée de l'étude des questions se rapportant à l'agriculture coloniale (*Journ. off.* du 14 déc. 1887).

14-15 janv. 1888. — Décret modifiant celui du 28 sept. 1887, réglant l'organisation centrale du ministère de l'agriculture (*Journ. off.* du 15 janv. 1888).

17-20 mars 1888. — Décret portant règlement d'administration publique sur les écoles manuelles d'apprentissage (D. P. 88. 4. 38).

23 mars 1888. — Décret modifiant l'art. 14 du décret du 4 avril 1885.

28 mars-1er avr. 1888. — Décret concernant des médailles d'honneur pour les employés et ouvriers français du département de la guerre (D. P. 88. 4. 39).

21 juin-4 juill. 1888. — Arrêté du ministre du commerce et de l'industrie, nommant des inspecteurs régionaux de l'enseignement technique (*Journ. off.* du 4 juill. 1888).

26-27 juin 1888. — Décret fixant la composition du conseil supérieur de l'enseignement technique (*Journ. off.* du 27 juin 1888).

29 juin-4 juill. 1888. — Arrêté du ministre du commerce et de l'industrie instituant un comité d'inspection de l'enseignement technique (*Journ. off.* du 4 juill. 1888).

28-29 juill. 1888. — Décret déterminant les programmes généraux des écoles manuelles d'apprentissage et des écoles primaires supérieures préparatoires au commerce et à l'industrie (*Journ. off.* du 29 juill. 1888).

30 oct.-1er nov. 1888. — Loi portant dérogation à la loi du 5 juill. 1844 sur les brevets d'invention et à la loi du 23 juin 1857, sur les marques de fabrique pour les produits admis à l'exposition universelle de 1889 (D. P. 89. 4. 51).

15-17 déc. 1888. — Loi relative à la création de syndicats autorisés pour la défense des vignes contre le phylloxera (D. P. 89. 4. 44).

22-23 déc. 1888. — Loi ayant pour objet de modifier la loi du 21 juin 1865 sur les associations syndicales (D. P. 89. 4. 4).

5-6 janv. 1889. — Décret transférant le service de l'hygiène publique, du ministère du commerce et de l'industrie au ministère de l'intérieur, et la direction générale des postes et des télégraphes du ministère des finances au ministère du commerce et de l'industrie (*Journ. off.* du 6 janv. 1889).

11-16 janv. 1889. — Arrêté du ministre de l'agriculture instituant une commission pour l'étude de toutes les questions qui intéressent l'organisation agricole (*Journ. off.* du 16 janv. 1889).

15 févr. 1889. — Décret modifiant l'art. 6, § 3, du décret du 4 avr. 1885 (Paulet, *Code annoté du commerce et de l'industrie*, p. 739, note 4).

14-15 mars 1889. — Décret portant rattachement des services coloniaux au ministère du commerce et de l'industrie qui prendra le titre de ministère du commerce, de l'industrie et des colonies (D. P. 90. 4. 60).

19 mars-11 oct. 1889. — Décret concernant l'inspection de l'enseignement du travail manuel dans les écoles normales et dans les écoles primaires supérieures (D. P. 90. 4. 90).

4-5 avr. 1889. — Loi approuvant une convention entre le ministre du commerce, commissaire général de l'exposition universel de 1889 et M. Albert Christophle, gouverneur du Crédit foncier de France, agissant au nom et pour le compte de divers établissements de crédit (D. P. 90. 4. 58).

23 avr.-5 mai 1889. — Décret relatif à la composition de la chambre de commerce de Paris (D. P. 90. 4. 66).

13 juill. 1889. — Décret concernant les médailles d'honneur pour les ouvriers employés dans les établissements d'enseignement technique (*Bull. des lois*, n° 20982, p. 56).

13 août-13 déc. 1889. — Décret concernant les médailles d'honneur pour les ouvriers employés dans les palais nationaux et dans les manufactures de l'Etat (D. P. 90. 4. 95).

21 août 1889. — Décret modifiant l'âge d'admission aux écoles nationales d'arts et métiers pour les candidats habitant les colonies (Paulet, *Code annoté du commerce et de l'industrie*, p. 855).

15 nov.-8 déc. 1889. — Décret qui institue auprès du ministre du commerce, de l'industrie et des colonies, une commission consultative permanente dénommée « commission supérieure des expositions internationales » (*Journ. off.* du 8 déc. 1889)

14-15 janv. 1890. — Décret relatif à la mise à la retraite et au cumul des fonctions des professeurs de l'Institut national agronomique (*Journ. off.* du 15 janv. 1890).

25-28 janv. 1890. — Décret portant publication et approbation d'une déclaration échangée à Berne, le 15 avr. 1889, entre la France, l'Allemagne, l'Autriche-Hongrie, la Belgique, l'Italie, le Luxembourg, les Pays-Bas, le Portugal, la Serbie et la Suisse complétant l'art. 3 de la convention phylloxérique internationale du 3 nov. 1881 (*Journ. off.* du 28 janv. 1890).

19-23 févr. 1890. — Décret portant règlement d'administration publique pour la formation d'associations syndicales en vue de combattre le phylloxera (D. P. 91. 4. 73).

12-13 avr. 1890. — Décret transférant du ministère de l'intérieur au ministère de l'agriculture le service d'inspection sanitaire à la frontière des viandes fraîches abattues venant de l'étranger (*Journ. off.* du 13 avr. 1890).

3-4 juin 1890. — Arrêté du ministre du commerce et de l'industrie nommant des inspecteurs régionaux de l'enseignement technique commercial et instituant un comité d'inspection de cet enseignement (*Journ. off.* du 4 juin 1890).

3-4 juin 1890. — Arrêté du ministre du commerce et de l'industrie instituant un comité permanent des expositions internationales (*Journ. off.* du 4 juin 1890).

17-24 juin 1890. — Décret et arrêté concernant des médailles d'honneur à décerner par le ministre de l'agriculture aux ouvriers ruraux français (*Journ. off.* du 24 juin 1890).

22-23 juill. 1890. — Décrets reconnaissant comme écoles supérieures dans les conditions prévues par l'art. 23 de la loi du 15 juill. 1889 l'Ecole des hautes études commerciales de Paris, Bordeaux, le Havre, Lyon, Marseille et l'Institut commercial de Paris (*Journ. off.* du 23 juill. 1890).

29 juill.-1er août 1890. — Décret portant rattachement de l'Ecole nationale de dessin pour les jeunes filles à l'Ecole nationale des arts décoratifs (*Journ. off.* du 1er août 1890).

31 juill.-1er août 1890. — Loi relative à la conservation de monuments de l'exposition universelle de 1889 (D. P. 91. 4. 9).

12-14 oct. 1890. — Décret relatif à l'organisation centrale du ministère de l'agriculture (*Journ. off.* du 14 oct. 1890).

6-13 déc. 1890. — Arrêté du ministre du commerce réglant les conditions des bourses commerciales de séjour à l'étranger (*Journ. off.* du 13 déc. 1890).

6-8 janv. 1891. — Décret instituant un examen spécial pour l'obtention des bourses dans les écoles nationales professionnelles suivi d'un arrêté relatif aux candidats aux susdites bourses (*Journ. off.* du 8 janv. 1891).

19-21 janv. 1891. — Arrêtés du ministre du commerce et de l'industrie réglant les conditions d'admission dans les écoles supérieures de commerce reconnues par l'Etat, et fixant pour l'année 1891 la date des concours et examens et le nombre de places mises au concours dans lesdites écoles (*Journ. off.* du 21 janv. 1891).

22-23 janv. 1891. — Décret relatif à la création d'un conseil supérieur du travail (D. P. 91. 4. 69).

22-23 janv. 1891. — Décret nommant les membres du conseil supérieur du travail (D. P. 91. 4. 70).

1er-22 mai 1891. — Programme d'admission dans les écoles nationales d'agriculture (*Journ. off.* du 22 mai 1891).

20-21 juill. 1891. — Loi tendant à la création d'un office du travail (D. P. 91. 4. 70).

21 juill. 1891. — Loi qui ouvre au ministre du commerce, de l'industrie et des colonies, sur l'exercice 1891, un crédit extraordinaire pour l'établissement d'une école nationale pratique d'ouvriers et de contremaîtres à Cluny (Saône-et-Loire) (*Bull.* n° 23985).

3-4 août 1891. — Loi tendant à reviser le régime légal et administratif en vigueur pour la protection du vignoble français contre le phylloxera (D. P. 91. 4. 73).

19-21 août 1891. — Décret organisant l'office du travail (D. P. 91. 4. 71).

24-25 août 1891. — Décret instituant un conseil d'administration et un comité de patronage auprès de chacune des écoles nationales d'enseignement primaire supérieur et professionnel (*Journ. off.* du 25 août 1891).

8-9 déc. 1891. — Décret modifiant la composition du conseil supérieur de statistique (*Journ. off.* du 9 déc. 1891).

15-16 déc. 1891. — Décret qui réorganise la manufacture nationale de Sèvres (*Journ. off.* du 16 déc. 1891).

31 déc. 1891-3 janv. 1892. — Loi prorogeant jusqu'au 31 déc. 1892 celle du 29 mars 1885 qui étend à la zone franche du pays de Gex et de la Haute-Savoie la loi du 21 mars 1883 relative au phylloxera en Algérie (*Journ. off.* du 3 janv. 1892).

13-14 janv. 1892. — Loi qui accorde des encouragements à la culture du lin et aux autres cultures industrielles (D. P. 92. 4. 83).

13-14 janv. 1892. — Loi relative aux encouragements spéciaux à donner à la sériciculture (D. P. 92. 4. 83).

26-27 janv. 1892. — Loi de finances ordonnant par son art. 69 le transfert au ministère du commerce sous le nom d'écoles pratiques de commerce ou d'industrie des écoles primaires supérieures et professionnelles dont l'enseignement serait principalement industriel ou commercial (D. P. 92. 4. 9).

26-28 janv. 1892. — Loi ayant pour objet de porter successivement de 2500 à 3000 l'effectif des étalons entretenus dans les dépôts du service des haras (D. P. 92. 4. 56).

1er févr. 1892. — Décret modifiant l'art. 13 du décret du 4 avr. 1885.

4-5 févr. 1892. — Décret portant modifications au décret du 19 août 1891 sur les attributions et le fonctionnement de l'office du travail (*Journ. off.* du 5 févr. 1892).

16-18 mai 1892. — Décret constituant en entrepôt réel des douanes les salles du palais des Machines affectées à l'exposition des alcools et des industries de fermentation (*Journ. off.* du 18 mai 1892).

1er-19 juin 1892. — Décret transférant au ministère du commerce et de l'industrie quatorze écoles primaires supérieures et professionnelles dont l'enseignement est principalement industriel ou commercial (*Journ. off.* du 19 juin 1892).

13-14 juill. 1892. — Décret relatif à la reconnaissance par l'Etat de l'Ecole supérieure de commerce de Lille (*Journ. off.* du 14 juill. 1892).

13-14 juill. 1892. — Décret relatif à l'Institut commercial de Paris (*Journ. off.* du 14 juill. 1892).

20-22 juill. 1892. — Décret qui réorganise l'Ecole nationale des haras du Pin (Orne) rétablie par la loi du 29 mai 1874 (*Journ. off.* du 22 juill. 1892).

26-28 juill. 1892. — Décret modifiant celui du 24 août 1891 relatif aux conseils d'administration et aux comités de patronages des écoles nationales d'enseignement primaire supérieur et professionnel (*Journ. off.* du 28 juill. 1892).

ART. 2. — *De l'agriculture et du commerce* (*Rép.* nos 3 à 7).

2. — I. MINISTÈRE DE L'AGRICULTURE. — Lors de la publication du *Répertoire* n° 5, les intérêts agricoles, commerciaux et industriels relevaient d'un seul ministère qui avait même été réuni à celui des travaux publics. Cet état de choses a été doublement modifié. Un décret des 17-22 juill. 1869, (D. P. 69. 4. 59) a d'abord rétabli le *ministère de l'agriculture et du commerce* tel qu'il existait avant sa réunion au ministère des travaux publics. Plus tard, un décret des 14-15 nov. 1881 (D. P. 82. 4. 98.) l'a dédoublé en créant un *ministère de l'agriculture*, à l'exemple de l'Allemagne, des Etats-Unis, de l'Autriche et de l'Italie, exemple imité aussi par l'Angleterre en 1889 (*Annuaire de législation étrangère*, 1889, p. 3), et en attribuant à ce nouveau ministère, outre les anciens services de l'administration de l'agriculture (écoles et services vétérinaires, enseignement professionnel de l'agriculture, inspection de l'agriculture et de la sériciculture, encouragements à l'agriculture et au drainage, phylloxera, doryphora, etc., haras, forêts, établissements et services sanitaires, statistiques, etc.), certains services empruntés au ministère des travaux publics (études et subventions pour travaux d'irrigations, de dessèchements et de curage, prêts pour irrigations et desséchements, aménagement des eaux, assainissement des marais communaux). — V. le rapport fait en vue de ce décret, *Journ. off.* du 15 nov. 1881, p. 6346.

3. L'administration centrale du nouveau ministère de l'agriculture a été successivement organisée par les décrets des 25-26 nov. 1881, des 18-19 févr. 1882 (D. P. 83. 4. 44), des 13 mai-26 août 1882 (D. P. *ibid.*), des 28-29 sept. 1887 (D. P. 88. 4. table), des 14-15 janv. 1888 (D. P. *ibid.*), des 12-14 oct. 1890. Elle comprend, outre le secrétariat, la comptabilité et les services intérieurs, quatre directions : 1° celle de l'agriculture (enseignement agricole et services vétérinaires, législation, encouragements à l'agriculture, subsistances, secours, statistique agricole); — 2° Celle des forêts (V. *infrà*, v° *Régime forestier*); — 3° Celle de l'hydraulique agricole; — 4° Celle des haras (V. *suprà*, v° *Haras*).

A ces quatre directions correspondent quatre commissions techniques instituées par arrêté ministériel des 7-10 janv. 1882 — Un arrêté ministériel des 12-14 déc. 1887 a, en outre, institué au ministère de l'agriculture et sous la présidence du ministre, une commission spéciale chargée de l'étude des questions qui se rapportent à l'agriculture coloniale, à cause de l'intérêt que présente cette étude pour l'utilisation des produits agricoles coloniaux et les acclimatements possibles en France et aux colonies. — Un autre arrêté du 11-16 janv. 1889 a institué encore au ministère de l'agriculture une commission de cinq membres à l'effet de réunir et de coordonner tous les matériaux préparatoires pouvant servir de base à l'étude de toutes les questions qui intéressent la constitution et la mobilisation de la propriété, le bornage, le régime des hypothèques et le crédit agricole.

4. — II. MINISTÈRE DU COMMERCE ET DE L'INDUSTRIE. — Ainsi déchargé des services de l'agriculture, le ministère du commerce, dénommé *ministère du commerce et des colonies*, par suite du rattachement de cette dernière administration, depuis le 14 nov. 1881 jusqu'au 30 janv. 1882, puis *ministère du commerce et de l'industrie*, en vertu d'un décret du 7 janv. 1886 (D. P. 86. 4. 79), enfin *ministère du commerce, de l'industrie et des colonies*, par suite d'un nouveau rattachement des services coloniaux (Décret des 14-15 mars 1889, D. P. 90. 4. 60), a eu l'organisation de ses services réglée par un décret des 11-14 avr. 1887 (D. P. 87. 4. 79). D'après ce décret, il comprend trois directions : 1° personnel et enseignement technique, avec le bureau des syndicats professionnels détaché du ministère de l'intérieur par décret du 20-23 nov. 1886 ; 2° commerce intérieur ; 3° commerce extérieur. Il comprend en outre une division de la comptabilité et de la statistique. Mais un décret des 5-6 janv. 1889 (D. P. 89. 4. 54) lui a rattaché la direction générale des postes et des télégraphes enlevée au ministère des finances, et le décret précité des 14-15 mars 1889, (D. P. 90. 4. 60) l'administration des colonies. En revanche, le décret précité du 5 janv. 1889 a distrait du ministère du commerce et de l'industrie, pour le rattacher à celui de l'intérieur, le service de l'hygiène publique. Mais il a laissé dans les attributions du premier les établissements dangereux, insalubres ou incommodes, les fabriques et dépôts de dynamite et autres matières explosibles. Ce décret eut aussi pour conséquence de faire passer du ministère du commerce à celui de l'intérieur, comme faisant partie de l'hygiène publique, le service d'inspection sanitaire constitué à la frontière pour l'examen des viandes fraîches abattues venant de l'étranger; mais un décret du 12-13 avr. 1890, faisant droit aux réclamations des représentants de l'agriculture, a rattaché cette inspection à celle des animaux importés vivants, c'est-à-dire au ministère de l'agriculture, à cause de l'étroite connexité de ces deux inspections qui se font dans les mêmes bureaux de douane et par le même personnel (*Revue générale d'administration*, 1890. 2. 111. V. *suprà*, v° *Douanes* n° 278, et *infrà* v° *Salubrité publique*).

Les attributions qui avaient été détachées du ministère de l'agriculture et du commerce au profit du ministère des arts lors de la création de ce dernier ministère (Décret des 14-15 nov. 1881, D. P. 82. 4. 98), lui ont fait retour lorsque cette création eut disparu (Décret des 30-31 janv. 1882). Mais les manufactures nationales de Sèvres, de Beauvais et des Gobelins, rattachées au ministère du commerce par le décret des 5-10 sept. 1870 (D. P. 70. 4. 86), ont été transférées au ministère de l'instruction publique et des beaux-arts par décret des 2-10 janv. 1871 (D. P. 71. 4. 1), et lui sont restées.

5. Diverses propositions ont été faites à la Chambre : soit pour réunir de nouveau les ministères du commerce et des travaux publics et faire des économies sur leur organisation (proposition de M. Thellier de Poncheville, du 23 janv. 1888, reprise par lui le 4 nov. 1890); soit pour rattacher au ministère du commerce et de l'industrie la direction générale des douanes et l'exploitation commerciale des chemins de fer (proposition de MM. Prevet, Gilbert, Gaillard (Puy-de-Dôme), et Barbe, du 25 févr. 1886) ; soit pour lui rattacher les consulats (proposition de résolution de M. Bourgeois (Jura), du 25 mai 1889) ; soit, au contraire, pour en détacher de nouveau les colonies, mais comme ministère spécial (proposition de M. Reinach, à la Chambre, 10 mars 1892); soit enfin, pour la création d'un ministère du travail, distinct de ceux de l'agriculture, du commerce et de l'industrie (proposition de MM. Camille Raspail et autres, du 16 nov. 1886, reprise par son principal auteur, le 3 mars 1890, *Journ. off.*, Doc. parl. Ch. 1887, p. 1068 et 1890, p. 394). Cette dernière proposition n'eut aucune suite (Rapports sommaires défavorables de M. de la Batut, du 5 avr. 1887 et du 26 juin 1890, *Journ. off.*, Doc. parl. Ch. 1887, p. 74, et 1890, p. 1320). Mais sur l'initiative de MM. Mesureur et autres (30 janv. 1890, *Journ. off.*, Doc. parl. Ch. 1890, p. 200), un conseil supérieur du travail fut établi près du ministre du commerce, de l'industrie et des colonies, par décret du 22-23 janv. 1891 (D. P. 91. 4. 69), à la suite d'un crédit voté par la Chambre. Ce conseil figurait au budget de 1892 pour 25 000 fr.

6. Le conseil supérieur du travail, centre de renseignements sur les questions ouvrières, instrument d'études pour l'examen des projets de loi destinés à les résoudre, se compose de 50 membres nommés par décret sur la proposition du ministre du commerce et de l'industrie, et choisis parmi les membres du Parlement, les industriels, les ouvriers, les membres des chambres syndicales, des associations patronales ou ouvrières, des groupes corporatifs, des conseils de prud'hommes, et, d'une manière générale, parmi les hommes spécialement versés dans les questions économiques et sociales. Il comprend en outre, comme membres de droit : le directeur du commerce intérieur ; le directeur de l'enseignement technique; le directeur des chemins de fer au ministère des travaux publics ; le directeur des routes, de la navigation et des mines, au ministère des travaux publics ; le directeur chargé du service des sociétés de secours mutuels au ministère de l'intérieur ; le directeur général de la Caisse des dépôts et consignations ; le président du conseil municipal de Paris; le directeur général des travaux de la ville de Paris; le président de la chambre de commerce de Paris ; le président du tribunal de commerce de Paris. Ses membres sont nommés pour deux ans et renouvelables par moitié tous les ans. Le ministre est maître des convocations et peut nommer dans son sein une commission permanente. Le conseil peut faire des enquêtes et entendre les personnes qu'il juge en état de l'éclairer.

7. En outre, et pour aider aux travaux de ce conseil supérieur, il a été créé, par une loi des 20-21 juill. 1891 (D. P. 91. 4. 70), et organisé par décrets des 19-21 août 1891 (D. P. 91. 4. 71.) et des 4-5 févr. 1892, un *office du travail*, chargé de recueillir, coordonner et publier toutes informations relatives au travail, notamment en ce qui concerne l'état et le développement de la production, l'organisation et la rémunération du travail, ses rapports avec le capital, la condition des ouvriers, la situation comparée du travail en France et à l'étranger, et d'effectuer tous travaux, se rattachant à cet ordre d'idées, qui lui seraient demandés par le ministre du commerce, de l'industrie et des colonies.

Cet office, qui figurait au budget de 1892 pour 12 000 fr., constitue un service distinct placé sous l'autorité immédiate du ministre. Il se divise en service central et service extérieur; le service central recueille, soit par correspondance avec des administrations publiques, des fonctionnaires, des collectivités ou des particuliers, soit par voie de recherches dans les publications françaises ou étrangères, les renseignements utiles aux travaux de l'office. Il les coordonne avec ceux qui lui sont fournis par le service extérieur, et met le tout en œuvre pour la rédaction des documents à publier ou à fournir au ministre. Les délégués permanents ou temporaires qui composent le service extérieur, sont chargés de faire des enquêtes sur place, de recueillir des informations. Le directeur de l'office est nommé par décret sur la proposition du ministre. Les autres fonctionnaires et agents sont nommés par arrêtés ministériels sur la proposition du directeur. Le décret des 4-5 févr. 1892 a réglé à nouveau le cadre et les traitements du personnel de l'office du travail qui, en dehors du directeur, comprend désormais trois chefs et trois sous-chefs de section, un actuaire, cinq rédacteurs ou traducteurs, un archiviste et cinq expéditionnaires, plus trois délégués permanents pour le service extérieur. Ces divers agents, sauf les derniers, peuvent être recrutés dans le personnel de l'administration centrale et continuer à en faire partie. — Remédier à la pénurie de renseignements statistiques qui permet à des affirmations contradictoires de se produire au sein même du Parlement, réunir tous les matériaux indispensables à la préparation rationnelle des réformes et constituer une sorte d'observatoire des conditions du travail, tel est, d'après l'exposé des motifs et le rapport de M. Marvejouls à la Chambre sur le projet de loi, le but de cette création dans laquelle nous ont précédés plusieurs nations étrangères : les États-Unis, par le *bureau central du travail*, créé à Washington en 1884 et devenu en 1888 un département du travail, un grand service autonome dont le chef, M. Carrol Wright, relève directement du président des États-Unis ; l'Angleterre, par son *bureau de statistique du travail*, institué en 1886 ; la Suisse, par le *secrétariat ouvrier suisse*, que subventionne, depuis 1887, le gouvernement fédéral ; l'Autriche, l'Allemagne, la Belgique et le Canada, par des bureaux de statistiques, ou des commissions du travail ayant le même objet (Exposé des motifs et rapport de M. Cochery au Sénat, D. P. 91. 4. 70). On voit que cet organisme nouveau se rattache surtout à la statistique par son objet.

8. — III. STATISTIQUE. — Le service de la statistique, dont l'objet a été indiqué au *Rép.* n° 5, a pris une importance de plus en plus grande. Il a publié, depuis 1878, un *Annuaire statistique de la France*, renfermant toutes les statistiques des différents ministères, et formant, par ses renseignements et ses comparaisons, un véritable historique de nos progrès économiques. A l'exposition universelle de 1889, de nombreuses cartes et diagrammes, teintés ou en relief, rendaient saisissables les résultats de ses plus importants et plus récents travaux : enquête sur la natalité et la mortalité par commune, sur la mortalité du premier âge et des vieillards, le degré d'instruction au moment du mariage, la proportion des mariés, célibataires et veufs ; le dénombrement des étrangers en France et des Français à l'étranger, dénombrement des professions, calcul de la vie moyenne sur 30 millions de décès en France depuis 1853 (*Expositions de l'État*, Paris, 1890, t. 1, p. 103).

9. Les statistiques agricoles, dressées par années et par périodes décennales, ont permis aussi de chiffrer, dans des tableaux saisissants, le progrès accompli soit dans la surface des cultures, soit dans la production par unité de surface, grâce au développement de la chimie et de la mécanique agricole, l'accroissement continu des encouragements de l'État, et la plus-value du capital foncier de la France. D'après l'enquête décennale de 1882, la production annuelle de l'agriculture française s'élèverait à 13 milliards. En trente ans, « la valeur du capital foncier aurait augmenté de 46,80 pour 100; la valeur des animaux domestiques, de 103,34 pour 100; celle des semences, de 23,16; les impôts fonciers, prestations, etc., de 26,69 pour 100. Enfin le loyer des terres aurait haussé de 45,02 pour 100, et le produit brut de l'exploitation du sol, de 59 pour 100 » (*Ibid.*, t. 2, p. 329, 330, 331). Ces chiffres sont à compléter par la statistique décennale agricole de 1892, dont les frais figuraient pour 48 000 fr. au budget de 1892.

10. Un décret des 19 févr.-31 mars 1885 (D. P. 85. 4. 75), institue auprès du ministre du commerce, un *conseil supérieur de statistique* dont les attributions, purement consultatives, consistent à donner son avis : 1° sur le choix des sources, sur les méthodes, sur les cadres, questionnaires et programmes qui lui seraient soumis par les administrations publiques, ainsi que sur les différentes dispositions propres à imprimer aux publications officielles une certaine uniformité ; 2° sur la composition et la rédaction de l'*Annuaire statistique de la France*, destiné à présenter le résumé des statistiques officielles ; 3° sur l'entreprise et la publication de statistiques nouvelles ; 4° sur les rapports à entretenir avec les services statistiques de France et de l'étranger ; 5° sur l'organisation de la bibliothèque de statistique internationale qui sera établie au ministère du commerce ; 6° sur la publicité à donner aux travaux du conseil ; 7° sur les questions relatives à l'enseignement et aux autres intérêts généraux de la statistique. Il comprend trente-sept membres, douze pris dans le Parlement et les corps savants, et vingt-six délégués des ministères (Décret des 8-9 déc. 1891). Il a deux sessions ordinaires par an. Il est présidé par le ministre du commerce, qui peut le convoquer en session extraordinaire, et qui peut aussi inviter à ses séances des personnes particulièrement compétentes sur la question portée à l'ordre du jour.

11. — IV. Conseils supérieurs. — On a fait connaître au *Rép.* n°s 6 et 7, l'organisation du conseil supérieur du commerce, de l'agriculture et de l'industrie, telle qu'elle résultait du décret du 2 févr. 1853, indépendamment des conseils généraux de l'agriculture, du commerce et des manufactures, et du comité consultatif des arts et manufactures (*Rép.* n°s 9, 37 et 41). Le *conseil supérieur du commerce, de l'agriculture et de l'industrie* a été réorganisé successivement par les décrets des 18 nov.-4 déc. 1869 (D. P. 70. 4. 10), des 13 mars-5 juin 1872 (D. P. 72. 4. 82), des 6-12 mai 1872, des 5 juin-10 juill. 1873 (D. P. 73. 4. 76), des 1er-2 oct. 1879 (D. P. 80. 4. 91).

La création du ministère de l'agriculture, le 14 avr. 1881, entraîna la dissolution du conseil supérieur de l'agriculture, du commerce et de l'industrie. Mais il existe aujourd'hui : 1° un *conseil supérieur de l'agriculture*, institué par décret des 11-12 janv. 1882, près du ministre de l'agriculture (V. *infrà*, n° 19), et organisé en quatre sections par décret des 25 juill.-1er août 1882 ; indépendamment des quatre commissions techniques créées par arrêté des 7-10 janv. 1882 (V. *suprà*, n° 3), de la commission spéciale créée par arrêté des 12-14 déc. 1887 pour l'étude des questions concernant l'agriculture coloniale (V. *suprà*, n° 3) et de la commission instituée par arrêté des 11-16 janv. 1889, pour l'étude des questions intéressant l'organisation agricole (V. *suprà*, n° 3); — 2° Un *conseil supérieur des haras*, réorganisé par la loi du 29 mai 1874 (D. P. 75. 4. 6) ; — 3° Un *conseil supérieur du commerce et de l'industrie*, reconstitué par décret des 13-14 oct. 1882, près du ministre du commerce et de l'industrie (V. *infrà*, n° 57), indépendamment du comité consultatif des arts et manufactures, successivement réorganisé par les décrets des 20 mai-6 juin 1857 (D. P. 57. 4. 70), du 5 janv. 1861 (D. P. 61. 4. 44), des 29 sept.-4 déc. 1869 (D. P. 70. 4. 10), des 18 oct. 1880-19 févr. 1881 (D. P. 82. 4. 11), et du 8 mars 1884 (V. *infrà*, n° 58); — 4° Un *conseil supérieur de l'enseignement technique*. Ce conseil, institué près du ministre de l'agriculture et du commerce par décret des 19-20 mars 1870, a été maintenu près du ministre du commerce et de l'industrie, et composé en dernier lieu de quarante-deux membres, nommés pour quatre ans, par décret des 26-27 juin 1888. M. Armand Després, dans une proposition du 17 mai 1892 (*Journ. off.*, Doc. parl. 1892, p. 1060), se plaignant d'abus dans la direction de certaines écoles professionnelles municipales, a proposé d'adjoindre au conseil supérieur de l'enseignement technique des délégués des syndicats professionnels de patrons et d'ouvriers en nombre égal, et d'adjoindre à la commission permanente du conseil technique au ministère du commerce, un ouvrier et un patron ; — 5° Un *conseil supérieur du travail*, établi près du même ministre par le décret des 22-23 janv. 1891 (V. *suprà*, n° 6), indépendamment de l'*office du travail*, créé par la loi des 20-21 juill. 1891 (V. *suprà*, n° 7) ; — 6° Un *conseil supérieur de statistique*, institué près du ministre du commerce, par décret des 19 févr.-31 mars 1885 (D. P. 85. 4. 75 ; V. *suprà*, n° 10). — Sur le comité consultatif d'hygiène publique, autrefois rattaché au ministère du commerce, V. *infrà*, v° *Salubrité publique*.

Art. 3. — *De l'organisation agricole* (*Rép.* n° 8).

12. On a vu *suprà*, n°s 2 et 3, quelles attributions a reçues le nouveau ministère de l'agriculture, et comment l'administration centrale de ce ministère est organisée en quatre directions. La première, correspondant à l'agriculture proprement dite, dispose, comme on l'a vu, d'un service statistique qui lui permet de s'éclairer sur l'état et les besoins agricoles du pays et de procéder à des enquêtes annuelles et décennales qui sont rendues publiques par un organe officiel, le *Bulletin du ministère de l'agriculture*. Elle dispose aussi d'un service d'inspection.

13. Le service de l'inspection générale de l'agriculture, modifié par arrêté ministériel du 1er déc. 1883, comprend : 1° pour l'enseignement agricole, deux inspecteurs généraux et deux inspecteurs; 2° pour l'agriculture proprement dite, cinq inspecteurs généraux, dont un chargé de la sériciculture et des maladies de la vigne, et cinq inspecteurs dont un affecté spécialement à l'Algérie. L'inspection de l'enseignement est chargée de tout ce qui concerne l'enseignement, savoir : institut national agronomique, écoles nationales d'agriculture, écoles pratiques d'agriculture, chaires départementales d'agriculture. L'inspection des stations agronomiques continue à faire l'objet d'une mission spéciale confiée à des membres de l'enseignement supérieur. L'inspection de l'agriculture est chargée de la tenue des concours, de la surveillance des établissements d'élevage, des fermes-écoles et des orphelinats agricoles, de l'inspection agricole des départements et des associations agricoles subventionnées (*Revue générale d'administration*, 1884, t. 1, p. 364). Enfin les corps consultatifs ou représentatifs dont nous allons parler ont également mission d'éclairer l'administration supérieure sur l'état, les besoins et les vœux de l'agriculture.

§ 1er. — Des chambres et conseils d'agriculture (*Rép.* n°s 9 à 21).

14. — I. Organisation actuelle de la représentation agricole. — Comices. — On a vu au *Répertoire* avec quel esprit différent la représentation agricole avait été organisée d'une part dans la loi du 20 mars 1851, d'autre part dans le décret du 25 mars 1852. Dans la première, le conseil général d'agriculture, créé par l'ordonnance du 29 avr. 1831 parallèlement à ceux du commerce et des manufactures, était élu (sauf dix de ses membres, qu'il recrutait lui-même) par les chambres départementales d'agriculture, chambres formées elles-mêmes dans chaque département par le suffrage des comices de ce département. Dans le second, qui est encore en vigueur, le conseil général d'agriculture est composé par le ministre (*Rép.* n° 9) ; les chambres d'agriculture, purement consultatives, reconnues d'ailleurs comme établissements d'utilité publique et investies du droit d'acquérir, recevoir et aliéner avec l'autorisation de l'administration supérieure, soit pour elles-mêmes, soit pour les associations agricoles du département privées de ce droit (V. *Rép.* n° 12), deviennent chambres d'arrondissement et sont au choix du préfet (*Rép.* n° 11).

Les comices agricoles, simples associations autorisées de cultivateurs et de propriétaires pour la recherche et l'encouragement des meilleurs procédés de culture, demeurent régis par la loi du 20 mars 1851 et par la circulaire explicative du 12 août (D. P. 51. 3. 51), sauf le rôle que leur donnait cette loi et que leur enlève le décret de 1852 dans l'élection des membres de la chambre départementale d'agriculture. Nous renvoyons au *Répertoire* pour leurs attributions (nos 13 et 19), leur mode de recrutement (n° 17), la fixation de leurs circonscriptions, plus intéressantes, il est vrai lorsqu'ils nommaient les chambres d'agriculture (nos 14, 15 et 16) et le pouvoir du préfet au point de vue de leur approbation et de leur surveillance (n° 18).

15. On a vu notamment, en ce qui touche ce dernier point, que le préfet, bien qu'appelé à autoriser la formation d'un comice comme celle de toute association privée, n'est pas maître de refuser arbitrairement cette autorisation, et ne peut le faire qu'autant que les règlements présentés à son approbation renferment des lacunes ou des dispositions contraires à la loi. A plus forte raison, n'est-il pas maître de retirer son autorisation une fois donnée, à moins d'illégalité de cette autorisation ou de violation des statuts approuvés par lui, d'irrégularités dans le fonctionnement de l'association ou enfin d'exigences tirées de l'intérêt même qui rendait l'autorisation nécessaire. L'arrêté par lequel il ferait usage de ce pouvoir dans un but autre que celui en vue duquel il lui a été confié, devrait être annulé pour excès de pouvoir. C'est ce qui a été jugé par le conseil d'Etat pour un arrêté du préfet d'Eure-et-Loir qui supprime un comice précédemment autorisé en se fondant uniquement sur l'existence d'un autre comice dans le même arrondissement, c'est-à-dire dans le seul intérêt de cette association rivale, aucune loi ne s'opposant à la formation de plusieurs comices agricoles dans un même arrondissement (Cons. d'Et. 4 févr. 1881, aff. D'Argent, Guillaumin et autres, D. P. 82. 3. 68). Quant au pouvoir du préfet de révoquer l'autorisation pour irrégularités dans le fonctionnement de l'association, il a été sanctionné par un arrêt du conseil d'Etat du 4 mai 1888 (aff. Bouvet et autres, D. P. 89. 3. 76). Il est même à remarquer que l'arrêté préfectoral dont l'annulation a été refusée dans l'espèce ne s'était pas contenté de révoquer l'autorisation; il avait prononcé la dissolution du comice dans les termes de l'art. 292 c. pén., et cela pour infraction à des dispositions statutaires d'ordre purement intérieur, étrangères aux intérêts placés sous la sauvegarde de l'Administration (titre de secrétaire général changé en celui de secrétaire trésorier, nomination d'un second vice-président à raison de la résidence éloignée du président et du vice-président, élection du bureau à une époque non statutaire). Il est permis de se demander si c'est pour des infractions de ce genre et surtout sans invitation préalable à les faire cesser, que l'art. 292 prévoit la dissolution, et si cette dissolution placée par cet article sur la même ligne que la répression pénale, n'est pas réservée comme elle à l'autorité judiciaire. Le conseil d'Etat a admis le pouvoir du préfet et l'a considéré comme seul juge de la nature des irrégularités motivant la dissolution et de leur gravité par rapport à l'ordre public (V. sur cette question *suprà*, v° *Associations illicites*, n° 33, et la note sous l'arrêt précité du conseil d'Etat).

16. L'autorisation que l'Administration confère à un comice agricole n'a pas d'ailleurs pour résultat d'en faire une institution administrative rentrant dans la catégorie des services publics, ni de faire de son règlement un acte administratif. Elle lui laisse le caractère d'association privée et indépendante de l'administration pour tout ce qui concerne son organisation, sa discipline intérieure et la gestion de ses intérêts. Elle n'attribue pas notamment à l'Administration, comme l'avait jugé le tribunal civil de Coutances, le droit exclusif de poursuivre l'exécution de l'engagement pris par chacun de ses membres de verser une cotisation annuelle à une caisse commune. L'exécution de cette obligation purement civile peut être poursuivie selon le droit commun, devant l'autorité judiciaire, non sans doute par le comice envisagé comme personne juridique, mais par les autres membres de ce comice, et même par chacun d'eux individuellement et pour le tout, cette obligation étant indivisible, sinon quant à la somme promise, du moins par le rapport sous lequel elle a été envisagée dans le contrat (Civ. cass. 30 janv. 1878, aff. Comice agricole de Brehal, D. P. 80. 1. 300).

Cette solution est conforme à celle qui est admise pour les cercles et autres associations dépourvues de personnalité juridique. Ce sont de simples réunions d'individus qui peuvent s'engager *ut singuli* les uns envers les autres et poursuivre en justice l'exécution de ces engagements en figurant tous dans la procédure; un mandat résultant par exemple d'une clause des statuts peut seulement permettre à l'un d'eux de représenter tous les autres en justice; ce mandat ne permet que de procéder en leur nom et avec leur désignation individuelle pour ne laisser aucun doute sur leur qualité et ne pas enfreindre la maxime « nul ne plaide par procureur »; mais cette maxime elle-même, n'étant pas d'ordre public, ne serait pas opposable à un mandataire plaidant au nom social, par ceux qui auraient renoncé à s'en prévaloir, soit en adhérant à des statuts qui autorisent ce mode d'action, soit en négligeant d'opposer la maxime en première instance et en appel (Civ. cass. 25 juin 1866, aff. Giffart et autres, D. P. 66. 1. 334; 24 nov. 1875, aff. Lété, D. P. 76. 1. 115; 29 nov. 1879, aff. Cercle littéraire de Saint-Dié, D. P. 80. 1. 84; 7 déc. 1880, aff. Raymond, D. P. 81. 1. 148. Comp. *suprà*, v° *Action*, nos 46 et suiv.). Cette théorie est applicable aux comices comme aux cercles et aux compagnies de sapeurs-pompiers qui ont fait l'objet des arrêts précités. Les membres des comices, comme ceux des cercles, peuvent constituer des représentants judiciaires obligés seulement de les désigner tous, à moins qu'on n'ait renoncé à cette désignation.

17. La compétence des tribunaux civils pour statuer sur les difficultés qui s'élèvent entre le comice et les associés avait été reconnu déjà par un arrêt de la cour de Nancy du 2 juin 1866 (1). Cette décision renferme seulement deux

---

(1) (Grandjean et Chambry C. Maud'heux et consorts.) — LA COUR : — Sur le premier chef des conclusions et sur la compétence : — Considérant que les comices agricoles sont des institutions libres; qu'ils ne peuvent s'établir, il est vrai, sans l'autorisation du préfet, qui a toujours la faculté de les dissoudre, mais qu'il est reconnu que ce droit, accordé à l'Administration dans un intérêt d'ordre public, n'a pas pour effet de donner à ces institutions le caractère d'un établissement d'utilité publique et à leur règlement celui d'un acte administratif; qu'elles restent libres de s'administrer elles-mêmes et de régler leurs intérêts ou leur discipline intérieure en vertu de leur initiative propre, l'Administration pouvant seulement les dissoudre, si elle le juge convenable; — Considérant que les comices agricoles, n'ayant pas le caractère administratif, il suit de là que les tribunaux civils peuvent être compétents pour statuer sur les difficultés qui seraient soulevées tant par le comice contre les associés, que par les associés eux-mêmes contre le comice; mais qu'il faut alors distinguer entre les faits qui créent une obligation civile dérivant d'un intérêt appréciable, c'est-à-dire pouvant se résoudre en dommages-intérêts, et ceux dont l'inexécution, ne pouvant constituer un intérêt appréciable, ne saurait servir de base à une action civile et judiciaire; — Considérant que l'élection du président et des membres du bureau peut bien influer sur le succès et la bonne direction du comice en général; mais qu'on ne saurait y trouver au point de vue civil, en dehors des faits de fraude et de mauvaise foi toujours réservés et non articulés dans la cause, un intérêt spécial et personnel pouvant se résoudre en dommages-intérêts pour chacun des membres du comice; — Que le préjudice que peut leur causer individuellement la nomination de tel ou tel président, de tel ou tel membre du bureau étant inappréciable, ces actes de discipline intérieure doivent être laissés à l'initiative indépendante du comice, car ils ne sauraient créer une obligation civile, et ne peuvent, dès lors, servir de base à une action devant les tribunaux; — Considérant, à un autre point de vue, que la délibération et la nomination contestées ont été approuvées par décision de M. le préfet conformément à l'avis de M. le ministre de l'agriculture; — Que cette décision constitue un acte administratif qui ne pouvait être déféré qu'à l'autorité supérieure compétente, et que les tribunaux civils ne sauraient l'apprécier ou la réformer sans sortir de leurs attributions et dépasser les bornes de leur compétence; — Qu'à ce double point de vue la demande de Grandjean et Chambry sur le premier chef doit être déclarée non recevable;

Sur le deuxième chef des conclusions et la validité de la procédure : — Considérant qu'en demandant la nullité de la délibération du 1er octobre qui leur a été signifiée par Maud'heux

réserves importantes : la première consiste à ne donner aucune action, même devant les tribunaux civils, pour des faits dont l'inexécution ne peut constituer, pour les membres du comice, un intérêt appréciable et personnel susceptible de se résoudre en dommages-intérêts et ne peut qu'influer sur le succès ou la bonne direction du comice en général, comme l'élection du président et des membres du bureau, en l'absence de toute fraude; la seconde consiste à reconnaître dans une décision préfectorale approuvant une délibération de l'assemblée générale du comice, comme l'élection d'un président, un acte administratif que les tribunaux civils ne sauraient apprécier ni réformer.

18. Le même arrêt a décidé, en outre, que l'action en justice, lorsqu'elle est fondée sur un intérêt personnel appréciable, n'est recevable qu'à condition d'être dirigée contre tous les membres du comice et non contre le président, si elle se fonde sur une inexécution ou un fait dommageable émané du comice tout entier, à moins de délégation spéciale donnée au président pour soutenir l'action au nom de tous; et qu'il en est ainsi notamment de l'action en nullité et en dommages-intérêts intentée à propos d'une délibération du comice excluant certains membres de son sein. Mais les comices, pas plus que les cercles, ne jouissent de la personnalité civile qui leur assurerait la représentation en justice sans mandat spécial exprès ou tacite résultant des statuts.

Ce dernier principe, rappelé et appliqué par l'arrêt précité du 30 janv. 1878 (D. P. 80. 1. 300) et par un arrêt de Paris du 13 juill. 1875 (Aff. Commissaires-priseurs de Reims, D. P. 76. 2. 189), semble contredit par un autre arrêt de Paris du 21 juin 1875 (Aff. Goffinet, D. P. *ibid.*) qui voit dans un comice une institution d'utilité publique pouvant être propriétaire, et par un arrêt de la cour de cassation (Civ. cass. 25 mai 1887, aff. *Société Vosgienne* et Jeandidier son président, D. P. 87. 1. 289) qui voit dans une société hippique une personne civile représentée en justice par son président sans mandat spécial inscrit dans ses statuts. Les deux arrêts de la cour de Paris sont difficiles à concilier entre eux, à moins de supposer que l'un des deux comices qui y avaient donné lieu aurait été non seulement autorisé comme association licite, mais reconnu comme établissement d'utilité publique (V. la note sous ces arrêts). Quant à l'arrêt précité de la cour de cassation du 28 mai 1887, sur les sociétés hippiques, ses motifs ont été tirés du but et du régime particulier de ces sociétés, de manière à ne pouvoir être étendus aux associations d'intérêt purement privé. Mais on peut se demander s'il est possible de ne pas les étendre aux comices agricoles. « Attendu, dit-il, que les sociétés d'encouragement pour l'amélioration de la race chevaline, forment des associations instituées avec le concours et l'approbation de l'autorité publique dans un but d'intérêt général et public, distinct de l'intérêt des particuliers qui les composent; — Que leur existence est soumise, en outre, et plus particulièrement pour l'organisation des courses, à des règlements arrêtés par le ministre compétent en vertu de la délégation qu'il a reçue de l'art. 26 du décret du 4 juill. 1806; — Qu'elles tiennent tant de la nature de leur objet que de l'adhésion de l'autorité publique à leur institution, une individualité véritable ». Le premier de ces motifs (la nature de l'objet) convient assurément aux comices agricoles ; car ils ont pour but d'encourager l'amélioration de la culture, but d'intérêt général et public, distinct de l'intérêt des particuliers qui les composent. Le second (l'adhésion de l'autorité publique) ne leur convient pas au même degré; car si leur existence suppose l'autorisation préfectorale et l'approbation de leurs statuts dont la violation est une cause de dissolution (V. *suprà*, n° 15), on ne voit pas le ministre réglementer leurs opérations comme il réglemente, avec la police des courses, en vertu des art. 26 et 27 du décret du 4 juill. 1806, la distribution des primes et des prix de courses, principal moyen d'encouragement des sociétés hippiques. Il faut convenir cependant que les comices agricoles, dont l'organisation, les attributions et la circonscription ont été l'objet de lois spéciales, peuvent bien se dire institués avec le concours et l'adhésion de l'autorité publique. M. le conseiller Greffier, dans son rapport sur l'affaire de la société hippique, assimile cette société à celles d'arrosage et de fertilisation dont deux arrêts (Civ. cass. 30 août 1859, aff. Bureau, D. P. 59. 1. 365, et 6 juill. 1864, aff. Lieutaud et cons., D. P. 64. 1. 424) ont admis l'individualité et la représentation en justice, à cause de leur institution faite « avec le concours et l'approbation de l'autorité publique, dans un intérêt collectif et territorial qui touche à l'intérêt public, concours qui empêche de les assimiler à des sociétés purement civiles, et qui consacre leur existence dans les termes et suivant les règles des statuts qui les régissent et qui en ont reçu la sanction ». Ces formules ne seraient guère moins exactes, appliquées aux comices agricoles, et cependant leur personnalité (sauf l'arrêt de Paris du 21 juin 1875 précité) a contre elle la jurisprudence qui, pour eux comme pour les cercles d'intérêt privé, se borne à admettre, soit l'action d'un mandataire *ad litem* désignant individuellement les mandants, si on n'a pas renoncé à cette désignation, soit l'action d'un associé en son propre nom pour le tout quand l'objet est indivisible à raison du rapport sous lequel il a été envisagé dans le contrat. On peut d'ailleurs se demander si l'application pure et simple, mais dans toutes leurs conséquences, des accords, renonciations, affectations et mandats consentis par les associés, ne suffirait pas à leur procurer pour le fonctionnement de leur association tous les avantages qu'on a crus inséparables d'une personnalité fictive superposée à la leur (V. en ce sens : Van den Heuvel, *De la situation légale des associations sans but lucratif;* Marcel Mongin, *Etude sur la situation légale des sociétés dénuées de personnalité*, 1890; de Vareilles-Sommières, *Du contrat d'association. La loi française permet-elle aux associations non reconnues de posséder?* 1893).

19. Le système du décret de 1852, sur la représentation agricole est encore en vigueur. Un conseil supérieur de l'agriculture a été formé, il est vrai, les 11-12 janv. 1882 près du nouveau ministère de l'agriculture. Un décret des

---

agissant comme président, et leur réintégration sur les listes du comice dont ils ont été exclus par la même délibération, Grandjean et Chambry s'attaquent sur ce chef comme sur le premier, relatif à la présidence, à l'œuvre même du comice; — Que le comice tout entier était intéressé à la solution du procès, et qu'il est de principe que ces sortes d'associations, même en leur supposant le caractère de société civile, ne sauraient être assignées collectivement, à moins qu'elles n'aient donné une délégation spéciale à cet égard; — Qu'on ne trouve rien dans les statuts du comice agricole qui puisse autoriser une semblable délégation; — Que, dès lors, ni Maud'heux, comme président, ni Lahache, ni Thuriot, ni Clément André, comme membres du comice, n'avaient qualité pour le représenter et l'obliger en justice; — Que l'assignation leur a été donnée contrairement aux dispositions des art. 68 et 69 c. proc. civ. et doit être annulée conformément à l'art. 70 ;

Sur les dommages-intérêts : — Considérant que Grandjean et Chambry motivent leur action en dommages-intérêts sur le préjudice qu'on leur a causé en les excluant du comice agricole irrégulièrement et sans droit; — Que leur demande, sous ce rapport, n'a pas d'autre cause que la nullité de la délibération prise contre eux le 1er octobre par le comice tout entier; — Qu'ils n'attribuent aux défendeurs aucun fait, aucun acte personnel en dehors de leur participation à la décision collective du comice agricole dans lequel ils n'ont figuré qu'en leur qualité de président ou de membres titulaires de l'association; — Qu'il suit de là que l'action en dommages-intérêts dérivant uniquement, d'après les demandeurs eux-mêmes, de l'irrégularité et de la nullité de la résolution prise par le comice tout entier, c'est contre ce comice lui-même qu'ils auraient dû l'intenter, puisque c'est avec lui seulement que peut être discutée et résolue la validité de sa délibération; — Considérant que les deux actions se trouvant ainsi dépendre l'une de l'autre, et que la cour n'étant pas régulièrement saisie de l'action principale, ne saurait juger la demande en dommages-intérêts qui n'en est que l'accessoire et la conséquence; — Émendant et réformant le jugement dont est appel en ce qu'il a proclamé l'incompétence des tribunaux civils, dit que le tribunal était compétent ; — Statuant sur les fins de non-recevoir, déclare la demande non recevable, et dans tous les cas, sur la validité de la procédure, dit que l'assignation a été donnée aux personnes n'ayant pas qualité pour défendre, et l'annule, conformément aux dispositions de l'art. 70 c. proc. civ., etc.

Du 2 juin 1866.-C. de Nancy, 1re ch.-MM. Lézaud, 1er pr.-Liffort de Buffévent, av. gén.-Limbourg (du barreau de Metz), Gournot (du barreau de Paris) et Volland, av.

25 juill.-1er août 1882 a fixé sa composition en limitant à cent le nombre de ses membres répartis en quatre sections correspondant aux quatre directions dont se compose le ministère (agriculture, forêts, hydraulique agricole, haras). Il correspond, sauf l'augmentation du nombre de ses membres, à la section agricole de l'ancien conseil supérieur du commerce, de l'agriculture et de l'industrie, si souvent réorganisé et que le décret des 1er-2 oct. 1879 (D. P. 80. 4. 91), laissait au choix du pouvoir ou recrutait en partie parmi les hauts fonctionnaires de l'Administration. Mais pas plus que lui, pas plus que l'ancien conseil général qui ne s'était réuni que peu ou point, il n'a à sa base l'élection par les intéressés, source indispensable d'indépendance et d'autorité, et qui assurait à l'agriculture, dans la loi de 1851, deux degrés de sérieuse représentation.

20. — II. Projets relatifs a la représentation agricole. — La représentation agricole ainsi constituée peut être considérée comme illusoire. Les chambres consultatives, a dit M. Méline, « n'existent que de nom, et l'agriculture ne s'y est jamais trompée... Après avoir régulièrement fonctionné pendant deux ou trois ans, les membres de ces chambres, se rendant compte de leur impuissance, ont cessé peu à peu de siéger, et c'est ainsi qu'elles ont disparu dans un grand nombre d'arrondissements » (*Journ. off.*, Doc. parl., Ch. sess. extr. 1889, p. 61). Ce fait était déjà constaté au mois d'avril 1875, par une circulaire ministérielle invitant les préfets à prendre les dispositions nécessaires pour la reconstitution de ces chambres (V. le texte reproduit par M. Maurice Block, dans le *Supplément général au dictionnaire de l'Administration française*, v° *Chambre consultative d'agriculture*, p. 78), et on peut remonter encore plus loin pour voir la réforme de cette législation à l'ordre du jour. L'agitation qui s'était produite sous le gouvernement de Juillet, et qui avait abouti à la loi du 20 mars 1851, se renouvela en 1866, lors de la grande enquête qui fut faite alors sur la situation agricole. Elle eut pour conséquence un vœu de la commission en faveur d'un système de représentation à deux degrés, composé de comices d'arrondissements et d'un conseil supérieur élu par le conseil général, sauf un quart de ses membres choisi par le pouvoir. Le conseil d'État fut saisi d'un projet du Gouvernement, et le Corps législatif de deux propositions de MM. le marquis d'Andelarre et Ernest Picard, confiant toutes deux l'élection du conseil supérieur aux chambres départementales élues elles-mêmes par les comices ou par le suffrage direct. Cette question, dont l'attention fut détournée par la guerre de 1870, fut reprise au sein de l'Assemblée nationale par MM. de Saint-Victor, de Bouillé et plusieurs autres membres qui demandaient la remise en vigueur de la loi de 1851 ; — par M. Lespinasse qui demandait l'élection des chambres consultatives par les conseillers municipaux ; — puis le 17 mai 1883 par M. le baron de Ladoucette principal auteur de la loi de 1851 (*Journ. off.*, Doc. parl., Ch. 1883, p. 1504) ; — le 20 mars 1884 par M. Méline au nom du Gouvernement (*Ibid.*, 1884, p. 599) ; — le 26 mars 1885, par M. Bouthier de Rochefort. La législature ayant changé, la question fut posée encore par MM. Méline et Jules Ferry dans leur proposition du 10 déc. 1885 (*Journ. off.*, Doc. parl., Ch. 1886, p. 58), objet d'un rapport favorable de M. Boysset (*Ibid.*, 1887, p. 1008), mais qui ne parvint pas à la discussion.

21. Enfin la Chambre est saisie d'une nouvelle proposition de M. Méline, du 19 nov. 1889 (*Ibid.*, sess. extr. 1889, p. 61), prise en considération le 20 janv. 1890, et à laquelle sont venues se joindre : une proposition de M. le comte de Pontbriand du 25 janv. 1890 (*Ibid.*, 1890, p. 372), une nouvelle proposition de M. Bouthier de Rochefort du 6 févr. 1890 (*Ibid.*, 1890, p. 220), et une nouvelle proposition de M. de Ladoucette, du 15 mars 1890 (*Ibid.*, 1890, p. 486). Toutes ces propositions consacrent le principe électif. La dernière accentue le caractère représentatif des chambres projetées en les désignant sous ce titre, tandis que la première les qualifie de *consultatives*, et que les deux autres emploient le simple titre de « chambres d'agriculture » calqué sur celui des chambres de commerce et se prêtant au rôle actif que toutes leur reconnaissent dans leurs termes ou dans leur esprit. Les chambres seraient cantonales, d'après M. Bouthier de Rochefort ; d'arrondissement, mais susceptibles de former des réunions départementales d'après MM. Méline et de Pontbriand ; départementales, mais correspondant avec des chambres consultatives d'arrondissement, d'après M. de Ladoucette, qui donne ainsi plus de puissance et d'autorité aux corps représentatifs et simplifie le travail de centralisation du conseil supérieur. Elles seraient élues, d'après M. Boutier de Rochefort, par les conseils municipaux ; d'après MM. Méline, de Pontbriand et de Ladoucette par le suffrage direct des intéressés, mais entendu plus largement par le premier qui, à la différence des deux autres, y comprend outre les propriétaires et exploitants : 1° les simples ouvriers agricoles ; 2° les directeurs et professeurs d'établissements où se donne l'enseignement agricole, les vétérinaires et les instituteurs du canton. M. de Ladoucette est le seul qui proportionne le nombre d'élus de chaque canton à sa population. Toutes les propositions permettent aux chambres d'acquérir et d'administrer des biens propres comme personnes civiles ou établissements d'utilité publique. Elles sont plus ou moins larges et explicites sur leurs attributions consultatives, sur leurs rapports avec les conseils généraux, sur l'obligation de demander leurs avis ou de rendre compte de la suite qui leur est donnée, enfin sur les établissements qu'elles pourraient fonder et administrer. Quant au conseil supérieur, placé au sommet de cette représentation, il serait élu par les chambres d'agriculture, sauf dans le projet Bouthier de Rochefort, qui le fait élire par la Chambre des députés, le Sénat et le Gouvernement, comme il fait élire les chambres elles-mêmes par les conseils municipaux. La représentation agricole n'aurait rien à gagner à émaner ainsi des corps politiques. Les quatre projets présentent quelques divergences sur les cas où le conseil supérieur serait obligatoirement consulté. Nous ne pouvons les étudier ici avec le détail et la précision que comporterait un texte déjà admis dans notre législation. L'importance de la question nous obligeait seulement à en indiquer les principaux traits (V. pour plus de détails l'exposé des motifs de la proposition Ladoucette et un article de M. Gairal dans *La Réforme sociale*, 1890, 2, p. 697).

22. — III. Représentation agricole a l'étranger. — Si nous jetons les yeux sur l'étranger, nous voyons en Belgique la représentation agricole constituée depuis 1848 et 1849 et réorganisée par arrêté royal du 18 oct. 1889, en comices, en sociétés et commissions provinciales et en un conseil supérieur, sur la base de l'élection, le conseil supérieur étant élu par les corps provinciaux et ceux-ci par les comices (*Revue générale d'administration* 1889, t. 3, p. 363).

En *Italie*, un décret du 23 déc. 1866, modifié par ceux du 22 juin 1879 et du 3 avr. 1884, a créé et organisé l'institution des comices agricoles, avec droit de se syndiquer, par province ou par groupe d'arrondissements et d'élire le conseil de direction auquel est confiée leur administration générale (*Revue générale d'administration*, 1879, t. 3, p. 97 ; *Ann. de lég. étr.*, 1884, p. 389). Un décret du 20 mars 1887 a réorganisé aussi le conseil de l'agriculture (*Ann. de lég. étr.* 1887, p. 492).

En *Espagne*, un décret du 12 mai 1887 approuve un règlement pour la constitution du conseil supérieur d'agriculture, industrie et commerce (*Ann. de lég. étr.*, 1887, p. 507). Un décret du 11 août 1887 organise la commission consultative agronomique (*Ann. de lég. étr.*, 1887, p. 508). Un décret du 9 déc. 1883 ordonne la tenue de comices agricoles pour adjuger des prix aux ouvriers agricoles qui se distinguent le plus dans les opérations manuelles de la culture (*Ann. de lég. étr.*, 1887, p. 508).

En *Alsace-Lorraine*, une ordonnance impériale du 25 janv. 1888 organise un conseil d'agriculture composé du sous-secrétaire d'Etat et de quinze membres nommés par le *statthalter*. Ce conseil peut adresser des propositions au ministère, il comprend quatre commissions permanentes. La même ordonnance crée un comice agricole dans chaque arrondissement (*Ann. de lég. étr.*, 1887, p. 397).

Dans le *grand-duché de Hesse*, une ordonnance du 4 avr. 1888 organise un conseil supérieur d'économie rurale, chargé de favoriser les progrès de l'économie rurale et de l'agriculture, et particulièrement de surveiller l'enseignement de l'économie rurale, d'examiner les plans d'amélioration agricole et d'en suivre l'exécution, d'organiser les primes agricoles, de représenter l'Etat et de défendre ses droits vis-à-vis des unions et des sociétés agronomiques et de leurs organes et d'avoir avec elles tous les rapports d'affaires nécessaires. Une ordonnance de même date pose les principes généraux auxquels doivent se conformer les unions agricoles qui, au nombre d'une par province, ont pour objet de représenter les intérêts agricoles de la population et particulièrement de provoquer les améliorations possibles dans l'industrie et le commerce des matières agricoles (V. pour plus de détails, *Ann. de lég. étr.*, 1888, p. 382).

23. — IV. Sociétés agricoles. — On a vu au *Rép.* n° 20 que les conseils généraux peuvent autoriser l'assimilation aux comices des différentes sociétés d'agriculture existant dans le département. Rien n'est changé sur ce point, d'ailleurs moins important aujourd'hui que sous la loi de 1851 qui faisait élire les chambres par les comices. A l'insuffisance des chambres représentatives, il a été suppléé, dans une large mesure, dit M. Méline (Exposé des motifs, cité *suprà*, n° 20), par les associations libres qui se sont constituées sur toute la surface du territoire et ont rendu d'incontestables services à l'agriculture. L'action de ces dernières, il est vrai, se borne forcément à encourager les agriculteurs et à les diriger dans la voie du progrès par des récompenses qui sont la meilleure consécration des bonnes méthodes de cultures ; leurs réunions sont trop rares, leurs membres trop éloignés les uns des autres, trop absorbés par leurs occupations personnelles pour qu'on puisse exiger d'eux des efforts suivis et persévérants. De plus, ajoute-t-il, les membres des associations agricoles et des comices, par des raisons diverses, « représentent à peine le vingtième de ceux qui, à un titre quelconque, peuvent être considérés comme dirigeant des exploitations » et comme appelés à fournir leur contingent dans la représentation de l'agriculture. Il est intéressant néanmoins de constater l'essor pris depuis vingt ans par les associations libres en vue des progrès et de la protection de l'agriculture. A côté de la Société d'acclimation, de la Société nationale d'agriculture, et de la Société des agriculteurs de France, déjà mentionnées au *Rép.* n° 21, il existe une Société d'encouragement à l'agriculture, une Société nationale d'horticulture autorisée à prendre ce nom par décret du 5 juin 1880 et bien d'autres sociétés limités à une branche du travail agricole, comme la Société d'encouragement à l'industrie laitière, la Société nationale d'aviculture de France, la Société d'apiculture, l'Association pomologique de l'Ouest, le Comité linier de Lille, les sociétés hippiques dont les plus importantes sont indiquées *suprà*, v° *Courses de chevaux*, n° 1.

A propos de ces dernières, il a été jugé qu'elles forment des individualités capables d'agir en justice, et représentées par leur président, sans qu'il soit besoin pour cela d'un mandat spécial, inscrit dans les statuts et que, par exemple, une action en responsabilité est recevable contre une société hippique en la personne de son président, à l'occasion d'un accident occasionné sur un champ de courses par la faute d'un de ses agents (Civ. cass. 25 mai 1887, aff. *Société vosgienne* et Jeandidier, son président, D. P. 87. 1. 289). Comp. ce qui a été dit de cette représentation en justice (*suprà*, n° 18) à propos des comices agricoles.

24. — V. Syndicats agricoles. — Il ne faut pas confondre, d'ailleurs, les sociétés d'études et d'encouragement, dans lesquelles rentrent les comices, avec les syndicats agricoles qui ont un caractère professionnel par la qualité de leurs membres et par leur objet, unissant les agriculteurs pour la gestion, comme pour l'étude et la défense de leurs intérêts économiques. Ce caractère professionnel les place, comme les syndicats industriels d'ouvriers ou de patrons sous le régime de la loi du 21 mars 1884, c'est-à-dire les rend indépendants de toute approbation préfectorale et leur permet de se constituer librement, d'obtenir même la personnalité civile en observant seulement les formalités de cette loi dont le commentaire sera donné *infrà*, v° *Travail* (V. sur cette législation dans son application aux syndicats agricoles : *Les Syndicats professionnels agricoles*, par Georges Gain, Paris, 1890). Notons seulement ici l'immense développement de ces syndicats, qui a été un des fruits les plus heureux de la loi de 1884. Les syndicats agricoles connus en 1890 sont au nombre de 945, d'après l'*Annuaire des syndicats agricoles et de l'agriculture française*, publié par M. Hautefeuille, plus complet sur ce point que l'*Annuaire des syndicats professionnels*, publié par le ministère du commerce, lequel n'en indique que 557 en 1890, 750 en 1891. La variété la plus grande se fait remarquer soit dans la circonscription qu'ils embrassent, soit dans la branche d'agriculture qu'ils tendent à favoriser, soit dans les moyens d'action qu'ils emploient. Tantôt ils se restreignent à une petite unité territoriale, comme le canton, ayant des intérêts communs et spéciaux, tantôt ils s'étendent à un ou plusieurs départements ou même à toute la France, visant ordinairement, dans ce dernier cas, une branche spéciale de culture, comme les syndicats des viticulteurs, des sériciculteurs, des fabricants de sucre, etc. On voit aussi des unions destinées à grouper, comme le permet la loi de 1884, les syndicats agricoles d'une région ou de la France entière dans une action commune. Telle est l'Union des syndicats agricoles du Sud-Est (qui en comprenait 52 en 1891) et l'Union des syndicats des agriculteurs de France, offrant aux unions des syndicats, comme aux syndicats isolés, les avantages d'une association plus vaste et plus puissante.

Si nouveaux qu'ils soient, les syndicats agricoles ont déjà montré, par la pratique, combien leur action peut être variée, et combien, sous chacune de ces formes, elle pourrait être féconde en se généralisant, soit qu'ils s'appliquent à l'étude ou la défense des intérêts communs, à l'expression et au triomphe des vœux de l'agriculture, à l'organisation de concours et d'expositions, soit que, réalisant l'idée coopérative, ils procurent à chacun de leurs membres des éléments de prospérité pour son entreprise, achats et ventes sans intermédiaires, abaissement des prix et contrôle des qualités pour les semences, engrais et ustensiles, formation de comptoirs d'échantillons pour la vente, soumission aux adjudications de marchés importants, modèles uniformes de contrats pour éviter les contestations, économie de frais judiciaires par l'arbitrage dans les questions litigieuses, participation à divers instruments coûteux de progrès agricoles, tels que champs d'expériences, laboratoires d'analyses, offices de renseignements, emplois de machines nouvelles, de reproducteurs de choix, etc., enfin crédit et assurance par la mutualité. La proposition de loi déposée le 10 mai 1890 à la Chambre des députés, par M. Méline, sur le crédit agricole et populaire, énumérait diverses applications du rôle des syndicats en matière de crédit, et tendait à créer en leur faveur une organisation qui leur permît de garantir aux fournisseurs le payement des marchandises achetées par leurs membres pour l'exercice de leur profession. Cette idée a passé dans la proposition de la commission, adoptée en première lecture par la Chambre le 20 juin 1892 (Comp. *Journal de l'agriculture*, articles de M. François Bernard, sur *les Syndicats agricoles*, 1889, t. 2, p. 545, 689, 863, 904, et de M. Bréheret, sur *le Crédit agricole et les syndicats professionnels*, 1887, t. 1. V. *infrà*, n° 153 et v° *Travail*).

25. Sous le nom de syndicats, on rencontre aussi un grand nombre d'associations entre propriétaires qui, au lieu d'avoir la permanence des syndicats professionnels, ont seulement pour objet l'exécution de certains travaux ou opérations agricoles d'intérêt commun, et peuvent, pour quelques-uns de ces objets, être imposés aux intéressés en vertu d'une autorisation préfectorale par le consentement de la majorité d'entre eux. Ce sont les *associations syndicales*, régies par la loi du 21 juin 1865 (D. P. 65. 4. 77). A cette loi il convient d'ajouter : celle du 20 août 1881 (D. P. 82. 4. 1) pour les chemins ruraux ; celle du 4 avr. 1882 (D. P. 82. 4. 89) pour le reboisement et le gazonnement des terrains en montagne; celles du 2 août 1879, art. 5 (D. P. 79. 4. 87), du 28 juill. 1886 (D. P. 87. 4. 40) et du 15 déc. 1888 (D. P. 89. 4. 44) dont un règlement des 19-23 févr. 1890 (D. P. 91. 4. 73) assure l'exécution, pour la défense des vignes contre le phylloxera ; enfin celle des 22-23 déc. 1888 (D. P. 89. 4. 4) qui étend la loi du 21 juin 1865 à certains travaux d'assainissement, de viabilité ou d'amélioration à faire dans les villes et faubourgs, bourgs, villages ou hameaux, et qui remanie en conséquence les règles tracées par cette loi pour la formation de ces associations. Ces indications complètent ce qui a été dit *suprà*, v° *Associations syndicales*, avant la promulgation de ces dernières lois.

Les syndicats antiphylloxériques se sont multipliés à tel point qu'en 1891 on en comptait notamment plus de 160 dans le seul département de la Côte-d'Or (*Journal de l'agriculture*, 1891. 1. 1060). Sur les diverses mesures tendant à protéger le vignoble français contre le phylloxera (V. *infrà*, nos 144 et suiv.).

26. Comme organe des revendications de l'agriculture, il faut citer le *Syndicat économique agricole* qui se constitua en 1889, fit souscrire son programme lors des élections législatives, à une foule de candidats dont 161 furent élus, donna ainsi naissance au groupe agricole de la Chambre des députés, obtint par un vaste pétitionnement un premier dégrèvement de l'impôt foncier, et continua sa campagne en faveur de l'agriculture par divers moyens, tels que conférences publiques, délibérations suggérées aux conseils municipaux, etc. (*Journal de l'agriculture*, 1891. 1. 1000).

27. Les vœux de l'agriculture trouvent enfin dans les congrès un moyen de s'affirmer. Un *congrès international d'agriculture* s'est tenu à Paris lors de l'exposition universelle de 1889 sous la présidence de M. Méline. Il s'est occupé successivement du crédit agricole, du morcellement du sol, de la viticulture et de la production du cidre, de l'enseignement agricole, de la sériciculture, des indemnités au fermier sortant pour plus-value résultant de son industrie, des causes, des effets et des remèdes de la crise agricole. Le compte rendu de ses travaux, publié en un volume de 960 pages, a été analysé dans le *Journal de l'agriculture*, 1889. 2. 63 et 103). Ce congrès a décidé qu'une *commission permanente* serait organisée par les soins de son bureau, avec mission d'étudier les causes et les remèdes de la crise agricole et d'organiser des congrès annuels nationaux et internationaux d'agriculture. La *section française* de cette commission, a été composée de MM. Jules Méline, Léon Say, Foucher de Careil, Gomot, Baudrillart, Ribot, Emile Labiche, Tisserand, Louis Passy, marquis de Dampierre, Tellier, Jules Bénard, Henri Besnard, Henri Sagnier et Jules Tardit. En dehors de sa participation à l'œuvre de la commission tout entière, elle s'est assigné pour objet d'études la réalisation des vœux du congrès de 1889 en ce qui concerne l'agriculture française, et elle a débuté dans ses travaux par la préparation de la proposition de loi sur le crédit agricole dont son président, M. Méline, a pris l'initiative devant le Parlement. Elle a préparé le congrès international d'agriculture qui s'est tenu en septembre 1891 à La Haye, et décidé que le prochain se réunirait à Lausanne en septembre 1893. La commission internationale peut avoir une heureuse influence sur la solution de bien des questions qui réclament et admettent l'entente des gouvernements, comme les mesures internationales propres à assurer la protection des animaux utiles et la destruction des animaux et végétaux nuisibles à l'agriculture. — Sur le régime agricole en Algérie, V. *infrà*, v° *Organisation de l'Algérie*.

§ 2. — De l'enseignement agricole (*Rép.* nos 22 à 33).

28. L'importance de l'enseignement agricole a singulièrement grandi depuis vingt-cinq ans. L'agriculture doit, en effet, devenir de plus en plus scientifique et intensive pour résister, dans les pays d'Europe, à la crise que lui font subir, grâce aux nouveaux moyens de communication, les importations des pays lointains et surtout de l'Amérique. Notre législateur s'est donc efforcé depuis 1870, de développer l'enseignement agricole spécial ou professionnel, que la loi du 3 oct. 1848 (D. P. 48. 4. 170) avait entrepris de fonder au moyen des fermes-écoles donnant au premier degré une instruction élémentaire pratique, des écoles régionales donnant au second degré une instruction à la fois théorique et pratique, et de l'Institut agronomique formant au troisième degré l'école normale supérieure de l'agriculture (*Rép.* n° 22).

29. — I. INSTITUT AGRONOMIQUE. — L'Institut agronomique, établi à Versailles en vertu de cette loi, mais supprimé par décret du 17 sept. 1852, et dont on avait cherché plus tard (1869) l'équivalent dans une *école supérieure d'agronomie* rattachée au muséum d'histoire naturelle et à l'Ecole pratique des hautes études (*Rép.* v° *Organisation de l'instruction publique*, n° 433), a été rétabli au Conservatoire des arts et métiers, à Paris, par la loi du 9 août 1876 (D. P. 76, 4. 122) puis transféré en 1890 dans les bâtiments de l'ancienne Ecole de pharmacie. — Cette école, dont le type fonctionne en Allemagne, en Belgique, en Suisse, en Autriche, en Portugal, est destinée à l'étude et à l'enseignement des sciences dans leurs rapports avec l'agriculture; elle doit être pour celle-ci ce qu'est l'Ecole polytechnique pour les travaux publics, les arts et l'industrie. Son enseignement, tout à fait scientifique, forme : 1° des agriculteurs et des propriétaires capables d'améliorer leurs exploitations; 2° des administrateurs pour les divers services publics ou privés où sont engagés les intérêts agricoles (inspection de l'agriculture, direction de fermes-écoles, services du ministère de l'agriculture); 3° des agents pour l'administration des forêts; 4° des professeurs spéciaux pour l'enseignement agricole dans les écoles nationales, dans les écoles pratiques d'agriculture, dans les départements, dans les écoles normales, etc.; 5° des directeurs de stations agronomiques, des chimistes ou directeurs pour les industries agricoles, et des ingénieurs agricoles pour le drainage l'irrigation, la construction des machines, etc.

Ses professeurs, choisis par le ministre lors de sa création, sont remplacés au concours en cas de vacance (art. 2). Un décret des 14-15 janv. 1890 leur interdit le cumul de toute autre fonction, sauf autorisation spéciale du ministre de l'instruction publique, laquelle ne peut être accordée pour un enseignement à donner hors de la ville de Paris. Le même décret les admet à faire valoir leurs droits à la retraite à soixante-dix ans, dans les conditions déterminées par la loi du 9 juin 1853.

Le régime de l'Institut agronomique est l'externat (L. du 9 août 1876, art. 3). L'école comprend deux catégories d'élèves : les élèves réguliers et les auditeurs libres. Les premiers sont reçus à la suite d'un concours qui porte sur les sciences physiques, chimiques et mathématiques, et auquel ne peuvent se présenter que les candidats âgés de dix-sept ans révolus au 1er janvier de l'année du concours. Les autres ne sont soumis à aucune condition d'âge et sont dispensés de tout examen d'admission (Même article).

L'institut reçoit aussi un certain nombre de boursiers choisis au concours par moitié entre les élèves diplômés des écoles d'agriculture et les autres concurrents.

30. L'enseignement de l'Institut national comprend : la mécanique, le génie rural (constructions rurales, hydraulique agricole), la physique et la météorologie, la minéralogie et la géologie, la chimie (générale, agricole, analytique), la technologie agricole, la botanique (physiologie générale et étude des maladies des plantes), la zoologie (animaux et insectes utiles ou nuisibles), l'agriculture générale et les cultures spéciales (sylviculture, viticulture, horticulture), l'agriculture comparée, l'anatomie et la physiologie générale, l'économie politique et l'économie rurale, le droit administratif et la législation rurale, la comptabilité agricole, le dessin à main levée et le dessin géométrique. — Ces diverses sciences sont enseignées par vingt professeurs, qui sont nommés au concours (L. de 1876, art. 2). Les applications pratiques en sont faites dans la *ferme d'expérimentation de l'Institut agronomique*, qui a été créée à la Faisanderie, près de Joinville-le-Pont, en vertu de l'art. 6 de la même loi.

31. La durée des études est de deux ans. A leur sortie, les élèves qui en sont jugés dignes reçoivent le *diplôme de l'enseignement supérieur de l'agriculture* (L. de 1876, art. 3); les élèves qui, sans avoir obtenu le diplôme, ont néanmoins fait preuve de connaissances suffisantes et d'un travail régulier, reçoivent un certificat d'études.

Les diplômes accordés par l'Institut national agronomique confèrent à ceux qui les ont obtenus des avantages importants. En premier lieu et d'après l'art. 5 de la loi de 1876, les deux premiers élèves sortants chaque année peuvent recevoir, aux frais de l'Etat, une mission complémentaire, soit en France, soit à l'étranger, qui a une durée de trois années. De plus, aux termes du décret du 9 janv. 1888, qui modifie les conditions de recrutement de l'école nationale forestière (D. P. 88. 4. 36), toutes les places dans cette école, sauf deux, sont réservées aux élèves diplômés de l'institut agronomique, à condition qu'ils ne soient pas âgés de plus de vingt-deux ans au 1er janvier de l'année de l'admission. — Enfin le diplôme supérieur délivré par l'institut agronomique donne droit à la dispense du service militaire prévue par l'art. 23 de la loi du 15 juill. 1889 (réduction à une seule année en temps de paix), mais seulement pour les soixante élèves français classés à la sortie en tête de la liste de mérite et ayant obtenu pour tout le cours de leur scolarité 70 pour 100 au moins du total des points que l'on peut obtenir d'après le règlement de l'école (Décr. 23 nov. 1889), le diplôme devant faire mention du rang de classement et du nombre de points obtenus (Même décret).

32. Ainsi qu'on l'a vu *suprà*, n° 30, l'Institut agronomique possède, près de Joinville-le-Pont, un établissement de recherches et d'expérimentations qui est comme son école d'application. Divers arrêtés du ministre de l'agriculture lui ont annexé : 1° un laboratoire de pathologie végétale pour l'étude des maladies des plantes, la recherche des moyens propres à les combattre, et l'examen gratuit des échantillons présentés par les cultivateurs, qui sont ainsi éclairés sur l'espèce, le nom et les remèdes de la maladie ; — 2° Un laboratoire spécial pour l'étude des fermentations dans leurs rapports avec les industries de la brasserie, de la distillerie, de la vinification et de la laiterie ; — 3° Un laboratoire de recherches sur les insectes nuisibles ; — 4° Une station d'essais de machines ; — 5° Une station d'essais de semences (premier établissement de ce genre créé en France) pour contrôler le commerce des graines en éprouvant leur pureté et leur faculté germinative, comme les stations agronomiques contrôlent, par l'analyse, le commerce des engrais. Cette station a été chargée, en 1890, de faire une enquête sur la qualité des semences fourragères récoltées dans les diverses régions de la France, avec l'aide des professeurs départementaux d'agriculture, des directeurs de stations agronomiques, et des directeurs d'écoles d'agriculture et de fermes-écoles (*Journal de l'agriculture*, 1891. 1. 124).

33. Le *Muséum d'histoire naturelle* et le *Conservatoire des arts et métiers*, l'*Ecole centrale des arts et manufactures* (V. *infrà*, n° 93, 94 et suiv.) fournissent aussi un certain nombre de cours et de conférences touchant à l'agriculture. Le premier de ces établissements vient en aide, par des distributions de graines et de plantes, aux écoles normales d'instituteurs et d'institutrices, aux écoles pratiques d'agriculture, aux fermes-écoles, aux orphelinats agricoles et horticoles, aux stations agronomiques, aux sociétés d'horticulture, etc. (*Journal de l'agriculture*, 1889. 1. 325).

34. — II. ECOLES NATIONALES D'AGRICULTURE. — Quoique au-dessous de l'Institut agronomique, les écoles nationales d'agriculture, telles que les avait conçues le législateur de 1848 sous le titre d'écoles régionales (V. *Rép.* n° 26), occupent cependant, par leur importance scientifique en même temps que pratique, le degré supérieur dans l'enseignement agricole, surtout depuis qu'au-dessous d'elles et au-dessus des fermes-écoles, la loi du 30 juill. 1875 (V. *infrà*, n° 40) a institué les écoles pratiques d'agriculture.

Les trois écoles nationales d'agriculture sont aujourd'hui celles de Grignon (Seine-et-Oise), du Grand-Jouan (Loire-Inférieure) et de Montpellier. Celle-ci, constituée en 1870 avec le personnel de l'ancienne école de la Saulsaie, en vertu d'un arrêté ministériel du 2 août 1875, est plus prospère encore que les autres. Elle est spécialement consacrée à la viticulture. Elle possède une station viticole et une station séricicole, et publie dans des annales les résultats de ses expériences.

Le régime de ces écoles, exposé au *Rép.* n° 26, n'a pas subi de modifications sensibles. Une instruction du ministre de l'agriculture, publiée au *Journal officiel* du 22 mai 1891, indique, outre la nature de l'enseignement, les conditions de l'admission des élèves, les règles relatives à la concession des bourses et demi-bourses, au trousseau, aux examens et diplômes, à la discipline, au service médical.

35. L'admission dans les écoles nationales d'agriculture a lieu au concours sur un nombre de places déterminé chaque année par arrêté ministériel. Tout candidat peut se présenter, pourvu qu'il ait seize ans accomplis au 1er octobre de l'année de l'admission. Aucun diplôme n'est exigé ; on accorde seulement le bénéfice d'un certain nombre de points (10 ou 15) à ceux qui présentent un diplôme de bachelier, un brevet de l'enseignement primaire ou un diplôme d'une école pratique d'agriculture ou d'une ferme-école.

La durée des études est de deux années et demie. A leur sortie les élèves qui ont satisfait aux épreuves réglementaires obtiennent un *diplôme d'école nationale d'agriculture* qui leur est délivré par le ministre. Les élèves qui, sans avoir obtenu le diplôme, ont fait preuve cependant de connaissances suffisantes, reçoivent un certificat d'études. Parmi les élèves diplômés, il en est qui jouissent de certaines faveurs spéciales. D'une part, d'après un arrêté ministériel du 20 oct. 1884, les deux élèves sortis les premiers dans chaque école peuvent obtenir de faire, aux frais de l'Etat, un stage de deux années dans des établissements agricoles publics ou privés, à l'effet de compléter leur instruction pratique. D'autre part, aux termes de l'art. 2 du décret du 28 nov. 1889 (D. P. 89. 4. 104), modifié par le décret du 31 mai 1890 (D. P. 91. 4. 3), les jeunes gens diplômés des écoles nationales d'agriculture qui sont compris dans les quatre premiers cinquièmes de la liste de mérite de ceux des élèves français qui ont obtenu, pour tout le cours de leur scolarité, 65 pour 100 au moins du total des points que l'on peut obtenir d'après les règlements de ces écoles, ne sont astreints en temps de paix qu'à un an de présence sous les drapeaux.

36. D'autres écoles d'un caractère plus spécial doivent être mentionnées ici ; ce sont : 1° l'Ecole nationale d'horticulture de Versailles; 2° l'Ecole d'arboriculture et de jardinage de Bastia; 3° les écoles de bergers; 4° les écoles forestières.

L'*Ecole nationale d'horticulture de Versailles*, fondée en 1873, a pour objet de former des jardiniers capables et instruits dans toutes les connaissances relatives à l'art horticole ; l'enseignement qu'elle distribue est à la fois théorique et pratique. Au point de vue théorique, cet enseignement comprend l'arboriculture dans toutes ses variétés, la culture potagère, la floriculture, les principes de l'architecture des serres et des jardins, les éléments des sciences naturelles, physique, etc., dans leur application à l'horticulture, l'arithmétique, la géométrie, le dessin, la comptabilité et des leçons de langue anglaise. L'instruction pratique comprend tous les travaux du jardinage, quelles que soient leur nature et leur durée. — L'admission des élèves a lieu par voie d'examen : les candidats doivent être âgés de seize ans au moins et de vingt-six ans au plus au 1er octobre de l'année de l'admission. Les études durent trois ans. A leur sortie, les élèves qui ont satisfait aux examens reçoivent un certificat d'études, et les premiers classés peuvent obtenir de faire un stage d'une année, aux frais de l'Etat, dans les grands établissements horticoles de la France ou de l'étranger. Mais les élèves qui ont obtenu le certificat d'études ne jouissent d'aucun privilège au point de vue de la dispense du service militaire.

L'*Ecole d'arboriculture et de jardinage de Bastia*, instituée par arrêté ministériel du 16 mars 1878, a pour but de former des arboriculteurs et des jardiniers-maraîchers. Son enseignement est également théorique et pratique, mais d'un ordre moins élevé que celui de l'école précédente ; il se rapproche beaucoup de celui des écoles pratiques d'agriculture. L'âge d'admission est de seize à vingt ans. La durée des études est de trois années. Les élèves méritants reçoivent à leur sortie un certificat d'études, qui ne leur confère non plus aucun avantage relativement au service militaire.

Les *écoles de bergers* sont au nombre de deux, établies l'une à Rambouillet, l'autre à Moudjebeur (Algérie). Elles ont pour objet d'améliorer les races ovines et d'instruire les jeunes gens dans la conduite et la bonne gestion des troupeaux. A ce dernier point de vue, leur enseignement est presque exclusivement pratique, comme celui des fermes-écoles. La durée de l'apprentissage est de trois ans, au bout desquels les élèves méritants reçoivent un certificat d'aptitude et une prime de 200 francs.

Les *écoles forestières* sont au nombre de trois : l'*Ecole nationale forestière* de Nancy, réglementée par le décret du 9 janv. 1888 (D. P. 88. 4. 36), l'*Ecole secondaire d'enseignement forestier* et l'*Ecole pratique de sylviculture*, ces deux dernières établies au domaine des Barres, près de Nogent-sur-Vernisson (Loiret) et réglementées par le décret du 14 janv. 1888 (D. P. 88. 4. 37). V. pour les détails *infrà*, v° *Régime forestier*.

37. Il y a lieu de citer encore l'Ecole nationale des haras du Pin, rétablie par la loi du 29 mai 1874 et réorganisée par le décret des 20-22 juill. 1892. L'objet de cette dernière institution est de former des fonctionnaires pour l'administration des Haras et de donner l'enseignement aux élèves libres qui le désirent. Elle reçoit des élèves de nationalité française ou étrangère. Les officiers-élèves, au nombre maximum de trois par an, destinés à entrer dans les cadres de l'Administration comme surveillants, sont recrutés parmi les élèves diplômés de l'Institut agronomique, suivant le mode adopté à l'Ecole polytechnique pour le recrutement de ses écoles d'application. Elle comprend enfin, outre les officiers-élèves et les élèves libres, une section d'élèves brigadiers et une section d'élèves palefreniers.

Au point de vue du service militaire, les élèves de l'Ecole des haras du Pin jouissent des mêmes avantages que ceux des écoles de Grignon, du Grand-Jouan et de Montpellier.

38. Outre ces diverses écoles nationales, il est question de fonder à Douai une école nationale des cultures industrielles, qui serait aux industries agricoles ce que sont aux industries mécaniques les écoles d'arts et métiers, et tendrait à former, pour les brasseries, amidonneries, distilleries, laiteries et féculeries, des maîtres-ouvriers et contremaîtres capables de seconder l'action initiale du chimiste ou de l'ingénieur.

39. On peut rattacher encore à l'enseignement supérieur agricole les instituts agronomiques fondés près de certaines facultés officielles ou libres, empruntant leurs professeurs pour certaines parties de l'enseignement, se servant de leur outillage scientifique et ayant pour objet de fournir aux futurs chefs d'exploitations agricoles, ou aux fils de propriétaires fonciers, les connaissances nécessaires pour résider utilement au milieu de leurs exploitations et les faire progresser. Ainsi en est-il de l'*Ecole des hautes études agricoles*, annexée en 1886 aux facultés catholiques de Lille, et de l'*Institut agronomique*, annexé à la faculté des sciences de Poitiers, indépendamment des chaires de chimie agricole (V. *infrà*, n° 46) qui existent dans cinq facultés des sciences (Rapport de M. Tisserand au congrès international d'agriculture de 1889, *Journal de l'agriculture*, 1889. 2. 241).

40. — III. ECOLES PRATIQUES D'AGRICULTURE ET FERMES-ÉCOLES. — « L'enseignement élémentaire pratique de l'agriculture, dit l'art. 1 de la loi du 30 juill. 1875 (D. P. 76. 4. 2), sera donné : 1° dans les fermes-écoles créées en vertu de la loi du 3 oct. 1848, avec les modifications qui y sont apportées par la présente loi ; 2° dans les établissements d'enseignement professionnel agricole qui prendront le nom d'*écoles pratiques d'agriculture* ». Cet article établit ainsi entre les fermes-écoles et les écoles pratiques d'agriculture une assimilation qui, en fait, est loin d'être absolue, tout au moins au point de vue de l'enseignement. Tandis, en effet, que les fermes-écoles sont restées ce qu'elles étaient sous l'empire de la loi de 1848, c'est-à-dire des établissements d'apprentissage exclusivement pratique de l'agriculture (V. *Rép.* n°s 23 à 25), les écoles pratiques, malgré le nom qu'elles portent, joignent à l'enseignement pratique un enseignement théorique que les fermes-écoles ne donnent pas.

Ces écoles (art. 1), ne sont pas gérées et administrées au compte de l'Etat comme l'Institut agronomique et les écoles nationales d'agriculture. Elles sont établies dans chaque département ou pour plusieurs départements s'entendant à cet effet, sur une exploitation gérée aux risques et périls de l'exploitant. La demande de l'exploitant, après avis favorable du conseil général ou des conseils généraux intéressés, est examinée par le ministre de l'agriculture, qui apprécie le choix du domaine et les qualités de l'exploitant appelé aux fonctions de directeur et qui crée l'école par un arrêté (art. 2 et 3). Les départements intéressés supportent les frais d'installation matérielle. En cas d'insuffisance de leurs ressources, l'Etat peut y intervenir pour tout ou partie. Il est exclusivement chargé de la rétribution de tout le personnel dirigeant et enseignant et des frais accessoires de l'enseignement, de même qu'il encaisse le prix de la pension fixé pour chaque école par le ministre de l'agriculture. L'Etat, les départements et les communes peuvent y entretenir des élèves avec bourse entière ou partielle (art. 4, 5 et 6). Une circulaire du 6 juill. 1886 admet à ces bourses les jeunes gens remplissant les conditions exigées pour obtenir une des bourses spéciales créées par la loi de finances du 8 août 1885 en faveur des familles de sept enfants et plus.

Ces écoles se recrutent par voie d'examen ; l'âge requis pour se présenter varie de treize à quinze ans. Sont admis de droit, à concurrence du nombre de places disponibles, les candidats pourvus du certificat d'études primaires ou de l'enseignement secondaire. L'enseignement a une durée de deux ou de trois ans, suivant les écoles.

Le programme des études, qui comporte le maniement des armes et des exercices de tir, est réglé par le ministre pour chaque école suivant la spécialité culturale de la contrée. Il peut comprendre la pisciculture (art. 7). On le voit ainsi se spécialiser dans des écoles d'irrigation et de drainage, d'agriculture pastorale, de laiterie et de fromagerie, d'aviculture, de viticulture, de sériciculture, d'horticulture, d'arboriculture, de sylviculture.

Les élèves qui ont satisfait, pendant leur séjour à l'école, aux examens particuliers et de fin d'études reçoivent un certificat à leur sortie : ce certificat qui, sous le régime de la loi du 27 juill. 1872, leur donnait droit au bénéfice du volontariat d'un an sans autre épreuve, ne leur confère aujourd'hui, depuis la loi du 15 juill. 1889, aucun privilège au point de vue du service militaire.

Chaque école a un comité de surveillance et de perfectionnement, composé d'un inspecteur général de l'agriculture, un professeur de sciences, trois membres du conseil général désignés par lui, et deux agriculteurs notables du département, plus un conseiller général et un agriculteur notable de chaque département s'il y en a plusieurs intéressés à l'école. Ce comité veille sur la direction, la discipline et l'enseignement, donne son avis sur le programme d'études et les conditions d'admission, intervient par son concours et sa surveillance dans les examens d'entrée et de sortie, la collation des brevets de capacité, et les présentations pour les bourses et fractions de bourses; il correspond avec le ministre, et adresse des rapports annuels aux conseils généraux intéressés (art. 8 et 9). V. *Revue générale d'administration*, 1882. 3. 240.

41. Les fermes-écoles sont toujours régies par la loi du 3 oct. 1848. Cependant quelques modifications ont été apportées à leur régime par la loi du 30 juill. 1875. Cette loi leur donne un comité de surveillance et de perfectionnement semblable à celui des écoles pratiques et investi des mêmes attributions. En outre, elle décide que les pécules ou primes de sortie attribués par la loi de 1848 aux élèves des fermes-écoles, suivant leur mérite, seront subordonnés à l'obtention des brevets de capacité (art. 8 et 11). Enfin la même loi permet aux instituteurs brevetés et aux professeurs de l'Université de réaliser dans les fermes-écoles et dans les écoles pratiques d'agriculture l'engagement de se vouer pendant dix ans à l'enseignement public prévu par l'art. 79 de la loi du 15 mars 1850 (art. 10).

42. Les écoles pratiques d'agriculture se sont rapidement développées depuis la loi de 1875, qui en instituait le type. Le budget de 1891 en compte vingt-huit comme existantes et douze comme projetées. Il convient de mentionner spécialement l'école professionnelle agricole et horticole établie en Algérie, par le conseil général de la Seine, pour les enfants assistés de ce département, parce qu'elle fait apparaître l'idée de la colonisation agricole comme un couronnement de l'assistance publique. Une loi des 27-28 avr. 1886 autorisant la concession gratuite au département de la Seine de 3267 hectares 17 ares 12 centiares de terrains nationaux disponibles pour être utilisés soit à l'établissement de cette école, soit au lotissement entre ceux de ses anciens élèves qui s'y établiraient comme colons, et le legs que lui fit en 1887, M. l'abbé Roudil des domaines de Ben-Chicao et de Meghatel, sous cette charge, rendirent immédiatement possible l'accomplissement de cette œuvre qui fonctionne actuellement et dont on peut connaître l'origine et l'organisation par un article de M. Albert Muteau (*Assistance publique et colonisation*, dans *La Nouvelle Revue*, 1er nov. 1891. V. sur les institutions agricoles de l'Algérie, *infrà*, v° *Organisation de l'Algérie*).

43. Par contre, le nombre des fermes-écoles, déjà réduit de 70 à 51 lors de la publication du *Répertoire* (*Rép.* n° 23), était réduit à 17 en 1890, soit par des suppressions pures et simples, soit par des transformations en écoles pratiques (*Les Expositions de l'Etat en* 1889, t. 2, p. 352). L'enseignement de la ferme-école n'est plus d'ailleurs exclusivement pratique comme autrefois. Les études théoriques y prennent en général, et sauf l'époque des grands travaux de moisson ou de fenaison, les deux cinquièmes du temps des élèves (*Ibid.*). Mais cela n'a pas empêché le rapporteur du budget de 1892 de souhaiter leur disparition complète et leur remplacement par des écoles pratiques.

Il convient de mentionner l'institut agricole de Beauvais comme établissement libre d'enseignement professionnel agricole digne d'être placé auprès des écoles pratiques les plus importantes. On peut rattacher encore à l'initiative privée, pour une branche toute spéciale de l'industrie agricole, la création, en 1891, par la bourse de commerce de Paris, d'une école de meunerie dont le type était encore inconnu en France, bien qu'il existât dans les autres grands pays de l'Europe (*Journal de l'agriculture*, 1891. 1. 677).

44. — IV. ENSEIGNEMENT UNIVERSITAIRE. — PROFESSEURS DÉPARTEMENTAUX. — Il arrive quelquefois que l'école professionnelle d'agriculture est annexée soit à l'école primaire, comme à Sartilly dans la Manche, et à Mesnil-la-Hogue dans la Meuse, soit à l'école primaire supérieure comme à Dourdan (Seine-et-Oise) et à Sartilly (Vendée) (*Les Expositions de l'Etat en* 1889, t. 2, p. 358). Il a été bien entendu en effet, lors de la création des écoles primaires supérieures, que l'enseignement y revêtirait le caractère de la profession dominante dans le pays. Ce type, de l'école primaire agricole et de l'école primaire supérieure agricole, est celui qu'on voudrait surtout voir se multiplier. Une pénétration bien complète de l'enseignement universitaire par l'enseignement agricole, soit dans l'école primaire, soit dans l'école primaire supérieure, soit même dans le collège, serait un puissant moyen d'atteindre la masse des cultivateurs, de les attacher à leur état et de les disposer au progrès dans leurs méthodes de culture. — Les lois de 1879 et de 1882 tendent à ce résultat dans l'enseignement primaire élémentaire et primaire supérieur. Tandis que la loi du 15 mars 1850 plaçait dans la partie facultative du programme de l'enseignement primaire les instructions élémentaires sur l'agriculture (*Rép.* n° 22 et v° *Organisation de l'instruction publique*, n° 137), la loi du 28 mars 1882 comprend obligatoirement, « dans cet enseignement, les applications des sciences naturelles, physiques et chimiques à l'agriculture ». — On retrouve ces prescriptions dans le décret organique de l'enseignement primaire des 18-20 janv. 1887, art. 35 (D. P. 87. 4. 16) pour les écoles primaires supérieures et les cours complémentaires. Pour en faciliter l'exécution, ce décret (art. 33) permet d'attacher soit aux cours complémentaires, soit aux écoles primaires supérieures, des maîtres auxiliaires chargés des enseignements spéciaux auxquels le directeur, les professeurs et les adjoints ne suffiraient pas, tels que le dessin et le modelage, le travail manuel, l'agriculture. Il permet en outre au ministre de déléguer des professeurs de l'enseignement supérieur ou secondaire pour des enseignements faisant partie du programme des écoles primaires supérieures (Même article). — D'autre part, la loi du 11 déc. 1880 et le décret du 17 mars 1888 ayant fait rentrer dans l'enseignement public et admis aux subventions de cet enseignement les écoles manuelles d'apprentissage fondées par les communes ou les départements (V. *infrà*, n° 115), la loi du 19 juill. 1889 sur les dépenses ordinaires de l'enseignement public (art. 2) met à la charge de l'Etat les traitements du personnel de ces écoles, sauf la rétribution par le département ou la commune des chefs d'atelier, contremaîtres et ouvriers chargés par le département ou la commune de l'enseignement agricole, commercial ou industriel dans les écoles ou dans les écoles primaires de tout ordre. La même loi, art. 48 § 18 et 19, laisse à des règlements d'administration publique rendus après avis du conseil supérieur de l'instruction publique, et en outre, s'il s'agit de l'enseignement agricole, après avis du conseil supérieur de l'agriculture, le soin de statuer sur les conditions dans lesquelles ces écoles et cours donnant l'enseignement agricole devront, pour être entretenus par l'Etat, aux termes de l'art. 2, être placés sous le régime de la loi du 11 déc. 1880 et du règlement d'administration publique du 17 mars 1888. En vertu de cet article, qui renferme une disposition analogue pour l'enseignement commercial et industriel, des décrets pourront transférer au ministère de l'agriculture et réorganiser, d'après leur destination, les cours complémentaires ou écoles primaires supérieures donnant principalement l'enseignement agricole, comme ont été déjà transférés au ministère du commerce des cours ou écoles de cette catégorie donnant principalement l'enseignement commercial ou industriel (V. *infrà*, n° 116). — Mais l'agriculture ne peut être enseignée dans les écoles primaires ou primaires supérieures sans l'avoir été aux futurs instituteurs dans les écoles normales primaires. On a vu au *Rép.* n° 22 qu'elle faisait, en 1869, l'objet d'un cours dans toutes ces écoles et que, dans cinq départements, cet enseignement était confié à un professeur spécial, chargé en outre de faire des conférences agricoles ou horticoles dans les communes rurales (*Rép.* eod. loc.). Cette organisation a été consacrée et généralisée par la loi du 16 juin 1879 (D. P. 79. 4. 68) relative à l'enseignement départemental et communal de l'agriculture.

45. Aux termes de cette loi, complétée par un décret réglementaire du 9 juin 1880 (*Revue générale d'administration*, 1880. 2. 361), il a dû être créé, dans les six ans de sa promulgation, une chaire d'agriculture dans tous les départements qui n'en avaient pas encore pour l'enseignement de toutes les branches de l'exploitation agricole, et plus spécialement des cultures de la région (art. 1). Ces chaires sont aujourd'hui au nombre de 84, dont 3 en Algérie. Les professeurs départementaux d'agriculture sont nommés par arrêté concerté entre le ministre de l'agriculture et le ministre de l'instruction publique, et choisis au concours sur le rapport d'un jury composé par le ministre de l'agriculture, d'après les règles contenues dans l'art. 2. Les art. 3, 4 et 5, complétés par les art. 1 à 5 du décret réglementaire, déterminent le siège, le programme, les conditions et les opérations du concours. Pour y prendre part, il faut être Français et âgé de vingt-cinq ans accomplis; aucun diplôme n'est exigé. Un certain nombre de points est seulement attribué à ceux qui produisent un diplôme de bachelier ès sciences, ou le diplôme de l'Institut agronomique ou d'une école d'agriculture. Le professeur est nommé pour le département dans lequel il a concouru, sauf le cas où un arrêté, concerté entre les deux ministres, le transférerait dans un autre département se trouvant dans des conditions de culture analogues (art. 10 du décret). — Les fonctions du professeur comprennent : 1° l'enseignement agricole à l'école normale primaire, en deux leçons par semaine complétées par un exercice pratique ou une excursion agricole, d'après un programme arrêté par le ministre de l'instruction publique, le conseil supérieur entendu, après avis du ministre de l'agriculture; — 2° L'enseignement agricole, s'il y a lieu, dans les autres établissements d'instruction publique; — 3° Des conférences agricoles dans les campagnes pour les instituteurs et agriculteurs de la région, conférences faites au nombre de vingt-six au moins par an, dans les localités déterminées par le préfet et d'après un programme arrêté chaque année par le ministre de l'agriculture (V. notamment les instructions adressées par le ministre aux professeurs départementaux dans les circulaires du 15 janv. 1881, *Journ. off.* du 17, et dans celle du 16 mars 1887, en vue de rendre les conférences fructueuses). Un compte rendu de ces conférences doit être adressé par le professeur, à la fin de chaque année, au préfet, pour être transmis au ministre de l'agriculture et au conseil général; — 4° Les travaux ou missions dont il peut être chargé par le préfet du département ou par le ministre de l'agriculture; — 5° L'envoi au préfet de tous les renseignements intéressant l'agriculture du département (art. 6 de la loi, 12 à 16 du décret). — Le traitement de ces fonctionnaires (3000 fr. à 4500 fr. suivant une échelle de quatre classes) est supporté par le budget du ministère de l'instruction publique et par celui du ministère de l'agriculture; leurs frais de tournée sont à la charge du département et sont fixés par le conseil général, sans pouvoir être inférieurs à 500 fr. (art. 7 et 8 de la loi, et 7, 8 et 9 du décret). Ils relèvent à la fois du ministre de l'instruction publique et du ministre de l'agriculture, dont l'un ou l'autre peut les révoquer, après avis de son collègue (art. 6 du décret).

Avec les chaires départementales d'agriculture, il ne faut pas confondre les *chaires de chimie agricole* qui sont établies dans quelques facultés des sciences, Caen, Bordeaux, etc., et qui donnent un enseignement supérieur, mais plus spécial.

Ces chaires sont occupées par un professeur de la faculté qui dirige en même temps la station agronomique, qui le plus souvent y est annexée.

46. La loi de 1879 (art. 10) ordonnait enfin que les notions élémentaires d'agriculture fussent comprises dans les matières obligatoires de l'enseignement primaire trois ans après l'organisation complète de l'enseignement de l'agriculture dans les écoles normales ; elle permettait, en outre, au conseil départemental de l'instruction publique de les y comprendre pour tout département où l'enseignement de l'agriculture aurait été organisé depuis plus de trois ans dans l'école normale. A ces dernières prescriptions s'est substituée la disposition générale et absolue de la loi du 28 mars 1882, mentionnée *suprà*, n° 44, pour l'enseignement obligatoire de l'agriculture dans les écoles primaires.

47. — V. Résultats actuels. — Lacunes. — Propositions de loi. — Cet ensemble de dispositions légales a produit déjà des résultats appréciables. L'institution des professeurs départementaux fonctionne maintenant dans tous les départements. Autour de ces fonctionnaires, et trouvant en eux des auxiliaires ou des directeurs tout désignés, les écoles professionnelles (dont on a vu le nombre *suprà*, n° 42), les cours institués dans les écoles primaires supérieures ou dans les collèges (au nombre de 15 en 1889, d'après le rapport de M. Tisserand au congrès international d'agriculture, *Journal de l'agriculture*, 1889. 2. 241), les stations agronomiques et les laboratoires agricoles (au nombre de 46 en 1890), enfin les champs d'expériences et de démonstration (au nombre de 67 en 1890), sont aussi, dans les départements qui en sont dotés, de précieux moyens pour la diffusion des connaissances agricoles et des bonnes méthodes de culture. Les stations agronomiques et laboratoires agricoles sont soumis, depuis 1889, à une inspection générale, dont l'utilité a été d'ailleurs contestée en 1890 dans la commission du budget. Ils ont pour organe les *Annales de la science agronomique française et étrangère*, publiées depuis 1884 par M. Grandeau, et formant un véritable répertoire des travaux accomplis dans ces établissements. Leur action ne reste pas isolée. En 1881 et en 1889, les directeurs de stations agronomiques se sont réunis en *congrès internationaux* dont les travaux ont été publiés, pour le premier en un volume spécial, pour le second en un volume des *Annales de la science agronomique* (V. aussi, sur les résultats des stations agronomiques : *Les Expositions de l'Etat en* 1889, t. 2, p. 349 et suiv.).

48. L'Administration s'efforce de provoquer partout la création de ces divers moyens d'instruction. Dans une circulaire du 18 août 1887, le ministre de l'agriculture invite les préfets à y concourir et à faire connaître quels sacrifices les conseils généraux sont décidés à faire, soit pour créer des bourses dans les écoles nationales, soit pour organiser des écoles pratiques, des champs d'expériences et de démonstration, soit enfin pour instituer des cours d'agriculture dans les collèges et les écoles primaires supérieures. Par une autre circulaire du 24 déc. 1885, il avait déjà insisté près d'eux sur l'utilité d'augmenter le nombre des stations agronomiques dans les différentes régions de la France. Les conseils généraux ont grand intérêt, en effet, pour les départements qu'ils représentent, à unir leur concours à celui de l'Etat pour ces diverses créations; et cette sorte de dépenses est de celles qu'ils peuvent inscrire au budget départemental, sans qu'elles puissent être changées ni modifiées, aux termes de l'art. 61 de la loi du 10 août 1871, après avoir pourvu à toutes les dépenses obligatoires. Mais ils ne peuvent, même en décidant la création de ces établissements et en votant leurs dépenses, nommer les fonctionnaires chargés de les diriger : cette désignation appartient aux préfets, seuls chargés, par l'art. 3 de la loi du 10 août 1871, d'exécuter leurs délibérations. C'est ainsi qu'une délibération du conseil général de la Vendée, du 16 avr. 1890, décidant l'installation d'un laboratoire agricole à la Roche-sur-Yon, et désignant le directeur de cet établissement, a été annulée par décret du 16 juill. 1890, quant à cette désignation (*Revue générale d'administration*, 1890. 3. 201).

49. Divers actes ministériels ont eu aussi pour objet de développer et perfectionner l'enseignement agricole dans les établissements universitaires et en particulier dans les écoles primaires. Par arrêté des 25-27 oct. 1887, les ministres de l'instruction publique et de l'agriculture instituaient une commission pour en étudier les moyens. La même année, le ministre de l'instruction publique appelait l'attention des préfets sur l'utilité qu'il y aurait à introduire le plus possible l'élément agricole dans les délégations cantonales (*Journal de l'agriculture*, 1887. 2. 927). — Deux circulaires du ministre de l'agriculture des 10 mars et 27 oct. 1887, ont chargé les professeurs départementaux de l'enseignement séricicole dans les écoles normales primaires des départements méridionaux, et leur ont prescrit de le rendre pratique par le moyen de l'élevage. Le Gouvernement tend à introduire cet enseignement dans les écoles primaires de garçons et de filles des 2000 communes où la sériciculture est pratiquée (Exposé des motifs du projet de loi du 15 janv. 1891, relatif aux encouragements spéciaux à donner à la sériciculture, *Journ. off.*, Doc. parl. Ch., 1891, p. 157). Depuis plusieurs années, le ministère de l'instruction publique décerne des prix aux instituteurs et institutrices qui donnent, avec le plus de zèle et de succès, d'une manière théorique et pratique, l'enseignement agricole et horticole à leurs élèves (*Journal de l'agriculture*, 1891. 1. 293. V. notamment l'arrêté des 12-16 janv. 1889). Il récompense aussi les instituteurs à raison du nombre et de la valeur des élèves qu'ils font admettre à l'école pratique d'agriculture du département (*Journal de l'agriculture*, 1890. 2. 341). Enfin, l'arrêté du 29 déc. 1888 a introduit une épreuve d'agriculture dans les examens du brevet élémentaire, et l'arrêté des 24-26 juill. 1888, relatif à la nouvelle réglementation du certificat d'études primaires élémentaires, maintient l'agriculture comme matière complémentaire sur laquelle le candidat peut demander à être interrogé et dont il sera fait mention dans le certificat d'études, s'il a obtenu le n° 5 (*Les Expositions de l'Etat en* 1889, t. 2, p. 357, 358).

50. Certains conseils généraux ont pris, de leur côté, d'heureuses initiatives en vue de la formation agricole des instituteurs. Celui de la Haute-Saône, par exemple, a fait admettre comme règle dans le choix des instituteurs, la priorité en faveur de ceux qui, au séjour dans l'école normale, auraient ajouté un stage d'un an dans une école pratique ou une ferme-école (*Journal de l'agriculture*, 1888. 2. 986; 1887. 1. 138); il a organisé des voyages collectifs pour faire visiter aux instituteurs du département les exploitations agricoles les mieux dirigées (*Ibid.*, 1888. 2. 163).

L'exposition universelle de 1889 témoignait, par d'intéressantes exhibitions, de l'importance des divers établissements d'instruction agricole, comme du zèle des professeurs et instituteurs à ce point de vue (V. *Les Expositions de l'Etat en* 1889, t. 2, p. 346 et suiv.)

51. L'enseignement agricole est encore loin cependant du développement qu'on voudrait lui voir prendre en France, et qu'on lui voit prendre à l'étranger. Les établissements spéciaux (écoles, stations, laboratoires et champs d'expériences) ne sont pas encore assez nombreux, ni surtout utilisés comme ils devraient l'être par les intéressés. L'enseignement agricole, quoique obligatoire dans les écoles primaires, n'y est pas donné partout, faute de figurer dans les épreuves du certificat d'études et du brevet élémentaire, et l'on signalait en 1888, comme une initiative isolée, les mesures prises par l'autorité académique, dans le département du Nord, pour rendre effectivement obligatoire l'enseignement de l'agriculture dans les écoles rurales et les centres agricoles (*Journal de l'agriculture*, 1888. 1. 721). « Il faut à l'enseignement agricole, dit M. Aristide Rey dans l'exposé des motifs d'une proposition de loi déposée par lui à la Chambre le 19 nov. 1889 (*Journ. off.*, Doc. parl., sess. extr., 1889, p. 101), une constatation sérieuse, une sanction dans les examens professionnels et dans ceux de fin d'études. Il faut aussi, ajoute-t-il, que l'enseignement agricole secondaire s'établisse à l'école primaire supérieure et au collège communal, — au besoin dans des lycées spéciaux — et qu'il trouve son siège important, principal, au chef-lieu de canton ».

52. C'est pour généraliser ainsi l'enseignement agricole et aussi pour « multiplier le nombre des hommes spéciaux s'adonnant à l'étude des sciences agronomiques, leur fournir des moyens de travail, mettre à leur disposition des chaires et des laboratoires dans tous nos grands centres d'enseignement », que M. Aristide Rey a repris, le 19 nov. 1889, devant la Chambre des députés, et fait prendre en considération par elle le 27 janv. 1890, une proposition qu'il avait déjà déposée en 1886. Dans les écoles normales, l'enseignement des sciences agricoles serait confié à un professeur spécial, pourvu d'un certificat d'études, soit de l'Institut agronomique, soit de l'Ecole normale primaire supérieure et d'une école nationale d'agriculture (art. 1). Le professeur départemental en serait ainsi déchargé. Les études agricoles figureraient dans l'examen pour l'obtention soit des brevets élémentaire et supérieur, soit du certificat d'études dans les écoles primaires rurales (art. 2 et 3). Des cours complémentaires agricoles seraient institués à l'école primaire du chef-lieu de canton ou de telle autre localité jugée préférable (art. 4), et confiés à des instituteurs pourvus du certificat d'études d'une école pratique d'agriculture (art. 8). L'enseignement des écoles primaires supérieures, dans les communes de moins de 10 000 âmes, serait professionnel et agricole (art. 5). La commune intéressée devrait fournir un champ d'expériences (art. 6). Le brevet des écoles pratiques d'agriculture vaudrait aux instituteurs un supplément de traitement à la charge des départements et de l'Etat (art. 9 et 10). Les sciences agricoles figureraient au programme de l'enseignement secondaire. Leur enseignement, facultatif dans les lycées, serait une des branches de l'enseignement classique au même titre que celles qui sont sanctionnées par le baccalauréat (art. 12). Les collèges des communes n'ayant pas plus de 10 000 âmes devraient, s'ils n'ont qu'une branche de l'enseignement classique, suivre les programmes de l'enseignement classique agricole (art. 13). Les collèges de l'enseignement classique agricole auraient certains avantages pour les subventions et les bourses de l'Etat (art. 14 et 15). Les professeurs de l'enseignement secondaire agricole, outre les grades équivalant à ceux des autres professeurs de l'enseignement du même degré, devraient posséder le certificat d'études de l'Institut agronomique, ou le brevet de capacité d'une école pratique supérieure ou nationale, comme sont celles de Grignon, du Grand-Jouan et de Montpellier (art. 16 et 20). L'enseignement agricole serait inspecté dans les écoles primaires par les professeurs départementaux d'agriculture (art. 11), dans les établissements secondaires classiques par les inspecteurs généraux de l'agriculture (art. 17). Enfin, la France serait divisée en neuf régions, dont chacune aurait, dans les cinq ans, les chaires, cours et conférences nécessaires à l'enseignement supérieur des sciences agronomiques, et une chaire de chimie agricole serait immédiatement créée à la Sorbonne. L'enseignement supérieur agronomique mènerait à des examens, concours et grades universitaires, semblables à ceux qui existent pour les autres branches de l'enseignement (art. 18 et 19). — Il n'a pas été donné suite à ce projet d'organisation ; mais les pouvoirs publics n'ont pas cessé de se préoccuper du développement de l'enseignement technique et professionnel, de son adaptation, par des établissements variés, aux formes d'activité et aux convenances de chaque région ou de chaque localité. Ces préoccupations se manifestent dans les dispositions, mentionnées *suprà*, n° 44 et *infrà*, n° 118, des lois du 19 juill. 1889, art. 48, § 18 et 19, et des 26-27 janv. 1892, art. 69, et dans les projets d'organisation nouvelle annoncés en 1891 par la commission du budget (*Journ. off.*, Doc. parl. 1891, p. 1600 pour l'instruction publique, et 1770 pour le commerce et l'industrie. V. *infrà*, n° 128), projets et préoccupations dans lesquels l'enseignement agricole a naturellement sa part.

53. — VI. Écoles vétérinaires. — L'enseignement de la médecine vétérinaire, si important pour l'agriculture, est toujours donné dans les trois écoles du Gouvernement établies à Alfort, Lyon et Toulouse. L'organisation de ces écoles, exposée au *Rép.* n°s 27 à 33, d'après le décret du 11 avr. 1866, a été réglée à nouveau par plusieurs décrets successifs des 19 mai-18 juin 1873 (D. P. 73. 4. 71), des 21 oct. 1881-14 févr. 1882 (D. P. 82. 4. 111), des 18 févr.-14 mars 1887. Chacun de ces décrets abroge les précédents.

D'après le décret du 18 févr. 1887, actuellement en vigueur, ces écoles continuent d'être placées sous l'autorité du ministre de l'agriculture et, sous la surveillance du préfet du département (art. 1). Actuellement, les écoles vétérinaires reçoivent, outre les internes, des demi-pensionnaires et des externes (Décr. 18 févr. 1887, art. 2).

L'admission dans les écoles vétérinaires a lieu en principe par voie de concours. Le jury des examens est nommé chaque année par le ministre (art. 11). Pour pouvoir prendre part à ce concours, deux conditions sont requises : il faut d'abord être âgé de dix-sept ans au moins et de vingt-cinq ans au plus au 1er octobre de l'année de l'admission ; il faut ensuite justifier de l'un ou de l'autre des trois diplômes du baccalauréat ès sciences complet ou du baccalauréat de l'enseignement secondaire spécial (art. 7 et 8). Par exception et en vertu d'un arrêté ministériel du 1er mars 1891, les jeunes gens qui ont obtenu le diplôme de l'Institut agronomique ou d'une des écoles nationales d'agriculture sont dispensés du concours et admis de droit. 140 bourses d'internat, pouvant être fractionnées, sont réparties entre les trois écoles par le ministre de l'agriculture : elles sont accordées pour une année, sauf à être continuées les années suivantes, d'après l'ordre de classement, aux élèves qui subissent avec succès les examens d'admission ou les épreuves de passage d'une division à une autre et qui ont justifié au préalable de l'insuffisance de leurs ressources ou de celle de leurs familles (Décr. 18 févr. 1887, art. 4). Indépendamment de ces bourses, le ministre de la guerre entretient dans les écoles vétérinaires 60 bourses militaires, qui sont attribuées à la suite d'un concours spécial auquel ne peuvent prendre part que les candidats qui, âgés de dix-huit ans au plus dans le courant de l'année, s'engagent à servir dans l'armée active pendant six ans au moins à dater de leur nomination au grade d'aide-vétérinaire (Décr. 18 févr. 1874, D. P. 74. 4. 65).

La durée des études dans les écoles vétérinaires est de quatre années, suivies d'examens avec faculté, mais sous certaines conditions, d'en recommencer une en cas d'échec. L'enseignement qui y est distribué comprend : 1° la physique, la météorologie, la chimie, la pharmacie et la toxicologie ; 2° l'histoire naturelle et la matière médicale ; 3° l'anatomie des animaux domestiques et l'extérieur du cheval ; 4° la physiologie des animaux domestiques, la tératologie et la thérapeutique générale ; 5° la pathologie des maladies contagieuses, la police sanitaire, l'inspection des viandes de boucherie, la médecine légale et la législation commerciale en matière de vente d'animaux ; 6° la pathologie générale, la pathologie médicale et la clinique ; 7° la pathologie chirurgicale, le manuel opératoire et la ferrure ; 8° l'hygiène et la zootechnie (Décr. de 1887, art. 12). Les décrets de 1881 et de 1887 avaient ajouté à cette énumération la littérature française et la langue allemande ; ces deux enseignements ont été supprimés au mois d'avril 1889.

Après leurs quatre années d'études, les élèves qui ont satisfait aux épreuves de l'examen de sortie reçoivent un diplôme qui leur permet de porter le titre de vétérinaire et d'en exercer, sous ce titre, la profession. De plus ce diplôme est compris dans l'énumération de l'art. 23 de la loi du 15 juill. 1889 sur le recrutement de l'armée (D. P. 89. 4. 73), et il confère la dispense du service militaire en temps de paix après une année de présence sous les drapeaux. Quant aux élèves qui étaient boursiers militaires, ceux qui ont obtenu le diplôme de vétérinaires sont admis après concours dans le cadre des aides-vétérinaires stagiaires et envoyés à l'Ecole de cavalerie pour y accomplir un stage d'une année : à la fin du stage, et après avoir subi un examen de sortie, ils sont nommés aides-vétérinaires titulaires et attachés à des corps de troupes à cheval.

Le personnel enseignant les écoles vétérinaires comprend : un directeur-professeur, qui est nommé directement par le ministre et dont l'autorité s'étend sur toutes les parties du service ; des professeurs au nombre de huit, qui sont nommés par le ministre après un concours public passé devant un jury spécial, et des répétiteurs chefs de travaux, qui sont également nommés au concours et dont le nombre est fixé suivant les besoins de chaque école par arrêtés ministériels (Décr. 18 févr. 1887, art. 15 et suiv.). Les attributions du directeur n'ont pas changé ; elles sont toujours telles qu'on les a exposées au *Rép.* n° 31.

Chaque école possède, en outre, un personnel auxiliaire, qui comprend : un régisseur, agent comptable, tenu de fournir un cautionnement ; un économe garde-magasin ; un secrétaire de la direction ; un surveillant en chef et des surveillants des élèves ; un ou plusieurs commis d'administration, etc. (art. 19 du décr. de 1887). Enfin, un inspecteur général des écoles vétérinaires, nommé directement par le ministre de l'agriculture, est chargé de visiter ces établissements au moins une fois chaque année et de donner son avis sur les mesures qui concernent l'enseignement des écoles et le personnel qui y est affecté (art. 24 du décr. de 1887).

Chaque école a un conseil composé des professeurs et présidé par le directeur. Le conseil est réuni et présidé par l'inspecteur général lors des inspections. Il choisit chaque année son secrétaire parmi ses membres (art. 15 et 26). Les attributions du conseil se restreignent aux questions concernant l'enseignement et la discipline, au classement ou à l'exclusion des élèves, aux prix à décerner, aux diplômes à accorder (art. 27) ; il n'a plus, comme autrefois, d'avis à donner sur le budget, les comptes de gestion et les projets de marchés.

Un arrêté du ministre de l'agriculture, du 20 févr. 1886, a réglé à nouveau la composition du conseil de perfectionnement institué au ministère de l'agriculture pour l'étude des améliorations à introduire dans l'enseignement des écoles vétérinaires (V. *Rép.*, n° 33). Ce conseil, présidé par le ministre, se compose actuellement du directeur de l'agriculture, de l'inspecteur général des écoles vétérinaires, de l'inspecteur général des services sanitaires dépendant du ministère de l'agriculture, qui en sont membres de droit, d'un vétérinaire militaire désigné par le ministre de la guerre, de six membres à la nomination du ministre de l'agriculture et de sept membres élus tant par le corps enseignant des écoles que par les sociétés de médecine vétérinaire (*Journ. off.* du 21 févr. 1886).

Art. 4. — *De l'organisation industrielle et commerciale* (*Rép.* nos 34-35).

54. Le ministère du commerce, de l'industrie et des colonies a, comme on l'a vu *suprà*, n° 4, outre les services de l'enseignement technique dont il sera question *infrà*, n° 92, et ceux de la statistique dont nous avons parlé *suprà*, n° 8, deux directions distinctes pour agir sur le commerce *intérieur* et sur le commerce *extérieur*.

55. On a vu au *Rép.* n° 34 les matières industrielles et commerciales qui relèvent de la direction du service de l'intérieur. Il faut en retrancher aujourd'hui le service de l'hygiène publique (V. *suprà*, n° 4). Il fallait y ajouter les manufactures nationales de Sèvres, de Beauvais et des Gobelins depuis le décret des 5-10 sept. 1870 (D. P. 70. 4. 86) jusqu'au décret des 2-10 janv. 1871 (D. P. 71. 4. 1) qui les a rattachées au ministère de l'instruction publique et des beaux-arts auxquels elles continuent d'appartenir (V. *suprà*, n° 4, et *infrà*, n° 131). — Le service de la propriété industrielle, qui figure aussi dans les attributions de cette direction, a pris une extension considérable. Il rapporte annuellement au trésor public 2 500 000 fr. pour 226 000 fr. de dépenses et comprend, depuis 1884, la publication d'un nouvel organe le *Bulletin officiel de la propriété industrielle et commerciale* (V. *suprà*, v° *Industrie et commerce*, n° 166. — V. *Les Expositions de l'Etat*, en 1889, t. 1, p. 108). — La direction du commerce intérieur reçoit des préfets, tous les trois mois, des rapports détaillés sur la situation industrielle de leurs départements, les créations d'industries nouvelles, les transformations survenues dans les industries courantes, des renseignements sur la concurrence étrangère, sur les marchés français et les marchés des autres pays, sur l'écoulement plus ou moins facile des produits, sur les moyens de transport plus ou moins économiques, sur les prix de la main-d'œuvre, sur les chômages et les grèves, sur les vœux des industriels et les réclamations des populations ouvrières, sur les relations entre patrons et ouvriers, sur les conséquences que peuvent avoir les faillites d'établissements industriels ou financiers, etc. (*Les Expositions de l'Etat*, t. 1, p. 107).

56. La direction du commerce extérieur, dont on a vu les attributions au *Rép.* n° 35, continue de les remplir et en a reçu de nouvelles au point de vue des renseignements et de la publicité. Aux trois bureaux qu'elle comprenait alors (législation et tarifs de douane en France, législation commerciale et tarifs de douane à l'étranger, mouvement général du commerce et de la navigation), s'est ajouté en 1883 le bureau des renseignements commerciaux, chargé de fournir au monde du commerce les renseignements qui peuvent l'aider à développer nos échanges avec les places étrangères. Outre les *Annales du commerce extérieur*, recueil mensuel déjà mentionné au *Rép.* n° 35, elle publie, depuis 1877, sous le nom de *Bulletin consulaire*, un recueil mensuel spécial des rapports *in extenso* des consuls, jusqu'alors résumés dans la seconde partie des *Annales*, et, depuis 1883, un *Moniteur officiel du commerce*, journal hebdomadaire de vingt-quatre pages, destiné à mieux satisfaire au besoin d'informations rapides qui caractérise notre époque, et comprenant dans son programme tous les documents et renseignements intéressant le commerce et l'industrie. Pour plus de rapidité, ce journal envoie même tous les trois ou quatre jours aux chambres de commerce et à la presse une feuille d'avis commerciaux que le *Journal officiel* reproduit régulièrement (*Les Expositions de l'Etat en* 1889, t. 1, p. 109 et 110). Pour faciliter l'accomplissement de cette tâche et selon des vœux fréquemment exprimés à la tribune de la Chambre, le ministre des affaires étrangères a décidé que nos consuls à l'étranger pourraient correspondre directement avec le ministère du commerce et de l'industrie pour tous les renseignements pouvant intéresser et faciliter nos relations commerciales » (Rapport de la commission du budget de 1892, *Journ. off.* Doc. parl. 1891, p. 1770).

Il faut encore signaler, comme moyens nouveaux d'informations pour le bureau des renseignements commerciaux et comme rentrant, par suite, dans ses attributions, les chambres de commerce françaises à l'étranger (V. *infrà*, n° 61), et les musées commerciaux dans lesquels circulent les échantillons reçus de l'étranger (V. *infrà*, n° 134), les travaux de jeunes gens établis à l'étranger au moyen de bourses de voyages (V. *infrà*, n° 99), etc. Enfin, au même ordre d'idées se rattache la participation de la France pour 10 000 fr. à l'entretien du *bureau international pour la traduction et la publication des tarifs douaniers*, et à la publication, par ce bureau, du *Bulletin international des douanes*. Ce bureau a été fondé par le gouvernement belge à la suite d'une convention internationale signée à Bruxelles le 5 juill. 1890, entre la France et un grand nombre d'Etats de toutes les parties du monde. Cette convention, approuvée par les Chambres françaises, a été promulguée en France par décret des 2-8 janv. 1892.

§ 1er. — Des chambres et conseils industriels et commerciaux (*Rép.* nos 36 à 69).

57. — I. Conseil supérieur du commerce et de l'industrie. — La création d'un ministère de l'agriculture, séparé de celui du commerce et de l'industrie (V. *suprà*, n° 2) a eu pour conséquence la suppression de l'ancien *conseil supérieur du commerce, de l'agriculture et de l'industrie* dont l'organisation avait été décrite au *Rép.* nos 6 et 7, et son remplacement par un *conseil supérieur de l'agriculture* dont il a été parlé *suprà*, n° 19, et par un *conseil supérieur du commerce et de l'industrie* d'un caractère désormais moins général, ce qui oblige à décrire ici son organisation. Le décret des 13-14 oct. 1882, qui reconstitue ce dernier conseil, reproduit, quant à son organisation, les dispositions des actes antérieurs mentionnés *suprà*, n° 11 et lui donne les attributions indiquées au *Rép.* n° 7, comme étant celles de l'ancien conseil. Mais sa composition, telle qu'elle avait été indiquée *ibid.*, se trouve un peu modifiée. Placé sous la présidence du ministre, il est composé de deux vice-présidents et de quarante-huit membres nommés par le président de la République sur la proposition du ministre du commerce, répartis également dans les deux sections du commerce et de l'industrie, et choisis parmi les sénateurs, les députés, les présidents des principales chambres de commerce et les hommes notoirement versés dans les matières commerciales, industrielles et financières. Sont en outre membres de droit avec voix délibérative et participent indistinctement aux travaux des deux sections, séparées ou réunies : le directeur du commerce extérieur, le directeur du commerce intérieur, le directeur général des douanes, le directeur général des contributions indirectes, le directeur des affaires commerciales au ministère des affaires étrangères, le directeur des colonies (art. 1er et 2). Tous les ministres y ont entrée et peuvent, à propos d'affaires spéciales, y déléguer des commissaires, avec voix consultative (art. 4). Enfin un secrétaire est attaché au conseil, avec voix consultative. — L'organisation du conseil supérieur du commerce et de l'industrie est un des aspects les plus importants de la question de la représentation industrielle et commerciale. On verra *infrà*, nos 89 et suiv., comment divers projets ou propositions de loi qui se sont succédé pendant les troisième et quatrième législatures tendent à la résoudre, au point de vue du conseil supérieur comme au point de vue des chambres de commerce et des chambres consultatives des arts et manufactures. — Sur le *conseil supérieur du travail*, et l'*office du travail*, V. *suprà*, nos 6 et 7 ; sur le *conseil supérieur de l'enseignement technique*, V. *suprà*, no 11.

58. — II. Comité consultatif des arts et manufactures. — On a indiqué au *Rép.*, nos 37 et 38, le rôle distinct de ce comité, appelé à examiner plutôt le côté technique et scientifique des questions industrielles que leur côté économique ou politique, ce qui explique l'absence de tout projet de réforme en vue de la représentation des intérêts en ce qui le concerne. On a vu également *ibid.*, nos 39 et 40, sa composition appropriée au caractère scientifique et technique de ses attributions. Un décret des 18 oct. 1880-19 févr. 1881 (D. P. 82. 4. 11), abrogeant les actes antérieurs, et modifié par un autre décret du 8 mars 1884, a réglé de nouveau son organisation. Rien n'est changé à ses attributions ni à sa composition, sauf qu'au lieu de 12 à 15 membres, il en comprend 18 (20 dans le décret de 1880), sans fixation du nombre des membres à prendre dans le conseil d'Etat. Sont toujours membres de droit le directeur général des douanes et les directeurs du commerce intérieur et du commerce extérieur; mais il n'est plus fait mention du secrétaire général du ministère du commerce, comme y assistant avec voix délibérative, ni de la faculté de lui attacher un ou deux auditeurs au conseil d'Etat.

59. — III. Conseils généraux du commerce et des manufactures. — Ces conseils et celui de l'agriculture avaient été créés par l'ordonnance du 29 avr. 1831 (*Rép.* vo *Industrie et commerce* p. 675). Le décret des 1er févr.-20 mars 1850 (D. P. 50. 4. 28) les remplaça par un conseil unique appelé conseil général de l'agriculture, des manufactures et du commerce. Un autre décret, des 9-30 avr. 1851, revint au système de la division en trois conseils (D. P. 51. 4. 66). Les deux conseils généraux du commerce et des manufactures étaient presque entièrement composés, le premier, de membres élus par les chambres de commerce, le second de membres élus par les chambres consultatives des arts et manufactures. Ayant ainsi pour base le suffrage des intéressés, ils résumaient la représentation commerciale ou industrielle, à côté du conseil supérieur de l'agriculture, du commerce et de l'industrie laissé au choix du Gouvernement. Leur composition, leurs attributions et leur fonctionnement ont été décrits au *Rép.* nos 41 à 44. Mais, depuis bien longtemps, ils n'ont pas été convoqués. En fait, ils n'existent plus et le conseil supérieur du commerce et de l'industrie est devenu le seul organe appelé à résumer les vœux du pays en ces matières. Les propositions de lois dont ce dernier conseil a été l'objet auraient pour effet, en y introduisant le caractère représentatif et électif, d'en faire vraiment l'équivalent des deux conseils généraux du commerce et des manufactures actuellement disparus.

60. — IV. Chambres de commerce. — Le décret du 3 sept. 1851 (D. P. 51. 4. 177) régit encore les chambres de commerce au point de vue de leur création, qui a lieu par un décret rendu dans la forme des règlements d'administration publique (art. 18). Ce décret fixe ordinairement leur circonscription, laquelle, à son défaut, s'étend toujours au département ou à l'arrondissement suivant la distinction indiquée au *Rép.* no 57. Le nombre de ces chambres est actuellement de cent sept en France (1), indépendamment de celles qui existent en Algérie au nombre de cinq. Elles sont inégalement réparties entre les départements, dont vingt-quatre en manquent encore.

61. Il convient de mentionner le développement récent des chambres de commerce françaises à l'étranger. Elles sont actuellement au nombre de trente, dont quatorze en Europe (Londres, Liverpool, Amsterdam, Rotterdam, La Haye, Bruxelles, Charleroi, Barcelone, Valence, Lisbonne, Milan, Galatz, Constantinople, Athènes); une en Asie (Smyrne); onze en Amérique (la Nouvelle-Orléans, Montréal, Mexico, Caracas, Rio-de-Janeiro, Buenos-Ayres, Rosario, Montevideo, Lima, Valparaiso, Santiago); trois en Afrique (Alexandrie, Port-Saïd, Tamatave). Des comités consultatifs français existent aussi à Port-Louis (île Maurice), à la Havane et à Shanghaï (*Annuaire du ministère du commerce et de l'industrie*). — Cette institution des chambres de commerce à l'étranger a été, de la part d'une commission constituée par le ministre du commerce en mai 1883, l'objet d'une étude particulière et d'un rapport (publié au *Journ. off.* du 6 avr. 1884, p. 1873, avec un projet de statuts modèles) qui fait ressortir, par l'indication de leurs attributions, les services qu'elles peuvent rendre : présenter leurs vues sur les améliorations à introduire dans toutes les branches des diverses législations commerciales, sur l'exécution des travaux et l'organisation des services publics qui peuvent intéresser le commerce et l'industrie; faire connaître l'état de la législation commerciale du pays et les modifications qui s'y produisent; seconder les efforts faits par les chambres de commerce et autres associations en vue de faciliter le placement des jeunes Français à l'étranger; encourager la création d'écoles ou d'associations en vue de l'enseignement et de la diffusion de la langue française; signaler et décrire les divers procédés d'achat et de vente employés par les négociants du pays, ainsi que les fraudes qui peuvent être commises au préjudice du commerce français; se prêter en outre aux conciliations et arbitrages entre nationaux français en matière commerciale. Le consul serait, d'après ces statuts, membres de droit et président d'honneur des séances auxquelles il assisterait. Il ne pouvait être question d'ailleurs de donner à ces chambres la même organisation qu'à celles instituées en France, ni d'en faire autre chose, au point de vue de leurs ressources, que des associations privées susceptibles seulement d'être subventionnées par l'Etat.

62. Le décret relatif à la création ou à la circonscription d'une chambre de commerce peut être attaqué pour excès de pouvoirs s'il n'a pas été précédé des enquêtes administratives prescrites par la loi; mais si ces enquêtes ont eu

(1) Il a été donné au *Rép.*, vo *Chambres de commerce*, no 5, un tableau par ordre alphabétique de quarante-sept villes de France dans lesquelles des chambres de commerce existaient en 1847, avec les dates des actes de création. Ce tableau, dont il faut distraire Strasbourg et Mulhouse qui ne font plus partie du territoire français, se complète par l'indication des soixante villes suivantes qui en ont reçu postérieurement : Agen, 18 mars 1884; — Albi, 13 mars 1872; — Alençon, 9 sept. 1887; — Angers, 21 nov. 1855; — Angoulême, 10 déc. 1877; — Annonay et Aubenas, 7 avr. 1869; — Auxerre, 15 mars 1886; — Avesnes, 30 mars 1887; — Bar-le-Duc, 29 mars 1854; — Beaune, 23 janv. 1864; — Beauvais, 6 avr. 1889; — Béthune, 8 nov. 1887; — Bolbec, 10 avr. 1886; — Bourges, 10 janv. 1880; — Brest, 31 mars 1851; — Cambrai, 2 avr. 1880; — Castres, 13 mars 1872; — Cette, 6 mai 1872; — Chambéry, 5 déc. 1860; — Cognac, 10 déc. 1877; — Dijon, 31 déc. 1852; — Douai, 13 mars 1872; — Elbeuf, 5 juin 1861; — Epinal, 13 déc. 1866; — Evreux, 27 nov. 1889; — Flers, 8 sept. 1887; — Fougères, 11 avr. 1870; — Grenoble, 25 juin 1864; — Honfleur, 21 oct. 1848; — La Roche-sur-Yon, 10 déc. 1890; — Le Mans, 23 oct. 1856; — Limoges, 5 juin 1858; — Lons-le-Saulnier, 30 juill. 1885; — Mâcon, 13 nov. 1871; — Mazamet, 14 mars 1892; — Montauban, 4 oct. 1884; — Nancy, 21 nov. 1854; — Narbonne, 9 juill. 1870; — Nevers 8 nov. 1886; — Nice, 5 déc. 1860; — Orange, 20 mars 1891; — Perpignan, 3 janv. 1881; — Pont-Audemer, 27 nov. 1889; — Quimper, 24 août 1882; — Rennes, 9 janv. 1858; — Roanne, 9 janv. 1864; — Roubaix, 13 mars 1872; — Saint-Dizier, 31 mars 1848; — Saint-Nazaire, 20 mai 1879; — Saint-Omer, 25 juill. 1848; — Saint-Quentin, 1er mars 1850; — Sedan, 19 janv. 1870; — Sens, 8 mai 1888; — Tarare, 6 mai 1868; — Thiers, 29 sept. 1856; — Tourcoing, 13 mars 1872; — Tréport, 16 mars 1889; — Valence, 1er déc. 1879; — Vienne, 25 juin 1864.

Divers décrets ont, en outre, modifié la composition ou la circonscription de plusieurs de ces chambres.

Sur l'organisation des chambres de commerce en Algérie V. *infrà*, vo *Organisation de l'Algérie*.

lieu, le décret peut intervenir à une date plus ou moins éloignée de leur accomplissement, et même, par exemple, dix ans après, sans qu'il y ait lieu de les renouveler ; c'est ce qui a été jugé par le conseil d'Etat le 9 août 1880, par rejet d'une requête de la chambre de commerce de Nantes, à propos de la création de la chambre de Saint-Nazaire (*Rec. cons. d'Et.* 1880, p. 764, et *Revue générale d'administration*, 1880, 3. 315).

63. Le décret du 3 sept. 1851, continue aussi de régler les attributions des chambres de commerce (V. *Rép.*, n°s 48 et 49); leurs rapports avec l'autorité supérieure et l'autorité préfectorale (*Ibid.*, n° 50); l'approbation de leurs comptes et budgets (*Ibid.* n° 50); le nombre de leurs membres fixé par décret spécial à chacune d'elles entre neuf et vingt et un (art. 6), sauf pour la chambre de commerce de Paris à laquelle ce maximum n'est plus applicable (Décr. 23 avr.-5 mai 1889, D. P. 90. 4. 66), et qui se compose aujourd'hui de trente-six membres (M. Léon Renard, *Journ. off.*, 1890, p. 1191, col. 1); la durée de leurs fonctions, fixée à six ans, leur renouvellement par tiers tous les deux ans, le remplacement comme démissionnaires des membres manquant aux convocations pendant six mois sans motifs légitimes, approuvés par la chambre (art. 7); la rééligibilité indéfinie des membres sortants (art. 8); le nombre et les droits des membres correspondants que la chambre peut s'adjoindre dans l'étendue de la circonscription (*Rép.* n° 51) ; la nomination des président, vice-président, secrétaire et trésorier, l'attribution de la qualité de membre de droit et de la présidence des séances au préfet ou au sous-préfet, suivant les localités (art. 9; *Rép.* n° 55). L'art. 9 a été complété cependant par la loi des 25-26 mai 1892 qui permet à la chambre de commerce de Paris de nommer un second vice-président et un secrétaire adjoint.

64. — 1° *Elections des chambres de commerce*, — Le mode de nomination des membres des chambres de commerce, réglé autrefois par les dispositions combinées des décrets du 3 sept. 1851 et du 30 août-8 sept. 1852 (V. *Rép.* n°s 52 à 55), est réglé aujourd'hui par le décret du 22 janv. 1872 (D. P. 72. 4. 27) qui abroge celui du 30 août 1852 et qui déclare applicables aux chambres de commerce et aux chambres consultatives des arts et manufactures les art. 618, 619, 620 et 621 c. com. sur les élections consulaires, non pas tels qu'ils étaient rédigés lors du décret 1852, mais avec les modifications faites à ces textes par la loi du 21 déc. 1871 (D. P. 72. 4. 3), tant pour l'électorat que pour l'éligibilité et pour les opérations électorales. Il résulte de ces modifications qu'au lieu d'être dressée par le préfet la liste des commerçants électeurs est dressée par une commission spéciale composée : 1° du président du tribunal de commerce qui préside et d'un juge au tribunal de commerce choisi par le tribunal, ou du président du tribunal civil et d'un juge choisi par ce tribunal s'il n'existe pas encore de tribunal de commerce dans la circonscription de la chambre; — 2° Du président de la chambre de commerce et d'un de ses membres choisi par elle; ou de deux de ses membres choisis par elle si le président est en même temps président du tribunal civil; ou du président de la chambre consultative des arts et métiers et deux de ses membres choisis par elle dans les villes où il n'existe pas de chambre de commerce; ou enfin à défaut de l'une et de l'autre chambre, d'un membre du conseil municipal choisi par ce conseil; — 3° De trois membres du conseil général choisis par lui autant que possible parmi des membres élus dans les cantons du ressort de la chambre; — 4° Du président du conseil des prud'hommes et, s'il y en a plusieurs, du plus âgé des présidents; ou à défaut de conseil des prud'hommes du juge de paix ou du plus âgé des juges de paix de la ville où siège le tribunal; — 5° Du maire de la ville où siège le tribunal de commerce ; à Paris, du président du conseil municipal. — Quant au nombre d'électeurs à porter sur la liste, aux conditions requises pour y figurer et participer à l'élection aux conditions d'éligibilité, aux opérations électorales, V. *infrà*, v° *Organisation judiciaire*.

65. Ce système, bien qu'il ait été remplacé pour les élections consulaires par le suffrage universel des commerçants patentés (L. 8 déc. 1883, D. P. 84. 4. 9, V. *infrà*, v° *Organisation judiciaire*), a conservé son application pour les chambres de commerce et les chambres consultatives des arts et manufactures. Une proposition de loi déposée à la Chambre des députés par M. Fourcand, le 17 déc. 1884 (*Journ. off.* Doc. parl. 1884, p. 2244) tendait à confier la composition des chambres de commerce aux mêmes électeurs que celle des tribunaux de commerce par une extension de la loi de 1883; elle n'eut pas de suite. La commission chargée d'examiner les projets et propositions de loi sur la représentation commerciale et industrielle tant en 1887 qu'en 1890 (Rapport de M. Léon Renard, 12 déc. 1887 et 17 juin 1890, *Journ. off.* Doc. parl. Ch. sess. extr. 1887, p. 756 et sess. ord. 1890, p. 1190) se prononça contre cette extension de l'électorat de tous les patentés (système dont les résultats semblent d'ailleurs peu satisfaisants) à des élections où il s'agit de choisir non des juges, ce qui pourrait intéresser tous les patentés, mais des hommes versés dans les questions industrielles et commerciales intérieures et extérieures et à même de fournir au Gouvernement des avis motivés et des renseignements précieux; beaucoup de patentés électeurs consulaires sont sans compétence comme sans intérêt dans les choix et seraient d'ailleurs peu disposés à acheter ce droit par la participation aux dépenses des chambres.

66. Le changement apporté par la loi du 8 déc. 1883 au mode d'élection des tribunaux consulaires a seulement pour conséquence d'enlever toute application aux deux premiers paragraphes de l'art. 1er du décret du 22 janv. 1872 qui renvoient purement et simplement aux listes électorales déjà dressées pour les élections consulaires quand la circonscription de la chambre de commerce coïncide avec celle du tribunal de commerce ou comprend plusieurs tribunaux de commerce : désormais il faut pour toute chambre de commerce former des listes électorales spéciales d'après le système des art. 618 et 619 modifiés par la loi du 21 déc. 1871, comme le prescrivait déjà le troisième paragraphe de l'art. 1er du décret du 22 janv. 1872 pour les arrondissements ou cantons compris dans la circonscription d'une chambre de commerce et qui seraient dépourvus de tribunal de commerce.

67. Pour l'éligibilité, le décret du 22 janv. 1872 (art. 4) renvoie à l'art. 620 modifié, comme il renvoie pour l'électorat aux art. 618 et 619 modifiés. L'éligibilité suppose cinq années d'inscription à la patente. Le conseil d'Etat (20 janv. 1888, aff. Elect. à la chambre de commerce de Bayonne, D. P. 89. 3. 42) a jugé que cinq années même non consécutives peuvent suffire, ainsi que l'avait déjà jugé la cour d'Aix (12 févr. 1874, aff. Vézian, D. P. 74. 2. 17) pour une élection aux tribunaux de commerce. Le texte de l'art. 620 modifié du code de commerce pouvait soulever quelque doute à cet égard, car il veut qu'on soit inscrit à la patente *depuis* cinq ans, et non pas qu'on y ait été inscrit *pendant* cinq ans. Mais l'esprit de la loi ne paraît pas contenir une pareille distinction.

68. Une autre difficulté qui s'est élevée sur cette condition d'inscription à la patente est de savoir si cette inscription doit exister encore au moment de l'élection et dans la circonscription même où elle se fait. Le conseil d'Etat l'a exigé (8 août 1890, aff. Lebert, D. P. 92. 3. 39) en annulant l'élection à la chambre de commerce de Saint-Brieuc d'une personne domiciliée dans la circonscription à ce moment et qui avait été inscrite à la patente dans cette même circonscription pendant un total de plus de cinq ans, mais qui n'y était plus inscrite à ce même moment. Cette décision, contraire à celle du ministre du commerce, a exactement appliqué la loi. Il n'est pas douteux que l'inscription à la patente doive exister encore, l'art. 620 posant cette condition au présent : « s'il est inscrit à la patente depuis cinq ans et domicilié au moment de l'élection dans le ressort du tribunal ». Quant à la détermination du ressort, il s'agit de savoir si elle est posée seulement pour la condition de domicile qui la précède immédiatement dans le texte ou s'il faut l'étendre à la condition de patente exprimée avant celle du domicile. Le texte, isolé des travaux préparatoires, pourrait laisser la question douteuse. Mais elle cesse de l'être si on considère que la condition de domicile a été introduite après coup dans un texte qui exigeait primitivement la seule inscription à la patente *dans le ressort du tribunal* (*Journ. off.* 1871, p. 5160). La loi du 8 déc. 1883 modifie, il est vrai, ce système pour l'élection des membres des tribunaux de commerce : elle n'exige plus pour l'électorat et l'éligibilité (art. 1 et 8) qu'une inscription à la patente indéterminée quant au ressort, l'indication du ressort ne portant dans cette loi que sur le domicile. Mais, comme nous l'avons dit, les dispositions de cette loi ne peuvent s'étendre aux chambres de commerce.

69. C'est en son nom personnel qu'il faut avoir été inscrit à la patente pour être éligible : il ne suffirait pas que, pendant cinq ans, on eût dirigé en qualité de commis intéressé la succursale d'une maison de commerce, inscrite à la patente, au nom de la maison principale. Ainsi l'a jugé le conseil d'Etat le 9 nov. 1877 (aff. Bertrand et Binet, D. P. 78. 3. 9) interprétant la loi comme l'avaient fait les cours d'appel en ce qui concerne les tribunaux de commerce (V. la note sous l'arrêt précité). La loi du 5 déc. 1876 (D. P. 77. 4. 13) qui, pour les directeurs de sociétés anonymes et les capitaines au long cours et maîtres au cabotage, est venue rendre l'éligibilité indépendante de l'inscription personnelle à la patente, mais qui a laissé le principe intact pour les autres catégories de personnes, n'a pu faire obstacle à cette décision.

70. Il ne paraît pas douteux, d'ailleurs, que les catégories de personnes déclarées éligibles sans patente personnelle par la loi du 5 déc. 1876 précité (directeurs de sociétés anonymes, capitaines au long cours, maîtres au cabotage), peuvent invoquer le bénéfice de cette loi aussi bien pour les chambres que pour les tribunaux de commerce, puisque cette loi procède par refonte de l'art. 620 et que le décret du 22 janv. 1872 déclare appliquer le texte modifié de cet article aux chambres de commerce et aux chambres consultatives. Ce décret, sans doute, ne vise que les modifications faites par la loi du 21 déc. 1871. Mais il ne pouvait encore viser la loi de 1876, et celle-ci, refondant l'article purement et simplement, a sans doute voulu le faire pour tous les cas où cet article serait applicable (V. en ce sens, Ruben de Couder, *Dictionnaire de droit commercial*, v° *Chambre de commerce*, n° 5). On ne peut en dire autant de la loi de 1883, qui n'a pas procédé par refonte des textes mêmes du code (V. *suprà*, n° 65).

71. Enfin, de même qu'il renvoie aux art. 618 et 619 modifiés pour l'électorat, et à l'art. 620 modifié pour l'éligibilité, le décret du 22 janv. 1872 (art. 2), renvoie à l'art. 621 modifié pour la convocation des électeurs et les opérations électorales (V. *infrà*, v° *Organisation judiciaire*). Néanmoins cet art. 2 contient les dispositions suivantes spécialement appropriées aux chambres de commerce et qui excluent sur quelques points l'application de l'art. 621 : « Les assemblées électorales se tiennent dans la ville où siège la chambre de commerce, et, s'il y a lieu, dans les autres localités de la circonscription, désignées par le préfet du département... Le recensement général des votes a lieu dans la ville où siège la chambre de commerce. Le président de l'assemblée proclame le résultat de l'élection. Le procès-verbal est rédigé en triple original. Le président transmet immédiatement les trois originaux au préfet, qui en adresse un au ministre de l'agriculture et du commerce et un au président de la chambre ». Ces deux derniers originaux tiennent lieu de ceux dont l'art. 621 exige l'envoi au procureur général et le dépôt au greffe du tribunal.

72. Le décret du 22 janv. 1872 a gardé le silence sur les réclamations relatives aux élections et sur l'autorité qui devrait en être saisie. Ce silence rend-il applicable la disposition finale de l'art. 621 modifié, qui attribue compétence aux cours d'appel? La cour de cassation et le conseil d'Etat ont tranché négativement cette question et attribué compétence au ministre du commerce sur les difficultés relatives à ces élections et notamment à la capacité des membres élus, par le double motif : 1° que les chambres de commerce ont conservé, malgré l'assimilation des opérations électorales à celles des tribunaux de commerce, leur caractère de corps administratifs et nullement judiciaires, relevant directement du ministre du commerce; 2° qu'en prescrivant l'envoi d'un procès-verbal des opérations au ministre du commerce, et non au procureur général (V. *suprà*, n° 71), le décret du 22 janv. 1872 a suffisamment indiqué l'intention d'écarter la compétence de l'autorité judiciaire en cette matière et de réserver celle du ministre inscrite dans l'arrêté du 3 niv. an 11 (Civ. rej. 7 mai 1877, aff. Bertrand et Binet, D. P. 77. 1. 447; Cons. d'Et. 9 nov. 1877, même affaire, D. P. 78. 3. 9).

73. Il a été jugé aussi que cette attribution du ministre du commerce n'a pas été dévolue en Algérie au gouverneur général. Ce fonctionnaire, bien qu'il soit chargé de la haute administration et qu'il puisse annuler les arrêtés des préfets (Cons. d'Et. 30 mai 1873, aff. Ville d'Alger, D. P. 74. 3. 26; 1er juin 1877, aff. Ville d'Oran, D. P. 78. 5. 28), n'est pas investi de la plénitude des attributions ministérielles (V. Cons. d'Et. 11 janv. 1878, aff. Badaroux et autres, D. P. 78. 3. 67 et la note; 21 juin 1878, aff. Jumel de Noireterre, D. P. 78. 3. 83); et celle-ci ne pouvait lui être dévolue que par un texte de loi ou de décret qui fait défaut en cette matière (Cons. d'Et. 23 mai 1879, aff. Bertagna, D. P. 79. 3. 107. V. *infrà*, v° *Organisation de l'Algérie*).

74. Il faut admettre, d'ailleurs, que la décision prise par le ministre du commerce, statuant sur une protestation dont il est saisi à la suite de ces élections, peut être attaquée par la voie contentieuse (Cons. d'Et. 9 nov. 1877, aff. Bertrand et Binet, D. P. 78. 3. 9). Mais les réclamations en matière électorale étant personnelles, la décision du ministre ne peut être attaquée par un électeur qui n'avait pas signé la protestation; et, notamment, le fils d'un candidat décédé n'a pas qualité pour déférer au conseil d'Etat la décision qui a rejeté la réclamation de son père (Cons. d'Et. 26 févr. 1875, aff. Delhomel et autres, D. P. 75. 3. 116).

75. Il a été jugé aussi en matière d'élections aux chambres consultatives des arts et manufactures (et cette décision doit évidemment s'étendre aux élections aux chambres de commerce) que les requêtes au conseil d'Etat contre les décisions ministérielles statuant sur des réclamations relatives à ces élections doivent, à peine de nullité, être présentées par le ministère d'un avocat au conseil d'Etat, conformément à la règle générale inscrite dans le décret du 22 juill. 1806, et qu'on ne saurait leur étendre l'exception apportée à cette règle par l'art. 40 de la loi du 5 avr. 1884, en ce qui touche les pourvois en matière d'élections municipales, et par l'art. 16 de la loi du 31 juill. 1875 pour les réclamations contre les élections aux conseils généraux (Cons. d'Et. 23 déc. 1887, aff. Courvesy, D. P. 89. 3. 14).

76. Le décret du 22 janv. 1872, n'ayant abrogé que le décret du 30 août 1852 et les autres dispositions qui lui seraient contraires, laisse en vigueur, comme l'avait fait déjà le décret du 30 août 1852, les paragraphes 2 et suivants de l'art. 5 du décret du 3 sept. 1851 (V. *Rép.* n° 55), sur la nécessité du vote d'un quart des électeurs inscrits, sur la nullité du scrutin à défaut de ce vote, et sur la nomination en ce cas des membres de la chambre de commerce par une assemblée présidée par le préfet ou le sous-préfet et composée des membres de la chambre de commerce, des juges des tribunaux de commerce, et des membres des conseils de prud'hommes existant dans la circonscription de la chambre. L'art. 621 c. com. prévoit, il est vrai, pour permettre alors un second tour de scrutin, le cas où l'élu de la majorité des votants n'a pas un nombre de voix égal au quart des électeurs inscrits. Mais le quart des inscrits peut avoir voté; ce n'est donc pas le cas prévu par l'art. 5 du décret de 1851, lequel doit être resté en vigueur après la loi de 1871 et le décret de 1872, comme après le décret de 1852 qui, lui aussi, réglait le scrutin et exigeait la majorité absolue au premier tour, relative au second.

77. — 2° *Capacité légale des chambres de commerce.* — La capacité légale des chambres de commerce n'a jamais été douteuse. On a fait remarquer au *Rép.* n° 56, le caractère d'établissements d'utilité publique qui leur était déjà reconnu par le décret du 3 sept. 1851, et le droit, qui en découle, d'acquérir, posséder, aliéner, prêter et emprunter avec l'autorisation de l'administration supérieure pour des entreprises d'utilité commerciale : on a cité de nombreuses applications de ce droit en matière d'emprunts. La loi du 19 mai 1866 sur la marine marchande déclare maintenir et permet d'établir par décret les droits de tonnage affectés au payement d'emprunts contractés pour travaux d'amélioration dans les ports. Elle a suscité ainsi, de la part des chambres de commerce, de nombreux emprunts au moyen desquels celles-ci avançaient à l'Etat ou aux départements les sommes nécessaires pour l'exécution de ces travaux. Le montant des emprunts de cette nature en voie d'amortissement et tous gagés par la perception de taxes de navigation était estimé en 1889 à la somme de 163 millions (*Les Expositions de l'Etat en* 1889, t. 1, p. 108). Pour compléter les indications données au *Répertoire* sur ce point, on peut citer les lois et décrets suivants autorisant à contracter des emprunts ou à faire des avances à l'Etat pour l'exécution de ces travaux, les chambres de commerce de : Alger (L. 7 févr. 1889 ; Décr. 27 août 1890, 23 nov. 1891) ; — Bayonne (L. 18 mars 1889) ; — Bordeaux (L. 13 juin 1872, 5 août 1874 ; Décr. 16 juin 1877, 19 janv. 1882, 20 avr. 1885, 15 juill. 1885) ; — Boulogne (Décr. 14 oct. 1875, 16 janv. 1886) ; — Brest (Décr. 16 juill. 1881) ; — Caen (Décr. 21 sept. 1888) ; — Calais (Décr. 27 déc. 1875, 3 oct. 1883) ; — Cette (L. 18 mars 1889) ; — Dieppe (Décr. 6 mai 1885, 10 févr. 1890) ; — Dunkerque (Décr. 25 nov. 1882, 3 sept. 1888 ; 5 juill. 1890) ; — Fécamp (Décr. 6 nov. 1880, 2 mars 1885, 10 avr. 1885, 23 août 1889) ; — Havre (Décr. 4 déc. 1878, 6 nov. 1880, 13 nov. 1880 ; L. et Décr. 15 mai 1882, 17 déc. 1887) ; — Honfleur (L. 2 avr. 1879, 15 sept. 1888) ; — Lille (L. 4-5 juill. 1892) ; — Le Mans (L. 11 mars 1887) ; — Lorient (Décr. 22 juill. 1882, 23 févr. 1885, 23 mai 1888) ; — Marseille (Décr. 27 janv. 1881, 20 juin 1882, 27 juill. 1883, 22 août 1885) ; — Morlaix (Décr. 27 août 1887) ; — Nantes (Décr. 25 juin 1872, 13 nov. 1880 ; L. 15 juill. 1885, 28 mars 1889, 17 févr. 1887) ; — Oran (Décr. 13 août 1883) ; — Paris (Décr. 8 avr. 1880, 12 mai 1881, 12 févr. 1887) ; — Philippeville (Décr. 3 févr. 1890) ; — Reims (Décr. 15 mai 1880) ; — Rouen (Décr. 21 avr. 1883, 19 janv. 1886) ; — Saint-Brieuc (Décr. 10 avr. 1885) ; — Saint-Étienne (Décr. 22 sept. 1890) ; — Saint-Malo (Décr. 28 avr. 1886 ; L. 7 févr. 1889) ; — Saint-Nazaire (L. 28 mars 1889) ; — Tours (Décr. 19 juin 1890, 24 nov. 1891) ; — Tréport (Décr. 28 déc. 1889 ; 14 mai 1890). Il serait trop long de citer en outre les lois ou décrets qui ont autorisé des chambres de commerce à acquérir des immeubles et construire des édifices pour un but d'utilité commerciale, à établir et administrer soit des écoles commerciales, soit des établissements de conditionnement ou titrage des soies, des cotons ou des laines, soit des hangars, des magasins, des pavillons pour recevoir les marchandises ou les voyageurs, soit des salles de ventes publiques, soit des grues à vapeur et autres appareils de chargement et de déchargement ou de pesage, soit des grils de carénage et des machines à mâter, soit des outillages hydrauliques quelconques, soit enfin des services de halage ou de remorquage, etc. On est allé parfois très loin dans cette voie en concédant à des chambres de commerce tout l'outillage d'un quai ou d'un port, comme à Bordeaux (Décr. 3-28 mai 1852, D. P. 52. 4. 157), à Calais (Décr. 22 sept. 1883), au Havre (Décr. 28 nov. 1887), à Dunkerque (Décr. 16 août 1888), à Honfleur (Décr. 28 août 1888).

78. Cette capacité légale pour administrer des établissements ou des services d'utilité commerciale a une base certaine dans les art. 13 et 14 du décret du 3 sept. 1851, reproduit au *Rép.* n° 49. Mais certaines applications en ont été contestées comme portant atteinte à la liberté du commerce et de l'industrie. Le conseil d'Etat a été saisi notamment par la compagnie des docks et entrepôts de Marseille de requêtes en annulation de divers décrets autorisant la chambre de commerce de cette ville à établir et entretenir sur les dépendances du domaine public des hangars et engins mis à la disposition du public, moyennant un prix de location destiné à couvrir ses dépenses et cela pendant un temps limité après lequel les hangars et l'outillage devaient faire retour à l'Etat. Le conseil d'Etat rejeta ces requêtes (11 janv. 1889, aff. Compagnie des docks et entrepôts de Marseille, D. P. 90. 3. 33 et la note) et reconnut que l'objet en question rentrait dans les prévisions du décret du 3 sept. 1851. Le 12 avr. 1892, le ministre des travaux publics déposait encore à la Chambre un projet de loi ayant pour objet d'autoriser la concession à la chambre de commerce de Rochefort d'un terrain domanial dépendant du port de Rochefort, en vue de l'établissement d'entrepôts, de magasins généraux, et autres établissements à usage public, relatifs à l'exploitation du port (*Revue générale d'administration*, 1892. 2. p. 126). Il est vrai que, dans l'espèce de l'arrêt précité, la chambre, comme l'arrêt a soin de le constater, était uniquement chargée d'établir et entretenir les hangars et engins, mais non de la manœuvre de ces engins, ni de la manutention et de la garde des marchandises ; qu'elle ne pouvait dans aucun cas réaliser des bénéfices, n'ayant à exécuter aucune opération commerciale en concurrence avec l'industrie privée, ce qui (nous l'avons dit en note sous cet arrêt) sortirait des attributions d'un établissement public.

79. La jurisprudence s'est inspirée des mêmes principes en reconnaissant qu'une chambre autorisée à percevoir des droits de remorquage mais devant en consacrer le produit exclusivement à l'entretien d'un bateau remorqueur, n'exerce pas une industrie ou une profession pouvant donner lieu à patente (Cons. d'Et. 3 nov. 1882, aff. Chambre de commerce de Bayonne, D. P. 84. 3. 18), mais qu'agissant cependant comme personnalité distincte de l'administration, et ce service étant d'ailleurs plutôt un service d'intérêt général qu'un service public proprement dit, elle est pécuniairement responsable des fautes de ses agents dans l'exécution de ce service ; et cela devant l'autorité judiciaire et sans recours contre l'Etat, malgré les subventions de l'Etat pour l'achat du bateau remorqueur (Civ. rej. 27 janv. 1880, aff. Chambre de commerce de Bayonne, D. P. 80. 1. 401 ; 30 déc. 1884, aff. Chambre de commerce de Bayonne, D. P. 85. 1. 70 ; 2 juin 1886, aff. Chambre de commerce de Dunkerque, D. P. 86. 1. 460).

80. La capacité d'ester en justice, indiquée déjà au *Rép.* n° 56 *in fine* comme une conséquence de la capacité de s'obliger, pour les chambres de commerce, a reçu, dans les affaires précitées autant de confirmations pratiques ; on peut citer dans le même sens l'arrêt du conseil d'Etat du 9 août 1880 rejetant, mais après examen au fond, la requête de la chambre de commerce de Nantes contre le décret instituant la chambre de Saint-Nazaire (*Rec. Cons. d'Et.* 1880, p. 764 et *Revue générale d'administration*, 1880. 3. 315. V. *suprà*, n° 62).

81. Mais une capacité que ne peut avoir une chambre de commerce, c'est celle d'ester en justice, non pour la défense des droits composant le patrimoine attaché à sa propre personnalité civile, mais pour la défense collective et la représentation des droits individuels des divers commerçants de sa circonscription contre une prétention qui léserait du même coup les intérêts de tous et donnerait qualité à chacun d'eux pour intervenir. C'est ainsi notamment qu'une chambre de commerce n'aurait pas qualité pour intenter dans l'intérêt d'une industrie de sa circonscription une poursuite pour introduction en France de produits étrangers sous fausse indication de provenance française, en vertu de l'art. 19 de la loi du 23 juin 1857 sur les marques de fabrique (Paris, 21 févr. 1883, aff. Van Guidertaele et Persent, D. P. 84. 2. 76. V. *suprà*, v° *Industrie et commerce*, n° 418, *in fine*).

82. Les chambres de commerce ont-elles le droit de se réunir entre elles, de former des congrès par l'envoi de délégués, et d'émettre ainsi des avis collectifs ? Le ministre tout au moins peut-il, en les invitant ou les autorisant à le faire, employer ce mode de consultation ? Ce droit des chambres et ce droit du ministre ont fait au Sénat l'objet d'un débat entre M. Bozérian et M. Dautresme, ministre du commerce, le 14 nov. 1887, le premier ayant interpellé le second sur un congrès de ce genre dont la chambre de commerce de Paris préparait la réunion sur l'initiative du ministre de la marine et avec l'assentiment du ministre du commerce. Le ministre soutint la légalité de cette réunion, mais n'insista pas et ajourna le congrès jusqu'au vote de certains articles du projet de loi sur la représentation industrielle qui en seraient détachés pour établir nettement le droit contesté. Il est certain, en effet, que de telles réunions, soit générales, soit régionales, pourraient compléter utilement les attributions des chambres de commerce, et le projet de loi, dont nous parlerons *infrà*, n°s 89 et suiv., leur permet non seulement de correspondre entre elles, mais de se réunir en conférence pour traiter de leurs intérêts communs. Mais il est difficile de trouver ce droit dans la législation actuelle ou d'en voir la reconnaissance dans le silence qu'elle garde à ce sujet, alors qu'elle prend soin de régler les attributions de ces corps officiellement constitués. En les appelant à « donner au Gouvernement les avis qui leur sont demandés » et à « présenter leurs vues sur des sujets déterminés (art. 2 de la loi du 3 sept. 1851), cette loi ne vise que les chambres de commerce prises dans leur identité et leur intégrité, non des assemblées formées de leurs délégués, lesquels, entraînés par d'autres, peuvent ne pas refléter exactement l'opinion des corps qui les délèguent. Ces assemblées quoique émanant des chambres de commerce seraient une institution distincte et différente qui ne peut être admise faute d'être prévue dans la loi. Rien ne s'oppose, il est vrai, à ce que les présidents ou les membres de chambres de commerce différentes correspondent entre eux pour s'éclairer mutuellement sur les intérêts communs à ces chambres. Mais ces correspondances n'ont pas pour effet d'instituer un rouage représentatif autre que celui que la loi a organisé.

83. Une question non prévue au *Répertoire*, et qu'a soulevée depuis sa publication la nature des chambres de commerce, est celle de savoir si ces chambres, au lieu d'être simplement des établissements d'utilité publique comme les qualifie le décret du 3 sept. 1851, ce qui suffit à leur faire attribuer la personnalité civile et la capacité légale, ont en outre le caractère d'établissement public, ce qui aurait, pour effet, outre les autres conséquences de ce caractère, telles que l'hypothèque légale de l'établissement sur les biens de son comptable (art. 2121 c. civ.; art. 29 du décret du 21 mai 1862 sur la comptabilité publique) et la nécessité de l'autorisation du conseil de préfecture pour ester en justice (art. 1032 c. proc. civ., V. Ducrocq, *Cours de droit administratif*, 6ᵉ édit., nº 1338), de rendre applicable aux marchés passés par elle, non le droit fixe provisoire institué par la loi du 11 juin 1859 (art. 22), mais le droit proportionnel de 50 cent. pour 100, puis de 1 pour 100 prévu par la loi du 22 frim an 7, art. 69, § 2, nº 3 et par la loi du 28 avr. 1816, art. 51, § 3. C'est dans ce dernier sens que la question, s'étant élevée au point de vue de l'enregistrement des marchés, a été résolue par la cour de cassation (Req. 28 oct. 1885, aff. Cazeutre, D. P. 85. 1. 397). Cette décision s'appuie sur ce que le décret du 3 sept. 1851, tout en les qualifiant établissements d'utilité publique, a fait intervenir dans leur gestion l'autorité gouvernementale par ses art. 11, 12, 15, 16 et 17, et leur a donné ainsi une constitution qui les rattache de la façon la plus intime à l'organisation administrative de la France, et qui est le propre des établissements publics (V. aussi dans le même sens le rapport de M. le conseiller Voisin dans cette affaire, *loc. cit.*) Tel est ausssi l'avis de M. Aucoc (*Conférences sur le droit administratif*, 2ᵉ édit., t. 1, nᵒˢ 198 et 199) et celui que nous avons adopté *suprà*, vº *Établissements publics*, nº 1). — On trouvera peut-être quelque difficulté à concilier cette décision avec les arrêts précités (Civ. rej. 27 janv. 1880, aff. Chambre de commerce de Bayonne, D. P. 80. 1. 401 ; 30 déc. 1884, aff. Chambre de commerce de Bayonne, D. P. 85. 1. 70), qui ont refusé de voir dans une chambre de commerce faisant le remorquage des navires, un organe de l'Administration s'acquittant d'un service public, et à comprendre comment de son côté la chambre des requêtes, le 28 oct. 1885, a pu voir un établissement public faisant partie intégrante de l'organisation administrative de la France, dans une chambre de commerce passant marché pour la construction d'une halle. Mais la question qui s'agitait dans les arrêts de 1880 et de 1884 (à savoir si l'établissement est responsable des faits de ses agents, devant l'autorité judiciaire, sans recours contre l'État) ne dépendait pas en réalité du caractère public ou non de l'établissement, mais du caractère privé de l'acte accompli (V. notre note sous l'arrêt de 1880, D. P. 80. 1. 401), tandis qu'en 1885 l'application du droit proportionnel dépendait non du caractère public de l'acte accompli, mais du caractère public de l'établissement. — Ce qui peut décider ici de cette qualification, ce n'est pas tant le contrôle exercé par l'Administration sur la gestion et les tarifs des chambres de commerce (puisqu'elle en exerce un sur la gestion des sociétés tontinières et d'assurances sur la vie, et sur les tarifs des compagnies de chemin de fer, sans leur imprimer ce caractère) que l'institution légale de ces chambres comme corps consultatifs près de l'Administration, par les art. 11 et 12 du décret du 3 sept. 1851, le rang de préséance à elles attribué à raison de ce rôle, immédiatement après les tribunaux de commerce (art. 16), et aussi l'attribution à ces chambres non seulement de subventions, non seulement de sommes perçues à chaque usage fait de l'établissement ou du service fondé par elle, mais de contributions spéciales perçues directement à leur profit sur certains patentables. — Il paraît, d'ailleurs, que la grande majorité des chambres de commerce de France a protesté contre cette qualification d'établissement public qui avait pris place dans le projet de la commission parlementaire de la Chambre des députés du 12 déc. 1887 (*Journ. off.* Doc. parl., sess. extr. 1887, p. 759), et contre l'application, qui aurait pu en résulter, des formalités rigoureuses, plus gênantes qu'utiles, de l'inspection des finances. La commission de la Chambre des députés, qui constate ces plaintes dans son rapport du 17 juin 1890 sur la question de la représentation commerciale et industrielle, propose d'y faire droit en déclarant les chambres de commerce simples établissements d'utilité publique (*Journ. off.* Doc. parl. 1890, p. 1191 et 1193).

84. — 3º *Taxes et budget des chambres de commerce.* — Les contributions spéciales destinées à subvenir aux dépenses des bourses et chambres de commerce sont perçues suivant le mode indiqué au *Rép.* nº 59, c'est-à-dire conformément à la loi de finances du 23 juill. 1820, art. 11 à 16, et en vertu de décrets spéciaux qui en fixent la quotité chaque année. Sont soumis, à cette taxe « les patentables des trois premières catégories du tableau A et ceux désignés dans les tableaux B et C comme passibles d'un droit fixe, égal ou supérieur à celui desdites classes » (art. 38 de la loi du 15 juill. 1880, reproduisant l'art. 33 de la loi du 25 avr. 1844), mais sous la réserve, pour les associés des établissements compris dans ces catégories, de n'y être soumis que dans les cas où ils sont personnellement imposés à la patente et dans la mesure de cette imposition, telle qu'elle est réglée par les art. 20 et 21 de la loi du 15 juill. 1880 (même art. 38). D'autre part, l'art. 15 de la loi du 23 juill. 1820 fait porter la taxe sur le principal de la contribution des patentes consistant dans le droit fixe et le droit proportionnel ». Ces deux textes, l'art 38 de la loi de 1880 considérant le droit fixe pour déterminer les contribuables à la taxe, et l'art. 15 de la loi de 1820 la faisant porter sur les deux droits fixe et proportionnel, ont donné lieu à une difficulté d'interprétation, en ce qui concerne les patentables qui ne payent dans la ville où la taxe est perçue que le droit proportionnel et qui payent le droit fixe dans une autre commune. Ces patentables échappent-ils à la taxe dans la ville où ils ne payent que le droit proportionnel? Cette prétention a été élevée par la compagnie du chemin de fer de Paris-Lyon-Méditerranée dans les villes d'Arles et de Marseille où elle n'était imposée qu'au droit proportionnel, pour refuser le payement qui lui était demandée d'une taxe calculée sur le principal de ce droit proportionnel. Mais elle a été repoussée par un arrêt du conseil d'État du 22 déc. 1882 (D. P. 84. 3. 70), la loi n'exigeant pas que le droit fixe dont il s'agit dans l'art. 38 soit acquitté dans les villes où la taxe peut être perçue, et l'art. 15 de la loi de 1820 n'ayant d'autre objet que de permettre à la taxe d'affecter les deux droits de patente là où ils sont imposés, sans vouloir en exempter ceux qui payent ces droits dans des villes différentes.

85. D'autres questions se sont élevées à propos de cette taxe additionnelle et de son caractère accessoire par rapport au droit de patente. Le conseil d'État n'a pas toujours mis une logique parfaite dans la solution qu'il leur a donnée. Il a affirmé ce caractère accessoire en décidant notamment : 1º qu'un conseil de préfecture ne peut statuer sur les conclusions en décharge de cette taxe avant de prononcer sur la demande relative à la patente (Cons. d'Ét. 15 janv. 1868, aff. Comp. des docks et entrepôts de Marseille, *Rec. Cons. d'Ét.* 1888, p. 25); — 2º Qu'une demande en décharge de la taxe additionnelle, qui isolément serait recevable, n'étant pas postérieure de trois mois à la publication du rôle de cette taxe, ne peut l'être cependant si la demande en décharge du droit de patente est non recevable comme formée après trois mois du jour où elle pouvait l'être (Cons. d'Ét. 27 janv. 1882, aff. Jouon, D. P. 83. 3. 51). Mais sur ce second point, le ministre des finances et tous les agents du service des contributions directes consultés dans l'instruction de l'affaire avaient émis un avis contraire. Et le conseil d'État lui-même admet certaines solutions qui s'accordent mal avec l'indivisibilité des deux taxes. Il n'admet pas que la décharge de la taxe additionnelle soit la conséquence nécessaire de celle du droit de patente ; il veut qu'elle fasse l'objet de conclusions spéciales, présentées régulièrement et en temps utile, avec quittance des termes échus (Cons. d'Et. 16 févr. 1850, aff. Genson, *Rec. Cons. d'Et.*, 1850, p. 155), et n'admet pas qu'elle puisse se produire devant le conseil d'Etat avec la demande en décharge du droit de patente rejetée par le conseil de préfecture, si elle n'a été d'abord soumise avec celle-ci au conseil de préfecture (Cons. d'Et., 4 avr. 1873, aff. Lucas, *Rec. Cons. d'Et.*, 1873, p. 304. Comp. *infrà*, v° *Patente*).

86. En ce qui concerne les budgets des chambres de commerce et les comptes rendus annuels de leurs recettes et dépenses, nous renvoyons au *Rép.*, n° 61, en faisant remarquer toutefois que, depuis la loi du 29 déc. 1876, art. 10 (D. P. 77. 4. 25), ces budgets ne sont plus seulement soumis au contrôle de l'Administration, mais sont, en outre, portés à la connaissance des contribuables par la publication qui doit en être faite, mesure qui, d'après le rapport de M. Tirard, était depuis longtemps réclamée (*Ibid.*). — Sur les projets de réforme de la législation des chambres de commerce, V. *infrà*, n°s 89 et suiv. — V. aussi sur les chambres de commerce, leur rôle financier, et les projets de réforme soumis en 1887 au Parlement, un intéressant article de M. Léon Poinsard dans les *Annales de l'école libre des sciences politiques*, 1887, p. 165.

87. — V. CHAMBRES CONSULTATIVES DES ARTS ET MANUFACTURES. — La législation de ces chambres (dont le rôle, analogue à celui des chambres de commerce, s'applique exclusivement aux intérêts industriels), n'a pas subi d'autre changement depuis la publication du *Rép.*, n°s 62 et suiv., que celui résultant du décret du 22 janv. 1872, art. 3 et 4, (D. P. 72. 4. 27) et qui n'est que l'application à ces chambres du changement apporté par les autres articles du même décret au mode d'élection et aux conditions d'éligibilité des membres des chambres de commerce pour les conformer au mode d'élection et aux conditions d'éligibilité prescrits pour les juges des tribunaux de commerce par la loi du 21 déc. 1871. Il faut donc remplacer pour elles le système électif exposé au *Rép.* n° 63 par le système électif exposé *suprà*, n°s 64 et suiv., pour les chambres de commerce. Mais il n'y a qu'à se reporter au *Répertoire* pour la durée des fonctions de leurs membres fixée à six années, et leur renouvellement par tiers tous les deux ans (n° 64), pour le nombre de leurs membres fixé à douze, le choix du président et du secrétaire, le rôle du préfet, du sous-préfet ou du maire comme membres nés et présidents d'honneur (n° 65), les circonscriptions de ces chambres (n° 66), leurs ressources et leurs dépenses (n° 67), leurs attributions (n°s 68 et 69).

La tendance signalée au *Rép.* n° 62, vers la suppression de ces chambres là où des chambres de commerce étaient instituées, a continué de se manifester par la suppression de ces chambres : à Tarare, le 6 mai 1868 ; à Annonay, le 7 avr. 1869 ; à Douai, Roubaix et Tourcoing, le 13 mars 1872 ; à Montauban, le 4 oct. 1884 ; à Privas, le 30 déc. 1884 ; à Loudéac, le 19 mai 1885 ; à Limoux, le 23 mai 1885 ; à Cahors, le 18 juin 1885 ; à Saint-Girons, le 30 oct. 1885 ; à Bolbec, le 10 avr. 1886 ; à Calais, le 16 juill. 1886 ; à Avesnes, le 30 mars 1887 ; à Flers, le 8 sept. 1887 ; à Alençon, le 9 sept. 1887 ; à Nevers, le 8 nov. 1888 ; à Evreux et Pont-Audemer, le 27 nov. 1889 ; à Orange, le 20 mars 1891 ; à Quintin, le 3 nov. 1891 ; à Mazamet, le 14 mars 1892. Quelques-unes de ces villes n'ont pourtant pas reçu de chambre de commerce. Le nombre des chambres consultatives des arts et manufactures s'élève encore à 63 (1). Divers décrets qu'il serait trop long d'énumérer (V. nos tables décennales) ont fixé ou modifié pour plusieurs de ces chambres, soit le nombre de leurs membres, soit leurs circonscriptions territoriales.

88. — VI. SYNDICATS PROFESSIONNELS. — SOCIÉTÉS INDUSTRIELLES. — A côté des chambres de commerce et des chambres consultatives des arts et manufactures, les syndicats professionnels de patrons et d'ouvriers jouent, dans la représentation des intérêts commerciaux et industriels, un rôle analogue à celui des syndicats agricoles dans la représentation des intérêts de l'agriculture. Ils étaient au nombre de 2630 en 1891 (*Annuaire des syndicats professionnels*). M. Jules Siegfried, rapporteur de la commission du budget, en comptait déjà 2620 au 10 juin 1890 (*Journ. off.*, Doc. parl. 1890, p. 655, col. 3). — Sur la législation des syndicats en matière d'enseignement industriel, V. *infrà*, v° *Travail*.

Il existe aussi, dans un certain nombre de villes, des sociétés d'encouragement pour l'industrie en général ou pour certaines industries particulières, comme il en existe pour l'agriculture (V. l'*Annuaire du ministère du commerce et de l'industrie*).

89. — VII. PROJETS DE RÉFORME DE LA REPRÉSENTATION COMMERCIALE ET INDUSTRIELLE. — Dans les troisième et quatrième législatures, la Chambre des députés a été saisie, par le Gouvernement et par l'initiative parlementaire, de projets et de propositions tendant à organiser la représentation commerciale et industrielle, par les chambres de commerce et le conseil supérieur, dans un sens plus libéral et démocratique. Sans parler d'une proposition de M. Fourcand, tendant à l'électorat de tous les patentés par l'application de la loi du 10 déc. 1883 sur les élections consulaires, proposition qui fut écartée par la commission parlementaire (V. *suprà*, n° 65), on rencontre sur cette question, dans la législature précédente : 1° un projet déposé le 14 août 1884, par M. Hérisson, ministre du commerce, sur les chambres de commerce et le conseil supérieur (*Journ. off.*, Doc. parl. p. 439) ; — 2° Une proposition de M. Pierre Legrand, du 26 déc. 1884, comprenant en outre l'institution de conseils régionaux demandé par la chambre de commerce de Lille (*Ibid.*, p. 2269) ; — 3° Un projet déposé par M. Lockroy, ministre du commerce, le 2 févr. 1886 (*Ibid.*, 1886, p. 972) ; — 4° Une proposition de MM. Félix Faure et Jules Siegfried, du 21 avr. 1886, complétant et remaniant le projet ministériel (*Ibid.*, p. 565) ; — 5° Un projet de la commission parlementaire déposé en son nom par M. Léon Renard, le 12 déc. 1887 (*Ibid.*, sess. extr., 1887, p. 756), après étude du projet Lockroy et de la proposition Félix Faure et Jules Siegfried. — On rencontre, de même, dans la cinquième législature : 1° une proposition de M. Lockroy, du 19 nov. 1889 (*Ibid.*, Sess. extr., 1889, p. 13) ; — 2° Une proposition de M. Félix Faure de même date (*Ibid.*, p. 72) ; — 3° Une proposition de M. Léon Renard et autres, du 23 nov. 1889 (*Ibid.*, p. 199) ; — 4° Une proposition de MM. Jules Siegfried et autres, du 28 nov. 1889 (*Ibid.*, p. 239) ; — 5° Un projet du Gouvernement, du 27 févr. 1890 (*Ibid.*, 1890, p. 387) ; — 6° Un projet de la commission parlementaire, déposé en son nom, par M. Léon Renard, le 17 juin 1890 (*Ibid.*, 1890, p. 1190), après étude des projets et propositions qui précèdent, mais restreint seulement aux chambres de commerce et aux chambres consultatives des arts et manufactures, la commission annonçant comme objet d'une seconde partie de son travail, la réorganisation du conseil supérieur.

90. La commission de 1890, dans son rapport, constate l'unanimité des chambres de commerce pour réclamer une plus grande indépendance, une extension de leurs pouvoirs et l'obligation, pour le Gouvernement, de les consulter dans toutes les questions qui touchent aux grands intérêts qu'elles représentent. Ses propositions ont pour objet « d'étendre leurs pouvoirs, d'en multiplier le nombre, d'élargir la base de la représentation industrielle et commerciale, sans toutefois compromettre le contrôle administratif, garantie des contribuables, et sans affaiblir ni la compétence, ni l'autorité indispensables à ces assemblées ». On remarquera principalement les dispositions suivantes : Toute création de chambre de commerce devrait être pré-

(1) En voici la liste par département : Montluçon, Moulins (Allier) ; Grasse (Alpes-Maritimes) ; Charleville, Givet, Rethel (Ardennes) ; Foix, Pamiers (Ariège) ; Millau, Rodez, Saint-Affrique, Saint-Geniez (Aveyron) ; Aix (Bouches-du-Rhône) ; Bayeux, Condé-sur-Noireau, Falaise, Lisieux, Vire (Calvados) ; Aubusson, Felletin (Creuse) ; Montbéliard (Doubs) ; Bernay, Louviers (Eure) ; Saint-Hippolyte, Sommières, le Vigan (Gard) ; Bédarieux, Clermont-l'Hérault, Ganges, Lodève, Saint-Pons (Hérault) ; Châteauroux, Issoudun (Indre ; Bourgoin, Voiron (Isère) ; Morez, Saint-Claude (Jura) ; Rive-de-Gier, Saint-Chamond (Loire) ; le Puy, (Haute-Loire) ; Mende (Lozère) ; Cholet, Saumur (Maine-et-Loire) ; Saint-Lô (Manche) ; Châlons (Marne) ; Joinville (Haute-Marne) ; Mayenne (Mayenne) ; La Ferté-Macé, Laigle, Tinchebray, Vimoutiers (Orne) ; Ambert (Puy-de-Dôme) ; Oloron, Pau (Basses-Pyrénées) ; Montereau (Seine-et-Marne) ; Yvetot (Seine-Inférieure) ; Niort, Saint-Maixent (Deux-Sèvres) ; Draguignan, Brignoles (Var) ; Poitiers (Vienne) ; Remiremont, Saint-Dié (Vosges).

cédée de l'avis des conseils municipaux des chefs-lieux de canton de la circonscription. Ces chambres seraient établissements d'utilité publique et non établissements publics, comme le portait le projet de 1887. Le préfet ou le sous-préfet, présidant leurs séances, n'aurait pas voix délibérative. Il y aurait *obligation* de les consulter sur les changements projetés dans la législation industrielle, commerciale ou douanière, les tarifs et règlements des services de transport, de courtage maritime, les lois et règlements relatifs aux usages commerciaux, les projets de règlements locaux en matière de commerce ou d'industrie, les travaux publics d'intérêt général, etc. L'autorisation de créer ou gérer des établissements publics intéressant leur région, et de concourir, par des examens ou des contributions volontaires à l'extension de certains travaux d'utilité publique, serait prévue en termes plus explicites. Le droit de correspondre entre elles, de se réunir en conférence pour traiter de leurs intérêts communs, enfin d'entreprendre ou de subventionner de concert des établissements reconnus utiles au commerce ou à l'industrie de leur région, leur serait également reconnu. Elles pourraient publier les procès-verbaux de leurs séances. L'éligibilité serait réglée par la loi du 8 déc. 1883 sur les élections consulaires. L'électorat serait subordonné aussi aux conditions de cette loi, mais sans sortir des catégories actuellement investies de ce droit, et en y ajoutant seulement, dans d'autres catégories désignées, les patentés qui auraient réclamé ce droit en acceptant la charge des contributions spéciales destinées à la chambre de commerce. Ces contributions spéciales ne pourraient dépasser 10 centimes additionnels à la patente, sinon en vertu d'une loi. Elles pourraient être affectées non seulement à l'entretien et au fonctionnement des chambres, mais aussi aux emprunts causés par des établissements à l'usage du commerce, et à l'insuffisance des recettes de leur exploitation. Ces établissements seraient l'objet de budgets distincts du budget ordinaire. Les emprunts seraient autorisés par décrets en la forme des règlements d'administration publique. Un compte rendu annuel de l'amortissement de ces emprunts devrait être soumis au ministre. Les budgets devraient être votés et présentés avant le 1er novembre.

Quant aux chambres consultatives des arts et manufactures, la commission de 1890 ne propose pas, comme celle de 1887, leur suppression ou leur transformation en chambres de commerce et d'industrie pour unifier la représentation commerciale et industrielle. Elle tient à conserver tous les représentants autorisés des intérêts industriels et commerciaux, et se borne à les réorganiser dans le même esprit que les chambres de commerce.

On ne peut juger de ce que sera la partie annoncée du travail de la commission sur le conseil supérieur du commerce et de l'industrie que par les anciennes propositions de la commission de 1887, qui en faisaient véritablement le grand conseil des chambres de commerce en le composant de soixante membres élus par elle (cinq pour chacun des douze groupes régionaux, représentant les intérêts divers de toutes les parties du territoire), de vingt et un membres désignés par le Gouvernement et de sept membres de droit, pris dans l'Administration, mais ayant voix consultative seulement. Des propositions actuellement soumises au Parlement, celle de M. Léon Renard et autres est la seule qui reproduise exactement ce système. Celle de M. Siegfried et autres donne à chaque chambre un délégué élu par elle, sauf pour celle de Paris qui en aurait dix, et pour celles des villes de plus de 10 000 âmes, qui en auraient trois ; le Gouvernement choisirait trente membres, mais dont le tiers serait pris dans les chambres syndicales d'industriels ou de commerçants; neuf membres de droit seraient pris dans l'Administration, mais sans voix délibérative. Le conseil ainsi composé de cent soixante-dix membres, nommerait dans son sein une section permanente de trente membres. Enfin, la proposition de M. Lockroy composerait le conseil de vingt et un membres seulement, élus par les chambres, vingt et un choisis par le Gouvernement, et six membres de droit pris dans l'Administration avec voix délibérative. Le projet du Gouvernement et la proposition Félix Faure, sont muets sur le conseil supérieur. — Sur l'organisation de la représentation commerciale et industrielle dans les pays étrangers, V. le rapport précité du 17 juin 1890, par M. Léon Renard, au nom de la commission parlementaire, *Journ. off.*, Doc. parl. 1890, p. 1191, col. 1. V. aussi l'article précité de M. Léon Poinsard, dans les *Annales de l'école libre des sciences politiques*, 1887, p. 165.

§ 2. — De l'enseignement industriel et commercial (*Rép.* nos 70 à 94).

91. L'enseignement technique pour l'industrie et le commerce est représenté près de l'administration centrale par un conseil supérieur de l'enseignement technique (Décr. 19 mars 1870 et 26-27 juin 1888. V. *suprà*, n° 11) et par un service d'inspection spécial, composé d'inspecteurs régionaux et de comités d'inspection (Décrets des 17-20 mars 1888, art. 23; Arrêtés ministériels des 21 et 29 juin 1888 et du 3 juin 1890 ; Décrets des 22 juill. 1890 et des 13-14 juill. 1892, V. *infrà*, n° 123).

Tel qu'il est organisé actuellement, l'enseignement industriel et commercial comprend trois groupes d'écoles, qui correspondent à ses divers degrés : 1° les écoles du degré supérieur, qui forment des ingénieurs pour les différentes branches de l'industrie; 2° les écoles du degré secondaire ou moyen, qui ont pour objet de former des contremaîtres, des chefs d'ateliers, des directeurs de travaux ou même des directeurs d'établissements industriels; 3° les écoles du premier degré élémentaire, qui sont destinées à former des ouvriers instruits et habiles dans leur métier.

A. — Écoles du degré supérieur.

92. L'enseignement technique se donne, au degré supérieur, dans le Conservatoire des arts et métiers, dans l'École centrale des arts et manufactures, dans l'École de hautes études industrielles, dans les écoles de chimie industrielles et dans les écoles supérieures de commerce ou de hautes études commerciales.

93. — I. Conservatoire des arts et métiers. — On a vu au *Rép.*, nos 71 à 74, quel était l'objet et quelle était l'organisation du Conservatoire des arts et métiers. Cette organisation n'a pas été modifiée depuis lors; elle est toujours régie par le décret du 10 déc. 1853 (D. P. 54. 4. 18). Différents arrêtés ministériels ont seulement augmenté le nombre des cours. On compte aujourd'hui dix-sept cours qui ont pour objet: la géométrie appliquée aux arts ; — la géométrie descriptive ; — la mécanique générale; — les constructions civiles; — la physique appliquée aux arts; — la chimie générale dans ses rapports avec l'industrie; — la chimie industrielle ; — la chimie appliquée aux industries de la teinture, de la céramique et de la verrerie (ce cours a remplacé celui de la teinture, apprêt et impression des tissus) (Décr. 28 oct. 1868, D. P. 69. 4. 7); — l'électricité industrielle; — la métallurgie et le travail des métaux; — la chimie agricole et l'analyse chimique; — l'agriculture; — les travaux agricoles et le génie rural; — la filature et le tissage; — l'économie politique et la législation industrielle ; — l'économie industrielle et la statistitique; — le droit commercial. — Notons encore deux modifications 1° l'école élémentaire qui était annexée au Conservatoire a été supprimée (Décr. 3 déc. 1874, D. P. 75. 4. 74); — 2° Un arrêté ministériel du 9 oct. 1883, modifiant l'art. 17, dernier alinéa, de l'arrêté du 19 janv. 1854, et réglant différemment le mode de pourvoir aux chaires vacantes, assigne à l'Institut de France, dans la présentation des candidats, un rôle parallèle à celui du conseil de perfectionnement. Le Conservatoire national des arts et métiers figurait au budget de 1892 pour 441 150 fr.

94. — II. École centrale des arts et manufactures. — L'organisation de l'*École centrale des arts et manufactures* a été décrite au *Rép.* nos 75 et 76, d'après la loi du 19 juin 1857, qui l'a déclarée établissement de l'Etat, tout en lui laissant son autonomie financière. Ses économies annuelles lui ont permis d'employer plus de 500 000 fr. à la caisse de prévoyance de son personnel enseignant et administratif et de contribuer pour près de 2 millions à la construction du nouvel édifice où elle a été transférée en vertu d'une loi du 27 juill. 1881 (D. P. 82. 4. 60). Elle se trouve ainsi placée près du Conservatoire des arts et métiers, dont les collections offrent à ses élèves de précieux moyens d'études.

Le règlement de cette école est aujourd'hui déterminé par

l'arrêté ministériel du 24 mai 1862, sauf les modifications qui y ont été apportées par un arrêté du 13 oct. 1883, pour le prix de l'enseignement et un arrêté du 19 mars 1881, pour la composition du jury du concours d'admission.

1° *Conditions d'admission.* — D'après les art. 9 et suiv. de cet arrêté, l'Ecole centrale se recrute exclusivement par voie de concours. Le concours comprend chaque année deux sessions distinctes, l'une au mois d'août, l'autre au mois d'octobre, entre lesquelles les candidats ont le droit d'opter. Peuvent se présenter tous les candidats qui sont agés de dix-sept ans au moins au 1er janvier de l'année dans laquelle le concours doit avoir lieu. Le concours est public. Les épreuves consistent dans des compositions écrites et des examens oraux qui portent sur la langue française, l'arithmétique, la géométrie élémentaire, l'algèbre jusqu'à la théorie générale des équations inclusivement, la trigonométrie rectiligne, la géométrie analytique à deux ou trois dimensions jusqu'aux notions générales sur les surfaces du deuxième degré inclusivement, la géométrie descriptive jusqu'aux surfaces gauches exclusivement, toute la partie de la physique que comprend l'enseignement des lycées, y compris la chaleur et les notions générales sur l'optique et l'électricité, en chimie les généralités et les métalloïdes, des notions d'histoire naturelle, le dessin à main levée, le dessin au trait et le lavis. Après la clôture du concours, le ministre arrête, sur la proposition du conseil de l'école, la liste des élèves définitivement admis.

2° *Régime de l'école.* — L'école ne reçoit que des élèves externes. Le prix de l'enseignement, non compris les frais accessoires, est de 900 fr. pour la première année et de 1000 fr. pour chacune des années suivantes. Des subventions peuvent être accordées par l'Etat aux élèves qui n'ont que des ressources insuffisantes et qui ont subi avec distinction les épreuves d'admission ou les épreuves de passage d'une division à une autre. Ces subventions ne sont accordées que pour un an, mais avec faculté de renouvellement; elles peuvent se cumuler avec les allocations des départements ou des communes (Arr. min. de 1862, art. 6 à 8).

3° *Service militaire.* — La loi du 15 juill. 1889 (D. P. 89. 4. 73) a accordé aux élèves de l'Ecole centrale des avantages analogues à ceux de l'Ecole polytechnique. Aux termes de l'art. 28 de cette loi, les jeunes gens reçus à l'Ecole centrale qui sont reconnus propres au service militaire n'y sont définitivement admis qu'à la condition de contracter un engagement volontaire de quatre ans dans l'arme de l'artillerie (Décr. 28 sept. 1889, D. P. 90. 4. 94). Ils sont alors considérés comme présents sous les drapeaux dans l'armée active pendant les trois années qu'ils passent à l'école, où ils reçoivent, d'ailleurs une instruction militaire complète, et sont à la disposition du ministre de la guerre. S'ils ne peuvent satisfaire aux examens de sortie ou s'ils sont renvoyés pour inconduite, ils sont incorporés dans un corps de troupe pour y terminer le temps de service qui leur reste à faire. S'ils satisfont aux examens de sortie, ils accomplissent alors une année de service, à l'expiration de laquelle ils peuvent être nommés sous-lieutenants de réserve. Les conditions d'aptitude physique pour l'entrée à l'école des jeunes gens qui, au moment de leur admission, ne sont pas aptes au service militaire sont déterminées par le décret du 1er mars 1890 (D. P. 91. 4. 44).

4° *Enseignement.* — La durée des études à l'Ecole centrale est de trois ans. La première année est principalement consacrée à l'étude des sciences générales (analyse et mécanique générale, géométrie descriptive, physique générale, chimie générale, cinématique, construction des machines, hygiène et histoire naturelle, minéralogie et géologie, architecture, botanique et zoologie, dessin industriel et dessin d'ensemble) et à quelques travaux pratiques (manipulations de physique, de chimie, de stéréotomie, levers des travaux graphiques et problèmes). Dès l'année suivante, les élèves se divisent, pour les travaux pratiques qui deviennent de plus en plus importants, en quatre spécialités : constructeurs, mécaniciens, métallurgistes et chimistes. Les uns et les autres suivent également les cours théoriques qui portent : en deuxième année, sur la mécanique appliquée, la résistance des matériaux, la construction et l'établissement des machines, la chimie analytique, la chimie industrielle minérale, la métallurgie, les constructions civiles, la physique industrielle, la céramique, la teinture, l'art de la verrerie ; en troisième année, sur la mécanique appliquée, la construction des machines, la chimie industrielle et agricole, la métallurgie générale et la métallurgie du fer, l'exploitation des mines, les travaux publics et les chemins de fer.

5° *Administration et personnel* — L'Ecole centrale est placée sous l'autorité du ministre du commerce et sous la contrôle immédiat d'un conseil de perfectionnement, composé des professeurs de sciences industrielles et de neuf personnes désignées par le ministre parmi les anciens professeurs de sciences industrielles ou les anciens élèves diplômés. Le personnel comprend le directeur de l'école, qui est nommé par le ministre, parmi ceux qui font ou ont fait partie du conseil de perfectionnement, un sous-directeur, un directeur et un sous-directeur des études, des professeurs, maîtres de conférences, chefs de travaux, répétiteurs et préparateurs, lesquels sont nommés par le ministre sur la présentation du conseil de perfectionnement. Un conseil d'ordre, formé des directeurs et sous-directeurs et d'un délégué du conseil de l'école, statue sur les questions relatives à la discipline (Arr. min. de 1862 ,art. 40 à 43).

6° *Sortie des élèves* — A l'expiration de leur troisième année, les élèves qui ont satisfait d'une manière complète à toutes les épreuves reçoivent du ministre du commerce un diplôme d'ingénieur des arts et manufactures. Ceux qui n'ont satisfait que partiellement à ces épreuves, tout en justifiant de connaissances suffisantes sur les points principaux de l'enseignement, reçoivent des certificats de capacité ; ils peuvent concourir pour le diplôme d'ingénieur dans l'une des cinq années qui suivent leur sortie de l'école.

95. — III. École des hautes études industrielles de Lille. — A côté des établissements de l'Etat qui donnent l'enseignement supérieur industriel, la liberté de l'enseignement supérieur a rendu possible, en 1885, la création à Lille d'une école de hautes études industrielles annexée aux facultés libres de cette ville et lui empruntant une partie de son personnel. Elle s'adresse surtout aux jeunes gens destinés à être chefs d'usines, et les y prépare par deux années d'études, précédées d'une année préparatoire à défaut d'un grade universitaire ou d'un examen d'entrée satisfaisant. Ces études portent sur les sciences appliquées à l'industrie, la technologie, la comptabilité et la géographie commerciale, les langues vivantes, le droit et l'économie politique et sociale, la morale religieuse. Elles comprennent des visites d'usines et des voyages collectifs à l'étranger ou en France. Elles aboutissent à un diplôme. Les élèves sont externes et payent la même rétribution qu'à l'école centrale.

96. — IV. Écoles de chimie industrielle. — On a souvent reproché à nos facultés des sciences de ne donner qu'un enseignement théorique et préparatoire à la carrière du professorat, et de négliger les intérêts de la région dans laquelle elles sont placées. Ce reproche ne serait plus absolument fondé aujourd'hui. Dès 1883, en effet, une école de chimie industrielle était fondée par le professeur de la faculté des sciences de Lyon avec le concours de la chambre de commerce; et, en 1890, l'institut chimique était établi à la faculté des sciences de Nancy aux frais de l'Etat, de la ville et des départements de Meurthe-et-Moselle et des Vosges. Ces écoles ont pour objet de préparer des chimistes aptes à collaborer avec les industriels et à diriger des laboratoires importants. La durée des études est de trois ans. L'enseignement théorique porte sur toutes les branches de la chimie, organique, minérale, industrielle, etc. : la majeure partie du temps, surtout dans les dernières années, est consacrée à des travaux et manipulations de laboratoire.

97. — V. Écoles supérieures de commerce. — L'Ecole supérieure de commerce de Paris, dont l'existence a été signalée au *Rép.*, n° 78, n'est pas le seul établissement où se donne l'enseignement supérieur commercial. Des écoles semblables ont été créées à Bordeaux, au Havre, à Lyon, à Marseille et, en dernier lieu, à Lille par les chambres de commerce autorisées à emprunter à cet effet. Paris possède en outre une école de hautes études commerciales pour l'établissement de laquelle un décret du 8 avr. 1880 a autorisé la chambre de commerce à acquérir un terrain rue Tocqueville et boulevard Malesherbes, et à emprunter un million et demi au Crédit foncier. Elle a pour but de donner aux jeunes gens qui sortent des lycées et des collèges les connaissances nécessaires pour arriver promptement à la direction des affaires de la banque, du commerce et de l'industrie. Elle forme aussi des agents consulaires capables de représenter la France dans les relations du commerce international. Enfin, il existe aussi à Paris un institut commercial (Ecole préparatoire au commerce d'exportation) reconnu comme école supérieure de commerce par décrets des 22-23 juill. 1890 et 13-14 juill. 1892 sans parler des établissements secondaires dirigés dans un sens technique et commercial comme l'école de l'avenue Trudaine, l'école Turgot, le collège Chaptal.

98. La loi du 15 juill. 1889, art. 23 et 59, dispense de deux années de service militaire en temps de paix les jeunes gens qui ont obtenu ou qui poursuivent leurs études en vue d'obtenir le diplôme supérieur de l'Ecole des hautes études commerciales et des écoles supérieures de commerce reconnues par l'Etat. Mais cette loi, complétée par le décret du 31 mai 1890, ne considère comme pourvus du diplôme supérieur, pour les écoles se recrutant par voie de concours, que les jeunes gens compris dans les quatre premiers cinquièmes de la liste de mérite des élèves français qui ont obtenu pour tout le cours de leur scolarité 65 pour 100 au moins du total des points que l'on peut obtenir d'après le règlement de ces écoles; et pour les écoles se recrutant par voie d'examen, le premier tiers de la liste par ordre de mérite des élèves français ayant obtenu pour tout le cours de leur scolarité 60 pour 100 au moins du total des points que l'on peut obtenir d'après le règlement de ces écoles; les diplômes doivent, d'ailleurs, mentionner le rang de classement et le nombre des élèves français ayant obtenu le minimum de 65 ou de 60 pour 100 du total des points.

Afin de procurer le bénéfice de ces dispenses aux élèves de l'Ecole des hautes études commerciales, des écoles supérieures de commerce et de l'institut commercial, établissements non encore reconnus par l'Etat, profitant bien de bourses et de médailles instituées par lui, mais ne relevant jusqu'alors que des chambres de commerce ou de sociétés privées quant à leur administration, un autre décret du 31 mai 1890 a fixé les conditions dans lesquelles une école supérieure de commerce pourrait être reconnue par l'Etat au sens de l'art. 23 de la loi militaire. Cette reconnaissance est prononcée par décret rendu sur le rapport du ministre du commerce et du ministre de la guerre, le conseil d'Etat entendu, après avis de la commission permanente du conseil supérieur de l'enseignement technique. Ce décret détermine le mode de recrutement de l'école et les dispositions auxquelles elle doit se conformer, notamment au point de vue de l'enseignement, de l'inspection, des examens ou des concours d'entrée, des examens de sortie et de la délivrance des diplômes (art. 1er). Le bénéfice de la reconnaissance peut être retiré par décret rendu dans la même forme, après mise en demeure de l'administration de l'école de fournir ses explications par écrit, soit pour inexécution des prescriptions imposées à l'école, soit pour conditions de recrutement n'offrant plus des garanties suffisantes (art. 2). Les examens du concours d'entrée, ainsi que les examens de sortie, sont subis devant un jury nommé par arrêt du ministre du commerce, et composé de cinq membres désignés par le ministre, dont l'un président, plus le directeur de l'école et un professeur désigné par lui. Des examinateurs spéciaux, notamment pour les langues étrangères peuvent être adjoints au jury par décision ministérielle, après avis du directeur de l'école. Le programme détaillé des examens ou des concours d'entrée et des examens de sortie est déterminé pour chaque école par un arrêté ministériel, après avis du directeur de l'école et de la commission permanente du conseil supérieur de l'enseignement technique (art. 3). — En conséquence, de ce décret, sept décrets spéciaux rendus à la date des 22-23 juill. 1890 ont reconnu comme écoles supérieures, dans les conditions prévues par l'art. 23 de la loi du 15 juill. 1889, l'Ecole des hautes études commerciales, les écoles supérieures de commerce de Paris, Bordeaux, le Havre, Lyon, Marseille, et l'Institut commercial de Paris. Un décret semblable des 13-14 juill. 1892 a reconnu l'Ecole supérieure de commerce de Lille. Un autre de même date a remplacé celui qui concernait l'Institut commercial de Paris en y introduisant le recrutement par voie de concours et non plus d'examen, et en y changeant par suite les conditions d'obtention du diplôme supérieur. — Ces divers décrets réglementent les concours d'entrée, le régime des études, les examens de sortie et la délivrance des diplômes. Ils exigent l'agrément du ministre pour la nomination du directeur et des professeurs et soumettent l'école à l'inspection de l'inspecteur général de l'enseignement technique et de l'inspecteur régional de l'enseignement technique commercial, autorisant en outre l'inspection par tout fonctionnaire muni d'une délégation ministérielle spéciale; ces inspections ne peuvent porter que sur les études et sur l'observation du décret de reconnaissance, non sur le régime financier de l'école, à moins de subvention reçue de l'Etat, les bourses instituées par l'Etat n'étant pas d'ailleurs assimilées à une subvention à ce point de vue. Les études durent deux ans, outre une année préparatoire; des examens font passer d'une année à l'autre et l'examen de sortie conduit au diplôme supérieur les quatre premiers cinquièmes, par ordre de mérite, de ceux qui ont obtenu 65 pour 100 du total des points qu'on peut obtenir dans toute la scolarité; il conduit au certificat d'études ceux qui ont obtenu 50 pour 100 du total des points de la scolarité et 60 pour 100 du total des points attribués à l'examen de sortie.

Ces mêmes écoles, et en général les écoles supérieures de commerce reconnues par l'Etat, ont fait en dernier lieu l'objet d'arrêtés ministériels des 19-21 janv. et 27 juill. 1891 (V. *Journ. off.* du 24 mars 1892) qui règlent en détail les conditions d'admission aux concours et examens d'entrée, le programme de ces concours et examens, le fonctionnement des jurys et l'attribution des bourses de l'Etat, laquelle ne donne plus lieu à des concours spéciaux, mais permet seulement de prendre part aux concours et examens d'entrée.

99. — VI. Bourses commerciales et dispenses de service militaire pour séjour a l'étranger. — On peut rattacher à l'enseignement supérieur commercial les bourses commerciales de séjour à l'étranger pour lesquelles les lois de finances ouvrent des crédits spéciaux depuis quelques années, et dont l'attribution a été réglée successivement par un arrêté ministériel du 30 nov. 1886, puis par un autre des 6-13 déc. 1890 conforme aux dispositions de la loi militaire du 15 juill. 1889. Ces bourses, attribuées au concours pour deux ans et renouvelables pour une troisième année, sont de deux catégories. Les unes, réservées aux jeunes gens de seize à dix-huit ans qui désirent aller s'établir dans les pays hors d'Europe, sont de 4000 fr. pour la première année, de 3000 pour la seconde. Les autres, réservées aux jeunes gens de vingt et un à vingt-six ans pourvus du diplôme supérieur ou du certificat d'études d'une école supérieure de commerce reconnue par l'Etat et désirant s'établir ou faire un apprentissage commercial dans un pays d'Europe ou hors d'Europe, sont de 2500 fr. la première année, et de 2000 fr. la seconde, s'il s'agit d'un pays d'Europe, d'Algérie ou de Tunisie; de 4000 fr. la première année, et 3000 fr. la seconde s'il s'agit de tout autre pays. Les frais de voyage sont à la charge des intéressés. L'arrêté précité de 1892 règle les conditions et le programme des concours, les obligations des boursiers, leurs rapports avec les représentants de la France à l'étranger, les causes de déchéance et le contrôle permanent d'une commission spéciale.

100. — VII. Bourses industrielles de voyage. — Il ne faut pas confondre avec les bourses commerciales de séjour à l'étranger, les *bourses industrielles de voyage* instituées par arrêté du ministre du commerce et de l'industrie du 28 juill. 1887, reproduit par M. G. Paulet, *Code annoté du commerce et de l'industrie*, p. 791). Ces bourses ont une valeur variable de 1500 à 3000 fr. selon l'importance et la durée du voyage, et sont renouvelables une ou deux fois au maximum d'après avis d'une commission chargée d'examiner les rapports et travaux que les boursiers doivent transmettre tous les trois mois (art. 1er). Elles sont attribuées au concours ; entre autres conditions pour être admis à concourir, il faut être Français, avoir vingt ans au moins et trente ans au plus, être en règle avec l'autorité militaire, et être muni du diplôme de fin d'études d'une école publique ou libre relevant du ministère du commerce et de l'industrie, subventionnée ou reconnue par lui (art. 2). Les départements, les communes et les industriels intéressés sont invités à participer à la dépense de ces bourses (art. 1).

101. — VIII. Outre les divers établissements mentionnés ci-dessus, il en est d'autres dont il sera traité ailleurs, savoir : 1° l'Ecole des ponts et chaussées (V. *infrà*, v° *Travaux publics*) ; — 2° L'Ecole nationale supérieure des mines à Paris et l'Ecole des mines de Saint-Etienne (V. *infrà*, v° *Organisation de l'instruction publique*); — 3° L'Ecole d'application des manufactures de l'Etat (V. *Rep.* eod. v°, n° 523-1°); — 4° L'Ecole professionnelle supérieure des postes et des télégraphes (V. *infrà*, v° *Postes et télégraphes*).

B. — Écoles du degré secondaire ou moyen.

102. Les établissements qui distribuent l'enseignement de cet ordre sont : 1° les trois écoles nationales d'arts et métiers de Châlons-sur-Marne, d'Aix et d'Angers ; — 2° L'Ecole pratique d'ouvriers et de contremaîtres de Cluny ; — 3° L'Ecole nationale professionnelle spéciale à la grosse chaudronnerie et aux grandes constructions en fer, de Nevers ; — 4° L'Ecole d'horlogerie de Cluses ; — 5° Les écoles de dessin et d'art industriel ou décoratif ; — 6° Certaines écoles fondées dans des villes importantes, soit par la commune soit par des particuliers. Il y aurait lieu d'y ajouter les écoles destinées à former des maîtres ouvriers mineurs (V. *infrà*, v° *Organisation de l'instruction publique*).

103. — I. ECOLES NATIONALES D'ARTS ET MÉTIERS. — Les trois écoles d'arts et métiers de Châlons-sur-Marne, d'Angers et d'Aix sont encore les seules existant en France. Elles figuraient au budget de 1892 pour 584 429 fr. comme personnel et pour 704 671 fr. comme matériel et dépenses diverses. Une loi des 10-12 mars 1881 (D. P. 82. 4. 50) en a créé une à Lille ; mais les travaux de construction nécessaires à son établissement ont été suspendus par des difficultés financières pour la solution desquelles le Gouvernement a réduit le devis primitif et obtenu de la Chambre (28 févr. 1891, *Journ. off.* Doc. parl. 1891, p. 635) un crédit d'un million sur l'exercice 1891.

L'organisation des écoles nationales d'arts et métiers, régie à l'époque de la publication du *Répertoire* (n°s 80 et suiv.) par le décret du 30 déc. 1865, est réglée aujourd'hui par le décret du 4 avr. 1885 (D. P. 86. 4. 8), modifié dans quelques-unes de ses dispositions par les décrets des 23 mars 1888, 15 févr. et 21 août 1889 et du 1er févr. 1892.

1° *Conditions d'admission.* — D'après les art. 9 et suiv. du décret de 1885, l'admission ne peut avoir lieu que par voie de concours, et nul ne peut être admis à concourir : 1° s'il n'est Français ou s'il ne se trouve dans l'un des cas prévus par les art. 8, § 4, et 9, 10, 12, § 3 et 18 du code civil (dans ce dernier cas, les candidats doivent produire une copie certifiée conforme de la déclaration qui aura été faite en leur nom, soit pour renoncer à la faculté de décliner à leur majorité la qualité de Français, soit pour réclamer cette qualité), et 2° s'il n'est âgé de plus de quinze ans et de moins de dix-sept (dix-huit ans, pour les candidats habitant les colonies, l'Algérie exceptée ; Décr. 21 août 1889) au 1er octobre de l'année dans laquelle le concours doit avoir lieu. Les connaissances exigées pour l'admission et sur lesquelles porte le concours comprennent, aux termes du décret du 1er févr. 1892, l'écriture, la langue française, l'arithmétique théorique et pratique, la géométrie élémentaire, l'algèbre jusqu'aux équations du second degré exclusivement, et enfin des notions d'histoire et de géographie dans les limites du programme de l'enseignement primaire, cours supérieur. Quant au concours, il se divise en épreuves écrites et manuelles qui ont lieu au chef-lieu de chaque département (ou, à titre exceptionnel, dans des chefs-lieux d'arrondissement désignés par le ministre ; Décr. 23 mars 1888) et qui comprennent, en outre desdites connaissances, une épreuve de dessin linéaire, un dessin d'ornement à la plume et l'exécution d'une pièce de bois ou de fer devant la commission nommée à cet effet par le préfet ; et en épreuves orales, auxquelles ne peuvent prendre part que les candidats admissibles à l'examen écrit, et qui ont lieu devant une commission régionale qui se transporte successivement dans les villes principales de la circonscription de chaque école. Le ministre du commerce et de l'industrie arrête ensuite la liste des élèves définitivement admis.

2° *Régime des écoles d'arts et métiers.* — Ces écoles reçoivent des élèves internes, dont le nombre ne peut dépasser 300 par école, et des élèves externes. Le prix de la pension est de 600 fr. par an, non compris le trousseau de 375 fr. Des bourses ou fractions de bourse, peuvent être accordées par l'Etat aux élèves dont les familles ont préalablement fait constater l'insuffisance de leurs ressources, cinq de ces bourses étant réservées tous les ans aux anciens élèves des écoles professionnelles manuelles d'apprentissage ou des écoles pratiques de commerce et d'industrie (Arr. min. 30 janv. 1889). Ces bourses ou fractions de bourse ne sont accordées que pour une année scolaire ; mais elles peuvent être renouvelées jusqu'à l'achèvement des études (Décr. du 4 avr. 1885, art. 4 à 7).

3° *Enseignement.* — La durée des études dans les écoles nationales des arts et métiers est de trois ans. L'enseignement, très étendu, est à la fois théorique et pratique. Aux termes de l'art. 20 du décret de 1885, « l'enseignement théorique, toujours dirigé dans le sens des applications pratiques, comprend : 1° la revision très rapide des parties les plus importantes de l'examen d'entrée ; 2° l'algèbre jusqu'au binôme de Newton et ses applications inclusivement, et des notions élémentaires sur les dérivés ; — 3° La trigonométrie rectiligne, des notions très élémentaires de cosmographie, l'arpentage et le nivellement ; — 4° Des notions élémentaires de géométrie analytique ; — 5° La géométrie descriptive, les ombres, les plans cotés, ainsi que des notions de perspective usuelle, de coupe de pierres et de charpente ; — 6° La cinématique théorique et appliquée ; — 7° La mécanique pure et appliquée, comprenant la dynamique, la statique, les résistances passives, la résistance des matériaux, l'hydraulique et les machines à vapeur ; — 8° La physique et ses applications industrielles ; — 9° La chimie et ses principales applications industrielles et notamment à la métallurgie ; — 10° Le dessin, et principalement le dessin industriel ; — 11° La technologie étudiée tout spécialement dans ses applications à la construction des machines ; — 12° L'étude de la langue française ; — 13° L'histoire (revision du programme d'admission avec étude plus approfondie de la période moderne) ; — 14° La géographie (revision des programmes d'admission avec étude plus approfondie de la géographie de la France et de ses colonies) ; — 15° La comptabilité industrielle et des notions d'économie industrielle ; — 16° L'hygiène industrielle ». — « L'enseignement pratique, ajoute l'art. 21, se donne dans des ateliers spéciaux, savoir : menuiserie et modèles, fonderie, forges et chaudronnerie, ajustage ». Aux termes de l'art. 2 de l'arrêté ministériel du 2 mai 1885, les élèves sont répartis définitivement au bout de trois mois dans ces divers ateliers, suivant leur rang d'admission et leurs aptitudes particulières ; pendant leur dernière année d'école, ils doivent passer un certain temps dans les autres ateliers dans le but d'acquérir, sur chacune des professions qui y sont enseignées, des notions assez complètes pour leur permettre d'apprécier les relations existant entre ces professions et celle qui fait l'objet de leurs études spéciales.

Une *section normale*, destinée à former des maîtres techniques pour les écoles professionnelles ou d'apprentissage ou encore, depuis la loi du 26 janv. 1892, pour les écoles pratiques de commerce et d'industrie, a été créée à l'Ecole des arts et métiers de Châlons-sur-Marne par un arrêté du ministre du commerce en date du 11 juin 1891. Peuvent y être reçus en qualité de boursiers : 1° sur leur demande, les instituteurs pourvus du certificat d'aptitude au professorat des écoles normales, et 2° après un examen, les instituteurs titulaires pourvus du brevet supérieur. — La durée des études de cette section normale est de deux années ; les élèves qui subissent avec succès l'examen de sortie obtiennent un certificat d'aptitude à l'enseignement technique industriel qui leur est délivré par le ministre du commerce et de l'industrie.

4° *Administration et personnel.* — Les écoles nationales d'arts et métiers sont placées sous l'autorité du ministre du commerce et de l'industrie, et sous la haute surveillance du préfet du département dans lequel chacune d'elles est établie. Le personnel de l'enseignement comprend : 1° un directeur, qui est nommé par le ministre et dont l'autorité s'étend sur toutes les parties du service. Pour être nommé aux fonctions de directeur, il faut être ingénieur de l'Etat, ingénieur civil des mines ou des arts et manufactures, ou avoir exercé les fonctions d'ingénieur dans une des écoles nationales d'arts et métiers ; ou enfin avoir, pendant cinq années au moins, dirigé un établissement industriel important ou une grande école d'enseignement technique (Décr. 4 avr. 1885, art. 23); — 2° Un ingénieur chargé, sous l'autorité du directeur, d'assurer le fonctionnement régulier de l'enseignement théorique et pratique; — 3° Neuf professeurs, deux répétiteurs et un chef pour chacun des ateliers, les uns et les autres nommés après un concours; — 4° Et enfin le nombre de sous-chefs d'ateliers et d'ouvriers instructeurs jugé nécessaire au service desdits ateliers.

Chaque école possède en outre un personnel auxiliaire, qui comprend un agent comptable, un économe, un secrétaire de la direction, un adjudant chef, un sous-chef adjudant, un certain nombre d'adjudants, et enfin des employés d'administration et des agents subalternes (art. 23 à 33). Il n'y a plus d'aumônier ni de bibliothécaire.

Deux conseils fonctionnent dans chaque école : le conseil d'administration, qui se compose du directeur, président, de l'ingénieur, des professeurs et chefs d'ateliers, et qui est appelé à donner son avis sur les affaires touchant au budget et à l'enseignement de l'école (art. 34 à 36); et le conseil d'ordre, qui se compose du directeur, de l'ingénieur, du chef adjudant et d'un délégué du conseil de l'école, et qui est chargé de prononcer sur les questions urgentes concernant la discipline et les infractions au règlement intérieur (art. 38 et 39).

Enfin un inspecteur général des écoles d'arts et métiers, nommé par le ministre, est chargé de les visiter chaque année et de contrôler les services de l'enseignement et de l'administration (art. 42 et 43). Pour être nommé aux fonctions d'inspecteur général, il faut être ingénieur de l'Etat, ingénieur civil des mines ou des arts et manufactures, ou avoir rempli les fonctions de directeur dans l'une des écoles d'arts et métiers (art. 43).

5° *Sortie des élèves.* — Après leurs trois années d'études, les élèves qui ont obtenu, dans le cours de ces trois années, une moyenne générale égale à onze et n'ont eu aucune moyenne particulière inférieure à six (la notation allant de 0 à 20) reçoivent du ministre du commerce un brevet; les élèves de bonne conduite, qui auront eu une moyenne particulière insuffisante, peuvent être autorisés à subir, au bout d'un an, un nouvel examen sur la même épreuve, à la suite duquel le brevet peut leur être délivré (Décr. 4 avr. 1885, art. 3).

Ce brevet confère à ceux qui l'ont obtenu des avantages importants. Tout d'abord, ils peuvent seuls porter le titre d'élèves brevetés des écoles nationales d'arts et métiers. — En second lieu, une médaille d'or est accordée à l'élève sortant le premier et une médaille d'argent à tous ceux qui ont une moyenne générale de quinze sans avoir aucune moyenne particulière inférieure à onze. — En troisième lieu, les quinze premiers élèves qui, dans les deux ans qui suivent leur sortie de l'école, ont travaillé un an dans un atelier, peuvent recevoir une récompense de 500 fr. Enfin, aux termes de l'art. 23 de la loi du 15 juill. 1889 (D. P. 89. 4. 73) et du décret du 31 mai 1890 (D. P. 91. 4. 89), sont renvoyés dans leurs foyers, après un an de présence sous les drapeaux, les élèves des écoles nationales d'arts et métiers compris dans les quatre premiers cinquièmes de la liste de mérite de ceux des élèves français qui ont obtenu, pour tout le cours de leur scolarité, 65 pour 100 au moins du total des points que l'on peut obtenir d'après le règlement de ces écoles.

104. — II. Ecole nationale d'ouvriers et contremaitres de Cluny. — Le relèvement du niveau des études dans les trois écoles nationales d'arts et métiers a eu pour objet de satisfaire à des besoins nouveaux, en formant une classe nouvelle de directeurs de travaux et de chefs d'ateliers joignant au savoir pratique des anciens élèves des écoles nationales d'arts et métiers les connaissances théoriques plus étendues qu'exigent les progrès constants de l'industrie et la transformation des procédés mécaniques. « On ne peut plus dire aujourd'hui, sans manquer à la vérité, que les anciens élèves des écoles nationales d'arts et métiers sont, comme on s'est plu à le répéter, les sous-officiers de l'industrie française; leur rôle s'est agrandi; ils ont pris, à côté de nos ingénieurs issus de nos hautes écoles techniques, une place spéciale, importante, qu'ils sont seuls, ou presque seuls, capables d'occuper ; en grande majorité, les chefs de travaux ou d'atelier, chefs de travaux de dessins et d'études sortent de leurs rangs » (Exposé des motifs du projet de loi du 21 mars 1891 tendant à la création d'une école pratique d'ouvriers et de contremaîtres à Cluny, *Journ. off.* Doc. parl. Ch. 1891, p. 830). « Aujourd'hui, ces écoles fournissent des dessinateurs à l'industrie des constructions mécaniques et des mécaniciens à la flotte, mais très peu de contremaîtres et pas d'ouvriers » (Rapport de M. Tolain au Sénat pour la loi du 11 déc. 1880, sur les *écoles manuelles d'apprentissage*, D. P. 81. 4. 50). Aussi le Gouvernement a-t-il pensé qu'entre les écoles d'arts et métiers ainsi transformées et les écoles d'apprentissage formant non des contremaîtres, mais des ouvriers, il fallait des établissements intermédiaires destinés à tenir la place qu'occupaient autrefois les écoles d'arts et métiers en formant de véritables contremaîtres et à recevoir les jeunes gens, nombreux chaque année, qui, reconnus admissibles aux écoles d'arts et métiers, n'y peuvent être reçus faute de place. C'est pour réaliser cette pensée qu'une loi des 21-22 juill. 1891, a créé une école nationale pratique d'ouvriers et de contremaîtres à Cluny, dans les bâtiments de l'Ecole normale spéciale de cette ville, qui a été en même temps supprimée. Cette école figure au budget du ministère du commerce pour 200 000 fr.

1° *Conditions d'admission.* — L'admission à l'Ecole de Cluny a lieu au concours. Deux conditions sont requises pour pouvoir se présenter : il faut d'abord être Français ou, si l'on se trouve dans l'un des cas prévus par les art. 8, § 4, et 9, 10, 12, § 3, et 18 du code civil, produire une copie certifiée conforme de la déclaration faite au nom du candidat, soit pour renoncer à la faculté de décliner à sa majorité la qualité de Français, soit pour réclamer cette qualité; il faut ensuite être âgé de quinze ans au minimum et de dix-sept ans au maximum le 1er octobre de l'année dans laquelle le concours doit avoir lieu. — Le concours d'admission ne comporte que des épreuves écrites et manuelles. Il a lieu, le même jour et aux mêmes heures, au chef-lieu de chaque département, sous la surveillance d'une commission nommée par le préfet; il comprend diverses épreuves qui portent sur l'écriture, l'orthographe, le dessin linéaire, l'arithmétique, la géométrie, et enfin l'exécution, sous les yeux de la commission d'une pièce de bois ou de fer, suivant la spécialité à laquelle se destinent les candidats. Le ministre du commerce et de l'industrie arrête ensuite, sur le vu des notes de chaque candidat, la liste de ceux qui sont définitivement admis.

2° *Régime de l'école.* — Le régime de l'école est l'internat. Le prix de la pension est de 500 fr., non compris les frais de trousseau, qui se montent à 105 fr. Des bourses ou fractions de bourses peuvent être accordées par l'Etat aux élèves dont les familles ont préalablement fait constater l'insuffisance de leurs ressources. Ces bourses ou fractions de bourses ne sont accordées que pour un an; mais elles sont renouvelables, jusqu'à la fin des études.

3° *Enseignement* — L'enseignement de l'Ecole de Cluny est à la fois théorique et pratique. — L'enseignement théorique, qui doit aujourd'hui être dirigé dans le sens des applications pratiques, comprend : 1° l'arithmétique, les progressions et des notions sur les logarithmes; 2° la géométrie élémentaire avec des notions sur l'ellipse, l'hyperbole, la parabole, la développante du cercle, la cycloïde et l'épicycloïde; 3° l'algèbre jusqu'aux équations du second degré exclusivement; 4° des notions élémentaires de trigonométrie rectiligne ; 5° la géométrie descriptive, jusques et y compris la pénétration des corps et l'étude de l'hélice et de l'hélicoïde à cône et à plan directeur et des vis à filets carrés et triangulaires; 6° l'étude des lois du mouvement, des diverses transformations du mouvement que l'on rencontre dans les machines, et la cinématique appliquée; 7° des notions élémentaires de mécanique industrielle, la description des principaux organes de machines, et des machines et appareils employés dans les industries du fer et du bois; la description détaillée et complète des machines à vapeur et des moteurs hydrauliques, avec explication des formules de travail, et des notions élémentaires sur la résistance des matériaux; 8° des notions élémentaires de physique et de chimie; 9° le dessin industriel ; 10° l'écriture et la comptabilité; 11° la grammaire; 12° l'histoire de France et la géographie de la France et des colonies; 13° l'hygiène. — L'enseignement pratique est distribué dans quatre ateliers principaux, savoir : 1° serrurerie et ajustage, avec une section de fabrication d'instruments de précision; 2° menuiserie et modèles, formant deux sections distinctes; 3° fonderie : exécution de moulages mécaniques, fonte et cuivre, et de fontes d'art par tous les élèves fondeurs; 4° forge, chaudronnerie en fer et en cuivre.

La durée des études est de trois années; à leur sortie, les élèves qui ont satisfait d'une manière suffisante aux examens reçoivent du ministre du commerce un brevet qui leur confère le titre d'élève breveté de l'Ecole nationale de Cluny.

105. — III. ÉCOLE D'HORLOGERIE DE CLUSES. — L'Ecole de Cluses, dont l'organisation a été décrite au *Rép.*, n°s 88 à 90, s'est beaucoup développée depuis, et ses bâtiments ont été reconstruits dans de plus vastes proportions. Le décret du 30 nov. 1863, qui la régissait alors, a été abrogé et remplacé par celui du 8 févr. 1890, qui donne à cette école une organisation nouvelle. Son objet est défini en termes plus larges, qui comprennent tous les mécanismes de précision appropriés aux usages des sciences et des arts (art. 1); son enseignement théorique et pratique est complété et mis en rapport avec les nouveaux procédés de cette industrie (art. 13 et 14); la durée des études est portée à trois ans au lieu de deux (art. 2), l'âge d'admission à quatorze ans au lieu de douze (art. 8). Les élèves doivent présenter, à l'appui de leur demande, le certificat d'études primaires ou, à défaut, un certificat délivré par un fonctionnaire de l'enseignement public et établissant que le candidat possède les connaissances de l'instruction primaire. L'admission est ensuite prononcée par le ministre. Un certain nombre de places est réservé chaque année aux ouvriers horlogers qui voudraient se perfectionner dans une ou plusieurs parties de la fabrication de la montre; ces ouvriers sont reçus par le directeur de l'école et dispensés de tout examen. L'école reste sous le régime de l'externat et de la gratuité. Il peut être pourvu au logement et à la nourriture de l'élève moyennant une pension annuelle de 600 fr. Des bourses ou fractions de bourses sur les fonds de l'Etat peuvent être accordées pour une année scolaire en cas d'insuffisance de ressources (art. 4 et 6).

L'enseignement est à la fois théorique et pratique. L'enseignement théorique comprend les éléments des sciences mathématique, physique et chimique, la comptabilité, les principes généraux de l'économie industrielle et surtout la mécanique et le dessin envisagés dans leurs applications à l'horlogerie. L'enseignement pratique embrasse : 1° l'exécution à la main des ébauches et finissages des divers calibres de montre, français et étrangers, avec mécanismes de remontoir ; 2° l'exécution d'une série d'ébauches par procédés mécaniques perfectionnés; 3° la construction des mécanismes compliqués de répétitions chronographes, quantièmes, secondes indépendantes, etc.; 4° l'exécution et le plantage des principaux échappements employés, ainsi que le travail des pierres fines et le sertissage; 5° le repassage le réglage et le remontage; 6° le réglage de précision; 7° la construction des outils de fabrication mécanique de la montre; 8° les arts appliqués à la décoration de la montre, gravure, ciselure, émail, guilloché, etc. — Une division spéciale peut être établie pour donner à certains élèves un enseignement supérieur de l'horlogerie; le programme de cette section comprend des cours complémentaires de mathématiques, la géométrie analytique, le calcul différentiel et intégral et l'application des mathématiques supérieures à la mécanique générale et spécialement aux problèmes de l'horlogerie.

La durée des études est de trois ans. A leur sortie de l'école, les élèves obtenant une moyenne générale de 11 sans aucune moyenne particulière inférieure à 6, sur une notation de 0 à 20, reçoivent seuls le diplôme « d'élève breveté de l'Ecole nationale de l'horlogerie de Cluses », diplôme sans lequel on ne peut être reconnu comme ancien élève de cette école. Ceux qui obtiennent une moyenne générale égale à 15, sans aucune moyenne particulière inférieure à 11, reçoivent un diplôme particulier avec médaille d'argent; cette médaille est en or pour l'élève sortant le premier de sa promotion (art. 3). Ces diplômes ne confèrent, en droit tout au moins, aucune dispense au point de vue du service militaire. Mais, aux termes de l'art. 26 du décr. du 23 nov. 1889 (D. P. 89. 4. 104), les horlogers et ouvriers horlogers sont admis à concourir pour la dispense de deux ans de service actif, au titre des industries d'art, lors de la formation de la classe à laquelle ils appartiennent; or, les anciens élèves de Cluses ou de Besançon, se présenteront à ce concours dans des conditions beaucoup plus favorables que les ouvriers qui n'ont jamais fait d'études théoriques et qui se sont contentés de passer par l'atelier.

Le personnel enseignant se compose, outre le directeur, d'un professeur adjoint, d'un chef par atelier et du nombre de sous-chefs jugé nécessaire au service des ateliers. Il comprend en outre deux surveillants (art. 19 et 20). Ces fonctionnaires, ainsi que le médecin de l'école, sont nommés par le ministre, qui peut seulement déléguer au directeur la nomination des agents subalternes, mais règle, dans tous les cas, leur nombre et leur traitement (art. 21, 22 et 23). — Le conseil d'administration a été modifié dans sa composition; il comprend : le directeur, président; le professeur adjoint de théorie, secrétaire du conseil; les chefs d'atelier; il peut en outre comprendre des membres étrangers à l'école, désignés par le ministre et, de préférence, choisis parmi les fabricants d'horlogerie de la région, sans que leur nombre puisse, en aucun cas, être supérieur à quatre (art. 26) ; son avis n'est plus nécessaire pour la fixation par le ministre du nombre d'élèves à recevoir chaque année (art. 4 et 27). L'école a en outre un conseil d'ordre ou de discipline composé du directeur, président, d'un surveillant et d'un membre du conseil de l'école délégué chaque mois (art. 30 et 31).

Une autre école d'horlogerie, créée à Besançon en 1862 par la municipalité de cette ville, a été transformée en école nationale par un décret du 23 juill. 1891. Elle est, comme l'Ecole de Cluses, placée sous l'autorité exclusive du ministère du commerce et de l'industrie. Son objet est identique, et l'enseignement y est organisé de la même façon. Le régime est, en général, le même dans les deux écoles. Toutefois, à l'Ecole de Besançon, les élèves sont admis à l'âge de treize (au lieu de quatorze) ans; d'autre part, cette école reçoit, outre les externes, des élèves internes.

106. — IV. ÉCOLE DE CHAUDRONNERIE DE NEVERS. — L'importance considérable des travaux de chaudronnerie et de construction des grands ouvrages métalliques, l'insuffisance du nombre de contremaîtres pour cette partie, qui n'est point représentée dans l'enseignement des écoles nationales d'arts et métiers, ont motivé une loi des 10-12 mars 1881 (D. P. 82. 4. 50), qui a créé à Nevers, dans les bâtiments devenus vacants de la fonderie de canons, une école nationale professionnelle spéciale pour cette industrie. Cette école reçoit chaque année une centaine de pensionnaires, et l'enseignement y dure trois années. Le prix de la pension est de 600 fr.; l'Etat y entretient des bourses et des demi-bourses.

107. — V. ÉCOLES DE DESSIN ET D'ART INDUSTRIEL OU DÉCORATIF. — Les écoles de dessin mentionnées au *Rép.* n° 93, pour les diverses industries, sont devenues de plus en plus nombreuses. Celle des six corps de métiers de la ville de Paris, fondée en 1766 (V. *ibid.*), existe toujours.

Mais il faut signaler l'organisation plus récente d'écoles destinées à l'enseignement des arts décoratifs et industriels. Sans parler ici des écoles attachées à nos manufactures nationales de Sèvres, de Beauvais et des Gobelins (V. *infrà*, n° 111), on peut citer l'Ecole nationale des arts décoratifs de Paris (section des jeunes gens et section des jeunes filles) figurant au budget de 1892 pour 147 200 fr. (Rapp. com. budg. 1892, *Journ. off.*, 1891 p. 2062); celle de Limoges avec son musée (L. 15 juin 1881, D. P. 82. 4. 24); celle d'Aubusson, celle de Nice (Décr. des 7-8 oct. 1881), enfin l'Ecole nationale des arts industriels de Roubaix (L. 18-21 août 1881). Ces établissements relèvent du ministère de l'instruction publique et des beaux-arts; on y reviendra *infrà*, v° *Organisation de l'instruction publique*. Ils tendent à maintenir la suprématie, autrefois incontestée, de la France dans les industries artistiques, en face des progrès considérables qui se sont opérés à l'étranger, surtout en Angleterre, en Autriche, en Italie, par la fondation d'un grand nombre de musées et d'écoles d'art industriel depuis les expositions internationales du milieu de ce siècle (V. sur ce point l'exposé des motifs de la proposition de M. Georges Berger en faveur de l'union centrale des arts décoratifs, déposée le 1er juin 1891 à la Chambre, *Journ. off.* Doc. parl., p. 1367. V. aussi pour l'Italie le rapport de M. Marius Vachon au ministre de l'instruction publique et des beaux-arts, *Revue générale d'administration*, 1885. 3. 482; et pour l'Autriche, le rapport de M. Saglio au même ministre, *Journ. off.* du 19 nov. 1889). — L'Ecole nationale de dessin pour les jeunes filles, ouverte en 1803 par Mme Frère de Montizon, transformée en institution d'État par décret du 10 mars 1810, définitivement organisée par décret des 7-8 oct. 1881 et arrêté ministériel du 10 août de la même année, a cessé d'avoir une existence indépendante pour devenir simplement la section des jeunes filles dans l'Ecole nationale des arts décoratifs de Paris, dont les écoles de Limoges et d'Aubusson sont aussi des annexes soumises à la même direction (Décret des 31 juill.-1er août 1890). Cette école s'était peu à peu écartée de son but primitif, qui était de former des ouvrières pour diverses industries artistiques convenant particulièrement aux femmes (peinture sur porcelaine, sur faïence ou sur émail, décoration d'éventails, dessin pour broderies ou pour étoffes, gravure, modelage, etc.) Le décret du 31 juill. 1890 a eu pour objet de l'y ramener en la soumettant à la même autorité et aux mêmes programmes que les écoles nationales d'arts décoratifs, écoles supérieures d'enseignement pratique (V. le rapport ministériel annexé au décret).

108. — VI. Ecoles et institutions privées. — Parmi les écoles qui ont été créées par l'initiative des municipalités, des chambres de commerce et des particuliers, nous citerons, par ordre de date : l'Ecole centrale lyonnaise, l'Institut industriel du nord de la France, l'Ecole supérieure d'industrie de Bordeaux, l'Ecole de physique et de chimie de Paris et l'Ecole manufacturière d'Elbeuf. Ces écoles distribuent en général un enseignement industriel moyen, mais qui, parfois, se rapproche beaucoup de l'enseignement supérieur.

109. — 1° L'*École centrale lyonnaise*, fondée en 1857 par un groupe de négociants et d'industriels, sous le patronage de la chambre de commerce, a pour but de donner aux jeunes gens un enseignement technique approprié aux besoins de la région. — Cet enseignement est théorique et pratique. L'enseignement théorique comprend la géométrie élémentaire, analytique et descriptive, la physique générale et industrielle, la chimie minérale, organique et analytique, la métallurgie, la statique, la mécanique, la construction des machines, la géologie et la minéralogie, l'hydraulique, les machines à vapeur, les constructions civiles, les chemins de fer, l'architecture, l'histoire naturelle, l'hygiène et la pathologie d'urgence. L'enseignement pratique se distribue dans des ateliers de menuiserie, de tour, de forge, de mécanique, d'ajustage, de ferblanterie et de teinturerie. La durée des études est de trois années, à l'expiration desquelles les élèves obtiennent un diplôme d'ingénieur de l'Ecole centrale lyonnaise de première ou de deuxième classe, suivant qu'ils ont obtenu une moyenne de notes supérieure à seize ou à treize.

110. — 2° L'*École supérieure d'industrie de Bordeaux* a été fondée, en 1874, par le concours du conseil général, du conseil municipal, de la chambre de commerce et de la société philomathique, en même temps que l'Ecole supérieure de commerce de cette ville et comme une subdivision de cette école. Elle a pour but de former des élèves possédant une instruction technique suffisante pour faire de bons contremaîtres et devenir plus tard des chefs d'industrie. La durée des études est de deux ans. Les programmes de l'enseignement sont à peu près les mêmes, quoique cependant moins étendus, qu'à l'Ecole centrale lyonnaise.

111. — 3° L'*Institut industriel du nord de la France* a été fondé, en 1874, par le département du Nord et la municipalité de Lille dans le but de former des ingénieurs civils, des directeurs d'usines et des chefs d'ateliers pour les nombreuses industries de la région. Pour être admis à l'Institut industriel, les candidats doivent être âgés de seize ans au moins et, en outre, être pourvus du diplôme de bachelier ès sciences ou de l'enseignement secondaire spécial, ou, à défaut, subir un examen qui porte sur des matières analogues à celles du baccalauréat ès sciences. Les jeunes gens admissibles à l'Ecole polytechnique ou à l'Ecole normale supérieure entrent directement en deuxième division, s'ils possèdent des connaissances suffisantes en calcul différentiel. L'enseignement de l'Institut industriel se rapproche beaucoup de l'enseignement supérieur. Les élèves sont divisés en trois sections : 1° mécanique, 2° filature et tissage, 3° chimie. L'enseignement théorique, commun aux trois sections, comprend : les mathématiques élémentaires et spéciales, le calcul différentiel, la géométrie descriptive, le levé des plans, le nivellement, la physique générale et industrielle, la chimie générale et analytique, l'analyse infinitésimale, la mécanique rationnelle et appliquée, la cinématique appliquée, la minéralogie et la géologie, la construction des organes de machines, la géographie industrielle et commerciale, la législation usuelle, les machines, la stéréotomie, les chemins de fer, les constructions industrielles, le dessin, la comptabilité et les langues vivantes. L'enseignement théorique comprend encore : des cours de métallurgie, de sucrerie et de distillerie, communs aux sections de mécanique et de chimie; un cours de blanchiment, teinture et apprêts, commun aux sections de filature et tissage et de chimie ; un cours de chimie industrielle, spécial à la section de chimie ; enfin un cours complet de filature et tissage et de matières textiles, spécial à la section de filature et tissage. — L'enseignement pratique est distribué dans des ateliers qui sont annexés à l'établissement et où les élèves sont exercés suivant leur spécialité, à la menuiserie, à la forge, à l'ajustage, aux manipulations chimiques, à la filature et au tissage, et aux opérations sur le terrain. La durée des études est de trois années : après les examens généraux de troisième année, les élèves reçoivent du préfet du Nord un diplôme d'ingénieur civil ou un certificat d'études suivant leur rang de sortie.

112. — 4° L'*École de physique et de chimie de Paris* a été fondée par le conseil municipal de cette ville, en 1881 ; elle est destinée à servir de complément aux écoles d'enseignement primaire supérieur et à fournir aux jeunes gens sortant de ces écoles les connaissances scientifiques spéciales qui leur permettent d'occuper dans l'industrie privée des emplois d'ingénieurs, de chimistes ou de chefs d'ateliers. L'admission des élèves (trente places) a lieu au concours, auquel peuvent prendre part les jeunes gens français âgés de quatorze ans au moins et de dix-neuf ans au plus au 1er octobre de l'année d'admission ; le concours comprend des épreuves écrites et des épreuves orales qui portent, les unes et les autres, sur les mathématiques, la physique et la chimie. L'enseignement, qui dure trois années, se divise en deux périodes. Pendant les trois premiers semestres, les élèves suivent en commun les cours de physique, de chimie, de mécanique, de mathématiques et de dessin. Pendant les trois derniers semestres, les élèves sont divisés en élèves physiciens, au nombre de dix, et en élèves chimistes, au nombre de vingt. Les cours théoriques sont encore suivis en commun ; mais les travaux de laboratoire acquièrent une importance de plus en plus grande, et ils absorbent la presque totalité du temps en troisième année. A la fin de la troisième année, il est délivré des certificats aux élèves qui ont satisfait aux examens, et des diplômes aux plus méritants ; ces derniers peuvent être admis à travailler, comme élèves libres, dans les laboratoires de l'école après leur sortie.

113. — 5° L'*École manufacturière d'Elbeuf* a été fondée en 1887, avec le concours du ministre du commerce, du département, de la municipalité et de la société industrielle de cette ville ; elle est destinée aux jeunes gens qui se préparent à l'industrie ou au commerce des tissus de laine. La durée des études est de deux ans. L'enseignement théorique comprend les mathématiques élémentaires et appliquées, la géographie industrielle et commerciale, la mécanique générale et industrielle, la chimie industrielle et tinctoriale, la physique industrielle, la théorie du tissage et des opérations qui s'y rapportent, la comptabilité et le commerce. L'enseignement pratique est donné dans divers ateliers ou laboratoires, atelier d'échantillonnage et de montage, laboratoire de teinture.

C. — Écoles du premier degré ou degré élémentaire.

114. — A cette catégorie d'établissements appartiennent, d'abord, les écoles d'enseignement technique, fondées et entretenues par l'Etat, les départements ou les communes ; certaines écoles professionnelles, d'un caractère municipal, et spéciales à certaines industries ; enfin, les écoles ou institutions privées.

115. — I. Enseignement technique. — Les pouvoirs publics, émus de voir disparaître, sous l'action de diverses causes, l'apprentissage à l'atelier (V. *infrà*, v° *Travail*), se sont préoccupés d'y suppléer, soit en plaçant des ateliers dans les écoles primaires, soit en créant de nombreuses écoles d'apprentissage, comme transition de l'école primaire à l'atelier industriel. On a vu au *Rép.*, n° 94, ce besoin d'une vaste organisation de l'enseignement technique se traduire, en 1867, dans un projet de loi qui ne put aboutir. Un décret du 19 mars 1870 créa, seulement près du ministère de l'agriculture, du commerce et de l'industrie, un conseil supérieur de l'enseignement technique, dont la composition a été réglée en dernier lieu par le décret du 28 juin 1888 (V. *suprà*, n° 11). Mais l'attention continua à se porter sur cette question. Le 1er déc. 1871, M. Gréard, inspecteur général de l'instruction publique et directeur de l'enseignement primaire de la Seine, adressait au préfet de la Seine un mémoire sur la question des écoles d'apprentis. En 1873, M. Buisson, délégué du ministère de l'instruction publique à l'exposition de Vienne, signalait un effort considérable dans presque tous les pays, pour multiplier les établissements élémentaires d'instruction professionnelle. Les deux écoles d'apprentissage du boulevard de la Villette et de la rue Tournefort, créées à Paris dans cette même année, eurent un succès qui détermina le législateur en faveur des écoles manuelles d'apprentissage, lorsqu'il fut saisi de la question par une proposition de M. Martin Nadaud (14 janv. 1878). C'est sous cette dénomination que la loi des 11-12 déc. 1880 (D. P. 81. 4. 49) organisa l'enseignement technique ou professionnel pour les ouvriers, organisation complétée par un décret des 17-20 mars 1888 (D. P. 88. 4. 38), qui a abrogé et remplacé celui des 30 juill.-2 août 1881, et par un autre décret des 28-29 juill. 1888. A cette loi et à ces deux décrets, portant sur l'ensemble de l'institution, il faut joindre un grand nombre de dispositions relatives à des points spéciaux, savoir : 1° aux conseils d'administration et comités de patronage dans les écoles nationales professionnelles (Décr. 24-25 août 1891, 26-28 juill. 1892); au mode de recouvrement des créances, dans ces mêmes écoles (Décr. 1er-5 juin 1891); aux bourses nationales dans ces mêmes écoles (Décr. 6-8 janv. 1891 ; Arr. min. des 7-8 janv. 1891 ; Décr. min. du 30 janv. 1889); — 2° Aux dépenses d'entretien et aux traitements du personnel (L. 19-20 juill. 1889, art. 2, 3, 4 et 48, D. P. 90. 4. 35); — 3° A l'inspection (Arrêtés ministériels des 21 et 29 juin 1888, et 3 juin 1890); — 4° A la formation des instituteurs en vue de l'enseignement du travail manuel (Arr. min. des 28-31 juill. 1882, des 20-21 juill. 1883; Circ. min. de 1867, 1888, 1889; Décr. des 19 mars-14 oct. 1880, D. P. 90. 4. 90); — 5° Au rattachement et au régime des écoles dont l'enseignement est principalement commercial ou industriel (L. de finances des 26-27 janv. 1892, art. 69; Décr. des 1er-19 juin 1892. V. aussi *Code des lois politiques et administratives*, nos 500 et suiv.). — Pour présenter un aperçu méthodique de ce qu'est actuellement l'enseignement technique, nous rapprocherons ces textes épars, en les rattachant aux questions suivantes : 1° détermination, classement et régime général des écoles d'apprentissage; 2° création et entretien de ces écoles, subventions; 3° conseils d'administration et de patronage, de surveillance et de perfectionnement; 4° élèves et bourses; 5° études; 6° inspection; 7° personnel; 8° enseignement du travail manuel aux instituteurs.

116. — 1° *Détermination, classement, régime des écoles d'apprentissage.* — L'école manuelle d'apprentissage est une école faisant suite à l'école primaire élémentaire, en vue de développer chez les jeunes gens qui se destinent aux professions manuelles la dextérité nécessaire et les connaissances techniques (L. de 1880, art. 1). Sont assimilées aux écoles manuelles d'apprentissage, les écoles publiques d'enseignement primaire supérieur ou complémentaire dont le programme comprend des cours ou des classes d'enseignement professionnel (*Ibid.*). Sont mises au nombre des établissements d'enseignement primaires publics et placées sous la double autorité du ministre de l'instruction publique et du ministre du commerce et de l'industrie les écoles manuelles d'apprentissage et celles qui leur sont assimilées (écoles d'enseignement primaire supérieur ou complémentaire, comprenant des cours ou des classes d'enseignement professionnel), lorsqu'elles sont fondées et entretenues soit par l'Etat, soit par les départements ou les communes, (écoles professionnelles nationales, départementales ou communales) (L. de 1880, art. 1 ; Décret du 17 mars 1888, art. 1). Ce rattachement à l'enseignement primaire public, qu'on retrouve dans la loi organique de l'enseignement primaire du 30 oct. 1886, art. 1, § 4 (D. P. 87. 4. 1), a rendu inutile la création projetée d'une caisse spéciale pour les écoles manuelles d'apprentissage fondées par les départements et par les communes, puisque ces écoles ainsi rattachées au ministère de l'instruction publique se trouvaient appelées à profiter de la caisse pour la construction des écoles créée par la loi du 1er juin 1878. Toutefois la loi du 19 juill. 1889, sur les dépenses ordinaires de l'instruction publique (art. 48, § 18), a décidé qu'il serait statué par des règlements d'administration publique rendus après avis du conseil supérieur de l'instruction publique et du conseil supérieur de l'enseignement technique sur les conditions dans lesquelles les écoles primaires supérieures ou les cours complémentaires donnant l'enseignement industriel ou commercial devront, pour être entretenues par l'Etat, aux termes de la présente loi, être placés sous le régime de la loi du 11 déc. 1880 et du règlement d'administration publique du 17 mars 1888. Et la loi de finances des 26-27 janv. 1892, art. 69, a décidé que les écoles primaires supérieures et professionnelles dont l'enseignement est principalement industriel ou commercial relèveraient exclusivement du ministère du commerce et de l'industrie auquel elles seraient transférées par décret, qu'elles prendraient le nom d'*écoles pratiques de commerce ou d'industrie*, et qu'un règlement d'administration publique résoudrait les questions relatives au fonctionnement de ces écoles, notamment au recrutement et à la situation du personnel enseignant, au mode d'établissement des programmes, à l'organisation de la surveillance et de l'inspection, au mode d'attribution des bourses et des subventions. Ce règlement n'a point encore paru; mais déjà, en exécution de la loi précitée, un décret des 1er-19 juin 1892 a placé dans les attributions exclusives du ministère du commerce et de ri l'induste sous le titre d'*écoles pratiques de commerce ou d'industrie*, quatorze écoles primaires supérieures dont l'enseignement est principalement industriel ou commercial, et qui jusqu'alors étaient placées sous la double autorité des ministres de l'instruction publique et du commerce. Ce sont, pour les garçons, celles de Montbéliard, Nîmes, Rennes, Saint-Etienne, Saint-Didier-la-Seauve (Haute-Loire), Agen, Reims, Fourmies (Nord), Boulogne-sur-Mer (deux écoles, l'une commerciale, l'autre industrielle), le Havre et Fréville-Escarbotin (Somme); pour les jeunes filles celle de Saint-Etienne et du Havre.

Pour les écoles professionnelles de la ville de Paris, la loi du 19 juill. 1889, art. 48, § 9, dit qu'il est statué sur leurs conditions spéciales d'organisation et la fixation des traitements de leur personnel par des règlements d'administration publique, rendus après avis du conseil supérieur de l'instruction publique et du conseil supérieur de l'enseignement technique.

117. — 2° *Création et entretien. Subventions.* — La création des écoles professionnelles a lieu : pour les écoles *nationales*, par décret rendu sur la proposition des deux ministres déterminant l'emploi des subventions qui peuvent être allouées par les départements ou par les communes (Décr. 17 mars 1888, art. 2) ; pour les écoles *départementales* ou *communales*, par décision du ministre de l'instruction publique sur avis conforme du ministre du commerce et de l'industrie, après décision du conseil départemental de l'instruction publique, sur une délibération spéciale du conseil général ou municipal. Cette délibération indique les dépenses d'installation et d'entretien qui seront à la charge du département ou de la commune ; et s'il s'agit de la commune, elle contient en outre l'indication des ressources qu'elle veut y affecter et les engagements déterminés par le décret du 4 févr. 1888. Le préfet prend l'avis de l'inspecteur d'académie et d'un délégué du ministre du commerce et de l'industrie sur cette délibération, avant d'en saisir le conseil départemental (Décr. 17 mars 1888, art. 3 et 5). Le projet de construction, d'acquisition ou d'appropriation de l'immeuble destiné à l'école départementale, ainsi que les plans et devis adoptés par le conseil général, sont approuvés par le ministre de l'instruction publique après avis conforme du ministre du commerce et de l'industrie. La subvention de l'Etat, si la dépense d'installation doit être couverte par un emprunt, est accordée par le ministre de l'instruction publique, conformément à la loi du 20 juin 1885 (Décr. 17 mars 1888, art. 4). Pour l'école communale, il est procédé conformément aux art. 6 et suiv. du chap. 1er du décret du 7 avr. 1887 si l'établissement est fondé par une seule commune, et dans le cas contraire, conformément aux art. 32 et suiv. du chap. 2 du même décret. Et lorsque, d'après ces articles, l'avis de l'inspecteur d'académie est demandé, il y a lieu de consulter également le délégué du ministre du commerce et de l'industrie. La subvention accordée en vertu de la loi du 20 juin 1885 et du décret du 15 févr. 1886, pour construction et appropriation d'école, ne peut jamais dépasser pour les écoles professionnelles de toute nature le maximum prévu par ladite loi pour les écoles primaires supérieures (Décr. 17 mars 1888, art. 6. V. *infrà*, v° *Organisation de l'instruction publique*).

Les dépenses d'entretien sont supportées : pour les écoles *nationales* par le ministère de l'instruction publique (Décr. 17 mars 1888, art. 14), ou par le ministère du commerce si l'enseignement y est principalement industriel ou commercial (L. 26 janv. 1892, art. 69) (1) ; pour les écoles *départementales* et *communales*, conformément aux engagements spéciaux pris par les départements ou les communes. Le département ou la commune doit prendre, conformément au décret du 4 févr. 1888, l'engagement d'assurer pendant dix ans au moins le payement des rétributions à allouer aux contremaîtres, chefs, sous-chefs d'ateliers, ouvriers instructeurs et autres préposés, s'il y a lieu, à l'apprentissage, nommés conformément à la loi du 11 déc. 1880 (Décr. 17 mars 1888, art. 15, 16 et 13).

118. Sont entretenues suivant les mêmes règles les écoles primaires supérieures et professionnelles dont l'enseignement est principalement industriel ou commercial et qui, par suite, auraient été transférées par décret au ministère du commerce et de l'industrie sous le nom d'*écoles pratiques de commerce ou d'industrie* et les écoles gratuites analogues dont le ministère du commerce pourrait autoriser la création dans les conditions à déterminer par un règlement d'administration publique et dans la limite des crédits budgétaires ouverts à cet effet (Loi de finances des 26-27 janv. 1892, art. 69). De plus, le ministre du commerce et de l'industrie peut allouer aux communes, dans la limite de ses crédits annuels, après avis du conseil supérieur de l'enseignement technique et après entente avec le ministre de l'instruction publique, des subventions particulières soit pour le payement du personnel spécial rétribué sur les fonds départementaux ou communaux, soit pour tout autre emploi spécialement déterminé dans des conventions passées avec les communes intéressées (Décr. 17 mars 1888, art. 17). Du reste, tous les établissements de quelque catégorie qu'ils soient, publics ou libres, désignés dans les art. 1 et 2 de la loi de 1880, peuvent participer aux subventions inscrites au budget du ministère du commerce, sous le titre de subvention à des établissements d'enseignement technique (L. de 1880, art. 3). Des crédits importants sont effectivement inscrits au budget du ministère du commerce pour aider les départements, les communes, les associations et les particuliers à organiser l'enseignement professionnel (300 000 fr. pour l'enseignement industriel, 173 000 fr. pour l'enseignement commercial. Rapport de la commission du budget de 1892, *Journ. off.* Doc. parl. 1891, p. 1772). L'enseignement industriel et commercial figure au budget du ministère du commerce en 1892 pour 544 200 fr. La loi de 1880 (art. 2) mettait au nombre des établissements désignés par l'art. 56 de la loi de 1850, comme pouvant participer aux subventions inscrites au budget de l'instruction publique, les écoles manuelles d'apprentissage et autres écoles à la fois primaires et professionnelles fondées et entretenues par des associations libres. Mais la loi organique du 30 oct. 1886 sur l'enseignement primaire, art. 61, a abrogé cette partie de la loi de 1850.

119. — 3° *Conseils d'administration et de patronage, de surveillance et de perfectionnement.* — Pour les écoles nationales, le budget est dressé par le conseil d'administration de l'école et approuvé par le ministre de l'instruction publique après avis conforme du ministre du commerce et de l'industrie. Un agent comptable, nommé dans la même forme que le directeur, est attaché à chaque école. Il est tenu de fournir un cautionnement, et ses comptes sont soumis à la juridiction de la Cour des comptes (Décr. 17 mars 1888, art. 14). Un décret des 1er-5 juin 1891 a assimilé les écoles nationales d'enseignement supérieur et professionnel aux lycées nationaux pour la procédure à suivre relativement au recouvrement des créances. Un décret des 24-25 août 1891, modifié dans ses art. 4 et 7 par un décret des 26-28 juill. 1892, institue, auprès de chacune de ces écoles nationales, un conseil d'administration et un comité de patronage (art. 1). — Le conseil d'administration comprend le préfet, le maire, le recteur et l'inspecteur d'académie, un délégué du ministre de l'instruction publique, un délégué du ministre du commerce, un conseiller général du département et deux notables commerçants ou industriels de la localité ou des environs, choisis par le ministre du commerce (art. 2 et 3). Il a pour président de droit le préfet du département, remplacé en son absence par le recteur de l'académie, et à son défaut par un membre choisi par le conseil (art. 4 modifié). Ses attributions sont réglées par les art. 5 et 6. Elles portent sur tous les intérêts matériels de l'école (bonne tenue de l'établissement, règlement intérieur, nomination du médecin, organisation matérielle, budget, crédits supplémentaires à demander au ministre, compte administratif du directeur). Les délibérations concernant la situation matérielle de l'école et les améliorations à réaliser sont adressées par le président aux ministres de l'instruction publique, du commerce et de l'industrie ; copie doit en être immédiatement adressée par le président au recteur de l'académie qui fait connaître dans les quinze jours ses observations aux deux ministres (art. 7 modifié). — Le comité de patronage est composé de notables de la région, pris de préférence parmi les grands industriels ou commerçants ; il comprend en outre un inspecteur général de l'instruction publique. Ses membres sont nommés sur l'avis conforme du ministre du commerce, par le ministre de l'instruction publique qui désigne dans la même forme le président et deux vice-présidents. La durée de leur mandat est de trois ans. Le comité prend sous son patronage les élèves de l'école ; il s'occupe de placer les plus méritants à la fin de leurs études, surveille d'une façon plus particulière les boursiers, et donne son avis sur les mesures à prendre pour mettre l'enseignement en rapport avec les diverses industries de la région (art. 8).

120. Pour les écoles départementales et communales, le conseil général, ou le conseil municipal, institue une commission de surveillance et de perfectionnement (L. de 1880, art. 5). Cette commission peut tenir lieu du comité de patronage institué auprès de chaque école primaire supérieure publique par l'art. 42 du décret réglementaire des 18-20 janv. 1887 sur l'enseignement primaire (Décr. 17 mars 1888, art. 8). Elle a en outre les attributions d'un conseil d'administration. Elle est chargée de veiller en général sur les intérêts matériels de l'établissement. Elle délègue un ou plusieurs de ses membres pour s'assurer, par des visites mensuelles, de la bonne tenue de l'école ; elle en désigne le médecin. Elle en prépare le budget de concert avec le directeur. Elle entend chaque année, au mois de juillet, le rapport du directeur sur la situation morale et matérielle de l'établissement. Elle en délibère et adresse aux deux ministres ses observations et ses propositions (Décr. 28 juill. 1888, art. 17 et 18). Elle se réunit au moins deux fois par an, sur la convocation de son président, et peut être con-

(1) On voit figurer au budget de l'instruction publique, pour 1892, trois écoles nationales professionnelles de création récente : Vierzon (avec 232 élèves), Voiron (176) et Armentières (159) ; l'enseignement professionnel y a pour objet : à Armentières le tissage et la filature ; à Voiron le tissage, le ciment et les industries chimiques ; à Vierzon la céramique, le carrelage et la fabrication du matériel agricole (Rapport de la commission du budget, *Journ. off.* Doc. parl. 1891 p. 1599). Au budget du ministère du commerce figure pour 100 000 fr. l'école d'apprentissage de Dellys qui, fondée en 1866 à Fort-National pour l'Algérie, puis détruite lors de l'insurrection de 1871, fonctionne à Dellys depuis 1881 (*Journ. off.* Doc. parl. Ch. 1891, p. 1771. V. *infrà*, v° *Organisation de l'Algérie*).

voquée extraordinairement (art. 16). Elle comprend un représentant du ministre de l'instruction publique et un représentant du ministre du commerce et de l'industrie et en outre : 1° si l'établissement est départemental, le préfet président, deux membres du conseil général élus par cette assemblée, trois membres choisis par le conseil général parmi les industriels et commerçants ; 2° si l'établissement est communal, le maire, président; deux conseillers municipaux élus par le conseil ; trois membres choisis parmi les industriels et commerçants (Décr. 17 mars 1888, art. 7). Dans les écoles de filles, les trois membres désignés soit par le conseil général, soit par le conseil municipal, comprennent nécessairement une ou plusieurs dames (Décr. 28 juill. 1888, art. 15).

121. — 4° *Elèves. Bourses.* — L'âge d'admission dans les écoles régies par la loi du 11 déc. 1880, est de douze ans avec le certificat d'études primaires; de treize ans à défaut de ce titre qui doit alors être suppléé par un examen d'entrée équivalent (Décr. 28 juill. 1888, art. 2 et 3). En cas d'insuffisance du nombre des places disponibles à l'école, il est ouvert entre les candidats un concours sur les matières et devant un jury déterminés par l'art. 4 du même décret. Il peut être attribué à ces établissements des bourses nationales d'enseignement primaire supérieur, imputables sur le ministère de l'instruction publique, dans les formes et conditions prévues par le décret du 18 janv. 1887 (V. *infrà*, v° *Organisation de l'instruction publique*). Toutefois, l'attribution de ces bourses est prononcée par un arrêté du ministre de l'instruction publique, sur la proposition de l'inspecteur d'académie, après avis du conseil départemental et du délégué du ministre du commerce et de l'industrie. La déchéance de la bourse est prononcée dans la même forme (Décr. 17 mars 1888, art. 18). Les bourses ou indemnités facultatives que le ministre du commerce et de l'industrie peut allouer sur les crédits annuels sont attribuées par lui, sur la proposition de son délégué, après avis du conseil supérieur de l'enseignement technique et de l'inspecteur d'académie (Même décret, art. 19). Outre les bourses d'admission aux écoles primaires supérieures professionnelles, il est réservé aux anciens élèves de ces écoles reconnues ou subventionnées par le ministère du commerce, cinq bourses avec trousseau dans chacune des écoles nationales d'arts et métiers d'Aix, Angers et Châlons, à condition d'arriver en tête des candidats de cette catégorie sur les listes d'admission (Décis. min. com. 30 janv. 1889 ; V. *Journ. off.* du 12 oct. 1890). Les bourses de l'Etat dans les écoles nationales professionnelles ont fait l'objet d'un décret des 6-8 janv. 1891, instituant un examen spécial pour les candidats à ces bourses, et d'un arrêté du ministre de l'instruction publique des 7-8 janv. 1891 déterminant les conditions de cet examen.

122. — 5° *Etudes.* — La durée des études dans les écoles régies par la loi du 11 déc. 1880 est de trois ans (Décr. 28 juill. 1888, art. 1er). Elles comprennent : 1° un complément d'instruction primaire ; 2° une instruction professionnelle préparant, soit à l'industrie, soit au commerce, le même établissement pouvant comprendre les deux genres d'enseignement professionnel (Décr. 17 mars 1888, art. 20, et du 28 juill. 1888, art. 5). L'emploi du temps est réparti suivant les art. 6 à 10 du second de ces deux décrets et les tableaux qui y sont annexés. Indépendamment de ces programmes généraux, il peut être dressé pour chaque école nationale par le conseil d'administration, pour chaque école publique départementale ou communale par la commission de surveillance et de perfectionnement, pour chaque école privée par les fondateurs, un programme spécial qui n'est exécutoire qu'après avoir reçu l'approbation des deux ministres (L. de 1880, art. 4; Décr. 17 mars 1888, art. 21). Aucun internat ne peut être annexé à ces diverses écoles sans l'approbation préalable des deux ministres (Décr. 17 mars 1888, art. 22).

123. — 6° *Inspection.* — Outre l'inspection prévue par l'art. 9 de la loi organique du 30 oct. 1886 (V. *infrà*, v° *Organisation de l'instruction publique*), les écoles publiques régies par la loi du 11 déc. 1880, sont soumises pour tout ce qui regarde l'enseignement commercial et industriel à une inspection spéciale dans les conditions déterminées par des arrêtés du ministre du commerce après entente avec le ministre de l'instruction publique, tous les rapports de cette inspection devant être adressés aux deux ministres (Décr. 17 mars 1888, art. 23). Cette inspection est composée : 1° d'inspecteurs régionaux de l'enseignement technique industriel (Arrêté ministériel des 21 juin-4 juill. 1888) ; — 2° D'un comité d'inspection de l'enseignement technique industriel près de la direction du personnel et de l'enseignement technique au ministère du commerce et de l'industrie (Arrêté ministériel des 29 juin-4 juill. 1888) ; — 3° D'inspecteurs régionaux de l'enseignement technique commercial et d'un comité d'inspection de cet enseignement près de la direction du personnel et de l'enseignement technique au ministère du commerce et de l'industrie (Arrêté ministériel du 3 juin 1890). Cette inspection spéciale « a pour mission d'étudier les besoins locaux au point de vue de la direction à donner à l'enseignement professionnel, de se rendre compte de la valeur et de l'état de l'outillage et des améliorations qu'il y aurait lieu d'y apporter, de surveiller les méthodes, enfin de renseigner les deux administrations sur tout ce qu'il serait utile de faire pour rendre l'enseignement aussi pratique et aussi profitable que possible » (Circ. min. 30 juin 1888. V. Paulet, *Code annoté du commerce et de l'industrie*, p. 809). Les inspecteurs régionaux de l'enseignement commercial chargés, conformément à ces dispositions, de l'inspection de l'enseignement commercial dans les écoles primaires supérieures professionnelles, ont été, en outre, chargés par les décrets du 22 juill. 1890 de l'inspection de cet enseignement dans les écoles supérieures de commerce reconnues par l'Etat (V. *suprà*, n° 87). Quant aux écoles privées placées sous le régime de la loi du 11 déc. 1880, elles sont soumises à la double surveillance du ministre de l'instruction publique et du ministre du commerce et de l'industrie, mais l'inspection ne peut pas dépasser les limites fixées par les art. 9 et 35 de la loi du 30 oct. 1886 (Décr. 17 mars 1888, art. 24. V. *infrà*, v° *Organisation de l'instruction publique*).

124. — 7° *Personnel.* — Le directeur et le personnel enseignant de tout ordre sont nommés par les fondateurs dans les écoles privées (L. de 1880, art. 5, *in fine*), par arrêtés pris d'accord entre les deux ministres dans les écoles nationales (Décr. 17 mars 1888, art. 9). — Dans les écoles départementales ou communales le directeur est nommé par arrêté du ministre de l'instruction publique sur l'avis conforme du ministre du commerce et de l'industrie et sur la présentation d'une liste de trois candidats au moins par le conseil général ou le conseil municipal (L. de 1880, art. 5, § 1er; Décr. 17 mars 1888, art. 10). Il doit satisfaire aux conditions requises par les art. 4, 5, 6, 7 § 3, et 20 de la loi du 30 oct. 1886 (V. *infrà*, v° *Organisation de l'instruction publique*) et être muni d'un des titres suivants : le certificat d'aptitude au professorat des écoles normales et des écoles primaires supérieures, la licence ès lettres ou ès sciences, deux baccalauréats dont un des sciences ou de l'enseignement secondaire spécial, un des trois baccalauréats avec le certificat d'aptitude à l'enseignement du travail manuel, le diplôme d'ingénieur des arts et manufactures, ou à défaut le titre ou le diplôme d'ancien élève d'une école technique reconnu équivalent par les deux ministres après avis de la commission permanente du conseil supérieur de l'enseignement technique (Décr. 17 mars 1888, art. 11). Les professeurs et maîtres adjoints chargés de classes, ainsi que les maîtres auxiliaires chargés des travaux manuels, sont nommés ou délégués par arrêté du ministre de l'instruction publique pris sur l'avis conforme du ministre du commerce et de l'industrie, et ils doivent remplir les conditions prévues par l'art. 24 de la loi du 30 oct. 1886 (Décr. 17 mars 1888, art. 12. V. *infrà*, v° *Organisation de l'instruction publique*). Le personnel spécial chargé de l'enseignement professionnel est nommé par le préfet ou le maire suivant que l'école est départementale ou communale, sur la présentation d'une liste de trois candidats faite par la commission de surveillance et de perfectionnement avec attestation de leur capacité professionnelle signée des membres de cette commission (L. de 1880, art. 5, § 2; Décr. 17 mars 1888, art. 13). Ce personnel spécial se compose uniquement des contremaîtres, chefs, sous-chefs d'ateliers, ouvriers instructeurs et autres préposés, s'il y a lieu, à l'apprentissage, et il n'acquiert pas de droit à pension sur les fonds de l'Etat (Décr.

17 mars 1888, art. 13). Le nombre de ces derniers emplois et leur mode de rétribution est fixé par le préfet ou le maire suivant que l'établissement est départemental ou communal, sur la proposition du directeur et après avis de la commission de surveillance et de perfectionnement (Décr. 28 juill. 1888, art. 14). Le département ou la commune doit s'engager à assurer pendant dix ans cette rétribution (Décr. 17 mars 1888, art. 16). — L'école doit avoir au minimum : 1° un professeur ou un instituteur adjoint chargés de l'enseignement des matières du programme général, recevant un traitement fixe tel qu'il est déterminé par les lois et règlements en vigueur sur l'instruction publique; 2° un chef d'atelier ou un contremaître préposé à l'apprentissage, nommé et rétribué conformément aux art. 13 et 16 du décret du 17 mars 1888 (Décr. 28 juill. 1888 art. 11). L'enseignement scientifique et technologique prévu par le programme spécial de l'école peut être confié soit au directeur, soit au personnel enseignant dont il vient d'être parlé, soit à des professeurs ou maîtres auxiliaires nommés ou délégués à cet effet. Le nombre et la rémunération des auxiliaires sont, pour chaque école, déterminés par décision des deux ministres après avis de la commission de surveillance et de perfectionnement sur la proposition du conseil municipal (Décr. 28 juill. 1888, art. 12). — Le nombre maximum d'heures exigible des professeurs ou instituteurs adjoints chargés de l'enseignement des matières du programme général est fixé à dix-huit heures par semaine. Chaque heure d'enseignement qui leur est demandée en sus donne droit à un supplément de traitement soumis à retenue et fixé à 100 fr. par an pour une heure par semaine (Décr. 28 juill. 1888, art. 13). Mais dans les écoles nationales professionnelles, le nombre des heures de service exigées du personnel (professeurs, maîtres adjoints délégués, directeurs d'écoles annexes, maîtres auxiliaires, économes, etc., et le mode de rétribution des heures de service supplémentaires sont fixés par des règlements d'administration publique rendus après avis du conseil supérieur de l'instruction publique et du conseil supérieur de l'enseignement technique (L. 19 juill. 1889, art. 48, § 13). — Il est statué de la même manière sur les conditions dans lesquelles une indemnité *annuelle*, non soumise à retenue, sera attribuée aux fonctionnaires pourvus du certificat d'aptitude au professorat des écoles normales et des écoles primaires supérieures qui, après avoir fait un stage de deux ans au moins, soit dans une des écoles nationales d'arts et métiers, soit dans une école supérieure de commerce, soit dans d'autres établissements d'enseignement technique à déterminer par un décret, seraient chargés, *dans les écoles primaires supérieures* ou dans *les cours complémentaires*, de l'*enseignement industriel ou commercial* par arrêté du ministre de l'instruction publique pris sur l'avis conforme du ministre du commerce et de l'industrie (L. 19 juill. 1889 sur les dépenses de l'instruction publique, art. 48, n° 20). — Enfin la loi des 26-27 janv. 1892, art. 69, en ordonnant le transfert au ministère du commerce, sous le nom d'*écoles pratiques de commerce ou d'industrie*, des écoles primaires supérieures et professionnelles dont l'enseignement serait principalement industriel ou commercial, décide que le personnel enseignant qui serait en fonctions dans les écoles transférées y conservera ses fonctions et y bénéficiera, dans les conditions à déterminer par un règlement d'administration publique, de garanties analogues à celles que lui assuraient, pour le traitement, les indemnités, l'avancement et la discipline, les lois du 30 oct. 1886 et du 19 juill 1889 ; et que des règlements d'administration publique détermineront, pour ces écoles et les écoles gratuites analogues dont le ministre du commerce pourrait autoriser la création, les conditions de recrutement et d'avancement du nouveau personnel enseignant, les conditions dans lesquelles ce nouveau personnel pourra poursuivre la réalisation de l'engagement décennal prévu par la loi sur le recrutement de l'armée, comme les autres détails d'exécution relatifs au fonctionnement de ces écoles.

125. — 8° *Formation des instituteurs à l'enseignement du travail manuel.* — A cette législation qui régit directement les établissements d'enseignement technique, il convient d'ajouter diverses mesures législatives ou administratives qui ont eu pour objet la formation d'un personnel capable de donner, dans les écoles primaires de tout ordre, l'enseignement du travail manuel prescrit par l'art. 1er de la loi du 28 mars 1882. Deux arrêtés des ministres de l'instruction publique et du commerce du 28 juill. 1882, ont institué à titre d'essai, dans les locaux de l'école Pape-Carpantier transférée à Sceaux, des cours normaux préparatoires à l'enseignement du travail manuel dans les écoles normales et dans les écoles primaires supérieures, et pourvu à l'inspection générale du travail manuel dans les établissements d'instruction publique. Un arrêté du ministre de l'instruction publique des 20-21 juill. 1883, a créé un certificat d'aptitude à l'enseignement du travail manuel. Diverses circulaires du ministre de l'instruction publique en 1887 (21 mars) 1888, 1889 ont pourvu à l'organisation de cours de travaux manuels dans les écoles normales pour les instituteurs pendant les vacances. Enfin un décret des 19 mars-14 oct. 1889 (D. P. 90. 4. 90) a confié l'inspection de l'enseignement du travail manuel dans les écoles normales d'instituteurs et dans les écoles primaires supérieures à un inspecteur général de l'instruction publique (enseignement primaire professionnel) et à deux inspecteurs.

126. Ces mesures combinées et ces encouragements n'ont pas encore amené l'enseignement technique au degré de développement qu'exigeraient les conditions actuelles du commerce et de l'industrie. M. Jules Siegfried, rapporteur du budget du ministère du commerce à la Chambre des députés, le 10 juin 1890 (*Journ. off.*, Doc. parl., p. 657 et suiv.), comparant la situation de la France, sous ce rapport, à celle des pays étrangers, constate que l'enseignement technique dans les conditions où il est organisé « n'est pas suffisant et ne peut pas se développer comme il le faudrait »; que « pour ce qui concerne, en particulier, l'enseignement commercial, presque tout est à faire ». On lira avec intérêt (*loc. cit.*), les renseignements qu'il fournit et les considérations qu'il développe sur l'organisation de l'enseignement industriel et de l'enseignement commercial. — Il faut cependant reconnaître les résultats déjà obtenus par les diverses écoles nationales, départementales, communales et privées, qui donnent un enseignement industriel ou commercial (V. l'*Annuaire de l'enseignement commercial et industriel pour* 1892, par M. Georges Paulet, chef du bureau de l'enseignement commercial au ministère du commerce). Le rapporteur de la commission du budget de 1892, pour l'instruction publique, fait remarquer la destination commerciale, industrielle ou agricole de plus de la moitié des 12 943 élèves sortis en 1890 des établissements d'enseignement primaire supérieur (*Journ. off.*, Doc. parl. 1891, p. 1600) Il constate, il est vrai, que sur 748 écoles primaires supérieures ou cours complémentaires, 48 seulement sont soumises au régime de la loi du 11 déc. 1880 sur les écoles manuelles d'apprentissage, c'est-à-dire rattachées au ministère du commerce et de l'industrie (*Ibid.*). Mais il annonce, comme déjà soumis au conseil d'État, un règlement d'administration publique qui devra rendre véritablement professionnel l'enseignement primaire supérieur en rattachant les écoles et cours qui en dépendent et qui donnent l'enseignement agricole, industriel ou commercial, aux ministères compétents selon leur destination, instruction publique, commerce et industrie, agriculture (*Ibid.*). « Le développement de l'enseignement technique et professionnel, dit de son côté le rapporteur de la même commission pour le commerce et l'industrie, a inspiré aux ministres de l'instruction publique, du commerce et de l'industrie et de l'agriculture une entente pour une nouvelle organisation des écoles primaires supérieures en écoles d'apprentissage et professionnelles, qui sera bientôt, nous l'espérons, présentée d'une façon pratique sous forme de projet de loi ». La loi des 19-20 juill. 1889, art. 48, § 18, et celle des 26-27 janv. 1892, art. 69, enfin le décret du 1er juin 1892, sont ainsi le point de départ et le point d'appui d'une organisation et d'une réglementation nouvelle de l'enseignement technique (V. *suprà*, n° 115).

127. — II. ÉCOLES MUNICIPALES SPÉCIALES A CERTAINES INDUSTRIES. — Nous signalerons notamment : à Paris, les écoles professionnelles pour l'industrie du meuble (école Boule) (*Bulletin de la Société de protection des apprentis*, t. 19, p. 36); pour les industries de précision (horlogerie, instruments de physique, etc...) (*Ibid.*, t. 18, page 301) ; pour l'enseignement des arts et industries du livre (école Estienne); l'École des apprentis dessinateurs-lithographes (*Ibid.* t. 19,

p. 147); les écoles de tissage de Lyon et de Sedan; l'école La Martinière, à Lyon, pour les ouvriers tisseurs en soie, qui ne recevait à l'origine que les garçons (*Rép.* n° 91), et qui, depuis 1879, comprend l'enseignement des filles; l'École de chapellerie, à Villenoy, près Meaux (*Bulletin de la Société de protection des apprentis*, t. 20, p. 40).

128. — III. ÉCOLES OU INSTITUTIONS PRIVÉES. — Les établissements créés par l'initiation privée dans le but de distribuer l'enseignement industriel élémentaire sont très nombreux, soit à Paris, soit en province. On peut les diviser en deux catégories : 1° les écoles professionnelles, dans lesquelles on n'est généralement admis qu'à partir d'un certain âge (treize ou quatorze ans), et à la condition de produire le certificat d'études primaires ou de passer un examen équivalent, et 2° les cours professionnels du soir, qui sont ouverts à tous, sans examen ni condition d'âge.

Les écoles professionnelles privées ont été fondées soit par les chambres syndicales, soit par des sociétés anonymes, quelquefois enfin par des particuliers. Nous citerons, à Paris : l'École d'horlogerie, fondée en 1880 par la chambre syndicale de l'horlogerie; l'École professionnelle typographique Gutenberg, fondée en 1886 par la chambre syndicale des imprimeurs-typographes; l'École professionnelle universelle, fondée en 1888 par la chambre syndicale des fabricants bijoutiers, joailliers, horlogers et des industries qui s'y rattachent; l'Internat de Saint-Nicolas, fondé et dirigé, à Vaugirard, par les frères des Écoles chrétiennes; — et en province : l'École professionnelle régionale de Saint-Quentin et de l'Est, fondée en 1884 par la société industrielle de Saint-Quentin dans le but de former des ouvriers, des contremaîtres et même des directeurs pour les principales industries de la contrée; l'École française de bonneterie de Troyes, fondée en 1888 par une société anonyme; l'École professionnelle de l'Est, à Nancy, fondée en 1844 par M. Lovitz; l'École fondée en 1855, à Rouen, par la société libre d'émulation du commerce et de l'industrie de la Seine-Inférieure; l'Ecole d'apprentissage pour le travail du fer et du bois, à Amiens, fondée en 1888 par la société industrielle de cette ville; l'École professionnelle de Saint-Fargeau, fondée en 1887 par la société anonyme *La Professionnelle*.

Les cours professionnels du soir ont pour objet de permettre aux apprentis de compléter leur instruction théorique, sans empiéter sur le travail de l'atelier. La plupart des chambres syndicales, à Paris, ont créé des cours professionnels du soir; nous citerons, comme exemples les cours des deux écoles professionnelles de dessin et de modelage, fondés les uns en 1867, par la chambre syndicale de la bijouterie, joaillerie et orfèvrerie et les autres en 1876 par la chambre syndicale de la bijouterie imitation; les cours de l'école fondée en 1881 par la chambre syndicale du papier et des industries qui le transforment; les cours professionnels des mécaniciens et des chauffeurs, fondés en 1885 par le syndicat général des mécaniciens et chauffeurs de France; les cours professionnels des ouvriers maçons et tailleurs de pierre, fondés en 1890 par la chambre syndicale de la maçonnerie; les cours professionnels fondés en 1862 et en 1891 par la chambre syndicale des ouvriers charrons, etc. — D'autre part, des associations importantes se sont formées dans les principales villes de France pour distribuer aux adultes dans des cours du soir ou du dimanche une instruction appropriée à leurs besoins. Ce sont, à Paris, l'Association philotechnique fondée en 1848, et s'adressant à 4500 auditeurs; à Bordeaux, la Société philomathique fondée en 1808, et comprenant plus de 2000 élèves, et, à Lyon, la Société d'enseignement professionnel du Rhône fondée en 1864, et dont les cours sont actuellement suivis par 2500 auditeurs.

ART. 5. — *Des établissements agricoles et industriels. — Des encouragements à l'agriculture et à l'industrie* (*Rép.* n°s 95 à 121).

129. — I. ÉTABLISSEMENTS AGRICOLES. — La législation des haras a été exposée sous ce mot et nous n'avons à y revenir que pour mentionner comme survenus depuis : 1° une loi des 26-28 janv. 1892 ordonnant l'augmentation successive du nombre des étalons entretenus par l'administration des Haras, à raison de 50 par an jusqu'à ce qu'il soit porté de 2500 à 3000; — 2° Un décret des 20-22 juill. 1892 réorganisant l'École nationale des haras du Pin, rétablie par la loi du 29 mai 1874 (V *suprà*, n° 37). — La vacherie nationale d'élevage de la race Durham créée à Corbon en 1854 comme annexe de la vacherie fondée en 1838 dans le domaine des haras du Pin, a été supprimée à partir du 1er janv. 1889 (*Journ. de l'agric.* 1888. 2. 682), et remplacée au budget de 1891 par l'École de laiterie de Mamirolle. — Les bergeries nationales sont toujours établies à Rambouillet, à Montreuil-sur-Mer et à Châtillon (Côte-d'Or). Il en a été fondé une autre à Mondjebeur, en Algérie, pour y introduire la race mérinos; elle n'a encore donné que des résultats relativements restreints, ses étalons de choix n'étant pas assez nombreux, et ses produits n'étant pas suffisamment à la portée des indigènes (*Journ. de l'agric.* 1888. 2. 566). — Les colonies et orphelinats agricoles destinés à l'éducation des jeunes gens orphelins, détenus ou libérés, seront étudiés *infrà*, v° *Secours publics*, et v° *Prisons*. Trente établissements de ce genre figuraient en 1891 au budget du ministère de l'agriculture pour des subventions.

Les divers établissements agricoles dépendant de l'Etat ont donné lieu à une circulaire du 2 déc. 1887 par laquelle le ministre de l'agriculture recommande de la manière la plus pressante aux directeurs de ces établissements de n'admettre au nombre des employés, à quelque titre que ce soit et quelque modeste que soit l'emploi, aucune personne qui ne puisse justifier de sa qualité de Français ou de la naturalisation obtenue dans les formes.

130. — II. DOCKS ET MAGASINS GÉNÉRAUX. — Le but de ces établissements a été exposé au *Rép.* n°s 110 et 111. On trouvera *suprà*, v° *Industrie et commerce*, n° 56, et surtout *infrà*, v° *Warrants et chèques*, les explications nouvelles que comporte leur législation.

131. — III. MANUFACTURES NATIONALES. — Les manufactures nationales de Sèvres, de Beauvais et des Gobelins, placées jadis dans les attributions de la couronne ou de la liste civile (*Rép.* n° 112), ont été réunies, par décret des 5-10 sept. 1870 (D. P. 70. 4. 86), au ministère de l'agriculture et du commerce; puis, par décret des 2-10 janv. 1871 (D. P. 71. 4. 1), au ministère de l'instruction publique et des beaux-arts. — Les Chambres ayant exprimé en 1890, lors du vote du budget, le désir que ces manufactures fussent transformées en écoles (Rapport de la com. du budget, 18 juill. 1891, *Journ. off.* Doc. parl. 1891, p. 2063), le ministre fit étudier par le conseil supérieur des beaux-arts les réformes qu'il convenait d'opérer dans l'organisation de la manufacture de Sèvres. Sur l'avis émis le 22 juill. 1891 par ce conseil, et sur un rapport du ministre, un décret des 15-16 déc. 1891, réorganisa complètement cette manufacture. Diverses critiques avaient été formulées contre l'organisation antérieure, et s'étaient trouvées vérifiées par l'enquête ministérielle. « Une manufacture nationale, disait le rapport, ne doit pas seulement fournir des spécimens d'un art achevé, propres à élever le niveau du goût dans le pays; elle doit être encore un centre d'enseignement et former, en vue de l'intérêt général, des artistes et des ouvriers d'art. A la fois établissement artistique, centre de recherches scientifiques et école supérieure, la manufacture de Sèvres a besoin d'une organisation qui réponde à ce triple caractère. Or, à ces divers points de vue le régime actuel est défectueux. Les divers services de la manufacture trop indépendants les uns des autres, semblent poursuivre isolément leurs travaux; les intérêts réciproques et connexes de la décoration artistique et des applications industrielles n'y sont points liés assez étroitement. Si un enseignement d'art est donné à Sèvres, il manque de développement et ne revêt point le caractère normal et pratique qu'on demande à une école d'application ». Pour remédier à ces inconvénients, la manufacture reçoit une organisation qui établit plus nettement les attributions et les responsabilités de chaque service. Ayant pour objet : 1° la fabrication; 2° l'étude et la vulgarisation des procédés; 3° l'enseignement normal de la céramique, elle comprend désormais, outre l'administration, deux grandes sections : 1° la direction des travaux d'art; 2° la direction des travaux techniques. C'est à la direction des travaux d'art qu'il appartient de chercher des formes nouvelles, de fournir les modèles de pièces et les modèles de décoration, d'indiquer la décoration que recevront les pièces fabriquées, d'appliquer enfin les ressources variées de l'ornementation, non pas seulement à la porcelaine, mais aux divers produits de l'art céramique. La direction des travaux techniques se charge d'exécuter les projets arrêtés par la direction d'art. Réunissant les services, autrefois séparés, des recherches scientifiques et de la fabrication, elle gouverne le domaine de la science et celui du métier (art. 7). Au-dessus de ces deux grands services, et chargé de faciliter leurs rapports et de maintenir entre eux l'unité en réunissant chaque semaine les directeurs pour l'examen des questions d'intérêt commun, l'administrateur, représentant du pouvoir central, est responsable envers le ministre de la gestion générale de l'établissement. L'école, destinée à former des artistes et des ouvriers d'art et recrutée par voie de concours, est elle-même divisée en deux sections : 1° l'école d'application décorative à la céramique ; 2° l'école d'application technique à la céramique. Les études, dont le programme est fixé par un règlement postérieur, sont dirigées dans la première par le directeur des travaux d'art, dans la seconde par le directeur des travaux techniques (art. 3, 6 et 7). Enfin, outre son musée céramique, sa bibliothèque, ses archives et son catalogue descriptif mis à la disposition du public (art. 8), la manufacture met ses formules à la disposition de l'industrie privée. Elle communique aux fabricants autorisés par le ministre le résultat de ses travaux artistiques et techniques. Elle se charge d'exécuter, sur leur demande, toutes autres recherches susceptibles de servir au développement et au progrès de la production nationale » (art. 2).

132. Antérieurement à cette œuvre de réorganisation, la manufacture de Sèvres s'était accrue d'un atelier national de mosaïque qui, s'étant développé sous l'impulsion d'artistes empruntés à la célèbre manufacture du Vatican, est devenu, à partir du 1er janv. 1884, la manufacture nationale de mosaïque, dotée d'un crédit annuel de 25 000 fr. et d'une commission spéciale de perfectionnement. Mais la commission du budget de 1892 (*Journ. off.*, Doc. parl. 1891, p. 2064) a critiqué avec sévérité les produits de cet établissement et réduit son crédit à 20 000 fr., comme indication de la nécessité de le faire graduellement disparaître.

Il faut mentionner aussi l'institution, près la manufacture nationale de Sèvres, d'un concours annuel donnant lieu à un prix nommé *Prix de Sèvres* (Arrêté du ministre de l'instruction publique et des beaux-arts du mois de février 1879, *Journ. off.* du 17 février 1879). — Un arrêté du 7 nov. 1884 a institué aussi près de la manufacture nationale de Beauvais un concours analogue et un prix dit *Prix de Beauvais* (*Journ. off.* du 9 nov. 1884).

133. — IV. UNION CENTRALE DES ARTS DÉCORATIFS. — De son côté, l'initiative privée s'est employée puissamment au progrès de nos industries artistiques. Une société dite l'*Union centrale des beaux-arts appliqués à l'industrie* s'était formée en 1863 pour atteindre ce but en vulgarisant le goût et l'emploi des beaux modèles, par un musée, une bibliothèque, des cours publics et des expositions. Cette idée lui avait été inspirée par les progrès de l'Angleterre qu'une institution de ce genre mettait à même de nous disputer la prééminence dans les industries artistiques. Une autre association s'étant constituée à Paris en 1877 pour créer un musée des arts décoratifs, elle se fusionna avec elle en une société nouvelle dite *Union centrale des arts décoratifs* qui fut reconnue par l'Etat comme œuvre d'utilité publique. Telles sont les origines de l'Union centrale des arts décoratifs, retracées par M. Georges Berger dans une proposition de loi citée plus loin (Même numéro). D'après M. Antonin Proust, rapporteur de la commission du budget sur cette proposition, elle serait issue d'une société fondée en 1848 et d'une société fondée en 1875 par M. le duc de Chartres. — Après avoir organisé des expositions et des concours au palais de l'Industrie, formé une bibliothèque et des collections considérables, coopéré à la fondation du musée d'art et d'industrie de Saint-Etienne, et du musée des arts industriels de Roubaix, à l'organisation d'expositions d'arts industriels à Saint-Etienne, à Limoges, à Bar-le-Duc, etc., l'Union centrale des arts décoratifs a fait avec l'Etat une convention pour l'établissement, dans l'ancien palais restauré de la Cour des comptes, d'un *musée national des arts décoratifs* destiné à faire retour au bout de quinze ans à l'Etat. Une proposition de loi approuvant cette convention et affectant l'ancien palais de la Cour des comptes à ce musée a été déposée le 1er juin 1891, par M. Georges Berger à la Chambre des députés (*Journ. off.*, Doc. parl., 1891, p. 1367). Adoptée par elle le 29 oct. 1891, sur un rapport de M. Antonin Proust, au nom de la commission du budget (17 juin 1891, *Journ. off.*, Doc. parl., 1891, p. 2161), cette proposition a été transmise, le 30 oct. 1891, au Sénat qui l'a renvoyée à sa commission des finances. — Sur les écoles nationales d'arts industriels et d'arts décoratifs, V. *suprà*, n° 107.

134. — V. MUSÉES COMMERCIAUX. — Plusieurs grands centres industriels et commerciaux ont été pourvus, dans ces derniers temps, de musées commerciaux, c'est-à-dire d'expositions de matières premières et de produits ouvrés étrangers, intéressant plus particulièrement leur région, et des produits de cette région elle-même pour quelques-uns. Le but de ces institutions est de faire connaître aux négociants les matières premières qu'ils pourraient importer en France avec avantage ; aux ouvriers et aux industriels, les procédés de fabrication usités à l'étranger ; et surtout de renseigner notre commerce d'exportation sur les produits étrangers accueillis avec faveur sur les marchés du monde. Une commission, chargée par le ministre du commerce (Arrêté du 12 nov. 1883) d'étudier cette question, a émis dans son rapport l'avis qu'il y avait intérêt à fonder ces établissements, mais qu'il y avait lieu d'en laisser la charge aux villes et institutions locales (chambres de commerce, sociétés industrielles, chambres syndicales, etc.), sauf à inscrire au budget du ministère du commerce des subventions annuelles et renouvelables en faveur de ceux de ces établissements qui seraient fondés ou patronés à un titre quelconque par une chambre de commerce et auxquels subviendrait déjà soit cette chambre, soit la municipalité, soit une institution locale de la région où ils seraient créés. Elle a, en outre, rédigé, à l'usage des chambres de commerce un projet d'organisation modèle susceptible d'être adopté ou modifié par elles (V. ce rapport et ce projet au *Journ. off.* du 25 mars 1884). On compte actuellement vingt et un musées commerciaux reconnus par décisions ministérielles dans les villes suivantes : Alençon, Amiens, Angoulême, Aubusson, Avignon, Clermont-Ferrand, Douai, Elbeuf, Flers, Grenoble, La Ferté-Macé, Lille, Mâcon, Oran, Philippeville, Reims, Rouen, Saint-Nazaire, Saint-Quentin, Tarare et Troyes (Rapp. de la commission du budget de 1892, *Journ. off.*, Doc. parl. 1891, p. 1772 ; *Les Expositions de l'Etat en* 1889, t. 1, p. 110). — Il s'est établi beaucoup d'institutions de ce genre dans des pays étrangers. En Belgique, un arrêté royal du 12 juill. 1881, a créé près de chaque athénée royal des musées d'échantillons de produits commerciaux du pays et de l'étranger (*Ann. de législ. étr.*, 1881, p. 416).

Il paraît d'autre part qu'il devra être créé dans chacune de nos possessions d'outre-mer une exposition permanente des produits de l'industrie métropolitaine sous le patronage des administrations locales et avec le concours des chambres de commerce, afin de les faire connaître et apprécier, et d'arriver à les substituer, dans la consommation, aux articles étrangers trop facilement accueillis dans nos colonies et dont quelques-uns ne sont que des contrefaçons de notre fabrication (*Revue générale d'administration*, 1892. 1. 498).

135. — VI. EXPOSITIONS. — CONCOURS. — RÉCOMPENSES HONORIFIQUES. — On a vu au *Rép.* nos 113 et suiv., les règles générales qui président à l'organisation des expositions industrielles et agricoles et à la participation de la France dans celles qui ont lieu à l'étranger. Les expositions internationales universelles de 1867, de 1878, et de 1889, l'exposition internationale d'électricité de 1881, l'exposition maritime internationale du Havre en 1886, les expositions internationales ouvrières de 1878, 1885, 1889, 1891, ont été l'objet de mesures législatives spéciales dans le détail desquelles il est inutile d'entrer ici. On peut seulement remarquer que le Gouvernement a eu à choisir pour l'organisation de ces expositions entre trois sortes de combinaisons : l'une la laissant à l'initiative privée quoique sous le patronage de l'Etat et l'approbation du Gouvernement, comme cela a eu lieu pour l'exposition d'électricité de 1881 (Décr. 23-26 oct. 1880, D. P. 81. 4. 112), l'exposition maritime de 1886, et les expositions ouvrières de 1885 et de 1891 auxquelles les sociétés coopératives de production ont pris part au moyen de subventions de l'Etat (L. 24-25 mars 1891, exposé des motifs, *Journ. off.*, Doc. parl., 1891, p. 675); — La seconde, confiant cette organisation intégralement à l'Etat, et la mettant à ses frais et risques, comme pour l'exposition universelle de 1878 (L. 29 juill.-1er août 1876, D. P. 76. 4. 118; Décr. 18 oct. 1876-15 févr. 1877, D. P. 77. 4. 2; Décr. 13 oct. 1877-12 janv. 1878, D. P. 78. 4. 6); — La troisième enfin la confiant à l'Etat, mais avec le concours financier, le contrôle permanent et l'appui moral d'une société de garantie formée par les capitaux privés, comme en 1867 (L. 8-25 juill. 1865, approuvant une convention entre le ministre, le préfet de la Seine et une association de garantie, D. P. 65. 4. 120) et en 1889 (L. 6-7 juill. 1886 approuvant une convention entre l'Etat, la Ville de Paris et le Crédit foncier, D. P. 86. 4. 83). — V. sur ces divers systèmes, l'exposé des motifs de cette dernière loi (*Ibid*). V. aussi, pour l'organisation des divers services de l'exposition de 1889, le décret du 28 juill. 1886, instituant un commissariat général et trois directions générales, le règlement du 26 août 1886 complétant ce décret, et la loi des 4-5 avr. 1889 approuvant, pour l'émission de bons munis de *tickets* d'entrée, une convention entre M. le président du conseil, ministre du commerce, de l'industrie et des colonies commissaire général de l'exposition universelle de 1889, et M. Albert Christophle, gouverneur du Crédit foncier de France, agissant au nom et pour le compte de divers établissements de crédit, D. P. 90. 4. 58 (*Les Expositions de l'Etat au Champ-de-Mars et à l'Esplanade des Invalides*, 1890, t. 1, p. 9). — Une convention entre l'Etat et la Ville de Paris approuvée par la loi des 31 juill.-1er août 1890 (D. P. 91. 4. 9) a supprimé l'ancienne affectation du Champ-de-Mars aux exercices militaires en vue de la conservation des principaux monuments de l'exposition universelle de 1889. — Un décret des 13-14 juill. 1892 a décidé qu'il sera ouvert à Paris, en 1900, une autre exposition universelle des œuvres d'art et des produits industriels ou agricoles. — Enfin la France n'a pas négligé de participer aux expositions internationales étrangères, comme celle de Vienne en 1873; et c'est ainsi qu'en dernier lieu plus de 4 000 000 fr. de crédits ont été ouverts pour sa participation à l'exposition internationale de Chicago (L. 12-13 août 1892).

136. Un décret des 15 nov.-8 déc. 1889 institue auprès du ministre du commerce, de l'industrie et des colonies, une commission consultative permanente, dénommée « commission supérieure des expositions internationales ». C'est la reconstitution sur de nouvelles bases de la commission supérieure qu'avait instituée, le décret des 5-8 avr. 1870 pour « rechercher et proposer les mesures destinées à faciliter la participation de nos nationaux aux expositions internationales » qui devaient « avoir lieu à Londres en 1871 et pendant les quatre années suivantes », commission qu'un autre décret du 2 juill. 1870 avait investie de la même mission en vue de l'exposition internationale qui devait avoir lieu à Vienne en 1873. Divers décrets des 26-28 mars, 3-5 et 4-5 avr. 1876 renouvelèrent et consolidèrent son mandat et, considérant sa mission comme permanente, complétèrent son organisation, spécialement en vue de la préparation de l'exposition universelle de 1878 à laquelle elle fut activement mêlée. Elle cessa ensuite de fonctionner et ne fut pas reformée pour l'exposition de 1889; celle-ci eut une commission supérieure et une commission de contrôle d'un caractère spécial en vertu de la combinaison financière approuvée par la loi du 6 juill. 1886 (D. P. 86. 4. 83). Mais on reconnut dès lors qu'une commission consultative et permanente nommée par décret aurait seule dans l'avenir la compétence et l'autorité nécessaires pour étudier avec suite, dès qu'elles prennent naissance, les questions relatives aux expositions internationales, pour concerter les mesures à prendre, pour provoquer, en connaissance de cause et en temps utile, l'initiative de nos nationaux pour éclairer s'il y a lieu le Gouvernement et le Parlement sur l'opportunité d'une participation officielle et sur la quotité des crédits indispensables à cette participation. Tel fut l'objet du décret du 15 nov. 1889. La commission instituée par ce décret se compose de dix sénateurs ou députés, de dix fonctionnaires appartenant au ministère du commerce, de l'industrie et des colonies, au ministère des affaires étrangères et aux administrations intéressées, et de dix industriels ou négociants choisis parmi les présidents et membres des chambres de commerce, des chambres consultatives des arts et manufactures, des tribunaux de commerce ou des chambres syndicales. Un arrêté du ministre du commerce et de l'industrie des 3-4 juin 1890 a donné à cette commission supérieure un organe permanent, sous le nom de « comité permanent des expositions internationales » se réunissant au moins deux fois par mois et composé comme il suit : le directeur du personnel et de l'enseignement technique au ministère du commerce; le directeur des affaires commerciales et consulaires au ministère des affaires étrangères; le directeur de l'agriculture au ministère de l'agriculture; le directeur des beaux-arts au ministère de l'instruction publique et des beaux-arts; le chef du cabinet du ministre du commerce; le chef du bureau du personnel du secrétariat et de l'enseignement technique commercial au ministère du commerce, secrétaire.

137. Les expositions organisées en France, depuis la publication du *Répertoire*, ont été, comme les précédentes, l'occasion d'exemptions fiscales et de franchises douanières, pour les produits qui y étaient adressés. La loi des 3-4 avr. 1878 notamment (D. P. 78. 4. 50), pour l'exposition de 1878, portait exemption de l'impôt de 5 pour 100 établi par la loi du 13 mars 1874 sur le transport des marchandises. La même loi pour cette exposition, la loi des 20-22 avr. 1881 (D. P. 81. 4. 120) pour l'exposition internationale d'électricité de 1881, celle des 25-27 août 1886 (D. P. 87. 4. 61) pour l'exposition de 1889, portaient exemption du droit de statistique et ne soumettaient les produits et objets étrangers admis à ces expositions et livrés à la consommation qu'aux droits applicables aux produits similaires de la nation la plus favorisée, quelle que fût leur origine. Enfin, les lois des 30 avr.-3 mai 1886 (D. P. 87. 4. 39) pour l'exposition maritime internationale du Havre, des 21-23 mai 1886 (*Ibid.*), pour l'exposition internationale ouvrière, des 25-27 août 1886 (D. P. 87. 4. 61) pour l'exposition universelle de 1889, constituaient en entrepôt réel des douanes, les locaux affectés à ces expositions, dispensant de visite à la frontière les objets expédiés directement sur ces locaux. Les salles du palais des Machines au Champ-de-Mars ont été plus récemment l'objet d'une mesure semblable pour l'exposition des alcools et des industries de fermentation (Décr. 16-18 mai 1892).

138. On a vu au *Rép.* n° 117, les mesures prises pour garantir la propriété des inventions produites dans les expositions, contre la déchéance qui pourrait résulter de cette divulgation; mesures d'abord spéciales aux expositions de 1855 et de 1867, puis généralisées et rendues permanentes par la loi du 23 mai 1868. Les règles édictées par cette loi sont toujours en vigueur. Les lois temporaires des 5-6 juill. 1881 (D. P. 82. 4. 54) pour l'exposition d'électricité de 1881, du 30 oct. 1888 (D. P. 89. 4. 51) pour l'exposition universelle de 1889, y ajoutaient les garanties suivantes: 1° les exposants brevetés en France, échapperaient à la déchéance résultant de l'introduction en France d'objets similaires fabriqués à l'étranger, pour les objets admis à l'exposition et réexportés dans les trois mois de sa clôture; 2° cette introduction serait même interruptive de la déchéance pour défaut d'exploitation en France ; 3° enfin, il serait interdit de saisir autrement que par description, dans l'intérieur de l'exposition, les dessins ou modèles exposés et argués de contrefaçon (même les marques contrefaites, d'après la loi de 1888); et de saisir à l'intérieur ou à l'extérieur de l'exposition, les objets exposés par un étranger dans le pays duquel le saisissant ne serait pas protégé ; à condition que les objets ne soient pas vendus en France et soient réexportés dans les trois mois de la clôture (V. *suprà*, v° *Industrie et commerce*, nos 165 et 396). Ces lois, en établissant des cas d'insaisissabilité en faveur des exposants, comblaient en partie, au point de vue de leur protection, une lacune qu'avait fait remarquer M. Clunet, dans une brochure publiée à propos de l'exposition de 1878 (*De la saisie, en cours de voyage et dans l'enceinte de l'exposition, des objets appartenant à des exposants français et étrangers*).

139. Les expositions internationales sont l'occasion de congrès et de conférences qui contribuent à en faire de puissants moyens de progrès économique, industriel et agricole. On peut citer notamment le congrès des électriciens en 1881, et les nombreux congrès tenus à Paris, lors de l'exposition de 1889, entre autres le congrès international du commerce et de l'industrie, à la suite duquel des congrès commerciaux internationaux se sont tenus annuellement à Paris. On peut signaler aussi comme tendant au même but, la visite des expositions, par un grand nombre d'instituteurs primaires aux frais de l'Etat ou des départements, comme cela a eu lieu en 1878 (L. 24-25 juin 1878, D. P. 78. 4. 75) et en 1889. Les expositions peuvent être aussi l'occasion de souscriptions nationales autorisées par décret, pour en faciliter l'accès aux personnes peu fortunées ou pour encourager les exposants par l'achat et la mise en loterie d'objets exposés par eux (Décr. 22-25 juill. 1878, pour l'exposition de 1878, D. P. 78. 4. 92). D'autres mesures législatives ont pour objet, pendant les expositions, soit de subvenir à la célébration de fêtes publiques (L. 21-22 juin 1878, D. P. 78. 4. 98), soit d'allouer une indemnité aux officiers subalternes dans le rayon de l'octroi à cause du renchérissement des denrées (L. 18-20 juin 1878, D. P. 78. 4. 75).

140. Indépendamment des expositions universelles où elle figure, l'agriculture, en particulier, a ses congrès, ses expositions et ses concours, généraux et régionaux, où sont présentés les animaux de boucherie et les animaux reproducteurs, les autres produits agricoles et les machines et instruments agricoles ; elle en a d'autres qui ont un objet plus spécial, et d'autres encore (généraux ou spéciaux) qu'organisent les sociétés et comices agricoles (V. ce qui a été dit au *Rép.* n°s 119 et 120, sur les concours d'animaux de boucherie et d'animaux reproducteurs). Les concours d'animaux de boucherie sont devenus assez rares en province. Mais celui qui est organisé chaque année au palais de l'Industrie, par les soins du Gouvernement, est toujours en grande faveur et produit d'excellents résultats (Rapport de la commission du budget, 25 oct. 1890, *Journ. off.*, Doc. parl., p. 48). Le ministre de l'agriculture a successivement réduit à 9 par an à partir de 1887, puis à 5 à partir de 1893, le nombre concours régionaux agricoles, en étendant leur circonscription à raison de l'accroissement des voies de communication. — Un autre arrêté du ministre de l'agriculture, du 11 janv. 1891, a réglementé à nouveau les concours hippiques (V. *Rev. gén. d'adm.*, 1891. 2. 239). Sur l'industrie chevaline et les encouragements dont elle est l'objet, V. *suprà*, v° *Haras*.

Il faut appliquer aux concours régionaux le principe proclamé à propos d'autres concours (Cons. d'Etat, 21 mars 1873, aff. Trubert, D. P. 73. 3. 85) à savoir que l'acte, quel qu'il soit, qui organise un concours crée à ceux qui se trouvent dans les conditions voulues un droit formel et exclusif d'y prendre part et que toute mesure refusant ou accordant arbitrairement à un particulier la faculté de concourir constituerait un excès de pouvoir. Mais il a été jugé spécialement que si l'acte réglant les conditions d'un concours régional n'a pas déterminé le mode de publicité à donner à ce concours, un particulier ne peut se prévaloir de ce que cette publicité aurait été insuffisante pour faire décider par voie contentieuse que les délais fixés pour la production des pièces exigées des concurrents n'étaient pas obligatoires pour lui et par suite pour faire annuler la décision ministérielle qui a refusé, pour production tardive desdites pièces, de l'admettre à concourir (Cons. d'Etat, 29 janv. 1875, aff. Riverain-Collin, D. P. 75. 3. 99).

141. Des médailles sont décernées comme récompenses dans les concours et les expositions (V. *Rép.*, n° 118). Diverses lois spéciales ont autorisé, en outre, le Gouvernement à faire, dans des limites fixées par elles, des nominations et promotions dans l'ordre national de la Légion d'honneur en faveur des artistes, agriculteurs ou industriels qui se sont le plus particulièrement distingués dans les expositions internationales organisées en France ou à l'étranger. On trouvera dans le tableau de la législation concernant les ordres civils et militaires (*suprà*, v° *Ordres civils et militaires*, p. 653 et suiv.) la nomenclature de ces lois, dont la dernière concerne l'exposition française de Moscou). — Les sociétés et les particuliers peuvent joindre des récompenses à celles prévues par l'arrêté ministériel d'un concours régional. Mais les programmes attribuant ces prix supplémentaires doivent être soumis à l'examen préalable et à l'approbation de l'Administration, et les récompenses elles-mêmes sont décernées par le jury officiel du concours régional (Circ. du ministre de l'agriculture, 1886, *Revue générale d'administration*, 1886. 2. 245). — Afin d'augmenter la valeur des récompenses obtenues dans les expositions et concours, une loi du 30 avr. 1886 a établi des peines contre ceux qui en feraient une usurpation ou une fausse application à leurs produits (V. *suprà*, v° *Industrie et commerce*, n°s 520 et suiv.).

142. Les distinctions et récompenses obtenues dans les expositions et concours ne sont pas les seules auxquelles puissent donner droit les services rendus à l'agriculture, à l'industrie et au commerce. Un décret du 7 juill. 1883 (D. P. 84. 4. 5) institua un ordre du Mérite agricole destiné à récompenser les services rendus à l'agriculture soit dans l'exercice de la pratique agricole ou des industries qui s'y rattachent, soit dans des fonctions publiques, soit dans des missions ou par des travaux scientifiques ou des publications agricoles (V. *suprà*, v° *Ordres civils et militaires*, n°s 90 et suiv.)

143. Un décret des 16-20 juill. 1886 (D. P. 88. 4. 39) et un arrêté du même jour (*Les Expositions de l'Etat en 1889*, t. 1, p. 109) instituent des médailles d'honneur portatives de quatre catégories (or, vermeil, argent et bronze) pouvant être décernées par le ministre du commerce et de l'industrie aux ouvriers ou employés français qui comptent plus de trente années de services consécutifs dans le même établissement industriel ou commercial situé sur le territoire de la République française. Cette institution a été étendue aux employés et ouvriers du département de la guerre (Décret des 28 mars-1er avr. 1888, D. P. 88. 4. 39 et arrêté ministériel de même date) aux ouvriers employés dans les établissements d'enseignements technique publics ou privés (Décr. 13 juill. 1889), aux ouvriers employés dans les palais nationaux et dans les manufactures de l'Etat (Décr. 13 août-13 déc. 1889, D. P. 90. 4. 95), enfin aux ouvriers agricoles ou serviteurs ruraux comptant plus de trente ans de bons services dans la même exploitation agricole (Décr. 17-24 juin 1890).

144. — VII. Défense contre le phylloxera et autres fléaux. — L'agriculture peut avoir à souffrir de diverses causes qui sont l'occasion de mesures destinées soit à les prévenir soit à en réparer les ravages. Certaines lois tendent à prévenir les inondations par le reboisement des montagnes, l'invasion des sables par la fixation des dunes (V. *suprà*, v° *Dunes* et *infrà*, v° *Régime forestier*). D'autres ont pour objet de combattre les maladies contagieuses du bétail (V. *infrà*, v° *Salubrité publique*) ou des plantes agricoles. Parmi ces dernières, nous devons signaler ici les lois relatives au phylloxera et au doryphora.

Pour s'opposer aux progrès incessants du phylloxera, une loi du 22 juill. 1874 (D. P. 75. 4. 20) avait institué un prix de 300 000 fr. en faveur de celui qui trouverait un moyen efficace et pratique de sauver nos vignobles, et une commission supérieure du phylloxera pour décider de l'attribution de ce prix. Cette attribution n'a pas eu lieu. Mais une loi des 15-18 juill. 1878 (D. P. 79. 4. 1) essaya d'arrêter le fléau par divers moyens. — Les art. 1 et 2 permettent au président de la République d'interdire par décret, ou au ministre de l'agriculture de réglementer, l'entrée et la circulation en France des plants, sarments, feuilles et débris de vignes, des échalas ou tuteurs déjà employés, des composts ou des terreaux provenant d'un pays étranger ou des parties du territoire français déjà envahies par le phylloxera. Ils ordonnent au ministre de tenir à jour une carte teintée, avec tableaux à l'appui, des parties de la France envahies et indemnes. Ces deux premiers articles de la loi, en ce qui concerne l'importation, ont donné lieu à une convention internationale signée à Berne le 3 nov. 1881 (Décr. des 15-18 mai 1882, D. P. 83. 4. 42) qui lie actuellement la France, l'Allemagne, l'Autriche-Hongrie, la Belgique, l'Italie, le Luxembourg, les Pays-Bas, le Portugal, la Serbie et la Suisse. Les règles qui en découlent ont été exposées *suprà*, v° *Douanes*, n°s 279 et suiv. Mais cette convention a été modifiée depuis par une déclaration du 15 avr. 1889 (*Journ. off.* du 28 janv. 1890), indépendamment des modifications profondes que ce régime a reçues par une loi des 3-4 août 1891, dont nous parlerons *infrà*, n° 147.

Il est à remarquer qu'en attribuant au président de la République ou au ministre le pouvoir d'interdire ou de réglementer l'entrée ou la circulation des plants et autres objets capables de communiquer aux vignes le phylloxera, la loi de 1878 a, par le fait même, réduit le pouvoir des préfets en cette matière au droit de prendre simplement des mesures provisoires et urgentes. Avant cette loi, au contraire, les préfets, s'appuyant sur la loi du 22 déc. 1789 qui chargeait les administrations de département de prendre les mesures relatives à la salubrité et à la sûreté publiques, pouvaient interdire l'importation directe ou indirecte dans un département de plants de vigne provenant de pays où la présence du phylloxera a été reconnue; et cela a été jugé (Crim. cass. 9 nov. 1878, aff. Coignaud, Pignon et Joseph, D. P. 79. 1. 385), malgré l'absence de désignation par l'arrêté préfectoral des pays infectés d'où il défendait l'importation, sauf au ministère public à prouver alors la présence du phylloxera dans le territoire d'où les plants étaient importés. Le même arrêt déclarait soumise à cet arrêté et punissable pour importation illicite toute personne, même étrangère au département, qui en serait l'auteur. Enfin (décision qui aurait encore de l'intérêt sous le régime de la loi de 1878) il décide que le fait seul de prendre livraison de plants dont on connaît la provenance prohibée, et de les transporter à son domicile, vous rend punissable comme coauteur de l'infraction.

145. Pendant que les art. 1 et 2 de la loi du 15 juill. 1878 s'opposaient à la libre circulation des plants et sarments, les art. 3, 4 et 5 de cette loi, complétés par un règlement d'administration publique du 26 déc. 1878-1er mars 1879 (D. P. 79. 4. 31) et modifiés par une loi des 2-4 août 1879 (D. P. 79. 4. 87), ont organisé, pour la préservation et la défense de l'ancien vignoble indemne ou partiellement atteint, un système de visite et de traitement des vignes imposé au propriétaire aux frais de l'État, de subventions ajoutées à celles des départements et des communes pour les propriétaires traitant leurs vignes, et de subventions allouées aux associations syndicales temporaires approuvées par l'autorité administrative pour le traitement des vignes ou la recherche du phylloxera. On ne peut faire connaître ce système qu'en renvoyant au texte même des art. 3, 4 et 5 de la loi et des art. 1 à 8 du décret réglementaire qui s'y rapportent, ainsi qu'au texte de la loi des 15-17 déc. 1888 (D. P. 89. 4. 44) et du décret des 19-23 févr. 1890 (D. P. 91. 4. 73) qui règlent la création et fixent le régime spécial des associations syndicales antiphylloxériques, loi et décret qui, vu leur date, n'ont pu figurer *suprà*, v° *Associations syndicales* (Comp. sous ce mot les nos 12, 26 et 59). La loi du 15 déc. 1888 a consacré deux innovations principales : 1° les syndicats antiphylloxériques peuvent être imposés à tous les propriétaires d'un périmètre déterminé, sur la demande d'un ou plusieurs d'entre eux et sur un vote de la majorité dans les conditions de cette loi; 2° ils peuvent, en décidant la submersion des vignes, imposer aux fonds intermédiaires une servitude pour la conduite des eaux en vue de cette submersion.

Il y a enfin, dans la loi de 1878 et dans le décret qui l'a suivie, des dispositions relatives aux indemnités pour destructions de récoltes (art. 11 de la loi et 13 du décret) et aux pénalités (art. 12, 13, 14 et 15 de la loi, art. 13 du décret). Elles sont communes au phylloxera et au doryphora (V. *infrà*, n° 148).

146. En même temps, et pour compléter l'œuvre préservatrice, une loi des 6-9 janv. 1879 (D. P. 79. 4. 30) ordonnait l'établissement, par les soins du ministre de l'agriculture, de commissions régionales chargées de rechercher et de vulgariser les pratiques agricoles les plus efficaces contre le phylloxera au double point de vue de la défense et de la reconstitution des vignobles, et ouvrait au ministre un crédit de 50 000 fr. sur lequel des subventions pouvaient être accordées aux écoles d'agriculture ainsi qu'aux associations déjà existantes ou qui seraient formées ultérieurement en vue de combattre le phylloxera. — Il ne faut pas confondre ces commissions régionales, formées par le ministre et destinées à embrasser chacune plusieurs départements, avec les commissions départementales d'études et de surveillance, dont la création par les préfets avait précédé, non seulement cette loi, mais même celle du 15 juill. 1878 qui en parle comme d'une institution déjà existante (art. 3). Le pouvoir des préfets, en ce qui concerne celles-ci, a même donné lieu à un arrêt du conseil d'Etat du 14 déc. 1883 (D. P. 85. 4. 75) décidant qu'en l'absence de toute disposition de loi ou de règlement applicable à la matière, le préfet peut en révoquer les membres dans les mêmes formes où il les a nommés, sans que le membre révoqué soit recevable à discuter devant le conseil d'Etat les motifs de la mesure prise à son égard.

147. Toute cette législation est encore en vigueur, sauf dans ce qu'elle pourrait avoir de contraire à la loi du 3 août 1891 (D. P. 91. 4. 73) qui est venue imprimer une direction toute différente au traitement des vignobles français et dont il nous reste à parler. Les remèdes antiphylloxériques ayant été impuissants ou peu efficaces, sauf la submersion trop souvent inapplicable, on dut se préoccuper préférablement de la reconstitution du vignoble français par des cépages résistants importés pour la plupart de pays étrangers et surtout d'Amérique. Il fallait pour cela déroger au système rigoureux de 1878 sur l'importation et la circulation. C'est ce que font les art. 1 et 2 de la nouvelle loi qui donne au conseil général le droit d'autoriser dans tout ou partie du département la libre circulation des sarments et plants de vignes quelle que soit leur provenance, et d'autoriser dans une commune l'introduction des plants de vignes résistants, sur la demande du conseil municipal constatant l'existence du phylloxera, et sur l'avis du professeur d'agriculture et du comité départemental d'études et de vigilance, sauf au ministre à décider, en cas de désaccord entre les conseils généraux de deux départements limitrophes. Après avoir ainsi réglé la circulation, la loi de 1891 (art. 3) établit pour la reconstitution des vignobles au moyen de cépages résistants un système d'encouragements et de subventions analogue à celui que les lois de 1878 et de 1879 avaient établi pour la préservation de l'ancien vignoble.

148. En ce qui concerne le doryphora, outre les restrictions apportées par les art. 6, 7 et 8 de la loi du 15 juill. 1878 à la circulation des pommes de terre, feuilles et débris de cette plante, sacs et autres objets d'emballage servant ou ayant servi à les transporter et provenant de pays où l'existence de l'insecte a été signalée (v° *suprà*, *Douanes*, nos 279 et suiv.), cette loi prescrit à tout propriétaire, fermier métayer ou colon qui aura constaté la présence du doryphora dans un champ lui appartenant ou cultivé par lui, d'en faire immédiatement la déclaration au maire et à celui-ci d'en informer le sous-préfet, qui transmet l'avis au préfet et au ministre de l'agriculture (art. 9); et elle autorise le ministre à prendre toutes les mesures nécessaires et à ordonner sous certaines garanties la destruction par le feu ou autrement des pommes de terre existant sur le terrain envahi ou sur les terrains environnants (art. 10). Les indemnités à allouer pour destruction de récoltes, ainsi que les pénalités, sont réglées, comme pour le phylloxera par les art. 11 à 15 de la même loi, modifiée, quant à l'art. 12 par celle du 2 août 1879.

149. Les mesures légales contre le phylloxera en Algérie ont précédé celles dont la France a été l'objet. Les décrets des 8 janv. 1873, 30 nov. 1874, 14 août 1875, 19 août 1878, 24 janv., 20 févr. et 18 mars 1879 avaient édicté de nombreuses et sévères prohibitions qui furent revisées et remplacées par un décret unique des 24 juin-30 juill. 1879 (D. P. 79. 4. 77). Les lois des 15 juill. 1878 et 2 août 1879 furent ensuite étendues à l'Algérie (Décr. 12 juill. 1880, D. P. 81. 4. 89), le gouverneur général exerçant les attributions que cette loi confère au ministre de l'agriculture. Le décret du 24 juin 1879 restait cependant en vigueur et excluait les arrêtés pris en France pour l'application de la loi de 1878-1879. — Cette législation ayant paru insuffisante, et le territoire algérien étant encore indemne, on crut pouvoir le préserver par des mesures plus radicales, et une loi spéciale des 21-23 mars 1883 (D. P. 83. 4. 73), créa pour la colonie un système plus rigoureux consistant, sauf indemnités aux propriétaires, dans la destruction des vignes, échalas ou tuteurs atteints ou compris dans une zone environnante dite de protection, dans la désinfection du sol, et dans l'interdiction de planter pendant cinq ans, la visite des vignes devant avoir lieu au moins tous les ans. Une autre loi des 28-31 juill. 1886 (D. P. 87. 4. 40), pour rendre la surveillance plus complète, vint statuer à nouveau sur la visite des vignobles, les frais de cette visite et l'organisation des syndicats antiphylloxériques. — Lors de la discussion de la loi du 3 août 1891, en vue de la reconstitution du vignoble français par cépages américains, un membre du Sénat, M. Théry, proposa d'étendre cette loi au vignoble algérien, dont certaines parties semblaient irrémédiablement atteintes; son amendement fut repoussé. Mais il déposa avec M. Lesueur, le 2 juill. 1891, une proposition de loi principale tendant à modifier dans le même sens la législation spéciale de l'Algérie en matière de phylloxera (*Journ. off.*, Doc. parl., Sénat, 1891, p. 217), sans imposer toutefois aux communes l'abandon des lois de 1883 et de 1886. Cette proposition, votée en première et deuxième lecture par le Sénat, les 15 et 21 janv. 1892, a été transmise à la Chambre le 23 janv. 1892 (*Journ. off.*, Doc. parl., Ch., 1892, p. 193).

150. Le régime phylloxérique de l'Algérie, tel qu'il résulte de la loi du 21 mars 1883, a été étendu à la zone franche du pays de Gex et de la Haute-Savoie par une loi (non insérée au *Bulletin des lois*) des 29 mars-2 avr. 1885, pour une période qui devait expirer au 31 déc. 1887, mais qui a été prorogée par des lois successives jusqu'aux 31 déc. 1890, 1891 et 1892 (L. des 31 déc. 1891-3 janv. 1892). Cette extension a eu pour but de seconder le gouvernement suisse dans la défense du canton de Genève, pour laquelle il avait pris des mesures énergiques et fait des sacrifices considérables, contre l'invasion qui s'était manifestée dans la zone franche. Elle n'était que la suite d'une convention internationale (art. 9) du 14 juin 1881 approuvée par une loi du 11 juin 1882 et promulguée par décret du 24 du même mois, par laquelle les gouvernements français et suisse s'étaient engagés à prendre en commun et dans le plus bref délai possible les mesures propres à empêcher l'invasion et la propagation du phylloxera dans la zone franche de la Haute-Savoie (Rapp. fait le 5 déc. 1891 à la Chambre des députés par M. André Folliet, au nom de la commission chargée d'examiner le projet de loi tendant à proroger jusqu'au 31 déc. 1892 l'application de la loi du 21 mars 1883 à la zone franche du pays de Gex et de la Haute-Savoie (*Journ. off.*, Doc. parl., 1891, p. 2914).

151. Il est encore d'autres fléaux, comme l'invasion des sauterelles en Algérie (L. 3 avr. et 7 juill. 1891, ouvrant un crédit de 2 100 000 fr. V. *infrà*, v° *Organisation de l'Algérie*), contre lesquels l'Etat a eu à défendre l'agriculture au moyen de sacrifices importants. Sur les secours et dégrèvements accordés à la suite des diverses calamités qui peuvent atteindre l'agriculture et l'industrie, telles qu'intempéries, orages, grêles, inondations, incendies, feu grisou, tremblements de terre, etc. V. *infrà*, v° *Secours publics*.

152. Diverses propositions de lois à la Chambre des députés ont eu pour objet de substituer à ces interventions, toujours limitées aux ressources du budget, un vaste système d'assurance par l'Etat contre les sinistres agricoles au moyen de centimes additionnels aux quatre contributions directes (Proposition Quintaa du 17 mai 1890, *Journ. off.*, Doc. parl., 1890, p. 728 ; proposition Rivet du 9 mars 1891, *ibid.*, 1891, p. 680 ; nouvelle proposition Quintaa, Rey, Rivet et autres du 19 nov. 1891, chargeant l'Etat de l'assurance des produits du sol contre les sinistres atmosphériques, *ibid.*, 1891, p. 2838 ; proposition Chollet du 3 déc. 1891, tendant à la création d'une caisse générale d'assurances agricoles, dirigée et administrée par l'Etat, *ibid.*, 1891, p. 2891). Il faut signaler aussi une proposition de MM. Emile Rey et autres du 17 juill. 1890 (*Ibid.*, 1890, p. 1594), tendant à assurer seulement les planteurs de tabacs contre les sinistres atmosphériques au moyen de retenues faites sur chaque livraison de tabac ; et une proposition de M. Bourlier, du 4 juill. 1891 (*Ibid.*, 1891, p. 1618) tendant à autoriser les départements algériens à créer un fonds spécial destiné à combattre les événements calamiteux. Aucune de ces diverses propositions n'est venue en discussion.

153. — VIII. Encouragements. — Il faut mentionner enfin, comme se rattachant à notre organisation économique, les encouragements spéciaux donnés à certaines industries, comme celle des constructions et des armements maritimes, ou à certaines cultures industrielles comme celles du lin et du chanvre, et comme la sériciculture. — Les encouragements à la marine marchande consistent, d'après la loi du 29 janv. 1881, en primes allouées aux constructeurs de bâtiments de mer (art. 4 et 5), et en primes de navigation allouées par les art. 9 et 10 pour une période de dix années, qui a été prorogée successivement jusqu'au 29 janv. 1891 et 1892 (L. 31 juill. 1890), puis jusqu'au 31 juill. 1892 (L. 25-26 janv. 1892), enfin jusqu'au 31 janv. 1893 (L. 20-21 juill. 1892), sous la réserve d'une modification inscrite dans l'art. 2 de la loi du 31 juill. 1890. Le Gouvernement a d'ailleurs déposé à la Chambre des députés (11 janv. 1892, *Journ. off.*, Doc. parl., 1892, p. 2995) un projet de loi nouveau sur la matière, projet respectant dans son principe et ses traits essentiels le système de la loi de 1881, mais le précisant, le rectifiant ou le complétant d'après l'expérience qui en avait été faite ou d'après les nouveaux tarifs douaniers (V. *infrà*, v° *Organisation maritime*). — Les encouragements à la culture du lin et du chanvre consistent en primes allouées aux cultivateurs, au prorata des superficies ensemencées, jusqu'à concurrence de 2 500 000 fr., annuellement pendant six ans. Ces primes sont réservées aux cultures de vingt-cinq ares et au-dessus ; les déclarations faites à la mairie pour les obtenir sont résumées dans un état, placardé à la porte de la mairie, et les fraudes sont réprimées, sauf application de l'art. 463 c. pén. et de la loi du 26 mars 1891 (L. 13-14 janv. 1892, D. P. 92. 4. 83 ; Règlem. d'admin. publ. du 13 avr. 1892 et Circ. du min. de l'agric. du 13 avr. 1892). — Pour la sériciculture, une autre loi des 13-14 janv. 1892 (D. P. 92. 4. 83), alloue pendant six ans aux éducateurs ou cultivateurs de vers à soie une prime de 0 fr. 50 cent. par kilogr. de cocons et aux filateurs une prime à la bassine, proportionnée au travail annuel, et graduée de la manière suivante : 100 fr. par bassine à deux bouts, 400 fr. par bassine à plus de deux bouts et pour les filatures de cocons doubles 200 fr. par bassine même à un bout. Un crédit de 500 000 fr. a été ouvert en avril 1892 au ministre de l'agriculture pour cet objet. Cette loi remet aussi à un règlement d'administration publique le soin de déterminer ses conditions d'application. Elle réprime les fraudes, et admet l'application de l'art. 463 c. pén. et de la loi du 26 mars 1891. — A côté de ces encouragements spéciaux, il faut signaler une proposition de MM. Georges Graux et autres déposée à la Chambre le 28 déc. 1891 et tendant à attribuer pendant six ans un crédit de trois millions à l'encouragement et à la culture des graines oléagineuses (colza, œillette, navette et cameline) (*Journ. off.*, Doc. parl., 1891, p. 3039).

154. — IX. Crédit agricole. — Le crédit peut être, pour l'agriculture comme pour l'industrie, un puissant moyen de progrès, et une bonne organisation économique a besoin de lois et d'institutions qui le rendent facile à l'une comme à l'autre. Lorsque les traités de commerce, en introduisant le libre échange, obligèrent notre industrie à renouveler ou améliorer son matériel pour soutenir la lutte, une loi des 1er-4 août 1860 (D. P. 60. 4. 121) autorisa le ministre des finances à disposer d'une somme de dix millions en la confiant comme capital de garantie à un syndicat ou à un des établissements de crédit existants qui s'engagerait à prêter à l'industrie pour cet objet avec certaines garanties et dans certaines conditions (V. *infrà*, v° *Sociétés de crédit foncier et de crédit mobilier*). La crise agricole qui a sévi plus tard a fixé l'attention sur les moyens à employer pour faciliter de même les prêts à l'agriculture. On voit cette question figurer dans la grande enquête sur la situation de l'agriculture en 1866, puis donner lieu à une enquête spéciale près des conseils généraux en 1879, et à plusieurs propositions de lois. C'est ainsi que M. Méline, prenant le syndicat professionnel comme base de formation du crédit agricole ou, plus généralement du crédit populaire, a demandé pour les syndicats professionnels ou pour des membres de ces syndicats la faculté de se constituer en sociétés de crédit pour faciliter et garantir les opérations rentrant dans leurs attributions, sans autre formalité que le dépôt de leurs statuts modifiés en ce sens (Prop. à la Chambre, 10 mai 1890, *Journ. off.*, Doc. parl., 1890, p. 700). D'autres propositions tendaient en même temps à favoriser le crédit agricole, soit par l'abaissement des droits d'hypothèque (Prop. Guillemet, 22 mai et 5 juill. 1890, *ibid.*, p. 862 et 1510), soit par la constitution du gage sans nantissement, la commercialisation des billets à ordre et l'admission des agriculteurs à l'escompte par la Banque de France (Prop. Antonin Proust, 25 oct. 1890, *ibid.*, sess. extr., p. 336), soit par l'établissement de docks-greniers, comme aux Etats-Unis, et la création de certificats de dépôts de grains négociables (Prop Martinon, Méline et autres, 3 déc. 1891, *ibid.* 1891, p. 2287). La commission chargée d'étudier ces diverses propositions a présenté, avec un rapport de M. Eugène Mir, le 2 avr. 1892 (*Ibid.*, 1892, p. 206), une proposition inspirée surtout par celle de M. Méline et que la Chambre a adoptée en première lecture le 20 juin 1892. A la suite de ce vote, le Gouvernement a, de son côté, déposé à la Chambre (10 juill. 1892) un projet de loi qui compléterait celui de la commission par l'organisation d'une banque destinée à venir en aide à l'agriculture et chargée notamment d'escompter le papier des syndicats solvables. — Un autre projet du Gouvernement, déposé à la Chambre le 4 juin 1892, tend à l'organisation d'une caisse de prêts pour favoriser l'irrigation.

Cette question du crédit agricole et populaire, qui touche au nantissement, aux banques, aux sociétés coopératives, aux syndicats professionnels, sera traitée *infrà*, v° *Sociétés de crédit foncier et de crédit mobilier*. — V. aussi *suprà*, v° *Nantissement*, et *infrà*, v° *Travail*.

Table sommaire

des matières contenues dans le Supplément et le Répertoire.

(Les chiffres précédés de la lettre *S* renvoient au Supplément ; les chiffres précédés de la lettre *R* renvoient au Répertoire.)

Table chronologique des Lois, Arrêts, etc.

ORGANISATION DE L'INSTRUCTION PUBLIQUE.

Division.

Sect. 1re. — Historique et législation (*Rép.* nos 2 à 112).

1. La législation de l'instruction publique a subi, depuis la publication du *Répertoire*, de profondes modifications. On doit citer notamment les lois du 16 juin 1881, du 28 mars 1882 et du 30 oct. 1886, qui ont consacré les principes de la gratuité, de l'obligation et de la laïcité de l'enseignement primaire (V. *infrà*, nos 45, 48 et 138); celle du 21 déc. 1880 qui a organisé l'enseignement secondaire des jeunes filles (V. *infrà*, n° 262); celle du 12 juill. 1875 qui a consacré la liberté de l'enseignement supérieur (V. *infrà*, n° 275). D'autre part, l'organisation et le régime financier des établissements publics d'enseignement primaire, secondaire et supérieur ont été, depuis 1870, l'objet d'importantes dispositions; on trouvera plus loin l'indication des lois et décrets qui ont réglementé cette matière.

Tableau de la législation relative a l'enseignement.

21 avr. 1869. — Décret qui institue des concours et des prix dans les écoles supérieures de pharmacie (D. P. 69. 4. 90).

21 avr. 1869. — Arrêté du ministre de l'instruction publique qui détermine la nature des prix fondés dans les écoles de pharmacie (*Code des lois politiques et administratives*, v° *Enseignement*, p. 854, note 6).

21 avr. 1869. — Arrêté du ministre de l'instruction publique qui institue un second prix à l'École supérieure de pharmacie de Paris (*Ibid.*, p. 854, note 7).

4 août 1869. — Décret portant fixation du traitement éventuel des professeurs des lycées de Paris et du Prince-Impérial (lycée de Vanves) (D. P. 70. 4. 4).

1er sept. 1869. — Décret qui augmente les traitements des proviseurs des lycées des départements (D. P. 70. 4. 4).

8 nov. 1869. — Décret portant réorganisation de l'École des langues orientales vivantes (D. P. 70. 4. 12).

11 déc. 1869. — Décret impérial qui autorise les recteurs à faire certaines nominations par délégation du ministre de l'instruction publique (D. P. 70. 4. 27).

15 déc. 1869. — Décret qui règle les émoluments des économes dans les lycées (D. P. 70. 4. 27).

18 déc. 1869. — Décret qui modifie la répartition des proviseurs des lycées des départements dans les trois classes déterminées par le décret du 16 avr. 1853 (D. P. 70. 4. 28).

12 janv. 1870. — Décret qui autorise les recteurs à confirmer, par délégation du ministre de l'instruction publique, les concessions, promotions et prolongations de bourses communales et départementales (D. P. 70. 4. 44).

5 févr. 1870. — Décret qui remplace par une chaire spéciale d'anatomie la chaire d'anatomie et de physiologie de l'École préparatoire de médecine et de pharmacie de Toulouse, et crée à la même école une chaire spéciale de physiologie (D. P. 70. 4. 45).

9 mars 1870. — Décret qui établit à la faculté de médecine de Paris une chaire d'histoire de la médecine et de la chirurgie (D. P. 70. 4. 50).

30 mars 1870. — Décret qui supprime l'art. 1er du décret du 12 nov. 1857, relatif à l'École de pharmacie de Strasbourg (D. P. 70. 4. 46).

11 avr. 1870. — Décret qui crée à l'École préparatoire de médecine et de pharmacie de Bordeaux quatre nouveaux emplois de suppléants (D. P. 70. 4. 48).

2 mai 1870. — Décret impérial concernant l'âge des aspirants au brevet de capacité (D. P. 70. 4. 51).

8 juin 1870. — Décret relatif au conseil de perfectionnement de l'École des langues orientales vivantes (D. P. 70. 4. 50).

8 juin 1870. — Décret qui supprime le fonds commun de réserve destiné à assurer aux lycées des indemnités pour la partie des dommages qui est légalement à leur charge par suite d'incendie (D. P. 70. 4. 69).

26 juill. 1870. — Décret relatif au traitement minimum des nstituteurs et institutrices primaires (D. P. 70. 4. 69).

13 août 1870. — Décret portant que la chaire de pharmacie et de toxicologie à l'École préparatoire de médecine et de pharmacie de Toulouse prend le titre de chaire de chimie appliquée à la médecine et à la pharmacie, et que la chaire de matière médicale et thérapeutique prend le titre de chaire d'histoire naturelle et de matière médicale (D. P. 70. 4. 71).

18 août 1870. — Décret qui crée de nouvelles chaires à l'École préparatoire de médecine et de pharmacie de Clermont-Ferrand et change les titres d'anciennes chaires (D. P. 70. 4. 71).

9 nov. 1870. — Décret qui remet la Faculté de médecine de Paris en possession du droit de se réunir, sur la convocation de son doyen, pour délibérer sur certaines questions d'enseignement et de discipline (D. P. 70. 4. 102).

27 nov. 1870. — Décret qui fixe le nombre de bourses à accorder par voie de concours dans les lycées nationaux (D. P. 70. 4. 105).

15 déc. 1870. — Décret qui établit une faculté de droit dans la ville de Bordeaux (D. P. 70. 4. 109).

23 janv. 1871. — Décret autorisant les préfets à choisir des inspecteurs spéciaux de l'instruction primaire, sans le concours des autorités universitaires (D. P. 71. 4. 18).

10 août 1871. — Loi qui détermine les pouvoirs du conseil général à l'égard des bourses entretenues sur les fonds départementaux (art. 45) (D. P. 71. 4. 102).

30 août 1871. — Arrêté qui crée deux emplois nouveaux de suppléant à l'École de médecine et de pharmacie d'Arras (D. P. 71. 4. 152).

1er oct. 1871. — Décret portant création, au Collège de France, d'une chaire d'histoire des doctrines économiques (D. P. 71. 4. 166).

13 nov. 1871. — Décret portant règlement pour les concours aux grands prix de Rome (D. P. 72. 4. 12).

15 nov. 1871. — Décret qui crée à la faculté des sciences de Nancy: une chaire de mathématiques pures et une chaire de mathématiques appliquées (D. P. 72. 4. 12).

9 déc. 1871. — Décret qui transfère à la faculté des lettres de Nancy la chaire de littérature ancienne de la faculté des lettres de Strasbourg sous le titre de chaire de langue et littérature grecque et donne à la chaire de littérature ancienne de la faculté de Nancy, le titre de chaire de langue et littérature latines (D. P. 72 4. 24).

9 déc. 1871. — Décret qui transfère à la faculté des sciences de Nancy la chaire de chimie et celle de géologie et de minéralogie de la faculté des sciences de Strasbourg, et qui donne à la chaire d'histoire naturelle de la faculté de Nancy le titre de chaire de zoologie et de physiologie animale (D. P. 72. 4. 24).

10 déc. 1871. — Décrets qui transfèrent à la faculté de droit de Nancy une des deux chaires de droit romain et la chaire de procédure civile et de législation criminelle de la faculté de droit de Strasbourg (D. P. 72. 4. 24).

29 déc. 1871-30 mars 1872. — Décret portant création d'un observatoire météorologique sur la montagne du Puy-de-Dôme (D. P. 72. 4. 40).

31 déc. 1871. — Décret qui substitue un délégué du ministère de l'intérieur au délégué du ministère de la guerre dans le conseil de perfectionnement de l'Ecole spéciale des langues orientales vivantes (D. P. 72. 4. 27).

20 févr. 1872. — Décret qui détermine les traitements éventuels des professeurs, agrégés et secrétaires des facultés de droit des départements et les préciputs des doyens desdites facultés (D. P. 72. 4. 79).

20 févr. 1872. — Décret qui crée un nouvel emploi de déléguée générale pour l'inspection des salles d'asile et des écoles de filles (D. P. 72. 4. 79).

28 févr. 1872. — Décret qui transfère à la faculté des lettres de Nancy la chaire d'histoire de la faculté des lettres de Strasbourg sous le titre de chaire d'histoire et de géographie (D. P. 72. 4. 81).

5-10 mars 1872. — Décret sur l'organisation des observatoires de Paris et de Marseille (D. P. 72. 4. 81).

11 mars 1872. — Décret sur l'organisation de l'administration de l'Ecole des langues orientales vivantes (D. P. 72. 4. 82).

1er avr. 1872. — Décret qui fixe les traitements des aumôniers des écoles normales primaires (D. P. 72. 4. 109).

15 juin-17 oct. 1872. — Décret qui institue à Paris dans le parc de Montsouris un observatoire central de météorologie et de physique du globe (D. P. 72. 4. 131).

24 juin 1872. — Décret relatif au traitement éventuel des professeurs de facultés élus représentants à l'Assemblée nationale (D. P. 72. 4. 129).

12 juill.-14 sept. 1872. — Décret relatif au régime administratif de l'Institut (D. P. 73. 4. 130).

15 juill.-17 oct. 1872. — Décret sur l'organisation de l'observatoire de Toulouse (D. P. 72. 4. 131).

15 sept. 1872. — Décret portant que la chaire de procédure civile et de législation criminelle à la faculté de droit de Nancy prendra le titre de chaire de procédure civile (D. P. 73. 4. 12).

15 sept. 1872. — Décret portant que la chaire de procédure civile et de législation criminelle transférée de la faculté de droit de Strasbourg à celle de Nancy prendra le titre de chaire de droit criminel (D. P. 73. 4. 12).

26 sept. 1872. — Décret concernant le personnel des lycées (D. P. 73. 4. 12).

1er oct. 1872. — Décret qui transfère à Nancy la faculté de médecine de l'Ecole supérieure de pharmacie de Strasbourg et supprime l'Ecole de médecine et de pharmacie de Nancy (D. P. 73. 4. 13).

31 oct. 1872. — Décret qui crée des chaires de mécanique rationnelle et appliquée dans les facultés des sciences de Lille, de Marseille et de Poitiers (D. P. 73. 4. 14).

1er févr. 1873. — Décret portant règlement pour le Collège de France (D. P. 73. 4. 35).

13-17 févr. 1873. — Décret sur l'organisation des observatoires de l'Etat (D. P. 73. 4. 40).

13 févr.-2 mai 1873. — Décret concernant les observatoires de Paris et de Montsouris (D. P. 73. 4. 36).

12 mars 1873. — Décret qui réorganise l'enseignement à l'École préparatoire de médecine et de pharmacie de Reims (D. P. 73. 4. 47).

19 mars 1873. — Loi sur le conseil supérieur de l'instruction publique (D. P. 73. 4. 44).

25 mars 1873. — Décret relatif à l'organisation du comité consultatif de l'enseignement public (D. P. 73. 4. 44).

5 avr. 1873. — Décret qui réorganise l'enseignement de l'École préparatoire de médecine et de pharmacie de Lille (D. P. 73. 4. 63).

19 avr. 1873. — Décret règlant l'élection des membres du conseil supérieur de l'instruction publique (D. P. 73. 4. 41).

6 sept. 1873. — Décret qui réorganise l'enseignement à l'École préparatoire de médecine et de pharmacie de Grenoble D. P. 74. 4. 13).

12 sept. 1873. — Décret concernant les candidats au certificat d'examen de grammaire (D. P. 74. 4. 13).

18 sept. 1873. — Décret qui réorganise l'enseignement à l'École préparatoire de médecine et de pharmacie de Bordeaux (D. P. 74. 4. 14).

16 déc. 1873. — Décret qui institue deux chaires d'enseignement supérieur (chimie supérieure, mécanique, physique et expérimentale) près l'Ecole préparatoire à l'enseignement supérieur des sciences et des lettres de Rouen (D. P. 74. 4. 37).

26 déc. 1873-24 mars 1874. — Décret qui place l'observatoire d'Alger dans les attributions du ministre de l'instruction publique, des cultes et des beaux-arts (D. P. 74. 4. 63).

29 déc. 1873. — Loi portant fixation du budget général des dépenses et des recettes de l'exercice 1874, art. 9 portant qu'un supplément de 10 fr. est perçu sur chaque première inscription prise dans toutes les facultés de l'Etat (D. P. 74. 4. 28).

29 déc. 1873. — Décret qui crée une chaire de géographie à la faculté des lettres de Caen (D. P. 74. 4. 37).

31 déc. 1873. — Décret qui alloue une indemnité aux proviseurs, censeurs et professeurs des lycées des départements pourvus du titre d'agrégé (D. P. 74. 4. 38).

1er janv. 1874. — Décrets qui créent au Collège de France une chaire d'histoire de la philosophie moderne, et une chaire de philologie et archéologie assyriennes (D. P. 74. 4. 62).

6 janv. 1874. — Décret qui institue à la faculté de médecine de Montpellier une chaire d'anatomie pathologique et histologie (D. P. 74. 4. 62).

12 janv. 1874. — Décrets qui créent une chaire de thérapeutique aux écoles préparatoires de médecine et de pharmacie d'Angers et de Rennes (D. P. 74. 4. 62).

12 janv. 1874. — Décret portant que la chaire de littérature grecque à la faculté des lettres de Paris prend le titre de chaire d'éloquence grecque et qui crée à la même faculté une chaire de poésie grecque (D. P. 74. 4. 62).

17 janv. 1874. — Décret qui supprime les professeurs adjoints dans les écoles supérieures de pharmacie (D. P. 74. 4. 62).

23 janv. 1874. — Décret qui crée au Muséum d'histoire naturelle une seconde chaire de botanique (D. P. 74. 4. 62).

3 févr. 1874. — Décret portant que le certificat d'admission à l'École centrale des arts et manufactures supplée au brevet de capacité pour l'enseignement primaire (D. P. 74. 4. 65).

3 févr.-28 mars 1874. — Décret portant que le certificat d'admission à l'École centrale des arts et manufactures supplée au brevet de capacité pour l'enseignement primaire (D. P. 74. 4. 65).

4 févr. 1874. — Décret qui détermine le mode de nomination des suppléants et des chefs de travaux anatomiques des écoles préparatoires de médecine et de pharmacie (D. P. 74. 4. 63).

5 févr. 1874. — Décret qui transforme en chaire de calcul différentiel et intégral la chaire de mécanique physique et expérimentale instituée près l'École préparatoire à l'enseignement supérieur des sciences et des lettres de Rouen (D. P. 74. 4. 65).

15-17 mars 1874. — Décret relatif à l'organisation du bureau des longitudes (D. P. 74. 4. 74).

9 avr. 1874. — Décret relatif à l'examen du baccalauréat ès lettres (D. P. 74. 4. 86).

19 mai 1874. — Décret relatif au traitement des professeurs de l'enseignement secondaire élus députés à l'Assemblée nationale (D. P. 75. 4. 6).

25 juill. 1874. — Décret relatif à l'examen du baccalauréat ès lettres (D. P. 75. 4. 28).

27 août 1874. — Décret qui crée une chaire de médecine opératoire à l'École préparatoire de médecine et de pharmacie de Marseille (D. P. 75. 4. 50).

25 sept. 1874. — Décret concernant la faculté de droit de Nancy (D. P. 75. 4. 50).

26 nov. 1874. — Décret concernant l'Ecole française d'Athènes (D. P. 75. 4. 87).

8 déc. 1874. — Décret qui augmente les traitements des chargés de cours des lycées des départements (D. P. 75. 4. 87).

8-20 déc. 1874. — Loi qui crée de nouvelles facultés de médecine et de pharmacie (D. P. 75. 4. 77).

19 déc. 1874. — Décret qui institue dans la ville de Lille une école de plein exercice de médecine et de pharmacie (D. P. 75. 4. 77).

19 déc. 1874. — Décret concernant les écoles préparatoires de médecine et de pharmacie de Lyon et de Bordeaux (D. P. 75. 4. 78).

30 déc. 1874. — Décret qui fixe les traitements des surveillants généraux des lycées (D. P. 75. 4. 87).

30 déc. 1874. — Décret concernant les proviseurs des lycées des départements (D. P. 75. 4. 90).

13 janv. 1875. — Décret qui supprime le titre de professeur adjoint à l'École préparatoire de médecine et de pharmacie de Nantes (D. P. 75. 4. 103).

13 avr. 1875. — Décret concernant la mise à la retraite des professeurs (D. P. 75. 4. 103).

12-27 juill. 1875. — Loi relative à la liberté de l'enseignement supérieur (D. P. 75. 4. 137).

14 juill. 1875. — Décret concernant l'institution des écoles de médecine et de pharmacie de plein exercice (D. P. 76. 4. 28).

14 juill. 1875. — Décret portant fixation du nombre des emplois de suppléants dans chacune des écoles préparatoires de médecine et de pharmacie qui ne sont pas de plein exercice (D. P. 76. 4. 29).

19 juill. 1875. — Loi relative au traitement des instituteurs et institutrices primaires (D. P. 76. 4. 19).

31 juill. 1875. — Décret qui crée une chaire de chimie organique à la faculté des sciences de Paris (D. P. 76. 4. 55).

15 août 1875. — Décret portant organisation de l'instruction publique en Algérie (D. P. 76. 4. 56).

14 sept. 1875. — Décret qui crée une chaire de chimie médicale à l'École préparatoire de médecine et de pharmacie de Rouen (D. P. 76. 4. 45).

14 sept. 1875. — Décret qui fixe le traitement des commis d'inspection académique (D. P. 76. 4. 45).

29 oct. 1875. — Décret qui établit une faculté de droit dans la ville de Lyon (D. P. 76. 4. 78).

2-3 nov. 1875. — Décret qui institue trente-six places d'agrégés près les facultés des sciences et trente-six près les facultés des lettres (D. P. 76. 4. 79).

8 nov. 1875-27 janv. 1876. — Décret qui modifie le règlement de l'Académie des beaux-arts (D. P. 76. 4. 79).

12 nov. 1875. — Décret qui établit à Lille une faculté mixte de médecine et de pharmacie (D. P. 76. 4. 79).

20 nov. 1875. — Décret concernant l'École de Rome (D. P. 76. 4. 79).

20 nov. 1875-23 févr. 1876. — Décret relatif à la durée du temps d'études dans les écoles de médecine et de pharmacie de plein exercice (D. P. 76. 4. 86).

26 nov. 1875. — Décret qui déclare école de plein exercice l'Ecole de médecine et de pharmacie de Marseille (D. P. 76. 4. 86).

26 nov. 1875-23 févr. 1876. — Décret relatif aux agrégés des lycées (D. P. 76. 4. 86).

11 janv. 1876. — Décret relatif à l'École supérieure de pharmacie de Nancy (D. P. 76. 4. 91).

14-21 janv. 1876. — Décret relatif : 1° au préciput des doyens des facultés de théologie, de droit, de médecine, des sciences et des lettres; 2° à celui des directeurs des écoles supérieures de pharmacie institués dans les départements ; 3° au traitement des secrétaires agents comptables (D. P. 76 4. 91).

14 janv. 1876. — Décret qui supprime, dans les facultés de théologie, de droit et de médecine, des sciences et des lettres, et dans les écoles supérieures de pharmacie, les rétributions éventuelles allouées aux professeurs et agrégés (D. P. 76. 4. 93).

14 janv. 1876. — Décret relatif : 1° au préciput des doyens des facultés de théologie, de droit, de médecine, des sciences et des lettres; 2° à celui des directeurs des écoles supérieures de pharmacie instituées dans les départements; 3° au traitement des secrétaires agents comptables (D. P. 76. 4. 91-92).

25 janv. 1876. — Décret qui crée à la faculté de droit de Toulouse une chaire d'économie politique (D. P. 76. 4. 103).

25-27 janv. 1876. — Décret portant règlement d'administration publique pour l'exécution de l'art. 2 de la loi du 12 juill. 1875 relative à l'enseignement supérieur (D. P. 76. 4. 92).

25-27 janv. 1876. — Décret portant règlement d'administration publique pour l'exécution de la loi du 12 juill. 1875, relative à la liberté de l'enseignement supérieur (D. P. 76. 4. 92).

28 janv. 1876. — Décret qui organise l'enseignement à l'École de médecine et de pharmacie de plein exercice de Marseille (D. P. 76. 4. 92).

28 janv. 1876. — Décret qui érige en école de médecine et de pharmacie de plein exercice l'École préparatoire de médecine et de pharmacie de Nantes (D. P. 76. 4. 102).

8 août-27 oct. 1876. — Décret concernant le traitement des fonctionnaires de l'enseignement primaire (D. P. 77. 4. 3).

16 août 1876. — Décret relatif aux droits à percevoir pour les examens passés devant les jurys mixtes par les élèves des universités libres (D. P. 77. 4. 3).

1er sept. 1876. — Décret qui constitue l'enseignement des facultés mixtes de médecine et de pharmacie de Lille (D. P. 77. 4. 9).

21 sept. 1876. — Décret qui modifie celui du 28 avr. 1865, portant institution d'une faculté de droit dans la ville de Douai (D. P. 77. 4. 9).

21 sept. 1876. — Décret qui modifie celui du 15 déc. 1870, portant institution d'une faculté de droit à Bordeaux (D. P. 77. 4. 9).

31 déc. 1876. — Décret qui fixe le traitement des fonctionnaires de l'administration académique en France et en Algérie (*Recueil des lois et règlements sur l'enseignement supérieur*, t. 3, p. 144).

31 déc. 1876-15 févr. 1877. — Décret qui porte à huit le nombre des inspecteurs généraux de l'instruction publique pour l'enseignement primaire (D. P. 77. 4. 29).

27 janv.-10 avr. 1877. — Décret concernant les candidats aux fonctions d'aspirant répétiteur de l'enseignement spécial (D. P. 77. 4. 39).

30 janv.-10 avr. 1877. — Décret qui fixe les droits à percevoir pour la délivrance d'un duplicata de diplôme d'études ou de brevet de capacité pour l'enseignement secondaire spécial (D. P. 77. 4. 40).

26 mars 1877. — Décret relatif aux examens des étudiants en droit (D. P. 77. 4. 44).

27 mars 1877. — Décret qui transfère à Paris la faculté mixte de théologie protestante dont le siège était à Strasbourg (D. P. 77. 4. 48).

24 avr. 1877. — Décret qui constitue l'enseignement des facultés mixtes de médecine et de pharmacie de Lyon (D. P. 77. 4. 48).

1er juill. 1877. — Décret relatif au traitement des professeurs et agrégés des facultés et écoles supérieures de pharmacie (D. P. 77. 4. 67).

15 juill. 1877. — Décret relatif aux épreuves de la licence et du doctorat ès sciences (D. P. 77. 4. 69).

10 août 1877. — Décret qui supprime le stage imposé aux agrégés des facultés de médecine (D. P. 77. 4. 69).

10 août 1877. — Décret qui fixe le traitement minimum des professeurs titulaires dans les écoles préparatoires de médecine et de pharmacie (D. P. 77. 4. 69).

20 août-30 nov. 1877. — Décret portant création de cours annexes de clinique dans les facultés de l'Etat (D. P. 78. 4. 1).

20 août-30 nov. 1877. — Décret qui augmente le traitement des instituteurs et institutrices publics (D. P. 78. 4. 1).

5 nov. 1877. — Arrêté du ministre de l'instruction publique concernant les bourses de faculté (*Code des lois politiques et administratives*, v° *Enseignement*, p. 852, note 2).

5 déc. 1877.-16 févr. 1878. — Décret concernant le comité consultatif de l'enseignement public (D. P. 79. 4. 75).

21-28 févr. 1878. — Décret concernant le service des observatoires (D. P. 78. 4. 51).

11-16 mars 1878. — Décret qui crée un observatoire astronomique et météorologique à Bordeaux (D. P. 78. 4. 52).

11-16 mars 1878. — Décret qui crée un observatoire astronomique, météorologique et chronométrique à Besançon (D. P. 78. 4. 52).

11-16 mars 1878. — Décret qui crée un observatoire astronomique et météorologique à Lyon (D. P. 78. 4. 52).

16 mars-8 mai 1878. — Décret qui modifie celui du 8 nov. 1873 sur l'organisation du Prytanée militaire (D. P. 78. 4. 52).

16 avr.-17 juin 1878. — Décret qui règle les traitements de certains fonctionnaires académiques (D. P. 78. 4. 65).

14-15 mai 1878. — Décret qui crée à l'observatoire de Paris un bureau central météorologique (D. P. 78. 4. 65).

25-26 mai 1878. — Décret qui fixe le traitement des maîtres élémentaire de l'enseignement spécial (D. P. 78. 4. 66).

1er-4 juin 1878. — Loi sur la construction des maisons d'école (D. P. 78. 4. 75).

16 juin-7 août 1878. — Décret qui constitue l'enseignement de la faculté mixte de médecine et de pharmacie de Bordeaux (D. P. 78. 4. 94).

20 juin 1878. — Décret portant règlement pour l'obtention du diplôme de docteur en médecine (D. P. 78. 4. 101).

12 juill. 1878. — Décret portant règlement pour l'obtention du diplôme de pharmacien de première classe (D. P. 79. 4. 3).

31 juill. 1878. — Arrêté du ministère de l'instruction publique qui détermine les conditions d'études pour le diplôme supérieur de pharmacien de première classe (*Code des lois politiques et administratives*, p. 849, note 1).

10-12 août 1878. - Décret relatif au fonctionnement de la caisse pour la construction des maisons d'école (D. P. 78. 4. 77).

30 août-19 déc. 1878. — Décret relatif au traitement des instituteurs et institutrices primaires publics (D. P. 79. 4. 20).

31 août-1er sept. 1878. — Décret portant que les dispositions de l'art. 3 du décret du 12 juill. 1878 sont applicables aux candidats au titre de pharmacien de seconde classe (D. P. 79. 4. 24).

9-12 sept. 1878. — Décret portant organisation du Conservatoire national de musique et de déclamation (D. P. 79. 4. 8).

9-12 sept. 1878. — Décret portant organisation de la direction générale des beaux-arts (D. P. 79. 4. 7).

9-12 sept. 1878. — Décret qui modifie la composition du conseil supérieur des beaux-arts (D. P. 79. 4. 7).

28 nov. 1878-1er févr. 1879. — Décret qui établit une faculté mixte de médecine et de pharmacie dans la ville de Toulouse (D. P. 79. 4. 28).

28 nov. 1878-1er mars 1879. — Décret qui établit une faculté de droit dans la ville de Montpellier (D. P. 79. 4. 31).

28 déc. 1878-29 mars 1879. — Décret qui modifie le programme du second examen exigé des candidats au grade de docteur en droit (D. P. 79. 4. 32).

28 déc. 1878-1er févr. 1879. — Décret relatif aux traitements des professeurs de la faculté de médecine et de la faculté des sciences de Paris (D. P. 79. 4. 30).

28 déc. 1878. — Décret relatif au traitement des membres adjoints du bureau des longitudes (D. P. 79. 4. 30).

1er janv.-29 mars 1879. — Décret qui fixe les traitements des professeurs chargés de cours des classes élémentaires de septième et huitième, non licenciés (D. P. 79. 4. 42).

13-15 févr. 1879. — Décret qui augmente le nombre des inspecteurs généraux de l'instruction publique (ordre de l'enseignement secondaire) (D. P. 79. 4. 31).

15-22 avr. 1879. — Décret relatif à la réorganisation des cours cliniques annexés dans les facultés de médecine (D. P. 79. 4. 75).

13 mai 1879. — Décret portant création, au ministère de l'instruction publique, d'un musée pédagogique et d'une bibliothèque centrale de l'enseignement primaire (*Code des lois politiques et administratives*, p. 468).

3 juin-16 juill. 1879. — Décret concernant les médecins, pharmaciens, et élèves médecins ou pharmaciens de la marine qui aspirent au doctorat en médecine ou au titre de pharmacien universitaire de première classe (D. P. 79. 4. 76).

9-10 août 1879. — Loi relative à l'établissement des écoles normales primaires (D. P. 80. 4. 64).

29 sept.-5 déc. 1879. — Décret qui organise l'enseignement dans l'École préparatoire de médecine et de pharmacie de Limoges (D. P. 80. 4. 78).

14 oct.-17 déc. 1879. — Décret concernant la perception des droits de travaux ou exercices pratiques dans les facultés de médecine (D. P. 80. 4. 80).

15 nov. 1879. — Arrêté du ministre de l'instruction publique portant règlement pour les bourses de doctorat en médecine (*Code des lois politiques et administratives*, p. 852, note 1).

20 nov. 1879. — Arrêté du ministre de l'instruction publique portant règlement concernant les bourses de pharmacien de première classe (*Ibid.*, p. 853).

20-31 déc. 1879. — Loi relative à l'enseignement supérieur en Algérie (D. P. 80. 4. 72).

24 déc. 1879-19 févr. 1880. — Décret qui fixe les traitements des commis d'inspection académiques (D. P. 80. 4. 92).

31 déc. 1879-19 févr. 1880. — Décret qui alloue une indemnité aux fonctionnaires et aux professeurs des lycées de Paris, de Vanves et de Versailles pourvus du titre d'agrégé (D. P. 80. 4. 93).

10 janv.-26 févr. 1880. — Décret portant que le professeur d'histoire naturelle médicale de la faculté de médecine, ainsi que les professeurs de botanique de la faculté des sciences et de l'École de pharmacie de Paris, ont le droit de faire en totalité ou en partie leur cours au Muséum d'histoire naturelle (D. P. 80. 4. 96).

27-28 janv. 1880. — Loi qui rend l'enseignement de la gymnastique obligatoire dans tous les établissements d'instruction publique de garçons dépendant de l'Etat, des départements et des communes (D. P. 80. 4. 77).

14-18 févr. 1880. — Décret concernant les candidats aux bourses fondées dans les écoles primaires supérieures (D. P. 81. 4. 1).

24-25 févr. 1880. — Décret qui fixe le traitement des directrices d'écoles normales d'institutrices (D. P. 81. 4. 31).

27-28 févr. 1880. — Loi relative au conseil supérieur de l'instruction publique et aux conseils académiques (D. P. 80. 4. 37).

12 mars 1880. — Décret dont les art. 29 et 30 concernent la faculté mixte de théologie protestante (D. P. 81. 4 94).

16-17 mars 1880. — Décret relatif aux élections des membres du conseil supérieur et des conseils académiques (D. P. 80. 4. 46).

18-19 mars 1880. — Loi relative à la liberté de l'enseignement supérieur qui supprime les jurys mixtes et défend aux établissements libres d'enseignement de prendre le nom d'universités (D. P. 80. 4. 17).

20-21 mars 1880. — Décret concernant la gratuité des inscriptions prises dans les facultés de l'Etat, les écoles de plein exercice et les écoles préparatoires de médecine et de pharmacie (D. P. 81. 4. 47).

4 mai-10 juill. 1880. — Décret qui fixe l'indemnité à accorder aux élèves-maîtres boursiers des écoles normales (D. P. 81. 4. 61).

11-12 mai 1880. — Décret relatif au comité consultatif de l'enseignement public (D. P. 81. 4. 62).

11-12 mai 1880. — Décret relatif au conseil supérieur de l'instruction publique (D. P. 81. 4. 61).

5 juin 1880. — Décret qui constitue l'enseignement des écoles préparatoires de l'enseignement supérieur établies à Alger (D. P. 81. 4. 30).

5 juin 1880. — Décret relatif aux fonctions de l'enseignement dans les écoles normales primaires d'instituteurs ou d'institutrices (D. P. 81. 4. 28).

5 juin 1880. — Arrêté du ministre de l'instruction publique relatif aux conférences pédagogiques des instituteurs publics et institutrices publiques (*Code des lois politiques et administratives*, p. 576, note).

19-20 juin 1880. — Décret relatif à l'examen du baccalauréat ès lettres (D. P. 80. 4. 85).

22 juin-2 juill. 1880. — Décret relatif au concours académique et au concours général entre les lycées et les collèges des départements (D. P. 81. 4. 89).

26-27 juin 1880. — Décret relatif aux conseils académiques (D. P. 80. 4. 85).

3-4 juill. 1880. — Loi concernant la caisse des lycées nationaux, collèges communaux et écoles primaires (D. P. 81. 4. 25).

6-8 juill. 1880. — Décret qui fixe la composition du conseil académique d'Alger (D. P. 81. 4. 90).

19 juill. 1880. — Décret concernant les dispenses de stage qui pourront être accordées aux candidats à la direction d'écoles normales (D. P. 81. 4. 90).

3-4 août 1880. — Décret qui fixe les droits à percevoir des élèves en pharmacie aspirant au certificat de validation du stage (D. P. 81. 4. 91).

6-8 août 1880. — Décret qui institue un concours annuel pour les aspirants au certificat d'aptitude à l'enseignement du dessin dans les lycées et collèges (D. P. 81. 4. 91).

16-17 sept. 1880. — Décret qui fixe les traitements des professeurs de dessin dans les lycées (D. P. 82. 4. 10).

11-12 déc. 1880. — Loi sur les écoles manuelles d'apprentissage (D. P. 81. 4. 49).

21-22 déc. 1880. — Loi sur l'enseignement secondaire des jeunes filles (D. P. 81. 4. 57).

25-29 déc. 1880. — Décret relatif à l'examen de la licence ès lettres (D. P. 82. 4. 50).

28 déc. 1880. — Loi portant que les rétributions facultatives déterminées par les décrets des 22 août 1854, 18 mars 1859 et 31 déc. 1864, cesseront d'être perçues dans les établissements d'enseignement supérieur (art. 15) (D. P. 82. 4. 10).

28-29 déc. 1880. — Décret qui fixe la durée des études et le mode d'examen pour obtenir le grade de licencié en droit (D. P. 82. 4. 51).

28 déc. 1880-9 févr. 1881. — Décret qui institue au Caire une mission permanente sous le nom d'Ecole française du Caire (D. P. 89. 4. 10).

29 déc. 1880-22 févr. 1881. — Décret qui fixe les traitements des professeurs agrégés de l'enseignement spécial dans les lycées des départements (D. P. 82. 4. 12).

29 déc. 1880. — Arrêté du ministre de l'instruction publique concernant le concours général entre les lycées et collèges de Paris et de Versailles (*Code des lois politiques et administratives*, p. 718, note 1).

4-5 janv. 1881. — Décret concernant les professeurs des collèges communaux (D. P. 82. 4. 16).

8-9 janv. 1881. — Décret qui institue à Paris un concours pour la délivrance d'un certificat d'aptitude aux fonctions de professeur des classes élémentaires de l'enseignement classique (D. P. 82. 4. 17).

8-9 janv. 1881. — Décret qui fixe les droits d'examen, de certificat d'aptitude et de diplôme à percevoir, au profit du Trésor, pour la licence en droit (D. P. 82. 4. 51).

15-16 janv. 1881. — Décret relatif aux établissements d'enseignement primaire supérieur (D. P. 82. 4. 17).

15-16 janv. 1881. — Décret qui désigne les langues vivantes admises à l'examen du baccalauréat ès lettres (D. P. 82. 4. 16).

19-21 janv. 1881. — Décret relatif à la concession des bourses de l'Etat, des départements et des communes dans les lycées et les collèges (D. P. 82. 4. 52).

28-30 janv. 1881. — Décret concernant le stage des candidats à l'agrégation des lycées titulaires de bourses d'agrégation (D. P. 82. 4. 52).

1er-2 févr. 1881. — Décret qui fixe le taux des bourses nationales, départementales et communales dans les lycées (D. P. 82. 4. 53).

5-9 févr. 1881. — Décret portant que les candidats au baccalauréat ès sciences seront interrogés sur les éléments de la méthode et les principes de la morale (D. P. 82. 4. 54).

12-13 févr. 1881. — Décret qui fixe les traitements des professeurs des facultés et des écoles supérieures de pharmacie (D. P. 82. 4. 54).

7-8 mai 1881. — Décret qui partage entre les luthériens et les réformés les chaires de la faculté mixte de théologie protestante de Paris (D. P. 82. 4. 1).

13 mai 1881. — Arrêté du ministre de l'instruction publique fixant l'indemnité due à certains membres des jurys de baccalauréat (*Code des lois politiques et administratives*, p. 858, note 3).

17-18 mai 1881. — Décret portant que deux représentants du ministère de l'instruction publique feront partie du conseil de l'observatoire (D. P. 82. 4. 58).

22 mai 1881. — Arrêté du ministre de l'instruction publique relatif au concours général entre les lycées et collèges des départements (*Code des lois politiques et administratives*, p. 719, note 3).

28 mai 1881. — Décret qui modifie celui du 12 févr. 1881, concernant les traitements des professeurs des facultés et des écoles supérieures de pharmacie (D. P. 82. 4. 54, note 1).

15-16 juin 1881. — Loi qui crée une école d'art décoratif à Limoges (D. P. 82. 4. 24).

16-17 juin 1881. — Loi relative aux titres de capacité de l'enseignement primaire (D. P. 82. 4. 24).

16-17 juin 1881. — Loi qui établit la gratuité absolue de l'enseignement primaire dans les écoles publiques (D. P. 82. 4. 26).

16 juill.-14 sept. 1881. — Décret qui modifie celui du 12 févr. 1881 concernant les procureurs des facultés (D. P. 82. 4. 61).

26-27 juill. 1881. — Loi concernant la création par l'Etat d'une école normale destinée à préparer des professeurs-femmes pour les écoles secondaires de jeunes filles (D. P. 82. 4. 60).

28 juill.-5 nov. 1881. — Décret relatif à l'organisation des établissements publics d'instruction secondaire pour les jeunes filles (D. P. 82. 4. 88).

29 juill.-2 août 1881. — Décret relatif à l'organisation des écoles normales (D. P. 82. 4. 99).

30 juill.-9 nov. 1881. — Décret qui fixe les traitements des fonctionnaires des écoles normales (D. P. 82. 4. 57).

2-3 août 1881. — Décret portant règlement général pour l'établissement des écoles maternelles (D. P. 82. 4. 62).

2-6 août 1881. — Loi qui augmente le fond de dotation de la caisse des lycées, collèges et écoles primaires (D. P. 82. 4. 38).

4-5 août 1881. — Décret qui modifie celui du 19 janv. 1881, relatif à la collation des bourses nationales, départementales et communales dans les lycées et les collèges (D. P. 82. 4. 62).

4-5 août 1881. — Décret portant organisation de l'enseignement secondaire spécial (D. P. 84. 4. 2).

20 août 1881. — Décret concernant le traitement des chargés de cours et des suppléants des facultés (D. P. 82. 4. 98).

20 août-5 nov. 1881. — Décret concernant le traitement des professeurs de l'enseignement spécial (D. P. 82. 4. 97).

22-23 août 1881. — Loi relative à la reconstruction et à l'agrandissement des bâtiments de la Sorbonne (D. P. 82. 4. 61).

25 août-5 nov. 1881. — Décret relatif au traitement du directeur et des professeurs de l'école normale d'enseignement secondaire spécial de Cluny (D. P. 82. 4. 98).

10-11 oct. 1881. — Décret qui fixe les traitements des directrices et sous-directrices d'école maternelle (D. P. 82. 4. 102).

10-11 oct. 1881. — Décret relatif aux écoles de hameau (D. P. 82. 4. 104).

15 oct. 1881. — Décret qui fixe le traitement des chargés de cours dans les facultés de théologie et dans les écoles supérieures de pharmacie (D. P. 82. 4. 102).

26-27 oct. 1881. — Décret concernant les subventions accordées aux communes pour les dépenses des écoles primaires (D. P. 82. 4. 114).

29-30 oct. 1881. — Décret qui fixe les traitements des directeurs et instituteurs adjoints des écoles primaires supérieures (D. P. 82. 4. 102).

8 nov. 1881. — Arrêté du ministre de l'instruction publique relatif au certificat d'aptitude à l'enseignement des langues vivantes dans les lycées et collèges de jeunes filles (*Code des lois politiques et administratives*, p. 770, note 1).

10 déc. 1881-22 févr. 1882. — Décret relatif au traitement des commis de l'inspection académique (D. P. 82. 4. 114).

10 déc. 1881-22 févr. 1882. — Décret relatif au traitement des aides naturalistes et des préparateurs au muséum d'histoire naturelle (D. P. 82. 4. 114).

24-25 déc. 1881. — Décret relatif à l'enseignement et aux exercices religieux dans les établissements publics d'enseignement secondaire (D. P. 82. 4. 114).

27 déc. 1881. — Décret qui détermine les conditions à remplir pour obtenir le diplôme de licencié ès lettres avec la mention « langues vivantes » (D. P. 82. 4. 114).

27-30 déc. 1881. — Décret qui modifie celui du 27 janv. 1889, concernant le concours général entre les élèves des facultés de droits (D. P. 83. 4. 1).

27-30 déc. 1881. — Décret concernant les prix et mentions honorables décernés annuellement dans les facultés de droit de l'Etat (D. P. 83. 4. 1).

29 déc. 1881-4 janv. 1882. — Décret qui fixe les émoluments des économes des lycées nationaux et de l'école normale spéciale de Cluny (D. P. 82. 4. 115).

30-31 déc. 1881. — Décret qui supprime le stage d'agrégation des lycées (D. P. 83. 4. 22).

2-6 janv. 1882. — Décret instituant auprès de chaque école primaire supérieure publique un comité de patronage (D. P. 83. 4. 85).

3-6 janv. 1882. — Décret portant création des bourses dans les établissements publics d'enseignement primaire supérieur de garçons et de filles (D. P. 83. 4. 85).

14-23 janv. 1882. — Décret qui organise l'enseignement secondaire des jeunes filles (D. P. 83. 4. 21).

15 janv. 1882. — Arrêté du ministre de l'instruction publique relatif aux concours annuels dans les facultés de droit (*Code des lois politiques et administratives*, p. 822, note 5).

18 janv.-2 mai 1882. — Décret qui crée un lycée national de jeunes filles à Montpellier (D. P. 83. 4. 45).

26-28 janv. 1882. — Décret qui institue près la faculté de médecine de Paris un secrétaire et un agent comptable (D. P. 83. 4. 22).

26 janv. 1882. — Décret portant augmentation de l'indemnité allouée aux fonctionnaires des lycées et collèges pourvus du titre d'agrégé de l'enseignement spécial, et de l'indemnité allouée aux fonctionnaires de l'enseignement secondaire reconnus admissibles aux épreuves de l'agrégation de l'enseignement spécial (*Code des lois politiques et administratives*, p. 736, note 4).

30 janv.-2 mai 1882. — Décret concernant les candidats aux fonctions d'aspirants répétiteur de l'enseignement spécial (D. P. 83. 4. 22).

10 mars 1882. — Décret qui crée une école nationale d'enseignement primaire supérieur et d'enseignement professionnel à Armentières (Nord) (*Code des lois politiques et administratives*, p. 502, note 1).

28-29 mars 1882. — Loi qui rend l'enseignement primaire obligatoire et laïque (D. P. 82. 4. 64).

9-10 mai 1882. — Décret qui détermine les conditions d'admission à l'examen pour l'obtention du brevet de langue arabe (D. P. 83. 4. 39).

4 juill.-7 sept. 1882. — Décret qui crée un collège communal de jeunes filles à Lons-le-Saunier (D. P. 83. 4. 45).

20-21 juill. 1882. — Décret qui fixe la composition du jury pour les thèses soutenues dans les facultés des lettres (D. P. 83. 4. 5).

20-25 juill. 1882. — Décret relatif au doctorat en droit (D. P. 83. 4. 5).

21-25 juill. 1882. — Décret qui suspend le cours des inscriptions pendant le temps passé sous les drapeaux (D. P. 82. 4. 128).

22-25 juill. 1882. — Décret qui modifie celui du 28 déc. 1880 relatif à l'admission au grade de bachelier et de licencié en droit (D. P. 83. 4. 5).

23-25 juill. 1882. — Décret qui modifie celui du 20 juin 1878 portant règlement pour l'obtention du diplôme de docteur en médecine (D. P. 83. 4. 5).

23-25 juill. 1882. — Décret qui modifie celui du 20 juin 1878 relatif à l'obtention du diplôme de docteur en médecine (D. P. 83. 4. 6).

25 juill.-11 août 1882. — Décret relatif à la perception des droits universitaires à Paris (D. P. 83. 4. 48).

26 juill. 1882. — Décret qui crée à Voiron (Isère) une école nationale d'enseignement primaire supérieur et d'enseignement professionnel (*Code des lois politiques et administratives*, p. 502, note 2).

27-28 juill. 1882. — Décret relatif aux brevets de capacité (D. P. 83. 4. 47).

27-28 juill. 1882. — Décret fixant l'âge des candidats qui se présentent aux examens d'admission dans les écoles normales (D. P. 83. 4. 47).

27-28 juill. 1882. — Décret relatif au certificat d'études primaires (D. P. 83. 4. 48).

27-28 juill. 1882. — Décret qui institue des cours normaux pour préparer des directrices d'écoles maternelles (D. P. 83. 4. 47).

27-28 juill. 1882. — Décret relatif à l'école Pape-Carpantier (D. P. 83. 4. 46).

27 juill.-2 août 1882. — Arrêté du ministre de l'instruction publique réglant l'organisation pédagogique et le plan d'études des écoles primaires publiques (D. P. 82. 4. 76).

28 juill.-2 août 1882. — Arrêté relatif à l'organisation pédagogique des écoles maternelles publiques (D. P. 82. 4. 78).

28 juill.-2 août 1882. — Décret concernant le baccalauréat de l'enseignement secondaire spécial (D. P. 84. 4. 3).

28 juill. 1882. — Arrêté du ministre de l'instruction publique relatif aux programmes des cours primaires et aux examens d'admission aux cours secondaires dans les lycées et collèges de jeunes filles (*Code des lois politiques et administratives*, p. 763, note 1).

28 juill. 1882. — Arrêté du ministre de l'instruction publique créant un certificat d'études secondaires de troisième année pour les élèves des lycées et collèges de jeunes filles (*Ibid.*, p. 763, note 3).

28 juill. 1882. — Arrêté du ministre de l'instruction publique instituant près des lycées et collèges de jeunes filles un jury chargé d'examiner les élèves qui se présenteront pour l'obtention des diplômes de fin d'études (*Ibid.*, p. 764, note).

28 juill.-2 août 1882. — Décret relatif aux bourses d'enseignement secondaire dans les lycées et collèges de jeunes filles (D. P. 83. 4. 51).

29 juill.-2 août 1882. — Décret portant règlement pour l'administration et la comptabilité intérieures des écoles normales primaires (D. P. 83. 4. 47).

31 juill.-8 août 1882. — Décret relatif au cautionnement des économes des lycées externats de jeunes filles (D. P. 83. 4. 47).

18-20 août 1882. — Décret qui fixe l'âge des candidats et les droits d'examen à percevoir pour le baccalauréat de l'enseignement secondaire spécial (D. P. 83. 4. 52).

26 août-14 nov. 1882. — Décret qui fixe les traitements des économes des lycées et de l'école normale spéciale de Cluny (D. P. 83. 4. 52).

26 août-14 nov. 1882. — Décret relatif au traitement des proviseurs des lycées (D. P. 83. 4. 52).

14 sept. 1882. — Décret portant fixation des droits d'examen de certificat d'aptitude et de diplôme à percevoir au profit du Trésor pour le doctorat en droit (*Code des lois politiques et administratives*, p. 820).

10-12 oct. 1882. — Décret qui institue dans les lycées un conseil chargé d'étudier les questions concernant la direction de l'enseignement, l'organisation des cours et l'application des méthodes (D. P. 83. 4. 77).

4-9 nov. 1882. — Décret concernant la mise à la retraite des professeurs (D. P. 83. 4. 77).

25 nov.-2 déc. 1882. — Décret relatif à la perception des droits universitaires dans les départements (D. P. 83. 4. 72).

30 nov.-1er déc. 1882. — Décret qui réorganise l'École des mineurs de Saint-Etienne (D. P. 83. 4. 78).

13 déc. 1882. — Arrêté du ministre de l'instruction publique concernant l'enseignement de la gymnastique dans les lycées (*Code des lois politiques et administratives*, p. 727, note).

14-20 déc. 1882. — Décret qui fixe au 1er avr. 1883 l'exécution des mesures concernant la séparation dans les départements des fonctions d'agent comptable des facultés et des établissements d'enseignement supérieur (D. P. 83. 4. 80).

23-27 déc. 1882. — Décret qui institue un certificat d'études primaires supérieures (D. P. 83. 4. 85).

23-27 déc. 1882. — Décret concernant des inspecteurs de l'enseignement primaire et les directeurs ou directrices d'école normale (D. P. 83. 4. 85).

26-28 déc. 1882. — Décret relatif à l'école Pape-Carpantier (D. P. 83. 4. 85).

27-28 déc. 1882. — Décret concernant l'inspection des écoles de jeunes filles communales ou libres (D. P. 83. 4. 85).

29 déc. 1882. — Loi relative au payement du droit de bibliothèque dans les facultés (art. 14 et 22) (D. P. 83. 4. 81).

9-10 janv. 1883. — Décret qui modifie celui du 29 juill. 1881 relatif à l'organisation des écoles normales (D. P. 83. 4. 88).

9-10 janv. 1883. — Décret qui fixe la composition des commissions d'examen des aspirants et aspirantes au brevet de capacité (D. P. 83. 4. 87).

17 févr. 1883. — Décret relatif aux emplois de commis principaux et de commis auxiliaires dans les bureaux des inspections académiques.

20-21 mars 1883. — Loi qui augmente le fonds de subvention mis à la disposition de la caisse des lycées, collèges et écoles primaires (D. P. 83. 4. 49).

20-21 mars 1883. — Loi qui ouvre au ministre de l'instruction publique un crédit extraordinaire de 400 000 fr. pour l'agrandissement de l'École normale supérieure (D. P. 83. 4. 51).

16 avr.-28 juin 1883. — Décret portant modification du décret du 27 juill. 1882 sur l'administration et la comptabilité intérieures des écoles normales primaires (D. P. 83. 4. 102).

1er mai 1883. — Loi relative au payement du droit de bibliothèque dans les facultés (art. 14) (D. P. 83. 4. 99).

24-25 juill. 1883. — Décret concernant les cours libres dans les facultés de l'Etat (D. P. 84. 4. 8).

24 juill.-6 nov. 1883. — Décret qui modifie celui du 23 déc. 1882, en ce qui concerne le certificat d'aptitude au professorat des écoles normales (D. P. 84. 4. 25).

25-27 juill. 1883. — Décret qui modifie celui du 29 juill. 1881, relatif à l'organisation des écoles normales primaires (D. P. 84. 4. 25).

28 juill.-6 nov. 1883. — Décret qui modifie celui du 28 juill. 1882, relatif à la collation des bourses dans les lycées et collèges de jeunes filles (D. P. 84. 4. 70).

30 juill.-2 août 1883. — Décret concernant les facultés et écoles supérieures de plein exercice (D. P. 84. 4. 15).

1er-5 août 1883. — Décret concernant les écoles de plein exercice de médecine et de pharmacie (D. P. 84. 4. 70).

1er-5 août 1883. — Décret qui réorganise les écoles préparatoires de médecine et de pharmacie (D. P. 84. 4. 70).

1er-5 août 1883. — Décret concernant les aspirants au titre d'officier de santé (D. P. 84. 4. 70).

13-15 sept. 1883. — Décret qui fixe les traitements des membres du personnel administratif et enseignant dans les lycées et collèges de jeunes filles (D. P. 84. 4. 72).

18-25 sept. 1883. — Décret qui crée un lycée national de jeunes filles à Paris sous le nom de lycée Fénelon (D. P. 84. 4. 79).

4 oct. 1883. — Arrêté du ministre de l'instruction publique attribuant des indemnités de remplacement aux maîtres répétiteurs et aux professeurs chargés des suppléances éventuelles (*Bull. adm. min. instr. publ.* 1892, p. 43, note 1).

10 nov. 1883. — Décret fixant les traitements et déterminant le mode de recrutement des économes des lycées de jeunes filles (*Code des lois politiques et administratives*, p. 766).

12 nov. 1883. — Arrêté du ministre de l'instruction publique fixant les traitements des maîtresses adjointes et maîtresses surveillantes de l'école normale secondaire de Sèvres (*Ibid.*, p. 768).

1er janv. 1884. — Décret qui crée une école normale destinée à la préparation des maîtres pour l'enseignement du travail manuel dans les écoles normales d'instituteurs et dans les écoles primaires supérieures (D. P. 84. 4. 96).

4 janv. 1884. — Arrêté du ministre de l'instruction publique réglant les conditions d'admission à l'École normale supérieure d'enseignement secondaire de jeunes filles (*Code des lois politiques et administratives*, p. 769, note 1).

5 janv.-9 juin 1884. — Décret qui institue un concours pour l'agrégation de l'enseignement secondaire des jeunes filles dans l'ordre des lettres et dans l'ordre des sciences (D. P. 84. 4. 96).

5 janv. 1884. — Arrêté du ministre de l'instruction publique relatif à l'agrégation pour l'enseignement secondaire des jeunes filles (*Code des lois politiques et administratives*, p. 769, note 2).

7 janv.-9 juin 1884. — Décret portant qu'une session d'examens aura lieu chaque année pour la délivrance du certificat d'aptitude à l'enseignement secondaire des jeunes filles dans l'ordre des lettres et dans l'ordre des sciences (D. P. 84. 4. 96)

7 janv. 1884. — Arrêté du ministre de l'instruction publique relatif au certificat d'aptitude à l'enseignement secondaire des jeunes filles (*Code des lois politiques et administratives*, p. 770, note 2).

14-16 janv. 1884. — Décret concernant les écoles normales d'institutrices (D. P. 84. 4. 96).

24 janv.-9 juin 1884. — Décret concernant les professeurs des facultés des sciences, directeurs d'observatoires (D. P. 84. 4. 96).

24 janv.-9 juin 1884. — Décret concernant les professeurs

des facultés des sciences ou des lettres qui acceptent une fonction dans une autre faculté (D. P. 84. 4. 97).

1er mars 1884. — Décret relatif à la comptabilité et à la gestion économique des écoles normales supérieures d'enseignement primaire (D. P. 85. 4. 20).

2 mars 1884. — Arrêté du ministre de l'instruction publique réglant les conditions dans lesquelles les commissions administratives des écoles normales supérieures d'enseignement primaire devront exercer leurs attributions (*Code des lois politiques et administratives*, p. 693, note 2).

5-6 avr. 1884. — Loi sur l'organisation municipale (art. 136, § 9), rangeant parmi les dépenses obligatoires pour les communes les dépenses relatives à l'instruction publique, conformément aux lois (D. P. 84. 4. 62).

22-27 avr. 1884. — Décret relatif à la présentation des candidats en cas de vacance d'une chaire à l'École des chartes (D. P. 84. 4. 113).

1er mai 1884-15 janv. 1885. — Décret concernant le régime intérieur, la gestion économique et la comptabilité des écoles normales supérieures d'enseignement primaire (D. P. 85. 4. 20).

12 mai 1884-15 janv. 1885. — Décret relatif à la composition de la commission centrale administrative de l'Institut (D. P. 85. 4. 20).

16-18 mai 1884. — Décret relatif à la perception des droits universitaires en Algérie (D. P. 84. 4. 112).

30 mai 1884. — Décret concernant la comptabilité de l'école normale de Sèvres (*Code des lois politiques et administratives*, p. 768, note 2).

2 juill. 1884. — Arrêté du ministre de l'instruction publique fixant la date des concours aux bourses du doctorat en médecine (*Code des lois politiques et administratives*, p. 852, sous note *a*).

2 juill. 1884. — Arrêté du ministre de l'instruction publique fixant la date des concours aux bourses de pharmacien de première classe (*Code des lois politiques et administr.*, p. 853, sous note *a*).

22 juill. 1884. — Arrêté du ministre de l'instruction publique sur les cours d'adultes (*Code des lois politiques et administratives*, p. 512, note 2).

28 juill. 1884. — Arrêté du ministre de l'instruction publique portant règlement pour les lycées de jeunes filles (*Code des lois politiques et administratives*, p. 757, note 1).

22 juill. 1884-15 janv. 1885. — Décret concernant les subventions accordées par l'Etat aux cours d'adultes (D. P. 85. 4. 20).

3 août 1884-15 janv. 1885. — Décret qui crée un certificat d'aptitude à l'enseignement secondaire spécial (ordre des lettres) (D. P. 85. 4. 21).

3 août 1884-17 janv. 1885. — Décret qui détermine les conditions d'admission à l'École normale secondaire de l'enseignement spécial (D. P. 85. 4. 21).

5 août 1884-11 janv. 1885. — Décret portant suppression de l'épreuve écrite prévue au cinquième examen de doctorat en médecine (D. P. 85. 4. 21).

5 août 1884. — Arrêté du ministre de l'instruction publique relatif à la thèse de doctorat en médecine (*Code des lois politiques et administratives*, p. 836, note 4).

4 sept. 1884-17 janv. 1885. — Décret qui réunit l'École normale supérieure du travail manuel à l'école normale supérieure de Saint-Cloud (D. P. 85. 4. 21).

30 déc. 1884-20 févr. 1885. — Décret qui fixe les conditions à remplir et les examens à passer pour professer dans les écoles primaires (D. P. 85. 4. 23).

13-14 févr. 1885. — Loi relative à l'agrandissement de l'École nationale des beaux-arts (D. P. 85. 4. 74).

22-23 mars 1885. — Loi portant fixation du budget des dépenses de l'exercice 1885 (art. 23, contenant des dispositions relatives aux professeurs du collège de France et des facultés qui se font remplacer, et au traitement des suppléants ou remplaçants) (D. P. 85. 4. 43).

4-7 avr. 1885. — Décret portant règlement pour les écoles nationales d'arts et métiers (D. P. 86. 4. 8).

2-3 mai 1885. — Décret exonérant des communes des versements à effectuer pour les instituteurs (D. P. 86. 4. 39).

23 mai-22 août 1885. — Décret accordant une indemnité aux professeurs des facultés pour cause de maladie (D. P. 86. 4. 39).

29 mai-31 août 1885. — Décret fixant l'entrée en exercice des agrégés de médecine nommés à la suite des concours de 1886 (D. P. 86. 4. 40).

20-21 juin 1885. — Loi relative aux subventions de l'Etat pour construction et appropriation d'établissements et de maisons destinés au service de l'enseignement supérieur, de l'enseignement secondaire et de l'enseignement primaire (D. P. 86. 4. 35).

27-28 juin 1885. — Loi relative au personnel des facultés de théologie catholique et portant ouverture au ministre de l'instruction publique sur l'exercice 1885, de crédits supplémentaires et extraordinaires s'élevant à la somme de 75 335 fr. 23 (D. P. 86. 4. 37).

9-12 juill. 1885. — Décret fixant la proportion de la contribution de l'Etat dans les annuités communales pour la construction d'écoles primaires (D. P. 86. 4. 35).

22-23 juill. 1885. — Loi concernant : 1° l'apurement des opérations faites au 31 déc. 1884 par la caisse des chemins vicinaux et la caisse des lycées, collèges et écoles primaires; 2° les voies et moyens nécessaires à partir de 1885 à l'achèvement des chemins vicinaux et à la construction des établissements scolaires (D. P. 86. 4. 38).

25-26 juill. 1885. — Décret concernant l'administration et la gestion des fonds provenant des legs, dons et subventions acceptés par les facultés et écoles d'enseignement supérieur (D. P. 86. 4. 12).

25-28 juill. 1885. — Décret fixant le nombre des suppléants et chefs de travaux dans les écoles de médecine et de pharmacie (D. P. 86. 4. 66).

25-28 juill. 1885. — Décret portant autorisation de cumuler dans les écoles de médecine les emplois de chef des travaux et de suppléant (D. P. 86. 4. 66).

25-28 juill. 1885. — Décret portant règlement des concours pour les fonctions de chef de travaux anatomiques dans les facultés de médecine (D. P. 86. 4. 48).

25-28 juill. 1885. — Décret portant règlement des concours pour les fonctions de suppléant et de chef de travaux dans les écoles de plein exercice et préparatoires de médecine et de pharmacie (D. P. 86. 4. 48).

26-28 juill. 1885. — Décret portant règlement des études en vue des diplômes de pharmacien (D. P. 86. 4. 61).

26-29 juill. 1885. — Décret relatif aux conditions d'âge pour l'admission au brevet de capacité élémentaire et supérieur (D. P. 86. 4. 66).

27-29 juill. 1885. — Décret portant règlement des établissements primaires supérieurs (D. P. 86. 4. 63).

28-29 juill. 1885. — Décret réglant les conditions exigées des candidats professeurs d'écoles normales d'instituteurs (D. P. 86. 4. 65).

28-29 juill. 1885. — Décret instituant pour les langues vivantes un quatrième ordre d'épreuves spéciales à la licence ès lettres (D P. 86. 4. 63).

28-29 juill. 1885. — Décret portant modification du décret du 30 juill. 1883, relatif aux inscriptions dans les facultés (D. P. 86. 4. 11).

28-29 juill. 1885. — Décret portant règlement des examens pour l'obtention des diplômes de licence ès sciences (D. P. 86. 4. 33).

8-9 août 1885. — Loi portant fixation du budget général des dépenses et des recettes de l'exercice 1886 (art. 25, § 3, aux termes duquel un arrêté ministériel devra régler les conditions de nomination et d'exercice des inspectrices départementales) (D. P. 86. 4. 42).

29 sept. 1885-27 févr. 1886. — Décret relatif à l'enseignement du dessin dans les lycées et collèges de jeunes filles (D. P. 87. 4. 24).

18 nov. 1885-27 févr. 1886. — Décret qui applique les dispositions des décrets des 31 déc. 1873 et 31 déc. 1879 aux fonctionnaires et professeurs femmes des lycées et collèges de jeunes filles (D. P. 87. 4. 24).

23 nov. 1885-27 févr. 1886. — Décret relatif à l'organisation de l'école normale de Sèvres (D. P. 87. 4. 25).

5-6 déc. 1885. — Loi qui permet à l'école supérieure de droit d'Alger de faire subir des examens et de conférer le grade de licencié (D. P. 86. 4. 72).

21 déc. 1885-27 févr. 1886. — Décret concernant les grades exigés des candidats aux chaires de l'enseignement secondaire spécial (D. P. 87. 4. 25).

26-27 déc. 1885. — Décret qui autorise l'école de droit d'Alger à délivrer les inscriptions et les certificats d'aptitude correspondant au grade de licencié en droit (D. P. 87. 4. 26).

28-31 déc. 1885. — Décret sur l'organisation des facultés et des écoles d'enseignement supérieur (D. P. 86. 4. 12).

20 janv. 1886. — Décret concernant les bureaux d'administration des lycées nationaux et des collèges communaux de garçons et de jeunes filles (*Code des lois politiques et administratives*, p. 710).

15-19 févr. 1886. — Décret précisant et complétant les dispositions qui doivent assurer l'exécution de la loi du 20 janv. 1885, relative aux subventions de l'Etat pour constructions et appropriations d'établissements et de maisons destinées au service de l'enseignement (*Code des lois politiques et administr.*, p. 537 et suiv.).

12 avr.-7 août 1886. — Décret concernant l'enseignement de la gymnastique dans les lycées et collèges de jeunes filles (*Code des lois politiques et administratives*, p. 772, note 2).

30 avr.-7 août 1886. — Décret portant application aux indigènes musulmans de l'Algérie du décret du 19 janv. 1881 sur la collation des bourses dans les lycées (D. P. 87. 4. 39).

15 mai 1886. — Arrêté de la faculté des lettres de Paris relatif à l'attestation d'études supérieures (*Code des lois politiques et administratives*, p. 797, note 1).

5 juin-3 juill. 1886. — Décret qui modifie les conditions d'admission à l'école des maîtres ouvriers mineurs d'Alais (D. P. 87. 4. 37).

30 juill.-24 nov. 1886. — Décret qui applique aux écoles d'enseignement supérieur d'Alger les dispositions du décret du 28 déc. 1885 (D. P. 87. 4. 54).

30 juill.-24 nov. 1886. — Décret relatif à l'agrégation des facultés (D. P. 87. 4. 55).

30 juill.-24 nov. 1886. — Décret relatif au tirage au sort des auteurs à expliquer à l'épreuve orale de la licence ès lettres (D. P. 87. 4. 54).

30 juill.-24 nov. 1886. — Décret concernant les traitements des agrégés des facultés de droit, de médecine et des écoles de pharmacie (D. P. 87. 4. 54).

30 juill.-7 août 1886. — Décret relatif aux épreuves du certificat d'études exigé des candidats aux grades d'officier de santé et de pharmacien de deuxième classse (D. P. 87. 4. 48).

8-10 août 1886. — Décret portant réorganisation de l'enseignement secondaire spécial (D. P. 87. 4. 64).

30-31 oct. 1886. — Loi sur l'organisation de l'enseignement primaire (D. P. 87. 4. 1).

12-13 nov. 1886. — Décret portant règlement d'administration publique pour la désignation des membres électifs du conseil départemental de l'enseignement primaire (D. P. 87. 4. 22).

4-5 déc. 1886. — Décret déterminant les règles de la procédure pour les conseils départementaux de l'enseignement primaire (D. P. 87. 4. 22).

12 janv. 1887. — Arrêté du ministre de l'instruction publique relatif aux examens pour l'obtention du certificat d'aptitude aux bourses dans les lycées et collèges de garçons (*Code des lois politiques et administratives*, p. 707, note 3).

18-20 janv. 1887. — Décret ayant pour objet l'exécution de la loi organique de l'enseignement primaire (D. P. 87. 4. 16).

18 janv. 1887. — Arrêté du ministre de l'instruction publique pour l'application de la loi organique de l'enseignement primaire (*Code des lois politiques et administratives*, p. 491, note 2).

26-27 févr. 1887. — Loi portant fixation du budget des recettes et du budget des dépenses sur ressources extraordinaires de l'exercice 1887 (D. P. 87. 4. 81).

12-13 mars 1887. — Décret contenant les dispositions relatives aux droits d'examen pour l'admission aux brevets de capacité (D. P. 87. 4. 74).

31 mars-2 avr. 1887. — Décret qui rétablit le droit d'inscription dans les facultés et écoles d'enseignement supérieur de l'État (D. P. 87. 4. 85).

7-17 avr. 1887. — Décret portant règlement d'administration publique pour la création et la suppression des écoles primaires publiques (*Code des lois politiques et administratives*, p. 526).

10 juill. 1887. — Arrêté du ministre de l'instruction publique relatif aux écoles de filles établies dans les communes de moins de 401 habitants (*Code des lois politiques et administratives*, p. 522, note 2).

16-19 juill. 1887. — Décret sur le classement des fonctionnaires et professeurs des lycées (*Code des lois politiques et administratives*, p. 735 et suiv.).

28 juill.-26 sept. 1887. — Décret qui autorise les maîtres de conférences et les chargés de cours agrégés à siéger dans les jurys de baccalauréat (D. P. 87. 4. 95).

28 juill.-26 sept. 1887. — Décret relatif aux jurys du baccalauréat (D. P. 87. 4. 95).

3 août-26 sept. 1887. — Décret concernant le concours général de l'enseignement spécial (D. P. 87. 4. 95).

5-6 août 1887. — Décret relatif à la péremption des inscriptions du stage officinal exigé des aspirants au grade de pharmacien (D. P. 87. 4. 96).

1er sept. 1887. — Arrêté relatif aux délégués dans les fonctions de maître adjoint dans les écoles normales et les écoles primaires supérieures (*Code des lois politiques et administr.* p. 568, note 1).

16 sept.-27 déc. 1887. — Décret qui crée une école de plein exercice de médecine et de pharmacie à Toulouse (D. P. 88. 4. table, col. 13).

1er-2 oct. 1887. — Décret relatif au relèvement du prix des pensions dans les lycées du département de la Seine (D. P. 87. 4. 98).

1er-2 oct. 1887. — Décret relatif au relèvement du prix des pensions dans les lycées des départements (D. P. 87. 4. 98).

22-23 oct. 1887. — Décret qui transfère à Lille le siège de la faculté des lettres de l'académie de Douai (D. P. 88. 4. 12).

22-23 oct. 1887. — Décret qui transfère à Lille la faculté de droit de Douai (D. P. 88. 4. 12).

8-9 nov. 1887. — Décret portant règlement d'administration publique pour l'application à l'Algérie de la loi du 30 oct. 1886 sur l'organisation de l'enseignement primaire et des lois antérieures visées dans l'art. 68 (*Code des lois politiques et administr.*, p. 604).

16 nov. 1887. — Décret relatif aux délais de laïcisation en Algérie (*Code des lois politiques et administratives*, p. 607).

9 déc. 1887-27 févr. 1888. — Décret relatif à l'enseignement public et privé des indigènes en Algérie (D. P. 88. 4. 27).

27 déc. 1887. — Décret portant que des licenciés pourront être nommés professeurs d'écoles normales primaires, directeurs et professeurs d'écoles primaires supérieures (*Code des lois politiques et administratives*, p. 568, note 2).

28 déc. 1887-8 mars 1888. — Décret qui modifie celui du 28 juill. 1882, relatif au baccalauréat de l'enseignement secondaire spécial (D. P. 88. 4. 29).

28 déc. 1887-8 mars 1888. — Décret qui applique les dispositions de l'art. 63 de la loi du 15 mars 1850, à l'examen du certificat d'études institué par le décret du 30 juill. 1886 (D. P. 88. 4. 28).

29-30 déc. 1887. — Décret concernant la péremption des inscriptions dans les facultés de droit (D. P. 88. 4. 29).

31 déc. 1887. — Décret portant fixation des traitements normaux des fonctionnaires et professeurs du lycée de Lyon (*Code des lois politiques et administratives*, p. 738, note 2).

17 janv.-11 juin 1888. — Décret qui approuve le règlement de l'académie des sciences morales et politiques de l'Institut de France (D. P. 88. 4. 41).

1er févr. 1888. — Arrêté concernant les instituteurs publics chargés de la direction de classes primaires dans les lycées, collèges, écoles manuelles d'apprentissage ou écoles primaires annexées aux écoles normales (*Code des lois politiques et administratives*, p. 620, note 1).

4-5 févr. 1888. — Décret relatif aux conditions d'obtention des secours de l'État pour les écoles primaires facultatives (D. P. 88. 4. 14).

13 févr. 1888. — Arrêté du ministre de l'instruction publique relatif à l'examen pour le certificat d'aptitude à l'économat des écoles normales (*Code des lois politiques et administratives*, p. 684, note 3).

8-10 mars 1888. — Décret relatif à la prorogation pour trois ans de la limite d'âge pour le concours d'admission à l'École polytechnique (D. P. 88. 4. 37).

17-20 mars 1888. — Décret portant règlement d'administration publique sur les écoles manuelles d'apprentissage (D. P. 88. 4. 38).

30-31 mars 1888. — Loi portant fixation du budget général de l'exercice 1888 (art. 12) (D. P. 88. 4. 24).

20 avr.-28 juill. 1888. — Décret portant que des missions temporaires pour l'inspection des facultés de l'État et la surveillance des établissements libres d'enseignement supérieur peuvent être confiées à des membres du comité consultatif de l'enseignement public (*Bulletin des lois*, n° 19459).

27-29 mai 1888. — Décret relatif au classement général des écoles primaires publiques (D. P. 91. 4, table, col. 14).

12-14 juin 1888. — Loi qui approuve une convention conclue à Paris, le 14 déc. 1887, entre la France et la Suisse, en vue d'assurer la fréquentation des écoles primaires par les enfants des deux pays résidant sur le territoire de l'autre pays (D. P. 88. 4. 45).

13-14 juin 1888. — Décret qui prescrit la promulgation de la convention conclue à Paris le 14 déc. 1887 entre la France et la Suisse (D. P. 88. 4. 45).

11 juill.-30 oct. 1888. — Décret relatif aux maîtresses des travaux à l'aiguille des lycées et collèges de jeunes filles (*Code des lois politiques et administratives*, p. 772, note 3).

28-29 juill. 1888. — Décret déterminant les programmes généraux des écoles manuelles d'apprentissage et des écoles primaires supérieures préparatoires au commerce ou à l'industrie (*Code des lois politiques et administratives*, p. 504, note 1).

9-11 août 1888. — Décret rendant applicables à l'Algérie les art. 1, 2, 3 et 4 de la loi du 9 août 1879, ayant pour objet l'établissement des écoles normales primaires (*Code des lois politiques et administratives*, p. 673).

15 déc. 1888-18 avr. 1889. — Décret portant que les recteurs peuvent être appelés par décision du ministre à siéger au comité consultatif de l'enseignement public avec voix délibérative (D. P. 89. 4. table, col. 11).

17-18 déc. 1888. —Loi relatif au transfert à Lille du chef-lieu d'académie antérieurement fixé à Douai (D. P. 89. 4. 110).

30 déc. 1888-25 mars 1889. — Décret qui fixe les traitements des professeurs des facultés et des écoles supérieures de pharmacie (D. P. 90. 4. 30).

19 mars-14 oct. 1889. — Décret concernant l'inspection de l'enseignement du travail manuel dans les écoles normales et dans les écoles primaires supérieures (D. P. 90. 4. 90).

11 avr. 1889. — Arrêté du ministre de l'instruction publique concernant la situation des maîtres répétiteurs en congé (*Code des lois politiques et administratives*, p. 730, note 1).

14 avr. 1889. — Décret portant application du décre du 16 juill. 1887 au personnel des lycées coloniaux (*Code des lois politiques et administratives*, p. 738, note 4).

16 mai-21 nov. 1889. — Décret relatif au conseil de perfectionnement de l'École des mineurs de Saint-Étienne (D. P. 90. 4. 93).

4 juill.-4 oct. 1889. — Décret qui fixe le traitement de l'économe de l'École normale supérieure (D. P. 90. 4. table, col. 14).

17-18 juill. 1889. — Loi portant fixation du budget général des dépenses et des recettes de l'exercice 1890 (D. P. 90 4. 72).

19-20 juill. 1889. — Loi sur les dépenses ordinaires de l'instruction primaire publique et les traitements du personnel de ce service (D. P. 90. 4. 35).

20-21 juill. 1889 — Décret relatif aux promotions de classe du personnel enseignant des lycées et collèges (D. P. 90. 4. 90).

24 juill.-18 oct. 1889. — Décret relatif au mode de nomination des professeurs des écoles de médecine et de pharmacie (D. P. 90. 4. 90).

21 juill.-18 oct. 1889. — Décret portant organisation des études dans les facultés de droit (D. P. 90. 4. 91).

24 juill.-18 oct. 1889. — Décret qui modifie le paragraphe 1er de l'art. 10 du décret du 25 déc. 1880, relatif à l'examen de la licence ès lettres (D. P. 90. 4. 90).

24 juill.-18 oct. 1889. — Décret qui désigne les matières des examens probatoires pour les grades de pharmaciens de première et de deuxième classe (D. P. 90. 4. 70).

25 juill. 1889. — Arrêté du ministre de l'instruction publique relatif aux examens du certificat d'aptitude aux bourses dans les lycées et collèges de jeunes filles (*Code des lois politiques et administratives*, p. 760, note 2).

26-31 juill. 1889. — Décret modifiant l'état B annexé à la loi du 17 juill. 1889, portant fixation du budget général des dépenses et des recettes de l'exercice 1890 (D. P. 90. 4. 75).

30-31 juill. 1889. — Décret relatif au transfert des crédits du budget des dépenses sur ressources spéciales de l'exercice 1890 pour l'exécution de la loi du 19 juill. 1889 sur les dépenses ordinaires de l'instruction primaire publique et les traitements du personnel enseignant de ce service (D. P. 90. 4. 75).

5 oct. 1889-17 avr. 1890. — Décret portant modification au décret du 31 mars 1887 sur les droits d'inscription dans les facultés et écoles d'enseignement supérieur de l'État (D. P. 91. 4. 32).

12 nov. 1889-17 avr. 1890. — Décret relatif aux emplois de maîtresse de chant dans les lycées et collèges de jeunes filles (D. P. 91. 4. 16).

16 nov. 1889-17 avr. 1890 — Décret qui fixe le traitement des professeurs de facultés et des écoles supérieures de pharmacie (D. P. 91. 4. 16).

28 nov. 1889-17 avr. 1890. — Décret constituant le personnel administratif enseignant des écoles normales supérieures d'enseignement primaire de Saint-Cloud et de Fontenay-aux-Roses (D. P. 91. 4. 32).

9 déc. 1889. — Décret relatif au mode d'avancement des professeurs, chargés de cours, maîtres élémentaires et préparateurs des lycées et des professeurs des collèges (*Code des lois politiques et administratives*, p. 738, note 1).

31 déc. 1889-7 janv. 1890. — Décret qui applique à l'école de droit d'Alger les dispositions du décret du 27 déc. 1881 sur les concours annuels dans les facultés de droit (D. P. 91. 4. 43).

10-12 janv. 1890. — Loi réduisant à six mois la durée du temps de service imposé aux militaires candidats à l'École polytechnique, et prorogeant jusqu'à vingt et un ans la limite d'âge d'admission à cette école (D. P. 90. 4. 127).

29 janv.-1er févr. 1890. — Décret portant réglementation du matériel d'enseignement dans les écoles (D. P. 91. 4. table col. 14).

31 janv.-2 févr. 1890. — Décret portant règlement d'administration publique sur les indemnités de résidence dues au personnel enseignant dans les écoles primaires publiques (D. P. 91. 4. 45).

22-25 févr. 1890. — Décret portant règlement d'administration publique sur la comptabilité des facultés et établissements d'enseignement supérieur assimilés (D. P. 91. 4. 43).

1er-5 mars 1890. — Décret déterminant les conditions d'aptitude physique à exiger des candidats reçus aux Écoles polytechnique, forestière et centrale (D. P. 91. 4. 44).

5 mars 1890. — Arrêté du ministre des finances relatif à la désignation des agents comptables des facultés et aux rétributions qui leur sont alloués (*Code des lois politiques et administratives*, p. 784, note 1).

14 mars-25 avr. 1890. — Décret concernant l'organisation du bureau des longitudes (D. P. 91. 4. 43).

29 mars-1er avr. 1890. — Décret portant règlement d'administration publique sur l'administration et la comptabilité des écoles normales primaires et les prestations en nature à concéder au personnel de ces écoles (D. P. 91. 4., table, col. 14).

31 mars-3 avr. 1890. — Décret portant règlement d'administration publique sur les indemnités de résidence à allouer au personnel enseignant des écoles primaires publiques dans les villes ayant plus de 100 000 habitants et les communes du département de la Seine ayant plus de 1000 habitants de population agglomérée (D. P. 91. 4. 45).

15 avr. 1890. — Arrêté du ministre de l'instruction publique relatif au classement des fonctionnaires de l'enseignement primaire énumérés à l'art. 13 de la loi du 17 juill. 1889 (*Code des lois politiques et administratives*, p. 633, note 1).

28 avr. 1890. — Arrêtés des ministres des finances et de l'instruction publique relatifs au payement des traitements des fonctionnaires des écoles primaires (*Code des lois politiques et administratives*, p. 688, note 1).

13-15 mai 1890. — Décret portant modification au décret du 18 janv. 1887, sur l'enseignement primaire (*Code des lois politiques et administratives*, p. 681, note 1).

20-23 mai 1890. — Décret portant règlement d'administration publique sur le mode spécial de classement et d'avancement des instituteurs et institutrices de Paris (D. P. 91. 4. 48).

3-5 juin 1890. — Décret portant règlement d'administration publique sur les conditions spéciales d'organisation du personnel des écoles normales de la Seine et sur la fixation des traitements (D. P. 91. 4., table, col. 15).

12 juin 1890. — Arrêté du ministre de l'instruction publique relatif à l'emploi du temps dans les lycées et collèges (*Code des lois politiques et administratives*, p. 715, note 1).

7 juill. 1890. — Décret concernant le classement des fonctionnaires des lycées et collèges qui changent d'ordre ou de catégorie (*Code des lois politiques et administratives*, p. 739 et suiv.).

7 juill. 1890. — Arrêté du ministre de l'instruction publique concernant le recrutement du personnel de l'économat des lycées de garçons (*Code des lois politiques et administr.*, p. 722, note 3).

7 juill.-18 oct. 1890. — Décret portant que les chaires de code civil de la faculté de droit prendront le titre de chaires de droit civil (D. P. 91. 4. 93).

18 juill. 1890. — Décret portant règlement d'administration publique pour la fixation des traitements et indemnités du personnel administratif et enseignant des écoles normales supérieures d'enseignement primaire de Saint-Cloud et de Fontenay-aux-Roses (*Code des lois politiques et administr.*, p. 638, note 1).

19-21 juill. 1890. — Décret portant règlement d'administration publique sur le nombre des heures de service exigées du personnel des écoles normales ainsi que sur le mode de rétribution des heures supplémentaires (D. P. 91. 4., table, col. 15).

24-26 juill. 1890. — Décret portant règlement d'administration publique sur les indemnités et allocations attribuées au personnel des écoles primaires publiques d'Algérie (D. P. 91. 4. 64).

31 juill.-3 août 1890. — Décret qui suspend le cours des inscriptions pendant le temps passé sous les drapeaux dans l'armée active par les aspirants au doctorat en droit (D. P. 91. 4. 101).

31 juill.-3 août 1890. — Décret déterminant les matières de l'examen de deuxième année dans les facultés de droit (D. P. 91. 4. 101).

31 juill.-6 août 1890. — Décret relatif aux écoles d'application annexées aux écoles normales ou mises à leur disposition (D. P. 91. 4. 100).

2-6 août 1890. — Décret portant règlement d'administration publique : 1° sur les conditions auxquelles les directeurs et directrices d'écoles primaires élémentaires pourront être déchargés de classes ; 2° sur les conditions de nomination et d'exercice des instituteurs suppléants et des institutrices suppléantes ; 3° sur les indemnités à allouer aux maîtresses de couture (D. P. 91. 4. 101).

3-17 août 1890. — Décret portant règlement d'administration publique sur les conditions spéciales d'organisation et de fixation des traitements du personnel des écoles primaires supérieures de la ville de Paris (D. P. 91. 4. 102).

4 août 1890. — Arrêté du ministre de l'instruction publique concernant les examens du certificat d'aptitude aux bourses dans les lycées et collèges de garçons (*Bull. adm. min. instr. publ.* 1890, p. 261).

7 août 1890. — Arrêté du ministre de l'instruction publique réglant la distribution des crédits supplémentaires au profit des instituteurs et institutrices (*Bull. adm. min. instr. publ.* 1890, p. 315).

8 août 1890. — Arrêté du ministre de l'instruction publique fixant les conditions d'examen du baccalauréat secondaire classique (*Bull. adm. min. instr. publ.* p. 250).

8 août 1890. — Arrêté du ministre de l'instruction publique concernant les examens du certificat d'aptitude aux bourses dans les lycées et collèges de jeunes filles (*Bull. adm. min. instr. publ.* 1890, p. 262).

8-9 août 1890. — Décret instituant un baccalauréat unique de l'enseignement secondaire classique (D. P. 91. 4. 102).

18 août.-31 oct. 1890. — Décret concernant les examens du baccalauréat de l'enseignement secondaire spécial (D. P. 91. 4. 103).

30 août 1890. — Décret concernant les professeurs agrégés appelés, à titre provisoire, aux fonctions de professeurs de collège (*Bull. adm. min. instr. publ.* 1890, p. 335).

5-7 sept. 1890. — Décret portant règlement d'administration publique sur les indemnités de résidence à allouer au personnel enseignant des écoles primaires publiques dans les communes du département de la Seine ayant plus de 1000 habitants de population agglomérée (D. P. 91. 4. 103).

6-7 sept. 1890. — Décret portant règlement d'administration publique relatif aux indemnités de résidence dues au personnel enseignant dans les localités qui possèdent des écoles de section (D. P. 91. 4. 103).

26-28 sept. 1890. — Décret portant application à la Martinique, à la Guadeloupe et à la Réunion de la loi du 30 oct. 1886 sur l'enseignement primaire (D. P. 91. 4. 105).

26-28 sept 1890. — Décret portant fixation du traitement du personnel de l'enseignement primaire à la Martinique, à la Guadeloupe et à la Réunion (*Code des lois politiques et administratives*, p. 611 et suiv.).

22-26 nov. 1890. — Décret réglant les conditions spéciales de subventions aux communes de l'Algérie pour leurs projets de constructions scolaires (*Journ. off.* du 26 nov. 1890).

26-27 déc. 1890. — Loi portant fixation du budget général des dépenses et des recettes de l'exercice 1891 (art. 27, 51 et 53) (D. P. 91. 4. 58).

27 déc. 1890. — Arrêté du ministre de l'instruction publique ayant pour objet l'augmentation de traitement des instituteurs placés dans les classes provisoires (*Bull. adm. min. instr. publ.* 1891, p. 38).

1er janv. 1891. — Arrêté du ministre de l'instruction publique n'admettant les aspirants aux grades de docteur en médecine, d'officier de santé et de pharmacien à s'inscrire dans les facultés et écoles de médecine et de pharmacie que sur la production d'un certificat de revaccination (*Bull. adm. min. instr. publ.* 1891, p. 154).

6 janv. 1891. — Décret instituant un examen spécial pour l'obtention des bourses dans les écoles nationales professionnelles (*Bull. adm. min. instr. publ.* 1891, p. 19).

7 janv. 1891. — Décret modifiant celui du 31 juill. 1890 relatif aux écoles d'application annexées aux écoles normales ou mises à leur disposition (*Code des lois politiques et administr.*, p. 675, note 1).

7 janv. 1891. — Arrêté du ministre de l'instruction publique concernant les candidats aux bourses dans les écoles nationales professionnelles (*Bull. adm. min. instr. publ.* 1891, p. 21).

8 janv. 1891. — Décret portant suppression de l'école Pape-Carpantier et reportant ce nom sur l'école maternelle annexée à l'école normale d'institutrices du département de la Seine (*Bull. adm. min. instr. publ.* 1891, p. 23).

12 janv. 1891. — Décret instituant un certificat d'aptitude spéciale à l'enseignement agricole dans les écoles primaires supérieures (*Bull. adm. min. instr. publ.* 1881, p. 75).

14 janv. 1891. — Arrêté ministériel relatif au certificat d'aptitude à l'enseignement agricole dans les écoles primaires supérieures (*Bull. adm. min. instr. publ.* 1891, p. 75).

17 janv. 1891. — Décret relatif au certificat d'aptitude aux fonctions d'inspecteur primaire (*Bull. adm. min. instr. publ.* 1891, p. 111).

22 janv. 1891. — Décret relatif aux bourses dans les lycées et collèges de jeunes filles (*Bull. adm. min. instr. publ.*, 1891, p. 132).

28 janv. 1891. — Arrêté du ministre de l'instruction publique concernant les professeurs chargés de cours dans les classes élémentaires des lycées, pourvus d'une nomination ministérielle antérieure à la promulgation du décret du 16 juill. 1887, qui ont été rangés par application de l'art. 2 dudit décret dans la catégorie des maîtres élémentaires de lycée (*Bull. adm. min. instr. publ.* 1891, p. 130).

2 févr. 1891. — Arrêté du ministre de l'instruction publique relatif à l'inspection générale des établissements d'enseignement primaire supérieur de la ville de Paris, des écoles normales de la Seine et des écoles primaires de la Seine (*Code des lois politiques et administratives*, p. 505 et note 1).

5 févr. 1891. — Décret fixant les conditions de présentation à l'examen du baccalauréat de l'enseignement secondaire classique (*Code des lois politiques et administratives*, p. 861 et 862).

14 févr. 1891. — Décret rendant applicable aux écoles primaires privées les conditions réglementaires de l'âge d'admission des élèves dans les écoles primaires publiques (*Code des lois politiques et administratives*, p. 579, note 2).

24 févr. 1891. — Arrêté du ministre de l'instruction publique fixant les règles d'après lesquelles des promotions de classe sont accordées, à partir du 1er janv. 1891, au personnel laïque des instituteurs et institutrices exerçant dans les écoles primaires supérieures sans avoir une nomination ministérielle (*Code des lois politiques et administratives*, p. 651, note 1).

16-20 mars 1891. — Décret relatif aux conditions d'établissement des écoles primaires publiques facultatives (*Code des lois politiques et administratives*, p. 541).

17-19 mars 1891. — Décret portant règlement d'administration publique sur le taux des indemnités représentatives de logement attribuées au personnel enseignant des écoles primaires publiques (*Code des lois politiques et administratives*, p. 623 et 624).

15-16 avril 1891. — Décret portant règlement d'administration publique sur les dispositions transitoires des art. 40 et 42 de la loi du 15 juill. 1889 (*Code des lois politiques et administratives*, p. 651, note 2).

23 avril 1891. — Avis du conseil d'Etat sur la question de savoir si les proportions déterminées par l'art. 6 de la loi du 19 juill. 1889 doivent s'appliquer non seulement à la répartition en classes de l'ensemble du personnel de l'enseignement primaire public élémentaire, mais encore à la sous-répartition dudit personnel dans chaque département (*Code des lois politiques et administratives*, p. 620, note 3).

16 mai 1891. — Arrêté du ministre de l'instruction publique portant allocation de suppléments de traitement à des directeurs et directrices d'écoles laïques (*Code des lois politiques et administratives*, p. 622, note 1).

16 mai 1891. — Arrêté du ministre de l'instruction publique accordant des augmentations de traitement et portant suppression d'une partie des classes provisoires des institutrices (*Code des lois politiques et administratives*, p. 649, note 3).

1er-5 juin 1891. — Décret assimilant les écoles nationales d'enseignement primaire supérieur et professionnel aux lycées en ce qui concerne la procédure à suivre pour le recouvrement de toutes les créances qui leur appartiennent (*Journ. off.* du 5 juin, *Bull.* n° 23736).

4 juin 1891. — Avis du conseil d'Etat sur diverses questions relatives au logement des économes titulaires et des professeurs chargés de l'économat dans les écoles normales de moins de 60 élèves (*Code des lois politiques et administratives*, p. 638, note 2).

4-6 juin 1891. — Décret portant réorganisation de l'enseignement secondaire spécial (D. P. 92. 4. 3).

5-6 juin 1891. — Arrêté du ministre de l'instruction publique relatif à l'examen du baccalauréat de l'enseignement secondaire moderne (*Code des lois politiques et administratives*, p. 863, note 1).

5-6 juin 1891. — Décret relatif au baccalauréat de l'enseignement secondaire moderne (D. P. 92. 4. 4).

5-6 juin. 1891. — Décret relatif aux diplômes à fournir par les aspirants à la licence ou au doctorat en droit, au doctorat en médecine, aux licences ès sciences, ès lettres, et au grade de pharmacien de première classe (D. P. 92. 4. 4).

6 juin 1891. — Décret autorisant certaines catégories de maîtres et de maîtresses d'écoles normales et d'écoles primaires supérieures à se présenter à l'examen restreint du professorat (*Code des lois politiques et administratives*, p. 555, note 2).

6-10 juin 1891. — Décret portant règlement d'administration publique ayant pour objet de fixer les règles et conditions d'avancement des instituteurs et institutrices, non prévues par l'art. 24 de la loi du 19 juill. 1889 (*Code des lois politiques et administratives*, p. 641).

17-18 juill. 1891. — Décret portant règlement d'administration publique pour la fixation du taux et des conditions de payement des dépenses relatives aux commissions d'examen de différents titres de capacité de l'enseignement primaire (*Code des lois politiques et administratives*, p. 562).

31 juill. 1891. — Décret relatif au premier examen de doctorat en médecine (*Code des lois politiques et administratives*, p. 837, note 4).

31 juill. 1891. — Décret relatif à l'honorariat des professeurs de facultés (*Code des lois politiques et administratives*, p. 790. note 1).

31 juill.-9 août 1891. — Décret déterminant les matières de l'examen de troisième année dans les facultés de droit (D. P. 91. 4. 85).

24 août 1891. — Décret instituant un conseil d'administration et un comité de patronage auprès de chacune des écoles nationales d'enseignement primaire supérieur et professionnel (*Code des lois politiques et administratives*, p. 502, note 4).

28-31 août 1891. — Décret déterminant le service et la situation des répétiteurs dans les lycées et les collèges (*Code des lois politiques et administratives*, p. 728 et suiv.).

29-31 août 1891. — Décret relatif au classement des répétiteurs des lycées et collèges (*Code des lois politiques et administratives*, p. 733 et suiv.).

21-23 sept. 1891. — Décret fixant le prix de la pension, de la demi-pension et des frais d'études des classes primaires et des classes enfantines dans les lycées de garçons (*Code des lois politiques et administratives*, p. 705, note, col. 2).

25 nov. 1891. — Décret fixant la durée des pouvoirs des bureaux d'administration des lycées nationaux et des collèges communaux de garçons et de jeunes filles (*Code des lois politiques et administratives*, p. 710, note 2).

29 déc. 1891. — Arrêté du ministre de l'instruction publique portant répartition des matières de l'enseignement et fixant le nombre et la nature des emplois dans les écoles primaires supérieures de garçons et de filles de la ville de Paris (*Code des lois politiques et administratives*, p. 635, note 1).

31 déc. 1891. — Décret modifiant celui du 25 juill. 1885 déterminant les conditions des concours pour les fonctions de suppléant et de chef des travaux dans les écoles de médecine et de pharmacie (*Code des lois politiques et administratives*, p. 829, note *a*).

7-12 janv. 1892. — Décret portant règlement d'administration publique sur le classement des principaux collèges communaux (D. P. 92. 4. 62).

13 janv. 1892. — Arrêté du ministre de l'instruction publique concernant les examens du certificat d'aptitude aux bourses de l'enseignement secondaire moderne (*Code des lois politiques et administratives*, p. 708, note, col. 3).

26-27 janv. 1892. — Loi portant fixation du budget des dépenses et des recettes de l'exercice 1892 (art. 67 à 72) (D. P. 92. 4. 26).

29 janv.-3 févr. 1892. — Arrêté du ministre de l'instruction publique relatif aux titularisations et promotions de classes des instituteurs et institutrices des écoles élémentaires (*Code des lois politiques et administratives*, p. 649, note 4).

30 mars 1892. — Arrêté du ministre de l'instruction publique concernant le classement des répétiteurs de lycée en fonctions au 31 déc. 1891 (*Code des lois politiques et administratives*, p. 735, note 2).

8 avr. 1892. — Arrêté du ministre de l'instruction publique fixant la rémunération des membres des jurys d'examens du baccalauréat de l'enseignement secondaire spécial (*Code des lois politiques et administratives*, p. 864, note 1).

27-29 juin 1892. — Décret relatif au classement des professeurs et des principaux chargés de classes dans les collèges communaux de garçons (*Code des lois politiques et administratives*, p. 742 et 743).

26 juill. 1892. —Décret modifiant celui du 24 août 1891 instituant un conseil d'administration et un comité de patronage auprès de chacune des écoles nationales d'enseignement primaire supérieur et professionnel (*Bull. du minist. de l'instr. publ.* 1892, p. 111).

1er août 1892. — Arrêté du ministre de l'instruction publique relatif aux congés dans les lycées et collèges (*Bull. du minist. de l'instr. publ.* 1892, p. 111).

4 août 1892. — Décret modifiant l'art. 127, § 4, du décret du 18 janv. 1887, concernant le personnel de l'enseignement primaire (*Bull. du minist. de l'instr. publ.* 1892, p. 209).

4-6 août 1892. — Décret modifiant l'art. 127 (§ 4) du décret du 18 janv. 1887 concernant le personnel de l'enseignement primaire (*Journ. off.* du 6 août).

20 août 1892. — Décret portant règlement d'administration publique : 1° sur le mode spécial de classement et d'avancement des instituteurs et des institutrices de la ville de Paris ; 2° sur les conditions de nomination des instituteurs suppléants et des institutrices suppléantes ; 3° sur les indemnités représentatives de logement attribuées au personnel enseignant des écoles primaires publiques de Paris (*Bull. du minist. de l'instr. publ.* 1892, p. 287.

31 oct. 1892. — Décret relatif au classement des instituteurs et institutrices primaires chargés de l'enseignement primaire dans dans les lycées de garçons (*Bull. minist. instr. publ.* 1892, p. 610).

28 déc. 1892. — Décret relatif au classement des professeurs de faculté (*Bull. minist. instr. publ.* 1892, p. 813).

31 déc. 1892. — Décret fixant les indemnités de résidence attribuées à partir du 1er janv. 1893 au personnel enseignant des écoles primaires publiques (*Journ. off.* du 1er janv. 1893).

21 janv. 1893. — Décret relatif à l'organisation des écoles primaires supérieures publiques (*Journ. off.* du 26 janv.).

SECT. 2. — DU RÔLE DE L'ÉTAT ET DE LA FAMILLE DANS L'ENSEIGNEMENT (*Rép.* nos 113 et 118).

2. A l'époque de la publication du *Répertoire*, la liberté du choix des établissements d'instruction n'existait, comme on l'a vu (*Rép.* n° 116), au profit des pères de famille, que pour l'instruction primaire et pour l'instruction secondaire. Cette liberté a été consacrée pour l'enseignement supérieur par la loi du 12 juill. 1875 (v° *infrà*, n° 275).

SECT. 3. — DE L'ORGANISATION ADMINISTRATIVE DE L'INSTRUCTION PUBLIQUE (*Rép.* nos 119 à 136).

3. Ainsi qu'on l'a vu au *Rép.* n° 119, l'administration de l'Instruction publique comprend, d'une part, *l'administration centrale*, qui se compose : 1° du ministre de l'instruction publique, chef de la hiérarchie ; 2° du conseil supérieur de l'instruction publique ; 3° des inspecteurs généraux. — D'autre part, l'administration académique qui se compose : 1° du recteur ; 2° des inspecteurs d'académie ; 3° des inspecteurs et inspectrices de l'instruction primaire ; 4° du secrétaire de l'académie ; 5° du conseil académique siégeant auprès du recteur, au chef-lieu de l'académie ; 6° du conseil départemental siégeant au chef-lieu du département, auprès du préfet. Nous examinerons successivement les modifications qui ont été apportées, depuis la publication du *Répertoire*, aux attributions de ces différentes autorités.

4. — I. ADMINISTRATION CENTRALE. — 1° *Ministre de l'instruction publique.* — Le ministre de l'instruction publique a conservé les attributions énumérées au *Rép.* nos 120 et suiv. En outre, le décret du 15 août 1875 (D. P. 76. 4. 56), qui a rendu applicable à l'Algérie la législation qui régit actuellement l'instruction publique en France, a placé dans les attributions de ce ministre, les établissements d'instruction publics ou libres de l'Algérie. — Le décret du 13 mai 1879 (*Code des lois politiques et administr.*, v° *Enseignement*, p. 468) a créé au ministère de l'instruction publique un musée pédagogique et une bibliothèque centrale de l'enseignement primaire, comprenant des collections diverses de matériel scolaire, des documents historiques et statistiques et des livres de classe provenant de France et de l'étranger. La direction générale en a été confiée à un inspecteur général de l'enseignement primaire (hors cadre).

5. — 2° *Conseil supérieur de l'instruction publique.* — Ce conseil, dont nous avons fait connaître (*Rép.* n° 124) l'organisation sous le régime du décret du 9 mars 1853, avait été ramené, par la loi du 19 mars 1873 (D. P. 73. 4. 41), à l'organisation première que lui avait donnée la loi du 15 mars 1850 ; mais il a été reconstitué sur des bases entièrement nouvelles par la loi du 27 févr. 1880 (D. P. 80. 4. 37). L'exposé des motifs de cette dernière loi explique le caractère que le législateur a entendu imprimer à cette institution. Sous l'empire de la loi de 1850, le conseil supérieur ne devait être, ainsi que l'avait déclaré le rapporteur M. Beugnot, ni le conseil de l'Université, ni l'organe des intérêts et le défenseur des droits de l'Etat ; il devait représenter les droits et les intérêts de la société tout entière. — Ce système a été répudié par le législateur de 1880. Le Gouvernement a voulu, d'après l'exposé des motifs, que « le conseil supérieur ne fût qu'un conseil d'études, que sa mission fût, par-dessus tout, pédagogique, qu'il fût le grand conseil du perfectionnement de l'enseignement national ». « Le conseil supérieur, ajoute l'exposé des motifs, est un des rouages de l'autorité publique ; nous n'admettons pas que les uns y siègent comme représentants de l'Etat, les autres comme représentants de la société; soit qu'il s'agisse de la fortune publique ou de l'organisation militaire, des autorités qui rendent la justice, ou de celles qui président à l'enseignement, la société n'a pas d'autre organe reconnu, pas d'autre représentation régulière et compétente que l'ensemble des pouvoirs publics émanés directement ou indirectement de la volonté nationale, et cet ensemble s'appelle l'Etat ».

6. D'après le rapporteur à la Chambre des députés, le conseil supérieur tel que l'a constitué la loi de 1880, se distingue de l'ancien conseil supérieur par trois caractères principaux : exclusion des ministres des cultes et de ceux que la législation antérieure y avait appelés comme représentant les intérêts sociaux ; représentation de tous les grands établissements d'instruction publique et en particulier des trois degrés de l'enseignement universitaire ; prédominance de l'élément électif. Les membres du conseil d'Etat, de l'armée, de la marine, du clergé des différents cultes, de la cour de cassation, de l'académie de médecine, et du conseil supérieur du commerce, de l'agriculture et de l'industrie, que la loi du 19 mars 1873, avait fait entrer dans le conseil supérieur d'instruction publique, ont cessé d'en faire partie. La Chambre des députés avait également exclu les représentants de chacune des cinq classes de l'Institut, et y avait fait entrer deux sénateurs et deux députés ; mais les membres des deux Chambres ont été retranchés du projet voté par le Sénat, et les membres de l'Institut y ont été rétablis.

7. L'élément administratif est représenté par neuf conseillers, nommés par décret du président de la République, en conseil des ministres, sur la présentation du ministre de l'instruction publique, et choisis parmi les directeurs et anciens directeurs du ministère de l'instruction publique, les inspecteurs généraux et anciens inspecteurs généraux, les recteurs et anciens recteurs, les inspecteurs et anciens inspecteurs d'académie, les professeurs en exercice et anciens professeurs de l'enseignement public.

8. L'enseignement supérieur est représenté : 1° par deux professeurs du collège de France, élus par leurs collègues ; 2° par un professeur du Muséum, élu par ses collègues ; 3° par un professeur titulaire des facultés de théologie protestante, élu par les professeurs, les chargés de cours et les maîtres de conférences ; une disposition analogue de la loi du 27 févr. 1880 faisait également entrer dans le conseil supérieur un professeur des facultés de théologie catholique, élu dans les mêmes conditions, mais cette disposition est devenue sans objet par suite de la suppression des facultés de théologie catholique en 1884 ; 4° par deux professeurs titulaires des facultés de droit, élus au scrutin de liste par les professeurs, les agrégés et les chargés de cours ; 5° par deux professeurs titulaires des facultés de médecine ou des facultés mixtes, élus au scrutin de liste par les professeurs, les agrégés en exercice, les chargés de cours et maîtres de conférence pourvus du grade de docteur ; 6° par un professeur titulaire des écoles supérieures de pharmacie et des facultés mixtes, élu dans les mêmes conditions ; 7° par deux professeurs titulaires des facultés des sciences, élus au scrutin de liste par les professeurs, les suppléants, les chargés de cours et les maîtres de conférence, pourvus du grade de docteur ; 8° par deux professeurs des facultés des lettres, élus dans les mêmes conditions.

Les écoles supérieures sont également représentées au conseil supérieur : 1° par deux délégués de l'École normale supérieure, l'un pour les lettres, l'autre pour les sciences, élus par le directeur, le sous-directeur et les professeurs de l'école et choisis parmi eux ; 2° par un délégué de l'École des chartes, élu par les membres du conseil de perfectionnement et les professeurs, et choisi parmi eux ; 3° par un professeur titulaire de l'École des langues orientales vivantes, élu par ses collègues ; 4° par un délégué de l'École polytechnique, élu par le commandant, le commandant en second, les membres du conseil de perfectionnement, le directeur des études, les examinateurs, professeurs et répétiteurs de l'école, et choisi parmi eux ; 5° un délégué de l'École des beaux-arts, élu par le directeur et les professeurs de l'école, et choisi parmi eux ; 6° un délégué du Conservatoire des arts et métiers, élu par le directeur, le sous-directeur et les professeurs, et choisi parmi eux ; 7° un délégué de l'École centrale des arts et manufactures, élu par le directeur et les professeurs de l'école, et choisi parmi eux ; 8° un délégué de l'Institut agronomique, élu par le directeur et les professeurs de cet établissement, et choisi parmi eux.

9. Les représentants de l'enseignement secondaire sont au nombre de dix : huit agrégés en exercice de chacun des ordres d'agrégation (grammaire, lettres, philosophie, histoire, mathématiques, sciences physiques ou naturelles, langues vivantes, enseignement spécial) élus par l'ensemble des agrégés du même ordre qui sont professeurs ou fonctionnaires en exercice dans les lycées ; et deux délégués des collèges communaux élus, l'un dans l'ordre des lettres, l'autre dans l'ordre des sciences, par les principaux et professeurs en exercice dans ces collèges pourvus du grade de licencié dans le même ordre. La disposition relative aux collèges communaux n'existait pas dans le projet ; elle a été introduite dans la loi par la chambre des députés et adoptée par le Sénat. D'après une circulaire du ministre de l'instruction publique du 22 févr. 1884 (*Rec. circ. instr. publ.*, t. 9, p. 346), les délégués des collèges communaux doivent être choisis l'un parmi les licenciés ès lettres, l'autre parmi les licenciés ès sciences en exercice dans les collèges communaux. Le corps électoral des lycées et collèges ne comprend que les professeurs. En conséquence, les membres de l'Administration qui ne sont pas en même temps professeurs ne votent pas (Circ. min. instr. publ. 3 mai 1880, *Rec. circ. instr. publ.*, t. 8, p. 295).

10. L'enseignement primaire est représenté par six membres de cet enseignement élus au scrutin de liste par les inspecteurs généraux de l'instruction primaire, le directeur de l'enseignement primaire de la Seine, les inspecteurs d'académie des départements, les inspecteurs primaires, les directeurs et directrices des écoles normales primaires, les inspectrices générales et les déléguées spéciales chargées de l'inspection des salles d'asile. L'art. 51 de la loi du 30 oct. 1886 (D. P. 87. 4. 14) a adjoint à ce corps électoral les directeurs et directrices d'écoles primaires supérieures publiques et les instituteurs et institutrices nommés membres du conseil départemental. — L'enseignement primaire ne peut être représenté, ainsi que l'indique le texte de l'art. 1er de la loi du 27 févr. 1880, que par des membres de cet enseignement : un membre de l'enseignement supérieur ne serait donc pas éligible comme représentant de l'enseignement primaire, alors même qu'il aurait été chargé de faire des conférences dans une école normale primaire supérieure (Cons. d'Et. 28 juin 1889, aff. Ridoux, D. P. 91. 3. 12).

11. Les lois de 1850 et de 1873 admettaient dans le conseil supérieur de l'instruction publique des représentants de l'enseignement libre : la première de ces lois les faisait nommer par le président de la République sur la proposition du ministre ; d'après la seconde, ils étaient élus par le conseil ; la loi du 27 févr. 1880 est revenue au premier système. Les représentants de l'enseignement libre sont au nombre de quatre.

12. Quel que soit le mode de nomination des membres du conseil supérieur, la durée de leurs pouvoirs est la même : elle avait été fixée à six ans par la loi du 19 mars 1873 ; elle a été réduite à quatre ans par la loi du 27 févr. 1880.

13. Le décret du 16 mars 1880 (D. P. 80. 4. 45) a déterminé les règles d'après lesquelles il doit être procédé à l'élection des membres du conseil supérieur de l'instruction publique. La date de l'élection est fixée par le ministre de l'instruction publique. L'élection a lieu au scrutin secret et à la majorité absolue des suffrages exprimés : toutefois, au second tour de scrutin, la majorité relative suffit. La liste des électeurs de l'enseignement supérieur est dressée par le recteur (Circ. min. instr. publ. 18 mars 1880, D. P. 80. 4. 47, note, col. 1). Les listes des électeurs de l'enseignement secondaire des lycées et collèges sont adressées par le ministre aux recteurs qui doivent les publier, les transmettre à chaque établissement d'enseignement secondaire et les faire afficher immédiatement au parloir ou dans un lieu apparent de l'établissement (même circulaire). Les listes des électeurs de l'enseignement primaire sont dressées par le recteur (même circulaire). Le droit de vote est attaché à la fonction sous des conditions de grade précises ; par suite, quand un électeur appartient à plusieurs corps électoraux, il vote plusieurs fois (même circulaire).

14. Aux termes de l'art. 12 du décret du 16 mars 1880, le dépouillement des votes transmis au ministre est fait par une commission présidée par le vice-recteur et composée des inspecteurs de l'académie de Paris. Le procès-verbal des opérations et du dépouillement est publié au *Journal officiel*. Dans les cinq jours de cette publication, les opérations peuvent être attaquées par tout électeur du même groupe devant le ministre qui doit statuer dans le délai d'un mois. La décision du ministre, peut être déférée au conseil d'Etat dans la quinzaine de la notification. Faute par le ministre d'avoir statué dans le mois, le conseil d'Etat peut être directement saisi de la réclamation (V. *Code des lois politiques et administratives*, v° *Enseignement*, nos 144 et suiv.)

15. Aux termes de l'art. 1er de la loi du 27 févr. 1880, la présidence du conseil supérieur appartient au ministre, comme sous l'empire de la législation antérieure. L'art. 1er du décret du 11 mai 1880 (D. P. 81. 4. 61) porte que le vice-président et le secrétaire de ce conseil sont choisis chaque année parmi ses membres par le président de la République. Le conseil se réunit en assemblée générale deux fois par an : le ministre peut le convoquer en session extraordinaire (L. 27 févr. 1880, art. 8). Un arrêté ministériel fixe l'ouverture et la durée des sessions (Décr. 11 mai 1880, art. 2). La présence de la moitié plus un des membres du conseil est nécessaire pour la validité de ses délibérations (Même décret, art. 5). Les séances ne sont pas publiques (Même décret, art. 7).

16. Les neuf membres nommés par décret du président de la République en conseil des ministres et six conseillers choisis par le ministre parmi ceux qui procèdent de l'élection constituent une *section permanente* qui a pour fonction : 1° d'étudier les programmes et règlements avant qu'ils ne soient soumis à l'avis du conseil supérieur ; 2° de donner un avis sur les créations de facultés, lycées, collèges, écoles normales primaires ; sur les créations, transformations ou suppressions de chaires, sur les livres de classe, de bibliothèque et de prix qui doivent être interdits dans les écoles publiques, et enfin sur toutes les questions d'études, d'administration, de discipline ou de scolarité qui sont renvoyées par le ministre ; 3° en cas de vacance d'une chaire dans une faculté, de présenter deux candidats concurremment avec la faculté intéressée ; 4° lorsqu'il s'agit d'une faculté de théologie, de donner son avis sur la présentation faite au ministre, selon les lois et règlements (L. 27 févr. 1880, art. 3 et 4). Ainsi que l'a déclaré le rapporteur de la loi à la Chambre des députés, les quatre membres de l'enseignement libre qui font partie du conseil supérieur ne peuvent entrer dans la section permanente qui est le conseil de famille de l'université (D. P. 80. 4. 42, note 2).

17. Les attributions du conseil supérieur sont de diverse nature. L'art. 5 de la loi de 1880 énumère ses attributions consultatives. Il donne son avis : 1° sur les programmes, méthodes d'enseignement, modes d'examen, règlements administratifs et disciplinaires relatifs aux écoles publiques déjà étudiés par la section permanente ; 2° sur les règlements relatifs aux examens et à la collation des grades ; 3° sur les règlements relatifs à la surveillance des écoles libres ; 4° sur les livres d'enseignement, de lecture et de prix qui doivent être interdits dans les écoles libres comme contraires à la morale, à la constitution et aux lois; 5° sur les règlements relatifs aux demandes formées par des étrangers pour être autorisés à enseigner, à ouvrir ou à diriger une école. C'est également après avis du conseil supérieur de l'instruction publique qu'interviennent les décrets rendus en la forme des règlements d'administration publique qui déterminent le tarif des droits d'inscription, d'examen et de diplôme à percevoir dans les établissements d'enseignement supérieur chargés de la collation des grades ainsi que les conditions d'âge pour l'admission aux grades (L. 27 févr. 1880, art. 6). — Le même article abroge l'art. 14 de la loi du 14 juin 1854 qui chargeait le conseil d'Etat de fixer les conditions d'études : le Sénat a pensé, ainsi que l'a déclaré son rapporteur, M. Barthélemy Saint-Hilaire, que ce détail essentiellement scolaire appartenait à la compétence du conseil supérieur. Mais l'art. 14 de la loi de 1854 se référait à la disposition de l'art. 63 de la loi du 15 mars 1850, qui porte qu'aucun certificat d'études ne sera exigé des aspirants au diplôme de bachelier ou au brevet de capacité. Il a été reconnu dans la discussion au Sénat, par le rapporteur et par le ministre de l'instruction publique, que l'art. 63 de la loi de 1850, qui supprime tous certificats d'études, n'avait pas cessé d'être en vigueur et que le conseil supérieur ne pourrait y déroger lorsqu'il serait appelé à élaborer les règlements relatifs aux examens et à la collation des grades.

18. Indépendamment de ses attributions consultatives, le conseil supérieur de l'instruction publique a, comme on l'a vu sous la législation antérieure (*Rép.* n° 125), des attributions judiciaires que nous étudierons plus loin (V. *infrà*, sect. 7).

19. — 3° *Inspecteurs généraux.* — Nous avons dit (*Rép.* n° 128) qu'il y avait, auprès du ministre, des *inspecteurs généraux* pour l'enseignement supérieur, pour l'enseignement secondaire et pour l'enseignement primaire. Les inspecteurs généraux de l'enseignement supérieur ont été supprimés depuis que, dans sa séance du 9 mars 1888, la Chambre des députés a refusé de voter le crédit afférent à leur traitement (D. P. 88. 4. 22). Un décret du 20 avr. 1888 (*Code des lois politiques et administr.* v° *Enseignement*, p. 479) porte que des missions temporaires pour l'inspection des facultés de l'Etat et la surveillance des établissements libres d'enseignement supérieur peuvent être confiées à des membres du comité consultatif de l'enseignement public (V. *infrà*, n° 20). Les inspecteurs généraux de l'enseignement secondaire. qui ont conservé les attributions indiquées au *Rép.* n° 128, sont actuellement au nombre de douze, dont six pour les lettres, quatre pour les sciences et deux pour les langues vivantes. — Il existe aujourd'hui pour l'enseignement primaire : 1° six inspecteurs généraux ordinaires; 2° trois inspecteurs généraux hors cadres, savoir : le directeur de l'enseignement primaire, le directeur de l'école de Saint-Cloud et le directeur du musée pédagogique; 3° un inspecteur général de l'enseignement de la gymnastique et des exercices militaires institué par le décret du 27 juill. 1888; 4° l'inspecteur général de l'économat, institué par la loi de finances du 27 févr. 1887 (D. P. 87. 4. 84); 5° un inspecteur général de l'enseignement de travail manuel, institué par le décret du 27 mars 1889.

20. On a vu (*Rép.* n° 128) qu'un arrêté ministériel du 28 oct. 1862 avait décidé que les inspecteurs généraux se réuniraient périodiquement, afin de donner leur avis sur toutes les questions que le ministre jugerait opportun de leur soumettre. L'ancien comité des inspecteurs généraux créé par cet arrêté a été remplacé par le *comité consultatif de l'enseignement public*, qui a été institué par le décret du 25 mars 1873 (D. P. 73. 4. 44), et dont les attributions sont plus étendues et mieux définies. Le décret du 25 mars 1873 a été modifié et complété par les décrets du 5 déc. 1877 (D. P. 79. 4. 75) et du 11 mai 1880 (D. P. 81. 4. 61).

Le comité consultatif donne son avis sur les projets de lois, de règlements et de programmes d'études, sur les questions de contentieux administratif et de discipline universitaire qui lui sont renvoyés par le ministre. Il délibère, en section de l'enseignement supérieur, sur les vœux émis par les comités mensuels de perfectionnement institués près les facultés. Il donne nécessairement son avis sur l'admission à la retraite des professeurs titulaires (Décr. 5 déc. 1877, art. 6).

21. Le comité consultatif est divisé en trois sections, correspondant aux trois ordres d'enseignement. Chacune de ces sections se réunit sur la convocation du ministre, et au moins une fois par mois. La section de l'enseignement supérieur se compose d'inspecteurs généraux de l'enseignement supérieur titulaires ou honoraires, de professeurs et d'anciens professeurs des facultés et écoles supérieures de pharmacie, des professeurs et d'anciens professeurs des établissements de haut enseignement de l'Etat, du vice-recteur de l'académie de Paris et du directeur de l'école normale supérieure. La section de l'enseignement secondaire se compose d'inspecteurs généraux de l'enseignement secondaire, d'inspecteurs généraux des langues vivantes, du vice-recteur de l'académie de Paris, du directeur de l'école normale supérieure. La section de l'enseignement primaire se compose d'inspecteurs généraux de l'enseignement primaire (titulaires, honoraires, hors cadres ou délégués), du vice-recteur de l'académie de Paris, du directeur du musée pédagogique, d'un inspecteur primaire de la Seine, du directeur de l'école normale primaire de Paris, de la directrice de l'école normale de Paris, de la directrice des cours pratiques des salles d'asile, d'une inspectrice générale des salles d'asile. Les directeurs des trois ordres d'enseignement font partie de droit, du comité (Décr. 11 mai 1880, art. 2); aux termes d'un décret du 15 déc. 1888 (D. P. 89. 4. table 11). Les recteurs des académies peuvent être appelés, par décision du ministre, à siéger au comité consultatif avec voix délibérative. Il en est de même des membres de l'Institut et des fonctionnaires de l'enseignement public appelés annuellement par le ministre à présider les jurys d'agrégation, les inspecteurs d'académie qui ont rempli durant l'année les fonctions d'inspecteur général (Décr. 11 mai 1880, art. 4). Les membres du comité consultatif sont nommés pour un an, mais leur mandat est renouvelable (Même décret, art 3).

22. Les art. 8 à 11 du décret du 11 mai 1880 énumèrent les attributions spéciales de chacune des sections. En outre, à la fin de chaque année scolaire, chacune des sections tient une session spéciale pour dresser le tableau d'avancement des membres du corps enseignant. Pendant cette session, les présidents des jurys d'agrégation, les membres de l'Institut et les fonctionnaires adjoints à l'inspection générale sont admis à prendre part aux travaux des sections avec voix délibérative (Décr. 5 déc. 1877, art. 7).

23. — II. ADMINISTRATION ACADÉMIQUE. — 1° *Circonscriptions académiques.* — Ainsi qu'on l'a vu au *Rép.* n° 129, le nombre des *circonscriptions académiques* avait souvent varié. Elles sont aujourd'hui au nombre de dix-sept, dont les chefs-lieux sont : Aix, Alger, Besançon, Bordeaux, Caen, Chambéry, Clermont, Dijon, Grenoble, Lille (en vertu du décret du 17 déc. 1888, qui a transféré dans cette ville le chef-lieu d'académie antérieurement fixé à Douai), Lyon, Montpellier, Nancy, Paris, Poitiers, Rennes, Toulouse. Le ressort des circonscriptions académiques, qui avait été déterminé, comme on l'a vu (*Rép.* n° 129), par l'art. 1er du décret du 22 août 1854, l'a été, en outre, par les deux décrets du 13 juin 1860 (D. P. 60. 4. 132), dont l'un a créé l'académie de Chambéry, et dont l'autre a rattaché le département des Alpes-Maritimes à la circonscription de l'académie d'Aix; par le décret du 7 sept. 1871 (D. P. 71. 4. 151) qui, à la suite de la guerre de 1870-1871, a créé le département de Meurthe-et-Moselle à la place des départements de la Meurthe et de la Moselle, dont une partie était annexée à l'Allemagne; par le décret du 15 août 1875 (art. 3), aux termes duquel l'académie d'Alger comprend les départements d'Alger, de Constantine et d'Oran. Ajoutons qu'à la suite du traité de Francfort, le territoire de Belfort a été rattaché à l'académie de Besançon.

24. — 2° et 3° *Recteurs, inspecteurs d'académie.* — Chacune des académies est, comme on l'a vu (*Rép.* n° 129), administrée par un recteur assisté d'autant d'inspecteurs d'académie qu'il y a de départements dans la circonscription académique. Les attributions du recteur de l'académie d'Alger ont été déterminées par le décret du 15 août 1875 (D. P. 76. 4. 56). Dans quelques départements très populeux tels que le Nord et les Bouches-du-Rhône, il existe deux inspecteurs d'académie. — Nous avons dit (*Rép.* n° 129), que le décret du 22 août 1854 avait fixé à huit le nombre des inspecteurs d'académie pour le département de la Seine. Ce nombre a été maintenu par l'art. 1er du décret du 16 avr. 1878 (D. P. 78. 4. 65).

25. — 4° *Conseils académiques.* — On a indiqué au *Rép.* (n° 31) l'organisation et les attributions des *conseils académiques* d'après la loi du 14 juin 1854. Les dispositions de cette loi ont été modifiées très profondément par celle du 27 févr. 1880, qui a exclu les ministres des différents cultes et les magistrats aussi bien des conseils académiques que du conseil supérieur de l'instruction publique. Aux termes de l'art. 9 de cette dernière loi, le conseil académique institué au chef-lieu de chaque académie est composé : 1° du recteur président ; 2° des inspecteurs d'académie ; 3° des doyens des facultés de théologie, de droit, de médecine, des sciences et des lettres, des directeurs des écoles de plein exercice et préparatoires de médecine et de pharmacie, et des directeurs des écoles préparatoires à l'enseignement supérieur des sciences et des lettres du ressort ; 4° d'un professeur titulaire de chacune de ces facultés ou écoles supérieures de pharmacie du ressort, élu dans chacune d'elles par les professeurs, les suppléants, les agrégés en exercice, les chargés de cours et les maîtres de conférences ; 5° d'un professeur titulaire des écoles préparatoires de médecine et de pharmacie du ressort, élu par l'ensemble des professeurs, chargés de cours ou suppléants de ces écoles, pourvus du grade de docteur ou de pharmacien de première classe ; 6° d'un professeur titulaire des écoles préparatoires à l'enseignement supérieur des sciences et des lettres du ressort, élu par l'ensemble des professeurs et chargés de cours ; 7° d'un proviseur et d'un principal d'un des lycées et collèges communaux de plein exercice du ressort désignés par le ministre ; 8° de deux professeurs de l'ordre des sciences, agrégés ou docteurs, élus au scrutin de liste par les professeurs du même ordre, agrégés ou docteurs, en exercice dans les lycées du ressort ; 9° de deux professeurs des collèges communaux du ressort pourvus du grade de licencié, l'un pour l'ordre des lettres, l'autre pour l'ordre des sciences, élus par l'ensemble des professeurs de ces établissements, pourvus des mêmes grades et appartenant au même ordre ; 10° de deux membres choisis par le ministre dans les conseils généraux, et deux dans les conseils municipaux qui concourent aux dépenses de l'enseignement supérieur ou secondaire du ressort. — L'art. 10 de la loi du 27 févr. 1880 fixe à quatre ans la durée des pouvoirs des membres du conseil académique, et déclare que leurs pouvoirs peuvent être renouvelés. La composition du conseil académique d'Alger a été fixée par le décret du 6 juill. 1880 (D. P. 81. 4. 90).

26. Les conseils académiques sont dans leurs ressorts respectifs, suivant l'observation du rapporteur de la loi du 27 févr. 1880 au Sénat, ce que le conseil supérieur est pour la France entière. Aussi les principes qui régissent le conseil supérieur sont-ils applicables aux conseils académiques soit pour le personnel, soit pour les attributions scolaires ou judiciaires. — Ces attributions sont fixées par l'art. 11 de la loi de 1880. Le conseil académique donne son avis sur les règlements relatifs aux collèges communaux, aux lycées et aux établissements d'enseignement supérieur public ; sur les budgets et comptes d'administration de ces établissements ; sur toutes les questions d'administration et de discipline concernant ces mêmes établissements qui lui sont renvoyées par le ministre. Il adresse chaque année au ministre un rapport sur la situation des établissements d'enseignement public, secondaire et supérieur et sur les améliorations qui peuvent y être introduites. Le conseil académique exerce en outre, en matière contentieuse et disciplinaire, des attributions qui seront examinées ailleurs (V. *infrà*, sect. 7). Pour les affaires contentieuses ou disciplinaires qui intéressent les membres de l'enseignement libre, supérieur ou secondaire, deux membres de l'enseignement libre, nommés par le ministre, sont adjoints au conseil. — Les attributions du conseil académique d'Alger sont les mêmes que celles des conseils académiques de la métropole (Décr. du 6 janv. 1880, art. 4).

Le conseil académique se réunit deux fois par an en session ordinaire. Il peut être convoqué extraordinairement par le ministre (L. 27 févr. 1880, art. 12). Il est présidé par le recteur. Le décret du 26 juin 1880 (D. P. 80. 4. 85) fixe l'ordre de ses travaux et les formes de ses délibérations.

27. — 5° *Conseils départementaux.* — Nous avons fait connaître au *Rép.*, n° 133, l'organisation et les attributions des *conseils départementaux de l'instruction publique* institués par l'art. 5 de la loi du 14 juin 1854, et chargés, aux termes de l'art. 7 de la même loi, d'exercer, en ce qui concerne les affaires de l'instruction primaire et les affaires disciplinaires et contentieuses relatives aux établissements particuliers d'instruction secondaire, les attributions déférées au conseil académique par la loi du 15 mars 1850. La loi du 27 févr. 1880 n'avait pas modifié la composition des conseils départementaux, mais elle avait fait rentrer dans les attributions des conseils académiques les affaires contentieuses et disciplinaires intéressant les membres de l'enseignement secondaire libre. L'art. 44 de la loi du 30 oct. 1886 (D. P. 87. 4. 13) a maintenu l'existence d'un conseil départemental auquel il donne le nom de *conseil de l'enseignement primaire* et que le législateur a entendu former, ainsi que l'a déclaré le rapporteur à la Chambre des députés, d'après les règles qui ont présidé à la constitution du conseil supérieur de l'instruction publique et des conseils académiques. Ce conseil est composé : 1° du préfet président ; 2° de l'inspecteur d'académie vice-président ; 3° de quatre conseillers généraux élus par leurs collègues ; 4° du directeur de l'école normale d'instituteurs et de la directrice de l'école normale d'institutrices ; 5° de deux instituteurs et deux institutrices, élus respectivement par les instituteurs et institutrices publics titulaires du département ; 6° de deux inspecteurs primaires désignés par le ministre. Pour les affaires contentieuses et disciplinaires intéressant les membres de l'enseignement privé, deux membres de l'enseignement privé, l'un laïque, l'autre congreganiste, élus par leurs collègues respectifs, doivent être adjoints au conseil départemental. — Ces dispositions, en vertu de l'art. 68 de la loi du 30 oct. 1886, sont applicables à l'Algérie et aux colonies de la Guadeloupe, la Martinique et la Réunion. Dans le département de la Seine, le nombre des conseillers généraux est de huit, celui des inspecteurs primaires est de quatre, et celui des membres élus moitié par les instituteurs, moitié par les institutrices, est de quatorze, à raison de deux pour quatre arrondissements municipaux et de deux pour chacun des arrondissements de Saint-Denis et de Sceaux (art. 46).

28. Les membres élus du conseil départemental le sont pour trois ans ; ils sont rééligibles. Les pouvoirs des conseillers généraux cessent avec leur qualité de conseillers généraux (art. 45). Le mode d'élection a été réglé par un décret du 12 nov. 1886 (D. P. 87. 4. 22).

29. Aux termes de l'art. 48 de la loi du 30 oct. 1886, le conseil départemental se réunit au moins une fois par trimestre ; il peut toujours être convoqué par le préfet, selon les besoins du service. Ses attributions seront indiquées plus loin (nos 92 et suiv.), conformément à l'ordre adopté au *Répertoire*.

SECT. 4. — DE L'INSTRUCTION PRIMAIRE.

ART. 1er. — *De l'objet et de l'organisation de l'instruction primaire.*

30. — I. MATIÈRES DE L'ENSEIGNEMENT PRIMAIRE. — On a indiqué au *Rép.*, n° 137, les matières de l'instruction primaire, d'après l'art. 23 de la loi du 15 mars 1850. Aux termes de l'art. 1er de la loi du 28 mars 1882, qui abroge l'article précité, l'enseignement primaire comprend : 1° l'instruction morale et civique ; 2° la lecture et l'écriture ; 3° la langue et les éléments de la littérature française ; 4° la géographie, particulièrement celle de la France ; 5° l'histoire, particulièrement celle de la France, jusqu'à nos jours ; 6° quelques notions usuelles de droit et d'économie politique ; 7° les éléments des sciences naturelles, physiques et mathématiques, leurs applications à l'agriculture, à l'hygiène, aux arts industriels, travaux manuels et usages des outils des principaux métiers ; 8° les éléments du dessin, du modelage et de la musique ; 9° la gymnastique ; 10° pour les garçons, les exercices militaires ; 11° pour les filles, les travaux à l'aiguille. — Cet article supprime la division des matières d'enseignement en matières obligatoires et en matières facultatives qui existait dans la législation antérieure, et qu'avait maintenue le projet primitif.

31. Ainsi que l'a déclaré, à la Chambre des députés, le rapporteur de la loi, M. Paul Bert, l'art. 1er contient un programme d'enseignement qui est un maximum, en ce sens qu'on ne peut rien y ajouter, et un minimum dans une certaine mesure, en ce sens que, dans l'enseignement primaire, toutes les matières d'enseignement sont obligatoires, excepté les matières religieuses qui, aux termes de l'art. 2, restent facultatives dans les écoles privées (V. *infrà*, n° 34). Malgré ces déclarations du rapporteur, l'art. 35 du décret du 18 janv. 1887 fait figurer les langues vivantes dans les programmes des écoles primaires supérieures, quoiqu'elles n'aient pas trouvé place dans le programme général d'enseignement de l'art. 1er de la loi.

32. L'art. 3 de la loi du 30 oct. 1886 porte que des règlements spéciaux, délibérés en conseil supérieur de l'instruction publique, déterminent les règles d'après lesquelles seront réparties, entre les diverses sortes d'écoles énumérées à l'art 1er de cette loi, les matières de l'enseignement primaire, telles que les a fixées la loi du 28 mars 1882. Ces règlements ont été formulés, pour les écoles publiques, par le décret organique du 18 janv. 1887 (D. P. 87. 4. 16), et par l'arrêté ministériel du même jour.

Aux termes de l'art. 4 du décret organique, l'enseignement, dans les écoles maternelles et les classes enfantines, comprend : 1° des jeux, des mouvements gradués et accompagnés de chants; 2° des exercices manuels; 3° les premiers principes d'éducation morale; 4° les connaissances les plus usuelles ; 5° des exercices de langage, des récits ou contes ; 6° les premiers éléments du dessin, de la lecture, de l'écriture et du calcul. — D'après l'art. 27, l'instruction primaire élémentaire comprend : l'enseignement moral et civique, la lecture et l'écriture, la langue française, le calcul et le système métrique, l'histoire et la géographie, spécialement de la France, les leçons de choses et les premières notions scientifiques, les éléments du dessin, du chant, et du travail manuel (travaux d'aiguille dans les écoles de filles), et les exercices gymnastiques et militaires. — Suivant l'art. 35 (modifié par un décret du 21 janv. 1893, *Journ. off.* du 26), l'instruction primaire supérieure comprend : l'éducation morale ; l'instruction civique ; la langue française et les notions de littérature française ; l'histoire nationale et des notions d'histoire générale, spécialement des temps modernes; la géographie de la France et des colonies, et des notions de géographie générale, spécialement de géographie commerciale et industrielle ; les langues vivantes ; des notions de droit usuel et d'économie politique ; les éléments de l'arithmétique et ses principales applications au commerce ; les éléments du calcul algébrique et de la géométrie; les règles de la comptabilité usuelle et de la tenue des livres; les notions des sciences physiques et naturelles, spécialement dans leurs applications à l'agriculture, au commerce et à l'industrie ; le dessin géométrique ; le dessin d'ornement et le modelage ; la gymnastique; le travail du bois et du fer pour les garçons; les travaux à l'aiguille; la coupe et l'assemblage pour les filles.

33. L'instruction morale et religieuse qui, ainsi qu'on l'a vu (*Rép.* n° 139), figurait antérieurement en tête du programme de l'enseignement primaire, a été remplacée dans l'art 1er de la loi du 28 mars 18 2, par l'instruction morale et civique. Le caractère de l'enseignement moral et civique a été expliqué dans deux circulaires du ministre de l'instruction publique, du 17 nov. 1883, adressée l'une aux recteurs, l'autre aux instituteurs et institutrices primaires publics (*Rec. circ. instr. publ.*, t. 9, p. 305 et 308). Le ministre expose que le législateur a entendu « mettre en dehors du programme obligatoire l'enseignement de tout dogme particulier », mais qu'il a voulu que l'instituteur « en même temps qu'il apprendrait aux enfants à lire et à écrire, leur enseignât aussi ces règles élémentaires de la vie morale qui ne sont pas moins universellement acceptées que celles du langage ou du calcul ». Le programme annexé à l'arrêt du ministre de l'instruction publique du 27 juill. 1882 (D. P. 82. 4. 76), est rédigé dans le même esprit : « L'enseignement moral laïque, y est-il dit, se distingue de l'enseignement religieux sans le contredire, et l'instituteur ne se substitue ni au prêtre, ni au père de famille; il joint ses efforts aux leurs, pour faire de chaque enfant un honnête homme ».

34. L'art. 2 de la loi du 28 mars 1882 porte que les écoles primaires publiques vaqueront un jour par semaine, en outre du dimanche, afin de permettre aux parents de faire donner, s'ils le désirent, à leurs enfants l'instruction religieuse, en dehors des édifices scolaires. Le Sénat avait adopté un amendement ainsi conçu : « Sur la demande des parents, le conseil départemental pourra autoriser les ministres des différents cultes ou leurs délégués, à donner l'instruction religieuse dans les locaux scolaires le dimanche, les autres jours de vacances et une fois par semaine, à l'issue de la classe du soir. Cette autorisation ne sera donnée par le conseil départemental que dans le cas où les enfants ne pourraient pas sans inconvénient, être réunis dans les édifices religieux. Elle pourra toujours être retirée par le conseil départemental. Mais cette disposition a été repoussée par la Chambre des députés, et n'a pas été maintenue par le Sénat, lorsque le projet lui a été renvoyé.

D'après une circulaire ministérielle du 2 nov. 1882 (*Rec. circ. min. instr. publ.*, t. 9, p. 136, la loi laisse à l'instituteur la libre disposition de son temps en dehors des heures de classe et des locaux scolaires ; en conséquence, il a le droit de donner, dans ces conditions, telles leçons privées qu'il jugera convenable, sans excepter les répétitions du catéchisme. Toutefois, cette faculté a été restreinte par une circulaire du 1er déc. 1891, relative aux « catéchismes électoraux », et non insérée au *Bulletin du ministère de l'instruction publique*. Aux termes de l'art. 5 du règlement scolaire modèle annexé à l'arrêt ministériel du 18 janv. 1887, les enfants ne doivent être envoyés à l'église pour les catéchismes ou pour les exercices religieux, qu'en dehors des heures de classe. L'instituteur n'est tenu ni de les y surveiller, ni de les y conduire, si ce n'est dans le cas où ils ne sont pas rendus à leurs parents dans l'intervalle des classes et où par suite, ils demeurent sous la surveillance de l'instituteur. Quoique, en règle générale, les enfants ne doivent, sous aucun prétexte, être détournés de leurs études pendant la durée des classes, l'instituteur doit, pendant la semaine qui précède la première communion, autoriser les élèves à quitter l'école aux heures où leurs devoirs religieux les appellent à l'église. — Dans les écoles privées, aux termes de l'art. 2, § 2, de la loi du 28 mars 1882, l'enseignement religieux est facultatif.

35. On s'est demandé si les dispositions de la loi de 1882 qui interdisent l'enseignement religieux dans les écoles publiques doivent entraîner la suppression, dans ces écoles, des emblèmes religieux. Cette question a été résolue affirmativement par une circulaire du ministre de l'instruction publique du 2 nov. 1882 (*Rec. min. instr. publ.*, t. 9, p. 136). Toutefois, le ministre admet qu'une distinction peut être faite dans l'application. Il estime que, dans les écoles nouvelles, on ne doit introduire d'emblèmes religieux d'aucune nature; mais que, pour ceux qui se trouvaient dans des maisons anciennes, il n'existe pas de prescription absolue et que les préfets ont toute latitude pour tenir compte des vœux des populations.

36. — II. Classification des établissements d'enseignement primaire. — L'art. 1er de la loi du 30 oct. 1886 contient une classification générale des établissements primaires. Il comprend sous cette désignation : 1° les écoles maternelles et les classes enfantines; 2° les écoles primaires élémentaires; 3° les écoles supérieures et les classes d'enseignement primaire supérieur annexées aux écoles élémentaires et dites cours complémentaires; 4° les écoles manuelles d'apprentissage.

37. Les *écoles maternelles* sont, aux termes de l'art. 1er du décret du 18 janv. 1887, des établissements de première éducation où les enfants des deux sexes reçoivent en commun les soins que réclame leur développement physique, moral et intellectuel. La dénomination d'*écoles maternelles* a été substituée par le décret aujourd'hui abrogé du 2 août 1881 (D. P. 82. 4. 62), à celle de *salles d'asile* que la législation antérieure donnait à ces établissements (*Rép.* n° 140). Les enfants peuvent y être admis dès l'âge de deux ans révolus et y rester jusqu'à six ans. L'organisation pédagogique des écoles maternelles est réglée par l'art. 4 du décret précité du 18 janv. 1887, par l'art. 1er de l'arrêté ministériel du même jour et par le règlement modèle annexé à ce dernier arrêté.

38. Les *classes enfantines* forment le degré intermédiaire entre l'école maternelle et l'école primaire; elles ne peuvent exister que comme annexes d'une école primaire élémentaire ou d'une école maternelle. Les enfants des deux sexes y sont admis de quatre à sept ans (Décr. 18 janv. 1887, art. 2). Pour faciliter, dans les communes de moins de 2000 habitants, la transformation des écoles maternelles en classes enfantines, le ministre de l'instruction publique a autorisé, à titre exceptionnel, les conseils départementaux à fixer à trois ans, au lieu de quatre, l'âge d'admission dans les classes enfantines (Circ. min. instr. publ. 20 mars et 16 nov. 1887, *Rec. circ. instr. publ.*, t. 10, p. 90 et 218). Un règlement modèle, annexé à l'arrêté du 18 janv. 1887, est destiné à servir à la rédaction des règlements départementaux sur l'organisation des classes enfantines. Quant aux *écoles enfantines* qui existaient, antérieurement à la loi du 30 oct. 1886, dans quelques villes importantes où elles formaient la transition entre l'école maternelle et l'école primaire, l'art. 187 du décret du 18 janv. 1887 en consacre la suppression, et laisse aux conseils départementaux le soin de les classer, après avis des conseils municipaux et des inspecteurs d'académie, et, sauf approbation du ministre, soit comme écoles primaires élémentaires, soit comme écoles maternelles.

39. Les enfants admis dans les *écoles primaires élémentaires* doivent, en principe, avoir plus de six ans et moins de treize ans révolus (Décr. 18 janv. 1887, art. 28). D'après le même article, nul ne peut être admis dans une école élémentaire avant l'âge de six ans, s'il existe dans la commune et à proximité une école maternelle publique, avant l'âge de sept ans, s'il existe une classe enfantine publique. Mais l'art. 1er du règlement modèle annexé à l'arrêté du 18 janv. 1887, abaisse à cinq ans l'âge d'admission dans les communes qui n'ont ni école maternelle, ni classe enfantine. L'art. 9 de l'arrêté précité du 18 janv. 1887 partage l'enseignement dans les écoles primaires en trois cours ; la durée des études, aux termes de l'art. 10 se divise comme suit : section enfantine, un ou deux ans, suivant que les enfants entrent à six ou à cinq ans; cours élémentaire, deux ans, de sept à neuf ans; cours moyen, deux ans, de neuf à onze ans; cours supérieur, deux ans, de onze à treize ans. Les art. 9 à 19 de l'arrêté précité règlent l'organisation pédagogique des écoles primaires élémentaires.

40. Un décret du 15 janv. 1881 (D. P. 82. 4. 17) avait déterminé le régime légal des *établissements d'enseignement primaire supérieur*, dont la loi du 15 mars 1850 n'avait fait aucune mention. Mais ce décret a été abrogé par l'art. 12 du décret du 27 juill. 1883 (D. P. 86. 4. 63), qui a lui-même été remplacé par l'art. 28, § 1, de la loi du 30 oct. 1886, et par les art. 30 à 41 et 192 du décret du 18 janv. 1887, modifiés sur certains points par le décret du 21 janv. 1893. Aux termes de ces dernières dispositions, les établissements d'enseignement primaire supérieur sont divisés en deux classes : *les cours complémentaires*, qui sont annexés à une école élémentaire, et les *écoles primaires supérieures* proprement dites, qui sont installées dans un local distinct et sous une direction différente de celle de l'école élémentaire. La durée des études dans les cours complémentaires est d'un an; ces cours comprennent au plus deux divisions. L'école primaire supérieure comprend au moins deux années d'études; elle est dite de plein exercice si elle en comprend trois ou plus. L'organisation de ces établissements est réglée par les art. 24 et suiv. de l'arrêté ministériel du 18 janv. 1887. L'art. 42 du décret du 18 janv. 1887 institue auprès de chaque école primaire supérieure publique un comité de patronage, dont la nomination et les attributions ont été déterminées par les art. 33 à 40 de l'arrêté ministériel du même jour.

41. La loi du 11 déc. 1880 (D. P. 81. 4. 49) a créé des *écoles manuelles d'apprentissage* qui ont pour but de développer et de compléter à un point de vue spécial l'enseignement de l'école primaire élémentaire, et qui, aux termes de l'art. 55 du décret du 18 janv. 1887, ne peuvent recevoir que des enfants pourvus du certificat d'études primaires ou âgés d'au moins treize ans. La loi du 11 déc. 1880 assimile aux écoles manuelles d'apprentissage les écoles publiques d'enseignement primaire complémentaire dont le programme comprend des cours ou des classes d'enseignement professionnel. Un règlement d'administration publique du 17 mars 1888 (D. P. 88. 4. 38) a déterminé les conditions d'application de la loi précitée et place les établissements auxquels elle s'applique sous la double autorité du ministre de l'instruction publique et du ministre du commerce et de l'industrie lorsqu'ils sont fondés ou entretenus par l'Etat, par les départements ou par les communes (V. *suprà*, v° *Organisation économique*, nos 115 et suiv.).

42. — III. INSPECTION DES ÉTABLISSEMENTS D'INSTRUCTION PRIMAIRE.— On a vu au *Rép.*, n° 141, comment avait été organisée par la loi du 15 mars 1850 l'inspection des établissements d'instruction primaire publics ou libres. L'art. 9 de la loi du 30 oct 1886 porte que cette inspection sera exercée : 1° par les inspecteurs généraux de l'instruction publique; 2° par les recteurs et les inspecteurs d'académie; 3° par les inspecteurs de l'enseignement primaire; 4° par les membres du conseil départemental désignés à cet effet; 5° par le maire et les délégués cantonaux; 6° dans les écoles maternelles, concurremment avec les autoritées précitées, par les inspectrices générales et les inspectrices départementales des écoles maternelles; 7° au point de vue médical, par les médecins inspecteurs communaux ou départementaux (V. *infrà*, n° 99). — Les dispositions de la loi du 15 mars 1850, qui conféraient aux ministres des différents cultes un droit d'inspection sur les écoles, ont été abrogées par l'art. 3 de la loi du 28 mars 1882. Ainsi que l'a déclaré le rapporteur de cette loi au Sénat, l'abrogation de ces dispositions a paru être la conséquence logique de la séparation opérée par la loi de l'enseignement de la morale et de l'enseignement religieux (D. P. 82. 4. 69, note 3).

43. L'inspection des écoles primaires publiques porte sur l'enseignement, la capacité des maîtres et l'installation des locaux scolaires; elle s'exerce conformément aux dispositions des art. 123 et suiv. du décret du 18 janv. 1887 et des art. 232 et suiv. de l'arrêté ministériel du même jour. Quant à l'inspection des écoles primaires privées, aux termes de l'art. 9 de la loi du 30 oct. 1886, elle porte, comme sous la législation antérieure, sur la moralité, l'hygiène et la salubrité, et en outre sur l'exécution des obligations imposées aux écoles privées par la loi du 28 mars 1882; mais elle ne peut porter sur l'enseignement que pour vérifier s'il n'est pas contraire à la morale, à la constitution et aux lois. L'art. 43 de la loi du 30 oct. 1886 soumet les écoles ouvertes dans des établissements de bienfaisance (hôpitaux, ouvroirs, orphelinats), aux mêmes obligations que les écoles privées.

44. Ainsi qu'on l'a dit au *Rép.* n° 142, l'art. 22 de la loi du 15 mars 1850 prévoyait et punissait le délit commis par le directeur d'une école privée qui refusait de se soumettre à la surveillance et à l'inspection des autorités scolaires dans les conditions établies par cette loi. L'art. 42 de la loi du 30 oct. 1886 prévoit et punit le même délit. Les pénalités adoptées par la Chambre des députés reproduisaient celles de l'art. 22 de la loi de 1850. Le Sénat a abaissé l'amende au chiffre de 50 à 500 fr., dans le cas d'une première condamnation, et de 100 à 1000 fr. en cas de récidive. Mais il a estimé que la récidive dans la résistance à l'inspection était un fait particulièrement grave, et il a décidé que, dans ce cas, la fermeture de l'établissement, au lieu d'être simplement facultative pour le tribunal, comme l'avait admis la Chambre, devait nécessairement être prononcée. Il a été décidé que la prière adressée par la supérieure d'un couvent cloîtré à un inspecteur de l'enseignement primaire se présentant pour visiter une école située dans la ligne de clôture de vouloir bien lui donner le temps de demander à l'autorité épiscopale, selon la règle religieuse, la permission d'ouvrir la clôture, et le retard mis dans ces circonstances à l'introduction de l'inspecteur, ne constituent pas le refus de se soumettre à la surveillance de l'Etat et n'ont pas le caractère de l'infraction prévue et punie par les dispositions précitées (Crim. rej. 24 mars 1882, aff. De Scorbiac, D. P. 82. 1. 328).

45. — IV. GRATUITÉ DE L'ENSEIGNEMENT PRIMAIRE. — Nous avons indiqué, au *Rép.* n° 144, les discussions auxquelles a donné lieu le principe de la gratuité de l'enseignement primaire. La loi du 16 juin 1881 (D. P. 82. 4. 26) a substitué au régime de la gratuité facultative consacré par la loi du 15 mars et développé par les lois du 10 avr. 1867 et du

19 juill. 1875, le système de la gratuité absolue, en supprimant la rétribution scolaire dans les écoles primaires publiques ainsi que le prix de pension dans les écoles normales.

46. La loi du 19 juill. 1889 (D. P. 90. 4. 35) répartit entre l'Etat, les départements et les communes les dépenses ordinaires de l'enseignement primaire public. Elle met à la charge de l'Etat : 1° les traitements du personnel des écoles élémentaires et des écoles maternelles créées conformément aux art. 13 et 15 de la loi organique du 30 oct. 1886; 2° les traitements du personnel des écoles primaires supérieures et des écoles manuelles d'apprentissage créées conformément aux art. 13 et 28 de la loi organique; 3° les supplément du traitement accordé aux titulaires chargés de la direction d'une école comprenant plus de deux classes, et ceux que reçoivent les maîtres chargés de cours supplémentaires; 4° les traitements du personnel des écoles normales; 5° les traitements du personnel de l'administration et de l'inspection, ce qui paraît comprendre les employés des bureaux de l'administration centrale, les commis, les secrétaires d'academie, les commis principaux et les auxiliaires attachés aux bureaux de l'inspection académique; 6° les frais de tournée et de déplacement des fonctionnaires de l'inspection; 7° les frais d'entretien des élèves dans les écoles normales et, en général, les autres dépenses de ces écoles; 8° l'allocation afférente à la médaille d'argent décernée aux instituteurs en vertu de l'art. 45 de la loi du 19 juill. 1889 (art. 2). L'Etat a également à sa charge l'allocation annuelle de 500 fr. accordée aux instituteurs suppléants et institutrices suppléantes par l'art. 6 du décret du 8 août 1890 (*Bull. adm. min. instr. publ.*, 1890, p. 122).

Les traitements du personnel enseignant de l'instruction primaire étant à la charge de l'Etat, le payement des fournitures d'imprimés nécessaires au mandatement de ces traitements doit incomber à l'Etat; toutefois, il y a lieu de distinguer entre les imprimés employés par l'administration préfectorale pour établir les mandats, et ceux qui sont employés par l'administration académique pour constater les droits du personnel: ces derniers sont à la charge du département.

47. L'art. 3 de la loi du 19 juill. 1889 met à la charge du département : 1° l'indemnité départementale allouée aux inspecteurs primaires ; 2° l'entretien et, s'il y a lieu, la location des bâtiments des écoles normales ; 3° l'entretien et le renouvellement du mobilier des écoles et du matériel d'enseignement; 4° le loyer et l'entretien du local et du mobilier destiné au service départemental de l'instruction publique ; 5° les frais de bureau de l'inspecteur d'académie; 6° les imprimés à l'usage des délégations cantonales et de l'administration académique ; 7° les allocations aux chefs d'ateliers, contremaîtres et ouvriers chargés par les départements de l'enseignement agricole, commercial ou industriel dans les écoles primaires de tout ordre et dans les écoles régies par la loi du 11 déc. 1880. — On indiquera ailleurs (*infrà*, n° 110) les dépenses que la loi laisse à la charge des communes.

48. — V. OBLIGATION DE L'INSTRUCTION PRIMAIRE. — De même que la *gratuité*, l'*obligation* de l'instruction primaire a donné lieu, comme on l'a vu au *Rép.* n° 145, à de vives controverses. Elle est consacrée par la loi du 28 mars 1882 (D. P. 82. 4. 64). L'art. 4 de cette loi porte que l'instruction primaire est obligatoire pour les enfants des deux sexes âgés de six ans révolus à treize ans révolus ; elle peut, aux termes de cet article, être donnée soit dans les établissements d'instruction primaire ou secondaire, soit dans les écoles publiques ou libres, soit dans les familles, par le père de famille lui-même ou par toute personne qu'il aura choisie.

49. Le principe de l'obligation de l'enseignement est général ; mais bien que les enfants sourds-muets et aveugles y soient soumis, l'art. 4 (§ 2) de la loi du 28 mars 1882 en a subordonné la mise en pratique à l'égard de ces enfants à un règlement d'administration publique à intervenir. Une commission instituée au ministère de l'instruction publique pour élaborer ce règlement a reconnu, après avoir recueilli des renseignements statistiques très complets, que le nombre des jeunes sourds-muets et aveugles qui restaient privés de toute instruction était insignifiant, et qu'il suffisait, pour obéir au vœu du législateur, d'accroître le nombre des bourses dans les établissements où ces enfants peuvent recevoir un enseignement professionnel, le seul dont ils puissent tirer un réel profit.

50. On s'est demandé si les étrangers résidant en France peuvent, comme les nationaux, être soumis à l'obligation de donner l'enseignement primaire à leurs enfants. Suivant un jugement du tribunal de paix de Ressons, du 13 juill. 1883 (*Moniteur des juges de paix*, 1883, p. 358), cette obligation est une loi naturelle et d'ordre public, qui doit être imposée à tous ceux qui habitent le territoire. Mais il a été décidé, au contraire, que la loi du 28 mars 1882 n'est ni une loi de police, ni une loi de sûreté, et que, comme elle atteint plus ou moins la puissance paternelle, elle ne saurait être imposée à des étrangers dont nos lois respectent l'état et la capacité personnelle (Trib. de Céret, 28 févr. 1883, *Moniteur des juges de paix*, 1883, p. 358). D'après une convention intervenue le 14 déc. 1887 entre la France et la Suisse et approuvée par une loi du 12 juin 1888 (D. P. 88. 4. 45), les enfants de nationalité française sont traités en Suisse, en ce qui concerne l'obligation et la gratuité de l'enseignement primaire public, sur le même pied que les Suisses, et réciproquement.

51. L'art. 6 de la loi du 28 mars 1882 abrège exceptionnellement, pour les enfants auxquels l'enseignement primaire est donné dans les écoles, la durée de cet enseignement, à la condition qu'ils obtiennent un *certificat d'études primaires* à la suite d'un examen public auquel ils peuvent se présenter dès l'âge de onze ans. Ce certificat a été créé par deux circulaires ministérielles des 20 août et 22 déc. 1866 (*Rec. circ. instr. publ.*, t. 6, p. 399 et 427) ; mais l'examen que doivent subir les candidats a été réglé par un arrêté ministériel du 16 juin 1880 (*Bull. adm. min. instr. publ.* nouvelle série, t. 23, p. 669), par un décret du 27 juill. 1882 (D. P. 83. 4. 48) et par les art. 254 et suiv. de l'arrêté ministériel du 18 janv. 1887. Les épreuves sont subies devant des commissions cantonales nommées par les recteurs, sur la proposition des inspecteurs d'académie, et qui se réunissent chaque année sous la présidence de l'inspecteur primaire du ressort, soit au chef-lieu du canton, soit dans une commune centrale désignée à cet effet. Les art. 256 à 260 de l'arrêté du 18 janv. 1887 fixent le programme de l'examen, la durée des épreuves et le chiffre qui doit servir à en apprécier le mérite.

52. L'art. 5 de la loi du 28 mars 1882 institue dans chaque commune une *commission scolaire* pour surveiller et encourager la fréquentation des écoles. Cette commission se compose du maire président ; d'un des délégués du canton, et, dans les communes qui comprennent plusieurs cantons, d'autant de délégués qu'il y a de cantons désignés par l'inspecteur d'académie ; de membres désignés par le conseil municipal en nombre égal au plus au tiers des membres de ce conseil. A Paris et à Lyon, il existe une commission par arrondissement municipal ; elle est présidée à Paris par le maire, à Lyon par un des adjoints ; elle est composée d'un des délégués cantonaux désigné par l'inspecteur d'académie, de membres désignés par le conseil municipal au nombre de trois à sept par chaque arrondissement. L'inspecteur primaire est membre de droit de toutes les commissions scolaires instituées dans son ressort. Le mandat des membres désignés par le conseil municipal dure jusqu'à l'élection d'un nouveau conseil et est toujours renouvelable.

53. Une circulaire ministérielle du 13 juin 1882 (*Rec. circ. instr. publ.*, t. 9, p. 62) énumère les attributions des commissions scolaires. Elles concourent avec les maires à la confection de la liste annuelle des enfants de six à treize ans qui sont soumis à l'enseignement primaire obligatoire ; elles apprécient les motifs d'absence des enfants qui quittent momentanément l'école ; elles prononcent certaines pénalités en cas d'infraction au devoir de la fréquentation scolaire ; elles accordent des dispenses de fréquentation dans les conditions et les limites déterminées par l'art. 15 de la loi du 28 mars 1882 (V. *infrà*, n° 77) ; elles provoquent la poursuite, devant le juge de paix, des infractions qui tombent sous l'application de l'art. 14 de la même loi (V. *infrà*, n° 74) ; enfin elles sont chargées de la répartition des secours accordés par la caisse des écoles (V. *infrà*, n° 79). La commission scolaire a le droit de consulter l'extrait du registre d'appel que l'instituteur est tenu d'adresser à la fin de chaque mois au maire et à l'inspecteur primaire, et dans lequel doivent se trouver mentionnés, avec le nombre des absences constatées, les motifs invoqués et soumis à l'appréciation de la commission. Mais, aux termes de l'art. 58, § 6. de la loi du 30 oct. 1886, elle ne peut, dans aucun cas, s'immiscer dans l'appréciation des matières et des méthodes d'enseignement; et l'art 154 du décret du 18 janv. 1887 porte que ses membres n'ont pas l'entrée des écoles et qu'ils n'ont aucun droit d'inspection ou de contrôle ni sur les établissements d'instruction ni sur les maîtres.

54. Pour assurer l'application du principe de l'obligation, le père ou le tuteur de tout enfant âgé de six à treize ans non révolus, la personne qui a la garde d'un enfant de cet âge, ou le patron chez lequel il est placé, est tenu, aux termes de l'art. 7 de la loi du 28 mars 1882, de déclarer au maire, quinze jours au moins avant l'époque de la rentrée des classes, s'il entend faire donner à cet enfant l'instruction dans la famille ou dans une école publique ou privée; et dans ces deux derniers cas, il doit indiquer l'école choisie. Cette prescription est rigoureusement obligatoire, et le fait que le père fait donner l'instruction dans la famille ne saurait le dispenser de faire la déclaration prescrite (Crim. cass. 14 déc. 1883, aff. Comandon, D. P. 84. 1. 213; Crim. rej. 15 déc. 1882, aff. De Martineng, D. P. 84. 1. 214; Crim. cass. 22 déc. 1883, aff Formon, D. P. 84. 1. 258. — *Contrà :* Trib. Beauvais, 17 févr. 1883, aff. Liger-Belair, D. P. 84. 3. 7). Toutefois, une circulaire ministérielle admet qu'il peut être suppléé à la déclaration par l'inscription au registre d'une école libre, dûment communiqué à la commission scolaire (Circ. min. instr. publ. 7 sept. 1882, D. P. 82. 4. 76, note 2). Il ne suffit pas que le père de famille informe le maire qu'il est dans l'intention de faire instruire son enfant: il doit spécifier le mode d'instruction qu'il entend lui donner; ces indications sont substantielles et leur omission vicie la déclaration (Crim. cass. 21 déc. 1883, aff. Gonbaux, D. P. 84. 1. 260).

55. L'art. 7 laisse aux familles domiciliées à proximité de deux ou plusieurs écoles publiques la faculté de faire inscrire leurs enfants à l'une ou à l'autre de ces écoles, qu'elle soit ou non sur le territoire de leur commune, à moins qu'elle ne compte déjà le nombre maximum d'élèves autorisé par les règlements. Mais la déclaration doit toujours être faite par le père de famille à la mairie de sa résidence, dans le cas même où l'enfant est inscrit à l'école d'une autre localité (Crim. cass. 14 déc. 1883, aff. Comandon, D. P. 84. 1. 213).

56. Chaque année, le maire dresse, d'accord avec la commission scolaire, la liste de tous les enfants âgés de six à treize ans, et il avise toutes les personnes qui ont charge de ces enfants de l'époque de la rentrée des classes. Mis en demeure par cet avis, les parents sont tenus de faire savoir comment ils entendent pourvoir à l'instruction de leurs enfants. Si les parents ne répondent pas à cette mise en demeure en faisant, quinze jours avant la rentrée, la déclaration prescrite, le maire inscrit d'office l'enfant à l'une des écoles publiques et en avertit la personne responsable (art. 8). D'après le rapport de M. Ribière au Sénat, on doit entendre par ces expressions *personnes responsables*, après les pères, mères, tuteurs, curateurs et patrons, toutes les personnes parentes ou étrangères qui ont, en fait, pour un temps plus ou moins prolongé, la garde de l'enfant, avec l'assentiment de ceux qui ont sur lui une autorité légale (D. P. 82. 4. 72, note 3).

57. L'inscription d'office d'un enfant sur les registres d'une école publique ne peut avoir lieu qu'après que les personnes responsables ont été mises en demeure par un avis individuel de faire la déclaration prescrite par l'art. 7 de la loi du 28 mars 1882. A défaut de cet avis, l'inscription d'office est irrégulière et ne peut faire courir le devoir de la fréquentation scolaire ni, en conséquence, servir de base à l'application des pénalités édictées pour réprimer les manquements à ce devoir (Crim. rej. 26 mai 1883, aff. Landeau, D. P. 84. 1. 43; 15 mars 1884, aff. Broquin, D. P. 85. 1. 132). Les affiches par lesquelles l'administration municipales fait connaître à tous les habitants de la commune l'époque de la rentrée des classes ne peut tenir lieu de cette mise en demeure individuelle (Mêmes arrêts et Crim. rej. 15 nov. 1884, aff. Gonbaux, D. P. 86. 1. 141).

58. En règle générale, l'avis de l'époque de la rentrée des classes est donné par le maire aux parents plus de quinze jours avant cette date, afin de leur laisser le délai de quinzaine que leur accorde la loi pour faire leur déclaration, et de permettre l'inscription des enfants sur les registres de l'école dès la rentrée. Mais il serait contraire à l'esprit de la loi que l'omission, à l'époque de la rentrée, des formalités prescrites fût irréparable pendant toute la durée de l'année scolaire, au risque de laisser dans tout le cours de cette année des enfants abandonnés à eux-mêmes et privés de toute instruction. L'avis peut, en conséquence, être adressé aux parents par le maire à toute époque: mais l'obligation de la fréquentation scolaire ne peut commencer qu'après l'expiration du délai de quinzaine, à compter de la réception de cet avis (Crim. rej. 4 août 1883, aff. De Salaberry, D. P. 84. 1. 43; Crim. cass. 21 déc. 1883, aff. Gonbaux, D. P. 84. 1. 260; 28 déc. 1883, aff. De Girval, D. P. 84. 1. 260).

59. Ainsi que nous l'avons dit *suprà*, n° 56, le maire qui, à défaut de déclaration, inscrit d'office un enfant à une des écoles publiques de la commune, est tenu d'en aviser les personnes responsables. Cet avis, qui sert de point de départ à l'application des mesures répressives édictées par la loi est une formalité substantielle, et le père de famille qui ne l'a pas reçu ne peut être poursuivi devant le tribunal de police pour infraction au devoir scolaire (Trib. corr. d'Orléans, 21 avr. 1883, aff. D'Orléans, D. P. 84. 1. 257; Crim. rej. 26 mai 1883, aff. Landeau, D. P. 84. 1. 43; 4 août 1883, aff. Martin-Moreau, D. P. 84. 1. 44; 28 déc. 1883, aff. De Girval, D. P. 84. 1. 260). La commission scolaire ne pourrait donc prononcer contre lui aucune peine pour absences antérieures à la date de la réception de l'avis officiel, ni lui infliger, à raison d'absences nouvelles, les peines de la récidive (Jugement précité du 21 avr. 1883).

60. Lorsque l'enfant a été régulièrement inscrit d'office à l'école publique de la commune, le père reste libre de le lui faire donner l'instruction chez lui ou dans une autre école; mais il doit préalablement faire connaître ses intentions au maire en lui adressant la déclaration prescrite par l'art. 7. A défaut de cette déclaration, les absences de l'enfant à l'école publique donnent lieu aux mesures répressives édictées par la loi, alors même qu'il est établi qu'il satisfait au vœu de la loi en recevant l'instruction dans une autre école (Crim. cass. 14 déc. 1883, aff. Comandon, D. P. 84. 1. 213; Crim. rej. 15 déc. 1883, aff. De Martineng, D. P. 84. 1. 214; Crim. cass. 22 déc. 1883, aff. Formon, D. P. 84. 2. 258).

61. Lorsqu'un enfant quitte l'école, soit pour recevoir l'instruction dans sa famille, soit pour entrer dans un autre établissement, l'art. 9 de la loi du 28 mars 1882 impose aux personnes responsables l'obligation d'en donner immédiatement avis au maire et d'indiquer de quelle façon l'enfant recevra l'instruction à l'avenir. L'infraction aux prescriptions de l'art. 9 est punie de l'inscription, pendant quinze jours ou un mois, à la porte de la mairie, des nom, prénoms et qualité de la personne responsable, avec indication du fait relevé contre elle. — On s'est demandé si le renvoi d'un enfant de l'école publique crée pour le père, qui n'a d'autre ressource que de le placer dans une école libre, la même obligation que le déplacement volontaire. En tout cas, il est incontestable que le père de famille qui n'a placé son enfant dans une école libre qu'au moment où il a l'assurance que l'instituteur ne voulait plus le conserver à l'école communale et qui a fait immédiatement la déclaration régulière de ce changement d'école, a satisfait à toutes les prescriptions de la loi (Crim. rej. 15 nov. 1884, aff. Dubouchet, D. P. 86. 1. 141).

62. Les parents ou personnes responsables sont également tenus, lorsqu'un enfant manque momentanément l'école, de faire connaître au directeur ou à la directrice les motifs de son absence. L'art. 10 qui impose cette obligation aux parents astreint, en outre, les directeurs et directrices à tenir un registre d'appel constatant, pour chaque classe, l'absence des élèves inscrits, et à adresser, à la fin de chaque mois, au maire et à l'inspecteur primaire, un extrait de ce registre, avec l'indication du nombre des absences et des motifs indiqués. L'infraction à ces prescriptions de la part des personnes responsables est punie des peines édictées par les art. 12, 13 et 14 (V. *infrà*, n°s 66 et suiv.).

63. Les directeurs et directrices d'écoles privées qui ne se conforment pas à ces prescriptions doivent, aux termes de l'art. 11, sur le rapport de la commission scolaire et de l'inspecteur primaire, être déférés au conseil départemental qui peut prononcer les peines suivantes : 1° l'avertissement; 2° la censure; 3° la suspension, pour un mois au plus, et en cas de récidive dans l'année scolaire, pour trois mois au plus. La peine de la suspension, que l'art. 30 de la loi du 15 mars 1850, avait édictée contre les instituteurs libres, n'a pas été maintenue par la loi du 30 oct. 1886, qui a abrogé l'art. 30 de la loi de 1850 et substitué l'interdiction temporaire à la suspension. Cette modification paraît devoir entraîner celle de l'art. 11 de la loi du 28 mars 1882; car on ne comprendrait guère que la peine de la suspension eût été maintenue, pour un cas unique, contre les instituteurs privés : il est, dans tous les cas, bien certain que l'interdiction à temps, si elle doit être substituée à la suspension dans l'art. 11, ne pourra être prononcée pour une durée supérieure à celle que cet article assignait à la suspension. Le Sénat avait étendu les dispositions de l'art. 11 aux instituteurs publics; mais cette addition a été repoussée par la Chambre des députés, par le motif que l'instituteur public était responsable devant ses supérieurs auxquels les lois avaient donné des moyens d'action suffisants (D. P. 82. 4. 73, note 2).

64. Les motifs d'absence doivent être soumis à la commission scolaire. L'art. 10 distingue deux sortes d'excuses ; d'après cet article, les seuls motifs réputés légitimes sont les suivants : maladie de l'enfant, décès d'un membre de la famille, empêchements résultant de la difficulté accidentelle des communications. Les autres circonstances exceptionnellement invoquées doivent être également appréciées par la commission. Le rapporteur de la loi a déclaré au Sénat, en réponse à M. de Gavardie, que la commission scolaire a tout pouvoir pour recevoir les explications des pères de famille et les déclarer excusables (V. conf. Détourbet, *La Loi sur l'enseignement primaire*, n°s 268, 275 et suiv.). Mais la jurisprudence a repoussé cette interprétation, qui laissait aux commissions scolaires l'appréciation souveraine des excuses présentées par les pères de famille, et elle ne considère comme admissibles que les excuses tirées de circonstances de fait analogues à celles qu'énumère l'art. 10 (Cons. d'Ét. 15 mars 1883, aff. Deynes, D. P. 84. 3. 41). Il a été, notamment, décidé qu'une commission scolaire commet un excès de pouvoir lorsqu'elle accueille une excuse tirée de la nature de l'enseignement et des manuels employés à l'école (Même arrêt).

65. Lorsqu'un enfant s'est absenté de l'école quatre fois dans le mois, pendant au moins une demi-journée, sans justification admise par la commission scolaire, le père, le tuteur, ou la personne responsable doit être invité, au moins trois jours à l'avance, à comparaître dans la salle des actes de la mairie, devant ladite commission, qui lui rappelle le texte de la loi et lui explique son devoir (art. 12). La délibération serait nulle si la personne responsable n'avait pas été régulièrement appelée à comparaître, ou, dans le cas où la délibération aurait été prise en deux séances, si elle n'avait pas été appelée à la seconde (Crim. rej. 15 nov. 1884, aff. Goubaux, D. P. 86. 1. 141). La comparution doit être personnelle ; le Sénat a repoussé une disposition additionnelle proposée par M. Batbie et portant que les pères, mères ou tuteurs pouvaient se faire assister ou représenter par des mandataires devant les commissions scolaires ; et l'art. 157 du décret du 18 janv. 1887 interdit formellement aux personnes citées devant ces commissions de se faire assister ou représenter par mandataires. Lorsqu'elles sont empêchées de comparaître, elles peuvent présenter par écrit leurs explications ou solliciter la remise de l'affaire à une autre séance. — Aux termes de l'art. 60 de la loi du 30 oct. 1886, les séances des commissions scolaires ne sont pas publiques. Ces commissions ne peuvent se constituer et prendre des délibérations valables qu'autant que la majorité des membres qui les composent a pris part aux délibérations (Trib. Bonneville, 28 juin 1883, aff. Clerc, D. P. 84. 3. 7, et Crim. rej. 21 déc. 1883, aff. Formon, D. P. 84. 1. 258. V. conf. Détourbet, *op. cit.*, n° 257).

66. Lorsque le père de famille satisfait à la citation qui l'appelle devant la commission scolaire, il n'est passible, pour la première infraction de son enfant au devoir scolaire, que de la peine de l'avertissement (Crim. rej. 15 nov. 1884, aff. Dubouchet, D. P. 86. 1. 141), la commission scolaire a d'ailleurs le droit, ainsi qu'on l'a vu *suprà* n° 64, d'apprécier si les absences de l'enfant sont justifiées soit par les motifs expressément visés dans l'art. 10, soit par des circonstances de fait analogues. Si le père de famille ne comparaît pas, sans justification admise, la commission, aux termes de l'art. 12, ordonne l'inscription pendant quinze jours ou un mois, à la porte de la mairie, des nom, prénoms et qualités de la personne responsable, avec indication du fait relevé contre elle (Crim. rej. 4 août 1883, aff. De Salaberry, D. P. 84. 1. 41 ; 15 nov. 1884, aff. Goubaux, D. P. 86. 1. 141).

67. D'après l'art. 13, la même peine est prononcée en cas de récidive dans les douze mois qui suivent la première infraction. On s'est demandé si, dans le cas de récidive comme dans le cas d'une première infraction, la commission scolaire doit, à peine de nullité, appeler devant elle le contrevenant pour l'entendre dans ses explications. On a soutenu que, même en l'absence d'un texte formel, il y avait lieu d'appliquer cette règle générale qu'aucun contrevenant ne peut être frappé d'une mesure répressive quelconque, pénale ou disciplinaire, sans avoir été préalablement appelé et entendu dans ses moyens de défense (V. en ce sens Dijon, 28 févr. 1883, aff. Noché d'Aulnay, D. P. 84. 3. 30; Détourbet, *op. cit.*, n°s 316, 321 et suiv., 328). Toutefois cette interprétation a été repoussée par la cour de cassation par le motif que les commissions scolaires sont non des juridictions, mais de simples corps administratifs, et que les mesures qu'elles prescrivent sont moins des peines que des mises en demeure qui doivent précéder la répression judiciaire (Crim. rej. 14 déc. 1883, aff. Noché d'Aulnay, D. P. 84. 1. 214).

68. Les décisions des commissions scolaires peuvent, aux termes de l'art. 59 de la loi du 30 oct. 1886, être frappées d'appel dans le délai de dix jours par l'inspecteur primaire, les parents ou les personnes responsables, devant le conseil départemental statuant en dernier ressort. Cet appel est formé par simple lettre. Si l'appel émane des parents, la lettre doit être adressée au préfet, au maire de la commune et à l'inspecteur primaire de la circonscription ; si l'appelant est l'inspecteur primaire, il adresse une lettre au président du conseil départemental, une autre au maire de la commune, une troisième aux personnes responsables (art. 156 du décret du 18 janv. 1887).

69. Antérieurement à la loi du 30 oct. 1886, le conseil d'État avait décidé, en se fondant sur le caractère administratif des commissions scolaires, que les décisions de ces commissions pouvaient lui être déférées pour excès de pouvoir, alors même qu'elles se rattachaient au pouvoir de juridiction dont ces commissions sont investies, et qu'il appartenait au ministre de l'instruction publique d'en poursuivre l'annulation (Cons. d'Ét. 16 mars 1883, aff. Commission scolaire de Lavaur, D. P. 84. 3. 41). Aujourd'hui que ces décisions sont susceptibles d'appel, ces solutions ne seraient plus applicables. Mais le recours pour excès de pouvoir serait certainement recevable contre les décisions des conseils départementaux.

70. Les séances des conseils départementaux, comme celles des commissions scolaires, ne sont pas publiques (L. 30 oct. 1886, art. 60). Mais, à la différence de ce qui se passe devant les commissions scolaires, les pères, mères, tuteurs ou tutrices peuvent se faire assister ou représenter devant les conseils départementaux (art. 59).

71. Lorsque la récidive prévue par l'art. 13 de la loi du 28 mars 1882 est suivie d'une récidive nouvelle dans les douze mois, l'infraction est considérée, aux termes de l'art. 14, comme une contravention de la compétence du juge de paix. On s'est demandé si cette disposition, qui rend les contrevenants passibles des peines de police à raison d'une *nouvelle récidive*, est applicable à ceux qui ont encouru la peine de l'affichage non pour une récidive, mais pour une première infraction, en vertu des art. 9 et 12, c'est-à-dire dans le cas où les personnes responsables n'ont pas donné avis du changement d'école de l'enfant et dans le cas où elles n'ont pas comparu devant la commission scolaire. Bien que l'art. 14 ne prévoie expressément que le cas de nouvelle récidive, la cour de cassation décide que cet article est applicable à tous les contrevenants contre lesquels a été prononcée la peine de l'affichage. Elle considère que celui qui refuse de comparaître devant la commission scolaire doit être assimilé de tout point à celui qui après avoir comparu commet une nouvelle infraction; et qu'en conséquence, dès qu'il a encouru une seule condamnation à l'affichage, il devient justiciable du tribunal de simple police (Crim. rej. 4 août 1883, aff. De Salaberry, D. P. 84. 1. 41. V. cette affaire dans les conclusions de M. le procureur général Barbier. D. P. *ibid.* Comp. Crim. rej. 15 nov. 1884, aff. Goubaux, D. P. 86. 1. 141).

72. L'existence d'une première condamnation à l'affichage est la condition nécessaire de la poursuite du contrevenant au devoir scolaire devant le tribunal de simple police. Il faut donc avant tout que cette condamnation ait été régulièrement prononcée ; et la mesure de l'affichage indûment appliquée ne pourrait, lors d'une nouvelle infraction, servir de base à la poursuite devant le tribunal (Crim. rej. 15 nov. 1884, aff. Dubouchet, D. P. 86. 1. 141). Il faut, en outre, que la condamnation à l'affichage, bien qu'elle n'ait pas besoin d'être signifiée à celui qui en est l'objet, soit portée du moins à sa connaissance personnelle (Crim. rej. 15 nov. 1884, aff. Gaitte et Prête, D. P. 86. 1. 141). Les faits dont cette connaissance peut résulter sont, d'ailleurs, abandonnés à l'appréciation du juge du fait dont les déclarations à cet égard sont souveraines; et, dans le silence de la loi, on ne saurait attacher le caractère d'une présomption légale à l'affichage opéré même à la porte de la mairie (Mêmes arrêts).

73. Lorsqu'un père de famille a encouru une première condamnation à l'amende, à raison d'infractions au devoir scolaire, toutes les infractions de même nature relevées contre lui dans les douze mois qui suivent cette condamnation ont le caractère de contraventions passibles des peines de simple police ; elles ne rentrent pas dans la catégorie de celles qui relèvent de la commission scolaire et des seules sanctions qu'elle prononce (Crim. cass. 21 déc. 1883, aff. Basselet-Gâteaux, D. P. 84. 1. 258). On comprendrait, en effet, difficilement que le législateur, au lieu d'aggraver la répression dans le cas de persistance dans la désobéissance à la loi, eût adouci cette répression et eût fait succéder un simple avertissement aux peines de simple police dont le contrevenant a déjà été frappé. Mais, si la loi aggrave la répression à raison de la persistance dans sa désobéissance, il en résulte que la peine réservée à la récidive ne peut être attachée à des faits antérieurs à une première condamnation. Les dispositions de l'art. 14 ne sont donc pas applicables lorsque l'infraction poursuivie après une condamnation prononcée par le tribunal de simple police est antérieure à cette condamnation (Crim. rej. 15 déc. 1883, aff. Lebreton, D. P. 84. 1. 216).

Dans le cas de récidive prévu par l'art. 14, le juge de paix est saisi par la commission scolaire ou à, son défaut, par l'inspecteur primaire. Mais la commission scolaire n'est pas tenue d'appeler devant elle le contrevenant avant de décider qu'il sera traduit devant le tribunal de simple police, à raison d'une troisième infraction (Crim. rej. 14 déc. 1883, aff. Noché d'Aulnay, D. P. 84. 1. 214).

74. Le tribunal a le droit et le devoir de vérifier si la commission scolaire qui a statué était régulièrement constituée et si, par suite, les décisions qu'elle a prises peuvent servir de bases aux poursuites dont il est saisi (Trib. Bonneville, 28 juin 1883, aff. Clerc, D. P. 84. 3. 7 ; Crim. rej. 3 août 1883, aff. Cauly, D. P. 84. 1. 44, 21 déc. 1883, aff. Formon, D. P. 84. 1. 258 ; 15 nov. 1884, aff. Goubaux, D. P. 86. 1. 141). Il lui appartient également d'apprécier les motifs qui ont empêché l'enfant de fréquenter l'école ; mais, ainsi que nous l'avons dit *suprà* n° 64, la jurisprudence ne reconnaît pas au juge un pouvoir souverain d'appréciation et ne semble considérer comme admissibles que des excuses tirées de circonstances de fait analogues à celles qu'a expressément prévues l'art. 10 (Crim. rej. 15 déc. 1883, aff. Martineng, D. P. 84. 1. 213). Il a été décidé, spécialement que l'autorité judiciaire, au contrôle de laquelle échappent les méthodes d'enseignement, ne pourrait considérer comme une excuse légale l'emploi, dans une école publique, de manuels qui violeraient la neutralité de l'enseignement au point de vue confessionnel (Même arrêt).

75. Les peines que peut entraîner l'infraction prévue par l'art. 14 de la loi de 1882 sont les peines de police édictées par les art. 479, 480 et suiv. c. pén., c'est-à-dire une amende de 11 à 15 francs et un emprisonnement qui peut aller jusqu'à cinq jours. Le second paragraphe de l'art. 14 rend applicable à l'infraction qu'il prévoit l'art. 463 c. pén.

76. L'art. 15 de la loi du 28 mars 1882 prévoit certaines dispenses de fréquentation scolaire, qui peuvent être accordées par la commission scolaire (V. *suprà*, n° 53). Les enfants qui demeurent chez leurs parents ou tuteurs peuvent obtenir, sur la demande motivée de ceux-ci, des dispenses pour un temps qui ne saurait dépasser trois mois par année en dehors des vacances. Lorsque ces dispenses excèdent quinze jours, elles doivent être soumises à l'approbation de l'inspecteur primaire. Mais ces dispositions ne sont pas applicables aux enfants qui suivent leurs parents ou tuteurs, lorsque ces derniers s'absentent temporairement de la commune ; et il a été décidé que, dans cette dernière hypothèse, les enfants sont également dispensés de l'obligation scolaire (Crim. rej. 20 déc. 1883, aff. D'Orléans, D. P. 84. 1. 257). Il en est ainsi spécialement lorsqu'un père de famille a l'habitude de quitter tous les hivers la commune où il habite pendant le reste de l'année, et qu'il en donne régulièrement avis à l'autorité municipale. On ne saurait lui objecter que la durée de son séjour d'hiver dans un autre lieu lui imposait l'obligation de s'y soumettre aux prescriptions de la loi. Ce ne serait que devant la commission scolaire et le juge de paix de ce dernier lieu que pourrait être poursuivie cette infraction, si elle existait (Même arrêt).

77. La commission scolaire peut également, avec l'approbation du conseil départemental, dispenser d'une des deux classes de la journée les enfants employés dans l'industrie et arrivés à l'âge de l'apprentissage, et ceux qui sont employés, hors de leur famille, dans l'agriculture. — Enfin, en dehors de ces cas, prévus par l'art. 15, le ministre de l'instruction publique a décidé que des dispenses de fréquentation scolaire d'une durée de trois mois en dehors des vacances seraient accordées, par mesure générale, à tous les mousses de douze à treize ans portés sur les matricules de l'inscription maritime, qui justifieraient, au moyen d'un certificat du commissaire de l'inscription maritime, de leur embarquement sur un navire ou un bateau affecté à la navigation ou à la pêche maritime (Circ. min. instr. publ. 26 févr. 1883, *Rec. circ. instr. publ.*, t. 9, p. 186).

78. On a vu, *suprà*, n° 48, que la loi laisse aux parents et tuteurs la faculté de donner aux enfants confiés à leur garde l'éducation dans la famille, à la condition d'en faire la déclaration au maire. Les enfants qui reçoivent l'éducation dans ces conditions doivent, aux termes de l'art. 16, chaque année à partir de la fin de la deuxième année d'instruction obligatoire, subir un examen qui portera sur les matières de l'enseignement correspondant à leur âge dans les écoles publiques, dans des formes et suivant des programmes qui seront déterminés par arrêtés ministériels résolus en conseil supérieur. Ces conditions d'examen ont été fixées par les art. 263 à 270 de l'arrêté organique du 18 janv. 1887 (*Code des lois politiques et administr.*, v° *Enseignement*, p. 668, note 1). Le jury d'examen est composé de l'inspecteur primaire ou son délégué président, d'un délégué cantonal, d'une personne munie d'un diplôme universitaire, ou d'un brevet de capacité. Pour l'examen des filles, la personne brevetée doit être une femme. Les épreuves sont écrites, ce n'est que dans le cas d'insuffisance des épreuves écrites qu'il y a lieu à épreuves orales ; les épreuves écrites peuvent consister uniquement dans la production des cahiers de l'enfant avec une attestation d'authenticité par le père de famille (Arrêté du 18 juin 1887, art. 267 et 268). Si l'examen est insuffisant et qu'aucune excuse ne soit admise par le jury, les parents sont mis en demeure d'envoyer leur enfant dans une école publique ou privée dans la huitaine de la notification, et de faire savoir au maire quelle école ils ont choisie. En cas de non-déclaration, l'inscription a lieu d'office conformément à l'art. 8 (V. *suprà*, n° 56).

79. L'art. 17 porte que la caisse des écoles, instituée par l'art. 15 de la loi du 10 avr. 1867 (D. P. 67. 4. 40), sera établie dans toutes les communes. Aux termes du même article, la répartition des secours se fera par les soins de la commission scolaire (V. sur la caisse des écoles, *Code des lois politiques et administratives*, v° *Enseignement*, n°s 3900 et suiv.).

80. — VI. Autorités préposées a la surveillance de l'enseignement primaire. — 1° *Autorités locales.* — Sous l'empire de la loi du 15 mars 1850, les autorités locales préposées à la surveillance et à la direction morale de l'enseignement primaire étaient les *maires*, les *ministres des différents cultes*, les *délégués cantonaux ou communaux.* — Les dispositions des art. 18 et 44 de la loi du 15 mars 1850, rapportées au *Rép.* n° 151, qui conféraient aux ministres des différents cultes un droit d'inspection sur les écoles, ont été abrogées par l'art. 3 de la loi du 28 mars 1882.

81. Les *maires* continuent à figurer parmi les personnes appelées à exercer l'inspection des établissements d'instruction primaire publics et privés. Leurs attributions, au point de vue de l'obligation scolaire, ont été indiquées précédemment. Le maire est, comme on l'a vu *suprà* n° 52, président de la commission scolaire. Il exerce, sur les établissements d'instruction primaire publics et privés, une inspection dont le caractère est assimilé à celui de l'inspection confiée aux délégués cantonaux (V. *infrà*, n° 84). Il reçoit les déclarations d'ouverture des écoles privées, des pensionnats primaires (L. 30 oct. 1886, art. 15 et 37). Il peut faire opposition à l'ouverture d'une école privée (V. *infrà*, n° 169).

82. L'institution de *délégués cantonaux* chargés de surveiller les écoles publiques et libres du canton est une création de la loi de 1850 (*Rép.* n° 152). La loi du 30 oct. 1886 a maintenu cette institution, mais elle a supprimé les *délégués communaux* que l'art. 44 de la loi de 1850 avait créés dans les communes de 2000 âmes et au-dessus. — Aux termes de l'art. 52 de la loi du 30 oct. 1886, qui reproduit l'art. 42 de la loi du 15 mars 1850, le conseil départemental désigne un ou plusieurs délégués résidant dans chaque canton pour surveiller les écoles publiques et privées du canton, et il détermine les écoles particulièrement soumises à la surveillance de chacun d'eux. Ils sont nommés pour trois ans, rééligibles et toujours révocables. Pouvant être toujours remplacés dans leurs fonctions par le conseil départemental, ils ne sont pas recevables à déférer au conseil d'Etat pour excès de pouvoirs, une délibération qui a désigné leurs successeurs, quels que soient les motifs à raison desquels il a été procédé à cette désignation (Cons. d'Et. 28 nov. 1879 et 12 mars 1880, aff. De Laage et Moulins, D. P. 80. 3. 51). Leurs fonctions sont essentiellement gratuites (Circ. min. instr. publ. 28 oct. 1874, *Rec. circ. instr. publ.*, t. 7, p. 438).

83. La mission des délégués cantonaux s'accomplit, ainsi qu'on l'a dit au *Rép.*, n° 153, au moyen d'une action *individuelle* et d'une action *collective*. Individuellement, les délégués inspectent les écoles publiques et les écoles privées. Aux termes de l'art. 40, § 1, du décret du 18 janv. 1887, cette inspection doit porter, dans les écoles publiques, sur l'état des locaux et du matériel, sur l'hygiène et sur la tenue des élèves, et ne peut jamais porter sur l'enseignement. Ainsi que le dit une circulaire ministérielle du 25 mai 1887 (*Circ. min. instr. publ.*, t. 10, p. 99), « le délégué cantonal n'est pas l'inspecteur de l'enseignement primaire ; on pourrait plutôt l'appeler l'inspecteur de l'éducation ». En ce qui concerne les écoles privées, la surveillance des délégués cantonaux s'exerce conformément à l'art. 9 de la loi du 30 oct. 1886 (V. *suprà*, n° 43).

84. Les délégués exercent leur action collective, ainsi qu'on l'a vu au *Rép.* n° 155, en se réunissant au moins tous les trois mois au chef-lieu de canton pour convenir des avis à transmettre au conseil départemental. Ils désignent leur président, et, en l'absence de toute disposition légale déterminant la durée des fonctions du président ainsi choisi, ils peuvent désigner, à chacune de leurs réunions, un président autre que celui qu'ils avaient choisi à la réunion précédente (Cons. d'Et. 28 juin 1878, aff. Poupet, D. P. 79. 3. 20). Aux termes de l'art. 129 du décret du 18 janv. 1887, l'inspecteur primaire assiste avec voix délibérative à ces réunions. A Paris, les délégués, nommés pour chaque arrondissement par le conseil départemental, se réunissent une fois au moins tous les mois, sous la présidence du maire ou d'un des adjoints qu'il désigne (L. 30 oct. 1886, art. 53).

Les délégués peuvent être consultés, aux termes de l'art. 139 du décret du 18 janv. 1887 : 1° sur la convenance des locaux que les communes sont obligées de fournir pour la tenue des écoles publiques ; — 2° Sur la fixation du nombre des écoles à établir dans les communes et sur l'opportunité de la création d'écoles de hameau ; — 3° Sur les demandes de création d'emplois d'instituteur adjoint et d'institutrice adjointe. Leur avis est obligatoire, aux termes de l'art. 4 du décret du 7 avr. 1887 (*Code des lois politiques et administratives*, v° *Enseignement*, p. 526), lorsque le conseil municipal a repoussé la création d'une école proposée par l'Administration, ou n'a pas délibéré dans le mois, et que le préfet veut saisir le conseil départemental.

85. Conformément à ce qui a été dit au *Rép.* n° 156, chaque délégué cantonal correspond directement tant avec le conseil départemental, auquel il doit adresser ses rapports, qu'avec les autorités locales, pour tout ce qui regarde l'état et les besoins de l'enseignement primaire dans sa circonscription. D'après l'art. 138 du décret du 18 janv. 1887, il doit communiquer aux inspecteurs de l'instruction primaire tous les renseignements utiles qu'il a pu recueillir. Il peut, lorsqu'il n'est pas membre du conseil départemental, assister à ses séances avec voix consultative pour les affaires intéressant les écoles de sa circonscription.

86. — 2° *Autorités académiques.* — On a vu (*Rép.* n° 158) que ces autorités étaient, sous l'empire de la loi du 15 mars 1850, les inspecteurs de l'instruction primaire, les inspecteurs d'académie, les conseils départementaux et les recteurs. Nous examinerons successivement les attributions que chacune de ces autorités tient de la législation actuelle, et celles qui ont été conférées à divers autres fonctionnaires.

87. — A. *Inspecteurs de l'instruction primaire.* — Ces inspecteurs sont, comme sous la législation antérieure (*Rép.* n° 159), nommés par le ministre de l'instruction publique. Nul ne peut être nommé s'il n'est pourvu du certificat d'aptitude à l'inspection (Décr. 18 janv. 1887, art. 125). Aux termes de l'art. 22, § 3, de la loi du 19 juill. 1889, des inspectrices primaires peuvent être nommées dans les mêmes conditions et les mêmes formes que les inspecteurs. Un certificat spécial a été institué par l'art. 106 du décret précité pour les aspirantes aux fonctions d'*inspectrices de l'instruction primaire*. Les inspecteurs et inspectrices sont répartis en cinq classes : la classe est attachée à la personne et non à la résidence (L. 19 juill. 1889, n°s 3278 et suiv.).

88. L'art. 129 du décret du 18 janv. 1875 et l'art 236 de l'arrêté ministériel du même jour énumèrent les attributions des inspecteurs. Ils inspectent les écoles primaires, publiques et privées de leur circonscription. Ils assistent avec voix délibérative aux réunions des délégués cantonaux. Ils font parti de droit de toutes les commissions scolaires de leur circonscription et veillent à l'exécution de la loi du 28 mars 1882. Ils président les conférences cantonales d'instituteurs et les commissions d'examen chargées de délivrer le certificat d'études primaires. Ils instruisent toutes les affaires relatives à la création ou à la construction des écoles publiques, à l'ouverture des écoles privées, des classes d'adultes ou d'apprentis, à l'établissement des caisses des écoles, aux demandes formées par les instituteurs publics et aux déclarations faites par les instituteurs privés à l'effet d'ouvrir un pensionnat primaire. Ils donnent leur avis sur la nomination et l'avancement des instituteurs et des institutrices des écoles publiques, les récompenses à accorder ou les peines disciplinaires qu'il y a lieu d'infliger au personnel enseignant.

Le rôle des inspectrices n'est pas absolument identique à celui des inspecteurs. L'art. 3 du décret du 17 janv. 1891 (*Code des lois politiques et administr.*, v° *Enseignement*, p. 517, note 2) détermine leurs attributions et laisse en dehors de leur action les questions contentieuses et administratives ayant trait soit à l'ouverture des écoles privées, soit aux créations d'écoles, soit aux constructions et réparations d'immeubles scolaires et, en général, aux relations de l'administration universitaire avec les municipalités.

89. Les inspecteurs primaires sont, d'après l'art. 128 du décret du 18 janv. 1887, placés sont l'autorité immédiate de l'inspecteur d'académie, et ne reçoivent d'instructions que de lui ou du recteur, des inspecteurs généraux et du ministre. On a vu au *Rép.* n° 162 qu'une circulaire du 31 oct. 1854, tout en établissant que les inspecteurs ne devaient correspondre avec le préfet que par l'intermédiaire de l'inspecteur d'académie, les autorisait à donner directement aux sous-préfets de leurs arrondissements respectifs les renseignements nécessités par les exigences du service. Toutefois, d'après une circulaire plus récente, les sous-préfets n'ont aucune qualité pour demander aux inspecteurs primaires des rapports écrits, et ce n'est que dans le cas de nécessité exceptionnelle que ces derniers doivent leur donner verbalement leur avis sur des questions purement scolaires (Circ. min. inst. publ. 26 mai 1876, *Code des lois politiques et administratives*, v° *Enseignement*, n° 858).

90. Aux termes de l'art. 10 de la loi du 30 oct. 1886 et de l'art. 130 du décret du 18 janv. 1887, des arrêtés ministériels déterminent la résidence des inspecteurs primaires, ainsi que le nombre et l'étendue des circonscriptions d'inspection primaire dans chaque département.

91. — B. *Inspecteur d'académie.* — On a exposé au *Rép.* n° 163 que, d'après l'art. 9 de la loi du 14 juin 1854, l'inspecteur d'académie instruit, sous l'autorité du préfet, les affaires relatives à l'enseignement primaire du département. Une circulaire ministérielle du 26 mai 1876 (V. *suprà*, n° 89) rappelle qu'en donnant au préfet, sous l'autorité du ministre de l'instruction publique, la direction du personnel des instituteurs, le législateur a placé à côté de lui un fonctionnaire de l'université, l'inspecteur d'académie, dont le chef hiérarchique immédiat est le recteur, et que le préfet ne peut exercer les attributions que la loi lui confère à l'égard du personnel enseignant que sur les propositions de l'inspecteur d'académie.

92. — C. *Conseil départemental.* — Nous avons indiqué plus haut (n° 27) la composition des conseils départementaux. Ainsi qu'on l'a vu (*Rép.* n° 164), les attributions de ces conseils s'exercent en matière *administrative*, en matière *contentieuse* et en matière *disciplinaire*.

93. Les attributions *administratives* du conseil départemental sont les suivantes : il détermine le nombre, la nature et le siège des écoles primaires publiques du département et le nombre des maîtres (L. 30 oct. 1886, art. 13); il prescrit, s'il y a lieu, le rattachement d'un ou plusieurs hameaux à l'école d'une commune voisine (art. 11); il autorise la réunion de plusieurs communes pour l'établissement et l'entretien d'une école primaire (art. 11); il donne son avis sur les demandes de subventions pour construction d'écoles; sur la part contributive à la charge des communes qui se sont réunies pour l'entretien d'une école (art. 12); sur les secours et encouragements à accorder aux écoles primaires (art. 48, § 7). Le conseil départemental arrête, par des règlements spéciaux, conformes au plan d'études délibéré en conseil supérieur, l'organisation pédagogique des diverses catégories d'établissements d'enseignement primaire (art. 16). Il veille à l'application des programmes, des méthodes et des règlements édictés par le conseil supérieur (art. 48, § 3). Il donne son avis sur les réformes qu'il juge utile d'introduire dans l'enseignement (art. 48, § 7), sur les demandes adressées par les étrangers à l'effet d'être admis à enseigner en France (art. 4). Il dresse chaque année et complète, s'il y a lieu, au cours de l'année, une liste des instituteurs et institutrices admissibles aux fonctions de titulaires (art. 23 et 27). Il donne son avis sur les dispenses du stage exigé pour ces fonctions (*Ibid.*). Il détermine le nombre des adjoints dans les écoles publiques (art. 24). Il autorise, s'il y a lieu, un instituteur à diriger une école mixte, ou une femme qui n'est pas épouse, sœur ou parente, en ligne directe du directeur de l'école à enseigner dans cette école à titre d'adjointe (art. 6). Il autorise les instituteurs publics à exercer les fonctions de secrétaire de mairie (art. 25). Il émet son avis sur les récompenses (art. 48, § 7). Il autorise, s'il y a lieu, les écoles privées à recevoir des enfants des deux sexes dans les communes qui possèdent une école publique ou privée spéciale aux filles (art. 36). Il désigne les délégués cantonaux (art. 52). Il accorde la dispense de tout ou partie des formalités exigées pour l'ouverture d'un cours privé pour les adultes et pour les apprentis (art. 8). Aux termes de l'art. 48, § 6, le conseil départemental délibère sur les rapports et propositions de l'inspecteur d'académie, des délégués cantonaux, et des commissions municipales scolaires. Le conseil départemental entend et discute tous les ans un rapport général de l'inspecteur d'académie sur l'état et les besoins des écoles publiques et sur l'état des écoles privées ; ce rapport et le procès-verbal de cette discussion sont adressés au ministre de l'instruction publique (art. 48, § 8).

94. En matière *contentieuse*, le conseil départemental statue sur les oppositions à l'ouverture d'écoles privées (art. 39); sur les réclamations relatives aux listes d'instituteurs et d'institutrices publics appelés à prendre part à l'élection des membres électifs du conseil départemental, V. *suprà*, n° 27; sur l'appel des décisions des commissions scolaires, V. *suprà*, n° 68, et sur les contestations concernant l'inscription d'un enfant à une école publique comprenant déjà le nombre maximum d'élèves autorisé par ces règlements, lorsqu'il existe d'autres écoles publiques à proximité du domicile de l'intéressé, V. L. 28 mars 1882, art. 7, § 3.

95. Les attributions du conseil départemental en matière *disciplinaire* seront analysées ailleurs (V. *infrà* sect. 7) suivant l'ordre adopté au *Rép.* n° 167.

96. Aux termes de l'art. 50 de la loi du 30 oct. 1886, le conseil départemental peut déléguer au tiers de ses membres le droit d'entrer dans tous les établissements d'instruction primaire, publics ou privés, du département. Le rôle de ces délégués est assimilé à celui des délégués cantonaux (V. *suprà*, n°s 83 et suiv.). Les instituteurs et institutrices qui font partie du conseil départemental ne peuvent visiter les écoles privées.

97. — D. *Recteurs d'académie.* — Nous avons dit au *Rép.* n° 168 que, dans la sphère de l'instruction primaire, comme dans le domaine de l'instruction secondaire ou supérieure, le recteur d'académie est le magistrat particulier de l'enseignement. L'art. 9 de la loi du 30 oct. 1886 lui reconnaît le droit d'exercer l'inspection des établissements publics ou privés.

98. — E. *Inspecteurs généraux de l'enseignement primaire.* — L'art. 123 du décret du 18 janv. 1887 porte que les inspecteurs généraux de l'enseignement primaire sont nommés par le président de la République sur la proposition du ministre de l'instruction publique et répartis en deux classes. Au commencement de chaque année, le ministre assigne à chacun des inspecteurs généraux les divers départements qu'il devra visiter (Arrêté du 18 janv. 1887, art. 232). Les inspecteurs généraux se réunissent en comité consultatif, sous la présidence du directeur de l'enseignement primaire, pour étudier les questions qui leur sont soumises par le ministre (Décr. 18 janv. 1887, art. 124).

99. — F. *Médecins inspecteurs.* — Une circulaire ministérielle du 14 nov. 1879 (*Rec. circ. instr. publ.*, t. 8, p. 232), avait appelé l'attention des préfets sur l'utilité qu'il y aurait à organiser dans tous les départements un service de médecins inspecteurs des écoles publiques, et indiqué les bases sur lesquelles pourrait être organisé ce service. Cette organisation a été réalisée par l'art. 3 de la loi du 30 oct. 1886, qui porte que l'inspection des établissements d'instruction primaire publics et privés est exercée, au point de vue médical, par les médecins inspecteurs communaux ou départementaux, et par l'art. 141 du décret du 18 janv. 1887, aux termes duquel cette inspection ne doit porter que sur la santé des enfants, la salubrité des locaux et l'observation des règles de l'hygiène scolaire.

ART. 2. — *Des obligations imposées aux communes* (*Rép.* n°s 169 à 193).

100. Aux termes de l'art. 11 de la loi du 30 oct. 1886, toute commune doit être pourvue au moins d'une école primaire publique. Toutefois, comme sous la législation antérieure (*Rép.* n° 185), le conseil départemental peut, sous réserve de l'approbation du ministre, autoriser une commune à se réunir à une ou plusieurs communes voisines, pour l'établissement et l'entretien d'une école. Mais l'art. 22 du décret du 7 avr. 1887 (*Code des lois politiques et administr.*, v° *Enseignement*, p. 526), qui consacre une jurisprudence antérieure du conseil d'État rappelée au *Rép.* n° 19, porte que cette réunion ne pourra être autorisée que si toutes les communes intéressées y consentent. Les paragraphes 2 et 3 de l'art. 11 de la loi du 30 oct. 1886 permettent de rattacher un ou plusieurs hameaux dépendant d'une commune à l'école d'une commune voisine, en vertu des délibérations des communes intéressées et, en cas de divergence, en vertu d'une décision du conseil départemental.

101. Nous avons rapporté au *Rép.* n° 175 la disposition de l'art. 1er de la loi du 10 avr. 1867, aux termes de laquelle toute commune de 500 habitants et au-dessus est tenue d'avoir au moins une école publique de filles, si elle n'en est pas dispensée par le conseil départemental. Cette disposition est reproduite par l'art. 11, § 4, de la loi du 30 oct. 1886; elle ne modifie la législation antérieure que pour les communes autorisées à se réunir. Lorsqu'une réunion de communes compte au moins 500 habitants, elle est tenue d'avoir une école de filles, et elle participe aux subventions de l'Etat au même titre que l'école de filles d'une commune qui a isolément cet effectif de population (Circ. min. 8 déc. 1886, *Rec. circ. instr. publ.*, t. 10, p. 39).

Les écoles de filles qui existaient dans les communes de 400 à 500 habitants, antérieurement à la loi du 30 oct. 1886, sont mises, par l'art. 15 de cette loi, au nombre des écoles primaires donnant lieu à une dépense obligatoire. Quant à celles qui ont été créées par les communes depuis le 30 oct. 1886, elles ne sauraient, dans tous les cas, que constituer une dépense facultative à la charge exclusive du budget municipal. Les écoles de filles établies dans les communes de moins de 400 habitants ne peuvent jamais donner lieu à une dépense obligatoire; dès lors, leur entretien est une charge exclusivement communale: toutefois l'Etat contribue au traitement des institutrices de ces petites localités, par des allocations éventuelles, dans les limites du crédit spécial voté par le Parlement. V. Circ. min. instr. publ. du 8 déc. 1886 et du 15 juill. 1887, *Code des lois politiques et administratives*, v° *Enseignement*, n°s 953 et suiv.

102. L'art. 2 de la loi de 1867 laissait au conseil départemental le soin de déterminer, sur l'avis du conseil municipal et sous l'approbation du ministre de l'instruction publique, les cas où, à raison des circonstances, il pourrait être établi une ou plusieurs écoles de hameau dirigées par des adjoints ou adjointes (*Rép.* n° 169). L'art. 8 de la loi du 20 mars 1883 rend la création de ces écoles de hameaux obligatoires toutes les fois que les hameaux ou centres de population sont éloignés du chef-lieu ou distants les uns des autres de 3 kilomètres et réunissent un effectif d'au moins vingt enfants d'âge scolaire. D'après un avis du conseil d'Etat du 27 juin 1888 (*Bull. min. int.* 1888, p. 259), on doit concilier avec cette disposition celle de l'art. 11, § 4, de la loi du 30 oct. 1886 qui impose à toute commune de 500 habitants et au-dessus l'obligation d'avoir une école de filles (V. *suprà*, n° 101); et il appartient au conseil départemental de décider laquelle de ces deux prescriptions doit recevoir son exécution, lorsque leur application simultanée dans une commune n'est pas réclamée par les besoins scolaires.

103. On s'est demandé ce qu'on doit entendre par *école de hameau* : il résulte des débats parlementaires que le législateur n'a eu en vue que des groupes ruraux d'habitations isolés et éloignés de tous les autres, et qu'on ne saurait étendre cette désignation à toutes les écoles de la commune sauf une seule réputée école de chef-lieu (Circ. min. instr. publ. 27 mai 1888, *Rec. circ. instr. publ.*, t. 10, p. 282). Les écoles situées dans des sections de commune, et qui ne remplissent pas la double condition exigée par l'art. 8 de la loi du 20 mars 1883, ne sont pas des écoles de hameau au sens légal, mais des écoles élémentaires ordinaires créées en vertu du droit qu'a le conseil départemental de fixer, sous réserve de l'approbation ministérielle, le nombre, la nature et le siège des écoles de chaque commune (Circ. min. instr. publ. 8 févr. 1888, *Rec. circ. instr. publ.*, t. 10, p. 237).

104. L'art. 12 de la loi du 30 oct. 1886 permet à plusieurs communes de se réunir pour la construction et l'entretien d'écoles de hameau, en suivant la procédure indiquée par l'art. 11 (V. *suprà*, n° 100). Aux termes du même article, la circonscription des écoles de hameau peut s'étendre sur plusieurs communes. Mais cette extension ne peut être autorisée que si l'une des communes au moins y consent (Décr. 7 avr. 1887, art. 22).

105. De même que l'art. 2 de la loi du 10 avr. 1867, rapporté au *Rép.* n° 169, l'art. 13, § 1er, de la loi du 30 oct. 1886 porte que le conseil départemental, après avoir pris l'avis des conseils municipaux, détermine, sous réserve de l'approbation du ministre, le nombre, la nature et le siège des écoles primaires publiques de tout degré qu'il y a lieu d'établir ou de maintenir dans chaque commune, ainsi que le nombre des maîtres qui y sont attachés. Aucune loi ne fixe la proportion à établir entre le nombre des écoles et celui des élèves appelés à les fréquenter (Cons. d'Et. 17 mars 1876, *Rec. Cons. d'État*, p. 283).

Le pouvoir attribué au conseil départemental d'apprécier les besoins scolaires des communes, et de fixer en conséquence le nombre des écoles publiques à établir dans chacune d'elles, ne l'autorise pas à interdire le maintien d'écoles dans les locaux qu'elles occupent et d'en prononcer la suppression par le motif que ces locaux présenteraient des inconvénients pour la santé des enfants: la délibération qu'il prendrait en ce sens devrait être annulée pour excès de pouvoir (Cons. d'Et. 29 juill. 1887, aff. Commune de Doué, D. P. 88. 3. 114).

106. L'avis préalable du conseil municipal est, comme on l'a dit au *Rép.* n° 169, une formalité substantielle; et le conseil départemental ne peut délibérer sur la création d'une nouvelle école communale que sur le vu de la délibération du conseil municipal prise à cet effet (Cons. d'Et. 29 déc. 1876, aff. Commune de Beauvoisin, D. P. 77. 3. 38);... sans qu'il soit tenu d'ailleurs de se conformer à l'avis de ce conseil (Cons. d'Et. 28 mars 1873, aff. Ville de Lyon, D. P. 74. 3. 26; 24 avr. 1874, aff. Ville d'Alençon, D. P. 74. 3. 99). Mais dès qu'il est établi que cet avis a été soumis au conseil départemental, l'omission du visa dudit avis ne saurait entraîner la nullité de la délibération (Arrêt précité du 29 déc. 1876).

107. La décision du conseil départemental doit être approuvée par le ministre de l'instruction publique. A défaut de cette approbation, la décision qui supprime une école publique légalement instituée ou qui ordonne le transfèrement d'une école d'un hameau dans un autre est sans force légale (Cons. d'Et. 7 févr. 1879, aff. Damiette, D. P. 79. 3. 60, et 10 mai 1889, aff. Commune d'Anglès, D. P. 90. 3. 86). Mais lorsqu'une décision du conseil départemental a été revêtue de l'approbation ministérielle, elle est obligatoire et ne peut être rapportée ou modifiée que par une nouvelle délibération également approuvée par le ministre (Req. 21 mars 1876, aff. Ville de Nantes, D. P. 77. 1. 502).

En pareille matière, le ministre de l'instruction publique est investi, par voie de délégation législative, d'un droit qui lui appartient en propre et ne peut être exercé que par lui (Civ. rej. 17 juin 1890, aff. Flavigny, D. P. 90. 1. 297). L'approbation exigée par la loi pour l'établissement d'une école publique ne pourrait donc s'induire d'un acte qui n'émanerait pas directement du ministre de l'instruction publique, tel qu'un décret du chef de l'Etat contresigné par le ministre de l'intérieur et déclarant d'utilité publique la construction d'une école (Même arrêt).

108. Les délibérations des conseils départementaux, n'ayant d'effet que lorsqu'elles ont été approuvées par le ministre, ne constituent pas, tant qu'elles n'ont pas reçu cette approbation, des actes susceptibles d'être déférés au conseil d'Etat par la voie du recours pour excès de pouvoirs (Cons. d'Et. 29 déc. 1876, aff. Commune de Beauvoisin, D. P. 77. 3. 38 et 20 janv. 1888, *Rec. Cons. d'Etat*, p. 44). Quant à l'approbation donnée par le ministre à la décision par laquelle le conseil départemental fixe le nombre des écoles publiques d'une commune, après l'accomplissement des formalités prescrites par la loi, elle a le caractère d'un acte d'administration qui n'est pas non plus susceptible d'être attaqué pour excès de pouvoirs (Cons. d'Et. 17 mars 1876, *Code des lois politiques et administratives*, v° *Enseignement*, n° 1012).

109. Le règlement d'administration publique du 7 avr. 1887 détermine les conditions dans lesquelles on doit procéder à la création, à l'établissement et à la suppression d'une école dans une commune ou dans une circonscription s'étendant sur le territoire de plusieurs communes (V. *Code des lois politiques et administratives*, v° *Enseignement*, p. 526).

110. L'art. 14 de la loi du 30 oct. 1886 dispose que l'établissement des écoles primaires élémentaires publiques créées par application des art. 11, 12 et 13 de cette loi est une dépense obligatoire pour les communes. Il range également au nombre des dépenses obligatoires, dans toute école régulièrement créée : 1° le logement de chacun des membres du personnel enseignant attaché à ces écoles; 2° l'entretien ou la location des bâtiments et de leurs dépendances; 3° l'organisation et l'entretien du mobilier scolaire; 4° le chauffage et l'éclairage des classes et la rémunération des gens de service, s'il y a lieu. On doit y ajouter l'indemnité de résidence prévue par l'art. 12 de la loi du 19 juill. 1889

(V. *infrà,* n° 156), les registres et imprimés à l'usage des écoles, conformément à l'art. 4, § 6, de la loi du 19 juill. 1889; enfin les allocations aux chefs d'ateliers, contremaîtres et ouvriers chargés par les communes de l'enseignement agricole, commercial ou industriel dans les écoles primaires de tout ordre et dans les écoles régies par la loi du 11 déc. 1880 (L. 19 juill. 1889, art. 4, § 7; V. *infrà*, n° 216).

111. L'art. 12 du décret du 18 janv. 1887 reproduit en grande partie les dispositions de l'art. 37 de la loi du 15 mars 1850, rappelées au *Rép.* n° 179. Il impose à toutes les communes l'obligation de fournir aux instituteurs et institutrices publics un local convenable tant pour leur habitation que pour la tenue de l'école, le mobilier de classe et le matériel scolaire. Les conditions auxquelles doivent satisfaire les locaux et les objets qui doivent composer le matériel scolaire ont été déterminées par des instructions ministérielles annexées à l'arrêté du 18 janv. 1887 (V. *Code des lois politiques et administr.*, v° *Enseignement*, n°s 1072 et suiv.). Une partie des dispositions contenues dans ces instructions ont été reproduites par le décret du 29 janv. 1890, portant réglementation du matériel d'enseignement dans les écoles (D. P. 91. 4. 14). A défaut du logement personnel que la commune est tenue de fournir aux instituteurs et institutrices, ceux-ci ont droit à une indemnité représentative dont le chiffre est fixé annuellement par le préfet, après avis du conseil municipal et de l'inspecteur d'académie (Décr. 18 janv. 1887, art. 14). Les bases de cette indemnité ont été déterminées par un règlement d'administration publique du 17 mars 1891 (*Code des lois politiques et administratives*, v° *Enseignement*, p. 673. V. *infrà*, n° 155).

112. Nous avons analysé au *Rép.* n° 181, les dispositions des art. 7 et 9 du décret du 7 oct. 1850. Ces articles sont remplacés par l'art. 13 du décret du 18 janv. 1887, d'après lequel le local que la commune est tenue de fournir, en exécution de l'article précité, doit être visité, avant l'ouverture de l'école, par l'inspecteur primaire de la circonscription, qui adresse à ce sujet un rapport à l'inspecteur d'académie. Si ce rapport est défavorable, le préfet statue après avis du conseil départemental. L'article 13 n'est pas applicable dans le cas où les travaux de construction ou d'appropriation sont exécutés conformément aux plans approuvés par le préfet ou par le ministre (V. *infrà*, n° 117.)

113. Lorsque l'établissement de l'école ou de la classe doit, d'après la décision prise par le conseil municipal, entraîner des travaux de construction ou d'appropriation, le maire fait établir les plans et devis. Le conseil municipal doit, après les avoir adoptés, voter les crédits et créer les ressources nécessaires. Les plans et devis sont soumis à l'inspecteur d'académie qui examine si le local que la commune propose est convenable et suffisant. Sur le rapport de l'inspecteur d'académie, et après avoir consulté le comité départemental des bâtiments civils, le préfet décide ou qu'il sera donné suite au projet, ou que le conseil municipal sera invité à présenter un autre projet (Décr. 7 avr. 1887, art. 7). Ces dispositions sont applicables au cas où le conseil municipal a voté l'acquisition d'une maison (*Ibid.*, art. 8). S'il a décidé que l'école ou la classe serait établie dans un immeuble appartenant à la commune ou pris à loyer par elle, le plan des locaux qui doivent être affectés au service scolaire et au logement des maîtres, et en cas de location, les conditions du bail, sont soumises à l'examen de l'inspecteur d'académie, et à l'approbation du préfet; celui-ci invite le maire à conclure le bail qui doit être passé par écrit. Dans le cas où le local loué ne remplirait pas les conditions exigées, le préfet pourrait, soit prescrire les travaux nécessaires à l'appropriation de ce local, soit même en prononcer l'interdiction. Mais il ne pourrait déclarer nulle la délibération par laquelle le conseil municipal a voté la passation du bail, cette délibération ayant été prise par le conseil dans les limites de ses attributions. (Cons. d'Et., 16 nov. 1888, aff. Commune de Sartène, D. P. 90. 3. 1).

114. L'art. 37 de la loi de 1850, qui imposait aux communes l'obligation de fournir à l'instituteur un local convenable, tant pour son habitation que pour la tenue de l'école (*Rép.* n° 179), ne parlait pas de la construction du bâtiment destiné à servir d'école. La loi du 1er juin 1878 (D. P. 78. 4. 77), a rendu obligatoires pour les communes les dépenses d'installation, de construction des locaux scolaires et d'acquisition du mobilier des classes, et a mis à la disposition du ministre de l'instruction publique une somme de 60 millions pour être répartie sous forme de subvention, dans un laps de cinq années, entre les communes qui ne pourraient créer toutes les ressources nécessaires à l'installation matérielle de leur service scolaire. Une autre somme de 60 millions a été mise, à titre d'avance et dans le même espace de temps, à la disposition des communes autorisées à emprunter pour le même objet. — L'art. 7 de cette loi a créé, sous la garantie de l'Etat, une caisse spéciale dite *caisse pour la construction des écoles*, administrée par la Caisse des dépôts et consignations, et chargée de délivrer aux communes les subventions qui leur auraient été accordées et de leur faire les avances qui leur auraient été consenties en vertu de ladite loi. Les avantages de cette caisse ont été successivement étendus aux écoles normales primaires, aux lycées et collèges communaux et aux lycées de jeunes filles, par les lois du 9 août 1879, du 3 juill. 1880, et du 2 août 1881. Le fonds de dotation de cette caisse, qui a pris le nom de *caisse des lycées, collèges et écoles primaires*, a été augmenté par plusieurs lois successives, et les capitaux qu'elle était destinée à fournir ont été ainsi portés de 120 millions à 392 600 000 fr.

115. Cet état de choses a été modifié par la loi du 20 juin 1885 (D. P. 85. 4. 35), qui porte que les communes, au lieu d'emprunter à l'Etat, emprunteront à un établissement de crédit public, et que l'Etat, au lieu de les subventionner en capital, leur remboursera, pendant quarante ans au plus, une part déterminée de l'annuité nécessaire au service et à l'amortissement des emprunts contractés par elles. Par son art. 1er, elle a augmenté de 34 000 fr. le fonds de subvention mis à la disposition de la caisse des lycées, collèges et écoles primaires. Sous l'empire de cette loi, l'Etat contribue de deux manières aux dépenses de construction des établissements scolaires: en vertu de l'art. 1er, il paye des subventions annuelles, pour des travaux autorisés par une loi, sur le fonds de dotation de 34 millions alloués par ce même article pour compléter les ressources de la caisse des écoles; en vertu de l'art. 4, il rembourse, à titre de subvention, aux départements et aux villes, une partie des annuités nécessaires au service de l'intérêt et de l'amortissement des emprunts par eux contractés, pour les travaux de leurs établissements scolaires. Les subventions de l'Etat ne sont accordées aux communes, en règle générale, que pour construction et appropriation des locaux scolaires: elles ne sont accordées, pour loyer de maisons d'école, qu'aux communes dont le centime n'excède pas 30 francs, dans les limites du crédit ouvert à cet effet chaque année au budget pendant une période de cinq ans (L. 19 juill. 1889, art. 44).

116. Les subventions de l'Etat pour les établissements d'enseignement primaire s'appliquent exclusivement à la construction, à la reconstruction ou à l'agrandissement de ceux de ces établissements qui ont le caractère légalement ou conventionnellement obligatoire : elles ne peuvent être accordées aux établissements purement facultatifs (Avis Cons. d'Et. 5 juin 1888, *Code des lois politiques et administratives*, v° *Enseignement*, n°s 1151 et suiv.).

117. Les subventions de l'Etat ne peuvent être accordées qu'autant que les emprunts ont été régulièrement autorisés (L. 20 juin 1885, art. 5). Le délai du remboursement de ces emprunts ne peut être moindre de 30 ans ni dépasser 40 ans. Mais, d'après les instructions ministérielles, ce n'est que dans des circonstances exceptionnelles que la période normale, qui est de 30 ans, doit être dépassée. En février 1892, le conseil d'administration du Crédit foncier a décidé que le taux d'intérêt des prêts consentis aux départements et aux communes, dans les conditions prévues par la loi du 20 juin 1885, serait fixé à 4 fr. 10 pour 100, sans qu'il y eût à distinguer, comme auparavant (V. Circ. min. int. 26 févr. 1890, *Bull. min. int.*, 1890), suivant que l'emprunt excédait ou non 500 000 fr. — Les travaux doivent être exécutés conformément aux plans approuvés et régulièrement reçus, à l'exclusion de toute dépense qui n'aurait pas l'instruction publique pour objet. Dans le cas où les dépenses faites n'atteindraient pas le montant des évaluations, la subvention de l'Etat serait réduite proportionnellement à l'économie réalisée (L. 20 juin 1885, art. 5). Lorsqu'une commune est obligée d'avoir recours à un emprunt pour la création d'écoles publiques et de réclamer une subvention de l'Etat, les plans et devis doivent être soumis à l'examen de l'inspecteur d'académie et du comité départemental des bâtiments civils ; la demande doit ensuite être portée devant le conseil général, appelé à donner son avis sur la demande de subvention. Les plans et devis sont transmis, avec l'avis du conseil général, au ministre de l'instruction publique qui les approuve, s'il y a lieu, et détermine la subvention de l'Etat (Décr. 7 avr. 1887, art. 10 et 11. Les articles suivants fixent le mode de surveillance des travaux. V. *Code des lois politiques et administratives*, v° *Enseignement*, n°s 1169 et suiv.).

118. Aux termes de l'art. 8, § 1er, de la loi du 20 juin 1885, la subvention de l'Etat, pour les établissements d'enseignement primaire, doit être calculée d'après un chiffre maximum de dépense totale, déterminé pour chaque catégorie par un tableau annexé à la loi. V. *Code des lois polit. et administr.*, v° *Enseignement*, p. 536 et suiv.). Ces indications ont été complétées par un avis du conseil d'Etat du 4 janv. 1888 (V. *ibid.* n°s 1220 et suiv.). Le même article fixe la proportion dans laquelle l'Etat contribue au payement des annuités. Cette proportion ne peut être supérieure à 80 pour 100, ni inférieure à 15 pour 100. Elle est déterminée en raison inverse de la valeur du centime communal, en raison directe des charges extraordinaires de la commune, et encore en raison de l'importance des travaux scolaires à exécuter par elle, conformément aux règles établies par le décret du 15 févr. 1886 rendu sur la proposition des ministres de l'instruction publique, de l'intérieur et des finances (V. *Code des lois politiques et administr.*, v° *Enseignement*, p. 537). Les conditions spéciales de répartition aux communes d'Algérie ont été fixées par un décret du 22 nov. 1890 (V. *ibid.*, p. 539). — Les communes dont le centime représente une valeur supérieure à 6000 fr. ne peuvent recevoir aucune subvention de l'Etat pour la construction, la reconstruction ou l'agrandissement de leurs écoles (L. 20 juin 1885 art. 8). Le chiffre maximum des subventions par annuités payables par l'Etat, que le ministre de l'instruction publique est autorisé à accorder, est fixé chaque année par la loi de finances.

119. On a vu (*Rép.* n° 181) que l'art. 9 du décret du 7 oct. 1850 prévoyait le cas où une commune se refuserait à exécuter les travaux nécessaires pour approprier le local destiné à l'école et disposait que le préfet pourrait y pourvoir d'office. L'art. 15 de la loi du 1er juin 1878 portait qu'à défaut du vote du conseil municipal ou sur son refus de voter la création d'une école, dans le cas où la loi en impose l'obligation aux communes, il serait pourvu d'office, par un arrêté préfectoral et après avis conforme du conseil général, au payement des frais. L'art. 10 de la loi du 20 mars 1883 a eu pour but de modifier cet état de choses : il autorise le préfet, après avis du conseil général, et si cet avis n'est pas favorable, en vertu d'un décret du président de la République rendu en conseil d'Etat, à pourvoir d'office, par un arrêté, au payement des frais de construction et d'appropriation de maisons d'école louées ou acquises et d'acquisition de mobiliers scolaires D'après un avis du conseil d'Etat, du 9 juill. 1884, cet article doit être entendu en ce sens que, dans le cas de dissentiment entre le préfet et le conseil général, le décret rendu en conseil d'Etat fixe le montant de la dépense et décide qu'il y sera pourvu d'office (V. *Code des lois politiques et administratives*, v° *Enseignement*, n° 1277).

120. Les dépenses de construction et d'appropriation des maisons d'école et d'acquisition de mobiliers scolaires peuvent être payées soit par un prélèvement sur les ressources disponibles de la commune, soit par des subventions du département ou de l'Etat, soit enfin par un emprunt (L. 20 mars 1883 art. 10). Quand un emprunt a été jugé nécessaire, le maire emprunte la somme nécessaire après y avoir été autorisé. Au refus du maire, l'emprunt est contracté par un délégué spécial nommé en exécution de l'art 85 de la loi du 5 avr. 1884 (V. *suprà*, v° *Commune*, n° 220). L'arrêté par lequel le préfet désigne en pareil cas un délégué ne doit pas, à peine de nullité, être précédé de l'avis du conseil de préfecture (Cons. d'Et. 15 juin 1888, aff. Commune de Rieux, D P. 89. 3. 94). En ce qui concerne la subvention de l'Etat, il y a lieu de se reporter aux règles ci-dessus mentionnées (V. *suprà*, n° 117). Toutefois, lorsque le conseil général a refusé de classer une demande de subvention, ou ne s'est pas prononcé dans la session qui a suivi celle dans laquelle il a dû être saisi, la subvention peut être accordée par décret rendu après avis du conseil d'Etat.

121. Dans l'hypothèse de l'établissement d'office d'une école primaire, l'emplacement de l'école à construire est désigné par le conseil municipal et, à défaut, par le préfet, deux mois après que le conseil municipal aura été mis régulièrement en demeure (L. 20 mars 1883, art. 10). Aux termes de l'art. 44 du décret du 7 avr. 1887, la désignation de l'emplacement est faite par arrêté préfectoral, après avis de l'inspecteur d'académie, si l'emplacement choisi par le conseil municipal n'est pas accepté par le préfet. Il résulte d'un avis du conseil d'Etat du 24 mai 1892 : 1° que cette disposition donne sans conteste au préfet le pouvoir d'apprécier souverainement la convenance de l'emplacement destiné à la construction d'une école communale ; 2° qu'il est conforme au texte précité de provoquer, antérieurement à l'arrêté préfectoral qui refuse d'accepter le choix fait par le conseil municipal, un avis de l'inspecteur d'académie destiné à éclairer la décision du préfet.

122. Si le service scolaire peut être assuré par une location d'immeubles, le préfet, sur l'avis de l'inspecteur d'académie, approuve les conditions du bail. Il invite le maire de la commune où se trouve l'immeuble à passer le contrat, et, en cas de refus du maire, il y fait procéder par un délégué spécial, conformément à l'art. 85 de la loi du 5 avr. 1884. Il inscrit d'office, dans les formes ordinaires, la dépense au budget de la commune (Décr. 7 avr. 1887, art. 42). Le bail passé d'office, au nom d'une commune, par un délégué désigné par le préfet, pour la tenue d'une école de hameau, constitue un contrat sur la validité duquel l'autorité judiciaire est seule compétente pour statuer (Cons. d'Et. 26 déc. 1885, aff. Comm. des Fins, D. P. 87. 3. 42) ; dès lors la commune n'est recevable à attaquer pour excès de pouvoirs ni l'arrêté préfectoral qui a mis le maire en demeure de passer le bail, ni l'arrêté qui a approuvé le bail passé d'office (Même arrêt). D'après un avis du conseil d'Etat du 2 juill. 1891 (*Bull. min. int.* 1891, p. 185), lorsqu'une commune n'est pas propriétaire du local où l'école obligatoire est installée, sans qu'il y ait un acte régulier en garantissant la jouissance pour une durée déterminée, l'Administration doit mettre la commune en demeure d'aviser à assurer la continuation du service scolaire au moyen d'une location, et, en cas de refus, l'y contraindre d'office.

123. Nous avons énuméré au *Rép.* n° 188, les ressources au moyen desquelles les communes étaient autorisées par les lois du 15 mars 1850 et du 10 avr. 1867, à pourvoir aux dépenses de l'instruction primaire. Ces ressources étaient, d'après l'art. 40 de la loi de 1850, le produit des fondations, dons ou legs, et les revenus ordinaires, et ensuite une imposition spéciale votée par le conseil municipal et ne pouvant excéder trois centimes additionnels au principal des quatre contributions directes ; en cas d'insuffisance de ces ressources, une subvention départementale sur les revenus ordinaires du département, ou, à défaut, une imposition spéciale votée par le conseil général et ne devant pas excéder deux centimes additionnels ; et enfin, si les ressources communales et départementales ne suffisaient pas, une subvention sur le crédit porté annuellement au budget de l'instruction publique pour l'enseignement primaire. L'art. 14 de la loi de 1867 avait élevé à trois centimes l'imposition spéciale et départementale, et l'art. 8 de la même loi avait autorisé les communes qui voulaient établir la gratuité à s'imposer à cet effet quatre centimes extraordinaires, en sus des trois centimes communaux déjà établis pour le service de l'instruction primaire. L'art. 7 de la loi du 19 juill. 1875 (D. P. 76. 4. 19), relative au traitement des instituteurs et institutrices primaires, disposa qu'il serait pourvu au surcroît de dépenses résultant de cette loi au moyen des ressources énumérées dans les lois de 1850 et 1867, augmentées d'un quatrième centime communal et d'un quatrième centime départemental additionnel. L'art. 4 de la loi de finances du 26 déc. 1876 (D. P. 77. 4. 22), permet aux communes d'élever jusqu'à dix centimes additionnels la contribution exceptionnelle de la gratuité. On a dit (*suprà*, n° 45) que la loi du 16 juin 1881 établit la gratuité absolue. L'art. 2 de cette loi enleva aux centimes spéciaux créés par les lois précitées leur caractère de perceptions éventuelles pour les rendre obligatoires. L'art. 3 imposa, en outre, aux communes un prélèvement sur leurs revenus ordinaires jusqu'à concurrence d'un cinquième, sauf dans les communes où la valeur du centime n'atteint par 20 fr. ; mais ce prélèvement n'a été que partiellement effectué, la loi de finances du 29 juill. 1881 (D. P. 81. 4. 86), en ayant exonéré toutes les communes, à l'exception de Paris, Lyon, Bordeaux, Marseille et Lille, moyennant une subvention extraordinaire de l'Etat.

124. Le régime financier de l'instruction primaire publique a reçu, depuis la publication du *Répertoire*, d'importantes modifications, et les dépenses ordinaires de cet enseignement ont été réparties comme on l'a vu (n° 46), entre les départements et l'Etat par la loi du 19 juill. 1889 (D. P. 90. 4. 35). On a indiqué *suprà*, n° 110, les dépenses mises à la charge des communes par l'art. 4 de cette loi, qui reproduit et complète les dispositions de l'art. 14 de la loi du 30 oct. 1886.

125. Aux termes de l'art. 26 de la loi du 19 juill. 1889, il est pourvu aux dépenses incombant à l'Etat au moyen des crédits annuels inscrits au budget du ministère de l'instruction publique, et aux dépenses incombant aux départements et aux communes au moyen de crédits ouverts annuellement à leur budget, à titre de dépenses obligatoires dans les conditions prévues par les paragraphes 1 et 2 de l'art. 61 de la loi du 10 août 1871 et par l'art. 149 de la loi du 5 avr. 1884.

126. La loi du 19 juill. 1889, en mettant à la charge de l'Etat toutes les dépenses du personnel de l'instruction primaire et en faisant, des dépenses et ressources affectées à ce personnel, des dépenses et des ressources générales, a modifié profondément la législation antérieure. L'art. 27, porte qu'à partir du 1er janv. 1890, il sera perçu huit centimes additionnels généraux portant sur les quatre contributions directes, et dont le produit sera inscrit au budget de l'Etat; qu'à partir de la même date il sera perçu, en addition au principal des quatre contributions directes douze centièmes de centime représentant les frais de perception des quatre centimes antérieurement perçus au profit des communes; que le produit des huit centimes douze centièmes prévu aux paragraphes précédents supportera les centimes spéciaux, pour fonds de dégrèvement et de nonvaleurs, suivant les taux afférents à chaque contribution. L'art. 28 a supprimé les quatre centimes communaux et les quatre centimes départementaux affectés aux dépenses obligatoires de l'enseignement primaire par les lois des 10 avr. 1867, 19 juill. 1875 et 16 juin 1881, ainsi que le prélèvement d'un cinquième institué par cette dernière loi. Deux décrets, l'un du 26 juill. 1889, l'autre du 30 juillet suivant (*Code des lois politiques et administratives*, v° *Enseignement*, p. 644, notes 1 et 2), ont eu pour but de mettre la loi de finances du 17 juill. 1889 en harmonie avec la nouvelle loi sur les dépenses de l'instruction primaire.

ART. 3. — *Des instituteurs et institutrices en général, conditions d'âge, d'aptitude et de moralité* (*Rép.* nos 194 à 208).

127. On a vu au *Rép.* n° 194, que la profession d'instituteur ou d'institutrice ne pouvait, sous la loi du 15 mars 1850, être exercée avant l'âge de vingt-et-un ans. L'art. 7 de la loi du 16 juin 1881 (D. P. 82. 4. 24), porte également que nul ne peut diriger une école avant l'âge de vingt-et-un ans, et que nul ne peut enseigner dans une école primaire de quelque degré que ce soit avant l'âge de dix-huit ans pour les instituteurs et de dix-sept ans pour les institutrices. Cet article ajoute que nul ne peut diriger une école primaire supérieure ou une école recevant des internes avant l'âge de vingt-cinq ans révolus. L'âge indiqué par ces dispositions doit s'entendre non de l'âge *commencé*, mais de l'âge *révolu* (Nîmes, 17 mai 1888, aff. Haon, D. P. 89. 2. 5).

128. Aux termes de l'art. 20 de la loi du 30 oct. 1886, nul ne peut être nommé dans une école publique à une fonction quelconque d'enseignement s'il n'est muni du titre de capacité correspondant à cette fonction et tel qu'il est prévu, soit par la loi, soit par les règlements universitaires. Les titres de capacité dont il est question dans cet article sont énumérés dans l'art. 21 de la loi du 30 oct. 1886 et dans l'art. 106 du décret du 18 juin 1887. Ce sont : 1° les brevets de capacité; 2° les certificats d'aptitude professionnelle ; 3° les certificats spéciaux pour les enseignements accessoires.

129. Les *brevets de capacité* sont au nombre de deux : le brevet *élémentaire* et le brevet *supérieur*. Les candidats au brevet élémentaire doivent avoir au moins seize ans le 1er octobre de l'année dans laquelle ils se présentent, à moins de dispenses d'âge accordées par l'inspecteur de l'académie et ne dépassant pas une durée de trois mois. La dispense est de droit pour tout candidat au brevet élémentaire qui est pourvu du certificat d'études primaires supérieures quel que soit son âge (Décr. 18 janv. 1887, art. 107). Les candidats au brevet supérieur doivent avoir dix-huit ans révolus le jour de l'ouverture de la session du brevet supérieur, à moins de dispenses d'âge accordées par l'inspecteur d'académie et ne dépassant pas une durée de trois mois (Même article). Les programmes des examens pour ces deux brevets et les conditions dans lesquelles doivent être subies les épreuves ont été fixés par un arrêté ministériel du 18 janv. 1887 (*Code des lois politiques et administratives*, v° *Enseignement*, p. 552).

130. Les certificats d'*aptitude professionnelle* sont les certificats d'aptitude pédagogique, d'aptitude au professorat des écoles normales et des écoles primaires supérieures, d'aptitude à l'inspection des écoles primaires et à la direction des écoles normales, d'aptitude à l'inspection des écoles maternelles.

Le *certificat d'aptitude* pédagogique, institué par l'art. 3 du décret du 4 janv. 1881, était un titre complémentaire de l'un et l'autre brevet, destiné à constater plus particulièrement l'aptitude des instituteurs ou des institutrices à la direction des écoles publiques comprenant plusieurs classes. Un décret du 30 déc. 1884 (D. P. 85. 4. 23) a modifié le caractère de ce certificat, et, en supprimant la capacité de diriger une école à plusieurs classes que le décret du 4 janv. 1881 y avait attachée, il en a fait un titre professionnel pour la direction de toute école publique (En ce qui concerne les examens pour le certificat d'aptitude pédagogique. V. *Code des lois polit. et administr.*, v° *Enseignement*, nos 1565 et suiv.). L'art. 23 de la loi du 30 oct. 1886 a fait du certificat d'aptitude pédagogique la condition d'admissibilité aux fonctions d'instituteur. Il est également exigé des directrices des écoles maternelles (V. *infrà*, n° 210), par l'art. 6 du décret du 18 janv. 1887. L'art. 108 de ce dernier décret exige : 1° que les candidats au certificat d'aptitude pédagogique aient vingt et un ans au moins au moment de leur inscription; 2° qu'ils soient pourvus du brevet élémentaire; 3° qu'ils justifient d'un stage de deux années d'exercice au moins dans les écoles publiques ou dans les écoles privées, sauf les cas prévus par l'art. 23 de la loi du 30 oct. 1886. Nous exposerons ailleurs ce qui a trait aux autres certificats d'aptitude professionnelle énumérés dans l'art. 20 de la loi du 30 oct. 1886.

131. Les *certificats spéciaux pour les enseignements accessoires*, énumérés dans l'art. 106 du décret du 18 janv. 1887, sont les certificats d'aptitude à l'enseignement des langues vivantes, à l'enseignement du travail manuel, à l'enseignement du dessin, à l'enseignement du chant, à l'enseignement de la gymnastique, à l'enseignement élémentaire des travaux de couture, à l'enseignement agricole dans les écoles primaires supérieures. (V. sur ces divers certificats *Code des lois politiques et administratives*, v° *Enseignement*, nos 1627 et suiv.).

132. L'art. 23 de la loi du 30 oct. 1886 porte que nul ne peut être nommé instituteur titulaire, s'il n'a fait un stage de deux ans au moins dans une école publique ou privée, s'il n'est pourvu du certificat d'aptitude pédagogique et s'il n'a été porté sur la liste d'admissibilité aux fonctions d'instituteur que le conseil départemental doit dresser chaque année, aux termes de l'art. 27 de la même loi.

Les candidats justifient de l'accomplissement du stage de deux ans requis par la loi au moyen de certificats d'exercices délivrés, soit par l'inspecteur d'académie, s'ils ont enseigné dans une école publique, soit par le chef de l'établissement, s'ils ont exercé dans une école privée ; mais dans ce dernier cas, le certificat doit être accompagné d'une attestation conforme de l'inspecteur d'académie (Décr. 18 janv. 1887, art. 17). Le temps passé dans les établissements d'enseignement secondaire, en qualité de maître élémentaire ou de maître primaire, compte pour l'accomplissement du stage exigé des candidats aux fonctions d'instituteur public (*Ibid.*, art. 18). Le temps passé à l'école normale compte, pour l'accomplissement du stage, aux élèves maîtres, à partir de dix-huit ans, aux élèves maîtresses, à partir de dix-sept ans. Des dispenses de stage peuvent être accordées par le ministre, sur l'avis du conseil départemental (L. 30 oct. 1886, art. 23, al. 2 et 3).

133. On s'est demandé si, en vertu de l'art. 23 de la loi du 30 oct. 1886, les instituteurs stagiaires (V. *infrà*, n° 142) ont droit à être nommés titulaires dès qu'ils remplissent les conditions exigées par cet article. Le conseil d'Etat a émis l'avis qu'il appartient à l'Administration d'apprécier le moment où les stagiaires devront être pourvus du titre, par le double motif que, d'une part, le stage de deux ans imposé à l'instituteur est un minimum, et que, par conséquent, la durée peut en être augmentée, et que, d'autre part, la nomination obligatoire aux fonctions de titulaire, abstraction faite des vacances et des disponibilités de crédit, ne saurait, par suite de l'augmentation de traitement qui en est la conséquence, se concilier avec le souci de l'équilibre budgétaire (Av. Cons. d'Et., 19 juin 1888, *Bull. min. int.* 1888, p. 217).

134. La loi du 15 mars 1850 apportait d'importantes exceptions à la règle qui imposait aux instituteurs l'obligation du brevet de capacité, en consacrant le système des *équivalences*. Ces équivalences, au nombre de cinq (*Rép.* n° 202), ont été abolies par la loi du 16 juin 1881, qui a imposé l'obligation du brevet de capacité à tous les instituteurs ou institutrices titulaires et à tous les instituteurs adjoints et institutrices adjointes, chargés d'une classe dans une école publique ou libre. Le fait, par le directeur d'une école publique ou privée, de se faire assister d'un adjoint chargé de classe non pourvu du brevet de capacité exigé par l'art. 4 de la loi du 30 oct. 1886 constitue un délit puni, par l'art. 40 de cette loi, d'une amende de 100 à 1000 francs, et, dans le cas de récidive, d'un emprisonnement de six jours à un mois et d'une amende de 500 à 2000 francs.

135. On a dit au *Rép.* n° 204 que la loi de 1850 n'avait pas reproduit la disposition de la loi du 28 juin 1833 qui exigeait, des futurs instituteurs et institutrices, la production d'un certificat de moralité. La loi du 30 oct. 1868 n'a pas non plus exigé la production d'un certificat de cette nature. L'art. 5 de cette loi reproduit à peu près textuellement l'art. 26 de la loi de 1850, et déclare incapables de tenir une école publique ou privée ou d'y être employés, ceux qui ont subi une condamnation judiciaire pour crime ou délit contraire à la probité et aux mœurs, ceux qui ont été privés par jugement de tout ou partie des droits mentionnés en l'art. 42 c. pén., et ceux qui ont été frappés d'interdiction absolue en vertu des art. 32 et 41 de ladite loi. — Nous avons rapporté au *Rép.*, n° 207, une délibération du conseil de l'instruction publique du 16 déc. 1865, portant que la réhabilitation relève le condamné de l'incapacité établie par l'art. 26 de la loi de 1850. Cette solution s'impose aujourd'hui en présence de la nouvelle rédaction apportée par la loi du 14 août 1885, au texte de l'art. 634 c. instr. crim. et d'après laquelle « la réhabilitation *efface la condamnation*, et fait cesser pour l'avenir toutes les incapacités qui en résultaient ». Mais il a été décidé que la réhabilitation obtenue par un instituteur qui avait été frappé de condamnation correctionnelle n'enlève pas au conseil départemental le droit d'apprécier si cet instituteur offre toutes les garanties de moralité qu'on a le droit d'exiger, et si, dans ces conditions, il peut être admis à ouvrir une école privée (Cons. sup. de l'instr. publ., 26 mars 1887, *Code des lois politiques et administratives*, v° *Enseignement*, n° 751).

136. Aux termes de l'art. 7 du décret du 1er déc. 1850, nul étranger ne pouvait être nommé instituteur communal ou instituteur adjoint, dans une école publique, inspecteur primaire, directeur ou maître adjoint d'une école normale primaire, s'il n'avait préalablement obtenu des lettres de naturalisation (*Rép.* n° 208). L'art. 4 de la loi du 30 oct. 1886 interdit également aux étrangers d'être directeurs ou adjoints chargés de classe dans une école publique. Le même article étend, en principe, cette interdiction aux écoles privées : toutefois, il porte que les étrangers remplissant les conditions de capacité et d'âge prescrites par les lois du 16 juin 1881 et du 30 oct. 1886, et admis à jouir des droits civils en France, peuvent enseigner dans les écoles privées, moyennant une autorisation donnée par le ministre, après avis du conseil départemental. D'après un avis du conseil d'Etat, du 30 oct. 1888, cette autorisation est une autorisation spéciale, accordée en vue d'une fonction déterminée à remplir dans un établissement nommément désigné (*Code des lois politiques et administr.*, v° *Enseignement*, n° 694). L'autorisation d'enseigner, accordée par le ministre, après avis du conseil départemental, peut toujours être retirée dans les mêmes formes (Décr. 18 janv. 1887, art. 182). — Conformément à ce qui a été dit au *Rép.* n° 208, l'étranger muni seulement de titres de capacité étrangers doit obtenir du ministre la déclaration d'équivalence de ces diplômes (Décr. 18 janv. 1887, art. 183). L'art. 184 du décret précité détermine les conditions dans lesquelles peut être prononcée l'équivalence. Il ne peut être accordé d'équivalence pour aucun autre titre de capacité, que le brevet élémentaire : les autres titres de capacité qui peuvent être considérés comme équivalents sont ceux qui donnent à celui qui les possède, le droit d'enseigner dans son pays et qui attestent, en outre, la connaissance de la langue française (V. *Code des lois politiques et administr.*, v° *Enseignement*, n°s 700 et suiv.). Dans le cas particulier d'écoles exclusivement destinées à des enfants étrangers résidant en France, l'art. 4 de la loi du 30 oct. 1886 dispose que des dispenses de brevets de capacité pourront être accordées par le ministre de l'instruction publique, après avis du conseil supérieur, aux étrangers, admis à jouir des droits civils en France, qui demanderaient à les diriger ou à y enseigner.

137. L'art. 6 de la loi du 30 oct. 1886 porte que l'enseignement est donné par des instituteurs dans les écoles de garçons, par des institutrices dans les écoles de filles, dans les écoles maternelles, dans les écoles ou classes enfantines et dans les écoles mixtes. La nomination d'institutrices dans les écoles mixtes, qui était antérieurement autorisée par l'art. 9 du décret du 31 déc. 1853 (D. P. 54. 4. 17), mais qui avait alors le caractère d'une exception, devient aujourd'hui la règle. Toutefois, le conseil départemental peut, à titre provisoire et par une décision toujours révocable, permettre à un instituteur de diriger une école mixte, à la condition qu'il lui soit adjoint une maîtresse de travaux de couture. Dans les écoles de garçons, des femmes peuvent être admises à enseigner à titre d'adjointes, à condition d'être épouse, sœur, ou parente en ligne directe du directeur de l'école. Des dérogations peuvent être apportées à ces restrictions par une décision provisoire et toujours révocable du conseil départemental.

138. Sous l'empire de l'ancienne législation, la direction des écoles publiques pouvait être confiée, soit à des laïques, soit à des congréganistes, et les conseils municipaux devaient être appelés à faire connaître leurs préférences à cet égard. Cette faculté n'existe plus aujourd'hui : l'art. 17 de la loi du 30 oct. 1886 porte que, dans les écoles publiques de tout ordre, l'enseignement doit être exclusivement confié à un personnel laïque. Il a paru, suivant le rapporteur de la loi, M. Paul Bert, que la laïcisation du personnel d'enseignement devait être la conséquence de la laïcisation des programmes. Un délai a été fixé par la loi pour l'application de cette mesure. L'art. 18 porte qu'aucune nomination nouvelle, soit d'instituteurs, soit d'institutrices congréganistes, ne sera faite dans les départements où fonctionnera depuis quatre ans une école normale soit d'instituteurs, soit d'institutrices, en conformité avec l'art. 1er de la loi du 9 août 1879 (V. *infrà*, n° 189), et que, pour les écoles de garçons, la substitution du personnel laïque au personnel congréganiste doit être complète dans le laps de cinq ans, après la promulgation de la loi. Un arrêté ministériel du 1er déc. 1886, précédé d'un rapport du directeur de l'enseignement primaire, a indiqué les départements dans lesquels il y avait lieu d'appliquer le paragraphe 1er de l'art. 18 (V. *Code des lois politiques et administratives*, v° *Enseignement*, n°s 1373 et suiv.). Sur les mesures transitoires prises en exécution de la disposition précitée, V. *ibid.*, n°s 1379 et suiv.

139. La substitution des instituteurs laïques aux instituteurs congréganistes a donné lieu à d'assez nombreuses difficultés tant sous l'empire de la loi de 1850 que depuis la loi de 1886. On trouvera l'analyse de la jurisprudence antérieure à cette dernière loi, dans notre *Code des lois politiques et administr.*, v° *Enseignement*, n°s 1403 et suiv. Il est constant que l'arrêté par lequel un préfet nomme un laïque instituteur public en remplacement d'un congréganiste est un acte d'administration, dont il n'appartient pas à l'autorité judiciaire de retarder ou d'entraver l'exécution et qui ne peut être déféré qu'au ministre par la voie hiérarchique, ou au conseil d'État par la voie du recours pour excès de pouvoirs (Trib. confl. 13 avr. 1890, aff. Institut des frères des Ecoles chrétiennes, D. P. 90. 3. 54). Il a été décidé, en conséquence, que l'autorité judiciaire ne peut, sans porter atteinte au principe de la séparation des pouvoirs, connaître de la demande de l'instituteur remplacé dans ses fonctions, à l'effet d'être maintenu temporairement en possession de l'immeuble qui lui était fourni par la commune pour servir de maison d'école, ni de la demande de la congrégation à laquelle appartenait cet instituteur tendant à être maintenue provisoirement en possession de l'immeuble communal où est établie l'école, alors que la propriété de cette école lui est contestée par la commune (Même décision). Mais quand un préfet a révoqué le directeur d'une école communale et a nommé, pour le remplacer, un instituteur laïque et des adjoints qui ont été installés par l'inspecteur primaire dans le local affecté depuis longtemps à cette école, l'autorité judiciaire est compétente pour connaître de la question de propriété entre la congrégation et la commune, et pour statuer, le cas échéant, sur les conséquences de l'occupation par celle-ci de l'immeuble dont il s'agit (Même décision).

140. Sous la loi actuelle qui fait de la laïcisation du personnel enseignant dans les écoles primaires publiques une nécessité légale, la transformation de ce personnel a incontestablement le caractère de force majeure à l'égard des communes; et elle ne peut plus guère donner lieu qu'à deux sortes d'action : une action en indemnité au profit des congréganistes à raison des impenses faites en exécution des conventions, et une action en révocation de la part des familles qui avaient fait des dons et legs aux communes à la charge d'établir des écoles ou salles d'asile dirigées par des congréganistes, ou d'écoles ayant un caractère confessionnel, pour inexécution des conditions essentielles des libéralités. L'art. 19 de la loi du 30 oct. 1886 déclare cette dernière action non recevable lorsqu'elle n'a pas été intentée dans les deux ans qui suivent le jour où l'arrêté de laïcisation ou de suppression a été inséré au *Journal officiel* (V. notre *Code des lois politiques et administratives*, v° *Enseignement*, n°s 147 et suiv.).

ART. 4. — *Des instituteurs publics ou des institutrices communales, instituteurs adjoints, institutrices adjointes* (*Rép.* n°s 209 à 233).

141. — 1° *Des diverses catégories d'instituteurs.* — L'art. 22 de la loi du 30 oct. 1886, et l'art. 6 de la loi du 19 juill. 1889, qui en reproduit la disposition, divisent les instituteurs et institutrices en *titulaires* et en *stagiaires*. Sous l'empire des lois du 15 mars 1850 et du 10 avr. 1867, les membres de l'enseignement public étaient classés d'après la nature de l'emploi qu'ils remplissaient; on appelait *titulaires* ceux qui dirigeaient une école, quel que fût le nombre des classes de cette école, et *adjoints*, ceux qui, chargés seulement d'une de ces classes la dirigeaient sous l'autorité du titulaire. La nouvelle loi ne divise plus les maîtres d'après le service scolaire qui leur est assigné, mais d'après leurs titres personnels, leurs grades et leurs années d'exercice. Tous commencent par être stagiaires, et tous peuvent devenir titulaires, qu'ils demeurent adjoints ou qu'ils soient placés à la tête d'une école (Circ. min. instr. publ., 8 nov. 1886, D. P. 87. 4. 8, note 2).

142. Les instituteurs et institutrices *stagiaires*, aux termes de l'art. 26 de la loi du 30 oct. 1886, enseignent en vertu d'une délégation de l'inspecteur d'académie qui peut être retirée par ce dernier sur l'avis motivé de l'inspecteur primaire. Les délégations de stagiaires, d'après une circulaire ministérielle du 1er août 1888 (*Rec. circ. instr. publ.*, t. 10, p. 323), doivent être accordées en observant l'ordre suivant : 1° les élèves sortis de l'école normale du département, avec le brevet supérieur; 2° les élèves sortis de l'école normale du département, non munis du brevet supérieur, mais qui prennent l'engagement de s'y présenter au cours de leur stage; 3° les élèves d'une autre école normale de l'académie, ou des départements limitrophes, munis du brevet supérieur et restés sans emploi dans leur département d'origine; 4° les jeunes gens du département, munis soit du brevet supérieur, soit du brevet élémentaire et du certificat d'études primaires supérieures, soit enfin du seul brevet élémentaire. Ces derniers ne doivent être appelés que si aucun des candidats munis de titres plus élevés ne paraît présenter des garanties suffisantes pour entrer dans l'enseignement public.

143. Quant aux instituteurs *titulaires*, la loi de 1886 a maintenu après une longue discussion le mode de nomination adopté comme on l'a dit (*Rép.*, n° 209), par la loi du 14 juin 1854. Cette nomination est faite par le préfet sous l'autorité du ministre de l'instruction publique et sur la proposition de l'inspecteur d'académie (art. 27). S'il n'a pas été fait de proposition par l'inspecteur d'académie, le préfet ne peut pas faire de nomination.

144. On a vu (*Rép.* n° 210) qu'aux termes de l'art. 31 de la loi du 15 mars 1850, les instituteurs congréganistes étaient nommés sur la présentation des supérieurs des associations religieuses vouées à l'enseignement et reconnues comme établissements d'utilité publique. Ce droit de présentation a disparu par suite de l'abrogation des titres 1er et 2 de la loi de 1850 en vertu de l'art. 61 de la loi du 30 oct. 1886. La disposition du même article de la loi de 1850 qui donnait aux consistoires le droit de présentation pour les instituteurs appartenant aux cultes non catholiques avait été expressément abrogée par l'art. 3 de la loi du 28 mars 1882.

145. L'art. 48, § 6, de la loi du 19 juill. 1889 porte qu'il est statué par un règlement d'administration publique, après avis du conseil supérieur, sur les conditions de nomination et d'exercice des instituteurs suppléants chargés de remplacements provisoires en cas de maladie, de suspension ou de congé régulier des titulaires. Un décret du 2 août 1890 (D. P. 91. 4. 101), rendu en exécution de cette disposition, porte que les instituteurs suppléants et institutrices suppléantes, qui ne peuvent être que des titulaires, sont nommés dans la même forme que les autres instituteurs publics, et que leur nombre est fixé, pour chaque département, par arrêté du ministre de l'instruction publique, rendu sur la proposition du préfet, après avis du conseil départemental.

146. Le conseil départemental, après avoir pris connaissance des demandes de tous les candidats qui se sont inscrits à l'inspection académique, dresse chaque année et complète, s'il y a lieu, au cours de l'année, une liste des instituteurs et institutrices admissibles aux fonctions de titulaire, soit pour être chargés d'une école, soit pour être chargés d'une classe en qualité d'adjoint (L. 30 oct. 1886, art. 27). Cette liste doit être insérée au *Bulletin départemental* ou, à défaut, au *Recueil des actes administratifs de la préfecture* (Décr. 18 janv. 1887, art. 20). C'est sur cette liste d'admissibilité que doivent être faites les propositions de l'inspecteur d'académie.

147. Le changement de résidence d'une commune à une autre, pour nécessités de service, doit, aux termes de l'art. 29 de la loi du 30 oct. 1886, être prononcé par le préfet sur la proposition de l'inspecteur d'académie. Il avait été décidé, sous l'empire de l'art. 8 de la loi du 14 juin 1854, qu'un instituteur peut être changé de commune sans son consentement, par décision du préfet, non seulement à titre de mesure disciplinaire, mais aussi pour cause d'avancement (Cons. d'Et. 22 mars 1866, aff. Commune de Combloux, D. P. 72. 5. 209). Cette décision serait encore applicable aujourd'hui. — L'art. 29 n'est applicable qu'aux titulaires. Quant aux stagiaires, l'inspecteur qui a qualité pour donner la délégation et pour la retirer a également le droit de désigner le poste où cette délégation devra être remplie (Circ. min. instr. publ. 29 nov. 1886, D. P. 87. 4. 11, note 1).

148. Nous indiquerons ailleurs les règles applicables à la nomination du personnel des écoles primaires supérieures, des cours complémentaires et des écoles manuelles d'apprentissage (V. *infrà*, nos 212 et suiv. et notre *Code des lois politiques et administr.*, vo *Enseignement*, nos 1843 et suiv.).

149. — 2o *Du cumul des fonctions.* — Comme on l'a vu au *Rép.* no 214, l'art. 32, § 1, de la loi du 15 mars 1850 laissait au conseil départemental la faculté d'autoriser les instituteurs communaux à exercer des fonctions administratives. L'art. 25 de la loi du 30 oct. 1886 interdit ces fonctions aux instituteurs publics d'une manière absolue, à l'exception de celles de secrétaire de mairie, pour lesquelles l'autorisation du conseil départemental est exigée. — La Chambre des députés a rejeté un amendement tendant à ajouter les fonctions électives à l'énumération de celles qui sont interdites aux instituteurs publics. En conséquence, un instituteur public peut être élu conseiller général du canton dans lequel il exerce ses fonctions (Cons. d'Et. 27 mai 1887, aff. Elect. de Beaurepaire, D. P. 88. 3. 91). Mais l'art. 33, § 6, de la loi du 5 avr. 1884 déclare les instituteurs inéligibles au conseil municipal dans le ressort où ils exercent leurs fonctions. Quant aux fonctions de maire, elles sont comprises parmi les fonctions administratives dont l'exercice leur est formellement interdit (Cons. d'Et. 17 mai 1889, aff. Elect. de Saint-Barthélemy, D. P. 90. 3. 93). Toutefois, il a été décidé qu'aucune disposition de loi ne les ayant déclarés inéligibles, il n'appartenait pas au conseil de préfecture, juge du contentieux, de veiller à l'exécution de l'art. 25 de la loi du 30 oct. 1886, en annulant l'élection d'un instituteur public nommé maire dans une commune autre que celle où il exerce ses fonctions (Même arrêt). C'est aux autorités chargées d'assurer la marche du service de l'enseignement qu'il appartient de prendre les mesures nécessaires pour faire respecter l'interdiction dont il s'agit.

150. L'interdiction absolue des professions industrielles et commerciales, prononcée par l'art. 32 de la loi de 1850 (*Rép.* no 215), a été reproduite par l'art. 25 de la loi du 30 oct. 1886. On a vu (*Ibid.*) que le fait, par un instituteur, d'avoir chez lui un certain nombre de livres classiques, dans le but de les céder à ses élèves au fur et à mesure de leurs besoins, n'était pas considéré comme un acte de commerce. Une circulaire du ministre de l'instruction publique du 2 mars 1887 (*Rec. circ. min. instr. publ.*, t. 1, p. 77) a autorisé les instituteurs et institutrices publics, dans les localités où il n'y a aucun libraire, à vendre, comme par le passé, à leurs élèves les livres et fournitures de classe, aux prix portés sur un tableau affiché dans l'école, après avoir été visé par l'inspecteur primaire, et a rigoureusement supprimé cette faculté dans les autres communes. Mais, en présence de nombreuses réclamations, une circulaire postérieure a déclaré qu'il y avait lieu de surseoir à l'application de la circulaire du 2 mars 1887, jusqu'à l'adoption d'un règlement complet sur la matière (Circ. min. instr. publ. 15 juin 1887, *Rec. circ. instr. publ.*, t. 10, p. 139). Ce règlement n'a pas encore été publié.

151. — 3o *Du traitement et des avantages accordés aux instituteurs publics et aux institutrices communales.* — Nous avons indiqué au *Rép.* no 217 les bases du traitement des instituteurs et institutrices publics sous l'empire de la loi du 10 avr. 1867. Ces traitements sont aujourd'hui réglés par la loi du 19 juill. 1889. L'art. 6 de cette loi divise les titulaires en cinq classes, dont les effectifs sont les suivants relativement à l'effectif total : 5e classe, 35 pour 100; 4e classe, 25 pour 100; 3e classe, 15 pour 100; 1re et 2e classes, 5 pour 100. Ces classes sont attachées à la personne et peuvent être attribuées sans déplacement. L'art. 7 fixe ainsi qu'il suit le traitement des instituteurs et institutrices de chaque classe :

	INSTITUTEURS.	INSTITUTRICES.
5e classe	1000 fr.	1000 fr.
4e —	1200	1200
3e —	1500	1400
2e —	1800	1500
1re —	2000	1600

152. La loi du 19 juill. 1889 consacre la suppression du traitement *éventuel* institué, comme nous l'avons dit (*Rép.* no 218), par la loi du 10 avr. 1867, et pose comme un principe absolu la fixité des traitements des instituteurs et institutrices titulaires. Les directrices des écoles maternelles publiques sont assimilées aux institutrices publiques au point de vue des traitements.

153. Les instituteurs titulaires qui sont chargés de la direction d'une école comprenant plus de deux classes reçoivent, à ce titre, un supplément de traitement de 200 fr. Ce supplément est porté à 400 fr., si l'école comprend plus de quatre classes (L. 19 juill. 1889, art. 8). Dans les écoles qui comprennent une classe d'enseignement supérieur, dite cours complémentaire, le maître chargé de ce cours reçoit un supplément de traitement de 200 fr. (art. 9).

154. Indépendamment du traitement qui vient d'être indiqué, les instituteurs et les institutrices titulaires ont droit: 1o au logement ou à l'indemnité représentative fixée par arrêtés préfectoraux ; 2o à une indemnité de résidence dans certaines localités déterminées (L. 19 juill. 1889, art. 10).

155. L'indemnité annuelle représentative de logement attribuée aux instituteurs et institutrices titulaires, dans les écoles primaires élémentaires ou dans les écoles maternelles, a été fixée ainsi qu'il suit par un règlement d'administration publique du 17 mars 1891 (*Code des lois politiques et administr.*, p. 623) : communes de moins de 1000 habitants de population agglomérée, de 75 à 125 fr. ; de 1001 à 3000 habitants, de 100 à 150 fr. ; de 3001 à 9000 habitants, de 125 à 175 fr. ; de 9001 à 12 000 habitants, de 150 à 200 fr. ; de 12 001 à 18 000 habitants, de 175 à 225 fr.; de 18 001 à 36 000 habitants, de 200 à 250 fr. ; de 36 001 à 60 000 habitants, de 225 à 275 fr. ; de 60 001 à 100 000 habitants, de 250 à 300 fr ; de 100 000 habitants de population agglomérée et au-dessus, de 300 à 400 fr. ; Paris, de 600 à 700 fr. ; communes du département de la Seine, de 200 à 400 fr. ; communes d'Algérie, en ce qui concerne les écoles primaires publiques soumises au régime de la loi du 30 oct. 1886, de 200 à 300 fr. D'après une circulaire ministérielle du 6 mai 1891 (*Code des lois politiques et administr.*, vo *Enseignement*, nos 2980 et suiv.), les maîtres des écoles de section établies hors du chef-lieu de la commune ont droit à une indemnité représentative de logement, calculée à raison de la population agglomérée de la section de commune dans laquelle l'école est établie.

156. Quant à l'indemnité de résidence, elle est établie sur les bases suivantes, pour les directeurs ou directrices d'écoles primaires élémentaires, pour les maîtres chargés de cours complémentaires, pour les directeurs et directrices d'écoles primaires supérieures, pour les instituteurs adjoints et les institutrices adjointes des mêmes écoles : 100 fr. dans les localités dont la population agglomérée est de 1000 à 3000 habitants; 200 fr. de 3001 à 9000 habitants ; 300 fr. de 9001 à 12 000 habitants ; 400 fr. de 12 001 à 18 000 habitants ; 500 fr. de 18 001 à 35 000 habitants ; 600 fr. de 35 001 à 60 000 habitants ; 700 fr. de 60 001 à 100 000 habitants ; 800 fr. de 100 000 habitants et au-dessus ; 2000 fr. dans la ville de Paris (L. 19 juill. 1889, art. 12). Elle est de moitié de ces chiffres pour tous les autres instituteurs et institutrices titulaires, et du quart pour les stagiaires établis dans les localités ci-dessus énumérées. Les communes chefs-lieux de canton ayant moins de 1000 habitants de population agglomérée sont assimilés, quant à l'indemnité de résidence, aux localités de 1000 à 3000 habitants. D'après le paragraphe 6 de l'art. 12, les maîtres titulaires ou stagiaires des écoles de section établies hors du chef-lieu de la commune ont droit à l'indemnité de résidence, si la section reste, par sa population agglomérée, dans une des catégories établies par le premier paragraphe du même article. En exécution de cet article, sont intervenus : 1o un décret du 31 janv. 1890 (D. P. 91. 4. 45) portant règlement d'administration publique, relatif aux indemnités de résidence dues au personnel enseignant dans les écoles primaires publiques; — 2o Un décret du 31 mars 1890, portant règlement d'administration publique sur les indemnités de résidence à allouer au personnel enseignant des écoles primaires publiques dans les villes ayant plus de 100 000 habitants et les communes du département de la Seine ayant plus de 1000 habitants de population agglomérée (*Ibid.*) ; — 3o Un décret du 5 sept. 1890 portant règlement d'administration publique relatif aux indemnités de résidence à allouer au personnel enseignant des écoles primaires publiques dans les communes du département de la Seine ayant plus de 1000 habitants de population agglomérée (D. P. 91. 4. 103); — 4° Un décret du 6 sept. 1890 portant règlement d'administration publique relatif aux indemnités de résidence dues au personnel enseignant dans les localités qui possèdent des écoles de section (*Ibid.*). V. *Code des lois politiques et administratives annotées*, v° *Enseignement*, n°s 3042 et suiv.; — 5° Un décret du 31 déc. 1892, qui fixe à nouveau pour chaque commune, conformément au décret du 31 déc. 1891, portant dénombrement de la population, les indemnités de résidence dues au personnel enseignant des écoles primaires publiques (*Journ. off.* du 1er janv. 1893).

157. Les communes avaient, avant la loi du 19 juill. 1889, le droit d'accorder aux instituteurs et institutrices des suppléments facultatifs de traitement. L'art. 25 de cette loi porte que les suppléments facultatifs actuellement accordés pourront se confondre avec le montant de l'indemnité de résidence.

158. L'avancement des instituteurs et institutrices est réglé par l'art. 24 de la loi du 19 juill. 1889, et par le règlement d'administration publique du 6 juin 1891 (*Code des lois politiques et administr.*, v° *Enseignement*, p. 641). Il a lieu par classe, au fur et à mesure des vacances dans chacune des classes. — Les conditions pour l'avancement diffèrent suivant qu'il s'agit du personnel nommé par les autorités départementales ou du personnel nommé par le ministre de l'instruction publique.

Pour le personnel de la première catégorie, qui comprend les instituteurs et institutrices titulaires ou stagiaires des écoles primaires, élémentaires et maternelles, les instituteurs adjoints et les institutrices adjointes des écoles primaires supérieures, l'avancement se fait par département, sur un tableau dressé par une commission départementale composée de l'inspecteur d'académie président, des inspecteurs primaires, du directeur et de la directrice de l'école normale, et de deux délégués du conseil départemental élus par ce conseil (art. 41). D'après l'art. 24 les instituteurs et institutrices de 5e et 4e classes ne peuvent être promus à la classe supérieure qu'après cinq ans d'exercice dans la classe à laquelle ils appartiennent. Le même article n'autorise à élever à la seconde et à la première classe que les maîtres pourvus du brevet supérieur et ayant passé trois ans au moins dans la classe immédiatement inférieure. Par dérogation à l'art. 24, l'art. 42 porte qu'il ne sera exigé aucune condition d'ancienneté de classe pour l'avancement, tant au choix qu'à l'ancienneté, des instituteurs et des institutrices qui, ayant plus de dix ans de service, seraient placés dans la 5e classe; ayant plus de quinze ans, seraient placés dans la 4e; ayant plus de vingt ans, seraient placés dans la 3e; ayant plus de vingt-cinq ans, seraient placés dans la 2e.

Quant au personnel de la seconde catégorie qui comprend les fonctionnaires de l'inspection, ceux des écoles normales, les directeurs et professeurs des écoles nationales professionnelles et des écoles primaires supérieures, l'avancement se fait sur l'ensemble de ce personnel dans la France entière; il a lieu exclusivement au choix et sur un tableau d'avancement dressé par une commission composée du directeur de l'enseignement primaire, président, des inspecteurs généraux de l'enseignement primaire et de deux délégués du conseil supérieur de l'instruction publique élus par ce conseil (art. 43). Ces fonctionnaires ne peuvent recevoir d'avancement qu'après deux ans d'exercice dans la classe à laquelle ils appartiennent.

159. Il convient également mentionner le règlement d'administration publique du 20 mai 1890 (D. P. 91. 4. 4) sur le mode spécial de classement et d'avancement des instituteurs et institutrices de Paris, et l'art. 53 de la loi de finances du 26 déc. 1890 (D. P. 91. 4. 61), qui règle le classement et l'avancement des instituteurs et institutrices dans les villes de plus de 100 000 âmes (V. *Code des lois politiques et administratives*, v° *Enseignement*, p. 630 et 631). Les art. 1 et 2 du décret du 20 mai 1890 contiennent des dispositions transitoires applicables aux membres composant le personnel des écoles publiques primaires ou maternelles de la ville de Paris en fonctions au moment de la promulgation de ce décret. L'art. 3 concerne les instituteurs et institutrices admis après cette promulgation dans le personnel enseignant de la ville de Paris: il répartit en cinq classes les instituteurs et institutrices titulaires ainsi que les directeurs et directrices. D'après l'art. 4, les dispositions de la loi du 19 juill. 1889 relatives au traitement du personnel enseignant des écoles primaires ou maternelles sont applicables à la ville de Paris; mais, afin de ne pas imposer immédiatement à cette ville un accroissement notable des dépenses par suite de l'augmentation des traitements, le second paragraphe de l'art. 4 et l'art. 5 établissent des mesures transitoires, qui ont pour but d'échelonner en plusieurs années l'application intégrale des art. 7, 8 et 12 de la loi du 19 juill. 1889.

L'art. 53, § 1er, de la loi de finances du 26 déc. 1890 porte que, dans les villes de plus de 100 000 âmes visées par l'art. 12, § 4, de la loi du 19 juill. 1889, il sera établi un mode spécial de classement et d'avancement des instituteurs et des institutrices pour régler entre eux la répartition des avantages que ces villes voudront leur assurer en sus de leur traitement légal. Le classement spécial prévu par cet article devait être approuvé par un décret rendu le conseil d'Etat entendu. Mais ce décret n'a pas encore été promulgué.

160. L'art. 31 de la loi du 19 juill. 1889 détermine le traitement des instituteurs et institutrices publics d'Algérie, et rend applicable à l'Algérie tous les autres articles de cette loi (V. *infrà*, v° *Organisation de l'Algérie* et *Code des lois politiques et administratives*, v° *Enseignement*, n°s 3367 et suiv.).

161. La loi du 19 juill. 1889 n'ayant pu être appliquée immédiatement dans son intégrité, il a fallu organiser une période d'attente et d'application progressive. Cette organisation a fait l'objet de dispositions transitoires contenues dans les art. 32 et suiv., dont on trouvera le texte et le commentaire dans notre *Code des lois politiques et administr.*, v° *Enseignement*, n°s 3385 et suiv. Ainsi que le fait remarquer le rapporteur du Sénat, on s'est conformé dans ces dispositions à deux règles essentielles: en premier lieu, aucun traitement actuel ne sera diminué par le fait même de la loi; en second lieu, aucun traitement actuel ne sera augmenté par le fait même de la loi. Comme corollaire au premier principe, le mode d'augmentation qui se pratique aujourd'hui fonctionnera sans discontinuité pour tous les instituteurs en fonctions, jusqu'à ce qu'il ait été remplacé par le mode d'augmentation prévu par le projet.

162. L'art. 51 de la loi du 19 juill. 1889 dispose que, jusqu'à complète exécution de cette loi, les instituteurs et institutrices congréganistes actuellement en exercice dans les écoles publiques continueront à recevoir les traitements dont ils seront en possession à la date de la promulgation de ladite loi. Il n'est rien ajouté ni rien retranché à ces traitements (V. *Code des lois politiques et administratives*, v° *Enseignement*, n°s 3591 et suiv.).

163. On a indiqué au *Rép.* (n° 223), parmi les avantages assurés aux instituteurs publics, l'exemption du service militaire accordée à tous ceux qui, avant l'époque fixée pour le tirage, auraient pris l'engagement de se vouer pendant dix ans à l'enseignement public et qui auraient réalisé cet engagement. Cette exemption a été abolie par la loi du 15 juill. 1889 sur le recrutement de l'armée (D. P. 89. 4. 73 et *infrà*, v° *Organisation militaire*). Mais l'art. 23 de cette loi autorise, en temps de paix, l'envoi en congé dans leurs foyers, sur leur demande, après un an de présence sous les drapeaux, de tous les jeunes gens qui contractent l'engagement de servir pendant dix ans dans les fonctions de l'instruction publique.

164. On a vu également (*Ibid.*) que des récompenses honorifiques pouvaient être décernées aux instituteurs par le ministre de l'instruction publique. L'art. 34 de la loi du 30 oct. 1886 confirme sur ce point la législation antérieure: il porte que les fonctionnaires de l'enseignement primaire public pourront recevoir des récompenses consistant en mentions honorables, médailles de bronze et médailles d'argent, et il confie au ministre de l'instruction publique le soin de déterminer les conditions dans lesquelles pourront être accordées ces récompenses. Cette réglementation a été faite par l'arrêté ministériel du 18 janv. 1887 (*Code des lois politiques et administr.*, v° *Enseignement*, n° 1983). Aux termes de cet arrêt, nul ne peut obtenir la mention honorable s'il ne compte au moins cinq ans de service comme titulaire; la médaille de bronze, s'il n'a reçu la mention honorable depuis deux ans au moins; la médaille d'argent, s'il n'a reçu la médaille de bronze depuis deux ans au moins. L'art. 45 de la loi du 19 juill. 1889 porte que les instituteurs et institutrices des écoles primaires élémentaires et maternelles qui auront obtenu la médaille d'argent recevront une allocation annuelle et viagère, non soumise à retenue, de 100 francs. Les médailles d'argent ne peuvent être accordées que sur la proposition de la commission départementale de classement, instituée par l'art. 41 de la loi du 19 juill 1889 (V. *suprà*, n° 158) et dans la limite du crédit spécial qui sera ouvert à cet effet au budget du ministère de l'instruction publique. Les propositions soumises à l'approbation du ministre sont établies par l'inspecteur d'académie pour les mentions honorables et les médailles de bronze.

165. Indépendamment des distinctions honorifiques dont il vient d'être question, des prix spéciaux sont décernés aux instituteurs et institutrices publics (V. *Code des lois politiques et administr.*, v° *Enseignement*, n°s 1993 et suiv.). Les palmes académiques peuvent aussi leur être conférées sous certaines conditions. V. *suprà*, v° *Ordres civils et militaires*, n° 85. Enfin l'art. 34, § 3, de la loi du 30 oct. 1886 porte que les instituteurs mis à la retraite peuvent être nommés instituteurs honoraires d'après un règlement délibéré par le conseil supérieur de l'instruction publique.

ART. 5. — *Des instituteurs et institutrices libres.*

166. On a exposé au *Rép.* n° 228 le système organisé, en matière d'enseignement primaire privé, par la loi du 15 mars 1850. Ce système a été modifié par la législation aujourd'hui en vigueur. La loi du 30 oct. 1886 détermine les conditions exigées pour enseigner dans une école privée. On a vu *suprà* n° 136 qu'en principe, aux termes de l'art. 4 de cette loi, nul étranger ne peut être directeur ou adjoint chargé de classe dans une école privée; mais que, par dérogation à cette règle, les étrangers remplissant les conditions d'âge et de capacité exigées par les lois du 16 juin 1881 et du 30 oct. 1886, et admis à jouir des droits civils en France, peuvent enseigner dans les écoles privées moyennant une autorisation donnée par le ministre, après avis du conseil départemental. Les conditions d'âge, de capacité et de moralité exigées, ainsi qu'on l'a dit *suprà* n°s 127 et suiv., des instituteurs et institutrices publics, le sont également des instituteurs et institutrices privés.

167. Les art. 37 et 38 de la loi du 30 oct. 1886, qui ont remplacé l'art. 27 de la loi de 1850 rapportée au *Rép.* n° 228, soumettent l'ouverture des écoles primaires privées à des déclarations faites : 1° au maire ; 2° au préfet ; 3° à l'inspecteur d'académie; 4° au procureur de la République. Ces déclarations sont exigées non seulement pour l'ouverture d'une école, mais dans le cas de changement de local de l'école et dans le cas d'admission d'élèves internes.

168. Tout instituteur qui veut ouvrir une école privée doit, aux termes de l'art. 37 de la loi de 1886, déclarer préalablement son intention au maire de la commune où il veut s'établir et lui désigner le local. Le maire doit recevoir la déclaration et en donner immédiatement récépissé au postulant. Il a cependant été décidé qu'en admettant qu'un maire ait à tort refusé de recevoir la déclaration d'ouverture d'une école libre, l'irrégularité ainsi commise ne constitue pas par elle-même une faute personnelle du maire, et que dès lors, il n'appartient pas à l'autorité judiciaire de connaître d'une demande en dommages-intérêts formée contre lui par l'instituteur à raison du préjudice que lui aurait causé ce refus (Trib. confl. 11 déc. 1880, aff. Marty, D. P. 82. 3. 56). La déclaration doit être affichée pendant un mois à la porte de la mairie. Cet affichage n'ayant pour but que d'éclairer l'autorité supérieure sur l'opportunité du droit d'opposition, le retard apporté à cet affichage ne peut ni changer le point de départ, ni prolonger la durée du délai d'un mois, à partir de la déclaration, à l'expiration duquel l'instituteur peut, en l'absence d'opposition, ouvrir son école (Trib. confl. 17 janv. 1880, aff. Pineau, D. P. 80. 3. 132).

169. Il appartient au maire de former opposition à l'ouverture d'une école privée, et il exerce toujours ce droit d'office; son opposition doit être formée dans le délai de huitaine; il doit en donner avis par écrit au préfet, à l'inspecteur d'académie et au postulant. Il doit faire connaître les motifs sur lesquels cette opposition est fondée (L. 30 oct. 1886, art. 37 et décr. 18 janv. 1887, art. 159). L'acte d'opposition transmis par le maire au préfet et à l'inspecteur d'académie doit être formulé dans les mêmes termes que l'acte d'opposition notifié à l'intéressé, sinon la procédure serait de ce chef irrégulière (Cons. sup. instr. publ. 28 déc. 1888, et 16 déc. 1891; *Code des lois politiques et administr.*, v° *Enseignement*, n°s 2085 et 2086). La mention, sur la notification de l'acte d'opposition à l'intéressé, des motifs de cette opposition, est une formalité substantielle dont l'omission est une cause de nullité (Cons. sup. instr. publ. 23 juill. 1884, *ibid.*, p. 2087).

170. Le maire peut former opposition à l'ouverture d'une école privée pour défaut de convenance du local, et pour raisons tirées de l'intérêt des bonnes mœurs ou de l'hygiène : son opposition est non recevable lorsqu'elle est inspirée par des préoccupations étrangères aux questions d'hygiène et de bonnes mœurs (Cons. sup. instr. publ., 24 mars 1887, *Rec. cons. sup.*, p. 78). En ce qui concerne la convenance du local, on ne doit pas nécessairement appliquer aux écoles privées les prescriptions réglementaires du décret du 18 janv. 1887, relatives aux locaux scolaires (Cons. sup. instr. publ., 24 mars 1887 et 28 déc. 1888, *Rec. cons. sup.* p. 79 et 128); ni les règles prescrites par l'arrêté du 28 juill. 1882, pour la construction des écoles primaires élémentaires publiques (Cons. sup. instr. publ. 21 juill. 1888, *ibid.*, p. 114); ni les prescriptions ministérielles relatives à la distance où les maisons d'école doivent être des cimetières (Cons. sup. instr. publ., 6 janv. 1887, *ibid.*, p. 74 ; Comp. Cons. sup. instr. publ., 29 juill. 1887, *ibid.*, p. 87). Mais la proximité du cimetière est un motif légitime d'opposition, lorsqu'elle peut créer des dangers pour la santé des élèves à cause des infiltrations (Cons. sup. instr. publ., 21 juill. 1888, *ibid.*, p. 117).

Bien que le local destiné à une école privée soit défectueux, l'opposition du maire ne doit pas être maintenue si les conditions de ce local ne sont point telles qu'il ne puisse être affecté à son usage (Cons. sup. instr. publ., 25 juill. 1884, *ibid.*, p. 38). Ainsi il n'y a pas lieu de maintenir l'opposition formée à l'ouverture d'une école bien construite, bien aménagée et bien meublée, par le seul motif que la construction a été élevée sur un terrain déclive et suivie d'un talus dont la pente, sur une largeur de 5 m. 40, n'est, à sa plus grande hauteur, que d'un mètre (Cons. sup. instr. publ., 24 déc. 1887, *ibid.*, p. 93). Mais l'opposition doit être maintenue lorsque l'installation est défectueuse sous le rapport de l'éclairage, du chauffage et de la surveillance à exercer (Cons. sup. instr. publ. 24 juill. 1885, *ibid.*, p. 60); et lorsque les bâtiments ne présentent pas les garanties de solidité désirables (Cons. sup. instr. publ. 24 juill. 1885, *ibid.*, p. 61). Il en est de même dans le cas d'une école privée ouverte dans un asile destiné à recevoir des vieillards, des infirmes et des malades, lorsque la cour de récréation destinée aux élèves est immédiatement contiguë à l'asile et dominée par une série de fenêtres ouvrant sur un corridor traversé par les malades, et lorsque les religieuses enseignantes sont obligées de vivre en commun avec celles qui soignent les malades (Cons. sup. instr. publ., 29 déc. 1888, *ibid.*, p. 141).

On ne doit pas considérer comme suffisant pour empêcher l'ouverture d'une école privée le voisinage d'une buvette (Cons. sup. instr. publ., 26 déc. 1887, *ibid.*, p. 97); ni d'un café situé à une distance de 50 mètres (Cons. sup. instr. publ. 28 déc. 1888, *ibid.*, p. 129) ; ni de deux auberges situées à une assez grande distance de l'école (Cons. sup. instr. publ. 24 mars 1887, *ibid.*, p. 80). Il n'y a pas lieu non plus d'accueillir l'opposition fondée sur la contiguïté du local de cette école avec l'école publique (Cons. sup. instr. publ. 27 déc. 1888, *ibid.*, p. 121); ni sur l'absence du logement de l'institutrice dans l'école (Cons. sup. instr. publ., 23 déc. 1887, *ibid.*, p. 92); ni sur le manque d'eau de puits ou de source dans les locaux scolaires (Cons. sup. instr. publ. 27 déc. 1888, *ibid.*, p. 124).

171. Aux termes de l'art. 38 de la loi du 30 oct. 1886, le postulant doit, comme on l'a dit au *Rép.* n° 167, adresser au préfet, à l'inspecteur d'académie et au procureur de la République une copie de la déclaration qu'il a faite sur le registre ouvert à la mairie. Il doit lui en être délivré récépissé. L'instituteur doit joindre à la copie qu'il adresse à l'inspecteur d'académie son acte de naissance, ses diplômes, l'extrait de son casier judiciaire, l'indication des lieux où il a résidé et des professions qu'il a exercées pendant les dix années précédentes, le plan des locaux affectés à l'établissement, et, s'il appartient à une association, une copie des statuts de cette association; il doit produire également les pièces destinées à établir qu'il est Français. L'inspecteur d'académie doit donner récépissé de toutes ces pièces. Mais, quand la déclaration lui paraît irrégulière, il a le droit de refuser de la recevoir, sauf au postulant à se pourvoir devant les tribunaux compétents (Cons. sup. instr. publ. 22 juill. 1889, *Code des lois politiques et administratives*, v° *Enseignement*, n° 2129).

172. Le préfet n'a plus, comme sous la loi de 1850 (*Rép.* n° 228), le droit de former opposition à l'ouverture de l'école; mais ce droit est réservé à l'inspecteur d'académie qui peut l'exercer dans l'intérêt des bonnes mœurs ou de l'hygiène, soit d'office, soit sur la plainte du procureur de la République. Comme le maire, l'inspecteur d'académie ne peut fonder son opposition sur des motifs étrangers à l'hygiène et aux bonnes mœurs (V. sur les applications de cette règle *Code des lois politiques et administr.*, v° *Enseignement*, n°s 2142 et suiv.). Il ne pourrait, notamment, la fonder sur ce que la postulante n'aurait pas fourni la preuve que le local où elle se propose d'établir une école n'est pas une propriété de la commune (Cons. sup. instr. publ. 29 juill. 1887, *Rec. cons. sup.* p. 88). L'inspecteur d'académie peut, toutefois, former opposition, dans l'intérêt de l'ordre public, lorsqu'un instituteur public révoqué veut s'établir comme instituteur privé dans la commune où il exerçait. Mais il ne peut former cette opposition que dans le cas d'une révocation disciplinaire. C'est ainsi que la jurisprudence avait interprété la disposition de l'art. 33 de la loi de 1850 qui, plus rigoureuse que celle de 1886, déclarait l'instituteur révoqué incapable d'exercer dans la même commune la profession d'instituteur soit public, soit libre (Cons. d'Et. 9 déc. 1879, aff. Alleau, D. P. 80. 3. 9). — L'opposition de l'inspecteur d'académie doit être faite dans le délai d'un mois après le jour où il a délivré récépissé des pièces ci-dessus mentionnées (L. 30 oct. 1886, art. 38; Décr. 18 janv. 1887, art. 160). A défaut d'opposition, l'école est ouverte à l'expiration du mois sans autre formalité.

173. En vertu de l'art. 39 de la loi du 30 oct. 1886, comme sous la législation antérieure analysée au *Rép.* n° 228, les oppositions à l'ouverture d'une école privée sont jugées contradictoirement par le conseil départemental dans le délai d'un mois à dater du jour où l'opposition a été formée. Il n'est pas nécessaire que le conseil départemental soit au complet pour statuer (Cons. sup. instr. publ. 21 juill. 1888, *Code des lois politiques et administr.*, v° *Enseignement*, n° 2173). Mais il est indispensable que les deux membres de l'enseignement privé qui, aux termes de la loi, doivent être adjoints au conseil départemental pour l'examen des affaires disciplinaires et contentieuses (V. *suprà*, n° 27), soient présents ou aient été dûment convoqués. La présence de ces membres ou leur convocation doit être constatée dans le jugement à peine de nullité, ainsi que la présence de la moitié plus un des membres du conseil (Cons. sup. instr. publ. 24 déc. 1885, 6 janv. 1887, et 29 déc. 1888, *Rec. cons. sup.* p. 70, 71, 77 et 136). Le rapporteur doit être immédiatement nommé; cette désignation est une formalité substantielle et doit être accomplie à peine de nullité, ainsi que l'a décidé, sous l'empire des décrets des 25 juill. et 7 oct. 1850, une jurisprudence qui est encore aujourd'hui applicable (*Code des lois politiques et administr.*, v° *Enseignement*, n° 2179). Le rapporteur qui, précédemment, était désigné par le conseil départemental, l'est aujourd'hui par le préfet, aux termes de l'art. 162 du décret du 18 janv. 1887. Il est tenu de faire un rapport écrit, qui est une pièce essentielle de la procédure et doit faire partie du dossier. — Huit jours au moins avant la séance fixée pour le jugement de l'opposition, le préfet invite le déclarant à comparaître ou à se faire représenter devant le conseil : l'omission de cette formalité, ou son exécution dans un délai inférieur à huit jours, entraîne la nullité de la décision du conseil départemental (Cons. sup. instr. publ. 24 déc. 1885 et 6 janv. 1887, *Rec. cons. sup.* p. 71 et 76).

Le conseil départemental doit purement et simplement lever ou maintenir l'opposition dont il est saisi par l'inspecteur d'académie; il ne saurait la maintenir pour un temps déterminé (Cons. sup. instr. publ. 28 déc. 1888, *Rec. cons. sup.* p. 124), ni en donner mainlevée sous réserve de l'exécution de certains travaux destinés à améliorer les locaux scolaires (Cons. sup. instr. publ. 17 juin 1880 et 24 mars 1887, *Rec. cons. sup.* p. 7 et 81). — La décision du conseil départemental doit être annulée pour vice de forme lorsqu'elle n'a pas été rendue dans le mois (Cons. sup. instr. publ. 20 et 21 juill. et 27 déc. 1888, *Rec. cons. sup.* p. 105, 114 et 119). Il a été décidé, toutefois, qu'il n'y avait pas lieu à annulation lorsque le conseil n'avait été convoqué que le dernier jour du délai et n'avait pas jugé parce qu'il n'était pas en nombre (Cons. sup. instr. publ. 21 juill. 1888, *Rec. cons. sup.* p. 116). — La décision est notifiée dans les huit jours tant au déclarant qu'à l'auteur de l'opposition, par les soins du préfet, qui est tenu de les avertir qu'ils ont le droit de se pourvoir devant le conseil supérieur dans les dix jours de la notification (Décr. 18 janv. 1887, art. 164).

174. On a vu au *Rép.* (n° 228) que la loi de 1850 n'ouvrait aucun recours contre les décisions du conseil départemental. L'art. 39 de la loi du 30 oct. 1886 porte que ces décisions peuvent être déférées par voie d'appel au conseil supérieur de l'instruction publique dans les dix jours à partir de la notification. L'appel peut être formé tant par le postulant que par les auteurs de l'opposition. Le recours de l'instituteur ou du maire est reçu au bureau de l'inspecteur d'académie. Le recours de l'inspecteur d'académie est formé par une décision qu'il notifie à la partie intéressée et qu'il transmet au préfet dans le plus bref délai. Ce dernier adresse les déclarations d'appel et le dossier de l'affaire au conseil supérieur, qui statue contradictoirement dans sa plus prochaine session et dans le plus bref délai possible. L'instituteur appelant peut se faire assister d'un conseil (L. 30 oct. 1886, art. 39, et décret du 18 janv. 1887, art. 165). En aucun cas, l'ouverture de l'école ne peut avoir lieu avant la décision d'appel.

175. Nous avons analysé, au *Rép.* n° 230, les dispositions de l'art. 29 de la loi du 15 mars 1850 qui donnaient une sanction pénale aux prescriptions de cette loi relatives à l'ouverture d'écoles privées. Ces dispositions ont été en partie reproduites et en partie modifiées par l'art. 40 de la loi du 30 oct. 1886, qui prévoit et punit les infractions suivantes : 1° ouverture d'une école par un instituteur qui ne remplit pas, ou dont les adjoints ne remplissent pas, les conditions de nationalité, d'âge et de capacité exigées par les art. 4 et 7 de ladite loi (V. *suprà*, n°s 127 et suiv. et 166); — 2° Ouverture de classes primaires pour adultes ou apprentis qui n'auraient pas satisfait aux obligations des lois des 19 mai 1874 et 28 mars 1882, et ouverture de ces classes sans l'accomplissement des formalités prévues par l'art. 8, § 4, de la loi du 30 oct. 1886; — 3° Ouverture d'une école avant l'accomplissement des formalités exigées par les art. 37 et 38 de ladite loi ou avant l'expiration du délai d'un mois qui suit la déclaration (V. *suprà*, n° 167); — 4° Ouverture d'une école primaire supérieure par un instituteur non pourvu des titres de capacité exigés par l'art. 36 de la loi précitée; — 5° Admission des enfants des deux sexes dans une école privée sans autorisation du conseil départemental, lorsqu'il existe au même lieu une école publique ou privée spéciale aux filles (L. 30 oct. 1886, art. 36); — 6° Admission d'enfants au-dessous de six ans dans une école privée, ou ouverture sans autorisation d'une classe enfantine recevant des enfants au-dessous de six ans, lorsqu'il existe dans la commune une école maternelle publique ou une classe enfantine publique (L. 30 oct. 1886, art. 36); — 7° Ouverture d'une école avant qu'il ait été statué sur l'opposition formée à cette ouverture, ou malgré la décision du conseil départemental qui aura accueilli la décision, ou avant la décision d'appel (V. *suprà*, n°s 169 et suiv. et 174).

176. Les contraventions à ces diverses prescriptions légales, qui étaient punies, par l'art. 29 de la loi du 15 mars 1850, des peines indiquées au *Rép.* n° 230, sont frappées par l'art. 40 de la loi de 1886 de pénalités plus élevées. Les contrevenants sont punis d'une amende de 100 à 1000 fr., et, en cas de récidive, d'un emprisonnement de six jours à un mois et d'une amende de 500 à 2000 fr. Dans tous les cas, comme sous l'empire de la loi de 1850, l'école doit être fermée. Ces infractions constituent des délits de la compétence du tribunal correctionnel : les peines qu'elles entraînent sont susceptibles d'être mitigées par l'admission de circonstances atténuantes; mais elles ne sont pas excusables à raison de la bonne foi du prévenu (Nîmes, 28 avr. 1883, aff. Delbos, D. P. 84. 2. 101). — Les tribunaux sont incompétents pour se prononcer sur la légalité d'une opposition formée à l'ouverture d'une école privée (Trib. corr. de Moulins, 14 mars 1884, aff. Regnault, D. P. 85. 2. 213). Mais c'est exclusivement devant les tribunaux que doivent être poursuivies les infractions prévues par l'art. 40 de la loi du 30 oct. 1886; il a été décidé, en conséquence, que la décision du conseil départemental qui prononce contre une institutrice privée la peine de l'interdiction pendant trois mois, pour avoir employé dans son école une institutrice non pourvue du brevet de capacité, doit être annulée pour incompétence (Cons. sup. instr. publ., 28 déc. 1888, *Rec. cons. sup.*, p. 133). — Les tribunaux sont-ils compétents pour ordonner la fermeture de l'école? V. dans le sens de l'affirmative : Jugement précité du 14 mars 1884. — *Contrà :* Angers, 20 févr. 1892; aff. Desmars, D. P. 93. 2. 52. D'après cet arrêt, il s'agit là d'une mesure d'exécution qui n'appartient qu'à l'autorité administrative.

177. Le directeur d'une école primaire qui se fait assister d'un adjoint chargé de classe, ne remplissant pas les conditions prescrites par l'art. 4 de la loi du 30 oct. 1886 et, par exemple, non pourvu du brevet de capacité exigé par cet article, tombe, alors même que personnellement il remplit ces conditions, sous l'application de l'art. 40 de ladite loi et encourt les pénalités édictées par cette disposition (Crim. cass., 13 janv. 1888, aff. Gendreau, D. P. 88. 1. 233, et sur renvoi, Poitiers, 4 mai 1888, D. P. 89. 2. 6; Angers, 20 févr. 1892, cité *suprà*, n° 176). — Quant au maître adjoint, l'art. 40 ne lui est pas applicable (Nîmes, 29 avr. 1887, aff. Bouchon, D. P. 88. 2. 143, et sur pourvoi, Crim. rej. 13 janv. 1888, D. P. 88. 3. 234); la même solution était admise par la jurisprudence sous l'empire de l'art. 29 de la loi du 15 mars 1850 (Paris, 13 juin 1879, aff. Pérard, D. P. 79. 2. 141). A plus forte raison, en est-il de même d'un simple auxiliaire qui fait la classe aux plus jeunes élèves d'une école privée, à côté du directeur ou sous sa constante surveillance, et pour ainsi dire en manière de répétition, cet auxiliaire n'étant pas soumis à l'obligation d'être pourvu d'un brevet (Arrêt précité du 29 avr. 1887). La loi autorise un instituteur à se faire remplacer par un auxiliaire non breveté, à la condition que ce remplacement ne dure qu'un temps relativement court et que cet auxiliaire, qui est alors un adjoint de fait et non un adjoint de droit, exerce sous la responsabilité et sous la surveillance du titulaire légal (Arrêt précité du 4 mai 1888). Mais on ne saurait considérer comme un auxiliaire temporaire et surveillé l'adjoint qui, dans une classe séparée, fait seul aux élèves les principales leçons, alors que le titulaire, sourd et habituellement malade, assiste rarement à ces leçons et n'y assiste pas utilement à cause de sa surdité (Même arrêt).

178. Il a été décidé, sous l'empire de la loi de 1850, que le refus ou l'impossibilité de représenter le plan des lieux, qui doit être annexé à la déclaration d'ouverture d'une école libre, ne constituait aucun délit et que l'on ne saurait en induire, à titre de préremption légale, que ce plan n'a pas été produit au préfet lors de ladite déclaration. (Crim. rej. 16 août 1879) (1). La même solution doit être adoptée sous l'empire de la loi du 30 oct. 1886. Le fait d'avoir ouvert et dirigé une école privée sans déclaration préalable constitue non un délit instantané, mais un délit successif, qui se continue jusqu'au jour de la disparition ou du changement de direction de l'école illégalement ouverte. En conséquence, ce n'est que de cette dernière date que part le délai de trois ans nécessaire pour la prescription de ce délit (Aix, 25 janv. 1882) (2). Le fait

(1) (Barthès.) — LA COUR; — Vu la requête présentée par le procureur général près la cour d'appel de Toulouse à l'appui de son pourvoi. — Sur la première branche du premier moyen du pourvoi, tirée de la violation des art. 27, 29, 53 de la loi du 15 mars 1850, et 4 du décret du 30 décembre suivant, en ce que Barthès, ne pouvant représenter en 1879 le plan du local de son pensionnat revêtu des mentions prescrites par ledit décret, devait être légalement présumé n'avoir pas produit ce plan au préfet, lorsqu'il a fait, en 1867, la déclaration d'ouverture de son établissement : — Attendu que la loi du 15 mars 1850 n'a pas dérogé, pour les délits qu'elle définit et qu'elle réprime, aux règles générales sur la preuve édictées par le code d'instruction criminelle; que la prétendue présomption légale invoquée par le pourvoi n'est écrite dans aucun des articles de cette loi et ne saurait résulter de la disposition du décret réglementaire du 30 déc. 1850, qui prescrit au maître de pension de conserver le plan du local affecté à son établissement, et de le représenter à toute réquisition; qu'il suit de là que, selon les règles du droit commun, il appartenait à la cour d'appel d'apprécier les documents et les témoignages produits devant elle et d'en tirer la preuve que Barthès, lorsqu'il a ouvert son pensionnat en 1867, avait préalablement rempli toutes les formalités et satisfait à toutes les obligations que la loi lui imposait; qu'en jugeant ainsi d'après les faits de la cause, et quoique Barthès ne pût, en 1879, représenter le plan du local affecté au pensionnat qu'il dirige, la cour d'appel n'a violé aucune des dispositions légales visées ci-dessus; — Sur la seconde branche du premier moyen, tirée de la violation des mêmes textes, en ce que le défaut de représentation du plan des lieux serait par lui-même un délit, dont la cour d'appel aurait méconnu le caractère en renvoyant le prévenu des poursuites : — Attendu que la loi du 15 mars 1850 ne punit de peines correctionnelles celui qui tient une école ou un pensionnat primaire libre que dans les cas déterminés par les art. 29 et 53; qu'au nombre de ces cas ne se trouve pas le refus ou l'impossibilité de représenter le plan des lieux aux autorités désignées en l'art. 4 du règlement du 30 décembre suivant; que ce fait ne constitue donc pas un délit, et ne comporte que l'application des peines disciplinaires édictées par l'art. 30 de ladite loi; — Sur le second moyen, tiré de la violation de l'art. 53 de la loi du 15 mars 1850, en ce que le prévenu, étant instituteur communal, ne pouvait tenir un pensionnat primaire qu'avec l'autorisation du conseil départemental de l'instruction publique et n'était pas pourvu de cette autorisation : — Attendu que, s'il résulte de l'arrêt attaqué que Barthès a été nommé, le 5 sept. 1870, instituteur adjoint à l'école primaire communale de Castelsarrasin, il en résulte aussi que cette nomination n'a pas eu de suite, et n'a jamais été mise à exécution; que Barthès n'a pas pris possession des fonctions auxquelles il était appelé, ne les a jamais exercées, n'a jamais touché les émoluments qui y sont attachés, et est resté constamment étranger aux travaux de l'école publique; qu'en décidant, en cet état des faits, que le prévenu n'était pas instituteur communal et n'avait pas besoin de l'autorisation du conseil départemental pour tenir un pensionnat primaire libre, l'arrêt attaqué, loin de violer l'art. 53 de la loi du 15 mars 1850, l'a sainement interprété et exactement appliqué; — Rejette le pourvoi formé contre l'arrêt de la cour de Toulouse du 12 juin 1879, etc.

Du 16 août 1879.-Ch. crim.-MM. de Carnières, pr.-Thiriot, rap.-Benoist, av. gén.-Sabatier, av.

(2) (B...) — Le 6 déc. 1881, le tribunal de police correctionnelle de Brignoles a rendu le jugement suivant : — « Attendu que l'école d'enseignement primaire et le pensionnat libre de jeunes filles, que la dame B... a dirigés à La Verdière, de 1876 à 1881, ont été ouverts par elle avec l'assentiment de l'Administration; qu'en admettant qu'elle n'ait pas fait à cette époque les déclarations préalables à l'ouverture de cet établissement, le délit remontant à 1876 se trouve prescrit, conformément aux dispositions de l'art. 638 c. instr. crim., et qu'il y a lieu, aux termes de l'art. 191 du même code, de la renvoyer de la plainte; — Par ces motifs; — Acquitte la prévenue ». — Appel par le ministère public.

LA COUR; — Attendu que la dame B..., en religion sœur Reine-de-la-Croix, aux termes de la citation introductive d'instance, était prévenue d'avoir, de 1873 à 1881, à La Verdière : 1° ouvert une école d'enseignement primaire, sans avoir fait préalablement la déclaration prescrite par l'art. 27 de la loi du 15 mars 1850, les art. 1 et 2 du décret du 7 oct. 1850; 2° ouvert un pensionnat libre de jeunes filles, sans avoir fait préalablement la déclaration prescrite par l'art. 53 de la loi du 15 mars 1850, les art. 1 et 2 du décret du 30 déc. 1850, délits prévus et punis par l'art. 29 de la loi du 15 mars 1850; — Attendu que la dame B... n'a pas justifié avoir fait à une époque quelconque la double déclaration dont s'agit, mais qu'elle oppose à l'action du ministère public, la prescription de l'art. 638 c. instr. crim., l'ouverture de l'école et du pensionnat, d'après la prévention, remontant à l'année 1876, et la citation introductive d'instance ayant été donnée à la prévenue le 4 nov. 1881, seulement, soit plus de trois ans après; — Attendu que les deux délits imputés à la dame B..., pour avoir ouvert, de 1873 à 1881, comme le porte la citation, c'est-à-dire, pour avoir tenus ouverts pendant ce laps de temps une école primaire et un pensionnat libres, ne sont pas des délits instantanément consommés, mais bien des délits successifs, se continuant jusqu'au jour de la disparition ou du changement de direction,

d'avoir ouvert une école après le rejet de l'opposition faite par le maire et sur l'autorisation de l'inspection académique et de l'avoir tenue ouverte jusqu'à la notification de cette décision, ne constitue une infraction à aucune des dispositions de la loi du 30 oct. 1886 (Orléans, 21 févr. 1888, aff. Gendron, D. P. 89. 2. 63).

179. Ainsi que nous l'avons dit (*Rép.* n° 234), on décidait, sous le régime de la loi de 1850, et l'on doit décider encore aujourd'hui que l'enseignement donné aux enfants dans la famille échappe à toute règlementation administrative, et qu'on ne saurait étendre à cet enseignement les dispositions applicables à ceux qui veulent ouvrir une école et enseigner publiquement (Crim. rej., 27 janv. 1883, aff. Fèvre, D. P. 83. 1. 277). Ces dispositions ne doivent donc pas être appliquées au cas où un instituteur donne à l'enfant d'une famille dans laquelle il réside des leçons auxquelles assistent accidentellement quelques enfants en dehors de toute réglementation d'heures de classes et de programmes, et sans rémunération (Crim. rej. 20 mars 1874, aff. De Chauveau, D. P. 74. 1. 498); ni au fait, par l'institutrice attachée à l'éducation, des enfants d'un particulier de donner des leçons dans le château qu'elle habite à quelques jeunes garçons du voisinage (Orléans, 12 août 1884, aff. Duvivier, D. P. 85. 2. 272). On doit également assimiler à l'enseignement domestique celui qui est donné par un ecclésiastique à ses neveux, orphelins ou abandonnés de leurs parents (Arrêt précité du 27 janv. 1883). De même, la personne qui, après avoir accueilli dans un but purement charitable, sept petites filles orphelines ou nées de parents indigents, leur fait enseigner, dans la maison où elles résident, la lecture, l'écriture, les notions élémentaires d'histoire et les travaux manuels propres à former des domestiques de ferme, ne peut être poursuivie comme ayant ouvert une école libre sans avoir fait la déclaration préalable exigée par la loi et sans être pourvue du brevet de capacité (Poitiers, 6 mars 1885, aff. Delauzon, D. P. 85. 2. 263). Mais il a été décidé que la réunion habituelle d'enfants de différentes familles, pour recevoir l'enseignement en commun, constitue le fait d'ouverture d'école et de profession d'instituteur public et libre ; qu'en conséquence, l'instituteur qui, sans avoir rempli les formalités prescrites pour l'ouverture d'une école privée, donne à jours et heures fixes des leçons en commun à des enfants ne dépendant pas d'une même famille, encourt les pénalités édictées par la loi (Caen, 21 nov. 1883) (1). De même la personne qui a réuni habituellement dans un local déterminé, des petites filles de six à douze ans dans un but d'éducation et d'instruction, et a fait donner des leçons en commun par un subordonné, à une partie au moins de ces enfants, doit être considérée comme ayant ouvert une école, et non comme ayant donné des leçons en particulier aux enfants qu'elle recevait (Crim. rej. 25 févr. 1886, aff. Martin, D. P. 87. 1. 457).

180. Quoique l'instruction religieuse soit autorisée à titre purement facultatif dans les écoles privées, par l'art. 2 de la loi du 28 mars 1882 (V. *suprà*, n° 34), les matières qui en font l'objet, comme le catéchisme et l'histoire sainte, ne font pas partie du programme officiel de l'enseignement primaire ; et, d'un autre côté, les travaux d'aiguille, bien que figurant dans l'énumération des objets que comprend l'enseignement primaire des filles, ne sauraient, à raison de leur caractère tout spécial, constituer à eux seuls l'élément d'enseignement nécessaire pour caractériser la tenue d'une école. En conséquence, on ne saurait considérer comme constituant l'ouverture d'une école sans les déclarations préalables prescrites par les art. 37 et 38 de la loi du 30 oct. 1886, le fait par un père de famille de réunir à son domicile, dans une salle commune, sous la surveillance de l'institutrice de ses enfants, un certain nombre de jeunes filles de famille différentes, et en âge scolaire, pour leur faire faire des travaux d'aiguille et leur donner en même temps des explications sur le catéchisme et l'histoire sainte en leur faisant réciter le catéchisme (Crim. cass., 15 juin 1888, aff. Le Juge de Montespieu, D. P. 88. 1. 398).

181. Une garderie d'enfants dirigée par une personne absolument illettrée et dans laquelle on ne donne aux enfants aucune notion d'enseignement le plus élémentaire ne peut être assimilée à une école maternelle, qui est à la fois un établissement d'instruction publique et un établissement de bienfaisance (Montpellier, 19 févr. 1883, aff. Caussy, D. P. 84. 2. 70, et sur pourvoi, Crim. rej. 21 mars 1884, D. P. 84. 1. 474). On ne saurait donc assimiler à l'ouverture illicite d'une école maternelle le fait, par une personne qui ne remplit pas les conditions exigées par les règlements, de recevoir des enfants de deux à six ans et de les garder, en se bornant à leur faire répéter quelques prières et à leur réciter des contes (Mêmes arrêts). Il a été également décidé que les peines portées contre l'instituteur ou l'institutrice libre qui reçoit dans son école sans l'autorisation du conseil départemental, des enfants d'un sexe différent du sien, ne sont pas applicables à l'institutrice qui reçoit, sans cette autorisation, de jeunes enfants des deux sexes dans une garderie tenue sous le même toit que l'école qu'elle dirige, mais installée dans un local différent et complètement séparé de ladite école (Montpellier, 10 juin 1886, aff. Allègre, D. P. 87. 5. 206). Mais si la garde, dans une salle commune, d'enfants en bas âge auxquels aucune instruction n'est donnée, doit être considérée comme constituant non la tenue d'une école, mais une simple garderie, ce caractère ne saurait appartenir à la réunion habituelle d'enfants de six à douze ans assemblés dans une salle commune et appelés à recevoir, même isolément et les uns après les autres, des leçons d'écriture et de calcul (Crim. rej. 25 févr. 1886, aff. Martin, D. P. 87. 1. 457).

182. L'art. 43 de la loi du 30 oct. 1886 assujettit aux mêmes conditions que les autres écoles privées celles qui

---

soit de l'école, soit du pensionnat illégalement ouvert ; que, dans l'espèce du procès actuel, la dame B..., ayant quitté la direction de l'école et du pensionnat au mois de nov. 1880 seulement, et ce, sans justifier d'aucune déclaration régulièrement faite à une époque quelconque, ne saurait bénéficier de la prescription invoquée ; — Faisant droit à l'appel du ministère public : — Déclare la dame B... convaincue d'avoir, à La Verdière, tenu ouverts une école primaire et un pensionnat libres de jeunes filles, sans avoir préalablement fait les déclarations prescrites, etc.

Du 25 janv. 1882.-C. d'Aix, ch. corr.-MM. Caresme, pr.-Pontier, subst.-Guillibert, av.

(1) (Harangt.) — Le 28 juin 1883, le tribunal de police correctionnelle de Bayeux a rendu le jugement suivant : — « Considérant que Harangt est prévenu d'avoir ouvert une école libre à Arromanches, sans avoir fait au maire de cette commune la déclaration prescrite par l'art. 27 de la loi du 15 mars 1850 ; — Considérant qu'en fait il est établi par l'information et les débats que le prévenu, ancien élève de l'école normale de Caen, pourvu du brevet facultatif le 5 août 1857, successivement instituteur suppléant à Firfol, et titulaire à Moyaux, Pierres, Mesnil-Ozouf, Arromanches et Longues, est parti de cette dernière commune, le 1er juill. 1881, en donnant sa démission ; que, par arrêté préfectoral du 9 du même mois, il a été révoqué, pour avoir quitté son poste sans attendre l'arrivée de son successeur ; que, depuis lors, il a exercé à Arromanches la profession d'épicier ; que, le 5 mars 1883, dix-huit enfants ont quitté l'école communale des garçons, tenue à Arromanches par Martin, instituteur, leurs parents ayant vainement demandé que le manuel Paul Bert et le manuel Compayré ne fussent plus des livres à l'usage des élèves ; que tous ces enfants, ou la plupart d'entre eux, avaient fréquenté cette école, alors que Harangt en était le maître ; qu'il consentit, sur la demande des parents, à donner à ces dix-huit enfants l'enseignement gratuit, dès le 15 mars ; qu'il organisa cet enseignement et dressa ses élèves de la façon suivante : il donnait sa leçon de huit à neuf heures du matin aux trois enfants Roussel, chez leur père ; de neuf à dix heures, à Boulanger, chez sa mère ; de dix à onze heures, à Blanleau, chez sa mère, la veuve Blanleau, et en même temps aux quatre enfants Cardron, neveux de cette dernière ; de onze heures à midi, à Marie, chez son père, et en même temps à Lerenard et à Henri Diesnis, enfants étrangers à Marie ; de quatre à cinq heures du soir, à Alexandre Diesnis et à Charles Diesnis, chez leur père, et en même temps à Lecouvreur, étranger à Diesnis ; de cinq à six heures du soir, aux deux enfants Blanleau, chez leur père, Jules Blanleau, et en même temps à Basset, étranger à Blanleau ; que, le 5 mai 1883, le maire d'Arromanches, assisté du garde champêtre, a fait une visite domiciliaire et des perquisitions chez lesdits Marie à l'heure de la leçon ; qu'un procès-verbal constatant l'enseignement ainsi donné par Harangt et la saisie des livres et cahiers des trois enfants a été dressé à cette date par le garde-champêtre, et affirmé le lendemain par celui-ci devant le maire ; qu'ils se sont également transportés le même jour chez Diesnis, chez Jules Blanleau et chez la veuve Blanleau, pour y constater, par les

sont établies dans les établissements de bienfaisance de toute nature. Les administrateurs et directeurs peuvent être passibles des peines édictées par les art. 40 et 42 de ladite loi.

183. Sous l'empire des lois du 15 mars 1850 et du 10 avr. 1867, il était reconnu qu'aucune disposition législative n'interdisait aux conseils municipaux de voter une subvention en faveur des écoles privées de la commune (Cons. d'Ét. 16 nov. 1888, aff. Comm. de Saint-Saturnin-lez-Apt, D. P. 90. 3. 11).

Mais le conseil d'État a émis l'avis que cette faculté a été enlevée aux communes par la loi du 30 oct. 1886 (Av. Cons. d'Ét. 19 juill. 1888, D. P. 90. 3. 14). Il a été décidé, en conséquence, qu'un conseil municipal contrevient aux dispositions de cette loi en subventionnant des écoles privées (Cons. d'Ét. 20 févr. 1891, aff. Ville de Vitré, Ville de Nantes et Ville de Muret, D. P. 92. 3. 73). Il a été également décidé qu'un conseil général ne peut, en aucun cas, accorder des subventions à une école privée (Décr. en Cons. d'Ét. 20 oct. 1888, D. P. 90. 3. 14). Mais on ne doit pas considérer comme une subvention accordée aux écoles privées l'allocation, au profit d'écoles privées, d'une somme qui doit être distribuée en nature par les soins du maire aux enfants pauvres (Cons. d'Ét. 20 févr. 1891, aff. Ville de Nantes, D. P. 91. 3. 73). — Un conseil municipal peut subventionner un établissement d'enseignement secondaire alors même qu'une classe primaire y est annexée (Cons. d'Ét. 17 avr. 1891, aff. Ville d'Espalion, D. P. 92. 3. 73).

ART. 6. — *Des institutions complémentaires de l'instruction primaire : pensionnats primaires ; écoles normales primaires ; écoles d'adultes et d'apprentis ; cours publics ; salles d'asile* (*Rép.* nos 238 à 261).

184. — I. PENSIONNATS PRIMAIRES. — Nous avons dit (*Rép.* n° 240) que la loi du 15 mars 1850 établit une distinction, en ce qui concerne l'ouverture d'un pensionnat primaire, entre les instituteurs communaux et les instituteurs libres. Cette distinction a été maintenue par la législation actuelle. Aux termes de l'art. 13 de la loi du 30 oct. 1886, le conseil départemental peut, après avis conforme du conseil municipal, autoriser les instituteurs et institutrices publics à recevoir des élèves internes en nombre et dans des conditions déterminés. — L'art. 53, § 1er, de la loi de 1850 laissait au conseil départemental la faculté d'autoriser l'ouverture d'un pensionnat primaire malgré l'avis défavorable du conseil municipal. Aujourd'hui cette autorisation ne peut être donnée contrairement à l'avis du conseil municipal. — Il a été jugé, d'ailleurs, qu'un individu nommé instituteur public n'a pas besoin d'obtenir l'autorisation du conseil départemental pour tenir un pensionnat primaire libre, lorsqu'il est constant que sa nomination n'a pas eu de suite, qu'il n'a pas pris possession des fonctions auxquelles il a été appelé, qu'il ne les a jamais exercées, qu'il n'en a jamais touché les émoluments et qu'il est resté constamment étranger aux travaux de l'école publique (Crim. rej. 16 août 1879. V. *suprà*, n° 178).

185. En ce qui concerne les instituteurs privés qui veulent ouvrir un pensionnat primaire, ils doivent justifier qu'ils se sont soumis aux prescriptions édictées par la loi du 30 oct. 1886 relativement à l'ouverture des écoles privées. Toutes les dispositions relatives à l'ouverture de ces écoles le sont également à l'ouverture des pensionnats (Décr. 18 janv. 1887, art. 170 à 172). L'opposition du maire à l'ouverture d'un pensionnat primaire libre fondée non sur l'insuffisance ou l'état du local, mais sur ce que cet immeuble appartiendrait à la commune et sur ce que l'autorité municipale ne consent pas à ce qu'un pensionnat y soit établi, ne saurait être accueillie (Cons. sup. instr. publ., 23 déc. 1885, *Rec. cons. sup.*, p. 66).

186. A défaut d'opposition à l'ouverture d'un pensionnat privé, ainsi que dans le cas où il a été donné mainlevée de l'opposition qui aurait été formée, le conseil départemental détermine le nombre maximum d'élèves qui peuvent être admis dans le local affecté au pensionnat et le nombre des maîtres nécessaires pour la surveillance des élèves (Décr. 18 janv. 1887, art. 173). En l'absence d'opposition, le conseil départemental ne pourrait déclarer d'office les locaux insuffisants (Cons. sup. instr. publ., 21 juill. 1888, *Rec. cons. sup.*, p. 111). L'instituteur qui ne s'est pas conformé aux mesures prescrites par le conseil départemental dans l'intérêt des mœurs et de la santé des élèves peut être traduit devant ce conseil pour subir l'application des dispositions de l'art. 41 de la loi du 30 oct. 1886 (V. *infrà*, sect. 7; Décr. 18 janv. 1887, art. 174).

187. Les art. 176 et 177 du décret de 1887 interdisent d'établir des pensionnats primaires dans des locaux dont le voisinage serait reconnu dangereux pour la moralité ou la santé des élèves, et de les annexer aux écoles privées qui reçoivent des enfants des deux sexes. Aux termes de l'art. 178, les dortoirs doivent être spacieux, aérés et dans des dimensions qui seront en rapport avec le nombre des pensionnaires; ils doivent contenir au moins quinze mètres cubes d'air par élève. Ils doivent être surveillés et éclairés pendant la nuit. Une pièce spéciale doit être affectée au réfectoire. Il a été décidé : 1° qu'il y a lieu d'accueillir l'opposition faite à l'annexion d'un pensionnat à une école privée par un instituteur marié qui n'entend s'adjoindre aucun auxiliaire, l'engagement pris par cet instituteur d'assurer seul la surveillance du pensionnat et particulièrement du dortoir ne répondant pas aux prescriptions de l'art. 178 du décret du 18 janv. 1887 (Cons. sup. instr. publ. 29 juill. 1887, *Rec. cons. sup.*, p. 86) ; — 2° Que le manque de surveillance des élèves d'un pensionnat où des faits d'immoralité se sont produits justifie la peine de l'interdiction absolue prononcée contre l'instituteur (Cons. sup. instr.

---

déclarations de ces témoins, les leçons que Harangt y donnait à heure fixe; que la matérialité des faits constatés est reconnue par le prévenu; qu'il n'y a d'autre question que celle de savoir si les faits ainsi établis tombent sous l'application d'un texte pénal; que cette question doit être résolue affirmativement; qu'en effet, il résulte bien de la discussion, à la Chambre des députés, de l'art. 4 de la loi du 28 mars 1882, que le père de famille peut donner lui-même, ou faire donner, par telle personne qu'il aura choisie, l'instruction à son enfant, soit chez lui, soit chez une personne amie, et que, dès lors, par voie de conséquence, la personne choisie par le père de famille a incontestablement le droit de donner l'instruction à un enfant ailleurs que chez son père; mais qu'il y a ouverture d'une école libre, si un autre enfant, serait-ce celui de la maison où la leçon est donnée, y est associé, et *a fortiori* si, comme dans la maison Marie, l'enseignement est donné en commun à trois enfants, l'enfant de la maison et deux enfants dont les parents sont amis du chef de cette maison; qu'en admettant qu'il ne faille pas compter les enfants, parents ou alliés en ligne directe ou collatérale du chef de la maison où l'enseignement est donné, il suffit pour qu'il y ait ouverture d'école libre soumise à déclaration, que deux enfants étrangers à la famille, seraient-ils, comme dans l'espèce, des enfants d'amis du chef de cette maison, y reçoivent simultanément l'instruction; qu'il n'y a pas de distinction à faire entre la *dualité* et la *pluralité*; que ces deux enfants constituent la pluralité voulue pour qu'il y ait, non seulement l'instruction donnée dans une famille, mais véritablement ouverture d'école libre ; — Considérant qu'il existe des circonstances atténuantes en faveur du prévenu ; — Attendu que les faits ainsi relevés à la charge du prévenu constituent l'infraction prévue et punie par les art. 27, 28, 29 et 80 de la loi du 15 mars 1850, et 463 c. pén ; — Par ces motifs; — Déclare Harangt coupable d'avoir, à Arromanches, depuis le mois d'avril 1883, ouvert une école libre, sans avoir préalablement la déclaration prescrite par la loi, etc.

Appel interjeté par M. Harangt.

LA COUR ; — Attendu qu'il résulte des dispositions combinées de la loi du 15 mars 1850, qu'il y a ouverture d'une école et profession d'instituteur public et libre, toutes les fois qu'il y a réunion habituelle d'enfants de différentes familles, pour y recevoir l'enseignement en commun; — Attendu qu'il est établi par l'information que, dans la commune d'Arromanches, depuis le 9 avr. 1883 jusqu'au 5 mai de la même année, à des jours et heures fixes et déterminés, Harangt a donné habituellement à des enfants qui ne dépendaient pas de la famille des leçons en commun ; — Attendu que Harangt, avant de distribuer l'instruction à ses enfants, n'a pas fait la déclaration prescrite par la loi, et qu'ainsi il a contrevenu à l'art 29 de la loi du 15 mars 1850; — Attendu que les articulations contenues dans les conclusions de Harangt ne sont pas de nature à modifier l'appréciation faite par la cour des faits constitutifs du délit; — Par ces motifs ; — Confirme, etc.

Du 21 nov. 1883.-C. de Caen, ch. corr.-MM. le cons. Croquevielle, pr.-Vaudrus, subst.-Lanfranc de Panthou, av.

publ. 30 juill. 1884, *Code des lois politiques et administratives*, v° *Enseignement*, n° 2168).

188. Lorsque, par application des art. 40 et 42 de la loi du 30 oct. 1886, un pensionnat primaire se trouve dans le cas d'être fermé, l'art. 179 du décret du 18 janv. 1887 porte que le préfet, l'inspecteur d'académie et le procureur de la République se concerteront pour que les parents ou tuteurs des élèves soient avertis sans retard, et pour que les élèves pensionnaires dont les parents ne résident pas dans la localité soient provisoirement recueillis dans une maison convenable, jusqu'à ce qu'il ait été possible de les rendre à leurs familles.

189. — II. Écoles normales primaires. — On a vu, au *Rép.* n° 247, que la loi du 28 juin 1833 imposait à chaque département l'obligation d'entretenir une école normale d'instituteurs, soit par lui-même soit en se réunissant à d'autres départements voisins, mais que cette obligation n'avait pas été maintenue par la loi du 15 mars 1850. La loi du 9 août 1879 (D. P. 80. 4. 64), est revenue au système de la loi de 1833, qu'elle a étendu aux écoles normales d'institutrices. Elle décide que tout département doit être pourvu d'une école normale d'instituteurs et d'une école normale d'institutrices suffisantes pour assurer le recrutement de ses instituteurs communaux et de ses institutrices communales. Elle fixe à quatre ans le délai dans lequel devront être installés ces établissements. Un décret du président de la République peut, sur l'avis conforme du conseil supérieur de l'instruction publique, autoriser deux départements à s'unir pour fonder et entretenir en commun soit l'une ou l'autre de leurs écoles normales, soit toutes les deux, en procédant conformément aux art. 89 et 90 de la loi du 10 août 1871 sur les conseils généraux.

190. L'art. 2 de la loi du 9 août 1879, range parmi les dépenses obligatoires pour les départements l'installation première et l'entretien annuel des écoles normales. Les art. 3 et 4 déterminaient les voies et moyens suivant lesquels il devait être pourvu à ces dépenses; mais ils ont été abrogés par l'art. 54 de la loi du 19 juill. 1889. L'art. 3 de cette dernière loi laisse à la charge des départements la location des bâtiments des écoles normales, l'entretien et le renouvellement du mobilier de ces écoles et du matériel d'enseignement. L'art. 2 met à la charge de l'Etat les traitements du personnel des écoles normales, les frais d'entretien des élèves dans les écoles normales et, en général, les dépenses de ces écoles non prévues à l'art. 3 de la même loi. Nous avons indiqué ailleurs (V. *suprà*, n° 125) comment il est pourvu aux dépenses incombant soit aux départements soit à l'Etat.

191. Des subventions de l'Etat peuvent être accordées aux départements, en raison de leur situation financière et de leurs sacrifices, pour la construction et l'installation de leurs écoles normales; ils peuvent, en outre, participer aux avantages que la loi du 20 juin 1885 assure aux départements et aux communes pour la construction des établissements scolaires (V. *suprà*, n° 115). Les plans et devis doivent être soumis à l'approbation du ministre de l'instruction publique. Le décret du 9 août 1888 (*Code des lois politiques et administr.*, v° *Enseignement*, p. 673) a rendu applicables à l'Algérie, à partir de 1888, les art. 1, 2, 3 et 4 de la loi du 9 août 1879, ayant pour objet l'établissement des écoles normales primaires.

192. Les écoles normales primaires sont des établissements publics destinés à former des instituteurs ou des institutrices pour les écoles publiques (écoles maternelles, écoles primaires élémentaires et écoles primaires supérieures). Elles relèvent du recteur, sous l'autorité du ministre de l'instruction publique (Décr. 18 janv. 1887, art. 56 et 57). Le régime de ces écoles est, en principe, l'internat. La pension est gratuite. L'approbation ministérielle est nécessaire pour qu'une école normale puisse recevoir des demi-pensionnaires ou des externes, qui sont admis aux mêmes conditions et à titre également gratuit (*Ibid.*, art 58). Quoique, en principe, le régime des écoles normales soit l'internat, plusieurs de ces écoles ne reçoivent que des élèves externes. La durée des cours d'études est de trois ans. Les années passées à l'école normale à partir de dix-huit ans pour les jeunes gens et de dix-sept ans pour les jeunes filles comptent pour la réalisation de l'engagement décennal (*Ibid.*, art. 59 et 60).

Toute école normale d'instituteurs et d'institutrices est pourvue d'une école primaire où les élèves maîtres et les élèves maîtresses s'exercent à la pratique de l'enseignement et qui prend le nom d'école d'application. Les écoles normales d'institutrices sont, en outre, pourvues d'une école maternelle d'application; les écoles d'application peuvent être soit des écoles installées dans les bâtiments de l'école normale et dites *écoles annexes*, soit des écoles publiques spécialement désignées à cet effet par le ministre de l'instruction publique, sur la proposition du recteur et avec l'agrément du conseil municipal. Le décret du 31 juill. 1890 (D. P. 91. 4. 100) a fixé le régime et les conditions d'existence de ces écoles d'application (V. *Code des lois politiques et administratives*, v° *Enseignement*, p. 674).

193. Tous les ans, le ministre fixe, sur la proposition du recteur et après avis du conseil départemental, le nombre d'élèves à admettre en première année dans chacune des écoles normales. Tout candidat doit avoir seize ans au moins et dix-huit ans au plus, être pourvu du brevet élémentaire, s'être engagé à servir pendant dix ans dans l'enseignement public, n'être atteint d'aucune infirmité ou maladie le rendant impropre au service de l'enseignement. Le recteur peut autoriser à se présenter au concours des candidats âgés de plus de dix-huit ans. Nul ne peut se présenter plus de deux fois au concours (Décr. 18 janv. 1887, art. 67 à 71). — Comme on l'a vu au *Rép.* n° 250, l'art. 17 du décret du 24 mars 1851 attribuait aux préfets le droit de prononcer chaque année, en conseil départemental, sur l'admission des candidats aux écoles normales. Aujourd'hui les candidats subissent un examen devant une commission nommée par le recteur et dont la composition est réglée par l'art. 73 du décret du 18 janv. 1887 (*Code des lois politiques et administr.* v° *Enseignement*, p. 180). Les candidats admis sont classés par ordre de mérite sur une liste qui est transmise au recteur avec les procès-verbaux de l'examen. Le recteur prononce l'admission des élèves maîtres, d'après l'ordre de mérite (Décr. 18 janv. 1887, art. 74). Les épreuves du concours d'admission sont réglées par les art. 89 et suiv. de l'arrêté ministériel du 18 janv. 1887 (*Code des lois politiques et administr.*, v° *Enseignement*, p. 679, note 2).

194. L'art. 82 du décret du 18 janv. 1887 détermine ainsi qu'il suit les matières de l'enseignement dans les écoles normales soit d'instituteurs, soit d'institutrices: 1° l'instruction morale et civique; 2° la lecture; 3° l'écriture; 4° la langue et les éléments de la littérature française; 5° l'histoire, et particulièrement l'histoire de France, jusqu'à nos jours; 6° la géographie et particulièrement celle de la France; 7° le calcul, le système métrique, l'arithmétique élémentaire avec application aux opérations pratiques; des notions de calcul algébrique; des notions de tenue des livres; 8° la géométrie élémentaire; 9° l'arpentage et le nivellement pour les élèves maîtres seulement; 10° les éléments des sciences physiques et des sciences naturelles, avec leurs principales applications; 11° l'agriculture, pour les élèves maîtres; l'horticulture; 12° l'économie domestique, pour les élèves maîtresses; 13° le dessin; 14° le chant et la musique; 15° la gymnastique et, pour les élèves maîtres, les exercices militaires; 16° les travaux manuels, pour les élèves maîtres; les travaux à l'aiguille, pour les élèves maîtresses; 17° la pédagogie; 18° l'étude d'une langue étrangère.

195. Le décret du 26 déc, 1855, mentionné au *Rép.* n° 249, est aujourd'hui remplacé par le règlement d'administration publique du 29 mars 1890 (*Code des lois politiques et administr.*, v° *Enseignement*, p. 683), sur l'administration et la comptabilité des écoles normales primaires et les prestations en nature à concéder au personnel de ces écoles. Aux termes de ce décret, chaque école normale primaire est administrée par un directeur ou une directrice et un conseil d'administration; un économe est chargé, sous l'autorité du directeur, de la comptabilité et de la gestion de l'établissement. Le directeur et l'économe sont nommés par le ministre de l'instruction publique. Le conseil d'administration, nommé pour cinq ans, est composé de l'inspecteur d'académie, président, de quatre membres, désignés par le recteur, et de deux conseillers généraux, élus par leurs collègues (L. 19 juill. 1889, art. 47, § 3). Le décret précité du 29 mars 1890 énumère les attributions du directeur, de l'économe et du conseil d'administration (art. 2, 4 et 5). Il détermine, dans son titre 2, les règles de la comptabilité des écoles normales.

196. Le directeur ou la directrice est chargé de la direction morale de l'établissement et de la surveillance de l'enseignement; il en est, en outre, chargé des conférences pédagogiques ainsi que des cours de pédagogie et de morale (Arrêté du 18 janv. 1887, art. 71). Il doit être âgé de trente ans au moins et pourvu du certificat d'aptitude à l'inspection des écoles primaires et à la direction des écoles normales (Décr. du 18 janv. 1887, art. 62). L'économe doit être âgé de vingt et un ans au moins, être pourvu du brevet supérieur et du certificat d'aptitude pédagogique. Il doit avoir accompli une année de stage auprès de l'économe d'une école normale et avoir subi un examen à la fin de ce stage (Décr. 18 janv. 1887, art. 64). — L'enseignement est donné par des professeurs nommés par le ministre et pourvus du certificat d'aptitude au professorat des écoles normales. Il existe, en outre, des maîtres adjoints et des maîtresses adjointes nommés par le ministre, qui doivent être pourvus du brevet supérieur et du certificat d'aptitude pédagogique, et, à défaut de professeurs, des instituteurs et institutrices délégués par le ministre à titre provisoire en qualité de maîtres adjoints ou maîtresses adjointes (Décr. 18 janv. 1887, art. 65). L'enseignement accessoire des langues vivantes, du dessin, du chant et de la musique, de la gymnastique et des travaux manuels est confié aux professeurs et maîtres adjoints de ces écoles qui sont munis des diplômes spéciaux prévus par l'art. 21 de la loi du 30 oct. 1886. A défaut de professeurs, des maîtres spéciaux peuvent être nommés ou délégués par le ministre pour cet enseignement. — Le personnel administratif et enseignant des écoles normales de la Seine est fixé par le règlement d'administration publique du 3 juin 1890 (V. *Code des lois politiques et administr.*, v° *Enseignement*, p. 639).

197. Les traitements des directeurs et directrices d'écoles normales sont fixés ainsi qu'il suit par l'art. 17 de la loi du 19 juill. 1889. — *Directeurs :* 5e classe 3500 fr., 4e classe 4000 fr., 3e classe 4500 fr., 2e classe 5000 fr., 1re classe 5500 fr.; *Directrices :* 5e classe 3000 fr., 4e classe 3500 fr., 3e classe 4000 fr., 2e classe 4500 fr., 1re classe 5000 fr. A Paris, ce traitement est, pour le directeur, de 7000 à 10 000 fr. et pour la directrice de 6000 à 9000 fr. Les directeurs et directrices sont logés dans l'établissement et ont droit à des prestations en nature réglées par les art. 9 et 10 du décret du 29 mars 1890 (*Code des lois politiques et administr.*, v° *Enseignement*, n° 4252). Dans les écoles normales d'institutrices, les directrices peuvent être autorisées par le ministre à prendre leurs repas à la table commune moyennant le versement d'une somme de 400 fr. par an (Décr. 29 mars 1890, art. 7). — Les traitements des professeurs d'écoles normales sont fixés ainsi qu'il suit. — *Hommes :* 5e classe 2400 fr., 4e classe 2600 fr., 3e classe 2800 fr., 2e classe 3100 fr., 1re classe 3400 fr.; *Femmes :* 5e classe 2200 fr., 4e classe 2400 fr., 3e classe 2600 fr., 2e classe 2800 fr., 1re classe 3000 fr. A Paris, les traitements sont pour les professeurs (hommes) de 4500 à 6500 fr., et pour les maîtres internes de 2400 à 4000 fr.; pour les professeurs (femmes) de 4000 à 6000 fr., et pour les maîtresses internes de 2400 à 3600 fr. (Décr. 3 juin 1890, art. 3). Les maîtres et maîtresses non pourvus du certificat d'aptitude de professorat et délégués à titre provisoire reçoivent un traitement unique de 2000 fr. dans les écoles normales d'instituteurs et de 1800 fr. dans les écoles normales d'institutrices. Tous ces traitements sont diminués de 400 fr., pour les maîtres et maîtresses logés et nourris dans l'établissement. Dans les écoles normales dont l'effectif ne dépasse pas soixante élèves et dans celles qui n'ont que des élèves externes, les fonctions d'économe sont confiées à un des maîtres de l'école qui conserve son traitement avec une allocation supplémentaire de 500 fr. Dans les écoles normales comptant plus de soixante élèves, les économes ne sont chargés d'aucun enseignement sauf l'écriture et la tenue des livres. Leur traitement est fixé ainsi qu'il suit : 5e classe 1800 fr., 4e classe 2000 fr., 3e classe 2200 fr., 2e classe 2500 fr., 1re classe 2800 fr. Ils ont droit en outre au logement (L. 19 juill. 1889, art. 21), et aux prestations en nature déterminées par l'art. 9 du règlement d'administration publique du 29 mars 1890. A Paris, le traitement de l'économe est de 4000 à 6000 fr., pour l'école normale d'instituteurs, et de 3500 à 5500 fr. pour l'école normale d'institutrices (Décr. 4 juin 1890, art. 2). Dans les écoles normales d'institutrices, les économes et maîtresses peuvent, comme les directrices, être autorisées par le ministre à prendre leurs repas à la table commune moyennant un versement annuel de 400 fr. (Décr. 29 mars 1890, art. 7). — Les aumôniers qui étaient autrefois attachés aux écoles normales ont été supprimés par le décret du 9 janv. 1883 (D. P. 83. 4. 88); mais l'art. 83 du décret du 18 janv. 1887, qui porte que les élèves auront toute facilité pour suivre les pratiques de leur culte et que les élèves des écoles normales d'institutrices seront, sur leur demande, conduites aux offices, suppose que les exercices du culte seront assurés par le clergé paroissial.

198. Un règlement d'administration publique du 19 juill. 1890, rendu en exécution de l'art. 48, § 13, de la loi du 19 juill. 1889 a fixé le nombre des heures de service exigé du personnel des écoles normales ainsi que le mode de rétribution des heures supplémentaires (V. *Code des lois politiques et administratives*, v° *Enseignement*, p. 678).

199. Le régime intérieur et la discipline des écoles normales, les examens de passage des élèves, le remboursement du prix de la pension par d'anciens élèves qui n'ont pas rempli leur engagement décennal, l'emploi du temps, la répartition des matières d'enseignement, les programmes d'études, sont fixés par les art. 75 et suiv. du décret du 18 janv. 1887 (*Code des lois politiques et administr.*, v° *Enseignement*, nos 4118 et suiv.). — Les élèves maîtres qui sortent de l'école normale ont droit, selon leur âge et les titres dont ils sont pourvus, aux premiers emplois d'instituteurs publics titulaires ou stagiaires qui se trouvent vacants dans le département (Décr. 18 juill. 1887, art. 80). L'art. 5 du décret du 19 avr. 1862 avait décidé que tout élève maître, boursier de l'Etat ou des départements, appelé pour la première fois aux fonctions d'instituteur public recevrait, en sortant de l'école normale, une indemnité de première installation qui ne pouvait excéder 100 francs. Cette indemnité, qui avait été portée à 200 francs pour les élèves maîtres pourvus du brevet supérieur par le décret du 4 mai 1880, (D. P. 81. 4. 61) a été supprimée par mesure d'économie; mais, aux termes du décret du 13 mai 1890, il peut être alloué à tout élève sorti de l'école normale, après les trois années d'études et avec le brevet supérieur et nommé instituteur public, une provision de livres d'études qu'il désigne, pour une somme dont le montant est fixé par le conseil d'administration de l'établissement.

200. L'art. 90 du décret du 18 janv. 1887 porte qu'il est institué deux écoles normales supérieures de l'enseignement primaire pour former des professeurs d'écoles normales et d'écoles primaires supérieures de filles et de garçons. Ces écoles, qui existaient déjà, sont l'Ecole normale supérieure des instituteurs établie à Saint-Cloud, par un décret du 30 déc. 1882, et l'Ecole normale supérieure d'institutrices établie à Fontenay-aux-Roses. Le personnel administratif et enseignant de ces écoles a été constitué par le décret du 28 nov. 1889 (D. P. 91. 4. 32). Il comprend, à l'école de Saint-Cloud, un directeur qui a titre et rang d'inspecteur général de l'enseignement primaire, un économe et un surveillant général; à Fontenay-aux-Roses, une directrice, une économe et des maîtresses répétitrices internes. Le personnel enseignant de ces deux établissements se compose de professeurs et de maîtres de conférences. Les traitements et indemnités sont fixés par le décret du 18 juill. 1890 (*Code des lois politiques et administr.*, v° *Enseignement*, nos 3239 et suiv). Le régime intérieur de ces établissements est réglé par les art. 106 à 110, 112, 125 de l'arrêté du 18 janv. 1887 (*Ibid.*, p. 691). Les conditions d'admission sont déterminées par l'art. 92 du décret du 18 janv. 1887 et les art. 111 et 113 à 125 de l'arrêté du même jour (*Ibid.*, nos 4326 et suiv.).

201. — III. Écoles d'adultes et d'apprentis. — On a vu, *Rép.* n° 252, que l'art. 54 de la loi du 15 mars 1850 autorisait la création d'écoles primaires communales pour les adultes et les apprentis. L'art. 8 de la loi du 30 oct. 1886 autorise également la création de classes primaires pour adultes et apprentis. Cette création est subordonnée aux mêmes formalités légales que la création des écoles primaires publiques.

Aux termes de l'article précité, des subventions de l'Etat peuvent être accordées aux cours publics et gratuits de cette nature. Les adultes et apprentis dont l'admission est autorisée par cette disposition sont ceux qui ont satisfait aux obligations des lois des 17 mai 1874 et 28 mars 1882. Comme la législation antérieure, la loi du 30 oct. 1886 interdit de recevoir dans les classes pour adultes et apprentis des élèves des deux sexes.

202. Aux termes de l'art. 3 de l'arrêté ministériel du 22 juill. 1884 (*Code des lois politiques et administr.*, v° *Enseignement*, p. 512, note 1), les classes d'adultes comprennent les cours destinés aux illettrés et les cours spéciaux pour les jeunes gens qui désirent compléter leur instruction. Dans les classes destinées aux adultes dépourvus de l'instruction élémentaire, l'enseignement comprend la lecture, l'écriture, l'orthographe, le calcul et les éléments du système métrique. Dans les cours de répétition ou de perfectionnement, l'enseignement porte sur les matières énumérées à l'art. 1er de la loi du 28 mars 1882.

203. Des instituteurs libres peuvent ouvrir des écoles d'adultes et d'apprentis en se conformant aux conditions prescrites pour l'ouverture des écoles primaires ordinaires, sauf dispense de tout ou partie de ces conditions par le conseil départemental. Il a été décidé qu'un local ne convenant pas à la tenue d'une école proprement dite peut être accepté pour un cours d'adultes de quelques élèves se réunissant quatre fois par semaine pendant quatre mois (Cons. sup. instr. publ. 21 juill. 1888, *Code des lois politiques et administr.*, v° *Enseignement*, n° 792).

204. — IV. COURS PUBLICS SUR LES MATIÈRES D'ENSEIGNEMENT PRIMAIRE. — L'art. 77 de la loi du 15 mars 1850 déclarait applicables aux cours publics sur les matières d'enseignement primaire les dispositions relatives aux écoles primaires (*Rép.* n° 256). On s'est demandé si cet article est resté en vigueur : on s'appuie, pour soutenir l'affirmative, sur ce que l'art. 77 se trouve contenu dans le titre 4 de la loi de 1850, et que les titres 1 et 2 de cette loi ont été seuls expressément abrogés. Mais les partisans de l'opinion contraire font observer que cet article est implicitement abrogé puisqu'il se réfère à des dispositions, et notamment à celles l'art. 54 de la loi de 1850, qui ont été l'objet d'une abrogation expresse.

205. — V. ÉCOLES MATERNELLES ET CLASSES ENFANTINES. — On a défini *suprà*, n° 37, les écoles *maternelles*, qui portaient autrefois le nom de *salles d'asile*. Les origines et le régime de ces écoles, sous l'empire de la loi du 15 mars 1850, ont été exposés au *Rép.* n° 258. L'art. 7 de la loi du 16 juin 1881, modifié depuis par l'art. 15 de la loi du 30 oct. 1886, les a mises au nombre des écoles primaires publiques qui donnent lieu à une dépense obligatoire pour les communes. L'art. 15 de la loi du 30 oct. 1886 n'assimile aux écoles primaires publiques dont la dépense est obligatoire que les écoles maternelles publiques qui sont ou seront établies dans des communes de plus de 2000 âmes et ayant au moins 1200 âmes de population agglomérée. Ainsi qu'on l'a dit *suprà*, *ibid.*, les enfants des deux sexes peuvent être admis dans ces écoles dès l'âge de deux ans révolus et y rester jusqu'à l'âge de six ans. Aucun enfant de plus de six ans ne peut y être admis sans une autorisation spéciale de l'inspecteur d'académie.

206. L'art. 7 précité de la loi du 16 juin 1881 mettait au nombre des écoles primaires publiques donnant lieu à une dépense obligatoire pour les communes les classes intermédiaires entre la salle d'asile et l'école primaire, dites *classes enfantines*, comprenant des enfants des deux sexes et confiées à des institutrices pourvues du brevet de capacité ou du certificat d'aptitude à la direction des salles d'asile. L'art. 15 de la loi de 1886 confère au ministre le droit d'autoriser et de subventionner dans toute commune, quel que soit le chiffre de sa population, une ou plusieurs classes enfantines; mais cette création n'est pas obligatoire pour les communes. L'art. 2 du décret du 18 janv. 1887 porte que les *classes enfantines* forment le degré intermédiaire entre l'école maternelle et l'école primaire, et qu'elles ne peuvent exister que comme annexe d'une école primaire élémentaire ou d'une école maternelle. Elles reçoivent les enfants des deux sexes depuis quatre ans au moins jusqu'à sept ans au plus. Pour faciliter dans les communes de moins de 2000 habitants la transformation des écoles maternelles en classes enfantines, le ministre de l'instruction publique a autorisé, à titre exceptionnel, les conseils départementaux à fixer à trois ans au lieu de quatre l'âge d'admission dans les classes enfantines (Circ. min. instr. publ. 20 mars et 16 nov. 1887, *Rec. circ. instr. publ.*, t. 10, p. 90 et 218).

207. On a indiqué, *suprà* n° 32, en quoi consiste l'enseignement dans les écoles maternelles et les classes enfantines. Le programme des écoles maternelles, comprend, pour les enfants les plus avancés et classés dans la première section, l'ensemble des exercices et connaissances énumérés dans l'art. 4 du décret du 18 janv. 1887; pour les enfants plus jeunes et classés dans la seconde section, ces programmes ne sont appliqués que graduellement (Arrêté du 18 janv. 1887, art. 1er). L'enseignement dans les classes enfantines est conforme au programme de la première section des écoles maternelles et à celui du cours élémentaire des écoles primaires (*Ibid.*, art. 2) Un règlement scolaire modèle, pour servir à la rédaction des règlements qui doivent être faits pour les écoles maternelles publiques de chaque département, a été annexé à l'arrêté ministériel du 18 janv. 1887 (*Code des lois politiques et administratives*, v° *Enseignement*, n° 479).

208. Les dispositions relatives à la construction et à l'appropriation des écoles primaires publiques et aux subventions de l'Etat, analysées *suprà* nos 115 et suiv., sont applicables aux écoles maternelles dont l'établissement est obligatoire. Le ministre de l'instruction publique a publié, sous forme d'annexe à l'arrêté du 18 janv. 1887 des instructions spéciales concernant la construction, le mobilier et le matériel d'enseignement des écoles maternelles publiques (*Code des lois politiques et administratives*, v° *Enseignement*, n° 1072).

209. Aux termes de l'art. 9 de la loi du 30 oct. 1886, l'inspection des écoles maternelles est exercée concurremment avec les autorités qui y sont énumérées (V. *suprà*, nos 80 et suiv.), par les inspectrices générales et départementales de ces écoles. L'art. 25 de la loi de finances du 8 août 1885 (D. P. 86. 4. 42) a mis au nombre des dépenses obligatoires pour les départements les traitements et frais de tournée des inspectrices départementales des écoles maternelles jusqu'à concurrence de la moitié de la dépense, l'autre moitié étant à la charge de l'Etat. Aux termes du même article, deux ou trois départements peuvent se réunir pour concourir à la dépense qui, dans ce cas, doit être répartie entre eux par portions égales. En fait, l'inspection des écoles maternelles ne subsiste que dans cinq ou six départements. Un décret du 22 mars 1879 (D. P. 79. 4. 51) a supprimé les emplois de déléguées spéciales pour l'inspection des salles d'asile dont il a été fait mention au *Rép.* n° 260.

Les inspectrices départementales sont nommées par le ministre; elles doivent avoir trente ans d'âge et trois ans de service dans l'enseignement public ou privé, et être pourvues du certificat d'aptitude à l'inspection des écoles maternelles. Les dispositions des art. 128 et 131 du décret du 18 janv. 1887, relatives aux inspecteurs de l'instruction primaire et concernant leur subordination à l'inspecteur d'académie et leurs frais de tournée, leur sont applicables (Décr. 18 janv. 1887, art. 132, 134 et 135, *Code des lois politiques et administr.*, v° *Enseignement*, p. 519). Les inspectrices générales sont nommées par le ministre : elles doivent avoir au moins trente-cinq ans d'âge et cinq ans de services dans l'enseignement public ou privé, et être pourvues du certificat d'aptitude à l'inspection des écoles maternelles. Une inspectrice générale fait partie du comité consultatif de l'enseignement primaire au ministère de l'instruction publique (Décr. 18 janv. 1887, art. 132 et 133, *ibid.*).

210. L'art. 62 de la loi du 30 oct. 1886 assimile les directrices d'écoles maternelles publiques aux institutrices publiques. Aux termes de cet article, à dater du 1er janv. 1888, le titre requis pour enseigner dans toutes les écoles énumérées, dans les écoles maternelles et les classes enfantines aussi bien que dans les écoles primaires élémentaires, est le brevet élémentaire. Toutefois, une disposition transitoire maintient aux personnes munies du certificat d'aptitude à la direction des salles d'asile, lors de la promulgation de la loi, les droits que leur conférait la loi du 16 juin 1881. Aux termes de l'art. 6 du décret du 18 janv. 1887, nulle ne peut être nommée directrice d'école maternelle sans être pourvue du certificat d'aptitude pédagogique. Nulle ne peut diriger une école maternelle annexée à une école normale si elle n'a exercé pendant deux ans, dans les écoles maternelles publiques ou privées. — Tout ce qui a été dit *suprà* (nº 151 et suiv.), relativement aux traitements et indemnités des directrices d'écoles primaires élémentaires, est applicable aux directrices d'écoles maternelles publiques. — Une femme de service doit être attachée à toute école maternelle. Elle est nommée par la directrice avec agrément du maire et révoquée dans la même forme. Le traitement de la femme de service est exclusivement à la charge de la commune (Décr. 18 janv. 1887, art. 8).

211. Dans les écoles maternelles privées, les directrices sont tenues de posséder le brevet élémentaire ou le certificat d'aptitude spécial; il en est de même des adjointes. — L'art. 36, § 3, de la loi de 1886 admet la possibilité d'annexer une classe enfantine à une école primaire privée. Cette annexion n'est pas assujettie aux formalités exigées pour l'ouverture d'une école (Cons. sup. instr. publ. 27 déc. 1884, *Code des lois administratives annotées*, vº *Enseignement*, nº 2040). Mais il n'en résulte pas que cette classe, où seront reçus des enfants de moins de six ans, ne doive pas être confiée à une maîtresse spéciale. L'annexion d'une classe enfantine suppose un local distinct de celui où sont reçus les enfants d'âge scolaire et rend, dès lors, indispensable la présence d'une seconde maîtresse (Décis. min. instr. publ. 9 mai 1889, *Rec. circ. instr. publ.*, t. 10, p. 415).

212. — VI. ÉCOLES PRIMAIRES SUPÉRIEURES ET COURS COMPLÉMENTAIRES. — Aux institutions complémentaires de l'instruction primaire énumérées au *Répertoire*, il faut ajouter les *écoles primaires supérieures* et *cours complémentaires* et les *écoles manuelles d'apprentissage*. La loi du 15 mars 1850 ne fait aucune mention des écoles primaires supérieures. Toutefois un certain nombre de communes ayant créé des établissements de cette nature, la loi de finances du 30 mars 1878 (D. P. 78. 4. 45) alloua une somme de 110 000 fr. au ministère de l'instruction publique pour rétribuer les maîtres, entretenir des bourses, et venir en aide aux communes par des allocations éventuelles pour la fondation d'écoles primaires supérieures. Ce crédit fut porté à 160 000 fr. par la loi du 21 déc. 1879 (D. P. 81. 4. 1). Le régime légal des établissements d'enseignement primaire supérieur a été successivement déterminé par le décret du 15 janv. 1881 (D. P. 82. 4. 17), par l'art. 12 du décret du 27 juill. 1885 (D. P. 86. 4. 63). Il l'est aujourd'hui par l'art. 28, § 1, de la loi du 30 oct. 1886. Aux termes de cet article, les directeurs, directrices et professeurs d'écoles primaires supérieures sont nommés par le ministre de l'instruction publique; ils doivent être munis du certificat d'aptitude au professorat des écoles normales. Les instituteurs adjoints munis du brevet supérieur et les maîtres auxiliaires pour les enseignements accessoires sont nommés et délégués dans ces établissements par le préfet sur la proposition de l'inspecteur d'académie.

213. L'art. 13 de la loi du 19 juill. 1889 répartit en cinq classes les directeurs, directrices, instituteurs adjoints et institutrices adjointes des écoles primaires supérieures; ces classes sont attachées à la personne et peuvent être attribuées sans déplacement. Le traitement des directeurs et directrices est fixé ainsi qu'il suit : 5ᵉ classe 1800 fr., 4ᵉ classe 2000 fr., 3ᵉ classe 2200 fr., 2ᵉ classe 2500 fr., 1ʳᵉ classe 2800 fr. Ils reçoivent en outre l'indemnité de résidence et ont droit au logement ou à l'indemnité représentative (V. *suprà*, nᵒˢ 154 et suiv.) (art. 14). Le traitement des instituteurs adjoints et des institutrices adjointes des écoles primaires supérieures est fixé ainsi qu'il suit : 5ᵉ classe 1100 fr., 4ᵉ classe 1300 fr., 3ᵉ classe 1600 fr., 2ᵉ classe 1900 fr., 1ʳᵉ classe 2100 fr. Ils reçoivent en outre l'indemnité de résidence et ont droit au logement ou à l'indemnité représentative (art. 15). Les maîtres auxiliaires chargés d'enseignements accessoires dans ces écoles reçoivent une allocation non soumise à retenue et calculée sur le pied de 50 à 100 fr. par an pour chaque heure d'enseignement par semaine (Même article). Un règlement d'administration publique du 3 août 1890 (D. P. 91. 4. 102) a déterminé les conditions spéciales d'organisation et de fixation des traitements du personnel des écoles primaires supérieures de la ville de Paris (V. *Code des lois politiques et administr.*, vº *Enseignement*, nᵒˢ 3185 et suiv.). L'art. 9 de la loi du 19 juill. 1889 accorde un supplément de traitement de 200 fr. aux maîtres chargés d'un *cours complémentaire*.

214. Ainsi qu'on l'a vu *suprà* nº 40, l'organisation des établissements d'enseignement primaire supérieur est réglée par les art. 30 et suiv. du décret du 18 janv. 1887, modifiés par le décret du 21 janv. 1893. — Les matières enseignées dans les écoles primaires supérieures, telles qu'elles sont déterminées par l'art. 35, ont été indiquées *suprà* nº 32. Un arrêté ministériel du 21 janv. 1893 (*Journ. off.* du 26 janv. 1893) a réglé la répartition de ces matières et a tracé le programme détaillé de leur enseignement (V. aussi Circ. min. instr. publ. 15 févr. 1893, *Journ. off.* du 17 févr. 1893).

Aux termes de l'art. 36 du décret de 1887 (modifié par celui du 21 janv. 1893), « dans les écoles primaires supérieures de plein exercice, et lorsque le nombre des élèves le comportera, le ministre de l'instruction publique pourra autoriser, à partir de la deuxième ou de la troisième année d'études, la création d'une ou de plusieurs sections spéciales : agricole, industrielle ou commerciale. Dans toutes les écoles primaires supérieures, ainsi que dans les cours complémentaires, il pourra être créé par le ministre de l'instruction publique des cours accessoires ayant pour objet la préparation professionnelle des élèves qui se destinent à l'agriculture ou au commerce ». — Aucun élève ne peut être reçu, soit dans une école primaire supérieure, soit dans un cours complémentaire, s'il ne justifie de la possession du certificat d'études primaires élémentaires, et s'il ne justifie en outre, par un certificat signé de l'inspecteur primaire, avoir suivi pendant une année au moins le cours supérieur d'une école primaire élémentaire. Toutefois les élèves qui ont fait leurs études primaires élémentaires soit dans leur famille, soit dans une école privée, peuvent être admis dans une école primaire supérieure ou dans un cours complémentaire, à condition de justifier qu'ils ont étudié les matières comprises dans le programme du cour supérieur des écoles primaires publiques. Ils doivent à cet effet subir un examen devant une commission composée du personnel enseignant de l'école primaire supérieure, sous la présidence de l'inspecteur primaire (art. 38). — Le décret du 23 déc. 1882 (*Code des lois politiques et administr.*, vº *Enseignement*, p. 499) a institué un certificat d'études primaires supérieures.

215. Les établissements publics d'enseignement primaire supérieur peuvent recevoir des bourses de l'Etat et des concessions de matériel d'enseignement (Décr. 18 janv. 1887, art. 40). Les bourses de l'Etat sont de trois sortes : bourses d'internat, bourses d'entretien, bourses familiales (art. 43). Les premières sont attribuées à des élèves placés à demeure dans des établissements primaires supérieurs pourvus d'un pensionnat, les secondes à des élèves logés dans leur propre famille, fréquentant l'école supérieure ou le cours complémentaire de la localité, les troisièmes à des élèves placés en pension dans des familles autres que la leur et agréées par le directeur ou la directrice de l'école ou du cours (art. 94). Les règles concernant ces bourses sont déterminées par les art. 45 et suiv. du décret du 18 janv. 1887 et par les art. 41 et suiv. de l'arrêté ministériel du même jour (V. *Code des lois politiques et administr.*, vº *Enseignement*, nᵒˢ 529 et suiv.). Les établissements privés d'enseignement primaire supérieur désignés par le ministre peuvent recevoir des boursiers nationaux aux mêmes conditions que les établissements publics. Ils sont soumis à l'inspection de l'Etat (Décr. 18 janv. 1887, art. 169).

216. La loi du 11 déc. 1880 (D. P. 81. 4. 49) a mis au nombre des établissements d'enseignement primaire public les *écoles d'apprentissage*, fondées par les communes ou les départements pour développer chez les jeunes gens qui se destinent aux professions manuelles la dextérité nécessaire et les connaissances techniques (V. *suprà*, nº 41).

217. L'art. 16 de la loi du 19 juill. 1889 porte que, dans les écoles nationales d'enseignement primaire supérieur et professionnel, les traitements de chaque classe de fonctionnaires seront de 500 fr. supérieurs à ceux des écoles normales d'instituteurs.

218. Toutes les écoles publiques régies par la loi du

11 déc. 1880 sont soumises à une triple inspection : en premier lieu, elles peuvent, comme tous les établissements d'instruction primaire, être inspectées par les divers fonctionnaires de l'instruction publique; elles sont soumises, en second lieu, à l'inspection de l'enseignement technique organisée par le ministre du commerce, enfin à l'inspection médicale à laquelle sont assujettis tous les établissements d'enseignement primaire.

219. Les *écoles professionnelles privées* sont, conformément à l'art. 2 de la loi du 30 oct. 1886, celles qui sont fondées et entretenues par des particuliers ou des associations (V. *suprà*, v° *Organisation économique*, n°s 115 et suiv., 128). Elles sont soumises à la double surveillance du ministre de l'instruction publique et du ministre du commerce et de l'industrie. Mais cette inspection, conformément aux art. 9 et 35 de la loi du 30 oct. 1880, ne peut porter sur l'enseignement que pour vérifier s'il n'est pas contraire à la morale, à la constitution et aux lois; elle porte sur la moralité, l'hygiène et la salubrité (Décr. 17 mars 1888, art. 24. — V. *suprà*, eod. v°, n° 123).

Sect. 5. — De l'instruction secondaire (*Rép.* n°s 262 à 334).

220. Conformément à l'ordre adopté au *Rép.*, n° 263, nous avons exposé ailleurs (v° *Culte*, n° 443) ce qui concerne les petits séminaires ou écoles secondaires ecclésiastiques.

221. On a signalé au *Rép.*, n° 264, les premières tentatives faites en 1867 pour créer au profit des jeunes filles un enseignement secondaire. La loi du 21 déc. 1880 (D. P. 81. 4. 57) a donné à cet enseignement une organisation complète. Nous analyserons plus loin (n°s 262 et suiv.) les dispositions de cette loi.

Art. 1er. — *Des établissements publics d'instruction secondaire* (*Rép.* n°s 265 à 296).

§ 1er. — Organisation administrative, économique et financière des lycées et collèges communaux (*Rép.* n°s 266 à 279).

222. Ainsi qu'on l'a dit (*Rép.* n° 266), le législateur de l'an 10 avait confié l'administration de chaque lycée à un proviseur ayant au-dessous de lui un censeur des études et un économe. Cette organisation n'a pas cessé d'être en vigueur.

Le *proviseur* est nommé par le ministre de l'instruction publique. Il doit être pourvu du diplôme de licencié ès lettres ou ès sciences. On a vu (*Rép.* n° 269) qu'antérieurement à 1872, une partie du traitement des proviseurs et des autres fonctionnaires des lycées était désignée sous le nom d'*éventuel* et subordonnée à l'existence d'un excédent de recettes sur les dépenses dans le lycée auquel ils étaient attachés. Aujourd'hui les proviseurs ont un traitement fixe qui s'élève, pour les lycées de Paris et de Versailles, à 9000 fr. et pour les autres lycées à 7500 fr., 7000 fr., 6500 fr., 6000 fr., selon la classe de l'intéressé (Décr. 16 juill. 1887, art. 2), sauf pour les lycées de Lyon et de Marseille. Un décret du 31 déc. 1887 a fixé les traitements normaux des professeurs et fonctionnaires du lycée de Lyon, en y comprenant un traitement supplémentaire en vertu d'une convention passée avec la municipalité lyonnaise et approuvée par décret du 30 juin 1880. Les mêmes avantages ont été étendus en 1892 aux professeurs et fonctionnaires du lycée de Marseille (V. *Code des lois politiques et administr.*, v° *Enseignement*, n°s 5124 et 5127). En outre, les proviseurs, censeurs et professeurs pourvus du titre d'agrégés reçoivent une indemnité de 500 fr. (Décr. 31 déc. 1873, D. P. 74. 4. 38; 31 déc. 1879, D. P. 80. 4. 93 ; 26 janv. 1882, *Code des lois politiques et administr.*, v° *Enseignement*, p. 736, note 4).

223. Le *censeur* est chargé de la surveillance spéciale et immédiate de tout qui concerne l'enseignement et la discipline. Il est nommé par le ministre de l'instruction publique. Les censeurs doivent être choisis : 1° parmi les agrégés ; 2° parmi les licenciés pourvus du titre d'officier d'académie qui auront rempli pendant cinq ans les fonctions, soit de chargés de cours dans un lycée, soit de surveillants généraux pourvus d'une nomination ministérielle, soit de principaux de collèges. Leur traitement est de 8000 fr. pour les lycées du département de la Seine et de Versailles, de 5600, 5000, 4400 et 3800 fr., suivant la classe du titulaire, pour les autres lycées, sauf ceux de Lyon et de Marseille ainsi qu'on l'a vu *suprà*, n° 222 (Décr. 16 juill. 1887, art. 2).

224. L'*économe* est chargé, sous la surveillance du proviseur, de tout ce qui concerne le matériel du lycée. En ce qui concerne ses attributions, V. Instr. min. instr. publ., 9 avr. 1863, *Code des lois politiques et administr.*, v° *Enseignement*, n°s 4788 et 4789. — L'art. 1er du décret du 26 août 1882 (D. P. 83. 4. 52) attribue aux économes un traitement unique variant suivant leur classe et le chiffre de leur cautionnement. Ce traitement est fixé pour les lycées du département de la Seine ou de Versailles à 8000 fr. ou 7000 fr. suivant qu'il s'agit d'un lycée d'internes ou d'externes, et pour les autres lycées à 6500, 6000, 5500, 5000, 4500 et 4000 fr., suivant la classe de l'intéressé, sauf pour les lycées de Lyon et de Marseille (V. *suprà*, n° 222; — Décr. 16 juill. 1887, art. 2). En outre, dans les lycées dont la recette ordinaire annuelle dépasse 200 000 fr., les économes reçoivent, pour chaque fraction indivisible de 10 000 fr. en sus, un supplément de traitement de 1 pour 1000 soumis à retenue, fixé d'après les recettes de l'exercice précédent. — Un décret du 29 déc. 1881 détermine les émoluments des commis attachés au service économique des lycées (V. *Code des lois politiques et administr.*, v° *Enseignement*, n°s 4801 et suiv.).

225. Aux termes de l'art. 28 de l'arrêté du 19 frim. an 11, il y a dans chaque lycée un *aumônier* nommé par le ministre de l'instruction publique et approuvé par l'évêque diocésain. Le traitement des aumôniers est fixé à 3500 fr. dans les lycées de Paris, à 2500, 2200 et 2000 fr. dans les lycées des départements (Décr. 16 avr. 1853, art. 6, D. P. 53. 4. 71). Il existe également des aumôniers protestants, qui sont nommés par le ministre (V. *suprà*, v° *Culte*, n° 704).

226. Le *personnel enseignant* des lycées se compose : 1° des professeurs titulaires ; 2° des chargés de cours ; 3° des professeurs et des maîtres chargés de classes élémentaires ; 4° des préparateurs ; 5° des professeurs et des chargés de cours de dessin ; 6° des professeurs de gymnastique. Tous sont nommés par le ministre de l'instruction publique.

Pour recevoir le titre de *professeur titulaire*, il faut être agrégé (V. *infrà*, n° 243), âgé de vingt-cinq ans et avoir cinq années d'exercice dans l'enseignement public (Décr. 16 juill. 1887, art. 2 et 26 nov. 1874, art. 2, D. P. 76. 4. 86). Les traitements des professeurs titulaires sont de 7500, 7000, 6500, 6000, 5500 et 5000 dans les lycées du département de la Seine et de Versailles, et de 5200, 4800, 4400, 4000, 3600 et 3200 fr. dans les lycées des départements, sauf ceux de Lyon et de Marseille (V. *suprà*, n° 222). Ils reçoivent, en outre, une indemnité d'agrégation (V. *suprà*, n° 222). De plus, 5 pour 100 des professeurs titulaires des lycées du département de la Seine et de Versailles reçoivent une augmentation de traitement de 1000 fr., et 5 pour 100 des professeurs des autres lycées une augmentation de 500 fr.

Les *chargés de cours* licenciés ou pourvus du certificat d'aptitude à l'enseignement des langues vivantes reçoivent des traitements de 4800, 4400, 4000, 3600, 3200 et 2800 fr. Les chargés de cours de langues vivantes non licenciés et non pourvus du certificat d'aptitude reçoivent des traitements de 3600, 3300, 3000, 2700, 2400 et 2100 fr. (Décr. 16 juill. 1887, art. 2).

Les classes élémentaires des lycées sont confiées soit à des maîtres répétiteurs délégués par le proviseur, soit à des maîtres institués par le ministre. Les maîtres élémentaires des classes de septième et de huitième prennent le nom de professeurs (Décr. 26 sept. 1872, D. P. 73. 4. 12). Ils doivent être licenciés ou pourvus du certificat d'aptitude à l'enseignement des classes élémentaires. L'art. 2 du décret du 16 juill. 1887 fixe leurs traitements, pour les lycées du département de la Seine et de Versailles, à 4800, 4400, 4000, 3600, 3200 et 3000 fr., et pour les autres lycées à 3900, 3600, 3300, 3000, 2700 et 2500 fr., sauf pour les lycées de Lyon et de Marseille (V. *suprà*, n° 222). Quant aux *maîtres élémentaires* non pourvus de la licence ou du certificat complet, leurs traitements sont, dans les lycées du département de la Seine et de Versailles de 4200, 3900, 3600, 3300, 3000, et 2700 dans les autres lycées de 3100, 2900, 2700, 2500, 2300 et

2100 fr., sauf pour les lycées de Lyon et de Marseille (V. *suprà*, n° 222). Ces traitements sont diminués de 1000 fr. pour les maîtres qui jouissent de tous les avantages de l'internat, de 500 fr. pour ceux qui sont nourris et non logés, de 300 fr. pour ceux qui sont logés et non nourris (Décr. 16 juill. 1887, art. 2). — Les répétiteurs délégués dans les classes élémentaires ont le même traitement que les répétiteurs ordinaires, sans être admis à bénéficier des nouveaux avantages que le décret de 1891 a accordés à ces derniers (V. *infrà*, n° 227).

Le décret du 16 juill. 1887 a institué, pour les cours de physique, de chimie et d'histoire naturelle des *préparateurs*, qui doivent être pourvus du diplôme de licencié; leur traitement est, dans les lycées du département de la Seine et de Versailles, de 4000, 3600, 3200 et 3000 fr., et dans les autres lycées de 3300, 3000, 2700 et 2500 fr., sauf pour les lycées de Lyon et de Marseille (V. *suprà*, n° 222).

Les professeurs de dessin reçoivent un traitement de 4000, 3500 et 3000 fr. dans les lycées du département de la Seine et de Versailles, et de 2600, 2400, 2200 et 2000 fr. dans les autres lycées.

Aux termes de l'art. 2 du décret du 3 févr. 1869 (D. P. 69. 4. 31), un maître de gymnastique nommé par le ministre est attaché à chaque lycée. Il reçoit un traitement de 2400, 2200, 2000, 1800 ou 1600 fr. dans les lycées du département de la Seine et de Versailles; et de 1800, 1600, 1400 et 1200 fr. dans les autres lycées (Décr. 16 juill. 1887, art. 2).

227. Le *personnel chargé de la surveillance* se compose des *surveillants généraux* et des *répétiteurs*.

Les surveillants généraux nommés par le ministre sont choisis soit parmi les répétiteurs généraux licenciés comptant au moins cinq ans de service, soit parmi les répétiteurs bacheliers comptant au moins huit ans de service (Décr. 28 avr. 1891, art. 23, *Code des lois politiques et administr.*, v° *Enseignement*, p. 728). Les surveillants généraux licenciés reçoivent, dans les lycées du département de la Seine et de Versailles, un traitement de 4800, 4400, 4000, 3600, 3200 et 3000 fr.; dans les autres lycées, un traitement de 3900, 3600, 3300, 3000, 2700 et 2500 fr. Ceux qui ne sont pas licenciés reçoivent, dans les lycées du département de la Seine et de Versailles, un traitement de 4200, 3900, 3600, 3300, 3000 et 2700 fr.; dans les autres lycées, un traitement de 3100, 2900, 2700, 2500, 2300 et 2100 fr. Ces traitements sont diminués de 1000 fr. pour les surveillants généraux qui jouissent de tous les avantages de l'internat, de 500 fr. pour ceux qui sont nourris et non logés, et de 300 fr. pour ceux qui sont logés et non nourris (Décr. 16 juill. 1887, art. 2). — En ce qui concerne les prérogatives des surveillants généraux, V. Décr. 28 avr. 1891, art. 24 et 25.

Le même décret du 28 avr. 1891 a déterminé le service et la situation des répétiteurs des lycées et collèges. Dans les lycées, ils sont divisés en répétiteurs divisionnaires et répétiteurs généraux. Ils sont choisis soit parmi les licenciés ou assimilés, soit parmi les répétiteurs titulaires des collèges. Le décret du 29 août 1891 (*Code des lois politiques et administr.* p. 733) les divise en deux ordres: le premier comprend ceux qui sont pourvus d'un diplôme de licencié ès lettres ou ès sciences ou d'un des certificats d'aptitude de l'enseignement secondaire; le deuxième, les répétiteurs pourvus d'un diplôme de bachelier. Le premier ordre comprend cinq classes; le traitement de la cinquième classe est fixé à 1200 fr.; les traitements des quatre premières classes sont égaux à ceux qui ont été fixés par le décret du 11 août 1887 (V. *infrà*, n° 230) pour les quatre classes des professeurs de collège pourvus des mêmes grades, diminués d'une somme de 1000 fr. représentant les avantages de l'internat. Le deuxième ordre comprend quatre classes; les traitements sont égaux à ceux qui ont été fixés par le décret susvisé pour les professeurs de collège pourvus du même grade, diminués d'une somme de 1000 fr., représentant les avantages de l'internat. Les traitements ci-dessus sont uniformément augmentés de 100 fr. pour les répétiteurs des lycées de Lyon et de Marseille, et de 300 fr. pour les répétiteurs des lycées de la Seine et de Seine-et-Oise.

228. Les lycées des départements étaient divisés, sous le rapport des traitements, en quatre catégories par le décret du 25 sept. 1872. Le décret du 16 juill. 1887 a supprimé ces catégories, mais en maintenant la distinction entre les lycées du département de la Seine et de Versailles d'une part, et les autres lycées d'autre part. Il établit des classes et traitements personnels et indépendants de la résidence, et il détermine les proportions d'après lesquelles les professeurs et fonctionnaires des différents ordres seront répartis entre les différentes classes. — Un décret du 20 juill. 1889 (D. P. 90. 4. 90) détermine les conditions d'avancement du personnel enseignant. Un décret du 7 juill. 1890 règle le classement des fonctionnaires qui changent d'ordre ou de catégorie, et assure au fonctionnaire qui a conquis de nouveaux grades et qui a mérité d'être rangé dans une catégorie dont le traitement maximum est plus élevé, le maintien du traitement et des droits acquis dans la classe qu'il vient de quitter (V. *Code des lois politiques et administr.*, v° *Enseignement*, n° 739).

229. Un règlement d'administration publique du 7 janv. 1892 (*Code des lois politiques et administr.*, v° *Enseignement*, p. 741) a divisé en cinq classes les *principaux* des collèges communaux et fixé ainsi qu'il suit leurs traitements: 1re classe 5500 fr., 2e classe 5000 fr., 3e classe 4500 fr., 4e classe 4000 fr., 5e classe 3500 fr. Ces chiffres doivent être élevés de 500 fr. pour les principaux pourvus d'une des agrégations avant 1891. — Les principaux qui avaient un pensionnat à leur compte pouvaient subir la retenue de retraite pour pension sur deux sortes d'émoluments à la fois: d'abord, sur leur traitement fictif de principal, c'est-à-dire le traitement du professeur du même collège le mieux rétribué, surélevé d'un quart; puis, sur leur traitement de professeur ou de chargé de cours quand ils cumulaient cette fonction avec la précédente. Plusieurs, profitant de cette faculté, s'étaient fait nommer à des fonctions professorales cinq ans avant l'âge de la retraite et avaient ainsi pu accroître notablement leur pension au prix de quelques faibles versements. L'art. 29 de la loi de finances du 26 déc. 1890 (D. P. 91. 4. 58) a fait cesser cet abus en décidant que les principaux ayant le pensionnat à leur compte ne subiraient les retenues pour pensions civiles que sur le traitement attribué à la classe dans laquelle ils auraient été rangés par décision ministérielle.

230. Aux termes du décret du 27 juin 1892 (*Code des lois politiques et administr.*, v° *Enseignement*, p. 742), les *professeurs* des collèges communaux de garçons sont divisés en trois ordres, suivant les titres universitaires qu'ils possèdent. Nul ne peut être nommé professeur de premier ordre s'il n'est pourvu d'une agrégation de l'enseignement secondaire, ou d'une licence ès lettres ou ès sciences, ou d'un certificat d'aptitude à l'enseignement secondaire, ou du brevet de Cluny; nul ne peut être nommé professeur de deuxième ordre s'il n'est pourvu d'un baccalauréat ou d'un brevet de capacité de l'enseignement spécial donné antérieurement au 1er janv. 1887. Nul ne peut être nommé professeur de troisième ordre s'il n'est pourvu du brevet supérieur et du certificat d'aptitude pédagogique.

Chaque ordre contient quatre classes, conformément aux dispositions du décret du 11 août 1887; les traitements des professeurs du premier ordre varient de 3400 à 2500 fr. ceux des professeurs du second ordre de 2700 à 1900 fr.; ceux des professeurs du troisième ordre de 2400 à 1600 fr. (V. *Code des lois politiques et administr.*, v° *Enseignement*, nos 5179 et suiv.). Les principaux qui occupent une chaire prévue au traité constitutif du collège sont répartis à ce titre en trois classes. Ils reçoivent des indemnités fixées par l'art. 10 du décret précité du 27 juin 1892.

La situation des répétiteurs des collèges communaux est réglée, en ce qui concerne leur nomination, leurs conditions de capacité et leurs attributions, par le décret du 28 août 1891, et, en ce qui regarde leur classement, leur avancement, leur traitement ou autres émoluments, par le décret du 29 août 1891 (*Code des lois politiques et administr.*, v° *Enseignement*, p. 728 et 733).

Les *aumôniers* des collèges communaux sont généralement des ecclésiastiques qui font partie du clergé paroissial; ils ne reçoivent que des indemnités modiques.

231. Les lycées et collèges sont pourvus de *bureaux d'administration*, dont la composition et les attributions sont déterminées par un décret du 20 janv. 1886 (V. *Code des lois politiques et administr.*, v° *Enseignement*, p. 710).

232. Nous avons analysé au *Rép.* (n° 274) les dispositions du décret du 16 avr. 1853 et de plusieurs décrets postérieurs qui ont fixé le tarif des frais de pension et des frais d'études dans les lycées. Le prix de la pension, de la demi-pension, de l'externat et des conférences a été, en dernier lieu, fixé par deux décrets du 1er oct. 1887 (D. P. 87. 4. 98) relatifs l'un aux lycées du département de la Seine, l'autre aux lycées des départements. Un décret du 21 sept. 1891 a réduit les tarifs des frais de pension et d'externat des classes primaires et enfantines des lycées de garçons (*Code des lois politiques et administr.*, v° *Enseignement*, p. 705). — Des réductions de frais de pension et des exonérations de frais d'externat peuvent, dans certains cas, être accordées aux élèves des lycées. La présence simultanée de plusieurs enfants de la même famille dans les lycées de l'Etat peut donner lieu à une *remise de principe*, laquelle n'est accordée qu'aux familles qui en font la demande, et peut être retirée si les notes de l'enfant qui en est l'objet sont insuffisantes. Des *remises de faveur* peuvent également être accordées, à la suite d'examen, à des pensionnaires et demi-pensionnaires des lycées.

233. On a vu au *Rép.* nos 269 et 273 que des bourses de l'Etat, des départements et des communes peuvent être accordées dans les lycées et collèges, et que le taux en a été réglé par plusieurs décrets successifs. Elles se divisent en trois catégories : bourses d'internat, bourses de demi-pensionnat, bourses d'externat simple ou surveillé. Depuis le 1er oct. 1888, le taux des bourses est fixé par l'art. 8 du décret du 1er oct. 1889, relatif au relèvement du prix des pensions dans les lycées du département de la Seine (V. *Code des lois politiques et administr.*, v° *Enseignement*, nos 4562 et suiv.). — Aux termes du décret du 19 janv. 1881 (D. P. 82. 4. 52), les bourses de l'Etat, des départements et des communes ne sont concédées qu'après enquête constatant l'insuffisance de fortune de la famille; elles sont conférées, à la suite d'un examen, aux enfants qui se sont fait remarquer par leur aptitude, et particulièrement à ceux dont la famille a rendu des services au pays. Sur les conditions dans lesquelles est subi cet examen, V. *Code des lois politiques et administr.*, v° *Enseignement*, nos 4577 et suiv.

234. Nous avons indiqué au *Rép.* (n° 277) les conditions auxquelles, aux termes de l'art. 74 de la loi du 15 mars 1850, doivent satisfaire les villes qui veulent établir un collège communal. Il résulte du décret du 4 janv. 1881 (D. P. 82. 4. 17) que, lorsque de nouveaux collèges sont créés, les conseils municipaux doivent prendre pour base de leur engagement décennal les traitements *minima* indiqués par la législation en vigueur ; mais l'Etat peut accorder une subvention pour atténuer les charges des villes (V. Circ. min. instr. publ. 27 janv. 1881, *Rec. circ. instr. publ.*, t. 8).

235. La loi du 3 juill. 1880 (D. P. 81. 4. 25) a étendu à la reconstruction et à l'amélioration des lycées et collèges communaux l'institution de la caisse des écoles, créée comme nous l'avons dit (V. *suprà*, n° 114), au profit de l'instruction primaire. L'art. 1er de la loi du 20 juin 1885 (D. P. 86. 4. 35), qui a augmenté de 34 millions le fonds de subventions mis à la disposition de la caisse des lycées, collèges et écoles primaires, a affecté, sur le montant de cette subvention, une somme de 12 millions aux établissements d'enseignement secondaire dont la construction, la reconstruction ou l'agrandissement sont à la charge de l'Etat. La loi de finances détermine chaque année le chiffre maximum des subventions que l'Etat peut accorder pour les établissements d'enseignement supérieur ou d'enseignement secondaire, et qui sont payables par annuités pendant l'année suivante et les années ultérieures. Ce maximum a été fixé, pour l'année 1892, à 134 000 fr. pour l'enseignement secondaire (L. 26 janv. 1892, art. 67, D. P. 92. 4. 59).

§ 2. — Matières d'enseignement secondaire (*Rép.* nos 280 à 284).

236. On a vu au *Rép.* (nos 280 et suiv.) les transformations successives qu'a subies le programme de l'enseignement secondaire. Un plan d'études a été déterminé pour les lycées par un arrêté ministériel du 2 août 1880. Mais il a été réduit par un arrêté ultérieur du 22 janv. 1885. Aujourd'hui, le programme de l'enseignement secondaire classique dans les classes de lettres a été fixé, pour les langues anciennes, la langue française, les langues vivantes, l'histoire, la géographie et les sciences, par l'arrêté du 28 janv. 1890 (*Bull. adm. min. instr. publ.*, 1890, 1er sem., p. 92). Pour la philosophie, l'arrêté précité du 2 août 1880 est resté en vigueur. Le programme de la classe de mathématiques élémentaires est fixé par l'arrêté du 24 janv. 1891 (*Bull. adm. min. instr. publ.*, 1891, 1er sem., p. 97).

237. L'emploi du temps, dans les lycées et collèges, est réglé par l'arrêté du 12 juin 1890 (*Code des lois politiques et administr.*, v° *Enseignement*, p. 715, note 1). D'après l'art. 13 de cet arrêté, il appartient aux recteurs de déterminer, sur la proposition des chefs d'établissements et après avis de l'assemblée des professeurs, la distribution des heures de classe, d'étude et de récréation. La discipline et les récompenses dans les lycées et collèges sont réglées par l'arrêté du 5 juill. 1890 (*Bull. adm. min. instr. publ.*, 2e sem., p. 637).

238. Jusqu'en 1881, l'enseignement religieux, dans les lycées et collèges, consistait, ainsi qu'on l'a vu au *Rép.* n° 282, dans des conférences faites régulièrement par l'aumônier, ou sous sa direction, sur la religion ; et tous les élèves catholiques, depuis les classes élémentaires jusqu'à la classe de philosophie, étaient tenus de les suivre. L'art. 1er du décret du 24 nov. 1881 (D. P. 82. 4. 114) porte que, dans les établissements publics d'instruction secondaire, le vœu des pères de famille sera toujours consulté et suivi, en ce qui concerne la participation de leurs enfants à l'enseignement et aux exercices religieux. Aux termes de l'art. 2 du même décret, l'instruction religieuse est donnée par les ministres des différents cultes dans l'intérieur des établissements, en dehors des heures de classe.

239. Le décret du 10 oct. 1882 (D. P. 83. 4. 77) a institué dans chacun des lycées un conseil chargé d'étudier toutes les questions concernant la direction de l'enseignement, l'organisation des cours et l'application des méthodes. Ce conseil comprend, sous la présidence du proviseur, le censeur des études et un représentant de chacun des ordres d'enseignement ci-après: philosophie, histoire, sciences mathématiques, sciences physiques et naturelles, lettres, grammaire, enseignement élémentaire, langues vivantes, enseignement spécial. A Paris et dans les grands lycées des départements, le nombre des membres peut, par décision ministérielle, être porté à deux pour les ordres d'enseignement qui comportent un nombreux personnel. Les membres du conseil d'enseignement sont nommés par l'assemblée générale des professeurs, titulaires et chargés de cours.

240. On a vu (*Rép.* n° 284) que l'art. 5 de la loi du 15 mars 1850 appelait le conseil de l'instruction publique à donner son avis sur les livres qui pouvaient être introduits dans les écoles publiques et sur ceux qui devaient être défendus dans les écoles libres, comme contraires à la morale, à la constitution et aux lois. Nous avons dit également que ce système d'autorisation préalable des livres scolaires avait été abandonné, et qu'on avait reconnu qu'il fallait se borner à interdire les mauvais livres, en laissant circuler ceux qui n'étaient pas défendus. Aux termes d'un arrêté du 11 janv. 1865, mentionné (*ibid*), l'interdiction était prononcée, sur la requête du recteur et des inspecteurs d'académie, par le conseil académique pour les livres d'enseignement secondaire, et par le conseil départemental pour les livres d'enseignement primaire. Les délibérations motivées de ces deux assemblées étaient soumises au conseil de l'instruction publique, qui prononçait en dernier ressort. Ces dispositions, dont la légalité nous avait paru contestable, ont cessé d'être en vigueur. L'art. 4 de la loi du 27 févr. 1880 (V. *suprà*, n° 16) confère à la section permanente le droit de donner son avis sur les livres de classe, de bibliothèque et de prix qui doivent être interdits dans les écoles publiques ; et l'art. 5 de la même loi donne le même droit au conseil supérieur de l'instruction publique pour les livres d'enseignement, de lecture ou de prix qui doivent être interdits dans les écoles libres comme contraires à la morale, à la constitution ou aux lois.

§ 3. — Recrutement du professorat; écoles normales; agrégation (*Rép.* nos 285 à 296).

241. On a vu au *Rép.*, n° 285, que deux institutions ont pour destination de pourvoir au recrutement du professorat: l'Ecole normale et l'agrégation des lycées. Nous devrons également mentionner les certificats d'aptitude aux divers enseignements (V. *infrà*, n° 244).

242. — 1° *Ecole normale supérieure.* — Nous avons indiqué (*Rép.* n°s 286 et suiv.) l'organisation et le régime intérieur de l'Ecole normale supérieure. Elle continue, comme nous l'avons dit (*Rép.* n° 287), à occuper dans la rue d'Ulm un édifice qui lui est exclusivement consacré; une loi du 20 mars 1883 (D. P. 83. 4. 51), a ouvert au ministre de l'instruction publique un crédit extraordinaire de 400 000 fr. pour l'agrandissement des bâtiments de cette école. Un aumônier était attaché à l'Ecole normale (*Rép.* n° 286); ses fonctions ont été supprimées par un arrêté du 31 déc. 1881, qui vise la loi de finances du 29 juill. 1881 (D. P. 82. 4. 86). L'arrêté ministériel du 15 sept. 1852, dont nous avons analysé les principales dispositions et qui portait règlement d'études de l'école, est resté en vigueur dans son ensemble, toutefois, un arrêté du 26 juin 1872 a supprimé les examens intérieurs auxquels étaient soumis les élèves, à l'exception de ceux de fin de deuxième année, pour la section des lettres.

243. — 2° *Agrégation des lycées.* — On a vu (*Rép.* n° 296) que le décret du 10 févr. 1869 exigeait un stage des candidats aux divers ordres d'agrégation des lycées. Ce stage a été supprimé par le décret du 30 déc. 1881 (D. P. 83. 4. 22). Les conditions exigées des candidats, l'époque et les formes du concours d'agrégation et les règles spéciales à chaque ordre d'agrégation ont été déterminées par le statut du 29 juill. 1885 (V. *Code des lois politiques et administr.*, v° *Enseignement*, n°s 5268 et suiv.).

244. — 3° *Certificats d'aptitude à divers enseignements dans les lycées et collèges.* — Le certificat d'aptitude à l'enseignement des langues vivantes dans les lycées est délivré à la suite d'épreuves dont le programme est tracé par les art. 42 et 43 du 29 juill. 1885. Aux termes d'un arrêté ministériel du 24 déc. 1887, les candidats à ce certificat sont tenus de produire, en s'inscrivant, l'un des titres suivants: un diplôme de bachelier ou un titre étranger reconnu équivalent; le certificat d'aptitude à l'enseignement spécial (lettres); le certificat d'aptitude à l'enseignement des classes élémentaires; le certificat d'aptitude au professorat des écoles normales (lettres). V. *Code des lois politiques et administr.*, v° *Enseignement*, n° 5311.

245. Nous devons également mentionner: 1° le certificat d'aptitude aux fonctions de professeur des classes élémentaires de l'enseignement classique institué par le décret du 8 janv. 1881 (D. P. 82. 1. 17; V. *Code des lois politiques et administr.* v° *Enseignement*, n°s 4877 et suiv.); 2° le certificat d'aptitude à l'enseignement du dessin, institué par le décret du 6 août 1881 (D. P. 81. 4. 91); 3° le certificat d'aptitude à l'enseignement de la gymnastique, institué par le décret du 3 févr. 1869 (D. P. 69. 4. 31).

ART. 2. — *Des établissements particuliers d'enseignement secondaire* (*Rép.* n°s 297 à 326).

246. On a indiqué (*Rép.* n°s 304 et suiv.) les conditions auxquelles la loi du 15 mars 1850 subordonne le droit d'ouvrir un établissement d'instruction secondaire. L'art. 60 de cette loi exige, comme on l'a vu (*Rép.* n° 304), que le postulant soit Français et âgé de vingt-cinq ans au moins. Toutefois, aux termes de l'art. 78 de la même loi, un étranger peut être autorisé à ouvrir ou diriger un établissement d'instruction secondaire, en se conformant aux conditions déterminées par un règlement délibéré en conseil supérieur. L'étranger doit, dans ce cas, obtenir une autorisation spéciale du ministre de l'instruction publique accordée après avis du conseil supérieur. Autrefois, ces autorisations étaient accordées pour un temps indéterminé; mais il n'en est plus de même depuis la modification apportée à l'art. 13, c. civ., par la loi du 26 juin 1889, qui porte que l'étranger autorisé par décret à fixer son domicile en France y jouira de tous les droits civils, mais que l'effet de l'autorisation cessera à l'expiration de cinq années si l'étranger ne demande pas la naturalisation ou si la demande est rejetée. L'autorisation d'enseigner étant nécessairement liée à la jouissance de l'admission à domicile, il en résulte que, du jour où celle-ci a cessé d'exister, l'étranger perd *ipso facto* le droit d'exercer en France une fonction de surveillance et d'enseignement (Circ. min. instr. publ., 29 juin 1891, *Bull. min. instr. publ.*, 1891, 2e sem., p. 4).

247. Comme on l'a dit au *Rép.* n° 307, à défaut du diplôme de bachelier, le postulant devait déposer entre les mains du recteur un brevet de capacité délivré par un jury d'examen, dont l'art. 60 de la loi de 1850 déterminait la composition. Cet article faisait figurer parmi les membres du jury un ministre du culte professé par le candidat et pris dans le conseil académique. Cette disposition ne peut plus recevoir d'application depuis que l'art. 9 de la loi du 27 févr. 1880 a exclu les représentants des différents cultes des conseils académiques (V. *suprà*, n° 25).

248. L'art. 60 de la loi de 1850 exige également des postulants, comme on l'a vu au *Rép.* n° 310, un certificat de stage constatant qu'ils ont rempli pendant cinq ans au moins les fonctions de professeur ou de surveillant dans un établissement d'instruction secondaire public ou libre. Il a été décidé que le stage ne peut être valablement accompli dans un petit séminaire, école spéciale destinée à assurer le recrutement du corps ecclésiastique, et soumise comme telle à une législation particulière (Com. sup. instr. publ. 24 juill. 1885, *Rec. cons. sup.*, p. 53 et 56). Le ministre peut accorder des dispenses de stage (*Rép.* n° 310). Ces dispenses étant des faveurs et relevant comme telles du pouvoir gracieux, la décision qui les refuse n'est pas susceptible d'appel (Cons. sup. instr. publ., 27 déc. 1884, *Rec. cons. sup.* p. 50).

249. On a vu au *Rép.*, n° 311, que l'art. 61 de la loi du 15 mars 1850 portait que les certificats de stage seraient délivrés par le conseil académique; mais que cette attestation avait été transférée au conseil départemental. L'art. 11 de la loi du 27 févr. 1880 a fait rentrer dans la compétence du conseil académique les affaires contentieuses et disciplinaires qui sont relatives à l'enseignement secondaire ou supérieur public ou libre (V. *suprà*, n° 27). La délivrance des certificats de stage rentrant dans la catégorie des affaires contentieuses dont il s'agit, il appartient au conseil académique de statuer en premier ressort sur les demandes de cette nature (Cons. sup. instr. publ., 27 déc. 1884, *Rec. cons. sup.*, p. 50 et 52); et dans ce cas, deux membres de l'enseignement libre, désignés par le ministre, doivent, aux termes de l'article précité, être adjoints au conseil, à peine de nullité (Mêmes décisions). La décision qui refuse le certificat de stage est susceptible d'appel et, dans le cas d'appel, le certificat peut être délivré par le conseil supérieur statuant en dernier ressort (Mêmes décisions).

250. On a vu au *Rép.* n° 314 que la loi du 15 mars 1850, n'avait pas reproduit la disposition de la législation antérieure qui exigeait, de ceux qui voulaient entrer dans la carrière de l'enseignement, l'affirmation écrite qu'ils n'appartenaient à aucune des congrégations religieuses non autorisées. Il en résulte, d'après les déclarations du rapporteur de cette loi, que les membres des congrégations non reconnues peuvent ouvrir et diriger des établissements d'instruction secondaire ou y professer. Le Sénat ayant rejeté, en 1880, un article de loi qui tendait à interdire l'enseignement public ou privé aux membres des congrégations non reconnues, on doit en conclure que ces derniers ont conservé individuellement le droit d'enseigner, malgré les décrets du 29 mars 1880, qui ont, à la suite du vote du Sénat, prononcé la dissolution de ces congrégations (D. P. 80. 4. 20, note 3). Toutefois, le conseil supérieur de l'instruction publique a décidé que le fait, par le directeur d'un établissement libre d'instruction, d'avoir coopéré à la reconstitution d'une congrégation dissoute en employant des membres de cette congrégation dans des conditions qui caractérisent non l'exercice d'un droit individuel, mais la persistance de l'action commune et du but commun, tombe sous l'application de l'art. 68 de la loi du 15 mars 1850, et que, par application de cet article, le directeur de l'établissement peut être traduit, pour cause d'inconduite ou d'immoralité, devant le conseil académique et être interdit de sa profession à temps ou pour toujours (Cons. sup. instr. publ., 5, 8, 10 et 11 janv. 1881, *Rec. cons. sup.*, p. 10, 11, 13, 14, 18, 19, 21, 22, 23 et 25).

251. Les oppositions formées à l'ouverture d'un établissement particulier d'enseignement secondaire, qui devaient être jugées par le conseil académique en vertu de l'art. 64 de la loi du 15 mars 1850, étaient, comme on l'a dit au *Rép.* n° 316, portées depuis 1854 devant le conseil départemental; mais l'art. 11, § 3, de la loi du 27 févr. 1880 a rétabli la compétence du conseil académique (V. *suprà*, n° 27). L'appel des décisions de ce conseil est déféré au conseil supérieur de l'instruction publique.

252. On a indiqué au *Rép.* n° 320, les pénalités édictées par l'art 66 de la loi du 15 mars 1850 contre ceux qui, sans avoir satisfait aux conditions prescrites par la loi, ont ouvert un établissement d'instruction secondaire. Le fait, par un instituteur tenant un établissement de cette nature, d'avoir continué à le diriger, malgré la décision qui a prononcé contre lui l'interdiction de sa profession, doit être assimilé, pour la répression, au fait d'ouverture d'un établissement de ce genre par un individu frappé d'incapacité légale (Angers, 10 juin 1872, aff. Heintzman, D. P. 72. 2. 130). L'instituteur secondaire dont l'école est restée ouverte après la décision lui interdisant l'exercice de sa profession ne peut se retrancher derrière la circonstance qu'il aurait, dans chaque classe, établi un des élèves surveillant, pour soutenir qu'il a cessé sérieusement de diriger l'école et que les classes ont marché sans son concours, les élèves s'instruisant entre eux, suivant la méthode de l'enseignement mutuel, alors surtout qu'il a continué d'être rémunéré par les parents (Même arrêt).

253. Le directeur d'un établissement libre d'enseignement secondaire ne peut être considéré comme déchu du bénéfice de la déclaration en vertu de laquelle il l'a ouvert originairement, bien qu'il ait formé le projet de cesser ses fonctions, et ait connu les déclarations faites par plusieurs personnes dans le but de le remplacer, ainsi que la lettre par laquelle l'évêque du diocèse déclarait au ministre de l'instruction publique prendre l'institution sous son patronage, s'il est établi en fait que ledit directeur n'a pas abandonné la direction de l'établissement et que l'intention qu'il avait eue de se retirer était subordonnée à la condition, non réalisée depuis, de son remplacement effectif (Crim. rej. 20 mai 1881, aff. Labrosse, D. P. 81. 1. 287). En conséquence, aucune infraction n'est commise par le directeur qui, dans ces conditions, continue à tenir l'établissement scolaire dont il s'agit, sans faire de déclaration nouvelle à l'autorité administrative (Même arrêt).

254. On a vu au *Rép.* n° 323 qu'aux termes de l'art. 69 de la loi du 15 mars 1850, les établissements libres d'enseignement secondaire peuvent recevoir des subventions de l'État, des départements ou des communes. Cette disposition n'a pas cessé d'être en vigueur, et la jurisprudence qui, en matière d'instruction primaire, interdit aux conseils municipaux de subventionner les écoles privées (V. *suprà*, n° 183), n'est pas applicable aux établissements d'enseignement secondaire (Cons. d'Et. 17 avr. 1891, aff. Ville d'Espalion, D. P. 92. 3. 73).

255. Conformément à la méthode suivie au *Rép.* n° 325, tout ce qui concerne les écoles secondaires ecclésiastiques ou *petits séminaires* a été exposé *suprà* v° *Culte*, n° 443.

Art. 3. — *Organisation de l'enseignement secondaire spécial* (*Rép.* n°s 327 à 334).

256. On a analysé (*Rép.* n°s 327 et suiv.) les dispositions de la loi du 21 juin 1865, qui a organisé l'*enseignement secondaire spécial*. L'art. 1er du décret du 4 juin 1891 (D. P. 92. 4. 3), a substitué à cette dénomination celle d'*enseignement secondaire moderne*. Cet enseignement a d'ailleurs subi, depuis 1865, d'importantes modifications. Aux termes de l'art. 3 du décret précité du 4 juin 1891, son programme comprend aujourd'hui : la langue et la littérature françaises, les langues et les littératures allemandes et anglaises, la philosophie et la morale, les principes du droit et des notions d'économie politique, l'histoire la géographie, les mathématiques, la physique et la chimie, les sciences naturelles, le dessin, la comptabilité. Dans certains établissements, l'étude de l'anglais peut être remplacée par celle de l'italien ou de l'espagnol.

257. D'après l'art. 1er du décret du 8 août 1886 (D. P. 87. 4. 64), cet enseignement comprend un cours normal de six années d'études. A l'entrée de chaque année, tout élève doit subir un examen de passage ou d'admission (Décr. 4 août 1881, art. 2, D. P. 84. 4. 2). A la fin de la troisième année, les élèves peuvent recevoir un certificat d'études (Décr. 4 juin 1891, art. 4).

258. L'enseignement secondaire moderne se donne soit dans des lycées ou collèges spéciaux, soit dans les lycées ou collèges classiques. Parmi les lycées ou collèges d'enseignement secondaire moderne, les uns sont de plein exercice, les autres de demi-exercice (Décr. 4 août 1881, D. P. 84. 4. 3). En fait la plupart de ces établissements sont aujourd'hui de plein exercice. Ils sont soumis aux mêmes règles que les lycées et collèges classiques, en ce qui regarde l'organisation financière, les bourses de l'Etat, des départements et des communes, la construction et l'appropriation des bâtiments. Les pensions à payer par les élèves de l'enseignement moderne dans les lycées et collèges sont fixées par les décrets du 1er oct. 1887 (D. P. 87. 4. 98). — L'art. 9 du décret du 4 août 1881 crée auprès de chaque établissement d'enseignement moderne un comité de patronage composé du maire président, du chef de l'établissement et de cinq membres choisis parmi les ingénieurs, les notables commerçants, industriels et agriculteurs.

259. Le personnel administratif de l'enseignement secondaire moderne est soumis aux mêmes règles que celui de l'enseignement classique (V. *suprà*, n°s 222 et suiv.). Les traitements du personnel enseignant sont les mêmes que ceux du personnel enseignant des lycées et collèges classiques (V. *suprà*, n° 226).

260. On a vu au *Rép.* n° 333 que, pour assurer à l'enseignement secondaire spécial le recrutement de maîtres capables, instruits et expérimentés, un arrêté du 19 févr. 1869 avait créé à Cluny une école normale. Cette école a été supprimée par voie budgétaire, à raison de l'insuffisance des résultats obtenus, par la loi de finances du 26 déc. 1890 (D. P. 91. 4. 50). L'école de Cluny, entièrement transformée, est devenue une école industrielle, destinée à former des contremaîtres, et placée sous l'autorité du ministre du commerce et de l'industrie. — Nous avons dit également (*Rép.* n° 334) qu'un ordre particulier d'agrégation pour l'enseignement secondaire spécial avait été créé par le décret du 28 mars 1866. L'art. 4 du décret du 4 juin 1891 a décidé qu'à partir de 1894 il ne serait plus ouvert de concours pour cette agrégation. L'art. 1er du décret du 3 août 1884 (D. P. 85. 4. 21) a créé un certificat d'aptitude à l'enseignement secondaire spécial (ordre des lettres). Un certificat d'aptitude pour cet enseignement (ordre des sciences) a été créé par le décret du 21 déc. 1885 (D. P. 87. 4. 25). Aux termes de l'art. 1er de ce dernier décret, les candidats aux emplois de chargé de cours de l'enseignement secondaire moderne dans les lycées doivent être pourvus soit de ce certificat d'aptitude, soit du diplôme de licencié ès lettres ou ès sciences. Il en est de même des professeurs de cet enseignement dans les collèges communaux.

261. Les conditions d'âge et de nationalité exigées pour l'ouverture d'un établissement privé d'enseignement secondaire classique (V. *infrà*, n° 246) le sont également pour un établissement privé d'enseignement secondaire moderne. Les postulants doivent, en outre, justifier soit du diplôme de bachelier, soit d'un brevet de capacité délivré à la suite d'un examen, conformément à l'art. 6 de la loi du 21 juin 1865.

Art. 4. — *Organisation de l'enseignement secondaire des jeunes filles.*

262. On a dit *suprà* n° 221 que la loi du 21 déc. 1880 a donné une organisation complète à l'enseignement secondaire des jeunes filles. L'art. 1er de cette loi porte que l'Etat fondera, avec le concours des départements et des communes, des établissements publics destinés à cet enseignement. En règle générale, ces établissements sont des externats. Des internats peuvent y être annexés sur la demande des conseils municipaux, et après entente entre eux et l'Etat. Les internats sont au compte des municipalités (L. 21 déc. 1880, art. 2 et décret 28 juill. 1881, art. 1, D. P. 82. 4. 88).

263. Les dépenses de construction et d'appropriation requises pour la fondation d'un lycée ou d'un collège, l'achat du mobilier et des collections, l'entretien et la réparation des bâtiments sont à la charge des villes. Mais l'Etat peut leur venir en aide pour les frais de première installation au moyen de subventions dont le chiffre ne peut excéder la moitié de la dépense prévue. La loi du 2 août 1881 (D. P. 82. 4. 38) a augmenté les fonds de dotation de la caisse des lycées, collèges et écoles primaires d'une somme de 20 000 000 fr., dont 10 millions pour subventions et 10 pour avances à l'effet de contribuer aux dépenses des établissements d'enseignement secondaire des jeunes filles.

264. Les pensions et rétributions scolaires à exiger des familles sont fixées, soit par les décrets d'érection des lycées et collèges de jeunes filles, sur la proposition des recteurs, après avis du conseil académique et du conseil municipal, conformément à l'art. 6 du décret du 28 juill. 1881, soit par des décrets ultérieurs. Aux termes de l'art. 10 du même décret, le traité constitutif qui intervient entre le ministre, le département et la commune où sera créé l'établissement d'enseignement secondaire de jeunes filles, doit fixer le taux des rétributions à exiger des familles pour les frais d'études de l'externat, déterminer la composition du personnel et le taux minimum des traitements, le nombre minimum des bourses à entretenir pour chacune des parties, et le montant des subventions à fournir par la ville, le département et l'Etat, tant pour les frais de première installation que pour les dépenses annuelles; enfin indiquer si le mode de gestion sera la régie ou si l'établissement sera administré au compte de la direction. Dans les collèges communaux, l'administration municipale est responsable du payement des traitements des professeurs et des autres fonctionnaires de l'établissement, quel que soit le mode de gestion. Si le collège est en régie, elle est responsable également de tout déficit qui se produirait dans la gestion (Décr. 28 juill. 1881 art. 11).

265. L'art. 3 de la loi du 21 déc. 1880 porte qu'il sera fondé par l'Etat, les départements et les communes, au profit des internes et des demi-pensionnaires, tant élèves qu'élèves maîtresses, des bourses dont le nombre sera déterminé dans le traité constitutif qui interviendra entre le ministre, le département et la commune où sera créé l'établissement. Ces bourses sont accordées dans les mêmes conditions que celles qui sont accordées aux élèves des lycées et collèges de garçons et peuvent, de même, être fractionnées (Décr. 28 juill. 1881, art. 7). Elles sont partagées en trois catégories : bourses d'internat, bourses de demi-pensionnat et bourses d'externat (Décr. 28 juill. 1882, D. P. 83. 4. 51, art. 1er). Un certain nombre de bourses peuvent être accordées, sous le nom de bourses *familiales*, à des élèves qui, tout en suivant les cours des lycées ou collèges, demeureraient chez leurs parents ou seraient logées et nourries soit dans des familles, soit dans des institutions libres (Circ. min. instr. publ. 14 janv. 1882, *Rec. circ. instr. publ.*, t. 8, p. 629; Décr. 28 juill. 1882, art. 2).

266. Les matières de l'enseignement secondaire des jeunes filles sont énumérées dans l'art. 4 de la loi du 21 déc. 1880. Cet enseignement comprend : 1° l'enseignement moral ; 2° la langue française, la lecture à haute voix et au moins une langue vivante ; 3° les littératures anciennes et modernes ; 4° la géographie et la cosmographie ; 5° l'histoire nationale et un aperçu de l'histoire générale ; 6° l'arithmétique, les éléments de la géométrie, de la chimie, de la physique et de l'histoire naturelle ; 7° l'hygiène ; 8° l'économie domestique ; 9° les travaux à l'aiguille ; 10° des notions de droit usuel ; 11° le dessin ; 12° la musique ; 13° la gymnastique. — Le décret du 14 janv. 1882 (D. P. 83. 4. 20) a fixé à cinq le nombre d'années d'études ; les objets de l'enseignement dans chaque classe et le nombre d'heures consacrées à chaque matière ont été déterminés par deux arrêtés ministériels du 14 janv. 1882 et du 28 juill. suivant (*Code des lois politiques et administr.*, v° *Enseignement*, nos 5579 et suiv.). L'enseignement religieux est donné, sur la demande des parents, par les ministres des différents cultes, dans l'intérieur des établissements, en dehors des heures de classe (L. 21 déc. 1880, art. 5). Pour être admise dans un lycée de jeunes filles, l'élève doit être âgée de six ans au moins (Arr. min. 23 juill. 1884), et subir un examen destiné à constater quelle classe elle est en état de suivre. Aux termes de l'art. 7 de la loi du 21 déc. 1880, un diplôme de fin d'études est délivré aux jeunes filles qui ont suivi les cours des établissements publics d'enseignement secondaire : ce diplôme est délivré à la suite d'un examen subi dans les conditions déterminées par l'art. 6 du décret du 14 janv. 1882.

267. Chaque lycée ou collège est placé sous l'autorité d'une *directrice* nommée par le ministre, sur la proposition du recteur, après entente avec l'administration locale (L. 21 déc. 1880, art. 9 et décr. 28 juill. 1881, art. 16). L'art. 2 du décret du 28 juill. 1881 exige des directrices la possession de certains diplômes et, tout au moins, du brevet supérieur de l'enseignement primaire. Les *économes* des lycées de jeunes filles sont nommées par le ministre ; elles doivent avoir fait dans les bureaux d'économat de ces établissements un stage de deux ans, et subi avec succès les deux examens institués pour les commis aux écritures et les commis d'économat.

268. Le personnel enseignant se compose : 1° des professeurs titulaires ; 2° des professeurs délégués ; 3° des maîtresses chargées de cours ; 4° des institutrices primaires ; 5° des maîtresses d'enseignements accessoires. En principe, ce personnel est nommé par le ministre ; toutefois, en cas d'urgence, le recteur peut pourvoir aux vacances par délégation du ministre et à la condition d'en référer immédiatement à l'administration supérieure (Décr. 28 juill. 1881, art. 17). Les professeurs titulaires des lycées de jeunes filles sont choisies parmi les agrégées (V. *infrà*. p. 273) ; des professeurs de l'enseignement supérieur et de l'enseignement secondaire peuvent être délégués dans un cours. Les maîtresses chargées de cours doivent justifier, soit du certificat d'aptitude à l'enseignement secondaire des jeunes filles, soit de l'une des licences ès lettres ou ès sciences, soit du certificat d'aptitude à l'une des langues vivantes. Les institutrices primaires doivent justifier d'un brevet de capacité de l'enseignement primaire (Arr. min. instr. publ., 28 juill. 1884, art. 16 à 18, *Code des lois politiques et administr.*, v° *Enseignement*, p. 765). — Sur les conditions d'exercice exigées des maîtresses de dessin, des maîtresses de chant, des maîtresses de travaux à l'aiguille, des maîtresses de gymnastique, V. *ibid.*, nos 5647 et suiv.

269. Les maîtresses répétitrices sont nommées par le ministre, sur la présentation de la directrice et la proposition du recteur. Les aspirantes doivent produire le brevet supérieur de l'enseignement primaire ou le diplôme de fin d'études secondaires des jeunes filles. En ce qui concerne les conditions d'exercice des maîtresses répétitrices, leurs attributions, leur nombre, V. Arr. min. 28 juill. 1884, art. 23 et suiv.

270. Le décret du 10 sept. 1883 (D. P. 84. 4. 72) fixe ainsi qu'il suit les traitements et émoluments du personnel des lycées et collèges de jeunes filles :

1° LYCÉES. *Directrices* agrégées : 1re classe 6500 fr., 2e classe 6000 fr., 3e classe 5500 fr., 4e classe 5000 fr. Licenciées ou pourvues soit du certificat d'aptitude à l'enseignement secondaire des jeunes filles, soit du certificat d'aptitude à l'enseignement des langues vivantes : 1re classe 6000 fr., 2e classe 5500 fr., 3e classe 5000 fr., 4e classe 4500 fr. Pourvues du brevet de l'enseignement primaire : 1re classe 5500 fr., 2e classe 5000 fr., 3e classe 4500 fr., 4e classe 4000 fr. *Professeurs titulaires*, agrégées : 1re classe 4200 fr., 2e classe 3800 fr., 3e classe 3400 fr., 4e classe 3000 fr. *Maîtresses chargées de cours*, licenciées ou pourvues d'un des certificats d'aptitude ci-dessus mentionnés : 1re classe 3400 fr., 2e classe 3100 fr., 3e classe 2808 fr., 4e classe 2500 fr. *Institutrices primaires* pourvues d'un baccalauréat, du diplôme de fin d'études secondaires ou du brevet supérieur de l'enseignement primaire : 1re classe 2700 fr., 2e classe 2400 fr., 3e classe 2100 fr., 4e classe 1800 fr. *Maîtresses-répétitrices*, logées non nourries : 1re classe 2400 fr., 2e classe 2100 fr., 3e classe 1800 fr., 4e classe 1500 fr. Les traitements alloués aux membres du personnel administratif ou enseignant des lycées de jeunes filles de Paris sont, pour chaque classe et pour chaque catégorie de fonctionnaires, supérieurs de 500 fr. aux chiffres qui viennent d'être indiqués.

2° COLLÈGES. *Directrices* : 1re classe 4000 fr., 2e classe 3500 fr., 3e classe 3000 fr., 4e classe 2600 fr. *Professeurs titulaires* licenciées ou pourvues des certificats d'aptitude ci-dessus mentionnés : 1re classe 3400 fr., 2e classe 3100 fr., 3e classe 2800 fr., 4e classe 2500 fr. *Maîtresses chargées de cours* pourvues d'un baccalauréat, du diplôme de fin d'études secondaires ou du brevet supérieur de l'enseignement primaire : 1re classe 2700 fr., 2e classe 2400 fr., 3e classe 2100 fr., 4e classe 1600 fr. *Institutrices primaires*: 1re classe 2400 fr., 2e classe 2000 fr., 3e classe 1800 fr., 4e classe 1600 fr. *Maîtresses surveillantes de l'internat* logées, non nourries, au minimum 1400 fr. Ces divers traitements sont soumis aux retenues par le service des pensions civiles (Décr. 28 juill. 1881, art. 18, D. P. 82. 4. 88).

271. L'indemnité annuelle de 500 fr. accordée aux fonctionnaires et professeurs des lycées et collèges de garçons qui sont pourvus du titre d'agrégé, et celle de 300 fr. qui est accordée à ceux qui ont été admissibles à l'agrégation (V. *suprà*, no 222), est étendue aux fonctionnaires et professeurs-femmes des lycées et collèges de jeunes filles, par l'art. 1er du décret du 18 nov. 1885 (D. P. 87. 4. 24).

272. Une école normale d'internes destinée à recruter des professeurs-femmes pour l'enseignement secondaire des jeunes filles a été instituée par la loi du 26 juill. 1881 (D. P. 82. 4. 60). Elle a été établie à Sèvres. Son organisation a été réglée par un décret du 23 nov. 1885 (D. P. 87. 4. 25). La durée des études est de trois ans.

273. Le décret du 5 janv. 1884 (D. P. 84. 4. 96) a institué un concours d'agrégation de l'enseignement secondaire, dont les conditions ont été déterminées par un arrêté ministériel du même jour (V. *Code des lois politiques et administratives*, vo *Enseignement*, p. 769).

274. Enfin le décret du 7 janv. 1884 (D. P. 84. 4. 96) a institué un certificat d'aptitude à l'enseignement secondaire des jeunes filles. Les conditions requises pour l'obtention de ce certificat ont été fixées par un arrêté ministériel du même jour (V. *Code des lois politiques et administr.*, vo *Enseignement*, p. 770).

SECT. 6. — DE L'INSTRUCTION SUPÉRIEURE (*Rép.* no 335 à 472).

275. A l'époque de la publication du *Répertoire*, l'enseignement supérieur n'existait pas en dehors de l'Etat. Cet état de choses a été modifié par la loi du 12 juill. 1875 (D. P. 75. 4. 137), qui a consacré la liberté de l'enseignement supérieur, sans autre restriction, ainsi que l'a déclaré le rapporteur, M. Laboulaye, que celles que réclament la morale et l'ordre public. D'après les déclarations du rapporteur, on doit entendre par *enseignement supérieur* tout ce qui n'est pas enseignement primaire ou enseignement secondaire.

276. L'art. 2 de la loi du 12 juill. 1875 détermine les conditions de nationalité et d'âge exigées de ceux qui veulent ouvrir des cours ou des établissements d'enseignement supérieur. Ce droit appartient à tout Français, âgé de vingt-cinq ans accomplis, et aux associations formées légalement dans un dessein d'enseignement supérieur. Aucune condition de grade n'est exigée, si ce n'est pour l'enseignement de la médecine et de la pharmacie. L'art. 8 déclare incapables d'ouvrir un cours et de remplir les fonctions d'administrateur ou de professeur dans un établissement libre d'enseignement supérieur : 1o les individus qui ne jouissent pas de leurs droits civils; 2o ceux qui ont subi une condamnation pour crime ou pour un délit contraire à la probité ou aux mœurs; 3o ceux qui, par suite de jugement, se trouvent privés de tout ou partie des droits civils, civiques et de famille indiqués dans les nos 1, 2, 3, 5, 6, 7 et 8 de l'art. 42 c. pén.; 4o ceux contre lesquels l'incapacité a été prononcée par les tribunaux en vertu du paragraphe 3 de l'art. 17 de la loi du 12 juill. 1875, c'est-à-dire à raison d'une seconde infraction, commise dans l'année de la première condamnation, aux prescriptions des art. 3, 4, 5, 6 et 10 de ladite loi. L'art. 9 relève l'étranger de l'incapacité de se livrer en France à l'enseignement supérieur lorsqu'il en a obtenu l'autorisation, comme en matière d'enseignement primaire ou secondaire.

277. L'ouverture soit d'établissements libres d'enseignement supérieur, soit de cours isolés, est subordonnée à l'accomplissement de certaines formalités prescrites par les art. 3 et 4 de la loi de 1875. Quelques-unes de ces formalités sont communes à l'ouverture des cours et à celle des établissements. Elles consistent : 1o dans la nécessité d'une déclaration préalable, et dans l'obligation de remettre cette déclaration au recteur, dans les départements où est établi le chef-lieu de l'académie, et à l'inspecteur d'académie, dans les autres départements; 2o dans la défense d'ouvrir le cours ou l'établissement avant les dix jours de la délivrance du récépissé. Toute modification aux points qui ont fait l'objet de la déclaration primitive doit être portée à la connaissance des autorités qui viennent d'être indiquées; et il ne peut être donné suite aux modifications projetées que cinq jours après la délivrance du récépissé. — Indépendamment de ces formalités, il en existe d'autres qui sont spécialement exigées, soit pour l'ouverture d'un cours, soit pour l'ouverture d'un établissement. Les formalités spéciales aux cours sont l'indication dans la déclaration d'ouverture, avec la signature de leur auteur, des nom, qualités et domicile du déclarant, du local où sera fait le cours, et de l'objet ou des divers objets de l'enseignement qui y sera donné. Les formalités spéciales aux établissements consistent : 1o dans l'indication, dans la déclaration d'ouverture, avec la signature de leurs administrateurs, nécessairement au nombre de trois, des noms, qualités et domiciles de ces administrateurs, ainsi que du siège et des statuts de l'établissement; 2o dans l'obligation, en cas de décès ou de retraite d'un des administrateurs, de procéder à son remplacement dans le délai de six mois et d'en donner avis au recteur ou à l'inspecteur d'académie; 3o dans l'obligation de communiquer chaque année, au recteur ou à l'inspecteur d'académie, la liste des professeurs et le programme des cours.

278. La liberté de l'enseignement supérieur est étendue même aux associations formées pour créer ou entretenir des cours ou établissements consacrés à cet enseignement. L'art. 10 déclare expressément que l'art. 291 c. pén. n'est pas applicable à ces associations. Il résulte des déclarations faites dans la discussion au nom de la commission que le législateur n'a établi aucune distinction entre les associations religieuses et les associations laïques et a entendu s'en référer au droit commun. — Il doit être fait une déclaration indiquant les noms, professions et domicile des fondateurs et administrateurs desdites associations, le lieu de leurs réunions et les statuts qui doivent les régir. Cette déclaration doit être faite : 1o au recteur ou à l'inspecteur d'académie; 2o dans le département de la Seine au préfet de police, et dans les autres départements au préfet; 3o au procureur général de la cour du ressort, en son parquet ou au parquet du procureur de la République. La liste complète des associés, avec indication de leur domicile, doit se trouver au siège de l'association et être communiquée au parquet, à toute réquisition du procureur général. — Aux termes de l'art. 7 de la loi du 18 mars 1880, aucun établissement d'enseignement libre, aucune association formée en vue de l'enseignement supérieur ne peut être reconnue d'utilité publique qu'en vertu d'une loi.

279. La loi du 18 mars 1880 (D. P. 80. 4. 18), qui a modifié celle du 12 juill. 1875 refuse aux établissements d'enseignement supérieur qui réunissent trois facultés le droit de prendre le titre d'*université libre*, ainsi que les y autorisait cette dernière loi; mais le Sénat a refusé d'interdire aux établissements libres le titre de *faculté*, ainsi que le portait le projet adopté par la Chambre des députés. En conséquence, tout établissement comprenant au moins le même nombre de professeurs pourvus du grade de docteur que les facultés de l'Etat qui comptent le moins de chaires peut prendre le nom de faculté libre des lettres, des sciences, de droit, de médecine, etc. Pour les facultés des lettres, des sciences et de droit, la déclaration signée par les administrateurs doit porter que lesdites facultés ont des salles de cours, de conférences et de travail suffisantes pour cent étudiants au moins et une bibliothèque spéciale. Pour une faculté des sciences, il doit être établi qu'elle possède des laboratoires de physique et de chimie, des cabinets de physique et d'histoire naturelle en rapport avec les besoins de l'enseignement supérieur. S'il s'agit d'une faculté de médecine, d'une faculté mixte de médecine et de pharmacie ou d'une école de médecine ou de pharmacie, la déclaration doit établir : que ladite faculté ou école dispose, dans un hôpital fondé par elle ou mis à sa disposition par l'assistance publique, de cent vingt lits au moins, habituellement occupés pour les trois enseignements cliniques principaux, médical, chirurgical, obstétrical; qu'elle est pourvue : 1° de salles de dissection munies de tout ce qui est nécessaire aux exercices anatomiques des élèves; 2° des laboratoires nécessaires aux études de chimie, de physique et de physiologie; 3° de collections d'étude pour l'anatomie normale ou pathologique, d'un cabinet de physique, d'une collection de matière médicale, d'une collection d'instruments et appareils de chirurgie; qu'elle met à la disposition des élèves un jardin de plantes médicinales et une bibliothèque spéciale. S'il s'agit d'une école spéciale de pharmacie, les administrateurs de cet établissement doivent déclarer qu'il possède des laboratoires de physique, de chimie, de pharmacie et d'histoire naturelle, les collections nécessaires à l'enseignement de la pharmacie, un jardin de plantes médicinales et une bibliothèque spéciale (art. 6).

280. L'art. 7 de la loi du 12 juill. 1875 assujettit les cours ou établissements libres d'enseignement supérieur à la surveillance de l'Etat; mais cette surveillance ne peut porter sur l'enseignement que pour vérifier s'il n'est pas contraire à la morale, à la constitution ou aux lois. « Elle n'a point pour objet, a dit le rapporteur de la loi, d'imposer des méthodes, un certain esprit et une certaine direction. Ce n'est point un contrôle universitaire; c'est une inspection d'ordre public et d'utilité générale ».

281. L'art. 12 prévoit le cas d'extinction d'un établissement d'enseignement supérieur reconnu, soit par l'expiration de la société, soit par la révocation de la déclaration d'utilité publique. Dans ce cas, les biens acquis par donation entre vifs et par disposition à cause de mort doivent faire retour aux donateurs ou aux successeurs des donateurs ou testateurs, dans l'ordre réglé par la loi et, à défaut de successeurs, à l'Etat. Quant aux biens acquis à titre onéreux, ils doivent faire retour à l'Etat, si les statuts ne contiennent à cet égard aucune disposition; il en sera fait emploi pour les besoins de l'enseignement supérieur par décrets rendus en conseil d'Etat, après avis du conseil supérieur de l'instruction publique.

282. L'art. 16 de la loi du 12 juill. 1875 punit d'une amende qui ne pourra excéder 1000 fr. les infractions aux art. 3, 4, 5, 6, 8 et 10 de cette loi, c'est-à-dire : 1° l'absence de déclaration de l'ouverture d'un cours ou d'un établissement d'enseignement supérieur; 2° l'absence de déclaration des modifications qui seront apportées aux points qui ont fait l'objet de la déclaration primitive; 3° l'ouverture du cours ou établissement, moins de dix jours francs après la délivrance du récépissé constatant la déclaration; 4° l'exécution des modifications aux points ayant fait l'objet de la déclaration primitive moins de cinq jours après la délivrance des récépissés constatant la nouvelle déclaration à laquelle ces modifications ont dû donner lieu; 5° l'administration d'un établissement d'enseignement supérieur par moins de trois personnes; 6° le non-remplacement, avant l'expiration d'un délai de six mois, de tout administrateur décédé ou retraité, ou le défaut d'avis du changement au recteur ou à l'inspecteur d'académie; 7° le défaut de communication chaque année au recteur ou à l'inspecteur d'académie de la liste des professeurs et du programme des cours; 8° la dénomination de faculté donnée à des établissements comprenant moins de professeurs pourvus du grade de docteur que les facultés de l'Etat qui comptent le moins de chaires; 9° l'absence des déclarations prescrites pour l'ouverture des facultés, ou l'inaccomplissement des obligations spéciales exigées pour ces établissements; 10° l'ouverture d'un cours ou l'exercice des fonctions d'administrateur ou de professeur par une personne incapable; 11° le défaut de déclaration d'une association d'enseignement supérieur; 12° l'absence, au siège de l'association, d'une liste des associés avec indication de leur domicile. — L'art. 16 ne renvoie ni à l'art. 2 qui ne permet l'exercice de l'enseignement qu'aux personnes ayant la qualité de Français et l'âge de vingt-cinq ans révolus, et s'il s'agit de l'enseignement de la médecine et de la pharmacie, possédant les diplômes exigés; ni à l'art. 9 qui subordonne à une autorisation l'exercice de l'enseignement supérieur par les étrangers même jouissant en France des droits civils; ni à l'art. 22 qui autorise l'interdiction à temps ou pour toujours de l'enseignement supérieur par voie disciplinaire. Les infractions à ces dispositions ne sont donc frappées d'aucune peine. — L'art. 463 c. pén. peut être appliqué aux infractions punies par l'art. 16 (art. 23).

283. Le même article 16 détermine les personnes punissables à raison des infractions ci-dessus énumérées, ce sont : 1° dans le cas où il s'agit d'infractions relatives à l'ouverture ou au fonctionnement d'un cours, l'auteur de ce cours; 2° dans le cas où il s'agit d'infractions relatives à l'ouverture ou au fonctionnement d'un établissement d'enseignement supérieur, les administrateurs et, à défaut d'administrateurs régulièrement constitués, les organisateurs; 3° s'il s'agit de l'exercice de l'enseignement par un incapable, l'individu frappé d'incapacité.

284. L'amende édictée par l'art. 16 de la loi de 1875 n'est pas aggravée dans le cas de récidive; mais le juge peut prononcer contre le délinquant placé en état de récidive par suite d'une seconde infraction commise dans l'année de la première condamnation l'incapacité édictée par l'art. 8. Dans le même cas de récidive, la fermeture est obligatoire pour les cours, et facultative pour les établissements. La fermeture est prononcée dans les mêmes conditions lorsque l'enseignement est exercé par une des personnes que l'art. 8 en déclare incapable (art. 17). En cas d'infractions autres que celles qui peuvent donner lieu à la fermeture, les tribunaux peuvent prononcer la suspension du cours ou de l'établissement pour un temps qui ne devra pas excéder trois mois (Même article). Tout jugement prononçant la suspension ou la fermeture d'un cours est exécutoire par provision, nonobstant appel ou opposition (art. 18).

285. L'art. 19 punit d'une amende de 1000 à 3000 fr. et en cas de récidive d'une amende de 3000 à 6000 fr., sauf l'admission du bénéfice des circonstances atténuantes, tout refus de se soumettre à la surveillance prescrite par l'art. 7. Tous les administrateurs de l'établissement sont civilement responsables du payement de ces amendes. Si la récidive a lieu dans l'année de la condamnation, le jugement peut ordonner la fermeture du cours ou de l'établissement.

286. Lorsque les déclarations faites conformément aux art. 3 et 4 indiquent pour professeur une personne frappée d'incapacité ou contiennent la mention d'un sujet contraire à l'ordre public ou à la morale publique et religieuse, l'art. 20 donne au procureur de la République le droit de former opposition dans les dix jours de la délivrance du récépissé. Cette opposition doit être motivée, déposée au greffe du tribunal et notifiée par le procureur aux personnes ou au domicile des parties intéressées. — La demande en mainlevée de l'opposition doit être faite par le déclarant devant le tribunal civil; elle est portée à la plus prochaine audience. La décision est susceptible d'appel, conformément au droit commun. Quant au pourvoi en cassation, il doit, à peine de déchéance, être formé dans la quinzaine de la notification de l'arrêt par une déclaration au greffe de la cour qui a rendu cet arrêt. Il est porté directement devant la chambre civile de la cour de cassation. Le recours du ministère public est suspensif. — L'infraction à l'interdiction d'enseigner résultant d'une opposition régulière est punie d'une amende de 16 à 300 fr., qui peut être élevée au double dans le cas de récidive dans l'année de la première condamnation. Les administrateurs de l'établissement dans lequel le cours a été ouvert, en contravention à l'art. 20, sont civilement et solidairement responsables des amendes prononcées en vertu de cet article.

287. Nous avons dit *suprà*, n° 279, que la loi du 18 mars 1880 fait défense aux établissements libres d'enseignement supérieur de prendre le titre d'universités; cette loi leur défend également de donner aux certificats d'études qu'elles décerneraient aux élèves, les titres de baccalauréat, de licence ou de doctorat, ces titres ne pouvant, comme on le verra plus loin, être accordés qu'à la suite d'examens subis devant les jurys de l'Etat. L'infraction à ces dispositions est punie par l'art. 8 de la loi du 18 mars 1880 d'une amende de 100 fr. à 1000 fr. et, en cas de récidive, d'une amende de 1000 à 3000 fr. L'art. 463 c. pén. n'est pas applicable à ces infractions.

288. On a vu au *Rép.*, n° 337, que les établissements d'enseignement supérieur de l'Etat forment en France deux catégories : 1° les établissements universitaires, comme les facultés et les écoles supérieures de pharmacie, qui confèrent à leurs élèves certains grades ; 2° les établissements qui sont en dehors de l'Université, comme le Collège de France, le Muséum d'histoire naturelle, et l'Ecole des langues orientales, etc. On traitera successivement de ces deux catégories d'établissements dans l'ordre suivi au *Répertoire*.

ART. 1er. — *Des facultés* (*Rép.* nos 338 à 417).

§ 1er. — Observations générales et dispositions communes aux différents ordres de facultés (*Rép.* nos 338 à 349).

289. Les établissements publics qui ont pour objet l'instruction supérieure, en même temps qu'on y confère les grades, constituent les uns des établissements de l'Etat, savoir les facultés de théologie, de droit, de médecine des sciences et des lettres, les écoles supérieures de pharmacie et les écoles supérieures d'Alger ; les autres, des établissements communaux, savoir les écoles de plein exercice et les écoles préparatoires de médecine et de pharmacie.-

290. Un décret du 30 juill. 1883 (D. P. 84. 4. 15) a fixé le régime des cours dans les facultés et les écoles supérieures de plein exercice et préparatoires. L'art. 1er de ce décret fixe au 3 novembre l'ouverture des cours de ces établissements. — Aux termes de l'art. 3, conformément à ce qui a été dit au *Rép.* n° 342, tout étudiant qui se présente pour prendre sa première inscription dans un établissement d'enseignement supérieur est tenu de déposer : 1° son acte de naissance; 2° s'il est mineur, le consentement de son père ou de son tuteur : ce consentement doit indiquer le domicile du père ou du tuteur ; 3° les diplômes exigés par les règlements (Un décret du 5 juin 1891 (D. P. 92. 4. 4) détermine les diplômes à fournir par les aspirants à la licence ou au doctorat en droit, au doctorat en médecine, aux licences ès sciences, ès lettres, et au grade de pharmacien de 1re classe). Il est interdit, sous peine de la perte d'une ou de deux inscriptions, de prendre simultanément des inscriptions dans des établissements différents, publics ou libres, en vue du même examen (art. 4). — Les étudiants qui veulent changer de faculté en conservant le bénéfice des inscriptions qu'ils ont prises et des examens qu'ils ont subis doivent s'adresser au doyen ou directeur et demander que leur certificat de scolarité mentionne leur situation scolaire (art. 23). Mais le droit de changer de faculté ou d'école est suspendu pour l'étudiant qui a échoué à un examen, à moins qu'il ne s'agisse de candidats aux baccalauréats ou aux licences ès sciences et ès lettres. Toutefois, en cas de motifs graves, l'étudiant peut être autorisé à changer de faculté malgré son échec; cette autorisation est accordée par le conseil de la faculté (Décr. 30 juill. 1883, art. 24, et 28 déc. 1885, art. 5). Tout étudiant qui, sans motifs jugés valables par la faculté ou école, néglige pendant deux ans de prendre des inscriptions et de subir aucune épreuve, perd le bénéfice des inscriptions prises depuis la dernière épreuve subie avec succès (Décr. 30 juill. 1883, art. 27).

291. Le droit d'inscription dans les facultés de l'Etat avait été supprimé par l'art. 3 de la loi du 18 mars 1880, qui portait que les inscriptions prises dans ces facultés seraient gratuites. Mais l'art. 1er de la loi de finances du 26 févr. 1887 (D. P. 87. 4. 81) a rétabli ce droit, qui a été fixé uniformément à 30 fr. par trimestre dans les facultés et écoles d'enseignement supérieur de tout ordre. — Le législateur a dispensé du droit d'inscription : 1° les boursiers près les facultés et écoles; 2° les répétiteurs des lycées et collèges; 3° les autres fonctionnaires des lycées et collèges ; 4° les fonctionnaires de l'enseignement primaire public ; 5° les préparateurs des facultés des sciences. En outre, aux termes de l'art. 1er, § 2, de la loi du 26 févr. 1887, la dispense d'inscription peut être accordée à un dixième des étudiants astreints au droit d'inscription dans chaque établissement. Le ministre fixe chaque année, pour chaque établissement, le nombre des étudiants qui peuvent être dispensés; et le doyen ou directeur, après avis du conseil de la faculté ou de l'école, désigne les étudiants qui bénéficieront de cette dispense.

Indépendamment du droit d'inscription, l'art. 9 de la loi de finances du 29 déc. 1873 (D. P. 74. 4. 28) a institué un supplément de droit de dix francs dit *droit de bibliothèque*, qui est destiné à créer un fonds commun pour les bibliothèques des facultés, et qui est perçu sur chaque première inscription prise dans toutes les facultés de l'Etat. Aucun droit d'inscription ni de bibliothèque n'est exigé des étudiants en droit qui se font inscrire dans les facultés des lettres en vue de la licence ès lettres, ni des étudiants en médecine et de pharmacie qui se font inscrire dans les facultés des sciences en vue de la licence ès lettres (L. 26 févr. 1887, art. 1, § 3 et 4). Diverses dispenses du droit de bibliothèque ont été établies par les lois de finances (V. *Code des lois politiques et administratives*, v° *Enseignement*, nos 6434 et suiv.).

292. On a vu au *Rép.* n° 343, que les élèves qui, après avoir subi les épreuves prescrites par les règlements, ont été jugés dignes d'obtenir un grade, reçoivent un diplôme délivré par le ministre et visé par le recteur. L'art. 1er de la loi du 18 mars 1880 (D. P. 80. 4. 17) porte que les examens et épreuves pratiques qui déterminent la collation des grades ne peuvent être subis que devant les facultés de l'Etat. Cet article supprime le jury mixte, établi et organisé par les art. 13 et 14 de la loi du 18 juill. 1875, et devant lequel les élèves des facultés libres pouvaient se présenter pour l'obtention des grades. Ce jury mixte ou spécial était composé de professeurs ou agrégés des facultés de l'Etat et de professeurs des universités libres pourvus du diplôme de docteur. Aux termes de l'art. 2 de la loi de 1880, tous les candidats sont soumis aux mêmes règles en ce qui concerne les programmes, les conditions d'âge, de grades, d'inscriptions, de travaux pratiques, de stage dans les hôpitaux et dans les officines, les délais obligatoires entre chaque examen et les droits à percevoir au profit du trésor public.

293. Ainsi qu'on l'a vu *Rép.* n° 344, il est procédé aux examens par les professeurs, suppléants ou agrégés de chaque faculté. L'art. 35 du décret du 28 déc. 1885 porte que les professeurs titulaires peuvent, après avis du conseil de la faculté, être dispensés des examens par le ministre de l'instruction publique. Ils abandonnent, dans ce cas, le quart de leur traitement.

294. Les formalités qui précèdent la soutenance des thèses de doctorat (V. *Rép.* n° 345) n'étaient pas autrefois les mêmes dans toutes les facultés. Le décret du 30 juill. 1883 a établi quelques règles générales. D'après l'art. 20 de ce décret, pour chaque thèse de doctorat, le doyen désigne un ou plusieurs professeurs de la faculté, qui examinent le manuscrit et le signent, après s'être assurés que ce travail mérite d'être présenté à la soutenance publique. Le doyen soumet le manuscrit au recteur, avec un rapport où sont exposés les qualités et les défauts du travail. Le recteur accorde ou refuse le permis d'imprimer. Dans le cas où le permis est refusé, si la faculté ou l'intéressé en fait la demande, le recteur en réfère au ministre qui, après avoir provoqué l'avis d'une commission spécialement compétente, statue en section permanente du conseil supérieur de l'instruction publique. Lorsqu'une thèse présentée à une faculté l'a déjà été antérieurement à une faculté qui ne l'a pas acceptée, le candidat doit faire mention de cette circonstance, sous peine de nullité des épreuves, et le recteur ne peut autoriser l'impression sans en référer au ministre (art. 21). Le décret du 30 juill. 1883 n'a pas modifié la composition des jurys d'examen.

295. L'organisation intérieure des facultés, qui a été successivement régie par les dispositions rappelées au *Rép.* n° 346, l'est aujourd'hui par le décret du 28 déc. 1885 (D. P. 86. 4. 12). Ce décret, rendu à la suite de l'enquête ouverte en 1883 sur l'organisation de l'enseignement supérieur, a eu pour but de donner satisfaction, dans la mesure du possible, aux vœux exprimés par les facultés. Si le Gouvernement, ainsi que l'expose le rapport dont ce décret a été précédé, n'a pas cru pouvoir grouper les facultés en universités, ainsi qu'elles l'avaient presque toutes demandé, il a voulu du moins fournir à toutes les facultés d'une même académie les moyens de faire l'expérience de la vie commune et de contracter des habitudes de coordination et de solidarité. — Un projet de loi ayant pour objet l'institution d'universités régionales, a été soumis au Sénat le 22 juillet 1891, et à la suite d'un rapport de M. Bardou, en date du 19 janvier 1892 ; il a été discuté en première délibération par cette assemblée, dans les séances des 10, 11, 14 et 15 mars suivant. Un contre-projet ayant été présenté, le renvoi à la commission a été voté par le Sénat. Depuis lors, la discussion n'a pas été reprise. Le régime consacré par le décret de 1885 reste toujours en vigueur.

296. Aux termes du décret du 28 déc. 1885, un *conseil général des facultés*, institué au chef-lieu de chaque académie, est destiné à devenir l'organe commun de toutes les facultés du ressort et à jouer un rôle analogue à celui des sénats académiques des universités étrangères. Ce conseil se compose : 1° du recteur président ; 2° des doyens des facultés, du directeur de l'Ecole supérieure de pharmacie, du directeur de l'école de plein exercice ou préparatoire de médecine et de pharmacie du département où siège l'académie ; 3° de deux délégués de chaque faculté, élus pour trois ans par l'assemblée de la faculté parmi les professeurs titulaires ; 4° d'un délégué de l'Ecole supérieure de pharmacie, ou d'un délégué de l'école de plein exercice ou préparatoire de médecine et de pharmacie, élu dans les mêmes conditions. Les contestations relatives à l'élection des membres du conseil sont portées devant ce conseil, qui statue sans appel (art. 1 et 2).

Les attributions du conseil général des facultés sont de plusieurs natures : les unes sont d'ordre pédagogique, les autres d'ordre administratif, d'ordre financier, enfin d'ordre disciplinaire. En matière d'enseignement, le conseil général a pour mission de veiller au maintien des règlements d'études et d'établir, entre les cours et exercices des différentes facultés et écoles, la coordination nécessaire au bien des études et aux intérêts des étudiants. A cet effet, il vise les programmes des cours et conférences de chaque établissement et s'assure qu'ils contiennent les matières exigées pour les examens ; il arrête et publie, avant le 1er août, le tableau général des cours des divers établissements pour l'année suivante (art. 6). — Dans l'ordre administratif, le conseil général propose au ministre les règlements de la bibliothèque universitaire, et, s'il y a lieu, des différentes sections de la bibliothèque (art. 7) ; il arrête les règlements des cours libres qui, aux termes du décret du 24 juill. 1883, peuvent être professés dans les facultés de l'Etat par des professeurs qui n'appartiennent pas au personnel de ces facultés (art. 8) ; il donne son avis, lorsqu'une chaire devient vacante, sur le maintien, la suppression ou la modification de cette chaire (art. 9). — Au point de vue financier, le conseil général délibère sur les projets de budget de chaque faculté ou école et sur les comptes de ces établissements ; il propose au ministre, à la fin de chaque année scolaire, la répartition entre les différentes facultés ou écoles des fonds mis à leur disposition par l'Etat pour les services communs, et il répartit entre les budgets de chaque établissement les dons, legs et subventions affectés à des services communs (art. 10). — Enfin il exerce, en ce qui concerne les étudiants des facultés et écoles d'enseignement supérieur de l'Etat, les attributions disciplinaires conférées aux facultés par les décrets du 30 juill. 1883 et 28 juill. 1885.

297. Le décret du 28 déc. 1885 a institué un *conseil de faculté* auprès de chaque faculté, en vue d'assurer le développement et la vie propre de ces établissements. Ce conseil, qui est composé des titulaires, en exercice et en congé et des adjoints assimilés aux titulaires délibère : 1° sur l'acceptation des dons et legs faits en faveur de la faculté ; 2° sur l'emploi des revenus et produits des dons et legs et des subventions des départements, des communes et des particuliers ; 3° sur le budget de la faculté ; 4° sur les comptes administratifs du doyen ; 5° sur l'exercice des actions en justice et sur toutes les questions qui sont renvoyées au conseil de la faculté soit par le ministre, soit par le conseil général des facultés ; 6° sur les déclarations de vacances des chaires ; 7° il présente une liste de candidats pour chaque chaire vacante ; 8° il fait les règlements destinés à assurer l'assiduité des étudiants ; 9° il règle les conditions et les époques des concours entre les étudiants de la faculté ; 10° il statue sur les affaires de scolarité (art. 16).

L'art. 19 du décret du 28 déc. 1885 institue une *assemblée de la faculté* qui comprend les professeurs titulaires, les agrégés chargés soit d'un enseignement rétribué sur les fonds du budget, soit de la direction des travaux pratiques, les chargés de cours, les maîtres de conférences pourvus du grade de docteur. L'assemblée délibère sur toutes les questions qui se rapportent à l'enseignement de la faculté ou de l'école, notamment le programme des cours et conférences, la distribution des enseignements et les cours libres.

298. Chaque faculté a à sa tête un *doyen*, nommé pour trois ans par le ministre, parmi les professeurs titulaires, sur une double liste de deux candidats présentés l'un par l'assemblée de la faculté, l'autre par le conseil général des facultés (*Rép.* n° 346). Le ministre désigne un des deux délégués de la faculté au conseil général pour remplir les fonctions d'*assesseur*. L'assesseur supplée le doyen en cas d'absence ou d'empêchement, et le remplace par intérim, en cas de décès, démission, admission à la retraite ou révocation. — Les attributions du doyen sont déterminées par les art. 24 à 27 du décret du 28 déc. 1885. Les unes remontent à d'anciens règlements déjà résumés au *Rép.* n° 346 ; les autres sont nouvelles. Ces dernières découlent de la personnalité civile de la faculté et sont relatives à l'administration et à la gestion des biens propres de l'établissement. Le doyen représente la faculté, accepte les dons et legs, exerce les actions en justice, conformément aux délibérations du conseil de la faculté et préside ce conseil ; il est chargé de l'administration intérieure et de la police de la faculté ; il administre les biens propres de la faculté, passe les marchés et adjudications, prépare les budgets, engage les dépenses conformément aux crédits ouverts aux budgets, ordonnance les dépenses par délégation du ministre, conformément aux délibérations du conseil de la faculté, et présente chaque année un compte d'administration (V. Décr. 22 févr. 1890, D. P. 91. 4. 43). Il nomme et révoque les appariteurs, gens de service et, sur les propositions des professeurs intéressés, les garçons de laboratoires.

Toutes les dispositions relatives aux doyens sont applicables aux directeurs des écoles supérieures de pharmacie ; celles des art. 24 à 28 du décret du 28 déc. 1885 sont applicables aux directeurs des écoles de plein exercice et des écoles préparatoires de médecine et de pharmacie.

299. Le personnel enseignant des facultés et des écoles supérieures de pharmacie comprend des *professeurs titulaires*, des *professeurs adjoints*, des *chargés de cours* et des *maîtres de conférences* (Décr. du 28 déc. 1885 art. 32). Dans les facultés de droit et de médecine, les fonctions de chargés de cours sont remplies par des agrégés. — Les *professeurs titulaires* sont nommés dans les formes prescrites par les décrets du 9 mars 1852, du 22 août 1854, et par la loi du 27 févr. 1880 (Même décret art. 33). Il résulte de ces dispositions combinées que les professeurs sont nommés, sur la proposition du ministre de l'instruction publique, par décret du président de la République, et que leur nomination est subordonnée aux conditions suivantes : 1° ils doivent être âgés de trente ans ; 2° ils doivent avoir le titre de docteur dans l'ordre de la faculté où ils sont nommés, ou de membre de l'Institut ; ils doivent avoir fait soit un cours dans un établissement de l'Etat, soit un cours particulier dûment autorisé, analogue à ceux qui sont professés dans les facultés. La durée de ce cours doit avoir été de deux ans pour les docteurs et de six mois pour les membres de l'Institut.

Les titulaires de chaires nouvelles sont nommés directement sans présentation. Lorsqu'il s'agit de nommer à une chaire vacante, le droit de présentation est exercé concurremment par le conseil de la facuté, dans laquelle existe la vacance, et par la section permanente du conseil supérieur de l'instruction publique. Les demandes de mutation de chaire dans une même faculté et de permutation ou de transfert d'une faculté à une autre sont soumises à l'avis des facultés intéressées et de la section permanente.

300. L'art. 5 de la loi du 19 mars 1873 a abrogé l'art. 1er du décret du 9 mars 1852, qui donnait au président de la République le droit de révoquer les professeurs de l'enseignement supérieur. L'art. 1er de la loi du 27 févr. 1880, conforme à l'art. 14 de la loi du 15 mars 1850, réserve au conseil académique le droit de prononcer, sauf recours au conseil supérieur. Nul professeur titulaire ne peut être déplacé d'office pour un emploi équivalent qu'après avis conforme de la section permanente du conseil supérieur de l'instruction publique et après avoir été entendu par elle (Décr. du 28 déc. 1885 art. 34). La mutation pour emploi inférieur ne peut être prononcée par le ministre que sur l'avis conforme du conseil supérieur, rendu après que l'intéressé a été entendu (L. 27 févr. 1880 art. 14 ; Décr. 26 juin 1880, art. 8). Les professeurs titulaires ne peuvent être admis à la retraite avant soixante-dix ans que sur leur demande ou en cas d'impossibilité constatée de remplir leurs fonctions. Les titulaires âgés de soixante-dix ans peuvent être maintenus en exercice hors cadre, après avis de la section permanente. Ces dispositions ne sont applicables aux professeurs membres de l'Institut qu'à l'âge de soixante-quinze ans (Décr. 28 déc. 1885, art. 39). Le titre de *professeur honoraire* peut être conféré aux professeurs titulaires admis à faire valoir leurs droits à la retraite (art. 41). L'honorariat ne peut être retiré qu'après avis conforme de la section permanente, l'intéressé entendu ou dûment convoqué (Décr. 31 juill. 1891. *Code des lois politiques et administr.*, v° *Enseignement*, p. 790, note 1).

301. Les suppléances sont supprimées par l'art. 36 du décret du 28 déc. 1885. Aux termes de l'art. 40, le titre de *professeur adjoint* peut être donné par décret, sur la proposition du conseil de la faculté et après avis de la section permanente, aux chargés de cours et membres de conférences pourvus du grade de docteur qui se sont distingués par leurs services. Ce titre est purement honorifique et aucun traitement n'y est attaché; mais, sauf pour les traitements et la présentation aux chaires vacantes, les professeurs adjoints sont assimilés aux titulaires. Leur nombre ne peut excéder, dans chaque faculté, le sixième des chaires magistrales.

302. L'art. 42 du décret du 28 déc. 1885 porte que les *agrégés* des facultés de droit et de médecine et des écoles supérieures de pharmacie continuent à être nommés après concours, conformément aux statuts spéciaux de chaque ordre d'agrégation. Ces agrégés sont membres des facultés et des écoles auxquelles ils sont attachés et prennent rang immédiatement après les professeurs. Ils font partie de l'assemblée de la faculté ou école, participent aux examens, remplacent les professeurs momentanément absents et font des conférences destinées à compléter l'enseignement des professeurs titulaires (Décr. 30 juill. 1886 art. 1 et 2, D. P. 87. 4. 55).

303. Un décret du 14 janv. 1876 (D. P. 76. 4. 93) a supprimé, dans les facultés et dans les écoles supérieures de pharmacie, les rétributions éventuelles allouées aux professeurs et agrégés. Un décret du 16 nov. 1889 (D. P. 91. 4. 16) a fixé ainsi qu'il suit leurs traitements:

PARIS, facultés de théologie protestante : 1re classe 8000 fr., 2e classe 6500 fr.; facultés de droits de médecins, des sciences et des lettres: 1re classe 15000 fr., 2e classe 12000 fr.; école supérieure de pharmacie: 1re classe 11000 fr.; 2e classe 9000 fr.

DÉPARTEMENTS, facultés de théologie protestante : 1re classe 6500 fr., 2e classe 5500 fr., 3e classe 4500 fr.; facultés de droit, de médecine, des sciences et des lettres: 1re classe 11 000 fr., 2e classe 10 000 fr., 3e classe 8000 fr., 4e classe 6000 fr.; écoles supérieures de pharmacie : 1re classe 8500 fr., 2e classe 7500 fr., 3e classe 6500 fr.

Les doyens touchent un préciput qui a été fixé à 1000 fr. pour les facultés des départements et à 3000 fr. pour les facultés de Paris (Décr. 27 févr. 1869, D. P. 69. 4. 32, et 14 janv. 1876, D. P. 76. 4. 91). Les directeurs des écoles supérieures de pharmacie ont également un préciput qui est de 1000 fr. dans les départements et de 2500 fr. à Paris.

304. Le régime financier des établissements universitaires d'enseignement supérieur, qui a été analysé au *Rép.* n° 348, a été modifié depuis cette époque. Un décret du 25 juill. 1885 (D. P. 86. 4. 11) a remis en lumière la personnalité civile de ces établissements et a déterminé les conditions dans lesquelles ils pourraient recevoir des libéralités entre vifs ou testamentaires. Un second décret du même jour (D. P. 86. 4. 12) leur a permis de recevoir des subventions des particuliers, des communes et des départements (V. *Code des lois politiques et administr.*, v° *Enseignement*, nos 5771 et suiv.). — La loi de finances du 17 juill. 1889 (D. P. 90. 4. 74) a achevé de constituer les facultés à l'état d'établissements publics. Elle porte qu'à dater du 1er janv. 1890, il sera fait recette au budget spécial de chaque faculté, concurremment avec les ressources propres de l'établissement, des crédits ouverts aux chap. 7 et 8 pour le matériel des facultés, et elle transforme ainsi en subventions les crédits mis par l'Etat à la disposition de ces établissements d'enseignement supérieur. Sauf pour les dépenses du personnel, qui continuent d'être payées directement par l'Etat, les facultés font masse de toutes leurs ressources pour subvenir à leurs besoins, et toutes les sommes qu'elles économisent par une bonne gestion de leurs deniers entrent dans leur patrimoine. Un règlement d'administration publique du 22 févr. 1890 (D. P. 91. 4. 43) a déterminé les règles relatives aux budgets et aux comptes spéciaux des facultés (V. *Code des lois politiques et administr.*, v° *Enseignement*, nos 5812 et suiv.).

305. Nous avons indiqué au *Rép.* n° 349, les limites respectives de la compétence des facultés et du pouvoir administratif pour la collation des grades, et nous avons dit qu'il appartient au ministre de donner ou de refuser la ratification nécessaire à la délivrance du diplôme, qui seul constitue le titre définitif. Un décret du 29 juin 1870, rendu, le conseil d'Etat entendu, par application de ces principes, a autorisé le ministre à refuser de ratifier la réception au grade de docteur en médecine d'un individu condamné à un mois de prison pour vol et non réhabilité.

§ 2. — Facultés de théologie (*Rép.* nos 350 à 356).

306. On a exposé au *Rép.*, n° 350, les conditions dans lesquelles avaient été créées et organisées les *facultés de théologie catholique*. Les crédits inscrits au budget pour leur entretien ont été supprimés par les Chambres, et leur suppression a été consacrée par la loi du 27 juin 1885 (D. P. 86. 4. 37) qui a accordé des allocations annuelles aux anciens professeurs et chargés de cours de ces facultés n'ayant pas droit à une pension de retraite.

307. Quant aux *facultés de théologie protestante* organisées, comme on l'a vu (*Rép.* n° 355), par l'art. 8 du décret du 17 mars 1808, elles n'ont pas cessé d'exister. La faculté de Strasbourg a été remplacée, pour la confession d'Augsbourg et l'enseignement de la théologie luthérienne, par la faculté mixte de théologie protestante de Paris, dont les chaires sont partagées en nombre égal entre les réformés et les luthériens, chacune des deux confessions ayant nécessairement une chaire de dogme (Sur l'organisation des facultés de théologie protestante, V. *suprà*, v° *Culte*, n° 770 et *Code des lois politiques et administr. annotées*, v° *Enseignement*, nos 6393 et suiv.).

§ 3. — Facultés de droit (*Rép.* nos 357-382).

308. Depuis la publication du *Répertoire*, le nombre des *facultés de droit* qui y ont été mentionnées (n° 357) s'est accru. Des facultés nouvelles ont été créées à Bordeaux par un décret du 15 déc. 1870 (D. P. 70. 4. 109), lequel a été modifié par un décret du 21 sept. 1876 (D. P. 77. 4. 9); à Lyon par un décret du 29 oct. 1875 (D. P. 76. 4. 78); à Montpellier par un décret du 28 nov. 1878 (D. P. 79. 4. 31). Un décret du 22 oct. 1887 (D. P. 88. 4. 12) a transféré à Lille la faculté de droit de Douai.

Nous traiterons successivement, dans l'ordre suivi au *Répertoire* : 1° de l'objet de l'enseignement dans les facultés de droit; 2° de l'organisation du professorat, des examens et de la collocation des grades dans ces mêmes facultés.

309. — 1° *Objet de l'enseignement.* — On a fait connaître les mesures successivement prises, depuis 1808, pour développer l'enseignement du droit. L'organisation des études dans les facultés de droit a été réglée en dernier lieu par le décret du 24 juill. 1889, aux termes duquel l'enseignement des facultés comprend, en première, deuxième et troisième année les matières suivantes : — 1re année : droit romain, droit civil, économie politique, histoire générale du droit français (premier semestre), éléments du droit constitutionnel, et organisation des pouvoirs publics (deuxième semestre). — 2e année : droit civil, droit criminel, droit administratif, droit romain, droit international public (deuxième semestre). — 3e année : droit civil, droit commercial, procédure civile (premier semestre) et, au choix des étudiants, trois des cours semestriels suivants : procédure civile, voies d'exécution (deuxième semestre); droit international privé, droit maritime, législation commerciale comparée, droit administratif, droit international public, législation industrielle, législation financière, législation coloniale. — Une circulaire ministérielle du 17 févr. 1891 (*Bull. min. instr. publ.*, 1871, 1er semestre, p. 209) explique que le décret précité du 24 juill. 1889 n'exige pas que tous les cours à option indiqués pour la troisième année soient organisés dans toutes les facultés. On a pensé que, parmi les nombreuses combinaisons que peuvent présenter ces neuf cours, il serait organisé dans chaque faculté deux groupes au moins de trois enseignements chacun, répondant plus particulièrement aux besoins de la région où chaque faculté se trouve placée. En conséquence, le ministre a invité l'assemblée de chaque faculté de droit à délibérer sur cette question, en indiquant les enseignements dont elle demanderait l'organisation, les ressources dont elle disposerait à cet effet et les ressources nouvelles qui lui seraient nécessaires en fait de personnel et de traitements.

Un décret du 7 juill. 1890 (D. P. 91. 4. 93) porte que les chaires de code civil de la faculté de Paris prendront le titre de *chaires de droit civil*, que quatre de ces chaires seront affectées à l'enseignement de la licence et deux à l'enseignement du droit civil approfondi et comparé.

310. — 2° *Organisation du professorat, examens et collation des grades.* — Ce qui a été dit précédemment (n° 299) du mode de nomination des professeurs des facultés en général est spécialement applicable aux professeurs des facultés de droit. On a également indiqué (n° 303) les traitements attribués aux professeurs de la faculté de droit de Paris et à ceux des facultés des départements. — L'art. 1er du décret du 30 juill. 1886, règle les prérogatives des agrégés des facultés de droit, ainsi que nous l'avons indiqué *suprà*, n° 302. Ces agrégés ne reçoivent en principe qu'un traitement fixe déterminé par l'art. 3 du décret du 14 janv. 1876 (D. P. 76. 4. 93): il est de 7000 fr. à Paris et de 3000 à 3500 fr. dans les départements; mais, indépendamment de ce traitement, les agrégés chargés d'un cours, conformément aux art. 36 et 37 du décret du 28 déc. 1885, en cas de congé d'un professeur ou de vacance d'une chaire, reçoivent un traitement supplémentaire que l'art. 2 du décret du 30 juill. 1886 (D. P. 87. 4. 54) fixe à 3000 fr. pour Paris et à 2000 fr. pour les départements. Indépendamment de ces cours, les agrégés peuvent, ainsi qu'on l'a dit au *Rép.* n° 367, être chargés de cours complémentaires (Décr. 30 juill. 1886, art. 4).

311. Les dispositions du décret du 30 juill. 1883, analysées *suprà*, n° 291, sont applicables aux inscriptions des facultés de droit et remplacent les dispositions spéciales résumées au *Rép.* nos 370 et suiv.

Aux termes de l'art. 5 du décret du 28 déc. 1880 (D. P. 82. 4. 51), chaque étudiant subit, à la fin de l'année scolaire, un examen portant sur toutes les matières enseignées pendant l'année. Le deuxième examen confère le grade de bachelier en droit, le troisième celui de licencié en droit. Les trois examens sont divisés en deux parties subies chacune, à deux jours consécutifs, devant un jury composé de trois examinateurs, sauf la deuxième partie de l'examen de troisième année, qui est passé devant quatre examinateurs. — Les droits d'examen, de certificat d'aptitude et de diplôme à percevoir au profit du Trésor pour la licence en droit ont été fixés par le décret du 8 janv. 1881 (D. P. 82. 4. 51). Ils s'élèvent au total, pour le premier examen de baccalauréat, à 180 fr., pour le deuxième examen de baccalauréat, à 280 fr., et pour l'examen de licence, à 280 fr.

312. — 3° *Certificat de capacité.* — On a dit (*Rép.* n° 374) que les facultés de droit délivrent des brevets de capacité qui sont nécessaires pour être admis à remplir les fonctions d'avoués, et on a indiqué (*Rép.* n° 375) les règles applicables à l'examen à la suite duquel ce certificat doit être délivré. Le décret du 28 déc. 1880 (D. P. 82. 4. 51), qui fixe la durée des études et le mode d'examen pour obtenir le grade de licencié en droit, n'a apporté aucune modification aux règlements relatifs aux examens de capacité : cependant le paragraphe 2 de l'art. 12 de ce décret a déclaré applicable à cet examen le paragraphe 1er de l'art. 6 du même décret, aux termes duquel le candidat qui a mérité une boule noire et une rouge noire ou trois rouges noires est ajourné.

313. — 4° *Baccalauréat en droit et licence.* — Le décret précité du 28 déc. 1880 maintient les dispositions de la législation antérieure qui fixent à trois ans la durée des études et à douze le nombre des inscriptions trimestrielles nécessaires pour obtenir le grade de licencié en droit. L'examen de première année doit être subi après la quatrième inscription et avant la cinquième. Aux termes de l'art. 4 du décret du 24 juill. 1889 (D. P. 90. 4. 91), cet examen porte sur les matières suivantes : première partie, droit romain, histoire générale du droit français et droit constitutionnel; deuxième partie, code civil, économie politique. L'examen de seconde année doit être subi après la huitième inscription et avant la neuvième ; il porte sur les matières suivantes : première partie, droit civil, droit criminel; deuxième partie, droit romain, droit administratif, droit international public. Chaque partie de l'examen donne lieu à trois suffrages. Dans la première partie, la troisième interrogation porte, au gré du troisième examinateur, sur l'une ou l'autre des deux matières (Décr. 31 juill. 1890, D. P. 91. 4. 101). C'est à la suite de ce second examen qu'est délivré le diplôme de bachelier en droit.

314. L'examen de troisième année à la suite duquel est délivré le diplôme de licencié en droit ne peut être subi qu'après la douzième inscription (Décr. 28 déc. 1880, art. 7). L'art. 4 du décret du 28 déc. 1880 a supprimé la thèse de licence et la composition écrite qui, ainsi qu'on l'a vu au *Rép.* n° 377, précédait le quatrième examen. L'examen de troisième année, aux termes du décret du 31 juill. 1891 (D. P. 91. 4. 85), porte aujourd'hui sur les matières suivantes : première partie, droit civil, droit commercial; deuxième partie, procédure civile ; les matière des trois autres cours semestriels choisies par l'étudiant. La première partie de l'examen donne lieu à trois interrogations; la troisième interrogation porte, au gré de l'examinateur, sur l'une ou l'autre des matières de l'examen. La seconde partie donne lieu à quatre interrogations. Les déclarations d'option sont remises au secrétariat de la faculté, au début de chaque semestre. Mention est faite, sur le diplôme de licencié, des matières à option sur lesquelles les candidats ont été interrogés aux examens de troisième année (Décr. 24 juill. 1889, art. 3, D. P. 90. 4. 91).

315. — 5° *Doctorat.* — On a vu (*Rép.* n° 378) que le doctorat en droit était obtenu autrefois à la suite de deux examens et une thèse ou acte public. Aujourd'hui, en vertu de l'art. 1er du décret du 20 juill. 1882 (D. P. 83. 4. 5), les licenciés en droit doivent, pour obtenir le grade de docteur, subir trois examens et soutenir un acte public. Ces épreuves doivent être subies devant la faculté où ont été prises les quatre inscriptions réglementaires, à moins d'une autorisation du conseil de la faculté. Le premier examen a pour objet le droit romain et son histoire; une interrogation porte nécessairement sur le cours des *Pandectes*, d'après un programme général publié au commencement de l'année scolaire. Le deuxième examen a pour objet le droit civil français et l'histoire du droit français; l'histoire fait nécessairement l'objet d'une interrogation distincte. Dans les facultés où il existe deux cours d'histoire du droit spécialement institués en vue du doctorat, les candidats ont l'option entre les deux enseignements. Le troisième examen a pour objet le droit constitutionnel et, en outre, deux matières choisies librement par le candidat parmi celles qui font l'objet d'un cours dans la faculté et qui n'auront pas fait partie des deux premiers examens. A défaut de cours spécialement institués en vue du doctorat sur les matières choisies, le candidat est interrogé d'après les programmes de la licence. L'acte public porte sur deux dissertations. Le sujet de l'une d'elles est toujours pris dans le droit romain; celui de l'autre peut l'être dans tout ordre d'études enseignées dans la faculté; l'un et l'autre sont choisis librement par le candidat, qui doit toutefois les présenter préalablement à l'approbation du doyen. Le candidat joint aux dissertations académiques, outre les propositions prises dans les sujets traités, douze propositions prises en dehors de ces sujets, savoir : quatre sur le droit romain, quatre sur le droit civil français, quatre sur les autres parties du droit à son choix (Décr. 20 juill. 1882, art. 2).

Il résulte des dispositions qui viennent d'être résumées que chaque faculté de droit doit avoir, à l'usage des aspirants au doctorat, au moins trois cours supérieurs, savoir : cours de *Pandectes*, cours d'histoire du droit et cours de droit constitutionnel. Indépendamment de ces cours obligatoires qui doivent comprendre un minimum de quarante leçons par an, le conseil supérieur de l'instruction publique a manifesté le désir qu'il en fût établi un plus grand nombre.

316. Les trois examens de doctorat sont passés devant quatre examinateurs. Au troisième examen, chacune des matière de l'épreuve fait nécessairement l'objet d'une interrogation; la quatrième interrogation porte, au gré de l'examinateur, sur l'une ou l'autre des matières. Chaque examen dure une heure; l'acte public dure une heure et demie. Nul n'est admis s'il n'a obtenu au moins deux blanches et une blanche rouge. En cas d'ajournement, l'épreuve ne peut être renouvelée qu'après un délai de deux mois; aucune abréviation ne peut être accordée (Décr. 20 juill. 1882, art. 5).

317. Les droits d'examen, de certificat d'aptitude et de diplôme à percevoir au profit du Trésor pour le doctorat en droit sont maintenus par le décret du 14 sept. 1882 (*Code des lois politiques et administr.*, v° *Enseignement*, p. 820), à la somme totale de 440 fr., déjà fixée par le décret du 22 août 1854. La répartition des droits afférents aux épreuves du doctorat a seule été modifiée.

318. Nous avons dit au *Rép.* n° 379, que des prix avaient été institués en 1840 dans les facultés de droit de l'Etat. Cette institution est aujourd'hui réglementée par le décret du 27 déc. 1881 (D. P. 83. 4. 1). Aux termes de l'art. 1er de ce décret, les prix et mentions honorables décernés annuellement dans les facultés de droit de l'Etat sont attribués, sous la réserve des fondations ayant un objet spécial, d'après les résultats de concours ouverts: 1° entre les élèves de chacune des trois années de licence; 2° entre les docteurs et les aspirants au doctorat. L'art. 16 du décret du 28 déc. 1885 réserve au conseil de la faculté le droit de régler les conditions et les époques de ces concours. Deux premiers et deux seconds prix sont attribués aux élèves de chaque année de licence. Ils sont décernés sur deux compositions écrites. L'une porte, en première et en troisième année, sur un sujet de droit civil français, en seconde année sur un sujet de droit romain; l'autre porte sur un sujet emprunté à l'une des autres matières enseignées pendant l'année, déterminée par tirage au sort et portée à la connaissance des élèves quinze jours avant l'ouverture du concours. Les sujets des compositions sont choisis par le conseil de la faculté (Décr. 27 déc. 1881, art. 2). Un premier et un second prix sont attribués aux docteurs et aspirants au doctorat; ils sont décernés sur une dissertation écrite dont le sujet est choisi par le conseil de la faculté dans les diverses matières de l'enseignement de droit. Le sujet est publié, par affiche, à la faculté au moins dix mois à l'avance (art. 4). Pour les concours de licence comme pour ceux de doctorat, le nombre des mentions honorables n'est pas limité. L'art. 5 du décret du 27 déc. 1881 porte que les élèves de première et de seconde année qui obtiennent un premier ou un second prix sont dispensés des droits d'examens, de certificat d'aptitude et de diplôme pour l'examen de l'année suivante. Les élèves de troisième année qui obtiennent un premier ou un second prix sont dispensés des mêmes droits pour l'admission au doctorat (V. *Rép.* n° 380). Tout lauréat qui subit un ajournement perd pour l'avenir le bénéfice de cette disposition.

319. Un concours général entre les élèves de faculté de droit a été établi par le décret du 27 janv. 1869 (D. P. 69. 4. 30), modifié par celui du 27 déc. 1881 (D. P. 83. 4. 1). Ce concours a lieu entre les élèves de troisième année; il consiste en une composition écrite sur un sujet de droit civil, choisi par le ministre dans le programme de troisième année. La composition est faite au siège de l'académie. Un jury spécial est institué chaque année pour le jugement du concours. Il est composé de cinq juges, y compris le président, et choisi soit parmi les membres de l'enseignement du droit, soit parmi les membres de la magistrature et du barreau.

320. La loi du 20 déc. 1879 (D. P. 80. 4. 72) a créé à Alger une école préparatoire à l'enseignement du droit. Cette école peut, aux termes de la loi du 5 déc. 1885 (D. P. 86. 4. 72) et du décret du 26 déc. 1885 (D. P. 87. 4. 26), délivrer les inscriptions et les certificats d'aptitude correspondant au grade de licencié en droit, aux conditions établies par les lois et règlements en vigueur dans les facultés de droit de la métropole.

§ 4. — Facultés de médecine; écoles supérieures de pharmacie; écoles préparatoires de médecine et de pharmacie (*Rép.* nos 383 à 406).

321. — 1° *Facultés de médecine.* — Au moment de la publication au *Répertoire*, nous avons dit, n° 383, qu'il existait en France trois facultés de médecine établies à Paris, à Montpellier et à Strasbourg. Cette dernière a été transférée à Nancy par un décret du 1er oct. 1872 (D. P. 73. 4. 13). Des facultés mixtes de médecine et de pharmacie ont été créées à Bordeaux et à Lyon par une loi du 8 déc. 1874 (D. P. 75. 4. 77), à Lille par un décret du 12 nov. 1875 (D. P. 76. 4. 79), et à Toulouse par un décret du 28 nov. 1878 (D. P. 79. 4. 28).

322. Les dispositions analysées (*suprà*, nos 299 et suiv.), et relatives au mode de nomination, aux conditions de révocation, à l'admission à la retraite et au traitement des professeurs de facultés en général, sont applicables aux professeurs des facultés de médecine. On doit également étendre aux agrégés des facultés de médecine ce qui a été dit *suprà*, n° 310, des agrégés des facultés de droit. Les facultés de médecine et les facultés mixtes de médecine et de pharmacie ont également des chefs de travaux pratiques nommés au concours. Les conditions de ces concours ont été réglées par un décret du 25 juill. 1885 (D. P. 86. 4. 48).

323. L'art. 8 de la loi du 19 vent. an 11 avait fixé à quatre ans la durée des études pour les candidats au doctorat (*Rép*, n° 391). Cette durée d'études a été maintenue par le décret du 20 juin 1878 (D. P. 78. 4. 101) portant règlement pour l'obtention du diplôme de docteur en médecine. Ces études peuvent être faites pendant les trois premières années, soit dans les facultés, soit dans les écoles de plein exercice, soit dans les écoles préparatoires de médecine et de pharmacie (V. *infrà*, n° 329); les études de la quatrième année ne peuvent être faites que dans une faculté ou dans une école de plein exercice. Le nombre des examens était, jusqu'en 1878, de neuf, dont trois examens de fin d'année, cinq examens de réception et une thèse. Le décret du 20 juin 1878 a supprimé les examens de fin d'année, mais a divisé en deux parties les deuxième troisième et cinquième examen de réception. — Nous avons indiqué au *Rép.*, n° 391, le montant des droits à percevoir des aspirants au doctorat en médecine. L'art. 8 du décret du 20 juin 1878 a porté la somme de ces droits à 1360 fr. se décomposant ainsi qu'il suit: seize inscriptions, 520 fr.; huit examens, 240 fr.; huit certificats d'aptitude, 200 fr.; frais matériels de travaux pratiques, 160 fr.; thèse, 100 fr.; certificat d'aptitude, 40 fr.; diplôme, 100 fr.

324. On a mentionné au *Rép.*, n° 392, les diverses pièces exigées des étudiants en médecine pour être admis à prendre leur première inscription. Aux termes de l'art. 1er du décret du 5 juin 1891, ils doivent produire le diplôme de bachelier de l'enseignement secondaire classique avec mention: lettres, philosophie et, transitoirement, le diplôme de bachelier ès sciences restreint.

325. L'art. 3 du décret du 20 juin 1878 détermine ainsi qu'il suit les matières sur lesquelles doivent porter les différents examens et la thèse. Premier examen: physique, chimie, histoire naturelle médicale. Deuxième examen: première partie, anatomie et histologie; deuxième partie, physiologie. Troisième examen: première partie, pathologie externe, accouchements, médecine opératoire; deuxième partie, pathologie interne, pathologie générale. Quatrième examen: hygiène, médecine légale, thérapeutique, matière médicale et pharmacologie. Cinquième examen: première partie, clinique externe et obstétricale, deuxième partie: clinique interne, épreuve pratique d'anatomie pathologique. Thèse: les candidats soutiennent cette épreuve sur un sujet de leur choix. — Le premier examen doit être subi après la première inscription et avant la cinquième; la première partie du deuxième examen, après l'expiration du deuxième trimestre d'études et avant la douzième inscription, la deuxième partie de cet examen, après la douzième et avant la quatorzième. Le troisième examen ne peut être passé qu'après l'expiration du seizième trimestre d'études.

326. Nous avons dit au *Rép.*, n° 397, qu'indépendamment des examens et de la thèse, un certain stage dans les hôpitaux était exigé pour l'obtention du grade de docteur en médecine. En outre, le décret du 20 juin 1878 a rendu obligatoires, pour tous les étudiants en médecine, les *travaux pratiques* de laboratoire et de dissection.

327. La catégorie des *officiers de santé* dont il a été question au *Rép.* n° 399, a continué d'exister à côté de celle des docteurs en médecine. Le décret du 1er avr. 1883 (D. P. 84. 4. 71), concernant les aspirants au titre d'officier de santé, fixe la durée des études exigées pour obtenir ce titre à quatre années pendant lesquelles le candidat doit prendre seize inscriptions trimestrielles. En prenant sa première inscription, le candidat doit produire soit le diplôme de bachelier, soit un certificat d'études spécial institué par le décret du 30 juill. 1886 (D. P. 86. 4. 48) et délivré par le recteur. — Les aspirants au titre d'officier de santé suivent dans les écoles préparatoires de médecine et de pharmacie les cours énumérés dans l'art. 2 du décret du 1er août 1883. Le stage dans les hôpitaux et les travaux pratiques sont obligatoires. A la fin de chacune des trois premières années, les candidats subissent devant un jury composé de professeurs de l'école un examen sur les matières suivantes : première année, physique, chimie, histoire naturelle, premiers éléments d'anatomie (ostéologie et arthrologie); deuxième année, anatomie descriptive et physiologie; troisième année, pathologie interne et pathologie externe. Les examens définitifs ne peuvent avoir lieu qu'après la seizième inscription. Pour ces examens, le jury est composé d'un professeur d'une faculté de médecine ou d'une faculté mixte de médecine et de pharmacie et de deux professeurs de l'école de plein exercice ou de l'école préparatoire. Les trois examens définitifs sont subis devant la faculté ou l'école dans la circonscription de laquelle l'officier de santé doit exercer. Ils comprennent, le premier, l'anatomie, la physiologie et une épreuve pratique de dissection; le deuxième, la pathologie interne, la pathologie externe, la thérapeutique, la matière médicale, et une épreuve pratique de médecine opératoire; la troisième, la clinique interne, la clinique externe et la clinique d'accouchement.

328. — 2° *Ecoles supérieures de pharmacie.* — Ainsi qu'on l'a vu au *Rép.* n° 402, une école supérieure de pharmacie a été établie au siège de chacune des facultés de médecine (Sur les attributions du directeur de cette école, l'organisation et les traitements du personnel enseignant, V. *suprà*, nos 298 et suiv.). On a vu *suprà*, n° 321, qu'indépendamment de ces écoles supérieures, il existe des facultés mixtes de médecine et de pharmacie. — Nous avons fait connaître *suprà*, v° *Médecine*, n° 80, les conditions auxquelles le décret du 26 juill. 1885 (D. P. 86. 4. 61) subordonne l'obtention des grades de pharmacien de première et de seconde classe. Les matières des examens probatoires ont été fixées par l'art. 1er du décret du 24 juill. 1889 (D. P. 90. 4. 70). Les droits à acquitter par les aspirants au titre de pharmacien s'élèvent à la somme totale de 1085 fr. pour la première classe, et à 875 fr. pour la seconde. Un diplôme supérieur de pharmacien de première classe a été institué par le décret du 12 juill. 1878 (D. P. 79. 4. 3), qui détermine les épreuves à la suite desquelles peut être obtenu ce diplôme. La collation de ce titre est réservée aux écoles supérieures et aux facultés mixtes. Les droits à percevoir des aspirants s'élèvent à la somme totale de 400 fr.

329. — 3° *Ecoles préparatoires de médecine et de pharmacie.* — Les écoles préparatoires de médecine et de pharmacie, dont nous avons fait connaître l'organisation au *Rép.* n° 404, ont été successivement réorganisées par le décret du 14 juill. 1875 (D. P. 76. 4. 29), par celui du 10 août 1877 (D. P. 77. 4. 69) et par celui du 1er août 1883 (D. P. 84. 4. 70).

Aux termes de ce dernier décret, le personnel enseignant, dans ces écoles, comprend des professeurs titulaires, des suppléants, un chef des travaux anatomiques et physiologiques, un chef des travaux physiques et chimiques, des fonctionnaires et des employés auxiliaires. Les professeurs titulaires sont au nombre de douze, répartis entre autant de chaires énumérées dans le décret précité (art. 2). Ils sont nommés par le ministre de l'instruction publique, après avis de la section permanente (Décr. 24 juill. 1889 D. P. 90. 4. 90). Leur traitement minimum est de 2500 fr. — Les suppléants sont au nombre de dix; ils sont nommés au concours pour une durée de neuf ans; toutefois, les docteurs en médecine pourvus de la licence ès sciences physiques peuvent être nommés, sans concours, suppléants des chaires de chimie et de physique; et les docteurs en médecine pourvus de la licence ès sciences naturelles peuvent être nommés, sans concours, suppléants de la chaire d'histoire naturelle. Le traitement minimum des suppléants est de 1000 fr. — Les chefs de travaux pratiques sont également nommés au concours pour une période de neuf ans. Leur traitement minimum est de 1000 fr. Les art. 7 et 8 du décret du 1er août 1883 déterminent les grades qui sont exigés des professeurs titulaires et des suppléants. Ce sont, suivant la nature des chaires, le diplôme de docteur en médecine, le diplôme supérieur de pharmacien, le diplôme de pharmacien de première classe ou le diplôme de licencié ès sciences physiques ou naturelles.

Les dépenses du personnel et du matériel sont, comme nous l'avons dit, sous la législation antérieure (*Rép.* n° 404), à la charge des villes.

330. Le décret du 20 juin 1878 a permis aux candidats au doctorat de prendre douze inscriptions dans les écoles préparatoires et a décidé que ces inscriptions seraient admises pour toute leur valeur dans les facultés et les écoles de plein exercice. Aux termes de l'art. 5 de ce décret, les élèves des écoles préparatoires ne pouvaient être examinés que devant les facultés. Mais l'art. 13 du décret du 1er août 1883 décide que le premier examen et la première partie du second seront passés dans l'école devant un jury de faculté, dans des sessions ouvertes en août et en avril, pourvu qu'il s'agisse d'écoles préparatoires *réorganisées*, c'est-à-dire que toutes les connaissances que comportent les examens y soient professées et que les moyens d'études, laboratoires, travaux pratiques, y soient assurés aux élèves.

331. — 4° *Ecoles de médecine et de pharmacie de plein exercice.* — Le décret du 14 juill. 1875 (D. P. 76. 4. 28) porte qu'il pourra être institué des écoles de médecine et de pharmacie de plein exercice dans les villes qui s'engageront à subvenir aux frais d'entretien du personnel et du matériel de ces établissements. Le personnel enseignant des écoles de plein exercice comprend des professeurs titulaires, des professeurs suppléants, des fonctionnaires et des employés auxiliaires. Les professeurs titulaires sont nommés par le ministre après avis de la section permanente; leur traitement fixe et éventuel est fixé à 4000 fr. par an. Le directeur reçoit, en outre, un préciput de 1000 fr. — Les professeurs titulaires sont au nombre de dix-sept répartis entre autant de chaires, énumérées dans l'art. 3 du décret du 14 juill. 1875. Parmi ces chaires figurent deux chaires de clinique médicale et deux chaires de clinique chirurgicale, sous la réserve que les administrations hospitalières contracteront vis-à-vis des villes l'obligation d'assurer pleinement le service de cliniques et de fournir à ces chaires une ou plusieurs salles consacrées aux maladies des enfants. — Les suppléants sont au nombre de huit, répartis entre diverses chaires (Décr. 25 juill. 1885, art. 1, D. P. 86. 4. 66). Ils sont nommés au concours pour neuf ans (Décr. 14 juill. 1875, art. 9 et décr. 1er août 1883, art. 2). Ils reçoivent un traitement fixe et éventuel de 2000 fr. (Décr. 14 juill. 1875, art. 9). Le décret du 1er août 1883 (D. P. 84. 4. 70) détermine les grades qui doivent être exigés tant des professeurs titulaires que des suppléants. L'art. 11 du décret du 14 juill. 1875 fixe la composition et les traitements du personnel des fonctionnaires et employés auxiliaires de l'enseignement dans les écoles de plein exercice. L'art. 12 du même décret détermine la composition et les traitements du personnel administratif. Les villes qui sont le siège d'écoles de plein exercice doivent s'engager à prendre entièrement à leur charge les traitements des professeurs et les dépenses des divers services de l'école qui sont énumérés à l'art. 13 du même décret. Cet article estime les frais de ces services à un minimum de 18 000 fr. par an, et porte que cette somme devra être augmentée de 6000 fr. pour chaque accroissement de 100 élèves au-dessus du chiffre de 300.

332. L'art. 1er du décret du 20 nov. 1875 (D. P. 76. 4. 86) porte que la durée du temps d'études est la même dans les écoles de plein exercice que dans les facultés et les écoles supérieures de pharmacie. L'art. 1er du décret du 20 juin 1878 permet d'y faire les quatre années d'études du doctorat. Aux termes de l'art. 4 du décret du 1er août 1883, les élèves de ces écoles peuvent subir le premier examen probatoire et les deux parties du deuxième examen soit dans ces écoles, devant un jury composé de deux professeurs et d'un agrégé de faculté, au mois d'août ou d'avril, soit devant les facultés aux époques fixées par les décrets du 20 juin 1878 et du 23 juill. 1882. Les droits d'inscription, de travaux pratiques, d'examen, de certificat d'aptitude, de diplôme et autres sont perçus, dans les écoles de médecine et de pharmacie de plein exercice, conformément aux dispositions des règlements relatifs au régime financier des établissements publics d'enseignement supérieur.

§ 5. — Facultés des lettres et des sciences (*Rép.* nos 407 à 417).

333. Nous avons rappelé au *Rép.* n° 407, les phases successives par lesquelles a passé, depuis la fondation de l'université impériale, l'enseignement des facultés des lettres et des sciences. Il existe actuellement des facultés des lettres et des sciences dans les villes suivantes: Aix, Besançon, Bordeaux, Caen, Chambéry, Clermont, Dijon, Grenoble, Lille, Lyon, Montpellier, Nancy, Paris, Poitiers, Rennes et Toulouse. Le personnel enseignant de ces facultés comprend: 1° des professeurs titulaires dont nous avons indiqué (V. *suprà*, nos 299 et suiv.) le mode de nomination et le traitement; 2° des chargés de cours et des maîtres de conférences.

334. Les facultés des lettres et des sciences confèrent les grades de bachelier, de licencié et de docteur (*Rép.* n° 412). On distinguait autrefois l'examen du *baccalauréat ès lettres*, qui portait sur les matières enseignées dans les classes de rhétorique et de philosophie des lycées; l'examen du *baccalauréat ès sciences*, qui portait sur les matières enseignées dans la classe des mathématiques élémentaires des lycées (2e année); enfin l'examen du *baccalauréat ès sciences restreint* pour la partie mathématique, qui était exigé des aspirants au doctorat en médecine. Le décret du 8 août 1890 (D. P. 91. 4. 102) a substitué à ces trois baccalauréats un *baccalauréat unique de l'enseignement secondaire classique*. Un arrêté du même jour a fixé les conditions d'examen de ce grade universitaire (V. *Code des lois politiques et administr.*, p. 857). Les diplômes sont conférés par le ministre, après des examens subis devant des jurys composés de membres de la faculté des lettres et de la faculté des sciences. — Les épreuves sont les unes orales et publiques, les autres écrites: ces dernières sont éliminatoires. Le candidat déclaré admissible, mais refusé après les épreuves orales, conserve, pendant une année entière, le bénéfice de l'admissibilité, à la condition de se présenter, pour réparer son échec, devant la faculté où il l'a subi.— L'art. 6 du décret du 8 août 1890 autorise les candidats à produire un *livret scolaire* délivré par l'établissement public ou libre d'enseignement secondaire auquel il a appartenu; et il est tenu compte, pour l'admissibilité et pour l'admission, des renseignements contenus dans ce livret (Même décret, art. 7). Pour les épreuves écrites, sauf pour la version latine, il est donné trois sujets différents entre lesquels les candidats ont le droit de choisir (Même décret, art. 8).

335. Les épreuves sont divisées en deux parties, et nul ne peut se présenter aux épreuves de la seconde partie qu'un an après avoir subi avec succès celles de la première. Les épreuves de la première partie sont les suivantes. *Epreuves écrites:* Une version latine et une composition française. *Epreuves orales:* L'explication d'un texte grec et d'un texte latin, et l'explication d'un texte allemand ou anglais suivie d'un thème oral ou d'un entretien, une interrogation d'histoire et de géographie d'après le programme de la classe de rhétorique, une interrogation sur les éléments des mathématiques d'après le même programme (Décr. 8 août 1890, art. 12). Les épreuves sont subies devant un jury de quatre membres dont un de la faculté des sciences (Arrêté 8 août 1890, art. 19). — Les candidats à la deuxième partie peuvent choisir, au moment de leur inscription, entre deux séries d'épreuves qui ont pour base l'une les programmes de la classe de philosophie, l'autre les programmes de la classe de mathématiques élémentaires. La première série comprend une seule composition écrite, consistant en une dissertation française sur un sujet de philosophie; les épreuves orales se composent: 1° d'une interrogation sur la philosophie, l'histoire de la philosophie et les auteurs philosophiques; 2° d'une interrogation sur l'histoire contemporaine, d'une interrogation sur les éléments de la physique, de la chimie et de l'histoire naturelle. L'épreuve écrite de la deuxième série porte à la fois sur les mathématiques et la physique. Les épreuves orales consistent: 1° en une interrogation sur les mathématiques; 2° une interrogation sur la physique; 3° une interrogation sur la chimie; 4° une interrogation sur l'histoire contemporaine; 5° une interrogation sur la philosophie. — Il doit être institué une troisième série plus spécialement consacrée aux sciences physiques et naturelles (Décr. 8 août 1890, art. 13).

336. Le diplôme de bachelier est délivré sur la production de deux certificats d'aptitude correspondant l'un à la première partie, l'autre à la seconde partie des épreuves. Les mentions suivantes sont inscrites sur les diplômes: 1re série: lettres, philosophie; 2e série: lettres, mathématiques; 3e série: lettres, sciences physiques et naturelles.

337. Un décret du 5 févr. 1891 (*Code des lois politiques et administr.*, v° *Enseignement*, p. 861) fixe les conditions de présentation à l'examen du baccalauréat de l'enseignement secondaire classique. Les candidats doivent être âgés de seize ans accomplis. Toutefois des dispenses d'âge peuvent être accordées par le ministre, sur l'avis de la faculté et le rapport du recteur de l'académie où les dispenses sont demandées (Règl. 10 oct. 1810, art. 24, *Code des lois politiques et administr.*, v° *Enseignement*, nos 7452 et 7453). Les droits à percevoir par le Trésor s'élèvent à la somme totale de 120 fr.

338. Un décret du 4 août 1881 (D. P. 84. 4. 3) avait créé un baccalauréat d'enseignement secondaire spécial. Ce baccalauréat porte aujourd'hui le nom de *baccalauréat de l'enseignement secondaire moderne* (Décr. 5 juin 1891, art. 1, D. P. 92. 4. 4). Les diplômes de ce baccalauréat sont également conférés par le ministre de l'instruction publique, après des examens subis au siège des facultés (art. 2), d'après les dispositions restées en vigueur du décret du 28 juill. 1882 (D. P. 84. 4. 3). Le jury est présidé par un professeur de faculté (sciences ou lettres); les autres membres sont choisis par le ministre, sur la présentation du recteur parmi les professeurs ou anciens professeurs de l'enseignement classique des lycées pourvus de l'agrégation et parmi les anciens professeurs agrégés de l'enseignement secondaire moderne. Les candidats peuvent produire un livret scolaire (art. 6), comme pour le baccalauréat ès lettres de l'enseignement classique (V. *suprà*, n° 334).

Les épreuves sont divisées en deux parties, et nul ne peut se présenter aux épreuves de la seconde partie qu'un an après avoir subi avec succès celles de la première (art. 10 et 11). Les épreuves de la première partie sont les suivantes. *Epreuves écrites:* un thème anglais et une version allemande, ou, au choix des candidats, un thème allemand et une version anglaise, italienne ou espagnole; une composition française; *Epreuves orales:* 1° l'explication d'un texte français; 2° l'explication d'un texte allemand; 3° l'explication d'un texte anglais, italien ou espagnol, au choix des candidats; 4° une interrogation d'histoire et de géographie; 5° une interrogation sur les mathématiques; 6° une interrogation sur la physique et la chimie (art. 12). — Les candidats à la seconde partie peuvent choisir entre trois séries d'épreuves. 1re SÉRIE. *Epreuves écrites:* une dissertation sur un sujet de philosophie. *Epreuves orales:* 1° une interrogation sur la philosophie; 2° une interrogation sur l'histoire contemporaine; 3° une interrogation sur la géographie; 4° une interrogation sur la littérature; 5° une interrogation sur l'histoire naturelle. 2e SÉRIE. *Epreuves écrites:* une composition de mathématiques et de physique. *Epreuves orales:* 1° une interrogation sur les mathématiques; 2° une interrogation sur la physique, la chimie et l'histoire naturelle; 3° une interrogation sur l'histoire contemporaine; 4° une interrogation sur la philosophie; 5° une interrogation sur la géographie. 3e SÉRIE. *Epreuves écrites:* une composition de mathématiques et de physique. *Epreuves orales:* 1° une interrogation sur les mathématiques; 2° une interrogation sur la physique; 3° une interrogation sur la chimie; 4° une interrogation sur l'histoire contemporaine; 5° une interrogation sur la philosophie (art. 13). — Le diplôme est délivré sur la production de deux certificats d'aptitude correspondant l'un à la première partie, l'autre à la seconde partie des épreuves. Les mentions suivantes sont inscrites sur les diplômes. 1re série : lettres, philosophie; 2e série : lettres, sciences ; 3e série, lettres, mathématiques. — Nul ne peut se présenter aux épreuves du baccalauréat de l'enseignement secondaire moderne s'il n'est âgé de seize ans accomplis. Les droits à percevoir par le Trésor s'élèvent à la somme totale de 120 fr. (Décr. 29 août 1891, art. 1 et 2).

339. Les conditions de l'examen de la *licence ès lettres*, dont le diplôme doit être délivré, à la suite d'un certificat d'aptitude délivré par les facultés des lettres (*Rép.* n° 414), ont été déterminées par le décret du 25 déc. 1880 (D. P. 82. 4. 50). Ce décret prévoit trois ordres d'épreuves : lettres, philosophie et histoire. Le décret du 28 juill. 1885 (D. P. 86. 4. 63) a institué un quatrième ordre, pour les langues vivantes. Les candidats doivent produire, en prenant leur première inscription, le diplôme du baccalauréat de l'enseignement secondaire classique avec la mention ; « lettres, philosophie ». Ils sont tenus de payer les droits universitaires suivants : 120 fr. pour quatre inscriptions : 10 fr. de droit de bibliothèque, 40 fr. de droit d'examen, 20 fr. de droit de certificat d'aptitude et 40 fr. de droit de diplôme. Les art. 2 et 8 du décret du 25 déc. 1880, indiquent la matière des examens écrits et de l'examen oral que doivent subir les candidats pour les lettres, la philosophie et l'histoire. Les art. 2 et suiv. du décret du 28 juill. 1885 indiquent le sujet des épreuves pour l'ordre des langues vivantes.

340. Le décret du 28 juill. 1885 (D. P. 86. 4. 33) porte règlement des examens pour l'obtention du diplôme de licence ès sciences. Aux termes de l'art. 1er de ce décret, les facultés des sciences délivrent les certificats d'aptitude pour la licence ès sciences mathématiques, la licence ès sciences physiques, la licence ès sciences naturelles. Les candidats doivent produire le diplôme de bachelier de l'enseignement secondaire classique avec mention « lettres, mathématiques », ou le diplôme de bachelier de l'enseignement secondaire moderne avec la mention « lettres, sciences » ou avec la mention « lettres, mathématiques ». Les droits universitaires à payer sont les mêmes que pour la licence ès lettres (V. *suprà*, n° 339). L'examen se divise en épreuves écrites, épreuves pratiques et épreuves orales, dont la matière fait l'objet des art. 6 à 9 du décret du 28 juill. 1885.

341. On a dit au *Rép.* n° 414 que, pour obtenir le diplôme de docteur ès lettres, il faut justifier du grade de licencié ès lettres et soutenir deux thèses écrites l'une en latin, l'autre en français, sur deux matières choisies par le candidat. Le décret du 26 déc. 1875 (*Code des lois politiques et administr.*, v° *Enseignement*, p. 871) exige, à peine de nullité, que le nombre des examinateurs soit au moins de six ; en outre, aux termes du décret du 20 juill. 1882 (D. P. 83. 4. 5), le jury doit comprendre au moins trois docteurs ès lettres chargés, dans une faculté de l'Etat, de l'enseignement auquel chacune des thèses se rapporte : philosophie, histoire, lettres, grammaire. Le recteur peut aussi, pour compléter le jury, sur l'avis de la faculté, proposer au ministre un docteur ès lettres dont les travaux se rapportent à l'ordre d'études auquel appartient la thèse présentée.

342. On a indiqué au *Rép.*, n° 416, les conditions exigées pour l'obtention du grade de docteur ès sciences. Il résulte de l'art. 2, § 3, et des art. 3 et 7 du décret du 15 juill. 1877 (D. P. 77. 4. 69), que les épreuves du doctorat doivent être subies devant un jury composé de trois professeurs ou agrégés des facultés de l'ordre des sciences auquel appartient le candidat; et que, lorsque le nombre des professeurs ou agrégés d'une faculté n'est pas suffisant, on doit les compléter par des professeurs appartenant à une autre faculté et désignés par le ministre.

343. La loi du 20 déc. 1879 (D. P. 80. 4. 73), relative à l'enseignement supérieur en Algérie, à créé à Alger une école préparatoire à l'enseignement des sciences et une école préparatoire à l'enseignement supérieur des lettres. L'organisation intérieure de ces écoles est, en général, régie par le décret du 28 déc. 1885, sur les facultés et établissements d'enseignement supérieur. L'art. 4 de la loi précitée du 20 déc. 1879 règle la composition des commissions devant lesquelles doivent être subis, en Algérie, les examens du baccalauréat. Ces commissions sont composées d'un président choisi soit parmi les professeurs ou agrégés des facultés du continent, soit parmi les professeurs des écoles préparatoires d'Alger qui seraient pourvus du grade de docteur, et de deux juges pris parmi les professeurs de ces écoles. Les inscriptions pour la licence ès lettres et la licence ès sciences peuvent être prises aux secrétariats de ces écoles.

344. Des *bourses* de l'Etat ont été instituées dans les facultés des lettres et des sciences, dans le but de faciliter le recrutement des professeurs de l'enseignement secondaire. Le règlement qui les concerne est contenu dans l'arrêté du 31 mai 1886 (*Bull. adm. min. instr. publ.*, t. 39, p. 583).

Les *bourses de licence* sont accordées à la suite d'un concours qui comprend une épreuve écrite et une épreuve orale, mais dont sont dispensés les candidats de l'école normale supérieure déclarés admissibles aux épreuves orales et les élèves qui ont obtenu un des trois prix d'honneur au concours général des lycées de Paris ou des départements.

Les *bourses d'agrégation* sont accordées sans concours. Les candidats doivent produire leurs notes de licence, les certificats des chefs des établissements où ils ont été en fonctions, et l'opinion, sur leur aptitude à l'agrégation, des membres de la faculté qui les a reçus licenciés.

Les *bourses d'études* sont accordées sur la proposition des facultés, après avis du conseil consultatif de l'enseignement supérieur. Aucun grade n'est requis pour leur obtention; il suffit d'avoir fait preuve d'aptitude dans une branche déterminée de la science. Les bourses de toute catégorie sont accordées pour un an, à partir du 1er novembre : elles sont payables par douzième et peuvent être prolongées pendant une deuxième année, sur le rapport du doyen et du recteur, après avis du comité consultatif.

ART. 2. — *Etablissements scientifiques et littéraires* (*Rép.* nos 418 à 471).

§ 1er. — Collège de France (*Rép.* nos 418 à 424).

345. Le décret impérial du 8 oct. 1857 portant règlement pour le Collège de France, dont nous avons analysé les principales dispositions au *Rép.* n° 421, a été abrogé et remplacé par le décret du 1er févr. 1873 (D. P. 73. 4. 35). Aux termes de l'art. 1er de ce dernier décret, l'administrateur du Collège de France est choisi parmi les professeurs de l'établissement. Il est nommé par décret, pour trois ans, sur la proposition du ministre de l'instruction publique et d'après une liste de trois candidats présentés par l'assemblée des professeurs. C'est la reproduction de la disposition de l'art. 1er du décret du 23 janv. 1849 (V. *Rép.* n° 420). Le vice-président de l'assemblée des professeurs est nommé par le ministre, pour trois ans, et choisi sur la liste présentée pour les fonctions d'administrateur; le professeur chargé des fonctions de secrétaire est nommé annuellement par l'assemblée. L'administrateur, le vice-président et le secrétaire forment le conseil d'administration du Collège de France (Décr., 1er févr. 1873, art. 3).

346. Le titre 2 du décret du 1er févr. 1873 traite des cours qui sont, comme sous la législation antérieure (*Rép.* n° 421), divisés en deux semestres, et commencent le premier lundi de décembre. Tout professeur est dans l'obligation de faire deux leçons par semaine, chacune d'une heure au moins, et quarante leçons dans l'année. Le titre 3 s'occupe des suppléants, des remplaçants, des professeurs honoraires et des préparateurs. — On a vu au *Rép.* n° 422 qu'aux termes d'un décret du 3 juill. 1857 les professeurs comptant vingt ans de service effectif au Collège de France et ceux qui, par suite d'une infirmité grave ou de leur âge avancé, se trouvent hors d'état de remplir leurs fonctions, peuvent demander au ministre de l'instruction publique la nomination d'un suppléant. Les art. 9 à 11 du décret du 1er févr. 1873 déterminent les formes dans lesquelles devra être faite cette nomination. Les suppléants sont nommés par le ministre après avis de l'assemblée. Leur institution n'est valable que pour une année. Le suppléant reçoit la moitié du traitement net des professeurs qu'il est appelé à suppléer. L'art. 10 porte en outre que les professeurs peuvent obtenir des remplaçants : 1° en cas d'absence motivée par une mission du Gouvernement; 2° en cas de congé temporaire ou de maladie momentanée; mais que nul ne peut se faire remplacer pendant plus de deux semestres consécutifs. Les remplaçants sont proposés par l'assemblée et nommés par le ministre. Ils reçoivent, à titre d'indemnité, le tiers du traitement des professeurs titulaires. Aux termes de l'art. 23 de la loi de finances du 21 mars 1885 (D. P. 85. 4. 43), modifié par l'art. 42 de la loi du 26 févr. 1887 (D. P. 87. 4. 84), les professeurs du Collège de France qui sont autorisés par le ministre à se faire suppléer ou remplacer continuent néanmoins à subir, sur le montant intégral de leur traitement nominal, les retenues prescrites par la loi du 9 juin 1853 sur les pensions civiles. — Le titre 4 du décret du 1er févr. 1873 est relatif aux assemblées; le titre 5, au matériel et aux logements.

347. On a vu qu'à partir de 1862 le traitement des professeurs du Collège de France avait été fixé à 7500 fr. Les lois de finances l'ont, depuis plusieurs années, élevé à 10000 fr. et ont attribué un préciput de 2000 fr. à l'administrateur. Les préparateurs reçoivent un traitement de 3000 fr. (Arr. min. instr. publ. 2 mars 1887, *Code des lois politiques et administr.*, v° *Enseignement*, n° 7718). Le nombre des chaires du Collège de France s'élève aujourd'hui à quarante et une.

§ 2. — Muséum d'histoire naturelle (*Rép.* n°s 425 à 433).

348. Les décrets du 29 déc. 1863 et du 2 janv. 1864 qui, ainsi que nous l'avons dit au *Rép.* n° 427, avaient réorganisé l'administration du Muséum d'histoire naturelle, sont actuellement remplacés par deux décrets du 12 déc. 1891 (*Code des lois politiques et administr.*, v° *Enseignement*, p. 876), dont le premier a pour objet la réorganisation du Muséum, et dont le second porte règlement de la comptabilité de cet établissement. Le nombre des professeurs, qui était de seize (*Rép.* n° 428), a été porté à dix-huit. Leur traitement est fixé à 10000 fr. par les lois de finances. — Aux termes de l'art. 22 du décret du 12 déc. 1891 portant réorganisation du Muséum, il est adjoint aux professeurs, pour toutes les parties de leur service, des fonctionnaires qui prennent le nom d'*assistants*. Ils sont nommés par arrêté ministériel, sur la proposition de l'assemblée des professeurs, et reçoivent un traitement qui varie de 4000 à 6000 fr. Ils sont au nombre de vingt-deux. — Les *préparateurs*, qui sont au nombre de vingt-neuf, sont nommés par le ministre, sur la proposition des professeurs intéressés et après avis du directeur (art. 27). Ils reçoivent un traitement de 2000 à 3000 fr. — L'enseignement du Muséum est public. Chaque professeur est tenu de faire chaque année quarante leçons au moins, à raison de trois au plus par semaine (art. 29). Un décret du 10 janv. 1880 (D. P. 80. 4. 96) accorde au professeur d'histoire naturelle médicale à la faculté de médecine, ainsi qu'aux professeurs de botanique de la faculté des sciences et de l'Ecole de pharmacie de Paris l'autorisation de faire, en totalité ou en partie, leurs cours au Muséum d'histoire naturelle.

§ 3. — Ecole française d'Athènes. — École de Rome et École française du Caire (*Rép.* n°s 434 à 435).

349. L'Ecole française d'Athènes, instituée par une ordonnance du 11 sept. 1846 (*Rép.* n° 434), est aujourd'hui régie par un décret du 26 nov. 1874 (D. P. 75. 4. 87). Elle comprend un directeur, dont le traitement est de 12000 fr., et six membres qui reçoivent chacun 4000 fr. Le directeur est un membre de l'Institut, ou un fonctionnaire supérieur de l'instruction publique, nommé par décret pour six ans. Une double liste de deux candidats est présentée par l'Académie des inscriptions et par la section de l'enseignement supérieur du comité consultatif. Les membres de l'école sont des docteurs ès lettres ou agrégés des lettres, de grammaire, de philosophie ou d'histoire, sortis ou non de l'Ecole normale ; ils sont nommés par le ministre de l'instruction publique à la suite d'un concours; les candidats doivent être âgés de moins de trente ans (Décr. 26 nov. 1874, art. 1-3).

350. Aux termes d'un décret du 2 févr. 1859 (D. P. 59. 4. 17), les candidats nommés à l'Ecole d'Athènes devaient se rendre à leur destination en passant par l'Italie, et y rester trois mois répartis entre Rome, Florence, Naples et la Sicile. Ce séjour ayant été jugé insuffisant, un décret du 25 mars 1873 (D. P. 73. 4. 44), a décidé que les membres de l'Ecole d'Athènes devraient, avant de se rendre en Grèce, séjourner un an en Italie, être logés à Rome à la villa Médicis et placés sous l'autorité du directeur de l'académie de France, et y suivre un cours d'archéologie fait pour leur instruction par un savant choisi en raison de la spécialité de ses travaux, d'après un programme proposé par l'Académie des inscriptions et belles-lettres. La section romaine de l'Ecole d'Athènes a pris, en vertu de l'art. 9 du décret du 26 nov. 1874, le titre d'*Ecole archéologique de Rome*.

351. L'École archéologique de Rome est régie par le décret du 20 nov. 1875 (D. P. 76. 4. 79). Elle a pour objet: la préparation pratique des membres de l'École d'Athènes aux travaux qu'ils doivent faire en Grèce et en Orient; l'étude inédite des monuments et des bibliothèques de l'Italie ; les collections et les recherches qui lui sont demandées par l'Institut, par les comités du ministère et par divers savants autorisés par le directeur de l'école (art. 1er). Elle a pour chef un directeur nommé pour six ans par décret, sur une double liste de deux candidats présentés par l'Académie des inscriptions et belles-lettres et par la section de l'enseignement supérieur du comité consultatif (art. 2). Le traitement du directeur est de 12000 fr. L'école se compose: 1° des membres de première année de l'Ecole d'Athènes (V. *suprà*, n° 350); 2° des membres propres à l'Ecole de Rome. Ces derniers sont au nombre de six, comme les premiers, et reçoivent également chacun 4000 fr. Les places sont attribuées, par arrêté ministériel, soit à des candidats présentés par l'Ecole normale supérieure, par l'Ecole des chartes et par la section d'histoire et de philologie de l'Ecole pratique des hautes études, soit à des docteurs reçus avec distinction ou à des jeunes gens signalés par leurs travaux (art. 3).

352. Un décret du 28 déc. 1880 (D. P. 82. 4. 10) a institué au Caire une mission permanente, sous le nom d'*Ecole française du Caire*. Cette école a pour objet l'étude des antiquités égyptiennes, de l'histoire, de la philosophie et des antiquités orientales.

§ 4. — Ecole pratique des hautes études (*Rép.* n°s 436 à 443).

353. Le décret du 31 juill. 1868 (*Rép.* n°s 436 et suiv.) divisait l'Ecole pratique des hautes études en quatre sections. La section des sciences économiques, créée par décret du 30 janv. 1869 (*Rép.* n° 439) n'a pas été maintenue. Mais un décret du 30 janv. 1886 (V. *Code des lois politiques et administr.*, v° *Enseignement*, p. 8807) a institué une cinquième section, dite des sciences religieuses. Le budget pour l'exercice de 1886 a augmenté de 30 000 fr. le crédit relatif à l'Ecole des hautes études, en vue de créer cette section.

§ 5. — Laboratoire d'enseignement et de recherches (*Rép.* n°s 444 à 446).

354. Cette institution n'a été l'objet d'aucune modification depuis la publication du *Répertoire*.

§ 6. — Etablissements astronomiques (*Rép.* n°s 447 à 454).

355. Nous avons dit au *Rép.* n° 448 que le décret du 30 janv. 1854 avait détaché l'observatoire de Paris de la juridiction du bureau des longitudes pour lui constituer une existence à part. Il était nécessaire, pour compléter cette organisation nouvelle, d'assurer au bureau des longitudes, transformé en conseil de perfectionnement, les moyens d'action qui lui étaient nécessaires et de consacrer son autonomie. Tel a été l'objet du décret du 15 mars 1874 (D. P. 74. 4. 74), complété par celui du 14 mars 1890 (D. P. 91. 4. 43). L'art. 1er du premier de ces décrets porte que le bureau des longitudes est institué en vue du perfectionnement des diverses branches de la science astronomique et de leur application à la géographie, à la navigation et à la physique du globe, et détermine ses diverses attributions.

356. Aux termes de l'art. 5 du décret du 15 mars 1874, le bureau des longitudes se compose : 1° de treize membres titulaires, savoir : trois membres appartenant à l'académie

des sciences, cinq astronomes, trois membres appartenant au département de la marine, un membre appartenant au département de la guerre, un géographe ; 2° d'un artiste ayant rang de titulaire ; 3° de deux membres adjoints ; 4° de deux artistes. Des lois de finances postérieures ont réduit de treize à douze le nombre des membres titulaires et de deux à un le nombre des membres adjoints. Le décret du 14 mars 1890 a adjoint au bureau trois membres nommés en service extraordinaire, à l'effet d'y représenter spécialement le service géographique de l'armée, le service hydrographique de la marine et le service du nivellement du ministère des travaux publics. — Les membres titulaires sont nommés par décret, sur la proposition du ministre de l'instruction publique ; les membres adjoints et les artistes sont nommés par le ministre de l'instruction publique, d'après une liste de présentation dressée par le bureau des longitudes, et en dehors de laquelle le ministre peut choisir (art. 16). Le président, le vice-président et le secrétaire sont nommés annuellement par décret, sur la proposition du ministre (art. 7). L'art. 8 du décret de 1874 porte à 5000 fr. le traitement des membres titulaires ; celui des membres adjoints est fixé à 3000 fr. par le décret du 28 déc. 1878 (D. P. 79. 4. 30).

357. Le décret du 21 févr. 1878 (D. P. 78. 4. 51) régit le service des *observatoires*. Ce service comprend l'observatoire de Paris, auquel se rattache celui de Meudon, et les observatoires des départements. Il ressortit au ministère de l'instruction publique. Le personnel réparti entre les divers observatoires se compose d'astronomes titulaires, d'astronomes adjoints et d'aides astronomes.

Le personnel de l'observatoire de Paris comprend : 1° un astronome directeur ; 2° six astronomes titulaires ; 3° dix astronomes adjoints ; 4° des aides astronomes. En outre, des élèves astronomes sont admis à l'observatoire de Paris, en vue d'assurer le recrutement du personnel des observatoires de l'Etat. — L'art. 4 du décret du 21 févr. 1878 a institué à l'observatoire de Paris un conseil composé : 1° de deux représentants de chacun des ministères de la guerre, de la marine, de l'agriculture et du commerce, connus par leurs travaux ; 2° de quatre membres de l'académie des sciences ou du bureau des longitudes ; 3° de l'astronome directeur. Les membres du conseil sont nommés par décret pour trois ans, sur la proposition du ministre. Le décret du 17 mai 1881 (D. P. 82. 4. 58) a complété ce conseil en y faisant entrer deux représentants du ministère de l'instruction publique.

Les observatoires des départements sont : celui de Marseille, qui a été mentionné au *Rép.*, n° 447, et qui a été réorganisé par un décret du 5 mars 1872 (D. P. 72. 4. 81) ; celui de Toulouse, créé par un décret du 15 juill. 1872 (D. P. 72. 4. 131) ; celui de Besançon, celui de Bordeaux et celui de Lyon, créés tous trois par un décret du 11 mars 1878 (D. P. 78. 4. 52) ; enfin celui d'Alger, qu'un décret du 26 déc. 1873 (D. P. 74. 4. 63) a placé dans les attributions du ministère de l'instruction publique.

358. Les astronomes directeurs sont nommés pour cinq ans, à Paris et dans les départements, par le président de la République, sur la proposition du ministre, d'après une double liste de deux candidats présentés par l'académie des sciences et le conseil de l'observatoire. Le traitement du directeur de l'observatoire de Paris est de 15 000 fr. Celui du directeur de l'observatoire de Meudon est de 10 000 fr. Aux termes du décret du 24 janv. 1884 (D. P. 84. 4. 96), les professeurs des facultés des sciences qui sont en même temps directeurs d'observatoires figurent hors rang sur le tableau d'ancienneté des professeurs des facultés. Une première partie de leur traitement, jusqu'à concurrence de 6000 fr., est imputée sur les dépenses du personnel des facultés. La seconde partie du traitement est prélevée sur le budget des observatoires. — Les astronomes titulaires sont nommés par décret sur la proposition du ministre de l'instruction publique, après présentation d'une double liste de deux candidats, d'une part par les membres de l'observatoire nommés par décrets ou les professeurs de la faculté à laquelle l'observatoire est annexé, et d'autre part par la classe correspondante de l'Institut. Le traitement des astronomes titulaires varie de 7000 à 10 000 fr. — Les astronomes adjoints sont nommés par le ministre, sur la présentation des directeurs, après avis motivé du conseil de l'observatoire de Paris. Ils sont divisés en trois classes dont les traitements varient comme il suit : 1re classe, de 5500 fr. à 7000 fr. ; 2e classe, de 4500 à 5500 fr. ; 3e classe, de 3500 à 4500 fr. Les aides astronomes sont divisés en deux classes : 1re classe, de 2500 à 3500 fr. ; 2e classe, de 2000 à 2500 fr.

359. La division météorologique de l'observatoire de Paris forme un service distinct qui prend le titre de *bureau central météorologique* et qui comprend l'étude des mouvements de l'atmosphère, les avertissements météorologiques aux ports et à l'agriculture, l'organisation des observations météorologiques et des commissions départementales, la publication de leurs travaux et l'ensemble des recherches de météorologie ou de climatologie. Le décret du 14 mai 1878 (D. P. 78. 4. 65) a consacré la séparation des services de la météorologie et de l'astronomie, qui étaient précédemment confondus à l'observatoire de Paris et a donné au service météorologique son organisation actuelle.

Un observatoire météorologique avait été établi à Paris en 1869 dans le parc de Montsouris (*Rép.* n° 454). Cet observatoire a été érigé en établissement départemental par l'art. 3 du décret du 3 févr. 1873 (D. P. 73. 4. 36). Un décret du 29 déc. 1871 (D. P. 72. 4. 40) a établi un observatoire météorologique sur la montagne du Puy-de-Dôme. La loi du 7 août 1882 a alloué une somme de 80 000 fr., pour réaliser la cession offerte à l'Etat de l'observatoire construit sur le Pic-du-Midi. Cet établissement a été principalement consacré aux observations météorologiques.

Le bureau central météorologique comprend un directeur qui a un traitement de 10 000 fr., deux météorologistes titulaires qui reçoivent de 6500 à 8000 fr., six météorologistes adjoints qui touchent de 2500 à 4500 fr., six aides météorologistes qui ont de 1200 à 2000 fr., et trois auxiliaires, auxquels est consacrée une somme de 3 900 fr. Les météorologistes chefs de service des observatoires météorologiques régionaux sont placés sous l'autorité du directeur des services du bureau central.

§ 7. — Ecole des langues orientales vivantes (*Rép.* nos 455 à 457).

360. La réorganisation de l'Ecole des langues orientales vivantes, qui était en préparation, ainsi qu'on l'a vu (n° 457), au moment de la publication du *Répertoire*, a été opérée par un décret du 8 nov. 1869 (D. P. 70. 4. 12), et complétée par un décret du 11 mars 1872 (D. P. 72. 4. 82). Aux termes de l'art. 1er du décret du 8 nov. 1869, cette école comprend des cours d'arabe vulgaire, de persan, de turc, de malais et de javanais, d'arménien, de grec moderne, d'hindoustani, de chinois vulgaire, de japonais, d'annamite ; des décrets postérieurs ont créé des chaires d'arabe littéral, de russe, de langue tamoule, de roumain, d'histoire et de géographie de l'extrême Orient. Ces cours ont pour objet d'apprendre aux élèves à lire, écrire et parler les langues dont l'énumération précède, et de leur enseigner la géographie politique et commerciale des pays où ces langues sont en usage. Ils sont publics et gratuits. Leur durée est de trois ans (Décr. du 8 nov. 1869, art. 2). En 1887, le ministre a institué une section commerciale à l'Ecole des langues orientales. — A la fin de chaque année, il est procédé à des examens publics devant un jury composé de l'administrateur de l'école, président, du professeur de la chaire et du répétiteur. Le ministre délivre, après l'examen de fin d'études, aux élèves qui en sont jugés dignes, un diplôme d'élève breveté de l'Ecole des langues orientales, indiquant la langue sur laquelle l'élève a subi l'épreuve (art. 6 et 7).

361. L'école est placée sous l'autorité d'un administrateur nommé pour cinq ans par le ministre de l'instruction publique. L'assemblée des professeurs se réunit au moins trois fois par an. Il existe, en outre, un conseil de perfectionnement de neuf membres, parmi lesquels figurent les délégués du ministre de l'instruction publique, du ministre des affaires étrangères, un délégué du ministre de l'intérieur, un délégué du ministre de la marine, un délégué du ministre de l'agriculture. Les professeurs sont nommés par décret. En cas de vacance d'une chaire, l'assemblée des professeurs et le conseil de perfectionnement présentent chacun deux candidats : l'académie des inscriptions en présente égale-

ment deux. Le traitement des professeurs est de 5000 à 7500 fr.; celui du secrétaire et des répétiteurs de 2500 à 3500 fr. L'administrateur reçoit un préciput de 2000 fr.

§ 8. — Ecole des chartes (*Rép.* nos 458 à 461).

362. Les dispositions de l'ordonnance de 1846, analysées au *Rép.* nos 459 et suiv., sont pour la plupart restées en vigueur. Nous avons indiqué ailleurs (V. *suprà*, v° *Archives*, nos 73 et suiv.) les modifications apportées depuis cette époque à l'organisation de l'Ecole des chartes.

§ 9. — Institut de France. Sociétés savantes (*Rép.* nos 462 à 471).

363. L'organisation de l'Institut n'a pas subi, depuis la publication du *Répertoire*, d'importantes modifications. On consultera utilement sur cette organisation la *Collection des lois, statuts et règlements concernant les anciennes académies de l'Institut de* 1635 *à* 1889, publiée par les soins de M. Aucoc, ainsi que l'introduction dont l'éminent académicien a fait précéder cette collection (V. également, *Code des lois politiques et administr.*, v° *Institut de France*). Nous nous bornerons à citer, comme nous l'avons fait au *Rép.* n° 468, les décrets qui ont modifié sur quelques points l'organisation antérieure. Ce sont: 1° le décret du 13 nov. 1871 (D. P. 72. 4. 12), portant règlement pour les concours aux grands prix de Rome, qui restitue à l'académie des beaux-arts les prérogatives dont elle avait été dépouillée par le décret du 13 nov. 1863 en ce qui concerne le jugement de ces concours; 2° le décret du 12 juill. 1872 (D. P. 72. 4. 30), qui rapporte le décret du 14 avr. 1855 portant modification du régime administratif de l'Institut, et remet en vigueur les ordonnances antérieures; 3° le décret du 8 nov. 1875 (D. P. 76. 4. 79), qui modifie l'art. 40 du règlement de l'académie des beaux-arts; 4° le décret du 12 mai 1884 (D. P. 85. 4. 20), portant que la commission centrale administrative, à laquelle est conférée la gestion des propriétés de l'Institut, est composée de deux membres élus par chaque académie et des secrétaires perpétuels; 5° le décret du 22 févr. 1887 (D. P. 87. 4. 73), qui modifie les art. 14, 36 et 40 du règlement de l'académie des sciences morales et politiques en ce qui concerne les associés étrangers et les académiciens libres; 6° le décret du 17 janv. 1888 (D. P. 88. 4. 41), qui approuve le nouveau règlement de l'académie des sciences morales et politiques.

ART. 3. — *Enseignement supérieur libre* (*Rép.* nos 472 et 473).

364. Nous avons indiqué au *Rép.*, n° 472, les tentatives faites, antérieurement à la loi du 12 juill. 1875 qui a consacré la liberté de l'enseignement supérieur, pour favoriser, dans les facultés de l'Etat, l'ouverture de cours libres en dehors des chaires officielles. Le décret du 24 juill. 1883 (D. P. 84. 4. 8) a donné à cet égard une consécration aux vœux émis par les établissements d'enseignement supérieur et les conseils académiques. L'art. 1er de ce décret porte qu'il peut être fait dans les facultés des cours libres par des professeurs qui n'appartiennent pas au personnel des facultés. Dans les facultés des lettres et des sciences, tout docteur ès lettres ou ès sciences peut être autorisé à faire des cours libres correspondant à l'ordre d'études pour lequel il a été reçu docteur. Cette autorisation est donnée par le ministre, sur la proposition et après avis de la faculté près de laquelle les cours seront ouverts, et sur un rapport spécial du recteur. Le décret assimile aux docteurs les professeurs des divers établissements d'enseignement supérieur de l'Etat, les membres et les correspondants de l'Institut (art. 2). La même autorisation peut être accordée, après avis conforme de la faculté, à des personnes non pourvues du titre de docteur qui justifient d'études spéciales sur les matières qui doivent faire l'objet de leur enseignement (art. 3). L'autorisation ne peut être accordée pour plus d'une année; mais elle peut être renouvelée dans les mêmes conditions. Elle peut toujours être retirée par le ministre, après avis ou sur la proposition de la faculté (art. 4).

Les cours libres sont publics ou privés (art. 6). Les cours privés peuvent donner lieu, au profit du professeur, à la perception d'une rétribution payée par les auditeurs (art. 8). Les dépenses auxquelles donnent lieu ces cours sont à la charge du professeur (art. 7). Ils doivent comprendre au moins dix leçons par trimestre (art. 9). Les cours libres à la faculté de médecine de Paris sont soumis aux prescriptions d'un arrêté du 9 févr. 1881. Les facultés de médecine et les écoles supérieures de pharmacie sont tenues de soumettre à l'approbation du ministre un règlement sur les cours libres, qui doit être rédigé d'après les mêmes principes que l'arrêté précité. Un arrêté ministériel peut rendre le décret du 24 juill. 1883 applicable aux facultés de droit sur leur demande (art. 11).

SECT. 7. — DISCIPLINE. — DISTINCTIONS HONORIFIQUES (*Rép.* nos 473 à 504).

365. — I. DISCIPLINE. — Ainsi qu'on l'a vu (*Rép.* n° 473), les autorités qui ont juridiction pour statuer en matière disciplinaire, dans le domaine de l'instruction publique ou libre, sont: le ministre de l'instruction publique, le conseil supérieur de l'instruction publique; les conseils académiques; les conseils départementaux. En outre, certaines attributions disciplinaires ont été dévolues aux recteurs, aux préfets et aux maires. Enfin, les facultés ont été investies d'une juridiction disciplinaire sur les étudiants.

366. — 1° *Ministre de l'instruction publique.* — Comme sous la législation antérieure, analysée au *Rép.* n° 474, le ministre de l'instruction publique peut, aux termes de l'art. 13 de la loi du 27 févr. 1880, prononcer contre tout membre de l'enseignement public la réprimande devant le conseil académique et la censure devant le conseil supérieur. Ces décisions ne sont susceptibles d'aucun recours. — Quant à la mutation pour emploi inférieur et à la suspension, les pouvoirs que l'art. 76 de la loi du 15 mars 1850 attribuait au ministre de l'instruction publique (*Rép.* n° 474), ont été modifiés par les art. 14 et 15 de la loi du 27 févr. 1880. Il ne peut prononcer la mutation pour emploi inférieur, en ce qui concerne un professeur de l'enseignement supérieur, que sur l'avis conforme du conseil supérieur, et, en ce qui concerne un professeur de l'enseignement secondaire, qu'après avoir pris l'avis de la section permanente (art. 14). Aux termes de l'art. 34 du décret du 28 déc. 1885, un professeur titulaire de l'enseignement supérieur ne peut être déplacé d'office pour un emploi équivalent qu'après avis conforme de la section permanente du conseil supérieur de l'instruction publique et après avoir été entendu par elle. — Le ministre ne peut prononcer la suspension d'un membre de l'enseignement public que pour une durée inférieure à un an et sans privation de traitement. La suspension pour un temps plus long, avec privation totale ou partielle du traitement, ne peut être prononcée que par le conseil académique ou en appel que par le conseil supérieur (art. 15). Il a été décidé que cette dernière disposition est applicable quelle que soit la cause de la suspension; et qu'en conséquence le ministre ne peut se refuser à appeler le conseil académique à statuer sur la situation d'un professeur mis en congé d'inactivité depuis plus d'un an, alors même que cette mesure a été prise non à titre de peine, mais pour des motifs administratifs, par exemple, à raison de son défaut d'aptitude pour l'enseignement (Cons. d'Et., 22 juill. 1881, aff. Morton, D. P. 83. 3. 1).

367. Nous avons dit au *Rép.* n° 475 que le décret du 9 mars 1852 avait abrogé les dispositions combinées des art. 14 et 76 de la loi de 1850, d'après lesquelles la révocation des professeurs de l'instruction secondaire publique et de l'enseignement supérieur était prononcée par les conseils académiques, sauf recours au conseil supérieur. L'art. 5 de la loi du 19 mars 1873 (D. P. 73. 4 44) a remis ces dispositions en vigueur et enlevé au Gouvernement le droit de révocation que lui conférait le décret de 1852. — Aux termes de l'art. 76 de la loi du 15 mars 1850, le retrait d'emploi ne peut également être prononcé par le ministre contre un membre de l'enseignement secondaire public qu'après avis du conseil supérieur ou de la section permanente. — Aux termes de l'art. 7 de la loi du 27 févr. 1880, lorsqu'il s'agit de la révocation, du retrait d'emploi, de la suspension des professeurs titulaires de l'enseignement public supérieur ou secondaire ou de la mutation pour emploi inférieur des professeurs titulaires de l'enseignement public

supérieur, la décision du conseil supérieur doit être prise aux deux tiers des suffrages. — Les dispositions qui précèdent ne sont pas applicables aux économes des lycées, qui ne sont pas considérés comme des membres de l'enseignement secondaire public; le ministre a, en conséquence, le droit de prononcer leur révocation sans l'intervention du conseil académique (Cons. d'Et., 6 août 1881, aff. Siere, D. P. 83. 1. 19).

368. — 2° *Conseil supérieur de l'instruction publique.* — Aux termes de l'art. 7 de la loi du 27 févr. 1880, le conseil supérieur de l'instruction publique statue en appel et en dernier ressort sur les jugements rendus par les conseils académiques en matière contentieuse ou disciplinaire. Il statue également en appel et en dernier ressort sur les jugements rendus par les conseils départementaux, lorsque ces jugements prononcent l'interdiction absolue d'enseigner contre un instituteur public ou libre. Sa décision doit être prise aux deux tiers des suffrages dans les cas qui ont été indiqués *suprà* n° 367, et en outre, lorsqu'il s'agit : 1° de l'interdiction du droit d'enseigner ou de diriger un établissement d'enseignement prononcée contre un membre de l'enseignement public ou libre; 2° de l'exclusion des étudiants de l'enseignement public ou libre de toutes les académies. — L'article précité n'admet l'appel des jugements des conseils départementaux que lorsque ces jugements prononcent l'interdiction *absolue* d'enseigner. Mais les art. 32 et 41 de la loi du 30 oct. 1886 reconnaissent le droit d'interjeter appel aux instituteurs publics ou privés frappés par le conseil départemental soit d'une interdiction *à temps*, soit d'une interdiction *absolue*. L'art. 39 de la loi de 1880 consacre également le droit d'interjeter appel, devant le conseil supérieur, des décisions rendues par les conseils départementaux sur l'opposition à l'ouverture d'une école privée. Mais il a été décidé que la décision d'un conseil départemental portant suppression d'écoles et création de nouvelles écoles publiques ne rentre pas dans la catégorie de celles sur lesquelles le conseil supérieur statue en appel d'après l'art. 7 de la loi du 27 févr. 1880 (Cons. sup. instr. publ. 24 juill. 1885, *Code des lois politiques et administratives*, v° *Enseignement*, n° 236).

369. Aux termes de l'art. 11 de la loi du 27 févr. 1880, l'appel au conseil supérieur d'une décision du conseil académique doit être formé dans le délai de quinze jours à partir de la notification qui en est donnée en la forme administrative. Cet appel est suspensif : toutefois, le conseil académique peut, dans tous les cas, ordonner l'exécution provisoire de ses décisions nonobstant appel. — L'art. 5 et l'art. 9 du décret du 11 mai 1880 reproduisent les dispositions des art. 8 et 12 du décret du 29 juill. 1850, que nous avons analysés au *Rép.* n° 481, et qui déterminent les formes de l'instruction des affaires disciplinaires devant le conseil supérieur. Le dernier paragraphe de l'art. 5 du décret de 1880 consacre cette règle, déjà énoncée dans l'art. 8 du décret de 1850, que la section permanente et le conseil supérieur sont tenus d'entendre l'inculpé et son conseil dans leurs explications, si l'inculpé en fait la demande. Mais l'art. 26 du décret du 29 juill. 1850, qui, en matière disciplinaire, permet à l'inculpé de faire entendre des témoins devant le conseil académique, n'est pas applicable devant le conseil supérieur de l'instruction publique (Cons. d'Et. 9 avr. 1870, aff. Campagne, D. P. 72. 3. 12). D'après l'art. 9 du décret du 11 mai 1880, les décisions du conseil supérieur sont notifiées par le ministre; mais l'irrégularité de la notification ne peut vicier la décision elle-même, lorsqu'elle a été régulièrement prise et régulièrement constatée au procès-verbal (Cons. d'Et. 23 avr. 1875, aff. Potdevin, D. P. 75. 3. 103).

370. Il est constant, ainsi que l'a décidé une jurisprudence rappelée au *Rép.* n° 483, que les décisions du conseil supérieur et des conseils académiques en matière disciplinaire, peuvent être attaquées devant le conseil d'Etat pour incompétence ou excès de pouvoirs. Le Sénat avait été saisi d'un amendement à l'art. 7 de la loi du 27 févr. 1880 tendant à autoriser expressément ce recours pour violation de la loi; mais cet amendement a été retiré à la suite d'explications desquelles il résulte que, dans la pensée du législateur, les violations flagrantes de la loi rentrent dans le cas d'excès de pouvoirs, pour lequel le recours au conseil d'Etat est ouvert contre les décisions des autorités administratives.

371. Nous avons dit au *Rép.* n° 484, qu'aux termes d'anciennes ordonnances, l'exclusion de toutes les facultés ne pouvait être prononcée contre un étudiant que par le conseil supérieur de l'instruction publique, et nous avons recherché si cette disposition était restée en vigueur. La question est aujourd'hui tranchée par l'art. 29 du décret du 30 juill 1883, qui consacre en pareil cas la compétence du conseil académique ainsi qu'on le verra *infrà*, n° 373.

372. — 3° *Conseils académiques.* — L'art. 11 de la loi du 27 févr. 1880 porte que le conseil académique est saisi, par le ministre ou le recteur, des affaires contentieuses ou disciplinaires qui sont relatives à l'enseignement secondaire ou supérieur public ou libre; qu'il instruit et qu'il prononce, sauf recours au conseil supérieur, les décisions et les peines à appliquer. Les art. 8 et 9 du décret du 26 juin 1880 (D. P. 80. 4. 85) déterminent les formes qui doivent être suivies pour l'instruction et le jugement de ces affaires. Le rapport de la commission spéciale qui instruit l'affaire et le dossier des pièces à l'appui doivent être mis à la disposition de l'inculpé un jour franc avant la délibération du conseil. L'inculpé et, s'il en fait la demande, son conseil, doivent être entendus. La décision doit être prise aux deux tiers des voix lorsqu'il s'agit : 1° de la révocation, du retrait d'emploi, de la suspension des professeurs titulaires de l'enseignement public, supérieur ou secondaire, ou de la mutation, pour emploi inférieur, des professeurs titulaires de l'enseignement public supérieur; 2° de l'interdiction du droit d'enseigner et de diriger un établissement, prononcée contre un membre de l'enseignement libre, secondaire ou supérieur; 3° de l'exclusion d'un étudiant de l'enseignement public ou libre de toutes les académies.

373. Le conseil académique est investi par l'art. 29 du décret du 30 juill. 1883 d'une juridiction disciplinaire à l'égard des étudiants des facultés, mais seulement en ce qui concerne les faits délictueux et les désordres graves dont l'étudiant se rend coupable au dehors de l'école. Il peut prononcer, suivant les cas : 1° la réprimande devant le conseil académique; 2° l'exclusion de la faculté ou école pour un temps qui n'excédera pas deux années; 3° la privation du droit de prendre des inscriptions et de subir des examens dans toutes les facultés ou écoles pendant deux ans, ou, si toutes les inscriptions ont été prises, l'ajournement de six mois à deux ans pour les épreuves qui restent à subir; 4° l'exclusion à toujours de la faculté ou école; 5° l'exclusion de toutes les facultés ou écoles de la République pour une période qui n'excédera pas deux ans; 6° l'exclusion à toujours de toutes les facultés ou écoles de la République.

374. Aux termes de l'art. 34 du décret du 30 juill. 1883, l'information sur les faits disciplinaires relatifs aux étudiants qui sont déférés au conseil académique a lieu par les soins du recteur, qui délègue à cet effet un membre du conseil. Sur le rapport de ce conseiller, le recteur, après en avoir référé au ministre, décide s'il y a lieu à suivre. — Cette procédure est applicable à tous les faits disciplinaires, sauf le cas de flagrant délit constaté au cours d'un examen. Dans cette dernière hypothèse, le rapport du doyen suffit à constituer toute l'instruction préalable. L'art. 34 détermine les formes de l'instruction qui sont conformes, pour ce qui concerne les étudiants, aux règles générales édictées en matière disciplinaire par les art. 9 et suiv. de la loi du 27 févr. 1880 et par le décret du 26 juin suivant (V. *suprà*, n° 372). — L'art. 36 porte que les délibérations des conseils académiques peuvent être attaquées par la voie de l'appel *à minimâ*: dans ce cas, l'appel est interjeté par le recteur.

375. Les art. 60 et 68 de la loi du 15 mars 1850 édictent ainsi que nous l'avons dit (*Rép.* n°s 494 et 495), des peines disciplinaires contre les membres de l'enseignement secondaire libre. La compétence en cette matière avait été attribuée, par l'art. 7 de la loi du 14 juin 1854, aux conseils départementaux. La loi du 19 mars 1872 (D. P. 73. 4. 44) l'a restituée aux conseils académiques, auxquels l'avait attribuée le législateur de 1850. — L'appel des décisions des conseils académiques est porté devant le conseil supérieur; aux termes de l'art. 68 de la loi de 1850, cet appel était suspensif; il en est de même d'après l'art. 11 de la loi du 27 févr. 1880; mais ce dernier article laisse au conseil académique la faculté d'ordonner l'exécution provisoire de ses décisions, nonobstant appel (V. *suprà*, n° 369).

376. C'est également devant le conseil académique qu'aux termes de l'art. 11 de la loi du 27 févr. 1880 sont portées les poursuites disciplinaires qui, en vertu de l'art. 22 de la loi du 12 juill. 1875, peuvent être dirigées contre les membres de l'enseignement supérieur libre. Ces peines consistent, comme pour les membres de l'enseignement secondaire libre, soit dans la réprimande avec ou sans publicité, soit dans l'interdiction d'enseigner, temporaire ou absolue. Les faits qui peuvent donner lieu à l'application de ces peines sont, d'après l'art. 22 précité, l'inconduite notoire, l'enseignement contraire à la morale et aux lois, le fait d'occasionner ou de tolérer des désordres graves dans un cours. Pour toutes les affaires disciplinaires qui intéressent les membres de l'enseignement libre supérieur ou secondaire, deux membres de l'enseignement libre, nommés par le ministre, sont adjoints au conseil académique (L. 27 févr. 1880, art. 11).

377. — 4° *Conseils départementaux.* — Les attributions des conseils départementaux, comme nous l'avons dit *suprà* n° 27, sont aujourd'hui exclusivement relatives à l'enseignement primaire. L'art. 31 de la loi du 30 oct. 1886 les appelle à donner leur avis motivé sur l'application de la censure et de la révocation aux membres de l'enseignement primaire public ; et ils prononcent contre ces fonctionnaires, aux termes de l'art. 32, l'interdiction à temps ou l'interdiction absolue. La durée de l'interdiction à temps, peine que ne prévoyait pas la loi de 1850, est limitée à cinq ans par l'art. 29 de la loi du 30 oct. 1886. — Le fonctionnaire inculpé doit être cité à comparaître en personne devant le conseil départemental ; il peut se faire assister par un défenseur et prendre communication des dossiers. La décision du conseil doit être motivée. Le fonctionnaire interdit a le droit, dans le délai de vingt jours à partir de la signification du jugement, d'interjeter appel devant le conseil supérieur. Cet appel n'est pas suspensif. Le rapporteur de la loi de 1886 a déclaré que la loi n'avait pas prévu la possibilité d'un appel *à minimâ* de la part des représentants de l'Administration ; cet appel n'existe donc pas. Un décret du 4 déc. 1886 (D. P. 87. 4. 22) a déterminé les règles de la procédure pour les conseils départementaux comme l'avait fait, sous la législation antérieure, le décret du 29 juill. 1850.

378. Le conseil départemental est également compétent pour connaître des poursuites disciplinaires dirigées contre les membres de l'enseignement primaire privé. Ces derniers peuvent être frappés de peines disciplinaires, soit en vertu de l'art. 41 de la loi du 30 oct. 1886, soit en vertu de l'art. 11 de la loi du 28 mars 1882. Les faits qui, d'après l'art. 41 de la loi du 30 oct. 1886 comme d'après l'art. 30 de la loi du 15 mars 1850 (*Rép.* n° 491), peuvent donner lieu, contre les instituteurs privés, à l'application de peines disciplinaires sont : la faute grave dans l'exercice de leurs fonctions, l'inconduite et l'immoralité. Les peines que peuvent encourir ces instituteurs sont : 1° la censure ; 2° l'interdiction de l'exercice de la profession soit dans la commune où exerce l'instituteur, soit dans le département ; 3° l'interdiction à temps qui paraît, malgré le silence de la loi, devoir être limitée à cinq ans, par analogie avec ce qui existe pour les instituteurs publics (V. *suprà*, n° 377) ; 4° enfin l'interdiction absolue. Cette interdiction, ayant le caractère d'une mesure de répression disciplinaire, peut être prononcée alors même que l'instituteur a été condamné à l'amende pour le même fait par le tribunal correctionnel (Cons. d'Ét. 25 févr. 1876, aff. Dubuc, D. P. 76. 3. 68). — L'art. 41 étend aux instituteurs privés les règles édictées pour l'instruction et le jugement des affaires disciplinaires qui concernent les instituteurs publics. Toutefois, pour les affaires disciplinaires intéressant les membres de l'enseignement privé, le conseil départemental doit s'adjoindre deux membres de l'enseignement privé, l'un laïque, l'autre congréganiste, élus par leurs collègues. L'instituteur privé frappé d'interdiction temporaire ou absolue peut, dans le délai de vingt et un jours, faire appel devant le conseil supérieur, dans la même forme et selon la même procédure que l'instituteur public. Cet appel n'est pas suspensif.

379. L'art. 11 de la loi du 28 mars 1882 porte que tout directeur d'école privée qui ne se sera pas conformé aux prescriptions de l'art. 10 de la même loi, pour assurer la présence assidue des enfants à l'école, sera, sur le rapport de la commission scolaire et de l'inspecteur primaire, déféré au conseil départemental. Ce conseil peut prononcer les peines suivantes : 1° l'avertissement ; 2° la censure ; 3° la suspension pour un mois au plus et, en cas de récidive dans l'année scolaire, pour trois mois au plus.

380. — 5° *Des attributions dévolues au point de vue de la surveillance disciplinaire, aux recteurs d'académie, aux préfets et aux maires.* — Aux termes de l'art. 11 de la loi du 27 févr. 1880, comme sous la législation antérieure (*Rép.* n° 497), les conseils académiques peuvent être saisis par les recteurs des affaires disciplinaires relatives à l'enseignement secondaire ou supérieur, public ou libre. L'art. 27 du décret du 29 juill. 1850, aux termes duquel, en matière disciplinaire, les décisions des conseils académiques doivent être notifiées par les soins du recteur, n'ont pas cessé d'être en vigueur. C'est également le recteur qui, aux termes de l'art. 12 du décret du 28 déc. 1885, exerce l'action disciplinaire contre les étudiants devant le conseil général des facultés et procède à l'information.

381. Nous avons dit au *Rép.* n° 500 que l'art. 38 de la loi du 14 juin 1854 avait transporté aux préfets la surveillance disciplinaire en matière d'instruction primaire, publique ou libre. La législation actuelle n'a pas conservé aux préfets des attributions aussi étendues. La révocation des instituteurs publics est encore aujourd'hui, aux termes de l'art. 31 de la loi du 30 oct. 1886, prononcée par le préfet, sur la proposition de l'inspecteur d'académie, et après avis motivé du conseil départemental. Mais le même article donne à l'inspecteur d'académie le droit de prononcer la réprimande et la censure : la censure ne doit être infligée qu'après avis motivé du conseil départemental ; elle peut être prononcée avec insertion au *Bulletin des actes administratifs*.

C'est également par l'inspecteur d'académie, en vertu de l'art. 1er du décret du 4 déc. 1886, que le conseil départemental est saisi lorsqu'il est appelé soit à émettre un avis, soit à statuer en matière disciplinaire. Mais après l'arrivée des pièces, c'est le préfet qui désigne un rapporteur parmi les membres du conseil (Même décret, art. 3). C'est lui encore qui cite l'inculpé à comparaître devant le conseil lorsqu'il s'agit de prononcer l'interdiction contre un membre de l'enseignement primaire public (art. 9). Enfin c'est sur la plainte de l'inspecteur d'académie que les instituteurs primaires privés peuvent être traduits disciplinairement devant le conseil départemental (L. 30 oct. 1886, art. 41).

382 On a rapporté au *Rép.*, n° 502, la disposition de l'art. 33 de la loi du 15 mars 1850 qui donnait au maire, en cas d'urgence, le droit de suspendre provisoirement l'instituteur communal à charge de rendre compte, dans les deux jours, au recteur. Cet article a été abrogé par la loi du 30 oct. 1886. Les maires n'ont aujourd'hui aucune attribution disciplinaire en matière d'enseignement.

383. — 6° *Juridiction disciplinaire des facultés et écoles supérieures de plein exercice ou préparatoires.* — Aux termes de l'art. 28 du décret du 30 juill. 1883, tout manque de respect, tout acte d'insubordination envers un membre de la faculté ou école, tous faits contraires à la discipline dont les étudiants se rendraient coupables à l'intérieur de la faculté ou de l'école et tous les faits contraires à l'ordre scolaire relèvent de la juridiction de la faculté. Les peines que les délinquants peuvent encourir sont les suivantes : 1° réprimande devant l'assemblée des professeurs ; 2° exclusion de la faculté ou école pendant deux ans au plus ; 3° privation du droit de prendre des inscriptions et de subir des examens dans toutes les facultés ou écoles pendant un temps qui ne peut excéder deux années, ou, si toutes les inscriptions ont été prises, ajournement à un délai qui ne peut dépasser deux années, pour les épreuves restant à subir. Ces décisions ne sont pas susceptibles d'appel. Si, après avoir appliqué le maximum de la peine dont elle dispose, c'est-à-dire la suspension de la scolarité durant deux années, la faculté ou école estime, vu la gravité des faits, que cette pénalité est insuffisante, elle en fait rapport au recteur et exprime l'avis que l'affaire soit portée devant le conseil académique (Même article). — Les attributions disciplinaires conférées aux facultés par l'article précité du décret du 30 juill. 1883 sont exercées aujourd'hui par le conseil général des facultés, en vertu de l'art. 11 du décret du 28 déc. 1885.

384. — II. Distinctions honorifiques. — Nous avons exposé *suprà*, v° *Ordres civils et militaires* n°s 84 et suiv., tout ce qui concerne les distinctions honorifiques conférées par le ministre de l'instruction publique et qui consistent dans les titres d'officier d'académie et d'officier de l'instruction publique aujourd'hui régis par le décret du 24 déc. 1883 (D. P. 87. 4. 25).

SECT. 8. — ECOLES SPÉCIALES (*Rép.* n°s 505 à 570).

385. Nous indiquerons ici, dans l'ordre suivi au *Rép.* n° 505, ce qui a trait aux différentes écoles qui relèvent d'autres ministères que celui de l'instruction publique.

386. — I. MINISTÈRE DE L'AGRICULTURE. — On a parlé *suprà*, v° *Organisation économique*, n°s 28 et suiv., des établissements destinés à l'enseignement agricole. — On traitera *infrà*, v° *Régime forestier*, de l'Ecole forestière, qui dépendait autrefois du ministère des finances (V. *Rép.* n° 523), mais relève aujourd'hui du ministère de l'agriculture (Décr. 15 déc. 1877, D. P. 78. 4. 2).

387. — II. MINISTÈRE DU COMMERCE ET DE L'INDUSTRIE. — Nous avons également traité (*supra*, eod. v°, n°s 93 et suiv.) du Conservatoire des arts et métiers, des écoles d'arts et métiers et autres établissements dépendant du ministère de commerce et de l'industrie.

388. — III. MINISTÈRE DES TRAVAUX PUBLICS. — Suivant l'ordre adopté au *Rép.* n° 506, nous traiterons *infrà*, v° *Travaux publics*, de l'organisation de l'Ecole des ponts et chaussées, et nous ne nous occuperons ici que de l'Ecole nationale des mines, de l'Ecole des mines de Saint-Etienne et de celle des maîtres ouvriers mineurs d'Alais et de Douai.

389. — 1° *Ecole nationale des mines.* — Un décret du 8 févr. 1883 (D. P. 83. 4. 88) porte que l'Ecole nationale des mines prendra à l'avenir le titre d'*Ecole nationale supérieure des mines*. Cette école continue à être régie par le décret du 15 sept. 1856, dont les dispositions ont été analysées au *Rép.* n°s 508 et suiv. Toutefois, l'art. 6 de ce décret, qui, comme on l'a vu (*Rép.* n° 509) portait que l'Ecole des mines était dirigée par un inspecteur général de première classe, a été modifié ainsi qu'il suit par le décret du 30 mai 1884 (D. P. 85. 4. 37 : « L'école est dirigée par un inspecteur général de première ou de deuxième classe du corps des mines, qui a le titre de directeur de l'école ».

390. — 2° *Ecole des mines de Saint-Etienne.* — L'Ecole des mineurs de Saint-Etienne, dont nous avons fait connaître l'ancienne organisation (*Rép.* n°s 516 et suiv.), a été réorganisée par le décret du 30 nov. 1882 (D. P. 83. 4. 78) qui lui a donné le titre d'*Ecole des mines de Saint-Etienne*. L'art. 3 de ce décret institue auprès de cette école un conseil de perfectionnement, dont la composition a été modifiée par le décret du 28 août 1888 (D. P. 89. 4. 51). Ce conseil est composé ainsi qu'il suit : l'inspecteur général des mines de la division, le préfet du département de la Loire, le président du conseil général du département de la Loire, le maire de la ville de Saint-Etienne, le directeur de l'école, les professeurs de l'école, l'ingénieur en chef de l'arrondissement minéralogique de Saint-Etienne, les ingénieurs ordinaires des sous-arrondissements minéralogiques de Saint-Etienne et de Rive-de-Gier, quatre membres pris parmi les anciens élèves de l'école, deux grands industriels. Les quatre membres pris parmi les anciens élèves et les deux grands industriels sont nommés chaque année et rééligibles: les premiers sont désignés par le conseil d'administration de la société amicale des anciens élèves de l'école, les seconds par la chambre du commerce de Saint-Etienne. Le conseil se réunit au moins une fois chaque année. D'après le décret du 16 mai 1889 (D. P. 90. 4. 93), il est présidé par l'inspecteur général des mines de la division et, en son absence, par le préfet du département de la Loire.

391. — 3° *Ecole des maîtres ouvriers mineurs d'Alais et de Douai.* — Nous avons fait connaître l'organisation donnée à l'Ecole des maîtres ouvriers mineurs d'Alais par l'ordonnance du 22 sept. 1843 (*Rép.* n°s 529 et suiv.). Les conditions d'admission que nous avons indiquées ont été modifiées par le décret du 5 juin 1886 (D. P. 87. 4. 37), qui porte que tout candidat à l'école d'Alais doit justifier qu'il est Français ou naturalisé Français, mais que des élèves étrangers peuvent être admis chaque année à suivre les cours de cette école, en qualité d'élèves externes. — Un décret du 27 mars 1878 (D. P. 78. 4. 59) a institué à Douai une école pratique destinée, comme celle d'Alais, à former des maîtres ouvriers mineurs, et en a déterminé l'organisation. Les élèves sont internes. La direction de l'école et l'enseignement des élèves sont confiés, sous la surveillance du conseil d'administration, à l'ingénieur en chef des mines de l'arrondissement de Douai, ayant sous ses ordres deux répétiteurs ou sous-maîtres et un surveillant, salariés par l'Etat. Les premiers sont pris parmi les gardes-mines, l'autre parmi les maîtres mineurs. La durée de l'enseignement est de deux années. Le conseil d'administration est composé ainsi qu'il suit : 1° le sous-préfet de Douai, président ; 2° un délégué du préfet du Pas-de-Calais ; 3° le maire de Douai ; 4° un membre du conseil général du Nord, désigné par le préfet du département ; 5° un membre du conseil général du Pas-de-Calais, désigné par le préfet du département : 6° le président du comité des houillères du Nord, et du Pas-de-Calais ; 7° et 8° deux exploitants présentés par le comité des houillères et nommés par le préfet du Nord ; 9° et 10° deux exploitants présentés par le comité des houillères et nommés par le préfet du Pas-ds-Calais ; 11° l'ingénieur en chef des mines, directeur de l'école, rapporteur.

392. — IV. MINISTÈRE DES FINANCES. — En ce qui concerne l'école d'application des manufactures de l'Etat, V. *Rép.* n° 523. — Quant à l'Ecole forestère, V. *suprà*, n° 386.

393. — V. MINISTÈRE DE LA GUERRE. — Ce qui concerne les établissements dépendant de ce ministère sera exposé, conformément à l'ordre suivi au *Répertoire*, *infrà*, v° *Organisation militaire*.

394. — VI. MINISTÈRE DE L'INTÉRIEUR. — On s'occupera des établissements de sourds-muets et de jeunes aveugles dépendant de ce ministère, *infrà*, v° *Secours publics*.

395. — VII. MINISTÈRE DE LA JUSTICE ET DES CULTES. — Ce qui a trait aux séminaires diocésains ou grands séminaires a été exposé *suprà*, v° *Culte*, n°s 266 et suiv. — En ce qui concerne les écoles secondaires ecclésiastiques ou petits séminaires (V. *suprà*, n° 255), il y a lieu de signaler une circulaire du ministre de l'instruction publique du 30 sept. 1885 (*Rec. circ. cult.*, t. 4, p. 570) qui, conformément à une décision du conseil supérieur de l'instruction publique, détermine les principes suivant lesquels doit être organisée la surveillance réservée à l'Etat sur ces établissements par l'art. 70 de la loi du 15 mars 1850. Aux termes de cette circulaire, le droit de surveillance sur les petits séminaires appartient au ministre des cultes par l'intermédiaire des préfets, qui les font inspecter au moins une fois l'an par leurs secrétaires généraux ou des conseillers de préfecture spécialement délégués, lesquels s'assurent de la date du décret qui en a autorisé l'ouverture, du nombre des élèves qui les fréquentent, de celui des élèves qui en sortent, et examinent la tenue des petits séminaires au point de vue de la moralité, du bon ordre et de la salubrité des locaux. La même circulaire invite les préfets à faire connaître au ministre des cultes si les petits séminaires, déviant de leur but, ne se proposent pas, comme objet principal, de donner l'instruction secondaire en vue des carrières laïques, en concurrence avec les établissements soumis au régime universitaire, afin que le ministre soit à même de les ramener à l'observation de la loi ou de les exclure de la catégorie privilégiée à laquelle ils auraient perdu le droit d'appartenir.

396. — VIII. MINISTÈRE DE L'INSTRUCTION PUBLIQUE ET DES BEAUX-ARTS. — Le ministère des beaux-arts, qui a été créé à plusieurs reprises, n'a jamais eu qu'une existence éphémère : les beaux-arts sont actuellement rattachés, comme ils l'ont été presque constamment depuis 1870, au ministère de l'instruction publique. D'après un arrêté ministériel du 29 mars 1882 (*Code des lois politiques et administr.*, v° *Beaux-arts*, n°s 1 et suiv.), la direction des beaux-arts est divisée en six services : 1° travaux d'arts; 2° enseignement; 3° musées et expositions; 4° monuments historiques; 5° théâtres ; 6° manufactures nationales. Le service de l'enseignement comprend : l'Ecole nationale des beaux-arts à Paris, l'académie de France à Rome, les écoles nationales des arts décoratifs de Paris et des départements, l'Ecole nationale de dessin pour les jeunes filles à Paris, les écoles nationales des beaux-arts de Lyon, Dijon, Bourges et Alger, les écoles municipales des beaux-arts et de dessin des départements, l'inspection de l'enseignement du dessin, le musée pédagogique d'enseignement du dessin.

397. — 1° *Ecole nationale des beaux-arts et académie de France à Rome.* — Nous avons résumé au *Rép.*, n°s 530 et suiv., les origines et les transformations successives de cette école. Elle est aujourd'hui régie par le décret du 30 sept. 1883 (*Code des lois politiques et administr.*, v° *Beaux-arts*, n°s 36 et suiv.). Aux termes de l'art. 1er de ce décret, elle est consacrée à l'enseignement de la peinture, de la sculpture, de l'architecture, de la gravure en taille-douce et de la gravure en médailles et en pierres fines. Elle comprend : 1° les cours oraux, se rapportant aux différentes branches de l'art; 2° l'école proprement dite, divisée en trois sections peinture, sculpture et architecture; 3° des ateliers au nombre de onze; 4° des collections; 5° une bibliothèque. Une loi du 13 févr. 1885 (D. P. 85. 4. 74) a autorisé l'agrandissement de l'Ecole des beaux-arts au moyen de l'acquisition de deux immeubles à l'angle de la rue Bonaparte et du quai Malaquais moyennant 4 200 000 francs.

398. L'administration de l'école est confiée à un directeur nommé, pour cinq ans, par décret du président de la République, sur la proposition du ministre. Les art. 8 à 13 du décret du 30 sept. 1883 déterminent la composition et le mode de nomination du personnel administratif de l'école; les art. 20 à 25, la composition et le mode de nomination du personnel enseignant. — Les professeurs sont réunis deux fois par an en assemblée générale sous la présidence du directeur pour régler l'ordre général des cours et discuter les propositions qui intéressent l'ensemble des études. Ces propositions, lorsqu'elles sont adoptées par l'assemblée, sont soumises au conseil supérieur. Ce conseil se compose du directeur des beaux-arts, du directeur et du secrétaire de l'école, puis de deux peintres, de deux sculpteurs, de deux architectes, d'un graveur, et de cinq autres personnes, ces douze membres étant choisis en dehors de l'école et nommés par le ministre ; enfin, de cinq professeurs de l'école, présentés par l'assemblée des professeurs et nommés par le ministre, savoir : trois professeurs chefs d'atelier de peinture, de sculpture et d'architecture, un professeur de sciences et un professeur d'histoire. Un décret du 8 janv. 1884 (*Code des lois politiques et administr.*, v° *Beaux-arts*, n° 56) a adjoint aux membres qui composaient antérieurement le conseil supérieur trois professeurs de l'école : un peintre, un sculpteur, un professeur de l'enseignement simultané des trois arts. Le conseil est présidé par le ministre ou par le directeur de l'école.

399. Aux termes de l'art. 29 du décret du 30 sept. 1883, il est institué, près l'Ecole des beaux-arts, des jurys de peinture, de sculpture, d'architecture, de gravure en taille-douce, de gravure en médailles et en pierres fines, dont les art. 29 à 33 de ce décret déterminent la composition, et qui prononcent sur les épreuves et concours chacun exclusivement par son art.

400. — 2° *Académie de France à Rome.* — Nous avons indiqué au *Rép.* n° 537 et suiv. les modifications profondes que le décret du 13 nov. 1863 qui avait réorganisé l'Ecole des beaux-arts avait apportées au régime de l'Ecole de Rome et aux conditions du concours des grands prix qui y donnaient entrée. Ce décret avait enlevé à l'académie des beaux-arts le droit de juger ces concours, et lui avait substitué un jury tiré au sort sur des listes approuvées par le ministre. Le décret du 13 nov. 1871 (D. P. 72. 4. 12) a restitué à l'académie, ainsi que nous l'avons dit *suprà*, n° 363, le droit de régler le programme des concours aux grands prix de Rome et d'en juger les résultats, et il a ramené à trente ans la limite d'âge, que le décret de 1863 avait abaissé à vingt-cinq ans.

401. L'art. 6 du décret du 13 nov. 1871 porte que le directeur de l'académie de France est nommé pour six ans par décret du président de la République, sur la proposition du ministre de l'instruction publique, après une liste de trois candidats présentés par l'académie des beaux-arts. Les élèves de l'académie de France, sont soumis à l'internat dans la Villa Médicis. Un décret du 24 nov. 1884 a institué à l'Ecole d'Athènes une section des beaux-arts composée d'architectes de l'académie de France à Rome (4e année) (V. *Code des lois politiques et administr.*, v° *Beaux-arts*, n° 97).

402. — 3° *Ecoles de dessin.* — Il existe à Paris, ainsi qu'on l'a vu (*Rép.* n° 540), une école gratuite de dessin ; un arrêté du 9 oct. 1877 lui a donné le nom d'*Ecole nationale des arts décoratifs*. Le directeur et les professeurs sont nommés par le ministre, sur la proposition du directeur des beaux-arts. L'enseignement est donné gratuitement aux élèves, français ou étrangers qui se sont fait inscrire au secrétariat de l'école (V. *Code des lois politiques et administr.* v° *Beaux-arts*, n°s 116 et suiv.). — *L'Ecole nationale de dessin pour les jeunes filles* donne aux jeunes filles, comme nous l'avons dit au *Rép.* n° 540, un enseignement analogue. Le dernier règlement de cette école a été approuvé par un arrêté ministériel du 10 août 1881 (V. *Code des lois politiques et administr.*, v° *Beaux-arts*, n° 138. — Comp. *suprà*, v° *Organisation économique*, n° 107).

403. L'enseignement des arts décoratifs et industriels est également donné dans plusieurs écoles des départements, parmi lesquelles on doit citer : 1° l'Ecole nationale d'art décoratif de Limoges, fondée en 1868 par l'initiative privée, et devenue établissement de l'Etat en vertu de la loi du 15 juin 1881 (D. P. 82. 4. 24) ; 2° l'Ecole nationale des arts industriels de Roubaix, créée par la loi du 5 août 1881 (D. P. 82. 4. 39); 3° l'Ecole nationale d'art décoratif d'Aubusson, rattachée à l'Etat par décret du 30 oct. 1884 (V. *Code des lois politiques et administr.*, v° *Beaux-arts*, n° 127) ; 4° l'Ecole nationale des arts décoratifs de Nice, créée par décret du 7 oct. 1881 (*Ibid.*, n° 128) ; 5° l'Ecole régionale des arts industriels de Saint-Etienne, réorganisée par décret du 7 oct. 1884 (*Ibid.*, n° 129) ; 6° l'Ecole d'art décoratif de Calais, fondée en 1882 (*Ibid.*, n° 130); 7° l'Ecole régionale des beaux-arts et métiers de Rouen réorganisée en 1882 (*Ibid.*, n° 131).

404. Il faut également mentionner (Comp. *Rép.* n° 541) plusieurs écoles des beaux-arts instituées dans les départements : parmi ces écoles, quelques-unes sont nationales ; d'autres ont un caractère régional, d'autres enfin un caractère purement municipal (V. *Code des lois politiques et administr.*, v° *Beaux-arts*, n°s 109 et suiv.).

405. — 4° *Expositions publiques des beaux-arts.* — Nous avons dit au *Rép.* n° 542 que, parmi les expositions publiques des beaux-arts, les unes sont des expositions permanentes des richesses artistiques de la nation, les autres des expositions temporaires des œuvres des artistes vivants.

406. Un décret du 5 sept. 1888 (*Code des lois politiques et administr*, v° *Beaux-arts*, n°s 160 et suiv.) a organisé l'administration des Musées nationaux, et a mis à la tête de cette administration un directeur nommé par décret et placé sous l'autorité du ministre de l'instruction publique et des beaux-arts. Les musées nationaux sont, d'après l'art. 3 de ce décret : le musée du Louvre, le musée du Luxembourg, le musée de Versailles, le musée des antiquités celtiques et gallo-romaines de Saint-Germain, les tableaux, les sculptures et les objets d'art placés dans les palais ou localités appartenant à l'Etat et inscrits sur les inventaires déposés au Louvre. On pourrait ajouter à cette liste plusieurs autres musées qui ont également un caractère national et sont énumérés dans l'art. 2 du décret du 24 janv. 1882 (*Code des lois politiques et administr*, v° *Beaux-arts*, n° 163). L'art. 5 du décret du 5 sept. 1888 fixe le personnel de la conservation des musées nationaux. Les traitements et le mode de nomination de ce personnel font l'objet des art. 7 et 8.

407. Le caractère des expositions temporaires des œuvres des artistes vivants a été modifié depuis la publication du *Répertoire*. Un décret du 11 mai 1884 a approuvé les statuts de la *société des artistes français*, par les soins de laquelle sont organisées dans le palais des Champs-Elysées les expositions annuelles des ouvrages des artistes vivants qui, ainsi qu'on l'a vu au *Rép.* n° 546, étaient précédemment dirigées par l'administration des beaux-arts. Une autre exposition annuelle a lieu depuis 1890, au palais du Champ-de-Mars par les soins de la société nationale des beaux-arts.

408. — 5° *Conservatoire de musique et de déclamation.* — On a indiqué au *Rép.* n° 547 les règlements auxquels a été successivement soumis le Conservatoire de musique et de déclamation. Il est aujourd'hui régi par le décret du 9 sept. 1878 (D. P. 79. 4. 8) et par un arrêté ministériel du 11 sept. 1878 (*Code des lois politiques et administr.*, v° *Beaux-arts*, n° 280), qui a laissé subsister quelques-unes des dispositions de l'arrêté du 22 nov. 1850, analysé au *Rép.* n°s 548 et suiv. Des écoles de musique, succursales du Conservatoire national de Paris, ont été fondées dans les départements. Il faut ajouter à celles qui ont été mentionnées au *Rép.* n° 559, celles de Lyon (Décr. 3 avr. 1874), d'Avignon (Décr. 29 mars 1884), de Nancy (Décr. 29 mars 1884), de Rennes (Décr. 29 mars 1884), du Havre (Décr. 8 avr. 1884).

409. — 6° *Maisons d'éducation de l'ordre de la Légion d'honneur*. — V. *suprà*, v° *Ordres civils et militaires*, n° 34.

410. — IX. MINISTÈRE DE LA MARINE. — Suivant l'ordre adopté au *Rép.* n° 564, nous traiterons *infrà*, v° *Organisation maritime*) des écoles qui dépendent du ministère de la marine.

411. — X. ÉTABLISSEMENTS D'INSTRUCTION APPARTENANT AUX COMMUNES, AUX DÉPARTEMENTS OU AUX PARTICULIERS (*Rép.* n°s 565 à 570). — Nous avons énuméré (*Rép.* n° 566) les établissements d'instruction spéciale que possède la Ville de Paris. Ces indications seront complétées *infrà* v° *Ville de Paris et département de la Seine.*

Table sommaire

des matières contenues dans le Supplément et le Répertoire.

Les chiffres précédés de la lettre *S* renvoient au Supplément; les chiffres précédés de la lettre *R* renvoient au Répertoire.

Table des articles des lois du 12 juillet 1875, du 28 mars 1882, du 30 oct. 1886 et du 19 juill. 1889.

Table chronologique des Lois, Arrêts, etc.

ORGANISATION JUDICIAIRE.

Division.

CHAP. 1er. — Historique et législation. — Droit comparé. — Bibliographie (*Rép.* nos 7 à 127).

1. — I. HISTORIQUE ET LÉGISLATION. — Nous ne reviendrons pas sur les notions historiques, d'ailleurs très étendues, que le *Répertoire* a fournies sur l'organisation judiciaire chez les Hébreux, à Athènes, à Rome et dans l'ancienne France. Les principaux ouvrages parus ou réédités depuis sa publication sont énumérés *suprà*, v° *Compétence criminelle*, n° 1. Ajoutons à cette liste: Ginouilhac, *Cours élémentaire d'histoire générale du droit français public et privé*, 2e éd., 1890; Jousserandot, *Du pouvoir judiciaire et de son organisation en France*, 1878; Lair, *Des hautes cours politiques*, 1889.

2. L'organisation judiciaire s'est particulièrement ressentie des événements politiques qui se sont succédé depuis 1870, et elle a été, depuis la publication du *Répertoire*, l'objet d'importantes modifications. — Le droit que le décret du 16 août 1859 conférait aux chefs de parquet de concourir à la composition des chambres avait donné lieu à de vives critiques. Elles semblaient d'autant plus justifiées que, sauf les faits qualifiés crimes, toutes les infractions commises par la voie de la presse étaient déférées aux tribunaux correctionnels (V. Picot, *La réforme judiciaire en France*, p. 135). Un des premiers soins du ministère Ollivier fut d'abroger le décret de 1859, pour remettre en vigueur l'ordonnance du 11 oct. 1820 et le décret du 28 oct. 1854 (Décr. 21 févr.-25 mars 1870, D. P. 70. 4. 30), qui régissent encore la matière.

3. Le même ministère prit les mesures propres à restituer à l'institution des juges de paix son caractère purement judiciaire. Plus tard, M. Dufaure, garde des sceaux, a repris les mêmes errements (V. *infrà*, nos 249 et suiv.).

4. Après la révolution du 4 septembre, le gouvernement de la Défense nationale autorisa le garde des sceaux, ministre de la justice, à nommer et à révoquer les magistrats amovibles des cours et des tribunaux, les juges de paix et leurs suppléants (Décr. 10-14 sept. 1870, D. P. 70. 4. 88). Les parquets comprenaient alors 1031 magistrats; 923 décrets consacrés au renouvellement de cette partie du personnel judiciaire figurent au *Journal officiel* et au *Moniteur* (V. A. Desplagnes, l'*Œuvre judiciaire de Me Crémieux*, p. 4 et suiv.). Plus tard, et à la veille de l'élection de l'Assemblée nationale, deux décrets en dates des 28 janv. et 3 févr. 1871 (D. P. 71. 4 19) ont déclaré déchus de leurs sièges et exclus de la magistrature 15 magistrats inamovibles, choisis parmi les anciens membres des commissions mixtes. L'Assemblée nationale, tout en flétrissant ces commissions, annula les deux décrets, « comme contraires à la règle de la séparation des pouvoirs et au principe de l'inamovibilité de la magistrature » (L. 25 mars, 1er avr. 1871, D. P. 71. 4. 35).

5. Un décret des 29 sept.-3 oct. 1870 (D. P. 70. 4. 93) a autorisé les juges de paix des cantons du département de la Seine ou des départements circonvoisins envahis par l'ennemi, qui s'étaient retirés à Paris, à exercer leurs fonctions à l'égard de leurs justiciables qui se trouvaient également à Paris. Ils devaient tenir leurs audiences dans les locaux affectés provisoirement aux mairies de leurs chefs-lieux de canton respectifs.

6. Par décret des 4-13 nov. 1870 (D. P. 70. 4. 101), le gouvernement de la Défense nationale abolit la haute cour de justice. Cette juridiction supérieure a été rétablie dans une autre forme par l'art. 9 de la loi constitutionnelle du 24 févr. 1875 (D. P. 75. 4. 36) (V. *suprà*, v° *Haute cour de justice*, n° 1; et *infrà*, nos 422 et suiv.).

7. Un décret du même gouvernement, en date des 16-19 nov. 1870 (D. P. 70. 4. 104), supprime dans les cours d'appel le titre et les fonctions de premier avocat général, au fur et à mesure des extinctions. A vingt ans d'intervalle, le décret des 22-23 nov. 1890 (D. P. 91. 4. 9) supprime également le titre et les fonctions de premier avocat général près la cour de cassation.

8. Pendant l'insurrection de la Commune, deux arrêtés du chef du pouvoir exécutif, l'un des 25-27 avr. 1871 (D. P. 71. 4 47), l'autre des 26-28 avr. 1871 (D. P. *ibid.*), ont fixé provisoirement à Versailles le siège de la chambre de cassation criminelle, et celui de la cour d'appel de Paris.

9. Examinons ici les conséquences amenées dans l'ordre judiciaire par la funeste issue de la guerre de 1870. Les cessions de territoire imposées par le traité de Francfort ont atteint, à des degrés divers, trois de nos cours d'appel. Le ressort de la cour de Colmar, qui comprenait les départements du Bas-Rhin et du Haut-Rhin, a été réduit à l'arrondissement de Belfort; la cour de Metz, qui étendait sa juridiction sur la Moselle et les Ardennes, a perdu le premier de ces départements, sauf quelques communes de l'arrondissement de Metz et de l'arrondissement de Briey; enfin, deux arrondissements, ceux de Château-Salins et de Sarrebourg, ont été détachés de la cour de Nancy. Le Gouvernement avait eu soin, dès la fin de la guerre, de rétablir sur ces divers points le cours de la justice suspendu ou troublé durant six mois. Un arrêté du 27 mars 1871 (D. P. 71. 4. 36) avait transféré provisoirement le siège de la cour de Metz à Charleville-Mézières. Cependant, après une année écoulée, le Gouvernement jugea que des mesures essentiellement transitoires et commandées par l'urgence ne pouvaient être maintenues; il craignit que, par suite de la réduction du personnel installé à Charleville (douze conseillers, un avocat général et un substitut), le service ne se trouvât bientôt interrompu. Aussi saisit-il l'Assemblée nationale d'un projet de loi, en vue de supprimer la cour de Metz et de pourvoir aux nécessités de la situation. La commission se trouva en présence d'une contre-proposition qui consistait à rétablir cette cour sur de nouvelles bases au lieu de la supprimer. Il s'agissait de créer à Reims une cour dont la juridiction aurait compris les départements des Ardennes et de la Marne. Mais cette solution a été écartée, à cause des inconvénients qu'aurait présentés l'adoption d'une mesure définitive avant que le système de réorganisation judiciaire eût été arrêté (V. Rapport de M. Paris, D. P. 72. 4. 72). C'est ainsi que la cour de Metz a été supprimée, ce qui a réduit à vingt-six, sans compter Alger et les colonies, le nombre des cours d'appel. — Les communes restées françaises qui dépendaient des anciens arrondissements de Metz ou de Thionville ont été rattachées, au point de vue du service judiciaire, à l'arrondissement de Briey. Les communes du canton de Château-Salins ont été rattachées de la même manière à l'arrondissement de Nancy, celles du canton de Vic et du canton de Lorquin (arrondissement de Sarrebourg) à l'arrondissement de Lunéville. — Toute commune restée française et non comprise dans la circonscription d'un chef-lieu de canton resté français a été rattachée à la justice de paix déterminée par une délibération du tribunal civil de l'arrondissement auquel elle avait été réunie. — La portion demeurée française du ressort de la cour de Metz a été réunie à la cour d'appel de Nancy, augmentée d'une chambre temporaire que la loi des 21-25 juill. 1875 (D. P. 76. 4. 3) a rendue définitive. — L'arrondissement de Briey et les autres parties du département de la Moselle, ayant été incorporées dans le département de Meurthe-et-Moselle par la loi du 7 sept. 1871, ont été rattachés à ce département pour le service des assises. — Quant à l'arrondissement de Belfort, il a été rattaché, au point de vue judiciaire, à la cour d'appel de Besançon, et, pour le service des assises, au département de la Haute-Saône. C'est ce qui résulte des lois des 17-22 avr. 1871 (D. P. 71. 4. 46), et 25-31 mars 1872 (D. P, 72. 4. 72). — Cette dernière loi édictait, en outre, des dispositions spéciales en vue du replacement ou de la mise à la retraite des magistrats d'Alsace et de Lorraine. Par son art. 6, elle décidait que les magistrats nommés à la cour de Nancy y prendraient rang à la date de leur nomination à la cour de Metz.

10. La loi des 27 janv.-4 févr. 1873 (D. P. 73. 4. 21) a supprimé la juridiction des maires comme juges de police, et donné plus de latitude au procureur général pour recruter les officiers du ministère public près les tribunaux de simple police (V. *infrà*, n°s 379 et suiv.).

11. On rencontre encore, en suivant l'ordre chronologique, la loi des 3-18 juill. 1873 (D. P. 73. 4. 91), qui supprimait dans chacune des cours d'appel de France, à l'exception de celles de Paris et de Bastia, un titre de président de chambre. On avait reconnu, en effet que, sous réserve des empêchements spéciaux, un président de chambre peut prendre part en même temps aux travaux de la chambre des mises en accusation et à ceux de l'une des sections civiles ou correctionnelles. Mais, comme selon les termes du rapport, « le principe fondamental de l'inamovibilité interdit de porter atteinte à la situation individuelle d'aucun membre de la magistrature assise », c'est seulement par voie d'extinction que les réductions ordonnées devaient être effectuées.

12. Nous arrivons maintenant à la réforme de l'organisation judiciaire. — La découverte des moyens propres à doter le pays d'une magistrature qui présente au plus haut degré possible les garanties de savoir, d'intégrité et d'indépendance, constitue un des problèmes les plus ardus et les plus élevés de l'ordre social. A toute époque, il a préoccupé les esprits. A la fin de l'Empire, M. Martel déposait un projet de loi complet sur la matière (31 janv. 1870); et M. Lafont de Saint-Maur, dans son interpellation du 28 mai 1870, réclamait la mise à l'étude des moyens de réduire le nombre des magistrats pour relever leur situation et accroître leur indépendance. Dès le 18 sept. 1870, le gouvernement de la Défense nationale instituait une commission chargée d'étudier les réformes à introduire dans l'organisation judiciaire. Depuis lors, projets et propositions de loi se sont succédé en grand nombre (V. Picot, *op. cit.*, p. 373 et suiv., et D. P. 83. 4. 58, note). Ces ébauches législatives ont provoqué des études approfondies et des discussions du plus haut intérêt: conditions d'aptitude à l'entrée dans la carrière, mode de nomination, conditions d'avancement, suppression de cours et de tribunaux, diminution du personnel, âge de la retraite, discipline; tout a été examiné et discuté, soit dans des commissions parlementaires ou extra-parlementaires, soit à la tribune.

13. Les luttes judiciaires survenues à la suite de l'exécution des décrets du 29 mars 1880, relatifs aux congrégations religieuses non autorisées (V. *suprà*, v° *Culte*, n°s 294 et suiv.), ont eu pour effet de hâter le choix d'une solution. Dans sa séance du 22 nov. suivant, la Chambre votait, après déclaration d'urgence, la suspension de l'inamovibilité. C'était un des points du travail de la commission saisie des propositions Boysset, Henri Brisson, Eugène Mir, Goblet, Varambon, Versigny et Bernard, et du projet présenté par M. Cazot, ministre de la justice. Mais, au Sénat, d'autres propositions et contre-projets ayant été déposés par MM. Hérold, Tenaille-Saligny, Bernard, Jules Simon et autres, l'examen des conclusions du rapport resta suspendu; et, le 15 nov. 1881, le Gouvernement retira le projet mis en discussion.

14. A la rentrée des Chambres, surgissent plusieurs projets de réforme judiciaire, ceux de MM. Martin-Feuillée, Humbert, garde des sceaux, Versigny et Bernard, Giraud et Bisseuil. « Les auteurs de ces divers projets, dit M. Pierre Legrand dans un rapport déposé le 6 mai 1882 (D. P. 83. 4. 58), sont unanimes pour reconnaître que la législation actuelle doit être revisée, qu'elle n'est plus en harmonie avec nos mœurs ni avec nos instincts démocratiques; ils sont unanimes aussi pour avouer qu'aucune réforme sérieuse n'est possible sans une modification complète du personnel judiciaire; ils s'entendent tous enfin pour laisser au garde des sceaux la faculté de choisir les magistrats en dehors même des corps actuellement existants. Quelques-uns demandent plus que la suspension de l'inamovibilité, ils en demandent la suppression ». Le projet de la commission de la Chambre contenait, entre autres dispositions, celle-ci : « l'inamovibilité est supprimée ». La première délibération s'ouvrit à la séance du 31 mai; et, le 10 juin, la Chambre saisie de contre-projets de M. Gerville-Réache et de M. de Douville-Maillefeu, relatifs à la suppression de l'inamovibilité de la magistrature et au principe de l'élection des juges, adopta par 283 voix contre 192 la suppression de l'inamovibilité, conformément à l'art. 43 du projet de la commission. Mais elle adopta aussi par 275 voix contre 208 le principe de l'élection des juges qui n'était pas proposé par la commission. Celle-ci, à qui le projet et les amendements et contre-projets furent renvoyés, dut se livrer à un nouveau travail; et, le 23 nov. 1882, M. Lepère, son président, nommé rapporteur en remplacement de M. Pierre Legrand qui avait été appelé aux fonctions de sous-secrétaire d'Etat, déposa son nouveau projet. Tenant compte du vote émis par la Chambre, le 10 juin précédent, la commission avait inscrit en tête du projet (tit. 1er, dispositions générales) la disposition suivante : « Art. 1er. L'inamovibilité est supprimée. Les juges sont élus ». Mais à la suite d'une longue discussion qui remplit les séances du 15 au 27 janv. 1883, la Chambre rejeta cet article à la majorité de 274 voix contre 224. Un tel vote, en contradiction complète avec le précédent, et motivé sur ce que le Gouvernement était opposé au principe de l'élection des juges, entraînait le rejet de toute la loi. En conséquence, le rapporteur déclara que, la base du projet étant renversée, la discussion ne pouvait s'en poursuivre, que la commission n'avait plus qu'à se retirer et, enfin, que c'était au ministre à présenter un autre projet de loi, ainsi qu'il en avait manifesté l'intention dans une des précédentes séances (*Journ. off.* du 28 janv. 1883). En effet, le 29 janv. 1883, M. Devès, garde des sceaux, ministre de la justice, présenta un projet (*Journ. off.* du 10 et du 15 févr. 1883, annexe n° 1657, p. 146 et 199), qui fut à son tour retiré, peu de temps après, par le successeur de M. Devès au ministère de la justice, M. Martin Feuillée, et remplacé par trois autres projets que le nouveau garde des sceaux déposa le même jour, 10 mars 1883, sur le bureau de la Chambre : le premier, relatif à la réforme de l'organisation judiciaire; le deuxième, sur la compétence des juges de paix; le troisième, relatif à l'institution d'assises correctionnelles (*Journ. off.* des 17 et

21 mars 1883, annexes, p. 377, 384 et 404). C'est le premier de ces projets, qui, après avoir été l'objet de nombreux amendements, soit au sein des commissions de la Chambre et du Sénat, soit lors des discussions devant ces assemblées, est devenu la loi du 30 août 1883 (D. P. 83. 4. 58).

15. Cette loi, bien qu'intitulée : *Loi sur la réforme de l'organisation judiciaire*, n'apporte en réalité à l'organisation judiciaire proprement dite aucune modification essentielle. Elle ne touche ni au mode de recrutement des magistrats, ni aux conditions dans lesquelles ils exercent leurs fonctions et peuvent recevoir de l'avancement; elle ne change rien à l'ordre des juridictions, et réserve la question des compétences (D. P. 83. 4. 61). A part quelques dispositions de détail qui seront examinées plus loin, et la modification du régime disciplinaire (V. *suprà*, v° *Discipline judiciaire*, n°s 102 et suiv.), elle peut se résumer ainsi : réduction du nombre des magistrats (art. 2 et 5); délai de trois mois donné au Gouvernement pour procéder aux éliminations sur l'ensemble du personnel indistinctement (art. 11).

16. L'art. 11 de la loi se termine par le paragraphe suivant : ne seront pas maintenus, à quelque juridiction qu'ils appartiennent, les magistrats qui, après le 2 déc. 1851, ont fait partie des commissions mixtes. » Cette disposition a été ajoutée sur la proposition de M. Benjamin Raspail (séance du 2 juin; D. P. 83. 4. 68).

17. M. Pelletan avait proposé un article additionnel pour rendre la loi applicable à la cour de cassation. Mais M. Martin-Feuillée, garde des sceaux, répondit que si les projets antérieurs et le projet actuel laissaient en dehors la cour de cassation, c'est qu'elle avait toujours montré le respect le plus absolu des lois constitutionnelles; et l'amendement fut rejeté (Ch. des dép., séance du 5 juin, D. P. 83. 4. 68).

18. Telle est, en résumé, la loi du 30 août 1883. Son exécution comportait la suppression de 614 sièges, dont 383 occupés par des magistrats inamovibles et 231 par des magistrats amovibles; le Gouvernement a choisi, pour les éliminer, 609 magistrats inamovibles et seulement 5 membres du parquet.

19. De nombreux amendements ont été présentés à la Chambre et au Sénat pour imposer au Gouvernement une règle fixe, soit en exigeant le concours du conseil supérieur (amendement de M. Graux, député), soit en opérant la réduction par voie d'extinction (amendement de M. de Soland, député; de M. Jouin, sénateur), soit en faisant porter les éliminations sur les magistrats dont la nomination serait la plus récente (amendement de M. Ferdinand Boyer, député), ou sur ceux qui approcheraient le plus de la limite d'âge fixée par le décret du 1er mars 1852 (amendement de MM. Wallon, Bardoux et Batbie sénateurs). Enfin M. Baragnon, sénateur, a demandé que les sièges supprimés dans la magistrature amovible n'entrassent point en compte pour fixer le nombre maximum des magistrats inamovibles à éliminer. Tous ces amendements ont été rejetés. « Le pays ne comprendrait pas, disait M. Tenaille-Saligny dans son rapport au Sénat, qu'amené par les circonstances à écarter un certain nombre de magistrats, le Gouvernement ne choisît pas précisément ceux qui sont, à ses yeux, les moins méritants, et lui offrent, tant au point de vue de la capacité ou de l'activité qu'au point de vue du dévouement aux institutions républicaines, la moindre somme de garanties » (D. P. 83. 4. 66, note 4).

20. Nous avons dit, *suprà*, n° 15, que le législateur de 1883 n'a édicté aucune mesure dans le but d'élever les conditions de capacité à l'entrée dans la carrière. En 1875, M. Dufaure, alors garde des sceaux, avait institué, à titre d'essai, un concours pour le recrutement des attachés à la chancellerie et au parquet de la cour de Paris et du tribunal de la Seine. Cet essai ayant produit les meilleurs résultats, un décret portant règlement d'administration publique est intervenu les 29 mai-7 juin 1876 (D. P. 76. 4 95.), concernant l'institution des attachés à la chancellerie et aux parquets. C'était le système du concours et il fallait, pour y prendre part, être pourvu du diplôme de docteur en droit. Les concours ont fonctionné en 1876, en 1877 et en 1878; mais, contrairement aux prescriptions des art. 7 et 10 du règlement d'administration publique, le *Journal officiel* n'a annoncé de concours ni pour 1879, ni pour les années suivantes (V. en faveur de cette institution : Picot, *op. cit.*, p. 315; Garsonnet, *Cours de procédure*, t. 1, § 76; E. Glasson, *Histoire du droit et des institutions de l'Angleterre*, t. 6, p. 482).

21. Les chefs de cours n'ont pas tardé à faire ressortir l'insuffisance du personnel constitué par la réforme de 1883. Le 26 nov. 1885 (*Journ. off.* Ch. doc. parl., annexe n° 109), puis le 1er juill. 1886 (*Journ. off.* Ch., docum. parlem., annexe n° 934), le Gouvernement déposait des projets de lois portant modification de la composition de certains tribunaux. Après une enquête générale, la chancellerie a procédé à un travail d'ensemble qui a servi de base à un nouveau projet, déposé le 23 janv. 1890 (*Journ. off.* Ch. des dép., docum. parlem., annexe n° 285), ayant pour objet de modifier, pour les parquets comme pour la magistrature assise, les tableaux annexés à la loi de 1883.

Ce projet a lui-même fait place à un autre, dont la Chambre a été saisie le 23 janv. 1893 par M. Bourgeois, garde des sceaux. En dehors des augmentations et des diminutions du personnel dont les constatations de la statistique civile et criminelle ont démontré le besoin, ce dernier projet propose une innovation. Il s'agirait, dans certains tribunaux ne jugeant annuellement qu'un nombre d'affaires très restreint, de déléguer à l'un des juges du tribunal de première instance les fonctions de juge de paix dans le canton du chef-lieu d'arrondissement. — Une loi spéciale, celle des 18-19 juill. 1892 (D. P. 92. 4. 103), s'est occupée du tribunal de première instance de la Seine; elle a augmenté le nombre des magistrats qui le composent et divisé les chambres en sections.

22. Diverses propositions de lois concernant la réforme de l'organisation judiciaire sont actuellement soumises au parlement. C'est d'abord la proposition de M. Pontois, déposée le 21 nov. 1889 (*Journ. off.* Ch. des dép., docum. parlem., annexe n° 65), qui peut se résumer ainsi : juge unique en première instance; trois juges en appel; sept en cassation. En matière correctionnelle, un magistrat président, assisté de deux assesseurs tirés au sort sur une liste composée de citoyens résidant au chef-lieu d'arrondissement ou dans un rayon de cinq kilomètres. En matière commerciale, adjonction au juge unique de deux commerçants notables. Au grand criminel, suppression des magistrats assesseurs; mais, immédiatement après la lecture du verdict, adjonction au président des deux premiers jurés désignés pour délibérer sur l'application de la peine. Assistance facultative du ministère public aux audiences civiles et commerciales, en première instance et en appel. Suppression de l'inamovibilité. Admission dans la magistrature après un concours ouvert entre les docteurs en droit justifiant d'un stage de deux ans au barreau et d'un noviciat d'un an dans une étude d'avoué, concours dont le Gouvernement serait tenu d'accepter les résultats. Réglementation des conditions de l'avancement.— Le rapport de la commission concluait à ce que cette proposition ne fût pas prise en considération (*Journ. off.* Ch. des dép., doc. parl., annexe n° 320). Mais, après discussion, elle a été renvoyée, le 22 mars 1890, à la commission d'organisation judiciaire.

23. Vient ensuite la proposition de M. Saint-Romme, déposée le 18 mars 1890 (*Journ. off.* Ch. des dép., docum. parl., annexe, n° 457) et renvoyée à la commission d'organisation judiciaire. Suppression de l'inamovibilité; diminution du nombre des magistrats; relèvement des traitements; institution du jury correctionnel. Obligation, pour le Gouvernement, de ne pas faire porter ses choix en dehors d'une liste préparée chaque année par les conseils généraux et revisée par le conseil supérieur de la magistrature; ni révocation, ni suspension, ni déplacement avec disgrâce sans l'avis conforme de ce conseil, qui serait composé de membres élus par les chambres, par la cour de cassation et par le conseil d'Etat.

24. Une autre proposition, déposée par M. Pontois le 6 mai 1890 (*Journ. off.* Ch. des dép., docum. parl., annexe n° 529), est relative à l'unité de juridiction : suppression des tribunaux administratifs (section du contentieux au conseil d'Etat et conseil de préfecture) et des tribunaux spéciaux de commerce. Compétence des conseils de guerre restreinte aux infractions militaires. Abolition du privilège de juridiction des art. 479 et suiv. c. instr. crim.; 483 et suiv. du même code; 10 de la loi du 20 avr. 1810 et 4 du décr. du 6 juill. 1810.

25. La proposition de M. Martineau, déposée le 13 nov. 1890 (*Journ. off.* Ch. des dép., docum. parl., annexe n° 988) vise la suppression des tribunaux de première instance qui jugent moins de cent affaires par an.

26. Enfin la proposition déposée par MM. Mège et autres, le 15 nov. 1890 (*Journ. off.* Ch. des dép., docum. parl., annexe n° 1008), impose au Gouvernement de limiter ses choix à une liste de candidats dressée par des assemblées composées des hommes les plus compétents en matière judiciaire. Cette proposition a été renvoyée à la commission d'organisation judiciaire.

27. On a vu *suprà*, n° 14, que l'un des trois projets de loi déposés le 10 mars 1883, au nom du Gouvernement, par M. Martin-Feuillée, sur le bureau de la Chambre, était relatif à l'institution d'assises correctionnelles. Plusieurs des propositions et projets antérieurs contenaient, du reste, un chapitre créant le jury correctionnel. Cette innovation, dont l'idée avait été déposée en germe dans le décret organique des 19-22 juill. 1791 (*Rép.* v[is] *Lois codifiées*, p. 229, et *Organisation judiciaire*, n°s 558 et suiv.), consiste dans la suppression des tribunaux correctionnels et l'institution de tribunaux d'assises qui connaîtraient de la plupart des infractions graves punies de peines correctionnelles. Elle donnerait ainsi, lit-on dans l'exposé des motifs du garde des sceaux, « aux prévenus de simples délits, comme aux accusés de crimes, dans la mesure compatible avec les nécessités qui s'imposent à la juridiction correctionnelle, la garantie souveraine du jury, et aurait pour effet de confier presque intégralement à cette magistrature populaire et toute d'équité, la distribution de la justice criminelle ». Mais, depuis près de dix ans qu'il a été déposé, ce projet semble être tombé en oubli. L'établissement du jury correctionnel est réclamé par les propositions Pontois et Saint-Romme, mentionnées *suprà*, n°s 22 et 23; et la proposition de MM. de Mackau et autres, déposée le 10 juill. 1890 (*Journ. off.* Ch. des dép., docum. parl., annexe n° 820) et renvoyée à la commission d'organisation judiciaire, n'a pas d'autre objet (V., sur cette question : Sauvel, *Des tribunaux d'assises correctionnelles;* Georges Leloir, *Etude sur le jury correctionnel dans les cantons de la Suisse romande, Bulletin de la Soc. de lég. comp.*, t. 17, p. 547 et suiv.).

28. Suivant l'ordre adopté au *Répertoire*, nous nous occuperons *infrà*, n°s 249 et suiv. et 261 et suiv., de ce qui concerne les justices de paix et les tribunaux de commerce.

29. Quant aux conflits d'attribution entre l'autorité administrative et l'autorité judiciaire, il suffit de rappeler ici que la connaissance en a été rendue au tribunal des conflits, rétabli et réorganisé par les art. 25 et suiv. de la loi des 24-31 mai 1872 (D. P. 72. 4. 88-101). V. *suprà*, v° *Conflit*, n°s 1 et suiv.

Tableau de la législation concernant l'organisation judiciaire.

4-6 août 1869. — Décret qui augmente le nombre des juges suppléants du tribunal de commerce de Paris (D. P. 69. 4. 94).

14 févr.-26 août 1870. — Décrets qui augmentent le personnel des tribunaux de première instance de Nantes et de Pontoise, de Bordeaux et de Lille (D. P. 70. 4. 69).

21 févr.-25 mars 1870. — Décret relatif au roulement des magistrats dans les cours et tribunaux (D. P. 70. 4. 30).

2-9 juill. 1870. — Décret qui modifie l'art. 58 du décret du 30 mars 1808, contenant règlement pour la police et la discipline des cours et tribunaux (D. P. 70. 4. 54).

30 juill.-9 août 1870. — Loi portant modification des art. 64 et 103 du décret du 30 mars 1808 (D. P. 70. 4. 66).

10-14 sept. 1870. — Décret portant que le garde des sceaux, ministre de la justice, est autorisé, par délégation du Gouvernement, à nommer et révoquer les magistrats amovibles des cours et tribunaux et les juges de paix et leurs suppléants (D. P. 70. 4. 88).

29 sept.-3 oct. 1870. — Décret relatif aux juges de paix des départements envahis par l'ennemi, qui se sont retirés à Paris (D. P. 70. 4. 93).

17 oct.-5 nov. 1870. — Décret réglementant l'élection des membres des tribunaux de commerce (D. P. 70. 4. 121).

21-23 oct. 1870. — Décret sur le roulement dans les cours et tribunaux (D. P. 70. 4. 98).

4-13 nov. 1870. — Décret qui abolit la haute cour de justice (D. P. 70. 4. 101).

16-19 nov. 1870. — Décret qui supprime, dans les cours d'appel le titre et les fonctions de premier avocat général, au fur et à mesure des extinctions (D. P. 70. 4. 104).

16-19 nov. 1870. — Décret portant que les membres du tribunal de commerce de la Seine, actuellement en fonctions, y demeureront jusqu'à ce qu'il soit autrement disposé (D. P. 70. 4. 104).

20 déc. 1870-23 janv. 1871. — Décret constituant un bureau d'assistance judiciaire près la section temporaire de la cour de cassation (D. P. 71. 4. 12).

25 janv.-24 mars 1871. — Décret relatif à la composition du tribunal civil de La Rochelle (D. P. 71. 4. 20).

28 janv.-22 mars 1871 et 3 févr. 1871. — Décrets prononçant la déchéance de magistrats ayant pris part aux commissions mixtes de 1852 (D. P. 71. 4. 19).

25 mars-1er avr. 1871. — Loi qui déclare nuls les décrets des 28 janv. et 3 févr. 1871, prononçant la déchéance de quinze magistrats.

27-29 mars 1871. — Arrêté relatif aux magistrats composant la cour d'appel de Metz (D. P. 71. 4. 36).

4-9 avr. 1871. — Loi qui abroge le décret de la délégation de Tours du 17 oct. 1870, relatif à l'élection des membres des tribunaux de commerce (D. P. 71. 4. 36).

17-22 avr. 1871. — Loi portant règlement provisoire du service judiciaire dans les arrondissements des départements partiellement détachés de la France (D. P. 71. 4. 46).

25-27 avr. 1871. — Arrêté portant que la chambre de cassation criminelle siégera provisoirement à Versailles (D. P. 71. 4. 47).

26-28 avr. 1871. — Arrêté portant que la cour d'appel de Paris siégera provisoirement à Versailles (D. P. 71. 4. 47).

12-13 juill. 1871. — Arrêté relatif au roulement des magistrats dans les cours et tribunaux (D. P. 71. 4. 140).

10-29 août 1871. — Loi relative aux conseils généraux (art. 8) (D. P. 71. 4. 102).

21-29 déc. 1871. — Loi sur l'élection des juges des tribunaux de commerce (D. P. 72. 4. 3).

25-31 mars 1872. — Loi qui supprime la cour d'appel de Metz et facilite le replacement ou la mise à la retraite des magistrats d'Alsace et de Lorraine (D. P. 72. 4. 72).

10-19 nov. 1872. — Décret qui abroge celui du 2 juill. 1870 et modifie celui du 30 mars 1808, contenant règlement pour la police et la discipline des cours et tribunaux (D. P. 72. 4. 136).

5-8 déc. 1872. — Loi qui retarde l'époque de l'élection des membres des tribunaux de commerce (D. P. 72. 4. 136).

27 janv.-4 févr. 1873. — Loi portant modification et abrogation de divers articles du code d'instruction criminelle en ce qui concerne l'organisation des tribunaux de police (D. P. 73. 4. 21).

3-18 juill. 1873. — Loi portant suppression d'un titre de président de chambre dans diverses cours d'appel (D. P. 73. 4. 91).

6-7 janv. 1874. — Décret qui modifie le traitement de divers juges de paix (D. P. 74. 4. 41).

24-28 févr. 1875. — Loi relative à l'organisation du Sénat (art. 9) (D. P. 75. 4. 36 et *suprà*, v° *Haute Cour de justice* n° 1).

16-18 juill. 1875. — Loi constitutionnelle sur les rapports des pouvoirs publics (art. 12) (D. P. 75. 4. 114 et *suprà*, v[is] *Droit constitutionnel*, p. 5 et *Haute Cour de justice*, n° 1).

21-25 juill. 1875. — Loi qui établit, à titre définitif, la chambre temporaire de la cour de Nancy, et augmente le personnel des tribunaux de première instance de la Seine et de Lille (D. P. 76. 4. 3).

2-13 août 1875. — Loi organique sur les élections des sénateurs (art. 20 et 21) (D. P. 75. 4. 117).

30 nov.-31 déc. 1875. — Loi organique sur l'élection des députés (art. 8) (D. P. 76. 4. 4).

29 mai-7 juin 1876. — Décret portant règlement d'administration publique concernant l'institution des attachés à la chancellerie et aux parquets (D. P. 76. 4. 95).

5-6 déc. 1876. — Loi qui modifie les art. 620 et 626 c. com. (D. P. 77. 4. 13).

26 janv.-4 mars 1877. — Loi qui rend applicables aux élections consulaires les règles de procédure en cassation suivies pour les élections législatives (D. P. 77. 4. 30).

10 avr.-30 mai 1877. — Décret relatif aux extraits du casier judiciaire central délivrés à des particuliers (D. P. 77. 4. 46).

14-18 août 1877. — Décret portant qu'à partir du 3 nov. 1877 la cour de cassation siégera dans les locaux qui lui sont affectés au Palais de justice (D. P. 77. 4. 68).

12-17 juin 1880. — Décret qui fixe les audiences réglementaires pendant les vacances judiciaires (D. P. 81. 4. 51).

12-17 juin 1880. — Décret qui modifie l'art. 1er de l'ordonnance du 5 août 1844, portant que les membres de la chambre des mises en accusation des cours feront, en outre, le service des autres chambres (D. P. 81. 4. 51).

6-7 août 1881. — Décret qui crée une chambre temporaire à la cour d'appel de Paris (D. P. 82. 4. 47).

22-23 août 1881. — Loi qui ouvre au ministre de l'intérieur et des cultes, sur l'exercice 1881, un crédit pour la reconstruction de la cour d'appel de Paris, et pour l'acquisition des bâtiments destinés à la préfecture de police (D. P. 82. 4. 79).

28 janv.-13 févr. 1883. — Décret concernant les menues dépenses des cours et tribunaux (D. P. 83. 4. 87).

9-11 août 1883. — Décret concernant le roulement des cours et tribunaux pour l'année judiciaire 1883-1884 (D. P. 83. 4. 104).

30-31 août 1883. — Loi sur la réforme de l'organisation judiciaire.

Art. 1er. En toute matière, les arrêts des cours d'appel sont rendus par des magistrats délibérant en nombre impair. — Ils sont rendus par cinq juges au moins, président compris. — Lorsque les membres d'une cour siégeant dans une affaire seront en nombre pair, le dernier des conseillers dans l'ordre du tableau devra s'abstenir. — Pour le jugement des causes qui doivent être portées aux audiences solennelles, les arrêts sont rendus par neuf juges au moins.

Le tout à peine de nullité.

2. Chaque cour d'appel comprendra le nombre de chambres déterminé au tableau A annexé à la présente loi et sera composé, outre le premier président, du nombre de présidents et de conseillers indiqué au même tableau. Outre les chambres dont le nombre est ainsi déterminé, les cours comprendront une chambre d'accusation constituée conformément au décret du 12 juin 1880. — Il y aura près de chaque cour un procureur général, des avocats généraux et substituts, un greffier en chef et des commis greffiers, en nombre déterminé au même tableau. — Si les besoins du service l'exigent, il pourra être formé, par règlement d'administration publique, une chambre temporaire composée de conseillers pris dans d'autres chambres. — Il pourra, aux mêmes conditions, être nommé un deuxième substitut dans les cours qui, d'après le tableau A, n'en ont qu'un seul.

3. Toutes les cours d'appel, hors celle de Paris, sont assimilées; toute distinction de classe est supprimée. — Les traitements des magistrats composant les cours sont fixés ainsi qu'il suit :

A Paris :

Premier président	25 000 fr.
Présidents	13 750
Conseillers	11 000
Procureur général	25 000
Avocats généraux	13 200
Substituts	11 000
Greffier en chef	8 000
Commis greffier	5 000

Dans les autres cours :

Premier président	18 000 fr.
Présidents	10 000
Conseillers	7 000
Procureur général	18 000
Avocats généraux	8 000
Substituts	6 000
Greffier en chef	4 200
Commis greffiers	3 500

4. Les jugements des tribunaux de première instance sont rendus par des magistrats délibérant en nombre impair. — Ils sont rendus par trois juges au moins. Lorsque les membres d'un tribunal siégeant dans une affaire seront en nombre pair, le dernier des juges dans l'ordre du tableau devra s'abstenir. — Le tout à peine de nullité.

5. Les tribunaux seront composés conformément aux indications du tableau B annexé à la présente loi. — En outre, toutes les fois que les besoins du service l'exigeront, il pourra, par un décret rendu en conseil d'Etat, être créé dans les tribunaux chefs-lieux des cours d'assises un nouvel emploi de juge. Dans tous les tribunaux, il pourra, suivant les besoins du service, être créé aux mêmes conditions un emploi de substitut.

6. Un substitut ou un juge suppléant pourra, si les besoins du service l'exigent, être délégué par le procureur général pour remplir dans le ressort de la cour, près d'un autre tribunal que celui de sa résidence, les fonctions du ministère public.

7. Les tribunaux, celui de la Seine excepté, sont répartis en trois classes. — Les traitements des magistrats des tribunaux sont fixés ainsi qu'il suit :

1° A Paris :

Le président	20 000 fr.
Les vice-présidents	10 000
Les juges d'instruction	10 000
Les juges	8 000
Le procureur de la République	20 000
Les substituts	8 000
Le greffier en chef	6 000
Les commis greffiers	4 000

2° Dans les villes dont la population atteint le chiffre de 80 000 habitants :

Les présidents	10 000 fr.
Vice-présidents	7 000
Juges d'instruction	6 500
Juges	6 000
Procureurs	10 000
Subsituts	5 000
Greffiers	2 400
Commis greffiers	3 000

Les tribunaux de Nice et de Versailles sont assimilés, au point de vue du traitement des magistrats, aux tribunaux siégeant dans les villes dont la population atteint 80 000 habitants.

3° Dans les villes dont la population atteint le chiffre de 20 000 habitants :

Les présidents	7 000 fr.
Vice-présidents	5 500
Juges d'instruction	5 000
Juges	4 000
Procureurs	7 000
Substituts	3 500
Greffiers	1 500
Commis greffiers	2 500

Le tribunal de Chambéry est assimilé, au point de vue du traitement des magistrats, aux tribunaux siégeant dans les villes dont la population atteint 20 000 habitants.

4° Dans les autres villes :

Les présidents	5 000 fr.
Vice-présidents	4 000
Juges d'instruction	3 500
Juges	3 000
Procureurs	5 000
Substituts	2 800
Greffiers	1 200
Commis greffiers	2 000

8. Le tribunal d'Alger est assimilé, au point de vue du traitement des magistrats, aux tribunaux siégeant dans les villes dont la population atteint 80 000 habitants. — Les membres des tribunaux de Constantine, d'Oran, de Blida, de Bône et de Tlemcen reçoivent le traitement alloué aux membres des tribunaux siégeant en France dans les villes dont la population atteint 20 000 habitants. — Les traitements des magistrats des tribunaux de Batna, Bougie, Guelma, Mascara, Mostaganem, Orléansville, Philippeville, Sétif, Sidi-bel-Abbès et Tizi-Ouzou sont fixés ainsi qu'il suit :

Présidents	6 000 fr.
Juges d'instruction	4 300
Juges	3 750
Procureurs	6 000
Substituts	3 500

Les dispositions des lois, décrets et ordonnances réglant le traitement des juges suppléants près les tribunaux de l'Algérie; des assesseurs musulmans ou kabyles qui font partie des juridictions algériennes et des interprètes attachés à ces juridictions, continuent à recevoir leur application. — Il n'est apporté aucune modification aux traitements actuels des greffiers près ces tribunaux; mais ceux des commis greffiers sont augmentés de 500 fr.

9. Les traitements des juges de paix, ceux des greffiers près les tribunaux de commerce demeurent, jusqu'à ce qu'il en ait été autrement ordonné, fixés aux chiffres auxquels ils s'élèvent actuellement.

10. Ne pourra, à peine de nullité, être appelé à composer la cour ou le tribunal tout magistrat titulaire ou suppléant dont l'un des avocats ou avoués représentant l'une des parties intéressées au procès sera parent ou allié jusqu'au troisième degré inclusivement.

11. Dans un délai de trois mois, à partir de la promulgation de la présente loi, il sera procédé par application des règles ci-dessus établies, à la réduction du personnel des cours d'appel et des tribunaux. — Les éliminations porteront sur l'ensemble du personnel indistinctement. — Le nombre des magistrats éliminés, soit parce qu'ils n'auront pas été maintenus dans les fonctions judiciaires, soit parce qu'ils n'auront pas accepté le poste nouveau qui leur aura été offert, ne pourra dépasser le chiffre des sièges supprimés. — Ne seront pas maintenus, à quelque juridiction qu'ils appartiennent, les magistrats qui, après le 2 décembre 1851, ont fait partie des commissions mixtes.

12. Les magistrats qui, par application de la présente loi, n'auront pas été maintenus, ou n'auront pas accepté le poste nouveau qui leur aura été offert, recevront à titre de pension de retraite, savoir :

Au-dessus de vingt ans et au-dessous de trente ans de service, la moitié; au-dessus de dix ans et au-dessous de vingt ans, les deux cinquièmes; au-dessus de six ans et au-dessous de dix ans, le quart du traitement moyen dont ils ont joui pendant les six dernières années.

Au-dessous de six ans de service, ils recevront le cinquième du traitement moyen dont ils ont joui depuis leur entrée en fonctions.

Les dispositions qui précèdent ne sont pas applicables aux magistrats qui, s'ils restaient en fonctions jusqu'à l'âge fixé par le décret du 1er mars 1852, ne pourraient acquérir droit à pension aux termes de l'art. 5 de la loi du 9 juin 1853, ni invoquer la disposition finale de l'art. 11 de ladite loi pour être admis exceptionnellement à une pension de retraite. Il sera alloué à ces magistrats, jusqu'à cet âge, une indemnité annuelle calculée sur les bases ci-dessus. — Les magistrats qui ne seront pas maintenus auront droit, s'ils comptent plus de trente ans de service et quel que soit leur âge, à un soixantième de leur traitement moyen de retraite par année de service en sus de trente. En aucun cas, les pensions et indemnités servies en exécution des dispositions qui précèdent ne pourront excéder le maximum fixé par la loi du 9 juin 1853.

13. La cour de cassation constitue le conseil supérieur de la magistrature. Elle ne peut statuer en cette qualité que toutes chambres réunies. — Le procureur général près la cour de cassation représente le Gouvernement devant le conseil supérieur.

14. Le conseil supérieur de la magistrature exercera, à l'égard des premiers présidents, présidents de chambre, conseillers de la cour de cassation et des cours d'appel, des présidents, vice-présidents, juges, juges suppléants des tribunaux de première instance et de paix, tous les pouvoirs disciplinaires actuellement dévolus à la cour de cassation ainsi qu'aux cours et tribunaux conformément aux dispositions de l'art. 82 du sénatus-consulte du 16 therm. an 10, du chap. 7 de la loi du 20 avr. 1810 et des art. 4 et 5 du décret du 1er mars 1852. — Toute délibération politique est interdite aux corps judiciaires. — Toute manifestation ou démonstration d'hostilité au principe ou à la forme du Gouvernement de la République est interdite aux magistrats. — L'infraction aux dispositions qui précèdent constitue une faute disciplinaire.

15. Après l'expiration de la période de réorganisation prévue à l'art. 11, aucun premier président, président de chambre, conseiller de cour d'appel, aucun président, vice-président, juge ou juge suppléant des tribunaux de première instance ne pourra être déplacé que sur l'avis conforme du conseil supérieur. Ce déplacement ne devra entraîner, pour le magistrat qui en sera l'objet, aucun changement de fonctions, aucune diminution de classe ni de traitement. — Les magistrats que des infirmités graves et permanentes mettraient hors d'état d'exercer leurs fonctions pourront être mis d'office à la retraite, sur avis conforme du conseil supérieur; cet avis sera donné dans les formes et conditions prescrites par la loi du 16 juin 1824.

16. Le conseil supérieur ne pourra être saisi que par le garde des sceaux et il ne devra statuer ou donner son avis qu'après que le magistrat aura été entendu ou dûment appelé.

17. Le garde des sceaux a sur les magistrats de toutes les juridictions civiles et commerciales un droit de surveillance. — Il peut leur adresser une réprimande; cette réprimande est notifiée au magistrat qui en est l'objet par le premier président pour les présidents de chambre, conseillers, présidents, juges et juges suppléants; par le procureur général pour les officiers du ministère public. — Le garde des sceaux peut mander tout magistrat afin de recevoir ses explications sur les faits qui lui sont imputés.

18. Les dispositions ci-dessus relatives aux traitements des magistrats, recevront leur application à partir du 1er janv. 1884. — Les diminutions de traitement résultant des dispositions des art. 3 et 7 qui précèdent ne seront pas applicables aux magistrats et aux greffiers en fonctions au moment de la promulgation de la présente loi. Ces magistrats continueront à jouir, à titre personnel, du traitement qui leur est alloué aux termes des lois en vigueur.

19. Sont abrogés :

L'art. 83 du sénatus-consulte du 16 therm. an 10; — Les art. 51 à 56 de la loi du 20 avr. 1810; — Les articles de la loi du 16 juin 1824, contraires aux dispositions de l'art. 13 ci-dessus; — L'art. 3 de l'ordonnance du 27 sept. 1828; — Les art. 3 et 6 de la loi du 11 avr. 1838; — Et, en général, toutes les dispositions antérieures contraires aux dispositions qui précèdent.

TABLEAU A. — COURS D'APPEL.

NUMÉROS D'ORDRE.	COURS D'APPEL.	CHAMBRES.	PREMIER PRÉSIDENT.	PRÉSIDENTS DE CHAMBRE.	CONSEILLERS.	PROCUREURS GÉNÉRAUX.	AVOCATS GÉNÉRAUX.	SUBSTITUTS.	GREFFIERS EN CHEF.	COMMIS GREFFIERS.
1	Paris	9	1	9	62	1	7	11	1	12
2	Alger	4	1	4	24	1	4	4	1	6
3	Aix	3	1	3	19	1	3	2	1	4
4	Bordeaux	3	1	3	19	1	3	2	1	4
5	Douai	3	1	3	19	1	3	2	1	4
6	Lyon	3	1	3	19	1	3	2	1	4
7	Montpellier	3	1	3	19	1	3	2	1	4
8	Rennes	3	1	3	19	1	3	3	1	4
9	Rouen	3	1	3	19	1	3	2	1	4
10	Agen	2	1	2	15	1	2	2	1	3
11	Amiens	2	1	2	15	1	2	2	1	3
12	Besançon	2	1	2	15	1	2	2	1	3
13	Caen	2	1	2	15	1	2	2	1	3
14	Dijon	2	1	2	15	1	2	2	1	3
15	Grenoble	2	1	2	15	1	2	2	1	3
16	Nancy	2	1	2	15	1	2	2	1	3
17	Nîmes	2	1	2	15	1	2	2	1	3
18	Poitiers	2	1	2	15	1	2	2	1	3
19	Riom	2	1	2	15	1	2	2	1	3
20	Toulouse	2	1	2	15	1	2	2	1	3
21	Angers	1	1	1	10	1	1	1	1	2
22	Bastia	1	1	1	8	1	1	1	1	2
23	Bourges	1	1	1	10	1	1	1	1	2
24	Chambéry	1	1	1	9	1	1	1	1	2
25	Limoges	1	1	1	10	1	1	1	1	2
26	Orléans	1	1	1	10	1	1	1	1	2
27	Pau	1	1	1	10	1	1	1	1	2
		63	27	63	451	27	61	59	27	93
			541			147				

TABLEAU B. — TRIBUNAUX DE PREMIÈRE INSTANCE.

TRIBUNAUX	CHAMBRES.	PRÉSIDENTS.	VICE-PRÉSIDENTS.	JUGES D'INSTRUCTION.	JUGES.	JUGES SUPPLÉANTS.	PROCUREURS.	SUBSTITUTS.	GREFFIERS.	COMMIS GREFFIERS.
Paris	11	1	11	22	42	20	1	28	1	40
Tribunaux de première instance siégeant dans les villes de 80 000 habitants et au-dessus.										
Bordeaux	4	1	3	3	8	6	1	5	1	5
Le Havre	2	1	1	1	4	4	1	3	1	2
Lille	3	1	2		6	6	1	4	1	3
Lyon	4	1	3	3	8	6	1	6	1	4
Marseille	4	1	3	3	8	6	1	6	1	4
Nantes	2	1	1	1	4	4	1	3	1	3
Reims	2	1	1	1	4	3	1	2	1	2
Rouen	3	1	2	2	6	6	1	3	1	3
Saint-Etienne	3	1	2	2	5	4	1	3	1	3
Toulouse	3	1	2	2	5	4	1	3	1	3
TOTAUX	30	10	20	20	58	49	10	38	10	32
Tribunaux de première instance siégeant dans les villes de 20 000 à 80 000 habitants.										
Agen	1	1	»	1	2	2	1	1	1	1
Aix	1	1	»	1	2	2	1	1	1	1
Alais	1	1	»	1	2	2	1	1	1	1
Albi	1	1	»	1	2	2	1	1	1	2
Alger	3	1	2	2	7	3	1	3	1	3
Amiens	2	1	1	1	4	3	1	2	1	2
Angers	2	1	1	1	4	3	1	2	1	2
A reporter	11	7	4	8	23	17	7	11	7	12

TRIBUNAUX.	CHAMBRES.	PRÉSIDENTS.	VICE-PRÉSIDENTS.	JUGES D'INSTRUCTION.	JUGES.	JUGES SUPPLÉANTS.	PROCUREURS.	SUBSTITUTS.	GREFFIERS.	COMMIS GREFFIERS.
Report	11	7	4	8	23	17	7	11	7	12
Angoulême	2	1	1	1	4	3	1	2	1	2
Arras	1	1	»	1	2	2	1	1	1	1
Avignon	1	1	»	1	2	2	1	1	1	1
Bastia	1	1	»	1	2	2	1	1	1	1
Besançon	1	1	»	1	2	2	1	1	1	1
Béziers	2	1	1	1	4	3	1	2	1	2
Blidah	1	1	»	1	3	»	1	1	1	1
Blois	1	1	»	1	2	2	1	1	1	2
Bône	1	1	»	1	3	2	1	1	1	2
Boulogne	1	1	»	1	2	2	1	1	1	1
Bourges	1	1	»	1	2	2	1	1	1	1
Brest	1	1	»	1	3	2	1	1	1	1
Caen	1	1	»	1	2	2	1	1	1	1
Cambrai	1	1	»	1	2	2	1	1	1	1
Carcassonne	1	1	»	1	2	2	1	1	1	1
Castres	1	1	»	1	2	2	1	1	1	1
Chalon-sur-Saône	1	1	»	1	2	2	1	1	1	2
Châlons-sur-Marne	1	1	»	1	2	2	1	1	1	1
Chartres	1	1	»	1	2	2	1	1	1	2
Châteauroux	1	1	»	1	2	2	1	1	1	2
Cherbourg	1	1	»	1	2	2	1	1	1	1
Clermont-Ferrand	2	1	1	1	4	3	1	2	1	2
Constantine	2	1	1	1	4	3	1	2	1	4
Dieppe	1	1	»	1	2	2	1	1	1	1
Dijon	2	1	1	1	4	3	1	2	1	2
Douai	1	1	»	1	2	2	1	1	1	1
Dunkerque	1	1	»	1	2	2	1	1	1	1
Grenoble	2	1	1	1	4	3	1	2	1	2
Laval	1	1	»	1	2	2	1	1	1	2
Le Mans	2	1	1	1	3	2	1	1	1	2
Limoges	2	1	1	1	4	3	1	2	1	2
Lorient	1	1	»	1	2	2	1	1	1	1
Montauban	1	1	»	1	2	2	1	1	1	2
Montluçon	1	1	»	1	1	2	1	1	1	1
Montpellier	2	1	1	1	4	3	1	2	1	2
Moulins	1	1	»	1	2	2	1	1	1	2
Nancy	2	1	1	1	4	3	1	2	1	2
Narbonne	1	1	»	1	2	2	1	1	1	1
Nevers	1	1	»	1	2	2	1	1	1	2
Nice	2	1	1	1	4	3	1	2	1	2
Nîmes	2	1	1	1	4	3	1	2	1	2
Niort	1	1	»	1	2	2	1	1	1	2
Oran	2	1	1	1	4	3	1	2	1	4
Orléans	1	1	»	1	2	2	1	1	1	1
Pau	1	1	»	1	2	2	1	1	1	1
Périgueux	2	1	1	1	4	3	1	2	1	2
Perpignan	1	1	»	1	2	2	1	1	1	2
Poitiers	1	1	»	1	2	2	1	1	1	1
Rennes	2	1	1	1	4	3	1	2	1	2
Roanne	1	1	»	1	2	2	1	1	1	1
Rochefort	1	1	»	1	2	2	1	1	1	1
Rochelle (La)	1	1	»	1	1	2	1	1	1	1
Saint-Quentin	1	1	»	1	2	2	1	1	1	1
Saint-Omer	1	1	»	1	2	2	1	1	1	2
Tarbes	2	1	1	1	3	2	1	1	1	2
Tlemcen	1	1	»	1	3	»	1	1	1	1
Toulon	1	1	»	1	3	2	1	1	1	1
Tours	2	1	1	1	4	3	1	2	1	2
Troyes	1	1	»	1	2	2	1	1	1	2
Valenciennes	1	1	»	1	2	2	1	1	1	1
Versailles	2	1	1	2	4	4	1	2	1	4
Vienne	1	1	»	1	2	2	1	1	1	1
Valence	2	1	1	1	4	3	1	2	1	2
TOTAUX	93	70	23	72	188	157	70	91	70	113

Tribunaux de première instance siégeant dans les villes de moins de 20 000 habitants.

TRIBUNAUX.	CHAMBRES.	PRÉSIDENTS.	VICE-PRÉSIDENTS.	JUGES D'INSTRUCTION.	JUGES.	JUGES SUPPLÉANTS.	PROCUREURS.	SUBSTITUTS.	GREFFIERS.	COMMIS GREFFIERS.
Abbeville	1	1	»	1	1	2	1	1	1	1
Ajaccio	1	1	»	1	1	2	1	1	1	1
Albertville	1	1	»	1	1	2	1	1	1	1
Alençon	1	1	»	1	2	2	1	1	1	2
Ambert	1	1	»	1	1	2	1	»	1	1
Ancenis	1	1	»	1	1	2	1	»	1	1
Andelys (Les)	1	1	»	1	1	2	1	1	1	1
Annecy	2	1	1	1	4	3	1	2	1	2
Apt	1	1	»	1	1	2	1	»	1	1
Arbois	1	1	»	1	1	2	1	1	1	1
A reporter	11	10	1	10	14	21	10	8	10	12

TRIBUNAUX.	CHAMBRES.	PRÉSIDENTS.	VICE-PRÉSIDENTS.	JUGES D'INSTRUCTION.	JUGES.	JUGES SUPPLÉANTS.	PROCUREURS.	SUBSTITUTS.	GREFFIERS.	COMMIS GREFFIERS.
Report	11	10	1	10	14	21	10	8	10	12
Arcis-sur-Aube	1	1	»	1	1	2	1	»	1	1
Argentan	1	1	»	1	1	2	1	1	1	1
Aubusson	1	1	»	1	1	2	1	»	1	1
Auch	1	1	»	1	2	2	1	1	1	2
Aurillac	1	1	»	1	1	2	1	1	1	1
Autun	1	1	»	1	1	2	1	1	1	1
Auxerre	1	1	»	1	2	2	1	1	1	1
Avallon	1	1	»	1	1	2	1	»	1	1
Avesnes	2	1	1	1	4	3	1	1	1	2
Avranches	1	1	»	1	1	2	1	»	1	1
Bagnères	1	1	»	1	1	2	1	1	1	1
Barbezieux	1	1	»	1	1	2	1	»	1	1
Barcelonnette	1	1	»	1	1	2	1	»	1	1
Bar-le-Duc	1	1	»	1	1	2	1	1	1	1
Bar-sur-Aube	1	1	»	1	1	2	1	1	1	1
Bar-sur-Seine	1	1	«	1	1	2	1	»	1	1
Batna	1	1	»	1	3	»	1	1	1	1
Baugé	1	1	»	1	1	2	1	1	1	1
Baume	1	1	»	1	1	2	1	1	1	1
Bayeux	1	1	»	1	2	2	1	1	1	1
Bayonne	1	1	»	1	2	2	1	1	1	1
Bazas	1	1	»	1	1	2	1	»	1	1
Beaune	1	1	»	1	2	2	1	1	1	1
Beauvais	1	1	»	1	2	2	1	1	1	2
Belfort	1	1	»	1	2	2	1	1	1	1
Bellac	1	1	»	1	1	2	1	»	1	1
Belley	1	1	»	1	1	2	1	»	1	1
Bergerac	1	1	»	1	1	2	1	1	1	1
Bernay	1	1	»	1	1	2	1	1	1	1
Béthune	1	1	»	1	2	2	1	1	1	1
Blanc (Le)	1	1	»	1	1	2	1	»	1	1
Blaye	1	1	»	1	1	2	1	»	1	1
Bonneville	1	1	»	1	1	2	1	1	1	1
Bougie	1	1	»	1	3	»	1	1	1	1
Bourg	1	1	»	1	2	2	1	1	1	2
Bourganeuf	1	1	»	1	1	2	1	»	1	1
Bourgoin	1	1	»	1	1	2	1	1	1	1
Bressuire	1	1	»	1	1	2	1	»	1	1
Briançon	1	1	»	1	1	2	1	»	1	1
Briey	1	1	»	1	1	2	1	»	1	1
Brignoles	1	1	»	1	1	2	1	»	1	1
Brioude	1	1	»	1	1	2	1	»	1	1
Brive	1	1	»	1	2	2	1	1	1	1
Cahors	1	1	»	1	2	2	1	1	1	2
Calvi	1	1	»	1	1	2	1	»	1	1
Carpentras	1	1	»	1	2	2	1	1	1	2
Castellane	1	1	»	1	1	2	1	»	1	1
Castelnaudary	1	1	»	1	1	2	1	»	1	1
Castelsarrasin	1	1	»	1	1	2	1	»	1	1
Céret	1	1	»	1	1	2	1	»	1	1
Chambéry	2	1	1	1	4	3	1	2	1	2
Chambon	1	1	»	1	1	2	1	»	1	1
Charleville	1	1	»	1	2	2	1	1	1	1
Charolles	1	1	»	1	1	2	1	»	1	1
Châteaubriant	1	1	»	1	1	2	1	»	1	1
Château-Chinon	1	1	»	1	1	2	1	»	1	1
Châteaudun	1	1	»	1	1	2	1	»	1	1
Château-Gontier	1	1	»	1	1	2	1	»	1	1
Châteaulin	1	1	»	1	1	2	1	»	1	1
Château-Thierry	1	1	»	1	1	2	1	»	1	1
Châtellerault	1	1	»	1	1	2	1	1	1	1
Châtillon-sur-Seine	1	1	»	1	1	2	1	»	1	1
Châtre (La)	1	1	»	1	1	2	1	1	1	1
Chaumont	1	1	»	1	2	2	1	1	1	2
Chinon	1	1	»	1	1	2	1	»	1	1
Cholet	1	1	»	1	1	2	1	»	1	1
Civray	1	1	»	1	1	2	1	»	1	1
Clamecy	1	1	»	1	1	2	1	1	1	1
Clermont (Oise)	1	1	»	1	1	2	1	1	1	1
Cognac	1	1	»	1	1	2	1	1	1	1
Compiègne	1	1	»	1	1	2	1	1	1	1
Condom	1	1	»	1	1	2	1	1	1	1
Confolens	1	1	»	1	1	2	1	»	1	1
Corbeil	1	1	»	1	1	2	1	1	1	1
Corte	1	1	»	1	1	2	1	1	1	1
Cosne	1	1	»	1	1	2	1	»	1	1
Coulommiers	1	1	»	1	1	2	1	»	1	1
Coutances	1	1	»	1	2	2	1	1	1	2
Cusset	1	1	»	1	1	2	1	»	1	1
Dax	1	1	»	1	1	2	1	1	1	1
Die	1	1	»	1	1	2	1	»	1	1
Digne	1	1	»	1	2	2	1	1	1	2
A reporter	95	92	3	92	122	183	92	51	92	104

TRIBUNAUX.	CHAMBRES.	PRÉSIDENTS.	VICE-PRÉSIDENTS.	JUGES D'INSTRUCTION.	JUGES.	JUGES SUPPLÉANTS.	PROCUREURS.	SUBSTITUTS.	GREFFIERS.	COMMIS GREFFIERS.
Report	95	92	3	92	122	183	92	51	92	104
Dinan	1	1	»	1	1	2	1	»	1	1
Dôle	1	1	»	1	2	2	1	1	1	1
Domfront	1	1	»	1	1	2	1	»	1	1
Doullens	1	1	»	1	1	2	1	»	1	1
Draguignan	1	1	»	1	2	2	1	1	1	2
Dreux	1	1	»	1	1	2	1	1	1	1
Embrun	1	1	»	1	1	2	1	»	1	1
Epernay	1	1	»	1	2	2	1	1	1	1
Epinal	1	1	»	1	2	2	1	1	1	2
Espalion	1	1	»	1	1	2	1	1	1	1
Etampes	1	1	»	1	1	2	1	»	1	1
Evreux	1	1	»	1	2	2	1	1	1	2
Falaise	1	1	»	1	1	2	1	»	1	1
Figeac	1	1	»	1	1	2	1	»	1	1
Flèche (La)	1	1	»	1	1	2	1	»	1	1
Florac	1	1	»	1	1	2	1	»	1	1
Foix	1	1	»	1	2	2	1	1	1	2
Fontainebleau	1	1	»	1	2	2	1	1	1	1
Fontenay-le-Comte	1	1	»	1	1	2	1	1	1	1
Forcalquier	1	1	»	1	1	2	1	1	1	1
Fougères	1	1	»	1	1	2	1	»	1	1
Gaillac	1	1	»	1	1	2	1	»	1	1
Gannat	1	1	»	1	1	2	1	»	1	1
Gap	1	1	»	1	2	2	1	1	1	2
Gex	1	1	»	1	1	2	1	»	1	1
Gien	1	1	»	1	1	2	1	»	1	1
Gourdon	1	1	»	1	1	2	1	1	1	1
Grasse	1	1	»	1	1	2	1	1	1	1
Gray	1	1	»	1	1	2	1	1	1	1
Guelma	1	1	»	1	3	»	1	1	1	1
Guéret	1	1	»	1	2	2	1	1	1	2
Guingamp	1	1	»	1	1	2	1	»	1	1
Hazebrouck	1	1	»	1	1	2	1	1	1	1
Issoire	1	1	»	1	1	2	1	1	1	1
Issoudun	1	1	»	1	1	2	1	»	1	1
Joigny	1	1	»	1	1	2	1	»	1	1
Jonzac	1	1	»	1	1	2	1	»	1	1
Langres	1	1	»	1	1	2	1	»	1	1
Lannion	1	1	»	1	1	2	1	1	1	1
Laon	2	1	1	1	4	3	1	2	1	2
Largentière	1	1	»	1	1	2	1	1	1	1
Lavaur	1	1	»	1	1	2	1	»	1	1
Lectoure	1	1	»	1	1	2	1	»	1	1
Lesparre	1	1	»	1	1	2	1	»	1	1
Libourne	1	1	»	1	2	2	1	1	1	1
Limoux	1	1	»	1	1	2	1	»	1	1
Lisieux	1	1	»	1	1	2	1	1	1	1
Loches	1	1	»	1	1	2	1	»	1	1
Lodève	1	1	»	1	1	2	1	»	1	1
Lombez	1	1	»	1	1	2	1	»	1	1
Lons-le-Saulnier	1	1	»	1	2	2	1	1	1	2
Loudéac	1	1	»	1	1	2	1	»	1	1
Loudun	1	1	»	1	1	2	1	»	1	1
Louhans	1	1	»	1	1	2	1	»	1	1
Lourdes	1	1	»	1	1	2	1	»	1	1
Louviers	1	1	»	1	1	2	1	1	1	1
Lunéville	1	1	»	1	1	2	1	1	1	1
Lure	1	1	»	1	2	2	1	1	1	1
Mâcon	1	1	»	1	1	2	1	1	1	1
Mamers	1	1	»	1	1	2	1	1	1	1
Mantes	1	1	»	1	1	2	1	»	1	1
Marennes	1	1	»	1	1	2	1	»	1	1
Marmande	1	1	»	1	2	2	1	1	1	1
Marvejols	1	1	»	1	1	2	1	»	1	1
Mascara	1	1	»	1	3	»	1	1	1	1
Mauriac	1	1	»	1	1	2	1	»	1	1
Mayenne	1	1	»	1	1	2	1	1	1	1
Meaux	1	1	»	1	2	2	1	1	1	1
Melle	1	1	»	1	1	2	1	»	1	1
Melun	1	1	»	1	2	2	1	1	1	2
Mende	1	1	»	1	2	2	1	1	1	2
Milhau	1	1	»	1	1	2	1	»	1	1
Mirande	1	1	»	1	1	2	1	1	1	1
Mirecourt	1	1	»	1	1	2	1	»	1	1
Moissac	1	1	»	1	1	2	1	1	1	1
Montargis	1	1	»	1	1	2	1	1	1	1
Montbéliard	1	1	»	1	1	2	1	»	1	2
Montbrisson	2	1	1	1	4	3	1	2	1	2
Mont-de-Marsan	1	1	»	1	3	2	1	1	1	2
Montdidier	1	1	»	1	1	2	1	»	1	1
Montélimart	1	1	»	1	1	2	1	»	1	1
Montfort	1	1	»	1	1	2	1	»	1	1
A reporter	179	174	5	174	232	347	174	94	174	199

TRIBUNAUX.	CHAMBRES.	PRÉSIDENTS.	VICE-PRÉSIDENTS.	JUGES D'INSTRUCTION.	JUGES.	JUGES SUPPLÉANTS.	PROCUREURS.	SUBSTITUTS.	GREFFIERS.	COMMIS GREFFIERS.
Report	179	174	5	174	232	347	174	94	174	199
Montmédy	1	1	»	1	1	2	1	»	1	1
Montmorillon	1	1	»	1	1	2	1	»	1	1
Montreuil-sur-Mer	1	1	»	1	1	2	1	»	1	1
Morlaix	1	1	»	1	1	2	1	»	1	1
Mortagne	1	1	»	1	1	2	1	»	1	1
Mortain	1	1	»	1	1	2	1	»	1	1
Mostaganem	1	1	»	1	3	»	1	1	1	1
Moutiers	1	1	»	1	1	2	1	»	1	1
Murat	1	1	»	1	1	2	1	»	1	1
Muret	1	1	»	1	1	2	1	»	1	1
Nantua	1	1	»	1	1	2	1	1	1	1
Nérac	1	1	»	1	1	2	1	»	1	1
Neufchâteau	1	1	»	1	1	2	1	»	1	1
Neufchâtel	1	1	»	1	1	2	1	1	1	1
Nogent-le-Rotrou	1	1	»	1	1	2	1	»	1	1
Nogent-sur-Seine	1	1	»	1	1	2	1	»	1	1
Nontron	1	1	»	1	1	2	1	»	1	1
Nyons	1	1	»	1	1	2	1	»	1	1
Oloron	1	1	»	1	1	2	1	»	1	1
Orange	1	1	»	1	1	2	1	»	1	1
Orléansville	1	1	»	1	3	»	1	1	1	1
Orthez	1	1	»	1	1	2	1	»	1	1
Paimbœuf	1	1	»	1	1	2	1	»	1	1
Pamiers	1	1	»	1	1	2	1	»	1	1
Parthenay	1	1	»	1	1	2	1	»	1	1
Péronne	1	1	»	1	1	2	1	»	1	1
Philippeville	1	1	»	1	3	»	1	1	1	1
Pithiviers	1	1	»	1	1	2	1	»	1	1
Ploërmel	1	1	»	1	1	2	1	»	1	1
Pontarlier	1	1	»	1	1	2	1	1	1	1
Pont-Audemer	1	1	»	1	1	2	1	1	1	1
Pontivy	1	1	»	1	1	2	1	»	1	1
Pont-l'Évêque	1	1	»	1	1	2	1	»	1	1
Pontoise	2	1	1	1	4	3	1	1	1	2
Prades	1	1	»	1	1	2	1	1	1	1
Privas	1	1	»	1	2	2	1	1	1	1
Provins	1	1	»	1	1	2	1	»	1	1
Puy (Le)	2	1	1	1	4	3	1	2	1	2
Quimper	1	1	»	1	2	2	1	1	1	2
Quimperlé	1	1	»	1	1	2	1	»	1	1
Rambouillet	1	1	»	1	1	2	1	1	1	1
Redon	1	1	»	1	1	2	1	»	1	1
Remiremont	1	1	»	1	1	2	1	1	1	1
Riom	1	1	»	1	2	2	1	1	1	1
Rethel	1	1	»	1	1	2	1	»	1	1
Ribérac	1	1	»	1	1	2	1	»	1	1
Réole (La)	1	1	»	1	1	2	1	»	1	1
Rochechouart	1	1	»	1	1	2	1	»	1	1
Roche-sur-Yon (La)	1	1	»	1	2	2	1	1	1	2
Rocroi	1	1	»	1	1	2	1	»	1	1
Rodez	2	1	1	1	3	2	1	1	1	2
Romorantin	1	1	»	1	1	2	1	»	1	1
Ruffec	1	1	»	1	1	2	1	»	1	1
Sables-d'Olonne (Les)	1	1	»	1	1	2	1	»	1	1
Saint-Affrique	1	1	»	1	1	2	1	»	1	1
Saint-Amand	1	1	»	1	1	2	1	»	1	1
Saint-Calais	1	1	»	1	1	2	1	»	1	1
Saint-Claude	1	1	»	1	1	2	1	»	1	1
Saint-Brieuc	1	1	»	1	2	2	1	1	1	2
Saint-Dié	1	1	»	1	2	2	1	1	1	1
Saint-Flour	1	1	»	1	2	2	1	1	1	2
Saint-Gaudens	2	1	1	1	4	3	1	1	1	2
Saint Girons	1	1	»	1	1	2	1	1	1	1
Saint-Jean-d'Angély	1	1	»	1	1	2	1	»	1	1
Saint-Jean-de-Maurienne	1	1	»	1	1	2	1	»	1	1
Saint-Julien	1	1	»	1	1	2	1	»	1	1
Saint-Lô	1	1	»	1	1	2	1	1	1	1
Saint-Malo	1	1	»	1	1	2	1	1	1	1
Saint-Marcellin	1	1	»	1	1	2	1	»	1	1
Saint-Mihiel	1	1	»	1	2	2	1	1	1	2
Saint-Nazaire	1	1	»	1	1	2	1	1	1	1
Saint-Palais	1	1	»	1	1	2	1	»	1	1
Saint-Pol	1	1	»	1	1	2	1	»	1	1
Saint-Pons	1	1	»	1	1	2	1	»	1	1
Saint-Sever	1	1	»	1	1	2	1	»	1	1
Saint-Yrieix	1	1	»	1	1	2	1	»	1	1
Sainte-Menehould	1	1	»	1	1	2	1	»	1	1
Saintes	1	1	»	1	2	2	1	1	1	2
Sancerre	1	1	»	1	1	2	1	»	1	1
Sarlat	1	1	»	1	1	2	1	1	1	1
Sartène	1	1	»	1	1	2	1	»	1	1
Saumur	1	1	»	1	1	2	1	»	1	1
A reporter	265	256	9	256	340	508	256	123	256	291

TRIBUNAUX.	CHAMBRES.	PRÉSIDENTS.	VICE-PRÉSIDENTS.	JUGES D'INSTRUCTION.	JUGES.	JUGES SUPPLÉANTS.	PROCUREURS.	SUBSTITUTS.	GREFFIERS.	COMMIS GREFFIERS.
Report	265	256	9	256	340	508	256	123	256	291
Sedan	1	1	»	1	1	2	1	1	1	1
Segré	1	1	»	1	1	2	1	»	1	1
Semur	1	1	»	1	1	2	1	»	1	1
Senlis	1	1	»	1	2	2	1	1	1	1
Sens	1	1	»	1	1	2	1	1	1	1
Sétif	1	1	»	1	3	»	1	1	1	1
Sidi-bel-Abbès	1	1	»	1	3	»	1	1	1	1
Sisteron	1	1	»	1	1	2	1	»	1	1
Soissons	1	1	»	1	1	2	1	»	1	1
Tarascon	1	1	»	1	2	2	1	1	1	1
Thiers	1	1	»	1	1	2	1	»	1	1
Thonon	1	1	»	1	1	2	1	1	1	1
Tizi-Ouzou	1	1	»	1	3	1	1	1	1	1
Tonnerre	1	1	»	1	1	2	1	»	1	1
Toul	1	1	»	1	1	2	1	»	1	1
Tournon	1	1	»	1	1	2	1	1	1	1
Trévoux	1	1	»	1	1	2	1	1	1	1
Tulle	2	1	1	1	4	3	1	1	1	2
Ussel	1	1	»	1	1	2	1	»	1	1
A reporter	285	275	10	275	370	542	275	134	275	311

TRIBUNAUX.	CHAMBRES.	PRÉSIDENTS.	VICE-PRÉSIDENTS.	JUGES D'INSTRUCTION.	JUGES.	JUGES SUPPLÉANTS.	PROCUREURS.	SUBSTITUTS.	GREFFIERS.	COMMIS GREFFIERS.
Report	285	275	10	275	370	542	275	134	275	311
Uzès	1	1	»	1	1	2	1	»	1	1
Valognes	1	1	»	1	1	2	1	»	1	1
Vannes	1	1	»	1	2	2	1	1	1	2
Vassy	1	1	»	1	1	2	1	1	1	1
Vendôme	1	1	»	1	1	2	1	»	1	1
Verdun	1	1	»	1	1	2	1	»	1	1
Vervins	1	1	»	1	1	2	1	1	1	1
Vesoul	1	1	»	1	2	2	1	1	1	2
Vigan (Le)	1	1	»	1	1	2	1	»	1	1
Villefranche (Aveyron)	1	1	»	1	2	2	1	1	1	1
Villefranche (Haute-Garonne)	1	1	»	1	1	2	1	»	1	1
Villefranche (Rhône)	1	1	»	1	2	2	1	»	1	1
Villeneuve-sur-Lot	1	1	»	1	1	2	1	»	1	1
Vire	1	1	»	1	1	2	1	»	1	1
Vitré	1	1	»	1	1	2	1	»	1	1
Vitry-le-François	1	1	»	1	1	2	1	»	1	1
Vouziers	1	1	»	1	1	2	1	»	1	1
Yssingeaux	1	1	»	1	1	2	1	»	1	1
Yvetot	1	1	»	1	1	2	1	»	1	1
TOTAUX	304	294	10	294	393	580	294	139	294	332

8-10 déc. 1883. — Loi relative à l'élection des membres des tribunaux de commerce.

Art. 1er. — Les membres des tribunaux de commerce seront élus par les citoyens français, commerçants patentés ou associés en nom collectif depuis cinq ans au moins, capitaines au long cours et maîtres de cabotage ayant commandé des bâtiments pendant cinq ans, directeurs des compagnies françaises anonymes de finance, de commerce et d'industrie, agents de change et courtiers d'assurances maritimes, courtiers de marchandises, courtiers interprètes et conducteurs de navires institués en vertu des art. 77, 79 et 80 c. com., les uns et les autres après cinq années d'exercice, et tous, sans exception, devant être domiciliés depuis cinq ans au moins dans le ressort du tribunal. — Sont également électeurs, dans leur ressort, les membres anciens ou en exercice des tribunaux et des chambres de commerce, des chambres consultatives des arts et manufactures, les présidents anciens ou en exercice des conseils de prud'hommes.

2. Ne pourront participer à l'élection :

1° Les individus condamnés soit à des peines afflictives et infamantes, soit à des peines correctionnelles, pour faits qualifiés crimes par la loi;

2° Ceux qui ont été condamnés pour vol, escroquerie, abus de confiance, soustractions commises par les dépositaires de deniers publics, attentats aux mœurs ;

3° Ceux qui ont été condamnés à l'emprisonnement pour délit d'usure, pour infraction aux lois sur les maisons de jeu, sur les loteries et les maisons de prêt sur gages, ou par application de l'art. 1er de la loi du 27 mars 1851, de l'art. 1er de la loi du 5 mai 1855, des art. 7 et 8 de la loi du 23 juin 1857, et de l'art. 1er de la loi du 27 juill. 1867;

4° Ceux qui ont été condamnés à l'emprisonnement par application des lois du 17 juill. 1857, du 23 mai 1863 et du 24 juill. 1867 sur les sociétés;

5° Les individus condamnés pour les délits prévus aux art. 400, 413, 414, 417, 418, 419, 420, 421, 423, 433, 439, 443 c. pén., et aux art. 594, 596 et 597 c. com.;

6° Ceux qui ont été condamnés à un emprisonnement de six jours au moins ou à une amende de plus de 1000 fr. pour infraction aux lois sur les douanes, les octrois et les contributions indirectes, et à l'art. 5 de la loi du 4 juin 1859, sur le transport, par la poste, des valeurs déclarées ;

7° Les notaires, greffiers et officiers ministériels destitués en vertu de décisions judiciaires ;

8° Les faillis non réhabilités dont la faillite a été déclarée soit par les tribunaux français, soit par des jugements rendus à l'étranger, mais exécutoires en France ;

9° Et généralement tous les individus privés du droit de vote dans les élections politiques.

3. Tous les ans, la liste des électeurs du ressort de chaque tribunal sera dressée pour chaque commune par le maire, assisté de deux conseillers municipaux désignés par le conseil, dans la première quinzaine du mois de septembre ; elle comprendra tous les électeurs qui rempliront, au 1er septembre, les conditions exigées par les articles précédents.

4. Le maire enverra la liste ainsi préparée au préfet ou au sous-préfet, qui fera déposer la liste générale au greffe du tribunal de commerce et la liste spéciale de chacun des cantons du ressort au greffe de chacune des justices de paix correspondantes : l'un et l'autre dépôt devant être effectués trente jours au moins avant l'élection. L'accomplissement de ces formalités sera annoncé, dans le même délai, par affiches apposées à la porte de la mairie de chaque commune du ressort du tribunal. — Ces listes électorales seront communiquées sans frais à toute réquisition.

5. Pendant les quinze jours qui suivront le dépôt des listes, tout commerçant patenté du ressort, et en général tout ayant droit compris dans l'art. 1er, pourra exercer ses réclamations, soit qu'il se plaigne d'avoir été indûment omis, soit qu'il demande la radiation d'un citoyen indûment inscrit. Ces réclamations seront portées devant le juge de paix du canton, par simple déclaration au greffe de la justice de paix du domicile de l'électeur dont la qualité sera mise en question. Cette déclaration se fera sans frais et il en sera donné récépissé. — Le juge de paix statuera sans opposition ni appel dans les dix jours, sans frais ni forme de procédure, et sur simple avertissement donné par les soins du juge de paix lui-même à toutes les parties intéressées. — La sentence sera, le jour même, transmise au maire de la commune de l'intéressé, lequel en fera audit intéressé la notification dans les vingt-quatre heures de la réception. — Toutefois, si la demande portée devant le juge de paix implique la solution préjudicielle d'une question d'état, il renverra préalablement les parties à se pourvoir devant les juges compétents, et fixera un bref délai dans lequel la partie qui aura élevé la question préjudicielle devra justifier de ses diligences: il sera procédé, en ce cas, conformément aux art. 855, 857 et 858 c. proc. — Les actes judiciaires auxquels l'instance devant le juge de paix donnera lieu ne seront pas soumis au timbre et seront enregistrés gratis.

6. La décision du juge de paix pourra être déférée à la cour de cassation dans tous les cas par ceux qui y auront été parties, et, en outre, dans le cas où le jugement ordonnerait l'inscription, sur la liste, d'une personne qui n'y figurait pas, par tout électeur inscrit sur la liste électorale. — Le pourvoi ne sera recevable que s'il est formé dans les dix jours de la notification de la décision Il ne sera pas suspensif. Il sera formé par simple requête, dénoncé aux défendeurs dans les dix jours qui suivront, et jugé d'urgence, sans frais ni consignation d'amende. L'intermédiaire d'un avocat à la cour de cassation ne sera pas obligatoire. — Les pièces et mémoires fournis par les parties seront transmis sans frais par le greffier de la justice de paix au greffier de la cour de cassation. — La chambre civile de la cour de cassation statuera définitivement sur le pourvoi.

7. La liste rectifiée, s'il y a lieu, par suite de décisions judiciaires, sera close définitivement dix jours avant l'élection. Cette liste servira pour toutes les élections de l'année.

8. Sont éligibles aux fonctions de président, de juge et de juge suppléant tous les électeurs inscrits sur la liste électorale, âgés de trente ans, et les anciens commerçants français ayant exercé leur profession pendant cinq ans au moins dans l'arrondissement et y résidant. — Toutefois nul ne pourra être élu président, s'il n'a exercé pendant deux ans les fonctions de juge titulaire, et nul ne pourra être nommé juge s'il n'a été juge suppléant pendant un an.

9. Le vote aura lieu par canton à la mairie du chef-lieu. Dans les villes divisées en plusieurs cantons, le maire désignera, pour chaque canton, le local où s'effectueront les opérations électorales et déléguera, pour y présider, l'un de ses adjoints ou l'un des conseillers municipaux. — L'assemblée électorale sera convoquée par le préfet du département dans la première quinzaine de décembre au plus tard. Elle sera présidée par le maire ou son délégué, assisté de quatre électeurs, qui seront les deux plus âgés et les deux plus jeunes des membres présents. Le bureau ainsi composé nomme un secrétaire pris dans l'assemblée. Il statue sur toutes les questions qui peuvent s'élever dans le cours de l'élection. — Cette assemblée pourra être divisée en plusieurs sections par arrêté du préfet, sur l'avis conforme du conseil général, dans les localités où cette division sera jugée nécessaire. — Le préfet pourra, par arrêté pris sur l'avis conforme du conseil général, convoquer les électeurs de deux cantons au chef-lieu de l'un de ces cantons en une seule assemblée électorale, qui sera présidée par le maire de ce chef-lieu.

10. Le président sera élu au scrutin individuel. — Les juges titulaires et les juges suppléants seront nommés au scrutin de liste, mais par des bulletins distincts déposés dans des boîtes séparées. — Ces élections auront lieu simultanément. — Aucune élection ne sera valable au premier tour de scrutin si les candidats n'ont pas obtenu la majorité des suffrages exprimés, et si cette majorité n'est pas égale au quart des électeurs inscrits. — Si la nomination n'a pas été obtenue au premier tour, un scrutin de ballottage aura lieu quinze jours après, et la majorité relative suffira, quel que soit le nombre des suffrages. — La durée de chaque scrutin sera de six heures; il s'ouvrira à dix heures du matin et sera fermé à quatre heures du soir.

11. Le président de chaque assemblée proclame le résultat de l'élection et transmet immédiatement au préfet le procès-verbal des opérations électorales. — Dans les vingt-quatre heures de la réception des procès-verbaux, le résultat général de l'élection de chaque ressort est constaté par une commission siégeant à la préfecture et composée ainsi qu'il suit : Le préfet, président; — le conseiller général du chef-lieu du département, et, dans le cas où le chef-lieu est divisé en plusieurs cantons, le plus âgé des conseillers généraux du chef-lieu; en cas d'absence ou d'empêchement des conseillers généraux, le conseiller d'arrondissement ou le plus âgé des conseillers d'arrondissement du chef-lieu; — le maire du chef-lieu du département ou l'un de ses adjoints, en cas d'empêchement ou d'absence. — Dans les trois jours qui suivront les constatations des résultats électoraux par la commission ainsi composée, le préfet transmettra au procureur général près la cour d'appel une copie certifiée du procès-verbal de l'ensemble des constatations et une autre copie, également certifiée, à chacun des greffiers des tribunaux de commerce du département. — Le préfet transmettra également le résultat des opérations électorales à tous les maires des chefs-lieux de canton, qui devront les faire afficher à la porte de la maison commune. — Dans les cinq jours de l'élection, tout électeur aura le droit d'élever des réclamations sur la régularité et la sincérité de l'élection. Dans les cinq jours de la réception du procès-verbal, le procureur général aura le même droit. — Ces réclamations seront communiquées aux citoyens dont l'élection serait attaquée et qui auront le droit d'intervenir dans les cinq jours de la communication. Elles seront jugées sommairement et sans frais dans la quinzaine par la cour d'appel dans le ressort de laquelle l'élection a eu lieu. L'opposition ne sera pas admise contre l'arrêt rendu par défaut et qui devra être signifié. — Le pourvoi en cassation contre l'arrêt ne sera recevable que s'il est formé dans les dix jours de la signification. Il aura un effet suspensif et sera instruit suivant les formes indiquées à l'art. 6.

12. La nullité partielle ou absolue de l'élection ne pourra être prononcée que dans les cas suivants :

1° Si l'élection n'a pas été faite selon les formes prescrites par la loi;

2° Si le scrutin n'a pas été libre, ou s'il a été vicié par des manœuvres frauduleuses;

3° S'il y a incapacité légale dans la personne de l'un ou de plusieurs des élus;

Sont applicables aux élections faites en vertu du présent article, les dispositions des art. 98, 99, 100, 102, 103, 104, 105, 106, 107, 108, 109, 110, 112, 113, 114, 116, 117, 118, 119, 120, 121, 122, 123 de la loi du 15 mars 1849.

13. L'art. 623 c. com. est maintenu; toutefois, le président, quel que soit au moment de son élection le nombre de ses années de judicature comme juge titulaire, pourra toujours être élu pour deux années, à l'expiration desquelles il pourra être réélu pour une seconde période de même durée.

14. Dans la quinzaine de la réception du procès-verbal, s'il n'y a pas de réclamations, ou dans la huitaine de l'arrêt statuant sur les réclamations, le procureur général invite les élus à se présenter à l'audience de la cour d'appel, qui procède publiquement à leur réception et en dresse procès-verbal consigné dans ses registres. — Si la cour ne siège pas dans l'arrondissement où le tribunal de commerce est établi, et si les élus le demandent, elle peut commettre, pour leur réception, le tribunal civil de l'arrondissement, qui y procédera en séance publique, à la diligence du procureur de la République. — Le procès-verbal de cette séance est transmis à la cour d'appel qui en ordonne l'insertion dans ses registres. Le jour de l'installation publique du tribunal de commerce, il est donné lecture du procès-verbal de réception.

15. Le rang à prendre dans le tableau des juges et des suppléants sera fixé par l'ancienneté, c'est-à-dire par le nombre des années de judicature avec ou sans interruption, et, entre les juges élus pour la première fois et par le même scrutin, par le nombre de voix que chacun d'eux aura obtenu dans l'élection, et en cas d'égalité de suffrage, la priorité appartiendra au plus âgé. — Les jugements seront rendus par trois juges au moins; un juge titulaire fera nécessairement partie du tribunal à peine de nullité.

16. Lorsque, par suite de récusation ou d'empêchement, il ne restera pas un nombre suffisant de juges ou de suppléants, le président du tribunal tirera au sort, en séance publique, les noms des juges complémentaires pris dans une liste dressée annuellement par le tribunal. — Cette liste, où ne seront portés que des éligibles ayant leur résidence dans la ville, ou, en cas d'insuffisance, des électeurs ayant légalement leur résidence dans la ville où siège le tribunal, sera de cinquante noms pour Paris, de vingt-cinq noms pour les tribunaux de neuf membres, et de quinze noms pour les autres tribunaux. — Les juges complémentaires seront appelés dans l'ordre fixé par un tirage au sort, fait en séance publique, par le président du tribunal, entre tous les noms de la liste.

17. Dans les villes de Paris et de Lyon, il y aura autant de collèges électoraux qu'il y a d'arrondissements. — Le vote aura lieu dans chaque mairie d'arrondissement, sur les listes électorales dressées conformément aux dispositions de la présente loi. — Dans les circonscriptions suburbaines comprises dans les départements de la Seine et du Rhône, les élections auront lieu au chef-lieu de canton, conformément aux règles précédemment établies.

18. Il sera procédé à une élection générale dans les formes et délais prescrits par la présente loi. — A cette première élection, le président, la moitié des juges et des suppléants, dont le tribunal sera composé, seront nommés pour deux ans; — la seconde moitié des juges et des suppléants sera nommée pour un an; — aux élections postérieures, toutes les nominations seront faites pour deux ans; — le tout conformément aux dispositions de l'art. 622 c. com. — Les présidents et juges en exercice au moment où aura lieu cette élection seront éligibles, sans qu'il soit tenu compte des années de judicature pendant lesquelles ils ont exercé leurs fonctions.

19. Les pouvoirs des juges actuels sont maintenus jusqu'à l'installation de ceux qui doivent les remplacer.

20. Il sera statué par une loi spéciale sur le mode d'élection des chambres de commerce et des chambres consultatives des arts et manufactures.

21. Toutes dispositions antérieures qui seraient contraires à la présente loi sont et demeurent abrogées.

12-17 janv. 1884. — Décret qui fixe l'indemnité de déplacement accordée au magistrat délégué pour remplir près d'un autre tribunal que celui de sa résidence les fonctions du ministère public (D. P. 84. 4. 95).

5-6 avr. 1884. — Loi sur l'organisation municipale (art. 33-3°) (D. P. 84. 4. 25).

18 sept.-7oct. 1884. — Décret qui étend la compétence de la 7e chambre de la cour d'appel de Paris à la connaissance des affaires correctionnelles (D. P. 85. 4. 15).

20 nov.-19 déc. 1884. — Décret portant augmentation du personnel du tribunal de première instance de Saint-Omer (D. P. 85. 4. 20).

27 févr.-31 mars 1885. — Décrets portant augmentation du personnel des tribunaux de première instance de Nantes, de Nice et de Saint-Jean-d'Angely (D. P. 85. 4. 75).

1er-2 mai 1885. — Décret portant modification au décret du 30 mars 1808 en ce qui touche les appels relatifs aux instances en divorce (D. P. 85. 4. 25).

17 avr.-8 juin 1885. — Décret portant augmentation du personnel des tribunaux de première instance de Draguignan, de Perpignan et de la Roche-sur-Yon (D. P. 85. 4. 83).

4-5 juill. 1885. — Décret modifiant la date des vacances judiciaires.

Art. 1er. — Les vacances des chambres civiles de la cour de cassation, des cours d'appel et des tribunaux de première instance, commenceront le 15 août et se termineront le 15 octobre. Le procès-verbal constatant les noms des membres présents à l'audience de rentrée et les lettres d'excuse des magistrats absents sera immédiatement transmis au garde des sceaux.

15-19 juill. 1885. — Décret portant modification du décret du 12 juin 1880, relatif aux audiences réglementaires pendant les vacances judiciaires, et de l'ordonnance du 11 oct. 1820, sur le mode de roulement des magistrats dans les cours et tribunaux (D. P. 86. 4. 7).

31 déc. 1885-5 févr. 1886. — Décret portant augmentation du personnel du tribunal de première instance de Reims (D. P. 86. 4. 82).

17-22 avr. 1886. — Décret portant augmentation du personnel du tribunal de première instance de Saintes (D. P. 87. 4. Table, v° *Tribunaux*, n° 1).

18-20 avr. 1886. — Loi sur la procédure en matière de divorce et de séparation de corps.

Art. 1er. — Les art. 234 à 252 du code civil seront remplacés par les dispositions suivantes :

« Art. 248. — 3° En cas d'appel, la cause s'instruit en audience ordinaire et comme affaire urgente ».

16-18 déc. 1886. — Décret portant augmentation du personnel du tribunal de première instance de Carcassonne (D. P. 87. 4. Table, v° *Tribunaux*, n° 1).

25 août-9 nov. 1887. — Décret portant augmentation du personnel du tribunal de première instance de Niort (D. P. 88. 4. Table, v° *Tribunaux* n° 1).

29-30 oct. 1888. — Décret portant augmentation du personnel du tribunal de première instance d'Albi (D. P. 89. 4. Table, v° *Tribunaux*, n° 1).

10-11 avr. 1889. — Loi sur la procédure à suivre devant le Sénat pour juger toute personne inculpée d'attentat contre la sûreté de l'État (D. P. 89. 4. 36, et *suprà*, v° *Haute cour de justice*, p. 187).

18-20 juill. 1889. — Loi modifiant l'art. 617 du code de commerce (*Bull.* n° 21010).

Article unique. — L'art. 617 du code de commerce est modifié ainsi qu'il suit : « Chaque tribunal de commerce sera composé d'un président, de juges et de suppléants. Le nombre des juges ne peut être inférieur à deux, non compris le président. Un règlement d'administration publique fixera pour chaque tribunal le nombre des juges et des juges suppléants.

20-23 août 1889. — Décret qui modifie le nombre des membres du tribunal de commerce de la Seine (D. P. 90. 4. 57).

22-23 nov. 1890. — Décret supprimant le titre et les fonctions de premier avocat général près la cour de cassation (D. P. 91. 4. 9).

23-24 juill. 1891. — Loi étendant les cas d'inéligibilité au conseil général et au conseil d'arrondissement (art. 1-2°, 5° et 6, et 2) (D. P. 91. 4. 74).

26-27 janv. 1892. — Loi portant fixation du budget des dépenses et des recettes de l'exercice 1892 (art. 5) (D. P. 92. 4. 9).

18-19 juill. 1892. — Loi qui augmente le nombre des magistrats du tribunal de première instance de la Seine (D. P. 92. 4. 103).

30. — II. DROIT COMPARÉ. — 1° *Angleterre.* — L'Angleterre possède une organisation judiciaire qui diffère complètement de celle des autres pays d'Europe. La multiplicité des degrés de juridiction, la variété des tribunaux spéciaux et celle des compétences, en un mot, la complexité et le défaut d'unité de ses rouages judiciaires, avec les complications, les lenteurs et les frais considérables de la procédure, rappellent, par certains côtés, ce qu'était l'administration de la justice dans notre ancienne France. Sans doute, l'esprit de réforme a pénétré profondément et poursuit son œuvre sans relâche; mais, dans un pays où le respect des traditions est si fortement enraciné, les innovations ne sont adoptées qu'avec une extrême lenteur et après une étude approfondie.

31. La juridiction des juges de paix existe en Angleterre. Ces magistrats sortent de la *gentry*, et doivent justifier d'une fortune déterminée. Ce sont, en général, de grands propriétaires fonciers. Leurs attributions, en matière administrative et criminelle, sont variées et importantes. Elles ont été réduites en matière civile. Ils sont compétents, notamment, pour statuer sur les affaires sommaires relatives aux baux à ferme ou à loyer, et pour réintégrer en possession, le jury entendu. Deux juges de paix réunis peuvent même ordonner la restitution d'un bien dont la valeur ne dépasse pas vingt livres. Mais la loi du 13 août 1875 (*Ann. de législ étr.* 1876, p. 171) a transféré aux cours de comté une grande partie des attributions des juges de paix concernant les contestations entre patrons et ouvriers; elle a, de plus, réduit à dix livres le montant des condamnations qui peuvent émaner de leur juridiction sommaire.

32. Les cours de comté (*county courts*) ont une importance et une popularité qui s'accroissent de plus en plus. Elles sont au nombre de 60 et elles rendent la justice dans 521 districts. C'est un seul juge qui statue. Il se rend périodiquement dans chacun des districts qui composent son circuit. Il prononce avec ou sans l'assistance du jury, lequel d'ailleurs ne peut trancher que la question de fait. Il connaît en première instance des actions personnelles jusqu'au taux de dix livres; au delà de ce taux, et jusqu'à cinquante livres, il est également compétent, mais les parties sont libres de porter l'affaire devant la cour supérieure. Les actions réelles sont également de sa compétence, quand le revenu de l'immeuble ne dépasse pas vingt livres (Comp. Glasson, *Histoire du droit et des institutions de l'Angleterre*, t. 6, p. 424-425).

Avant l'acte du 5 août 1873 (V. *infrà*, n° 35), l'appel était porté devant l'une des cours supérieures de Westminster (la cour du Banc de la reine, celle des Plaids communs, celle de l'Échiquier) qui connaissaient, à Londres ou dans leurs tournées, en premier ressort des affaires supérieures à 50 livres, et en appel des causes jugées par les cours de comté. Les appels de ces trois cours étaient portés devant une juridiction supérieure, la cour de la chambre de l'Échiquier.

33. A côté de ces tribunaux de loi commune (*common law*) se plaçait la cour de chancellerie qui, outre certaines affaires pour lesquelles elle avait une compétence spéciale, constituait, en outre, une juridiction d'équité. « Cette juridiction, dit M. Glasson (*op. cit.*, t. 6, p. 445), lui permettait de connaître de toutes les affaires pour lesquelles la juridiction de droit commun était compétente. Grâce à ce pouvoir, la chancellerie corrigeait les imperfections du droit commun, soit en complétant la loi, soit en modifiant les décisions des cours de droit commun » (V. aussi, sur la juridiction de la cour de chancellerie, la notice de M. Ribot, *Ann. de législ. étr.* 1874, p. 16 et suiv.). La cour de chancellerie se composait du chancelier, assisté d'un maître des rôles et de trois vice-chanceliers (Ribot, notice précitée, p. 18). L'appel de ses décisions était porté devant la cour d'appel de chancellerie, composée du lord chancelier et de deux juges spéciaux.

34. Il y avait aussi des juridictions spéciales : les cours des mines d'étain du Devonshire et du pays de Cornouailles, celle des testaments, des divorces et mariages, celle des faillites, la cour d'Amirauté, et les tribunaux ecclésiastiques (V. sur ces diverses juridictions, Glasson, *op. cit.*, t. 6, p. 452 et suiv.).

35. Deux tribunaux suprêmes dominaient autrefois toutes ces juridictions : le comité judiciaire du conseil privé, qui connaissait des pourvois formés contre les sentences de la cour d'Amirauté et contre celles des juridictions ecclésiastiques ; la chambre des Lords, compétente dans tous les autres cas.

L'acte du 5 août 1873 (*Ann. de législ. étr.*, 1874, p. 31) a réuni en une seule haute cour, divisée en chambres, la plupart des anciennes juridictions supérieures. La cour des faillites, supprimée d'abord, a été conservée par un acte du 11 août 1875 (*Ann. de législ. étr.*, 1876, p. 126). La haute cour se dédouble en deux juridictions de degrés différents appelés : l'une haute cour de justice, l'autre cour d'appel. La première juge, à charge d'appel, les affaires supérieures à 50 livres, ainsi que les appels des sentences rendues par les juridictions inférieures.

36. Depuis l'acte du 11 août 1876 (*Ann. de législ. étr.*, 1877, p. 25), les affaires déférées à la haute cour doivent, en principe, être jugées par un seul juge. C'est seulement dans certains cas déterminés que la décision est rendue par deux juges (*divisional court*), jamais plus. — L'Angleterre est divisée en huit circuits pour le service des juges de la haute cour. Sauf quand les parties exigent un jury, la cour a le droit de renvoyer la question de fait devant un arbitre rapporteur (*referee*). Ainsi un grand nombre d'affaires sont réglées sans le concours du jury civil, qui a perdu beaucoup de la faveur dont il jouissait autrefois.

37. La cour d'appel connaît directement des appels formés contre les décisions de la haute cour rendues sans assistance du jury. Si, au contraire, on a eu recours au jury, il faut, au préalable, obtenir l'annulation du verdict devant une autre section de la haute cour. Comme celle-ci, la cour d'appel peut renvoyer devant un arbitre rapporteur, quand les parties ne réclament pas de jury. Aucun juge ne peut connaître en appel des sentences qu'il a rendues en première instance. Les appels sont jugés par trois juges au moins. — La cour d'appel connaît encore des appels des décisions de la cour des faillites, et elle est investie des attributions dévolues autrefois aux cours d'appel de chancellerie, à la cour du lord gardien des mines d'étain et à la cour de la chambre de l'Echiquier.

38. L'acte de 1873, en même temps qu'il constituait la cour d'appel, supprimait, sauf pour l'Irlande et l'Ecosse, la juridiction de la chambre des Lords. Cette cour constituait ainsi un tribunal suprême. Mais l'acte du 11 août 1876 (*Ann. de législ. étr.*, 1877, p. 16) ayant rendu définitivement à la chambre des Lords ses attributions judiciaires, la cour d'appel est devenue une simple juridiction intermédiaire entre la haute cour de première instance et la chambre des Lords. « N'était-il pas plus simple, fait observer M. E. Glasson, *Histoire du droit et des institutions de l'Angleterre*, t. 6, p. 532, de supprimer cette haute cour d'appel, qui ne forme maintenant qu'un degré de plus? N'est-ce pas là une cause de lenteur et de frais? »

39. Vient ensuite la chambre des Lords, compétente pour connaître, comme cour suprême, des appels dirigés contre les jugements de la cour d'appel d'Angleterre et des cours d'Ecosse et d'Irlande. L'acte du 11 août 1876 crée deux lords d'appel, véritables magistrats, appelés à prêter au chancelier président un concours effectif; de plus, ce même acte contient des dispositions qui font de la chambre des Lords une juridiction permanente. — Le comité judiciaire du conseil privé reste la juridiction suprême pour les appels venant des colonies. Mais il résulte encore de l'acte de 1876 que cette juridiction, par voie d'extinction de ses membres, sera réunie à celle de la chambre des Lords. Quant aux appels des décisions émanant de la haute cour d'Amirauté, ils sont, depuis l'acte de 1873, de la compétence de la cour d'appel, qui remplit à cet égard l'office de tribunal suprême. De plus la reine peut, aux termes du même acte, donner à la cour d'appel compétence en matière ecclésiastique.

40. Les magistrats des cours de comté sont choisis parmi les praticiens qui ont au moins sept ans de barreau. Ils sont nommés à vie par le chancelier, qui ne peut les révoquer que pour inconduite ou incapacité. — Pour être membre de la haute cour, il faut avoir exercé la profession d'avocat pendant dix ans; mais les magistrats de la cour d'appel doivent avoir siégé une année à la haute cour, ou avoir appartenu au barreau pendant quinze ans. Ils sont nommés à vie par la reine et ne peuvent être révoqués que sur la demande des deux Chambres; il en est ainsi depuis la révolution de 1688. Depuis 1877, les juges de la cour d'appel ont le titre de *lord justice of appeal*.

41. Dans l'ordre répressif, pour déterminer la compétence des juridictions on distingue les causes sommaires et les causes *indictables*, c'est-à-dire qui ne doivent être jugées qu'après information (*indictment*).

Les premières sont déférées aux cours de petites sessions qui se composent, en principe, de deux juges de paix de canton. Dans les villes, bourgs et franchises, ces cours sont tenues par le *recorder* ou par deux juges de paix. A Londres et dans plusieurs autres villes, il existe des juges de police salariés, qui siègent seuls. Les cours de police de Londres sont au nombre de treize, dont deux pour la Cité. Ces dernières sont tenues par le lord-maire ou par un *alderman*. Les cours de petites sessions et les cours de police constituent des juridictions d'exception, à compétence limitée, et jugent sans jury. Elles répriment les contraventions de police et fiscales, les faits de vagabondage, les infractions commises par les mineurs de seize ans, et même certains faits *indictables* commis par des majeurs de seize ans, si ceux-ci y consentent. Les peines, selon le cas, ne peuvent dépasser six ou trois mois de prison; l'amende, vingt livres. Ces cours jouissent de pouvoirs exceptionnels pour l'application de la peine; elles peuvent modérer les conditions de l'emprisonnement, accorder des délais pour le payement de l'amende, substituer l'amende à l'emprisonnement, ou même dans les cas peu graves, s'abstenir de condamner. L'appel est porté devant les cours de sessions trimestrielles. En cas d'erreur de droit ou d'excès de pouvoir, c'est la haute cour de justice qui est saisie du recours.

42. Quant aux causes indictables, elles sont de la compétence des cours des sessions trimestrielles, des cours d'assises ou de la cour centrale criminelle de Londres. Ces diverses cours fonctionnent avec le jury de jugement, qui est le juge de droit commun.

Les cours des sessions trimestrielles (*courts of quarter sessions*) connaissent des appels des jugements rendus par les cours des petites sessions, de la répression de tous les délits et des crimes, sauf ceux entraînant la servitude pénale à perpétuité ou la peine de mort. Elles se composent des juges de paix du comté.

Les cours d'assises, plus spécialement compétentes à l'égard des crimes, même les plus graves, peuvent aussi juger tous les délits. Elles sont tenues par un juge de la haute cour. La loi fixant le maximum mais non le minimum de la pénalité, ce juge possède un pouvoir presque absolu dans l'application de la peine.

La cour centrale criminelle de Londres juge les affaires criminelles de la cité de Londres, du comté de Middlesex, et d'une partie des comté d'Essex, de Kent et de Surrey, ainsi que les crimes et délits commis en haute mer. En fait, ce sont les *aldermen*, le *recorder*, le *common sergeant*, ou syndic de la cité et les juges de la haute cour qui y siègent. La sentence doit émaner de deux magistrats au moins.

43. Il existe encore une cour d'appel au criminel (*court of criminal appeal*), de création récente, ayant pour mission de trancher les questions de droit soulevées par les affaires de la compétence des cours d'assises. Cette cour ne rend que très peu de décisions. Elle se compose d'au moins cinq juges de la haute cour (V. Glasson, *op. cit.*, t. 6, p. 386).

44. Nous retrouvons enfin la chambre des Lords constituée en cour plénière (*the Court of Our Lady the Queen in Parliament*), compétente pour connaître des crimes imputés à la reine, au prince époux, aux pairs et à leurs femmes; ainsi que des accusations solennelles poursuivies, sous forme d'*impeachment*, par la chambre des Communes, contre les ministres, les hauts fonctionnaires de l'Etat et même contre des *commoners* (Glasson, *op. cit.*, t. 6, p. 562 et suiv.; Lair, *Des hautes cours politiques*, p. 308 et suiv.).

45. L'institution du ministère public n'existe pas en Angleterre. L'*attorney general* et son auxiliaire, le *solicitor general*, sont bien chargés de poursuivre les criminels dans les cas spéciaux où l'intérêt public est engagé; mais, en fait, cas hauts personnages sont plutôt revêtus d'une dignité que chargés d'une fonction. Dans bien des cas, la partie lésée elle-même refuse d'agir. L'opinion s'est souvent émue de ce regrettable état de choses, et, bien que jusqu'ici les tentatives faites n'aient pas abouti, on peut prévoir qu'avant longtemps l'institution du ministère public sera organisée dans ce pays. La loi du 3 juill. 1879 a fait un pas dans cette voie; elle a établi, à titre d'essai, un directeur des poursuites publiques. Ce fonctionnaire est assisté de six substituts. Tous sont placés sous les ordres de l'*attorney general*. Ils doivent intervenir dans les affaires difficiles ou importantes et toutes les fois que la répression serait compromise par le refus des intéressés à poursuivre (Glasson, *loc. cit.*, p. 723 et suiv.).

46. — 2° *Allemagne.* — Le code du 27 janv. 1877, en vigueur depuis le 1er oct. 1879, établit l'unité dans l'organisation judiciaire de l'Allemagne; mais, les pouvoirs de l'Empire étant limités par la souveraineté des Etats confédérés, ce code a dû laisser aux législations particulières le soin de trancher les questions accessoires.

Après avoir étudié le droit pendant trois ans dans une université, tout candidat aux fonctions judiciaires subit un premier examen. En cas de succès, un stage de trois ans au moins s'ouvre pour lui. Il est attaché successivement à un tribunal et à un avocat-avoué; il peut aussi partager les travaux d'un membre du ministère public. Ce temps d'épreuves écoulé, il subit un second examen auquel il doit satisfaire pour être admis dans la carrière (V. pour les conditions multiples du noviciat judiciaire en Prusse, G. Picot, *La réforme judiciaire en France*, p. 443; et Léon Dubarle, *Bulletin de la société de législation comparée*, t. 7, p. 212 et suiv.). Seuls les professeurs de droit dans une université allemande sont dispensés de ces préliminaires. — Les juges sont nommés à vie, par le souverain du pays, dans tous les Etats de l'Allemagne. Ils prêtent le double serment professionnel et politique. Ils ne peuvent contre leur volonté être relevés de leurs fonctions, déplacés ou mis à la retraite, que par décision judiciaire, dans les cas prévus par la loi (tit. 1, art. 1 à 11). — Les membres du ministère public ne sont pas des fonctionnaires judiciaires, des magistrats, faisant partie du tribunal ; ce sont des représentants de l'Etat et de la société devant le tribunal. Sauf les procureurs de bailliage, ils doivent justifier de la capacité judiciaire exigée pour les fonctions de juge (art. 149 et 152).

47. Les greffiers ne sont pas des officiers ministériels propriétaires de leurs charges, mais des fonctionnaires de l'Etat. Ils touchent un traitement fixe et une indemnité de logement. L'émolument des actes qu'ils font est versé dans les caisses du Trésor. Dans tous les Etats, des conditions rigoureuses de capacité sont exigées des greffiers, et partout un stage et un examen sont imposés.

48. Au premier degré de la hiérarchie se trouvent les tribunaux de bailliage (*Amtsgericht*) qui jugent au civil, et les tribunaux d'échevins (*Schöffengericht*) qui jugent au criminel. — Le juge de bailliage juge seul. Il connaît de toutes les affaires, civiles ou commerciales, mobilières ou immobilières dont l'objet ne dépasse pas la valeur de 300 marks; et, sans limitation de valeur, des contestations entre bailleurs et locateurs, maîtres et domestiques, hôteliers ou voituriers et voyageurs, des vices rédhibitoires, des demandes fondées sur relations illégitimes, etc.

Le tribunal d'échevins se compose du juge du tribunal de bailliage qui préside, et de deux échevins qui jugent avec lui, en fait et en droit, dans les conditions d'une complète égalité. Ce tribunal a compétence sur toutes les contraventions, sur les délits punis de peines légères (trois mois de prison ou 600 marks d'amende au plus), sur ceux qui sont renvoyés devant lui par le tribunal régional, sur les poursuites exercées à la requête de la partie civile, en matière d'injures, de diffamations, de blessures ou de voies de fait. Cependant le juge de bailliage peut juger seul, sans le concours des échevins, dans trois cas déterminés par le code de procédure pénale. Les affaires déférées à cette juridiction ne sont jamais précédées d'une instruction judiciaire. L'appel est porté devant le tribunal régional. — Les fonctions d'échevins constituent un honneur et une charge. Le recrutement des échevins s'opère à l'aide de deux listes : l'une générale, dressée par le maire de chaque commune; l'autre annuelle, dressée par une commission réunie sous la présidence du juge de bailliage. Ce sont de véritables jurés. Ajoutons qu'en dehors de la justice contentieuse, les juges de bailliage sont généralement chargés d'un nombre considérable de fonctions connues en Allemagne sous l'appellation de justice volontaire. Ce sont, en réalité, des juges de droit commun, et il n'existe aucun rapport entre eux et nos juges de paix (tit. 3, art. 22 à 24 ; tit. 4, art. 25 à 57).

Les fonctions du ministère public près les tribunaux de bailliage sont exercées par un ou plusieurs procureurs de bailliage (*Amtsanwalt*). Ce sont des fonctionnaires de la police ou des employés administratifs, desquels on n'exige aucune condition de capacité. Leur compétence ne s'étend pas sur les actes préparatoires à la poursuite, dont est chargé le juge de bailliage, dans les affaires criminelles qui sont de la compétence de tribunaux autres que le tribunal d'échevins (art. 143).

49. Au-dessus du tribunal de bailliage se place le tribunal régional (*Landgericht*). Il a une organisation collégiale et se divise en chambres. Chaque tribunal possède un juge d'instruction. Sa juridiction est à la fois civile, commerciale et criminelle. — Au civil, il juge les appels formés contre les décisions des tribunaux de bailliage, tant en matière de justice volontaire qu'en matière contentieuse; et, en première instance, tous les litiges, civils ou commerciaux, dont l'intérêt est supérieur à 300 marks, les affaires concernant le statut personnel, ainsi que certaines causes qui lui sont spécialement réservées. Il ne peut statuer qu'au nombre de trois juges, y compris le président.

En Allemagne il n'existe pas de tribunaux de commerce; mais chaque Etat a le droit d'établir, près du tribunal régional, une chambre commerciale (*Kammer für Handelssachen*) appelée à connaître des instances d'une valeur supérieure à 300 marks. Cette chambre se compose d'un membre du tribunal régional, président, et de deux juges commerciaux nommés pour trois ans sur la présentation des représentants officiels des commerçants; 61 tribunaux régionaux sur 172 sont pourvus d'une chambre commerciale.

Au criminel, le tribunal régional juge, sans assistance de jurés, les appels des jugements rendus par les tribunaux d'échevins, les crimes passibles de cinq ans de travaux forcés au maximum et les délits punis de plus de trois mois de prison ou de 600 marks d'amende. Toutefois certains crimes et délits, non compris dans cette limitation, lui sont exceptionnellement dévolus. Les délits de presse et les délits politiques sont soumis aux mêmes juges que les délits de droit commun, sauf dans les Etats où ils étaient précédemment déférés au jury. La chambre criminelle juge, sans appel, au nombre de cinq juges, y compris le président. Le pourvoi en revision est seul admis; mais les condamnations ne sont encourues qu'à la majorité des deux tiers.

Le tribunal régional est maître de son roulement. C'est le *Presidium*, composé du président, des vice-présidents et du juge doyen qui y procède. Le président ne peut siéger dans une chambre autre que celle qu'il s'est attribuée avant le commencement de l'année (tit. 5, art. 58 à 78; tit. 8, art. 100 à 118).

50. La cour d'assises connaît, en principe, de tous les crimes punis de peines supérieures à cinq années de travaux forcés. Elle siège au chef-lieu du tribunal régional. Elle se compose de trois magistrats et de douze jurés. Le président et les deux assesseurs sont nommés par le premier président du tribunal supérieur, qui les choisit parmi les membres de ce tribunal ou des tribunaux régionaux du ressort. Les arrêts des cours d'assises ne peuvent être frappés que d'un recours en revision, porté devant le tribunal de l'Empire (tit. 7, art. 79 à 99).

51. Les tribunaux régionaux supérieurs (*Oberlandesgerichte*), au nombre de 28, dominent les diverses juridictions dont nous venons de nous occuper. Ils se composent d'un premier président, de présidents de chambre et de conseillers, et se divisent en chambres civiles et criminelles. Les jugements sont rendus par cinq juges, président compris. En cas d'empêchement, le remplacement se fait par un collègue du magistrat empêché, et au besoin par un juge d'une juridiction inférieure. En Allemagne, l'institution des juges suppléants n'existe pas.

Au civil, les tribunaux supérieurs jugent les appels formés contre les jugements des tribunaux régionaux rendus en première instance et les pourvois formés contre les décisions des mêmes tribunaux rendues en première instance ou sur pourvoi.

Au criminel, ils constituent des tribunaux de cassation. Dans les Etats où se trouvent plusieurs tribunaux supérieurs, la compétence criminelle peut être exclusivement attribuée à l'un d'eux, en vue de l'unité de la jurisprudence. Ces tribunaux jugent les recours en revision formés contre les jugements des chambres criminelles des tribunaux régionaux jugeant en appel; les recours en revision formés contre les jugements en première instance des chambres criminelles des tribunaux régionaux, si le recours est fondé exclusivement sur la violation d'une règle de droit établie par les lois du pays; les pourvois contre les décisions rendues en matière criminelle en première instance, si la chambre criminelle du tribunal régional n'est pas compétente, et contre les décisions des chambres criminelles des tribunaux régionaux rendues dans le cours d'une procédure en pourvoi et d'une procédure d'appel. Les tribunaux supérieurs sont, en outre, investis d'une haute mission; ils peuvent, à la demande de la partie lésée, en cas d'inaction du ministère public, ordonner que l'action publique soit mise en mouvement (tit. 8, art. 119 à 124).

52. Les fonctions du ministère public sont exercées près les tribunaux régionaux supérieurs, les tribunaux régionaux et les cours d'assises par un ou plusieurs procureurs d'Etat (*Staatsanwalt*) (art. 143).

53. Le tribunal de l'Empire (*Reichsgericht*) est placé à la tête de la hiérarchie judiciaire. C'est un corps fédéral dont les membres, nommés par l'empereur, sur la présentation du Conseil fédéral, se recrutent dans tous les Etats de l'Allemagne. Il se divise en cinq chambres civiles et quatre chambres criminelles. Aucun juge d'une autre juridiction ne peut être appelé à remplacer un de ses membres empêchés. Il siège à Leipzig. Les jugements sont rendus par sept juges y compris le président, à la majorité des voix; mais tout membre de la minorité a le droit d'insérer dans le dossier une note motivée dans laquelle il constate son vote. — Au civil, il connaît des recours en revision formés contre les arrêts définitifs des tribunaux supérieurs pour violation ou fausse application d'une loi, pourvu que cette loi soit une loi fédérale ou une loi dont l'application s'étende au delà du ressort du tribunal supérieur qui a prononcé. En cas d'admission du pourvoi, la cause est renvoyée devant le même tribunal, qui est lié en droit par la décision de la cour fédérale. — Au criminel, le tribunal d'Empire juge les pourvois en revision formés contre les jugements rendus en première instance par les tribunaux régionaux pour violation ou fausse application d'une loi fédérale ou commune à plusieurs Etats, et les pourvois contre les décisions des cours d'assises, quelle que soit la loi dont l'application est attaquée. S'il y a cassation, l'affaire est renvoyée devant le tribunal qui a statué; mais le tribunal d'Empire peut, dans certains cas, juger le fond. On le voit, ce tribunal est institué pour assurer dans toute l'Allemagne l'unité de droit et de jurisprudence. — Sa compétence s'étend en outre à certaines matière spéciales: il règle notamment les conflits; il tranche, comme juge d'appel, les questions relatives à la délivrance des brevets d'invention, etc. — Mais il a encore une autre mission: celle de juger, sans jury, les attentats contre la sûreté et l'unité de l'Empire allemand. Il devient alors haute cour de justice. Un des conseillers fait l'instruction; la première chambre fonctionne comme chambre du conseil, la deuxième et la troisième statuent. — Les fonctions du ministère public sont remplies par un procureur supérieur de l'Empire (*Oberreichsanwalt*) et par un ou plusieurs procureurs de l'Empire (*Reichsanwalt*) (art. 143) (tit. 9, art. 125 à 141). V. Lair, *loc. cit.*, p. 342.

54. — 3° *Italie.* — L'Italie, au point de vue judiciaire, se divise en ressorts de cours d'appel; les ressorts se subdivisent en arrondissements relevant d'un tribunal civil et correctionnel; les arrondissements, en prétures, et les prétures, en communes.

Ainsi qu'on l'a vu *suprà*, v° *Cassation*, n° 10, cinq cours de cassation fonctionnent en Italie: à Turin, Florence, Naples, Palerme et Rome. Par application de la loi du 6 déc. 1888, *Ann. de lég. étr.*, 1889, p. 512, la cour de cassation de Rome connaît de toutes les affaires pénales du royaume. C'est également cette cour qui élit chaque année cinq de ses membres pour former la commission consultative chargée d'exprimer un avis sur les nominations de magistrats. Chacune de ces innovations constitue un acheminement vers une cour de cassation unique.

55. Les cours d'appel sont constituées comme les nôtres et sont investies des mêmes attributions. Il y a cependant deux particularités à signaler: le président du tribunal civil ou, à son défaut, le plus ancien vice-président, peut être appelé à compléter la cour; en second lieu, le parquet comprend, outre le procureur général, les avocats généraux et les substituts du procureur général, des substituts adjoints du procureur général. Ces magistrats, spéciaux à l'Italie, ont rang de procureurs du roi.

56. Les cours d'assises se composent de magistrats, juges du point de droit, et de quatorze jurés, juges du point de fait. Le président est un conseiller de la cour et les assesseurs sont empruntés au personmel du tribunal civil et correctionnel du siège des assises.

57. Les tribunaux civils et correctionnels ne diffèrent point de ceux de France. Seulement la composition des chambres est arrêtée chaque année par décret royal; et lorsqu'une chambre ne peut se compléter par l'adjonction d'un juge emprunté à une autre chambre, on a recours à un préteur ou à un vice-préteur lauréat ès lois.

58. Les tribunaux de commerce ont été supprimés par la loi du 25 janv. 1888 (*Ann. de lég. étr.*, 18e année, p. 51). Les affaires de leur compétence rentrent actuellement dans les attributions des tribunaux civils et correctionnels.

59. Le préteur a juridiction sur un *mandamento* ou canton. Il juge en matière civile, commerciale et pénale. Sauf dans les villes, il est également officier de police judiciaire. Il connaît de toutes actions civiles et commerciales jusqu'au taux de 1500 *lire*; des demandes d'aliments, si la prestation en litige n'excède pas une valeur annuelle de 200 *lire*; des actions en dommages aux propriétés immobilières, clôtures et fruits; des actions possessoires, etc. On peut adjoindre au préteur un ou plusieurs vice-préteurs. Ceux-ci le remplacent par rang d'ancienneté. Le président du tribunal peut, au besoin, déléguer à ces fins un auditeur ou un autre vice-préteur. Le ministère public est représenté près les prétures par des adjoints judiciaires, des auditeurs, des juges suppléants, des délégués de la sûreté publique, par le syndic, le vice-syndic ou par un membre du conseil municipal de la commune.

60. Dans chaque commune, il y a un conciliateur chargé de concilier les plaideurs et de juger les actions mobilières et personnelles, civiles ou commerciales, dont la valeur n'excède pas 30 *lire*, ainsi que les contestations relatives aux baux de biens immobiliers, si le fermage pour toute la durée du bail ne dépasse pas ladite somme. Le conciliateur est nommé par le roi sur une liste de trois candidats désignés par le conseil municipal; ses fonctions sont purement honorifiques. Il est remplacé, en cas d'absence ou d'empêchement, par le conciliateur d'une autre commune du canton ou par le préteur. Ce fonctionnaire n'appartient pas à l'ordre judiciaire proprement dit.

61. Il existe en Italie un stage qui conduit aux fonctions judiciaires; ce stage consiste dans l'auditorat. Le nombre des auditeurs est fixé par décret. On n'est auditeur qu'après les épreuves d'un concours ouvert entre les lauréats ès lois. Chaque année, le ministre de la justice forme à cet effet une commission composée de fonctionnaires de l'ordre judiciaire, de professeurs de droit et d'avocats en exercice. Les auditeurs sont répartis dans les cours, tribunaux et parquets. Ils suivent les audiences, s'occupent des travaux qui leur sont confiés et peuvent être désignés par le procureur général pour remplir les fonctions du ministère public. Après six mois de stage, un décret royal peut encore les appeler à exercer les fonctions de vice-préteur. Mais, pour être admis à la préture ou aux fonctions d'adjoint judiciaire (*aggiunto giudiziario*), l'auditeur doit passer un examen pratique. Cet examen ne peut être subi qu'au bout d'un an pour la préture, et qu'après trois années d'auditorat pour la fonction d'adjoint judiciaire. Il est subi devant une commission spéciale composée d'un président de chambre, de deux conseillers, d'un avocat général et d'un substitut du procureur général. Les *aggiunti giudiziari* sont répartis dans les tribunaux et parquets selon les besoins du service. Ils ont voix délibérative lorsqu'ils remplacent un juge titulaire ou qu'ils sont chargés d'un rapport. Une décision ministérielle peut les attacher à un parquet, ce qui leur permet d'exercer toutes les fonctions du ministère public.

62. Les auditeurs ont le droit d'être nommés préteurs; on peut encore appeler à ces fonctions les vice-préteurs, ainsi que les avocats, avoués et notaires, lauréats ès lois, mais tous après un certain nombre d'années d'exercice. — Les juges se recrutent parmi les substituts du procureur du roi et les préteurs, après un an d'exercice; les *aggiunti giudiziari*, les avocats et les avoués, après un exercice effectif dont la durée est fixée par la loi. — Peuvent aspirer à entrer dans les cours: les présidents de tribunaux civils; les vice-présidents, après deux ans d'exercice; les avocats et les professeurs de droit en exercice depuis plus de dix ans.

63. La constitution consacre le principe de l'inamovibilité; mais l'art. 199 du règlement du 6 déc. 1865, tout en reconnaissant l'inamovibilité pour le grade, le refuse pour le siège. « Toutefois, ajoute cet article, pour les besoins du service, les magistrats peuvent être déplacés et transférés d'une cour ou d'un tribunal à une autre cour ou à un autre tribunal, avec même grade et même traitement ». — Ce régime, qui prêtait à l'arbitraire, a dû être modifié. Le décret du 4 janv. 1880 (*Ann. de législ. étr.*, 10e année, p. 306 et suiv.) a institué une commission consultative chargée d'exprimer un avis sur les nominations des magistrats. Elle se compose de quatre conseillers de la cour de cassation et d'un membre du parquet de la même cour, élus chaque année en assemblée générale. Cette commission donne son avis sur les nominations et les promotions des magistrats, sauf les cas pour lesquels la loi prescrit une délibération du conseil des ministres; elle donne également son avis sur leur déplacement d'un siège à l'autre avec même grade et même traitement. S'il s'agit de déplacer un magistrat sans son consentement, la commission doit recevoir les explications orales ou écrites de ce magistrat.

64. Les parquets empruntent leur personnel aux *aggiunti giudiziari*, aux avocats, aux professeurs de droit, aux fonctionnaires du ministère de la justice ou aux fonctionnaires qui ont exercé les attributions du ministère public ou au contentieux des finances près des tribunaux militaires. La loi du 28 nov. 1875 (*Ann. de lég. comp.*, 5e année, p. 567 et suiv.) a supprimé certaines attributions du ministère public. En vue d'augmenter, sans accroissement de dépenses, le personnel de l'administration du contentieux financier chargé spécialement de représenter et de défendre l'Etat dans les procès où il est partie, elle a rendu facultative la présence du ministère public aux audiences civiles, sauf dans les questions relatives au mariage et dans les cas où il procède par voie d'action. Cette innovation a permis de réduire le nombre des officiers du ministère public, et de disposer des fonctionnaires devenus ainsi disponibles pour réorganiser l'administration du contentieux financier (V. sur l'organisation judiciaire en Italie, les communications faites à la Société de législation comparée par MM. Cartier, *Bull. de la Soc. de lég. comp.*, t. 3, p. 193 et suiv., et Bernard, *ibid.*, t. 6, p. 258 et suiv). V. aussi O. Beauregard, *Législation italienne*, p. 51 et suiv.

65. La juridiction politique appartient au Parlement. Le Sénat peut être constitué en cour de justice par un décret du roi : 1° pour juger les ministres accusés par la Chambre des députés; 2° pour connaître des crimes de haute trahison et d'attentat à la sûreté de l'Etat. Ajoutons que le Sénat est seul compétent pour juger les délits imputés à ses membres (Lair, *loc. cit.*, p. 330 et suiv.).

66. — 4° *Belgique.* — La Belgique, réunie à la France par suite des victoires de la Révolution, a conservé, comme l'a fait remarquer M. Alexandre Duverger, dans sa communication à la société de législation comparée (*Bulletin*, t. 10, p. 127), un attachement profond pour les principes fondamentaux de notre droit public. Aussi, après les événements de 1830, le congrès national n'a-t-il pas hésité à revenir, en principe, à l'organisation judiciaire de 1810, et à lui donner la consécration constitutionnelle, mais avec plus de garanties. Le chapitre 3 de la constitution est consacré au pouvoir judiciaire. Aux termes des art. 99 et suiv., les juges de paix et les juges des tribunaux sont directement nommés par le roi. Les conseillers des cours d'appel et les présidents et vice-présidents des tribunaux de première instance de leur ressort sont nommés par le roi, sur deux listes doubles, présentées : l'une, par ces cours; l'autre, par les conseils provinciaux. Les conseillers de la cour de cassation sont nommés par le roi, sur deux listes doubles, présentées : l'une, par le sénat; l'autre, par la cour de cassation. Dans les deux cas, les candidats portés sur une liste peuvent également être portés sur l'autre. Toutes les présentations sont rendues publiques, au moins quinze jours avant la nomination. Les cours choisissent dans leur sein leurs présidents et vice-présidents. Les juges sont nommés à vie. Aucun juge ne peut être privé de sa place ni suspendu que par un jugement. Le déplacement d'un juge ne peut avoir lieu que par une nomination nouvelle et de son consentement. Le roi nomme et révoque les officiers du ministère public près des cours et des tribunaux. — La loi d'organisation judiciaire actuellement en vigueur est celle du 18 juin 1869. Tout citoyen nommé à une fonction de l'ordre judiciaire est tenu de prêter, dans le mois de sa nomination, le serment prescrit par le décret du 20 juill. 1831 : « Je jure fidélité au roi, obéissance à la constitution et aux lois du peuple belge ». Les premiers présidents des cours de cassation et d'appel et les procureurs généraux près ces cours prêtent ce serment entre les mains du roi, en personne ou par écrit; les autres magistrats le prêtent, lors de leur réception, entre les mains du président de la cour ou du tribunal (art. 186 à 188). — Aucun juge ne peut accepter du gouvernement des fonctions salariées, à moins qu'il ne les exerce gratuitement, et sauf les cas d'incompatibilité déterminés par la loi (art. 103 de la constitution). Or, les cas d'incompatibilité sont énumérés dans les art. 174 à 179 de la loi de 1869. — Les parents et alliés, jusqu'au degré d'oncle et de neveu inclusivement, ne peuvent être simultanément, à quelque titre que ce soit, membres d'un même tribunal ou d'une même cour, sans une dispense du roi. Il ne peut être accordé de dispense dans les tribunaux composés d'une seule chambre (art. 180). — En toute matière, le juge ou l'officier du ministère public doit s'abstenir, sous telle peine disciplinaire que de droit, s'il est parent ou allié de l'avocat, de l'avoué ou du mandataire de l'une des parties en ligne directe, ou au second degré en ligne collatérale (art. 185). — Enfin dans les cours et tribunaux, le roulement annuel est fait par le premier président ou le président, de manière que chaque chambre soit renouvelée intégralement en trois années et, autant que possible, par tiers (art. 194).

67. — A. *Des justices de paix.* — Il y a un juge de paix et deux suppléants dans chaque canton judiciaire. Nul ne peut être juge de paix s'il n'est âgé de ving-cinq ans accomplis et s'il n'a obtenu le grade de docteur en droit. La compétence des tribunaux belges en matière civile est réglée par la loi du 25 mars 1841, et par celle du 25 mars 1876 (V. *suprà*, v° *Compétence civile des juges de paix*, n° 7). Les juges de paix connaissent également des affaires de simple police, et en outre, des délits de vagabondage et de mendicité; d'une certaine catégorie d'injures et de délits ruraux; des contraventions en matière de grande voirie, de roulage, de messagerie et de barrière; des contraventions aux arrêtés pris en matière de poids et mesures; des infractions aux règlements provinciaux (V. les art. 139 et suiv. c. instr. crim.; les lois des 1er mai 1849 et 6 mars 1866), ainsi que des délits qu'il suffit de punir d'une peine de simple police et que la chambre du conseil leur renvoie à cet effet (Art. 4 de la loi du 4 oct. 1867). Quant aux tribunaux de police municipale, ils n'ont plus d'existence en Belgique. — Les fonctions du ministère public près le tribunal de police sont remplies par le commissaire de police dans les lieux où il en est établi, et, dans les autres, par le bourgmestre, qui peut se faire remplacer par un échevin. — Il y a, dans chaque justice de paix, un greffier qui est nommé et peut être révoqué par le roi. Il doit être âgé de vingt-cinq ans accomplis. Il remplit ces fonctions au tribunal de simple police.

68. — B. *Des tribunaux de première instance.* — Il y a un tribunal de première instance par arrondissement judiciaire. Les présidents et les vice-présidents doivent être âgés de vingt-sept ans accomplis et justifier d'un exercice d'au moins cinq ans, soit dans les fonctions judiciaires, soit au barreau, soit dans l'enseignement officiel du droit. Pour les fonctions de juge, juge suppléant et procureur du roi, il faut également vingt-sept ans d'âge et un exercice minimum de deux ans dans les conditions qui viennent d'être indiquées. Les substituts peuvent être nommés à vingt et un ans, s'ils présentent d'ailleurs les garanties d'expérience exigées des autres magistrats. Tous doivent être docteurs en droit. Il y a un ou plusieurs juges d'instruction près chaque tribunal; ils sont choisis par le roi parmi les juges du tribunal, pour trois ans. Les tribunaux sont divisés en trois classes. — Le taux du dernier ressort est fixé, ainsi qu'on l'a vu *suprà* (v° *Compétence civile des tribunaux d'arrondissement et des cours d'appel*, n° 2), à 2500 fr. Quant aux actions réelles immobilières, on détermine la valeur de la cause en multipliant le montant du revenu cadastral par le multiplicateur que le gouvernement détermine périodiquement pour la perception des droits de succession et de mutation par décès (L. 25 mars 1876, art. 32). — Au criminel, ils jugent les appels des jugements de simple police, les délits et les crimes que la chambre du conseil ou la chambre des mises en accusation leur renvoie quand il y a lieu de ne prononcer qu'une peine correctionnelle, à raison soit d'une excuse, soit de circonstances atténuantes, et dans les cas où le prévenu est mineur de seize ans ou sourd-muet (V. les art. 179 et suiv., c. instr. crim., et la loi du 4 oct. 1867). Les tribunaux civils et correctionnels ne peuvent rendre de jugement qu'au nombre fixe de trois juges, y compris le président.

— Il y a, dans chaque tribunal de première instance, un greffier, qui est nommé et peut être révoqué par le roi. Il est assisté d'un ou plusieurs greffiers adjoints. Nul ne peut être nommé greffier s'il n'est âgé de vingt-cinq ans accomplis et s'il n'est docteur en droit, ou s'il n'a rempli pendant dix ans les fonctions de greffier adjoint d'une cour ou d'un tribunal de première instance, ou de greffier d'une justice de paix. Les greffiers adjoints doivent avoir vingt et un ans accomplis. Ils sont nommés par le roi sur deux listes doubles, présentées : l'une, par le président et l'autre, par le greffier du tribunal.

69. — C. *Tribunaux de commerce.* — Les tribunaux de commerce sont au nombre de quatorze. Dans les arrondissements où il n'en existe pas, c'est le tribunal de première instance qui exerce la juridiction commerciale, sans l'assistance du ministère public. Tout commerçant ou ancien commerçant peut être nommé juge ou juge suppléant, s'il est âgé de vingt-cinq ans accomplis et s'il exerce ou a exercé le commerce avec honneur et distinction pendant cinq ans. Le président et le vice-président doivent être âgés de vingt-sept ans; ils ne peuvent être choisis que parmi les juges et les anciens juges. Les membres des tribunaux de commerce sont élus dans une assemblée composée de commerçants payant au Trésor, du chef de leur patente, la somme de 42 fr. 32. De plus, pour être inscrit sur la liste des électeurs, il faut figurer sur la liste électorale pour la nomination des conseillers communaux. Les juges consulaires sont institués par le roi. Leurs fonctions durent deux ans; mais ils sont rééligibles pour un second terme de deux années. Ils ne peuvent ensuite être réélus qu'après un an d'intervalle. Ils jugent en dernier ressort jusqu'au taux de 2500 fr., ainsi qu'il a été dit *suprà*, vº *Compétence civile des tribunaux d'arrondissement et des cours d'appel*, nº 2. Ils ne peuvent rendre de jugement qu'au nombre fixe de trois juges, y compris le président. Ne sont admis à plaider comme fondés de pouvoirs que les avocats, les avoués et les personnes que le tribunal agrée spécialement dans chaque cause. — Outre le greffier, il y a, dans les tribunaux composés de deux chambres, un greffier adjoint. Il doit être âgé de vingt-cinq ans accomplis et être docteur en droit. Il est nommé et il peut être révoqué par le roi. Les commis greffiers sont nommés par le tribunal sur la présentation du greffier.

70. — D. *Cours d'appel.* — Il y a trois cours d'appel: celles de Bruxelles, de Gand et de Liège. Nul ne peut être président ou procureur général, s'il n'est âgé de trente ans; conseiller ou avocat général, s'il n'a vingt-sept ans; substitut du procureur général, s'il n'a vingt-cinq ans accomplis. Tous doivent être docteurs en droit et avoir suivi le barreau, occupé des fonctions judiciaires ou enseigné le droit dans une université de l'Etat, pendant au moins cinq ans. Chaque cour d'appel a une ou plusieurs chambres civiles et une chambre correctionnelle. Elles ne peuvent juger qu'au nombre fixe de cinq conseillers, y compris le président. Toutefois, afin d'éviter l'encombrement, une loi de 1878 divise les chambres des cours en sections pour le jugement des affaires électorales. La cour se compose alors de trois conseillers au lieu de cinq; et elle est autorisée à siéger sans l'assistance du ministère public. La loi du 26 juill. 1879 et celle du 15 mars 1880 (*Ann. de lég. étr.*, 10e année, p. 382) ont encore édicté d'autres mesures en vue de la prompte expédition de ces sortes d'affaires. — Le greffier, qui porte le titre de greffier en chef, est assisté d'un ou de plusieurs greffiers adjoints. Il doit être âgé d'au moins vingt-sept ans et avoir le grade de docteur en droit. Les greffiers adjoints doivent avoir vingt et un ans accomplis et être docteurs en droit, ou avoir rempli, pendant cinq ans, les fonctions de greffier d'une justice de paix, de greffier adjoint d'un tribunal de première instance ou de secrétaire du parquet. Le greffier en chef et les greffiers adjoints sont nommés par le roi; ils peuvent être révoqués. Les greffiers adjoints sont nommés sur deux listes doubles, présentées : l'une, par le premier président; l'autre, par le greffier en chef.

71. — E. *Des assises.* — En principe, les assises se tiennent, tous les trois mois, au chef-lieu de chaque province. — La cour d'assises est composée : d'un membre de la cour d'appel, délégué à cet effet par le premier président, et qui est le président de la cour d'assises; de deux juges pris parmi les présidents et les juges les plus anciens du tribunal de première instance du lieu de la tenue des assises, ou d'un ou plusieurs membres de la cour d'appel délégués par ladite cour; du procureur général ou de l'un de ses substituts dans la province où siège la cour d'appel, et, dans les autres provinces, du procureur du roi ou de l'un de ses substituts près le tribunal de première instance du lieu de la tenue des assises, à moins que le procureur général ne se réserve de porter lui-même la parole ou ne délègue l'un de ses substituts près la cour; enfin du greffier du même tribunal. — La cour d'assises ne peut rendre arrêt qu'au nombre fixe de trois juges, y compris le président. Le verdict émane de douze jurés. Aux termes de l'art. 98 de la constitution, le jury est établi en toute matière criminelle, et pour les délits politiques et de la presse.

72. Toute affaire dont les débats paraissent devoir se prolonger durant plus de quinze audiences est portée devant les assises organisées par la loi du 15 mars 1878 (*Ann. de lég. étr.*, 8e année, p. 438 et suiv.). La cour d'appel en assemblée générale, à la requête du procureur général ou ce magistrat entendu, désigne les affaires auxquelles il y a lieu de faire application de cette loi. Elle indique en même temps le jour où les assises s'ouvriront. Le premier président délègue, en même temps que le conseiller qui présidera la cour d'assises, un second membre de la cour qui sera le président suppléant. Il est adjoint aux assesseurs deux assesseurs suppléants. Les suppléants assistent aux débats; ils remplacent les titulaires en cas d'empêchement et ne se retirent que lorsque le jugement a été rendu. Indépendamment des douze jurés de jugement, on tire au sort quatre jurés suppléants au moins, six au plus.

73. — F. *De la cour de cassation.* — La cour de cassation siège à Bruxelles. Elle est composée d'un premier président, d'un président de chambre et de quinze conseillers. Les fonctions du ministère public sont exercées par un procureur général et deux avocats généraux. Nul ne peut être président ou procureur général, s'il n'a trente-cinq ans accomplis, s'il n'est docteur en droit et s'il n'a suivi le barreau, occupé des fonctions judiciaires ou enseigné le droit dans une université de l'Etat, pendant au moins dix ans. Les conseillers et avocats généraux peuvent être nommés à l'âge de trente ans, s'ils réunissent les conditions indiquées ci-dessus.

La cour de cassation se divise en deux chambres. La première chambre connaît des pourvois en matière civile, et la seconde, des pourvois en matière criminelle, correctionnelle et de police, ainsi que des autres affaires dont la loi attribue la connaissance à la cour de cassation. Les conflits d'attribution sont jugés chambres réunies. Les arrêts ne peuvent être rendus que par sept conseillers, y compris le président. La cour de cassation ne connaît pas du fond des affaires, sauf le jugement des ministres. C'est en effet devant elle que la chambre des représentants a le droit d'accuser et de traduire les ministres; elle seule a qualité pour les juger, chambres réunies, au nombre de quatorze membres au moins. — Le greffier en chef et les greffiers adjoints sont nommés de la même manière que ceux des cours d'appel. Nul ne peut être nommé greffier en chef ni greffier adjoint, s'il n'est docteur en droit et âgé, le greffier en chef de trente ans, le greffier adjoint de vingt-cinq ans accomplis.

74. — G. *Emploi de la langue flamande en matière répressive.* — La loi qui règle actuellement cette matière est celle du 3 mai 1889 (*Ann. de lég. étr.*, 19e année, p. 501). Mieux encore que la précédente (L. 17 août 1873), elle atteint le but poursuivi : « la justice en flamand dans les pays flamands, pour les inculpés flamands ».

75. — 5º *Espagne.* — L'organisation judiciaire de ce pays résulte de la loi du 15 sept. 1870, modifiée par celle du 14 oct. 1882 (*Ann. de lég. étr.*, 1883, p. 699 et suiv.). — La justice est rendue par les juges municipaux (*jueces municipales*), les juges d'instruction (*jueces de instruccion*), les tribunaux d'arrondissement (*tribunales de partido*), les audiences (*audiencias*) et le tribunal suprême.

76. Les juges municipaux peuvent, à cause de leurs attributions, être comparés à nos juges de paix. Aucune condition d'aptitude n'est exigée d'eux; mais leurs fonctions sont temporaires et ils ne font point partie de la magistrature proprement dite. Il y a un procureur municipal dans chaque justice municipale.

77. Chacune des circonscriptions entre lesquelles se partage tout arrondissement judiciaire possède un juge d'instruction. Ce magistrat est chargé des instructions criminelles; il exécute, en outre, les délégations qui lui sont adressées en matière civile. Il ne fait pas partie du tribunal et sa situation hiérarchique est inférieure à celle des juges.

78. Dans chaque arrondissement se trouve un tribunal composé de trois juges y compris le président. Mais un jugement peut être valablement rendu par deux juges. Les tribunaux établis dans les chefs-lieux de province et dans les villes d'une population de plus 20 000 âmes forment la première classe; tous les autres forment la seconde. — La réforme de 1882 a supprimé les procureurs du roi près les tribunaux de première instance (*promotores fiscales*). En principe, les procureurs généraux des cours sont chargés directement, par eux-mêmes ou par leurs auxiliaires, des fonctions du ministère public en matière civile.

79. Les *audiencias* constituent de véritables cours d'appel. Elles sont au nombre de quinze et forment deux classes. Celle de Madrid compose seule la première classe. Toute *audiencia* se divise en chambres ou sections dont le nombre est variable. Chaque chambre se compose de cinq magistrats, dont un président. L'arrêt doit être rendu par trois d'entre eux au moins. Un président de chambre, désigné par le gouvernement, remplit les fonctions de premier président. Chaque membre de l'audience est appelé, à tour de rôle, à présider pendant quelques jours un des tribunaux des arrondissements du ressort. Le roulement est arrêté, chaque année, par le ministre de la justice sur la proposition de la *sala de gobierno*, commission composée du président, des présidents de chambre et du chef du parquet, assistés d'un greffier spécial. — Dans chaque cour territoriale, il existe une chambre criminelle chargée de la justice répressive. Elle siège ordinairement dans la capitale de la province; mais elle peut aussi constituer accidentellement un tribunal dans d'autres villes pour faciliter la solution des procès. Les fonctions du ministère public sont exercées par un procureur général, un avocat général et un certain nombre de substituts.

80. Aux termes de la loi du 8 janv. 1879 sur l'exercice de la liberté de la presse (*Ann. de lég. étr.*, 1880, p. 404 et suiv.), tous les délits de presse sont portés devant un tribunal composé d'un président de chambre et de deux magistrats du tribunal dans le ressort duquel se publie le journal. Les membres de ces tribunaux, appelés tribunaux de presse, sont nommés par le gouvernement. A Madrid, à Barcelone, et partout où le nombre des journaux l'exige, il existe un procureur de presse nommé par le ministre de l'intérieur. Ailleurs, ces fonctions sont remplies par un substitut ou un avocat désigné; et, là où il n'y a pas de tribunal, par le juge d'instruction.

81. Le tribunal suprême, siégeant à Madrid, se compose d'un président, de quatre présidents de chambre, et de vingt-huit conseillers appelés ministres. Les fonctions du ministère public sont remplies par un procureur général, aidé d'un avocat général et de huit substituts.

82. L'entrée dans la carrière judiciaire a lieu par la fonction de juge d'instruction, accordée aux aspirants, sans préjudice du tour réservé aux avocats. Il existe, en effet, un corps d'aspirants recruté par la voie du concours. Pour être admis à concourir, il faut être Espagnol, licencié en droit, être âgé de vingt-trois ans et avoir obtenu un certificat d'admission délivré, après enquête, non par le ministre de la justice, mais par le président de l'*audiencia*. En cas de refus, le candidat peut se pourvoir devant la *junta de ejamen y de calificacion* qui statue en dernier ressort. C'est également devant cette commission que le concours a lieu. Elle se compose de quatre magistrats, de quatre membres du barreau, de deux professeurs de droit de l'université de Madrid et d'un secrétaire nommé par le gouvernement sur une liste de trois candidats proposés par la commission. Les décisions sont prises à la majorité des deux cinquièmes des votants. La commission dresse la liste par ordre de mérite des candidats déclarés aptes aux fonctions judiciaires. Le corps des aspirants se divise en autant de corporations (*collegios de aspirantes a la judicatura*) qu'il y a de cours, et ces corporations sont sous la dépendance des présidents desdites cours. Les aspirants résident dans les capitales de leur corporation et se livrent aux travaux dont ils sont chargés par les chefs de la cour; ils aident les substituts, les greffiers et ils les remplacent au besoin. Après un an d'exercice, ils peuvent suppléer les juges des tribunaux d'arrondissement. Ils assistent aux audiences et ils sont autorisés, s'ils en ont le loisir, à exercer en même temps la profession d'avocat. En cas de faute grave, ils peuvent être déférés à la commission *de calificacion*, qui a le droit de prononcer la peine de la prorogation pendant trois mois ou l'exclusion définitive. Sauf ce cas, le rang obtenu à la suite du concours est acquis et sert à fixer le tour de nomination; quand ce tour est arrivé, le gouvernement ne peut refuser à l'aspirant un siège de juge d'instruction. Mais à côté du rang, il y a la part du choix. Ainsi, sur trois places de juges d'instruction vacantes, la première est donnée à l'aspirant le plus ancien, tandis que la seconde peut être accordée à un greffier ou à un sous-greffier d'une cour criminelle ou à un fonctionnaire en disponibilité; et la troisième, à l'un des aspirants les plus recommandés par le comité de classement ou à un avocat ayant au moins quatre années d'exercice effectif. Quand la nomination n'a pas lieu au choix, on doit toujours suivre l'ordre de mérite.

83. Il est dressé tous les ans un tableau par ordre d'ancienneté des magistrats assis de chaque grade et l'avancement se donne alternativement ou à l'ancienneté, ou au choix. Le choix peut porter soit sur un juge inférieur, qui n'est pas le plus ancien, soit sur un membre du parquet, soit sur un greffier, soit sur un fonctionnaire en disponibilité, soit sur un avocat, soit (pour les cours) sur un professeur de droit. C'est seulement pour le recrutement des magistrats de l'ordre le plus élevé que l'ancienneté perd ses droits; encore les choix ne peuvent-ils s'exercer que dans les catégories de personnes formellement spécifiées par la loi et réunissant les conditions déterminées.

84. Les juges sont inamovibles : ils ne peuvent être destitués, suspendus ou changés que dans les cas et de la manière indiquée par la loi (V. Constit. du 30 juin 1876, art. 79, *Ann. de lég. étr.*, 1877, p. 414 et suiv.). Les magistrats, à l'exception de ceux de Madrid, ne peuvent rester plus de huit ans dans la même ville; ils doivent, à l'expiration de ce délai, être appelés à un poste de leur grade dans un autre siège. Ils ne peuvent non plus continuer à exercer leurs fonctions dans un arrondissement où ils contractent mariage, où ils achètent, eux, leurs femmes ou leurs parents en ligne directe, des propriétés rurales ou urbaines.

85. Les officiers du ministère public se recrutent d'après le même principe que les autres membres du corps judiciaire. Leur avancement est réglé de la même manière. Sauf les chefs des parquets du tribunal suprême et des audiences, ils ne sont destitués, suspendus ou mis à la retraite que dans les cas prévus et selon les formes édictées par la loi.

Les chefs des parquets n'ont que le rang et le traitement des présidents de chambre.

86. Les places de greffiers et de sous-greffiers s'obtiennent également au concours. Ces fonctionnaires peuvent devenir juges après un certain temps d'exercice.

87. Les Cortès ont pour mission « de rendre effective la responsabilité des ministres ». L'accusation appartient à la Chambre des députés, et le jugement au Sénat; mais cette juridiction est spéciale aux ministres. C'est le tribunal suprême siégeant à Madrid qui connaît en premier et en dernier ressort des délits commis par les hauts fonctionnaires, les évêques, les princes de la famille royale, les présidents de la Chambre des députés et du Sénat (V. Lair, *loc. cit.*, p. 333).

88. — 6° *Suède*. — Pour étudier des diverses juridictions de ce pays, il faut distinguer entre les campagnes et les villes. — En ce qui concerne les campagnes, on rencontre d'abord le tribunal de district (*Haeradsraett*) composé d'un juge et de douze jurés. L'opinion du juge ne prévaut qu'autant que les jurés ne sont pas unanimes. Ce tribunal siège trois fois par an. Il peut même être convoqué extraordinairement, en cas de besoin, mais avec l'autorisation de la cour supérieure. Il juge au civil et au criminel. La deuxième juridiction est la *Lagmansraett*, tribunal de gouvernement, composé d'un juge et de dix assesseurs ou jurés. Ces derniers sont consultés par le juge; mais leur opinion ne l'emporte sur la sienne que si elle est unanime.

89. Dans les villes, le tribunal de première instance (*Kaemmersraett*) juge également toutes les affaires civiles et criminelles. Il est composé d'un président et de trois assesseurs élus. Les appels sont portés devant le *Raodhusraett*, composé du bourgmestre assisté de quatre assesseurs ou plus. Dans quelques petites villes où il n'y a pas de tribunal de première instance, le *Raodhusraett* connaît directement de toutes les affaires.

90. Le troisième degré de juridiction est le *Hofraett*, cour supérieure. Il y a trois cours supérieures. Elles se composent d'un président, de deux ou de huit conseillers, de quatre ou de douze assesseurs. Les conseillers ont deux voix et les assesseurs une. Les cours supérieures ne jugent en première instance que les affaires concernant les nobles et les crimes politiques.

91. Un *tribunal suprême*, composé de douze à dix-huit conseillers de justice, domine ces trois juridictions. Il offre quelque analogie avec notre cour de cassation. Le roi peut prendre part aux décisions de ce tribunal; dans ce cas, il dispose de deux voix. L'action publique y est exercée par le ministre de la justice, le procureur général du roi et ses subordonnés, et par le procureur général de la Diète.

92. L'institution du ministère public n'existe pas en matière civile. En matière criminelle, la poursuite et l'accusation sont exercées par le chancelier de justice et ses délégués, qui peuvent ordonner l'arrestation et la détention préventive des inculpés. Le procureur général du roi et les procureurs fiscaux sous ses ordres ont la surveillance des tribunaux. Le procureur général de la Diète est nommé par les Chambres; il est chargé de surveiller en leur nom tous les services administratifs et judiciaires du royaume; il peut assister, mais sans y prendre part, aux délibérations des cours et tribunaux. Tout juge coupable de faute grave ayant causé préjudice à un justiciable, ou de forfaiture, peut et doit être poursuivi. S'il est membre du tribunal suprême, la poursuite a lieu devant la *Riksraett* ou *cour du royaume*, composée du président et des deux plus anciens membres de la cour supérieure de Stockholm, du président et des plus anciens membres de chacun des collèges administratifs du royaume, des quatre membres les plus anciens du conseil d'Etat et du commandant en chef des troupes. L'arrêt est sans recours. Le droit de grâce appartient au roi; mais le condamné gracié ne peut plus exercer ses fonctions. — Tous les trois ans, une commission nommée par la Diète est chargée d'apprécier si certains membres de la cour suprême, à qui l'on n'aurait à reprocher ni fautes ni crimes, ne devraient pas cependant être dépossédés de leurs fonctions. Le roi est obligé de destituer ceux qui lui sont désignés (V. Victor Jeanvrot, *Étude sur le droit public, le régime de la presse, l'organisation judiciaire et la législation pénale en Suède, Bull. de la soc. de lég. comp.*, t. 6, p. 321 et suiv.). La cour du royaume fait également office de haute cour pour juger les ministres, les conseillers d'Etat et les autres hauts fonctionnaires qui lui sont déférés (V. Lair, *loc. cit.*, p. 355).

93. — 7° *Danemark et Norvège.* — En Danemark et en Norvège, il y a, en dehors des tribunaux d'exception, dans le détail desquels nous ne pouvons entrer, trois degrés de juridiction : le tribunal de première instance, la cour d'appel et la cour suprême. Mais, sauf certaines exceptions, chaque instance est précédée d'une tentative de conciliation devant une commission spéciale. Cette commission est composée de deux membres nommés: en Danemark, par les autorités communales; en Norvège, à l'élection. Le refus de conciliation peut, en Norvège, entraîner la condamnation aux frais; et, dans les deux pays, priver du bénéfice de l'assistance judiciaire. En Norvège, les commissions possèdent un certain pouvoir pour juger les parties qui comparaissent devant elles, sauf appel devant le tribunal de première instance.

94.— A. *Danemark.* — Il faut distinguer, quant aux tribunaux de première instance, entre Copenhague et le reste du royaume. — A Copenhague, la juridiction de droit commun est le *Hof-og Stadsret.* Il se compose d'un président et de seize conseillers. Cinq membres au moins doivent prendre part au jugement. Il se partage en sections pour juger certaines affaires.

En dehors de Copenhague, le tribunal de droit commun, au criminel comme au civil, est le *Bything* dans les villes, et le *Herredsthing* ou *Birkething* dans les campagnes. Ce tribunal est composé d'un juge et de deux *Retsvidner* ou témoins judiciaires. Mais, en matière criminelle, quand la peine capitale peut être prononcée, un seul juge siège, assisté de quatre jurés ayant voix délibérative.

95. Les appels sont déférés au *Landsoverret* ou tribunal régional supérieur. Ce tribunal est composé de sept membres, dont cinq au moins doivent prendre part au jugement. Cependant les appels des tribunaux de Copenhague sont portés directement devant la cour suprême. — S'il s'agit d'une demande pécuniaire, l'appel n'est admissible qu'autant que l'affaire dépasse un taux de 20 couronnes en Danemark, et de 32 couronnes en Norvège. En général, l'appel n'est possible devant la cour suprême qu'autant que le taux est de 200 couronnes en Danemark et de 400 couronnes en Norvège. Au contraire, les affaires relatives à la personne comportent, en Norvège, l'appel, sans restriction aucune, et devant la juridiction du deuxième degré, et devant la cour suprême. En Danemark, il n'y a de limitation que pour l'appel devant la cour suprême; cet appel n'est possible que si la peine est supérieure à dix jours de prison au pain et à l'eau, ou si elle a pour cause un vol, un recel ou une escroquerie. D'un autre côté, l'appel est obligatoire quand la reclusion perpétuelle ou la peine capitale a été prononcée.

96. La cour suprême (*Hoiesteret*) juge en deuxième ou en troisième et dernier ressort. Elle se compose d'un *Justitiarus*, de douze *Assessorer* ordinaires et de plusieurs *Assessorer* extraordinaires. La présence d'au moins neuf membres est nécessaire pour la validité de la décision.

97. — B. *Norvège.* — A Kristiania, le tribunal de première instance de droit commun est le *Byret*, composé d'un *Justitiarius* et de onze *Assessorer*. Il se partage en deux sections : l'une d'instruction, l'autre de jugement. L'instruction a lieu devant un seul juge en présence de *Retsvidner* ou *Lagrettesmoend*. En principe, tout jugement doit être rendu par trois juges. — Les autres villes forment ordinairement à elles seules un ressort judiciaire, où siège le tribunal de première instance, le *Bything*, avec un juge unique. — En dehors des villes, le territoire est divisé en circonscriptions (*Sorenskriverier*) et ces circonscriptions en districts (*Thinglag*), où le juge va tenir des audiences périodiques.

98. Il existe, au second degré de juridiction, quatre tribunaux supérieurs (*Stiftsoverreter*). Chacun d'eux est composé d'un *Justitiarius* et de deux *Assessorer*. Ils sont chargés de connaître des appels.

99. La cour suprême (*Hoiesteret*) se compose d'un *Justitiarius*, de dix *Assessorer* et de plusieurs *Assessorer* extraordinaires. Sept juges au moins doivent prendre part au jugement. Dans les affaires militaires, la cour s'adjoint deux officiers supérieurs. Elle juge soit en troisième, soit en deuxième, soit en première instance.

100. Il existe encore, en Danemark et en Norvège, un tribunal du royaume, le *Rigsret*, jugeant en premier et en dernier ressort. C'est une sorte de haute cour de justice, qui connaît des accusations dirigées contre les ministres ou des crimes attentatoires à la sûreté de l'Etat. Ce tribunal se compose des membres de l'*Hoiesteret* et de membres délégués du *Landsthing* en Danemark, et du *Lagthing* en Norvège (V. Lair, *loc. cit.*, p. 380 et suiv.).

101. Quant aux juges, ils se divisent en juges permanents (*faste Dommer*) et juges constitués (*constituerede Dommer*). Les premiers sont nommés à vie par le roi. Les seconds ne sont nommés que pour un certain temps, à l'effet de remplacer un titulaire empêché ou absent. Ceux des tribunaux de première instance tiennent leur nomination de l'autorité administrative; ceux des autres tribunaux, du roi ou du ministre. — Les juges jouissent en Danemark et en Norvège, mais à des degrés différents, du droit de déléguer, sous leur responsabilité, leurs pouvoirs à un mandataire. — Outre les conditions d'âge, de nationalité, de solvabilité et de bonne réputation, les juges fonctionnaires doivent avoir subi l'examen de droit complet, et, pour certaines charges, avec éloges. Les président et conseillers de la cour suprême devaient, en Norvège, avoir exercé préalablement pendant quelques années des fonctions royales supposant l'application de connaissances juridiques. La loi du 21 mars 1883 a supprimé cette exigence (*Ann. lég. étr.* 1884, p. 668).

102. L'institution du ministère public est inconnue dans les deux pays dont nous nous occupons. Lorsqu'une infraction est commise en Danemark, les autorités judiciaires et de police se livrent à l'enquête provisoire. A Copenhague, l'autorité judiciaire ne se met en mouvement que sur la réquisition du directeur de la police. Partout ailleurs, cette réquisition est inutile, puisque le juge est en même temps maître de police. — Le juge procède seul à l'instruction, dont il transmet le résultat à l'*Amtmand* (préfet) et, à Copenhague, au directeur de la police, qui décident s'il y a lieu ou non de poursuivre l'accusation. Alors seulement l'affaire s'instruit définitivement. En Norvège, c'est généralement le maître de police qui fait subir l'interrogatoire.

103. Dans les tribunaux supérieurs, les fonctions de greffier sont remplis par un *Retsskriver* (greffier) ou par des *Justitssekraetere* (secrétaires de justice). Dans les tribunaux de première instance, c'est le plus souvent le juge qui fait office de greffier. D'ailleurs, les garanties de capacité exigées des greffiers sont en principe à peu près les mêmes que pour les juges. Ils sont nommés par le roi. Comme les juges, ils peuvent se faire remplacer par un fondé de pouvoir. En dehors de leurs fonctions judiciaires, les greffiers tiennent les registres hypothécaires et remplissent les fonctions notariales partout où il n'y a pas de notaire.

104. Enfin, une institution très ancienne, que l'ordonnance du 9 juin 1847 a réglementée, est celle des *Retsvidner* (témoins judiciaires). Ils assistent aux actes des procès et aux interrogatoires en matière criminelle. Par leur signature, apposée sur les procès-verbaux d'audience, ils en attestent la parfaite exactitude. En cas de divergence avec le juge, ils mentionnent leurs observations. Sauf à Copenhague, l'assistance de deux *Retsvidner* est nécessaire en principe dans les tribunaux composés d'un seul juge. Toutefois leur absence ne vicie les actes du procès qu'autant que l'exactitude en est contestée. Les *Retsvidner* sont chargés des expertises. Depuis la réforme de 1847, leurs fonctions ne constituent plus une charge civique : ce sont des auxiliaires de justice permanents payés par les communes. En Norvège toutefois, ils ne touchent, en principe, aucune rémunération (V. l'étude de M. Beauchet, professeur à la faculté de droit de Nancy, sur les *Principes d'organisation judiciaire et de compétence, dans la législation dano-norvégienne*, *Bulletin de la Soc. de lég. comp.*, 1884, p. 128 et suiv.).

105. — 8° *Suisse.* — Chacun des vingt-deux cantons qui composent la Suisse possède une organisation judiciaire et des règles de compétence qui lui sont propres. On trouve, au centre du canton, une juridiction de cassation et une juridiction d'appel, tantôt distinctes, tantôt réunies, composées de sept ou neuf juges ; toutefois, le tribunal suprême de Berne comprend quinze juges. Beaucoup de villes possèdent un tribunal de première instance. Dans les bourgades, siègent des juges de paix. Les tribunaux et les juges sont, par suite, très nombreux en Suisse : ainsi, en ce qui concerne seulement les juridictions de première instance, on compte trois cents tribunaux, impliquant un personnel de deux mille juges, pour une population d'environ trois millions d'habitants. — Les tribunaux de première instance se composent d'un président et de deux juges ; tantôt ceux-ci appartiennent au siège, tantôt ce sont deux présidents de tribunaux voisins qui s'adjoignent à celui du siège. — Il n'existe de tribunaux de commerce que dans quelques cantons industriels. — Les juges de paix ont surtout pour mission de concilier ; aussi leur donne-t-on, dans la Suisse allemande, le titre de conciliateurs ; mais ils forment quelquefois une juridiction inférieure soit civile, soit répressive. — Il est à remarquer qu'en Suisse le jury civil est inconnu.

106. L'instruction, en matière répressive, est confiée, dans certains cantons, à des juges d'instruction nommés par l'autorité exécutive ou par l'autorité législative ; dans d'autres cantons, aux présidents des tribunaux ; ailleurs, à des fonctionnaires administratifs ou communaux. Quant à la chambre d'accusation, c'est, le plus souvent, une section du tribunal supérieur. Elle consiste, dans certains cantons, en un collège spécial formé : à *Bâle-Ville*, par le procureur général et les deux juges d'instruction ; à *Saint-Gall* et en *Thurgovie*, par le chef du département de justice et deux membres élus par le Grand Conseil ; en *Argovie*, par un juge du tribunal suprême et deux présidents de tribunaux de district.

107. Le jury criminel (douze jurés) ne fonctionne que dans les cantons de *Zurich*, de *Berne*, de *Fribourg*, d'*Argovie*, de *Thurgovie*, du *Tessin*, de *Vaud*, de *Neuchâtel* et de *Genève*. Le jury correctionnel (six ou neuf jurés) fonctionne également dans ces trois derniers cantons. Dans ceux de *Vaud*, d'*Argovie* et de *Zurich*, l'accusé qui avoue est jugé sans le concours du jury. Partout ailleurs, la justice criminelle est rendue par les magistrats.

108. Le peuple suisse nomme ses juges. C'est là une tradition séculaire. Pour les tribunaux inférieurs, l'élection directe par le peuple se pratique dans le plus grand nombre des cantons. Toutefois un tempérament existe dans quelques-uns de ces Etats, en ce qui concerne les présidents ; ainsi, à *Berne*, c'est le Grand Conseil qui les choisit sur la double presentation du peuple et du tribunal suprême ; à *Schaffhouse*, ils sont désignés parmi les juges par le tribunal suprême. Dans le canton d'*Uri*, le peuple élit directement la moitié des juges ; l'autre moitié émane d'une élection au second degré. Ailleurs encore, la nomination émane soit de l'autorité administrative, soit de l'autorité exécutive et du tribunal suprême réunis, soit de l'autorité législative. — Dans le canton de *Vaud*, le régime est tout différent. Le peuple forme périodiquement une liste de candidats judiciaires, à raison de un pour cent habitants. La majorité se compose du quart des votants, et le vote est limité : ainsi, chaque électeur ne porte sur son bulletin que la moitié du nombre des candidats à élire. Ce procédé assure à toutes les opinions une représentation convenable. Le tribunal cantonal (tribunal suprême) choisit parmi ces candidats tous les fonctionnaires judiciaires. Les citoyens restant après ces nominations forment la liste générale du jury.

109. Quant aux tribunaux suprêmes, c'est seulement dans les cantons de *Schwytz*, d'*Unterwald-Obwald*, de *Glaris* et des deux *Appenzell* qu'ils se recrutent par voie d'élection directe. Dans le canton d'*Uri*, la moitié des juges du tribunal suprême est élue par le peuple, l'autre moitié par le *Landsrath* (autorité administrative). Dans le canton d'*Unterwald-Niedwald*, l'élection appartient au *Landsrath* seul. Dans tous les autres cantons, elle appartient au Grand Conseil.

110. La durée des fonctions judiciaires varie, selon les cantons, entre trois et neuf ans ; mais, sauf de très rares exceptions, on réélit immédiatement les mêmes magistrats. Aucune condition de capacité n'est requise.

111. Le ministère public n'existe pas partout. Ses officiers ne sont pas toujours nommés par l'autorité législative. Tantôt c'est l'autorité législative, tantôt c'est le tribunal suprême qui les choisit. Dans la plupart des cantons, il n'existe qu'un procureur général et un ou deux substituts pour siéger près des tribunaux du canton.

112. Le tribunal fédéral siège à Lausanne. Aux termes de la loi fédérale du 27 juin 1874, ce tribunal est investi d'attributions à la fois civiles et pénales. Il connaît notamment des différends de droit civil entre cantons ; entre la Confédération et un ou plusieurs cantons ; et des causes que la législation fédérale, la constitution ou la législation d'un canton place dans sa compétence. Il connaît, en outre, des différends entre des corporations ou des particuliers comme demandeurs et la Confédération comme défenderesse ; entre des cantons d'une part et des corporations ou des particuliers d'autre part, si l'une des parties le requiert ; et aussi de ceux qui sont portés devant lui par convention des parties, pourvu que, dans ces divers cas, la valeur du litige atteigne 3000 fr. au moins.

En matière pénale, il connaît, avec l'assistance du jury : des cas de haute trahison envers la Confédération, de révolte ou de violence contre les autorités fédérales ; des crimes et délits contre le droit des gens ; des crimes et délits

dant la deuxième section a été combattue à la Chambre et au Sénat comme portant atteinte au principe de l'inamovibilité. « Dans une même chambre, a dit M. Jolibois, les justiciables seront jugés, les uns par un président inamovible (le vice-président), les autres par un président amovible (le juge désigné par décret), dont les pouvoirs n'auront qu'un an de durée ». Le garde des sceaux a répondu qu'au point de vue de la bonne expédition des affaires, il y avait le plus grand intérêt à ce que le président de la République pût désigner, chaque année, le juge qui lui paraît le plus apte à diriger les travaux de la section et à hâter la solution des procès (D. P. *ibid.*).

124. La loi de 1883 édicte ensuite deux dispositions appelées à remédier à la réduction du personnel. « Art. 5, § 2. En outre, toutes les fois que les besoins du service l'exigeront, il pourra, par un décret rendu en conseil d'Etat, être créé dans les tribunaux, chefs-lieux de cours d'assises, un nouvel emploi de juge. Dans tous les tribunaux, il pourra, suivant les besoins du service, être créé aux mêmes conditions un emploi de substitut. — Art. 6. Un substitut ou un juge suppléant pourra, si les besoins du service l'exigent, être délégué par le procureur général pour remplir dans le ressort de la cour, près d'un autre tribunal que celui de sa résidence, les fonctions du ministère public ». Le décret du 12 janv. 1884 (D. P. 84. 4. 95) fixe l'indemnité de déplacement.

125. Quant aux classes, de six elles sont réduites à trois, le tribunal de la Seine excepté (L. 30 août 1883, art. 7), et elles servent de base aux traitements. Sont de première classe, les tribunaux établis dans les villes dont la population atteint le chiffre de 80 000 habitants, plus Nice et Versailles. Sont de deuxième classe, ceux établis dans les villes dont la population atteint le chiffre de 20 000 habitants, plus Chambéry. Les tribunaux établis dans les autres villes forment la troisième classe. — La commission du Sénat avait proposé l'assimilation de tous les tribunaux, et la suppression de toute distinction de classe. Mais, en même temps, elle adoptait la règle aux termes de laquelle les traitements sont gradués d'après l'importance de la ville où siège le tribunal. En supprimant la division en classes, elle entendait écarter toute idée de suprématie des tribunaux des grandes villes sur ceux qui siègent dans les petites localités. Ce système n'a pas prévalu.

126. On a indiqué *suprà*, n° 9, à quels tribunaux les communes restées françaises des anciens arrondissements de Metz, de Thionville, de Château-Salins et de Sarrebourg ont été rattachées.

127. — II. PRÉSIDENCE. — Il a été jugé, depuis la publication du *Répertoire*, conformément à la jurisprudence qui y est rapportée, n° 139, que si, pour les fonctions qui lui sont spécialement attribuées, le président du tribunal empêché est remplacé par le vice-président, pour le service des audiences, au contraire, il est substitué par le juge présent, le plus ancien dans l'ordre des nominations (Amiens, 5 avr. 1876, V. *infrà*, v° *Récusation*). Ajoutons qu'aucune loi n'exige la constatation ou l'indication de l'empêchement du magistrat remplacé (Montpellier, 6 août 1885) (1).

128. — III. NOMBRE DE JUGES. — L'art. 4 de la loi du 30 août 1883 est ainsi conçu : « Les jugements des tribunaux de première instance sont rendus par des magistrats délibérant en nombre impair. Ils sont rendus par trois juges au moins. Lorsque les membres d'un tribunal siégeant dans une affaire seront en nombre pair, le dernier des juges dans l'ordre du tableau devra s'abstenir. Le tout à peine de nullité ». Cette disposition, empruntée à l'art. 5 de la loi du 13 juill. 1879, relative au conseil d'Etat, ne change rien à l'art. 16 de la loi du 27 vent. an 8, sur le nombre de juges nécessaire pour statuer légalement. Mais elle y ajoute, pour éviter les partages, la prescription de ne statuer qu'en nombre impair, ainsi que la sanction de la nullité (V. *suprà*, v° *Jugement*, n°s 51 et 52, les observations critiques présentées au sujet de cette innovation).

129. L'art. 1er de la loi de 1883 édictant pour les cours la même prescription, et s'appliquant en matière criminelle comme en matière civile (V. *infrà*, n° 378), nous groupons ici toutes les décisions relatives à cet ordre d'idées. — Jugé, en conséquence : 1° que l'arrêt rendu par une cour d'appel composée de six magistrats, s'il n'est pas établi que le dernier conseiller dans l'ordre du tableau s'est abstenu de siéger, est nul (Crim. cass. 10 nov. 1887, aff. Staude et Fagaudet, *Bull. crim.*, n° 377; 2 févr. 1888, aff. Habert, *ibid.*, n° 47); — 2° Que lorsque la minute de l'arrêt mentionne six magistrats comme ayant pris part à la délibération, cet arrêt doit être annulé, alors même qu'il ne porte que cinq signatures, la signature de chacun des conseillers n'étant point requise à peine de nullité (Crim cass. 18 déc. 1885, aff. Marchal, *Bull. crim.*, n° 359; 7 janv. 1886, aff. Raoult, *Bull. crim.*, n° 2; 24 juill. 1886, aff. Raoult, D. P. 86. 1. 477); — 3° Que lorsque l'expédition et la minute d'un arrêt portent que six magistrats y ont pris part, l'arrêt doit être annulé, alors même qu'une mention marginale, non approuvée ni signée, et par conséquent irrégulière, indique sur la minute que l'un des six magistrats s'est abstenu de prendre part à la délibération (Arrêts précités des 18 déc. 1885 et 7 janv. 1886).

130. A l'inverse, l'arrêt constatant qu'il a été rendu par cinq magistrats est régulier alors même que la signature d'un sixième magistrat figure au bas de la minute, l'apposition irrégulière de cette signature ne pouvant infirmer la foi due à la mention expresse des magistrats qui y ont réellement participé (Crim. rej. 9 janv. 1886, aff. Berger, *Bull. crim.*, n° 14).

131. De même, c'est la feuille d'audience qui fait foi du nombre réglementaire des magistrats qui ont pris part au jugement d'une affaire, malgré l'erreur qui a pu se glisser à cet égard dans l'expédition de l'arrêt et de laquelle il résulterait que les membres de la cour ont statué en nombre pair (Req. 12 déc. 1887, aff. Cordier, D. P. 88. 1. 429).

132. Il n'y a pas violation de la loi par cela seul que, dans une audience où les magistrats siégeaient en nombre pair, la cause a été renvoyée au lendemain, sans incident, sans contestation et sans délibération, par une simple mesure d'ordre, alors d'ailleurs que des magistrats en nombre impair ont pris part à l'arrêt rendu le lendemain dans la cause (Crim. rej. 7 août 1885, aff. Corrado, D. P. 85. 1. 476). Au contraire, l'arrêt préparatoire par lequel une cour d'appel, avant de statuer au fond, a ordonné l'audition d'un témoin, est entaché de nullité lorsqu'il a été rendu par un nombre pair de magistrats (Crim. cass. 20 juin 1885, aff. Maroule, D. P. 85. 1. 476).

(1) (Martin et Arnal *C.* Dupuy.) — Le 8 juin 1885, jugement du tribunal de Béziers ainsi conçu : — « Attendu qu'il est de jurisprudence certaine, consacrée par plusieurs arrêts de la cour de cassation, que, chaque fois qu'un président ou un autre membre d'une cour ou d'un tribunal est remplacé par un de ses collègues dans l'exercice de ses fonctions judiciaires, il y a présomption légale d'empêchement légitime ; — Attendu que, dans l'espèce, cette présomption est corroborée par la circonstance que l'ordonnance entreprise, signée par M. le vice-président Jeanjean, a été rendue le 2 avr. 1885, c'est-à-dire pendant les vacances de la première chambre où siège M. le président Ucciani ; — Attendu que les nullités sont de droit strict et doivent être formellement prononcées ; — Attendu, dès lors, qu'on ne saurait étendre la nullité édictée par l'art. 838 c. proc. civ. à l'omission d'une formalité non prescrite par l'art. 832 du même code ; — Attendu qu'aucun autre texte de loi n'exige la constatation ou l'indication de l'empêchement du magistrat qui est remplacé par un autre dans l'exercice de ses fonctions ; — Attendu que, s'il pouvait y avoir un doute sur la nécessité de cette indication, quand il s'agit d'actes de la juridiction contentieuse du président d'un tribunal, il ne saurait en être de même pour des actes de juridiction gracieuse d'administration et de pure formalité comme la commission d'un huissier ; — Attendu que M. le vice-président Jeanjean ayant rendu l'ordonnance entreprise non comme vice-président, mais comme président, il n'y a pas lieu d'examiner la question de savoir s'il avait ou non pouvoir personnel pour répondre à la requête qui lui a été présentée le 2 avr. 1885 ; — Attendu, dès lors, que, le seul moyen de nullité proposé par Léopold Martin et Arnal étant écarté, il y a lieu de prononcer la validité de la surenchère, faite par Dupuy ; — Par ces motifs, déboute Léopold Martin et Arnal de toutes leurs demandes, fins et conclusions ; valide la surenchère, etc. ». — Appel de Martin et Arnal.

LA COUR ; — Adoptant les motifs des premiers juges, confirme.

Du 6 août 1885.-C. de Montpellier, 2e ch.-MM. Pailhé, pr.-Labroquère, av. gén.-Bressot et Verrière, av.

133. L'art. 1er de la loi du 30 août 1883, qui dispose que, lorsque les membres d'une cour d'appel siégeant dans une affaire seront en nombre pair, *le dernier* des conseillers *dans l'ordre du tableau* devra s'abstenir de prendre part au délibéré, et ce à peine de nullité, n'est applicable qu'autant que, au moment de la clôture des débats et de la mise en délibéré, les magistrats qui ont assisté à l'entière discussion de l'affaire se trouvent en nombre pair; cette disposition est sans application lorsque, au cours des débats, un magistrat qu'on doit supposer empêché a abandonné l'audience et que, par suite, les magistrats siégeant, qui étaient au début en nombre pair, se sont, au moment de la mise en délibéré, trouvés être en nombre impair (Crim. rej. 9 juill. 1888, aff. Banque rouennaise, D. P. 88. 1. 321; 19 févr. 1890, aff. Pérignon et duc d'Albuféra, D. P. 90. 1. 241).

134. Un arrêt (Crim. rej. 17 nov. 1886, aff. Lemierre, Drouaux et comp., D. P. 88. 1. 113) exige seulement que les magistrats n'aient pas pris part en nombre pair à la délibération et au prononcé de l'arrêt.

135. Jugé, d'un autre côté, que lorsque, dans une affaire qui se prolonge pendant plusieurs audiences, la cour a commencé à siéger en nombre pair, et que, dans le courant des débats, spécialement avant les conclusions du ministère public, le doyen des conseillers a cessé d'y assister, ce magistrat doit être réputé avoir été légitimement empêché, et l'on ne saurait prétendre que c'est lui qui s'est retiré au délibéré, au lieu du dernier conseiller, pour permettre à la cour de juger en nombre impair (Crim. rej. 9 juill. 1888, cité *suprà*, n° 133).

136. Si le conseiller dernier inscrit dans l'ordre du tableau a été désigné comme rapporteur, c'est le conseiller inscrit immédiatement avant lui qui doit s'abstenir, et aucun grief n'en peut résulter, la désignation du rapporteur étant un acte d'administration intérieure qui ne peut être critiqué par les prévenus et qui échappe au contrôle de la cour de cassation (Crim. cass. 9 mai 1885, aff. Vallicciοni) (1).

137. L'obligation de délibérer en nombre impair, imposée par les art. 1 et 4 de la loi de 1883 s'étend-elle à la cour de cassation? La négative est certaine: il a en effet été déclaré à plusieurs reprises, au cour de la discussion, que la réforme de 1883 est étrangère à la cour de cassation (Conf. Glasson, note, D. P. 86. 2. 69; Boitard, Colmet-Daâge et Glasson, t. 1, p. 23).

138. La loi de 1883, ayant eu pour but unique d'éviter l'inconvénient des partages, n'a point, dès lors, abrogé l'art. 41 de la loi du 20 avr. 1810, aux termes duquel les juges suppléants, quand ils ont siégé dans une affaire où ils n'étaient pas nécessaires pour constituer le tribunal, ont le droit d'assister au délibéré avec voix consultative, car aucun partage ne peut, en ce cas, résulter de leur participation à la délibération (Crim. rej. 11 juill. 1884, aff. Procureur général près la cour de cassation, intérêt de la loi, D. P. 84. 1. 377; Civ. rej. 3 févr. 1892, aff. De Ségogne, D. P. 92. 1. 201).

139. Cette loi ne met pas non plus obstacle à ce qu'un juge suppléant chargé, en vertu du décret du 19 mars 1852, d'un ordre ou d'une contribution (V. *Rép.* n° 298) vienne à l'audience du tribunal civil faire son rapport et participer avec voix délibérative au jugement; l'interdiction de juger en nombre pair doit alors être observée au moyen de l'abstention dans l'affaire du dernier des juges titulaires (Arrêt du 11 juill. 1884, cité *suprà*, n° 138).

140. — IV. EMPÊCHEMENT; REMPLACEMENT. — Il appartient aux juges suppléants de compléter le tribunal. Or, en pareil cas, il n'est pas nécessaire que le jugement mentionne que le juge suppléant a été appelé en raison de l'empêchement du titulaire (Req. 19 juill. 1882, aff. Delalande, D. P. 83. 1. 463). Telle est l'opinion émise au *Rép.* n° 160; et c'est en ce sens qu'avaient statué les arrêts donnés au *Rép.*, n° 161. Ajoutons que le juge suppléant qui a assisté, avec voix consultative seulement, à la première audience d'une cause, peut, en cas d'empêchement d'un juge titulaire, et pourvu qu'il ait assisté à toutes les audiences de cette cause, concourir au jugement avec voix délibérative, sans qu'il soit nécessaire de reprendre les conclusions et de recommencer les plaidoiries (Civ. rej. 18 juin 1877, aff. Bertauld, D. P. 77. 1. 368).

141. Si, au contraire, le jugement est rendu avec le concours d'un avocat, il doit mentionner, à peine de nullité, comme on l'a vu au *Rép.* n° 172-3° et 4°, non seulement l'empêchement des autres juges titulaires, mais encore l'empêchement des juges suppléants (Civ. cass. 9 avr. 1878, aff. Dubousset, D. P. 79. 1. 38; 15 déc. 1880, aff. Barthas, D. P. 81. 1. 128; 31 mars 1885, aff. Ville de Bastia, D. P. 85. 5. 282-283; Civ. cass. 20 oct. 1890, aff. Gomel, D. P. 90. 5. 314; Aix, 22 juin 1892, aff. Ville d'Ajaccio, D. P. 92. 2. 577). Mais la nullité qui résulte de l'omission de cette constatation ne peut être invoquée pour la première fois devant la cour de cassation (Crim. rej. 9 mars 1883, aff. Lhoste, *Bull. crim.* n° 68); il faut qu'elle ait été opposée devant la cour d'appel, tenue, en ce cas, d'évoquer et de statuer au fond (Crim. rej. 15 mai 1886, aff. Gauthen, *Bull. crim.* n° 185).

142. Il y a également nullité (V. *Rép.* nos 172-1°) si le jugement ne constate pas que l'avocat appelé pour compléter le tribunal est le plus ancien, suivant l'ordre du tableau, des avocats présents à l'audience (Civ. cass. 14 mai 1872, aff. Mazaoud-Karouby, D. P. 72. 1. 347; 5 avr. 1881, aff. Marty, D. P. 81. 1. 319; 20 juin 1882, aff. Robe et autres, D. P. 84. 5. 307; 6 juin 1888, aff. Spréber, D. P. 88. 1. 314; Civ. cass. 20 oct. 1890, cité *suprà*, n° 141). Toutefois cette constatation n'est pas nécessaire lorsqu'il est établi qu'à raison du nombre des avocats près ce tribunal et des causes d'empêchement constatées, il ne pouvait y avoir d'autre avocat présent à l'audience. A l'arrêt en ce sens cité au *Rép.* n° 179, *adde :* Civ. rej. 22 juill. 1868, aff. Duhoux, D. P. 68. 1. 446; 7 janv. 1885, aff. Beglot, D. P. 85. 1. 424).

143. Faute d'avocats, on a recours aux avoués. — Jugé, conformément à une jurisprudence constante exposée au *Rép.* n° 176, que le jugement qui porte qu'un avoué, le plus ancien présent à la barre, a siégé à titre de troisième juge, sans faire connaître qu'il a été appelé à défaut d'avocats absents ou empêchés, alors d'ailleurs qu'il est constant qu'un barreau existe près de ce tribunal, et qu'un seul de ses membres plaidait dans l'affaire, est entaché de nullité (Civ. cass. 18 juin 1888, aff. Trémaux, D. P. 88. 1. 454-455; 24 oct. 1888, aff. Pouderoux, D. P. 88. 5. 289; Poitiers, 27 nov. 1888 (2); et, comme cette nullité est d'ordre public,

(1) (Vallaccioni et autres.) — LA COUR; — Sur le premier moyen de cassation, tiré de la composition irrégulière de la cour d'appel qui a rendu l'arrêt attaqué; — Attendu que cette cour était composée de huit magistrats au nombre desquels se trouvaient le président et le conseiller rapporteur, que, conformément aux conditions prescrites, à peine de nullité, par la loi du 31 août 1883, les membres de la cour étant au nombre pair, le dernier conseiller dans l'ordre du tableau qui venait immédiatement avant le conseiller rapporteur a dû s'abstenir; qu'en droit il importe peu que cette abstention se soit produite par suite de la désignation comme rapporteur d'un conseiller qui était inscrit dans l'ordre du tableau; que la désignation du rapporteur est un acte d'administration intérieure qui ne peut être critiquée par les prévenus et qui échappe au contrôle de la cour de cassation; que l'arrêt est, d'ailleurs, régulier en la forme, et que, dès lors, le premier moyen de cassation doit être rejeté;...

Du 9 mai 1885.-Ch. crim.-MM. Lescouvé, rap.-Loubers, av. gén.

(2) (Consorts Martell C. Consorts de Parsay et Commune de Cram-Chaban.) — LA COUR; — Sur la nullité du jugement : — Attendu que la minute du jugement dont est appel porte littéralement ces mots : « Ainsi jugé et prononcé publiquement par le tribunal civil de première instance de La Rochelle, à l'audience du 6 déc. 1887, tenu par MM. Jean-Baptiste Sureau-Lamiraude, président; Louis Vivier, juge et Gustave Yvert, avoué présent à la barre, appelé à défaut du juge titulaire et des juges suppléants empêchés. En présence de... »; — Attendu que, d'après les dispositions de l'art. 49 du décret du 30 mars 1808, Me Yvert n'aurait eu qualité pour compléter le tribunal qu'*à défaut d'avocats* et qu'autant qu'il aurait été appelé comme *le plus ancien au tableau des avoués présents à l'audience ;* que l'accomplissement de cette double condition devait, à peine de nullité, être constaté expressément par le jugement lui-même; qu'il est de règle, en effet, que toute décision de justice doit porter avec elle la preuve de sa régularité et ne point laisser incertaine la qualité légale des personnes qui y ont concouru; que, par suite, il y a lieu, en donnant acte à la commune de Cram-Chaban de ce

les dispositions de l'art. 173 c. proc. civ. ne sont pas applicables (Bordeaux, 2 juill. 1889) (1). — Il en serait de même si le magistrat à remplacer était un membre du parquet (Civ. cass. 24 oct. 1888, aff. Pouderoux, D. P. 88. 5. 289).

144. Mais, lorsqu'un jugement constate que le tribunal s'est complété par l'adjonction d'un avoué, « les avocats et avoués inscrits au tableau et plus anciens s'abstenant ou absents », il y a présomption que les causes d'abstention, comme celles d'absence, sont légitimes ; et, dans tous les cas, en l'état desdites abstentions, le tribunal a dû forcément et légalement se compléter ainsi qu'il l'a fait (Req. 9 juin 1885, aff. Vanduren, D. P. 85. 1. 445).

145. La question de savoir si un notaire gradué en droit peut être appelé à compléter le tribunal s'est posée de nouveau. Un arrêt de la chambre des requêtes rapporté au *Rép.* n° 171, s'était prononcé pour l'affirmative ; mais cet arrêt a été justement critiqué, *loc. cit.* Depuis la publication du *Répertoire*, la cour de Poitiers a statué en sens contraire (18 mai 1881, aff. Bricault, D. P. 82. 2. 103). L'art. 7 de la loi du 25 vent. an 11 sur le notariat dispose, en effet, que les fonctions de notaire sont incompatibles avec celles de juge et d'avoué. Aussi l'art. 118 c. proc. civ., qui permet d'appeler pour juge un avocat ou un avoué suivant l'ordre du tableau, en cas de partage, ne donne pas la même faculté à l'égard des notaires, et l'art. 49 du décret du 30 mars 1808 ne parle que des avocats et avoués. Dans un seul cas, le notaire peut être appelé comme juge, c'est lorsqu'il est revêtu de la qualité de juge suppléant, l'incompatibilité dont il vient d'être parlé ne s'appliquant pas aux fonctions de juge suppléant. La qualité de licencié en droit ne donne pas au notaire plus qu'à toute autre personne le droit de prendre part à un jugement, en remplacement d'un juge empêché : ce droit n'appartient qu'aux avocats et avoués.

146. Rappelons qu'un tribunal ne peut se compléter, en recourant à des membres du barreau, qu'à la condition que les juges en titre restent en majorité. Aux arrêts en ce sens rapportés au *Rép.* n° 183, *adde* : Crim. cass. 4 nov. 1875, aff. Procureur général de Toulouse, D. P. 76. 5. 456 ; 22 nov. 1877, aff. Baïlac, *Bull. crim.*, n° 239 ; 25 juill. 1879, aff. Lecesne, *ibid.*, n° 153 ; 10 mars 1881, aff. Filippini et autres, *ibid.*, n° 206 ; 17 nov. 1882, aff. Testaniera et Gaudin, *ibid.*, n° 246 ; 28 févr. 1884, aff. Cossonné, *ibid.*, n° 55 ; 26 juin 1884, aff. Badillé et Chauvet, D. P. 86. 1. 48 ; 26 juin 1885, aff. De Juglard, *Bull. crim.*, n° 189 ; 17 déc. 1886, aff. Guyot de Boismenu, *ibid.*, n° 425.

147. Enfin il est maintenant de jurisprudence constante que l'avocat ou l'avoué appelé à compléter un tribunal n'est pas tenu de prêter le serment imposé aux magistrats ; sa qualité même d'avocat ou d'avoué le rend apte à remplir tous les devoirs de sa profession, notamment celui de siéger au tribunal dans les cas prévus par la loi (Civ. rej. 26 déc. 1883, aff. Journiac, et aff. Hourdon, D. P. 84. 1. 169 ; 21 janv. 1884, aff. Jean Nicot, D. P. 84. 1. 472 ; 29 janv. 1884, aff. Prégent, D. P. *ibid.* Conf. Boitard, Colmet-Daâge et Glasson, t. 1, n° 245, p. 262. *Contrà*, Garsonnet, t. 1, § 48).

148. On doit décider de même à l'égard de l'âge. — Jugé que le décret du 1er mars 1852 sur la limite d'âge n'est applicable qu'aux magistrats : par suite, c'est à bon droit que l'avocat le plus ancien inscrit au tableau est appelé, quoique ayant dépassé l'âge de soixante-dix ans, à siéger à défaut de magistrats (Crim. rej. 28 oct. 1886, aff. Cancalou, *Bull. crim.*, n° 353). Réciproquement, un avocat ou un avoué pourrait siéger en remplacement d'un magistrat, bien qu'il n'ait pas atteint l'âge requis pour occuper la fonction dont ce magistrat est investi (Comp. Crim. rej. 10 août 1876, aff. Célestin Recoursé, *Bull. crim.*, n° 186). L'aptitude résulte de la qualité même.

149. — V. DIVISION DES CHAMBRES ; DISTRIBUTION DES CAUSES. — Le décret des 2-9 juill. 1870 avait ajouté à l'art. 58 du décret du 30 mars 1808 un paragraphe contenant une disposition spécialement relative au tribunal de la Seine (V. *suprà*, v° *Instruction civile*, n°s 5). Ce décret a été abrogé par celui du 10 nov. 1872, qui a modifié ainsi qu'il suit les art. 59, 60, 61 et 62 du décret de 1808 : « Art. 59 (ancien art. 61). Les affaires autres que celles qui seront énumérées dans l'article suivant seront distribuées par le président du tribunal entre les chambres sur le rôle général, de la manière qu'il trouvera la plus convenable pour l'ordre du service et l'accélération des affaires. Il renverra aussi à chaque chambre les affaires dont elle doit connaître pour motif de litispendance ou de connexité. — Art. 60 (ancien art. 60). Les contestations relatives aux avis de parents, aux interdictions, à l'envoi en possession des biens des absents, à l'autorisation des femmes pour absence ou refus de leurs maris, à la réformation d'erreurs dans les actes de l'état civil, et autres de même nature, seront, ainsi que les affaires qui intéresseront le Gouvernement, les communes et les établissements publics, réservées à la chambre où le président siège habituellement. Il en sera de même des envois de référés à l'audience, sauf au président à renvoyer à une autre chambre, s'il y a lieu. — Art. 61 (ancien art. 62). Il sera extrait pour chaque chambre, sur le rôle général, un rôle particulier des affaires qui lui auront été distribuées ou renvoyées. Ce rôle particulier sera remis au greffier de la chambre qu'il concerne. — Art. 62 (ancien art. 59). A chaque chambre, au jour où l'on se présentera, l'huissier audiencier fera successivement l'appel des causes dans l'ordre de leur placement au rôle particulier de la chambre. Sur cet appel seront donnés les défauts sur les conclusions signées de l'avoué qui le requerra, et déposées sur le bureau en se conformant au code de procédure ».

150. Mais l'art. 35 du décret du 18 août 1810, dont il est parlé au *Rép.* n° 191, permet toujours au président, suivant les besoins du service, de déléguer une autre chambre pour connaître exceptionnellement de certaines causes qu'elle n'a pas à juger ordinairement. Aussi « quand une affaire réservée à la première chambre a été renvoyée à une autre, on doit présumer qu'elle l'a été en vertu de la faculté susdite et pour les besoins d'une bonne et prompte justice » (Nancy, 18 juin 1870, aff. Ville de Nancy, D. P. 72. 2. 73).

151. — VI. ASSEMBLÉES GÉNÉRALES. — Aux termes des art. 64 et 103 du décret du 30 mars 1808, les homologations d'avis des chambres de discipline des officiers ministériels lorsqu'ils intéressent le corps de ces officiers, et les mesures de discipline à prendre sur les plaintes des particuliers ou sur les réquisitoires du ministère public pour cause de faits qui ne se seraient pas passés ou qui n'auraient pas été découverts à l'audience, sont portés, ainsi qu'il a été dit au *Rép*, n°s 194 et 195, *suprà*, v¹s *Avoué*, n°s 95 et 103 et *Discipline judiciaire*, n° 144, devant le tribunal réuni en assemblée générale. La loi des 30 juill.-9 août 1870 (D. P. 70. 4. 66) a modifié ces dispositions en ce qui concerne le tribunal de la Seine ; ce n'est plus à l'assemblée de ce tribunal, mais bien à la première et la deuxième chambre réunies que les affaires de cette catégorie sont déférées. Il s'agissait d'empêcher, tout en conservant aux intéressés des garanties suffisantes, que la moindre affaire disciplinaire eût pour conséquence d'interrompre toutes les audiences d'un tribunal aussi chargé.

152. — VII. CHAMBRE DES VACATIONS. — Actuellement

---

qu'elle s'en rapporte sur ce point à justice, de déclarer nul le jugement attaqué ; — Attendu que la cour est saisie de la cause tout entière, tant par l'effet dévolutif de l'appel que par les conclusions respectivement prises sur le fond du débat ; qu'elle a donc le droit, sans recourir aux dispositions spéciales de l'art. 473 c. proc. civ., de trancher le différend existant entre les parties ; — Par ces motifs, etc.

Du 27 nov. 1888.-C. de Poitiers, 1re ch.-MM. Loiseau, pr.-Chanvin, av. gén.-de la Ménardière et Barbier, av.

(1) (Consorts X... C. Veuve Ducluzeau.) — LA COUR ; — Sur la nullité du jugement : — Attendu que les appelants soutiennent que le jugement du tribunal civil de Ribérac est nul pour vice de forme, comme ayant été rendu avec l'assistement d'un avoué sans contenir la mention légale que les avocats étaient empêchés ; — Attendu que la veuve Ducluzeau objecte que ce moyen de nullité, n'ayant pas été soulevé dans l'acte d'appel, n'est plus proposable à raison des dispositions de l'art. 173 c. proc. civ. ; — Mais attendu qu'il s'agit évidemment d'une nullité relative à la composition même du tribunal et qui, par conséquent, tient essentiellement à l'ordre public et peut dès lors être soulevée en tout état de cause. — Par ces motifs, etc.

Du 2 juill. 1889.-C. de Bordeaux, 1re ch.-MM. Boulineau, pr.-Labroquère, av. gén.-Moulinier et Guillier, av.

le service des vacations est réglementé par le décret des 12-17 juin 1880. Il est tenu une audience chaque quinzaine dans les tribunaux n'ayant qu'une chambre. Mais, dans les tribunaux de deux chambres, la chambre des vacations doit tenir une audience par semaine. Les jours d'audience sont fixés à intervalle, soit de quinzaine, soit de huitaine, selon le cas (art. 1er). Dans les tribunaux ayant trois chambres ou un plus grand nombre, la chambre des vacations doit tenir deux audiences hebdomadaires à des jours différents, fixés de huitaine en huitaine (art. 2). Il n'est rien changé à la disposition finale de l'art. 78 du décret du 30 mars 1808 spécial au tribunal de la Seine (art. 3).

153. Ces audiences réglementaires, dont les dates sont fixées par une délibération prise dans chaque compagnie judiciaire, sont indépendantes de celles que le président de la chambre des vacations reconnaîtrait, après son ouverture, utiles à l'intérêt du service. De son côté, le procureur de la République peut également demander, par application de la loi du 20 mai 1863, sur l'instruction des flagrants délits, une réunion spéciale du tribunal (art. 5).

154. Les délibérations des compagnies judiciaires ayant pour objet de régler le service des vacations sont prises dans la seconde quinzaine du mois de juillet (Décr. 15-19 juill. 1885). Une expédition en est adressée, par les soins du procureur général, dans la huitaine, au ministère de la justice (art. 6 du décret des 12-17 juin 1880).

155. Jugé, en ce qui concerne la compétence des chambres des vacations, qu'une affaire distribuée pendant les vacances, liée par des conclusions et remise à la rentrée, peut être portée devant la chambre des vacations, l'urgence pouvant se manifester pendant les vacances ; et qu'il suffit, en pareil cas, que la décision rendue par la chambre des vacations constate que l'affaire était urgente (Civ. cass. 25 mai 1868, aff. Drevet, D. P. 69. 1. 277).

156. Jugé, en outre, que lorsqu'une instance n'a pas été renvoyée par le tribunal devant la chambre des vacations, la connaissance de cette instance ne peut être déférée à ladite chambre que par voie d'assignation (Trib. Seine, 5 oct. 1882) (1).

157. Aux termes du décret des 4-5 juill. 1885, les vacances judiciaires commencent le 15 août et se terminent le 15 octobre. Cette mesure qui a consisté à avancer d'une quinzaine de jours la date de l'ouverture des vacances, semblait répondre aux besoins et aux convenances du plus grand nombre.

158. — VIII. CHAMBRE DU CONSEIL. — V. *Rép.* nos 208 à 218.

159. — IX. ROULEMENT. — Le décret du 16 août 1859 investissait le président et le procureur impérial, pour les tribunaux, le premier président et le procureur général, pour les cours, du droit de dresser un tableau de roulement qui était soumis ensuite aux chambres assemblées, mais seulement afin de recevoir leurs observations. On avait fini par reconnaître que ce système présentait de sérieux inconvénients au point de vue de la dignité et de l'indépendance de la magistrature : aussi le décret des 21 févr.-25 mars 1870 avait-il abrogé celui du 16 août 1859, et remis en vigueur l'ordonnance du 11 oct. 1820 et le décret du 28 oct. 1854. Le décret des 21-23 oct. 1870 du gouvernement de la Défense nationale, inaugurant un autre mode de roulement, y fit procéder par voie de tirage au sort, en assemblée générale ; toutefois, le président, le doyen et un juge de chaque chambre, désigné chaque année par un tirage au sort particulier, étaient exemptés du roulement. Ce système, comme le fait remarquer M. Garsonnet (*Cours de procédure*, t. 1, § 22), « qui avait tous les défauts du roulement forcé », établi par le décret du 30 mars 1808 et abandonné par l'ordonnance du 11 oct. 1820, « marquait en outre une défiance blessante pour la magistrature ». Il a été aboli par un arrêté du chef du pouvoir exécutif, en date des 12-13 juill. 1871, qui a remis en vigueur les ordonnances des 11 oct. 1820 et 14 juill. 1825, et le décret du 28 oct. 1854 (V. sur ces dispositions, *Rép.* nos 221 et 226, 371 et suiv.). Les opérations relatives au roulement se font dans la seconde quinzaine du mois de juillet (Décr. des 15-19 juill. 1885).

160. Le roulement constitue pour les parties un droit acquis ; d'où il suit qu'une chambre ne peut siéger légalement qu'avec la composition que lui donne le roulement, et que, le roulement effectué, la reconstitution de la chambre précédente n'est plus possible en principe. Toutefois, deux tempéraments ont été apportés à la rigueur de cette règle. — Le premier résulte de deux textes formels, l'art. 6 du décret du 30 mars 1808 et l'art. 16 du décret du 6 juill. 1810 ; aux termes de ces articles, il est permis de faire revenir à la chambre dont il ne fait plus partie le magistrat que le roulement a envoyé à une autre chambre, pour que ce magistrat y fasse les rapports dont il a été chargé. — Le second tempérament est l'œuvre de la jurisprudence : il a été décidé, par les arrêts cités au *Rép.* n° 377 et *ibid.* v° *Jugement*, nos 42-3° et 60, qu'une chambre désorganisée par le roulement peut être reconstituée après le roulement pour prononcer l'arrêt dans les affaires précédemment plaidées et mises en délibéré (V. Rolland de Villargues, *Organisation judiciaire*, p. 95, en note). Cette jurisprudence, quoique ne reposant sur aucun texte, se justifie parfaitement ; les débats ayant été clos, la chambre est présumée avoir délibéré, et l'arrêt est censé rédigé ; il ne reste plus qu'une formalité matérielle à remplir, la lecture publique à l'audience, pour laquelle l'ancienne chambre peut être convoquée sans violation du principe qui lui défend de connaître dorénavant d'une affaire. Mais cette exception ne saurait recevoir d'extension, et la chambre ainsi reconstituée ne pourrait, ni rouvrir les débats, ni les continuer s'ils n'avaient pas été terminés... par exemple, pour entendre le ministère public (Bastia 24 janv. 1882, aff. Vergez, D. P. 82. 2. 86).

§ 2. — Fonctions des juges ; conditions d'aptitude ; incompatabilités ; parenté ou alliance ; computation des voix ; nomination et installation ; tableau, rang ; inamovibilité ; devoirs des juges ; résidence ; congés · prérogatives ; retraite ; honorariat ; (*Rép.* nos 227 à 289).

161. — I. CONDITIONS D'APTITUDE (*Rép.* nos 227 à 231). — Au cours de la discussion de la loi du 30 août 1883, la Chambre des députés avait adopté, dans les termes suivants, l'art. 8 du projet du Gouvernement, emprunté aux projets précédents : « Nul ne peut être nommé aux fonctions de juge dans les cours et tribunaux ou aux fonctions du ministère public, s'il n'est licencié en droit et s'il ne justifie d'un stage effectif de trois années au barreau. Toutefois, seront dispensés du stage, s'ils comptent trois années au moins dans leurs fonctions, les professeurs titulaires, les agrégés et les chargés de cours près les facultés de droit, les membres du conseil d'Etat et des conseils de préfecture, les juges de paix, les avoués, les notaires, les greffiers des cours et tribunaux. La dispense du diplôme et du stage pourra être accordée aux notaires, avoués, juges de paix, comptant dans leurs fonctions plus de dix années d'exercice ». La commission du Sénat, pour mieux accentuer sa résolution de circonscrire le débat, a retranché du projet de loi, par simple fin de non-recevoir et sans examen de la question au fond, cette disposition à laquelle, dit M. Tenaille-Saligny, dans son rapport (D. P. 83. 4. 61), sa majorité se serait vraisemblablement ralliée. Il s'agissait là, en effet, d'une question qui ne pouvait être résolue que par une loi d'ensemble sur l'organisation judiciaire. Cette question amenait à examiner une multiplicité de questions connexes ou accessoires, telles que le noviciat de la magistrature,

(1) (D'Oksza Orzeckowski C. Kaszkoweski.) — LE TRIBUNAL ; — Attendu que d'Oksza Orzeckowski conclut à ce que la chambre des vacations déclare Kaszkoweski, mal fondé dans la demande en validité de saisie-arrêt qu'il a formée devant le tribunal de la Seine ; — Attendu que l'instance dont il s'agit n'a pas été renvoyée par ledit tribunal devant la chambre des vacations ; — Attendu que d'Oksza ne pouvait donc déférer la connaissance de ladite instance à ladite chambre que par une assignation donnée devant cette chambre ; — Par ces motifs, dit que la chambre des vacations n'a pas été régulièrement saisie de l'instance dont il s'agit, et qu'elle ne peut, en l'état, statuer sur le litige pendant entre les parties ;

Condamne d'Oksza aux dépens de l'incident.

Du 5 oct. 1882.-Trib. civ. Seine, ch. des vacat.-MM. Pillet-Desjardins, pr.-Devaux et Kaszkoweski, av.

l'opportunité des concours, les conditions de capacité et les règles d'avancement, qui se trouvent étroitement liées à la question des nominations.

162. Le 7 févr. 1889, M. Bozérian déposait sur le bureau du Sénat (*Journ. off.* Doc. parl. Sén. annexe, n° 32) une proposition ainsi conçue, modifiant l'art. 64 de la loi du 20 avr. 1810 : « Sont dispensés de la condition du stage exigée par le paragraphe 1er, après dix ans d'exercice de leurs fonctions, les juges de paix et les fonctionnaires du ministère de la justice pourvus du diplôme de licencié en droit ». Cette proposition a été prise en considération le 28 mars suivant.

163. L'idée de la dispense du stage de deux ans au barreau a été reprise dans le projet de loi déposé le 23 janv. 1890 par M. Thévenet, ministre de la justice (*Journ. off.* Doc. parl. Ch., annexe, n° 285), au profit des professeurs, agrégés et chargés de cours près les facultés de droit de l'Etat, qui compteraient au moins cinq années d'exercice dans leurs fonctions. Ce projet rendait la même disposition applicable aux fonctionnaires du ministère de la justice, aux avoués, aux juges de paix et aux greffiers des cours d'appel et des tribunaux de première instance qui justifieraient du diplôme de licencié en droit.

164. On retrouve la dispense du stage au barreau dans la proposition de loi de M. Labussière, relative aux justices de paix, adoptée en première délibération par la Chambre des députés le 24 févr. 1891. Elle renferme en effet la disposition suivante: « L'article 64 de la loi du 20 avr. 1810 est modifié ainsi qu'il suit: peuvent être nommés juges ou juges suppléants dans les tribunaux de première instance; les juges de paix qui auront exercé leurs fonctions pendant cinq ans, s'ils sont pourvus du diplôme de licencié en droit, et pendant dix ans, s'ils sont pourvus du diplôme de bachelier ou du certificat de capacité en droit » (art. 18-1°).

165. — II. INCOMPATIBILITÉS (*Rép.* n°s 232 à 241). — Depuis la publication du *Répertoire*, la question des incompatibilités a fait l'objet de plusieurs dispositions de lois. Pour éviter des redites, nous exposons ici tout ce qui concerne les magistrats des cours d'appel et des tribunaux de première instance, ainsi que les juges de paix.

166. Il y a incompatibilité entre les fonctions de sénateur et celles de membre du parquet des cours d'appel et des tribunaux de première instance, à l'exception du procureur général près la cour de Paris (L. organ. 2 août 1875, art. 20); et ne peuvent être élus par le département compris en tout ou en partie dans leur ressort, pendant l'exercice de leurs fonctions et pendant les six mois qui suivent la cessation de leurs fonctions par démission, destitution, changement de résidence ou de toute autre manière, les premiers présidents, les présidents et les membres des parquets des cours d'appel; les présidents, les vice-présidents, les juges d'instruction et les membres des parquets des tribunaux de première instance (Même loi, art. 21).

167. L'art. 8 de la loi organique du 30 nov. 1875 déclare qu'il y a également incompatibilité entre l'exercice des fonctions publiques rétribuées sur les fonds de l'Etat et le mandat de député. En conséquence, ajoute cet article, tout fonctionnaire élu député sera remplacé dans ses fonctions si, dans les huit jours qui suivront la vérification des pouvoirs, il n'a pas fait connaître qu'il n'accepte pas le mandat de député. Sont exceptées de cette prohibition un certain nombre de fonctions, parmi lesquelles celles de premier président de la cour d'appel de Paris et de procureur général près la même cour. — L'art. 12 de la même loi reproduit les dispositions de l'art. 21 de la loi précitée du 2 août 1875, en ce qui concerne les conditions d'éligibilité des mêmes magistrats de l'ordre judiciaire, plus les juges titulaires.

168. Ne peuvent être élus membres d'un conseil général ou d'un conseil d'arrondissement les premiers présidents, présidents de chambre, conseillers à la cour d'appel, procureurs généraux, avocats généraux et substituts du procureur général, dans l'étendue du ressort de la cour; les présidents, vice-présidents, juges titulaires, juges d'instruction et membres du parquet des tribunaux de première instance, dans l'arrondissement du tribunal, les juges de paix dans leurs cantons (L. 10 août 1871, art. 8, modifié par la loi du 23 juill. 1891, D. P. 91. 4. 74).

169. De même, les magistrats des cours d'appel et des tribunaux de première instance (à l'exception des juges suppléants auxquels l'instruction n'a pas été confiée) et les juges de paix titulaires ne sont pas éligibles aux fonctions de conseiller municipal, dans le ressort où ils exercent leurs fonctions (L. 5 avr. 1884, art. 33-3°).

170. Pendant la discussion de la loi du 30 août 1883 devant la Chambre des députés, M. Saint-Romme a demandé qu'il fût ajouté à l'un des articles du projet un paragraphe additionnel ainsi conçu : « Les fonctions judiciaires sont incompatibles avec toutes fonctions électives ou administratives. Seront considérés comme démissionnaires de leurs fonctions judiciaires les magistrats qui, se trouvant dans le cas prévu par le paragraphe ci-dessus, ne se seront pas démis de leurs fonctions électives ou administratives dans le mois qui suivra la promulgation de la présente loi ». Cet amendement a été adopté. Mais le Sénat l'a rejeté à la demande de M. Eugène Pelletan (séance du 27 juill. 1883, D. P. 83. 4. 61). On a considéré, en effet, que cette disposition ne pouvait, à raison de l'objet de la loi, s'appliquer qu'à une classe de fonctionnaires; qu'elle exclurait les seuls magistrats, à la différence de bien d'autres fonctionnaires; et que, pour éviter cette anomalie, il convenait de réserver l'examen approfondi de la question pour la discussion de la future loi sur l'interdiction du cumul.

171. — III. PARENTÉ OU ALLIANCE. — COMPUTATION DES VOIX. — La loi du 30 août 1883 contient, en matière de parenté ou d'alliance, une disposition nouvelle : « Ne pourra, à peine de nullité », porte l'art. 10, « être appelé à composer la cour ou le tribunal, tout magistrat titulaire ou suppléant dont l'un des avocats ou avoués représentant l'une des parties intéressées au procès, sera parent ou allié jusqu'au troisième degré inclusivement ». Cette innovation a été vivement combattue et dans la forme et au fond. M. Jules Simon a soutenu qu'une telle disposition n'était pas à sa place et qu'elle devait être écartée au même titre que toutes propositions relatives au mode de recrutement, aux conditions d'admissibilité et aux conditions d'avancement. — « Sur la question de fond, dit le rapporteur (D. P. 83. 4. 66), quelques objections ont également été faites par des membres de la minorité. L'un d'eux voit dans la mesure proposée l'expression d'un soupçon injurieux pour la magistrature. Quant au second, il est surtout frappé des conséquences éventuelles de son application. A l'aide de cet article, a-t-il dit, on pourra aisément, le cas échéant, atteindre dans l'exercice de leur profession les avocats ou les avoués dont la situation et l'influence porteront ombrage à l'Administration. Il suffira, pour cela, d'envoyer siéger dans le tribunal auquel ils sont attachés, un juge devant lequel, à raison de leurs liens de parenté, il ne leur sera plus possible de conclure et de plaider; leur clientèle se dispersera fatalement et ils seront obligés d'abandonner leur profession. A l'inverse, que l'on suppose le frère ou le neveu d'un magistrat venant s'installer, comme avocat ou avoué, dans la localité où ce magistrat exerce ses fonctions; à l'instant, la situation de ce dernier se trouve menacée, car son degré de parenté avec le nouvel arrivant est un prétexte tout trouvé à une proposition de déplacement. — Sur ces deux points, il a été répondu, d'une part, que la prohibition édictée par l'art. 10 n'était pas plus injurieuse pour la magistrature que ne le sont les dispositions inscrites en matière de récusation dans l'art. 63 de la loi du 20 avr. 1810, ainsi que dans les art. 368 et 378 c. proc. civ.; d'autre part, que les éventualités prévues ne constituaient vraiment ni pour la liberté des membres du barreau ni pour celle des magistrats un danger appréciable; qu'il serait toujours possible d'empêcher que l'application de la prohibition formulée dans l'art. 10 servît de prétexte à des injustices et à des procédés vexatoires, et qu'au surplus, y eût-il de ce chef possibilité d'abus, ces abus ne sauraient entrer en balance avec ceux auxquels la disposition proposée a pour but de remédier ».

172. Il a été jugé, dans cet ordre d'idées, que le concours prêté à un prévenu par un avocat en première instance ne met pas obstacle à ce que le fils de cet avocat soit appelé, en qualité de conseiller, à composer la cour qui doit statuer sur l'appel dudit prévenu. La prohibition édictée à peine de nullité par l'art. 10 de la loi du 30 août 1883 ne peut, en effet, être étendue à des cas qu'elle n'a pas prévus (Crim. rej. 13 nov. 1885) (1).

173. Ajoutons que la disposition dont nous nous occupons ne concerne point la cour de cassation, pour le motif donné *suprà*, n° 137 (Conf. Glasson, D. P. 86. 2. 69, note).

174. — IV. Nomination; installation. — Depuis la publication du *Répertoire*, et conformément à ce qui y est dit, n°s 245 et 264, il a été décidé que le magistrat reçu dans le corps où il a été nommé et qui, en vertu de cette qualité, y a prêté serment et a exercé ses fonctions, a, en faveur de la régularité de sa nomination, la présomption légale qui dispense de toute preuve; et qu'il n'appartient pas, d'ailleurs, à la cour de cassation, lorsqu'une décision à laquelle ce magistrat a participé lui est déférée, de contrôler sa nomination, notamment de rechercher s'il avait atteint l'âge exigé par la loi (Crim. rej. 2 mars 1889, aff. Cognet, D. P. 89. 1. 390. Conf. Garsonnet, t. 1, § 48).

175. — V. Tableau; rang (*Rép.* n° 267). — Le rang des magistrats se règle par la date de leur prestation de serment. La loi des 25-31 mars 1872 (art. 6) a créé une exception à ce principe en faveur des magistrats de la cour de Metz nommés à la cour de Nancy. Ils ont pris rang à cette cour d'après la date de leur nomination à celle de Metz.

176. — VI. Inamovibilité (*Rép.* n°s 268 à 270). — On a vu *suprà*, n°s 15, 18 et 19, qu'il a été porté atteinte au principe de l'inamovibilité pendant la période de réorganisation prévue par l'art. 11 de la loi de 1883. Après l'expiration de cette période, porte l'art. 15, « aucun premier président, président de chambre, conseiller de cour d'appel, aucun président, vice-président, juge ou juge suppléant des tribunaux de première instance ne pourra être déplacé que sur l'avis conforme du conseil supérieur. Ce déplacement ne devra entraîner, pour le magistrat qui en sera l'objet, aucun changement de fonctions, aucune diminution de classe ni de traitement ». Cette disposition a reçu *suprà*, v° *Discipline judiciaire*, n° 104, tous les développements nécessaires. Rappelons seulement que, de l'aveu même du garde des sceaux, M. Martin-Feuillée, le législateur de 1883 a supprimé « l'inamovibilité de la résidence » (Comp. Garsonnet, *Précis de procédure civile*, n°s 53 et 55, note 2).

177. Il convient de remarquer que les mots « aucun changement de fonctions » ne permettent pas de faire un magistrat « debout », d'un magistrat « assis ». C'est ce qui a été expliqué par M. Emile Labiche (D. P. 83. 4. 69).

178. — VII. Devoirs des juges (*Rép.* n°s 271 et 272). — L'art. 14 de la loi de 1883 se termine par les dispositions suivantes : « Toute délibération politique est interdite aux corps judiciaires. Toute manifestation ou démonstration d'hostilité au principe ou à la forme du gouvernement de la République est interdite aux magistrats. L'infraction aux dispositions qui précèdent constitue une faute disciplinaire ». Ces textes ont été expliqués *suprà*, v° *Discipline judiciaire*, n° 111.

179. — VIII. Résidence (*Rép.* n°s 272 à 275). — Le *Répertoire* rapporte (n° 275) l'art. 48 de la loi du 20 avr. 1810, aux termes duquel un magistrat qui s'absente sans congé régulier peut être requis par le procureur général de se rendre à son poste et être remplacé comme démissionnaire, faute d'avoir obtempéré à cette injonction dans le délai d'un mois. La même sanction s'étend au cas où un magistrat a cessé d'avoir son domicile réel et effectif dans la localité où il est tenu de résider, et l'art. 48 de la loi précitée est applicable aux juges suppléants (Cons. d'Et. 7 août 1885, aff. Garrau de Balzan, D. P. 87. 3. 17). C'est du reste en ce sens qu'on s'était prononcé au *Rép.* n° 274.

180. — IX. Congés. — V. *Rép.* n°s 276 à 279, et notre *Supplément au code de procédure civile*, n°s 10139 et suiv.

181. — X. Prérogatives. — V. *Rép.* n°s 280 à 281.

182. — XI. Retraite (*Rép.* n°s 282 à 288). — Les magistrats des cours et tribunaux et les juges de paix qui ont perdu leur siège par suite des abandons de territoire auxquels a abouti la guerre de 1870-1871 ont pu, s'ils comptaient au moins dix ans de service rétribué, réclamer une retraite proportionnelle. La pension a été fixée au sixième du traitement pour dix ans de service; elle s'accroissait d'un soixantième de ce traitement pour chaque année de service au-dessus de dix ans. Mais les titulaires de ces pensions devaient en perdre le bénéfice s'ils n'optaient pas pour la nationalité française, ou si, après avoir opté pour elle, ils venaient ultérieurement à l'abandonner (L. 25-31 mars 1872, art. 7).

183. D'autres retraites, d'un caractère également exceptionnel, ont été instituées par la loi du 30 août 1883 sur la réforme de l'organisation judiciaire. « Les magistrats, porte l'art. 12 qui, par application de la présente loi, n'auront pas été maintenus ou n'auront pas accepté le poste nouveau qui leur aura été offert, recevront à titre de pension de retraite, savoir: au-dessus de vingt ans et au-dessous de trente ans de service, la moitié; au-dessus de dix ans et au-dessous de vingt ans, les deux cinquièmes; au-dessus de six ans et au-dessous de dix ans, le quart du traitement moyen dont ils ont joui pendant les six dernières années. — Au-dessous de six ans de service, ils recevront le cinquième du traitement moyen dont ils ont joui depuis leur entrée en fonctions. — Les dispositions qui précèdent ne sont pas applicables aux magistrats qui, s'ils restaient en fonctions jusqu'à l'âge fixé par le décret du 1er mars 1852, ne pourraient acquérir droit à pension aux termes de l'art. 5 de la loi du 9 juin 1853, ni invoquer la disposition finale de l'art. 11 de ladite loi pour être admis exceptionnellement à une pension de retraite. Il sera alloué à ces magistrats, jusqu'à cet âge, une indemnité annuelle calculée sur les bases ci-dessus. — Les magistrats qui ne seront pas maintenus auront droit, s'ils comptent plus de trente ans de service et quel que soit leur âge, à un soixantième de leur traitement moyen de retraite par année de service en sus de trente. — En aucun cas, les pensions et indemnités servies en exécution des dispositions qui précèdent ne pourront excéder le maximum fixé par la loi du 9 juin 1853 ».

184. Quant au mode de mise à la retraite des magistrats atteints d'infirmités, dont il est parlé au *Rép.* n°s 282 et suiv., la loi du 30 août 1883 a innové. « Les magistrats, porte l'art. 15, § 2, que des infirmités graves et permanentes mettraient hors d'état d'exercer leurs fonctions pourront être mis d'office à la retraite, sur avis conforme du conseil supérieur; cet avis sera donné dans les formes et conditions prescrites par la loi du 16 juin 1824 ». « Le conseil supérieur, dispose à son tour l'art. 16, ne pourra être saisi que par le garde des sceaux, et il ne devra statuer ou donner son avis qu'après que le magistrat aura été entendu ou dûment appelé ». En fait, la loi de 1824, lit-on dans le rapport de M. Tenaille-Saligny au Sénat (D. P. 83. 4. 69), « qui confie aux cours d'appel la délicate et pénible mission de proclamer l'incapacité physique ou la déchéance intellectuelle soit de leurs propres membres, soit des membres des tribunaux situés dans leur ressort, n'a jamais été exécutée d'une façon sérieuse, et cela se comprend aisément. Depuis le décret du 1er mars 1852, qui a fixé à soixante-dix ans la limite d'âge pour tous les juges de première instance et d'appel, elle est pour ainsi dire tombée en désuétude. Et pourtant il importe, aujourd'hui surtout que le personnel des cours et des tribunaux va se trouver ramené au nombre

---

(1) (Gaudin et autres). — ... La cour. — Sur le deuxième moyen, pris de la violation de l'art. 10 de la loi du 30 août 1883, en ce que le père de l'un des conseillers qui ont composé la cour aurait représenté les prévenus comme avocat dans la même affaire;

Attendu qu'il résulte des documents produits que le père du conseiller de Gaffori n'est aucunement intervenu devant la cour d'appel comme avocat des prévenus et qu'il n'était même pas présent à l'audience; que, s'il a assisté les prévenus devant le tribunal correctionnel, le concours qu'il leur a ainsi prêté en première instance ne mettait pas obstacle à ce que son fils fût appelé à composer la cour qui devait statuer sur leur appel;

— Attendu, en effet, que l'art. 10 de la loi du 30 août 1883 a eu pour but d'empêcher qu'un avocat ou un avoué ne représente l'une des parties intéressées au procès devant un magistrat qui serait son parent ou son allié jusqu'au troisième degré inclusivement; mais que ledit article n'interdit pas à un magistrat d'appel de siéger dans une affaire où son parent aurait, comme avocat ou comme avoué, représenté l'une des parties devant le tribunal de première instance, et que la prohibition édictée, ne peut être étendue à des cas qu'il n'a point prévus; — Par ces motifs, rejette, etc.

Du 13 nov. 1885.-Ch. crim.-MM. Poulet rap.-Roussellier, av. gén.

strictement nécessaire, il importe, disons-nous, que l'on puisse mettre d'office à la retraite les magistrats que l'état de leur santé met manifestement dans l'impuissance d'exercer réellement et utilement leurs fonctions. Le conseil supérieur est évidemment apte à remplir, sans dureté comme sans faiblesse, la mission que la loi de 1824 avait confiée aux cours d'appel. Aussi le paragraphe 2 de l'art. 15 a-t-il été accepté sans observation par la commission ».

185. Il résulte d'une décision du conseil supérieur de la magistrature, en date du 12 mai 1884, que ce conseil est saisi directement par le ministre de la justice lorsqu'il y a lieu de demander son avis sur la mise à la retraite d'office des magistrats qui se trouveraient hors d'état d'exercer leurs fonctions, et qu'il est informé sur les faits signalés au conseil selon les formes et conditions prescrites par les art. 8 et suiv. de la loi du 16 juin 1824 (Cons. sup. de la magistrature, 12 mai 1884) (1). — La loi du 30 août 1883 renvoie purement et simplement à celle du 16 juin 1824, sans distinguer entre les dispositions relatives à la commission d'examen et celles qui sont consacrées à la période d'information. Or, l'initiative ne pouvant venir désormais que du ministre de la justice, la commission d'examen disparaît : aussi ne faut-il plus tenir compte des art. 1 à 7 de la loi de 1824. C'est ce qui résulte virtuellement de la décision précitée.

186. Reste la mise à la retraite pour cause de limite d'âge. Sous ce rapport, le décret du 1er mars 1852 est toujours en vigueur. — Jugé, dans cet ordre d'idées, que le magistrat qui a atteint la limite d'âge n'en est pas moins apte à continuer régulièrement ses fonctions jusqu'au jour de la prestation de serment et de l'installation de son successeur (Crim. rej. 9 mars 1871, aff. Fabre, D. P. 71. 1. 70; 13 nov. 1875, aff. Poiget et autres, *Bull. crim.*, n° 315). Par ces décisions, la chambre criminelle est revenue sur la solution contraire consacrée par son arrêt du 2 mai 1861, qui a été critiqué au *Rép.* n° 287.

§ 3. — Des juges suppléants (*Rép.* nos 290 à 300).

187. Jugé, depuis la publication du *Répertoire*, que les juges suppléants sont aptes, en vertu de leur qualité propre, à remplir les fonctions du ministère public devant les tribunaux de première instance (Crim. rej. 16 juin 1883, aff. Blanc-Duquesnay, D. P. 84. 1. 140). L'art. 84 c. proc. civ. dispose, en effet, d'une manière générale, que, en cas d'absence ou empêchement des magistrats chargés des fonctions du ministère public, ils seront remplacés par l'un des juges ou suppléants ; et ce principe a été successivement confirmé par les art. 20, 21, 22, 23 du décret du 18 août 1810 et par l'art. 3 de la loi du 10 déc. 1830 portant que « les juges suppléants pourront être appelés aux fonctions du ministère public, si les besoins du service l'exigent ».

§ 4. — Du règlement et de la police des audiences (*Rép.* nos 301 à 340).

188. — I. DU RÈGLEMENT DES AUDIENCES. — V. *Rép.* nos 301 à 306.

189. — II. DE LA POLICE DE L'AUDIENCE (*Rép.* nos 307 à 340). — Le *Répertoire* distingue les simples manquements au respect dû à la justice (nos 307 à 315) des faits qui constituent de véritables délits (nos 316 à 340).

190. Relativement aux faits de la première catégorie, il a été jugé que les mesures d'ordre et de répression prises par le président en vertu de l'art. 504 c. instr. crim. ne constituent pas de véritables jugements et ne peuvent, en conséquence, être attaquées par la voie du recours en cassation (Crim. rej. 1er mars 1877, aff. Pain, D. P. 78. 1. 443 ; 5 déc. 1884, aff. Sapin, *Bull. crim.*, n° 333).

191. La jurisprudence fournit plusieurs décisions concernant le cas où il y a délit. — S'agit-il d'outrages, il a été jugé : 1° que l'outrage par paroles commis à l'audience d'un tribunal envers un magistrat, à l'occasion de l'exercice de ses fonctions, peut être poursuivi conformément à l'art. 181 c. instr. crim., sans une plainte préalable (Crim. rej. 30 déc. 1858, aff. Epoux Coutanceau, *Bull. crim.*, n° 326; Comp. *Rép.* n° 338 ; Barbier, *Code de la presse*, n° 683 ; Fabreguettes, *Des infractions de la parole*, etc., t. 2, n° 1537 ; — 2° Que lorsque le prévenu adresse à un témoin, au cours de sa déposition, ces mots : « vous en avez menti », il commet le délit prévu par l'art. 33 de la loi du 29 juill. 1881, et que ce délit peut être réprimé à l'audience même par le tribunal devant lequel il a été commis (Crim. cass. 9 févr. 1884, aff. Presle, *Bull. crim.*, n° 34) ; — 3° Que la loi du 29 juill. 1881 sur la presse n'a pas dérogé à l'art. 181 c. instr. crim., attribuant aux cours et tribunaux le jugement des délits qui se commettent dans leur enceinte et pendant la durée de leurs audiences ; que, par suite, c'est à bon droit qu'une cour d'appel condamne un prévenu pour injures proférées à l'audience contre un témoin, bien qu'en principe l'injure envers un témoin soit de la compétence de la cour d'assises (Crim. cass. 19 déc. 1884, aff. Brunet, D. P. 85. 1. 380 ; Paris, 20 nov. 1888, aff. Fontersberg, D. P. 89. 2. 235). Conf. *Rép.* vis *Compétence criminelle*, n° 585, et *Presse-outrage*, n° 1433 ; Fabreguettes, *op. et loc. cit.* Par application des mêmes principes, il a été décidé que le prévenu d'un délit de diffamation commis contre un témoin à l'audience de la cour d'assises, doit être jugé séance tenante par la cour, et ne peut obtenir le renvoi à une autre audience à l'effet de faire la preuve de la vérité de l'imputation diffamatoire articulée par lui contre le témoin (C. d'ass. de la Corse, 3 juin 1891, aff. Crudoli, D. P. 92. 2. 581).

192. Jugé, de même, que, bien que le délit de cris séditieux proférés dans un lieu public soit en principe de la compétence du jury, cependant ce délit, quand il est commis à une audience de cour d'assises, doit être réprimé par la cour, sans le concours du jury : d'une part, les jurés sont sans qualité et sans juridiction pour statuer sur un autre fait que celui à raison duquel ils ont été désignés par le sort et acceptés par le prévenu ; d'autre part, l'art. 181 c. instr. crim. impose aux magistrats le devoir de juger de suite et sans désemparer les délits d'audience ; de plus, les art. 181 et 504 c. instr. crim. ayant, pour la dignité de la justice et en vue d'assurer le maintien du bon ordre, établi une procédure sommaire et ordonné une prompte répression, le prévenu d'un délit de cris séditieux proférés à l'audience peut être placé sous mandat de dépôt, bien que les prévenus de délits commis par la voie de la presse, et notamment du délit de cris séditieux, ne puissent être l'objet d'une arresta-

---

(1) (Procureur général à la cour de cassation C. L...). — Réquisitoire. — « Le procureur général à la cour de cassation ; — Vu la lettre de M. le garde des sceaux, en date du 25 avr. 1884, ainsi conçue : « M. le procureur général, M. L..., juge au tribunal de « ..., est dans un état de santé qui, depuis un an, l'empêche d'exer- « cer ses fonctions, et la maladie dont il est atteint ne paraît laisser « aucun espoir de guérison. Invité à donner sa démission, M. L.. « s'y refuse ; par suite j'estime qu'il y a lieu de lui appliquer « les dispositions des art. 15, § 2, et 16 de la loi du 30 août 1883. « Je vous prie de vouloir bien, en conséquence, saisir la cour de « cassation constituée en conseil supérieur de la magistrature » ; — Vu les pièces ci-jointes ; — Vu les art. 13, 15, § 2, et 16 de la loi du 30 août 1883 ; — Attendu qu'il résulte des documents produits que M. L..., juge à ..., serait atteint d'un mal incurable, qui ne lui permet pas de siéger et de participer utilement à l'administration de la justice ; que le service public souffre manifestement d'un tel état de chose ; — Requiert qu'il plaise à M. le premier président désigner un de MM. les membres de la cour, constituée en conseil supérieur de la magistrature, en exécution de l'art. 13 susvisé de la loi du 30 août 1883, à l'effet de procéder, conformément à la loi, à tous actes actes d'information nécessaire pour être ensuite par le procureur général requis, et par la cour statué ainsi que de droit.

« Fait au parquet le 24 avr. 1884.

« Le procureur général,
« signé : J.-C. Barbier ».

LA COUR ; — Toutes les chambres assemblées, constituées en conseil supérieur de la magistrature, conformément à la loi du 30 août 1883 ; — Vu la lettre du garde des sceaux, ministre de la justice et des cultes, en date du 3 avril dernier, invitant le procureur général à demander l'avis du conseil supérieur de la magistrature, à l'effet de savoir si M. L..., juge au tribunal civil de ..., est atteint d'infirmités graves et permanentes qui le mettent hors d'état d'exercer ses fonctions (L. 30 août 1883, art. 15, § 2) ; — Vu le réquisitoire du procureur général, en date du 24 du même mois ; — Vu ledit art. 15, ensemble l'art. 16 de la même loi, et les art. 8 et suiv. de celle du 16 juin 1824 ; — Dit qu'il sera informé sur les faits relevés dans le réquisitoire susdaté, selon les formes et conditions prescrites par lesdits

tion préventive (Crim. rej. 31 juill. 1891, aff. Régis-Meunier, D. P. 92. 1. 196).

193. Le juge n'est pas légalement obligé de rendre sa décision séance tenante. Il peut donc, après avoir fait consigner, dans les notes d'audience, les réquisitions du ministère public, et après avoir interrogé l'inculpé, renvoyer l'affaire pour statuer à l'audience suivante (Crim. rej. 30 mai 1887) (1).

194. Quand la peine est prononcée, le juge se trouve dessaisi et ne peut lever la condamnation par une sentence nouvelle sous prétexte que « l'inculpé serait revenu à résipiscence » (Crim. cass. 9 févr. 1884, cité *suprà*, n° 191).

195. En cas d'acquittement, le jugement n'est pas sujet à appel, mais susceptible de pourvoi en cassation par le ministère public (Crim. cass. 8 janv. 1870, aff. Quesver, D. P. 70. 1. 315).

196. D'un autre côté, il a été décidé que le jugement qui, en déclarant les conclusions du prévenu injurieuses pour le ministère public, se borne à en ordonner la suppression, sans appliquer la peine de l'art. 222 c. pén., n'en est pas moins régulier (Crim. cass. 8 févr. 1866, aff. Maret et Garcin, D. P. 66. 5. 371).

197. Enfin, lorsqu'un tribunal n'a pas usé du droit qui lui appartient de statuer sur un délit d'audience, ce délit peut, selon l'opinion adoptée au *Rép.* v° *Presse-outrage*, n° 1437, être réprimé plus tard, conformément au droit commun (Amiens, 25 janv. 1877) (2). Conf. Le Graverend, *Législation criminelle*, t. 1, p. 535; Carnot, *Code d'instruction criminelle*, t. 3, p. 397; Faustin-Hélie, *Instruction criminelle*, t. 6, n° 2929).

ART. 2. — *Des cours d'appel* (*Rép.* n°s 341 à 446).

§ 1er. — Des audiences ordinaires des cours d'appel : division des chambres; nombre des juges; empêchement et remplacement ; roulement; chambre des vacations (*Rép.* n°s 341 à 382).

198. Il est presque superflu de mentionner que, depuis le 4 sept. 1870, les cours ont repris leur ancien nom de cours d'appel. Aujourd'hui, par suite du traité de Francfort, le nombre des cours n'est plus que de vingt-six, sans compter celles d'Alger, de la Guadeloupe, de la Martinique, etc. On a indiqué *suprà*, n° 9, à quels ressorts ont été rattachées les portions demeurées françaises des anciens ressorts de Colmar et de Metz.

199. « Chaque cour d'appel, porte l'art. 2 de la loi du 30 août 1883, comprendra le nombre de chambres déterminé au tableau A annexé à la présente loi, et sera composée, outre le premier président, du nombre de présidents et de conseillers indiqué au même tableau. Outre les chambres dont le nombre est ainsi déterminé, les cours comprendront une chambre d'accusation constituée conformément au décret du 12 juin 1880. — Il y aura près de chaque cour un procureur général, des avocats généraux et substituts, un greffier en chef et des commis greffiers, en nombre déterminé au même tableau. — Si les besoins du service l'exigent, il pourra être formé, par règlement d'administration publique, une chambre temporaire composée de conseillers pris dans d'autres chambres. — Il pourra, aux mêmes conditions, être nommé un deuxième substitut dans les cours qui, d'après le tableau A, n'en ont qu'un seul ». —

---

art. 8 et suiv. de la loi de 1824; — Commet... pour procéder à ladite information..., pour, ladite information terminée, être par le procureur général requis, et par le conseil statué ce qu'il appartiendra.

Du 12 mai 1884.-Ch. réun. en cons. sup. de la magistrature.-MM. Cazot, 1er pr.-Merville, rap.-Barbier, proc. gén.

(1) (Bougon.) — LA COUR; — Sur le premier moyen, tiré de la violation de l'art. 505 c. instr. crim.; — Attendu, qu'il est constaté par le jugement du 20 janv. 1887 qu'immédiatement après la prononciation d'un jugement de condamnation contre Joséphine Bougon, pour infraction à la police sanitaire, le commissaire de police, exerçant les fonctions de ministère public, a pris des réquisitions contre la prévenue qui l'aurait outragé, au moment où le juge de police donnait lecture de l'art. 471, n° 15, c. pén.; que ledit juge, après avoir fait consigner dans les notes d'audience que les réquisitions du ministère public visaient un outrage par gestes, a interrogé la prévenue et renvoyé l'affaire pour statuer à l'audience suivante; — Qu'il résulte des faits ainsi précisés que le juge a, séance tenante, c'est-à-dire au moment même où la prévenue aurait outragé par gestes le commissaire de police, commencé l'instruction sur l'incident, se réservant de statuer ultérieurement sur la répression demandée par le commissaire de police; — Attendu que, dans ces circonstances, le vœu de l'art. 505 c. instr. crim., a été suffisamment accompli le juge ayant procédé et instruit, séance tenante, sur les faits qui venaient de se produire à son audience; — Par ces motifs, rejette.

Du 30 mai 1887.-Ch. crim.-MM. Vételay, rap.-Roussellier, av. gén.

(2) (P...). — Le 19 déc. 1876, jugement du tribunal correctionnel de Compiègne, ainsi conçu : — « Attendu qu'à la requête de M. le procureur de la République, P... a été cité à l'audience correctionnelle, du 12 de ce mois, sous prévention d'avoir, à une précédente audience, celle du 14 novembre dernier, outragé publiquement le maréchal des logis de gendarmerie de Noyon, à raison de sa déposition comme témoin entendu à cette dernière audience; — Attendu que P..., tant par lui que par son défenseur, oppose à la prévention : 1° sa non-recevabilité comme tardive, le délit en faisant l'objet ne pouvant être réprimé qu'à l'audience même où il serait manifestement commis; 2° son mal fondé en ce que le prétendu outrage reproché à P..., n'aurait été, de sa part, que l'expression d'un témoignage qu'il était appelé à rendre en justice; — Attendu que l'exception d'irrecevabilité soulevée par P... ne s'appuie que sur une fausse interprétation des termes de l'art. 181 c. instr. crim.; — Que cet article n'a été édicté qu'en vue de faciliter exceptionnellement la répression immédiate des délits d'audience, dans l'intérêt de la dignité de la police et du respect des magistrats; — Que tout en prescrivant cette répression sans désemparer, il n'invalide en aucune façon pour cela, ni par une sanction de nullité, ici par une sanction de prescription, une répression *a posteriori* dans les conditions du droit commun; — Que cela résulte incontestablement, non seulement de la saine interprétation de l'art. 181 c. instr. crim., mais de sa combinaison avec l'art. 505 du même code, ainsi que des principes généraux sur la matière; — Que donner aux dispositions de l'art. 181 la portée que lui prête la défense, ce serait, contrairement aux intentions du législateur, consacrer l'impunité pour des délits qui, quoique commis à l'audience ne l'auraient pas été assez manifestement pour être immédiatement relevés, ou qui exigeraient une information préalable, ce qui est inadmissible; — Attendu que l'arrêt de cassation du 24 déc. 1858 (D. P. 59. 1. 319), invoqué par la défense, ne contredit aucun des motifs qui précèdent; qu'il est inapplicable à la prévention soumise au tribunal, et que, s'il dénie à un juge de simple police tenant l'audience où un délit a été commis, le droit de réprimer ce délit à une audience ultérieure, c'est à raison de sa compétence purement exceptionnelle; — Attendu d'ailleurs que P..., est mal venu à se plaindre du retard apporté à sa mise en prévention, retard tout dans son intérêt, puisqu'il avait pour objet de lui épargner des poursuites, au moyen d'excuses au témoin outragé par lui, et d'obtenir des éclaircissements sur la valeur de l'outrage; — Par ces motifs déclare recevable et régulière l'action du ministère public contre P..., et statuant au fond; — Attendu que de tous les éléments de la cause, et de l'information orale à l'audience du 12 de ce mois, il résulte qu'à l'audience correctionnelle du 14 novembre dernier, alors que le maréchal des logis de gendarmerie de Noyon déposait comme témoin, P... dont le témoignage avait été précédemment entendu et épuisé, s'est spontanément levé, et par deux fois, sur le ton d'invective, et sans être autrement interpellé, a crié au maréchal des logis : « Vous n'en saviez rien, vous étiez saoul »; que ce propos, répété dans les conditions et circonstances sous-spécifiées, constitue un outrage public envers un témoin, à raison de sa déposition, prévu et puni par l'art. 6 de la loi du 25 mars 1822, justement invoqué par le ministère public contre P...; — Attendu que l'immunité dont celui-ci chercherait à se prévaloir ne saurait le couvrir, l'information ayant établi que son rôle de témoin avait complètement cessé, lorsqu'il avait cédé à une inspiration malveillante contre le maréchal des logis de gendarmerie, en lui reprochant un état d'ivresse qui n'a été rien moins que démontré dans la cause; — Par ces motifs, condamne, etc.

Appel par le sieur P...

LA COUR; — Adoptant les motifs des premiers juges; — Considérant, en outre, au fond que de l'aveu de P... il n'avait pas vu les gendarmes; — Que, conséquemment, le fait imputé par lui au maréchal des logis de gendarmerie ne résultait nullement de son appréciation personnelle; — Que loin de s'adresser au tribunal, P... s'est tourné directement vers le maréchal des logis; — Que son but ne pouvait donc être, sans aucun rapport, d'éclairer la justice, mais uniquement d'outrager le témoin et de discréditer la gendarmerie devant le public; — Par ces motifs, confirme :...

Du 25 janv. 1877.-C. d'Amiens, ch. corr.-MM. de Roquemont, pr.-Babled, av. gén.

Il résulte de ce tableau qu'en dehors du premier président, la cour d'appel de Paris se compose de neuf présidents de chambre et de soixante-deux conseillers; et que, des autres cours d'appel, sept ont trois présidents de chambre et dix-neuf conseillers; onze, deux présidents de chambre et quinze conseillers; cinq, un président de chambre et dix conseillers. Quant aux cours de Chambéry et de Bastia, elles ont : la première, neuf, la seconde, huit conseillers.

200. Il y a de lieu signaler ici une innovation introduite par l'art. 3 de la loi de 1883 : « Toutes les cours d'appel, hors celle de Paris, porte cet article, sont assimilées; toute distinction de classes est supprimée ». Vient ensuite la nomenclature des traitements, qui ont été sensiblement élevés. « Pouvions-nous, en ce qui concernait les cours d'appel, a dit M. Ribière au nom de la commission du Sénat (séance du 26 juill. 1883, D. P. 83. 4. 64), réaliser notre désir et arriver à l'unification des traitements? Nous l'avons pensé; nous avons cru que nous pouvions faire à tous les magistrats composant les cours : présidents, conseillers, procureurs généraux, avocats généraux, etc., au point de vue des traitements, une situation parfaitement convenable et suffisante. Nous avons pensé que l'heure était venue — quoiqu'il y ait sans doute un sacrifice à imposer aux contribuables — de faire à tous ces magistrats, au point de vue pécuniaire, une situation honorable, quel que fût le lieu de leur résidence. Et alors nous avons cru pouvoir atteindre ce résultat, si longtemps cherché, si longtemps recommandé, d'unifier, précisément au point de vue de la hiérarchie elle-même, toutes les cours de France. Il ne pouvait pas en être de même pour les tribunaux, et de là cette sorte de contradiction qu'on a déjà relevée, qu'on essayera peut-être encore de faire remarquer, entre l'art. 3, qui s'applique aux cours d'appel et l'art. 7 qui s'applique aux tribunaux de première instance ». D'autre part, on lit dans le rapport de M. Tenaille-Saligny au Sénat qu'aux yeux de la commission, « l'assimilation des cours avait ce grand avantage d'attacher davantage les magistrats au ressort dans lequel ils ont été envoyés et d'apporter un frein salutaire à ces compétitions et à ces demandes d'avancement qui ont toujours été signalées comme un des vices de notre organisation judiciaire » (D. P. 83. 4. 64).

201. — I. DIVISION DES CHAMBRES. — Il ressort du tableau A, auquel renvoie l'art. 2 de la loi du 30 août 1883, que, abstraction faite de la chambre des mises en accusation, les cours d'appel composées de dix-neuf conseillers forment trois chambres; que celles composées de quinze conseillers en forment deux; et qu'il n'y a qu'une chambre dans les autres cours. La cour d'appel de Paris forme neuf chambres. Le même article, comme on vient de le voir (*suprà*, n° 199), prévoit le cas où les besoins du service réclameraient la formation d'une chambre temporaire. Il ne fait que reproduire en cela les dispositions de l'art. 10 du décret du 6 juill. 1810, analysées au *Rép.* n° 345. — Un règlement d'administration publique peut seul former une chambre temporaire. Si donc une cour d'appel ne comprend qu'une seule chambre, elle ne peut, en l'absence d'un règlement d'administration publique, se diviser en deux chambres, et procéder simultanément les mêmes jours, en deux sections, au jugement des affaires civiles dans l'une et des affaires correctionnelles dans l'autre, sans violer la règle qui préside à l'organisation de ses pouvoirs; en conséquence, est nul l'arrêt rendu par la section irrégulièrement organisée pour procéder au jugement des affaires correctionnelles, tandis que l'autre section vaquait au jugement des affaires civiles (Crim. cass. 15 mars 1889, aff. Locquin et autres, D. P. 89. 1. 265). En effet, les lois qui règlent l'organisation judiciaire sont d'ordre public. Mais il est parfaitement licite, comme l'admet d'ailleurs la circulaire du ministre de la justice du 27 nov. 1883, de répartir le service entre les membres de la cour, de façon qu'ils soient alternativement dispensés d'assister à certaines audiences, afin de pouvoir siéger à des jours différents et de faciliter ainsi l'expédition des affaires en augmentant le nombre des audiences. Dans ce cas, il n'y a toujours qu'une chambre qui fonctionne, et c'est toujours la même chambre.

202. Jugé, d'ailleurs, qu'il n'y a aucune irrégularité à ce que, dans une cour composée de deux chambres (outre la chambre des mises en accusation, désignée sous le titre de deuxième chambre), la section correctionnelle appelée à composer l'audience solennelle ait été qualifiée de troisième chambre, si elle était, en fait, l'une des deux chambres entre lesquelles tous les membres de la cour avaient été entièrement et également répartis (Req. 30 juill. 1888, aff. Dame Favard, D. P. 90. 1. 114). Dans l'espèce, la cour n'avait point modifié, par un règlement intérieur, sa division en deux chambres; mais elle s'était bornée, conformément à l'art. 2 de la loi de 1883, à constituer, outre les deux chambres et avec des magistrats empruntés à ces chambres, une chambre des mises en accusation.

203. Aux termes des art. 11 du décret du 6 juill. 1810 et 1 et 2 de l'ordonnance du 24 sept. 1828, le premier président peut, si les besoins du service l'exigent, renvoyer à la chambre des appels en matière correctionnelle des causes tant ordinaires que sommaires; cette chambre doit alors tenir deux audiences civiles par semaine jusqu'à épuisement du rôle. — Jugé, à cet égard, conformément à la jurisprudence donnée au *Rép.* n° 354, que la mention d'un arrêt portant qu'il a été rendu par la chambre correctionnelle « jugeant en matière civile ou commerciale, les causes qui lui sont renvoyées par le premier président », implique par elle-même la délégation faite à la chambre par le premier président (Req. 4 juill. 1883, *suprà*, v° *Cassation*, n° 443-3°).

204. Au surplus, la distribution des affaires civiles aux diverses chambres d'une cour d'appel est une mesure d'administration intérieure de la justice, que le premier président exerce indépendamment du contrôle des parties (Req. 9 mai 1877, aff. Fegge et consorts, D. P. 78. 1. 30).

205. Quant à la chambre des mises en accusation, le décret des 12-17 juin 1880 modifie l'art. 1er de l'ordonnance du 5 août 1844, dont il est parlé au *Rép.* n° 346; en ce sens que les magistrats qui en font partie peuvent désormais, suivant l'intérêt du service, être attachés à une même chambre ou répartis entre les autres chambres de la cour. L'art. 2 de la loi du 30 août 1883 renvoie à ce décret.

206. — II. NOMBRE DES JUGES. — Ainsi qu'on l'a vu au *Rép.* n°s 348 et suiv., 568 et suiv., d'après l'art. 27 de la loi du 27 vent. an 8, les arrêts des cours d'appel ne pouvaient être rendus par moins de sept juges, et d'après l'art. 2 du décret du 6 juill. 1810, les arrêts des chambres correctionnelles ne pouvaient être rendus par moins de cinq juges. Cette distinction, quant au nombre des juges, entre les affaires correctionnelles et les affaires civiles, a été de tout temps l'objet de sérieuses critiques. La loi du 30 août 1883 l'a fait disparaître : l'art. 1er de cette loi dispose en effet qu'en toute matière les arrêts des cours d'appel seront rendus par cinq juges au moins, président compris, et ce, à peine de nullité. Cette innovation aura pour résultat, ainsi que l'a fait remarquer le garde des sceaux (D. P. 83. 4. 62), de favoriser l'étude des dossiers en facilitant la communication et la lecture de pièces qu'un nombre excessif de juges rend matériellement impossibles. D'ailleurs, dans tous les autres pays, les arrêts en appel sont rendus par un nombre de magistrats inférieur à celui qui était exigé en France. « La France, dit M. Yvernès dans sa *Statistique judiciaire internationale*, p. 118, est le seul pays où la loi exige sept membres pour assurer la validité des arrêts des cours d'appel. La législation de Suède, de Hongrie, de Bade, des Pays-Bas, de Belgique, d'Italie et de Grèce n'en demande que cinq; et celle de Norvège, d'Espagne et de Roumanie fixe à trois seulement le nombre des magistrats devant concourir au jugement des affaires d'appel ». Une statistique assez curieuse établit que les résultats sont à peu près les mêmes, quelle que soit la quotité des siégeants. Dans les divers pays d'Europe, la proportion des réformations et des confirmations est sensiblement la même.

207. Il a été jugé, sur ce point : 1° que le moyen pris de ce qu'un arrêt n'aurait été rendu que par quatre magistrats manque en fait nonobstant à cet égard la mention erronée de l'expédition, s'il résulte de la minute que la décision dont il s'agit a été l'œuvre d'un président et de quatre conseillers (Req. 20 mai 1885, aff. Waddington, 2e arrêt, D. P. 86. 1. 82); — 2° Qu'un arrêt est régulier du moment où il a été délibéré et rendu par cinq magistrats; et il importe peu que deux autres magistrats se soient abstenus d'y prendre part, après avoir assisté aux plaidoiries : l'empêchement ou l'absence de ces deux magistrats, au moment de la prononciation de l'arrêt, ne saurait en entraîner la nullité, alors que les juges qui ont statué étaient en nombre impair et suffisant (Req. 20 mai 1885, aff. Waddington, 1er arrêt, D. P. 86. 1. 82. Comp. Req. 12 déc. 1887, aff. Cordier, D. P. 88. 1. 429; Civ. rej. 12 août 1891, aff. Vieuxbled, D. P. 92. 1. 623).

208. Le même article 1er porte en outre que, en toute matière, les arrêts des cours d'appel, comme les jugements des tribunaux de première instance, sont rendus par des magistrats siégeant en nombre impair; et que, si les membres d'une cour siégeant dans une affaire sont en nombre pair (ce qui peut, en prévision de débats très prolongés, devenir nécessaire), le dernier des conseillers dans l'ordre du tableau devra s'abstenir, le tout à peine de nullité. (V. sur ce point *suprà*, nos 128 et suiv.).

209. — III. EMPÊCHEMENT; REMPLACEMENT. — Ainsi qu'on l'a dit au *Rép.* no 360, c'est seulement en cas de nécessité que les conseillers d'une chambre peuvent être appelés dans une autre. — Jugé, à cet égard, depuis la loi du 30 août 1883, qu'une chambre ne peut se compléter par l'adjonction d'un conseiller appartenant à une autre chambre que si elle se trouve réduite à un nombre de juges inférieur à cinq (Crim. cass. 16 déc. 1881, aff. Arus, D. P. 82. 1. 143; 24 juill. 1886, aff. Ruault, D. P. 86. 1. 477). — Il en est ainsi alors même que deux des conseillers de cette chambre sont parents ou alliés au degré prohibé, à moins qu'une mention expresse de l'arrêt n'indique que leurs opinions conformes ne devaient compter que pour une (Arrêt précité du 16 déc. 1881). Au contraire, d'après un arrêt antérieur (Civ. rej. 21 nov. 1866, aff. Decori, D. P. 67. 1. 120), l'indication des opinions opposées serait nécessaire pour faire connaître que le nombre des voix comptées a été celui déterminé par la loi.

210. Mais la jurisprudence, comme on l'a vu au *Rép.* nos 361 et suiv., admet cette double présomption que le magistrat remplaçant n'a été appelé que parce qu'il y avait nécessité, et que le conseiller remplacé pouvait invoquer une cause légitime d'absence ou d'empêchement. D'où il suit que l'indication dans les jugements et arrêts des noms des magistrats absents ou empêchés et des causes de leur absence ou empêchement, n'est pas exigée à peine de nullité, et que l'arrêt, auquel a concouru un conseiller étranger à la chambre qui a statué, constate suffisamment l'empêchement du magistrat remplacé, par cela qu'il porte que le membre d'une autre chambre a été appelé à compléter le nombre de conseillers indispensable pour la validité des décisions (Req. 24 avr. 1872, aff. Voxeur, D. P. 72. 1. 410; Civ. rej. 29 mars 1876, aff. Chatin, D. P. 76. 1. 493; 25 oct. 1888, aff. Duhotoy, *Bull. crim.*, no 306).

211. D'un autre côté, aucun texte n'exige, à peine de nullité, que le magistrat appelé à compléter une chambre de cour d'appel soit désigné suivant l'ordre des nominations; et sa désignation doit être présumée faite d'après les exigences du service général de la cour (Civ. rej. 15 juill. 1867, aff. Demoiselle de Maubeuge, D. P. 67. 1. 321; et 29 mars 1876 cité *suprà*, no 211).

212. Jugé, dans le même ordre d'idées, que, lorsque l'arrêt d'une cour d'appel, qui ne comprend qu'une seule chambre, porte dans les qualités qu'il a été rendu par la cour composée, président compris, de cinq magistrats, l'empêchement des autres membres de la compagnie est légalement présumé (Req. 4 mars 1889, aff. Touraille, D. P. 89. 1. 63).

213. Mais, comme un avocat ne peut être admis à concourir aux arrêts d'une cour d'appel en remplacement d'un magistrat que dans le cas où l'absence ou l'empêchement n'a permis de compléter la cour par aucun de ses membres, l'arrêt rendu avec le concours d'un avocat est nul, s'il ne constate pas la composition régulière de la cour ainsi constituée; aussi la mention, dans un arrêt, que le plus ancien des avocats présents à la barre a été appelé à siéger en l'absence des autres membres de la chambre absents ou empêchés ou de tous autres conseillers plus anciens n'établit pas la régularité de la composition de la cour, quand l'arrêt ne constate pas l'absence ou l'empêchement d'un conseiller dont la nomination était postérieure à celle du dernier des membres de la chambre (Crim. cass. 26 févr. 1891, aff. Société des bascules automatiques, D. P. 91. 5. 315). — De même, un arrêt est nul pour composition illégale de la cour, quand un avocat et un avoué ont été appelés pour compléter la chambre correctionnelle, sans qu'il soit mentionné: 1° que les conseillers des autres services étaient empêchés; 2° que l'avocat était le plus ancien de son ordre présent à la barre; 3° que l'avoué a été appelé à défaut de l'avocat. La mention que l'avocat et l'avoué ont été régulièrement appelés est insuffisante (Crim. cass. 23 nov. 1889, aff. Anatole Gès, *Bull. crim.*, no 358).

214. Il a encore été jugé, conformément à un arrêt ancien cité au *Rép.* no 358-1°, que le conseiller appelé pour compléter une chambre doit, en cas d'empêchement du président, présider l'audience, s'il est le plus ancien des membres présents (Civ. rej. 17 juin 1873, aff. Gaspari et Campana, D. P. 73. 1. 475).

215. Enfin il n'est pas nécessaire, surtout à peine de nullité, qu'un arrêt contienne la mention expresse que le conseiller qui a présidé en cas d'empêchement du président titulaire, était le plus ancien des magistrats présents à l'audience (Civ. rej. 15 juill. 1867, aff. De Maubeuge, D. P. 67. 1. 321).

216. — IV. ROULEMENT. — V. *suprà*, nos 159 et suiv.

217. — V. CHAMBRES DES VACATIONS. — Dans chaque cour d'appel, la chambre des vacations doit siéger au moins une fois par semaine, de huitaine en huitaine. A Paris, cette chambre se réunit deux fois par semaine (art. 4 du décret des 12-17 juin 1880). Mais il appartient toujours au procureur général de requérir la convocation extraordinaire, en dehors des jours fixés à l'avance, des magistrats chargés du service de la chambre des mises en accusation (art. 5, § 2 du même décret ». Nous renvoyons *suprà*, nos 152 et suiv. pour toutes dispositions ou décisions communes aux cours et aux tribunaux.

§ 2. — Des audiences solennelles (*Rép.* nos 383 à 429).

218. — I. COMPOSITION DES CHAMBRES RÉUNIES DE LA COUR. — La loi du 30 août 1883 fixe le nombre minimum de conseillers requis pour former une audience solennelle. Les paragraphes 4 et 5 de l'art. 1 disposent que, pour le jugement des causes qui doivent être portées à ces sortes d'audiences, les arrêts doivent, à peine de nullité, être rendus par neuf juges au moins. — Dans le projet de la commission du Sénat, le paragraphe 4 était ainsi conçu : « Pour le jugement des causes qui doivent être portées aux audiences solennelles, les arrêts sont rendus par neuf juges »; et il était suivi d'un paragraphe 5 portant : « Les magistrats appelés à compléter la chambre d'audience solennelle seront désignés dans l'ordre du tableau ». M. Dauphin proposa d'ajouter, à la fin du paragraphe 4, les mots « au moins », et de supprimer le paragraphe 5. — A la suite d'une longue discussion sur les règles relatives aux audiences solennelles, M. Labiche déclara que la commission acceptait l'amendement de M. Dauphin, c'est-à-dire l'addition des mots *au moins* au paragraphe 4 et la suppression du paragraphe 5, et ajouta l'explication suivante : « Nous supprimons le paragraphe 5 parce qu'il n'y a plus lieu de prévoir que l'on complétera en faisant appel à des magistrats d'une autre chambre. Pourquoi? parce que, de deux choses l'une : ou l'audience solennelle doit avoir lieu devant une cour qui n'a qu'une chambre, et, dans ce cas, tous les magistrats sont appelés et doivent siéger en quelque nombre qu'ils soient, pourvu qu'ils soient au moins au nombre de 9, et en nombre impair; ou, au contraire, l'audience solennelle a lieu devant une cour qui a deux ou plusieurs chambres, et alors tous les magistrats des deux chambres sont appelés de plein droit, quel que soit leur nombre, mais il faut qu'ils soient toujours au moins au nombre de 9. Par conséquent, il n'y a plus du tout d'appel arbitraire à faire par le premier président, et, par conséquent, il n'y a pas à suivre l'ordre du tableau; on appelle, je le répète, dans ce cas, deux chambres. Ces chambres peuvent ne pas être à leur nombre réglementaire de 5, parce qu'il y a des magistrats empêchés ou récusés, mais il faut que le total des magistrats soit de 9 au moins. Si le nombre est supérieur et que ce nombre soit de 10 ou de 12, un magistrat s'abstiendra de prendre part au délibéré » (Séance du 25 juill. 1883, D. P. 83. 4. 62).

219. Il importe de remarquer que l'innovation de la loi de 1883 consiste uniquement dans la fixation du nombre minimum des juges; quant aux règles établies par le décret de 1808 en ce qui concerne les audiences solennelles, elles n'ont point été modifiées. Aussi les diverses questions auxquelles l'application de ce décret a donné naissance conservent-elles tout leur intérêt.

220. Depuis la publication du *Répertoire*, la jurisprudence a de nouveau consacré la règle exposée *ibid.*, nos 390 et 391, d'après laquelle une cour d'appel statuant en audience solennelle n'est légalement composée qu'autant que les deux chambres qui concourent au jugement réunissent chacune séparément le nombre de membres nécessaire pour la constituer.

Il suit de là, ainsi qu'on l'a vu au *Rép.* n° 392, que si, deux chambres étant réunies pour juger en audience solennelle, l'une d'elles est incomplète, les membres empêchés de cette chambre ne peuvent être remplacés par des membres de la première; il est nécessaire d'appeler des magistrats faisant partie d'une autre chambre (V. Civ. cass. 1er déc. 1869, aff. Lippmann, D. P. 70. 1. 30; Req. 8 mars 1880, aff. Bédel, D. P. 80. 1. 260; 20 juill. 1880, aff. Bédel D. P. 81. 1. 179; Civ. cass. 28 juin 1882, aff. Rotival, D. P. 83. 1. 352).

221. Mais lorsque, des deux chambres civiles appelées à former une audience solennelle, la première est complète, indépendamment du premier président, et la seconde incomplète, en ce sens qu'il lui manque un de ses membres, le premier président, en concourant à l'arrêt, est présumé, comme n'étant légalement attaché d'une manière exclusive à aucune chambre, s'être adjoint à la seconde pour la compléter (Req. 8 mars et 20 juill. 1880 cités *suprà*, n° 220). C'est du reste ce qu'avaient déjà décidé les arrêts mentionnés au *Rép.* n° 395. Et la composition de la cour n'est pas viciée par cette énonciation de l'arrêt qu'un des conseillers de la première chambre en a été détaché pour compléter la seconde (Mêmes arrêts). V. aussi dans le même sens : Req. 20 déc. 1875, aff. Leboucher, D. P. 76. 1. 157.

222. Au reste, il peut arriver que la chambre qui se trouve être incomplete soit forcée d'emprunter à l'autre les magistrats qui lui manquent. Ainsi il a été jugé que, en cas de réunion de la chambre civile et de la chambre correctionnelle d'une cour d'appel pour juger en audience solennelle, deux conseillers peuvent être empruntés à la première chambre pour compléter la seconde, lorsque tous ceux de la chambre des mises en accusation sont répartis entre les deux autres, les magistrats qui n'ont pas siégé étant présumés légalement empêchés. (Req. 20 janv. 1874, aff. Champoil, D. P. 74. 1. 223).

223. Ajoutons qu'il n'est pas nécessaire d'indiquer expressément à laquelle des deux chambres de la cour chacun des magistrats appartient; il suffit que l'arrêt mentionne leurs noms (Civ. rej. 21 juill. 1875, aff. Jayle et cons., D. P. 75. 1. 449; Req. 30 mai 1883) (1).

224. Ainsi qu'on l'a vu au *Rép.* n° 397, la règle que, dans le silence de l'arrêt, l'empêchement est présumé et que la cause de cet empêchement est aussi présumée légitime, s'étend aux cours jugeant en audience solennelle (Aux arrêts en ce sens qui y sont cités, *adde* : Req. 20 janv. 1874, aff. Champeil, D. P. 74. 1. 223). — Jugé conformément à l'arrêt du 19 déc. 1849, relaté au *Rép. ibid.*, que la loi n'exige pas, à peine de nullité, qu'un arrêt rendu en audience solennelle constate que le premier président était empêché de présider l'audience et qu'il a été remplacé par le plus ancien des présidents de chambre (Civ. rej. 24 déc. 1888, aff Durant, D. P. 89. 1. 165).

225. — II. JURIDICTION DES CHAMBRES RÉUNIES. — Les affaires qui doivent, en principe, être portées aux audiences solennelles sont, comme il a été dit au *Rép.* n° 401, les prises à partie, les renvois après cassation et les contestations relatives aux questions d'état.

226. A l'égard des prises à partie, il a été jugé que les chambres réunies devant lesquelles le débat est porté en audience solennelle sont régulièrement composées, bien que l'une de ces deux chambres soit celle qui avait statué sur l'admissibilité de la prise à partie (Montpellier, ch. réun., 13 juill. 1881) (2).

227. Quant aux renvois après cassation, il a été jugé que l'arrêt de défaut profit-joint à rendre contre l'intimé non comparant doit être prononcé en audience solennelle (Civ. rej., 24 janv. 1887, aff. Epoux Chavanne, D. P. 87. 1. 409-410).

228. Une question importante s'est posée, celle de savoir si l'obligation pour les cours d'appel de statuer en

---

(1) (D'Arnaud C. d'Arnaud.) — LA COUR; — ... Sur le deuxième moyen, tiré de la violation de l'art. 7 de la loi du 20 avr. 1810 des art. 27 de la loi du 27 vent. an 8 et 7 du décret du 6 juill. 1810; — Attendu que l'arrêt attaqué constate qu'il a été rendu en audience publique, chambre civile et correctionnelle réunies, par un président de chambre et treize conseillers; que, s'il n'indique pas expressément à laquelle des deux chambres de la cour appartenait chacun de ces magistrats, il mentionne leur nom; que de cette mention il ressort, en fait, que sept d'entre eux appartenaient à la chambre civile, et que les sept autres étaient attachés à la chambre correctionnelle; — D'où il suit, que la cour était régulièrement composée, que les énonciations de l'arrêt satisfont suffisamment aux prescriptions légales et que les articles sus-visés n'ont pas été violés; — Rejette, etc.

Du 30 mai 1883.-Ch. req.-MM. Bédarrides, pr.-Talandier, rap.-Petiton, av. gén., c. conf.-Arsène Périer, av.

(2) (Pey C. M. le président Picas.) — LA COUR; — Attendu que Pey a, sur l'autorisation qui lui en a été donnée par la cour, chambre civile, le 5 avril dernier, pris à partie M. le président Picas, et l'a assigné, par exploit du 9 mai suivant, aux fins d'obtenir le payement d'une somme de 1000 fr. pour réparation du préjudice que ce magistrat lui aurait occasionné en le qualifiant de « méprisable » dans un acte rendu public par son dépôt au greffe du tribunal de Perpignan; — Attendu que cette affaire a été appelée à l'audience du lundi 4 juillet courant, en présence des avoués des deux parties, et fixée à l'audience solennelle de ce jour; — Attendu que l'avoué de Pey, présent à l'audience, se refuse à conclure, alors que M. le président Picas demande avec instance à être jugé; — Attendu que la cause est urgente par sa nature et qu'il importe, pour la bonne administration de la justice, qu'elle reçoive une solution immédiate; — Sur la compétence; — Attendu que cette question, qui a été soulevée par M. le procureur général, est préjudicielle et d'ordre public, et doit être appréciée avant l'examen du fond; — Attendu que, si le code de procédure civile (art. 515) ordonne que la prise à partie soit portée à l'audience, sur une simple requête, et qu'elle soit jugée par une autre section que celle qui l'a admise, le décret du 30 mars 1808 (art. 22) prescrit qu'elle le sera en audience solennelle; — Attendu que ces deux dispositions sont inconciliables, car il ne peut se faire qu'une cause soit, au gré des parties, jugée par une seule chambre ou par les deux chambres réunies; — Attendu que l'une des deux chambres réunies a certainement déjà connu de l'affaire; mais on ne saurait dire qu'elle doit pour cela être écartée : car, si elle en a connu en chambre du conseil, au point de vue de l'admissibilité de la demande de prise à partie, elle ne l'a pas jugée; aucun débat n'a eu lieu devant elle; il ne s'est agi que d'un simple examen superficiel, insusceptible d'engager la conscience des magistrats qui y ont concouru; — Attendu qu'en l'appelant à l'appréciation du fond en réunion d'une autre chambre, on crée d'ailleurs une juridiction spéciale, différente de celle de l'admissibilité; ces éléments nouveaux doivent avoir pour effet de neutraliser les impressions que quelques-uns de ses membres auraient pu conserver d'une première audition du procès; — Attendu que l'on objecte bien que le code de procédure civile (art. 515) s'est défié de ces impressions même fugitives, et a, pour le cas où ce serait la même chambre qui devrait se prononcer sur le fond, après avoir statué sur l'admissibilité de la demande, ordonné que le jugement serait renvoyé à la cour la plus voisine par la cour de cassation; — Attendu que c'est là une exception qui ne peut être étendue; on comprend que les mêmes magistrats ne soient point appelés à statuer successivement sur l'admissibilité et sur le fond de la demande; mais quand la première chambre est réunie à la seconde, on ne saurait dire que ce sont les mêmes magistrats qui, par deux fois, sont conviés à l'appréciation du même litige; leur réunion imprime à la délibération nouvelle une solennité et une autorité particulières; ... — Attendu que, sous les apparences d'une garantie plus grande, on aboutirait, s'il en était autrement, à distraire les magistrats de leurs juges naturels et à les soumettre à des délais indéfinis, tout en reconnaissant et en proclamant cependant, dans un intérêt public, l'opportunité d'une prompte décision; — Attendu que la cour, qui a été appelée par les deux parties en cause à connaître en audience solennelle du litige qui les divise, doit donc affirmer sa compétence et procéder au jugement du fond; — Par ces motifs, la cour, chambres assemblées, se déclare compétente.

Du 13 juill. 1881.-C. de Montpellier, ch. réun.-MM. Sigaudy, 1er pr.-Rousselier, proc. gén., c. contr.-Roussel, av.

audience solennelle, sur les affaires dont elles sont saisies sur renvoi après cassation, s'applique ou non en matière correctionnelle. La cour de cassation s'est prononcée pour la négative (Crim. cass., 28 mai 1887, aff. Demoiselle Guillermont et autres, D. P. 87. 1. 353). Les conditions dans lesquelles l'art. 22 du décret du 30 mars 1808, puis l'art. 7 du décret du 6 juill. 1810 et l'ordonnance du 24 sept. 1828 ont réglé la réunion des chambres appelées à composer les audiences solennelles, démontrent qu'il ne doit s'y débattre que des affaires civiles. Ce n'est qu'à titre exceptionnel que la chambre des appels correctionnels peut être requise de faire le service à ces audiences, et le législateur n'eût pas manqué assurément de dire qu'elle y prendrait obligatoirement part pour les affaires de sa compétence, si elles avaient dû y être portées. La chambre criminelle s'était, du reste, déjà prononcée dans ce sens (Crim. cass. 22 sept. 1822, *Rép.*, v° *Presse-outrage*, n° 1578), et la loi du 30-31 août 1883 ne contient aucune innovation à cet égard, ainsi que le constate l'arrêt précité.

229. Quant aux contestations sur l'état civil des citoyens, elles doivent être portées en audience solennelle lorsqu'elles font l'objet direct et principal de la demande, qu'elles sont demeurées l'objet principal et dominant des débats et l'objet exclusif des conclusions prises par certaines parties (Req. 14 juin 1887, aff. Baron de Billing et Degreteau, D. P. 88. 1. 64).

230. Il en est de même lorsque, par l'effet des conclusions des parties, même prises incidemment, la cour saisie de la demande originaire est appelée à statuer, par une disposition spéciale, sur l'état de l'une des parties, devenu l'objet principal et dominant du débat. — Jugé, à cet égard : 1° que, lorsqu'il a été sursis à statuer sur une demande en liquidation et partage jusqu'à ce que la légitimité d'un mineur, intéressé dans l'instance et dont la filiation a été contestée, ait été judiciairement reconnue, cette question d'état formant désormais le principal et même le seul objet du litige, l'arrêt qui la tranche ne peut être rendu qu'en audience solennelle (Civ. cass. 9 juill. 1879, aff. Dame Bouffart, D. P. 79. 1. 413) ; — 2° Qu'il en est de même de la décision d'une cour statuant sur une demande reconventionnelle qui mettait en question l'état civil du demandeur principal, et dont l'objet direct était de faire interdire à celui-ci l'usage du nom sous lequel il avait introduit son action (Civ. cass. 30 juin 1879, aff. Dame Catana, D. P. 79. 1. 413) ; — 3° Que lorsque, au cours d'une instance en pétition d'hérédité, le demandeur intente une nouvelle réclamation, tendant directement à faire prononcer la nullité de la reconnaissance du défendeur (ou de son auteur) comme enfant naturel du *de cujus* et de l'adoption qui l'a suivie, ces demandes, n'étant pas introduites par voie d'exception, mais constituant des actions principales et distinctes, doivent, à raison des questions d'état qu'elles soulèvent, être jugées en audience solennelle (Civ. cass. 16 févr. 1881, aff. De Bouyn et cons., D. P. 82. 1. 203); — 4° Qu'une demande en nullité de mariage, alors même qu'elle est opposée, par simples conclusions reconventionnelles, à une demande en séparation de corps, constitue une demande principale qui doit être portée devant les chambres réunies de la cour d'appel (Lyon, 19 août 1881, aff. Gouzenne, sol impl. ; 29 déc. 1881, mêmes parties, D. P. 82. 2. 113 ; Civ. rej. 18 mars 1884, aff. Gouzenne, D. P. 84. 1. 385) ; — 5° Qu'il y a lieu de statuer en audience solennelle sur l'action par laquelle des cohéritiers, au cours d'une instance en compte, liquidation et partage, ont appelé en cause un tiers, étranger à ces opérations, à l'effet de faire annuler les actes de reconnaissance et de légitimation dont il aurait pu se prévaloir pour réclamer la succession du défunt (Civ. cass. 25 mars 1884, aff. Jarsalé, D. P. 84. 1. 385) ; — 6° Que lorsque, au cours d'une instance en partage, une contestation s'est élevée entre les parties sur l'état civil de l'une d'elles, et que, par des conclusions respectives, la cour est saisie de cette question de filiation, devenue ainsi l'objet principal et dominant du débat et sur laquelle elle est appelée à statuer par une disposition spéciale, la contestation dont il s'agit doit être jugée en audience solennelle (Civ. cass. 18 janv. 1888 aff. Consorts Guizot, D. P. 89. 1. 155 ; 13 août 1888, aff. Demoiselle Crinetière-Delattre, D. P., *ibid*) ; — 7° Que les conclusions prises par le demandeur au cours d'une instance en partage, et tendant à faire prononcer la nullité d'un mariage, n'ont pu être valablement jugées en audience ordinaire, alors que, dans les conditions où le litige a été porté devant la cour d'appel, cette question d'état était essentiellement principale et dominante, et a dû faire l'objet d'un chef spécial de décision (Civ. cass. 7 déc. 1885, aff. Dame de Holwède et autres, D. P. 86. 1. 155) ; — 8° Qu'en matière de question d'état, la cause doit être jugée en audience solennelle, alors même que cette question serait née à l'occasion d'une action ordinaire, si elle est devenue l'objet principal et dominant des conclusions des parties et des débats (Civ. rej. 26 juin 1889, aff. Lathoud, D. P. 91. 1. 129 ; 25 oct. 1892, aff. Dame Paraskeréadis, D. P. 93. 1. 17).

Spécialement, la demande en validité d'une saisie-arrêt doit être examinée en audience solennelle, lorsque le saisissant a fondé la saisie-arrêt sur sa qualité d'enfant naturel, et que cette qualité, contestée par les adversaires, est devenue, tant dans les conclusions des parties que lors des débats, l'objet principal et dominant de l'instance (Arrêt précité du 25 oct. 1882 — Au reste, la distinction entre le cas où la question d'état est devenue l'objet principal et dominant du litige, et celui où elle a conservé un rôle secondaire et accessoire, est de nature à soulever, en fait, d'assez graves difficultés ; son application n'est soumise à aucune règle fixe, et dépend des circonstances propres à chaque espèce.

231. Constitue également une réclamation d'état principale, sur laquelle il doit être statué en audience solennelle, l'instance introduite par une partie qui demande à être reconnue enfant naturel d'une personne décédée et à être admise en cette qualité à poursuivre le partage de la succession (Civ. cass. 1er déc. 1869, aff. Ep. Hervet, D. P. 70. 1. 97).

232. De même, lorsque, sur l'opposition à partage formée par une partie qui se prétend enfant naturel du *de cujus*, les héritiers contestent l'état de celui qui l'a formée et demandent la mainlevée de cette opposition, il doit être statué, par la cour d'appel, en audience solennelle, sur cette contestation, qui est relative à une question d'état et se trouve engagée principalement, en l'absence de toute instance judiciaire en pétition d'hérédité ou en partage (Civ. rej. 23 nov. 1868, aff. Hérit. Duval, D. P. 69. 1. 26).

233. Les questions de nationalité constituent des questions d'état et doivent, par conséquent, être jugées par les cours d'appel en audience solennelle, alors même qu'il s'agit d'une contestation élevée à propos d'une demande d'inscription sur les listes électorales (Civ. cass. 9 déc. 1878, aff. Préfet de la Savoie, D. P. 79. 1. 170).

234. D'après la jurisprudence de la cour de cassation, les contestations élevées sur la régularité de la délibération d'un conseil de famille relative à une demande en nomination de conseil judiciaire (Req. 21 avr. 1880, aff. Commien et Everhard, D. P. 80. 1. 430) ; les demandes en dation d'un conseil judiciaire (Civ. cass. 15 déc. 1880, aff. Bourgade, D. P. 81. 1. 56) sont, comme on l'a vu au *Rép.* n° 408 et *suprà*, v° *Interdiction-conseil judiciaire*, n° 216, soumises à la juridiction des chambres réunies en audience solennelle. Cependant la cour de Montpellier s'est prononcée en sens contraire (Arrêt du 14 juill. 1879, aff. Bourgade, D. P. 80. 2. 21). Comme le fait remarquer cet arrêt, la dation d'un conseil judiciaire n'affecte, en réalité, que les biens du prodigue, et même elle ne les affecte pas entièrement, puisque le prodigue conserve l'administration de son patrimoine, le gouvernement de ses affaires ; qu'il figure dans tous les actes de gestion ; qu'il touche seul ses revenus et en peut donner quittance. Le prodigue n'est donc frappé par l'art. 513 que d'une incapacité relative, et la doctrine, comme la jurisprudence, le reconnaît si bien, qu'elle est unanime pour restreindre cet article dans les limites étroites de son texte, et pour décider qu'en dehors des actes indiqués expressément par la loi, l'état de ce prodigue ne diffère en rien de celui du majeur (V. Toullier, *Droit civil*, t. 2, n° 1378 ; Duranton, t. 3, n° 799 ; Marcadé, sur l'art. 513 ; Rolland de Villargues, *Répertoire* v° *Conseil judiciaire*, nos 30 et 31 ; Demolombe, *Cours*, t. 7, n° 720 ; *Rép.* vis *Interdiction*, nos 291 et suiv., et *Dispositions entre vifs*, n° 1490). Si cette incapacité est purement relative, et si elle ne s'applique qu'aux actes ayant pour effet d'altérer le patrimoine de l'individu pourvu d'un conseil judiciaire, comment prétendre que la nomination de ce conseil intéresse assez l'état civil du défendeur pour exiger la réunion des chambres? Comp. *Rép.* n° 407 *in fine*.

235. L'appel d'un jugement qui nomme un nouveau conseil judiciaire en remplacement de l'ancien décédé doit être porté à l'audience ordinaire, et non à l'audience solennelle de la cour, la question d'état n'étant plus discutée dans cette instance (Paris, 1er août 1881) (1).

236. En matière d'interdiction, il a été jugé, conformément à la dernière jurisprudence de la cour de cassation exposée au *Rép.* n° 407 : 1° que la cour doit statuer en instance solennelle sur une exception d'incompétence opposée à une demande en interdiction, comme sur la demande principale elle-même (Nancy, 29 juin 1860) (2); — 2° Que l'appel du jugement qui a commis un administrateur provisoire dans une instance en interdiction doit être porté devant la cour composée ainsi qu'il est prescrit par la loi pour statuer sur l'instance principale (Bordeaux, 4 juill. 1865) (3); — 3° Que tout jugement, rendu après la requête qui ouvre l'instance en interdiction doit, en cas d'appel, être déféré à la cour en audience solennelle sans qu'il y ait lieu de distinguer entre les décisions antérieures ou postérieures à la mise en cause du défendeur (Crim. rej. 17 janv. 1876, aff. Veuve Duval, D. P. 76. 1. 151-152).

237. La question de savoir si les instances en divorce doivent être jugées par les cours d'appel en audience solennelle ou en audience ordinaire était autrefois controversée. Elle a été tranchée par le décret du 1er mai 1885 et par la loi du 18 avr. 1886 : ces affaires doivent être jugées en audience ordinaire. Aussi les décisions rendues à cet égard depuis la loi du 27 juill. 1884, qui a rétabli le divorce, ont-elles perdu tout intérêt (V. *suprà*, v° *Divorce et séparation de corps*, n° 493).

238. La demande en réhabilitation d'un failli doit-elle être portée aux audiences solennelles? Le failli n'est frappé que dans son état politique : il ne peut être juré (*Rép.* v° *Faillite*, n° 170 et *suprà*, eod. v°, nos 371 et suiv.), ni témoin instrumentaire ; il n'est ni électeur ni éligible, mais il conserve ses droits civils ; ainsi, il peut être tuteur, curateur, membre d'un conseil de famille ; il demeure investi de l'autorité conjugale ; il n'est pas déchu de sa qualité de mandataire légal. Par suite, il peut être réhabilité en audience ordinaire ; c'est là seulement que doit être portée sa demande. Cette solution résulte de l'économie même des dispositions de la loi : comment exiger un arrêt solennel pour effacer à son égard les conséquences de la faillite, quand le jugement déclaratif de cette faillite est rendu, dans les formes les plus simples, par le tribunal de commerce? La cour jugeant en audience solennelle est donc incompétente pour statuer sur la demande de réhabilitation, et cette incompétence est d'ordre public ; la nullité de l'arrêt rendu en violation de cette règle peut être opposée, ainsi qu'on l'a vu au *Rép.* n° 423, en tout état de cause (Civ. cass. 6 nov. 1883, aff. Mary-Raynaud, D. P. 84. 1. 471 ; Conf. *suprà*, eod. v° n° 1505).

239. Quant aux arrêts d'adoption, on a vu au *Rép.* n° 415, et *suprà*, v° *Adoption*, n° 33, que, d'après la jurisprudence de la cour de cassation, les arrêts de ce genre peuvent être rendus en audience solennelle, sans qu'il y ait là une cause de nullité. M. Garsonnet (*Cours de procédure*, t. 1, § 35) s'élève contre une telle solution : cet auteur ne saurait admettre que l'on puisse à volonté intervertir l'ordre des audiences et tenir une audience solennelle quand la loi ne l'a pas dit. C'est, d'ailleurs, ce qui ressort de l'arrêt du 6 nov. 1883 cité *suprà*, n° 238, rendu en matière de réhabilitation de failli. — Cependant, lorsqu'il se produit une difficulté sur la validité de l'adoption, la cause relève de l'audience solennelle, ainsi qu'on l'a vu au *Rép.*, *ibid.*, et *suprà*, v° *Adoption et tutelle officieuse*, n° 63.

240. La question de savoir si une personne est ou non décédée soulève-t-elle une question d'état? Il peut en être ainsi à l'égard de certains tiers : par exemple, suivant qu'un homme sera ou non décédé, la femme qui lui a été unie par le mariage sera veuve ou encore soumise au lien conjugal; dans le premier cas, l'état de la femme change (V. *Rép.* v° *Acte de l'état civil*, n° 348). Si, au contraire, le fait du décès ne peut avoir aucune conséquence quant à l'état de qui que ce soit, et que l'intérêt pécuniaire reste le seul objet poursuivi, alors la contestation est étrangère à toute question d'état. C'est ce qui a été décidé dans une espèce où, pour repousser une demande en liquidation et partage de succession, l'arrêt avait déclaré que le décès prétendu du *de cujus* n'était pas établi (Req. 6 janv. 1886, aff. Consorts Jubeau, D. P. 86. 1. 5).

241. Si la question d'état n'est soulevée qu'incidemment et comme moyen de défense à une action qui se rattache à des intérêts pécuniaires, alors l'affaire ne doit pas être jugée en audience solennelle. Aux arrêts cités en ce sens au *Rép.* n° 412, *adde* : Lyon, 17 mars 1863; V. *infrà*, v° *Paternité et filiation*; Dijon, 31 mars 1870, V. *infrà*, eod. v° ; Req. 8 nov. 1870, aff. Baudier, D. P. 73. 1. 124; 27 janv. 1874, aff. Veuve Leflon, D. P. 74. 1. 216; 23 mars 1874, aff. Veuve Martin, D. P. 76. 1. 278; Toulouse, 13 juin 1874 (4); Req. 28 nov. 1876, aff. Routa, D. P. 78. 1. 111 ; Douai, 29 janv. 1879, aff. Anciaux, D. P. 80. 2. 213; Civ.

---

(1) (Reynauld.) — LA COUR; — Statuant sur l'appel interjeté par Reynauld du jugement du tribunal civil de Nogent-sur-Seine du 6 janv. 1881; — Considérant que, par le jugement du 3 févr. 1853, passé en force de chose jugée, Augustin Reynauld a été soumis à un conseil judiciaire; que la question d'état est ainsi souverainement décidée; qu'il s'agit, dans la cause actuelle, de la nomination d'un nouveau conseil judiciaire, en remplacement de l'ancien décédé, et que cette question ne rentre pas dans la compétence de la cour jugeant en audience solennelle; — Se déclare incompétente en temps qu'elle est saisie comme siégeant en audience solennelle, et délaisse les parties à se pourvoir devant la première chambre, ou telle autre à qui l'affaire sera réservée.

Du 1er août 1881.-C. de Paris, aud. solen. MM. Larombière, 1er pr.-Loubers, av. gén.-Vannesson et Benoit, av.

(2) (Lormont C. Daguin.) — LA COUR; — Considérant qu'il s'agit dans l'espèce d'une demande en interdiction, laquelle constitue une question d'état; — Qu'aux termes du décret du 30 mars 1808, ces sortes de questions, entourées des formes les plus élevées de la justice, doivent être jugées en audience solennelle; — Que l'exception d'incompétence soulevée ne change pas la nature de la demande; qu'elle s'y rattache, au contraire, d'une manière spéciale, puisqu'elle tend à l'écarter et à faire annuler toute l'instance engagée sur la question d'état; qu'il n'y a pas de raison, dès lors, pour qu'elle ne participe pas aux garanties dont la loi a voulu entourer la demande principale, en vertu de ce principe de droit que le juge de l'action est le juge de l'exception; — Considérant que l'intervention de Me Pensée justifie de plus fort cette solution puisqu'elle soulève la question de savoir s'il a qualité pour représenter le sieur Lormont, en vertu des pouvoirs qui lui ont été conférés d'après les dispositions de la loi du 30 juin 1838; — Que cette question tient à la demande principale elle-même, puisqu'elle touche au droit qu'aurait le sieur Lormont, dont on demande l'interdiction, de se défendre par lui-même ou par procureur; — Par ces motifs, dit qu'il y a lieu de poursuivre l'audience solennelle, etc.

Du 29 juin 1860.-C. de Nancy, aud. sol.-MM. Lezeaud, 1er pr.-Souëf, av. gén.-Vollandet, La Flize, av.

(3) (Tourette C. Tourette.) — LA COUR ; — Attendu que la nomination d'un administrateur provisoire dans les termes de l'art. 497 c. civ., est un incident de l'instance en interdiction, puisque cette nomination ne peut avoir lieu qu'après l'interrogatoire de celui dont l'interdiction est poursuivie, c'est-à-dire quand l'instance est tirée contradictoirement avec lui ; qu'à ce titre, l'appel du jugement qui a commis l'administrateur provisoire doit être nécessairement porté devant la cour, composée ainsi qu'il est prescrit par la loi pour statuer sur l'instance principale ; — Attendu, d'ailleurs, que la nomination d'un administrateur provisoire qui a mission de prendre soin de la personne et des biens du défendeur porte atteinte, provisoirement du moins, à sa capacité et qu'ainsi elle met en question son état ; — Par ces motifs, se déclare incompétente, et renvoie la cause et les parties devant les deux chambres civiles réunies.

Du 4 juill. 1865.-C. de Bordeaux, 2e ch.-MM. Desgranges-Touzin, pr.-Dulamon, av. gén.-Merais, av.

(4) (Sajous C. Sajous.) — LA COUR; — Attendu que l'art. 22 du décret du 30 mars 1808 est limitatif ; que les contestations sur l'état civil des personnes, les prises à partie, les renvois de cassation doivent seuls être jugés en audience solennelle et lors seulement qu'elles sont engagées par voie de demande principale ; que c'est la demande introductive de l'instance qui détermine la compétence ; que, pour saisir une cour en audience solennelle

cass. 30 juin 1879, aff. Dame Catana, D. P. 79. 1. 413; 9 juill. 1879, aff. Dame Bouffard, D. P. 79. 1. 413; Req. 14 déc. 1880, aff. Desaye, D. P. 81. 1. 310; Lyon, 19 août 1881, aff. Gouzenne, D. P. 82. 2. 115, motifs; Req. 29 janv. 1883, aff. Demoiselle Pelletier, D. P. 83. 1. 319; Bordeaux, 21 déc. 1886, aff. Justamond, D. P. 87. 2. 163).

242. Mais la règle générale reprend son empire du moment où, ainsi qu'on l'a vu *suprà*, nos 229 et suiv., par l'effet des conclusions respectives des parties, la cour saisie de la demande originaire est appelée à statuer par une disposition spéciale sur une question relative à l'état civil de l'une des parties, devenu l'objet préjudiciel et dominant au débat, ou bien s'il est jugé séparément des autres points du procès, ou bien encore si, d'une manière générale, il plane sur toute l'affaire et la domine au lieu d'en demeurer l'accessoire. — Ces formules sont-elles absolument précises et de nature à faire cesser les incertitudes de la jurisprudence? Il est permis d'en douter. La meilleure preuve qu'on puisse donner de leur insuffisance et de l'embarras où elles laissent la jurisprudence, c'est la multiplicité des pourvois en cassation soulevés par cette question. Cela tient probablement à ce qu'on a voulu faire d'une simple question de fait une question de droit.

243. Rappelons, conformément à ce qui a été dit au *Rép.* nos 414, 416 et 417, que la compétence de l'audience solennelle s'étend aux affaires connexes aux contestations qui lui sont déférées, ainsi qu'aux demandes accessoires. C'est ce qui a été jugé : 1° en matière de renvoi après cassation, à l'égard des difficultés qui s'élèvent pour la première fois devant la cour de renvoi, par exemple au sujet de l'exécution d'un premier arrêt rendu par cette cour (Montpellier, 1re ch., 13 août 1867; - MM. Pégat, pr.; - de Gonet, cons., f. f. proc. gén.; — 2° A l'égard de deux affaires connexes, spécialement une demande en nullité de mariage et une demande en séparation de corps (Req. 17 mars 1868, aff. De Gissac, D. P. 69. 1. 284; Lyon, 29 déc. 1881, aff. Gouzenne, D. P. 82. 2. 113; Civ. rej. 18 mars 1884, aff. Douzenne, D. P. *ibid.*); — 3° A l'égard de deux affaires jointes, notamment une demande en reconnaissance de maternité naturelle et en partage de la succession de la mère prétendue, et une demande en mainlevée de l'opposition formée au partage de la même succession (Civ. cass. 21 août 1871, aff. Jérôme, D. P. 71. 1. 143); — 4° A l'égard de la demande d'une pension alimentaire liée intimement à une question d'état (Req. 29 juill. 1874, aff. Yvon, D. P. 75. 1. 320).

244. Enfin les chambres réunies d'une cour d'appel et chacune des chambres de la même cour constituent, comme on l'a vu au *Rép.* n° 401, des juridictions différentes, en sorte que les conclusions prises devant les chambres réunies ne lient pas contradictoirement la cause devant la chambre à laquelle l'affaire est ensuite portée en vertu d'un arrêt qui a reconnu qu'elle devait être jugée en audience ordinaire (Civ. cass. 21 févr. 1870, aff. Veuve Lecaron, D. P. 70. 1. 299).

§ 3. — Des assemblées générales (*Rép.* nos 430 à 437).

245. Les cours en assemblées générales s'occupent, ainsi qu'on l'a vu au *Rép.* n° 430, des affaires intérieures de la compagnie, et statuent en matière disciplinaire. Leurs attributions, sur ce dernier point, ont singulièrement perdu de leur importance, puisque l'art. 14 de la loi du 30 août 1883 concentre, entre les mains du conseil supérieur de la magistrature, tous les pouvoirs disciplinaires précédemment dévolus aux cours et aux tribunaux sur les magistrats (V. *suprà*, v° *Discipline judiciaire*, nos 114 et suiv.).

246. Il a été dit au *Rép.*, n° 435, que les arrêts prononcés par une cour, dans les matières de nature à être jugées en assemblée générale, doivent être rendus par un nombre de conseillers au moins égal à celui qui est nécessaire pour la constitution de chacune des chambres dont se compose la cour. Aux décisions en ce sens rapportées *ibid.*, *adde:* Civ. cass. 29 août 1877, aff. Venat, D. P. 77. 1. 489. V. *suprà*, v° *Avocat*, n° 217.

247. Il a été jugé, à cet égard, qu'une cour d'appel, comptant en tout vingt-trois membres, réunie en assemblée générale pour statuer sur la poursuite disciplinaire dirigée par le procureur général contre un avocat, est régulièrement composée de dix-neuf magistrats, y compris le premier président; et il n'est pas nécessaire que l'arrêt mentionne la cause de l'absence de quelques membres de ladite cour, qui est présumée valable et justifiée (Req. 29 juill. 1884, aff. Méric, D. P. 85. 1. 237).

§ 4. — Des fonctions de conseillers des cours d'appel et de la police des audiences (*Rép.* nos 438 à 446).

248. Conformément à la méthode adoptée au *Répertoire*, nous renvoyons à ce qui a été dit *suprà*, nos 165 et suiv., sur les incompatibilités;... la résidence, n° 179;... l'inamovibilité, nos 176 et 177;... les devoirs du juge, n° 178;... les retraites, nos 182 et suiv.;... la police des audiences nos 189 et suiv.

Sect. 2. — Des juridictions extraordinaires civiles (*Rép.* nos 447 à 534).

Art. 1er. — *Des justices de paix* (*Rép.* nos 448 à 474).

249. A la fin de l'Empire, le ministère Ollivier a pris diverses mesures pour conserver à l'institution des juges de paix son caractère purement judiciaire : il a cessé de soumettre au contrôle des préfets les présentations des chefs de cour; puis il a déclaré qu'il considérerait comme démissionnaires les juges de paix qui poseraient leur candidature aux conseils électifs dans le canton où ils exercent leurs fonctions (Circ. min. just. du 26 janv. 1870, D. P. 70. 3. 31). Aujourd'hui cette incompatibilité est passée dans la loi (L. 10 août 1871, art. 8, § 4; L. 5 avr. 1884, art. 33, § 4. V. *suprà*, vis *Commune*, n° 95, et *Organisation administrative*, n° 209-4°). Enfin pour atteindre complètement le but poursuivi, il s'est efforcé de faire disparaître une double confusion d'attributions. « Rien de plus naturel et de plus irréprochable, écrivait le garde des sceaux, que d'appeler les juges de paix à fournir aux procureurs impériaux, leurs chefs hiérarchiques, les éléments d'information demandés par les procureurs généraux pour les rapports trimestriels qu'ils présentent à la chancellerie sur l'état général de leur

---

il faut que l'instance ait pour but de faire résoudre une des questions prévues par le décret de 1808; que si une question d'état est soulevée incidemment par les défendeurs comme défense à la demande principale et que cette demande principale doive par sa nature être jugée en audience ordinaire, les juges saisis de l'action principale doivent statuer également sur l'incident relatif à la question d'état, par application de la maxime que le juge de l'action est juge de l'exception; — Attendu en fait que les exploits d'assignation notifiés à la requête d'Honoré Sajous les 4, 5 et 8 août 1871 contre les consorts Sajous tendent à faire ordonner le partage de la succession de Françoise Sajous; que le dispositif de sa citation est ainsi conçu : — « Voir ordonner le partage de la succession de Françoise Sajous, à cet effet voir nommer un ou trois experts pour composer et estimer cette hérédité, un notaire pour en opérer la liquidation et un juge pour présider aux opérations du partage »; — Que c'est une simple demande afin de partage qui est introduite par Honoré Sajous; — Que dans les conclusions par lui prises à l'audience, il demande qu'il plaise au tribunal, accueillir les conclusions ramenées dans ses exploits introductifs d'instance et que *très subsidiairement* seulement et en cas de difficulté sur sa qualité, il demande à établir sa filiation naturelle; — Que l'état en vertu duquel Honoré Sajous agissait ayant été contesté et cette contestation ayant surgi comme défense à la demande en partage, elle ne devait pas être portée devant la cour siégeant en audience solennelle; — Attendu que l'incompétence de la cour n'a pas été proposée par les parties, et a été soulevée seulement par M. le procureur général dans un intérêt d'ordre public; mais attendu qu'il est de principe que les juridictions sont d'ordre public et que les magistrats incompétemment saisis doivent d'office s'abstenir de connaître d'une affaire qui ne rentre pas, par sa nature, dans leurs attributions; que le silence des parties et même leur consentement formel ne peuvent couvrir cette incompétence; — Par ces motifs, se déclare incompétente pour connaître en audience solennelle de la question d'état incidemment soulevée dans l'instance en partage, etc...

Du 13 juin 1874.-C. de Toulouse, aud. solenn.-MM. de Saint-Gresse, 1er pr.-Bellet, av. gén.-Péris et Pujos, av.

ressort. Mais je n'admets pas que ces rapports deviennent un moyen de police politique. — Je ne considère pas non plus comme régulier que les juges de paix soient détournés de leurs fonctions par des réquisitions et délégations directes des autorités administratives ou militaires. Ils n'ont à recevoir d'ordres que de leurs supérieurs judiciaires » (Circ. min. just. du 20 févr. 1870, D. P. 70. 3. 88). Le ministre de l'intérieur a communiqué cette circulaire aux préfets, en les invitant à s'y conformer (Circ. du 23 févr. 1870).

250. Sous le gouvernement de M. Thiers, M. Dufaure, garde des sceaux, a maintenu les principes de la circulaire du 20 févr. 1870 dans les termes les plus formels : « Je vous prie, écrivait-il aux procureurs généraux, de rappeler de nouveau à MM. les juges de paix que leurs fonctions sont exclusivement judiciaires ; — Que de l'autorité judiciaire seule ils doivent recevoir des instructions ; — Qu'avec elle seule ils doivent correspondre ; — Qu'ils n'ont pas à fournir à l'autorité administrative des appréciations sur les opinions politiques des candidats qui se présentent aux élections du conseil municipal, du conseil général ou de l'Assemblée nationale ; — Qu'ils ne doivent pas accepter de délégations de l'Administration, même des conseils de préfecture, pour procéder à des enquêtes administratives, hormis dans les cas expressément prévus par la loi. — Je résume ma pensée tout entière d'un mot : le juge de paix est un magistrat ; et, comme tout magistrat, il doit se renfermer avec grand soin dans ses attributions judiciaires et légales ; il les compromettrait par toute immixtion dans l'administration ou la politique » (Circ. min. just. du 15 juin 1871, D. P. 71. 3. 72).

251. Consulté sur la portée des prescriptions de sa circulaire relatives aux délégations de l'Administration, M. le ministre de la justice a répondu que les juges de paix pouvaient accepter de faire partie des commissions chargées d'estimer et de répartir les indemnités dues par suite de la guerre dans les départements envahis, ce rôle d'arbitre n'ayant rien que d'honorable et de parfaitement compatible avec leur caractère de magistrat. Puis il a ajouté : « D'autres juges de paix ont été invités par l'autorité administrative à lui fournir des renseignements statistiques sur l'état des récoltes, sur les progrès de la peste bovine, etc. Ici, la question n'est plus aussi simple ; ces demandes, en s'étendant un peu, pourraient devenir abusives. D'ailleurs, le bon emploi des agents que l'Administration a sous ses ordres peut rendre inutile le concours des fonctionnaires de l'ordre judiciaire ; néanmoins, lorsque ces recherches qui, pour être bien faites, demandent du temps, ne nuiront pas à l'accomplissement de leurs devoirs de magistrats, lorsqu'ils se reconnaîtront une aptitude suffisante pour les bien faire, je ne verrai pas d'inconvénients à ce que les juges de paix consentent à fournir sur ces matières les renseignements que leur demandent MM. les préfets. — Si, du reste, ils éprouvaient quelque hésitation sur ce que le devoir leur prescrit, ils devraient recourir aux conseils de M. le procureur général. La justice et l'Administration travaillent ensemble et d'accord à la bonne direction morale et matérielle du pays, mais leur action est d'autant plus efficace que chacune d'elles se renferme plus sévèrement dans le domaine qui lui est assigné par les lois » (Circ. min. just. du 22 sept. 1871).

252. Une circulaire du 3 mai 1874 étant revenue, partiellement du moins, aux anciens errements, des instructions formelles de la chancellerie en date du 27 avr. 1875 ont prescrit un retour absolu à l'application de la circulaire du 15 juin 1871 citée *suprà*, n° 251.

253. Telles sont les conditions dans lesquelles les juges de paix doivent remplir leurs fonctions. D'autre part, depuis la loi de 1838, l'opinion s'est montrée de plus en plus favorable à une nouvelle extension de la compétence des juges de paix : cette réforme a rencontré de nombreux adhérents parmi les jurisconsultes et les magistrats, et elle a été réclamée fréquemment soit dans des délibérations de conseils généraux, soit dans des pétitions aux Chambres. Plusieurs projets de loi en ce sens ont été étudiés, mais sans qu'un résultat définitif ait été encore atteint (V. *suprà*, v° *Compétence civile des tribunaux de paix*, n°s 2 et 3).

254. Actuellement, le Parlement est saisi d'une proposition de loi de M. Labussière, relative aux justices de paix, laquelle s'occupe non seulement de la compétence, mais encore de l'organisation du service, des conditions de nomination et des traitements. Invité à donner son avis sur cette proposition, M. le garde des sceaux s'en est déclaré partisan, sauf quelques critiques de détail. Il estime que la réforme est mûre, qu'elle est vivement attendue par les justiciables et qu'il faut se hâter de l'accomplir. Elle a été adoptée en première délibération par la Chambre des députés le 24 févr. 1891. Nous n'avons à nous occuper ici que du titre 2 de cette proposition, relatif à l'organisation, aux conditions de nomination et aux traitements des juges de paix. — Le président de la République pourrait, par décret rendu le conseil d'Etat entendu, réunir deux ou plusieurs cantons sous la juridiction d'un seul juge de paix. — En cas d'empêchement légitime d'un titulaire et de ses suppléants, la cour d'appel, sur la réquisition du procureur général, déléguerait, pour un temps qui ne pourrait excéder quinze jours, le juge de paix d'un des cantons voisins. Ainsi disparaîtraient les inconvénients qui s'attachent au système des délégations spéciales actuellement en vigueur (*Rép.* n° 463). — L'âge requis pour être juge de paix ou suppléant serait celui de vingt-sept ans accomplis. — Pourraient seuls être nommés juges de paix : 1° les licenciés en droit, justifiant d'un stage d'une année, soit près d'un barreau, soit dans une étude de notaire ou d'avoué, ou de l'exercice pendant un an de fonctions salariées dans l'enregistrement ; 2° ceux qui, à défaut de licence en droit, auraient été : soit notaires ou avoués pendant cinq ans ; soit magistrats consulaires pendant six ans, dont deux au moins comme présidents du tribunal ou présidents de section ; soit huissiers pendant dix ans ; soit greffiers près des cours d'appel ou des tribunaux civils, de commerce ou de paix, ou commis greffiers près les cours ou tribunaux civils, pendant dix ans ; soit clercs de notaire ou d'avoué, gradués en droit, qui justifieraient en outre de dix ans de cléricature, dont cinq ans comme maîtres clercs dans une étude d'avoué ou dans une étude de notaire d'arrondissement ou de cour d'appel ; soit receveurs ou fonctionnaires d'un ordre égal ou supérieur dans l'administration de l'Enregistrement, ayant exercé ces fonctions au moins pendant cinq ans. — Les anciens juges de paix pourraient être nommés juges de paix honoraires, après trente années d'exercice comme suppléants ou comme titulaires, ou si des infirmités graves ou permanentes leur donnaient des droits à une pension de retraite. Le titre de juge de paix honoraire serait purement honorifique. — A Paris, les conditions actuelles de traitement et d'indemnité de secrétariat seraient maintenues. Ailleurs, les juges de paix recevraient : 1° dans les villes dont la population atteint 80 000 habitants, à Nice, à Versailles et dans les cantons du département de la Seine, 5000 fr. ; 2° dans les villes dont la population atteint 20 000 habitants et à Chambéry, 3500 fr. ; 3° dans les chefs-lieux judiciaires et administratifs dont la population est inférieure à 20 000 habitants 2800 fr. ; 4° dans les autres cantons, 2500 fr.

255. Le rang des suppléants de juge de paix entre eux se détermine par l'ancienneté de la nomination, et le second suppléant ne peut être appelé à siéger qu'en cas d'empêchement ou de récusation du premier ; il ne saurait appartenir au juge de paix de déléguer, arbitrairement et par sa seule volonté, l'exercice de ses fonctions à celui de ses suppléants qu'il lui plaît de choisir ; en conséquence, la décision rendue en matière électorale par le second suppléant, même délégué à cet effet par le juge de paix, sans qu'il soit établi que le premier suppléant ait été empêché ou qu'il se soit récusé, est frappée de nullité (Civ. cass. 23 juill. 1890, aff. Marre, D. P. 91. 1. 222).

256. En ce qui concerne la police des audiences, dont il est traité au *Rép.*, n°s 471 et suiv., il a jugé : 1° que les constatations faites par le juge de paix dans un procès-verbal qu'il a dressé relativement à des actes d'irrévérence commis envers lui à l'audience, ne peuvent pas être, quant à leur exactitude matérielle, combattues par la preuve contraire (Crim. rej. 29 juin 1877, aff. Guillion, D. P. 78. 1. 330) ; — 2° Que l'individu qui, cité devant le juge de paix, insiste à l'audience pour que son affaire soit retenue, et commet à la suite de cette réclamation des actes d'irrévérence envers le juge, doit être considéré, non comme un spectateur passible des mesures édictées par l'art. 504 c. instr. crim., mais comme une partie dont les actes tombent sous l'application de l'art. 10 c. proc. civ. (Même arrêt); — 3° Que les art. 10 et 11 c. proc. civ. sont applicables aux parties en cause qui troublent l'audience et manquent de respect à la justice; à l'égard des assistants, non parties, la police de l'audience et le respect dû à l'autorité des juges sont garantis par les dispositions générales des art. 504 et 505 c. instr. crim. (Crim. rej. 4 mai 1888, aff. Gloaguen, *Bull. crim.* 1888, n° 165); — 4° Que l'irrévérence commise à l'audience civile d'un juge de paix par un avocat plaidant pour lui-même et dans sa propre cause, tombe sous l'application de l'art. 11 c. proc. civ. (Crim. rej. 1er mars 1877, aff. Pain, D. P. 78. 1. 443); — 5° Que le trouble causé à l'audience civile d'un juge de paix par les gestes et les vociférations d'une partie qui vient d'être condamnée pour irrévérence envers le juge, est une infraction distincte de la première, et qui peut donner lieu à une nouvelle mesure de répression (l'expulsion de l'audience, dans l'espèce) (Même arrêt); — 6° Que, lorsqu'un individu adresse en audience publique à un juge de paix des paroles outrageantes qui justifieraient l'application de l'art. 222 c. proc. civ., il est sans intérêt et, par suite, non recevable à se plaindre de ce que le juge lui a fait application de l'art. 11 c. proc. civ., dont les peines sont moins sévères (Crim. rej. 28 oct. 1886, aff. Jean-Joseph Marchand, *Bull. crim.*, n° 354).

257. Mais le juge ne peut, s'il procède à la répression séance tenante d'une offense, par application à l'art. 11 c. proc. civ., refuser à l'auteur de l'infraction la faculté de s'expliquer, alors surtout qu'il proteste contre l'attribution d'un caractère outrageant aux expressions dont il s'est servi; par suite, est nulle la condamnation prononcée contre cette partie, immédiatement expulsée de l'audience sans avoir été entendue; et il y a lieu, pour le juge d'appel, si les explications produites devant lui et l'insuffisance des constatations du jugement permettent de douter que les propos incriminés aient été tenus dans l'intention d'outrager le premier juge, de prononcer l'acquittement du prévenu (Trib. corr. de Bordeaux, 7 août 1868, aff. S..., D. P. 68. 3. 107). Il y avait, en effet, dans l'espèce sur laquelle a statué cet arrêt, violation du droit de défense. — Mais il peut se faire que la partie quitte immédiatement l'audience après l'incident, ou que son état d'exaspération ou d'ivresse exige son expulsion immédiate. Dans ce cas, le juge ne peut être privé du droit de rétablir, par une condamnation prononcée séance tenante, le respect dû à la justice; seulement la condamnation a le caractère de jugement par défaut, devant être signifié et pouvant être attaqué par opposition devant le juge qui l'a rendu (Crim. cass. 26 janv. 1854, D. P. 55. 1. 431. Conf. *Rép.* n° 324).

258. La sentence du juge de paix portant condamnation à une peine de simple police, conformément à l'art. 505 c. inst. crim., pour irrévérence grave envers lui-même, n'est pas susceptible d'appel, ainsi qu'il a été dit au *Rép.* n° 325 (Conf. Crim. rej. 7 août 1873, aff. Guillermet, D. P. 73. 1. 447).

259. Si la peine prononcée est correctionnelle, l'appel est possible; mais où doit-il être porté? Après le tribunal correctionnel de Châtillon-sur-Seine (V. *Rép.* n° 326-2°), la cour de Douai (Arrêt du 16 août 1869, aff. Poirrer, D. P. 70. 2. 114) et le tribunal correctionnel de Guingamp (Jugement du 7 déc. 1871, aff. Harscoët, D. P. 72. 3. 39) ont décidé que, le juge de paix ayant fait office de juge correctionnel, en vertu de la prorogation de compétence des art. 504 et 505 c. instr. crim., l'appel doit être porté devant la cour, comme en matière correctionnelle. Mais la cour suprême, par deux arrêts, l'un du 8 mars 1873 (V. *suprà*, v° *Appel en matière criminelle*, n° 25), l'autre du 31 déc. 1885 (aff. Marie Gaudichet, *Bull. crim.*, n° 372), attribue compétence au tribunal correctionnel, à l'exclusion de la cour. Elle considère non la nature de la peine, mais la juridiction qui a statué en premier ressort.

260. Ajoutons que l'art. 11 c. proc. civ., qui réprime les irrévérences envers le juge de paix à l'audience, ne cesse pas d'être applicable lorsque le magistrat envers lequel elles ont été commises siégeait comme juge conciliateur sur billet d'avertissement (Crim. rej. 28 oct. 1886, cité *suprà*, n° 256).

ART 2. — *Des tribunaux de commerce* (*Rép.* nos 475 à 534).

261. D'après les dernières statistiques, il y a en France 222 tribunaux de commerce et 170 tribunaux civils jugeant commercialement.

262. L'art. 617 c. com., modifié par la loi du 3 mars 1840, fixait le nombre maximum des juges dont les tribunaux de commerce pouvaient se composer. C'est par application de ce texte que le tribunal de commerce de la Seine ne comptait que 15 juges, y compris le président, et 22 juges suppléants, nombre manifestement insuffisant si l'on considère que ce tribunal est appelé à statuer annuellement sur 76 000 affaires et à régler plus de 3000 faillites. De là des retards préjudiciables à la bonne administration de la justice. Aussi la chambre de commerce de Paris et le tribunal de commerce de la Seine ont-ils demandé que la limitation du nombre des juges fût supprimée. La loi des 18-20 juill. 1889 (D. P. 90. 4. 57) a fait droit à ces légitimes réclamations. Désormais, un règlement d'administration publique fixe pour chaque tribunal le nombre des juges et des juges suppléants. Bientôt après intervint le décret des 20-23 août 1889 (D. P. 90. 4. 57), qui décida qu'à l'avenir le tribunal de commerce de la Seine serait composé d'un président, de 21 juges titulaires et de 21 juges suppléants.

263. — I. HISTORIQUE DES MODES D'ÉLECTION DES JUGES CONSULAIRES. — Les modes divers successivement adoptés pour l'élection des membres des tribunaux de commerce ont été exposés au *Rép.* nos 475, 479 et 480, jusques et y compris celui consacré par le décret-loi du 2 mars 1852. Le pouvoir discrétionnaire rendu aux préfets ramena les critiques qui s'étaient produites avant le décret du 28 août 1848. A la fin du régime impérial, une commission du Corps législatif avait été saisie de la question et une enquête extraparlementaire commencée. La délégation du gouvernement de la Défense nationale à Tours, par un décret du 17 oct. 1870 (D. P. 70. 4. 121), remit en vigueur la plupart des dispositions du décret du 28 août 1848; mais elle y apporta en même temps des innovations malheureuses. Ainsi le décret de 1870 concédait le droit électoral à tous les patentés, même non commerçants, tels que les avocats, les médecins, les avoués, etc.; il attribuait la qualité d'électeur à tout individu patenté depuis deux ans, tandis que le décret de 1848 exigeait que, pour prendre part aux élections, le commerçant fût patenté depuis cinq ans; il supprimait toute condition particulière d'éligibilité pour les candidats à la présidence; enfin, il faisait élire le président par le tribunal, au lieu de le faire élire directement par les électeurs. — L'Assemblée nationale, jugeant que, ce décret ne rentrant nullement par son objet dans les nécessités de la Défense nationale, la délégation de Tours avait excédé son droit, en vota l'abrogation (L. 4 avr. 1871, D. P. 71. 4. 36).

264. Le Gouvernement ne tarda pas à présenter, sur la matière, un projet de loi qui empruntait au décret du 28 août 1848 les dispositions relatives à la composition du collège électoral. La commission de l'Assemblée nationale, craignant que les choix d'un corps électoral trop nombreux fussent déterminés par des passions politiques plutôt que par les considérations de capacité et de probité revint au suffrage restreint. Le nombre des électeurs fut fixé au dixième des commerçants inscrits à la patente; il ne pouvait dépasser 1000 ni être inférieur à 50; dans le département de la Seine, il était de 3000. Mais, afin d'éviter le retour des abus qui parfois avaient fait de la notabilité commerciale la récompense de services politiques, le choix des électeurs fut confié non plus au préfet ni au ministre de l'intérieur, mais à une commission formée d'éléments multiples, et qui présentait de sérieuses garanties d'honorabilité et d'indépendance. Elle se composait : 1° du président du tribunal de commerce et d'un juge de ce tribunal; 2° du président et d'un membre de la chambre de commerce, et, dans les villes où il n'existe pas de chambre de commerce, du président et d'un membre de la chambre consultative des arts et métiers, ou, à défaut, d'un conseiller municipal; 3° de trois conseillers généraux; 4° du président du conseil des prud'hommes, et, à défaut de conseil de prud'hommes, du juge de paix; 5° du maire de la ville où siège le tribunal de commerce; et, à Paris, du président du conseil municipal. — Telle était l'économie de la loi du 21 déc. 1871 (D. P. 72. 4. 3), modificative des art. 618, 619, 620 et 621 c. com. Une autre loi, celle des 5-6 déc. 1876 (D. P. 77. 4. 13) vint corriger un vice de rédaction qui s'était introduit dans l'art. 620 c. com. modifié par la loi du 21 déc. 1871, et rétablir l'art. 626 du même code tel qu'il devait être rédigé dans la pensée du législateur de 1871.

265. Sans doute la qualification de notable avait disparu du texte de la loi, mais elle n'en subsistait pas moins dans son esprit, les électeurs étant choisis, pour nous servir des termes employés par le législateur de 1871, parmi les commerçants « recommandables par leur probité, esprit d'ordre et d'économie ». Les réclamations de ceux qui n'avaient pas trouvé place sur la liste des électeurs étaient incessantes. Dès 1876, une proposition de loi demanda le retour au suffrage universel de tous les patentés. Le Parlement est resté saisi de la question pendant environ sept ans. Les résolutions de la commission du Sénat ne furent arrêtées qu'après une vaste enquête dans laquelle les tribunaux et chambres de commerce, les chambres consultatives des arts et manufactures, les conseils généraux, les conseils de prud'hommes et les chambres syndicales de Paris ont été appelés à donner leur avis, et ce fut avec l'appui de la Chambre des députés, du conseil d'Etat, des ministres, amenés à se prononcer au cours de cette longue instruction, et d'une importante majorité des déposants dans l'enquête, que cette commission proposa de rétablir la législation de 1790, de 1848 et de 1870, et de rendre en principe à tous les commerçants le droit de nommer leurs juges. Ainsi prit naissance la loi des 8-10 déc. 1883, actuellement en vigueur (V. *suprà*, p. 118, D. P. 84. 4. 9). Ses auteurs ont eu en vue, d'une part, de fortifier l'autorité des juges consulaires, qui cessaient d'être les représentants d'une catégorie privilégiée pour devenir les pairs de leurs justiciables; d'autre part, de mettre leur impartialité à l'abri du soupçon, puisqu'ils n'étaient plus exposés à prononcer entre un plaideur qui les avait élus et un autre plaideur vis-à-vis duquel ils n'avaient pas la même situation (Rapport de M. Le Bastard, D. P. 84. 4. 9). — Ajoutons que le texte de cette loi, à l'inverse du procédé employé pour les lois antérieures, n'a point été inséré dans le code de commerce. En rompant avec les précédents, le conseil d'Etat a eu pour but de ne pas troubler l'harmonie de ce code.

266.—II. Electorat. — « Les membres des tribunaux de commerce sont élus par les citoyens français, commerçants patentés ou associés en nom collectif depuis cinq ans au moins, capitaines au long cours et maîtres de cabotage ayant commandé des bâtiments pendant cinq ans, directeurs des compagnies françaises anonymes de finance, de commerce et d'industrie, agents de change et courtiers d'assurances maritimes, courtiers de marchandises, courtiers interprètes et conducteurs de navires institués en vertu des art. 77, 79 et 80 c. com., les uns et les autres après cinq années d'exercice, et tous, sans exception, devant être domiciliés depuis cinq ans au moins dans le ressort du tribunal. — Sont également électeurs, dans leur ressort, les membres anciens ou en service des tribunaux et des chambres de commerce, des chambres consultatives des arts et manufactures, les présidents anciens ou en exercice des conseils de prud'hommes » (L. 8 déc. 1883, art. 1).

267. Cet article déclare expressément que l'électeur doit être citoyen français. En réparant ainsi une omission de la loi de 1871, il coupe court sur ce point à toute incertitude (V. *Rép.* n° 481, et Req. 11 mai 1874, D. P. 74. 1. 392, note).

Mais il a été jugé, à cet égard, qu'un commerçant français, vice-consul d'un gouvernement étranger, n'est pas, à raison de ces fonctions, incapable de figurer sur la liste des électeurs consulaires (Poitiers, 27 janv. 1880, aff. Giraud, D. P. 80. 2. 59). En effet, décider le contraire, ce serait ajouter aux incapacités prévues par la loi.

268. La Chambre des députés a adopté une proposition de loi ayant pour but de conférer l'électorat aux femmes pour l'élection aux tribunaux de commerce. Dans sa séance du 10 juin 1892, le Sénat a ajourné sa première délibération jusqu'au dépôt du rapport sur le projet relatif aux conseils de prud'hommes. C'est que, la même question s'étant posée à l'occasion de ce projet, la commission avait rejeté l'électorat réclamé au profit des femmes.

269. En second lieu, l'exercice du droit de suffrage est soumis à une condition rigoureuse : tout électeur doit avoir cinq ans de patente et cinq ans de résidence dans la circonscription du tribunal. La loi antérieure exigeait des élus seuls cinq années de patente et le domicile réel. « Le législateur de 1883, fait remarquer la circulaire du ministre de la justice du 13 févr. 1884 (D. P. 84. 4. 11, note, n° 1), a pensé que des relations commerciales prolongées entre les électeurs et ceux sur lesquels se porteront leurs suffrages étaient les garanties les plus sûres d'un choix sérieux et éclairé. — Toutefois les anciens membres des tribunaux, chambres de commerce et consultatives, ainsi que des conseils de prud'hommes, continueront à être portés sur la liste électorale alors qu'ils auraient cessé de résider dans le ressort du tribunal ». Cette solution avait été adoptée sous l'empire de l'art. 619 c. com.; les termes de la disposition nouvelle ne présentent aucune différence avec ceux de cet article et doivent recevoir la même interprétation (Circ. min. précitée). Mais le droit à l'électorat reconnu au profit de cette catégorie de citoyens est concédé uniquement dans le ressort du tribunal de commerce où ils ont été investis de leurs fonctions : aussi a-t-il été jugé que l'ancien membre d'un tribunal ou d'une chambre de commerce n'a pas le droit, s'il va résider dans le ressort d'un tribunal autre que celui où il a rempli ses fonctions, de demander, en cette seule qualité, à être inscrit sur la liste électorale consulaire de la circonscription où il a établi sa nouvelle résidence (Civ. rej. 20 déc. 1887, aff. Degaud, D. P. 88. 1. 280).

270. Au reste, le fait d'un commerçant d'avoir, dans le but de se créer un domicile électoral dans une commune d'un autre ressort, opéré la déclaration prescrite par la circulaire ministérielle du 19 mars 1849, ne suffit pas pour lui enlever sa qualité d'électeur et d'éligible au tribunal de commerce de la ville où il a conservé son domicile ordinaire et le siège de ses affaires (Rennes, 11 juin 1872, aff. Porteu, D. P. 73. 5. 476).

271. D'un autre côté, il importe de remarquer que les commerçants patentés doivent seuls participer aux élections. Si donc un commerçant n'était pas inscrit au rôle des patentes, il ne pourrait préalablement figurer au nombre des électeurs (Lyon-Caen et Renault, *Traité de droit commercial*, t. 1, n° 335). Telle est la règle générale ; il n'y est fait exception qu'en faveur des associés en nom collectif (lesquels, aux termes de la loi du 15 juill. 1880, art. 21, peuvent ne pas tous payer patente), des capitaines de navires, des directeurs de compagnies anonymes, des agents de change, des courtiers, des membres anciens et en exercice des tribunaux de commerce, des chambres de commerce, des arts et manufactures, des présidents anciens et en exercice des conseils de prud'hommes.

272. Il a été jugé que les agents d'affaires, étant en principe des commerçants puisqu'ils se livrent à des entreprises réputées actes de commerce par l'art. 632, § 3, c. com., et qu'ils font de ces entreprises leur profession habituelle, doivent être inscrits sur les listes électorales (Trib. de paix de Paris, 1er arrond., 7 nov. 1884, aff. Lemaître; 13 nov. 1884 (15e arrond.), aff. Haumont; Civ. cass. 23 déc. 1884, aff. Lefèbre; 23 déc. 1884, aff. Pauleau, D. P. 85. 1. 82).

273. Au contraire, les patentés qui ne font pas, des actes de commerce, leur profession habituelle, tels que les médecins, vétérinaires, huissiers (Civ. cass. 14 janv. 1885, aff. Bernadou, D. P. 85. 1. 82 ; Justice de paix de Pantin, 13 nov. 1885, M. Becker juge de paix), greffiers (Arrêt précité du 14 janv. 1885 ; Civ. rej. 13 déc. 1886, aff. Honoré Chéron, D. P. 87. 1. 136), notaires (Civ. cass. 25 août 1884) (1),

(1) (Hervé le Gac C. Kerhourc'h.) — La cour; — Attendu que le demandeur, qui n'a point été partie au jugement attaqué, ne pouvait se pourvoir en cassation contre ce jugement qu'en qualité d'électeur inscrit sur la liste électorale ; qu'il n'apparaît pas de l'acte du pourvoi qu'il ait agi en cette qualité ; que la seule qualité de maire par lui prise audit acte ne l'autorisait pas à former ce pourvoi ; — Attendu, en outre, que le demandeur n'a pas dénoncé son pourvoi au défendeur, dans le délai de dix jours fixé par l'art. 6 de la loi des 8-10 déc. 1883 ; que cette formalité est substantielle; — Déclare le pourvoi formé par Hervé Le Gac contre le jugement du juge de paix de Briac, le 11 juill. 1884, non recevable; — Mais statuant sur le pourvoi formé, dans l'intérêt

représentants de commerce (Just. de paix d'Etain, 16 avr. 1884) (1), commis ou employés de commerce agissant pour le compte d'un ou plusieurs patrons (Just. de paix de Lille, canton sud-ouest, 16 juin 1884) (2), syndics de faillites (Just. de paix de Lille, canton sud-ouest, 18 juin 1884) (3), ne doivent pas être inscrits sur les listes électorales.

274. Le législateur, en exigeant des électeurs cinq années au moins de patente, a voulu exclure les négociants qui n'auraient pas exercé pendant cinq années entières la profession commerciale. Cinq inscriptions à la patente ne suffisent donc pas, si elles ne correspondent point à un même nombre d'années consacrées à l'exercice du commerce. Aussi n'y a-t-il pas à tenir compte des mois de l'année courante, bien que l'impôt ait été payé d'avance pour l'année entière. C'est ce qui a été jugé, à propos de l'éligibilité, antérieurement à la loi actuelle (Nîmes, 5 mai 1873, aff. Escoffier, D. P. 74. 2. 39 ; Civ. rej. 6 août 1877, aff. Dayraut, D. P. 77. 1. 447 ; Rennes, 23 janv. 1883) (4).

275. De plus, la condition de l'inscription au rôle des patentes, ainsi entendue, n'est remplie qu'autant qu'elle est personnelle. Par exemple un commerçant patenté depuis moins de cinq ans ne peut être ni électeur ni éligible, alors même que, depuis plus de cinq années il aurait acquitté l'impôt des patentés au nom d'une société dont il serait le gérant (Rouen, 10 janv. 1877, aff. Procureur général de Rouen, D. P. 77. 2. 50), ou pour le compte d'un prédécesseur (Civ. cass. 13 déc. 1886, aff. Léopold Gaudre, D. P. 87. 1. 135).

276. Le membre d'une association en participation peut-il être électeur, et, par suite, éligible? Quoique de sérieuses controverses se soient élevées sur le caractère et les effets de cette sorte d'association, on admet, en général, qu'elle ne constitue pas un être moral et que chacun de ses membres conserve une individualité distincte (V. *infrà*, v° *Société* et *Rép.*, eod. v°, n°s 1607 et 1614). La société en participation ne figure pas sur le rôle des patentes : si l'un des associés, celui qui dirige les opérations, qui est en rapport avec les tiers, y est porté, c'est à raison de ces faits personnels, et ses coïntéressés, agents secondaires, ne peuvent évidemment se prévaloir de son inscription (V. *Rép.* v° *Patente*, n° 317). D'ailleurs, les patentes, étant personnelles, ne peuvent servir qu'à ceux à qui elles sont délivrées (L. 25 mai 1844, art. 26 ; *Rép.* v° *Patente*, n°s 305 et suiv. ; et L. 15 juill. 1880, art. 20). Une exception au principe général a été introduite par les lois de 1871 et de 1883 en faveur des directeurs de sociétés anonymes et des associés en nom collectif (V. *suprà*, n°s 271); mais elle ne peut évidemment être étendue à aucun autre cas, et surtout à l'association en participation. C'est ce qui a été jugé, à l'occasion de la question d'éligibilité, par un arrêt de la cour de Rouen, du 10 janv. 1877, aff. Doulay (D. P. 77. 2. 50).

277. Mais que faut-il décider à l'égard du commerçant non patenté qui prouve qu'il a fait partie, pendant le temps légal, d'une société en nom collectif de fait? La difficulté a été déférée à la cour de cassation. Dans l'espèce, la nature, la constitution et l'objet de cette société n'étaient établis par aucun acte ou document probant, mais uniquement par la notoriété publique. La Cour a jugé que ce commerçant ne devait pas être inscrit sur la liste électorale (Ch. civ. 16 déc. 1891, aff. Gauché et Brocheton, D. P. 93 1. 41). « Une pareille société de fait, a dit M. le conseiller Greffier dans son rapport sur cette affaire, peut avoir une constitution et des règles de fonctionnement tout à fait différentes de celles d'une société en nom collectif. Pour réclamer auprès d'une autorité publique un droit qui associe un commerçant à l'œuvre si considérable de la constitution d'une juridiction, ne faut-il pas qu'il n'existe aucun doute sur l'existence du droit réclamé; et la vague allégation d'une notoriété publique peut-elle être substituée à la preuve qui résulte soit de l'acte de société, soit au moins d'un document écrit ou d'une pièce probante? Nous aurions peine à le croire ».

278. La question s'est posée de savoir si « l'agent » ou même le directeur d'une « agence » d'une société anonyme de finance peut prétendre à la qualité d'électeur. La loi reconnaît ce droit au « directeur » de ces sortes de sociétés (*suprà*, n°s 271 et 276); mais il n'est pas possible de l'étendre à de simples préposés (quel que soit le titre qu'on leur donne) à des agences qui n'ont point d'existence civile propre, et ne sont que des succursales soumises, pour tous leurs actes, aux règlements de la société. Ces succursales n'ont ni capital social ni actionnaires; comment ceux qui

---

de la loi, par M. le premier avocat général, à l'audience, au nom de M. le procureur général près la cour de cassation ; — Vu l'art. 1er de la loi des 8-10 déc. 1883 ; — Attendu qu'aux termes dudit article, les membres des tribunaux de commerce sont élus non par toutes les personnes portées au rôle des patentes, mais par les commerçants patentés et autres personnes qui, à des titres divers, se livrent aux opérations commerciales; que si les notaires sont, en exécution de la loi du 15 juill. 1880, tableau C., inscrits au rôle des patentes, et assujettis au droit proportionnel de patente, ils ne sont point commerçants et qu'il leur est même interdit de se livrer aux opérations de commerce; que, en ordonnant l'inscription de Kerbourc'h, notaire à Briac, sur la liste des électeurs consulaires, le jugement attaqué a donc violé les dispositions de l'article de la loi sus-visé ; — Casse dans l'intérêt de la loi seulement, etc.

Du 25 août 1884.-Ch. civ.-MM. le cons. Merville, pr.-Greffier, rapp.-Charius, 1er av. gén., c. conf.

(1) (M... C. Electeurs consulaires d'Etain.) — Nous, juge de paix; — Vu la loi du 8 déc. 1883; — Attendu que les électeurs consulaires sont désignés dans l'art. 1er de la loi précitée; — Qu'aucun citoyen français autre que ceux remplissant les qualités voulues par cette loi ne doit être porté sur les listes électorales; — Attendu qu'un représentant de commerce ne fait pour son compte personnel aucun acte commercial ; — Qu'il n'est qu'un employé ou un mandataire de commerçant; — Qu'il ne peut être assimilé au courtier de marchandises, dont la condition est réglée par le code de commerce, modifié par la loi du 18 juill. 1866 ; — Par ces motifs, disons qu'il n'y a pas lieu de porter le nom de N... sur la liste électorale consulaire, etc.

Du 16 avr. 1884.-Just. de paix d'Etain.-M. Guyot, juge.

(2) (E... C. Electeurs consulaires de Lille.) — Nous, juge de paix; — Attendu que la question de savoir si un représentant de commerce doit être porté sur la liste électorale commerciale ne peut se résoudre qu'en fait et suivant la nature des agissements habituels de ce représentant; — Qu'il est bien évident que, patenté ou non, le simple commis ou employé de commerce qui n'agit que pour le compte d'un ou même de plusieurs patrons, et non pour son propre compte et à ses risques, qui, en un mot, n'est qu'un mandataire, ne peut être réputé commerçant et par suite prétendre à l'électorat spécial créé par la loi du 8 déc. 1883; — Mais qu'il en est autrement de celui qui, sous le titre de représentant de commerce, se livre habituellement à des actes de négoce ou opérations de commission, de nature à engager directement sa responsabilité et à amener, le cas échéant, sa faillite personnelle; — Qu'il faut voir en lui un commerçant aux termes des art. 1 et 632 c. com.; — Par ces motifs; attendu que tel est le cas du réclamant, qui est patenté depuis plus de cinq ans à Lille comme représentant de commerce; — Ordonnons que le sieur E... sera inscrit sur la liste des électeurs du tribunal de commerce de Lille.

Du 16 juin 1884.-Just. de paix du canton sud-ouest de Lille, 2e espèce, M. Lancien, juge.

(3) (P... C. Electeurs consulaires de Lille.) — Nous, juge de paix; — Attendu que le sieur P... justifie, au moyen d'extraits du rôle des patentes qui lui ont été délivrés, que, depuis plus de cinq années, il est inscrit à Lille comme patenté; qu'il figure audit rôle, non comme agent d'affaires, ainsi qu'il le prétendait en sa réclamation, mais bien comme mandataire salarié pour l'administration des faillites; — Attendu que l'inscription sur le rôle des patentes est insuffisante pour imprimer à l'assujetti la qualité de commerçant; — Que cette qualité n'appartient qu'à ceux qui exercent habituellement des actes de commerce (art. 1 c. com.) et non à ceux qui n'agissent que comme mandataires; — Par ces motifs, déclarons le sieur P... mal fondé dans sa réclamation.

Du 18 juin 1884.-Just. de paix du canton sud-ouest de Lille.-M. Lancien, juge.

(4) (Proc. gén. de Rennes C. Lecœur.) — LA COUR ; — Considérant qu'aux termes de l'art. 620 c. com., nul n'est éligible aux fonctions de juge suppléant, s'il ne justifie, par l'inscription à la patente, qu'il exerce une profession commerciale depuis au moins cinq ans ; — Considérant que, pour déterminer la durée de l'inscription, on ne doit pas tenir compte des mois non encore écoulés de l'année courante; — Considérant, en fait, que Lecœur n'est inscrit à la patente commerciale que depuis l'année 1879 et qu'il ne remplit pas la condition exigée par la loi; — Par ces motifs, annule l'élection, etc.

Du 23 janv. 1883.-C. de Rennes-MM. de Kerbertin, pr.-Bormet, av. gén.

les dirigent comme chefs des bureaux, agents ou directeurs, pourraient-ils, en droit, se prétendre investis des attributions et des qualités imparties aux seuls directeurs? V. en ce sens : Civ. rej., 26 janv. 1886, aff. Peulevey, D. P. 86. 1. 128; 30 déc. 1889, aff. Sansépée, D. P. 90. 1. 74). Sous le régime de l'art. 620 c. com., modifié par la loi du 5 déc. 1876, les cours de Douai (Arrêt du 8 févr. 1875, aff. Mangeot, D. P. 75. 2. 175) et d'Orléans (Arrêt du 18 févr. 1875, aff. Morin, D. P. 75. 2. 100) avaient adopté la même solution à l'occasion de la question d'éligibilité.

279. Quant aux compagnies d'assurances mutuelles contre l'incendie, comme elles ont pour objet de répartir entre tous les associés, assureurs et assurés, le dommage que l'incendie pourrait causer à l'un d'entre eux, et non de réaliser des bénéfices, elles ne sont pas des compagnies de commerce, de finance ou d'industrie ; par suite, le directeur d'une pareille compagnie ne peut être électeur. Un arrêt (Civ. rej. 17 juin 1879, aff. Callot, D. P. 79. 1. 343) avait décidé, sous la précédente législation, qu'il n'était pas éligible

280. — III. Incapacités. — Aux termes de l'art. 2 de la loi du 8 déc. 1883, ne peuvent participer à l'élection : 1° les individus condamnés soit à des peines afflictives et infamantes, soit à des peines correctionnelles pour faits qualifiés crimes par la loi ; — 2° Ceux qui ont été condamnés pour vol, escroquerie, abus de confiance, soustractions commises par les dépositaires de deniers publics, attentats aux mœurs ; — 3° Ceux qui ont été condamnés à l'emprisonnement pour délit d'usure, pour infractions aux lois sur les maisons de jeu, sur les loteries et les maisons de prêt sur gages, ou par application de l'art. 1er de la loi du 27 mars 1851, de l'art. 1er de la loi du 5 mars 1855, des art. 7 et 8 de la loi du 23 juin 1857 et de l'art. 1er de la loi du 27 juin 1867 ; — 4° Ceux qui ont été condamnés à l'emprisonnement par application des lois du 17 juill. 1856 (et non 1857, comme le porte inexactement le texte de la loi. V. D. P. 84. 4. 12. note 3), du 23 mai 1863 et du 25 juill. 1867, sur les sociétés; — 5° Les individus condamnés pour les délits prévus aux art. 400, 413, 414, 417, 418, 419, 420, 421, 423, 433, 439, 443 c. pén., et aux art. 594, 596 et 597 c. com. ; — 6° Ceux qui ont été condamnés à un emprisonnement de six jours au moins ou à une amende de plus de 1000 fr., pour infraction aux lois sur les douanes, les octrois et les contributions indirectes, et à l'art. 5 de la loi du 4 juin 1859, sur le transport, par la poste, des valeurs déclarées ; — 7° Les notaires, greffiers et officiers ministériels destitués en vertu de décisions judiciaires ; — 8° Les faillis non réhabilités dont la faillite a été déclarée soit par les tribunaux français, soit par des jugements rendus à l'étranger, mais exécutoires en France ; — 9° Et généralement tous les individus privés du droit de vote dans les élections politiques ». — Quant aux commerçants déclarés en état de liquidation judiciaire, ils ne sont pas privés du droit électoral et doivent, par conséquent, rester inscrits sur la liste électorale, tant qu'ils n'ont pas été déclarés en faillite par suite du retrait du bénéfice de la liquidation judiciaire (Civ. rej. 7 avr. 1891, aff. Electeurs de la Mure, D. P. 91. 1. 156). — Il est à remarquer que les cas d'incapacité énumérés par l'art. 2 sont plus nombreux que ceux qui étaient prévus par la législation antérieure. D'ailleurs, les recherches nécessaires sont facilitées par l'organisation du casier spécial qui a été établi dans les sous-préfectures, pour la vérification de la capacité électorale ordinaire (Circ. min. just. du 13 févr. 1884, D. P. 84. 4. 11, note, n° 4).

281. — IV. Etablissement de la liste annuelle ; contentieux. — Tous les ans, la liste des électeurs du ressort de chaque tribunal est dressée, pour chaque commune, par le maire, assisté de deux conseillers municipaux désignés par le conseil, dans la première quinzaine du mois de septembre ; elle doit comprendre tous les électeurs qui remplissent, au 1er septembre, les conditions exigées (art. 3). — Jugé en conséquence que le commerçant, et particulièrement le directeur d'une compagnie anonyme, ne peut être inscrit sur la liste électorale s'il ne justifie qu'il remplit ses fonctions depuis cinq ans au 1er septembre, époque où doivent commencer les opérations de la confection et la revision des listes (Civ. cass. 23 déc. 1891, aff. Prévost, D. P. 92. 1. 272). Le maire envoie la liste ainsi préparée au préfet, qui fait déposer la liste générale au greffe du tribunal de commerce, et la liste spéciale de chacun des cantons du ressort au greffe de chacune des justices de paix correspondantes ; l'un et l'autre dépôt doivent être effectués trente jours au moins avant l'élection. L'accomplissement de ces formalités est annoncée, dans le même délai, par affiches apposées à la porte de la mairie de chaque commune du ressort du tribunal. Les listes électorales sont communiquées sans frais à toute réquisition (art. 4).

282. Il importe d'abord de remarquer que, si la loi précise l'époque de la revision annuelle des listes, elle ne fixe point le délai dans lequel ces listes doivent être closes. D'ailleurs, les maires restent étrangers à cette formalité : ils adressent au préfet les listes qu'ils ont préparées ; et, quand ce fonctionnaire a fait le travail d'ensemble et par cantons, il en effectue le dépôt. La loi exige seulement que ce dépôt précède l'élection d'au moins trente jours (Civ. rej. 28 avr. 1890, aff. Mayer et Didier, D. P. 90. 1. 433).

283. En second lieu, « c'est par un simple dépôt au greffe que les intéressés ont connaissance de la liste. La loi n'exige pas l'affichage, comme le faisait l'art. 619 c. com. Les dépôts doivent comprendre non seulement les rectifications annuelles, mais la liste entière pour le greffe du tribunal de commerce, et toute la liste cantonale pour le greffe de la justice de paix » (Circ. min. just. du 13 févr. 1884). — Décidé que les dispositions de l'art. 4 qui prescrivent le dépôt des listes électorales aux greffes du tribunal de commerce et des justices de paix, ainsi que l'avertissement, par voie d'affiche, des dépôts effectués, imposent en cela des formalités substantielles, qui doivent être accomplies, à peine de nullité, dans les délais fixés (Toulouse, 22 janv. 1885, aff. Canabou, D. P. 86. 2. 44).

284. Les préfets et les sous-préfets, à qui les maires transmettent les listes électorales consulaires de leurs communes, pour qu'ils en forment la liste générale, ont-ils le pouvoir de modifier les listes communales en y ajoutant ou en en retranchant les noms des électeurs qui y ont été inscrits ? La cour de Pau, dans un arrêt du 16 juin 1887, aff. Dayraut (D. P. 88. 1. 277) s'est prononcée pour la négative. — V. nos observations en ce sens, D. P. *ibid.*, note.

285. Pendant les quinze jours qui suivent le dépôt des listes, tout commerçant patenté du ressort, et en général tout ayant droit compris dans l'art. 1er, peut exercer ses réclamations, soit qu'il se plaigne d'avoir été indûment omis, soit qu'il demande la radiation d'un citoyen indûment inscrit. Les réclamations sont portées devant le juge de paix du canton, par simple déclaration au greffe de la justice de paix du domicile de l'électeur dont la qualité est mise en question. Cette déclaration se fait sans frais et il en est donné récépissé. Le juge de paix statue sans opposition ni appel dans les dix jours, sans frais ni forme de procédure, et sur simple avertissement donné par ses propres soins à toutes les parties intéressées. Il n'est pas tenu d'attendre l'expiration du délai de quinze jours accordé aux intéressés pour exercer leurs réclamations (Civ. rej. 13 janv. 1892, aff. Boyer-Gallot et consorts, D. P. 92. 1. 271). — La sentence est, le jour même, transmise au maire de la commune de l'intéressé, lequel en fait audit intéressé la notification dans les vingt-quatre heures de la réception. — Toutefois, si la demande portée devant le juge de paix implique la solution préjudicielle d'une question d'état, il renvoie préalablement les parties à se pourvoir devant les juges compétents, et fixe un bref délai dans lequel la partie qui a élevé la question préjudicielle doit justifier de ses diligences ; il est procédé, en ce cas, conformément aux art. 855, 857 et 858 c. proc. civ. Les actes judiciaires auxquels l'instance devant le juge de paix donne lieu ne sont pas soumis au timbre et sont enregistrés gratis (art. 5).

286. Faute de réclamation des tiers électeurs dans les délais fixés par la loi, les listes, si vicieuses qu'elles puissent être, deviennent définitives et inattaquables (Civ. rej. 24 oct. 1887, aff. Dayraut, D. P. 88. 1. 277 ; 28 avr. 1890, aff. Mayer et Didier, D. P. 90. 1. 433).

287. On sait qu'en matière électorale ou municipale, tout électeur inscrit peut réclamer non seulement la radiation d'un citoyen indûment inscrit, mais aussi l'inscription sur la liste électorale d'un citoyen qui, ignorant ou peu soucieux de ses droits politiques, laisse dresser la liste, sans protester contre son omission (Décr. 2 févr. 1852, art. 19). La loi du 8 déc. 1883 a supprimé, pour le tiers électeur, le droit de demander l'inscription des commerçants qui ont été omis et qui n'agissent pas eux-mêmes; l'exercice de l'action du tiers électeur est réduit à la faculté de demander la radiation d'un électeur porté sur la liste électorale consulaire. Cette innovation ne saurait guère être critiquée. « Il faut, dit M. Greffier (*De la formation et de la revision des listes électorales*, n° 242, p. 190), pour être convaincu du fréquent abus du droit des tiers électeurs de demander l'inscription des électeurs omis ou prétendus tels, avoir vu, comme nous, des électeurs s'ingérant dans les opérations de revision, demander d'un seul coup, l'inscription de centaines d'électeurs indifférents, dans le but unique de réveiller, un jour d'élection, le zèle de ces électeurs incertains de leurs droits et surtout de leur choix, et de les pousser vers l'urne du scrutin, dans le propre intérêt de ces tiers officieux. Pour les élections consulaires, le législateur a réprimé l'abus, en supprimant le droit; il a pensé sans doute qu'en cette matière il fallait laisser à chacun des intéressés sa propre initiative et le soin de veiller à la conservation d'un droit qu'il juge bon ou inutile d'exercer ». — Jugé, en conséquence, que c'est seulement au tiers électeur qui réclame la radiation d'un électeur indûment inscrit sur la liste électorale consulaire, et non à celui qui demande l'inscription d'un électeur, que la loi accorde le droit d'exercer des réclamations dans le délai légal, devant le juge de paix (Civ. rej. 13 janv. 1892, aff. Boyer-Gallot et Pasquin-Boutin, D. P. 92. 1. 271).

288. L'art. 5, § 2, qui dispose que le juge de paix statuera sans frais, ne s'applique qu'aux actes de la procédure et au jugement, mais non aux dépenses que l'électeur peut faire pour se procurer les pièces nécessaires à la justification de son droit électoral : ainsi le commerçant, associé en nom collectif, qui demande son inscription sur la liste électorale consulaire, doit justifier de sa qualité d'associé en produisant un extrait de l'acte de société ou tout autre document probant, quoiqu'il en résulte pour lui quelque dépense; ce n'est point au juge de paix qu'incombe l'obligation de rechercher les pièces probantes (Civ. rej. 13 déc. 1886, aff. Fourcade et Théron, D. P. 87. 1. 135).

289. Mais le citoyen qui sollicite son inscription n'est point tenu de produire un extrait du casier judiciaire attestant qu'il n'a été frappé d'aucune des incapacités légales énumérées en l'art. 2 (Comp. Civ. cass., 8 avr. 1884, aff. Ruelle, D. P. 85. 5. 175). Par exemple, il suffit à un ancien membre d'un tribunal du commerce, pour être inscrit sur la liste électorale consulaire de justifier de sa qualité d'ancien juge dans le ressort (Civ. cass. 1er déc. 1886, aff. Jean Sainte-Marie, D. P. 87. 1. 136).

290. Aux termes de l'art. 5, les commerçants patentés du ressort, et ceux qui sont compris dans l'art. 1er de la loi, sont seuls admis à demander des radiations ou leur propre inscription. Ce droit n'appartient donc pas au ministère public (Civ. cass. 22 déc. 1884, aff. Besnard et Laurendeau, D. P. 85. 1. 82);... ni au maire (Civ. cass. 25 août 1884 *suprà*, n° 273). La cour d'Alger, dans un arrêt du 5 mars 1873 (aff. Domigneon et Sarthou, D. P. 74. 2. 25), avait, d'ailleurs, interprété dans le même sens l'art. 619 c. com. modifié par la loi du 21 déc. 1871, dont la rédaction était à peu près semblable (Conf. Debacq, *Action du ministère public en matière civile*, p. 76 et suiv.; *Contrà* : Alauzet, *Commentaire du code de commerce*, 2e éd., t. 7, n° 2925; *Journal du ministère public*, 1872, p. 260; Circ. min. just. des 5 janv. 1872 (D. P. 72. 4. 5, note 3) et 13 févr. 1884 (D. P. 84. 4. 11, note, n° 7).

291. La décision du juge de paix peut être déférée à la cour de cassation, dans tous les cas, par ceux qui y ont été parties, et, en outre, dans le cas où le jugement ordonnerait l'inscription sur la liste d'une personne qui n'y figurait pas, par tout électeur inscrit sur la liste électorale. — Ainsi, dans le cas où le juge de paix aurait ordonné d'office une inscription, les tiers électeurs ont le droit de se pourvoir en cassation, quoiqu'ils n'aient pas été parties devant le juge de paix, pour demander la cassation du jugement, en prouvant que les seuls documents sur lesquels ce jugement s'appuie sont insuffisants pour justifier l'inscription sur la liste électorale du défendeur en cassation (Sol. impl. Civ. cass. 16 déc. 1891, aff. Gauché et Brocheton, D. P. 93. 1. 41). — Il a été jugé, d'autre part, qu'en matière d'élections consulaires, il faut être électeur inscrit sur la liste électorale, ou avoir été partie au jugement, pour avoir le droit de se pourvoir contre une décision du juge de paix; que, par suite, n'est pas recevable le pourvoi formé par un maire, non partie au jugement attaqué, alors du moins qu'il n'apparaît pas de l'acte du pourvoi qu'il a agi en qualité d'électeur inscrit (Civ. cass. 25 août 1884, *suprà*, n° 273).

292. Le pourvoi n'est recevable que s'il est formé dans les dix jours de la notification de la décision. Il n'est pas suspensif. Il est formé par simple requête, dénoncé aux défendeurs dans les dix jours qui suivent, et jugé d'urgence, sans frais ni consignation d'amende. L'intermédiaire d'un avocat à la cour de cassation n'est pas obligatoire. Les pièces et mémoires fournis par les parties sont transmis sans frais par le greffier de la justice de paix au greffier de la cour de cassation. — Il a été décidé : 1° qu'en matière de liste électorale consulaire, comme en matière de liste politique, le pourvoi contre un jugement du juge de paix doit être formé par une requête adressée à la cour de cassation dans le délai de dix jours de la notification (Civ. rej. 13 déc. 1886, aff. Honoré Chéron, D. P. 87. 1. 136); — 2° Que la requête, si elle est déposée au greffe de la justice de paix, peut, quand le greffier a constaté régulièrement le dépôt, faire foi de la date qu'elle indique; mais que, si elle est envoyée directement à la cour de cassation par l'électeur lui-même, elle n'a d'autre date que celle de son arrivée au greffe de cette cour (Arrêt précité du 13 déc. 1886); — 3° Que la dénonciation du pourvoi au défendeur dans les dix jours est substantielle (Civ. cass. 25 août 1884, cité *suprà*, n° 291); — 4° Que le pourvoi ne peut être formé par une simple lettre adressée au juge de paix et annonçant que l'électeur évincé de la liste se pourvoit en cassation (Civ. rej. 7 déc. 1886, aff. Bargevel, D. P. 87. 1. 134-135). La chambre civile de la cour de cassation statue définitivement sur le pourvoi (L. 8 déc. 1883, art. 6).

293. La liste rectifiée, s'il y a lieu, par suite de décisions judiciaires, est close définitivement dix jours avant l'élection. Cette liste sert pour toutes les élections de l'année (art. 7). Elle ne peut être modifiée avant la revision prévue pour la première quinzaine de septembre (Circ. min. just. 13 févr. 1884, D. P. 84. 4. 11, note, n° 9).

294. Les frais nécessités pour la confection des listes incombent aux départements, conformément aux dispositions de la loi du 10 août 1871, art. 60, § 3 et 4 (Circ. min. just., 13 févr. 1884, citée *suprà*, n° 293). L'administration des Contributions directes peut, sans doute, mettre les matrices des rôles des patentes à la disposition des commissions municipales et leur fournir des renseignements, mais elle ne saurait être tenue de dresser elle-même la liste des patentés (*Bull. off.* 1876, p. 254).

295. — V. DURÉE DES FONCTIONS. — A toutes les élections autres que la première, les nominations sont, comme précédemment (V. *Rép.* n° 495), faites pour deux ans (art. 18). Mais tout magistrat élu en remplacement d'un autre, par suite de décès ou de toute autre cause, ne demeure en exercice que pendant la durée du mandat confié à son prédécesseur (art. 623 c. com., maintenu par l'art. 13 de la loi de 1883).

296. Il en est de l'élection qui suit la création d'un tribunal de commerce comme de la première élection à laquelle il a été procédé en exécution de la loi de 1883 : « Les nominations se font sur l'ensemble du tribunal..., qui est divisé en deux sections, dont l'une est nommée pour deux ans, et l'autre, pour un an (art. 18). La première comprend ceux qui ont obtenu le plus grand nombre de voix, et les plus âgés en cas d'égalité de suffrages. Dans un tribunal composé de titulaires en nombre impair, le premier renouvellement comprendra la moitié du nombre total, diminué d'une unité, et le second ceux qui auront conservé leur mandat (Circ. min. just. 13 févr. 1884, D. P. 84. 4. 11, note, n° 22).

297. — VI. ÉLIGIBILITÉ ET RÉÉLIGIBILITÉ. — Aux termes de l'art. 8 de la loi du 8 déc. 1883, sont éligibles aux fonctions de président, de juge et de juge suppléant tous les électeurs inscrits sur la liste électorale, âgés de trente ans, et les anciens commerçants français ayant exercé leur profession pendant cinq ans au moins dans l'arrondissement et y résidant. — Toutefois, nul ne peut être élu président s'il n'a exercé pendant deux ans les fonctions de juge titulaire, et nul ne peut être nommé juge s'il n'a été juge suppléant pendant un an (art. 8). — Il convient de remarquer que les conditions exigées par le second paragraphe ne peuvent être remplies lors des élections qui suivent la création d'un tribunal de commerce.

298. La règle édictée par le paragraphe 1er de l'art. 8 comporte une restriction, qui résulte de la loi du 4 mars 1889 : le commerçant déclaré en état de liquidation judiciaire n'est pas éligible, bien qu'il reste électeur (Civ. rej. 7 avr. 1891, aff. Élect. de la Mure, D. P. 91. 1. 156. — V. sur ce point : Greffier, *op. cit.*, 4e éd., no 61 et *suprà*, vo *Faillite*, nos 87 et 88).

299. Il ne suffit pas, pour être éligible aux fonctions de président, juge ou juge suppléant, d'être commerçant, âgé de trente ans et d'exercer une profession commerciale depuis cinq ans au moins ; il faut encore être inscrit sur la liste électorale : la disposition de l'art. 620 c. com., revisé par la loi du 5 déc. 1876, portant que tout commerçant inscrit sur la liste des élections, *ou étant dans les conditions pour y être inscrit*, pourra être nommé juge ou juge suppléant, n'ayant point été reproduite dans l'art. 8 de la loi du 8 déc. 1883, ne peut plus être invoquée sous l'empire de cette loi; et le défaut d'inscription sur la liste électorale constitue l'incapacité légale entraînant, aux termes de l'art. 12, § 3, de la même loi, la nullité de l'élection (Paris, 6 janv. 1887, aff. Rousseau et Péan, D. P. 87. 2. 88; Civ. rej. 9 mars 1887, aff. Pillivuyt, D. P. 87. 1. 197; Bourges, 14 mars 1887, aff. Barrault-Martinet, D. P. 87. 2. 207; Riom, 31 déc. 1888) (1).

300. Mais lorsque la liste a été définitivement close après l'accomplissement de toutes les formalités légales, quiconque y est inscrit et satisfait, d'ailleurs, aux conditions d'âge prescrites par la loi peut être élu, sans que son élection puisse être contestée par le motif qu'il ne remplissait pas les conditions voulues pour être inscrit sur la liste; spécialement, sous le prétexte qu'il ne serait pas commerçant patenté depuis cinq ans, ou qu'au lieu d'être directeur d'une compagnie anonyme il ne serait que sous-directeur (Civ. cass. 25 avr. 1887, aff. Béra, D. P. 87. 1. 345, et sur renvoi, Lyon, 17 juin 1887, D. P. 87. 5. 464). — V. *suprà*, no 286).

301. Quant à la qualité d'ancien commerçant, elle ne peut appartenir qu'à celui qui n'exerce plus le commerce. — Jugé, à cet égard, que différentes natures successives et non interrompues de négoces ne peuvent pas conférer à celui qui exerce une dernière industrie la qualité d'ancien commerçant, relativement aux négoces antérieurs (Douai, 8 févr. 1875, aff. Mangeot, D. P. 75. 2. 174).

302. Pour être éligible aux fonctions de président, il faut, ainsi qu'on l'a vu *suprà*, no 297, avoir rempli celles de juge pendant deux ans. Par ces deux années, on doit entendre, non une double période de trois cent soixante-cinq jours chacune, mais seulement deux judicatures (Angers, 16 juill. 1884) (2).

303. Au reste, lorsque cette condition se trouve accomplie, il n'y a pas à rechercher si le magistrat élu remplissait les conditions d'âge exigées par la loi à l'époque où ont commencé ses deux années de judicature C'est ce qui a été jugé dans une espèce où un commerçant, élu président d'un tribunal de création nouvelle, était alors âgé de moins de trente ans; le même commerçant ayant été réélu au bout de deux ans, on prétendait que le délai des deux années de judicature, exigées pour que sa réélection fût possible, n'avait pu courir à son profit qu'à partir du moment où il avait atteint l'âge légal. Ce système n'a pas prévalu (Lyon, 3 janv. 1888) (3).

304. Sous la législation antérieure, il fallait, pour être éligible aux fonctions de juge, avoir été juge suppléant, sans d'ailleurs qu'il fût nécessaire d'avoir exercé ces dernières fonctions pendant une période déterminée. Mais il avait été décidé que le commerçant qui, nommé juge suppléant au tribunal de commerce, n'avait pu, faute d'acceptation, de prestation de serment et d'installation, remplir effectivement ses fonctions, n'était pas éligible aux fonctions de juge titulaire (Besançon, 25 févr. 1878, aff. Kessler-Grosjean, D. P. 78. 2. 134).

Aujourd'hui, nul ne peut être nommé juge s'il n'a rempli les fonctions de suppléant durant une année (V. *suprà*, no 297). Cette année doit être entière (Civ. rej. 16 mars 1885, aff. Hopquin, D. P. 85. 1. 251); toutefois, il a été jugé qu'une différence de quelques jours ne vicierait point l'élection (Caen, 13 janv. 1885, aff. Leparquoi et Cornoud, D. P. 86. 2. 24).

---

(1) (Méléague et autres C. X...) — LA COUR; — Considérant qu'il résulte d'un extrait non contesté délivré par le greffier du tribunal de commerce de Riom que le sieur X... n'était pas inscrit sur la liste des électeurs consulaires pour l'année 1888, bien qu'il fût commerçant en exercice; — Considérant que l'art. 8 de la loi du 8 déc. 1883 déclare seuls éligibles aux fonctions de juges suppléants consulaires les électeurs inscrits sur la liste électorale, âgés de trente ans, et les anciens commerçants français ayant exercé leur profession pendant cinq ans au moins dans l'arrondissement et y résidant; que ce texte est clair et ne prête à aucune interprétation; qu'il n'a pas reproduit l'art. 620 c. com., modifié par la loi de 1876, lequel déclarait éligibles non seulement les électeurs inscrits sur la liste, mais encore ceux qui étaient dans les conditions voulues pour y être inscrits; qu'il n'a fait d'exception qu'en faveur d'une catégorie spéciale d'anciens négociants qui, n'exerçant plus leur commerce, se seraient vus dans l'impossibilité de requérir utilement leur inscription sur les listes; — Considérant que le sieur X... ne se trouve dans aucun des deux cas d'éligibilité prévus par l'article de loi précité, et qu'il appartient à la cour de prononcer la nullité de son élection; — Par ces motifs; — Annule l'élection du sieur X...

Du 31 déc. 1888.-C. de Riom.-MM. Allary, 1er pr.-Haffner, av. gén.-Georges Salvy, av.

(2) (Levesque et autres C. Vignot.) — LA COUR; — Attendu qu'en disposant que nul ne pourra être élu président d'un tribunal de commerce s'il n'a exercé pendant deux ans les fonctions de juge titulaire, l'art. 8 (2e alinéa) de la loi du 8 déc. 1883 n'a pas entendu une double période de 365 jours chacune, mais seulement deux judicatures; — Attendu que, s'il en était autrement, il pourrait arriver, par un fait indépendant de la volonté des candidats à l'élection, telle que la fixation par l'autorité administrative de la convocation de l'assemblée électorale, que tel ou tel d'entre eux fût frappé d'inéligibilité, et que l'exécution de la loi elle-même devînt ainsi impossible; — Attendu, en fait, que Vignot a exercé les fonctions de juge au tribunal de commerce d'Angers du 22 mars 1872 au 20 févr. 1874, sans avoir, il est vrai, été élu deux fois, par suite de l'ajournement légal des élections consulaires, qui auraient dû normalement avoir lieu en 1873; mais attendu que ce temps d'exercice n'en représente pas moins deux judicatures pleines, et qu'ainsi Vignot a réuni à ce point de vue les conditions d'éligibilité imposées par la loi; — Par ces motifs, déclare Levesque et consorts mal fondés dans leur protestation du 3 juillet courant contre l'élection du sieur Vignot, comme président du tribunal de commerce d'Angers, les en déboute.

Du 16 juill. 1884.-C. d'Angers, 1re ch.-M. Forquet de Dorne, 1er pr.

(3) (Bailly, Charcot et autres C. Authier.) — LA COUR; — Sur le second moyen : — Considérant que le tribunal de commerce de Bourg a été institué en 1885, et que les premières élections à ce tribunal ont eu lieu le 6 décembre de cette année; qu'aux termes de l'art 8 de la loi du 8 déc. 1883, les magistrats élus à cette époque auraient dû avoir l'âge de trente ans révolus; qu'Authier, qui est né à Mâcon, le 16 juin 1856, a été élu président avant d'avoir l'âge requis par la loi; — Que l'on soutient aujourd'hui que, antérieurement au jour où il a atteint cet âge, le délai des deux ans de judicature exigés pour que sa réélection fût possible, n'a pu courir à son profit, et qu'ainsi il ne se trouve pas dans les conditions légales pour être réélu; — Mais considérant qu'Authier a été installé dans ses fonctions; qu'il les a exercées durant deux ans sans qu'aucune protestation ait été formulée contre son élection; que les deux seules conditions mises par la loi à la réélection des magistrats des tribunaux de commerce, sont : 1o qu'ils aient plus de trente ans; 2o qu'ils aient exercé durant deux ans au moins les fonctions de juge titulaire; — Qu'Authier réunit cette double condition; que, dans ces conditions, la protestation des demandeurs ne saurait être accueillie; qu'il y a lieu de la rejeter; — Par ces motifs, déclare non recevable et mal fondée la protestation des sieurs Bailly, Charcot et consorts, contre l'élection du sieur Authier (Ferréol-Victor) comme président du tribunal de commerce de Bourges; — Dit en conséquence que ladite élection, en date du 18 déc. 1887, est valable et régulière; — Ordonne, en conséquence, que copie du présent sera remise à M. le procureur général, à telles fins que de droit.

Du 3 janv. 1888.-C. de Lyon, 1re ch.-MM. Chenest, av. gén.-Puthod (du barreau de Bourg), av.

305. L'art. 13 de la loi maintient expressément l'art. 623 c. com., de sorte que les conditions de renouvellement des magistrats consulaires sont restées les mêmes. La Chambre des députés avait adopté une disposition nouvelle d'après laquelle les juges titulaires et juges suppléants étaient indéfiniment rééligibles; mais cette innovation a été repoussée par le Sénat, et le régime antérieur a été maintenu. Toutefois, le dernier paragraphe de l'article, relatif à l'élection des présidents, consacre une solution différente de celle adoptée sous la législation antérieure. Désormais, quel que soit le nombre des années de judicature précédentes, le président pourra toujours être élu et réélu pour deux périodes consécutives de deux années. Ce paragraphe est ainsi conçu ; « le président, quel que soit, au moment de son élection, le nombre de ses années de judicature comme juge titulaire, peut toujours être élu pour deux années, à l'expiration desquelles il peut être élu pour une seconde période de même durée ».

306. On a vu au *Rép*. n° 496, que les juges suppléants sont indéfiniment rééligibles. Si, en effet, l'on se reporte aux travaux préparatoires du code de commerce, on constate que ces mots : « les suppléants » ont été volontairement rayés de l'art. 623, parce que ces magistrats ont des fonctions moins assujettissantes que les juges titulaires. Aussi les auteurs sont-ils unanimes sur ce point (Nouguier, *De l'organisation des tribunaux de commerce*, p. 95; Alauzet, sur l'art. 623, n° 2930; Bioche, v° *Tribunal de commerce ;* Rousseau et Laisney, v° *Tribunal de commerce*, n° 27; Lyon-Caen et Renault, *Traité de droit commercial*, t. 1, n° 343). — V. en ce sens : Civ. rej. 8 mai 1877, aff. Pierret, D. P. 77. 1. 448; 8 mai 1877, aff. Remy père et Duchochois, *ibid.*, 8 mai 1877, aff. Thirion, *ibid.*; 8 mai 1877, aff. Sergeant, *ibid.*; Bordeaux, 2 mars 1881 (1). *Contrà*, Toulouse, 12 janv. 1874, aff. Gerbaud et Lasalle, D. P. 75. 1. 193).

307. Une autre question est traitée au *Rép*. n° 497, celle de savoir si le juge et le président peuvent, à l'expiration de leurs fonctions, être nommés suppléants. La jurisprudence s'est prononcée pour la négative; elle n'a pas cru pouvoir distinguer là où la loi ne distingue point : il faut donc un intervalle d'un an (Civ. cass. 27 mai 1879, aff. Playoult, D. P. 79. 1. 431; Agen, 9 nov. 1881, aff. Playoult, D. P. 82. 2. 64). Conf. Lyon-Caen, et Renault, *op. cit.*, n° 343. — *Contrà :* Bordeaux, 3 mars 1879 (2), cassé par l'arrêt précité du 27 mai 1879.

308. L'art. 623 c. com., portant que les présidents et les juges, sortant d'exercice après deux années, pourront être réélus pour deux autres années, mais que, cette nouvelle période expirée, ils ne seront rééligibles qu'après un an d'intervalle, a été maintenu par l'art. 13 de la loi de 1883, ainsi qu'on l'a vu *suprà*, n° 305. — On s'est demandé si cet article doit recevoir son application lors même que les deux élections, ou l'une d'elles, n'auraient eu lieu que pour moins de deux ans. La cour de Poitiers (Arrêt du 16 févr. 1874, aff. Baron, D. P. 76. 2. 79), s'attachant au nombre des élections, et non à la durée du service effectif, s'est prononcée pour l'affirmative. La doctrine de cet arrêt est contestable. L'art. 623 porte : « Le président et les juges sortant d'exercice *après deux ans*, pourront être réélus immédiatement *pour deux autres années* ». Le sens naturel de la loi, c'est, d'une part, que la première élection, pour compter dans le nombre maximum des deux élections immédiatement consécutives, doit avoir été suivie d'un exercice de deux années; c'est, d'autre part, que la seconde élection, pour produire le même effet, doit avoir eu lieu *pour* deux années. — Comment échappe-t-on à cet argument de texte? En disant que l'esprit du code et l'économie des art. 622 et 623 indiquent la pensée de ne permettre jamais plus de deux élections immédiatement consécutives, quelle que soit la durée du mandat conféré chaque fois au magistrat consulaire. On argumente surtout de ce que l'art. 623, second alinéa, veut que tout membre élu en remplacement d'un autre demeure en exercice seulement pendant la durée du mandat de son prédécesseur; d'où l'on tire cette conséquence, un peu forcée,

(1) (Marot.) — LA COUR; — Attendu que M. Marot a rempli les fonctions de juge suppléant pendant quatre années consécutives, mais qu'il n'a été ni président ni juge; — Attendu que l'art. 623 c. com. ordonne que les présidents et juges, sortant de service après deux élections successives, ne seront rééligibles qu'apres une année d'intervalle, mais qu'il ne parle pas des juges suppléants; qu'on devrait donc, à ne consulter que son texte et par application du principe que les lois restrictives ne sont pas susceptibles d'extension, décider que cette disposition ne s'applique pas aux juges suppléants; — Attendu qu'il résulte, en outre, des travaux préparatoires du code de commerce que le texte primitif de l'art. 623 assimilait les juges suppléants aux présidents et aux juges, quant aux conditions de rééligibilité, mais que, sur les observations du tribunal, l'article fut modifié et ramené à sa rédaction actuelle, pour faciliter aux juges suppléants la possibilité d'arriver aux fonctions de juges, qui devaient être le prix de leur dévouement; que cette modification ne laisse pas de doute sur la volonté du législateur, et sur le sens de la disposition qu'il s'agit d'appliquer; — Attendu, enfin que l'art. 623 n'a pas été modifié par la loi du 21 déc. 1871 ; qu'on ne pourrait argumenter, dans l'opinion contraire, du paragraphe de cette loi ordonnant que, pour les premières élections, les juges et les juges suppléants seront éligibles; qu'en effet, cette disposition édictée, comme son texte l'indique, en vue des premières élections, n'avait qu'un effet transitoire, et n'était nullement destinée à modifier l'art. 623, qui demeurait dans le code, avec sa rédaction ancienne, qu'il faut donc décider que M. Marot ne se trouve pas dans le cas prévu par le premier paragraphe de cet article; — Par ces motifs, etc.

Du 2 mars 1881.-C. de Bordeaux.-MM. Izoard, 1er pr.-Labroquère, av. gén.-c. conf.

(2) (Playoult C. Chauchat.) — LA COUR; — Attendu que l'élection de Charles Chauchat, comme juge suppléant du tribunal de commerce de Sarlat, constatée par procès-verbal du 5 janv. 1879, a donné lieu, de la part de Playoult, banquier, l'un des électeurs commerçants, à une protestation, en date du 7, et soumise le 8 au visa de M. le premier président; qu'à la diligence de M. le procureur général, il en a été donné avis à Chauchat, qui a fourni le 28 janvier ses observations écrites au parquet de la cour; — Attendu que la protestation est motivée sur ce que Chauchat, ayant exercé les fonctions de président du tribunal de commerce de Sarlat, pendant les quatre années consécutives 1875, 1876, 1877 et 1878, et un an d'intervalle ne s'étant point écoulé, il ne serait pas rééligible en 1879, même en la simple qualité de juge suppléant, sans quoi il y aurait violation de l'art. 623 c. com.; que, dans ses observations en réponse, Chauchat, interprétant judaïquement l'art. 623, soutient qu'il est favorable à la validité de sa réélection en sa nouvelle qualité; puisqu'il ne prescrit textuellement l'année d'intervalle qu'à l'égard du président et des juges; — Attendu, en droit, que l'art. 623 c. com., pris dans son texte, est muet à l'égard des juges suppléants, et qu'en matière d'éligibilité, il n'est pas permis d'étendre les prohibitions prévues à des cas que la loi n'a pas expressément spécifiés; que l'esprit de l'art. 623 est conforme au texte; que, si l'on étudie avec soin la discussion à laquelle a donné lieu cet article dans le sein du conseil d'Etat et du Tribunat, on reste convaincu que c'est par suite d'une volonté bien arrêtée, que l'expression « ses suppléants », qui se trouvait dans le projet, a été supprimée dans la rédaction définitive, ce qui a conduit presque tous les auteurs à se prononcer pour la réégibilité indéfinie des suppléants, et, bien plus, à décider que, non seulement ils peuvent, comme prix de leur dévouement, avoir l'honneur de devenir juges titulaires, mais encore, en sens inverse, que le président et les juges sortants peuvent également et sans interruption être nommés simples juges suppléants au même siège; — Attendu que l'objection opposée à cette doctrine imposante est tirée des dangers d'arriver par ce système à éluder la loi, et à lui faire manquer son but, en facilitant à un magistrat consulaire le moyen de se perpétuer malgré elle, en avançant ou en reculant, au sein du tribunal de commerce, et d'y conserver une trop grande influence; — Attendu que le silence de la loi à l'égard des suppléants, dont les fonctions sont accidentelles, fait que ces considérations leur demeurent étrangères; que les inconvénients signalés, s'ils existent, sont amplement compensés par les avantages résultant, pour un tribunal de commerce, d'avoir la bonne fortune de conserver dans la modeste position de juge suppléant un ancien titulaire, disposé à lui continuer dans l'occasion les lumières de son expérience ; — Que, d'ailleurs, les fonctions de suppléants des tribunaux de commerce, bien que fort honorables et parfois recherchées, sont aussi un service public assujetissant, une charge purement gratuite; qu'il n'est pas toujours facile d'en trouver dans les petites localités et d'arriver à compléter le tribunal de commerce par des hommes réunissant à la fois le bon vouloir et la capacité nécessaires; que ces raisons ajoutées au silence de la loi, à l'état de la doctrine, conduisent naturellement à la validation de l'élection critiquée; — Par ces motifs, déclare légale et valable l'élection, etc., etc.

Du 3 mars 1879.-C. de Bordeaux, 1re ch.-MM. Klecker, pr.-Bourgeois, av. gén., c. contr.

que le remplaçant, dans ce cas, est réputé avoir siégé pendant deux années, additionnant le temps de son prédécesseur avec le sien. — L'argument tiré de ce second alinéa de l'art. 623 n'est pas concluant : la loi ne dit nulle part que le remplaçant est censé avoir siégé pendant deux ans. Telle n'est pas non plus l'idée qui a inspiré cette disposition : tout ce que le code a voulu, c'est de ne pas changer les époques des réélections, et de ne pas faire empiéter les unes sur les autres les durées des mandats des divers juges d'un même tribunal. On a voulu éviter de déranger plusieurs fois chaque année les électeurs commerciaux, ce qui n'aurait pas manqué d'arriver si chaque décès ou chaque démission avait dû être le point de départ d'une série de périodes de deux années, ramenant toujours aux mêmes dates l'élection pour un siège qui s'est trouvé une fois vacant. Mais il serait excessif de donner à l'art. 623 une autre portée, et de prétendre que celui qui n'a siégé que quelques jours est légalement présumé avoir siégé pendant deux ans. L'esprit de cet article condamne également le principe consacré par l'arrêt. En effet, le but de la loi est d'empêcher que les magistrats consulaires ne s'éternisent dans leurs sièges, par le scrupule que l'on éprouverait à ne pas renommer un magistrat qui n'aurait pas positivement démérité, quoiqu'il ne soit plus à la hauteur de ses fonctions. Pour cela, on a voulu, de temps en temps, poser une interruption forcée des fonctions obligeant les électeurs à faire un autre choix, et leur permettant de ne pas revenir à leur ancien mandataire, lors même que sa réélection redevient plus tard possible. En partant de cette idée, il est logique d'admettre que c'est la durée effective des fonctions exercées, et non le nombre des élections, qui importe pour fixer l'époque de cette interruption forcée.

309. L'intervalle d'un an exigé pour qu'un juge, qui a occupé ses fonctions pendant quatre ans puisse être rééligible court du jour où est expirée la dernière période de deux années pour laquelle il a été élu, alors même que, par suite de certaines circonstances, ce juge aurait continué à remplir ses fonctions jusqu'à l'installation de son successeur (Civ. rej. 20 nov. 1882, aff. Procureur général de Pau, D. P. 83. 1. 193).

310. Enfin la disposition de l'art. 623 c. com., d'après laquelle les présidents et les juges consulaires nommés successivement pour deux périodes de deux années ne sont rééligibles qu'après une année d'intervalle, ne fait aucune distinction entre les fonctions de juge et celles de président; par suite, il y a lieu d'annuler l'élection du magistrat consulaire qui était juge ou président depuis quatre ans au moment où il a été réélu président (Aix, 22 janv. 1880, aff. Procureur général d'Aix, D. P. 80. 2. 216).

311. Le paragraphe final de l'art. 18 de la loi de 1883, qui prescrivait une élection générale dans les formes et délais établis par cette loi, a donné matière à difficulté. Il est ainsi conçu : « Les présidents et juges en exercice au moment où aura lieu cette élection seront éligibles, sans qu'il soit tenu compte des années de judicature pendant lesquelles ils ont exercé leurs fonctions ». On s'est demandé si cette disposition devait être restreinte dans son application à la première élection qui a suivi la promulgation de la loi, ou si, au contraire, elle avait pour effet, de faire considérer, pour toutes les élections suivantes, comme n'ayant jamais existé, toutes les judicatures antérieures à la nouvelle loi. La seconde opinion a été admise par arrêts des cours de Besançon (30 déc. 1885, aff. Grünfelder, D. P. 87. 2. 128) et de Dijon (17 févr. 1886, aff. Henriot et consorts, D. P. 86. 2. 100); mais la première, adoptée par les cours de Riom (6 janv. 1886, aff. Leturcq, D. P. 86. 1. 162), de Toulouse (27 déc. 1886, aff. Procureur général de Toulouse, D. P. 87. 2. 128), de Bordeaux (25 janv. 1887. aff. Barabeau, D. P. *ibid.*), et par la cour de cassation (Civ. cass. 22 févr. 1886, aff. Leturcq, D. P. 86. 1. 162) doit prévaloir. L'arrêt de la cour suprême fait remarquer en effet que cet alinéa a été ajouté par le Sénat sur des demandes d'interprétation, et qu'il a eu uniquement pour objet de décider que les magistrats consulaires, déjà réélus une première fois et dont le mandat ne finissait qu'au moment de l'élection générale de 1884 « seraient rééligibles, quoiqu'ils eussent, à cette époque, accompli quatre années de judicature, et de supprimer ainsi, pour cette élection, l'obligation de l'interruption des fonctions judiciaires pendant l'intervalle d'un an, exigé par l'art. 623 c. com., que la nouvelle loi n'avait pas abrogé ». Conf. Lyon-Caen et Renault, *op. cit.*, t. 1, n° 343, note.

312. — VII. Procédure de l'élection. — Les art. 9, 10 et 17 de la loi règlent les conditions du vote. — Il a lieu par canton, à la mairie du chef-lieu. C'est là une innovation réclamée sous l'empire de l'ancienne législation : elle facilite à tous les commerçants l'exercice du droit électoral. Dans les villes divisées en plusieurs cantons, le maire désigne, pour chaque canton, le local où les opérations électorales doivent s'effectuer, et délègue, pour y présider, l'un de ses adjoints ou l'un des conseillers municipaux. — Dans les villes de Paris et de Lyon, il y a autant de collèges électoraux qu'il y a d'arrondissements. — Mais, en vue de diminuer le nombre toujours considérable des abstentions en facilitant encore plus l'accomplissement du devoir électoral, MM. Jamais et autres ont présenté, le 18 janv. 1890 (*Journ. off.*, Doc. parl. Ch., annexe. n° 263), une proposition de loi ayant pour objet la substitution du vote par commune au vote par canton. Cette proposition a été prise en considération le 1er mars suivant.

313. L'assemblée électorale est convoquée par le préfet dans la première quinzaine de décembre au plus tard. D'après deux arrêts, il faut entendre cette prescription, en ce sens que les élections elles-mêmes doivent être effectuées dans cette période (Toulouse, 22 janv. 1885, aff. Canabou, D. P. 86. 2. 44 ; Angers, 4 févr. 1885, aff. Rochard, *ibid.*). L'arrêt de la cour de Toulouse conclut qu'il y a lieu d'annuler celles auxquelles il aurait été procédé ultérieurement. Il importe cependant de ne pas exagérer la portée de cette dernière décision. Il va de soi qu'en cas de décès ou de démission on peut procéder, à une époque quelconque de l'année, à une élection partielle et complémentaire. On doit admettre également que, si une élection générale faite pendant la période déterminée par la loi était annulée pour vice de forme, les opérations électorales pourraient être valablement renouvelées au cours de l'année judiciaire ; et c'est à une éventualité de cette nature que paraît se référer l'art. 7 de ladite loi, lorsqu'il dispose que les listes électorales, dressées dans la première quinzaine de décembre, et rectifiées, s'il y a lieu, serviront *pour toutes les élections de l'année*. Pourquoi en serait-il autrement au cas où les élections ont été annulées comme faites en dehors de la période légale? V. en ce sens l'arrêt précité du 4 févr. 1885; Pau, 26 mai 1885, aff. Détroyat, D. P. 86. 2. 247.

314. La convocation des électeurs est régulièrement faite par la publication et l'affichage de l'arrêté préfectoral dans chaque commune; il n'est pas nécessaire qu'une convocation individuelle soit adressée à chaque électeur (Bordeaux, 19 févr. 1874, aff. Chaigneau et autres, D. P. 75. 2. 174). Ce qui était déjà vrai sous le régime du suffrage restreint l'est, à plus forte raison, sous celui du suffrage universel.

315. D'un autre côté, la circulaire ministérielle du 13 févr. 1884 fait ressortir l'avantage qu'il y a de fixer les élections au dimanche; on répond ainsi aux convenances de la plupart des électeurs (D. P. 84. 4. 11, note, n° 11).

316. On s'est demandé si le préfet, en convoquant les électeurs pour procéder à la nomination du président, d'un juge titulaire et d'un juge suppléant, en remplacement de magistrats dont le mandat est expiré, peut décider que, si, par suite de l'élection du président ou du juge titulaire, il se produit des vacances parmi les juges et juges suppléants, il sera ouvert, après avis donné aux électeurs par le bureau de l'assemblée, un nouveau scrutin pour compléter immédiatement le personnel du tribunal. La cour de Grenoble (Arrêt du 31 déc. 1878, aff. Fiévet et Gras, D. P. 80. 2. 95), s'inspirant de l'esprit de la loi, s'est prononcée pour la négative. « Le législateur, porte cet arrêt, en voulant qu'il s'écoule un délai entre la date de la convocation et celle du scrutin, a voulu non seulement que les électeurs pussent être utilement avertis de la date des opérations, mais encore qu'ils eussent le temps nécessaire pour préparer leur choix et prendre tous les renseignements propres à s'éclairer ». D'où cette double conséquence, d'une part, que l'arrêté préfectoral doit préciser le nombre et les noms des juges à remplacer ; de l'autre, qu'une convocation nouvelle est nécessaire pour qu'il soit procédé aux élections destinées à pourvoir aux vacances qui se produiraient parmi les juges titulaires ou suppléants.

317. L'assemblée électorale est présidée par le maire ou son délégué, assisté de quatre électeurs, qui sont les deux plus âgés et les deux plus jeunes des membres présents. Le bureau ainsi composé nomme un secrétaire pris dans l'assemblée. Il statue sur toutes les questions qui peuvent s'élever dans le cours de l'élection. Le préfet peut, par arrêté pris sur l'avis conforme du conseil général, d'une part, diviser l'assemblée en plusieurs sections; il peut aussi convoquer les électeurs de deux cantons au chef-lieu de l'un de ces cantons en une seule assemblée, qui est présidée par le maire de ce chef-lieu.

318. Le président est élu au scrutin individuel. — Les juges titulaires et les juges suppléants sont nommés au scrutin de liste, mais par des bulletins distincts déposés dans des boîtes séparées. — Ces élections ont lieu simultanément. La loi précédente ne s'expliquait pas sur ce dernier point, aussi la jurisprudence avait-elle hésité. « La simultanéité des élections, dit le rapporteur du Sénat (D. P. 84. 4. 14), n'est pas sans inconvénient : elle empêche l'électeur de désigner comme juge celui qui aura échoué pour la présidence, ou comme juge suppléant celui qui aura échoué pour les fonctions de juge titulaire; mais il importe de prévenir, par cette simultanéité, un danger bien autrement grave, celui de l'abstention qui résulterait certainement de la gêne qu'on imposerait à l'électeur, en l'obligeant à se déplacer à trois reprises pour des scrutins successifs ».

319. Aucune élection n'est valable au premier tour de scrutin si les candidats n'ont obtenu la majorité des suffrages exprimés, et si cette majorité n'est égale au quart des électeurs inscrits (L. 8 déc. 1883, art. 10, al. 4). — Que faut-il entendre par premier tour de scrutin? Il a été jugé à cet égard : 1° qu'il n'y a de scrutin ouvert qu'autant que le bureau électoral est réellement constitué, et qu'il ne peut être procédé à un scrutin de ballottage que s'il y a eu, en fait, un premier scrutin (Angers, 4 févr. 1885, aff. Richard et autres, D. P. 86. 2. 44) ; — 2° Que, bien qu'il n'y ait pas eu de scrutin ouvert, de vote exprimé ni même de bureau constitué, le premier tour de scrutin existe légalement si les électeurs ont été régulièrement convoqués, et si le fonctionnaire chargé de présider l'assemblée électorale s'est rendu dans le local désigné pour y attendre les votes (Bordeaux, 19 févr. 1874, aff. Chaigneau et autres, D. P. 75. 2. 174).

320. Les bulletins blancs ne doivent pas être comptés dans la supputation des suffrages (*Rép.* n° 492) (Nîmes, 5 mai 1873, aff. Escoffier, D. P. 74. 2. 38. Comp. *suprà*, v° *Organisation administrative*, n° 318).

321. Il en est de même des bulletins portant une mention manuscrite ou imprimée apposée extérieurement aux bulletins de vote. Mais l'emploi de ces bulletins ne saurait vicier l'élection, si l'on y a eu recours uniquement pour éviter des erreurs, et s'il ne présente aucun caractère dolosif (Dijon, 17 févr. 1886, aff. Henriot et consorts, D. P. 86. 2. 100).

322. Il a été jugé, d'autre part, qu'un bulletin de vote portant le nom de plusieurs candidats doit être compté pour la fixation du nombre des votants bien qu'il contienne une mention injurieuse pour l'un des candidats (Alger, 2 mars 1886, aff. Seligman et autres, D. P. 87. 2. 127). Peut-être faudrait-il décider autrement si l'injure s'adressait à toutes les personnes portées sur le bulletin. On admettrait difficilement, en effet, qu'un électeur donne son vote aux candidats qu'il outrage (Comp. Cons. d'Et. 23 déc. 1884, D. P. 85. 5. 184-185. — V. *suprà*, v° *Droit politique*, n° 404).

323. S'il résulte de la comparaison des listes déposées avec les feuilles d'émargement constatant les votes qu'un certain nombre des votants n'étaient point inscrits sur la liste déposée dans les greffes, il y a lieu de retrancher ce nombre de votes irréguliers du chiffre des suffrages obtenus par le candidat et de déclarer l'élection sans effet si, après ce retranchement, le candidat n'a pas obtenu un nombre de suffrages égal au quart des électeurs inscrits; et, dans ce cas, il peut être procédé, après le délai de droit, à un second tour de scrutin (Civ. rej. 24 oct. 1887, aff. Dayraut, D. P. 88. 1. 277).

324. Par majorité, on entend d'habitude la moitié plus un des suffrages exprimés (V. *Rép.*, v° *Organisation administrative*). Toutefois, quand le nombre des votants est impair, la majorité se compose de la moitié du nombre pair immédiatement inférieur augmenté d'une unité (Nîmes, 5 mai 1873, aff. Escoffier, D. P. 74. 2. 38. Comp. *suprà*, v° *Organisation administrative*, n° 567).

325. Jugé encore que la formalité de l'émargement, c'est-à-dire de l'apposition de la signature ou du parafe de l'un des membres du bureau, sur la liste des électeurs, en marge du nom du votant, est une formalité substantielle dans les élections des membres des tribunaux de commerce; en conséquence, il y a lieu de retrancher au candidat les suffrages exprimés en sa faveur dans les bureaux de vote où la formalité de l'émargement n'a pas été remplie (Pau, 15 févr. 1887, aff. Elect. consulaire de Bagnères, D. P. 87. 2. 212).

326. Enfin, lorsque les élections qui ont eu lieu après un second tour de scrutin pour la nomination de juges au tribunal de commerce ont été annulées, les opérations électorales auxquelles il est procédé à la suite de cette annulation constituent, non un second tour de scrutin, mais une élection nouvelle ; en conséquence, il y a lieu de déclarer nulle l'élection de citoyens qui n'ont pas réuni les conditions exigées par la loi pour le premier tour de scrutin et qui, notamment, n'ont obtenu qu'un nombre de voix inférieur au quart des électeurs inscrits (Besançon, 6 avr. 1887, aff. Brochet, D. P. 87. 5. 467).

327. Si la nomination n'a pas été obtenue au premier tour, un scrutin de ballottage a lieu quinze jours après, quel que soit le nombre des suffrages (L. 8 déc. 1883, art. 10, al. 5). Auparavant, d'après l'art. 621 c. com., c'était au bout de huit jours que devait avoir lieu le second scrutin. « Les ballottages, porte la circulaire du 13 févr. 1884 (D. P. 84. 4. 11, note, n° 13), doivent avoir lieu quinze jours après le scrutin principal. On a parfois pensé qu'il y avait là un délai minimum, qui ne devait pas être diminué, mais pouvait être dépassé. En présence des termes précis de la loi nouvelle, il sera préférable de ne pas modifier ce délai. — Au second tour du scrutin, la majorité relative suffit (art. 10 précité). Un candidat peut être élu à la majorité relative, bien qu'il ne se soit pas présenté lors du premier tour. En cas d'égalité de suffrages, le candidat le plus âgé est alors proclamé. Dans tous les cas, l'élu doit réunir la majorité absolue ou relative ; la démission ou l'incapacité de celui qui a obtenu un nombre de voix plus considérable, ou qui est nommé par le bénéfice de l'âge, n'autorise pas la proclamation du candidat qui a obtenu, après lui, le plus grand nombre de voix, ou du candidat plus jeune qui en a obtenu un nombre égal ».

328. Une nouvelle convocation est inutile (Orléans, 24 janv. 1874 (1) ; Civ. rej. 11 mai 1874, aff. Simon et autres, D. P. 74. 1. 360). Le décret du 17 oct. 1870 l'exigeait ; mais cette disposition n'a été adoptée ni par la loi de 1871 ni par celle de 1883. Le second tour a donc lieu, de plein droit,

(1) (X...) — La cour; — Considérant que, pour justifier leur demande en annulation de l'élection des juges et juges suppléants du tribunal de commerce de Blois, faite le 4 janv. 1874, les susnommés signataires de la protestation, prétendent que les électeurs n'ont pas été convoqués pour le second tour du scrutin; — Considérant que l'arrêté, en date du 12 déc. 1873, par lequel le préfet de Loir-et Cher a convoqué pour le dimanche 28 déc. 1873 les électeurs à l'effet d'élire deux juges et deux juges suppléants du tribunal de commerce de Blois, énonce en son art. 3 qu'au premier tour de scrutin nul ne sera élu s'il ne réunit la moitié plus un des suffrages exprimés et un nombre égal au quart du nombre des électeurs inscrits, et qu'au deuxième tour, huit jours après, la majorité relative sera suffisante ; — Considérant que par cet arrêt, publié et affiché, les électeurs étaient clairement avertis qu'en cas de non-élection le 28 décembre, le second tour de scrutin aurait lieu huit jours après, ainsi que le porte l'art. 621, c. com., modifié par la loi du 21 déc. 1871, dont l'arrêté préfectoral ne fait que reproduire les termes; — Que le procès-verbal constatant le résultat du premier tour de scrutin a été déposé au greffe du tribunal de commerce et mis ainsi à la disposition des électeurs, qui pouvaient librement le consulter ; — Que le résultat des opérations de ce premier scrutin a, en outre, été porté par la voie de la presse à la connaissance des électeurs qui, ainsi, se trouvaient avertis et appelés de droit à voter le

quinze jours après le premier, et aux mêmes heures. Mais le préfet pourrait ultérieurement fixer d'autres heures d'ouverture et de fermeture ; et il a été jugé que les opérations du second tour sont valables bien que l'arrêté préfectoral pris à cet effet ait été publié moins de huit jours (quinze jours d'après la loi de 1883) avant lesdites opérations, aucune disposition légale n'exigeant que les électeurs soient prévenus huit jours (aujourd'hui quinze jours) à l'avance, de l'heure à laquelle aura lieu le second tour (Angers, 1er févr. 1877, aff. Safflei, D. P. 78. 2. 203).

329. La durée de chaque scrutin est de six heures ; il s'ouvre à dix heures du matin et se ferme à quatre heures du soir (L. 8 déc. 1883, art. 11). — Toutefois la non-constitution de certains bureaux n'entrainerait pas nécessairement la nullité des opérations ; mais, pour qu'il en soit ainsi, il faut que le maire ou son délégué, chargé de présider aux opérations, se soit tenu à la disposition des électeurs, de manière à ne pas empêcher le bureau de se constituer, même après l'heure fixée pour l'ouverture du scrutin. Jugé, par suite, que si le maire ou son délégué se retire bien avant l'heure de la fermeture du scrutin, sans que le bureau ait été constitué, les opérations électorales sont nulles (Pau, 26 mai 1885, aff. Détroyat, D. P. 86. 2. 247).

330. Le président de chaque assemblée proclame le résultat de l'élection et transmet immédiatement au préfet le procès-verbal des opérations électorales (L. 8 déc. 1883, art. 11).

331. Un arrêt de la cour de Besançon du 8 janv. 1883 (aff. Besançon. D. P. 83. 2. 164) décide que ce procès-verbal fait foi jusqu'à inscription de faux des indications qui y sont contenues, notamment de celles qui ont trait à la composition du bureau. Cette solution ne paraît pas à l'abri de la critique. La règle n'est pas qu'un procès-verbal quelconque fasse foi jusqu'à inscription de faux des mentions qu'il contient, mais seulement jusqu'à preuve contraire ; et quand la loi, dans un intérêt supérieur, veut déroger à ce principe, elle s'en explique formellement, comme en matière de douane, de contributions indirectes, de contraventions forestières, etc. Or, c'est ce que n'a fait ni l'art. 621 c. com., ni la loi de 1883. D'ailleurs, le conseil d'État a formellement décidé, en matière d'élections municipales, « qu'aucun texte de loi ne dispose que les procès-verbaux des opérations électorales font foi jusqu'à inscription de faux » (Cons. d'Et, 18 févr. 1876, aff. Elect. de Nistos. V. aussi Cons. d'Et. 9 juill. 1856, Élect. de Saint-Laurent d'Olt ; 29 déc. 1871, Élect. d'Ambialet ; 24 juill. 1872, Élect de Riventoso ; Bavelier, *Dictionnaire de droit électoral*, v° *Procès-verbal*, n° 20 ; Morgand, *La Loi municipale*, t. 1, p. 154 ; *Rép.* v° *Droit politique*, n° 801 ; *suprà*, v° *Organisation administrative*, n° 333) ; et les élections consulaires sont, quant à la forme matérielle, entièrement assimilées aux élections municipales ou départementales. Dans une espèce, cependant, un procès-verbal d'élections consulaires a donné lieu à une inscription de faux (V. Civ. rej. 21 déc. 1881, D. P. 82. 1. 232).

332. Dans les vingt-quatre heures de la réception des procès-verbaux, le résultat général de l'élection de chaque ressort est constaté par une commission siégeant à la préfecture et composée ainsi qu'il est dit à l'art. 11 de la loi de 1883. Dans les trois jours qui suivent les constatations des résultats électoraux par la commission, le préfet transmet au procureur général près la cour d'appel une copie certifiée du procès-verbal de l'ensemble des constatations, et une autre copie, également certifiée, à chacun des greffiers des tribunaux de commerce du département. Il transmet également le résultat des opérations à tous les maires des chefs-lieu de canton, qui doivent les faire afficher à la porte de la maison commune.

333. Jugé que la commission de recensement n'a d'autre mission que de totaliser les résultats partiels proclamés dans les assemblées des chefs-lieux de canton, et qu'il n'appartient qu'à la cour d'appel, seule compétente pour statuer sur les contestations ou réclamations qui se produisent, de modifier ces résultats en écartant certains suffrages primitivement comptés (Dijon, 17 févr. 1886, aff. Henriot et consorts, D. P. 86. 2. 100. V. *infrà*, n° 355. Comp. *suprà*, v° *Droit politique*, nos 394 et suiv.).

334. — VIII. Cas de nullité. — D'après l'art. 12 de la loi de 1883, qui reproduit à cet égard le décret du 28 août 1848 (*Rép.* n° 500), la nullité partielle ou absolue de l'élection ne peut être prononcée que dans les cas suivants : 1° si l'élection n'a pas été faite selon les formes prescrites par la loi ; 2° si le scrutin n'a pas été libre, ou s'il a été vicié par des manœuvres frauduleuses ; 3° s'il y a incapacité légale dans la personne de l'un ou de plusieurs des élus (art. 12). Mais, conformément au principe énoncé *suprà*, nos 286 et 303, la cour ne pourrait prononcer la nullité, en se fondant sur l'inscription illégale d'un électeur sur la liste close définitivement avec les formes prescrites par la loi (Civ. cass. 25 avr. 1887, aff. Béra, D. P. 87. 1. 346 ; et, sur renvoi, Lyon, 17 juin 1887, D. P. 87. 5. 464 ; 3 janv. 1888) (1). — Sont applicables aux élections faites en vertu des art. 9 et suiv., les dispositions des art. 98, 99, 100, 102 à 110, 112, 113, 114, 116, 117, 118, 119, 120, 121, 122, 123 de la loi du 15 mars 1849 (art. 12 précité).

335. Diverses difficultés se sont élevées au sujet des formes prescrites par la loi, et ont été résolues par la jurisprudence. — D'abord, l'art. 9 de la loi de 1883 portant que l'assemblée électorale sera convoquée par le préfet dans la première quinzaine de décembre, on a soutenu, en s'appuyant sur l'arrêt de cassation du 10 déc. 1884 (aff. Levesque et autres, D. P. 85. 1. 83) qui cependant n'avait tranché qu'une question transitoire relative aux premières élections opérées après la promulgation de la loi de 1883, que toute élection faite après cette époque était entachée de nullité absolue (V. en ce sens : Toulouse, 22 janv. 1885, aff. Canabou, D.P. 86. 2. 45). Mais la cour de cassation a décidé que l'inobservation de l'art. 9 n'entraîne point nullité, pourvu que l'élection ait eu lieu avec l'accomplissement des formes spéciales à l'opération électorale, et par les électeurs inscrits sur la liste régulièrement dressée pour l'année où cette opération a été faite (Civ. cass. 2 août 1886, aff. Gilly, D. P. 86. 1. 417). La solution contraire aurait conduit à cette conséquence inadmissible que, une fois le 15 décembre passé, il aurait fallu reporter les élections à la première quinzaine de décembre de l'année suivante. L'esprit de cette disposition de loi, empruntée à l'art. 623 c. com., tel que l'avait modifié le décret du 28 août 1848, est simplement, ainsi du reste que l'a expliqué l'auteur de l'amendement qui y a donné naissance, de ramener les préfets à l'unité dans l'indication du jour de l'élection, pour établir l'harmonie entre la durée des pouvoirs des magis-

---

dimanche suivant, sans qu'il fût besoin d'une autre convocation spéciale qui n'est pas prescrite par la loi du 21 déc. 1871, tandis qu'elle l'était par la législation antérieure ; — Que la veille du second tour de scrutin un avis officieux, inséré dans les journaux de la localité, rappelait encore aux électeurs leurs devoirs pour le lendemain ; — Que, dans ces circonstances, les signataires de la protestation ne peuvent prétendre que les électeurs n'aient pas été convoqués pour le deuxième tour de scrutin et aient ignoré qu'ils devaient voter une seconde fois ; — Par ces motifs, les déclare mal fondés dans leur demande, sans dépens.

Du 24 janv. 1874.-C. d'Orléans, 1re ch.-MM. Dubays (d'Angers) 1er pr.-Desplanches, av.

(1) (Bailly, Charcot et autres C. Authier.) — La cour ; — Sur le premier moyen : — Considérant que les demandeurs n'allèguent point un cas d'incapacité légale d'Authier, mais contestent uniquement la régularité de son inscription sur les listes électorales ; que les art. 5 et 6 de la loi du 8 déc. 1883 donnent une compétence spéciale au juge de paix pour statuer sans opposition ni appel et sauf recours en cassation sur toutes les réclamations relatives à la composition de la liste électorale commerciale ; que c'est devant le juge de paix du canton de Bourg et dans les délais légaux que les demandeurs auraient dû porter leur protestation ; que les cours d'appel n'ont point compétence pour apprécier la régularité ou l'irrégularité des inscriptions sur cette liste ; que leur mission, définie par l'art. 12, consiste seulement à vérifier si, dans la personne de l'élu, il n'existe point des cas d'incapacité légale, et à prononcer, ainsi qu'il appert de cette vérification, la validation ou l'invalidation de l'élection ; qu'il devient ainsi inutile de constater qu'en fait l'inscription paraît avoir été régulière, le sieur Authier exerçant la profession d'imprimeur et étant inscrit au rôle des patentes en cette qualité ; qu'il y a lieu de rejeter comme irrecevable le premier moyen ; — Par ces motifs, déclare non recevable, etc.

Du 3 janv. 1888.-C. de Lyon.-MM..., pr.-Clément, av. gén.-Puthod (du barreau de Bourg), av.

trats de tous les tribunaux de France. Au fond, ce n'est autre chose qu'une prescription d'ordre administratif. D'ailleurs l'art. 7 suppose que des élections peuvent avoir lieu à un autre moment de l'année, par exemple, quand il s'agit de compléter un tribunal. C'est ce qu'a décidé l'arrêt de la cour de Paris du 26 mai 1885, aff. Détroyat, D. P. 86. 2. 247 (Comp. Angers, 4 févr. 1885, aff. Rochard et autres, D. P. 86. 2. 45).

336. Il ne résulte non plus aucune nullité de ce que les élections consulaires ont eu lieu devant le même bureau en même temps que des élections à la chambre de commerce, si toutefois les conditions de cette simultanéité n'ont pu aunement préjudicier à la sincérité de l'élection (Alger, 23 avr. 1884) (1).

337. Mais il y a nullité : 1° quand les bulletins ayant servi au premier tour de scrutin n'ont pas été retirés des urnes, et s'y sont trouvés confondus avec ceux de la seconde opération (Dijon, 13 févr. 1873, aff. Procureur général de Dijon, D. P. 74. 2. 111); — 2° Lorsque, au premier tour, les membres du bureau ont écarté du vote un certain nombre d'électeurs dont ils ne pouvaient vérifier l'inscription par suite de l'absence de la liste générale des électeurs, et qu'au second tour les élections ont été faites à la majorité relative (Poitiers, 21 janv. 1880, aff. Audouin et autres, D. P. 80. 2. 60).

338. Que faut-il décider si la liste générale des électeurs n'a pas été déposée, ou si les dépôts et l'affichage destiné à les faire connaître n'ont pas été effectués dans les délais prescrits par l'art. 4 de la loi de 1883? D'après un arrêt (Grenoble, 14 août 1884) (2), la cour d'appel n'a pas qualité pour s'occuper des formalités antérieures à la clôture des listes. Un autre arrêt (Toulouse, 22 janv. 1885, aff. Canabou, D. P. 86. 2. 44) admet, au contraire, la recevabilité du moyen et décide que cette violation de la loi, vu son caractère substantiel, entraîne nullité. Si l'on se reporte au texte de l'art. 5, on voit que les réclamations qui précèdent la clôture des listes ne peuvent consister que dans des demandes en inscription ou en radiation d'électeurs. Comment dès lors y aurait-il forclusion?

339. D'ailleurs, la nullité ne peut être prononcée qu'autant qu'un préjudice est résulté de l'irrégularité constatée. — Jugé, en conséquence, qu'il n'y a pas lieu d'annuler une élection parce que, faute de constitution du bureau électoral, les électeurs d'un canton se sont trouvés dans l'impossibilité de voter, s'il est démontré que les suffrages des électeurs de ce canton n'auraient pas modifié le résultat général (Grenoble, 14 août 1884, *suprà*, n° 338).

340. Enfin, les opérations en matière d'élections consulaires qui ont donné lieu à plusieurs scrutins n'étant pas indivisibles, l'examen des causes d'inéligibilité ou d'incompatibilité doit se faire pour chaque scrutin séparément; et le sort d'une élection régulièrement proclamée ne peut être remis en question par le résultat d'un scrutin de ballottage ouvert postérieurement : ainsi, lorsque l'élection d'un juge suppléant au premier tour de scrutin est devenue définitive, faute d'avoir été attaquée dans les délais légaux, et que le juge titulaire élu ensuite au scrutin de ballottage est l'oncle du juge suppléant élu au premier scrutin, c'est la seconde élection qui doit seule être annulée (Poitiers, 27 déc. 1876, aff. Pellevoisin, D. P. 78. 2. 141).

341. — IX. VOIES DE RECOURS. — Dans les cinq jours de l'élection, tout électeur a le droit tant que sa radiation n'est pas judiciairement ordonnée (Poitiers, 27 janv. 1880, aff. Giraud, D. P. 80. 2. 59), d'élever des réclamations sur la régularité et la sincérité de l'élection. Dans les cinq jours de la réception du procès-verbal, le procureur général a le même droit (art. 11). — Ces délais sont de rigueur (Civ. rej., 15 mai 1888, aff. Buscarlet, D. P. 88. 1. 455); mais ils doivent être augmentés d'un jour, s'ils expirent un jour férié (Douai, 26 janv. 1874, aff. Trystram et autres, D. P. 74. 1. 392). C'est l'application pure et simple de l'art. 1033 c. proc. civ.

342. Sous le régime de l'art. 621 c. com. modifié par la loi du 21 déc. 1871, ces délais avaient un point de départ unique, l'élection, c'est-à-dire la proclamation de l'élu (Angers, 1er févr. 1877, aff. Safflet et autres, D. P. 78. 2. 203). Actuellement, il faut distinguer : le délai accordé aux électeurs court encore de l'élection, c'est-à-dire du jour de la constatation faite par la commission de recensement (Riom, 31 déc. 1888) (3); mais celui qui est imparti au

(1) (Laugier, Sens et Dormergue, *C.* Elect. consulaires de Bône.) — LA COUR ; — Attendu que Laugier, Sens et Dormergue, commerçants, demeurant à Bône, ont, le 25 janv. 1884, attaqué devant la cour et par requête les élections au tribunal de commerce de Bône, qui avaient eu lieu le 20 janvier précédent...; — Attendu que Laugier et consorts soutiennent que les élections consulaires de Bône, du 20 janv. 1884, doivent être annulées par les trois motifs suivants : 1° ...; 2° Elles auraient été faites simultanément avec celles des membres de la chambre de commerce, dans le même local, à la même heure, et les votes auraient été reçus par le même bureau ; 3°... Sur le second moyen invoqué ; — Attendu qu'aucune disposition légale ne s'oppose à ce que les élections au tribunal de commerce et à la chambre de commerce aient lieu le même jour, dans le même local, devant le même bureau ; qu'il y a lieu seulement de rechercher si, en fait, le mode critiqué a pu amener des erreurs et fausser le résultat de l'élection; — Attendu que l'élection du tribunal de commerce comprenait deux membres titulaires et un suppléant, et celle de la chambre de commerce six titulaires; qu'il était facile aux électeurs d'indiquer à quelle élection s'appliquait chaque bulletin qu'ils déposaient ; qu'il résulte des procès-verbaux et des feuilles de dépouillement que, dans l'urne destinée à recevoir les votes pour les juges titulaires, il s'est glissé neuf bulletins comprenant six noms destinés à l'élection de la chambre de commerce ; et que, dans l'urne recueillant les votes pour les juges suppléants, il a été trouvé trois bulletins contenant six noms et deux autres en contenant deux ; — Attendu que ces bulletins n'ont pas été comptés, et qu'il résulte du dépouillement des votes que les deux juges titulaires ont obtenu, l'un, quatre-vingt-trois voix, l'autre, soixante et onze sur quatre-vingt-quinze votants; que le juge suppléant a obtenu quatre-vingt-huit voix sur quatre-vingt-dix-huit suffrages exprimés ; que ces trois candidats ont ainsi obtenu un nombre de voix supérieur à la moitié des votants et au quart des électeurs inscrits, lequel est de cent cinquante; que, par suite, le mode de votation employé n'a pas, en fait, causé d'erreur grave, ni affecté le résultat de l'élection; que le second moyen invoqué n'est donc pas fondé, etc.

Du 23 avr. 1884.-C. d'Alger, 1re ch.-MM. Sautayra, 1er pr.-Gariel, av. gén.-Chéronnet, av.

(2) (X... *C.* Elect. consulaires de Romans.) — LA COUR; — Attendu que les réclamants allèguent encore que la confection des listes n'aurait pas été conforme à la loi, et que la liste générale n'aurait pas été déposée au greffe du tribunal de commerce de Romans, selon la prescription de l'art. 4, mais que ces griefs, en les suppposant fondés, sont tardivement formulés et irrecevables; qu'en effet, la cour n'est compétente, aux termes de l'art. 12, que pour apprécier si les formes de l'élection ont été remplies, et que la liste ayant été, conformément aux prescriptions de l'art. 7, close définitivement après l'accomplissement des délais prévus par cet article et les articles précédents, aucune réclamation ne peut s'élever postérieurement à l'encontre de sa confection et de sa régularité;

Attendu que les réclamants allèguent, d'une part, que le bureau électoral du canton de Tain n'a pas été constitué le 27 juillet; que le scrutin n'a pas été ouvert de dix heures du matin à quatre heures du soir, selon le vœu de l'art. 10; qu'à cet égard, il résulte du procès-verbal du maire de Tain, qu'après avoir attendu de dix heures à midi sans pouvoir constituer le bureau, les deux ou trois électeurs qui s'étaient présentés ayant refusé de coopérer à cette constitution, il s'est retiré; mais, qu'il s'agit de savoir si le défaut de vote des électeurs de ce canton a pu avoir une influence sur le résultat de l'élection; que la cour a le droit et le devoir d'apprécier cette question, et que les éléments qui lui sont fournis ne lui permettent pas d'admettre un seul instant la possibilité que le vote des électeurs du canton de Tain eût été de nature à modifier le résultat; qu'il suffit, en effet, de rappeler que le nombre des électeurs de ce canton est de deux cent un; que le chiffre des abstentions a dépassé de beaucoup celui des votes, et qu'au premier tour de scrutin, la presque unanimité des votants du canton de Tain avait porté ses voix sur ceux dont l'élection est actuellement contestée...;

Par ces motifs; — Dit que l'élection des juges du tribunal de commerce de Romans en date du 27 juill. 1884 est régulièrement intervenue, etc

Du 14 août 1884-C. de Grenoble, 1re ch.-MM. le cons. Piesget, pr.-Legrix, proc. gén.-Levauden, av.

(3) (Méléague et autres *C.* X...) — LA COUR; — Considérant que, lors du scrutin du 9 décembre dernier, le sieur X..., commerçant, domicilié à Volvic, a été élu au deuxième tour juge suppléant au tribunal de commerce de Riom; que, le 14 décembre, la commission siégeant à la préfecture du Puy-de-Dôme, a, conformément à l'art. 11 de la loi du 8 déc. 1883, constaté le

procureur général ne court que de la réception du procès-verbal. — Ces délais étant de rigueur, il importerait de pouvoir vérifier à quelle date le procès-verbal est parvenu au parquet de la cour, et par suite, si l'action du procureur général s'est ou non produite en temps utile. Or, cette vérification étant impossible, on peut regretter que l'élection ne soit pas restée le point de départ commun des deux délais, sauf à conserver au procureur général l'ancien délai de dix jours nécessaire, mais suffisant pour que ce magistrat puisse recevoir les communications du préfet et s'entourer de tous renseignements utiles.

343. Dans quelle forme l'action doit-elle être introduite? La loi de 1883 est muette sur ce point. Il en était de même de la loi de 1871. De là, pour les tribunaux, une grande liberté d'appréciation. Mais ce qui se dégage de ces deux lois, c'est la volonté de dispenser les parties des formalités dispendieuses et d'abréger les délais de procédure.

344. Toutefois, il importe de noter une différence de rédaction : l'art. 621, modifié par la loi de 1871, était ainsi conçu : « Tout électeur pourra, dans les cinq jours après l'élection, attaquer les opérations *devant la cour d'appel*, qui statuera sommairement et sans frais » ; tandis que l'art. 11 de la loi de 1883 porte simplement : « Dans les cinq jours de l'élection, tout électeur aura le droit d'élever des réclamations sur la régularité et la sincérité de l'élection » ; puis il ajoute dans le paragraphe suivant : « Ces réclamations seront jugées sommairement et sans frais... par la cour d'appel ». Il avait été jugé, sous le régime de la loi de 1871 : 1° que l'obligation imposée à l'électeur commercial, qui voulait contester la validité des opérations électorales, de les attaquer dans les cinq jours devant la cour d'appel, n'était pas remplie par la protestation que cet électeur avait fait annexer au procès-verbal des opérations électorales, et que l'envoi de cette protestation par le préfet au procureur général ne saisissait pas valablement la cour (Aix, 12 févr. 1874, aff. Vézian, D. P. 74. 2. 171); — 2° Que la cour d'appel était régulièrement saisie au moyen d'une requête déposée au greffe (Cir. rej., 17 juin 1879, aff. Callot, D. P. 79. 1. 343) ; — 3° Que l'action en nullité était valablement formée par requête adressée à la cour d'appel et visée par le premier président (Douai, 3 févr. 1875, aff. Degaud-Sauterne, D. P. 75. 2. 174 ; 8 févr., aff. Mangeot, *ibid.*).

345. Depuis la loi de 1883, la jurisprudence, s'inspirant à la fois de l'esprit et du texte de cette loi, a singulièrement facilité l'action des réclamants. Etant donné que l'exercice du droit pour tout électeur de réclamer contre l'élection n'est subordonné qu'à une seule condition, à savoir « que la réclamation ait lieu dans les cinq jours de l'élection », la cour suprême a déclaré « qu'imposer aux réclamants l'obligation de saisir eux-mêmes la cour d'appel dans le bref délai de cinq jours, sous peine de voir déclarer leur réclamation non recevable comme tardive, ce serait ajouter aux termes de la loi, et créer arbitrairement une déchéance qu'elle n'a point édictée » ; aussi a-t-elle cassé un arrêt de la cour d'Orléans du 13 août 1884, qui avait déclaré non recevable une réclamation adressée au préfet, lequel l'avait transmise au procureur général. Elle a considéré que le préfet, chargé de transmettre le procès-verbal de l'ensemble des opérations électorales, doit également et « par voie de conséquence » transmettre « les réclamations qui lui sont remises relativement à ces mêmes opérations » (Civ. cass., 22 déc. 1884, aff. Bineau et autres, D. P. 85. 1. 5).

346. Le réquisitoire de M. l'avocat général Desjardins, dans cette affaire, a élevé, contre le système admis par la chambre civile, des objections dont on ne saurait nier la force et la gravité. La différence qui existe entre la rédaction de 1871 et celle de 1883, y est-il dit en substance, révèle un simple changement de formule et non une innovation de fond. Tout électeur a le droit de réclamer pendant cinq jours, la cour d'appel doit statuer dans la quinzaine, donc il faut qu'elle soit saisie par l'électeur, conformément aux règles du droit commun. C'est ainsi que la jurisprudence interprétait le décret du 28 août 1848, auquel le législateur de 1883 a emprunté la rédaction de l'art. 11. D'ailleurs, comment admettre que l'électeur puisse valablement déposer sa protestation entre les mains du préfet? Le législateur n'exige de ces fonctionnaires qu'une chose : la transmission au procureur général, aux greffiers des tribunaux de commerce et aux maires des chefs-lieux de canton du résultat des opérations électorales. S'il avait voulu lui conférer à cet égard d'autres attributions, il s'en serait formellement expliqué. Toutefois une objection se présente : N'est-il pas naturel que le préfet transmette les protestations consignées aux procès-verbaux en même temps qu'il transmet les procès-verbaux au parquet de la cour? N'est-il pas par là même l'agent intermédiaire nécessaire entre la cour et les contestants? « Non, répond le réquisitoire. Les procès-verbaux partiels dressés à chaque chef-lieu de canton sur lesquels les dires des électeurs sont consignés restent à la préfecture, et le préfet ne transmet obligatoirement au parquet que le procès-verbal général dressé par la commission du recensement, qui ne contient pas le moindre vestige de ces griefs ». Mais si, par cela seul qu'il n'est pas exclu, le préfet avait qualité pour recevoir les réclamations, pourvu que ce fût dans le délai de cinq jours, il faudrait en dire autant des sous-préfets, des maires, des commissaires de police, etc. Or, ces fontionnaires pourraient oublier les réclamations dans leurs archives et ne les transmettre que postérieurement à l'entrée en fonctions des juges ; dans ce cas, le sort du nouveau tribunal serait livré au bon plaisir d'un justiciable mécontent. L'action, d'ailleurs, serait recevable, puisque, en définitive, la réclamation se serait produite dans les cinq jours de l'élection. Un tel résultat est inadmissible : il est contraire à l'esprit de la loi, qui entend que ces sortes de difficultés soient tranchées dans le plus bref délai. — Enfin, ajoute le réquisitoire, ce qui peut induire en erreur, « c'est qu'ordinairement, ce n'est pas un tribunal de l'ordre judiciaire qui statue sur la validité d'opérations électorales. Alors on procède comme l'ordonne l'art. 45 de la loi du 5 mai 1855 (aujourd'hui l'art. 37 de la loi du 5 avr. 1884). Les réclamations sont adressées au préfet, même au sous-préfet. Pourquoi ? parce qu'il est statué au conseil de préfecture, sauf recours au conseil d'Etat. Dès lors, c'est bien à la préfecture que les réclamations doivent être faites, et la

---

résultat général de cette élection, ainsi qu'il résulte du procès-verbal joint au dossier ; — Considérant que, le 17 décembre, les sieurs Méléague, Nicolo et Amblard, tous électeurs consulaires à Riom, ont déclaré, par requête adressée à la cour et visée le 19 par M. le premier président, se pourvoir à fin d'annulation desdites opérations électorales ; que cette protestation ayant été communiquée au sieur X... le 20 décembre, celui-ci a déclaré, par acte du 24 décembre, intervenir dans l'instance ; que cette intervention s'est produite dans les cinq jours de la communication ; qu'elle est recevable aux termes de l'art. 11 de la loi précitée, et qu'il y a lieu, en conséquence, d'examiner si elle est bien fondée ; — Considérant que l'intervenant se borne à présenter une exception de forclusion tirée de ce que les réclamants n'avaient pas formulé dans les délais légaux leur protestation qui devait être, dès lors, repoussée comme tardive ; — Considérant, à ce point de vue, que l'art. 11 de la loi du 8 déc. 1883 dispose que toute réclamation contre la validité des élections du président et des juges des tribunaux de commerce devra être faite dans les cinq jours de l'élection ; que le point de départ de ce délai ne peut être que le jour de la constatation faite par la commission de recensement des résultats généraux du scrutin ; que seulement en effet, à cette date, l'élection devient certaine et peut être connue des tiers ; que le président de chaque assemblée électorale cantonale se borne au jour du vote à transmettre à la préfecture les opérations particulières de sa circonscription, lesquelles, prises isolément, ne permettent pas de savoir encore si le candidat dont on se propose de contester l'élection est réellement élu ; qu'astreindre les protestataires à formuler leurs réclamations dans les cinq jours du scrutin, ce serait les obliger parfois à faire une œuvre inutile en s'élevant contre la nomination d'un électeur dont la candidature pourrait, lors du recensement général, être démontrée ne pas avoir triomphé ; que le législateur, quelque désireux qu'il fût d'abréger des délais de nature à tenir en suspens le cours de la justice, n'a pu vouloir consacrer un système qui pourrait entraîner, dans certains cas, un résultat aussi anormal ; qu'il convient donc de décider que le délai imparti par la loi court du jour où la commission préfectorale a dressé le procès-verbal de l'ensemble des constatations ; — Or, considérant dans l'espèce que le procès-verbal dont s'agit, portant la date du 14 décembre et la protestation soumise à la cour, celle des 17 et 19 du même mois, il y a lieu de déclarer cette dernière recevable ;

Par ces motifs, etc.

Du 31 déc. 1888.-C. de Riom.-MM. Allary, 1er pr.-Haffner, av. gén.-Georges Salvy, av.

loi le dit formellement. Mais si, par aventure, elle ne s'était pas expliquée, tout en donnant au conseil de préfecture la mission de juger, imaginerait-on que ce tribunal administratif pût être saisi par une protestation adressée au premier président de la cour d'appel? »

347. Après avoir admis que la réclamation peut être valablement remise au préfet, la cour de cassation n'a pas cru devoir aller plus loin: elle a décidé que les électeurs ne peuvent pas adresser leurs réclamations au procureur de la République, par ce motif qu'il n'a aucun pouvoir pour les recevoir et les transmettre au procureur général (Civ. rej., 15 mai 1888, aff. Buscarlet, D. P. 88. 1. 455).

348. On s'est demandé, à l'occasion de l'affaire jugée par l'arrêt de cassation du 2 août 1886, cité *suprà*, n° 335 (V. D. P. 86. 1. 417, note) si les conclusions du réclamant peuvent être valablement envoyées à tous les membres de la cour d'appel par la voie télégraphique. Ce point n'a pas été résolu. Nous ne croyons pas qu'un pareil mode de conclusions puisse être employé régulièrement devant les tribunaux. Pour qu'il pût être introduit dans la procédure, il faudrait que la télégraphie, de même que la téléphonie, eussent reçu du législateur un caractère d'authenticité qui manquent encore au fonctionnement de ces inventions.

349. Les réclamations sont communiquées aux citoyens dont l'élection est attaquée; ceux-ci ont le droit d'intervenir dans les cinq jours de la communication (L. 8 déc. 1883, art. 11). — Une simple communication suffit, et il faut décider, comme sous le régime de la loi de 1871, qu'il n'est pas nécessaire de notifier les réclamations à la partie intéressée (Douai, 3 févr. 1875, aff. Degand-Sauterne, D. P. 75. 2. 174; et 8 févr. 1875, aff. Mangeot, D. P. *ibid.*). Il n'est pas non plus prescrit de faire connaître, soit par une citation, soit par un simple avis, aux électeurs réclamants et aux juges contestés, le jour où la cour statuera sur la protestation (Civ. rej. 28 avr. 1890, aff. Meyer et Didier, D. P. 90. 1. 433).

350. La prestation de serment et l'installation d'un juge consulaire ne peuvent constituer une fin de non-recevoir contre l'action en nullité de l'élection formée par le procureur général (Dijon, 20 mai 1881, aff. Bourgeois, D. P. 81, 2. 183).

351. Jugé également que l'admission au serment comme juge suppléant, sans opposition de la part du procureur général, d'un candidat qui ne remplit pas les conditions légales d'éligibilité, ne forme point obstacle à ce que, ce magistrat venant à être élu juge titulaire, cette seconde élection soit, dans les délais légaux, attaquée devant la cour d'appel, même pour un vice préexistant à la première élection (Nîmes, 5 mai 1873, aff. Escoffier, D. P. 74. 2. 38).

352. Et à supposer même qu'un acquiescement de la part du procureur général ait été constaté, ce fait ne pourrait constituer une fin de non-recevoir, la question de légalité d'une élection au tribunal de commerce touchant à l'ordre public (Civ. cass. 8 mars 1881, aff. Procureur général de Besançon, D. P. 81. 1. 105).

353. La cour d'appel dans le ressort de laquelle l'élection a eu lieu doit statuer sommairement et sans frais dans la quinzaine (L. 8 déc. 1883, art. 11). — L'action en nullité des élections doit donc être portée directement devant la cour d'appel, et non devant le tribunal civil (Alger, 5 mars 1873, aff. Giraud et autres, D. P. 74. 2. 25 et, sur pourvoi, Req. 25 juin 1873, D. P. 74. 1. 251). — L'opposition n'est pas admise contre l'arrêt rendu par défaut et qui doit être signifié (Art. 11, précité).

354. Jugé que la cour d'appel, saisie d'une réclamation tendant à la nullité de l'élection d'un président de tribunal de commerce, et fondée sur ce que le président élu n'aurait pas rempli les fonctions de juge pendant deux ans, peut, en rejetant ce moyen, invoquer d'office une cause de nullité tirée de ce que l'élection n'aurait pas eu lieu à l'époque fixée par la loi (Civ. rej. 2 août 1886, Gilly, D. P. 86. 1. 417). En effet, les juges saisis d'une demande peuvent suppléer d'office les moyens qui semblent avoir été omis par les parties, à la condition toutefois que, l'objet de la demande restant le même, les moyens invoqués par le juge rentrent dans les limites de l'action et n'en dénaturent ni le caractère, ni la portée.

355. Il appartient, d'ailleurs, à la cour de vérifier les opérations de la commission de recensement et d'en réparer les erreurs (Dijon, 13 déc. 1889) (1).

356. Le pourvoi en cassation contre l'arrêt n'est recevable que s'il est formé dans les dix jours de la signification (art. 11). Il ne peut être formé par celui dont l'élection est contestée, par l'électeur qui a élevé des réclamations et par le procureur général, mais seulement quand il a usé de son droit d'action: lorsqu'il n'a été que partie jointe, il est non recevable à se pourvoir contre l'arrêt intervenu sur la réclamation de tiers électeurs (Civ. cass. 5 nov. 1884, aff. Procureur général d'Alger, D. P. 85. 1. 81-82).

357. Le pourvoi a un effet suspensif; il est instruit suivant les formes indiquées à l'art. 6 (L. 8 déc. 1883, art. 11). Il doit donc être formé par simple requête adressée à la cour de cassation: en conséquence un pourvoi, est irrégulier et irrecevable lorsqu'il a été déposé entre les mains du greffier de la justice de paix, qui l'a transmis à la cour de cassation (Civ. rej. 17 févr. 1890, aff. Parriet et Canivy, D. P. 90. 1. 344). Comme le dit cet arrêt, aucune loi n'autorise le dépôt au greffe de la justice de paix, et il s'agit d'une contestation absolument étrangère à cette juridiction.

358. Le pourvoi doit, en outre, être dénoncé aux défendeurs dans les dix jours qui suivent (L. 8 déc. 1882, art. 11 et 6). Cette dénonciation est une formalité substantielle, car elle intéresse au plus haut degré la défense; son omission frapperait donc le pourvoi d'irrecevabilité (Civ. rej. 7 mai 1877, aff. Théron, D. P. 77. 1. 447; 17 mars 1880) (2). Ces décisions, rendues sous le régime de la loi du 4 mars 1877, qui étendait aux élections consulaires l'art. 23 du décret du 2 févr. 1852, relatif aux règles de pro-

(1) (Elections consulaires de Louhans.) — LA COUR; — Attendu, en droit, qu'aux termes de l'art. 11 de la loi du 8 déc. 1883, la cour est seule juge de la régularité et de la sincérité des élections consulaires; — Attendu qu'afin d'assurer le contrôle et de permettre au procureur général d'exercer le droit qui lui appartient de déférer l'élection à la censure de la cour, le même article a prescrit au préfet de transmettre à ce magistrat, dans les trois jours qui suivront les constatations des résultats électoraux par la commission de recensement, une copie certifiée conforme de l'ensemble des constatations; qu'il suit de là que la cour a incontestablement le droit de vérifier les opérations de la commission de recensement, et de les annuler si elle reconnait qu'elles sont le résultat d'une erreur; — Attendu, en fait, que, les élections ayant eu lieu le 1er décembre courant dans l'arrondissement de Louhans pour le renouvellement partiel du tribunal de commerce de cette ville, M. Derepas a été désigné pour le siège de président avec 275 suffrages, M. Boni-Bruchon pour celui de juge titulaire avec 270, et M. Girardot par 267 pour celui de juge suppléant; que la commission de recensement a déclaré qu'aucun des candidats n'ayant obtenu un nombre de suffrages égal au quart du nombre des électeurs inscrits, il y avait lieu à un second tour de scrutin; — Attendu que la commission de recensement est arrivée à ce résultat, en se basant sur ce que le nombre des électeurs inscrits était de 1158 et en fixant en conséquence à 290 le minimum des voix nécessaires pour une élection utile; — Attendu que cette appréciation est le résultat d'une erreur matérielle; qu'en effet il résulte des listes électorales de l'arrondissement fournies à la cour que le nombre des électeurs inscrits est de 1070 seulement, dont le quart est 268, nombre inférieur aux suffrages obtenus par MM. Derepas et Boni-Bruchon; que c'est donc à tort que la commission de recensement a déclaré qu'ils n'avaient pas obtenu le nombre de voix nécessaire pour être élus, et que par suite il y avait lieu à un second tour de scrutin tant pour eux que pour M. Girardot, le seul qui, en réalité, n'avait eu qu'un nombre de suffrages inférieur au quart des électeurs inscrits; — Par ces motifs; — Faisant droit à la protestation de M. le procureur général, laquelle s'est produite dans les délais de la loi; — Déclare nulles et de nul effet les opérations de la commission de recensement général des votes émis le 1er décembre courant dans les collèges électoraux réunis pour l'élection de trois membres du tribunal de commerce de Louhans, lesquelles ont été constatées par procès-verbal du 5 du même mois, en tant qu'elles établissent les résultats relatifs à MM. Derepas et Boni-Bruchon; — En conséquence, déclare que ces deux candidats ayant obtenu un nombre de voix supérieur au quart des électeurs inscrits, ont été élus, savoir: le premier en qualité de président et le second en qualité de juge titulaire du tribunal de commerce de Louhans.

Du 13 déc. 1889.-C. de Dijon.-MM. Marignan, pr.-Bernard, av. gén.

(2) (Guillot.) — LA COUR; — Sur la recevabilité du pourvoi:

cédure en cassation suivies pour les élections législatives, ont conservé toute leur autorité sous la loi actuelle.

359. Enfin, comme le pourvoi est suspensif, l'arrêté convoquant à nouveau les électeurs ne peut être valablement pris avant que la cour de renvoi ait statué ; et les opérations électorales effectuées en vertu d'un arrêté antérieur à l'arrêt définitif doivent être annulées, alors même qu'elles seraient survenues postérieurement à cette sentence (Angers, 4 févr. 1885, aff. Rochard et autres, D. P. 86. 2. 44).

360. — X. SERMENT ; INSTALLATION. — Dans la quinzaine de la réception du procès-verbal, s'il n'y a pas de réclamation, ou dans la huitaine de l'arrêt statuant sur les réclamations, le procureur général invite les élus à se présenter à l'audience de la cour d'appel, qui procède publiquement à leur réception et en dresse procès-verbal consigné dans ses registres. Comme sous les précédentes législations (V. *Rép.* n° 521), la cour, si elle ne siège pas dans l'arrondissement où le tribunal de commerce est établi, peut, à la demande des élus, déléguer le tribunal civil de l'arrondissement pour procéder à leur réception, qui a lieu en séance publique, à la diligence du procureur de la République. Le procès-verbal de cette séance est transmis à la cour d'appel, qui en ordonne l'insertion dans ses registres. — Le jour de l'installation du tribunal de commerce, il est donné lecture du procès-verbal de réception (art. 14). « L'obligation de prêter serment, dit la circulaire du 13 févr. 1884 (D. P. 84. 4. 11, note, n° 19), est imposée non seulement aux nouveaux élus, mais encore aux magistrats dont le mandat est renouvelé. C'est la prestation de serment qui investit les magistrats ; ils ne reçoivent aucune autre investiture. Il en résulte que le Gouvernement n'a plus à accepter la démission des magistrats consulaires ; leur remplacement les décharge seul de leurs fonctions ».

361. — XI. PRÉSÉANCE. — Le rang à prendre dans le tableau des juges et des suppléants est fixé par l'ancienneté, c'est-à-dire par le nombre des années de judicature avec ou sans interruption, et, entre les juges élus pour la première fois et par le même scrutin, par le nombre de voix que chacun d'eux aura obtenu dans l'élection, en cas d'égalité des suffrages, la priorité appartient au plus âgé (L. 8 déc. 1883, art. 15). Ces dispositions ont une importance particulière, comme le fait remarquer la circulaire du 13 févr. 1884 (D. P. 84. 4. 11 note, n° 20), à raison des fonctions de la présidence exercées, en cas d'absence, par le premier juge. — L'article tranche une question antérieurement agitée : l'interruption n'empêche plus de compter les années de judicature antérieures pour apprécier l'ancienneté des magistrats ».

362. — XII. DES JUGES COMPLÉMENTAIRES. — Chaque année, le tribunal dresse une liste où ne sont portés que des éligibles ayant leur résidence dans la ville, ou, en cas d'insuffisance, des électeurs ayant légalement leur résidence dans la ville où siège le tribunal. Cette liste se compose de cinquante noms pour Paris, de vingt-cinq noms pour les tribunaux de neuf membres, et de quinze noms pour les autres tribunaux. Lorsque, par suite de récusation ou d'empêchement, il ne reste pas un nombre suffisant de juges ou de suppléants, le président du tribunal tire au sort, en séance publique, les noms des juges complémentaires pris dans cette liste. Ces juges sont appelés dans l'ordre fixé par ce tirage au sort (L. 8 déc. 1883, art. 16). Ces dispositions sont la reproduction pure et simple des termes de la loi du 5 déc. 1876.

363. La circulaire ministérielle du 13 févr. 1884 (D. P. 84. 4. 11 note, n° 21) fait remarquer en outre que les tribunaux de commerce procèdent eux-mêmes, et sans invitation de l'autorité administrative, à la désignation des juges complémentaires (*Bull. off.* 1878, p. 21), et que ces juges doivent prêter serment et siéger en robe (*Ibid.*, 1877, p. 30) (V. *Rép.* n° 515).

364. Il résulte de ce qui précède que c'est seulement au moyen de la liste dont il vient d'être parlé que le tribunal peut être complété ; serait donc nul le jugement dont la grosse constaterait qu'il a été rendu par deux juges et un notable, ancien juge (Comp. Rouen, 18 avr. 1878, aff. Laguerrière et consorts, D. P. 78. 2. 232). — Les commerçants appelés à compléter un tribunal de commerce devant être pris sur la liste spéciale annuelle dressée par le tribunal, et appelés d'après l'ordre fixé par le tirage au sort fait en séance publique par le président, le jugement qui ne constate pas expressément l'accomplissement de ces formalités est nul (Civ. cass. 12 juin 1883, aff. Chemin de fer de l'Etat, D. P. 84. 1. 355). Tout jugement doit, en effet, porter avec lui la preuve de sa régularité au point de vue de la composition du tribunal, et ne pas laisser incertaine la question de savoir si les magistrats qui y ont concouru avaient qualité à ce sujet (Civ. cass. 5 avr. 1881, aff. Marty, D. P. 81. 1. 319).

365. Mais lorsqu'un jugement rendu en matière commerciale porte qu'un juge faisait fonctions de président et qu'on a dû recourir à un juge complémentaire, ces énonciations suffisent pour constater que ce dernier n'a été appelé lui-même à compléter le tribunal qu'à raison de l'insuffisance en nombre des juges titulaires et des juges suppléants (Req. 12 mars 1883, aff. Pompéani, D. P. 84. 1. 111).

366. — XIII. COMPOSITION DU TRIBUNAL ; NOMBRE DES JUGES. — Comme précédemment (V. *Rép.* n° 503), les jugements sont rendus par trois juges au moins (L. 8 déc. 1883 art. 15). — Rappelons, à ce sujet, que les juges suppléants ne peuvent être appelés que pour compléter le nombre de trois. Mais le jugement qui énonce que l'audience a été tenue par trois juges titulaires, en présence de trois juges suppléants, constate suffisamment que, si ces derniers ont assisté à l'audience, ils n'ont pas concouru au jugement (Req. 10 mars 1868, aff. Catrix et Coste, D. P. 68. 1. 467).

367. Quant aux juges titulaires, ils peuvent tous, ainsi qu'il a été dit au *Rép.*, *ibid.*, prendre part au même jugement. Mais doivent-ils être en nombre impair ? L'art. 4 de la loi du 30 août 1883, sur la réforme de l'organisation judiciaire, est-il applicable aux tribunaux de commerce ? C'est là une question très délicate qui divise la jurisprudence (V. dans le sens de l'affirmative : Douai, 31 janv. 1885, aff. d'Orbigny, D. P. 86. 2. 69 ; Dijon, 19 janv. 1886, aff. Potignon, D. P. *ibid.* ; Caen, 15 févr. 1888, *Recueil de Caen et de Rouen*, 88. 2. 71 ; Bourges, 29 déc. 1891, aff. Marchand, D. P. 92. 2. 176 ; dans le sens de la négative : Montpellier, 28 mars 1890, aff. Lagriffoul, D. P. 92. 2. 69 et la note). — MM. Garsonnet, *Précis de procédure civile*, n° 575 ; Boitard, Colmet-Daâge et Glasson, t. 1, n° 31, p. 23, note 2, et n° 49, p. 38, se prononcent pour la négative (Conf. la note de M. Glasson sous les arrêts précités des cours de Douai et de Dijon). D'une part, en effet, la loi du 30 août 1883 ne s'occupe que des tribunaux civils, et s'il lui arrive de viser les tribunaux de commerce, elle prend soin de s'en expliquer (V. l'art. 17 de cette loi) ;

— Attendu qu'aux termes de l'art. 23 du décret du 2 févr. 1852, déclaré applicable aux contestations en matière d'élection consulaires par la loi des 26 janv. et 4 mars 1877, la requête contenant pourvoi en cassation contre les décisions des cours d'appel qui ont statué sur une demande en nullité des opérations électorales, doit être dénoncée aux *défendeurs* dans les dix jours de sa date ; — Attendu qu'on doit entendre par *défendeur* la partie à laquelle le pourvoi a pour objet d'enlever le bénéfice de la décision attaquée ; que, dans la cause, Laforge, qui avait demandé l'annulation de Guillot, comme juge suppléant au tribunal de commerce de Saint-Lô, annulation prononcée par l'arrêt attaqué, était seul défendeur au pourvoi formé contre cet arrêt ; que, dès lors, Guillot était tenu de lui dénoncer le pourvoi dans les délais fixés par la loi ; qu'en vain il opposerait la déclaration et le dépôt par lui fait de sa requête en pourvoi au procureur général près la cour d'appel de Caen ; qu'en effet, ce magistrat n'avait à aucune époque et sous aucune forme usé du droit que lui accordait l'art. 621 c. com., d'attaquer directement l'élection de Guillot dans les dix jours des opérations ; qu'il avait seulement communiqué à la cour d'appel la requête de Laforge, électeur contestant l'élection de Guillot, pour qu'elle statuât, au vu de cette requête, sur le moyen de nullité invoqué par cet électeur et qui fait l'unique objet du pourvoi ; qu'il n'avait donc point été partie intéressée à la décision et que, par suite, il ne peut à aucun titre être considéré comme défendeur au pourvoi Guillot ; — D'où il suit que le demandeur en cassation n'a point rempli la formalité substantielle de la dénonciation au défendeur, prescrite par la loi, et que son pourvoi est non recevable ;

Par ces motifs ;

Déclare non recevable le pourvoi, etc.

Du 17 mars 1880.-Ch. civ.-MM. Mercier, 1er pr.-Greffier, rap.-Charrins, av. gén.

d'autre part, l'art. 15 de la loi du 8 déc. 1883 n'impose pas l'obligation de siéger en nombre impair.

368. L'art. 15, § 2, porte qu'un juge titulaire fait nécessairement partie du tribunal, à peine de nullité. C'est un retour au décret du 28 août 1848. Ainsi le tribunal peut être valablement composé d'un juge titulaire et de deux juges complémentaires. Il n'est plus nécessaire, comme on l'exigeait généralement, que les magistrats du siège soient en majorité (Lyon-Caen et Renault, t. 1, n° 346).

Mais les juges complémentaires ne peuvent siéger qu'autant qu'il ne reste pas un nombre suffisant de juges ou de suppléants. Sauf ce cas, leur présence vicierait d'irrégularité de la composition du tribunal (Civ. cass. 12 mars 1883, aff. Pompéani, D. P. 84. 1. 111. — Comp. Civ. cass. 3 août 1871, aff. Darsonvillle-Evrard, D. P. 71. 1. 243).

369. — XIV. INCOMPATIBILITÉS, PARENTÉ, ALLIANCE. — Pas plus que le code de commerce, la loi de 1883 ne prévoit les incompatibilités. Il faut donc continuer à appliquer les dispositions de la loi du 20 avr. 1810, qui interdisent aux parents et alliés de faire partie du même tribunal (Caen, 19 janv. 1876, aff. Leparquois, D. P. 78. 2. 136; Poitiers, 27 déc. 1876, aff. Ministère public. D. P. 78. 2. 141. — V. Conf. Gouget et Merger, *Dictionnaire de droit commercial*, v° *Tribunal de commerce*, n° 10; Nouguier, *Tribunaux de commerce*, t. 1, p. 89 et 90; Bioché, *Dictionnaire de procédure civile et commerciale*, v° *Tribunaux de commerce*, n° 29; Massabiau, *Manuel du ministère public*, 4e éd., t. 1, n° 19; Circ. min. du 13 févr. 1884 (D. P. 84. 4. 11 note, n° 18). V. en sens contraire, Teulet et Camberlin, *Nouveau manuel des tribunaux de commerce*, 4e part., p. 61.

370. Mais l'élection d'un nouveau magistrat qui a parmi les juges un parent au degré prohibé est-elle nécessairement nulle, comme le suppose l'arrêt du 19 janv. 1876, cité *suprà*, n° 369? Il est permis d'en douter. En effet, l'art. 63 de la loi du 20 avr. 1810, à côté de la prohibition qu'il édicte, admet la possibilité d'une dispense par le Gouvernement, qui peut autoriser les deux parents ou alliés à siéger dans le même tribunal. Sans doute on peut faire valoir que, l'*institution* des juges consulaires ayant disparu depuis la loi de 1871, l'Etat a perdu tout droit de contrôle sur les élections de ces magistrats; de là cette alternative : ou admettre que les électeurs commerciaux sont souverains dans le choix des magistrats consulaires et que la prohibition n'existe plus; ou, si l'on maintient la prohibition, déclarer l'élection radicalement nulle. — Cette argumentation ne nous paraîtrait pas concluante; car elle aboutirait à exagérer, à l'égard des tribunaux de commerce, la prohibition déjà sévère de la loi de 1810. D'autre part, de ce que le Gouvernement n'a plus à donner l'institution aux magistrats élus, il ne s'ensuit pas, comme le suppose la circulaire ministérielle du 13 févr. 1884 (D. P. 84. 4. 11 note, n° 19), qu'il n'ait pas le pouvoir d'accorder des dispenses dans les cas où la présence simultanée des deux magistrats élus n'offrirait aucun inconvénient pour la bonne administration de la justice.

Quoi qu'il en soit, en cas d'élection de deux parents ou alliés, c'est le dernier élu qui doit se retirer. S'il ne donne pas sa démission, le procureur général provoque l'annulation de son élection (Arrêt précité du 27 déc. 1876).

371. Il y a également incompatibilité entre, le greffier et un membre du tribunal. L'élection de celui-ci devrait être annulée, si le greffier ne donnait immédiatement sa démission (Circ. min. du 13 févr. 1884, D. P. 84. 4. 11 note, n° 18).

372. On a vu *suprà*, n° 171, qu'aux termes de l'art. 10 de la loi du 30 août 1883 tout magistrat titulaire ou suppléant dont l'un des avocats ou avoués représentant l'une des parties intéressées au procès sera parent ou allié jusqu'au troisième degré inclusivement, ne pourra, à peine de nullité, être appelé à composer la cour ou le tribunal. Comme il est douteux que cet article soit applicable aux juridictions consulaires, une proposition de loi, déposée à la Chambre des députés le 17 mars 1891 par M. Le Veillé (*Journ. off.* Doc. parl. Ch. ann, n° 1317), a pour objet d'en étendre les dispositions aux tribunaux de commerce. Une proposition de loi analogue avait été adoptée par la Chambre des députés sous la précédente législature; mais, par suite du renouvellement de la Chambre, elle n'avait pas abouti.

373. — XV. DISCIPLINE. — Comme ceux des autres juridictions, les magistrats composant les tribunaux de commerce sont soumis au droit de surveillance du garde des sceaux (art. 17 de la loi du 30 août 1883, et *suprà*, v° *Discipline judiciaire*, nos 123 et suiv.). Mais relèvent-ils également du pouvoir disciplinaire du conseil supérieur de la magistrature? MM. Lyon-Caen et Renault (*Traité de droit commercial*, t. 1, n° 374 *bis*, note) admettent le droit de surveillance du garde des sceaux, mais ils soutiennent que les juges consulaires, n'ayant jamais été soumis au pouvoir disciplinaire des cours d'appel échappent par suite à la juridiction du conseil supérieur, à qui la loi du 30 août 1883 a fait passer ce pouvoir. Nous répondrons, conformément à la doctrine du *Rép.* n° 525, qu'en dehors du pouvoir disciplinaire des cours d'appel, il y avait celui de la cour de cassation, et que, par la généralité de leurs termes, l'art. 82 du sénatus-consulte du 16 therm. an 10 et l'art. 5 du décret du 1er mars 1852 rendaient les magistrats consulaires justiciables de ce pouvoir, actuellement dévolu au conseil supérieur. — M. Garsonnet (*Précis de procédure civile*, n° 61, note) penche vers la même solution que MM. Lyon-Caen et Renault, mais en s'appuyant sur un autre argument. Il semble, dit cet auteur, que les cours d'appel aient retenu, quant aux membres des tribunaux de commerce, les pouvoirs disciplinaires qu'elles ont perdus sur leurs membres et sur ceux des juridictions inférieures. C'est seulement à l'égard des membres des tribunaux « de première instance et de paix » que l'art. 14 de la loi du 30 août 1883 attribue à la cour de cassation, constituée en conseil supérieur de la magistrature, « tous les pouvoirs disciplinaires actuellement dévolus à la cour de cassation ainsi qu'aux cours et tribunaux ». Cet argument de texte paraît devoir l'emporter : à la différence de l'art. 17, l'art. 14 de la loi de 1883 ne parle point des tribunaux consulaires, à moins que, contrairement à la terminologie usuelle, elle n'ait entendu les comprendre dans l'expression « tribunaux de première instance », ce qui n'est guère admissible. Sans doute l'exception faite pour les membres des tribunaux de commerce s'explique difficilement; mais, en matière de compétence répressive, tout est de droit étroit, et il n'est pas permis de raisonner par analogie (Conf. Boitard, Colmet-Daâge et Glasson, *Leçons de procédure civile*, t. 1, n° 56, p. 47).

374. — XVI. MANDATAIRES DES PARTIES. — Ainsi qu'on l'a vu au *Rép.* n° 518, la loi interdit le ministère des avoués devant les tribunaux de commerce. Les parties peuvent donc ou plaider elles-mêmes ou se faire représenter par un mandataire de leur choix. — Jugé, à cet égard, que nul ne peut représenter une partie devant le tribunal de commerce, s'il n'est muni d'une procuration spéciale, c'est-à-dire donnée pour une affaire ou pour certaines affaires; et la fin de non-recevoir tirée du défaut de pouvoir spécial est opposable même en appel et doit être suppléée d'office par le juge, alors même que la partie non représentée aurait constitué avoué devant la cour (Aix, 28 nov. 1870, aff. Vincent, D. P. 70. 5. 393).

375. Ajoutons que les tribunaux de commerce ont, soit dans l'intérêt des justiciables, soit dans un intérêt supérieur d'ordre public, le droit de contrôler les pouvoirs produits par ceux qui demandent à représenter les parties non comparantes, et à s'assurer de la sincérité de ces pouvoirs ; en conséquence, la loi n'ayant point déterminé le mode suivant lequel ce droit d'examen peut être exercé, ces tribunaux ont le droit d'exiger la légalisation des pouvoirs donnés par les parties aux mandataires chargés de les représenter devant eux (Trib. com. de la Seine. 14 févr. 1879, aff. Bonneau, D. P. 81. 3. 54; Trib. civ. de Bordeaux, 25 août 1879, aff. Couchon et Guzeaud, D. P. *ibid.*; Paris, 6 mars 1880, aff. Jannin, D. P. 81. 2. 97; 12 juin 1880, aff. Esmard, D. P. *ibid.*; Civ. rej. 1er mars 1883, aff. Jannin, D. P. 83. 1. 441), à la condition de ne point prescrire cette formalité sous la forme d'un règlement (Arrêt précité du 1er mars 1883, motifs): par suite, un greffier n'encourt aucune responsabilité en refusant de viser une procuration dont la signature n'est pas légalisée (Jugement précité de Bordeaux, du 25 août 1879). — Mais la légalisation ne saurait résulter de la signature de l'huissier au bas de l'exploit d'ajournement dans lequel a été inséré le pouvoir donné par le client qui y a apposé sa propre signature (Arrêts précités de Paris des

6 mars et 12 juin 1880). Le fonctionnaire compétent est le maire du domicile de la partie.

376. Ce pouvoir est exigé même de l'avoué qui représente une partie devant un tribunal de commerce; et plusieurs arrêts sont allés jusqu'à l'imposer à l'avoué représentant une partie devant le tribunal civil jugeant commercialement (Metz, 23 août 1822, *Rép.* v° *Désaveu*, n° 14; 26 avr. 1870, aff. Jacob Franck, D. P. 70. 2. 193). V. en sens contraire, *Rép.* n° 529. — Les agréés attachés au tribunal sont également tenus de le produire (V. *suprà*, v° *Agréé*, n° 13 et suiv.).

377. — XVII. TRIBUNAUX CIVILS JUGEANT COMMERCIALEMENT; MINISTÈRE PUBLIC. — Bien que l'institution du ministère public n'existe pas devant les tribunaux de commerce, la jurisprudence décide, ainsi qu'on l'a vu au *Rép.* n°s 526 et suiv., que les tribunaux civils statuant en matière commerciale, à défaut de tribunaux de commerce, restent composés comme en matière civile, et que, dès lors, le ministère public doit assister à leurs audiences comme aux audiences civiles ordinaires, et être entendu devant eux dans les causes communicables (V. *suprà*, v° *Ministère public*, n° 163. V. aussi, dans le même sens : Dutruc, *Mémorial du ministère public*, v° *Tribunal de commerce*, n° 21, et *Dictionnaire du contentieux commercial*, v'° *Ministère public*, n° 16, et *Tribunal de commerce*, n° 147. — *Contrà* : Favard, *Répertoire de législation*, v° *Tribunal de commerce*, § 1, n° 16; Carré et Chauveau, *Lois de la procédure civile*, t. 1, quest. 410; Ortolan et Ledeau, *Ministère public*, t. 1, p. 349; Nouguier, *Des tribunaux de commerce*, t. 1, p. 59; Rodière, *Traité de compétence et de procédure en matière civile*, 4° édit., t. 1, p. 288). Il en résulte qu'un tribunal civil jugeant commercialement excède ses pouvoirs, s'il refuse d'admettre le ministère public à donner ses conclusions (Motifs, Req. 18 nov. 1879, aff. Lofferande-Chapoton et comp. D. P. 80. 1. 389).

CHAP. 3. — De l'organisation judiciaire criminelle (*Rép.* n°s 535 à 727).

378. Une observation générale, qui s'étend à toutes les juridictions criminelles, autres que celles des juges de simple police et des juges d'instruction, c'est que les art. 1, 4 et 10 de la loi du 30 août 1880 leur sont également applicables. Les jugements et arrêts ne peuvent donc y être rendus que par des magistrats délibérant en nombre impair (V. *suprà*, n°s 128 et suiv., 208). D'autre part, tout magistrat dont l'un des avocats ou avoués qui représente l'une des parties intéressées au procès est parent ou allié jusqu'au troisième degré inclusivement, ne peut, à peine de nullité, être appelé à composer la cour ou le tribunal (V. *suprà*, n°s 171 et suiv.).

SECT. 1re. — DES TRIBUNAUX DE SIMPLE POLICE (*Rép.* n°s 538 à 557).

379. Depuis la publication du *Répertoire*, la loi des 27 janv.-4 févr. 1873 (D. P. 73. 4. 21) a apporté deux modifications à l'organisation des tribunaux de simple police. Ainsi qu'on l'a vu au *Rép.* n° 540, le code d'instruction criminelle reconnaissait des tribunaux *de commune*, présidés par le maire, dans les communes autres que les chefs-lieux de canton. Ces tribunaux étaient appelés à connaître, concurremment avec les juges de paix, de certaines contraventions que l'art. 139 c. instr. crim. n'attribuait pas exclusivement à ces derniers. Cette institution avait soulevé des critiques. « Le maire, lit-on dans le rapport de M. A Bigot (D. P. 73. 4. 21), est trop près de ses justiciables, ses relations avec eux sont trop journalières et trop intimes pour qu'il puisse administrer la justice avec indépendance et fermeté. Aussi tous les criminalistes ont-ils critiqué cette juridiction des maires que l'expérience a d'ailleurs condamnée (V. Faustin-Hélie, *Instr. crim*, t. 7, p. 49; Ortolan, *Eléments de droit pénal*, t. 2, p. 378; Berriat Saint-Prix, p. 27; Legraverend, t. 2, p. 286; Boitard, *Leçons de droit criminel*, p. 231; Trébutien, *Cours de droit criminel*, t. 2, p. 518). Nulle part, elle n'a pu s'établir d'une façon régulière; essayée à quelques époques et sur divers points du territoire, elle est presque partout tombée en désuétude... La Belgique a depuis longtemps renoncé aux tribunaux de police municipale (L. 1er mai 1849 et 4 oct. 1867). La juridiction exclusive en matière de simple police est attribuée au juge de paix par les lois du canton de Genève. Il en est de même dans le reste de la Suisse et en Italie ». Aussi la loi de 1873 a-t-elle modifié comme il suit l'art. 138 c. d'instr. crim. : « La connaissance des contraventions de police est attribuée exclusivement au juge de paix du canton dans l'étendue duquel elles ont été commises ».

380. A cela ne s'est pas bornée la loi de 1873. Cette loi a, en outre, introduit dans l'art. 144 c. instr. crim., une modification qui a eu pour but, dit le rapporteur de la loi, « de prévenir certaines difficultés devenues plus fréquentes depuis la suppression des commissaires de police cantonaux et l'élection des maires par les conseils municipaux. Aux termes de l'art. 144 c. instr. crim., les fonctions du ministère public doivent être remplies par le commissaire de police du lieu où siège le tribunal; en cas d'empêchement, ou s'il n'y en a point, elles doivent être remplies par le maire, qui peut se faire remplacer par son adjoint. Or il est arrivé quelquefois que le maire et l'adjoint du chef-lieu de canton ont refusé ou négligé de remplir le mandat que leur donne la loi. Le procureur général n'a d'autre moyen de les y contraindre que l'avertissement dont parle l'art. 280, et, en cas de récidive, la citation devant la chambre du conseil de la cour pour leur faire enjoindre d'être plus exacts à l'avenir ». Dans cette situation, il était nécessaire de faciliter le recrutement du ministère public pour les tribunaux de police. C'est le but que s'est proposé la loi de 1873 en modifiant ainsi qu'il suit l'art. 144 : « Les fonctions du ministère public, pour les faits de police, seront remplies par le commissaire du lieu où siégera le tribunal. S'il y a plusieurs commissaires de police au lieu où siège le tribunal, le procureur général près la cour d'appel nommera celui ou ceux d'entre eux qui feront le service. En cas d'empêchement du commissaire de police du chef-lieu, ou s'il n'en existe point, les fonctions du ministère public seront remplies soit par un commissaire résidant ailleurs qu'au chef-lieu, soit par un suppléant du juge de paix, soit par le maire ou l'adjoint du chef-lieu, soit par un des maires ou adjoints d'une autre commune du canton, lequel sera désigné à cet effet par le procureur général pour une année entière, et sera, en cas d'empêchement, remplacé par le maire, par l'adjoint ou par un conseiller municipal du chef-lieu de canton ». L'ordre dans lequel est faite l'énumération de l'art. 144 ne doit exercer aucune influence sur la désignation du procureur général; il n'existe aucune priorité entre les personnes (Rapport de M. A. Bigot, D. P. 73. 4. 22).

381. Une proposition de loi déposée le 23 oct. 1890 par MM. Guillemet et autres (*Journ. off.*, Doc. parl. Ch., annexe, n° 93) a pour but de confier les fonctions du ministère public, là où il n'y a pas de commissaire de police, au commandant de la brigade de gendarmerie. Les auteurs de cette proposition considèrent, en effet, que c'est le seul moyen de mettre fin aux difficultés pratiques auxquelles on se heurte encore.

382. Il a été dit au *Rép.*, n° 547, qu'un tribunal de simple police n'est ni légalement, ni régulièrement constitué en l'absence du ministère public; et que le jugement qui constate que, le jour où il a été rendu, le ministère public n'était pas présent à l'audience, est frappé d'une nullité absolue (Aux arrêts donnés, en ce sens, *loc. cit.*, *adde*; Crim. cass. 27 juill. 1878, aff. Torrent, D. P. 78. 5. 302; 27 févr. 1880, aff. Chailloux et autres, D. P. 81. 5. 385; 3 juin 1881, aff. Hapet, D. P. *ibid.*).

383. Comme tout autre juge, le juge de simple police a la police de son audience. Il y a lieu, sur ce point, de se référer aux développements qui ont été donnés *suprà*, n°s 189 et suiv.

SECT. 2. — DES JURIDICTIONS DE POLICE CORRECTIONNELLE (*Rép.* n°s 558 à 578).

384. — I. DES TRIBUNAUX CORRECTIONNELS. — V. en ce qui concerne la composition du tribunal, *suprà*, n°s 123 et suiv.;... le nombre des juges, n°s 128 et suiv.;... le mode de remplacement en cas d'absence ou d'empêchement, nos 140 et suiv.;... la police des audiences (nos 189 et suiv.).

385. Au sujet de l'incompatibilité qui existe entre les fonctions de juge et celles de membre du ministère public, il a été décidé, depuis la publication du *Répertoire*, que le jugement correctionnel auquel a concouru, à défaut de juge titulaire, un juge suppléant qui, à l'époque où il faisait fonctions de procureur de la République, avait décerné un mandat de dépôt contre le prévenu en vertu de la loi sur les flagrants délits et l'avait traduit à la plus prochaine audience, est nul (Douai, 26 déc. 1873, aff. Sternat, D. P. 74. 2. 232). — V. *suprà*, v° *Ministère public*, nos 136 et suiv.

386. Il a été jugé d'ailleurs : 1° que les juges d'instruction peuvent remplir les fonctions du ministère public dans les affaires qu'ils ont instruites (Rennes, 7 août 1878, aff. Moëe, D. P. 79. 2. 31) ; — 2° Que s'il est de principe qu'un officier du parquet, ultérieurement nommé juge, ne peut statuer, en cette dernière qualité, sur une affaire dans laquelle il a fait des actes de poursuite, il ne s'ensuit pas qu'un juge qui a pris part à un jugement correctionnel ne puisse, postérieurement, exercer l'action publique dans la même affaire, en relevant appel du jugement auquel il a participé, alors qu'il a été désigné par le tribunal pour remplir les fonctions du ministère public, en l'absence justifiée du procureur de la République (Crim. cass. 18 juill. 1889, aff. Guillet et consorts, D. P. 89. 1. 389).

Mais, bien que le jugement auquel prend part un juge qui a agi antérieurement dans la même affaire comme officier du ministère public soit entaché d'une nullité radicale, cette nullité ne peut être proposée devant la cour de cassation lorsqu'elle ne l'a pas été devant la cour d'appel, la composition irrégulière d'un tribunal n'étant qu'une de ces nullités qui sont réparables devant le juge d'appel dès qu'elles sont invoquées (Crim. rej. 25 avr. 1890, aff. Grolleau et Guillet, D. P. 91. 1. 140).

Ajoutons qu'aucun texte de loi n'interdit au magistrat qui a statué par défaut de siéger de nouveau lors du jugement contradictoire concernant le même inculpé (Crim. rej. 23 avr. 1885, aff. Sarraut, *Bull. crim.* n° 118).

387. — II. DES CHAMBRES D'APPEL DE POLICE CORRECTIONNELLE. — La jurisprudence, ainsi qu'on l'a vu au *Rép.* n° 572, a toujours refusé d'étendre l'application de l'art. 257 c. instr. crim. à des hypothèses autres que celles qu'il a spécialement prévues. C'est ainsi que des magistrats qui ont pris part à l'instruction d'une affaire en qualité de juge au tribunal de première instance peuvent valablement participer à l'arrêt rendu sur la même affaire par la chambre des appels de police correctionnelle (Crim. rej. 24 juill. 1874, aff. Rouquayrol et consorts, D. P. 76. 1. 505).

SECT. 3. — DU JUGE D'INSTRUCTION (*Rép.* nos 579 à 591).

388. On a commenté au *Rép.*, nos 579 et suiv., la loi du 17 juill. 1856, qui a substitué, en matière d'information, la juridiction des juges d'instruction à celle de la chambre du conseil. La loi des 14 juill.-12 août 1865 (D. P. 65. 4. 145), relative à la liberté provisoire, a encore étendu les pouvoirs du juge d'instruction. Nous renvoyons sur ce point aux développements qui seront donnés *infrà*, v° *Procédure criminelle*.

SECT. 4. — DES CHAMBRES DE MISE EN ACCUSATION (*Rép.* nos 592 à 604).

389. Aux termes de l'art. 2 de la loi du 30 août 1880, outre les chambres déterminées au tableau A, les cours comprennent une chambre d'accusation constituée conformément au décret des 12-17 juin 1880 (D. P. 81. 4. 51). Or ce décret, modificatif de l'art. 1er de l'ordonnance du 5 août 1844, dispose que les membres de la chambre des mises en accusation peuvent désormais, suivant l'intérêt du service, être attachés à une même chambre ou répartis entre les autres chambres de la cour.

390. Jugé que le conseiller qui a été chargé, comme membre de la chambre d'accusation, d'une information supplémentaire, doit, lorsque le roulement l'a fait sortir de cette chambre avant la décision sur l'affaire, y être rappelé, à peine de nullité, pour prendre part à ladite décision et présenter dans le délibéré les explications qui pourraient lui être demandées sur le rapport du ministère public (Crim. cass. 8 avr. 1869, aff. Favereau, D. P. 69. 1. 532. *Rép.* v° *Instruction criminelle*, n° 1162; Conf. Faustin Hélie, *Instruction criminelle*, 2e éd., t. 5, n° 2199).

391. Quand les membres d'une chambre d'accusation ne sont pas en nombre suffisant, cette chambre se complète suivant les règles exposées au *Rép.* nos 147 et suiv., et 595, et *suprà*, nos 209 et suiv. Jugé, à cet égard : 1° que lorsque des magistrats appartenant à la chambre d'accusation ont été remplacés dans une affaire par d'autres magistrats de la cour d'appel appartenant aux autres chambres, ils sont présumés légalement avoir eu un empêchement légitime et il n'est pas nécessaire que la cause de cet empêchement soit spécifiée dans l'arrêt (Crim. rej. 13 août 1874, aff. Levaillant, *Bull. crim.*, n° 233) ; — 2° Que rien ne s'oppose à ce qu'un président qui remplit par intérim les fonctions de premier président soit appelé à compléter la chambre des mises en accusation en cas de nécessité, ce magistrat étant appelé auxdites fonctions en vertu même de son titre, et non par suite des attributions spéciales qui lui sont dévolues comme faisant fonctions de premier président (Crim. rej. 20 nov. 1884, aff. Touboul. *Bull. crim.*, n° 309).

SECT. 5. — DES COURS D'ASSISES (*Rép.* nos 605 à 713).

ART. 1er. — *De la tenue des assises* (*Rép.* nos 606 à 625).

392. Les cours d'assises, comme tous les autres tribunaux, ont la police de leurs audiences, et nous ne pouvons que renvoyer, sur ce point, aux principes exposés au *Rép.* n° 442 et 707, et *suprà*, n° 248. Jugé, spécialement, que, si la cour d'assises est compétente pour réprimer un délit d'outrage commis à son audience, cette compétence exceptionnelle n'existe plus lorsque l'arrêt qu'elle a rendu vient à être cassé. Il y a lieu, par suite, de renvoyer l'affaire devant la juridiction compétente pour connaître du délit d'outrage selon le droit commun (Crim. cass. 14 janv. 1881, aff. Adolphe Morin, *Bull. crim.*, n° 10 ; Crim. rej. 5 déc. 1885, aff. Aubin Latour, *ibid.*, n° 337).

ART. 2. — *De la composition des cours d'assises* (*Rép.* nos 626 à 680).

393. — I. NOMBRE DES JUGES COMPOSANT LA COUR D'ASSISES (*Rép.* nos 627 à 631). — On a vu au *Rép.* n° 630, que la régularité de la composition de la cour d'assises doit être constatée. Jugé à cet égard : 1° que dans une affaire qui a duré deux jours, la cour d'assises et le jury sont réputés être restés composés le second jour ainsi que le procès-verbal constate qu'ils l'ont été le premier jour, alors qu'aucune des énonciations du procès-verbal ne prête à la supposition d'une modification, et que les énonciations relatives à la seconde audience se relient à celles de l'audience de la veille par cette mention : « l'audience a été reprise publiquement » (Crim. rej. 23 févr. 1871, aff. Sabathé, D. P. 71. 1. 32) ; — 2° Que les magistrats dont la présence est constatée à l'ouverture d'une audience de la cour d'assises sont réputés avoir siégé pendant toute la durée de cette audience (Crim. rej. 22 août 1878, aff. Barré et autres, *Bull. crim.*, n° 192. V. *infrà*, v° *Procédure criminelle*).

394. — II. PRÉSIDENT DE LA COUR D'ASSISES (*Rép.* nos 632 à 646). — Il a été jugé, en ce qui concerne la durée des pouvoirs du président, que si ces pouvoirs cessent, en principe, avec le trimestre pour lequel il est nommé, il en est autrement lorsque la cour d'assises se trouve en session et que le rôle n'est pas épuisé à l'expiration du trimestre. Dans ce cas, la session n'est close que lorsque le rôle est épuisé (Crim. rej. 21 déc. 1882, aff. Mohamed-Areski-ben-Mohamed, D. P. 84. 1. 475. — V. *Rép.* v° *Instruction criminelle*, n° 3606, et *infrà*, v° *Procédure criminelle*).

395. — III. EMPÊCHEMENT DU PRÉSIDENT DES ASSISES ; REMPLACEMENT (*Rép.* nos 647 à 656). — Le président titulaire d'une cour d'assises réunie en dehors du siège de la cour d'appel ne peut, dans le cas où il est obligé de se faire remplacer temporairement au cours de la session, désigner lui-même son suppléant, qui est de droit, en pareil cas, le président du tribunal de première instance ; mais l'excès de pouvoir qu'il aurait commis en faisant cette désignation ne vicierait pas la composition de la cour d'assises, si le magistrat chargé de le suppléer n'était autre que celui qui est appelé par la loi (Crim. rej. 22 déc. 1871, aff. Louradour, D. P. 72. 1. 44. — V. dans le même sens Crim. rej. 23 sept. 1852, aff. Platel, D. P. 52. 5. 167, cité au *Rép.* n° 653).

396. — IV. Publication des ordonnances portant nomination du président et fixant l'ouverture des assises (V. *Rép.* nos 657 à 660).

397. — V. Des assesseurs lorsque la cour d'assises siège au chef-lieu de la cour d'appel (*Rép.* nos 661 à 672). — Dans les départements où siège la cour d'appel, le premier président peut. ainsi qu'il a été dit au *Rép.* n° 667, procéder pendant toute la durée de la session au remplacement d'un assesseur empêché (Crim. cass. 25 mars 1869, aff. Babin, D. P. 70. 1. 44) ; dans ce cas, il n'est pas nécessaire de constater que le conseiller appelé a été désigné d'après l'ordre d'ancienneté (Crim. rej., 26 déc. 1874, aff. Demeutre et autres (D. P. 75. 1. 287). Mais si le président des assises n'en réfère pas au premier président, il peut seulement appeler le conseiller le plus ancien, conformément à la règle qui résulte des art. 252 et 264 c. instr. crim. (Arrêt précité du 25 mars 1869).

D'ailleurs, lorsqu'un assesseur a dû être remplacé, il y a présomption légale que le magistrat désigné à sa place est le plus ancien, ou n'a été appelé qu'à défaut de magistrats plus anciens, tous légitimement empêchés (Crim. rej. 10 mai 1884, aff. Desonnais, *Bull. crim.*, n° 167); ou encore qu'il a été choisi suivant l'ordre du tableau en tenant compte des nécessités du service (Crim. rej. 26 déc. 1874, aff. Demeutre et consorts, D. P. 75. 1. 287). D'une facon générale, si le mode de désignation d'un assesseur n'est pas spécifié par le procès-verbal, il y a présomption légale que cette désignation a été faite conformément à la loi (Crim. rej. 4 août 1871, aff. Delhomelle, D. P. 71. 5. 391-392; 8 janv. 1885, aff. Moutier-Anamoutou, *Bull. crim.*, n° 18).

398. Au surplus, le remplacement d'un magistrat de la cour d'assises par un autre réunissant les mêmes conditions d'idonéité constitue un acte d'administration qui échappe au contrôle des parties, s'il a été opéré dans les formes prescrites par la loi : ainsi, l'accusé ne peut se faire grief de ce que la cour d'assises aurait été irrégulièrement composée par suite du remplacement d'un assesseur admis par décret à faire valoir ses droits à la retraite, mais n'ayant pas encore reçu notification dudit décret (Crim. rej. 29 nov. 1883, aff. Fernand, *Bull. crim.*, n° 267. — V. aussi Crim. rej. 25 août 1876, cité *infrà*, n° 402).

399. — VI. Des assesseurs dans les villes autres que le chef-lieu de la cour d'appel (*Rép.* nos 673 à 678).— Les juges suppléants peuvent être désignés au même titre que les juges titulaires pour siéger comme assesseurs de la cour d'assises dans les départements qui ne sont pas le siège d'une cour d'appel. Le texte de l'art. 253 c. instr. crim. ne permet aucun doute à cet égard (Crim. rej. 5 mai 1887, aff. Dupont, D. P. 88. 1. 334).

400. Le droit de nommer des assesseurs appartient exclusivement au premier président de la cour d'appel jusqu'à l'ouverture de la session des assises, ainsi qu'on l'a exposé au *Rép.* nos 673 et suiv. Peu importe que l'ordonnance du premier président, dont la date est antérieure à l'ouverture de la session, n'ait été connue qu'au moment où la session venait de s'ouvrir. En pareil cas, c'est à bon droit que le président des assises rapporte la nomination faite par lui dans l'ignorance de l'ordonnance du premier président, et c'est l'assesseur désigné par ce dernier magistrat qui doit être appelé à siéger. Néanmoins les actes accomplis dans l'intervalle avec la participation de l'assesseur nommé par le président des assises conservent leur valeur légale (Crim. rej. 8 juill. 1880, aff. Huort, *Bull. crim.*, n° 144).

401. Le premier président, avant de désigner les magistrats de première instance qui feront partie des cours d'assises du ressort, est tenu, aux termes du même article, de prendre l'avis du procureur général; mais cet avis purement consultatif ne lie pas le premier président, qui est libre de ne pas s'y conformer. Il constitue de plus une mesure d'administration intérieure de l'omission de laquelle les accusés ne peuvent se faire grief (Crim. cass. 27 avr. 1876, aff. Gurrigue, D. P. 77. 1. 92).

402. Quant au remplacement des assesseurs, le président des assises titulaire a qualité pour y pourvoir à partir du jour de l'ouverture de la session (Crim. rej. 22 déc. 1871, aff. Louradour, D. P. 71. 1. 44; 8 janv. 1874, aff. Abderrahman-Ould-Tami, D. P. 75. 5. 464; 25 août 1876, aff. Ducarpe, D. P. 77. 1. 93), même lorsqu'il est empêché de siéger dans l'affaire, à moins qu'il ne s'agisse d'une affaire dont il ne peut connaître : et il ne doit être pourvu à ce remplacement par le président suppléant que lorsque, l'empêchement n'ayant pas été connu d'avance, l'urgence ne permet pas de recourir au président titulaire (Arrêt précité du 22 déc. 1871).

403. Le fait seul de la constatation par le procès-verbal que tel magistrat désigné par son nom a été appelé à remplacer un assesseur empêché établit la présomption légale qu'il était membre du tribunal et qu'il avait la capacité requise pour être assesseur (Crim rej. 2 juin 1881, aff. Adda-bel-Larbi, *Bull. crim.*, n° 141); il implique en outre l'empêchement légitime des juges supérieurs dans la hiérarchie, ou plus anciens que le magistrat appelé en remplacement (Crim. rej. 25 août 1876, cité *suprà*, n° 402).

404. D'un autre côté, aucune disposition de loi ne prescrit la lecture à l'audience de l'ordonnance par laquelle le président des assises a remplacé un des assesseurs. — Il n'est pas nécessaire non plus de donner avis à l'accusé des motifs du remplacement ni de provoquer ses observations à ce sujet (Crim. rej. 24 mai 1883 , aff. Torillet, *Bull. crim.*, n° 123).

405. Et lorsqu'un assesseur empêché est remplacé par ordonnance du président, avec mention que cette ordonnance a été rendue en séance publique, il ne s'ensuit pas que la désignation ait eu lieu après la constitution de la cour d'assises et l'ouverture des débats. Il y a, au contraire, présomption légale que la mesure a été prise avant qu'il ait été procédé à aucun acte de juridiction (Crim. rej. 22 janv. 1874, aff. Djilali-ben-Ghartil, *Bull. crim.*, n° 23).

406. Si la cour d'assises ne peut pas se constituer par suite de l'empêchement légitime des magistrats du tribunal du chef-lieu judiciaire, la cour d'appel puise dans les dispositions générales de l'art. 253 c. instr. crim. le droit de déléguer un ou plusieurs de ses membres pour compléter ladite cour d'assises (Crim. rej. 23 mai 1885, aff. Jules Vic, D. P. 86. 1. 95; Limoges, 22 oct. 1887, aff. Pascaud, D. P. 88. 2. 118). Quant à la désignation individuelle du conseiller à déléguer, elle appartient exclusivement au premier président et doit se faire par une ordonnance distincte de l'arrêt qui déclare l'opportunité de la délégation. — Comp. *Rép.* n° 643; Nouguier, *La cour d'assises*, t. 2, nos 1051 et 1052.

407. — VII. Greffier (*Rép.* nos 679 et 680). — Il a été jugé : 1° qu'aucune loi n'interdit au greffier de remplir ses fonctions à l'audience de la cour d'assises lorsqu'il a été entendu comme témoin dans l'instruction écrite (Crim. rej. 8 mars 1877, aff. Belvault, *Bull. crim.*, n° 81); — 2° Qu'un commis greffier assermenté, bien que n'ayant pas atteint l'âge de vingt-sept ans, peut faire partie de la cour d'assises d'un département où ne siège pas la cour d'appel (Crim. rej. 29 sept. 1887, aff. Joly, *Bull. crim.* n° 345).

Art. 3. — *Des incompatibilités et des causes de récusation* (*Rép.* nos 681 à 698).

408. On a cité au *Rép.* nos 682 et suiv. de nombreux arrêts rendus par application de l'art. 257, aux termes duquel les membres de la cour d'appel qui ont voté sur la mise en accusation ne peuvent, dans la même affaire, ni présider les assises, ni assister le président comme assesseurs, à peine de nullité (*Adde* : Crim. cass. 4 juin 1874, aff. Lefèvre, D. P. 75 1. 47 ; 8 avr. 1875, aff. Saad-ben-Ali, *Bull. crim.*, n° 117; 16 janv. 1879, aff. Bossière, D. P. 79. 5. 431 : 19 juin 1879, aff. Meunier, D. P. *ibid.* ; 25 nov. 1880, aff. Baudrand, *Bull. crim.*, n° 212 : 17 nov. 1881, aff. Simmer, *ibid.*, n° 238 ; 10 avr. 1884, aff. Batard, *ibid.*, n° 136 ; 29 mai 1884, aff. Maset, *ibid.*, n° 182 ; 21 mai 1885, aff. Chevallier, *ibid.*, n° 149; 29 déc. 1887, aff. Gondrand, *ibid.*, n° 448).

409. Le magistrat qui a participé à l'arrêt de mise en

accusation ne peut pas non plus, dans la même affaire, sans qu'il y ait nullité, prendre part à l'arrêt qui, avant le tirage du jury, décide qu'un juré suppléant sera adjoint aux douze jurés de jugement (Crim. cass. 3 avr. 1873, aff. Jehanno, D. P. 73. 1. 224);... nommer un assesseur (Crim. cass. 2 mai 1873, aff. Boisson, D. P. 74. 1. 499);... présider au tirage au sort du jury de jugement (Crim. cass. 9 févr. 1882, aff. Mustapha-ben-Zaal, *Bull. crim.*, n° 39).

410. Toutefois, il n'est pas interdit à ce magistrat de procéder à l'interrogatoire prescrit par l'art. 293 c. instr. crim. (Crim. rej. 9 juin 1887, aff. Fadel-ben-Kouider, D. P. 88. 1. 138). En effet, cet interrogatoire ne peut être considéré ni comme un acte d'instruction, ni comme un acte de juridiction (Crim. rej. 18 juill. 1869, aff. Babin, D. P. 74. 5. 149).

411. Il pourrait également prononcer sur l'action civile intentée ultérieurement contre l'accusé acquitté (Req. 22 févr. 1875, aff. Gounouilhou, D. P. 75. 1. 324). C'est l'application de ce principe que les incompatibilités sont de droit strict, puisqu'elles constituent des exceptions au droit commun.

412. Jugé, en vertu de ce même principe : 1° que lorsque l'arrêt d'une cour d'assises a été cassé, le magistrat qui n'a pris aucune part, soit comme président, soit comme assesseur, à l'arrêt cassé, et dont l'intervention s'est bornée à faire subir à l'accusé l'interrogatoire prescrit par l'art. 293 c. instr. crim., n'est pas inhabile à présider la cour devant laquelle l'affaire est renvoyée, cet interrogatoire ne pouvant être considéré ni comme un acte d'instruction, ni comme un acte de juridiction (Crim. rej. 18 juill. 1869, cité *suprà*, n° 410); — 2° Que le magistrat qui a pris part au jugement d'une action disciplinaire, dirigée contre un officier public pour faits de faux et tendant à sa destitution, n'est pas exclu par l'art. 257 c. instr. crim., dont les dispositions sont limitatives, de la composition de la cour d'assises appelée à statuer ultérieurement sur la poursuite criminelle exercée à raison des mêmes faits (Crim. rej. 19 avr. 1872, aff. Tanqueray, D. P. 72. 1. 384); — 3° Que, les incompatibilités étant de droit étroit, la prohibition de l'art. 257 c. instr. crim. ne s'étend pas au magistrat qui aurait pris part à un jugement ou arrêt par lequel la juridiction correctionnelle s'est déclarée incompétente pour connaître des faits de l'accusation (Crim. rej. 28 nov. 1878, aff. Ternisien, *Bull. crim.*, n° 225; 23 déc. 1881, aff. Charles Leroux, *ibid.*, n° 269; 9 mars 1882, aff. Duclaux, *ibid.*, n° 65).

413. Ajoutons que l'indication, sur le procès-verbal des débats, du nom d'un assesseur qui aurait siégé à la cour d'assises bien qu'il ait pris part à l'arrêt de mise en accusation, ne peut emporter nullité, lorsque cette indication est le résultat d'une erreur matérielle, contredite par l'arrêt de condamnation et par les signatures qui y sont apposées (Crim. rej. 5 mai 1881, aff. Martin, *Bull. crim.*, n° 115; 10 mai 1884, aff. Désonnais, *ibid.*, n° 167).

414. L'art. 257 frappe de la même incompatibilité le magistrat qui a exercé dans l'affaire les fonctions de juge d'instruction (Crim. cass. 18 sept. 1884, aff. Delingette, *Bull. crim.*, n° 278);... et celui qui a déjà, au sein d'une autre juridiction (par exemple, la chambre des appels de police correctionnelle), statué sur la culpabilité de l'accusé (Crim. cass. 23 juill. 1886, aff. Vitali et Padovani, *Bull. crim.*, n° 272).

415. Mais le juge d'instruction qui signe une cédule ordonnant l'assignation d'un témoin fait-il un acte d'instruction suffisant pour produire l'incompatibilité prévue par l'art. 257 c. instr. crim.? Cette question, portée devant la cour suprême, n'a pas été résolue (V. Crim. rej. 10 févr. 1881, aff. Boudjemah-ben-si-Mohamed, D. P. 82. 1. 45). La négative n'est pas douteuse, car il est admis que l'incompatibilité n'existe qu'autant que le magistrat appelé à siéger à la cour d'assises a pris part, comme juge d'instruction, à des actes de nature à l'initier à la connaissance des faits et à influencer son appréciation, mais qu'il n'en est pas de même lorsqu'il a procédé à un acte purement matériel (*Rép.* n° 693; Anspach, *Procédure devant la cour d'assises*, n° 62).

ART. 4. — *Des membres complémentaires de la cour d'assises* (*Rép.* n°s 699 à 707).

416. C'est à la cour, selon ce qui a été expliqué au *Rép.* n° 702, qu'il appartient de constater par arrêt la nécessité de l'adjonction de juges supplémentaires. Quant au droit de désigner ces assesseurs, il appartient au premier président pour les assises du chef-lieu de la résidence de la cour et, dans les autres départements, au président des assises.

417. Ainsi, lorsque la cour d'assises siège au chef-lieu de la cour d'appel, le conseiller assesseur suppléant doit être désigné par le premier président et non par la cour d'assises. Mais il a été jugé que, si l'assesseur désigné quatrième sur la liste des quatre assesseurs nommés par le premier président de la cour de Paris pour le service des deux sections de la cour d'assises de la Seine, a siégé dans une affaire comme assesseur adjoint, il y a présomption légale qu'il a été appelé par suite de l'empêchement du magistrat qui le précédait sur la liste. Il siège, en conséquence, en vertu de l'ordonnance du premier président; et sa nomination ne saurait, dès lors, être critiquée comme émanant de la cour d'assises, qui l'a inutilement désigné (Crim. rej. 22 mars 1877, aff. Godefroy, *Bull. crim.*, n° 86).

418. Au reste, l'irrégularité de la désignation de l'assesseur supplémentaire ne peut faire grief à l'accusé lorsque cet assesseur n'a pas concouru aux délibérations de la cour et que rien ne constate qu'il soit intervenu d'une manière active dans la direction des débats (Crim. rej. 12 juill. 1878, aff. Aïssa-ben-Taïeb et autres, *Bull. crim.*, n° 149; 16 juin 1881, aff. Montanin, *ibid.*, n° 153).

ART. 5. — *Du ministère public* (*Rép.* n°s 708 à 713).

419. De ce principe de droit naturel que nul ne peut, dans une même affaire, être partie poursuivante et juge, résulte, comme on l'a enseigné au *Rép.* n° 710, l'incompatibilité dont est atteint le magistrat qui, avant d'être juge ou conseiller, exerçait les fonctions d'officier du ministère public. Jugé, à cet égard, que l'arrêt d'une cour d'assises auquel a concouru un magistrat qui, comme procureur de la République, a participé à la poursuite, soit directement, en requérant information, soit indirectement, par des actes officiels signés de son substitut qui est légalement présumé avoir agi par son ordre ou avec son assentiment, est entaché de nullité (Crim. cass. 25 sept. 1884, aff. Guiseppe, *Bull. crim.* n° 284).

420. De même, il y a lieu d'annuler l'arrêt de condamnation rendu avec le concours d'un juge qui, dans l'exercice des fonctions de procureur de la République qu'il remplissait par intérim, avait reçu la plainte et requis information sur cette plainte (Crim. cass. 16 déc. 1875, aff. Abdoulaye N'Diawar, D. P. 77. 1. 413).

421. Mais le principe de l'indivisibilité du ministère public (V. *suprà*, v° *Ministère public*, n°s 26 et suiv.) ne doit pas faire considérer tous les procureurs de la République du ressort d'une cour, par cela seul qu'ils sont placés sous l'autorité du même procureur général, comme ayant tous participé aux poursuites exercées dans un arrondissement du ressort autre que le leur, et susceptibles, par suite, d'être récusés, s'ils viennent ultérieurement à faire partie de la cour d'assises appelée à statuer sur lesdites poursuites; pour que l'incompatibilité existe, il faut que le magistrat ait pris une part directe ou indirecte à la préparation de l'affaire (Crim. rej. 28 déc. 1877, aff. Mondeharé, D. P. 78. 1. 400. Conf. Nouguier, *La cour d'assises*, t. 2, n° 1096).

SECT. 6. — DE LA HAUTE COUR DE JUSTICE (*Rép.* n°s 714 à 727).

422. On a exposé *suprà*, v° *Haute Cour de justice*, n°s 3 et suiv., ce qui est relatif à la compétence du Sénat constitué en haute cour de justice et à la procédure à suivre devant cette juridiction. Il ne reste plus qu'à traiter ici de l'organisation de ce tribunal d'exception. Tel est l'objet du chapitre 1 de la loi des 10-11 avr. 1889 (D. P. 89. 4. 36; et *suprà*, eod. v°, p. 187).

423. Le décret qui constitue le Sénat en haute cour de justice fixe le jour et le lieu de sa première réunion. La cour a toujours le droit de désigner un autre lieu pour la tenue de ses séances (art. 1er). — La loi du 22 juill. 1879 (D. P. 79. 4. 65), rendue après que la question du siège des pouvoirs publics eut passé du domaine constitutionnel dans le domaine législatif, décide (art. 1er) que les deux Chambres siègent à Paris, et, dans son art. 3, que le Sénat, quand il remplit les fonctions judiciaires « désigne la ville et le local où il entend tenir ses séances ». Aux termes de ces dispositions, la cour de justice devait se réunir pour la première fois à Paris, sauf à aller ensuite siéger ailleurs, si elle croyait devoir le faire. Le législateur a pensé qu'il n'était pas bon qu'elle fût légalement forcée de tenir sa première séance à Paris et qu'il valait mieux laisser au Gouvernement le droit de la convoquer là où il lui semblait préférable de le faire (Rapport de M. Morellet, D. P. 89. 4. 37).

424. « Tous les sénateurs élus antérieurement au décret sont tenus de se rendre à la convocation qu'il renferme, à moins qu'ils n'aient à présenter des motifs d'excuse. Ces motifs sont appréciés par le Sénat en chambre du conseil » (art. 2). — On s'est demandé s'il n'y avait pas lieu de spécifier dans la loi certaines peines que le Sénat aurait eu la faculté d'infliger à ceux des sénateurs dont l'absence ne lui aurait pas paru justifiée. Mais on a renoncé à cette idée. « L'obligation de venir participer aux travaux judiciaires du Sénat trouve une première sanction morale dans la conscience de chaque sénateur ; elle en trouve une deuxième dans l'examen, fait par l'assemblée tout entière, des motifs d'empêchements invoqués. S'il fallait une autre sanction, elle devrait, semble-t-il, avoir un caractère purement disciplinaire et être inscrite, non dans la loi, mais dans un règlement intérieur qu'il sera toujours loisible au Sénat de voter » (Rapport de M. Morellet, D. P. 89. 4. 38, note 1).

425. « Les sénateurs élus postérieurement au décret ne peuvent connaître des faits incriminés » (art. 2). Il fallait, en effet, éviter de porter le procès devant le corps électoral (Rapport de M. Morellet, D. P. 89. 4. 38, note 1).

426. « Le président de la République nomme, parmi les membres des cours d'appel ou de la cour de cassation : 1° un magistrat chargé des fonctions de procureur général ; 2° un ou plusieurs magistrats chargés de l'assister comme avocats généraux » (art. 3). — Le parquet dont il s'agit ici n'est pas un parquet permanent : il est institué au moment précis où le Gouvernement convoque la cour ; il disparaît quand elle se dissout. Aussi bien n'est-ce pas à lui, mais aux officiers habituels du ministère public, qu'il appartient d'assurer l'exécution de la sentence (Rapport de M. Morellet, D. P. 89. 4. 38, note 2).

427. Deux membres de la commission auraient désiré que le Gouvernement ne fût pas contraint de choisir le procureur général et les avocats généraux dans une catégorie déterminée de citoyens. La majorité de la commission a pensé, au contraire, qu'il était désirable, dans l'intérêt d'une bonne administration de la justice, que les membres du parquet du Sénat fussent pris parmi des hommes habitués aux travaux et aux devoirs de la magistrature (Rapport de M. Morellet, D. P. 89. 4., note 2). La Chambre a partagé ce sentiment.

428. « Le secrétaire général de la présidence du Sénat remplit les fonctions de greffier. Il peut être assisté de commis greffiers assermentés nommés par le président du Sénat. Les actes de la procédure sont signifiés par les huissiers des cours et tribunaux. Les huissiers du Sénat remplissent, pour le service d'ordre intérieur, les fonctions d'huissiers audienciers » (art. 4).

429. « Toutes les pièces de l'information commencée par la justice ordinaire sur les faits incriminés sont envoyées au procureur général désigné conformément à l'art. 3. Néanmoins, les magistrats qui ont commencé l'information continuent à recueillir les indices et les preuves, jusqu'à ce que le Sénat ait ordonné qu'il soit procédé devant lui » (art. 5).

CHAP. 4. — De l'assistance judiciaire
(*Rép.* n°s 728 à 799).

430. Conformément à une précédente décision enregistrée au *Rép.* n° 732, le bureau d'assistance judiciaire près la cour de Paris a décidé, le 25 mai 1869 (D. P. 70. 3. 16), que les indigents peuvent obtenir l'assistance judiciaire pour poursuivre la rectification des actes de l'état civil qui les concernent, bien que cette rectification puisse également avoir lieu gratuitement sur l'action d'office du ministère public. Il a considéré que « dans ces sortes d'instances, l'ordre public pourrait se trouver intéressé, et que, dans certains cas, le ministère public, loin d'avoir à solliciter ces rectifications, aurait, au contraire le devoir de s'opposer à ce qu'elles fussent accordées ; que l'indigent jouit, comme tout autre citoyen, du bénéfice du droit commun » (V. Brière-Valigny, *Code de l'assistance judiciaire*, n° 77 ; Sabatié, *Commentaire de la loi du 22 janv. 1851*, n° 81).

Il a été décidé que l'assistance judiciaire peut être accordée pour la nomination d'un tuteur et d'un subrogé tuteur (Décis. de la chancellerie, 18 sept. 1862, *Bull. min. just.*, 1862, 1877, p. 154).

431 La question de savoir si l'assistance judiciaire peut être accordée à une partie afin de parvenir à l'exécution d'un jugement obtenu par elle avec ses seules ressources a été controversée. Le bureau d'assistance près la cour de Paris s'est prononcé pour la négative par une décision du 30 nov. 1852. A l'appui de ce système, on a fait valoir que, d'après les termes de l'art. 1er de la loi du 12 janv. 1851, le bénéfice de l'assistance judiciaire doit être limité aux cas prévus par les dispositions de cette loi ; or ces cas sont uniquement ceux dans lesquels un indigent peut avoir besoin de faire reconnaître en justice des droits lui appartenant. En sens contraire, on invoque l'esprit de la loi de 1851. Cette loi, a-t-on dit, est une œuvre de bienfaisance qui, par sa nature même, doit recevoir, dans l'application, une large interprétation. Ce serait lui faire manquer son but que de refuser l'assistance pour l'exécution d'un jugement ; car, après la constatation d'un droit, il y a souvent des résistances à vaincre pour faire sanctionner cette constatation, qui pourrait demeurer à l'état de lettre morte si l'assistance n'était pas continuée. C'est en ce sens que s'était prononcé un jugement du tribunal de Bellac, cité au *Rép.* n° 731, et cette solution paraît avoir triomphé dans la pratique (Comp. Bastia, 2 janv. 1878, aff. Montecattini, D. P. 80. 2. 169).

432. Le bénéfice de l'assistance judiciaire ne peut être réclamé par des personnes morales, telles qu'une commune ou une société (Décis. de la chancellerie, 15 févr. 1861, *Bull. min. just.*, 1877, p. 154).

SECT. 1re. — DES FORMES DANS LESQUELLES L'ASSISTANCE EST ACCORDÉE (*Rép.* n°s 734 à 767).

433. On a exposé, au *Répertoire*, comment l'assistance judiciaire est accordée, ainsi que le fonctionnement des bureaux d'assistance. Ajoutons qu'il appartient au bureau d'assistance judiciaire près la cour d'appel de statuer par voie de règlement de juges quand un bureau du ressort ne peut pas se constituer par suite d'abstentions, et de renvoyer l'affaire devant un autre bureau (Bur. d'ass. judic. de Pau, 9 août 1881) (1). V. aussi les décisions de la chancellerie citées dans

(1) (Destriand.) — LE BUREAU D'ASSISTANCE JUDICIAIRE PRÈS LA COUR DE PAU ; — Attendu que ni la loi organique des 22-30 janv. 1851, sur l'assistance judiciaire, ni aucune autre disposition législative en cette matière, n'ont prévu la difficulté qui se produit lorsqu'un bureau se trouve par suite de l'abstention ou de l'empêchement de la majorité, sinon de la totalité de ses membres, dans l'impossibilité de se constituer régulièrement pour statuer sur une demande qui lui est soumise ; — Attendu, qu'en cet état de la législation spéciale dont il s'agit, pour savoir quel est le mode de procéder ou la marche à suivre en pareil cas, il convient de rechercher, afin d'en faire l'application par analogie, quelles sont les règles du droit commun qui ont le plus de rapport avec la difficulté à résoudre ; — Attendu qu'à l'égard des tribunaux civils d'arrondissement l'art. 49 du décret réglementaire du 30 mars 1808 dispose qu'en cas d'empêchement d'un juge, il sera, pour compléter le nombre indispensable, remplacé ou par un juge titulaire ou par un des juges suppléants, en observant, dans tous les cas, et autant que faire se pourra, l'ordre des nominations ; qu'à défaut de suppléant, on appellera un avocat attaché au barreau, et, à son défaut, un avoué, en suivant aussi l'ordre du tableau ; — Attendu que cette règle, qui était déjà consacrée, en cas de partage d'opinion, par l'art. 118 c. proc. civ. de 1806, ne pouvait juridiquement s'appliquer aux tribunaux de commerce composés de sages consuls pris parmi les commerçants notables et nommés à l'élection ; que cependant il pouvait, et il peut arriver qu'un tribunal consulaire se trouve, par l'effet de récusation ou d'empêchements, dans l'impossibilité de se compléter avec des juges en titre ou des juges suppléants ; qu'en prévision de ce cas, l'art. 626 ou un autre texte du code de commerce de 1807 aurait dû indiquer le moyen de pourvoir alors

notre *Supplément au Code de procédure civile*, nos 12685 à 12704; 12717 à 12720.

434. Depuis la publication du *Répertoire*, le Gouvernement a conclu avec plusieurs pays des conventions qui admettent au bénéfice de l'assistance judiciaire en France les nationaux de ces pays, à charge de réciprocité pour les Français. Ce sont les conventions des 15 juin 1869 (art. 14), avec la Confédération suisse (D. P. 70. 4. 6); 19 févr. 1870, avec l'Italie (D. P. 70. 4. 47); 22 mars 1870, avec le grand-duché de Luxembourg (*Ibid.*) et avec la Belgique (*Ibid.*); 14 mai 1879, avec l'Autriche-Hongrie (D. P. 81. 4. 47); 20 févr. 1880, avec l'Allemagne (D. P. 82. 4. 21); 14 mai 1884, avec l'Espagne (D. P. 86. 4. 79); 23 mars 1885, avec l'Uruguay (D. P. 88. 4. 49). — D'après ces conventions, toutes conçues dans les mêmes termes, l'étranger jouit de l'assistance judiciaire en se conformant à la loi du pays dans lequel l'assistance est réclamée. Dans tous les cas, le certificat d'indigence lui est délivré par les autorités de sa résidence habituelle. S'il ne réside pas dans le pays où la demande est formée, le certificat d'indigence est approuvé et légalisé par l'agent diplomatique du pays où le certificat doit être produit. Enfin, lorsque l'étranger réside dans le pays où la demande est formée, des renseignements peuvent, en outre, être pris auprès des autorités de la nation à laquelle il appartient.

435. D'un autre côté, toutes ces conventions stipulent la dispense « de plein droit, de toute caution ou dépôt qui, sous quelque dénomination que ce soit, peut être exigée des étrangers plaidant contre les nationaux par la législation du pays où l'action est introduite ». Ainsi se trouve tranchée dans le sens de la négative, à l'égard des nationaux des pays avec lesquels le gouvernement français a contracté, la question de savoir si l'étranger admis en France au bénéfice de l'assistance judiciaire est ou non soumis à la caution *judicatum solvi*. — V. *Rép.* n° 757.

436. On a vu au *Rép.* n° 730 que, l'assistance judiciaire étant accordée devant toutes les juridictions où la procédure entraîne des frais, on peut l'obtenir à l'occasion d'instances de la compétence des juges de paix. Les comptes rendus de la justice civile montrent qu'elle est de plus en plus demandée en pareil cas; mais ils font ressortir, en même temps, que l'organisation actuelle de cette institution ne peut utilement fonctionner que pour les procès à introduire dans les cantons très rapprochés des bureaux d'assistance, et qu'elle ne fonctionne que peu ou pas du tout dans les cantons plus ou moins éloignés des chefs-lieux d'arrondissement. De là une inégalité choquante entre les plaideurs, inégalité qu'il importe d'autant plus de faire disparaître que la compétence des juges de paix sera plus étendue. Aussi le Parlement est-il saisi d'une proposition de loi de M. Louis Million, ayant pour objet d'organiser l'assistance judiciaire devant les justices de paix. Cette proposition a été adoptée, en première délibération, par la Chambre des députés, le 26 févr. 1891. Elle institue près de chaque justice de paix un bureau d'assistance judiciaire composé: 1° du receveur de l'Enregistrement ou d'un délégué nommé par le directeur de l'Enregistrement du département; 2° d'un délégué du préfet; 3° de trois membres nommés par le juge de paix. Les demandes d'admission sont adressées au juge de paix, qui les transmet au bureau. Les décisions ne sont susceptibles d'aucun recours; néanmoins le procureur de la République peut, sans retard de l'instruction ni de jugement, déférer la décision au bureau établi près le tribunal civil, pour être réformée, s'il y a lieu. Les fonctions de secrétaire sont remplies par le greffier de la justice de paix ou son commis greffier. C'est le juge de paix qui désigne l'huissier chargé des notifications; c'est également sur une ordonnance de ce magistrat que les dépositaires publics sont tenus de délivrer en débet à l'assisté les actes et expéditions nécessaires pour la justification de ses droits. — La proposition de loi dont nous nous occupons va plus loin que le législa-

---

aux nécessités de la justice; mais qu'à cet égard il existait une lacune que le décret organique du 6 oct. 1809 a comblée, en consacrant, dans son art. 4, une mesure dont l'origine remonte à l'ordonnance du 22 juill. 1856; que cet art. 4 dispose que, lorsque, par des récusations ou des empêchements, il ne restera pas dans les tribunaux de commerce un nombre suffisant de juges ou de suppléants, ces tribunaux seront complétés par des négociants, pris sur la liste formée en vertu de l'art. 609 c. com., et suivant l'ordre dans lequel ils y sont portés, s'ils ont d'ailleurs les qualités énoncées en l'art. 620 du même code; — Attendu que, si la composition des tribunaux proprement dits, soit ordinaires, soit d'exception, est d'ordre public, il n'en saurait être différemment de la composition des bureaux d'assistance judiciaire, lesquels, dans leur sphère d'action, exercent une véritable juridiction spéciale dont les pouvoirs et les formes sont déterminés par la loi organique des 22-30 janv. 1851; — Attendu que c'est avec un soin jaloux de la sauvegarde des intérêts respectifs qu'elle met en jeu, et après des travaux préparatoires mûrement accomplis, que cette loi a arrêté le modèle de constitution mixte des divers bureaux d'assistance judiciaire par elle créés; qu'il répugnerait manifestement à l'économie et à l'esprit des dispositions législatives en cette matière d'admettre qu'un bureau pût s'arroger le droit de se compléter lui-même, en appelant, pour remplacer tels ou tels de ses membres empêchés, des personnes étrangères alors même qu'il serait possible de les prendre dans chacune des catégories déterminées par la loi de 1851; qu'il est tout aussi inadmissible que dans le cas où, par suite d'abstentions ou d'empêchements, un bureau ne se trouverait pas en nombre suffisant pour statuer, il pût s'adresser, afin d'être complété, soit aux diverses administrations et juridictions, soit aux conseils et aux chambres de discipline qui sont investis, par les art. 2, 3 et 5 de la loi de 1851, du pouvoir exclusif de déléguer ou de choisir les membres du bureau établis près les tribunaux civils de commerce et de paix, près les cours d'appel, près la cour de cassation et le conseil d'État; — Attendu que, si la difficulté soumise au bureau séant s'était produite devant un tribunal d'arrondissement ayant pour supérieur dans l'ordre hiérarchique judiciaire une cour d'appel, le titre des « règlements de juges », au code de procédure civile, fournirait le moyen légal de résoudre cette difficulté et de rétablir le cours interrompu de la justice; qu'en effet, d'après la jurisprudence des cours d'appel et de la cour de cassation (jurisprudence dont la cour de Pau, 1re ch., a fait l'application, notamment dans quatre arrêts inédits en date des 6 févr., 4 juin, 11 déc. 1878 et 3 févr. 1879, affaires de la dame veuve Bédouich contre les mariés Dutlaux), il y a lieu à « règlements de juges », non seulement quand il existe un conflit positif ou négatif entre différents tribunaux, mais aussi lorsqu'un tribunal se trouve, par suite d'abstentions ou d'empêchements, dans l'impossibilité de se constituer; or, en pareil cas, c'est à la cour d'appel à laquelle ressortit ce tribunal, et non à la cour de cassation, qu'il appartient de prononcer le renvoi devant un autre tribunal du ressort; — Or, attendu qu'il existe des différences essentielles entre la récusation, autorisée par l'art. 378 c. proc. civ., et l'abstention volontaire d'un juge, qu'ainsi, d'après la jurisprudence constante de la cour suprême formulée notamment dans les deux arrêts de la chambre des requêtes des 2 juin 1832 et 6 août 1844, la disposition de l'art. 380 c. proc. civ. n'est pas limitative et n'exclut pas les motifs d'*abstention* qui ne seraient pas des causes valables de *récusation;* la loi s'en remet à la conscience du magistrat et aux lumières de la chambre dont il est membre, pour apprécier les motifs qui le déterminent à s'abstenir; il n'existe ni procès, ni débat lorsqu'un magistrat reconnaît et déclare spontanément qu'une cause légitime, qu'un honorable scrupule l'oblige à s'abstenir; aucune disposition de loi n'exige, soit un jugement, soit un procès-verbal, pour constater les motifs d'abstention et leur admission par le tribunal ou la cour qui doit prononcer sur le litige; qu'il paraît résulter de cette jurisprudence que la légitimité des motifs qui portent un magistrat à s'abstenir ne saurait être soumise à l'appréciation et à la censure d'une autorité supérieure; — Attendu qu'en appliquant, par analogie, les principes jurisprudentiels qui viennent d'être rappelés, le bureau séant ne saurait se faire juge de la légitimité des motifs d'abstention qui ont eu pour résultat d'empêcher, dans l'espèce, le bureau de Dax de se constituer et de statuer sur la demande de Destrian; qu'il semble à la fois plus juridique de procéder par la voie du règlement de juges; que, de la sorte, par la désignation d'un bureau autre que celui de Dax devant lequel Destrian va être renvoyé à se pourvoir, le cours de la justice, depuis trop longtemps interrompu, sera rétabli selon le vœu de la loi; — Attendu qu'à l'appui de cette solution on peut invoquer une décision du bureau d'assistance, près la cour d'appel de Bordeaux, du 21 mai 1856, portant que, dans le cas où un bureau d'assistance établi près un tribunal civil d'arrondissement ne se trouve pas, par suite de l'abstention de plusieurs de ses membres, à raison de leur parenté avec l'une des parties, en nombre suffisant pour statuer sur la demande, il appartient au bureau près la cour d'appel du ressort de renvoyer l'affaire devant un autre bureau de son choix, par analogie des art. 363 et 368 c. proc. civ.; — Par ces motifs, décide qu'il y aura lieu de renvoyer Bernard Destrian à se pourvoir devant le tribunal civil de Pau, qu'il désigne pour statuer sur la demande que ledit Destrian avait porté le 22 juill. 1880 devant le bureau de Dax.

Du 9 août 1881.-Bureau d'assistance judiciaire de Pau.-M. Lassère, av., pr.

teur de 1851. Elle accorde l'assistance judiciaire non seulement pour l'obtention du jugement, mais encore pour son exécution. C'est, en effet, dans les petits procès, que la difficulté d'exécuter les jugements est le plus sensible. Enfin elle comble encore une lacune de la loi de 1851, en étendant les bienfaits de l'assistance judiciaire aux actes de juridiction gracieuse. Elle permet d'accorder l'assistance judiciaire aux mineurs hors d'état de faire l'avance des frais de la délibération du conseil de famille, lorsqu'il s'agit, soit de leur nommer un tuteur ou un subrogé tuteur, soit simplement de donner un avis ou une autorisation.

SECT. 2. — DES EFFETS DE L'ASSISTANCE JUDICIAIRE (*Rép.* n°s 768 à 783).

437. La délibération d'un bureau d'assistance judiciaire qui détermine l'objet de l'action à raison de laquelle il accorde le bénéfice de l'assistance n'a point pour effet de restreindre et de limiter cette action, mais uniquement de permettre à celui qui a obtenu ce bénéfice d'ester en justice, en jouissant des avantages que la loi confère aux personnes indigentes ou hors d'état de faire face aux frais d'une instance (Trib. Seine. 28 déc. 1885, aff. Placet, D. P. 91. 1. 73; Limoges, 3 déc. 1887(1); Nancy, 24 janv. 1891, aff. Consorts Clément, D. P. 92. 2. 19). Les décisions du bureau d'assistance judiciaire ont, en effet, si peu d'influence sur l'étendue des actions à exercer, qu'elles ne peuvent être produites et discutées en justice (L. 22 janv. 1851, art. 12, *in fine*), que l'adversaire de l'assisté n'est pas recevable à contester le bien fondé de la décision qui lui a accordé ce bénéfice et que le tribunal lui-même, ainsi qu'on l'a vu au *Rép.* n° 761, ne peut pas se la faire représenter en chambre du conseil.

438. Mais s'il arrivait qu'une partie ait profité des avantages accordés par la loi du 22 janv. 1851 sans qu'une décision préalable l'ait admise au bénéfice de l'assistance, ou en dehors des termes d'une décision relative à un objet déterminé, quelle serait la sanction? La chambre civile a eu l'occasion de juger que l'emploi de papier libre au lieu de papier timbré ne pouvait entraîner la nullité de l'acte (Civ. rej. 12 mars 1839. *Rép.* v° *Cassation*, n° 1148); ce n'est là qu'une application pure et simple de l'art. 1030 c. proc. civ., aux termes duquel aucun exploit ou acte de procédure ne peut être déclaré nul si la nullité n'en est pas formellement prononcée par la loi. Il y a évidemment lieu de décider de même, par identité de motifs, à l'égard de l'enregistrement en débet puisque, comme le dit le jugement du tribunal de la Seine du 28 déc. 1885, cité *suprà* n° 437, les actes enregistrés en débet n'en sont pas moins des actes enregistrés. D'où il suit que, contrairement à l'opinion émise par l'arrêt de la cour de Limoges du 3 déc. 1887 (*suprà, ibid.*), aucune nullité ne peut être encourue. Mais il est une sanction qui s'impose, c'est l'exigibilité immédiate des droits, honoraires, émoluments et avances de toute nature dont le plaideur a bénéficié. Telle est, en effet, la règle dans le cas où le bénéfice de l'assistance est retiré (L. 22 janv. 1851, art. 24); or il n'y a pas de raison pour qu'il en soit autrement, quand le bénéfice n'a même pas été accordé : cela découle tout simplement des principes généraux. — Ajoutons qu'une amende serait également exigible : la chambre civile l'a ainsi jugé, en ce qui touche l'emploi du papier libre au lieu du papier timbré (Arrêt précité du 12 mars 1839); la même décision doit s'étendre au cas d'enregistrement en débet.

439. La question suivante s'est posée depuis la publication du *Répertoire*, lorsque la partie admise à l'assistance judiciaire vient à être déclarée en faillite au cours de l'action pour laquelle ce bénéfice lui a été accordé, l'assistance doit-elle être continuée au syndic qui reprend l'instance? Par décision du 1er déc. 1881, le bureau d'assistance judiciaire près la cour de Bordeaux s'est prononcé pour la négative (D. P. 82. 3. 72), par le motif que le syndic d'une faillite « quand il agit pour le recouvrement de l'actif, est le représentant de la masse des créanciers, bien plus encore que du failli ». — Cette décision n'est pas à l'abri de la critique, et l'on a indiqué (D. P. *ibid.*, note) les objections qu'elle peut soulever. D'une part, a-t-on dit, si l'action pour laquelle l'assistance a été accordée à l'indigent est relative à la personne du failli, comme le failli n'est point frappé d'incapacité quant à l'exercice des droits exclusivement attachés à sa personne (V. *suprà*, v° *Faillite*, n°s 463 et suiv.), et qu'il conserve le droit d'ester en justice soit en demandant, soit en défendant, lorsqu'il s'agit de ces actions, il ne paraît pas douteux que le bénéfice de l'assistance ne saurait lui être retiré, à moins qu'il ne se trouve dans les circonstances spéciales prévues par l'art. 21 de la loi du 22 janv. 1851. La solution dont s'agit n'aurait donc pas d'application dans ce cas, puisque l'action n'est pas poursuivie par le syndic de la faillite, mais par le failli lui-même. D'autre part, il est vrai de dire, comme le fait la décision actuelle, que, lorsqu'il poursuit le recouvrement de l'actif, le syndic représente surtout les créanciers; mais il représente aussi le failli, car, hors des cas exceptionnels dans lesquels celui-ci intente une action relative à ses droits personnels, l'exercice des actions actives et passives de ce failli appartient exclusivement au syndic qui lui est substitué (*suprà*, eod. v°, n°s 447 et suiv.). Si le syndic représente alors le failli, s'il prend sa place dans l'instance, pourquoi ne jouirait-il pas du bénéfice qui a été accordé à celui-ci pour cette instance? Pourquoi faire à cet égard une distinction entre le représentant et le représenté? N'est-ce pas la même personne juridique qui plaide et dans le même procès?

440. Au nombre des avances que le Trésor est tenu de faire à l'assisté, une décision du ministre des finances, en date du 17 mars 1882 (D. P. 83. 5. 30), porte qu'il faut comprendre les frais d'insertion des publications ordonnées par l'art. 770 c. civ. pour introduire une demande d'envoi en possession de la succession d'un conjoint prédécédé sans héritiers connus. Il en est de même des frais d'insertion des demandes en séparation de biens prescrites par l'art. 868 c. proc. civ.; mais il en est autrement des frais d'insertion des demandes en séparation de corps ou en divorce, et des jugements de séparation de biens, de corps ou de divorce, ces insertions n'étant pas exigées par la loi (Sol. de l'admin. de l'Enregistr., 16 févr. 1891, *Journ. de l'enregistr.*, n° 23938. V. *suprà*, v° *Enregistrement*, n°s 2721 et suiv. V. aussi notre *Supplément au Code de procédure civile*, n°s 12722 et suiv.).

441. L'obtention de l'assistance judiciaire ne pouvant pas avoir d'effet rétroactif, il n'y a pas lieu de restituer l'amende d'appel antérieurement consignée par l'assisté ou par son adversaire (Sol. de l'admin. de l'Enregistr. 27 févr. 1868) (2).

442. Il résulte des art. 17 et 18 de la loi du 22 janv. 1851

---

(1) (Veuve Lacelle C. Époux Beaufils.) — LA COUR; — Sur les autres chefs de l'appel : — Attendu que les premiers juges ont repoussé les autres prétentions de l'appelante en se fondant sur ce que, n'ayant obtenu l'assistance judiciaire qu'à l'effet de poursuivre l'épouse Beaufils au sujet de ses prétendus droits dans la succession de Jeanne Bignet, elle n'était pas autorisée à étendre ce bénéfice à d'autres chefs de demande, et qu'elle n'était, par suite, pas recevable à les faire valoir devant le tribunal dans ces conditions; mais que le tribunal était régulièrement saisi par l'assignation du 15 févr. 1887, introductive d'instance, dûment visée pour timbre et enregistrée; que, sans doute, la loi du 22 janv. 1851 sur l'assistance judiciaire décide, à l'art. 14, que le visa pour timbre et l'enregistrement en débet n'ont d'effet, quant aux actes et titres produits par l'assisté, que pour le procès dans lequel la production a eu lieu; que la conséquence à tirer de cette prescription de la loi, c'est que, la veuve Lacelle n'ayant pas l'assistance pour les susdits chefs de demande, le visa pour timbre et l'enregistrement en débet doivent être considérés comme n'ayant pas d'effet quant à ces chefs pour le procès actuel, ce qui pourrait entraîner une mesure fiscale contre l'huissier et même la nullité de son exploit quant à cette partie de la demande, puisque le défaut d'enregistrement d'un exploit dans les quatre jours de sa date en entraîne la nullité, d'après les art. 20 et 34 de la loi du 22 frim. an 7; mais que cette nullité, n'ayant pas été demandée en première instance ni en appel, a été couverte par la défense au fond; que les premiers juges ont mal à propos écarté les conclusions de la veuve Lacelle par le motif qu'elles étaient non recevables; — Par ces motifs, infirme

Du 3 déc. 1887.-C. de Limoges.-M. Tunis, pr.

(2) (Chemin de fer du Nord.) — La dame V... ayant interjeté appel d'un jugement rendu contre elle, au profit de la Compagnie des chemins de fer du Nord, mais n'ayant pas consigné l'amende, la Compagnie intimée a effectué cette consignation, le 20 déc.

sur l'assistance judiciaire que, dans le cas de condamnation aux dépens prononcée contre l'adversaire de l'assisté, il appartient à l'administration de l'Enregistrement de suivre, en vertu d'un exécutoire délivré à son profit contre le condamné, le recouvrement des droits, frais, honoraires et émoluments compris dans la taxe. Mais, en principe, elle n'est fondée à poursuivre ce recouvrement qu'autant que le jugement a été signifié à avoué et à partie et qu'il a acquis force de chose jugée (Trib. Charleville, 12 mai 1891, *Journ. de l'enregistr.*, n° 23554). — Quant au mode de procéder, il y a divergence : deux jugements, l'un du tribunal de Mirecourt, du 15 oct. 1856 (Garnier, *Rép. gén.*, n° 2299-4°), l'autre du tribunal de Coutances, du 20 déc. 1888 (*Rép. de l'enregistr.*, n° 7216) décident qu'il faut toujours opérer par voie de contrainte; mais deux autres jugements, l'un du tribunal de Montpellier, du 16 mars 1863 (Garnier, *loc. cit.*), l'autre du tribunal d'Orthez, du 21 mai 1890 (*Journ. de l'enregistr.*, n° 23433) décident au contraire, et avec raison, selon nous, que l'on doit agir non par voie de contrainte, mais au moyen de la signification de l'exécutoire, suivie de commandement (Conf. *Dict. des droits d'enregistr.*, v° *Assist. judic.*, n° 51). Ajoutons que l'adversaire de l'assisté qui a exécuté le jugement ne peut repousser le recours de l'Administration, sous prétexte que ce jugement est nul (Rethel, 20 nov. 1889, *Journ. de l'enregistr.*, n° 23310).

On a élevé à plusieurs reprises la question de savoir si ce recouvrement peut être poursuivi alors même que, l'adversaire de l'assisté ayant été condamné par défaut sans constitution d'avoué, le jugement se trouve périmé, au regard de l'assisté, faute par celui-ci d'en avoir assuré l'exécution dans le délai de six mois, conformément à la disposition de l'art. 156 c. proc. civ. Cette question, résolue de diverses manières par les décisions ministérielles des 29 avr. 1853 et 5 juin 1862, puis par les tribunaux auxquels elle a été soumise (Trib. de la Seine, 13 juin 1868; Trib. de Boulogne-sur-Mer, 23 juill. 1868 ; Trib. de la Seine, 21 déc. 1872, D. P. 73. 5. 31), a fait l'objet d'un nouvel examen. Sur la proposition du directeur général et conformément à l'avis du garde des sceaux, le ministre des finances a décidé, le 3 oct. 1876, que la péremption acquise au condamné, dans ses rapports avec l'assisté, en vertu de l'art. 156 c. proc. civ., est opposable à l'Administration, et qu'elle fait obstacle, en conséquence, à la poursuite des dépens, accessoires de la condamnation principale. Il résulte de la même décision que l'Administration doit pareillement surseoir aux poursuites lorsque, le délai précité de six mois n'étant pas encore expiré, le condamné auquel le payement est demandé se prévaut de cette circonstance que l'assisté n'a pas encore assuré l'exécution du jugement par défaut, lequel demeure, par suite, susceptible de péremption conformément à la loi. Rien ne s'oppose toutefois à ce que, dans cette hypothèse, l'Administration prenne les mesures conservatoires auxquelles il pourrait être opportun de recourir. Les receveurs doivent, dans tous les cas où la péremption acquise ou simplement éventuelle leur est opposée, se livrer à toutes les investigations nécessaires pour contrôler à cet égard la sincérité des allégations formulées par les parties. Il leur est prescrit, notamment, de se concerter, pour obtenir les renseignements nécessaires, avec les officiers publics ou ministériels intéressés, comme le Trésor, au payement des condamnations prononcées. Ils assurent ce payement par les voies de droit, toutes les fois que les recherches effectuées ont amené la découverte d'actes ou de faits établissant juridiquement l'exécution, volontaire ou forcée, des jugements par défaut, conformément à l'art. 159 c. proc. civ. (Déc. min. fin. 3 oct. 1876; Instr. n° 2561 de l'admin. de l'Enregistr. du 10 oct. 1876).

443. Dans le cas où l'assistance judiciaire a été accordée pour obtenir l'exécution d'un jugement (V. *suprà*, n° 431), l'administration de l'Enregistrement n'est point fondée, après qu'un exécutoire a été délivré à son profit contre l'adversaire de l'assisté à la suite de la confirmation du jugement en appel, à réclamer la délivrance d'un autre exécutoire contre l'assisté lui-même pour les droits d'enregistrement dudit jugement (Bastia, 2 janv. 1878, aff. Montecattini, D. P. 78. 2. 169). L'art. 14 de la loi du 22 janv. 1851, dont excipait l'administration de l'Enregistrement, ne vise, en effet, que les titres produits par l'assisté antérieurement au jugement ; et c'eût été lui donner une extension qu'il ne comporte nullement que de vouloir l'appliquer au jugement lui-même. Mais le système, justement condamné par l'arrêt de la cour de Bastia, n'aurait pas eu pour conséquence, comme l'énonce cet arrêt, de faire percevoir deux droits simples d'enregistrement sur le jugement, l'un en tant que jugement, l'autre comme acte produit. Il est évident que, dans tous les cas, les droits d'enregistrement auxquels le jugement a donné ouverture n'auraient pu être demandés qu'une seule fois (V. *suprà*, v° *Enregistrement*, n°s 151 et suiv.).

Ajoutons que les dépens au payement desquels les adversaires de l'assisté ont été condamnés sont dus par chacun d'eux pour sa part virile, et non proportionnellement à son intérêt dans l'instance (Sol. admin. Enregistr. 2 juill. 1868) (1).

444. Il a été jugé que la partie qui, ayant obtenu l'assistance judiciaire, succombe et est condamnée aux dépens, n'est pas dispensée de l'obligation de payer les dépens de la partie adverse, à l'égard desquels elle reste soumise aux règles du droit commun (Grenoble, 20 mars 1868, aff. Cluzel, D. P. 68. 5. 24). Cette décision est conforme au rapport de M. de Vatimesnil fait à l'Assemblée législative le 13 nov. 1850. « Nous répétons, y est-il dit (V. D. P. 51. 4. 31,

---

1866. L'assistance judiciaire a été accordée à la dame V... le 31 décembre. La Compagnie a demandé alors la restitution de la somme déposée, par le motif que la consignation n'avait été faite qu'en l'acquit de la dame V... laquelle s'en trouvait dispensée par suite de l'assistance judiciaire qu'elle avait obtenu. L'administration de l'Enregistrement a statué sur cette réclamation dans les termes suivants : « Il est vrai que la Compagnie du chemin de fer, au point de vue de l'amende de consignation, doit bénéficier de la situation de l'assistée elle-même. Or, la décision qui accorde l'assistance ne pouvant avoir d'effet rétroactif, et ne réglant le sort que des actes qui lui sont postérieurs, il en résulte que si c'était l'assistée elle-même qui eût fait, le 20 décembre, la consignation de l'amende d'appel, cette assistée ne pourrait invoquer l'assistance qui lui a été ultérieurement accordée pour obtenir la restitution de l'amende consignée. La décision doit être la même pour la Compagnie intimée, qui, au cas particulier, n'est que l'ayant cause de la dame V..., appelante. »

Du 27 févr. 1868.-Solution de l'administration de l'Enregistrement.

(1) (R...). — Le sieur R..., admis au bénéfice de l'assistance judiciaire, a obtenu un jugement condamnant ses quatre enfants à lui payer, à titre de pension alimentaire, savoir, deux d'entre eux chacun 5 francs, et les deux autres chacun 10 fr. par mois. Les frais ont été mis à la charge desdits enfants. L'Administration a été saisie de la question de savoir s'ils en étaient tenus solidairement et dans le cas de la négative, dans quelle proportion cette dette leur incombait ; elle l'a résolue dans les termes suivants : « Il est reconnu par les auteurs et par la jurisprudence que, les dépens sont personnels et que la solidarité n'existe pas de plein droit, en matière civile, entre les parties condamnées. — Mais, comment s'opère la division ? « Elle se fait, dit Dalloz (*Rép.*, v° *Frais et dépens*, n° 104), par tête *pro numerosuccum bentium*, et non en proportion de l'intérêt de chaque partie dans la cause (Merlin, *Répertoire*, v° *Dépens*, § 7; Favard, p. 537; Carré, n° 553). Supposons deux défendeurs, dont un intéressé dans le procès pour un tiers et l'autre pour les deux tiers. La partie intéressée pour un tiers seulement n'en devra pas moins la moitié des dépens au regard de la partie qui a gagné, comme au regard de son codéfenseur, intéressé pour les deux autres tiers, lequel ne payera que l'autre moitié à la partie qui obtient gain de cause ».

Ces principes sont applicables au recouvrement des frais en matière d'assistance judiciaire. La loi du 22 janv. 1851, en effet, n'a pas eu pour but ni pour effet de changer la situation respective des deux parties plaidantes (Rapport de M. de Vatimesnil, p. 40). Il eût été contraire à la justice que l'intérêt manifesté pour l'indigent pût avoir pour résultat d'aggraver la dette de son contradicteur. Il en résulte que l'Administration n'a contre le débiteur de l'assisté que l'action même que lui accorde le droit commun, et que, par conséquent, dans l'espèce ci-dessus, les frais à recouvrer sont dus par les quatre enfants du sieur R..., chacun pour un quart, bien que le service de la pension alimentaire leur ait été imposé par le jugement dans des proportions inégales ».

Du 2 juill. 1868.-Solution de l'administration de l'Enregistrement.

n° 49, *in fine*), que, selon nous, l'assistance ne doit rien changer à la situation de la partie adverse de l'assisté. En appliquant ce principe aux dépens, on trouve que cette partie adverse, si elle est condamnée, doit payer les dépens comme s'il n'y avait pas eu d'assistance, de même que, dans le cas où elle obtient gain de cause, ses droits contre l'assisté, relativement aux dépens, sont exactement ce qu'ils auraient été si celui-ci n'avait pas été admis au bénéfice de l'assistance ». — V. Brière-Valigny, *Code de l'assist.*, p. 157 ; V. aussi Doublet, *Revue pratique*, t. 14, p. 307, n° 93.

445. En ce qui concerne les désistements après appel, dont le *Répertoire* s'occupe au n° 778, il a été jugé, conformément aux principes qui y sont énoncés, que l'administration de l'Enregistrement peut réclamer le montant des frais de l'instance à l'adversaire de la partie assistée, qui, après avoir interjeté appel du jugement qui l'a condamné, ne donne pas suite à cet appel (Trib. Seine, 20 juin 1868 (1); Trib. Lyon, 26 mars 1886, *Journ. de l'enreg.*, 1886, 310); ... ou même si l'assisté se désiste de son action (Trib. Villefranche-sur-Saône, 26 juin 1868) (2). — V. Garnier, *Répert. gén. de l'enreg.*, v° *Assistance judiciaire*, n° 1653-4° ; Dorigny, *De l'assistance judiciaire*, p. 75; *Dict. des droits d'enreg.*, v° *Asssistance judiciaire*, n°s 75 et suiv.

Jugé, dans cet ordre d'idées, que les transactions ou désistements intervenus entre la partie admise à l'assistance judiciaire et son adversaire en ce qui concerne les dépens ne peuvent, en aucun cas, faire obstacle aux droits de l'administration de l'Enregistrement : ainsi, si un désistement intervient après appel formé par l'adversaire de la partie assistée, lequel avait été condamné aux entiers dépens par le tribunal de première instance, la clause de ce désistement portant que chaque partie gardera ses dépens n'est pas opposable à l'Administration; mais la partie assistée ne peut pas s'en prévaloir pour s'opposer à ce qu'il soit donné acte par la cour du chef du désistement relatif aux dépens (Chambéry, 30 oct. 1888, aff. Maitral, *France judiciaire*, 1891, p. 26).

446. Les instructions de la chancellerie recommandent la prompte expédition des affaires d'assistance judiciaire à la sollicitude des magistrats. (V. notamment Circ. min. 12 juin 1889 et 30 oct. 1891). Une proposition de loi déposée à la Chambre des députés par M. Challet, le 22 déc. 1891 (*Journ. off.* Doc. parl. Ch. annexe n° 1836), vise le même but : obligation pour les bureaux de statuer dans la quinzaine de la date à laquelle ils ont été saisis par le parquet ; obligation pour les parquets de veiller à l'instruction des affaires et à leur mise au rôle; institution d'un rôle spécial aux affaires d'assistance judiciaire; établissement d'une audience supplémentaire une fois par semaine ou tous les quinze jours, selon les besoins du service, pour l'expédition des affaires de cette catégorie ; état mensuel à fournir au procureur général. Cette proposition a été prise en considération le 21 juin 1892. Une autre proposition, déposée sur le bureau de la Chambre, le 8 juillet suivant, par MM. Engeraud, Tony-Révillon et du Saussay (*Journ. off.*; Doc. parl., annexe n° 2268), tend à faire juger à bref délai les affaires d'assistance judiciaire présentant un caractère d'urgence.

SECT. 3. — DU RETRAIT DE L'ASSISTANCE JUDICIAIRE (*Rép.* n°s 784 à 793).

447. Il a été jugé, depuis la publication du *Répertoire*, que l'avoué de l'assisté peut se faire solder ses frais par tous les modes de droit commun, et notamment au moyen de l'exécutoire, s'il est établi que son client est actuellement en état de payer; et ce, sans provoquer, au préalable, par l'entremise du ministère public, le retrait de l'assistance judiciaire (Chambéry, 2 févr. 1887, aff. Richard, D. P. 87. 2. 219). M. E. Glasson a critiqué avec raison cet arrêt (V. D. P. *ibid.* note). Il résulte de l'art. 21 de la loi de 1851 que l'assistance judiciaire peut être retirée même après le jugement. Sans doute l'avoué n'a pas qualité pour provoquer lui-même cette mesure (art. 22) ; « mais rien ne s'oppose à ce qu'il s'adresse au ministère public, lequel saisira le bureau de la question. C'est qu'en effet l'assistance judiciaire ne peut être retirée que par le bureau qui l'a accordée ; et, tant que ce retrait n'a pas eu lieu, il est tout naturel que le bénéfice en reste acquis à celui qui l'a obtenue. Permettre à l'avoué d'agir de la manière autorisée par l'arrêt rapporté, c'est en réalité faire cet officier ministériel juge de la question du retrait de l'assistance judiciaire ».

SECT. 4. — DE L'ASSISTANCE JUDICIAIRE EN MATIÈRE CRIMINELLE ET CORRECTIONNELLE (*Rép.* n°s 794 à 799).

448. — V. *Rép.* n°s 794 et suiv.

CHAP. 5. — Des casiers judiciaires
(*Rép.* n°s 800 à 812).

449. — I. BULLETINS N° 1. — On a vu au *Rép.*, n° 802, dans quels cas il y a lieu ou non d'établir un bulletin n° 1. Ajoutons qu'il faut constater par un bulletin toute condamnation encourue en matière de chasse (Décis. min. 30 oct. 1856), ou de pêche fluviale (Circ. min. 8 déc. 1868, § 12); toute décision disciplinaire à l'égard des militaires et des marins ayant un caractère judiciaire ou entraînant des incapacités (Même circ., § 11); tout jugement d'ouverture d'une liquidation judiciaire, puisqu'il rend le débiteur incapable d'exercer une fonction élective quelconque (L. 4 mars 1889, art. 21). — Mais les condamnations à l'amende en matière de pêche côtière ne donnent pas lieu à la délivrance d'un bulletin (Décis. min. just. 15 juin 1853).

450. Pour faciliter l'application de la loi du 27 mai 1885 sur les récidivistes, les bulletins n° 1 doivent indiquer la date précise des infractions qui ont motivé la condamnation (Circ. min. just. du 8 janv. 1890, § 4). — V. *infrà*, n° 468.

451. Les bulletins relatifs aux jeunes délinquants auxquels a été appliqué l'art. 66 c. pén. doivent être rédigés sur

(1) (Heyser C. Enregistrement). — LE TRIBUNAL; — Attendu qu'aux termes des art. 17 et 18 de la loi du 22 janv. 1851, la condamnation prononcée contre l'adversaire de la partie qui a obtenu l'assistance judiciaire rend exigibles contre lui, au profit de l'administration de l'Enregistrement qui en a fait l'avance, tous les frais dont l'assisté avait été tenu ; — Attendu que si les époux Heyser ont, le 12 août 1864, fait appel du jugement du tribunal de la Seine du 28 juin précédent, qui les condamnait à payer 3175 fr. à Schiffmann, lequel aurait été admis à l'assistance judiciaire, ils n'ont pas suivi sur cet appel; qu'il y a lieu d'en conclure qu'ils s'en sont désistés et ont exécuté le jugement dont il s'agit; qu'il ne peut dépendre d'une partie de se soustraire au payement des frais auxquels elle a été condamnée, en relevant ainsi un appel auquel elle ne suivrait jamais, vis-à-vis de l'Administration qui n'a pas qualité pour demander la péremption de l'instance; — Par ces motifs, déclare les époux Heyser mal fondés en leur opposition, les en déboute, les condamne à payer, dans la quinzaine de la signification du présent jugement, les frais avancés de première instance dans leur procès avec Schiffmann, etc.;

Du 20 juin 1868. Trib. civ. de la Seine.

(2) Barge et Gourdiat C. Enregistrement). — LE TRIBUNAL. — Attendu que, suivant un jugement de ce tribunal rendu le 16 févr. 1866, Barge et Gourdiat ont été condamnés à servir à Pezetti : 1° une rente viagère de 300 fr.; 2° à lui payer une somme de 500 fr.; 3° et aux dépens de l'instance ; — Attendu qu'à la date du 12 juin de la même année, par acte reçu par Me Monin, notaire à Villefranche, Pizetti s'est désisté de l'action qu'il avait formée ; — Attendu qu'aux termes du droit le désistement emporte, de la part du désistant, soumission de payer les frais; — Mais attendu que Pizetti a été admis au bénéfice de l'assistance judiciaire par décision du 7 juin 1865 ; — Attendu que l'assistance judiciaire n'est accordée que sous la condition expresse qu'en cas de condamnation les frais seront distraits à l'administration de l'Enregistrement; que la loi du 22 avr. 1851 est formelle à cet égard; qu'en effet, il résulte du texte même de l'art. 18 que la condamnation est prononcée et l'exécutoire délivré au nom de l'administration de l'Enregistrement; — Attendu que nul n'est censé ignorer la loi ; — Que Barge et Gourdiat savaient donc qu'en acceptant le débat et en défendant l'action, ils seraient tenus, en cas de condamnation, du montant des frais vis-à-vis le trésor public ; — Que c'est là une obligation résultant de la loi elle-même ; — Attendu que, d'après les principes sur la matière, un débiteur ne saurait être substitué à un autre débiteur que du consentement des créanciers; — Attendu que l'acte du 12 juin 1866 est étranger à l'administration de l'Enregistrement; qu'elle n'y a même pas figuré comme partie; — Que, dès lors, elle ne saurait être tenue d'accepter Pezetti comme débiteur en lieu et place de Barge et Gourdiat;

D'après ces motifs, etc.

Du 26 juin 1868.-Trib. civ. de Villefranche-sur-Saône.

du papier d'une couleur spéciale (rouge), afin que l'on puisse distinguer, au besoin, lors de la délivrance des bulletins n° 2, comme on le verra *infrà*, n° 463, les condamnations qui doivent y être relevées de celles qui ne doivent pas y figurer (Circ. min. 8 déc. 1868, § 17).

452. Les condamnations par contumace ou par défaut doivent, comme les condamnations contradictoires, être constatées par des bulletins (Circ. min. just. 30 déc. 1850, § 9, et 1er juill. 1856, § 12). Quand un jugement de défaut a été signifié, la date de la signification doit y être mentionnée (Circ. min. just. 30 déc. 1873, § 10). S'il arrive qu'un condamné par défaut acquiesce au jugement ou qu'il soit incarcéré en vertu de ce jugement, il y a lieu d'en informer le dépositaire du bulletin n° 1, afin que cette circonstance y soit inscrite (Circ. min. just. 8 déc. 1875, § 15). On procède de même en cas d'opposition : si l'opposant est acquitté, le bulletin classé au casier doit être détruit; s'il est condamné, un nouveau bulletin prend au casier la place de celui qui avait été préliminairement dressé (Circ. min. 8 déc. 1868, § 13). Les mêmes mesures sont applicables en matière de contumace (Circ. min. just. 29 nov. 1869).

453. Toute décision gracieuse (grâce, commutation ou réduction de peine) doit être mentionnée sur les bulletins n° 1, classés soit au casier d'arrondissement, soit au casier central (Circ. min. just. 28 avr. 1875, § 1). Il en est de même des libérations conditionnelles et des arrêtés révoquant cette mesure (Circ. min. just. 28 juin et 20 juill. 1888).

454. L'art. 6 de la convention additionnelle avec l'Allemagne, ratifiée par l'Assemblée nationale le 9 janv. 1872, pose en principe l'échange entre les deux gouvernements des bulletins des casiers judiciaires concernant les Alsaciens et les Lorrains. D'après le quatrième alinéa de cet article, la France doit remettre à l'Allemagne les bulletins des condamnations prononcées par nos tribunaux contre les individus originaires des territoires cédés qui sont devenus sujets allemands. Ces bulletins sont transmis tous les mois à la chancellerie par l'intermédiaire du procureur général, pour être adressés par voie diplomatique au gouvernement allemand (Circ. min. just. du 24 févr. 1872). Ils portent la mention : *sujet allemand*, et sont rédigés en double, un des exemplaires devant rester au casier central. C'est du reste ce qui se pratique avec les gouvernements d'Autriche, de Belgique, de Suisse, d'Italie, du Pérou, et avec les autorités judiciaires du grand-duché de Luxembourg (Circ. min. just. des 5 mai 1877 et 30 nov. 1878, *Bulletin de la Société générale des prisons*, année 1883, p. 637 et suiv.).

455. De même, les condamnations prononcées contre des individus originaires des colonies françaises ou de l'Algérie donnent lieu à l'établissement de deux bulletins n° 1 destinés l'un au casier central, l'autre au casier du lieu d'origine des condamnés (Circ. min. just. 23 mai 1853, § 9, et 29 nov. 1869, § 8).

456. Quant aux bulletins concernant les Alsaciens-Lorrains restés volontairement Français, ils sont envoyés au procureur général pour être déposés au casier central, comme s'appliquant à des individus nés hors du territoire (Circ. min. just. 24 févr. 1872). Ces bulletins doivent présenter, lisiblement et correctement écrits : 1° la commune d'origine; 2° l'ancien arrondissement auquel appartenait cette commune ; 3° les mots « Alsace-Lorraine », et non le mot « Prusse ». Enfin, pour faciliter la distinction à faire entre les bulletins destinés au casier central et ceux qui doivent être transmis au casier d'origine, il est prescrit de consigner en marge la mention de l'option pour la nationalité française, au cas où elle a eu lieu (Circ. min. 10 févr. 1873).

457. La loi du 15 juill. 1889 sur le recrutement de l'armée édictant, comme l'avait fait celle de 1872, d'une part des cas d'exclusion, de l'autre ce principe que le temps pendant lequel un militaire de l'armée active, un réserviste ou un homme de l'armée territoriale a subi la peine de l'emprisonnement en vertu d'un jugement, ne compte pas pour les années de service exigées par la loi, s'il a eu pour effet d'empêcher d'accomplir, au moment fixé, tout ou partie des obligations d'activité, le greffier du tribunal de la condamnation doit délivrer au commandant du dépôt de recrutement de la subdivision, en vue de la tenue du registre matricule, des duplicata des bulletins n° 1, constatant les jugements qui portent condamnation à des peines corporelles, contre les hommes de 20 à 45 ans (50 ans, pour les hommes du contingent algérien) assujettis au service militaire. Cet officier conserve les bulletins des hommes inscrits sur ses contrôles et transmet à ses collègues les bulletins des hommes dépendant de leurs subdivisions respectives. Tous les bulletins doivent mentionner la classe, le canton et le numéro du tirage, au dos (Circ. min. just. 11 avril 1891). Ces duplicata sont délivrés par le casier central pour les condamnés dont le lieu de naissance est inconnu (même circulaire); ou qui, nés hors de France, pourraient être astreints au service militaire, comme les Alsaciens-Lorrains ayant opté pour la nationalité française, les étrangers naturalisés, si leur domicile n'est pas connu (Circ. min. just. 19 févr. 1874). Aussi est-il essentiel, quand les individus nés à l'étranger sont Français, par naturalisation ou autrement, que les bulletins n° 1 l'indiquent ; sinon, les rangs de l'armée pourraient être ouverts à des indignes (Circ. min. just. 8 déc. 1875, § 10). — Enfin, aussi bien en vue de l'accomplissement des périodes d'exercices en temps de paix qu'en vue d'une mobilisation, le parquet doit faire connaître au bureau de recrutement du lieu de la condamnation les réductions ou commutations relatives aux peines corporelles encourues par des hommes liés au service militaire (Circ. précitée du 11 avr. 1891).

Quant aux jeunes soldats des classes, l'autorité militaire ayant intérêt à faire constater exactement leurs antécédents judiciaires, les commandants des bureaux de recrutement dressent, chaque année, dès la clôture des opérations de la revision, des états nominatifs comprenant les jeunes gens inscrits sur la liste du contingent comme susceptibles d'être appelés sous les drapeaux. Le procureur de la République, à qui ces états sont directement envoyés avec les renseignements nécessaires pour faciliter les recherches, doit porter la mention « néant » en regard du nom des jeunes gens qui n'auraient subi aucune des condamnations visées par les art. 4 et 5 de la loi du 15 juill. 1889. En ce qui concerne les individus ayant subi l'une des condamnations précitées, le procureur de la République doit établir des extraits, qu'il adresse au commandant du bureau de recrutement en lui renvoyant les états nominatifs annotés comme il est dit ci-dessus (Circ. min. just. 17 avr. 1885). Ces dispositions sont applicables aux hommes des services auxiliaires susceptibles d'être désignés, en cas de mobilisation, pour remplir certaines missions spéciales (Circ. min. just. 17 juin 1890).

458. A l'égard des marins ou militaires de la marine en activité de service et des individus faisant partie de la réserve de l'armée de mer ou soumis à l'inscription maritime, des duplicata des bulletins n° 1 sont transmis au département de la marine et, par ce département, au port intéressé (Circ. min. just. 14 août 1876, § 8, et 13 mars 1891).

459. En vue d'éviter l'encombrement des casiers, il a été prescrit d'extraire les bulletins des condamnés âgés de plus de quatre-vingts ans. Cette opération, accomplie pour la première fois le 1er janv. 1870, doit être renouvelée tous les dix ans ; et pour la rendre plus simple, il faut indiquer en tête des bulletins n° 1, et d'une façon apparente, l'année de naissance des condamnés (Circ. min. 8 déc. 1868, § 20).

460. Afin d'éclairer plus facilement l'Administration sur la capacité des citoyens inscrits sur les listes électorales, le ministre de la justice a décidé, de concert avec le ministre de l'intérieur, qu'à partir du 1er janv. 1875 des duplicata des bulletins n° 1 devront être transmis (V. *suprà*, v° *Droit politique*, n° 72) aux sous-préfectures des lieux de naissance des condamnés frappés d'incapacité, de manière à créer pour l'avenir un casier administratif des élections (Circ. min. just. 18 déc. 1874). On doit procéder de même à l'égard des commerçants déclarés en faillite ou admis au bénéfice de la liquidation judiciaire (Circ. min. just. 27 août 1875 et 6 avr. 1889).

461. Enfin, l'application de la loi du 23 janv. 1873 sur l'ivresse a amené la création d'un casier spécial tenu au parquet. Ainsi, toutes les fois qu'un individu est condamné pour un premier ou un deuxième fait d'ivresse, le greffier doit adresser un bulletin au procureur de la République de l'arrondissement. Pour éviter l'encombrement, les bulletins peuvent être détruits après douze mois écoulés de la condamnation (Circ. min. just. 23 févr. 1874).

462.— II. BULLETINS N° 2. — La publicité du casier judiciaire a d'abord été la règle; les bulletins n° 2 pouvaient être délivrés aux administrations publiques et même aux simples particuliers, toutes les fois que la demande reposait sur des motifs sérieux et légitimes, dont le parquet était juge (Circ. min. just. 6 nov. 1850, § 4 et 9; 30 déc. 1850, § 12; 4 juin 1851; 23 mai 1853). Il n'en est plus de même aujourd'hui: les circulaires du 14 août 1876, du 6 déc. 1876 et du 4 déc. 1884 posent en principe absolu que les bulletins n° 2 ne doivent jamais être délivrés à des tiers. On a voulu, par ce moyen, favoriser le relèvement moral des libérés et prévenir les récidives. — Mais la manière dont les demandes étaient introduites n'offrait aucune garantie en ce qui touchait la constatation de l'identité de l'impétrant. Pour obvier à cet inconvénient, la circulaire ministérielle du 8 janv. 1890, § 6, dispose que toute demande du bulletin n° 2 formée dans un intérêt personnel doit être adressée au procureur de la République par écrit et signée par le pétitionnaire lui-même. Après qu'il y a été fait droit, la demande est classée au greffe, pour qu'on puisse y recourir en cas de besoin.

La circulaire ministérielle du 9 juill. 1892 explique que la loi des 26-27 janv. 1892 (D. P. 92. 4. 16), dont l'art. 5 dégrève du droit de timbre le bulletin n° 2, n'ayant abrogé à cet égard ni expressément ni tacitement l'art. 12 de la loi du 13 brum. an 7, les demandes de bulletins doivent toujours être faites sur timbre. Cette explication était nécessaire après ce qui avait été dit au cours de la discussion. Mais, pour rentrer le plus possible dans l'esprit de la loi, cette circulaire ne s'oppose pas à ce que les parquets admettent, en cette matière, des demandes orales.

463. Quant aux mentions que doivent contenir les bulletins n° 2, il y a lieu de distinguer: s'ils sont demandés par le ministère public, ils reproduisent toutes les condamnations révélées par les bulletins n° 1, sauf celles suivies d'une loi d'amnistie (Circ. min. just. 4 déc. 1886, § 4), avec la date précise des infractions qui ont motivé ces condamnations (Circ. min. just. 8 janv. 1890, § 4). Dans le cas contraire, on ne doit y faire figurer ni les décisions rendues contre les jeunes délinquants par application de l'art. 66 c. pén. (Circ. min. just. 8 déc. 1868, § 17), ni les condamnations suivies d'amnistie (Circ. min. just. 25 nov. 1871, § 12) ou de réhabilitation (C. instr. crim., art. 633, modifié par la loi du 14 août 1885; Circ. min. just. 4 déc. 1886, § 4); ni les mesures disciplinaires qui n'ont pas un caractère judiciaire ou qui n'entraînent aucune incapacité (Circ. min. just. 4 déc. 1886. § 3). — Quant aux décisions gracieuses (grâce, commutation ou réduction de peine), la mention qui en est faite sur les bulletins n° 1 doit être reproduite sur les bulletins n° 2 (Circ. min. just. 28 avr. 1875, § 2). Il faut en dire autant des libérations conditionnelles et des arrêtés de révocation y relatifs, quand le bulletin est délivré au ministère public (Circ. min. just. des 28 juin et 20 juill. 1888).

464. De même, quand la cour ou le tribunal a ordonné qu'il sera sursis à l'exécution de la peine, et que, pendant le délai de cinq ans à dater du jugement ou de l'arrêt, le condamné n'a encouru aucune poursuite suivie de condamnation à l'emprisonnement ou à une amende plus grave pour crime ou délit de droit commun, la condamnation ne doit plus être inscrite dans les extraits délivrés aux parties (L. 26 mars 1891, art. 4).

465. La circulaire du garde des sceaux, en date du 28 nov. 1874, fixait à 3 fr. 50 cent. le prix des extraits de casiers judiciaires délivrés à des particuliers, dans un intérêt privé, soit par les greffiers des tribunaux de première instance, soit par la chancellerie. Mais, comme dans ce coût, figure une somme de 1 fr. pour droits de recherche, de rédaction et d'inscription au répertoire, que les greffiers ne peuvent toucher à leur profit quand il s'agit d'extraits délivrés par le casier judiciaire centrale, le décret des 10 avr.-30 mai 1877 (D. P. 77. 4. 46) règle de quelle manière cette somme de 1 fr. doit faire retour au Trésor: les greffiers en opèrent le versement entre les mains du receveur particulier. Dans les arrondissements où il n'existe plus de recette particulière, ce versement aux termes de la circulaire ministérielle du 8 janv. 1890, § 7, s'effectue chez le percepteur qui délivre une quittance à souche, laquelle doit être échangée à bref délai contre un récépissé définitif émanant du receveur des finances. Ce récépissé est transmis par les procureurs de la République à la chancellerie, conformément à l'art. 4 du décret précité. Aujourd'hui, les bulletins n° 2 délivrés aux particuliers, dans un intérêt privé, ne coûtent plus que 1 fr. 25 cent., par suite de la dispense du droit de timbre et de la réduction à 0 fr. 20 cent. du droit d'enregistrement (L. 26-27 janv. 1892, art. 5, D. P. 92. 4. 9 et suiv.).

466. L'art. 6 de la convention additionnelle avec l'Allemagne, ratifiée par l'Assemblée nationale le 9 janv. 1872, ayant posé en principe l'échange entre les deux gouvernements des bulletins n°s 1 et 2 des casiers judiciaires concernant les Alsaciens et les Lorrains (V. *suprà*, n° 454), il en résulte que les magistrats et les intéressés peuvent se faire délivrer les extraits des casiers judiciaires conservés dans les territoires cédés. En ce qui concerne les autorités judiciaires, la procédure à suivre est simple: elle se borne à un échange de correspondance entre les magistrats des deux pays. Mais, pour ce qui est des particuliers, les bulletins n° 2 qui leur sont délivrés devant être soumis à l'enregistrement, les autorités allemandes doivent transmettre ces extraits aux procureurs de la République des arrondissements du domicile des impétrants, et ces magistrats les font revêtir de la formalité avant de les remettre aux destinataires (Circ. min. 24 févr. 1872).

467. — III. Le casier judiciaire et la loi sur les récidivistes. — L'application de la loi du 27 mai 1885 sur les récidivistes, laquelle édicte, dans certains cas, la peine accessoire de la relégation, donne une grande importance à la bonne tenue du casier judiciaire. Des omissions regrettables, constatées par la commission de classement des récidivistes, ont motivé la circulaire du 4 juin 1888, qui rappelle, en premier lieu, que les bulletins n° 1 doivent être le plus promptement possible adressés au procureur général, visés par ce magistrat et transmis par lui au parquet du tribunal de l'arrondissement d'origine des condamnés, afin qu'ils soient immédiatement classés dans les casiers judiciaires. Des récidivistes, en effet, ont bénéficié de l'absence au bulletin n° 2 de condamnations récemment prononcées contre eux. « Il doit être répondu dans les quarante-huit heures, ajoute la circulaire, à toute demande d'extrait du casier judiciaire. Les mentions des bulletins n° 2, relatives aux condamnations par défaut, doivent être précises; l'indication que la peine a été ou non subie est essentielle pour assurer l'exactitude du calcul de la période décennale. Et lorsqu'un jugement par défaut a été remplacé par un jugement contradictoire qui acquitte le prévenu ou le condamne de nouveau, si le bulletin n° 1 du premier jugement n'a pas été éliminé en temps utile, il faut au moins le retirer au moment de la rédaction du bulletin n° 2, et surtout ne pas relever sur celui-ci la condamnation par défaut, sinon on s'expose à faire prolonger, souvent de plusieurs années, la période qui doit comprendre les condamnations exigées par l'art. 4 de la loi. — De même pour les condamnations effacées par des amnisties et dont les bulletins n° 1 sont restés dans les casiers judiciaires, nonobstant les prescriptions formelles et réitérées de la chancellerie. Elles ne doivent pas être relevées sur les bulletins n° 2, parce que la durée des peines subies en vertu de ces condamnations entrerait dans le calcul de la période décennale et pourrait faire prononcer la relégation, qui se trouverait alors avoir pour base une condamnation abolie » (Crim. cass., 28 oct. 1887, aff. Lemaréchal, D. P. 90. 1. 93).

468. Pendant longtemps, la chambre criminelle de la cour de cassation a décidé que les condamnations énumérées à l'art. 4 de la loi du 27 mai 1885 devaient être comptées pour l'application de la relégation, alors même que les peines prononcées auraient pu être confondues en vertu des dispositions de l'art. 365 c. instr. crim. Mais un arrêt rendu le 26 févr. 1889 par les chambres réunies de la cour de cassation (aff. Barrère-de-Haut, D. P. 89. 1. 48), et confirmé depuis par de nombreuses décisions, a complètement modifié cette jurisprudence. Cet arrêt décide que, si la loi du 27 mai 1885 s'est écartée des conditions spéciales énumérées aux art. 56 à 58 c. pén., elle a néanmoins maintenu le principe supérieur en vertu duquel on ne saurait être en état de récidive qu'après l'avertissement résultant d'une condamnation antérieure. Il suit de là que, pour qu'une condamnation puisse servir de base à la relégation, il faut que les faits qui l'ont motivée soient postérieurs à l'époque à laquelle sont devenues définitives les condamnations qui la précèdent et concourent avec elle à faire prononcer cette peine (Crim. cass. 29 août 1889, aff. Mallet, D. P. 89. 1. 487). Ainsi, la date des faits qui servent de base à une condamnation a désormais une grande importance; et il convient que les bulletins n° 2, joints aux procédures criminelles et correctionnelles, contiennent ce renseignement devenu indispensable. Le seul moyen de satisfaire à cette nécessité consiste dans l'inscription sur le bulletin n° 1 de la date précise (quantième, mois et année) des infractions qui ont motivé la condamnation, et dans l'addition sur le bulletin n° 2 d'une colonne destinée à la reproduction de cette mention, qui devra figurer également sur les extraits d'arrêts ou de jugements (Circ. min. just. 8 janv. 1890, § 4).

469. Ainsi qu'il a été dit *suprà*, v° *Greffe-greffier*, n° 73, la circulaire précitée du 8 janv. 1890 donne le tarif des bulletins à délivrer par les greffiers dans les diverses circonstances qui viennent d'être examinées.

470. — IV. Projets de réforme. — L'étude des moyens propres à arrêter l'augmentation toujours croissante des récidivistes a appelé l'attention sur le casier judiciaire. On a remarqué que le mode de communication établi, bien que limité au titulaire du bulletin, équivaut en fait à la divulgation aux tiers, puisque l'individu qui dépend d'autrui ne saurait invoquer une impossibilité légale pour éviter de produire son casier. D'où cette conséquence que les condamnés sont empêchés de trouver un emploi là où l'on exige la justification d'un passé sans tache. Au cours de la discussion, devant le Sénat, de la loi du 26 mars 1891, sur l'atténuation et l'aggravation des peines, le garde des sceaux a déclaré qu'une réforme du casier judiciaire lui paraissait indispensable. Une commission extraparlementaire a été instituée au ministère de la justice, avec mission de rechercher les modifications à introduire. Le travail issu de ses délibérations a donné naissance à un projet de loi déposé au Sénat le 22 oct. 1891 par M. Fallières, garde des sceaux, ministre de la justice. D'après ce projet, les feuilles de condamnations, transmises au greffe ou au ministère, continuent à être appelées bulletin n° 1. Leurs mentions, complétées et précisées par le projet, s'appliquent non seulement aux condamnations pour crime ou délit, mais encore à toutes les décisions de l'autorité judiciaire ou administrative qui frappent d'incapacité. Ces diverses inscriptions seront communiquées, dans des limites différentes, suivant les personnes qui auront qualité pour en prendre connaissance. A cet égard, le projet distingue deux sortes d'extraits : le bulletin n° 2 et le bulletin n° 3. Le bulletin n° 2, ou relevé intégral des mentions du casier judiciaire portées au nom d'un même individu, est, comme précédemment, à la disposition des magistrats pour l'accomplissement des devoirs de leurs fonctions. Le même bulletin sera communiqué aux administrations publiques dans certains cas où il sera nécessaire de les renseigner complètement. C'est ainsi qu'elles obtiendront la délivrance du bulletin n° 2, quand il s'agira d'admettre aux emplois publics, d'exercer des poursuites disciplinaires et d'autoriser l'ouverture d'écoles privées. En dehors des magistrats et des administrations publiques, dans les termes qui viennent d'être indiqués, personne ne pourra se faire remettre le bulletin n° 2. L'intéressé seul, à l'exclusion de tout autre, aura le droit de demander une communication partielle de son propre casier, sous la forme du bulletin n° 3.

Pour essayer de concilier l'intérêt des honnêtes gens désireux d'être éclairés sur la moralité des individus qui les approchent, et celui des libérés qu'on ne doit pas désespérer de ramener au bien, le projet dispose que le bulletin n° 3 ne relatera jamais les condamnations ou décisions qui, par la nature des actes incriminés ou par la quotité de la peine, impliquent une infraction sans gravité. Parmi les condamnations qui jouissent de cette exemption absolue, figurent les peines infligées pour délit politique et pour délit de presse, à l'exception de celles qui ont été encourues pour diffamation ou pour outrage aux bonnes mœurs. Le bulletin n° 3 ne portera pas davantage la trace des condamnations effacées par la réhabilitation ou par l'application de la loi de 1891 sur l'atténuation et l'aggravation des peines. Des considérations analogues ont inspiré deux autres dispenses d'inscription : l'une s'applique à la première peine d'emprisonnement n'excédant pas six mois, encourue par le mineur de seize ans; l'autre, à la première peine prononcée contre un adulte et ne dépassant pas un mois d'emprisonnement ou 500 fr. d'amende, lorsque la condamnation est motivée par des délits qui n'entachent ni la probité, ni l'honneur. Enfin le projet édicte également une disposition bienveillante en faveur du libéré qui a prouvé, par sa persévérance dans la bonne conduite, sa ferme intention de racheter son passé; il décide que la condamnation unique cessera d'être inscrite au bulletin n° 3 sept ans après l'expiration de la peine prononcée pour délit, et quinze ans après l'expiration de la peine infligée pour crime. Mais le bénéfice des dispenses et des radiations d'inscription est perdu par l'effet d'une peine nouvelle, quelle que soit l'époque où elle est prononcée.

471. L'innovation projetée soulève bien des critiques. On lui a reproché (V. Bonneville de Marsangy, *De la réforme du casier judiciaire*, *Gazette des tribunaux*, des 16-17 nov. 1891) de constituer « un mensonge officiel et légal », qui enlèverait toute valeur à la mention « néant » des bulletins n° 3, en frappant d'une même suspicion l'homme irréprochable et le repris de justice. Or quel serait l'intérêt de la réforme? En 1888, 211 500 extraits ont été demandés, tant par les administrations publiques que par les particuliers, et 98 bulletins sur 100 étaient négatifs. Il s'agissait donc de 4000 condamnés dont 2000 environ, recevaient encore, après la réforme projetée, un extrait maculé. Ainsi, ce serait porter atteinte à 207 000 personnes sans antécédents judiciaires pour la plus grande commodité de 2000 condamnés qui, s'ils étaient animés de la volonté ferme et persistante de se réhabiliter par le travail, parviendraient à gagner leur vie, dans nos campagnes, dans nos grands chantiers, dans nos ports, comme le fait la population étrangère la plus suspecte, sans parler d'un grand nombre d'usines et d'ateliers, où l'on est admis sans produire de casier (V. dans le *Bulletin de la Société générale des prisons*, année 1891, p. 727 et suiv., 836 et suiv., 1047 et suiv., les discussions intéressantes auxquelles cette importante question a donné lieu).

472. Déjà, le 23 juin 1890, M. Chiché et autres avaient déposé sur le bureau de la Chambre des députés (*Journ. off.*, Doc. parl. Ch. annexes, n° 703) une proposition de loi ayant pour but d'effacer les condamnations au bout d'un certain temps : cinq ans pour les délits; dix ans, pour les crimes à compter de l'expiration de la peine. Cette proposition a été renvoyée à la commission du code d'instruction criminelle.

473. Mentionnons encore la proposition de loi déposée par M. Engerand et autres le 19 oct. 1891 (*Journ. off.*, Doc. parl. Ch. annexes, n° 1661), tendant à décider que les condamnations prononcées pour délits de chasse, de pêche, contraventions à la police du roulage et en général pour toutes les infractions où la bonne foi peut être invoquée comme excuse, ne seront pas portées sur le casier judiciaire.

474. — V. Autorité du casier judiciaire. — L'inscription d'une condamnation sur le bulletin du casier judiciaire peut suppléer à la production de l'extrait officiel du jugement ou de l'arrêt, en l'absence de toute contestation de la part du prévenu qu'il concerne. Il en est autrement lorsqu'un prévenu conteste soit l'existence de la condamnation, soit son caractère définitif; alors, cette condamnation ne peut servir de base légale à la récidive. Il importe peu que, par suite de l'application de l'art. 463 c. pén., la peine n'ait pas dépassé le maximum qu'elle pouvait atteindre, abstraction faite de l'état de récidive du condamné; l'art. 411 c. instr. crim. ne peut, dans ce cas, couvrir l'irrégularité de la condamnation (Crim. cass., 21 sept. 1882, aff. Maupomé, D. P. 82. 1. 488).

475. Mais il a été jugé, dans un cas où il n'était pas question de récidive légale, que l'erreur contenue dans le casier judiciaire d'un accusé, en ce que ce casier énoncerait à tort une condamnation qui n'a pas été réellement prononcée, ne peut avoir pour effet d'entacher d'irrégularité la condamnation légalement prononcée contre cet accusé à une peine justifiée par la nature du fait incriminé, par exemple une condamnation aux travaux forcés à temps pour faux en écriture authentique (Crim. rej., 11 mars 1886, aff. Bonnet, *Bull. crim.*, n° 99).

476. Il arrivera souvent en pratique que, dans le cas

d'erreur sur les mentions du casier judiciaire d'un individu, le parquet opérera lui-même la rectification. Mais si les officiers du ministère public ne veulent pas prendre cette responsabilité, il est juste que l'individu au compte duquel on porte une condamnation qu'il n'a pas encourue ait un recours au tribunal qui a prononcé la condamnation ; et ce tribunal est compétent pour ordonner que le bulletin mentionnant cette condamnation sera retiré du casier judiciaire du requérant, alors même que le jugement primitif a acquis l'autorité de la chose jugée par suite du décès du véritable condamné (Dijon, 31 mars 1875, aff. Brajeux, D.P. 76. 2. 32).

Table sommaire

des matières contenues dans le Supplément et le Répertoire.

(Les chiffres précédés de la lettre *S* renvoient au Supplément; les chiffres précédés de la lettre *R* renvoient au Répertoire.)

Table des articles de la loi du 30 août 1883.

Table chronologique des Lois, Arrêts, etc.

20 mai. Dijon. 350 c.
2 juin. Crim. 403 c.
3 juin. Crim. 382 c.
16 juin. Crim. 417.
13 juill. Montpellier. 226.
29 juill. Loi. 191 c.
1er août. Paris. 235.
9 août. Bur. d'ass. judic. Pau. 433.
19 août. Lyon. 230 c., 241 c.
5 oct. Trib. civ. Seine. 156.
9 nov. Agen. 307 c.
17 nov. Crim. 408 c.
1er déc. Décis. 439 c.
16 déc. Crim. 200 c.
21 déc. Civ. 331 c.
23 déc. Crim. 412 c.
29 déc. Lyon. 230 c., 243 c.

1882

24 janv. Bastia. 160 c.
9 févr. Crim. 409, 412 c.
17 mars. - Décis. min. fin. 440 c.
20 juin. Civ. 142 c.
28 juin. Civ. 220 c.
19 juill. Req. 140 c.
21 sept. Crim. 474 c.
5 oct. Trib. Seine 156.
17 nov. Crim. 146 c.
20 nov. Civ. 309 c.
21 déc. Crim. 394 c.

1883

8 janv. Besançon. 331 c.
23 janv. Rennes. 274.
29 janv. Lyon. 241 c.
1er mars. Civ. 375 c.
9 mars. Crim. 141 c.
12 mars. Req. 365 c.
12 mars. Civ. 368 c.
24 mai. Crim. 404 c.
30 mai. Req. 223.
12 juin. Civ. 364 c.
16 juin. Crim. 187 c.
4 juill. Req. 203 c.
30 août. Loi. V la table des articles.
6 nov. Civ. 238 c., 239 c.
27 nov. Circ. min. just. 201 c.
29 nov. Crim. 398 c.
8 déc. Loi. V. la table des articles.
26 déc. Civ. 147 c.

1884

21 janv. Civ. 147 c.
29 janv. Civ. 147 c.
9 févr. Crim. 191 c., 194 c.
13 févr. Circ. min. just. 269 c., 280 c., 283 c., 290 c., 293 c., 294 c., 296 c., 315 c., 327 c., 360 c., 361 c., 363 c., 369 c., 370 c.
28 févr. Crim. 146 c.
18 mars. Civ. 230 c., 243 c.
24 mars. Civ. 230 c.
5 avr. Loi. 169 c. 249 c.
8 avr. Civ. 289 c.
10 avr. Crim. 408 c.
16 avr. just. paix d'Etain. 273.
23 avr. Alger. 336.
10 mai. Crim. 397 c., 413 c.
12 mai. Cons. sup. magist. 185 c.
14 mai. Conv. 434 c.
29 mai. Crim. 408 c.
12 juin. Décr. 124 c.
16 juin. Just. paix Lille Sud-Ouest. 273.
18 juin. Just. paix. Lille. Sud-Ouest. 273.
26 juin. Crim. 146 c.
11 juill. Crim. 138 c., 139 c.
16 juill. Angers. 302.
27 juill. Loi. 237 c.
29 juill. Req. 247 c.
13 août Orléans. 345 c.
14 août. Grenoble. 338, 339 c.
25 août. Civ. 273, 290 c., 291 c.
18 sept. Crim. 414 c.
25 sept. Crim. 419.
5 nov. Civ. 356 c.
7 nov. Trib. paix Paris. 1er arrond. 272 c.
13 nov. Trib. paix Paris. 15e arrond. 272 c.
20 nov. Crim. 391 c.
4 déc. Circ. 462 c.
5 déc. Crim. 190 c.
10 déc. Civ. 335 c.
19 déc. Civ. 191 c.
22 déc. Civ. 290 c.
23 déc. Civ. 272 c.
23 déc. Cons. d'Et. 322 c.

1885

7 janv. Civ. 142 c.
8 janv. Crim. 397 c.
13 janv. Caen. 304 c.
14 janv. Civ. 273 c.
22 janv. Toulouse. 283 c., 313 c., 335 c., 338 c.
31 janv. Douai. 367 c.
4 févr. Angers 313 c., 319 c., 335 c., 359 c.
16 mars. Civ. 304 c.
23 mars. Conv. 434 c.
31 mars. Civ. 141 c.
17 avr. Circ. min. just. 457 c.
23 avr. Crim. 386 c.
1er mai. Décr. 237 c.
9 mai. Crim. 130.
20 mai. Req. 207 c.
21 mai. Crim. 408 c.
23 mai. Crim. 406 c.
26 mai. Paris. 335 c.
26 mai. Pau. 313 c., 329 c.
27 mai. Loi. 450 c., 467 c. 468 c.
9 juin. Req. 144 c.
20 juin. Crim. 132 c.
26 juin. Crim. 146 c.
4 juill. Décr. 157 c.
15 juill. Décr. 154 c., 159 c.
6 août. Montpellier 127.
7 août. Crim. 132 c.
7 août. Cons. d'Et. 179 c.
14 août. Loi. 463 c.
28 oct. Crim. 256 c.
13 nov. Crim. 172
13 nov. Just. paix. Pantin. 273 c.
5 déc. Crim. 392 c.
7 déc. Civ. 230 c.
18 déc. Crim. 129 c.
22 déc. Civ. 345 c.
28 déc. Trib. Seine. 437 c.
30 déc. Besançon. 311 c.
31 déc. Crim. 259 c.

1886

6 janv. Req. 240 c.
6 janv. Riom. 311 c.
7 janv. Crim. 129 c.
9 janv. Crim. 130 c.
19 janv. Dijon. 367 c.
26 janv. Civ. 278 c.
17 févr. Dijon. 311 c., 321 c., 333 c.
22 févr. Civ. 311 c.
2 mars. Alger. 322 c.
11 mars. Crim. 475 c.
26 mars Trib. Lyon 445 c.
18 avr. Loi. 237 c.
20 avr. Circ. 462 c.
15 mai. Crim. 141 c.
23 juill. Crim. 414 c.
24 juill. Crim. 209 c, 129 c.
2 août. Civ. 335 c., 348 c., 354 c.
28 oct. Crim. 148 c. 260 c.
17 nov. Crim. 134 c.
1er déc. Civ. 289 c.
4 déc. Circ. min. just., 463 c.
7 déc. Civ. 292 c.
13 déc. Civ. 273 c., 275 c, 288 c., 292 c.
17 déc. Crim. 146 c.
21 déc. Bordeaux. 241 c.
27 déc. Toulouse. 311 c.

1887

6 janv. Paris. 299 c.
24 janv. Civ. 227 c.
25 janv. Bordeaux. 311 c.
2 févr. Chambéry. 447 c.
15 févr. Pau. 325 c.
9 mars. Civ. 299 c.
14 mars. Bourges. 299 c.
6 avr. Besançon. 326 c.
25 avr. Civ. 300 c., 334 c.
5 mai. Crim. 399 c.
28 mai. Crim. 228 c.
30 mai. Crim. 193.
9 juin. Crim. 410 c.
14 juin. Req. 229 c.
16 juin. Pau. 284 c.
17 juin. Lyon. 300 c., 334 c.
20 sept. Crim. 407 c.
22 oct. Limoges. 406 c.
24 oct. Civ. 286 c., 323 c.
28 oct. Crim. 467 c.
10 nov. Crim. 129 c.
3 déc. Limoges. 437, 438 c.
12 déc. Req. 131 c. 207 c.
20 déc. Civ. 260 c.
29 déc. Crim. 408 c.

1888

3 janv. Lyon. 303, 334.
18 janv. Civ. 230 c.
2 févr. Crim. 129 c.
15 févr. Caen 367 c.
4 mai. Crim. 256 c.
15 mai. Civ. 341 c., 347 c.
4 juin. Circ. 467 c.
6 juin. Civ. 142 c.
18 juin. Civ. 143 c.
28 juin. Circ. min. just. 453 c., 463 c.
9 juill. Crim. 133 c., 135 c.
20 juill. Circ. min. just. 453 c., 463 c.
30 juill. Req. 202 c.
13 août. Civ. 230 c.
24 oct. Civ. 143 c.
25 oct. Civ. 210 c.
20 nov. Paris. 101 c.
27 nov. Poitiers. 143.
20 déc. Trib. Coutances 442 c.
24 déc. Civ. 224 c.
31 déc. Riom. 299, 342.

1889

26 févr. Ch. réun. 468 c.
2 mars. Crim. 174 c.
4 mars. Req. 212 c.
4 mars. Loi. 298 c., 449 c.
15 mars. Crim. 201 c.
6 avr. Circ. min. just. 460 c.
10 avr. Loi. 422 c.
12 juin. Circ. min. just. 446 c.
26 juin. Civ. 230 c.
2 juill. Bordeaux. 143.
15 juill. Loi. 457 c.
18 juill. Crim. 386 c.
18 juill. Loi. 362 c.
20 août. Décr. 262 c.
29 août. Crim. 468 c.
20 nov. Trib. Réthel. 442 c.
23 nov. Crim. 213 c.
13 déc. Dijon. 355.
30 déc. Civ. 278 c.

1890

8 janv. Circ. min. just. 450 c., 462 c., 463 c., 465 c., 468 c., 469 c.
19 févr. Crim. 313 c.
27 févr. Civ. 357 c.
28 mars. Montpellier. 367 c.
7 avr. Civ. 298 c.
25 avr. Crim. 386 c.
28 avr. Civ. 282 c., 286 c., 349 c.
21 mai. Trib. Orthez. 442 c.
17 juin. Circ. min. just. 457 c.
23 juill. Civ. 235 c.
22 nov. Décr. 7 c.

1891

24 janv. Nancy. 437.
16 févr. Sol. adm. enreg. 440 c.
26 févr. Crim. 213 c.
13 mars. Circ. min. just. 458 c.
26 mars. Loi. 464 c., 470 c.
7 avr. Civ. 280 c.
11 avr. Circ. min. just, 457.
18 mai. Trib. Charleville 442 c.
3 juin. C. d'ass. Corse 101 c.
19 juill. Décr. 27 c.
23 juill. Loi. 168 c.
31 juill. Crim. 102
12 août. Civ. 207 c.
30 oct. Circ. min. just. 446 c.
16 déc. Civ. 277 c., 291 c.
23 déc. Civ. 281 c.
29 déc. Bourges. 367 c.

1892

13 janv. Civ. 285 c.
26 janv. Loi. 462 c., 465 c.
3 févr. Civ. 138 c.
22 juin. Aix. 141 c.
9 juill. Circ. min. just. 462 c.
18 juill. Loi. 123 c.
25 oct. Civ. 232 c.

ORGANISATION MARITIME.

Division

CHAP. 1er. — Historique et législation
(*Rép.* nos 2 à 24).

1. L'organisation de la marine française, tant militaire que marchande, n'a pas subi, depuis la publication du *Répertoire*, de changements très considérables. Le législateur, préoccupé, à la suite des désastres de 1870, de rétablir la puissance militaire française, a dû naturellement porter toute sa sollicitude sur la reconstitution de l'armée de terre. Cependant, depuis quelques années, la marine a de nouveau appelé l'attention des Chambres, et son budget est, aujourd'hui, un de ceux dont l'examen est le plus approfondi. Si la législation qui la régit n'a subi jusqu'ici que des modifications de détail, si elle est, sauf quelques perfectionnements, restée à peu près ce qu'elle était lorsque le *Répertoire* a été publié, on peut dire qu'elle est actuellement en pleine période de transformation. De nombreux projets, dus tant à l'initiative parlementaire qu'à celle du Gouvernement, sont à l'étude. Il est notamment question, depuis plusieurs années, de la création, prévue par la loi du 15 juill. 1889 sur le recrutement de l'armée, d'une armée coloniale ayant son organisation et son recrutement propres et destinée à remplacer les troupes actuelles de la marine. Au mois de décembre 1891, un projet de loi organisant cette armée est venu en discussion devant la Chambre des députés. Le Sénat a également, au cours de l'année 1892, consacré plusieurs séances à la discussion de projets relatifs à cette armée, qui n'ont, d'ailleurs, pas encore abouti. Il en a été de même d'un projet de loi sur les cadres et l'avancement des officiers de vaisseau. Enfin il est question de divers projets qui modifieraient les règles actuelles de l'inscription maritime, base fondamentale du recrutement du personnel naviguant de la flotte.

2. Un certain nombre de décrets ont, toutefois, modifié divers des points secondaires de la législation relative à la marine militaire. Nous aurons à en exposer successivement l'économie au cours de cet article.

3. Pour ce qui concerne la marine marchande, nous aurons à signaler les modifications apportées par la loi du 12 août 1885 à divers articles du code de commerce, et qui règlent notamment l'étendue des obligations de l'armateur pour le rapatriement des navires naufragés. En ce qui concerne la police générale de la navigation, une loi du 10 mars 1891 a été promulguée dans le but de rendre moins fréquentes les collisions en mer et d'assurer l'observation des règlements relatifs à la navigation. Une loi du 27 mars 1882 assure la protection du balisage, et une loi du 3 avril de la même année ordonne l'exécution des travaux nécessaires à l'éclairage électrique des côtes et à l'installation de signaux sonores.

Tableau de la législation concernant l'organisation maritime.

15 avr. 1869. — Loi qui contient une disposition relativement à la composition du contingent de l'armée de mer (art. 2 (D. P. 69. 4. 44).

26 mai 1869. — Décret relatif aux précautions à prendre pour éviter les abordages (*Bull. off. mar.* 1869, 1er sem., p. 434).

20 avr. 1870. — Décret qui déplace la limite de l'inscription maritime sur la Seine (D. P. 70. 4. 50).

15 juin 1870. — Décret limitant la durée des congés sans solde à accorder aux officiers détachés au commerce et à l'industrie (*Bull. off. mar.* 1870, p. 581).

26 oct. 1870. — Décret qui retire aux préfets maritimes le commandement des troupes dans les cinq grands ports militaires mis en état de siège (D. P. 70. 4. 125).

22 juill. 1871. — Loi qui concède temporairement aux navires étrangers la faculté de charger les vins dans un port français à destination d'un autre port français (D. P. 71. 4. 141).

23 août 1871. — Arrêté qui déclare exécutoire, à titre provisoire, un nouveau règlement pour le service du pilotage dans le troisième arrondissement maritime (D. P. 72. 4. table, col. 21, v° *Pilotage*).

23 oct. 1871. — Décret relatif au conseil des travaux de la marine (*Bull. off. mar.* 1871, p. 414).

23 oct. 1871. — Décret relatif à l'organisation du comité consultatif de l'artillerie au ministère de la marine.

30 janv. 1872. — Loi sur la marine marchande (D. P. 72. 4. 25).

22 avr. 1872. — Décret autorisant sur les paquebots naviguant dans la mer Rouge et l'Océan indien l'emploi, comme chauffeurs, d'hommes originaires des régions qu'ils traversent.

22 mai 1872. — Décret établissant un droit de tonnage au profit de la chambre syndicale des courtiers de Bordeaux (*Bull. off. mar.* n° 1197).

20 juin 1872. — Décret qui fixe la limite de l'inscription maritime sur la Laïta (Finistère) (D. P. 72. 4. 120).

8 nov. 1872. — Décret relatif à la supputation des services et à la solde sur les bâtiments en réserve (*Bull. off. mar.* 1872, 2e sem., p. 548).

24 déc. 1872-18 févr. 1873. — Décret qui modifie le mode de jaugeage des navires de commerce prescrit par la loi du 12 niv. an 2 (D. P. 73. 4. 17).

31 déc. 1872-21 janv. 1873. — Décret qui abaisse à vingt ans révolus l'âge de la levée pour les marins inscrits (*Journ. off.* 21 janv. 1873).

8 mai 1873. — Décret concernant l'armement, les essais et la conservation des bâtiments de la marine nationale (*Bull. off. mar.* 1873, 1er sem., p. 933).

24-31 mai 1873. — Décret relatif au jaugeage des navires de commerce (D. P. 73. 4. 73).

18 juin 1873. — Décret relatif aux engagements et rengagements dans l'armée de mer (D. P. 73. 4. 78).

28-31 juill. 1873. — Loi qui abroge les art. 1 et 2 de la loi du 30 janv. 1872 concernant la surtaxe de pavillon (D. P. 74. 4. 7).

28 oct. 1873. — Décret modifiant l'art. 18 du décret du 25 oct. 1862 concernant le règlement international en vue de prévenir les abordages (*Bull. off. mar.* 1873, 2e sem., p. 436).

9 déc. 1873. — Décret concernant les dispenses de rôle d'équipage et les formes de navigation (D. P. 75. 4. 113).

30 juin 1874. — Décret qui fixe les signaux à faire pour l'appel des pilotes pendant la nuit (D. P. 75. 4. 44).

5-9 août. 1874. — Loi relative aux travaux à faire pour l'amélioration du port de Marseille (*Bulletin des lois*, n° 3348).

14-25 nov. 1874. — Décret qui établit au port de Dieppe un droit de tonnage sur les navires entrant dans ce port et venant de la grande pêche, des colonies ou de l'étranger (D. P. 75. 4. 73).

12 déc. 1874. — Décret fixant le cadre de l'état-major normal des officiers supérieurs et autres corps de la marine (*Bull. off. mar.* 1874, 2e sem., p. 590).

5 juill. 1875. — Décret relatif aux congés sans solde à accorder aux officiers détachés au commerce et à l'industrie (*Bull. off. mar.* 1875, p. 66).

31 déc. 1875. — Loi qui rend applicables à l'armée de mer les dispositions des lois des 18 mai et 18 nov. 1875, qui modifient le code de justice militaire (D. P. 76. 4. 78).

27 janv. 1876. — Décret relatif aux fonctions et attributions des officiers de port.

25 mars 1876. — Décret qui modifie celui du 15 juill. 1854, relatif à l'organisation des officiers et maîtres de port préposés à la police des ports maritimes et de commerce (D. P. 76. 4. 90).

6 mars 1877. — Décret relatif à la réorganisation des écoles de *maistrance* (*Bull. off. mar.* 1877, 1er sem., p. 262).

10 mars 1877. — Décret relatif aux mécaniciens de la marine (*Bull. off. mar.*, p. 354).

22 mars 1877. — Loi relative à l'état-major de l'armée navale (D. P. 77. 4. 38).

9 juin 1877. — Décret portant création, au chef-lieu de chaque arrondissement maritime, d'un commissariat de police spécialement affecté à la surveillance des ports, arsenaux et autres établissements de la marine (D. P. 77. 4. 51).

9 août 1877. — Décret portant création d'un corps d'officiers de réserve de l'armée de mer (D. P. 77. 4. 68).

28 mars 1878. — Décret fixant le cadre des mécaniciens principaux de la flotte (*Bull. off. mar.* 1878, p. 508).

20 juin 1878. — Loi qui porte la pension de la veuve ou les secours des orphelins d'un militaire ou d'un marin au tiers, au lieu du quart, du maximum de la pension de retraite d'ancienneté dont le mari ou le père était titulaire (D. P. 78. 4. 80).

22 juin 1878. — Loi sur le rengagement des sous-officiers, suivie d'instructions relatives à l'application de cette loi aux troupes de la marine (*Bull. off. mar.* 1878, 2e sem., p. 470).

2 oct. 1878. — Décret qui fixe à six ans le congé à accorder aux officiers de marine attachés aux paquebots ou à une compagnie industrielle quelconque (*Bull. off. mar.* 1878, p. 701).

4 mars 1879. — Décret relatif au conseil des travaux de la marine (*Bull. off. mar.* 1879, p. 434).

8-10 juill. 1879. — Décret concernant les navires qui sont exemptés de l'obligation de prendre un pilote (D. P. 80. 4. 12).

4-5 août 1879. — Loi qui déclare d'utilité publique les travaux à faire pour la construction, dans le port du Havre, d'un neuvième bassin à flot et de deux formes de radoub (*Bull.*, n° 8260).

5 août 1879. — Loi sur les pensions du personnel du département de la marine et des colonies (D. P. 80. 4. 32).

8-9 août 1879. — Loi qui déclare d'utilité publique la construction d'un canal maritime destiné à faciliter l'accès du port de Nantes (*Bull.*, n° 8322).

18 août 1879. — Décret concernant les pensions proportionnelles à concéder aux officiers mariniers, aux magasiniers de la flotte et aux commis aux vivres (D. P. 80. 4. 60).

29 sept. 1879. — Décret relatif aux mécaniciens de la marine (*Bull. off. de la marine* 1879, p. 703).

4 nov. 1879. — Décret réglementant les feux et signaux en temps de brume, et réglant la route des bâtiments et la manière de gouverner (*Bull. off. mar.* 1879, 2e sem., p. 997).

19 mars 1880. — Loi relative aux engagements volontaires dans la marine (D. P. 81. 4. 44).

16 mai 1880. — Convention signée à Berlin entre la France et l'Allemagne pour régler l'assistance à donner aux marins délaissés (D. P. 81. 4. 54).

24 juin. 1880. — Décret concernant la mobilisation des inscrits maritimes (D. P. 81. 4. 51).

12 juill. 1880. — Décret qui règle les conditions dans lesquelles les marins inscrits en Algérie doivent être appelés au service de la flotte (D. P. 81. 4. 63).

2 oct.-28 déc. 1880. — Décret concernant l'admission au commandement des bâtiments de commerce (D. P. 81. 4. 110).

17 déc. 1880. — Décret concernant les quittances délivrées par les trésoriers de l'établissement des Invalides de la marine (D. P. 84. 4. 39).

29 janv. 1881. — Loi sur la marine marchande (D. P. 82. 4. 13-14).

11 avr. 1881. — Loi relative aux pensions de retraite attribuées aux inscrits maritimes (D. P. 82. 4. 29).

17 août 1881. — Décret portant règlement d'administration publique pour l'application de la loi du 29 janv. 1881 sur la marine marchande (D. P. 82. 4. 82).

18 août 1881. — Loi relative aux pensions des anciens militaires et marins et de leurs veuves (D. P. 82. 4. 81).

2 oct. 1881. — Décret qui modifie l'art. 34 du décret disciplinaire et pénal du 24 mars 1852 pour la marine marchande (D. P. 82. 4. 41).

20 janv. 1882. — Décret concernant le commandement en chef des forces de terre et de mer en Indo-Chine (D. P. 83. 4. 22).

23 janv. 1882.— Décret relatif aux gardes-consignes (*Bull. off. mar.* 1882, p. 419).

1er févr. 1882. — Décret rapportant celui du 20 janv. 1882 sur le commandement en chef des forces de terre et de mer en Indo-Chine (D. P. 83. 4. 21, note 2).

27 mars 1882. — Loi sur la protection du balisage dans les eaux maritimes (D. P. 82. 4. 109).

27 mars 1882. — Décret relatif aux mécaniciens de la marine (*Bull. off. mar.* 1882, p. 371).

27 mars 1882. — Décret relatif aux gardes-consignes (*Bull. off. mar.* 1882, p. 419).

3 avr. 1882. — Loi ordonnant l'exécution des travaux nécessaires à l'éclairage électrique des côtes de France et à l'installation de signaux sonores (D. P. 82. 4. 110).

6 avr. 1882. — Décret qui approuve le nouveau tableau général des distances de port à port pour les primes à la navigation (D. P. 83. 4. 23).

19 avr. 1882. — Décret qui modifie celui du 17 août 1881, sur les primes à la navigation (D. P. 83. 4. 23).

10 juin 1882. — Loi portant que les avances au gouvernement beylical sont affranchies de la retenue de 3 pour 100 au profit de la Caisse des invalides de la marine (art. 34) (D. P. 82. 4. 120).

26 juin 1882. — Décret concernant les certificats de vie à produire par les pensionnaires de la Caisse des invalides de la marine qui résident en pays étranger (D. P. 83. 4. 42).

20 oct. 1882. — Décret portant création d'adjudants principaux pour seconder les officiers des directions des mouvements des ports (*Bull. off. mar.* 1882, p. 696).

18-20 nov. 1882. — Décret relatif aux adjudications et aux marchés passés au nom de l'Etat (D. P. 83. 4. 56).

19 déc. 1882-8 févr. 1883. — Décret qui modifie l'art. 58 du décret du 21 août 1852, concernant le service des ports sur les voies navigables ou flottables du bassin de la Seine (D. P. 83. 4. 84).

26 déc. 1882. — Loi portant que l'obligation de savoir lire et écrire pour contracter un engagement volontaire dans l'armée de mer ne sera imposée qu'à partir du 1er janv. 1886 (D. P. 83. 4. 40).

29 déc. 1882. — Loi qui supprime la retenue de 3 pour 100 établie au profit de la Caisse des invalides de la marine sur les dépenses du matériel du ministère de la marine et des colonies (art. 23) (D. P. 83. 4. 81).

15 mars 1883. — Décret qui approuve le deuxième supplément au tableau général des distances de port à port (D. P. 83. 4. 91).

5 juin 1883. — Décret réorganisant les équipages de la flotte (*Bull. off. mar.* 1883, partie, suppl. p. 27).

30 juill. 1883. — Décret relatif au recrutement et à l'organisation des officiers de réserve de l'armée de mer, autres que ceux des corps de troupes (D. P. 84. 4. 112).

8 août 1883. — Loi concernant les pensions de retraite du personnel non officier de la marine (D. P. 84. 4. 74).

3 janv. 1884. — Décret portant règlement d'administration publique sur l'organisation des conseils d'enquête pour l'armée de mer (D. P. 84. 4. 80).

8 mars 1884. — Décret sur l'état des officiers de réserve de l'armée de mer (D. P. 84. 4. 119).

8 mars 1884. — Décret relatif aux officiers de réserve de la marine placés hors cadres en raison des emplois ou fonctions qu'ils remplissent dans l'ordre civil (D. P. 84. 4. 120).

13 juill. 1884. — Décret réglant les diverses situations des bâtiments de guerre (*Bull. off. mar.* 1884, p. 460).

31 janv. 1885. — Décret modifiant l'organisation centrale du ministère de la marine (*Bull. off. mar.* 1885, 1er sem., p. 250).

18 mars-29 mai 1885. — Décret qui modifie le tarif des rétributions dues aux agents des ports conformément aux dispositions du décret du 21 août 1852 (*Bulletin des lois*, n° 15379).

21 mars 1885. — Loi de finances dont l'art. 11 est relatif à la vente et au timbre des feuilles de rôle d'équipage délivrées pour les armements et désarmements des navires de commerce (art. 11) (D. P. 85. 4. 41).

22 mars 1885. — Loi concernant le budget des dépenses sur ressources extraordinaires de l'exercice 1885 (Art. 9, 10 et 11 portant que la Caisse des invalides de la marine cessera d'être chargée des pensions militaires de l'armée de mer ainsi que de celles du personnel civil du département de la marine et des colonies, et soumet ces pensions à certaines règles (D. P. 85. 4. 43).

14-15 avr. 1885. — Loi portant ouverture au ministre du commerce, sur l'exercice 1884, au titre du budget ordinaire, d'un crédit supplémentaire de 3 millions de francs pour subvention à la marine marchande (D. P. 85. 4. 70).

15 avr. 1885. — Loi portant : 1° modification du paragraphe 2 de l'art. 19 des lois des 11 et 18 avr. 1881 sur les pensions des armées de terre et de mer; 2° application au département de la marine et des colonies des dispositions de l'art. 6 de la loi du 17 avr. 1883, concernant l'armée de terre et relatives au délai pendant lequel une pension peut être réclamée (D. P. 85. 4. 81).

1er mai 1885. — Décret approuvant le quatrième supplément au tableau général des distances de port à port (D. P. 86. 4. 10).

8 août 1885. — Loi portant fixation du budget général des dépenses et des recettes de l'exercice 1886 (Art. 11 qui oblige les officiers de la marine, autorisés à servir sur les navires de commerce, à verser à la Caisse des invalides de la marine 5 pour 100 de leurs émoluments. — Art. 12 qui abroge les dispositions de l'art. 6, tit. 3, de la loi du 12 mai 1791, relatives à la Caisse des invalides de la marine. — Art. 13 relatif aux demi-soldes des marins âgés de soixante-dix ans et au-dessus) (D. P. 86. 4. 41).

12-14 août 1885. — Loi ayant pour objet de modifier plusieurs articles du livre 2 du code de commerce (D. P. 86. 4. 22).

28 sept. 1885. — Décret portant modifications aux art. 1 et 7 des décrets des 5 juill. 1875 et 12 oct. 1878 sur les officiers en congé sans solde et hors cadres (*Bull. off. mar.* 1885, 2e sem., p. 658).

17 nov. 1885. — Décret portant : 1° modification du service de l'établissement des Invalides de la marine; 2° règlement du mode de payement des pensions civiles et militaires de la marine et des colonies (D. P. 86. 4. 70).

30 nov. 1885. — Décret portant revision du règlement de pilotage de Marseille (D. P. 86. 4. 82).

13 janv. 1886. — Décret instituant le comité hydrographique (*Bull. off. mar.* 1886, p. 75).

3 mars 1886. — Décret qui approuve le cinquième supplément au tableau général des distances de port à port pour les primes à la navigation (D. P. 86. 4. 85).

6 mars 1886. — Décret réglant le service des défenses sous-marines (*Bull. off. mar.* 1886, p. 519).

6 mars 1886. — Décret instituant le comité hydrographique (*Bull. off. mar.* 1886, p. 331).

24 mars 1886. — Décret portant modification du décret du 17 nov. 1885 (D. P. 86. 4. 71).

2 avr. 1886. — Décret portant modifications à la loi et au règlement sur la police sanitaire maritime (*Bull. off. mar.* 1er sem., p. 856).

27-29 avr. 1886. — Décret qui approuve la déclaration destinée à régler les salaires des marins des deux pays et les successions des marins décédés, signée le 1er avr. 1886 entre la France et le Danemark (D. P. 87. 4. 36).

12 juin 1886. — Décret qui réglemente la situation des officiers hors cadres (*Bull. off. mar.* 1886, 1er sem., p. 1039).

16-18 juin 1886. — Décret portant approbation de la déclaration destinée à régler les salaires des marins français, suédois et norvégiens et les successions des marins décédés, signée, le 19 mai 1886, entre la France et les royaumes unis de Suède et de Norvège (D. P. 87. 4. 37).

24 juin 1886. — Décret remaniant l'organisation du conseil supérieur de santé au ministère la marine, institué par décret du 14 juill. 1865 (*Bull. off. mar.* 1886, p. 1143).

9-13 juill. 1886. — Décret qui autorise les anciens volontaires de la Réunion à souscrire dans la colonie des engagements volontaires de cinq ans au titre de l'infanterie de marine (D. P. 87. 4. 41).

22 juill. 1886. — Loi fixant les conditions dans lesquelles des engagements volontaires pour le corps des équipages de la flotte sont contractés par les jeunes gens provenant de l'Ecole des mousses de la flotte et peuvent être contractés par des jeunes gens ne sortant pas de cette école (D. P. 86. 4. 86).

8 août-11 oct. 1886. — Décret portant revision du règlement de pilotage du port de la Nouvelle (*Bulletin des lois*, n° 17039).

12-15 août 1886. — Décret concernant l'organisation de l'administration centrale du département de la marine et des colonies (*Journ. off.* du 15 août).

12-15 août 1886. — Décret concernant l'organisation de l'administration centrale de l'établissement des Invalides de la marine (*Journ. off.* du 15 août, *Bulletin des lois*, n° 17010).

6-9 nov. 1886. — Décret concernant l'administration des services administratifs de la marine (D. P. 87. 4. 58).

7-15 janv. 1885. — Décret qui modifie les art. 101 et 111 du règlement financier de la marine du 14 janv. 1869 (*Rép.* n° 384) (D. P. 87. 4. 64).

15-20 janv. 1887. — Décret qui modifie le règlement de pilotage du port de Cherbourg (D. P. 87. 4. 69).

5 févr.-5 avr. 1887. — Décret portant organisation définitive du cercle national des armées de terre et de mer (*Bull. des lois*, n° 17636).

26-27 févr. 1887. — Loi portant fixation du budget des recettes et du budget des dépenses sur ressources extraordinaires de l'exercice de 1887 (art. 6 relatif à la péremption du droit sur les colis postaux embarqués; art. 17 relatif aux pensions concédées sur la Caisse des invalides de la marine; art. 31 à 36 relatifs aux comptes à fournir par le ministère de la marine; art. 37 relatif aux nominations à faire dans la marine militaire. (D. P. 87. 4. 81).

8-10 mars 1887. — Décret portant réorganisation de la commission supérieure de l'établissement des Invalides de la marine (D. P. 87. 4. 70).

28 mars-12 mai 1887. — Décret qui approuve le sixième supplément au tableau général des distances de port à port (*Bulletin des lois*, n° 17751).

6 mai-18 juill. 1887. — Décret portant modification du règlement général de pilotage du cinquième arrondissement maritime, en ce qui concerne la station d'Adge (*Bulletin des lois*, n° 17996).

7 mai-4 juill. 1887. — Décret qui approuve le règlement général du pilotage pour le deuxième arrondissement maritime (*Bulletin des lois*, n° 17956).

18-19 juin 1887. — Décret qui approuve la déclaration signée le 31 mai 1887 entre la France et la Belgique, à l'effet de régler les salaires des marins des deux pays et les successions des marins décédés (D. P. 87. 4. 78).

21-juill.-7 août 1887. — Décret qui modifie l'art. 20 du décret du 24 mai 1873 relatif au jaugeage des navires de commerce (D. P. 88. 4. 8).

4 août 1887. — Décret modifiant l'organisation centrale du ministère de la marine (*Bull. off. mar.* 1890, p. 230).

23-25 nov. 1887. — Décret sur l'organisation de la comptabilité des magasins de la marine (*Journ. off.* du 25 nov. 1887; *Bull. des lois*, n° 18718).

12 déc. 1887. — Décret portant modification au règlement du 19 févr. 1883 sur le pilotage de la station de Cette (*Bull.*, n° 18768).

17 janv.-2 févr. 1888. — Décret modifiant les droits de courtage maritime à Rouen (*Journ. off.* du 2 févr. 1888; *Bull. des lois*, n° 18916).

15 mars-22 mai 1888. — Décret qui approuve le septième supplément au tableau général des distances de port à port pour les primes à la navigation (*Bulletin des lois*, n° 19177).

20 mars-1er mai 1888. — Décret relatif au régime applicable aux lettres à l'adresse ou émanant de militaires et marins présents sous les drapeaux ou à bord des bâtiments de l'Etat, à l'étranger ou aux colonies françaises (D. P. 88. 4. 32).

30-31 mars 1888. — Loi portant fixation du budget général de l'exercice 1888 (art. 31 à 34) (D. P. 88. 4. 23).

21 avr.-27 juill. 1888. — Décret portant création d'un cours préparatoire pour les premiers maîtres candidats au grade d'enseigne de vaisseau, et déterminant les conditions de l'examen pour l'obtention de ce grade (*Bulletin des lois*, n° 19430).

5 juin 1888. — Décrets relatifs aux adjudants principaux (*Bull. off. mar.* 1888, 1er sem., p. 936 et 939).

5 juin 1888. — Décret modifiant les art. 5 et 476 du décret du 5 juin 1883 portant réorganisation du corps des équipages de la flotte (*Bull. off. mar.* 1888, 1er sem., p. 943).

7-29 juill. 1888. — Décret relatif au droit de tonnage dans les ports de Cherbourg et de Dieppe (*Journ. off.* du 29 juill. 1888; *Bull. des lois*, nos 19640 et 19650).

31 juill.-2 août 1888. — Décret relatif au droit de tonnage dans le port du Havre (*Journ. off.* du 2 août 1888; *Bulletin des lois*, n° 19651).

5 sept. 1888. — Décret relatif à l'exécution des travaux de la marine (*Journ. off.* 8 sept. 1888, p. 3746).

6 sept. 1888. — Décret instituant un comité d'examen des comptes des travaux de la marine (*Bull. off. mar.* 1888, p. 194).

6-8 sept. 1888. — Décret sur l'organisation et la comptabilité des travaux de la marine (*Journ. off.* du 8 sept. 1888; *Bull. des lois*, n° 19702).

5 nov. 1888. — Décret modifiant les art. 44 et 53 du décret du 5 juin 1883 portant réorganisation du corps des équipages de la flotte (*Bull. off. mar.* 1888, 2e sem., p. 510).

5 nov. 1888. — Décret créant des comptables adjudants principaux (*Bull. off. mar.* 1888, 2e sem., p. 488).

26 nov. 1888.-4 févr. 1889. — Décret portant modification du règlement général du pilotage du premier arrondissement maritime (station du Havre) (*Bull.*, n° 20069).

29-30 déc. 1888. — Loi portant fixation du budget général des dépenses et des recettes de l'exercice 1889 (art. 20 à 24) (D. P. 90. 4. 26).

8 janv.-14 mars 1889. — Décret portant modification des art. 285, 289, 306, 308, 309. 310 et 319 du règlement général du pilotage du premier arrondissement maritime, relatif aux stations de Quillebeuf et de Villequier (basse Seine) et addition de l'art. 321 *bis* (*Bull.*, n° 20329).

19 janv. 1889. — Décret portant réorganisation du cadre des officiers mécaniciens de la flotte (*Bull. off. mar.* 1889, p. 21).

23-27 janv. 1889. — Décret qui détermine, en exécution des art. 2 et 34 c. just. mil. pour l'armée de mer, le ressort des conseils de guerre et des tribunaux maritimes des arrondissements maritimes dans toute l'étendue du territoire de la République (D. P. 90. 4. 31).

23-27 janv. 1889. — Décret qui fixe le siège et le ressort du conseil ou du tribunal de revision des arrondissements maritimes, en exécution des art. 26 et 46 c. just. mil. pour l'armée de mer (D. P. 90. 4. 30).

28 janv.-18 avr. 1889. — Décret qui modifie l'art. 288 du règlement général du pilotage du premier arrondissement maritime, au point de vue du jaugeage des bateaux de navigation fluviale dans la basse Seine (*Bull.*, n° 20420).

23 févr.-4 mai 1889. — Décret qui soumet à la compétence des conseils de guerre les comptables des matières aux colonies et indique la composition de ces conseils selon l'emploi de l'accusé (D. P. 90. 4. 32).

5-7 mars 1889. — Loi qui autorise le ministre de la marine et des colonies à commander deux croiseurs à l'industrie (*Journ. off.* du 5 mars 1889, *Bulletin des lois*, n° 20450).

7-10 mars 1889. — Décret relatif au jaugeage des navires de commerce (D. P. 90. 4. 66).

8 mars-25 mai 1889. — Décret portant revision du règlement de pilotage de Marseille (*Bull.*, n° 20550).

13 mars-8 mai 1889. — Décret qui approuve le huitième supplément au tableau général des distances de port à port (*Bulletin des lois*, n° 20491).

18-20 mars 1889. — Loi relative au rengagement des sous-officiers (art. 30 et suiv., dispositions spéciales à l'armée de mer) (D. P. 90. 4. 49).

2-3 avr. 1889. — Loi qui réserve au pavillon national la navigation entre la France et l'Algérie (D. P. 90. 4. 57).

11-12 juill. 1889. — Loi qui autorise le ministre de la marine à entreprendre dans les cinq ports militaires des travaux d'amélioration (D. P. 90. 4. 75).

15 juill. 1889. — Loi sur le recrutement de l'armée (V. *infrà*, v° *Organisation militaire*).

17-18 juill. 1889. — Loi portant fixation du budget général des dépenses et des recettes de l'exercice 1890 (art. 46 à 49) (D. P. 90. 4. 71).

4 oct.-31 déc. 1889. — Décret constituant des tribunaux maritimes spéciaux dans les colonies affectées à la transportation des individus condamnés aux travaux forcés (D. P. 90. 4. 96).

4 oct.-31 déc. 1889. — Décret qui modifie celui du 21 juin 1888 portant règlement d'administration publique pour l'application aux colonies du code de justice militaire pour l'armée de mer (D. P. 90. 4. 97).

22-27 nov. 1889. — Décret qui approuve la déclaration signée à Paris le 23 oct. 1889 relative à la liquidation des sauvetages des navires naufragés sur les côtes de France et d'Angleterre (D. P. 90. 4. 99).

26-27 nov. 1889. — Loi qui autorise le ministre de la marine à commander à l'industrie des constructions neuves de bâtiments de la flotte et qui ouvre pour cet objet un crédit sur l'exercice 1890 (D. P. 90. 4. 100).

5 déc. 1889-7 mars 1890. — Décret qui crée un conseil supérieur de la marine (D. P. 90. 4. 103).

11 déc. 1889. — Décret modifiant l'organisation du comité d'examen des comptes des travaux de la marine.

14 déc. 1889-10 mars 1890. — Décret portant modification des tarifs de pilotage de Boulogne (*Bull.*, n° 21630).

16 déc. 1889-10 mars 1890. — Décret portant maintien des tarifs de la station de pilotage de la Nouvelle (*Bull.*, n° 21633).

24-28 déc. 1889. — Décret relatif aux engagements volontaires et aux rengagements dans le corps des équipages de la flotte (D. P. 91. 4. 12).

17-19 janv. 1890. — Loi portant : 1° modification de l'art. 9 de la loi du 17 juin sur l'organisation de l'état-major général de l'armée navale ; 2° application aux officiers généraux des corps de troupe de la marine de l'art. 8 modifié de la loi du 4 août 1839 sur l'organisation de l'état-major général de l'armée de terre et du huitième alinéa de l'art. 8 modifié de la loi du 13 mars 1875 (D. P. 90. 4. 127).

28-30 janv. 1890. — Décret relatif aux engagements et rengagements dans les troupes de la marine (D. P. 91. 4. 32).

30 janv.-10 avr. 1890. — Décret portant modification du règlement général de pilotage du premier arrondissement maritime (station de Ouistreham, quartier de Caen) (*Bull.*, n° 21782).

7-9 févr. 1890. — Décret fixant la valeur des primes d'engagement et de rengagement, le taux des gratifications annuelles et le montant des hautes payes journalières dans les troupes de la marine (D. P. 91. 4. 42).

1er mars 1890. — Décret qui dédouble les régiments d'infanterie de marine, et porte leur nombre de 4 à 8.

4 mars-6 mai 1890. — Décret qui approuve le neuvième supplément au tableau général des distances de port à port pour les primes à la navigation (*Bulletin des lois*, n° 21958).

27 mars 1890. — Décret relatif aux conditions que doivent réunir les candidats aux fonctions d'officier, de lieutenant ou de maître de port (D. P. 91. 4. 48).

31 mars-29 avr. 1890. — Notification de l'accession du gouvernement de Sa Majesté britannique pour les colonies de Natal et de Queensland, à la déclaration conclue à Paris le 23 oct. 1889, pour le règlement des questions relatives au sauvetage des navires naufragés sur les côtes de France et d'Angleterre (D. P. 91. 4. 86).

10-12 avr. 1890. — Loi portant création d'une école du service de santé de la marine et de trois annexes (D. P. 91. 4. 10).

27 mars-23 mai 1890. — Décret qui modifie l'art. 4 du décret du 15 juill. 1854 portant organisation des officiers et des maîtres de port préposés à la police des ports maritimes de commerce (D. P. 91. 4. 48).

10 juill. 1890. — Décret modifiant les dispositions relatives au concours pour l'emploi d'élève commissaire (*Bull. off. mar.* 1890, 2e sem., p. 10).

18 juill.-2 août 1890. — Notification de l'accession du gouvernement de Sa Majesté britannique, pour les colonies de Victoria et de la Nouvelle-Zélande, à la déclaration conclue à Paris, le 23 oct. 1889, pour le règlement des questions relatives au sauvetage des navires naufragés sur les côtes de France et d'Angleterre (D. P. 91. 4 92).

22-23 juill. 1890. — Décret ayant pour objet la création à Bordeaux d'une école de médecine navale (D. P. 90. 4. 12).

31 juill.-1er août 1890. — Loi relative à la prorogation des art. 9 et 10 de la loi de 1881 sur la marine marchande (D. P. 92. 4. 9).

15 août 1890. — Décret modifiant l'organisation centrale du ministère de la marine (*Bull. off. mar.* 1890, p. 230).

15 août 1890. — Décret relatif au comité consultatif de l'artillerie au ministère de la marine (*Bull. off. mar.* 1890, p. 224).

16 oct. 1890-13 mai 1891. — Décret transférant la compagnie disciplinaire d'inscrits au dépôt de l'île d'Oléron (*Bull. des lois*, n° 23).

21 oct. 1890. — Décret relatif à l'organisation du comité des inspecteurs généraux (*Bull. off. mar.* 1890, p. 444).

26-27 déc. 1890. — Loi portant fixation du budget général des dépenses et des recettes de l'exercice 1891 (art. 35 à 39) (D. P. 90. 4. 50).

28 janv.-21 mai 1891. — Décret privant les inscrits disciplinaires du droit à la haute paye d'ancienneté (*Bull. des lois*, n° 23404).

10-12 mars 1891. — Loi sur les accidents et collisions en mer (D. P. 91. 4. 38).

31 juill.-2 août 1891. — Décret portant modification au décret du 8 mars 1884, relatif aux officiers de réserve de la marine placés hors cadre (D. P. 92. 4. 29).

3 août-1er sept. 1891. — Notification de l'accession du gouvernement de Sa Majesté britannique, pour la colonie du cap de Bonne-Espérance, à la déclaration conclue à Paris, le 23 oct. 1889, pour le règlement des questions relatives au sauvetage des navires naufragés sur les côtes de France et d'Angleterre (D. P. 92. 4. 30).

29 août 1891-4 mars 1892. — Décret qui fixe les droits des commissions à percevoir par les courtiers d'assurances maritimes à Cette (Hérault) (*Bull.*, n° 24374).

15 oct. 1891. — Décret modifiant celui du 5 juin 1883, relatif aux équipages de la flotte (*Bull. off. mar.* 1891, p. 715).

21 oct. 1891. — Décret modifiant les attributions de certains chefs de service dans les ports militaires (*Bull. off. mar.* 1891, 2e sem., p. 719).

21 oct. 1891. — Décret modifiant l'organisation des préfectures maritimes (*Bull. off. mar.* 1891, 2e sem., p. 1043).

26 oct. 1891. — Décret modifiant celui du 5 juin 1883, relatif aux équipages de la flotte (*Bull. off. mar.* 1891, p. 915).

16 déc. 1891. — Décret modifiant celui du 5 juin 1883, relatif aux équipages de la flotte (*Bull. off. mar.* 1881, p. 1070).

12 janv. 1892. — Décret réglementant l'administration du personnel ouvrier des arsenaux et établissements de la marine (*Bull. off. mar.* 1892, 1er sem., p. 60).

21 janv. 1892. — Décret réglant le rôle et les fonctions du chef d'état-major de la marine (*Journ. off.*, 23 janv. 1892).

26-27 janv. 1892. — Loi portant fixation du budget des dépenses et des recettes de l'exercice 1892 (art. 31, relatif à la redevance à payer à la Caisse des invalides de la marine; art. 62 à 66, relatifs à la comptabilité du ministère de la marine) (D. P. 92. 4. 9).

5 févr. 1892. — Décret réorganisant le conseil supérieur de la marine (*Journ. off.* du 5 févr. 1892).

12-15 mars 1892. — Décret qui autorise le ministre de la marine et des colonies à déléguer sa signature au sous-secrétaire d'Etat près son département pour tout ce qui concerne l'ordonnancement des dépenses du budget du service colonial (D. P. 93. 4. 8).

25-29 avr. 1892. — Décret déléguant, en cas d'absence ou d'empêchement du sous-secrétaire d'État des colonies, la signature, soit des ordonnances directes de payement, soit des ordonnances portant ouverture de crédits aux ordonnateurs secondaires, aux chefs de la deuxième division de l'administration des colonies (D. P. 93. 4. 8).

6 mai-29 août 1892. — Décret qui approuve le onzième supplément au tableau général des distances de port à port (*Bull.*, n° 25153).

15 juin-29 août 1892. — Décret portant modification à l'art. 266 du règlement général du pilotage pour le quatrième arrondissement maritime, station de l'Adour (*Bull.*, n° 25162).

3-5 août 1892. — Loi portant organisation du corps des officiers mécaniciens de la marine (*Journ. off.* du 5 août).

8-10 déc. 1892. — Décret portant modifications du règlement général de pilotage du premier arrondissement maritime en ce qui concerne le port de Dunkerque (*Journ. off.* du 10 déc. 1892).

19-22 déc. 1892. — Décret portant modification des art. 275 et 276 du règlement général de pilotage pour le quatrième arrondissement maritime en ce qui concerne Saint-Jean-de-Luz et Sacoa (*Journ. off.* du 22 déc. 1892).

23-25 janv. 1893. — Décret portant modification du règlement général de pilotage pour une portion du quatrième arrondissement maritime (*Journ. off.* du 25 janv. 1893).

3-5 févr. 1893. — Décret portant modification de l'art. 324 du règlement général de pilotage dans le premier arrondissement de maritime en ce qui concerne la station de Villequier (*Journ. off.* du 5 févr. 1893).

CHAP. 2. — De l'organisation de la marine militaire (*Rép.* n° 25).

SECT. 1re. — DE LA PUISSANCE NAVALE FRANÇAISE (*Rép.* n° 26).

4. La composition de la flotte française, comme de celles de la plupart des nations, a subi, depuis la publication du *Répertoire*, de notables changements. Les conditions de la guerre maritime se sont profondément modifiées et se modifient journellement, en présence du développement pour ainsi dire incessant de la puissance des engins et des explosifs employés par l'artillerie. Les cuirasses se sont faites plus lourdes pour résister aux projectiles, alors que ceux-ci acquéraient une force de pénétration et de destruction toujours croissante. A l'augmentation du poids des engins de l'artillerie, il a fallu répondre par l'emploi de machines destinées à remplacer la force humaine incapable de les mettre en mouvement, de telle sorte que les navires de guerre modernes sont devenus de véritables usines où tout se fait par l'emploi de la vapeur, de l'électricité, de l'hydraulique, et dont le mécanisme est des plus compliqués. On a été conduit, par suite, à augmenter les tonnages usuels dans des proportions jusqu'alors imprévues; les flottes comptent aujourd'hui un grand nombre de navires dépassant 10 000 tonneaux. Puis sont apparus des engins nouveaux, les torpilles qui, de fixes qu'elles étaient et propres à la défense de l'entrée des passes et des ports, sont devenues mobiles et peuvent, lancées comme un véritable projectile, détruire en quelques secondes les cuirassés les plus grands et les plus puissants. Les torpilleurs, destinés au lancement de ces engins, ont été construits de manière à obtenir des vitesses considérables, qui ont obligé les constructeurs à augmenter celle des grands cuirassés. Enfin, depuis un certain temps, on expérimente des bateaux sous-marins, pouvant surprendre les bâtiments ennemis et les détruire sans qu'ils aient pu se défendre.

5. Les tranformations subies par la marine de guerre ont eu pour conséquence la disparition non seulement des anciens types, mais encore des dénominations sous lesquelles ils étaient désignés. La marine non cuirassée, les bâtiments en bois, ont disparu ou du moins les types qui subsistent encore sont destinés à promptement disparaître. On distingue parmi les cuirassés : les *cuirassés d'escadre de première* ou de *seconde ligne*, les croiseurs de 1er, 2e et 3e rangs, les avisos de première classe et les *avisos torpilleurs*, les *canonnières cuirassées*, les *torpilleurs de haute mer* et les *torpilleurs de première et de deuxième classe*, etc. La flotte française en 1895, doit comprendre 13 cuirassés d'un tonnage égal ou supérieur à 10 000 tonneaux, 20 cuirassés d'un tonnage inférieur à 10 000 tonneaux, 22 gardes-côtes et canonnières cuirassées, 11 croiseurs d'un tonnage supérieur à 4000 tonneaux, 5 d'un tonnage compris entre 2000 et 4000 tonneaux, 13 croiseurs rapides, 13 contre-torpilleurs et avisos torpilleurs, 187 torpilleurs, enfin 16 croiseurs de types anciens d'un tonnage supérieur à 1300 tonneaux, mais susceptibles encore d'usage (Rapport du budget de 1891. Annexe au procès-verbal de la séance de la Chambre des députés du 10 juin 1890). A cette flotte de combat, il faut ajouter un certain nombre de transports et de vaisseaux appartenant à la marine de commerce, mais qui sont susceptibles d'être requis en temps de guerre maritime, et que leur construction permet de transformer en croiseurs rapides.

6. Ce n'est pas ici le lieu d'établir une comparaison détaillée entre la puissance de la flotte française et la puissance des flottes étrangères. Nous nous bornerons à comparer, d'après l'exposé qui a été fait dans le rapport de M. Gerville-Réache sur le budget de la marine de 1891, ces flottes et la flotte française, en tenant compte des bâtiments actuellement sur chantiers et qui seront susceptibles de figurer dans les diverses flottes en 1895. Tandis que la France disposera de 300 unités, l'Italie en aura 205, l'Allemagne 262, l'Autriche 89, la Russie 197, l'Angleterre 402. Parmi ces unités, la flotte française réunira : en cuirassés d'un tonnage égal ou supérieur à 10 000 tonneaux 13, l'Italie 13, l'Allemagne 4, la Russie 4, l'Angleterre 22; — En cuirassés d'un tonnage inférieur à 10 000 tonneaux : France 20, Italie 8, Allemagne 12, Autriche 10, Russie 11, Angleterre 32; — En gardes-côtes : France 22, Italie 3, Allemagne 23, Autriche 3, Russie 19, Angleterre 15; — En croiseurs cuirassés ou protégés, d'un tonnage supérieur à 4000 tonneaux : France 11, Allemagne 10, Autriche 3, Russie 9, Angleterre 31; — En croiseurs protégés de 2000 à 4000 tonneaux : France 5, Italie 5, Allemagne 1, Autriche 1, Russie 2, Angleterre 51; — En éclaireurs ou petits croiseurs rapides : France 13, Italie 4, Allemagne 11, Autriche 3, Russie 2, Angleterre 36; — En contre-torpilleurs et avisos torpilleurs : France 13, Italie 21, Allemagne 13, Autriche 5, Russie 3, Angleterre 41; — En torpilleurs : France 187, Italie 146, Allemagne 169, Autriche 57, Russie 138, Angleterre 156; — En bâtiments spéciaux pour accompagner les torpilleurs et les escadres : France 0, Italie 2, Allemagne 2, Autriche 3, Russie 0, Angleterre 3; — En croiseurs de types anciens d'un tonnage supérieur à 1300 tonneaux : France 16, Italie 3, Allemagne 17, Autriche 4, Russie 9, Angleterre 15.

SECT. 2. — DU PERSONNEL DE LA MARINE.

ART. 1er. — *Du ministère de la marine; conseils et commissions* (*Rép.* nos 38 à 56).

7. Les attributions générales du ministère de la marine n'ont été modifiées, depuis la publication du *Répertoire* (n° 38), qu'au point de vue de l'administration des colonies. A plusieurs reprises, depuis 1880, les colonies ont été distraites du ministère de la marine pour former un service spécial placé sous la direction d'un sous-secrétaire d'Etat adjoint au ministre du commerce et de l'industrie (Décr. du 14 mars 1889, D. P. 90. 4. 60). Le sous-secrétaire d'Etat aux colonies a même, dans ce système, un rôle analogue à celui d'un ministre : la correspondance concernant les colonies lui est adressée directement et il est investi d'une délégation générale de la signature du ministre, tant pour la correspondance que pour tous les actes émanant de la direction des colonies, à l'exception de ceux qui doivent être soumis à l'approbation du président de la République, et pour les nominations autres que celles soumises à l'approbation du chef de l'État. Le ministre peut, en outre, lui déléguer la signature des ordonnances directes de payement et des ordonnances portant ouverture de crédit aux ordonnateurs secondaires (Décr. 19 et 23 mars 1889, D. P. 90. 4. 61). Il a été jugé que la délégation faite au sous-secrétaire d'Etat des colonies par le décret de 1889 lui donne le droit de prendre des décisions sur les matières pour lesquelles il a reçu cette délégation, et notamment de rejeter une demande de pension (Cons. d'Et. 2 déc. 1892, aff. Mogambury, D. P. 93. 3. 1. Comp. *suprà*, v° *Organisation administrative*, n° 16). — Le ministre de la marine ne conserve plus que la garde des colonies au point de vue militaire, au moyen des troupes de la marine qui relèvent exclusivement de l'autorité du ministre en tout ce qui concerne le commandement, la discipline et les questions techniques. Cette situation a été modifiée, dans une certaine mesure, par un décret du 8 mars 1892, qui a de nouveau rattaché l'administration des colonies au ministère de la marine, mais en laissant subsister l'organisation du sous-secrétariat d'Etat, en quelque sorte indépendant, qui la dirige. Il y a là un état de fait qui présente de sérieux inconvénients : aussi l'initiative parlementaire s'est-elle exercée, à différentes reprises, pour proposer la création d'un ministère spécial des colonies, création que justifierait l'importance des questions coloniales et des intérêts qui y sont engagés. Jusqu'à ce jour, la question n'a pas été résolue.

8. Depuis la publication du *Répertoire* (n°s 39-40), l'organisation centrale du ministère de la marine a été modifiée par plusieurs décrets (31 janv. 1885, 12 août 1886, 4 août 1887 et 15 août 1890, *Bull. off. de la marine*, 1890, p. 230). Les services du ministre comprennent, d'après le dernier de ces décrets : le cabinet du ministre, placé sous la direction du chef d'état-major général du ministre et comprenant, outre le secrétariat particulier du ministre, deux bureaux : 1° cabinet et enregistrement; 2° mouvements de la flotte et opérations militaires; — Le service des défenses sous-marines, ayant un chef de service et un sous-chef adjoint; — La direction du personnel, 1er bureau, état-major de la flotte; 2e bureau, équipages de la flotte (inscription maritime, etc.); 3e bureau, troupes de la marine; 4e bureau corps entretenus et agents divers, justice maritime; 5e bureau, solde, habillement, revues; 6e bureau, subsistances et hôpitaux; — La direction du matériel : 1er bureau, constructions navales; 2e bureau, travaux hydrauliques et bâtiments civils ; 3e bureau, approvisionnement général et affrètements; — La direction de l'artillerie, placée sous la direction d'un officier général ou d'un officier supérieur de l'artillerie de marine (Caen, 16 juin 1892, *Journ. off.* du 19 juin) et comportant un bureau administratif et un bureau technique; — Enfin, la direction de la comptabilité générale, comportant six bureaux : 1° fonds, ordonnances et dépenses d'outre-mer; 2° comptabilité centrale des fonds, pensions; 3° comptabilité des matières; 4° service intérieur, personnel central, impressions; 5° archives, bibliothèques et publications; 6° navigation commerciale, pêches et domanialités maritimes.

9. — 1° *Chef de l'état-major de la marine.* — Un décret du 21 janv. 1892 (*Journ. off.* du 23 janv. 1892) règle actuellement le rôle et les fonctions du chef d'état-major de la marine; ce décret a eu pour but de donner une plus grande part dans l'organisation des forces navales à l'officier général chef de l'état-major, et d'assurer, dans la mesure du possible, l'unité et la permanence de la direction imprimée à la préparation de la marine au rôle qu'elle doit jouer en temps de guerre. — Le décret du 21 janv. 1892 fait du chef de l'état-major général de la marine, chargé de centraliser, de coordonner tous les efforts tendant à donner à la force navale la cohésion nécessaire, le premier collaborateur du ministre. Tous ses ordres sont exécutoires comme s'ils émanaient du chef du département. Il a sous sa direction immédiate tous les officiers et fonctionnaires chargés de l'aider dans sa tâche personnelle. En cas d'absence du ministre, il peut recevoir la délégation de la signature pour toutes les affaires où la loi n'exige pas l'intervention directe du ministre. Il fait partie du conseil supérieur de la marine, de la commission d'étude de défense du littoral, de la commission de classement, lorsqu'elle se réunit pour établir les tableaux d'avancement des officiers de marine. Il est admis, avec voix délibérative, sur sa demande approuvée par le ministre, au comité des inspecteurs généraux, au conseil des travaux et dans les différents conseils et commissions où il croit devoir intervenir. Il vise le renvoi de toute affaire soit au conseil des travaux, soit au comité des inspecteurs généraux. Il a communication des ordres du jour et des avis de ces conseils. Il a sous ses ordres directs les officiers généraux, supérieurs et autres, faisant partie de l'état-major général de la marine ou du cabinet, ainsi que le personnel appartenant à ces deux services et aux bureaux qui en dépendent. Il a autorité, par délégation du ministre et sous certaines conditions, sur les autres directions ou services du ministère, dont il peut requérir les renseignements de toute nature qui peuvent lui être nécessaires. Il reçoit du service compétent la liste des officiers de tous grades proposés pour commander à la mer. Il reçoit en communication et vise avec observations, s'il y a lieu, les présentations à faire au ministre par le directeur du personnel : 1° des officiers à désigner pour commander les bâtiments armés, en armement ou en réserve; 2° des officiers de tous les corps de la marine à nommer aux grades d'officiers généraux, de capitaine de vaisseau et assimilés; 3° des officiers et fonctionnaires du grade d'officier général, de capitaine de vaisseau ou assimilés, qu'ils appartiennent ou non au département, à désigner pour des emplois de leur grade. Il propose directement au ministre les officiers qu'il juge aptes à servir à l'état-major général de la marine ou à remplir des missions spéciales, ainsi que ceux à appeler aux fonctions d'attaché naval près les différentes puissances étrangères. Il dirige personnellement les services de l'état-major général de la marine et ceux du cabinet.

10. Le chef d'état-major général est secondé par deux sous-chefs de l'état-major général, capitaines de vaisseau nommés par décret. Toutefois, l'un d'eux peut être officier général si le ministre en décide ainsi. Le cabinet du ministre, placé, par délégation du chef d'état-major général, sous l'autorité d'un sous-chef de l'état-major général, comprend l'état-major particulier du ministre et le bureau de l'administration centrale du ministère, dit bureau du cabinet (*suprà*, n° 8).

11. — 2° *Conseils et commissions.* — Le conseil d'amirauté (*Rép.* n°s 44-47) a été supprimé par un décret du 21 oct. 1890 (*Bull. off. de la marine*, 1890, p. 444), et ses attributions réparties entre le conseil supérieur de la marine et le comité des inspecteurs généraux.

12. — 3° Le *conseil supérieur* de la marine a été créé par un décret du 5 déc. 1889 (D. P. 90. 4. 103) et réorganisé par un décret publié au *Journal officiel* du 6 févr. 1892. Ce conseil, spécialement chargé de l'examen des questions qui peuvent être rattachées à la préparation de la guerre sur mer, est présidé par le ministre de la marine. Il se compose (Décr. du 5 févr. 1892) du vice-amiral commandant en chef l'escadre de la Méditerranée; du vice-amiral commandant en chef l'escadre du Nord et des vice-amiraux ayant exercé dans leur grade les doubles fonctions de commandant en chef à la mer et de préfet maritime ou de chef de l'état-major général de la marine; des cinq vice-amiraux préfets maritimes; du chef d'état-major général de la marine. Le sous-chef de l'état-major général, chargé des sections de l'état-major général, est attaché au conseil en qualité de rapporteur. Les divers directeurs des services de la marine, ainsi que les officiers généraux ou hauts fonctionnaires de la marine, peuvent être appelés au conseil avec voix consultative pour les affaires de leur ressort.

13. Le conseil supérieur de la marine se réunit obligatoirement deux fois chaque année sur la convocation du ministre, et aussi souvent que le ministre le juge nécessaire; il est tenu registre de ses délibérations (Décr. du 5 déc. 1889 art. 3). Le ministre peut consulter le conseil supérieur sur toutes les questions pour lesquelles il juge à propos d'avoir son avis, mais il est certaines questions sur lesquelles ce conseil doit être nécessairement consulté : ce sont les dispositions essentielles de la mobilisation de la flotte, les principes qui doivent présider à son renouvellement et à sa répartition, les méthodes d'instruction et, d'une manière générale, toutes les questions pouvant affecter la meilleure utilisation et la meilleure préparation de l'armée navale pour la défense du pays (Décr. du 5 déc. 1889, art. 2). Les questions que le conseil doit résoudre dans une de ses séances doivent, aux termes de l'art. 4 du décret du 5 déc. 1889, être communiquées individuellement à ses membres trois jours au moins avant les séances. Celles qui n'ont pu être introduites qu'au cours d'une séance sont mises en délibération à une séance ultérieure, à moins qu'il n'en soit autrement ordonné par le conseil.

14. — 4° Le *comité des inspecteurs généraux*, présidé par l'un d'eux, se compose des trois inspecteurs généraux institués par le décret du 21 oct. 1890, (*Bull. off. de la marine*, 1890, p. 444). Deux des inspecteurs généraux sont pris parmi les vice-amiraux, un parmi les contre-amiraux. Les deux premiers sont chargés, l'un de l'inspection des arsenaux, des établissements hors des ports, des bâtiments en réserve, des bâtiments armés et des écoles à la mer; l'autre, de l'inspection de la mobilisation des inscrits maritimes, des divisions des équipages de la flotte et des écoles à terre. La troisième inspection, confiée à un vice-amiral, s'étend aux défenses sous-marines, à la défense des côtes sur les points qui relèvent de la marine et, autant que de besoin, des établissements de la marine aux colonies.

15. Le conseil des travaux de la marine (*Rép.* n° 48) a donné lieu à trois décrets du 23 oct. 1871, *Bull. off. de la marine*, 1871, p. 414, du 4 mars 1879, *Bull. off. de la marine*, 1879, p. 434, et du 16 juin 1892 (*Journ. off.* du 19 juin).

16. Le comité d'examen des comptes des travaux de la marine, institué par un décret du 6 sept. 1888, (*Bull. off. de la marine*, 1888, p. 194) est composé de seize membres pris parmi les sénateurs, les députés, les membres du conseil d'Etat, les vice-amiraux, etc.

17. Il faut citer, en outre, pour compléter l'énumération des conseils et comités qui sont institués au ministère de la marine : le comité hydrographique (Décr. 13 janv. et 6 mars 1886, *Bull. off. de la marine*, 1886, p. 75 et 331); — Le comité technique des inspecteurs généraux des troupes de la marine (Arr. min. 31 mai 1881 et 9 févr. 1889); — Le conseil supérieur de santé institué par le décret du 14 juill. 1865 (*Rép.* n° 54) et remanié par le décret du 24 juin 1886 (*Bull. off. de la marine*, 1886, p. 1143); — La commission supérieure des invalides de la marine (Décr. 8 mars 1887 (*infrà*, n° 101); — Le conseil supérieur des naufrages réorganisé par décision ministérielle du 27 nov. 1890; — Le comité consultatif de l'artillerie (Décr. 23 oct. 1871; 15 août 1890, *Bull. off. de la marine*, 1890, p. 224); — Le comité consultatif du contentieux de la marine (Arr. min. 18 févr., 9 mai 1874, 16 oct. 1879 et 14 sept. 1883); — Enfin le conseil des prises (*Rép.* n° 55) au sujet duquel nous signalerons un décret du 27 oct. 1870, D. P. 70. 4. 126, qui avait organisé un conseil provisoire des prises, destiné à juger en province, les prises qui ne pouvaient, en raison de l'investissement de Paris, être soumises au conseil permanent.

ART. 2. — *Des préfectures maritimes.*

§ 1er. — Des préfets maritimes et chefs de service dans les ports.

18. Aucune modifications n'a été apportée à la division du littoral de la France en arrondissements maritimes. Ces arrondissements sont toujours, comme à l'époque de la publication du *Répertoire*, au nombre de cinq ayant pour chefs-lieux respectifs : Cherbourg, Brest, Lorient, Rochefort et Toulon (*Rép.* n° 57). Ils sont également toujours placés sous le commandement d'un préfet maritime. Le décret du 21 oct. 1891 qui règle à nouveau l'organisation des arrondissements maritimes, attribue au préfet maritime, comme le faisait, d'ailleurs, la législation précédente (*Rép.* n° 57), les droits, honneurs et insignes appartenant au vice-amiral commandant en chef une escadre. Le préfet maritime dirige tous les services de l'arrondissement, soit par ordres directs, soit par l'intermédiaire du chef de l'état-major de l'arrondissement maritime, sauf en ce qui concerne les ordres susceptibles d'entraîner une dépense ou la responsabilité pécuniaire des chefs de service (Décr. 21 oct. 1891, art. 7, § 3). Il commande en chef les corps militaires de la marine et les forces navales stationnées dans son arrondissement, à l'exception de celles qui sont placées hors de sa dépendance par une décision spéciale. Il est gouverneur désigné dans les places de guerre qui sont en même temps ports militaires. Il note le personnel militaire et celui des différents services placés sous ses ordres, etc.

19. Le chef d'état-major de l'arrondissement maritime seconde le préfet dans tous les détails du service et transmet ses ordres; il peut recevoir la délégation de la signature du préfet maritime pour tous les ordres qui n'impliquent pas une dépense ou n'entraînent pas la responsabilité pécuniaire des chefs de service (Décr. 21 oct. 1891, art. 7.)

Du grade de contre-amiral, sauf à Lorient et Rochefort où le chef d'état-major peut être un capitaine de vaisseau, il commande les officiers de marine et les officiers mécaniciens qui ne relèvent pas directement d'un chef militaire, dirige le service de la gendarmerie maritime, est chargé de la sûreté du port et des ouvrages de la défense et désigne, par ordre du préfet maritime, les officiers de marine appelés à faire partie des états majors des bâtiments de l'Etat et les officiers mécaniciens ou officiers de marine appelés à tous autres services. Le chef d'état-major surveille les établissements du port, le service hydrographique, le dépôt des cartes, inspecte les bâtiments-écoles par délégation du préfet maritime, centralise sous les ordres de celui-ci tout ce qui concerne la justice maritime, et dirige enfin le service électro-sémaphorique de l'arrondissement (Décr. 21 oct. 1891, art. 7 à 12).

20. Un sous-chef d'état-major, du grade de capitaine de vaisseau si le chef d'état-major est contre-amiral, ou de capitaine de frégate s'il est capitaine de vaisseau, lui est adjoint et le remplace en cas d'empêchement.

Le décret du 21 oct. 1891 a ainsi supprimé l'emploi de major général de la marine et transféré au chef d'état-major général une partie de ses attributions (*Rép.* n° 60). Le titre de major général de la marine est aujourd'hui attribué au major de la flotte (*Rép.* n° 61; Décr. 31 déc. 1891, *Bull. off. de la marine*, p. 1043). Le major général de la marine, auquel est adjoint un capitaine de vaisseau avec le titre de major de la marine, est du grade de contre-amiral; ses attributions se sont étendues depuis la publication du *Répertoire*, en même temps que se sont développés les services dans les ports de guerre.

21. Le major général de la marine, autrefois le major de la flotte (*Rép.* n° 61), a sous ses ordres, aux termes de l'art. 15 du décret du 21 oct. 1891, le service des mouvements du port, les bâtiments en réserve, les écoles de mécaniciens, les bâtiments en essai, en armement et en réparations, les bâtiments armés dans le port et ceux qui, stationnant en rade, dépendent du préfet maritime, à l'exception des écoles. Il commande le personnel de tout grade des bâtiments ou services placés sous son autorité, et dirige la garde militaire, la sûreté, la police et les services de secours contre l'incendie dans l'arsenal. Il préside les commissions de recettes et d'essais des bâtiments et la commission chargée d'inspecter le personnel et le matériel au départ d'un navire et lors du retour ou après désarmement. Il reçoit les registres de bord et autres des navires venant de la mer et entrant en troisième catégorie de réserve.

22. Le major général de la marine est secondé, en ce qui concerne les mouvements du port, par un officier supérieur qui a le titre de directeur des mouvements du port (*Rép.* n° 64). Le service placé sous la direction de cet officier comprend la garde et la construction des bâtiments flottants désarmés ou en achèvement à flot, les mouvements dans le port, le commandement des marins vétérans, le commandement supérieur de la compagnie de pompiers, la visite et l'entretien du balisage dépendant du service de la marine, les secours aux bâtiments en danger, la surveillance des pilotes lamaneurs et des parcs d'aérostation (Décr. 21 oct. 1891 art. 16). Un décret du 20 oct. 1882, *Bull. off. de la marine*, p. 696, a créé, pour seconder les officiers des directions des mouvements des ports, des adjudants principaux qui ont le rang et les droits à la retraite des maîtres principaux et maîtres entretenus de la marine.

Un officier supérieur, chargé du commandement du bâtiment central de la réserve et du service des bâtiments en réserve de la troisième catégorie, est encore placé sous les ordres du major général de la marine. Le service de cet officier comprend la garde et la conservation des bâtiments de la troisième catégorie, les travaux d'entretien et de réparations courantes de ces bâtiments pour l'outillage du bâtiment central de la réserve (Décr. 21 oct. 1891, art. 17.)

23. Le service des arrondissements maritimes et des cinq ports militaires comprend, en outre, un commissaire général (*Rép.* n° 62), un directeur des constructions navales (*Rép.* n° 63), un directeur du service de santé, un directeur de l'artillerie (*Rép.* n° 65), un directeur des défenses sous-marines (V. *infrà*, n° 24), un directeur des travaux hydrauliques et bâtiments civils (*Rép.* n° 66) et un général de brigade ou colonel commandant les troupes de la marine à l'exception de la gendarmerie maritime (V. *infrà*, n° 64), et un officier supérieur de la marine commandant le dépôt des équipages de la flotte.

24. Le service des défenses sous-marines a été réglé par un décret du 6 mars 1886 (*Bull. off. de la marine*, 1886, p. 319). Le directeur des défenses sous-marines a le grade de capitaine de vaisseau; un capitaine de frégate lui est adjoint. Il concentre le service du matériel, des explosifs, et est chargé tant des réparations aux torpilleurs armés que de la conservation des torpilleurs en réserve. Il est, en un mot, chargé de tout ce qui concerne le service des torpilles.

§ 2. — Des inspecteurs de la marine (*Rép.* nos 68 à 71).

25. V. *Rép.* n° 68 et suiv.

§ 3. — Du conseil d'administration des ports (*Rép.* nos 72 à 74).

26. La composition du conseil d'administration des ports (*Rép.* n° 74) a été remaniée par le décret du 21 oct. 1891, art. 25. Il se compose du préfet maritime président, du chef d'état-major général de l'arrondissement, du major général de la marine, du commissaire général, des directeurs des constructions navales, du service de santé, des défenses sous-marines, de l'artillerie, des travaux hydrauliques et bâtiments civils. L'inspecteur en chef est tenu d'assister aux séances du conseil; il y a voix représentative dans toutes les discussions. Un sous-commissaire de la marine, nommé par le préfet, remplit les fonctions de secrétaire du conseil.

§ 4. — *Des sous-arrondissements maritimes, quartiers, etc.* (*Rép.* nos 75 à 77).

27. Nous n'avons à signaler, en ce qui concerne l'administration des sous-arrondissements et quartiers maritimes, que la création de commissaires de police spéciaux, attachés au chef-lieu de chaque arrondissement pour la surveillance des ports, arsenaux et autres établissements de la marine (Décr. 9 juin 1877, D. P. 77. 4. 51). Les fonctionnaires placés sous les ordres directs du commissaire rapporteur près le premier tribunal maritime sont nommés par le ministre de la marine. Ils ne peuvent être révoqués que par le ministre; ils peuvent être suspendus provisoirement par le préfet maritime, à charge d'en rendre compte au ministre. Leurs fonctions consistent à seconder le commissaire rapporteur dans la recherche et la constatation des crimes, délits ou contraventions de nature à compromettre soit la police et la sûreté des ports, arsenaux et autres établissements de la marine, soit le service maritime; ils ont, à cet égard, dans les limites de la compétence des tribunaux maritimes permanents, les mêmes attributions que celles dont sont investis les commissaires de police du département de l'intérieur.

ART. 3. — *Des établissements maritimes hors des ports* (*Rép.* nos 78 à 82).

28. Les établissements destinés à fabriquer et réparer le matériel de la marine autres que les arsenaux (*Rép.* n° 78) sont aujourd'hui réduits à trois. Ce sont ceux d'Indret, de Ruelle et de Guérigny-la-Chaussade (Nièvre). Il existe en outre à Sevran-Livry un champ d'expériences pour l'artillerie et à Paris un laboratoire central pour l'étude des explosifs.

ART. 4. — *Des divers corps de la marine* (*Rép.* n° 83).

§ 1er. — Des officiers militaires et civils (*Rép.* nos 84 à 144).

29. — 1° *Officiers de vaisseau.* — La hiérarchie des officiers de vaisseau, depuis l'amiral jusqu'à l'aspirant de deuxième classe (*Rép.* nos 86 et suiv.), n'a pas subi de modifications depuis la publication du *Répertoire*. Les seuls changements qui aient été apportés aux règles que nous y avons exposées ont eu pour objet le nombre des officiers de chaque grade. Un décret du 12 déc. 1874 a réduit le nombre des capitaines de vaisseau de 120 à 100, celui des capitaines de frégate de 250 à 200; le nombre des lieutenants de vaisseau y était de 700, celui des enseignes de 420, et des aspirants de 1re classe de 140. Mais ces chiffres ont dû être dépassés avec l'approbation des Chambres et sans qu'il soit intervenu de nouvelles dispositions législatives spéciales à la matière. Le budget de 1892 fixe: à 115 le nombre des capitaines de vaisseau, à 215 celui des capitaines de frégate, à 720 celui des lieutenants de vaisseau, à 400 celui des enseignes.

Un projet de loi, récemment voté en première lecture, augmente encore ces cadres qui ne répondraient pas aux besoins de la mobilisation. D'après ce projet, la composition du cadre des officiers de vaisseau comporterait: 15 vice-amiraux, 30 contre-amiraux, 120 capitaines de vaisseau, 220 capitaines de frégate, 375 lieutenants de vaisseau de 1re classe, 375 lieutenants de vaisseau de 2e classe, 400 enseignes de vaisseau, 160 aspirants de marine, 75 élèves de marine. Mais ce dernier nombre serait variable suivant les besoins du service. — Le même projet de loi contient certaines innovations en matière de retraite, dans le but de rajeunir les cadres: la limite d'âge des vice-amiraux restant fixée à soixante-cinq ans, les contre-amiraux passeraient dans la section de réserve à soixante ans; les capitaines de vaisseau, à cinquante-huit ans; les capitaines de frégate, à cinquante-quatre ans; les lieutenants de vaisseau, à cinquante ans; les enseignes de vaisseau, à quarante-cinq ans. Mais la loi ne serait appliquée aux officiers en service que dans le cas où ils seraient promus au grade supérieur postérieurement à sa promulgation. Autrement, ils continueraient à bénéficier des limites d'âge actuelles.

30. La loi du 13 mars 1875 (D. P. 75. 4. 129) a prescrit la création d'un cadre d'officiers de réserve de la marine analogue au cadre des officiers de l'armée de terre. Ce cadre a été organisé par décrets des 9 août 1877 (D. P. 77. 4. 68); 30 juill. 1883 (D. P. 84. 4. 112) et 8 mars 1884 (D. P. 84. 4. 119). Les cadres des officiers de réserve de l'armée de mer sont, aux termes de l'art. 1er du décret du 30 juill. 1883, déterminés par des arrêtés ministériels. C'est également aux arrêtés du ministre de la marine qu'est confié le soin de régler toutes les dispositions de détail concernant l'organisation, la répartition et l'emploi des officiers de réserve de l'armée de mer (Décr. 30 juil. 1883, art. 11); ces officiers sont rattachés aux divers ports militaires qu'ils rejoignent en cas de mobilisation; seuls les officiers généraux et assimilés relèvent directement du ministre de la marine qui, en cas de mobilisation, leur remet, s'il y a lieu, des ordres individuels de service. Les officiers de réserve relèvent, en temps de paix et en dehors des périodes de réunions et d'exercices auxquels ils peuvent être astreints par des arrêtés ministériels, de l'autorité maritime du port auquel se rattache la circonscription de réserve maritime dans laquelle ils ont leur domicile. Exception est faite toutefois pour les officiers domiciliés dans les départements de la Seine, Seine-et-Oise et Seine-et-Marne, qui relèvent des chefs de service compétents du ministère de la marine. Ils sont soumis aux obligations imposées aux officiers de réserve de l'armée de terre en ce qui concerne les changements de domicile et de résidence et les déclarations à faire en cas de voyages (V. *infrà*, v° *Organisation militaire*).

31. Les officiers de réserve de l'armée de mer, autres que les officiers des corps de troupe, se recrutent exclusivement parmi les officiers démissionnaires ou retraités de la marine et servent respectivement dans les corps auxquels ils appartenaient pendant qu'ils étaient en activité. Ils sont nommés par décret du président de la République, sur la proposition du ministre de la marine, soit sur leur demande, soit d'office: sur leur demande, quand ils sont ou non astreints aux obligations du service militaire dans l'armée active ou l'armée territoriale, et non soumis aux obligations qu'impose pendant cinq ans aux officiers retraités la loi du 5 août 1879; d'office lorsqu'ils ont été retraités depuis moins de cinq ans par application de cette loi.

32. Le recrutement des officiers de vaisseau du cadre actif se fait par la voie des écoles, l'École navale et l'École polytechnique, et aussi par l'accession des premiers maîtres sous certaines conditions de service et d'examens (*Rép.* n° 92). Un décret du 21 avr. 1888 a créé à Brest une école pour les premiers maîtres candidats au grade d'enseigne de vaisseau. Le projet de loi sur les cadres, dont il a été parlé (*suprà*, n° 29), tend à développer cette institution et à augmenter le recrutement des enseignes provenant du rang.

33. Les règles de l'avancement des officiers de vaisseau sont toujours soumises aux textes qui ont été énumérés au *Rép.* n°s 96 et suiv. ; nous n'avons pas à y revenir, non plus que sur la distinction qui doit être faite, pour l'officier, entre le grade et l'emploi (*Rép.* n° 101), le grade ne pouvant être enlevé à l'officier en dehors des cas et en l'absence des formes prévus par la loi, l'emploi, au contraire, pouvant lui être retiré par le chef de l'Etat. — Au point de vue de l'emploi, l'officier est même à la disposition du ministre de la marine, en ce sens qu'il ne peut déférer au conseil d'Etat, comme entachées d'excès de pouvoirs, les décisions qui le désignent pour tel ou tel service. Il n'appartiendrait pas, notamment, à un médecin de la marine désigné pour le service des colonies, de déférer l'ordre du ministre qui fait cette désignation, sous le prétexte qu'elle n'observe pas les règles tracées par les règlements de la marine (Cons. d'Et. 27 juin 1877, aff. Veillon, D. P. 77. 3. 110). Les règlements, en effet, qui ont été établis pour déterminer les conditions dans lesquelles les emplois doivent être distribués ne constituent, alors même qu'ils ont reçu la sanction du chef de l'Etat, que des mesures d'ordre intérieur qui tracent au ministre la marche à suivre et dont celui-ci ne peut s'écarter que sous sa responsabilité, mais qui ne constituent aucun droit en faveur des officiers. La désignation d'un officier pour certains postes peut exiger certaines appréciations d'instruction, d'intelligence, de santé, qui ne sauraient être entravées par la nécessité absolue d'observer le roulement normal, sans qu'il y eût danger de compromettre la réussite d'une expédition et même le salut des bâtiments et des troupes qui en sont chargées. Le ministre doit donc, malgré les règlements, conserver une certaine liberté d'appréciation, et on conçoit sans peine que l'exercice qu'il en fait échappe à tout recours contentieux.

34. Les officiers du cadre de réserve ont un état analogue à celui des officiers du cadre actif, c'est-à-dire que, pour les uns et les autres, le grade est une propriété qui ne peut être enlevée que dans des conditions déterminées (Décr. 8 mars 1884, D. P. 84. 4. 119, art. 1er). Les causes de perte du grade de l'officier de réserve sont : 1° la radiation ; 2° la démission acceptée par le président de la République ; 3° la perte de la qualité de Français prononcée par un jugement ; 4° la condamnation à une peine afflictive et infamante ; 5° la condamnation à une peine correctionnelle pour délits prévus par les art. 379 à 407 c. pén ; 6° la condamnation à une peine correctionnelle d'emprisonnement qui, en outre, a placé le condamné sous la surveillance de la haute police et l'a interdit des droits civiques, civils et de famille (la peine de la surveillance de la haute police a été supprimée par l'art. 19 de la loi du 27 mai 1885 et remplacée par l'interdiction de séjour ; — V. *infrà,* v° *Peine*) ; 7° la destitution prononcée par jugement d'un conseil de guerre ; 8° la révocation.

35. La radiation est une mesure purement administrative ; elle a lieu : 1° lorsque les officiers sont appelés à passer, par leur âge, dans l'armée territoriale ou, s'ils ont été maintenus dans les cadres de réserve par une décision ministérielle prise sur leur demande, à l'expiration du temps de service exigé par la loi de recrutement, à moins qu'une nouvelle décision du ministre, également rendue sur leur demande, ne les admette à rester dans la réserve ; 2° lorsque, retraités par application des lois du 22 juin 1878 et du 5 août 1879, les officiers sont restés pendant cinq ans à la disposition du ministre, à moins qu'une décision, prise sur leur demande, ne les maintienne dans la réserve à la condition qu'ils n'aient pas atteint la limite d'âge fixée par l'art. 56 de la loi du 13 mars 1875 ; 3° à l'égard des officiers qui, ayant atteint cette limite d'âge, ne sont pas maintenus à la disposition du ministre de la marine, conformément aux prescriptions des lois précitées des 22 juin 1878 et 5 août 1879. — Enfin la radiation peut être prononcée par le président de la République, sur les certificats de médecins désignés à cet effet par l'autorité maritime, et après avis du conseil supérieur de santé de la marine, pour les officiers reconnus atteints d'infirmités incurables, placés hors cadre pour raison de santé depuis trois ans.

36. La révocation des officiers de réserve est tantôt obligatoire, tantôt facultative ; elle est prononcée par décret du président de la République. Elle est obligatoire contre l'officier déclaré en état de faillite et destitué par jugement ou révoqué par mesure disciplinaire d'un office ministériel. Elle est facultative, sur avis conforme d'un conseil d'enquête, dont la constitution est régie par les art. 15 à 19 du décret du 8 mars 1884 : 1° pour révocation d'un emploi civil par mesure disciplinaire ; 2° pour faute contre l'honneur à quelque époque qu'elle ait été commise ; 3° pour inconduite habituelle ; 4° pour fautes graves dans le service ou contre la discipline ; 5° pour condamnation à une peine correctionnelle lorsque la nature du délit et la gravité de la peine paraissent rendre cette mesure nécessaire ; 6° contre tout officier qui, ayant été suspendu de son emploi pendant un an pour avoir manqué aux prescriptions de l'art. 55 de la loi du 15 juill. 1889, n'a pas, à l'expiration de cette peine disciplinaire, fait connaître officiellement sa résidence, ou commet une nouvelle infraction à ces dispositions (Décr. du 28 juin 1890, D. P. 91. 4. 90) ; 7° contre tout officier qui, en dehors de la période d'activité, adresse à un de ses supérieurs militaires, ou publie contre lui, un écrit injurieux ou commet envers l'un d'eux un acte offensant ; 8° contre tout officier qui publie ou divulgue, dans des conditions nuisibles aux intérêts de la marine ou de l'armée, des renseignements parvenus à sa connaissance à raison de sa position militaire ; 9° contre tout officier suspendu de son grade pour un an par mesure disciplinaire, qui, renvoyé en cas de mobilisation devant un conseil d'enquête, a été l'objet d'un avis défavorable de ce conseil (Décr. du 8 mars 1884, art. 7 et 14).

37. Les officiers de réserve n'ont que deux situations : ils sont placés dans les cadres ou hors cadres. Ils sont placés hors cadres : 1° lorsqu'ils remplissent dans l'ordre civil certains emplois ou fonctions déterminées par décret du président de la République (Décr. du 8 mars 1884, D. P. 84. 4. 120), et tant qu'ils remplissent ces fonctions ; 2° lorsqu'ils sont reconnus incapables, pour raison de santé, d'exercer leurs fonctions pendant plus de six mois. Cette dernière situation ne peut se prolonger au delà de trois ans, terme à l'expiration duquel l'officier peut être rayé des cadres, comme on l'a vu (*suprà* n° 35). Enfin sont placés hors cadres les officiers suspendus pour un an, jusqu'au moment où ils sont réintégrés dans un emploi (Décr. 8 mars 1884, art. 8 à 10). Tout officier mis hors cadre est remplacé dans le cadre auquel il appartient : le temps passé hors cadre ne compte pas pour la fixation du rang d'ancienneté (art. 1er).

38. La suspension, dont il vient d'être question à plusieurs reprises, est une peine disciplinaire qui peut être infligée aux officiers de réserve par décision du président de la République sur le rapport du ministre de la marine : elle est de trois mois au moins et d'un an au plus (Décr. 8 mars 1884, art. 12). En cas de mobilisation, l'officier suspendu pour moins d'un an est réintégré dans son emploi ; celui qui est suspendu pour un an est, dans le même cas, envoyé devant un conseil d'enquête ; ce renvoi peut être suivi de la révocation de l'officier (*suprà* n° 36) ou de la réintégration dans un emploi de son grade.

39. L'officier du cadre actif peut être, ainsi qu'on l'a vu au *Rép.* n° 101, soit en activité, soit en disponibilité s'il est momentanément sans emploi, soit en non-activité, soit en réforme. La réforme, comme on l'a dit *ibid.*, ne peut être prononcée que par le chef de l'Etat, sur la proposition du ministre et sur l'avis d'un conseil d'enquête.

40. La composition des conseils d'enquête, qui sont dans l'armée de mer de trois espèces : 1° le conseil d'enquête de division navale, d'escadre ou d'armée navale ; 2° le conseil d'enquête d'arrondissement maritime ou de colonie ; 3° le conseil d'enquête spécial pour les officiers généraux et les fonctionnaires de la marine qui leur sont assimilés, a été réglé de nouveau par un décret du 26 janv. 1884 (D. P. 84. 4. 80). Aux termes de l'art. 1er de ce décret, il ne peut être constitué de conseil d'enquête à bord des bâtiments qui ne font pas partie d'une division navale, d'une escadre ou d'une armée navale. Les officiers embarqués sur les bâtiments naviguant soit isolément, soit sous l'autorité d'un commandant supérieur, ne peuvent être traduits devant un conseil que lorsqu'ils sont replacés sous la juridiction du commandant en chef d'une force navale, d'un commandant en chef préfet maritime, d'un gouverneur de colonie ou d'un chef de division commandant une division navale indépendante. Toutefois ils peuvent être envoyés isolément en France, et dans ce cas, ils sont traduits devant le conseil d'enquête de leur port d'attache.

Le même décret du 26 janv. 1884 règle les formes de l'enquête; plusieurs tableaux qui y sont annexés fournissent la composition des conseils d'enquête pour les corps de la marine et pour les assimilés des divers corps de la marine (V. *Journ. off.* du 12 janv. 1884).

41. Les dispositions relatives aux droits des officiers mis en réforme à une pension de retraite ou à une solde de réforme, exposées au *Rép.* n° 108, ont été modifiées par une loi du 17 août 1879 (D. P. 80. 4. 34-35). Comme sous l'empire de l'art. 18 de la loi du 19 mai 1834, l'officier réformé qui n'a pas accompli le temps de service imposé par la loi de recrutement n'a droit à aucun traitement. Il faut entendre par temps de service imposé par la loi du recrutement le temps de service imposé dans l'armée active. C'est là du moins ce qui résulte des explications fournies par le rapport de M. Meinadier au Sénat (D. P. 80. 4. 35, note 1). La loi nouvelle laisse subsister dans leur ensemble les dispositions relatives à la quotité de la solde de réforme des officiers ayant moins de vingt ans de service et à la pension de réforme des officiers ayant vingt ans et plus de services (*Rép.* n° 108). L'officier ayant moins de vingt ans de service reçoit, pendant un temps égal à la moitié de la durée de ses services effectifs, une solde de réforme égale aux deux tiers du minimum de la pension de retraite de son grade. Après vingt ans de services, la pension de réforme est calculée à raison, pour les officiers de l'armée de mer, d'un vingt-cinquième du minimum de la retraite de leur grade. Mais la loi du 17 août 1879 établit, parmi les officiers réformés, une distinction entre ceux qui auraient subi cette mesure à la suite d'infirmités incurables et ceux qui l'auront méritée par des fautes contre la discipline; elle étend aux pensions de réforme la distinction que l'art. 16 de la loi du 19 mai 1834 établissait dans la quotité de la solde de non-activité entre les officiers placés dans cette situation pour des causes indépendantes de leur volonté telles que licenciement du corps, suppression d'emploi, etc., et ceux qui y avaient été placés par suite de retrait ou de suspension d'emploi, c'est-à-dire pour inconduite et faute de discipline. Aussi, lorsque l'officier est mis en réforme pour cause disciplinaire avant d'avoir accompli vingt ans de service, n'a-t-il droit qu'à la moitié, au lieu des deux tiers, de la retraite de son grade; et, après vingt ans de service, la pension n'est-elle que de la moitié du minimum de la pension de retraite de son grade augmentée, par chaque année de service au delà de vingt ans, de deux annuités d'accroissement fixées pour la pension d'ancienneté, lorsqu'il appartient à l'armée de mer.

42. Les dispositions législatives qui ont organisé les cadres de l'état-major général de l'armée navale (*Rép.* n° 111) n'ont jusqu'ici subi aucune modification importante. Nous nous bornerons à signaler le décret du 12 déc. 1874 (*suprà* n° 29) et une loi du 22 mars 1877, D. P. 77. 4. 38, d'un caractère purement transitoire et qui avait pour objet de permettre le maintien sans limite d'âge, dans la première section du cadre de l'état-major de l'armée navale, des vice-amiraux ayant commandé en chef des corps d'armée pendant la guerre de 1870-71. Enfin l'art. 9 de la loi du 17 juin 1841 a été modifié, au point de vue de la solde attribuée aux officiers généraux placés par limite d'âge dans la deuxième section de l'état-major général, par une loi du 17 janv. 1890 (D. P. 90. 4. 127). Ces officiers reçoivent dorénavant une solde nette égale à la pension de retraite à laquelle ils auraient droit s'ils étaient retraités. Aucune modification n'est apportée aux règles tracées par la loi du 17 juin 1841 pour les officiers généraux qui sont placés dans la deuxième section du cadre de l'état-major général avant d'avoir atteint la limite d'âge; ils reçoivent la solde de réserve fixée par cette loi (art. 1er). Aux termes de l'art. 2 de la même loi, le temps passé dans la réserve par les officiers généraux placés dans cette position, après avoir atteint la limite d'âge fixée par la loi, ne leur compte pas pour la retraite, sauf dans le cas de rappel à l'activité en cas de guerre. Au contraire, le temps passé dans la réserve, lorsqu'ils y sont placés avant d'avoir atteint la limite d'âge, leur est compté comme service effectif pour la réforme et la retraite seulement.

43. — 2° *Mécaniciens* (*Rép.* n° 114). — L'importance du rôle des officiers mécaniciens s'est accrue en raison directe des transformations successives qu'ont subies les navires de la flotte de guerre. La situation, le nombre et l'emploi de ces officiers ont fait l'objet de plusieurs décrets depuis la publication du *Répertoire* (Décr. 10 mars 1877, *Bull. off. de la marine*, p. 354; 28 mars 1878, *ibid.*, p. 508; 29 sept. 1879, *ibid.*, p. 703; 27 mars 1882, *ibid.*, p. 371; 19 janv. 1889, *ibid.*, p. 21). En dernier lieu, une loi des 3-5 août 1892 (*Journ. off.* du 5 août) a réglé l'organisation du corps des officiers mécaniciens de la marine. Aux termes de l'art. 1er de ladite loi, ce corps se compose ainsi qu'il suit : 1 mécanicien inspecteur général, 6 mécaniciens inspecteurs, 20 mécaniciens en chef, 100 mécaniciens principaux de 1re classe, 200 mécaniciens principaux de 2e classe. Les art. 12 et suiv. (tit. 2) fixent les conditions de la nomination à ces divers emplois. Les art. 21 et suiv. (tit. 3) sont relatifs aux officiers mécaniciens de réserve qui peuvent être appelés, conjointement avec les officiers du cadre de l'activité, à assurer les besoins du service de la flotte en cas de mobilisation totale ou partielle.

44. — 3° *Génie maritime* (*Rép.* n° 115).

45. — 4° *Ingénieurs hydrographes* (*Rép.* n° 117).

46. — 5° *Ingénieurs des ponts et chaussées attachés à la marine* (*Rép.* n° 119).

47. — 6° *Commissaires de la marine.* — Il résulte des explications qui ont été fournies au *Rép.*, nos 122 et suiv., que le corps du commissariat de la marine est chargé, dans les arsenaux maritimes, dans les ports secondaires et dans les possessions françaises du nord de l'Afrique, du service administratif. Il administre, en outre, les quartiers de l'inscription maritime et fournit les officiers d'administration à placer sur les bâtiments de l'Etat comme membres des états-majors généraux ou comme membres des états-majors. L'effectif du corps du commissariat, qui était resté, jusqu'à la loi de finances du 26 févr. 1887 (D. P. 87. 4. 81), le même qu'à l'époque de la publication du *Répertoire* (n° 123), a été réduit, par l'art. 37 de cette loi, de cinquante-quatre officiers. — Les emplois d'élèves commissaires de la marine sont obtenus au concours après des épreuves définies par un décret du 15 sept 1871 et un arrêté ministériel du 4 avr. 1884. Sont admis à ce concours les licenciés en droit n'ayant pas accompli leur vingt-quatrième année le 1er janvier de l'année du concours, et qui ont satisfait aux obligations imposées par la loi du recrutement du 15 juill. 1889 (Décr. 10 juill. 1890). La durée du stage des élèves commissaires est de deux ans au bout desquels ils concourent pour le grade d'aide-commissaires de la marine (Décr. 10 juill. 1890, art. 3).

48. Les attributions du corps du commissariat ne comprennent plus le service de détail des hôpitaux de la marine, depuis que le service de santé en a reçu l'administration (V. *infrà*, n° 109). Il faut ajouter que les principes qui ont été appliqués à l'organisation du service de l'administration de la Guerre par la loi du 16 mars 1882 (D. P. 82. 4. 128) ont été étendus à l'administration et au contrôle de la Marine par un décret du 6 nov. 1886 (D. P. 87. 4. 58).

49. — 7° *Inspection maritime* (*Rép.* n° 129).

50. — 8° *Personnel administratif des directions de travaux.* — Ce personnel a été également réduit par la loi du 26 févr. 1887 (V. *Journ. off.* du 27 févr. 1887, tabl. J). Comme pour le commissariat de la marine, les cadres du personnel des directions de travaux a été provisoirement arrêté, par la loi de finances de 1889, à cinq agents principaux, vingt-cinq agents, cinquante-cinq sous-agents, deux cent soixante et onze commis, cent soixante-six écrivains et cinq agents auxiliaires en Cochinchine.

51. — 9° *Comptables de matières* (*Rép.* n° 131). — Le cadre des comptables de matières a été réduit également par la loi de finances du 26 févr. 1887. Au budget de 1889, il a été arrêté provisoirement à cinq agents principaux, trente-neuf agents, quarante-six sous-agents, quatre-vingt-sept commis, cinquante et un écrivains, deux cent quarante et un magasiniers, deux cent deux distributeurs et quatorze agents auxiliaires en Cochinchine.

52. — 10° *Chefs de manutention des subsistances* (*Rép.* n° 132). Le cadre des agents des manutations a été arrêté, au budget de 1889, à un agent principal, cinq agents et cinq sous-agents.

53. — 11° *Officiers de santé de la marine.* — V. *Rép.* n° 133.

54. — 12° *Tribunaux maritimes.* — V. *Rép.* n° 139.

55. — 13° *Aumoniers de la marine* (*Rép.* n° 140). — Le cadre des aumôniers de la marine a été réduit par la loi de finances de 1878; il ne comporte plus d'aumônier en chef.

56. — 14° *Examinateurs et professeurs d'hydrographie.* — V. *Rép.* n° 141.

57. — 15° *Trésoriers des invalides.* — V. *Rép.* n° 143.

58. — 16° *Conservateurs des bibliothèques de la marine.* — V. *Rép.* n° 144.

59. — 17° *Officiers détachés au commerce et à l'industrie sur un congé sans solde.* — L'art. 21 de la loi du 20 avr. 1832 dispose que le temps passé par un officier dans un service étranger au département de la marine sera déduit de l'ancienneté. Un décret du 4 août 1860 (*Bull. off. de la marine*, 1860, p. 82-83) avait, lors de la création des services postaux, autorisé les officiers commandant les paquebots à conserver leur droit à l'ancienneté pendant trois ans. Ils pouvaient, au bout de ce temps, rester à la disposition des compagnies, mais le temps, dépassant le congé primitif de trois ans, était déduit de leur ancienneté de grade lorsqu'ils rentraient au service de l'Etat. Un second décret du 15 juin 1870 (*Bull. off. de la marine*, 1870, p. 581) limitait la durée totale du congé à six années. D'après un décret du 5 juill. 1875 (*Bull. off. de la marine*, 1875, p. 66), les officiers autorisés à commander des paquebots ou des navires de commerce et à seconder des entreprises industrielles étaient immédiatement placés dans la position de congé sans solde et hors cadres et cessaient de figurer sur la liste d'ancienneté; ils ne pouvaient rester en congé plus de six années. Un décret du 2 oct. 1878 (*Bull. off. de la marine*, 1878, p. 701) leur permettait de rester en congé au delà de six années, sous la réserve que le temps qui dépassait cette période de six années ne serait pas compté pour la retraite. Un décret du 28 sept. 1885 avait remplacé cette disposition par l'obligation de verser à la Caisse des invalides 5 pour 100 de leurs allocations conformément aux prescriptions de la loi de finances du 8 août 1885. — Un dernier décret, du 12 juin 1886, a coordonné enfin les dispositions des trois décrets de 1875, 1878 et 1885, et fixé d'une manière plus complète et plus rationnelle la situation des officiers hors cadres, en distinguant les officiers de marine qui continuent le métier de la mer, en commandant des paquebots, des officiers autorisés à servir aux colonies ou à seconder des entreprises industrielles se reliant à la marine. D'après ce décret, les officiers autorisés : 1° à commander des paquebots ou des navires de commerce français; 2° à seconder des entreprises industrielles se reliant à la marine ou à servir auprès d'un gouvernement étranger; 3° à occuper aux colonies des emplois autres que ceux du service de la marine, sont immédiatement placés hors cadres et cessent de figurer sur la liste générale d'ancienneté. Ils perdent tout droit à l'avancement et peuvent être remplacés dans les cadres. Les officiers peuvent conserver cette situation pendant treize ans s'ils appartiennent à la première catégorie, et pendant six ans, s'ils appartiennent aux deux dernières. A la fin de ces périodes, ils sont tenus de rentrer dans le corps auquel ils appartiennent, s'ils n'ont pas droit à une pension de retraite; mais ils peuvent y rentrer avant l'expiration des périodes de six et treize années, à raison d'une place sur deux vacances de leur grade; ils peuvent également être rappelés à l'activité lorsque les circonstances l'exigent. L'officier réadmis dans les cadres reprend ses droits à l'avancement du jour de la décision ministérielle qui le concerne; mais le temps qu'il a passé hors cadres est déduit de son ancienneté de grade. A l'exception des officiers autorisés à servir auprès des gouvernements étrangers, les officiers mis hors cadres sont tenus, conformément à l'art. 11 de la loi de finances du 8 août 1885, de verser 5 pour 100 de l'intégralité des émoluments qu'ils reçoivent à la Caisse des invalides de la marine. L'autorisation leur serait retirée si les versements de cette prestation venaient à être interrompus. Le décret du 12 juin 1886, toutefois, ne s'applique pas aux officiers qui étaient alors hors cadres et ne devaient pas avoir droit à une pension de retraite à l'expiration des périodes de treize et six années prévues par ce décret, non plus qu'aux officiers entrés au service des affaires indigènes de la Cochinchine antérieurement à la promulgation, dans cette colonie, des décrets du 10 févr. 1873 et du 5 juill. 1875.

§ 2. — Des agents n'ayant pas rang d'officiers (*Rép.* n°s 145 à 158).

60. Nous avons à signaler, au nombre des agents de la marine n'ayant pas rang d'officier, les *gardes consignes*, créés par décrets des 23 janv. et 27 mars 1882 (*Bull. off. de la marine*, p. 419). Les gardes-consignes composent, avec les agents du gardiennage, un personnel militarisé soumis aux règles de discipline et de compétence applicables aux marins vétérans, qui est affecté à la garde, dans les arsenaux et établissements de la marine, des grilles et issues. Ce personnel relève du commissaire général et du surveillant général, fonctionnaire adjoint au commissaire, rapporteur près le premier tribunal maritime permanent.

61. Les compagnies de pompiers (*Rép.* n° 150) constituent aujourd'hui un corps exclusivement militaire, soumis, comme le personnel des gardes consignes, aux règles de subordination, de discipline et de compétence applicables aux marins vétérans. Elles sont recrutées parmi les marins et militaires de la marine appartenant à l'activité, à la réserve ou à l'armée territoriale ou même libérés de tout service. Elles sont au nombre de cinq, une dans chaque port militaire et commandées par un lieutenant de vaisseau.

62. Il existe en outre, dans les ports, des adjudants principaux (Décr. 26 oct. 1882, 2 avr. 1886, 5 juin et 5 nov. 1888), divisés en trois classes et se recrutant parmi les premiers maîtres, auxquels le projet de loi sur les cadres de la marine (V. *suprà*, n° 29) propose d'attribuer rang d'officier en les assimilant, suivant leur classe, aux gardes principaux et aux gardes d'artillerie. Ils sont attachés aux services des mouvements du port, des torpilleurs, des divisions des équipages de la flotte et de la comptabilité.

§ 3. — Des marins et ouvriers (*Rép.* n°s 159 à 162).

63. La situation des ouvriers des ports a été récemment réglée par un décret du 12 janv. 1892 (*Bull. off. de la marine*, 1892, 1er sem., p. 60).

§ 4. — Des corps organisés de la marine (*Rép.* n°s 163 à 169).

64. En ce qui concerne les troupes de la marine, nous signalerons un décret du 1er mars 1890, qui a dédoublé les quatre régiments d'infanterie de marine et porté leur nombre à huit. Ces régiments sont organisés en brigades et divisions et forment un corps d'armée dit corps d'armée de la marine (Arr. min. 27 janv. 1892). Les troupes de la marine sont placées dans chaque port sous les ordres d'un général ou colonel qui dirige leur instruction et prépare leur mobilisation ; il est lui-même placé sous les ordres du préfet maritime.

65. Les équipages de la flotte ont été, depuis la publication du *Répertoire*, réorganisés par un décret du 5 juin 1883 (*Bull. off. de la marine*, 1883, partie supplémentaire, p. 27), et par plusieurs décrets pris en 1891, modifiant certains articles de ce décret (Décr. 15 oct. 1891, *Bull. off. de la marine*, 1891, p. 715 ; 26 nov. 1891, *ibid.*, p. 915 ; 16 déc. 1891, *ibid.*, p. 1070).

66. Enfin, le service des chiourmes n'existe plus depuis la suppression des bagnes en France. Les condamnés aux travaux forcés restent sous la surveillance du service pénitentiaire jusqu'à leur embarquement pour les colonies (V. *infrà*, v° *Organisation des colonies*).

ART. 5. — *Du recrutement de l'armée de mer* (*Rép.* n° 170).

67. Comme à l'époque de la publication du *Répertoire*, les sources du recrutement de l'armée de mer sont l'inscription maritime, les engagements volontaires et rengagements, et l'attribution d'une portion du contingent annuel.

§ 1er. — De l'inscription maritime (*Rép.* n°s 171 à 192).

68. L'inscription maritime est toujours régie par le règlement du 7 nov. 1866. Son organisation a été exposée au *Rép.* n°s 171 et suiv. Nous aurons seulement à signaler les modifications qui résultent, dans la situation des inscrits maritimes qui viennent à renoncer à la profession de marin, des changements apportés à l'organisation militaire depuis 1870 (*Rép.* n° 191).

D'après l'art. 30 de la loi du recrutement du 15 juill. 1889, les jeunes marins portés sur les registres matricules de l'inscription maritime sont considérés comme ayant satisfait à l'appel de leur classe au point de vue du recrutement de l'armée ; mais, s'ils viennent à se faire rayer de l'inscription maritime, ils sont tenus d'accomplir dans l'armée active les trois ans de service que la loi du 15 juill. 1889 impose à tous les Français. Toutefois, il leur est tenu compte du temps qu'ils ont déjà passé au service de l'Etat. — A l'expiration de la durée du service actif qui leur est imposée, ils suivent le sort de la classe à laquelle ils appartiennent. Cette disposition applique aux marins inscrits la pratique qui était suivie par l'administration de la Marine sous l'empire de la loi du 21 mars 1832 (*Rép.* n° 192). L'art. 30 de la loi du 15 juill. 1889 impose, en outre, au marin qui renonce au bénéfice de l'inscription maritime l'obligation d'en faire la déclaration au maire de sa commune dans les deux mois et de la soumettre au préfet de son département, sous peine d'une amende de 10 à 200 fr. et, facultativement pour les tribunaux, d'un emprisonnement de quinze jours à trois mois (L. 15 juill. 1889, art. 76).

§ 2. — Des levées (*Rép.* n°s 193 à 215).

69. On a vu au *Rép.*, n° 194, que les marins inscrits étaient appelés au service dès qu'ils avaient atteint l'âge de vingt et un ans révolus. Le décret du 31 déc. 1872 (*Journ. off.* 21 janv. 1873) a abaissé cet âge à vingt ans révolus, en maintenant, pour le marin âgé de dix-huit ans, la faculté de devancer l'appel (*Rép.* n° 195). — La durée du service qui était, avant le décret de 1872, de six années, a été réduite à cinq années depuis le 1er janv. 1873 ; néanmoins, le nombre des marins mis ainsi à la disposition de l'Etat est resté trop considérable, et le décret de 1872, comme les décrets antérieurs, prévoit l'envoi des marins levés en congés renouvelables sans solde, au cours desquels ils peuvent se livrer à toute espèce de navigation (Décr. 31 déc. 1872, art. 2). A l'expiration de la première période de cinq ans qui leur est imposée, les marins restent encore pendant deux ans, et dans les mêmes conditions, à la disposition de l'Etat, en congé renouvelable (Même décret, art. 3). Enfin le décret de 1872 (art. 4) reproduit les dispositions des décrets de 1863 et 1866, qui ont été exposées au *Rép.* n° 196, et qui ont pour objet de retenir les marins sur les côtes, en comptant pour service à l'Etat le temps passé en congé renouvelables par les marins qui s'engagent, au moment de la délivrance des congés, à ne naviguer qu'au cabotage, au bornage ou à la petite pêche. Une circulaire ministérielle du 23 juill. 1879 accorde le même bénéfice aux marins qui naviguent sur des paquebots affectés à un service régulier.

70. Le service des marins inscrits en Algérie est actuellement réglé par un décret du 12 juill. 1880 (D. P. 81. 4. 63). Comme les inscrits de la métropole, les marins portés à titre définitif sur les matricules de l'inscription maritime d'Algérie sont soumis à deux périodes obligatoires de service, et peuvent être appelés à l'âge de vingt ans révolus. Mais leur première période de service est d'une année seulement; ils peuvent, toutefois, être retenus au service pendant une seconde année, lorsque, à l'expiration de la première année, ils ne savent pas lire ou écrire et ne satisfont pas aux conditions d'aptitude professionnelle déterminées par le ministre de la marine. La seconde période, pendant laquelle les inscrits restent à la disposition du ministre de la marine, a une durée de six ou cinq ans, suivant le cas, au lieu d'une durée de deux ans dans la métropole ; après cette seconde période, ils ne peuvent, comme les inscrits du littoral de la France après l'expiration de leurs deux périodes obligatoires de service, être rappelés au service que par un décret.

71. La situation des marins inscrits qui ont accompli leur première période de service obligatoire est donc aujourd'hui la même que celle des marins en congé renouvelable sous l'empire de la législation qui était en vigueur à l'époque de la publication du *Répertoire* (n° 200), c'est-à-dire qu'ils forment, avec les marins envoyés en congé renouvelable au cours de leur première période de service, une réserve à la disposition du ministre, qui peut les rappeler à l'activité lorsque cela est nécessaire. Tout autre est la situation des marins ayant accompli leurs deux périodes de service obligatoire : ces marins ne peuvent, aujourd'hui comme sous l'empire des décrets du 30 sept. 1860, 22 oct. 1863 et 27 févr. 1866, être levés qu'en vertu d'un décret du président de la République.

72. Un décret du 24 juin 1880 (D. P. 81. 4. 51) a réglé l'ordre dans lequel les inscrits qui ont rempli les obligations de service sur les bâtiments de la flotte doivent être appelés, et a fait application aux inscrits maritimes des règles nouvelles résultant de la législation militaire inaugurée après les événements de 1870.

73. Les inscrits sont appelés en observant trois catégories d'âge, sans tenir compte du temps de service déjà accompli : 1° les marins âgés de moins de trente ans ; 2° les marins âgés de trente à trente-cinq ans ; 3° les marins âgés de trente-cinq à quarante ans. Le décret ne prévoit pas l'appel des marins âgés de plus de quarante ans. Il était, sous ce rapport, en harmonie avec la loi du 27 juill. 1872, qui limitait à quarante ans la durée du service militaire dans l'armée de terre ; il ne l'est plus avec la loi du 15 juill. 1889 qui a prorogé jusqu'à l'âge de quarante-cinq ans la durée du service dans l'armée territoriale : l'appel des hommes âgés de plus de quarante ans pourrait néanmoins être ordonné par décret, l'art. 24 de la loi du 3 brum. an 4 étant toujours en vigueur. Le décret de mobilisation suspend l'effet des sursis de levée (*Rép.* n° 204) et des congés accordés à titre de soutien de famille.

74. Comme sous l'empire de la loi de 1832, les marins inscrits sont réputés avoir satisfait à l'appel de leur classe (L. 15 juill. 1889, art. 30, D. P. 89. 4. 73 ; *Rép.* n° 203). Mais la faculté de se faire remplacer, qui leur était accordée par l'ancienne législation militaire, leur est refusée depuis que le principe du service personnel obligatoire est inscrit dans nos lois.

75. Les engagements et rengagements qui peuvent, aux termes de l'art. 89 du règlement du 7 nov. 1866, être contractés par les inscrits maritimes, doivent aujourd'hui être contractés dans les conditions réglées par la loi du 15 juill. 1889 (V. *infrà*, n°s 78 et suiv.).

76. La loi du 15 juill. 1889 contient, au point de vue des individus condamnés à une peine afflictive et infamante et des individus condamnés à certaines peines correctionnelles (art. 4, 5, 6), une innovation importante. Au lieu d'exclure ces individus du service militaire, comme l'avaient fait la loi du 21 mars 1832 et celle du 1er févr. 1868, elle les soumet, dans des corps spéciaux, aux obligations de service qui sont imposées aux citoyens. Il ne semble pas qu'elle ait prévu l'application de ces mesures aux inscrits maritimes; mais il est évident que les inscrits qui étaient, par application de la loi du 21 mars 1832, exclus du service de la flotte en raison des condamnations qu'ils avaient subies (*Rép.* n° 212) doivent être soumis aux obligations qui sont imposées aux condamnés qui ne font pas partie de l'inscription maritime, et qu'ils doivent à la fois être exclus du service de la flotte et être versés dans les corps appelés à recevoir les condamnés non inscrits.

§ 3. — Du recrutement proprement dit, de l'engagement volontaire et du rengagement (*Rép.* n°s 216 à 222).

77. Les équipages de la flotte sont toujours recrutés, non seulement au moyen de l'inscription maritime, mais encore au moyen des engagements volontaires et d'un nombre d'hommes, déterminé chaque année, fourni par le recrutement proprement dit (*Rép.* n°s 216 et 217). L'art. 43 de la loi du 15 juill. 1889 dispose que « sont affectés à l'armée de mer : 1° les hommes fournis par l'inscription maritime ; 2° les hommes qui ont été admis à s'engager ou à contracter un rengagement dans les équipages de la flotte ; 3° les jeunes gens qui, au moment des opérations du conseil de revision, demandent à entrer dans les équipages de la flotte et sont reconnus aptes à ce service ; 4° enfin à défaut d'un nombre d'hommes appartenant aux catégories précédentes, les hommes du contingent auxquels les numéros les moins élevés sont attribués en vertu de l'art. 17 de la loi ou échus par l'effet du tirage au sort ». Ce n'est donc qu'à défaut d'un nombre suffisant d'engagements volontaires et de rengagements que, en dehors de l'inscription maritime, le recrutement forcé est appliqué à l'armée de mer. Les jeunes gens du contingent affectés à servir dans les équipages de la flotte peuvent être admis, dans les conditions prévues par l'art. 60 de la loi du 15 juill. 1889, à y contracter un engagement de cinq ans (Décr. 24 déc. 1889, art. 38, D. P. 91. 4. 12).

78. Les engagements volontaires (*Rép.* n° 219) sont actuellement régis, pour l'armée de mer, par les lois du 22 juill. 1886 (D. P. 86. 4. 86) et 15 juill. 1889, et réglementés par un décret du 24 déc. 1889 (D. P. 91. 4. 12), qui a remplacé les dispositions antérieures. — La loi du 22 juill. 1886 fixe les conditions dans lesquelles des engagements à long terme pour les équipages de la flotte doivent être contractés par les jeunes gens provenant de l'Ecole des mousses de la flotte et peuvent être souscrits par les jeunes gens ne sortant pas de cette école. Les engagements sont contractés à l'âge minimum pour l'admission des engagés volontaires dans l'armée de mer, c'est-à-dire à seize ans, par les élèves de l'Ecole des mousses de la flotte qui veulent conserver le bénéfice de leur admission à cette école (L. du 22 juill. 1886, art. 1er); ceux, en effet, qui ne contractent pas l'engagement volontaire prévu par la loi de 1886, à l'âge et dans les conditions qu'elle prévoit, sont immédiatement rendus à leur famille et le ministre de la marine est autorisé à répéter contre qui de droit les frais occasionnés par leur séjour à l'Ecole des mousses et évalués à 1 fr. 20 c. pour chaque journée passée à bord du bâtiment-école (L. 22 juill. 1886, art. 2).

79. Les engagements prévus par l'art. 1er de la loi du 22 juill. 1886 sont contractés pour servir dans les équipages de la flotte jusqu'à l'expiration légale du service dans l'armée active de la classe à laquelle l'engagé appartient par son âge. Ces engagements peuvent être également contractés en France et en Algérie, par des jeunes gens qui n'appartiennent pas à l'Ecole des mousses ; cette faculté est ouverte depuis l'âge de seize ans jusqu'au jour où le jeune homme est inscrit sur les tableaux de recensement.

80. L'engagé dans les conditions de l'art. 1er de la loi du 22 juil. 1886 entre dans le corps des équipages de la flotte comme apprenti marin et passe, à l'expiration de son engagement, dans la réserve de l'armée de mer, s'il ne se lie pas de nouveau au service par un rengagement ou s'il ne se fait pas porter sur les matricules de l'inscription maritime. Au bout de cinq ans, à dater de leur incorporation, les engagés, qu'ils soient devenus matelots, quartiers-maîtres ou officiers mariniers, ont droit aux hautes payes d'ancienneté attribuées aux officiers mariniers, quartiers-maîtres ou matelots provenant de l'inscription maritime ou du recrutement, maintenus ou réadmis au service ou rengagés.

81. En dehors des engagements à long terme prévus par la loi du 22 juill. 1886, les engagements volontaires sont admis dans les équipages de la flotte pour trois ou cinq ans (L. 15 juill. 1889, art. 59 et 60; Décr. 24 déc. 1889, art. 1er). Ce dernier décret règle les conditions dans lesquelles l'engagement est admis, les fonctionnaires chargés de le recevoir, et les formalités à remplir soit pour parvenir à l'engagement, soit pour en obtenir l'annulation au cas où il serait entaché d'irrégularité.

82. On a vu au *Rép.*, n° 220, que tout individu âgé de seize ans et de moins de vingt-trois ans pouvait contracter un engagement de cinq à neuf ans comme apprenti marin. Actuellement, ainsi qu'on vient de l'exposer, la durée maximum de l'engagement volontaire, autre que celui qui est contracté dans les conditions de la loi du 22 juill. 1886, est de cinq ans; mais la limite d'âge de vingt-trois ans a été reportée à vingt-cinq ans (Décr. 24 déc. 1889, art. 2).

Il est un cas où l'engagement de cinq ans est obligatoire ; c'est celui où un jeune homme porté sur la liste du contingent par le conseil de revision est admis, par décision spéciale et individuelle du ministre de la guerre, à devancer l'appel pour entrer dans les équipages de la flotte (Même décret, art. 18).

83. L'engagement volontaire dans le corps des équipages de la flotte ne peut être contracté qu'en qualité d'apprenti marin, sans distinction de spécialité ou de division. L'engagé volontaire ne peut être changé de corps sans son consentement. Les engagements volontaires sont ouverts ou suspendus suivant les besoins du service, et limités en nombre par décision du ministre de la marine (Décr. 24 déc. 1889, art. 3).

84. L'engagé, outre les conditions d'âge, de nationalité d'aptitude physique prévues par le décret, doit n'être lié au service de terre ou de mer, ni dans l'armée active, ou sa réserve, ni comme inscrit maritime, n'être ni marié ni veuf avec enfants (Décr. 24 déc. 1889, art. 2 et 7).

85. L'engagement volontaire peut, enfin, être contracté dans l'armée de mer en temps de guerre, pour la durée de la guerre (L. 15 juill. 1889, art. 61), à la condition que l'engagé ne soit lié au service ni dans l'armée active ou sa réserve, ni dans l'armée territoriale et les classes de la réserve de cette armée rappelées à l'activité, ni comme porté définitivement sur les matricules de l'inscription maritime.

86. L'engagé volontaire réformé pour des motifs autres que pour blessures reçues dans un service commandé ou pour infirmités contractées dans les armées de terre ou de mer peut être ultérieurement compris par le conseil de revision dans le contingent de la classe à laquelle il appartient par son âge, si les motifs de réforme ont cessé d'exister, mais il lui est tenu compte, sur la durée de son service légal, du temps qu'il a précédemment passé sous les drapeaux (Décr. 24 déc. 1889 art. 16).

87. La nouvelle législation militaire favorise d'une manière particulière les rengagements, qu'elle autorise même après que les hommes ont quitté le service actif et appartiennent aux réserves. Dans les équipages de la flotte, les engagements peuvent être contractés pour une durée de trois ou cinq ans au cours de la dernière année de service (L. 15 juill. 1889, art. 63; Décr. 24 déc. 1889, art. 19). Ils peuvent exceptionnellement être reçus à la fin de la première année de service lorsqu'il s'agit d'hommes admis à suivre les cours de l'une des écoles spéciales de la marine (Même décret, art. 20). Les marins en activité de service, pour être admis à se rengager, doivent justifier : 1° qu'ils ont toujours tenu une bonne conduite sous les drapeaux; 2° qu'ils ont été acceptés par une des commissions spéciales instituées à cet effet dans chacun des ports militaires (Même article). Les marins ou militaires des troupes de la marine qui, appartenant à la réserve de l'armée active, demandent à contracter un rengagement, sont également soumis à l'examen d'une commission spéciale dans les conditions mentionnées à l'art. 20; ils doivent, en outre, s'ils sont absents de leur corps depuis plus de trois mois, produire un extrait de leur casier judiciaire (Même décret, art. 22). Les rengagements sont contractés devant le commissaire aux armements des ports militaires (Même décret, art. 23).

88. En cours de campagne et hors de France, les rengagements ne sont reçus qu'à titre provisoire, dans les conditions indiquées par l'art. 19 du décret du 5 juin 1883 portant réorganisation du corps des équipages de la flotte (Même décret, art. 23).

89. Les rengagements sont renouvelables jusqu'à une durée totale de vingt-cinq ans de services effectifs (L. 15 juill. 1889, art. 63). Mais ils ne sont reçus que si les intéressés sont susceptibles de réunir, à l'âge de cinquante ans, vingt-cinq années de service donnant droit à la pension de retraite (Décr. 24 déc. 1889, art. 19).

90. Dans les équipages de la flotte, les rengagements des quartiers-maîtres et marins provenant du recrutement donnent droit aux mêmes avantages pécuniaires que ceux qui sont accordés aux quartiers-maîtres et marins provenant de l'inscription maritime (L. 15 juill. 1889, art. 65, *in fine*).

Art. 6. — *De l'avancement* (*Rép.* nos 223 à 229).

91. V. *Rép.* n° 223 et suiv.

Art. 7. — *Des armements et revues* (*Rép.* nos 230 à 258).

92. Les diverses situations des bâtiments ont été exposées au *Rép.* n° 233, d'après le décret du 20 mai 1857. Des modifications importantes ont été apportées à cette répartition du matériel naval par les décrets des 8 nov. 1872 et 8 mai 1873. Aujourd'hui, elle est réglée par un décret du 13 juill. 1884 (*Bull. off. de la marine*, p. 460).

Indépendamment des bâtiments armés et qui ont leurs équipages au complet ou à effectif réduits, les bâtiments à flot de la flotte sont ou désarmés, ou en achèvement à flot, ou en armement ou en réserve, ou enfin en disponibilité dans les ports. Les bâtiments en réserve sont divisés en trois catégories comprenant : la première, les bâtiments susceptibles de suivre toute destination, quarante-huit heures au plus à partir du moment où ils ont complété leur effectif; la seconde, les bâtiments susceptibles de prendre la mer dix jours à compter de ce même moment; la troisième, les bâtiments susceptibles de prendre la mer vingt jours également à partir du moment où ils ont complété leur effectif. Les bâtiments en 1re catégorie de réserve ont seuls leurs commandants désignés et un armement suffisant pour pourvoir aux réparations courantes qu'ils peuvent exiger. Quant aux bâtiments de 2e et 3e catégories de réserve, ils sont réparés par le bâtiment central de la réserve, dont le matériel est constitué dans chaque port de manière à pourvoir aux réparations courantes qu'ils nécessitent. Un officier supérieur, relevant du major général de la marine, commande dans chaque port le bâtiment central de la réserve ; il est chargé du service des bâtiments de la 3e catégorie de réserve et en assure les réparations et la conservation (Décr. 21 oct. 1891, art. 17).

Les grandes réparations qu'exigent les bâtiments placés dans les diverses situations sont effectuées par la direction des travaux de la marine à laquelle ils sont remis.

93. Les navires de la flotte nouvellement construits sont soumis à des essais réglementaires faits en présence d'une commission présidée par le major général de la marine; les règlements relatifs à ces essais ont reçu de récentes modifications (Arr. min. 27 mars et 2 avr. 1890).

94. Les officiers qui doivent commander les navires armés ou placés dans les premières catégories de réserve sont désignés par le président de la République sur la proposition du ministre (*Rép.* n° 235). La désignation des officiers en second est faite par le ministre; celle des officiers appelés à faire partie de l'état-major et des officiers mécaniciens est faite par le chef d'état-major de l'arrondissement maritime sur l'ordre du préfet maritime (Décr. 21 oct. 1891, art. 8). — Pour ce qui concerne la désignation des équipages, V. le décret du 5 juin 1883 réorganisant les équipages de la flotte (*Bull. off. de la marine*, 1883, part. suppl., p. 27).

ART. 8. — *Des pensions de retraites et autres* (*Rép.* n° 259).

§ 1er. — Des pensions (*Rép.* nos 260 à 274).

95. — V. *infrà*, v° *Pension*.

§ 2. — Des Invalides de la marine (*Rép.* nos 275 à 292).

96. L'établissement des Invalides de la marine comprend encore aujourd'hui les trois services distincts de la caisse des prises, de la caisse des gens de mer et de la caisse des invalides. L'administration en est centralisée au ministère de la marine (*Rép.* n° 278). L'administration centrale de l'établissement des Invalides est placée sous les ordres d'un administrateur nommé par le président de la République et comprend deux bureaux, 1° bureau de l'ordonnancement et de la comptabilité; 2° bureau des prises, naufrages, gens de mer, demi-soldes et secours (Décr. 12 août 1886, *Journ. off.* du 15 août, p. 3796). Dans les différents ports et quartiers, elle est représentée par les trésoriers de la marine (*Rép.* n° 277) et administrée par les commissaires (*Ibid.* n° 280).

97. Dans ces dernières années, la caisse des invalides de la marine, sur laquelle seule nous avons de nouvelles explications à fournir, est redevenue ce qu'elle était à l'origine, une sorte de tontine, une caisse de secours. La loi du 22 mars 1885 (D. P. 85. 4. 43) l'a déchargée du service des pensions militaires de l'armée de mer, ainsi que de celles du personnel civil du département de la marine et des colonies. Les retenues de 5 pour 100 et de 3 pour 100, exercées sur la solde et les accessoires de solde de ce personnel, sont portées aujourd'hui en recettes au budget de l'Etat. La caisse des invalides n'a donc plus à pourvoir qu'aux demi-soldes, pensions et secours accordés au personnel de la marine de commerce, aux gratifications de réforme permanentes ou renouvelables, et à quelques remboursements sur anciens dépôts (*Rép.* n° 286). Elle reçoit les recettes opérées par la caisse des gens de mer, qui n'ont pas été réclamées pendant trente ans (Décr. 17 nov. 1885, art. 1er, D. P. 86. 4. 70. Les versements de ces sommes sont opérés le 1er janvier de chaque année, et non plus le 15 février (*Rép.* n° 285).

98. Les lois de finances ont modifié, dans une mesure importante, les bases de la dotation de la caisse des invalides de la marine qui avaient été exposées au *Rép.* n° 287. L'énumération des ressources dont cette caisse dispose a été donnée par l'art. 4 du décret du 17 nov. 1885, cité *suprà*, n° 97. Aux termes de cet article, les dotations et revenus de la caisse des invalides de la marine se composent : 1° du versement de 5 pour 100 de la totalité de leurs émoluments, opéré en vertu de l'art. 11 de la loi du 8 août 1885 (D. P. 86. 4. 40), par les officiers des différents corps de la marine autorisés soit à servir à bord des paquebots ou des navires du commerce, soit à seconder des entreprises industrielles se reliant à la marine, et par suite rétribués sur d'autres fonds que ceux de l'Etat (V. *suprà*, n° 59); — 2° Des taxes et des retenues sur les salaires des marins employés par le commerce et sur les bénéfices de ceux qui naviguent à la part ou se livrent à la pêche; — 3° Des sommes dues par l'Etat aux déserteurs des bâtiments de l'Etat ainsi que des parts de prises qui pourraient leur revenir; — 4° De la moitié de la solde acquise par les déserteurs de la marine du commerce sur les bâtiments auxquels ils appartenaient au moment du délit (L. 13 mai 1791, tit. 1er, art. 4; Décr. 24 mars 1852, art. 69); — 5° De la totalité du produit, non réclamé depuis trente ans, des bris et naufrages, des parts de prises, soldes, gratifications, salaires, journées d'ouvriers, ainsi que des successions des marins et autres personnes mortes en mer; — 6° Des droits des invalides sur les captures faites par les bâtiments de l'Etat; — 7° Du produit de la vente des feuilles de rôles d'équipages délivrées aux bâtiments du commerce (art. 11 de la loi du 21 mars 1885, D. P. 85. 4. 41); — 8° Du produit des amendes et confiscations légalement prononcées, en vertu du code de justice militaire pour l'armée de mer, ainsi que pour contraventions aux lois et règlements maritimes, spécialement des amendes prononcées en vertu de la loi du 10 mars 1891 (V. *infrà*, nos 293 et suiv.); — 9° Des arrérages des rentes appartenant à la caisse des invalides sur le grand livre de la dette publique et du revenu des autres placements provenant de ses économies; — 10° De la subvention servie par le département de la marine. Cette subvention s'élevait, au budget de 1891, à 7 726 803 fr.; — 11° Des produits éventuels qui sont attribués par diverses lois, décrets et ordonnances.

99. Il résulte de l'énumération qui précède que la caisse des invalides de la marine ne bénéficie plus de la retenue de 3 pour 100 qui était opérée à son profit sur les soldes et accessoires du personnel de la marine, puisqu'elle est déchargée du service des pensions que cette retenue avait pour but d'alimenter (*Rép.* n° 287). L'art. 23 de la loi de finances du 29 déc. 1882 (D. P. 83. 4. 81) a également supprimé la retenue de 3 pour 100 qui était opérée sur toutes les dépenses du matériel du ministère de la marine.

100. Les charges de l'établissement des Invalides de la marine comprennent toujours les dépenses inhérentes à toute administration (*Rép.* n° 289) c'est-à-dire les appointements du personnel qu'elle emploie, les frais de bureaux et les indemnités allouées aux comptables, les frais d'impression, de recouvrement, etc. (Décr. 17 nov. 1885, art. 5, nos 4 et 5). Mais, ne supportant plus les pensions de retraite et l'entretien des officiers, officiers mariniers et marins, admis à l'hôtel des Invalides de la guerre (Décret précité, art. 6), elle n'a plus comme charges que : 1° les demi-soldes et pensions qui en sont dérivées accordées au personnel de l'inscription maritime ; 2° les gratifications et secours accordés aux marins et agents du département de la marine et des colonies, à leurs veuves, enfants, pères et mères ; 3° le secours annuel attribué à l'hospice de Rochefort, et enfin 4° les remboursements des dépôts provenant des versements faits par la caisse des gens de mer (*Rép* n° 289).

101. L'établissement des Invalides de la marine a été placé, par l'ordonnance du 2 oct. 1825, sous le contrôle d'une commission supérieure ayant mission de surveiller ses recettes et ses dépenses. Composée de sept membres (Ord. du 10 oct. 1830), cette commission a été réorganisée par un décret du 18 mars 1887 (D. P. 87. 4. 70). Aux termes de ce décret (art. 1er), la commission formée auprès du ministère de la marine et des colonies prend le titre de : *Commission supérieure de l'établissement des Invalides de la marine*, et a pour mission spéciale la surveillance et la protection de cette institution d'Etat, et subsidiairement l'étude des questions et projets qui en intéressent l'avenir. Elle est chargée de surveiller les recettes et les dépenses des caisses dont la réunion constitue l'établissement des invalides de la marine, prend connaissance de l'administration et de la comptabilité dudit établissement et propose au ministre de la marine et des colonies toutes les dispositions qu'elle juge propres à en perfectionner les détails et l'ensemble; elle surveille la réalisation des donations et des legs faits à l'établissement des Invalides. Elle s'assure de l'emploi régulier des ressources mises à la disposition du département par les donateurs et les testateurs (art. 5 et 6). Les comptes annuels, destinés à la Cour des comptes et au Parlement, sont soumis à son examen préalable; elle s'assure de la concordance avec les écritures tenues contradictoirement par l'administration centrale et par le trésorier général des Invalides (art. 7). Comme comité d'étude, la commission supérieure est appelée à donner son avis sur les projets de lois, de règlements d'administration publique ou de décrets concernant l'établissement et, en général, sur toutes les questions qui touchent aux intérêts des gens de mer et à la prospérité de l'institution, et est autorisée à requérir, de l'administration de l'établissement, toutes les communications et vérifications qu'elle juge nécessaire (art. 9). Elle tient procès-verbal de ses séances. Le registre des procès-verbaux est déposé et conservé, ainsi que les archives de la commission, au secrétariat de l'administrateur; chaque année la commission fait, sur la situation de l'établissement des Invalides, un rapport qui est mis, par le ministre, sous les yeux du président de la République, et annexé aux comptes qui sont présentés au Parlement, conformément à l'art. 22 de la loi de finances du 15 mai 1818.

102. Les membres de la commission supérieure de l'établissement des Invalides sont nommés pour trois ans, ils peuvent être réélus. Leurs fonctions sont gratuites (art. 4). La commission est composée de deux membres du Sénat; de trois membres de la Chambre des députés; d'un conseiller d'Etat; d'un conseiller-maître à la Cour des comptes; d'un officier général de la marine. Lorsque la commission supérieure opère comme comité d'étude, le directeur de la comptabilité générale du ministère de la marine, le commissaire général, membre du conseil d'amirauté, l'inspecteur en chef chargé du rôle central, l'administrateur de l'établissement des Invalides, le trésorier général des Invalides de la marine, lui sont adjoints avec voix délibérative. Les fonctions de secrétaire sont remplies par le chef du bureau de l'administration des Invalides dont le service est plus particulièrement visé par les questions mises à l'ordre du jour de chaque séance.

Le président de la commission est nommé par décret. La commission élit un vice-président. En cas de partage des voix, la voix du président est prépondérante.

103. La jurisprudence, comme on l'a exposé au *Rép.*, nos 290 et suiv., reconnaît à l'administration des Invalides de la marine qualité pour poursuivre en justice le recouvrement des sommes, valeurs et objets attribués aux marins absents. Il a été décidé que cette administration a, de même, qualité pour réclamer, dans l'intérêt des héritiers d'un marin décédé en cours de voyage, les salaires ou la quote-part de bénéfices qui lui sont dus (Rouen 24 déc. 1879, aff. Anquetil, D. P. 80. 2. 233). En effet, on doit, sans aucun doute, ranger parmi les absents lors du payement les marins décédés en cours de voyage ou au retour du navire, dont la solde ou la quote-part n'a point encore été liquidée. D'ailleurs, aux termes de l'instruction générale du 19 déc. 1859 (art. 35, 119 et suiv.), en cas de décès d'un marin pendant le voyage, le montant de ce qui revient à sa succession est établi au rôle de désarmement, pour être versé dans la caisse des gens de mer, et remis aux héritiers ou ayants cause, sans prélèvement d'aucune espèce et sans retard. — V. au surplus les observations en note sous l'arrêt précité.

104. Le droit reconnu par la jurisprudence citée au *Rép.*, nos 290 et suiv., à l'administration de la Marine, d'agir au nom des marins absents peut-il être étendu aux actions qui concernent les marins présents? La question, qui s'était posée devant la cour de cassation, n'a pas été résolue par elle, le moyen qui la soulevait ayant été considéré comme nouveau et rejeté comme tel sans examen au fond (Civ. rej. 27 févr. 1877, aff. Michel, 1re esp., D. P. 77. 1. 209). Il nous semble qu'elle devait être résolue affirmativement, au moins dans les cas où la caisse des invalides a mandat de toucher les loyers des matelots, c'est-à-dire toutes les fois qu'il s'agit des loyers dus à des marins inscrits dans un autre quartier que celui du désarmement. Le mandat de toucher implique en effet pouvoir d'agir. On ne saurait, tout au moins, refuser à l'administration de la Marine le pouvoir d'intervenir pour faire valoir ses droits propres, c'est-à-dire pour revendiquer la retenue sur les loyers à laquelle elle a droit; il semble bien que, la fixation de la retenue nécessitant celle du loyer sur lequel elle doit s'exercer, on ne saurait, refuser à l'administration de la caisse des invalides le droit d'ester en justice pour en faire arrêter le montant (V. en ce sens : Desjardins, *Traité de droit comm. maritime*, t. 3 n° 611).

105. L'art. 4 de la loi des 30 avr.-13 mai 1791 classe parmi les revenus casuels de la caisse des invalides de la marine le produit des successions des marins, ou autres personnes, morts en mer, lorsqu'il n'est pas réclamé. Ce texte donne évidemment à l'administration de l'établissement des Invalides de la marine le droit d'agir devant les tribunaux pour revendiquer le produit des successions non réclamées des marins décédés en mer. Mais les droits de l'administration de la Marine sur les successions abandonnées des marins ne peuvent être exercés qu'autant que ces successions n'ont pas été réclamées ou ne le sont pas dans le délai de trente ans; et son droit ne saurait prévaloir contre celui des héritiers auxquels la succession des marins est dévolue par le code civil ou par certaines lois particulières. La question s'est posée récemment à propos de l'application de l'art. 8 de la loi du 15 pluv. an 8, aux termes duquel, si un enfant mineur élevé dans un hospice décède avant sa sortie de l'hospice, son émancipation ou sa majorité, et qu'aucun héritier ne se présente, ses biens appartiennent en propriété à l'hospice. On a jugé que cette disposition pouvait être invoquée par l'hospice à l'encontre de l'administration des Invalides de la marine et lui donnait le droit de réclamer le produit des parts de pêche et vente de sacs auquels avaient droit des mineurs élevés par l'hospice et qui, s'étant embarqués comme mousses et ayant été inscrits sur les matricules de l'inscription maritime, étaient décédés en mer avant d'avoir atteint leur majorité (Rennes, 16 juill. 1888) (1).

SECT. 3. — DES ÉTABLISSEMENTS DE LA MARINE.

ART. 1er. — *Des écoles de la marine* (*Rép.* nos 293 à 305).

106. Il n'y a que peu de dispositions nouvelles à signaler en ce qui concerne les écoles de la marine. — On a

(1) (Hôpital de Dinan C. Admin. de la marine). — LA COUR; — Considérant que les mineurs Brandily, Coudray et Macé, enfants de l'hospice de Dinan, se sont, avec l'autorisation de la commission administrative de cet établissement, embarqués comme marins en 1884, sur des navires de pêche à destination de Terre-Neuve, et qu'ils sont décédés en mer au cours de la campagne, sans avoir atteint leur majorité, ni obtenu leur émancipation; — Que la commission hospitalière réclame le produit de leurs parts de pêche et vente de sacs, tandis que la Caisse des gens de mer, qui l'a recueilli, se dit fondée à la conserver; — Que ces deux administrations, sans prétendre à la qualité d'héritières, se prévalent du droit de déshérence qui leur a été dévolu par l'Etat, et qu'elles invoquent : l'une, l'art. 8 de la loi du 15 pluv. an 13, qui attribue aux hospices, s'il ne se présente aucun héritier, la propriété des biens laissés par les enfants décédés avant leur sortie, leur émancipation ou leur majorité; et l'autre, l'art. 4 de la loi des 30 avr.-13 mai 1791 qui classe parmi les revenus casuels de la

traité au *Rép.* n° 301, des écoles de médecine navale (*Rép.* n° 301). Une loi du 10 [illegible] 91. 4. 10) a décidé la création, près d'une faculté de l'Etat, d'une école de médecine navale où les élèves doivent accomplir les trois dernières années des études médicales et l'intégralité des études pharmaceutiques, moins le stage. Un décret du 22 juill. 1890 (D. P. 91. 4. 12) a désigné la ville de Bordeaux comme siège de cette école. Les écoles précédemment établies à Brest, Rochefort et Toulon (*Rép. ibid.*) sont devenues, en vertu des mêmes textes, des succursales de l'école de Bordeaux, où les jeunes gens qui se destinent à la médecine navale suivent les cours de première année du doctorat en médecine, et où les élèves en pharmacie sont admis à faire leur stage. La durée des études est donc de quatre années. Grâce à l'existence simultanée d'une faculté de l'Etat et de l'Ecole de médecine navale dans une même ville, les élèves du service de santé de la marine suivent désormais, sous la direction des médecins de la marine, les cours des professeurs devant lesquels ils sont tenus de subir les examens de doctorat. Au sortir de l'école de Bordeaux, les élèves munis du diplôme universitaire sont nommés médecins de deuxième classe de la marine et répartis dans les ports militaires.

107. Les écoles de *maistrance* (*Rép.* n° 302) ont été réorganisées par un décret du 2 juill. 1881 et par un arrêté ministériel de la même date. — Il faut signaler en outre la création, par un décret du 21 avr. 1888, d'un cours pour les premiers maîtres, candidats au grade d'enseigne de vaisseau; ce cours forme à Brest une sorte d'école d'officiers distincte de l'Ecole navale.

ART. 2. — *Des chiourmes* (*Rép.* n°s 306 à 311).

108. La marine n'a plus la garde des condamnés aux travaux forcés; son rôle se borne à leur transport du dépôt central de Saint-Martin-de-Ré aux colonies pénitentiaires, transport qui s'effectue au moyen soit de navires de l'Etat, soit de navires affrétés. Ce qui a été dit au *Répertoire* sur ce point n'a donc plus d'application.

ART. 3. — *Des hôpitaux* (*Rép.* n°s 312 à 318).

109. Les hôpitaux de la marine sont aujourd'hui sous l'autorité complète des directeurs du service de santé. Le service de santé a la direction, la police et l'administration des établissements hospitaliers et ambulances dans chaque arrondissement, sous l'autorité du préfet maritime. Le personnel hospitalier et le personnel administratif sont placés sous ses ordres (Décr. 31 mars 1890, *Bull. off. du min. de la marine* 1890, p. 349).

SECT. 4. — DES APPROVISIONNEMENTS ET MARCHÉS DE FOURNITURES (*Rép.* n°s 319 à 368).

110. Les marchés de fournitures passés par l'administration de la Marine (*Rép.* n° 319) sont, comme tous les marchés au compte de l'Etat, soumis aux règles tracées par un décret du 18 nov. 1882, qui a abrogé l'ordonnance du 4 déc. 1836 et les art. 68 à 81 du décret du 31 mai 1862 (D. P. 83. 4. 56). En principe, ces marchés sont faits avec concurrence et publicité, sauf un petit nombre d'exceptions qui sont limitativement énumérées à l'art. 18 du décret (V. *suprà*, v° *Marché de fournitures*, n°s 13 et 19). Ce décret, toutefois, cesse d'être obligatoire pour le département de la marine en cas de mobilisation.

111. — 1° *Marchés d'approvisionnements proprement dits.* — On a vu au *Rép.* n° 326 que les marchés d'approvisionnements devaient, en principe, être faits par voie d'adjudication et sur un cahier des charges préparé par la commission des marchés et approuvé par le ministre (*Rép.* n° 327). L'art. 2 du décret du 18 nov. 1882 réduit de un mois à vingt jours le délai de publication de l'avis d'adjudication (*Rép.* n° 328) faisant connaître le lieu où l'on peut prendre connaissance du cahier des charges, les autorités chargées de procéder à l'adjudication et les lieux, jours et heures auxquels elle doit avoir lieu. Quant aux formes de l'adjudication, aux conditions relatives aux dépôts du cautionnement et à sa composition, elles diffèrent peu de ce qu'elles étaient lors de la publication du *Répertoire*, où elles ont été exposées aux n°s 329 et suiv. — L'importance des garanties pécuniaires à fournir par les soumissionnaires, pour être admis à l'adjudication, et par les adjudicataires, à titre de cautionnement définitif, est déterminée par le cahier des charges; ce cahier détermine également les autres garanties, telles que cautions personnelles et solidaires, affectations hypothécaires et autres, qui peuvent être demandées, à titre exceptionnel, aux fournisseurs, pour assurer l'exécution de leurs engagements. Dans certains cas, les cahiers des charges peuvent dispenser les soumissionnaires et adjudicataires du dépôt d'un cautionnement provisoire ou définitif, ou bien disposer que le cautionnement provisoire servira de cautionnement définitif après l'adjudication (V. pour les conditions du cautionnement, *suprà*, v° *Marché de fournitures*, n°s 21 et suiv.).

112. — 2° *Marchés de gré à gré.* — L'art. 18 du décret du 26 nov. 1882 modifie les conditions exposées au *Rép.*

Caisse des invalides de la marine, le produit des successions des marins ou autres personnes mortes en mer lorsqu'il n'est pas réclamé; — Considérant que, pour régler ce conflit, il importe de rechercher quelle était, au moment de leur décès, la situation des mineurs vis-à-vis de l'hospice et de la marine; — Considérant qu'aux termes de la loi de l'an 13, l'enfant régulièrement admis dans un hospice est placé jusqu'à son émancipation ou sa majorité sous la tutelle de la commission administrative, laquelle, constituée en conseil de famille et investie de tous les droits qu'avait le père, désigne un de ses membres pour lui servir de tuteur spécial, administre sa personne et ses biens et perçoit ses revenus à titre d'indemnité jusqu'à sa sortie de l'hospice; — Considérant que cette dernière expression, dans les art. 3, 7, 8, 9 de la loi, ne saurait être prise dans son sens littéral, et qu'elle doit s'entendre non d'un éloignement momentané, mais d'un départ définitif, mettant fin aux droits et obligations de l'hospice; — Considérant que, la tutelle hospitalière ne cessant ni par la mise du mineur en apprentissage, ni par son engagement dans l'armée de terre, il ne faudrait rien moins qu'un texte formel pour décider qu'il en est autrement, lorsque le mineur est autorisé à s'embarquer sur un navire de pêche et à entreprendre, comme dans l'espèce, une première campagne d'environ six mois; — Considérant que le décret du 19 janv. 1811, qui le mettait dès l'âge de douze ans à la disposition du ministre de la marine (art. 9) et substituait *de plano* la tutelle de l'Etat à celle de la commission administrative (art. 16) n'a jamais reçu exécution, n'ayant même pas été suivi de décret réglementaire prévu par l'art. 24 et qu'en tout cas, il serait abrogé par l'art. 80 de la loi du 27 juill. 1872; — Considérant que la loi du 3 brum. an 4, toujours en vigueur, sans distinguer entre les enfants assistés et les mineurs ordinaires, dispose pour les uns comme pour les autres que, s'ils s'embarquent du consentement de leur tuteur, ils sont inscrits seulement à titre provisoire et qu'ils ne sont définitivement portés à la matricule comme appartenant à la marine, et pouvant être affectés au service de la flotte qu'autant que, après avoir rempli certaines conditions d'âge et de temps de navigation, ils déclarent expressément vouloir continuer cette carrière, faute de quoi ils sont rayés des contrôles et rétablis dans leur situation primitive; — Considérant que, si la marine doit assistance et protection aux mineurs inscrits provisoirement sur ses registres, elle n'exerce pas sur eux une véritable tutelle; qu'elle ne se fait rendre aucun compte de gestion et qu'elle n'intervient ni dans les actes de leur vie civile, ni dans l'administration de leur fortune terrestre, ce soin restant confié à leur tuteur, et, dans l'espèce, à la commission administrative de l'hospice; — Considérant que, telle étant la position de Brandily, Coudray et Macé, leur absence momentanée ne les a pas fait sortir de l'hospice au sens légal du mot; — Que, par suite, la commission administrative est fondée à réclamer le montant des sommes recueillies par la marine, en vertu de la loi de l'an 13, laquelle déroge en ce point à la loi de 1791 et n'a pas été modifiée par les lois subséquentes; — Que son droit permanent, supérieur dans son essence, puisqu'il est basé sur les services rendus et les obligations contractées, consacré en termes plus énergiques, et opposable à quiconque n'est pas héritier, ne peut être mis en échec par le fait purement accidentel qui donne à la Caisse des gens de mer un droit intermittent d'épave, en l'absence de toute réclamation légitime;

Par ces motifs, la cour condamne l'administration de la Marine, etc.

Du 16 juill. 1884.-C. de Rennes, 1re ch. MM. de Rebertin, 1er pr.-Pain, av. gén., c. conf.-Jacquemin (du barreau de Dinan) et Léon Ravenel, av

n° 337, dans lesquelles il peut être fait des marchés de gré à gré, notamment en ce qui concerne le montant de la dépense totale ; celle-ci peut s'élever jusqu'à 20 000 fr. et, s'il s'agit d'un marché passé pour plusieurs années, elle peut atteindre le chiffre annuel de 5000 fr. Il les autorise, outre les cas prévus par l'art. 69 du décret du 31 mai 1862 (*Rép.* n° 307), lorsque des motifs de sécurité publique empêchent de recourir à l'adjudication ; lorsqu'il s'agit de fournitures que l'Administration doit faire exécuter aux lieu et place des adjudicataires défaillants et à leurs risques et périls ; pour les transports de fonds du Trésor. Tout marché de gré à gré doit, aux termes de l'art. 19 du décret de 1882, rappeler le paragraphe de l'art. 18 qui l'autorise, ainsi que les cas de force majeure ou les autorisations spéciales qui dispensent de l'approbation du ministre.

113. — 3° *Achats sur simples factures.* — L'art. 22 du décret du 26 nov. 1882 admet les marchés sur simples factures ou sur mémoires (*Rép.* n° 329), jusqu'à concurrence de 1500 fr.

SECT. 5. — DES TRAVAUX DE LA MARINE (*Rép.* n°s 369 à 377).

114. L'exécution des travaux de la marine a été réglée, depuis la publication du *Répertoire* (n°s 369 et suiv.), par un décret du 6 sept. 1888 (*Journ. off.* du 8. sept. p. 3746). D'après le titre 1er de ce décret, l'ordre d'entreprendre un travail dans un arsenal est donné, suivant la nature et le degré d'importance de ce travail, par le ministre, le préfet maritime, ou par le directeur ou le fonctionnaire chargé de l'exécution. Ne peuvent être entrepris que sur l'ordre du ministre : 1° les constructions neuves et les refontes et remaniements ou transformations et les démolitions des bâtiments de la flotte ou des bâtiments de servitude ; — 2° Les constructions, les modifications ou démolitions d'immeubles ; — 3° Les constructions de machines et de chaudières à vapeur ; — 4° Les modifications aux emménagements des bâtiments de la flotte ; — 5° Les réparations, sauf celles d'entretien, soit des bâtiments de la flotte ou des bâtiments de servitude et de leurs appareils moteurs et évaporatoires, soit d'établissements immobiliers ; — 6° Les installations et les réparations d'apparaux ou de machines, dans les chantiers, ateliers ou magasins, si la dépense prévue excède 1500 fr. ; — 7° Les travaux à effectuer pour le compte de services étrangers à la marine ou de particuliers. Les travaux de construction et de transformation de la flotte ne peuvent être ordonnés qu'après avis du conseil des travaux (*suprà*, n° 15). — Les travaux prévus aux n°s 5, 6 et 7 peuvent être entrepris, en cas d'urgence et en attendant l'approbation du ministre, par les préfets maritimes. Enfin, le ministre peut déléguer aux autorités locales la faculté d'ordonner les travaux autres que ceux qui viennent d'être énumérés.

115. Les travaux sont exécutés (Décr. 6 sept. 1868, tit. 2) sous la responsabilité des fonctionnaires qui en sont chargés, et qui répondent de l'irrégularité de leurs ordres et des matières employées. La comptabilité qu'ils doivent en tenir est surveillée par le commissaire général.

SECT. 6. — DE LA COMPTABILITÉ (*Rép.* n°s 378 à 389).

116. La comptabilité du matériel de la marine dans les arsenaux (*Rép.* n° 380) est soumise à des règles multiples qui ont été insérées dans un décret du 23 nov. 1887 (*Bull.*, n° 18718), et qui sont trop complexes pour que nous puissions en faire ici un examen détaillé ; nous renverrons donc au texte de ce décret. La comptabilité des travaux est actuellement réglée par le titre 3 du décret du 6 sept. 1888 (V. *suprà*, n° 16, *Journ. off.* du 8 sept., p. 3746). Les comptes de travaux sont soumis à un comité d'examen, composé de membres appartenant au département, de la marine et de membres étrangers à ce département, qui présente chaque année un rapport au ministre (Décr. du 6 sept. 1888, art. 31, 32, 33, 34, 35).

117. Outre le contrôle de la Cour des comptes, la comptabilité du ministère de la marine, en ce qui concerne les constructions neuves, les quantités d'approvisionnements nécessaires pour la mobilisation et le service courant, la main-d'œuvre, les transformations de vieux matériel, est soumise, pa[illegible] des plus récentes, à un contrôle direct du Parlement, auquel des états doivent être remis à cet effet. V. loi de finances du 17 juill. 1889 art. 46 et suiv. (D. P. 90. 4. 74).

118. Enfin un décret du 15 oct. 1879 (D. P. 80. 4. 79) a rendu le système de la partie double applicable à la comptabilité centrale des matières de la marine.

CHAP. 3. — De l'organisation de la marine marchande (*Rép.* n°s 390 à 391).

SECT. 1re. — DES GENS DE MER (*Rép.* n°s 392 à 440).

119. Les explications qui ont été fournies au *Rép.*, n°s 396 et suiv., sur les obligations qui résultent, pour les gens de mer, de l'inscription maritime, l'organisation des quartiers, la tenue des matricules et le rôle confié aux commissaires de l'inscription maritime dans l'intérêt des marins, ont conservé toute leur valeur. Il en est de même des observations qui ont trait aux avantages constituant, pour les gens de mer, la compensation des charges qui leur sont imposées (*Rép.* n°s 415 et suiv.). Enfin, en ce qui concerne l'insaisissabilité des gages et des loyers des matelots, du salaire du capitaine (Rennes, 13 juin 1889, aff. Cadet, D. P. 91. 2. 11), le privilège des gens de mer sur le navire et le fret, les droits des marins ou de leurs héritiers en cas de maladie, de blessure ou de décès survenu au cours du voyage, nous nous référerons, quant aux explications nouvelles que ces questions comportent, aux nouveaux développements qui ont été fournis *suprà*, v° *Droit maritime* n°s 605 et suiv., 757 et suiv., 819 et suiv.

120. Le rapatriement des marins est soumis à des règles administratives qui ont été exposées au *Rép.* (n°s 420 à 423), et à des dispositions légales auxquelles la loi du 12 août 1885 (D. P. 86. 4. 22) portant revision d'un certain nombre d'articles du code de commerce, a apporté d'importants changements. Les règles administratives du rapatriement ont été reprises et complétées, avant la publication du *Répertoire*, par les décrets des 7 avr. 1860 et 14 sept. 1864 (*Rép.* n° 420) qui sont toujours en vigueur. Sur bien des points cependant la légalité du décret du 7 avr. 1860 est contestable. En premier lieu, on considère comme fort discutable qu'un simple décret ait pu imposer aux navires du commerce l'obligation de rapatrier les marins de l'Etat au même titre que les marins du commerce, quelque juste que cette mesure soit en elle-même (Desjardins, t. 3, n° 740, p. 348). Il faut en dire autant des dispositions de l'art. 4, § 2, du même décret de 1860 qui permet aux agents de l'Etat d'imposer aux capitaines du commerce, dans la limite d'un homme par cent tonneaux, l'obligation de recevoir à leur bord, pour les rapatrier, des passagers de l'ordre civil.

121. En principe, le rapatriement ne peut être exigé que pour les Français inscrits maritimes et pour les étrangers qui, sans avoir été naturalisés, auraient été admis au bénéfice de l'inscription en France. Les étrangers non inscrits qui peuvent, après avoir servi sur un navire français, être délaissés, doivent simplement être remis au consul de leur nation. Cette règle ne souffre d'exception que s'il résulte des circonstances de l'embarquement de ces étrangers que les capitaines ou armateurs se sont engagés à leur fournir les moyens de se rendre dans leur pays d'origine ou dans un autre pays ; les chefs de service de la marine doivent, en cas d'affirmative, tenir la main à l'exécution de ces obligations, sauf à renvoyer les parties devant les tribunaux de commerce en cas de contestation (Circ. min. des 10 avr. et 4 sept. 1860).

La remise des étrangers à leurs consuls ne doit cependant être faite qu'autant que le traitement des marins étrangers, délaissés en France et dans les colonies ou dans un pays tiers, après avoir fait partie de l'équipage d'un navire français, n'a pas été réglé par des conventions internationales. Aujourd'hui, en effet, le traitement des marins étrangers délaissés par les navires français est réglé par plusieurs conventions diplomatiques : avec la Grande-Bretagne, le 5 nov. 1879 (Décr. 22 nov. 1879, D. P. 80. 4. 74) ; avec l'Allemagne, le 16 mai 1880 (Décr. 27 mai 1880, D. P. 81. 4. 61), arrangement complété et rectifié les 9-16 juin 1888 (D. P. 88. 4. 54) ; avec l'Italie, le 1er janv. 1882 (Décr. 15 janv. 1882, D. P. 83. 4. 2).

122. D'après les déclarations intervenues entre le gouvernement français et les gouvernements de ces pays, les marins de l'un des deux Etats contractants qui, après avoir servi à bord d'un navire de l'autre Etat, se trouvent par suite de naufrage ou pour d'autres causes, délaissés sans ressources, soit dans un pays tiers, soit dans les colonies de ce pays, soit dans les colonies de l'Etat dont le navire porte le pavillon, doivent recevoir assistance de ce dernier Etat, jusqu'à ce qu'ils embarquent de nouveau ou trouvent un autre emploi, ou jusqu'à leur arrivée dans leur propre pays ou dans une colonie de ce pays, ou enfin jusqu'à leur décès. L'assistance ainsi accordée comprend l'entretien, les soins médicaux, les médicaments, les frais de voyage et, en cas de mort, les dépenses de funérailles; le marin n'y a droit qu'autant qu'il n'a point déserté ou n'a pas été renvoyé du navire pour un crime ou un délit ni ne l'a quitté par suite d'une incapacité de service occasionnée par une blessure ou une maladie résultant de sa propre faute. Enfin, le marin délaissé qui veut obtenir l'assistance, doit profiter de la première occasion qui se présente pour justifier, devant les autorités compétentes du pays appelé à lui prêter assistance, de son dénuement et des causes qui l'ont amené et, avant tout, établir que ce dénuement est la conséquence naturelle de son débarquement.

Une circulaire du ministre de la marine du 24 juill. 1873 recommande aux consuls de ne pas hésiter à refuser le bénéfice du rapatriement aux marins dont la nationalité est douteuse.

123. L'obligation pour l'armateur de rapatrier les marins qu'il a engagés est générale, absolue et d'ordre public; l'armateur est tenu tant que le marin n'est pas rentré dans son quartier. L'armateur n'est donc pas libéré, tant que le marin n'est pas de retour à son domicile. Lorsqu'un marin tombe malade sur le navire à bord duquel il a été placé en vue du rapatriement, la maladie doit être considérée comme s'étant produite pendant le voyage, et il peut revendiquer, contre l'armateur aux frais duquel le rapatriement s'opère, le bénéfice de l'art. 262 c. com. (Marseille, 27 juin 1832, *Recueil de Marseille*, t. 13, 1. 263; Bédarride, *Droit maritime*, t. 2, n° 602; Demangeat sur Bravard, *Traité de droit commercial*, t. 4, p. 297, note 1; Alauzet, *Commentaire du code de commerce*, 3e édit., t. 5, n° 1815, *in fine;* Arthur Desjardins, *Traité de droit commercial maritime*, t. 3, n° 724 *in fine;* de Valroger, *Droit maritime*, t. 2, n° 596 *in fine*). Les gens de mer, pendant la durée du rapatriement, sont considérés comme demeurant au service de celui qui les a engagés, parce que celui-ci est chargé d'assurer leur réintégration dans leurs quartiers respectifs.

124. Il faut conclure de ce qui précède que l'obligation de l'armateur n'est pas remplie par le seul fait qu'il a embarqué les marins à rapatrier sur un navire qui doit les ramener en France à leur port d'attache, soit comme remplaçants, soit comme passagers gagnant leur passage, soit même comme simples passagers. Dès lors, le naufrage du navire sur lequel avaient pris place les marins à rapatrier n'a pas pour résultat d'exonérer l'armateur des obligations qui lui incombent quant au rapatriement; et ce dernier est tenu de rembouser à l'administration de la Marine, dans la mesure fixée par les lois et règlements, les frais de subsistance, d'entretien et de rapatriement dont elle a fait l'avance afin d'assurer le retour en France des gens de mer qui, après le naufrage du bâtiment chargé de les ramener, ont été recueillis par un autre navire et déposés sur un littoral étranger (Req. 30 juin 1886, aff. Lecharpentier, D. P. 87. 1. 163; 18 oct. 1886, aff. Beust, D. P. 87. 1. 433). On prétendrait en vain que l'armateur qui délaisse des matelots à l'étranger ou dans les colonies est simplement tenu de les mettre en situation de regagner les quartiers maritimes auxquels ils appartiennent, et qu'il s'acquitte de cette obligation, soit en les embarquant sur un navire qui doit les ramener dans leur pays, soit en payant la somme jugée nécessaire pour assurer leur retour, alors surtout que le débarquement a pour cause un fait prévu par les parties, par exemple la fin du voyage et le désarmement du navire; que du jour où les gens de mer, libérés de leur service, ont été embarqués sur le bâtiment qui doit les réintégrer sur le sol natal, ils sont devenus complètement étrangers à l'armateur, et que ce dernier, désormais libéré envers eux, n'a pas à répondre des accidents fortuits qui, par la suite, viendraient entraver leur retour. Les textes législatifs qui règlent la matière ne permettent pas d'admettre cette doctrine. L'ordonnance du 1er août 1743 décidait déjà « que les gens de mer seraient payés de la conduite ou des frais pour leur retour dans les lieux de leur département » (art. 1er), et si le navire sur lequel ils étaient embarqués en vue du rapatriement ne revenait pas au port d'armement, qu'ils recevraient, indépendamment des frais de leur passage par mer, de quoi se conduire chez eux depuis le lieu où ils seraient débarqués, conformément au tarif établi par l'art. 4 (art. 6). L'arrêté de germinal s'exprime à peu près dans les mêmes termes : « Les gens de mer naviguant pour le commerce auront droit à une conduite pour se rendre dans leurs quartiers » (art. 1er). « Si les navires sur lesquels passeront lesdits gens de mer ne reviennent pas dans les ports de l'armement, etc., lesdits gens de mer recevront, indépendamment des frais de leur passage par mer, la conduite nécessaire pour se rendre dans leurs foyers, à proportion du chemin qu'ils auront à faire par terre, depuis le lieu où ils devront être débarqués, etc. » (art. 5). Et le décret du 7 avr. 1860 n'a fait lui-même que traduire ces dispositions : « Les gens de mer naviguant pour le commerce ont droit à une indemnité de route pour se rendre dans leurs quartiers, s'ils ne sont pas ramenés, etc. » (art. 11). « Les frais de subsistance, d'entretien, de rapatriement et de retour au quartier des individus provenant de l'équipage d'un navire de commerce sont à la charge de l'armement, etc. » (art. 14). Il est vrai que les frais de rapatriement et de conduite sont généralement tarifés (art. 9 et 12 du décret du 7 avr. 1860; art. 1 et 2 du décret du 14 sept. 1864), mais cette tarification a simplement pour but d'assurer, soit dans l'intérêt de l'Etat, soit dans celui de l'armateur à la charge duquel il a lieu, que le retour des gens de mer à rapatrier s'effectuera le plus économiquement possible; on ne saurait en tirer aucune induction quant à l'objet et à la portée de l'obligation qui pèse sur l'Etat ou sur l'armement, suivant les cas (V. la dissertation de M. Levillain en note sous l'arrêt précité du 18 oct. 1886).

125. Il n'est, d'ailleurs, pas interdit à l'armateur d'utiliser les forces et les aptitudes des marins pendant le voyage de retour, pour diminuer les frais du rapatriement : l'armateur peut valablement les engager à titre de remplaçants ou de passagers gagnant leur passage (Décr. 7 avr. 1860, art. 5). Il est tenu de leur procurer les moyens de revenir en France et dans leur quartier mais non de les laisser oisifs durant le trajet de retour. « Il est à peine utile de faire observer, dit M. Desjardins, t. 3, n° 740, p. 352, que si l'on doit toujours le rapatriement, on ne doit pas nécessairement, même à titre provisoire, une indemnité de rapatriement. Par exemple, dans le cas où les marins sont embarqués à titre de remplaçants ou de passagers gagnant leur passage (Décr. 7 avr. 1860, art. 5), ils ne peuvent pas cumuler le droit à une indemnité de rapatriement avec la rémunération de leur travail; on ne leur avait pas promis de les laisser oisifs durant le trajet de retour et si, parce qu'on peut les employer utilement, ce retour ne coûte rien, ceux qui en auraient supporté les frais en sont tout simplement déchargés; il ne saurait y avoir là, pour les gens de mer, l'occasion d'un bénéfice. »

126. L'obligation du rapatriement comporte celle de réintégrer le marin dans son quartier; qu'il ait été engagé dans le port où le navire est armé ou dans un port autre que le port d'armement, dans l'un et l'autre cas, le marin a toujours droit, en vertu des art. 10 de l'arrêté de germinal an 12 et 11 du décret du 7 avr. 1860, aux frais de conduite du port où il est débarqué au quartier où il est inscrit. A plus forte raison, les gens de mer enrôlés dans un port de France ont-ils le droit, quand le port d'armement est un port étranger ou un port des colonies, d'exiger que l'armateur, qui les y débarque à l'issue du voyage, pourvoie à leur réintégration sur le sol natal : les intérêts des gens d'équipage et ceux de l'Etat seraient en souffrance si, sous prétexte qu'ils ont été débarqués dans le port d'armement du navire, les marins qui se trouvaient à bord pouvaient être abandonnés à l'étranger ou dans les colonies, sans qu'on leur procurât les moyens de revenir en France. C'est ce qui a été jugé par les arrêts des 30 juin et 18 oct. 1886, dans des espèces où les marins avaient été engagés à Granville pour former les équipages de goélettes coloniales destinées à faire, à Terre-Neuve et à Saint-Pierre et Miquelon, la pêche de la morue. Peu importait, dit la cour de cassation, en termes à peu près identiques dans ses deux arrêts, que les hommes engagés pour former l'équipage des goélettes coloniales n'eussent pu être utilisés pour la pêche qu'à leur arrivée à Saint-Pierre et Miquelon; ils n'en étaient pas moins liés par un seul et même engagement, pour une seule et même campagne de pêche, qui devait commencer et finir à Granville et ils devaient, en conséquence, y être rapatriés aux frais des armateurs.

127. L'art. 14 du décret du 7 avr. 1860 (*Rép.* n°s 424 et suiv.), qui disposait que les frais de subsistance, d'entretien, de rapatriement et de retour des marins du commerce, mis à la charge de l'armement, auraient pour garantie le navire et l'ensemble de tous les frets gagnés depuis le départ, était un de ceux dont la légalité était le plus contestée pour le cas de rapatriement après naufrage. Mais la jurisprudence, tant des cours d'appel que de la cour de cassation, s'était prononcée pour la légalité de cet article qui n'aurait fait que régler l'application de la législation antérieure sur l'inscription maritime, sans innover en aucune façon (Rennes, 5 mars 1868, aff. Lemare; 8 mars 1869, aff. Charrier et Maureau; 31 mai 1869, aff. Arnaudin; 19 avr. 1869, aff. Levesque; 8 mars 1869, aff. Allard, D. P. 70. 2. 195; Montpellier, 26 juin 1872, aff. Sartre, D. P. 73. 2. 31; Rouen, 16 juill. 1873, aff. Martineau et Chauvet, D. P. 74. 2. 174; 2 août 1873, aff. David et autres, D. P. 74. 2. 179; Rennes, 13 janv. 1880, aff. Guilbaud, D. P. 81. 2. 6; Civ. cass. 14 févr. 1870, aff. Légal et Chevreuil et aff. Mouraud; 18 mai 1870, aff. Gauthier et aff. Arnaudin; 14 févr. 1870, aff. Allard, aff. Compagnie des paquebots de l'Ouest, aff. Bourgault, aff. Grenet, D. P. 70. 1. 321; Civ. cass. 30 août 1871, aff. Zizinia, D. P. 71. 1. 139; 24 mars 1875, aff. Simon, aff. Bernard, aff. Donaud, D. P. 75. 1. 199; 25 août 1875, aff. Dor et aff. Fabre, D. P. 76. 1. 472; Ch. réun. cass. 6 févr. 1877, aff. Flornoy, D. P. 77. 1. 114; Civ. cass. 10 juin 1879, aff. Pellolio et aff. Franceschi, D. P. 79. 1. 339). Seule la cour d'Aix, dans un arrêt du 24 juin 1869 (aff. Brice Michel, D. P. 70. 2. 199) avait jugé que l'art. 14 du décret du 14 avr. 1860 était illégal et n'avait pu déroger aux dispositions des lois antérieures, qui limitaient les obligations de l'armateur aux débris du navire et au fret des marchandises sauvées du sinistre.

Cette jurisprudence n'offre plus aujourd'hui qu'un intérêt historique; elle témoigne, par son importance, de la vivacité de la lutte que les armateurs engagèrent contre le régime inauguré par le décret de 1860, ou tout au moins contre l'interprétation que la jurisprudence avait donnée à la législation antérieure, à supposer que le décret de 1860 n'eût en rien innové. Elle était, d'ailleurs, contestée par la doctrine (V. Desjardins, t. 3, n°s 745 et suiv.; de Valroger, t. 2, p. 9 et suiv., et la dissertation de M. Cazalens insérée en note, D. P. 70. 1. 321).

128. Les armateurs, battus sur le terrain juridique, ne cessèrent d'élever, par l'organe des chambres de commerce, de pressantes réclamations contre un régime qui leur imposait des charges considérables, alors que, antérieurement au décret du 7 avr. 1860, on n'avait jamais cru être autorisé, par l'arrêté du 5 germ. an 12, à les leur imposer. Aussi la commission de la marine marchande de 1873 se prononça-t-elle énergiquement pour l'abrogation de l'art. 14 du décret du 7 avr. 1860 et le retour pur et simple à la législation de l'an 12.

Mais la doctrine suivie par la cour de cassation, qui n'avait pas voulu voir une innovation dans la disposition de l'art. 14 du décret du 7 avr. 1860 et admettait que l'arrêté de germinal an 12 imposait à l'armateur l'obligation de contribuer aux frais de rapatriement des marins naufragés sur tous les frets faits depuis le départ, rendait insuffisante l'abrogation de l'art. 14 du décret de 1860. Aussi, lorsque le conseil d'Etat fut saisi par le Gouvernement des projets de revision du livre 2 du code de commerce, proposa-t-il d'insérer, dans les articles revisés, des dispositions destinées à préciser les obligations de l'armement en matière de rapatriement. Conformément à cette proposition, la loi du 12 août 1885 (D. P. 86. 4. 22) a ajouté, à l'art. 258 c. com., une disposition qui détermine l'obligation du rapatriement en cas de naufrage ou de perte du navire, et à l'art. 262, une disposition semblable pour le cas où le matelot serait délaissé, à la suite de maladie contractée ou de blessure reçue au service du navire. On a complété ainsi les dispositions des art. 252 et 270 c. com. qui ne mettaient les frais de retour à la charge de l'armement qu'au cas de rupture du voyage ou de congédiement sans motif valable.

129. Aux termes du nouvel art. 262, le matelot tombé malade pendant le voyage ou blessé au service du navire, qui a dû être laissé à terre « est rapatrié aux frais du navire; toutefois le capitaine peut se libérer de tous frais de traitement ou de rapatriement en versant entre les mains de l'autorité française une somme à déterminer par un règlement d'administration publique, lequel devra être revisé tous les trois ans. La loi met donc expressément à la charge du navire, comme les loyers et les frais de maladie du matelot, le rapatriement du marin tombé malade au cours du voyage ou blessé au service du navire et délaissé pour ce motif. Mais on a voulu, en même temps, permettre à l'armement de limiter la dépense qui lui incombe de ce chef, et lui donner le faculté de se libérer en payant à l'Etat une somme fixée à forfait; moyennant l'indemnité réglée d'après le tarif prévu par le paragraphe 2 de l'art. 262, l'armateur est déchargé de toute obligation et échappe à l'incertitude que la législation antérieure faisait peser sur lui en ce qui touche le montant des frais de traitement et de rapatriement du matelot, même après le désarmement du navire et la liquidation des opérations du voyage.

130. L'art. 258 c. com. modifié par la loi du 12 août 1885 dispose, dans le paragraphe final ajouté par cette loi, que lorsqu'il y a eu prise, naufrage ou déclaration d'innavigabilité, le rapatriement des gens de l'équipage est, dans tous les cas, à la charge de l'armement, mais seulement jusqu'à concurrence de la valeur du navire ou de ses débris et du montant du fret des marchandises sauvées, sans préjudice du droit de préférence qui appartient à l'équipage pour le payement de ses loyers. Cet article consacre nettement la limitation des obligations de l'armateur; par ces mots « mais seulement jusqu'à concurrence de », le législateur de 1885 a entendu montrer d'une manière explicite qu'il limitait effectivement l'obligation de l'armateur à « la valeur du navire ou de ses débris et au montant du fret des marchandises sauvées » (Desjardins, t. 5, n° 1275, p. 546). Il ne saurait donc plus être question pour l'Etat, comme la jurisprudence lui en avait reconnu le droit avant la loi du 12 août 1885, de poursuivre le recouvrement des frais de rapatriement sur les frets antérieurs au voyage durant lequel le sinistre s'est produit et acquis depuis le départ du navire du port d'armement. Le nouvel art. 258 limite, en effet, la charge de l'armement sans aucune distinction, et la loi du 12 août 1885 ne semble pas avoir entendu réserver les droits de l'Etat dans ses rapports avec les armateurs, comme le conseil d'Etat l'avait proposé (V. de Valroger, t. 2, n° 586 et t. 5, p. 371).

Le silence gardé par la loi sur cette proposition du conseil d'Etat est significatif. Le but même qu'on s'est proposé en adoptant la disposition finale de l'art. 258 ne permet pas d'admettre que le législateur ait entendu donner à l'Etat un droit plus étendu qu'aux marins eux-mêmes. C'est, en effet, pour donner satisfaction aux réclamations des armateurs contre l'art. 14 du décret du 7 avr. 1860 et contre la jurisprudence qui l'avait appliqué, que cette disposition a été insérée dans l'art. 258 : son utilité ne se concevrait pas si elle n'était pas opposable à l'Etat comme aux gens de l'équipage. Elle limite d'une manière absolue la mesure dans laquelle l'armateur peut être engagé par l'obligation du rapatriement. L'Etat, sans doute, peut poursuivre le recouvrement des frais de rapatriement qu'il aura supportés, mais jusqu'à concurrence de la valeur, déterminée par l'art. 258, du navire ou de ses débris et du fret des marchandises sauvées; et encore doit-il respecter le privilège des gens de l'équipage pour le payement de leurs loyers qui est formellement réservé par la phrase finale du paragraphe 6 de l'art. 258. En aucun cas donc l'armateur ne peut être poursuivi, sur les frets acquis dans les voyages antérieurs à celui que le sinistre a rompu, soit par les marins à rapatrier, soit par l'Etat.

131. L'Etat, d'ailleurs, n'est pas substitué aux marins, et, lorsqu'il poursuit l'armateur en remboursement des avances qu'il a dû faire pour le rapatriement des gens de l'équipage, il exerce une action personnelle et directe. La jurisprudence antérieure à la loi du 12 août 1885 faisait dériver cette action de l'obligation contractée par l'armateur envers l'Etat en raison du fait même de l'engagement des marins. L'armateur empruntant à l'Etat les marins liés à son service en vertu de l'inscription maritime contracte virtuellement, disait-on, non seulement envers les marins qu'il engage, mais envers l'Etat lui-même, l'obligation de les ramener à leur quartier d'inscription; dès lors, dans tous les cas non exceptés par une disposition spéciale, les frais de rapatriement et de conduite des marins du commerce, débarqués ou délaissés hors de leur quartier, sont une dette de l'armement dont l'Etat, s'il en fait l'avance, a le droit d'exiger le remboursement par voie d'action directe contre l'armateur (Civ. cass. 24 mars 1875, aff. Simon, aff. Bernard et aff. Donaud, D. P. 75. 1. 199; 25 août 1875, aff. Dor et aff. Fabre, D. P. 76. 1. 472; Ch. réun. 6 févr. 1877, aff. Flomoy, D. P. 77. 1. 114. V. aussi Rennes, 13 janv. 1880, aff. Guilbaud, D. P. 81. 2. 6). La loi du 12 août 1885 n'a nullement modifié cette situation. Sans doute le législateur de 1885 ne s'est pas attaché autant que la jurisprudence l'avait fait à l'idée que l'armateur assume envers l'Etat, l'obligation de rapatrier les marins comme les lui ayant empruntés et distraits de son service; la doctrine qui a prévalu dans la discussion de la loi est celle qui, avec raison, rattache directement l'obligation du rapatriement au contrat même d'engagement (V. le rapport de M. Griolet au conseil d'Etat, D. P. 86. 4. 23, note 1), puisqu'il n'existe aucune différence, au point de vue de l'obligation de les rapatrier, entre les marins inscrits encore assujettis aux services de l'Etat et ceux qui ne sont plus susceptibles d'être levés. Mais le droit de réclamer directement les frais de rapatriement n'en est pas moins une conséquence de la tutelle administrative que les lois de l'inscription maritime confèrent à l'Etat sur les inscrits. L'Etat, en rapatriant ses nationaux abandonnés à l'étranger, ne fait, d'ailleurs, qu'exécuter une mesure d'ordre public qu'il a mission de prendre, la loi du 12 août 1885 n'ayant pas abrogé l'ordonnance de 1784 (titre 14, art. 16) ni l'arrêté du 5 germ. an 12, en vertu desquels l'administration de la Marine est directement obligée de faire rentrer dans leurs quartiers les marins délaissés (Desjardins, t. 3, n° 744, p. 361).

132. La jurisprudence antérieure à la publication du *Répertoire* était divisée sur le point de savoir si l'action de l'Etat, en remboursement des avances qu'il fait pour frais de rapatriement, est ou non soumise à la prescription annale de l'art. 433 c. com. (*Rép.* n° 426). La négative paraît avoir été définitivement consacrée par la cour de cassation (Civ. cass. 14 févr. 1870, aff. Bourgault et aff. Grenet, D. P. 70. 1. 320; 24 mars 1875, aff. Simon, D. P 75. 1. 199; 31 déc. 1879, aff. Simon, D. P. 80. 1. 133; V. également Montpellier, 26 juin 1872, aff. Sartre, D. P. 73. 2. 31; Rennes, 8 mars 1869, aff. Allard, D. P. 70. 2. 195). La loi du 12 août 1885 n'a en rien modifié cette situation, et, aujourd'hui comme avant cette loi, il semble que la prescription de l'art. 433 ne puisse être opposée à l'administration de la Marine (Comp. *suprà*, v° *Droit maritime*, n° 2226); cette loi, en effet, comme on l'a vu (*suprà*, n° 131), n'a pas modifié le caractère personnel et direct de l'action que l'Administration exerce contre l'armateur. L'administration de la Marine agit dans l'intérêt de l'Etat et de l'ordre public, et non comme subrogée aux droits des marins; et, pour que l'art. 433 lui fût opposable, il faudrait que la loi de 1885 en eût étendu les dispositions aux frais de rapatriement, puisque ces dispositions, comme toutes celles qui sont relatives aux prescriptions et déchéances, sont de droit étroit et ne peuvent être étendues aux cas qu'elles ne prévoient pas expressément.

133. La liste des privilèges sur le navire diffère, d'après le code de commerce, de celle des privilèges sur ses débris. L'art. 259 c. com., abrogé par la loi du 12 août 1885, n'attribuait de privilège sur les débris qu'aux matelots engagés au voyage ou au mois (*suprà*, v° *Droit maritime*, n° 814). L'abrogation de cet article et l'addition du dernier paragraphe du nouvel art. 258 qui réserve le droit de préférence des gens de l'équipage pour le payement de leurs loyers, quel que soit le mode d'engagement (c'est le sens, en effet, qui s'attache aux expressions *dans tous les cas* employées par la loi) soulève la question de savoir si la loi de 1885 n'a pas entendu étendre le privilège sur les débris à tout équipage, sans distinguer aucunement de quelle manière il aurait été engagé. M. Desjardins, t. 5, n° 1278, ne le croit pas : « L'obligation du rapatriement existe assurément, dit-il, quel que soit le mode d'engagement; mais loin de constituer un nouveau privilège, le législateur se réfère manifestement aux droits de préférence qui appartiennent à l'équipage en vertu des lois existantes. D'ailleurs, l'art. 260 qui limite au fret le droit réel des matelots engagés au fret n'est pas abrogé ». Le privilège des matelots ainsi engagés ne pourrait donc s'exercer sur les débris du navire au préjudice de la créance appartenant à l'Etat du fait de l'avance des frais de rapatriement.

134. Le droit de l'Etat de poursuivre le remboursement des avances qu'il a faites pour frais de rapatriement des marins en cas de naufrage s'exerce sur le navire, les débris et le fret des marchandises sauvées jusqu'à concurrence de leur valeur; dans l'hypothèse où il ne subsisterait du navire ni débris ni marchandises sauvées, l'armateur ne saurait être poursuivi. Il est cependant un cas où ce résultat aurait quelque chose de choquant; c'est celui où le navire aurait péri, coulé à pic en pleine mer à la suite d'un abordage et où l'abordeur aurait payé une indemnité d'abordage qui aurait restitué à peu près à l'armateur les pertes résultant pour lui du sinistre (V. *suprà*, v° *Droit maritime*, ce que comprend l'indemnité d'abordage). Si l'armateur ainsi restitué dans la valeur de son navire ne pouvait être poursuivi en remboursement des frais de rapatriement, il serait mieux traité que celui qui n'aurait sauvé que quelques épaves. Le résultat est évidemment inique; car, en admettant que, dans le dernier cas envisagé, l'armateur soit couvert par une assurance, ce n'est là qu'un cas particulier et qui, au point de vue légal, est exceptionnel. Mais il est à remarquer que l'art. 258, § 6, impose à l'armateur l'obligation de supporter les frais de rapatriement jusqu'à concurrence non des débris, mais *de la valeur du navire* et de ses débris. M. Desjardins, t. 5, n° 1280 *bis*, en conclut qu'on pourrait rechercher dans les éléments de l'indemnité d'abordage la représentation de cette valeur et soutenir que, par la volonté du législateur, dans le cas de l'art. 258, § 6, le prix de la chose représente la chose. Tel paraît bien, en effet, être le sens de l'art. 258, § 6, il n'affecte pas au remboursement des frais de rapatriement le navire ou ses débris, mais leur *valeur*; peu importe le moyen par lequel cette valeur aura été obtenue et sera parvenue aux mains de l'armateur; que ce soit par une vente du navire ou des débris ou par le payement d'une indemnité, la valeur n'en est pas moins affectée au remboursement des frais de rapatriement. Le législateur a simplement voulu limiter la dette de l'armement à une somme correspondant à la valeur du navire, de ses débris ou du fret, de façon à ne pas faire supporter aux armateurs les charges exagérées qu'on était arrivé à leur imposer, mais il n'a nullement entendu leur permettre de faire un bénéfice. Dès qu'au moyen de l'indemnité qu'ils ont touchée, ils sont indemnes, aucune règle d'équité ne s'oppose à ce qu'ils supportent les frais du rapatriement dans la mesure où la loi les met à leur charge. D'autre part, rien dans le texte de la loi du 12 août 1885 ne s'oppose à ce qu'ils aient à les supporter jusqu'à concurrence de la valeur qui leur a été remise en représentation du navire.

135. La disposition nouvelle de l'art. 258, § 6, ne serait pas applicable, suivant M. Desjardins (t. 5, n° 1280 *ter*), au cas de naufrage, non du navire à bord duquel les marins avaient loué leurs services, mais de celui qui aurait été chargé de les rapatrier (*suprà*, n° 125). « D'une part, dit-il, le naufrage, en lui-même ne soustrait pas l'armateur à l'obligation de rapatrier, d'autre part au moment où cette obligation a pris naissance, il était tenu sur tous ses biens des frais de rapatriement. Que l'instrument du rapatriement se brise ou non dans ses mains, il n'importe et le caractère de son obligation n'est pas altéré. La loi du 12 août 1885 restreint sans doute à des termes précis les charges de l'armement; mais elle s'est bornée à dégager d'une interprétation vicieuse le système de l'an 12 loin de le bouleverser ».

136. Comme on l'a exposé au *Rép.* n° 427, l'autorité

administrative est incompétente pour connaître des contestations auxquelles peut donner lieu le recouvrement, par l'administration de la Marine, des frais déboursés par cette administration pour l'entretien et le rapatriement des naufragés, et dont elle réclame le montant à l'armateur (Cons. d'Et. 30 nov. 1883, aff. Beust et Charpentier, D. P. 85. 3. 49). Il s'agit, en effet, en pareil cas, d'une question purement commerciale qui ressortit sans contestation possible des tribunaux de l'ordre judiciaire. — L'administration de la Marine avait cependant tenté, par une voie détournée de soumettre à la juridiction administrative les questions relatives au payement des avances de frais de rapatriement qu'elle avait dû faire. Le ministre de la marine avait agi, vis-à-vis de certains armateurs, par voie de déclaration de versement et d'arrêtés de débet. Il prétendait appliquer à la matière les art. 155 et 156 du règlement du 14 janv. 1869 (Règlement pour servir à l'exécution, en ce qui concerne le département de la marine et des colonies, du décret du 31 mai 1862 sur la comptabilité publique). Ces articles sont ainsi conçus : « Art. 155. Les reversements de fonds provenant soit de restitution pour cause de trop-payé à des créanciers de l'Etat, soit de remboursement d'avances concernant les services régis par économie ou de cessions et avances faites à des gouvernements étrangers ou à des particuliers sont effectués d'office ou en vertu d'un ordre de reversement dressé dans les formes du modèle n° 25. Ils sont suivis à la diligence des liquidateurs ou ordonnateurs des dépenses. Le débiteur est tenu de rapporter pour sa décharge, au fonctionnaire qui a délivré l'ordre de reversement, un récépissé à talon de la somme par lui versée, lequel doit servir à la réintégration, s'il y a lieu, de ladite somme au crédit du budget de la marine. — Art. 156. En cas de refus de reversement de la part des débiteurs, il est statué par le ministre de la marine, et l'arrêté qui constate le débet est adressé au ministre des finances, qui en fait poursuivre le recouvrement par l'agence judiciaire du Trésor. Sont exceptés néanmoins les débets pour lesquels le ministre aurait des moyens de recouvrement par voie de retenue ou d'imputation directe. Lorsque la contestation est du ressort des tribunaux, l'instance est suivie par le ministre de la marine ou ses délégués, et le jugement de condamnation est également adressé au ministre des finances, pour être remis à l'agent judiciaire chargé d'en suivre l'effet ». Le conseil d'Etat a déclaré cette pratique illégale (Arrêt précité du 30 nov. 1883), par le motif qu'aucune disposition de loi ne permet à l'autorité administrative de connaître des contestations auxquelles peut donner lieu le recouvrement des sommes qui doivent être réclamées aux armateurs pour frais de rapatriement, et que, par suite, il n'appartenait pas au ministre de la marine de statuer sur une telle créance prétendue par l'Etat.

137. Le tribunal de commerce est donc seul compétent pour statuer sur les réclamations de l'administration de la Marine relatives aux avances des frais de rapatriement. Mais est-ce le tribunal du port d'armement ou de départ, ou le tribunal du port de désarmement qui est compétent? Malgré quelques décisions contraires, il semble bien que le tribunal compétent soit celui du port de désarmement. En effet, aux termes des règlements de la marine, et notamment de l'arrêt du conseil du 19 janv. 1734, le payement par l'armateur des salaires, frais d'invalides et rapatriement des gens de mer doit être effectué au lieu du désarmement. C'est donc là que le payement doit être effectué et, par conséquent, que se trouve, aux termes des art. 420 et 426 c. proc. civ., le tribunal compétent. En cas de naufrage, ce tribunal est celui du lieu du naufrage (Civ. cass. 8 janv. 1884, aff. Le Maréchal, D. P. 84. 1. 110; Trib. com. du Havre, 19 mars 1861 et 15 juill. 1862 ; Trib. com. Honfleur, 28 oct. 1868, *Journ. off. de la marine*, 2° sem. 1868, p. 692).

138. Le décret du 7 avr. 1860 ne se borne pas à indiquer les autorités chargées de pourvoir à la conduite des gens de mer ; il ne se contente pas de signaler les mesures à prendre suivant les cas, de manière à ce qu'elle s'effectue de la façon la plus avantageuse et la plus économique ; il établit, dans son art. 9, un tarif dans lequel il détermine le taux maximum des indemnités à allouer aux capitaines chargés du transport des hommes lorsqu'il s'effectuera par la voie de mer. L'Administration ne peut donc répéter, contre l'armateur du navire à bord duquel servaient les marins rapatriés, la totalité des sommes dont elle a fait l'avance, qu'autant que ces sommes ne dépassent pas les allocations fixées par le tarif en question. Dans le cas contraire, pour qu'elle fût en droit de réclamer un remboursement total, il faudrait que le tarif spécial auquel elle s'est conformée fût, comme celui inséré dans l'art. 9 du décret de 1860, opposable à l'armateur. — L'administration de la Marine a prétendu cependant réclamer aux armateurs les frais de rapatriement, non plus d'après le tarif de 1860, mais d'après les tarifs annexés aux conventions passées entre le ministre des finances et les compagnies chargées des services postaux, conventions consacrées par le pouvoir législatif. Un arrêt de la cour de Rennes du 19 avr. 1869, aff. Levesque (D. P. 70. 2. 195), avait admis cette prétention, à la condition qu'il n'y eût aucune faute de la part de l'Administration et qu'elle n'eût embarqué les rapatriés sur un paquebot postal qu'à défaut d'un autre moyen de rapatriement. Sans doute, disait en substance l'arrêt du 19 avr. 1869, les consuls de France, spécialement chargés de prescrire les mesures nécessaires pour le rapatriement, doivent concilier autant que possible tous les intérêts, en faisant opérer le retour par la voie la plus prompte, mais en même temps, la plus économique conformément aux art. 1, 5 et 9 du décret du 7 avr. 1860. Ces articles leur prescrivent de prendre pour le rapatriement un bâtiment de l'Etat plutôt qu'un navire de commerce, un bateau à voiles plutôt qu'à vapeur, un navire français plutôt qu'étranger ; et c'est seulement dans des circonstances exceptionnelles et en cas d'absolue nécessité qu'il leur est loisible de faire rapatrier les marins par les paquebots-poste, dont le cahier des charges contient, même pour le passage des rapatriés, un tarif de beaucoup supérieur à celui du décret du 7 avr. 1860. Il ne saurait dépendre des consuls, en s'écartant sans motif légitime de ces règles, d'augmenter arbitrairement les frais de rapatriement et d'aggraver ainsi la charge de l'armement ; et ni les termes du droit commun, ni les principes de la législation spéciale à la matière ne permettraient à l'administration de la Marine de répéter contre les armateurs un surcroît de dépenses inutiles, qui aurait été occasionné par la faute même de ses agents. Mais cette faute ne peut facilement se présumer ; elle devrait ressortir avec évidence des faits et documents de la cause ; et, lorsque la faute n'est pas évidente, il est juste de présumer, jusqu'à preuve contraire, que les consuls ont rempli leur devoir et agi pour le mieux.

139. Cette doctrine n'a pas prévalu et avec raison. En effet l'administration de la Marine fondait ses prétentions sur un article du cahier des charges portant que « les marins, les soldats convalescents de stations et garnisons coloniales, les rapatriés et les indigents seront transportés aux frais de l'Etat, au prix de 7 fr. par jour... ». D'après l'administration de la Marine, le mot *rapatrié* aurait, dans cette disposition, un sens absolu ; il s'appliquerait à tous les marins auxquels l'Etat doit le rapatriement; mais cette interprétation ne pouvait être admise, car elle impliquait une dérogation aux art. 4 et 15 du décret du 7 avr. 1860, dans lesquels les mots « rapatriés aux frais de l'Etat » ont une signification déterminée et désignent les catégories de personnes autres que les marins provenant de l'équipage d'un navire de commerce, dont les frais incombent à l'Etat. Une loi, ou tout au moins un décret, auraient seuls pu déroger à ces dispositions, et on ne pouvait soutenir que les lois portant approbation des conventions intervenues entre l'Etat et les compagnies de navigation eussent consacré cette dérogation. En effet, l'approbation de ces conventions par le législateur ne s'applique qu'aux stipulations financière qu'elles contiennent et n'a, par conséquent, qu'une portée restreinte à son objet même. Les autres stipulations des conventions, ou du cahier des charges, sont les éléments d'un contrat ordinaire passé entre l'Etat et un particulier, et qui, par conséquent, n'est pas opposable aux tiers (Bordeaux, 8 avr. 1878, aff. Debotas, Daval et autres, D. P. 79. 2. 127 ; Rouen, 27 août 1878 (1) ; Civ. rej. 9 déc. 1879, aff. Hubert, Debotas

(1) (Moriac C. Admin. de la Marine.) — LA COUR ; —... Sur le deuxième chef relatif à l'application du décret de 1860 ; — Attendu que Moriac allègue un retard et une faute par lui imputés au consul pour le rapatriement, sans que rien au procès

et autres, D. P. 80. 1. 124, et les observations de M. Levillain sur l'arrêt de Bordeaux, du 8 avr. 1878, *Journal des arrêts de la cour de Bordeaux*, t. 53, p. 145 ; Trib. de Marseille, 14 mars et 2 déc. 1879, *Recueil de Marseille*, 1879. 1. 154 et 1880. 1. 77; Desjardins, t. 3, n° 751).

140. Quant aux indemnités de rapatriement par terre, elles sont réglées par le décret du 14 sept. 1864, qui a remplacé l'art. 12 du décret de 1860 ; les hommes rapatriés par terre reçoivent les indemnités de route fixées pour la conduite. La conduite elle-même est régie par l'art. 8 de l'arrêté du 5 germ. an 12 et le décret du 14 sept. 1864 (Desjardins, t. 3, n° 751).

141. Les législations étrangères se sont préoccupées, en général, d'assurer le retour dans leurs foyers des marins qui restent, à la suite d'un voyage, soit en raison de circonstances de force majeure, soit par suite de rupture du contrat, délaissés sur une terre étrangère. La plupart font supporter les frais de rapatriement par l'armateur et chargent les agents consulaires d'en faire l'avance, qui sera ultérieurement répétée (Code suédois, code hollandais, code portugais, code russe, loi allemande de la marine marchande du 27 déc. 1872, etc.). Quelques législations, au contraire, font une distinction entre le cas où l'abandon du marin est le résultat d'un acte volontaire de l'armateur, comme par exemple lorsque le marin est laissé en pays étranger par suite de la vente du navire, et le cas où le marin est naufragé à l'étranger ou délaissé pour cause de blessure, etc. Tandis que, dans le premier cas, les frais et l'obligation de rapatriement sont imposés aux armateurs, dans le second les frais du rapatriement sont supportés par le trésor public (Grande-Bretagne, Norvège). On trouvera d'ailleurs, dans l'ouvrage de M. Desjardins, t. 3, n° 753, un exposé complet et détaillé des diverses législations sur la matière.

142. Le décret du 26 janv. 1857, qui réglait les conditions d'admission aux emplois dans la marine marchande de capitaines au long cours et de maîtres au cabotage (*Rép.* n°s 432 et suiv.) a été remplacé par un décret du 2 oct. 1880 (D. P. 81. 4. 110). D'après ce décret, les candidats aux emplois dont il s'agit doivent, comme sous l'empire du décret de 1857, subir un double examen pratique et théorique (*Rép.* n°s 432 et 433). Pour être admis à subir ces examens, les candidats doivent être âgés de vingt-quatre ans accomplis avant le 1er juillet de l'année de l'examen, justifier de soixante mois de navigation effective accomplis depuis l'âge de seize ans sur les bâtiments français, dont trente mois au moins de navigation au long cours pour les candidats au brevet de capitaine au long cours, et trente mois au moins de navigation au long cours ou au cabotage pour les candidats au brevet de maître au cabotage. L'embarquement sur les bâtiments de l'Etat qui font campagne est seul admis dans la supputation des soixante mois exigés ; cet embarquement est toujours compté comme navigation au long cours (art. 4). Les candidats déclarés inadmissibles ne peuvent se présenter de nouveau à l'examen que l'année suivante. Ceux qui sont admissibles reçoivent un certificat d'aptitude qui leur permet de se présenter à l'examen de théorie pendant trois tournées à partir de la date des certificats, délai après l'expiration duquel ils ne pourraient se présenter à l'examen de théorie sans subir un nouvel examen pratique qu'autant qu'ils justifieraient de six mois au moins d'embarquement sur un bâtiment affecté à la navigation pour laquelle ils se proposent de commander ou sur un bâtiment de l'Etat ayant fait campagne. L'examen n'est pas imposé aux officiers et aspirants de première classe de la marine militaire retraités, réformés ou démissionnés ; il leur suffit de réunir les conditions d'âge et de navigation exigées par l'art. 5 du décret. Les brevets sont délivrés par le ministre de la marine tant aux capitaines au long cours qu'aux maîtres au cabotage.

143. L'examen pratique pour les capitaines au long cours porte : 1° sur le gréement ; 2° sur la manœuvre des bâtiments à voile et à vapeur et des embarcations ; 3° sur le canonnage et l'usage des armes portatives ; 4° sur l'éclairage des bâtiments et sur les règles internationales pour prévenir les abordages, sur l'usage des engins de sauvetage. L'examen théorique comprend des épreuves écrites et des épreuves orales ; les épreuves écrites comprennent : 1° une composition française qui est éliminatoire ; 2° deux séries de calculs conformes aux types adoptés ; 3° une série de questions portant sur les connaissances exigées. Les épreuves orales portent sur les éléments d'arithmétique et les notions élémentaires d'algèbre, la géométrie élémentaire, les deux trigonométries, des notions élémentaires d'astronomie, la navigation et l'usage des instruments nautiques, des notions élémentaires sur l'emploi des machines à vapeur.

144. L'examen pratique pour le brevet de maître au cabotage portent sur le gréement, la manœuvre des bâtiments à voile, à vapeur et des embarcations, les sondes, la connaissance des fonds, le gisement des terres et écueils, les courants et les marées dans les limites assignées au cabotage et plus particulièrement en ce qui concerne les côtes de France, l'éclairage des bâtiments et les règles internationales pour prévenir les abordages, l'usage des engins de sauvetage. Les examens théoriques comprennent : une dictée, deux séries de calculs conformes aux types adoptés ; les épreuves orales : les éléments d'arithmétique pratique, les notions élémentaires de géométrie ; les éléments de navigation pratique ; des notions élémentaires sur l'emploi des machines à vapeur.

SECT. 2. — DES PILOTES (*Rép.* n°s 441 à 480).

145. Le service des pilotes lamaneurs est toujours régi par le décret du 12 déc. 1806. Les explications du *Répertoire* (n°s 441 à 448) ont donc conservé toute leur valeur, en ce qui concerne le recrutement, l'organisation des pilotes et les obligations qui leur sont imposées pour la surveillance des fonds dans les rades, ports et rivières. Leur service est obligé et réglé à tour de rôle pour la sortie (*Rép.* n° 450) ; pour l'entrée des ports, au contraire, il n'y a aucun tour de rôle et c'est au plus diligent, c'est-à-dire à celui qui se présente le premier à bord, que les droits de pilotage sont dus. Les capitaines, en effet, sont tenus, en vertu des règlements sur le pilotage, de prendre le premier pilote qui se trouve sur leur passage à quelque distance que ce soit en mer ; que s'ils se refusent à utiliser ses services, ils n'en sont pas moins obligés de lui payer les droits de pilotage, alors même qu'ils auraient pris un autre pilote et lui auraient payé son

vienne appuyer cette allégation demeurée ainsi sans fondement; Attendu que, pour frais de rapatriement du capitaine, d'un second et de quatre matelots du navire *Deux-Sophie*, naufragé sur le banc d'Alvarado, le 29 oct. 1876, l'administration de la Marine, se fondant sur ce que ce rapatriement avait eu lieu par le paquebot de la Compagnie transatlantique la *Ville-de-Bordeaux*, s'est prévalue, vis-à-vis de l'armateur, du tarif spécial arrêté entre le ministre des finances et la Compagnie transatlantique par convention du 20 oct. 1860; — Attendu que le décret précité du 7 avr. 1860 est la loi de la matière, que ses dispositions sont générales et absolues ; qu'on ne saurait admettre qu'il y ait été dérogé par une convention particulière dont l'objet restreint et les stipulations privées ne peuvent être invoqués contre ceux qui n'y ont pas concouru et pour lesquels il n'était en aucune manière stipulé; — Attendu qu'il en peut d'autant moins être ainsi, que le décret du 7 avr. 1860 contient des dispositions qui, destinées à sauvegarder le droit de tous et s'appuyant sur l'accord commun d'une réciprocité nécessaire, concilient dans une tarification modérée, pour le profit de tous, et dans une mesure pour tous obligatoire, avec l'intérêt du commerce et de l'Etat, un intérêt évident d'humanité; — Attendu que les circonstances particulières qui se rattachent à la formation entre les contractants et même à la consécration par l'autorité législative, de la convention du 20 octobre qu'elle était appelée à sanctionner, loin de faire croire, sur ce point spécial, à la possibilité d'une abrogation tacite du décret du 7 avr. 1860, y sont directement et formellement contraires; — Attendu, enfin, qu'il n'y a pas lieu de s'arrêter à cette circonstance que, comparaison faite des frais d'un séjour en pays étranger plus prolongé et plus coûteux des matelots à rapatrier, il y aurait eu encore avantage et économie, pour l'armement, dans l'emploi d'un mode de transport et dans l'application d'un tarif, en apparence seulement plus onéreux; que cette considération accessoire doit demeurer impuissante contre le texte précis de la loi et contre sa force, dans tous les cas fatalement obligatoire, etc.

Du 27 août 1878.-C. de Rouen, 1re ch.-MM. Couvet, pr.-Chrétien, av. gén. c. conf.-Douche et Caumont (du barreau du Havre), av.

salaire (Civ. rej. 24 févr. 1886, aff. Albrecht, D. P. 87. 1. 73). Les décrets qui ont réglé le pilotage dans les divers arrondissements maritimes contiennent presque tous une disposition dans ce sens, par application de l'art. 34 du décret de 1806, qui déclare le pilotage obligatoire à l'entrée des ports et rivières et de l'art. 26 qui oblige les lamaneurs à piloter les bâtiments qui se présentent les premiers. Si cette dernière obligation existe pour le lamaneur, elle doit avoir pour corrélation, à l'égard du capitaine, celle de recevoir à son bord ou de payer le premier lamaneur qui lui offre ses services (Décr. 18 janv. 1865 sur le règlement du pilotage de la Gironde, D. P. 65. 4. 10; Règl. 29 août 1854, relatif au premier arrondissement maritime, art. 216, D. P. 54. 4. 171; etc.).

146. Les principes qui viennent d'être rappelés reçoivent cependant certaines exceptions, qui ont été consacrées par décrets, en faveur des compagnies de navigation : celles-ci sont autorisées à attacher à leur service des pilotes spéciaux, ne concourant pas au service général et qui assurent l'entrée de leurs navires dans les ports qu'ils fréquentent ordinairement. Un décret du 15 janv. 1887, notamment, (D. P. 87. 4. 69), modifiant le règlement de pilotage du port de Cherbourg, dispose (art. 408 *bis* du règlement) qu' « un pilote au choix, lequel ne doit, en aucun cas, concourir au service général, peut être affecté au service d'une compagnie maritime de paquebots faisant un service régulier entre deux ports étrangers ou entre un port français et un port étranger éloignés, avec escale à Cherbourg. Ce pilote est autorisé à aller prendre lesdits paquebots sur un point quelconque de leurs parcours. Il touche seul le prix du pilotage à l'entrée à Cherbourg. Le prix de pilotage de sortie est payé par la compagnie au pilote de tour du service général ».

147. Les droits de pilotage sont dus même par un navire neuf qui n'est pas complètement armé, n'a pas de propulseur et est conduit par un remorqueur dans un autre port (Trib. civ. de Saint-Malo, 2 juin 1872, D. P. 73. 3. 55). Mais si le capitaine doit les droits de pilotage au premier pilote qui se présente à bord, aussi loin qu'il le rencontre, il ne les doit que pour la partie du parcours où le pilotage est obligatoire. Ainsi il a été jugé que le pilotage prescrit, à l'entrée de la Rille, par l'art. 277 du règlement annexé au décret du 29 août 1854, n'est obligatoire pour les capitaines de navire que depuis le mouillage de Berville-sur-Mer jusqu'au passage de la Roque, et qu'en conséquence, les pilotes de la station de Berville-sur-Mer, qui doivent avoir la préférence dans les ports du Havre et de Honfleur, pour monter les navires se dirigeant sur la Rille, ne peuvent exiger le droit de pilotage du Havre ou de Honfleur, à la station de Berville-sur-Mer, alors que leur service n'a pas été réclamé par les capitaines pour cette partie du parcours (Civ. cass. 18 juill. 1870, aff. Girard, D. P. 70. 1. 343).

148. L'acquittement des droits de pilotage imposés par les règlements est obligatoire pour les capitaines, même lorsqu'ils se refusent à prendre un pilote. Toutefois ces droits ne peuvent être exigés du capitaine lorsque c'est par la faute des pilotes qu'il n'a pas eu recours à leurs services. « Quelque obligatoire que soit le ministère des pilotes, dit M. Desjardins, t. 1, n° 112, si les pilotes ne laissent pas au capitaine la faculté d'y recourir, ils ne peuvent réclamer le prix d'un pilotage auquel celui-ci ne s'est pas soustrait ». Le pilote, investi d'un monopole, est tenu de se conformer strictement aux règlements maritimes et ne peut, lorsqu'il ne les a pas observés, s'en prévaloir pour exiger un salaire qui ne lui est dû qu'en exécution de ces règlements ; il en est ainsi lorsqu'un pilote n'avait pas ses feux réglementaires et n'a pu se faire régulièrement reconnaître d'un capitaine qui a refusé de le prendre (Rouen 27 janv. 1873, *Recueil de Marseille*, 1873. 2. 62; Trib. du Havre, 20 août 1890, *Recueil du Havre*, 1890. 1. 204).

149. Lorsque aucun lamaneur, revêtu d'un caractère officiel, ne se présente sur sa route, le capitaine qui désire un pilote peut s'adresser à un pilote pratique ou à un pêcheur. C'est ce que décidait l'art. 6, tit. 3, liv. 4, de l'ordonnance de 1681 en décidant que, à défaut de pilotes lamaneurs, les maîtres du navire pouvaient se servir des pêcheurs pour les piloter. Cette disposition est toujours en vigueur. Dans ce cas, les droits de pilotage ne sont pas augmentés, alors même qu'un pilote lamaneur viendrait ultérieurement à se présenter (Ord. de 1681, art. 7; Décr. de 1806, art. 27). Le salaire du pêcheur est alors déduit de celui-ci du lamaneur, proportionnellement à la distance du lieu que le pêcheur aura parcourue à bord du bâtiment. Le pêcheur ou tout pilote pratique jouit, en pareil cas, du privilège que l'art. 191, § 2, accorde pour les frais de pilotage (Desjardins, t. 1, n° 113).

150. L'art. 34 du décret de 1806 dispensait de prendre un pilote pour l'entrée et la sortie des ports, les maîtres au cabotage commandant des navires français de moins de 80 tonneaux, lorsqu'ils faisaient ordinairement la navigation de port à port et pratiquaient l'embouchure des rivières (*Rép.* n° 449). Un décret rendu le 24 déc. 1872, D. P. 73. 4. 17, qui est venu modifier le mode de jaugeage des navires de commerce prescrit par la loi du 12 nivôse an 2 (*infrà* n° 167) et a adopté la méthode anglaise dite de Moorson, avait fait rentrer dans la catégorie des navires obligés de prendre un pilote un certain nombre de bâtiments qui, jusque-là et d'après les anciennes méthodes de jaugeage, n'atteignaient pas 80 tonneaux. C'était pour ces navires un accroissement de dépenses de 150 à 170 fr. par voyage et, par conséquent, une très lourde charge imposée annuellement à des navires jusque-là affranchis de toute dépense de cette nature. L'initiative parlementaire soumit au pouvoir législatif plusieurs propositions destinées à remédier à cet état de choses (V. *Journal officiel* des 8, 9, 12, 13 et 14 déc. 1877, annexe n° 120 et des 7 et 8 juin 1878, annexe n° 676).— Une première satisfaction fut donnée aux réclamations des armateurs par un décret du 8 juill. 1879 (D. P. 80. 4. 12.) aux termes duquel les navires francisés antérieurement au 24 mai 1873, dont le tonnage officiel était inférieur à 80 tonneaux, continuaient d'être exemptés de l'obligation de prendre un pilote lorsque le mesurage par les procédés de la méthode Moorson aurait eu pour effet de leur faire atteindre ou dépasser le chiffre de 80 tonneaux. Mais on ne s'en tint pas là et, dans la loi du 29 janv. 1881 sur la marine marchande (D. P. 82. 4. 13), il fut disposé (art. 1er) que la franchise du pilotage serait accordée à tous les navires à voiles ne jaugeant pas plus de 80 tonneaux et aux navires à vapeur dont le tonnage ne dépasse pas 100 tonneaux, lorsqu'ils font habituellement la navigation de port à port et pratiquent l'embouchure des rivières. Ces nouvelles dispositions ne sont applicables que pour l'avenir et restent étrangères aux bâtiments qui bénéficiaient déjà de celles du décret du 8 juill. 1879, qu'elles n'abrogent pas. L'art. 1er de la loi du 29 déc. 1881 n'est pas non plus contraire à la loi du 19 mai 1866 qui faisait disparaître toutes différences entre les bâtiments français et les bâtiments étrangers; l'expression : *tous* les navires, employée par cet article, prouve bien que le législateur de 1881 n'a entendu faire aucune distinction.

151. La légalité des décrets qui, comme celui du 23 juill. 1859 pour le 5e arrondissement maritime, dispensaient de l'obligation de prendre un pilote les navires faisant un service régulier entre certains ports français et d'autres ports français, avait été contestée; la cour de cassation l'avait reconnue dans ses arrêts du 11 août 1862 (*Rép.* n° 442). Le dernier paragraphe de l'art. 1er de la loi du 29 déc. 1881 fait cesser tous les doutes sur ce point. Désormais la légalité des mesures prises par le président de la République « sur la demande des chambres de commerce et après une instruction faite dans les formes ordinaires » pour améliorer les règlements en vigueur dans l'intérêt de la navigation, ne fait plus de doute, et le président de la République peut toujours mettre ces règlements en harmonie avec les besoins du commerce.

152. Les mesures prises par le président de la République, en exécution de l'art. 1er de la loi du 19 déc. 1881, doivent, pour être valables, être insérées dans des décrets rendus en la forme des règlements d'administration publique. D'ailleurs, les règlements de pilotage ne pouvaient, avant cette loi, être valablement pris que par décrets rendus en conseil d'État conformément à l'art. 41 du décret du 12 déc. 1806; et la cour de cassation considérait comme n'ayant aucune force légale les règlements qui n'étaient pas édictés dans cette forme. C'est ainsi qu'elle avait décidé que l'arrêté du 23 août 1871, portant règlement et tarif du pilotage pour le troisième arrondissement maritime, n'ayant été rendu en la forme des règlements d'administration publique, n'avait aucune valeur légale et que, par suite, le décret du 5 mars 1859 sur le même objet était resté en vigueur (Req. 4 avr. 1887, aff. Compagnie transatlantique, D. P. 88. 1. 406). Jugé, en conséquence, qu'une loi ou un décret ne cessant d'être en vigueur que lorsqu'il est abrogé par une nouvelle loi ou un nouveau décret, il en résulte que la disposition du décret du 5 mars 1859, reproduite dans l'art. 82 du règlement annexé à l'arrêté du 23 août 1871, qui a établi une taxe spéciale dite des quatre amarres pour le pilotage des navires accédant à un point déterminé du port de Paimbœuf, n'ayant été abrogée par aucune loi ni par aucun décret, est encore applicable aujourd'hui, bien que la construction d'un quai vertical ait simplifié dans ce port la manœuvre spéciale, dite des quatre amarres, à laquelle les pilotes sont employés (Même arrêt).

153. On a vu au *Rép.* nos 452 et suiv., quelles sanctions garantissent l'obligation pour le capitaine de prendre un pilote. On trouvera *suprà*, vo *Droit maritime*, nos 595 et 596, les nouveaux développements que cette question comporte.

154. Les signaux qui annoncent le besoin d'un pilote (*Rép.* no 455) ont été déterminés à nouveau par deux décrets : l'un du 30 juin 1874 (D. P. 75. 4. 44) relatif aux signaux de nuit, l'autre du 27 mai 1879 relatif aux signaux de jour. De nuit, les signaux d'appel des pilotes sont, pour les bâtiments à la mer comme au mouillage : un feu blanc montré au-dessus des bastingages et caché plusieurs fois, à quinze secondes d'intervalle pendant une minute, accompagné, s'il y a lieu, de feux de bengale brûlés à intervalle d'environ quinze minutes. En réponse au signal d'appel, les pilotes montreront et cacheront plusieurs fois, à quinze secondes d'intervalle, pendant une minute, le feu blanc qu'ils doivent déjà montrer tous les quarts d'heure, conformément aux prescriptions de l'art. 8 du décret du 25 oct. 1862. Pendant le jour (Décr. 27 mai 1879), les capitaines doivent se borner à hisser au mât de misaine un pavillon blanc bordé de bleu ou leur pavillon national ; ils ne doivent mettre leur pavillon en berne qu'en cas de détresse (Même décret).

155. On a vu au *Rép.* no 457 que le pilote qui a pris la direction d'un bâtiment est responsable, civilement et pénalement, de l'accomplissement de son entreprise (V. également *suprà*, vo *Droit maritime*, no 595, et Caen, 16 juill. 1879, aff. Lefèvre et Passavant, D. P. 81. 2. 169). Lorsqu'une action en dommages-intérêts est dirigée contre un pilote pour réparation du préjudice causé par sa faute ou son ignorance, les tribunaux civils ne peuvent connaître de cette action sans que l'autorité administrative ait, au préalable, vidé la question de savoir si le pilote s'est conformé aux règlements (*Rép.* no 459). Mais l'intervention préjudicielle de l'autorité administrative ne s'exerce qu'autant qu'il s'agit d'un pilote attaché à un port en qualité de lamaneur et placé, à ce titre, sous les ordres de l'autorité maritime. Il n'en est plus ainsi lorsqu'il s'agit d'un pilote attaché au service d'une compagnie de transports, en vertu d'un engagement particulier. La règle de la séparation des pouvoirs est alors sans application, car le pilote n'est que le préposé de la compagnie qui l'emploie, c'est-à-dire d'un particulier responsable, en vertu de l'art. 1384 c. civ., des fautes qu'il peut commettre (Req. 30 juin 1879, aff. Compagnie transatlantique, D. P. 81. 1. 172).

156. Le salaire des pilotes n'est pas abandonné aux conventions des parties, mais perçu conformément à des tarifs établis par décrets (*Rép.* no 464). En 1879, le ministre de la marine avait invité les préfets maritimes à pressentir l'opinion du commerce de mer sur un certain nombre de points relatifs au pilotage parmi lesquels figurait en première ligne celui de savoir s'il convenait d'attribuer aux pilotes une solde annuelle fixée par l'Etat, et de généraliser une pratique suivie dans un petit nombre de ports. Il ne fut pas donné suite à ce projet et, d'une manière générale, les pilotes restent soumis au même mode de rémunération qu'à l'époque de la publication du *Répertoire* (V. Desjardins, t. 2, p. 410, no 467).

157. Les règlements généraux de pilotage pour les divers arrondissements maritimes (*Rép.* no 465), et les règlements spéciaux à certains ports ont subi un certain nombre de changements et modifications. Nous signalerons, au cours des dernières années, les décrets portant revision du règlement du pilotage pour le port de Marseille (D. P. 86. 4. 82); — du 8 août 1886, portant revision du règlement du pilotage du port de la Nouvelle (*Bull.*, no 17039) ; — des 15-20 janv. 1887, modifiant le règlement de pilotage du port de Cherbourg (D. P. 87. 4. 69) ; — des 6 mai-18 juill. 1887, portant modification du règlement général du pilotage du cinquième arrondissement maritime, en ce qui concerne la station d'Agde (D. P. 87. 4 78) ; — des 7 mai-4 juill. 1887, approuvant le règlement général de pilotage pour le deuxième arrondissement maritime (*Bull.* no 17956); — du 12 déc. 1887, portant modification au règlement du 19 févr. 1883 sur le pilotage de la station de Cette (*Bull.*, no 18768) ; — des 26 nov.-1888-4 févr. 1889, portant modification du règlement général du pilotage du premier arrondissement maritime (station du Havre) (*Bull.*, no 20069) ; des 8 janv.-14 mars 1889, portant modification des art. 285, 289, 306, 308, 309, 310 et 319 du règlement général du pilotage du premier arrondissement maritime, relatifs aux stations de Quillebeuf et de Villequier (Basse-Seine) et addition de l'art. 321 *bis* (*Bull.*, no 20329) ; — des 28 janv.-18 avr. 1889, modifiant l'art. 288 du règlement général du pilotage du premier arrondissement maritime, au point de vue du jaugeage des bateaux de navigation fluviale dans la basse Seine (*Bull.*, no 20420) ; — des 8 mars-25 mai 1889, portant revision du règlement de pilotage de Marseille; — des 14 déc. 1889-10 mars 1890, portant modification des tarifs de pilotage de Boulogne (*Bull.*, no 21630) ; — des 16 déc. 1889-10 mars 1890, portant maintien des tarifs de la station de pilotage de la Nouvelle (*Bull.*, no 21633) ; — des 30 janv.-10 avr. 1890, portant modification du règlement général de pilotage du premier arrondissement maritime (station de Ouistreham, quartier de Caen) (*Bull.*, no 21782) ; — des 15-19 juin 1892, portant revision du règlement général de pilotage pour le quatrième arrondissement maritime (*Journ. off.* du 19 juin, p. 3026) ; — des 8-10 déc. 1892, portant modification du règlement général de pilotage du premier arrondissement maritime en ce qui concerne le port de Dunkerque (*Journ. off.* du 10 déc., p. 5928) ; — des 19-22 déc. 1892, portant modification des art. 275 et 276 du règlement général de pilotage pour le quatrième arrondissement maritime en ce qui concerne Saint-Jean-de-Luz, et du Socoa (*Journ. off.* du 22 déc., p. 6162) ; — des 23-25 janv. 1893, portant modification du règlement général de pilotage pour une portion du quatrième arrondissement maritime (*Journ. off.* du 25 janv., p. 447) ; — des 3-5 févr. 1893, portant modification de l'art. 324 du règlement général de pilotage pour le premier arrondissement maritime en ce qui concerne la station de Villequier (*Journ. off.* du 5 févr. 1893, p. 644).

158. Les contestations relatives aux droits de pilotage, indemnités et salaires des pilotes sont, aux termes de l'art. 50, § 1, du décret du 12 déc. 1806, jugées par le tribunal de commerce du port. Mais, le décret n'ayant pas désigné de quel port (*Rép.* no 475), il peut en résulter quelques doutes sur le point de savoir quel est le tribunal compétent. Les règlements généraux du service de pilotage ont suppléé dans quelques cas à cette lacune. Toutefois, leurs dispositions ne peuvent avoir, à cet égard, de valeur légale qu'autant qu'elles sont conformes aux règles posées par les art. 420 et 426 c. proc. civ., le pouvoir réglementaire du président de la République ne lui permet pas, en effet, de déroger par décret aux règles de compétence consacrées par la loi.

159. De même, un décret ne pourrait assujettir les actions, en matière de pilotage, à des formalités non consacrées par la loi. Ainsi l'on ne saurait considérer comme légalement obligatoire le préliminaire de conciliation, que l'art. 67 du décret du 25 avr. 1857, portant règlement du pilotage pour le deuxième arrondissement maritime, a établi pour les contestations entre les pilotes et les capitaines, en prescrivant que les contestations seront d'abord portées devant le commissaire de l'inscription maritime et le président du tribunal de commerce, pour être réglées amiablement. Au reste, il a été jugé que cette disposition n'a pas pour but de rendre l'action de l'une ou de l'autre partie irrecevable en cas de non-accomplissement de cette formalité. Les termes de l'art. 67 du décret de 1857 ne pouvaient, en effet, laisser aucun doute à cet égard, puisqu'il a soin d'ajouter que « ce règlement, purement officieux, ne peut ôter aux parties qui n'en seraient pas satisfaites le droit de faire prononcer judiciairement devant le tribunal de commerce » (Trib. com. de Saint-Malo, 12 juin 1872, aff. Hubert, D. P. 73. 3. 55).

SECT. 3. — DE LA POLICE DE LA NAVIGATION (*Rép.* n° 481).

ART. 1er. — *Des bâtiments de commerce.*

§ 1er. — De la francisation (*Rép.* nos 482 à 518).

160. — 1° On a exposé au *Rép.*, nos 484 et suiv., comment le principe prohibitif de l'acte de navigation (*Rép.* n° 484) avait peu à peu disparu pour faire place au système de la loi du 19 mai 1866, qui admettait à la francisation les bâtiments de mer à voiles ou à vapeur gréés ou armés et les coques de navires en bois ou en fer, moyennant un simple droit de 2 fr. par tonneau de jauge Le système fut désastreux pour l'industrie de la construction des navires; chaque année les chantiers perdirent de leur importance et la crise, se prolongeant, menaçait de réduire notre marine au long cours aux paquebots des lignes postales subventionnées. Alors qu'en 1865 le chiffre de nos constructions navales atteignait 64 000 tonneaux, en 1871 il ne dépassait pas 27 000. C'est en vain que, pour compenser les avantages qu'elle faisait aux constructeurs étrangers, la loi du 19 mai 1866 avait permis aux constructeurs français d'importer en franchise les matières nécessaires à la construction, y compris les machines et les pièces de machines. En effet, la faculté d'introduire en franchise les matières premières de construction, accordée en principe à nos constructeurs, n'était pas réalisée en pratique et ne constituait, par conséquent, qu'une compensation apparente. L'importation d'un navire en fer tout armé, au droit de 2 fr. par tonneau, représentait pour l'importateur une décharge s'élevant, suivant les calculs de M. Dupuy de Lôme (Procès-verbaux de la commission de la marine marchande, Paris 1876), à 62 fr. par tonne et à 14 fr. par 100 kilogrammes, en ce qui concerne la machine. Or, d'après le décret du 8 juin 1866 (D. P. 66. 4. 61), les machines et objets fabriqués avec des matières introduites en franchise devaient représenter les mêmes matières, poids pour poids, sans aucun déchet. Déjà, par suite de cette restriction, la remise des droits sur le poids net pour le constructeur français, ne représentait que 44 fr. par tonneau et 5 fr. par 100 kilogrammes de machines et accessoires. De plus, comme, en réalité, il n'était pas possible aux constructeurs d'importer directement les fers dont ils avaient besoin, à raison du caractère d'urgence des commandes et des délais de livraison, l'importation directe à l'identique était impraticable. Les constructeurs étaient dans la nécessité, pour profiter de la loi, de recourir au régime des acquits-à-caution, dont le mécanisme causait la perte d'une notable partie des droits qu'on avait voulu leur restituer. Le constructeur français n'obtenait, en réalité, qu'une décharge de droits représentant en moyenne 22 fr. par tonneau de jauge et 3 fr. 50 cent. par 100 kilogrammes de machines, au lieu de 62 fr. par tonneau et 14 fr. par 100 kilogrammes de machines, dont profitait le constructeur étranger. La prime qui résultait de ces diverses circonstances en faveur des constructeurs étrangers pouvait donc être évaluée à 40 fr. par tonneau de jauge et à 10 fr. 50 cent. par 100 kilogrammes de machines (Rapport de M. Labiche au Sénat sur la loi du 29 janv. 1881, citée *infrà*, n° 161).

L'art. 5 de la loi du 30 janv. 1872 qui élevait notablement les droits de douane sur les navires, agrès, machines, etc. (D. P. 72. 4. 25) eut pour objet de modifier cette situation. Mais cette loi n'avait pu, à raison des traités existants, recevoir son exécution, et fut en partie abrogée par la loi du 28 juill. 1873 (D. P. 74. 4. 7). Il fallait aviser; en 1878, la France ne construisait plus que 21 000 tonneaux environ, et en achetait plus de 19 000 à l'étranger.

161. La loi du 29 janv. 1881 (D. P. 82. 4. 13) a cherché ce remède, non plus dans la création d'obstacles aux constructeurs étrangers ou dans l'octroi fait aux constructeurs français de dégrèvements de douane dont l'inefficacité avait été démontrée, mais dans l'allocation à ces constructeurs d'une subvention fixée à forfait et représentant les droits perçus sur les matières premières nécessaires à la construction d'un navire. En d'autres termes, on accordait aux constructeurs, au moyen d'un artifice de procédure, la franchise des matières premières. Le principe de cette subvention une fois admis, le chiffre en fut fixé d'après une enquête faite par les soins du ministre de la marine (1). — Un projet de loi, actuellement soumis aux Chambres, proroge et modifie en partie la loi du 29 janv. 1881.

162. Un décret d'administration publique du 17 août 1881 (art. 1er, D. P. 82. 4. 82) a déterminé le mode de jaugeage d'après lequel les primes à la construction seraient allouées. Le tonneau de jauge est déterminé conformément au décret du 24 mai 1873 (D. P. 73. 4. 73) : la jauge brute, sans déduction de l'espace occupé par l'équipage; la jauge nette conformément aux art. 14 à 20 du même décret.

Le décret détermine (art. 2) le mode de constatation, par les receveurs des douanes, que le navire et les machines et chaudières sont de construction française ; les mêmes formes sont observées pour les accroissements de jauge brute et le renouvellement des machines et appareils moteurs. — L'art. 28 énumère les documents qui doivent être fournis pour le payement des primes.

163. La perte de nationalité du navire (*Rép.* nos 495 et suiv.) résulte toujours, entre autres causes, de la vente du navire à un étranger. Elle est libre, sauf le cas où le navire a été hypothéqué. La loi du 10 juill. 1885, art. 33 (D. P. 86. 4. 21) en interdit la vente volontaire à un étranger soit en France, soit à l'étranger, sous les peines portées par l'art. 408 c. pén. (V. sur la vente des navires, *suprà*, v° *Droit maritime*, nos 139 et suiv.).

164. Pour être français, un navire doit, comme on l'a exposé au *Rép.* n° 498, appartenir à un Français, sinon en totalité au moins pour moitié, la loi du 9 juin 1845 permettant aux étrangers de posséder jusqu'à la moitié de la valeur

---

(1) L'allocation de la subvention est ainsi réglée par les art. 4 et suiv. de la loi du 29 juill. 1881.

Art. 4.... Pour les navires en fer ou en acier	60 fr.	par tonneau de jauge brute
Pour les navires en bois de 200 tonneaux ou plus	20 fr.	
Pour les navires en bois de moins de 200 tonneaux	10 fr.	
Pour les navires mixtes	40 fr.	
Pour les machines motrices placées à bord des navires à vapeur et pour les appareils auxiliaires, tels que pompes à vapeur, servomoteurs, treuils, ventilateurs, mus mécaniquement, ainsi que pour les chaudières qui les alimentent et leur tuyautage	12 fr. par 100 kilogr.	

Sont considérés comme navires mixtes les navires bordés en bois dont la membrure et le barotage sont entièrement en fer ou en acier.

5. Toute transformation d'un navire ayant pour résultat d'en accroître la jauge donne droit à une prime calculée, conformément au tarif ci-dessus, d'après le nombre de tonneaux d'augmentation de la jauge. La prime est accordée pour les machines motrices et les appareils auxiliaires mis en place après l'achèvement du navire. — Lors des changements de chaudières, il est alloué au propriétaire du navire une compensation de 8 fr. pour 100 kilogrammes de chaudières neuves, pesées sans les tubes et de construction française.

6. Les allocations déterminées par les art. 4 et 5 sont payées après la délivrance de l'acte de francisation, par les soins du receveur des douanes du lieu de construction ou le plus rapproché.

7. Est supprimé le régime d'admission en franchise institué en exécution de l'art. 1er de la loi du 19 mai 1866 et de l'art. 2 de la loi du 17 mars 1879.

8. A l'égard des navires en chantier au moment de l'entrée en vigueur de la présente loi, les constructeurs ne recevront les allocations stipulées par l'art. 4 que sous déduction du montant des droits de douane déterminés par le tarif conventionnel, relativement aux matières étrangères dont ils auraient obtenu l'admission en franchise pour la construction de ces navires.

d'un navire français. En fait, il peut arriver que les étrangers possèdent plus de la moitié de la valeur de navires français : c'est ce qui a lieu pour les navires appartenant à une compagnie de navigation dont le capital est divisé en actions. La loi du 9 juin 1845 n'a plus, d'autre part, l'utilité qu'elle offrait à l'époque où existaient les surtaxes de pavillon, et où la faculté de posséder des navires qui seraient affranchis de cette surtaxe, pouvait offrir de sérieux avantages aux étrangers et attirer en France leurs capitaux. « La loi du 9 juin 1845, dit M. Desjardins, t. 1, n° 48, p. 107, n'offre plus guère aujourd'hui qu'un inconvénient grave ; au moment d'une guerre, la moitié de notre marine marchande pourrait être aux mains d'un peuple ennemi ».

165. Quant aux conditions relatives aux officiers et à l'équipage (*Rép.* n° 500), elles n'ont pas varié, sauf quelques exceptions nettement spécifiées, comme celle qui a été faite pour les paquebots naviguant dans la mer Rouge et dans l'Océan indien, auxquels un décret du 22 avr. 1872 a permis l'emploi, comme chauffeurs des machines, d'hommes originaires des régions qu'ils traversent, et qui sont plus capables que nos nationaux de supporter les températures élevées des zones que ces paquebots parcourent. — La règle d'après laquelle l'équipage doit, jusqu'à concurrence des trois-quarts au moins, être français, est générale et s'applique aux yachts de plaisance comme aux bâtiments du commerce (Desjardins, t. 1, p. 110, n° 50).

166. On a expliqué au *Rép.* n°s 501 à 505 en quoi consiste l'acte de francisation, et quelles sont les formalités qui accompagnent la délivrance de cet acte. La loi sur l'hypothèque maritime du 10 juill. 1885, art. 33 (D. P. 88. 4. 21), prescrit de mentionner sur l'acte de francisation les dispositions de ce même article qui interdisent la vente volontaire à un étranger d'un navire hypothéqué, et portent que les hypothèques consenties à l'étranger n'ont, comme celles consenties en France, d'effet à l'égard des tiers que du jour de leur inscription sur les registres de la recette principale des douanes du port d'immatricule du navire, que, toutefois, celles constituées sur un navire acheté à l'étranger, avant son immatriculation en France, sont valables, lorsqu'elles ont été régulièrement inscrites par le consul de France sur le congé provisoire de navigation et reportées sur le registre du receveur des douanes du lieu où le navire sera immatriculé. Mais la loi du 10 juill. 1885, qui abroge la loi du 10 déc. 1874 (D. P. 75. 4. 64) n'a pas reproduit la disposition de l'art. 6 de cette loi qui prescrivait de faire mention, sur l'acte de francisation, des hypothèques constituées sur le navire (Desjardins, t. 5, p. 420, n° 1221). L'inscription de cette mention a paru inutile pour renseigner les tiers sur l'état hypothécaire du navire, et dangereuse en ce qu'elle mettait nécessairement le capitaine dans le secret de l'armateur ; faisant en outre connaître cette situation partout où le capitaine devait déposer ses papiers de bord, elle pouvait compromettre, à l'étranger, le crédit de l'armateur.

§ 2. — Du jaugeage (*Rép.* n°s 519 à 523).

167. Le jaugeage des navires a été réglé, depuis la publication du *Répertoire*, par les décrets du 24 déc. 1872 (D. P. 73.4.17) ; du 24 mai 1873 (D. P. 73.4. 73), complété lui-même par deux décrets des 21 juill. 1887 (D. P. 88. 4. 8) et 7 mars 1889 (D. P. 90. 4. 66). En 1872, on abandonna le mode de jaugeage qui avait été déterminé par la loi du 12 nivôse an 2 et par les ordonnances du 12 nov. 1837 et du 18 août 1839 (*Rép.* n°s 520 et 522), et l'on adopta la méthode dite de Moorscn qui, en usage en Angleterre depuis le bill du 10 août 1854, avait été déjà adoptée par plusieurs Etats : le Danemark, les Etats-Unis, l'Italie, l'Autriche-Hongrie, l'Allemagne et la Norvège, et l'a été depuis par les Pays-Bas. Cette uniformité dans le mode de jaugeage offre aux armateurs des avantages sérieux, en ce qu'il leur permet d'éviter, dans les ports des pays qui l'ont adopté, les nouveaux mesurages donnant lieu à des frais quelquefois considérables.

Nous n'entrerons pas ici dans le détail des dispositions prescrites pour le jaugeage par le décret de 1873, nous référant au texte de ce décret ainsi qu'à celui des décrets des 21 juill. 1888 et 7 mars 1889, qui en ont modifié les dispositions. Le mode de jaugeage est réglé non seulement pour les navires vides, mais encore pour les navires chargés (art. 13). Pour les navires à vapeur, il est fait certaines déductions, qui ne peuvent excéder 50 pour 100, des espaces occupés par l'appareil moteur ou destinés à son fonctionnement. Les constructions, dunettes, gaillards, tangues, rouffles, etc., établies sur le pont, comptent dans le tonnage, à moins qu'il ne s'agisse de compartiments exclusivement affectés à l'équipage, au-dessus ou au-dessous du pont supérieur, et reconnus comme tels par l'administration des Douanes (Décr. 24 mai 1873, art. 11, revisé par le décret du 7 mars 1889). Mais on ne comprend pas dans le tonnage les abris établis sur le pont pour les passagers et admis pour cette destination par l'administration des Douanes, tels que : fumoirs, salons de conversation et de musique, boudoirs pour dames, buvettes, dômes ou descentes d'escaliers. Il en est de même des espaces dits *de navigation*, tels que claires-voies, chambre de veille, chambre des cartes, timonerie, cabine de l'homme de barre, tourelles pour feux de position, cambuse, glacière, boulangerie, lampisterie, hôpital, et en général tous les espaces inutilisables pour le transport des voyageurs et des marchandises (Même article).

168. Quand le cube total de l'intérieur du navire a été obtenu suivant les règles déterminées par le décret de 1873, ce décret prescrit de diviser le résultat par le nombre 2,83 : on obtient ainsi, après avoir ajouté les constructions qui peuvent exister au-dessus du pont et fait les déductions prescrites par le décret, le tonnage officiel du navire.

§ 3. — Visite. Pavillon (*Rép.* n°s 524 à 543).

169. — 1° *Visite.* — Nous n'avons à signaler, en ce qui concerne les visites auxquelles sont soumis les navires, d'autres modifications aux règles exposées au *Rép.*, n°s 524 à 538, que celle qui résulte, pour les navires au long cours, de l'art. 2 de la loi du 29 juill. 1881 (D. P. 82. 4. 13). Aux termes de cet article, la visite prescrite par l'art. 225 c. com. pour un chargement nouveau pris en France, ne sera obligatoire que s'il s'est écoulé plus de six mois depuis la dernière visite, à moins toutefois que le navire n'ait subi des avaries. Cette mesure répond à un vœu exprimé, en 1874, par la commission chargée d'examiner les moyens de venir en aide à la marine marchande. Tout en reconnaissant, contrairement à certaines opinions qui s'étaient manifestées devant la commission, l'utilité de la visite, on a jugé excessif d'obliger un navire au long cours, qui peut faire des voyages rapides, à subir une visite toutes les fois qu'il prend un chargement en France, alors que la plupart des navires au long cours font fréquemment des voyages durant plus d'un an. — L'exception apportée pour le cas où le navire aurait subi des avaries répond aux préoccupations manifestées par quelques députés qui voulaient s'en tenir au texte de l'art. 225 c. com. On objectait, il est vrai, que le seul moyen de constater les avaries était de faire la visite ; mais il fut répondu que l'avarie se constatait par le rapport de mer du capitaine (c. com., art. 242) et qu'il était ainsi facile à l'Administration, avertie par le rapport, de prescrire la visite qui permit de savoir si les avaries étaient de nature à compromettre la sécurité des passagers ou de l'équipage. Cette innovation n'est cependant pas sans danger : M. Desjardins (t. 5, n° 886) fait observer avec raison qu'un capitaine très pressé, qui voudrait éviter une visite, pourrait, surtout s'il jugeait les avaries peu importantes, les dissimuler dans son rapport de mer et se tromper sur leur nature, au péril du navire et des marins et passagers.

170. — 2° *Pavillon.* — V. *Rép.* n°s 539 et suiv.

§ 4. — Des taxes de navigation (*Rép.* n°s 544 à 557).

171. On a vu au *Rép.* n°s 545 et 547, que les droits de tonnage, envisagés comme droits protecteurs ou comme constituant une compensation auxdroits imposés aux navires français dans certains ports étrangers, avaient été supprimés par les lois des 19 mai et 27 déc. 1866, mais qu'ils avaient été maintenus à titre fiscal dans quelques ports pour subvenir aux frais de certains travaux. Une loi du 20 mai 1868 (D. P. 68. 4. 66) avait déjà, antérieurement à la publication du *Répertoire*, établi à Bordeaux un droit de quai, portant sur les navires français et étrangers venant chargés à Bordeaux du long cours et de l'étranger. Il faut signaler également l'établissement de droits semblables à Dunkerque (L. 20 mai 1868, D. P, 68. 4. 67) pour payer un emprunt fait par la chambre de commerce; à Marseille (L. 5 août 1874, *Bull*. n° 3348); à Dieppe (Décr. 14 nov. 1874, D. P. 75. 4. 73); à Boulogne (L. 17 juin 1878, D. P. 79. 4. 23); à Cherbourg (Décr. du 27 juill. 1888, *Journ. off.* du 19 juill. 1888); au Havre (Décr. 31 juill. 1888, *Journ. off.* du 2 août 1888).

172. Mais le droit de tonnage, aboli par la loi du 19 mai 1866, a été rétabli sous une autre forme, sous celle d'un droit de quai, imposé à tous les navires français ou étrangers par la loi du 30 janv. 1872 (D. P. 72. 4. 25). Aux termes de l'art. 6 de cette loi, les navires de tout pavillon, venant de l'étranger ou des colonies et possessions françaises, chargés en totalité ou en partie, acquitteront, pour frais de quai, une taxe fixée par tonneau de jauge, savoir: pour les provenances des pays d'Europe ou du bassin de la Méditerranée, 50 c.; pour les arrivages de tous autres pays, 1 fr. En cas d'escales successives dans plusieurs ports pour le même voyage, le droit ne sera payé qu'à la douane de prime abord. — Ce droit a été maintenu depuis lors, malgré les vives protestations du commerce maritime, et notamment du port de Marseille. La principale critique à laquelle il a donné lieu tient à ce qu'il est dû par tonneau de jauge et qu'il est perçu que le navire soit à peu près vide ou totalement chargé.

173. Le droit de quai dont il s'agit a soulevé une difficulté relativement aux navires venant des ports d'Algérie. Les compagnies de navigation faisant un service entre les ports de l'Algérie et Marseille ont prétendu que le droit de quai n'était pas dû dans ce dernier port par les navires venant des ports de l'Algérie; elles se fondaient sur ce que ces ports étaient, au point de vue des lois douanières, assimilés aux ports français, et se prévalaient, notamment, de ce que le droit de quai y était perçu comme en France, tandis qu'il n'est pas dû dans les ports des colonies ou possessions françaises (L. 20 mars 1875, D. P. 75. 4. 96; 12 mars 1877, D. P. 77. 4. 38). Le tribunal civil de Marseille avait accueilli cette prétention; mais la cour de cassation, par arrêts du 5 mars 1879 (aff. Compagnie des messageries maritimes, aff. Valéry père et fils, aff. Société générale des transports maritimes à vapeur, aff. Compagnie anonyme de navigation mixte, D. P. 79. 1. 193), a cassé les jugements du tribunal de Marseille. La cour a considéré, « qu'aux termes de l'art. 6 de la loi du 30 janv. 1872, le droit de navigation établi pour frais de quai doit être acquitté par les navires de tout pavillon lorsqu'ils viennent de l'étranger ou des colonies et possessions françaises; que, par la généralité de ces dernières expressions, le législateur a manifesté clairement sa volonté de soumettre au payement de ce droit les navires, qu'ils fussent français ou étrangers, venant de tout pays, autre que la France métropolitaine: qu'aucune exemption de cet impôt n'a été expressément accordée aux navires venant des ports de l'Algérie ou ceux de France; qu'on ne saurait faire résulter cette exemption de ce que le droit de quai aurait été perçu dans les ports de l'Algérie, comme dans les ports de France sur les navires venant de l'étranger, des colonies ou des possessions françaises; qu'en effet, la perception en Algérie sur les navires soumis à la taxe n'a point enlevé aux ports de l'Algérie, dans leurs rapports avec la France, leur caractère de port d'une colonie ou d'une possession française, ni par conséquent, affranchi les navires qui en sont partis et abordent en France, du droit pour frais de quai, dont aucun navire venant d'un pays autre que la métropole n'est exempté par la loi ». L'arrêt de cassation ajoute que l'exemption de droit de quai pour les navires venant d'Algérie en France ne saurait résulter de ce qu'il existerait une assimilation complète et absolue entre l'Algérie et la France sous le rapport du régime douanier, aucune loi n'ayant établi une pareille assimilation.

Le tribunal civil d'Aix, devant lequel l'affaire a été renvoyée, ayant statué dans le même sens que le tribunal de Marseille, un nouvel arrêt de cassation, rendu par les chambres réunies, le 22 juill. 1881 (D. P. 82. 1. 25), a confirmé la solution consacrée par la chambre civile (V. les notes sous les arrêts précités du 5 mars 1879 et du 22 juill. 1881, le rapport de M. le conseiller Greffier, les conclusions de M. Desjardins devant la chambre civile et celles de M. le procureur général Bertauld devant les chambres réunies, D. P., *ibid.*).

La question a été soulevée de nouveau et tranchée dans le même sens par un arrêt de la chambre des requêtes du 9 juin 1891, aff. Compagnie de navigation mixte (D. P. 93. 1. 153) bien qu'elle ne se présentât plus absolument dans les mêmes termes devant la cour de cassation, que lors de ses deux premiers arrêts. Dans l'intervalle était intervenu l'art. 18 de la loi de finances du 29 déc. 1884, qui a appliqué en Algérie le tarif des douanes de la métropole, sauf certaines restrictions déjà consacrées par des lois antérieures; 17 juill. 1867 (D. P. 67. 4. 87), 19 mars 1875 (D. P. 75. 4. 95) et réalisé, au dire des compagnies de navigation, une assimilation complète de l'Algérie à la France au point de vue douanier. Dès lors disparaissait le principal motif que la cour de cassation avait invoqué pour ranger l'Algérie parmi les possessions françaises. La cour de cassation n'a pas admis ce système, au moins en ce qui concerne la période antérieure de la loi du 2 avr. 1889, période à laquelle se référaient les faits de l'espèce, et qui a réservé aux navires français le cabotage entre la France et l'Algérie (D. P. 90. 4. 57). Sans doute la loi de 1884 manifeste une tendance marquée vers l'assimilation douanière de l'Algérie à la France; cependant elle a laissé subsister la plupart des différences importantes existant entre la métropole et l'Algérie, notamment l'admission en franchise des produits du Maroc et du sud de l'Algérie, et l'octroi de mer pour certains produits venant de France. En outre, la loi de 1884 laissait subsister l'emploi des navires étrangers pour la navigation entre la France et l'Algérie, supprimé depuis par la loi du 2 avr. 1889 (D. P. 90. 4. 57) qui, on l'a vu, n'était pas applicable à l'espèce. Quelle sera l'influence de cette loi si la question est de nouveau soulevée? Il est difficile de le préjuger. Cependant, il semble résulter d'une phrase insérée au rapport de M. Félix Faure que cette loi n'aurait pas pour effet d'exempter les navires faisant le cabotage entre la France et les ports algériens, du payement des droits de quai (D. P. 90. 4. 58, note); et il est à supposer que la cour de cassation persisterait dans sa jurisprudence, en raison du caractère de possession française qui reste à l'Algérie.

174. Le droit de quai est perçu d'après des règles analogues à celles qui étaient suivies pour la perception du droit de tonnage (*Rép.* n°s 548-549), quoique avec certaines modifications. Ainsi il n'est pas dû lorsque le navire arrive sur lest, l'art. 6 de la loi du 30 janv. 1872 ne frappant que les navires « chargés en totalité ou en partie. Il n'est pas dû non plus en cas de relâche forcée, que le chargement ait ou non été mis à terre pour la réparation des avaries ou pour tout autre fait de force majeure, alors que, pour le droit de tonnage, le déchargement des marchandises rendait la perception exigible (*Rép.* n°s 548-549); il n'est même pas dû lorsque le chargement a été en partie vendu par autorité de justice, soit en raison de son état de détérioration, soit pour subvenir aux réparations (Desjardins, t. 2, n° 583, p. 653). Le droit de quai ne doit pas, non plus, d'après les termes mêmes de l'art. 6 de la loi du 30 janv. 1872, être perçu sur les navires qui, l'ayant acquitté au port de prime abord, font des escales successives au cours du même voyage; il ne s'applique ni aux navires de guerre, ni aux bâtiments frétés ou subventionnés par l'Etat, ni aux yachts de plaisance, ni enfin aux navires faisant le cabotage en douane; il s'applique au contraire aux navires faisant le cabotage en marine (Req. 9 juin 1891, cité *suprà*, 173. V. également les conclusions de M. Desjardins insérées, D. P. 79. 1. 195-196).

175. Les paquebots affectés uniquement au transport des voyageurs sont, comme ils l'étaient autrefois au point de vue du droit de tonnage, soumis, pour la perception du droit de quai, à un régime spécial. Ils n'acquittent ce droit qu'en raison du nombre des passagers, chevaux et voitures qu'ils transportent (Décis. min. 25 déc. 1872). Il en est de même des paquebots à vapeur servant à la fois au transport des voyageurs et des marchandises et qui font escale en France, pour y laisser ou y prendre des voyageurs (Même décision, V. Desjardins, t. 2, n° 583, p. 652 et 653).

176. Les taxes différentielles de permis et de certificats, établies par la loi du 27 vend. an 2, ont été abolies par la loi du 19 mai 1866 (*Rép.* nos 550 et 551; Desjardins. t. 1, n° 44, p. 92). Les droits relatifs aux permis d'embarquement et de débarquement, notamment (*Rép.* n° 556), sont aujourd'hui perçus suivant un tarif uniforme, soit qu'il s'agisse de navires français ou de navires étrangers. Ce droit est de 0 fr. 60 cent. (décimes compris), pour les permis d'embarquement ou de débarquement des marchandises transportées par mer à l'étranger ou arrivant par mer de l'étranger, et pour les certificats relatifs aux cargaisons.

177. La loi du 19 mai 1866 avait aboli le régime des surtaxes de pavillon (*Rép.* nos 552 et 553), en ajoutant toutefois que la suppression n'aurait lieu que trois ans après la date de sa promulgation. Il avait été rétabli par l'art. 1er de la loi du 30 janv. 1872. Aux termes de cet article, les marchandises importées par navires étrangers, autres que celles provenant des colonies françaises, étaient passibles de surtaxes de pavillon fixées par 100 kilogr. comme ci-après: des pays d'Europe et du bassin de la Méditerranée, 75 c.; des pays hors d'Europe, en deçà des caps Horn et de Bonne-Espérance, 1 fr. 50 c.; des pays au delà des caps, 2 fr. On avait espéré trouver à la fois, dans le rétablissement des surtaxes de pavillon, une source de revenus pour le Trésor et un moyen de protection pour notre marine marchande. Au premier point de vue, la loi donna lieu à de sérieux mécomptes. Elle fut, de plus, rendue inapplicable par la résistance des puissances avec lesquelles la France était alors liée par des traités de commerce, l'Autriche notamment. Les négociations sur lesquelles le Gouvernement avait compté pour recouvrer, vis-à-vis de ces puissances, sa complète liberté d'action, ne purent aboutir, et la loi ne s'appliquait et ne pouvait s'appliquer jusqu'en 1877 qu'à la marine des Etats-Unis, de l'Angleterre, de la Grèce et du Danemark. De la part de l'Angleterre et des Etats-Unis, notre marine marchande était menacée de représailles; en outre, la loi ruinait la marine grecque dans ses relations avec Marseille, et le commerce de ce grand port se trouvait compromis au profit du port de Gênes; au nord, également, Anvers profitait des pertes que subissaient le Havre et Dunkerque, et le pavillon allemand détournait à son profit les frets acquis jusque-là au pavillon français. Aussi des réclamations s'élevèrent-elles de tous côtés contre une taxe si contraire aux intérêts de nos ports qu'une chambre de commerce la considérait comme équivalant « à un barrage artificiel élevé à grands frais devant nos fleuves et nos ports, et dont l'effet certain était de priver la France du transit naturel que sa situation lui assure ». Enfin, il faut ajouter que notre navigation maritime n'avait pas trouvé dans la loi du 30 janv. 1872 un remède à ses souffrances. Aussi la loi du 28 juill. 1873 vint-elle abolir les dispositions de la loi du 24 déc. 1872 relatives à la surtaxe de pavillon (D. P. 74. 4. 7); et ce fut au moyen d'autres mesures que la loi du 29 janv. 1881 rechercha les moyens de relever notre marine marchande (V. *suprà*, n° 161 et *infrà*, n° 191).

178. On a vu au *Rép.* nos 556 et 557 que le port de Marseille avait joui jusqu'à la Révolution, et depuis les ordonnances du 20 févr. 1815 et 10 sept. 1817, de franchises particulières; la loi du 9 mai 1866, en abolissant les droits de tonnage, l'avait placé sous le même régime que tous les autres ports français. Mais la loi de 1866 n'a pas aboli les franchises du port de Marseille par une disposition expresse; cette abolition résulte simplement de l'égalité établie, au point de vue du droit de tonnage, entre tous les ports du littoral. Aussi a-t-on prétendu que ces franchises subsistaient encore et que le droit de quai, qui n'est qu'une nouvelle forme du droit de tonnage (V. *suprà*, n° 172), n'était pas applicable aux navires entrant au port de Marseille. Cette prétention a été condamnée par la cour de cassation (Req. 9 juin 1891, cité *suprà*, n° 173).

§ 5. — De la neutralisation (*Rép.* nos 558 à 563).

179. V. *Rép.* nos 179 et suiv.

§ 6. — Des matricules des navires et bateaux de pêche.

180. V. *Rép.* nos 564 et suiv.

ART. 2. — *Des équipages: Capitaine, papiers de bord, actes de l'état civil, testaments; officiers, matelots, etc.* (*Rép.* nos 567 à 627).

181. — I. CAPITAINES: PAPIERS DE BORD, ACTES DE L'ÉTAT CIVIL, TESTAMENTS. — On a déjà exposé (*suprà*, n° 142), les conditions auxquelles le décret du 2 oct. 1880, remplaçant celui du 27 janv. 1857 (D. P. 81. 4. 110), a subordonné l'admission au commandement des navires du commerce (V. également *suprà*, v° *Droit maritime* nos 576 et suiv.). Les conditions mises à l'obtention du brevet de capitaine au long cours et de maître au cabotage, diffèrent d'ailleurs, fort peu des précédentes.

182. On distingue toujours la navigation au long cours, celle au grand et celle au petit cabotage (*Rép.* n° 568), bien que l'ordonnance de 1827 ait effacé en partie les différences qui séparaient ces deux dernières sortes de navigation. Le petit cabotage est celui qui se pratique d'un port à l'autre de la même mer; le grand cabotage, celui qui se fait d'un port français à un autre port français mais de l'Océan dans la Méditerranée ou réciproquement (Desjardins, t. 1, n° 46, p. 94-95). A un autre point de vue, au point de vue douanier, il existe deux espèces de cabotage: 1° le cabotage en douanes, qu'on divise en grand et petit cabotage ainsi qu'il vient d'être dit, suivant les lieux et l'étendue du parcours; 2° le cabotage en marine, qui est, par opposition à la navigation au long cours, celle qui s'opère en deçà des limites tracées par la loi du 12 juin 1854, modificative de l'art. 377 c. com., mais même et bien au delà des ports de France. Les navires qui font ce cabotage peuvent, comme les navires affectés au cabotage en douanes, être commandés par des maîtres au cabotage, tandis que, pour les voyages au long cours, c'est un capitaine au long cours qui doit avoir le commandement du navire. Ce qui distingue surtout le cabotage en douane du cabotage en marine, c'est qu'il est soumis, quant à l'acquit des droits de douanes, des taxes fiscales et de navigation, à des conditions spéciales, tenant aux restrictions mêmes qui sont imposées à son exercice; ne voyageant que d'un port de France à un autre port de France, le navire est réputé n'avoir pas quitté la France et échappe, par conséquent, aux taxes (telles que le droit de quai), qui frappent les navires venant de l'étranger et, à ce titre, ceux qui font le cabotage en marine. Enfin le cabotage en douane est réservé exclusivement aux navires français.

183. D'après l'arrêt rendu le 9 juin 1891 (V. *suprà*, n° 173) par la cour de cassation dans le débat auquel a donné lieu la perception des droits de quai sur les navires venant dans les ports de France des ports d'Algérie, le cabotage en douanes ne s'étendrait pas aux ports de l'Algérie. La cour de cassation a décidé formellement que le cabotage entre les ports de France et ceux d'Algérie était un cabotage en marine à l'époque où s'étaient produits les faits qui ont donné lieu à l'arrêt précité. Le cabotage en Algérie est organisé dans des conditions particulières; la loi du 19 mai 1866 reconnaissait le cabotage d'un port à l'autre de cette possession française et donnait au gouverneur général le pouvoir d'autoriser les navires étrangers à faire le cabotage des côtes de l'Algérie; en outre, la navigation entre les ports de l'Algérie et la France pouvait être faite sous tous les pavillons. Mais il n'en plus ainsi aujourd'hui, au moins en ce qui concerne la navigation entre la France et l'Algérie, la loi du 2 avr. 1889 (D. P. 90. 4. 57) réservant au pavillon national cette navigation entre la France et l'Algérie et le cabotage de port à port; si la loi du 2 avr. 1889 n'a pas abrogé la partie de l'art. 9 de la loi du 19 mai 1866 qui permet au gouverneur de l'Algérie d'autoriser les navires étrangers à l'accomplir, le cabotage n'en est pas moins soumis aux lois françaises quant à la composition des équipages et aux conditions du commandement (Décr. du 15 avr. 1885, D. P. 85. 4. 86). Ajoutons que les expéditions de France en Algérie et d'Algérie en France se font sous le régime du cabotage et que, notamment, les expéditions n'ont lieu par acquit-à-caution que dans le cas où cette formalité est obligatoire pour le cabotage entre les ports de la métropole (*suprà*, v° *Douanes* n° 442). On peut donc se demander, dans ces conditions, si, aujourd'hui, le cabotage entre la France et l'Algérie n'est pas un cabotage en douanes comme celui qui a lieu entre les ports de la métropole.

184. L'énumération des documents, pièces et papiers que le capitaine doit avoir à son bord (*Rép.* n° 571) n'a pas besoin d'être reproduite (V. d'ailleurs *suprà*, v° *Droit maritime*, n°s 635 et suiv., et en ce qui concerne le transport des dépêches, *Rép.* n° 577, et *suprà*, v° *Droit maritime*, n° 648). Il faut seulement substituer, dans l'énumération donnée au *Répertoire*, aux décrets du 25 oct. 1862 et du 28 mai 1869 sur les règles établies pour prévenir les abordages, le décret du 1er sept. 1884 (D. P. 91. 4. 39) qui rend obligatoire, pour les bâtiments de la marine nationale et du commerce, un règlement du même jour contenant les règles propres à prévenir les abordages, et détermine les feux que les navires doivent porter, ainsi que les signaux phoniques dont ils doivent être munis (*infrà*, n° 199).

185. Le rôle d'équipage (*Rép.* n° 579), qui est dressé par le commissaire de l'inscription maritime (*Rép.* n° 579), est établi sur des feuilles dont la vente est faite au profit de la Caisse des invalides de la marine (L. 21 mars 1885, art. 11, D. P. 85. 4. 41). Le décret du 19 mars 1852 l'a rendu, comme on l'a vu au *Rép.* n° 588, obligatoire pour tout bâtiment exerçant la navigation maritime. Cette disposition, si absolue dans ses termes, fut appliquée avec une grande rigueur par la jurisprudence de la cour de cassation (*Rép.* n°s 583 et 584). Le décret du 25 oct. 1863 y avait apporté certains tempéraments et avait, notamment, exempté du rôle d'équipage, auquel il substituait un permis de navigation, les bateaux et yachts de plaisance. Il exemptait également du rôle d'équipage les bateaux et chalands uniquement employés à l'exploitation de propriétés rurales, fabriques, etc. (*Rép.* n° 585); mais le décret ne spécifiait pas que le rôle serait remplacé par un permis comme pour les yachts de plaisance. Cette obligation fut inscrite, il est vrai, dans un règlement général sur l'administration des quartiers maritimes, approuvé par un décret du 7 nov. 1866; mais, ce décret n'ayant été inséré ni au *Bulletin des lois* ni au *Journal officiel*, les tribunaux refusaient d'en tenir compte. Les chalands et bateaux dont il s'agit échappaient ainsi à toute surveillance, car les règles relatives à la police fluviale, qui exigent le permis, ne sont pas applicables dans les eaux maritimes. Enfin, à l'égard des yachts de plaisance, le décret de 1863 spécifiait bien l'exemption du permis; mais ne, rappelant pas en termes exprès que toute opération de commerce ou de pêche leur était interdite, il en était résulté des difficultés que l'administration de la Marine voulut faire cesser. Un décret du 9 déc. 1873 (D. P. 73. 4. 113) a exempté, en conséquence, du rôle d'équipage, remplacé par un permis de circulation, « les bateaux et chalands uniquement employés à l'exploitation de propriétés rurales, fabriques, usines et biens de toute nature situés dans les îles ou sur les bords des fleuves et rivières dans leur partie maritime (art. 1er). L'emploi des bateaux et chalands ainsi exemptés à toute autre destination, ou qui sont loués au fret, entraîne retrait du bénéfice de l'exemption (art. 2). Les yachts et bateaux uniquement affectés à une navigation de plaisance sont également dispensés du rôle d'équipage quels que soient leur tonnage et leur destination. Ils sont munis d'un permis de navigation. Le propriétaire est tenu, lorsqu'il entreprend un voyage de quelque durée, de remettre à l'autorité maritime une liste des personnes qu'il emmène (art. 3). A peine de retrait du permis, toute opération de commerce est absolument interdite aux yachts et bateaux de plaisance; ils ne peuvent pratiquer la pêche qu'accidentellement et à titre de passe-temps (art. 4). Enfin, aux termes de l'art. 5, les propriétaires de chalands, bateaux et yachts qui ne présentent pas leur permis à première réquisition des autorités maritimes, sont considérés comme naviguant sans rôle d'équipage et encourent, à ce titre, les peines prévues aux art. 3, 4 et 5 du décret-loi du 19 mars 1852.

186. Le décret de 1852 comprend dans la navigation maritime celle qui a lieu sur les étangs et canaux dont les eaux sont salées (*Rép.* n°s 587 et suiv.) et, sur les fleuves et rivières affluant directement à la mer, celle qui a lieu jusqu'aux limites de l'inscription maritime (*Rép.* n° 591). L'obligation d'être pourvu d'un rôle d'équipage est donc imposée aux bâtiments qui parcourent la partie maritime d'un fleuve ou d'une rivière, et notamment à ceux qui font une navigation périodique du Havre à Rouen (Rouen, 7 févr. 1881, aff. Larget, D. P. 82. 2. 25).

187. L'obligation d'inscrire les passagers et tous les individus sur le rôle d'équipage (*Rép.* n°s 592-593) est suppléée, pour les navires spécialement affectés à des transports périodiques de voyageurs, par la remise au bureau de l'inscription maritime, vingt-quatre heures après le départ, d'une liste des passagers close et signée au moment d'appareiller par le capitaine (V. *suprà*, v° *Droit maritime*, n° 1153). Mais la prescription de l'art. 4 du décret du 19 mars 1852 (D. P. 52. 4. 111) reste en vigueur pour tout navire autre que ceux qui font un service périodique. L'infraction à cette disposition est punie d'une amende de 300 fr. par individu embarqué, si le bâtiment est armé au long cours; cette amende, aux termes de l'art. 11 du décret, doit être prononcée solidairement contre le capitaine et l'armateur (*Rép.* n° 597). — Il a été jugé que, dans le cas où plusieurs passagers embarqués sur un navire armé au long cours, n'ont pas été portés sur le rôle d'équipage, le capitaine de ce navire et l'armateur doivent être condamnés solidairement à une seule amende, et non à deux amendes distinctes, l'une contre le capitaine et l'autre contre l'armateur; et qu'il en est ainsi alors même que l'armateur aurait coopéré personnellement à l'embarquement des passagers qui ne figurent pas sur le rôle de l'équipage; on dirait vainement que l'armateur, ayant alors commis une contravention personnelle doit être puni d'une amende spéciale (Crim. rej. 18 août 1881, aff. Lemaire et Hubert, D. P. 82. 1. 324).

188. Le capitaine remplit à son bord les fonctions d'officier de l'état civil et de notaire (*Rép.* n°s 599 à 605). Il est obligé d'être en personne sur son navire à l'entrée et à la sortie des ports, havres et rivières (*Rép.* n° 606, et *suprà*, v° *Droit maritime*, n° 651), sous les peines portées par le décret du 25 mars 1852 (art. 83) et sous peine d'être responsable de tous les accidents qui peuvent survenir au navire et au chargement (*suprà*, *ibid.*) à moins qu'il ne soit prouvé que sa présence n'aurait pu les empêcher (De Valroger, t. 1, n° 388; Trib. com. de Nantes, 4 sept. 1875, *Journal de Nantes*, 1875, 1. 351). Il est, en outre, tenu de certaines obligations vis-à-vis des commandants en chef des vaisseaux de l'Etat (*Rép.* n°s 607 et 608); Desjardins, t. 2, n°s 499 et suiv.). — V. sur les devoirs du capitaine pendant le voyage, *suprà*, v° *Droit maritime*, n°s 650 et suiv.;... sur ses devoirs à l'arrivée, *ibid.*, n°s 704 et suiv.;... sur la cessation des fonctions du capitaine, *ibid.*, n°s 719 et suiv.

189. — II. OFFICIERS, PERSONNEL DE L'ÉQUIPAGE. V. *Rép.* n°s 610 à 627.

ART. 3. — *De l'armement et du désarmement* (*Rép.* n°s 628 à 642).

190. Outre les primes à la construction (V. *suprà*, n° 161), la loi sur la marine marchande du 29 janv. 1881 (D. P. 82. 4. 13) accordait des primes de navigation, pendant une période de dix ans, qui a été depuis prorogée d'une année, jusqu'au 29 janv. 1892 (L. 31 juill. 1890, D. P. 91. 4. 9), et qu'un projet de loi, en ce moment soumis aux délibérations des Chambres, a pour but de proroger encore. Les armements, comme les constructions navales, diminuaient rapidement. De 1872 à 1878, notre marine marchande avait perdu plus de 70 000 tonneaux, tandis que les marines étrangères en avaient gagné plus de 1 800 000. Notre marine marchande au long cours menaçait de disparaître et, abstraction faite des inconvénients et des dangers auxquels est exposée une nation devenue tributaire de ses rivaux pour ses transports commerciaux, il importait encore de conserver cette école permanente de notre marine militaire. Le système des primes à l'armement fut vivement combattu; on lui reprochait d'être contraire aux données de l'économie politique, suranné, condamné par l'expérience et, de plus, inutile, en ce qu'il n'apprendrait pas aux armateurs français à former les relations commerciales qu'ils n'avaient pas su trouver, etc. (V. Desjardins, t. 3, n° 891). Il fut néanmoins adopté sous forme de compensation aux charges imposées pour le recrutement et le service de la marine militaire.

191. Aux termes du premier paragraphe de l'art. 9 de la

loi du 29 janv. 1881, « à titre de compensation des charges imposées à la marine marchande pour le recrutement et le service de la marine militaire, il est accordé, pour une période de dix années à partir de la promulgation de la présente loi, une prime de navigation aux navires français à voiles et à vapeur ». Le paragraphe 2 du même article dispose que la prime s'applique exclusivement à la navigation au long cours, et le dernier paragraphe du même article ajoute que sont exceptés de la prime les navires affectés à la grande et à la petite pêche, aux lignes subventionnées et à la navigation de plaisance.

192. Comme compensation à l'octroi de la prime, l'art. 10 de la loi disposait que tout capitaine de navire, recevant l'une des primes fixées par l'art. 9 de ladite loi, serait tenu de transporter gratuitement les objets de correspondance qui lui seraient confiés par l'administration des Postes ou qu'il aurait à remettre à cette administration, en vertu des prescriptions de l'arrêté des consuls du 19 germ. au 9. Si un agent des postes était délégué pour accompagner les dépêches, il serait également transporté gratuitement. La prime était fixée, par tonneau de jauge nette et par mille milles parcourus, à 1 fr. 50 cent. pour les navires de construction française sortant de chantier, et décroissait par année, de 0 fr. 075 pour les navires en bois; 0 fr. 075 pour les navires composites, 0 fr. 05 pour les navires en fer (art. 10); et l'article ajoutait que la prime était réduite à moitié de celle déterminée ci-dessus pour les navires de construction étrangère. Les navires francisés avant la promulgation de la loi étaient assimilés, pour la prime, aux navires de construction française. Enfin la prime était augmentée de 15 pour 100 pour les navires à vapeur construits sur des plans préalablement approuvés par le département de la marine, et qui étaient ainsi susceptibles d'être transformés en croiseurs en cas de guerre et de réquisition par l'État (art. 10, paragraphe final).

193. Le nombre des milles parcourus était calculé d'après la distance comprise entre le point de départ et d'arrivée, mesurée sur la ligne directe maritime. Les distances de port à port devaient être, à cet effet, déterminées par des règlements d'administration publique; elles l'ont été par les décrets du 17 août 1881 (D. P. 82. 4. 82) et 6 avr. 1882 (D. P. 83. 4. 23). Des suppléments annuels au tableau des distances de port à port ont été successivement publiés et approuvés par décrets (Décr. 15 mars 1883, D. P. 83. 4. 91; 1er mai 1885, D. P. 86. 4. 10; 3 mai 1886, D. P. 86. 4. 85; 28 mars 1887, D. P. 87. 4. 71; 15 mars 1888, *Bull. off.* n° 19177; 13 mars 1889, *Bull. off.* n° 20491; 4 mars 1890, *Bull. off.* n° 21958). Un règlement d'administration publique a déterminé le mode de règlement et de liquidation de la prime de navigation (V. le texte du décret du 17 août 1881, D. P. 82. 4. 82).

194. L'armement du navire est l'équipement en hommes, matériel et munitions qui lui permet de prendre la mer (*Rép.* n° 628) (Pour tout ce qui concerne l'engagement des équipages, V. *suprà*, v° *Droit maritime*, n°s 740 et suiv.). — L'équipement et l'avitaillement du navire (*Rép.* n° 630) rentrent dans les attributions du capitaine. Nous n'ajouterons rien sous ce rapport aux explications fournies au *Rép.* n°s 630 et suiv., non plus qu'en ce qui concerne les médicaments, les textes qui ont été énumérés étant toujours applicables (V. Desjardins, t. 2, n° 392, p. 281 et suiv.). Comme, le dit cet auteur (*Ibid.*, p. 284), le bâtiment vit de charbon, comme l'équipage vit de pain. De là la nécessité pour le capitaine d'embarquer une quantité de charbon suffisante pour assurer l'achèvement du voyage et conserver une réserve propre à parer à toute éventualité. Un jugement du tribunal de commerce de Marseille est allé jusqu'à décider qu'en vue de faire face à ces exigences, le capitaine doit embarquer une quantité de charbon double de ce qui se consomme dans une navigation normale (10 mai 1876, *Journal de Marseille*, 76. 1. 167). C'est trop demander, dit avec raison M. Desjardins, alors que les cahiers des charges annexés aux conventions postales intervenues entre l'État et les compagnies postales subventionnées n'imposent qu'une réserve égale au dixième ou au cinquième de l'approvisionnement normal nécessaire pour la traversée.

195. La loi du 10 mars 1891 (D. P. 91. 4. 38), sur les accidents et collisions en mer, a obligé les navires affectés au transport des passagers à avoir à bord des engins de sauvetage dont le nombre et la composition sont réglés par un décret d'administration publique (art. 7). Le capitaine qui prend la mer sans être pourvu de ces moyens de sauvetage, qui ne les entretient pas en bon état et ne les remplace pas au besoin, est puni d'une amende de 50 à 1500 fr. La loi ne rend, d'ailleurs, pas le capitaine seul responsable de l'absence à bord, au moment du départ, des engins qu'elle lui prescrit d'avoir; aux termes du paragraphe 2 de l'art. 8, dans le cas où son navire est affecté au transport des passagers, si l'armateur ne l'a pas pourvu des moyens de sauvetage fixés par le règlement d'administration publique, il est puni d'une amende de 100 à 3000 fr. Toutefois l'armateur sera affranchi de toute responsabilité pénale s'il a fait constater par la commission de visite prescrite par l'art. 225 c. com., que son navire est pourvu de tous les appareils exigés par les règlements (art. 8, § 4). Les peines prononcées contre l'armateur sont distinctes de celles qui frappent le capitaine, maître ou patron qui aurait pris la mer sans que le navire fût muni des appareils de sauvetage : le paragraphe 3 de l'art. 8, dispose, en effet, que ces peines sont prononcées indépendamment de celles dont sont passibles les capitaines, maîtres ou patrons, en vertu des articles précédents.

196. Enfin le navire doit être pourvu des moyens d'établir et d'entretenir les feux de nuit et de faire les signaux de brume réglementaires, à peine d'une amende de 100 à 2000 fr., prononcée contre l'armateur (L. 10 mars 1891, art. 8, § 1). — L'art. 463 c. pén. est applicable tant en faveur du capitaine que de l'armateur. Dans aucune matière, disait le rapport de M. Robert de Massy au Sénat (*Journ. off.* du 6 juill. 1882, annexe, p. 209), le principe des circonstances atténuantes n'est mieux justifié. La variété des faits, les nuances qui différencient leur culpabilité sollicitent pour le juge une grande latitude dans l'application de la peine ».

197. Le désarmement est, dans sa signification technique, la cessation de l'engagement et la liquidation de la situation et des droits des marins (*Rép.* n° 635). L'administration de la Marine y intervient, ainsi qu'il a été exposé au *Rép.* n°s 636 et suiv. Cette administration a qualité pour intervenir au règlement des salaires, en raison des droits de la Caisse des invalides de la marine sur ces salaires. Le payement des loyers doit, en effet, être effectué en présence du commissaire de l'inscription maritime (Règl. du 7 nov. 1866, art. 8); et les salaires ne doivent être payés directement aux gens de l'équipage que lorsqu'ils sont inscrits dans le quartier où le navire est désarmé, sinon ils sont versés à la Caisse des gens de mer pour être remis aux marins dans leurs quartiers respectifs (V. Desjardins, t. 3, n° 686, p. 208 et suiv.). — Mais, tout en intervenant au règlement des salaires, le préposé de l'Administration ne peut se faire juge des contestations que ce règlement fait naître entre les intéressés; il doit réserver le jugement de ces contestations à la juridiction ordinaire, c'est-à-dire aux tribunaux de commerce (Ordonn. 31 oct. 1784, tit. 7, art. 21 et 22; Décr. 4 mars 1852, art. 2). S'il est informé en temps utile d'une contestation de cette nature, il ne peut remettre les fonds, consignés entre ses mains, aux gens de l'équipage, parce qu'il n'est pas juge de la difficulté: il a l'obligation de surseoir au payement du salaire contesté (Civ. cass. 22 janv. 1884, aff. Bonté-Barbe, D. P. 84. 1. 107).

198. Le conseil d'État, dans un arrêt du 8 janv. 1875, aff. Daniel (D. P. 75. 3. 116) a décidé que l'agent consulaire doit s'opposer au désarmement d'un navire vendu à un étranger, lorsque l'acte de francisation ne lui est pas produit, sans avoir à rechercher pour quel motif cette pièce ne se trouve pas à bord (L. 27 vend. an 2, art. 18, et Ord. 29 oct. 1833, art. 32).

ART. 4. — *De la navigation* (*Rép.* n°s 643 à 649).

199. Le règlement général du 7 nov. 1866 avait posé un certain nombre de règles destinées à prévenir le danger des abordages en mer. Cette réglementation avait été complétée par les décrets des 26 mai 1869 (*Bull. off. de la marine*, 1869, 1er sem., p. 434) et 28 oct. 1873 (*Ibid.*, 1873, 1er sem., p. 933). Les gouvernements français et anglais reconnurent, en présence du développement de la navigation à vapeur et de l'accélération des vitesses, que les règles qui avaient été adoptées dans chaque pays devaient être revisées et complétées. Ils élaborèrent en conséquence, et, après entente commune, adoptèrent l'un et l'autre un même règlement, auquel ont adhéré l'Allemagne, l'Autriche-Hongrie, la Belgique, le Chili, le Danemark, l'Espagne, les Etats-Unis, la Grèce, l'Italie, la Norvège, les Pays-Bas, le Portugal, la Russie, la Suède. Cette importante réglementation fut rendue exécutoire en France à partir du 1er sept. 1880, par un décret du 4 nov. 1879, contenant en vingt-six articles, les règles concernant les feux, les signaux en temps de brume et les règles relatives à la route et à la manière de gouverner (*Ibid.*, 1879, 2e sem., p. 997). Mais les prescriptions de l'art. 10 de ce règlement, relatives à l'éclairage des bateaux de pêche et des bateaux non pontés, ayant, dès le début, donné lieu à des réclamations, l'application de cet article fut suspendue en France et en Angleterre, jusqu'au 1er sept. 1884. A cette époque, le gouvernement britannique adopta une nouvelle rédaction de l'art. 10 et, en vue d'attribuer des signaux spéciaux aux navires occupés à relever des câbles transatlantiques, modifia l'art. 5; en outre un accord international antérieur avait déterminé les signaux que doivent faire les navires en détresse et demandant du secours. De toutes ces modifications est sorti un nouveau règlement du 1er sept. 1884 (D. P. 91. 4. 39), concerté entre la France et la Grande-Bretagne, et accepté par les autres puissances. Nous n'entrerons pas ici dans le détail des règles tracées par le décret du 1er sept. 1884, qui ne donnent lieu à aucune interprétation.

200. Mais il ne suffisait pas d'établir une réglementation si l'on n'apportait aucune sanction aux règles qu'on imposait. Dès l'année 1882, on avait songé à une répression plus efficace que celle, purement disciplinaire, qui avait jusque alors atteint les infractions aux règles contenues dans les divers décrets sur la matière. Plusieurs accidents de mer d'un grand retentissement s'étaient succédé à des intervalles assez rapprochés et avaient profondément ému l'opinion publique. « Ce n'était pas seulement, disait le rapport de M. Robert de Massy au Sénat (*Journ. off.* du 6 juill. 1882, annexes, p. 349), l'inobservation des précautions d'usage concernant les feux et les signaux qui expliquaient ces épouvantables catastrophes : des capitaines avaient, contrairement aux lois de l'humanité et de l'honneur, abandonné lâchement les navires dont ils avaient causé le naufrage, malgré leurs signaux de détresse »... L'Angleterre fut la première à entrer dans cette voie ; un acte du 5 août 1873 a tracé les devoirs d'assistance et de protection que les commandants devaient observer en cas de collision et a appliqué des pénalités rigoureuses à la violation de ces devoirs. En 1882 seulement, le Sénat adopta un projet de loi plusieurs fois remanié ; mais ce projet, déposé le 31 juill. 1882 sur le bureau de la Chambre des députés, resta plus de huit ans sans recevoir aucune suite ; ce fut une loi votée aux Etats-Unis le 4 sept. 1890, sur les collisions en mer, qui détermina le Gouvernement à présenter à la législature nouvelle, en 1890, le projet adopté par le Sénat en 1882. On verra *infrà*, ch. 5, sect. 2, art. 1er, quelles peines sont applicables en vertu de la loi du 10 mars 1891. Les infractions aux règles prescrites sur les feux à allumer la nuit, sur les signaux en temps de brume, sur la route à suivre et les manœuvres en cas de rencontre d'un bâtiment, l'abandon d'un navire abordé, hors le cas de force majeure, tombent sous l'application de cette loi (*infrà*, nos 293 et suiv.). Nous signalerons enfin une loi du 27 mars 1882 (D. P. 82. 4. 109), qui a pour objet la protection du balisage et qui interdit aux navires, sous diverses peines (*infrà*, nos 257 et suiv.), de s'amarrer sur les engins destinés à indiquer la route à suivre à l'entrée des ports, rades et rivières, sauf le cas de danger imminent, et réprime la destruction volontaire de ces engins.

ART. 5. — *Des convois avec escorte* (*Rép.* nos 650 à 658).

201. — V. *Rép.* nos 650 et suiv.

ART. 6. — *Des bris et naufrages* (*Rép.* nos 659 à 726).

202. Nous nous référerons aux explications du *Rép.*, nos 659 à 681, sur le rôle assigné à l'administration de la Marine en cas de naufrage. Toute personne qui a trou[vé] une épave doit, aux termes des art. 19 et 20, tit. 9 de l'o[r]donnance de 1681, en faire la déclaration dans les vin[gt]-quatre heures, au commissaire de l'inscription maritime, à peine d'être considérée comme receleur (*Rép.* nos 683 et 71[...]). Mais le fait de n'avoir pas déclaré la découverte de l'épa[ve] à l'inscription maritime dans le délai de vingt-quatre heu[res] ne peut être considéré comme un vol de la part de l'inve[n]teur. Pour que ce fait constituât un vol, il faudrait qu'[au] moment où il se saisit de l'épave, l'inventeur eût [eu] l'intention coupable de se l'approprier. Indépendamme[nt] de cette intention, le fait de n'avoir pas fait la déclarati[on] de l'épave constitue simplement une infraction aux prescri[p]tions de l'ordonnance de 1681, et rend son auteur passib[le] de l'amende du quadruple de la valeur de l'épave (Trib. co[rr.] de Perpignan, 20 janv. 1871, aff. Forcade, D. P. 71. 3. 9[...]).

203. Les textes qui réglementent le sauvetage des obje[ts] naufragés s'appliquent sans difficulté toutes les fois qu['il] s'agit d'épaves recueillies dans le périmètre des eaux terr[i]toriales. La mer territoriale est, en effet, considérée comm[e] le prolongement du territoire; l'Etat, s'il n'en est pas abs[o]lument propriétaire comme il l'est du domaine national, [y] exerce tout au moins un droit de souveraineté et de domi[]nation éventuel. Administrateur sinon propriétaire, po[ur] le tout ou pour partie, des biens vacants qui gisent o[u] flottent dans l'étendue de la mer territoriale, comme [il] l'est de ceux qui se trouvent sur le territoire lui-même, [il] a le droit de prendre les mesures nécessaires pour en assu[]rer la conservation et prévenir tout divertissement. O[n] reconnaît, en outre, que les lois françaises sont applicable[s] lorsqu'il s'agit d'épaves trouvées en pleine mer par un na[]vire français (*infrà*, no 207). — Mais on a contesté l'ap[]plicabilité des lois françaises, et notamment de l'art. 1[9] de l'ordonnance de 1681, lorsque le sauvetage a été opér[é] par un Français dans des eaux étrangères. La loi française[,] dit-on, qui, dans l'étendue de nos eaux territoriales, s'ap[]plique aux sauvetages opérés par des étrangers comme [à] ceux opérés par des Français, qui, en pleine mer, ne s'ap[]plique qu'à ceux opérés par des Français, devient inappli[]cable même aux sauvetages qui sont l'œuvre de nos natio[]naux quand ils s'accomplissent dans des eaux étrangère[s]. Dire que les art. 19 et suiv. conservent en ce cas leu[r] empire, c'est attribuer aux dispositions de ces articles l[e] caractère d'une loi essentiellement personnelle s'attachan[t] aux matelots français et les suivant partout où ils se rendent[;] et alors on se demande comment, dans l'étendue d[e] la mer territoriale française, ils peuvent régir non seule[]ment les sauvetages opérés par des Français, mais encor[e] ceux opérés par des étrangers; du moment, en effet, où l[a] loi française s'impose aux sauveteurs étrangers dans le[s] eaux françaises, il semble que, par une juste réciprocité, la loi étrangère doive s'imposer aux sauveteurs français qui découvrent des épaves dans les eaux étrangères. C'est l'Etat dont la souveraineté s'exerce dans la contrée limitrophe qui est investi, dans l'étendue des eaux territoriales, du droit de police et de haute surveillance sur la navigation, et c'est à lui, dès lors, qu'incombe la mission de pourvoir à la sauvegarde des droits de ceux auxquels appartiennent les effets naufragés; d'un autre côté, c'est lui qui est appelé éventuellement, et à défaut de réclamation en temps opportun de la part des propriétaires, à recueillir en totalité ou partie les effets en question; à ce titre, son droit d'intervention est incontestable. Le législateur français est, pour la réglementation du sauvetage des épaves recueillies dans des eaux étrangères, tout aussi incompétent qu'il le serait à l'effet de formuler une prescription quelconque sur la conduite à tenir par nos nationaux quand, en pays étranger, ils auront trouvé un objet sur la voie publique. — Mais pour que l'objection fût concluante, il faudrait que le fait qui peut donner lieu à l'intervention des tribunaux français se fût produit dans les eaux étrangères. Or le fait d'un marin qui a recueilli une épave dans les eaux étrangères ne peut motiver lui-même l'application de l'art. 19 de l'ordonnance de 1681. Le délit, en effet, ne réside ni dans le fait de recueillir en mer des effets naufragés, fait licite, autorisé et même encouragé par la loi, ni dans le fait de les ramener en France mais dans celui, une fois de retour, de ne pas faire la déclaration prescrite par l'ordonnance. Le délit ne peut donc être commis que sur le sol français, et ne commence même à se produire que vingt-quatre heures après que l'inventeur y a abordé. Il importe donc peu, au point de vue de l'application de l'art. 19 de l'ordonnance de 1681, que l'épave ait été recueillie en pleine mer ou dans les eaux territoriales étrangères. Cet article est par conséquent applicable, bien que les effets naufragés soient de provenance étrangère et qu'ils aient été trouvés dans les eaux territoriales d'un autre Etat (V. en ce sens : Douai, 18 déc. 1882, aff. Agez, D. P. 84. 2. 49, et la dissertation de M. Levillain en note sous cet arrêt).

204. On a vu au *Rép.* n° 685, que l'art. 27 de l'ordonnance de 1681 n'accorde aux sauveteurs l'indemnité du tiers du produit de la vente, qu'autant que les navires et effets naufragés ont été abandonnés par leurs propriétaires. Il faut ajouter : en pleine mer et hors de la vue des côtes. L'art. 27 de l'ordonnance de 1681 ne s'applique pas, en effet, au navire échoué à la côte ou en vue des côtes ; il faut que le naufrage ait eu lieu à une distance telle du rivage que le navire soit de fait abandonné au caprice des vents et des flots (*Rép.* n° 686). Dans le cas contraire, le sauveteur n'a droit qu'au prix de son travail et au remboursement de ses frais (Aix, 26 juill. 1866, aff. Blanc, D. P. 68. 2. 7-8 ; Desjardins, t. 1, n° 94, p. 191).

205. Le sauvetage d'un navire, qui peut donner lieu à l'attribution de l'indemnité du tiers, doit être distingué avec soin de l'assistance donnée à un bâtiment en détresse et qui court un danger plus ou moins imminent. Pour qu'il y ait sauvetage donnant droit à la prime fixée par l'ordonnance de 1681, il faut : 1° que le navire ait été abandonné, sans esprit de retour, par son équipage; 2° qu'il ait été rencontré fortuitement en pleine mer; 3° qu'il ait été effectivement sauvé. En dehors de ces conditions, il y a simplement assistance maritime. Ainsi le remorquage d'un navire en danger, mais à bord duquel se trouvaient le capitaine et les matelots, ne doit pas, encore bien qu'il ait été effectué dans des circonstances particulièrement difficiles et même dangereuses, être assimilé au sauvetage, et n'autorise pas le remorqueur à réclamer une quote-part de la valeur du navire; le remorquage accompli dans de telles circonstances donne seulement droit au remorqueur, en sus du remboursement de ses avaries et du prix ordinaire de l'opération, à une indemnité supplémentaire, calculée en raison du travail exceptionnel qu'il a fourni et du risque qu'il a couru (Rouen, 4 juill. 1871, aff. Mac-Aulay, D. P. 72. 2. 115). Il en est de même lorsqu'il restait à bord du navire un homme qui le gouvernait, et dont les signaux ont attiré l'attention du prétendu sauveteur (Rennes, 22 mai 1867, aff. Beddeley, D. P. 70. 2. 77). Il ne suffit pas non plus, pour qu'un navire puisse être considéré comme une épave, que, pourvu d'une voilure insuffisante, il soit privé, par un accident survenu en mauvais temps, de l'usage de sa machine, si l'équipage ne l'a pas abandonné et s'il lui reste encore les moyens de lutter contre le temps et le vent (Aix, 28 juill. 1891, aff. Herbert, note, *Rec. de Marseille*, 1891. 1. 216).

206. Au contraire, un navire doit être considéré comme une épave, alors qu'il est rencontré hors de la vue des côtes, abandonné par son équipage sans esprit de retour (Aix, 23 mars 1868, aff. Badeky et Bradshaw, D. P. 70. 2. 77; Rennes, 17 avr. 1883, aff. Wrigt et Breakenridge, D. P. 84. 1. 217). Peu importe que le capitaine, une fois arrivé au port, ait fait des démarches pour obtenir les moyens de sauvetage : l'intention de sauver le navire n'est pas l'intention de retourner à bord, laquelle n'existe que lorsque le capitaine et l'équipage entendent ne quitter le navire que momentanément, en ne le perdant pas de vue, ou en conservant un espoir plausible de revenir bientôt l'occuper (Arrêt précité du 23 mars 1868).

207. L'indemnité du tiers de la valeur du navire et de la cargaison trouvés en mer n'est attribuée aux sauveteurs qu'autant qu'ils les ont effectivement sauvés (V. *suprà*, n° 204), c'est-à-dire amenés dans un port et mis à l'abri de tout danger (Desjardins, t. 1, n° 95, p. 193). — On a prétendu que, si le sauvetage n'était accompli qu'autant que le navire avait été conduit dans un port de refuge, à l'abri de tout danger, c'était la loi du port de refuge qui devait être consultée pour le règlement des droits réciproques du sauveteur et du sauvé, alors même qu'ils seraient de nationalité différente. Si donc un navire étranger avait été trouvé en mer par un capitaine français et conduit par lui dans un port étranger, la loi de ce port serait applicable au règlement du sauvetage. L'art. 27 du tit. 9 de l'ordonnance de 1681 ne serait applicable que dans le cas où le navire sauvé aurait été ramené dans un port français, puisque cet article est compris au milieu de dispositions qui sont exclusivement consacrées à la police des côtes de France. Il importerait peu, dans ce système, que le navire n'eût fait dans le port étranger qu'une relâche momentanée, et que le sauveteur eût eu l'intention de le conduire dans un port français. Cette relâche, toute momentanée qu'elle pût être, n'empêcherait pas que le sauvetage ait été accompli et achevé à l'étranger puisque c'est là que le navire a été mis à l'abri de tout danger.

On peut répondre que la détermination de la loi applicable au sauvetage de pleine mer ne dépend en aucune façon de la nationalité du port de refuge, et ne peut être demandée qu'à d'autres principes. La règle qui domine toute cette matière est évidemment la loi du pavillon. En vertu de cette loi, proclamée par tous nos jurisconsultes, le navire français couvert du drapeau est comme une portion détachée du territoire, et demeure en possession de l'autonomie et de la législation nationales. Si ce navire, au sein de la pleine mer, qui est commune à tous et n'est sous la souveraineté particulière d'aucune nation, rencontre une épave étrangère, un navire complètement abandonné, et procède à son sauvetage, le quasi-contrat qui intervient entre le sauveté et le sauveteur se forme sous le pavillon de celui qui en a l'initiative, qui agit et prend la possession et la direction de l'épave, c'est-à-dire sous le pavillon du sauveteur. Or, la législation personnifiée par ce pavillon étant la législation française, c'est sous la loi nationale, et comme si on avait été en territoire français, que sont nés et se sont trouvés établis les droits respectifs des parties, à l'égard l'une de l'autre, par le fait de la prise de possession au nom de l'armateur français. S'il en est ainsi, pourquoi la loi applicable changerait-elle quand le sauveteur conduit l'épave, devenue sa dépendance, dans un port étranger? Pourquoi la loi de ce port étranger deviendrait-elle la loi des parties ? Parce que, dit-on, c'est dans ce port étranger que le sauvetage se complète et s'achève par la mise en sûreté; d'où il suit que la loi du lieu de la perfection du quasi-contrat doit être la loi des droits nés de ce quasi-contrat. Cette objection ne paraît pas fondée. On peut se demander tout d'abord pourquoi on ferait dominer la loi de l'acte définitif du sauvetage sur la loi de l'acte initial accompli en pleine mer, et sans lequel l'épave périrait. Mais n'y a-t-il pas une réponse péremptoire à tirer de la règle générale qui gouverne les droits conditionnels? Il est de principe que, si un droit est acquis sous une condition à réaliser, et que cette condition se réalise, ce droit est alors, par un effet de rétroactivité, réputé avoir été pur et simple *ab initio*. Or ici le droit acquis en pleine mer par le sauveteur sous son pavillon et sous la loi française, n'était autre qu'un droit éventuel, soumis à cette condition que le navire sauvé des flots par l'acte initial de prise de possession parviendrait sans encombre à un port de refuge, pour y être rendu à une complète sûreté. Cette condition s'étant réalisée, le droit du sauveteur, de conditionnel qu'il était, devient irrévocable, et est réputé, d'après le principe rappelé, avoir été ferme dès le commencement, dès le moment où il est né. C'est donc à l'acte initial qu'il faut se reporter pour déterminer la date à laquelle le droit du sauveteur a été acquis et fixé. Ce droit doit, dès lors, être considéré comme ayant pris naissance, avec un caractère définitif, en un lieu et dans des circonstances où prédominait seule la législation française, en vertu de la loi du pavillon. D'où il suit que le statut français demeure la loi du quasi-contrat de sauvetage qui s'est ainsi formé sous son empire. Si l'on ajoute qu'en s'annexant en pleine mer une épave abandonnée par le capitaine étranger qui personnifiait la souveraineté étrangère, et en la plaçant sous pavillon français, le capitaine français en a fait, tout au moins provisoirement et jusqu'à règlement des droits des parties, une chose française soumise à la souveraineté nationale, on donnera un argument sérieux de plus contre l'applicabilité possible de la loi du port de refuge à l'épave qui entre dans ses eaux frappée de cette empreinte. C'est donc, en définitive, d'après la loi française que doivent être réglés les droits du sauveteur de pleine mer sur le navire sauvé. C'est ce que la cour de cassation a décidé (Req. 6 mai 1884, aff. Wrigt et Breakenridge, D. P. 84. 1. 217) dans un arrêt qui, sans se prononcer sur la question de principe, décide que, en tout cas, lorsque le capitaine d'un navire français a rencontré en pleine mer et placé sous le pavillon français un navire anglais abandonné par son équipage, l'a amené en relâche sur une rade étrangère où il en a gardé la possession exclusive, et n'a renoncé à le conduire dans un port français que sur l'engagement pris par l'armateur anglais de plaider en France, c'est la loi française qui doit être appliquée pour le règlement des droits du sauveteur sur l'objet sauvé. En conséquence, et par application de l'ordonnance de 1681, le tiers de la valeur du navire sauvé et de sa cargaison est à juste titre attribué à l'armateur du navire qui a opéré le sauvetage.

208. Lorsqu'il s'agit, non pas d'un sauvetage proprement dit, mais d'un acte d'assistance (V. *suprà*, n° 205), celui qui vient au secours du navire en détresse a le droit d'être rémunéré de ses soins, et doit recevoir une indemnité compensant et les dangers qu'il a affrontés et les pertes et avaries qu'il a pu subir. A la différence du cas de sauvetage, l'assistant n'a pas un droit réel sur le navire et les effets sauvés, il n'a qu'un droit personnel contre le capitaine assisté; il n'est pas recevable, notamment, à agir contre les réclamateurs de la cargaison du navire assisté auxquels les marchandises ont été délivrées, alors surtout qu'ils ont procédé avec le capitaine et assisté au règlement des avaries grosses (Trib. Dunkerque, 3 juin 1884, *Journal du Havre*, 1885. 2. 9).

209. L'indemnité due à l'assistant est plus ou moins importante, suivant les circonstances ; elle est fixée, eu égard au service rendu, aux efforts déployés et aux dangers courus par le navire assistant, et en tenant compte de la valeur de la cargaison. Telle est du moins la jurisprudence des tribunaux de commerce du Havre et de Rouen (V. Trib. de comm. de Rouen, 13 oct. 1886; Trib de comm. du Havre, 28 avr. 1885; 10 nov. 1885; 2 juill. 1888, *Journal du Havre*, 1886. 2. 299. 1885. 1. 146 et 211, et 1888. 1. 153; Rouen, 10 déc. 1886, aff. Lebret, D. P. 88. 1. 263.

L'assistance peut consister dans le seul fait de remorquer le navire en détresse; l'in- demnité est alors proportionnée au service rendu et doit être calculée tant d'après la gravité de la position du navire se couru que des dangers auxquels les remorqueurs se sont exposés. Le remorquage d'un navire ne donne d'ailleurs droit à une indemnité d'assistance qu'autant qu'il présente des difficultés et des dangers particuliers (V. sur cette question : Trib. Le Havre, 28 avr. 1885, *Journal du Havre*, 1885 1. 146; 10 nov. 1885, *ibid.*, 1. 211; 4 mars 1889, *ibid.*, 1889, 1. 133).

210. Mais s'il importe d'encourager les sauvetages et l'assistance qui peut prévenir les sinistres, en rémunérant largement, eu égard aux circonstances, ceux qui les ont accomplis, il importe en même temps qu'ils ne puissent devenir un moyen de spéculation sur le péril et le malheur d'autrui ; aussi la jurisprudence applique-t-elle aux engagements que les capitaines, dont les navires sont en péril, contractent fréquemment avec les navires qui sont en état de les remorquer et de les faire échapper aux dangers la règle des art. 1109, 1111 et 1112 c. civ. Elle annule les engagements contractés par les capitaines quand les conditions qui leur sont imposées ont un caractère léonin et qu'il est démontré qu'ils n'ont accepté ces conditions que sous l'empire de la crainte d'un péril imminent (Rouen, 10 déc. 1886, cité *suprà*, n° 209; Trib. com. Le Havre, 22 août 1888, *Journal du Havre*, 1888. 1. 237 ; Aix, 30 janv. 1890, aff. Knappel, *Journal de Marseille*, 1890. 1. 41). Et la cour de cassation a décidé que l'annulation de la convention était prononcée à bon droit alors qu'il était constaté par les juges du fond « que le capitaine n'avait souscrit l'engagement que pour sauver son navire qui, sans cela, aurait été fatalement submergé et perdu, que ce n'était que contraint et forcé et après s'être vainement débattu pour obtenir des conditions moins onéreuses qu'il avait dû subir la convention que l'assistant, abusant de sa situation, lui imposait (Req., 27 avr. 1887; aff. Lebret, D. P. 88. 1. 263). Cependant il ne faudrait pas aller trop loin dans cette voie, et les tribunaux n'ont, semble-t-il, le droit d'annuler la convention qu'autant que l'indemnité réclamée pour le navire assisté est réellement exagérée, et, d'autre part, que la situation du navire sauvé était telle qu'il ne pût espérer un autre secours, de telle sorte que le capitaine ait contracté sous l'empire de la crainte d'un péril imminent. On ne saurait, en effet, perdre de vue, dans le règlement de ces sortes d'affaires, qu'il est de l'intérêt général d'accorder à l'assistant une rémunération suffisante et de ne pas décourager les sauveteurs qui, sans cela, auraient tout intérêt à laisser le sinistre se produire afin de réclamer ensuite une prime plus élevée de sauvetage. Aussi la jurisprudence ne se borne-t-elle pas à rembourser le sauveteur de ses frais, mais tient-elle compte, dans une certaine mesure, de la valeur du navire sauvé et de sa cargaison (V. *suprà*, n° 209). En outre, il nous paraît nécessaire de prendre en considération la situation du navire et de rechercher si cette situation était telle que le capitaine puisse être considéré comme ayant subi une violence morale. C'est ainsi que le tribunal de Marseille (21 juill. 1891, *Journal de Marseille*, 1891. 1. 246) s'est refusé à annuler un engagement contracté par un capitaine dont le navire était échoué sur une plage de sable ou de vase, en plein jour, par mer houleuse, mais non démontée, et pouvait, au moyen des sémaphores, communiquer avec un grand port de commerce et y demander du secours.

211. Les législations étrangères résolvent diversement la question des indemnités de sauvetage. En Belgique, il n'existe aucune loi faisant une distinction entre le cas d'assistance simple et le cas de sauvetage d'un navire abandonné. La jurisprudence tient compte, dans les deux cas, de la nature du navire et de la cargaison, de leur état d'avarie, du danger et des éventualités de perte du navire (V. Anvers, 9 mars 1889, *Recueil d'Anvers*, 1889 1. 87; Bruxelles, 18 janv. 1890, *ibid.*, 1890. 1. 247). La législation anglaise donne au juge la faculté d'arbitrer l'indemnité de sauvetage, que les tribunaux élèvent parfois à la moitié de la valeur du navire et de la cargaison. En Hollande, on distingue entre le sauvetage et l'assistance. En Allemagne, on distingue également le cas où le navire est abandonné de celui où il est simplement en péril : l'indemnité est du tiers dans le premier cas; dans le second, elle est arbitrée par les tribunaux. La législation suédoise, le code maritime italien, le code norvégien admettent une rétribution proportionnelle en faveur des sauveteurs (Comp. Desjardins, t. 1, n°s 96, p. 193 et suiv.).

212 Le sauvetage des navires naufragés sur les côtes a donné lieu à un traité entre la France et la Grande-Bretagne, signé le 23 oct. 1889. Ce traité règle les questions relatives à la liquidation des sauvetages des navires naufragés sur les côtes des deux pays (D. P. 90. 4. 99), des colonies et possessions françaises et des colonies anglaises autres que l'Inde, le Canada, Terre-Neuve, le Cap, l'Australie occidentale et la Nouvelle-Zélande (V. Déclarat. 31 mars 1890, D. P. 91. 4. 86, et 8 juill. 1890, D. P. 91. 4. 92). Aux termes de ces déclarations, la direction des sauvetages des navires nationaux est confiée aux consuls respectifs des deux nations, qui doivent être avertis, dans le plus bref délai possible, par les autorités locales; celles-ci devront, en outre, se borner à prêter leur assistance aux consuls sauf à prendre, en leur absence et avant leur arrivée, toutes les mesures nécessaires pour la protection des individus et la conservation des objets sauvés. L'intervention des autorités locales ne donnera lieu à aucuns frais, sauf ceux des opérations de sauvetage et de garde des objets sauvés, et ceux auxquels seraient soumis en pareil cas les navires nationaux. Les autorités locales qui, en cas d'absence ou de maladie des consuls, resteraient chargées des opérations et de la gestion du sauvetage, doivent remettre aux consuls les papiers de bord et le produit net du navire et de la cargaison. Les marchandises et objets sauvés sont exempts de droits de douane, à moins qu'ils ne soient destinés à la consommation intérieure, auquel cas ils acquittent les mêmes droits que s'ils avaient été importés par des navires nationaux.

213. Ainsi qu'on l'a vu au *Rép.* n° 687, le bénéfice du sauvetage d'un effet naufragé, et spécialement d'un navire, n'est pas seulement acquis à celui qui, le premier, l'a découvert en mer, lorsqu'il était physiquement dans l'impuissance de le sauver seul, mais à tous ceux dont les efforts réunis ont concouru au sauvetage et proportionnellement à l'efficacité des secours de chacun (Conf. *Rép.*, n° 689); Desjardins, *op. cit.*, t. 1, n° 95 *in fine*, et les autorités citées par cet auteur. — Les navires de l'Etat qui concourent à un sauvetage ont-ils la qualité de cosauveteurs? Nous ne voyons aucune raison pour que les navires de l'Etat ne puissent, de même que les navires de commerce, se prévaloir de l'ordonnance de 1681. Un arrêt de la cour de Rennes, du 17 avr. 1883 (aff. Wrigt et Breakenridge, D. P. 84. 1. 217) s'est néanmoins prononcé pour la négative, en raison de ce que, dans l'espèce qui lui était soumise, le navire de l'Etat avait simplement prêté assistance au navire sauveteur, et alors d'ailleurs que l'administration de la Marine ne réclamait aucune part au sauvetage. Dans tous les cas, le navire sauvé ne saurait exciper de cette circonstance pour faire réduire proportionnellement la part afférente au sauveteur principal (Même arrêt du 17 avril 1883). Quoi qu'il advienne, en effet, le propriétaire du bâtiment sauvé ne peut jamais rien prétendre au delà des deux tiers que lui réserve l'ordonnance ; l'autre tiers revient au sauveteur unique ou à l'ensemble des cosauveteurs quel qu'en soit le nombre; et la répartition qui, dans ce dernier cas, doit s'opérer entre eux, les concerne exclusivement. Si donc l'un de ceux qui ont coopéré au sauvetage et se trouvent, à ce titre, en situation de bénéficier partiellement de la disposition de l'art. 27, renonce au droit qu'il peut avoir, cette renonciation ne profite qu'aux autres coparticipants.

214. On a vu au *Rép.* n° 722 que l'art. 40 de la loi du 21 août 1790 punit de trois ans de galères le pilote qui a perdu, par négligence ou ignorance, le bâtiment qu'il était chargé de conduire et dont il avait déclaré répondre. Nous avions émis l'opinion (*Ibid.*) que cette disposition n'avait pas été abrogée par les textes postérieurs, sauf en ce qui concerne les rapports des pilotes avec la marine de l'Etat, et qu'elle devait être considérée comme toujours en vigueur dans les rapports des pilotes avec la marine de commerce. Cette opinion a été confirmée par un arrêt de la cour de cassation du 30 avr. 1874 (aff. Labat, D. P. 75. 1. 178). « Attendu, dit cet arrêt, que cette disposition, reproduite par l'art. 31 du décret du 12 déc. 1806, contenant règlement sur le service du pilotage, n'a été abrogée expressément par aucune loi postérieure ; — Que, d'autre part, elle n'a été abrogée implicitement ni par la loi des 10-11 avr. 1825, concernant les crimes de piraterie et de baraterie, dont l'art. 11 ne prévoit que le cas de perte d'un navire ou bâtiment de commerce, causée volontairement et dans une intention frauduleuse par tout capitaine, patron ou pilote chargé de sa conduite ; ni par le décret disciplinaire et pénal pour la marine marchande, du 24 mars 1852, dont l'art. 89 ne prévoit que l'échouement, la perte ou la destruction causée volontairement et dans une intention criminelle ; ni par le code de justice militaire pour l'armée de mer, du 4 juin 1858, dont l'art. 360 porte : « Tout pilote coupable d'avoir « perdu volontairement un bâtiment de l'Etat ou un navire « de commerce convoyé est puni de mort; si c'est par négli-« gence, d'un an à cinq ans d'emprisonnement » ; — Que ces diverses dispositions de lois ne présentent aucune contrariété avec les art. 40 de la loi des 21-22 août 1790 et 31 du décret du 12 déc. 1806, en ce qu'ils prévoient l'échouement involontaire d'un bâtiment de commerce, lorsque d'ailleurs, comme dans l'espèce, il n'est pas convoyé par un bâtiment de l'Etat; — Que l'arrêt attaqué a donc à tort déclaré qu'ils étaient implicitement abrogés comme inconciliables avec les règles générales de la législation moderne ».

215. Mais, contrairement à l'opinion que nous avions émise au *Rép.* n° 723 le même arrêt n'admet pas que la peine de trois ans de galères doive être changée en celle de trois ans de prison. La peine des galères, d'après l'arrêt, « appliquée par l'art. 40 de la loi des 21-22 août 1790, qui l'avait empruntée de l'ancienne législation comme peine afflictive (tit. 2, art. 5), remplacée dans le droit commun par la peine des fers (c. pén. du 25 sept. 1791, 1re part., tit. 1, art. 1), a été supprimée, de même que celle des fers, par le code du 4 juin 1858 ; ni l'une ni l'autre ne figurent dans la nomenclature des peines édictées par cette loi, dont l'art. 374 déclare expressément abrogées toutes les dispositions législatives ou réglementaires relatives à l'organisation, à la compétence et à la procédure des tribunaux de la marine, ainsi qu'à la pénalité en matière de crimes ou de délits maritimes ou militaires. D'autre part, le législateur n'ayant pas déterminé lui-même, pour le fait d'échouement involontaire d'un bâtiment de commerce (non convoyé), occasionné par l'imprudence ou la négligence d'un pilote, une peine applicable, en remplacement de celle que la loi de 1790 prononçait et qui est supprimée, les juges ne pourraient, sans arbitraire, suppléer à cette omission en substituant une peine équivalente ». Il en résulte, d'après la cour de cassation, que, dans l'état actuel de la législation, le fait d'avoir occasionné, par ignorance ou négligence, la perte d'un navire, ne peut donner lieu à des poursuites criminelles. Il est à remarquer que la loi du 10 mars 1890, sur les accidents et collisions en mer, ne nomme nulle part le pilote, et qu'il ne saurait, par conséquent, être poursuivi en vertu de cette loi.

CHAP. 4. — De la domanialité maritime.

SECT. 1re. — DES BIENS DU DOMAINE PUBLIC MARITIME (*Rép.* nos 727 à 741).

216. Le principe de la liberté des mers, en dehors des eaux territoriales (*Rép.* nos 728 et suiv.), qui limite la souveraineté des peuples riverains à la partie de la mer qui peut être défendue du rivage (*Rép.* n° 731) ne donne plus lieu à discussion. Quelques auteurs cependant ont émis l'avis qu'en présence des perfectionnements de l'artillerie et de l'invention des engins à longue portée, il deviendrait nécessaire de modifier ce mode de limitation du territoire maritime. M. Desjardins (t. 1, art. 3, p. 7) s'élève avec raison contre cette opinion: « La mer, dit-il, est ou n'est pas territoriale, selon qu'elle est ou n'est pas susceptible d'une certaine occupation, c'est-à-dire selon qu'on peut ou non, de la côte, en interdire l'usage aux autres. Ce que pourra modifier l'invention des canons à longue portée, c'est la limite fixée par le droit des gens conventionnel, mais non pas le mode même de limitation. Fiore raisonne mieux, selon nous, en enseignant simplement que la zone de juridiction devra s'étendre à proportion des perfectionnements des engins de l'artillerie ».

217. La loi du 4 germ. an 2 et la loi du 27 mars 1817 ont étendu la limite des eaux territoriales, dans laquelle s'exerce la surveillance de l'administration des Douanes, à quatre myriamètres, alors que, la plupart du temps, l'étendue de la mer territoriale est fixée à trois milles du rivage (*Rép.* v° *Douanes*, n° 169). Ces lois n'ont cependant donné lieu à aucune réclamation diplomatique. Au point de vue de la pêche côtière, une convention du 27 août 1839, intervenue entre la France et la Grande-Bretagne pour la réglementation de la pêche dans la Manche, fixe à trois milles de la laisse de basse mer l'étendue respective des eaux territoriales anglaises et françaises. Il y a donc, comme le constate M. Desjardins (t. 1, n° 5, p. 8), plusieurs frontières maritimes : « selon qu'il s'agit d'appliquer les lois de douanes, les lois sur la pêche, de réprimer des actes délictueux commis à bord d'un navire étranger ou de déterminer la légitimité d'une prise faite en temps de guerre, la mer territoriale est plus ou moins étendue ». Le même auteur (*Ibid.*) cite, à cette occasion, un arrêt de la cour de cassation (Crim. rej. 24 août 1876, *Bull. crim.* n° 193), qui a eu incidemment à rechercher si un incendie allumé à bord d'un navire étranger à plus de trois milles de la côte française était justiciable des tribunaux français : ce n'est qu'en rattachant ce crime à un faux perpétré en France qu'elle a maintenu la compétence des tribunaux français.

218. La question de la liberté des détroits n'est pas sans difficulté, on a vu au *Rép.*, n° 731, que le droit exclusif de l'Angleterre sur le canal de Saint-Georges, de la Turquie sur la mer de Marmara et le Bosphore, de l'Italie sur le détroit de Messine, du Danemark sur le Sund et les détroits du Belt, etc., avait été admis. La question cependant reste contestée, au point de vue principalement du droit des puissances riveraines d'un détroit qui met en communication des mers libres. La liberté des mers, dit-on, ne serait qu'un vain mot, si la navigation des détroits qui les font communiquer entre elles pouvait être interdite aux peuples commerçants, et si ces voies de communication nécessaires tombaient dans le domaine privé d'une nation riveraine. Nous croyons cette doctrine plus exacte que celle qui permettrait aux nations riveraines d'un détroit, ouvert entre deux mers libres d'en interdire ou d'en soumettre l'accès à des droits quelconques. Il semble bien que, sous ce rapport, les conventions de 1857 entre le Danemark et la plupart des Etats maritimes, relatives au rachat des péages du Sund et du Belt, aient posé les vrais principes, en reconnaissant au Danemark, moyennant le dédommagement pécuniaire qu'il recevait, le droit de prélever sur les navires qui fréquentent un détroit, uniquement les frais qu'il est obligé de débourser pour les dépenses de phares, signaux, balises, pilotage, etc., que les besoins de la navigation y nécessitent (V. en ce sens Desjardins, t. 1, n° 8).

219. On admet cependant une exception pour le cas où la liberté du passage dans un détroit mettrait en danger la sûreté de l'Etat riverain; des conventions internationales peuvent alors y régler la navigation. C'est ce qui a eu lieu à la suite de la guerre de Crimée (Traité du 30 mars 1856, revisé par celui du 13 mars 1871) pour les Dardanelles, où les navires de guerre de toutes les puissances ne peuvent pénétrer, alors que la navigation commerciale est libre.

220. Les détroits artificiels, tels que le canal de Suez, sont-ils soumis aux mêmes règles? La question est particulièrement délicate. Il n'est pas douteux qu'il y a, en pareil cas un droit de propriété particulière de l'Etat sur le territoire duquel le canal a été creusé, et que cet Etat, ou son concessionnaire, peut percevoir des droits de passage et de navigation plus ou moins élevés en rémunération de ses charges et des avantages qu'il procure aux autres Etats, par le fait de l'ouverture du canal. Nous pensons donc qu'en l'absence de toute convention internationale, l'Etat sur le territoire duquel le canal est ouvert en devrait être considéré comme propriétaire, et qu'il aurait le droit d'y interdire la navigation, ou de la subordonner à des règles particulières et aux droits qu'il jugerait à propos d'établir. Cependant, M. Desjardins (t. 1, n° 8, p. 15), tout en admettant que ceux qui ont creusé un détroit artificiel peuvent stipuler la rémunération de leurs travaux et de leurs dépenses, et exiger de ce chef tels droits qu'il leur convient, pense qu'il ne leur serait pas loisible de supprimer la communication qu'ils ont eux-mêmes établie. Cette opinion nous paraît difficile à admettre d'une manière absolue; tout dépend, croyons-nous, des conditions dans lesquelles le canal a été établi. Quoi qu'il en soit, en ce qui regarde spécialement le canal de Suez, la question soulevée par l'Angleterre, lors de la guerre russo-turque de 1877, ne s'élèverait plus aujourd'hui, en présence du traité international du 19 oct. 1888 (V. décr. 28 janv. 1889, D. P. 89. 4. 55), qui neutralise le canal de Suez et l'ouvre, en temps de guerre comme en temps de paix, à tout navire de commerce ou de guerre de tout pavillon (V. *infrà*, v° *Traité international*).

221. On trouvera *suprà*, v° *Domaine public*, n°s 9 et suiv., les explications complémentaires de celles que le *Répertoire* a fournies quant aux rivages de la mer; pour le surplus, il nous suffira de nous référer aux observations du *Répertoire* qui ont conservé leur application.

SECT. 2. — DE LA DÉLIMITATION DU DOMAINE PUBLIC MARITIME (*Rép.* n°s 742 à 769).

222. On se référera, en ce qui concerne les principes généraux applicables à la délimitation du domaine public maritime (*Rép.* n° 742), aux observations nouvelles fournies *suprà*, v° *Domaine public*, n°s 11-12. On a également fourni *suprà*, eod. v°, n°s 13 à 22 les explications complémentaires auxquelles a donné lieu le décret du 21 févr. 1852, sur la délimitation du rivage de la mer à l'embouchure des fleuves et rivières. V. également *suprà*, v° *Compétence administrative*, n°s 218 et suiv. — On trouvera *ibid.*, n°s 23 et suiv., ce qui a trait à la nature des étangs salés (*Rép.* n° 753).

223. En ce qui concerne les déclarations de domanialité, v° *suprà*, v° *Compétence administrative*, n° 148. — Sur les pouvoirs de l'Administration au point de vue de l'incorporation au domaine public des propriétés privées et la compétence respective des tribunaux administratifs et judiciaires, V. *suprà*, v's *Compétence administrative*, n°s 218-225 et *Domaine public*, n° 44.

224. On a vu *suprà*, v° *Domaine public*, n° 44, que le tribunal des conflits, dans ses arrêts des 11 janv. et 1er mars 1873 (aff. De Pâris-Labrosse, et aff. Guillié, D. P. 73. 3. 65) avait refusé à l'autorité administrative le pouvoir, au moyen des actes de délimitation, de se constituer juge des droits de propriété qui appartiendraient aux riverains, d'incorporer au domaine public, sans remplir les formalités exigées par la loi du 3 mai 1841, les terrains dont l'occupation lui serait utile. Les tiers lésés par un arrêté de délimitation peuvent donc se pourvoir devant l'autorité administrative pour faire rectifier ou annuler la délimitation qui porte atteinte à leurs droits. Ils peuvent également s'adresser à l'autorité judiciaire, non pour se faire remettre en possession des terrains compris à tort dans l'acte de délimitation, mais pour faire reconnaître leur droit de propriété et pour faire régler, s'il y a lieu, une indemnité de dépossession à leur profit.

225. L'autorité judiciaire est, en outre, compétente pour connaître de la question de savoir si un terrain est la propriété d'un particulier ou s'il dépend du domaine public, lorsque cette question ne soulève aucune contestation sur des actes émanés de l'Administration et doit se résoudre d'après les règles du droit commun (*suprà*, v° *Domaine public*, n° 47). En d'autres termes, il n'est pas interdit aux tribunaux de l'ordre judiciaire, juges naturels des questions qui intéressent la propriété privée, de résoudre ces questions, même dans le cas où leur solution implique la recherche des limites du domaine public, toutes les fois que ce domaine est désintéressé dans le procès et que la délimitation, n'ayant pour but que de déterminer la condition ancienne des terrains litigieux non leur condition présente, ne peut, quelle que soit la décision à intervenir, porter atteinte à l'intégrité du domaine public (Civ. rej. 4 févr. 1891, aff. Cadot, D. P. 91. 1. 265).

Il en est ainsi spécialement lorsqu'il s'agit de savoir si un terrain vendu par l'Etat a fait jadis partie du domaine public maritime et, à ce titre, était hors du commerce et ne pouvait être l'objet d'une possession utile, ou si, au contraire, il était susceptible de propriété privée et si des arrêtés préfectoraux, surabondants, en tant qu'ils le détacheraient du domaine public, n'auraient pas, en ordonnant l'aliénation au profit du domaine privé de l'Etat, attenté aux droits des particuliers qui le revendiqueraient (Même arrêt). Dans ce cas, en effet, le litige ne porte pas sur ce que comprenait le domaine public au moment où il a pris naissance, mais sur ce que ce domaine comprenait au moment de la vente; le débat porte donc uniquement sur une question de propriété privée débattue entre un acquéreur de l'Etat et l'Etat son vendeur, d'une part, et, d'autre part, des particuliers prétendant à la propriété des terrains vendus par l'Administration.

SECT. 3. — DU MODE DE JOUISSANCE DES CHOSES DÉPENDANT DE LA DOMANIALITÉ MARITIME.

ART. 1er. — *De l'usage des rivages et de la pêche côtière* (*Rép.* n°s 770 à 801).

226. La question de savoir si l'Etat est en droit de concéder à des particuliers l'usage exclusif de certaines portions du rivage de la mer (*Rép.* n°s 770 et suiv.) paraît avoir été définitivement tranchée par les arrêts qui ont été cités au *Rép.* (n°s 770 à 772). V. *suprà*, v° *Domaine public*, n° 37.

227. L'usage des rivages de la mer est protégé par des dispositions spéciales contre les abus des particuliers (*Rép.* n° 776; *suprà*, v° *Domaine public*, n° 34). C'est ainsi notamment, comme on l'a vu au *Rép.* n° 779, que le conseil d'Etat avait reconnu au Gouvernement le droit d'empêcher toute extraction de matériaux sur le rivage de la mer. Il s'ensuit qu'un particulier ne peut, sans autorisation, enlever du sable sur une plage; il prétendrait en vain qu'il n'a pas commis de contravention, dès l'instant qu'il n'a fait que retirer de la plage une quantité de sable égale à celle qu'un torrent aurait enlevé de sa propriété (Cons. d'Et. 13 nov.

1885, aff. Vidal, D. P. 87. 3. 38). Il n'y a pas lieu d'appliquer ici l'art. 559 c. civ. qui, lorsqu'un cours d'eau enlève, par une force subite, une portion considérable et reconnaissable d'un champ riverain et le porte vers un autre champ riverain ou la rive opposée, autorise le propriétaire de la partie enlevée à réclamer sa propriété. — Bien plus le fait d'opérer des extractions et de pratiquer des excavations sur une plage constitue par lui-même une contravention aux règlements sur la grande voirie, alors même que le contrevenant soulèverait une exception de propriété (V. *infrà*, v° *Voirie*). Mais il a été jugé que le fait seul d'enlever du gravier sur une plage ne constitue pas une contravention, s'il n'a causé aucun préjudice à la navigation ni aucun dommage au domaine public (Cons. d'Ét. 23 nov. 1887, aff. Marchesseau, D. P. 89. 3. 7).

228. Au *Rép.* n°s 783 et suiv., on a donné quelques explications relatives à la pêche côtière, destinées à compléter celles qui sont données sur cette matière (*Rép.* v° *Pêche maritime*). Nous donnerons sous ce dernier titre tous les développements nouveaux que la matière comporte.

Art. 2. — *De la police des ports et rades* (*Rép.* n°s 802 à 841).

229. On a vu au *Rép.*, n° 803, que la surveillance des rades et ports de commerce appartient aux officiers et maîtres de port. Ces fonctionnaires dont la création remonte à l'ordonnance de 1681, ont été successivement régis par la loi du 9 août 1791, le décret du 10 mars 1791 et celui du 15 juill. 1854 (D. P. 55. 4. 32, *Rép.* n°s 803 et suiv.). Ce dernier décret est toujours en vigueur, sauf les modifications apportées à son art. 4 par le décret du 27 mars 1890 (D. P. 91. 4. 48) et à ses art. 12, 13 et 14 par le décret du 2 janv. 1876 (D. P. 76. 4. 90).

230. Le décret du 27 mars 1890 est relatif aux conditions que doivent réunir les candidats aux fonctions d'officier, de lieutenant ou de maître de port. Comme sous l'empire du décret de 1854 (art. 4) (*Rép.* n° 805), les candidats à l'emploi d'officier ou maître de port doivent être âgés de trente ans au moins et de soixante au plus. Pour l'emploi de capitaine de port les candidats doivent : 1° avoir servi comme officier dans la marine de l'Etat; 2° ou avoir le brevet de capitaine au long cours et avoir, pendant cinq ans au moins, commandé en premier un navire d'un minimum de cinq cents tonneaux de jauge légale, ou, en second un navire d'au moins deux mille tonneaux de jauge légale. L'art. 4 du décret de 1854 exigeait le commandement d'un navire comme capitaine au long cours, sans rien spécifier quant au tonnage des bâtiments commandés et n'admettait pas le commandement en second.

Il faut, pour l'emploi de lieutenant de port, remplir l'une des conditions ci-dessus indiquées, ou avoir servi pendant quatre ans au moins comme maître de port de première classe. — Pour l'emploi de maître de port il faut : 1° avoir servi comme maître à bord des bâtiments de l'Etat et justifier de dix ans de navigation effective; 2° avoir commandé pendant cinq ans au moins comme maître au cabotage; 3° avoir cinq ans de services comme pilote breveté.

231. Les officiers et maîtres de port sont placés, à certains égards, sous l'autorité du ministre de la marine (*Rép.* n° 806). Depuis la séparation en plusieurs ministères de celui de l'agriculture, du commerce et des travaux publics, ils dépendent du ministère des travaux publics, qui les nomme, pour tout ce qui concerne la police des quais, la surveillance de l'éclairage, des phares, etc. (*Rép.* n° 806).

232. Les art. 12, 13 et 14 du décret de 1854, modifiés par le décret du 27 janv. 1876, ont trait aux fonctions des officiers de port. En vertu de ces dispositions, « les officiers et maîtres de port sont chargés de veiller à la propreté et à la sûreté matérielle des rades, des passes navigables, des ports, bassins, quais et autres ouvrages qui en font partie. Ils exercent, en outre, la police sur les ports et toutes leurs dépendances; ils l'exercent également sur les rades et dans les passes navigables, mais uniquement en ce qui concerne la propreté et la sûreté matérielle, ainsi que le placement des bouées, balises et feux flottants. Ils sont assermentés devant le tribunal de première instance du lieu de leur résidence (art. 12). Ils surveillent et contrôlent l'éclairage des phares et fanaux et les signaux tant de jour que de nuit, dans l'étendue des ports, rades et passes navigables à la surveillance desquels ils sont préposés. Ils règlent l'ordre d'entrée et de sortie des navires, dans les ports et dans les bassins; ils fixent la place que ces navires doivent occuper, les font ranger et amarrer, ordonnent et dirigent tous les mouvements. Ils surveillent les lestages et les délestages et veillent notamment à ce que le lest soit pris ou déposé dans les lieux indiqués par l'ingénieur des ponts et chaussées sous les ordres immédiats duquel ils sont placés. Ils prescrivent les mesures nécessaires pour que le lancement à la mer des navires de commerce s'effectue sans obstacle et sans accident; ils surveillent les fumigations, le chauffage, le calfatage, le radoub et la démolition des navires. Ils veillent à l'extinction des feux, à l'enlèvement des poudres, aux débarquements et embarquements, ainsi qu'à la sûreté des navires, et dirigent les secours qu'il faut leur porter quand ils sont en danger, notamment en cas d'incendie » (art. 13).

233. « Quand un naufrage a lieu dans un port, dans une rade ou dans une passe navigable, les officiers et maîtres de port donnent les premiers ordres, mais ils font avertir sans retard l'autorité maritime et lui remettent, tout en continuant à la seconder, la direction du sauvetage. Cependant, s'ils déclarent par écrit que le navire échoué forme écueil ou obstacle dans le port, à l'entrée du port, dans la rade ou dans la passe navigable, ils prennent eux-mêmes les mesures nécessaires pour faire disparaître l'écueil ou l'obstacle. Dans ce cas, une expédition de cette déclaration doit être remise à l'autorité maritime » (art. 14).

234. Le décret du 27 janv. 1876 investit donc les officiers de port du droit de prescrire directement les travaux nécessaires pour enlever les épaves faisant obstacle à la navigation. Mais ces pouvoirs ne leur sont conférés que d'une manière exceptionnelle, et dans les circonstances urgentes. L'obligation d'affirmer par écrit la nécessité des travaux est une garantie contre l'abus qu'ils pourraient faire de ce droit. Aussi ne sont-ils tenus de faire cette déclaration écrite qu'autant qu'ils croient devoir prendre eux-mêmes les mesures nécessaires pour faire disparaître l'épave, et qu'ils ne jugent pas suffisant de prendre les premières mesures en en référant pour le surplus à l'autorité maritime. L'armateur, mis en demeure par l'administration des Ponts et Chaussées, avisée par l'autorité maritime, de faire disparaître l'obstacle apporté à la navigation par un navire échoué, n'est donc pas fondé à se prévaloir de l'absence de déclaration écrite du capitaine de port pour soutenir qu'il peut refuser de faire disparaître cet obstacle (Cons. d'Ét. 30 mai 1884, aff. Guignard, D. P. 85. 4. 107).

235. Chargés de régler l'ordre d'entrée et de sortie des navires dans les ports et bassins, de fixer la place qu'ils y doivent occuper, d'ordonner et de diriger tous les mouvements, les officiers de port ont le droit de donner aux capitaines des navires du commerce des ordres auxquels ceux-ci doivent se conformer sous les peines portées contre les contraventions de grande voirie (V. *infrà*, v° *Voirie par eau*). — Ces ordres doivent-ils être donnés par écrit, comme doivent l'être en général toutes les injonctions de l'autorité administrative, pour être obligatoires? Un arrêt du conseil d'Etat, du 8 juill. 1887 (aff. Ménard, D. P. 88. 3. 97) a cru trouver dans l'art. 18 du décret du 15 juill. 1854 le droit, pour les officiers de port, de procéder, à l'égard des navires soumis à leur autorité, par simples injonctions verbales.

Cette doctrine, qui constitue une exception aux règles généralement admises à l'égard des injonctions de l'autorité administrative, n'est pas sans soulever de sérieuses objections. L'art. 18 du décret de 1854, qui ne fait, d'ailleurs, que reproduire l'art. 7, tit. 2, liv. 4, de l'ordonnance d'août 1681, se borne à dire que les officiers et les maîtres de port peuvent, en cas de nécessité, sans autre formalité que des injonctions verbales, couper ou faire couper les amarres que les capitaines, patrons ou autres étant dans les navires, refuseraient de larguer. Les termes limitatifs de cette disposition pourraient même fournir un argument *à contrario* pour soutenir qu'en dehors de cette seule hypothèse qu'ils prévoient, les injonctions verbales sont inefficaces pour autoriser l'Administration à agir d'office. Le second paragraphe du même article ajoute qu'ils ont aussi le droit, dans le cas d'urgence ou d'inexécution des ordres qu'ils auraient donnés, de se rendre à bord et d'y prendre, à la charge des contrevenants, toutes les mesures nécessaires à la manœuvre des navires. Ce paragraphe, à la différence du premier, n'énonce aucunement que les ordres peuvent être verbaux. Il semble donc bien qu'aucun texte spécial ne peut être invoqué pour établir que les officiers de port ne sont pas tenus de donner leurs ordres par écrit et on ne peut, pour admettre, à leur égard, une dérogation aux règles ordinaires, se prévaloir que du caractère spécial de leurs fonctions. Il est certain, en effet, qu'en exigeant un ordre écrit toutes les fois qu'il s'agit d'une manœuvre à commander, on aboutirait à une impossibilité matérielle; l'ordre verbal est donc, dans un grand nombre de cas, une nécessité de la pratique, et la nature même des choses s'oppose à ce que les capitaines puissent, sans engager leur responsabilité, se refuser à obtempérer à des ordres verbaux. Mais de ce que la nécessité de se contenter d'ordres verbaux s'impose dans certains cas, doit-on conclure que les officiers de port peuvent refuser de donner leurs ordres par écrit lorsque aucun motif d'urgence ne justifie ce refus? Dans l'espèce qui a donné lieu à l'arrêt du conseil d'Etat du 8 juill. 1887, l'ordre de déplacer son navire avait été donné au capitaine, pour permettre à un bâtiment d'opérer son déchargement; et le capitaine, qui considérait comme dangereux de faire manœuvrer son navire sans lest, réclamait un ordre écrit pour couvrir sa responsabilité. On peut se demander si, en pareille hypothèse, le refus de l'officier de port de donner cet ordre par écrit se justifiait par des motifs suffisamment juridiques, et si le conseil d'Etat, en généralisant la règle de l'art. 18 du décret de 1854, n'a pas posé lui-même un principe trop absolu.

236. L'art. 12 du décret du 15 juill. 1854 ne donnait aux officiers de port qu'un droit de surveillance, et non de police, sur les rades (*Rép.* n° 808). La nouvelle rédaction de l'art. 12, résultant du décret du 27 janv. 1876 (*suprà*, n° 232) leur donne, au contraire, un droit de police sur les rades et dans les passes navigables, mais uniquement en ce qui concerne la propreté et la sûreté matérielle, ainsi que le placement des bouées, balises et feux flottants. Il appartiendrait donc au capitaine de port d'exercer un droit de police, et spécialement de faire enlever une épave formant obstacle à la navigation (*Rép.* n° 808) dans le chenal d'accès d'un port (Cons. d'Et. 30 mai 1884, aff. Guignard, D. P. 85. 3. 108).

237. Les dépôts d'immondices dans les eaux d'un port (*Rép.* n° 808) et de tout ce qui peut constituer un obstacle ou un danger pour la navigation constituent des contraventions de grande voirie. Il en est ainsi, notamment, du fait, par des pêcheurs, de poser leurs filets dans l'intérieur d'un port, de manière à porter atteinte à la liberté et à la sûreté de la navigation; les contrevenants ne pourraient prétendre qu'ils n'ont pas commis une contravention de grande voirie en se fondant sur ce que les règlements sur la pêche n'interdiraient pas le procédé qu'ils avaient employé (Cons. d'Et. 27 nov. 1874, aff. Dayol, aff. Chavé et aff. Dodé, D. P. 75. 3. 76-77).

238. Les explications fournies au *Rép.* n° 820, sur l'obligation qui est imposée aux capitaines de laisser toujours, à bord des bâtiments qui sont dans un port, le nombre de matelots nécessaires pour exécuter les mouvements nécessités par les manœuvres faites par d'autres bâtiments, ont conservé toute leur application (Cons. d'Et. 28 nov. 1873, aff. Morazanni, D. P. 74. 5. 547). Mais on a jugé que le fait d'avoir laissé un navire sans équipage ne constitue une contravention qu'autant qu'il a eu lieu dans les limites d'un port maritime (Cons. d'Et. 2 juill. 1880, aff. Maquinneheau, D. P. 81. 3. 51). Il n'y aurait pas contravention, si l'abandon du navire avait eu lieu dans une rivière.

239. Relativement à l'obligation qui incombe au capitaine, entrant dans un port, de se placer à l'endroit qui lui est assigné par les officiers du port, il a été décidé : 1° que le refus, par un capitaine, d'obtempérer à l'ordre qui lui est donné par un officier de port, dans l'intérêt de la sécurité du port et de la navigation, de faire quitter à un navire après son déchargement, la place qu'il occupait à quai, pour l'amarrer à un corps mort constitue une contravention de grande voirie (Cons. d'Et. 8 juill. 1887, aff. Menard, D. P. 88. 3. 97); — 2° Qu'il en est de même du fait de disposer un navire, contrairement aux ordres de l'officier de port, de manière à gêner les mouvements des bâtiments voisins (Cons. d'Et. 8 juill. 1887, aff. Oger, D. P. 88. 4. 98). Mais, dans le dernier cas, comme aucun des anciens règlements maintenus par la loi des 19-22 juill. 1791, ni aucune disposition de loi intervenue depuis lors ne punit d'une amende cette contravention, le contrevenant doit être seulement condamné aux frais du procès-verbal et au payement des frais auxquels le nouvel amarrage a pu donner lieu (Cons. d'Et. 7 juin 1878, aff. Large, D. P. 78. 3. 89; 23 juill. 1886, aff. Gay, D. P. 87. 5. 490).

240. Le capitaine du port est maître d'apprécier, lorsqu'il donne l'ordre de déplacer un navire, les motifs de cette injonction; il lui appartient, en effet, de juger de l'utilité d'une manœuvre et de la nécessité de l'exécuter. On ne saurait permettre aux intéressés de contester son appréciation, ni laisser au juge de la contravention le soin de trancher entre l'officier de port et le capitaine du navire la question de savoir si les ordres donnés devaient être obéis : ce serait méconnaître la nature des attributions des officiers de port. Ceux-ci sont donc juges de l'opportunité qu'il peut y avoir à déroger aux dispositions d'un règlement intérieur d'un port (Cons. d'Et. 8 juill. 1887, aff. Ménard, D. P. 88. 3. 97).

241. L'officier du port peut-il, en vertu des pouvoirs qui lui sont attribués, donner à un capitaine de navire l'ordre d'amarrer son navire à un corps mort, c'est-à-dire à une bouée flottante ancrée par le fond. La question n'est pas sans difficultés, alors que l'amarrage entraîne le payement d'une taxe au profit du concessionnaire. On peut se demander si l'ordre dont il s'agit n'est pas, en pareil cas, contraire à la loi du 27 vend. an 2, dont l'art. 29 a supprimé tous les droits de fret, ancrage, feux, phares, bouées, balises, signaux, lestage, délestage, pontages, traversages et tous autres de cette nature (*Rép.* n° 544). Sans doute, l'Administration peut autoriser des concessionnaires à établir sur les dépendances du domaine public les appareils qui peuvent être utiles aux navigateurs; mais pour que la concession ne constitue pas une violation de la loi, il faut que le péage dû au concessionnaire soit la rémunération d'un service effectif rendu sur la libre demande des intéressés. Or, si l'obligation de s'amarrer à un corps mort, sur l'ordre des officiers de port, est imposée à un navire, on ne saurait considérer le service comme librement demandé et l'assujettissement à la taxe comme volontairement consenti. Le conseil d'Etat a cependant jugé que le refus du capitaine d'obtempérer à l'ordre de l'officier de port constituait une contravention de grande voirie (Cons. d'Et. 7 juin 1878, aff. Large, D. P. 78. 3. 89; 23 juill. 1886, aff. Gay, D. P. 87. 5. 490).

242. Le capitaine peut-il être condamné par la juridiction administrative au payement de la taxe, comme accessoire de la condamnation pour la contravention de grande voirie résultant de son refus d'obtempérer à l'ordre de l'officier de port? L'Administration le prétendait dans l'espèce qui a donné lieu à l'arrêt du 7 juin 1878, cité *suprà*, n° 241; mais le conseil d'Etat s'est refusé à prononcer la condamnation qui lui était demandée par le motif que les droits dont la perception est autorisée en faveur du concessionnaire des engins d'amarrage dans un port rentrent dans la catégorie des taxes indirectes prévues par la *loi* des 7-11 sept. 1790. L'autorité judiciaire était donc seule compétente pour reconnaître si les taxes d'amarrage réclamées du capitaine contrevenant, au profit des concessionnaires, étaient dues par celui-ci et, en cas de contestation, pour en fixer la quotité.

243. Ces taxes résultant du tarif annexé à l'acte de concession, les redevables pouvaient contester l'application qui leur était faite du tarif et la légalité même de la concession. La question a été portée devant la cour de cassation et la légalité de la concession contestée (elle résultait, pour le port de Bordeaux, dans lequel s'étaient passés les faits donnant lieu au litige, d'un décret du 25 mars 1876), comme contraire à la loi du 27 vend. an 2 et aux art. 4 et 12 de la loi du 19 mai 1866 qui maintiennent les droits de tonnage affectés comme garantie au payement des emprunts contractés pour travaux d'amélioration dans les ports de mer, et permettent à l'Administration d'en établir de nouveaux qui ne pourront excéder 2 fr. 50 cent. par tonneau, en vue de subvenir à des dépenses de même nature. La cour de cassation a reconnu la légalité du décret de concession, en ce qu'il n'avait pas établi un impôt ou taxe obligatoire, mais s'était borné à faire une concession de travaux publics sous certaines redevances, l'obligation d'user des engins d'amarrage établis par le cessionnaire dérivant non des dispositions du décret de concession, mais des ordres donnés par les officiers de port, et ne constituant point, par conséquent, une prescription générale et obligatoire pour tous. La cour en a conclu également qu'il ne fallait pas considérer la taxe comme un impôt indirect (Civ. rej. 7 nov. 1882, aff. Cou, D. P. 83. 1. 297; Req. 5 nov. 1883, aff. Dupont, D. P. 85. 1. 28-29).

244. L'enlèvement de l'épave formée par un navire qui s'est échoué dans le chenal d'un port est une mesure d'urgence, à laquelle l'Administration doit pourvoir sans délai. Elle est en droit de mettre l'armateur en demeure d'opérer cet enlèvement, bien qu'il n'existe, en principe, contre celui-ci aucune présomption de faute, mais en vertu de cette règle générale que chacun doit faire tout ce qui dépend de lui pour que la chose qui lui appartient ne cause aucun préjudice aux tiers. Le refus de s'acquitter de cette obligation constitue, de la part de l'armateur ou du capitaine, une contravention aux règlements de la voirie maritime (*Rép.* n° 882; Cons. d'Ét. 30 mai 1884, aff. Guignard, D. P. 85. 3. 107; 2 août 1889, aff. Hautin-Tétard, D.P.91.3.27).— Mais c'est le refus seul qui la constitue et non le fait même de l'échouement. La contravention est, par conséquent, personnelle à ceux qui ont la propriété et la responsabilité du navire. L'armateur et le capitaine ne peuvent donc se prévaloir de ce que le capitaine et l'armateur d'un autre navire ont été reconnus, par décision de justice, responsables d'un abordage qui a amené l'échouement, pour soutenir que c'était contre ceux-ci que la contravention aurait dû être poursuivie (Cons. d'Ét. 2 août 1889, aff. Hautin-Tétard, D. P. 91. 3. 27). Ils ont, sans doute, en pareil cas, le droit de recourir contre les auteurs de l'accident; mais ils restent directement responsables de la contravention, puisque celle-ci résulte non de l'accident, mais du refus d'en réparer les suites.

245. De ce que la contravention résulte non de l'échouement mais du refus d'enlever l'épave, il faut encore conclure que, lorsque l'armateur ou le capitaine d'un navire coulé à l'entrée d'un port, par suite d'un accident de force majeure, se sont mis, pour enlever l'épave, à la disposition de l'Administration et que celle-ci a préféré se charger de l'opération, on ne peut leur imputer aucune contravention ni mettre à leur charge les frais auxquels cette opération a donné lieu (Cons. d'Ét. 30 juin 1876, aff. Gaudet, D. P. 76. 3. 103).

246. L'obligation d'enlever l'épave échouée ne peut être imposée que dans les ports, ou dans les rades qui en sont une dépendance, ou sur le rivage de la mer. Le refus d'enlèvement ne constituerait donc pas une contravention si l'échouement avait eu lieu dans une rade complètement ouverte et que rien, dans la disposition physique des lieux, ne sépare de la haute mer. C'est ce qu'a jugé le conseil d'État à propos d'un échouement survenu dans la rade du Bois-de-la Chaise, située en dehors du chenal du port de Noirmoutiers, parce que le lieu de l'échouement ne pouvait être considéré comme une dépendance de ce port, et que, d'autre part, il ne faisait pas partie du rivage de la mer (Cons. d'Ét. 11 juin 1886, aff. Flornoy, D. P. 88. 3. 117). Mais une passe navigable doit être considérée comme une dépendance d'un port auquel elle donne accès (Cons. d'Ét. 2 août 1889, aff. Hautin-Tétard, D. P. 91. 3. 27).

247. Il résulte des décisions rendues en cette matière par le conseil d'Etat que le refus d'enlèvement d'une épave échouée dans les dépendances d'un port ne peut entraîner pour le contrevenant d'autre condamnation que la condamnation aux frais du procès-verbal et au remboursement des dépenses faites par l'Administration pour relever le navire (*Rép.* n° 822). — Le contrevenant ne saurait, d'ailleurs, être condamné à rembourser à l'Administration d'autres dépenses que celles qui ont eu pour objet direct et immédiat de dégager la passe d'accès dans laquelle se trouvait le navire échoué (Cons. d'Et. 2 août 1889, aff. Hautin-Tétard, D P. 91. 3. 27). Les frais sont néanmoins souvent considérables: dans l'affaire qui a donné lieu à l'arrêt du 30 juin 1876, ils s'élevaient à plus de 45 000 fr., à 26 000 fr. dans le cas de l'arrêt du 2 août 1889. On a cité, dans la discussion de la loi du 12 août 1885, l'extraction d'un navire coulé près de Saint-Nazaire, et qui avait coûté plus de 400 000 fr. Les armateurs avaient essayé de se soustraire à des charges aussi lourdes en invoquant la faculté d'abandon inscrite dans l'art. 216 c. com.; mais le conseil d'Etat refusait d'appliquer cet article au cas d'échouement d'un navire dans un port. Aussi, devant la commission de la marine marchande de 1873, les armateurs demandèrent-ils que les dépenses d'extraction mises à la charge du propriétaire en cas de naufrage du navire dans un port, havre, etc., fussent comprises dans celles dont il était loisible aux armateurs de se libérer par l'abandon du navire et du fret. M. Griolet, dans le rapport qu'il présenta au conseil d'Etat, sur le projet de revision de certains articles du code de commerce, fit ressortir le bien fondé de cette réclamation. « Au point de vue de l'hypothèse dont il s'agit, disait-il, l'art. 216 c. com. paraît véritablement incomplet. En limitant à la valeur du navire et du fret la responsabilité de l'armateur, non seulement à raison des faits illicites du capitaine, mais encore à raison des engagements contractés par lui dans l'intérêt du navire et de l'expédition, le législateur a voulu affranchir les autres biens et la personne de l'armateur de toutes les obligations se rattachant à l'expédition, à l'exception seulement de celles qui auraient été contractées par l'armateur lui-même... Or s'il est une obligation dont l'armateur doive être ainsi dégagé, n'est-ce pas celle qui lui incombe à raison de sa seule qualité de propriétaire, comme lorsque, en cas d'échouement dans le port, il est tenu de supporter les frais d'extraction de sa chose...? Il n'y a pas d'hypothèse où l'on puisse mieux comprendre la libération par l'abandon, il n'en est pas qui rappelle mieux l'antique abandon noxal ». Deux paragraphes ainsi conçus furent donc ajoutés à l'art. 216 : « En cas de naufrage du navire dans un port de mer ou havre, dans un port maritime ou dans les eaux qui leur servent d'accès, comme aussi en cas d'avaries causées aux ouvrages d'un port, le propriétaire du navire peut se libérer, même envers l'Etat, de toute dépense d'extraction ou de réparation, ainsi que de tous dommages-intérêts, par l'abandon du navire et du fret des marchandises à bord. La même faculté appartient au capitaine qui est propriétaire ou copropriétaire du navire, à moins qu'il ne soit prouvé que l'accident a été occasionné par sa faute ».

248. Le conseil d'Etat a décidé, par application de ces dispositions nouvelles, que dans le cas où, sur l'injonction qui lui a été adressée d'enlever une épave, le propriétaire d'un navire échoué a déclaré faire l'abandon à l'Etat du navire et du fret des marchandises à bord, le refus d'obtempérer à l'injonction ne constitue pas une contravention de grande voirie et que, par suite, le conseil de préfecture doit le renvoyer des fins du procès-verbal dressé contre lui (Cons. d'Et. 27 mai 1887, aff. Chegaray, D. P. 88. 3. 95). Il a été décidé également que la libération n'est acquise par le propriétaire du navire qu'autant que les travaux d'enlèvement n'ont pas été exécutés antérieurement à la loi du 12 août 1885 (Cons. d'Et. 2 août 1889, aff. Hautin-Tétard, D. P. 91. 3. 27), il importerait peu d'ailleurs que l'accident eût été antérieur à la promulgation de la loi du 12 août 1885, dès l'instant que l'exécution d'office des travaux, qui seule donne naissance à la créance de l'Etat, est postérieure à cette promulgation. C'est ce qui avait eu lieu dans l'espèce de l'arrêt précité du 27 mai 1887.

249. Le conseil d'Etat a confirmé, à plusieurs reprises, la règle de l'art. 7 de l'ordonnance de 1681, qui interdit le séjour, pendant plus de trois jours, des marchandises sur les quais des ports (*Rép.* n° 830). Le fait d'avoir laissé séjourner des marchandises sur les quais d'un port maritime, pendant plus de trois jours, est considéré comme une contravention de grande voirie (Cons. d'Et. 10 mai 1878, aff. Moreau, D. P. 78. 3. 91; 13 févr 1885, aff. Séjourné, D. P. 86. 3. 85; 11 déc. 1885, aff. Compagnie transatlantique, D. P. 87. 3. 45; 11 mars 1887, aff. Nénert, D. P. 88. 3. 68). Mais, comme aucune amende n'est applicable aux contraventions de cette nature, le contrevenant ne peut être condamné, outre le remboursement des dépenses que l'enlèvement d'office des marchandises aura pu occasionner, qu'à la réparation du dommage causé aux quais et autres ouvrages dépendant de la grande voirie, et aux frais du procès-verbal. Encore faut-il, pour que cette dernière condamnation puisse être prononcée, que la prescription ne soit pas acquise au point de vue pénal, ou tout au moins qu'il y ait une condamnation prononcée à des dommages-intérêts; dans le cas contraire, le contrevenant ne pourrait même pas être condamné aux frais du procès-verbal (Cons. d'Ét. 14 déc. 1883, aff. Ferrère, D. P. 85. 3. 75). Mais il n'en est pas de même de la condamnation au remboursement des frais faits par l'Administration pour l'enlèvement et le transport d'office des marchandises (Arrêt précité du 11 mars 1887).

250. Le délai de trois jours, durant lequel l'ordonnance de 1681 autorise le séjour des marchandises sur les quais des ports, est-il applicable seulement aux marchandises débarquées? Celles qui sont destinées à être embarquées ne peuvent-elles profiter du même délai? Le ministre des travaux publics a soutenu que l'ordonnance, malgré ses termes généraux, ne pouvait s'appliquer aux marchandises destinées à l'embarquement. Pour établir qu'elle s'occupait uniquement des marchandises débarquées, il faisait valoir les inconvénients qui résulteraient pour la police des quais, d'une interprétation contraire. Tant qu'un bâtiment n'est pas arrivé, il est impossible de savoir quelle place lui assignera le maître de port : l'individu qui a déposé des marchandises sur un point quelconque du quai, ou bien obligera indirectement le maître de port à assigner cette place au navire, ou bien sera contraint de recharger ces marchandises pour les porter au point où le navire aura été conduit. Comment prévoir, en outre, la durée du dépôt lorsque le navire est encore en mer, et que son arrivée pourra être retardée par toutes sortes de circonstances? On serait nécessairement forcé d'accorder des prolongations de délai, qui présenteraient les plus graves inconvénients et auraient pour résultat l'encombrement des quais, que l'ordonnance a eu pour objet de prévenir.

Le conseil d'Etat n'a pas admis ce système : les termes de l'ordonnance de 1681 (tit. 1, liv. 4) ne faisant aucune distinction entre les marchandises débarquées et celles destinées à l'embarquement, il n'a pas cru devoir consacrer la distinction proposée (Cons. d'Ét. 2 mars 1888, aff. Godet, D. P. 89. 3. 69). Les considérations invoquées par le ministre avaient sans doute une grande valeur pratique et suffiraient pour motiver des dispositions spéciales dans les règlements des ports; mais aucune pénalité ne peut être appliquée pour motifs d'analogie et d'utilité, et c'est avec raison que le conseil d'Etat a jugé que, l'ordonnance de 1681 ne considérant le dépôt de marchandises comme une contravention qu'après le délai de trois jours, la peine édictée par cette disposition ne pouvait être encourue, en aucun cas, avant l'expiration de ce délai.

251. Lorsque les marchandises débarquées ont été laissées pendant plus de trois jours sur les quais, l'entrepreneur de transport qui les a débarquées de son navire ne peut être poursuivi et déclaré responsable de la contravention, alors qu'il n'est pas propriétaire de ces marchandises. C'est ce qui résulte d'un arrêt du 11 déc. 1885 (aff. Compagnie transatlantique, D. P. 87. 3. 45) dans lequel le conseil d'Etat semble s'être prononcé en droit, aucune circonstance spéciale de nature à exonérer l'entreprise de transport n'y ayant été relevée. — Le ministre des travaux publics invoquait encore, comme dans le cas examiné *suprà*, n° 251, des considérations pratiques tirées de la nécessité où se trouverait l'Administration de rechercher les propriétaires des marchandises, souvent éloignés, pouvant n'être pas prévenus de l'arrivée des marchandises et n'ayant, fréquemment, pas la possibilité de les enlever des quais du port dans les trois jours. Il soutenait en outre que la doctrine contraire était en désaccord avec le texte de l'art. 7, titre 1, liv. 4, de l'ordonnance de 1681, interdisant à tous marchands, facteurs et commissionnaires de laisser leurs marchandises sur les quais des ports pendant plus de trois jours.

252. Il a été jugé encore que le stationnement, durant quelques heures, sur les rails établis le long d'un port maritime, des wagons amenés pour y être chargés ne peut être considéré comme ayant une durée suffisante pour constituer une contravention à un arrêté préfectoral pris par application de l'ordonnance du 16 août 1681 et prescrivant que les voitures, chariots et fourgons ne peuvent stationner sur les quais que pendant le temps strictement nécessaire pour leur chargement et déchargement (Cons. d'Ét. 28 mai 1886, aff. Chemin de fer du Midi, D. P. 87. 5. 490).

253. L'inobservation des règlements particuliers qui interdisent les dépôts de matériaux sur les ports rentre, comme l'inobservation de l'ordonnance de 1681, dans la catégorie des contraventions de grande voirie que les conseils de préfecture sont compétents pour réprimer. Ainsi, on a jugé que le fait d'avoir opéré un dépôt de pierres sur une partie du port de Bordeaux où ce dépôt était interdit par un arrêté préfectoral pris pour assurer l'exécution de l'arrêt du conseil du 17 juill. 1782 défendant, à peine d'amende, de jeter sur les bords de la Garonne aucun bois, graviers ou pierres, constitue une contravention de grande voirie dont il appartient au conseil de préfecture de connaître (Cons. d'Ét. 14 déc. 1883, aff. Ferrère, D. P. 85. 3. 75).

254. On a vu au *Rép.* n° 835, que l'entretien et l'amélioration des ports de commerce sont à la charge du budget de l'Etat, et que, pour couvrir l'Etat de ces dépenses, des taxes, soit locales, soit générales, peuvent être perçues sur les navires entrant et sortant du port. Il est aussi des cas où des concessionnaires sont autorisés à percevoir des taxes en rémunération de certains travaux qu'ils exécutent pour l'amélioration des ports; toutefois, la perception de ces taxes n'est légitime qu'autant qu'elles ne sont pas imposées d'une manière générale à tous les navires, mais seulement à ceux qui font usage des engins ou des locaux faisant l'objet de la concession. La loi du 27 vend. an 2, art. 29, a supprimé, en effet, les droits de fret, ancrage, feux, bouées, balises etc., qui existaient à cette époque (V. *suprà*, n° 241); et la disposition de cette loi deviendrait illusoire si le Gouvernement autorisait l'établissement, sur toute l'étendue des ports, d'appareils dont l'usage serait frappé d'une taxe. Il ne peut donc être question que de taxes facultatives pour ceux qui font usage des engins ou des locaux concédés. Ces taxes n'ont pas, par suite, le caractère d'un impôt, dont le propre est d'être obligatoire pour tous indépendamment du service rendu. Les taxes ou les redevances dont la perception est autorisée au profit d'un concessionnaire sont, au contraire, la rétribution tarifée du service rendu par ce concessionnaire à celui qui a recours à son intervention : le payement de cette rétribution n'est pas obligatoire, en ce sens qu'on peut ne pas recourir à l'intervention de celui qui la perçoit, ou tout au moins qu'on ne doit ce payement qu'autant qu'un service a été rendu. Ainsi, la cour de cassation, appelée à déterminer le caractère d'un droit de tonnage établi par un décret du 22 mai 1872, au profit de la chambre syndicale des courtiers de Bordeaux, a considéré ce droit, non comme un impôt, mais comme la rémunération d'un service rendu, parce que le ministère des courtiers n'est pas forcé et qu'ils n'ont droit à un salaire qu'autant que ceux à qui ils le réclament ont requis leur service et employé leur ministère (Civ. cass. 14 août 1877, D. P. 78. 1. 179). Il en résulte que l'autorité judiciaire est compétente pour assurer le recouvrement des taxes autorisées au profit du concessionnaire et pour statuer suivant les règles du droit commun, et non conformément à la procédure organisée par la loi des 7-11 sept. 1790, sur les difficultés auxquelles leur perception peut donner lieu (Civ. rej. 7 nov. 1882, aff. Cou, D. P. 83. 1. 297; Req. 5 nov. 1883, aff. Dupont, D. P. 85. 1. 28-29).

255. Une loi du 3 avr. 1882 (D. P. 82. 4. 110-111) a pour objet d'améliorer le service des phares, dont il a été parlé au *Rép.* n° 439. Elle a ordonné l'exécution de travaux pour l'éclairage électrique des côtes de France et l'installation de signaux sonores destinés à faire connaître l'approche des côtes en temps de brouillard.

256. Une autre loi, du 27 mars 1882 (D. P. 82. 4. 109), est venue assurer la protection des balises bouées et tonnes qui servent à faire connaître aux navigateurs les passes navigables et leur permettent d'éviter les écueils. Cette loi considère comme contravention toute atteinte portée à ces engins. La France, sur ce point, n'a fait que suivre une voie déjà tracée par plusieurs nations maritimes. L'Angleterre et les Etats-Unis se montrent sous ce rapport d'une grande sévérité. Outre la réparation des dommages causés, le délinquant est passible, aux Etats-Unis, d'un emprisonnement dont la durée peut être portée jusqu'à six mois et à 1000 dollars d'amende; même, dans la Floride, le jury peut, à sa discrétion, faire appliquer trente-neuf coups de verge au délinquant. En Angleterre, les règlements de la marine marchande frappent d'une amende de 50 livres sterling (1250 fr.), outre l'obligation de réparer les avaries causées, quiconque a déplacé, changé ou détruit un bateau-feu, une bouée ou une balise, ou s'il mouille près d'un bateau-feu ou d'une bouée, s'y amarre ou les aborde.

257. La loi du 27 mars 1882 a pour objet la « protection du balisage dans les eaux maritimes ». Ce titre a été substitué à celui du projet proposé par le Gouvernement « projet de loi pour la protection du balisage du littoral » afin de bien préciser qu'on entendait protéger le balisage, non seulement dans la mer qui baigne le littoral et les îles et qui pénètre dans les ports, mais encore dans les eaux des rivières jusqu'aux points où remonte la marée, et, pour celles où il n'y a pas de marée, jusqu'à l'endroit où les bâtiments de mer peuvent remonter. L'art. 1er interdit à tout capitaine, maître ou patron d'un navire, bateau ou embarcation, de s'amarrer, hors le cas de danger de perdition, sur un feu flottant, balise ou bouée qui ne serait pas destiné à cet usage, à peine d'une amende de 10 à 15 fr. Le contrevenant peut, en outre, être condamné à un emprisonnement de cinq jours au plus (art. 2). Il est également interdit, sous les mêmes peines, de jeter l'ancre dans le cercle d'évitage d'un feu flottant ou d'une bouée. Le délinquant qui a coulé, renversé ou détérioré un feu flottant est affranchi de la réparation du dommage causé s'il en a fait la déclaration, dans les vingt-quatre heures de son arrivée, au premier port de France où il aborde, à l'officier ou maître de port ou, à leur défaut, au syndic des gens de mer, et, en pays étranger, à l'agent consulaire de France le plus rapproché du lieu d'arrivée (art. 3). La loi a voulu faire concourir ainsi à la conservation du balisage, non seulement les agents verbalisateurs spéciaux et nombreux qui sont désignés dans son art. 8 (V. *infrà*, n° 260), mais encore en quelque sorte les contrevenants eux-mêmes. Les pénalités qu'ils peuvent avoir encourues par suite de circonstances particulières de leur navigation sont diminuées et même supprimées, s'ils ont la bonne foi de faire une déclaration sincère et immédiate. La déclaration du délinquant est, d'ailleurs, exigée à peine d'un emprisonnement de dix jours à trois mois et d'une amende de 25 à 100 fr., alors même que l'amarrage sur un engin de balisage aurait eu lieu en cas de danger de perdition (art. 3 et 4).

258. De même qu'elle atténue la peine en présence d'une déclaration spontanée, et déclare, en tous cas, les circonstances atténuantes admissibles (art. 7), la loi l'aggrave en cas de récidive soit du fait lui-même, soit du défaut de déclaration, en doublant la peine (art. 6). Il y a récidive, en pareil cas, lorsqu'il a été rendu contre le contrevenant ou le délinquant, dans les douze mois précédents, un premier jugement pour infraction à la loi (même article).

259. La loi prévoit enfin le cas où un engin de balisage a été volontairement détruit, abattu ou dégradé; la peine est alors d'un emprisonnement de six mois à trois ans et d'une amende de 100 à 500 fr., sans préjudice de la réparation du dommage causé (art. 5).

260. Les contraventions et délits sont constatés (art. 8) par les officiers commandant les bâtiments de l'Etat, les officiers et maîtres de port, les conducteurs et autres agents assermentés du service des ponts et chaussées, les officiers mariniers commandant les embarcations garde-pêche, les syndics des gens de mer, les gendarmes maritimes, les gardes maritimes, les guetteurs des postes sémaphoriques et les pilotes, qui sont spécialement assermentés à cet effet, ainsi que par les agents et préposés des douanes.— Les procès-verbaux dressés pas les agents désignés par l'art. 8 font foi jusqu'à preuve contraire; ils doivent, lorsqu'ils ne sont pas l'œuvre des officiers commandant les bâtiments de l'Etat, des officiers de port, des officiers mariniers commandant les embarcations garde-pêche, des officiers de gendarmerie et des officiers des douanes, être affirmés dans les trois jours de leur clôture ou du retour à terre de l'agent verbalisateur, soit devant le juge de paix du canton soit devant le maire de la commune où réside l'agent (art. 9). Les procès-verbaux sont remis ou envoyés soit directement, soit par l'officier ou le maître de port le plus rapproché, à l'ingénieur des ponts et chaussées chargé du service maritime (art. 10, § 1).

261. L'affaire est portée, suivant la nature de l'infraction poursuivie, c'est-à-dire suivant qu'elle est réprimée par une peine correctionnelle ou par une peine de simple police, devant le tribunal correctionnel ou le tribunal de simple police du port le plus voisin du lieu où l'infraction a été commise, ou devant le tribunal du port français dans lequel le navire peut être trouvé, ou enfin devant le tribunal du port auquel appartient le navire français (art. 10, § 3). La loi du 27 mars 1882 déroge donc à la règle qui assimile aux contraventions de grande voirie, et défère aux conseils de préfecture, les infractions aux règlements de la voirie maritime.

262. Les poursuites intentées en vertu de la loi du 27 mars 1882 sont exercées soit à la diligence du ministère public, soit à la diligence de l'ingénieur du service maritime, qui a, alors, le droit d'exposer l'affaire devant le tribunal et d'être entendu à l'appui de ses conclusions.

Art. 3. — *Du lestage et du délestage des bâtiments* (*Rép.* n°s 842 à 853).

263. V. *Rép.* n°s 842 et suiv.

Art. 4. — *De la police et de la défense des côtes* (*Rép.* n°s 854 à 862).

264. Nous n'ajouterons rien à ce qui a été dit au *Rép* n° 854 de la police des côtes et rivages qui font partie du domaine public et sont, comme tels, soumis aux règlements de police émanant des maires des communes sur le territoire desquels ils s'étendent, et des préfets (V. d'ailleurs *suprà*, v'* *Domaine public*, *Commune*, *Organisation administrative*). On a également exposé que les rivages de la mer artificiellement constitués par des digues et autres ouvrages à la mer sont soumis au régime de la grande voirie et que, par conséquent, les contraventions dont ils peuvent être l'objet sont poursuivies devant les conseils de préfecture, comme contraventions de grande voirie (*Rép.* n° 855). Il faut en dire autant des phares et de leurs dépendances; les plantations, notamment, exécutées par l'Administration sur une dune artificielle pour protéger un phare contre l'envahissement des sables constituent, comme le phare lui-même, un ouvrage à la mer, et le conseil de préfecture est compétent pour connaître d'un procès-verbal de contravention dressé contre un particulier pour avoir dégradé ces plantations (Cons. d'Et. 22 juin 1883, aff. Redarès, D. P. 89. 3. 18-19).

265. Les dunes, qui ont fait l'objet de règlements généraux et particuliers depuis 1734 (*Rép.* n°s 856 et suiv.), sont, depuis un décret du 29 avr 1862 (D. P. 62. 4. 41) soumises au régime forestier et placées dans les attributions de l'administration des Forêts (V. *suprà*, v° *Dunes*, n° 11). Tout ce qui regarde les dunes se trouve donc aujourd'hui placé sous la direction de l'Administration forestière. Nous nous référons, par suite, pour compléter les explications du *Répertoire*, n°s 857 à 859 à ce qui a été dit *suprà*, v° *Dunes*, n°s 33 à 49).

266. La défense des côtes (*Rép.* n°s 860 et suiv.) fait partie des attributions du ministre de la guerre, qui y pourvoit au moyen des troupes actives ou territoriales que les lois d'organisation militaire mettent à sa disposition (V. *infrà*, v° *Organisation militaire*).

Art. 5. — *Du jugement des contraventions à la police des ports, rades et côtes* (*Rép.* n°s 863 à 882).

267. Les contraventions à la police des ports sont constatées par les procès-verbaux des officiers de port (*Rép.* n° 863); mais la foi due à ces procès-verbaux n'existe que jusqu'à preuve contraire. Cette règle, qui nous avait paru devoir être suivie, a été posée en termes exprès, pour les contraventions en matière de balisage, par la loi du 27 mars 1882, art. 8 (*suprà*, n° 260).

268. Les entreprises de toute nature sur le domaine public maritime peuvent être constatées, aux termes de l'art. 4 du décret du 21 févr. 1852 (D. P. 52. 4. 67) par les syndics des gens de mer, les gardes maritimes et les gendarmes de la marine, concurremment avec les fonctionnaires et agents dénommés dans les lois et décrets relatifs à la grande voirie. Cet article porte, en effet, que ces agents peuvent constater « les *établissements* irrégulièrement formés sur le domaine public maritime ». Le fait qu'il avait été inséré dans un décret relatif à la délimitation du domaine public, et qu'il employait le mot *établissement* pouvait faire naître la question de savoir si le droit conféré aux syndics des gens de mer, gardes maritimes et gendarmes de la marine n'était pas restreint à la constatation des usurpations permanentes sur ce domaine. Cette interprétation restrictive n'a pas été admise par le conseil d'Etat (13 nov. 1885, aff. Vidal, D. P. 87. 3. 38).

269. Les contraventions résultant de dégradations aux travaux des ports et des rades, etc., sont de la compétence des conseils de préfecture (*Rép.* n°s 865-868), comme constituant des contraventions de grande voirie. Le conseil de préfecture est également compétent pour connaître des contraventions résultant d' entreprisessur le rivage de la mer (*Rép.* n° 870 et *suprà*, n° 264). — On décidait également, avant la loi du 27 mars 1882 sur la protection du balisage dans les eaux maritimes, qu'on devait considérer comme un dommage aux travaux à la mer, et, par conséquent, comme justiciable du conseil de préfecture, le déplacement des bouées, tonnes et balises (*Rép.* n° 871). Il a encore été jugé que le conseil de préfecture était compétent pour statuer sur un procès-verbal de contravention dressé contre le capitaine d'un navire pour dégradations à un ponton portant un feu flottant dans les eaux de la Gironde (Cons. d'Ét. 29 juin 1883, aff. Welbner, D. P. 85. 3. 19). Mais actuellement ce fait tomberait sous l'application de la loi du 27 mars 1882, et devrait être soumis au tribunal de police ou au tribunal correctionnel, suivant la gravité et la nature du fait incriminé (*suprà*, n° 261).

270. La compétence du conseil de préfecture pour condamner le contrevenant cesse lorsqu'il s'agit d'une question qui ne peut se résoudre que par l'application des règles du droit commun (*Rép.* n° 879). Il en était ainsi avant la loi du 12 août 1885, lorsque le propriétaire d'un navire échoué dans le chenal d'un port prétendait se libérer des frais de relèvement par l'abandon du navire et du fret. Il semble que cette solution devrait encore être appliquée si le propriétaire, après avoir soutenu devant le conseil de préfecture qu'il n'avait commis aucune contravention, et après avoir été condamné à rembourser les frais d'enlèvement de l'épave, opposait l'abandon du navire et du fret aux poursuites en recouvrement dirigées contre lui par le Trésor.

271. Le droit des officiers de port de faire exécuter d'office les règlements, en cas de refus des contrevenants, peut donner lieu à des réclamations devant les tribunaux civils en cas d'abus de pouvoir (*Rép.* n° 881). Rappelons que l'autorisation préalable du conseil d'Etat, qui était nécessaire à l'exercice de ces réclamations lors de la publication du *Répertoire*, les officiers de port étant fonctionnaires, ne peut plus être exigée aujourd'hui.

CHAP. 5. — De la justice maritime (*Rép.* n°s 883 à 889).

272. Le code de justice pour la marine militaire, du 4 juin 1858, est toujours en vigueur pour l'armée de mer, sauf les modifications qui ont été apportées, par la loi du 18 mai 1875 (D. P. 75. 4. 123), au titre 2 du livre 4 du code de justice militaire pour l'armée de terre, et qui ont été étendues au code de justice militaire pour l'armée de mer par une loi du 31 déc. 1875 (D. P. 76. 4. 78). La même loi rend applicables à la réserve de l'armée de mer, ainsi qu'aux marins et militaires de cette armée en congé renouvelable, les dispositions de la loi du 18 nov. 1875 (D. P. 76. 4. 70), qui concernent la disponibilité et la réserve de l'armée active. Toutefois, le rôle et la compétence attribués à l'autorité et aux juridictions militaires sont dévolus, en ce qui touche l'armée de mer, à l'autorité et aux juridictions maritimes.

Les dispositions de la loi du 18 nov. 1875 qui ont été rendues applicables à l'armée de mer ont trait à l'obligation imposée aux hommes appartenant à la réserve et à l'armée territoriale de faire connaître leurs changements de domicile, de résidence et leurs déplacements pour voyager; à celle de s'éloigner des rassemblements tumultueux et contraires à l'ordre public ; aux devoirs de respect dont ils sont tenus envers leurs supérieurs hiérarchiques en uniforme lorsqu'ils sont eux-mêmes revêtus d'effets d'uniforme, etc. (V. *infrà*, v° *Organisation militaire*).

273. La discipline et la justice de la marine marchande sont également toujours réglées par le décret du 4 mars 1852. Nous n'avons à signaler que quelques modifications apportées à la composition des tribunaux maritimes commerciaux et à la procédure devant ces tribunaux par la loi du 10 mars 1891 (D. P. 91. 4. 38) sur les accidents et collisions en mer, lorsqu'il s'agit du jugement des contraventions à cette loi. En outre, une loi du 2 oct. 1881 (D. P. 82. 4. 41), mettant le décret de 1852 en harmonie avec le nouvel art. 336 c. instr. crim., supprime le résumé qui, aux termes de l'art. 34, § 5, de ce décret, devait clore les débats.

SECT. 1re. — DE LA JUSTICE MARITIME MILITAIRE.

ART. 1er. — *Des peines, crimes et délits* (*Rép.* n°s 890 à 940).

274. Les explications fournies au *Rép.* n°s 890 et suiv., nous dispensent de traiter à nouveau les questions qui y ont été examinées, la législation en vigueur étant encore celle qui y a été exposée. Les seuls points sur lesquels nous aurions à fournir de nouvelles explications sont ceux qui ont trait à l'insoumission des hommes appelés au service dans les différents corps de la marine et à la désertion. En raison des dispositions nouvelles sur ces matières, résultant des lois des 18 mai et 31 déc. 1875, ces explications seront fournies *infrà*, v° *Organisation militaire.*

275. La cour de cassation a été appelée à donner l'interprétation du mot *militaire*, employé par l'art. 331 de la loi du 4 juin 1858. Cet article punit de la peine de la reclusion, le vol des deniers ou effets quelconques appartenant soit à des marins et militaires ou à des individus embarqués sur des bâtiments de l'Etat, commis par des individus non comptables, avec réduction de la peine à un emprisonnement de six mois à deux ans, lorsque la valeur de l'objet volé n'excède pas 40 francs et qu'il n'y a aucune des circonstances aggravantes prévues par le code pénal ordinaire (*Rép.* n°s 928 et 929) Un matelot avait été condamné à six mois de prison pour avoir soustrait frauduleusement, à l'hôpital de Barèges, une somme de 5 francs au préjudice d'un soldat du 92e de ligne. La cour de cassation a jugé: que, par le mot *militaire* le législateur du code de justice maritime n'a pas voulu désigner les militaires de l'armée de terre, mais seulement ceux qui, tout en étant soumis aux règlements de l'armée de terre, mais faisant partie des corps organisés de la marine, sont justiciables des conseils de guerre permanents des arrondissements maritimes; que le vol commis au préjudice d'un militaire de l'armée de terre ne rentre dans l'application dudit art. 331 que si ce militaire est embarqué sur un bâtiment de l'Etat; que, dans le cas contraire, ce militaire n'est plus, au regard des marins et militaires de l'armée de mer, qu'un simple particulier et que dès lors le vol commis à terre par un matelot, au préjudice d'un militaire de l'armée de terre non embarqué, n'est passible que des peines portées par l'art. 401 du code pénal ordinaire (Crim. cass., 10 févr. 1870, aff. Blanc, D. P. 71. 1. 177).

ART. 2. — *Du crime de piraterie* (*Rép.* n°s 941 à 962).

276. Une affaire analogue à l'affaire du *Fœderis-Arca* qui avait soulevé un grand nombre de questions résolues par une succession d'arrêts de la cour suprême (*Rép.* n° 960) a, en 1875 et 1876, donné lieu à plusieurs arrêts tant sur la compétence que sur les éléments du crime de piraterie. On a vu au *Rép.*, n° 956, qu'aux termes de l'art. 4-1° de la loi du 10 avr. 1825, est poursuivi et jugé comme pirate tout individu faisant partie de l'équipage d'un navire ou bâtiment de mer français qui, par fraude ou violence envers le capitaine ou commandant, s'emparerait du commandement. Le 15 oct. 1874, sur un brick de

Nantes naviguant dans les mers de la Chine, un matelot ayant précipité le capitaine à la mer, le second profita de cette circonstance pour s'emparer du navire, dont il prit le commandement après avoir rédigé et fait signer un procès-verbal de disparition mensonger. Cet acte fut suivi du vol des effets du capitaine, de la vente d'agrès et d'une partie de la cargaison dont le prix fut dissipé par l'équipage. Le 11 décembre, à l'arrivée du navire à Macao, les coupables furent arrêtés par les ordres de notre agent consulaire et amenés à Saïgon. L'instruction commencée devant la juridiction de droit commun aboutit à une ordonnance de dessaisissement rendue, sur les conclusions conformes du ministère public, par le lieutenant de juge faisant fonctions de juge d'instruction près le tribunal de première instance de Saïgon et motivée sur ce que les faits, relevés à la charge des inculpés, constituaient, dans leur ensemble, le crime de piraterie, prévu et puni par les art. 4 et 8 de la loi du 10 avr. 1825, et dont l'art. 17 de la même loi attribue la connaissance aux tribunaux maritimes. La procédure fut alors transmise au contre-amiral gouverneur de la colonie, qui ordonna qu'il fût informé contre les accusés par le rapporteur du 1er tribunal maritime. Mais le commissaire du Gouvernement près ce tribunal, ne trouvant pas dans les faits reprochés les éléments constitutifs du crime de piraterie, conclut, le 25 février, à l'incompétence du tribunal maritime. Le 10 mars suivant, le contre-amiral gouverneur, visant l'ordonnance de dessaisissement du juge d'instruction et les conclusions du commissaire-rapporteur, tendant à ce que la juridiction maritime déclinât sa compétence, déclara qu'en l'état il n'y avait pas lieu de prononcer la mise en jugement des prévenus, et ordonna la transmission des pièces de la procédure au ministre de la marine, pour être par lui requis à ce qu'il fût réglé de juges par la cour de cassation.

Sur ce conflit négatif, la cour de cassation décida, comme elle l'avait fait dans l'affaire du *Fœderis-Arca* (*Rép.* n° 960), que le fait du second et des matelots de l'équipage d'un bâtiment de commerce de s'être, durant la traversée, emparés du navire en jetant le capitaine à la mer, d'avoir pillé les effets de celui-ci, et d'avoir détruit ou vendu les provisions et une partie de la cargaison et des agrès, constitue non une série de crimes distincts, de la compétence de la juridiction de droit commun, mais le crime assimilé à la piraterie par l'art. 4-1° de la loi du 10 avr. 1825, lequel est de la compétence de la juridiction maritime (Crim. renv. 5 juin 1875, aff. Van-der-Noot, Carl Joly et autres, (D. P. 75. 1. 387). Un second arrêt, rendu sur le pourvoi des condamnés, contre un jugement du tribunal de revision maritime de Brest, a décidé, de même, que, pour qu'il y ait crime de piraterie, il n'est pas nécessaire que l'homicide, les blessures ou la violence soient le fait personnel de l'homme de l'équipage qui s'est emparé du bâtiment, ou le résultat d'un concert préalable entre les hommes de l'équipage pour préparer la prise de possession violente du bâtiment. Le crime existe alors même que l'homme de l'équipage n'a eu et n'a réalisé l'intention de se rendre maître du navire qu'après l'homicide, les blessures ou les violences qui, même amenés par un sentiment de cupidité ou de vengeance, ont permis de s'emparer du bâtiment par fraude ou violence. Et dans ce cas, il importe peu que le navire ait été vendu en totalité ou bien perdu ou détruit; il suffit que ceux qui se sont rendus maîtres du navire aient pu en disposer (Crim. rej. 10 déc. 1875, aff. Van-der-Noot et autres, D. P. 76. 1. 287).

ART. 3. — *De l'organisation des tribunaux de la marine* (*Rép.* n° 963).

§ 1er. — Des conseils de guerre et des conseils de revision permanents dans les arrondissements (*Rép.* nos 964 à 992).

277. — 1° *Conseils de guerre permanents.* — Il existe toujours des conseils de guerre permanents dans chaque arrondissement maritime; leur ressort, s'étendant à toute l'étendue du territoire de la République, a été à nouveau déterminé par un décret du 23 janv. 1889 (D. P. 90. 4. 31).

278. L'art. 77 de la loi du 4 juin 1858 comprend dans l'énumération des justiciables des conseils de guerre permanents des arrondissements maritimes les officiers de tous grades, les employés et les agents des différents corps de la marine (*Rép.* n° 974). Il résulte de l'exposé des motifs de la même loi (*Rép.* n° 975) qu'il faut comprendre parmi les justiciables ainsi désignés les agents du commissariat de la marine, et notamment les commis et écrivains faisant partie de ce corps, qui sont spécialement dénommés aux décrets du 21 juin 1858 et du 1er juin 1867 réglant la composition des conseils de guerre (Poitiers, 27 févr. 1874, aff. Lasfargeas, D. P. 74. 2. 158). Il en est de même des distributeurs et des commis aux vivres de la Guyane, qui sont également dénommés aux décrets du 21 juin 1858 (Décr. 23 févr. 1889, D. P. 90. 4. 32; Crim. régl. de juges, Proc. gén. près la cour de cass., 9 août 1873, D. P. 74. 1. 276).

Mais, de même que les gardes maritimes (*Rép.* n° 978), les syndics des gens de mer ne sont pas justiciables des conseils de guerre permanents des arrondissements maritimes. Bien qu'ils soient commissionnés par le ministre de la marine, ils ne sont que des agents civils, dont les attributions n'ont aucun rapport direct avec ce qui constitue le marin militaire de l'armée de mer. D'ailleurs, ils ne sont pas compris dans la nomenclature des fonctionnaires de la marine, pour lesquels le décret du 21 juin 1858 détermine la composition des conseils de guerre (Crim. cass., 8 mai 1873, aff. Godfroy, D. P. 73. 1. 271).

279. — 2° *Conseils de revision.* — A l'époque de la publication du *Répertoire*, il existait un conseil de revision dans chaque arrondissement maritime (*Rép.* nos 989 et suiv.). Le décret du 23 janv. 1889 (D. P. 90. 4. 30) ne laisse subsister qu'un seul conseil de revision permanent, dont le siège est à Brest, sous le nom de conseil de revision maritime, et dont la juridiction s'étend au ressort de tous les conseils de guerre des arrondissements maritimes.

§ 2. — Des tribunaux maritimes et des tribunaux de revision permanents (*Rép.* nos 993 à 1014).

280. L'art. 88 du code de justice maritime de 1858 déclare justiciables des tribunaux maritimes, encore qu'ils ne soient ni marins ni militaires, tous individus auteurs ou complices de crimes et délits commis dans l'intérieur des ports, arsenaux et établissements de la marine, lorsque ces crimes et délits sont de nature à compromettre soit la police ou la sûreté de ces établissements, soit le service maritime. Cet article, aux termes de l'arrêt de la cour de cassation du 8 mai 1873, cité *suprà*, n° 278, ne s'applique pas au crime de faux commis dans un bureau de l'inscription maritime par un des agents qui y sont employés. La cour a, en effet, jugé que le bureau d'un commissaire de la marine, surtout dans un lieu où il n'existe ni port ni arsenal, ne peut être considéré comme un établissement de la marine : « Le législateur, dit l'arrêt, en créant la juridiction exceptionnelle des tribunaux maritimes, a eu surtout pour but de protéger l'ensemble des lieux dans lesquels fonctionne plus particulièrement le mécanisme des ports et arsenaux, d'y fortifier la discipline et l'ordre parmi le nombreux personnel qui s'y trouve réuni, de sauvegarder le matériel considérable qui y est accumulé et il est évident qu'en plaçant les établissements de la marine sur la même ligne que les ports et arsenaux, il n'a pu avoir en vue que ceux de ces établissements qui se trouvent dans l'enceinte commune ou qui; du moins, par leur importance, leurs aménagements ou leur personnel, seraient dans des conditions identiques qui justifieraient le même régime ».

281. L'art. 88 du code de justice pour l'armée de mer étend la juridiction des tribunaux maritimes aux auteurs et complices même non marins ni militaires, des délits et des crimes qu'il prévoit. Il faut en conclure que les complices, même de l'ordre civil, des crimes et délits commis dans l'intérieur des ports, arsenaux et établissements de la marine, sont justiciables des tribunaux maritimes, lorsque ces crimes rentrent dans la catégorie de ceux qui sont de nature à compromettre soit la police soit la sûreté de ces établissements. C'est ce que la cour de cassation a décidé par voie de règlement de juges (Crim. 15 juill. 1875, aff. Gouvellec, D. P. 76. 1. 286-287), à l'égard d'individus de l'ordre civil prévenus d'avoir recélé sciemment des sacs à terre et de la poudre soustraits frauduleusement dans les magasins ou dans l'enceinte d'un polygone de la marine.

282. Les tribunaux maritimes connaissent des faits de piraterie prévus par la loi du 10 avr. 1825, *Rép.* n° 1010). Les jugements qu'ils rendent sur ces faits sont, comme tous leurs jugements, susceptibles de recours devant le tribunal de revision maritime (*Rép.* n°s 1013 et 1014; Décr. 23 janv. 1889, D. P. 90. 4. 30). Comme les conseils de revision des jugements des conseils de gnerre (*Rép.* n°s 1013 et 991), les tribunaux de revision ne sont pas des tribunaux d'appel, ils ne sont institués que pour assurer l'observation des formes judiciaires et le respect de la loi. Jugé qu'il ne leur appartient pas de s'attribuer un pouvoir juridictionnel relativement à des faits criminels nouveaux qu'un tribunal maritime, prononçant l'acquittement d'un accusé du crime de piraterie, a renvoyés au préfet maritime comme justiciables des tribunaux ordinaires, ni de décider, sur le recours du commissaire du Gouvernement. que ces faits constituaient le crime de piraterie, et de renvoyer de nouveau pour cause d'indivisibilité l'inculpé devant un tribunal maritime soit sous l'accusation de ce crime légalement purgé par l'acquittement, soit sous l'accusation de meurtre ou de vol sur laquelle les tribunaux ordinaires pouvaient seuls prononcer après une ordonnance de dessaisissement du préfet maritime (Crim. cass., 5 févr. 1876) (1).

§ 3. — Procédure devant les juridictions permanentes de la marine (*Rép.* n°s 1015 à 1031).

283. V. *Rép.* n°s 1015 et suiv.

§ 4. — Des conseils de guerre à bord et des conseils de revision à bord (*Rép.* n°s 1032 à 1043).

284. V. *Rép.* n°s 1032 et suiv.

§ 5. — Des conseils de justice (*Rep.* n°s 1044 à 1062).

285. Aux termes de l'art 102 c. just. milit. de l'armée de mer, pour être justiciable des conseils de justice, il faut: 1° que l'individu n'ait pas commis un délit emportant une peine supérieure à celle de deux ans d'emprisonnement; 2° qu'il n'ait pas le rang d'officier ou d'aspirant; 3° qu'il soit porté présent sur les rôles d'équipage d'un bâtiment de l'Etat (*Rép.* n°s 1050 à 1053). — La question s'est posée de savoir si le bâtiment central de la réserve peut être considéré au sens juridique de l'art. 102, comme un bâtiment de l'Etat. On sait que ce bâtiment tient lieu, dans un port de guerre, d'atelier central et sert à l'exécution des réparations courantes des divers bâtiments placés dans les catégories de réserve, et constitue en outre le centre administratif de ces bâtiments, qui lui sont rattachés pour la simplification des écritures (*Rép.* n°s 234 et suiv. et *suprà*). Le conseil de justice constitué à bord de ce bâtiment est-il compétent, pour juger un matelot de l'équipage? En faveur de la négative on soutenait que si, dans l'intérêt de la discipline, la nécessité de convoquer les conseils de justice s'impose sur les bâtiments armés stationnant dans un port, pour la prompte répression des faits sans importance commis par des matelots, il n'en était pas de même des bâtiments en réserve; qu'en vertu du décret du 8 nov. 1872, le service des marins détachés sur le bâtiment central compte comme service à terre; que la peine de l'inaptitude à l'avancement pouvant être prononcée pour six mois ou un an par les conseils de justice est inapplicable sur les bâtiments de la réserve où il n'existe pas de conseil d'avancement, et où l'embarquement est fixé à six mois (Décr. 8 mai 1873, art. 115). Mais cette argumentation n'a pas prévalu; la cour de cassation, a jugé. au contraire, conformément au réquisitoire du procureur général, que le bâtiment central de la réserve a le caractère légal de bâtiment de l'Etat, l'art. 1er du décret du 8 mai 1873 plaçant expressément les bâtiments en réserve au nombre des bâtiments de la marine nationale; en outre, les art. 115 et 116 du règlement annexé à ce décret disposent que le personnel embarqué sur les bâtiments centraux de la réserve est administré conformément aux décrets et règlements en vigueur pour le personnel des autres bâtiments de la flotte; enfin ces bâtiments sont régulièrement pourvus d'un rôle d'équipage, signe caractéristique qui entraîne, comme conséquence juridique, la qualification de bâtiments de l'Etat. En conséquence, est justiciable d'un conseil de justice assemblé à bord du bâtiment central de la réserve dans un port, le matelot porté sur le rôle d'équipage et prévenu du vol d'une somme inférieure à 40 fr., au préjudice d'un autre matelot (Crim. 15 janv. 1874, aff. Duroisel, D. P. 75. 1. 140).

ART. 4. — *Des règles communes aux diverses juridictions maritimes* (*Rép.* n° 1063).

§ 1er. — Des règles exceptionnelles de compétence (*Rép.* n°s 1064 à 1071).

286. V. *suprà*, v° *Complice*, n°s 139 et suiv.

§ 2. — Pourvoi en cassation (*Rép.* n°s 1072 à 1078).

287. La jurisprudence a reconnu de nouveau le droit de l'individu condamné par un conseil de guerre ou un tribunal maritime de se pourvoir pour incompétence devant la cour de cassation. Ainsi un syndic des gens de mer, qui est un agent civil et n'est pas, par conséquent, justiciable des

(1) (Joly et Van-der-Noot.) — LA COUR; — Sur le moyen unique, pris de la violation des règles de compétence, et par suite de la fausse application des art. 86, 87, 129, 172, 174 c. just. marit., 17 de la loi du 10 avr. 1825, 22, 25, 26, 49 du décret du 24 mars 1852, en ce que le conseil de revision de Brest a statué sur des faits renvoyés au préfet maritime, et qui, s'il y avait lieu, devraient être déférés à la cour d'assises, et, après avoir déclaré que ces faits renfermaient les éléments du crime de piraterie, en a attribué la connaissance au premier tribunal maritime de Cherbourg, sous prétexte d'indivisibilité entre ces faits et ceux sur lesquels le tribunal maritime avait irrévocablement prononcé, et qui, néanmoins, seraient soumis en même temps à un nouveau jugement; — Vu ces articles: — Attendu que le deuxième tribunal maritime, séant à Brest, a déclaré que Joly et Van-der-Noot et les autres hommes d'équipage du navire de commerce français *le H... L...* n'étaient pas coupables « d'avoir commis le crime de piraterie pour s'être, le 26 oct. 1874, alors qu'ils faisaient partie de l'équipage de ce navire, dans les parages de l'île de Luçon, dans la mer de Chine, emparés dudit bâtiment par violence envers le capitaine »; — Qu'en conséquence, le tribunal maritime a prononcé l'acquittement de tous les accusés; qu'il a ensuite constaté que des débats résultaient des indices du crime de meurtre qui aurait été commis par Joly sur la personne du capitaine, avec l'assistance de Van-der-Noot et contre ce dernier des indices du crime de vol commis sur le navire *le H... L...* d'effets et valeurs ayant appartenu au capitaine; qu'il a renvoyé la procédure, relativement à ces faits nouveaux, au préfet maritime de Brest, pour être statué ce que de droit à l'égard de Joly et de Van-der-Noot, maintenus en état d'arrestation; — Attendu que le conseil de revision statuant sur le recours du commissaire du Gouvernement, a déclaré que les faits renvoyés au préfet maritime qui, aux termes de l'art. 129 de la loi du 4 juin 1858, a seul qualité pour les apprécier, constituaient, même après l'acquittement prononcé en faveur des accusés, le crime de piraterie; que le tribunal maritime n'avait prononcé qu'en apparence, sur l'accusation qui lui avait été déférée; qu'en réalité il s'était déclaré incompétent; — Que, par suite, le conseil de revision, à raison de l'indivisibilité entre les faits mentionnés dans l'ordre de mise en jugement et les faits renvoyés au préfet maritime, a annulé la décision d'acquittement en ce qui concerne Joly et Van-der-Noot, et les a renvoyés, ainsi que les pièces de la procédure, devant le premier tribunal maritime de Cherbourg, comme accusés du crime de piraterie et des crimes de meurtre et de vol; — Attendu qu'en s'attribuant un pouvoir juridictionnel relativement aux faits renvoyés au préfet maritime, détachés de l'accusation de piraterie qui avait été légalement purgée; en déclarant que ces faits, nécessairement isolés de cette accusation, renfermaient les éléments du crime spécial de piraterie; en effaçant, pour cause d'indivisibilité, la décision d'acquittement et en renvoyant devant le premier tribunal maritime de Cherbourg une accusation définitivement écartée et des faits sur lesquels les tribunaux ordinaires pourraient seuls prononcer, après une ordonnance de dessaisissement du préfet maritime, le conseil de revision a méconnu les règles de compétence et a violé les articles susvisés;

Casse, etc.

Du 5 févr. 1876.-Ch. crim.-MM. de Carnières, pr.-Saint-Luc-Courborieu, rapp.-Desjardins, av. gén.-Duboy, av.

conseils de guerre maritimes à raison de sa qualité (V. *suprà*, n° 268), est recevable à se pourvoir en cassation pour incompétence contre la décision du conseil de gnerre maritime qui a prononcé contre eux une condamnation (Crim. cass. 8 mai 1873, aff. Godfroy, D. P. 73. 1. 271). Il en est de même de l'individu traduit pour crime de piraterie devant un tribunal maritime, contre la décision d'un tribunal de revision qui réforme le jugement d'incompétence du tribunal maritime et le déclare compétent (Crim. rej. 10 déc. 1875, aff. Van-der-Noot et autres, D. P. 76. 1. 287). — V. également Crim. cass. 5 févr. 1876, *suprà*, n° 282.

288. Quant au droit de la cour de cassation de statuer par voie de règlement de juges en cas de conflit négatif de deux juridictions maritimes, il a été reconnu sans difficulté et exercé à plusieurs reprises (V. Crim. rej. 5 juin 1875, aff. Van-der-Noot et autres, D. P. 75. 1. 387; Crim. rej. 15 janv. 1874, aff. Duroisel, D. P. 75. 1. 140, etc.).

§ 3. — Contumaces, jugements par défaut, tentative; circonstances atténuantes (*Rép*. n°s 1079 à 1084).

289. V. *Rép*. n°s 1079 et suiv.

SECT. 2. — DE LA JUSTICE MARITIME MARCHANDE (*Rép*. n° 1085).

290. C'est le décret du 24 mars 1852 qui règle encore la justice dans la marine marchande. Nous aurons, en outre, à étudier la loi du 10 mars 1891 sur les collisions en mer, au point de vue des pénalités qu'elle édicte et de la compétence spéciale qu'elle donne aux tribunaux maritimes commerciaux.

ART. 1er. — *De la pénalité* (*Rép*. n°s 1086 à 1107).

291. Nous nous référerons purement et simplement aux explications du *Répertoire* en ce qui concerne les pénalités portées par le décret du 24 mars 1852, contre les fautes de discipline, les délits et les crimes qu'il prévoit; et nous les compléterons par l'exposé des pénalités dont sont passibles les capitaines et même les hommes de l'équipage en cas d'inobservation des règlements destinés à prévenir les collisions en mer.

292. La loi du 10 mars 1891 (D. P. 91. 4. 38) punit tout à la fois les infractions aux règles prescrites par les décrets en vigueur sur les feux à allumer la nuit et les signaux à faire en temps de brume, les défauts de vigilance, l'abandon d'un navire abordé, hors le cas de force majeure, la dissimulation du nom et du port d'attache du navire, en cas d'abordage, vis-à-vis du capitaine de l'autre navire, etc. (V. *suprà*, n° 200).

293. Les infractions aux règles relatives aux feux à allumer la nuit et aux signaux à faire en temps de brume, sont punies d'une amende de 10 à 300 fr. et d'un emprisonnement de trois jours à un mois, ou de l'une de ces deux peines seulement (art. 1). D'après le projet du Gouvernement, cet article était plus général: il punissait également les infractions aux règles concernant la route à suivre et les manœuvres à exécuter en cas de rencontre d'un bâtiment. Mais le Sénat considéra qu'à raison du caractère même de ces infractions, souvent si difficiles à constater, il ne fallait les punir que lorsqu'elles laissaient une trace et qu'elles se manifestaient par le dommage même qu'elles entraînaient, c'est-à-dire en cas d'abordage. Aussi l'art. 2 dispose-t-il que, si l'infraction prévue à l'art. 1er, ou toute autre infraction aux règles prescrites sur la route à suivre ou les manœuvres à exécuter en cas de rencontre d'un bâtiment, est suivie d'un abordage, l'amende peut être portée à 500 fr. et l'emprisonnement à trois mois. Si l'abordage a pour conséquence la perte ou l'abandon d'un des navires abordés ou s'il entraîne soit des blessures, soit la mort pour une ou plusieurs personnes, le coupable est puni d'une amende de 50 à 1000 fr. et d'un emprisonnement de quinze jours à six mois; le retrait de la faculté de commander peut, en outre, être prononcé pour trois ans au plus. — Le retrait de la faculté de commander a un caractère disciplinaire; cette peine avait néanmoins, avant la loi du 10 mars 1891, pris place parmi les répressions édictées dans tous les codes de justice militaire. L'art. 55 de celui du 24 mars 1852 l'applique particulièrement à un grand nombre des délits commis pas les commandants, maîtres ou patrons (*Rép*. n°s 1104 et suiv.). Rien n'est plus rationnel et plus juste : la plupart de ces délits sont des manquements au devoir professionnel, ils témoignent de l'insuffisance, et quelquefois de l'indignité de leurs auteurs.

294. L'art. 4 punit d'une amende de 200 à 3000 fr., d'un emprisonnement d'un mois à un an, peine qui peut être portée à deux ans si une ou plusieurs personnes ont péri dans le naufrage, et du retrait temporaire ou définitif de la faculté de commander, tout capitaine, maître ou patron de chacun des navires abordés qui, après un abordage, n'a pas employé, autant qu'il pouvait le faire sans danger pour son navire, son équipage ou ses passagers, tous les moyens dont il disposait pour sauver l'autre bâtiment, son équipage et ses passagers du danger créé par l'abordage, ou qui, hors le cas de force majeure, s'est éloigné du lieu du sinistre avant de s'être assuré qu'une plus longue assistance leur est inutile et, si le bâtiment a sombré, avant d'avoir fait tous ses efforts pour recueillir les naufragés. Après un abordage, chaque capitaine, maître ou patron est tenu, s'il le peut sans danger pour son navire, son équipage et ses passagers, de faire connaître au capitaine de l'autre bâtiment les noms et les ports d'attache, de départ et de destination de son propre navire, sous peine d'une amende de 50 à 5000 fr. et d'un emprisonnement de six jours à trois mois (art. 5).

295. La négligence ou l'impéritie du capitaine, maître ou patron qui a perdu son navire est punie du retrait temporaire ou définitif de la faculté de commander (L. 10 mars 1891, art. 6). La perte de la faculté de commander, dans ce cas comme dans celui de l'art. 2 de la loi du 10 mars 1891 n'est plus prononcée, par simple décision du ministre de la marine, sans que les intéressés aient été préalablement admis à se défendre en personne et à répondre aux articulations, d'une enquête qui ne leur était pas communiquée; c'est la juridiction créée par les art. 10 et suiv. *infrà*, n°s 302 et suiv. qui juge contradictoirement, avec les formalités et les garanties habituelles de la défense, le capitaine coupable d'avoir perdu son navire, par impéritie ou négligence. — Il est à peine besoin de faire remarquer que l'art. 6 ne porte aucune atteinte aux art. 221 et 241 c. com. qui organisent, au profit de l'armateur et de l'affréteur, la responsabilité civile du capitaine qui aura laissé périr son navire (Rapport, au Sénat de M. Robert de Massy).

296. La négligence du capitaine maître ou patron n'est pas, d'ailleurs, la seule qui soit réprimée par la nouvelle loi. Aux termes de l'art. 3, tout homme de l'équipage qui se rend coupable d'un défaut de vigilance ou de tout autre manquement aux obligations de son service, suivi d'un abordage ou d'un naufrage, est puni d'une amende de 16 à 100 fr. et d'un emprisonnement de dix jours à quatre mois, ou de l'une de ces deux peines seulement.

297. La loi prescrit ensuite aux armateurs des navires affectés au transport des passagers, de les munir des moyens de sauvetage appropriés à leur tonnage et à la nature de leurs voyages (*suprà*, n° 195), ainsi que des moyens d'entretenir les feux et de faire les signaux de brume réglementaires (*suprà*, n°s 196). Tout armateur qui n'a pas pourvu son navire des moyens d'établir et d'entretenir les feux et de faire les signaux de brume réglementaires est puni d'une amende de 100 à 2000 fr. Dans le cas où son navire est affecté au transport des passagers, si l'armateur ne l'a pas pourvu des moyens de sauvetage fixés par le règlement d'administration publique, il est puni d'une amende de 100 à 3000 fr. Ces peines sont prononcées indépendamment de celles dont sont passibles les capitaines, maîtres ou patrons, en vertu des articles précédents. Toutefois l'armateur sera affranchi de toute responsabilité pénale s'il a fait constater par la commission de visite prescrite par l'art. 225 c. com. que son navire est pourvu de tous les appareils exigés par les règlements (art. 8). Tout capitaine qui prend la mer sans être pourvu de ces moyens de sauvetage, qui ne les entretient pas en état de servir ou ne les remplace pas au besoin, est puni d'une amende de 50 à 1500 fr. (art. 7).

298. Enfin, aux termes de l'art. 9 de la loi du 10 mars 1891, l'art. 463 c. pén. est applicable aux cas qu'elle prévoit

ART. 2. — *De la juridiction* (*Rép.* n° 1108 à 1124).

299. Aux termes de l'art. 15 du décret du 24 mars 1852 (*Rép.* n° 1112), en l'absence d'un bâtiment de guerre français dans un port étranger, le tribunal maritime commercial doit être présidé par le consul de France. Il résulte, en outre, des termes exprès du rapport du ministre de la marine qui a servi de base à ce décret, qu'en aucun cas la présidence ne peut être confiée à un vice-consul, ni à un agent consulaire. Dès lors, quand il n'y a pas de bâtiment de guerre français dans un port étranger, le tribunal commercial maritime constitué dans ce port ne peut avoir pour président que le consul de France ; la présidence ne peut être confiée au vice-consul ou à un agent consulaire (Crim. cass. 27 nov. 1869, aff. Richard et Ménager, D. P. 70. 1. 316). Cependant, suivant M. Gardat, *Marine marchande*, p. 21, la présidence du tribunal appartient au vice-consul lorsqu'il remplit les fonctions de consul intérimaire; nous croyons, cette opinion fondée, le vice-consul ayant alors toutes les attributions et tous les droits du consul.

300. Aux termes de l'art. 46 du décret du 24 mars 1852, la procédure devant les tribunaux maritimes commerciaux ne donne lieu à la perception d'aucune taxe; les délinquants ne peuvent donc être légalement condamnés aux frais de la poursuite (Crim. cass. 27 nov. 1869, aff. Richard et Ménager, D. P. 70. 1. 316).

301. Le dernier paragraphe de l'art. 34 du décret du 24 mars 1852 chargeait le président, avant la clôture des débats, de résumer les faits sans exprimer son opinion personnelle. Depuis la loi du 19 juin 1881 (D. P. 82. 4. 20), qui a modifié l'art. 336 c. instr. crim., le résumé du président a été supprimé d'une manière générale; cette disposition a amené la modification du paragraphe 5 de l'art. 34 qui est désormais ainsi conçu : « Le président demande à l'accusé s'il n'a rien à ajouter dans l'intérêt de sa défense, et prononce la clôture des débats » (Décr. 2 oct. 1881, D. P. 82. 4. 41).

302. Le décret du 24 mars 1852 n'est pas intégralement applicable lorsqu'il s'agit du jugement des contraventions à la loi du 10 mars 1891, sur les accidents et collisions en mer. Il n'est appliqué que dans le cas prévu par l'art. 1er de cette loi, c'est-à-dire au cas d'infraction aux règles sur les feux de nuit et les signaux de brume (art. 10) et dans celles de ses dispositions auxquelles la loi nouvelle n'a pas dérogé (art. 23). Dans les autres cas le tribunal, qui est toujours réuni dans un port de France, chef-lieu d'arrondissement ou de sous-arrondissement maritime, est composé de : un capitaine de vaisseau ou de frégate, président; un juge du tribunal de commerce, juge; un lieutenant de vaisseau, juge; deux capitaines au long cours, juges. Le capitaine de vaisseau ou de frégate et le lieutenant de vaisseau sont désignés par le préfet maritime de l'arrondissement. Le juge du tribunal de commerce et les capitaines au long cours sont désignés par le président du tribunal de commerce du lieu, ou, à défaut de tribunal de commerce sur les lieux, par celui du tribunal de commerce le plus voisin (art. 11). — Lorsque le capitaine d'un navire de commerce poursuivi devant le tribunal, composé conformément à l'art. 11, est un officier appartenant au corps de la marine, les capitaines au long cours siégeant comme juges sont remplacés par deux officiers du même grade que l'inculpé, désignés par le préfet maritime de l'arrondissement (art. 12) (Comp. *Rép.* n° 112).

303. Chaque fois que le tribunal maritime commercial est composé conformément à l'art 11, un commissaire rapporteur, pris parmi les officiers de la marine en activité ou en retraite et désigné par le ministre, est chargé de l'instruction et remplit près ce tribunal les fonctions du ministère public. Un officier ou un employé du commissariat de la marine, désigné par le préfet maritime de l'arrondissement, remplit les fonctions de greffier (art. 13).

304. Les commandants des bâtiments de l'Etat, les consuls et les commissaires de l'inscription maritime ont qualité pour faire rechercher et constater les délits prévus par les art. 1, 7 et 8 de la loi du 10 mars 1891, pour recevoir à leur sujet les plaintes des capitaines, des équipages et des passagers des navires de commerce, ainsi que les procès verbaux des experts chargés de la visite de ces navires; enfin pour assembler, conformément aux prescriptions des art. 10 et suiv. du code disciplinaire et pénal pour la marine marchande, du 24 mars 1852, les tribunaux maritimes commerciaux qui doivent connaître des infractions à l'art. 1er de la loi (art. 14). Dans les cas autres que ceux qui sont prévus par l'art. 1er de la loi du 10 mars 1891, les commandants des bâtiments de l'Etat, les consuls ou les commissaires de l'inscription maritime procèdent à une enquête et en transmettent les résultats au ministre de la marine, avec les procès-verbaux, plaintes et rapports qui l'ont motivée. Si la contravention prévue par l'un des art. 7 et 8 est constatée dans un port de France, l'autorité maritime de ce port transmet également les pièces et les résultats de l'enquête au ministre de la marine (art. 15).

305. Si, d'après les résultats de l'enquête, le tribunal juge que le délit signalé doit être déféré au tribunal maritime commercial composé conformément à l'art. 11, il ordonne la formation de ce tribunal dans le chef-lieu d'arrondissement ou de sous-arrondissement maritime où il lui paraît le plus facile de procéder à l'instruction et d'éclairer la justice. Il fait parvenir en même temps, le dossier de l'enquête au commissaire rapporteur qu'il a désigné (art. 15, § 3 et 4). Le commissaire rapporteur procède à l'instruction. Dès qu'elle est terminée, il remet les pièces au président du tribunal, qui fixe le jour et l'heure de l'audience, après avoir prévenu le préfet maritime ou le chef de service de la marine du port (art. 16).

306. Les jugements sont rendus à la majorité des voix. La question de l'application de l'art. 463 c. pén. doit toujours être posée (art. 17).

307. Les jugements des tribunaux maritimes commerciaux, composés conformément à l'art. 11 de la loi du 10 mars 1891, peuvent être l'objet d'un recours devant l'un des tribunaux de revision permanents institués par l'art. 47 c. just. milit. pour l'armée de mer, du 4 juin 1858. Les délais, la forme de ces recours et la procédure devant ces tribunaux sont ceux indiqués par le même code. Le recours est porté devant le tribunal de revision de l'arrondissement maritime dans le ressort duquel le jugement aura été rendu (art. 18).

308. Dans tous les cas où une condamnation à la peine de l'emprisonnement a été prononcée par application de la loi du 10 mars 1891, et dès qu'elle est devenue définitive, le commissaire rapporteur près le tribunal maritime commercial ou le commissaire de la République près le tribunal de revision, remet le condamné, sans délai, avec une expédition du jugement, au procureur de la République du lieu, qui fait exécuter la sentence. — La peine du retrait de la faculté de commander est mise à exécution par les soins du préfet maritime ou du chef du service de la marine, suivant le cas, sur les réquisitions du ministère public. — Le recouvrement des amendes est poursuivi, dans la forme ordinaire, par les agents du département des finances, à la requête du ministère public (art. 19). — Les juridictions saisies des délits prévus par la loi du 10 mars 1891 ne connaissent pas de l'action civile (art. 20).

ART. 3. — *Règles diverses* (*Rép.* nos 1125 à 1130).

309. V. *Rép.* nos 1125 et suiv.

Table sommaire

des matières contenues dans le Supplément et le Répertoire.

(Les chiffres précédés de la lettre *S* renvoient au Supplément; les chiffres précédés de la lettre *R* renvoient au Répertoire.)

Table chronologique des Lois, Arrêts, etc.

ORGANISATION MILITAIRE.

Division.

CHAP. 1er. — Historique et législation

(*Rép.* nos 2 à 58).

§ 1er. — Historique.

1. L'organisation militaire en France a été complètement remaniée dans son ensemble et dans ses détails depuis la guerre de 1870. Le service militaire a été rendu obligatoire, et l'armée a été constituée dès le temps de paix de manière à passer le plus rapidement possible sur le pied de guerre. — Sauf en ce qui concerne l'avancement des officiers, on peut dire que l'armée française a été complètement réorganisée. Les principales innovations sont, au point de vue du recrutement, le service personnel et la taxe militaire, la constitution des réserves et la création de l'armée territoriale ; au point de vue du commandement, la création de la fonction des inspecteurs d'armée, du chef de l'état-major général, du conseil supérieur de la guerre, la constitution des corps d'armée, divisions et brigades prêts en tout temps à être mobilisés avec leurs services accessoires. L'état-major a cessé de former un corps fermé; le corps du contrôle a été créé, en même temps que les fonctionnaires de l'intendance étaient subordonnés au commandement ; le corps de santé est devenu autonome ; la plupart des grands services publics ont été militarisés. Le commandement des groupes de places fortes, le ravitaillement des garnisons et de la population civile ont été préparés dès le temps de paix. Enfin le nombre de régiments ou bataillons des différentes armes a été accru dans de notables proportions. Les corps actifs seraient soutenus, au moment d'une guerre, au moyen des régiments de réserve et des corps de l'armée territoriale.

TABLEAU DE LA LÉGISLATION CONCERNANT L'ORGANISATION MILITAIRE.

16 avr. 1870. — Décret relatif à l'École centrale de pyrotechnie de Bourges.

21-26 avr. 1870. — Loi qui réduit à 90 000 hommes le contingent de la classe de 1869 (D. P. 70. 4. 72).

16-18 juill. 1870. — Loi portant modification de la loi du 21 mars 1832, en ce qui concerne le remplacement militaire (D. P. 70. 4. 84).

17 juill. 1870. — Loi relative aux engagements volontaires en temps de guerre (D. P. 70. 4. 73).

20-21 juill. 1870. — Loi qui porte à 140 000 hommes le contingent à appeler sur la classe de 1870 (D. P. 70. 4. 73).

20-28 juill. 1870. — Décret impérial portant : 1° M. le maréchal Le Bœuf remplira les fonctions de major général à l'armée du Rhin; 2° M. le général de division Dejean est nommé ministre de la guerre par intérim (D. P. 70. 4. 75).

10-11 août 1870. — Loi relative à l'augmentation des forces militaires pendant la durée de la guerre (D. P. 70. 4. 75).

29 août 1870. — Loi qui rappelle à l'activité les officiers retraités démissionnaires (D. P. 70. 4. 81).

4-17 sept. 1870. — Décret portant : Le ministre de l'intérieur, sur décision prise par lui après avis conforme du ministre des finances, est autorisé à payer des subventions, à titre de solde, aux corps de volontaires armés ou équipés pour la défense nationale quand il le juge nécessaire (D. P. 70. 4. 87).

16-18 sept. 1870. — Décret qui réintègre dans l'armée le général de brigade Le Flô avec le titre de général de division (D. P. 70. 4. 90).

20 sept.-5 oct. 1870. — Décret portant: Le crédit de 10 millions de francs ouvert par le décret du 13 mars 1870 à la commission d'armement présidée par M. Jules Lecesne, ancien député, est élevé à la somme de 16 millions de francs (D. P. 70. 4. 112).

23 sept.-5 oct. 1870. — Décret relatif à la formation de nouveaux cadres dans les dépôts des régiments et à la nomination des officiers (D. P. 70. 4. 112).

28 sept.-5 oct. 1870. — Arrêté relatif à la solde des officiers, sous-officiers et soldats des francs-tireurs (D. P. 70. 4. 112).

29 sept.-3 oct. 1870. — Décret concernant la délivrance de lettres de service de sous-lieutenant auxiliaire de l'artillerie ou du génie (D. P. 70. 4. 94).

29 sept.-5 oct. 1870. — Décret portant : Art. 1. Les compagnies de francs-tireurs seront mises à la disposition de M. le ministre de la guerre et soumises, au point de vue de la discipline, au même régime que la garde nationale mobile (D. P. 70. 4. 113).

29 sept.-11 oct. 1870. — Décret qui crée deux compagnies nouvelles au 1er régiment étranger (D. P. 70. 4. 115).

29 sept.-11 oct. 1870. — Décret sur la formation de bataillons de marche à l'aide des compagnies de dépôt de chasseurs à pied (D. P. 70. 4 115).

30 sept.-6 oct. 1870. — Décret portant : Article unique. Les agents et employés des lignes télégraphiques sont exemptés, pendant la durée de la guerre, de tout service militaire, soit dans l'armée, soit dans la garde mobile, soit dans la garde nationale sédentaire (D. P. 70. 4. 114).

1er-6 oct. 1870. — Décret qui appelle à l'activité le contingent de la classe 1870 (D. P. 70. 4. 114).

1er-11 oct. 1870. — Décret sur la formation d'un bataillon de marche à l'aide des officiers et soldats de la légion romaine licenciée (D. P. 70. 4. 115).

2-4 oct. 1870. — Décret portant que la statue de la ville de Strasbourg qui se trouve actuellement sur la place de la Concorde sera coulée en bronze (D. P. 70. 4. 94).

2-5 oct. 1870. — Décret concernant les cours martiales instituées à Saint-Denis, à Vincennes et dans les 13e et 14e corps d'armée et les conseils de revision chargés de statuer sur les pourvois formés contre les jugements rendus par ces cours (D. P. 70. 4 94).

2-11 oct. 1870. — Décret sur la formation d'un régiment de marche de tirailleurs algériens (D. P. 70. 4. 114).

2-11 oct. 1870. — Décret sur la répression des délits militaires flagrants et la création de cours martiales (D. P. 70. 4. 114).

3-11 oct. 1870. — Décret portant : Article unique. Les agents et sous-agents de l'administration des Postes, encore en fonctions, sont exemptés, pendant la durée de la guerre, de tout service militaire, soit dans l'armée, soit dans la garde nationale mobile, soit dans la garde nationale sédentaire (D. P. 70. 4. 115).

4-19 oct. 1870. — Décret sur la formation d'un régiment de marche de zouaves (D. P. 70. 4. 116).

5-19 oct. 1870. — Décret relatif aux officiers des nouvelles compagnies dans les dépôts d'infanterie (D. P. 70. 4. 116).

5-19 oct. 1870. — Décret relatif à la création de régiments de marche d'infanterie (D. P. 70. 4 116).

6-19 oct. 1870. — Décret relatif à l'avancement, dans les dépôts, des régiments dont les portions actives sont bloquées ou prisonnières (D. P. 70. 4. 116).

11-13 oct. 1870. — Décret qui règle d'une manière définitive l'organisation des corps francs, levés à Paris et dans ses environs depuis l'ouverture de la campagne contre la Prusse (D. P. 70 4. 95).

11-19 oct. 1870. — Décret qui organise en compagnies spéciales les ouvriers et employés des ateliers affectés à la fabrication et à la confection des armes et munitions de guerre (D. P. 70. 4. 117).

13-19 oct. 1870. — Décret qui suspend les règles sur l'avancement dans l'armée et permet de conférer des grades temporaires (D. P. 70. 4. 117).

14-26 oct. 1870. — Décret qui renvoie devant un conseil de guerre tout chef de corps qui se sera laissé surprendre (D. P. 70. 4. 118).

14-26 oct. 1870. — Décret qui réglemente l'avancement et le service dans l'armée auxiliaire (D. P. 70. 4. 118).

19 oct.-5 nov. 1870. — Décret sur la création et les attributions de conseils administratifs dans les vingt-deux divisions militaires de la République (D. P. 70. 4. 120).

20 oct.-5 nov. 1870. — Décret sur le campement des troupes (D. P. 70. 4. 120).

20 oct.-5 nov. 1870. — Arrêté du ministre de la guerre sur la discipline dans l'armée (D. P. 70. 4. 120).

20 oct.-7 nov. 1870. — Décret relatif à l'organisation de nouveaux cadres dans l'infanterie (D. P. 70. 4. 125).

20 oct.-4 nov. 1870. — Décret relatif aux cadres des régiments d'infanterie de marche et à l'avancement des officiers appartenant à ces régiments (D. P. 70. 4 101).

22 oct.-21 déc. 1870. — Décret confiant à M. de Kératry, le commandement des forces de Bretagne et ouvrant un crédit de 8 millions de francs (D. P. 70. 4. 135).

23 oct.-4 nov. 1870. — Décret qui appelle à concourir à la formation de nouvelles batteries d'artillerie qui s'organisent pour la défense de Paris, les militaires en activité appartenant à divers corps spéciaux et ayant antérieurement servi dans l'artillerie (D. P. 70. 4. 101).

24-31 oct. 1870. — Décret relatif à l'avancement des officiers démissionnaires ou retraités employés dans l'armée active comme auxiliaires pour la durée de la guerre (D. P. 70. 4. 98).

28-31 oct. 1870. — Décret relatif à la suppression de la garde impériale (D. P. 70. 4. 99).

28-31 oct. 1870. — Décret qui autorise la création de nouvelles batteries d'artillerie au moyen des batteries à pied actuellement attachées au service de la défense de Paris (D. P. 70. 4. 99).

28-31 oct. 1870. — Décret qui appelle à l'activité les jeunes gens formant la classe de 1870 (D. P. 70. 4. 99).

28 oct.-4 nov. 1870. — Décret qui transforme les trente neuf régiments d'infanterie de marche en régiments d'infanterie de ligne et le régiment de marche de zouaves en quatrième régiment de zouaves (D. P. 70. 4. 100).

1er-4 nov. 1870. — Décret qui crée deux nouveaux régiments montés d'artillerie (D. P. 70. 4. 100).

2-4 nov. 1870. — Décret relatif à la dénomination des régiments de cavalerie de marche (D. P. 70. 4. 100).

2-18 nov. 1870. — Décret ordonnant la levée en masse (D. P. 70. 4. 126).

3-18 nov. 1870. — Décret ordonnant la fourniture, par chaque département, de batteries de campagne en nombre proportionnel au chiffre de sa population (D. P. 70. 4. 128).

3-18 nov. 1870. — Décret qui établit à titre provisoire les grades conférés dans l'armée, en dehors des conditions réglementaires d'avancement (D. P. 70. 4. 128).

3-18 nov. 1870. — Arrêté enjoignant à tout officier de partir dans les vingt-quatre heures pour le poste qui lui est désigné (D. P. 70. 4. 128).

4-24 nov. 1870. — Décret rattachant aux corps d'armée ou divisions militaires tout corps de francs-tireurs ou de volontaires (D. P. 70. 4. 129).

10-29 nov. 1870. — Décret qui organise en compagnies et en bataillons spéciaux les ouvriers maintenus dans leurs ateliers pour y fabriquer le matériel d'armement (D. P. 70. 4. 130).

11-29 nov. 1870. — Décret relatif aux emplois dans les services administratifs de l'intendance militaire (D. P. 70 4. 130).

12-19 nov. 1870. — Décret qui appelle à l'activité les jeunes gens de vingt-cinq à trente-cinq ans, célibataires ou veufs sans enfants, du département de la Seine, formant la troisième catégorie, ainsi que les jeunes gens des autres départements actuellement en résidence à Paris (D. P. 70. 4. 103).

12-29 nov. 1870. — Décret sur la création à Toulouse d'un camp d'instruction, et de commissaires de guerre (D. P. 70. 4. 130).

14 nov.-5 déc. 1870. — Décret instituant un comité technique de l'artillerie (D. P. 70. 4. 133).

15 nov.-5 déc. 1870. — Arrêté sur la distribution d'outils de terrassier aux troupes d'infanterie (D. P. 70. 4. 131).

22 nov.-21 déc. 1870. — Décret déclarant non avenues pour la levée en masse toutes les exemptions, même prononcées par des conseils de revision (D. P. 70. 4. 135).

26 nov.-21 déc. 1870. — Arrêté donnant le commandement des forces de l'Ouest au général commandant le 21e corps d'armée (D. P. 70. 4. 135).

27 nov. 1870-7 janv. 1871. — Décret créant pour la durée de la guerre une inspection générale pour le service des remontes (D. P. 71. 4. 9).

27 nov. 1870-7 janv. 1871. — Décret réglant le nombre et la qualification des fonctionnaires de l'intendance (D. P. 71. 4. 9).

29 nov. 1870-7 janv. 1871. — Décret organisant les cadres du personnel du train des équipages militaires (D. P. 71. 4. 10).

30 nov. 1870-7 janv. 1871. — Décret attachant aux corps d'armée en campagne un personnel d'ingénieurs civils (D. P. 71. 4. 10).

2 déc. 1870-11 janv. 1871. — Décret sur l'inspection des camps régionaux (D. P. 71. 4. 10).

6 déc. 1870. — Décret qui règle la nature et la composition des services administratifs et médicaux attachés aux armées en campagne (D. P. 70. 4. 136).

7 déc. 1870. — Décret portant : Tout Français entré dans un séminaire à partir du 1er août 1870 reste soumis aux lois et décrets militaires. Il ne peut invoquer d'autre exemption que celle résultant d'infirmités. Sa réclamation serait, dans ce cas, jugée souverainement par le conseil de revision établi par le décret du 7 nov. 1870 (D. P. 70. 4. 136).

13-20 déc. 1870. — Décret qui maintient dans le cadre de l'activité, jusqu'à l'âge de soixante-deux ans, les médecins et pharmaciens principaux de première classe de l'armée de terre (D. P. 70. 4. 108).

13 déc. 1870-20 janv. 1871. — Décret sur la formation des régiments et des bataillons dans l'infanterie depuis le 14 novembre (D. P. 71. 4. 11).

14 déc. 1870.-20 janv. 1871. — Décret qui autorise le ministre de la guerre à prélever pour l'armée active dans la garde nationale mobilisée les hommes qui ont servi dans les divers corps des armées de terre et de mer (D. P. 71. 4. 11).

14 déc. 1870-23 janv. 1871. — Décret déterminant la situation des ingénieurs et agents chargés du service du génie civil des armées (D. P. 71. 4. 12).

16-20 déc. 1870. — Décret portant que les régiments d'infanterie de ligne de 101 à 139 et le 4e régiment de zouaves pourront avoir un colonel et un lieutenant-colonel (D. P. 70. 4. 109)

20 déc. 1870-23 janv. 1871. — Décret créant des dépôts de convalescents militaires (D. P. 71. 4. 12).

26 déc. 1870. — Décret concernant les services médicaux de l'armée (D. P. 71. 4. 14).

31 déc. 1870-8 mars 1871. — Décret réglementant le service des ambulances (D. P. 71. 4. 14).

31 déc. 1870-8 mars 1871. — Décret qui dissout le bataillon de marche des fusiliers de discipline (D. P. 71. 4. 15).

2-10 janv. 1871. — Décret qui donne au corps franc d'artillerie (service des mitrailleuses) la dénomination de corps d'artillerie des mitrailleuses, et règle l'organisation de ce corps (D. P. 71. 4. 1).

3 janv.-23 févr. 1871. —Décret relatif à la liquidation de la caisse de la dotation de l'armée (D. P. 71. 4. 8).

3 janv.-23 févr. 1871. — Décret qui autorise le ministre des finances à disposer de la somme de rentes que la caisse de la dotation de l'armée remettra au trésor public en vertu du décret relatif à la liquidation de ladite caisse (D. P. 71. 4. 8).

5 janv.-11 mars 1871. — Décret organisant la levée militaire de la classe de 1871 (D. P. 71. 4. 17).

25 janv.-22 mars 1871. — Décret autorisant la promotion au grade de sous-lieutenant des jeunes gens de la classe de 1871 candidats à l'Ecole polytechnique ou à l'Ecole de Saint-Cyr (D. P. 71. 4. 18).

29 janv.-5 févr. 1871. — Décret qui dissout tous les corps francs faisant partie de l'armée de Paris (D. P. 71. 4. 6).

4 févr.-24 mars 1871. — Décret concernant l'organisation de l'arme de la cavalerie et l'avancement des officiers de cette arme (D. P. 71. 4. 21).

23-31 mars 1871. — Loi portant création de bataillons de volontaires (D. P. 71. 4. 30).

7-13 août 1871. — Loi portant dérogation à divers articles du code de justice militaire en vue de l'instruction et du jugement des affaires se rattachant à l'insurrection de Paris au mois de mars 1871 (D. P. 71. 4. 142).

8-17 août 1871. — Loi portant que les décrets spéciaux et toutes les dispositions réglementaires, intervenus pendant la guerre de 1870-71 pour constituer le commandement dans l'armée, cessent d'être en vigueur (D. P. 71. 4. 142).

25 août 1871. — Loi qui dissout les gardes nationales (D. P. 71. 4. 145).

5-12 sept. 1871. — Loi portant à 120 000 hommes le contingent de la classe de 1870 (D. P. 71. 4. 150).

12-15 oct. 1871. — Décret relatif aux frais de route des militaires isolés (D. P. 71. 4. 165).

24 oct. 1871. — Décret relatif à la composition des cadres et effectifs de l'infanterie en Algérie.

5-10 janv. 1872. — Loi relative à l'avancement sur toute l'arme, dans les grades inférieurs, pour l'infanterie et la cavalerie (D. P. 72. 4. 6).

16-21 mai 1872. — Loi relative à la composition des conseils de guerre (D. P. 72. 4. 85).

27 juill.-17 août 1872. — Loi sur le recrutement dans l'armée (D. P. 72. 4. 47).

27 juill. 1872. — Décret instituant le conseil supérieur de la guerre.

28 juill. 1872. — Décret instituant un comité de défense de onze membres.

31 oct.-3 nov. 1872. — Décret qui fixe les épreuves que doivent subir les jeunes gens qui demandent à contracter un engagement conditionnel d'un an (D. P. 73. 4. 14).

27 nov.-4 déc. 1872. — Loi relative aux pensions à accorder aux militaires blessés et amputés (D. P. 72. 4. 135).

30 nov.-10 déc. 1872. — Décret relatif aux engagements volontaires et aux rengagements (D. P. 73. 4. 14).

1er-10 déc. 1872. — Décret relatif aux engagements conditionnels d'un an ((D. P. 73. 4. 16).

21 déc. 1872-3 janv. 1873. —Loi qui réduit momentanément de moitié le temps de service exigé des soldats pour être nommés caporaux ou brigadiers (D. P. 73. 4. 13).

9-11 janv. 1873. — Décret relatif à la caisse des offrandes nationales en faveur des armées de terre et de mer (D. P. 73. 4. 26).

3-10 avr. 1873. — Décision du président de la République qui approuve diverses résolutions adoptées par le comité supérieur de la caisse des offrandes nationales en faveur des armées de terre et de mer (D. P. 73. 4. 62).

5-15 avr. 1873. — Loi qui ouvre au ministre de la guerre, sur l'exercice 1871, un crédit de 23 millions de francs pour l'entretien et l'alimentation de l'armée allemande (D. P. 73. 4. 58).

15 avr. 1873. — Décret réorganisant l'École polytechnique (*Bull. off. mil.*, part. régl. p. 379).

18-22 juin 1873. — Décret qui détermine les conditions dans lesquelles pourront avoir lieu les permutations entre les jeunes gens affectés à l'armée de mer et ceux de la même classe affectés à l'armée de terre (D. P. 73. 4. 77).

18 juin-6 août 1873. — Décret relatif aux engagements et rengagements dans l'armée de mer (D. P. 73. 4. 78).

24 juill.-7 août 1873. — Loi relative à l'organisation générale de l'armée (D. P. 73. 4. 81).

24 juill.-8 août 1873. — Loi sur les emplois réservés aux anciens sous-officiers des armées de terre et de mer (D. P. 74. 4. 1).

26 juill.-2 août 1873. — Loi qui complète l'art. 10 c. just. milit., relatif à la composition du conseil de guerre de l'armée de terre, suivant le grade de l'accusé (D. P. 73. 4. 93).

28 sept. 1873. — Décret relatif à l'organisation des corps d'armée (D. P. 73. 4. 88).

28-30 sept. 1873. — Décrets : portant création de 18 corps d'armée en France (*Bull.*, n° 2426); — portant création d'un 19e corps en Algérie (*Bull.*, n° 2427); — portant nomination des commandants de corps d'armée de l'intérieur (*Bull.*, n° 2428; D. P. 73. 4. 89).

29-30 sept. 1873. — Décrets : portant création de 18 régiments d'infanterie (*Bull.*, n° 2429); — portant création de 14 régiments de cavalerie (*Bull.*, n° 2430); — portant création de 8 régiments d'artillerie (*Bull.*, n° 2431; D. P. 73. 4. 87).

29-30 sept. 1873 — Décret qui dissout l'armée de Versailles et place sous les ordres de M. le général de division de Ladmirault, gouverneur de Paris, commandant supérieur de la 1re division militaire, toutes les troupes stationnées dans cette division (D. P. 73. 4. 87).

29-30 sept. 1873. Décret portant que M. le général de division Bourbaki continuera d'exercer le commandement supérieur des 8e et 22e divisions militaires, et prendra le titre de gouverneur militaire de Lyon (D. P. 73. 4. 87).

13 nov.-18 déc. 1873. — Décret portant que toutes les poudreries et toutes les raffineries de salpêtre et de soufre appartenant à l'Etat ressortiront, à partir du 1er janv. 1874 au département de la guerre (D. P. 74. 4. 24).

28 nov.-18 déc. 1873. — Décret qui admet les engagés conditionnels d'un an à contracter l'engagement de rester une année de plus sous les drapeaux (D. P. 74. 4. 24).

4 déc. 1873-28 janv. 1874. — Décret relatif aux commandements de l'artillerie (D. P. 74. 4. 36).

22 déc. 1873-28 janv. 1874. — Décret portant réorganisation des directions du génie (D. P. 74. 4. 37).

6 janv.-18 févr. 1874. — Décret portant réorganisation dos régiments de spahis (D. P. 74. 4. 56).

18 févr. 1874. — Décret qui augmente le nombre des bourses d'élèves militaires à l'école vétérinaire d'Alfort (D. P. 74. 4. 65).

12 mars 1874. — Décret créant un état-major du ministre de la guerre.

28 mars-3 avr. 1874. — Loi portant qu'à l'avenir le traitement des officiers de tous grades attachés à l'état-major du ministre de la guerre et occupant des emplois permanents, sera payé sur les fonds de l'administration centrale (D. P. 74. 4. 71).

28 mars-3 avr. 1874. — Loi qui prononce l'admission, à titre définitif, dans l'armée et dans la marine, de M. le duc d'Alençon et de M. le duc de Penthièvre (D. P. 74. 4. 71).

20 mai-3 juin 1874. — Loi sur l'organisation du service religieux dans l'armée de terre (D. P. 74. 4. 87).

10-17 juill. 1874. — Loi relative aux améliorations à apporter à la situation des sous-officiers de l'armée active (D. P. 75. 4. 17).

1er-8 août 1874. — Loi relative à la conscription des chevaux (D. P. 75. 4. 24).

2 août 1874. — Décret relatif aux sections de secrétaires d'état-major et du recrutement (*Bull. mil. off.* part. régl. p. 97).

6 août-19 oct. 1874. — Décret qui détermine les régions territoriales et les subdivisions de régions (D. P. 75. 4. 50).

10 août-19 oct. 1874. — Décret qui modifie la composition territoriale de la France (D. P. 75 4. 50).

28 oct.-4 nov. 1874. — Décret relatif aux emplois réservés aux anciens sous-officiers des armées de terre et de mer (D. P. 75. 4. 54).

16 déc. 1874. — Loi relative à la nationalité au point de vue du recrutement militaire (D.P. 75. 4. 78).

5-16 janv. 1875. — Loi relative à l'organisation des commandements supérieurs de Paris et de Lyon (D. P. 75. 4 85).

13-28 mars 1875. — Loi relative à la constitution des cadres et des effectifs de l'armée active et de l'armée territoriale (D. P. 75. 4. 129).

19-26 mars 1875. — Loi relative à la mobilisation par voie d'affiches et de publications sur la voie publique (D.P. 75.4. 97).

19 mars-15 avr. 1875. — Loi qui modifie la loi du 10 juill. 1874 relative à la situation des sous-officiers de l'armée active (D. P. 75. 4. 97).

6 avr.-10 mai 1875. — Décret qui établit un conseil de guerre à Amiens (D. P. 75. 4. 101).

20 avr.-1er juin 1875. — Décret portant règlement d'administration publique concernant les constatations à faire pour l'admission anticipée des généraux et fonctionnaires assimilés dans la section de réserve (D. P. 75. 4. 103).

27 avr. 1875. — Décret relatif aux officiers retraités admis dans le service du recrutement (*Bull. mil. off.* part. régl. p. 602).

30 avr. 1875. — Décret relatif à l'organisation du corps des vétérinaires militaires et à la composition de la commission d'hygiène hippique (D. P. 76. 4. 38).

11 mai 1875. — Décret relatif aux contrôleurs d'armes (*Bull. mil. off.* part. régl. p. 639).

18 mai 1875. — Loi portant modification du code de justice militaire (D. P. 75. 4. 123).

25 mai-28 juin 1875. — Décret qui modifie celui du 1er déc. 1872, relatif aux engagements conditionnels d'un an (D. P. 75. 4. 107).

15 juill.-11 août 1875. — Décret relatif aux positions des officiers assimilés commissionnés du cadre de réserve servant au titre auxiliaire (D. P. 76. 4. 21).

18 juill.-6 sept. 1875. — Décret qui abroge, en ce qui concerne les vétérinaires militaires, les prescriptions du décret du 18 juill. 1857 indiquant la composition des tribunaux militaires (D. P. 76. 4. 39).

30 juill. 1875. — Décret relatif à l'organisation des escadrons d'éclaireurs volontaires (*Bull. mil. off.* 1876, part. régl. p. 495 et 503).

6 nov. 1875. — Instruction relative à la délivrance des congés de réforme (*Bull. off. du min. de la guerre*, 1875, part. rég. p. 573).

18-nov.-6 déc. 1875. — Loi qui coordonne les lois des 27 juill. 1872, 24 juill. 1873, 13 mars, 19 mars et 6 nov. 1875, avec le code de justice militaire (D. P. 76. 4. 70).

9-21 déc. 1875. — Loi qui modifie l'art. 79 de la loi du 27 juill. 1872 sur le recrutement de l'armée (D. P. 76. 4. 49).

15 déc. 1875-21 janv. 1876. — Loi qui modifie divers articles de la loi du 13 mars 1875, sur les cadres et les effectifs de l'armée (D. P. 76. 4. 84).

31 déc. 1875-16 janv. 1876. — Loi qui modifie les art. 53 et 57 de la loi du 27 juill. 1872 sur le recrutement de l'armée (D. P. 76. 4. 61).

31 déc. 1875-16 janv. 1876. — Loi qui ajoute un paragraphe à l'art. 54 de la loi du 27 juill. 1872 sur le recrutement de l'armée (D. P. 76. 4. 78).

31 déc. 1875-16 janv. 1876. — Loi qui modifie la loi du 24 juill. 1873 sur les emplois réservés aux anciens sous-officiers des armées de terre et de mer (D. P. 76. 4. 78).

18 févr. 1876. — Décret relatif à l'organisation de l'École supérieure de guerre.

20 mars-19 mai 1876. — Décret portant règlement d'administration publique relatif aux assimilations de grades à donner aux anciens élèves des Ecoles polytechnique et forestière (D. P. 76. 4. 109).

9 mai 1876. — Décret qui organise le corps des ingénieurs des poudres et salpêtres (D. P. 76. 4. 111).

30 avr.-6 mai 1876. — Décret qui prescrit la justification de la décision prise, le 21 décembre 1875, par la commission mixte de liquidation siégeant à Strasbourg, sur l'assurement et le remboursement des primes de militaires alsaciens-lorrains disparus (D. P. 4. 109).

12 juill.-18 août 1876. — Décret qui fixe la composition du comité spécial consultatif du service des poudres et autres substances explosibles (D. P. 76. 4. 118).

18 juill.-23 sept. 1876. — Décret modifiant les dispositions qui régissent le service des frais de route des militaires (D. P. 76. 4. 124).

8 août.-19 sept. 1876. — Décret qui ajoute cinq villes à la nomenclature des villes de l'Algérie dont les maires peuvent recevoir des engagements volontaires (D. P. 76. 4. 123).

30 août 1876. — Décret qui répartit entre les trois écoles vétérinaires de France les soixante bourses militaires instituées à l'école d'Alfort (D. P. 77. 4. 6).

23 oct.-12 déc. 1876. — Décret portant que le personnel du service actif des douanes employé en Algérie entre dans la composition des forces militaires du pays (D. P. 77. 4. 10).

13 nov.-28 déc. 1876. — Décret relatif à l'organisation militaire du personnel de l'administration des Forêts employé en Algérie (D. P. 77. 4. 10).

26 déc. 1876. — Décret relatif à la reconstitution de la commission d'hygiène hippique et au service vétérinaire (*Bull. mil. off.* part. régl. p. 339 et 340).

27 févr. 1877. — Décret relatif aux poudres et salpêtres.

24-mars-15 juin 1877. — Décret portant règlement d'administration publique sur le service de la trésorerie et des postes aux armées (D. P. 77. 4. 46).

11 mai 1877. — Décret relatif au service des compagnies de gendarmerie maritime.

28 juin-8 août 1877. — Décret qui modifie celui du 15 juill. 1875 relatif aux positions des officiers et assimilés de réserve (D. P. 77. 4. 50).

3 juill. 1877. — Loi relative aux réquisitions militaires (D. P. 77. 4. 53).

7-11 juill. 1877. — Loi relative à l'organisation des services hospitaliers de l'armée dans les hôpitaux militaires et dans les hospices civils (D. P. 78. 4. 2).

2 août 1877. — Décret portant règlement d'administration publique sur l'exécution de la loi sur les réquisitions militaires (D. P. 77. 4. 59).

9 janv.-20 févr. 1878. — Décret qui modifie les art. 1, 2, 3 et 4 du décret du 18 juill. 1876 sur les frais de route des militaires isolés (D. P. 78. 4. 24).

9 janv.-20 févr. 1878. — Décret qui modifie les art. 7, 29 et 71 du décret du 12 juin 1867 sur les frais de route des militaires isolés (D. P. 78. 4. 24).

14 févr. 1878. — Décret relatif aux cavaliers de manège des écoles militaires (*Bull. mil. off.* part. régl. p. 49).

2 mars-8 mai 1878. — Décret portant règlement pour le fonctionnement de la société de secours aux blessés militaires (D. P. 78. 4. 57).

16 mars 1878. — Décret relatif à la juridiction militaire en ce qui concerne les hommes de la réserve.

26 mars 1878. — Décret organisant les directions du ministère de la guerre (*Bull. mil. off.* part. régl. p. 133).

9 avr. 1878. — Décret qui désigne les catégories d'exemptions à établir en exécution du titre 8 de la loi du 3 juill. 1877 (D. P. 78. 4. 64).

1er-5 juin 1878. — Loi relative au cumul de la solde militaire avec les traitements ou les pensions de retraite pour les militaires de la réserve ou de l'armée territoriale appelés en temps de paix à des exercices ou manœuvres D. P. 78. 4. 80).

15 juin 1878. — Décret portant création d'une école militaire supérieure.

22-25 juin 1878. — Loi sur le rengagement des sous-officiers (D. P. 78. 4. 84).

28 juin-16 août 1878. — Décret qui fixe les époques auxquelles seront reçus les engagements volontaires (D. P. 78. 4. 98).

29 juin-16 août 1878. — Décret qui abroge l'ordonnance du 21 mai 1836 et organise de nouveau le fonctionnement et la composition des conseils d'enquête (D. P. 78. 4. 99).

31 août-5 sept. 1878. — Décret portant règlement sur l'état des officiers de réserve et des officiers de l'armée territoriale (D. P. 79. 4. 5).

8 sept.-11 oct. 1878. — Décret portant règlement d'administration publique sur la délimitation de la zone frontière et la réglementation des travaux mixtes (D. P. 79. 4. 16).

8 sept.-2 nov. 1878. — Décret portant : Art. 1er. Les engagements que les enfants de troupe peuvent contracter à l'âge de dix-huit ans révolus pour les corps où ils sont inscrits, seront reçus en dehors des périodes déterminées par le décret du 28 juin 1878 (D. P. 79. 4. 6).

24 oct.-19 déc. 1878. — Décret qui détermine la nomenclature des fonctions ou emplois civils pouvant faire placer hors cadres les officiers de réserve ou de l'armée territoriale qui en sont revêtus (D. P. 79. 4. 22).

29 janv.-11 mars 1879. — Décret relatif à l'indemnité de route allouée aux militaires isolés (D. P. 79. 4. 32).

25 févr. 1879. — Décret qui modifie celui du 9 avr. 1878 relatif aux réquisitions militaires (D. P. 79. 4. 42).

8 juin-28 juill. 1879. — Décret qui modifie celui du 29 juin 1878 sur les conseils d'enquête (D. P. 79. 4. 76).

1er août-18 sept. 1879. — Décret portant règlement d'administration publique pour l'exécution de la loi du 7 juill. 1877 relative à l'organisation des services hospitaliers de l'armée dans les hôpitaux militaires et hospices civils (D. P. 80. 4. 54).

17-19 août 1879. — Loi sur les soldes et pensions des officiers en réforme (D. P. 80. 4. 34).

25 sept.-2 déc. 1879. — Décret qui place hors cadre le officiers d'artillerie de réser ve ou de l'armée territoriale, ancien élèves de l'École polytechnique, attachés, soit aux différentes compagnies de chemins de fer, soit à l'administration des chemins de fer l'État (D. P. 80. 4. 74).

20 nov. 1879. — Décret relatif au service des compagnies de gendarmerie maritime.

28 déc. 1879. — Instruction sur l'administration des hommes de tous grades de la disponibilité, de la réserve et de l'armée territoriale (*Bull. mil. off.* 1884, 2e sem. part. régl., p. 98).

3-5 févr. 1880. — Décret qui modifie celui du 31 août 1878 sur l'état des officiers de réserve et de l'armée territoriale (D. P. 81. 4. 30).

19-21 mars 1880. — Loi relative aux engagements volontaires dans la marine (D. P. 81. 4. 44).

20-23 mars 1880. — Loi sur le service d'état-major (D. P. 81. 4. 41).

10-11 mai 1880. — Décret concernant les examens auxquels sont astreints les jeunes gens qui demandent à contracter un engagement conditionnel d'un an (D. P. 81. 4. 48).

18 mai-3 juill. 1880. — Décret qui supprime deux conseils de revision et six conseils de guerre (D. P. 81. 4. 59).

15 juin-2 juill. 1880. — Décret relatif au recrutement du corps de santé militaire (D. P. 81. 4. 52).

8-10 juill. 1880. — Loi qui abroge la loi des 20 mai et 3 juin 1874 sur l'aumônerie militaire (D. P. 81. 4. 26).

31 oct.-6 nov. 1880. — Décret qui réorganise le comité supérieur de la caisse des offrandes nationales en faveur des armées de terre et de mer (D. P. 81. 4. 109).

20 mars-2 mai 1881. — Décret concernant les anciens élèves des Écoles polytechnique et forestière investis d'un grade d'assimilation dans la réserve de l'armée active ou de l'armée territoriale (D. P. 82. 4. 54).

27 avr.-10 juin 1881. — Décret pour l'exécution de la loi du 8 juill. 1880 concernant les ministres des différents cultes qui doivent être attachés aux armées en campagne (D. P. 82. 4. 57).

3 juill.-24 août 1881. — Décret concernant les engagements volontaires (D. P. 82. 4. 47).

4-5 juill. 1881. — Loi qui substitue le brodequin napolitain au soulier et la guêtre pour la chaussure des troupes à pied (D. P. 82. 4. 46).

8-9 juill. 1881. — Loi qui modifie le paragraphe 9 de l'art. 3 de la loi du 13 mars 1875 relative aux capitaines montés (D. P. 82. 4. 47).

23-24 juill. 1881. — Loi relative au rengagement des sous-officiers (D. P. 82. 4. 35).

29 juill. 1881. — Loi sur la presse (art. 29 et 30) (D. P. 81. 4 65).

31 juill. 1881. - Décret sur l'avancement dans l'armée territoriale (*Bull. mil. off.*, 1882, part. régl., p. 56).

6 août 1881. — Loi qui autorise le classement des chevaux et des voitures attelées, dans trois départements, en dehors des époques prévues par l'art. 38 de la loi du 3 juill. 1877 relative aux réquisitions militaires (D. P. 82. 4. 62).

28 oct. 1881. — Décret relatif à la réorganisation de l'École d'application de l'artillerie et du génie (*Bull. mil. off.* part. régl. p. 261).

26 nov. 1881. — Décret qui réorganise le conseil supérieur de guerre.

18 janv. 1882. — Décret réorganisant l'École militaire de Saint-Cyr (*Bull. mil. off.* part. régl. p. 22).

20-21 janv. 1882. — Décret concernant le commandement en chef des armées de terre et de mer en Indo-Chine (D. P. 83.421).

27-31 janv. 1882. — Loi qui dispense temporairement les candidats à l'engagement dans l'armée de terre de l'obligation de savoir lire et écrire (D. P. 82. 4. 113).

14 févr. 1882. — Loi relative aux droits des enfants nés en France d'un père étranger naturalisé après leur naissance (D. P. 82. 4. 113)

19 févr. 1882. — Décret relatif à la composition du conseil supérieur de guerre.

16-25 mars 1882. — Loi sur l'administration de l'armée (D. P. 82. 4. 123).

21 mars-9 avr. 1882. — Décret qui modifie les art. 4 et 5 du décret du 29 juin 1863 portant règlement sur l'institution et l'organisation de l'hôtel des Invalides (D. P. 83. 4. 23).

25 mai-5 août 1882. — Décret portant : Art. 1er. Sont placés hors cadres, dans les conditions déterminées par le décret susvisé du 31 août 1878 (art. 11, paragraphe numéroté 1°) : Les officiers de réserve et les officiers de l'armée territoriale nommés à des emplois de commissaire de police (D. P. 83. 4. 43).

26 mai 1882. — Décret qui place hors cadre les officiers de réserve et les officiers de l'armée territoriale nommés à des emplois de commissaire de police (D. P. 83. 4. 43).

27 mai 1882. — Décret organisant la direction du service de santé au ministère de la guerre (*Bull. mil. off.* part. régl. p. 631).

30 août 1882. — Décret réorganisant l'école normale de gymnastique et d'escrime (*Bull. mil. off.* part. régl. p. 149).

22 sept. 1882. — Décret sur l'organisation du corps militaire des douanes (D. P. 83. 4. 53).

28 oct. 1882. — Décret relatif aux cadres des contrôleurs de l'armée (*Bull. off. mil.* part. régl. p. 332).

18 nov. 1882. — Décret relatif aux adjudications et marchés passés au nom de l'État (D. P. 83. 1. 56).

21-22 déc. 1882. — Loi qui accorde des secours aux familles nécessiteuses des soldats de la réserve et de l'armée territoriale pendant l'absence de leurs chefs (D. P. 83. 4. 86).

26-27 déc. 1882. — Loi portant que l'obligation de savoir lire et écrire, pour contracter un engagement volontaire dans l'armée de mer, ne sera imposée qu'à partir du 1er janv. 1886 (D. P. 83. 4. 40).

18-19 janv. 1883. — Loi qui dispense temporairement les candidats à l'engagement volontaire dans l'armée de terre de l'obligation de savoir lire et écrire (D. P. 83. 4. 40).

22 mars 1883. — Décret relatif à l'école militaire d'infanterie de Saint-Maixent (*Bull. mil. off.*, part. régl. p. 299).

6 avr. 1883. — Décret réglementant l'avancement dans le corps de l'intendance militaire (*Bull. mil. off.* part. régl. p. 336).

25 mai 1883. — Décret relatif à l'organisation de l'école d'application de cavalerie (*Bull. mil. off.* part. régl. p. 745).

2 juin 1883. — Décret sur l'organisation militaire du corps des chasseurs forestiers (D. P. 83. 4. 54).

28 juin 1883. — Loi relative aux enfants mineurs nés en France d'une femme française mariée avec un étranger (D. P. 83. 4. 104).

3 juill. 1883. — Décret relatif aux directions du génie (*Bull. mil. off.* part régl. p. 6).

3 juill. 1883. — Décret portant classement des établissements et services spéciaux pour la défense du pays (*Bull. mil. off.*, 1883, part. régl., p. 6).

24-26 juill. 1883. — Loi portant réorganisation des troupes de l'artillerie de l'armée active, en vue de la création d'une artillerie de forteresse (D. P. 83. 4. 95).

31 juill.-2 août 1883. — Loi qui approuve certaines modifications à la tenue de la cavalerie (D. P. 83. 4. 95).

4 sept. 1883. — Décret relatif au contrôle de l'administration de l'armée (*Bull. mil. off.* part. régl. p. 257).

1er-4 oct. 1883. — Décret portant organisation des écoles du service de santé militaire (D. P. 84. 4. 72).

4 oct. 1883. — Décret relatif aux généraux commandant les brigades d'artillerie d'Algérie, de Tunisie et des places de Paris et de Lyon (*Bull. mil. off.* part. régl. p. 282).

26 oct. 1883. — Décret portant règlement sur le service des armées en campagne (*Bull. mil. off.*, 1883, part. régl., p. 570).

21-23 déc. 1883. — Décret concernant l'avancement dans les corps expéditionnaires du Tonkin et de Madagascar (D. P. 84. 4. 78).

28 déc. 1883. — Décret portant règlement sur le service intérieur des troupes d'infanterie (*Bull. mil. off.*, 1883, part. régl., p. spéc. n° 109).

28 déc. 1883. — Décret portant règlement sur le service intérieur des troupes de cavalerie (*Bull. mil. off.*, 1883, part. régl., n° 110).

28 déc. 1883. — Décret portant règlement sur le service intérieur des troupes de l'artillerie et du train des équipages militaires (*Bull. mil. off.*, 1883, P. R. n° 111).

28 déc. 1883. — Décret relatif au fonctionnement du service des vétérinaires militaires.

8 avr. 1884. — Décret modifiant celui du 22 mars 1883 relatif à l'école militaire de Saint-Maixent.

8 avr. 1884. — Décret relatif à l'organisation de la cavalerie territoriale (*Bull. mil. off.* part. régl., p. 464).

3 juill. 1884. — Décret relatif aux attributions des directions d'artillerie.

8 juill. 1884. — Décret relatif aux vétérinaires militaires (*Bull. mil. off.* part. régl., p. 30).

19-22 juill. 1884. — Loi qui crée six écoles militaires préparatoires (D. P. 84. 4. 127).

23 juill. 1884. — Décret relatif à la commission consultative de télégraphie militaire (*Bull. mil. off.* part. régl. p. 124).

8 août-7 oct. 1884. — Décret concernant les assimilations de grade et les emplois qui peuvent être donnés dans l'armée aux élèves de l'École forestière (D. P. 85. 4. 15).

30 août 1884. — Règlement sur le service de l'armement (*Bull. milit. off.*, 1884, part. régl., p. spéc.).

8 oct. 1884. — Décret relatif aux sections de secrétaires d'état-major et du recrutement (*Bull. mil. off.* part. régl., p. 566).

15 nov. 1884. — Décret relatif au contrôle central de l'administration de l'armée et à la comptabilité.

14 déc. 1884. — Décret relatif à la composition des cadres et effectif des régiments étrangers en Algérie (*Bull. mil. off.* part. régl., p. 914).

29 nov. 1884. — Décret portant réorganisation du service intérieur de l'administration centrale du ministère de la guerre

3 mars 1885. — Décret relatif aux écoles d'enfants de troupe (*Bull. mil. off.* part. régl. p. 229).

30 avr. 1885. — Décret relatif au recrutement des gardes d'artillerie (*Bull. mil. off.* part. régl. p. 799).

16 mai 1885. — Décret relatif à la brigade topographique du génie (*Bull. mil. off.* part. régl. p. 1177).

8 août 1885. — Décret relatif aux réquisitions militaires en Algérie (*Bull. mil. off.* part. régl. p. 115).

9 sept.-20 oct. 1885. — Décret qui suspend, pour les individus condamnés par les conseils de guerre du Tonkin, le droit de former un recours en revision contre les jugements (D. P. 86. 4. 15).

15 sept.-20 oct. 1885. — Décret relatif au recensement des pigeons voyageurs (D. P. 86. 4. 15).

3 févr.-6 mars 1886. — Décret relatif à la remonte des officiers et assimilés en temps de guerre (D. P. 87. 4. 26).

2 mars 1886. — Décret modifiant celui du 28 oct. 1882 sur les contrôleurs de l'administration de l'armée (*Journ. off.* 6 mars 1886).

4 mars 1886. — Décret relatif à la composition du conseil supérieur de la guerre.

29-31 mars 1886. — Loi portant : Article unique. Sera maintenue, jusqu'à la promulgation de la nouvelle loi sur l'organisation de l'armée, la modification apportée successivement à l'art. 79 de la loi du 27 juill. 1872 sur le recrutement de l'armée par les lois des 9 déc. 1875, 19 mars 1880, 27 janv. et 26 déc. 1882, et 18 janv. 1883 (D. P. 86. 4. 81).

6 mai 1886. — Décret relatif au contrôle de l'armée.

19-20 mai 1886. — Décret relatif à l'organisation du service de l'aérostation militaire (*Journ. off.* 20 mai 1886).

26 mai 1886. — Décret relatif à la désignation des commandants d'armée.

22-23 juin 1886. — Loi qui exclut des armées de terre et de mer les membres des familles ayant régné sur la France (D. P. 86. 4. 57).

9-13 juill. 1886. — Décret qui autorise les anciens volontaires de la Réunion à souscrire, dans la colonie, des engagements volontaires de cinq ans au titre de l'infanterie de marine (D. P. 87. 4. 41).

22 juill. 1886. — Loi relative aux engagements volontaires dans les équipages de la flotte (D. P. 86. 4. 86).

22-25 juill. 1886. — Loi fixant les conditions dans lesquelles des engagements volontaires pour le corps des équipages de la flotte sont contractés par les jeunes gens provenant de l'École des mousses de la flotte et peuvent être contractés par des jeunes gens ne sortant pas de cette école (D. P. 86. 4. 86).

24 juill. 1886. — Décret relatif à la tenue des officiers en retraite ou en réforme pour infirmités (*Bull. mil. off.* part. régl. p. 63).

29 juill. 1886. — Loi relative à la création de nouveaux régiments de cavalerie.

29-30 juill. 1886. — Loi qui proroge les délais pendant lesquels les jeunes gens appelés sous les drapeaux sont admis à invoquer le bénéfice des dispenses légales (D. P. 86. 4. 87).

30 sept. 1886. — Décret sur le service des lits militaires (*Bull. mil. off.*, 1886, part. régl., p. 559).

11 oct. 1886. — Décret relatif à l'école militaire de Saint-Maixent (*Bull. mil. off.* part. régl., p. 825).

11-15 oct. 1886. — Décret modifiant l'ordonnance du 1er avr. 1818 sur les compagnies de pionniers de discipline (*Journ. off.* 15 oct. 1886).

4 nov. 1886. — Décret organisant l'école d'artillerie et du génie de Versailles (*Bull. mil. off.* part. régl. p. 909).

6 mai 1886. — Décret relatif au contrôle de l'armée.

18 nov. 1886. — Décret réorganisant l'école normale de tir du camp de Châlons.

23 nov. 1886. — Décret relatif aux réquisitions militaires (logement et cantonnement) (*Bull. mil. off.* part. régl. p. 1012).

21 déc. 1886-24 févr. 1887. — Décret modifiant l'art. 1er du décret du 20 mars 1876 en ce qui concerne les assimilations de grades à donner aux anciens élèves de l'École polytechnique (D. P. 87. 4. 64).

27 déc. 1886. — Décret qui établit un corps spécial d'interprètes de réserve (*Bull. mil. off.* 1887, 1er sem., part. régl. p. 6).

22 janv. 1887. — Décret relatif au contrôle de l'administration de l'armée (*Bull. mil. off.* part. régl. p. 118).

12-14 févr. 1887. — Loi qui classe l'orphelinat Hériot parmi les écoles militaires préparatoires (D. P. 87. 4. 61).

25 févr. 1887. — Décret relatif au recrutement des gardes d'artillerie (*Bull. mil. off.* part. régl., p. 252).

23 mars 1887. — Décret relatif au commandant de place et au commandant supérieur de la défense des gouvernements de Paris et de Lyon (*Bull. mil. off.*, part. régl., p. 613).

28 mars 1887. — Décret sur l'organisation du commandement des places fortes et le groupement des places secondaires (*Bull. milit. off.*, 1887, part. régl. p. 614).

2-9 mai 1887. — Décret portant règlement sur l'avancement des sous-lieutenants et lieutenants de réserve sortant de l'armée active (D. P. 88. 4. 55).

24 mai 1887. — Décret relatif à l'organisation du service géographique de l'armée (*Bull. mil. off.* part. régl. p. 928).

5 juill.-8 sept. 1887. — Décret portant réorganisation de la légion de la garde républicaine (D. P. 87. 4. 90).

25-28 juill. 1887. — Loi modificative de la loi du 13 mars 1875 et relative à l'organisation de l'infanterie (D. P. 87. 4. 96).

25-28 juill. 1887. — Loi portant : 1° création de nouveaux régiments de cavalerie; 2° suppression du 6e escadron dans chacun des quatre régiments de chasseurs d'Afrique (D. P. 87. 4. 96).

29-31 juill. 1887. — Loi ayant pour but d'améliorer la situation des sous-officiers rengagés et commissionnés, non adjudants (D. P. 87. 4. 96).

29-31 juill. 1887. — Loi relative à une expérience de mobilisation (D. P. 87. 4. 88).

29-31 juill. 1887. — Loi relative à la convocation d'une section technique d'ouvriers de chemins de fer de campagne (D. P. 84. 4. 89).

23 sept.-19 déc. 1887. — Décret qui détermine les époques auxquelles peuvent être reçus les engagements volontaires (D. P. 88. 3. 12).

10 oct. 1887. — Décret relatif aux compagnies mixtes du train des équipages (*Bull. mil. off.* part régl. p. 499).

16 nov. 1887. — Décret sur le service de l'habillement dans les corps de troupe et instructions y faisant suite (*Bull. milit. off.*, 1887, part. régl., p. 802).

19 nov. 1887. — Décret qui délègue aux généraux commandant les corps d'armée le droit de prononcer certaines mutations dans l'étendue de leur région (*Bull. mil. off.*, 1887, part. régl. p. 960).

22 nov. 1887. — Instruction relative à la formation et au renouvellement dans les magasins administratifs des approvisionnements de l'habillement et du campement (*Bull. mil. off.* 1887, part. régl. p. 1019).

22 nov. 1887. — Décret relatif aux réformes à introduire dans l'organisation de l'école d'application de médecine et de pharmacie militaires (*Journ. off.*, 26 nov. 1887).

24 déc. 1887. — Décret relatif à l'augmentation des cadres de la gendarmerie (*Journ. off.*, 28 déc. 1887).

18 févr. 1888. — Décret portant réorganisation de l'administration centrale de la guerre (*Bull. mil. off.*, 1888, part. régl., p. 90).

11 mai 1888. — Décret réorganisant le Prytanée militaire de la Flèche (*Bull. mil. off.* part. régl. p. 551).

12 mai 1888. — Décret portant réorganisation du conseil supérieur de la guerre et suppression du comité de défense (*Bull. mil. off.*, 1888, part. régl., p. 561).

26 mai 1888. — Décret confiant des missions temporaires à des membres du conseil supérieur de la guerre (*Bull. mil. off.*, 1888, part. régl., p. 597).

19 juin 1888. — Règlement relatif au service de marche et de transport des troupes.

25 juin 1888. — Décret portant règlement sur l'avancement des lieutenants et des sous-lieutenants de réserve (D. P. 88. 4. 55).

26-28 juin 1888. — Loi relative au recrutement des sous-lieutenants de réserve de l'armée active, de l'armée territoriale et de la réserve (D. P. 88. 4. 46).

9 juill. 1888. — Décret relatif au recrutement des gardes d'artillerie (*Bull. mil. off.* part. régl. p. 17).

31 juill. 1888. — Décret relatif à l'introduction des directeurs au ministère de la guerre dans les comités d'armes (*Bull. mil. off.* part. régl. p. 46 et 165).

3-12 sept. 1888. — Décret qui détermine les situations qui peuvent être attribuées dans l'armée, en cas de mobilisation, aux fonctionnaires civils sortant de l'École polytechnique (D. P. 89. 4. 50).

8 sept. 1888. — Décret modifiant les décrets des 22 mars et 8 avr. 1884, relatifs à l'école militaire de Saint-Maixent.

9 sept. 1888. — Décret portant règlement sur la comptabilité des matières appartenant au département de la guerre et instruction (du 23 déc. 1888) pour l'application de ce règlement (*Bull. mil. off.*, 1888, part. régl., p. 293).

24-25 sept. 1888. — Décret relatif au classement comme établissements spéciaux du service de l'aérostation militaire et des établissements qui en dépendent ainsi que des colombiers militaires (*Journ. off.*, 26 sept. 1888).

13-15 oct. 1888. — Décret concernant les colombiers militaires (*Journ. off.*, 15 oct. 1888; *Bull. mil. off.* part. régl. p. 246-247).

20-21 oct. 1888. — Décret relatif à la création d'un conseil d'instruction pour l'École supérieure de guerre (*Journ. off.*, 21 oct. 1888).

1er nov. 1888. — Décret déterminant les catégories d'enfants de troupe à admettre conformément au décret du 3 mars 1885 (*Bull. mil. off.* part. régl. p. 853).

17 nov. 1888. — Livret des gîtes d'étapes (*Bull. mil. off.*, 1888, part. sup. p. spéc. n° 731).

11-14 déc. 1888. — Décret portant ouverture au ministre de la guerre d'un crédit extraordinaire de 60 000 francs pour l'installation à Paris, à titre d'essai, d'une chambre frigorifique destinée à la conservation d'une partie de la viande nécessaire aux populations civiles des places fortes, en cas de siège (D. D. 89. 4. 53).

14-16 déc. 1888. — Loi ayant pour but la réorganisation d'une école du service de santé militaire (D. P. 90. 4 41).

24-27 déc. 1888. — Loi qui modifie l'organisation des bataillons de chasseurs à pied (D. P. 89. 4. 112).

25-27 déc. 1888. — Décret portant création d'une école de service de santé militaire (D. P. 90. 4. 43).

28-30 déc. 1888. — Loi portant modification aux lois du 13 mars 1875 et du 24 juill. 1883 sur l'organisation de l'artillerie (D. P. 89. 4. 112).

28-30 déc. 1888. — Loi modifiant les art. 22 à 27 (service militaire des chemins de fer) de la loi du 13 mars 1875, relative à la constitution des cadres et des effectifs de l'armée active et de l'armée territoriale (D. P. 90. 4. 28).

31 déc. 1888-5 janv. 1889. — Décret portant application de la loi du 28 déc. 1888, modifiant les lois du 13 mars 1875 et du 24 juill. 1883 sur l'organisation de l'armée (*Journ. off.*, 5 janv. 1889).

2 janv. 1889. — Décret fixant le nombre des lieutenants en premier de toutes armes (*Bull. mil. off.* part. régl. p. 60)

2-5 janv. 1889. — Décret portant application de la loi du 24 déc. 1888 modifiant l'organisation des bataillons de chasseurs à pied stationnés sur le territoire des 14e et 15e régions (*Journ. off.* 5 janv. 1889).

14 janv. 1889. — Décret portant règlement sur l'administration et la comptabilité des corps de troupe (*Bull. mil. off.*, part. régl., p. spéc. no 6).

5 févr. 1889. — Décret portant organisation du service militaire des chemins de fer (*Bull. mil. off.*, 1889, part. régl., p. 154).

7 févr.-25 mars 1889. — Décret relatif aux engagements volontaires pour la cavalerie et le génie (D. P. 89. 4. 72).

9 févr. 1889. — Décret portant création dans la cavalerie d'un service de télégraphie légère (*Bull. mil. off.* part. régl. p. 193).

18 févr. 1889. — Décret portant règlement sur le service des fourrages dans les corps de troupe (Cahiers des charges types, annexés; *Bull. mil. off.*, 1889, part. régl., p. 358).

23 févr. 1889. — Instruction pour le règlement des dommages causés aux propriétés privées pendant les manœuvres ou exercices exécutés annuellement par les corps de troupe (*Bull. mil. off.*, 1889, part. régl., p. 309).

25 févr. 1889. — Décret relatif à la réorganisation de l'école d'application de médecine et de pharmacie militaires (*Bull. mil. off.* part. régl. p. 292).

27 févr.-1er mars 1889. — Loi qui crée deux bataillons d'infanterie légère d'Afrique (D. P. 90. 4. 60).

13 mars 1889. — Décret relatif à la gendarmerie coloniale (*Bull. mil. off.* part. régl. p. 515).

18-20 mai 1889. — Loi relative au rengagement des sous-officiers (P. P. 90. 4. 49).

1er avr. 1889. — Décret relatif à l'exercice du commandement provisoire et du commandement par *intérim* (*Bull. mil. off.*, 1889, part., régl., p. 708).

2 avr. 1889. — Décret réglant le mode de classement des officiers proposés pour l'avancement et pour les divers grades de la Légion d'honneur (*Bull. mil. off.*, 1889, part. régl. p. 608).

8 avr. 1889. — Instruction contenant les dispositions relatives au développement et à l'entretien des connaissances militaires des cadres de la réserve et de l'armée territoriale (*Bull. mil. off.*, 1889, part. régl., p. 725).

12 avr. 1889. — Instruction ministérielle relative à la désignation aux attributions et au fonctionnement des officiers d'approvisionnement (*Bull. mil. off.*, 1889, part. régl., p. 887).

20 mai 1889. — Instruction relative à l'application de la loi du 18 mars 1889 sur le rengagement des sous-officiers (*Bull. mil. off.*, 1889, part. régl., p. 1023).

1er-3 juill. 1889. — Loi qui modifie la loi du 16 mars 1882 sur l'administration de l'armée et a pour but de donner une autonomie complète au service militaire de santé (D. P. 90. 4. 68).

11-12 juill. 1889. — Loi relative à la création d'un 5e régiment du génie dit régiment des sapeurs de chemins de fer (D. P. 90. 4. 69).

15-17 juill. 1889. — Loi relative à l'augmentation de l'artillerie de campagne (D. P. 90. 4. 69).

15-17 juill. 1889. — Loi sur le recrutement de l'armée D. P. 89. 4. 73 et les notes).

TITRE 1er. — DISPOSITIONS GÉNÉRALES.

Art. 1er. Tout Français doit le service militaire personnel.

2. L'obligation du service militaire est égale pour tous. Elle a une durée de vingt-cinq années.

Le service militaire s'accomplit selon le mode déterminé par la présente loi.

3. Nul n'est admis dans les troupes françaises s'il n'est Français ou naturalisé Français, sauf les exceptions déterminées par la présente loi.

4. Sont exclus de l'armée, mais, mis soit pour leur temps de service actif, soit en cas de mobilisation, à la disposition du ministre de la marine et des colonies, qui détermine par arrêtés les services auxquels ils peuvent être affectés :

1o Les individus qui ont été condamnés à une peine afflictive et infamante, ou à une peine infamante dans le cas prévu par l'art. 117 c. pén.;

2o Ceux qui, ayant été condamnés à une peine correctionnelle de deux ans d'emprisonnement et au-dessus, ont été, en outre, par application de l'art. 42 c. pén., frappés de l'interdiction de tout ou partie de l'exercice des droits civiques, civils et de famille;

3o Les relégués collectifs.

Les relégués individuels sont incorporés dans les corps de disciplinaires coloniaux.

Le ministre de la marine désigne le corps auquel chacun d'eux est affecté en cas de mobilisation.

5. Les individus reconnus coupables de crimes et condamnés seulement à l'emprisonnement par application de l'art. 463 c. pén.;

Ceux qui ont été condamnés correctionnellement à trois mois de prison au moins pour outrage public à la pudeur, pour délit de vol, escroquerie, abus de confiance ou attentat aux mœurs prévu par l'art. 334 c. pén.;

Ceux qui ont été l'objet de deux condamnations au moins, quelle qu'en soit la durée, pour l'un des délits spécifiés dans le paragraphe précédent,

Sont incorporés dans les bataillons d'infanterie légère d'Afrique :

Ceux qui, au moment de l'appel de leur classe, se trouveraient retenus, pour ces mêmes faits, dans un établissement pénitentiaire, seront incorporés dans lesdits bataillons à l'expiration de leur peine, pour y accomplir le temps de service prescrit par la présente loi.

Après un séjour d'une année dans ces bataillons, les hommes désignés au présent article, qui seraient l'objet de rapports favorables de leurs chefs, pourront être envoyés dans d'autres corps par le ministre de la guerre.

6. Les dispositions des art. 4 et 5 ci-dessus ne sont pas applicables aux individus qui ont été condamnés pour faits politiques, ou connexes à des faits politiques

En cas de contestation, il sera statué par le tribunal civil du lieu du domicile conformément à l'art. 31 ci-après.

Ces individus suivront le sort de la première classe appelée après l'expiration de leur peine.

7. Nul n'est admis dans une administration de l'État s'il ne justifie avoir satisfait aux obligations imposées par la présente loi.

8. Tout corps organisé, quand il est sous les armes, est soumis aux lois militaires, fait partie de l'armée et relève, soit du ministre de la guerre, soit du ministre de la marine.

Il en est de même des corps de vétérans que le ministre de la guerre est autorisé à créer en temps de guerre, et qui seraient recrutés par voie d'engagements volontaires parmi les hommes ayant accompli la totalité de leur service militaire.

9. Les militaires et assimilés de tous grades et de toutes armes des armées de terre ou de mer ne prennent part à aucun vote quand ils sont présents à leur corps, à leur poste ou dans l'exercice de leurs fonctions.

Ceux qui, au moment de l'élection, se trouvent en résidence libre, en non-activité ou en possession d'un congé peuvent voter dans la commune sur les listes de laquelle ils sont régulièrement inscrits.

Cette dernière disposition s'applique également aux officiers et assimilés qui sont en disponibilité, ou dans le cadre de réserve.

TITRE 2. — DES APPELS.

CHAP. 1er. — *Du recensement et du tirage au sort.*

10. Chaque année, pour la formation de la classe, les tableaux de recensement des jeunes gens ayant atteint l'âge de vingt ans révolus dans l'année précédente et domiciliés dans l'une des communes du canton sont dressés par les maires.

1o Sur la déclaration à laquelle sont tenus les jeunes gens, leurs parents ou leurs tuteurs;

2o D'office d'après les registres de l'état civil et tous autres documents et renseignements.

Ces tableaux mentionnent la profession de chacun des jeunes gens inscrits.

Ils sont publiés et affichés dans chaque commune suivant les formes prescrites par les art. 63 et 64 c. civ. La dernière publication doit avoir lieu au plus tard le 15 janvier.

Un avis publié dans les mêmes formes indique le lieu et le jour où il sera procédé à l'examen desdits tableaux et à la désignation par le sort des numéros assignés à chaque jeune homme inscrit.

11. Les individus déclarés Français en vertu de l'art. 1er de la loi du 16 déc. 1874 sont portés dans les communes où ils sont domiciliés, sur les tableaux de recensement de la classe dont la formation suit l'époque de leur majorité. Ils sont soumis au service militaire s'ils n'établissent pas leur qualité d'étranger.

Les individus nés en France d'étrangers et résidant en France sont également portés, dans les communes où ils sont domiciliés, sur les tableaux de recensement de la classe dont la formation suit l'époque de leur majorité telle qu'elle est fixée par la loi française. Ils peuvent réclamer contre leur inscription lors de l'examen du tableau de recensement et lors de leur convocation au conseil de revision, conformément à l'art. 16 ci-après. S'ils ne réclament pas, le tirage au sort équivaudra pour eux à la déclaration prévue par l'art. 9 c. civ. S'ils se font rayer, ils seront immédiatement déchus du bénéfice dudit article.

Les mêmes dispositions sont applicables aux individus résidant en France et nés en pays étrangers, soit d'un étranger qui depuis a été naturalisé Français, soit d'un Français ayant perdu la qualité de Français, mais qui l'a recouvrée ultérieurement, si ces individus étaient mineurs lorsque leurs parents ont acquis ou recouvré la nationalité française.

12. Les individus devenus Français par voie de naturalisation, réintégration ou déclaration faite conformément aux lois, sont portés sur les tableaux de recensement de la première classe formée après leur changement de nationalité.

Les individus inscrits sur les tableaux de recensement en vertu du présent article et de l'article précédent ne sont assujettis qu'aux obligations de service de la classe à laquelle ils appartiennent par leur âge.

13. Sont considérés comme légalement domiciliés dans le canton :

1° Les jeunes gens, même émancipés, engagés, établis au dehors, expatriés, absents ou en état d'emprisonnement, si d'ailleurs leur père, leur mère ou leur tuteur est domicilié dans une des communes du canton, ou si leur père, expatrié, avait son domicile dans une desdites communes;

2° Les jeunes gens mariés dont le père ou la mère, à défaut du père, sont domiciliés dans le canton, à moins qu'ils ne justifient de leur domicile réel dans un autre canton;

3° Les jeunes gens mariés et domiciliés dans le canton, alors même que leur père ou leur mère n'y seraient pas domiciliés;

4° Les jeunes gens nés et résidant dans le canton qui n'auraient ni leur père, ni leur mère, ni un tuteur;

5° Les jeunes gens résidant dans le canton qui ne seraient dans aucun des cas précédents et qui ne justifieraient pas de leur inscription dans un autre canton.

Les jeunes gens résidant soit en Algérie, soit aux colonies, sont inscrits sur les tableaux de recensement du lieu de leur résidence. Sur la justification de cette inscription, ils sont, en ce cas, rayés des tableaux de recensement où ils auraient pu être portés en France, par application des dispositions du présent article.

14. Sont, d'après la notoriété publique, considérés comme ayant l'âge requis pour l'inscription sur les tableaux de recensement, les jeunes gens qui ne peuvent produire ou n'ont pas produit, avant la vérification des tableaux de recensement, un extrait des registres de l'état civil constatant un âge différent ou qui, à défaut des registres de l'état civil, ne peuvent prouver ou n'ont pas prouvé leur âge conformément à l'art. 46 c. civ.

15. Si, dans les tableaux de recensement des années précédentes, des jeunes gens ont été omis, ils sont inscrits sur les tableaux de recensement de la classe qui est appelée après la découverte de l'omission, sauf le cas prévu à l'art. 69 ci-après, à moins qu'ils n'aient quarante-cinq ans accomplis à l'époque de la clôture des tableaux, et sont soumis à toutes les obligations de cette classe.

Toutefois, ils sont libérés à titre définitif à l'âge de quarante-huit ans au plus tard.

16. L'examen des tableaux de recensement et le tirage au sort sont faits au chef-lieu du canton, en séance publique, devant le sous-préfet assisté des maires du canton.

Dans les communes qui forment un ou plusieurs cantons, le sous-préfet est assisté du maire et de ses adjoints.

Dans les villes divisées en plusieurs arrondissements, chaque arrondissement est représenté par un officier municipal.

Les tableaux de recensement de chaque commune sont lus à haute voix. Les jeunes gens, leurs parents ou représentants sont entendus dans leurs observations.

Les tableaux sont ensuite arrêtés et visés par le sous-préfet et par les maires.

Dans les cantons composés de plusieurs communes, l'ordre dans lequel elles sont appelées par le tirage est chaque fois indiqué par le sort.

17. (Modifié par la loi du 2 févr. 1891). Le sous-préfet inscrit en tête de la liste du tirage :

1° Le nom des jeunes gens qui se trouvent dans l'un des cas prévus par l'art. 69 de la présente loi;

2° Le nom de ceux qui se trouvent dans l'un des cas prévus par l'art. 15, et qui n'ont pas déposé à la sous-préfecture, huit jours au moins avant le tirage du canton, une demande tendant à faire excuser leur non-inscription sur le tableau de recensement des années précédentes, et justifiant que l'omission de leur nom sur ce tableau ne pouvait être imputée à leur négligence.

Les premiers numéros leur sont attribués de droit.

Ces numéros sont, en conséquence, extraits de l'urne avant l'opération du tirage.

Quant aux omis qui se trouvent dans l'un des cas prévus par l'art. 15 et qui auront déposé à la sous-préfecture la demande sus-indiquée, dont ils pourront demander un récépissé, ils prendront part au tirage, provisoirement, jusqu'à la décision du conseil de revision, au jour de sa réunion au canton.

Le conseil de revision, appréciant le degré de responsabilité encourue, maintiendra aux omis dont les explications seront jugées suffisantes le bénéfice définitif de leur numéro provisoire et inscrira en tête de la liste du tirage immédiatement après ceux qui avaient été inscrits d'office par le sous-préfet au moment du tirage, les jeunes gens dont les explications paraîtraient insuffisantes et qui, même sans intention frauduleuse, auraient fait preuve de négligence grave.

Dans le cas où une intention frauduleuse aurait été relevée, le conseil renverra les jeunes gens devant les tribunaux par application de l'art. 69.

Avant de commencer les opérations du tirage, le sous-préfet compte publiquement les numéros et les dépose dans l'urne, après s'être assuré que leur nombre est égal à celui des jeunes gens appelés à y prendre part; il en fait la déclaration à haute voix.

Aussitôt après, chacun des jeunes gens appelés dans l'ordre du tableau, prend dans l'urne un numéro qui est immédiatement proclamé. Pour les absents, le numéro est tiré par les parents, ou à défaut, par le maire de la commune.

L'opération du tirage continue sans interruption jusqu'à ce que le dernier numéro soit extrait de l'urne. Elle ne peut être recommencée dans aucun cas.

Les jeunes gens qui ne se trouveraient pas pourvus de numéros seraient inscrits à la suite avec des numéros supplémentaires et tireront entre eux pour déterminer l'ordre suivant lequel ils seront inscrits.

La liste de tirage est dressée à mesure que les numéros sont proclamés.

Elle est lue à haute voix, puis arrêtée et signée de la même manière que le tableau du recensement et annexé avec ledit tableau au procès-verbal des opérations, elle est publiée et affichée dans chaque commune du canton.

CHAP 2. — PREMIÈRE SECTION. — *Du conseil de revision cantonal. — Des exemptions des dispenses et des ajournements. — Des listes de recrutement cantonal.*

18. Les opérations du recrutement sont revues, les réclamations auxquelles ces opérations peuvent donner lieu sont entendues, les causes d'exemption et de dispense prévues par les art. 20, 21, 22, 23 et 50, de la présente loi sont jugées en séance publique par un conseil de revision composé;

Du préfet président; à son défaut, du secrétaire général, et, exceptionnellement du vice-président du conseil de préfecture ou d'un conseiller de préfecture délégué par le préfet; — D'un conseiller de préfecture désigné par le préfet; — D'un membre du conseil général du département autre que le représentant élu dans le canton où la revision a lieu, désigné par la commission départementale, conformément à l'art. 82 de la loi du 10 août 1871; — D'un membre du conseil d'arrondissement, autre que le représentant élu dans le canton où la revision a lieu, désigné comme ci-dessus, et, dans le territoire de Belfort, d'un deuxième membre du conseil général; — D'un officier général ou supérieur désigné par l'autorité militaire; — Un sous-intendant militaire, le commandant de recrutement, un médecin militaire ou, à défaut, un médecin civil désigné par l'autorité militaire, assistent aux opérations du conseil de revision. Le conseil ne peut statuer qu'après avoir entendu l'avis du médecin. — Cet avis est consigné dans une colonne spéciale, en face de chaque nom, sur les tableaux de recensement.

Le sous-intendant militaire est entendu dans l'intérêt de la loi toutes les fois qu'il le demande, et peut faire consigner ses observations au procès-verbal de la séance.

Le sous-préfet de l'arrondissement et les maires des communes auxquelles appartiennent les jeunes gens appelés devant le conseil de revision assistent aux séances. Ils ont le droit de présenter des observations.

En cas d'empêchement des membres du conseil général ou du conseil d'arrondissement, le préfet les fait suppléer d'office par des membres appartenant à la même assemblée que l'absent; ces membres, désignés d'office, ne peuvent être les représentants élus du canton où la revision a lieu.

Si, par suite d'une absence, le conseil de revision est réduit à quatre membres, il peut néanmoins délibérer, lorsque le président, l'officier général ou supérieur et deux membres civils restent présents; la voix du président n'est pas prépondérante.

La décision ne peut être prise qu'à la majorité de trois voix. En cas de partage, elle est ajournée.

Dans les colonies, les attributions du préfet, des conseillers de préfecture et des conseillers d'arrondissement sont dévolues aux directeurs de l'intérieur aux conseillers privés et aux conseillers généraux. Dans les colonies où il n'existe ni conseil privé, ni conseils généraux, des décrets règleront la composition des conseils de revision.

19. Le conseil de revision se transporte dans les divers cantons Toutefois, le préfet peut, exceptionnellement, réunir plusieurs cantons et faire exécuter les opérations dans un même lieu.

Les jeunes gens portés sur les tableaux de recensement, ainsi que ceux des classes précédentes qui ont été ajournés, conformément à l'art. 27 ci-après, sont convoquées, examinés et entendus par le conseil de revision au lieu désigné.

Ils peuvent faire connaître l'arme dans laquelle ils désirent être placés.

S'ils ne se rendent pas à la convocation, s'ils ne s'y font pas représenter, ou s'ils n'ont pas obtenu un délai, il est procédé comme s'ils étaient présents.

20. Sont exemptés par le conseil de revision, siégeant au chef-lieu de canton, les jeunes gens que leurs infirmités rendent impropres à tout service actif ou auxiliaire.

Il leur est délivré, pour justifier de leur situation, un certificat qu'ils sont tenus de représenter à toute réquisition des autorités militaire, judiciaire ou civile.

21. (Modifié par la loi du 6 nov. 1890). En temps de paix, après un an de présence sous les drapeaux, sont envoyés en congé dans leurs foyers, sur leur demande jusqu'à la date de leur passage dans la réserve:

1° L'aîné d'orphelins de père et de mère, ou l'aîné d'orphelins de mère dont le père est légalement déclaré absent ou interdit;

2° Le fils unique ou l'aîné des fils, ou, à défaut de fils ou de gendre, le petit-fils unique ou l'aîné des petits-fils d'une femme actuellement veuve, ou d'une femme dont le mari a été légalement déclaré absent ou interdit, ou d'un père aveugle ou entré dans sa soixante-dixième année;

3° Le fils unique ou l'aîné des fils d'une famille de sept enfants au moins.

Dans les cas prévus par les trois paragraphes précédents, le frère puîné jouira de la dispense si le frère aîné est aveugle, ou atteint de toute autre infirmité incurable qui le rende impotent;

4° Le plus âgé des deux frères inscrits la même année sur les listes du recrutement cantonal ou faisant partie du même appel;

5° Celui dont un frère sera présent sous les drapeaux, au moment de l'appel de la classe, soit comme officier, soit comme appelé, soit comme engagé volontaire pour trois ans au moins, soit comme rengagé, breveté ou commissionné après avoir accompli cette durée de service, soit enfin comme inscrit maritime levé d'office, levé sur sa demande, maintenu ou réadmis au service, quelle que soit la classe de recrutement à laquelle il appartient.

Ces dispositions sont applicables aux frères des officiers mariniers des équipages appartenant à l'inscription maritime et servant en qualité d'officiers mariniers du cadre de la maistrance;

Les dispositions des paragraphes 4 et 5 doivent toujours être appliquées de manière que, sur deux frères se suivant à moins de trois années d'intervalle et reconnus tous deux aptes au service, l'un des deux ne fasse qu'une année en temps de paix.

Si ces deux frères servent comme appelés, le dispensé qui en fera la demande ne sera incorporé qu'après l'expiration du temps obligatoire de service de l'autre frère.

6° Celui dont le frère sera mort en activité de service ou aura été réformé ou admis à la retraite pour blessures reçues dans un service commandé ou pour infirmités contractées dans les armées de terre ou de mer.

La dispense accordée conformément aux paragraphes 5 et 6 ci-dessus ne sera appliquée qu'à un seul frère pour un même cas, mais elle se répétera dans la même famille autant de fois que les mêmes droits s'y reproduiront.

Les demandes, accompagnées de documents authentiques justifiant de la situation des intéressés, sont adressées, avant le tirage au sort, au maire de la commune où les jeunes gens sont domiciliés. Il en sera donné récépissé.

L'appelé ou l'engagé qui, postérieurement, soit à la décision du conseil de revision, soit à son incorporation, entre dans l'une des catégories prévues ci-dessus, est, sur sa demande, et dès qu'il compte un an de présence au corps, envoyé en congé dans ses foyers jusqu'à la date de son passage dans la réserve.

Le jeune homme omis, qui ne s'est pas présenté ou fait représenter par ses ayants cause devant le conseil de revision, ne peut être admis au bénéfice des dispositions indiquées par le présent article, si les motifs de ces dispenses ne sont survenus que postérieurement à la décision de ce conseil.

Le présent article n'est applicable qu'aux enfants légitimes. Les enfants naturels reconnus par le père ou par la mère ne pourront jouir que de la dispense organisée par l'article suivant, et dans les conditions prévues par cet article.

22. En temps de paix, après un an de présence sous les drapeaux, peuvent être envoyés en congé dans leurs foyers sur leur demande jusqu'à la date de leur passage dans la réserve, les jeunes gens qui remplissent effectivement les devoirs de soutiens indispensables de famille.

Les demandes sont adressées, avant le tirage au sort, au maire de la commune où les jeunes gens sont domiciliés. Il en sera donné récépissé. Elles doivent comprendre à l'appui :

1° Un relevé des contributions payées par la famille et certifié par le percepteur.

2° Un avis motivé de trois pères de famille résidant dans la commune et ayant un fils sous les drapeaux ou, à défaut, dans la réserve de l'armée active et jouissant de leurs droits civils et politiques.

La liste de ces jeunes gens est présentée par le maire au conseil de revision, avec l'avis motivé du conseil municipal.

Le nombre des jeunes dispensés par le conseil départemental de revision, à titre de soutiens indispensables de famille, ne peut dépasser 5 pour 100 du contingent à incorporer pour trois ans.

Toutefois, le ministre de la guerre peut autoriser les chefs de corps à délivrer, en plus du chiffre fixé ci-dessus, des congés à titre de soutiens indispensables de famille aux militaires comptant un an et deux ans de présence sous les drapeaux.

Le nombre des congés accordes en vertu du paragraphe précédent ne pourra pas dépasser 1 pour 100 après la première année et 1 pour 100 après la seconde. Il sera calculé d'après l'effectif des hommes de la classe appartenant au corps. Les intéressés devront produire les justifications mentionnées ci-dessus.

Tous les ans, le maire de chaque commune présente au conseil de revision, siégeant au chef-lieu de canton, une délibération du conseil municipal faisant connaître la situation des jeunes gens qui ont été renvoyés dans leurs foyers comme soutiens de famille. Il est tenu de signaler au conseil de revision les plaintes des personnes dans l'intérêt desquelles l'envoi en congé a eu lieu en vertu du présent article et de l'article précédent.

Le conseil départemental de revision décide s'il y a lieu ou non de maintenir ces dispenses. Les jeunes gens dont le maintien en congé n'est pas admis sont soumis à toutes les obligations de la classe à laquelle ils appartiennent.

23. (Modifié par la loi du 26 déc. 1892). En temps de paix, après un an de présence sous les drapeaux, sont envoyés en congé dans leur foyer, sur leur demande, jusqu'à la date de leur passage dans la réserve :

1° Les jeunes gens qui contractent l'engagement de servir pendant dix ans dans les fonctions de l'instruction publique, dans les institutions nationales des sourds-muets ou des jeunes aveugles dépendant du ministère de l'intérieur et y rempliront effectivement un emploi de professeur, de maître répétiteur ou d'instituteur.

Les instituteurs laïques, ainsi que les novices et membres des congrégations religieuses vouées à l'enseignement et reconnues d'utilité publique qui prennent l'engagement de servir pendant dix ans dans les écoles françaises d'Orient et d'Afrique subventionnées par le Gouvernement français;

2° Les jeunes gens qui ont obtenu ou qui poursuivent leurs études en vue d'obtenir :

Soit le diplôme de licencié ès lettres, ès sciences, de docteur en droit, de docteur en médecine, de pharmacien de première classe, de vétérinaire, ou le titre d'interne des hôpitaux nommé au concours dans une ville où il existe une faculté de médecine;

Soit le diplôme délivré par l'Ecole des chartes et l'Ecole des langues orientales vivantes.

Soit, le diplôme supérieur délivré aux élèves externes par l'école des ponts-et-chaussée, l Ecole supérieure des mines, l'Ecole du génie maritime;

Soit, le diplôme supérieur délivré par l'Institut national agronomique, l'École des haras du Pin aux élèves internes, les écoles nationales d'agriculture de Grignon, de Grand-Jouan, et de Montpellier, l'école des mines de Saint-Etienne, les écoles des maîtres ouvriers mineurs d'Alais et de Douai, les écoles nationales des arts et métiers d'Aix, d'Angers et de Châlons, l'École des hautes études commerciales et les écoles supérieures de commerce reconnues par l'Etat;

Soit l'un des prix de Rome, soit un prix ou médaille d'Etat dans les concours annuels de l'École nationale des beaux-arts, du Conservatoire de musique et de l'École nationale des arts décoratifs;

3° Les jeunes gens exerçant les industries d'art qui sont désignés par un jury d'état départemental formé d'ouvriers et de patrons. Le nombre de ces jeunes gens ne pourra en aucun cas dépasser un demi pour 100 du contingent à incorporer pour trois ans;

4° Les jeunes gens admis, à titre d'élèves ecclésiastiques, à continuer leurs études en vue d'exercer le ministère dans l'un des cultes reconnus par l'Etat.

En cas de mobilisation, les étudiants en médecine et en pharmacie et les élèves ecclésiastiques sont versés dans le service de santé.

Tous les jeunes gens énumérées ci-dessus seront rappelés pendant quatre semaines dans le cours de l'année qui précédera leur passage dans la réserve de l'armée active. Ils suivront ensuite le sort de la classe à laquelle ils appartiennent.

Des règlements d'administration publique détermineront les conditions dans lesquelles sera contracté l'engagement décennal visé au paragraphe 1°; les justifications à produire par les jeunes gens visés aux paragraphes 2° et 4°, soit au moment de leur demande, soit chaque année pendant la durée de leurs études; la nomenclature des industries d'art qui donneront lieu à la dispense prévue au paragraphe 3°; le mode de répartition de ces dispenses entre les départements; le mode de constitution du jury d'état pour les ouvriers d'art, ainsi que les justifications annuelles d'aptitude de travail et d'exercice régulier de leur profession, que les jeunes gens dispensés sur la proposition du jury devront fournir jusqu'à l'âge de vingt-six ans.

Les mêmes règlements fixeront le nombre des diplômes supérieurs à délivrer annuellement, en vue de la dispense du service militaire, par chacune des écoles énumérées au cinquième alinéa du paragraphe 2°, et définiront ceux de ces diplômes qui ne sont pas définis par la loi; ils fixeront également le nombre des prix et des médailles visées au sixième alinéa du même paragraphe.

24. Les jeunes gens visés au paragraphe 1° de l'article précédent qui, dans l'année qui suivra leur année de service, n'auraient pas obtenu un emploi de professeur, de maître-répétiteur ou d'instituteur, ou qui cesseraient de le remplir avant l'expiration du délai fixé;

Ceux qui n'auraient pas obtenu avant l'âge de vingt-six ans les diplômes ou les prix spécifiés aux alinéas du paragraphe 2°;

Les jeunes gens visés au paragraphe 3°, qui ne fourniraient pas les justifications professionnelles prescrites;

Les élèves ecclésiastiques mentionnés au paragraphe 4°, qui, à l'âge de vingt-six ans ne seraient pas pourvus d'un emploi de ministre de l'un des cultes reconnus par l'Etat.

Les jeunes gens visés par les art. 21, 22 et 23 qui n'auraient pas satisfait dans le cours de leur année de service, aux conditions de conduite et d'instruction militaire déterminées par le ministre de la guerre;

Ceux qui ne poursuivraient pas régulièrement les études en vue desquelles la dispense a été accordée;

Seront tenus d'accomplir les deux années de service dont ils avaient été dispensés.

25. Quand les causes de dispenses prévues aux art. 21, 22 et 23 viennent à cesser, les jeunes gens qui avaient obtenu ces dispenses sont soumis à toutes les obligations de la classe à laquelle ils appartiennent.

Ils peuvent se marier sans autorisation.

26. La liste des jeunes gens de chaque département, dispensés en vertu des art. 21, 22, 23 et 50, sera publiée au *Bulletin administratif*, et les noms des dispensés de chaque commune seront affichés dans leur commune à la porte de la mairie.

En cas de guerre, ils sont appelés et marchent avec les hommes de leur classe.

Les dispositions de l'art. 55 ci-après leur sont applicables.

27. Peuvent être ajournés deux années de suite à un nouvel examen du conseil de revision, les jeunes gens qui n'ont pas la taille réglementaire d un mètre cinquante-quatre centimètres, ou qui sont reconnus d'une complexion trop faible pour un service armé.

Les jeunes gens ajournés reçoivent, pour justifier de leur situation, un certificat qu'ils sont tenus de représenter à toute réquisition des autorités militaire, judiciaire ou civile.

A moins d'une autorisation spéciale, ils sont astreints à comparaître à nouveau devant le conseil de revision du canton devant lequel ils ont comparu.

Ceux qui, après l'examen définitif, sont reconnus propres au service armé ou auxiliaire, sont soumis selon la catégorie dans laquelle ils sont placés, aux obligations de la classe à laquelle ils appartiennent.

Ils peuvent faire valoir les motifs de dispenses énoncés aux art. 21, 22 et 23.

Les droits à la dispense prévus au paragraphe numéroté 5° de l'art. 21 qui existaient au moment de l'ajournement peuvent être valablement invoqués l'année suivante, lors même que pendant l'ajournement le frère du réclamant aurait cessé d'être présent sous les drapeaux.

28. Les jeunes gens reçus à l'École polytechnique, à l'École forestière, ou à l'École centrale des arts et manufactures, qui sont reconnus propres au service militaire, n'y sont définitivement admis qu'à la condition de contracter un engagement volontaire de trois ans pour les deux premières écoles, de quatre ans pour l'École centrale.

Ils sont considérés comme présents sous les drapeaux dans l'armée active pendant tout le temps passé par eux dans lesdites écoles. Ils reçoivent, dans ces écoles, l'instruction militaire complète et sont à la disposition du ministre de la guerre.

S'ils ne peuvent satisfaire aux examens de sortie ou s'ils sont renvoyés pour inconduite, ils sont incorporés dans un corps de troupe pour y terminer le temps de service qu'il leur reste à faire.

Les élèves de l'École polytechnique admis dans l'un des services civils recruté à l'école, ou quittant l'école après avoir satisfait aux examens de sortie sans entrer dans aucun de ces services, et les élèves de l'École forestière admis dans l'administration des Forêts, sont nommés sous-lieutenants de réserve et accomplissent en cette qualité, dans un corps de troupe, leur troisième année de service.

Ceux qui viendraient à quitter le service civil dans lequel ils ont été admis n'en resteront pas moins soumis aux obligations indiquées par le paragraphe précédent.

Ceux qui donneraient leur démission d'officier de réserve avant l'accomplissement de leur troisième année de service n'en resteront pas moins soumis à toutes les conséquences de l'engagement volontaire de trois ans contracté par eux, lors de leur entrée à l'école.

Les élèves de l'École centrale des arts et manufactures, quittant l'école après avoir satisfait aux examens de sortie accomplissent une année de service dans un corps de troupe. A la fin de cette année de service, ils peuvent être nommés sous-lieutenants de réserve.

Les conditions d'aptitude physique, pour l'entrée à ces écoles, des jeunes gens qui, au moment de leur admission, ne sont pas aptes au service militaire, sont fixées par un règlement d'administration publique.

29. (Modifié par la loi du 26 déc. 1892). Les élèves du service de santé militaire et les élèves militaires des écoles vétérinaires contractent, en entrant à l'école, l'engagement de servir dans l'armée active pendant six ans au moins, à dater de leur nomination au grade de médecin aide-major de 2e classe ou d'aide-vétérinaire.

Ceux qui n'obtiendraient pas le grade d'aide-major ou d'aide-vétérinaire ou qui ne réaliseraient pas l'engagement sexennal sont incorporés dans un corps de troupe pour trois ans, sans déduction aucune du temps écoulé depuis leur entrée à l'école.

Ces dispositions sont également applicables aux élèves de l'École de médecine navale.

Les élèves de l'École d'administration de la marine contractent le même engagement et sont astreints aux mêmes obligations dans le cas où ils n'obtiendraient pas le grade d'aide-commissaire ou ne réaliseraient pas l'engagement sexennal.

30. Sont considérés comme ayant satisfait à l'appel de leur classe :

1° Les jeunes gens liés au service dans les armées de terre ou de mer en vertu d'un brevet ou d'une commission;

2° Les jeunes marins portés sur les registres matricules de l'inscription maritime conformément aux règles prescrites par les art. 1, 2, 3, 4 et 5 de la loi du 25 oct. 1795 (3 brum. an 4).

Les premiers, s'ils cessent leur service, et les seconds, s'ils se font rayer de l'inscription maritime sont tenus d'en faire la déclaration au maire de leur commune dans les deux mois, de retirer une expédition de leur déclaration et de la soumettre au préfet du département, sous les peines portées par l'art. 76 ci-après.

Les uns et les autres accomplissent dans l'armée active le service prescrit par la présente loi, puis, ils suivent le sort de la classe à laquelle ils appartiennent.

Toutefois, le temps déjà passé par eux au service de l'Etat est déduit du nombre d'années pendant lesquelles tout Français fait partie de l'armée active.

31. Lorsque les jeunes gens portés sur les tableaux de recrutement ont fait des déclarations dont l'admission ou le rejet dépend de la décision à intervenir sur des questions judiciaires relatives à leur état ou à leurs droits civils, le conseil de revision ajourne sa décision ou ne prend qu'une décision conditionnelle. Les questions sont jugées contradictoirement avec le préfet, à la requête de la partie la plus diligente. Le tribunal civil du lieu du domicile statue sans délai, le ministère public entendu.

Le délai de l'appel et du recours en cassation est de quinze jours francs à partir de la signification de la décision attaquée.

Le recours est, ainsi que l'appel, dispensé de la consignation d'amende.

L'affaire est portée directement devant la chambre civile.

Les actes faits en exécution du présent article sont visés pour timbre et enregistrés gratis.

Les paragraphes 2, 3, 4, 5 et 6 du présent article sont applicables au cas prévu par l'art. 6.

32. Hors les cas prévus par les art. 6 et 31, les décisions du conseil de revision sont définitives. Elles peuvent, néanmoins, être attaquées devant le conseil pour incompétence, excès de pouvoir ou violation de la loi.

Le recours au conseil d'Etat n'aura pas d'effet suspensif, et il ne pourra en être autrement ordonné.

L'annulation prononcée sur le recours du ministre de la guerre profite aux parties lésées.

33. Après que le conseil de revision a statué sur les cas d'exemption, ainsi que sur toutes réclamations auxquelles les opérations peuvent donner lieu, la liste de recrutement cantonal de la classe est définitivement arrêtée et signée, par le conseil de revision.

Cette liste, divisée en sept parties, comprend, par ordre de numéros de tirage:

1° Tous les jeunes gens déclarés propres au service militaire et qui ne doivent pas être classés dans les catégories suivantes;

2° Les jeunes gens dispensés en vertu de l'art. 21;

3° Les jeunes gens dispensés en vertu des art. 23 et 50;

4° Les jeunes gens liés au service en vertu d'un engagement volontaire, d'un brevet ou d une commission, et les jeunes marins inscrits;

5° Les jeunes gens qui sont ajournés conformément à l'art. 27 ci-dessus;

6° Les jeunes gens qui ont été classés dans les services auxiliaires de l'armée;

7° Les jeunes gens exclus en vertu des dispositions de l'art. 4.

2e SECTION. — *Du conseil de revision départemental. — De la taxe militaire.*

34. Quand les listes de recrutement de tous les cantons du département ont été arrêtées, le conseil de revision, composé ainsi qu'il est dit à l'art. 18 ci-dessus, mais auquel seront adjoints deux autres membres du conseil général, se réunit au

chef-lieu du département et prononce, en séance publique, sur les demandes de dispense à titre de soutiens de famille, stipulées à l'art. 22.

Les trois conseillers généraux et le conseiller d'arrondissement sont spécialement désignés à cet effet par la commission départementale.

Les ajournés de l'année précédente concourent entre eux dans les mêmes conditions.

35. — § 1er. — A partir du 1er janvier qui suivra la mise en vigueur de la présente loi, seront assujettis au payement d'une taxe militaire annuelle ceux qui, par suite d'exemption, d'ajournement, de classement dans les services auxiliaires ou dans la seconde partie du contingent, de dispense, ou pour tout autre motif, bénéficieront de l'exonération du service dans l'armée active.

§ 2. — Sont seuls dispensés de cette taxe :

1° Les hommes réformés ou admis à la retraite pour blessures reçues dans un service commandé ou pour infirmités contractées dans les armées de terre ou de mer;

2° Les contribuables se trouvant dans un état d'indigence notoire.

§ 3. — La taxe militaire se compose de : 1° une taxe fixe de six fr. (6 fr.); 2° une taxe proportionnelle égale au montant en principal de la cote personnelle et mobilière de l'assujetti.

Si cet assujetti a encore des ascendants du premier degré ou l'un d'eux, la cote est augmentée du quotient obtenu en divisant la cote personnelle et mobilière de celui de ces ascendants qui est le plus imposé à cette contribution, en principal, par le nombre des enfants vivants et des enfants représentés dudit ascendant.

Au cas de non-imposition des ascendants du premier degré, il sera procédé, comme il vient d'être dit, sur la cote des ascendants du second degré, en tenant compte des enfants de l'ascendant de chaque degré.

Il n'est plus tenu compte de la cote des ascendants lorsque l'assujetti a atteint l'âge de trente ans révolus et qu'il a un domicile distinct de celui de ses ascendants.

Les cotisations imposables sont celles qui sont portées aux rôles de la commune du domicile des contribuables. Elles sont déterminées sans égard aux prélèvements qui peuvent servir à les acquitter sur les produits de l'octroi.

§ 4. — La taxe fixe et la taxe proportionnelle sont réduites à proportion du temps pendant lequel l'assujetti n'a pas bénéficié de l'exonération établie à son profit dans le service de l'armée active.

La taxe fixe n'est pas due par les hommes exemptés pour des infirmités entraînant l'incapacité absolue du travail.

§ 5. — La taxe est établie au 1er janvier pour l'année entière.

Elle cesse par trois ans de présence effective des assujettis sous les drapeaux ou par leur inscription sur les registres matricules de l'inscription maritime.

Elle cesse également à partir du 1er janvier qui suit le passage de la classe de l'assujetti dans la réserve de l'armée territoriale.

Tout mois commencé est exigible en entier.

§ 6. — La taxe militaire est due par l'assujetti. A défaut de payement constaté par une sommation restée sans effet, elle est payée en son acquit par celui de ses ascendants dont la cotisation a été prise pour élément du calcul de la taxe, conformément au paragraphe 3 du présent article. Les ascendants ne sont plus responsables quand la taxe cesse d'être calculée sur la cote conformément au paragraphe 3 ci-dessus.

La taxe est exigible dans la commune où le redevable a son domicile à la date du 1er janvier.

Elle est recouvrée et les demandes en remise ou en décharge sont instruites et jugées comme en matière de contributions directes.

En cas de retard de payement de trois douzièmes consécutifs constaté par un commandement resté sans effet, il sera dû une taxe double pour les douzièmes échus et non payés.

§ 7. — Il est ajouté au montant de taxe :

1° Cinq centimes par franc pour couvrir les décharges ou remises ainsi que les frais d'assiette et confection des rôles. En cas d'insuffisance, il est pourvu au déficit par un prélèvement sur le montant de la taxe;

2° Trois centimes par franc pour frais de perception.

§ 8. — Un règlement d'administration publique déterminera les mesures nécessaires pour l'exécution du présent article, qui n'aura pas d'effet rétroactif.

CHAP. 3. — DU REGISTRE MATRICULE.

36. Il est tenu par subdivision de région un registre matricule sur lequel sont portés tous les jeunes gens inscrits sur les listes de recrutement cantonal.

Ce registre mentionne l'incorporation de chaque homme inscrit ou la position dans laquelle il est laissé et, successivement, tous les changements qui peuvent survenir dans sa situation jusqu'à sa libération définitive.

Tout homme inscrit sur le registre matricule reçoit un livret individuel, qu'il est tenu de représenter à toute réquisition des autorités militaire, judiciaire ou civile.

En cas d'appel à l'activité ou de convocation pour des manœuvres, exercices, ou revues, la représentation du livret individuel doit avoir lieu dans les vingt-quatre heures de la réquisition.

En tout autre cas, le délai est de huit jours.

TITRE 3. — DU SERVICE MILITAIRE.

CHAP. 1er. — *Bases du service.*

37. Tout Français reconnu propre au service militaire fait partie successivement :

De l'armée active pendant trois ans;

De la réserve de l'armée active pendant sept ans;

De l'armée territoriale pendant six ans;

De la réserve de l'armée territoriale pendant neuf ans.

38. Le service militaire est réglé par classe.

L'armée active comprend, indépendamment des hommes qui ne proviennent pas des appels, tous les jeunes gens déclarés propres au service militaire et faisant partie des trois dernières classes appelées.

La réserve de l'armée active comprend tous les hommes qui ont accompli le temps de service prescrit pour l'armée active.

L'armée territoriale comprend tous les hommes qui ont accompli depuis moins de six ans le temps de service prescrit pour l'armée active et sa réserve.

La réserve de l'armée territoriale comprend les hommes qui ont accompli le temps de service prescrit pour cette dernière armée.

39. Chaque année, après l'achèvement des opérations du recrutement, le ministre de la guerre fixe sur la liste du tirage au sort de chaque canton et proportionnellement, en commençant par les numéros les plus élevés, le nombre d'hommes qui seront envoyés dans leurs foyers en disponibilité après leur première année de service. Ces jeunes soldats resteront néanmoins à la disposition du ministre, qui pourra les conserver sous les drapeaux ou les rappeler si leur conduite et leur instruction laissent à désirer, ou si l'effectif budgétaire le permet.

40. La durée du service compte du 1er novembre de l'année d'inscription sur les tableaux de recensement, et l'incorporation du contingent doit avoir lieu au plus tard, le 16 novembre de la même année.

En temps de paix, chaque année au 31 octobre, les militaires qui ont accompli le temps de service prescrit :

1° Soit dans l'armée active ;

2° Soit dans la réserve de l'armée active;

3° Soit dans l'armée territoriale;

4° Soit dans la réserve de l'armée territoriale ;

Sont envoyés respectivement :

1° Dans la réserve de l'armée active;

2° Dans l'armée territoriale;

3° Dans la réserve de l'armée territoriale;

4° Dans leurs foyers, comme libérés à titre définitif.

Mention de ces divers passages et de la libération est faite sur le livret individuel.

Après les grandes manœuvres, la totalité de la classe, dont le service actif expire le 31 octobre suivant peut être renvoyée dans ses foyers, en attendant son passage dans la réserve.

Dans le cas où les circonstances paraîtraient l'exiger, le ministre de la guerre et le ministre de la marine sont autorisés à conserver provisoirement sous les drapeaux la classe qui a terminé sa troisième année de service.

Notification de cette décision sera faite aux Chambres dans le plus bref délai possible.

En temps de guerre, les passages et la libération n'ont lieu qu'après l'arrivée de la classe destinée à remplacer celle à laquelle les militaires appartiennent. Cette disposition est exceptionnellement applicable, dès le temps de paix, aux hommes servant aux colonies.

Les militaires faisant partie de corps mobilisés peuvent y être maintenus jusqu'à la cessation des hostilités, quelle que soit la classe à laquelle ils appartiennent.

En temps de guerre, le ministre peut appeler par anticipation la classe qui ne serait appelée que le 1er novembre suivant.

41. Ne compte pas pour les années de service exigées par la présente loi dans l'armée active, la réserve de l'armée active et l'armée territoriale, le temps pendant lequel un militaire de l'armée active, un réserviste ou un homme de l'armée territoriale a subi la peine de l'emprisonnement en vertu d'un jugement, si cette peine a eu pour effet de l'empêcher d'accomplir, au moment fixé, tout ou partie des obligations d'activité qui lui sont imposées par la présente loi ou par les engagements qu'il a souscrits. Ces individus seront tenus de remplir leurs obligations d'activité, soit à l'expiration de leur peine s'ils appartiennent à l'armée active, soit au moment de l'appel qui suit leur élargissement s'ils font partie de la réserve de l'armée active ou de l'armée territoriale

Toutefois, quelles que soient les déductions de service opérées, les hommes qui en sont l'objet sont rayés des contrôles en même temps que la classe à laquelle ils appartiennent.

Chap. 2. — *Du service dans l'armée active.*

42. Le contingent à incorporer est formé par les jeunes gens inscrits dans la première partie des listes de recrutement cantonal. Il est mis, à dater du 1er novembre, à la disposition du ministre de la guerre, qui en arrête la répartition.

43. Sont affectés à l'armée de mer :

1° Les hommes fournis par l'inscription maritime;

2° Les hommes qui ont été admis à s'engager ou à contracter un rengagement dans les équipages de la flotte suivant les conditions spéciales déterminées aux art. 59 et 63 ci-après;

3° Les jeunes gens qui, au moment des opérations du conseil de revision auront demandé à entrer dans les équipages de la flotte et auront été reconnus aptes à ce service;

4° A défaut d'un nombre suffisant d'hommes compris dans les trois catégories précédentes, les hommes du contingent auxquels les numéros les moins élevés ont été attribués en vertu de l'art. 17 de la présente loi, ou sont échus par l'effet du tirage au sort.

44. Sont affectés aux troupes coloniales :

1° Les contingents coloniaux provenant des colonies autres que la Guadeloupe, la Martinique, la Guyane et la Réunion;

2° Les hommes qui ont été admis à s'engager ou à contracter un rengagement dans lesdites troupes suivant les conditions spéciales déterminées aux art. 59 et 63 ci-après;

3° Les jeunes gens qui, au moment des opérations du conseil de revision, auront demandé à entrer dans les troupes coloniales et auront été reconnus propres à ce service;

4° A défaut d'un nombre suffisant d'hommes compris dans les trois catégories précédentes, les jeunes gens dont les numéros suivent immédiatement ceux des hommes affectés à l'armée de mer.

La proportion d'hommes à fournir par chaque canton sera calculée sur l'ensemble des jeunes gens reconnus propres au service.

Les dispositions des art. 43 et 44 ne sont pas applicables aux jeunes gens dispensés en vertu des art. 21, 22 et 23.

45. La durée du service actif ne pourra pas être interrompue par des congés, sauf le cas de maladie ou de convalescence, ou en exécution des art. 21, 22 et 23 de la présente loi.

46. Le nombre d'hommes entretenus sous les drapeaux est, en cas d'excédent, ramené à l'effectif déterminé par les lois au moyen du renvoi dans leurs foyers, après une année de service, des hommes dont les numéros du tirage précèdent immédiatement ceux qui ont été désignés pour la disponibilité aux termes de l'art. 39.

47. Les militaires qui, pendant la durée de leur service, auront subi des punitions de prison ou de cellule seront maintenus au corps, après le départ des hommes de leur classe, pendant un nombre de jours égal au nombre de journées de prison ou de cellule qu'ils auront subies.

Cette disposition ne sera pas applicable aux militaires qui, au moment du départ des hommes de leur classe, seront en possession du grade de sous-officier ou de celui de caporal ou brigadier.

Si le total de ces journées de prison ou de cellule dépasse soixante, la durée du maintien au corps sera fixée par le conseil de discipline statuant en dernier ressort; elle ne pourra être inférieure à trois mois, ni supérieure à un an.

Chap. 3. — *Du service dans les réserves.*

48. Les hommes envoyés dans la réserve de l'armée active, dans l'armée territoriale et dans la réserve de ladite armée sont affectés aux divers corps de troupe et services de l'armée active ou de l'armée territoriale.

Ils sont tenus de rejoindre leur corps en cas de mobilisation, de rappel de leur classe ordonné par décret et de convocation pour des manœuvres ou exercices.

A l'étranger, les ordres de mobilisation, de rappel ou de convocation sont transmis par les soins des agents consulaires de France.

Le rappel de la réserve de l'armée active peut être fait d'une manière distincte et indépendante pour l'armée de terre, pour l'armée de mer ou pour les troupes coloniales; il peut être fait pour un, plusieurs ou tous les corps d'armée, et, s'il y a lieu, distinctement par arme. Dans tous les cas, il a lieu par classe en commençant par la moins ancienne.

Les mêmes dispositions sont applicables à l'armée territoriale. La réserve de l'armée territoriale n'est rappelée à l'activité, qu'en cas de guerre et à défaut de ressources suffisantes fournies par l'armée territoriale. Le rappel se fait par classe ou par fraction de classe en commençant par la moins ancienne. En cas de mobilisation, les militaires de la réserve domiciliés dans la région, et, en cas d'insuffisance, les militaires de la réserve, domiciliés dans d'autres régions, complètent les effectifs des divers corps de troupe et les divers services qui entrent dans la composition de chaque corps d'armée.

Les corps de troupe et services qui n'entrent pas dans la composition des corps d'armée sont complétés avec les militaires de la réserve pris sur l'ensemble du territoire.

Mention du corps d'affectation est portée sur le livret individuel. Les hommes désignés dans l'art. 5 comme devant être incorporés dans les bataillons d'infanterie légère d'Afrique et qui n'auront point été jugés dignes d'être envoyés dans d'autres corps, au moment où ils passeront dans la réserve seront, lors de leur passage dans la réserve, affectés à ces mêmes corps.

En temps de paix, ils accompliront leurs périodes d'exercices dans des compagnies spécialement désignées à cet effet.

Les dispositions des deux derniers paragraphes seront appliquées aux hommes qui, après avoir quitté l'armée active, ont encouru les condamnations spécifiées à l'art. 5.

49. Les hommes de la réserve de l'armée active sont assujettis, pendant leur temps de service dans ladite réserve, à prendre part à deux manœuvres, chacune d'une durée de quatre semaines.

Les hommes de l'armée territoriale sont assujettis à une période d'exercices dont la durée sera de deux semaines.

Peuvent être dispensés de ces manœuvres ou exercices, comme soutiens indispensables de famille, et s'ils en remplissent effectivement les devoirs, les hommes de la réserve et de l'armée territoriale qui en font la demande. Le maire soumet les demandes au conseil municipal, qui opère comme il est prescrit à l'art. 22 ci-dessus.

Les listes de demandes annotées sont envoyées par les maires aux généraux commandant les subdivisions qui statuent.

Ces dispenses peuvent être accordées, par subdivision de région, jusqu'à concurrence de 6 pour 100 du nombre des hommes appelés momentanément sous les drapeaux; elles n'ont d'effet que pour la convocation en vue de laquelle elles sont délivrées.

Peuvent être dispensés de ces manœuvres ou exercices les fonctionnaires et agents désignés au tableau B de la présente loi.

50. En temps de paix, les jeunes gens qui, avant l'âge de dix-neuf ans révolus, ont établi leur résidence à l'étranger, hors d'Europe, et qui y occuperont une situation régulière, pourront, sur l'avis du consul de France, être dispensés du service militaire pendant la durée de leur séjour à l'étranger. Ils devront justifier de leur situation chaque année. S'ils rentrent en France avant l'âge de trente ans, ils devront accomplir le service actif prescrit par la présente loi, sans pouvoir toutefois être retenus sous les drapeaux au delà de l'âge de trente ans. Ils sont ensuite soumis à toutes les obligations de la classe à laquelle ils appartiennent.

S'ils rentrent après l'âge de trente ans, ils ne seront soumis qu'aux obligations de leur classe.

Pendant la durée de leur établissement à l'étranger, ils ne pourront séjourner accidentellement en France pendant plus de trois mois, et sous la réserve d'aviser le consul de leur absence.

51. En cas de mobilisation, nul ne peut se prévaloir de la fonction ou de l'emploi qu'il occupe pour se soustraire aux obligations de la classe à laquelle il appartient.

Sont seuls autorisés à ne pas rejoindre immédiatement, dans le cas de convocation par voie d'affiches et de publications sur la voie publique, les titulaires des fonctions et emplois désignés aux tableaux A, B, et C annexés à la présente loi, sous la condition qu'ils occupent ces fonctions ou emplois depuis six mois au moins.

Les fonctionnaires et agents portés au tableau A, qui ne relèvent pas déjà des ministres de la guerre ou de la marine, sont mis à la disposition de ces ministres et attendent leurs ordres dans leur situation respective.

Les fonctionnaires et agents du tableau B, qui ne comptent plus dans la réserve de l'armée active, et les fonctionnaires et agents du tableau C, même appartenant à la réserve de l'armée active, ne rejoignent leur corps que sur des ordres spéciaux.

Les hommes autorisés à ne pas rejoindre immédiatement sont, dès la publication de l'ordre de mobilisation, soumis à la juridiction des tribunaux militaires par application de l'art. 57 c. just. mil.

52. Sous les drapeaux, les hommes de la réserve et de l'armée territoriale sont soumis à toutes les obligations imposées aux militaires de l'armée active par les lois et règlements en vigueur.

Ils sont justiciables des tribunaux militaires, en temps de paix comme en temps de guerre :

1° En cas de mobilisation, à partir du jour de leur appel à l'activité jusqu'à celui où ils sont renvoyés dans leurs foyers;

2° Hors le cas de mobilisation, lorsqu'ils sont convoqués pour les manœuvres exercices ou revues, depuis l'instant de leur réunion en détachement pour rejoindre, ou de leur arrivée à destination, s'ils rejoignent isolément, jusqu'au jour où ils sont renvoyés dans leurs foyers;

3° Lorsqu'ils sont placés dans les hôpitaux militaires ou dans les salles des hôpitaux civils affectés aux militaires et lorsqu'ils voyagent comme militaires sous la conduite de la force publique, qu'ils se trouvent détenus dans les établissements, prisons et pénitenciers militaires ou qu'ils subissent dans un corps de troupe une peine disciplinaire. Toutefois des circonstances atténuantes pourront être accordées alors même que le code de justice militaire n'en prévoit pas, aux hommes, qui n'ayant pas trois mois de présence sous les drapeaux, se trouveront dans l'une des positions indiquées aux paragraphes 2° et 3° ci-dessus.

53. Lorsque les hommes de la réserve et de l'armée territoriale, même non présents sous les drapeaux, sont revêtus d'effets d'uniforme, ils doivent. à tout supérieur hiérarchique en uniforme, les marques extérieures de respect prescrites par les règlements militaires, et sont considérés sous tous les rapports comme des militaires en congé.

54. Le seul fait, pour les hommes inscrits sur le registre matricule prévu à l'art. 36 ci-dessus, de se trouver revêtus d'effets d'uniforme dans un rassemblement tumultueux et contraire à l'ordre public, et d'y demeurer contrairement aux ordres des agents de l'autorité ou de la force publique, les rend passibles des peines édictées à l'art. 225 c. just. mil.

55. Tout homme inscrit sur le registre matricule est astreint, s'il se déplace, aux obligations suivantes :

1° S'il se déplace pour changer de domicile ou de résidence, il fait viser, dans le délai d'un mois, son livret individuel par la gendarmerie dont relève la localité où il transporte son domicile ou sa résidence ;

2° S'il se déplace pour changer de domicile ou de résidence, il fait viser son livret avant son départ par la gendarmerie de sa résidence habituelle ;

3° S'il va se fixer en pays étranger, il fait de même viser son livret avant son départ, et doit, en outre, dès son arrivée, prévenir l'agent consulaire de France, qui lui donne récepissé de sa déclaration et en envoie copie dans les huit jours au ministre de la guerre.

A l'étranger, s'il se déplace pour changer de résidence, il en prévient, au départ et à l'arrivée, l'agent consulaire de France, qui en informe le ministre de la guerre.

Lorsqu'il rentre en France, il se conforme aux prescriptions du paragraphe 1er ci-dessus.

56. Les hommes qui se sont conformés aux prescriptions de l'article précédent ont droit, en cas de mobilisation ou de rappel de leur classe, à des délais supplémentaires pour rejoindre, calculés d'après la distance à parcourir.

Ceux qui ne s'y sont pas conformés sont considérés comme n'ayant pas changé de domicile ou de résidence.

57. Les hommes de la réserve de l'armée active, de l'armée territoriale ou de sa réserve sont justiciables des tribunaux militaires, en temps de paix comme en temps de guerre, pour les crimes et délits prévus et punis par les articles du code de justice militaire énumérés dans le tableau D annexé à la présente loi, lorsque après avoir été appelés sous les drapeaux ils ont été renvoyés dans leurs foyers.

L'application de ces articles est faite aux inculpés sous la réserve des dispositions spéciales indiquées audit tableau.

Toutefois, les hommes appartenant à l'armée territoriale ou à la réserve de cette armée ne sont plus justiciables des tribunaux militaires, en temps de paix, pour les crimes et délits prévus par les deux paragraphes précédents, lorsqu'ils ont été renvoyés dans leurs foyers, depuis plus de six mois, à moins que, au moment où les faits incriminés ont été commis, les délinquants fussent revêtus d'effets d'uniforme.

58. Les hommes de la disponibilité et de la réserve de l'armée active peuvent se marier sans autorisation. Ils restent soumis néanmoins à toutes les obligations de service imposées à leur classe.

Les réservistes qui sont pères de quatre enfants vivants passent de droit dans l'armée territoriale.

TITRE 4. — DES ENGAGEMENTS VOLONTAIRES DES RENGAGEMENTS ET DES COMMISSIONS.

CHAP. 1er. — *Des engagements volontaires.*

59. Tout Français ou naturalisé Français comme il est dit aux art. 11 et 12 de la présente loi, ainsi que les jeunes gens qui doivent être inscrits sur les tableaux de recensement ou qui sont autorisés par les lois à servir dans l'armée française, et les jeunes gens qui sont nés en pays étrangers d'un Français qui aurait perdu la qualité de Français, peuvent être admis à contracter un engagement volontaire dans l'armée active, aux conditions suivantes :

L'engagé volontaire doit :

1° S'il entre dans l'armée de mer, avoir seize ans accomplis, sans être tenu d'avoir la taille prescrite par la loi ;

S'il entre dans l'armée de terre, avoir dix-huit ans accomplis, et au moins la taille réglementaire d'un mètre cinquante-quatre centimètres ;

2° N'être ni marié, ni veuf avec enfants ;

3° N'avoir jamais été condamné pour vol, escroquerie, abus de confiance, attentat aux mœurs, et n'avoir subi aucune des peines prévues par l'art. 5 de la présente loi, à moins qu'il ne veuille contracter son engagement pour un bataillon d'infanterie légère d'Afrique ;

4° Jouir de ses droits civils ;

5° Etre de bonne vie et mœurs ;

6° S'il a moins de vingt ans, être pourvu du consentement de ses père, mère ou tuteur ; ce dernier doit être autorisé par une délibération du conseil de famille. Le consentement du directeur de l'Assistance publique dans le département de la Seine. et du préfet dans les autres départements, est nécessaire et suffisant pour les enfants moralement abandonnés. L'engagé volontaire est tenu, pour justifier des conditions prescrites aux paragraphes 3°, 4° et 5° ci-dessus, de produire un extrait de son casier judiciaire et un certificat délivré par le maire de son dernier domicile. S'il ne compte pas au moins une année de séjour dans cette commune, il doit également produire un autre certificat du maire de la commune où il était antérieurement domicilié. Le certificat doit contenir le signalement du jeune homme qui veut s'engager, et mentionner la durée du temps pendant lequel il a été domicilié dans la commune.

La faculté de contracter l'engagement volontaire cesse dès que le jeune homme est inscrit par le conseil de revision sur la liste de recrutement cantonal. Toutefois, il peut devancer l'appel pour entrer dans la marine, ou dans les troupes coloniales.

Les hommes exemptés ou classés dans les services auxiliaires peuvent, jusqu'à l'âge de trente-deux ans accomplis, être admis à contracter des engagements volontaires, s'ils réunissent les conditions d'aptitude physique exigées.

Les conditions relatives, soit à l'aptitude physique et à l'admissibilité dans les différents corps de l'armée, soit aux époques de l'année où les engagements peuvent être contractés, sont déterminées par des décrets insérés au *Bulletin des lois*.

Il ne pourra être reçu d'engagements volontaires que pour la marine et les troupes coloniales, et pour les corps d'infanterie, de cavalerie, d'artillerie et du génie.

La durée de l'engagement volontaire est de trois, quatre ou cinq ans.

L'engagé volontaire admis, après concours, à l'École normale supérieure, à l'École centrale des arts et manufactures, ou à l'une des écoles spéciales visées à l'art. 23, pourra bénéficier des dispositions dudit article, après un an de présence sous les drapeaux, à la condition que la demande ait été formulée au moment de l'engagement. Le service militaire fixé par l'art. 37 ci-dessus compte du jour de la signature de l'acte d'engagement.

60. Les jeunes gens remplissant les conditions stipulées à l'article précédent peuvent être admis à contracter, dans les troupes coloniales, des engagements volontaires, d'une durée de cinq ans, donnant droit pendant les deux dernières années à une prime dont le montant sera fixé par décret.

Cette disposition est applicable aux jeunes gens du contingent qui, affectés aux équipages de la flotte ou aux troupes coloniales, contractent l'engagement de servir pendant cinq ans.

Le mode de payement de ces primes sera déterminé par un règlement d'administration publique.

Les jeunes gens remplissant les conditions stipulées par le précédent article peuvent être admis à contracter dans les équipages de la flotte, soit des engagements à long terme dans les conditions de la loi du 22 juill. 1886, soit des engagements de cinq ans, soit enfin des engagements de trois ans. Ces derniers engagements ne donnent droit à aucune prime. Le ministre de la marine aura la faculté d'allouer des hautes payes, dans la limite des crédits prévus à cet effet par la loi de finances, aux hommes des professions ou spécialités utilisables dans la marine et dont le recrutement, dans les conditions ordinaires, s'opère difficilement.

61. En cas de guerre, tout Français ayant accompli le temps de service prescrit pour l'armée active, la réserve de ladite armée et l'armée territoriale, est admis à contracter, dans un corps de son choix, un engagement pour la durée de la guerre.

62. Les engagements volontaires sont contractés dans les formes prescrites par les art. 34, 35, 36, 37, 38, 39, 40, 42 et 44 C. civ., devant les maires des chefs-lieux de canton.

Les conditions relatives à la durée de ces engagements sont insérées dans l'acte même.

Les autres conditions sont lues aux contractants avant la signature, et mention en est faite à la fin de l'acte.

CHAP. 2. — *Des rengagements.*

63. Les soldats décorés ou médaillés ou inscrits sur les listes d'aptitude pour le grade de caporal ou brigadier, ainsi que les caporaux ou brigadiers, pourront être admis à contracter des rengagements pour deux trois ou cinq ans, pendant le cours de leur dernière année de service sous les drapeaux.

Tout homme des troupes coloniales peut être admis à contracter un rengagement pour deux, trois ou cinq ans après six mois de service.

Les rengagements datent du jour de l'expiration légale du service dans l'armée active. Ils sont renouvelables jusqu'à une durée totale de quinze années de service effectif.

Les caporaux ou brigadiers et les soldats qui contractent un premier rengagement de cinq ans ont droit à une prime payable immédiatement après la signature de l'acte.

Le montant de cette prime sera fixé comme il est indiqué à l'art. 60 ci-dessus.

Ceux qui contractent un premier rengagement de deux ou trois ans ont droit à une prime réduite, fixée au tiers de la prime totale, dans le premier cas, et à la moitié dans le second. S'ils contractent un second rengagement, avant l'expiration du premier, de manière à parfaire cinq ans de rengagement, ils reçoivent le complément de la prime totale telle qu'elle est fixée dans les conditions de l'art. 60 au moment de ce rengagement.

En outre, des hautes payes journalières sont allouées aux rengagés à partir du jour où leur rengagement commence à courir.

Les valeurs de ces hautes payes journalières, distinctes pour les caporaux et brigadiers d'une part, et pour les soldats de l'autre seront fixées par les tarifs de solde.

Après cinq années de rengagement ces hautes payes sont augmentées de moitié pour les caporaux ou brigadiers et d'un tiers pour les soldats.

Après quinze années de service effectif, les rengagés auront droit à une pension proportionnelle égale aux 15/25 du minimum de la pension de retraite du grade dont ils seront titulaires depuis deux ans au moins, augmentés de 1/25 pour chaque année de campagne.

Le taux des pensions proportionnelles et de retraite est décompté d'après les articles non abrogés de la loi du 11 avr. 1831 et d'après les lois des 25 juin 1861, 18 août 1879 et le tarif joint à la loi du 19 mars 1889.

Les autres conditions sont déterminées par un règlement inséré au *Bulletin des lois*.

Dans les équipages de la flotte, les rengagements d'une durée de trois ou de cinq ans sont contractés dans le cours de la dernière année de service. Ils peuvent exceptionnellement être reçus à la fin de la première année de service, lorsqu'il s'agit d'hommes admis à suivre les cours d'une des écoles spéciales de la marine. Ces rengagements sont renouvelables jusqu'à une durée de vingt-cinq années de service effectif.

64. Tout homme appartenant à la cavalerie peut contracter un rengagement d'un an dans le cours de sa troisième année de service. Il aura droit, pendant la quatrième année à une haute paye, dont le taux sera fixé par les tarifs de solde.

Par dérogation aux dispositions de l'art. 37, il ne restera que trois ans dans la réserve de l'armée active; il passera dans l'armée territoriale et par suite, dans la réserve de cette armée trois ans avant la classe à laquelle il appartient.

65. Dans les troupes coloniales, les premiers rengagements des caporaux ou brigadiers et des soldats donnent droit à une prime payée au moment de la signature de l'acte et à des gratifications annuelles. Les rengagements ultérieurs ne donnent droit qu'aux gratifications annuelles.

Le montant des primes et gratifications est fixé par décret.

Les hautes payes journalières pour les caporaux ou brigadiers et pour les soldats seront augmentées de trois ans en trois ans; cette augmentation sera déterminée par les tarifs de solde.

Peuvent être admis à se rengager pour les troupes coloniales, avec le bénéfice des avantages mentionnés ci-dessus:

1° Les militaires de toutes armes;

2° Les hommes de la réserve de l'armée active, âgés de moins de vingt-huit ans;

3° Les hommes des régiments étrangers, autorisés par le ministre de la guerre.

Le bénéfice des dispositions du paragraphe précédent est applicable, sans aucune restriction ni réserve aux hommes résidant ou domiciliés en Algérie ou aux colonies avant leur incorporation, ou après leur passage dans la réserve de l'armée active. Dans le corps des équipages de la flotte, les rengagements des quartiers-maîtres et marins provenant du recrutement donne droit aux mêmes avantages pécuniaires que ceux qui sont accordés aux quartiers-maîtres et marins provenant de l'inscription maritime.

66. Les rengagements sont contractés devant les sous-intendants militaires dans la forme prescrite par l'art. 63 ci-dessus, sur la preuve que le contractant peut rester ou être admis dans le corps pour lequel il se présente.

67. Tout rengagé qui, étant sous les drapeaux, subit une condamnation à l'emprisonnement d'une durée de trois mois au moins, est déchu de tous ses droits à la gratification annuelle et à la haute paye. Il est dirigé, à l'expiration de sa peine, sur un bataillon d'infanterie légère d'Afrique pour y terminer son temps de service.

CHAP. 3. — *Des commissions.*

68. Peuvent être maintenus sous les drapeaux en qualité de commissionnés:

1° Les sous-officiers de toutes armes, dans les conditions indiquées par la loi du 19 mars 1889;

2° Les militaires de la gendarmerie, les militaires du régiment de sapeurs-pompiers de Paris et le personnel employé dans les écoles militaires;

3° Les caporaux ou brigadiers et soldats affectés dans les divers corps et services à certains emplois déterminés par le ministre de la guerre.

Tout militaire commissionné pourra être mis à la retraite après vingt-cinq ans de service; il ne pourra être maintenu sous les drapeaux que jusqu'à l'âge de cinquante ans.

Toutefois, les militaires de la gendarmerie et de la justice militaire pourront rester en activité au delà de cette limite dans les conditions fixées par les règlements constitutifs de cette arme et de ce service.

Peuvent être réadmis en la même qualité, dans les catégories mentionnées aux paragraphes 2° et 3° ci-dessus, les militaires ayant accompli le temps de service exigé dans l'armée active, et rentrés dans leurs foyers depuis moins de trois ans.

Les militaires commissionnés ont droit à la haute paye de leur grade dans les mêmes conditions que les rengagés.

En cas d'inconduite de la part du commissionné, le ministre de la guerre peut, sur l'avis conforme d'un conseil de discipline, soit suspendre les effets de la commission, soit révoquer définitivement le militaire commissionné, suivant la gravité des faits reprochés.

Tout militaire commissionné quittant les drapeaux après quinze années de service effectif aura droit à une pension proportionnelle, dont le taux sera décompté comme il est prescrit à l'art. 63 ci-dessus, pour chaque armée de service et pour chaque campagne, à raison de 1/25 du minimum de la pension de retraite du grade dont il sera titulaire depuis deux ans au moins.

Ceux qui obtiendraient d'être commissionnés après avoir quitté les drapeaux ne pourront réclamer ladite pension proportionnelle qu'après avoir servi cinq ans en cette nouvelle qualité.

Les militaires commissionnés sont soumis aux lois et règlements militaires.

Ils ne peuvent quitter leur emploi sans avoir reçu notification de l'acceptation de leur démission. La décision du ministre de la guerre devra être transmise dans un délai maximum de deux mois, augmenté hors de France des délais de distance à partir de la date de la remise de la démission.

En cas de guerre, les démissions ne sont jamais acceptées.

TIT. V. — DISPOSITIONS PÉNALES.

69. Toutes fraudes ou manœuvres par suite desquelles un jeune homme a été omis sur les tableaux de recensement sont déférées aux tribunaux ordinaires et punies d'un emprisonnement d'un mois à un an.

Sont déférés aux mêmes tribunaux et punis de la même peine:

1° Les jeunes gens appelés qui, par suite d'un concert frauduleux se sont abstenus de comparaître devant le conseil de revision;

2° Les jeunes gens qui, à l'aide de fraudes ou manœuvres, se font exempter ou dispenser par un conseil de revision sans préjudice de peines plus graves en cas de faux.

Les auteurs et complices sont punis des mêmes peines.

Si le jeune homme omis a été condamné comme auteur ou complice de fraudes ou manœuvres, les dispositions des art. 15 et 17 de la présente loi lui sont appliquées lors des premières opérations de recensement qui ont lieu après l'expiration de sa peine.

Le jeune homme indûment exempté ou indûment dispensé est rétabli en tête de la première partie de la classe appelée après qu'il a été reconnu que l'exemption ou la dispense avait été indûment accordée.

70. Tout homme prévenu de s'être rendu impropre au service militaire soit temporairement soit d'une manière permanente, dans le but de se soustraire aux obligations imposées par la présente loi, est déféré aux tribunaux, soit sur la demande des conseils de revision, soit d'office. S'il est reconnu coupable, il est puni d'un emprisonnement d'un mois à un an.

Sont également déférés aux tribunaux et punis de la même peine, les jeunes gens qui, dans l'intervalle de la clôture de la liste cantonale à leur mise en activité, se sont rendus coupables du même délit.

A l'expiration de leur peine, les uns et les autres sont mis à la disposition du ministre de la guerre pour tout le temps du service militaire qu'ils doivent à l'Etat, et sont envoyés dans une compagnie de discipline.

La peine portée au présent article est prononcée contre les complices.

Si les complices sont des médecins, des officiers de santé ou des pharmaciens, la durée de l'emprisonnement est pour eux de deux mois à deux ans, indépendamment d'une amende de 200 fr. à 1000 fr., qui peut être aussi prononcée, et sans préjudice de peines plus graves dans les cas prévus par le code pénal.

71. Les médecins militaires ou civils qui, appelés au conseil de revision à l'effet de donner leur avis conformément aux art. 18, 19, 20 et 27 de la présente loi, ont reçu des dons ou agréé des promesses pour être favorables aux jeunes gens qu'ils doivent examiner, sont punis d'un emprisonnement de deux mois à deux ans.

Cettte peine leur est appliquée, soit qu'au moment des dons ou promesses ils aient déjà été désignés pour assister au conseil de revision, soit que les dons ou promesses aient été agréés en prévision des fonctions qu'ils auraient à y remplir.

Il leur est défendu, sous la même peine, de rien recevoir, même pour une exemption ou dispense justement prononcée.

Ceux qui leur ont fait des dons ou promesses sont punis de la même peine.

72. Tout fonctionnaire ou officier public civil ou militaire qui, sous quelque prétexte que ce soit, a autorisé ou admis des exclusions, exemptions ou dispenses autres que celles déterminées par la présente loi, ou qui aura donné arbitrairement une exemption quelconque, soit à la durée, soit aux règles ou conditions des appels, des engagements ou des rengagements sera coupable d'abus d'autorité, et puni des peines portées dans l'art. 185 c. pén., sans préjudice de peines plus graves prononcées par ce code dans les autres cas qu'il a prévus.

73. Tout jeune soldat appelé, au domicile duquel un ordre de route a été régulièrement notifié, et qui n'est pas arrivé à sa destination au jour fixé par cet ordre, est, après un délai d'un mois en temps de paix et de deux jours en temps de guerre, et hors le cas de force majeure, puni, comme insoumis, d'un emprisonnement d'un mois à un an, en temps de paix, et de deux à cinq ans en temps de guerre. Dans ce dernier cas, à l'expiration de sa peine, il est envoyé dans une compagnie de discipline.

En temps de guerre, les noms des insoumis sont affichés dans les communes du canton de leur domicile; ils restent affichés pendant toute la durée de la guerre.

Le condamné pour insoumission ou désertion en temps de guerre sera en outre privé de ses droits électoraux. Ces dispositions sont applicables à tout engagé volontaire qui, sans motifs légitimes, n'est pas arrivé à sa destination dans le délai fixé par sa feuille de route.

En cas d'absence du domicile, l'ordre de route est notifié au maire de la commune dans laquelle l'appelé a été porté sur la liste de recensement.

A l'égard des appelés, le délai d'un mois sera porté :

1° A deux mois, s'ils demeurent en Algérie, en Tunisie ou en Europe;

2° A six mois, s'ils demeurent dans tout autre pays.

En temps de guerre ou en cas de mobilisation par voie d'affiches et de publications sur la voie publique, les délais ci-dessus seront diminués de moitié.

L'insoumis est jugé par le conseil de guerre de la région de corps d'armée dans laquelle il est arrêté.

Le temps pendant lequel l'engagé volontaire ou le jeune soldat appelé aura été insoumis ne compte pas dans les années de service exigées.

La prescription contre l'action publique résultant de l'insoumission ne commence à courir que du jour où l'insoumis a atteint l'âge de cinquante ans.

74. Quiconque est reconnu coupable d'avoir sciemment recelé ou pris à son service un insoumis est puni d'un emprisonnement qui ne peut excéder six mois; selon les circonstances, la peine peut être réduite à une amende de 50 à 500 fr.

Quiconque est convaincu d'avoir favorisé l'évasion d'un insoumis est puni d'un emprisonnement d'un mois à un an.

La même peine est prononcée contre ceux qui, par des manœuvres coupables, ont empêché ou retardé le départ des jeunes soldats.

Si le délit a été commis à l'aide d'un attroupement, la peine sera double.

Si le délinquant est fonctionnaire public, employé du Gouvernement ou ministre d'un culte salarié par l'Etat, la peine peut être portée jusqu'à deux années d'emprisonnement, et il est, en outre, condamné à une amende qui ne pourra excéder 2000 fr.

75. En temps de paix, les militaires en congé rappelés sous les drapeaux, les hommes de la réserve et ceux de l'armée territoriale convoqués pour des manœuvres ou des exercices ou appartenant à des classes rappelées par décret, qui ne seront pas rendus le jour fixé au lieu indiqué par les ordres d'appel ou affiches, seront passibles d'une punition disciplinaire.

En cas de récidive, les pénalités de l'art. 73 ci-dessus, concernant l'insoumission des jeunes soldats appelés, seront applicables aux hommes désignés au paragraphe précédent.

En cas de mobilisation, les hommes appelés sont déclarés insoumis s'ils n'ont pas rejoint dans le délai de deux jours, sauf dans le cas prévu à l'art. 56 de la présente loi.

Tout homme qui n'a pas rejoint au jour indiqué pour des manœuvres ou exercices peut être astreint par l'autorité militaire à faire ou à compléter dans un corps de troupe le temps de service pour lequel il était appelé.

76. Les hommes liés au service dans les conditions mentionnées à l'art. 30 ci-dessus, qui n'ont pas fait les déclarations prescrites audit article, sont déférés aux tribunaux ordinaires et punis d'une amende de 10 fr. à 200 fr. Ils peuvent, en outre, être condamnés à un emprisonnement de quinze jours à trois mois. En temps de guerre, la peine est double.

77. Les peines prononcées par les art. 71, 72 et 74 de la présente loi, sont applicables aux tentatives des délits prévus par ces articles.

78. Dans tous les cas non prévus par les dispositions précédentes, les tribunaux civils et militaires appliqueront les lois pénales ordinaires aux délits auxquels pourra donner lieu l'exécution du mode de recrutement déterminé par la présente loi.

Lorsque la peine de l'emprisonnement est prononcée par la présente loi, les juges peuvent, sauf dans les cas prévus par les art. 73 et 75 ci-dessus, user de la faculté exprimée par l'art. 463 c. pén.

79. Les crimes et délits prévus à l'art. 57 ci-dessus et énumérés dans le tableau D annexé à la présente loi, sont punis des peines portées par les articles visés dans ce tableau; il pourra toutefois être accordé des circonstances atténuantes, alors même que le code de justice militaire ne les prévoit pas, aux hommes ayant moins de trois mois de présence sous les drapeaux.

En temps de guerre, aucune circonstance atténuante n'est admise.

80. Lorsque, par application de la faculté accordée par les art. 52 et 79 de la présente loi, les tribunaux militaires auront admis des circonstances atténuantes en faveur des inculpés de crimes ou délits pour lesquels le code de justice militaire ne les prévoit pas, les peines prononcées par ce code seront modifiées ainsi qu'il suit :

Si la peine prononcée par la loi est celle de la mort, le conseil de guerre appliquera la peine des travaux forcés à perpétuité ou celle des travaux forcés à temps, sauf dans les cas prévus par les art. 209, 210, 211, 213, 217, 218, 220, 222, 223, 226, 227 et 228 c. just. mil., où la peine appliquée sera celle de la détention. Dans le cas de l'art. 221 dudit code, la peine appliquée sera celle des travaux forcés à perpétuité, des travaux forcés à temps ou de la détention, suivant les circonstances.

Si la peine est celle des travaux forcés à perpétuité, le conseil de guerre appliquera la peine des travaux forcés à temps ou celle de la reclusion.

Si la peine est celle des travaux forcés à temps, le conseil de guerre appliquera la peine de la reclusion ou celle de la dégradation militaire avec emprisonnement de deux à cinq ans.

Si la peine est celle de la détention ou de la reclusion, le conseil de guerre appliquera la peine de la dégradation militaire avec emprisonnement de un à cinq ans.

Toutefois, si la peine prononcée par la loi est le maximum d'une peine afflictive, le conseil de guerre pourra toujours appliquer le minimum de cette peine.

Si la peine est celle de la dégradation militaire, le conseil de guerre appliquera un emprisonnement de trois mois à deux ans.

Si la peine est celle des travaux publics, le conseil de guerre appliquera un emprisonnement de deux mois à cinq ans.

Dans tous les cas où la peine de l'emprisonnement est prononcée par le code de justice militaire, le conseil de guerre est autorisé à faire application de l'art. 463 c. pén., sans toutefois que la peine de l'emprisonnement puisse être remplacée par une amende.

Nonobstant toute réduction de peine par suite de l'admission de circonstances atténuantes, la peine de la destitution sera toujours appliquée par le conseil de guerre dans les cas où elle est prononcée par le code de justice militaire.

TIT. VI. — RECRUTEMENT EN ALGÉRIE ET AUX COLONIES.

81 Les dispositions de la présente loi sont applicables dans les colonies de la Guadeloupe, de la Martinique, de la Guyane et de la Réunion. Elles sont également applicables en Algérie et dans toutes les colonies non désignées au paragraphe précédent, mais sous les réserves suivantes:

En dehors d'exceptions motivées et dont il serait fait mention dans le compte rendu prévu par l'art. 86 ci-après, les Français et naturalisés Français résidant en Algérie ou dans l'une des colonies autre que la Guadeloupe, la Martinique, la Guyane et la Réunion, sont incorporés dans les corps stationnés soit en Algérie soit aux colonies, et, après une année de présence effective sous les drapeaux, envoyés dans la disponibilité s'ils ont satisfait aux conditions de conduite et d'instruction militaire déterminées par le ministre de la guerre.

S'il ne se trouve pas de corps stationné dans un rayon fixé par arrêté ministériel, ces jeunes gens sont dispensés de la présence effective sous les drapeaux. Dans le cas où cette situation se modifierait avant qu'ils aient atteint l'âge de trente ans révolus, ils accompliraient une année de service dans le corps de troupe le plus voisin. En cas de mobilisation générale, les hommes valides qui ont terminé leurs vingt années de service sont réincorporés avec la réserve de l'armée territoriale, sans cependant pouvoir être appelés à servir hors du territoire de l'Algérie et des colonies. Si un Français ou naturalisé Français, ayant bénéficié des dispositions du paragraphe 2 du présent article, transportait son établissement en France avant l'âge de trente ans accomplis, il devrait compléter, dans un des corps de la métropole, le temps de service dans l'armée active prescrit par l'art. 37 de la présente loi, sans toutefois pouvoir être retenu sous les drapeaux au delà de l'âge de trente ans.

Les Français ou naturalisés Français établis dans un pays de protectorat où seront stationnées des troupes françaises pourront être admis, sur leur demande, à bénéficier des dispositions qui précèdent.

82. Les jeunes gens inscrits sur les listes de recrutement de la métropole, résidant dans une colonie ou un pays de protectorat où il n'y aurait pas de troupes françaises stationnées, pourront, sur l'avis conforme du gouverneur ou du résident, bénéficier des dispositions contenues dans l'art 50 ci-dessus.

La même disposition s'applique aux jeunes gens inscrits sur les listes de recrutement d'une colonie autre que celle où ils résident.

83. Les conditions spéciales de recrutement des corps étrangers et indigènes sont réglées par décret, jusqu'à ce qu'une loi spéciale ait déterminé les conditions du service militaire des indigènes.

TIT. VII. — DISPOSITIONS PARTICULIÈRES.

84. A partir du 1er novembre de la troisième année qui suivra la mise en vigueur de la présente loi, nul ne pourra être admis à exercer certains emplois salariés par l'Etat ou les départements si, n'ayant pas été déclaré impropre au service militaire à l'appel de sa classe, il ne compte au moins cinq années de service actif dans les armées de terre ou de mer, dont deux comme officier, sous-officier, caporal ou brigadier, ou, si, avant la date ci-dessus mentionnée, il n'a été retraité ou réformé. Un règlement d'administration publique qui devra être promulgué un an au plus après la mise en vigueur de la présente loi, déterminera les emplois ainsi reservés, les conditions auxquelles les candidats devront satisfaire pour les obtenir et le mode de recrutement de ces emplois en cas d'insuffisance de candidats remplissant les conditions voulues.

85. Une loi spéciale déterminera: 1° les mesures à prendre pour rendre uniforme, dans tous les lycées et établissements d'enseignement, l'application de la loi du 27 janv. 1880 imposant l'obligation des exercices;

2° L'organisation de l'instruction militaire pour les jeunes gens de dix-sept à vingt ans et le mode de désignation des instructeurs.

86. Chaque année, avant le 30 juin, il sera rendu compte aux Chambres, par le ministre de la guerre, de l'exécution des dispositions contenues dans la présente loi, pendant l'année précédente.

TIT. VIII. — DISPOSITIONS TRANSITOIRES.

87. Les dispositions de la présente loi seront appliquées au plus tard dans les six mois qui suivront la date de sa promulgation.

88. Les jeunes soldats ayant accompli trois ans de service dans l'armée active au moment de la mise en vigueur de la présente loi seront envoyés dans la réserve.

Toutefois, pendant un délai de deux années, le ministre de la guerre pourra conserver sous les drapeaux, dans les limites prévues par l'art. 36 de la loi du 27 juill. 1872, les jeunes gens déjà incorporés conformément aux prescriptions de ladite loi.

Mention spéciale des décisions prises sera faite dans le compte rendu prescrit par l'art. 86 ci-dessus.

Les mêmes dispositions sont applicables aux engagés volontaires qui en feront la demande.

89. Les jeunes soldats qui, au moment de la mise en vigueur de la présente loi, appartiendraient à la deuxième portion du contingent à raison de leur numéro de tirage au sort, et qui n'auraient pas encore accompli le temps de service prescrit par l'art. 40 de la loi du 27 juill. 1872, seront, à l'expiration de ce temps, envoyés en congé dans leurs foyers.

90. Les sous-officiers qui se trouveront dans leurs quatrième année de service au moment de la mise en vigueur de la présente loi pourront être maintenus sous les drapeaux, par décision ministérielle, jusqu'à l'expiration de cette quatrième année de service, alors même que la classe à laquelle ils appartenaient serait renvoyée dans ses foyers.

Les sous-officiers ainsi maintenus sous les drapeaux recevront la même haute paye que les sous-officiers rengagés et auront le droit de concourir pour les emplois civils visés par l'art. 84 ci-dessus.

91. Les jeunes gens qui, avant la mise en vigueur de la présente loi, seront admis à contracter un engagement conditionnel d'un an et ceux qui se trouvent dans la situation prévue par la loi du 31 déc. 1875, bénéficieront des dispositions des art. 53 à 57 inclus de la loi du 27 juill. 1872; mais les dispositions de l'art 38 de la loi du 24 juill. 1873 cesseront de leur être applicables.

92. Les jeunes gens dispensés conditionnellement du service actif en temps de paix avant la mise en vigueur de la présente loi, conformément à l'art. 20 de la loi du 27 juill. 1872, conserveront la situation qui leur est faite par ladite loi au point de vue des obligations du service militaire, sous la réserve des dispositions contenues dans l'art. 93 ci-après.

93. La présente loi est applicable aux hommes appelés en vertu des lois antérieures, libérés ou non du service militaire, jusqu'à ce qu'ils aient atteint l'âge de quarante-cinq ans.

94. Dès la mise en vigueur de la présente loi, seront et demeureront abrogées :

La loi du 27 juill. 1872 sur le recrutement de l'armée.

La loi du 6 nov. 1875, ayant pour objet de déterminer les conditions dans lesquelles les Français domiciliés en Algérie seront soumis au service militaire;

La loi du 18 nov. 1875, ayant pour objet de coordonner les lois des 27 juill. 1872, 24 juill. 1873, 13 mars, 19 mars et 6 nov. 1875 avec le code de justice militaire.

Les lois des 30 juill., 4 déc. et 31 déc. 1875, et la loi du 29 juill. 1886, modifiant divers articles de la loi du 27 juill. 1872; et d'une manière générale toutes dispositions contraires à la présente loi.

ANNEXES

TABLEAU A

PERSONNEL PLACÉ SOUS LES ORDRES DES MINISTRES DE LA GUERRE ET DE LA MARINE OU MIS A LEUR DISPOSITION EN CAS DE MOBILISATION

(Application de l'art. 51 de la loi sur le recrutement de l'armée.)

Services :

Ministère de la guerre :
- Administration centrale;
- Etablissements.

Ministère de la marine :
- Administration centrale;
- Etablissements métropolitains et coloniaux.

Ministère de l'intérieur :
- Sapeurs-pompiers des places de guerre n'appartenant plus à la réserve de l'armée active;
- Cantonniers n'appartenant plus à la réserve de l'armée active;
- Médecins et chirurgiens des hospices;
- Médecins chefs de service des hospices;
- Médecins des services pénitentaires, maisons centrales, pénitenciers;
- Chirurgiens des services pénitenciaires, maisons centrales, pénitenciers;
- Pharmaciens internes des services pénitentiaires, maisons centrales, pénitenciers.

Ministère des travaux publics, non compris l'administration centrale et les cantonniers faisant partie de la réserve de l'armée active :
- Forêts (agents et préposés organisés militairement).

Ministère des finances ;
- Douaniers (bataillons, compagnies et sections).
- Postes et télégraphes.

Chemins de fer :
- Sections techniques;
- Personnel de l'exploitation technique;
- Administration centrale.

TABLEAU B

Services publics.

DÉSIGNATION DES FONCTIONNAIRES ET AGENTS QUI, EN CAS DE MOBILISATION, SONT AUTORISÉS A NE PAS REJOINDRE IMMÉDIATEMENT, QUAND ILS N'APPARTIENNENT PAS A LA RÉSERVE DE L'ARMÉE ACTIVE

(Application de l'art. 51 de la loi sur le recrutement de l'armée.)

Personnel de l'administration du Sénat et de la Chambre des députés.

Secrétaires généraux;
Chefs de service;
Chef adjoints ou sous-chefs.

MINISTÈRE DES FINANCES

Administration centrale.

Secrétaire général;
Directeur général de la comptabilité publique;
Directeur;
Chef de la division du contentieux;
Caissier-payeur central du Trésor;
Payeur central de la Dette publique ;
Contrôleur central;
Chefs de bureau;
Contrôleur spécial pour le receveur central de la Seine.

Inspection générale des finances.

Inspecteurs généraux des finances;
Inspecteurs et adjoints à l'inspection.

Trésorerie.

Trésoriers-payeurs généraux;
Receveurs particuliers :
Percepteurs;
Un fondé de pouvoirs de chaque trésorier-payeur général, désigné par le ministre des finances.

Trésorerie d'Afrique, de la Cochinchine et du Tonkin.

Trésoriers-payeurs;
Payeurs particuliers;
Payeurs adjoints.

Administration des contributions directes.

Directeur général;
Administrateurs;
Chefs de bureau;
Directeurs;
Inspecteurs;
Premiers commis de direction.

Administration de l'enregistrement, des domaines et du timbre.

Directeur général;
Administrateurs;
Chefs de bureau;
Directeurs;
Inspecteurs;
Conservateurs des hypothèques.

Administration des douanes.

Directeur général;
Administrateurs;
Chefs de bureaux;
Directeurs;
Inspecteurs;
Sous-inspecteurs.

Administration des contributions indirectes (France) et contributions diverses (Algérie).

Directeur général;
Administrateurs;
Chefs de bureau;
Directeurs;
Sous-directeurs, chefs de service dans un arrondissement;
Inspecteurs;
Receveurs principaux;
Receveurs particuliers;
Entreposeurs;
Contrôleurs;
Receveurs ambulants;
Receveurs buralistes.

Administration des manufactures de l'Etat (Tabacs).

Directeur général;
Administrateurs;
Chefs de bureau;
Directeurs;
Contrôleurs des manufactures;
Inspecteurs;
Entreposeurs des tabacs en feuilles;
Vérificateurs et commis de culture.

Administration des monnaies et médailles.

Directeur général;
Caissier agent comptable;
Contrôleur principal.

Banque de France.

Gouverneur;
Sous-gouverneur;
Secrétaire général;
Contrôleur;
Caissier principal;
Caissiers particuliers et sous-caissiers;
Chefs de bureau;
Inspecteurs;
Ouvriers de l'imprimerie des billets;
Directeurs et succursales;
Caissiers et succursales.

Banque d'Algérie.

Directeur;
Sous-directeur;
Secrétaire général;
Inspecteur;
Caissier principal;
Chefs de bureau;
Directeurs des succursales;
Caissiers.

Caisse des dépôts et consignations.

Directeur général;
Chefs de division;
Caissier général;
Chefs de bureau.

MINISTÈRE DE L'INTÉRIEUR

Administration centrale.

Directeurs;
Chefs de bureau.

Etablissements nationaux de bienfaisance.

Directeurs;
Médecins en chef;

Services pénitentiaires, maisons centrales, pénitenciers.

Inspecteurs;
Economes;
Agents comptables;
Commis greffiers.

Sûreté publique.

Commissaires divisionnaires;
Commissaires spéciaux de police;
Inspecteurs spéciaux.

Administration départementale.

Préfets, sous-préfets et secrétaires généraux;
Chefs de division de préfecture;
Inspecteurs des enfants assistés;
Chefs du bureau militaire de préfecture;
Agents voyers en chef et agents voyers d'arrondissement;
Directeurs des asiles publics d'aliénés;
Médecins titulaires des asiles publics d'aliénés.

Administration communale.

Secrétaires chefs du bureau militaire des mairies des chefs-lieux de département, d'arrondissement, ainsi que des communes qui, n'étant pas chefs-lieux de département ou d'arrondissement, ont plus de 4000 habitants.
Receveurs d'octroi;
Préposé en chef d'octroi;
Commissaire de police;
Sergents de ville ou gardiens de la paix;
Gardes champêtres.

Services spéciaux de la ville de Paris ressortissant à la préfecture de la Seine.

Directeurs des hôpitaux et hospices;
Receveurs des hôpitaux et hospices;
Economes des hôpitaux et hospices;
Agents du service des eaux :
- Contrôleurs et sous-contrôleurs;
- Conducteurs municipaux;
- Gardes cantonniers des eaux :

Agents de l'assistance publique :
- Directeur de l'administration centrale;
- Chefs de division;
- Inspecteurs des enfants assistés.

Agents de la direction des travaux autres que ceux du service vicinal :
Directeurs et chefs de bureau de la préfecture de la Seine;
Secrétaires chefs de bureau des mairies des vingt arrondissements de Paris.

Services spéciaux de la ville de Paris ressortissant à la préfecture de police.

Chefs de division et chefs de bureau de la préfecture de police;
Chef et chef adjoint de la police municipale;
Inspecteurs divisionnaires;
Officiers de paix;
Inspecteurs de police;
Secrétaires des commissariats de police.

Inspecteurs de commissariats;
Contrôleurs de services extérieurs;
Gardiens de la paix de la ville de Paris;
Sergents de ville des communes du département de la Seine.

ADMINISTRATION DE L'ALGÉRIE

Secrétaire général du Gouvernement;
Chefs de bureau du Gouvernement général;
Administrateurs des communes mixtes.

MINISTÈRE DES TRAVAUX PUBLICS

Administration centrale.

Directeurs;
Chefs de bureau.

CHEMINS DE FER

Personnel sédentaire : Contentieux, services des titres.

MINISTÈRE DE L'INSTRUCTION PUBLIQUE ET DES BEAUX-ARTS

Administration centrale.

Directeurs;
Chefs de bureau;
Proviseurs et principaux des lycées et collèges de l'Etat;
Directeurs des écoles normales primaires de l'Etat.

ADMINISTRATION DES CULTES

Directeur;
Chefs de bureau;
Les ministres des cultes reconnus par l'Etat, chargés du service d'une paroisse;
Les aumôniers des lycées, des hôpitaux, des prisons et des établissements pénitentiaires.

MINISTÈRE DES AFFAIRES ÉTRANGÈRES

Administration centrale.

Directeurs;
Sous-directeurs;
Chefs de division;
Chefs de bureau.

Agents en fonctions à l'étranger.

Ambassadeurs;
Ministres plénipotentiaires;
Conseillers d'ambassade;
Consuls généraux;
Consuls;
Vice-consuls rétribués;
Secrétaires d'ambassade, 1er, 2e et 3e classes;
Consuls suppléants;
Chanceliers;
Commis de chancellerie;
Interprètes et drogmans.

PAYS DE PROTECTORAT

Résidents généraux ou supérieurs;
Résidents;
Vice-résidents;
Chanceliers de résidence;
Commis de résidence.

MINISTÈRE DE LA JUSTICE

Directeurs;
Chefs de bureau;
Procureurs généraux;
Procureurs de la République;
Dans chaque tribunal de première instance, parmi les magistrats inamovibles composant ce tribunal, les deux magistrats appartenant aux classes de mobilisation les plus anciennes, dans le cas où leur maintien serait indispensable pour que le tribunal ne soit pas réduit à moins de deux juges; dans les tribunaux d'Algérie et des colonies, deux magistrats.

MINISTÈRE DE L'AGRICULTURE

Directeurs;
Chefs de bureau;
Directeurs des écoles vétérinaires;
Directeurs et gagistes des dépôts d'étalons.

MINISTÈRE DU COMMERCE

Directeurs et chefs de division de la comptabilité;
Chefs de bureau.

TABLEAU C

DÉSIGNATION DES FONCTIONNAIRES ET AGENTS QUI, EN CAS DE MOBILISATION, SONT AUTORISÉS A NE PAS REJOINDRE IMMÉDIATEMENT, MÊME QUAND ILS APPARTIENNENT A LA RÉSERVE DE L'ARMÉE ACTIVE

(Application de l'art. 51 de la loi sur le recrutement de l'armée.)

MINISTÈRE DES FINANCES

Trésorerie d'Afrique, de Cochinchine et du Tonkin.

Commis de trésorerie.

Administration de l'enregistrement, des domaines et du timbre.

Sous-inspecteurs;
Receveurs.

Administration des douanes.

Receveurs;
Contrôleurs et contrôleurs adjoints.

Administration des contributions indirectes (France) et contributions diverses (Algérie).

Commis principaux;
Commis;
Préposés.

MINISTÈRE DE L'INTÉRIEUR

Services pénitentiaires, maisons centrales, pénitenciers.

Directeurs;
Greffiers;
Gardiens ou surveillants;
Gardien comptable en chef, gardiens comptables et seconds gardiens des transports cellulaires;
Gardiens chefs des prisons annexes de l'Algérie.

TABLEAU D. — ARTICLES DU CODE DE JUSTICE MILITAIRE.

(Livre IV, titre II) applicables dans les cas prévus par les art. 57 et 79 de la loi sur le recrutement de l'armée.

Art. 204, 205, 206, 208. — Trahison, espionnage et embauchage.	
Art. 219, § 1. — Violation de consigne.	
Art. 220. — Violence envers une sentinelle.	L'art. 220 ne sera applicable aux hommes renvoyés dans leurs foyers depuis plus de six mois que s'ils étaient, au moment du fait incriminé, revêtus d'effets d'uniforme.
Art. 223 et 224. — Voies de fait et outrages envers un supérieur.	Pour l'application du premier paragraphe de chacun de ces articles, le fait incriminé ne sera considéré comme ayant eu lieu à l'occasion du service que s'il est le résultat d'une vengeance contre un acte d'autorité légalement exercé. Le deuxième paragraphe de ces mêmes articles ne sera applicable que dans le cas où le supérieur et l'inférieur seraient l'un et l'autre revêtus d'effets d'uniforme.

Art. 225. — Rébellion.	Cet article n'est applicable qu'aux hommes revêtus d'effets d'uniforme et, en outre, dans les cas prévus par l'art. 77 c. just. mil.
Art. 226, 228, 229. — Abus d'autorité.	Pour l'application de l'art. 229, il est nécessaire que le supérieur et l'inférieur soient l'un et l'autre revêtus d'effets d'uniforme.
Art. 242, § 1. — Provocation à la désertion.	
Art. 248. — Vol.	L'avant-dernier paragraphe de cet article n'est applicable que si le délinquant était logé militairement dans la maison où il a commis le vol.
Art. 249. — Blessures faites à un blessé pour le dépouiller.	
Art. 250, 251, 252, 253, 254, 255. — Pillage, destruction, dévastation d'édifices.	
Art. 258. — Meurtre chez l'habitant.	Cet article est applicable sous la réserve indiquée ci-dessus pour l'art. 248.
Art. 266. — Port illégal d'insignes.	Cet article n'est applicable qu'en cas de port illégal soit d'effets d'uniforme militaire, soit d'insignes, décorations ou médailles sur des effets d'uniforme militaire.

25-27 juill. 1889. — Loi qui modifie le paragraphe 2 de l'art. 2 de la loi du 25 juill. 1887 relative à la création de nouveaux régiments de cavalerie (D. P. 90. 4. 70).

31 juill. 1889. — Instruction pour les adjudications publiques dans les divers services de l'administration de la Guerre (*Bull. milit. off.*, 1889, part. régl., p. 301).

3 août 1889. — Décret relatif au comité permanent des subsistances militaires (*Bull. milit. off.*, part. régl., p. 195).

27 sept. 1889. — Décret relatif à la situation du personnel technique de la télégraphie militaire (*Bull. milit. off.*, part. régl., p. 702).

28-30 sept. 1889. — Décret relatif aux engagements volontaires et aux rengagements (D. P. 90. 4. 94).

5 oct. 1889. — Décret fixant la taxe de la prime de rengagement (*Bull. milit. off.*, part. régl., p. 688).

19 oct. 1889. — Décret relatif à l'organisation des bataillons de chasseurs à pied.

18 nov. 1889. — Règlement sur les transports ordinaires par chemins de fer (*Bull. milit. off.*, 1889, part. régl., p. 1133).

19 nov. 1889. — Règlement sur les transports stratégiques (*Bull. milit. off.*, 1889, part. régl., p. 1191).

23-24 nov. 1889. — Décret portant règlement d'administration publique pour l'exécution de l'art. 23 de la loi du 15 juill. 1889 (D. P. 89. 4. 104, et les notes).

Le Président de la République française. — Sur le rapport du ministre de la guerre. — Vu la loi du 15 juill. 1889 sur le recrutement de l'armée, notamment les art. 23 et 24 ; — Le conseil d'Etat entendu, décrète :

Chapitre 1er. — *Des dispenses résultant de l'obtention de certains diplômes, titres, prix et récompenses.*

Art. 1er. Sont, sur leur demande (*modèle A*), envoyés ou maintenus définitivement en congé dans leurs foyers, jusqu'à la date de leur passage dans la réserve, pourvu qu'ils aient une année de présence sous les drapeaux, les jeunes gens qui obtiennent ou ont obtenu un des diplômes, titres, prix ou récompenses mentionnés au paragraphe 2 de l'art. 23 de la loi du 15 juill. 1889, soit avant leur incorporation, soit pendant leur présence sous les drapeaux à titre d'appelés, soit pendant leur séjour en congé dans leurs foyers, dans les divers cas prévus dans les art. 21, 22 et 23 de ladite loi.

Les jeunes gens qui ont obtenu avant leur comparution devant le conseil de revision un de ces diplômes, titres, prix ou récompenses, doivent produire au conseil les pièces officielles constatant cette obtention.

Pour les jeunes soldats présents sous les drapeaux, l'envoi en congé est prononcé par l'autorité militaire, sur le vu des diplômes ou pièces officielles. Pour les jeunes gens présents dans leurs foyers, avant leur incorporation ou qui sont envoyés en congé, la dispense est également prononcée par l'autorité militaire, après remise des pièces justificatives au commandant du bureau de recrutement de la subdivision de région à laquelle appartient le canton où ils ont concouru au tirage au sort. Dans ces deux cas, la production des pièces justificatives doit avoir lieu dans le mois qui suit l'obtention des diplômes, titres, prix ou récompenses.

2. Sont considérés comme pourvus du diplôme supérieur, au point de vue de la dispense militaire prévue par l'art. 23 de la loi du 15 juill. 1889 :

1° En ce qui concerne l'Institut national agronomique, les soixante élèves français classés à la sortie en tête de la liste de mérite pourvu qu'ils aient obtenu, pour tout le cours de leur scolarité, 70 pour 100 au moins du total des points que l'on peut obtenir d'après les règlements de ces écoles ; il est fait mention sur les diplômes du rang de classement et de nombre de points obtenus par le titulaire ;

2° En ce qui concerne les autres écoles du Gouvernement dans lesquelles on entre par voie de concours, savoir, l'internat de l'Ecole des haras du Pin, les écoles nationales d'agriculture du Grand-Jouan, de Grignon et de Montpellier, l'Ecole des mines de Saint-Etienne, les écoles des maîtres-ouvriers mineurs d'Alais et de Douai ; les écoles nationales des arts et métiers d'Aix, d'Angers et de Châlons, les jeunes gens compris dans les quatre premiers cinquièmes de la liste de mérite de ceux des élèves français qui ont obtenu, pour tout le cours de leur scolarité, 65 pour 100 au moins du total des points que l'on peut obtenir d'après les règlements de ces écoles ; il est fait mention sur les diplômes du rang de classement et du nombre des élèves français ayant obtenu le nombre minimum de points fixé ci-dessus ;

3° En ce qui concerne l'Ecole des hautes études commerciales et les écoles supérieures de commerce reconnues par l'Etat, le premier tiers de la liste par ordre de mérite des élèves français ayant obtenu, pour tout le cours de leur scolarité, 60 pour 100 au moins du total des points que l'on peut obtenir d'après les règlements de ces écoles. Il est fait mention sur les diplômes du rang de classement et du nombre des élèves français ayant obtenu le nombre minimum de points fixé ci-dessus.

Un décret rendu en conseil d'Etat, sur la proposition du ministre du commerce, déterminera les conditions auxquelles doivent se soumettre, pour être reconnues par l'Etat, les écoles supérieures de commerce, en particulier en ce qui concerne la nature des examens et la composition du jury devant lequel sont passés ces examens. La nomenclature de ces écoles est transmise annuellement, avant le 1er septembre, par le ministre du commerce au ministre de la guerre, qui avise les préfets et les commandants des bureaux de recrutement des modifications survenues.

3. Les prix de Rome pour la peinture, la sculpture, l'architecture, la composition musicale (concours annuels), la gravure en taille-douce (concours biennaux), et la gravure en médailles et en pierres fines (concours triennaux), qui donnent lieu à la dispense de service militaire prévue par l'art. 23 de la loi du 15 juill. 1889, sont au nombre de trois par spécialité, ce nombre peut être porté à quatre lorsque le premier grand prix n'a pas été décerné au concours précédent. Les intéressés justifient de leur qualité de lauréats par un certificat du ministre des beaux-arts.

4. La nature des concours et le nombre maximum des médailles qui peuvent être décernées annuellement aux élèves de l'Ecole nationale des beaux-arts de Paris, et qui donnent lieu à la dispense de service militaire prévue par l'art. 23 de la loi du 15 juill. 1889 sont déterminés ainsi qu'il suit :

1° *Section de peinture et de gravure en taille-douce.* — Concours de figure dessinée d'après l'antique et d'après la nature (quatre médailles) ; concours de composition (quatre médailles) ; concours dits de grande médaille (deux médailles); concours de la tête d'expression (une médaille); concours Jauvain d'Attainville, de peinture historique ou de paysage (chacun une médaille) ;

concours de composition décorative (deux médailles); grande médaille d'émulation (une médaille).

2° *Section de sculpture et de gravure en médailles et en pierres fines.* — Concours de figure modelée d'après l'antique et d'après la nature (quatre médailles); concours de composition (quatre médailles); concours dits de grande médaille (deux médailles); concours de la tête d'expression (une médaille); concours Lemaire (une médaille); concours de composition décorative (deux médailles); grande médaille d'émulation (une médaille).

3° *Section d'architecture.* — 1re classe. Concours d'architecture (vingt-quatre médailles); concours d'ornement et d'ajustement (deux médailles); concours Godebœuf (deux médailles); concours de composition décorative (deux médailles); grande médaille d'émulation (une médaille). — 2e classe. Concours de construction (trois médailles).

Les intéressés justifient de leur qualité de lauréats par un certificat du directeur de l'Ecole des beaux-arts, visé par le ministre et mentionnant la récompense obtenue.

5. La nature des concours et le nombre maximum de prix que peuvent obtenir les élèves du Conservatoire national de musique et de déclamation de Paris, et qui donnent lieu à la dispense de service militaire prévue par l'art. 23 de la loi du 15 juill. 1889, sont déterminés ainsi qu'il suit :

Contre-point et fugue (deux prix); harmonie (deux prix); chant, opéra, opéra-comique, déclamation (chacun deux prix); piano, violon et violoncelle (chacun deux prix); orgue, harpe, contrebasse, flûte, haut-bois, clarinette, basson, cor, cornet à piston, trombone (chacun un prix);

Les intéressés justifient de leur qualité de lauréats par un certificat du directeur du Conservatoire, visé par le ministre des beaux-arts et mentionnant la récompense obtenue.

6. La nature des concours et le nombre maximum des récompenses qui peuvent être décernées annuellement aux élèves de l'Ecole nationale des arts décoratifs de Paris, et qui peuvent donner lieu à la dispense de service militaire prévue par l'art. 23 de la loi du 15 juill. 1889, sont les suivants : prix Jacquot, prix Jay, prix de composition et d'ornement, prix d'application décorative en peinture, prix d'application décorative en sculpture, prix d'architecture, prix d'honneur de l'école (chacun d'eux une récompense).

Les intéressés justifient de leur qualité de lauréats par un certificat du directeur de l'école, visé par le ministre des beaux-arts.

CHAP. 2. — *Des dispenses au titre de l'engagement décennal dans l'enseignement.*

7. L'engagement décennal donnant droit à la dispense, soit au titre des fonctions de l'instruction publique, soit au titre des institutions nationales des sourds-muets ou des jeunes aveugles relevant du ministère de l'intérieur, soit au titre des écoles françaises d'Orient et d'Afrique subventionnées par le gouvernement français, est reçu :

1° Pour les fonctions de l'instruction publique, par les recteurs des académies;

2° Pour les institutions nationales des sourds-muets ou des jeunes aveugles, par le ministre de l'intérieur;

3° Pour les écoles françaises subventionnées d'Orient et d'Afrique, par le ministre des affaires étrangères.

8. Les jeunes gens qui se proposent de contracter l'engagement décennal doivent présenter à l'acceptation du recteur de l'académie, du ministre de l'intérieur ou du ministre des affaires étrangères, suivant le cas, une déclaration sur papier timbré, conforme aux modèles ci-annexés (*modèles B, C, D*).

Cette déclaration est accompagnée, pour les signataires âgés de moins de vingt ans, de l'autorisation de leur père, mère ou tuteur.

9. Pour être admis à signer l'engagement décennal, les jeunes gens doivent être âgés de dix-huit ans au moins.

Cet engagement ne peut être contracté et réalisé que si les jeunes gens occupent, en vertu de nomination régulière, l'un des emplois ou fonctions ci-après, savoir :

1° S'ils appartiennent au département de l'instruction publique : instituteur stagiaire accomplissant son stage dans une école primaire publique, ou dans une école normale; instituteur titulaire; directeur ou professeur titulaire ou délégué à l'école normale supérieure d'enseignement primaire de Saint-Cloud, dans les écoles normales primaires, dans les écoles primaires supérieures et dans les écoles d'apprentissage nationales, départementales ou municipales; inspecteur primaire; principal de collège; maître répétiteur stagiaire, maître répétiteur, surveillant général, maître élémentaire, chargé de cours ou professeur des lycées et collèges, de l'école normale de Cluny et du prytanée de la Flèche; aide-naturaliste du Muséum; maître surveillant, préparateur et chef des travaux pratiques; professeur, suppléant et chargé de cours dans les établissements publics d'enseignement supérieur.

2° S'ils appartiennent aux institutions nationales des sourds-muets ou des jeunes aveugles : maître surveillant stagiaire ou adjoint; maître surveillant; surveillant général; censeur; professeur titulaire ou adjoint chargé de l'engagement intellectuel;

3° En ce qui concerne les écoles françaises subventionnées d'Orient et d'Afrique : instituteur laïque, novice ou membre des congrégations religieuses visées par la loi du 15 juill. 1889.

Les déclarations d'engagement des instituteurs laïques sont transmises au département des affaires étrangères, soit par le directeur de l'école dans laquelle ils doivent professer, soit par les représentants d'une des sociétés reconnues d'utilité publique et vouées à la propagation de la langue française à l'étranger. Les déclarations des novices ou membres des congrégations ci-dessus indiquées sont transmises par les supérieurs de ces congrégations.

10. Après avoir accompli son année de service militaire, le jeune homme qui a contracté l'engagement décennal au titre du ministère de l'instruction publique, du ministère de l'intérieur ou du ministère des affaires étrangères doit exercer, dans l'année qui suit son année de service, et jusqu'à l'expiration de cet engagement, l'un des emplois ou fonctions spécifiés respectivement aux paragraphes 1°, 2° et 3° de l'art. 9. A partir de son entrée en fonctions, il en justifie chaque année, du 15 septembre au 15 octobre, par un certificat (*modèle E*) produit à l'autorité militaire et que délivrent : pour les membres de l'instruction publique, le recteur de l'académie; pour les institutions nationales des sourds-muets et des jeunes aveugles, le ministre de l'intérieur; pour les écoles françaises d'Orient et d'Afrique, l'autorité consulaire du lieu où exerce l'intéressé. Dans ce dernier cas, le certificat est visé par le ministre des affaires étrangères.

Aucune portion de l'engagement décennal ne peut être réalisée en congé, sauf pour cause de maladie dûment constatée par deux médecins, dont l'un désigné par l'autorité militaire. Les autres interruptions régulièrement autorisées ne comptent pas pour la réalisation de l'engagement décennal sans que l'époque normale de l'accomplissement de cet engagement puisse être reculée de plus de trois années.

11. L'engagement décennal contracté au titre du ministère de l'instruction publique peut être réalisé :

Soit au titre de l'une des institutions nationales des sourds-muets ou des jeunes aveugles, s'il a été signé au titre de l'instruction publique et réciproquement :

Soit au titre des écoles françaises d'Orient et d'Afrique;

Soit enfin comme instituteur, professeur ou maître répétiteur dans l'une des écoles préparant aux diplômes compris dans la nomenclature du paragraphe 2 de l'art. 23 de la loi du 15 juill. 1889, et dans les écoles d'enseignement professionnel agricole visées par l'art. 10 de la loi du 30 juill. 1875;

Sous la condition que la mutation ait été autorisée par le département ministériel auquel appartient l'engagé décennal et par celui qui le reçoit.

Le titulaire de l'engagement décennal qui passe d'un département ministériel à un autre doit notifier l'autorisation qu'il a obtenue au commandant du bureau de recrutement de la subdivision dans laquelle est situé le canton où il a participé au tirage au sort (*modèle F*).

CHAP. 3. — *Des dispenses résultant des études littéraires, scientifiques ou techniques.*

12. Les jeunes gens qui poursuivent leurs études en vue d'obtenir soit le diplôme de licencié ès lettres ou ès sciences, de docteur en droit, de docteur en médecine, de pharmacien de 1re classe, soit le titre d'interne des hôpitaux nommé au concours dans une ville où il existe une faculté de médecine, doivent, pour obtenir la dispense, présenter un certificat du doyen de la faculté ou du directeur de l'école de pharmacie, ou de médecine et de pharmacie, à laquelle ils appartiennent, constatant qu'ils sont régulièrement inscrits sur les registres et que leurs inscriptions ne sont pas périmées (*modèle G*).

Ceux qui poursuivent leurs études en vue d'obtenir le diplôme de l'Ecole des chartes ou de l'Ecole des langues orientales vivantes doivent produire un certificat du directeur constatant leur admission dans l'une ou l'autre de ces écoles (*modèle G*).

13. Les jeunes gens visés à l'article précédent doivent, jusqu'à l'obtention des diplômes ou titres spécifiés audit article, produire annuellement, jusqu'à l'âge de vingt-six ans, fixé par l'art. 24 de la loi du 15 juill. 1889, un certificat établi par les doyens des facultés ou par les directeurs des écoles dont il s'agit, constatant qu'ils continuent à être en cours régulier d'études. Sauf en ce qui concerne les élèves de l'École des chartes et de l'Ecole des langues orientales vivantes, ledit certificat doit être visé par le recteur de l'académie; pour ces deux dernières écoles, il est visé par le ministre de l'instruction publique (*modèle G*).

Les registres d'inscription des facultés, écoles supérieures de pharmacie, écoles de plein exercice et préparatoires de médecine et de pharmacie, sont tenus à la disposition de l'autorité militaire qui peut en prendre connaissance sans déplacement.

Les étudiants en médecine et en pharmacie qui obtiennent, après concours, le titre d'interne des hôpitaux dans une ville où il existe une faculté de médecine, justifient de leur situation : à Paris, par un certificat du directeur de l'assistance publique visé par le préfet de la Seine; dans les départements, par un certificat du maire, président de la commission administrative, visé par le préfet (*modèle G*).

14. Pour obtenir la dispense comme étudiant en vue du diplôme de vétérinaire, les jeunes gens doivent présenter un certificat du directeur de l'une des écoles vétérinaires d'Alfort, de Lyon ou de Toulouse, attestant l'admission à l'école. Ce certificat est visé par le ministre de l'agriculture. Après l'accomplissement de leur année de service militaire, ils sont tenus de présenter annuellement un certificat établi dans la même forme, et constatant leur présence continue à l'école (*modèle G*).

15. Les jeunes gens qui se préparent à l'École d'administration de la marine ont à produire les mêmes justifications que les élèves des facultés de droit se préparant au doctorat; lorsqu'ils sont reçus licenciés, la présentation du diplôme et d'un certificat spécial visé par le ministre de la marine suffit pour assurer la continuation du droit à la dispense jusqu'à la limite d'âge fixée pour l'admission au concours.

Une fois admis à l'école, ils ont à produire un certificat de présence délivré par le commissaire général du port, et visé par le ministre de la marine (*modèle G*); à la sortie de l'école, ils doivent justifier de leur nomination d'élève commissaire ou d'aide-commissaire de la marine.

S'ils ne sont pas reçus à l'école à la limite d'âge fixée pour l'admission au concours, ou si, à la sortie, ils ne sont pas nommés élèves-commissaires ou aides-commissaires, ils sont appelés à faire les deux années dont ils avaient été dispensés.

16. Sont considérés comme poursuivant leurs études en vue d'obtenir le diplôme supérieur délivré aux élèves externes par l'Ecole des ponts et chaussées et l'Ecole supérieure des mines, les jeunes gens déclarés admis conformément aux règlements desdites écoles, soit pour entrer définitivement à l'école, soit pour y suivre les cours préparatoires.

Ces jeunes gens ont à produire un certificat d'admission à l'école et un certificat de présence délivré par le directeur de l'école et visé par le ministre des travaux publics (*modèle G*).

17. Les élèves libres de l'Ecole du génie maritime ont à produire un certificat d'admission et un certificat de présence délivré par le directeur de l'école et visé par le ministre de la marine (*modèle G*).

18. Les élèves de l'Institut national agronomique, les élèves internes de l'Ecole des haras du Pin, les élèves des écoles nationales d'agriculture du Grand-Jouan, de Grignon et de Montpellier, justifient de leur admission et de leur présence dans ces écoles par des certificats délivrés par le directeur de l'école à laquelle ils appartiennent et visés par le ministre de l'agriculture (*modèle G*).

19. Les élèves de l'Ecole des mines de Saint-Etienne et des écoles des maîtres-ouvriers mineurs d'Alais et de Douai doivent être pourvus de certificats d'admission et de présence délivrés par le directeur de l'école et visés par le ministre des travaux publics (*modèle G*).

20. Les élèves des écoles nationales des arts et métiers d'Aix, d'Angers et de Châlons justifient de leur admission et de leur présence dans ces écoles par des certificats délivrés par le directeur de l'école et visés par le ministre du commerce (*modèle G*).

21. Les élèves de l'Ecole des hautes études commerciales et ceux des écoles supérieures de commerce reconnues par l'État justifient de leur admission et de leur présence dans ces écoles par des certificats délivrés par le directeur de l'école et visés par le ministre du commerce (*modèle G*).

CHAP. 4. — *Des dispenses résultant des études artistiques.*

22. Les jeunes gens qui poursuivent leurs études en vue d'obtenir l'un des prix de Rome définis à l'art. 3 du présent décret doivent présenter un certificat constatant qu'ils sont élèves de l'Ecole nationale des beaux-arts de Paris, ou du Conservatoire de musique de Paris, et qu'ils en suivent régulièrement les cours. Ce certificat, délivré par le directeur de l'école ou du Conservatoire de musique, est visé par le ministre des beaux-arts (*modèle G*).

23. Les jeunes gens qui poursuivent leurs études en vue d'obtenir une des récompenses de l'Ecole nationale des beaux-arts de Paris, telles qu'elles sont définies à l'art. 4 du présent décret, doivent présenter un certificat attestant qu'ils sont élèves de l'école et qu'ils participent régulièrement aux concours de cet établissement. Ce certificat, délivré par le directeur de l'école, est visé par le ministre des beaux-arts (*modèle G*).

24. Les élèves du Conservatoire national de musique et de déclamation de Paris doivent présenter un certificat du directeur, visé par le ministre des beaux-arts et constatant qu'ils sont élèves et qu'ils suivent régulièrement les cours (*modèle G*).

25. Les jeunes gens étudiant en vue d'obtenir l'un des prix décernés par l'Ecole nationale des arts décoratifs de Paris doivent présenter un certificat du directeur visé par le ministre des beaux-arts et attestant que leur assiduité à l'école et leur participation aux divers concours organisés ont été régulièrement constatées tous les trois mois (*modèle G*).

CHAP. 5. — *Des dispenses au titre des industries d'art.*

26. Peuvent réclamer le bénéfice du paragraphe 3 de l'art. 23 de la loi du 15 juill. 1889 les jeunes gens des catégories suivantes :

Ciseleurs; graveurs sur métaux, cristaux, verre, pierre et bois; sculpteurs et modeleurs; mouleurs de pièces et objets d'arts; mosaïstes; ouvriers en faïence, porcelaine et verrerie d'art; peintres décorateurs ou doreurs; ornemanistes; repousseurs sur métaux; émailleurs; horlogers; bijoutiers; joailliers; orfèvres; fabricants d'instruments de musique et luthiers; fabricants d'instruments de précision et de chirurgie; armuriers de luxe; ouvriers en serrurerie, menuiserie, ébénisterie, tapisserie, tissage, broderie et reliure d'art; dessinateurs industriels, notamment pour papiers peints, tissus, dentelles et passementerie; lithographes et imprimeurs en taille-douce.

27. Les jeunes gens appartenant aux industries d'art mentionnées à l'article précédent sont examinés, dans le département où ils exercent leur profession, par un jury d'Etat départemental composé de six membres au moins. Les patrons et les ouvriers y sont en nombre égal. Chaque jury nomme son président et son secrétaire.

Les membres de ce jury sont désignés par le préfet du département, qui les choisit dans les conseils de prud'hommes ou dans les syndicats professionnels reconnus de patrons ou d'ouvriers. S'il n'existe dans le département ni syndicats professionnels reconnus, ni conseils de prud'hommes, le préfet choisit les membres ouvriers du jury parmi les ouvriers qui lui paraissent le plus aptes à en faire partie; dans le même cas, il choisit les membres patrons du jury dans les chambres consultatives des arts et manufactures, et, à défaut de chambres de ce genre, dans les chambres de commerce; s'il n'existe dans le département ni chambres consultatives des arts et manufactures, ni chambres de commerce, les membres patrons du jury sont choisis par le préfet parmi les patrons qui lui paraissent le plus aptes à en faire partie.

Le jury peut s'adjoindre, pour les épreuves visées à l'article ci-après, des experts qui ont voix consultative.

28. Les candidats présentent au jury :

1° Un certificat du maire de la commune où ils ont leur domicile, tel que le détermine l'art. 13 de la loi du 15 juill. 1889, constatant qu'ils sont inscrits sur les tableaux de recensement établis pour la formation de la classe ;

2° Un certificat d'exercice de l'une des industries d'art spécifiées à l'art. 26 du présent décret; ce certificat est établi par l'autorité municipale.

Ils sont soumis à une épreuve pratique spéciale à leur profession; cette épreuve est déterminée et surveillée par le jury.

L'époque des épreuves est fixée chaque année par une décision concertée entre les départements du commerce et de la guerre.

29. Le jury s'entoure de tous les renseignements propres à l'éclairer; d'après ces renseignements et à la suite des épreuves prévues à l'article précédent, il donne au candidat une note exprimée par un nombre de points compris entre 0 et 50; tout jeune homme qui n'a pas obtenu 25 points est éliminé.

Le jury délivre au candidat un titre (*modèle H*) relatant la note qu'il a obtenue; il adresse en même temps au préfet, qui le transmet au ministre de la guerre, un état indiquant les nom et prénoms des candidats, le département où chacun d'eux concourt au tirage au sort et le nombre des points obtenus.

30. Les préfets font connaître au ministre de la guerre, ensuite des opérations cantonales du conseil de revision, le nombre des jeunes gens qui ont été classés dans la première partie de la liste du contingent.

Sur le vu des états transmis par les préfets, le ministre de la guerre fixe, pour chaque département, le nombre maximum des dispenses à accorder au titre des industries d'art dans la proportion de 1/2 pour 100 des nombres signalés par les préfets. Il en avise immédiatement ces fonctionnaires.

31. Les jeunes gens déposent à la préfecture du département où ils ont tiré au sort le certificat que le jury d'examen leur a délivré. Ce certificat, dont il leur est donné récépissé, est soumis par le préfet au conseil de revision, qui prononce la dispense en faveur des ouvriers d'art ayant obtenu le plus de points, jusqu'à concurrence du nombre fixé par le ministre.

En cas d'égalité entre les nombres de points des candidats à la dispense classés les derniers de la classe de mérite, il est procédé par voie de tirage au sort.

32. Après l'accomplissement de leur année de service militaire, les dispensés sont tenus de produire, annuellement et jusqu'à vingt-six ans accomplis, un certificat (*modèle I*) délivré par le président du jury d'état du département où les jeunes gens exercent leur profession, constatant leur aptitude et attestant qu'ils n'ont pas abandonné l'exercice de cette profession. Ce certificat, corroboré par l'autorité municipale, est visé par le préfet.

CHAP. 6. — *Des dispenses à titre d'élèves ecclésiastiques.*

33. La dispense est accordée, à titre d'élèves ecclésiastiques autorisés à continuer leurs études en vue d'exercer le ministère

dans l'un des cultes reconnus par l'Etat, aux jeunes gens qui présentent un certificat de l'évêque diocésain ou des consistoires protestants ou du consistoire central israélite conforme au modèle ci-annexé (*modèle K*). Ce certificat est visé, après vérification, par le ministre des cultes.

34. Chaque année, jusqu'à l'âge de vingt-six ans, le dispensé à titre ecclésiastique doit justifier de la continuation de ses études par la production du certificat prévu à l'article précédent, à moins qu'il n'ait été ordonné ou consacré.

Lorsqu'il a été ordonné ou consacré, il en justifie par un certificat de l'autorité ecclésiastique, visé, après vérification, par le ministre des cultes. Ce certificat (*modèle L*) indique le lieu de l'ordination ou de la consécration; si ce lieu est situé à l'étranger, le certificat relate la date de l'autorisation accordée par le gouvernement français.

A l'âge de vingt-six ans, le dispensé est tenu de produire un certificat de l'autorité ecclésiastique (*modèle L*) constatant qu'il appartient au clergé séculier et qu'il est rétribué, à ce titre, soit par l'État, le département ou la commune, soit par l'établissement public, ou d'utilité publique, laïque, ecclésiastique ou religieux, légalement reconnu auquel il est régulièrement attaché.

En ce qui concerne les ecclésiastiques pourvus d'un emploi en France ou en Algérie, le certificat est visé, après vérification, par le ministre des cultes; dans les colonies et dans les pays de protectorat ressortissant au ministère des colonies, par le ministre des colonies; à l'étranger et dans les autres pays de protectorat, par le ministre des affaires étrangères.

CHAP. 7. — *Dispositions générales.*

35. Les pièces justificatives que les jeunes gens doivent produire à l'appui de leurs demandes (*modèle A*), par application des dispositions des art. 8, 12 à 25, 29 et 33 du présent décret, sont présentées : 1° au conseil de revision ; 2° au commandant du bureau de recrutement, avant l'incorporation, si ces pièces n'ont été délivrées qu'après la comparution de l'intéressé. La dispense est prononcée, dans le premier cas, par le conseil de revision, et, dans le second cas, par l'autorité militaire, sur le vu desdites pièces justificatives.

36. Les dispensés au titre des chapitres 2 à 6 du présent décret doivent produire, du 15 septembre au 15 octobre de chaque année, jusqu'à l'âge de vingt-six ans, au commandant du bureau de recrutement de la subdivision à laquelle appartient le canton où ils ont concouru au tirage, les certificats prévus auxdits chapitres dans le but d'établir qu'ils continuent à remplir les conditions sous lesquelles la dispense leur a été accordée.

37. L'année de service imposée aux jeunes gens dispensés en vertu des art. 21, 22 et 23 de la loi du 15 juill. 1889 doit être uniquement consacrée à l'accomplissement de leurs obligations militaires; sous aucun prétexte ils ne pourront être détournés de ces obligations ni recevoir des exemptions de service à l'effet de poursuivre leurs études.

CHAP. 8. — *Dispositions transitoires.*

38. Les diplômes, titres ou récompenses, mentionnés au chapitre 1er du présent décret et obtenus avant sa promulgation, procurent la dispense de service militaire prévue par l'art. 23 de la loi du 15 juill. 1889, sous les réserves et aux conditions déterminées par les art. 39 et 40 ci-après.

39. Les diplômes ou titres supérieurs délivrés, antérieurement à la promulgation du présent décret, aux élèves des écoles mentionnées à l'art. 2 ci-dessus, pour lesquelles il existe deux ordres de diplômes ou de titres constatant l'achèvement régulier des études, seront considérés comme pouvant procurer la dispense de service militaire prévue par l'art. 23 de la loi du recrutement.

En ce qui concerne l'Ecole des mines de Saint-Etienne et les écoles de maîtres-ouvriers mineurs d'Alais et de Douai, les deux premiers ordres de titres constatant l'achèvement régulier des études seront considérés comme pouvant procurer la dispense de service militaire.

En ce qui concerne les écoles pour lesquelles il n'existe qu'un ordre de certificat de fin d'études, la dispense ne sera accordée que si les élèves ont été classés à la sortie par rang de mérite, et seulement aux deux premiers tiers de la liste de classement.

40. En ce qui concerne l'Ecole des beaux-arts, le Conservatoire national de musique et l'Ecole des arts décoratifs, les premiers prix et les premières médailles obtenus avant la promulgation du présent décret, dans l'un des concours spécifiés aux art. 4, 5 et 6 ci-dessus, pourront procurer la dispense de service militaire prévue par l'art. 23 de la loi du 15 juill. 1889.

41. Le ministre de la guerre et tous les autres ministres sont chargés, etc.

MODÈLES

MODÈLE A

Articles 1 et 35 du décret du 23 novembre 1889.

MODÈLE de demande de dispense à déposer par les jeunes gens qui se trouvent dans les situations déterminées par l'article 23 de la loi du 15 juillet 1889.

Je soussigné (1) né le 18 à canton d département d domicilié à résidant à fils de et d domiciliés à canton d département d appelé par la loi du 15 juillet 1889 sur le recrutement de l'armée à concourir au tirage au sort de la classe d dans le canton de département d demande à bénéficier de la dispense prévue par l'article 23 de ladite loi, et dépose à l'appui de cette demande la pièce ci-jointe (2).

Fait à le 18 .

(*Signature légalisée.*)

(1) Nom et prénoms.
(2) Indiquer la nature de la pièce produite.

MODÈLE B

Articles 8 du décret du 23 novembre 1889.

MODÈLE d'engagement décennal au titre du ministère de l'instruction publique.

Je soussigné (1) né le 18 à canton d département d domicilié à résidant à fils d et d domiciliés à canton d département d (2) appelé, par la loi du 15 juillet 1889 sur le recrutement de l'armée, à concourir au tirage au sort de la classe d dans le canton d département d déclare contracter devant M. le recteur de l'académie d conformément à l'article 23 de la loi précitée, l'engagement de me vouer pendant dix ans à l'enseignement public.

Fait à , le 18 .

(3) (*Signature.*)

Vu pour la légalisation de la signature de

Le Maire d

Nous, recteur de l'académie d
Vu l'engagement ci-dessus signé par le sieur (1)
Vu le certificat en date du et les pièces à l'appui constatant que ledit sieur est régulièrement en possession du titre d

ARRÊTONS :

Conformément à l'article 23 de la loi du 15 juillet 1889 et au décret du 24 novembre 1889, est reçu l'engagement de se vouer pendant dix ans à l'enseignement public contracté le par le sieur né le 18 à canton d département d

Fait à , le 18 .

Le recteur de l'académie d

(1) Nom et prénoms.
(2) Indiquer la qualité du signataire et la date de la décision qui lui a conféré ses fonctions.
(3) Si le signataire est âgé de moins de vingt ans, porter ici la mention suivante :

Autorisé : (Signature des père, mère ou tuteur.)

MODÈLE C

Article 8 du décret du 23 novembre 1889.

MODÈLE d'engagement décennal au titre des institutions nationales des sourds-muets ou des jeunes aveugles.

Je soussigné (1) né le 18 à canton d département d domicilié à résidant à fils d et d domiciliés à canton d département d (2) appelé par la loi du 15 juillet 1889 sur le recrutement de l'armée à concourir au tirage au sort de la classe d dans le canton d département d déclare contracter devant M. le ministre de l'intérieur, conformément à l'article 23 de la loi précitée, l'engagement de me vouer pendant dix ans à l'enseignement dans les institutions nationales (A).

Fait à , le 18 .

(*Signature.*) (3)

Vu pour légalisation de la signature de

Le maire d

Nous, ministres de l'intérieur,

Vu l'engagement ci-dessus signé par le sieur (1)

Vu le certificat en date du et les pièces à l'appui constatant que ledit sieur est régulièrement en possession du titre d

ARRÊTONS :

Conformément à l'article 23 de la loi du 15 juillet 1889, et au décret du 23 novembre 1889, est reçu l'engagement de se vouer pendant dix ans à l'enseignement dans les institutions nationales (A) contracté le par le sieur né le 18 à canton d département d

Fait à , le 18 .

Le ministre de l'intérieur,

(1) Nom et prénoms.

(2) Indiquer la qualité du signataire et la date de la décision qui lui a conféré ses fonctions.

(A) Suivant le cas : « des sourds-muets » ou « des jeunes aveugles ».

(3) Si le signataire est âgé de moins de vingt ans, porter ici la mention suivante :

Autorisé : (Signature des père, mère ou tuteur.)

MODÈLE D

Article 8 du décret du 23 novembre 1889.

MODÈLE d'engagement décennal au titre des écoles françaises d'Orient et d'Afrique subventionnées par le gouvernement français.

Je soussigné (1) né le 18 à canton d département d domicilié à résidant à fils d et d domicilié à canton d département d (2) appelé par la loi du 15 juillet 1889 sur le recrutement de l'armée à concourir au tirage au sort de la classe dans le canton d département d déclare contracter devant M. le ministre des affaires étrangères, conformément à l'article 23 de la loi précitée, l'engagement de me vouer pendant dix ans à l'enseignement dans les écoles françaises d'Orient et d'Afrique subventionnées par le gouvernement français.

Fait à , le 18 .

(*Signature.*)

(3)

Vu pour la légalisation de la signature de

Le maire d

Nous, ministre des affaires étrangères.

Vu l'engagement ci-dessus signé par le sieur (1)

Vu le certificat en date du et les pièces à l'appui constatant que ledit sieur est régulièrement en possession du titre d

ARRÊTONS :

Conformément à l'article 23 de la loi du 15 juillet 1889 et du décret du 23 novembre 1889, est reçu l'engagement de se vouer pendant dix ans à l'enseignement dans les écoles françaises d'Orient et d'Afrique subventionnées par le Gouvernement français, contracté le par le sieur né le 18 , à canton d département d

Fait à le 18 .

Le ministre des affaires étrangères,

(1) Nom et prénoms.

(2) S'il s'agit d'un instituteur laïque, indiquer l'école à laquelle il est attaché et spécifier l'emploi qu'il occupe.

S'il s'agit d'un novice ou membre de congrégation, mentionner le titre sous lequel la congrégation a été reconnue d'utilité publique, rappeler la date du décret, et spécifier la situation occupée par le contractant.

(3) Si le signataire est âgé de moins de vingt ans, porter ici la mention suivante :

Autorisé : (Signature des père, mère ou tuteur.)

MODÈLE E

Article 10 du décret du 23 novembre 1889.

MODÈLE du certificat d'exercice que les engagés décennaux doivent produire annuellement, du 15 septembre au 15 octobre, à l'autorité militaire.

Nous (1),

Certifions que le sieur (2) né le 18 à canton d département d qui a concouru au tirage au sort de la classe d , dans le canton d département d , et qui a été dispensé en vertu de l'article 23 de la loi du 15 juillet 1889 sur le recrutement de l'armée, a régulièrement et sans interruption occupé emploi d (3) à depuis le 15 septembre de l'année précédente jusqu'à ce jour ;

Sauf les interruptions suivantes (4) et qu'en conséquence le sieur a réalisé ans mois jours de son engagement décennal.

Fait à le 18

(*Signature.*)

(1) *Recteur de l'académie d...* (pour les membres de l'instruction publique) ; *Ministre de l'intérieur* (pour les institutions nationales des sourds-muets ou des jeunes aveugles) ; *Autorite consulaire* (pour les écoles françaises d'Orient et d'Afrique.)

(2) Nom et prénoms.

(3) Indiquer les emplois et postes successivement occupés.

Pour les écoles françaises d'Orient et d'Afrique, l'énonciation du certificat ne peut comprendre que des écoles subventionnées par le Gouvernement français. Le certificat est, de plus, visé par le ministre des affaires étrangères.

(4) Mentionner les interruptions régulièrement autorisées.

MODÈLE F

Article 11 du décret du 23 novembre 1889.

MODÈLE du certificat de mutation que les engagés décennaux, qui réalisent leur engagement dans un département ministériel autre que celui au titre duquel il a été contracté, doivent produire à l'autorité militaire.

Nous, soussigné (1)

Certifions que le sieur (2) né le 18 , à canton d département d fils d et d domiciliés à canton d département d , ayant concouru au tirage au sort de la classe d , dans le canton d département d , et ayant obtenu la dispense prévue par l'article 23 de la loi du 15 juillet 1889 sur le recrutement de l'armée comme (3) a été autorisé par décision de M. le ministre (4) en date du à réaliser son engagement décennal à (5) , relevant du ministère d

Fait à , le 18 .

(*Signature.*)

Vu :

Le ministre d

(1) Indiquer la qualité du signataire du certificat.

(2) Nom et prénoms.

(3) Indiquer le titre sous lequel la dispense a été accordée.

(4) Désignation du département ministériel auquel appartenait primitivement le dispensé.

(5) Indiquer l'établissement où le dispensé a été autorisé à exercer.

MODÈLE G

Articles 12 à 25 du décret du 23 novembre 1889.

MODÈLE du certificat à délivrer aux jeunes gens qui, poursuivant leurs études dans les conditions énumérées au paragraphe 2° de l'article 23 de la loi du 15 juillet 1889, réclament la dispense ou doivent justifier de la continuation du droit à la dispense.

Nous (1)

Certifions que le sieur (2) né le 18 à canton d département d fils de et de domiciliés à canton d département d appelé par la loi du 15 juillet 1889 sur le recrutement de l'armée à concourir au tirage au sort de la classe dans le canton d département d est actuellement

Fait à , le 18 .

(*Signature.*)

Vu :

Le (3).

(1) Se reporter pour la qualification du signataire du certificat, pour la manière dont il doit être formulé, et pour le visa à y apposer, aux articles du décret spéciaux à chaque catégorie.
(2) Nom et prénoms.
(3) Ministre compétent, recteur de l'académie ou préfet, selon les cas.

MODÈLE H

Article 29 du décret du 23 novembre 1889.

MODÈLE du certificat à délivrer par le jury d'état départemental aux jeunes gens qui réclament la dispense comme exerçant une industrie d'art.

Nous soussigné, président du jury d'état du département d

Certifions que le sieur (1) né le 18 , à canton d département d domicilié à résidant à fils d et d domiciliés à canton de département d appelé par la loi du 15 juillet 1889 sur le recrutement de l'armée à concourir au tirage au sort de la classe de dans le canton d département d et exerçant la profession d à canton d département d a satisfait aux épreuves prescrites par le décret du 23 novembre 1889 et qu'il a obtenu (en toutes lettres) points.

Fait à , le 18 .

Le président du jury d'état,

(*Signature.*)

Le préfet du département d constate que le sieur (1) n'est pas atteint par la cause éliminatoire insérée à l'article 29 du décret précité.

(Signature.)

(1) Nom et prénoms.

MODÈLE I

Article 32 du décret du 23 novembre 1889.

MODÈLE du certificat à délivrer aux ouvriers d'art ayant obtenu la dispense dans les conditions du paragraphe 3° de l'article 23 de la loi du 15 juillet 1889, pour être produit annuellement du 15 septembre au 15 octobre à l'autorité militaire.

Le président du jury d'état du département d

Certifie que le sieur (1) né le 18 , à canton d département d fils de et de domiciliés à canton d département d qui a concouru au tirage au sort de la classe d dans le canton d département d et qui a été dispensé en vertu de la loi du 15 juillet 1889 sur le recrutement de l'armée, n'a pas abandonné l'exercice de sa profession et n'a pas cessé de remplir les conditions d'aptitude sous lesquelles la dispense lui a été accordée.

Fait à , le 18 .

(*Signature.*)

VU ET CORROBORÉ
Le maire d
Vu :
Le préfet du département d

(1) Nom, prénoms et profession.

MODÈLE K

Article 33 du décret du 23 novembre 1889.

MODÈLE du certificat à délivrer par l'autorité ecclésiastique aux jeunes gens admis à continuer leurs études en vue d'exercer le ministère dans l'un des cultes reconnus par l'État.

Nous soussigné (1)

Certifions que le sieur (2) né le à canton d département d fils de et de domiciliés à canton d département d appelé à concourir au tirage au sort de la classe d dans le canton d département d est actuellement élève ecclésiastique à (3) dans (4) et qu'il est régulièrement autorisé par nous à continuer ses études à l'effet d'y parvenir (5)

Donné à , le 18 .

(*Signature.*)

VU ET VÉRIFIÉ :

Le ministre des cultes,

(1) Archevêque, évêque, président de consistoire protestant ou israélite.
(2) Nom et prénoms.
(3) Nom du lieu.
(4) Désignation de l'établissement.
(5) *Suivant les cas :* aux ordres sacrés ou à la consécration.

MODÈLE L

Article 34 du décret du 23 novembre 1889.

MODÈLE du certificat à délivrer par l'autorité ecclésiastique au dispensé qui a été ordonné ou consacré pour, après l'ordination ou la consécration, et jusqu'à l'âge de vingt-six ans accomplis, être présenté annuellement, du 15 septembre au 15 octobre à l'autorité militaire.

Nous soussigné (1)

Certifions que le sieur (2) fils de et de domiciliés à canton d département d ayant concouru au tirage au sort de la classe d dans le canton d département d et ayant obtenu la dispense prévue par l'article 23 de loi du 15 juillet 1889 sur le recrutement de l'armée, a été (ordonné ou consacré) le à département d (3). Nous certifions en outre (4) qu'il remplit les fonctions d à canton d département d et qu'il est rétribué par

Donné à , le 18 .

(*Signature.*)

VU ET VÉRIFIÉ :

Le ministre d

(1) Archevêque, évêque, président de consistoire protestant ou israélite, etc.
(2) Nom et prénoms.
(3) Si l'ordination a eu lieu à l'étranger, le certificat doit relater la date de l'autorisation donnée par le gouvernement français.
(4) Cette partie du certificat ne doit être remplie que lorsque le dispensé a atteint l'âge de vingt-six ans.

25 nov. 1889. — Règlement sur le service de santé de l'armée à l'intérieur (*Bull. milit. off.*, 1889, vol. spéc.).

4 déc. 1889. — Instruction relative aux opérations préliminaires de l'appel des classes (*Bull. milit. off.*, 1889, part. régl., p. 1520).

24-28 déc. 1889. — Décret relatif aux engagements volontaires et aux rengagements dans les corps des équipages de la flotte (D. P. 91. 4. 12).

31 déc. 1889. — Instruction pour l'application de la loi du 15 juill. 1889, en ce qui concerne la date d'origine du service militaire et du passage dans les différentes catégories de réserve (*Bull. milit. off.*, 1889, part. régl., p. 1641).

10-12 janv. 1890. — Loi réduisant à six mois la durée du temps de service imposé aux militaires candidats à l'Ecole polytechnique et prorogeant jusqu'à vingt et un ans la limite d'âge d'admission à cette école (D. P. 90. 4. 126).

14-16 janv. 1890. — Loi portant la solde des officiers généraux du cadre de réserve au taux de leur pension de retraite (D. P. 90. 4. 123).

15 janv. 1890. — Règlement sur le service du chauffage dans les corps de troupe (*Bull. milit. off.*, 1890, part. régl., p. 77).

22 janv.-22 mars 1890. — Décret réglant les conditions dans lesquelles peuvent être apposés les scellés au décès des officiers de l'armée de terre (D. P. 91. 4. 15).

28-30 janv. 1890. — Décret relatif aux engagements et rengagements dans les troupes de la marine (D. P. 91. 4. 32).

10 févr. 1890. — Décret portant règlement pour l'exécution de la loi du 16 mars 1882 en ce qui concerne le service de l'intendance militaire (*Bull. milit. off.*, 1890, part. régl., p. 1554).

1er mars 1890. — Décret portant règlement sur la concession des congés et permissions (*Bull. milit. off.* 1890, part. régl., p. 298).

10-12 févr. 1890. — Loi portant modification de l'art. 5 de la loi du 7 avr. 1851 réglant la composition de la commission mixte des travaux publics (D. P. 90. 4. 128).

18-20 févr. 1890. — Loi qui modifie le paragraphe 1er de l'art. 1er de la loi du 25 juill. 1887 portant création de nouveaux régiments de cavalerie (D. P. 90. 4. 128).

1er mars 1890. — Décret relatif à l'organisation des bataillons de chasseurs à pied.

5-6 mars 1890. — Loi portant modification à l'art. 7 de la loi du 3 juill. 1877 sur les réquisitions militaires (D. P. 91. 4. 1).

15 mars 1890. — Décret relatif à la direction du service géographique au ministère de la guerre.

15 mars-20 mai 1890. — Loi modifiant le décret du 22 sept. 1882 sur l'organisation du corps militaire des douanes en France (D. P. 91. 4. 47).

20-26 mars 1890. — Décret portant organisation de l'école d'administration militaire de Vincennes (*Journ. off.* 26 mars).

20 mars-23 mai 1890. — Décret portant modification des art. 7 et 22 du décret du 31 août 1878 sur l'état des officiers de réserve et des officiers de l'armée territoriale (D. P. 91. 4. 47).

20 mars 1890. — Instruction sur le service courant (*Bull. milit. off.*, 1890, livraison non insérée).

28 mars 1890. — Instruction relative aux opérations du conseil de revision pour la formation des classes (*Bull. milit. off.*, 1890, part. régl., p. 636).

10 avr. 1890. — Décret organisant les inspections générales de corps d'armée (*Bull. milit. off.*, 1890, part. régl., p. 784).

21 avr. 1890. — Décret relatif à la défense du littoral (*Bull. milit. off.*, part. régl., p. 880).

29 avr. 1890. — Décret relatif à la télégraphie et aux colombiers militaires (*Bull. milit. off.*, part. régl., p. 810).

29 avr.-7 juill. 1890. — Décret réglant la situation des officiers et sous-officiers du département de la guerre mis à la disponibilité du service du protectorat de l'Annam et du Tonkin (D. P. 91. 4. 87).

6-7 mai 1890. — Décret relatif à l'organisation de l'état-major général de l'armée (*Journ. off.* 7 mai).

29 mai. 1890. — Décret portant règlement sur la solde et sur les revues (*Bull. milit. off.*, 1890, p. spéc., no 36).

31 mai-3 juin 1890. — Décret organisant la reconnaissance par l'Etat des écoles supérieures de commerce pour l'exécution de la loi du 15 juil. 1889 sur le recrutement de l'armée (D. P. 91. 4. 89).

31 mai-3 juin 1890. — Décret modifiant l'art. 2 du décret du 23 nov. 1889 rendu en exécution de l'art. 23 de la loi du 15 juill. 1889 sur le recrutement de l'armée (D. P. 91. 4. 3).

3-6 juin 1890. — Décret portant règlement d'administration publique pour l'exécution de la loi du 5 mars 1890 qu'a modifié l'art. 7 de celle du 3 juill. 1877 sur les réquisitions militaires (D. P. 91. 4. 1).

13 juin 1890. — Décret relatif au recrutement du corps de l'intendance militaire (*Bull. milit. off.*, part. régl., p. 1564).

19-juin-29 sept. 1890. — Décret rendant applicable à la colonie de la Réunion le décret du 29 sept. 1875, relatif à l'organisation et au service des corps de sapeurs-pompiers en France (D. P. 91. 4. 93).

21-23 juin 1890. — Décret relatif au mode de payement des primes d'engagement et de rengagement ainsi que des gratifications annuelles dans les troupes coloniales (D. P. 91. 4. 92).

21-24 juin 1890. — Loi modificative des lois des 24 juill. 1873 et 13 mars 1875 (organisation de l'armée, cadres et effectifs) (D. P. 91. 4. 3).

24-26 juin 1890. — Loi sur le service d'état-major (revision de la loi du 20 mars 1880) (D. P. 91. 4. 4).

26-28 juin 1890. — Loi autorisant les ministres de la guerre et de la marine à conserver provisoirement sous les drapeaux, dans le cas où les circonstances paraîtraient l'exiger, les hommes convoqués à un titre quelconque pour accomplir une période d'exercice (D. P. 91. 4. 3).

28 juin-1er juill. 1890. — Décret modifiant l'art. 7 § 6 du décret du 8 mars 1884 sur l'état des officiers de réserve de l'armée de mer (D. P. 91. 4. 90).

2-3 juill. 1890. — Loi relative à la convocation, en temps de paix, des hommes de la réserve de l'armée territoriale affectés à la garde des voies de communication (D. P. 91. 4. 4).

4 juill.-30 août 1890. — Décret portant règlement d'administration publique relatif aux emplois réservés aux anciens sous-officiers des armées de terre et de mer (D. P. 91. 4. 90).

5-7 juill. 1890. — Décret organisant la garde des voies de communication (D. P. 91. 4. 91).

5 juill.-21 oct. 1890. — Décret portant organisation des compagnies de discipline (D. P. 91. 4. 93-94).

18-20 juill. 1890. — Loi qui supprime la compagnie des pionniers de discipline (D. P. 91. 4. 6).

11 oct. 1890. — Décret relatif au mode de classement des officiers proposés pour les grades de général de brigade et de général de division (*Bull. milit. off.*, part. régl., p. 942).

6-8 nov. 1890. — Loi portant modification de l'art. 21 de la loi du 15 juill. 1889, sur le recrutement de l'armée (D. P. 91. 4. 76).

15-18 nov. 1890. — Loi portant modification des tarifs des pensions de certaines catégories d'officiers et employés militaires (D. P. 91. 4. 11).

18 nov. 1890-3 févr. 1891. — Décret réorganisant sur de nouvelles bases le corps des chasseurs forestiers et déterminant, en cas de mobilisation, les affectations des agents ou préposés de l'administration des Forêts (D. P. 91. 4. 107).

25 nov. 1890. — Décret relatif à l'organisation de l'Ecole d'application de cavalerie (*Bull. milit. off.*, part. régl., p. 36).

25-27 nov. 1890. — Décret modifiant le décret du 18 janv. 1882, portant règlement de l'organisation de l'Ecole spéciale militaire (*Journ. off.* du 26 novembre).

13 déc. 1890-9 févr. 1891. — Décret restituant aux individus condamnés par les conseils de guerre du Tonkin le droit de se pourvoir en revision (D. P. 91. 4. 108).

26-28 déc. 1890. — Loi modifiant en faveur des gardiens de batterie la loi du 13 mars 1875, relative à la constitution des cadres et effectifs de l'armée (D. P. 91. 4. 76).

27 déc. 1890. — Décret relatif aux compagnies de cavalerie de remonte (*Bull. milit. off.*, part. régl., p. 1340).

27 déc. 1890. — Décret relatif à la solde progressive des capitaines d'infanterie (*Bull. milit. off.*, part. régl., p. 1363).

30-31 déc. 1890. — Décret portant règlement d'administration publique sur la taxe militaire, en exécution de l'art. 35 de la loi du 15 juill. 1889 (D. P. 91. 4. 76).

3 janv. 1891. — Décret portant organisation du service dans les états-majors (instructions y faisant suite) (*Bull. milit. off.* 1891, part. régl., p. 68).

26 janv. 1891. — Décret relatif à la durée et au nombre des engagements.

2-4 févr. 1891. — Loi qui modifie l'art. 17 de la loi du 15 juill. 1889 sur le recrutement de l'armée (D. P. 91. 4. 109).

26-28 mars 1891. — Loi relative à l'avancement des sous-lieutenants dans l'infanterie, la cavalerie et le train des équipages (D. P. 91. 4. 83).

1er-6 mai 1891. — Décret relatif au matériel à conserver pour les unités de combat (D. P. 92. 4. 58).

10 juin 1891. — Décret instituant une commission centrale des travaux géographiques au ministère de la guerre.

15 juill. 1891. — Traité pour l'exécution des transports ordinaires de la guerre (*Bull. milit. off.*, 1891, part. régl., p. 147).

20-23 juill. 1891. — Loi modifiant l'organisation des régiments régionaux d'infanterie (D. P. 91. 4. 83).

23-25 juill. 1891. — Loi portant création d'un régiment d'infanterie subdivisionnaire (D. P. 92. 4. 29).

27-29 juill. 1891. — Loi portant modification à la loi du 13 mars 1875 (D. P. 92. 4. 29).

4 oct. 1891. — Décret portant règlement sur le service dans les places de guerre et les villes ouvertes (D. P. 92. 4. 30).

6-8 janv. 1892. — Loi portant modification des art. 3, 5, 7 8 et 9 de la loi du 18 mars 1889, relative aux rengagements des sous-officiers (D. P. 92. 4. 47).

28 janv.-8 févr. 1892. — Décret portant règlement d'administration publique et relatif aux emplois réservés aux anciens militaires gradés comptant au moins cinq ans de service (D. P. 92. 4. 67).

29 janv.-9 avr. 1892. — Décret qui modifie les régions territoriales et les subdivisions de région (D. P. 92. 4. 62).

16 déc. 1891-17 mars 1892. — Décret qui modifie le nombre et la composition des subdivisions territoriales de la 15e région de corps d'armée (D. P. 92. 4. 61).

21-24 avr. 1892. — Loi modifiant l'art. 3 c. just. milit. pour l'armée de terre en ce qui concerne la composition des conseils de guerre permanents (D. P. 92. 4. 55).

11 nov. 1892. — Loi relative à l'engagement volontaire à contracter par les élèves des Ecoles polytechnique, forestière et centrale (D. P. 93, 4e partie).

26-28 déc. 1892. — Loi modifiant les art. 23 et 29 de la loi du 15 juill. 1889 (D. P. 93, 4e partie).

§ 2. — Législation comparée.

2. — I. EMPIRE D'ALLEMAGNE. — 1° *Commandement.* — Le roi de Prusse, empereur d'Allemagne, est le chef suprême de l'armée allemande. Cette armée se compose des contingents fournis par les 25 Etats souverains de l'Empire. Toutefois, il subsiste des différences de régime appréciables dans la manière dont ces divers Etats sont reliés à l'Empire. La Bavière a conservé une indépendance relative. Le roi reste le chef immédiat de l'armée, ayant sous ses ordres un ministre de la guerre. Les Chambres du royaume répartissent les dépenses militaires fixées en bloc par le Reichstag. La Saxe et le Wurtemberg ont aussi un ministre de la guerre désigné par le roi, mais le budget des corps d'armée saxon et wurtembergeois est réglé par le Reichstag. Une partie des autres Etats confédérés fournissent des contingents constituant des corps entiers ou des fractions de corps, faisant partie intégrante de l'armée prussienne ; ce sont les grands-duchés de Bade, de Hesse, de Mecklembourg-Schwérin, de Mecklembourg-Strélitz et de Saxe-Weimar ; les duchés d'Anhalt, de Brunswick, de Saxe-Altenbourg, de Saxe-Cobourg-Gotha et de Saxe-Meiningen ; les principautés de Reuss, ligne aînée, de Reuss, ligne cadette et de Schwarzbourg-Rudolstadt. Les contingents des autres Etats sont incorporés dans les régiments prussiens. Ces Etats sont : le grand-duché d'Oldenbourg, les principautés de Lippe-Detmold, de Schaumbourg-Lippe, de Schwarzbourg-Sondershausen et de Waldeck ; les villes libres de Brême, Hambourg et Lubeck. Enfin le contingent du Reichsland (Alsace-Lorraine) est également versé dans les corps prussiens. Il en est de même pour l'île d'Heligoland.

Sous les ordres directs du roi de Prusse sont placés : 1° le *cabinet militaire de l'empereur*, qui est l'agent immédiat du commandement et traite, en outre, toutes les questions intéressant le personnel des officiers ; — 2° Le *ministère de la guerre*, spécialement chargé des questions d'administration ; — 3° Le *grand état-major* prussien dont la mission principale consiste à étudier l'état militaire des puissances étrangères et à préparer la guerre ; — 4° Les *inspections générales permanentes* (de l'artillerie de forteresse, des ingénieurs, des pionniers et des forteresses, de la cavalerie, des écoles militaires et de l'instruction).

3. — 2° *Recrutement.* — Il faut signaler, dès le début, un des principes de l'organisation militaire allemande qui est, en même temps, une des causes de la simplicité de son administration ; ce principe est la *fixité de l'effectif budgétaire.* Cet effectif, qui est actuellement de 517 500 hommes, en chiffres ronds, doit être maintenu, jusqu'à ce qu'une nouvelle loi l'ait modifié ; et il doit être toujours entretenu au complet. On verra plus loin comment on y parvient. Remarquons que, dans l'effectif budgétaire, ne comptent ni les *cadets*, ni la gendarmerie, ni les volontaires d'un an, ni les invalides, ni les employés et ouvriers civils occupés dans l'armée. Le budget militaire allemand ne comprend donc exclusivement que des dépenses relatives à l'armée proprement dite.

4. La législation qui régit actuellement l'Empire, date du 11 févr. 1888 (*Annuaire de législation comparée*, 1889, p. 240). Elle n'a fait que rééditer les principes posés, pour la première fois, en Prusse, par la loi du 3 sept. 1814. Cette loi classait ainsi les forces militaires du royaume : 1° l'armée active ; 2° le premier ban de la *Landwehr*, soumis au même service que l'armée en temps de guerre ; 3° le second ban de la landwehr, composé des hommes de 33 à 39 ans, destiné à compléter ou à seconder l'armée active ; 4° le *Landsturm*, comprenant tous les hommes de dix-sept à cinquante ans non incorporés dans l'armée ou la landwehr. Au moment de la guerre de 1870, les conditions du service militaire étaient devenues moins rigoureuses, et la loi du 9 nov. 1867 n'imposait que douze années de service, trois dans l'armée active, quatre dans réserve, et cinq dans la landwehr. Le landsturm, comme on l'a fait observer, n'était alors « qu'une ressource suprême et imprévue, et non un élément normal et régulier des forces militaires ». La constitution du 16 avr. 1871 (*Annuaire de législation étrangère*, 1872, p. 234) étendit, par son art. 59, les principes de la loi de 1867 à tout l'Empire allemand. — Depuis, plusieurs lois intervinrent, qui augmentèrent la puissance de l'organisation militaire allemande, sans modifier ses principes fondamentaux. La loi organique du 2 mai 1874 (*Annuaire de législation étrangère*, 1875, p. 88) fixa l'effectif de paix à 401 659 hommes pour une durée de sept ans, du 1er janv. 1875 au 31 déc. 1881, et réorganisa les conditions du recrutement. La loi du 12 févr. 1875 (*Annuaire de législation étrangère*, 1876, p. 241) reconstitua militairement le landsturm, qui engloba tous les hommes soumis au service militaire de dix-sept à quarante-deux ans accomplis, et n'appartenant ni à l'armée ni à la marine. Enfin, la loi du 6 mai 1880, votée avant l'expiration du premier septennat, fixa l'effectif de paix à 427 274 hommes, lequel fut porté à 468 409 hommes par la loi du 11 mars 1887, qui devait régir l'Empire jusqu'au 31 mars 1894. Cette dernière loi fut elle-même modifiée par celle du 15 juill. 1890, qui augmenta encore l'effectif de l'armée, laquelle compta désormais 486 983 hommes présents sous les drapeaux, non compris les volontaires d'un an, chiffre qui, avec 20 000 officiers et 10 500 fonctionnaires et employés divers, donne le total de 517 500 hommes indiqué *suprà*, n° 3. Un nouvel accroissement, plus considérable encore que les précédents, fait l'objet des discussions actuelles du Reichstag.

5. Tout Allemand en état de porter les armes est soumis au service militaire depuis l'âge de dix-sept ans jusqu'à celui de quarante-cinq ans révolus. En règle générale, l'Allemand âgé de vingt ans passe trois années sous les drapeaux, et quatre dans la réserve. A partir du commencement de sa vingt-huitième année, il fait partie, pendant cinq ans, *du premier ban* de la landwehr, et appartient, jusqu'au 31 mars de l'année où il a trente-neuf ans accomplis, *au second ban* de la landwehr (L. 11 févr. 1888, art. 1). D'autre part, tous les jeunes gens qui, à un titre quelconque, n'ont pas été incorporés dans l'armée active, la réserve et la landwehr, sont versés, ainsi que ceux qui sont âgés de dix-sept à vingt ans, dans le *premier ban* du landsturm. A partir de trente-neuf ans révolus, tous les soldats qui proviennent du second ban de la landwehr sont versés dans le *second ban* du landsturm, où ils restent jusqu'à quarante-cinq ans accomplis (et non plus seulement jusqu'à l'âge de quarante-deux ans, fixé par la loi de 1875, V. *suprà*, n° 4).

Comme on le voit, la loi allemande diffère sensiblement de la loi française, qui fait passer uniformément toutes les classes, suivant l'âge des appelés, par l'armée active la réserve, l'armée territoriale et la réserve de cette armée. Dans l'apparente inégalité du système allemand, d'après lequel des hommes du même âge se trouvent placés, les uns dans le second ban de la landwehr et les autres dans le premier ban du landsturm, lequel n'est appelé à marcher qu'après la landwehr, se retrouve la pensée constante de conserver une unité aussi parfaite que possible dans les éléments destinés à faire campagne : les hommes du second ban de la landwehr ayant tous reçu une éducation militaire complète, tandis que celle des hommes du premier ban du landsturm n'a été qu'ébauchée ou bien est tout à fait nulle.

6. La manière dont le contingent est formé n'est pas moins différente dans les deux législations. En France, la presque totalité du contingent est incorporée; mais les dispensés et la deuxième partie du contingent ne passent qu'une année sous les drapeaux. En Allemagne, au moins tant que durera le régime de la loi de 1888, on n'incorpore que le contingent budgétaire fixé par la loi du septennat. Les conscrits sont appelés dans le courant de l'année où ils atteignent vingt ans révolus. Le nombre des inscrits, qui augmente chaque année par suite de l'accroissement continu de la population, est, d'après l'ouvrage de M. le colonel Rau (*État militaire des principales puissances étrangères au printemps de* 1891), d'environ 475 000 hommes, réduit à 430 000 par suite de l'émigration. Suivant le même auteur, sur ce nombre, les deux tiers environ sont ajournés à un ou deux ans plus tard, leur constitution n'étant pas encore suffisamment développée pour qu'on puisse juger de leur aptitude physique. Comme les ajournés de la classe sont naturellement remplacés par un nombre à peu près équivalent d'ajournés des classes précédentes, on a, en définitive tous les ans à statuer, lors des opérations du recrutement, sur 430 000 hommes âgés de vingt, vingt et un et vingt-deux ans. Sur ce nombre, environ 55 000 sont réformés complètement, comme tout à fait impropres à servir; 13 000 sont dispensés du service actif en temps de paix, comme soutiens de famille; 3 500 sont affectés à la marine; 8 500 sont incorporés comme volontaires d'un an (*Einjährig-Freiwillige*) lesquels ne comptent pas dans l'effectif entretenu dans le budget. Les 350 000 conscrits qui restent, tous considérés comme plus ou moins aptes au service, sont divisés en deux catégories. La première comprend les individus les mieux constitués; cette élite du contingent est de 180 000 en moyenne. Le reste forme un reliquat utilisable de 170 000 hommes. Les 180 000 appelés de la première catégorie tirent au sort entre eux. Ils forment, en suivant l'ordre des numéros du tirage, le *contingent de l'armée active*. Le chiffre de ce contingent est fixé, chaque année, par le ministre, de manière à compléter, avec les deux autres contingents déjà sous les drapeaux, le chiffre de 486 983 présents, qui est déterminé par la loi, pour ce qui reste à courir du septennat actuel, depuis le 1er oct. 1890 jusqu'au 31 mars 1894.

Par ces détails sur la formation du contingent, on voit avec quel soin les Allemands s'attachent à ne composer que des éléments les plus vigoureux de chaque génération la partie de l'armée qui doit supporter le principal effort en cas de guerre, et qui, à cet effet, reçoit l'éducation militaire la plus complète. Ce point, joint à l'unité d'instruction déjà signalée, est caractéristique du système allemand et le distingue du nôtre.

7. La durée du service est comptée à partir du 1er octobre de l'année de l'appel. Toutefois, le contingent appelé n'est incorporé que vers le 1er novembre, et celui qui est libéré est renvoyé dans ses foyers en septembre, ce qui réduit, en fait, le service à 34 mois. Quoique le service sous les drapeaux soit en principe de trois ans, cette règle comporte de nombreuses exceptions. Ainsi les soldats du train ne servent que six mois, et les infirmiers, dix-huit mois. On a considéré que, leur instruction spéciale étant complète dans ce laps de temps, il était inutile de les conserver plus longtemps; il serait même nuisible de le faire, puisque, en trois ans, on peut instruire six fois autant de soldats du train et le double d'infirmiers. Par contre, la cavalerie reçoit des engagés volontaires pour quatre ans, qui bénéficient, en compensation, d'une réduction de service de deux ans dans la landwehr du premier ban. Enfin, pour ne pas dépasser l'effectif normal, en tenant compte des engagés de quatre ans et des rengagés, un certain nombre d'hommes de l'infanterie, dont l'instruction est jugée suffisante, peuvent être renvoyés par anticipation dans leurs foyers, après deux années de service, *en congés* dits *du roi*.

8. Pendant leur passage dans la réserve, les hommes du contingent peuvent être rappelés deux fois, pour une durée de huit semaines au plus chaque fois; les hommes de la landwehr du premier ban peuvent être rappelés deux fois, pour des périodes de quatorze jours au plus. « En pratique, dit M. le colonel Rau, les réservistes sont généralement appelés deux fois, pendant treize jours seulement : il en est de même pour les landwehriens, de sorte qu'après avoir quitté l'armée active, les hommes liés au service ont encore à faire 52 jours d'exercices » (*op. cit.*, p. 16, note 1).

9. Ce qui précède concerne le contingent de l'armée active. Avec le reste des hommes de la première catégorie reconnus parfaitement aptes au service et qui n'ont pas été incorporés, les dispensés et une partie des hommes de la seconde catégorie dont l'aptitude moins parfaite à servir a été constatée, on forme la *réserve de recrutement* ou *Ersatzreserve*. Ce contingent, dont le chiffre annuel, déterminé par le ministre, peut être évaluée à 100 000 hommes, est destiné à compléter l'armée active et à préparer des remplacements, de manière à suffire aux premiers besoins d'une mobilisation avec sept contingents. La réserve de recrutement est composée des éléments suivants, applicables dans l'ordre de leur énumération : 1° les derniers numéros des hommes bons pour le service, mais non compris dans le contingent de l'armée active, soit environ 10 000 hommes; 2° les dispensés à titre de soutiens de famille, soit environ 13 000 hommes; 3° le surplus est pris parmi les plus vigoureux de la deuxième catégorie de 170 000 hommes dont l'aptitude moins parfaite au service a été reconnue. Ceux des hommes de la seconde catégorie qui ne comptent pas dans la réserve de recrutement (environ 93 000 hommes) constituent, avec les jeunes gens de 17 à 20 ans, un troisième contingent qui est le landsturm du premier ban. « On doit observer, dit M. le colonel Rau, qu'en Allemagne les jeunes gens qui, lors de l'appel de leur classe, ne sont pas compris dans le contingent de l'armée active ou déclarés définitivement impropres, sont tous traités comme s'ils étaient ajournés. Deux ans de suite, ils doivent se représenter aux opérations du recrutement; ils peuvent alors être repris pour le service actif, dans le cas, par exemple, en ce qui concerne les dispensés, où la cause qui a motivé la dispense aurait cessé d'exister, et, pour ce qui est des hommes bons pour le service, mais ayant échappé une première fois à cause de l'élévation de leur numéro de tirage, dans le cas où il faudrait recourir à eux pour parfaire le contingent par suite de l'insuffisance des ressources ordinaires dans leur circonscription de recrutement. Il résulte de là que c'est, en général, seulement à la troisième année de *concurrence*, comme l'on dit en Allemagne, que les appelés sont définitivement classés dans la réserve de recrutement, et par conséquent à l'âge de vingt-deux ans; mais cette circonstance ne modifie pas le chiffre du contingent annuel de la réserve de recrutement indiqué ci-dessus. En effet, si un certain nombre d'hommes disparaissent par décès ou par toute autre cause, le déchet ne porte que sur le landsturm du premier ban ».

Depuis 1880, les hommes versés dans la réserve de recrutement, à l'exception toutefois des soutiens de famille, peuvent être appelés pour une durée de vingt semaines, réparties en trois convocations d'une durée de dix, six et quatre semaines (L. 11 févr. 1888). Ceux qui ont reçu cette instruction militaire sont versés dans la landwehr du deuxième ban, après avoir passé douze ans et six mois dans la réserve de recrutement. Ceux qui n'ont pas reçu la même instruction passent dans le landsturm du premier ban, lequel n'est pas exercé.

10. — 3° *Division du territoire.* — Au point de vue du recrutement, le territoire de l'Empire est divisé en 19 régions de corps d'armée, subdivisées en 4 circonscriptions de recrutement correspondant aux 4 brigades d'infanterie qui, normalement, composent le corps d'armée. Cependant, cette composition n'étant pas uniforme, il y a des régions qui comptent plus de 4 circonscriptions (V. Rau, *op. cit.*, p. 24). Les circonscriptions de recrutement se subdivisent elles-mêmes en circonscriptions dites de landwehr, correspondant à des bataillons ou à des régiments. Il y a ainsi 79 circonscriptions de recrutement et 278 circonscriptions de landwehr, dont 5 seulement correspondent à des régiments. Il y a en plus 9 circonscriptions de régiments de landwehr de la garde. — En principe, chaque circonscription de recrutement fournit les recrues destinées aux 2 régiments de la brigade et, en cas de mobilisation, les hommes destinés à les compléter et, dans certains cas, à composer des formations nouvelles. A défaut de réservistes, les hommes de la landwehr, et au besoin ceux du landsturm, complètent les unités actives. Les 4 circonscriptions d'une même région alimentent, en outre, les corps de toutes armes et les services divers du corps d'armée. — Le service du recrutement est dirigé, au chef-lieu de chaque circonscription de landwehr, par un officier retraité assisté d'un officier subalterne détaché d'un corps actif. Cet officier supérieur a le commandement de tous les hommes de la réserve, de l'*Ersatzreserve*, de la landwehr et du landsturm, dont l'ensemble constitue ce qu'on nomme « l'effectif en congé » (*Beurlaubtenstand*); à la mobilisation, c'est lui qui est chargé de les rassembler et de les diriger sur leurs corps. Il est assisté, en temps de paix, par des officiers subalternes, en général retraités (*Bezirkshauptmann*), placés à la tête d'un arrondissement d'appel comprenant plusieurs circonscriptions de compagnies. Dans chacune de ces dernières réside un sous-officier dit *Bezirksfeldwebel* (sergent-major de district).

11. — 4° *Remonte et conscription des chevaux.* — Les chevaux sont achetés par des commissions de remonte vers trois ou quatre ans, et placés dans des *dépôts de remonte* au nombre de 28. Seul, le corps d'armée saxon s'alimente au moyen de marchés passés avec des fournisseurs. L'effectif normal de paix est d'environ 116 000 chevaux, non compris ceux de la gendarmerie. On estime à 350 000 le nombre des chevaux nécessaires à une mobilisation. Ils seraient fournis au moyen de la conscription qui porte sur un total de trois millions et demi d'animaux. — La réquisition a été réglementée par la loi de 1873, sur les réquisitions militaires, et par le règlement de 1886, sur la conscription des chevaux. Le recensement a lieu, en principe, tous les dix ans, par les soins de l'autorité civile. Le territoire est divisé en zones arrêtées d'accord par le ministre de l'intérieur et le ministre de la guerre; ces zones pourvoient aux besoins d'un corps d'armée et ne correspondent pas toujours à ses limites territoriales. Le nombre de chevaux de chaque catégorie ayant été déterminé, il est réparti entre les subdivisions administratives de la zone. Des commissions civiles instituées dès le temps de paix revisent le classement, lors de la mobilisation, et désignent le nombre d'animaux fixé pour la circonscription, augmenté d'un tiers. L'autorité administrative est également chargée du rassemblement. Les propriétaires conduisent les animaux aux centres où siègent les commissions de réception organisées par l'autorité militaire. Ces commissions, composées d'un membre civil, d'un officier, d'un vétérinaire et de trois experts, prononcent la réquisition et fixent le montant de l'indemnité.

12. — 5° *Cadres.* — A. *Sous-officiers.* — Il n'existe pas, dans l'armée allemande, de grade équivalant à notre grade de caporal ou brigadier. Les fonctions en sont remplies par des sous-officiers. La hiérarchie des sous-officiers est la suivante : 1° *Unteroffizier* (sous-officier); 2° *Sergeant* (sergent ou maréchal des logis); 3° *Vicefeldwebel* ou *Vicewachtmeister*; 4° *Feldwebel* (sergent-major) ou *Wachtmeister* (maréchal des logis chef); 5° *Portepéefähnrich* (enseigne porte-épée). — En principe, pour être promu sous-officier, il faut sortir d'une école de sous-officiers ou être rengagé après avoir accompli trois ans de service comme soldat. Les écoles de sous-officiers, au nombre de 8, reçoivent des engagés volontaires de dix-sept à vingt ans qui, après y avoir séjourné trois ans, sont nommés sous-officiers en s'engageant à servir encore quatre ans au moins. Il existe trois écoles préparatoires aux écoles de sous-officiers, dans lesquelles sont admis les jeunes gens à partir de quinze ans; ils y restent pendant deux ou trois années, suivant le degré de leur instruction. Les écoles de sous-officiers fournissent environ le quart des sous-officiers de l'infanterie. Le surplus, ainsi que les sous-officiers des autres armes, sont fournis par les rengagés. En pratique, le nombre de ces derniers étant insuffisant, on est obligé de nommer des *Gefreiter*, c'est-à-dire des soldats exempts de certaines corvées, qui correspondent à nos *premiers soldats*.

13. — B. *Officiers.* — La hiérarchie est la suivante : 1° *Secondelieutenant* (sous-lieutenant); 2° *Premierlieutenant* (lieutenant); 3° *Hauptmann* ou *Rittmeister*, suivant l'arme (capitaine); 4° *Major* (chef de bataillon ou d'escadrons); 5° *Oberstlieutenant* (lieutenant-colonel); 6° *Oberst* (colonel). Les grades des officiers généraux sont: 1° *Generalmajor* (général de brigade); 2° *Generallieutenant* (général de division); 3 *Général de l'infanterie, de la cavalerie* ou *de l'artillerie*, selon l'arme d'origine (général de corps d'armée); 4° *Generalfeldmarschall* (maréchal). En outre, certains officiers généraux peuvent avoir rang de maréchal, avec des titres particuliers. M. le colonel Rau (*op. cit.*, p. 41) cite, en 1891, le *Generalfeldzeugmeister* prince Luitpold, régent du royaume de Bavière; le colonel général de l'infanterie von Pape; les colonels généraux de la cavalerie grand-duc de Bade, grand-duc de Saxe-Weimar et prince de Bismarck.

Si l'on en excepte les *Portepéefähnrich*, qui sont des aspirants officiers, les sous-officiers allemands ne peuvent obtenir l'épaulette qu'exceptionnellement et comme récompense toute particulière pour action d'éclat devant l'ennemi. Les corps d'officiers se recrutent parmi les *Portepéefähnrich*, lesquels sont pris parmi les *avantageurs* ou bien proviennent des écoles de *cadets*. Les avantageurs sont des jeunes gens qui s'engagent en déclarant qu'ils posent leur candidature comme futurs officiers et jouissent, à ce titre, de certains privilèges. Quant aux cadets, ce sont des élèves des écoles militaires instituées pour assurer le recrutement des officiers. Ces écoles sont au nombre de neuf. — Pour être nommés *Portepéefähnrich*, les avantageurs ou les cadets doivent passer un examen devant une commission qui siège à Berlin; les candidats doivent avoir au moins cinq mois de service actif comme simple soldat dans un corps de troupe, et de dix-sept ans et demi à vingt-trois ans d'âge; en outre, produire un certificat d'aptitude délivré par le chef de corps. Après deux ou trois mois d'exercice du grade de *Portepéefähnrich*, les jeunes gens sont envoyés dans une école de guerre (*Kriegsschule*). Ces écoles sont au nombre de dix. La durée des cours est de neuf à dix mois. Ils se terminent par un nouvel examen passé devant la commission qui siège à Berlin. Les élèves qui l'ont subi avec succès possèdent l'aptitude au grade de sous-lieutenant (*Secondelieutenant*), mais ils doivent encore être agréés par le corps d'officiers dont ils désirent faire partie. Il est fait exception aux règles qui précèdent au profit des meilleurs élèves des écoles de cadets de Lichtenfelde, de Dresde et de Munich, en très petit nombre d'ailleurs, qui suivent dans ces écoles des cours semblables à ceux des écoles de guerre et passent ensuite l'examen d'officier. Ces jeunes gens peuvent ainsi être nommés officiers sans avoir passé par la troupe et sans avoir besoin d'être agréés par le corps des officiers.

14. — 6° *Officiers de réserve.* — M. le colonel Rau (*op. cit.* p. 42-44) résume ainsi la situation des officiers de réserve en Allemagne : « Les officiers de réserve se recrutent : 1° parmi les officiers démissionnaires de l'armée active; 2° par voie de promotion, au grade de sous-lieutenant, d'anciens volontaires d'un an ayant obtenu le diplôme d'aspirant-officier à la suite d'un examen de fin d'année. La promotion n'a lieu qu'après l'accomplissement de deux périodes d'instruction supplémentaires, d'une durée de huit semaines chacune. Ces deux périodes sont ordinairement faites, la première dans l'année qui suit le volontariat, la deuxième dans l'année suivante. Après la première, les aspirants officiers sont nommés au grade de *Vicefeldwebel*; ce n'est qu'après la seconde qu'ils peuvent être nommés sous-lieutenants. Il est d'ailleurs nécessaire, pour les officiers de réserve ou de landwehr, comme pour ceux de l'armée active, qu'ils soient agréés par le corps d'officiers du régiment dans lequel ils désirent entrer. Lorsqu'ils atteignent l'âge légal du passage dans la landwehr, les officiers de réserve deviennent d'office officiers de landwehr, à moins qu'ils ne soient autorisés à conserver plus longtemps leur affectation primitive. Les officiers de landwehr se recrutent, en outre, parmi les officiers retraités de l'armée active encore aptes au service. Enfin, il existe dans la landwehr un grade spécial, intermédiaire entre celui de sergent-major ou maréchal des logis chef et celui de sous-lieutenant; c'est le grade de *Feldwebellieutenant.* Il peut être conféré aux anciens sous-officiers de l'armée sans que le corps d'officiers ait été consulté sur leur compte. Les titulaires remplissent les fonctions d'un sous-lieutenant et en touchent les allocations; mais ils ne font pas partie du corps d'officiers proprement dit, et les plus anciens d'entre eux marchent après les plus jeunes sous-lieutenants. Indépendamment des officiers de réserve ou de landwehr, l'Allemagne dispose, pour compléter ses cadres en cas de mobilisation, d'une troisième catégorie d'officiers : ce sont ceux qui sont mis à la disposition (*zur Disposition*) du commandant en chef de l'armée. Ceux-ci sont d'anciens officiers, généralement retraités, qui ont obtenu par faveur spéciale, en quittant le service, de rester liés à l'armée au lieu d'être complètement rendus à la vie civile. Ils s'engagent à reprendre du service actif, en cas de guerre, et en échange, ils conservent le droit de porter leur ancien uniforme, sauf cependant quelques petites modifications peu apparentes d'ailleurs. Ce droit est, en Allemagne, chose d'importance, eu égard au prestige et à la considération dont l'uniforme est entouré. Il convient d'ajouter qu'un certain nombre d'officiers retraités (*ausser Dienst*), tout en n'étant pas classés « à la disposition », peuvent cependant, sur leur demande, être appelés à servir en cas de guerre. L'emploi de ces diverses catégories d'officiers auxiliaires est entièrement abandonné au commandant en chef de l'armée, qui peut, suivant les besoins, les repartir soit dans les corps de l'armée active, soit dans ceux de la landwehr ou même du landsturm, soit enfin dans les services spéciaux que comporte le cas de guerre. Il est à remarquer du reste qu'inversement, les officiers de l'armée active peuvent être appelés à servir dans les corps de landwehr en cas de mobilisation. En Allemagne, les officiers de réserve et ceux de la landwehr peuvent recevoir de l'avancement. Ceux qui sont proposés pour le grade supérieur par leurs chefs hiérarchiques sont promus en même temps que les officiers actifs qui marchent immédiatement après eux sur les listes générales d'ancienneté ».

15. — 7° *Etat-major.* — L'*état-major* comprend : 1° *les officiers d'état-major* proprement dits, qui sont chargés des attributions militaires et stratégiques du service; 2° les officiers de l'*Adjudantur*, chargés des fonctions accessoires qui ont un caractère plutôt administratif (service intérieur, congés, libérations etc.); 3° les officiers d'ordonnance. En principe, les généraux ne peuvent avoir d'officiers d'ordonnance qu'en campagne ou aux manœuvres. Les officiers d'état-major sont choisis parmi les élèves des *académies de guerre* de Berlin et de Munich. En dehors de ces trois catégories d'officiers, il existe: 1° les officiers du cadre latéral (*Neben-Etat*), employés à des travaux spéciaux: histoire militaire, géographie, statistique, topographie; 2° les officiers qui sont attachés militaires à l'étranger, dits *agrégés* d'état-major; 3° les officiers *à la suite* de l'état-major (directeurs des écoles militaires, etc.) ; 4° les *commissaires de lignes* et les *commissaires des chemins de fer*; 5° les *stagiaires d'état-major*. L'ensemble de tous ces officiers est d'environ 800 au total.

16. — 8° *Services administratifs.* — Les personnels administratifs sont composés de fonctionnaires qui ne sont pas considérés comme des officiers, et qui sont divisés en autant de corps qu'il y a de branches principales dans l'administration: *auditeurs* (justice militaire), *médecins*, *aumôniers*, fonctionnaires et employés de l'*intendance*.

17.—9° *Formations de l'armée allemande.* —A. *Infanterie.*— L'armée allemande comprend 20 corps d'armée: la garde royale prussienne, 17 corps prussiens ou allemands, 2 corps bavarois. Chaque corps comprend en principe 2 divisions à 2 brigades de 2 régiments; mais il existe des exceptions. Le nombre des régiments d'infanterie est de 173, comptant 519 bataillons. Il faut y ajouter 19 bataillons de chasseurs (L. 15 juill. 1890). En temps de guerre, il serait formé: 1° des *bataillons de campagne*, au moyen des réservistes restés disponibles, M. le colonel Rau évalue le nombre de ces bataillons à 110 environ; 2° des *bataillons de remplacement* ou de dépôt, au nombre de 173. Les bataillons de chasseurs formeraient environ 15 *bataillons de réserve* ou de marche. La landwehr fournirait, en outre, un bataillon du premier ban, et un bataillon du deuxième ban, par chaque circonscription de bataillon de landwehr. Ces circonscriptions sont au nombre de 301. Il pourrait être constitué, avec les premiers, 100 *régiments de réserve*, et avec les seconds, un pareil nombre de *régiments de landwehr*. Le landsturm du deuxième ban (le seul qui reçoive les éléments instruits) pourrait également former 301 *bataillons de landsturm.*

18. La cavalerie allemande compte 93 régiments, groupés seulement en brigades, pendant le temps de paix. Ces régiments sont à 5 escadrons, dont 4 de guerre, le cinquième étant destiné à servir de dépôt. En cas de mobilisation, la landwehr fournirait environ 46 régiments de réserve, et le landsturm, environ 92 escadrons.

19. — B. *Artillerie.* —L'artillerie de campagne comprend 43 régiments, comptant 434 batteries, dont 47 à cheval. Les régiments sont groupés en brigades composées d'autant de régiments qu'il y a de divisions d'infanterie dans le corps d'armée. En temps de guerre, il est formé, avec l'excédent des réservistes et les hommes de la landwehr, des batteries dont on évalue le nombre à 150, dont 130 montées et 20 à cheval. Le landsturm pourrait fournir un nombre égal de batteries. — L'artillerie de forteresse, qui constitue une subdivision d'arme entièrement distincte de l'artillerie de campagne, comprend 14 régiments à 2 bataillons et 3 bataillons isolés, au total 124 compagnies. La landwehr en donnerait un nombre égal.

20. — C. *Génie.* — Les bataillons de *pionniers* sont au nombre de 20, à 4 compagnies. A la mobilisation, ils se transforment de manière à constituer 3 compagnies de campagne, 3 compagnies *de réserve*, 6 compagnies de forteresse. En outre, chaque bataillon mobilise 3 équipages de pont.

21. — D. *Troupes de chemins de fer.* — La brigade des chemins de fer comprend 2 régiments, à 2 bataillons. Il existe, en outre, un bataillon bavarois. Les troupes de chemins de fer sont distinctes du génie.

22. — II. Angleterre. — En Angleterre, le commandement est exercé par le commandant en chef nommé par le souverain et l'administration appartient au ministre de la guerre. Depuis un arrêté royal du 21 févr. 1888, le commandant en chef n'exerce son autorité que sous le contrôle et la responsabilité du ministre. Les affaires militaires ressortissent à ce qu'on nomme l'*état-major du quartier général de l'armée* (ou *département militaire* du ministre de la guerre). Le ministre de la guerre est assisté par deux sous-secrétaires d'Etat, dont l'un est un fonctionnaire permanent sans caractère politique, chargé de l'expédition des affaires, tandis que l'autre seconde le ministre dans ses rapports avec le Parlement et suit la fortune du cabinet.

23. — 1° *Composition des forces militaires.* — En principe, l'existence d'armées permanentes est considérée, en Angleterre, comme incompatible avec le régime constitutionnel du pays. Aussi, chaque année, une loi spéciale (*army-act*) doit-elle autoriser expressément l'entretien d'une armée. — Les forces militaires anglaises se composent de trois éléments : 1° l'armée active; 2° la milice; 3° les volontaires.

L'*armée active* se recrute par voie d'engagements volontaires, qui sont contractés pour une durée de douze ans au maximum (L. 24 juill. 1879). L'effectif moyen étant d'environ 210 000 hommes, 30 000 engagements seraient nécessaires annuellement pour le maintenir au complet. En fait, cet effectif reste au-dessous du chiffre budgétaire. — Il existe une *réserve* de l'armée active, composée de militaires libérés ou retraités. Elle est divisée en deux classes; la première seule peut être assujettie au service militaire hors du territoire. Les réservistes peuvent être appelés tous les ans à des exercices, dont la durée varie suivant la classe à laquelle ils appartiennent.

En vertu d'une loi de 1752, tout sujet anglais doit le service dans la *milice* depuis l'âge de dix-sept ans jusqu'à celui de quarante-cinq ans. Mais chaque année le Parlement suspend l'application de cette loi.

La milice est recrutée, en vertu d'une loi de 1875, par voie d'engagements contractés de dix-sept à trente-cinq ans, et même quarante-cinq ans, si les engagés sont d'anciens soldats. Les miliciens qui n'ont pas servi dans l'armée doivent passer six mois sous les drapeaux, et peuvent être convoqués à des exercices annuels de trois ou quatre semaines d'ordinaire. Ils touchent une prime d'engagement payable par fractions au moment de l'engagement et après chaque période d'exercices. Ils sont habillés, équipés et armés par l'État; mais, dans la milice à cheval (*Yeomanry*), ils fournissent leur cheval.

Les *corps de volontaires* s'habillent, s'arment et s'équipent à leurs frais. Lorsque les volontaires ont subi avec succès certaines épreuves qui établissent qu'ils possèdent un degré suffisant d'instruction militaire, il leur est délivré un certificat d'*efficience*, et l'État paye au corps une indemnité annuelle pour chaque *efficient*.

Le territoire est divisé en 67 circonscriptions dites *régimentaires*, qui doivent en principe fournir 2 bataillons d'infanterie active et 2 bataillons de milice.

24. — 2° *Cadres.* — Au-dessous du grade d'officier, la hiérarchie comporte les degrés suivants : le caporal (*corporal-lance-sergeant*) qui n'est pas sous-officier ; le sergent ou maréchal des logis (*sergeant*), le sergent-major ou maréchal des logis chef (*colour-sergeant*). Entre les sous-officiers et les officiers, il existe une catégorie intermédiaire, les *warrant-officers*, dont le grade est qualifié de *sergeant-major* ou *adjudant*.

La hiérarchie des officiers est la même que dans les armées du continent (lieutenant en second, lieutenant, capitaine, major, lieutenant-colonel, colonel). On distingue, comme en France avant la Révolution, entre le grade effectif (*regimental*) et le grade titre (*brevet*). Le grade ne correspond pas nécessairement à la fonction; ainsi une compagnie peut être commandée par un major. — Théoriquement, les sous-officiers peuvent devenir officiers en passant un examen ; en fait, la presque totalité des officiers proviennent des *cadets* qui ont passé une année au *collège militaire* de Sandhurst. L'avancement a lieu à l'examen jusqu'au grade de major ; à partir de ce grade, il a lieu au choix. D'ailleurs, en vertu d'une règle particulière à l'armée britannique, tous les officiers supérieurs sont mis d'office en disponibilité, avec demi-solde, après un temps déterminé d'exercice de leur grade. Ils peuvent être, par la suite, rappelés à l'activité jusqu'à la limite d'âge de cinquante-sept ans. — La hiérarchie des officiers généraux est la suivante : *major-general* (général de brigade); *lieutenant-general* (général de division); *general* (général de corps d'armée); *field-marshal* (maréchal). — Indépendamment des officiers de l'armée active détachés dans les corps de milice ou dans les volontaires, les officiers de milice ou de volontaires sont nommés par le souverain, sur la proposition des autorités politiques administratives et sur l'approbation du ministre de la guerre.

25. — 3° *Formation de l'armée anglaise.* — L'infanterie comprend 3 régiments des gardes, 133 bataillons de ligne formés en 67 régiments, 8 bataillons de chasseurs ; la milice, 120 bataillons d'infanterie et 8 bataillons de chasseurs. La cavalerie compte 31 régiments (124 escadrons), avec un effectif de 19 000 hommes sur le pied de guerre complet, et la *Yeomanry* 39 corps différents de composition variable, évalués à environ 11 000 cavaliers. Il existe, en outre, 2 corps d'*infanterie montée* destinée à accompagner la cavalerie. Le *régiment royal d'artillerie* constitue un corps unique composé de 116 batteries dont 20 à cheval, 80 montées, 9 de montagne et 6 de dépôt. L'artillerie de forteresse compte 97 batteries à pied et 9 dépôts. La milice fournit, en outre, 190 batteries groupées en 34 brigades. Le génie (*corps royal des ingénieurs*) se compose de 51 compagnies actives et 12 de dépôt La milice compte 12 compagnies. Quant aux corps de volontaires de toutes armes, ils sont réunis en 31 brigades de composition très variable, avec un effectif total évalué à 233 000 hommes.

26. — III. AUTRICHE-HONGRIE. —L'armée de la monarchie austro-hongroise se compose d'éléments distincts, qui sont: 1° l'*armée impériale et royale*, commune à toute la monarchie; les troupes indigènes bosniaques viennent s'y ajouter ; — 2° la *landwehr cisleithane* et le landsturm correspondant ; — 3° l'armée *honved* (landwehr et landsturm hongrois). Ces deux derniers éléments n'ont d'autre relation commune que d'être, l'un et l'autre, soumis au commandement suprême du souverain. — Le commandement de toutes les forces militaires est exercé par l'empereur-roi, assisté d'un ministre de la guerre commun à la monarchie, et de deux ministres de la défense du pays, lesquels n'ont dans leurs attributions que la landwehr et le landsturm correspondants. Il existe, à côté du souverain, 1 chef d'état-major de l'armée, 1 inspecteur général de l'armée, 5 inspecteurs généraux permanents pour les quatre armes combattantes et le train, et 2 commandants en chef de la landwehr. L'effectif budgétaire est, en chiffres ronds, de 354 000 hommes.

27. — 1° *Recrutement et réserves.* — Le recrutement est régi par la loi du 5 déc. 1868, modifiée le 11 avr. 1889. La loi sur le landsturm date de 1886. Le service est obligatoire, sans exception, même pour les membres du clergé, de dix-neuf à quarante-deux ans révolus. Le contingent est appelé lorsque les jeunes gens atteignent vingt et un ans révolus. Il se divise en deux portions. Le chiffre de la première a été fixé, en 1889, pour dix années, à 103 100 hommes. Les recrues passent trois ans dans l'armée active, sept ans dans la réserve et deux ans dans la landwehr. La deuxième portion comprend les *contingents des lanwehrs*, soit environ 24 000 hommes pour les deux portions de la monarchie. Le reste du contingent annuel (environ 25 000 hommes) forme l'*Ersatzreserve*. Les hommes des réserves et ceux versés directement dans la landwehr accomplissent des périodes d'instruction variables ; mais, dans les pays hongrois, l'armée *honved* entretient sur pied une fraction permanente, recrutée parmi les volontaires ou les hommes des deux plus jeunes classes. Le landsturm est divisé en deux bans, le second comprenant les hommes au-dessus de trente-huit ans. Dans le Tyrol et le Vorarlberg, les jeunes gens de dix-huit ans et les hommes de quarante-deux à quarante-cinq sont comptés dans le landsturm.

Le territoire est divisé en 102 circonscriptions de recrutement fournissant chacune des recrues et des réservistes à un régiment d'infanterie correspondant. Il y a 10 autres circonscriptions pour le Tyrol et le Vorarlberg, le littoral de l'Adriatique, la Bosnie et l'Herzégovine. Les commandants de ces circonscriptions n'ont pas la landwehr dans leurs attributions. Il existe 186 circonscriptions particulières à la landwehr, formant 50 circonscriptions de régiment.

En ce qui concerne la remonte, signalons, d'après l'ouvrage de M. le colonel Rau (p. 221), une particularité spéciale à l'armée austro-hongroise. Pour assurer la remonte des régiments de cavalerie de landwehr et leur permettre de se procurer, lors de la mobilisation, les chevaux *dressés* dont ils ont besoin pour marcher immédiatement, on a adopté le système suivant. Les fractions permanentes qui représentent ces régiments sur le pied de paix reçoivent, chaque année, environ 120 chevaux, qu'on garde pour les dresser pendant plusieurs mois, et qu'on place ensuite en dépôt chez des particuliers, à charge par eux de les représenter immédiatement à toute réquisition, en temps de guerre, comme pour les manœuvres ou pour les revues de contrôle du temps de paix ; après avoir conservé, pendant six ans révolus, le même cheval, le détenteur en devient propriétaire et l'animal est rayé des contrôles du régiment. Chaque régiment possède ainsi environ 700 chevaux prêts à servir en cas de guerre.

28. — 2° *Cadres.* — La hiérarchie des sous-officiers est la suivante : *Korporal* (le grade de caporal ou brigadier donne rang de sous-officier); *Zugsführer* (guide de peloton, c'est-à-dire sergent ou maréchal des logis); *Feldwebel*, *Wachtmeister* ou *Feuerwerker*, suivant l'arme (sergent-major ou maréchal des logis chef); *Cadetoffizierstellvertreter* (cadet suppléant officier). Sauf le cas de récompense exceptionnelle pour faits de guerre, les cadets sont les seuls sous-officiers qui peuvent devenir officiers. Ils proviennent des *écoles des cadets*, lesquelles sont au nombre de quinze. On peut aussi se présenter à l'examen de sortie de ces écoles pour acquérir le même titre que les élèves. Les cadets fournissent environ les cinq sixièmes des officiers ; le surplus provient d'écoles spéciales: l'académie militaire de Wiener-Neustadt pour l'infanterie et la cavalerie, et l'académie technique de Vienne pour l'artillerie, les pionniers et le génie. Les candidats officiers sont soumis à l'acceptation des officiers du corps dans lequels ils doivent entrer.

La hiérarchie des officiers est la même qu'en Allemagne :

Lieutenant (sous-lieutenant); *Oberlieutenant* (lieutenant supérieur ou lieutenant proprement dit); *Hauptmann* ou *Rittmeister* (capitaine); *Major* (chef de bataillon ou d'escadrons); *Oberstlieutenant* (lieutenant-colonel); *Oberst* (colonel). L'avancement est donné partie au choix, partie à l'ancienneté, et c'est le cas le plus fréquent (5 nominations sur 6 pour les grades subalternes, 3 sur 4 pour les grades supérieurs); mais l'ancienneté ne constitue pas un droit à l'avancement. — La hiérarchie des officiers généraux comporte les grades de *Generalmajor* (général de brigade); *Feldmarschallieutenant* (général de division); *Feldzeugmeister* (général de cavalerie, pour les généraux de l'arme, qui ont rang de commandants de corps d'armée); *Feldmarschall* (maréchal).

29. Les officiers de réserve et de landwehr ont à peu près les mêmes origines qu'en Allemagne. Les officiers de réserve n'ont d'avancement que pour le grade de lieutenant. Les officiers de landwehr peuvent être promus aux différents grades conformément aux règles en vigueur dans l'armée active, en passant des examens. Dans l'armée *honved*, l'*académie Ludovica* de Budapest leur donne les moyens d'acquérir l'instruction militaire. Les officiers et sous-officiers du landsturm ne doivent être nommés qu'au moment de la levée.

30. Les services administratifs comprennent : l'*administration militaire* (auditeurs, médecins, aumôniers); l'*administration technique*, qui dépend de l'artillerie et du génie, et l'administration économique (intendance et personnels accessoires). L'intendance relève directement du ministre de la guerre, en temps de guerre comme en temps de paix; mais, dans chaque armée, la direction du service est donnée à un officier général.

31. — 3° *Formation de l'armée austro-hongroise.* — L'infanterie de l'armée active compte 102 régiments de ligne à 4 bataillons, 1 régiment de chasseurs tyroliens de l'Empereur à 12 bataillons, 30 bataillons de chasseurs et 4 régiments indigènes de Bosnie et d'Herzégovine. Les dépôts des régiments forment, à la mobilisation, un bataillon de réserve et un de remplacement ou de dépôt. Les dépôts des bataillons de chasseurs formeraient une compagnie de réserve et une de remplacement; le régiment des chasseurs tyroliens, trois bataillons de réserve et trois de remplacement. Dans la landwehr, les 94 bataillons *honveds* seraient groupés en 28 régiments, 14 brigades, 7 divisions. Chacun de ces bataillons possède dès le temps de paix un état-major et des cadres de compagnie permanents. Les régiments *honveds* pourraient fournir, en outre, des bataillons de remplacement, et, pour quelques-uns d'entre eux, des bataillons de réserve. La landwehr cisleithane (92 bataillons) comprend 10 bataillons de carabiniers territoriaux (Tyrol et Vorarlberg); 4 bataillons dalmates et 22 régiments à 3 ou à 4 bataillons. Chaque bataillon fournit, en outre du bataillon mobile, une compagnie de réserve et une compagnie de remplacement.

32. La cavalerie se compose de 42 régiments : de hussards, recrutés en Hongrie et Transylvanie; de uhlans, qui sont galiciens, sauf deux, qui sont croates; et de dragons, fournis par la Bohême et les pays allemands. Ces régiments sont tous à 6 escadrons. Ils ne diffèrent que par leurs noms et l'origine des hommes qui les composent. Tous appartiennent à la subdivision de la cavalerie légère. Ils fournissent, en temps de guerre, un escadron de réserve et un de dépôt. La cavalerie *honved* possède 60 escadrons de hussards groupés en 10 régiments. Chaque escadron entretient un cadre et un effectif permanents. Chaque régiment fournit, en plus de ses six escadrons, un escadron de réserve, un de dépôt, un peloton de pionniers et un peloton d'état-major. L'organisation de la landwehr cisleithane est analogue; elle comprend 12 escadrons de dragons (3 régiments), 12 escadrons de uhlans (3 régiments) 2 escadrons de carabiniers montés du Tyrol et du Vorarlberg et un escadron dalmate.

33. L'artillerie de campagne, sur le pied de paix, se compose de 210 batteries montées, 16 à cheval, 15 de montagne, au total 241 batteries et 43 dépôts. Ces éléments sont groupés en 14 brigades. Elle peut former un certain nombre de batteries de réserve et de dépôt. L'artillerie de forteresse comprend 18 bataillons (3 régiments à 3 bataillons, 3 à 2 bataillons, et 3 bataillons indépendants). Les bataillons sont à 4 compagnies. La landwehr fournit 18 compagnies de forteresse.

34. Les *troupes du génie* proprement dites (attaque et défense des places, etc.) consistent dans 2 régiments de 5 bataillons à 4 compagnies, plus 2 compagnies de réserve et un dépôt. Les *pionniers* (fortification de campagne, service des ponts, etc.) forment un régiment à 5 bataillons. Il existe un régiment des chemins de fer et télégraphes à 3 bataillons.

35. Le landsturm cisleithan organiserait 106 bataillons mobiles et 120 bataillons territoriaux; celui du Tyrol, 40 bataillons territoriaux et 10 de marche; le landsturm *honved*, 94 bataillons mobiles et autant de bataillons territoriaux.

36. — 4° *Division militaire de la monarchie.* — Le territoire est divisé en 15 corps d'armée. A quatre de ces corps sont attachées des divisions de cavalerie (20 régiments); chacun des autres corps d'armée ne possède qu'une brigade, sauf un qui en possède deux.

37. — IV. BELGIQUE. — 1° *Commandement et recrutement.* — L'armée belge est commandée par le roi et administrée par le ministre de la guerre. Son effectif budgétaire est de 48 000 hommes. La *loi de milice* du 3 juin 1870 a été modifiée par la loi du 18 sept. 1873. Le contingent, déterminé annuellement, est formé par la voie du tirage au sort. Le remplacement par voie administrative et moyennant le payement d'une somme au Trésor est admis. Les *miliciens* servent vingt-huit mois dans l'infanterie, les chasseurs et le train; trois ans dans les grenadiers, les carabiniers, l'artillerie de forteresse et le génie; quatre ans dans la cavalerie et l'artillerie de campagne. Ceux qui servent pendant plus de vingt-huit mois *ont droit* chaque année à un congé d'un mois. Les miliciens sont soumis à la loi pendant huit ans; ils sont maintenus ensuite pendant deux ans sur les contrôles. Mentionnons, en outre, la *garde civique* (garde nationale).

38. — 2° *Cadres.* — La hiérarchie est analogue à celle de l'armée française; toutefois il y a deux échelons dans le grade de sergent (*sergent* et *premier sergent*). Les officiers se recrutent, un tiers environ parmi les sous-officiers et le surplus parmi les élèves de l'école militaire d'Ixelles. L'avancement, qui a lieu moitié au choix, moitié à l'ancienneté, jusqu'au grade de capitaine, s'opère exclusivement au choix à partir de ce grade. Depuis 1888, il existe des officiers de réserve recrutés, qui proviennent des *volontaires agréés* comme candidats officiers de réserve. Ces jeunes gens, qui s'équipent et se nourrissent à leurs frais, font d'abord le service de troupe avec le grade de caporal ou de brigadier, puis comme sous-officiers. Après deux ans de grade dans cet emploi, ils passent un examen et sont renvoyés dans leurs foyers en congé illimité.

39. — 3° *Formation de l'armée belge.* — L'infanterie se compose de 19 régiments: 1 de carabiniers à 4 bataillons actifs et 3 de réserve; 1 de grenadiers, 3 de chasseurs et 14 de ligne, tous à 3 bataillons actifs et 2 de réserve. Les bataillons sont à 4 compagnies. La cavalerie comprend 8 régiments à 5 escadrons actifs et un de dépôt. L'artillerie compte 4 régiments de campagne (40 batteries, dont 30 montées actives, 4 à cheval, 6 de dépôt) et 4 régiments de forteresse (70 compagnies, dont 4 de dépôt). Il existe, en outre, une compagnie de pontonniers rattachée à l'artillerie. Le génie consiste en un régiment pouvant fournir 21 compagnies de sapeurs, 1 de chemins de fer, 2 de télégraphistes. La garde civique est divisée en 24 légions d'infanterie. Toutes ces troupes sont groupées en 4 divisions d'infanterie, 2 divisions de cavalerie, 2 brigades d'artillerie. Elles sont réparties dans les deux grandes circonscriptions militaires.

40. Le territoire est divisé en deux grandes circonscriptions militaires, dans lesquelles sont réparties les diverses provinces du royaume. Les provinces sont divisées en *districts militaires* et subdivisées en cantons *militaires*.

41. — V. ESPAGNE. — Le commandement des armées de terre et de mer appartient au souverain qui est assisté du ministre de la guerre et d'un sous-secrétaire d'Etat remplissant les fonctions de chef d'état-major général de l'armée. La loi d'organisation de l'armée date du 21 nov. 1878 et la loi de recrutement du 22 janv. 1882. Cette dernière a été modifiée par la loi promulguée le 11 juill. 1885.

42. — 1° *Recrutement.* — Le service est obligatoire pendant douze ans. Le contingent est divisé en deux portions.

Les recrues de la première portion, qui sont incorporées vers l'âge de vingt ans, doivent, en principe, servir trois ans sous les drapeaux. En fait, dans l'infanterie, ils ne restent au corps que pendant deux ans et trois mois. Après leur libération du service actif, les hommes sont mis *en congé* et passent dans la *réserve active* ou *première réserve*. Ils y restent pendant trois ans, puis ils passent dans la *seconde réserve* où ils servent six ans. Les hommes de la seconde réserve comptent pendant six ans dans la catégorie des *recrues disponibles*, puis ils passent dans la seconde réserve. — Le territoire, au point de vue du recrutement, est divisé en 68 circonscriptions territoriales. Dans chaque circonscription, il existe un cadre de *troisième bataillon* pour incorporer les réservistes de la première réserve, et un cadre de *régiment de réserve* pour incorporer les réservistes de la seconde réserve. Une organisation analogue existe pour la cavalerie.

43. — 2° *Cadres.* — La hiérarchie est la même qu'en France avec les quelques différences que nous indiquons. Il n'existe qu'un seul grade de sous-officier: le sergent. Parmi les officiers subalternes, au-dessous des grades de lieutenant en premier et en second, il y a les *sous-lieutenants élèves*. Enfin, au-dessus des grades de général de brigade et de division, le grade de *lieutenant général* équivaut à celui de commandant de corps d'armée, et celui de *capitaine général* à la dignité de maréchal.

44. — 3° *Formation de l'armée espagnole.* — L'infanterie se compose de 60 régiments de ligne à 2 bataillons et de 20 bataillons de chasseurs. L'armée territoriale fournirait 58 régiments mobiles de *réserve*. La cavalerie est formée en 28 régiments, et l'armée territoriale pourrait en constituer un nombre égal. L'artillerie compte 12 régiments composés de 60 batteries (50 montées, 2 à cheval, 12 de montagne). L'artillerie comprend 61 régiments à 4 batteries et 9 bataillons de siège (68 compagnies). Il faut mentionner, en outre, pour le génie, 4 régiments de sapeurs, 1 régiment de pontonniers, 1 bataillon des chemins de fer et 1 des télégraphes.

45. Le royaume est divisé en 15 *capitaineries générales* à la tête desquelles est ordinairement placé un lieutenant général qui a le commandement de toutes les troupes stationnées dans son ressort.

46. — VI. ITALIE. — 1° *Commandement et recrutement de l'armée.* — Le commandement, exercé par le roi, a pour principaux organes le ministère de la guerre, le *commandement du corps d'état-major* et les inspections générales permanentes. La loi du recrutement du 7 juin 1875, modifiée en 1882 et 1888, a organisé le service obligatoire de vingt à trente-neuf ans. Le contingent est divisé en deux portions ou *catégories*. La première catégorie sert, en principe, trois ans dans l'armée active, cinq ans dans la réserve et quatre ans dans la *milice mobile*. Les hommes de la seconde catégorie, après avoir passé six mois sous les drapeaux, sont affectés pendant huit ans à la réserve et quatre ans à la milice mobile. Après leur douzième année de service, les hommes des deux catégories sont versés dans la *milice territoriale;* ils y restent jusqu'à trente-neuf ans.

47. Le territoire est divisé en 87 circonscriptions de recrutement. Sous les ordres de l'officier supérieur placé à leur tête, il existe un certain nombre de *compagnies permanentes* de district destinées à faciliter la mobilisation. Une organisation particulière fonctionne pour les troupes alpines.

48. — 2° *Cadres.* — La hiérarchie des cadres est semblable à celle de l'armée française, aux dénominations près; l'avancement est donné dans des conditions analogues.

49. — 3° *Formation de l'armée italienne.* — L'infanterie compte 96 régiments de ligne, 12 de *bersaglieri* et 7 régiments alpins; au total, 246 bataillons. Les 96 régiments de ligne sont groupés en 46 brigades. La milice mobile encadre 48 régiments d'infanterie, 18 bataillons de *bersaglieri*, 22 compagnies alpines; en tout, 179 bataillons.

La cavalerie est formée en 26 régiments à 6 escadrons; l'artillerie en 26 régiments (207 batteries, dont 192 montées, 6 à cheval, 9 de montagne); 61 batteries seraient fournies par la milice mobile. L'artillerie de forteresse comprend 5 régiments (68 compagnies et 5 dépôts) auxquels il convient d'ajouter 40 compagnies de la milice mobile. Le génie, avec 4 régiments, complète cette organisation. Le contingent de la milice territoriale serait réparti dans 320 bataillons d'infanterie, 22 bataillons alpins, 100 compagnies d'artillerie de forteresse, 30 compagnies du génie. Toutes ces forces sont groupées, dès le temps de paix, en 12 corps d'armée.

50. — VII. RUSSIE. — 1° *Commandement et recrutement.* — Sous l'autorité de l'empereur, le ministre de la guerre préside le *conseil supérieur de guerre*. La loi du recrutement du 1er janv. 1874, complétée par la loi sur la milice du 11 nov. 1876 et modifiée par l'oukase impérial du 26 juin 1888, soumet au service obligatoire tout sujet russe de vingt à quarante-trois ans révolus. Le service est, en principe, de cinq ans; celui de la réserve dure treize ans. Ensuite, les hommes sont versés dans la milice (*opoltchénié*) du premier ban, où ils restent quatre ans. Ceux qui n'ont pas été compris dans le contingent appelé sont versés directement dans la milice. Ces miliciens sont divisés en deux bans, le premier qui renforce l'armée active, le second qui forme des corps particuliers de milice. Les troupes *cosaques* ont une organisation particulière. Le territoire est divisé en 566 *districts* au point de vue du recrutement.

51. — 2° *Cadres.* — La hiérarchie des sous-officiers est la suivante : *sous-officier de deuxième classe*, ou *jeune sous-officier de première classe* ou *ancien; Feldvebel* ou *Vachmister* (sergent-major ou maréchal des logis chef). Celle des officiers est la même qu'en France, avec un grade de plus à l'échelon inférieur (sous-enseigne ou *Etendard-younker*, selon l'arme) et un de moins parmi les officiers supérieurs (le grade de chef de bataillon n'a pas de correspondant). La hiérarchie des officiers généraux est analogue à celle de l'Allemagne.

52. — 3° *Formation de l'armée russe.* — L'infanterie comprend 12 régiments de la garde, 16 de grenadiers, 165 de ligne. Ces forces sont groupées en 48 divisions, de 2 brigades de 2 régiments à 4 bataillons. Il existe, en outre, 12 brigades indépendantes de chasseurs (78 bataillons). L'infanterie comprend, au total, 840 bataillons. — L'*infanterie de réserve* compte, sur le pied de paix, 123 bataillons. Ces bataillons formeraient, sur le pied de guerre, 532 bataillons, dont 400 constitueraient 25 divisions de réserve, le surplus étant destiné au service de garnison. La défense des places est assurée par 28 bataillons qui, à la mobilisation, se transformeraient en 135 bataillons. Mentionnons, en outre, les *troupes locales* ou bataillons frontières (35 bataillons); les troupes cosaques (13 bataillons); les compagnies de réserve de Finlande (8 bataillons).

La cavalerie compte 108 régiments, dont 50 de *cosaques du 1er tour* ou *régularisés*. Cette cavalerie est organisée en 21 divisions, 3 brigades indépendantes de cosaques et 15 régiments non embrigadés. La plupart des régiments sont à 6 escadrons (au total 643 escadrons, en y comprenant quelques formations particulières). Il faut y ajouter les troupes cosaques des 2e et 3e *tours*, et les troupes irrégulières qui augmenteraient les forces actives de 582 escadrons ou *sotnias*.

Les unités de l'artillerie s'élèvent à 368 batteries, dont 98 batteries montées lourdes, 191 batteries montées légères, 51 batteries à cheval, 16 batteries de montagne et 12 de mortiers. En temps de guerre, les 33 batteries permanentes de réserve donneraient naissance à 132 batteries, dont 92 de réserve et 40 de dépôt. Il convient d'y joindre 16 batteries de sortie et 18 batteries de cosaques des 2e et 3e *tours*. L'artillerie de forteresse, qui figure au nombre des troupes locales, compte 209 compagnies à pied (51 bataillons et 5 compagnies).

Le génie se divise en 17 bataillons de sapeurs, 8 de pontonniers, 6 de chemins de fer, 16 compagnies des télégraphes, et 8 compagnies de torpilleurs qui comptent dans les troupes locales des places maritimes. La milice pourrait être appelée, en temps de guerre, à constituer des corps distincts. Les troupes russes sont réparties en 20 corps d'armée.

53. — VIII. SUISSE. — 1° *Organisation et recrutement.* — L'organisation de l'armée a été réglée par la loi du 19 févr. 1875. L'armée est administrée par le *département militaire*, qui est une fraction du Conseil fédéral. Il n'existe aucun corps permanent; les hommes ne sont appelés, en temps de paix, que pour de courtes périodes d'instruction. Tout citoyen suisse doit le service militaire de dix-sept à cinquante ans. Pendant la première année qui suit l'appel, lequel a lieu à vingt ans révolus, les conscrits accomplissent une période d'instruction qui varie de 45 à 80 jours, suivant les armes. Ils font partie de l'armée fédérale (*élite*) pendant douze ans et de la landwehr pendant un égal laps de temps. Ils sont soumis à des *cours de répétition*, plus brefs pour la landwehr. Ils sont classés ensuite jusqu'à cinquante ans dans le landsturm, dont les jeunes gens de dix-sept à vingt ans font également partie. Le territoire est divisé en 8 régions correspondant aux 8 divisions de l'élite.

54. — 2° *Cadres.* — Sauf quelques officiers instructeurs (130) l'armée ne comporte pas de cadre permanent. La hiérarchie est la même qu'en France (toutefois le grade de sous-lieutenant n'existe pas); mais elle s'arrête au grade de colonel. Le titre de *général* est donné au commandant de l'armée en temps de guerre. Il ne correspond pas à un degré de la hiérarchie. Les brigades et les divisions sont commandées par des colonels.

55. — 3° *Formation de l'armée suisse.* — L'infanterie de l'armée suisse comprend 104 bataillons d'élite (8 divisions) et 104 bataillons de landwehr (16 brigades); la cavalerie, 8 régiments à 3 escadrons d'élite et autant de landwehr; l'artillerie 48 batteries d'élite et 8 de landwehr. Mentionnons, en outre, l'artillerie de position (25 compagnies) et l'artillerie de forteresse (4 compagnies). Chaque division d'infanterie d'élite compte un bataillon du génie, auquel correspond un bataillon de landwehr. Le landsturm fournirait 96 bataillons de fusiliers, 12 de carabiniers et des batteries de position.

CHAP. 2. — Du personnel militaire (*Rép.* nos 59 à 534).

SECT. 1re. — DE L'ADMINISTRATION CENTRALE ET DE L'ÉTAT-MAJOR GÉNÉRAL DE L'ARMÉE (*Rép*, nos 60 à 102).

56. — I. COMMANDEMENT. — Le chef suprême de l'armée est le président de la République (Comp. *Rép.* n° 60). Il dispose de la force armée et nomme à tous les emplois militaires (L. 25 févr. 1875, art. 3). Le président de la République peut provoquer la réunion du conseil supérieur de la guerre et en prendre la présidence (Décr. 12 mai 1888, art. 9). Il a une maison militaire composée d'officiers détachés de leur arme. Au-dessous de lui, les hauts commandements sont exercés par le ministre de la guerre, chef effectif de l'armée, assisté du chef de l'état-major général; les gouverneurs militaires de Paris et de Lyon; les commandants de régions de corps d'armée; les commandants supérieurs de la défense des groupes de places fortes.

57. — II. MINISTRE DE LA GUERRE ET ADMINISTRATION CENTRALE. — Le ministre de la guerre n'appartient pas nécessairement au personnel militaire. Le décret du 3 avr. 1888 a dérogé, à cet égard, à l'usage ancien d'après lequel les fonctions de ministre de la guerre étaient toujours confiées à un officier supérieur de l'armée (*Rép.* n° 61). A plusieurs reprises, le ministre de la guerre a été assisté par un sous-secrétaire d'État, choisi dans le Parlement et chargé d'une partie des attributions administratives du ministre.

58. En dehors de l'état-major particulier du ministre (Décr. 3 janv. 1891, art. 2), l'*administration centrale* comprend : 1° le cabinet du ministre; 2° les directions d'armes ou services, au nombre de 7; 3° la direction du contrôle; 4° le service intérieur. — L'administration centrale, qui a souvent varié, a été réorganisée par le décret du 29 nov. 1884, rendu en exécution de la loi de finances du 29 déc. 1882, art. 16. Cette loi a prescrit que l'administration centrale de chaque ministère serait réglée par un décret rendu dans la forme des règlements d'administration publique et inséré au *Journal officiel*. Les modifications ne pourraient être faites que dans la même forme et avec la même publicité.

59. — 1° Le *cabinet du ministre* centralise la correspondance et la répartit entre les bureaux intéressés. Il traite, sous l'autorité directe du ministre, des affaires qui ne ressortissent pas aux directions. Il a dans ses attributions, notamment, les affaires réservées ou confidentielles, le haut personnel des officiers généraux ou assimilés, la correspondance avec les autorités civiles et militaires pour tout ce qui concerne la sûreté intérieure de l'État, le maintien de l'ordre et de la tranquillité publique, l'état de siège, les affaires générales, l'application à l'armée des lois d'intérêt général, l'interprétation des règlements communs à toutes les armes, la discipline des troupes, le personnel de l'administration centrale, les secours (Lassalles, *Manuel de l'organisation de l'armée*, n° 34, p. 9).

60. — 2° Les *directions* (*Rép.* n° 62), au nombre de 7, ont été organisées, les six premières par décret du 26 mars 1878, la septième par décret du 27 mai 1882. Elles sont autonomes et relèvent directement du ministre. Les directeurs peuvent être introduits, à l'occasion des questions de leur service : 1° au conseil supérieur de la guerre (Arr. min. 2 juin 1888, *Bull. off. du min. de la guerre*, partie réglementaire, 1888, 2e sem., p. 606); — 2° Dans les comités d'armes (Décr. 31 juill. 1888, art. 5) ; — 3° A la commission militaire supérieure des chemins de fer (Décr. 5 févr. 1889, art. 5). Ils peuvent se réunir en *conseil des directeurs*, sous la présidence du ministre ou du chef d'état-major général ou d'un directeur délégué (Décr. 18 févr. 1888, art. 9).

61. Les principales attributions des sept directions sont les suivantes : 1re direction, *Infanterie:* personnel, organisation, mobilisation, instruction des corps de troupes, écoles, matériel particulier de l'infanterie, recrutement, réserve et armée territoriale (infanterie); — 2e direction, *Cavalerie:* personnel et organisation de la cavalerie, remontes, gendarmerie, justice militaire ; — 3e direction, *Artillerie :* personnel et organisation, matériel (établissements de l'artillerie, armement, munitions, etc.); — 4e direction, *Génie:* personnel et matériel, aérostation militaire (Décr. 24 sept. 1888), télégraphie et colombiers militaires (Décr. 29 avr. 1890); — 5e direction, *Services administratifs:* personnels administratifs (fonctionnaires de l'intendance, officiers d'administration, sections de commis et ouvriers d'administration), transports généraux, subsistances, solde, indemnités de route, habillement, campement, lits militaires, invalides; — 6e direction, *Poudres et salpêtres :* depuis le décret du 13 nov. 1873, toutes les poudreries et raffineries de salpêtre et de soufre appartenant à l'État ont été placées sous l'autorité du ministre de la guerre; — 7e direction, *Service de santé :* personnel et matériel, aumônerie, écoles de médecine et de pharmacie, école du service de santé, hygiène des troupes, sociétés de secours aux blessés, etc.

62. — 3° La *direction du contrôle*, dont l'action s'étend sur les opérations et les comptes tant de l'administration centrale que des services extérieurs (Décr. 4 sept. 1883), comprend : 1° le contrôle extérieur, qui s'exerce au moyen de tournées, inspections, vérifications, missions spéciales (Décr. 28 oct. 1882); — 2° Le contrôle central, qui s'applique aux budgets et comptes généraux, à la comptabilité en deniers et à la comptabilité matière, aux fonds et ordonnances (Décr. 15 nov. 1884).

63. — 4° Le *service intérieur* est complété par une agence comptable chargée de tous les payements à faire au personnel de l'administration centrale (Décr. 15 nov. 1884). Il s'occupe des pensions et gratifications de réforme, du matériel de l'administration centrale et des archives administratives. La publication du *Bulletin officiel du ministère de la guerre* et de l'*Annuaire de l'armée française* rentre dans ses attributions.

64. — 5° Des *commissions* et *comités consultatifs* (*Rép.* nos 63 et suiv.) ont toujours été institués auprès du ministre pour l'éclairer sur le fonctionnement et l'amélioration des divers services. Le nombre s'en est accru depuis la publication du *Répertoire*. Aujourd'hui ces comités sont les suivants : 1° *comités techniques d'armes ou de services* (comités d'état-major, de l'infanterie, de la cavalerie, de l'artillerie, du génie, de l'intendance, de santé, de gendarmerie); 2° *comités divers*, comprenant le conseil supérieur de guerre, la commission militaire supérieure des chemins de fer, le comité permanent des subsistances, la commission mixte des travaux publics, le comité des poudres et salpêtres, la commission des substances explosives, la commission consultative de télégraphie militaire, la commission de classement des sous-officiers proposés pour des emplois civils, la commission d'hygiène hippique, la commission des écoles militaires, la commission centrale des travaux géographiques. En outre, il existe un *comité d'administration centrale*, pour assurer l'unité de vues dans l'exécution des divers services et coordonner les mesures générales (Décr. 23 août 1882). Enfin signalons le comité supérieur de la caisse des offrandes nationales en faveur des armées de terre et de mer, lequel n'est pas consultatif.

65. — 6° Les *comités d'armes ou services* sont exclusivement techniques. Ils n'ont à entrer ni dans les questions d'administration ou de personnel, qui sont du ressort des directions, ni dans les questions de haute organisation, qui appartiennent au conseil supérieur de guerre. Ils ne se prononcent que sur les questions qui leur sont déférées par le ministre, et leur avis n'est jamais obligatoirement suivi. Ils sont chargés d'étudier et de préparer les questions concernant l'organisation ou le fonctionnement de leur arme ou service (Décr. 31 juill. 1888). Ils ont pour auxiliaires des commissions d'études dénommées *sections techniques* (Décr. 31 juill. 1888, art. 6).

Les comités sont composés de neuf membres, dont sept appartiennent à l'arme ou service et deux à d'autres armes ou services. Ces membres sont désignés par le ministre. Le comité de la gendarmerie, seul, est composé de six membres dont quatre de l'arme. Un officier supérieur ou fonctionnaire appartenant à l'arme ou service est attaché au comité comme secrétaire et préside la section technique.

66. — 7° La *commission militaire supérieure des chemins de fer* est composée de membres civils et militaires, nommés par décret; elle est présidée par le chef d'état-major de l'armée (Décr. 5 févr. 1889). Elle émet son avis sur toutes les questions relatives à l'emploi des chemins de fer pour les besoins de l'armée, et notamment la préparation des transports stratégiques, l'examen de tous les projets de lignes nouvelles et raccordements ou modifications aux lignes existantes, la protection des voies ferrées et de leurs abords, etc.

67. — 8° Le *comité permanent des subsistances* (Décr. 3 août 1889) étudie les mesures ayant pour but de préparer et d'assurer en temps de guerre le ravitaillement des places fortes (garnison et population civile) et des armées en campagne. Il est composé de représentants des divers ministères et des grandes administrations ou services publics. Tous les ans, il arrête un ensemble de propositions, que l'approbation ministérielle rendrait immédiatement exécutoires en cas de mobilisation.

68. — 9° La *commission mixte des travaux publics* (*Rép.* v° *Travaux publics*, n°s 271 et suiv.) examine et discute les projets dont l'exécution, dans la zone frontière et le rayon des servitudes des enceintes fortifiées, intéresse la défense du territoire et un ou plusieurs services civils ou maritimes. Le décret du 8 sept. 1878 a énuméré les affaires qui lui sont soumises (V. aussi L. 10 févr. 1890).

69. — 10° Le *comité des poudres et salpêtres* (Décr. 13 nov. 1873) donne son avis sur les questions administratives et techniques relatives au service des poudres. Sa composition a été fixée par le décret du 12 juill. 1876. Il se réunit au moins une fois par mois (Décr. 9 mai 1876).

70. — 11° La *commission des substances explosives* (Décr. 14 juin 1878) étudie, au point de vue scientifique, les questions relatives à la fabrication et à l'emploi des substances explosives de toute nature. Elle est l'auxiliaire du comité des poudres et salpêtres.

71. — 12° La *commission consultative de télégraphie militaire* est composée de membres militaires, et de fonctionnaires du département des postes et télégraphes (Décr. 23 juill. 1884). Elle dépend du service du génie.

72. — 13° Toutes les propositions relatives à la navigation aérienne sont examinées par la *commission d'aérostation militaire* (Arr. min., 12 oct. 1888).

73. — 14° La *commission de classement des sous-officiers proposés pour des emplois civils* (L. 18 mars 1889, art. 24) dresse la liste des emplois réservés aux sous-officiers). Elle statue souverainement sur les candidatures (Instr. minist. 11 avr. 1891). Elle tient deux sessions par an, et, chaque année, son président adresse un rapport au ministre de la guerre (L. 18 mars 1890).

74. — 15° La *commission d'hygiène hippique* (*Rép.* n° 71) a été reconstituée par le décret du 30 avr. 1875, art. 8, et le décret du 26 déc. 1876.

75. — 16° La *commission des écoles militaires ressortissant à la direction de l'infanterie* (Décis. min. 30 juill. 1890) examine les questions, intéressant le recrutement, l'organisation et l'enseignement de ces écoles, qui lui sont renvoyées par le ministre.

76. — 17° Le *comité supérieur de la caisse des offrandes nationales* (V. Décr. 18 juin 1860, D. P. 60. 4. 79), a été réorganisé par le décret du 9 janv. 1873 rendu en exécution de la loi du 27 nov. 1872. Il est présidé par le ministre et adresse, chaque année, un rapport au président de la République.

77. — 18° Le décret du 10 juin 1891 a institué la *commission centrale des travaux géographiques*, présidée par le chef de l'état-major de l'armée et composée de fonctionnaires des ministères qui ont dans leurs attributions des travaux de géodésie, topographie, géographie et cartographie. Elle a pour mission de coordonner, en évitant les frais et les doubles emplois, tous les travaux de livres et de cartes exécutés aux frais de l'État.

78. Indépendamment de ces comités ou commissions, qui sont les auxiliaires du ministre de la guerre et dont quelques-uns existaient déjà lors de la publication du *Répertoire*, il faut signaler diverses institutions de création récente et d'une importance capitale. Depuis 1870, on s'est attaché à organiser le haut commandement des armées en campagne et la préparation des opérations militaires. A cet ordre d'idées se rattachent : 1° le *conseil supérieur de la guerre;* 2° les *généraux inspecteurs d'armée*; 3° l'*état-major de l'armée;* 4° le *chef de l'état-major général.*

79. — 1° *Conseil supérieur de la guerre.* — Le conseil supérieur de la guerre fut constitué par le décret du 27 juill. 1872. Il était composé de trente membres, dont plusieurs n'appartenaient pas à l'armée. Ses fonctions consistaient à examiner toutes les mesures d'ensemble relatives à l'armée sous les divers points de vue du personnel et du matériel, et spécialement de l'armement des troupes, des ouvrages de défense, de l'administration militaire et des marchés. Le nombre de ses membres a été successivement modifié par divers décrets. Ses attributions consistaient alors à émettre un avis sur toutes les questions intéressant l'arme au sujet desquelles le ministre jugeait à propos de le consulter. — A côté de ce conseil, un décret du 28 juill. 1872 avait institué une *commission de défense* composée à l'origine de onze membres, nombre porté ensuite à seize (1881) et à dix-neuf (1886). Le comité fut chargé d'arrêter les grandes lignes du système de défense et d'exercer les attributions prescrites par les lois des 10 juill. 1791 et 10 juill. 1851, en matière de création ou de suppression d'enceintes fortifiées. Depuis 1885, il eut aussi à examiner les questions concernant l'organisation de la défense du littoral et des autres parties du territoire confiées à la marine en temps de guerre.

Le décret du 12 mai 1888 a réorganisé le conseil supérieur de la guerre et supprimé le comité de défense. Le conseil est composé de douze membres; quatre de droit qui sont le ministre de la guerre, président, le chef d'état-major général de l'armée, les présidents des comités techniques d'artillerie et du génie, et huit membres nommés par décret parmi les généraux de division désignés pour exercer de hauts commandements en temps de guerre. — Le conseil supérieur examine les questions qui se rattachent à la préparation de la guerre; il est *nécessairement* consulté sur les dispositions essentielles de la mobilisation, le plan de concentration, l'établissement de nouvelles voies stratégiques, l'organisation générale de l'armée, les méthodes générales d'instruction, l'adoption de nouveaux engins de guerre, la création ou la suppression de places fortes, la défense des côtes. Il peut encore être consulté sur toutes les questions que le ministre juge à propos de lui soumettre. Les réunions du conseil sont périodiques.

80. — 2° *Généraux inspecteurs d'armée.* — Le décret du 26 mai 1888 dispose que les futurs commandants des principales armées mobilisées sont désignés à l'avance. Des lettres de service leur sont délivrées par décret. Elles désignent les corps d'armée qui seraient éventuellement placés sous leurs ordres. Ces lettres de service, toujours révocables, ne confèrent aucun titre actuel au commandement. Mais, par des instructions ministérielles, les titulaires peuvent être investis de missions spéciales et d'inspections pour étudier, à un point de vue stratégique, le fonctionnement des services, notamment en ce qui touche la mobilisation, les approvisionnements, le matériel de campagne, les ouvrages de défense, l'emplacement des troupes, les voies de transport. Cette inspection des corps d'armée au point de vue de la préparation de la guerre, qui constitue la principale attribution des futurs commandants d'armée, a été réglementée d'une manière plus complète par le décret du 10 avr. 1890. Ce décret, en précisant à nouveau l'objet des inspections, détermine les pouvoirs et le droit de préséance des généraux qui en sont chargés, leurs relations avec les commandants de corps d'armée, ainsi que la façon dont les inspecteurs doivent rendre compte de leur mission.

81. — 3° *Etat-major de l'armée.* — L'état-major de l'armée ne doit pas être confondu avec l'*état-major général de l'armée* dont il est question au *Rép.* n° 73 (V. *infrà*, n° 86), lequel est composé de maréchaux de France et de généraux. L'état-major de l'armée est l'ancien état-major du ministre de la guerre créé par le décret du 12 mars 1874. Il a été réorganisé, sous sa dénomination actuelle, par le décret du 6 mai 1890 (art. 3). Il est destiné à fournir au commandant en chef et aux diverses armées les éléments essentiels de leurs états-majors particuliers. Le personnel qui le compose est réparti en deux groupes pouvant se séparer sans trouble pour le service. Au moment de la mobilisation, l'un de ces groupes rejoindra le grand quartier général ainsi que les quartiers généraux d'armée, pour constituer les divers états-majors. L'autre groupe demeurera auprès du ministre et assurera, sous ses ordres directs, le fonctionnement du service central. — Le décret du 6 mai 1890, art. 3, a déterminé les attributions de l'état-major de l'armée. Il est chargé de la mobilisation de l'armée et de sa concentration en cas de guerre; de l'emploi des chemins de fer et canaux, de la télégraphie militaire, de l'aérostation ; de l'organisation et de la direction des services de l'arrière ; de l'organisation et de l'instruction générale de l'armée et de la préparation des grandes manœuvres, de l'étude des armées étrangères et des différents théâtres d'opération; de la réunion des documents statistiques et historiques ; des missions militaires à l'étranger ; de la préparation des travaux du conseil supérieur de la guerre et des généraux chargés de missions spéciales.

82. — 4° *Chef d'état-major général de l'armée.* — A la tête de l'état-major de l'armée est placé un général de division, nommé par décret, et qui porte le titre de *chef d'état-major général* de l'armée. Il est placé sous l'autorité directe du ministre. Il est désigné comme le *major général* des armées en temps de guerre (Décr. 6 mai 1890). Il est chargé de la direction du corps d'état-major et du service géographique de l'armée, préside la commission supérieure des chemins de fer et le comité permanent des subsistances et peut être chargé, auprès des commandants de corps d'armée, de missions analogues à celles des généraux inspecteurs d'armée. Le chef d'état-major est assisté de trois sous-chefs d'état-major (Décr. 3 janv. 1891, art. 3), dont l'un dirige le service géographique (Décr. 15 mars 1890). Les sous-chefs d'état-major sont nommés par décret (Décr. 18 févr. 1888, art. 7).

83. Le service géographique de l'armée, qui a pour attributions principales les études et recherches relatives à la question, la publication et la mise à jour de la carte de France, la cartographie étrangère, etc., forme un établissement spécial s'administrant en dehors de l'administration centrale (Décr. 24 mai 1887, art. 19). Il comprend un cadre spécial d'officiers (L. 20 mars 1880, art. 8), et un personnel civil (Décr. 24 mai 1887). La *brigade topographique du génie* lui est attachée (Décr. 16 mai 1885).

84. Au *Rép.*, nos 75 et 76, on indiquait les attributions des maréchaux de France et des généraux en matière de commandement. Avant 1870, le commandement n'était pas organisé en ce sens que les différentes unités composant l'armée n'étaient pas groupées, au moins pour la plupart, sous l'autorité des chefs qui devaient les conduire en cas de guerre. Depuis, la presque totalité des éléments de l'armée ont été groupés en brigades, divisions et corps d'armée. Seuls, quelques corps de troupes restés disponibles ont reçu des destinations spéciales et ne rentrent pas dans ces formations. Encore dépendent-ils, en temps de paix, de l'autorité du général placé à la tête de la région où ces corps sont stationnés.

85. Les grands commandements sont exercés par les gouverneurs de Paris et de Lyon, les généraux commandants de corps d'armée et les généraux commandants supérieurs de la défense des places fortes.

1° *Gouverneurs de Paris et de Lyon.* — Nommés par décret, ces généraux ont sous leurs ordres les troupes stationnées dans les départements de la Seine et de Seine-et-Oise, et du Rhône, au point de vue de la discipline générale, du service et des mesures d'ordre public (L. 5 janv. 1875). Pour tout le reste (mobilisation, instruction, etc.), ces troupes restent sous l'autorité des généraux commandant les régions entre lesquelles ces trois départements sont divisés. Les gouverneurs de Paris et de Lyon ont sous leurs ordres un général de division, qui prend le titre de *commandant de la place et commandant supérieur de la défense* (Décr. 23 mars 1887).

2° *Généraux commandants de corps d'armée.* — La loi du 24 juill. 1873 ayant divisé le territoire de la France et de l'Algérie en régions occupées chacune par un corps d'armée, un général de division est nommé, pour une durée de trois ans (qui peut être renouvelée), au commandement de la région. Ce général a sous ses ordres le territoire au point de vue militaire, les troupes de l'armée active, de la réserve, de l'armée territoriale et de sa réserve, ainsi que tous les services et établissements militaires. Ce commandement ne constitue pas un *grade* et ne donne aux officiers qui en sont investis aucun privilège ultérieur de fonctions (L. 24 juill. 1873, art. 14). — La loi du 16 mars 1882, art. 10 et 11), a déterminé les devoirs et les attributions des généraux commandants de corps d'armée. A dater du jour où ils ont reçu l'ordre de mobilisation, les généraux sont assistés dans leur commandement par les officiers généraux qui doivent les remplacer et qui sont désignés d'avance par le ministre. Ces généraux prennent le commandement de la région le jour où chaque corps d'armée mobilisé quitte la région (L. 24 juill. 1873, art. 23). — Les régions sont divisées en divisions et brigades à la tête desquelles sont placés des officiers généraux qui sont investis du commandement territorial de ces subdivisions sous l'autorité des commandants de corps d'armée (L. 13 mars 1875, art. 18. V. aussi L. 16 mars 1882, art. 12 et 13). Les commandants des bureaux de recrutement sont placés sous leurs ordres (L. 13 mars 1875, art. 18).

3° *Commandants supérieurs de la défense.* — Les places fortes ont été réparties en un certain nombre de groupes (Décr. 23 mars 1887) commandés par des officiers du grade de général ou, exceptionnellement, de colonel, désignés par le ministre. — En ce qui concerne les attributions des commandants supérieurs de défense, V. Décr. 4 oct. 1891, sur le service des places.

86. — III. ETAT-MAJOR GÉNÉRAL (*Rép.* nos 73 et suiv.). — D'après la loi du 13 mars 1875, l'état-major général comprend : les maréchaux de France; les généraux de division ; les généraux de brigade. L'art. 8 de cette loi dispose que le nombre des maréchaux de France, ainsi que les conditions de leur nomination, seront réglés par une loi spéciale. — On a vu au *Rép.*, nos 74 et 75, quelles étaient à cet égard les dispositions de la loi du 4 août 1839. Actuellement, la loi prévue en 1875 n'ayant pas été votée, la dignité de maréchal de France ne pourrait pas être conférée.

87. La division du cadre des officiers généraux en deux sections (activité et disponibilité, réserve) (*Rép.* nos 78 et suiv.) a été maintenue par la loi du 13 mars 1875, art. 8. L'effectif de la première section est de cent généraux de division et de deux cents généraux de brigade. — La seconde section comprend les généraux de division qui ont atteint l'âge de soixante-cinq ans et les généraux de brigade qui ont atteint l'âge de soixante-deux ans; en outre, les généraux qui, avant cet âge, sont inscrits par anticipation dans le cadre de réserve pour cause de santé dûment constatée. En effet, la position de non-activité pour infirmités temporaires n'est pas applicable aux officiers généraux (L. 13 mars 1875, art. 8). Ces officiers peuvent être rappelés à l'activité lorsqu'il a été constaté, conformément aux dispositions du décret du 20 avr. 1875, que les raisons qui ont motivé leur classement dans la deuxième section ont cessé d'exister (L. 13 mars 1875, art. 8 et 37). Le temps passé dans la réserve après la limite d'âge n'est pas compté pour la retraite, sauf le cas de rappel à l'activité en temps de guerre. Mais lorsque le passage dans la deuxième section a eu lieu par anticipation, ce temps est compté comme service effectif pour la réforme et pour la retraite seulement (L. 14 janv. 1890, art. 2). Les officiers généraux en retraite peuvent sur leur demande être maintenus dans la deuxième section (L. 13 mars 1875, art. 39). La solde des officiers généraux et fonctionnaires placés dans la deuxième section par limite l'âge est égale au taux de la pension de retraite, sans retenue de 2 pour 100, celle des officiers généraux placés dans la deuxième section par anticipation est des trois cinquièmes de la solde de leur grade, sans les accessoires (L. 14 janv. 1890). Enfin peuvent être maintenus sans limite d'âge dans la première section, en vertu d'un décret délibéré en conseil des ministres et inséré au *Bulletin des lois*, et pourvus d'emplois en temps de paix jusqu'à l'âge de soixante-dix ans, les généraux de division qui, munis de lettres de commandement, auront rendu des services éminents en exerçant avec distinction, devant l'ennemi, l'une des fonctions suivantes : commandant en chef d'une armée composée de plusieurs corps d'armée; commandant en chef d'un corps d'armée composé de plusieurs divisions de différentes armes, major général, commandant en chef de l'artillerie ou du génie d'une armée composée de plusieurs corps d'armée. Ceux de ces généraux pourvus d'emplois en temps de paix sont comptés numériquement dans le cadre de la première section; ceux non pourvus d'emploi sont placés hors cadres (L. 13 mars 1875, art. 8).

88. La position du cadre de réserve est applicable aux fonctionnaires suivants : 1° corps du contrôle de l'administration de l'armée, contrôleurs généraux de première et de seconde classe (L. 13 mars 1875, art. 3 et Décr. 2 mars 1886); corps de l'intendance militaire, intendants généraux et intendants militaires (L. 13 mars 1875); corps de santé, médecin inspecteur général, médecins inspecteurs, pharmacien inspecteur (L. 13 mars 1875. art. 37).

89. En ce qui concerne l'éligibilité des officiers généraux (*Rép.* n°s 79 et suiv.), V. *infrà*, n° 233.

90. — IV. SERVICE D'ÉTAT-MAJOR. — Le personnel de l'état-major est l'auxiliaire du commandement (*Rép.* n°s 85 et 86). Son service a été réorganisé sur des bases entièrement nouvelles par la loi du 20 mars 1880, modifiée par celle du 24 juin 1890, complétée par le décret du 3 janv. 1891. Le personnel du service d'état-major est destiné à former les états-majors constitués en temps de paix ou en temps de guerre. En temps de paix, les états-majors constitués sont la maison militaire du président de la République; l'état-major de l'armée (V. *suprà*, n° 81); ceux des gouvernements militaires de Paris et de Lyon; des corps d'armée, des divisions et des brigades d'infanterie et de cavalerie; des divisions et subdivisions territoriales; des gouvernements de places fortes; les officiers mis à la disposition des maréchaux de France, du grand chancelier de la Légion d'honneur, des généraux membres du conseil supérieur de la guerre, inspecteurs généraux de corps d'armée et des généraux pourvus d'emplois spéciaux; les missions militaires à l'étranger; les états-majors des commandements de l'artillerie et du génie (Décr. 3 janv. 1891). — D'après la loi du 24 juill. 1873, art. 16, l'état-major d'un corps d'armée se subdivise en deux sections : l'une, dite *active*, qui marche avec les troupes en cas de mobilisation; l'autre, dite *territoriale*, chargée d'assurer en tout temps le fonctionnement du recrutement, des hôpitaux, de la remonte, et, en général, de tous les services territoriaux. En temps de guerre, l'ensemble des états-majors à constituer comprend : 1° *aux armées*, l'état-major du grand quartier général des armées; les états-majors généraux des armées; ceux des corps d'armée, des divisions ou des brigades d'infanterie ou de cavalerie; ceux des brigades mixtes ou autres formations temporaires et spéciales, telles que : ailes, centre, réserves, corps de cavalerie, corps de siège, etc.; ceux du service des chemins de fer et des étapes; ceux des commandements de l'artillerie et du génie des armées; ceux des commandements de l'artillerie et du génie dans les formations temporaires et spéciales; ceux des gouvernements de places fortes; — 2° *A l'intérieur* : les états-majors des commandements de régions; ceux des commandements de dépôts; ceux des commandements de l'artillerie et du génie; ceux des gouvernements de places fortes (Décr. 3 janv. 1891, art. 35).

91. Le personnel du service d'état-major ne doit pas dépasser, d'après la loi du 24 juin 1890 (art. 5), 640 officiers, savoir : 30 colonels, 40 lieutenants-colonels, 170 commandants, 400 capitaines. Ces officiers sont placés hors cadres, mais continuent d'appartenir à leur arme. En effet, depuis la loi du 20 mars 1880, le *corps d'état-major* qui constituait, depuis l'ordonnance du 6 mai 1818 (*Rép.* n° 85), un corps spécial et fermé, a été dissous. Le *service* dans les états-majors a été *ouvert* aux officiers de toutes armes, ayant obtenu, après concours, le *brevet d'état-major*. Actuellement les officiers admis dans ce service se recrutent : 1° parmi les officiers du grade de capitaine et de lieutenant ayant suivi pendant deux ans les cours de l'*école supérieure de guerre* créée par la loi du 13 mars 1875, et ayant satisfait aux examens de sortie; 2° parmi les officiers supérieurs ayant obtenu le brevet d'état-major à la suite d'épreuves déterminées par un règlement ministériel (L. 20 mars 1880, art. 3). En dehors des officiers placés hors cadres, ces différents états-majors sont complétés, suivant les cas : 1° par des officiers brevetés accomplissant le stage d'état-major prescrit par l'art. 4 de la loi du 20 mars 1880 modifié par la loi du 24 juin 1890, et détachés de leur arme; 2° d'*officiers d'ordonnance* brevetés ou, à défaut, d'officiers non brevetés, détachés de leur arme; 3° d'archivistes. Dans les états-majors des commandements de l'artillerie et du génie, le brevet n'est pas exigé et les archivistes sont remplacés par des gardes d'artillerie ou des adjoints du génie. — La direction du personnel et du service d'état-major, ainsi que le choix et l'instruction des officiers de ce service, est conférée au chef d'état-major général de l'armée. Les capitaines, commandants et colonels brevetés du service d'état-major doivent, avant être promus au grade supérieur, avoir exercé un commandement effectif de troupes pendant deux années. On a voulu remédier ainsi aux inconvénients de l'ancien corps *fermé*, auquel on reprochait de se trop spécialiser dans le service des bureaux, et de perdre ainsi, avec le contact de la troupe, les notions de ses besoins.

92. Il existait, à l'époque du *Répertoire* (n°s 87 à 90), un *état-major des places*, réorganisé par le décret du 3 févr. 1864. Cet état-major est supprimé, et il n'y a plus de corps particulier affecté au service des places. Les places de guerre sont classées par une loi. Comme on l'a vu *suprà*, n° 85, il a été formé, dès le temps de paix, des *groupes* de places dans lesquels la préparation de la défense est confiée à un officier du grade de général, ou, exceptionnellement, de colonel, assisté d'un état-major; ces groupes sont établis dans une place où réside le commandant supérieur de la défense et comprennent les places, forts ou ouvrages annexes. Le décret du 23 mars 1887 a établi des groupes à Paris, Lyon, Maubeuge, Lille, Dunkerque, Laon, Verdun, Toul, Épinal, Reims, Belfort, Besançon, Langres, Dijon, Briançon, Grenoble, Nice, dans la Corse, à Perpignan, Bayonne et Alger. Un certain nombre de subdivisions territoriales relèvent du commandement de la défense. Le général placé à la tête du groupe a donc deux services distincts : le service de garnison et celui de la défense (Décr. 4 oct. 1891, art. 1 et 3). Conformément à l'art. 10 de ce décret, le commandant supérieur a sous son autorité les troupes de l'armée active et de l'armée territoriale destinées à former les garnisons des places fortes, qui résident dans l'étendue de son commandement. Il a sous ses ordres, en ce qui concerne leur service spécial, tous les gouverneurs désignés en vue du temps de guerre, résidant ou non. Le commandant supérieur de la défense et les gouverneurs sont assistés, en temps de guerre, d'une commission de défense dont la composition est déterminée par le décret du 4 oct. 1891, art. 13.

93. La défense du littoral est assurée par le décret du 21 avr. 1890. Le littoral est divisé en *secteurs*, placés sous les ordres d'un officier général ou supérieur de l'armée de terre ou de l'armée de mer. A la mobilisation, la direction de la défense du littoral passe au ministère de la guerre, et les préfets maritimes exercent, sous les ordres directs du ministre de la guerre, le commandement de tous les éléments dépendant du département de la guerre qui concourent à la surveillance ou à la défense immédiate du littoral ou des îles de leur arrondissement (Décr. 21 avr. 1890, et 4 oct. 1891, art. 219 et suiv.).

94. Le *Répertoire* mentionnait, à la suite des états-majors, l'état-major particulier de l'artillerie et celui du génie (*Rép.* nos 91, 94). Nous renvoyons, à cet égard, à ce qui est dit *infrà*, nos 102 et suiv., de l'organisation actuelle de ces deux armes, ces états-majors particuliers constituant moins un service d'état-major qu'un service spécial des armes de l'artillerie et du génie. Il convient toutefois de rappeler qu'il existe, pour ces deux armes, de véritables états-majors particuliers, distincts du corps d'état-major et attachés aux commandements de l'artillerie ou du génie. Ces états-majors se composent d'officiers, brevetés ou non, détachés de leur corps, d'officiers d'ordonnance mis hors cadres et de gardes ou d'adjoints (Décr. 3 janv. 1891, art. 4). Ils se subdivisent en section active et section territoriale (L. 24 juill. 1873, art. 16).

95. Nous renvoyons également à la sect. 4 (*infrà*, nos 163 et suiv.) les explications relatives à l'*intendance militaire*, au *contrôle*, aux *aumôniers*, etc. (*Rép.* nos 96 à 102).

SECT. 2. — DES CORPS DE TROUPES (*Rép.* nos 103 à 158).

ART. 1er. — *De l'organisation des corps de troupes* (*Rép.* nos 103 à 126).

96. Dans la législation postérieure à 1870, le principe primordial de l'organisation militaire est que l'organisation du temps de paix n'est que la préparation de l'état de guerre. Avant 1870, au contraire, la constitution des armées en campagne était laissée à l'arbitraire de l'autorité supérieure. Après l'énumération des corps de troupe de l'armée active, nous mentionnerons ceux de l'armée territoriale.

§ 1er. — Armée active.

97. Les différents corps de troupes (armes ou services) sont l'infanterie, la cavalerie, l'artillerie, le génie, le train des équipages militaires, la gendarmerie, le régiment des sapeurs-pompiers de la ville de Paris, les sections de secrétaires d'état-major et du recrutement, les sections de commis et ouvriers militaires d'administration, les sections d'infirmiers militaires, les troupes coloniales (*Rép.* n° 103).

98. — 1° *Infanterie* (*Rép.* nos 104 et 105). — Dans l'état actuel, l'infanterie comprend : 1° 145 *régiments d'infanterie de ligne* numérotés 1 à 144 et 163, à 4 bataillons de 4 compagnies. En temps de paix les quatrièmes bataillons ne sont pas formés; il n'existe qu'un cadre complémentaire de 1 chef de bataillon, 4 capitaines et 4 lieutenants (L. 13 mars 1875, art. 3, et 25 juill. 1887), complété par quelques sous-officiers et caporaux (L. de fin. 1888). Ces régiments sont dits *subdivisionnaires* parce qu'ils correspondent chacun à l'une des 145 subdivisions de région; — 2° 18 *régiments d'infanterie* (numérotés 145 à 162) *dits régionaux*, parce qu'ils sont recrutés, autant que possible, à raison de un par région de corps d'armée et sur l'ensemble de cette région. Ces régiments ont la même composition que les régiments subdivisionnaires. Toutefois l'organisation de leurs musiques est ajournée (L. 20 juill. 1891). En outre, le ministre de la guerre est autorisé à constituer, dès le temps de paix, au moyen du cadre complémentaire, un quatrième bataillon numériquement égal à chacun des trois autres (L. 25 juill. 1887, art. 4, et 20 juill. 1891). En fait, ces régiments sont organisés à 4 bataillons; — 3° 30 *bataillons de chasseurs à pied*, à 6 compagnies (L. 24 déc. 1888). L'organisation à 6 compagnies n'a encore été appliquée qu'à 17 bataillons (Decr. 2 janv. 1889; 19 nov. 1889; 1er mars 1890). 12 bataillons dit *alpins* sont spécialement chargés de la frontière sud-est. Le commandement de la moitié de ces bataillons peut être confié à des lieutenants-colonels (L. 24 déc. 1888 précitée.) Les régiments ci-dessus composent l'infanterie de l'armée active à *l'intérieur*.

99. L'infanterie comprend en outre, les corps suivants, spéciaux à la 19e légion (Algérie et Tunisie); 4 *régiments de zouaves* à 4 bataillons de 4 compagnies, plus 2 compagnies de dépôt; ces régiments sont recrutés comme ceux de l'intérieur; — 2° 4 *régiments de tirailleurs algériens* à 4 bataillons de 4 compagnies, plus une compagnie de dépôt; ces régiments, recrutés parmi les indigènes de l'Algérie, au moyen d'engagements volontaires avec prime, font partie de l'armée française et comptent dans l'effectif général. Les cadres sont composés en partie de Français et en partie d'indigènes dans une proportion déterminée par la loi du 13 mars 1875 et par le décret du 24 oct. 1871; — 3° 2 *régiments étrangers* à 4 bataillons de 4 compagnies et une compagnie de dépôt (Décr. 14 déc. 1884). Ces régiments forment la *légion étrangère*. Le nombre des bataillons et compagnies peut être modifié par décret selon les ressources du recrutement. Les officiers français peuvent être admis à y servir à titre étranger; — 4° 5 *bataillons d'infanterie légère d'Afrique* (L. 27 févr. 1889). Le nombre des compagnies est déterminé par le ministre. Il est actuellement de 6 par bataillon. Sont incorporés dans ces bataillons : 1° les hommes qui, avant leur incorporation, ont encouru les condamnations visées à l'art. 5 de la loi du 15 juill. 1889 ; 2° les militaires condamnés postérieurement à une peine correctionnelle. Peuvent s'engager dans ces bataillons en vertu de la loi du 15 juill. 1889, art. 59, et du décret du 28 sept. 1889, art. 6, les jeunes gens qui, par suite de condamnations, ne sont pas admis à s'engager dans d'autres corps; — 5° 4 *compagnies de fusiliers de discipline* (L. 13 mars 1875; 18 juill. 1890; Décr. 5 juill. 1890; 2 févr. 1891). On envoie dans ces compagnies, qui résident aux colonies, les soldats des bataillons d'infanterie légère qui se sont montrés incorrigibles depuis leur arrivée dans ces corps.

Les effectifs des corps d'infanterie sur le pied de paix et le pied de guerre sont fixés par les lois d'organisation.

100. — 2° *Cavalerie* (*Rép.* nos 106 et 107). — La cavalerie comprend 91 régiments (L. 13 mars 1875; 25 juill. 1887), savoir : 1° 14 régiments de cuirassiers (dont un à créer); — 2° 32 régiments de dragons (dont deux à créer); — 3° 35 régiments de cavalerie légère, dont 21 de chasseurs et 14 de hussards (un à créer); — 4° 6 régiments de chasseurs d'Afrique; — 5° 4 régiments de spahis (L. 26 juill. 1886). Ces régiments sont recrutés parmi les indigènes de l'Algérie et de la Tunisie, par voie d'engagements volontaires. Un escadon du 1er régiment de spahis se recrute au Sénégal. Le service des régiments de spahis est exclusivement militaire (Décr. 6 janv. 1874). Tous les régiments de cavalerie sont à 5 escadrons, sauf les régiments de spahis, qui en comptent 6. Les régiments de l'intérieur sont formés en 18 brigades, à raison d'une par corps d'armée, groupées en 6 arrondissements permanents d'inspection générale, commandés par des généraux de division *inspecteurs généraux permanents de cavalerie*, et en brigades et divisions indépendantes placées en dehors des corps d'armée. Les régiments d'Afrique (chasseurs et spahis) sont sous les ordres de trois généraux de brigade commandés par un général de division *commandant la cavalerie de l'Algérie*.

101. La cavalerie comprend, en outre : 1° 19 *escadrons d'éclaireurs volontaires* créés par la loi du 13 mars 1875, et organisés par le décret du 30 juill. 1875. Ces escadrons ne sont pas constitués ; — 2° 8 *compagnies de cavalerie de remonte* affectées aux circonscriptions de remonte de France et d'Algérie et aux écoles (L. 13 mars 1875, art. 4 ; Décr. 27 déc. 1890). Enfin des *cavaliers* de manège font partie du cadre de l'Ecole d'application de cavalerie, de l'Ecole spéciale militaire et de l'École supérieure de guerre (Décr. 14 févr. 1878).

102. — 3° *Artillerie* (*Rép.* nos 108 et 109). — *L'état-major particulier de l'artillerie*, dont il est parlé au *Rép.* nos 91 et 92, est chargé d'assurer, indépendamment du service des états-majors de l'artillerie aux armées et de la direction générale de l'arme, dont il a déjà été question (*suprà*, n° 61), le fonctionnement des établissements et services de l'artillerie (L. 13 mars 1875, art. 11). Le cadre de l'état-major particulier comprend : 1° 310 officiers (37 colonels, 56 lieutenants-colonels, 105 chefs d'escadron, 112 capitaines; — 2° 540 gardes d'artillerie (principaux

de 1re et 2e classe, gardes de 1re, 2e et 3e classe); — 3° 160 contrôleurs d'armes (même hiérarchie que pour les gardes); — 4° 210 ouvriers d'état (de 1re et 2e classe); — 5° 260 gardiens de batteries (de 1re et 2e classe); — 6° Les sous-lieutenants élèves de l'Ecole d'application d'artillerie (L. 15 juill. 1889). Les gardes d'artillerie ont rang d'officier (L. 13 mars 1875, art. 11, et L. 16 mars 1882, art. 27; V. aussi, sur le recrutement des gardes, Décr. 30 avr. 1885; 25 févr. 1887, et 9 juill. 1888). Les contrôleurs d'armes ont conservé (L. 13 mars 1875, art. 11 précité) l'état d'officier que leur avait conféré le décret du 29 août 1865 (V. aussi Décr. 11 mai 1875). Les gardiens de batterie ont rang d'adjudant (L. 13 mars 1875, art. 11; 26 déc. 1890).

103. L'artillerie comprend : 1° 16 bataillons à pied dits *d'artillerie de forteresse*; — 2° 38 régiments de campagne. Ces régiments sont réunis en 19 brigades de 2 régiments. Le 1er régiment de la brigade compte 12 batteries dites *montées* (en dehors des *conducteurs* chargés de la traction des voitures, elles ont dans le rang des *servants* chargés du service des pièces; ces derniers marchent à pied ou sont transportés sur les voitures suivant les cas). Le deuxième régiment de la brigade compte neuf batteries montées et trois *à cheval* (dans lesquelles les servants sont montés); — 3° 12 batteries de montagne rattachées, pour l'administration, aux premiers régiments des 14e et 15e brigades; — 4° 16 batteries affectées au service de l'Algérie, de la Tunisie et de la Corse (4 à pied, 8 de montagne, 4 montées) (L. 28 déc. 1888). Elles sont rattachées aux régiments de la 19e brigade; — 5° 2 régiments d'artillerie pontonniers. L'armée française est la seule où le service des ponts de bateaux soit confié à l'artillerie; il appartient généralement ailleurs à l'arme du génie; — 6° 10 compagnies d'ouvriers d'artillerie chargées de la construction de la partie du matériel que ne fournit pas l'industrie privée; — 7° 3 compagnies d'artificiers (L. 24 juill. 1883; 15 juill. 1889).

104. Chaque brigade est commandée par un général. Des généraux sont placés, en outre, à la tête de l'artillerie de l'Algérie, de la Tunisie, de l'artillerie de la place et des forts de Paris, et de celle de la place et des forts de Lyon (Décr. 4 oct. 1883). Ils ont dans leurs attributions le personnel et les établissements.

105. — 4° *Génie* (*Rép.* nos 93, 94 et 101). — Comme l'artillerie, le génie a un état-major particulier composé de : 1° 475 officiers (L. 11 juill. 1889), savoir : 32 colonels, 33 lieutenants-colonels, 120 chefs de bataillon, 289 capitaines; — 2° 570 adjoints du génie, fonctionnaires analogues aux gardes d'artillerie possédant une hiérarchie semblable; ils ont rang d'officier; — 3° 6 ouvriers d'état; — 4° 292 portiers-consignes; — 5° Les sous-lieutenants élèves de l'Ecole d'application. Le génie comprend : 1° 4 régiments de *sapeurs-mineurs* dont 1 à 4 bataillons et 3 à 5 bataillons. Chaque régiment possède en plus une compagnie de sapeurs-conducteurs. Un bataillon est attaché à chaque corps d'armée et en porte le numéro; — 2° 1 régiment de *sapeurs* de chemins de fer à 3 bataillons de 4 compagnies et 1 compagnie de sapeurs-conducteurs (L. 13 mars 1875; 11 juill. 1889).

106. — 5° *Train des équipages militaires* (*Rép.* n° 113). — Le train des équipages comprend 20 escadrons à 3 compagnies plus un certain nombre de compagnies *mixtes* chargées du service de l'Algérie (L. 13 mars 1875; Décr. 10 oct. 1887). Les escadrons du train des équipages sont placés sous l'autorité des généraux commandant l'artillerie.

107. — 6° *Troupes d'administration* (*Rép.* nos 112 et 113). — Elles comprennent : 1° 20 *sections de secrétaires d'état-major et du recrutement*, commandées par le commandant du bureau de recrutement du chef-lieu de corps d'armée (L. 13 mars 1875, art. 14; Décr. 2 août 1874; 8 oct. 1884); — 2° 25 *sections de commis et ouvriers militaires d'administration*, commandées par un officier d'administration et placées sous l'autorité supérieure des fonctionnaires de l'intendance chefs des services administratifs (L. 16 mars 1882; 1er juill. 1889). Elles comprennent des commis aux écritures des bureaux de l'intendance, des ouvriers du service des subsistances, des ouvriers du service de l'habillement et du campement; — 3° 25 *sections d'infirmiers militaires*, commandées par un officier d'administration du service des hôpitaux, qui sont placées sous l'autorité supérieure des médecins militaires chefs du service de santé (L. 16 mars 1882; 1er juill. 1889, art. 41). Leur personnel se divise en infirmiers commis aux écritures, infirmiers de visite, infirmiers d'exploitation (Décr. 25 nov. 1889, art. 162).

108. — 7° *Gendarmerie* (*Rép.* nos 121 à 126). — La gendarmerie compte : 1° 27 légions dont le nombre des compagnies est variable, deux seulement en Corse; — 2° La légion de la garde républicaine à 3 bataillons d'infanterie de 4 compagnies et 4 escadrons de cavalerie (Décr. 5 juill. 1887); — 3° La gendarmerie coloniale (Décr. 13 mars 1889); — 4° La gendarmerie maritime (Décr. 11 mai 1877, et 20 nov. 1879). Le cadre des officiers peut être modifié suivant les besoins du service (L. 13 mars 1875, art. 32). Il comprend actuellement : 15 colonels, 15 lieutenants-colonels, 101 chefs d'escadron, 283 capitaines, 332 lieutenants et sous-lieutenants (Décr. 24 déc. 1887, art 5).

109. — 8° *Régiment des sapeurs-pompiers de la ville de Paris.* — Ce régiment, dont la solde et l'entretien sont à la charge de la ville de Paris, constitue un corps d'infanterie dont le personnel fait partie de l'armée (L. 13 mars 1875, art. 33).

110. — 9° *Troupes coloniales.* — Il convient de mentionner, dans l'énumération des corps de troupes, les troupes coloniales dont la création est prévue par la loi du 15 juill. 1889 et qui doivent avoir un recrutement particulier. Les corps, tant métropolitains qu'indigènes, administrés actuellement par le département de la marine, doivent, d'après le projet de loi déposé le 16 févr. 1891, être rattachés au ministère de la guerre et servir de noyaux à l'armée coloniale.

111. Indépendamment de l'*état-major général*, qui comprend, pour l'artillerie, 1 général de division et 3 généraux de brigade, et pour l'infanterie, 3 généraux de division et 5 de brigade, les troupes coloniales sont les suivantes : 1° l'artillerie de marine; 2° l'infanterie de marine; 3° les troupes spéciales et indigènes.

L'*artillerie de marine* forme : 1° un régiment composé de 22 batteries, stationnées en France, et de 13 batteries et 3 détachements en garnison aux colonies; 2° une compagnie de conducteurs sénégalais; 3° 6 compagnies d'ouvriers d'artillerie; 4° une compagnie d'artificiers.

L'*infanterie de marine* comprend : 8 régiments (nos 1 à 8), de composition variable et s'élevant à un total de 116 compagnies actives et 4 compagnies hors rang (Décr. 1er mars 1890, art. 1 et 2); — 2° 4 régiments (nos 9 à 12) au Tonkin, en Annam, en Cochinchine et à la Nouvelle-Calédonie; — 3° 4 bataillons et un nombre égal de détachements dans les autres colonies.

Les *troupes spéciales et indigènes* sont : 1° le régiment des tirailleurs sénégalais; — 2° celui des tirailleurs annamites; — 3° les 3 régiments de tirailleurs tonkinois; — 4° la compagnie des cipahis de l'Inde; — 5° la compagnie des tirailleurs de Diégo-Suarez; — 6° les 2 compagnies de tirailleurs haoussas; — 7° les 2 compagnies de disciplinaires des colonies; — 8° la compagnie de discipline de la marine.

112. En ce qui concerne le recrutement de la marine, V. *suprà*, v° *Organisation maritime*, nos 64 et suiv.

§ 2. — Armée territoriale.

113. Les cadres de l'armée territoriale sont constitués en tout temps; mais l'effectif permanent et soldé ne comprend que le personnel nécessaire à l'administration, à la tenue des contrôles, à la comptabilité et à la préparation des examens qui ont pour objet l'appel à l'activité des hommes. Ces derniers, ainsi que les gradés, restent dans leurs foyers et ne sont réunis ou appelés à l'activité que sur ordre de l'autorité militaire (L. 24 juill. 1873, art. 29 et 30).

En cas de mobilisation, les corps de l'armée territoriale ou les unités constituées de ces corps peuvent être affectés à la garnison des places fortes, aux postes et lignes d'étapes, à la défense des côtes, des points stratégiques; ils peuvent aussi être formés en groupes, brigades, divisions et corps d'armée destinés à tenir campagne. Enfin ils peuvent être détachés pour faire partie de l'armée active. En temps de paix, le ministre peut rattacher des unités constituées de l'armée territoriale à des corps actifs pour être instruites par les soins de ces corps. Toutefois la durée des convocations (2 semaines en 6 ans) n'est pas modifiée (L. 24 juill. 1873, art. 34; 15 juill. 1889, art. 49; 21 juin 1890).

Le rappel de l'armée territoriale peut être fait d'une manière distincte et indépendante pour l'armée de terre, pour l'armée de mer ou pour l'armée coloniale; il peut être fait pour un, plusieurs ou tous les corps d'armée, et, s'il y a lieu, distinctement par arme. Dans tous les cas, il a lieu par classe, en commençant par la moins ancienne. La réserve de l'armée territoriale n'est appelée qu'en cas de guerre (sauf pour les hommes affectés à la garde des voies de communication qui peuvent être astreints à des exercices en temps de paix) et à défaut de ressources suffisantes fournies par l'armée territoriale. Le rappel se fait par classe ou fraction de classe, en commençant par la moins ancienne (L. 15 juill. 1889, art. 48).

114. Les divers corps de l'armée territoriale se recrutent dans une circonscription donnée du territoire. La formation de ces corps a lieu par subdivision de région, pour l'infanterie (sauf pour les chasseurs à pied); sur l'ensemble de la région, pour les autres armes.

115. — L'*infanterie* de l'armée territoriale comprend: 1° 145 régiments, à raison de 1 par subdivision de région. Ces régiments ont un nombre de bataillons variable, déterminé par le ministre, et un dépôt (L. 13 mars 1875 art. 47; 21 juin 1890); — 2° Des bataillons de chasseurs dont la composition est fixée par le ministre (L. 27 juill. 1891); — 3° 10 bataillons de zouaves en Algérie.

116. La *cavalerie territoriale* comprend, dans chaque région, 4 escadrons de dragons et 4 escadrons de cavalerie légère. Ces escadrons sont rattachés, pour l'administration et le commandement, au régiment actif de la même subdivision d'arme de la brigade de cavalerie du corps d'armée (Décr. 8 avr. 1884). En outre, 6 escadrons territoriaux de chasseurs d'Afrique sont rattachés aux régiments actifs en Algérie, le 4e excepté.

117. L'*artillerie* forme: 1° 18 régiments ayant un nombre variable de batteries; 2° 1 bataillon de canonniers sédentaires à Lille; 3° 13 batteries à pied en Algérie.

118. L'armée territoriale compte, en outre, 18 bataillons de génie et 4 dépôts, 18 escadrons du train, 21 sections de commis et ouvriers d'administration et 21 sections d'infirmiers. En dehors des corps de troupes, un certain nombre d'officiers sont adjoints au commandement des étapes, aux service des remontes et des réquisitions et aux divers états-majors.

119. Il convient encore de signaler le *corps militaire des douanes* et le *corps des chasseurs forestiers*, lesquels font partie de l'armée territoriale (L. 24 juill. 1873, art. 8; 15 juill. 1889, art. 8). Le personnel des douanes forme des compagnies et sections de forteresse, affectées à la défense des places et forts, et des sections, compagnies et bataillons actifs, appelés à coopérer avec les armées en campagne. L'organisation du corps des douanes a été réglée par le décret du 22 sept. 1882. Le ministre de la guerre fait connaître d'avance au ministère des finances les unités qui doivent être mises à la disposition de l'autorité militaire dès l'ordre de mobilisation (Décr. 15 mars 1890). En Algérie, les préposés sont groupés en compagnies d'infanterie et pelotons de cavalerie (Décr. 15 mars 1890 précité).

Les *chasseurs forestiers* ont reçu une organisation analogue en compagnies, sections et détachements destinés à seconder les opérations des armées ou la défense des places fortes. Les emplois de l'administration des Forêts, comme ceux des Douanes, sont assimilés à la hiérarchie militaire. Le corps des chasseurs forestiers a été réorganisé par le décret du 18 nov. 1890. En Algérie, le personnel est formé en escadrons.

ART. 2. — *De la hiérarchie militaire et de l'avancement* (*Rép.* nos 127 à 158).

120. Les règles générales exposées au *Répertoire* sur la hiérarchie militaire n'ont pas été modifiées, et la loi du 14 avr. 1832 détermine encore les conditions de l'avancement. Nous n'aurons que quelques dispositions de détail à indiquer pour compléter les explications contenues au *Répertoire*, sauf en ce qui concerne le classement des officiers proposés pour l'avancement, qui a été réglementé à nouveau.

121. On a vu au *Rép.* n° 131 que, pour les divers grades d'officier, les uns, comme celui de sous-lieutenant, étaient exclusivement décernés au choix, tandis que les autres étaient, dans une proportion variable suivant les degrés de la hiérarchie, conférés soit au choix, soit à l'ancienneté. La loi du 26 mars 1891 a dérogé à ces principes en ce qui concerne le grade de lieutenant. Tandis qu'auparavant, d'après la loi du 14 avr. 1832 (art. 12 et 13), les grades de lieutenant, sauf dans les armes spéciales, étaient donnés deux tiers à l'ancienneté et un tiers au choix, la loi de 1891 a disposé que tous les grades de lieutenant seraient donnés à l'ancienneté, sans distinction d'armes, après deux années de service dans le grade.

122. D'après la législation contemporaine du *Répertoire*, l'avancement, pour l'infanterie et la cavalerie, avait lieu par régiment, c'est-à-dire que les emplois au grade supérieur étaient donnés à des officiers du régiment dans lequel se produisait la vacance. Depuis la loi du 5 janv. 1872, l'avancement dans toutes les armes et dans chaque grade roule sur la totalité de l'arme. Les officiers brevetés placés hors cadres pour le service d'état-major continuent même d'appartenir à leur arme respective et à y concourir pour l'avancement (L. 24 juin 1890, art. 5).

123. Par suite des mêmes principes, l'avancement des lieutenants d'infanterie à la première classe de leur grade a lieu sur toute l'arme; leurs droits sont déterminés par le rang qu'ils occupent sur la liste générale d'ancienneté. Le nombre des lieutenants de première classe est fixé à la moitié du nombre total des officiers de ce grade (Décr. 2 janv. 1889). Mais, pour la cavalerie, le passage aux emplois de lieutenant et de capitaine en premier continue à rouler sur chaque régiment. — Dans l'infanterie, le passage des capitaines à la première classe n'existe plus; il a été remplacé par la solde progressive établie par le décret du 27 déc. 1890. Cette solde est, d'ailleurs, applicable aux autres armes.

124. La nouvelle organisation du commandement a nécessairement modifié les conditions du classement des officiers indiquées au *Rép.* nos 142 et suiv. Le décret du 2 avr. 1889 a réglé à nouveau ce classement. Les tableaux d'avancement pour tous les grades sont établis, chaque année, d'après les propositions des inspecteurs généraux (V. aussi L. 5 janv. 1872). Ne peuvent y être portés que les officiers possédant une ancienneté *minima* fixée tous les ans par le ministre (Décr. 2 avr. 1889, art. 3). Les inspecteurs généraux sont, pour l'infanterie, le gouverneur militaire ou le commandant du corps d'armée; pour les autres armes et services, les corps de troupe et les établissements sont repartis en arrondissements inspectés par un officier général ou fonctionnaire désigné par le ministre.

Jusqu'au grade de commandant, l'inscription définitive au tableau est prononcée par des commissions d'armes ou services (Décr. 2 avr. 1889, art. 4). Ces commissions dressent des listes de présentation pour les grades de lieutenant-colonel, colonel et général de brigade. Une *commission supérieure de classement* composée des gouverneurs militaires et commandants de corps d'armée, auxquels viennent successivement s'adjoindre, avec voix délibérative, les présidents des commissions d'armes, chacun pour son arme, prononce l'inscription définitive pour les grades de lieutenant-colonel et colonel (Même décret, art. 6 et 8). Elle classe par ordre de préférence et séparément, suivant leur arme d'origine, les candidats présentés ou proposés pour les grades de général de brigade et de général de division ou grades correspondants (Décr. 11 oct. 1890). Le conseil supérieur de la guerre arrête définitivement les listes d'aptitude pour ces grades. Les listes d'inscription définitive pour tous les grades constituent les tableaux d'avancement de l'année et sont publiées au *Journal officiel*.

Des règles spéciales existent: 1° pour les officiers appartenant au service d'état-major (Décr. 3 janv. 1891); — 2° Pour ceux appartenant à l'état-major de l'armée et aux directions du ministère (Décr. 2 avr. 1889, art. 15); — 3° Pour ceux appartenant à l'Ecole supérieure de guerre (Décr. précité, art. 15); — 4° Pour ceux appartenant aux sections techniques du ministère et aux écoles militaires

(Décr. précité, art. 15) ; — 5° Pour le personnel des archivistes, du recrutement et de la justice militaire (art. 13) ; — 6° Pour les vétérinaires militaires (art. 14).

Sect. 3. — De l'état des officiers (*Rép.* n°s 159 à 194).

125.—I. Officiers de l'armée active. — Depuis le *Répertoire*, la loi du 19 mai 1834 qui règle l'*état* des officiers est restée en vigueur, et les explications contenues au *Rép.* n°s 159 et suiv. ont conservé toute leur valeur.

126. Les dispositions de la loi de 1834, qui avaient déjà été étendues aux interprètes militaires et aux contrôleurs d'armes (Décr. 4 juin 1862 et 29 août 1865), ont été successivement appliquées : 1° au corps du contrôle de l'administration de l'armée (L. 16 mars 1882, art. 42); — 2° Au corps des ingénieurs des poudres et salpêtres (L. 16 mars 1882, art. 27); — 3° Au corps de l'intendance militaire (L. 16 mars 1882, art. 28); — 4° Au corps de santé militaire (L. 16 mars 1882, art. 37); — 5° Au corps des archivistes des bureaux d'état-major (L. 20 mars 1880; 24 juin 1890, art. 9); — 6° Aux officiers d'administration des services de l'intendance (L. 16 mars 1882, art. 32); — 7° Aux officiers d'administration du service des hôpitaux militaires (Même loi et L. 1er juill. 1889, art. 40 *bis*); — 8° Aux officiers d'administration de la justice militaire (L. 16 mars 1882, art. 36); — 9° Aux gardes d'artillerie (L. 13 mars 1875, art. 11); — 10° Aux adjoints du génie (Même loi, art. 12); — 11° Aux vétérinaires militaires (Décr. 8 juill. 1884).

127. Mais, en l'absence d'un texte formel, il est impossible d'étendre le bénéfice de l'état d'officier à des personnes placées momentanément à la disposition du département de la guerre et assimilées, à certains égards, aux officiers. Ainsi il a été décidé qu'un aumônier en chef pouvait être assimilé à un intendant militaire quant à la solde et à ses accessoires, aux indemnités réglementaires, aux préséances et à la pension de retraite, mais que son emploi ne pouvait être assimilé à un grade constituant l'état de l'officier. Par suite, le titulaire, au moment de la suppression de son emploi, n'a droit ni à être mis en disponibilité, ni à être admis dans le cadre de réserve (Cons. d'Et. 8 août 1873, aff. Laine, D. P. 74. 3. 43).

128. Le rang d'ancienneté fait partie de l'état d'officier (Cons. d'Et. 6 févr. 1874, aff. Hounau; 24 juill. 1874, aff. Caillet; 27 mars 1874, aff. Faidherbe, D. P. 75. 3. 17; 10 déc. 1875, aff. Hucher, D. P. 76. 3. 47; 20 avr. 1888, aff. Casse et autres, D. P. 89. 3. 65; 22 févr. 1889, aff. Nolau, D. P. 90. 3. 42-43. Comp. Cons. d'Et. 19 févr. 1875, aff. Prince Napoléon Bonaparte, D. P. 75. 3. 18).

129. La démission d'un officier peut toujours être refusée (*Rép.* n° 163). Aucune disposition législative ou réglementaire ne limite le pouvoir du Gouvernement en ce qui concerne l'acceptation des démissions des officiers. Il a été jugé, en conséquence, que le refus par le ministre d'accepter une démission à raison des nécessités du service ne constitue pas un acte de nature à être attaqué devant le conseil d'Etat par la voie contentieuse (Cons. d'Et. 20 févr. 1891, aff. D...; V. en ce sens Cons. d'Et. 27 janv. 1888, aff. Germaix, D. P. 89. 3. 36, et 20 févr. 1891, aff. Dève, D. P. 92. 3. 86).

130.— 1° *De la non-activité.* — Nous renvoyons au *Répertoire* pour ce qui concerne les positions de non-activité soit pour infirmités temporaires (*Rép.* n° 174), soit par retrait ou suspension d'emploi (*Rép.* n° 176). — Les officiers en non-activité restent soumis aux règles générales de la discipline et de la subordination, sous la surveillance du général commandant la subdivision de région où ils sont autorisés à résider (Décr. sur le service intérieur, art. 323, infanterie). Toute infraction à ces règles entraîne, pour l'officier qui s'en est rendu coupable, selon la gravité des cas, la détention dans une prison militaire et l'envoi devant un conseil d'enquête; ces officiers sont justiciables des conseils de guerre pour tous les délits qui ont rapport à leur état militaire (Circ. min. 10 févr. 1872, *Bull. mil. off.* 1872, t. 14, p. 30).

Les officiers en non-activité pour infirmités temporaires conservent le droit de porter l'uniforme; ceux qui sont en retrait d'emploi ne peuvent le revêtir en dehors des circonstances où ils sont obligés de comparaître devant l'autorité militaire (Décis. min. 1er févr. 1873, *ibid.*, part. régl., p. 100; Décr. 24 juill. 1886). Une résidence est imposée aux officiers en non-activité. Ils n'en peuvent changer sans l'autorisation du général commandant la région (Notes minist. 4 oct. 1876, *ibid.*, part. régl., p. 124; 19 juill. 1877. *ibid.*, part. régl., p. 90; 17 mai 1878, *ibid.*, part. régl., p. 247). Pendant la durée de l'absence irrégulière, l'officier est privé de sa solde (Circ. min. 10 févr. 1872, *ibid.*, t. 14, p. 30). Pour être autorisés à résider dans le département de la Seine, les officiers en retrait d'emploi doivent justifier de moyens d'existence.

131. Le ministre est toujours libre de mettre un officier en non-activité par mesure disciplinaire ou pour infirmités temporaires, sans que cet acte puisse être attaqué par la voie contentieuse. La jurisprudence est constante sur ce point. Ainsi, il a été jugé : 1° que le décret mettant un officier en non-activité, en vertu de l'art. 6 de la loi du 19 mai 1834, n'est pas susceptible de donner lieu à un recours devant le conseil d'Etat. Dans le cas où le conseil d'enquête, devant lequel a été renvoyé un officier, a décidé qu'il n'y avait pas lieu de le mettre en réforme, le ministre n'en conserve pas moins le droit de mettre l'officier en non-activité par retrait d'emploi, en vertu des pouvoirs disciplinaires que lui confère l'art. 6 précité, à raison des mêmes faits qui avaient motivé la comparution dudit officier devant le conseil d'enquête (Cons. d'Et. 6 mai 1881, aff. E..., D. P. 82. 3. 99); — 2° Que la décision par laquelle le chef de l'Etat, sur la proposition du ministre de la guerre, met un officier en non-activité pour infirmités temporaires, en vertu de l'art. 5 de la loi du 19 mai 1834, est un acte qui n'est pas de nature à donner lieu à un recours par la voie contentieuse (Cons. d'Et. 2 juin 1876, aff. L..., D. P. 76. 3. 96; 14 mars 1879, aff. Chazotte, D. P. 80. 5. 23). Il en serait autrement si la mise en non-activité avait été prononcée par application de l'art. 13 de la même loi (V. *infrà*, n° 140).

132. — 2° *De l'état de réforme.* — L'état de réforme (*Rép.* n° 182) est une situation qui suppose la possession antérieure de l'état d'officier. En conséquence, l'officier qui a encouru une condamnation correctionnelle entraînant de plein droit la perte du grade ne peut obtenir une pension de réforme (L. 19 mai 1834, art. 1, et c. just. mil., art. 201, combinés; Cons. d'Et. 23 févr. 1883, aff. Borelly, D. P. 84. 3. 101). — De même, il a été décidé que les décrets rendus dans la forme prescrite par la loi, qui ont mis un officier successivement en non-activité et en réforme, ont pour effet de lui reconnaître, d'une manière définitive et irrévocable, l'état d'officier; que, par suite, le ministre de la guerre ne peut refuser de faire liquider sa pension, en se fondant sur ce qu'une condamnation antérieure à ces décrets lui aurait fait perdre son grade (Cons. d'Et. 5 mars 1875, aff. Doineau, D. P. 75. 3. 113). — Mais la dégradation militaire entraîne de plein droit la privation de l'état d'officier et la déchéance de tout droit à la pension (Cons. d'Et. 31 mars 1882, aff. Guichard, D. P. 83. 3. 70).

133. Un décret du 29 juin 1878 a abrogé l'ordonnance du 21 mai 1836 (*Rép.*, n° 188) et organisé à nouveau le fonctionnement et la composition des *conseils d'enquête*. Aux termes de l'art. 1, « il y a trois espèces de conseils d'enquête : 1° le conseil d'enquête de régiment ou de corps de troupe formant bataillon ou escadron; 2° le conseil d'enquête de région ou de corps d'armée; 3° le conseil d'enquête spécial pour les généraux de brigade, les généraux de division et les fonctionnaires qui leur sont assimilés. Les règles relatives aux conseils d'enquête de région ou de corps d'armée s'appliquent également aux conseils d'enquête qu'il peut y avoir lieu de réunir dans tout corps d'armée ou fraction de corps d'armée mobilisé, dans les circonscriptions formées à l'intérieur sous le titre de commandements supérieurs, et, en Algérie, sous le titre de divisions militaires ». — Il a été jugé que cette dernière disposition n'est pas applicable à un officier servant dans un escadron détaché en Algérie; que, par suite, le conseil d'enquête devant lequel cet officier peut être appelé est le conseil de régiment, constitué conformément aux prescriptions de l'art. 3 du décret du 29 juin 1878 (Cons. d'Et. 17 juill. 1885, aff. Boullenot, D. P. 87. 3. 21).

134. Les articles 3 et 4 déterminent les règles d'après lesquelles les officiers appelés à composer le conseil d'enquête doivent être choisis, ou remplacés en cas d'absence ou d'empêchement. Certaines difficultés se sont élevées sur l'interprétation de ces règles et ont été résolues par le conseil d'Etat. Il a été décidé, notamment : 1° que les membres absents ou empêchés ne peuvent être remplacés dans la composition d'un conseil d'enquête que par des officiers du même grade ou, à défaut, du grade immédiatement inférieur, et il n'est pas fait exception à cette règle dans le cas où le membre empêché ne peut être remplacé, dans les conditions ci-dessus indiquées, par un officier pris parmi les membres du régiment ou du corps de troupe formant bataillon ou escadron auquel appartient l'officier objet de l'enquête (Décr. 29 juin 1878, art. 3, § 3, et art. 4, § 1, combinés). Dans ce cas, il doit être procédé conformément aux prescriptions finales de l'art. 3 du décret précité. En conséquence, la décision du chef de l'Etat portant mise en réforme d'un officier sur l'avis d'un conseil d'enquête dans lequel un capitaine avait été appelé à siéger en remplacement d'un colonel ou d'un lieutenant-colonel doit être annulé par le conseil d'Etat par application de la loi des 7-14 oct. 1790, et 24 mai 1872, art. 9 (Cons. d'Et. 22 juill. 1881, aff. Thile, D. P. 83. 3. 7); — 2° Que le remplacement, dans un conseil d'enquête de régiment, d'un officier de ce régiment par un officier du même grade appartenant à un autre régiment, sans que l'ordre de convocation contienne aucune mention d'un empêchement admis par le général de division, et sans que cette substitution ait été justifiée par la constatation postérieure d'aucun empêchement connu de cet officier général, constitue une irrégularité ayant pour effet d'entraîner l'annulation de la décision du chef de l'Etat prononçant la mise en réforme de l'officier appelé devant ledit conseil (Cons. d'Et. 10 févr. 1882, aff. Brun, D. P. 83. 3. 59); — 3° Que, dans la composition d'un conseil d'enquête de régiment, un officier du régiment auquel appartient celui qui est appelé à comparaître devant le conseil ne peut être remplacé par un officier d'un autre régiment que dans le cas où il ne reste pas dans le régiment des officiers du même grade ou du grade immédiatement inférieur en nombre suffisant pour pourvoir à son remplacement (Cons. d'Et. 27 nov. 1885, aff. Le Cadre, D. P. 87. 3. 85); — 4° Qu'en cas d'absence ou d'empêchement, le colonel ou lieutenant-colonel qui doit faire partie du conseil d'enquête devant lequel est appelé un lieutenant peut être remplacé par un chef d'escadrons (Cons. d'Et. 17 juill. 1885, aff. Boullenot, D. P. 87. 3. 21). — Il avait été jugé, sous l'empire de l'ordonnance du 21 mai 1836 (art. 3 et 4), dont les dispositions à cet égard étaient analogues à celles du décret de 1878, que la composition d'un conseil d'enquête est irrégulière lorsque ce conseil a été formé d'officiers qui n'étaient pas les plus anciens de leur grade, sans qu'il soit justifié que lesdits officiers étaient appelés à en faire partie par leur tour de rôle (Cons. d'Et. 20 nov. 1874, aff. X..., D. P. 75. 3. 73). Décidé, d'autre part, que la circonstance qu'au moment où s'est réuni le conseil d'enquête appelé à donner son avis sur la mise à la réforme d'un officier de marine, celui-ci se trouvait promu au grade supérieur, ne rend pas nul l'avis de ce conseil, à raison de ce que sa composition ne correspondrait pas au nouveau grade, si ladite nomination était ignorée au moment de l'instruction de l'affaire, et si l'officier dont il s'agissait d'apprécier la conduite occupait encore, en fait, l'emploi dans lequel il avait accompli les faits qui ont donné lieu à cette instruction. Un décret de mise en réforme peut se fonder sur cet avis, qui est définitif (Cons. d'Et. 26 juin 1869, aff. Lullier, D. P. 71. 3. 14).

135. D'après l'art. 3, § 3, de l'ordonnance du 21 mai 1836, l'officier, objet d'une enquête, devait toujours être appelé devant un conseil de régiment, sauf dans le cas où il était officier d'état-major ou appartenait à un bataillon, à un escadron ou à une compagnie faisant corps de troupe. Il avait été décidé, par application de cette règle, que le conseil d'enquête, appelé à donner son avis sur la mise en réforme d'un capitaine qui, bien qu'attaché à un établissement particulier, n'appartenait pas à l'état-major et était resté immatriculé dans un régiment, devait être un conseil de régiment et non un conseil de division (Cons. d'Et. 11 janv. 1878, aff. X..., D. P. 78. 3. 84). D'après l'art. 3, n° 2, du décret de 1878, l'officier doit comparaître devant un conseil d'enquête dit *de région*, s'il est détaché d'un corps de troupe. Décidé, à cet égard, qu'un officier d'ordonnance d'un général ne peut être considéré comme détaché de son régiment dans le sens de l'art. 3, n° 2, du décret du 29 juin 1878, et, par suite, s'il est l'objet d'une enquête, le conseil compétent pour en connaître doit être un conseil de régiment et non un conseil de région (Cons. d'Et. 6 juill. 1883, aff. P..., D. P. 85. 3. 26).

136. Aux termes de l'art. 2, al. 2 et 4, « deux membres au moins (sur les cinq dont le conseil d'enquête est composé) doivent être de l'arme ou du service militaire auquel appartient l'officier objet de l'enquête. Les officiers généraux qui font partie des conseils d'enquête sont considérés comme appartenant à l'arme dans laquelle ils ont servi comme colonel ». Il a été jugé, conformément à ces dispositions, que le conseil d'enquête appelé à donner un avis sur des actes imputés à un officier général doit comprendre deux membres ayant appartenu à l'arme dans laquelle servait cet officier général en qualité de colonel (Cons. d'Et. 10 juill. 1891, aff. Hubert Castex, D. P. 92. 3. 121).

137. Les dispositions du décret du 8 juin 1879 qui ont modifié certains articles du décret du 29 juin 1878, concernant la composition des conseils d'enquête dans le gouvernement militaire de Paris, ne sont pas applicables aux conseils d'enquête spéciaux (Cons. d'Et. 10 juill. 1891, aff. Hubert Castex, D. P. 92. 3. 121). — Décidé, par le même arrêt, que le ministre de la guerre n'a pas, pour la composition des conseils d'enquête spéciaux, un pouvoir discrétionnaire, et qu'il est tenu, pour la désignation du président et des membres, de suivre l'ordre déterminé par les art. 2 et 3 du décret du 29 juin 1878. Mais le ministre est seul juge des cas d'empêchement et, en l'absence de toute disposition réglant le mode de constatation des empêchements admis par le ministre, l'officier général appelé à comparaître devant un conseil d'enquête ne peut se fonder, pour soutenir que la composition de ce conseil était irrégulière, sur ce que les généraux désignés par le ministre pour en faire partie n'étaient pas ceux que leur rang d'ancienneté appelait à y siéger.

138. Un décret du 8 juin 1879 a modifié les dispositions des sixième et huitième paragraphes de l'art. 3 du décret de 1878, et décidé que « les membres des conseils d'enquête de région ou de corps d'armée, autres que le président, seraient pris dans le gouvernement militaire de Paris, toutes les fois que cela serait possible, dans la division d'infanterie ou de cavalerie, dans la brigade d'artillerie ou dans le service de l'armée dont fait partie l'officier objet de l'enquête ». Il a été jugé que ces dispositions n'étaient pas applicables aux conseils d'enquête spéciaux (Cons. d'Et. 10 juill. 1891, aff. Hubert Castex, D. P. 92. 3. 121).

139. L'art. 5 du décret de 1878 porte : « Ne peuvent faire partie du conseil d'enquête : ... 2° Les auteurs de la plainte ou du rapport spécial qui a motivé la réunion du conseil. — Il a été jugé que cette disposition, en tant qu'elle exclut du conseil d'enquête les auteurs de la plainte, ne s'applique pas à des officiers qui, après avoir chargé quelques-uns d'entre eux de procéder à une enquête sur les faits reprochés à leur collègue, ont refusé de recevoir celui-ci parmi eux et ont dressé procès-verbal de leur délibération; il en est ainsi, alors même que ce procès-verbal a été transmis au ministre de la guerre comme pièce à l'appui du rapport spécial prescrit par l'art. 7 du décret précité; mais la règle d'après laquelle l'auteur du rapport spécial qui a motivé la réunion du conseil ne peut en faire partie, s'applique à l'officier adjoint à un autre officier d'un grade supérieur chargé de la rédaction de ce rapport (Cons. d'Et. 19 janv. 1883, aff. L..., D. P. 84. 3. 85). — Décidé, d'autre part, que le fait qu'un officier a été entendu, à titre de témoin, par un conseil d'enquête, ne rentre dans aucun des cas auxquels s'applique l'interdiction de faire partie d'un nouveau conseil, réuni pour donner son avis sur la même affaire; par suite, lorsque cet officier, appelé par son rang à siéger dans le nouveau conseil, a été remplacé par un autre officier, le conseil doit être considéré comme composé irrégulièrement, et le décret qui, sur l'avis dudit conseil, a mis un officier en réforme, doit être annulé pour excès de pouvoir (Cons. d'Et. 5 août 1887, aff. Le Cadre, D. P. 88. 3. 130).

140. Toute irrégularité dans la composition du conseil d'enquête donne ouverture à un recours pour excès de pouvoir. C'est ce qui ressort des arrêts que l'on vient d'analyser dans les numéros qui précèdent. Sous l'empire de la législation antérieure au décret de 1878, il a été jugé également: 1° qu'un officier est recevable à demander l'annulation, pour excès de pouvoir, de la décision ministérielle qui l'a mis en réforme, en se fondant sur ce que le conseil d'enquête, devant lequel il a été appelé par application de l'art. 13 de la loi du 19 mai 1834, aurait été composé irrégulièrement; et il appartient au conseil d'Etat de vérifier si la présence dans ce conseil d'officiers qui n'étaient pas les plus anciens de leur grade était justifiée par l'empêchement des officiers plus anciens, dans les conditions prévues par la loi (Sol. impl. Cons. d'Et. 2 juill. 1880, aff. L..., D. P. 80. 5. 24); — 2° Que, lorsqu'un officier a été mis en non-activité par application du dernier paragraphe de l'art. 13 de la loi du 19 mai 1834, il est recevable à attaquer, pour excès de pouvoir, le décret qui a prononcé sa mise en non-activité, en se fondant sur l'irrégularité de la composition du conseil d'enquête (Cons. d'Et. 20 nov. 1874, aff. X..., D. P. 75. 3. 73). Aux termes de ce dernier arrêt, la notification à un officier qu'il est mis en non-activité ne suffit pas pour faire courir le délai des recours au conseil d'Etat, lorsque les termes de cette notification ne lui font pas connaître que c'est par application de l'art. 13 de la loi de 1834 que cette mesure a été prise contre lui. — Il a été jugé, d'ailleurs, que la régularité de la composition d'un conseil d'enquête ne peut être contestée par le motif que l'acte désignant les membres devant y siéger ne constate pas les causes d'absence ou d'empêchement des membres remplacés, alors que ces causes sont dûment justifiées par l'instruction (Cons. d'Et. 17 juill. 1885, aff. Boullenot, D. P. 87. 3. 21).

141. Les art. 6 à 21 du décret de 1878 déterminent les formes de l'enquête. Ces règles, de même que celles relatives à la composition du conseil, sont substantielles, et leur inobservation peut motiver l'annulation de la décision par le conseil d'Etat. — Il a été décidé, à cet égard : 1° qu'un officier n'est pas fondé à se prévaloir, pour faire prononcer l'annulation de la décision du président de la République le mettant en non-activité, de ce qu'il n'aurait pu obtenir la restitution de documents qui devaient lui servir à présenter sa défense devant le conseil d'enquête, alors que les pièces justificatives dont il s'agit avaient été remises par lui au rapporteur près d'un conseil d'enquête réuni antérieurement pour examiner les mêmes faits, que ces pièces avaient été transmises au ministre de la guerre avec le procès-verbal contenant l'avis dudit conseil, qu'au moment où le ministre a convoqué un nouveau conseil d'enquête, les mêmes pièces ont été envoyées au général président de ce conseil qui les a remises au rapporteur, conformément aux prescriptions des art. 9 et 11 du décret du 29 juin 1878, que le rapporteur ne pouvait se dessaisir de ces documents qui faisaient partie de l'instruction, mais que, par une lettre adressée au requérant, il l'avait informé qu'il lui donnerait communication des pièces du dossier dont cet officier désirerait prendre connaissance; qu'ainsi celui-ci, ayant eu la faculté de consulter ces documents et d'y puiser les renseignements qu'il jugerait utile de communiquer aux membres du conseil, n'est pas fondé à soutenir qu'il a été porté atteinte aux droits de la défense (Cons. d'Et. 29 juin 1888, aff. Lamarque, D. P. 89. 5. 29); — 2° Qu'un officier ne peut se prévaloir, pour contester la régularité des opérations d'un conseil d'enquête, de ce que des personnes qu'il avait désignées n'auraient pas été appelées à fournir des renseignements (art. 16), alors qu'averti que ces personnes étaient absentes, il n'a élevé aucune réclamation de ce chef et n'a fait aucune réserve relative aux renseignements qu'elles auraient pu fournir (Cons. d'Et. 6 juill. 1883, aff. P..., D. P. 85. 3. 26); — 3° Que, dans une instruction relative à la mise en réforme d'un officier, les pièces à l'appui qui doivent être transmises au ministre de la guerre avec le procès-verbal contenant l'avis du conseil d'enquête comprennent les pièces justificatives produites par l'officier cité devant ce conseil (art. 20); par suite, la décision présidentielle qui met cet officier en réforme, sans que ces pièces justificatives aient été transmises au ministre, doit être annulée pour excès de pouvoir (Cons. d'Et. 8 août 1882, aff. P..., D. P. 84. 3. 28). — Par application de l'art. 4 de l'ordonnance du 16 mai 1836, dont la disposition est reproduite par le décret de 1878, il a été jugé que la décision du chef de l'Etat qui a prononcé la mise en réforme d'un officier par mesure de discipline doit être annulée pour vice de forme, lorsqu'une pièce communiquée par le ministre de la guerre au rapporteur près le conseil d'enquête n'a pas été lue en séance à ce conseil (Cons. d'Et. 27 déc. 1878, aff. F..., D. P. 79. 3. 47).

142. Il a été jugé qu'un fait de nature à motiver une poursuite devant un conseil de guerre peut constituer en même temps une faute contre l'honneur et, dès lors, être soumis à l'examen du conseil d'enquête (L. 19 mai 1834, art. 13; Cons. d'Et. 20 juin 1884, aff. P..., D. P. 85. 5. 27). — Décidé encore que, sous l'empire de l'art. 634 c. instr. crim., modifié par la loi du 14 août 1885, la réhabilitation n'a pas pour effet d'anéantir la peine de la destitution prononcée contre un officier par un conseil de guerre; et que, par suite, cet ancien officier ne peut être réintégré dans son grade (Cons. d'Et. 8 août 1888, aff. Louis dit Louisy, D. P. 89. 3. 117).

143. Signalons, enfin, un arrêt (Cons. d'Et. 14 mars 1873, aff. G..., D. P. 73. 3. 75), d'où il résulte implicitement qu'un officier rentré dans la vie civile a qualité pour demander l'annulation d'une décision antérieure qui l'a mis en réforme (Cons. d'Et. 14 mars 1873, aff. G..., D. P. 73. 3. 75).

144. — 3° *De l'état de retraite.* — L'état de retraite (*Rép.* n° 190 et suiv.) a été modifié par la loi du 22 juin 1878, aux termes de laquelle les officiers de tous grades et assimilés admis à la retraite restent, pendant cinq années, à la disposition du ministre de la guerre, qui peut leur donner un emploi de leur grade comme officiers de réserve, ou même d'un grade supérieur dans l'armée territoriale. Ils demeurent soumis, pendant ce laps de temps, aux lois et règlements militaires sur la réserve et l'armée territoriale. Pour les officiers d'infanterie admis par la loi du 25 juill. 1887 à la pension de retraite après vingt-cinq années de service, le temps pendant lequel ils demeurent à la disposition du ministre se trouve augmenté de la différence entre la durée de leurs services dans l'armée active et la limite de trente ans.

145. Il a été décidé : 1° que les officiers, autres que les officiers généraux, peuvent être admis d'office à la retraite, sans condition d'âge, dès qu'ils ont le temps de service exigé pour avoir droit à pension (L. 11 avr. 1831, art. 1 ; Cons. d'Et. 9 mars 1877, aff. De Labrousse, D. P. 77. 3. 57, et 80. 5. 24) ; — 2° Que les officiers généraux de la deuxième section du cadre de l'état-major de l'armée peuvent être mis en non-activité par retrait d'emploi (L. 19 mai 1834, art. 5 et 6, et 4 août 1839, art. 5). Ces officiers ne peuvent être mis d'office à la retraite que dans les cas prévus et dans les formes prescrites par la loi du 19 mai 1834 pour la mise à la réforme, et notamment après l'avis d'un conseil d'enquête (Cons. d'Et. 22 déc. 1877, aff. West, D. P. 78. 3. 33) ; — 3° Dans ce cas la mise à la retraite d'office peut être prononcée à raison d'une seule faute grave contre la discipline (Cons. d'Et. 10 juill. 1891, aff. Hubert Castex, D. P. 92. 3. 121).

La tenue des officiers en retraite ou en réforme pour infirmités a été réglée par le décret du 24 juill. 1886 (*Bull. mil. off.*, part. régl., p. 63).

146. Pendant la campagne contre l'Allemagne de 1870-1871, l'application des principes sur l'avancement fut suspendue par la force des choses. Il fallut improviser à la hâte des cadres sans s'assujettir à aucune règle et dans les conditions les plus défavorables. La loi du 29 août 1870 et le décret du 24 octobre de la même année rappelèrent au service les officiers retraités et démissionnaires. D'autre part, les décrets de la délégation de Tours en date des 13 et 14 oct. 1870 suspendirent toutes les lois sur l'avancement et permirent de conférer même à des personnes n'appartenant pas à l'armée des grades militaires qui ne devaient rester acquis après la guerre que s'ils étaient justifiés par une action d'éclat ou d'importants services constatés par le Gouvernement. La paix conclue, la nécessité se fit sentir de ramener l'ordre et l'unité dans la hiérarchie militaire; mais l'application des lois et règlements était impuissante. Si beaucoup d'officiers n'avaient été nommés ou promus qu'à titre provisoire, d'autres l'avaient été à titre définitif. Il n'appartenait pas au pouvoir exécutif de porter atteinte à des situations protégées par la législation sur l'état des officiers. Une revision des grades ne pouvait être faite que par l'Assemblée nationale. Tel fut l'objet de la loi du 8 août 1871. L'Assemblée, ne pouvant procéder directement à l'examen des titres individuels de chaque officier, délégua ce soin à une commission nommée par elle, choisie parmi ses membres, et des actes de laquelle elle assumait la responsabilité. « Cette commission, disait le général Trochu, rapporteur du projet de loi, sera souveraine, puisqu'elle doit émaner de vous et qu'elle statuera souverainement en votre nom ». Cette souveraineté devait s'exercer, sans accord avec le pouvoir exécutif et sans ratification de l'Assemblée. En conséquence, il a été décidé : 1° que les actes de la commission de revision des grades n'étaient en aucun cas susceptibles d'être déférés au conseil d'Etat (Cons. d'Et. 15 nov. 1872, aff. Carrey de Bellemare, D. P. 73. 3. 73; 3 janv. 1873, aff. Lépaulle, *ibid.;* 25 juill. 1873, aff. Simonin, D. P. 74. 3. 21); — 2° Que la notification de ces décisions aux intéressés par le ministre de la guerre ne constituait pas une décision spéciale et ne pouvait, dès lors, donner lieu à un recours au conseil d'Etat (Cons. d'Et. 15 nov. 1872, précité); — 3° Que l'acte par lequel le ministre de la guerre soumettait le dossier d'un officier à la commission de revision n'était qu'un acte d'instruction non susceptible d'être déféré au conseil d'Etat (Cons. d'Et. 3 janv. 1873, précité).

147. Par contre, il a été reconnu que le conseil d'Etat était compétent à l'occasion d'un recours formé devant lui contre une décision du ministre de la marine, pour décider si un document émané de la commission des grades constituait une décision; que, spécialement, une invitation adressée audit ministre d'élever à un grade supérieur un fonctionnaire du commissariat qui avait rempli pendant la guerre les fonctions d'intendant militaire, n'avait pas de caractère obligatoire et que, dès lors, le refus du ministre de proposer cette promotion n'était pas un acte de nature à être déféré au conseil d'Etat (Cons. d'Et. 28 mars 1873, aff. La Vieille, D. P. 73. 3. 73). En effet la commission des grades n'avait été chargée que de reviser la situation des officiers de l'armée de terre, aucune dérogation n'ayant été apportée, pendant la guerre, aux règlements sur l'avancement de l'armée de mer. De plus, elle n'avait pas qualité pour faire des promotions.

Pareillement, le conseil d'Etat s'est déclaré compétent à l'occasion d'un recours formé devant lui contre une décision du ministre de la guerre, pour examiner si le ministre, en réglant le rang d'ancienneté d'un officier, avait fait une juste application de la décision par laquelle la commission de revision des grades avait statué sur la situation de cet officier (Cons. d'Et., 25 juill. 1873, aff. Simonin, D. P. 74. 3. 21). D'après cet arrêt, pour régler l'ancienneté d'un officier démissionnaire rentré dans l'armée pendant la guerre de 1870, il y avait lieu de lui tenir compte de ses services depuis sa nomination à son grade jusqu'à sa démission, et du temps passé, avec ce même grade, dans la garde mobile, depuis qu'elle avait été appelée à l'activité.

148. La loi du 29 août 1870 et le décret du 24 oct. 1870 (V. *suprà*, n° 146) ne visaient que les officiers retraités et démissionnaires. Ils ne s'étendaient pas aux officiers mis en réforme, soit pour infirmités incurables, soit pour fautes contre la discipline. Ces officiers ne purent rentrer dans l'armée qu'à la faveur des dispositions des décrets de la délégation de Tours des 13 et 14 oct. 1870. Il a été jugé que ces officiers ne pouvaient se prévaloir de la disposition d'après laquelle les officiers démissionnaires qui avaient repris du service concourraient pour l'avancement et pourraient, sur leur demande, être maintenus dans l'armée après la fin de la guerre (Décr. 24 oct. 1870; Cons. d'Et. 20 déc. 1872, aff. A..., D. P. 73. 3. 74; 21 févr. 1873, aff. Lambert, *ibid.*).

Il a, d'ailleurs, été jugé que, pendant le temps qu'il est investi de son grade, même provisoire, l'officier doit jouir de toutes les prérogatives de ce grade. En conséquence, le conseil d'enquête appelé à donner son avis sur la question de savoir s'il y a lieu de le mettre en réforme doit être composé de la manière prescrite pour le grade dont il jouit à titre provisoire. Cependant, si ce grade provisoire n'était pas confirmé, c'est avec raison que la mise en réforme serait prononcée avec le grade dont l'officier avait le titre définitif (Cons. d'Et. 14 mars 1873, aff. G..., D. P. 73. 3. 75).

149. — II. OFFICIERS DE RÉSERVE. — La loi du 24 juill. 1873, art. 38 et 39, a créé un cadre dit d'officiers de réserve, servant au titre auxiliaire et destiné à fournir toutes les armes et tous les services du personnel de complément nécessaire à l'armée active; elle a créé, parallèlement, pour commander l'armée territoriale, un cadre spécial d'officiers. L'état de cette double catégorie d'officiers n'a pas été réglé immédiatement, et la loi du 13 mars 1875, art. 45 et 58, prévoyait qu'il y serait pourvu par décrets. Le décret du 31 août 1878 a comblé cette lacune.

Le grade est conféré aux officiers de réserve et de l'armée territoriale par décret du président de la République, sur la proposition du ministre de la guerre. Il constitue l'*état* de l'officier, et ne se perd que pour l'une des causes ci-après : 1° radiation des cadres, prononcée dans les formes et les conditions prévues par les art. 2, 3, 4 et 5 du décret; 2° démission acceptée; 3° perte de la qualité de Français prononcée par jugement; 4° condamnation à une peine afflictive et infamante ; 5° condamnation à une peine correctionnelle pour délits prévus par les art. 379 à 407 du code pénal ; 6° condamnation à une peine correctionnelle d'emprisonnement qui, en outre, a fait interdire au condamné le séjour dans certaines localités, et l'a privé des droits civiques, civils et de famille ; 7° destitution prononcée par jugement d'un conseil de guerre ; 8° révocation prononcée dans les formes et les conditions prévues par les art. 6 et 7 du décret du 31 août 1878.

150. Il a été jugé que le ministre de la guerre ne peut pas appeler les anciens élèves de l'Ecole polytechnique à servir dans la réserve et dans l'armée territoriale avec un grade autre que celui fixé, par assimilation, par un décret d'administration publique, rendu en vertu de l'art. 36 de la loi du 24 juill. 1873 ; il a seulement la faculté, en cas de mobilisation, de conférer ou de ne pas conférer ainsi que celle de retirer à ces anciens élèves les emplois de leur grade. Par suite, la décision par laquelle le ministre de la guerre a, conformément au décret du 21 déc. 1886, appelé un ingénieur de première classe des ponts et chaussées à servir dans l'armée territoriale en qualité de capitaine, alors qu'aux termes du décret du 20 mars 1676, il avait droit au grade de chef de bataillon, doit être annulée pour excès de pouvoir (Cons. d'Et. 6 janv. 1888, aff. Salle, D. P. 89. 3. 37. V. Cons. d'Et. 4 juill. 1879, aff. Roch, D. P. 80. 3. 20).

151. — 1° *Position des officiers de réserve et de l'armée territoriale.* — Ces officiers sont, pendant la durée de leur présence sous les drapeaux, considérés comme étant en activité, mais ils ne peuvent se prévaloir des grades qu'ils ont occupés ou obtenus pendant ce temps, pour être maintenus dans l'armée active. Ils jouissent de tous les droits attribués aux militaires du même grade dans l'armée active, quant aux décorations obtenues pendant leur présence sous les drapeaux, ainsi que sous le rapport de pensions pour infirmités et blessures (L. 24 juill. 1873, art. 40).

152. — 2° *Commandement.* — A grade égal, les officiers, fonctionnaires et agents de l'armée active ont le commandement sur les officiers de réserve et de l'armée territoriale. Toutefois, ceux de ces derniers ayant servi dans l'armée active conservent les droits au commandement que leur conférait leur rang d'ancienneté au moment où ils ont quitté l'armée (L. 13 mars 1875, art. 43). Ces officiers ont également le commandement sur les officiers de même grade de la réserve, ou de l'armée territoriale (Décr. 25 juin 1888, art. 11 ; Décr. 31 juill. 1881, art. 6).

153. — 3° *Droit aux honneurs et aux allocations.* — Lorsque les officiers de la réserve et de l'armée territoriale sont convoqués pour un service ou mobilisés, ils ont droit aux honneurs, à la solde et aux prestations en usage dans l'armée active (L. 13 mars 1875, art. 41; L. 24 juill. 1873, art. 35 et 40).

154. — 4° *Situation des officiers de réserve et de l'armée territoriale.* — Ces officiers sont compris dans les cadres ou placés hors cadres (Décr. 31 août 1878, art. 8). Sont compris dans les cadres, tous les officiers faisant partie d'un corps de troupe ou pourvus d'un emploi, qu'ils soient appelés à un service actif ou restent dans leurs foyers à la disposition du Gouvernement (Décr. 31 août 1878, art. 9). Sont placés hors cadres: 1° les officiers de réserve ou de l'armée territoriale auxquels cette situation est conférée à raison de leurs emplois ou fonctions dans l'ordre civil. La nomenclature de ces catégories de fonctionnaires est déterminée comme suit (Décr. 24 oct. 1878): fonctions diplomatiques et consulaires, fonctions administratives spéciales, préfets, sous-préfets, conseillers de préfecture, secrétaires généraux, officiers du génie attachés soit au service de la marine, soit à celui des différentes compagnies de chemins de fer (Décr. 25 sept. 1879); officiers d'artillerie, anciens élèves de l'Ecole polytechnique, attachés soit aux compagnies de chemins de fer, soit à l'administration des chemins de fer de l'Etat (Décr. 20 mars 1881); anciens élèves des Ecoles polytechnique et forestière investis d'un grade d'assimilation et non pourvus d'emplois ou non maintenus dans cet emploi (Décr. 26 mai 1882); officiers nommés à des emplois de commissaire de police; — 2° Les officiers reconnus, par les médecins militaires désignés à cet effet, incapables d'exercer leurs fonctions militaires pendant six mois au moins. Cette situation ne peut excéder trois années. A l'expiration de la troisième année, les certificats médicaux concernant ces officiers sont examinés par le conseil de santé des armées, qui émet son avis sur la question de savoir s'il y a lieu de les rayer des cadres: — 3° Les officiers suspendus pour un an jusqu'au moment de leur réintégration (Décr. 31 août 1878, art. 11 et 12). Le temps passé hors cadres ne compte pas pour la fixation du rang d'ancienneté (Même décret, art. 13).

155. — 5° *Radiation des cadres.* — A l'expiration de leur temps de service dans l'armée active et sa réserve, les officiers de réserve passent dans le cadre des officiers de l'armée territoriale. Ils peuvent être maintenus dans la réserve, s'ils le demandent et s'ils y sont autorisés par le ministre, jusqu'à l'accomplissement de vingt-cinq années de service, pourvu qu'ils remplissent les conditions d'aptitude nécessaires (L. 13 mars 1875, art. 44; 15 juill. 1889). Les officiers de l'armée territoriale sont maintenus dans les cadres jusqu'à la même époque. Les uns et les autres sont rayés définitivement à l'âge de soixante-cinq ans, pour les officiers supérieurs, et de soixante ans, pour les autres, lorsqu'ils ont été maintenus dans les cadres après l'expiration du temps de service légal (L. 13 mars 1875, art. 56; Décr. 31 août 1878, art. 2). Toutefois, même après cette limite extrême, pourraient être maintenus dans les cadres les officiers retraités dans les conditions de la loi du 22 juin 1878 qui, à cette époque, n'auraient pas accompli les cinq années de service obligatoires (Même décret, art. 3).

156. La radiation d'un officier de réserve ou de l'armée territoriale est toujours prononcée par décret, sauf le cas où un officier de l'armée territoriale mis à la suite (Comp. sur les officiers à la suite, *Rép.* n° 151) dans les conditions prévues par l'art. 1 du décret du 3 févr. 1880 a atteint la limite du temps de service exigé dans la réserve de l'armée territoriale (Décr. 3 févr. 1880, art. 1 et 2).

157. Doivent encore être rayés des contrôles: 1° tout officier reconnu atteint d'infirmités incurables; 2° tout officier lacé hors cadres pour raison de santé depuis trois ans (Décr. 1 août 1878, art. 5. Comp. *suprà*, n° 154).

158. — 6° *Révocation.* — La révocation est prononcée par écret du président de la République: 1° contre tout officier éclaré en état de faillite; 2° contre tout officier possédant e charge d'officier ministériel, qui est destitué par jugement ou révoqué par mesure disciplinaire (Décr. 31 août 78, art. 6). — La révocation *peut*, en outre, être prononcée décret, sur l'avis d'un conseil d'enquête: 1° pour révotion d'un emploi civil par mesure disciplinaire; 2° pour ute contre l'honneur, à quelque époque qu'elle ait été mmise; 3° pour inconduite habituelle; 4° pour fautes aves dans le service ou contre la discipline; 5° pour connation correctionnelle lorsque la nature du délit et la vité de la peine paraissent rendre cette mesure nécese; 6° contre tout officier qui, ayant été suspendu de ses nctions pendant un an, pour avoir manqué aux prescriptions de l'art. 55 de la loi du 15 juill. 1889, n'a pas, à l'expiration de cette peine disciplinaire, fait connaître officiellement sa résidence, ou a commis une nouvelle infraction à ces dispositions; 7° contre tout officier qui, en dehors de la période d'activité, adresse à un de ses supérieurs militaires ou publie contre lui un écrit injurieux, ou commet envers l'un d'eux un acte offensant; 8° contre tout officier qui publie ou divulgue, dans des conditions nuisibles aux intérêts de l'armée, des renseignements parvenus à sa connaissance en raison de sa position militaire; 9° contre tout officier suspendu de son grade qui n'est pas réintégré au moment de la mobilisation (Décr. 31 août 1878, art. 7, modifié par le décret du 20 mars 1890).

159. — 7° *Suspension.* — Tout officier, durant la période d'activité ou en dehors de cette période, peut être suspendu disciplinairement de ses fonctions par décision du président de la République, sur le rapport du ministre de la guerre, pendant trois mois au moins et un an au plus (Décr. 31 août 1878, art. 14). Il est remplacé dans son emploi. Le temps de la suspension ne compte pas pour la fixation du rang d'ancienneté (Décret précité, art. 15). En cas de mobilisation, tout officier suspendu pour moins d'un an doit être réintégré dans ses fonctions; celui qui est suspendu pour un an doit être renvoyé devant un conseil d'enquête, et peut, sur l'avis de ce conseil, être révoqué; sinon il est réintégré dans un emploi de son grade (Décret précité, art. 16).

160. — 8° *Conseils d'enquête.* — Les conseils d'enquête appelés à émettre un avis sur la situation d'un officier de réserve ou de l'armée territoriale, en dehors de la période d'activité, sont nommés et fonctionnent comme les conseils d'enquête de l'armée active, soit de régiment ou de corps de troupe, soit de région ou de corps d'armée, suivant le cas (Décr. 31 août 1878, art. 17, modifié par décret du 3 févr. 1880, art. 18). Ces conseils sont composés conformément au décret du 29 juin 1878 sur les conseils d'enquête de l'armée active (V. *suprà*, n°s 133 et suiv.). L'officier le moins élevé en grade doit appartenir à la réserve ou à l'armée territoriale, selon la qualité de l'officier déféré au conseil. Les autres officiers appartiennent à l'armée active. Les officiers sont traduits devant le conseil par décision du ministre, prise d'office ou sur le rapport des autorités militaires dont relèvent ces officiers (Décr. 3 févr. 1880, art. 3).

161. — 9° *Démission.* — Les officiers de la réserve ou de l'armée territoriale peuvent offrir la démission de leur grade, à l'exception des officiers retraités en vertu de la loi du 22 juin 1878 pendant les cinq années où ils restent à la disposition du ministre (Décr. 31 août 1878, art. 1er). Ceux qui n'ont pas accompli les vingt-cinq années de service exigées par la loi militaire sont tenus de les achever avec les hommes de la classe dont ils font partie. Ils sont affectés, comme sous-officiers, caporaux ou soldats dans la réserve ou dans l'armée territoriale.

162. — III. SOUS-OFFICIERS DE L'ARMÉE ACTIVE. — La nouvelle législation sur le rengagement des sous-officiers (V. *infrà*, n° 377) a constitué, pour certains d'entre eux, un *état* assimilable à celui des officiers. Les sous-officiers rengagés reçoivent un titre formant brevet. Ils ne peuvent être rétrogradés ou cassés (révoqués ou mis à la retraite d'office, s'ils sont commissionnés) que par le commandant du corps d'armée, sur l'avis conforme d'un conseil de régiment ou d'établissement.

SECT. 4. — DU PERSONNEL DES SERVICES SPÉCIAUX ADMINISTRATIFS ET AUTRES DE LA GUERRE (*Rép.* n°s 195 à 309).

163. Le *Répertoire* comprenait sous le titre: *Du personnel des services administratifs de la guerre*, les officiers du corps de santé et les officiers d'administration. Nous y ajouterons les divers services créés ou spécialisés depuis 1870, et nous examinerons successivement: 1° le corps du contrôle de l'administration de l'armée; 2° le corps de l'intendance militaire; 3° le service de santé militaire; 4° le service des poudres et salpêtres; 5° le service vétérinaire; 6° le service du recrutement et de la mobilisation; 7° le service de la trésorerie et des postes; 8° le service de la télégraphie militaire; 9° le service des chemins de fer; 10° les interprètes militaires; 11° le service de l'aumônerie.

164. — I. Corps du contrôle de l'administration de l'armée. — La loi du 16 mars 1882 a créé le *contrôle de l'administration de l'armée.* Ce contrôle est exercé par un personnel spécial ne relevant que du ministre. Il a pour objet de sauvegarder les intérêts du Trésor et les droits des personnes, et de constater, dans tous les services, l'observation des lois, ordonnances, décrets et décisions ministérielles qui en régissent le fonctionnement administratif. Il s'exerce dans les corps d'armée et les établissements et services spéciaux placés directement sous l'autorité du ministre (L. 16 mars 1882, art. 25).

165. Le corps du contrôle a une hiérarchie propre, ne comportant aucune assimilation avec les grades de l'armée. Ses membres jouissent, toutefois, de l'état d'officiers. Ils sont au nombre de 80. La hiérarchie est la suivante: contrôleurs adjoints, 10; contrôleurs de 1re et de 2e classe, 50; contrôleurs généraux de 2e classe, 12, et de 1re classe, 3). Le cadre des contrôleurs généraux est divisé en deux sections comme celui des officiers généraux: première section, activité et disponibilité; deuxième section, réserve. Les limites d'âge sont : pour les contrôleurs adjoints, cinquante-six ans; pour les contrôleurs de 2e classe, cinquante-huit ans; pour les contrôleurs de 1re classe, soixante ans; pour les contrôleurs généraux de 2e classe, soixante-deux ans; pour les contrôleurs généraux de 1re classe, soixante-cinq ans (Décr. 28 oct. 1882 modifié par le décret du 2 mars 1886). Les contrôleurs ne relèvent que du ministre et de leurs supérieurs, dans leur hiérarchie propre, au point de vue de la discipline.

166. Le corps du contrôle se recrute, pour le grade de contrôleur adjoint, parmi les chefs de bataillon, chefs d'escadrons ou majors de toutes armes, et les sous-intendants de 3e classe, ayant au moins deux ans de grade, ainsi que parmi les capitaines de toutes armes ayant au moins quatre années de grade et remplissant les conditions voulues pour l'avancement. Peuvent encore être admis, dans une proportion qui ne peut excéder un cinquième des vacances : 1° à l'emploi de contrôleur général de 2e classe, les généraux de brigade et les intendants militaires; 2° à l'emploi de contrôleur de 1re classe, les colonels et les sous-intendants militaires de 1re classe; 3° à l'emploi de contrôleur de 2e classe, les lieutenants-colonels et sous-intendants de 2e classe (L. 16 mars 1882, art. 43). L'avancement a lieu exclusivement au choix. Les listes d'aptitude sont dressées par une commission de contrôleurs généraux. Trois années d'ancienneté sont exigées pour être promu au grade supérieur (Même article; Décr. 6 mai et 6 nov. 1886).

167. — II. Corps de l'intendance militaire — Les attributions du service de l'intendance militaire ont été déterminées à nouveau par le décret du 10 févr. 1890. Ce service comprend : 1° les services de la solde, des subsistances, de l'habillement, du campement, du harnachement de la cavalerie, les service de marche et des transports, des lits militaires, et l'ordonnancement des dépenses relatives à ces services; 2° l'ordonnancement des dépenses des corps de troupes et des établissements considérés comme tels, la vérification et la régularisation des dépenses en deniers et en matières de ces corps et établissements ; 3° l'ordonnancement et la vérification des bureaux de recrutement et du service de la justice militaire; 4° l'administration des personnels sans troupe et des isolés jouissant d'une solde, d'un traitement ou d'une gratification (Décr. 10 févr. 1890, art. 1er).

168. La direction du service appartient *au corps de l'intendance militaire.* L'exécution est conférée aux *officiers d'administration du service de l'intendance.* Les membres du corps de l'intendance ont seuls qualité pour dresser, en forme authentique, les procès-verbaux destinés à constater les faits qui, dans les services dont ils ont la direction ou la surveillance administrative, peuvent intéresser le budget de la guerre. En outre, indépendamment de ces attributions générales, ils exercent toutes celles que leur confèrent, comme officiers publics, les lois, ordonnances et décrets en vigueur ou qu'ils tiennent de la délégation ministérielle (Décr. 10 févr. 1890, art. 2-4).

169. Les fonctionnaires du *corps de l'intendance* possèdent l'état d'officiers (L. 16 mars 1882, art. 28). Leur hiérarchie correspond aux grades de la hiérarchie militaire. Les intendants généraux et les intendants militaires passent dans le cadre de réserve soit par limite d'âge, soit par anticipation, dans les mêmes conditions que les officiers généraux (L. 13 mars 1875, art. 37).

170. Le cadre comprend 387 fonctionnaires, savoir : adjoints à l'intendance militaire, 50; sous-intendants militaires de 3e classe, 110 ; sous-intendants militaires de 2e classe, 100; sous-intendants militaires de 1re classe, 90; intendants militaires, 30; intendants généraux, 7.

171. Le corps se recrute parmi les capitaines, chefs de bataillon et majors de toutes armes, ainsi que parmi les officiers d'administration des divers services de l'intendance et du service de santé. L'admission a lieu au concours (L. 16 mars 1882, art. 29; Décr. 13 juin 1890). L'avancement a été réglé par le décret du 6 avr. 1883.

172. Le décret du 10 févr. 1890 règle la répartition du personnel dans les corps d'armée, à l'intérieur, en Algérie et en Tunisie (art. 5-8). L'entrée en fonctions des directeurs et chefs de service de l'intendance doit être notifiée aux préfets intéressés (Décret précité, art. 9). En l'absence du titulaire, les fonctionnaires de l'intendance sont suppléés de la manière suivante : le directeur du service, à défaut de désignation d'un autre titulaire, par le ministre, par le fonctionnaire de l'intendant le plus élevé en grade de la région ou du gouvernement militaire ; les intendants et sous-intendants en sous-ordre, par d'autres fonctionnaires du corps d'armée ou de la région désignés par le général commandant, et, à défaut de fonctionnaires de l'intendance, savoir : 1° dans les places ou villes de garnison où il y a un major de place ou de garnison, par cet officier ; 2° dans les autres places ou villes, par un capitaine; 3° dans les lieux où il n'y a pas de garnison et dans ceux où la garnison ne comporte pas de capitaine, par le maire. Dans les localités où il n'y a pas de maire, les fonctions de suppléant pourraient être conférées à un officier du grade de lieutenant ou sous-lieutenant (Décr. 10 févr. 1890, art. 14).

173. Les directeurs des services s'assurent de la régularité de toutes les dépenses qu'ils sont chargés d'ordonnancer ou d'approuver, au moyen de revues d'effectif, recensements de matériel, inventaires, etc. (L. 16 mars 1882, art. 6; Décr. 10 févr. 1890, art. 11).

174. Les *officiers d'administration du service de l'intendance* sont répartis en trois sections : 1° bureaux; 2° subsistances militaires; 3° habillement et campement. Les deux premières sections comprennent chacune 550 officiers, la troisième 115 seulement. La hiérarchie est la suivante : officier d'administration adjoint de 2e et de 1re classe, officier d'administration de 2e et de 1re classe, officier d'administration principal. Ils se recrutent, à l'origine, parmi les adjudants élèves d'administration ayant un an au moins d'emploi (L. 16 mars 1882, art. 32 et 34, 1er juill. 1889).

175. — III. Service de santé militaire (*Rép.* nos 196 à 206). — Le service de santé a pour objet l'hygiène des troupes et le traitement des militaires malades ou blessés. Il est chargé, sous l'autorité du commandement, d'assurer la fourniture du matériel et des approvisionnements nécessaires aux hôpitaux et aux ambulances (Décr. 25 nov. 1889, art. 1; L. 16 mars 1882, et 1er juill. 1889, art. 18). Le personnel comprend : 1° les médecin et pharmaciens militaires; 2° les officiers d'administration des hôpitaux ; 3° les sections d'infirmiers militaires.

176. Le grade de *médecin inspecteur général*, corres dant à celui de général de division, a été ajouté à la hi chie indiquée au *Rép.* n° 198 (médecins ou pharma aides-majors de 2e et 1re classe, majors de 2e et 1re cl principaux de 2e et 1re classe, inspecteurs). Le cadre s' à 1300 médecins et 185 pharmaciens. Les fonctionnair corps de santé ont l'état d'officiers (L. 16 mars 1882, art le médecin inspecteur général et les médecins et ph ciens inspecteurs passent dans le cadre de réserve par l d'âge ou anticipation, dans les mêmes conditions q officiers généraux (L. 13 mars 1875, art. 37).

177. Les médecins et pharmaciens aides-majo 2e classe sont recrutés parmi les élèves de santé mili (L. 16 mars 1882, art. 38). Ils sont tenus de contrac engagement de service pendant six ans dans le co santé, à partir de leur nomination au grade d'aide-ma

sections de télégraphie sont mises à sa disposition en cas de besoin. Le général en chef peut, au cours des opérations, apporter dans cette organisation les modifications commandées par les circonstances. Mais il doit faire en sorte d'associer toujours l'élément technique à l'élément militaire. Le membre militaire a voix prépondérante (Même décret).

201. Les *sections de chemins de fer de campagne* sont chargées, en temps de guerre, concurremment avec les sapeurs de chemins de fer, de la construction, de la réparation et de l'exploitation des voies ferrées dont le service n'est pas assuré par les compagnies nationales (Décr. 5 févr. 1889). Elles sont placées sous les ordres des commandants en chef des armées (L. 28 déc. 1888, art 24) et, subsidiairement, de la commission des chemins de fer de campagne. Elles forment des corps militaires organisés en tout temps. Le personnel est recruté parmi les ingénieurs, employés et ouvriers des grandes compagnies et du réseau de l'Etat, soit volontaires, soit assujettis au service militaire par la loi de recrutement. Il est soumis à toutes les obligations du service militaire et jouit des droits des belligérants (L. 24 juill. 1873, art. 8). Il est soumis, pour la discipline générale, aux commandants militaires des gares et justiciable, en temps de guerre ou lors des convocations, des tribunaux militaires. — Les sections sont des corps distincts, ayant une hiérarchie propre, sans assimilation avec la hiérarchie militaire (Décr. 5 févr. 1889). Le commandant de la section exerce, à l'égard du personnel, les fonctions de chef de corps. Il en possède toutes les attributions. Il est directement subordonné à la commission des chemins de fer de campagne. Le nombre des sections de chemins de fer de campagne est de neuf.

202. Les troupes de sapeurs de chemins de fer sont constituées en un régiment, qui porte le numéro cinq dans l'arme du génie (V. *suprà*, n° 105).

203. Le décret du 5 juill. 1890 a organisé la *garde des voies de communication* en vue d'assurer, en temps de guerre, la sécurité des lignes de chemin de fer, canaux, réseaux télégraphiques et téléphoniques désignés par le ministre de la guerre. Ce service est organisé par subdivision de région, sous l'autorité du commandant du corps d'armée. Dans la traversée des places fortes, il est assuré par le gouverneur militaire. Dès le temps de paix, chaque commandant de subdivision prépare les mesures nécessaires à l'exécution du service en temps de guerre, de concert avec le préfet du département et les services intéressés. L'ensemble de ces dispositions constitue le plan de protection des voies de communication, qui est soumis au commandant du corps d'armée, et rendu exécutoire, s'il y a lieu, par le ministre.

204. Le personnel de garde est fourni par les hommes de la réserve de l'armée territoriale (V. *suprà*, n° 113). Ils sont désignés par l'autorité militaire, en commençant par les classes les plus anciennes et choisis parmi ceux résidant dans les communes les plus voisines des points sur lesquels ils doivent être employés. Ils sont organisés militairement et rattachés au dépôt du régiment territorial d'infanterie de la subdivision. Les cadres sont fournis par ce régiment, ou à l'aide de nominations faites au titre du service spécial par le commandant de la subdivision, pour les grades de caporal et de sous-officier. Dans chaque subdivision, le commandement de l'ensemble du personnel est exercé par un officier supérieur ou, exceptionnellement, par un capitaine (Décr. 5 juill. 1890, art. 4, 5 et 6). Les hommes qui ne sont plus assujettis aux obligations militaires, et ceux des classes astreintes à ces obligations qui n'ont pas une désignation assignée en cas de mobilisation, peuvent participer à la garde des voies de communication en qualité de volontaires. Ils souscrivent un engagement en conséquence, mais ne peuvent être obligés à servir en dehors de leur subdivision de région. Ils sont classés pour ordre dans les corps de vétérans dont la formation est prévue par l'art. 8 de la loi du 15 juill. 1889 (Décr. précité, art. 7). Les troupes spéciales du service de garde, volontaires exceptés, peuvent être convoquées en temps de paix à des exercices qui ne peuvent dépasser neuf jours en neuf années (temps passé dans la réserve de l'armée territoriale).

205. — X. INTERPRÈTES MILITAIRES. — L'armée d'Afrique comprend, depuis longtemps, un corps d'interprètes militaires, dont le cadre a été déterminé par le tableau A annexé à la loi du 13 mars 1875. La hiérarchie de ces interprètes est réglée d'une façon spéciale (Décr. 4 juin 1862). Un décret du 27 déc. 1886 a créé un corps d'interprètes de réserve, qui se recrute par voie de concours. Les conditions d'admission dans ce corps sont fixées par un règlement ministériel du 5 févr. 1887 (V. sur ce point : Lassalle, *Manuel de l'organisation de l'armée*, n° 38·3).

206. — XI. SERVICE DE L'AUMÔNERIE. — La loi du 8 juill. 1880 a supprimé l'*aumônerie militaire*. En temps de paix, des ministres des différents cultes sont attachés aux camps, forts détachés et garnisons placés hors de l'enceinte des villes, contenant un rassemblement de 2000 hommes au moins, et éloignés des églises paroissiales et des temples de plus de trois kilomètres, ainsi qu'aux hôpitaux et pénitenciers militaires. Les aumôniers sont désignés par l'autorité ecclésiastique, sur les demandes du ministre de la guerre qui leur délivre des lettres de service. Dans les hôpitaux trop peu importants pour nécessiter la présence permanente d'un aumônier, le service du culte catholique est confié à un membre du clergé de la localité, désigné par l'autorité ecclésiastique, sur la demande du directeur du service de santé du corps d'armée. Dans toutes les places où il existe un hôpital militaire, un ministre de chacun des cultes non catholiques peut être désigné par l'autorité dont il relève pour visiter les malades de sa confession. Sur la présentation de son titre, il reçoit un permis permanent délivré par le médecin chef (Règl. 25 nov. 1889, art. 173). En cas de mobilisation, des ministres des différents cultes sont attachés aux armées, corps d'armée et divisions en campagne, mais sans aucune distinction hiérarchique (L. 8 juill. 1880; Décr. 27 avr. 1881).

SECT. 5. — DU RECRUTEMENT DE L'ARMÉE (*Rép.* n°s 210-325).

207. La législation sur le recrutement est la base même de l'organisation militaire. Aussi, alors que tous les détails de cette organisation varient constamment, voyons-nous les lois sur le recrutement conserver pendant une longue suite d'années une fixité relative. — La loi du 21 mars 1832 n'avait été que modifiée, quant à son principe, par celle du 1er févr. 1868. Les principales innovations de cette dernière loi portaient sur la réduction de la durée du service et la création de la garde nationale mobile. Mais le service militaire continuait à être restreint à une catégorie de citoyens qui en acceptaient volontairement l'obligation ou que le sort désignait pour la subir. Depuis cette loi, la dernière qui ait été analysée au *Rép.* n°s 210 et suiv., la guerre de 1870 a fait admettre le principe du service militaire *universel*. La loi du 27 juill. 1872 a organisé ce principe, en y apportant de nombreuses exceptions. La dernière loi sur la matière, du 15 juill. 1889, s'est attachée à diminuer dans la mesure du possible ces exceptions, afin d'assurer, d'une manière aussi complète que l'organisation sociale le comporte, l'obligation du service personnel pour tous les citoyens. Cette loi contient, en outre, plusieurs innovations que nous aurons à étudier.

On examinera ici la législation sur le recrutement dans son état actuel, en la comparant, à l'occasion, à la législation intermédiaire de 1872, qui a succédé à celle de 1868 exposée au *Répertoire*, et nous signalerons les décisions judiciaires survenues dans l'intervalle, ces décisions pouvant avoir conservé un intérêt pratique, par leur analogie avec les espèces qui pourront se présenter ultérieurement.

208. Tout Français doit le service personnel (L. 15 juill. 1889, art. 1). Cette obligation pèse sur tous les citoyens valides, en temps de paix et en temps de guerre. Elle écarte toute faculté de remplacement et de substitution. La loi de 1872 avait posé le même principe, mais en le tempérant par diverses exceptions que la loi nouvelle a fait disparaître.

209. L'obligation du service est égale pour tous et dure vingt-cinq années (L. 15 juill. 1889, art. 2). La loi de 1872 n'astreignait au service militaire les citoyens que de vingt à quarante ans. L'augmentation de la durée du service a été introduite à l'exemple de plusieurs puissances étrangères. Il convient aussi de remarquer que, le service ne commençant qu'à la vingt et unième année, il ne prend fin que dans le cours de la quarante-sixième (François Roussel, *La nouvelle législation du recrutement de l'armée*, n° 49, p. 30). D'ailleurs, si la durée totale de l'obligation est égale pour tous les Français, la durée effective du service dans l'armée active et les conditions dans lesquelles il s'accomplit sont variables (V. art. 21 et suiv.; *infrà*, nos 292 et suiv.).

210. Conformément à la tradition de la législation française depuis 1832, la loi de 1889 maintient (art. 3) le principe que nul n'est admis dans les troupes françaises s'il n'est Français ou naturalisé Français (*Rép.* n° 214).

211. L'art. 3 de la loi de 1889 ajoute : *sauf les exceptions déterminées par la présente loi.* On s'est demandé quelles pouvaient être ces exceptions. En effet, elles ne visent pas les étrangers ou les indigènes des pays soumis à la domination française, attendu que, si les uns et les autres peuvent être admis dans l'armée française (art. 83), ce n'est que dans des corps spéciaux distincts des troupes françaises. Il ne s'agit pas davantage de certaines catégories d'étrangers mineurs qui étaient autorisés, par la législation antérieure, à contracter un engagement volontaire avant leur majorité (V. *infrà*, n° 250); aujourd'hui ces mêmes jeunes gens peuvent réclamer la qualité de Français par l'intermédiaire de leurs représentants légaux (V. *suprà*, v° *Droits civils*); et c'est seulement en usant de cette faculté, c'est-à-dire en cessant d'être étrangers, qu'ils peuvent être admis à contracter un engagement. M. Rabany (*La loi sur le recrutement*, t. 1, p. 121) ne trouve d'application possible du dernier membre de phrase de l'art. 3 que dans le cas où le fils d'un Français devenu étranger demanderait, sans réclamer la qualité de Français, à contracter un engagement volontaire (art. 59), et dans celui où le ministre de la guerre autoriserait des hommes de la légion étrangère à contracter un rengagement dans les troupes coloniales (art. 63).

212. La loi de 1832 (art. 2, § 3. V. *Rép.* nos 218-219) contenait déjà des causes d'exclusion de l'armée, c'est-à-dire d'indignité. Ne pouvaient *à aucun titre* servir dans l'armée: 1° les individus condamnés à une peine afflictive *ou* infamante; 2° ceux condamnés à une peine correctionnelle de deux ans d'emprisonnement et au-dessus et qui, en outre, avaient été placés, par le jugement de condamnation, sous la surveillance de la haute police et interdits des droits civiques, civils et de famille. Il fallait que cette interdiction fût totale. La loi de 1872 avait étendu les causes d'indignité; elle excluait du service militaire les condamnés interdits en tout ou en partie des droits civiques, civils ou de famille. Enfin, le décret du 26 nov. 1888 sur la relégation (art. 4) avait assimilé les relégués collectifs aux individus en état de détention, lesquels ne sont pas appelés à servir activement. En cas de mobilisation, ces relégués étaient mis à la disposition du ministre de la marine, qui déterminait les corps ou les services auxquels ils pouvaient être affectés. Quant aux relégués individuels qui se trouvaient dans le cas d'accomplir du service dans l'armée active, ils étaient affectés au corps des disciplinaires coloniaux; le ministre de la marine désignait, en outre, le corps auquel chacun d'eux devait être affecté à la mobilisation (Même décret, art. 3).

213. La loi de 1889 (art. 4) a sensiblement modifié la législation antérieure. Elle place les condamnés dans trois catégories. Les uns sont exclus d'une manière absolue, les autres ne sont frappés que d'une exclusion partielle et en quelque sorte temporaire, d'autres enfin, sans être bannis de l'armée, accomplissent leurs obligations militaires dans des corps d'épreuve.

214. — Sont exclus d'une façon absolue de l'armée : 1° les individus condamnés à une peine afflictive et infamante ou à une peine infamante dans le cas de l'art. 177 c. pén.; 2° ceux qui ont été condamnés à une peine correctionnelle de deux ans d'emprisonnement ou au-dessus, et ont été, en outre, par application de l'art. 42 c. pén., interdits de tout ou partie de leurs droits civiques, civils ou de famille; 3° les relégués collectifs.

215. — 1° *Condamnations pour crimes.* — La condamnation, pour entraîner l'exclusion, doit être afflictive et infamante, ou simplement infamante dans le cas spécial de l'art. 277 c. pén. Ainsi les peines simplement infamantes, comme le bannissement et la dégradation civique, qui sont applicables aux crimes politiques, ne sont plus, par elles-mêmes, une cause d'exclusion. La situation des condamnés politiques a d'ailleurs été réglée par l'art. 5. Quant à l'exclusion prononcée en vertu de l'art. 177 c. pén., elle ne pourra, comme on l'a fait observer, que très rarement être appliquée à des jeunes soldats avant leur incorporation; mais elle s'applique, à raison de la durée du service jusqu'à quarante-cinq ans, aux hommes de la réserve et de l'armée territoriale qui sont fonctionnaires publics ou revêtus d'un mandat électif (depuis la loi du 4 juill. 1889).

216. L'exclusion est encourue lorsque la condamnation est passée en force de chose jugée. Elle atteint également le condamné pendant la durée de la contumace, jusqu'au moment où il est arrêté ou se constitue prisonnier (Cons. d'Et. 16 déc. 1881, aff. Launay, *Rec. Cons. d'Et.*, p. 979).

217. — 2° *Peines correctionnelles.* — La condamnation doit être de deux ans de prison au moins; il faut, en outre, que le condamné ait été privé au moins de l'un des droits énumérés à l'art. 42 c. pén. Ainsi, il a été jugé, sous l'empire de la loi de 1872, dont l'art. 7 contenait une disposition analogue, qu'un individu condamné à cinq ans de prison, mais non placé par le jugement sous la surveillance de la haute police et non interdit de l'un quelconque des droits énumérés à l'art. 42 c. pén., avait été rayé à tort comme indigne par le conseil de revision (Cons. d'Et. 26 juill. 1878, aff. Delfosse, *Rec. Cons. d'Et.*, p. 736. V. dans le même sens, Cons. d'Et. 16 avr. 1880, aff. Dulon, *ibid.*, p. 359; 28 mai 1880, aff. Capdeville, *ibid.*, p. 487; 20 mai 1881, aff. Laroux, *ibid.*, p. 516). L'exclusion est, d'ailleurs, encourue à un moment quelconque de la durée de l'obligation au service militaire.

218. — 3° *Relégués collectifs.* — Les relégués collectifs, à la différence des relégués individuels (V. *infrà*, n° 221), sont entièrement exclus de l'armée. Toutefois, comme les autres condamnés visés par l'art. 4 de la loi de 1889, ils peuvent éventuellement concourir à la défense nationale. La loi dispose, en effet, que, tout en étant exclus, ils sont mis, soit pour leur temps de service actif, soit en cas de mobilisation, à la disposition du ministre de la marine et des colonies qui détermine par arrêtés les services auxquels ils peuvent être affectés. Ils continuent à suivre le sort de la classe à laquelle ils appartiennent par leur tirage au sort, et ils ne sont libérés de l'obligation spéciale que leur impose l'art. 4 qu'au moment où leur classe est elle-même libérée.

A raison même des services auxquels ils peuvent être astreints, les exclus ne sont plus rayés des tableaux de recensement. Ils figurent sur la septième partie de la liste de recensement cantonal. En cas de contestation sur l'inscription, il est statué par le sous-préfet et en appel par le conseil de revision.

219. Lorsque le sous-préfet inscrit le nom d'un appelé dans la partie de la liste de recensement consacrée aux exclus, l'individu qui est l'objet de cette mesure peut-il se pourvoir contre cette décision? M. Rabany (*op. cit.*, t. 1, p. 129) pense que, en cas de contestation, le sous-préfet doit s'abstenir de prononcer et maintenir le réclamant sur la liste ordinaire, sauf décision ultérieure du conseil de revision. — Il a été jugé, sous l'empire de la loi de 1872, que, dans le cas où le sous-préfet passerait outre, le conseil de revision pourrait être saisi par l'intéressé d'une réclamation, et qu'il commettrait un excès de pouvoir en refusant de statuer (Cons. d'Et. 28 janv. 1887, aff. Hervoite, *Rec. Cons. d'Et.*, p. 77). Le même auteur enseigne, contrairement à l'opinion de M. Laferrière (*Traité de juridiction administrative*, t. 2, p. 570), que la décision même du conseil de revision pourrait être attaquée par l'intéressé devant le conseil d'Etat. En effet, si la loi du 27 juill. 1872 réservait au ministre seul le droit d'attaquer, pour violation de la loi et dans l'intérêt de la loi, les décisions des conseils de revision, la loi du 15 juill. 1889 a permis ce recours aux parties intéressées aussi bien qu'au ministre. L'exclu a, au surplus, un intérêt matériel, puisqu'il peut être astreint à des services spéciaux, moins honorables et souvent plus pénibles que le service militaire.

220. L'exclusion ne devrait pas être prononcée en cas d'amnistie et de réhabilitation. Il en serait de même en cas de grâce accordée avant l'exécution de la peine. Dans le cas contraire, le condamné encourrait l'exclusion, la grâce laissant alors subsister toutes les déchéances accessoires de la peine (Rabany, *op. cit.*, t. 1, p. 130 et 131).

221. — La seconde catégorie d'individus frappés d'exclusion, mais d'une exclusion moins absolue que les précédentes, comprend les relégués individuels. Entre eux et les relégués collectifs, il existe cette différence que les premiers sont, dès le temps de paix, incorporés dans les compagnies de disciplinaires coloniaux pendant la durée de leur service actif. En temps de guerre, ils peuvent être affectés à d'autres corps que le ministre de la marine détermine d'avance (art. 4, § dernier).

222. — La troisième catégorie est celle des condamnés à certaines peines légères, qui, sans être exclus, sont néanmoins placés provisoirement dans des corps spéciaux. Elle fait l'objet de l'art. 5 de la loi de 1889. Cette disposition n'a pas de précédent dans la législation antérieure. Elle a été inspirée par la pensée d'épurer le contingent au moment où la loi fait à tous les citoyens sans exception un devoir de passer sous les drapeaux. Mais la flétrissure résultant de la condamnation et la déchéance qui en est la conséquence ne sont pas définitives. Le condamné peut, en quelque sorte, être réhabilité au point de vue militaire, après une épreuve, et être admis dans les corps de troupes par décision du ministre de la guerre. — Par application des principes qui précèdent, sont incorporés dans les bataillons d'infanterie légère d'Afrique, conformément à l'art. 5 de la loi de 1889 : 1° les individus reconnus coupables de crimes et condamnés seulement à l'emprisonnement par application de l'art. 463, quelle que soit, d'ailleurs, la durée de l'emprisonnement; 2° ceux qui ont été condamnés correctionnellement à trois mois de prison au moins pour outrage public à la pudeur, pour délit de vol, escroquerie, abus de confiance ou attentat aux mœurs, prévu par l'art. 334 c. pén.; 3° ceux qui ont été l'objet de deux condamnations au moins, quelle qu'en soit la durée, pour l'un des délits énumérés ci-dessus; 4° ceux qui, au moment de l'appel de leur classe, se trouvaient retenus, pour ces mêmes faits, dans un établissement pénitentiaire. Ces derniers, à l'expiration de leur peine, sont incorporés dans les bataillons d'Afrique pour y accomplir leur temps de service actif.

Tous ces condamnés sont obligatoirement incorporés dans les bataillons d'infanterie légère. Ces corps de troupes font, du reste, partie de l'armée française, en portent l'uniforme et sont astreints au même service que les autres corps. Après un séjour d'une année, si les condamnés sont l'objet de rapports favorables de leurs chefs, ils peuvent être envoyés, comme on l'a dit ci-dessus, dans d'autres corps.

L'affectation des individus dont il s'agit aux bataillons d'infanterie légère appartient à l'autorité militaire. Le conseil de revision n'a de décision à prendre, à leur égard, que quant à leur aptitude physique au service.

223. Après la clôture des opérations du conseil de revision, les commandants des bureaux de recrutement dressent la liste des appelés et l'envoient au procureur de la République du ressort. Ce magistrat retourne les états nominatifs aux commandants de recrutement, avec la mention « néant » pour les individus non visés par l'art. 5 et un extrait du casier judiciaire pour les autres. La liste de ces derniers est envoyée au ministre de la guerre qui décide de leur affectation. Il convient de remarquer que la loi ne distingue pas entre les jugements de condamnations prononcés par les tribunaux de droit commun et ceux rendus par les tribunaux militaires. Seulement, en ce qui concerne ces derniers, c'est à l'autorité militaire qu'il appartient de signaler les intéressés au ministre.

224. Toutes les autres condamnations, non visées aux art. 4 et 5 de la loi de 1889, n'influent pas sur la situation militaire de ceux qui les ont subies. Toutefois l'art. 41 décide que le temps pendant lequel un militaire de l'armée active, de la réserve ou de l'armée territoriale, a subi la peine de l'emprisonnement en vertu d'un jugement, ne compte pas pour les années de service exigées dans l'armée active, la réserve ou l'armée territoriale, si cette peine a pour effet de l'empêcher d'accomplir, au moment fixé, tout ou partie de ses obligations d'activité. Il faut entendre par là que l'emprisonnement ne dispense pas un individu appelé d'accomplir soit son temps de service dans l'armée active, soit les périodes d'instruction dans la réserve ou l'armée territoriale. Mais, du moment que ces obligations ont été accomplies, après l'expiration de la peine, le condamné n'en est pas moins libéré et rayé des contrôles en même temps que la classe à laquelle il appartient.

225. L'art. 6 de la loi vise une classe particulière de condamnés, celle des condamnés pour faits politiques ou faits connexes à des faits politiques. Les dispositions des art. 4 et 5 ne leur sont pas applicables. Les condamnés politiques sont incorporés dans les régiments ordinaires; s'ils subissent leur peine, ils suivent, à l'expiration, le sort de la première classe appelée. Cette disposition du paragraphe 3 de l'art. 6 ne comporte pas de difficulté pour l'accomplissement du service actif. Mais que faut-il décider au point de vue de la durée totale des obligations du service militaire? Les condamnés ne seront-ils libérés qu'avec la classe dont ils ont suivi le sort? M. François Roussel (*op. cit.*, n° 101, p. 60 et 61) fait observer, à ce propos, que l'art. 41, § 3, qui déduit de la durée totale du service le temps passé en emprisonnement, mais décide que le condamné sera rayé des contrôles en même temps que sa classe, ne prévoit que des condamnations à l'emprisonnement, tandis que l'art. 6 peut s'appliquer à des peines beaucoup plus graves et plus longues. Le même auteur pense que si l'art. 41 a été fait en vue de peines de courte durée, il s'applique à plus forte raison au cas de longues peines. « Le but de cet article, dit-il, est d'empêcher le maintien dans l'armée au delà de quarante-six ans des hommes qu'une peine correctionnelle a mis dans l'impossibilité de remplir, au moment exigé, leurs obligations d'activité; la loi serait absurde si elle permettait par l'art. 6 de retenir jusqu'à soixante ans et plus dans l'armée territoriale ou sa réserve des hommes qui ont subi des condamnations criminelles ». L'art. 6 ne viserait donc que le service actif, et l'art. 41 retrouverait son application lorsque le condamné politique entre dans les réserves.

226. En cas de contestation sur la nature du fait qui a servi de base à la condamnation, il est statué par le tribunal civil du lieu du domicile, conformément à l'art. 31 de la loi. — Comment constatera-t-on le caractère politique du fait qui a motivé le jugement de condamnation? Ce caractère, comme le fait remarquer M. Rabany (*op. cit.*, t. 1, p. 140), est évident lorsque la peine est une de celles qu'on n'applique qu'en matière politique, comme la déportation, la détention, le bannissement, la dégradation civique, à titre de peine principale et hors les cas prévus par l'art. 177 c. pén. Il en est autrement si la peine s'applique en droit commun comme en matière politique. En effet, les tribunaux ne qualifient pas le fait qu'ils punissent. C'est une question d'appréciation laissée au tribunal civil du domicile. Il en est de même pour les faits connexes. Le tribunal recherchera le but que s'est proposé le délinquant, s'il est d'intérêt privé ou bien d'intérêt politique. C'est le tribunal du domicile déterminé par l'art. 13 de la loi qui est compétent, et non le tribunal de la résidence. Il ne doit être saisi qu'en cas de *contestation*, et alors la question est préjudicielle et entraîne l'ajournement de la décision du conseil de revision. Il résulte de la discussion (Discours de M. Clamageran au Sénat, 21 juin 1889) que l'action doit être intentée contre le préfet, et que le jugement est susceptible d'appel et de recours en cassation. Le délai d'appel, comme celui du recours, est limité à quinze jours. En dehors du cas de contestation, le conseil de revision peut reconnaître d'office le caractère politique aux condamnations, s'il s'agit des condamnations prévues à l'art. 4, et qui entraînent exclusion de l'armée. Le même pouvoir appartient au ministre pour les condamnations visées à l'art. 5.

227. Mentionnons enfin l'exclusion contenue dans la loi du 22 juin 1886 (art. 4) laquelle dispose que les membres des familles ayant régné en France ne pourront entrer dans les armées de terre et de mer. Cette loi, toute politique, a créé non pas une indignité, mais une incompatibilité absolue entre la qualité de ces personnes et celle de soldat ou d'officier dans l'armée française (Cons. d'Et. 20 mai 1887, *Rec. Cons. d'Et.*, p. 409). — On s'est demandé quelle serait, en cas d'abrogation de la loi du 22 juin 1886, la situation des intéressés au point de vue militaire. M. François Roussel pense que cette situation devrait être définie par une disposition législative nouvelle : « lorsqu'il s'agit d'intérêts aussi graves que les charges militaires, lorsqu'on est en présence d'une loi spéciale dont l'abrogation ne peut ramener à l'application d'une loi générale qui a disparu, et ne saurait impliquer davantage l'application d'une loi nouvelle qui n'a pas prévu l'hypothèse de cette loi spéciale, un texte décisif semble essentiel » (*op. cit.*, n° 102, p. 61 et 62). Nous ne pouvons adopter cette opinion. Le devoir militaire en même temps qu'il est une charge, est aussi un honneur et un droit. Ce droit appartient à tout Français à qui une loi générale ou spéciale ne l'a pas retiré. Nous croyons donc que la loi d'abrogation devrait maintenir formellement l'incompatibilité pour qu'elle subsistât.

228. Les derniers articles du titre 1 sont consacrés à diverses dispositions générales relatives à l'admission dans les emplois publics, aux corps étrangers à l'armée et à l'interdiction de voter sous les drapeaux.

1° *Conditions d'admission aux emplois publics.* — Nul n'est admis, aux termes de l'art. 7, dans une administration de l'Etat, s'il ne justifie avoir satisfait aux obligations imposées par la loi militaire. Cette disposition est empruntée à la législation antérieure; mais l'art. 72 de la loi du 27 juill. 1872, reproduisant l'art. 48 de la loi du 21 mars 1832, avait une portée plus générale, en un sens, puisque, au lieu de spécifier les administrations de l'Etat, il disait : « nul n'est admis... *à un emploi civil ou militaire...* ». Il faut donc décider, aujourd'hui, que les administrations des départements et des communes, ainsi que les établissements publics qui ne relèvent pas directement de l'Etat, ne sont pas visés par l'art. 7. D'autre part, la législation antérieure limitait l'interdiction à l'âge de trente ans accomplis. Le nouveau texte l'a étendue à la vie entière.

229. L'art. 7 ne s'applique évidemment ni aux réformés, ni aux dispensés, ni aux ajournés pour défaut de taille ou de faiblesse de constitution, ni aux individus naturalisés à un âge où ils ne peuvent plus satisfaire à la loi, ni enfin aux jeunes gens non encore appelés. Il s'appliquera aux omis et aux insoumis. Parmi ces derniers figurent les insoumis temporaires, c'est-à-dire les hommes qui, ayant fait leur service actif et étant rappelés pour une période d'instruction, refuseraient de l'accomplir et se mettraient en état d'insoumission. La sanction de l'incapacité est remise aux chefs des administrations de l'Etat, qui devront s'assurer que les titulaires ou les candidats aux emplois ont satisfait à leurs obligations militaires.

230. — 2° *Corps étrangers à l'armée.* — Par une disposition analogue à l'art. 6 de la loi de 1872, l'art. 8 dispose que tout corps organisé quand il est sous les armes, est soumis aux lois militaires, fait partie de l'armée et relève soit du ministre de la guerre soit du ministre de la marine. Le nouveau texte ajoute : « Il en est de même des corps de vétérans, que le ministre de la guerre est autorisé à créer en temps de guerre et qui seraient recrutés par voie d'engagements volontaires parmi les hommes ayant accompli la totalité de leur service militaire ». — Que faut-il entendre par ces mots : « tout corps organisé » ? L'expression désigne évidemment des corps dépendant d'une autorité administrative autre que le ministre de la guerre et ayant une organisation analogue à l'organisation militaire, ou des associations créées par l'initiative privée, mais avec l'autorisation et sous la surveillance du Gouvernement. En 1872, le rapporteur de la loi du 27 juillet avait expressément déclaré que l'art. 6 ne s'appliquait ni au corps des douaniers, ni aux sapeurs-pompiers. Par analogie, on avait assimilé les gardes forestiers aux douaniers. On peut se demander à quels corps s'appliquait l'art. 6 de la loi de 1872 puisque, à cette époque, les bataillons scolaires n'existaient pas et que les sociétés de tir et de gymnastique n'avaient pas encore pris le développement qu'elles ont eu depuis. Cette disposition, nouvelle dans notre législation, ne s'explique donc que par le souvenir de la garde nationale, abolie récemment alors (L. 25 août 1871), et celui des corps francs de la guerre de 1870. Quoi qu'il en soit, la question n'est plus douteuse depuis la loi de 1889, et il résulte des travaux préparatoires que l'art. 8 vise les corps des douaniers, des chasseurs forestiers et des sapeurs-pompiers, que le législateur de 1872 avait précisément la volonté d'exclure par une disposition identique dans les termes à celle qui les concerne aujourd'hui (Sénat, séances du 26 avr. 1888 et du 1er avr. 1889; Chambre des députés, séance du 15 oct. 1888).

231. Les corps dont on vient de parler passent sous l'autorité du ministre de la guerre *quand ils sont sous les armes.* Les réunions en armes du corps des douaniers et de celui des chasseurs forestiers dépendent actuellement en partie de l'autorité militaire, ces deux corps ayant été militarisés (V. *suprà*, n° 119)). Quant aux corps de sapeurs-pompiers qui, avant la loi du 25 août 1871, faisaient partie des gardes nationales, ils ont été réorganisés par le décret du 29 déc. 1875. Ils ne peuvent se réunir en armes qu'avec l'autorisation du général commandant la subdivision de région; mais, en fait, l'approbation du règlement du service de chaque corps emporte l'autorisation générale pour toutes les réunions ordinaires prévues par le règlement. Le général commandant du corps d'armée décide des cas dans lesquels l'autorisation peut être donnée une fois pour toutes. D'après M. Rabany (*op. cit.*, t. 1, p. 147 et 148) l'autorisation n'a, jusqu'à présent, jamais été refusée, dans les circonstances suivantes : revues sur le terrain et tirs à la cible; honneurs funèbres à rendre aux sapeurs-pompiers gradés ou non gradés, en se conformant au règlement sur le service des places (Décr. 4 oct. 1891); cérémonies publiques officielles; fêtes patronale de la commune et de la Sainte-Barbe. Pour les escortes d'honneur, une autorisation spéciale est chaque fois nécessaire. Les sociétés de tir et de gymnastique peuvent être ou purement civiles, ou composées d'hommes appartenant à l'armée territoriale, ou mixtes; elles ne peuvent se réunir ni sortir en armes qu'avec l'autorisation spéciale du général commandant la subdivision. Si elles doivent se déplacer dans la région, c'est le commandant du corps d'armée qui décide ; si elles doivent sortir de la région, c'est le ministre. — Quant aux bataillons scolaires, organisés par le décret du 6 juill. 1882, et aux autres sociétés d'instruction militaire, telles que les sociétés de tir et de gymnastique, ils restent également soumis à la surveillance de l'autorité militaire.

232. Que doit-on entendre exactement par la disposition de l'art. 8 qui *soumet aux lois militaires* les corps organisés réunis en armes? Les hommes qui les composent sont-ils justiciables des tribunaux militaires et soumis à toute la rigueur du code de justice militaire? Logiquement il faudrait l'admettre, si on se réfère aux travaux préparatoires ; Mais M. Rabany se refuse à cette interprétation rigoureuse : « Jusqu'ici, dit cet auteur, il n'a pas été soutenu, à notre connaissance, que les sévérités du code de justice militaire fussent applicables aux sapeurs-pompiers réunis en armes. Nous croyons même que, le cas échéant, les tribunaux militaires hésiteraient à appliquer cette jurisprudence. Mais il faut admettre désormais, croyons-nous, ce qui était autrefois contesté, à savoir que le règlement sur le service des places (Décr. 4 oct. 1891) est applicable aux sapeurs-pompiers, lorsqu'ils sont réunis en corps et en armes. Ce règlement (art. 253) prévoit d'ailleurs la place des sapeurs-pompiers dans l'ordre de bataille lorsqu'ils figurent avec d'autres troupes. Ils prennent rang dans les troupes à pied après les invalides et la gendarmerie, mais avant tous les autres corps, comme l'ancienne garde nationale, dont ils faisaient partie autrefois et qu'ils représentent seuls aujourd'hui » (*op. cit.*, p. 149 et 150). A plus forte raison, il semble impossible d'appliquer toutes les lois militaires aux membres des sociétés de tir et de gymnastique et aux enfants des bataillons scolaires. Mais, comme on le voit, la disposition de l'art. 8 est bien vague à tous les égards, et il serait utile qu'elle fût précisée, ne fût-ce que par un règlement d'administration publique.

233. — 3° *Interdiction de voter sous les drapeaux.* — La loi de 1872, art. 5, disposait que les hommes présents au corps ne prennent part à aucun vote. L'art. 9 de la loi nouvelle, reproduisant à peu près textuellement l'art. 2 de celle du 30 nov. 1875, porte que « les militaires et assimilés de tous grades et de toutes armes des armées de terre et de mer ne prennent part à aucun vote quand ils sont présents à leur corps, à leur poste ou dans l'exercice de leurs fonctions. Ceux qui, au moment de l'élection, se trouvent en résidence libre, en non-activité ou en possession d'un congé, peuvent voter dans la commune sur les listes de laquelle ils sont régulièrement inscrits. Cette dernière disposition s'applique également aux officiers et assimilés qui sont en disponibilité ou dans le cadre de réserve ». La loi n'enlève pas aux militaires la *jouissance* des droits électoraux; elle n'en suspend que l'*exercice*. C'est à raison de leur présence sous les drapeaux que cet exercice est suspendu. Mais lorsque le militaire, sans être rendu à la vie civile, n'est plus considéré comme étant sous les armes, il reprend ses droits de citoyen. Par suite, les militaires doivent être portés sur les listes électorales de la commune où ils sont nés, et ils ne doivent être radiés que lorsqu'ils transportent, après leur libération, leur résidence dans une autre commune (V. *suprà*, v° *Droit politique*, n°s 424 et suiv.).

234. Sont considérés comme présents au corps tous les militaires qui ne sont pas munis d'un congé de plus de trente jours, même les malades à l'hôpital, bien que, administrativement, ils soient considérés comme absents. L'interdiction de voter atteint également, comme étant à leur poste ou dans l'exercice de leurs fonctions, les officiers sans troupe, ou détachés dans un service quelconque, fût-ce celui des bureaux du ministère de la guerre ou le service permanent et soldé de l'armée territoriale; les officiers retraités faisant partie du même service ou de celui du recrutement, ou qui sont appelés à remplir les fonctions de commissaire du Gouvernement près des conseils de guerre; les officiers en activité attachés au conseil d'Etat, à la personne du président de la République ou en mission à l'étranger; les officiers de la réserve et de l'armée territoriale pendant la durée des périodes d'instruction obligatoires (il en serait autrement pour les stages volontaires, d'après l'avis du conseil d'Etat du 7 févr. 1877), en cas de mobilisation ou lorsqu'ils remplissent les fonctions de président des commissions de classement des chevaux ou de réquisition; enfin les officiers à la suite. — Le vote est également interdit aux *assimilés*. Par assimilés, il faut entendre exclusivement les employés de l'armée de terre en activité qui figurent dans les tableaux annexés soit à la loi du 13 mars 1875, soit à la loi du 16 mars 1882 (Av. Cons. d'Et. 17 juill. 1888). En conséquence, on ne doit comprendre, dans cette dénomination, ni les ingénieurs des poudres et salpêtres bien que possédant l'état d'officier, ni les gardiens de batterie *auxiliaires*, qui ne sont que des employés civils (Rabany, *op. cit.*, p. 156, texte et notes 1 et 2). — Sont considérés comme présents au corps et incapables de voter, les appelés, engagés, et commissionnés, les hommes de la réserve et de l'armée territoriale pendant la durée des convocations ou en cas de mobilisation. Il a été cependant admis que des hommes de l'armée territoriale avaient pu valablement voter le jour même où expirait la durée légale de leur service. Mais, en fait, ils avaient été licenciés (Cons. d'Et. 15 janv. 1886, aff. Elect. de Saintes, *Rec. Cons. d'Et.*, p. 45). — M. Rabany mentionne également comme étant à leur poste : les détenus; les accusés non encore traduits devant un conseil de guerre; les sous-officiers attachés d'une manière permanente au parquet ou au greffe des conseils de guerre ou de revision; le personnel de surveillance des établissements pénitentiaires ou des prisons militaires; les hommes appelés en témoignage devant les tribunaux; les sous-officiers et soldats envoyés en remonte, etc. Par contre, les caserniers et les ouvriers *engagés* des manufactures d'armes ne sont pas considérés comme des militaires.

235. La condition des gendarmes, au point de vue qui nous occupe, a varié. Avant la loi de 1872, ils devaient être inscrits sur les listes électorales et pouvaient prendre part au scrutin (Req. 30 mars 1870, aff. Béquet; 26 avr. 1870, aff. Petronelli, D. P. 50. 1. 216). Depuis 1872, ils sont traités comme des militaires présents au corps.

236. Il convient enfin de mentionner les élèves des Ecoles polytechnique, forestière et de l'Ecole centrale des arts et manufactures, lesquels contractent en entrant dans ces écoles un engagement volontaire et sont considérés comme présents sous les drapeaux (L. 15 juill. 1889, art. 28).

237. Les officiers, soldats et assimilés de l'armée de mer sont soumis aux mêmes règles. Le droit de vote est donc interdit aux officiers et marins des équipages de la flotte; aux officiers et soldats de la gendarmerie maritime; aux officiers et soldats de l'infanterie et de l'artillerie de marine; aux corps du génie maritime, des ingénieurs hydrographes, du commissariat de la marine, de l'inspection des services administratifs, de santé de la marine; aux infirmiers de la flotte; au personnel administratif des directions de travaux; au personnel du service de manutention; aux aumôniers; aux mécaniciens en chef et principaux; aux employés de l'artillerie de marine; aux gardes-chiourmes; au personnel du service du mouvement des ports; aux pompiers de la marine; aux surveillants des prisons maritimes; aux agents de gardiennage; aux gardes-consignes des arsenaux. — Par contre, ne sont pas militaires ou assimilés, les examinateurs de la marine et les professeurs d'hydrographie; les sous-agents du commissariat, les syndics des gens de mer, les trésoriers des invalides de la marine, bien que rattachés au corps du commissariat; les agents comptables principaux, les agents et sous-agents comptables, les commis de comptabilité, les écrivains titulaires et auxiliaires et les commis de direction de travaux (Cons. d'Et. 7 nov. 1884, aff. Elect. d'Indre, *Rec. Cons. d'Et.*, p. 773), quoique ces dernières catégories d'employés dépendent du personnel administratif des directions de travaux.

238. L'art. 9 excepte de la règle qui interdit le vote aux militaires ceux qui se trouvent en *résidence libre*, en *non-activité*, en possession d'un *congé*, et les officiers et assimilés placés en *disponibilité* ou dans le *cadre de réserve*. Il faut ajouter à cette énumération les réservistes, en dehors des périodes d'instruction ou du temps de la mobilisation.

239. Que faut-il entendre par résidence libre? D'après M. le colonel Meinadier (Sénat, séance du 26 avr. 1888), seraient en résidence libre les officiers d'artillerie et du génie classés dans l'état-major particulier et placés à la tête d'un arrondissement ou d'une chefferie. M. Rabany (*op. cit.*, t. 1, p. 161) fait remarquer que c'est une erreur, et que la résidence de ces officiers est *fixe*, et non pas libre. La résidence libre est l'état de l'officier de marine, quel que soit son grade, qui, après une campagne obtient, pendant trois ou six mois l'autorisation de quitter son port et de s'établir où bon lui semble; il peut toujours être rappelé lorsque les nécessités du service l'exigent (Chambre des députés, séance 20 juin 1887, discours de M. Georges Roche; Sénat, séance du 20 avr. 1888, discours de M. l'amiral Jaurès).

240. La *non-activité* a été définie *suprà*, n° 132. Les officiers de la réserve et de l'armée territoriale sont, au point de vue du droit de vote, assimilés aux officiers en non-activité. Les officiers en réforme, en retraite, étant rendus à la vie civile, reprennent l'exercice de leurs droits d'électeur. L'officier en instance de retraite et en congé peut voter; mais tant qu'il n'a pas obtenu sa retraite, il continue à être inéligible (Cons. d'Et. 21 déc. 1888, aff. Elect. de Boulot, *Rec. Cons. d'Et.*, p. 1005).

241. Sont considérés comme en non-activité et peuvent exercer le droit de vote : 1° les hommes envoyés par anticipation dans leurs foyers avant l'expiration du terme légal du service, par application des art. 40 et 46 de la loi de 1889, mais, n'étant pas libérés, ces hommes sont inéligibles (Cons. d'Et. 23 janv. 1885, aff. Elect. des Villards-sur-Thônes, *Rec. Cons. d'Et.*, p. 86; 1er mai 1885, aff. Elect. de Nonette, *ibid.*, p. 470; 1er déc. 1888, aff. Elect. de Lauguzan, *ibid.*, p. 914; 8 juin 1889, aff. Elect. de Saint-Germain, près d'Herment, *ibid.*, p. 761; 2 août 1889, aff. Elect. de Brive, *ibid.*, p. 925); — 2° Les hommes de la disponibilité renvoyés dans leurs foyers, après la première année de service, d'après leur numéro de tirage au sort, conformément à l'art. 39 de la loi; — 3° Les hommes envoyés dans leurs foyers après une année de service, à titre de *soutiens légaux* de famille (art. 21); — 4° Les hommes désignés comme *soutiens effectifs* de famille par les conseils de revision, et renvoyés également après un an (art. 22); — 5° Les jeunes gens désignés par l'art. 23, et qui sont envoyés en congé comme se destinant à certaines carrières ou poursuivant certaines études; — 6° Les marins inscrits, quand leur classe n'est pas appelée, qu'ils n'ont pas devancé l'appel, et ne sont pas maintenus ou réadmis ni commissionnés ou brevetés; — 7° Les hommes de la réserve et de l'armée territoriale, en dehors des convocations ou de la mobilisation; — 8° Les invalides.

Peuvent également participer au scrutin, comme n'étant pas en activité de service : 1° les ajournés en vertu de l'art. 27; 2° les hommes classés dans les services auxiliaires; 3° les hommes du contingent non encore appelés, même après le tirage au sort et l'examen du conseil de revision.

242. Que faut-il entendre par un militaire *en congé?* C'est celui qui est autorisé à s'absenter de son corps pour une durée de plus de trente jours pour affaires personnelles, convalescence, pour faire usage des eaux, pour aller à l'étranger (Décr. 1er mars 1890). Lorsque l'absence est d'une durée de trente jours et au-dessous, le militaire est en *permission*. La permission peut être prolongée sans pour cela prendre le caractère d'un congé. Le permissionnaire, à la différence de l'homme en congé, n'a pas l'exercice du droit de vote.

— En ce qui concerne la *disponibilité* et le *cadre de réserve*, nous renvoyons aux explications données *suprà*, n° 87).

243. La sanction de l'interdiction contenue dans l'art. 9 consiste : 1° dans les mesures disciplinaires dont peuvent être l'objet les militaires qui y contreviennent ; 2° dans l'annulation éventuelle des résultats du scrutin. Les votes des militaires sous les drapeaux doivent être déduits du chiffre des suffrages exprimés et de celui des voix obtenues par les candidats proclamés (V. *suprà*, v° *Organisation administrative*, n° 263. V. aussi v° *Droit politique*, n° 427).

244. Sur l'inégibilité des militaires faisant partie des armées actives de terre ou de mer, V. *suprà*, v° *Droit politique*, n°s 459 et 661.

Art. 1er. — *Des appels. — Recensement. — Tirage au sort* (*Rép.* n°s 221 et suiv.).

245. La loi de 1832 qui avait été maintenue sur ce point par celle de 1868, s'occupait des appels, du recensement et du tirage au sort dans les art. 4 à 12, expliqués au *Rép.* n°s 221 et suiv. La loi de 1889, complétant les dispositions de la loi de 1872 (art. 8 à 15) traite des mêmes matières dans ses articles 10 à 17. Elle s'occupe : 1° de la formation des tableaux de recensement (art. 10) ; 2° de l'inscription sur ses tableaux des fils d'étranger (art. 11) ; 3° de celle des étrangers devenus Français (art. 12) ; 4° du domicile légal au point de vue du recrutement (art. 13) ; 5° de l'âge requis pour l'inscription (art. 14) ; 6° de l'inscription des omis des années précédentes (art. 15) ; 7° de l'examen des tableaux de recensement (art. 16) ; 8° du tirage au sort (art. 17).

246. — 1° *Formation des tableaux de recensement.* — Les tableaux de recensement comprennent les noms de tous les jeunes gens composant la *classe* appelée. Au point de vue militaire, tout homme soumis au service appartient à une classe, dont il suit le sort pendant la durée de ses obligations militaires. — On distingue deux sortes de classes : la *classe de recrutement* et la *classe de mobilisation*. A la première appartiennent tous les individus appelés normalement à l'âge de vingt et un ans révolus. Pour ceux-ci, la classe de recrutement et la classe de mobilisation ne font qu'un. A la seconde appartiennent les engagés volontaires ; pour eux, la classe de mobilisation est celle de la classe de recrutement appelée l'année de leur engagement. Ils en suivent le sort pendant les vingt-cinq années de leur service militaire. Pour ceux-là, la classe de mobilisation diffère de la classe de recrutement, et cette dernière n'a d'intérêt qu'au point de vue de la régularité de l'ensemble des opérations. Il en résulte que, si les engagés volontaires peuvent en théorie appartenir à deux classes, en fait, ils ne suivent le sort que d'une seule, et ils se trouvent libérés avant les jeunes gens de leur classe de recrutement.

L'art. 15 de la loi de 1889 n'est que la reproduction presque textuelle de l'art. 8 de la loi du 27 juill. 1872. Il ne contient, d'ailleurs, aucune innovation au fond. Chaque année, pour la formation de la classe, les tableaux de recensement des jeunes gens ayant atteint l'âge de vingt ans révolus dans l'année précédente et domiciliés dans l'une des communes du canton sont dressés par les maires : 1° sur la déclaration à laquelle sont tenus les jeunes gens, leurs parents ou leurs tuteurs ; 2° d'office, d'après les registres de l'état civil et tous autres documents et renseignements. Ces tableaux doivent être établis au mois de décembre de l'année qui précède le tirage au sort, de manière à être terminés le 31 décembre à minuit. La déclaration prescrite par l'art. 10 aux jeunes gens, à leurs parents ou à leurs tuteurs, n'est pas obligatoire, en ce sens que la loi n'a pas attaché de pénalité à l'absence de déclaration ; elle ne punit que la déclaration frauduleuse. Mais l'absence de déclaration peut être très préjudiciable à l'appelé, si elle a pour effet d'entraîner une omission (V. art. 17). Pour les inscriptions d'office, les maires consultent les actes de l'état civil, les listes de dénombrement, les rôles des contributions, etc. Afin d'éviter les doubles inscriptions, ils n'inscrivent sans enquête que les jeunes gens nés et résidant dans la commune. Pour les autres, ils doivent se concerter avec leurs collègues. Pour les engagés volontaires, lesquels appartiennent comme on l'a vu à une autre classe de mobilisation, les préfets reçoivent de l'autorité militaire des *signalements* établis par les supérieurs hiérarchiques de l'engagé, et ils transmettent aux maires les renseignements nécessaires pour l'inscription de l'engagé. Les tableaux de recensement doivent, aux termes de l'art. 10, mentionner la profession de chacun des jeunes gens inscrits. Cette mention est faite par le maire qui contrôle et rectifie au besoin la déclaration de l'intéressé. En outre, les tableaux contiennent les indications suivantes : 1° nom, prénoms et surnoms de l'inscrit ; 2° date et lieu de naissance ; 3° indication de la résidence personnelle de l'inscrit ; 4° noms, prénoms et domicile du père et de la mère ; 5° indication de la taille en mètres et millimètres ; 6° profession du jeune homme, ainsi que celles de son père et de sa mère ; 7° pour les inscrits de l'année, s'ils ont été portés d'office ou sur déclaration ; 8° pour les omis des classes précédentes, la classe à laquelle ils appartiendraient par leur âge, et la date du jugement qui les a condamnés pour omission, s'il y a lieu ; 9° les motifs d'exemption ou de dispense ; 10° le degré d'instruction ; 11° la signature de l'inscrit. Aucune mention relative au culte n'est portée sur les tableaux.

247. La mention relative aux exemptions et dispenses a une importance particulière. En effet, il peut arriver qu'un inscrit ignore qu'il se trouve dans un cas d'exemption ou de dispense, et qu'il ne l'apprenne qu'après la clôture des opérations de revision, sans avoir pu s'en prévaloir en temps utile. Les maires doivent donc, non seulement recevoir à cet égard les déclarations des appelés, mais encore les provoquer (Instruct. du 4 déc. 1889, n° 33 ; Rabany, *op. cit.*, t. 2, p. 363 et suiv.). — En outre, un inscrit peut avoir à faire valoir une double cause de dispense. Tel est le cas de ceux qui peuvent invoquer à la fois l'art. 21 et 23 ; par exemple, un jeune homme qui est fils aîné de veuve et qui a contracté un engagement décennal dans l'instruction publique. Tel est encore le cas des jeunes gens soumis à l'inscription maritime, et qui voudraient se prévaloir de l'art. 21. D'après la jurisprudence du ministère de la guerre, il ne peut y avoir double dispense. Les uns et les autres, aux termes d'une circulaire du ministre de la guerre du 27 nov. 1883, doivent être prévenus que leur seconde réclamation ne saurait avoir d'objet que pour le cas où la première serait écartée par le conseil de revision comme n'étant pas fondée en droit. La loi ne permettant pas d'accorder une double dispense, ils ne pourront plus, s'ils viennent à perdre le droit à la dispense par eux choisie, invoquer subsidiairement le motif pour lequel ils n'ont pas opté. En conséquence, les maires doivent inviter les appelés à déclarer par écrit celui des droits dont ils entendent se servir. Cette déclaration est annexée aux tableaux.

248. Les tableaux sont publiés et affichés dans chaque commune suivant les formes prescrites par les art. 63 et 64 c. civ. La dernière publication doit avoir lieu au plus tard le 15 janvier. — L'art. 10 de la loi dit que les tableaux seront *publiés* et affichés. Il faut en conclure que l'affichage ne suffirait pas, et qu'une publication verbale est obligatoire. Cette formalité a été insérée dans l'intérêt des illettrés. Un avis publié dans les mêmes formes indique le lieu et le jour où il sera procédé à l'examen des tableaux et au tirage au sort. Jusqu'à l'examen par le sous-préfet, puis par le conseil de revision, les tableaux ne sont pas définitifs ; ils peuvent faire l'objet de réclamations et de modifications ; que la publicité a précisément pour objet de provoquer.

249. — 2° *Inscription sur les tableaux de recensement des fils d'étrangers et des étrangers naturalisés Français.* — Après avoir posé, dans l'art. 3, le principe que nul n'est admis dans les troupes françaises s'il n'est Français ou naturalisé Français, la loi de 1889 traite dans les art. 11 et 12 de la question délicate de la nationalité au point de vue du recrutement. La loi du 21 mars 1832 qui avait posé un principe analogue en ces termes (art. 2, § 1) : « Nul ne sera admis à servir dans les troupes françaises, s'il n'est Français » gardait le silence sur cette question. On appliquait les règles du droit commun, contenues dans l'art. 9 c. civ. modifié par la loi du 7 févr. 1851 (D. P. 51. 4. 35). On a vu au *Rép.* (n°s 214 à 217) l'exposé de ces règles et les applications qui en ont été faites par la jurisprudence. Dès 1868, on avait pensé à soumettre aux obligations militaires les individus nés en France de parents étrangers et y ayant leur résidence (*Rép.* n° 217) ; mais on rejeta cette proposition, pour ne pas mêler les questions de nationalité à une loi de recrutement.

L'art. 9 de la loi de 1872 disposa : 1° que les individus nés en France de parents étrangers, et les individus nés à l'étranger de parents étrangers naturalisés Français, et mineurs au moment de la naturalisation de leurs parents, concourraient, dans les cantons où ils étaient domiciliés, au tirage qui suivrait la déclaration faite par eux, en vertu de l'art. 9 c. civ. et de l'art. 2 de la loi du 7 févr. 1851 ; — 2° Que les individus déclarés Français en vertu de la loi du 7 févr. 1851 concourraient également dans le canton de leur domicile, au tirage qui suivrait l'année de leur majorité, s'ils n'avaient pas réclamé leur qualité d'étranger conformément à ladite loi.

250. Si l'on compare, à cette époque de notre législation, d'une part les règles admises pour réclamer la nationalité française, au point de vue du droit civil, et celles suivies au point de vue du recrutement, on constate une notable différence. En effet, pouvaient obtenir la nationalité française sans naturalisation et par une simple déclaration à leur majorité : 1° les individus nés en France d'un étranger ; 2° les individus nés à l'étranger de Français qui avaient eux-mêmes perdu leur nationalité (c. civ., art. 10) ; 3° les individus nés à l'étranger, d'un étranger naturalisé Français, à la condition de faire la déclaration prescrite par l'art. 9 c. civ., dans l'année qui suivait la naturalisation, s'ils étaient majeurs, et dans l'année qui suivait leur majorité, s'ils étaient mineurs. « En principe, dit M. François Roussel (*op. cit.*, n° 191, p. 140), tous ces individus, arrivés au moment où la loi leur permettait d'acquérir la nationalité française par une simple déclaration, se trouvaient à ce moment mis en demeure d'opter entre la qualité de Français ou une nationalité étrangère ; mais, en fait, il n'existait pas de sanction légale qui les obligeât à exercer cette option ; une seule était possible, c'était celle du recrutement, et la loi de 1872 ne l'avait pas organisée d'une manière assez sévère ; beaucoup d'individus, échappant ainsi à l'obligation d'opter, demeuraient aux yeux de la loi française, et ce délai d'option expiré, de véritables étrangers, qui ne pouvaient plus devenir Français que par la naturalisation, mais qui cependant, en conservant leur établissement sur notre territoire, s'y dérobaient aux charges de leur nationalité d'origine comme à celles de la nationalité française ». La loi de 1872 n'appelait à participer aux opérations de recrutement que : 1° les individus nés en France d'étrangers qui, eux-mêmes, y étaient nés ; 2° ceux qui étaient nés en France, même lorsque leurs parents n'étaient pas nés en France ; 3° ceux qui étaient nés à l'étranger de parents naturalisés Français, à la condition qu'ils fussent mineurs au moment de la naturalisation de leurs parents. Elle exonérait donc en fait des charges militaires un grand nombre d'individus qui cependant pouvaient acquérir notre nationalité par une simple déclaration, et même elle négligeait d'y soumettre les naturalisés et les individus qui, après avoir perdu la qualité de Français, venaient à la recouvrer par application de l'art. 18 c. civ. — Postérieurement à la loi de 1872, les lois du 19 déc. 1874 (D. P. 75. 4. 78), du 14 févr. 1882 (D. P. 82. 4. 113) et la loi du 28 juin 1883 (D. P. 83. 4. 113) améliorèrent la situation au double point de vue de la nationalité et du recrutement. La loi du 16 déc. 1874, modifiant l'art. 1 de la loi de 1851, décida que les enfants nés en France d'étrangers qui, eux-mêmes, y étaient nés, ne pourraient répudier la nationalité dans l'année qui suivrait l'époque de leur majorité d'après la loi française, qu'à la condition de justifier, par une déclaration en forme de leur gouvernement, qu'ils avaient conservé leur nationalité d'origine. Cette loi disposait, en outre, que ces jeunes gens pouvaient, avant leur majorité, soit s'engager dans les armées de terre et de mer, soit contracter l'engagement conditionnel d'un an, soit entrer dans les écoles du Gouvernement, en déclarant qu'ils renonçaient à réclamer la qualité d'étranger dans l'année qui suivrait leur majorité. La loi du 14 févr. 1882 compléta la législation sur ce point par une triple innovation. Elle décida : 1° que la faveur résultant des dispositions de la loi de 1874 s'étendrait aux enfants mineurs des étrangers se faisant naturaliser Français ; 2° que la même faculté serait accordée aux enfants mineurs d'un Français qui aurait perdu la qualité de Français par l'une des trois causes exprimées dans l'art. 27 c. civ., si le père recouvrait sa nationalité d'origine conformément à l'art. 18 ; 3° que les enfants majeurs, dans la même hypothèse, pourraient réclamer la qualité de Français par une déclaration faite dans l'année qui suivrait le jour où le père aurait recouvré sa nationalité. Enfin la loi du 28 juin 1883 assimila aux enfants mineurs de l'étranger naturalisé les enfants mineurs nés en France d'une femme française mariée à un étranger, lorsqu'elle recouvrait la qualité de Français après la mort de son mari, et aux mineurs orphelins de père et de mère, nés en France, d'une femme française qui se trouverait dans le même cas (V. sur ces divers points, *suprà*, v° *Droits civils*, n° 45 et suiv. ; 84 et suiv).

251. Toute cette législation sur la nationalité a été remaniée par la loi du 26 juin 1889 (D. P. 89. 4. 59 ; V. *suprà*, v° *Droits civils*) qui a été votée quelques jours avant la loi du recrutement. Par une anomalie singulière, et dont les travaux préparatoires peuvent seuls fournir l'explication, tandis que la loi du 26 juin 1889 abroge toute la législation antérieure, la loi du 15 juill. 1889 renvoie explicitement à cette législation qui vient d'être abrogée, et contient, en apparence au moins, des différences assez notables avec la loi sur la nationalité.

L'art. 11 de la loi du 15 juill. 1889 est ainsi conçu : « Les individus déclarés Français en vertu de l'art. 1er de la loi du 16 déc. 1874 sont portés, dans les communes où ils sont domiciliés, sur les tableaux de recrutement de la classe dont la formation suit l'époque de leur majorité. Ils sont soumis au service militaire, s'ils n'établissent pas leur qualité d'étranger. — Les individus nés en France d'étrangers et résidant en France, sont également portés dans les communes où ils sont domiciliés, sur les tableaux de recensement de la classe dont la formation suit l'époque de leur majorité telle qu'elle est fixée par la loi française. Ils peuvent réclamer contre leur inscription lors de l'examen du tableau de recensement et lors de leur convocation au conseil de revision conformément à l'art. 16 ci-après. S'ils ne réclament pas, le tirage au sort équivaudra pour eux à la déclaration prévue par l'art. 9 du code civil. S'ils se font rayer, ils seront immédiatement déchus du bénéfice dudit article. Les mêmes dispositions sont applicables aux individus résidant en France et nés en pays étranger, soit d'un étranger qui depuis lors a été naturalisé Français, soit d'un Français ayant perdu la qualité de Français, mais qui l'a recouvrée ultérieurement, si ces individus étaient mineurs lorsque leurs parents ont acquis ou recouvré la nationalité française ». La loi du 26 juin 1889, plus nette et plus compréhensive, dispose de son côté (art. 1) : « Sont Français : 1° tout individu né d'un Français en France ou à l'étranger ; l'enfant naturel dont la filiation est établie pendant la minorité, par reconnaissance ou par jugement, suit la nationalité de celui des parents à l'égard duquel la preuve a d'abord été faite ; si elle résulte pour le père ou la mère du même acte ou du même jugement, l'enfant suivra la nationalité du père ; 2° tout individu né en France de parents inconnus ou dont la nationalité est incertaine ; 3° tout individu né en France d'un étranger qui lui-même y est né ; 4° tout individu né en France d'un étranger qui, à l'époque de sa majorité, est domicilié en France, à moins que, dans l'année qui suit sa majorité, telle qu'elle est réglée par la loi française, il n'ait décliné la qualité de Français et prouvé qu'il a conservé la nationalité de ses parents, par une attestation en due forme de son gouvernement, laquelle demeurera annexée à la déclaration ; et qu'il n'ait en outre produit, s'il y a lieu, un certificat constatant qu'il a répondu à l'appel sous les drapeaux, conformément à la loi militaire de son pays, sauf les exceptions prévues aux traités ; 5° les étrangers naturalisés ».

252. Comment concilier l'antinomie qui paraît exister entre cette disposition de l'art. 1 de la loi du 26 juin 1889 et les art. 11 et 12 de la loi du 15 juill. 1889 ? Il résulte des travaux préparatoires (Rapport de M. le général Deffis au Sénat, 1er avr. 1889) que le législateur de 1889, en rédigeant les art. 11 et 12, n'a nullement perdu de vue la loi sur la nationalité ; seulement, l'élaboration de la loi militaire fut longue et difficile ; elle nécessita des renvois nombreux de la Chambre des députés au Sénat et inversement. L'accord finit par s'établir, et une fois qu'il fut obtenu, on ne voulut pas, pour mettre la loi militaire en corrélation parfaite avec la loi sur la nationalité, retarder le vote de la première par un nouveau renvoi devant le Sénat. Or les termes des art. 11 et 12 avaient été arrêtés avant le vote de la loi du 26 juin 1889, et à une époque où l'on ignorait encore si la loi militaire ne serait pas promulguée avant celle qui codifiait les règles sur la nationalité. L'art. 11 n'avait donc qu'un caractère pour ainsi dire provisoire. Il n'était présenté, a dit un auteur, que pour le cas où la loi sur la nationalité ne serait pas encore promulguée quand la loi sur le recrutement entrerait en vigueur, et, dès que la condition légale des étrangers aurait été modifiée par une loi spéciale, l'art. 11 devait cesser d'être appliqué dans ses dispositions contraires à cette loi (M. Rabany, *op. cit.*, t. 1, p. 187). Le rapport précité de M. le général Deffis ne laisse subsister aucun doute à cet égard. La Chambre avait ajouté à l'art. 87 de la loi, portant que ses dispositions seraient appliquées six mois au plus tard après sa promulgation, un deuxième paragraphe prescrivant que les dispositions de l'art. 11 cesseraient d'être en vigueur dès la promulgation d'une nouvelle loi sur la naturalisation. « Nous ne sommes pas d'avis de le maintenir, dit le rapporteur. Une loi abroge les dispositions des lois antérieures qui lui sont contraires, mais elle ne prévoit pas elle-même l'abrogation de ses propres dispositions : ce sera donc à la loi sur la naturalisation qu'il appartiendra d'abroger les dispositions de la loi sur le recrutement qui lui seraient contraires ». La majorité des auteurs admet, d'ailleurs, qu'il faut, pour les questions de nationalité, se référer à la loi du 26 juin 1889, la loi du 15 juillet s'étant bornée à régler le mode d'établissement des tableaux de recensement. « La loi militaire du 15 juill. 1889, dit M. François Roussel (*op. cit.*, p. 144), de toutes les lois sur la nationalité qui l'ont précédée, semble n'en avoir oublié qu'une seule, celle du 26 juin 1889, et celle-ci abroge précisément toutes les lois antérieures. On ne peut un instant songer à dire que ces lois ont reçu de la loi du 15 juill. 1889 une investiture nouvelle : elles sont abrogées et sans retour, toutes les discussions des lois sur le recrutement et sur la nationalité en portent le témoignage, la loi du 26 juin le déclare expressément ; et si l'art. 15 de la loi du 15 juillet se réfère encore à la loi du 16 déc. 1874, en ces termes : « les individus déclarés Français en vertu de l'art. 1 de la loi du 16 déc. 1874... », on peut considérer que ces expressions ne constituent plus désormais qu'une sorte de locution à l'usage des jurisconsultes et dans laquelle se résume la formule même de la loi de 1874 : « Est Français tout individu né en France d'un étranger qui lui-même y est né ». D'autre part, la loi du 26 juin 1889 embrasse un nombre d'hypothèses plus considérable que les lois précédentes ; elle multiplie les modes d'acquisition de la nationalité française ; elle impose, par conséquent, à un plus grand nombre d'individus les charges du service militaire. Si la loi militaire a négligé d'édicter les mesures administratives nécessaires pour incorporer ces individus, on ne peut donc tout au plus, lui reprocher qu'une omission. Mais de l'omission, on ne saurait conclure à une contradiction nécessaire. Il est donc possible de concilier les deux lois » (V. dans le même sens MM. Le Sueur et Dreyfus, *Traité de la nationalité*, p. 137 et 138).

La conséquence des explications qui précèdent c'est que, au point de vue de l'obligation au service militaire des fils d'étrangers, c'est la loi du 26 juin 1889 qu'il faut consulter et non la loi du 15 juill. 1889.

253. Ce principe admis, une difficulté se présente en ce qui concerne les enfants nés en France d'étrangers qui eux-mêmes y sont nés. La loi du 15 juill. 1889 les vise directement et ordonne leur inscription sur les tableaux de la classe *dont la formation suit l'époque de leur majorité*. Le législateur a raisonné en se plaçant dans le système de la loi de 1874, qu'il vise en termes formels. Cette loi laissait aux individus en question un droit d'option qu'ils pouvaient exercer à l'âge de leur majorité suivant la loi française. Il était logique de ne les inscrire qu'au moment où, par leur option, ils avaient acquis définitivement la nationalité française qu'ils pouvaient répudier. D'autre part, la loi du 26 juin 1889 a imposé à ces individus la nationalité française : elle en fait des Français de naissance. A ce titre, ils devraient donc être inscrits, comme tous les autres nationaux, sur les tableaux de la classe à laquelle ils appartiennent par leur âge. Faut-il en conclure que le droit d'option a été rétabli, dans ce cas spécial, par la loi du 15 juill. 1889? Nous ne le croyons pas. Le doute est d'autant moins permis à cet égard, ainsi que le fait observer M. François Roussel (*op. cit.*, n° 196, p. 147), « que la loi du 26 juin a supprimé les moyens imaginés par le législateur, d'établir l'extranéité dans l'hypothèse qui nous occupe ; si donc la loi du 15 juillet avait rétabli la faculté d'option, les formes dans lesquelles cette option s'exerçait autrefois étant abolies, on ne saurait emprunter à aucun texte en vigueur les moyens de prouver l'extranéité. Le jeune homme déclaré Français, comme étant né en France d'un étranger qui y est né lui-même, ne peut ni répudier cette qualité, ni échapper au service militaire. Et, sur ce point, on est d'autant plus en droit de ne redouter aucune difficulté que la loi du recrutement a prescrit l'inscription sur les tableaux de recensement de tous les jeunes gens que vise l'art. 8, § 2-3° c. civ. modifié ».

254. Mais, si l'on doit reconnaître que le droit d'option n'a pas été rétabli par la loi du 15 juillet, faut-il admettre que, sur ce point, l'art. 11 de ladite loi est abrogé, et que les jeunes gens dont il s'agit seront inscrits sur les tableaux de la classe à laquelle ils appartiennent par leur âge? Cette opinion, qui a été soutenue en doctrine, est la seule qui soit logique. Elle consiste à substituer aux dispositions des art. 11 et 12 de la loi du 15 juillet celles de la loi du 26 juin. Il serait contraire à l'esprit égalitaire de notre nouvelle législation militaire de créer une catégorie de Français appelés au service un an après les autres. Cette catégorie de Français jouit des mêmes droits et doit subir les mêmes charges que tous les Français. C'est, du reste, la solution qui a été donnée à la question par l'autorité administrative. L'instruction du 4 déc. 1889 est formelle sur ce point : « En visant la loi du 16 déc. 1874, l'art. 11 reconnaît à ces jeunes gens la faculté de répudier la qualité de Français dans l'année qui suit leur majorité et prescrit de retarder leur inscription jusqu'au recensement de la classe formée après l'époque de leur majorité. D'après la loi du 26 juin 1889 (art. 8, § 3, c. civ. modifié), intervenue entre le vote au Sénat de la loi militaire et la promulgation, cette faculté n'existe plus. Ces jeunes gens, au lieu de la qualité de Français sous condition résolutoire, que leur reconnaissait la législation ancienne, tiennent aujourd'hui, du fait de leur naissance, cette qualité à titre définitif et irrévocable. En conséquence, il faut les inscrire dès la formation de la classe à laquelle ils appartiennent par leur âge » (V. en ce sens, M. Rabany, *op. cit.*, t. 1, p. 194). — Cette solution a été toutefois critiquée comme antijuridique, parce qu'elle admet l'abrogation d'une loi plus récente par une loi antérieure, et contraire à l'intérêt des particuliers « à l'égard desquels l'indulgence de la loi militaire contrebalance heureusement la rigueur de la loi civile » (François Roussel, *op. cit.*, p. 148).

255. En ce qui concerne les enfants naturels, il ne peut s'élever aucune difficulté. La loi du 26 juin 1889 déclare que ces enfants prennent la nationalité de celui qui les a reconnus le premier, et celle du père en cas de reconnaissance simultanée par lui et par la mère. Cette reconnaissance devra se produire *avant la majorité* ; sinon, à ce moment, l'enfant est considéré comme né de parents inconnus, et il est soumis à la loi militaire. Si la reconnaissance se produisait postérieurement, elle pourrait conserver son efficacité quant à la filiation ; elle n'aurait plus d'effet sur la nationalité.

256. La loi du 26 juin 1889 déclare Français tout individu né en France d'un étranger qui, à l'époque de sa majorité, est domicilié en France, à moins que, dans l'année qui suit sa majorité, telle qu'elle est réglée par la loi française, il n'ait décliné la qualité de Français et prouvé qu'il a conservé la nationalité de ses parents par une attestation en due forme de son gouvernement, laquelle demeurera annexée à la déclaration, et qu'il n'ait en outre produit, s'il y a lieu, un certificat constatant qu'il a répondu à l'appel sous les drapeaux, conformément à la loi militaire de son pays *sauf les exceptions prévues aux traités*. On peut signaler à cet égard le traité du 10 mai 1872, art. 2, entre la France et l'Allemagne, et la convention additionnelle du 11 déc. 1871, au sujet desquels des divergences d'interprétation se sont élevées dans les deux pays ; la convention consulaire franco-espagnole du 7 janv. 1862 ; le traité du 24 mars 1860, portant cession de la Savoie et du comté de Nice à la France ; la convention du 29 juill. 1879 avec la République helvétique (V. Rabany, *op. cit.*, t. 1, p. 202, 219). Il devra être tenu compte par les maires de ces différents traités dans l'établissement des tableaux de recensement.

257. Il restait au législateur qui imposait en 1889 la nationalité française à un grand nombre d'individus considérés jusque-là comme étrangers, pour leur faire subir les charges militaires, à prévenir une cause d'appauvrissement des contingents assez fréquente dans les régions frontières, à savoir : la naturalisation des Fançais en pays étranger. La loi du 26 juin 1889 (art. 17 c. civ. modifié) a sanctionné le devoir militaire de tout citoyen français par l'interdiction de se faire naturaliser à l'étranger sans l'autorisation du Gouvernement « s'il est encore soumis aux obligations du service militaire *pour l'armée active* ». — Par ces derniers mots, faut-il entendre l'armée active, sa disponibilité et sa réserve, comme l'enseignent MM. Le Sueur et Dreyfus (*De la nationalité*, p. 180), ou bien seulement le *service d'activité*, c'est-à-dire celui qui est dû pendant les trois premières années qui suivent l'appel? Cette dernière solution est admise par M. François Roussel qui pense que l'art. 17 c. civ. modifié vise exclusivement les jeunes gens appelés à faire partie de l'armée active proprement dite ou de sa disponibilité (les soldats en disponibilité sont susceptibles d'être rappelés éventuellement sous les drapeaux) (*op. cit.*, n° 199, p. 150).

258. L'art. 12, § 1, est relatif à l'inscription des individus devenus Français par voie de naturalisation, réintégration ou déclaration faite conformément aux lois. Il décide que ces individus sont portés sur les tableaux de recensement de la première classe formée après leur changement de nationalité.

Les étrangers qui peuvent être naturalisés sont énumérés par l'art. 8. c. civ. modifié par la loi du 26 juin 1889; il faut leur assimiler les fils majeurs d'étrangers naturalisés qui ont bénéficié des dispositions de l'art. 12 c. civ. modifié.

Les individus qui ont perdu la qualité de Français pour une cause quelconque peuvent être réintégrés par décret en vertu de l'art. 18 c. civ. modifié. Seuls ceux qui ont pris du service militaire à l'étranger sans autorisation doivent obtenir la naturalisation, comme les étrangers d'origine (art. 21 c. civ. modifié). Par une disposition bienveillante l'art. 18 c. civ. permet d'accorder, par le même décret qui réintègre le chef de famille, la qualité de Français à la femme et aux enfants majeurs du bénéficiaire, s'ils en font la demande. Quant aux enfants mineurs, ils deviennent Français, à moins qu'ils ne répudient la nationalité française dans l'année qui suit leur majorité. En outre, il existe une autre catégorie d'enfants mineurs qui peuvent bénéficier de la réintégration, c'est celle des enfants mineurs de l'ex-Française, devenue étrangère par suite de son mariage avec un étranger, et autorisée, après la dissolution du mariage, à recouvrer la nationalité française, conformément à l'art. 19 c. civ. modifié.

259. La situation de ces trois catégories d'individus au point de vue du service militaire a soulevé quelques difficultés. Il ne peut guère y avoir de doute pour les fils majeurs d'un réintégré; ils sont inscrits sur les tableaux de recensement de l'année qui suit l'acquisition de la nationalité française. Quant aux fils mineurs de père ou de mère réintégrés en vertu de l'art. 18 c. civ., § 3, ils ne seront inscrits que sur les tableaux de l'année qui suivra l'expiration de leur droit d'option. — Mais que décider pour les fils mineurs de l'ex-Française? S'ils ont été réintégrés par le décret qui rendait la nationalité à leur mère, ou par un décret ultérieur, il se peut qu'à raison de leur âge, ils ne puissent pas être inscrits, comme les autres catégories de réintégrés, sur les tableaux de l'année qui suivra leur changement de nationalité. Il a paru logique à l'Administration de les assimiler aux autres Français et de les appeler avec la classe à laquelle ils appartiendront par leur âge. Cette solution est très équitable, puisque ces individus bénéficient, dès leur minorité, des avantages de la nationalité française. Elle a cependant été critiquée par M. François Roussel, qui fait remarquer, notamment, que lorsque les mineurs fils de réintégrés, qui ne réclament pas leur réintégration pendant leur minorité, ne sont, comme tous les jeunes gens présumés Français, incorporés qu'avec la classe formée après l'expiration de l'année qui suit leur majorité, et jouissent ainsi d'une réduction de service actif, il serait impolitique autant qu'injuste de traiter avec rigueur des jeunes gens qui ont affirmé, mineurs encore, leur volonté d'être Français et qui ont, dès ce moment, irrévocablement acquis notre nationalité (*op. cit.*, n° 203, p. 155 et 156). Mais c'est précisément, dirons-nous, parce que cette nationalité est acquise irrévocablement qu'il n'y a aucune rigueur à traiter ces réintégrés comme le reste des citoyens.

260. L'art. 12, § 2, de la loi du 15 juill. 1889 a fixé la durée des obligations militaires des naturalisés réintégrés, ou admis sur leur déclaration à la nationalité française. Il porte que les individus inscrits sur les tableaux du recensement, en vertu du présent article et de l'article précédent (art. 11), ne sont assujettis qu'aux obligations de service de la classe à laquelle ils appartiennent par leur âge. Cette disposition n'a été introduite dans notre législation que par la loi du 27 juill. 1872 (art. 9). Elle a pour résultat de soumettre les fils d'étrangers à une durée de service actif moindre que les Français. Or la pensée du législateur de 1889 semble avoir été de ne pas établir de distinction entre les uns et les autres. On peut donc expliquer cette anomalie par un oubli (Chambre, séance du 28 déc. 1888, discours de M. des Rotours; Rabany, *op. cit.*, t. 1, p. 231). — Il convient, toutefois, de ne pas oublier que l'art. 12 ne doit s'appliquer, d'après notre système, qu'aux individus qui ne sont pas déclarés Français par la loi sur la naturalisation. Ainsi les individus nés en France d'un père qui lui-même y est né ne pourraient pas s'en prévaloir.

261. L'art. 9 de la loi du 27 juill. 1872 contenait une innovation. Or, aux termes des dispositions transitoires de cette loi (art. 74), elle ne devenait applicable qu'à partir du 1er janv. 1873. La jurisprudence a donc été amenée à décider que l'individu qui, né en France de parents étrangers, a concouru, conformément aux dispositions de la loi du 21 mars 1832 (art. 2, § 2 et 9), au tirage au sort, après avoir fait la déclaration prévue par l'art. 9 c. civ., reste, même sous l'empire de la loi du 27 juill. 1872, assujetti aux obligations de service de la classe avec laquelle il a été appelé à prendre part aux opérations du tirage au sort; et qu'il ne peut se prévaloir de l'art. 9 de cette loi pour prétendre n'être tenu que des obligations de la classe à laquelle il appartient par son âge (Cons. d'Et. 19 janv. 1877, aff. Rigot, D. P. 77. 3. 45).

262. — 3° *Domicile.* — L'art. 13 de la loi du 15 juill. 1889 reproduit à peu près textuellement les dispositions de la loi du 27 juill. 1872, qui étaient elles-mêmes empruntées à la législation antérieure (*Rép.* n°s 224-226). Sont considérés comme légalement domiciliés dans le canton : 1° les jeunes gens, même émancipés, engagés, établis au dehors, expatriés, absents ou en état d'emprisonnement, si d'ailleurs leur père, leur mère ou leur tuteur est domicilié dans une des communes du canton, ou si leur père expatrié avait son domicile dans une desdites communes; 2° les jeunes gens mariés dont le père, ou la mère, à défaut du père, sont domiciliés dans le canton, à moins qu'ils ne justifient de leur domicile réel dans un autre canton; 3° les jeunes gens mariés et domiciliés dans le canton, alors même que leur père ou leur mère n'y seraient pas domiciliés; 4° les jeunes gens nés et résidant dans le canton qui n'auraient ni leur père, ni leur mère, ni un tuteur; 5° les jeunes gens résidant dans le canton qui ne seraient dans aucun des cas précédents et qui ne justifieraient pas de leur inscription dans un autre canton. — Suivant la pratique déjà signalée au *Rép.* n° 226, les élèves civils des hospices (enfants trouvés ou abandonnés) sont inscrits au lieu de leur résidence. Les enfants naturels non reconnus, qui ne seraient pas placés dans un hospice, seraient inscrits dans la commune du domicile de leur tuteur, ou, à défaut de tuteur, de la personne qui les a recueillis (Civ. rej. 9 mai 1889, aff. Bru, D. P. 89. 1. 424).

263. L'art. 13, paragraphe dernier, contient une innovation concernant les jeunes gens résidant, soit en Algérie, soit aux colonies. Ils sont inscrits sur les tableaux de recensement du lieu de leur résidence. Sur la justification de cette inscription, ils sont, en ce cas, rayés des tableaux de recensement où ils auraient pu être portés en France, par application des dispositions dudit article. Avant la loi de 1889, ces jeunes gens étaient inscrits au dernier domicile en France de leur père ou de leur mère. Mais le service militaire a été successivement étendu à l'Algérie par la loi du 6 nov. 1875, et aux colonies par celle du 15 juill. 1889. — M. Rabany fait observer que la disposition de l'art. 13 doit être étendue aux pays de protectorat (Tunisie, Annam, Tonkin, Cambodge) puisque les Français ou les naturalisés qui y sont établis peuvent être, sur leur demande, appelés à y servir (L. 15 juill. 1889, art. 81). Il devrait en être autrement des pays soumis à la domination française, comme l'île de Madagascar, mais où il n'existe pas de troupes françaises en nombre suffisant pour donner l'instruction militaire. Les jeunes gens qui résident dans ces contrées doivent être inscrits au dernier domicile de leurs parents, sauf la faculté qu'ils ont de demander au résident français à profiter du bénéfice des art. 82 et 50 de la loi (Rabany, *op. cit.*, t. 1, p. 242).

Il ne faut pas oublier que l'art. 13, paragraphe dernier, constitue une faveur pour les individus résidant aux colonies ou dans les contrées placées sous le protectorat de France. Comme on le verra *infrà*, nos 399 et suiv., les obligations militaires y sont beaucoup moins lourdes que dans la métropole. Il appartient donc aux intéressées de provoquer leur inscription au lieu de leur résidence coloniale et leur radiation des tableaux de recensement en France; sinon ils doivent être portés d'office sur ces tableaux et astreints au même service que tous les Français.

264. Les contestations relatives au domicile sont de la compétence exclusive des tribunaux judiciaires qui doivent être saisis par l'intéressé ou par le préfet, conformément à l'art. 31 de la loi (Cons. d'Ét. 12 déc. 1873, aff. Vidal, D. P. 74. 3. 67; 17 juill. 1874, aff. Jacquet, D. P. 75. 3. 70; 28 janv. 1887, aff. Hervoite, D. P. 88. 3. 55).

265. Les nécessités de la guerre de 1870 ont amené une dérogation temporaire aux principes sur le domicile au point de vue du recrutement. Un décret du 5 janv. 1871, en prescrivant l'appel immédiat sous les drapeaux de tous les jeunes gens de la classe 1871, a statué que ceux qui appartenaient aux départements envahis pourraient se faire inscrire sur le tableau de recensement dans les départements non envahis, sans être tenus à aucune justification de domicile. Le conseil d'Etat a décidé, depuis, que ce décret n'a eu qu'un effet limité à la durée de l'état en vue duquel il a été édicté, et que les mêmes jeunes gens, appelés par le décret du 29 juill. 1872 à prendre part aux bénéfices du tirage au sort, ont dû être inscrits dans le canton de leur domicile tel qu'il était déterminé par la loi du 21 mars 1832; en conséquence, il a déclaré entachée d'excès de pouvoir la décision d'un conseil de revision maintenant l'inscription faite à titre temporaire en dehors des formes et justifications prescrites par la loi (Cons. d'Ét. 13 nov. 1874, aff. Jacquet, D. P. 75. 5. 369).

266. — 4° *Age* (*Rép.* n° 227). — L'art. 14 de la nouvelle loi ne fait que reproduire avec des modifications de pure forme la législation antérieure (L. 27 juill. 1872, art. 11; 21 mars 1832, art. 7). Sont, d'après la notoriété publique, considérés comme ayant l'âge requis pour l'inscription sur les tableaux de recensement, les jeunes gens qui ne peuvent produire ou n'ont pas produit, avant la vérification des tableaux de recensement, un extrait des registres de l'état civil constatant un âge différent ou qui, à défaut des registres de l'état-civil, ne peuvent prouver ou n'ont pas prouvé leur âge, conformément à l'art. 46 c. civ.

267. — 5° *Omis des années précédentes* (*Rép.* n° 229). — D'après la loi de 1832, art. 9, si dans l'un des tableaux de recensement des années précédentes, des jeunes gens avaient été omis, ils devaient être inscrits sur le tableau de l'année qui suivait celle où l'omission avait été découverte, à moins qu'ils n'eussent trente ans accomplis. En maintenant cette disposition, la loi du 1872 ajoutait qu'après cet âge, les omis étaient soumis aux obligations de la classe à laquelle ils auraient dû appartenir. La situation de ces individus a été réglée à nouveau, et d'une manière beaucoup plus rigoureuse, par l'art. 15 de la loi du 15 juill. 1889, ainsi conçu: « Si, dans les tableaux de recensement des années précédentes, des jeunes gens ont été omis, ils sont inscrits sur les tableaux de recensement de la classe qui est appelée après la découverte de l'omission, sauf le cas prévu à l'art. 69 ci-après, à moins qu'ils n'aient quarante-cinq ans accomplis à l'époque de la clôture des tableaux, et sont soumis à toutes les obligations de cette classe. Toutefois, ils sont libérés à titre définitif à l'âge de quarante-huit ans au plus tard ». — Avant la loi du 2 févr. 1891 (D. P. 91. 4. 109), il fallait entendre par *omis* les individus qui n'avaient pas été portés sur les tableaux, mais qui pouvaient et devaient y être inscrits. L'oubli de l'autorité municipale ne les excusait pas, puisque les jeunes gens soumis à la loi militaire doivent se faire inscrire ou provoquer la déclaration de leurs parents ou de leur tuteur à fin d'inscription. L'omission, au sens légal, supposait donc une faute volontaire. C'est ce qui résultait de l'art. 17 qui frappait les omis d'une véritable pénalité en prescrivant leur inscription en tête de la liste du tirage. Il convenait, toutefois, de ne pas confondre les simples omis avec les jeunes gens qui, aux termes de l'art. 69 ont été condamnés pour *fraudes ou manœuvres* destinées à les soustraire à l'inscription. Ces derniers sont, comme les omis, privés, indépendamment de la pénalité qu'ils ont encourue, des chances du tirage au sort, mais ils figurent encore avant eux sur la liste du tirage. Depuis, la loi du 2 févr. 1891, qui a modifié l'art. 17 de la loi du 15 juill. 1889, a atténué la rigueur avec laquelle les simples omis étaient traités (V. *infrà*, n° 272).

268. Toutes les fois qu'il y a doute sur la nationalité, l'art. 15 n'est pas applicable. Ainsi, il a été jugé, sous l'empire de l'ancienne législation, qu'on ne doit pas considérer comme un omis l'individu qui, n'ayant pas fait en temps utile la déclaration d'option prévue par l'ancien art. 9 c. civ., n'était pas encore Français quand le tableau de recensement a été arrêté (Req., 27 janv. 1869, aff. Sioen, D. P. 72. 1. 55).

Depuis, la question s'est représentée en jurisprudence sous une forme un peu différente, mais comportant l'application des mêmes principes. On s'est demandé si l'art. 5 de la convention consulaire conclue, le 7 janv. 1862, entre la France et l'Espagne (*suprà*, n° 256) devait être appliqué en ce sens que, sous l'empire de la loi du 27 juill. 1872, l'individu né en France de parents espagnols qui ne justifie pas, à l'âge de vingt ans, avoir tiré au sort en Espagne, doit être compris dans le contingent militaire, bien qu'il n'ait pas encore opté pour la nationalité française (Cons. d'Et. 8 juin 1877, aff. Audibert, D. P. 77. 3. 101). Le conseil d'Etat n'a pas tranché la question; mais le ministre de la guerre a présenté à cette occasion les observations suivantes qui sont à noter: « L'homme né en France d'un père étranger pouvant, dans l'année de sa majorité, devenir Français par application de l'art. 9 c. civ., l'administration ne doit pas préjuger, pour les jeunes gens auxquels est applicable la convention du 7 janv. 1862, qu'ils ne feront pas cette déclaration. Il convient donc d'attendre l'expiration de ce délai avant de mettre un Espagnol, né en France, en demeure de justifier qu'il a rempli ses obligations militaires envers l'Espagne; mais à l'âge de vingt-deux ans révolus, et tant qu'ils n'ont pas atteint trente ans, les hommes nés en France de parents espagnols doivent être inscrits sur les tableaux de recensement de la commune où ils résident, appelés à concourir au tirage au sort et convoqués devant le conseil de revision qui, après leur avoir accordé tous les délais prévus par la loi pour régulariser leur position envers l'Espagne, ne doit pas hésiter à les inscrire sur la liste du recrutement ». Ainsi, les maires doivent mentionner à titre conservatoire les jeunes gens dont la nationalité est douteuse, ils ne doivent pas les mettre au nombre des ajournés. Il a encore été jugé, spécialement, que les jeunes gens nés en France de pères étrangers, nés eux-mêmes en France, ne doivent pas être ajournés et inscrits sur la cinquième partie de la liste (ajournés pour défaut de taille ou faiblesse de complexion), sous prétexte que, le jour du tirage au sort, ils n'avaient pas dépassé le délai qui leur était accordé par la loi pour répudier la nationalité française (Cons. d'Et. 23 nov. 1877, aff. Ubiria et Sibedio, D. P. 78. 3. 28). Mais, aux termes de la juridiction qui vient d'être rapportée et qui conserve sa valeur dans la nouvelle législation, le fait que ces jeunes gens n'auraient pas été po sur les tableaux de recensement ne devrait pas les fa considérer comme omis et les exposer à la pénalité d l'art 17 de la loi.

269. L'individu omis, une fois l'omission réparée, suit sort de la classe sur les tableaux de laquelle il a été insc

Il doit trois ans de service actif, à moins qu'il n'ait accompli quarante-cinq ans. Après cet âge, il ne peut plus être incorporé, mais il peut être retenu sous les drapeaux ou dans la réserve jusqu'à quarante-huit ans. En outre, s'il n'a pas accompli, à ce moment, l'intégralité de ses obligations militaires, ce qui ne manquera pas de se produire si l'omission a été découverte plus de trois ans après l'appel de la classe à laquelle cet individu appartenait par son âge, il restera définitivement exclu, aux termes de l'art. 7 de la loi, de tout emploi dans une administration de l'Etat.

270. — 6° *Examen des tableaux de recensement et tirage au sort* (*Rép.* nos 230 et 231). — Pour l'examen des tableaux de recensement qui précède immédiatement le tirage au sort, la loi de 1889 (art. 16) reproduit en des termes un peu différents, la législation antérieure. Il est procédé à cet examen au chef-lieu de canton, en séance publique, devant le sous-préfet assisté des maires du canton. Si le maire est absent ou empêché, il est remplacé par un adjoint, et, à défaut d'adjoint, par un conseiller municipal désigné par le conseil ou, sinon, pris dans l'ordre du tableau (L. 5 avr. 1884, art. 84). La présence du maire étant prescrite par la loi, le préfet peut, par application de l'art. 85 de la loi de 1884, nommer un délégué spécial, après une mise en demeure régulière adressée au maire. Si ni le maire ni aucun de ses suppléants légaux ne se rendait à la convocation, M. Rabany (*op. cit.*, t. 1, p. 254 et 255) pense que l'opération ne devrait pas être ajournée pour ce fait. Les maires n'ont en effet, en pareil cas, que voix consultative. Il pourrait donc être passé outre ; mais, pour assurer le contrôle des opérations, le sous-préfet devrait faire appel à l'une des personnes présentes de la commune dont le maire est absent, et de préférence aux parents des inscrits. Dans les communes qui forment un ou plusieurs cantons, le sous-préfet est assisté du maire et de ses adjoints. Dans les villes divisées en plusieurs arrondissements (Paris et Lyon), chaque arrondissement est représenté par un officier municipal. Les tableaux de recensement de chaque commune sont lus à haute voix. Les jeunes gens ou leurs représentants sont entendus dans leurs observations. Les tableaux sont ensuite arrêtés et visés par le sous-préfet et par les maires. Dans les cantons composés de plusieurs communes, l'ordre dans lequel elles sont appelées pour le tirage est chaque fois indiqué par le sort.

271. L'opération du *tirage au sort* a perdu de son importance depuis la loi du 15 juill. 1889. Sous l'empire de la loi du 21 mars 1832, elle servait à désigner ceux des appelés qui étaient définitivement exempts du service militaire. Sous le régime de la loi du 1er févr. 1868, elle faisait connaître ceux qui ne devaient le service que dans la garde nationale mo-. Enfin, depuis la loi de 1872, elle servait à déterer les jeunes gens appartenant à la seconde portion du ontingent, laquelle n'était astreinte qu'à une année de service. Aujourd'hui elle conserve son utilité pour désigner les conscrits affectés à l'armée de mer et aux troupes coloniales et ceux qui peuvent être renvoyés en disponibilité dans leurs foyers après un an de service, en nombre proportionnel aux inscrits sur la liste de tirage de chaque canton et en commençant par les numéros les plus élevés (L. 15 juill. 1889, art. 39 et 46).

272. Le sous-préfet inscrit en tête de la liste du tirage : 1° les noms des jeunes gens qui se trouvent dans l'un des cas prévus par l'art. 69 (condamnés pour fraudes ou manœuvres tendant à éviter l'inscription sur les tableaux de recensement); 2° les noms de ceux qui se trouvent dans les cas prévus par l'art. 15 (*suprà*, n° 267). Pour ces derniers, la loi du 2 févr. 1891 a modifié la loi du 15 juill. 1889. Aux termes du nouvel art. 17 : « Le nom des jeunes gens qui se trouvent dans l'un des cas prévus par l'art. 15 et qui n'ont pas déposé à la sous-préfecture huit jours au moins avant le tirage du canton, une demande tendant à faire excuser leur non-inscription sur le tableau de recensement des années précédentes, et justifiant que l'omission de leur nom sur ce tableau ne pouvait être imputée à leur négligence. Quant aux omis qui se trouvent dans l'un des cas prévus par l'art. 15 et qui auront déposé à la sous-préfecture la demande sus indiquée, dont ils pourront demander un récépissé, ils prendront part au tirage, provisoirement, jusqu'à la décision du conseil de revision, au jour de sa réunion au canton. Le conseil de revision appréciant le degré de responsabilité encourue, maintiendra aux omis dont les explications seront jugées suffisantes le bénéfice définitif de leur numéro provisoire et inscrira en tête de la liste du tirage immédiatement après ceux qui avaient été inscrits d'office par le sous-préfet au moment du tirage, les jeunes gens dont les explications paraîtraient insuffisantes, et qui même sans intention frauduleuse auraient fait preuve de négligence grave. Dans le cas où une intention frauduleuse aurait été relevée, le conseil renverra les jeunes gens devant les tribunaux pour application de l'art. 69 ». En tous cas les premiers numéros sont attribués de droit aux individus visés par l'art. 69. Ces numéros et ceux des omis de l'art. 15 sont, en conséquence, extraits de l'urne avant l'opération du tirage.

273. Avant de commencer les opérations du tirage, le sous-préfet compte publiquement les numéros et les dépose dans l'urne, après s'être assuré que leur nombre est égal à celui des jeunes gens appelés à y prendre part. Il en fait la déclaration à haute voix (art. 17). Cette déclaration n'est pas une vaine formalité. Le sous-préfet qui commettrait une erreur soit dans la quantité des bulletins, soit dans l'inscription des numéros, s'exposerait à une responsabilité envers les intéressés. Le tribunal des conflits a fait une application de ce principe dans un arrêté du 19 nov. 1881 (aff. Bouhier, D. P. 83. 3. 23). Le sous-préfet de Saint-Jean-d'Angely avait placé dans l'urne cinq numéros de moins que celui des inscrits appelés à prendre part au tirage. Il résultait pour plusieurs de ces jeunes gens la chance d'être classés dans la première portion du contingent appelée pour cinq ans sous les drapeaux. Le tribunal des conflits estima qu'il y avait là, de la part du sous-préfet, un fait personnel de nature à engager sa responsabilité, et que les tribunaux de l'ordre judiciaire étaient compétents pour statuer sur les dommages-intérêts.

274. On doit se demander comment, en pareil cas, on peut réparer l'erreur commise. Si le nombre des numéros est inférieur à celui des inscrits, comme dans l'espèce du paragraphe précédent, il sera procédé à un tirage supplémentaire. Les jeunes gens qui y prennent part bénéficient donc des derniers numéros, au détriment de ceux qui ont participé au premier tirage et à qui ces numéros élevés auraient pu échoir par le sort (Chambre des députés, séance du 19 févr. 1881, discours du ministre de la guerre). Si le nombre des numéros est supérieur à celui des inscrits, il suffit d'annuler les numéros qui restent dans l'urne. S'il existe des numéros doubles, le bénéfice du numéro reste acquis à ceux qui l'ont tiré ; mais pour établir le rang entre ceux qui ont obtenu le même numéro il est procédé à un tirage supplémentaire entre eux. Tel est du moins l'avis de M. Rabany, et c'est, en effet, la seule manière de satisfaire à la loi, qui veut que les numéros une fois tirés ne puissent être annulés.

275. Aussitôt après la déclaration, faite à haute voix par le sous-préfet, du nombre des numéros et des inscrits, chacun des jeunes gens, appelés dans l'ordre du tableau, prend dans l'urne un numéro qui est immédiatement proclamé. Pour les absents, le numéro est tiré par les parents ou, à défaut, par le maire de la commune. L'opération du tirage continue sans interruption jusqu'à ce que le dernier numéro soit extrait de l'urne. Elle ne peut être recommencée dans aucun cas. Les jeunes gens qui, par suite de l'insuffisance des numéros, ne s'en trouvent pas pourvus, seront inscrits à la suite avec des numéros supplémentaires et tireront entre eux pour déterminer l'ordre suivant lequel ils seront inscrits. La liste du tirage est dressée à mesure que les numéros sont proclamés. Elle est lue à haute voix, puis arrêtée et signée de la même manière que le tableau de recensement, et annexée avec ledit tableau au procès-verbal des opérations. Elle est publiée et affichée dans chaque commune du canton.

ART. 2. — *Du conseil de revision cantonal. — Des exemptions, des dispenses et des ajournements. — Des listes de recrutement cantonal* (*Rép.* nos 232-335).

276. — I. COMPOSITION ET ATTRIBUTIONS DES CONSEILS DE REVISION (*Rép.* nos 286 et suiv.). — Le conseil de revision a toujours eu dans notre législation un double caractère. C'est un corps administratif, qui est chargé de reviser des opérations de recrutement et de les rendre authentiques et définitives. D'autre part, c'est un tribunal qui statue, en premier et dernier ressort, soit sur les réclamations formées contre les opérations du recrutement, soit sur les cas d'exemption, de dispense ou d'ajournement prévues par la loi. Dans les deux cas, il statue en audience publique, sauf pour la visite médicale destiné à constater l'aptitude physique des appelés. Et encore, dans cette hypothèse, les instructions ministérielles portent que le préfet pourra permettre l'entrée du lieu réservé pour cette opération au père ou au tuteur du jeune homme examiné (Instr. min. du 28 avr. 1873, n° 35). Antérieurement à la loi de 1872, le conseil de revision était, en outre, appelé à statuer sur les demandes de remplacement et de substitution entre parents jusqu'au sixième degré (*Rép.* n° 286). — En tant que corps constitué le conseil de revision peut porter une plainte en diffamation et requérir des poursuites, après délibération en séance publique (L. 29 juill. 1881, art. 29 et 30). Il a été jugé, par exemple, que l'écrit qui reproche à un conseil de revision d'avoir apporté trop de hâte dans ses opérations et qui ajoute que de cette manière de procéder il est résulté des choix hasardés, constitue le délit de diffamation (Crim. cass. 13 août 1874, aff. Levaillant, D. P. 75. 1. 41).

277. Comme sous l'empire des lois de 1832 et de 1872, le conseil de revision se compose de cinq membres, qui sont: 1° le préfet, président ; à son défaut, le secrétaire général, et, exceptionnellement, le vice-président du conseil de préfecture ou un conseiller de préfecture délégué par le préfet; 2° un conseiller de préfecture désigné par le préfet ; 3° un membre du conseil général du département autre que le représentant élu dans le canton où la revision a lieu, désigné par la commission départementale, conformément à l'art. 82 de la loi du 10 août 1871 ; 4° un membre du conseil d'arrondissement autre que le représentant élu dans le canton où la revision à lieu, désigné comme ci-dessus, et, dans le territoire de Belfort, d'un deuxième membre du conseil général ; 5° un officier général ou supérieur, désigné par l'autorité militaire. Comme on le voit, la prépondérance est laissée à l'élément civil, qui compte quatre membres dont le président.

278. La loi, pour assurer l'impartialité du conseil, exige que le conseiller général et le conseiller d'arrondissement ne soient pas ceux du canton où a lieu la revision. L'inobservation de cette disposition constituerait un excès de pouvoir entraînant l'annulation de toutes les décisions auxquelles aurait participé le conseiller général ou le conseiller d'arrondissement. C'est ce qui a été décidé sous l'empire de la législation antérieure à la loi de 1889 (Cons. d'Et. 16 déc. 1881, aff. Quérigut, D. P. 83. 3. 35 ; 22 mai 1886, aff. Min. de la guerre, D. P. 87. 5. 376). La même solution serait encore applicable aujourd'hui; aussi une instruction ministérielle du 28 mars 1890 (Roussel, *op. cit.*, p. 363 et suiv.) prescrit-elle au préfet de veiller à ce que les conseillers généraux et d'arrondissement ne soient pas désignés pour faire partie du conseil de revision dans le canton qu'ils représentent (Roussel, *op. cit.*, n° 263, p. 208, note 1). — La commission départementale pourrait-elle exclure tels ou tels conseillers généraux ou d'arrondissement; ou bien doit-elle les affecter chacun à un canton? C'est ce dernier mode de procéder qui était pratiqué sous l'empire de la loi de 1872, conformément à la disposition de l'art. 82 de la loi du 10 août 1871 (D. P. 71. 4. 102) ainsi conçu : « La commission départementale assigne à *chaque membre* du conseil général et aux membres des autres conseils électifs *le canton pour lequel ils devront siéger dans le conseil de revision* ». Il doit encore être suivi actuellement, car l'art. 18, § 4, de la loi nouvelle, se réfère à l'art. 82 précité. C'est d'ailleurs ce qui a été formellement déclaré au cours de la discussion par le rapporteur de la loi (V. Roussel, *op. et loc. cit.*).

279. La loi du 15 juill. 1889 a prévu le cas d'absence ou d'empêchement des membres du conseil général ou du conseil d'arrondissement désignés par la commission départementale. Le préfet les fait suppléer d'office par des membres appartenant à la même assemblée que l'absent; ces membres ne peuvent être les représentants élus du canton où la réunion a lieu. Cette disposition est nouvelle et met fin aux doutes qui s'élevaient antérieurement sur la légalité des désignations faites d'office par le préfet. — Le conseiller général ou le conseiller d'arrondissement qui refuserait, sans excuse valable, de siéger pourrait être déclaré démissionnaire par le conseil d'État statuant au contentieux, sur le recours du ministre de l'intérieur (L. 7 juin 1873, art. 1). Pour que cette pénalité soit encourue, il faut soit une déclaration expresse adressée à qui de droit ou rendue publique par son auteur, soit une abstention persistante, après avertissements de l'autorité chargée de la convocation (Cons. d'Ét. 4 juill. 1884, aff. Catala, D. P. 86. 3. 6).

280. Aux cinq membres du conseil de revision qui siègent avec voix délibérative, il faut joindre certaines personnes qui doivent assister aux séances avec voix consultative ; savoir : 1° le sous-intendant militaire ; 2° le médecin militaire ou civil ; 3° le sous-préfet et les maires. L'art. 18 s'exprime en ces termes à leur égard : « Un sous-intendant militaire, le commandant du recrutement, un médecin militaire, ou, à défaut, un médecin civil désigné par l'autorité militaire, assistent aux opérations du conseil de revision. Le conseil ne peut statuer qu'après avoir entendu l'avis du médecin. Cet avis est consigné dans une colonne spéciale, en face de chaque nom, sur les tableaux de recensement. Le sous-intendant militaire est entendu dans l'intérêt de la loi toutes les fois qu'il le demande, et peut faire consigner ses opérations au procès-verbal de la séance. Le sous-préfet de l'arrondissement et les maires des communes auxquelles appartiennent les jeunes gens appelés devant le conseil de revision assistent aux séances. Ils ont le droit de présenter des observations ».

281. La loi de 1889 a précisé le grade du fonctionnaire de l'intendance, et exigé la présence d'un sous-intendant. La loi de 1872, qui portait seulement *un membre de l'intendance*, permettait ainsi de ne désigner qu'un adjoint. On a comparé justement le rôle de sous-intendant à celui du ministère public auprès des tribunaux. Le conseil ne peut ni délibérer, ni prendre de décision sans qu'il ait été entendu, et le préfet, disent les instructions ministérielles, « doit veiller à ce que ce fonctionnaire puisse efficacement et librement remplir la mission que la loi lui confie » (Instr. min. 28 avr. 1873, n° 15 ; Rabany, *op. cit.*, t. 1, p. 286).

282. Les instructions ministérielles prescrivent de désigner un médecin militaire du grade de médecin-major. Ce médecin peut être pris dans la subdivision même où il doit opérer ; toutefois, il sera suppléé par le médecin de l'une des subdivisions voisines pour la visite des cantons où il tient garnison (Circ. min. 20 févr. 1888). L'art. 71 de la loi punit le médecin qui recevrait des dons ou agrérait des promesses, même pour une exemption ou une dispense justement prononcée. Il lui est, en outre, interdit d'examiner les jeunes gens en dehors de la présence du conseil de revisi

283. Le sous-préfet et les maires assistent aux sé

Ils peuvent être entendus. Leur présence est obligatoire et, s'ils sont empêchés, ils doivent se faire remplacer par leurs suppléants légaux. M. Rabany les considère comme les défenseurs d'office de leurs administrés, et détermine comme il suit leur rôle devant le conseil : « Leur présence est justifiée par les renseignements, qu'ils sont mieux à même que personne de fournir au conseil de revision, sur toutes les réclamations que peuvent former les jeunes gens, tant au sujet de la vérification des tableaux de recensement que de l'opération du tirage. Le conseil peut, en outre, les consulter utilement soit pour la constatation de l'identité des hommes, soit pour certaines infirmités, sur lesquelles la notoriété publique doit venir en aide à l'appréciation du médecin, soit enfin dans le cas où s'élèveraient contre un appelé des présomptions de mutilation volontaire. Le conseil les invitera surtout, lorsqu'un jeune homme ne se présente pas, à attester la réalité de son existence et à indiquer les motifs de son absence, s'ils les connaissent. Dans le cas où les dossiers produits à l'appui des demandes de dispense sont incomplets, c'est aux maires qu'incombe le soin d'expliquer au conseil les causes qui ont empêché les jeunes gens de se procurer les pièces réglementaires et ils doivent, au besoin, réclamer en faveur de leurs administrés des délais pour se les procurer » (Instr. min. 28 avr. 1873).

284. Le même auteur se demande si les jeunes gens peuvent faire présenter des observations en leur faveur par des membres du barreau, et si le conseil de revision peut se refuser à entendre les avocats? On ne voit pas la raison de la négative puisque les avocats sont autorisés à plaider en audience publique devant les tribunaux administratifs. La question s'est posée devant le conseil de revision de la Seine-Inférieure, et, sur l'opposition du sous-intendant qui contestait la légalité de l'intervention de l'avocat, le conseil décida que ce dernier serait entendu à titre gracieux (Cons. d'Et. 28 janv. 1887, aff. Hervoite, *Rec. Cons. d'Et.*, p. 76, note 2); mais le conseil d'Etat n'a pas eu, dans l'espèce, à trancher la question de principe qui ne nous semble pas douteuse.

285. Le commandant du bureau de recrutement assiste seulement aux opérations du conseil de revision, pour prendre note de la taille des jeunes gens, constater leur aptitude militaire au point de vue de l'instruction et de la constitution physique et désigner l'arme à laquelle ils seront affectés. Il n'a plus voix consultative, comme sous l'empire de la loi de 1872 ; mais sa présence est obligatoire. On a vu au *Rép.*, n° 288, que, jusqu'à 1872, l'assistance du capitaine de recrutement n'avait lieu qu'en vertu d'un usage établi par les circulaires ministérielles, mais n'était pas prescrite par la loi de 1832.

286. L'art. 18 a précisé un point qui avait soulevé des discussions dans le droit antérieur, c'est le nombre de voix requis pour que le conseil statue valablement. D'après la jurisprudence rappelée au *Rép.* n° 289, la présence de quatre membres suffisait, le président fût-il le membre absent (V. en ce sens : Cons. d'Et. 9 août 1870, aff. Bret, D. P. 72. 3. 27). Cette solution avait été formellement inscrite dans la loi du 29 juill. 1872 (art. 27). La loi du 15 juill. 1889 dispose que si, par suite d'une absence, le conseil de revision est réduit à quatre membres, il peut néanmoins délibérer lorsque le président, l'officier général ou supérieur et deux membres civils sont présents. La voix du président n'est pas prépondérante. La décision ne peut être prise qu'à la majorité de trois voix. En cas de partage, elle est ajournée.

287. La loi ne règle ni la forme des délibérations ni celle des décisions. Elles sont signées par tous les membres présents et portées en note sur la liste de tirage (Instr. 28 avr. 1873, n° 50). Avant que la décision soit rendue, le président demande à l'appelé s'il a quelque motif de dispense à invoquer. Le procès-verbal relate en regard de chaque nom les réponses faites par les jeunes gens aux questions qui lui sont posées (Circ. min. 20 févr. 1888).

288. Le dernier paragraphe de l'art. 18 indique la composition des conseils de revision dans les colonies. Les attributions du préfet, des conseillers de préfecture et des conseillers d'arrondissement sont dévolues aux directeurs de l'intérieur, aux conseillers privés et aux conseillers généraux. Dans les colonies où il n'existe ni conseil privé ni conseils généraux, des décrets doivent régler la composition des conseils de revision (V. *infrà*, v° *Organisation des colonies*).

289. Le conseil de revision est constitué par département; mais il est ambulatoire, et, comme on l'a vu n° 278, sa composition diffère quant aux membres civils, suivant chaque canton. Il se transporte, à un jour fixé d'avance dans les divers cantons du département (L. 15 juill. 1889, art. 29. Comp. L. 27 juill. 1872, art. 27 et 28). Toutefois, le préfet peut, exceptionnellement, réunir plusieurs cantons et faire exécuter les opérations dans un même lieu. — Les jeunes gens portés sur les tableaux de recrutement, ainsi que ceux des classes précédentes qui ont été ajournés conformément à l'art. 27 de la loi de 1889, sont convoqués, examinés et entendus par le conseil de revision au lieu désigné. Les jeunes gens résidant en Algérie ou dans les colonies sont examinés au lieu de leur résidence. Ceux qui ont établi leur résidence à l'étranger, avant l'âge de dix-neuf ans révolus, et qui, aux termes de l'art. 50 de la loi, peuvent être, sur l'avis du consul de France, dispensés du service militaire pendant le temps de leur séjour hors de France, ont néanmoins le droit de renoncer à cette faveur. Ces jeunes gens, qui doivent être inscrits sur le tableau de recensement d'un canton de la métropole, ne sont pas tenus de rentrer en France pour y être examinés par le conseil de revision. Ils sont visités par les agents diplomatiques ou consulaires. — Si les appelés ne se rendent pas à la convocation, il est procédé comme s'ils étaient présents. S'ils sont atteints d'infirmités les rendant impropres au service, ils ne peuvent plus qu'être réformés à leur arrivée au corps. Le conseil peut, d'ailleurs, exempter un absent, si les renseignements fournis par l'administration locale lui paraissent ne laisser aucune incertitude sur l'inaptitude au service (Instr. min. 28 avr. 1873, art. 37).

290. Dans les séances qu'il tient au cours de son itinéraire dans les cantons, le conseil de revision procède d'abord à la vérification des tableaux de recensement et au jugement des contestations qui se produisent à l'occasion des inscriptions sur ces tableaux. A cet égard, il statue en appel sur les décisions du sous-préfet, sauf recours au conseil d'Etat dans les cas prévus par l'art. 32. Il ne statue qu'après avoir entendu les intéressés, les maires et le sous-préfet (L. 15 juill. 1889, art. 18).

291. Le conseil examine ensuite les appelés au point de vue de leur aptitude physique au service. Aux termes de l'art. 20, doivent être exemptés les jeunes gens que leurs infirmités rendent impropres à tout service actif et auxiliaire. Ceux qui n'aurait pas la taille réglementaire, qui est de un mètre cinquante-quatre centimètres au moins, doivent être simplement ajournés (art. 27). Ils ne peuvent être définitivement exemptés qu'après un second examen. Il faut en dire autant des jeunes gens dont la constitution paraît trop faible même pour qu'ils soient affectés à un service auxiliaire. — Les *services auxiliaires*, qui ne comportent pas un service armé, mais qui soumettent ceux qui y sont affectés aux obligations militaires, sont divisés ainsi qu'il suit : 1° travaux de fabrication, d'entretien et de réparation du matériel militaire de toute nature ; — 2° Travaux relatifs aux fortifications et aux bâtiments militaires ; — 3° Travaux concernant la construction, la réparation et l'exploitation des voies ferrées et des lignes télégraphiques ; — 4° Hôpitaux et ambulances ; — 5° Magasin d'habillement, d'équipement, de harnachement, de campement ; — 6° Subsistances, manutentions, magasins ; — 7° Transports militaires ; — 8° Bureaux des états-majors, du recrutement, de l'administration et des dépôts des différents corps de troupes (Circ. min. 28 mars 1877). Il est délivré aux jeunes gens exemptés pour infirmités, pour justifier de leur situation, un certificat qu'ils sont tenus de représenter à toute réquisition des autorités militaire, judiciaire ou civile (art. 20, § 2).

292. — II. DISPENSES. — Les art. 21 à 26 de la loi de 1889 ont réglé la question des *dispenses*. La loi du 21 mars 1832 (art. 13) modifiée par la loi du 1er févr. 1868 (*Rép.* n°s 232 et suiv.) accordait une *exemption* complète de service, en temps de paix comme en temps de guerre, à diverses catégories de jeunes gens considérés comme soutiens de famille. La loi du 27 juill. 1872 (art. 17), s'inspirant des mêmes principes, restreignit cependant la *dispense* au service d'activité en temps de paix. Cette dispense pouvait même être retirée si la cause légale qui l'avait motivée venait à cesser. Enfin, l'art. 25 de la loi de 1872 permettait de soumettre les dispensés de l'art. 17 à certains exercices militaires, auxquels ils ne furent jamais convoqués, en fait, jusqu'à la circulaire ministérielle du 31 juill. 1887. En réalité, le nombre des dispensés de cette catégorie, pour un contingent, s'élève à quarante-cinq mille hommes environ, et, jusqu'en 1887, ils ne reçurent aucune instruction militaire. — Au cours de la longue discussion qui précéda le vote de la loi du 15 juill. 1889, deux systèmes opposés sur la condition des dispensés se trouvèrent en présence et prévalurent successivement. Le premier consistait à supprimer toute cause de *dispense légale*, c'est-à-dire, de supprimer la présomption qui reposait uniquement sur l'état civil des parents ou la constatation de leurs infirmités, pour accorder, de droit, la dispense aux enfants. Cette présomption aurait été remplacée par l'examen des demandes de dispenses auquel il aurait été procédé : 1° par une commission communale de cinq pères de famille ayant des enfants sous les drapeaux; 2° par le conseil municipal; 3° par le conseil de revision statuant au chef-lieu du département. Le second système conservait à la dispense le caractère de présomption légale attachée à une situation déterminée. La dispense était réduite à une limitation de la durée du service. Enfin les conseils de revision avaient le pouvoir de prononcer le retrait de la dispense sur la plainte des intéressés, lorsque la présomption était contraire à la réalité des faits. C'est ce dernier système qui a prévalu dans l'art. 21 de la loi.

D'après cet article, les jeunes gens qui étaient exemptés par la loi de 1832, et dispensés, en temps de paix, du service d'activité sous la législation de 1872, sont incorporés en même temps que le contingent de leur classe; mais, de même que ceux visés par les art. 22 et 23, ils sont, après une année de service, renvoyés en congé dans leurs foyers.

293. Cette dispense est accordée par l'art. 21 aux catégories suivantes : 1° les aînés d'orphelins de père et de mère, ou l'aîné d'orphelins de mère dont le père est légalement déclaré absent ou interdit. L'existence de grands-parents dans l'une ou l'autre ligne ne fait pas perdre la qualité d'orphelin. Il faut que les frères ou sœurs, plus jeunes que l'individu qui bénéficie de la dispense, soient nés du même père et de la même mère; s'ils étaient utérins ou consanguins, il serait nécessaire que les seconds conjoints fussent décédés pour donner droit à la dispense; — 2° Le fils unique ou l'aîné des fils, ou, à défaut de fils ou de gendre, le petit-fils unique ou l'aîné des petits-fils d'une femme veuve ou d'une femme dont le mari a été légalement déclaré absent ou interdit.—La dispense ne s'applique pas au fils d'une femme divorcée : mais si le ci-devant mari d'une femme divorcée vient à décéder après le divorce, celle-ci devrait-elle être considérée comme veuve au point de vue de la loi sur le recrutement? M. Rabany (*op. cit.*, t. 1, p. 325) enseigne la négative par la raison que cette femme ne peut devenir veuve après la dissolution du mariage. La pratique administrative est conforme à cette interprétation (Circ. min. guerre, 10 nov. 1886; Décis. min. guerre, 10 déc. 1887). Mais, d'après le même auteur, si une femme remariée après son divorce devenait veuve de son second mari, elle conférerait la dispense même à un fils de son premier mariage, au même titre qu'une femme remariée et devenue veuve une seconde fois. Enfin il a été décidé que le fils d'une femme veuve remariée ne peut se prévaloir, pour réclamer la dispense, de ce que le second mariage de sa mère a été dissous par le divorce (Cons. d'Et. 26 déc. 1891, aff. Noble, D. P. 93. 3. 28). — En ce qui concerne le fils d'un père « légalement déclaré interdit », il est bien évident qu'il s'agit uniquement de l'interdiction judiciaire (c. civ. art. 489 et 492) et non de l'interdiction légale prononcée à titre de peine accessoire (C. pén., art. 29; L. 31 mai 1854, art. 2). Les termes de l'art. 21, qui ne visent que l'interdiction, excluent le cas où le père a reçu un conseil judiciaire (c. civ. art. 513), et celui où il a été placé dans un établissement d'aliénés en exécution de la loi du 30 juin 1838; — 3° Le fils unique ou l'aîné des fils, ou, à défaut de fils ou de gendre, le petit-fils ou l'aîné des petits-fils d'un père aveugle ou septuagénaire. Par *septuagénaire* on entend l'individu qui est entré dans sa soixante-dixième année, par conséquent celui qui a soixante-neuf ans révolus. Quant à la cécité, elle doit être complète; l'infirmité est constatée par le médecin, en présence du conseil de revision. — Décidé qu'un septuagénaire ne peut être considéré comme n'ayant plus de gendre, bien que celui-ci, après le décès de sa femme, ait convolé en secondes noces; qu'en conséquence le petit-fils de ce septuagénaire ne peut réclamer le bénéfice de la dispense prévue par l'art. 21, § 2 (Cons. d'Et. 25 mars 1892, aff. Lonzième, *Rec. Cons. d'Et.*, p. 305); — 4° L'aîné des fils d'une famille de sept enfants, ou le fils unique dans le cas où les six autres enfants sont des filles. Les sept enfants doivent-ils être vivants au moment où le conseil de revision statue sur la dispense? Quoique le texte ne précise pas, c'est dans ce sens qu'il doit être interprété, si l'on compare l'art. 21 aux diverses dispositions qui, dans notre législation, ont accordé certaines faveurs aux familles de sept enfants. La loi du 29 niv. an 13, la loi de finances du 8 août 1885 (art. 27) et enfin, la loi de finances du 17 juill. 1889 supposent toutes l'existence des sept enfants au moment où le bénéfice de ces lois est réclamé.

294. Dans les quatre cas qui viennent d'être énumérés, le frère puîné jouit de la dispense si le frère aîné est aveugle ou atteint de toute autre infirmité incurable qui le rende impotent. L'impotence du frère aîné doit être constatée par le conseil de revision; cette impotence, d'après M. Rabany (*op. cit.*, t. 1, p. 331), doit être absolue, c'est-à-dire, mettre celui qui en est atteint hors d'état de gagner sa vie. — Le même auteur enseigne que la dispense à titre de petit-fils de veuve n'est pas due au jeune homme dont la grand'mère a un fils ou un gendre impotent. C'est le frère aîné seul, dont l'impotence donne ouverture à la dispense en faveur de l'aîné. En effet, les termes de la loi sont formels, et ils ne peuvent être étendus puisqu'il s'agit d'une exception à la règle commune. Mais il résulte de l'instruction du 28 avr. 1873, n° 87, laquelle est encore applicable au cas que nous examinons, que si l'aîné d'une famille d'orphelins est impotent, la dispense est acquise au puîné, lors même qu'il n'aurait pas d'autre frère ou sœur.

295. L'art. 21 mentionne encore trois cas de dispense de droit. Le renvoi dans les foyers après une année de service est accordé : 1° au plus âgé de deux frères inscrits la même année sur les listes du recrutement cantonal ou faisant partie du même appel. La dispense n'est accordée qu'à l'aîné; le frère puîné ne peut en bénéficier (Cons. d'Et. 3 juin 1892, aff. Ciavatti, *Rec. Cons. d'Et.*, p. 513); — 2° A celui dont un frère sera présent sous les drapeaux, au moment de l'appel de la classe, soit comme officier, soit comme appelé, soit comme engagé volontaire pour trois ans au moins, soit comme rengagé, breveté ou commissionné, après avoir accompli cette durée de service, soit enfin comme inscrit maritime levé d'office, levé sur sa demande, maintenu ou réadmis au service, quelle que soit la classe de recrutement à laquelle il appartient. Ces dispositions sont applicables aux frères des officiers mariniers des équipages de la flotte appartenant à l'inscription maritime et servant en qualité d'officiers mariniers du cadre de la maistrance; — 3° A celui dont le frère sera mort en activité de service ou aura été réformé ou admis à la retraite pour blessures reçues dans un service commandé ou pour infirmités contractées dans les armées de terre et de mer. Les dispositions des paragraphes 4 et 5 de l'art. 21 doivent toujours être appliquées de telle sorte que, sur deux frères se suivant à moins de trois années d'intervalle et reconnus tous deux aptes au service, l'un des deux ne fasse qu'une année de service en temps de paix (L. 6 nov. 1890).

296. La dispense dont bénéficie l'aîné de deux frères inscrits la même année sur les listes de recrutement figurait déjà dans la législation antérieure. Mais la loi du 27 juill. 1872 exigeait, pour que la dispense fût accordée : 1° que les deux frères fissent partie du même tirage; 2° que le plus jeune fût reconnu propre au service. D'après la loi de 1889, il suffit que les deux frères soient inscrits, la même année, sur les listes de recrutement, quand même ils ne participeraient pas au même tirage, par exemple si l'un d'eux habite en France, et si l'autre réside en Algérie ou aux colonies. D'autre part, l'aîné bénéficie de droit de la dispense, que le cadet soit déclaré propre au service ou qu'il soit réformé ou ajourné. La primogéniture est établie par les actes de naissance. Les tribunaux décident en cas de contestation (L. 1889, art. 31). La substitution de numéros, entre frères appartenant à la même classe, qui était autorisée par la loi du 27 juill. 1872, art. 28, n'est plus permise par la loi nouvelle, qui a gardé le silence sur ce point.

297. En ce qui concerne la dernière cause de dispense (présence d'un frère sous les drapeaux), signalons encore une différence notable entre la loi de 1889 et celle de 1872. D'après la loi de 1872, pour savoir si le droit à la dispense était acquis, il fallait se placer au moment où le conseil de revision statuait. D'après la loi de 1889, c'est au moment de l'*appel de la classe* que la dispense devient définitive. Jusque-là, la décision du conseil de revision n'est que conditionnelle. Si le frère, qui était présent sous les drapeaux au moment de la réunion du conseil de revision a quitté le service lors de l'appel de la classe, le dispensé doit être incorporé pour trois ans (Cons. d'Et. 25 mars 1892, aff. Bodin, *Rec. Cons. d'Etat*, p. 305; V. aussi Cons. d'Et. 1er juill. 1892, aff. Cornet, *Rec. Cons. d'Etat*, p. 582). Dans le cas, au contraire, où la cause de la dispense vient à se produire après la réunion du conseil de revision, le paragraphe douzième de l'art. 21 est applicable : « L'appelé ou l'engagé qui, postérieurement soit à la décision du conseil de revision, soit à son incorporation, entre dans une des catégories prévues ci-dessus, est, sur sa demande, et dès qu'il compte un an de présence au corps, envoyé en congé dans ses foyers jusqu'à la date de son passage dans la réserve ». Comme sous l'empire de la loi du 29 juill. 1886, à laquelle est empruntée cette disposition, c'est l'autorité militaire qui constate la situation et ordonne le passage dans la réserve.

298. Pour que le bénéfice de la dispense soit acquis, il faut que le frère présent sous les drapeaux soit tenu d'y rester pendant au moins trois ans, ou qu'il soit lié au service par un brevet ou une commission. Le militaire en état de désertion ou de détention, de même que celui qui a été réformé pour blessures ou infirmités contractées en dehors du service, ne conférerait pas la dispense (Circ. min. guerre, 6 mars 1882; Cons. d'Et. 18 août 1869, aff. Pommès, *Rec.* D. P. 70. 3. 105). Par contre, lorsqu'il y a eu décès sous les drapeaux ou réforme pour blessures ou infirmités contractées dans le service, peu importe à quel titre le frère décédé ou réformé était lié au service; le réserviste, le territorial, etc., pourraient, dans ce cas, conférer la dispense.

299. L'art. 21 règle ainsi la forme dans laquelle les demandes de dispenses doivent être soumises au conseil de revision : « Les demandes, accompagnées de documents authentiques justifiant la situation des intéressés, sont adressées, avant le tirage au sort, au maire de la commune où les jeunes gens sont domiciliés. Il en sera donné récépissé ». La loi de 1889 n'exige plus, comme le faisait la législation antérieure, la production d'un certificat de trois pères de famille domiciliés dans le même canton, et dont les fils seraient soumis à l'appel ou déjà appelés, ledit certificat signé et approuvé par le maire de la commune. Mais l'Administration a maintenu la nécessité de produire ce certificat (Circ. min. guerre, 12 déc. 1889).

300. L'art. 21 dispose, enfin : 1° que le jeune homme omis, qui ne s'est pas présenté ou fait représenter par ses ayants cause devant le conseil de revision, ne peut pas être admis au bénéfice des dispenses indiquées par ledit article, si les motifs de ces dispenses ne sont survenus que postérieurement à la décision du conseil; 2° que ledit article n'est applicable qu'aux enfants légitimes, les enfants naturels reconnus par le père ou par la mère ne pouvant jouir que de la dispense édictée par l'art. 22 et dans les conditions prévues par cet article. La loi de 1832 gardant le silence sur les enfants naturels, la pratique leur avait étendu le bénéfice de l'exemption. L'art. 17 de la loi de 1872 leur a enlevé le bénéfice de la dispense. On a craint la fraude qui consisterait à ne reconnaître un enfant que pour le faire dispenser. Les enfants légitimes ou légitimés peuvent donc seuls invoquer l'art. 21, et pour apprécier leur situation, il n'y a pas à tenir compte de l'existence d'enfants naturels nés du même père ou de la même mère. Ainsi il a été décidé que le fils légitime aîné d'une femme veuve a droit à l'exemption prévue par l'art. 25, encore bien que cette veuve ait eu, avant son mariage, un enfant naturel plus âgé (Cons. d'Et. 1er avr. 1892, aff. Marot, *Rec. Cons. d'État*, p. 327). — Dans le même ordre d'idées, M. Rabany pose les questions suivantes qui ne sont pas explicitement résolues par la loi de 1889 : Si les enfants naturels ne peuvent réclamer pour eux-mêmes les dispenses de l'art. 21, peuvent-ils les conférer à leurs frères légitimes? Ainsi, un frère légitime qui n'a que des frères ou des sœurs naturels moins âgés, peut-il être considéré comme aîné d'orphelins? — Les enfants naturels entrent-ils dans la composition d'une famille de sept enfants vivants? — Le frère naturel aîné peut-il, s'il est impotent, faire jouir de la dispense son frère légitime puîné? ou, par contre, le frère naturel cadet dispense-t-il son frère légitime aîné inscrit la même année sur les listes de recrutement? — Le frère naturel, présent ou mort sous les drapeaux, confère-t-il la dispense à son frère légitime? A toutes ces questions, l'auteur répond par la négative (*op. cit.*, t. 1, p. 358 et suiv.). Il se fonde principalement sur les travaux préparatoires (Sénat, séance du 28 juin 1888). Une interprétation contraire était admise, en pratique, sous l'empire de la loi de 1872.

301. La jurisprudence du conseil d'Etat a fait les applications suivantes de l'art. 17 de la loi du 27 juill. 1872, lequel a été en grande partie reproduit par l'art. 21 de la loi de 1889, sauf les différences signalées *suprà*, nos 295 et suiv. Il a été jugé, notamment : 1° que, sous l'empire de la loi de 1872, ne pouvait être dispensé du service d'activité en temps de paix comme fils aîné de veuve, celui dont le frère utérin a déjà été exempté pour cette cause (Cons. d'Et. 30 nov. 1877, aff. Dermandpeys, D. P. 78. 3. 28); — 2° Que n'a pas droit à la dispense accordée à l'aîné d'orphelins de père et de mère, le jeune homme qui a une sœur plus âgée que lui (Cons. d'Et. 9 juill. 1875, aff. Grassis, D. P. 76. 3. 37); — 3° Que la dispense du service d'activité en temps de paix, résultant de la présence d'un frère sous les drapeaux, ne peut être appliquée qu'à un seul frère pour le même cas (Cons. d'Et. 8 déc. 1882, aff. Nolleau, D. P. 84. 5. 423); — 4° Que la dispense du service militaire accordée au jeune homme dont le frère est décédé en activité de service ne s'applique pas au cas où ce dernier, déclaré bon pour le service, est mort sans avoir quitté ses foyers où il avait été maintenu en sursis de départ (Cons. d'Et. 6 août 1887, aff. Biébuek, *Rec. Cons. d'Etat*, p. 686); — 5° Que la dispense du service d'activité accordée à celui qui a un frère sous les drapeaux ne s'applique qu'aux enfants légitimes (Cons. d'Et. 20 nov. 1874, aff. Fèvre, D. P. 75. 3. 75).

302. L'art. 22 de la loi de 1889 est relatif à une seconde catégorie de dispensés : les *soutiens effectifs de famille*. Cette cause de dispense a été introduite dans notre législation par la loi de 1872, art. 22 et 32 (V. toutefois la loi du 1er févr. 1868, art. 4 et 16, concernant les exemptions dans la garde nationale mobile). Les soutiens de famille, dont le nombre total ne pouvait dépasser 4 pour 100 des jeunes gens reconnus aptes au service et classés dans la première portion du contingent, étaient *désignés* par les conseils municipaux. Les dispenses étaient accordées ou refusées par le conseil de revision complété par l'adjonction de deux conseillers généraux. Chaque année, le maire faisait connaître au conseil de revision la situation des dispensés; ceux-ci pouvaient être astreints au service s'ils cessaient de remplir leurs devoirs. Enfin, il avait été décidé que cette radiation de la liste des dispensés pouvait être prononcée par le conseil de revision ordinaire, sans adjonction de deux membres supplémentaires (V. *infrà*, n° 303). — La loi de 1889, art. 22, a réglé la situation des soutiens effectifs de famille d'une manière sensiblement différente. En temps de paix, après un an de présence sous les drapeaux, peuvent être envoyés en congé dans leurs foyers sur leur demande, jusqu'à la date de leur passage dans la réserve, les jeunes gens qui remplissent effectivement les devoirs de soutiens indispensables de famille. Les demandes sont adressées, avant le tirage au sort, au maire de la commune où les jeunes gens sont domiciliés; il en est donné récépissé. A l'appui de ces demandes doivent être joints : 1° un relevé des contributions payées par la famille et certifié par le percepteur; 2° un avis motivé de trois pères de famille résidant dans la commune et ayant un fils sous les drapeaux ou, à défaut, dans la réserve de l'armée active, et jouissant de leurs droits civils et politiques. La liste de ces jeunes gens est présentée par le maire au conseil de revision, avec l'avis motivé du conseil municipal. Il résulte des travaux préparatoires, et notamment des explications fournies au Sénat dans la séance du 16 mai 1889 par le ministre de la guerre, que l'avis, même contraire, du conseil municipal n'engage pas à l'avance la décision du conseil de revision. Il en était autrement sous l'empire de la loi de 1872 (Cons. d'Et. 29 juin 1888, aff. Jeunet et Verne, *Rec. Cons. d'Etat*, p. 567).

Le nombre des jeunes gens dispensés par le conseil départemental de revision, à titre de soutiens indispensables de famille, ne peut dépasser 5 pour 100 du contingent à incorporer pour trois ans. Toutefois le ministre de la guerre peut autoriser les chefs de corps à délivrer, en plus du chiffre fixé ci-dessus, des congés à titre de soutiens indispensables de famille aux militaires comptant un an et deux ans de présence sous les drapeaux. Le nombre des congés accordés ainsi ne peut dépasser 1 pour 100 après la première année, et 1 pour 100 après la seconde. Il est calculé d'après l'effectif des hommes de la classe appartenant au corps. Les intéressés doivent produire les mêmes justifications que celles énoncées plus haut.

Tous les ans, le maire de chaque commune présente au conseil de revision, siégeant au chef-lieu de canton, une délibération du conseil municipal faisant connaître la situation des jeunes gens qui ont été renvoyés dans leurs foyers comme soutiens de famille. Il est tenu de signaler au conseil de revision les plaintes des personnes dans l'intérêt desquelles l'envoi en congé a eu lieu. Le conseil départemental de revision décide s'il y a lieu ou non de maintenir ces dispenses. Les jeunes gens dont le maintien en congé n'est pas admis sont soumis à toutes les obligations de la classe à laquelle ils appartiennent. Il convient de remarquer que si la loi de 1889 s'est montrée plus large que celle de 1872 dans la proportion du nombre des dispenses à accorder au titre de soutiens effectifs de famille, elle n'a pas autorisé le conseil de revision à accorder des *sursis d'appel*. La loi de 1872, art. 23, 24 et 32, admettait ces sursis dans une proportion de 4 pour 100 des jeunes gens reconnus aptes au service.

303. Sous l'empire de la loi de 1872, il a été jugé : 1° que c'est au conseil de revision siégeant au chef-lieu de canton, et non au conseil de revision siégeant au chef-lieu du département, avec adjonction de deux membres du conseil général, qu'il appartient de retirer les dispenses accordées à titre provisoire aux jeunes gens considérés comme soutiens de famille (Cons. d'Ét. 3 févr. 1882, aff. Olivieri et aff. Leccia, D. P. 83. 3. 65); — 2° Que le conseil de revision peut, sans excès de pouvoir, supprimer la dispense accordée à titre de soutien de famille à un jeune homme, sans que celui-ci ait été entendu et sans que le maire de la commune ait présenté un rapport écrit; que ce jeune homme n'est pas recevable à soutenir devant le conseil d'Etat, pour faire prononcer l'annulation de la décision qui lui a retiré la dispense précédemment accordée, que sa situation de soutien de famille n'était pas changée (Même arrêt); — 3° Que l'art. 22 de la loi du 27 juill. 1872 n'autorisait les conseils de revision à dispenser, à titre provisoire, comme soutiens de famille, que les jeunes gens désignés par les conseils municipaux; qu'en conséquence, le ministre de la guerre était fondé à demander au conseil d'Etat l'annulation, dans l'intérêt de la loi, d'une décision accordant la dispense à un jeune homme qui n'avait pas été ainsi désigné (Cons. d'Ét. 3 févr. 1882, aff. Juton et Lépine, D. P. 84. 5. 423; 16 nov. 1883, aff. Morin et Bonchoux, D. P. 85. 5. 400).

304. L'art. 23 est relatif aux *dispenses conditionnelles* accordées à certaines catégories de jeunes gens à raison soit de la profession à laquelle ils se destinent, soit de la continuation de leurs études. La loi de 1832, art. 14, accordait, en pareil cas, une exemption totale de service, qui était définitive ou conditionnelle, selon les cas. Etaient considérés comme ayant satisfait à la loi : les membres de l'instruction publique, les élèves de l'Ecole polytechnique et de l'Ecole normale supérieure, de l'Ecole des jeunes de langue, les professeurs des institutions de sourds-muets, les jeunes gens ayant remporté les grands prix de l'Institut et de l'Université et les élèves ecclésiastiques. L'exemption n'était que conditionnelle à l'égard des membres de l'instruction publique, qui devaient contracter l'engagement de se vouer à l'instruction pendant un temps déterminé, et des élèves ecclésiastiques, qui en perdaient le bénéfice s'ils n'étaient entrés dans les ordres majeurs à vingt-cinq ans, ou, pour ceux appartenant à une confession autre que la religion catholique, s'ils n'avaient reçu la consécration dans l'année après celle où ils auraient pu la recevoir (*Rép*. n° 266). La loi de 1872 avait converti ces exemptions en dispenses conditionnelles, en même temps qu'elle multipliait le nombre des catégories de jeunes gens appelés à bénéficier de ces dispenses. — La loi de 1889 (art. 23), a complètement modifié la situation de ces jeunes gens. En temps de paix, après un an de présence sous les drapeaux, sont envoyés en congé dans leurs foyers, sur leur demande, jusqu'à la date de leur passage dans la réserve : 1° les jeunes gens qui contractent l'engagement de servir pendant dix ans dans les fonctions de l'instruction publique, dans les institutions nationales des sourds-muets ou des jeunes aveugles, dépendant du ministère de l'intérieur, et y remplissent effectivement un emploi de professeur, de maître répétiteur ou d'instituteur; les instituteurs laïques, ainsi que les novices et membres des congrégations religieuses, vouées à l'enseignement et reconnues d'utilité publique, qui prennent l'engagement de servir pendant dix ans dans les écoles françaises d'Orient et d'Afrique subventionnées par le gouvernement français; — 2° Les jeunes gens qui ont obtenu ou qui poursuivent leurs études en vue d'obtenir: soit le diplôme de licencié ès lettres, ès sciences, de docteur en droit (on a vainement soutenu, au cours de la discussion de la loi, qu'il convenait d'étendre le bénéfice de la dispense aux licenciés et aspirants licenciés en droit), de docteur en médecine, de pharmacien de première classe, de vétérinaire, ou le titre d'interne des hôpitaux nommé au concours dans une ville où il existe une faculté de médecine; soit le diplôme délivré par l'Ecole des chartes, l'Ecole des langues orientales vivantes (L'art. 23 mentionnait ici le diplôme délivré par l'Ecole d'administration de la marine. Cette mention a été supprimée par la loi du 26 déc. 1892); soit le diplôme supérieur délivré aux élèves externes par l'Ecole des ponts et chaussées, l'Ecole supérieure des mines, l'Ecole du génie maritime; soit le diplôme supérieur délivré par l'Institut national agronomique, l'Ecole des haras du Pin aux élèves internes, les écoles nationales d'agriculture de Grandjouan, de Grignon et de Montpellier, l'Ecole des mines de Saint-Etienne, les écoles des maîtres ouvriers mineurs d'Alais et de Douai, les écoles nationales des arts et métiers d'Aix, d'Angers et de Châlons, l'Ecole des hautes études commerciales et les écoles supérieures de commerce reconnues par l'Etat; soit l'un des prix de Rome, soit un prix ou médaille d'Etat dans les concours annuels de l'Ecole nationale des beaux-arts, du Conservatoire de musique et de l'Ecole nationale des arts décoratifs; — 3° Les jeunes gens, exerçant les industries d'art, qui sont désignés par un jury d'état départemental formé d'ouvriers et de patrons. Le nombre de ces jeunes gens ne peut, en aucun cas, dépasser un demi pour cent du contingent à incorporer pour trois ans; — 4° Les jeunes gens admis, à titre d'élèves ecclésiastiques, à continuer leurs études en vue d'exercer le ministère dans l'un des cultes reconnus par l'Etat. En cas de mobilisation, les étudiants en médecine et en pharmacie et les élèves ecclésiastiques sont versés dans le service de santé. — Tous les jeunes gens énumérés ci-dessus sont rappelés pendant quatre semaines dans le cours de l'année qui précède leur passage dans la réserve de l'armée active. Ils suivent ensuite le sort de la classe à laquelle ils appartiennent. L'art. 23 de la loi de 1889 dispose enfin que des règlements d'administration publique détermineront : les conditions dans lesquelles doit être contracté l'engagement décennal exigé des jeunes gens qui se destinent à l'enseignement; les justifications à produire par les jeunes gens qui poursuivent leurs études ou par les élèves ecclésiastiques, soit au moment de leur demande, soit chaque année pendant la durée de leurs études; la nomenclature des industries d'art qui donnent lieu à la dispense au profit des ouvriers d'art; le mode de répartition de ces dispenses entre les départements; le mode de constitution du jury d'état pour les ouvriers d'art; ainsi que les justifications annuelles d'aptitude, de travail et d'exercice régulier de leur profession que les jeunes gens dispensés sur la proposition du jury doivent fournir jusqu'à l'âge de vingt-six ans. Les mêmes règlements devaient fixer le nombre de diplômes supérieurs à délivrer annuellement en vue de la dispense du service militaire, par chacune des écoles énumérées au troisième alinéa du paragraphe 2 de l'art. 23, définir ceux de ces diplômes qui ne sont pas définis par la loi, et fixer le nombre des prix et médailles visés au quatrième alinéa du même paragraphe. Un décret du 23 nov. 1889, délibéré en conseil d'Etat, a arrêté les dispositions de détails sur ces différents points.

305. Les dispenses énumérées à l'art. 23 ne sont que conditionnelles. La sanction des conditions imposées par la loi est contenue dans l'art. 24 ainsi conçu : « Les jeunes gens visés au paragraphe 1er de l'article précédent qui, dans l'année qui suivra leur année de service, n'auraient pas obtenu un emploi de professeur, de maître répétiteur ou d'instituteur, ou qui cesseraient de le remplir avant l'expiration du délai fixé; ceux qui n'auraient pas obtenu avant l'âge de vingt-six ans les diplômes ou les prix spécifiés aux alinéas du paragraphe 2e; les jeunes gens visés au paragraphe 3e qui ne fourniraient pas les justifications professionnelles prescrites; les élèves ecclésiastiques mentionnés au paragraphe 4e qui, à l'âge de vingt-six ans, ne seraient pas pourvus d'un emploi de ministre de l'un des cultes reconnus par l'Etat; les jeunes gens visés par les art. 21, 22 et 23 qui n'auraient pas satisfait, dans le cours de leur année de service, aux conditions de conduite et d'instruction militaire déterminées par le ministre de la guerre; ceux qui ne poursuivraient pas régulièrement les études en vue desquelles la dispense a été accordée, seront tenus d'accomplir les deux années de service dont ils avaient été dispensés ». — En ce qui concerne spécialement les élèves ecclésiastiques, il convient de remarquer qu'il ne leur suffit plus, comme dans la législation antérieure, d'avoir reçu la consécration ou d'être entrés dans les ordres majeurs; il faut en outre qu'ils soient pourvus d'un emploi du clergé séculier et rétribué par l'État, le département ou la commune, soit par un établissement public ou d'utilité publique: laïque, ecclésiastique ou religieux, légalement reconnu (Décr. 23 nov. 1889, art. 34).

306. Quand les causes de dispenses prévues aux art. 21, 22 et 23 viennent à cesser, les jeunes gens qui avaient obtenu ces dispenses sont soumis à toutes les obligations de la classe à laquelle ils appartiennent (art. 25). Toutefois, nous pensons avec M. Rabany (*op. cit.*, t. 1, p. 384-385), qu'il faut encore tenir compte de la jurisprudence du ministère de la guerre, laquelle, sous la législation antérieure, reconnaissait un effet définitif aux dispenses accordées en vertu des numéros 3, 4 et 5 de l'art. 17 de la loi de 1872, c'est-à-dire au plus âgé des deux frères appelés à faire partie du même tirage et à celui dont un frère servait dans l'armée active, ou était mort en activité de service, ou bien avait été réformé ou admis à la retraite pour blessures ou infirmités. Dans ce dernier cas, l'effet définitif résulte de la nature des choses; mais lors même que le frère vivant, et non retraité ou réformé, avait cessé d'être sous les drapeaux, l'instruction du 28 avr. 1873, n° 116, admettait que la dispense ne devait pas être retirée, comme « fondée sur les services rendus au pays, et non sur une situation de famille que des événements ultérieurs peuvent modifier ». Cette jurisprudence doit être maintenue, la loi du 15 juill. 1889 n'ayant rien innové aux dispositions de la législation antérieure. Le même auteur ajoute: « Quant à la dispense nouvelle, introduite à l'art. 21, en faveur du fils unique ou de l'aîné des fils d'une famille de sept enfants, si elle rentre évidemment dans le cas général des dispenses prévues aux n°s 1 et 2 à raison de la situation particulière de certaines familles, elle n'en a pas moins, à notre avis, un caractère spécial qui semble devoir lui donner un effet définitif. Le législateur a voulu donner une sorte de prime aux familles nombreuses, et il paraîtrait contraire à ses intentions de supprimer la dispense, quand le nombre des enfants se trouve réduit par la mort après avoir atteint le chiffre légal. Au surplus, le ministre de la guerre a interprété dans ce sens la disposition analogue, en vertu de laquelle le réserviste, père de quatre enfants vivants, passe de droit dans l'armée territoriale » (art. 58).

307. Il a été jugé, avant la loi de 1889, que la loi de 1872 qui a introduit dans notre législation la dispense au profit des élèves de l'École des chartes, n'avait pas d'effet rétroactif, en ce sens que les jeunes gens appartenant à une classe antérieure à la promulgation de la loi ne pouvaient bénéficier de la dispense (Cons. d'Et. 19 janv. 1877, aff. Rigot, D. P. 77. 3. 45; 2 févr. 1877, aff. Bonnassieux, D. P. *ibid.*). Il en serait de même pour les catégories nouvelles de dispensés mentionnées à l'art. 23.

308. On peut se demander à quelle autorité appartient le pouvoir de retirer la dispense, dans le cas de l'art. 25 de la loi de 1889: est-ce au ministère de la guerre ou au conseil de revision? Il a été jugé, antérieurement à cette loi, et cette décision nous paraît justifiée, que l'autorité militaire, lorsqu'elle estimait qu'un jeune homme dispensé du service militaire, en vertu des art. 20 et 21 de la loi du 27 juill. 1872, ne pouvait bénéficier plus longtemps de cette dispense, pouvait le rétablir dans la première classe appelée après que ce jeune homme avait cessé de remplir les services, fonctions ou études en vue desquels il avait été dispensé; mais que, dans le cas où l'intéressé se croyait fondé à soutenir qu'il n'avait pas cessé de remplir les conditions auxquelles est attachée cette dispense, c'était au conseil de revision qu'il appartenait de statuer sur cette question (Cons. d'Et. 6 juill. 1883, aff. Filhol, D. P. 85. 3. 41. V. les conclusions de M. Le Vavasseur de Précourt, commissaire du gouvernement, sur cette affaire). Il suit de là que le ministre de la guerre ne peut, sans excès de pouvoir, décider, en pareil cas, qu'un jeune homme sera incorporé dans l'armée active. C'est à l'autorité qui a statué sur la dispense qu'il appartient de prononcer le retrait de cette dispense. Mais quel est le conseil compétent à cet effet? Est-ce le conseil départemental ou le conseil cantonal? « La loi répond elle-même pour les dispenses de l'art. 22; le conseil départemental, qui a qualité pour accorder ces dispenses, a seul aussi qualité pour les retirer. Par application du même principe, le conseil de revision cantonal, compétent pour accorder la dispense au titre des art. 21 et 23, nous paraît également compétent pour les retirer » (Rabany, *op. cit.*, t. 1, p. 288).

309. L'art. 25 ajoute, dans son dernier paragraphe, que les dispensés peuvent se marier sans autorisation. Cette disposition anticipe sur celle de l'art. 58 qui règle, d'une manière générale, le mariage des militaires. Quoique la loi dise que les dispensés, après une année passée sous les drapeaux, sont *renvoyés en congé*, les jeunes gens qui bénéficient des dispenses peuvent se marier sans autorisation, à la différence des militaires qui se trouvent dans la position de congé. C'est que, en réalité, ces jeunes gens sont, comme on l'a fait observer très justement, moins en position de congé que *placés dans la position* d'un homme en congé. Le mariage contracté ne modifie, d'ailleurs, en rien la situation des dispensés, lesquels peuvent être rappelés, nonobstant leur union, si la cause qui les a fait dispenser du service vient à cesser.

310. Pour empêcher les fraudes dans l'obtention des dispenses, l'art. 26 de la loi de 1889, par une disposition qui n'a pas de précédent dans les lois antérieures, exige que la liste des jeunes gens de chaque département, dispensés en vertu des art. 21, 22, 23 et de l'art. 50 (jeunes gens qui ont établi leur résidence à l'étranger), soit publiée dans le *Recueil des actes administratifs de la préfecture*. Les noms des dispensés de chaque commune doivent être affichés dans leur commune, à la porte de la mairie. Les dispositions de l'art. 55, en cas de changement de domicile ou de résidence, leur sont applicables. En cas de guerre, ils sont appelés et marchent avec les hommes de leur classe. D'après la loi de 1872 (art. 26 et 56), les membres de l'instruction publique, les artistes ayant obtenu les grands prix de l'Institut et les élèves ecclésiastiques ainsi que les membres des congrégations religieuses vouées à l'enseignement étaient exempts du service même en temps de guerre.

311. — III. AJOURNÉS. — L'art. 27 est relatif aux *ajournés*. Avant la loi de 1872, les appelés ne comparaissaient qu'une seule fois devant le conseil de revision. Ils étaient reconnus bons ou réformés. La loi de 1872 admit qu'ils pourraient être examinés à nouveau dans deux cas : si leur taille était inférieure au minimum exigible pour le service armé, ou si leur constitution, sans être défectueuse, paraissait néanmoins encore trop faible pour ce service. En ce qui concerne le minimum de taille, les lois de recrutement qui se sont succédé ont varié, mais toujours dans le sens de l'abaissement. La loi de 1832 exigeait un mètre cinquante-six centimètres; la loi de 1868, un mètre cinquante-cinq centimètres; la loi de 1872, un mètre cinquante-quatre centimètres. La cause de cette progression descendante doit être attribuée au perfectionnement des armes à feu, et notamment du fusil; l'infanterie absorbe, en effet, la majeure partie du contingent. Le législateur de 1889 n'a pas cru devoir descendre au-dessous de la taille de un mètre cinquante-quatre centimètres. Il a reproduit sur ce point la disposition édictée par la loi de 1872, bien qu'un membre du Sénat eût demandé que l'on ne fixât point dans la loi la taille réglementaire. L'art. 27, qui consacre, en la complétant, la législation antérieure, est ainsi conçu : « Peuvent être ajournés, deux années de suite, à un nouvel examen du conseil de revision, les jeunes gens qui n'ont pas la taille réglementaire d'un mètre cinquante-quatre centimètres, ou qui sont reconnus d'une complexion trop faible pour un service armé. Les jeunes gens reçoivent, pour justifier de leur situation, un certificat qu'ils sont tenus de représenter à toute réquisition des autorités militaire, judiciaire ou civile. A moins d'une autorisation spéciale, ils sont astreints à comparaître à nouveau devant le conseil de revision du canton devant lequel ils ont comparu.

Ceux qui, après l'examen définitif, sont reconnus propres au service armé ou auxiliaire sont soumis, selon la catégorie dans laquelle ils sont placés, aux obligations de la classe à laquelle ils appartiennent. Ils peuvent faire valoir les motifs de dispense énoncés aux art. 21, 22 et 23. Les droits à la dispense prévus au paragraphe numéroté 5° de l'art. 21 qui existaient au moment de l'ajournement peuvent être valablement invoqués l'année suivante, lors même que pendant l'ajournement le frère du réclamant aurait cessé d'être présent sous les drapeaux ».

312. En même temps que le législateur de 1889 accordait par l'art. 23, à des catégories nombreuses de jeunes gens, la dispense conditionnelle après une année de service, afin de leur permettre de continuer leurs études et ne pas préjudicier au recrutement des carrières libérales et au développement de la haute culture intellectuelle, il militarisait certaines grandes écoles de l'Etat, qui, jusqu'alors, avaient eu un caractère mixte ou purement civil. Telles sont les Ecoles polytechnique, forestière et des arts et manufactures. L'art. 28 de la loi de 1889, modifié par l'art. 1er de la loi du 11 nov. 1892, dispose que les jeunes gens reçus à l'Ecole polytechnique, à l'Ecole forestière ou à l'Ecole centrale des arts et manufactures, qui sont reconnus propres au service militaire, n'y sont définitivement admis qu'à la condition de contracter un engagement volontaire de trois ans pour les deux premières écoles, et de quatre ans pour l'Ecole centrale. Les conditions dans lesquelles doit être contracté cet engagement sont déterminées par le décret du 28 sept. 1889 (tit. 2). Il a été décidé que, par l'effet dudit engagement et pendant sa durée, les élèves de l'Ecole polytechnique confèrent à un frère la dispense prévue par l'art. 21 (Cons. d'Et. 13 mai 1892, aff. Morellet, D. P. 92. 3. 57). — Les élèves desdites écoles sont considérés comme présents sous les drapeaux dans l'armée active, pendant le temps qu'ils y passent. Ils y reçoivent l'instruction militaire complète et sont à la disposition du ministre de la guerre. S'ils ne peuvent satisfaire aux examens de sortie ou s'ils sont renvoyés pour inconduite, ils sont incorporés dans un corps de troupes pour y terminer le temps de service qu'il leur reste à faire. Les élèves de l'Ecole polytechnique admis dans l'un des services civils recrutés à l'école, ou quittant l'école après avoir satisfait aux examens de sortie sans entrer dans aucun de ces services, et les élèves de l'Ecole forestière admis dans l'administration des Forêts, sont nommés sous-lieutenants de réserve et accomplissent, en cette qualité, dans un corps de troupes, leur troisième année de service. Ceux qui viendraient à quitter le service civil dans lequel ils ont été admis n'en resteraient pas moins soumis aux obligations indiquées plus haut. — Les élèves de l'Ecole centrale des arts et manufactures quittant l'école après avoir satisfait aux examens de sortie sont admis à subir des épreuves d'aptitude au grade de sous-lieutenant de réserve déterminées par le ministre de la guerre. Ceux de ces élèves qui satisfont à ces examens sont nommés sous-lieutenants de réserve et accomplissent, en cette qualité, dans un corps de troupes, leur quatrième année de service. Ceux qui n'ont pas été jugés susceptibles d'être nommés immédiatement sous-lieutenants de réserve sont incorporés dans un corps de troupes comme simples soldats et accomplissent une année de service. A la fin de cette année, ils peuvent être nommés sous-lieutenants de réserve, s'ils satisfont aux conditions d'aptitude fixées par le ministre. Les jeunes gens qui, en sortant de l'Ecole polytechnique, de l'Ecole forestière ou de l'Ecole centrale, ont été nommés sous-lieutenants de réserve, et qui donneraient leur démission avant la fin de l'année de service qu'ils doivent accomplir dans un corps de troupes, n'en resteraient pas moins soumis à toutes les conséquences de l'engagement volontaire de trois ou de quatre ans contracté par eux lors de leur entrée à l'école. Les conditions d'aptitude physique, pour l'entrée à ces écoles, des jeunes gens qui, au moment de leur admission, ne sont pas aptes au service militaire, sont fixées par le règlement d'administration publique du 28 sept. 1889.

313. Après s'être occupée, dans l'art. 28, des jeunes gens appartenant aux écoles destinées à former soit diverses catégories de fonctionnaires publics, soit des ingénieurs nécessaires à l'industrie privée, en même temps que d'assurer le recrutement d'une partie des officiers de réserve, notamment dans les armes spéciales, la loi de 1889 s'occupe des élèves *du service de santé militaire* et des vétérinaires.

L'École du service de santé militaire, qui fonctionnait à Strasbourg avant 1870, a été rétablie par la loi du 14 déc. 1888. Le décret du 25 déc. 1888 en a fixé le siège à Lyon. Elle a pour objet d'assurer le recrutement des médecins militaires, de faciliter les études universitaires des élèves du service de santé, et de leur donner l'instruction militaire jusqu'à ce qu'ils soient admis à l'Ecole d'application de médecine et de pharmacie militaires du Val-de-Grâce, à Paris. — Pour les vétérinaires militaires, il n'existe pas d'école préparatoire. Ils font leurs études dans les écoles vétérinaires civiles d'Alfort, de Lyon et de Toulouse, dans lesquelles l'Etat entretient un certain nombre de boursiers (actuellement soixante) (Décr. 18 févr. 1874 et 30 août 1876). — L'art. 29 dispose que les élèves du service de santé militaire et les élèves militaires des écoles vétérinaires contractent, en entrant à l'école, l'engagement de servir dans l'armée active pendant six ans au moins, à dater de leur nomination au grade de médecin aide-major de 2e classe ou d'aide-vétérinaire. Ceux qui n'obtiendraient pas le grade d'aide-major ou d'aide-vétérinaire, ou qui ne réaliseraient pas l'engagement sexennal, sont incorporés dans un corps de troupes pour trois ans, sans déduction aucune du temps écoulé depuis leur entrée à l'école. Les mêmes dispositions sont également applicables aux élèves des écoles de médecine navale. L'engagement des élèves a été réglementé par un décret du 8 oct. 1889, qui a déclaré applicables à l'armée de mer, sauf quelques modifications, les dispositions du décret du 28 sept. 1889, relatif aux engagements dans l'armée de terre. Il en est de même en ce qui concerne les élèves de l'Ecole d'administration de la marine. Ces élèves contractent le même engagement et sont astreints aux mêmes obligations dans le cas où ils ne réaliseraient pas l'engagement sexennal (L. 26 déc. 1892, art. 2).

314. L'art. 30 mentionne, enfin, deux catégories de jeunes gens qui sont considérés comme ayant satisfait à l'appel de leur classe. Ce sont : 1° les jeunes gens liés au service dans les armées de terre et de mer, en vertu d'un livret ou d'une commission. Ces termes comprennent les officiers des armées de terre et de mer nommés par décret, en vertu de l'art. 1er de la loi du 19 mars 1834, et les militaires, sous-officiers ou soldats, commissionnés, dont la situation a été réglementée par les art. 63 et 68 de la loi de 1889 ; 2° les jeunes marins portés sur les registres matricules de l'inscription maritime, conformément aux règles prescrites par les art. 1 à 5 de la loi du 25 oct. 1795 (3 brum. an 4). Les premiers, s'ils cessent leur service, et les seconds, s'ils se font rayer de l'inscription maritime, sont tenus d'en faire la déclaration au maire de leur commune dans les deux mois, de retirer une expédition de leur déclaration et de la soumettre au préfet du département, sous les peines portées par l'art 76 de la loi de 1889. Les uns et les autres accomplissent, dans l'armée active, le service prescrit par la loi; puis ils suivent le sort de la classe à laquelle ils appartiennent. Toutefois, le temps déjà passé par eux au service de l'Etat est déduit du nombre d'années pendant lesquelles tout Français fait partie de l'armée active.

315. — IV. QUESTIONS PRÉJUDICIELLES D'ÉTAT; VOIES DE RECOURS. — Les art. 31 et 32 sont consacrés aux questions préjudicielles d'état, au caractère définitif des décisions du conseil de revision et aux voies de recours contre ces décisions (Comp. L. 27 juill. 1872, art. 29). — Pour les questions d'état, en vertu du principe de la séparation des pouvoirs, le conseil de revision, qui n'est qu'une juridiction administrative doit ajourner sa décision toutes les fois qu'il se trouve en présence d'une question ressortissant du domaine de l'autorité judiciaire. L'art. 31 de la loi de 1889 s'exprime ainsi : « Lorsque les jeunes gens portés sur les tableaux de recensement ont fait des déclarations dont l'admission ou le rejet dépend de la décision à intervenir sur des questions judiciaires relatives à leur état et à leurs droits civils, le conseil de revision ajourne sa décision ou ne prend qu'une décision conditionnelle. Les questions sont jugées contradictoirement avec le préfet, à la requête de la partie la plus diligente. Le tribunal civil du lieu du domicile statue sans délai, le ministère public entendu. Le délai de l'appel et du recours en cassation est de quinze jours francs à partir de la décision attaquée. Le recours est, ainsi que l'appel, dispensé de la consignation d'amende. L'affaire est portée directement devant la chambre civile. Les actes faits en exécution du présent article sont visés pour timbre et enregistrés gratis. Les paragraphes 2, 3, 4, 5 et 6 du présent article sont applicables au cas prévu par l'art. 6 ».

316. Il a été jugé : 1° que les questions de domicile, en matière de recrutement, sont de la compétence exclusive des tribunaux civils; qu'en conséquence, le conseil de revision, devant lequel une question de cette nature est soulevée, commet un excès de pouvoir, s'il ne sursoit pas à statuer jusqu'à ce que l'autorité compétente ait prononcé sur cette question préjudicielle (Cons. d'Et. 12 déc. 1873, aff. Vidal, D. P. 74. 3. 67; 17 juill. 1874, aff. Jacquet, D. P. 75. 3. 70); — 2° Que le conseil de revision excède ses pouvoirs en ne renvoyant pas à la juridiction compétente, avant de statuer sur la demande d'un jeune homme tendant à obtenir la dispense accordée à celui qui a un frère sous les drapeaux, la question préjudicielle de savoir si ce frère est légitime ou naturel reconnu (Cons. d'Et. 5 août 1887, aff. Lhermet, D. P. 88. 3. 128. V. aussi dans le même sens : Cons. d'Et. 28 nov. 1890, aff. Bentjanie, D. P. 92. 3. 52; 20 mars 1890, aff. Conté, D. P. 92. 5. 529). — Mais il a été décidé, d'autre part : 1° que n'est entachée d'aucun excès de pouvoir la décision par laquelle un conseil de revision déclare un jeune homme bon pour le service, sauf à lui à obtenir sa radiation, s'il peut faire juger par les tribunaux qu'il est étranger (Cons. d'Et. 4 déc. 1874, aff. Dillon, D. P. 75. 3. 82); — 2° Que le conseil de revision ne devait surseoir à statuer qu'au cas où l'admission ou le rejet des réclamations des jeunes gens portés sur le tableau de recensement dépendait de la décision à intervenir sur des questions judiciaires relatives à leur état ou à leurs droits civils; et que, en conséquence, il ne commettait aucun excès de pouvoir en statuant sur la question de savoir si un jeune homme de la classe de 1872, inscrit sur les tableaux de recensement du dernier domicile de ses parents dans la France continentale, était resté soumis à l'application des lois militaires sur le recrutement, quoique ses parents eussent fixé leur domicile en Algérie (Cons. d'Et. 18 févr. 1876, aff. Marest, D. P. 77. 5. 374).

317. Hors les cas prévus par les art. 6 et 31, porte l'art. 32, les décisions du conseil de revision sont définitives. La décision est définitive lorsqu'elle a été proclamée par le président du conseil; à ce moment, elle est acquise à l'intéressé et elle ne peut plus être modifiée (Instr. min. 28 avr. 1873, n° 42). Il faut, d'ailleurs, que l'intéressé soit présent ou qu'il ait été régulièrement convoqué (Cons. d'Et. 5 févr. 1875, aff. Labarbe, D. P. 75. 3. 103). — Les décisions sont relatées dans un procès-verbal signé, en séance, par les membres du conseil. Ce procès-verbal a un caractère authentique; il ne peut être attaqué que par la voie de l'inscription de faux (Cons. d'Et. 28 juin 1878, aff. Dury, *Rec. Cons. d'Etat*, p. 602). Il mentionne la date et l'heure de l'ouverture de la séance, l'heure pour laquelle la convocation a été faite, les circonstances qui auraient pu motiver un retard, les noms et qualités des membres du conseil, ainsi que les fontionnaires civils et militaires qui ont assisté à la séance en exécution de l'art. 18 de la loi de 1889. Il rapporte, avec les décisions rendues, les observations du sous-intendant, les incidents qui peuvent s'être produits et l'heure à laquelle la séance a été levée. Il doit être lu en séance publique (Instr. min. 28 avr. 1873, n° 162).

318. Des conseils de revision ont cru pouvoir revenir sur une décision proclamée par le président, sous prétexte que le procès-verbal n'était pas encore, à ce moment, clos et signé. M. Rabany (*op cit.*, t. 1, p. 427) blâme cette pratique qu'il trouve incorrecte. « Peu importe, en effet, que la séance continue après une décision ; le conseil de revision nd en réalité autant de jugements qu'il y a de jeunes ens comparaissant devant lui, et il a épuisé sa juridiction ès qu'il a statué sur la situation particulière de chacun d'eux. Le cas est le même que celui d'un tribunal correctionnel qui rend plusieurs jugements dans la même audience».

319. Le principe que les décisions du conseil de revision sont définitives a été appliqué, sous l'empire de la loi de 1872, aux hypothèses suivantes. Il a été jugé, notamment : 1° que le conseil ne peut, sans violation de la loi, placer dans une partie du contingent, un jeune homme qu'une décision antérieure avait placé dans une autre partie (Cons. d'Et. 16 déc. 1881, aff. Desmonts, D. P. 83. 3. 35); — 2° Qu'il ne peut dispenser du service, comme fils aîné de veuve, un jeune homme que, par une décision antérieure, il avait compris, comme absent, dans le contingent de l'armée active (Cons. d'Et. 23 janv. 1885, aff. Corlay, D. P. 86. 3. 74); — 3° Que le conseil commet un excès de pouvoir en dispensant, comme fils aîné de veuve, un jeune homme inscrit, par une précédente décision, dans la première partie de la liste du recrutement (Cons. d'Et. 5 août 1887, aff. Massip, D. P. 88. 3. 128).

320. Les décisions des conseils de revision ne sont susceptibles ni d'appel ni d'opposition. Elles ne peuvent faire l'objet que d'un recours, lequel n'a pas d'effet suspensif. — La loi de 1872 n'autorisait le recours que pour incompétence ou excès de pouvoir. Le recours pour violation de la loi n'appartenait qu'au ministre de la guerre, et seulement dans l'intérêt de la loi. Depuis la loi de 1889, la voie du recours est ouverte à tout intéressé pour les trois causes mentionnées à l'art. 32 : incompétence, excès de pouvoir ou violation de la loi. Par *intéressés*, il faut entendre : 1° tous ceux qui seraient appelés indûment au service (Rabany, *op. cit.*, t. 1, p. 434) ; 2° le ministre de la guerre, à l'exclusion de tous autres fonctionnaires, notamment des préfets, des sous-préfets et des maires.

321. Il a été jugé, d'une manière constante, qu'en vertu de l'art. 30 de la loi du 27 juill. 1872, les décisions des conseils de revision ne pouvaient être déférées au conseil d'Etat par les particuliers que pour incompétence ou excès de pouvoir; qu'en conséquence : 1° la décision qui avait maintenu un individu sur les tableaux de recensement ne pouvait être attaquée par cet individu comme ayant faussement appliqué une convention consulaire entre la France et un pays étranger (Cons. d'Et. 8 juin 1877, aff. Audibert, D. P. 77. 3. 101); — 2° Un jeune homme était non recevable à attaquer une décision qui l'avait rayé des listes d'une classe par application de l'art. 9, § 2, de la loi du 27 juill. 1872, en se fondant sur ce que le conseil de revision aurait fait une fausse application des dispositions de cet article (Cons. d'Et. 7 août 1883, aff. Mataigne, D. P. 85. 3. 68); — 3° Le ministre de la guerre était seul recevable à demander, dans l'intérêt de la loi, l'annulation des décisions des conseils de revision pour violation de loi (Cons. d'Et. 20 nov. 1874, aff. Fèvre ; 26 févr. 1875, aff. Renard, D. P. 75. 3. 75); — 4° Le conseil de revision, en autorisant la substitution des numéros entre deux frères appelés à faire partie du même tirage, agissait dans la limite de sa compétence, et que, par suite, en admettant que, dans les conditions où cette substitution avait été autorisée, elle eût constitué une violation de la loi, le jeune homme compris, par suite de la substitution, dans la première partie du contingent, n'était pas recevable à en demander l'annulation au conseil d'Etat (Cons. d'Et. 5 août 1887, aff. Kervran, D. P. 88. 3. 128).

322. De nombreuses décisions ont été rendues, sous l'empire de la loi de 1872, sur des pourvois formés, dans l'intérêt de la loi, par le ministre de la guerre. Ainsi il a été jugé : 1° que l'art. 18 de la loi du 27 juill. 1872 ne permettant d'ajourner que deux années de suite à un nouvel examen les jeunes gens qui, au moment de la réunion du conseil de revision, étaient reconnus d'une complexion trop faible pour un service armé, la décision par laquelle un conseil de revision ajournait, pour la troisième fois, à un nouvel examen un jeune homme, pour faiblesse de constitution, devait être annulée pour violation de la loi, sur le recours du ministre de la guerre (Cons. d'Et. 7 déc. 1888, aff. Bogey, D. P. 89. 5. 398) ; — 2° Que les condamnations correctionnelles à deux années d'emprisonnement n'entraînant l'exclusion de l'armée qu'autant que le jugement plaçait, en outre, le condamné sous la surveillance de la haute police et prononçait l'interdiction, en tout ou partie, des droits civiques, civils ou de famille, le ministre de la guerre était fondé à demander l'annulation, pour violation de la loi, d'une décision par laquelle un conseil de revision avait rayé, comme indigne, des listes du recrutement un individu qui avait subi des condamnations dont aucune n'était accompagnée des aggravations indiquées ci-dessus, et qui avait été détenu pendant cinq années dans une maison de correction en vertu d'un jugement l'ayant acquitté comme ayant agi sans discernement (Cons. d'Et. 20 mai 1881, aff. Laroux, D. P. 82. 5. 340); — 3° Que le ministre de la guerre était recevable à demander l'annulation, dans l'intérêt de la loi, d'une décision par laquelle un conseil de revision avait déclaré un jeune homme dispensé du service d'activité en temps de paix comme fils aîné de veuve, sur le vu de pièces établissant uniquement qu'il était le fils aîné du second mariage de la veuve (Cons. d'Et. 30 nov. 1877, aff. Darmandpeys, D. P. 78. 3. 28); — 4° Qu'il appartenait également au ministre de la guerre de demander l'annulation, dans l'intérêt de la loi, d'une décision par laquelle un conseil de revision avait déclaré un jeune homme dispensé du service d'activité en temps de paix comme aîné d'orphelins de père et de mère, sur le vu d'un certificat constatant qu'il avait une sœur plus âgée que lui (Cons. d'Et. 9 juill. 1875, aff. Grassis, D. P. 76. 3. 37); — 5° Que le ministre de la guerre était fondé à demander l'annulation, pour violation de la loi, d'une décision par laquelle le conseil de revision avait accordé cette dispense à un jeune homme, alors qu'un autre de ses frères avait déjà profité de la dispense pour le même fait (Cons. d'Et. 8 déc. 1882, aff. Nolleau, D. P. 84. 5. 423); — 6° Que les décisions du conseil de revision dans un canton, auxquelles avait pris part le membre du conseil général représentant le canton, devaient être annulées sur le pourvoi du ministre de la guerre, pour violation de l'art. 27 de la loi du 27 juill. 1872 (Cons. d'Et. 22 mai 1886, aff. Ministre de la guerre, D.P. 87. 5. 376). — Il a été jugé, d'autre part, que, le conseil de revision agissant dans les limites de ses pouvoirs lorsqu'il prononçait l'ajournement d'un jeune homme pour faiblesse de constitution, le ministre n'était pas fondé à soutenir que le fait d'avoir autorisé un jeune homme à subir la visite devant un consul de France à l'étranger constituait une violation de la loi, alors que le certificat médical constatant le résultat de cette visite n'était pas parvenu audit conseil à l'époque de sa réunion (Cons. d'Et. 22 mai 1886, aff. Chrétien, D. P. 87. 3. 108). — Enfin il a été décidé, dans le même ordre d'idées : 1° que, dans le cas où, sur le pourvoi d'un intéressé, une décision du conseil de revision était annulée, il n'y avait lieu de statuer sur le pourvoi dans l'intérêt de la loi formé par le ministre contre la même décision (Cons. d'Et. 5 août 1887, aff. Lhermet, D. P. 88. 3. 128.); — 2° Que, lorsque deux conseils de revision avaient pris, à l'égard d'un jeune homme, des décisions contradictoires, le ministre de la guerre ne pouvait que les déférer au conseil d'Etat; et qu'il excédait ses pouvoirs, s'il ordonnait que l'une des décisions serait considérée comme non avenue (Cons. d'Et. 12 déc. 1873, aff. Vidal, D. P. 74. 3. 67).

323. Il a été décidé que l'on ne peut déférer au conseil d'Etat, parce qu'elles ne font pas grief aux intéressés : 1° la dépêche par laquelle le ministre de la guerre émet l'avis qu'une inscription sur le tableau de recensement doit être maintenue: cette dépêche ne fait pas obstacle à ce qu'il soit statué ce qu'il appartiendra par le conseil de revision, seul compétent pour modifier ce tableau (Cons. d'Et. 17 juill. 1874, aff. Jacquet, D. P. 75. 3. 70); — 2° La décision par laquelle un sous-préfet ordonne la radiation du nom d'un jeune homme inscrit sur le tableau de recensement ; en effet, les décisions par lesquelles les sous-préfets arrêtent le tableau de recensement doivent être portées devant le conseil de revision (Cons. d'Et. 28 janv. 1887, aff. Hervoite, D. P. 88. 3. 53).

324. Toutes les opérations énumérées dans les articles précédents (art. 10-32) aboutissent à la formation de la liste de recrutement cantonal. Cette liste qui, d'après la loi de 1872, était divisée en cinq parties, est aujourd'hui divisée en sept par l'art. 33 de la loi de 1889, lequel est ainsi conçu : « Après que le conseil de revision a statué sur les cas d'exemption, ainsi que sur toutes les réclamations auxquelles les opérations peuvent donner lieu, la liste de recrutement de la classe est définitivement arrêtée et signée par le conseil de revision. Cette liste, divisée en sept parties, comprend, par ordre de numéros de tirage : 1° tous les jeunes gens déclarés propres au service militaire et qui ne doivent pas être classés dans les catégories suivantes ; — 2° Les jeunes gens dispensés en vertu de l'art. 21 ; — 3° Les jeunes gens dispensés en vertu des art. 23 et 50 ; — 4° Les jeunes gens liés au service en vertu d'un engagement volontaire, d'un brevet ou d'une commission et les jeunes marins inscrits ; — 5° Les jeunes gens qui sont ajournés conformément à l'art. 57 ci-dessus ; — 6° Les jeunes gens qui ont été classés dans les services auxiliaires de l'armée ; — 7° Les jeunes gens exclus en vertu des dispositions de l'art. 4 ».

325. — V. CONSEIL DE REVISION DÉPARTEMENTAL (L. 15 juill. 1889, art. 34). — Ce conseil se réunit au chef-lieu du département, « quand les listes de recrutement de tous les cantons du département ont été arrêtées ». Il est composé conformément à l'art. 18 de la loi ; mais il est complété par l'adjonction de deux autres membres du conseil général. Les trois conseillers généraux et le conseiller d'arrondissement sont spécialement désignés à cet effet par la commission départementale. Le conseil prononce en séance publique, sur toutes les demandes de dispenses à titre de soutiens de famille, stipulées à l'art. 22. Les ajournés de l'année précédente concourent entre eux dans les mêmes conditions.

326. — VI. TAXE MILITAIRE. — La *taxe militaire* établie par l'art. 35 de la loi de 1889 est une innovation. Une taxe analogue existe, d'ailleurs, en Allemagne, en Autriche, en Italie et en Suisse. Elle constitue la compensation, dont profite le Trésor, de toute exonération partielle ou totale du service militaire ; mais on ne peut y voir, d'aucune manière, une forme déguisée de l'exonération à prix d'argent. « C'est, a dit un auteur, un impôt équitable et légitime; c'est un caractère que l'on ne saurait en aucune manière lui contester, si l'on se rappelle que l'art. 2 de la loi du 15 juill. 1889 proclame l'obligation du service militaire *égale pour tous*. Que signifierait ce texte, si les dispenses et exemptions du service militaire n'étaient compensées par aucun service d'une autre nature ? Des raisons de force majeure, comme l'incapacité physique, des intérêts nationaux comme celui de l'enseignement, n'ont pas permis que l'obligation militaire s'accomplît d'une manière uniforme; mais elle demeure égale, dans la mesure où les institutions humaines peuvent réaliser l'égalité, dès qu'à l'avantage personnel que procure l'exonération correspond une autre charge personnelle. Il y a deux manières de satisfaire à la loi de l'égalité des charges militaires, c'est de donner à l'Etat son temps ou son argent : qui ne peut payer de sa personne, paye de sa bourse. Sans doute, ce dernier service n'équivaut pas au premier ; mais il le remplace dans la mesure du possible » (François Roussel, *op. cit.*, p. 248).

327. Qui doit la taxe militaire ? Aux termes de l'art. 35, § 1 et 2, sont assujettis au payement d'une taxe militaire annuelle « ceux qui, par suite d'exemption, d'ajournement, de classement dans les services auxiliaires ou dans la seconde partie du contingent, de dispense, ou pour tout autre motif, bénéficieront de l'exonération du service dans l'armée active. — Sont seuls dispensés de cette taxe : 1° les hommes réformés ou admis à la retraite pour blessures reçues dans un service commandé, ou pour infirmités contractées dans les armées de terre et de mer ; 2° les contribuables se trouvant dans un état d'indigence notoire. Le décret du 30 déc. 1890 rendu en exécution de l'art. 35 dispose que l'*indigence notoire* résulte : 1° des décisions prises par les conseils municipaux pour l'assiette de la contribution personnelle, en exécution de l'art. 18 de la loi du 21 avr. 1832 ; 2° de décisions spéciales que prennent ces conseils, lorsque l'intéressé ne figure pas au rôle de la contribution personnelle mobilière, non pour cause d'indigence, mais comme ne jouissant pas de ses droits.

328. La quotité de la taxe a été calculée de manière à ce qu'elle soit, en moyenne, de 300 francs par tête d'assujetti. Cette somme est échelonnée sur une période de seize années, de manière à en faciliter le payement. Elle cesse trois ans de présence effective sous les drapeaux ou p l'inscription sur les registres de l'inscription maritime, o dans tous les cas, à partir du 1er janvier qui suit le passa de la classe de l'assujetti dans la réserve de l'armée territoriale (art. 35, § 5). Elle peut être suspendue pour divers motifs. Il en est ainsi en cas de mobilisation, sauf pour les insoumis, les déserteurs et les exemptés (Décr. 30 déc. 1890, art. 33) ; en cas d'engagement volontaire (Même décret, art. 31 et 18). Enfin, elle peut être réduite par suite du séjour plus ou moins prolongé de l'assujetti dans l'armée active. Aux termes du décret du 30 déc. 1890, la taxe militaire annuelle est réduite d'un trente-sixième pour chaque mois de service accompli par l'assujetti, alors même que la durée de son service ne constituerait pas une période ininterrompue. Il n'est pas tenu compte des fractions de mois. Les périodes d'instruction ou d'exercices accomplies dans la réserve, l'armée territoriale ou sa réserve ne peuvent être une cause de réduction (Décr. précité, art. 4).

329. L'assiette de la taxe est la suivante. Elle se compose, aux termes de l'art. 35, § 3 : 1° d'une taxe fixe de 6 francs; 2° d'une taxe proportionnelle, égale au montant en principal de la cote personnelle et mobilière de l'assujetti. Si celui-ci a encore ses ascendants du premier degré ou l'un d'eux, la cote est augmentée du quotient obtenu en divisant la cote personnelle et mobilière de celui de ses ascendants qui est le plus imposé à cette contribution, en principal, par le nombre des enfants mineurs et des enfants représentés dudit ascendant. Au cas de non-imposition des ascendants du premier degré, il sera procédé comme il vient d'être dit sur la cote des ascendants du second degré, en tenant compte des enfants de l'ascendant de chaque degré. Il n'est plus tenu compte de la cote des ascendants, lorsque l'assujetti a atteint l'âge de trente ans révolus, et qu'il a un domicile distinct de celui de ses ascendants Les cotisations imposables sont celles qui sont portées aux rôles de la commune du domicile des contribuables. Elles sont déterminées sans égard aux prélèvements qui peuvent servir à les acquitter sur les produits de l'octroi. — L'impôt mobilier n'existant pas en Algérie, l'impôt est réduit à la taxe fixe (Décr. 30 déc. 1890, art. 42). D'autre part, le service n'étant que d'une année en Algérie, les hommes qui ont satisfait au recrutement avec le contingent algérien ne doivent la taxe que lorsqu'ils comptent moins d'une année de service. La taxe, quand elle est susceptible de réduction à raison des mois de service accomplis, est réduite, non par trente-sixième, mais par douzième. Toutefois, si un homme du contingent algérien, transportant son domicile dans la métropole, avant l'âge de trente ans, et tombant ainsi sous l'application de la loi générale, y est incorporé, conformément à l'art. 81 de la loi, pour y fournir les deux ans de service dont il a été dispensé comme Algérien, si, d'autre part, le temps de service par lui dû ne se trouve point complété au moment où il atteint sa trentième année, époque à laquelle il se trouve libéré du service actif, et si, à raison de son exonération partielle, il est assujetti à la taxe militaire, sa taxe sera réduite d'un trente-sixième pour chaque mois de service effectué par lui soit en Algérie, soit en France (Décr. 30 déc. 1890, art. 43).

330. La taxe militaire est assimilée aux contributions directes quant à son établissement, au payement et aux poursuites. Le décret du 30 déc. 1890 a réglé les détails de l'établissement des rôles et la procédure à suivre en cas de contestations (art. 9, 10 et 12). Il prescrit, en outre, aux préfets, aux autorités militaires et à la gendarmerie de fournir à l'administration des Contributions directes, d'office ou sur sa demande, tous les renseignements utiles à l'établissement des rôles (art. 16, 25, 30 et 31).

331. La taxe est établie au 1er janvier pour l'année entière. Dans les cas où elle cesse, tout mois commencé est exigible en entier. Elle est due par l'assujetti. A défaut de payement constaté par une sommation restée sans effet, elle est payée en son acquit par celui de ses ascendants dont la cotisation a été prise pour élément de calcul de la taxe. Les ascendants ne sont plus responsables quand la taxe cesse d'être calculée sur leur cote. — La taxe est exigible dans la commune où le redevable a son domicile à la date du 1er janvier. Elle est recouvrée et les demandes en remise ou en décharge sont instruites et jugées comme en matière de contributions directes. En cas de retard dans le payement de trois douzième consécutifs, constaté par un commandement resté sans effet, il sera dû une taxe double pour les douzièmes échus et non payés (art. 35, § 5 et 6). Il est ajouté au montant de la taxe : 1° 5 cent. par franc pour couvrir les décharges ou remises, ainsi que les frais d'assiette et de confection des rôles. En cas d'insuffisance, il est pourvu au déficit par un prélèvement sur le montant de la taxe ; 2° 3 cent. par franc pour frais de perception.

332. Le contentieux, en matière de taxe militaire, est de la compétence du conseil de préfecture. Les art. 34 et suiv. du décret du 30 déc. 1890 règlent les détails de la procédure et les délais en pareille matière.

333. L'art. 35 de la loi de 1889 qui a établi la taxe militaire n'a pas eu d'effet rétroactif. Il ne s'est appliqué qu'aux hommes de la classe 1889 et des classes suivantes (V. toutefois la disposition transitoire du décret du 30 déc. 1890, art. 44).

334. — VII. REGISTRE MATRICULE. — La loi du 15 juill. 1889, art. 36, par une disposition analogue à l'art. 33 de la loi de 1872 complété par l'art. 5 de la loi du 18 nov. 1875, dispose qu'il est tenu, par subdivision de région, un registre matricule, sur lequel sont portés tous les jeunes gens inscrits sur les listes de recrutement cantonal; le registre mentionne l'incorporation de chaque homme inscrit ou la position dans laquelle il est laissé, et nécessairement, tous les changements qui peuvent survenir dans sa situation jusqu'à sa libération définitive. Tout homme inscrit sur le registre matricule reçoit un livret individuel, qu'il est tenu de représenter à toute réquisition des autorités militaire, judiciaire ou civile. En cas d'appel à l'activité ou de convocation pour des manœuvres, exercices ou revues, la représentation du livret individuel doit avoir lieu dans les vingt-quatre heures de la réquisition. En tout autre cas, le délai est de huit jours.

ART. 3. — *Du remplacement militaire* (*Rép.* nos 336 à 446).

ART. 4. — *De l'exonération et de la dotation de l'armée* (*Rép.* nos 447 à 467).

335. Dans ces deux articles, le *Répertoire* traitait du *remplacement* et de *l'exonération*, qui ont disparu de notre législation depuis la loi de 1872, laquelle a posé le principe du service obligatoire et personnel.

ART. 5. — *Du service militaire* (*Rép.* nos 468 à 477).

§ 1er. — Bases du service.

336. — I. DURÉE DU SERVICE. — L'art. 37 contient l'innovation principale, au point de vue militaire, de la loi de 1889. Il fixe à *trois ans* seulement la durée du service dans l'armée active. Cette innovation constitue une des phases de l'évolution qui, en Europe, tend à réduire constamment la durée du temps passé sous les drapeaux. Tandis que la loi du 18 mars 1818 exigeait six années de service, la loi du 9 juin 1824, huit années, et la loi du 21 mars 1832, sept années, la loi du 1er févr. 1868 se contentait de cinq années. Cette dernière loi répondait à la préoccupation qui s'était emparée des esprits en Europe, après la guerre de 1866 entre la Prusse et les puissances de l'Allemagne du Sud : réduire la durée du service dans l'armée permanente et organiser des réserves nombreuses. — La loi du 1er févr. 1868 fut, en France, le premier essai en ce sens. Elle augmentait la durée du service militaire en réduisant le temps passé sous les drapeaux. Les jeunes soldats étaient divisés en deux portions. La première servait cinq ans dans l'armée active et quatre dans la réserve. La deuxième portion, les exemptés et les remplacés étaient versés dans la garde nationale mobile, constituée à l'effet de concourir, comme auxiliaire de l'armée active, à la défense des places fortes, des côtes et des frontières, et au maintien de l'ordre dans l'intérieur (V. *Rép.* nos 472 et suiv.). La loi du 27 juill. 1872 consacra le principe du service obligatoire pendant vingt ans et la division du contingent en deux portions, l'une servant cinq années dans l'armée active, l'autre six mois ou un an au plus. Les jeunes soldats de cette seconde portion restaient à la disposition du ministre jusqu'au passage dans la réserve des soldats de la première portion. La durée du service était ensuite de quatre ans dans la réserve, quatre ans dans l'armée territoriale et six ans dans la réserve de cette armée. Le remplacement et les primes en argent étaient supprimés, mais l'institution du volontariat d'un an était destinée à atténuer ce que le service obligatoire pouvait présenter de trop rigoureux pour les carrières libérales, l'agriculture, le commerce et l'industrie. — Au moment du vote de la loi de 1872, le service de trois ans, égal pour tous, sans division du contingent, avait été proposé par plusieurs membres de l'Assemblée nationale. Il a fini par prévaloir dans la loi du 15 juill. 1889, après des discussions qui durèrent plusieurs années. Il a prévalu pour les raisons suivantes : Si l'on compare le soldat formé par le service à court terme au soldat de l'ancienne armée, qui passait au régiment cinq, sept ou huit années, il est évident que le second l'emportera sur le premier sous le rapport de l'éducation et de l'instruction, de la discipline et de la résistance. Mais aujourd'hui, théoriquement au moins, le problème ne consiste pas à former le meilleur soldat possible; on cherche à obtenir le plus grand nombre d'hommes suffisamment instruits, sans excéder les limites budgétaires. On a le choix entre deux systèmes. L'un consiste à encadrer, dans les éléments solides d'une petite armée servant longtemps, des masses ayant acquis, par un dressage sommaire, les notions indispensables de l'instruction militaire. Dans l'autre, on considère que, dans une masse, l'homogénéité des parties est une condition essentielle de la cohésion du tout, et l'on préfère une armée active plus nombreuse, dont chaque soldat sait moins que le vieux soldat des anciennes troupes, mais aussi où chaque soldat sait autant que son voisin, et sait suffisamment pour n'être plus un milicien. On comprend que, dans ce dernier système, les réserves cessent d'être de simples auxiliaires ou des accessoires, et acquièrent une importance considérable, sinon prépondérante. Et comme les réserves, c'est-à-dire le nombre, ont conquis, de jour en jour, une place plus grande dans la constitution des armées européennes, le service à court terme devait forcément finir par s'imposer, même à ceux qui, à l'origine, s'y étaient montrés le plus hostiles.

337. D'après l'art. 37 de la loi de 1889, tout Français reconnu propre au service militaire fait partie successivement : de l'armée active, pendant trois ans; de la réserve de l'armée active, pendant sept ans; de l'armée territoriale, pendant six ans; de la réserve de l'armée territoriale pendant neuf ans.

338. L'art. 38 règle ainsi la répartition des classes : « Le service militaire est réglé par classes. L'armée active comprend, indépendamment des hommes qui ne proviennent pas des appels, tous les jeunes gens déclarés propres au service et faisant partie des trois dernières classes appelées. La réserve de l'armée active comprend tous les hommes qui ont accompli le temps de service prescrit pour l'armée active. L'armée territoriale comprend tous les hommes qui ont accompli depuis moins de six ans le temps prescrit pour l'armée active et sa réserve. La réserve de l'armée territoriale comprend les hommes qui ont accompli le temps de service prescrit pour cette dernière armée ».

339. Les principes qui ont conduit à l'adoption du service de trois ans devaient avoir pour conséquence l'incorporation intégrale du contingent (V. *suprà*, n° 336). Des raisons budgétaires s'opposant à l'application rigoureuse de cette idée, le législateur de 1889 fut amené à maintenir la division du contingent en deux parties, dont la seconde ne doit servir qu'un an. Le nombre des conscrits appelés à faire partie de cette deuxième portion est déterminé annuellement par le ministre de la guerre. L'art. 39 dispose, en effet, que chaque année, après l'achèvement des opérations du recrutement, le ministre fixe sur la liste du tirage au sort de chaque canton et proportionnellement, en commençant par les numéros les plus élevés, le nombre d'hommes qui seront envoyés dans leurs foyers en disponibilité après leur première année de service. Ces jeunes soldats restent néanmoins à la disposition du ministre, qui peut les conserver sous les drapeaux ou les rappeler si leur conduite ou leur instruction laissent à désirer, ou si l'effectif budgétaire le permet. Par instruction, il faut entendre non seulement l'instruction militaire proprement dite, mais encore *l'instruction générale*. L'art. 41 de la loi de 1872 permettait au ministre de retenir sous les drapeaux les jeunes soldats ne sachant ni lire ni écrire. L'application de cette disposition sévère fut, il est vrai, prorogée par des lois successives, dont la dernière fut celle du 29 mars 1886. L'art. 41 de la loi de 1872 n'a pas été reproduit par la loi de 1889; mais l'art. 39 permet au ministre de ne pas faire profiter de l'exonération partielle dont bénéficie la deuxième portion du contingent les jeunes gens complètement illettrés. Il y a là, du reste, une mesure laissée à son appréciation. — L'art. 39 est complété par l'art. 46, qui autorise le ministre à accorder des *congés spéciaux*. Cet article dispose que le nombre d'hommes entretenus sous les drapeaux est, en cas d'excédent, ramené à l'effectif déterminé par les lois au moyen du renvoi dans leurs foyers, après une année de service, des hommes dont les numéros de tirage précèdent immédiatement ceux qui ont été désignés pour la disponibilité aux termes de l'art. 39.

340. — II. POINT DE DÉPART DU SERVICE. — Le législateur a tenu, tout en réduisant la durée du service, à ce que les hommes fissent un service effectif pendant toute la durée fixée par la loi. A cet effet, il a déterminé d'une manière invariable l'époque de l'appel et de la libération de chaque classe. La latitude laissée au ministre entre le moment où commence nominalement le service militaire et l'incorporation a été considérablement diminuée. L'art. 40, qui contient ses prescriptions à cet égard, n'a pas besoin de commentaire : « La durée du service compte du 1er novembre de l'année de l'inscription sur les tableaux de recensement, et l'incorporation du contingent doit avoir lieu, au plus tard, le 16 novembre de la même année. En temps de paix, chaque année, au 31 octobre, les militaires qui ont accompli le temps de service prescrit : 1° soit dans l'armée active; 2° soit dans la réserve de l'armée active; 3° soit dans l'armée territoriale; 4° soit dans la réserve de l'armée territoriale, sont envoyés respectivement 1° dans la réserve de l'armée active; 2° dans l'armée territoriale; 3° dans la réserve de l'armée territoriale; 4° dans leurs foyers comme libérés à titre définitif. Mention de ces divers passages et de la libération est faite sur le livret individuel. Après les grandes manœuvres, la totalité de la classe dont le service actif expire le 31 octobre suivant peut être renvoyée dans ses foyers en attendant son passage dans la réserve. Dans le cas où les circonstances paraîtraient l'exiger, le ministre de la guerre et le ministre de la marine sont autorisés à conserver provisoirement sous les drapeaux la classe qui a terminé sa troisième année de service. Notification de cette décision sera faite aux Chambres dans le plus bref délai possible. En temps de guerre, les passages et la libération n'ont lieu qu'après l'arrivée de la classe destinée, à remplacer celle à laquelle les militaires appartiennent. Cette disposition est exceptionnellement applicable, dès le temps de paix, aux hommes servant aux colonies. Les militaires faisant partie de corps mobilisés peuvent y être maintenus jusqu'à la cessation des hostilités, quelle que soit la classe à laquelle ils appartiennent. En temps de guerre, le ministre peut appeler par anticipation la classe qui ne serait appelée que le 1er novembre suivant ».

341. L'art. 41 a pour objet de sanctionner l'obligation du service effectif en déduisant du temps de service celui pendant lequel un individu n'a pu se trouver sous les drapeaux par suite de condamnations. D'après cet article, « ne compte pas pour les années de service exigées par la loi dans l'armée active, la réserve de l'armée active et l'armée territoriale, le temps pendant lequel un militaire de l'armée active, un réserviste ou un homme de l'armée territoriale a subi la peine de l'emprisonnement en vertu d'un jugement, si cette peine a eu pour effet de l'empêcher d'accomplir, au moment fixé, tout ou partie des obligations d'activité qui lui sont imposées par la loi ou par les engagements qu'il a souscrits. Ces individus sont tenus de remplir leurs obligations d'activité, soit à l'expiration de leur peine, s'ils appartiennent à l'armée active, soit au moment de l'appel qui suit leur élargissement, s'ils font partie de la réserve de l'armée active ou de l'armée territoriale. Toutefois, quelles que soient les déductions de service opérées, les hommes qui en sont l'objet sont rayés des contrôles en même temps que la classe à laquelle ils appartiennent ».

§ 2. — Du service dans l'armée active.

342. Le contingent à incorporer est formé par les jeunes gens inscrits dans la première partie des listes de recrutement cantonal. Il est mis, à dater du 2 novembre, à la disposition du ministre de la guerre, qui en arrête la répartition (L. 1889, art. 42). Le ministre reste donc maître de décider de l'affectation des appelés aux divers corps de troupes. Le législateur n'a pas voulu se prononcer sur une question qui divise beaucoup les esprits, celle de savoir si le recrutement doit être national ou régional. On entend par *recrutement national* celui qui était en usage en France sous l'empire de la loi de 1868 et antérieurement. Dans ce système, les conscrits de l'ensemble du territoire sont mêlés dans les différents corps, de manière à ce que ces corps comprennent des soldats provenant de tous les points du territoire. Dans le système *régional*, on incorpore le contingent d'une région dans les corps de troupes stationnés dans cette région. C'est celui qui fonctionne en Allemagne. La loi du 24 juill. 1873 avait préféré un système mixte : le recrutement était national pour l'armée active, et régional pour les réserves (art. 11). En raison des divergences d'opinions qui se manifestèrent à la Chambre des députés et au Sénat, le législateur de 1889 ne s'est pas prononcé. En fait, le recrutement est presque partout régional en France, en ce sens que l'on incorpore dans la plupart des corps de troupes les jeunes gens provenant de localités rapprochées. C'est ce qu'on a pu appeler très justement un recrutement *local* (Rabany, *op. cit.*, t. 2, p. 23).

343. Sont affectés à l'*armée de mer*, c'est-à-dire aux équipages de la flotte : 1° les hommes fournis par l'inscription maritime; 2° les hommes qui ont été admis à s'engager ou à contracter un rengagement dans les équipages de la flotte, suivant les conditions spéciales déterminées aux art. 59 et 63 de la loi de 1889; 3° les jeunes gens qui, au moment des opérations du conseil de revision, auront demandé à entrer dans les équipages de la flotte et auront été reconnus aptes à ce service; 4° à défaut d'un nombre suffisant d'hommes compris dans les trois catégories précédentes, les hommes du contingent auquel les numéros les moins élevés ont été attribués, en vertu de l'art. 17, ou sont échus par l'effet du tirage au sort. Ces derniers bénéficiaient, en vertu de la loi du 4 déc. 1875, de l'exemption du service dans l'armée territoriale, et ils étaient versés, après avoir achevé leur temps de service dans l'armée active et la réserve, dans la réserve de l'armée territoriale. La loi de 1889 n'a pas reproduit cette faveur; mais l'art. 60 autorise ces jeunes gens à contracter un engagement volontaire de cinq ans, donnant droit à une prime pendant les deux dernières années. — Les permutations autorisées par la loi du 27 juill. 1872 entre jeunes gens affectés à l'armée de mer et ceux de la même classe affectés à l'armée de terre sont-elles encore possibles depuis la nouvelle loi? M. Rabany admet l'affirmative (t. 2, p. 35). Le décret du 18 juin 1873, qui réglementait ces permutations, doit donc, suivant lui, être considéré comme étant encore actuellement en vigueur.

344. La loi de 1889 a consacré un article spécial au recrutement des troupes coloniales. Ces troupes sont actuellement l'infanterie et l'artillerie de marine. En effet, on a vu *suprà*, n° 112 que les autres troupes en service dans les colonies et possessions françaises sont indigènes. Sont affectés aux troupes coloniales : 1° les contingents coloniaux provenant des colonies autres que la Guadeloupe, la Martinique, la Guyane et la Réunion; 2° les hommes qui ont été admis à s'engager ou à contracter un rengagement conformément aux art. 59 et 63; 3° les jeunes gens qui, au moment des opérations du conseil de revision, demandent à entrer dans les troupes coloniales et sont reconnus propres à ce service; 4° à défaut d'un nombre suffisant d'hommes compris dans les catégories précédentes, les jeunes gens dont les numéros suivent immédiatement ceux des hommes affectés à l'armée de mer. La proportion d'hommes à fournir par chaque canton est calculée sur l'ensemble des jeunes gens reconnus propres au service (art. 44).

345. Par une pensée analogue à celle qui a inspiré l'art. 40, qui fixe le point de départ du service et la date de la libération, l'art. 45 dispose que la durée du service actif ne pourra pas être interrompue par des congés, sauf le cas de maladie ou de convalescence, ou en exécution des art. 21, 22 et 23. La concession des congés a été réglementée par le décret du 1er déc. 1888. Il est évident que les dispositions de ce décret continuent à s'appliquer aux officiers, aux engagés et aux commissionnés, l'art. 45 n'ayant entendu viser que les hommes du contingent.

346. Les militaires qui, pendant la durée de leur service, ont subi des punitions disciplinaires de prison ou de cellule sont, en vertu de l'art. 47, maintenus au corps après le départ des hommes de leur classe, pendant un nombre de jours égal au nombre des journées de prison ou de cellule qu'ils ont subies. Cette disposition n'est pas applicable aux militaires qui, au moment du départ des hommes de leur classe, sont en possession du grade de sous-officier ou de celui de caporal ou brigadier. Si le total de ces journées de prison ou de cellule dépasse soixante, la durée du maintien au corps est fixée par le conseil de discipline statuant en dernier ressort; elle ne peut être inférieure à trois mois ni supérieure à un an.

§ 3. — Du service dans les réserves.

347. — 1° *Recrutement.* — Le recrutement des réserves est régional. Toutefois, en cas d'insuffisance des ressources, les militaires de la réserve domiciliés dans d'autres régions peuvent être appelés à compléter les effectifs des corps et des services qui entrent dans la composition de chaque corps d'armée. Les corps de troupes et services qui n'entrent pas dans la composition des corps d'armée sont complétés avec des militaires de la réserve pris sur l'ensemble du territoire. Le livret individuel porte la mention du corps d'affectation. Enfin, pour laisser plus de latitude au ministre, et en vue de faire face aux nécessités d'une mobilisation, l'art. 48 dispose que les hommes envoyés dans la réserve de l'armée active, dans l'armée territoriale et dans la réserve de ladite armée sont affectés aux divers corps de troupes et services de l'armée active ou de l'armée territoriale. Il n'existe donc pas, en fait, de séparation absolue entre l'armée active et l'armée territoriale. Ainsi, en ce qui concerne les gradés, la loi du 26 juin 1888 autorise le ministre à affecter les sous-officiers de la réserve de l'armée active au service de l'armée territoriale. Ces sous-officiers n'en sont pas moins soumis, en temps de paix, aux obligations de leur classe.

348. — 2° *Mobilisation.* — En cas de mobilisation, les hommes de la réserve, de l'armée territoriale et de sa réserve sont tenus de rejoindre leur corps. On entend par mobilisation l'ensemble des opérations nécessaires pour passer du pied de paix au pied de guerre. Elle est *totale*, quand elle s'applique à l'universalité des forces militaires. Elle est *partielle*, quand elle ne s'applique qu'à un ou plusieurs corps d'armée ou bien à une plusieurs classes. Dans ce cas, prévu par le paragraphe 4 de l'art. 48, le rappel de la réserve ou de l'armée territoriale peut être fait d'une manière distincte et indépendante pour l'armée de terre, pour l'armée de mer ou pour les troupes coloniales. Il peut encore être fait distinctement par arme. Dans tous les cas, il a lieu par classe, en commençant par la moins ancienne. La mobilisation a toujours lieu par décret (L. 24 juill. 1873, art. 21); l'ordre de mobilisation, transmis aux commandants de corps d'armée, doit être affiché dans toutes les communes et publié sur la voie publique. Il fait connaître le jour où l'opération doit commencer. A l'étranger, les ordres de mobilisation, de rappel et de convocation sont transmis par les soins des agents consulaires de France. Les hommes domiciliés ou résidant aux colonies ou dans les possessions françaises de l'Extrême-Orient sont mis à la disposition de l'autorité militaire de la colonie où ils sont fixés (Circ. 13 juin 1888).

349. Il est certain que les soldats de la réserve ou de l'armée territoriale ne pourraient être rappelés individuellement sous les drapeaux. On doit décider, de même, que les officiers ne peuvent être rappelés en activité, en dehors de toute mobilisation, par un acte individuel du ministre. C'est ce qui ressort implicitement d'un arrêt du conseil d'Etat du 13 juin 1890, (aff. Brou, D. P. 92. 3. 1. V. la note sur cet arrêt).

350. La réserve de l'armée territoriale n'est rappelée à l'activité qu'en cas de guerre et à défaut de ressources suffisantes fournies par l'armée territoriale. Le rappel se fait par classe ou par fraction de classe, en commençant par la moins ancienne.

351. Les raisons qui ont fait envoyer dans des corps spéciaux les individus condamnés s'opposent à ce qu'ils soient rappelés dans les corps de troupes ordinaires en qualité de réservistes ou de territoriaux. L'art. 48 dispose, en conséquence, que les hommes désignés dans l'art. 5 comme devant être incorporés dans les bataillons d'infanterie légère d'Afrique (V. *suprà*, n° 222) et qui n'ont pas été jugés dignes d'être envoyés dans d'autres corps au moment où ils passent dans la réserve, restent affectés, comme réservistes, à ces mêmes corps. En temps de paix, ils accomplissent leurs périodes d'exercices dans des compagnies spécialement désignées à cet effet.

352. — 3° *Périodes d'instruction.* — Les hommes de la réserve de l'armée active sont assujettis, pendant leur temps de service dans ladite réserve, à prendre part à deux manœuvres, chacune d'une durée de quatre semaines. Les hommes de l'armée territoriale sont assujettis à une période d'exercices de deux semaines (art. 49). Les convocations ont lieu collectivement et par voie d'affiches, ou par voie d'ordres individuels. En règle générale, elles ont lieu à une époque déterminée de l'année, au printemps ou à l'automne; cependant les appels de certaines catégories de réservistes ou de territoriaux sont échelonnés pendant toute l'année.

353. Peuvent être dispensés des convocations : 1° les non-disponibles énumérés aux tableau A, B et C de la loi du 15 juill. 1889; 2° les soutiens indispensables de famille, qui en remplissent effectivement les devoirs. La dispense n'est accordée, dans ce cas, que sur une demande de l'intéressé; elle n'est valable que pour l'année.

354. — 4° *Français résidant à l'étranger.* — La loi de 1889 (art. 50), pour encourager l'immigration dans les pays lointains, dispense du service militaire, en temps de paix, les jeunes gens qui, avant l'âge de dix-neuf ans révolus, ont établi leur résidence à l'étranger, hors d'Europe, et qui y occupent une situation régulière. La dispense ne leur est accordée que sur l'avis du consul de France. Ils doivent justifier de leur situation chaque année. S'ils rentrent en France avant l'âge de trente ans, ils doivent accomplir le service actif prescrit par la loi, sans toutefois pouvoir être retenus sous les drapeaux au delà de trente ans. Ils sont ensuite soumis à toutes les obligations de la classe à laquelle ils appartiennent. S'ils rentrent après l'âge de trente ans, ils ne sont soumis qu'aux obligations de leur classe. Pendant la durée de leur établissement à l'étranger, ils ne peuvent séjourner accidentellement en France plus de trois mois, et sous la réserve d'aviser le consul de leur absence. En cas de guerre, ces jeunes gens sont soumis à toutes les obligations militaires.

355. En principe, au moment d'une mobilisation, nul ne peut se prévaloir de la fonction ou de l'emploi qu'il occupe, pour se soustraire aux obligations de la classe à laquelle il appartient (art. 51). Toutefois, afin de ne pas désorganiser les services civils à ce moment, la loi de 1889 a établi trois catégories de fonctionnaires qui sont soumis à un régime spécial lors de la mobilisation. Ces fonctionnaires sont énumérés dans les tableaux A, B et C annexés à la loi. Le tableau A contient la liste des fonctionnaires ou agents exerçant des attributions qui se rattachent étroitement à l'organisation de l'armée mobilisée, et qui sont, dans leur spécialité, à la disposition du ministre de la guerre. Le tableau C énumère les agents employés dans des services publics dont le fonctionnement est indispensable (recouvrement des impôts, établissements pénitentiaires). Ils sont classés comme non disponibles même s'ils appartiennent à la réserve de l'armée active. Le tableau B indique toutes les catégories non mentionnées aux tableaux A et C. Les non-disponibles qui y figurent ne sont dispensés de rejoindre que s'ils appartiennent à l'armée territoriale. Il convient de remarquer que les ministres et les membres du Sénat et de la Chambre des députés ne sont pas compris dans ces tableaux. Cependant, il résulte des travaux préparatoires (Ch. séance du 9 juill. 1887, Sénat, séance du 21 mars 1888) que, même en cas de guerre, les membres du Parlement ne sont pas tenus de rejoindre les corps auxquels ils sont affectés.

Relativement aux non-disponibles, l'art. 51 contient les dispositions suivantes : « Sont seuls autorisés à ne pas rejoindre immédiatement dans le cas de convocation par voie d'affiches et de publications sur la voie publique, les titulaires des fonctions et emplois désignés aux tableaux A, B et C annexés à la présente loi, sous la condition qu'ils occupent ces fonctions ou emplois depuis six mois au moins. Les fonctionnaires et agents portés au tableau A, qui ne relèvent pas déjà des ministres de la guerre ou de la marine, sont mis à la disposition de ces ministres et attendent leurs ordres dans leur situation respective. Les fonctionnaires et agents portés au tableau B, qui ne comptent plus dans la réserve de l'armée active et les fonctionnaires et agents du tableau C, même appartenant à la réserve de l'armée active, ne rejoignent leurs corps que sur des ordres spéciaux. Les hommes autorisés à ne pas rejoindre immédiatement sont, dès la publication de l'ordre de mobilisation, soumis à la juridiction des tribunaux militaires, par application de l'art. 57 c. just. mil. ».

356. — 5° *Juridiction et discipline.* — Les art. 52, 53, 54 et 57 soumettent les hommes de la réserve et de l'armé territoriale à toutes les obligations imposées aux militaires de l'armée active par les lois et règlements en vigueur; ils les rendent justiciables des tribunaux militaires, dans les circonstances où ils sont considérés comme présents sous les drapeaux, et même, dans certains cas, après leur renvoi dans leurs foyers.

357. L'art. 52 déclare les réservistes et les territoriaux justiciables des tribunaux militaires, en temps de paix comme en temps de guerre : 1° en cas de mobilisation, à partir du jour de leur appel à l'activité jusqu'à celui où ils sont renvoyés dans leurs foyers ; 2° hors le cas de mobilisation, lorsqu'ils sont convoqués pour des manœuvres, exercices ou revues, depuis l'instant de leur réunion en détachement pour rejoindre, ou de leur arrivée à destination, s'ils rejoignent isolément, jusqu'au jour où ils sont renvoyés dans leurs foyers ; 3° lorsqu'ils sont placés dans les hôpitaux militaires ou dans les salles des hôpitaux civils affectées aux militaires et lorsqu'ils voyagent, comme militaires, sous la conduite de la force publique, qu'ils se trouvent détenus dans les établissements, prisons et pénitenciers militaires ou qu'ils subissent, dans un corps de troupe, une peine disciplinaire. Toutefois, des circonstances atténuantes pourront être accordées, alors même que le code de justice militaire n'en prévoit pas, aux hommes qui, n'ayant pas trois mois de présence sous les drapeaux, se trouveront dans l'une des positions indiquées aux paragraphes 2° et 3° de l'art. 52. En outre, les réservistes et territoriaux peuvent être punis disciplinairement par les autorités militaires, même en dehors de leur temps de présence sous les drapeaux, s'ils manquent aux obligations spéciales qui leur sont imposées par les art. 53, 55 et 75 de la loi de 1889. Le décret du 16 mars 1878 leur est toujours applicable.

358. Lorsque les hommes de la réserve et de l'armée territoriale, même non présents sous les drapeaux, sont revêtus d'effets d'uniforme, ils doivent à tout supérieur hiérarchique en uniforme les marques extérieures de respect prescrites par les règlements militaires, et sont considérés, sous tous les rapports, comme des militaires en congé (L. 15 juill. 1889, art. 53). Même s'ils ne sont pas en uniforme, ils peuvent être punis lorsque la faute commise par eux est le résultat d'une vengeance contre un acte légalement exercé, par exemple, une punition infligée pendant une période d'exercices (Cons. revis. Paris, 6 juill. 1883, cité par Rabany, t. 2, p. 99).

359. L'art. 54, qui est applicable aux hommes de l'armée active ainsi qu'à ceux de la réserve et de l'armée territoriale, dispose que le seul fait, pour les hommes inscrits sur le registre matricule prévu par l'art. 36 de la loi, de se trouver revêtus d'uniforme dans un rassemblement tumultueux et contraire à l'ordre public, et d'y demeurer contrairement aux ordres des agents de l'autorité ou de la force publique, les rend passibles des peines édictées à l'art. 225 c. just. mil. Cet article est ainsi conçu : « Tout militaire coupable de rébellion envers la force armée et les agents de l'autorité, est puni de deux mois à six mois d'emprisonnement et de six mois à deux ans de la même peine, si la rébellion a lieu avec armes. Si la rébellion a été commise par plus de deux militaires sans armes, les coupables sont punis de deux ans à cinq ans d'emprisonnement, et de la reclusion, si la rébellion a eu lieu avec armes. Toute rébellion commise par des militaires armés, au nombre de huit au moins, est punie conformément aux paragraphes 3 et 5 de l'art. 217 du présent code. Le maximum de la peine est toujours infligé aux instigateurs ou chefs de rébellion, et au militaire le plus élevé en grade ». Par les mots *effets d'uniforme*, il faut entendre, d'après l'interprétation du ministre de la guerre (Circ. min. de la guerre, 18 févr. 1876), non pas l'uniforme proprement dit, mais l'un des effets composant l'uniforme et permettant de considérer celui qui en est revêtu comme appartenant à l'armée.

360. Les pénalités du code de justice militaire qui répriment certains délits spéciaux sont applicables aux hommes de la réserve et de l'armée territoriale, en vertu de l'art. 57. Ces hommes sont justiciables des tribunaux militaires, en temps de paix comme en temps de guerre, pour les crimes et délits prévus et punis par les articles du code de justice militaire énumérés dans le tableau D annexé à la loi de 1889, lorsque, après avoir été appelés sous les drapeaux, ils ont été renvoyés dans leurs foyers. Toutefois, ces articles ne sont appliqués que sous la réserve de certaines dispositions spéciales énoncées dans ledit tableau. En outre, les hommes de la réserve et de l'armée territoriale, ou de la réserve de cette armée, ne sont plus justiciables des tribunaux militaires en temps de paix pour les crimes et délits dont il vient d'être parlé, lorsqu'ils ont été renvoyés dans leurs foyers depuis plus de six mois, à moins que, au moment où les faits ont été commis, ils ne fussent en uniforme. Les articles visés au tableau D sont les suivants: Art. 204, 205, 206, 208 du code de justice militaire (trahison, espionnage et embauchage); — Art. 219, § 1er (violation de consigne); — Art. 220 (violences envers une sentinelle): cet article n'est applicable aux hommes renvoyés dans leurs foyers depuis plus de six mois que s'ils étaient, au moment du fait incriminé, revêtus d'effets d'uniforme; — Art. 223 et 224 (voies de faits et outrages envers un supérieur): pour l'application du premier paragraphe de chacun de ces articles, le fait incriminé n'est considéré comme ayant eu lieu à l'occasion du service que s'il est le résultat d'une vengeance contre un acte d'autorité légalement exercé; le deuxième paragraphe de ces mêmes articles n'est applicable que dans le cas où le supérieur et l'inférieur seraient l'un et l'autre, revêtus d'effets d'uniforme; — Art. 225 (rébellion): cet article n'est applicable qu'aux hommes revêtus d'effets d'uniforme, et, en outre, dans les cas prévus par l'art. 77 du code de justice militaire; — Art. 226, 228, 229 (abus d'autorité): il est nécessaire que le supérieur et l'inférieur soient l'un et l'autre revêtus d'effets d'uniforme; — Art. 242, § 1 (provocation à la désertion); — Art. 248 (vol): l'avant-dernier paragraphe de cet article n'est applicable que si le délinquant était logé militairement dans la maison où il a commis le vol; — Art. 249 (blessures faites à un blessé pour le dépouiller); — Art. 250, 251, 252, 253, 254, 255 (pillage, destruction, dévastation d'édifices); — Art. 258 (meurtre chez l'habitant), la réserve est la même que pour l'art. 248); — Art. 266 (port illégal d'insignes): cet article n'est applicable qu'en cas de port illégal, soit d'effets d'uniforme militaire, soit d'insignes, décorations ou médailles sur des effets d'uniforme militaire.

361. — 6° *Changement de domicile ou de résidence.* — Les dispositions de la loi du 18 nov. 1875, qui prescrivaient les déclarations à faire en cas de changement de résidence ou de domicile, ont été simplifiées et adoucies par la loi de 1889, art. 55 et 56. D'après la nouvelle loi, tout homme inscrit sur le registre matricule est astreint, s'il se déplace, aux obligations suivantes: 1° s'il se déplace pour changer de domicile ou de résidence, il fait viser, dans le délai d'un mois, son livret individuel par la gendarmerie dont relève la localité où il transporte son domicile ou sa résidence: 2° s'il se déplace pour voyager pendant plus d'un mois, il fait viser son livret avant son départ par la gendarmerie de sa résidence habituelle; 3° s'il va se fixer en pays étranger, il fait de même viser son livret avant son départ, et doit, en outre, dès son arrivée, prévenir l'agent consulaire de France qui lui donne récépissé de sa déclaration, et en envoie copie, dans les huit jours, au ministre de la guerre; à l'étranger, s'il se déplace pour changer de résidence, il en prévient, au départ et à l'arrivée, l'agent consulaire de France qui en informe le ministre de la guerre. Lorsqu'il rentre en France, il fait viser son livret à la gendarmerie de la localité où il transporte son domicile ou sa résidence. Les hommes qui se sont conformés à ces prescriptions ont droit, en cas de mobilisation ou de rappel de leur classe, à des délais supplémentaires pour rejoindre, calculés d'après la distance à parcourir. Ceux qui ne s'y sont pas conformés sont considérés comme n'ayant pas changé de domicile ou de résidence (art. 56). C'est une seconde sanction qui vient s'ajouter aux punitions disciplinaires qui sont encourues.

362. — 7° *Mariage* (art. 58). — Les hommes de la disponibilité et de la réserve de l'armée active peuvent se marier sans autorisation. Ils restent soumis néanmoins à toutes les obligations de service imposées à leur classe. Toutefois les réservistes qui sont pères de quatre enfants vivants et légitimes passent de droit dans l'armée territoriale.

ART. 6. — *Des engagements, des rengagements et des commissions* (*Rép.* nos 478 à 484).

§ 1er. — Des engagements volontaires.

363. Les art. 59 à 63 de la loi du 15 juill. 1889 sont relatifs aux engagements volontaires. Ils règlent: 1° les engagements en général (art. 59); 2° les engagements dans l'armée de mer (art. 60); 3° les engagements pour la durée de la guerre (art. 61); 4° la forme et la nature de l'acte d'engagement (art. 62).

364. — 1° *Des engagements en général.* — Les conditions requises pour contracter un engagement dans l'armée française sont indiquées à l'art. 59, qui reproduit, en le modifiant, l'art. 46 de la loi du 27 juill. 1872. Sont admis à s'engager, aux termes de cet article: 1° les Français; 2° les naturalisés Français (L. 15 juill. 1889, art. 11 et 12); 3° les jeunes gens qui doivent être inscrits sur les tableaux de recensement et qui sont autorisés par les lois à servir dans l'armée française, et les jeunes gens nés en pays étranger d'un Français qui aurait perdu la qualité de Français. On a vu *suprà*, n° 252, que c'est à la loi du 26 juin 1889 qu'il faut se reporter pour toutes les questions de nationalité relatives au recrutement, cette loi (art. 6) ayant abrogé expressément les lois du 16 déc. 1874, du 14 févr. 1882 et du 22 juin 1883.

365. L'âge minimum est de seize ans pour l'armée de mer et de dix-huit ans pour l'armée de terre. La taille exigée est de 1 mètre 54 au minimum (art. 59, n° 1°); l'engagé doit, en outre, satisfaire aux conditions d'aptitude fixées dans le tableau annexé au décret du 28 sept. 1889.

366. Pour contracter un engagement, il faut: 1° n'être ni marié, ni veuf avec enfants. A cet effet, l'engagé doit faire, en présence de témoins, la déclaration devant le maire, conformément à l'art. 37 c. civ. (art. 62); — 2° N'avoir jamais été condamné pour vol, escroquerie, abus de confiance, attentat aux mœurs, et n'avoir subi aucune des peines prévues à l'art. 5 de la loi de 1889, à moins que l'engagement ne soit contracté pour un bataillon d'infanterie légère d'Afrique; — 3° Jouir de ses droits civils. L'engagé justifie de ces deux conditions en produisant un extrait de son casier judiciaire; — 4° Être de bonne vie et mœurs. A cet effet, l'engagé produit un certificat délivré par le maire de son dernier domicile. S'il ne compte pas au moins une année de séjour dans cette commune, il doit également produire un autre certificat du maire de la commune où il était antérieurement domicilié. Le certificat doit contenir le signalement du jeune homme qui veut s'engager et mentionner la durée du temps pendant lequel il a été domicilié dans la commune;

367. — 5° Si l'engagé a moins de vingt ans, être pourvu du consentement de ses père et mère ou tuteur; ce dernier doit être autorisé par une délibération du conseil de famille. Le consentement du directeur de l'assistance publique. dans le département de la Seine, et du préfet, dans les autres départements, est nécessaire et suffisant pour les enfants moralement abandonnés, désignés au titre 2 de la loi du 24 juill. 1889 (art. 59, nos 2 à 6).

S'il s'agit d'enfants naturels, en cas de reconnaissance par les deux parents, le consentement du père seul est nécessaire; si l'enfant n'a été reconnu que par un seul, c'est celui-là qui donne le consentement. — Que décider dans le cas où le père légitime a disparu sans avoir été légalement déclaré absent? Le ministre de la guerre a décidé que le consentement de la mère, accompagné d'un acte notarié attestant l'absence du père, suffisait pour autoriser l'engagement à titre provisoire. Au surplus, cette solution est conforme à l'art. 141 c. civ. qui, en pareil cas, donne à la mère la surveillance des enfants mineurs issus d'un commun mariage. Dans le cas de la loi du 24 juill. 1887, le consentement de la mère suffit toutes les fois que la puissance paternelle est dévolue à la mère, après la déchéance du père.

368. La faculté de contracter l'engagement cesse dès que le jeune homme est inscrit par le conseil de revision sur la liste de recrutement cantonal. La faculté de devancer l'appel, qui était antérieurement accordée par la loi de 1872, n'est plus maintenue que pour entrer dans la marine et dans les troupes coloniales. Le moment exact où cesse, pour les jeunes gens de la classe, la faculté de s'engager est le jour où le conseil de revision examine le canton auquel ils appartiennent (Décr. 28 sept. 1889).

369. La faculté de s'engager cessant à partir de l'inscription sur les listes de recrutement cantonal, ceux-là seuls peuvent contracter un engagement après cette époque qui ont été exemptés ou classés dans les services auxiliaires, à la condition qu'ils réunissent les conditions d'aptitude physique exigées. L'engagement n'est plus admis à partir de l'âge de trente-deux ans accomplis (art. 59, al. 8).

370. Il n'est reçu d'engagement que pour les troupes de la marine et les troupes coloniales, et pour les corps d'infanterie, de cavalerie, d'artillerie et du génie. Les conditions relatives à l'aptitude physique, et au nombre des engagés sont fixées par le décret du 28 sept. 1889.

371. La durée des engagements est de trois, quatre ou cinq ans. Le service militaire compte du jour de la signature de l'acte d'engagement. Les engagements de quatre ou de cinq ans sont reçus à toute époque de l'année et sans limitation de nombre (Décr. 26 janv. 1891). Quant aux engagements de trois ans, une décision ministérielle fixe annuellement le nombre maximum des engagés qui peuvent être reçus dans chaque corps de troupe. Ces engagements ne sont reçus que du 1er au 31 mars et du 1er octobre au 31 décembre (Décr. 28 sept. 1889, art. 3).

372. L'art. 59 dispose enfin que l'engagé volontaire admis, après concours, à l'Ecole normale supérieure, à l'Ecole centrale des arts et manufactures, ou à l'une des écoles spéciales visées à l'art. 23, peut bénéficier des dispositions dudit article, après un an de présence sous les drapeaux, à condition que la demande ait été formulée au moment de l'engagement.

373. — 2° *Engagements dans l'armée de mer.* — L'art. 60 est spécial aux engagements dans l'armée de mer et les troupes coloniales. Il admet, dans certains cas, l'allocation de primes en argent, par analogie avec les lois des 22 juin 1878, 22 juill. 1881 et 18 mars 1889 sur le rengagement des sous-officiers, et contrairement à l'esprit de la loi du 27 juill. 1872 qui avait admis le principe qu'il n'y a « dans les troupes françaises ni prime en argent, ni prix quelconque d'engagement ». — Les jeunes gens remplissant les conditions stipulées à l'art. 59 peuvent être admis à contracter, dans les troupes coloniales, des engagements volontaires d'une durée de cinq ans donnant droit, pendant les deux dernières années, à une prime dont le montant et le mode de payement sont fixés par décret. Il en est de même pour les jeunes gens du contingent qui, affectés aux équipages de la flotte ou aux troupes coloniales, devancent l'appel en contractant un engagement volontaire de cinq ans. Dans les équipages de la flotte, les jeunes gens, remplissant les conditions de l'art. 59, peuvent être admis à contracter : 1° des engagements à long terme dans les conditions de la loi du 22 juill. 1886, c'est-à-dire, au plus tôt à l'âge de seize ans et au plus tard à la veille de leur inscription sur les tableaux de recensement, pour une durée qui n'expire qu'à la date de la libération de leur classe, sans envoi en congé par anticipation; 2° des engagements de cinq ans; 3° des engagements de trois ans. Ces derniers engagements ne donnent droit à aucune prime. Mais le ministre de la marine a la faculté d'allouer de hautes payes, dans la limite des crédits alloués à cet effet par la loi de finances, aux hommes des professions et spécialités utilisables dans la marine, et dont le recrutement dans les conditions ordinaires s'opère difficilement. Les engagements volontaires dans les équipages de la flotte sont réglementés par le décret du 24 déc. 1889 (V. *suprà*, v° *Organisation maritime*, n°s 78 et suiv.).

374. — 3° *Engagement pour la durée de la guerre* (art. 61). En cas de guerre, tout Français ayant accompli le temps de service prescrit pour l'armée active, la réserve de ladite armée et l'armée territoriale, est admis à contracter, dans un corps de son choix, un engagement pour la durée de la guerre (Décr. 28 sept. 1889, art. 18, et 24 déc. 1889, art. 17). Cette faculté cesse, pour les hommes de la réserve de l'armée territoriale, lorsque la classe à laquelle appartient l'homme qui demande à s'enrôler est rappelée sous les drapeaux (V. aussi art. 8, L. 15 juill. 1889).

375. — 4° *Forme et nature de l'engagement.* — « Les engagements volontaires, dit l'art. 62, sont contractés dans les formes prescrites par les art. 34, 35, 36, 37, 38, 39, 40, 42 et 44 c. civ., devant les maires des chefs-lieux de canton. Les conditions relatives à la durée de ces engagements sont insérées dans l'acte même. Les autres conditions sont lues aux contractants avant la signature, et mention en est faite à la fin de l'acte ». L'inobservation des formalités prescrites rend l'acte annulable. Le décret du 28 sept. 1889 indique en détail les énonciations que doit contenir l'acte d'engagement et les dispositions légales dont le maire doit donner lecture à l'engagé, avant la signature de l'acte. L'art. 72 de la loi du 15 juill. 1889 punit, d'ailleurs, des peines édictées par l'art. 185 c. pén. tout fonctionnaire ou officier public, civil ou militaire, qui donne arbitrairement une extension quelconque soit à la durée, soit aux règles ou conditions des engagements.

376. Lorsque l'engagé conteste la légalité ou la régularité de l'acte qui le lie au service militaire, il adresse sa réclamation au préfet du département où l'acte a été reçu. Les préfets transmettent les demandes en annulation d'actes d'engagement volontaire aux ministres de la guerre ou de la marine, qui statuent, s'il y a lieu, ou renvoient la contestation devant les tribunaux (Décr. 28 sept. 1889, art. 16). — Quels sont les tribunaux compétents? La juridiction civile ou la juridiction administrative? La réponse à cette question est subordonnée à la nature que l'on attribue à l'acte d'engagement. Est-ce un acte civil ou un acte administratif? Cette question a été examinée *suprà*, v° *Compétence administrative*, n° 201; *Rép.* eod. v°, n° 17); nous croyons, avec M. Laferrière, *Traité de la juridiction administrative*, t. 2, p. 558) et M. Rabany (*op. cit.*, t. 2, p. 183 et suiv.) que l'acte d'engagement est un acte administratif (V. en sens contraire : Civ. cass. 10 déc. 1879, aff. Garnier, D. P. 79. 1. 113; François Roussel, *op. cit.*, p. 232).

§ 2. — Des rengagements.

377. — 1° *Rengagement des sous-officiers.* — Le titre 2 du projet qui est devenu la loi du 15 juill. 1889 était relatif au rengagement des sous-officiers. Il a été disjoint et est devenu la loi du 18 mars 1889. Cette loi, qui succédait à celles du 23 juill. 1873, du 10 juill. 1874, du 22 juin 1878 et du 29 juill. 1881, a eu pour but d'assurer à l'armée une forte proportion de sous-officiers rengagés destinés à constituer des cadres solides, toujours nécessaires, mais encore plus indispensables avec le service de trois ans. Avec le service à long terme, la question ne se posait pas. La loi de 1868, qui réduisit à cinq ans la durée du service et supprima les primes en argent, est muette sur le rengagement des sous-officiers. La loi du 27 juill. 1872, tout en limitant l'âge jusque auquel les rengagements seraient renouvelables, disposait (art. 71) qu'une loi spéciale désignerait, dans chaque service public, la catégorie des emplois réservés aux sous-officiers rengagés munis d'un certificat d'aptitude délivré par les chefs de corps. La loi du 23 juill. 1873 spécifia ces emplois. Celle du 10 juill. 1874 chercha à retenir dans l'armée les sous-officiers, qui la quittaient en grand nombre après l'expiration de leur temps de service légal, au moyen : 1° de l'augmentation de la solde; 2° de l'élévation de la haute paye pour rengagement; 3° de la concession de pensions de retraite. Ces mesures ayant été inefficaces, la loi du 22 juin 1878 rétablit les primes en argent, et la loi du 23 juill. 1881 accorda aux sous-officiers, indépendamment de divers avantages pécuniaires, un *état* analogue à celui dont jouissent les officiers. La rétrogradation ou la cassation du rengagé, la mise à la retraite d'office ne pouvaient être prononcées que par le commandant du corps d'armée, sur l'avis conforme d'un conseil d'enquête et dans les formes de procédure usitées pour les officiers.

La loi du 18 mars 1889 s'est inspirée de l'esprit favorable au rengagement des sous-officiers qui avait dicté les lois précédentes. Elle a maintenu l'*état* des sous-officiers. Ces derniers sont admis à contracter, pour deux, trois ou cinq ans, des rengagements renouvelables, jusqu'à une durée totale de quinze ans de service effectif. Ils peuvent être *commissionnés* après dix ou quinze ans de service (art. 1er). Ils ont droit à une première mise d'entretien et à une prime, dont le montant varie selon la durée du rengagement. En outre, ils reçoivent une solde spéciale et une haute paye, augmentée après chaque période de rengagement. S'ils sont mariés et autorisés à se loger en ville, ils reçoivent une indemnité supplémentaire. Ils ont droit, après quinze ans de service, à une pension proportionnelle, représentant les quinze vingt-cinquièmes de la pension de leur emploi, à la condition d'être titulaires de cet emploi depuis deux ans au moins; après vingt-cinq ans de service, ils ont droit à la pension entière, et, en outre, à certains emplois civils, dont le traitement se cumule avec la pension.

378. — 2° *Rengagement des caporaux, brigadiers et soldats.* — L'art. 63 de la loi de 1889 est relatif au rengagement des caporaux, brigadiers et soldats. Les soldats décorés de la Légion d'honneur ou de la Médaille militaire, ou inscrits sur les listes d'aptitude pour le grade de caporal ou brigadier, ainsi que les caporaux ou brigadiers, peuvent être admis à contracter des rengagements pour deux, trois ou cinq ans, pendant le cours de leur dernière année de service sous les drapeaux. Dans les troupes coloniales, tout homme peut être admis à se rengager pour deux, trois ou cinq ans, après six mois de service. Les rengagements datent du jour de l'expiration légale du service dans l'armée active. Ils sont renouvelables jusqu'à une durée totale de quinze années de service effectif. Les caporaux ou brigadiers qui contractent un premier rengagement de cinq ans ont droit à une prime payable immédiatement après la signature de l'acte. Ceux qui contractent un premier rengagement de deux ou de trois ans ont droit à une prime réduite, fixée au tiers de la prime totale dans le premier cas, et à la moitié dans le second. S'ils contractent un second rengagement avant l'expiration du premier, de manière à parfaire cinq ans de rengagement, ils reçoivent le complément de la prime totale. Le montant de cette prime a été fixé par le décret du 5 oct. 1889. — Des hautes payes journalières sont allouées aux rengagés, et peuvent être augmentées après cinq années de rengagement. Une retraite proportionnelle est accordée aux caporaux, brigadiers et soldats rengagés, comme aux sous-officiers.

379. Pour parer aux inconvénients du service de trois ans dans l'arme de la cavalerie, où l'instruction des hommes demande plus de temps que dans les autres armes, l'art. 64 dispose que tout homme appartenant à la cavalerie peut contracter un rengagement d'un an dans le cours de sa troisième année de service. Il a droit, pendant la quatrième année, à une haute paye. Par dérogation aux dispositions de l'art. 37 de la loi de 1889, le rengagé ne reste que trois ans dans la réserve de l'armée active. Il passe dans l'armée territoriale, et par suite, dans la réserve de cette arme, trois ans avant la classe à laquelle il appartient.

380. L'art. 65 est consacré aux rengagements dans les troupes coloniales. Dans ces troupes, les premiers rengagements des caporaux ou brigadiers et des soldats donnent droit à une prime payée au moment de la signature de l'acte et à des gratifications annuelles. Les rengagements ultérieurs ne donnent droit qu'aux gratifications annuelles. Les hautes payes journalières sont augmentées de trois en trois ans. Peuvent être admis à se rengager pour les troupes coloniales avec le bénéfice des avantages mentionnés ci-dessus : 1° les hommes de toutes armes ; 2° les hommes de la réserve de l'armée active, âgés de moins de vingt-huit ans ; 3° les hommes des régiments étrangers autorisés par le ministre de la guerre. Le même bénéfice est accordé aux hommes résidant en Algérie ou aux colonies, avant leur incorporation, ou après leur passage dans la réserve de l'armée active. Dans le corps des équipages de la flotte, les rengagements des quartiers-maîtres et marins provenant du recrutement donnent droit aux mêmes avantages pécuniaires que ceux qui sont accordés aux quartiers-maîtres et marins provenant de l'inscription maritime.

381. Les rengagements sont contractés devant les sous-intendants militaires, dans la forme prescrite par l'art. 63, sur la preuve que le contractant peut rester ou être admis dans le corps pour lequel il se présente (L. 1889, art. 76).

382. Tout rengagé qui, étant sous les drapeaux, subit une condamnation à l'emprisonnement d'une durée de trois mois au moins, est déchu de tous ses droits à la gratification annuelle et à la haute paye. Il est dirigé, à l'expiration de sa peine, sur un bataillon d'infanterie légère d'Afrique pour y terminer son temps de service.

§ 3. — Des commissions.

383. La *commission* place le sous-officier, caporal, brigadier ou soldat, dans une situation analogue à celle de l'officier qui a satisfait à la loi de recrutement. Le contrat qui le lie à l'Etat est toujours résiliable, soit par sa volonté, soit par une mise à la retraite. Ce contrat se forme par la remise du brevet accepté tacitement par le titulaire. Aux termes de l'art. 68, « peuvent être maintenus sous les drapeaux en qualité de commissionnés : 1° les sous-officiers à l'âge de trente-cinq ans; les caporaux, brigadiers et soldats, à l'âge de vingt-neuf ans ; 2° les militaires de la gendarmerie, du régiment des sapeurs-pompiers de Paris et le personnel employé dans les écoles militaires; 3° les caporaux ou brigadiers affectés dans les divers corps et services à certains emplois déterminés par le ministre de la guerre. Tout militaire commissionné peut être mis à la retraite après vingt-cinq ans de service ; il ne peut être maintenu sous les drapeaux que jusqu'à l'âge de cinquante ans. Toutefois, les militaires de la gendarmerie et de la justice militaire peuvent rester en activité au delà de cette limite dans les conditions fixées par les règlements constitutifs de cette arme et de ce service. Peuvent être réadmis, en qualité de commissionnés, dans les deux dernières catégories visées ci-dessus, les militaires ayant accompli le temps de service exigé dans l'armée active et rentrés dans leurs foyers depuis moins de trois ans. Les militaires commissionnés ont droit à la haute paye de leur grade dans les mêmes conditions que les rengagés. En cas d'inconduite de la part du commissionné, le ministre de la guerre peut, sur l'avis conforme d'un conseil de discipline, soit suspendre les effets de la commission, soit révoquer définitivement le militaire commissionné, suivant la gravité des faits reprochés. Tout commissionné quittant les drapeaux après quinze années de service effectif a droit à une pension proportionnelle décomptée à raison, pour chaque année et pour chaque campagne, de un vingt-cinquième du minimum de la pension de retraite du grade dont il est titulaire depuis deux ans au moins. Ceux qui obtiennent d'être commissionnés après avoir quitté les drapeaux ne peuvent réclamer la pension proportionnelle qu'après avoir servi cinq ans en cette nouvelle qualité (V. *infrà*, v° *Pension*). Les militaires commissionnés sont soumis aux lois et règlements militaires. Ils ne peuvent quitter leur emploi sans avoir reçu notification de l'acceptation de leur démission. La décision du ministre de la guerre doit être transmise dans un délai maximum de deux mois, augmenté, hors de France, des délais de distance, à partir de la remise de la démission. En cas de guerre, les démissions ne sont jamais acceptées ».

ART. 7. — *Dispositions pénales.*

384. Sous le titre de « dispositions pénales », le titre 5 de la loi du 15 juill. 1889 contient un certain nombre de dispositions répressives destinées à servir de sanction à la loi. On les étudiera ici même, pour ne pas scinder les explications sur la loi du recrutement. Ces dispositions sont relatives : 1° aux fraudes et abus d'autorité en matière de recrutement ; 2° à l'insoumission ; 3° aux circonstances atténuantes.

385. — 1° *Fraudes et abus d'autorité.* — On a vu, dans le commentaire des art. 15 et 17 de la loi (*suprà*, n°s 267 et 272) la pénalité à laquelle s'exposent les jeunes gens reconnus coupables d'omissions volontaires mais non frauduleuses, et l'excuse dont ils peuvent bénéficier dans certains cas. Cette pénalité consiste dans l'inscription en tête des listes du recrutement. L'art. 69 vise le cas, plus général, de fraudes en matière de recrutement, fraudes qui peuvent avoir pour objet et pour résultat l'omission sur les listes, l'absence de comparution devant le conseil de revision, la dispense ou l'exemption de leurs auteurs. L'art. 69 est ainsi conçu : « toutes fraudes ou manœuvres, par suite desquelles un jeune homme a été omis sur les tableaux de recensement, sont déférées aux tribunaux ordinaires et punies d'un emprisonnement d'un mois à un an. Sont déférés aux mêmes tribunaux et punis de la même peine : 1° les jeunes gens appelés qui, par suite d'un concert frauduleux, se sont abstenus de comparaître devant le conseil de revision; 2° les jeunes gens qui, à l'aide de fraudes et de manœuvres, se font exempter ou dispenser par un conseil de revision, sans préjudice de peines plus graves en cas de faux. Les auteurs ou complices sont punis des mêmes peines. Si le jeune homme omis a été condamné comme auteur ou complice de fraudes ou manœuvres, les dispositions des art. 15 et 17 de la présente loi lui sont appliquées lors des premières opérations de recensement qui ont lieu après l'expiration de sa peine. Le jeune homme indûment exempté ou indûment dispensé est rétabli en tête de la première partie de la classe appelée, après qu'il a été reconnu que l'exemption ou la dispense avait été indûment accordée ».

386. L'art. 70 reproduit les dispositions de la législation antérieure (L. 27 juill. 1872, art. 63) ; il dispose que « tout homme prévenu de s'être rendu impropre au service militaire soit temporairement, soit d'une manière permanente, dans le but de se soustraire aux obligations imposées par la loi, est déféré aux tribunaux, soit sur la demande des conseils de revision, soit d'office. S'il est reconnu coupable, il est puni d'un emprisonnement d'un mois à un an. Sont également déférés aux tribunaux et punis de la même peine, les jeunes gens qui, dans l'intervalle de la clôture de la liste cantonale à leur mise en activité, se sont rendus coupables du même délit. A l'expiration de leur peine, les uns et les autres sont mis à la disposition du ministre de la guerre pour tout le temps du service militaire qu'ils doivent à l'État et sont envoyés dans une compagnie de discipline ». La même peine, dit l'art. 70, est prononcée contre les complices. Toutefois il est évident qu'il ne peut être question que de la peine d'emprisonnement et non de l'envoi dans les compagnies de discipline (Rabany, t. 2, p. 195).

387. Il a été jugé : 1° que, dans le cas où un jeune homme est poursuivi pour s'être rendu, ou avoir tenté de se rendre, impropre au service militaire, il y a lieu, pour le tribunal correctionnel, de surseoir à statuer sur la prévention, jusqu'après la décision du conseil de revision sur le point de savoir si le prévenu est propre ou impropre au service militaire (Crim. rej. 20 déc. 1873, aff. Caussé, D. P. 74. 1. 404 : Besançon, 21 juin 1889, aff. Jules Pèpe, D. P. 90. 2. 350. — *Contrà*, Grenoble, 19 nov. 1875, aff. Allibert, D. P. 77. 2. 12); — 2° Que le ministre de la guerre est fondé à demander l'annulation, pour violation de la loi, d'une décision du conseil de revision qui, statuant sur la situation d'un jeune homme condamné pour mutilation volontaire, ne l'a déclaré apte qu'à faire partie d'un des services auxiliaires de l'armée et ne l'a classé, en conséquence, que dans la quatrième partie de la liste de recrutement, ce qui l'a dispensé du service dans l'armée active (Cons. d'Ét. 17 mai 1878, aff. André, D. P. 79. 5. 351).

388. L'art. 71 de la loi de 1889 punit d'un emprisonnement de deux mois à deux ans les *médecins militaires ou civils* qui, appelés au conseil de revision à l'effet de donner leur avis, conformément aux art. 18, 19, 20 et 27 de la loi, ont reçu des dons ou agréé des promesses pour être favorables aux jeunes gens qu'ils doivent examiner. Ce texte semble faire double emploi avec l'art. 261 c. just. mil., lequel punit de un à quatre ans d'emprisonnement tout médecin militaire qui, dans l'exercice de ses fonctions, et pour favoriser quelqu'un, certifie faussement ou dissimule certaines maladies ou infirmités. L'art. 66 de la loi de 1872 ne visait que les « médecins, chirurgiens et officiers de santé ». Il était donc destiné à atteindre les médecins civils, tandis que les médecins militaires étaient passibles des peines portées à l'art. 261. En comprenant dans la même disposition les uns et les autres, l'art. 71 de la loi de 1889 a dérogé, sans qu'on puisse dire pour quelle raison, au code de justice militaire, dans le cas spécial de la revision, l'art. 261 de ce code continuant à recevoir son application dans les cas où un médecin militaire est appelé à donner son avis, en dehors du cas qui nous occupe (Rabany, t. 2, p. 197).

L'art. 71 ajoute que la peine mentionnée audit article est appliquée aux médecins, soit qu'au moment des dons ou promesses, ils aient déjà été désignés pour assister au conseil de revision, soit que les dons ou promesses aient été agréés en prévision des fonctions qu'ils auraient à y remplir. Il leur est défendu, sous la même peine, de rien recevoir, même pour une exemption ou dispense justement prononcée. Ceux qui ont fait les dons ou promesses sont punis de la même peine.

389. La loi de 1889 a tenu également à réprimer les abus d'autorité que pourraient commettre les membres des conseils de revision, les maires, les sous-intendants militaires et les fonctionnaires du commissariat de la marine, dans les actes de leurs fonctions relatifs au recrutement, aux engagements et aux rengagements. Aux termes de l'art. 72, tout fonctionnaire ou officier public, civil ou militaire, qui, sous quelque prétexte que ce soit, a autorisé ou admis des exclusions, exemptions ou dispenses autres que celles déterminées par la loi, ou qui a donné arbitrairement une extension quelconque, soit à la durée, soit aux règles ou conditions des appels, des engagements ou des rengagements, est coupable d'abus d'autorité et puni des peines portées dans l'art. 185 c. pén., sans préjudice des peines plus graves prononcées par ce code dans les autres cas qu'il a prévus. La tentative est assimilée au délit lui-même (art. 77).

390. — 2° *Insoumission.* — « L'insoumission, dit M. Rabany (*op. cit.*, t. 2. p. 202), est le fait, par un homme soumis à des obligations militaires, de n'être pas rendu à sa destination dans un certain délai après la date indiquée sur l'ordre de route, et hors le cas de force majeure ». L'*insoumission* doit être distinguée de la *désertion*, laquelle est le fait d'un homme déjà incorporé qui s'absente de son corps sans autorisation et pendant un temps qui excède un délai déterminé, ou qui ne rejoint pas à l'expiration d'un congé ou d'une permission. L'insoumission ne peut jamais constituer qu'un délit, tandis que la désertion, dans certains cas, est un crime (c. just. milit., art. 238). Le délit d'insoumission est essentiellement militaire; il ressortit à la compétence des conseils de guerre, tandis que les autres délits en matière de recrutement sont de la compétence des tribunaux de l'ordre judiciaire. Toutefois, les tribunaux continuent à connaître des questions préjudicielles qui peuvent être soulevées à l'occasion du délit d'insoumission.

391. En ce qui concerne l'insoumission des appelés et engagés, l'art. 73 de la loi du 15 juill. 1889 contient les dispositions suivantes : « Tout jeune soldat appelé, au domicile duquel un ordre de route a été régulièrement notifié et qui n'est pas arrivé à sa destination au jour fixé par cet ordre, est, après un délai d'un mois en temps de paix et de deux jours en temps de guerre, et hors le cas de force majeure, puni, comme insoumis, d'un emprisonnement d'un mois à un an, en temps de paix, et de deux à cinq ans, en temps de guerre. Dans ce dernier cas, à l'expiration de sa peine, il est envoyé dans une compagnie de discipline. En temps de guerre, les noms des insoumis sont affichés dans toutes les communes du canton de leur domicile ; ils restent affichés pendant toute la durée de la guerre. Le condamné pour insoumission ou désertion en temps de guerre sera, en outre, privé de ses droits électoraux. Ces dispositions sont applicables à tout engagé volontaire qui, sans motifs légitimes, n'est pas arrivé à sa destination dans le délai fixé par sa feuille de route. En cas d'absence du domicile, l'ordre de route est notifié au maire de la commune dans laquelle l'appelé a été porté sur la liste de recensement ». L'art. 73 porte, à l'égard des appelés, le délai d'un mois : 1° à deux mois, s'ils demeurent en Algérie, en Tunisie ou en Europe; 2° à six mois, s'ils demeurent dans tout autre pays. En temps de guerre ou en cas de mobilisation par voie d'affiches et publications sur la voie publique, les délais ci-dessus sont diminués de moitié. L'insoumis est jugé par le conseil de guerre de la région de corps d'armée dans laquelle il est arrêté. Le temps pendant lequel l'engagé volontaire ou le jeune soldat appelé est en état d'insoumission ne compte pas dans les années de service exigées. La prescription contre l'action publique résultant de l'insoumission ne commence à courir que du jour où l'insoumis a atteint l'âge de cinquante ans.— Il est à remarquer que le délit d'insoumission ne figure pas au nombre de ceux pour lesquels la loi de 1889 accorde le bénéfice des circonstances atténuantes.

392. La loi de 1889 punit la complicité du délit d'insoumission de peines moindres que celles qui frappent le délit lui-même. Quiconque est reconnu coupable d'avoir sciemment recélé ou pris à son service un insoumis est puni d'un emprisonnement qui ne peut excéder six mois. Selon les circonstances, la peine peut être réduite à une amende de 50 à 500 fr. Quiconque est convaincu d'avoir favorisé l'évasion d'un insoumis est puni d'un emprisonnement d'un mois à un an. La même peine est prononcée contre ceux qui, par des manœuvres coupables, ont empêché ou retardé le départ des jeunes soldats. Si le délit a été commis à l'aide d'un attroupement, la peine est du double. Si le délinquant est fonctionnaire public, employé du Gouvernement ou ministre d'un culte salarié par l'État, la peine peut être portée jusqu'à deux années d'emprisonnement, et il est, en outre, condamné à une amende qui ne peut excéder 2000 fr.

393. L'insoumission des disponibles, réservistes et territoriaux est prévue par l'art. 75. En temps de paix, les militaires en congé rappelés sous les drapeaux, les hommes de la réserve et ceux de l'armée territoriale convoqués pour des manœuvres ou des exercices ou appartenant à des classes rappelées par décret, qui ne sont pas rendus le jour fixé au lieu indiqué par les ordres d'appel ou affiches sont passibles d'une punition disciplinaire. En cas de récidive, les pénalités de l'art. 75, concernant l'insoumission des jeunes soldats appelés, leur sont applicables. En cas de mobilisation, les hommes appelés sont déclarés insoumis s'ils n'ont pas rejoint dans le délai de deux jours, sauf dans le cas prévu par l'art. 56. Tout homme qui n'a pas rejoint au jour indiqué pour des manœuvres ou exercices peut être astreint, par l'autorité militaire, à faire ou à compléter dans un corps de troupe le temps de service pour lequel il était appelé.

394. Les jeunes gens liés au service en vertu d'un brevet ou d'une commission qui viennent à cesser leur service, et les inscrits maritimes qui se font rayer de l'inscription (art. 30) sont déférés aux tribunaux ordinaires et punis d'une amende de 100 à 200 fr. lorsqu'ils n'ont pas fait les déclarations prescrites audit article. Ils peuvent, en outre, être condamnés à un emprisonnement de quinze jours à trois mois. En temps de guerre, la peine est double (art. 76).

395. — 3° *Tentative.* — Les peines prononcées par les art. 71, 72 et 74 de la loi sont applicables aux tentatives des délits prévus par ces articles (art. 77).

396. — 4° *Cas non prévus.* — Dans tous les cas non prévus par la loi de 1889, l'art. 78 spécifie que les tribunaux civils et militaires appliqueront les lois ordinaires aux délits auxquels pourra donner lieu l'exécution du mode de recrutement déterminé par la loi.

397. — 5° *Circonstances atténuantes.* — En vertu des art. 78 et 79, il peut être accordé des circonstances atténuantes : 1° lorsque la peine de l'emprisonnement est prononcée par la loi de 1889, sauf dans les cas prévus par les art. 73 et 75; — 2° Lorsque les crimes et délits prévus par l'art. 57 et énumérés dans le tableau D, annexé à la loi, ont été commis par des hommes ayant moins de trois mois de présence sous les drapeaux. En temps de guerre, aucune circonstance atténuante n'est admise.

398. Enfin, lorsque, par application de la faculté accordée par les art. 52 et 79, les tribunaux militaires admettent des circonstances atténuantes en faveur des inculpés pour lesquels le code de justice militaire ne les prévoit pas, les peines prononcées par ce code sont modifiées ainsi qu'il suit : — Si la peine prononcée par la loi est celle de la mort, le conseil de guerre applique la peine des travaux forcés à perpétuité ou celle des travaux forcés à temps, sauf dans les cas prévus par les art. 209, 210, 211, 213, 217, 218, 220, 222, 223, 226, 227 et 228 c. just. mil., où la peine appliquée est celle de la détention. Dans le cas de l'art. 221 dudit code, la peine appliquée est celle des travaux forcés à perpétuité, des travaux forcés à temps ou de la détention, suivant les circonstances. Si la peine est celle des travaux forcés à perpétuité, le conseil de guerre applique la peine des travaux forcés à temps ou celle de la reclusion. Si la peine est celle des travaux forcés à temps, le conseil de guerre applique la peine de la reclusion ou celle de la dégradation militaire avec emprisonnement de deux à cinq ans. Si la peine est celle de la détention ou de la reclusion, le conseil de guerre applique la peine de la dégradation militaire avec emprisonnement de un à cinq ans. Toutefois, si la peine prononcée par la loi est le maximum d'une peine afflictive, le conseil de guerre peut toujours appliquer le minimum de cette peine. Si la peine est celle de la dégradation militaire, le conseil de guerre applique un emprisonnement de trois mois à deux ans. Si la peine est celle des travaux publics, le conseil de guerre applique un emprisonnement de deux mois à cinq ans. Dans tous les cas où la peine de l'emprisonnement est prononcée par le code de justice militaire, le conseil de guerre est autorisé à faire application de l'art. 463 c. pén. sans toutefois que la peine de l'emprisonnement puisse être remplacé par une amende. — Nonobstant toute réduction de peine par suite de l'admission de circonstances atténuantes, la peine de la destitution est toujours appliquée par le conseil de guerre dans le cas où elle est prononcée par le code de justice militaire (art. 80).

ART. 8. — *Recrutement en Algérie et aux colonies.*

399. La loi du 15 juill. 1889 est la première qui ait étendu aux Français des colonies l'obligation du service militaire. Antérieurement, il n'existait que des milices locales qui, souvent, avaient rendu d'appréciables services. C'est ainsi qu'en 1883, le corps des volontaires de l'île de la Réunion coopéra à l'expédition de Madagascar. Au point de vue de l'obligation au service, les colonies sont divisées en trois catégories : 1° la Guadeloupe, la Martinique, la Guyane et la Réunion ; 2° l'Algérie et les autres colonies où la métropole entretient des corps de troupes; 3° les colonies ou possessions où il n'existe pas de garnison.

Le premier groupe est soumis au service militaire comme dans la métropole (art. 81). — En Algérie et dans les colonies occupées militairement, les dispositions de la loi sur le recrutement sont applicables sous les restrictions suivantes : En dehors d'exceptions motivées et dont il serait fait mention dans le compte rendu prescrit par l'art. 86 de la loi de 1889, les Français et naturalisés Français résidant en Algérie ou dans l'une de ces colonies, sont incorporés dans les corps de troupes stationnés dans le pays, et, après une année de présence effective sous les drapeaux, sont envoyés dans la disponibilité, s'ils ont satisfait aux conditions de conduite et d'instruction militaire déterminées par le ministre de la guerre. S'il ne se trouve pas de corps stationné dans un rayon fixé par arrêté ministériel, ces jeunes gens sont dispensés de la présence effective sous les drapeaux. Dans le cas où cette situation se modifierait avant qu'ils aient atteint l'âge de trente ans révolus, ils accompliraient une année de service dans le corps de troupes le plus voisin. En cas de mobilisation générale, les hommes valides qui ont terminé leur temps de service sont incorporés avec la réserve de l'armée territoriale, sans cependant pouvoir être appelés à servir hors du territoire de l'Algérie et des colonies. Si un Français ou naturalisé Français, ayant bénéficié de la réduction du temps de service actif, transporte son établissement en France avant l'âge de trente ans accomplis, il doit compléter, dans un corps de la métropole, le temps de service dans l'armée active prescrit par l'art. 37 de la loi de 1889, sans toutefois pouvoir être retenu sous les drapeaux au delà de l'âge de trente ans. — Les Français ou naturalisés Français établis dans un pays de protectorat où sont stationnées des troupes françaises, peuvent être admis à bénéficier des dispositions qui précèdent.

Il convient de remarquer que l'art. 81, lorsqu'il prescrit,

en cas de mobilisation générale, la réincorporation des hommes qui ont accompli leurs obligations militaires, porte « les hommes valides qui ont terminé leurs *vingt années* de service ». Le législateur a commis ici, évidemment, une erreur matérielle, en ne disant pas *vingt-cinq années*. — Les conseils de revision statuent sur l'aptitude physique des hommes ainsi maintenus. Cette obligation supplémentaire est-elle indéfinie? M. Rabany (*op. cit.*, t. 2, p. 241) ne le pense pas; il croit qu'on ne pourrait rappeler ainsi des hommes âgés de plus de cinquante ans, c'est-à-dire ayant dépassé la limite indiquée à l'art. 68, pour les commissionnés, et à l'art. 73, pour la prescription de l'insoumission. Mais il est difficile d'admettre cette opinion, qui semble arbitraire en présence des termes formels de l'art. 81.

400. Dans les colonies où il n'existe pas de garnison française, les Français ou naturalisés sont dispensés du service actif. L'art. 82 dispose que les jeunes gens inscrits sur les listes de recrutement de la métropole peuvent, sur l'avis du gouverneur ou du résident, être admis à bénéficier des dispositions de l'art. 50. La même disposition s'applique aux jeunes gens inscrits sur les listes de recrutement d'une colonie autre que celle où ils résident.

401. Les conditions spéciales de recrutement des corps étrangers et indigènes, dit l'art. 83, sont réglées par décret, jusqu'à ce qu'une loi spéciale ait déterminé les conditions du service militaire des indigènes

ART. 9. — *Dispositions particulières et transitoires.*

402. Dans les titres 8 et 9 de la loi sur le recrutement, le législateur a réuni un certain nombre de dispositions diverses et quelques dispositions transitoires destinées à assurer la mise en exécution de la loi.

§ 1er. — Dispositions particulières.

403. Les dispositions particulières sont relatives : 1° aux conditions de durée du service pour certains emplois publics; 2° à l'instruction militaire préparatoire; 3° au compte rendu annuel qui doit être fait aux Chambres sur le recrutement.

404. L'art. 84 complète les dispositions des art. 7 et 14. En vertu de cet article, depuis le 1er nov. 1892, nul ne peut être admis à exercer certains emplois salariés par l'Etat ou les départements si, n'ayant pas été déclaré impropre au service militaire à l'appel de sa classe, il ne compte au moins cinq années de service actif dans les armées de terre ou de mer, dont deux comme officier, sous-officier, caporal ou brigadier, ou si, avant la date ci-dessus, il n'a été retraité ou réformé.

405. L'art. 85 prévoit le vote d'une loi qui doit déterminer: 1° les mesures à prendre pour rendre uniformes dans les lycées et établissements d'enseignement, l'application de la loi du 27 janv. 1880, imposant l'obligation des exercices; 2° l'organisation de l'instruction militaire pour les jeunes gens de dix-sept à vingt ans et le mode de désignation des instructeurs.

406. Enfin, l'art. 86 dispose que, chaque année, avant le 30 juin, il sera rendu compte aux Chambres, par le ministre de la guerre, des dispositions contenues dans la loi du recrutement pendant l'année précédente.

§ 2. — Dispositions transitoires.

407. La mise en exécution de la loi de 1889 a été réglée par les art. 87, 88, 89, 90, 91, 92, 93 et 94. L'art. 93 donne à la loi un effet rétroactif; il déclare ses dispositions applicables aux hommes appelés en vertu des lois antérieures, libérés ou non du service militaire, jusqu'à ce qu'ils aient atteint l'âge de quarante-cinq ans.

SECT. 6. — DE L'ÉTAT CIVIL DES MILITAIRES (*Rép.* nos 503-534).

408. Les dispositions contenues dans les nos 503 à 534 du *Répertoire* ont conservé leur intérêt, sous la réserve des dispositions contenues aux art. 25 et 58 de la loi du 15 juill. 1889 (V. *suprà* nos 300 et 362). Signalons, en outre, une circulaire du ministre de la guerre, en date du 24 déc. 1869, portant qu'un militaire ou un fonctionnaire appartenant à l'armée ne peut, quel que soit son grade, faire partie, à un titre quelconque, avant sa mise à la retraite, du conseil d'administration, d'une société financière ou industrielle (D. P. 70. 3. 88).

CHAP. 3. — Des établissements militaires.

SECT. 1re. — DES CIRCONSCRIPTIONS MILITAIRES (*Rép.* nos 535-543).

409. La division du territoire, tant au point de vue administratif militaire qu'au point de vue de la répartition des troupes, qui était indiquée au *Rép.*, nos 535 et suiv., a été complètement modifiée depuis 1870. Le territoire de la France est divisé, pour l'organisation de l'armée active, de la réserve de l'armée active, de l'armée territoriale et de sa réserve, en dix-huit régions; chaque région comprend huit subdivisions de régions. Ces régions et subdivisions de régions sont déterminées par décret rendu en la forme des règlements d'administration publique (L. 24 juill. 1873, art. 1er).

410. Chaque région est occupée par un corps d'armée qui y tient garnison. Un corps d'armée spécial est, en outre, affecté à l'Algérie (L. 24 juill. 1873, art. 2). Chacun des corps d'armée de la France continentale comprend deux divisions d'infanterie, une brigade d'artillerie, un bataillon du génie, un escadron du train des équipages, ainsi que les états-majors et les divers services accessoires. Cette organisation du corps d'armée existe d'une manière permanente en temps de paix (Même loi, art. 6 et 7). Mais les corps d'armée ne sont pas réunis en armées. — Le corps d'armée, ainsi que toutes les troupes qui le composent, sont pourvus en tout temps du commandement, des états-majors et de tous les services administratifs et auxiliaires qui leur sont nécessaires pour entrer en campagne; le matériel de toute nature dont les troupes et les divers services du corps d'armée doivent être pourvus en temps de guerre est constamment organisé et emmagasiné à leur portée. Le matériel roulant est emmagasiné sur roues (L. 24 juill. 1873, art. 9).

411. Chaque région possède des magasins généraux d'approvisionnement, dans lesquels se trouvent les armes et munitions, les effets d'habillement, de harnachement, d'équipement et de campement nécessaires aux diverses armes qui entrent dans la composition du corps d'armée. Chaque subdivision de région possède un ou plusieurs magasins contenant les approvisionnements qui viennent d'être énumérés, nécessaires aux troupes stationnées dans la subdivision de région, et un ou plusieurs bureaux de recrutement, chargés de procéder à l'affectation et à la mise en route des jeunes gens de la subdivision appelés à l'activité (L. 24 juill. 1873, art. 4 et 5). Ils ont dans leurs attributions les services de recrutement, de la mobilisation, des réquisitions et de l'armée territoriale (L. 13 mars 1875, art. 18).

412. Les troupes comprises dans l'organisation normale des corps d'armée sont formées en divisions ou brigades numérotées, dans l'ordre des corps d'armée dont elles font partie. Les divisions d'infanterie portent les numéros de 1 à 36; les brigades, de 1 à 72 (Décr. 28 sept. 1873). La cavalerie est divisée en 18 brigades, numérotées de 1 à 18; chacune d'elles se rattache au corps d'armée dont elle porte le numéro. L'artillerie de campagne est répartie en 19 brigades. Les 18 premières sont stationnées en temps de paix dans les 18 corps d'armée, dans l'ordre de leurs numéros, la 19e brigade est stationnée à Vincennes et placée sous l'autorité du gouverneur militaire de Paris (Lassalle, *op. cit.*, n° 24). Les bataillons de forteresse sont répartis sur le territoire selon les besoins du service ou de la défense.

SECT. 2. — DES ÉTABLISSEMENTS MILITAIRES PROPREMENT DITS (*Rép.* nos 544-568).

ART. 1er. — *Du dépôt général de la guerre* (*Rép.* nos 545 et suiv.).

413. V. *Rép.* nos 545 et 546.

ART. 2. — *Des établissements et services de l'artillerie* (*Rép.* nos 547 à 553).

414. Les établissements et services de l'artillerie comprennent: les écoles d'artillerie; l'Ecole centrale de pyrotechnie militaire; les directions d'artillerie; les ateliers de construction; la poudrerie militaire; les manufactures d'armes; les sous-inspections de forges; la fonderie de Bourges.

415. Les *écoles d'artillerie* sont destinées à fournir aux corps de l'arme les moyens d'instruction que ne comporte pas l'organisation régimentaire, et de compléter l'instruction des officiers et des sous-officiers; elles procèdent aussi aux expériences prescrites par le ministre. Leur fonctionnement est réglé par le décret du 5 mars 1870. Il existe une école dans le ressort de chaque commandement d'artillerie, à l'exception des commandements ayant leur siège à Lyon, Alger et Tunis. Elle est commandée par un officier qui porte le titre de directeur de l'école (Décr. 4 déc. 1873).

416. L'*Ecole centrale de pyrotechnie* de Bourges est instituée pour former des praticiens expérimentés destinés à porter dans les corps de troupe un mode d'enseignement et des méthodes uniformes pour la confection et l'emploi des artifices de guerre (Décr. 16 avr. 1870).

417. Les *directions d'artillerie*, au nombre de 32, pourvoient: 1° à la préparation de la défense; 2° aux services généraux de l'armée; 3° aux approvisionnements des troupes en armes et munitions (L. 16 mars 1882; Décr. 3 juill. 1884; Règl. du 30 août 1884 sur le service de l'armement). Le service de chaque direction territoriale d'artillerie est confié à un colonel ou lieutenant-colonel directeur, ayant le commandement supérieur de l'artillerie des places comprises dans la direction. Cette direction se subdivise en arrondissements.

418. Les *ateliers de construction*, au nombre de sept, sont affectés à la confection et aux réparations des affûts et autres objets nécessaires au service de l'artillerie. Les compagnies d'ouvriers d'artillerie sont chargées de ces travaux (Règl. 18 janv. 1856).

419. Les *manufactures d'armes* sont des établissements spéciaux au nombre de trois (à Châtellerault, Saint-Etienne et Tulle) dans lesquels sont fabriquées les armes à feu portatives et les armes blanches de l'armée. Elles dépendent du colonel inspecteur des manufactures d'armes.

420. Le service des *forges* comprend, outre l'inspection des forges, dont le siège est à Paris, cinq sous-inspections dites du Nord, de l'Ouest, de l'Est, du Centre et du Midi, qui comprennent tous les départements.

421. La *fonderie* de Bourges est classée au nombre des établissements spéciaux.

422. En ce qui concerne les établissements des poudres et salpêtres, V. *suprà*, n° 181.

ART. 3. — *Des établissements et services du génie* (*Rép.* n°s 554 et suiv.).

423. Les établissements et services du génie comprennent: les directions du génie; les écoles du génie; l'établissement central d'aérostation; la direction du service de la télégraphie militaire.

424. Les *directions du génie*, au nombre de quarante, sont classées parmi les établissements spéciaux relevant directement du ministre de la guerre dans les conditions fixées par la loi du 16 mars 1882 sur l'administration de l'armée (Décr. 3 juill. 1883); à la tête de chaque direction est placé un colonel ou un lieutenant-colonel qui prend le titre de directeur du génie (Décr. 22 sept. 1873; 17 oct. 1882; 4 oct. 1883; 4 avr. 1887).

425. Les *écoles du génie* sont au nombre de six: quatre sont affectées aux régiments de l'arme (écoles du génie de Versailles, Montpellier, Arras et Grenoble), une au régiment de sapeurs de chemins de fer (école de chemins de fer de Versailles); une est spéciale au 6e bataillon (école du génie de Toul). Ces écoles sont classées parmi les établissements spéciaux (Décr. 3 juill. 1883; Règl. 25 juin 1885).

426. Le service de la télégraphie militaire est confié à l'arme du génie. Ce service, qui embrasse l'ensemble des communications par les voies aériennes, comprend: la télégraphie militaire proprement dite (c'est-à-dire la télégraphie électrique, V. *suprà*, n°s 191 et suiv.); la télégraphie optique (V. *suprà*, n° 194); la télégraphie légère des corps de cavalerie (V. *suprà*, n° 195); les colombiers militaires (V. *suprà*, n° 196); l'aérostation militaire (V. *suprà*, n° 197).

ART. 4. — *Des établissements de l'Administration* (*Rép.* n°s 556 et suiv.).

427. Nous renvoyons au *Répertoire* qui traite, sous cet article, des établissements de répression militaire et des hôpitaux.

ART. 5. — *De l'hôtel des Invalides* (art. 564 et suiv.).

428. L'organisation de l'hôtel des Invalides a été modifiée par un décret du 21 mars 1882 (D. P. 83. 4. 23). Ce décret a été rendu en considération de l'amélioration produite dans la situation des pensionnés par les lois des 22 juin 1878, 5 et 18 août 1879, 28 juill. et 18 août 1881, portant augmentation des pensions militaires de retraite. Il a eu pour but de réserver, de préférence, les admissions à l'hôtel des Invalides, aux pensionnés réclamant des soins qu'ils ne peuvent trouver dans leurs familles.

Nul n'est admis à l'hôtel des Invalides s'il n'est en possession d'une pension militaire de retraite. Les admissions ont lieu dans l'ordre de priorité ci-après: 1° les militaires pensionnés pour perte de la vue, perte de deux membres, perte d'un membre, cette dernière blessure occasionnant une incapacité absolue de tout travail productif; 2° les militaires pensionnés pour ancienneté de services et âgés de soixante ans au moins, qui ne pourraient recevoir dans leurs familles les soins nécessaires; 3° les Français titulaires de pensions concédées à titre de combattant de Juillet 1830; 4° les sous-officiers et soldats des bataillons de garde mobile pensionnés pour blessures reçues pendant les journées de Juin 1848. A défaut de ces catégories, sont admis: 1° les militaires pensionnés justifiant de blessures ou d'infirmités équivalentes au moins à la perte absolue de l'usage d'un membre et entraînant une incapacité absolue de tout travail productif; les militaires pensionnés pour blessures ou infirmités non équivalentes à la perte absolue de l'usage d'un membre et âgés de soixante-dix ans révolus.

SECT. 3. — DES ÉCOLES MILITAIRES (*Rép.* n°s 569-604).

429. Les écoles militaires sont: l'Ecole supérieure de guerre; l'Ecole polytechnique; l'Ecole spéciale militaire, l'Ecole d'application de l'artillerie et du génie; l'Ecole d'application de cavalerie; l'Ecole d'application des poudres et salpêtres; l'Ecole d'application de médecine et de pharmacie militaires; l'Ecole du service de santé militaire; l'Ecole d'administration militaire; l'Ecole militaire d'infanterie; l'Ecole militaire de l'artillerie et du génie; l'Ecole centrale de pyrotechnie militaire; l'Ecole normale de gymnastique, les écoles de tir; les écoles d'artillerie; les écoles régimentaires du génie; le Prytanée militaire; les écoles militaires préparatoires (écoles d'enfants de troupe).

430. L'*Ecole supérieure de guerre* est destinée à développer les hautes études militaires dans l'armée et à recruter les officiers du service d'état-major. Elle a été créée et organisée par la loi du 13 mars 1875, le décret du 18 févr. 1876, le décret du 15 juin 1878, la loi du 20 mars 1880 et le décret du 20 oct. 1888. Elle est placée sous l'action du chef d'état-major général de l'armée (Décr. 3 janv. 1891, rendu en exécution de la loi du 24 juin 1890). — Les capitaines et lieutenants de toutes armes, ayant accompli cinq ans de services comme officiers, dont trois ans de service actif dans les troupes, sont admis au concours à l'Ecole supérieure de guerre. Aucune limite d'âge n'est imposée aux candidats. Après deux années d'études, les officiers élèves de l'école sont appelés à passer les examens pour le brevet d'état-major institué par l'art. 3 de la loi du 20 mars 1880. Les officiers n'appartenant pas à l'école peuvent être admis à concourir pour l'obtention de ce brevet (Même article).

431. Le décret du 15 avr. 1873 a réorganisé l'*Ecole polytechnique*, laquelle est destinée spécialement à former des élèves pour l'artillerie de terre et l'artillerie de mer; le génie militaire et le génie maritime; la marine nationale; le corps des ingénieurs hydrographes; le commissariat de la marine; les ponts et chaussées; les mines; les manufactures de l'Etat; le corps des ingénieurs des poudres et salpêtres; les lignes télégraphiques; enfin, les autres services publics qui exigent des connaissances étendues dans les sciences mathématiques, physiques et chimiques.

432. L'*Ecole spéciale militaire*, qui est établie à Saint-Cyr, forme des officiers pour l'infanterie, la cavalerie et l'infanterie de marine. L'admission, le personnel et l'enseignement de cette école ont été réorganisés par les décrets du 18 janv. 1882, et du 25 nov. 1890.

433. L'*Ecole d'application de l'artillerie et du génie* est instituée pour donner aux élèves provenant de l'Ecole polytechnique l'instruction militaire et technique. Elle est établie à Fontainebleau. Les cours durent deux ans. Elle a été réorganisée par le décret du 28 oct. 1881. Les élèves admis à l'école et nommés sous-lieutenants sont pourvus de l'emploi de sous-lieutenant élève ; ils comptent dans les états-majors particuliers de l'artillerie et du génie. Lorsqu'ils sont envoyés à l'Ecole d'application avant d'avoir accompli à l'Ecole polytechnique les deux années exigées par la loi, ces élèves ne sont nommés sous-lieutenants qu'après l'expiration de ces deux années. Ils sont qualifiés élèves de l'artillerie et du génie, et ils continuent à porter l'uniforme de l'Ecole polytechnique. Un certain nombre d'officiers d'artillerie et du génie provenant des sous-officiers peuvent être autorisés à suivre les cours de l'Ecole d'application (Décr. 28 oct. 1881, art. 53).

434. L'*Ecole d'application de cavalerie*, instituée à Saumur, a pour but : 1° de perfectionner l'instruction d'un certain nombre de lieutenants de cavalerie et d'artillerie, de lieutenants et de sous-lieutenants du génie désignés pour en suivre les cours ; 2° de compléter l'instruction des élèves de la section de cavalerie de l'École spéciale militaire ; 3° de perfectionner et d'uniformiser l'instruction des sous-officiers reconnus aptes au grade de sous-lieutenant ; 4° de compléter l'instruction technique des aides-vétérinaires stagiaires, de leur enseigner l'équitation, etc.

Il est formé à l'école de Saumur les catégories suivantes : division des officiers d'instruction de cavalerie, d'artillerie et du génie ; division d'officiers-élèves ; division de sous-officiers élèves-officiers ; division d'aides-vétérinaires stagiaires. A l'école sont annexées les divisions des élèves télégraphistes des corps de cavalerie et des élèves maréchaux ferrants, ainsi qu'une école de dressage. L'organisation de l'école a été réglée à nouveau par un décret du 25 mai 1883 (V. aussi le décret du 25 nov. 1890, cité *suprà*, n° 432). Les cours durent onze mois.

435. L'*Ecole d'application de médecine et de pharmacie militaire*, qui fonctionne à l'hôpital du Val-de-Grâce, à Paris, est instituée pour donner aux médecins et pharmaciens stagiaires l'instruction professionnelle militaire spéciale, théorique et pratique, nécessaire pour remplir dans l'armée les obligations de service qui incombent au corps de santé militaire. Les cours durent dix mois. Tout élève du service de santé reçu docteur en médecine est admis de plein droit à l'Ecole d'application, du 1er novembre au 1er février, en qualité de médecin stagiaire ; l'école reçoit aussi, dans le courant de décembre, les docteurs en médecine et les pharmaciens de première classe, qui sont directement admis après concours, en exécution de l'art. 4 de la loi du 14 déc. 1888.

Les jeunes gens ainsi admis à l'école contractent, comme les élèves du service de santé militaire, l'engagement de servir au moins pendant six ans dans le corps de santé à partir de leur promotion au grade d'aide-major de 2e classe. L'Ecole d'application de médecine et de pharmacie militaire a été réglementée à nouveau par le décret des 22 nov. 1887 et 25 févr. 1889.

436. L'*Ecole du service de santé militaire*, créée par la loi du 14 déc. 1888, a son siège à Lyon. Elle a pour objet : 1° d'assurer le recrutement des médecins de l'armée ; 2° de seconder les études médicales des élèves du service de santé ; 3° de donner à ces élèves l'éducation militaire jusqu'à leur passage à l'Ecole d'application du Val-de-Grâce. Elle a été organisée par le décret du 25 déc. 1888.

Les élèves contractent, en entrant à l'école, l'engagement de servir dans l'armée active pendant six années au moins, à dater de leur nomination au grade d'aide-major de 2e classe. Ceux qui n'obtiendraient pas ce grade, ou qui ne réaliseraient pas l'engagement sexennal, sont incorporés dans un corps de troupe pour trois ans, sans déduction du temps écoulé depuis leur entrée à l'école (L. 15 juill. 1889, art. 29). Ce double engagement de six et de trois ans est contracté dès leur entrée à l'école (Décr. 28 sept. 1889, art. 22). Les élèves qui satisfont aux examens de sortie sont nommés médecins stagiaires (Décr. 25 févr. 1889, art. 15).

437. L'*Ecole d'administration militaire* de Vincennes a pour but de former, par un enseignement spécial, les adjudants élèves d'administration des bureaux de l'intendance, des subsistances militaires, de l'habillement et du campement, ainsi que ceux des hôpitaux militaires, destinés à recruter les officiers de ces différents services conformément à l'art. 34 de la loi du 16 mars 1882 et à l'art. 40 *bis* de la même loi, modifié par la loi du 1er juill. 1889. Elle reçoit des sous-officiers de toutes armes. La durée des cours est de dix mois. Elle a été réglementée par le décret du 20 mars 1890.

438. L'*Ecole militaire d'infanterie* instituée à Saint-Maixent a pour but de compléter l'instruction militaire des sous-officiers de cette arme jugés aptes à être nommés sous-lieutenants (Décr. 22 mars 1883, modifié le 8 avr. 1884 et le 8 sept. 1888). — En temps de paix, nul sous-officier ne peut être promu sous-lieutenant au titre français, s'il n'a suivi avec succès les cours de cette école. L'école reçoit des sous-officiers de l'armée de terre (infanterie, sections d'infirmiers, de commis et d'ouvriers d'administration, de secrétaires d'état-major et du recrutement) et des sous-officiers d'infanterie de marine (Décr. 22 mars 1883 et 11 oct. 1886). Les sous-officiers admis à l'école, après concours, prennent la dénomination de sous-officiers élèves officiers. Les cours durent depuis la deuxième quinzaine d'avril de chaque année jusqu'au commencement de mars de l'année suivante. Ceux qui satisfont aux examens de sortie sont nommés sous-lieutenants ; les autres sont renvoyés dans leur corps et pourvus du grade et de l'emploi qu'ils avaient avant leur entrée à l'école.

439. L'*Ecole militaire de l'artillerie et du génie*, à Versailles, remplit, pour ces deux armes, un but analogue à celle de Saint-Maixent pour l'infanterie. Elle a été organisée par le décret du 4 nov. 1886, et a pour objet de compléter l'instruction des sous-officiers reconnus susceptibles d'être nommés sous-lieutenants d'artillerie et du génie. Une division spéciale du train des équipages militaires lui est annexée. Les cours durent depuis le 1er avril jusqu'à la fin de février de l'année suivante. La situation des sous-officiers élèves-officiers est analogue à celle des sous-officiers admis à l'école de Saint-Maixent.

440. L'*Ecole normale de gymnastique et d'escrime* a pour objet de former des instructeurs de gymnastique et des maîtres d'armes destinés à répandre dans les corps de troupes un mode d'enseignement uniforme en ce qui concerne les principes et les exercices de gymnastique et d'escrime, et tout ce qui peut s'y rattacher au point de vue de l'éducation physique du soldat. Elle a été réorganisée par le décret du 30 août 1882, et comprend deux divisions : 1° la division de gymnastique, qui reçoit des lieutenants élèves, des sous-officiers rengagés, des caporaux et soldats ; 2° le cours d'escrime, qui reçoit des militaires rengagés de toutes armes ayant déjà acquis le brevet de prévôt.

441. Les *écoles de tir* sont : 1° l'Ecole normale de tir du camp de Châlons ; — 2° Les écoles régionales des camps de Châlons, du Ruchard et de la Valbonne.

L'Ecole normale de tir a été réorganisée par le décret du 18 nov. 1886. Elle a pour but : 1° d'établir, d'après les instructions de la direction de l'infanterie, les modèles des armes et des munitions destinées à l'arme de l'infanterie ; 2° d'expérimenter, avant leur adoption, toutes les modifications proposées par les établissements producteurs ; 3° de proposer les perfectionnements aux armes et munitions en service dans l'infanterie, aux méthodes de tir, etc. ; 4° de déterminer les règles à suivre dans l'exécution des feux ; 5° d'expérimenter les armes en usage dans les armées étrangères. Des ateliers de fabrication et une commission d'expériences sont annexés à l'école. Elle forme les professeurs des écoles régionales et les capitaines de tir des régiments. Le cours, théorique et pratique, est suivi chaque année, pendant cinq mois par les capitaines désignés à cet effet.

Les écoles régionales de tir sont destinées à former des instructeurs (lieutenants ou sous-lieutenants, sous-officiers ou caporaux) ayant pour mission de vulgariser dans les corps de troupe les progrès accomplis dans les méthodes d'instruction, dans le tir et dans la fabrication des armes et des munitions (Décr. 18 nov. 1886, art. 4). Il est fait dans ces écoles un cours pratique de tir, chaque année, du 15 mars au 20 avril, à l'usage des officiers de cavalerie.

442. Le *Prytanée militaire de la Flèche* a été réorganisé par décret du 11 mai 1888. Il est institué dans le but de donner à des fils de militaires des armées de terre et de mer une éducation qui les prépare à la carrière militaire. Quelques places sont attribuées à des fils d'employés civils du ministère de la guerre.

443. Les enfants de troupe qui existaient dans les corps ont été supprimés par la loi du 19 juill. 1884, et le décret du 3 mars 1885 a créé cinq mille places d'enfants de troupes. Ces enfants sont inscrits sur les contrôles des corps et laissés dans leurs familles jusqu'à l'âge de treize ans. Les familles reçoivent une allocation variable d'après l'âge. Le décret du 1er nov. 1888, modifiant l'art. 7 du décret du 3 mars 1885, a déterminé les catégories d'enfants qui peuvent être admis à ces places.

A l'âge de treize ans, les enfants de troupe peuvent être admis dans les *écoles militaires préparatoires*. Ces écoles, créées par la loi du 19 juill. 1884, sont au nombre de six : quatre pour l'infanterie, une pour la cavalerie, une pour l'artillerie. Les enfants y reçoivent, aux frais de l'État, une instruction et une éducation qui les mettent à même de servir utilement leur pays dans l'armée. Ne peuvent être admis que les fils de soldats, caporaux ou brigadiers, sous-officiers, officiers jusqu'au grade de capitaine inclusivement ou assimilés, et d'officiers supérieurs ou assimilés décédés. Les fils des militaires retirés du service ne sont aptes à concourir qu'autant que leur père est ou a été en possession d'une pension de retraite intégrale ou proportionnelle, d'une pension de réforme pour infirmités ou blessures ou qu'il a contracté un rengagement de cinq ans au moins. Les fils des militaires réformés par congé n° 1 et jouissant d'une gratification permanente, sont également admis au bénéfice de ces dispositions. Les fils de militaires, non enfants de troupe, sont admis dans les écoles aux mêmes conditions que les autres enfants et sont inscrits sur les registres matricules des corps désignés à cet effet, à compter de la date de leur admission. A l'âge minimum fixé par la loi du recrutement, les élèves des écoles préparatoires sont admis à contracter un engagement dont le terme est déterminé par la date de l'expiration légale du service dans l'armée de la classe à laquelle ils doivent appartenir par leur âge. Aucune limitation de nombre n'est faite pour ces engagements.

444. L'orphelinat fondé par M. Hériot à la Boissière (Seine-et-Oise) est assimilé aux écoles militaires préparatoires et régi par les mêmes lois, décrets et règlements (L. 12 févr. 1887). Il reçoit les enfants de troupe orphelins, au nombre de 160, dont l'admission est prononcée par le ministre de la guerre. On y donne aux enfants l'instruction primaire en vue de leur entrée dans une école préparatoire à l'âge de treize ans.

CHAP. 4. — De l'administration générale militaire (*Rép.* nos 605 à 662).

445. L'administration militaire a été réorganisée par l'importante loi du 16 mars 1882 (D. P. 82. 4. 123). Cette loi, qui était prévue par l'art. 17 de la loi du 24 juill. 1873 et l'art. 13 de la loi du 13 mars 1875, a consacré les principes suivants : 1° subordination de l'administration au commandement; 2° indépendance du service de santé vis-à-vis de l'administration; 3° établissement d'un contrôle indépendant.

446. Le ministre de la guerre est le chef responsable de l'administration de l'armée. Il a, sous son autorité immédiate, les établissements et services spéciaux destinés à assurer la défense générale du pays, et à pourvoir aux besoins généraux des armées. Le ministre dispose seul du matériel et des approvisionnements emmagasinés dans ces établissements. Les officiers et fonctionnaires qui les dirigent sont, en ce qui concerne le service spécial, sous les ordres exclusifs du ministre et correspondent directement avec lui. L'administration de l'armée comprend : le service de l'artillerie (V. *suprà*, nos 414 et suiv.) ; le service du génie (V. *suprà*, nos 423 et suiv.); le service de l'intendance (V. *suprà*, nos 167 et suiv.); le service des poudres et salpêtres (V. *suprà*, n° 181); le service de santé (V. *suprà*, nos 175 et suiv.). L'administration intérieure des corps de troupes et des établissements considérés comme tels est assujettie à des règles spéciales. Le service de la trésorerie et des postes (V. *suprà*, n° 189) relève directement du commandement.

447. Le principe général de l'organisation des services ci-dessus est la séparation en : direction, gestion ou exécution, contrôle. La direction ne participe pas aux actes de la gestion qui lui est soumise. Le contrôle ne prend part ni à la direction, ni à la gestion, et ne relève que du ministre.

448. La délégation des crédits est faite par le ministre aux directeurs des services, qui sont chargés de l'ordonnancement des dépenses. Dans le service de l'intendance, les directeurs ont la faculté de sous-déléguer tout ou partie de leurs crédits aux fonctionnaires de l'intendance soumis à leur direction. En cas de formation d'armée, la délégation des crédits est faite pour tous les services à l'intendant de l'armée, lequel les sous-délègue, sur l'ordre du général en chef, et au fur et à mesure des besoins, aux directeurs des services de l'armée ou des corps d'armée.

449. Les directeurs des services exercent une surveillance permanente sur toutes les opérations du personnel de leur service. Ils s'assurent de la régularité de toutes les dépenses qu'ils sont chargés d'ordonnancer ou d'approuver. Ils procèdent ou font procéder, à cet effet, aux revues d'effectif et recensements de matériel, aux inventaires et aux autres moyens de vérification prévus par les règlements ou prescrits soit par le ministre, soit par le général commandant le corps d'armée.

450. Le principe nouveau qui a prévalu dans l'administration de l'armée est la subordination de l'administration au commandement. Ce principe est consacré par les art. 9 et suiv. de la loi du 16 mars 1882. La pensée qui a guidé le législateur est exposée dans le passage suivant du rapport au Sénat : « Vous avez voulu avoir des corps d'armée toujours prêts à entrer en campagne, pourvus à l'avance de tous leurs moyens d'action et n'ayant aucun changement d'organisation à subir quand viendrait le moment de voler à la frontière. Le but serait-il atteint si les généraux de division étaient dépouillés de toute direction administrative? Ne serait-il pas à craindre que ceux-ci, appelés à agir isolément, ce qui est le cas fréquent à la guerre, ne se trouvassent dans les mêmes conditions désavantageuses qu'en 1870 ? Ne rencontreraient-ils pas les mêmes difficultés qu'ils ont eu à traverser à cette époque? N'aurait-on pas à déplorer le même manque de cohésion et d'élasticité dans le mécanisme? Ne serait-il pas à craindre aussi que le général du corps d'armée, mal préparé à son nouveau rôle dans le séjour des divisions, n'arrivât au commandement suprême sans une dose suffisante d'expérience et de savoir? L'ensemble de l'organisation administrative de l'armée, continue le rapport, peut être maintenant saisi d'un coup d'œil : Le corps d'armée est une unité stratégique permanente, constituée en paix comme en guerre. *L'administration est subordonnée au commandement en temps de paix*, parce qu'il faut qu'elle le soit en temps de guerre. Dès lors, le commandant du corps d'armée est le chef supérieur de tous les services; il en est responsable vis-à-vis du ministre; il représente le ministre vis-à-vis d'eux. Il est le centre administratif vers lequel tout converge, dans un sens comme dans l'autre ; il n'est fait exception que pour des échanges purement matériels de pièces, qui encombreraient le quartier général sans l'éclairer. Le *contrôle proprement dit a été constitué, hors des services*, avec une autorité et une indépendance inconnues jusqu'ici. Ceux qui l'exercent ne relèvent que du ministre. Ils n'ont aucune responsabilité, directe ou indirecte, dans l'administration; ils l'envisagent et la jugent avec ce calme et cette impartialité que donne l'absence de toute préoccupation personnelle... *Les directeurs des services* continuent, sous l'autorité du commandement, et avec son appui, la surveillance incessante des opérations, qu'on a désignée quelquefois sous le nom de contrôle local et qui n'est, en réalité, que la direction même, son complément obligé, sans lequel elle serait une vaine apparence. Ils ne sont soustraits à aucune des obligations qui leur incombaient sous l'ancienne organisation. Seulement, ils en rendent compte au commandement et engagent ainsi sa responsabilité avec la leur, en sorte que le ministre a devant lui deux répondants au lieu d'un pour garantir la bonne administration. *En temps de guerre*, un général en chef d'armée vient prendre la place, non des commandants de corps d'armée, mais du ministre, qui se dessaisit à son profit des pouvoirs nécessaires. Par là se trouve réalisée cette permanence véritable des corps d'armée, cette structure invariable qu'ils gardent en toute circonstance. *Le service médical* est rapproché du commandement. Affranchi de la tutelle administrative, il ne cesse pas pour cela d'être contrôlé; mais il est désormais plus libre pour accomplir sa mission, et il sent croître sa responsabilité. Il ne se plaindra plus qu'entre lui et l'autorité militaire il existe un intermédiaire, ce qu'il appelait un obstacle. Placé, au contraire, à côté du commandement, il recevra son impulsion directe et pourra directement se faire apprécier par lui. Enfin, *les chefs de corps* recouvrent l'indépendance d'allures qui leur a si longtemps manqué. En possession d'un domaine nettement circonscrit, ils s'y meuvent à l'aise, sans être soumis à une autre autorité que celle du règlement ». Ainsi, la nécessité d'assurer l'unité de l'action en prévision du temps de guerre a été l'idée dominante de la nouvelle organisation. Voyons dans quels termes elle a été réalisée par la loi de 1882.

451. Dans chaque région, porte l'art. 9, le commandant du corps d'armée a sous son commandement le territoire, les forces de l'armée active, de la réserve, de l'armée territoriale et de sa réserve, *ainsi que tous les services et établissements affectés à ces forces. Il est, sous l'autorité supérieure du ministre, le chef responsable de l'administration dans son corps d'armée*. « Les directeurs des services sont sous ses ordres immédiats; ils ne peuvent correspondre avec le ministre que par l'intermédiaire du général, à moins qu'ils n'aient à transmettre les ordres écrits prévus à l'art. 11 de la présente loi ou, exceptionnellement, à répondre à des demandes qu'ils auraient reçues directement du ministre; dans ce cas, ils avisent le commandant du corps d'armée. Dans tous les autres cas, la correspondance échangée entre le ministre et les directeurs des services doit être transmise en original par le commandant de corps d'armée, qui l'accompagne, s'il y a lieu, de ses instructions ou de ses observations, selon le cas. Toutefois, les pièces comptables, statistiques et autres ne comportant qu'une lettre d'envoi ou un bordereau, sans discussion d'affaires, sont échangées entre le ministre et les directeurs, sans passer par l'intermédiaire du commandant du corps d'armée. Les directeurs des services correspondent librement entre eux et avec leurs subordonnés ».

452. « Le commandant du corps d'armée, dit l'art. 10, a le devoir : de prévoir et exposer au ministre, en temps opportun, les besoins du corps d'armée; de donner, quand il y a lieu, l'ordre de pourvoir et de distribuer, suivant les besoins et les ressources, conformément aux règlements et dans les limites des allocations accordées par le ministre; de veiller à ce que les troupes du corps d'armée soient pourvues de tout ce qui leur est alloué par les règlements et les décisions ministérielles; de s'assurer que les approvisionnements des magasins du corps d'armée sont au complet déterminé par le ministre, en bon état d'entretien et disponibles pour l'entrée en service; de tenir la main à ce que les lois et règlements soient exactement appliqués dans tous les services ».

453. « Les généraux commandant les corps d'armée ne peuvent, en dehors des cas prévus par les ordonnances, décrets et règlements, prescrire aucune mesure pouvant entraîner des dépenses pour l'Etat, sauf dans les circonstances urgentes ou de force majeure. Ils doivent, dans ce cas, donner leurs ordres par écrit sous leur responsabilité, même pécuniaire, et en rendre compte immédiatement au ministre. Les directeurs des services sont tenus, après observation, d'obtempérer à ces ordres, dont ils transmettent, de leur côté, une copie au ministre. Indépendamment de la responsabilité du général, les directeurs peuvent être rendus responsables par le ministre, même pécuniairement, de tout ordonnancement ou de toute distribution non prévus par les règlements, pour lesquels l'ordre écrit mentionné ci-dessus ne leur aurait pas été délivré » (art. 11).

454. « Les généraux commandant les divisions et les brigades sont, en vertu de l'art. 18 de la loi du 13 mars 1875, investis du commandement territorial des subdivisions de région correspondantes, sous l'autorité supérieure du commandant de corps d'armée. Ils remplissent, à l'égard de leurs troupes et des établissements et services desdites subdivisions, les devoirs de surveillance indiqués aux trois derniers paragraphes de l'art. 10. Les généraux commandant les divisions et les brigades non endivisionnées doivent exposer, en temps opportun, au commandant du corps d'armée, les besoins de leur division ou de leur brigade. Ils peuvent, en dehors des cas prévus par les ordonnances, décrets et règlements, donner l'ordre de pourvoir et de distribuer, sans l'autorisation préalable du commandant du corps d'armée, mais seulement dans le cas d'urgence ou de force majeure. Ils doivent alors donner cet ordre par écrit, sous leur responsabilité, même pécuniaire, et en rendre compte immédiatement au commandant du corps d'armée, qui en avise à son tour le ministre » (art. 12).

455. « Les chefs de service dans les divisions sont sous les ordres des généraux commandant ces divisions. Ils reçoivent directement de leurs chefs hiérarchiques, à savoir les directeurs des services auprès du commandant du corps d'armée, les instructions relatives à la comptabilité, à l'exécution technique du service et aux détails d'ordre intérieur. Ils transmettent au ministre, par l'intermédiaire de leur directeur, la copie des ordres écrits prévus à l'article précédent, et auxquels ils sont tenus d'obtempérer dans les conditions indiquées à l'art. 11. Ils ne s'adressent directement au ministre que dans les cas exceptionnels où ils ont à répondre à ses demandes directes; ils avisent alors leur directeur et le général sous les ordres duquel ils sont placés. Dans les subdivisions de région où le service de l'intendance est assuré par un fonctionnaire autre que celui de la division, ce fonctionnaire est placé, en ce qui concerne les services de la mobilisation, sous les ordres du général de brigade commandant ces subdivisions. Dans les divisions et brigades opérant isolément, les généraux pourvus d'une lettre de commandement ont, à l'égard des chefs de service, les mêmes attributions que celles des commandants de corps d'armée à l'égard des directeurs » (art. 13).

456. « En cas de formation d'armée, le ministre délègue ses pouvoirs administratifs, dans les limites nécessaires, au général en chef de l'armée, lequel représente alors le ministre vis-à-vis des commandants de corps d'armée. Le général en chef est assisté, dans l'administration de son armée, par des chefs supérieurs de service avec lesquels les directeurs des corps d'armée correspondent dans les mêmes limites qu'avec le ministre, en temps de paix. Ces chefs supérieurs exercent, au nom du général en chef, la haute surveillance et l'inspection technique des services dans les corps d'armée » (art. 14).

« Dans les places investies, le gouverneur ou commandant de la défense exerce une autorité absolue sur tous les services » (art. 15).

457. La seconde innovation de la loi de 1882 est l'autonomie du corps de santé. Cette autonomie n'était pas absolue, dans le système de la loi de 1882, en ce sens que, si la direction du service appartient exclusivement au personnel du corps de santé militaire, les crédits afférents à ce service étaient reçus et les dépenses ordonnancées par le corps de l'intendance. On n'avait pas voulu charger le médecin d'une foule d'attributions étrangères à son domaine naturel, et le troubler dans une tâche déjà très lourde par des préoccupations et des responsabilités étrangères à son véritable rôle. Depuis, le service de santé a acquis une autonomie complète par la loi du 1er juill. 1889 (D. P. 90. 4. 68). Ses attributions sont déterminées comme il suit par les art. 16 à 18 de la loi de 1882, modifiée par la loi du 1er juill. 1889 :

458. Les directeurs du service de santé dans les corps d'armée, ainsi que les chefs du service de santé dans les hôpitaux, ambulances et établissements pharmaceutiques, sont pris parmi les membres du corps de santé militaire. Les rapports de ces fonctionnaires entre eux et avec le commandement et les autres services sont réglés par les articles qui précèdent. Ils ont, en ce qui concerne l'exécution du service de santé, autorité sur tout le personnel militaire et civil, attaché d'une manière permanente ou temporaire à leur service. Ils donnent des ordres en conséquence aux pharmaciens, aux officiers d'administration et aux infirmiers des hôpitaux et ambulances, ainsi qu'aux troupes des équipages militaires et aux hommes de troupe, momentanément détachés auprès d'eux pour assurer le service de santé. Les infirmiers et les hommes de troupe ainsi détachés relèvent de leurs chefs de corps respectifs en ce qui concerne l'administration, la police et la discipline intérieures du corps. Les prescriptions du directeur ou des chefs de service de santé sont exécutoires par le personnel chargé de la gestion, dans la limite des règlements et des tarifs. Ils peuvent, dans les cas urgents, prescrire sous leur responsabilité, même pécuniaire, des dépenses non prévues par les règlements ; mais, en ce cas, ils donnent leurs ordres par écrit et en préviennent immédiatement le commandement... (art. 16). — Les pharmaciens et officiers d'administration chargés d'exécuter les ordres du directeur ou des chefs du service de santé peuvent être rendu pécuniairement responsables du montant des dépenses non prévues par les règlements, pour lesquels l'ordre écrit susmentionné ne lui aurait pas été délivré... (art. 17). — Les directeurs du service de santé, dans les corps d'armée, ordonnancent toutes les dépenses de ce service. Ces directeurs, ainsi que les médecins chefs de service, vérifient la gestion en deniers et en matières des pharmaciens et officiers d'administration placés sous leurs ordres. Ils leur donnent directement des instructions pour la bonne tenue des écritures et l'observation des lois et règlements sur la comptabilité. Le service de santé est également chargé, sous l'autorité du commandement, d'assurer la fourniture du matériel et des approvisionnements nécessaires aux hôpitaux et aux ambulances » (art. 18).

459. La troisième innovation importante de la loi du 16 mars 1882 est la création du corps du contrôle (V. n°s 164 et suiv.). Le contrôle, qui existait antérieurement, n'était pas distinct de l'administration. Le législateur a tenu à les séparer. Il a institué, sous le nom de contrôleurs, un groupe de fonctionnaires absolument étrangers à l'action administrative, et qui ne relèvent que du ministre auprès duquel ils sont placés. Ces agents se transportent à l'improviste sur un point quelconque du corps d'armée ; ils en vérifient toutes les opérations, en contrôlent les écritures ; passent l'inspection du matériel et du personnel. Ils sont armés de tous les droits du ministre, sans jamais pouvoir cependant s'immiscer dans le service et empêcher ou seulement retarder un acte quelconque. Ils se bornent à voir et à rapporter au ministre ce qu'ils ont vu. Les art. 25 et 26 de la loi du 16 mars 1882, déterminent les conditions de leur action : « Art. 25. Le contrôle de l'administration de l'armée est exercé par un personnel spécial ne relevant que du ministre. Il a pour objet de sauvegarder les intérêts du Trésor et les droits des personnes, et de constater dans tous les services l'observation des lois, ordonnances, décrets, règlements et décisions ministérielles qui en régissent le fonctionnement administratif. Il s'exerce indistinctement dans les corps d'armée (artillerie, génie, intendance, poudres et salpêtres, services hospitaliers, corps de troupes et établissements considérés comme tels) et dans les établissements et services spéciaux placés sous l'autorité directe du ministre. — Art. 26. Les contrôleurs agissent comme délégués directs du ministre. Ils procèdent, soit par des vérifications sur pièces, soit par des inspections inopinées. Ils se présentent, sans avis préalable, à l'autorité militaire du lieu où ils veulent accomplir leur mandat ; celle-ci donne, sur leur demande, tous les ordres nécessaires pour les revues d'effectif, et nomme des commissions d'officiers et de fonctionnaires pour les assister dans le recensement du matériel et des approvisionnements de tous genres. Ils adressent leurs rapports au ministre de la guerre. Ils constatent les suites données à leurs observations précédentes par les services compétents. Ils proposent toute mesure qu'ils jugeraient utile pour faire disparaître les abus ou pour simplifier et améliorer le fonctionnement administratif des services. Indépendamment de leurs inspections, les contrôleurs peuvent être chargés par le ministre, en temps de paix comme en temps de guerre, de toutes études ou missions intéressant le bon ordre des finances et la régularité de l'administration dans l'armée. Un décret déterminera le fonctionnement du contrôle et instituera un service distinct au ministère de la guerre ».

460. En ce qui concerne les marchés de fournitures de l'administration de la Guerre, lesquels sont régis principalement par le décret du 18 nov. 1882, V. *suprà*, v° *Marchés de fournitures*, n°s 16 et suiv.

CHAP. 5. — Des divers services publics militaires (*Rép.* n°s 663-715).

SECT. 1re. — DU SERVICE DE LA SOLDE (*Rép.* n°s 663-676).

461. Le service de la solde, qui a fait l'objet des règlements du 14 janv. 1889 et du 29 mai 1890, a pour objet de pourvoir à toutes les prestations en nature, soit individuelles, soit collectives. Les droits aux allocations qui constituent la solde varient suivant les *positions* diverses des militaires.

Il a déjà été question des positions de l'officier, lesquelles tiennent à l'état même des officiers (activité, disponibilité, non-activité, réforme, retraite). — Les positions des hommes de troupe sont la position de présence et la position d'absence. La position de présence est celle de tout militaire présent à son corps, à son poste, ou en route pour s'y rendre ; c'est aussi celle du militaire en mission. La position d'absence est celle du militaire en congé ou en permission, à l'hôpital, en jugement ou en détention, absent de son corps ou de son poste sans autorisation. La solde varie suivant que le militaire est présent ou absent.

462. Il y a quatre sortes de prestations en deniers : la solde, les hautes payes, les indemnités, les masses.

La solde a été unifiée par grade, quelle que soit l'arme ; mais on distingue entre la solde à pied et la solde à cheval. — Les hautes payes sont journalières ou mensuelles. Elles sont allouées aux sous-officiers, caporaux ou soldats rengagés ou commissionnés. — Les indemnités sont de nature très diverses. Il y a les indemnités aux troupes en marche ; à l'occasion de la fête nationale ; pour résidence dans Paris ; aux vélocipédistes militaires ; l'indemnité de rassemblement ; celle de première mise d'équipement ; celle pour perte d'effets ; pour changement d'uniforme ; l'indemnité de logement (aux sous-officiers rengagés ou commissionnés et aux maîtres ouvriers logés en ville) ; l'indemnité en remplacement de vivres ; l'indemnité de rengagement des sous-officiers. — Les *masses* sont de quatre sortes : 1° la masse d'habillement et d'entretien ; 2° la masse de chauffage ; 3° la masse de harnachement et de ferrage ; 4° la masse des écoles. La masse individuelle a été supprimée (V. *Manuel d'administration et de comptabilité*, par M. le capitaine Mangin, 1892, p. 3 et suiv.).

SECT. 2. — DU SERVICE DE LA REMONTE GÉNÉRALE (*Rép.* n°s 677 à 680).

463. Le service de la remonte dont les principes ont été exposés au *Rép.* n°s 677 et suiv. n'a pas subi de modifications essentielles ; mais il a fait l'objet d'un grand nombre de décrets, décisions, instructions et circulaires ministérielles, qu'on trouvera résumées dans le *Manuel de l'organisation de l'armée et du fonctionnement des services militaires*, de M. Lassalle, p. 384 et suiv. et 724 et suiv. — Nous nous bornerons à signaler deux innovations en ce qui concerne la remonte des officiers : 1° les capitaines d'infanterie peuvent aujourd'hui être pourvus d'un cheval ; 2° les officiers supérieurs sont autorisés à se remonter gratuitement par voie d'abonnement, et ceux qui possèdent un cheval à titre onéreux reçoivent une indemnité mensuelle de monture (Décr. 27 déc. 1890).

SECT. 3. — DU SERVICE DU LOGEMENT (*Rép.* n°s 681 à 714).

464. Nous renvoyons au *Répertoire* en ce qui concerne le service du logement qui continue à être organisé par le règlement du 30 juin 1856. Les lits militaires ont fait l'objet d'un nouveau règlement, qui porte la date du 30 sept. 1886.

SECT. 4. — DU SERVICE DE SUBSISTANCE, D'HABILLEMENT ET DE CHAUFFAGE, DE MARCHE ET DES TRANSPORTS (*Rép.* n° 715).

465. Le service de subsistance se divise en trois branches : 1° vivres; 2° fourrages; 3° chauffage et éclairage. Il a fait l'objet des règlements du 26 mai 1866 et du 15 janv. 1890. — Quant au service de marche et des transports, le règlement du 15 juin 1867 a été modifié le 19 juin 1888.

SECT. 5. — DES RÉQUISITIONS MILITAIRES.

466. On trouvera *infrà*, v° *Réquisition* les explications relatives aux réquisitions militaires, lesquelles peuvent s'exercer, en temps de paix, pour le logement, la nourriture et le chauffage des troupes, les moyens d'attelage et de transports de toute nature, les bateaux et embarcations qui se trouvent sur les fleuves, rivières, lacs et canaux, les pigeons voyageurs (V. L. 3 juill. 1877 sur les réquisitions; Décr. 2 août 1877; 8 août 1885; 12 mars et 3 juin 1890).

CHAP. 6. — De l'administration intérieure des corps de troupes (*Rép* n°s 716 à 727).

467. Les principes sur l'administration intérieure des corps de troupes et des établissements considérés comme tels ont été posés par la loi du 16 mars 1882, art. 21-24. Cette administration est régie par le décret du 14 janv. 1889. Elle est dirigée par un conseil d'administration que préside le chef de corps. En outre du président, le conseil est composé de quatre membres, qui sont: le major, rapporteur; le trésorier, secrétaire; l'officier d'habillement et un commandant d'unité administrative ou, à son défaut, un officier (capitaine, lieutenant ou sous-lieutenant) désigné à l'unanimité.

468. Le conseil d'administration a, dans ses attributions, l'administration du corps, dans tous ses détails, et la surveillance des commandants d'unités, au point de vue administratif. Le décret de 1889 a eu pour objet de dispenser les corps de la tutelle de l'intendance pour un grand nombre d'opérations de détails qui ont été attribuées à la compétence du conseil d'administration.

469. Le chef de corps et le conseil d'administration sont solidairement responsables envers l'Etat. La responsabilité peut être disciplinaire ou pécuniaire.

470. Pour les attributions des divers membres du conseil d'administration, nous renvoyons aux explications qui ont été données au *Rép.* n°s 720 et suiv.

CHAP. 7. — De la justice militaire (*Rép.* n°s 728 à 976).

471. La loi du 24 juill. 1873, sur l'organisation générale de l'armée, qui partageait le territoire en régions et subdivisions de régions a nécessité la mise en harmonie du code de justice militaire avec la nouvelle division du territoire. Les tribunaux militaires établis en temps normal sont essentiellement permanents, et il était nécessaire de leur donner une organisation territoriale, afin de constituer, pour chacun d'eux, le ressort dans lequel s'exerce sa compétence. La loi du 18 mai 1875 a eu pour objet de modifier le code de justice militaire, en substituant au mot « division » qui se rencontrait dans un certain nombre d'articles, la dénomination de « circonscription militaire territoriale », qui désigne la région. Le législateur a, en même temps, réglementé à nouveau la composition des conseils de guerre en campagne. Il a cherché à leur donner une constitution et un mode de fonctionnement permettant d'apporter à la répression l'énergie et la célérité nécessaires, afin d'éviter l'institution exceptionnelle des cours martiales. Enfin il a édicté de nouvelles dispositions pénales relativement aux infractions commises en matière de recrutement, notamment à l'insoumission (L. 27 juill. 1872, art. 59 et suiv.; 15 juill. 1889, art. 69 et suiv.; V. *suprà*, n°s 384 et suiv.

SECT. 1re — DES PÉNALITÉS MILITAIRES (*Rép.* n°s 730 à 753).

472. Nous renvoyons, pour cette partie de la question, au *Répertoire*. Les pénalités du code de justice militaire sont restées les mêmes. Toutefois, il y a lieu de rappeler les atténuations apportées à la rigueur de ces pénalités par la loi du 15 juill. 1889 (art. 57 et 80. V. *suprà*, n°s 360 et 398).

473. Relativement à la dégradation militaire (V. *Rép.* n°s 736 et suiv.), il a été jugé que cette peine, à moins de disposition spéciale, n'est pas l'accessoire de la peine de mort prononcée contre un militaire pour crime purement militaire, tel que l'abandon de son poste devant l'ennemi; et que, dans les cas où la dégradation militaire est l'accessoire de la peine capitale, elle ne doit pas être matériellement exécutée (Crim. cass. 2 févr. 1871, aff. Chenet, D. P. 71. 1. 121). Au contraire, les autres peines pour crimes (travaux forcés, déportation, etc...) emportent dans tous les cas et sans distinction la dégradation militaire (c. just. milit. art. 189). Mais il a été jugé qu'il y a excès de pouvoir dans la décision du conseil de guerre qui, en prononçant une peine de cinq ans d'emprisonnement à l'égard d'un soldat prévenu de désertion, le frappe en outre de la dégradation militaire, en raison d'une condamnation antérieure prononcée contre lui, pendant sa désertion, par une cour d'assises, pour crime de vol qualifié (Crim. cass. 11 déc. 1879, aff. Mannier, D. P. 80. 1. 356).

474. En ce qui concerne la destitution (*Rép.* n°s 739 et suiv.), il a été jugé que l'officier traduit devant un conseil de guerre et reconnu coupable d'un délit de droit commun (une escroquerie, dans l'espèce), ne peut être frappé de la peine de la destitution, qui n'est applicable qu'en matière de délits militaires (c. just. mil., art. 186 et 192);... alors même que sa condamnation entraînerait la perte du grade (Crim. cass. 11 mars 1881, aff. Borelly, D. P. 82. 1. 144).

Aux termes de l'art. 248 c. just. milit. la destitution est prononcée contre l'officier comptable condamné pour vol à la peine de l'emprisonnement. Il a été jugé que cette peine est obligatoire; que son application ne peut, en conséquence, faire l'objet d'une délibération séparée de celle qui a eu lieu pour l'application de la peine d'emprisonnement, et que, dès lors, la décision du conseil de revision qui annule un jugement d'un conseil de guerre par le motif qu'il n'énonce pas le nombre de voix qui se sont prononcées pour la peine spéciale de la destitution, encourt la cassation, de même que le jugement du conseil de guerre, rendu sur renvoi, qui contiendrait cette énonciation (Crim. cass. 13 déc. 1890, aff. Lehmann, D. P. 91. 1. 400).

SECT. 2. — DES CRIMES ET DES DÉLITS (*Rép.* n°s 754 à 796).

475. La loi du 18 mai 1875 a modifié les art. 231 234 et 235 c. just. mil. relatifs à la désertion. Le texte des nouveaux articles est ainsi conçu : « Art. 231. Est considéré comme déserteur à l'intérieur : 1° Six jours après celui de l'absence constatée, tout sous-officier, caporal, brigadier ou soldat qui s'absente de son corps ou détachement sans autorisation. Néanmoins, si le soldat n'a pas trois mois de service, il ne peut être considéré comme déserteur qu'après un mois d'absence ; 2° Tout sous-officier, caporal, brigadier ou soldat voyageant isolément d'un corps à un autre et dont le congé ou la permission est expiré, et qui, dans les quinze jours qui suivent celui qui a été fixé pour son retour ou son arrivée au corps, ne s'y est pas présenté. — Art. 234. En cas de guerre, tous les délais fixés par les art. 231 et 233 précédents sont réduits des deux tiers. — Art. 235. Est déclaré déserteur à l'étranger, en temps de paix, trois jours, et, en temps de guerre, un jour après celui de l'absence constatée, tout militaire qui franchit sans autorisation les limites du territoire français, ou qui, hors de France, abandonne le corps auquel il appartient ».

476. Depuis la publication du *Répertoire*, il a été jugé, en matière de désertion : 1° que le militaire qui s'est placé dans le cas d'absence irrégulière prévu par l'art. 231, § 2, alors qu'il n'aurait pas encore trois mois de service, ne doit être considéré comme déserteur qu'un mois après le jour où son absence illégale a commencé, la condition de trois mois de service énoncée au paragraphe premier devant être considérée comme sous-entendue dans ce cas (Cons. de revision de Paris, 24 août 1883, aff. Bonnard (1) ; — 2° Que le délit de recel d'un soldat déserteur a

(1) (Bonnard.) — LE CONSEIL ; — Vu le moyen de revision fourni par le défenseur du condamné à l'appui du recours tendant à l'annulation du jugement précité, parce qu'en appliquant au soldat Bonnard la peine attachée à la désertion sans tenir compte du deuxième alinéa du paragraphe 1er de l'art. 231 c. just. mil., le conseil de guerre a prononcé une peine en dehors des cas pré-

continué, sous l'empire du code de justice militaire, à être puni des peines édictées par l'art. 4 de la loi du 24 therm. an 6 (Montpellier, 16 nov. 1874, aff. Gayraud, D. P. 75. 2. 131); — 3° Que le maire dans la commune duquel se trouve un militaire non autorisé à y séjourner, et qui, interpellé sur ce fait par la gendarmerie, a toujours répondu par une négation absolue, peut être cité devant la cour d'appel comme coupable du délit d'avoir favorisé la désertion à l'intérieur (c. just. mil. art. 242; Lyon, 25 août 1872, aff. Boissard, D. P. 74. 5. 336); — 4° Que, sous l'empire de l'art. 12, § 2, de la loi du 26 avr. 1855, le payement de la prime de rengagement ne pouvait être refusé à un soldat acquitté par un conseil de guerre du chef de désertion et régulièrement libéré du service militaire, par le motif qu'ayant été absent de son corps pendant un certain temps, il n'aurait pas rempli les conditions de son rengagement (Cons. d'Et. 19 janv. 1877, aff. Vérité, D. P. 78. 5. 39); — 5° Que l'ancien militaire libéré qui, rappelé au service en temps de guerre par une loi spéciale, n'a pas rejoint son corps dans le délai après réception d'une feuille de route, ne peut être poursuivi que comme insoumis et non comme déserteur (Cons. de rev. de la 1re div. mil. 1er déc. 1870, aff. Loison, D. P. 70. 3. 117).

477. En ce qui concerne le vol, et spécialement le vol de munitions, il a été décidé : 1° que l'expression *munitions* dont se sert l'art. 248 de la loi du 9 juin 1857 c. just. mil. est un terme générique qui, dans son acception non limitée, comprend non seulement les munitions de guerre, mais encore les vivres de toute espèce nécessaires à la subsistance de l'armée et appartenant à l'Etat et spécialement le pain provenant des subsistances militaires (Crim. rej. 5 déc. 1891, aff. Galois, D. P. 92. 1. 435); — 2° Que le vol de munitions, appartenant à l'Etat, commis par un militaire qui n'en est pas comptable, est un crime puni de la reclusion; il importe peu que, par l'effet de l'admission de circonstances atténuantes, la peine applicable ne soit plus qu'une peine correctionnelle; la nature de l'infraction n'en est pas altérée (Même arrêt). — Jugé aussi que le fait, par des militaires, de soustraire frauduleusement des effets d'habillement qu'ils n'avaient pas à leur usage pour le service, mais qui étaient déposés dans un magasin du régiment, constitue, non le délit de détournement prévu par l'art. 244 c. just. mil., mais le crime de vol prévu par l'art. 248 du même code; et que, en conséquence, la juridiction correctionnelle est incompétente pour statuer sur la prévention dirigée contre des civils qui se sont rendus complices, par recel, de ce crime de vol (Nîmes, 5 févr. 1891, aff. Fauque et Marius, D. P. 92. 2. 191).

478. Il a encore été jugé que le fait de s'être procuré indûment le sceau d'un officier supérieur et de l'avoir apposé sur des permissions en blanc ne portant aucune signature, n'est pas punissable alors qu'il n'a pas été fait de ces permissions un usage préjudiciable à l'Etat ou à une autorité quelconque (c. pén. 143; Besançon, 21 mai 1890, aff. Guinoiseau, D. P. 91. 2. 336. Comp. *suprà*, v° *Faux*, n° 102).

479. Signalons enfin une décision intéressante aux termes de laquelle le refus, par un militaire, d'obéir à un ordre de service donné par un supérieur constitue, en toute circonstance, une infraction punissable (L. 9 juin 1857, art. 218). L'expression *ordre de service* embrasse, en effet, au sens légal, tous les ordres relatifs à l'accomplissement d'un devoir militaire quelconque. Elle comprend, notamment, les injonctions que les chefs, à tous les degrés de la hiérarchie, adressent à leurs subordonnés pour tout ce qui touche à la discipline militaire des troupes, et spécialement à la tenue réglementaire des hommes punis (Crim. cass. 25 nov. 1886, aff. Chéron, D. P. 87. 1. 137).

SECT. 3. — DES TRIBUNAUX MILITAIRES (*Rép.* nos 797 à 976).

ART. 1er. — *Dispositions générales.*

480. Il n'y a rien de changé aux principes généraux sur la constitution des tribunaux militaires, exposés au *Rép.* nos 797 à 803; nous ne pouvons qu'y renvoyer.

ART. 2. — *Des conseils de guerre. — Organisation.*

481. Les modifications apportées par la loi du 18 mai 1875 à l'organisation des conseils de guerre se trouvent dans les art. 2, 7, 13 et 18 c. just. mil., dont le texte nouveau est ainsi conçu : « Art. 2. Il y a un conseil de guerre permanent au chef-lieu de chacune des circonscriptions militaires territoriales formées, à l'intérieur, sous le titre de région de corps d'armée ou de commandement supérieur, et en Algérie, sous le titre de division militaire. Si les besoins du service l'exigent, d'autres conseils de guerre permanents peuvent être établis dans la circonscription par un décret du chef de l'Etat, qui fixe le siège de chacun de ces conseils et en détermine le ressort. — Art. 7. Les commissaires du Gouvernement et les rapporteurs sont pris parmi les officiers supérieurs, les capitaines, les sous-intendants militaires ou adjoints, soit en activité, soit en retraite. Les substituts sont pris parmi les officiers en activité dans la circonscription. Exceptionnellement et lorsque les besoins du service l'exigent, il peut être dérogé à cette règle en vertu d'une décision du ministre de la guerre. — Art. 13. Pour juger un membre du corps de l'intendance militaire, un médecin, un pharmacien, un officier d'administration, un vétérinaire ou tout autre individu assimilé aux militaires, le conseil de guerre est composé suivant le grade auquel le rang de l'accusé correspond. — Art. 18. Lorsque, dans les cas prévus par les lois, il y a lieu de traduire devant un conseil de guerre, soit comme auteur principal, soit comme complice, un individu qui n'est ni militaire ni assimilé aux militaires, le conseil reste composé, suivant le cas, comme il est dit aux art. 3 et 33 pour les

---

vus par la loi; — Vu l'art. 231 c. just. mil. — En droit : — Attendu que la circonstance qu'un militaire cesse d'être présent au corps, parce qu'à l'expiration d'une permission à lui accordée, il n'a pas rejoint au jour fixé, ne saurait lui faire perdre le bénéfice de la première disposition de l'art. 231, précité, qui accorde un délai de grâce d'un mois au soldat n'ayant pas encore trois mois de service au moment de son absence illégale de son corps; — Attendu que les deux dispositions contenues dans les deux paragraphes dudit article doivent évidemment être combinées, et que les entendre dans un autre sens serait en méconnaître et les termes et surtout l'esprit; que ces principes sont consacrés par la jurisprudence et par un arrêt de la cour de cassation du 24 févr. 1860; — En fait : — Attendu que, dans le procès-verbal du jugement attaqué, la question posée au conseil de guerre est ainsi conçue : « Le nommé Bonnard (Guillaume), soldat de 2e classe au 112e régiment d'infanterie, n'ayant pas trois mois de service, est-il coupable de désertion à l'intérieur en temps de paix, pour ne s'être pas présenté à son corps, en garnison à Aix, le 21 janv. 1883, jour de l'expiration de la permission qui lui avait été accordée, ni dans les quinze jours qui ont suivi celui fixé pour son retour »; — Attendu que cette question ayant été résolue affirmativement, le nommé Bonnard a été condamné à deux ans de prison, en vertu des art. 231 et 232, c. just. mil.; — Attendu qu'il résulte des pièces du procès, et notamment de l'état signalétique et des services de l'accusé, que ledit Bonnard est entré au service le 28 nov. 1882, comme appelé de la première portion de la classe de 1881; que, le 17 janv. 1883, il a obtenu une permission de quatre jours, valable jusqu'au 20 janvier inclus; que n'ayant pas rejoint son corps à l'expiration de ladite permission, il a été porté manquant à l'appel du 21 dudit mois de janvier, et qu'il a été arrêté le 14 févr. suivant par la police de Lyon; — Attendu, par suite, qu'au 21 janv. 1883, jour où son absence illégale a commencé, le susnommé Bonnard avait moins de trois mois de service, et ne pouvait être déclaré déserteur qu'un mois après, aux termes du 1er paragraphe de l'art. 231 précité; — Attendu, dès lors, que le fait (reconnu constant par déclaration du conseil de guerre) d'un soldat, ayant moins de trois mois de service, qui ne rejoint pas son corps dans les quinze jours qui ont suivi l'expiration de sa permission, ne saurait constituer le délit de désertion à l'intérieur en temps de paix, tel qu'il est défini par l'art. 231 c. just. mil., et donner lieu à l'application de la peine prévue par l'art. 232 dudit code, ni constituer aucun crime ou délit, ni tomber sous l'application d'aucune loi pénale; — Par ces motifs; — Faisant droit aux conclusions du défenseur; — Annule, à l'unanimité, le jugement de condamnation dont est recours; — Renvoie l'accusé, ensemble les pièces du procès, devant le premier conseil de guerre de la 16e région de corps d'armée, séant à Montpellier, pour que ledit conseil prononce l'absolution de l'accusé, conformément aux art. 136, 167 et 170, c. just. mil.

Du 24 août 1883.-Cons. de rev. de Paris.-MM. Lechesne, pr.-Guet, rap.-Romain, comm. du gouv.

sous-officiers, caporaux et soldats, à moins que le grade ou le rang d'un coaccusé militaire n'exige une autre composition ».

482. Par suite de la nouvelle organisation des conseils de guerre, ces juridictions sont au nombre de vingt-sept, savoir: un au chef-lieu de chacune des régions de corps d'armée de l'intérieur, y compris Grenoble pour le 14e corps ; un dans le gouvernement militaire de Lyon, à Lyon ; deux dans le gouvernement militaire de Paris, à Paris ; deux dans la division d'Alger, à Alger et à Blidah; deux dans la division d'Oran, à Oran; un dans la division de Constantine, à Constantine ; un en Tunisie, à Tunis.

483. La composition des conseils de guerre aux armées a été réorganisée par les art. 33, 34, 35 et 37 nouveaux du code de justice militaire (1).

484. Les conseils de guerre dans les communes et les départements en état de siège et dans les places de guerre investies font l'objet des art. 44, 45 et 46 nouveaux. « Art. 44. Il est établi deux conseils de guerre dans toute place de guerre assiégée ou investie. La formation de ces conseils est mise à l'ordre du jour de la place. Leurs fonctions cessent dès que l'état de siège est levé, sauf en ce qui concerne le jugement des crimes et délits dont la poursuite leur a été déférée. — Art. 45. Les membres des conseils de guerre établis dans les places de guerre en vertu de l'article précédent sont nommés et remplacés par le gouverneur ou le commandant supérieur de la place, qui, à défaut de militaires en activité, peut les prendre parmi les officiers et les sous-officiers en non-activité, en congé ou en retraite. Dans ce cas, ils prêtent, entre les mains du commandant supérieur, le serment prescrit par l'art. 25 du présent code. S'il ne se trouve pas dans la place un nombre suffisant d'officiers des grades exigés pour la formation des conseils, il y est suppléé par des officiers et sous-officiers des grades inférieurs les plus rapprochés. — Art. 46. Les conseils de guerre établis dans les places de guerre en vertu de l'art. 44 sont composés comme les conseils de guerre aux armées. Les art. 11, 12, 13, 14, 15, 16, 17, 18, 22, 23, 24, 33 et 34 du présent code leur sont applicables ».

ART. 3. — *De la compétence des conseils de guerre* (*Rép.* nos 818 à 902).

§ 1er. — De la compétence des conseils de guerre permanents (*Rép.* nos 819 à 882).

485. Le principe que les militaires sont justiciables des conseils de guerre, tant pour les délits spéciaux réprimés par le code de justice militaire que pour les infractions de droit commun (c. just. milit. art. 55; *Rép.* nos 819 et suiv.), a fait l'objet de plusieurs applications en jurisprudence. Il a été décidé, notamment : 1° que le militaire en état de service ne peut être jugé que par les tribunaux militaires pour tous crimes et délits, même de droit commun, qu'il commet pendant qu'il est présent au corps en service effectif, quelle que soit la régularité ou l'irrégularité de son incorporation; que les tribunaux militaires n'ont même pas, sauf le cas de désertion, le droit de surseoir jusqu'à décision de l'autorité compétente pour statuer sur la question d'irrégularité de l'incorporation ; et que le militaire condamné dans ces conditions ne peut attaquer pour incompétence le jugement qui l'a frappé: son pourvoi est non recevable (Crim. rej. 9 avr. 1887, aff. Karsenty, D. P. 87. 1. 363); — 2° Que si un délit a été commis par un militaire après son évasion d'un pénitencier militaire, mais avant l'expiration du délai de grâce de six jours (c. just. mil., art. 56 et 231), c'est le conseil de guerre qui est seul compétent (Crim. cass. 4 déc. 1879) (2); — 3° Qu'un militaire ne peut être cité pour injures verbales devant le

(1) Ces articles sont ainsi conçus : « Art. 33. Lorsqu'un corps d'armée est appelé ou que plusieurs corps d'armée réunis en armée sont appelés à opérer, soit sur le territoire, soit au dehors, un ou deux conseils de guerre sont établis, sur l'ordre du ministre de la guerre, dans chaque division active, ainsi qu'au quartier général de l'armée, et, s'il y a lieu, au quartier général de chaque corps d'armée. Si une division active ou un détachement de troupes de la force d'un bataillon au moins sont appelés à opérer isolément, un ou deux conseils de guerre peuvent également être formés dans la division ou dans le détachement. Ces conseils de guerre sont composés de cinq juges seulement, conformément au tableau ci-après, suivant le grade de l'accusé, jusqu'à celui de lieutenant-colonel inclusivement :

GRADE de l'accusé.	GRADE du président.	GRADES DES JUGES.
Sous-officier, caporal ou brigadier, soldat...	Colonel ou lieutenant-colonel.	1 chef de bataillon, chef d'escadron ou major. 1 capitaine. 1 lieutenant ou sous-lieutenant. 1 sous-officier.
Sous-lieutenant.	Colonel ou lieutenant-colonel.	1 chef de bataillon, chef d'escadron ou major. 1 capitaine. 1 lieutenant. 1 sous-lieutenant.
Lieutenant.....	Colonel ou lieutenant-colonel.	1 chef de bataillon, chef d'escadron ou major. 1 capitaine. 2 lieutenants.
Capitaine......	Colonel.........	1 lieutenant-colonel. 1 chef de bataillon, chef d'escadron ou major. 2 capitaines.
Chef de bataillon, chef d'escadron, major.	Général de brigade.........	1 colonel. 1 lieutenant-colonel. 2 chefs de bataillon, chefs d'escadron ou majors.
Lieutenant-colonel..........	Général de brigade.........	2 colonels. 2 lieutenants-colonels.

« Il y a près de chaque conseil un commissaire du Gouvernement rapporteur, remplissant à la fois les fonctions de magistrat instructeur et celles du ministère public, et un greffier. Il peut être nommé un ou plusieurs substituts du commissaire du Gouvernement rapporteur, et un ou plusieurs commis greffiers. Les art. 11, 12, 13, 14, 16, 17 et 18 du présent code sont applicables aux conseils de guerre ainsi composés. Il n'est rien changé à la composition des conseils déterminés par l'art. 10 du présent code, pour les autres grades, à partir de celui de colonel. — Art. 34. Les membres des conseils de guerre, ainsi que les commissaires du Gouvernement rapporteurs, les substituts, les greffiers et commis greffiers, sont pris parmi les officiers et les sous-officiers employés dans l'armée, le corps d'armée, la division ou le détachement près desquels ces conseils sont établis. — Art. 35. Les membres des conseils de guerre sont nommés et remplacés, savoir : dans la division, par le général commandant la division ; au quartier général de l'armée, par le général en chef; au quartier général du corps d'armée, par le général commandant le corps d'armée; dans le détachement de troupes, par le commandant de ce détachement. S'il ne se trouve pas, soit dans la division, soit dans l'armée, soit dans le corps d'armée, soit dans le détachement où se forment les conseils de guerre, un nombre suffisant d'officiers du grade requis pour leur composition, il y est suppléé en descendant dans la hiérarchie, même jusqu'au grade inférieur à celui de l'accusé, si cela est nécessaire, mais sans que plus de deux juges puissent être pris dans cette catégorie. Si, nonobstant la disposition du paragraphe précédent, il y a dans les divisions, corps d'armée et détachements insuffisance de militaires du grade requis pour composer les conseils de guerre qui y sont attachés, il y est pourvu par le général en chef au moyen d'officiers pris dans l'armée. En cas d'impossibilité absolue pour le général en chef de composer le conseil de guerre du quartier général, il y est pourvu par le ministre de la guerre, qui compose ce conseil conformément aux dispositions de l'art. 21 du présent code, ou renvoie l'officier inculpé devant l'un des conseils de guerre permanents des circonscriptions territoriales voisines. — Art. 37. Les art. 15, 22, 23 et 24 du présent code sont applicables aux conseils de guerre siégeant aux armées.

(2) (Procureur général à la cour de cassation. — Intérêt de la loi, aff. Bergier et Bousquet.) — LA COUR; — Vu la lettre de M. le garde des sceaux, ministre de la justice, du 4 oct. 1879; — Vu le réquisitoire de M. le procureur général près la cour de cassation; — Vu le pourvoi formé, d'ordre du garde des sceaux, dans l'intérêt de la loi, contre un jugement rendu, le 8 août 1879, par le tribunal correctionnel de Philippeville, dans l'affaire concernant Claude Bergier et Arthur-Armand Bousquet, militaires; — Vu les art. 441 c. instr. crim., 56, 231 du code de l'armée de terre; — Attendu qu'il résulte du jugement attaqué et des documents produits, que Berger et Bousquet, militaires inscrits sur les contrôles de l'armée, se sont évadés, le 28 juill. 1879, du pénitencier de Bône où ils subissaient une peine

tribunal de simple police, la répression des contraventions de cette sorte ayant été laissée à l'autorité militaire (C. just. mil., art. 271 ; Crim. cass. 13 janv. 1873, aff. Julien, D. P. 73. 1. 92); — 4° Que le délit de rébellion imputé à un militaire en congé doit être jugé par le conseil de guerre, et non par le tribunal correctionnel, bien qu'il ait été commis pour s'assurer l'impunité d'un délit de chasse ; que vainement on invoquerait la connexité des deux infractions ou leur indivisibilité (Agen, 11 janv. 1882, aff. Labatut, D. P. 84. 5. 335); — 5° Que le vol, par un militaire, d'effets de harnachement appartenant à l'Etat est, à défaut de complicité par aide ou assistance de la part d'individus non militaires ou assimilés, de la compétence exclusive du conseil de guerre (Crim. règl. de juges, 25 oct. 1890, aff. Boudignon, D. P. 91. 1. 93); — 6° Que l'individu pris en dehors des rangs de l'armée, qui fait partie de la musique d'un régiment en vertu d'une simple commission, est justiciable des conseils de guerre pour tous crimes et délits, et spécialement pour celui de désertion, s'il a quitté son corps sans autorisation (Cons. de revision de Lyon, 27 mai 1876, aff. Malardé, D. P. 77. 2. 24); — 7° Que l'art. 271 c. just. mil., qui attribue à l'autorité militaire la répression des contraventions de police commises par les militaires présents à leur corps, est applicable aux gendarmes, même pour les contraventions commises par eux dans l'exercice de leurs fonctions relatives à la police judiciaire ; que l'art. 59 c. just. mil., qui déclare les gendarmes non justiciables des conseils de guerre pour les crimes et délits commis dans l'exercice de leurs fonctions de police judiciaire, est inapplicable aux contraventions de simple police; que, par suite, le tribunal de police saisi d'une contravention à l'art. 471, § 13, c. pén., imputée à un gendarme présent à son corps, doit se déclarer incompétent et refuser d'entendre les témoins requis par le ministère public (Crim. rej. 21 nov. 1873, aff. Confoulens et Bonnery, D. P. 74. 1. 73).

486. D'autre part, il a été jugé : 1° que le militaire rayé des contrôles de l'armée comme déserteur devient justiciable des tribunaux de droit commun, pour les crimes ou délits ordinaires par lui commis postérieurement à sa radiation ; qu'en conséquence, c'est devant la chambre des mises en accusation que ledit militaire, pour les délits dont il s'agit, doit être renvoyé par la cour de cassation, quand celle-ci est appelée à régler de juges, en présence d'une double décision par laquelle le juge d'instruction, d'une part, et le général commandant la division, d'autre part, ont refusé d'instruire la cause (Crim. règl. de juges, 18 sept. 1884, aff. El-Hamon-ben-el-Haoussin, D. P. 84. 1. 476); — 2° Que la juridiction militaire ne pourrait connaître, même en alléguant le motif de la connexité, d'un délit de vagabondage imputé à un individu en état de rupture de ban, alors que son identité est contestée (Crim. cass. 18 juill. 1874) (1).

487. Aux termes de l'art. 60 c. just. milit., « lorsqu'un justiciable des conseils de guerre est poursuivi en même temps pour un crime ou un délit de la compétence des conseils de guerre, et pour un autre crime ou délit de la compétence des tribunaux ordinaires, il doit être traduit d'abord devant le tribunal auquel appartient la connaissance du fait emportant la peine la plus grave, et renvoyé ensuite, s'il y a lieu, pour l'autre fait, devant le tribunal compétent ». Décidé, par application de cet article, qu'en cas de poursuites simultanées contre les mêmes individus, ayant pour objet, les unes des faits relevant du conseil de guerre, les autres des faits ressortissant aux tribunaux de droit commun, il y a lieu de saisir d'abord le conseil de guerre des faits de sa compétence, sauf à traduire ultérieurement, devant la justice ordinaire, ceux des inculpés qui en sont justiciables (Crim. règl. de juges, 25 oct. 1890, aff. Boudignon, D. P. 91. 1. 93). — Mais il a été jugé que la disposition de l'art. 60 n'est pas prescrite à peine de nullité; et que le prévenu, déféré aux tribunaux de droit commun, quand il aurait dû comparaître au préalable devant le conseil de guerre, n'est pas recevable à se prévaloir, devant la cour de cassation, de la violation de la disposition précitée, alors qu'il n'a pris à cet égard aucunes conclusions devant la juridiction ordinaire et a même expressément demandé à être jugé par elle (Crim. rej. 20 sept. 1888, aff. Margotat, D. P. 89. 1. 121).

488. Au reste, les crimes ou délits commis par un militaire en activité de service sont de la compétence des conseils de guerre, alors même que, au jour des poursuites, l'accusé se trouve définitivement libéré du service. C'est

---

prononcée par les tribunaux militaires, qu'ils ont été arrêtés à Philippeville le 2 août, et qu'ils ont été poursuivis et condamnés par le tribunal correctionnel de Philippeville pour délit de droit commun qu'ils avaient commis après leur évasion, avant l'expiration du délai de grâce de six jours accordé par l'art. 231 du code de l'armée de terre ; que, conséquemment Bergier et Bousquet n'étaient pas légalement déserteurs, et n'avaient pas cessé de figurer comme militaires en activité de service sur les registres du corps auquel ils avaient été attachés; — D'où il ressort que les délits pour lesquels ils ont été condamnés à six mois de prison par le tribunal correctionnel de Philippeville, auraient dû être déférés au conseil de guerre de la division de Constantine, seul compétent pour en connaître, aux termes de l'art. 36 c. mil.; — Attendu qu'en prononçant sur la poursuite dirigée contre les susnommés, le tribunal correctionnel de Philippeville a méconnu et violé les règles de sa compétence et la disposition des art. 56 et 231 précités; qu'il y a lieu, dès lors, de prononcer l'annulation du jugement dénoncé;

Casse et annule seulement dans l'intérêt de la loi, le jugement rendu le 19 août 1879, par le tribunal correctionnel de Philippeville, contre Bergier et Bousquet, etc.

Du 4 déc. 1879.-Ch. crim.-MM. de Carnières, pr.-Saint-Luc-Courborieu, rap.-Benoist, av. gén.

(1) (Bayten.) — La cour; — Sur le moyen tiré de la violation des art. 33 c. pén. et 518, 519 et 520 c. instr. crim., en ce que l'arrêt attaqué, en confirmant l'ordonnance du juge d'instruction du tribunal de Belfort, aurait méconnu les règles de la compétence spéciale créée par les articles précités pour la reconnaissance d'identité et l'application de la peine : — Vu l'art. 33 c. pén.; — Vu les art. 518 et 519 c. instr. crim., aux termes desquels la reconnaissance de l'identité et l'application de la peine prononcée de la détention doivent être faites par la cour qui a prononcé la première condamnation, et ce, sans assistance de jurés; — Attendu qu'il résulte de ces dispositions combinées que lorsqu'il s'agit de reconnaître l'identité d'un individu condamné à la déportation ou au bannissement, qui a rompu son ban et qui a été repris, cette reconnaissance doit être faite dans les formes prescrites par les art. 518 et suiv., et cela en toute hypothèse, soit que l'identité soit déniée ou reconnue par le prévenu ou qu'elle soit établie par l'information ou demeurée douteuse ; — Attendu que cette identité ne peut devenir une vérité légale et déterminer l'application de l'art. 33 c. pén., qu'autant qu'elle a été reconnue et constatée dans les formes et par la juridiction exclusivement déterminées par les art. 518 et 519 précités ; — Attendu, dès lors, que la juridiction qui avait, le 23 mai 1872, condamné Bayten à la peine de la déportation, commuée depuis par la juridiction gracieuse en bannissement, était seule compétente pour procéder à la reconnaissance de l'identité du prévenu et à la répression du crime d'infraction de ban commis par lui; — Attendu, cependant, que l'arrêt attaqué, en déclarant qu'il n'y avait lieu de refuser l'ordonnance du juge d'instruction de Belfort sur le motif que l'identité du prévenu n'était ni déniée ni douteuse, a maintenu la compétence de la cour d'assises de la Haute-Saône pour constater l'identité de Bayten et lui faire application de l'art. 33 c. pén.; — Qu'en statuant ainsi et en refusant, contrairement aux conclusions du ministère public, de décider que le prévenu serait remis à l'autorité militaire qui statuerait à son égard comme de droit, l'arrêt attaqué a méconnu la compétence du conseil de guerre qui avait prononcé la première condamnation et violé les dispositions des art. 518 et 519 c. instr. crim. et 33 c. pén.; — Attendu, en outre, que l'ordonnance du juge d'instruction confirmée par l'arrêt attaqué, contient contre Bayten, indépendamment de la prévention du crime de rupture de ban, une autre prévention suffisamment établie de vagabondage prévue et punie par les art. 270 et 271 c. pén. — Attendu que la juridiction militaire, saisie par une disposition exceptionnelle de la reconnaissance de l'identité et de l'application de la peine prononcée par l'art. 33 c. pén., ne peut, même sans motif de connexité, connaître du délit de vagabondage imputé au prévenu; que cette connaissance appartient à la juridiction ordinaire ; — Attendu cependant que l'arrêt attaqué n'a fait aucune distinction entre les deux chefs de prévention imputés à Bayten, et a renvoyé l'un et l'autre devant une même juridiction; qu'il suit néanmoins de ce qui précède que le tribunal correctionnel est seul compétent pour connaître du délit de vagabondage; — Casse l'arrêt rendu le 7 mai 1874 par la cour d'appel de Besançon.

Du 18 juill. 1874.-Ch. crim.-MM. de Carnières, pr.-Roussel, rap.-Reverchon, av. gén.

en effet, par la qualité des prévenus au jour, non des poursuites, mais de la perpétration des crimes et délits dont ils ont à répondre, que se règle la juridiction (Crim. rej. 14 mai 1892, aff. Asthmane-ben-Ahmed, D. P. 92. 1. 524). — Jugé, dans le même sens, que le pourvoi pour incompétence formé par un individu condamné par un conseil de guerre doit être rejeté s'il est établi que cet individu était militaire au moment où ont été commis les faits qui ont motivé la poursuite (Crim. rej. 14 juin 1877, aff. Thoreau, D. P. 78. 1. 96).

§ 2. — De la compétence des conseils de guerre aux armées (*Rép.* nos 883 à 891).

489. On a vu (n° 484) que les art. 44, 45 et 46 nouveaux c. just. mil. instituent des conseils de guerre dans les communes et départements en état de siège et dans les places de guerre assiégées ou investies. L'art. 70 nouveau dispose que ces conseils de guerre connaissent de tous les crimes et délits commis par les justiciables des conseils de guerre aux armées, conformément aux art. 63 et 64 c. just. mil., sans préjudice de l'application de la loi du 9 août 1849 sur l'état de siège.

490. Le code de justice militaire de 1857 gardait le silence sur les *cours martiales*, qui ont fonctionné aux armées à diverses reprises et temporairement. En 1870, notamment, en raison des impérieuses nécessités de discipline, un décret du 2 octobre avait partout substitué les cours martiales aux conseils de guerre. Elles se composaient de cinq juges ; elles condamnaient à la simple majorité des voix ; la plaidoirie par avocat était interdite, et le jugement, rendu le jour même de la transmission de la plainte, était sans appel et devait recevoir son exécution dès le lendemain. La rigueur des peines était d'ailleurs augmentée. Le législateur de 1875 n'a pas pensé qu'il y eût lieu de faire consacrer par le code de justice militaire l'usage des cours martiales. C'est pourquoi il a cherché à donner aux conseils de guerre, en campagne, une constitution et un mode de fonctionnement permettant d'apporter à l'action régulière de la justice la célérité qui est indispensable, en pareil cas, pour une répression énergique et efficace.

491. Bien que la réforme apportée en 1875 aux conseils de guerre en campagne permette de prévoir qu'il ne sera plus nécessaire, dans l'avenir, de recourir à l'expédient rigoureux des cours martiales, il convient de citer quelques décisions rendues à l'occasion du fonctionnement de cette juridiction exceptionnelle pendant la guerre de 1870. Il a été jugé, notamment : 1° que, même dans un corps d'armée opérant en France sous le commandement d'un général étranger, et comprenant en grande partie des officiers et des soldats étrangers, le conseil de guerre ou la cour martiale, réuni pour juger un militaire français, ne peut comprendre que des juges appartenant à la nationalité française; qu'est nul le jugement rendu par une cour martiale constituée à l'aide d'autres juges que ceux régulièrement désignés, sans qu'il apparaisse d'un empêchement légitime de ceux-ci, ni d'une délégation donnée aux juges nouveaux (c. just. mil. art. 20; Crim. cass. 2 févr. 1871, aff. Chenet, D. P. 71. 1. 121); — 2° Que les cours martiales, durant la guerre de 1870-1871, ne pouvaient connaître que des crimes et délits flagrants, et que, par suite, elles sortaient des limites de leur compétence en jugeant un individu accusé d'un crime dont la perpétration remontait à quinze jours (Arrêt précité du 2 févr. 1871; Crim. cass. 16 févr. 1871, aff. Giroux, et 2 mars 1871, aff. Mollière, D. P. 71. 1. 124); — 3° Que, n'ayant juridiction que sur les militaires, elles ne pouvaient, par suite, traduire devant elles, même sous l'accusation d'espionnage, l'individu, simple cultivateur, auquel n'était imputé aucun acte de complicité avec des militaires, sauf le renvoi de celui-ci devant la juridiction militaire ordinaire, en raison de la mise en état de siège du département (Arrêt précité du 2 mars 1871); — 4° Qu'une cour martiale ne pouvait être régulièrement instituée ni dans un corps de francs-tireurs, même commandé par un chef de bataillon, lorsque ce corps n'avait encore été rattaché à aucune armée ou fraction d'armée, et n'avait pas encore commencé ses opérations militaires, surtout si son effectif était inférieur à celui d'un bataillon; ... ni dans une compagnie de discipline en marche pour se rendre vers les lieux occupés par l'ennemi, même lorsque, réunie à une autre compagnie, elle formait un corps détaché, si ce corps n'était pas de la force d'un bataillon, n'était pas commandé par un chef de bataillon et n'avait pas encore commencé ses opérations militaires (Crim. cass. 3 févr. 1871, aff. Chassery, et 24 févr. 1871, aff. Flayeux, D. P. 71. 1. 126); — 5° Que la condamnation prononcée par une cour martiale était entachée de nullité... soit lorsqu'elle ne contenait pas la déclaration que la sentence était rendue « au nom de la patrie envahie » (Arrêt précité du 2 mars 1871); ... soit lorsqu'il n'y était pas fait mention que les membres de la cour avaient voté en commençant par le moins élevé en grade (Même arrêt); ... soit encore lorsqu'il n'y était pas constaté que la décision sur la culpabilité ou sur l'application de la peine avait été prise à la majorité (Même arrêt).

§ 3. — De la compétence en cas de complicité (*Rép.* nos 892 à 902).

492. Lorsqu'une infraction est commise par des militaires et par des individus n'appartenant pas à l'armée, coauteurs ou complices, le principe posé par l'art. 76 du code de 1857 est que la connaissance de ces infractions appartient à la compétence des tribunaux de droit commun (*Rép.* n° 892). Ce principe a été plusieurs fois appliqué depuis la publication du *Répertoire*. Il a été jugé, notamment : 1° que le militaire, auteur d'un délit de coups et blessures commis en participation avec des coauteurs non militaires, est justiciable des tribunaux de droit commun, et que le conseil de guerre, incompétemment saisi, doit se dessaisir au profit de ces tribunaux; que si néanmoins le conseil de guerre a statué sur la prévention, et si sa décision n'a pas été attaquée dans les délais, suivant les modes de recours autorisés par la loi, le tribunal correctionnel devant lequel le délit a été également poursuivi, méconnaît l'autorité de la chose jugée et viole la règle : *Non bis in idem*, en statuant à son tour sur la poursuite (Crim. cass. 15 juill. 1882, aff. Genet, D. P. 83. 1. 362); — 2° Que les délits de droit commun, tels que des vols ordinaires, commis par un militaire postérieurement à l'obtention d'un congé de réforme et à la réception d'une feuille de route pour se retirer dans ses foyers, ne peuvent être déférés au conseil de guerre, même quand ils ont été commis de complicité avec des militaires restant au service (Cons. de guerre de Grenoble, 13 déc. 1870, aff. Gely et autres, D. P. 71. 3. 388); — 3° Qu'aux termes des art. 76 et 106 de la loi du 9 juin 1857, la juridiction ordinaire est exclusivement compétente pour connaître d'une prévention dirigée contre des militaires et des non-militaires compris dans la même poursuite ; et lorsque la peine encourue par l'inculpé militaire est une peine criminelle, c'est la cour d'assises qui doit être saisie de l'affaire tout entière en raison de l'indivisibilité de la procédure (Crim. cass. 5 déc. 1891, aff. Galois, D. P. 92. 1. 435).

493. Mais il a été décidé, conformément à la jurisprudence rapportée au *Rép.* nos 875 et suiv. : 1° que le complice, non militaire, d'un crime ou délit commis par des militaires peut et doit être jugé séparément, lorsque, au moment de l'instruction dirigée contre lui, il reste seul poursuivi, les délinquants militaires ayant déjà passé en jugement devant le conseil de guerre et se trouvant sous le coup d'une condamnation devenue définitive (c. just. mil. art. 76); et que, en pareille situation, si le fait incriminé est un vol simple de munitions appartenant à l'État, c'est devant le tribunal correctionnel que le complice non militaire doit être traduit, bien que, dans le cas de poursuite simultanée, l'affaire soit, en raison de la peine criminelle édictée contre les militaires, de la compétence de la cour d'assises (Bourges, 6 juill. 1871, aff. Fille Besson, D. P. 71. 2. 35); — 2° Que le fait par des militaires d'avoir détourné et vendu des munitions appartenant à l'État, et le fait par un individu non militaire d'avoir acheté sciemment ces objets, constituent des délits distincts, qui doivent par suite être déférés séparément, celui des militaires au conseil de guerre, et celui de l'acheteur non militaire à la juridiction de droit commun. On estimerait à tort qu'il y a lieu de procéder, en pareil cas, comme au cas de vol commis par des militaires de complicité avec des individus non militaires, et de renvoyer tous les inculpés devant les tribunaux ordinaires (Crim. rej. 8 avr. 1869, aff. Decagny, D. P. 70. 1. 140); — 3° Que l'achat, le recel ou la prise en gage d'effets militaires de grand ou de petit équipement constitue non un fait de complicité de vol par recel, mais un délit spécial pour lequel l'auteur de ces faits doit être traduit devant ses juges naturels; et qu'il en est de même de l'infraction commise par l'auteur de ces faits aux règlements sur la profession de brocanteur (Crim. règl. de juges, 25 oct. 1890, aff. Boudignon, D. P. 91. 1. 93); — 4° Que le vol, par un militaire, d'effets de harnachement appartenant à l'Etat est, à défaut de complicité par aide ou assistance de la part d'individus non militaires ou assimilés, de la compétence exclusive du conseil de guerre (Même arrêt); — 5° Que lorsque la juridiction correctionnelle, incompétemment saisie de la poursuite, a statué sur le sort des inculpés non militaires par un jugement passé en force de chose jugée, ces inculpés ne peuvent plus être soumis à aucune juridiction en raison du même fait, et que, dès lors, la juridiction militaire reste seule compétente pour juger le militaire qui a obtenu la cassation de l'arrêt correctionnel comme ayant été incompétemment rendu; la cour de cassation doit, dans ce cas, renvoyer l'affaire devant le général commandant le corps d'armée seul compétent, aux termes de l'art. 108 de la loi du 9 juin 1857, pour statuer sur la mise en jugement (Crim. cass. 5 déc. 1891, aff. Galois, D. P. 92. 1. 435).

494. On a vu au *Rép.*, n° 901, que l'art. 77 c. just. milit. apporte plusieurs exceptions à la règle édictée par l'article précédent. Conformément au paragraphe 2 de cet article, il a été jugé que le vol commis par un militaire, d'effets quelconques appartenant à un militaire, est de la compétence du conseil de guerre, alors même que la poursuite comprend des individus non militaires, si ces individus sont de nationalité étrangère (Crim. règl. de juges, 25 oct. 1890, aff. Boudignon, D. P. 91. 1. 93).

ART. 4. — *De l'instruction et de la procédure devant les conseils de guerre* (*Rép.* n°s 903 à 949).

495. Les explications contenues au *Rép.* n°s 903 et suiv., quant à l'instruction et à la procédure devant les conseils de guerre, ont conservé toute leur valeur. Il y a lieu de noter, toutefois, que les art. 85, 109 et 156 nouveaux c. just. mil., modifient, sur quelques points de détails, la législation antérieure. Les art. 85 et 109 sont relatifs aux conseils de guerre permanents du temps de paix : « Art. 85. Les commandants et majors de place, les chefs de corps, de dépôt et de détachement, les chefs de service d'artillerie et du génie, les membres de l'intendance militaire, peuvent faire personnellement, ou requérir les officiers de police judiciaire, chacun en ce qui le concerne, de faire tous les actes nécessaires à l'effet de constater les crimes et les délits, et d'en livrer les auteurs aux tribunaux chargés de les punir. Les chefs de corps peuvent déléguer les pouvoirs qui leur sont donnés par le précédent paragraphe à l'un des officiers sous leurs ordres. — Art. 109. L'ordre de mise en jugement, ou, suivant le cas, l'ordonnance de non-lieu, est adressé au commissaire du Gouvernement avec toutes les pièces de la procédure. S'il y a mise en jugement, le commissaire du Gouvernement, trois jours au moins avant la réunion du conseil de guerre, notifie cet ordre à l'accusé, en lui faisant connaître le crime ou le délit pour lequel il est mis en jugement, le texte de la loi applicable et les noms des témoins qu'il se propose de faire citer. Il l'avertit, en outre, à peine de nullité, que s'il ne fait pas choix d'un défenseur, il lui en sera nommé un d'office par le président ».

496. L'art. 156 simplifie la procédure en campagne. Il est ainsi conçu : « Aux armées, dans les circonscriptions territoriales en état de guerre et dans les places de guerre assiégées ou investies, l'accusé peut être traduit directement, et sans instruction préalable, devant le conseil de guerre. La procédure est réglée comme il suit, à partir de l'ordre de mise en jugement, qu'il y ait eu ou non instruction préalable : 1° la citation est faite à l'accusé vingt-quatre heures au moins avant la réunion du conseil; elle contient notification de l'ordre de convocation; elle indique, conformément à l'art. 109, le crime ou le délit pour lequel il est mis en jugement, le texte de la loi applicable et les noms des témoins que le commissaire rapporteur se propose de faire entendre. Le commissaire rapporteur désigne un défenseur d'office avant la citation. L'accusé peut en présenter un de son choix jusqu'à l'ouverture des débats ; la citation doit notifier à l'accusé le nom du défenseur désigné et l'avertir qu'il peut en choisir un autre ; — 2° Le défenseur peut prendre connaissance de l'affaire et de tous les documents et renseignements recueillis ; à partir du moment où la citation a été donnée, il peut communiquer avec l'accusé; — 3° Le conseil de guerre se réunit au jour indiqué et procède au jugement de l'accusé dans les formes prescrites par les art. 113 et suiv. du présent code. L'accusé a le droit, sans formalités ni citations préalables, de faire entendre à sa décharge tout témoin présent à l'audience et qu'il aura désigné au commissaire du Gouvernement rapporteur avant l'ouverture des débats ; — 4° Les questions indiquées à l'art. 132 sont résolues et la peine est prononcée à la majorité de cinq voix contre deux ou de trois voix contre deux, selon que le conseil de guerre est composé de sept juges ou seulement de cinq; — 5° Le condamné pourra se pourvoir en revision dans le délai et suivant les formes prévus aux art. 143, 159 et suiv. du présent code, à moins que le droit de former ce recours n'ait été suspendu par application de l'art. 71 ».

497. La réception préalable, par le rapporteur, d'un ordre d'informer est une condition essentielle de la validité de l'instruction ; il serait regrettable, en effet, qu'une instruction dont le souvenir et les traces peuvent peser gravement sur la carrière d'un militaire, fût commencée sans motifs suffisants. De là la nécessité d'une décision spéciale du général commandant la division. Il a été jugé, en conséquence : 1° que dans le cas où une procédure, provoquée par un ordre d'informer du général commandant la division, a abouti à un ordre de mise en jugement portant renvoi du prévenu devant un conseil de guerre, les pouvoirs du général sont épuisés, et l'accusation se trouve limitée et précisée d'une manière irrévocable; que, par suite, cette procédure ne peut régulièrement être rouverte sur les réquisitions du commissaire du Gouvernement à l'égard d'un prévenu, notamment après disjonction de la cause de celui-ci d'avec celle de ses coprévenus, pour tenir compte des faits nouveaux et des modifications révélés aux débats auxquels ceux-ci ont été soumis: et le nouvel ordre de mise en jugement décerné par le général sur le vu de cette procédure est dépourvu de valeur légale, alors qu'il formule une nouvelle accusation et surtout qu'il modifie l'accusation précédente (c. just. mil. art. 108); en pareil cas, il ne peut être instruit sur les charges nouvelles qu'en vertu d'un nouvel ordre d'informer du général (c. just. mil. art. 142; Crim. cass. 15 mars 1872, aff. Lisbonne, D. P. 72. 1. 379. V. dans le même sens : Cons. de rev. de Versailles, 8 juill. 1872, aff. Bermant, D. P. *ibid.*, note). — Lorsque la cour de cassation annule un jugement rendu par un conseil de guerre sur un ordre de mise en jugement modifiant illégalement un précédent ordre concernant le même prévenu, il y a lieu, si aucune des questions et réponses ne se rattache d'une manière précise au premier ordre de mise en jugement, de renvoyer devant un nouveau conseil de guerre pour purger l'accusation résultant du premier ordre régulièrement rendu; sans préjudice du droit du général d'ordonner qu'une information soit faite sur les charges nouvelles (Même arrêt du 15 mars 1872).

498. L'art. 129 c. just. milit. dispose que l'examen et les débats des affaires soumises au conseil de guerre doivent être continués sans interruption. Mais il a été jugé que la décision par laquelle le conseil de guerre, sur la preuve qu'un des prévenus, malade, ne peut comparaître, disjoint la cause de celui-ci, n'emporte pas, quant à ce prévenu, dessaisissement du conseil; qu'elle a seulement pour effet de remettre à un autre jour le jugement de l'affaire (Crim. cass. 15 mars 1872, aff. Lisbonne, D. P. 72. 1. 379).

499. En ce qui concerne la position des questions au conseil (*Rép.* n°s 920 et suiv.), il a été jugé : 1° que la question par laquelle un conseil de guerre est interrogé cumulativement sur le fait principal et sur une circonstance aggravante, est complexe et irrégulière; il en est ainsi, notamment, de la question dans laquelle il est demandé tout à la fois si le prévenu a détourné des deniers appartenant à des militaires, et s'il en était comptable (Crim. rej. 2 déc. 1870, aff. Prévost, D. P. 71. 1. 257). Et cette irrégularité emporte nullité, au moins lorsque le conseil de guerre, répondant affirmativement sur le fait principal, a gardé le silence sur la circonstance aggravante (Cons. de revis. de la garde nat. de la Seine, 18 nov. 1870, même affaire, D. P. *ibid.*); — 2° Que le président d'un conseil de guerre ne peut poser des questions subsidiaires qu'à la condition de les faire connaître, avant la clôture des débats, à l'accusé et au commissaire du Gouvernement (c. just. mil. art. 132) et que le conseil de guerre, saisi d'une prévention de blessures par imprudence, ne peut être interrogé subsidiairement sur un fait de blessures volontaires ayant entraîné une incapacité de travail de plus de vingt jours, un tel fait n'étant pas une simple modification de la poursuite autorisée par l'ordre de mise en jugement (Cons. de revision de la garde nat. de la Seine, 23 déc. 1870, aff. Detrié, D. P. 70. 3. 117).

500. L'art. 127 c. just. milit. autorise le président du conseil de guerre à faire mettre en état d'arrestation le témoin dont la déposition lui paraît fausse. Il a été jugé que le président d'un conseil de guerre qui a fait arrêter pour faux témoignage un témoin militaire, et a, conformément à l'art. 127 de ce code, procédé à l'instruction de l'affaire comme rapporteur, ne peut pas ultérieurement faire partie du conseil de guerre appelé à connaître de l'accusation de faux témoignage (Cons. de revision d'Oran, 29 janv. 1873, aff. Olivier et autres, D. P. 73. 3. 37).

Art. 5. — *Des conseils de revision* (*Rép.* nos 950 à 966).

501. La loi du 18 mai 1875 a édicté de nouvelles dispositions relatives au fonctionnement des conseils de revision en temps de guerre. Elles sont contenues dans les art. 42, 48, 49, 50, 71 et 81. « Art. 42. Lorsque des armées, corps d'armée, divisions actives ou détachements de troupes sont appelés à opérer, soit sur le territoire, soit au dehors, les conseils de guerre et de revision permanents qui se trouvent déjà organisés dans les circonscriptions territoriales connaissent de toutes les affaires de la compétence des conseils de guerre et de revision aux armées, tant que des conseils d'armée n'ont pas été créés conformément aux chap. 1er et 2 du présent titre. — Art. 48. Il est établi un conseil de revision dans toute place de guerre assiégée ou investie. Les membres de ce conseil sont nommés et remplacés par le gouverneur ou le commandant supérieur de la place. Ils sont pris dans les catégories indiquées dans l'art. 45 du présent code. En cas d'insuffisance, le conseil est réduit à trois juges, conformément à l'art. 41. — Art. 49. Les art. 27, 30, 31 et 32 du présent code sont applicables aux conseils de revision siégeant dans les places de guerre assiégées ou investies. — Art. 50. S'il existe déjà dans la place de guerre assiégée ou investie des conseils de guerre ou de revision, l'organisation en est modifiée et complétée, s'il y a lieu, conformément aux dispositions des deux chapitres précédents. — Art. 71. Les jugements rendus par les conseils de guerre peuvent être attaqués par recours devant les conseils de revision. La faculté, pour les condamnés, de former un recours en revision contre les jugements des conseils de guerre établis conformément au troisième paragraphe de l'art. 33, peut être temporairement suspendue aux armées par un décret du chef d'État, rendu en conseil des ministres. Le commandant supérieur d'une place assiégée ou investie a toujours le droit d'ordonner cette suspension. Dans tous les cas, lorsque cette mesure est prise, elle est portée à la connaissance des troupes par la voie de l'ordre, et, au besoin, à la connaissance de la population par voie d'affiches. Elle n'a d'effet qu'à l'égard des condamnés jugés pour des crimes ou délits commis après cette publication, et les condamnations, soit à la peine de mort, soit à toute autre peine infamante, ne sont exécutées que sur un ordre signé de l'officier qui a ordonné la mise en jugement. — Art. 81. Les accusés ou condamnés qui ne sont pas compris dans les désignations de l'article précédent peuvent attaquer les jugements des conseils de guerre et des conseils de revision devant la cour de cassation, mais pour cause d'incompétence seulement. Le pourvoi en cassation ne peut être formé avant qu'il ait été statué sur le recours en revision, ou avant l'expiration du délai fixé pour l'exercice de ce recours. Les pourvois en cassation contre les jugements des conseils de guerre sont absolument interdits en temps de guerre, pour tous les condamnés sans exception, lorsque le recours en revision a été suspendu comme il est dit au deuxième paragraphe de l'art. 71 ».

502. Au sujet de la première disposition de ce dernier article, la question s'est posée de savoir si elle était applicable à l'individu qui était libéré du service à l'époque où les poursuites étaient exercées, en d'autres termes si cet individu était recevable à se pourvoir en cassation pour incompétence contre les décisions du conseil de guerre et de revision qui l'ont condamné, alors qu'il était encore militaire quand il avait commis les infractions ayant donné lieu à ces poursuites. L'affirmative a été admise par la cour de cassation (Crim. rej. 14 juin 1877, aff. Thoreau, D. P. 78. 1. 96; 14 mai 1892, aff. Asthmane-ben-Ahmed, D. P. 92. 1. 524. — V. aussi Crim. rej. 16 juin 1876, aff. Viano, D. P. 76. 1. 462). C'est, en effet, la qualité du prévenu *au jour des poursuites*, qui doit seule être considérée pour apprécier la recevabilité du pourvoi. Mais, comme on l'a vu *suprà*, n° 488, le pourvoi a, dans cette même hypothèse, été considéré comme *mal fondé* (Arrêts précités des 14 juin 1877 et 14 mai 1892).

503. On a vu au *Rép.* n° 597, dans quels cas le conseil de revision, en annulant la décision du conseil de guerre, doit renvoyer l'affaire devant un autre conseil. Il a été décidé, à cet égard, que, lorsque le conseil de guerre n'a acquitté un prévenu de l'accusation portée contre lui que sous le bénéfice de la substitution à la qualification relevée dans l'ordre de mise en jugement d'une autre qualification dont l'admission excède les pouvoirs de ce conseil, l'annulation de la condamnation prononcée dans ce cas fait revivre l'accusation première, et entraîne le renvoi du prévenu devant de nouveaux juges (c. just. mil. art. 167) (Cons. de revision de la 1re div. milit. 1er déc. 1870, aff. Loison, D. P. 70. 3. 117).

504. En matière criminelle, de même qu'en matière civile, le pourvoi peut être limité à certains chefs de décision, et la question de cassation ne peut, dès lors, être discutée et résolue que relativement à ces chefs (V. *suprà*, v° *Cassation*, n° 463). La même règle paraît applicable en matière pénale militaire (V. Victor Boucher (*Commentaires du code de justice militaire*, nos 1029 et 1030). Il a été décidé, toutefois, que le recours en revision formé par le ministère public contre un jugement de condamnation émané d'un conseil de guerre ne saurait, par cela seul qu'il n'y est indiqué qu'un moyen d'annulation concernant seulement l'un des chefs dudit jugement, être réputé dirigé restrictivement contre ce chef; que dès lors, le conseil de revision peut compétemment, en dehors du moyen formulé à l'appui du recours, examiner tout moyen soulevé d'office et en apprécier la valeur légale (Crim. rej. 2 déc. 1870, aff. Prévost, D. P. 71. 1. 257). Mais il est à remarquer que si, dans l'espèce sur laquelle a statué cet arrêt, le ministère public avait visé une violation spéciale de la loi, il s'était néanmoins pourvu d'une façon générale contre la décision du conseil de guerre et n'avait pas conclu à son annulation partielle.

Art. 6. — *Des prévôtés* (*Rép.* nos 967 à 971).

505. V. *Rép.* nos 967 et suiv.

Art. 7. — *Du pouvoir disciplinaire des chefs de corps* (*Rép.* nos 972 à 974).

506. V. *Rép.* nos 972 et suiv.

Art. 8. — *Des conseils d'enquête et de discipline* (*Rép.* nos 975-976).

507. V. *Rép.* nos 975 et suiv.

Table sommaire

des matières contenues dans le Supplément et le Répertoire.

(Les chiffres précédés de la lettre *S* renvoient au Supplément; les chiffres précédés de la lettre *R* renvoient au Répertoire.)

Table des articles de la loi du 15 juill. 1889.

Table chronologique des Lois, Arrêts, etc.

ORGANISATION MUNICIPALE. — V. outre les renvois indiqués au *Répertoire, suprà*, vis *Commune*, nos 33 et suiv.; *Organisation administrative*, nos 533 et suiv.; — et *infrà*, vis *Organisation de l'Algérie* et *Organisation des colonies*.

OUTRAGE. — V. Outre les renvois indiqués au *Répertoire, suprà*, vis *Agent diplomatique*, nos 21 et suiv.; *Consul*, no 16; *Crimes et délits contre les personnes*, no 320; *Culte*, nos 39, 49 et suiv.; *Expert-expertise*, no 10; *Fonctionnaire public*, nos 4, 28 et 36; *Garde champêtre*, nos 66 et suiv.; *Gendarme-gendarmerie*, nos 41 et suiv.; *Lettre missive*, nos 21 et suiv.; *Organisation judiciaire*, no 191; — et *infrà*, vis *Postes et télegraphes; Presse-outrage; Peine; Prise à partie; Rébellion; Témoin-témoignagne; Usurpation de costume; Voiture publique; Organisation de l'Algérie; Organisation des colonies*.

OUTRAGE A LA PUDEUR. — V. outre les renvois indiqués au *Répertoire, suprà*, vo *Attentat aux mœurs*, nos 8 et suiv.; — et *infrà*, vis *Peine; Presse-outrage*.

OUVERTURE DE CRÉDIT. — V. outre les renvois indiqués au *Répertoire, suprà*, vis *Enregistrement*, nos 25, 137, 163, 569, 652, 721, 738 et suiv., 748 et suiv., 759, 762 et suiv., 2519 et suiv., 3213; *Faillites et banqueroutes*, nos 634, 640 652 et 701; *Nantissement*, no 76; *Obligations*, nos 273 et 277; — et *infrà*, vis *Privilèges et hypothèques; Vente publique d'immeubles*.

OUVRAGES APPARENTS. — V. outre les renvois indiqués au *Répertoire, suprà*, vo *Action possessoire*, nos 103, 123 et 129; — et *infrà*, vo *Servitude*.

OUVRIERS, ARTISANS, APPRENTIS. — Ainsi qu'on l'a vu *suprà*, vo *Industrie et commerce*, no 1, et pour les motifs que nous avons indiqués *ibid.*, les matières traitées au *Répertoire* sous le mot *Ouvriers*, etc... seront étudiées *infrà*, vo *Travail*.

PACAGE. — V. outre les renvois indiqués au *Répertoire, suprà*, vis *Action possessoire*, nos 132, 137 et suiv., 189 *Commune*, nos 347 et suiv., 535 et suiv.; *Contravention*, nos 156 et 296; *Douanes*, nos 214 et suiv.; *Droit rural*, nos 35 et suiv., 40 et suiv., 46 et suiv., 52 et suiv., 57, 61 et suiv., 68 et suiv.; — et *infrà*, vis *Régime forestier; Servitude; Rép.* eod. vo nos 37, 1104, 1107, 1197, et 1272; *Usages forestiers; Rép.* eod. vo, nos 98, 241, 295, 301 et suiv., 309 448, 583 et suiv., 638 et suiv.

PACTE COMMISSOIRE. — V. outre les renvois indiqués au *Répertoire, suprà*, vis *Nantissement*, nos 100 et 135; *Obligations*, no 470; *Rép.* eod. vo, nos 1202 et suiv.; — et *infrà* vis *Servitude; Vente; Rép.* eod. vo, nos 1230 et suiv.

PACTE DE PRÉFÉRENCE. — V. *suprà*, vo *Enregistrement*, no 1361; *Rép.* vo *Obligations* no 1160; — et *infrà*, vo *Vente; Rép.* eod. vo nos 302, 310 et suiv.

PACTE DE « QUOTA LITIS ». — V. outre les renvois indiqués au *Répertoire, suprà* vo *Avocat*, no 132; — et *infrà*, vo *Vente; Rép.* eod. vo nos 2010 et suiv.

PACTE DE RACHAT. — V. *infrà*, vo *Vente*.

PACTE SUR SUCCESSION FUTURE. — V. *suprà*, vo *Obligations*, nos 28 et suiv.; — *Rép.* eod. vo, nos 421 et suiv.

PAISSANCE. — V. *infrà*, vis *Régime forestier* et *Usages forestiers*.

PANAGE. — V. outre les renvois du *Répertoire, infrà*, vis *Régime forestier; Usages forestiers; Rép.* eod. vo, nos 295, 303, 309 et suiv.

PANTHÉON. — V. *suprà*, vo *Culte*, no 377; *Rép.* eod. vo, no 376; — et *infrà*, vo *Récompense nationale; Rép.* eod. vo note.

PALÉOGRAPHE. — V. *suprà*, vo *Archives-archiviste; Rép.* eod. vo.

PAPE. — V. *suprà*, vo *Culte*, nos 212 et suiv., 235; *Rép.* eod. vo, nos 26, 30, 173, 211, 311, 331, 347 et suiv., 703.

PAPIER-MONNAIE. — Nous n'avons rien à ajouter ici aux explications du *Répertoire* sur cette matière, aucun document postérieur en législation, en doctrine ou en jurisprudence, n'étant venu modifier ce qui a été dit à cet égard. Cette matière a d'ailleurs, par suite du progrès économique, perdu beaucoup de son intérêt. — V. aussi *suprà*, vo *Banquier*.

PAPIERS DE BORD. — V. *suprà*, vis *Droit maritime*, nos 635 et suiv., 713; *Rép.* eod. vo, nos 405 et suiv., 555 et suiv.; *Organisation maritime*, no 583; *Rép.* eod. vo, nos 570 et suiv.

PAPIERS DOMESTIQUES OU DE FAMILLE. — V. *suprà*, vis *Actes de l'état civil*, nos 38 et 104; *Obligations*, nos 1752 et suiv.; et *infrà*, vo *Succession*; — *Rép.* vis *Actes de l'état civil*, nos 117 et suiv.; *Douanes*, no 828; *Obligations*, nos 4223 et suiv.

PAQUEBOT. — V. *Organisation maritime; Rép.* eod. vo; — et *infrà*, vo *Postes et télégraphes*.

PARAFE OU PARAPHE. — V. outre les renvois indiqués au *Répertoire, suprà*, vis *Actes de l'état civil*, no 23; *Notaire*, no 51; et *infrà*, vis *Procès-verbal; Rép.* eod. vo, et *Rép.*, vo *Obligations*, nos 3500, 3567 et suiv.

PARAPHERNAL. — V. outre les renvois indiqués au *Répertoire, suprà*, vo *Contrat de mariage*, nos 1120 et suiv., 1517 et suiv.; — et *infrà*, vo *Privilèges et hypothèques; Rép.* eod. vo, nos 880, 912 et suiv.; 956, 1632.

PARCOURS. — V. outre les renvois indiqués au *Répertoire, suprà*, vis *Commune*, nos 351, 535 et suiv.; — et *infrà*, vis *Régime forestier; Règlement administratif; Servitude; Rép.* eod. vo, nos 933 et suiv.; 1067 et 1177.

PARENTÉ-ALLIANCE.

1. Les notions relatives à la parenté en droit romain qui sont résumées au *Rép.* nos 2 à 6 ont été acceptées par les auteurs des principaux travaux publiés depuis le *Répertoire* sur les institutions de Rome (V. spécialement pour l'ancien droit romain : H. Sumner-Maine, *Etudes sur l'histoire des institutions primitives*, trad. fr., 1880, p. 86; Fustel de Coulanges, *La cité antique*, liv. 2, chap. 10; Von Ihering, *L'esprit du droit romain*, trad. fr., t. 1, p. 182; Mommsen, *Le droit public romain*, trad. fr., t. 3, p. 16; Ed. Cuq, *Les institutions juridiques des Romains, ancien droit*, p. 64). Tous ces auteurs s'accordent à admettre qu'en réalité l'idée de parenté n'existe pas à l'origine de Rome, puisque la *cognatio*, ou parenté naturelle, n'a eu pendant longtemps aucune valeur juridique aux yeux des Romains.

2. Quant à l'*agnation*, elle existe entre personnes appartenant à la même maison (*domus*), par conséquent soumises à un même maître, sans que ces personnes soient nécessairement unies par les liens du sang; elle subsiste, d'ailleurs, après la mort du *paterfamilias* entre ceux que sa mort a rendus *sui juris* (*Rép.* no 4). Mais l'agnation se confond d'autant moins avec la parenté, telle que nous l'entendons aujourd'hui, que la *maison* n'est pas identique à la *famille*, la maison comprenant les personnes placées sous la dépendance d'un même maître et sur lesquelles ce maître a un droit garanti par l'Etat, tandis que la famille comprend les personnes associées à un même culte et placées sous la protection d'un même chef (Cuq, *op. cit.*, p. 152).

3. La controverse indiquée au *Rép.* n° 8, sur la définition de la *gentilité* persiste toujours. Cependant, l'opinion de Niebuhr, d'après laquelle la *gens* désignerait une division dans l'ordre politique, n'a pas trouvé de nouveaux défenseurs, et on s'accorde à admettre que la *gens* est une institution qui repose sur des liens d'ordre privé (Sumner-Maine, *Etudes sur l'ancien droit et la coutume primitive*, p. 381; Fustel de Coulanges, *op. cit.*, liv. 2, chap. 10; Von Ihering, *op. cit.*, trad. fr., t. 1, p. 184; Mispoulet, *Les institutions politiques des Romains*, t. 1, p. 9; Mommsen, *op. cit.*, t. 3, p. 9; Ed. Cuq, *op. cit.*, p. 31). — Mais quel est le caractère de ces liens? Suivant certains auteurs, les *gentiles* sont ceux qui, portant le même nom, descendent d'un auteur commun par les mâles, mais ne peuvent prouver leur agnation (Mommsen; Mispoulet, *op. et loc. cit.*). Suivant d'autres auteurs, les *gentiles* sont tous ceux qui, unis par la communauté de culte, portent le même nom et qui, nés de personnes ingénues, ne comptent parmi leurs ancêtres que des ingénus: l'agnation et la gentilité diffèrent l'une de l'autre autrement que par une question de preuve, car l'agnation implique une communauté de subordination à un même maître, tandis que la gentilité suppose une communauté de culte, qui peut exister en dehors de toute agnation (Fustel de Coulanges, *op. cit.*, p. 121 *in fine*; Ed. Cuq, *op. cit.*, p. 64 et 197).

4. D'après le *Rép.* n° 14, la famille est formée par « l'ensemble des personnes descendant d'un auteur commun ». La loi du 22 juin 1886, qui a frappé d'un certain nombre d'incapacités « les membres des familles ayant régné en France », n'a pas entendu s'écarter de cette définition traditionnelle, et il a été jugé que les membres d'une famille alliée par les femmes à une famille ayant régné en France ne sont pas membres de cette famille dans le sens de ladite loi (Cons. d'Et. 20 mai 1887, aff. Murat, D. P. 88. 3. 107. V. Brémond, *Revue critique de législation et de jurisprudence*, 1888, t. 17, p. 561).

5. L'opinion enseignée au *Rép.* n° 16, d'après laquelle l'alliance ne cesse pas (sauf les exceptions écrites dans la loi) par le décès sans enfants du conjoint qui l'a produite, a continué à prévaloir en doctrine (V. Valette sur Proudhon, t. 2, p. 315, obs. II; Demolombe, *Cours de code civil*, t. 3, n° 117, et t. 7, n° 255; Aubry et Rau, *Cours de droit civil français*, t. 1, p. 226, § 67, texte et note 11; t. 5, p. 56, § 461, texte et note 9; t. 7, p. 118, § 670, note 18). — Toutefois, M. Laurent considère l'affinité comme éteinte relativement à l'organisation de la tutelle (*Principes de droit civil*, t. 4, n° 436).

6. La jurisprudence est constante dans le même sens (Bourges, 10 août 1857, aff. Moulon, D. P. 57. 2. 163; Caen, 14 août 1867;-MM. Olivier, 1er pr.;-Connelly, proc. gén.;-Trolley et Carel, av.; Req. 4 nov. 1868, aff. Hamel, *suprà*, v° *Commune*, n° 110; Bordeaux, 23 févr. 1881 (1); Trib. Vienne, 1er avr. 1882, aff. Roux, D. P. 84. 3. 22). En sens contraire, on ne peut mentionner, postérieurement à l'arrêt de la cour de cassation du 11 avr. 1822, cité au *Rép.* n° 16 *in fine*, qu'une seule décision qui soit devenue définitive (Paris, 12 févr. 1853, aff. Vignaud, D. P. 53. 2. 88), l'arrêt de la cour de Paris du 12 mars 1830, aff. Mailly, rapporté au *Rép.*, v° *Obligations*, n° 3311, ayant été cassé par un arrêt de la chambre civile du 16 juin 1834, rapporté au *Rép.*, v° *Dispositions entre vifs et testamentaires*, n° 3200, et le jugement du tribunal de Bayeux, du 3 avr. 1867, aff. Hamel (D. P. 67. 3. 54) ayant été infirmé par l'arrêt de Caen du 14 août 1867, précité. V. cependant aussi les motifs d'un arrêt de la cour de Paris du 18 mars 1850, cité *infrà*, n° 7.

7. Il faut considérer comme rendues par des motifs spéciaux les décisions en vertu desquelles l'empêchement au mariage résultant de l'alliance subsiste lorsqu'il ne reste pas d'enfant issu du mariage qui a produit l'empêchement (Trib. civ. Seine, 7 févr. 1850, et, sur appel, Paris, 18 mars 1850, aff. Juclier, D. P. 50. 3. 15, et 51. 2. 30; Trib. Vienne, 28 déc. 1865, aff. Cony et Chardon, D. P. 67. 3. 45. V. *suprà*, v° *Mariage*, n° 119; *Rép.* eod. v°, n° 237. *Adde* : Laurent, *Principes de droit civil*, t. 2, n° 352).

8. Au contraire, c'est du principe précédemment formulé que l'arrêt de la chambre des requêtes du 4 nov. 1868 et le jugement du tribunal de Vienne du 1er avr. 1882 cités *suprà*, n° 6 ont fait application en matière d'éligibilité aux conseils municipaux, sous l'empire de la loi du 5 mai 1855, dont l'art. 11 portait que « dans les communes de cinq cents âmes et au-dessus, les parents au degré de père, de fils, de frère, et les alliés au même degré, ne peuvent être en même temps membres du conseil municipal ». L'art. 35 de la loi municipale du 5 avr. 1884 contient pour les « communes de cinq cent *un* habitants et au-dessus » une disposition analogue, qui a fait souvent porter la question de droit qui nous occupe devant les juges de l'élection, mais le conseil d'Etat a toujours persisté dans la jurisprudence rapportée *suprà*, v° *Commune*, n° 112, et d'après laquelle il y a là une question préjudicielle dont la connaissance appartient à l'autorité judiciaire (V. notamment, Cons. d'Et. 18 juill. 1891, Elect. de Kerlouan, *Rec. Cons. d'Etat*, p. 572). — Sur les amendements proposés au texte de l'art. 35 de la loi de 1884, spécialement pour établir deux règles différentes par rapport aux parents et par rapport aux alliés, V. *suprà*, v° *Commune*, n° 110. — V. pour les autres applications du même principe, *Rép.* n° 16. V. aussi *suprà*, vis *Dispositions entre vifs et testamentaires*, n° 764; *Minorité*, n° 121; et *infrà*, vis *Témoin*; *Vol*; — *Rép.* vis *Dispositions entre vifs et testamentaires*, n° 3200; *Minorité*, n° 121; *Témoin*, nos 108 à 110; *Vol*, n° 171. V. aussi Bourges, 10 août 1857, cité *suprà*, n° 6.

9. Aux droits, indiqués au *Rép.* n° 19, qui dérivent de la parenté et de l'alliance, il faut ajouter, en matière de divorce, le droit pour « les membres de la famille » au cours de l'instance (c. civ. art. 240, modifié par la loi du 18 avr. 1886) et pour « la famille » après le divorce (c. civ. art. 302) de requérir, concurremment avec les père et mère, toutes les mesures nécessaires dans l'intérêt des enfants (V. sur le sens des expressions employées dans l'un et l'autre texte, *suprà*, v° *Divorce*, n° 603).

10. D'autre part, aux prohibitions, indiquées au *Rép.* n° 22, qui résultent de la parenté et de l'alliance, il faut ajouter la prohibition édictée par l'art. 10 de la loi du 30 août 1883, sur la réforme de l'organisation judiciaire, lequel est ainsi conçu : « Ne pourra, à peine de nullité, être appelé à composer la cour ou le tribunal tout magistrat titulaire ou suppléant dont l'un des avocats ou avoués représentant l'une des parties intéressées au procès sera parent ou allié jusqu'au troisième degré inclusivement ». Cette disposition a remplacé un amendement voté à la

(1) (Joany C. Maigne.) — LA COUR; — Attendu que la loi reconnaît les liens produits par le mariage entre l'époux et les parents de son conjoint; qu'elle détermine, suivant les circonstances, les effets résultant de l'alliance, mais ne dit nulle part qu'elle cessera à la mort d'un des époux s'il n'existe pas d'enfant et si l'autre époux se remarie; qu'il résulte au contraire, de nombreuses dispositions, que, même dans cette hypothèse, l'alliance subsiste à ses yeux; qu'ainsi les art. 161 et 162 c. civ., prohibent le mariage entre l'époux survivant et les alliés de l'époux décédé, soit en ligne directe, soit en ligne collatérale au degré de frère et de sœur; qu'ainsi encore, lorsque, dans les art. 283 et 378 c. proc. civ., relatifs aux reproches des témoins et à la récusation des juges, le législateur envisage le cas où il n'existe pas d'enfant à la dissolution du mariage, ce n'est pas pour faire cesser l'alliance, mais seulement pour en restreindre les effets; — Attendu que l'art. 206 c. civ. ne peut être invoqué à l'appui de l'opinion contraire; qu'en effet, le législateur, voulant faire cesser pour les gendres et les belles-filles l'obligation de fournir des aliments à leur beau-père et belle-mère, quand la belle-mère a convolé en secondes noces et quand celui des époux qui produisait l'affinité et les enfants issus de son union avec l'autre époux sont décédés, a cru nécessaire de s'en expliquer d'une manière formelle; qu'il faut en conclure qu'à moins d'une disposition expresse, l'alliance continue à produire son effet; — Attendu, dès lors, que les premiers juges ont eu tort de décider que l'alliance ayant existé entre Joseph Maigne et Odon Maigne, par suite du mariage de ce dernier avec la demoiselle Joseph Maigne, a cesser d'exister par le décès de l'épouse ainsi que de l'enfant né de cette union;

Par ces motifs, infirme, etc.

Du 23 févr. 1881.-C. de Bordeaux, aud. solenn.-MM. Izoard, 1er pr.-Labroquère, av. gén.-Méran fils et Dignac, av.

Chambre des députés, et d'après lequel ces liens de parenté constituaient simplement une cause de récusation (V. D. P. 83. 4. 66, note 3 et *suprà*, v° *Organisation judiciaire*, n°s 171 et suiv.

11. Sur les reproches fondés sur la parenté ou l'alliance en matière de témoignage, V. *suprà*, v° *Enquête*, n°s 178 et suiv., et *infrà*, v° *Témoin; Rép.* eod. v°, n°s 97 et suiv.

12. Nous avons indiqué *suprà*, n° 8, dans quelle mesure la parenté est une cause d'incompatibilité à l'égard des membres des conseils municipaux. V. *suprà*, v° *Commune*, n°s 113 à 116, les règles à suivre pour déterminer la préférence entre deux conseillers municipaux parents ou alliés au degré prohibé, soit dans le cas où le lien de parenté ou d'alliance est antérieur à l'élection, soit dans le cas où il est postérieur. *Adde*, pour le premier cas, Cons. d'Et. 2 août 1889, aff. Elect. de Clumanc, D. P. 91. 5. 219, et, pour le second cas, Cons. d'Et. 18 déc. 1885, aff. Elect. de Saint-Florent, D. P. 87. 3. 45.

Table sommaire

des matières contenues dans le Supplément et le Répertoire.

(Les chiffres précédés de la lettre *S* renvoient au Supplément; les chiffres précédés de la lettre *R* renvoient au Répertoire.)

Table chronologique des Lois, Arrêts, etc.

PARI. — V. outre les renvois indiqués au *Répertoire, suprà*, v^is *Bourse de commerce*, n° 109; *Jeu-pari*, n°s 21 et suiv., 69, 80 et suiv.

PARIS. — V. *infrà*, v° *Ville de Paris;* — *Rép.* eod. v°.

PARJURE. — V. outre les renvois indiqués au *Répertoire, suprà*, v° *Faux*, n°s 264 et suiv.; — et *infrà*, v^is *Produre criminelle; Serment; Rép.* eod. v°, n°s 2 et 30; *Témoignage faux; Rép.* eod. v°.

PARLANT A. — V. *suprà*, v° *Exploit*, n°s 97 et suiv.; *Rép.* eod. v°, n°s 330 et suiv.; 473 et suiv.

PAROISSE. — V. outre les renvois indiqués au *Répertoire, suprà*, v° *Commune*, n°s 286, 323 et suiv., 699; *Culte*, n°s 444 et suiv.

PARRICIDE. — V. outre les renvois indiqués au *Répertoire, suprà*, v^is *Adoption*, n° 40; *Crimes et délits contre les personnes*, n°s 52 et suiv., 70 et suiv.; — et *infrà*, v° *Peine; Rép.* eod. v°, n°s 49, 449, 577 et suiv.

PARTAGE. — 1° Quant au partage entre copropriétaires, V. outre les renvois indiqués au *Répertoire, suprà*, v^is *Absent*, n° 24; *Acquiescement*, n°s 43 et suiv.; *Aliéné*, n° 148; *Commune*, n°s 1054 et suiv.; 1088 et suiv.; *Conciliation*, n°s 58 et suiv.; *Contrat de mariage*, n°s 798 et suiv.; *Enregistrement*, n°s 27, 1049, 1064, 1233 et suiv., 1260 et suiv., 1295, 1326 et suiv., 2011 et suiv.; *Faillite*, n°s 610, 680 et suiv.; *Frais et dépens*, n°s 56, 475 et suiv.; *Minorité*, n°s 506 et suiv., 553, 653, 722; *Obligations*, n°s 363, 967, 1066 et 1637; — et *infrà*, v^is *Prescription civile; Privilèges et hypothèques; Société; Succession*, et *Vente;* — *Rép.* v^is *Prescription civile*, n° 336; *Privilèges et hypothèques*, n°s 155 et suiv., 440 et suiv., 2579 et suiv.; *Société*, n°s 766 et suiv., 782 et suiv.; *Succession*, n°s 1503 et suiv.; *Vente*, n°s 1569 et suiv., 1667 et suiv.

2° En ce qui touche le partage d'ascendants, V. *suprà*, v^is *Dispositions entre vifs et testamentaires*, n°s 1090 et suiv.; *Enregistrement*, n°s 19, 77, 239, 1331, 2116 et suiv., 2130 et suiv.; *Minorité*, n° 511; — *Rép.* v^is *Dispositions entre vifs et testamentaires*, n°s 4444 et suiv.; *Enregistrement*, n°s 3346, 3743, 3890 et suiv.

3° En matière de jugements, c'est-à-dire de partage de juges ou d'opinions, V. outre les renvois indiqués au *Répertoire, suprà*, v^is *Arbitrage-arbitre*, n° 78; *Jugement*, n°s 47 et suiv.

PASSAGE. — V. outre les renvois indiqués au *Répertoire, suprà*, v^is *Action possessoire*, n°s 10, 78, 125, 134, 178 et 187; *Commune*, n° 623; *Contravention*, n°s 57 et suiv., 133 et suiv.; *Droit rural*, n°s 193, 201 et suiv.; *Obligations*, n° 654; et *infrà*, v° *Régime forestier*.

PASSAGER. — V. *Droit maritime*, n°s 452 et suiv., et *Rép.* eod. v°, n°s 1045 et suiv.

PASSAVANT. — V. *suprà*, v° *Douanes*, n°s 157 et suiv., 254, 314; et *Rép.* eod. v° n°s 186 et suiv.; et *infrà*, v° *Vins et Boissons*.

PASSE-DEBOUT. — V. *suprà*, v° *Octroi*, n°s 203 et suiv.; — *Rép.* v^is *Impôts indirects*, n° 134; *Octroi*, n°s 227 et suiv.

PASSEPORT ET FEUILLE DE ROUTE.

Division.

§. 1. — Historique. — Législation. — Droit comparé (n° 1).
§ 2. — Des passeports pour l'intérieur (n° 6).
§ 3. — Des passeports pour l'étranger, les colonies et l'Algérie (n° 10).
§ 4. — Des passeports spéciaux (n° 15).
§ 5. — Des passeports étrangers (n° 16).

---

§ 1er. — Historique. — Législation. — Droit comparé (*Rép.* n°s 1 à 3).

1. — I. HISTORIQUE. — Les critiques dont la législation sur les passeports a été l'objet (V. *Rép.* n° 3) n'ont pas encore entraîné l'abrogation de cette législation. Mais, dans l'état de nos mœurs, avec le développement des relations internationales et les progrès des moyens de locomotion, l'importance des passeports est destinée à diminuer de plus en plus. En fait, depuis la publication du *Répertoire*, l'usage des passeports à l'intérieur est devenu tout à fait exceptionnel, et, à l'étranger, les passeports ne sont plus obligatoires pour les Français que dans un très petit nombre d'Etats.

2. La formalité des passeports avait été rétablie d'une manière générale au début de la guerre franco-allemande de 1870-1871 : tout individu, français ou étranger, voyageant en France, était tenu d'avoir un passeport. En mai 1871, après les événements de la Commune, le gouvernement belge a, de son côté, rétabli l'exigence des passeports à l'égard des Français entrant en Belgique par une frontière quelconque et de tous les étrangers y entrant par la frontière française. Mais ces deux mesures n'ont eu, l'une et l'autre, qu'un caractère transitoire.

TABLEAU DE LA LÉGISLATION ET DES DÉCISIONS ADMINISTRATIVES RELATIVES AUX PASSEPORTS.

27 janv. 1855. — Circulaire du ministre de l'intérieur déterminant l'autorité compétente pour délivrer le passeport dont doit être muni tout Français émigrant en Amérique (D. P. 55. 3. 32).

4 sept. 1858. — Circulaire du ministre de l'intérieur prescrivant aux ouvriers français qui se rendent à l'étranger de se munir d'un passeport à l'étranger assujetti au visa des agents diplomatiques ou consulaires du pays où ils veulent se fixer (D. P. 59. 3. 54).

22 oct. 1858. — Circulaire du ministre de l'intérieur accordant aux sous-préfets en résidence dans les ports et sur les frontières de terre, et au maire de Calais, l'autorisation de délivrer des passeports à l'étranger (*Bull. off. min. int.*, 1858, p. 311).

18 févr. 1859. — Circulaire du ministre de l'intérieur étendant à tous les sous-préfets, sauf en ce qui concerne les départements de la Seine et du Rhône, l'autorisation de délivrer des passeports à l'étranger (*Bull. off. min. int.*, 1859, p. 62).

26-27 déc. 1860. — Circulaires du ministre de l'intérieur supprimant la formalité du passeport pour les relations entre la France et l'Angleterre (*Bull. off. min. int.*, 1861, p. 62 et 63).

1er mai 1861. — Circulaire semblable pour les relations entre la France et la Suède (*Bull. off. min. int.*, 1861, p. 153).

9 août 1861. — Circulaire semblable pour les relations entre la France et la Belgique et entre la France et la Hollande (*Bull. off. min. int.*, 1861, p. 278).

15 mars 1862. — Circulaire du ministre de l'intérieur supprimant en faveur de certaines catégories de voyageurs la formalité du passeport pour les voyages de France en Algérie (D. P. 62. 3. 22).

7 févr. 1863. — Circulaire du ministre de l'intérieur supprimant, par voie de réciprocité, à l'égard des Espagnols venant en France la formalité du passeport (D. P. 63. 3. 56).

27 févr. 1863. — Circulaire semblable à l'égard des nationaux du Danemark et du duché de Sleswig (*Bull. off. min. int.*, 1863, p. 61).

31 déc. 1872. — Circulaire du ministre de l'intérieur supprimant la formalité du passeport pour les relations entre la France et l'empire d'Allemagne (*Bull. off. min. int.*, 1872, p. 403).

31 janv. 1874. — Circulaire semblable pour les relations entre la France et l'Italie et entre la France et la Suisse (*Bull. off. min. int.*, 1874, p. 36).

3 juill. 1874. — Circulaire semblable pour les relations entre la France et les Etats-Unis (*Bull. off. min. int.*, 1874, p. 445).

25 août 1874. — Circulaire du ministre de l'intérieur maintenant la formalité du passeport à l'égard des Français qui se rendent comme émigrants, et non comme simples voyageurs, dans les pays transatlantiques (*Bull. off. min. int.*, 1874, p. 462).

9 déc. 1881. — Décret déterminant les modèles des passeports et des permis de chasse (D. P. 82. 4. 104).

16 juin 1888. — Loi relative à l'abaissement du prix des passeports à l'intérieur et à l'étranger (D. P. 88. 1. 46).

Art. 1er. Le prix des passeports à l'intérieur et à l'étranger est abaissé à cinquante centimes (0 fr. 50 cent.) en principal. Ce droit reste soumis aux décimes. Dans cette fixation sont compris les frais de papier et tous frais d'expédition. Le prix ci-dessus fixé sera imprimé sur les passeports.

2. Un décret rendu dans la forme des règlements d'administration publique déterminera les conditions d'application du nouveau droit, ainsi que toutes autres mesures transitoires ou d'exécution.

3. Les passeports à délivrer aux personnes véritablement indigentes, et reconnues hors d'état d'en acquitter le montant, continueront à être délivrées gratuitement.

23-24 juin 1888. — Loi faisant application à l'Algérie de la loi du 16 juin 1888 sur l'abaissement de prix des passeports (D. P. 88. 1. 46).

12-18 avr. 1890. — Décret relatif aux passeports à l'étranger (D. P. 91. 4. 46).

3. — II. DROIT COMPARÉ. — 1° *Allemagne.* La convention du 21 oct. 1850 a créé, à côté des passeports, soumis à la formalité du visa, de simples cartes d'identité (*Passkarten*). La loi du 12 oct. 1867, applicable à tous les pays de la Confédération germanique, a proclamé que nul, ni Allemand ni étranger, n'a besoin de passeport pour circuler dans ces pays, et elle a aboli la formalité du visa, mais elle décide qu'en cas de guerre ou de troubles l'exigence du passeport peut être temporairement rétablie. La même loi fixe le modèle et le prix des passeports délivrés par l'autorité compétente pour les pays où les passeports sont encore exigés.

4. — 2° *Alsace-Lorraine.* — En 1888, le gouvernement allemand a exigé de tous les voyageurs qui entraient en Alsace-Lorraine par la frontière française la production d'un passeport soumis au visa de l'ambassade d'Allemagne à Paris. Cette mesure, qui présentait un caractère exclusivement politique, a été adoucie en 1890, appliquée de nouveau dans toute sa rigueur en mars 1891 et supprimée, par une ordonnance du ministère impérial d'Alsace-Lorraine, en date du 21 septembre 1891, sauf en ce qui concerne : 1° les militaires en activité de service, les anciens officiers de l'armée active et les élèves des écoles organisées militairement de l'étranger; 2° les personnes qui ont perdu la nationalité allemande avant d'avoir satisfait complètement à la loi militaire et qui ont moins de quarante-cinq ans.

5. — 3° *Angleterre.* — De même qu'en Allemagne, depuis 1867, les passeports ne sont pas exigés, mais on en délivre aux personnes qui veulent en obtenir.

§ 2. — Des passeports pour l'intérieur (*Rép.* nos 4 à 35).

6. Les règles qui déterminent les autorités chargées de la délivrance des passeports à l'intérieur n'ont pas varié depuis la publication du *Répertoire* ; ces passeports sont toujours délivrés par les maires et, à Paris, par le préfet de police (V. pour les formalités à remplir, *Rép.* nos 4 à 10).

7. La forme des passeports est aujourd'hui réglée par le décret du 9 déc. 1881, auxquels sont annexés des modèles (D. P. 82. 4. 104).

8. En vertu de la loi du 16 juin 1888 (D. P. 88. 4. 46), le prix des passeports est uniformément abaissé à 0 fr. 50 cent. en principal, ou 0 fr. 60 cent. avec les décimes, y compris les frais de papier, de timbre et tous frais d'expédition. Cet abaissement de taxe, particulièrement important pour les passeports à l'étranger (V. *Rép.* n° 27), a été motivé par l'établissement du régime des passeports en Alsace-Lorraine, avec visa obligatoire de l'ambassade d'Allemagne à Paris (V. *suprà*, n° 4).

9. Les faux commis dans les passeports sont réprimés par les art. 153, 154 et 155 c. pén. (*Rép.* n° 32). La loi du 13 mai 1863 (D. P. 63. 4. 79) a apporté au texte de ces articles de nombreuses modifications, qui, en ce qui concerne les passeports, ont été faites principalement en vue d'un abaissement de la peine et, accessoirement, en vue de la répression de quelques fraudes que le texte de 1810 ne permettait pas de punir (V. *suprà*, v° *Faux*, n° 325) ; ces modifications sont exposées *ibid.*, nos 326 à 337.

§ 3. — Des passeports pour l'étranger, les colonies et l'Algérie (*Rép.* nos 36 à 47).

10. En vertu d'une circulaire du ministre de l'intérieur en date du 18 févr. 1859, qui a été confirmée par l'art. 6 du décret du 13 mai 1861, sur la décentralisation administrative, et qui ne fait elle-même que généraliser une circulaire du 22 oct. 1858, les sous-préfets sont autorisés, sauf en ce qui concerne les départements de la Seine et du Rhône, à délivrer des passeports pour l'étranger, aux lieu et place des préfets.

11. Les sous-préfets ne peuvent délivrer de passeports qu'aux habitants de leur arrondissement. Cependant, la circulaire du 18 févr. 1859 fait une exception relativement aux sous-préfets des ports et des arrondissements de la frontière, qui ont la faculté de délivrer des passeports non seulement aux habitants de leur arrondissement, mais encore à tous autres voyageurs dont l'identité est régulièrement attestée et qui peuvent expliquer par des motifs valables pourquoi ils ne se sont pas mis en règle dans leur département d'origine. Cette disposition peut être considérée comme une atténuation à la rigueur d'une décision antérieure (Circ. min. int. 27 janv. 1855, D. P. 55. 3. 32), aux termes de laquelle le passeport qui est exigé de tout Français émigrant en Amérique devait être délivré, non par les autorités du port d'embarquement, mais par le préfet du département où l'émigrant avait son domicile.

12. Nous avons dit *suprà*, n° 1, qu'un régime nouveau, tendant progressivement à la suppression complète de l'exigence des passeports pour l'étranger, existait depuis la publication du *Répertoire*. Ce régime a été inauguré par une décision prise en vue de faciliter les relations entre les ports anglais et français (Circ. min. int. 20 nov. 1858, *Bull. off. min. int.* 1858, p. 338). Puis, en vertu d'autres circulaires mentionnées *suprà*, n° 2, dans l'ordre de leurs dates, la formalité du passeport a été successivement supprimée, par mesure de réciprocité, pour les Français en Angleterre, en Suède, en Belgique et en Hollande, en Espagne, en Danemark et dans le duché de Sleswig, dans l'empire d'Allemagne, en Italie, en Suisse, aux Etats-Unis. Au commencement de l'année 1888, les passeports n'étaient plus exigés que dans les provinces turques d'Europe et d'Asie, dans la Bosnie et l'Herzégovine, en Russie et dans la ville de Berlin (V. Circ. min. int. 26 juin 1888, *Bull. off. min. int.*, 1888, p. 129). Mais, au mois de septembre 1888, la formalité du passeport a été rétablie en Roumanie.

13. Là où le passeport est encore exigé, et dans la mesure où il l'est, il ne peut être remplacé par aucune autre pièce. Une circulaire a décidé, en ce sens, que les ouvriers français qui se rendent à l'étranger doivent se munir d'un passeport à l'étranger assujetti au visa des agents diplomatiques ou consulaires du pays où ils veulent aller, et que leur livret, visé pour l'étranger par le maire de leur résidence, ne saurait en tenir lieu (Circ. min. int. 4 sept. 1858, D. P. 59. 3. 54).

14. Pour les voyages de France en Algérie, une circulaire du ministre de l'intérieur du 15 mars 1862 (D. P. 62. 3. 22) décide que la formalité du passeport n'est plus obligatoire à l'égard : 1° des Français ; 2° des sujets étrangers qui, à titre de réciprocité, sont autorisés à pénétrer en France sans passeport ; 3° des étrangers de toute nationalité déjà fixés dans l'intérieur de la France ; 4° enfin des émigrants étrangers qui, nantis de contrats réguliers de colonisation délivrés au nom du gouverneur de l'Algérie, veulent se rendre à leurs frais dans nos possessions d'Afrique.

§ 4. — Des passeports spéciaux (*Rép.* n°s 48 à 60).

15. Le principe de la gratuité des passeports pour les indigents, consigné dans le décret des 30 mai-13 juin 1790 (*Rép.* n° 49), a été inscrit de nouveau dans l'art. 3 de la loi du 16 juin 1888.

§ 5. — Des passeports étrangers (*Rép.* n°s 61 à 67).

16. Les étrangers qui voyagent en France, même les nationaux des pays dans lesquels l'exigence du passeport subsiste à l'égard des Français, ne sont plus tenus ni à déposer leur passeport, ni à remplir aucune autre formalité. Mais un décret du 2 oct. 1888 (D. P. 88. 4. 51), dont les principales dispositions ont été mentionnées *suprà*, v° *Droits civils*, n° 220, impose une déclaration aux étrangers qui veulent fixer leur résidence en France.

Table sommaire

des matières contenues dans le Supplément et le Répertoire.

(Les chiffres précédés de la lettre *S* renvoient au Supplément; les chiffres précédés de la lettre *R* renvoient au Répertoire.)

Table chronologique des Lois, Arrêts, etc.

PASSIF. — V. *suprà*, v^is *Contrat de mariage*, n°s 287 et suiv.; *Rép.* eod. v°, n°s 861 et suiv.; *Faillite*, n°s 799 et 1490; *Rép.* eod. v°, n°s 444 et 1543 ; — et *infrà*, v° *Succession*.

PASTEUR. — V. *suprà*, v° *Culte*, n°s 698 et suiv. ; *Rép.* eod. v° n°s 704 et suiv.

PATENTE.

Division.

CHAP. 1er. — Législation. — Statistique. — Droit comparé. (*Rép.* nos 1 à 9).

1. — I. LÉGISLATION. — La nature et l'objet de l'impôt des patentes sont exposés dans la 1re section du *Répertoire*, qui en contient l'historique depuis l'origine jusqu'aux lois du 25 avr. 1844 et du 18 mai 1850. Un certain nombre de dispositions importantes ont fait suite à ces deux lois; mais une refonte générale de la législation a eu lieu en 1880 (Loi organique du 15 juillet, D. P. 81. 4. 1). Nous ne donnerons donc ci-après que le texte de cette dernière loi et celui des lois subséquentes. Quant aux dispositions intermédiaires dont il vient d'être parlé, nous en indiquons seulement l'objet; elles seront d'ailleurs rappelées, quand il y aura lieu, dans le cours du travail.

2. Le tableau chronologique des lois de la matière est suivi de la nomenclature des professions imposables, avec indication des droits correspondants (V. *infrà*, nos 40 et suiv.).

3. En définissant la patente (*Rép.* n° 1), nous avons dit qu'elle constituait un prélèvement annuel sur les produits présumés de l'industrie et du commerce. S'inspirant de cette idée, le législateur s'est constamment proposé d'améliorer les règles d'imposition applicables à ce prélèvement, afin d'arriver à atteindre aussi exactement que possible les bénéfices présumés de chaque assujetti. En même temps, et à mesure que l'état des finances l'a permis, il s'est attaché à réduire les charges des petits patentables.

4. Cette double préoccupation, dont l'un des rapporteurs de la loi du 15 juill. 1880 s'est fait notamment l'interprète (Rapport de M. Labadié, D. P. 81. 4. 1), est devenue le trait caractéristique des lois de la matière. Sans entrer ici dans le détail, nous citerons, au nombre des mesures prises en vue d'assurer une application plus équitable de l'impôt: la suppression du *maximum* pour les industries du tableau C (L. 29 mars 1872, art. 2, et 15 juill. 1880, art. 7, D. P. 72. 4. 75 et 81. 4. 1); la combinaison, dans le tableau B, du chiffre de la population et du nombre des employés (V. *infrà*, n° 40); la taxation particulière des grands magasins (V. *infrà*, n° 44); l'extension donnée dans le tarif à l'article *Fabricant pour le commerce*, ce qui permet de faire passer dans le tableau C une partie des professions du tableau A (V. *infra*, nos 73 et suiv.). Comme conséquence des deux premières de ces mesures, les associés secondaires des tableaux B et C ont cessé d'être passibles de la taxe qui atteint les éléments variables d'imposition (*infrà*, n° 669) (L. 15 juill. 1880, art. 21). La réduction du droit fixe pour chômage, dans les usines à moteur hydraulique, a été généralisée (Même loi, art. 11). Des dispositions nouvelles ont été édictées en vue de sauvegarder les intérêts des parties dans le cas de cession d'établissement (L. 15 juill. 1880, art. 28, et 8 août 1890, art. 29, D. P. 81. 4. 1 et 90. 4. 76). Mais, par contre, les agents du Trésor ont reçu le droit d'imposer par rôle supplémentaire les patentables omis (L. 4 juin 1858, art. 13, D. P. 58. 4. 78 et 15 juill. 1880, art. 28), et de consulter les registres des entreprises de transports (L. 29 mars 1872, art. 6, et 15 juill. 1880, art. 37, D. P. 72. 4. 75 et 81. 4. 1).

5. Quant aux petits patentables, leurs charges ont été diminuées par la loi du 30 juill. 1879, qui a abaissé le taux du droit proportionnel pour les 5e et 6e classes du tableau A (D. P. 79. 4. 85), et par celle du 8 août 1890, dont l'art. 32 a réduit notablement les droits applicables aux 6e, 7e et 8e classes du même tableau dans les communes de 2000 âmes et au-dessous (D. P. 90. 4. 83). Cette dernière mesure a dû profiter à plus de 340 000 patentés (Rapport de M. Boulanger, 30 juill. 1890, Doc. parlem. Sénat, n° 176). Les ouvriers travaillant seuls ont vu maintenir l'exemption complète que la loi du 2 juill. 1862 leur avait accordée (D. P. 62. 4. 60); et le bénéfice de cette exemption a été étendu: à l'ouvrier travaillant en chambre avec un seul apprenti de moins de seize ans (L. 2 août 1868, art. 3, et 15 juill. 1880, art. 17, D. P. 68. 4. 112 et 81. 4. 1); à la veuve qui continue la profession de son mari avec l'aide d'un seul ouvrier (L. 15 juill. 1880, même article); au fabricant à façon qui n'emploie qu'un petit nombre de métiers (L. 17 juill. 1889, D. P. 90. 4. 71). Supprimé en 1850 (D. P. 50. 4. 92), le droit à l'exemption a été rendu aux cultivateurs pour le traitement industriel de leurs récoltes (L. 27 juill. 1870, art. 3, et 15 juill. 1880, art. 17, D. P. 70. 4. 59 et 81. 4. 1). Le taux du droit proportionnel a été abaissé d'une manière générale, afin de tenir compte du renchérissement continu des loyers, qui atteint surtout les petits commerçants (Rapport de M. Labadié, D. P. 81. 4. 1). Enfin, à la suite de la guerre de 1870, il avait été nécessaire de demander aux contribuables d'importants sacrifices; mais les petits patentés avaient été exonérés des 60 cent. généraux extraordinaires votés dans ce but en 1872, et ils sont encore affranchis de cette surtaxe, maintenant réduite à 20 cent. (L. 16 juill. 1872, art. 2, et 30 juill. 79, art. 1er, D. P. 72. 4. 122 et 79. 4. 85).

6. Un des caractères de la patente est aussi d'être un impôt *proportionnel*; car elle s'élève ou s'abaisse proportionnellement, soit à l'importance des locaux occupés, soit au nombre des éléments de production (ouvriers, métiers, machines, etc.). Il faut noter cependant une dérogation récente à ce principe, que le législateur de 1880 avait considéré comme essentiel et fondamental (Rapport de M. C. Fournier, *Journ. off.* du 15 juin 1880). En effet, par son art. 2, la loi du 17 juill. 1889 (D. P. 90. 4. 71) a disposé que la taxe par employé, prévue dans le tableau B, depuis 1880, serait doublée lorsque le nombre des employés dépasserait 200 et triplée lorsqu'il dépasserait 1000 ; et cette taxation a été maintenue par la loi du 8 août 1890, sauf en ce qui concerne les grands magasins (V. *infrà*, n° 14). Doit-on y voir un premier pas dans la voie de l'imposition progressive ? Il semble difficile de le contester, bien que tel ne soit pas le sens des déclarations faites alors devant le Sénat (Rapport de M. Boulanger, D. P. 90. 4. 83). On lit, en effet, dans ce rapport : « L'impôt des patentes est et doit demeurer essentiellement proportionnel aux bénéfices commerciaux. Pour dégager ces bénéfices, la loi a fixé des éléments dont l'un consiste dans le nombre des employés, parce que chacun de ces employés représente une valeur contributive des profits de la maison. Mais elle n'a pas interdit d'apprécier, suivant les circonstances, quelle serait cette valeur contributive réelle. S'il est démontré que cette valeur s'accroît avec le nombre des employés, il est juste d'en tenir compte pour régler la patente et pour la rendre précisément proportionnelle aux bénéfices réalisés. Or, d'après les renseignements recueillis par le service, quand le nombre des employés dépasse un certain chiffre dans la même maison, chaque employé acquiert une force productive inférieure, par suite du mouvement des échanges et de la rapidité des réassortiments. En le taxant davantage, on ne fait que proportionner exactement l'impôt aux bénéfices présumés du commerce. Ces méthodes d'appréciation des profits imposables ont toujours été admises en matière de patentes, sans qu'on les ait considérées comme créant un précédent en faveur de la progression ».

Aujourd'hui, on semble même faire un pas de plus dans le sens de la progression de l'impôt des patentes. Plusieurs projets de loi, émanant tant de l'initiative parlementaire que du Gouvernement et qui ont été résumés dans plusieurs articles de la loi de finances du 28 avr. 1893, ont apporté, principalement en ce qui regarde les grands magasins, de profondes modifications au système d'imposition jusqu'à présent suivi. Cependant les orateurs qui ont soutenu l'innovation résultant des divers projets dont il vient d'être parlé, et le rapporteur de la commission (Doc. parlem. Chambre des députés, 1892, n° 2309) se sont hautement défendus de vouloir toucher au principe de la proportionnalité de l'impôt et d'avoir entendu faire autre chose que perfectionner la loi du 15 juill. 1880, en s'efforçant d'harmoniser l'application de cette loi avec le principe de la proportionnalité sur lequel elle repose. Nous n'avons pas à insister ici sur la controverse qu'a fait naître le projet ; il nous suffit de la signaler. En dehors des grands magasins, la loi de finances de 1893 vise les déballeurs, les marchands forains, etc. Nous examinerons ultérieurement les modifications qui résultent de l'adoption de cette loi.

7. Pour compléter ce résumé de l'état de la législation, nous dirons que la patente constitue, à proprement parler, une taxe d'*abonnement*; car, à défaut de changement dans les locaux, le personnel ou le matériel, suivant le cas, le chiffre de la patente en principal ne change pas, quels que soient les résultats négatifs ou fructueux, des opérations de l'assujetti. Entre autres avantages, cette fixité relative évite au Trésor tout mécompte sérieux dans le produit des patentes et limite le rôle de ses agents à la constatation matérielle de faits ou de signes extérieurs. Ce principe est demeuré absolu en la matière, et les propositions tendant à donner pour base à la patente soit le chiffre des affaires, soit le montant des bénéfices ont toutes été repoussées jusqu'à présent. Il en a été ainsi pour le projet de M. Féray, tendant à l'asseoir sur le chiffre des ventes, au moyen de déclarations à exiger des intéressés (D. P. 72. 4. 122), et de la proposition déposée en 1888 par M. Delattre, en vue d'atteindre les grands magasins d'après leurs bénéfices (Doc. parlem. Chambre des députés, n° 2997). On lit également dans le rapport de M. Burdeau sur le budget de 1891 (3 juill. 1890, Doc. parlem. Chambre des députés, n° 771) : « Votre commission pense qu'il convient de laisser à cette loi son caractère, qui est de permettre au Trésor de prélever sa juste part sur les bénéfices présumés de chaque établissement, sans avoir à s'immiscer dans les affaires du commerçant ». Le rapporteur des projets de loi dont il a été question (*suprà*, n° 6) a exprime les mêmes idées. Pour les mêmes motifs, on conçoit que l'impôt des patentes n'existe pas spécialement dans les pays, tels que l'Angleterre et l'Italie, où un impôt général est établi sur les revenus mobiliers (V. *infrà*, n°s 26 et 34), et qu'en France, il soit indiqué comme devant disparaître dans les projets de réforme générale de l'impôt dont nous avons rendu compte (V. *suprà*, v° *Impôts directs*, n° 12).

8. On consultera, utilement sur ces matières les ouvrages suivants : de Parieu, *Traité des impôts*, t. 1, liv. 3; J. Garnier, *Traité de finances*, chap. 7 ; Paul Leroy-Beaulieu, *Traité de la science des finances*, t. 1, chap. 8 ; Éd. Vignes, *Traité des impôts en France*, t. 2, chap. 4 ; Chailley-Bert, *L'impôt sur le revenu*, sect. 2, chap. 2 ; Fournier de Flaix, *Traité de critique et de stastique comparée sur les impôts des principaux États d'Europe*.

Tableau chronologique des lois relatives a la contribution des patentes.

10-16 juin 1853. — Loi portant fixation du budget général de l'exercice 1854 (art. 13 exemptant de patente les fabricants à métiers à façon, ayant moins de dix métiers) (D. P. 53. 4. 119).

4-12 juin 1858. — Loi portant fixation du budget général de l'exercice 1859 (art. 8 à 13 modifiant les tarifs antérieurs et divers articles des lois du 25 avr. 1844 et du 18 mai 1850) (D. P. 58. 4. 78).

26-27 juill. 1860. — Loi portant fixation du budget général de l'exercice 1861 (art. 19 réglant la patente des associés en nom collectif) (D. P. 60. 4. 96).

2-3 juill. 1862. — Loi portant fixation du budget général de l'exercice 1863 (art. 3 étendant l'exemption déjà accordée aux ouvriers) (D. P. 62. 4. 60).

13-19 mai 1863. — Loi portant fixation du budget général de l'exercice 1864 (modification des tarifs antérieurs) (D. P. 63. 4. 54).

18-24 juill. 1866. — Loi sur les courtiers de marchandises (D. P. 66. 4. 118).

2-7 août 1868. — Loi portant fixation du budget général de l'exercice 1869 (Modifications des tarifs, exemptions) (D. P. 68. 4. 112).

8-13 mai 1869. — Loi portant fixation du budget général de l'exercice 1870 (art. 3 réglant l'imposition des sociétés de crédit) (D. P. 69. 4. 78).

27-30 juill. 1870. — Loi portant fixation du budget général de l'exercice 1871 (abrogation, au profit des cultivateurs, de l'art. 18 de la loi du 18 mai 1850) (D. P. 70. 4. 59).

29 mars-9 avr. 1872. — Loi sur les patentes (rehaussement des droits et des tarifs, suppression du maximum) (D. P. 72. 4. 75).

16 juill.-7 août 1872. — Loi qui autorise la perception de 60 cent. extraordinaires généraux (D. P. 72. 4. 122).

24-30 juill. 1873. — Loi portant fixation du budget général de l'exercice 1874 (art. 1 réduisant de 60 à 43 les centimes généraux, créés par la loi précédente) (D. P. 73. 4. 95).

30-31 juill. 1879. — Loi portant fixation du budget général de l'exercice 1880 (abaissement des mêmes centimes généraux de 43 à 20, réduction de droits) (D. P. 79. 4. 85).

15-22 juill. 1880. — Loi sur les patentes (V. D P. 81. 4. 1, et les notes).

Art. 1er. — Tout individu, Français ou étranger, qui exerce en France un commerce, une industrie, une profession non compris dans les exceptions déterminées par la présente loi, est assujetti à la contribution des patentes.

2. La contribution des patentes se compose d'un droit fixe et d'un droit proportionnel.

3. Le droit fixe est réglé conformément aux tableaux A, B, C, annexés à la présente loi. — Il est établi : — Eu égard à la population et d'après un tarif général, pour les industries et professions énumérées dans le tableau A ; — Eu égard à la population et d'après un tarif exceptionnel pour les industries et professions portées dans le tableau B ; — Sans avoir égard à la population, pour celles qui font l'objet du tableau C.

4. Les commerces, industries et professions non dénommés dans ces tableaux n'en sont pas moins assujettis à la patente.

tions directes. Ce certificat fera mention des motifs qui obligent le patenté à le réclamer et devra être sur papier timbré.

36. Il est ajouté au principal de la contribution des patentes, ainsi qu'au montant des centimes additionnels départementaux et communaux ordinaires et extraordinaires afférents à cette contribution, cinq centimes par franc, dont le produit est destiné à couvrir les décharges, réductions, remises et modérations, ainsi que les frais d'impression et d'expédition des formules de patentes. — En cas d'insuffisance des cinq centimes, le montant du déficit est prélevé sur le principal des rôles. — Il est en outre prélevé sur le principal huit centimes par franc, dont le produit est versé dans la caisse municipale.

37. Les compagnies de chemins de fer, les services de transports fluviaux, maritimes et terrestres, ainsi que les établissements d'entrepôts et de magasins généraux, sont tenus de laisser prendre connaissance des registres de réception et d'expédition de marchandises aux agents des contributions directes chargés de l'assiette des droits de patente.

38. Les contributions spéciales destinées à subvenir aux dépenses des bourses et chambres de commerce et dont la perception est autorisée par l'art. 11 de la loi du 23 juill. 1820 seront réparties sur les patentables des trois premières classes du tableau A annexé à la présente loi et sur ceux désignés dans les tableaux B et C comme passibles d'un droit fixe égal ou supérieur à celui desdites classes. — Les associés des établissements compris dans les classes et tableaux susdésignés contribueront aux frais des bourses et chambres de commerce, sous réserve des dispositions des art. 20 et 21 de la présente loi.

39. La contribution des patentes sera établie conformément à la présente loi à partir du 1er janv. 1881.

40. Toutes les dispositions contraires à la présente loi seront et demeureront abrogées à partir de la même époque, sans préjudice des lois et des règlements de police qui sont ou pourront être faits.

29-30 juin 1881. — Loi qui ouvre et annule des crédits sur les exercices de 1879, 1880 et 1881 (art. 10, modifiant les 3e et 4e parties du tableau C, annexé à la loi du 15 juill. 1880) (D. P. 82. 4. 30).

30 juill.-1er août 1885. — Loi concernant les contributions directes de 1886 (art. 2 modifiant les tarifs annexés à la loi du 15 juill. 1880) (D. P. 86. 4. 1).

17-18 juill. 1889. — Loi portant fixation du budget général de l'exercice 1890 (D. P. 90. 4. 71).

. . . .

Art. 2. Est modifié ainsi qu'il suit le tableau C (4e partie) annexé à la loi sur les patentes des 15-22 juill. 1880 :

Sera exempt de patente le fabricant travaillant exclusivement à métier à façon dont le droit fixe, calculé conformément au tarif légal, n'excédera pas 21 fr. en principal.

L'énumération des exempts du droit proportionnel (chapitre « exemptions », à la fin du tableau D) est complétée par l'addition suivante :

« Les fabricants travaillant exclusivement à métier à façon ».

« Le tableau B est ainsi modifié :

« Les taxes par employé, telles qu'elles sont fixées dans la deuxième colonne du tableau B, seront doublées lorsque le nombre des employés dépassera 200, et triplées lorsqu'il dépassera 1000.

8-12 août 1890. — Loi relative aux contributions directes et aux taxes y assimilées de l'exercice 1891 (D. P. 90. 4. 76).

. . . .

Art. 28. Les tarifs et tableaux annexés aux lois des 15 juill. 1880, 30 juill. 1885 et 17 juill. 1889 sont modifiés, à partir du 1er janv. 1891, conformément à l'état D annexé à la présente loi.

29. En cas de cession d'établissement, le transfert des droits de patente au nom du cessionnaire pourra être proposé par le contrôleur des contributions directes sur un état spécial. Le cédant et le cessionnaire seront invités à prendre connaissance de cet état à la mairie et à remettre au maire leurs observations dans un délai de dix jours. Passé ce délai, le maire adressera l'état au directeur des contributions directes, avec son avis et les observations qui auront pu être produites; le directeur fera son rapport, et le préfet statuera. Toutefois, il n'y aura pas lieu à statuer s'il existe un désaccord entre les conclusions du directeur et les observations présentées par le cédant ou le cessionnaire. — Il n'est pas d'ailleurs dérogé aux dispositions du deuxième paragraphe de l'art. 28 de la loi du 15 juill. 1880.

30. Le troisième paragraphe de l'art. 28 de la loi du 15 juill. 1880 est modifié comme il suit: — « En cas de fermeture des établissements, magasins, boutiques et ateliers par suite de décès, de liquidation judiciaire ou de faillite déclarée, les droits ne seront dus que pour le passé et le mois courant. Sur la réclamation des parties intéressées, il sera accordé décharge du surplus de la taxe ».

. . . .

32. Dans les communes de 2000 âmes et au-dessous, les droits de patente sont réduits, à partir du 1er janv. 1891 :

1° D'un quart pour les professions rangées dans la 6e classe du tableau A, annexé à la loi du 15 juill. 1880, et des tableaux modificatifs correspondants annexés aux lois subséquentes;

2° De moitié pour les professions rangées dans les 7e et 8e classes des mêmes tableaux.

. . . .

20-22 juill. 1891. — Loi relative aux contributions directes et aux taxes y assimilées de l'exercice 1892 (D. P. 91. 4. 83).

28 avr. 1893. — Loi de finances, art. 5 à 9 (*Journ. off.* du 29 avr. 1893).

9. — II. STATISTIQUE. — Nous avons dit (*Rép.* n° 9) que l'impôt des patentes figurait au budget de 1851 pour un produit total, centimes additionnels compris, de 47 141 160 fr. Depuis lors, ce produit a presque quadruplé; car il est passé à 80 130 076 fr., en 1860, à 112 349 181 fr., en 1870, à 164 606 899 fr. en 1880 et à 179 718 281 fr. en 1890. Les causes principales de cet accroissement ont été le développement général de l'industrie et du commerce dans les quarantes dernières années et aussi l'augmentation du nombre des centimes additionnels perçus pour le compte de l'Etat, des départements et des communes. En particulier, les centimes généraux se sont successivement élevés de 10,8 en 1872, à 74,6 en 1873, pour s'abaisser à 57,6 de 1874 à 1879, puis à 34,6 de 1880 à 1889, et se relever à 42,72 en 1890. — Quant au nombre des droits fixes ou portions de droits fixes du tableau A, il est passé de 1 339 407 en 1860 à 1 377 489 en 1870, à 1 353 987 en 1880 et à 1 411,396 en 1890. Dans le tableau B, ce nombre s'est élevé à 13 086 en 1860 à 16 667 en 1870, à 16 239 en 1880 et à 17 182 en 1890. Dans le tableau C, il a été de 222 191 en 1860 et de 239 310 en 1870; puis il est descendu à 221 566 en 1880 et à 193 017 en 1890, par suite sans doute de la disparition de petits industriels, impuissants à lutter contre les grandes usines, et aussi de l'exemption désormais acquise à une partie des associés secondaires de ce tableau (V. *suprà*, n° 2). Enfin, le tableau D (professions libérales), qui a compris, en 1890, 50 890 patentés, en comptait 49 754 en 1880, 51 965 en 1870 et 51 849 en 1860 : il n'y a donc pas eu de changement appréciable de ce côté.

10. Du chiffre de 35 fr. *en principal* qu'elle atteignait en 1860, la patente moyenne est montée à 44 fr. 35 en 1870, à 46 fr. 11 en 1880 et à 47 fr. 90 en 1890. La différence, comme on le voit, n'est pas très considérable; ce qui montre que l'accroissement du produit effectif des patentes tient surtout à l'augmentation du nombre des centimes additionnels de toute nature venant s'ajouter au principal. Quant au produit du droit fixe en principal (rôles supplémentaires non compris), il était à peu près égal à celui du droit proportionnel en 1860 (25 396 048 fr., contre 25 267 114 fr.). Mais si le premier de ces produits s'est élevé à 30 059 508 fr., en 1870, à 32 234 469 fr. en 1880, et à 37 182 238 fr., en 1890, le second n'a pas cessé de le dépasser; car il a atteint 35 895 325 en 1870, 43 458 529 en 1880 et 42 963 031 en 1890. Cet accroissement a eu pour motif essentiel le renchérissement continu des loyers, que nous avons signalé déjà (V. *suprà*, n° 5) et dont le montant des valeurs locatives imposées permet de se rendre compte. Ces valeurs locatives sont montées en effet, dans les mêmes rôles, de 599 263 394 fr. en 1860, à 841 136 173 fr. en 1870, à 1 043 427 403 fr. en 1880, et à 1 252 132 439 fr. en 1890.

11. Ajoutons ici qu'indépendamment des centimes additionnels qu'il perçoit pour le compte des communes, l'Etat continue d'abandonner à ces dernières 8 cent. par franc du principal des rôles (L. 15 juill. 1880, art. 36, D. P. 81. 4. 1). Ce prélèvement est à la fois destiné à leur assurer des ressources et à les intéresser à l'établissement régulier de l'impôt.

12. — III. LÉGISLATION DES COLONIES FRANÇAISES. — 1° *Algérie.* — Les lois des 15 juill. 1880, 30 juill. 1885, 17 juill. 1889 et 8 août 1890 ont été rendues applicables à l'*Algérie* par trois décrets du 26 déc. 1881 (D. P. 83. 4. 20), du 2 déc. 1885 (D. P. 86. 4. 72), et du 25 nov. 1890 (*Journ. off.* du 26 nov.). Mais le premier de ces décrets avait apporté à la loi organique certains tempéraments qui ont été maintenus et au nombre desquels nous citerons: la réduction, au taux de la classe immédiatement inférieure, du droit fixe applicable aux assujettis musulmans des sept premières classes du tableau A; l'abaissement général à la moitié, du taux du droit proportionnel, tel qu'il est réglé en France; le mode employé pour la détermination du chiffre de la population, dans laquelle les indigènes musulmans, non naturalisés français, domiciliés hors des parties agglomérées, ne sont comptés que pour le tiers de leur nombre.

13. — 2° *Annam et Tonkin.* — Il n'est pas perçu jusqu'à présent de droits de patente.

14. — 3° *Cochinchine.* — Un décret du 15 janv. 1889 (*Bull. off. de l'administration des colonies*, 1889, p. 204), réglemente la contribution des patentes sur les bases de la loi française de 1880, mais avec les modifications que les nécessités locales comportaient. Cette contribution se compose d'un droit fixe et d'un droit proportionnel, pour les patentables de Saïgon et de Cholon, et d'un droit fixe seulement pour les patentables de l'intérieur. Le droit proportionnel est fixé au 30e de la valeur locative, tant de la maison d'habitation que des locaux professionnels. Quant au droit fixe, il est réparti en huit classes, avec quatre catégories de population.

15. — 4° *Etablissements français dans l'Inde.* — Il n'est pas perçu de droits de patente, mais seulement des droits de navigation et des droits sur l'introduction, la fabrication et le débit des spiritueux.

16. — 5° *Etablissements français de l'Océanie.* — Les patentes sont divisées en patentes fixes et en patentes proportionnelles. Les patentes fixes sont réglées sur la nature de la profession ou de l'industrie exercée et sur le lieu où elle s'exerce. Les patentes proportionnelles sont établies sur la valeur locative, d'après un taux qui est, selon le cas, du 10e, du 15e, du 20e ou du 50e. Un droit fixe particulier atteint les professions libérales (agents d'affaires, arpenteurs-géomètres, avocats ou défenseurs, commissaires-priseurs, huissiers, médecins et notaires).

17. — 6° *Gabon, Congo.* — La patente exigée des négociants varie de 1200 fr. à 400 fr. selon le lieu où ils exercent. Les commerçants recevant de l'intérieur les objets de leur commerce, mais ne les exportant pas, sont soumis à des droits spéciaux: il en est de même pour les marchands en détail vendant sur place et pour les succursales ou factoreries. Les capitaines ou subrécargues payent une patente réglée sur la valeur des cargaisons.

18. — 7° *Guadeloupe.* — Un décret du 18 août 1884 règle les droits de patente sur la base de deux tableaux A et B. Le tableau A (tarif exceptionnel) assujettit certaines professions, notamment les industries, les magasins de plusieurs espèces de marchandises, les marchands de bois, à des droits fixes divisés par classes ou établis sur les éléments de production: les professions libérales se trouvent comprises dans ce tableau. Le tableau B (tarif général) comprend 21 classes, dont chacune donne ouverture à l'imposition d'un droit fixe invariable. Les établissements d'instruction sont tous affranchis de la patente.

19. — 8° *Guyane.* — Les patentes se divisent en six classes (Décret colonial du 11 juill. 1837), entre lesquelles sont réparties les professions imposables. Le taux de ces patentes consiste dans un droit fixe déterminé pour chacune des cinq dernières classes. Dans la première, le droit fixe s'élève avec l'importance des opérations, étant gradué à raison de 300 fr. par 100 000 fr. d'affaires: cette classe comprend les négociants ou consignataires, les armateurs, les banques ou comptoirs d'escompte, les capitaines ou subrécargues de navires français. Les médecins, notaires et avoués appartiennent à la deuxième classe, et les huissiers et architectes à la troisième classe.

20 — 9° *La Réunion.* — Le taux de l'impôt des patentes est réglé par commune, les patentables y étant répartis en six classes. Il n'est perçu qu'un droit fixe, auquel s'ajoutent des centimes additionnels. L'industrie de la boucherie est affranchie de la patente.

21. — 10° *La Martinique.* — Un décret du 13 juin 1887 a réparti les patentables en deux tableaux, A et B. Le tableau A est divisé en huit classes et en six catégories de population. Le tableau B comprend, dans une première partie, les professions imposées sans égard à la population et dont le droit fixe est arrêté à un chiffre invariable; et dans une seconde partie, qui correspond au tableau C de la métropole, les industries frappées de taxes variables à raison de leurs éléments d'imposition, notamment les fabriques de rhum et tafia et les usines à sucre. Les professions libérales ne sont assujetties qu'au droit proportionnel.

22. — 11° *Mayotte.* — Les droits de patente sont exclusivement perçus en droit fixe, selon l'importance des professions et la nature des opérations (gros, demi-gros ou détail). Il est délivré une formule de patente, du prix de 2 fr. 50.

23. — 12° *Nossi-Bé.* — Sont rangés dans la première catégorie des patentables, à raison de 1800 fr. et de 1500 fr. de droit fixe, les maisons de commission avec prêts et les maisons de consignation. Quant aux autres patentables, ils sont répartis entre neuf classes, avec un maximum de 800 fr. de droit fixe et un minimum de 20 fr. Les capitaines et subrécargues de navires sont assujettis à un droit fixe par voyage.

24. — 13° *Saint-Pierre et Miquelon.* — Les maisons de banque, les commis voyageurs séjournant dans la colonie, sont soumis à des taxes déterminées. Pour les autres patentables, ils sont répartis en 12 classes, dont les trois dernières (commerce inférieur à 20000 fr. d'affaires) sont frappées d'un droit fixe invariable. Les neuf autres classes ont leur droit fixe réglé sur le chiffre d'affaires, avec maximum de 600 fr. (300 000 fr., d'affaires et au-dessus) et minimum de 75 fr. (chiffre d'affaires de 20 000 fr. à 50 000 fr.). On entend par chiffre d'affaires le débit du compte « marchandises » de l'année précédente.

25. — 14° *Sénégal et Rivières du Sud.* — La patente est divisée en droit fixe et en droit proportionnel; ce dernier droit, applicable seulement dans les villes, est de 20 pour 100 de la valeur locative des magasins, boutiques et autres locaux. Quant au droit fixe, il est d'une somme déterminée pour les négociants et banquiers et pour les autres commerçants, qui sont répartis en commerçants de 1re, 2e et 3e classe, suivant le classement arrêté chaque année par les chambres de commerce. Une patente de colportage (30 fr. par mois) est imposée aux marchands ambulants.

26. — IV. Législations étrangères. — 1° *Angleterre.* — Les revenus mobiliers étant atteints par l'*income-tax* (V. *suprà*, v° *Impôts directs*, n° 13), les produits de l'industrie et du commerce, ainsi que tous intérêts et dividendes, rentrent dans la cédule D de cette taxe générale. Des déclarations sont faites par les intéressés; il y est statué, au besoin, par les commissaires spéciaux du revenu.

27. — 2° *Autriche-Hongrie.* — L'impôt sur l'industrie (L. 31 déc. 1812) atteint quatre catégories d'assujettis, savoir: les industriels et marchands en gros, les commerçants, les détaillants et les simples artisans. Chaque catégorie se divise en classes qui se subdivisent elles-mêmes selon le chiffre de la population. On prend pour base de la classification l'importance présumée des opérations, telle qu'elle ressort du nombre d'employés, d'ouvriers ou de machines, des capitaux engagés, etc. L'exemption est acquise aux fonctionnaires, ouvriers, écrivains, cultivateurs, médecins et professeurs. Un impôt sur le revenu frappe en outre les produits de l'industrie et du commerce (L. 29 oct. 1849). Les petits patentés en sont toutefois exempts.

28. — 3° *Bavière.* — L'impôt sur l'industrie (*Gewerbsteuer*), réglé par la loi du 19 mai 1881, se compose d'une taxe déterminée et d'une taxe variable. La première s'élève avec l'importance des communes, qui sont divisées en quatre catégories; la seconde est assise sur le nombre des ouvriers ou autres éléments de production. Des déclarations sont exigées des imposables; elles sont soumises à l'examen de comités spéciaux. Est exempte l'exploitation des terres, des mines et des forêts.

29. — 4° *Belgique.* — Suivant les lois du 21 mai 1819 et du 22 janv. 1849, la contribution des patentes, composée d'un droit fixe seulement, est établie d'après deux tarifs. Le tarif A comprend, dans dix-sept classes, les professions imposées sans égard à la population; le tarif B, qui contient les professions imposées eu égard à la population, renferme quatre catégories se divisant chacune en quatorze classes. Un prélèvement de 2 pour 100 sur les bénéfices remplace la patente pour les sociétés par actions et les compagnies d'assurances.

30. Une loi du 6 juill. 1891, insérée au *Moniteur belge* du 11 juillet et modificative de la loi du 21 mai 1819, porte que les marchands en détail ou boutiquiers seront répartis en dix sept classes, d'après l'importance de leur débit (ou chiffre d'affaires). Elle porte aussi (art. 4): « soit qu'elles traitent exclusivement avec leurs membres, soit qu'elles étendent leurs opérations à des personnes non affiliées, les

Les droits auxquels ils doivent être soumis sont réglés d'après l'analogie des opérations ou des objets de commerce, par un arrêté spécial du préfet, rendu sur la proposition du directeur des contributions directes et après avoir pris l'avis du maire. — Tous les cinq ans, des tableaux additionnels contenant la nomenclature des commerces, industries et professions classés par voie d'assimilation, depuis trois années au moins, seront soumis à la sanction législative.

5. Pour les professions dont le droit fixe varie en raison de la population du lieu où elles sont exercées, les tarifs seront appliqués d'après la population qui aura été déterminée par le dernier décret de dénombrement. — Néanmoins, lorsque ce dénombrement fera passer une commune dans une catégorie supérieure à celle dont elle faisait précédemment partie, l'augmentation du droit fixe ne sera appliquée que pour moitié pendant les cinq premières années.

6. Dans les communes dont la population totale est de plus de cinq mille âmes, les patentables exerçant dans la banlieue des professions imposées eu égard à la population payeront le droit fixe d'après le tarif applicable à la population non agglomérée. Les patentables exerçant lesdites professions dans la partie agglomérée payeront le droit fixe d'après le tarif applicable à la population totale.

7. Le patentable qui, dans le même établissement, exerce plusieurs commerces, industries ou professions ne peut être soumis qu'à un seul droit fixe. Ce droit est le plus élevé de ceux qu'il aurait à payer s'il était assujetti à autant de droits fixes qu'il exerce de professions. Si les professions exercées dans le même établissement comportent, pour le droit fixe, soit seulement des taxes variables à raison du nombre d'employés, d'ouvriers, de machines ou autres éléments d'imposition, soit à la fois des taxes de cette nature et des taxes déterminées, c'est-à-dire arrêtées à un chiffre invariable, le patentable sera assujetti aux taxes variables d'après tous les éléments d'imposition afférents aux professions exercées, mais il ne payera que la plus élevée des taxes déterminées.

8. Le patentable ayant plusieurs établissements, boutiques ou magasins de même espèce ou d'espèces différentes est, quel que soit le tableau auquel il appartient comme patentable, passible d'un droit fixe en raison du commerce, de l'industrie ou de la profession exercée dans chacun de ces établissements, boutiques ou magasins. Les droits fixes sont imposables dans les communes où sont situés les établissements, boutiques ou magasins qui y donnent lieu.

9. Le patentable qui exploite un établissement industriel et qui n'y effectue pas la vente de ses produits est exempt du droit fixe pour le magasin séparé dans lequel sont vendus exclusivement en gros les seuls produits de sa fabrication. — Toutefois, si la vente a lieu dans plusieurs magasins, l'exemption de droit fixe accordée par le paragraphe précédent n'est applicable qu'à celui de ces magasins qui est le plus rapproché du centre de l'établissement de fabrication. Les autres sont imposés conformément aux dispositions de l'art. 8 de la présente loi.

10. Dans les établissements à raison desquels le droit fixe de patente est réglé d'après le nombre des ouvriers, les individus au-dessous de seize ans et au-dessus de soixante-cinq ne seront comptés dans les éléments de cotisation que pour la moitié de leur nombre.

11. Dans les usines fonctionnant exclusivement à l'aide de moteurs hydrauliques, le droit fixe est réduit de moitié pour ceux des éléments de cotisation qui, par manque ou par crue d'eau, sont périodiquement forcés de chômer pendant une partie de l'année équivalente au moins à quatre mois.

12. Le droit proportionnel est établi sur la valeur locative tant de la maison d'habitation que des magasins, boutiques, usines, ateliers, hangars, remises, chantiers et autres locaux servant à l'exercice des professions imposables. — Il est dû lors même que le logement et les locaux occupés sont concédés à titre gratuit. — La valeur locative est déterminée soit au moyen de baux authentiques ou de déclarations de locations verbales dûment enregistrées, soit par comparaison avec d'autres locaux dont le loyer aura été régulièrement constaté ou sera notoirement connu, et, à défaut de ces bases, par voie d'appréciation. — Le droit proportionnel pour les usines et établissements industriels est calculé sur la valeur locative de ces établissements, pris dans leur ensemble et munis de tous leurs moyens matériels de production.

13. Le taux du droit proportionnel est fixé conformément au tableau D annexé à la présente loi.

14. Le droit proportionnel est payé dans toutes les communes où sont situés les magasins, boutiques, usines, ateliers, hangars, remises, chantiers et autres locaux servant à l'exercice des professions imposables. — Si, indépendamment de la maison où il fait sa résidence habituelle et principale et qui, dans tous les cas, sauf l'exception ci-après, doit être soumise au droit proportionnel, le patentable possède, soit dans la même commune, soit dans des communes différentes, une ou plusieurs maisons d'habitation, il ne paye le droit proportionnel que pour celles de ces maisons qui servent à l'exercice de sa profession. — Si l'industrie pour laquelle il est assujetti à la patente ne constitue pas sa profession principale et s'il ne l'exerce pas par lui-même, il ne paye le droit proportionnel que sur la maison d'habitation de l'agent préposé à l'exploitation.

15. Le patentable qui exerce dans un même local ou dans des locaux non distincts plusieurs industries ou professions passibles d'un droit proportionnel différent paye ce droit d'après le taux applicable à la profession pour laquelle il est assujetti au droit fixe. — Dans le cas où les locaux sont distincts, il paye pour chaque local le droit proportionnel attribué à l'industrie ou à la profession qui y est spécialement exercée. — Dans tous les cas, le droit proportionnel est établi sur la maison d'habitation d'après le taux applicable à celle des professions imposées au droit fixe qui comporte le taux le plus élevé.

16. Dans les communes dont la population est inférieure à vingt mille âmes, mais qui, en vertu d'un nouveau dénombrement, passent dans la catégorie des communes de vingt mille une âmes et au-dessus, les patentables des septième et huitième classes ne seront soumis au droit proportionnel que dans le cas où un second décret de dénombrement aura maintenu lesdites communes dans la même catégorie.

17. Ne sont pas assujettis à la patente :

1° Les fonctionnaires et employés salariés soit par l'Etat, soit par les administrations départementales et communales en ce qui concerne seulement l'exercice de leurs fonctions :

2° Les peintres, sculpteurs, graveurs et dessinateurs considérés comme artistes et ne vendant que le produit de leur art; — Les professeurs de belles-lettres, sciences et arts d'agrément, les instituteurs primaires; — Les sages-femmes; — Les éditeurs de feuilles périodiques; — Les artistes dramatiques;

3° Les laboureurs et cultivateurs, seulement pour la vente et la manipulation des récoltes et fruits provenant des terrains qui leur appartiennent ou par eux exploités, et pour le bétail qu'ils y élèvent, qu'ils y entretiennent ou qu'ils y engraissent; — Les concessionnaires de mines, pour le seul fait de l'extraction et de la vente des matières par eux extraites, l'exemption ne pouvant en aucun cas être étendue à la transformation des matières extraites; — Les propriétaires ou fermiers de marais salants ; — Les propriétaires ou locataires louant accidentellement une partie de leur habitation personnelle; — Les pêcheurs, lors même que la barque qu'ils montent leur appartient;

4° Les associés en commandite, les caisses d'épargne et de prévoyance administrées gratuitement, les assurances mutuelles régulièrement autorisées;

5° Les capitaines de navires de commerce ne naviguant pas pour leur compte; — Les cantiniers attachés à l'armée; — Les écrivains publics; — Les commis et toutes les personnes travaillant à gages, à façon et à la journée, dans les maisons, ateliers et boutiques des personnes de leur profession; — Les ouvriers travaillant chez eux ou chez les particuliers sans compagnons ni apprentis, soit qu'ils travaillent à façon, soit qu'ils travaillent pour leur compte et avec des matières à eux appartenant, qu'ils aient ou non une enseigne ou une boutique ; — Les ouvriers travaillant en chambre avec un apprenti âgé de moins de seize ans; — La veuve qui continue avec l'aide d'un seul ouvrier ou d'un seul apprenti la profession précédemment exercée par son mari; — Les personnes qui vendent en ambulance dans les rues, dans les lieux de passage et dans les marchés, soit des fleurs, de l'amadou, des balais, des statues et figures en plâtre, soit des fruits, des légumes, des poissons, du beurre, des œufs, du fromage et autres menus comestibles ; — Les savetiers, les chiffonniers au crochet, les porteurs d'eau à la bretelle ou avec voiture à bras, les rémouleurs ambulants, les gardes-malades; — Ne sont point considérés comme compagnons ou apprentis la femme travaillant avec son mari, ni les enfants non mariés travaillant avec leurs père et mère, ni le simple manœuvre dont le concours est indispensable à l'exercice de la profession.

18. Tous ceux qui vendent en ambulance des objets non compris dans les exemptions déterminées par l'article précédent et tous marchands sous échoppe ou en étalage sont passibles de la moitié des droits que payent les marchands qui vendent les mêmes objets en boutique. Toutefois cette disposition n'est pas applicable aux bouchers, épiciers et autres marchands ayant un étal permanent ou occupant des places fixes dans les halles et marchés.

19. Les mari et femme séparés de biens ne doivent qu'une patente, à moins qu'ils n'aient des établissements distincts, auquel cas chacun d'eux doit avoir sa patente et payer séparément les droits fixe et proportionnel.

20. Les patentes sont personnelles et ne peuvent servir qu'à ceux à qui elles sont délivrées. — Dans les sociétés en nom collectif, l'associé principal paye seul la totalité du droit fixe afférent à la profession. Le même droit est divisé en autant de parts égales qu'il y a d'associés en nom collectif, et une de ces parts est imposée à chaque associé secondaire. Néanmoins, pour les associés habituellement employés comme simples ouvriers dans les travaux de l'association, cette part ne doit jamais dépasser le vingtième du droit fixe imposable au nom de l'associé principal. — L'associé principal et les associés secon-

daires sont imposés au droit fixe dans les communes où sont situés les établissements, boutiques ou magasins qui y donnent lieu. — Le droit proportionnel est établi sur la maison d'habitation de l'associé principal et sur tous les locaux qui servent à la société pour l'exercice de son industrie. — La maison d'habitation de chacun des autres associés est affranchie du droit proportionnel, à moins qu'elle ne serve à l'exercice de l'industrie sociale. En ce dernier cas, elle est, de même que les autres locaux servant à l'industrie sociale, imposable au nom de l'associé principal.

21. Par exception aux dispositions de l'article qui précède, dans les sociétés en nom collectif qui sont passibles des droits de patente pour l'exercice de professions rangées dans le tableau C annexé à la présente loi et tarifées en raison du nombre des ouvriers, machines, instruments, moyens de production ou autres éléments variables d'imposition, l'associé principal paye seul le droit fixe : les autres associés en sont affranchis. — Par exception aux mêmes dispositions, dans les sociétés en nom collectif qui sont passibles de droits de patente pour l'exercice de professions rangées dans le tableau B annexé à la présente loi, le droit de patente des associés autres que l'associé principal établi conformément à l'art. 20 de la présente loi ne porte pas sur les employés et autres éléments variables d'imposition.

22. Les sociétés ou compagnies anonymes ayant pour but une entreprise industrielle ou commerciale sont imposées pour chacun de leurs établissements à un seul droit fixe, sous la désignation de l'objet de l'entreprise, sans préjudice du droit proportionnel. — La patente assignée à ces sociétés ou compagnies ne dispense aucun des sociétaires ou actionnaires du payement des droits de patente auxquels ils pourraient être personnellement assujettis pour l'exercice d'une industrie particulière. — Les dispositions du deuxième paragraphe du présent article sont applicables aux gérants et associés solidaires des sociétés en commandite.

23. Tout individu transportant des marchandises de commune en commune, lors même qu'il vend pour le compte de marchands ou de fabricants, est tenu d'avoir une patente personnelle, qui est, selon les cas, celle de colporteur avec balle, avec bête de somme ou avec voiture.

24. Les commis voyageurs des nations étrangères seront traités, relativement à la patente, sur le même pied que les commis voyageurs français chez ces mêmes nations.

25. Les contrôleurs des contributions directes procéderont annuellement au recensement des imposables et à la formation des matrices de patentes. — Le maire sera prévenu de l'époque du recensement et pourra assister le contrôleur dans cette opération ou se faire représenter, à cet effet, par un délégué. — En cas de dissentiment entre les contrôleurs et les maires ou leurs délégués, les observations contradictoires de ces derniers seront consignées dans une colonne spéciale. — La matrice dressée par le contrôleur sera déposée pendant dix jours au secrétariat de la mairie, afin que les intéressés puissent en prendre connaissance et remettre au maire leurs observations. — A l'expiration d'un second délai de dix jours, le maire, après avoir consigné ses observations sur la matrice, la transmettra au directeur des contributions directes, qui établira les taxes conformément à la loi, pour les articles non contestés. — Toutes les fois que le directeur ne croira pas devoir donner suite aux observations consignées par le maire sur la matrice, il soumettra les contestations au préfet avec son avis motivé. Si le préfet n'adopte pas les propositions du directeur, il en sera référé au ministre des finances. — Le préfet arrête les rôles et les rend exécutoires. — A Paris, l'examen de la matrice des patentes aura lieu, pour chaque arrondissement municipal, par le maire, assisté soit de l'un des membres de la commission des contributions, soit de l'un des agents attachés à cette commission, délégué à cet effet par le préfet. Les matrices, revêtues des observations du maire de chaque arrondissement, seront centralisées à la commission des contributions qui, après avoir y avoir consigné ses observations, les transmettra au directeur des contributions, comme il est dit au cinquième paragraphe.

26. Les patentés qui réclameront contre la fixation de leurs taxes seront admis à prouver la justice de leurs réclamations par la représentation d'actes de société légalement publiés, de journaux et livres de commerce régulièrement tenus, et par tous autres documents.

27. Les réclamations en décharge ou réduction et les demandes en remise ou modération seront communiquées aux maires; elles seront d'ailleurs présentées, instruites et jugées dans les formes et délais prescrits pour les autres contributions directes.

28. La contribution des patentes est due pour l'année entière par tous les individus exerçant au mois de janvier une profession imposable. En cas de cession d'établissement, la patente sera, sur la demande du cédant ou du cessionnaire, transférée à ce dernier. La demande sera recevable dans le délai de trois mois, à partir soit de la cession de l'établissement, soit de la publication du rôle supplémentaire dans lequel le cessionnaire aura été personnellement imposé pour l'établissement cédé. La mutation de cote sera réglée par le préfet, et les droits qui formeraient double emploi au préjudice du cessionnaire seront alloués en décharge par le conseil de préfecture. — En cas de fermeture des magasins, boutiques et ateliers par suite de décès ou de faillite déclarée, les droits ne seront dus que pour le passé et le mois courant. Sur la réclamation des parties intéressées, il sera accordé décharge du surplus de la taxe. — Ceux qui entreprennent dans le cours de l'année une profession sujette à la patente ne doivent la contribution qu'à partir du premier du mois dans lequel ils ont commencé d'exercer, à moins que, par sa nature, la profession ne puisse pas être exercée pendant toute l'année. Dans ce cas, la contribution sera due pour l'année entière, quelle que soit l'époque à laquelle la profession aura été entreprise. — Les patentés qui, dans le cours de l'année, entreprennent une profession comportant un droit fixe plus élevé que celui qui était afférent à la profession qu'ils exerçaient d'abord, ou qui transportent leur établissement dans une commune d'une plus forte population, sont tenus de payer au prorata un supplément de droit fixe. — Il est également dû un supplément de droit proportionnel par les patentables qui prennent des maisons ou locaux d'une valeur locative supérieure à celle des maisons ou locaux pour lesquels ils ont été primitivement imposés, et par ceux qui entreprennent une profession passible d'un droit proportionnel plus élevé. — Les suppléments seront dus à compter du premier du mois dans lequel les changements prévus par les deux derniers paragraphes auront été opérés. — Sont imposables, au moyen de rôles supplémentaires, les individus omis aux rôles primitifs, qui exerçaient, avant le 1er janvier de l'année de l'émission de ces rôles, une profession, un commerce ou une industrie sujets à patente, ou qui, antérieurement à la même époque, avaient apporté dans leur profession, commerce ou industrie des changements donnant lieu à des augmentations de droits. — Toutefois, les droits ne sont dus qu'à partir du 1er janvier de l'année pour laquelle le rôle primitif a été émis.

29. La contribution des patentes est payable par douzième, et le recouvrement en est poursuivi comme celui des contributions directes. Dans le cas où le rôle n'est publié que postérieurement au 1er mars, les douzièmes échus ne sont pas immédiatement exigibles ; le recouvrement en est fait par portions égales, en même temps que celui des douzièmes non échus. Néanmoins, les marchands forains, les colporteurs, les directeurs de troupes ambulantes, les entrepreneurs d'amusements et jeux publics non sédentaires, et tous autres patentables dont la profession n'est pas exercée à demeure fixe, sont tenus d'acquitter le montant total de leur cote au moment où la patente leur est délivrée.

30. En cas de déménagement hors du ressort de la perception, comme en cas de vente volontaire ou forcée, la contribution des patentes sera immédiatement exigible en totalité. — Les propriétaires, et à leur place les principaux locataires, qui n'auront pas, un mois avant le terme fixé par le bail ou par les conventions verbales, donné avis au percepteur du déménagement de leurs locataires, seront responsables des sommes dues par ceux-ci pour la contribution des patentes. — Dans le cas où ce terme serait devancé, comme dans le cas de déménagement furtif, les propriétaires, et à leur place les principaux locataires, deviendront responsables de la contribution de leurs locataires, s'ils n'ont pas, dans les trois jours, donné avis du déménagement au percepteur. — La part de la contribution laissée à la charge des propriétaires ou principaux locataires par les paragraphes précédents comprendra seulement le dernier douzième échu et le douzième courant dû par le patentable.

31. Les formules de patentes sont expédiées par le directeur des contributions directes. Elles sont affranchies du droit de timbre. En remplacement de ce droit, il est ajouté au principal de la contribution des patentes des centimes généraux dont le nombre est annuellement fixé par la loi de finances. — Les formules de patentes sont, à la diligence des patentés, visées par le maire et revêtues du sceau de la commune.

32. Tout patentable est tenu d'exhiber sa patente lorsqu'il en est requis par les maires, adjoints, juges de paix et tous autres officiers ou agents de police judiciaire.

33. Les individus qui exercent, hors de la commune de leur domicile, une profession imposable, sont tenus de justifier, à toute réquisition, de leur imposition à la patente, à peine de saisie ou de séquestre, à leur frais, des marchandises par eux mises en vente et des instruments servant à l'exercice de leur profession, à moins qu'ils ne donnent caution suffisante jusqu'à la représentation de la patente ou la production de la preuve que la patente a été délivrée. Si les individus non munis de patente exercent dans la commune de leur domicile, il sera seulement dressé des procès-verbaux qui seront transmis immédiatement aux agents des contributions directes.

34. Les agents des contributions directes peuvent, sur la demande qui leur en est faite, délivrer des patentes avant l'émission du rôle, après toutefois que les requérants ont acquitté entre les mains du percepteur les douzièmes échus s'il s'agit d'individus domiciliés dans le ressort de la perception, ou la totalité des droits s'il s'agit des patentables désignés en l'art. 29 ci-dessus ou d'individus étrangers au ressort de la perception.

35. Le patenté qui aura égaré sa patente ou qui sera dans le cas d'en justifier hors de son domicile pourra se faire délivrer un certificat par le directeur ou par le contrôleur des contribu-

sociétés coopératives sont assujetties, du chef des métiers, professions, commerce ou industries qu'elles exercent, aux mêmes droits de patente que ceux assignés aux particuliers pour l'exercice de métiers, professions, commerces ou industries similaires », elle ajoute dans le même article : « Ces dispositions ne sont pas applicables aux sociétés ayant pour objet exclusif l'achat, la vente ou la location d'habitations destinées aux classes ouvrières ».

31. Le droit de patente rapportait à l'Etat belge 3 872 250 fr. en 1860, 4 374 800 fr. en 1870, 6 080 700 en 1880 et 6 484 000 fr. en 1888. Dans ces chiffres, n'étaient pas compris les centimes perçus pour le compte des provinces et des communes. L'inscription des professions libérales est en partie basée sur le chiffre de la population. Ces tarifs sont, en somme, analogues à nos tableaux A, B, C et D.

32. — 5° *Espagne.* — C'est une loi du 31 déc. 1881 qui régit l'assiette de la patente (*contribucion industrial*). Il n'est établi que des taxes fixes. Les professions imposables sont rangées dans quatre tableaux; le premier est divisé en neuf classes, avec dix catégories de population; le second comprend les professions imposées spécialement et d'après la population; le troisième renferme les industries, taxées suivant leurs éléments de production; le dernier est destiné aux professions libérales : les taxes en sont réglées en partie sur la population. Des centimes additionnels sont en outre perçus pour le compte des provinces et des communes.

33. — 6° *Hollande.* — L'assiette de la contribution des patentes est réglée, comme en Belgique, par la loi du 21 mai 1819. Un premier tarif comprend, dans dix-sept classes, les industries taxées sans égard à la population; un second tarif, où se trouvent les professions et commerces imposés d'après le chiffre de la population, se divise en six catégories se subdivisant chacune en quatorze classes. Les exemptions accordées sont à peu près analogues à celles que prévoit la loi française.

34. — 7° *Italie.* — Un droit de patente spécial n'est pas exigé dans ce pays, où il existe un impôt général sur la richesse mobilière. Les produits de l'industrie et du commerce rentrent dans la cédule B de cette taxe générale, et ceux des professions manuelles dans la cédule C. Les produits inférieurs à 400 fr. ne sont pas imposés et le tarif plein n'est appliqué qu'au-dessus de 800 fr. Il s'agit d'ailleurs des produits nets, déduction faite des frais d'exploitation salaires et loyers. Des déclarations sont demandées aux imposables mais seulement tous les deux ans.

35. — 8° *Portugal.* — L'impôt des patentes (*contribuiçao industrial*) est perçu en vertu de la loi du 30 juill. 1860 et du règlement du 27 déc. 1888. Deux tableaux, A et B, comprennent, l'un, les industries pour lesquelles on n'a pas à tenir compte de la population, l'autre, les professions et commerces, dont la taxe est réglée sur la population; six catégories, de huit classes chacune, se partagent ces dernières professions. Les autres (tableau A) sont imposées d'après leurs produits présumés.

Il est perçu des centimes additionnels pour les districts et pour les municipalités.

36. — 9° *Prusse.* — La législation sur les patentes a été refondue en 1891 (L. 24 juin, insérée au *Reichsanzeiger* du 10 juill.).

Une partie des exemptions prononcées sont analogues à celles qu'édicte la loi française (V. *suprà*, n° 5). Ne sont pas, en effet, imposables : les institutions et sociétés de bienfaisance ou de prévoyance, les banques agricoles les caisses d'épargne, de prêts ou de secours, et en général, toutes entreprises ne poursuivant pas un but lucratif; les cultivateurs, pour la vente, même après traitement, des produits de la culture agricole et forestière; les distilleries agricoles; les exploitations de mines, carrières et tourbières, si les matières extraites ne subissent pas ensuite un traitement industriel. Sont aussi exempts les fonctionnaires, artistes, professeurs, écrivains, médecins et avocats. Mais les sociétés de consommation qui tiennent boutique ouverte sont soumises à l'impôt, de même que les sociétés de laiterie et les associations de vignerons et autres.

37. Les patentes se divisent en quatre catégories, dans lesquelles les entreprises commerciales et industrielles sont rangées, soit d'après le chiffre de leur produit annuel, soit d'après celui de leur capital de fondation et d'exploitation. Sont toutefois exemptes les entreprises dont le produit n'atteint pas 1500 marks ou dont le capital ne s'élève pas à 3000 marks. Dans la première catégorie, l'impôt est de 1 pour 100 du produit et se calcule par fractions de 4800 marks. Dans les trois autres catégories, les patentés de chaque circonscription fiscale forment un groupe solidaire qui doit fournir, chaque année, la somme des droits-types moyens (*Mittelsätze*) prévus pour chaque exploitation par la loi. La patente est donc, dans ces trois catégories, un impôt de répartition, qui est établi par une commission fiscale dans chaque circonscription. Tout commerçant ou industriel est tenu de faire une déclaration annuelle du produit de ses opérations; le défaut de déclaration entraîne une amende : il en est de même pour les déclarations reconnues incomplètes ou inexactes. La loi exige aussi une déclaration de tout commerçant ou industriel qui commence à exercer, ou qui ferme son établissement; dans ce dernier cas, il peut être fait remise de l'impôt à partir du trimestre qui suit la cessation. Il est accordé aux communes 2 pour 100 du produit de l'impôt.

38. — 10° *Russie.* — Nous avons dit (V. *suprà*, v° *Impôts directs*, n° 15) que l'impôt des patentes était inscrit au budget de 1887 pour 27 millions de roubles. Cet impôt est régi par les lois du 5 juin 1884 et du 27 janv. 1885. Les tarifs sont réglés sur le chiffre de la population et les professions rangées dans différentes catégories (commerçants, détaillants, industriels, etc). Il est délivré des certificats professionnels, dont le prix s'élève avec le nombre des ouvriers.

39. — 11° *Wurtemberg.* — D'après la loi du 15 juill. 1821, l'impôt sur l'industrie (*Gewerbsteuer*) a pour bases le produit des capitaux engagés et la valeur du travail de l'assujetti ou de ses ouvriers. Les professions sont réparties en quatre catégories : commerce, petit commerce, manufactures et usines, industries de l'alimentation. Les cultivateurs, les employés et les artistes ne sont pas imposés.

NOMENCLATURE DES PROFESSIONS ASSUJETTIES A LA PATENTE.

40. — OBSERVATIONS GÉNÉRALES. — Les professions assujetties à la patente continuent d'être réparties entre quatre tableaux, désignés par les lettres A, B, C et D. Le tableau A, divisé en huit classes, comprend les industries et professions imposées au droit fixe *d'après un tarif général et eu égard à la population* des communes où elles s'exercent. Les catégories de population sont au nombre de huit, non compris la ville de Paris qui est soumise à un tarif spécial (V. ci-après cette partie du tableau A). Le tableau B renferme les industries et professions assujetties au droit fixe *eu égard à la population et d'après un tarif exceptionnel.* Le tableau C, qui est divisé en cinq parties au point de vue du droit proportionnel, contient les industries et professions imposées au droit fixe *sans égard à la population.* Enfin, le tableau D comprend les professions dites *libérales*, qui sont soumises seulement au droit proportionnel. On trouvera ci-après ces tableaux tels qu'ils ont été établis par la loi du 15 juill. 1880 et modifiés par les lois des 29 juin 1881, D. P. 82. 4. 30; 30 juill. 1885, D. P. 86. 4. 2; 17 juill. 1889, D. P. 90. 4. 84; 28 avr. 1893 (*Journ. off.* du 29).

41. Les patentables des 7e et 8e classes, vendant en ambulance, en étalage ou sous échoppe, sont exempts du droit proportionnel *dans toutes les communes* (L. 15 juill. 1880, tableau D).

42. Les autres patentables des mêmes classes sont exempts du droit proportionnel *dans les villes ou communes de* 20 000 *âmes et au-dessous* (L. 15 juill. 1880, tableau D).

43. Le droit proportionnel des patentables de la 6e classe est réduit d'un quart *dans les communes de* 2000 *âmes et au-dessous* (L. 8 août 1890, art. 32).

44. Pour les professions du tableau B, dont le droit fixe comprend une taxe variable, basée sur le nombre des employés, cette taxe est due par personne employée, en sus du nombre de cinq, aux écritures, aux caisses, à la surveillance, aux achats et aux ventes intérieures ou extérieures (L. 15 juill. 1880, tableau B).

45. Sont affranchis des centimes généraux extraordinaires (V. *suprà*, n° 5) : 1° les patentables des 7e et 8e classes du tableau A, qui exercent leurs professions dans des villes ou communes de 20 000 âmes et au-dessous; 2° ceux dont les professions sont rangées dans les autres tableaux et dont les droits, fixe et proportionnel, *réunis*, n'excèdent pas 8 fr. en principal (L. 16 juill. 1872, art. 2).

46. Sont réputés : marchands en gros, ceux qui vendent principalement à d'autres marchands ; marchands en demi-gros, ceux qui vendent habituellement aux détaillants et aux consommateurs; marchands en détail, ceux qui ne vendent habituellement qu'aux consommateurs (L. 15 juill. 1880, tableau A).

TABLEAU A (1).

Tarif général des professions imposées eu égard à la population.

CLASSES	DROIT FIXE								
	A PARIS	DANS LES COMMUNES							
		au-dessus de 100 000 âmes.	de 50 001 à 100 000 âmes.	de 30 001 à 50 000 âmes.	de 20 001 à 30 000 âmes.	de 10 001 à 20 000 âmes.	de 5001 à 10 000 âmes.	de 2001 à 5000 âmes.	de 2000 âmes et au-dessous.
	fr.	fr.	fr.	fr.	fr.	fr.	fr.	fr.	fr.
1re	400	300	240	180	120	80	60	45	35
2e	200	150	120	90	60	45	40	30	25
3e	140	100	80	60	40	30	25	22	18
4e	75	75	60	45	30	25	20	15	12
5e	50	50	40	30	20	15	12	9	7
6e	40	40	32	24	16	10	8	9	4
7e	20	20	16	12	8	*8	*5	*4	*3
8e	12	12	10	8	6	*5	*4	*3	*2

Le signe * veut dire exemption du droit proportionnel dans les villes de 20 000 âmes et au-dessous.

(1)... La catégorie de population la plus élevée que comprenait le tableau A de la loi du 25 avr. 1844 était celle de 100 001 âmes et au-dessus. Toutes les villes de plus de 100 000 âmes, y compris Paris, étaient donc indistinctement soumises au même tarif. Cette uniformité a soulevé de la part des départements, en ce qui concerne Paris, des réclamations auxquelles il a semblé impossible de ne pas donner suite. « Si, pour certains commerces, dit M. Labadié dans son rapport, une circonscription dont l'étendue est sensiblement la même dans toutes les communes populeuses, le *quartier*, est la sphère d'action exclusive où le patentable puisse se mouvoir, tel n'est pas le cas pour d'autres professions. Si le boulanger, le marchand de menue mercerie, l'épicier peuvent être considérés comme faisant des affaires à peu près équivalentes à Lyon, à Bordeaux, à Rouen ou à Paris, il est incontestable que le marchand en gros, l'orfèvre, le tailleur, etc., sont en état de réaliser de plus forts bénéfices à Paris que dans les villes que nous venons de nommer. On sait que, pour le grand commerce, Paris a la clientèle, non seulement de la France entière, mais du monde entier. Il n'en était pas encore ainsi en 1844; notre réseau de chemins de fer était à peine commencé, et l'on ne pouvait prévoir que le courant qui déjà faisait de Paris le centre de certaines spéculations exceptionnelles prendrait les proportions auxquelles il est arrivé aujourd'hui. Néanmoins, nous trouvons déjà, dans la mesure où les circonstances le permettaient alors, un classement spécial pour Paris en ce qui touche les professions qui s'exerçaient en cette ville sur une plus vaste échelle qu'ailleurs. Si vous vous reportez au tableau B, vous y trouverez un droit fixe spécial pour les principales professions (banquiers, agents de change, négociants, etc.). Nous vous demandons l'extension de ce principe au tableau A, dont les trois premières classes comporteraient désormais un droit fixe plus élevé à Paris que dans les autres villes de plus de 100 000 âmes. Ce droit serait porté, savoir : pour la première classe, à 400 fr. au lieu de 300 fr.; pour la deuxième classe, à 200 fr. au lieu de 150; pour la troisième classe, à 140 fr. au lieu de 100 fr. ».

PROFESSIONS IMPOSÉES EU ÉGARD A LA POPULATION, D'APRÈS LE TARIF GÉNÉRAL.

1re CLASSE. — *Droit proportionnel au 20e, sauf les exceptions.*

Achats (Tenant une maison d') : celui qui tient une maison d'achats de marchandises diverses destinées à l'approvisionnement d'un ou de plusieurs établissements de vente qu'il exploite à l'étranger ou aux colonies.
Aiguilles à coudre et à tricoter (Marchand d') en gros.
Alcool ou eau-de-vie (Marchand d') en gros.
Armes (Marchand d') en gros.
Bas et bonneterie (Marchand de) en gros.
Beurre frais ou salé (Marchand de) en gros.
Bimbelotier (Marchand) en gros.
Blondes (Marchand de) en gros.
Bois à brûler (Marchand de) celui qui, ayant chantier, ou magasin, vend au stère ou par quantité équivalente ou supérieure.
Bois de marine ou de construction (Marchand de).
Bois merrain (Marchand de) en gros, s'il vend par bateau ou charrette.
Bois de sciage (Marchand de) en gros.
Bouchons (Marchand de) en gros.
Cachemires de l'Inde (Marchand de).
Café en grains, moulu, torréfié ou de chicorée (Marchand de) en gros.
Café chantant, café concert, café spectacle (Exploitant de); qu'il y ait ou non un droit d'entrée; que le prix des objets de consommation soit ou ne soit pas payé à part.
Châles (Marchand de) en gros.
Changeur de monnaies.
Chapeaux de feutre, de soie ou de paille (Marchand de) en gros.
Chapellerie (Marchand de matières premières pour la).
Charbon de bois (Marchand de) en gros.
Charbon de terre épuré ou non, aggloméré ou non (Marchand de) en gros : celui qui vend principalement par quantités de 4000 kilogrammes et au-dessus.
Chiffonnier (Marchand) en gros : celui qui vend principalement par quantités excédant 2000 kilogrammes.
Cloutier (Marchand) en gros.
Conserves alimentaires (Marchand de) en gros.
Coton en laine (Marchand de) en gros.
Coton filé (Marchand de) en gros.
Coutellerie (Marchand de) en gros.
Crin frisé (Marchand de) en gros.
Cuirs en vert étrangers (Marchand de) en gros.
Cuirs tannés, corroyés, lissés, vernissés (Marchand de) en gros.
Déchets de laine, de coton ou de lin (Marchand de) en gros : celui qui vend principalement par quantités supérieures à 1000 kilogrammes.
Denrées coloniales (Marchand de) en gros.
Droguiste (Marchand) en gros.
Epicerie (Marchand d') en gros.
Epingles (Marchand d') en gros.
Escompteur.
Essences ou eaux parfumées ou médicinales (Marchand d') en gros.
Faïence (Marchand de) en gros.
Fanons ou barbes de baleines (Marchand de) en gros.
Farines (Marchand de) en gros.
Fer en barre ou fonte de fer (Marchand de) en gros : celui qui vend principalement par quantité d'au moins 500 kilogrammes.
Fil de fer ou de laiton (Marchand de) en gros.
Fleurets ou filoselle (Marchand de) en gros.
Fleurs artificielles, feuillages, etc. (Marchand de tissus spéciaux apprêtés ou d'étoffes pour).
Fourrures (Marchand de) en gros.
Fromages de pâte grasse (Marchand ou fabricant de) vendant en gros.
Fromages secs (Marchand de) en gros.
Fruits secs (Marchand de) en gros.
Gaz (Entrepreneur ou concessionnaire de l'éclairage au) : celui qui se charge de distribuer, pour l'éclairage, du gaz qu'il ne fabrique pas lui-même.
Glaces (Marchand de) en gros.
Graine de vers à soie (Marchand de) en gros.
Graines fourragères, oléagineuses et autres (Marchand de) en gros : celui qui vend principalement par quantités égales ou supérieures à 10 hectolitres.
Grains (Marchand de) en gros : celui qui vend principalement par quantités égales ou supérieures à 100 hectolitres.
Horlogerie (Marchand en gros de pièce d').
Houblon (Marchand de) en gros.
Huiles (Marchand d') en gros.
Laine brute ou lavée (Marchand de) en gros.
Laine filée ou peignée (Marchand de) en gros.
Lait (Marchand expéditeur de).
Légumes secs (Marchand de) en gros.
Liège brut (Marchand de) en gros.
Lin ou chanvre brut ou filé (Marchand de) en gros.
Liqueurs (Marchand de) en gros.
Maroquinerie (Marchand de) en gros.
Mercerie (Marchand de) en gros.
Métaux (Marchand en gros de) autre que l'or, l'argent, le platine, le fer en barre ou la fonte.
Miel et cire brute (Marchand de) en gros.

Mine de plomb (Marchand de) en gros.
Œufs, volailles, lapins ou gibier (Marchand expéditeur d').
Os (Marchand d') en gros).
Papetier (Marchand) en gros.
Parfumeur (Marchand) en gros.
Passementier (Marchand) en gros.
Pastels (Marchand de) en gros.
Pâtes alimentaires (Marchand de) en gros.
Peaussier (Marchand) en gros.
Peignes (Marchand de) en gros.
Pelleteries (Marchand de) en gros, s'il tire habituellement des pelleteries de l'étranger ou s'il en exporte.
Pendules, bronzes, montres, chronomètres, objets en métal doré ou argenté (Marchand de) en gros.
Pharmacien vendant en gros.
Planches (Marchand de) en gros.
Plume et duvet (Marchand de) en gros.
Plumes pour la plumasserie (Marchand de), vendant principalement la plume d'autruche.
Poisson salé, mariné, sec ou fumé (Marchand de) en gros.
Porcelaine (Marchand de) en gros.
Produits chimiques (Marchand de) en gros.
Quincaillerie ou ferronnerie (Marchand de) en gros.
Résines et autres matières analogues (Marchand de) en gros.
Rogues ou œufs de morue (Marchands de) en gros.
Rouge végétal (Marchand de) en gros.
Rubans pour modes (Marchand de) en gros.
Safran (Marchand de) en gros.
Sangsues (Marchand de) en gros.
Savon (Marchand de) en gros.
Sel (Marchand de) en gros.
Soie (Marchand de) en gros.
Soies de porc ou de sanglier (Marchand de) en gros.
Soufre (Marchand de) en gros.
Spécialités ou préparations pharmaceutiques (Fabricant ou marchand de) vendant en gros. Lorsque, pour un fabricant de spécialités ou préparations pharmaceutiques, on obtiendra par l'application du tarif du tableau A un ensemble de droits moins élevé que celui qui résultera du tarif du tableau C (Fabrique de spécialités ou préparations pharmaceutiques), on devra appliquer ce dernier tarif.
Sucre brut et raffiné (Marchand de) en gros.
Suif fondu (Marchand de) en gros.
Tabac ou cigares, dans le département de la Corse (Marchand ou fabricant de), vendant en gros.
Tabac ou cigares étrangers (Marchand de), vendant en gros.
Tabac en feuilles (Marchand de).
Tapis peints ou vernis (Marchand de) en gros.
Teinture (Marchand en gros de matières premières pour la).
Thé (Marchand de) en gros.
Tissus de laine, de fil, de coton, de soie ou de crin (Marchand de) en gros.
Toiles cirées ou vernies (Marchand de) en gros.
Ventes à l'encan (Directeur d'un établissement de).
Verrerie et cristaux (Marchand de) en gros.
Verres à vitres (Marchand de) en gros.
Viandes salées, fumées ou desséchées (Marchand de) en gros.
Vinaigre (Marchand de) en gros.
Vins (Marchand de) en gros, vendant principalement des vins par pièces ou paniers de vins fins, soit aux marchands en détail et aux cabaretiers, soit aux consommateurs.

2e CLASSE. — *Droit proportionnel au 20e, sauf les exceptions.*

Affineur de platine.
Aiguilles à coudre et à tricoter (Marchand d') en demi-gros.
Alcool ou eau-de-vie (Marchand d') en demi-gros.
Allumettes chimiques (Marchand d') en gros.
Approvisionneur de navires.
Bas et bonneterie (Marchand de) en demi-gros.
Beurre frais ou salé (Marchand de) en demi-gros.
Bijoutier (Marchand fabricant) ayant atelier et magasin.
Blondes (Marchand de) en demi-gros.
Bois à brûler (Marchand de) : celui qui n'ayant ni chantier, ni magasin, vend sur bateaux ou sur les ports, au stère ou par quantité équivalente ou supérieure.
Bois de teinture (Marchand de) en demi-gros.
Boucher (Marchand) en gros : celui qui achète les bestiaux sur pied, les fait abattre et les vend par quartiers à d'autres bouchers.
Bouteilles de verre (Marchand de) en gros.
Boutons (Marchand de) en gros.
Café en grains, moulu, torréfié ou de chicorée (Marchand de) en demi-gros.
Carrossier (Fabricant).
Chapeaux de feutre, de soie ou de paille (Marchand de) en demi-gros.
Charbon de terre épuré ou non, aggloméré ou non (Marchand de) en demi-gros : celui qui vend principalement par quantités inférieures à 4000 kilogrammes et supérieures à 500.
Cheveux (Marchand de) en gros : celui qui vend principalement aux autres marchands, aux coiffeurs ou aux perruquiers.
Cloutiers (Marchand) en demi-gros.
Condition pour les soies, la laine ou le coton (Entrepreneur ou fermier d'une)
Conserves alimentaires (Marchand de) en demi-gros.
Coton filé (Marchand de) en demi-gros.
Couronnes ou ornements funéraires (Fabricant ou marchand de), vendand en gros.
Coutellerie (Marchand de) en demi-gros.
Crin frisé (Marchand de) en demi-gros.
Cuirs tannés, corroyés, lissés, vernissés (Marchand de) en demi-gros.
Diorama, panorama, néorama, géorama (Directeur de).
Droguiste (Marchand) en demi-gros.
Entrepôt (Concessionnaire, exploitant ou fermier des droits d'emmagasinage dans un).
Epicerie (Marchand d') en demi-gros.
Epingles (Marchand d') en demi-gros.
Essences ou eaux parfumées ou médicinales (Marchand d') en demi-gros.
Fanons ou barbes de baleines (Marchand de) en demi-gros.
Fil de fer ou de laiton (Marchand de) en demi-gros.
Fleurets et filoselle (Marchand de) en demi-gros.
Fleurs artificielles (Marchand ou monteur de), vendant en gros.
Fourrures (Marchand de) en demi-gros.
Glaces (Marchand de) en demi-gros.
Huiles (Marchand d') en demi-gros.
Joaillier (Marchand ou fabricant) ayant atelier et magasin.
Laine filée ou peignée (Marchand de) en demi-gros.
Lin ou chanvre brut ou filé (Marchand de) en demi-gros.
Linger (Marchand ou fabricant) vendant en gros.
Linger (Fournisseur).
Liqueurs (Marchand de) en demi-gros.
Machines à coudre, à piquer, à broder à plisser, et autres machines analogues (Marchand de) en gros.
Magasin général (Exploitant un).
Maroquinerie (Marchand de) en demi-gros.
Mercerie (Marchand de) en demi-gros.
Métaux (Marchand en demi-gros de) autre que l'or, l'argent, le platine, le fer en barre ou la fonte.
Nouveautés (Marchand de) n'occupant pas plus de dix personnes employées aux écritures, aux caisses, à la surveillance, aux achats et aux ventes intérieures ou extérieures.
Or, argent ou platine (Marchand d')
Orfèvre (Marchand fabricant) avec atelier et magasin.
Papetier (Marchand) en demi-gros.
Papiers pour emballage et pour sacs (Marchand de) en gros.
Parfumeur (Marchand) en demi-gros.
Passementier (Marchand) en demi-gros.
Pâtes alimentaires (Marchand de) en demi-gros.
Peausiser (Marchand) en demi-gros.
Pendules, bronzes, montres, chronomètres, objets en métal doré ou argenté (Marchand de) en demi-gros.
Pharmacien vendant en demi-gros.
Platine (Marchand fabricant d'objets en) ayant atelier et magasin.
Plumassier (Fabricant ou marchand) ayant boutique ou magasin vendant en gros.
Porcelaine (Marchand de) en demi-gros.
Produits chimiques (Marchand de) en demi-gros.
Quincaillerie ou ferronnerie (Marchand de) en demi-gros.
Résines et autres matières analogues (Marchand de) en demi-gros.
Rubans pour modes (Marchand de) en demi-gros.
Savon (Marchand de) en demi-gros.
Sel (Marchand de) en demi-gros.
Serrurerie (Marchand en gros d'objets de).
Soie (Marchand de) en demi-gros.
Soies de porcs ou de sanglier (Marchand de) en demi-gros.
Soufre (Marchand de) en demi-gros.
Spécialités ou préparations pharmaceutiques (Fabricant ou marchand de) vendant en demi-gros. Lorsque, pour un fabricant de spécialités ou préparations pharmaceutiques, on obtiendra, par l'application du tarif du tableau A, un ensemble de droits moins élevé que celui qui résultera du tarif du tableau C (Fabrique de spécialités ou préparations pharmaceutiques), on devra appliquer ce dernier tarif.
Sucre brut et raffiné (Marchand de) en demi-gros.
Suif fondu (Marchand de) en demi-gros.
Tabletterie (Marchand de) en gros.
Tapis peints ou vernis (Marchand de) en demi-gros.
Thé (Marchand de) en demi-gros.
Tissus de laine, de fil, de coton, de soie ou de crin (Marchand de) en demi-gros.
Toiles cirées ou vernies (Marchand de) en demi-gros.
Verreries et cristaux (Marchand de) en demi-gros.

Verroterie et gobeletterie (Marchand de) en demi-gros.
Vêtements confectionnés (Fabricant ou marchand de) vendant en gros.
Vélocipèdes (Marchand de) en gros.

3e CLASSE. — *Droit proportionnel au 20e, sauf les exceptions.*

Amidon (Marchand d') en gros.
Appareils en fer ou en fonte pour le filtrage ou la clarification des eaux (Fournisseur ou entrepreneur de l'établissement d').
Ardoises (Marchand d') en gros : celui qui vend principalement par quantités supérieures à mille ardoises.
Bâtiments (Entrepreneur de).
Bazar de voitures (Tenant).
Biberons (Fabricant pour son compte ayant magasin, ou marchand en gros de).
Bière (Entrepositaire ou marchand en gros de).
Bijoutier (Marchand) n'ayant point d'atelier.
Bimbelotier (Marchand) en demi-gros.
Bœufs (Marchand de).
Bois de sciage (Marchand de) : celui qui ne vend qu'aux menuisiers, ébénistes, charpentiers et aux particuliers.
Bois d'ébénisterie (Marchand de).
Bois en grume ou de charronnage (Marchand de).
Bouchons (Marchand de) en demi-gros.
Broderies (Marchand ou fabricant de) vendant en gros. Le fabricant de broderies travaillant pour le commerce ne sera imposé d'après les règles du tableau C que dans le cas où il aurait un atelier ou un corps de fabrique dans lequel il occuperait plus de dix ouvriers d'une manière permanente. Dans le cas contraire, il sera considéré comme marchand et imposé comme tel, sans tenir compte des ouvriers disséminés qu'il pourrait occuper.
Carton ou carton-pierre (Marchand fabricant d'ornements en pâte de).
Châles (Marchand de) en détail.
Chardons pour le cardage (Marchand de) en gros.
Cheveux (Marchand de) en demi-gros : celui qui vend habituellement aux autres marchands, aux coiffeurs, aux perruquiers et aux particuliers.
Chimiste-expert.
Chocolat (Marchand de) en gros.
Cidre (Marchand de) en gros : celui qui vend principalement par pièces ou par quantités supérieures, soit aux marchands en détail, soit aux cabaretiers, soit aux consommateurs.
Cols, collets, cravates ou rabats (Marchand de) en gros.
Comestibles (Marchand de).
Confiseur.
Conserves alimentaires (Marchand de) en détail.
Coraux (Préparateur de).
Coraux bruts (Marchand de).
Corsets (Marchand ou fabricant de) vendant en gros.
Cuirs en vert du pays (Marchand de) en gros.
Dégras (Marchand ou fabricant de) vendant en gros.
Déménagements (Entrepreneur de), s'il y a plusieurs voitures.
Dentelles (Entrepreneur de fabrication de) : celui qui, fournissant le fil et moyennant un prix convenu, fait fabriquer pour les maisons qui lui donnent des dessins.
Dentelles (Fabricant ou marchand de) vendant en gros. Le fabricant de dentelles, travaillant pour le commerce, ne sera imposé d'après les règles du tableau C que dans le cas où il aurait un atelier ou un corps de fabrique dans lequel il occuperait plus de dix ouvriers d'une manière permanente. Dans le cas contraire, il sera considéré comme marchand et imposé comme tel, sans tenir compte des ouvriers disséminés qu'il pourrait occuper.
Droguiste (Marchand) en détail.
Eau filtrée ou clarifiée et dépurée (Entrepreneur d'un établissement d').
Encre à écrire (Fabricant ou marchand d') vendant en gros.
Engrais ou amendements (Marchand d') en gros : celui qui vend aux autres marchands ou fait des envois sur commandes.
Eponges (Marchand d') en gros.
Equipement militaire (Marchands d'objets d').
Fécules (Marchand ou fabricant de) en gros.
Filets, gants, mitaines, résilles ou autres ouvrages à mailles (Marchand ou fabricant de) vendant en gros. Le fabricant pour le commerce ne sera imposé d'après les règles du tableau C que dans le cas où il aurait un atelier ou un corps de fabrique dans lequel il occuperait plus de dix ouvriers d'une manière permanente. Dans le cas contraire, il sera considéré comme marchand et imposé comme tel, sans tenir compte des ouvriers disséminés qu'il pourrait occuper.
Fondeur d'or et d'argent.
Fruits secs (Marchand de) en demi-gros.
Gants (Marchand de) en gros.
Glacier-limonadier.
Graine de vers à soie (Marchand de) en demi-gros.
Harpes (Facteur ou marchand de) ayant boutique ou magasin.
Horloger.
Hôtel (Maître d').
Housses et autres articles analogues pour les bourreliers et les selliers (Marchand ou fabricant de).
Hydromel (Fabricant ou marchand d').
Imprimeur typographe.
Imprimerie (Marchand de presses, caractères et ustensiles d').
Instruments de chirurgie en métal (Fabricant d') ayant atelier ou magasin.
Instruments de musique (Marchand d') : celui qui vend à d'autres marchands ou fait des envois sur commande.
Joaillier (Marchand) n'ayant point d'atelier.
Laine de bois ou fibre de bois (Marchand de) en gros.
Lattes (Marchand de) en gros.
Libraire-éditeur.
Liqueurs (Fabricant de).
Literie (Marchand d'articles ou fournitures de) en détail.
Luthier (Fabricant) pour son compte.
Machines à coudre, à piquer, à broder, à plisser, et autres machines analogues (Marchand de) en demi-gros.
Maison de séjour pendant les pèlerinages, retraites, etc. (Tenant une).
Marbre (Marchand de) en gros.
Marc d'olives (Marchand de) : celui qui achète des marcs d'olive pour les revendre aux fabricants d'huile de ressence.
Modes (Marchand de).
Musique (Marchand de) éditeur.
Nacre brute (Marchand de).
Oranges ou citrons (Marchand d') en gros.
Orfèvre (Marchand) sans atelier.
Orgues d'église (Fabricant d').
Pacotilleur : celui qui expédie par petites quantités dans les colonies ou à l'étranger des marchandises diverses et qui reçoit en retour soit de l'argent, soit des marchandises d'une autre nature.
Parapluies (Fabricant ou marchand de) vendant en gros.
Pâtissier vendant en gros.
Pendules, bronzes, montres, chronomètres, objets en métal doré ou argenté (Marchand de) en détail.
Pharmacien vendant en détail.
Pianos et clavecins (Facteur ou marchand en boutique ou magasin de).
Piquettes ou vins de marcs de raisin (Fabricant ou marchand de).
Plaqué ou doublé d'or et d'argent (Fabricant ou marchand d'objets en).
Plume et duvet (Marchand de) en détail.
Plumes pour la plumasserie (Marchand de), vendant principalement les oiseaux étrangers en peau et la plume étrangère autre que la plume d'autruche.
Plumes à écrire : plumes d'oie, de cygne, de corbeau (Marchand de) en gros.
Plumes métalliques (Marchand de) en gros.
Poisson salé, mariné, sec ou fumé (Marchand de) en demi-gros.
Produits chimiques (Marchand de) en détail.
Restaurateur et traiteur à la carte ou portant en ville.
Saleur de viandes.
Sarraux ou blouses (Marchand ou fabricant de) vendant en gros.
Sellier-carrossier.
Soie (Marchand de) en détail.
Soudes végétales indigènes (Marchand de) en gros.
Spécialités ou préparations pharmaceutiques (Fabricant ou marchand de) vendant en détail.
Lorsque, pour un fabricant de spécialités ou préparations pharmaceutiques, on obtiendra par l'application du tableau A un ensemble de droits moins élevé que celui qui résultera du tableau C (fabrique de spécialités ou préparations pharmaceutiques), on devra appliquer ce dernier tarif.
Tabac ou cigares dans le département de la Corse (Marchand ou fabricant de) vendant en demi-gros.
Tabac ou cigares étrangers (Marchand de), vendant en demi-gros.
Tabletterie (Marchand de matières premières pour la).
Tailleur ou couturier sur mesure pour les particuliers, ayant assortiment d'étoffes.
Tapis de laine et tapisseries (Marchand de).
Tissus de laine, de fil, de coton, de soie ou de crin (Marchand de) en détail.
Tour (Marchand en gros d'objets faits au).
Tourteaux (Marchand de) en gros : celui qui vend principalement par quantités de 1000 kilogrammes et au-dessus.
Truffes (Marchand de) en gros.
Varech (Marchand de) en gros.
Verres à vitres (Marchand de) en demi-gros.
Vêtements confectionnés (Fabricant ou marchand de) vendant en demi-gros lorsqu'il n'occupe pas habituellement plus de dix personnes employées aux écritures, aux caisses, à la surveillance, aux achats et aux ventes intérieures ou extérieures.

Viandes salées, fumées ou desséchées (Marchand de) en demi-gros.
Vinaigre (Marchand de) en demi-gros.

4e CLASSE — *Droit proportionnel au 30e sauf les exceptions.*

Abats (Marchand d') en gros.
Agent d'affaires.
Agréeur : celui qui fournit des agrès pour les navires.
Aiguilles à coudre ou à tricoter (Marchand d') en détail.
Alambics ou autres grands vaisseaux en cuivre (Marchand de).
Allumettes chimiques (Marchand d') en demi-gros.
Anchois (Saleur d').
Apparaux (Maître d').
Appréciateur au mont-de-piété.
Arbitre-rapporteur près les tribunaux de commerce, s'il en fait sa profession habituelle.
Balais (Marchand de) en gros.
Baleine (Marchand de brins de).
Bas et bonneterie (Marchand de) en détail.
Billards (Fabricant de) ayant magasin.
Billard (Maître de).
Billets de théâtre (Marchand de, ou tenant une agence pou la vente des).
Blondes (Marchand de) en détail.
Bois de teinture (Marchand de) en détail.
Boisselier (Marchand) en gros.
Bottier ou cordonnier (Marchand) : celui qui tient magasin de chaussures.
Boucher (Marchand).
Boulangerie par procédés mécaniques (Exploitant de).
Boules à teinture (Fabricant de).
Boutons (Marchand de) en demi-gros.
Brodeur sur étoffes, en or et en argent.
Broderies (Marchand ou fabricant de) vendant en demi-gros.
Le fabricant de broderies travaillant pour le commerce ne sera imposé d'après les règles du tableau C que dans le cas où il aurait un atelier ou un corps de fabrique dans lequel il occuperait plus de 10 ouvriers d'une manière permanente. Dans le cas contraire, il sera considéré comme marchand et imposé comme tel, sans tenir compte des ouvriers disséminés qu'il pourrait occuper.
Cabas (Marchand de) en gros.
Cafetier.
Caoutchouc, gutta-percha ou autres matières semblables (Fabricant ou marchand d'objets confectionnés ou d'étoffes garnies en).
Cartier, fabricants de cartes à jouer.
Cercles ou sociétés littéraires (Entrepreneur d'établissements pour les) : celui qui fournit aux cercles le local chauffé et éclairé, ainsi que les journaux, revues, brochures et le mobilier de toute espèce qui leur est nécessaire.
Charcutier.
Charpentier (Entrepreneur-fournisseur).
Chasubles ou autres ornements d'église (Marchand ou fabricant de).
Chauffage industriel (Entrepreneur de construction ou d'installation pour).
Chaussons de lisière, pantoufles ou sandales (Marchand de) en gros.
Chevaux (Marchand de).
Cire à cacheter (Fabricant de).
Cirier (Marchand).
Cochons (Marchand de).
Cocons (Marchand de).
Commissionnaire au mont-de-piété.
Commissionnaire en marchandises, lorsqu'il s'entremet seulement pour la vente aux marchands détaillants et aux consommateurs.
Convois mortuaires et pompes funèbres (Tenant une agence pour le règlement des).
Cordier, marchand de câbles et cordages pour la marine ou la navigation intérieure.
Corroyeur (Marchand).
Coton filé (Marchand de) en détail.
Cotrets sur bateaux (Marchand de).
Couleurs, vernis et droguerie à l'usage des peintres (Marchand de) en détail.
Couronnes ou ornements funéraires (Fabricant ou marchand de) vendant en demi-gros.
Courses de chevaux (Entrepreneur d'établissement pour les).
Courtier de marchandises, lorsqu'il s'entremet seulement pour la vente aux marchands détaillants et aux consommateurs.
Couverts et autres objets en fer battu ou étamé (Marchand de) en gros.
Couvertures de soie, bourre, laine, coton, etc. (Marchand de).
Couvreur (Entrepreneur).
Crin frisé (Marchand de) en détail.
Cuirs tannés, corroyés, lisses, vernissés (Marchand de) en détail.
Décors et ornements d'architecture (Marchand de).
Dentelles (Fabricant ou marchand de) vendant en demi-gros.
Le fabricant de dentelles, travaillant pour le commerce, ne sera imposé d'après les règles du tableau C que dans le cas où il aurait un atelier ou un corps de fabrique dans lequel il occuperait plus de dix ouvriers d'une manière permanente. Dans le cas contraire, il sera considéré comme marchand et imposé comme tel, sans tenir compte des ouvriers disséminés qu'il pourrait occuper.
Dorures et argentures sur métaux (Fabricant de), n'employant pas les procédés galvaniques.
Dorures pour passementeries (Fabricant ou marchand de).
Eaux gazeuses, eaux minérales naturelles ou factices, ou limonades gazeuses (Marchand ou fabricant d').
Ecorces de bois pour tan (Marchand d').
Electricité (Marchand d'appareils, ustensiles et fournitures pour l'emploi de l') ayant boutique ou magasin.
Encriers perfectionnés (siphoïde, pompe inoxydable, etc.) (Fabricant ou marchand d').
Essayeur pour le commerce.
Estaminet (Maître d').
Estampeur en or et en argent.
Expert en écritures (s'il exerce cette profession d'une manière habituelle).
Expert près les tribunaux, s'il en fait sa profession habituelle.
Facteur de denrées et marchandises, lorsqu'il s'entremet seulement pour la vente aux marchands détaillants et aux consommateurs.
Faïence (Marchand de) en demi-gros.
Farines (Marchand de) en demi-gros.
Fer en barre ou fonte de fer (Marchand de) en détail : celui qui vend habituellement, par quantités inférieures à 500 kilogrammes.
Fer vieux (Marchand de) en gros.
Fil de fer ou de laiton (Marchand de) en détail.
Filets, gants, mitaines, résilles ou autres ouvrages à mailles (Marchand ou fabricant de) vendant en demi-gros. Le fabricant travaillant pour le commerce ne sera imposé d'après les règles du tableau C que dans le cas où il aurait un atelier ou un corps de fabrique dans lequel il occuperait plus de dix ouvriers d'une manière permanente. Dans le cas contraire, il sera considéré comme marchand et imposé comme tel, sans tenir compte des ouvriers disséminés qu'il pourrait occuper.
Fleurets et filoselle (Marchand de) en détail.
Fleurs artificielles (Marchand ou monteur) de vendant en demi-gros.
Fleurs naturelles et plantes d'ornement (Marchand de) en gros.
Fonte ouvragée (Marchand de).
Fosses mobiles inodores (Entrepreneur de).
Fourreur.
Fourrures (Marchand de) en détail.
Fromage de pâte grasse (Marchand ou fabricant de) vendant en demi-gros.
Fromages secs (Marchand de) en demi-gros.
Fumiste (Entrepreneur).
Graines fourragères, oléagineuses et autres (Marchand de) en demi-gros : celui qui vend habituellement par sacs ou par balles.
Grainetier-fleuriste (Marchand) en gros : celui qui vend aux autres marchands ou fait des envois sur commande.
Grains (Marchand de) en demi-gros : celui qui vend habituellement par quantités de 20 à 100 hectolitres.
Graveur sur cylindres.
Herboriste (Marchand) en gros.
Hongroyeur ou hongrieur.
Horlogerie (Marchand de fournitures d').
Hôtel garni (Maître d') louant à la semaine, à la quinzaine ou au mois.
Houblon (Marchand de) en demi-gros.
Imprimeur, lithographe, éditeur.
Instruments pour les sciences (Facteurs ou marchand d'), ayant boutique ou magasin.
Jardin public (Tenant un).
Laine brute ou lavée (Marchand de) en détail.
Laine filée ou peignée (Marchand de) en détail.
Laineur.
Lait (Marchand de) en gros : celui qui vend aux crémiers, laitiers, cafetiers, etc.
Légumes frais, champignons et autres comestibles analogues (Marchand de) en gros.
Légumes secs (Marchand de) en demi-gros.
Limonadier non glacier.
Lin ou chanvre filé (Marchand de) en détail.
Linger (Marchand ou fabricant) vendant en demi-gros.
Liqueurs (Marchand de) en détail.
Liquidateur-administrateur près les tribunaux (s'il exerce cette profession d'une manière habituelle).
Location de baraques et baraquements (entrepreneur de).
Le droit proportionnel ne portera pas sur les baraques et baraquements objet de l'entreprise.

Location d'immeubles (Entrepreneur de) : celui dont la profession consiste à louer, par spéculation, des maisons exclusivement en vue de les sous-louer.
Lustres (Fabricant ou marchand de).
Maçonnerie (Entrepreneur de).
Maillechort et autres composition métalliques (Fabricant ou marchand en gros d'objets en).
Mandataire agréé par les administrations de la Guerre et de la Marine pour la présentation des fournitures d'habillement et d'équipement des troupes.
Mandataire salarié par l'administration des faillites, s'il en fait sa profession habituelle.
Manège d'équitation (Tenant un).
Maroquinerie (Marchand de) en détail.
Mâts (Constructeur de).
Mécanicien.
Menuisier (Entrepreneur).
Mercerie (Marchand de) en détail.
Métaux (Marchand en détail de) autres que l'or, l'argent, le platine, le fer en barre ou la fonte.
Meules de moulin (Fabricant de).
Miel et cire brute (Marchand de) en détail.
Moutardier (Marchand) en gros.
Moutons et agneaux (Marchand de).
Mulets et mules (Marchand de).
Nécessaires (Marchand de).
Nougat (Marchand de) en gros.
Œufs, volailles, lapins ou gibier (Marchand d') en gros.
Orgues portatives ou harmoniums (Fabricant pour son compte ou marchand d').
Ornemaniste.
Pain d'épice (Marchand ou fabricant de) vendant en gros.
Papetier (Marchand) en détail.
Papiers pour emballage et pour sacs (Marchand de) en demi-gros.
Pastels (Marchand de) en détail.
Pâtissier vendant en détail.
Peaussier (Marchand) en détail.
Peaux en vert ou crues (Marchand de).
Peinture en bâtiments (Entrepreneur de).
Pelleteries (Marchand de) en détail.
Photographie (Fabricant ou marchand d'appareils, ustensiles et fournitures pour la) ayant boutique ou magasin.
Pierre artificielle ou factice (Fabricant d'objets en).
Plafonneur ou plâtrier (Entrepreneur).
Plieur d'étoffes.
Plumassier (Fabricant ou marchand) ayant boutique ou magasin, vendant en demi-gros.
Polytypage (Fabricant de).
Pommes et autres fruits considérés comme n'étant pas des fruits secs (Marchand de) en gros.
Pommes de pin et d'autres arbres résineux (Marchand de) en gros.
Pommes de terre (Marchand) en gros : celui qui vend principalement par quantités égales ou supérieures à 20 hectolitres.
Pompes à incendie (Fabricant de).
Poterie (Marchand de) en gros.
Presseur de poisson de mer.
Quincaillerie (Marchand de) en détail.
Receveur de rentes.
Registres (Fabricant de) pour son compte.
Représentant de commerce, lorsqu'il s'entremet seulement pour la vente aux marchands détaillants et aux consommateurs.
Restaurateur et traiteur à la carte et à prix fixe.
Rubans pour modes (Marchand de) en détail.
Sabots (Marchand de) en gros.
Safran (Marchand de) en demi-gros.
Sangsues (Marchand de) en demi-gros.
Sécheur de morue : celui qui se charge de laver et faire sécher en plein air la morue apportée en vert.
Serrurier (Entrepreneur).
Serrurier (Mécanicien).
Serrurier en voitures suspendues.
Sondes (Fabricant de grandes).
Suif en branches (Marchand de).
Suif fondu (Marchand de) en détail.
Tapissier (Marchand).
Teinturier dégraisseur pour les particuliers, travaillant avec machine à vapeur.
Thé (Marchand de) en détail.
Tiges, empeignes ou brides de chaussures (Fabricant ou marchand de) ayant magasin de vente.
Tôle vernie (Fabricant d'ouvrages en).
Tonneaux, barriques, etc. (Fabricant ou marchand de) pour expéditions maritimes ou commerciales.
Tourbe (Marchand de) en gros.
Truffes (Marchand de) en demi-gros.
Tulles (Marchand de) en détail.
Tuyaux en fil de chanvre, en ciment, etc., pour les pompes à incendie et les arrosements (Fabricant de).
Vaches ou veaux (Marchand de).
Vannerie (Marchand de) en demi-gros.
Vélocipèdes (Marchand de) vendant aux particuliers.
Viandes salées, fumées ou desséchées (Marchand de) en détail.
Vins (Marchand de) en détail, vendant habituellement, pour être consommés hors de chez lui, des vins au panier ou à la bouteille.
Voilier pour son compte.
Voiturier marchand de vin, de bière, de cidre, de sel.
Volailles truffées (Marchand de).

5e CLASSE. — *Droit proportionnel au 30e, sauf les exceptions.*

Accouchement (Chef de maison d').
Acier poli (Fabricant d'objets en) pour son compte.
Affineur de métaux autres que l'or, l'argent et le platine.
Agrafes (Fabricant d') par les procédés ordinaires, pour son compte.
Agréeur, dégustateur ou inspecteur des eaux-de-vie : celui qui constate, à la requête et aux frais des parties intéressées, le poids et le goût des alcools ou leur identité avec les échantillons pris au moment des expéditions.
Albâtre (Fabricant ou marchand d'objets en).
Alcool ou eau-de-vie (Marchand d') en détail.
Almanachs ou annuaires (Editeur propriétaire d').
Appareils et ustensiles pour l'éclairage au gaz (Fabricant ou marchand d').
Appareils électriques ou à air comprimé pour les appartements (Fabricant ou marchand d').
Apprêteur de chapeaux de paille.
Apprêteur d'étoffes pour les particuliers.
Armurier.
Aubergiste ou cabaretier-logeur.
Bains publics et douches (Entrepreneur de).
Balancier (Marchand).
Bals publics (Entrepreneur de).
Barques, bateaux ou canots (Marchand de).
Bijoutier (Fabricant) pour son compte, sans magasin.
Bijoux en faux (Marchand de) en détail.
Bimbeloterie fine (Marchand de) en détail.
Blanchisseurs de toiles et fils pour les particuliers.
Blatier avec voiture.
Bois à brûler (Marchand de) : celui qui, n'ayant ni chantier, ni magasin, ni bateau, vend par voiture au domicile des consommateurs.
Bois de bateaux (Marchand de).
Bois de boissellerie (Marchand de).
Bois de volige (Marchand de).
Bois feuillard (Marchand de).
Boîtes et bijoux à musique (Fabricant de mécaniques pour), pour son compte.
Boucher à la cheville : celui qui revend la viande achetée par quartiers.
Boucher ne vendant que de la viande de cheval.
Bouclerie (Marchand ou fabricant de), pour son compte.
Bougies de cire, stéarine, paraffine, etc. (Marchand de).
Boulanger.
Bourre de soie, déchets de soie ou débris de cocons (Marchand de).
Bouteilles de verre (Marchand de) en détail.
Boutons de métal, corne, cuir bouilli, etc. (Fabricant de), pour son compte.
Brocanteur en boutique ou magasin.
Broches et canuelets pour la filature (Fabricant de) pour son compte.
Broderies (Marchand ou fabricant de), vendant en détail. Le fabricant de broderies travaillant pour le commerce ne sera imposé d'après les règles du tableau C que dans le cas où il aurait un atelier ou un corps de fabrique dans lequel il occuperait plus de 10 ouvriers d'une manière permanente. Dans le cas contraire, il sera considéré comme marchand et imposé comme tel, sans tenir compte des ouvriers disséminés qu'il pourrait occuper.
Bureau de distribution d'imprimés, de cartes de visite, annonces, etc. (Entrepreneur d'un).
Bureau d'indication pour la vente ou la location des propriétés, bureau de renseignements divers (Tenant un).
Cabaretier ou marchand de bière ou de cidre en détail, ayant billard.
Calendreur d'étoffes neuves.
Caractères mobiles en métal autres que la fonte d'imprimerie (Fabricant de).
Carrossier raccommodeur.
Cartonnage fin (Fabricant ou marchand de).
Cercles ou sociétés (Fournisseur des objets de consommation dans les).
Chapeaux de paille (Marchand de) en détail.
Chapelier en fin.
Chapellerie (Marchand de fournitures pour la).
Charbon de bois (Marchand de) en demi-gros.
Charbon de terre épuré ou non, aggloméré ou non (Marchand de) en détail : celui qui vend habituellement par quantités de 100 à 500 kilogrammes.

Chaudronnier.
Chevaux (Loueur de).
Chevaux (Tenant pension de).
Chevaux (Marchand de) en détail.
Chiffonnier (Marchand) en demi-gros : celui qui vend habituellement par quantités de 1000 à 2000 kilogrammes.
Chocolat, bonbons ou menue confiserie (Marchand de) en détail.
Cierges en stéarine (Marchand de).
Cloches de toutes dimensions (Marchand de).
Cloutier (Marchand) en détail.
Coffretier-malletier en cuir.
Colle solide ou en poudre pour la clarification des vins et liqueurs (Fabricant de).
Colleur d'étoffes.
Cornes brutes (Marchand de).
Corsets (Fabricant ou marchand de) vendant en demi-gros.
Coutelier (Marchand).
Crémier-glacier.
Crics (Fabricant ou marchand de).
Crin frisé (Apprêteur de).
Culottier en peau (Marchand).
Curiosité (Marchand en boutique d'objets de).
Cylindres pour filature (Tourneur et couvreur de).
Décatisseur.
Déchets de laine, de coton ou de lin (Marchand de) en demi-gros : celui qui vend habituellement par quantités de 500 à 1000 kilogrammes.
Déchireur ou dépeceur de bateaux.
Dentelles (Fabricant ou marchand de) vendant en détail.
Dents et râteliers artificiels (Fabricant ou marchand de).
Dés à coudre en métal autre que l'or et l'argent (Fabricant de), pour son compte.
Dock, cale ou forme pour la réparation des navires (Exploitant ou concessionnaire de).
Ebéniste (Marchand) ayant boutique ou magasin.
Eclairage à l'huile pour le compte des particuliers (Entrepreneur d').
Le droit fixe sera réglé d'après la catégorie à laquelle appartiendra celle des communes desservies qui aura la population normale totale la plus élevée, alors même que l'entrepreneur sera établi dans une autre commune.
Emballeur pour les vins.
Emplacement pour dépôt de marchandises (Exploitant un) : celui qui, propriétaire ou locataire d'un emplacement, reçoit des marchandises en dépôt moyennant rétribution.
Eperonnier pour son compte.
Epicerie (Marchand d') en détail.
Eponges (Marchand d') en détail.
Equipage (Maître d').
Equitation (Fournisseur du personnel et des chevaux nécessaires pour l'enseignement de l').
Essences ou eaux parfumées ou médicinales (Marchand d') en détail.
Etain (Fabricant de feuilles d').
Etriers (Fabricant d') pour son compte.
Etrilles (Fabricant d') pour son compte.
Ferblantier-lampiste.
Ferronnerie (Marchand de) en détail.
Fleurs artificielles, feuillages, fruits ou verdure (Fabricant de), ayant boutique ou magasin.
Fleurs artificielles (Marchand ou monteur de), vendant en détail.
Forces (Fabricant de) pour son compte.
Forgeron de petites pièces (canons, platines) pour son compte.
Fourrages (Marchand de) par bateaux, charrettes ou voitures.
Frangier (Marchand).
Galonnier (Marchand).
Gants (Marchand de) en détail.
Garnitures de parapluies et cannes, tels que bouts, anneaux, crosses, manches, couvertures taillées, montures ou carcasses, etc. (Marchand de).
Glaces (Marchand de) en détail.
Glacier.
Gymnase (Maître de).
Huiles (Marchand d') en détail.
Huîtres (Marchand d') pour la consommation locale, vendant habituellement, par bourriche ou par panier, aux détaillants, aux restaurateurs, aux aubergistes, aux traiteurs, aux cafetiers.
Instruments de chirurgie en métal (Marchand d').
Imprimeur par procédés phototypiques.
Instruments de musique à vent, en bois ou en cuivre (Facteur ou marchand d').
Ivoire (Marchand d'objets en).
Jeu de paume (Maître de).
Joaillier (Fabricant pour son compte).
Lampiste.
Lapidaire en pierres fausses (Marchand).
Laveur de laines par procédés ordinaires.
Layetier-emballeur.
Libraire non-éditeur.
Liège brut (Marchand de) en détail.
Loueur de voitures suspendues.
Lunetier (Marchand).
Lutherie (Fabricant ou marchand de pièces de)
Luthier rhabilleur (Marchand).
Machines à coudre, à piquer, à broder, à plisser, et autres machines analogues (Marchand de) en détail.
Magasinier.
Maréchal-expert : celui qui, ayant ou non un atelier de maréchalerie, soigne sans être muni d'un diplôme de vétérinaire, les animaux malades.
Maroquinier pour son compte.
Marrons et châtaignes (Marchand de), en gros.
Mégissier pour son compte.
Menuisier-mécanicien.
Meubles (Marchand de).
Meules à aiguiser (Fabricant ou marchand de).
Meules de moulin (Marchand de).
Mine de plomb (Marchand de) en détail.
Minerai de fer (Marchand de).
Miroitier.
Modiste.
Monteur d'agrès et de manœuvres de navires.
Monteur de boîtes de montres pour son compte.
Monuments funèbres (Entrepreneur de).
Moulures (Fabricant de) pour son compte.
Moulures (Marchand de) en boutique.
Musique (Marchand de) non éditeur.
Nacre de perle (Fabricant d'objets en) pour son compte.
Nacre de perle (Marchand d'objets en).
Natation (Tenant une école de).
Objets en cuivre, plaque, os, ivoire, ébène, etc., pour la sellerie ou la carrosserie (Fabricant pour son compte ou marchand d').
Orfèvre (Fabricant) pour son compte.
Osier (Marchand d') vendant par voiture ou par bateau.
Papiers peints pour tentures (Marchand de).
Papiers ou taffetas préparés pour usages médicinaux (Marchand de)
Parapluies (Fabricant ou marchand de) vendant en demi-gros.
Parc aux charrettes (Tenant un).
Parfumeur (Marchand) en détail.
Passementier (Marchand) en détail.
Pavés (Marchand de).
Peignes de soie (Marchand de).
Peintre-vernisseur en voitures ou équipages.
Perles fausses (Marchand de).
Photographe.
Pianos et clavecins (Fabricant de), n'ayant ni boutique ni magasin.
Pianos (Loueur de).
Pierres à feu (Marchand de).
Pierres lithographiques (Marchand de).
Planches (Marchand de) en détail : celui qui ne vend qu'aux menuisiers, ébénistes, charpentiers et particuliers.
Plaqueur pour son compte.
Plombier.
Plumassier (Fabricant ou marchand), ayant boutique ou magasin, vendant en détail.
Plumes pour la plumasserie (Marchand de), vendant principalement les plumes et oiseaux du pays.
Poisson frais (Marchand de) en gros.
Pompes de métal (Fabricant de).
Porcelaine (Marchand de) en détail.
Reconnaissances du mont-de-piété (Marchand de).
Relais (Entrepreneur de).
Résines et autres matières analogues (Marchand de) en détail.
Restaurateur et traiteur à prix fixe seulement.
Rogue ou œufs de morues (Marchand de) en détail.
Rôtisseur.
Rouge végétal (Marchand de) en détail.
Saleur d'olives.
Sang (Marchand de) pour usages autres que l'engrais des terres.
Savon (Marchand de) en détail.
Seaux à incendie (Fabricant de).
Sellier-harnacheur.
Serrurier non entrepreneur.
Soies de porc ou de sanglier (Apprêteur de).
Soies de porc ou de sanglier (Marchand de) en détail.
Soufflets (Fabricant ou marchand de gros) pour les forgerons, bouchers, etc.
Soufre (Marchand de) en détail.
Sparterie pour modes (Marchand ou fabricant de).
Sucre brut et raffiné (Marchand de) en détail.
Tableaux, aquarelles, dessins (Marchand de).
Taffetas gommés ou cirés (Marchand de).
Taillandier.
Tailleur ou couturier sur mesure pour les particuliers, sans assortiment d'étoffes et fournissant sur simples échantillons.
Tapis peints ou vernis (Marchand de) en détail.
Taureaux pour les courses (Loueur de).
Tir au pistolet (Maître de).
Toiles cirées ou vernies (Marchand de) en détail.
Toiles métalliques (Fabricant de) pour son compte.

Tôle vernie (Marchand d'ouvrages en).
Traçons (Maître de).
Tricots à l'aiguille (Fabricant ou marchand de).
Ustensiles de chasse ou de pêche (Marchand d').
Verrerie et cristaux (Marchand de) en détail.
Vêtements confectionnés (Fabricant ou marchand de) vendant aux particuliers lorsqu'il n'occupe pas habituellement plus de dix personnes employées aux écritures, aux caisses, à la surveillance, aux achats et aux ventes intérieures ou extérieures.
Vidange (Entrepreneur de). Le droit fixe sera réglé d'après la catégorie à laquelle appartiendra celle des communes desservies qui aura la population normale totale la plus élevée, alors même que l'entrepreneur sera établi dans une autre commune.
Vin (Marchand de) en détail, donnant à boire chez lui et tenant billard.
Vinaigre (Marchand de) en détail.
Voilier emballeur : celui qui, au débarquement, ouvre les balles ou sacs de marchandises, les répare ou en confectionne de neufs, ou qui fournit des tentes ou des bâches pour abriter les marchandises déposées sur les quais.
Voitures à bras pour enfants ou pour malades (Fabricant ou marchand de).
Voiturier ou roulier ayant plusieurs équipages.
Zinc doré, bronzé ou galvanisé (Fabricant ou marchand d'objets en).

6e CLASSE. — *Droit proportionnel au 30e, sauf les exceptions.*

Abeilles (Marchand d').
Affiches (Entrepreneur de la pose et de la conservation des).
Agaric (Marchand d').
Agent dramatique.
Aiguilles, clefs et autres petits objets pour montres ou pendules (Fabricant d') pour son compte.
Allumettes chimiques (Marchand d') en détail. La vente en détail des allumettes chimiques, obligatoire pour les débitants de tabacs, ne rendra point ceux-ci passibles de patente, lorsque cette vente ne sera qu'un accessoire de leur débit de tabac.
Amidon (Marchand d') en détail.
Anatomie (Fabricant de pièces d').
Anatomie (Tenant un cabinet d').
Anes (Marchand d').
Annonces et avis divers (Entrepreneur d'insertions d').
Appréciateur de denrées, de marchandises ou d'objets d'art.
Apprêteur de peaux.
Apprêteur de plumes, laines, duvet et autres objets de literie.
Ardoises (Marchand d') en détail : celui qui vend par quantités n'excédant pas mille ardoises.
Arrimeur.
Artificier.
Assortisseur, marchand de petits coupons d'étoffes.
Baies de genièvre (Marchand de).
Bains de rivière en pleine eau, bains de mer ou à la lame (Entrepreneur de).
Balancier (Fabricant) pour son compte.
Balançons (Marchand de).
Bandagiste.
Bardeaux (Marchand de).
Baromètres (Fabricant ou marchand de).
Barques, bateaux ou canots (Constructeur de).
Bascule (Maître de).
Bateaux à laver (Exploitant de).
Batteur d'or et d'argent.
Baudruche (Apprêteur de).
Bazar d'articles de ménage, de bimbeloterie, etc. (Tenant un).
Betteraves (Entrepreneur du déchargement et de l'ensilage des) pour la fabrication du sucre.
Beurre frais ou salé (Marchand de) en détail.
Biberons (Fabricant pour son compte sans magasin ou marchand en détail de).
Bière ou cidre (Marchand de) en détail.
Bijoutier en faux (Fabricant) pour son compte.
Billards (Fabricant de) sans magasin.
Bisette (Fabricant ou marchand de).
Blanc de craie (Marchand de).
Blanchisseur de linge ayant un établissement de buanderie.
Blatier avec bêtes de somme.
Bluteaux ou blutoirs (Fabricant ou marchand de).
Bois merrains (Marchand de) en détail.
Boiseries (Marchand de vieilles).
Bois pour gravures et impressions (Fabricant de).
Boisselier (Marchand) en détail.
Bombagiste.
Bombeur de verres.
Bossetier.
Bottier ou cordonnier tenant magasin de chaussures communes sans assortiment.
Bottier ou cordonnier travaillant sur commandes.
Boucher en petit bétail, ne vendant que veau, mouton, agneau, chevreau.
Bouchons (Fabricant de) par procédés ordinaires.
Bouchons (Marchand de) en détail.
Bouilleur ou brûleur d'eau-de-vie.
Bouillon et bœuf cuit (Marchand de).
Boulanger ne fabriquant que du pain bis ou de qualité inférieure.
Bourrelier.
Boutons (Marchand de) en détail.
Boyaudier.
Brasseur à façon.
Bretelles ou jarretières (Fabricant de) par procédés non mécaniques.
Bretelles ou jarretières (Marchand de).
Briques (Marchand de).
Briquets phosphoriques et autres (Fabricant de).
Brocanteur d'habits en boutique.
Brossier (Fabricant) pour son compte.
Brossier (Marchand).
Bruyère (Marchand de racines de).
Buffletier (Marchand).
Buis ou racines de buis (Marchand de).
Bureau (Marchand de menues fournitures de).
Bustes et figures en plâtre ou en terre (Mouleur ou marchand de).
Cabaretier.
Cabinet de lecture (Tenant un) où l'on donne à lire les journaux et les nouveautés littéraires.
Cabinets d'aisances publics (Tenant).
Cadrans de montres et de pendules (Fabricant de) pour son compte.
Cadres pour glaces et tableaux (Marchand de).
Café-crémerie ou restaurant-crémerie (Tenant un).
Café en grains, moulu, torréfié ou de chicorée (Marchand de) en détail.
Cafetières, bouillottes, marabouts (Fabricant ou marchand de).
Caisses de tambour (Facteur de).
Calfat, radoubeur de navires.
Cannelles et robinets en cuivre (Fabricants de) pour son compte.
Cannes (Fabricant pour son compte ou marchand de) ayant boutique ou magasin.
Cantinier dans les prisons, hospices et autres établissements publics.
Caparaçonnier pour son compte.
Capsules métalliques (Fabricant de) pour boucher les bouteilles.
Cardes (Fabricant de) par les procédés ordinaires pour son compte.
Carreaux à carreler (Marchand de).
Carrés de montres (Fabricant de) pour son compte.
Cartes de géographie (Marchand de).
Cartes à jouer (Marchand de).
Cartons pour bureaux et autres (Fabricant de) pour son compte.
Carton en feuilles de papier collées (Fabricant de).
Carton en pâte ou en feuilles (Marchand de).
Casquettes, toques, bonnets carrés et autres (Fabricant ou marchand de).
Cendres (Laveur de).
Cercles ou cerceaux (Marchand de).
Chaînes de fil, laine ou coton, préparées pour la fabrication des tissus (Marchand de).
Chaises fines (Marchand ou fabricant de).
Chambres ou appartements meublés (Loueur de).
Chamoiseur pour son compte.
Chandeliers en fer ou en cuivre (Fabricant de) pour son compte.
Chandelles (Marchand de) en détail.
Chapelier en grosse chapellerie.
Charcutier revendeur.
Chargement et déchargement des navires, des bateaux ou des voitures de chemins de fer (Entrepreneur de).
Charpentier.
Charron.
Châsses de lunettes (Fabricant de) pour son compte.
Chaussons autres qu'en lisières, ou sandales (Fabricant de).
Chaux (Marchand de).
Chef de ponts et pertuis.
Cheminées dites *économiques* (Marchand ou fabricant de).
Chiens (Marchand de).
Chocolat (Fabricant de) à la main.
Cimentier (Marchand) : celui qui vend des mastics et ciments qu'il n'a point fabriqués, ou qu'il a fabriqués par des procédés ne donnant pas lieu à l'application des droits déterminés au tableau des professions imposées sans égard à la population.
Ciseleur.
Clinquant (Fabricant de) pour son compte.
Coffretier-malletier en bois.
Coiffeur.
Cols, collets, cravates ou rabats (Fabricant de) pour son compte.
Cols, collets, cravates ou rabats (Marchand de) en détail.
Combustibles (Marchand de) en détail.
Commissionnaire porteur pour les fabricants de tissus.
Commissionnaire accrédité près la douane : celui qui, avec l'autorisation de l'Administration, assiste, pour le compte et aux

frais des voyageurs, à la vérification de leurs effets dans les bureaux des douanes.
Commissionnaire expéditeur de charbon.
Commissionnaire pour l'acquit des droits de douane et de fret au départ ou à l'arrivée des navires.
Coquetier avec voiture.
Cordes harmoniques (Fabricant de) pour son compte.
Cordes métalliques (Fabricant de) pour son compte.
Cordier (Marchand).
Corne (Appréteur de) pour son compte.
Corne (Fabricant de feuilles transparentes de) pour son compte.
Corsets (Fabricant ou marchand de) vendant en détail.
Cosmorama (Directeur de).
Costumier.
Coupeur de poils par procédés ordinaires, pour son compte.
Couronnes ou ornements funéraires (Fabricant ou marchand de) vendant en détail.
Courtier-gourmet-piqueur de boissons.
Courtier en essences : celui qui s'entremet pour la vente des essences entre le distillateur et le fabricant parfumeur.
Courtier en soie.
Courtier de produits alimentaires ou agricoles : celui qui s'entremet entre le producteur et le marchand ou le fabricant pour la vente d'une seule nature de produits.
Couverts et autres objets en fer battu ou étamé (Marchand de) en détail.
Couvreur (Maître).
Crayons (Marchand de).
Crépins (Marchand de).
Crinières (Fabricant de) pour son compte.
Crins plats (Marchand de).
Cuir bouilli et verni (Fabricant ou marchand d'objets en).
Cuirs ou pierres à rasoir (Fabricant ou marchand de).
Cuivre de navire (Marchand de vieux).
Dallage en ciment ou en mosaïque (Entrepreneur de).
Dalles (Marchand de).
Damasquineur.
Découpoirs (Fabricant de) pour son compte.
Déménagements (Entrepreneur de), s'il n'a qu'une seule voiture.
Dépeceur de voitures.
Dessinateur, modeleur ou sculpteur pour fabrique.
Dessinateur de parcs et jardins.
Diamants pour vitrier ou miroitier (Monteur de) pour son compte.
Doreur, argenteur et applicateur d'autres métaux que l'or et l'argent, n'employant pas les procédés galvaniques.
Doreur sur bois.
Drainage (Entrepreneur de).
Drêche ou marc de l'orge qui a servi à faire la bière (Marchand de).
Ébéniste (Fabricant) pour son compte, sans magasin.
Écorcheur ou équarisseur d'animaux ayant abattoir ou clos d'équarrissage.
Écrans (Fabricant d') pour son compte.
Émailleur pour son compte.
Emballeur non layetier.
Encre à écrire (Fabricant ou marchand d') vendant en détail.
Enduit contre l'oxydation (Applicateur d').
Engrais ou amendements (Marchand d') en détail.
Enjoliveur (Marchand).
Enlaceur de cartons : celui qui lie, en observant un ordre déterminé, les cartons de lisage employés dans la fabrication des étoffes façonnées.
Épingles (Fabricant d') par les procédés ordinaires.
Escargots (Marchand d') en gros, ayant un parc.
Essayeur de soie.
Estampes et gravures (Marchand d').
Étameur de glaces.
Éventaillistes (Marchand fabricant) ayant boutique ou magasin.
Expert pour le partage et l'estimation des propriétés.
Facteur de fabrique : celui qui, avec les matières premières fournies par les fabricants ou les marchands, se charge de faire confectionner les objets de leur fabrication ou de leur commerce et en garantit la bonne exécution.
Fagots et bourrées (Marchand de) vendant par voiture.
Faïence (Marchand de) vendant en détail.
Farines (Marchand de) vendant en détail.
Fécules (Marchand de) vendant en détail.
Ferblantier.
Feuilles de cuivre imitant l'or battu (Marchand de).
Feutre (Fabricant ou marchand de) pour la papeterie, le doublage des navires, plateaux vernis, etc.
Filigraniste.
Filasse de nerfs (Marchand de) pour son compte.
Filets pour la pêche, la chasse, etc. (Fabricant de).
Fileur (Entrepreneur).
Filotier.
Fleurs artificielles, feuillages, etc. (Marchand d'apprêts autres que les tissus spéciaux et les étoffes, pour).
Fleurs d'oranger (Marchand de).
Fleurs naturelles et plantes d'ornement (Marchand de), en boutique.
Fondeur d'étain, de plomb ou fonte de chasse.
Fontaines à filtrer (Fabricant ou marchand de).
Force motrice (Loueur de) : celui qui, possesseur de bâtiments et de moteurs qu'il n'emploie pas pour son propre compte, les loue à divers industriels auxquels il s'engage à fournir une force motrice déterminée.
Forgeron : celui qui se borne à faire ou à réparer les instruments et les outils aratoires.
Formaire pour la fabrication du papier, pour son compte.
Fouleur de bas et autres articles de bonneterie.
Fouleur de feutre pour les chapeliers.
Fourbisseur (Marchand).
Fournaliste.
Fourneaux potagers (Fabricant ou marchand de).
Fourrage (Débitant de) à la botte ou en petite partie au poids.
Fripier.
Fromages de pâte grasse (Marchand ou fabricant de) vendant en détail.
Fromages secs (Marchand de) en détail.
Fruitier oranger.
Fruits ou légumes (Marchand de) vendant par panier.
Fruits secs (Marchand de) en détail.
Fruits secs pour boisson (Marchand de).
Fumiste.
Garde-robes inodores (Fabricant ou marchand de).
Gibernes (Fabricant de) pour son compte.
Glace, eau congelée (Marchand ou fabricant de).
Globes terrestres et célestes (Fabricant ou marchand de).
Gommeur d'étoffes.
Graine de moutarde blanche (Marchand de).
Grains et graines (Marchand de) en détail.
Graine de vers à soie (Marchand de) en détail.
Grainetier-fleuriste en détail.
Graveur sur métaux fabriquant les timbres secs et gravant sur bijoux.
Grue (Maître de).
Harpes (Facteur de) n'ayant ni boutique ni magasin.
Herboriste-droguiste.
Histoire naturelle (Marchand d'objets d').
Horloger rhabilleur (Marchand).
Horlogerie (Fabricant de pièces d') pour son compte.
Images (Fabricant ou marchand d').
Imprimeur en taille-douce.
Imprimeur lithographe non éditeur.
Infirmerie d'animaux (Tenant une).
Instruments aratoires (Fabricant ou marchand d').
Instruments de chirurgie en gomme élastique (Fabricant d').
Instruments de chirurgie en métal (Fabricant d') pour son compte, sans magasin.
Instruments de musique en cuivre (Facteur pour son compte ou marchand de pièces d').
Instruments pour les sciences (Facteur d') sans boutique ni magasin.
Ivoire (Fabricant d'objets en) pour son compte.
Jais ou jaïet (Fabricant ou marchand d'objets en).
Jardins (Entrepreneur de la plantation ou de l'entretien des).
Jeux et amusements publics, tels que jeux de quilles ou de mail, manège à chevaux de bois, billard anglais, etc. (Maître de).
Kaolin, pétunzé, manganèse (Marchand de).
Lamineur n'employant que des laminoirs mus à bras d'homme.
Lanternier.
Lattes (Marchand de) en détail.
Lavoir public (Tenant un).
Layetier.
Levure ou levain (Marchand de).
Lin ou chanvre brut (Marchand de) en détail.
Lin ou chanvre (Fabricant de) : celui qui, après avoir roui et battu le lin ou le chanvre, le vend par bottes.
Linge de table et de ménage, objets d'ameublement ou de literie (Loueur de).
Linger (Marchand ou fabricant) vendant en détail.
Liseur de dessins : celui qui fait les dispositions nécessaires pour reproduire dans les tissus les dessins donnés par les fabricants.
Lithochrome (Imprimeur).
Lithochromies (Marchand de).
Lithographies (Marchand de).
Lithophanies (Fabricant ou marchand de).
Loueur d'échafaudages.
Loueur de tableaux et dessins.
Lunetier (Fabricant).
Lustreur de fourrures.
Maçon (Maître).
Maillechort et autres compositions métalliques (Marchand d'objets en) en détail.
Marbre factice (Fabricant ou marchand d'objets en).
Marbrier.
Maréchal ferrant.
Masques (Fabricant ou marchand de).
Matériaux (Marchand de vieux).
Mèches (Marchand de).

Menuisier.
Mercerie (Marchand de menue).
Metteur en œuvre pour son compte.
Meubles et outils d'occasion (Marchand de).
Moireur d'étoffes pour son compte.
Monteur de métiers.
Mosaïques (Marchand de).
Mulquinier : celui qui prépare le fil pour les chaînes servant à la fabrication des tissus.
Nécessaires (Fabricant de) pour son compte.
Nettoyage des devantures (Entrepreneur de).
Nourrisseur de vaches, de chèvres ou de brebis pour le commerce du lait.
Œufs, volailles, lapins ou gibier (Marchand d') en détail.
Oranges ou citrons (Marchand d') en boutique et en détail.
Os (Fabricant d'objets en) pour son compte.
Outres (Fabricant d') pour son compte.
Outres (Marchand d').
Paille (Fabricant de tissus pour chapeaux de) pour son compte.
Paillettes et paillons (Fabricant de) pour son compte.
Pains à cacheter et à chanter (Fabricant ou marchand de).
Pain d'épice (Marchand ou fabricant de) vendant en détail et en boutique.
Pantoufles (Marchand de) en détail.
Papiers de fantaisie, papiers déchiquetés, papier végétal (Fabricant pour son compte ou marchand de).
Parapluies (Fabricant ou marchand de) vendant en détail.
Parcheminier pour son compte.
Parqueteur (Menuisier).
Pâtes alimentaires (Marchand de) en détail.
Paveur.
Peaux de lièvre et de lapin (Marchand de) en boutique.
Peignes à sérancer (Fabricant de) pour son compte.
Peignes d'écaille, d'ivoire, de corne, de buis, etc. (Fabricant de) pour son compte.
Peignes (Marchand de) en détail.
Peintre en bâtiment, non entrepreneur.
Pension bourgeoise (Tenant).
Pension particulière de vieillards (Tenant).
Perles fausses (Fabricant de) pour son compte.
Photographe travaillant seul.
Pierres à brunir (Fabricant ou marchand de).
Pierres bleues (Marchand de) pour le blanchissage du linge.
Pierres brutes ou taillées (Marchand de).
Pierres fausses (Fabricant de).
Pinceaux (Fabricant de) pour son compte.
Pipes assorties (Marchand de).
Piqueur de cartons : celui qui prépare les cartons destinés à reproduire dans les tissus les dessins donnés par les fabricants.
Plafonneur ou plâtrier.
Plants, arbres ou arbustes (Marchand de) : celui qui ne se borne pas à vendre des plants, arbres ou arbustes provenant des terrains par lui cultivés.
Plâtre (Marchand de).
Plomb et fonte de chasse (Fabricant ou marchand de).
Plumes à écrire, plumes d'oie, de cygne, de corbeau (Marchand de) en détail.
Plumes métalliques (Marchand de) en détail.
Poêlier en faïence, fonte, etc.
Polisseur d'objets en or, argent, cuivre, acier, écaille, os, corne, etc.
Ponton débarcadère (Exploitant de).
Portefeuilles ou autres objets de menue maroquinerie (Fabricant de) pour son compte.
Portefeuilles ou autres objets de menue maroquinerie (Marchand de).
Potier d'étain.
Poudre d'or, de bronze et autres métaux (Fabricant ou marchand de).
Poulieur (Fabricant).
Procédés pour queues de billard (Fabricant de).
Queues de billard (Fabricant de) pour son compte.
Ramonage (Entrepreneur de).
Rampiste (Menuisier).
Ressorts de bandages pour les hernies (Fabricant de) pour son compte.
Ressorts de montres et de pendules (Fabricant de) pour son compte.
Sabots ou galoches garnis (Fabricant ou marchand en détail de) : celui qui fabrique ou vend des galoches ou des sabots élégants garnis en cuir verni, en velours, en drap, etc.
Sacs de toile (Fabricant ou marchand de).
Salpêtrier.
Sarraux ou blouses (Marchand ou fabricant de) vendant en détail.
Sculpteur en bois pour son compte.
Sécheur de garance : celui qui fait sécher la garance récoltée par les propriétaires qui n'ont pas les appareils nécessaires pour la faire sécher eux-mêmes.
Sécheur de grains, de graines, de cafés, etc.
Sécheur de houblon : celui qui fait sécher par des procédés artificiels et moyennant rétribution, le houblon récolté par les propriétaires.
Sommiers élastiques (Fabricant de) pour son compte, sans magasin.
Son, recoupe et remoulage (Marchand de).
Sparterie (Fabricant ou marchand d'objets en).
Sphères (Fabricant de).
Stores (Fabricant ou marchand de).
Stucateur.
Sumac (Marchand de).
Tabacs ou cigares, dans le département de la Corse (Marchand ou fabricant de) vendant en détail.
Tabac ou cigares étrangers (Marchand de), vendant en détail.
Table d'hôte (Tenant une).
Tabletier (Marchand).
Tabletterie (Fabricant d'objets en) pour son compte.
Tambours, grosses caisses, tambourins (Fabricant de).
Tamisier (Fabricant ou marchand).
Tan (Marchand de).
Tapissier à façon.
Tartrier.
Teinturier dégraisseur pour les particuliers, n'employant pas de machine à vapeur.
Terrassier (Maître).
Tiges, empeignes ou brides de chaussures (Fabricant de) travaillant sur commande.
Tireur d'or, d'argent, de platine ou de cuivre doré ou argenté, par procédés non mécaniques.
Tissage des laines au compte des particuliers (Intermédiaire auprès du fabricant pour le).
Tissus grossiers et communs (Marchand de) sans assortiment.
Tôlier pour son compte.
Tonneaux (Marchand de).
Tonnelier (Maître).
Tourneur sur métaux.
Tourneur en marbre ou en pierre.
Tours et autres ouvrages pour la coiffure, en cheveux, soie, etc. (Fabricant ou marchand de).
Tourteaux (Marchand de) en détail : celui qui vend habituellement par quantités inférieures à 1000 kilogr.
Traducteur-juré (s'il exerce cette profession d'une manière habituelle).
Tréfileur par les procédés ordinaires.
Troupes de passage (Entrepreneur du logement des).
Truffes (Marchand de) en détail.
Tuiles (Marchand de).
Vannerie (Marchand de) en détail.
Vannier, fabricant de vannerie fine.
Vérificateur de bâtiments.
Vernisseur sur cuir, feutre, carton ou métaux, pour son compte.
Verres à vitres (Marchand de) en détail.
Verres bombés (Marchand de).
Verroterie et gobeletterie (Marchand de) en détail.
Vignes phylloxérées (Entrepreneur du traitement des) (S'il occupe un ou plusieurs aides).
Vignettes et caractères à jour (Fabricant de) pour son compte.
Vignettes et caractères à jour (Marchand en boutique de).
Vins (Éprouveur de) : celui qui détermine le degré et la quantité de l'alcool existant dans les vins.
Vin (Marchand de) en détail, donnant à boire chez lui et ne tenant pas de billard.
Vis ou tire-bouchons (Fabricant de) par procédés ordinaires, pour son compte.
Vitraux (Faiseur ou ajusteur de) pour son compte.
Vitrier.
Voilier à façon.
Yeux artificiels (Fabricant d').

7e CLASSE. — *Droit proportionnel au 50e dans les communes au-dessus de 20 000 âmes.*

Nota. Les patentables vendant en ambulance, en étalage ou sous échoppe, seront dans tous les cas exempts du droit proportionnel.

Accordeur de pianos, harpes et autres instruments.
Acheveur en métaux.
Acier poli (Fabricant d'objets en) à façon.
Alambic (Loueur d') : celui qui loue les ustensiles nécessaires pour la fabrication de l'eau-de-vie.
Albâtre (Fabricants d'objets en) à façon.
Alevin (Marchand d').
Allèges (Maître d').
Anes (Loueur d').
Apprêteur de barbes ou fanons de baleine.
Apprêteur de bas ou autres objets de bonneterie pour les particuliers.
Archets (Fabricant d').
Arçons (Fabricant ou ferreur d').
Armurier rhabilleur.

Armurier à façon.
Arpenteur.
Attelles pour colliers de bêtes de trait (Fabricant ou marchand d').
Avironnier.
Badigeonneur.
Balancier (Fabricant) à façon.
Ballons pour lampes (Fabricant de) pour son compte.
Bandagiste à façon.
Bardeaux (Fabricant de) pour son compte.
Bâtier.
Battoirs de paume (Fabricant de).
Baugeur.
Biberons (Fabricant de) à façon.
Bijoutier à façon.
Bijoutier en faux (Fabricant) à façon.
Bimbeloterie (Fabricant d'objets de) sans boutique ni magasin.
Bimbeloterie commune (Marchand de) en détail.
Blanchisseur de chapeaux de paille.
Blanchisseur de fin.
Blanchisseur sur pré.
Boisselier (Fabricant) pour son compte.
Boîtes et bijoux à musique (Fabricant de mécaniques pour) à façon.
Bonbons et confiserie (Revendeur de).
Bottes remontées (Marchand de).
Boucles (Envelopppeur de) fabricant et marchand.
Boules vulnéraires dites *d'acier* ou *de Nancy* (Fabricant de).
Bouquetière (Marchande) en boutique.
Bouquiniste.
Bourre ou déchets de tannerie (Marchand de).
Bourrelets d'enfants (Fabricant ou marchand de).
Bourrelets en bourre ou en crin végétal (Fabricant de).
Boutons de soie (Fabricant de) pour son compte.
Briquets phosphoriques et autres (Marchand de).
Brocanteur dans les ventes, sans boutique ni magasin.
Broches pour la filature (Rechargeur de).
Broderies (Blanchisseur et apprêteur de).
Broderies (Dessinateur-imprimeur de).
Broderies (Fabricant de) à façon.
Bronze (Metteur en) : celui qui met en couleur de bronze des pendules, candélabres et autres objets en métaux.
Brunisseur.
Buanderie (Loueur d'établissement de) : celui qui loue à tout venant un établissement de buanderie muni de ses ustensiles et appareils.
Buffletier (Fabricant) pour son compte.
Bureau de placement (Tenant un).
Bustes en cire pour les coiffeurs (Fabricant de).
Cabinet de figures en cire (Tenant un).
Cabinet de lecture où l'on donne à lire les journaux seulement (Tenant un).
Cabinet particulier de tableaux, d'objets d'histoire naturelle ou d'antiquités (Tenant un).
Calendreur de vieilles étoffes ou de chapeaux de paille.
Cambreur de tiges de bottes.
Camées faux ou moulés (Fabricant de).
Cannelles et robinets en cuivre (Fabricant de) à façon.
Cannes (Fabricant de) pour son compte, sans boutique ni magasin.
Cannetille (Fabricant de).
Canots (Loueur de).
Caractères d'imprimerie (Graveur en).
Caractères mobiles en bois ou en terre cuite (Fabricant ou marchand de).
Carcasses ou montures de parapluies (Fabricant de) pour son compte.
Cardeur de laine, de coton, de bourre de soie, filoselle, etc.
Carreleur.
Carrioles (Loueur de).
Carton en feuilles de papier collées (Fabricant de) à façon.
Ceinturons, visières et menus objets en cuir (Fabricant de) pour son compte.
Cendres ordinaires (Marchand de).
Chapelets (Fabricant ou marchand de).
Chapelier à façon.
Charbonnier cuiseur : celui qui, pour le compte des exploitants, entreprend de transformer le bois en charbon.
Charnières en fer, cuivre ou fer-blanc (Fabricant de) par procédés ordinaires pour son compte.
Charpentier à façon, travaillant à la journée pour des maîtres ou pour des particuliers qui lui fournissent la matière.
Charron à façon, travaillant à la journée pour des maîtres ou pour des particuliers qui lui fournissent la matière.
Chasubles ou autres ornements d'église (Fabricant de) à façon.
Chaudronnier rhabilleur.
Chaussons de lisière et autres, ou sandales (Marchand de), en détail.
Chenilles en soie (Fabricant de) pour son compte.
Chevaux (Courtier de).
Chèvres et chevreaux (Marchand de).
Chiffonnier en détail : celui qui vend habituellement par quantités inférieures à 1000 kilogrammes.
Chineur.
Cirage ou encaustique (Marchand ou fabricant de) par procédés ordinaires.
Cloutier au marteau pour son compte.
Coiffes de femmes (Faiseuse et marchande de).
Colle de pâte, de peau, de graisse, de gélatine (Fabricant ou marchand de).
Colleur de chaînes pour fabrication de tissus.
Colliers de chiens (Fabricant ou marchand de).
Confiseur en chambre.
Coquetier avec bêtes de somme.
Cordes harmoniques (Fabricant de) à façon.
Cordes métalliques (Fabricant de) à façon.
Cordier, fabricant de menus cordages, tels que cordes, ficelles, longes, traits, etc.
Cordons, lacets, tresses, ganses en fil, soie, laine, coton, etc. (Fabricant de) pour son compte.
Corroyeur à façon.
Cosmétiques et pommades au petit détail (Marchand de).
Coton cardé ou gommé (Marchand de).
Coupeur de poils par procédés ordinaires, à façon.
Courroies (Apprêteur de) pour son compte.
Courtier de bestiaux.
Courtier de mouture : celui qui se charge de faire moudre le grain des particuliers dans les moulins exploités par d'autres.
Courtier en grains : celui qui s'entremet, pour la vente des grains, entre les cultivateurs et les marchands ou les boulangers.
Coutelier à façon.
Couvreur en paille ou en chaume.
Couvreur à façon.
Crémier ou laitier.
Crépin en buis (Fabricant d'articles de) pour son compte.
Criblier.
Cristaux (Tailleur de).
Crochets pour les fabriques d'étoffes (Fabricant de) pour son compte.
Cuivre vieux (Marchand de).
Débarreur d'étoffes : celui qui, opérant à la main, fait disparaître avec un pinceau les défauts de teinture existant dans les étoffes.
Déchets de laine, de coton ou de lin (Marchand de) en détail. Celui qui vend habituellement par quantités inférieures à 500 kilogrammes.
Découpeur en marqueterie.
Décrueur de fil.
Dégraisseur.
Dégras (Marchand ou fabricant de) vendant en détail.
Denteleur de scies.
Dentelles (Fabricant de) à façon, n'employant pas de métiers.
Dents et râteliers artificiels (Fabricant de) à façon.
Dépolisseur de verres.
Diamants pour vitriers et miroitiers (Monteur de) à façon.
Doreur sur tranches, sur cuir, sur papier.
Drogues (Pileur de).
Ebéniste (Fabricant) à façon.
Ecailles d'ables ou ablettes (Marchand d').
Echalas (Marchand d').
Echelles, fourches, râteaux et râteliers (Fabricant ou marchand d').
Ecorcheur ou équarrisseur d'animaux.
Ecritures (Entrepreneur d') : celui qui se charge de faire exécuter chez lui ou au dehors les copies de toutes sortes d'écrits, de plans, de dessins, etc.
Emailleur à façon.
Embouchoirs (Faiseur d').
Enjoliveur (Fabricant) pour son compte.
Epicier regrattier : celui qui ne vend qu'au petit poids et à la petite mesure quelques articles d'épicerie, et joint à ce commerce la vente de quelques autres objets, comme poterie de terre, charbon en détail, bois à la falourde, etc.
Epinglier-grillageur.
Equarrisseur de bois.
Equipeur-monteur.
Escargots (Marchand d').
Essence d'Orient (Fabricant d').
Estampeur ou repousseur en métaux autres que l'or et l'argent.
Etoffes (Crêpeur d') : celui qui, après le tissage, crêpe les étoffes pour en faire ressortir le duvet.
Etrilles (Fabricant d') à façon.
Eventailliste (Fabricant) pour son compte.
Expert visiteur de navires.
Fendeur de brins de baleine ou de jonc.
Fendeur en bois.
Ferblantier en chambre.
Ferrailleur : celui qui vend de vieux objets en fer.
Filets, gants, mitaines, résilles ou autres ouvrages à mailles (Marchand ou fabricant de), vendant en détail.

Finisseur en horlogerie.
Fleuriste ou feuillagiste à la botte (Fabricant).
Celui qui fabrique une ou plusieurs parties constitutives de la fleur, telles que boutons, pétales, feuilles, etc.
Fleurs artificielles, feuillages, fruits ou verdure (Fabricant de), sans boutique ni magasin.
Fontaines en grès, à sable (Marchand de).
Forces (Fabricant de) à façon.
Forets (Fabricant de).
Forgeron de petites pièces à façon.
Formier.
Fouets, cravaches (Fabricant ou marchand de) pour son compte.
Fournier ou cuiseur : celui qui fait cuire le pain, la viande ou autres aliments.
Fourreaux pour sabres, épées, baïonnettes (Fabricant de) pour son compte.
Fourreur à façon.
Frangier pour son compte.
Fretin (Marchand de).
Friseur de draps et autres étoffes de laine.
Friteur ou friturier en boutique.
Fruitier.
Gabare (Maître de) ou gabarier.
Gainier (Fabricant) pour son compte.
Galettes, gaufres, brioches et gâteaux (Marchand de), en boutique.
Galochier.
Galonnier (Fabricant) pour son compte.
Gantier dresseur : celui qui examine la couture et la qualité des gants reçus de fabrique, les lustre et leur donne le dernier apprêt.
Gargotier.
Gaufreur d'étoffes, de rubans, etc.
Gaules ou perches (Marchand de).
Graines fourragères, oléagineuses et autres (Marchand de) en détail.
Grainier ou grainetier.
Gravatier.
Graveur en caractères d'imprimerie.
Graveur sur métaux, se bornant à graver des cachets ou des planches pour factures et autres objets dits *de ville*.
Graveur sur verre par procédés non mécaniques, pour son compte.
Guêtrier.
Guillocheur.
Hameçons (Fabricant d').
Herboriste ne vendant que des plantes médicinales fraîches ou sèches.
Hongreur.
Horloger repasseur.
Horloger rhabilleur, non marchand.
Horlogerie (Fabricant de pièces d') à façon.
Horloges en bois (Fabricant ou marchand d').
Huîtres (Marchand d') pour la consommation locale.
Imprimeur typographe pour objets dits *de ville*.
Imprimeur en taille-douce ne faisant que les objets dits *de ville*.
Imprimeur sur porcelaine, faïence, verre, cristal, émail, etc.
Instruments de musique en cuivre (Facteur de pièces d') à façon.
Ivoire (Fabricant d'objets en) à façon.
Joaillier (Fabricant) à façon.
Lait d'ânesse (Marchand de).
Layettes d'enfants (Marchand de).
Légumes secs (Marchand de) en détail.
Librairie (Agent de).
Lie de vin (Marchand de).
Liens de paille, d'écorce, etc. (Fabricant ou marchand de).
Linge (Marchand de vieux).
Liqueurs et eaux-de vie (Débitant de).
Logeur.
Logeur de bestiaux, de chevaux et autres bêtes de somme.
Loueur de livres.
Loueur de bêtes de trait pour le halage ou pour le renfort aux voituriers sur les routes de terre.
Lunettes (Fabricant de verres de).
Luthier (Fabricant) à façon.
Luthier rhabilleur, non marchand.
Maçon à façon.
Maître placeur de bestiaux sur les marchés.
Manicure.
Marbreur sur tranches.
Marbrier à façon.
Maroquinier à façon.
Mécanicien à façon, travaillant pour des maîtres ou pour des particuliers qui lui fournissent la matière.
Mégissier à façon.
Menuisier à façon, travaillant pour des maîtres ou pour des particuliers qui lui fournissent la matière.
Mesures linéaires, règles et équerres (Fabricant de) pour son compte.
Métreur de bâtiments, de bois, de pierres.
Metteur en œuvre à façon.
Monteur en bronze.
Monteur de boîtes de montres à façon.
Moules en bois pour la passementerie (Marchand de).
Moulures (Fabricant de) à façon.
Moutardier (Marchand) en détail.
Muletier.
Nacre de perle (Fabricant d'objets en) à façon.
Naturaliste préparateur.
Navetier (Fabricant).
Noir de fumée ou noir animal (Marchand de).
Oignons (Cuiseur ou grilleur d').
Oiselier.
Orfèvre (Fabricant) à façon.
Orgues portatives ou harmoniums (Fabricant d') à façon.
Ouate (Marchand ou fabricant d') par procédés non mécaniques.
Outils, instruments et harnais à l'usage des ouvriers tisseurs (Marchand d').
Outres (Fabricant d') à façon.
Ovaliste.
Paille (Fabricant de tissus pour chapeaux de) à façon.
Paille (Fabricant de tresses, cordonnets, etc., en).
Paille ou mousse teinte (Fabricant ou marchand de).
Paille coupée pour chaises (Marchand de).
Pain (Revendeur de) en boutique.
Pantoufles (Fabricant de) pour son compte.
Papiers de fantaisie, papiers déchiquetés, papier végétal (Fabricant de) à façon.
Papiers imprimés et vieux papiers (Marchand de).
Papiers pour emballages et pour sacs (Marchand de) en détail.
Passementier (Fabricant) pour son compte, lorsqu'il fabrique des articles dont la confection n'exige point l'emploi de métiers.
Le passementier qui emploie des métiers est imposable en raison de leur nombre, suivant les règles inscrites au tableau C.
Pastilleur : celui qui fabrique des pastilles ou fait en pâte sucrée de petites figures, des fleurs et autres objets.
Patachier.
Pédicure.
Peigneur de chanvre, de lin ou de laine.
Peigneur ou gratteur de toiles de coton.
Peintre en armoiries, attributs et décors.
Peintre ou doreur soit sur verre ou cristal, soit sur porcelaine, etc., pour son compte.
Perruquier.
Peseur, mesureur ou jaugeur.
Pierres de touche (Marchand de).
Piquonnier.
Plafonneur ou plâtrier à façon.
Planches ou ifs à bouteilles (Fabricant de).
Planeur en métaux.
Plaqueur à façon.
Plumassier (Fabricant), sans boutique ni magasin.
Plumeaux (Fabricant pour son compte ou marchand de).
Poires à poudre (Fabricant de) pour son compte.
Poisson (Marchand de) en détail.
Pompes de bois et pièces pour la conduite des eaux (Fabricant de).
Poterie de terre (Marchand de).
Presseur d'étoffes pour les teinturiers et les dégraisseurs.
Pressoir (Loueur de).
Celui qui loue un pressoir aux propriétaires de raisins ou de pommes pour la fabrication du vin ou du cidre, mais sans procéder lui-même à cette opération.
Présurier.
Queues de billard (Fabricant de) à façon.
Raquettes ou volants (Fabricant de) pour son compte.
Raseur de velours.
Registres (Fabricant de) à façon.
Relieur de livres.
Rémisses (Fabricant de) par procédés ordinaires, pour son compte.
Rentrayeur ou conservateur de tapis, de couvertures de laine et de coton.
Repasseuse de linge.
Ressorts de bandages pour les hernies (Fabricant de) à façon.
Ressorts de montres et de pendules (Fabricant de) à façon.
Revendeur à la toilette.
Roseaux (Marchand de).
Roseaux préparés pour le tissage (Marchand de).
Rouettes ou harts pour lier les trains de bois (Marchand de).
Routoir ou fosse à rouir le lin ou le chanvre (Exploitant de).
Ruches pour abeilles (Fabricant de) pour son compte.
Sacs de toile (Loueur de).
Sangsues (Marchand de) en détail.
Scieur de long.
Sculpteur en bois à façon.
Seaux ou baquet en sapin (Fabricant de) pour son compte.
Sécheur de morues, sans établissement de sécherie.
Séchoir à linge (Exploitant un).
Sel (Marchand de) en détail.

DÉSIGNATION	DROIT FIXE — TAXE déterminée.	DROIT FIXE — TAXE par personne employée en sus du nombre de cinq, aux écritures, aux caisses, à la surveillance, aux achats et aux ventes intérieures ou extérieures.
	fr. c.	fr. c.
dans celles de 15 001 à 30 000 âmes qui ont un entrepôt réel	150 »	8 »
Dans les villes de 15 001 à 30 000 âmes et dans celles de 15 000 âmes et au-dessous qui ont un entrepôt réel	100 »	5 »
Dans toutes les autres communes	50 »	5 »
Banquier :		
A Paris	2 000 »	50 »
Dans les villes de 100 001 âmes et au-dessus	1 000 »	40 »
Dans les villes de 50 001 à 100 000 âmes	500 »	25 »
Dans les villes de 30 001 à 50 000 âmes et dans celles de 15 001 à 30 000 âmes qui ont un entrepôt réel	400 »	20 »
Dans les villes de 15 001 à 30 000 âmes et dans celles d'une population de 15 000 et au-dessous qui ont un entrepôt réel	300 »	15 »
Dans toutes les autres communes	200 »	10 »
Le droit fixe sera rehaussé de moitié pour les banquiers dont les opérations comprennent l'émission des titres d'États étrangers, de sociétés, compagnies et villes étrangères, et pour ceux qui se chargent du payement des intérêts et dividendes desdits titres, pour le compte de ces mêmes États, sociétés, compagnies et villes.		
Caisse ou comptoir de bons ou coupons commerciaux, ou de bons ou coupons d'escompte, d'épargne, de crédit ou de capitalisation (Tenant) :		
A Paris	500 »	25 »
Dans les villes de 100 001 âmes et au-dessus	400 »	20 »
Dans les villes de 50 001 à 100 000 âmes	300 »	15 »
Dans les villes de 30 001 à 50 000 âmes, et dans celles de 15 001 à 30 000 âmes qui ont un entrepôt réel	200 »	10 »
Dans les villes de 15 001 à 30 000 âmes et dans celles d'une population de 15 000 âmes et au-dessous qui ont un entrepôt réel	150 »	8 »
Dans toutes les autres communes	100 »	5 »
Cabriolets, fiacres et autres voitures semblables, sous remise ou sur place (Entreprise de) :		
Par voiture en circulation :		
A Paris	4 »	» »
Dans les villes de 100 001 âmes et au-dessus	3 »	» »
Dans les villes de 50 001 à 100 000 âmes	2 »	» »
Dans les villes de 50 000 âmes et au-dessous	1 50	» »
Caisse ou comptoir d'avances ou de prêts, de recettes ou de payements (Tenant) :		
A Paris	500 »	25 »
Dans les villes de 100 001 âmes et au-dessus	400 »	20 »
Dans les villes de 50 001 à 100 000 âmes	300 »	15 »
Dans les villes de 30 001 à 50 000 âmes et dans celles de 15 001 à 30 000 âmes qui ont un entrepôt réel	200 »	10 »
Dans les villes de 15 001 à 30 000 âmes et dans celles d'une population de 15 000 âmes et au-dessous qui ont un entrepôt réel	150 »	8 »

DÉSIGNATION	DROIT FIXE — TAXE déterminée.	DROIT FIXE — TAXE par personne employée en sus du nombre de cinq, aux écritures, aux caisses, à la surveillance, aux achats et aux ventes intérieures ou extérieures.
	fr. c.	fr. c.
Dans toutes les autre communes	100 »	5 »
Caisse ou comptoir pour opérations sur des valeurs (Tenant) :		
A Paris	500 »	25 »
Dans les villes autres que Paris où il existe un parquet pour la négociation des effets publics	200 »	10 »
Dans les villes de 100 001 âmes et au-dessus	100 »	5 »
Dans les villes de 50 001 à 100 000 âmes	75 »	5 »
Dans toutes les autres communes	50 »	5 »
Chalets de nécessité établis sur la voie publique (Concessionnaire ou exploitant de) :		
Par cabinet d'aisances ou de toilette non gratuit :		
Dans les villes de 100 001 âmes et au-dessus	1 »	» »
Dans les villes de 50 001 à 100 000 âmes	» 75	» »
Dans les villes de 50 000 âmes et au-dessous	» 50	» »
Commissionnaire de transports par terre ou par eau :		
A Paris	300 »	15 »
Dans les villes de 100 001 âmes et au-dessus	250 »	12 »
Dans les villes de 50 001 à 100 000 âmes	200 »	10 »
Dans les villes de 30 001 à 50 000 âmes et dans celles de 15 001 à 30 000 âmes qui ont un entrepôt réel	150 »	8 »
Dans les villes de 15 001 à 30 000 âmes et dans celles de 8 001 à 15 000 âmes qui ont un entrepôt réel	100 »	5 »
Dans les villes de 8 001 à 15 000 âmes et dans celles de 8 000 âmes et au-dessous qui ont un entrepôt réel	50 »	5 »
Dans toutes les autres communes	30 »	5 »
Commissionnaire en marchandises :		
A Paris	400 »	20 »
Dans les villes de 50 001 âmes et au-dessus	300 »	15 »
Dans les villes de 30 001 à 50 000 âmes et dans celles de 15 001 à 30 000 âmes qui ont un entrepôt réel	200 »	10 »
Dans les villes de 15 001 à 30 000 âmes et dans celles de 15 000 âmes et au-dessous qui ont un entrepôt réel	150 »	8 »
Dans toutes les autres communes	75 »	5 »
Si les opérations que font les commissionnaires en marchandises ou auxquelles ils prêtent leur entremise ont pour objet habituel la vente aux marchands détaillants et aux consommateurs, les droits de patente seront ceux de la 4e classe du tableau A.		
Courtier de marchandises, facteur de denrées et marchandises, représentant de commerce et tout individu prêtant son entremise pour l'achat ou la vente des marchandises, ou achetant ou vendant des marchandises pour le compte de tiers, et dont la profession n'est pas spécialement dénommée au tarif des patentes :		
A Paris	200 »	10 »
Dans les villes de 50 001 âmes et au-dessus	150 »	8 »

DÉSIGNATION	DROIT FIXE TAXE déterminée.	 TAXE par personne employée en sus du nombre de cinq, aux écritures, aux caisses, à la surveillance, aux achats et aux ventes intérieures ou extérieures.
	fr. c.	fr. c.
Dans les villes de 30 001 à 50 000 âmes et dans celles de 15 001 à 30 000 âmes qui ont un entrepôt réel	100 »	5 »
Dans les villes de 15 001 à 30 000 âmes et dans celles de 15 000 âmes et au-dessous qui ont un entrepôt réel	75 »	5 »
Dans toutes les autres communes	50 »	5 »
Si les opérations que font les patentables ci-dessus énumérés ou auxquelles ils prêtent leur entremise ont pour objet habituel la vente aux marchands détaillants et aux consommateurs, les droits de patente seront ceux de la 4e classe du tableau A.		
Commissionnaire entrepositaire :		
A Paris	300 »	15 »
Dans les villes de 100 001 âmes et au-dessus	250 »	12 »
Dans les villes de 50 001 à 100 000 âmes	200 »	10 »
Dans les villes de 30 001 à 50 000 âmes et dans celles de 15 001 à 30 000 âmes qui ont un entrepôt réel	150 »	8 »
Dans les villes de 15 001 à 30 000 âmes et dans celles de 15 000 âmes et au-dessous qui ont un entrepôt réel	100 »	5 »
Dans toutes les autres communes	50 »	5 »
Courtier d'assurances :		
A Paris	300 »	15 »
Dans les villes de 100 001 âmes et au-dessus	250 »	12 »
Dans les villes de 50 001 à 100 âmes	200 »	10 »
Dans les villes de 30 001 à 50 000 âmes et dans celles de 15 001 à 30 000 âmes qui ont un entrepôt réel	150 »	8 »
Dans les villes de 15 000 à 30 000 âmes et dans celles de 15 000 âmes et au-dessous qui ont un entrepôt réel	100 »	5 »
Dans toutes les autres communes	50 »	5 »
Courtier de fret pour la navigation maritime ou intérieure : celui qui se charge d'assurer du fret aux armateurs ou aux maîtres de barques et bateaux pour la navigation maritime ou pour la navigation sur les canaux, fleuves et rivières :		
A Paris	300 »	15 »
Dans les villes de 100 001 âmes et au-dessus	250 »	12 »
Dans les villes de 50 001 à 100 000 âmes	200 »	10 »
Dans les villes de 30 001 à 50 000 âmes et dans celles de 15 001 à 30 000 âmes qui ont un entrepôt réel	150 »	8 »
Dans les villes de 15 001 à 30 000 âmes et dans celles de 15 000 âmes et au-dessous qui ont un entrepôt réel	100 »	5 »
Dans toutes les autres communes	50 »	5 »
Courtier de navires :		
A Paris	300 »	15 »
Dans les villes de 100 001 âmes et au-dessus	250 »	12 »
Dans les villes de 50 001 à 100 000 âmes	200 »	10 »
Dans les villes de 30 001 à 50 000 âmes et dans celles de 15 001 à 30 000 âmes qui ont un entrepôt réel	150 »	8 »
Dans les villes de 15 001 à 30 000 âmes et dans celles de 15 001 âmes et au-dessous qui ont un entrepôt réel	100 »	5 »
Dans toutes les autres communes	50 »	5 »
Diamants ou pierres fines (Marchand de) :		
A Paris	500 »	25 »
Dans les villes de 100 001 âmes et au-dessus	400 »	20 »
Dans les villes de 50 001 à 100 000 âmes	300 »	15 »
Dans les villes de 30 001 à 50 000 âmes	200 »	10 »
Dans les villes de 15 001 à 30 000 âmes	150 »	8 »
Dans toutes les autres communes	100 »	5 »
Eau (Entrepreneur de fourniture ou de distribution d') :		
Par 1 000 âmes de la population normale totale des différentes communes desservies par l'entreprise	3 »	» »
Facteur aux halles de Paris :		
On ne comptera comme employés que les commis aux écritures et les commis crieurs	100 »	8 »
Facteur aux marchés aux bestiaux destinés à l'approvisionnement de Paris	150 »	8 »
Inhumations et pompes funèbres (Entreprise des) :		
Par 1000 âmes de la population normale totale des différentes communes desservies par l'entreprise	3 »	» »
Magasins (V. page 349 à la fin de ce tableau).		
Négociant :		
Celui qui, dans le même établissement, vend en gros plusieurs espèces de marchandises :		
A Paris	500 »	25 »
Dans les villes de 100 001 âmes et au-dessus	400 »	20 »
Dans les villes de 50 001 à 100 000 âmes	300 »	15 »
Dans les villes de 30 001 à 50 000 âmes et dans celles de 15 001 à 30 000 âmes qui ont un entrepôt réel	200 »	10 »
Dans les villes de 15 001 à 30 000 âmes et dans les villes de 15 000 âmes et au-dessous qui ont un entrepôt réel	150 »	8 »
Dans toutes les autres communes	100 »	5 »
Omnibus (Entreprise d') :		
Par place des voitures en circulation :		
Dans les villes de 100 001 âmes et au-dessus	1 »	» »
Dans les villes de 50 001 à 100 000 âmes	» 75	» »
Dans les villes de 50 001 âmes et au-dessous	» 50	» »
Le droit sera réduit de moitié pour les places dont le prix est au-dessous de 20 centimes.		
Paquebots étrangers (Tenant une agence de) :		
Celui qui se charge d'assurer du fret aux paquebots des compagnies étrangères :		
A Paris	300 »	15 »
Dans les villes de 100 001 âmes et au-dessus	250 »	12 »
Dans les villes de 50 001 à 100 000 âmes	200 »	10 »
Dans les villes de 30 001 à 50 000 âmes et dans celles de 15 001 à 30 000 âmes qui ont un entrepôt réel	150 »	8 »

Sellier à façon.
Semelles mobiles de paille, de liège, de feutre, etc., fourrées ou non fourrées, pour l'intérieur des chaussures (Fabricant de) pour son compte.
Serrurier à façon, travaillant pour des maîtres qui lui fournissent la matière.
Sertisseur ou monteur à façon : celui qui monte des pierres fines ou fausses.
Socques en bois (Fabricant ou marchand de).
Soufflets ordinaires (Fabricant ou marchand de).
Tableaux (Restaurateur de).
Tabletterie (Fabricant d'objets en) à façon.
Tailleur de pierres.
Tailleur ou couturier à façon.
Tapisseries à la main (Fabricant de).
Teinturerie (Loueur d'établissement de) : celui qui loue à tout venant un établissement de teinturerie muni de ses ustensiles et appareils.
Toiles grasses pour emballage (Fabricant de).
Toiles métalliques (Fabricant de) à façon.
Tondeur ou presseur de draps et autres étoffes de laine.
Tonneaux (Marchand de vieux).
Tonnelier à façon : celui qui travaille pour les marchands, les fabricants ou les particuliers qui lui fournissent la matière.
Torcher.
Tour (Marchand en détail d'objets en bois faits au).
Tourneur en bois (Fabricant) en boutique.
Treillageur.
Tripier, cuiseur ou échaudeur d'abats, abatis et issues.
Tubes en papier, en zinc, etc., pour filatures (Fabricant de), par procédés ordinaires.
Ustensiles de ménage (Marchand de vieux).
Vaisselle ou ustensiles de bois (Fabricant ou marchand de).
Vélocipèdes (Loueur de)
Vernisseur sur cuir, feutre, carton ou métaux, à façon.
Vin, bière, cidre (Débitant au petit détail de) : celui qui vend au pot ou à la bouteille et ne donne pas à boire chez lui.
Vitraux (Faiseur ou ajusteur de) à façon.
Voitures de remise (Maître de station de) : celui qui loue des emplacements ou, moyennant une rétribution, des voitures de remise peuvent stationner.

8e CLASSE. — *Droit proportionnel au 50e dans les communes au-dessus de 20,000 âmes.*

Nota. Les patentables vendant en ambulance, en étalage ou sous échoppe seront, dans tous les cas, exempts du droit proportionnel.

Accoutreur.
Affiloirs (Marchand d').
Agrafes (Fabricant d') par les procédés ordinaires, à façon.
Aiguilles, clefs et autres petits objets pour montres ou pendules (Fabricant d') à façon.
Aiguilles pour les métiers à faire des bas (Monteur d').
Allumettes ou amadou (Fabricant ou marchand d').
Appeaux pour la chasse (Fabricant d').
Apprêteur de chapeaux de feutre.
Apprêteur de cure-dents.
Approprieur de chapeaux.
Arçonneur.
Artiste en cheveux.
Assembleur ou brocheur.
Balais de bouleau, de bruyère ou de grand millet (Marchand de).
Balances (Loueur de).
Ballons pour lampes (Fabricant de) à façon.
Barbier.
Bardeaux (Fabricant de) à façon.
Batelier : celui qui passe les piétons d'un côté d'une rivière à l'autre.
Bâtonnier.
Baudelier.
Blanchisseur de linge sans établissement de buanderie.
Blanchisseur de bas de soie.
Bobines pour les manufactures (Fabricant de).
Bois à brûler (Marchand de) : celui qui vend à la falourde, au fagot ou au cotret.
Bois de galoches et de socques (Faiseur de).
Boisselier (Fabricant) à façon.
Bottier ou cordonnier à façon : celui qui travaille pour des maîtres qui lui fournissent la matière.
Bouchons de flacons (Ajusteur de).
Bouclerie (Fabricant de) à façon.
Boucles (Enveloppeur de) à façon.
Boutonnières (Fabricant de).
Boutons de métal, corne, cuir bouilli, etc. (Fabricant de) à façon.
Boutons de soie (Fabricant de) à façon.
Bretelles ou jarretières (Fabricant de) à façon, par procédés non mécaniques.
Brioleur avec bêtes de somme.

Briquetier à façon.
Brocanteur d'habits sans boutique.
Broches et cannelets pour la filature (Fabricant de) à façon.
Brosses (Fabricant de bois pour).
Brossier (Fabricant) à façon.
Broyeur à bras.
Buffletier (Fabricant) à façon.
Cabas (Faiseur de).
Cadrans de montres et de pendules (Fabricant de) à façon.
Café tout préparé (Débitant de).
Cafetières, bouillotes, marabouts (Fabricant de) à façon.
Cages, souricières ou tournettes (Marchand ou fabricant de).
Canevas (Dessinateur de).
Cannes (Fabricant de) à façon.
Caparaçonnier à façon.
Carcasses ou montures de parapluies (Fabricant de) à façon.
Carcasses pour modes (Fabricant de).
Cardes (Fabricant de) à façon par les procédés ordinaires.
Carrés de montres (Fabricant de) à façon,
Cartons pour bureaux et autres (Fabricant de) à façon.
Casquettes, toques, bonnets carrés et autres (Fabricant de) à façon.
Castine (Marchand de).
Ceinturons, visières et menus objets en cuir (Fabricant de) à façon.
Cerclier.
Chaises communes (Fabricant ou marchand de).
Chaises à porteurs ou fauteuils roulants (Loueur de).
Chaises (Empailleur de).
Chambre meublée (Loueur d'une).
Chamoiseur à façon.
Chandeliers en fer ou en cuivre (Fabricant de) à façon.
Chapeaux (Marchand de vieux) en boutique ou en magasin.
Chapeaux (Fabricant de coiffes de).
Chapeaux (Garnisseur de).
Charbon artificiel ou briques combustibles (Marchand de) au petit détail.
Charbon de bois (Marchand de) en détail.
Charbon de terre épuré ou non, aggloméré ou non (Marchand de) au petit détail : celui qui vend habituellement par quantités inférieures à 100 kilogrammes et qui n'emploie pas de voiture ou n'en emploie qu'une seule.
Charbonnier voiturier.
Charnières en fer, cuivre ou fer-blanc (Fabricant de) par procédés ordinaires, à façon.
Charrettes (Loueur de).
Châsses de lunettes (Fabricant de) à façon.
Chaussons de lisière (Fabricant de).
Chenilles en soie (Fabricant de) à façon).
Chevilleur.
Clinquant (Fabricant de) à façon.
Cloutier au marteau à façon.
Colleur de papiers peints.
Coloriste enlumineur.
Cols, collets, cravates ou rabats (Fabricant de) à façon.
Coquetier sans voiture ni bête de somme.
Cordes d'écorce (Fabricant de).
Cordons, lacets, tresses, ganses en fil, soie, laine, coton, etc. (Fabricant de) à façon.
Corne (Apprêteur de) à façon.
Corne (Fabricant de feuilles transparentes de) à façon.
Courroies (Apprêteur de) à façon.
Crépin en buis (Fabricant d'articles de) à façon.
Crin (Apprêteur, crêpeur ou friseur de) à façon.
Crinières (Fabricant de) à façon.
Crochets pour les fabriques d'étoffes (Fabricant de) à façon.
Cuillers d'étain (Fondeur ambulant de).
Cylindres pour filature (Garnisseur de).
Découpeur d'étoffes ou de papiers.
Découpoirs (Fabricant de) à façon.
Décrotteur en boutique.
Dés à coudre en métal autre que l'or et l'argent (Fabricant de) à façon.
Dessinateur ou écrivain sur pierres lithographiques.
Ecrans (Fabricant d') à façon.
Elastiques pour bretelles, jarretières, etc. (Fabricant d').
Emeri et rouge à polir (Marchand d').
Encadreur d'estampes.
Enjoliveur (Fabricant) à façon.
Eperonnier à façon.
Epileur.
Epinceteur : celui qui, à l'aide d'un instrument nommé *épincette*, enlève les nœuds, pailles, etc., qui paraissent à la surface des étoffes au sortir du métier.
Epingles (Fabricant d') par les procédés ordinaires, à façon.
Etameur ambulant d'ustensiles de cuisine.
Etoupe (Marchand d') pour le calfatage des navires.
Etriers (Fabricant d') à façon.
Etuis et sacs de papier (Fabricant ou marchand d').

Eventailliste (Fabricant) à façon.
Fagots et bourrées (Marchand de) vendant au fagot.
Faînes (Marchand de).
Ferreur de lacets.
Feuilles de blé de Turquie (Marchand de).
Figures en cire (Mouleur de) à façon.
Filasse de nerfs (Fabricant de) à façon.
Filets, gants, mitaines, résilles ou autres ouvrages à maille (Fabricant de) à façon.
Fleurs artificielles, feuillages, fruits ou verdure (Fabricant de) à façon.
Formaire pour la fabrication du papier, à façon.
Fouets et cravaches (Fabricant de) à façon.
Fourreaux pour sabres, épées, baïonnettes (Fabricant de) à façon.
Frangier à façon.
Frappeur de gaze.
Fuseaux (Fabricant de).
Gainier (Fabricant) à façon.
Galonnier (Fabricant) à façon.
Garnisseur d'étuis pour instruments de musique.
Garnitures de parapluies et cannes, telles que bouts, anneaux, crosses, manches, etc. (Fabricant de).
Gibernes (Fabricant de) à façon.
Graveur de musique.
Graveur sur bois.
Graveur sur verre par procédés non mécaniques à façon.
Guimpier.
Harmonicas (Facteur d').
Instruments pour les sciences (Fabricant d') à façon.
Laine bois ou fibre de bois (Marchand de) en détail.
Langueyeur de porcs.
Limailles (Marchand de).
Limes (Tailleur de).
Livrets (Fabricant de) pour les batteurs d'or ou d'argent.
Loueur d'abris sur les marchés.
Maillechort et autres compositions métalliques (Fabricant d'objets en) à façon.
Marrons et châtaignes (Marchand de) en détail.
Matelassier.
Mesures linéaires, règles et équerres (Fabricants de) à façon.
Modiste à façon.
Moireur d'étoffes à façon.
Mottes à brûler (Fabricant ou marchand de).
Moules de boutons (Fabricants de).
Nattier.
Nécessaires (Fabricant de) à façon.
Nerfs (Batteurs de).
Œillets métalliques (Fabricants d').
Opticien à façon, travaillant pour des maîtres qui lui fournissent la matière.
Oribus (Faiseur et marchand d').
Os (Fabricant d'objets en) à façon.
Osier (Marchand d') vendant à la botte ou par petites quantités.
Ourdisseur de fils.
Paillassons (Fabricant de).
Paillettes et paillons (Fabricant de) à façon.
Pantoufles ou sandales (Fabricant de) à façon.
Papiers verrés ou émerisés (Fabricant de).
Parapluies (Marchand de vieux).
Parcheminier à façon.
Passementier (Fabricant) à façon, lorsqu'il fabrique des articles dont la confection n'exige point l'emploi de métiers. Le passementier à façon qui emploie des métiers est imposable en raison de leur nombre, d'après les règles du tableau C.
Pâte de rose (Fabricant de bijoux en).
Peignes à sérancer (Fabricant de) à façon.
Peignes d'écailles, d'ivoire, de corne, de buis, etc. (Fabricant de) à façon.
Peignes en cannes ou roseaux pour le tissage (Fabricant ou marchand de).
Peintre ou doreur soit sur verre ou cristal, soit sur porcelaine, etc., à façon.
Pelles de bois (Fabricant ou marchand de).
Perceur de perles.
Perles fausses (Fabricant de) à façon.
Pinceaux (Fabricant de) à façon.
Pipes de terre (Marchand de) en détail.
Piqueur de cartes à dentelles.
Piqueur de grès.
Plieur de fils de soie ou de dentelle.
Plumassier à façon.
Plumeaux (Fabricant de) à façon.
Plumes à écrire (Apprêteur de).
Poires à poudre (Fabricant de) à façon.
Pois d'iris (Fabricant de).
Portefeuilles ou autres objets de menue maroquinerie (Fabricant de) à façon.
Porteur d'eau filtrée ou non filtrée, avec cheval et voiture.
Puits (Maître cureur de).
Raquettes ou volants (Fabricants de) à façon.
Régleur de papier.
Remiseur de charrettes à bras et de hottes.
Rémisses (Fabricant de) par procédés ordinaires à façon.
Rémouleur ou repasseur de couteaux.
Reperceur.
Repriseuse de châles.
Rognures de peaux (Marchand de).
Rognures de papier (Marchand de).
Rouleaux (Tourneur de) pour la filature.
Ruches pour les abeilles (Fabricant de) à façon.
Sable (Marchand de).
Sabotier (Fabricant).
Sabots (Marchand de) en détail.
Satineur ou lisseur de papier.
Sciure de bois (Marchand de).
Seaux ou baquets en sapin (Fabricant de) à façon.
Semelles mobiles de paille, de liège, de feutre, etc., fourrées ou non fourrées, pour l'intérieur des chaussures (Fabricant de) à façon.
Souliers (Marchand de vieux).
Têtes en carton servant aux marchandes de modes (Fabricant de).
Tiges, empeignes ou brides de chaussures (Fabricant de) à façon.
Tireur de soie.
Tôlier à façon.
Tourbe (Marchand de) en détail.
Tourneur en bois (Fabricant) sans boutique.
Vannier (Fabricant de vannerie commune).
Varech (Marchand de) en détail.
Veilleuses (Marchand ou fabricant de).
Viande (Découpeur ou dépeceur de) : celui qui se charge de découper ou de parer, au gré des acheteurs, les quartiers de viande vendus en bloc.
Vignettes et caractères à jour (Fabricant de) à façon.
Vis ou tire-bouchons (Fabricant de) par procédés ordinaires, à façon.
Voiturier ou roulier n'ayant qu'un équipage.

TABLEAU B

PROFESSIONS IMPOSÉES EU ÉGARD A LA POPULATION ET D'APRÈS UN TARIF EXCEPTIONNEL

Droit proportionnel au 10e, sauf les exceptions.

DÉSIGNATION	DROIT FIXE	
	TAXE déterminée.	TAXE par personne employée en sus du nombre de cinq, aux écritures, aux caisses, à la surveillance, aux achats et aux ventes intérieures ou extérieures.
	fr. c.	fr. c.
Agent de change :		
A Paris	2 000 »	50 »
Dans les villes autres que Paris où il existe un parquet pour la négociation des effets publics	500 »	25 »
Dans les villes de 100 001 âmes et au-dessus	250 »	12 »
Dans les villes de 50 001 à 100 000 âmes	200 »	10 »
Dans les villes de 30 001 à 50 000 âmes et dans celles de 15 001 à 30 000 âmes qui ont un entrepôt réel	150 »	8 »
Dans les villes de 15 001 à 30 000 âmes et dans celles d'une population de 15 000 âmes et au-dessous qui ont un entrepôt réel	100 »	5 »
Dans toutes les autres communes	75 »	5 »
Assurances maritimes (Entrepreneur d') :		
A Paris	300 »	15 »
Dans les villes de 100 001 âmes et au-dessus	250 »	12 »
Dans les villes de 50 001 à 10 000 âmes	200 »	10 »
Dans les villes de 30 001 à 50 000 âmes et		

DÉSIGNATION	DROIT FIXE — TAXE déterminée.	DROIT FIXE — TAXE par personne employée en sus du nombre de cinq, aux écritures, aux caisses, à la surveillance, aux achats et aux ventes intérieures ou extérieures.
	fr. c.	fr. c.
dans celles de 15 001 à 30 000 âmes qui ont un entrepôt réel	150 »	8 »
Dans les villes de 15 001 à 30 000 âmes et dans celles de 15 000 âmes et au-dessous qui ont un entrepôt réel	100 »	5 »
Dans toutes les autres communes	50 »	5 »
Banquier :		
A Paris	2 000 »	50 »
Dans les villes de 100 001 âmes et au-dessus	1 000 »	40 »
Dans les villes de 50 001 à 100 000 âmes	500 »	25 »
Dans les villes de 30 001 à 50 000 âmes et dans celles de 15 001 à 30 000 âmes qui ont un entrepôt réel	400 »	20 »
Dans les villes de 15 001 à 30 000 âmes et dans celles d'une population de 15 000 et au-dessous qui ont un entrepôt réel	300 »	15 »
Dans toutes les autres communes	200 »	10 »
Le droit fixe sera rehaussé de moitié pour les banquiers dont les opérations comprennent l'émission des titres d'États étrangers, de sociétés, compagnies et villes étrangères, et pour ceux qui se chargent du payement des intérêts et dividendes desdits titres, pour le compte de ces mêmes États, sociétés, compagnies et villes.		
Caisse ou comptoir de bons ou coupons commerciaux, ou de bons ou coupons d'escompte, d'épargne, de crédit ou de capitalisation (Tenant) :		
A Paris	500 »	25 »
Dans les villes de 100 001 âmes et au-dessus	400 »	20 »
Dans les villes de 50 001 à 100 000 âmes	300 »	15 »
Dans les villes de 30 001 à 50 000 âmes, et dans celles de 15 001 à 30 000 âmes qui ont un entrepôt réel	200 »	10 »
Dans les villes de 15 001 à 30 000 âmes et dans celles d'une population de 15 000 âmes et au-dessous qui ont un entrepôt réel	150 »	8 »
Dans toutes les autres communes	100 »	5 »
Cabriolets, fiacres et autres voitures semblables, sous remise ou sur place (Entreprise de) :		
Par voiture en circulation :		
A Paris	4 »	» »
Dans les villes de 100 001 âmes et au-dessus	3 »	» »
Dans les villes de 50 001 à 100 000 âmes	2 »	» »
Dans les villes de 50 000 âmes et au-dessous	1 50	» »
Caisse ou comptoir d'avances ou de prêts, de recettes ou de payements (Tenant) :		
A Paris	500 »	25 »
Dans les villes de 100 001 âmes et au-dessus	400 »	20 »
Dans les villes de 50 001 à 100 000 âmes	300 »	15 »
Dans les villes de 30 001 à 50 000 âmes et dans celles de 15 001 à 30 000 âmes qui ont un entrepôt réel	200 »	10 »
Dans les villes de 15 001 à 30 000 âmes et dans celles d'une population de 15 000 âmes et au-dessous qui ont un entrepôt réel	150 »	8 »

DÉSIGNATION	DROIT FIXE — TAXE déterminée.	DROIT FIXE — TAXE par personne employée en sus du nombre de cinq, aux écritures, aux caisses, à la surveillance, aux achats et aux ventes intérieures ou extérieures.
	fr. c.	fr. c.
Dans toutes les autre communes	100 »	5 »
Caisse ou comptoir pour opérations sur des valeurs (Tenant):		
A Paris	500 »	25 »
Dans les villes autres que Paris où il existe un parquet pour la négociation des effets publics	200 »	10 »
Dans les villes de 100 001 âmes et au-dessus	100 »	5 »
Dans les villes de 50 001 à 100 000 âmes	75 »	5 »
Dans toutes les autres communes	50 »	5 »
Chalets de nécessité établis sur la voie publique (Concessionnaire ou exploitant de) :		
Par cabinet d'aisances ou de toilette non gratuit :		
Dans les villes de 100 001 âmes et au-dessus	1 »	» »
Dans les villes de 50 001 à 100 000 âmes	» 75	» »
Dans les villes de 50 000 âmes et au-dessous	» 50	» »
Commissionnaire de transports par terre ou par eau:		
A Paris	300 »	15 »
Dans les villes de 100 001 âmes et au-dessus	250 »	12 »
Dans les villes de 50 001 à 100 000 âmes	200 »	10 »
Dans les villes de 30 001 à 50 000 âmes et dans celles de 15 001 à 30 000 âmes qui ont un entrepôt réel	150 »	8 »
Dans les villes de 15 001 à 30 000 âmes et dans celles de 8 001 à 15 000 âmes qui ont un entrepôt réel	100 »	5 »
Dans les villes de 8 001 à 15 000 âmes et dans celles de 8 000 âmes et au-dessous qui ont un entrepôt réel	50 »	5 »
Dans toutes les autres communes	30 »	5 »
Commissionnaire en marchandises :		
A Paris	400 »	20 »
Dans les villes de 50 001 âmes et au-dessus	300 »	15 »
Dans les villes de 30 001 à 50 000 âmes et dans celles de 15 001 à 30 000 âmes qui ont un entrepôt réel	200 »	10 »
Dans les villes de 15 001 à 30 000 âmes et dans celles de 15 000 âmes et au-dessous qui ont un entrepôt réel	150 »	8 »
Dans toutes les autres communes	75 »	5 »
Si les opérations que font les commissionnaires en marchandises ou auxquelles ils prêtent leur entremise ont pour objet habituel la vente aux marchands détaillants et aux consommateurs, les droits de patente seront ceux de la 4e classe du tableau A.		
Courtier de marchandises, facteur de denrées et marchandises, représentant de commerce et tout individu prêtant son entremise pour l'achat ou la vente des marchandises, ou achetant ou vendant des marchandises pour le compte de tiers, et dont la profession n'est pas spécialement dénommée au tarif des patentes:		
A Paris	200 »	10 »
Dans les villes de 50 001 âmes et au-dessus	150 »	8 »

DÉSIGNATION	DROIT FIXE — TAXE déterminée.	DROIT FIXE — TAXE par personne employée en sus du nombre de cinq, aux écritures, aux caisses, à la surveillance, aux achats et aux ventes intérieures ou extérieures.
	fr. c.	fr. c.
Dans les villes de 30 001 à 50 000 âmes et dans celles de 15 001 à 30 000 âmes qui ont un entrepôt réel.	100 »	5 »
Dans les villes de 15 001 à 30 000 âmes et dans celles de 15 000 âmes et au-dessous qui ont un entrepôt réel.	75 »	5 »
Dans toutes les autres communes.	50 »	5 »
Si les opérations que font les patentables ci-dessus énumérés ou auxquelles ils prêtent leur entremise ont pour objet habituel la vente aux marchands détaillants et aux consommateurs, les droits de patente seront ceux de la 4e classe du tableau A.		
Commissionnaire entrepositaire :		
A Paris.	300 »	15 »
Dans les villes de 100 001 âmes et au-dessus.	250 »	12 »
Dans les villes de 50 001 à 100 000 âmes.	200 »	10 »
Dans les villes de 30 001 à 50 000 âmes et dans celles de 15 001 à 30 000 âmes qui ont un entrepôt réel.	150 »	8 »
Dans les villes de 15 001 à 30 000 âmes et dans celles de 15 000 âmes et au-dessous qui ont un entrepôt réel.	100 »	5 »
Dans toutes les autres communes.	50 »	5 »
Courtier d'assurances :		
A Paris.	300 »	15 »
Dans les villes de 100 001 âmes et au-dessus.	250 »	12 »
Dans les villes de 50 001 à 100 âmes.	200 »	10 »
Dans les villes de 30 001 à 50 000 âmes et dans celles de 15 001 à 30 000 âmes qui ont un entrepôt réel.	150 »	8 »
Dans les villes de 15 000 à 30 000 âmes et dans celles de 15 000 âmes et au-dessous qui ont un entrepôt réel.	100 »	5 »
Dans toutes les autres communes.	50 »	5 »
Courtier de fret pour la navigation maritime ou intérieure : celui qui se charge d'assurer du fret aux armateurs ou aux maîtres de barques et bateaux pour la navigation maritime ou pour la navigation sur les canaux, fleuves et rivières :		
A Paris.	300 »	15 »
Dans les villes de 100 001 âmes et au-dessus.	250 »	12 »
Dans les villes de 50 001 à 100 000 âmes.	200 »	10 »
Dans les villes de 30 001 à 50 000 âmes et dans celles de 15 001 à 30 000 âmes qui ont un entrepôt réel.	150 »	8 »
Dans les villes de 15 001 à 30 000 âmes et dans celles de 15 000 âmes et au-dessous qui ont un entrepôt réel.	100 »	5 »
Dans toutes les autres communes.	50 »	5 »
Courtier de navires :		
A Paris.	300 »	15 »
Dans les villes de 100 001 âmes et au-dessus.	250 »	12 »
Dans les villes de 50 001 à 100 000 âmes.	200 »	10 »
Dans les villes de 30 001 à 50 000 âmes et dans celles de 15 001 à 30 000 âmes qui ont un entrepôt réel.	150 »	8 »
Dans les villes de 15 001 à 30 000 âmes		

DÉSIGNATION	DROIT FIXE — TAXE déterminée.	DROIT FIXE — TAXE par personne employée en sus du nombre de cinq, aux écritures, aux caisses, à la surveillance, aux achats et aux ventes intérieures ou extérieures.
	fr. c.	fr. c.
et dans celles de 15 001 âmes et au-dessous qui ont un entrepôt réel.	100 »	5 »
Dans toutes les autres communes.	50 »	5 »
Diamants ou pierres fines (Marchand de) :		
A Paris.	500 »	25 »
Dans les villes de 100 001 âmes et au-dessus.	400 »	20 »
Dans les villes de 50 001 à 100 000 âmes.	300 »	15 »
Dans les villes de 30 001 à 50 000 âmes.	200 »	10 »
Dans les villes de 15 001 à 30 000 âmes.	150 »	8 »
Dans toutes les autres communes.	100 »	5 »
Eau (Entrepreneur de fourniture ou de distribution d') :		
Par 1 000 âmes de la population normale totale des différentes communes desservies par l'entreprise.	3 »	» »
Facteur aux halles de Paris :		
On ne comptera comme employés que les commis aux écritures et les commis crieurs.	100 »	8 »
Facteur aux marchés aux bestiaux destinés à l'approvisionnement de Paris.	150 »	8 »
Inhumations et pompes funèbres (Entreprise des) :		
Par 1000 âmes de la population normale totale des différentes communes desservies par l'entreprise.	3 »	» »
Magasins (V. page 349 à la fin de ce tableau).		
Négociant :		
Celui qui, dans le même établissement, vend en gros plusieurs espèces de marchandises :		
A Paris.	500 »	25 »
Dans les villes de 100 001 âmes et au-dessus.	400 »	20 »
Dans les villes de 50 001 à 100 000 âmes.	300 »	15 »
Dans les villes de 30 001 à 50 000 âmes et dans celles de 15 001 à 30 000 âmes qui ont un entrepôt réel.	200 »	10 »
Dans les villes de 15 001 à 30 000 âmes et dans les villes de 15 000 âmes et au-dessous qui ont un entrepôt réel.	150 »	8 »
Dans toutes les autres communes.	100 »	5 »
Omnibus (Entreprise d') :		
Par place des voitures en circulation :		
Dans les villes de 100 001 âmes et au-dessus.	1 »	» »
Dans les villes de 50 001 à 100 000 âmes.	» 75	» »
Dans les villes de 50 001 âmes et au-dessous.	» 50	» »
Le droit sera réduit de moitié pour les places dont le prix est au-dessous de 20 centimes.		
Paquebots étrangers (Tenant une agence de) :		
Celui qui se charge d'assurer du fret aux paquebots des compagnies étrangères :		
A Paris.	300 »	15 »
Dans les villes de 100 001 âmes et au-dessus.	250 »	12 »
Dans les villes de 50 001 à 100 000 âmes.	200 »	10 »
Dans les villes de 30 001 à 50 000 âmes et dans celles de 15 001 à 30 000 âmes qui ont un entrepôt réel.	150 »	8 »

DÉSIGNATION	DROIT FIXE — TAXE déterminée.	DROIT FIXE — TAXE par personne employée en sus du nombre de cinq, aux écritures, aux caisses, à la surveillance, aux achats et aux ventes intérieures ou extérieures.
	fr. c.	fr. c.
Dans les villes de 15 001 à 30 000 âmes et dans celles de 15 000 âmes et au-dessous qui ont un entrepôt réel.	100 »	5 »
Dans toutes les autres communes. . . .	50 »	5 »
Pont (Concessionnaire ou fermier de péage sur un) :		
Dans l'intérieur de Paris.	200 »	» »
Dans l'intérieur d'une ville de 50 001 âmes et au-dessus.	100 »	» »
Dans l'intérieur d'une ville de 20 001 à 50 000 âmes.	75 »	» »
Dans les autres communes d'une population de 20 000 âmes et au-dessous, lorsque le pont réunit deux parties :		
D'une route nationale.	75 »	» »
D'une route départementale.	50 »	» »
D'un chemin vicinal de grande communication.	25 »	» »
D'un chemin vicinal.	15 »	» »
Lorsque le pont réunit deux routes ou chemins de classes différentes, le droit fixe est établi d'après la moyenne des taxes afférentes aux deux classes.		
Roulage (Entrepreneur de) :		
A Paris.	150 »	» »
Dans les villes de 100 001 âmes et au-dessus.	125 »	» »
Dans les villes de 50 001 à 100 000 âmes.	100 »	» »
Dans les villes de 30 001 à 50 000 âmes et dans celles de 15 001 à 30 000 âmes qui ont un entrepôt réel.	75 »	» »
Dans les villes de 15 001 à 30 000 âmes et dans celles de 8 001 à 15 000 qui ont un entrepôt réel.	50 »	» »
Dans les villes de 8 001 à 15 000 âmes et dans celles de 8 000 âmes et au-dessous qui ont un entrepôt réel.	40 »	» »
Dans toutes les autres communes. . . .	25 »	» »
Signaux télégraphiques à l'entrée des ports (Entrepreneur de) :		
Dans les villes de 50 001 âmes et au-dessus.	100 »	» »
Dans les villes de 30 001 à 50 000 âmes et dans celles de 15 001 à 30 000 âmes qui ont un entrepôt réel.	75 »	» »
Dans les villes de 15 001 à 30 000 âmes et dans les villes de 15 000 âmes et au-dessous qui ont un entrepôt réel. . . .	50 »	» »
Dans toutes les autres communes. . . .	25 »	» »

DÉSIGNATION	DROIT FIXE — TAXE déterminée.	DROIT FIXE — TAXE par personne employée en sus du nombre de cinq, aux écritures, aux caisses, à la surveillance, aux achats et aux ventes intérieures ou extérieures.
	fr. c.	fr. c.
Société française ou étrangère opérant à l'étranger et tenant en France, pour son compte, une caisse pour emprunts ou pour payements des intérêts, dividendes, etc.		
A Paris	500 »	25 »
Dans les villes de 100 001 âmes et au-dessus	400 »	20 »
Dans les villes de 50 001 âmes à 100 000 âmes	300 »	15 »
Dans les villes de 30 001 à 50 000 âmes et dans celles de 15 001 à 30 000 âmes qui ont un entrepôt réel	200 »	10 »
Dans les villes de 15 001 à 30 000 âmes et dans celles d'une population de 15 000 âmes et au-dessous qui ont un entrepôt réel . .	150 »	8 »
Dans toutes les autres communes. . . .	100 »	5 »
Tonneaux pour les transports de vins (Loueur de).		
A Paris	300 »	»
Dans les villes de 100 001 âmes et au-dessus	250 »	12 »
Dans les villes de 50 001 à 100 000 âmes.	200 »	10 »
Dans les villes de 30 001 à 50 000 âmes et dans celles de 15 000 à 30 000 âmes qui ont un entrepôt réel	150 »	8 »
Dans les villes de 15 001 à 30 000 âmes et dans celles de 15 000 âmes et au-dessous qui ont un entrepôt réel.	100 »	5 »
Dans toutes les autres communes . . .	50 »	5 »
Wagons ou voitures destinés au transport des voyageurs ou des marchandises sur les lignes de chemins de fer (Exploitant de) :		
A Paris	300 »	15 »
Dans les villes de 100 001 âmes et au-dessus.	250 »	12 »
Dans les villes de 50 001 à 100 000 âmes.	200 »	10 »
Dans les villes de 30 001 à 50 000 âmes et dans celles de 15 001 à 30 000 âmes qui ont un entrepôt réel	150 »	8 »
Dans les villes de 15 001 à 30 000 âmes et dans celles de 8 001 à 15 000 âmes qui ont un entrepôt réel	100 »	5 »
Dans les villes de 8 001 à 15 000 âmes et dans celles de 8 000 âmes et au-dessous qui ont un entrepôt réel	50 »	5 »
Dans toutes les autres communes. . . .	30 »	5 »

TABLEAU B (*suite*).— Addition résultant de la loi du 28 avr. 1893.

Magasin de plusieurs espèces de marchandises, — ou pour la vente en demi-gros ou aux particuliers de vêtements confectionnés, — ou pour la vente en demi-gros ou en détail de quincaillerie, de ferronnerie et d'articles de ménage, — ou pour la vente en demi-gros ou en détail d'épicerie, liqueurs et conserves (Tenant un) :

Lorsqu'il occupe habituellement plus de 10 personnes employées aux écritures, aux caisses, à la surveillance, aux achats et aux ventes intérieures ou extérieures :

Le droit fixe comprendra : 1° une ou plusieurs taxes déterminées; 2° une taxe par employé.

1° *Taxes déterminée.*

	VILLES de 100,001 âmes et au-dessus	VILLES de 50,001 à 100,000 âmes	VILLES de 50,000 âmes et au-dessous
Pour tout magasin occupant habituellement aux attributions ci-dessus spécifiées (caisses, etc.) un personnel total de moins de 201 employés, il ne sera dû qu'une seule taxe déterminée, laquelle sera :			
1° Pour les établissements de 11 à 100 employés de.	200	150	100
2° Pour les établissements de 101 à 200 employés, de.	300	225	150

Au-dessus du nombre de 200 employés, il sera dû une taxe déterminée pour chacune des spécialités commerciales, indiquées au tableau ci-après (p. 350), que comprendront les ventes opérées dans le magasin. La quotité de cette taxe déterminée sera fixée conformément audit tableau, suivant la nature de la spécialité exercée.

NUMÉROS D'ORDRE	DÉSIGNATION des SPÉCIALITÉS COMMERCIALES	ÉTABLISSEMENTS de 1601 employés et plus.			ÉTABLISSEMENTS de 801 à 1600 employés.			ÉTABLISSEMENTS de 401 à 800 employés.			ÉTABLISSEMENTS de 201 à 400 employés.		
		VILLES de 100 001 âmes et au-dessus.	VILLES de 50 001 à 100 000 âmes.	VILLES de 50 000 âmes et au-dessous.	VILLES de 100 001 âmes et au-dessus.	VILLES de 50 000 à 100 000 âmes.	VILLES de 50 000 âmes et au-dessous.	VILLES de 100 001 âmes et au-dessus.	VILLES de 50 001 à 100 000 âmes.	VILLES de 50 000 âmes et au-dessous.	VILLES de 100 001 âmes et au-dessus.	VILLES de 50 001 à 100 000 âmes.	VILLES de 50 000 et au-dessous.
		fr.	fr.	fr.	fr.	fr.	fr.	fr.	fr.	fr.	fr.	fr.	fr.
1	Accessoires de la toilette........	5400	4050	2700	2700	2025	1350	1350	1010	675	675	505	335
2	Alimentation (sauf les boissons).	9600	7200	4800	4800	3600	2400	2400	1800	1200	1200	900	600
3	Ameublement..................	5000	3750	2500	2500	1875	1250	1250	935	625	625	465	310
4	Appareils de chauffage et d'éclairage....................	1400	1050	700	700	525	350	350	260	175	200	150	100
5	Bijouterie, horlogerie, joaillerie, orfèvrerie.	3400	2550	1700	1700	1275	850	850	635	425	425	315	210
6	Bimbeloterie, articles de fantaisie.	5000	3750	2500	2500	1875	1250	1250	935	625	625	465	310
7	Carrosserie, sellerie, vélocipèdes, machines à coudre, articles de voyage, ustensiles de chasse et de pêche....................	1800	1350	900	900	675	450	450	335	225	225	165	110
8	Equipements militaires, armes..	560	420	280	280	210	140	200	150	100	200	150	100
9	Habillements pour hommes et jeunes garçons..............	6800	5100	3400	3400	2550	1700	1700	1275	850	850	635	425
10	Habillements pour femmes et jeunes filles................	6800	5100	3400	3400	2550	1700	1700	1275	850	850	635	425
11	Instruction, éducation, arts d'agrément, optique, papeterie...	2000	1500	1000	1000	750	500	500	375	250	250	185	125
12	Article de ménage et de jardin..	5200	3900	2600	2600	1950	1300	1300	975	650	650	485	325
13	Objets d'art..................	1000	750	500	500	375	250	250	185	125	200	150	100
14	Papiers peints................	200	150	100	200	150	100	200	150	100	200	150	100
15	Tissus non ouvrés, linge de table ou de toilette...........	6800	5100	3400	3400	2550	1700	1700	1275	850	850	635	425
16	Vins, liqueurs et boissons.......	4600	3450	2300	2300	1725	1150	1150	860	575	575	430	285

2° *Taxe par employé.*

Cette taxe sera réglée de la manière suivante, par personne habituellement employée, en sus du nombre de 10, aux attributions ci-dessus spécifiées (écritures, caisses, surveillance, achats et ventes intérieures ou extérieures).

	TAXE PAR PERSONNE EMPLOYÉE		
	VILLES de 100 001 âmes et au-dessus	VILLES de 50 001 à 100 000 âmes	VILLES de 50 000 âmes et au-dessous
Pour chacun des employés de la première centaine, moins les dix premiers..................	25	15	10
Pour chacun des employés de la : 2° centaine..................	35	25	20
3° —	45	35	30
4° —	55	45	40
5° —	65	55	50
6° —	75	65	60
7° —	85	75	70
8° —	95	85	80
9° —	105	95	90
10° —	115	105	100
11° —	125	115	110
12° —	135	125	120
13° —	145	135	130
14° —	155	145	140
15° —	165	155	150

	TAXE PAR PERSONNE EMPLOYÉE		
	VILLES de 100 001 âmes et au-dessus	VILLES de 50 001 à 100 000 âmes	VILLES de 50 000 âmes et au-dessous
Pour chacun des employés de la : 16° centaine..................	175	165	160
17° —	185	175	170
18° —	195	185	180
19° —	205	195	190
20° —	215	205	200
21° —	225	215	210
22° —	235	225	220
23° —	245	235	230
24° —	255	245	240
25° —	265	255	250
26° —	275	265	260
27° —	285	275	270
28° —	295	285	280
29° —	305	295	290
30° —	315	305	300
31° —	325	315	310
Et ainsi de suite, en observant la même progression.			

TABLEAU C

PROFESSIONS IMPOSÉES SANS AVOIR ÉGARD A LA POPULATION

1re PARTIE. — *Droit proportionnel au 20e sauf les exceptions.*

Armateur pour le long cours :

10 centimes par chaque tonneau des navires à voiles.

40 centimes par chaque tonneau des navires à vapeur.

Le nombre des tonneaux est compté d'après la jauge nette de la douane.

Armateur pour le grand et le petit cabotage, la pêche de la baleine, celle de la morue, la pêche ordinaire ou petite pêche, et armateur au bornage :

5 centimes par chaque tonneau des navires à voiles;

20 centimes par chaque tonneau des navires à vapeur.

Le nombre des tonneaux est compté d'après la jauge nette de la douane.

Assurances non mutuelles (Entreprise d') :

100 fr., pour chaque département où elle opère.

Banque de France, y compris ses comptoirs :

50 000 fr

Barques et bateaux pour le transport des marchandises sur les fleuves, rivières et canaux (Entrepreneur, maître ou patron de) :

3 centimes par chaque tonneau de la capacité brute des barques et bateaux.

Si le conducteur n'est qu'un homme à gage, la patente est due par l'entrepreneur, le maître ou le patron qui l'emploie.

Bateaux à vapeur (Entreprise de) sur fleuves, rivières ou lacs :

13 centimes par chaque tonneau de la capacité brute des bateaux.

Bateaux à vapeur omnibus (Entreprise de) :

25 centimes par place.

Bateaux à vapeur remorqueurs (Entreprise de) :

60 fr. par bateau.

Ce droit sera réduit de moitié pour les bateaux à vapeur jaugeant dix tonneaux et au-dessous.

Canaux navigables avec péages ou canaux d'irrigation (Concessionnaire de) :

7 fr. par kilomètre complet.
Dans le cas où le canal aurait moins d'un kilomètre, le droit de 7 fr. serait applicable.

Casino (Exploitant de) . . . . 5 fr.
Plus 10 fr. par personne préposée au service ou à la surveillance de l'établissement.

Défrichement ou dessèchement (Compagnie de) :
50 centimes par hectare des concessions.

Fournisseur d'objets concernant le grand et le petit équipement, l'habillement, la remonte, le harnachement, le campement, etc., des troupes de terre et de mer, lorsqu'il n'est pas fabricant de ces objets :
25 centimes par 100 fr., ou fraction de 100 fr. du montant des adjudications ou des marchés.

Fournisseur de biscuits aux troupes, non fabricant :
25 centimes par 100 fr. ou fraction de 100 fr. du montant des adjudications ou des marchés.

Fournisseur de pain aux troupes :
7 centimes par homme de l'effectif moyen entretenu dans l'arrondissement de fournitures et indiqué, par l'administration de la Guerre, pour servir de base aux adjudications ou aux marchés.

Fournisseur de pain dans les hospices civils et militaires :
7 centimes par individu de la population moyenne entretenue dans les hospices.

Fournisseur de viande aux équipages et aux troupes de la marine :
7 centimes par homme de l'effectif moyen entretenu dans l'arrondissement de fournitures, et obtenu en divisant le poids total indiqué dans l'adjudication ou le marché, par le poids de la ration d'un homme pendant un an.

Fourniture (Entrepreneur de la), de l'entretien et de l'emmagasinage des approvisionnements de réserve destinés aux places de guerre ou aux ports militaires :
25 centimes par 100 francs ou fraction de 100 francs du montant des adjudications ou des marchés.

Marchand forain :
Avec voiture : 20 fr. par voiture et 20 fr. par collier;
Avec bête de somme : 15 fr. par bête de somme;
Avec balle : 8 fr.
Les droits ci-dessus sont réduits de moitié lorsque les marchands forains ne vendent que des balais, de la boissellerie, des bouteilles, des pierres à aiguiser, de la poterie, de la vannerie ou de la fonte ouvragée.
Les taxes par voiture et par collier sont réduites de moitié lorsque les marchands forains ne transportent pas habituellement leurs marchandises dans un rayon excédant 20 kilomètres à partir du lieu de leur domicile, ou lorsqu'ils attellent exclusivement leur voitures avec des ânes. Dans le cas où une voiture sera attelée avec des chevaux et des ânes, la taxe par collier sera réduite de moitié pour chaque âne.
Lorsque la patente sera délivrée par application de l'art. 34 de la loi du 15 juill. 1880 à un marchand forain non domicilié dans le département, le droit proportionnel sera en même temps fixé, d'une manière uniforme, à 10 fr. en principal pour les marchands forains avec voiture, et à 5 fr. en principal pour les marchands forains avec bête de somme ou avec balle.

Marchand forain sur bateau :
20 fr. par bateau.
Lorsque la patente sera délivrée par application de l'art. 34 de la loi du 15 juill. 1880, à un marchand forain sur bateau non domicilié dans le département, le droit proportionnel sera en même temps fixé, d'une manière uniforme, à 7 fr. en principal.

Papiers ou taffetas pour usages médicinaux (Fabrique de). 5 fr.
Plus 10 fr. par ouvrier.

Péage sur une route (Adjudicataire, concessionnaire ou fermier des droits de) :
30 centimes par 100 fr. ou fraction de 100 fr. du prix de ferme.
Dans le cas où le péage serait concédé à titre d'indemnité où de remboursement de frais de construction, de réparation, etc., le concessionnaire serait annuellement imposé d'après le montant de la somme représentant l'annuité nécessaire pour assurer, à la fin de la concession, l'indemnité ou le remboursement dont il s'agit.

Réassurances (Compagnie, société ou comptoir de) :
Le dixième du droit fixe que paye la société d'assurances avec laquelle ils traitent. Dans le cas où ils traiteront avec plusieurs sociétés différentes, le droit fixe sera égal au dixième de celui que payera la compagnie d'assurances la plus imposée.

Sociétés formées par actions pour opérations de banque, de crédit, d'escompte, de dépôts, comptes courants, etc. :
30 centimes par 1000 fr. du capital versé ou non versé.
Dans le cas où l'ensemble des droits fixe et proportionnel calculés conformément au tableau C serait inférieur au total qui résulterait de l'application du tarif du tableau A ou du tableau B, selon la nature des professions exercées, ce serait le tarif de ces derniers tableaux qu'on devrait appliquer.

Spécialités ou préparations pharmaceutiques (Fabrique de). 5 fr.
Plus 10 fr. par ouvrier.
Le droit proportionnel portera sur la maison d'habitation et sur l'établissement industriel, outillage compris.
Lorsque, par application de ce tarif, on obtiendra un ensemble de droits moins élevé que celui qui résultera du tarif du tableau A (Fabricant de spécialités ou préparations pharmaceutiques), on devra appliquer ce dernier tarif.

Tontine (Société de). . . . . 360 fr.

2e PARTIE. — *Droit proportionnel au 20e sur la maison d'habitation, et au 40e sur l'établissement industriel.*

Affineur d'or ou d'argent . . . . 5 fr.
Plus 10 fr. par ouvrier et 100 fr. par appareil de dissolution.

Amidon (Fabrique d'). . . . . 5 fr.
Plus 5 fr. par ouvrier.

Ardoisières (Exploitant d'). . . . . 5 fr.
Plus 3 fr. par ouvrier.

Asphalte ou bitume (Fabrique d') . . . . 5 fr.
Plus 3 fr. par ouvrier.

Blanc de baleine (Raffinerie de) . . . . 5 fr.
Plus 5 fr. par ouvrier.

Bougies ou cierges en cire, stéarine, paraffine, etc. (Fabrique de) . . . . 5 fr.
Plus 5 fr. par ouvrier.

Brais, poix, résines ou matières résineuses (Fabrique de) :
3 fr. par hectolitre de la capacité brute des alambics; 30 centimes par hectolitre de la capacité brute des chaudières épuratoires; 2 fr. 50 c. par four épuratoire.

Café de chicorée, de glands ou autres matières analogues (Fabrique de). . . . . 5 fr.
Plus 4 fr. par ouvrier et par machine à moudre, à écraser ou à triturer, le droit dont elle est passible considérée comme moulins. Ne sont point comptés les ouvriers qui ne sont employés qu'à la culture de la chicorée ou à la récolte des glands.

Caramel (Fabrique de). . . . . 5 fr.
Plus 3 fr. par ouvrier.

Cendres gravelées (Fabrique de). . . . . 5 fr.
Plus 4 fr. par ouvrier.

Cendres de métaux précieux (Exploitant une fonderie de). 5 fr.
Plus 3 fr. par ouvrier et 30 fr. par fourneau.

Chandelles (Fabrique de). . . . . 5 fr.
Plus 4 fr. par ouvrier.

Chapeaux (Fabricant de). . . . . 5 fr.
Plus 3 fr. par ouvrier.

Chaux ou ciments naturels (Fabrique de) :
1 fr. 20 c. par mètre cube de la capacité brute des fours à feu intermittent;
1 fr. 50 c. par mètre cube de la capacité brute des fours à feu continu.
Le droit sera réduit de moitié pour les fours à feu intermittent dans lesquels on cuira moins de huit fois par an et pour les fours à feu continu qui ne seront en activité que deux mois par an.

Chaux ou ciments artificiels (Fabrique de) :
1 fr. 80 cent. par mètre cube de la capacité brute des fours.
Le droit sera réduit de moitié pour les fours dans lesquels on cuira moins de huit fois par an.

Chocolat (Fabricant de) par procédés mécaniques. . . . . 5 fr.
Plus 4 fr. par ouvrier et 6 fr. par meule, cylindre ou autre machine à broyer et par appareil à mélanger.

Cirage ou encaustique (Fabrique de) par procédés mécaniques . . . . 5 fr.
Plus 5 fr. par ouvrier.

Cire (Blanchisserie de) . . . . 5 fr.
Plus 5 fr. par ouvrier.

Coke (Fabrique de) :
15 centimes par fraction de la capacité des fours susceptible de recevoir une charge de 100 kilogrammes de charbon.
Les droits seront réduits de moitié pour les fours où la carbonisation dure plus de quarante-huit heures.

Colle forte (Fabrique de) . . . . 5 fr.
Plus 4 fr. par ouvrier.

Colle végétale pour les papeteries (Fabrique de) . . . . . 5 fr.
Plus 4 fr. par ouvrier.

Conserves alimentaires (Fabrique de) . . . . 5 fr.
Plus 4 fr. par ouvrier.

Cossettes de betteraves ou de chicorée (Fabrique de) . . . 5 fr.
Plus 4 fr. par ouvrier.

Couleurs et vernis (Fabrique de) . . . . 5 fr.
Plus 5 fr. par ouvrier.

Crayons (Fabrique de) . . . . 5 fr.
Plus 4 fr. par ouvrier.

Distillateur d'essence ou eaux parfumées ou médicinales :
2 fr. par hectolitre de la capacité brute de tous les alambics.
Le droit fixe sera de 1 franc lorsque cette capacité sera inférieure à 1 hectolitre.

Les droits ci-dessus seront réduits de moitié pour les distillateurs ambulants.

Distillateur-parfumeur : celui qui, à la distillation des essences ou eaux parfumées, joint la fabrication des matières premières de parfumerie (pommades, extraits et huiles parfumées).

2 fr. par hectolitre de la capacité brute de tous les alambics et 15 fr. par presse.

Distillateur liquoriste :

5 fr. par hectolitre de la capacité brute des alambics et 1 fr. par hectolitre de la capacité brute de toutes les bassines.

Les alambics servant uniquement à la rectification des alcools ne seront taxés qu'à raison de 1 fr. par hectolitre.

Encre d'impression (Fabrique d') . . . . 5 fr.
Plus 5 fr. par ouvrier.

Esprit ou eau-de-vie de vin (Fabrique d') . . . . 60 fr.
Ce droit sera réduit de moitié pour les fabricants qui fabriquent moins de 100 hectolitres.

Esprit ou eau-de-vie de marc de raisin, cidre, poiré (Fabrique d') . . . . 30 fr.
Ce droit sera réduit de moitié pour les fabricants qui fabriquent moins de 100 hectolitres.

Etain pour glaces (Fabrique d') . . . . 5 fr.
Plus 5 fr. par ouvrier.

Fécules (Fabrique de) . . . . 5 fr.
Plus 5 fr. par ouvrier.

Fontenier, sondeur ou foreur de puits artésiens . . . . . 5 fr.
Plus 4 fr. par ouvrier.

Fournisseur de fourrages aux troupes :
50 centimes par cheval de l'effectif moyen entretenu dans l'arrondissement de fournitures et indiqué, par l'administration de la Guerre, pour servir de base aux adjudications ou aux marchés.

Fournisseur de la paille pour le couchage des troupes :
25 centimes par 100 fr. ou fraction de 100 fr. du montant des adjudications ou des marchés.

Fournisseur de fourrages dans les dépôts nationaux d'étalons :
50 centimes par cheval de l'effectif moyen entretenu dans le dépôt, et indiqué par l'Administration pour servir de base aux adjudications et aux marchés.

Fromage de Roquefort ou autres fromages secs (Fabrique de) 5 fr.
Plus 2 fr. 50 cent. par ouvrier et 25 fr. par machine à monter, brosser ou piquer.

Gélatines (Fabrique de) . . . . 5 fr.
Plus 4 fr. par ouvrier.

Glacière (Maître de) :
5 centimes par mètre cube de la capacité brute des glacières.

Glucose (Fabrique de) . . . . 5 fr.
Plus 4 fr. par ouvrier.

Goudron (Fabrique de) . . . . 5 fr.
Plus 2 fr. 50 cent. par ouvrier.

Malt ou orge germée servant à la fabrication de la bière (Fabrique de) . . . . 5 fr.
Plus 4 fr. par ouvrier.

Mèches pour les mines et les artifices (Fabrique de) . . . 5 fr.
Plus 4 fr. par ouvrier.

Noir animal (Fabrique de) . . . . 5 fr.
Plus 4 fr. par ouvrier.

Pâtes alimentaires (Fabrique de). . . . . 5 fr.
Plus 5 fr. par ouvrier.

Pierres à feu (Fabrique de). . . . . 5 fr.
Plus 2 fr. 50 c. par ouvrier.

Pierres fausses (Tailleur de) pour son compte . . . . . . 5 fr.
Plus 4 fr. par ouvrier.

Pierres fines (Tailleur de) pour son compte. . . . . . . 5 fr.
Plus 6 fr. par ouvrier

Pierres fines ou fausses (Tailleur de) à façon. . . . . . . 5 fr.
Plus 2 fr. 50 c. par ouvrier.

Pipes de terre (Fabrique de). . . . . 5 fr.
Plus 2 fr. 50 c. par ouvrier.

Plâtre (Fabrique de) par procédés ordinaires :
70 centimes par mètre cube de la capacité brute des fours.
Ce droit sera réduit de moitié pour les fours dans lesquels on fera moins de huit fournées par an.

Plâtre (Fabrique de) au moyen de fours à feu continu :
8 fr. par four.

Pointes (Fabrique de) par procédés ordinaires. . . . . . 5 fr.
Plus 3 fr. 50 c. par ouvrier.

Réglisse (Fabrique de). . . . . 5 fr.
Plus 4 fr. par ouvrier.

Savon (Fabrique de) :
70 centimes par hectolitre de capacité brute des chaudières.

Sel (Raffinerie de) . . . . 5 fr.
Plus 5 fr. par ouvrier.

Sucre (Raffinerie de) . . . . 5 fr.
Plus 25 fr. par ouvrier.
Pour les raffineries occupant moins de 100 ouvriers, le droit fixe par ouvrier sera de 10 fr. seulement.

Suif (Fondeur de). . . . . 5 fr.
Plus 5 fr. par ouvrier.

Tan carbonisé (Fabrique de) :
2 fr. par mètre cube de la capacité brute des fours.

Toiles ou tapis cirés ou vernis (Fabricant de) . . . . . . 5 fr.
Plus 5 fr. par ouvrier.

Tourbes carbonisées (Fabrique de). . . . . 5 fr.
Plus 2 fr. 50 c. par ouvrier.

Vinaigre (Fabrique de) :
12 centimes par hectolitre de la capacité brute des vaisseaux servant à la fermentation.
Pour les vinaigreries où la fabrication s'effectue suivant le procédé dit *procédé ancien orléanais*, ce droit ne sera que de 8 centimes.
Les droits ci-dessus seront réduits de moitié pour les établissements qui fabriquent moins de 100 hectolitres.

3e PARTIE. — *Droit proportionnel au 20e sur la maison d'habitation, au 30e sur l'établissement industriel.*

Aciers (Fabrique d') :
Acier naturel ou de forge :
40 fr. par fourneau de fusion, par feu d'affinerie ou par four à puddler.
Acier de cémentation. . . . . 5 fr.
Plus 4 fr. par ouvrier.
Acier fondu. . . . . 5 fr.
Plus 4 fr. par ouvrier.
Acier fondu par le procédé Bessemer :
3 fr. par fraction de la contenance des convertisseurs susceptible, de recevoir une charge de 100 kilogrammes.

Agglomérés, charbon artificiel ou briques combustibles (Fabrique de) . . . . 5 fr.
Plus 4 fr. par ouvrier.

Agrafes (Fabrique d') par procédés mécaniques. . . . . . 5 fr.
Plus 4 fr. par ouvrier.

Aiguilles à coudre, à tricoter ou à métier pour faire des bas (Fabrique d') . . . . 5 fr.
Plus 4 fr. par ouvrier.

Alcool ou eau-de-vie de fécules, de grains, de betteraves et autres substances analogues (Fabrique d') :
12 centimes par hectolitre de la capacité brute des cuves de fermentation et 60 centimes par hectolitre de la capacité brute des chaudières et colonnes à rectifier.
Le droit sera réduit de moitié pour les fabriques qui travaillent moins de trois mois par an.

Alcool ou eau-de-vie de garance (Fabrique d') :
2 centimes par hectolitre de la capacité brute des cuves ou bassins de fermentation, et 60 centimes par hectolitre de la capacité brute des chaudières et colonnes à rectifier.
Le droit sera réduit de moitié pour les fabriques qui travaillent moins de trois mois par an.

Allume-feux (Fabrique d'), par procédés mécaniques. . . 5 fr.
Plus 4 fr. par ouvrier.

Apprêteur de chapeaux de feutre ou de paille par procédés mécaniques. . . . . 5 fr.
Plus 3 fr. par ouvrier.

Armes de guerre (Fabrique d'). . . . . 5 fr.
Plus 2 fr. par ouvrier.

Bâtonnier par procédés mécaniques. . . . . 5 fr.
Plus 4 fr. par ouvrier.

Batteur de laines par procédés mécaniques. . . . . . . 5 fr.
Plus 3 fr. par ouvrier.

Biscuit de mer (Fabrique de). . . . . 5 fr.
Plus 4 fr. par ouvrier.

Blanc de craie (Extracteur ou fabricant de). . . . . . . 5 fr.
Plus 2 fr. 50 cent. par ouvrier.

Blanchisserie de toiles, fils, étoffes de laine pour le commerce, par procédés mécaniques ou chimiques. . . . . 5 fr.
Plus 3 fr. par ouvrier.

Bois de brosse (Fabrique de) par procédés mécaniques :
6 fr. par perçoir.

Bois d'allumettes (Fabrique de) par procédés mécaniques. 5 fr.
Plus 4 fr. par ouvrier.

Bouchons de liège (Fabrique de) par procédés mécaniques :
1 fr. 20 c. par lame.

Brasserie (Exploitant de) :
1 fr. par hectol. de la capacité brute de toutes les chaudières.
Ce droit sera réduit de moitié pour les établissements qui ne brassent que quatre fois au plus par an, d'un quart pour ceux qui ne brassent que huit fois au plus par an, et d'un huitième pour ceux qui ne brassent que douze fois au plus par an.

Briques, creusets, poterie, tuiles, tuyaux pour le drainage ou la conduite des eaux, objets en terre cuite pour la construction ou l'ornementation (Fabrique de). . . . . 5 fr.
Plus 2 fr. 50 cent. par ouvrier ou par série d'ouvriers momentanément employés équivalant à un ouvrier complètement occupé, et 6 francs par malaxeur ou autre machine à broyer, à écraser, à mêler, à mouler, à pulvériser, etc. — Le droit sera réduit de moitié pour les machines à bras ou à manège.

Buffet dans l'intérieur d'une gare de chemin de fer (Exploitant un) . . . . 5 fr.
Plus 10 francs par personne employée au service ou à la surveillance.
Câbles et cordages pour la marine ou la navigation intérieure (Fabrique de). . . . . 5 fr.
Plus 4 fr. par ouvrier.
Calorifères pour le chauffage des maisons, serres ou établissements publics (Fabricant ou entrepreneur de la construction des). 5 fr.
Plus 4 fr. par ouvrier.
Caoutchouc, gutta-percha ou autres matières analogues (Établissement pour la préparation ou l'emploi du) par procédés mécaniques. . . . . 5 fr.
Plus 5 fr. par ouvrier employé soit à la préparation des matières, soit à la confection mécanique des objets fabriqués.
Capsules ou cartouches pour armes à feu (Fabrique de). . 5 fr.
Plus 4 fr. par ouvrier
Caractères d'imprimerie (Fondeur de). . . . . 5 fr.
Plus 4 fr. par ouvrier.
Carton à la cuve (Fabrique de) :
36 fr. par cuve.
Charpie (Fabrique de) par procédés mécaniques :
6 francs par carde
Chaussures (Fabricant de) par procédés mécaniques. . . . 5 fr.
Plus 3 fr. par ouvrier et 12 fr. par machine à battre, à découper, à cambrer ou à presser, à fraiser et à visser, clouer ou coudre les semelles ou talons.
Pour celles de ces machines qui seront mues par l'homme, le droit fixe de 12 fr. sera réduit de moitié.
Chemin de fer avec péage (Concessionnaire ou exploitant de) :
10 fr. par kilomètre pour les lignes ou portions de ligne à double voie;
5 fr. par kilomètre pour les lignes ou portions de ligne à simple voie.
Ne seront comptées dans les lignes à double voie que les parties pourvues de deux voies et reliant au moins deux stations entre elles. Dans le cas où la ligne aurait moins d'un kilomètre, les droits ci-dessus seraient applicables.
Clous et pointes (Fabrique de) par procédés mécaniques :
6 fr. par métier.
Cocons (Filerie de) :
1 fr. 80 centimes par bassine.
Conservation des bois, des toiles et des cordages (Établissement pour la) au moyen de préparations chimiques :
60 centimes par mètre cube des bassins, cuves ou fosses renfermant les préparations conservatrices ou servant à l'immersion des objets à conserver.
Coupeur, arracheur ou effilocheur de poils ou de déchets de poils, par procédés mécaniques :
6 fr. par machine à couper, à arracher ou à effilocher et par machine à souffler.
Courroies (Fabricant de) par procédés mécaniques . . . . 5 fr.
Plus 3 fr. par ouvrier et 12 fr. par machine à jonction et par machine à découper, à tendre, à coudre ou à visser.
Coutellerie (Fabricant de) expédiant sur commande . . . . 5 fr.
Plus 4 fr. par ouvrier ou par série d'ouvriers partiellement employés équivalant à un ouvrier employé complètement.
Coutellerie (Fabricant non-expéditeur de). . . . . 4 fr.
Plus 2 fr. 50 cent. par ouvrier ou série d'ouvriers partiellement employés équivalent à un ouvrier employé complètement.
Couverts et autres objets de service de table en argent ou en alliage (Fabricant de) par procédés mécaniques. . . . . 5 fr.
Plus 5 fr. par ouvrier.
Couverts et autres objets en fer battu ou étamé (Fabricant de) par procédés mécaniques. . . . . 5 fr.
Plus 5 fr. par ouvrier.
Couverts et autres objets en fer battu ou étamé (Fabricant de) par procédés ordinaires . . . . 5 fr.
Plus 3 fr. 50 cent. par ouvrier.
Crin végétal (Fabrique de) par procédés mécaniques :
6 fr. par machine à peigner.
Cristaux (Fabrique de). . . . . 5 fr.
Plus 3 fr. par ouvrier employé à la fabrication proprement dite et aux façons complémentaires de la taille, de la gravure, etc.
Déchireur de chiffons, vieux cordages, vieilles étoffes et déchets de laine et de coton par procédés mécaniques :
12 fr. par machine.
Découpeur d'étoffes par procédés mécaniques :
6 fr. par métier.
Dégraisseur par procédés mécaniques . . . . 5 fr.
Plus 3 fr. par ouvrier.
Dextrine, gomme dextrine, gommeline, léiogomme ou autres produits analogues (Fabrique de) . . . . 5 fr.
Plus 5 francs par ouvrier.
Diligences partant à jours et heures fixes (Entreprise de) :
Par kilomètre de chaque ligne parcourue : 48 centimes pour chaque voiture ayant dix places et au-dessous; 60 centimes pour chaque voiture ayant plus de dix places.
Ces droits seront réduits de moitié lorsque l'entrepreneur n'effectuera que trois voyages au plus par semaine sur une ligne de moins de deux myriamètres.
Dans le cas où les voyages pour l'aller et le retour sont effectués sur la même route, on ne compte qu'une seule fois, pour chaque voiture, la distance comprise entre les deux points extrêmes de la ligne parcourue.
Eaux minérales ou thermales (Exploitant d') :
2 fr. par baignoire, appareil pour douches et cabinet pour traitement spécial; 50 centimes par appareil de pulvérisation; 25 centimes par mètre carré de la superficie des piscines et des salles communes d'inhalation ou de fumigation; 15 fr. par buvette ou, si la buvette a des préposés spéciaux, 15 fr. par préposé; 15 fr. par personne employée à la vente et à l'expédition des eaux ou à la fabrication des sels, pastilles, etc., et à l'expédition de ces produits.
Écorces pour la fabrication du papier (Déchireur d') par procédés mécaniques :
12 fr. par machine.
Electricité (Exploitant une usine d'éclairage par l') :
1 fr. par kilowatt ou fraction de kilowatt de la puissance utile des machines dynamo-électriques fonctionnant simultanément.
Les conduites et câbles extérieurs n'entreront pas dans l'estimation de la valeur locative.
Enclumes, essieux et gros étaux (Manufacture d') :
30 fr. par feu.
Engrais (Fabricant d'). . . . . 5 fr.
Plus 3 fr. par ouvrier.
Épingles (Fabrique d') par procédés mécaniques :
6 fr. par machine complète et 3 fr. par machine simple.
Fabricant : celui dont la profession, inscrite sous une dénomination quelconque au tableau des commerces, industries ou professions dont le droit fixe est réglé eu égard à la population et d'après un tarif général, consiste dans un travail de fabrication, de confection ou de main-d'œuvre, lorsqu'il travaille pour le commerce et qu'il occupe plus de dix ouvriers disséminés ou réunis dans le même établissement :
Pour les dix premiers ouvriers. . . . . 18 fr.
Plus, pour les ouvriers au-dessus de dix, 3 fr. 60 c. par ouvriers ou par série d'ouvriers momentanément occupés équivalant à un ouvrier employé complètement.
Les droits ci-dessus seront réduits de moitié pour les fabricants à façon.
Dans aucun cas, l'ensemble des droits fixes et proportionnels de patente ne pourra être inférieur au total qui résulterait de l'application à la profession du fabricant du tarif réglé en en raison de la population.
Fabricant d'objets concernant le grand et le petit équipement, l'habillement, la remonte, le harnachement, le campement, etc. des troupes de terre et de mer, lorsque la fabrication de ces objets ne rentre pas dans les dénominations spéciales comprises au tableau des professions dont le droit fixe est réglé sans égard à la population. . . . . 5 fr.
Plus 3 fr. 60 c. par ouvrier ou par série d'ouvriers momentanément occupés équivalant à un ouvrier employé complètement.
Faïence (Fabrique de) :
1 fr. par mètre cube de la capacité brute des fours.
Le droit sera réduit de moitié pour les fours à la houille dans lesquels on fera moins de vingt-cinq fournées par an et pour les fours au bois dans lesquels on fera moins de vingt fournées par an.
Faux ou faucilles (Fabrique de). . . . . 5 fr.
Plus 3 fr. par ouvrier.
Fer-blanc (Fabrique de). . . . . 5 fr.
Plus 5 fr. par ouvrier.
Ferronnerie, serrurerie, clous forgés (Fabrique de). . . . 5 fr.
Plus 3 fr. 50 cent. par ouvrier.
Fonderie de cuivre ayant laminoirs ou martinets (Exploitant de) :
100 fr. par laminoir et 10 fr. par martinet.
Fonderie de cuivre sans laminoirs ni martinets (Exploitant de) :
30 fr. par chaufferie, feu, four ou fourneaux de fusion.
Fonderie de cuivre et bronze (Entrepreneur de) :
Fondant des objets de grande dimension. . . . . . . 5 fr.
Plus 7 fr. par ouvrier.
Fondant des objets de petite dimension. . . . . . . 5 fr.
Plus 4 fr. par ouvrier.
Fonderie de fer de seconde fusion (Entrepreneur de). . . 5 fr.
Plus 4 fr. par ouvrier.
Fonderie ou affinage de plomb ou de zinc (Entrepreneur de). 5 fr.
Plus 4 fr. par ouvrier.
Fondeur stéréotypeur. . . . . 5 fr.
Plus 4 fr. par ouvrier.
Forges (Maître de) :
40 fr. par feu d'affinerie, par four à puddler et par forge dite *catalane;* 80 fr. par four à réchauffer.

Le maître de forges dont l'établissement renferme des usines à fours ou à feux, telles que fonderies, laminoirs, martinets, etc., pour lesquelles il existe au tarif des bases de cotisation spéciales, ne doit néanmoins être imposé pour ces usines que d'après le nombre de leurs feux ou de leurs fours; mais on devra compter, dans ce cas, indépendamment des éléments de production tarifés ci-dessus, les chaufferies et les feux ordinaires, ainsi que les fourneaux de seconde fusion. Les taxes seront de 30 fr. par chaufferie et par feu ordinaire et de 80 fr. par fourneau de seconde fusion. Si les usines dont il s'agit forment des établissements distincts ou si l'on y traite d'autres métaux que le fer, le maître de forges doit être imposé d'après les bases qui concernent spécialement ces établisssements.

Formes à sucre (Fabricant de). . . . . 5 fr.
Plus 5 fr. par ouvrier.

Formes pour la chaussure par procédés mécaniques (Fabrique de). . . . . 5 fr.
Plus 3 fr. 50 cent. par ouvrier.

Foulonnier :
3 fr. par pot à fouler ou à laver.
10 fr. par machine à fouler ou à laver.

Galvanisation du fer (Exploitant une usine pour la). . . . 5 fr.
Plus 4 fr. par ouvrier.

Galvanoplastie (Fabricant de), doreur, argenteur ou applicateur de métaux par les procédés galvaniques. . . . . 5 fr.
Plus 6 fr. par ouvrier.

Gants (Fabricant de). . . . . 5 fr.
Plus 2 fr. 50 cent. par ouvrier et 8 fr. par machine à coudre.
Les droits ci-dessus seront réduits de moitié pour les fabricants à façon.

Gaz pour l'éclairage (Fabrique de) :
20 centimes par mètre cube de la capacité brute des gazomètres.

Glace (Exploitant une usine pour la fabrication artificielle de la) . . . . 5 fr.
Plus 5 fr. par ouvrier.
On ne comptera pas les ouvriers qui, dans les usines non pourvues de moteurs mécaniques, sont employés à mouvoir à bras les pompes de l'établissement.

Glaces (Fabrique de) :
70 fr. par creuset et 15 fr. par ouvrier employé à l'étamage.

Guimperie (Fabricant de) par procédés mécaniques :
6 centimes par corde ou bout de corde jusqu'à 100 cordes ou bouts de corde.
12 centimes par corde ou bout de corde en sus de 100.

Hauts fourneaux (Maître de) :
3 fr. par mètre cube de la capacité brute des hauts fourneaux.
Plus 4 fr. par ouvrier employé à la fabrication des objets moulés avec la fonte de première fusion.

Horlogerie (Fabrique de pièces d') par procédés mécaniques. 5 fr.
Plus 4 fr. par ouvrier.

Huile de goudron (Fabrique d'). . . . . 5 fr.
Plus 5 fr. par ouvrier.

Huiles (Fabrique d') par procédés chimiques ou d'huiles pyrogénées :
12 centimes par hectolitre de la capacité brute des récipients extracteurs ;
60 centimes par hectolitre de la capacité brute des chaudières à distiller.

Huîtres (Marchand d') vendant à des expéditeurs ou à des marchands, faisant des envois sur commande ou expédiant pour son compte :
Lorsque les ventes, envois ou expéditions comprennent annuellement :

Plus de 800 000 huîtres	100 fr.
De 500 000 à 800 000	40
De 250 000 à 500 000	20
De 100 000 à 250 000	10
100 000 ou moins	5

Instruments de mathématiques, d'optique, de physique, et en général de sciences (Fabricant d') par procédés mécaniques. 5 fr.
Plus 5 fr. par ouvrier.

Jus de betteraves (Fabricant de) :
48 fr. par chaque presse de première ou de seconde pression.

Lamier-rôtier. . . . . 5 fr.
Plus 4 fr. par ouvrier.

Laminerie (Entrepreneur de) :
Par cylindre d'un mètre de longueur et au-dessus. . 60 fr.
Par cylindre au-dessous d'un mètre de longueur. . . 30 fr.

Lamineur en fin :
Celui qui, au moyen de laminoirs de petites dimensions, transforme en feuilles minces, à l'usage des fabricants d'objets d'art et d'ornementation, bijoutiers en faux, estampeurs, lampistes, etc., les plaques de métal provenant des fonderies de cuivre, laiton, zinc, etc. :
Par cylindre d'un mètre de longueur et au-dessus. . 30 fr.
Par cylindre de moins d'un mètre de longueur et de plus de 70 centimètres de longueur. . . . . 15 fr.
Par cylindre ayant de 30 centimètres à 70 centimètres de longueur . . . . 5 fr.
Par cylindre ayant moins de 30 centimètres de longueur. 2 fr. 50

Laveur de laines par procédés mécaniques ou chimiques. 5 fr.
Plus 4 fr. par ouvrier.

Laveur de vieilles étoffes pour les filatures de laine. . . . 5 fr.
Plus 4 fr. par ouvrier.

Limes (Fabrique de). . . . . 5 fr
Plus 4 fr. par ouvrier.

Lin ou chanvre (Fabrique de) par procédés mécaniques ou chimiques. . . . . 5 fr.
Plus 4 fr. par ouvrier.

Lits militaires (Entreprise générale des). . . . . . . 1200 fr.

Machine à faucher ou à moissonner, à nettoyer, trier ou vanner les grains (Exploitant de) :
6 fr. par machine mue par la vapeur ou par l'eau ;
3 fr. par machine à bras, à manège ou à vent.
Les usines dont l'outillage fonctionnera exclusivement à bras ne donneront lieu à aucun droit proportionnel.

Machine à labourer et défoncer les terres, mue par la vapeur (Exploitant de) :
6 fr. par machine.

Maison particulière de retraite (Tenant une). . . . . . 5 fr.
Plus 3 fr. par personne attachée au service de l'établissement.

Maison particulière de santé (Tenant une). . . . . 5 fr.
Plus 5 fr. par personne attachée au service de l'établissement.

Mareyeur expéditeur. . . . . 60 fr.

Maroquin (Fabrique de) avec machine à vapeur ou moteur hydraulique. . . . . 5 fr.
Plus 4 fr. par ouvrier.

Martinets (Maître de)
6 fr. pour chacun des marteaux mis en mouvement par l'arbre de camage.

Mélasse (Raffinerie de). . . . . 5 fr.
Plus 4 fr. par ouvrier.

Moulin ou autre usine à moudre, battre, triturer, broyer, pulvériser, presser :
5 fr. par paire de meules ;
5 fr. par paire de cylindres d'une longueur de plus de 70 centimètres ;
4 fr. par paire de cylindres d'une longueur de 50 à 70 centimètres ;
3 fr. par paire de cylindres d'une longueur inférieure à 50 centimètres.
5 fr. par presse ;
1 fr. par pilon.
Lorsque les meules et les cylindres ne fonctionneront pas par paire, le droit fixe afférent à la paire sera appliqué à la machine ou au jeu des machines qui en tiendra lieu. Dans les moulins à farine où la mouture s'effectuera à l'aide de cylindres, chaque appareil à trois ou à quatre cylindres de mouture sera compté pour deux paires de cylindres.
Le droit fixe sera réduit de moitié pour les usines à bras, à manège ou à vent.
Le droit fixe, tel qu'il résultera des dispositions qui précèdent et après application, s'il y a lieu, de celles de l'art. 11 de la loi du 15 juill. 1880, sera doublé lorsque l'usine fonctionnera habituellement pour le compte d'un exploitant achetant les matières premières pour revendre ensuite les produits de sa fabrication.
Les usines dont l'outillage fonctionnera exclusivement à bras ne donneront lieu à aucun droit proportionnel.

Moulinier en soie, qu'il travaille pour son compte à façon :
6 centimes par tavelle ;
20 centimes par broche dite *de filature* dans les établissements qui emploient le système Meynard ou un procédé analogue ;
1 centime pour broche, fuseau, baguette ou axe supportant les bobines, roquets ou roquelles de toute nature.
On imposera également à raison de 1 centime les bobines des flotteurs ou moulins de dévidage, alors même qu'elles ne seraient pas supportées par des axes.

Ocre (Fabricant d'). . . . . 5 fr.
Plus 2 fr. 50 par ouvrier ou par série d'ouvriers momentanément employés équivalant à un ouvrier complètement occupé et 6 fr. par malaxeur ou autre machine à broyer, à écraser, à mêler, à mouler, à pulvériser, etc.
Le droit sera réduit de moitié pour les machines à bras ou à manège.

Orthopédie (Tenant un établissement d'). . . . . 5 fr.
Plus 5 fr. par personne attachée au service de l'établissement.

Ouate (Fabrique d') par procédés mécaniques :
4 fr. par carde.

Paille (Fabricant d'enveloppes de bouteilles et autres objets en). . . . . 5 fr.
Plus 3 fr. par ouvrier.

Papeterie à la cuve :
18 fr. par cuve.

Papeterie à la mécanique.
60 fr. par machine ne pouvant fabriquer que du papier d'un mètre de largeur et au-dessous, et, lorsque la machine peut

fabriquer du papier plus large, 2 fr. en sus pour chaque centimètre de largeur excédant le mètre; plus 6 fr. par machine à rogner, à lisser ou à satiner.
Les droits seront réduits de moitié :
1° Pour les machines ne séchant pas le papier qu'elles fabriquent;
2° Pour les machines ne servant qu'à fabriquer, rogner, lisser, etc. du carton ou des papiers gris ou d'emballage.
Papiers peints pour tenture (Fabrique de) :
6 fr. par table.
Dans les machines à imprimer à bras, chaque rouleau comptera pour une table; dans les machines à imprimer mues mécaniquement, chaque rouleau comptera pour deux tables; chaque machine à imprimer au tire-ligne comptera pour deux tables, et chaque machine à estamper pour trois. Lorsque la peinture aura lieu à la brosse, au pinceau, etc., sans le secours des machines précitées, on imposera 4 fr. par ouvrier.
Parfumerie (Fabricant d'articles de). . . . . 5 fr.
Plus 2 fr. par hectolitre de la capacité brute de tous les alambics et 5 fr. par ouvrier.
Parquets (Fabricant de) par procédés mécaniques. . . . 5 fr.
Plus 4 fr. par ouvrier.
Pâte à papier (Fabricant de). . . . . 5 fr.
Plus 4 fr. par ouvrier.
Pâte à porcelaine (Fabricant de) :
1 fr. 50 par paire de meules d'un diamètre de 75 centimètres et au-dessous;
4 fr. par paire de meules d'un diamètre supérieur à 75 centimètres.
Patouillet ou lavoir de minerai (Exploitant de) :
10 fr. pour chaque lavoir ou patouillet; plus, pour chaque pilon ou pour chaque cylindre, les droits dont ils sont passibles d'après le tarif applicable aux moulins ou autres usines à moudre, battre, triturer, broyer, pulvériser, presser.
Peignes (Fabricant de) par procédés mécaniques. . . . . 5 fr.
Plus 4 fr. par ouvrier.
Peinture sur verre (Exploitant un établissement de) . . . 5 fr.
Plus 5 fr. par ouvrier.
On ne comptera pas comme ouvriers les artistes qui composent les cartons.
Perceur de pierres fines et diamants par procédés mécaniques. . . . . 5 fr.
Plus 4 fr. par ouvrier.
Plumes mécaniques (Fabricant de). . . . . 5 fr.
Plus 4 fr. par ouvrier.
Polisseur, tourneur, émouleur ou planeur par procédés mécaniques. . . . . 5 fr.
Plus 4 fr. par ouvrier.
Pour le polissage au tonneau, le droit fixe sera exclusivement de 1 fr. 50 cent. par tonneau.
Ponceur de feutres par procédés mécaniques . . . . 5 fr.
Plus 4 fr. par ouvrier.
Porcelaine (Fabrique de) :
1 fr. 20 cent. par mètre cube de la capacité brute des fours.
Le droit sera réduit de moitié pour les fours à la houille dans lesquels on fera moins de vingt-cinq fournées par an et pour les fours au bois dans lesquels on fera moins de vingt fournées par an.
Produits chimiques (Fabrique de). . . . . 5 fr.
Plus 5 fr. par ouvrier.
Quincaillerie (Fabrique de). . . . . 5 fr.
Plus 3 fr. 50 cent. par ouvrier.
Restaurateur sur wagons . . . . 5 fr.
Plus 10 fr. par personne employée au service ou à la surveillance.
Sabots, bois de galoches ou bois de socques (Fabricant de) par procédés mécaniques. . . . . 5 fr.
Plus 3 fr. par ouvrier.
Scierie mécanique (Exploitant de) :
Pour le sciage des bois de construction, menuiserie et tonnellerie :
3 fr. par lame;
1 fr. par machine à mortaiser, à raboter, à rainer, et autre machine analogue.
Pour le sciage des bois de marqueterie, de placage et de tabletterie, des os et de la nacre :
3 fr. par couteau à trancher;
2 fr. par lame circulaire ou à ruban;
1 fr. 50 cent. par lame droite;
1 fr. par machine à polir ou autre machine analogue.
Pour le sciage des pierres et du sucre :
50 centimes par lame.
Pour le sciage du marbre :
50 centimes par lame.
6 fr. par machine à planer, rainer ou polir.
Le droit fixe, tel qu'il résultera des dispositions qui précèdent et après application, s'il y a lieu, de celles de l'art. 11 de la loi du 15 juill. 1880, sera doublé lorsque l'usine fonctionnera habituellement pour le compte d'un exploitant achetant les matières premières pour revendre ensuite les produits de sa fabrication.
Scies (Fabrique de) . . . . 5 fr.
Plus 4 fr. par ouvrier.
Sculptures (Fabrique de) par procédés mécaniques . . . . 5 fr.
Plus 4 fr. par ouvrier.
Sirop de fécule de pommes de terre (Fabrique de) . . . . 5 fr.
Plus 4 fr. par ouvrier.
Soufflerie de poils pour la chapellerie et autres industries, par procédés mécaniques :
6 fr. par assortiment de machines à souffler.
Sucre de betterave (Fabrique de) :
3 fr. par hectolitre de la capacité nette soit des chaudières à défécation, soit des chaudières ou bacs de première carbonatation.
La capacité nette se déterminera au moyen d'une déduction, sur la capacité brute, d'un dixième pour les chaudières à défécation et de cinq dixièmes pour les chaudières ou bacs de première carbonatation.
Talons en bois pour chaussures (Fabricant de) par procédés mécaniques . . . . 5 fr.
Plus 3 fr. par ouvrier.
Tanneur de cuirs forts ou mous :
40 centimes par mètre cube de fosses et de cuves.
Teinturier pour les fabricants et les marchands. . . . . . 5 fr.
Plus 4 fr. par ouvrier.
Télégraphie privée (Entreprise de) . . . . 600 fr.
Tireur de cuivre doré ou argenté, par procédés mécaniques, pour son compte. . . . . 5 fr.
Plus 4 fr. par ouvrier et 3 fr. par bobine de traction.
Tireur de cuivre doré ou argenté, par procédés mécaniques, à façon . . . . 5 fr.
Plus 4 fr. par ouvrier et 2 fr. par bobine.
Le droit par bobine sera réduit de moitié, lorsque le diamètre des fils fabriqués sera inférieur à un demi-millimètre.
Tireur d'or, d'argent ou de platine, par procédés mécaniques. 5 fr.
Plus 4 fr. par ouvrier et 3 fr. par bobine de traction.
Tondeur de tapis par procédés mécaniques :
6 fr. par tondeuse.
Tondeur, raseur ou grilleur d'étoffes, par procédés mécaniques :
6 fr. par machine à tondre, raser ou griller.
Transport des détenus :
Entreprise générale . . . . 360 fr.
Entreprise pour le transport des détenus du ressort d'une cour d'appel au moins. . . . . 120 fr.
Entreprise pour le transport des détenus d'une circonscription moins étendue que celle d'une cour d'appel . . . . 30 fr.
Tréfilerie en fer ou en laiton (Exploitant de) . . . . 5 fr.
Plus 4 fr. par ouvrier et 2 fr. par bobine.
Le droit par bobine sera réduit de moitié lorsque le diamètre des fils fabriqués sera inférieur à un demi-millimètre.
Trieur ou nettoyeur de déchets de coton par procédés mécaniques :
12 fr. par machine.
Trieur de laines par procédés ordinaires . . . . 5 fr.
Plus 3 fr. par ouvrier.
Trieur de laines par procédés mécaniques :
12 fr. par machine.
Tubes en métal de petite dimension pour la bijouterie, l'optique, etc. (Fabricant de), par procédés mécaniques :
8 fr. par banc à étirer.
Tuyaux en laiton pour la tuyauterie des machines à vapeur ou emplois analogues (Fabricant de) par procédés mécaniques :
60 fr. par banc à étirer.
Tuyaux de plomb (Fabrique de) par procédés mécaniques :
60 fr. par presse à refouler.
Usine à lisser le cuir (Loueur d').
Celui qui loue aux mégissiers, avec les locaux et la force motrice, des lissoirs mécaniques qu'il n'exploite pas lui-même.
1 fr. 20 cent. par lissoir.
Ustensiles en fer battu (Fabrique d') par procédés mécaniques . . . . 5 fr.
Plus 5 fr. par ouvrier.
Verrerie ou gobeleterie (Exploitant de) . . . . 5 fr.
Plus 2 fr. 50 cent. par ouvrier employé à la fabrication proprement dite et aux façons complémentaires de la taille, de la gravure, etc.
Verres de montres ou de lunettes (Fabrique de) par procédés mécaniques. . . . . 5 fr.
Plus 3 fr. par ouvrier.
Vis (Fabrique de) par procédés mécaniques :
8 fr. par tour à tarauder ou par machine à tarauder.

4e PARTIE. — *Droit proportionnel au 20e, sur la maison d'habitation, au 60e, sur l'établissement industriel.*

Apprêteur d'étoffes pour les fabriques. . . . . 5 fr.
Plus 4 fr. par ouvrier.

Apprêteur de bas ou autres objets de bonneterie pour les fabricants et les marchands . . . . 5 fr.
Plus 3 fr. par ouvrier.
Apprêteur et lustreur de fils pour les fabriques. . . . . 5 fr.
Plus 4 fr. par ouvrier.
Cardes (Fabrique de) par procédés mécaniques :
6 fr. par métier.
Chaudronnerie pour les appareils à vapeur, à distiller, à concentrer, etc. (Fabrique de). . . . . 5 fr.
Plus 5 fr. par ouvrier.
Collage et séchage de chaînes et tissus (Exploitant un établissement de) par procédés ordinaires. . . . . 5 fr.
Plus 4 fr. par ouvrier.
Collage et séchage de chaînes et tissus (Exploitant un établissement de) par procédés mécaniques :
6 fr. par tournant ou cylindre.
Cordes ou ficelles (Fabrique de) par procédés mécaniques :
2 centimes par broche ou fuseau.
Drap feutré (Fabricant de) par procédés mécaniques :
1 fr. 20 cent. par paire de cylindre des machines à feutrer.
Fil (Dévideur de) :
1 centime par broche.
Fils à coudre, à broder, à tricoter, etc. (Retordeur ou fabricant de) :
Pour une retorderie de fil de coton :
2 centimes par broche des moulins et des métiers à retordre.
Pour une retorderie de fil de laine :
4 centimes par broche des moulins et des métiers à retordre.
Pour une retorderie de fil de déchets ou de bourre de soie :
6 centimes par broche des moulins et des métiers à retordre.
Pour une retorderie de fil de soie, de chanvre, de lin, d'étoupe ou de jute :
8 centimes par broche des moulins et des métiers à retordre.
Plus 4 fr. par ouvrier employé aux opérations autres que la mise en action des moulins et des métiers à retordre.
Le retordeur de fils mélangés payera la taxe afférente à la retorderie passible du droit le plus élevé.
Fil de coton, de laine, de chanvre, de lin, d'étoupe, de déchets ou de bourre de soie pour le tissage (Retordeur de) : celui qui convertit le fil simple en fil retors destiné à fabriquer les chaînes pour le tissage :
1 centime par broche.
Filature de chanvre, de lin, d'étoupe, de jute ou de ramie :
8 centimes par broche.
Ce droit sera réduit de moitié pour les filatures non pourvues de peignerie ou de carderie.
Les broches des bancs à broches ne sont pas passibles de la taxe.
Filature de laine cardée :
4 centimes par broche.
Ce droit sera réduit de moitié pour les filatures non pourvues de carderie.
Les broches des métiers en gros susceptibles d'être assimilés aux bancs à broches ne sont pas passibles de la taxe.
Filature de laine peignée :
4 centimes par broche.
Ce droit se cumulera avec le droit fixe afférent aux carderies ou peigneries, pour les filatures qui renfermeront des machines à peigner ou à carder.
Les broches des bancs à broches ne sont pas passibles de la taxe.
Filature de coton :
2 centimes par broche.
Ce droit sera réduit de moitié pour les filatures non pourvues de peignerie ou de carderie.
Les broches des bancs à broches ne sont pas passibles de la taxe.
Filature de déchets ou de bourre de soie :
6 centimes par broche.
Ce droit sera réduit de moitié pour les filatures non pourvues de peignerie ou de carderie.
Les broches des bancs à broches ne sont pas passibles de la taxe.
Filets pour la pêche, la chasse, etc. (Fabricant de), par procédés mécaniques :
10 fr. par métier à filet.
Imprimeur d'étoffes ou de fils :
4 fr. par table.
Dans les machines à imprimer au rouleau, on comptera 100 fr. par rouleau pour les quatre premiers rouleaux et 25 fr. pour chaque rouleau, en sus du nombre de quatre, dont la machine serait pourvue.
Dans les machines à imprimer, dites *perrotines*, chaque couleur comptera pour six tables.
Dans les machines à imprimer à la planche plate, chaque planche comptera pour six tables.

Lacets ou tresses en laine, coton ou soie (Fabrique de) par procédés mécaniques :
2 centimes par fuseau.
Machines à coudre, à piquer, à broder, à plisser, et autres machines analogues (Constructeur de). . . . . 5 fr.
Plus 5 fr. par ouvrier.
Machines à vapeur, métiers mécaniques pour la filature et pour le tissage, et autres grandes machines (Constructeur de) 5 fr
Plus 5 fr. par ouvrier.
Métiers (Fabrique à) :
Tissage de coton, chanvre ou lin;
2 fr. 50 cent. par métier mû mécaniquement ;
1 fr. 50 par métier à bras.
Tissage de laine :
3 fr. par métier mû mécaniquement ;
2 fr. par métier à bras.
Tissage de soie :
3 fr. par métier ordinaire mû mécaniquement;
2 fr. par métier ordinaire à bras;
1 fr. 20 cent. par métier à rubans dit *de montagne*, ne faisant qu'une seule pièce.
Tissage de coton ou de lin, mélangé de laine ou de soie;
3 fr. par métier mû mécaniquement;
2 fr. par métier à bras.
Tissage de rubans de fil (chanvre ou lin), de coton, de fil et coton :
8 centimes par bande des métiers à tisser.
Tissage de bretelles, ceintures, jarretières, etc. :
Par bande des métiers à tisser :
10 centimes par bande ayant moins de 3 centimètres de largeur;
20 centimes par bande de 3 à 5 centimètres de largeur inclusivement;
30 centimes par bande de plus de 5 à 10 centimètres de largeur inclusivement;
40 centimes par bande ayant plus de 10 centimètres de largeur.
Tricots et bonneterie (Fabrique de) :
1 fr. 50 par métier à bras dit *métier français* ou *anglais*;
3 fr. par métier mécanique rectiligne n'ayant pas plus de deux divisions, et 1 fr. par chaque division en sus ;
1 fr. par métier circulaire ayant moins de 20 centimètres de diamètre;
3 fr. par métier circulaire ayant de 20 à 50 centimètres de diamètre;
5 fr. par métier circulaire ayant plus de 50 centimètres de diamètre:
Tapis et tapisseries (Fabrique de) :
4 fr. par métier mû à bras ou mû mécaniquement ;
4 fr. par ouvrier occupé aux métiers de tapisseries à point noué ou point sarrasinois.
Passementerie (Fabrique de) :
4 fr. par métier à plusieurs bandes ;
1 fr. 20 cent. par métier à une bande.
Tulle ou dentelle d'imitation (Fabrique de) :
3 fr. par métier à chaîne ou à aiguilles; par métier bobin uni, ayant moins de 3 mètres 50 centimètres de longueur, du premier au dernier chariot; par métier à chariots et à rouleaux (Leavers) ne pouvant recevoir plus de 40 barres;
6 fr. par métier bobin uni ayant 3 mètres 50 centimètres de longueur ou plus, du premier au dernier chariot; par métier à chariots et à rouleaux (Leavers) pouvant recevoir de 41 à 80 barres par métier dit *Pusher;*
8 fr. par métier bobin façonné; par métier à chariots et à rouleaux (Leavers) pouvant recevoir de 81 à 120 barres par métier dit *bobinot;*
10 fr. par métier à chariots et à rouleaux (Leavers) pouvant recevoir plus de 120 barres.
Le fabricant qui fera compléter à la main les dessins des tulles façonnés payera double droit pour ses métiers; mais il ne sera assujetti à aucun droit fixe en raison des ouvriers qu'il emploiera pour ce travail.
Pour les tissages autres que ceux spécialement désignés au présent article :
2 fr. 50 cent. par métier mû mécaniquement ;
1 fr. 50 cent. par métier à bras.
Le droit fixe sera réduit de moitié pour le fabricant travaillant exclusivement à façon, lorsque ce droit, calculé conformément au présent tarif, n'excédera pas 50 fr. en principal.
Sera exempt de patente, le fabricant travaillant exclusivement à façon, dont le droit fixe, calculé conformément au présent tarif, n'excédera pas 10 fr. en principal.
Navires (Constructeur de). . . . . 5 fr.
Plus 5 fr. par ouvrier.
Peignerie ou carderie de bourre de soie par procédés mécaniques :
5 fr. par machine à peigner ou à carder.
Peignerie ou carderie de coton par procédés mécaniques :
3 fr. par machine à peigner ou à carder.
Peignerie ou carderie de laine par procédés mécaniques :

5 fr. par carde, si l'établissement ne comporte que des cardes.

Si l'établissement comporte des cadres et des peigneuses marchant solidairement :

10 fr. par peigneuse produisant moins de 40 kilogrammes par douze heures de travail :

15 fr. par peigneuse produisant de 40 à 80 kilogrammes par douze heures de travail :

25 fr. par peigneuse produisant plus de 80 kilogrammes par douze heures de travail.

Les cardes qui ne seront pas nécessaires pour l'alimentation des peigneuses seront taxés à raison de 5 fr. chacune.

Dans aucun cas, le droit fixe ne pourra être inférieur à celui qui résulterait de l'application du droit de 5 fr. par carde, en comptant la peigneuse pour une carde.

Tubes en papier pour filature (Fabrique de) par procédés mécaniques :

6 fr. par métier.

5e PARTIE. — *Droit proportionnel au 20e, sur la maison d'habitation seulement.*

Abattoir public (Adjudicataire, concessionnaire ou fermier des droits à percevoir dans un) :

Arrosage, balayage ou enlèvement des boues (Entreprise de l') . . . 5 fr.

Plus 20 centimes par 100 fr. ou fraction de 100 fr. du prix annuel alloué à l'entrepreneur.

Bac (Adjudicataire, concessionnaire ou fermier de) :

50 centimes par 100 fr. ou fraction de 100 fr. du prix de ferme ou du montant de l'adjudication.

Dans le cas où la perception des droits de péage serait concédée à titre d'indemnité ou de remboursement, le concessionnaire serait annuellement imposé sur la somme représentant l'annuité nécessaire pour assurer, à la fin de la concession, l'indemnité ou le remboursement stipulé.

Baraquements pour expositions, fêtes et concours (Entrepreneur d'installation de) . . . 5 fr.

Plus 25 centimes par 100 fr. ou fraction de 100 fr. du montant de l'entreprise.

Barques ou bateaux (Loueur de) :

3 fr. par barque ou bateaux.

Bascules automatiques ou autres appareils analogues (Exploitant de) :

75 centimes par appareil automatique exploité.

Bestiaux (Marchand expéditeur de) . . . 60 fr.

Bois sur pied (Entrepreneur par adjudication de l'abatage et du façonnage des) :

30 centimes par 100 fr. ou par fraction de 100 fr. du prix des entreprises.

Lorsque le prix des entreprises sera de 500 fr. et au-dessous, l'entrepreneur sera exempté de patente.

Carrières souterraines ou à ciel ouvert (Exploitant de).... 5 fr.

Plus 2 fr. 50 c. par ouvrier.

Cendres noires (Extracteur de) . . . 5 fr.

Plus 2 fr. 50 c. par ouvrier.

Chaises (Loueur de) :

50 centimes par 100 fr. ou fraction de 100 fr. du prix de ferme ou du montant de l'adjudication.

Dans le cas où la perception du prix de location des chaises serait concédée à titre d'indemnité ou de remboursement, le concessionnaire serait annuellement imposé sur la somme représentant l'annuité nécessaire pour assurer, à la fin de la concession, l'indemnité ou le remboursement stipulé.

Concerts publics (Entrepreneur de) :

3 dixièmes d'une recette complète, si les concerts ont lieu plus de trois fois par semaine ; 3 vingtièmes si les concerts n'ont lieu qu'une, deux ou trois fois par semaine.

Desséchement (Entrepreneur de travaux de) . . . 5 fr.

Plus 2 fr. 50 c. par ouvrier.

Dragues avec moteur mécanique (Exploitant de) . . . 5 fr.

Plus 4 fr. par ouvrier.

Dragueur avec machine à bras ou à manège . . . 5 fr.

Plus 3 fr. par ouvrier.

Dragueur travaillant à bras seulement . . . 5 fr.

Plus 2 fr. 50 c. par ouvrier.

Eclairage à l'huile (Entrepreneur d') :

50 centimes par 100 fr. ou par fraction de 100 fr. du montant des entreprises.

Fabrication dans les prisons, etc. (Entrepreneur de)

1 fr. par détenu occupé à la fabrication.

Fabrication dans les dépôts de mendicité (Entrepreneur de) :

40 centimes par détenu occupé à la fabrication.

Flottage (Entrepreneur de) . . . 5 fr.

Plus 3 fr. par ouvrier.

Fontaines publiques (Fermier de) :

50 centimes par 100 fr. ou fraction de 100 fr. du prix de ferme.

Fournisseur général dans les prisons ou dépôt de mendicité :

A forfait et par tête de détenu :

50 centimes par tête de détenu.

Fruits, légumes frais, champignons et autres comestibles analogues (Marchand expéditeur de) . . . 60 fr.

Gare d'eau (Entrepreneur de) :

24 centimes par are de la superficie des bassins ainsi que des terrains affectés à l'exploitation de la gare.

Halles, marchés ou emplacements sur les places publiques (Adjudicataire, concessionnaire ou fermier des droits de) :

50 centimes par 100 fr. ou fraction de 100 fr. du prix de ferme ou du montant de l'adjudication.

Dans le cas où la perception des droits serait concédée à titre d'indemnité ou de remboursement, le concessionnaire serait annuellement imposé sur la somme représentant l'annuité nécessaire pour assurer, à la fin de la concession, l'indemnité ou le remboursement stipulé.

Inhumations et exhumations (Adjudicataire ou fermier du service des) ou de l'entretien des tombes dans un cimetière :

50 centimes par 100 fr. ou fraction de 100 fr. du prix de ferme ou du montant de l'adjudication.

Jaugeage, mesurage ou pesage (Adjudicataire, concessionnaire ou fermier des droits de) :

50 centimes par 100 fr. ou fraction de 100 fr. du prix de ferme ou du montant de l'adjudication.

Dans le cas où la perception des droits serait concédée à titre d'indemnité ou de remboursement, le concessionnaire serait annuellement imposé sur la somme représentant l'annuité nécessaire pour assurer, à la fin de la concession, l'indemnité ou le remboursement stipulé.

Madragues (Fermier de) . . . 30 fr.

Minières non concessibles (Exploitant de) ou extracteur de minerai de fer . . . 5 fr.

Plus 4 fr. par ouvrier.

Octroi (Adjudicataire, concessionnaire ou fermier des droits d') :

50 centimes par 100 fr. ou fraction de 100 fr. du prix de ferme ou du montant des adjudications.

Dans le cas où la perception des droits d'octroi serait concédée à titre d'indemnité ou de remboursement, le concessionnaire serait annuellement imposé sur la somme représentant l'annuité nécessaire pour assurer, à la fin de la concession, l'indemnité ou le remboursement stipulé.

Pêche (Adjudicataire ou fermier de) :

50 centimes par 100 fr. ou fraction de 100 fr. du prix de ferme ou du montant de l'adjudication.

Phosphates naturels (Extracteur ou laveur de) . . . 5 fr.

Plus 2 fr. 50 cent. par ouvrier.

Restaurateur sur bateaux à vapeur . . . 5 fr.

Plus 10 fr. par personne employée au service ou à la surveillance.

Sonnerie des cloches (Adjudicataire ou fermier de la) :

50 centimes par 100 fr. ou fraction de 100 fr. du montant de l'entreprise.

Spectacles (Directeur de) :

1° 3/10 d'une représentation complète dans les théâtres où l'on joue tous les jours ;

2° 3/20, si l'on ne joue pas tous les jours et si la troupe est sédentaire.

3° Si la troupe n'est pas sédentaire, c'est-à-dire si elle ne réside pas quatre mois consécutifs dans la même ville. 60 fr.

Spectacles, bals, concerts et autres réunions semblables (Adjudicataire ou fermier des droits à percevoir au profit des pauvres dans les) :

50 centimes par 100 fr. ou par fraction de 100 fr. du prix de ferme ou du montant de l'adjudication.

Spectacle forain (Directeur de) :

3/20 d'une représentation complète.

Lorsque la patente calculée d'après ce tarif sera dans son ensemble (droit fixe et proportionnel) inférieure à celle qui résulterait du tarif de la 6e classe du tableau A, on devra faire application de ce dernier tarif.

Tourbières (Exploitant de) . . . 5 fr.

Plus 2 fr. 50 cent. par ouvrier.

Travaux publics (Entrepreneur de) . . . 5 fr.

Plus 25 centimes par 100 fr. ou fraction de 100 fr. du montant annuel des entreprises.

Lorsque le prix réel alloué à l'entrepreneur dépassera de plus de 2000 fr. le montant total de travaux imposé par l'entreprise, un complément de droit fixe pourra être valablement établi dans l'année qui suivra celle du règlement définitif du prix des travaux.

Lorsque le prix des entreprises sera de 500 fr. et au-dessous, l'entrepreneur sera imposé conformément aux règles du tableau A et en raison de l'objet spécial des entreprises, pourvu, toutefois, qu'il n'en résulte aucune surcharge comparativement aux taxes que produirait l'application du tarif ci-dessus.

Viandes (Marchand expéditeur de) . . . 60 fr.

TABLEAU D.

Taux du droit proportionnel.

A l'égard des patentables tenant un magasin de plusieurs espèces de marchandises, — ou pour la vente en demi-gros ou aux particuliers de vêtements confectionnés, — ou pour la vente en demi-gros ou en détail de quincaillerie, de ferronnerie et d'articles de ménage, — ou pour la vente en demi-gros ou en détail d'épiceries, liqueurs et conserves, le droit proportionnel est fixé d'après la valeur locative des locaux occupés par lesdits patentables :

Au taux du 5e.

Lorsqu'ils occupent habituellement plus de 500 personnes employées aux écritures, aux caisses, à la surveillance, aux achats et aux ventes intérieures ou extérieures ;

Au taux du 7e.

Lorsqu'ils occupent habituellement aux mêmes attributions de 201 à 500 employés;

Au taux du 10e.

Lorsqu'ils occupent habituellement aux mêmes attributions de 101 à 200 employés;

Au taux du 15e.

Lorsqu'ils occupent habituellement aux mêmes attributions de 51 à 100 employés;

Au taux du 20e.

Lorsqu'ils occupent habituellement aux mêmes attributions de 11 à 50 employés;

Au taux du 10e.

Le droit proportionnel est, sauf les exceptions énumérées au présent tableau, fixé au 10e de la valeur locative de tous les locaux occupés :

Par les patentables compris dans le tableau B ;
Par les entreprises d'assurances non mutuelles ;
Par les compagnies, sociétés ou comptoirs de réassurances ;
Par les sociétés formées par actions pour opérations de banque, de crédit, d'escompte, de comptes courants, etc. ;
Par la Banque de France et ses comptoirs ;

Aux taux du 12e et du 15e.

Le droit proportionnel est fixé au 15e de la valeur locative de tous les locaux occupés par les patentables exerçant les professions ci-après qui comportent le droit proportionnel sans droit fixe :

Architectes ;
Avocats inscrits aux tableaux des cours et tribunaux ;
Avocats au conseil d'Etat et à la cour de cassation ;
Avoués;
Chirurgiens ;
Commissaires-priseurs;
Dentistes;
Greffiers;
Huissiers;
Ingénieurs civils;
Mandataires agréés près les tribunaux de commerce;
Médecins ;
Notaires;
Officiers de santé;
Référendaires au sceau;
Vétérinaires.

Les chefs d'institution et maîtres de pension payent également le droit proportionnel au taux du 15e sans droit fixe; mais les locaux affectés au logement et à l'instruction des élèves ne sont pas compris dans l'estimation de la valeur locative.

Par exception, les patentables des dix-sept catégories qui viennent d'être désignées sont passibles du taux du 12e au lieu du 15e pour tous les locaux soumis au droit proportionnel :

1° Lorsque, exerçant leur profession à Paris, ils occupent, soit dans cette ville, soit ailleurs, des locaux imposables d'une valeur locative totale de plus de 4000 fr.;

2° Lorsque, exerçant leur profession dans une autre ville de plus de 100 000 âmes, ils occupent, soit dans cette ville, soit ailleurs, des locaux imposables d'une valeur locative totale de plus de 2000 fr. ;

Au taux du 20e.

Le droit proportionnel est, sauf les exceptions énumérées au présent tableau, fixé au 20e de la valeur locative de tous les locaux occupés :

Par les patentables de la première, de la deuxième et de la troisième classe du tableau A;
Par les patentables de la première partie du tableau C.

Il est fixé au 20e de la valeur locative de la maison d'habitation pour les patentables de la deuxième, de la troisième et de la quatrième partie du tableau C.

Il est fixé au 20e de la valeur locative de la maison d'habitation seulement :

Pour les patentables de la cinquième partie du tableau C;
Pour les concessionnaires, exploitants ou fermiers des droits d'emmagasinage dans un entrepôt;
Pour les directeurs de diorama, panorama, géorama, néorama;
Pour les concessionnaires ou fermiers de péage sur un pont.

Le droit proportionnel sur la maison d'habitation est fixé au 20e seulement de la valeur locative pour les entreprises de cabriolets, fiacres et autres voitures semblables, sous remise ou sur place, lorsque le nombre des voitures en circulation n'atteindra pas cinq ;

Au taux du 30e.

Le droit proportionnel est, sauf les exceptions énumérées au présent tableau, fixé au 30e de la valeur locative de tous les locaux occupés par les patentables de la quatrième, de la cinquième et de la sixième classe du tableau A.

Il est fixé également au 30e de la valeur locative de l'habitation seulement pour les fournisseurs d'objets de consommation dans les cercles et sociétés;

Au taux du 40e.

Le droit proportionnel est fixé au 40e de la valeur locative :

Des établissements industriels compris dans la deuxième partie du tableau C.
Des locaux servant à l'exercice des professions ci-après :
Marchand de charbon de terre en demi-gros;
Concessionnaire ou exploitant de chalets de nécessité établis sur la voie publique;
Marchand de farine en gros;
Marchand de grains en gros;
Marchand de houblon en gros;
Marchand de planches en gros;
Marchand de bois compris dans la première classe du tableau A;
Marchand de charbon de bois et de charbon de terre compris dans la première classe du tableau A;
Marchand de vins en gros;
Marchand d'huiles en gros;
Blanchisseur de linge ayant un établissement de buanderie;
Maître d'hôtel garni, mais seulement pour les locaux loués en garni;
Maître d'hôtel, mais seulement pour les écuries, les remises et locaux destinés au logement particulier des voyageurs. Les salles à manger et les autres locaux destinés à l'usage commun des voyageurs sont imposés au 20e, comme l'habitation du maître d'hôtel;
Exploitant de magasin général;
Imprimeur typographe employant des presses mécaniques
Individus tenant une école de natation;
Individus tenant un manège d'équitation;
Individus tenant une maison d'accouchement;
Individus tenant un jardin public;
Individus tenant un lavoir public;
Individus tenant un parc aux charrettes;
Magasinier;
Entrepreneur de roulage;
Entrepreneur de bains publics et douches;
Entrepreneur de bains de mer dits *à la lame;*
Entrepreneur de bains de rivière en pleine eau;
Entrepreneur du logement des troupes de passage;
Entrepreneur de distribution d'eau;
Entrepreneur de fourniture d'eau;
Entrepreneur d'établissement pour les courses de chevaux, le droit proportionnel ne devant pas, d'ailleurs, porter sur le terrain des courses;
Entrepreneur d'omnibus;
Entrepreneur de cabriolets, fiacres et autres voitures semblables sous remise ou sur place;
Exploitant de wagons ou voitures destinés au transport des voyageurs ou des marchandises sur les lignes de chemins de fer, mais seulement, pour cette dernière profession, en ce qui touche les locaux professionnels autres que les bureaux.
Exploitant ou concessionnaire de dock, cale ou forme pour la réparation des navires;
Loueur de force motrice;
Maître de jeu de paume;
Maître de gymnase;
Marchand de bois de sciage ayant chantier ou magasin et ne vendant qu'aux menuisiers, ébénistes, charpentiers et particuliers ;
Marchand en gros d'engrais ou amendements;
Entreprises d'inhumation et pompes funèbres ;
Exploitant de bateaux à laver ;

Loueur de chambres ou appartements meublés;

Carrossier fabricant, mais seulement pour l'établissement industriel; l'habitation et les magasins de vente sont imposés au 20e;

Commissionnaire entrepositaire de vins;

Commissionnaire de transport par terre ou par eau, pour les locaux autres que les bureaux servant à l'exercice de la profession; l'habitation et les bureaux sont imposés au 10e.

Tonneaux pour le transport des vins (Loueur de);

Au taux du 50e.

Le droit proportionnel est, sauf les exceptions énumérées au présent tableau, fixé au 50e de la valeur locative de tous les locaux occupés par les patentables de la septième et de la huitième classe du tableau A, mais seulement dans les communes de plus de vingt mille âmes.

Il est fixé également au 50e de la valeur locative des établissements industriels compris dans la troisième partie du tableau C;

Au taux du 60e.

Le droit proportionnel est fixé au 60e de la valeur locative des établissements industriels compris dans la quatrième partie du tableau C.

EXEMPTIONS

Sont exempts du droit proportionnel :

Les patentables des septième et huitième classes du tableau A qui exercent leur profession en ambulance sous échoppe ou en étalage;

Les patentables des mêmes classes qui résident dans les communes d'une population de vingt mille âmes et au-dessous;

Les loueurs d'une chambre meublée;

Les loueurs de chambres ou appartements meublés, mais seulement pour leur habitation personnelle.

Les entrepreneurs de location d'immeubles et les entrepreneurs de location de baraques et baraquements, mais en ce qui concerne seulement les immeubles, baraques et baraquements objets de l'entreprise;

Les individus qui exploitent soit des machines à faucher ou à moissonner, à nettoyer, à trier ou vanner les grains, soit des moulins ou autres usines à moudre, battre, triturer, broyer, pulvériser, presser, lorsque l'outillage fonctionne exclusivement à bras.

DISPOSITION SPÉCIALE AUX MARCHANDS FORAINS

Lorsque la patente sera délivrée par application de l'art. 34 de la loi du 15 juill. 1880 à un marchand forain non domicilié dans le département, le droit proportionnel sera en même temps fixé d'une manière uniforme à 10 fr. en principal pour les marchands forains avec voiture, à 7 fr. en principal pour les marchands forains sur bateau, ou à 5 fr. en principal pour les marchands forains avec bête de somme ou avec balle.

CHAP. 2. — Du droit fixe.

SECT. 1re. — CLASSEMENT DES PROFESSIONS (*Rép.* nos 12 à 25).

47. La patente est composée de deux éléments, le droit fixe et le droit proportionnel (L. 25 avr. 1844 et 15 juill. 1880, art. 2). Nous renvoyons donc au *Rép.* nos 10 et 11, tant pour la définition du droit fixe que pour l'indication des motifs qui ont déterminé le législateur à le combiner avec le droit proportionnel, et nous abordons immédiatement l'examen des questions intéressant le premier de ces droits. Les règles générales vont d'abord être exposées; les décisions particulières seront rapportées ensuite dans l'ordre alphabétique des professions qu'elles concernent.

48. Les professions, industries ou commerces assujettis au droit fixe sont rangés dans les tableaux A, B et C (L. 15 juill. 1880, art. 3). Le droit fixe est établi : eu égard à la population, et d'après un tarif général, pour les professions énumérées dans le tableau A; eu égard à la population et d'après un tarif exceptionnel, pour les professions portées dans le tableau B; sans égard à la population, pour celles qui font l'objet du tableau C. Ce classement n'est, d'ailleurs, pas absolu, car, suivant leur importance ou les conditions dans lesquelles elles sont exercées, certaines professions peuvent passer d'un tableau dans un autre. Ainsi, celles des professions du tableau A qui consistent dans un travail de fabrication, de confection ou de main-d'œuvre, sont susceptibles d'être imposées d'après les règles du tableau C, lorsque le patentable travaille pour le commerce et qu'il occupe plus de dix ouvriers. De même, les sociétés de crédit peuvent, selon les cas, être assujetties aux droits du tableau A, du tableau B ou du tableau C. Telle a été également la situation des exploitants de moulins et de scieries mécaniques jusqu'à la loi du 8 août 1890, qui les maintient désormais dans le tableau C, alors qu'ils pouvaient auparavant être taxés d'après les règles du tableau A. Ces dispositions particulières seront relatées à leur place.

ART. 1er. — *Règles du tableau* A (*Rép.* no 13 et nos 98 à 108).

49. Le tableau A de la loi du 15 juill. 1880, comme le tableau A de la loi du 25 avr. 1844 comprend les professions dont le principal élément de prospérité est l'affluence des acheteurs et dont, par conséquent, l'importance est considérée comme se mesurant, d'une manière assez exacte, par la population des communes où elles s'exercent (V. *Rép.* no 13). On y trouve, notamment, les marchands en gros, en demi-gros et en détail, les artisans et les façonniers. C'est lui qui contient la grande majorité des patentables; car nous avons vu (*suprà*, no 9) qu'en 1890, le nombre des droits fixes du tableau A s'élevait à 1 411 396, sur un total de droits fixes de 1 621 595.

50. Les professions qui s'y trouvent rangées sont réparties entre huit classes, passibles du droit fixe d'après la catégorie de population à laquelle appartient la commune. Ce droit est réglé d'après un tarif général, c'est-à-dire qu'il est le même pour toutes les professions d'une même classe dans chaque catégorie de population. Précédemment au nombre de huit (*Rép.* no 14), ces catégories sont maintenant au nombre de neuf, par suite du classement à part de la ville de Paris. Suivant un amendement à la loi des patentes, proposé lors de la discussion de la loi de finances du 28 avr. 1893 et adopté par la Chambre des députés, mais rejeté par le Sénat, elles auraient été au nombre de dix en raison de la création d'une catégorie comprenant les villes de 75 000 à 100 000 âmes. — Il est à remarquer que le tarif applicable à la ville de Paris ne diffère de celui des villes de plus de 100 000 âmes qu'en ce qui concerne les trois premières classes; il est le même pour les cinq dernières. Cette différence de traitement pour les trois premières classes s'explique par les avantages exceptionnels que les patentables qui y sont rangés retirent de la résidence à Paris. Les patentables des cinq autres classes, s'adressant principalement à une clientèle *de quartier*, s'y trouvent à peu près dans les mêmes conditions que ceux des autres villes de plus de 100 000 âmes; il n'y avait donc pas de raison de différencier les tarifs à leur égard. Pour le surplus, la quotité des droits par classe et par catégorie de population a été conservée par la loi du 15 juill. 1880, telle qu'elle avait été réglée par la loi du 25 avr. 1844. Cependant le droit fixe de la quatrième classe a été abaissé de 18 à 15 fr. dans les communes de 2001 à 5000 âmes; en outre, la loi du 8 août 1890 a réduit d'un quart le droit fixe de la sixième classe, et de la moitié celui des septième et huitième classe dans les communes de 2000 âmes et au-dessous.

51. Une modification importante, que nous avons signalée déjà (*suprà*, no 4), a été apportée à l'économie du tableau A, en 1880, par la généralisation de l'article *fabricant pour le commerce*. — Cette disposition est étudiée *infrà*, nos 73 et suiv., avec les détails qu'elle comporte.

52. Les commerces étant à peu près tous rangés dans le tableau A, nous examinerons ici comment la vente en gros se distingue de la vente en demi-gros et de la vente en détail.

La loi de 1844 avait défini (*Rép.* no 98) : « Marchands en gros, ceux qui vendent habituellement aux marchands en demi-gros et aux marchands en détail; marchands en demi-gros, ceux qui vendent habituellement aux détaillants et aux consommateurs (*Rép.* no 107); marchands en détail, ceux qui ne vendent habituellement qu'aux consommateurs » (*Rép.* no 108). De ces définitions, les deux dernières ont été maintenues *in terminis* par la loi de 1880; mais la première a subi une importante modification. Sont désormais réputés marchands en gros « ceux qui vendent principalement à d'autres marchands ». Cette nouvelle rédaction a été expliquée comme il suit dans l'exposé des motifs de la loi : « La loi du 25 avr. 1844 (tableau A) définissait les marchands en gros : *ceux qui vendent habituellement aux marchands en demi-gros et aux marchands en détail*. La loi du 18 mai 1850 actuellement en vigueur les définit : *ceux qui vendent habituellement à d'autres mar-*

chands. Un certain nombre de conseils de préfecture ont pensé qu'en présence du mot « habituellement », on devait comparer le nombre des ventes faites à d'autres marchands à celui des ventes faites directement aux consommateurs. L'Administration a jugé, au contraire, que c'était l'importance respective des deux genres de commerce dont il fallait tenir compte et qu'il ne suffisait pas qu'un patentable joignît à son commerce de gros un commerce de détail qui, par son importance, ne représentait, par exemple, que 5 ou 6 pour 100 de son commerce total, pour descendre dans la catégorie des marchands en demi-gros sous le prétexte que les ventes en détail seraient plus nombreuses que les ventes en gros. — Quoique le conseil d'Etat ait partagé cette dernière manière de voir, il paraît utile de faire cesser les incertitudes par une définition nouvelle. C'est dans ce but que nous vous proposons de substituer le mot *principalement* au mot *habituellement* ». D'après ce nouveau texte, comme d'après l'ancien, celui qui ne vend qu'à des marchands doit être, par cela seul, réputé marchand en gros; et il importe peu que ses clients revendent eux-mêmes en gros ou qu'ils ne soient que de simples détaillants lui achetant par faibles quantités (Cons. d'Et. 31 juill. 1874, aff. Cleré, *Rec. Cons. d'Etat*, p. 744; 14 mai 1886, aff. Hord-Poizat, *Rec. Cons. d'Etat*, p. 408). Il en est de même pour celui qui vend à des colporteurs, ceux-ci n'étant autres que des détaillants (Cons. d'Et. 9 mars 1859, aff. Crevat, D. P. 59. 3. 60). — Un commerçant ne saurait non plus, pour repousser la patente de marchand en gros, se prévaloir de ventes accidentelles par lui faites à des consommateurs (Cons. d'Et. 14 déc. 1853, aff. Quemin, D. P. 54. 5. 555 ; 19 avr. 1854, aff. Saint-Regnier, D. P. 55. 5. 314). Quant à celui dont la clientèle comprend à la fois les détaillants et les particuliers, et qui vend, d'ailleurs, habituellement aux uns comme aux autres, une condition absolue est aujourd'hui nécessaire pour qu'il ne soit rangé qu'au nombre des marchands en demi-gros : c'est que le montant de ses ventes aux particuliers soit au moins égal en produit de ses ventes aux détaillants. Autrement, la définition de marchand en gros ne cesse pas de lui être applicable, puisque c'est à des marchands qu'il continue de vendre *principalement*. — C'est donc l'importance respective des ventes qu'on doit envisager en pareil cas, à l'exclusion de leur nombre, et on ne peut s'arrêter à la circonstance que les ventes au détail seraient plus nombreuses que les ventes en gros si elles ont eu une moindre importance pécuniaire. Il a été jugé, notamment, que des marchands de tissus ayant fait, dans l'année, 1615 ventes à des marchands pour une valeur de 491 574 fr. et 2060 ventes à des consommateurs pour une valeur de 58 975 fr. étaient des marchands en gros et non en demi-gros, les ventes aux marchands constituant la partie principale de leur commerce tandis que les ventes aux particuliers demeuraient accessoires (Cons. d'Et. 15 juin 1883, aff. Provost et Bougourot, D. P. 85. 3. 23).

53. Une question souvent débattue est celle de savoir dans quelle catégorie on doit ranger les ventes faites aux commerçants, industriels ou artisans qui, sans revendre directement les marchandises par eux achetées, les utilisent dans l'exercice de leurs professions. Par un arrêt du 24 mars 1859 (aff. Llonveras, *Rec. Cons. d'Etat*, p. 229), le conseil d'Etat avait refusé d'imposer comme marchand en gros, un marchand de bouchons ayant pour clients des limonadiers, épiciers et droguistes, attendu qu'ils n'employaient les bouchons qu'accessoirement et n'en faisaient pas le commerce. Mais il semble qu'il n'y ait eu là qu'un arrêt d'espèce, motivé sans doute par le chiffre peu élevé des ventes; et la jurisprudence est maintenant établie dans ce sens que les ventes de cette nature doivent être *assimilées* à des ventes de gros, si elles excèdent l'importance de celles faites habituellement ou susceptibles d'être faites aux simples consommateurs. Ont été, pour ce motif, maintenus comme marchands *en gros* : 1° un marchand d'huiles vendant par tonnes à des filateurs et corroyeurs (Cons. d'Et. 3 avr. 1853, aff. Franchomme, D. P. 56. 3. 52); ... ou fournissant des peintres et vitriers (Cons. d'Et. 13 mars 1860, aff. Viollet-Roze, *Rec. Cons. d'Etat*, p. 218) ; — 2° Un marchand de tissus de soie livrant à des gainiers, chapeliers et relieurs (Cons. d'Et. 18 déc. 1862, aff. Verneaux, *Rec. Cons. d'Etat*, p. 827); — 3° Un marchand de métaux, à raison de ses ventes à des ferblantiers (Cons. d'Et. 26 mai 1876, aff. Arthaud-Pothin, *Rec. Cons. d'Etat*, p. 484); — 4° Un marchand de fruits secs faisant à des confiseurs des ventes dont la moyenne atteignait 104 fr. (Cons. d'Et. 14 mars 1879, aff. Lombard, D. P. 79. 3. 78); — 5° Un épicier chez qui se fournissaient des maîtres d'hôtel, cafetiers et traiteurs (Cons. d'Et. 5 déc. 1879, aff. Coin, *Rec. Cons. d'Etat*, p. 777); — 6° Un droguiste livrant à des teinturiers, chapeliers et apprêteurs (Cons. d'Et. 21 avr. 1882, aff. Mélot, D. P. 84. 5. 373); ... ou livrant des savons et produits chimiques à divers artisans et à des maîtres de lavoirs (Cons. d'Et. 7 déc. 1883, aff. Veuve Picoche, *Rec. Cons. d'Etat*, p. 893); — 7° Un marchand de farines ayant sa clientèle composée de boulangers (Cons. d'Et. 4 mai 1883, aff. Lataste, D. P. 85. 5. 348). — La même jurisprudence a été appliquée à la vente : 1° de papiers ne devant servir qu'à envelopper les marchandises (Cons. d'Et. 8 avr. 1868, aff. Bizière, *Rec. Cons. d'Etat*, p. 384); — 2° De sacs et toiles pour emballage (Cons. d'Et. 8 août 1882, aff. Saint frères, D. P. 84. 5. 374); — 3° De paniers livrés à des expéditeurs de primeurs et de poissons (Cons. d'Et. 10 nov. 1882, aff. Carré, *Rec. Cons. d'Etat*, p. 861). — L'importance moyenne des ventes a de même fait refuser la qualification de marchand *en détail* : 1° à un marchand de cristaux qui, en même temps qu'il vendait aux particuliers, faisait des fournitures aux pharmaciens, aux dentistes et aux confiseurs, pour les besoins de leur profession (Cons. d'Et. 22 avr. 1857, aff. Trapé, *Rec. Cons. d'Etat*, p. 304); — 2° A un marchand de tissus vendant à des modistes (Cons. d'Et. 21 mars 1868, aff. Maignien, *Rec. Cons. d'Etat*, p. 342); — 3° A un mercier chez qui s'approvisionnaient des fabricants de chaussures et des confectionneurs de vêtements (Cons. d'Et. 28 déc. 1877, aff. Cathala, D. P. 78. 3. 43); — 4° A un marchand de beurre qui, à côté de sa clientèle de particuliers, en avait une autre composée de traiteurs et de pâtissiers (Cons. d'Et. 22 mars 1878, aff. Carish, *Rec. Cons. d'Etat*, p. 324) ; — 5° A un marchand de bouchons ayant pour clients des épiciers, droguistes et marchands de vin et dont les ventes atteignaient en moyenne 150 fr. (Cons. d'Et. 27 mai 1892, aff. Pèthe, *Rec. Cons. d'Etat*, p. 498).

Mais il a été jugé qu'à raison de leur minime importance, on pouvait considérer comme n'ayant été que de simples opérations de détail : 1° des ventes de cuirs faites à des cordonniers et autres artisans (Cons. d'Et. 15 août 1860, aff. Waag, *Rec. Cons. d'Etat*, p. 615) ; — 2° Des ventes de cotons pour la plupart inférieures à 50 fr., qui avaient été faites à des passementiers (Cons. d'Et. 30 avr. 1862, aff. Brante, *Rec. Cons. d'Etat*, p. 354) ; — 3° Des ventes de mercerie faites à des tailleurs, mais dont la moyenne était demeurée très faible (Cons. de préf. du Rhône, 27 nov. 1863, aff. Vallet et Magnin, D. P. 65. 5. 288). — Notons aussi qu'un papetier a été considéré comme vendant en détail, alors que sa clientèle était seulement composée de particuliers achetant pour leurs besoins personnels, de communes, d'instituteurs et de chefs d'institutions libres qui, n'étant pas imposés à la patente, ne pouvaient être assimilés à des détaillants (Cons. d'Et. 25 janv. 1890, aff. Ribis, D. P. 91. 3. 68). — Il y a là une distinction, intéressante à signaler, entre les acheteurs patentés et ceux qui ne le sont pas, distinction qui paraît, d'ailleurs, suffisamment justifiée, ces derniers ne pouvant en somme qu'être rangés dans la catégorie des simples particuliers.

54. Ces indications paraissent devoir suffire pour montrer quel est l'état de la jurisprudence. Ajoutons que, lorsque la loi n'admet pas, pour un commerce, la classe du demi-gros, il y a lieu d'imposer comme marchand en gros celui qui vend habituellement aux marchands et aux consommateurs. Le négociant est considéré, dans ce cas, comme exerçant une double profession et, selon le principe posé à l'art. 7 de la loi (V. *infrà*, n° 110), il est soumis au plus élevé des droits fixes afférents à ses deux séries d'opérations. C'est ce qui a été jugé : pour les professions de marchand de papiers et de marchands de broderies, avant que la vente en demi-gros fût prévue à leur égard dans les tarifs (Cons. d'Et. 10 mai 1851, aff. Esnaud, D. P. 52. 5. 408; 21 févr. 1855, aff. Tivet, D. P. 55. 5. 319; 24 mars 1859, aff. Ballu, D. P. 59. 3. 67); — Et pour celles de marchand de vins

(Cons. d'Et. 5 janv. 1854, aff. Baudard, D. P. 54. 5. 556); — De marchand de bière (Cons. d'Et. 31 juill. 1874, aff. Clère, *Rec. Cons. d'Etat*, p. 744); — De marchand d'encre à écrire (Cons. d'Et. 1er déc. 1882, aff. Robert, D. P. 85. 5. 347); — Et de marchand de lait (Cons, d'Et. 4 janv. 1889, aff. Carrière, D. P. 90. 5. 372); professions pour lesquelles le tarif ne prévoit, aujourd'hui encore, que la vente en gros et la vente en détail. — Enfin, pour certains commerces, et en vertu d'une dérogation spéciale, c'est exclusivement la quantité ou le poids des marchandises vendues qui doit être pris en considération, abstraction faite de la nature de la clientèle. Tel est le cas pour les marchands de bois, de chiffons, de charbon, de fer en barre, de grains, de vins, etc. On n'a dès lors qu'à suivre les indications du tarif en ce qui les concerne; mais ce système de classement ne saurait être étendu, par voie d'analogie, à des commerces autres que ceux auxquels la loi l'a explicitement déclaré applicable.

ART. 2 — *Règles du tableau B* (*Rép.* nos 13 et 21).

55. Le tableau B ne comprend qu'un très petit nombre de professions, moins de trente; la plupart appartiennent au haut commerce (agents de change, banquiers, commissionnaires, etc.). Ce sont les professions auxquelles il a paru nécessaire d'appliquer un tarif exceptionnel, ayant à la fois pour base le chiffre de la population et un second élément, qui est, pour presque toutes, le nombre des employés. Seules, quelques professions spéciales, telles que celles de fermier de pont à péage, d'entrepreneur de roulage et d'entrepreneur de signaux, ont leur droit fixe réglé exclusivement sur la population. Quant à la taxe variable qui atteint les autres en sus de la taxe déterminée, elle est établie soit par élément de production, soit d'après le nombre des employés. Dans ce dernier cas, elle est due « par personne employée, en sus du nombre de dix, aux écritures, aux caisses, à la surveillance, aux achats et aux ventes intérieures ou extérieures ». (L. 15 juill. 1880, tableau B, modifié par la loi du 28 avr. 1893). Ce mode de taxation permet de proportionner la patente à l'importance de chaque établissement, telle que l'accuse le chiffre de son personnel. — La taxe variable ne doit, d'ailleurs, atteindre que les employés proprement dits, à l'exclusion des garçons de recette, de bureau ou de magasin et des commissionnaires, porteurs, camionnieurs ou cochers employés aux livraisons (Instr. min. 6 avr. 1881, p. 8). Mais, en présence des termes exprès de la loi, il a été jugé qu'il y avait lieu de considérer comme passibles de cette taxe dans une banque, les employés, chargés d'effectuer les payements et les recettes aux guichets, pendant toute la durée d'ouverture des bureaux, encore que ces employés fussent de simples garçons revêtus du costume spécial à leur emploi et qui, à d'autres heures, étaient occupés au nettoyage et au balayage des salles (Cons. d'Et. 20 févr. 1885, aff. Crédit Lyonnais, D. P. 86. 5. 315). Il a été jugé aussi, par le même arrêt, que la taxe variable devait atteindre les employés du contentieux et du secrétariat, y compris ceux attachés plus spécialement aux chefs de service. Ont été encore déclarés imposables : les apprentis qui aident et suppléent les vendeurs dans les magasins de nouveautés (Cons. d'Et. 8 juin 1877, aff. Vaucheret, D. P. 78. 5. 350; 22 janv. 1886, aff. Marin, D. P. 87. 5. 323); — Les receveurs d'une maison de vente à crédit qui, en allant toucher à domicile les sommes dues, s'efforçaient de provoquer de nouveaux abonnements (Cons. d'Et. 26 mars 1886, aff. Crespin, D. P. 87. 5. 322).

56. Une disposition adoptée en 1889, sur l'initiative de M. Charonnat, et dont nous avons déjà examiné l'esprit (V. *suprà*, n° 6), portait que la taxe par employé serait doublée, lorsque le nombre des employés dépasserait 200, et triplée lorsqu'il dépasserait 1000 (L. 17 juill. 1889, art. 2). A la suite d'une nouvelle discussion lors du vote du budget de 1891, cette disposition a été maintenue par la loi du 8 août 1890. Mais il y a été dérogé pour les grands magasins de marchandises diverses, de vêtements confectionnés, de quincaillerie, ferronnerie et articles de ménage et d'épicerie, liqueurs et conserves, pour lesquels cette tarification progressive a été remplacée par un relèvement de la taxe par employé, lorsque le nombre de ces derniers est au moins de 100. Après avoir critiqué la taxation adoptée en 1889, M. Boulanger s'est exprimé ainsi sur ce point (Rapport du 30 juill. 1890, *Journ. off.* du 16 sept., annexe, p. 292, n° 176) : « On est donc conduit, si l'on veut augmenter d'une manière raisonnable la patente des grands magasins, à adopter le principe posé par le projet de loi, c'est-à-dire à faire passer dans une catégorie supérieure, sujette à une taxe plus élevée, les magasins occupant 100 employés ou plus. Ce chiffre de 100 employés nous a paru préférable à celui de 200, qui avait été introduit par la loi du 17 juill. 1889. Il donne une base plus large à la nouvelle patente. Il se rapproche davantage de la vérité parce que, quand une industrie occupe plus de 100 employés, elle a évidemment les caractères de productivité spéciale qui justifient le rehaussement ». Les grands magasins avaient donc une situation à part dans le tableau B.

Cette situation a encore été modifiée par la loi de finances du 28 avr. 1893. D'après cette loi, les magasins de plusieurs espèces de marchandises, ou pour la vente en demi-gros ou aux particuliers de vêtements confectionnés, ou pour la vente en demi-gros ou en détail de quincaillerie, de ferronnerie et d'articles de ménage, ou pour la vente en demi-gros ou en détail d'épicerie, liqueurs et conserves, occupant habituellement plus de dix employés, ainsi qu'il a été dit *suprà*, n° 55, payent un droit fixe composé : 1° d'une ou plusieurs taxes déterminées; 2° d'une taxe par employé. La taxe déterminée est unique lorsque le nombre des employés ne dépasse pas 200. Lorsque ce nombre de 200 est dépassé, il est dû une taxe déterminée pour chacune des spécialités commerciales comprises dans les ventes opérées dans le magasin — La taxe par employé est réglée, au-dessus du nombre de dix, par centaine et s'élève progressivement de centaine en centaine (V. *suprà*, tableau B). Enfin ces différentes taxes varient suivant trois catégories de population : 1° au-dessus de 100000 âmes; 2° de 50 001 à 100 000 âmes; 3° au-dessous de 50 000 âmes.

57. On remarquera, dans le même ordre d'idées, que les sociétés de crédit sont rangées en principe dans le tableau C, où elles sont assujetties au droit fixe à raison de 30 cent. par 1000 fr. de leur capital, versé ou non versé. Mais une disposition spéciale du tarif autorise à les faire passer, soit dans le tableau A, soit dans le tableau B, si l'ensemble de leurs droits, fixe et proportionnel, réglés d'après le premier de ces tableaux ou d'après le second, suivant la nature de leurs opérations, donne un chiffre supérieur à celui résultant de l'application des droits fixe et proportionnel du tableau C. Ainsi une société de banque ou d'escompte ne doit pas rester dans le tableau C, lorsque le tableau B, dans le premier cas, et le tableau A, dans le second, entraînent pour elle des droits plus élevés que ceux du tableau C, afférents à son capital; et cette comparaison des droits imposables doit être faite en tenant compte des succursales alimentées par le même capital et se livrant aux mêmes opérations que le siège social (Cons. d'Et. 8 févr. 1884, aff. Société générale et Crédit Lyonnais, D. P. 85. 3. 99).

58. Enfin, une règle spéciale, déjà édictée en 1844 (*Rép.* n° 21), rehausse le droit fixe de la plupart des patentés du tableau B (agents de change, assureurs maritimes, banquiers, commissionnaires, etc.), lorsqu'ils exercent dans les villes d'une population inférieure à 30 000 âmes, qui ont un entrepôt réel. Dans ces villes, leur droit fixe est relevé au taux de la catégorie de population immédiatement supérieure. Le législateur a voulu tenir compte, par ce moyen, des avantages que le haut commerce retire de l'existence, dans certaines villes, des entrepôts de douanes établis en vertu de la loi du 8 flor. an 11. Il ne s'agit pas, d'ailleurs, des entrepôts particuliers, tels que ceux des sels, mais des entrepôts généraux de marchandises étrangères et de denrées coloniales. Ces derniers sont, présentement, au nombre total de 44 en France; il n'y a toutefois intérêt à mentionner ici que ceux qui se trouvent dans des villes de moins de 30 000 âmes, puisqu'ils restent ailleurs sans influence sur le taux du droit fixe. Les villes de cette catégorie (au-dessous de 30 000 âmes) sont : Abbeville, Agde, Arles, Bayonne, Chambéry, Cherbourg, Dieppe, Douai, Douarnenez, Fécamp, Granville, Gravelines, Honfleur, La Rochelle, Le Légué-Plérin-Saint-Brieuc, Morlaix, Port-Vendres, Rochefort, Saint-Malo, Saint-Nazaire, Saint-Ouen, Saint-Servan, Saint-Valery-sur-Somme, Valenciennes.

La surtaxe ainsi établie est applicable aux patentés de l'agglomération urbaine, alors même que l'entrepôt est situé en dehors de cette agglomération (Cons. d'Et. 25 mai 1864, aff. Sébert, *Rec. Cons. d'Etat*, p. 491); mais la circonstance que des courtiers, ayant leurs bureaux dans une commune suburbaine, font usage de l'entrepôt d'une ville n'autorise pas à leur appliquer le même traitement, si équitable que cette mesure puisse paraître (Cons. d'Et. 5 févr. 1886, aff. Guillo-Lohan et Louyer de Villermay, D. P. 87. 5. 320). Ces affaires concernaient l'entrepôt du Légué (Saint-Brieuc); il était reconnu que des commerçants de plusieurs communes voisines usaient de l'entrepôt établi dans cette ville : comme on ne pouvait songer à leur étendre à tous la surtaxe, le conseil d'Etat, sur l'avis conforme du ministre des finances, s'en est tenu à la lettre du tarif, qui ne prévoit cette surtaxe que pour les commerçants du lieu de l'entrepôt réel.

59. Les commissionnaires en marchandises ainsi que les courtiers de marchandises, facteurs de denrées et marchandises et représentants de commerce, étant rangés dans le tableau B, sauf les exceptions, les règles communes à cette catégorie nombreuse de patentés ont leur place ici. — Nous ne reviendrons pas sur les différences, de droit et de fait, qui séparent le commissionnaire du simple courtier, facteur ou représentant. Ces différences ont été exposées au *Rép.*, v^is *Acte de commerce*, n° 172; *Commisionnaire*, n° 22. — V. également *suprà*, v° *Commissionnaire*, n° 12. Il suffira de rappeler que le courtier se borne à mettre en rapport l'acheteur et le vendeur, sans assumer de responsabilité du chef des opérations qu'il provoque, tandis que le commissionnaire agit en son nom, et qu'il est à la fois responsable du payement vis-à-vis du vendeur et de l'exécution de l'ordre vis-à-vis de l'acheteur. Ces principes de droit commun ont été appliqués à plusieurs reprises en matière de patentes, notamment dans un arrêt du 24 nov. 1882 (Cons. d'Et. aff. Salomon et autres, *Rec. Cons. d'Etat*, p. 924). « Considérant, dit cet arrêt, que les sieurs Salomon et autres n'achètent pas en leur nom et sous leur responsabilité et se bornent à mettre en rapport directement l'acheteur et le vendeur auxquels ils prêtent leur entremise; qu'ainsi, ils ne sauraient être considérés comme commissionnaires en marchandises, dans le sens de la loi du 15 juill. 1880, et que c'est avec raison que le conseil de préfecture les a déclarés imposables comme courtiers de commerce (tableau B) ». Il a, d'ailleurs, été tenu compte de ces différences dans la taxation du droit fixe, qui est de moitié environ moins élevé pour le courtier que pour le commissionnaire.

60. La règle suivant laquelle les intermédiaires de commerce sont rangés en principe dans le tableau B comporte une exception pour les commissionnaires, et trois pour les courtiers. La première exception est commune aux deux catégories. Si les opérations que font les patentables, ou auxquelles ils prêtent leur entremise, ont pour objet habituel la vente aux marchands détaillants et aux consommateurs, les droits sont seulement ceux de la 4e classe du tableau A (L. 15 juill. 1880, tabl. B). En second lieu, les droits du tableau B, et, le cas échéant, ceux du tableau A (4e cl.), ne sont applicables qu'aux courtiers dont la profession n'est pas spécialement dénommée aux tarifs (Même loi, même tableau). Enfin la loi du 2 août 1868 a ajouté dans le tableau A (6e cl.) la profession de courtier de produits alimentaires ou agricoles, qu'elle a définie : « celui qui s'entremet entre le producteur et le marchand ou le fabricant pour la vente d'une seule nature de produits ».

Pour profiter de la première exception, il faut d'abord que le commissionnaire ou le courtier ne prête pas exclusivement son entremise à des *marchands*, ceux-ci ne seraient-ils que des détaillants (Cons. d'Et. 28 déc. 1883, aff. Bouchot, Delorme et Jayet, D. P. 85. 3. 63). A plus forte raison, le bénéfice devrait en être refusé à celui dont la clientèle serait, pour tout ou partie, composée de marchands en gros ou en demi-gros (Cons. d'Et. 21 avr. 1868, aff. Follin, D. P. 69. 3. 33; 14 nov. 1879, aff. Venier, *Rec. Cons. d'Etat*, p. 688). Il faut encore que les opérations traitées avec les consommateurs ne demeurent pas l'accessoire de celles faites avec les détaillants et qu'il soit établi que l'intermédiaire s'adresse *habituellement* à ces deux catégories d'acheteurs (Cons. d'Et. 22 mai 1885, aff. Israël, D. P. 87. 3. 4). Cette solution est fondée sur la présence du mot *habituel* dans le texte du tarif; elle est d'ailleurs conforme au principe, constant en matière d'impôt, que les faits accidentels ou accessoires ne doivent pas être retenus, et à la jurisprudence que nous avons rapportée à l'égard des marchands proprement dits (V. *suprà*, n° 52). De même, et selon la règle énoncée ensuite (n° 53) pour les marchands chez qui se fournissent des artisans ou des industriels, les droits du tableau B demeurent applicables : au commissionnaire plaçant, par fortes parties, dans les usines des huiles, des savons, des acides (Cons. d'Et. 2 mars 1877, aff. Spony, *Rec. Cons. d'Etat*, p. 215); au représentant de commerce qui procure aux filateurs des métiers et autres machines (Cons. d'Et. 10 déc. 1886, aff. Christy, *Rec. Cons. d'Etat*, p. 880).

Quant à la seconde exception, elle a été établie au profit des opérations de courtage, déjà spécifiées dans le tarif, que leur minime importance ne permettait pas de soumettre à la taxation commune, même réduite à la 4e classe du tableau A. Les intermédiaires de cette catégorie ne sont, d'ailleurs, qu'au nombre de sept rangés pour partie dans la 6e et dans la 7e classe de ce tableau; ce sont : le courtier de bestiaux, le courtier de chevaux, le courtier de mouture, le courtier en essences, le courtier en grains, le courtier en soie et courtier gourmet-piqueur de boissons. On voit qu'il s'agit uniquement de petits patentés, opérant en général chez le cultivateur ou sur les marchés, et dont les charges ne pouvaient être relevées. — Mais, si ces courtiers spéciaux se trouvent nommément inscrits au tarif, les intermédiaires faisant *en gros* le courtage des mêmes objets ne sauraient s'en prévaloir pour repousser l'application du tableau B. Il a été jugé, en ce sens, que des courtiers s'entremettant, à la bourse de Marseille, pour la vente en gros de soies et cocons importés en France ne pouvaient revendiquer l'appellation de courtiers en soie (Cons. d'Et. 14 mai 1880, aff. Lassave et autres, D. P. 81. 3. 7).

C'est dans le même ordre d'idées que le législateur de 1868, en ajoutant au tarif, comme nous l'avons dit, la profession de courtiers de produits alimentaires ou agricoles, l'a rangée dans la 6e classe du tableau A. Il n'a entendu viser par là que celui qui, s'adressant au *premier* producteur, soit chez lui, soit sur les marchés, lui achète ses récoltes pour le compte de tiers ou lui procure les objets nécessaires à son exploitation, tels que les semences et les engrais; quant à celui qui met en rapport le producteur *industriel* avec les fabricants ou les marchands, les droits du tableau B lui demeurent applicables, encore qu'il n'opère que sur un seul produit. Ainsi jugé : pour un courtier inscrit comme tel au tribunal de commerce, qui s'entremettait pour la vente en gros entre des fabricants de tourteaux et des marchands ou commissionnaires (Cons. d'Et. 10 mars 1882, aff. Agnès, *Rec. Cons. d'Etat*, p. 234); — Pour les courtiers en sucres qui, faisant une partie de leurs opérations à la bourse du commerce de Paris, mettaient en rapport les fabricants de sucre de betteraves et les raffineurs ou les marchands (Cons. d'Et. 21 déc. 1889, aff. Potet et Maillard, D. P. 91. 3. 59); — Pour un courtier en fécules qui prêtait son entremise à des fabricants de ce produit pour la vente aux marchands et aux industriels (Cons. d'Et. 18 mars 1892, aff. Avez, *Rec. Cons. d'Etat*). Encore moins pourrait-on assimiler des consignataires de vins à des producteurs, dans le sens du tarif (Cons. d'Et. 4 juill. 1884, aff. Portal, *Rec. Cons. d'Etat*, p. 562). — On trouvera d'ailleurs *infrà*, n° 218, divers arrêts qui achèveront de montrer quel est le sens exact de cette appellation de courtier de produits alimentaires ou agricoles.

ART. 3. — *Population. — Banlieue* (*Rép.* n°s 15 à 20).

61. Les art. 5 et 6 de la loi du 25 avr. 1844, qui avaient trait à l'application des décrets de dénombrement et à l'imposition des patentés exerçant dans la banlieue des villes, ont été reproduits sans changement dans la loi du 15 juill. 1880) Mêmes art. 5 et 6). On en trouvera le texte au *Rép.*, n°s 15 à 20, avec l'indication des mesures que l'Administration prend tous les cinq ans pour les appliquer.

Pour les patentés de l'agglomération des villes, c'est la population *totale*, y compris celle des parties non agglomérées, qui sert de base au droit fixe (art. 6 précité, § 2). Mais, par ces termes de population totale, on ne doit entendre que la population *normale* ou *municipale*. Il n'a pas lieu de tenir compte des populations comptées à part (casernes, hospices, prisons, écoles, etc.), dont le chiffre figure, d'ailleurs, aux tableaux de dénombrement dans une colonne spéciale. Quant à la population non agglomérée, ces tableaux ne la donnent pas directement; elle est représentée par la différence entre le chiffre de la population normale totale et celui de la population agglomérée. Le droit fixe établi sur ces bases doit être maintenu jusqu'à la mise en vigueur du décret quinquennal suivant; et il a été jugé que l'insertion au *Bulletin des lois* de ce décret, qui devait faire descendre une commune de l'avant-dernière catégorie dans la dernière, ne pouvait être invoquée, si elle avait été postérieure au jour de la publication du rôle (Cons. d'Et. 30 juin 1858, aff. Roze, D. P. 59. 3. 4). — D'autre part, le tempérament édicté par l'art. 5, § 2, est applicable à toute commune qui passe dans une catégorie supérieure par l'effet d'un nouveau décret de dénombrement. L'augmentation du droit fixe n'y est perçue que pour moitié pendant les cinq premières années ; et la même mesure serait applicable à une banlieue qui subirait un changement analogue (Instr. min. du 6 avr. 1881, p. 14). Mais un patenté ne saurait être admis au bénéfice de ce tarif transitoire : ni dans le cas de rattachement de sa rue ou de son quartier à l'agglomération (Cons. d'Et. 6 janv. 1858, aff. Thuillier, D. P. 58. 3. 53; 14 mars 1879, aff. Raphanel, D. P. 79. 3. 77); ni dans le cas de réunion d'une section de commune à la ville voisine (Cons. d'Et. 11 mars 1863, aff. Lapierre, *Rec. Cons. d'Etat*, p. 230).

62. Comme on l'a dit (*Rép.* n° 18), il résulte de la discussion de la loi de 1844 que, par le mot *banlieue*, il faut entendre la partie du territoire qui, dans le tableau de dénombrement, est en dehors de l'agglomération; de telle sorte que la banlieue se distingue de la ville proprement dite, plutôt par l'état de la population et sa distribution sur le territoire, que par les limites municipales. Ce serait donc en vain qu'un patenté se prévaudrait de la situation de son magasin en dehors des limites de l'octroi ; il devrait payer le droit fixe d'après la population totale, si ce magasin se trouvait néanmoins compris dans la partie agglomérée de la ville (Cons. d'Et. 31 mars 1859, aff. Dantras, *Rec. Cons. d'Etat*, p. 247; 31 août 1865, aff. Bouchard, D. P. 66. 5. 338; 14 mars 1879, cité *suprà*, n° 61).

63. Les décrets de dénombrement font-ils autorité, en la matière, contre les intéressés? La question a été soulevée plusieurs fois. Elle a d'abord été résolue par l'affirmative (Cons. d'Et. 23 mars 1858, aff. Darteyre, D. P. 58. 3. 75; 28 déc. 1858, aff. Plaisant, *Rec. Cons. d'Etat*, p. 753). Tel a été également le sens des arrêts des 31 mars 1859 et 14 mars 1879, cités *suprà*, n° 62. On doit noter toutefois que la question a été plutôt jugée en fait dans les deux premières espèces; car, dans l'une, outre que le réclamant avait le siège de son industrie en ville, il s'agissait d'une buanderie qui, d'après le ministre des finances, se trouvait dans les conditions voulues pour faire partie de l'agglomération ; et dans l'autre, la ville (Arras) n'avait point de banlieue. Depuis lors, un changement semble s'être produit dans la jurisprudence. Deux arrêts des 26 avr. et 24 mai 1890 (aff. Desmarais frères, D. P. 91. 3. 101 et *Rec. Cons. d'Etat*, p. 562) ont admis au tarif de la banlieue des entrepôts de pétrole qui, d'après les décrets de dénombrement en vigueur, étaient considérés comme faisant partie de l'agglomération. En invoquant l'autorité de ces décrets, le ministre avait ajouté que ce classement était d'ailleurs justifié par l'état des lieux. Comme le conseil d'Etat a passé outre, on peut en inférer qu'il ne se considère pas comme lié, d'une manière absolue, par les décrets de dénombrement et que c'est d'après les circonstances de fait qu'il statue sur l'application du tarif. Cette nouvelle jurisprudence est évidemment équitable, puisque, selon la remarque que nous en avons faite (D. P. 79. 3. 77, V. la note), les opérations du dénombrement ne sont pas contradictoires, étant faites en dehors des intéressés. Elle est également conforme à la doctrine enseignée par M. Laferrière (*Traité de la juridiction administrative et des recours contentieux*, t. 2, p. 252, 448 et suiv.), suivant laquelle les conseils de préfecture sont juges d'un contentieux de pleine juridiction en matière d'impôt direct, ce qui leur confère le droit d'apprécier la régularité des actes administratifs qui, comme c'est le cas pour les décrets dont il s'agit, ont produit effet dans l'établissement des rôles.

ART. 4. — *Règles du tableau* C (*Rép.* n°s 22 à 25 et n°s 178 à 189).

64. Comme nous l'avons fait pour les tableaux A et B, nous ne donnerons ci-après que les règles d'application générale. Quant aux décisions particulières, on les trouvera *infrà*, chap. 2, sect. 3.

Le tableau C, nous l'avons dit (*suprà*, n° 40), est réservé à l'imposition des industries. Dans le tarif annexé à la loi de 1844, la plupart étaient déjà taxées par élément de production (*Rép.* n°s 178 et suiv.) ; mais leur droit fixe ne pouvait dépasser un maximum déterminé pour chacune d'elles, mesure qui était tout à l'avantage des grands établissements. Depuis la suppression du maximum, réalisée par la loi du 29 mars 1872 (D. P. 72. 4. 75), la taxation, proportionnelle et sans limite, de l'élément de production, est devenue la caractéristique du tableau C. Cet élément est, suivant le cas, l'ouvrier, le métier, la broche, la meule, etc. Par analogie, certaines professions sont imposées d'après la valeur, connue ou estimative, du service, du marché ou de l'entreprise : tels les fermiers de droits d'abattoir, d'octroi et de place, les entrepreneurs d'éclairage et les entrepreneurs de travaux publics.

§ 1er. — Eléments matériels de production. — Chômages (*Rép.* n°s 23, 24 et 196 à 199).

65. Quand le droit fixe est établi par métier, meule, machine ou autre appareil, la règle est de compter tous les éléments d'imposition utilisés ou non, mais *en état* de fonctionner, que renferme l'établissement, l'usine ou la fabrique. Ainsi, on doit soumettre au droit fixe : chez un fabricant de papiers peints, le nombre de tables montées qu'il possède, bien que certaines ne soient pas constamment employées (Cons. d'Et. 25 avr. 1855, aff. Lapeyre, D. P. 55. 5. 320) ; — Dans une *filature*, toutes les broches montées et prêtes à marcher, alors même que, par suite d'une diminution accidentelle de la force hydraulique, toutes ne pourraient être utilisées simultanément (Cons. d'Et. 25 janv. 1860, aff. Derly, *Rec. Cons. d'Etat*, p. 59) ; — Dans une filerie de cocons, le nombre total des bassines en état de fonctionner, alors même que la rareté des cocons n'aurait permis d'utiliser qu'une partie de cet outillage (Cons. d'Et. 11 avr. 1861, aff. Perrier, *Rec. Cons. d'Etat*, p. 256); — Dans une fabrique à métiers, non seulement les métiers en activité, mais encore tous ceux qui sont placés et montés et qui pourraient être remis en mouvement après un simple nettoyage, à l'exclusion toutefois des métiers déplacés et qui exigeraient des réparations considérables (Cons. d'Et. 26 juin 1867, aff. Colin, *Rec. Cons. d'Etat*, p. 606; 15 janv. 1875, aff. Janin, D. P. 75. 3. 94) ; — Les deux fours d'une fabrique de plâtre, bien qu'ils ne soient utilisés qu'alternativement (Cons. d'Et. 9 nov. 1880, aff. Dannizeau, D. P. 81. 5. 281); — Dans une fabrique d'esprit de grains, des cuves qui n'ont pas été utilisées pendant l'année, mais qui étaient néanmoins en état de fonctionner (Cons. d'Et. 21 avr. 1882, aff. Gruyelle, D. P. 84. 5. 372) ; — Dans une scierie mécanique, toutes les lames en état de fonctionner, alors même que ces lames ne pourraient pas être mises en action simultanément (Cons. d'Et. 1er déc. 1882, aff. Biguenet, D. P. 84. 5. 364); — Dans une papeterie, toutes les cuves en état de servir, bien que la moitié seulement aient été employées (Cons. d'Et. 26 déc. 1891, aff. Papeterie du Marais, *Rec. Cons. d'Etat*, p. 814).

66. C'est l'application du principe général suivant lequel la patente est assise sur des constatations matérielles, sans égard aux résultats effectifs atteints par l'exploitant. Mais cette taxation absolue des éléments recensés eût été rigoureuse dans certains cas, et le législateur en a dû tempérer la rigueur, au profit notamment des fabriques d'alcool, de chaux, de plâtre, de porcelaine, de vinaigre, etc., pour lesquelles il a eu égard à l'importance des opérations (V. le tarif). Il a aussi tenu compte de l'état d'infériorité où se trouvent les établissements industriels mus par l'eau. Aux termes de l'art. 11 de la loi de 1880, « dans les usines fonctionnant exclusivement à l'aide de moteurs hydrauliques, le droit fixe est réduit de moitié pour ceux des éléments de cotisation qui, par manque ou par crue d'eau, sont périodiquement forcés de chômer pendant une partie de l'année équivalente au moins à quatre mois ». Cette disposition, qui n'avait été jusqu'alors inscrite que dans le tarif et seulement en faveur de certaines industries (*Rép.* n° 196), permet d'envisager à part chaque élément de cotisation et, le cas échéant, de réduire le droit fixe correspondant. Ainsi, dans un moulin à deux paires de meules, dont l'une fonctionne habituellement et dont l'autre, par suite du manque d'eau, ne marche qu'accidentellement, la première paire est passible du droit fixe entier, et la seconde du demi-droit (Cons. d'Et. 1er août 1865, aff. Bardet, *Rec. Cons. d'Etat*, p. 725). — Il n'est pas nécessaire, pour que la réduction de moitié prévue par l'art. 11 de la loi de 1880 doive être appliquée, que le chômage annuel ait acquis, d'un seul trait, la durée de quatre mois (*Rép.* n° 197). On doit faire état de toutes les périodes de chômage qui se produisent au cours de l'année et il suffit que ces chômages successifs, étant additionnés, représentent ensemble une durée de quatre mois au moins pour qu'il y ait lieu d'opérer la réduction du demi-droit.

67. Mais le bénéfice de l'art. 11 n'est acquis que lorsque l'usine marche exclusivement à l'aide d'un moteur hydraulique; en sorte que la réduction au demi-droit devrait être refusée non seulement aux meules d'un moulin à vapeur (Cons. d'Et. 27 juin 1879, D. P. 80. 3. 20), mais encore à un établissement qui ne serait qu'en partie actionné par une force hydraulique (Cons. d'Et. 1er déc. 1882, aff. Biguenet, D. P. 84. 5. 363). Il faut aussi que le chômage soit périodique et qu'il résulte de manque ou de crue d'eau : on ne saurait tenir compte de celui qui aurait eu pour cause, soit la faiblesse du mécanisme (Cons. d'Et. 15 déc. 1868, aff. Rousselot, *Rec. Cons. d'Etat*, p. 1035), soit le défaut de clientèle (Cons. d'Et. 15 janv. 1875, aff. Battesti, D. P. 75. 3. 94), soit un cas de force majeure, tel que la rupture de la prise d'eau (Cons. d'Et. 6 nov. 1880, aff. Fabiani, D. P. 82. 3. 19), soit même du fait que l'industriel n'exploiterait l'usine que pendant la moitié de l'année. Décidé, en effet, contrairement à la jurisprudence constatée au *Rép.* n° 197, qu'un industriel qui exploite pendant six mois une scierie, sans qu'il existe aucune société entre lui et son copropriétaire qui l'exploite pendant les six autres mois, demeure passible du droit entier pour cette usine (Cons. d'Et. 30 avr. 1880, aff. Haxo, D. P. 81. 3. 6). — De même encore, les chômages éprouvés par les moulins à vent ne sauraient faire réduire de moitié le demi-droit qui leur est assigné par le tarif (Cons. d'Et. 6 avr. 1867, aff. Veuve Daniau, *Rec. Cons. d'Etat*, p. 346). Toutefois, la réduction pour cause de chômage devrait être étendue à une usine dont le droit fixe aurait été abaissé par la loi pour une autre cause d'infériorité par rapport aux établissements similaires. Ainsi, dans une filature de coton n'ayant qu'un moteur hydraulique, et qui devrait déjà n'être soumise qu'à la moitié du droit fixe, comme étant dépourvue de carderie ou de peignerie, le droit par broche serait, en cas de chômage périodique, réduit au quart de la taxe indiquée au tarif (Instr. min. du 6 avr. 1881, p. 98). — Le nombre des métiers d'après lequel doit être établi le droit fixe gradué des fabricants qui emploient, selon leurs besoins, des ouvriers disséminés, travaillant avec leurs propres machines, est, avec raison, calculé d'après le résultat de la fabrication, en attribuant à chaque métier un rendement moyen, évalué, à défaut d'expertise, d'après les vérifications faites par les agents dans les livres du fabricant (Sol. impl. Cons. d'Et. 20 juin 1884, D. P. 85. 2. 125). Et le calcul peut être établi sur les résultats de la fabrication pendant l'année qui a précédé celle à laquelle l'imposition est afférente (Même arrêt).

§ 2. — Détermination du nombre des ouvriers (*Rép.* nos 188 à 195).

68. Les règles à suivre pour la détermination du nombre imposable des ouvriers sont plus complexes. Le tarif porte le plus souvent, sans autre détail, que la taxe est due *par ouvrier ;* mais quelquefois, ces deux mots sont suivis d'une mention qui les précise; c'est le cas pour les fabriques d'objets en caoutchouc, pour les fabriques de cristaux et de glaces, pour les verreries. Des mentions de cette nature doivent être considérées comme étant restrictives; ainsi il a été jugé qu'on ne devait pas compter les ouvriers occupés à la réparation et à l'entretien des machines et outils dans une fabrique d'objets en caoutchouc, le droit fixe applicable à ces établissements étant dû, selon les termes du tarif, « par ouvrier employé soit à la préparation des matières, soit à la confection mécanique des objets fabriqués » (Cons. d'Et. 1er juin 1888, aff. Menier, D. P. 89. 3. 95). — Partout ailleurs, et selon le principe posé au *Rép.* n° 194, on doit recenser toutes les personnes apportant un concours effectif à la fabrication, soit qu'elles la dirigent, comme les contremaîtres, surveillants et chefs d'atelier, soit qu'elles la préparent, l'accompagnent ou l'achèvent, soit encore que les travaux accessoires dont elles sont chargées la rendent plus active, en permettant à l'industriel d'y consacrer sans relâche tous ses autres ouvriers. On doit tenir compte, en un mot, de tous les ouvriers que leur emploi rattache à la fabrication, y compris ceux qui, dans certaines industries, telles que la parfumerie et la chocolaterie, sont occupés à diviser, à empaqueter et à emballer les produits fabriqués, afin de les mettre à l'état de produits *marchands*. C'est dans ce sens que le droit fixe a été étendu : 1° aux terrassiers occupés dans les carrières, en sus des ouvriers proprement dits (Cons. d'Et. 8 févr. 1865, aff. Ziégler, *Rec. Cons. d'Etat*, p. 159); — 2° Aux tonneliers chargés, dans une confiserie de sardines, de réparer et de confectionner les barils et d'emballer les boîtes, ainsi qu'aux ferblantiers qui soudent ces boîtes et aux frotteurs qui s'assurent ensuite qu'elles sont étanches (Cons. d'Et. 30 mai 1868, aff. Peyron, *Rec. Cons. d'Etat*, p. 622; 23 déc. 1884, aff. Carraud et autres, D. P. 86. 3. 69); — 3° Aux ouvriers occupés, dans l'établissement d'un fabricant de produits chimiques, à façonner les bois de châtaignier dont ce fabricant extrait les tannins (Cons. d'Et. 9 nov. 1883, aff. Rey, D. P. 85. 5. 342); — 4° Aux ouvriers chargés, dans une raffinerie, de l'opération accessoire du sciage du sucre et à ceux qui ont pour emploi de revivifier le noir animal pour qu'il puisse servir à nouveau (Cons. d'Et. 20 mars 1885, aff. Etienne et Cézard, D. P. 86. 3. 112); — 5° Aux contremaîtres, aux réparateurs d'outils, au graisseur et au magasinier d'un entrepreneur de la fabrication dans une maison centrale (Cons. d'Et. 25 févr. 1887, aff. Rédier, D. P. 88. 3. 59); — 6° Aux hommes de peine employés, dans une fonderie de fer, à nettoyer les moules et à y transporter la fonte du cubilot, à maintenir les pièces pendant l'ajustage, à enlever les bavures de la fonte (Cons. d'Et. 25 janv. 1890, aff. Martin, *Rec. Cons. d'Etat*, p. 83).

69. Mais le droit fixe ne saurait atteindre : 1° ni les acheteurs de matières premières, Cons. d'Et. 23 déc. 1884, cité *suprà*, n° 68; — 2° Ni les chauffeurs des machines motrices, celles-ci étant susceptibles d'être remplacées par un moteur hydraulique (Cons. d'Et. 20 mars 1885, cité *suprà*, n° 68); — 3° Ni les ouvriers exclusivement employés à mettre en mouvement, à surveiller ou à diriger des machines ou autres éléments de production déjà soumis au droit fixe (Instr. min. du 6 avr. 1881, p. 43); — 4° Ni ceux occupés à des travaux indépendants de la fabrication, tels que les balayeurs, les laveurs, les gaziers, les charpentiers, les charretiers. On ne doit compter non plus : ni le patentable, alors même qu'il prendrait part, comme un simple ouvrier, aux travaux effectués dans son établissement (Instr. min. du 6 avr. 1881, p. 43); ni le gérant placé à la tête d'une fabrique de conserves alimentaires (Arrêt précité du 23 déc. 1884). Il y aurait lieu toutefois d'ajouter aux autres ouvriers la femme travaillant dans l'établissement de son mari et les enfants, même non mariés, employés comme ouvriers chez leur père (Instr. min. du 6 avr. 1881, p. 43; Cons. d'Et. 8 avr. 1892, aff. Laclantre, *Rec. Cons. d'Etat*, p. 372). Ajoutons encore que les apprentis sont passibles du même droit fixe que les ouvriers (Cons. d'Et. 9 juill. 1886, aff. Bouer, D. P. 88. 3. 59), et qu'il ne peut davantage être fait de distinction de sexe, aucune disposition ne permettant d'assimiler les femmes aux individus âgés de plus de soixante ou de moins de seize ans que vise l'art. 10 de la loi du 15 juill. 1880. Les personnes présentant ces conditions d'âge sont les seules qui puissent, en vertu de cet article, n'être comptées que pour la moitié de leur nombre (Cons. d'Et. 18 janv. 1884, aff. Tuileries de Montceau-les-Mines, D. P. 85. 3. 85).

70. Dans les ateliers où le personnel est stable et permanent, il est facile, sauf exception, d'en déterminer le chiffre. Mais il n'en est pas de même lorsque les ouvriers travaillent à leur domicile, tantôt pour un fabricant, tantôt pour un autre, comme le font, en général, les tisseurs habitant les campagnes, ou encore s'il s'agit d'opérations faites seulement dans l'intervalle des travaux agricoles et, pour les femmes, après les soins journaliers du ménage, situation qui est celle de la plupart des couturières et des brodeuses travaillant chez elles. Sans qu'il existe à ce sujet de règle positive, il est d'usage de prendre pour base, soit la production totale de l'année, soit le montant des salaires payés, qu'on divise par la production *annuelle* moyenne ou par le salaire *annuel* moyen d'un ouvrier supposé constamment occupé (*Rép.* n° 192 à 195). C'est la marche suivie, en particulier, pour la détermination du personnel *disséminé* : des fabricants de chaussures (Cons. d'Et. 26 févr. 1875, aff. Fanien, *Rec. Cons. d'Etat*, p. 198) ;... des fabricants de gants (Cons. d'Et. 28 févr. 1879, aff. Neyret, *Rec. Cons. d'Etat*, p. 188) ;... des fabricants à métiers, lorsque chaque ouvrier possède son métier chez lui (Cons. d'Et. 20 juin 1884, aff. Cochaud, D. P. 85. 3. 125) ;... des fabricants de broderies (Cons. d'Et. 17 févr. 1888, aff. De Ulkowska, D. P. 89. 5. 349). L'emploi de ce système de moyennes est, d'ailleurs, autorisé par le tarif, qui porte, pour diverses industries et, en particulier, à l'article *Fabricant pour le commerce* (V. *suprà*, Tarif), que le droit fixe variable doit être calculé « par ouvrier ou par série d'ouvriers momentanément occupés équivalant à un ouvrier employé complètement ».

71. Mais quelle règle doit-on suivre pour les autres professions et, spécialement, pour celles qui comportent des intermittences ou qui ne s'exercent qu'à certaines époques? Comme ces industries font en quelques mois leur campagne annuelle, c'est le personnel par elle occupé durant cette période qui donne la mesure de leur importance. C'est donc par la durée *effective* de l'exploitation ou de la fabrication, et non par l'année de travail usuelle (300 jours), qu'on doit diviser la production totale atteinte ou le montant des salaires payés; et, quand il n'est pas nécessaire de recourir à ces calculs, c'est le nombre moyen des ouvriers, constaté directement durant la même période, qui doit être retenu. Ainsi un exploitant de tourbières ne travaillant qu'une partie de l'année ne peut se prévaloir de la disposition du tarif ci-dessus relatée ; il est imposable pour le nombre moyen d'ouvriers occupés pendant « la durée de l'exploitation » (Cons. d'Et. 31 juill. 1856, aff. De Beaurepaire, D. P. 57. 3. 18). De même, un fabricant de conserves de légumes, qui n'emploie pas moins de 35 ouvriers « pendant la période de sa fabrication », n'est pas fondé à prétendre que le personnel qu'il occupe à ce moment ne ferait que le travail de 10 ouvriers employés *toute l'année* (Cons. d'Et. 5 mai 1882, aff. Guilbaud, D. P. 83. 3. 102), et doit être maintenu au droit fixe pour le nombre d'ouvriers qu'il occupe pendant la durée de sa fabrication (Cons. d'Et. 4 juin 1870, aff. Lemesnager, *Rec. Cons d'Etat*, p. 707). C'est ainsi également qu'il a été statué pour les confiseries de sardines, industries qui non seulement ne s'exercent que pendant l'été, mais où, de plus, le travail journalier est très variable, puisqu'il dépend des chances de la pêche. Pour déterminer le chiffre moyen du personnel payé à l'heure à ajouter au personnel fixe de chaque confiserie, on a divisé le montant des heures ainsi payées durant la campagne, par le prix d'une journée moyenne; puis le quotient obtenu a été lui-même divisé par le nombre effectif des jours de la campagne, dimanches non compris (Cons. d'Et. 23 déc. 1884, aff. Carraud et autres, D. P. 86. 3. 69). Par ce moyen, on est arrivé à tenir un compte exact de l'importance des opérations dans chaque confiserie.

72. Dans certains cas, des ouvriers ou des métiers peuvent être imposés à la fois au nom de deux patentables; c'est lorsqu'ils constituent l'élément imposable pour l'un comme pour l'autre (*Rép.* n° 192). Ainsi, l'industriel pour le compte duquel des fabricants à façon confectionnent des tissus avec des matières premières qu'il leur fournit et des métiers leur appartenant, est imposable pour ces métiers, bien que le droit fixe de ces fabricants soit assis sur les mêmes métiers (Cons. d'Et. 20 juill. 1867, aff. Kœchlin, *Rec. Cons. d'Etat*, p. 687; 18 janv. 1889, aff. Debry, D. P. 90. 3. 31). Telle est aussi la règle applicable aux travaux publics rétrocédés à des sous-traitants (V. *infrà*, n° 437). Il a été également jugé que l'entrepreneur de la fabrication dans une prison est imposable pour les détenus de cette prison, bien qu'il ait sous-traité avec des fabricants pour l'exploitation du travail de ces détenus (Cons. d'Et. 30 mai 1879, aff. Brunswick, D. P. 80. 3. 30) ; et que lorsqu'un fabricant de vannerie emploie des détenus, auxquels il fournit les matières premières et dont il paye le salaire, il doit être tenu compte de ces détenus pour le calcul de son droit fixe, bien que l'entrepreneur des fournitures de la prison soit lui-même imposé à raison de ces mêmes détenus (Cons. d'Et. 8 févr. 1878, aff. Dubosq, D. P. 79. 5. 304). — Par analogie, celui qui est à la fois fournisseur général et entrepreneur de fabrication dans une *prison* est imposable distinctement, en raison du nombre des *détenus* qu'elle renferme, d'après le tarif afférent à chacune des deux professions qu'il exerce (Cons. d'Et. 16 avr. 1875, aff. Céalis, D. P. 75. 3. 108). — Jugé dans le même ordre d'idées que la circonstance que des ouvrières disséminées travaillent sous la direction de facteurs de fabrique ou d'entrepreneurs de couture, patentés eux-mêmes, ne fait pas obstacle à ce qu'il soit tenu compte de ces ouvrières pour le règlement du droit fixe du fabricant de gants qui les emploie (Cons. d'Et. 22 janv. 1868, aff. Deschamps, *Rec. Cons. d'Etat*, p. 66; 28 févr. 1879, aff. Neyret, *Rec. Cons. d'Etat*, p. 188). — Cependant, un arrêt, rendu contrairement à l'avis du ministre des finances, a décidé que les ouvriers des relieurs à façon, travaillant pour un éditeur, ne doivent pas être ajoutés aux ouvriers que cet éditeur occupe dans ses ateliers (Cons. d'Et. 26 déc. 1884, aff. Mame, D. P. 86. 3. 69), les ouvriers ainsi occupés à demeure chez des patrons spéciaux ne pouvant être rattachés au personnel de cet éditeur.

§ 3. — Fabricants travaillant pour le commerce.

73. Nous avons dit (*suprà*, n° 4) qu'une disposition importante du tarif annexé à la loi de 1880 permettait d'assujettir aux règles du tableau C une grande partie des professions rangées, en principe, dans la tableau A. Cette disposition est ainsi libellée : « *Fabricant* : celui dont la profession, inscrite, sous une dénomination quelconque au tableau des commerces, industries ou professions dont le droit fixe est réglé eu égard à la population et d'après un tarif général, consiste dans un travail de fabrication, de confection ou de main-d'œuvre, lorsqu'il travaille pour le commerce et qu'il occupe plus de dix ouvriers disséminés ou réunis dans le même établissement : Pour les dix premiers ouvriers 18 fr. ; plus, pour les ouvriers au-dessus de dix, 3 fr. 60 cent. par ouvrier ou par série d'ouvriers momentanément occupés équivalant à un ouvrier employé complètement. Les droits ci-dessus seront réduits de moitié pour les fabricants à façon. Dans aucun cas, l'ensemble des droits fixes et proportionnels de patente ne pourra être inférieur au total qui résulterait de l'application, à la profession du fabricant, du tarif réglé en raison de la population ».

74. Déjà, pour mieux proportionner les droits à l'importance que prennent certaines professions, la loi du 4 juin 1858 avait prescrit de faire passer dans le tableau C, et d'imposer d'après le nombre de leurs ouvriers, les fabricants travaillant pour le commerce et exerçant avec plus de dix ouvriers une profession du tableau A. Cette disposition n'était toutefois applicable que dans le cas où le droit *fixe* calculé conformément au tableau C était égal ou supérieur à celui du tableau A. Avec ce système, le total de la patente se trouvait, dans certains cas, plus faible que si le redevable eût été maintenu au tableau A ; car le droit proportionnel s'abaissait, et cette réduction n'était pas compensée par l'accroissement du droit fixe et l'extension du droit proportionnel à l'outillage. Cet effet de la loi était évidemment contraire à l'intention du législateur. D'un autre côté, la jurisprudence fondée sur la lettre du tarif ne permettait pas d'appliquer les règles du tableau C aux patentables qui n'étaient pas explicitement désignés comme *fabricants* dans le tableau A. Certaines industries jouissaient ainsi d'un véritable privilège par rapport à des professions analogues, mais autrement dénommées au tarif (V. en ce sens, Com. f. f. de Cons. d'Et. 29 août 1871, aff. Piver, D. P. 72. 3. 50; Cons. d'Et. 19 juin 1874, aff. Mame, D. P. 75. 3. 51 ; 16 mars

1877, aff. Durand, D.P. 78. 5. 351; 30 mai 1879, aff. Crépin, D. P. 81. 5. 280).

75. Ces anomalies ne peuvent plus se produire avec le texte de la loi de 1880 qui permet de faire passer dans le tableau C un patentable *quelconque* du tableau A, pourvu que sa profession consiste dans un travail de fabrication, de confection ou de main-d'œuvre, dès que le nombre des ouvriers, disséminés ou réunis, est supérieur à dix, et qu'en outre le fabricant travaille pour le commerce. Aussi, cette disposition a-t-elle pu être appliquée : à un peintre sur porcelaine occupant 45 ouvriers (Cons. d'Et. 16 nov. 1883, aff. Gardaire, D. P. 85. 3. 64);... à un libraire-éditeur et à un imprimeur typographe (Cons. d'Et. 26 déc. 1884, aff. Mame, D. P. 86. 3. 69; 5 févr. 1886, aff. Rétaux, D. P. 87. 5. 328;... à des tailleurs confectionnant à l'avance des vêtements destinés à être vendus en gros (Cons. d'Et. 16 mai 1884, aff. Akar et Chan, *Rec. Cons. d'Etat*, p. 394); bien qu'aucun de ces patentables ne fût cependant un *fabricant*, dans le sens usuel de ce mot. — Notons, toutefois, une exception dans le tarif en faveur du fabricant de broderies et du fabricant de dentelles, travaillant pour le commerce, qui ne peuvent être imposés d'après les règles du tableau C que dans le cas où ils ont un atelier ou un corps de fabrique dans lequel ils occupent plus de dix ouvriers d'une manière permanente. Dans le cas contraire, ils sont considérés comme marchands et imposés comme tels, sans tenir compte des ouvriers disséminés qu'ils peuvent occuper ». Celui qui n'occupe à des travaux de broderies que des ouvrières restant chez elles doit donc être maintenu dans le tableau A (Cons. d'Et. 21 avr. 1882, aff. Raffard, D. P. 84. 5. 371).

76. L'expression *travaillant pour le commerce* a, d'après la jurisprudence, un sens très général, en accord avec les intentions du législateur : on ne doit exclure, en effet, de cette catégorie que les patentables se bornant à vendre aux simples particuliers ; tous les autres sont susceptibles d'être soumis aux droits du tableau C. Ainsi, il a été jugé que ces droits étaient applicables : 1° à des industriels fabriquant des feutres pour la papeterie, attendu que les fabricants de papiers, formant leur clientèle, ne pouvaient être considérés comme des consommateurs dans le sens de la loi (Cons. d'Et. 15 févr. 1884, aff. Weiller et comp., D. P. 85. 3. 64); — 2° A un fabricant de tonneaux qui les vendait à des marchands de vin et d'huile pour les besoins de leur profession (Cons. d'Et. 1er août 1884, aff. Beuse, D. P. 85. 5. 346); — 3° A un serrurier-entrepreneur faisant des travaux de grosse serrurerie et des constructions métalliques, notamment pour le compte d'usines et de compagnies de chemins de fer (Cons. d'Et. 8 mai 1885, aff. Gabelle, D. P. 86. 5. 319); — 4° A une imprimerie qui confectionnait des boîtes en carton fin pour les fabriques d'allumettes chimiques (Cons. d'Et. 7 août 1885, aff. *Société de l'Imprimerie marseillaise*, D. P. 86. 5. 320); — 5° A un fabricant de boîtes en carton employant cinquante ouvriers, qui vendait ses produits à des fabricants de fil, de chocolat, etc., pour être utilisés dans leur industrie (Cons. d'Et. 6 déc. 1889, aff. De Leroy, D. P. 91. 5. 383). — Mais ne peuvent être réputés travailler pour le commerce : 1° un fabricant de chocolat vendant aux consommateurs une partie de ses produits (Cons. d'Et. 11 déc. 1867, aff. Pelletier, *Rec. Cons. d'Etat*, p. 918); — 2° Un fabricant de meubles qui effectue la majeure partie de ses ventes à des particuliers, et qui, en outre, fournit à ses clients divers objets d'ameublement achetés à d'autres marchands (Cons. d'Et. 17 janv. 1879, aff. Mazaroz-Ribalier, D. P. 81. 5. 278). Au contraire, un fabricant de chaussures qui, n'employant d'autres machines que deux coupeuses et une cambreuse, fait exécuter le surplus de ses travaux à la main, doit être imposé comme exerçant la profession de cordonnier fabricant pour le commerce, dont le droit fixe est déterminé d'après le nombre des ouvriers, et non celle de fabricant de chaussures par procédés mécaniques (Cons. d'Et. 14 déc. 1883, aff. Chabaud, D. P. 85. 5. 346). — Il faut enfin que l'ensemble des droits fixes et proportionnels résultant de l'application des règles du tableau C ne soit pas inférieur au total des droits du tableau A ; et cette comparaison doit être faite, en tenant compte des droits afférents à toutes les communes où le fabricant occupe des magasins ou des ateliers (Cons. d'Et. 31 juill. 1885, aff. Poirier, *Rec. Cons. d'Etat*, p. 734). — Ajoutons encore : qu'il y a lieu de réunir les ouvriers disséminés à ceux qui travaillent chez le fabricant (Cons. d'Et. 21 mai 1886, aff. Coste, D. P. 87. 5. 322), et que le tarif autorise l'emploi, pour les premiers, du système de moyennes ci-dessus indiqué (n° 71); que le fabricant taxé à raison de tous ses ouvriers, comme travaillant pour le commerce, n'est pas imposable pour les métiers qu'une partie de ces ouvriers conduisent (Cons. d'Et. 7 nov. 1884, aff. Hibron et Stiégler, *Rec. Cons. d'Etat*, p. 757). Enfin, aux termes d'une instruction ministérielle du 6 avr. 1881, les droits sont réduits de moitié s'il ne s'agit que d'un travail à façon; et, lorsque le fabricant a une double clientèle, d'industriels ou de marchands et de simples consommateurs, il ne doit être imposé qu'en raison des ouvriers dont le travail correspond aux ventes de la première catégorie, à moins que ses autres ventes, étant constitutives d'une seconde profession exercée parallèlement, n'entraînent l'imposition de droits plus élevés, auquel cas ces derniers droits devraient seuls être retenus.

77. La disposition du tarif concernant les fabricants qui travaillent pour le commerce reste applicable sans restriction alors même que le fabricant vendrait en détail aux consommateurs, une certaine portion, ou même la majeure partie de ses produits : c'est ce qui a été décidé, spécialement, à l'égard d'un fabricant de chaussures par procédé mécanique qui se prévalait de cette circonstance pour prétendre qu'il devait être imposé pour partie, comme marchand cordonnier; le conseil d'Etat a jugé que le réclamant n'en était pas moins imposable comme fabricant de chaussures, d'après la totalité du nombre des ouvriers et des machines employés dans son établissement (Cons. d'Et. 29 avr. 1887, aff. Bouet, D. P. 88. 3. 84).

§ 4. — Règles diverses. — Fabricants à façon.

78. Les *fractions* des éléments imposables prévus au tarif (nombres en francs, kilomètres, hectolitres, mètres cubes, etc.), doivent être négligées pour le calcul du droit fixe, à moins que le tarif ne contienne une mention expresse à ce sujet, situation qui est notamment celle du fermier de droits de place et de l'entrepreneur de travaux publics. On ne saurait non plus scinder une taxe par ouvrier, même dans le cas où certains ouvriers ne sont, en raison de leur âge, comptés que pour la moitié de leur nombre. Ainsi, pour un exploitant de carrières occupant sept ouvriers de moins de seize ans ou de plus de soixante-cinq ans, le droit fixe sera calculé seulement à raison de trois ouvriers ; et s'il n'occupait qu'un ouvrier de plus de soixante-cinq ans, ou de moins de seize ans, on n'imposerait que la taxe déterminée de 5 fr. (Instr. min. du 6 avr. 1881, p. 52).

79. Le fabricant à façon se distingue du fabricant pour son compte, en ce qu'il reçoit de ce dernier les matières premières et se borne à lui fournir la main-d'œuvre (Cons. d'Et. 22 févr. 1889, aff. Paillard, D. P. 90. 3. 44). Le tarif a tenu compte, en général, de cette différence ; et, spécialement, le fabricant pour le commerce qui ne travaille qu'à façon n'est assujetti qu'à la moitié du droit fixe (V. *suprà*, n° 73). Mais, les industriels au profit desquels cette réduction n'est pas spécifiée demeurent passibles, dans tous les cas, du droit fixe entier. Ainsi, des fabricants à métiers, qui étaient également teinturiers et imprimeurs d'étoffes, n'ont obtenu la réduction à la moitié des droits que pour la première de ces professions, le tarif étant muet sur ce point à l'égard des deux autres (Cons. d'Et. 4 avr. 1872, aff. Sarret, Graffeuil et comp., *Rec. Cons. d'Etat*, p. 205). Telle est également la situation des exploitants de carrières et des extracteurs de phosphates (V. *infrà*, nos 189 et 375), qui demeurent passibles du même droit fixe, qu'ils travaillent ou non pour leur compte.

On trouvera *infrà*, n° 88 et suiv., l'indication des règles à suivre lorsque plusieurs industries sont exercées dans le même établissement.

SECT. 2. — DE L'IMPOSITION DU DROIT FIXE PAR ÉTABLISSEMENT (*Rép.* nos 26 à 34).

80. C'est, en effet, par *établissement* que le droit fixe est réglé depuis la loi du 18 mai 1850 (*Rép.* nos 28 et suiv.). Mais si, à la différence de l'art. 7 de la loi de 1844, d'après lequel chaque patentable ne pouvait être soumis qu'à un seul droit fixe, l'art. 19 de la loi de 1850 disposait que les patentables ayant plusieurs établissements, boutiques ou magasins de même espèce ou d'espèces différentes, payeraient un droit fixe entier pour l'établissement donnant lieu au droit le plus élevé, et un demi-droit fixe pour chacun des autres établissements, boutiques ou magasins, il ajoutait que la somme des demi-droits fixes ne pourrait excéder le double du droit fixe principal. Ce maximum a été supprimé ensuite (L. 4 juin 1858, art. 9); puis chaque établissement a été frappé d'un droit fixe *entier* (L. 29 mars 1872, art. 1er), et ce mode nouveau de taxation a été consacré par la loi de 1880, qui porte (art. 8): « Le patentable ayant plusieurs établissements, boutiques ou magasins de même espèce ou d'espèces différentes est, quel que soit le tableau auquel il appartient comme patentable, passible d'un droit fixe en raison du commerce, de l'industrie ou de la profession exercée dans chacun de ces établissements, boutiques ou magasins ». C'est donc bien par établissement que le droit fixe est aujourd'hui réglé, et, si les patentes continuent d'être personnelles (V. *infrà*, nos 668 et suiv.), on peut dire que c'est l'établissement qui constitue présentement l'entité imposable. Il importe, par suite, de préciser les signes auxquels on le reconnaît.

ART. 1er. — *De l'établissement.*

81. D'une manière générale, l'établissement passible du droit fixe est caractérisé: par l'occupation d'un local distinct; par l'emploi d'un personnel ou, au moins, d'un préposé spécial; par l'exécution d'opérations constitutives d'une industrie complète; par l'existence d'une clientèle propre; par la tenue d'une comptabilité particulière. Ces conditions peuvent, d'ailleurs, n'être pas toutes remplies. Il suffit que les faits témoignent, dans leur ensemble, de l'existence d'un centre d'action particulier, d'un local où se passent les actes essentiels de la profession. Quant à la surveillance que tout patentable exerce forcément sur les opérations faites en divers lieux pour son compte, elle n'est pas exclusive de la pluralité d'établissements; et il en est de même pour la centralisation de la comptabilité et de la correspondance, comme pour l'exécution matérielle des commandes reçues ou des marchés conclus. Mais il importe d'ajouter que la pluralité des professions n'entraîne pas, *a priori*, celle des établissements. On verra plus loin (no 88) que plusieurs professions peuvent être exercées dans un seul établissement, pourvu que leur direction commune, étant jointe soit à leur connexité, soit à l'absence de locaux distincts, implique l'unité de gestion ou d'exploitation.

82. Ces principes posés, nous parlerons d'abord des maisons secondaires (succursales, dépôts ou bureaux de vente, agences, comptoirs, etc.). Notons seulement ici que des dispositions particulières régissent l'imposition des magasins de vente des industriels (V. *infrà*, nos 106 et suiv.).

ART. 2. — *Des succursales et maisons secondaires.*

83. Quels que soient les liens qui les unissent à l'établissement principal, les maisons secondaires sont passibles d'un droit fixe distinct dès l'instant qu'elles présentent les caractères distinctifs d'un établissement (*suprà*, no 81), notamment, lorsque leurs opérations, engageant le patentable, se traitent avec une clientèle qui leur est spéciale ou quand elles forment, vis-à-vis de cette clientèle comme au regard des maisons concurrentes, autant d'organismes complets, vivant ou pouvant vivre de leur existence propre. En effet, nous l'avons dit, la loi isole et taxe à part chaque établissement; elle ne fait pas d'ailleurs de différence sur ce point entre les sociétés et les particuliers : la même le leur est applicable puisque c'est l'établissement qui constitue l'élément d'imposition (Cons. d'Et. 2 juill. 1880, aff. Compagnie *La Confiance*, D. P. 81. 3. 70). On doit, conformément à ce principe, considérer comme formant *établissement* distinct : un local qu'un épicier, ayant son magasin dans une commune, a pris à loyer dans une autre commune et où il reçoit des commandes, bien que les marchandises, amenées de son magasin par voiture, soient livrées sur la voie publique (Cons. d'Et. 29 mai 1861, aff. Loste, *Rec. Cons. d'Etat*, p. 440); — Un magasin loué par un marchand de laines dans une ville autre que celle de sa résidence, et où des ventes sont faites soit par lui-même, soit par le préposé qu'il y entretient (Cons. d'Et. 3 juill. 1861, aff. Lassale. *Rec. Cons. d'Etat*, p. 572); — Un dépôt de planches établi par un marchand de *bois* dans une commune autre que celle où est le siège de ses affaires, lorsque des ventes sont opérées pour son compte dans ce dépôt, par l'intermédiaire d'un représentant de commerce (Cons. d'Et. 31 juill. 1874, aff. Coupas, *Rec. Cons. d'Etat*, p. 747); — Un magasin de tissus à la tête duquel est un préposé spécial qui traite directement avec les acheteurs et encaisse les payements, bien que ce soit la maison principale qui demeure seule chargée de la rédaction et de l'expédition des factures (Cons. d'Et. 8 févr. 1878, aff. Stoecklin et comp., D. P. 78. 3. 65); — Chacun des deux cabinets qu'un agent d'affaires possède à Paris, lorsque l'un d'eux est géré par lui-même et l'autre par un employé, qui tient une comptabilité particulière (Cons. d'Et. 24 mai 1878, aff. Demoral, *Rec. Cons. d'Etat*, p. 507); — Chacun des magasins qu'un *teinturier* dégraisseur occupe dans une ville voisine de celle où il a son habitation et ses ateliers, et qui sont placés sous la direction de préposés chargés de recevoir les clients et d'enregistrer leurs ordres, de fixer les prix et d'en toucher le montant (Cons. d'Et. 6 nov. 1880, aff. Vyt, *Rec. Cons. d'Etat*, p. 848); — Chacun des bureaux de quartier, ouverts par un marchand de vins, dans lesquels des préposés reçoivent les clients, conviennent des prix, du choix et de la quantité des vins à livrer, et transmettent chaque jour à la maison principale le relevé des commandes (Cons. d'Et. 6 nov. 1880, aff. Jubert, D. P. 82. 3. 46); — Un comptoir créé à Saint-Etienne par des commissionnaires en marchandises de Lyon, et géré par un préposé spécial qui fait, d'après leurs ordres, des achats importants de marchandises dont une grande partie est expédiée directement à leurs clients (Cons. d'Et. 12 juill. 1882, aff. Brussel et Kiëfe, D. P. 83. 3. 117); — Un bureau où le préposé d'une entreprise de vidanges exerçant dans une autre ville reçoit les ordres, lorsqu'il a un personnel et un matériel spéciaux pour l'exécution de ces ordres (Cons. d'Et. 27 avr. 1883, aff. Compagnie Lesage, D. P. 85. 5. 341); — Les agences de quartier dans lesquelles des préposés spéciaux, représentant une société de crédit vis-à-vis du public, et se livrant à des opérations distinctes de celles du siège social, font l'escompte, payent des coupons, délivrent des chèques, reçoivent les souscriptions aux émissions, ouvrent des comptes de dépôt, prennent à l'encaissement des factures et effets de commerce, et se chargent de l'exécution des ordres de bourse, bien qu'une partie de ces opérations doive être ratifiée par le siège, qui centralise en outre les écritures et où les fonds et les valeurs sont rapportés chaque soir (Cons. d'Et, 8 févr. 1884, aff. Société générale et Crédit lyonnais, D. P. 85. 3. 99); — Un entrepôt établi, dans une ville de province, par un raffineur de pétrole de Paris et géré par un agent spécial qui fait des ventes aux clients de la ville et de la région, bien que tous les marchés qu'il passe doivent être ratifiés par la maison de Paris (Cons. d'Et. 5 févr. 1886, aff. Desmarais, *Rec. Cons. d'Etat*, p. 115); — Des dépôts de glace où la vente est faite au public par des agents spéciaux (Cons. d'Et. 18 juill. 1884, aff. Société des glacières de Paris, *Rec. Cons. d'Etat*, p. 618); — Des dépôts de lait situés dans différents quartiers et dirigés par des préposés qui tiennent une comptabilité particulière et qui sont chargés notamment de régler l'approvisionnement journalier suivant les ordres reçus de la clientèle qui leur est spéciale, de distribuer le lait à cette clientèle et de recouvrer les factures (Cons. d'Et. 19 mars 1886, aff. Bachiment et comp., D. P. 87. 5. 321); — Un cabinet qu'un dentiste de Paris ouvre chaque année dans le même hôtel d'une ville d'eaux et à la direction duquel il affecte un de ses opérateurs (Cons. d'Et. 5 nov. 1886, aff. Préterre, *Rec. Cons. d'Etat*, p. 760); — Les bureaux de vente ouverts par un marchand de charbons en gros et dans lesquels des préposés reçoivent les clients, conviennent sur échantillons du choix et de la quantité des combustibles suivant des prix courants et transmettent chaque jour le relevé des commandes au siège de la maison (Cons. d'Et. 11 févr. 1887, aff. Leroux, D. P. 88. 5. 347); — Un local pris à loyer par un marchand de vins, et qui lui sert à déposer des vins expédiés de sa maison pour être vendus dans une autre ville et dans les communes voisines, moyennant une remise proportionnelle accordée à un représentant de commerce (Cons. d'Et. 29 avr. 1887, aff. Grégoire, D. P. 88. 5. 347); — Un bureau entretenu à Paris par un marchand de vins de Champagne d'Epernay, et où son agent prend, sur échantillons, des commandes qu'il transmet à la maison (Cons. d'Et. 27 mai 1887, aff. Chanoine, D. P. 88. 5. 347); — Un terrain qu'un marchand de bois à brûler loue depuis plusieurs années, et où il dépose des bois provenant des coupes dont il est adjudicataire, alors que ce chantier est approvisionné en permanence et que les ventes sont effectuées par un préposé spécial chargé des livraisons, des encaissements et de la comptabilité (Cons. d'Et. 17 juin 1887, aff. Chapu et Badaire, D. P. 88. 5. 347); — Les locaux qui sont à la disposition d'un boucher en gros dans un abattoir, lorsqu'il y est représenté par un préposé spécial chargé d'abattre les porcs, de recevoir les clients, de faire les pesées et d'effectuer les livraisons et les expéditions (Cons. d'Et. 16 mars 1888, aff. Veuve Meunier, D. P. 89. 5. 342); — Un bureau dans lequel les agents d'un commissionnaire de transports reçoivent les ordres des expéditeurs et le prix de transport et emmagasinent provisoirement les colis, bien que la comptabilité soit centralisée à l'établissement principal, ouvert dans la même ville, et que les expéditions ne soient faites qu'après y avoir été enregistrées (Cons. d'Et. 22 nov. 1889, aff. Lamarthonie, *Rec. Cons. d'Etat*, p. 1056); — L'agence où l'employé d'un banquier d'une ville voisine recouvre les effets qui lui sont transmis de cette ville, fait des versements, prend à l'escompte des billets qu'il adresse à la maison principale, reçoit des dépôts de fonds et des ordres de bourse (Cons. d'Et. 10 mai 1890, aff. Soubeyran, *Rec. Cons. d'Etat*, p. 492); — Enfin, la succursale d'un marchand de cidre en gros, bien qu'elle ne passe aucun marché sans prendre les instructions de ce marchand (Cons. d'Et. 5 déc. 1891, aff. Trouvé, *Rec. Cons. d'Etat*, p. 744).

84. Comme on l'a exposé au *Rép.* n° 30, il y a lieu d'assujettir à un droit fixe distinct les succursales et maisons accessoires qui ne sont pas ouvertes d'une manière permanente, mais à des intervalles réguliers; on a imposé notamment à un droit fixe spécial un boucher ayant sa boutique dans une commune, pour l'étal qu'il vient occuper chaque semaine sous la halle de la ville voisine (Cons. d'Et. 21 juin 1854, aff. Hubert, *Rec. Cons. d'Etat*, p. 564); — Un marchand de tissus en boutique, ayant, sous la halle d'une autre commune, une place fixe louée à l'année où il vend également des tissus (Cons. d'Et. 26 déc. 1861, aff. Peulvey, *Rec. Cons. d'Etat*, p. 953); — Un *mégissier* occupant, dans des conditions analogues, une place fixe il où vient, les jours de marché, vendre les produits de son industrie (Cons. d'Et. 7 août 1874, aff. Barrabé, *Rec. Cons. d'Etat*, p. 803).

85. Au point de vue de l'imposition de la patente, chaque établissement est *un* et doit être envisagé à part; il doit être imposé d'après la nature de ses opérations (L. 15 juill. 1880, art. 8), sans que la patente qui lui est attribuée doive être nécessairement de la même catégorie que celle de la maison principale ou des autres établissements secondaires. Ainsi, une société qui est imposée en qualité de banquier, au siège principal de ses opérations, peut être considérée comme ne tenant qu'une caisse d'avances et de prêts dans une agence où elle n'effectue que les achats et ventes de valeurs, le payement des coupons, les prêts sur titres, les souscriptions aux émissions et le change des monnaies (Cons. d'Et. 6 août 1880, aff. Comptoir de la presse financière, D. P. 82. 3. 46). De même, une agence, où un employé d'une société de banque de la ville voisine va, toutes les semaines, recouvrer des effets et faire des versements entre les mains des clients de la société, ne constitue qu'une caisse de recettes et de payements (Cons. d'Et. 15 janv. 1886, aff. Société générale, D. P. 87. 5. 331). — Mais si, dans leur but comme dans leurs résultats, les opérations de la succursale d'une maison de banque sont de même nature que celles de l'établissement principal, la même patente de banquier est exigible (Cons. d'Et. 11 déc. 1856, aff. Née et comp., D. P. 57. 3. 46; 15 janv. 1875, aff. Drouot, *Rec. Cons. d'Etat*, p. 37). Pareillement, le boulanger qui possède un magasin, distinct de son établissement principal, destiné à la vente du pain fabriqué par lui, doit être imposé pour ce magasin, à un second droit fixe de boulanger (5e cl.), et non pas seulement à la 7e classe, comme marchand de pain en boutique (Cons. d'Et. 2 mai 1879, aff. Bédier, D. P. 80. 3. 6); et il en est de même pour un confiseur qui vend, dans une seconde boutique, une partie des bonbons fabriqués dans son établissement principal : on ne saurait voir en lui un simple revendeur de bonbons (Cons. d'Et. 21 avr. 1882, aff. Hasson, *Rec. Cons. d'Etat*, p. 364). — Notons encore que les succursales établies par un teinturier avec machine à vapeur sont passibles du même droit fixe que son principal établissement, bien qu'elles n'aient pas elles-mêmes de machine à vapeur, si les objets à teindre ou à dégraisser, qui y sont reçus, sont envoyés dans l'établissement principal; c'est, en effet, la nature des travaux, caractérisée ici par l'emploi d'une machine à vapeur, qui sert à régler l'imposition (Cons. d'Et. 7 nov. 1884, aff. Thuillier et Virard, *Rec. Cons. d'Etat*, p. 758).

86. S'il n'est pas nécessaire, pour qu'une succursale donne lieu à l'imposition d'un droit fixe distinct, qu'elle soit ouverte d'une manière constante (*suprà*, n° 84), il faut cependant, pour qu'il y ait établissement au sens de la loi, que le patentable y dispose d'une installation fixe et permanente (*Rép.* n° 34). Ainsi, un banquier qui se rend les jours de marché dans une commune autre que celle où il a sa maison de banque, pour y faire des actes de sa profession, mais qui n'y possède ni bureau ni logement, ne peut être imposé dans cette commune (Cons. d'Et. 18 mars 1857, aff. Gassend, D. P. 58. 3. 4). — Il en est de même pour l'entrepreneur de pompes funèbres chargé des inhumations d'une commune, lorsqu'il n'y possède aucun dépôt, qu'il y expédie, suivant les besoins, le personnel et le matériel nécessaires, et que c'est le secrétaire de la mairie, dans son bureau, qui est chargé de recevoir les ordres et de régler les convois (Cons. d'Et. 12 mars 1875, aff. Société des pompes funèbres, D. P. 76. 5. 329); pour un entrepreneur d'éclairage à l'huile, dans une ville où il n'a qu'un employé chargé d'allumer les réverbères (Cons. d'Et. 9 janv. 1880, aff. Prigent, D. P. 80. 3. 69). — Telle est encore la situation des marchands forains (V. *infrà*, n° 472) et celle des marchands établis en boutique dans une commune, qui se rendent dans une autre commune les jours de foire et de marché, pour y vendre en étalage, sans y avoir une place fixe et désignée à l'avance (Cons. d'Et. 15 août 1860, aff. Villameur, D. P. 61. 3. 4). Il a été jugé également : qu'un boucher n'est pas imposable à un second droit fixe pour l'étal qu'il va occuper sous la halle, certains jours, et où il transporte la viande garnissant son magasin de ville, qui reste fermé pendant ce temps (Cons. d'Et. 31 juill. 1874, aff. Brianne, *Rec. Cons. d'Etat*, p. 745); — Qu'un pharmacien qui transporte, pendant la saison des eaux, dans un hameau dépendant d'une commune, la pharmacie qu'il tient ouverte, le restant de l'année, au chef-lieu de cette commune, ne peut être soumis à deux droits fixes (Cons. d'Et. 29 mars 1878, aff. Claverie, D. P. 78. 3. 69) : dans ce cas, en effet l'établissement ne fait qu'un avec l'exploitant.

87. Il n'y a pas davantage établissement, là où ne s'accomplit pas l'acte essentiel de la profession (vente, marché, contrat, etc.). C'est ainsi que les sociétés d'assurances non mutuelles ne sont assujetties qu'au droit proportionnel pour les agences où les polices sont seulement établies, le siège social s'en réservant la signature; il en est de même pour les bureaux des représentants en province du Crédit foncier, lesquels, n'ayant pas pouvoir pour consentir les prêts, se bornent à recevoir les emprunteurs et à transmettre leurs demandes à Paris (Cons. d'Et. 22 févr. 1884, aff. Crédit foncier de France, *Rec. Cons. d'Etat*, p. 162). — Dans le même ordre d'idées, un marchand de laine a été dégrevé du droit fixe dans une ville où il entretenait un agent uniquement chargé de faire des achats et ne traitant aucune vente (Cons. d'Et. 16 juin 1882, aff. Combes, *Rec. Cons. d'Etat*, p. 575).

A plus forte raison, ni les magasins exclusivement employés au dépôt des marchandises, ni les simples ateliers ne servant qu'à la fabrication d'objets destinés à être vendus ailleurs, ne sauraient être considérés comme des établissements passibles du droit fixe. Nous indiquons d'ailleurs ci-après (nos 92 et suiv.) les règles qui, sur ce point, sont spéciales aux industries. Notons seulement ici une décision supprimant le droit fixe assigné à un marchand expéditeur d'*œufs* dans une commune autre que celle du siège de son commerce où il se bornait à déposer les œufs provenant de ses achats (Cons. d'Et. 30 août 1867, aff. Plessis, *Rec. Cons. d'Etat*, p. 857). — Il ne sera pas non plus sans intérêt de signaler encore deux arrêts qui ont considéré comme n'ayant qu'un seul établissement : un fripier qui occupait deux boutiques, séparées par une troisième, mais garnies d'objets analogues, surveillés par la même personne et dans chacune desquelles il n'était pas tenu de comptabilité spéciale (Cons. d'Et. 21 mai 1886, aff. Espert, *Rec. Cons. d'Etat*, p. 444); un marchand de poisson qui occupait dans une halle deux étaux contigus, bien qu'il payât à la ville un prix de location spécial pour chacun de ces étaux et qu'il fît habituellement tenir l'un d'eux par un employé à ses gages (Cons. d'Et. 9 nov. 1889, aff. Teulé, D. P. 91. 5. 378).

ART. 3. — *Professions exercées dans la même maison, dans des pièces contiguës, etc.*

88. Si la question est ici plus délicate, elle doit cependant être résolue à l'aide des mêmes principes.

Nous avons dit (n° 81) que la pluralité des professions exercées n'implique pas, *à priori*, celle des *établissements* : il faut encore que chacune d'elles ait son local particulier, sa direction spéciale, et qu'elles n'aient pas une analogie ou une connexité qui les fasse rentrer les unes dans les autres. Mais, lorsque ces conditions se trouvent remplies, la circonstance que les locaux occupés communiquent intérieurement, ne fait pas obstacle à l'imposition de plusieurs droits fixes, si surtout chaque local a son entrée sur la rue. C'est en ce sens qu'il a été statué pour l'exercice, dans des pièces voisines, des professions : de pharmacien et de marchand droguiste (Cons. d'Et. 7 avr. 1866, aff. Guichard, D. P. 66. 5. 336; 17 janv. 1890, aff. Dame Lâfin, Lançon et Gouley, *Rec. Cons. d'Etat*, p. 30); — De cafetier et de pâtissier (Cons. d'Et. 28 mai 1880, aff. Plasteig, *Rec. Cons. d'Etat*, p. 497); — De boulanger et de mercier (Cons. d'Et. 26 déc. 1885, aff. Dutreix, *Rec. Cons. d'Etat*, p. 1008); —De cordonnier et d'épicier (Cons. d'Et. 27 janv. 1888, aff. Besson, *Rec. Cons. d'Etat*, p. 94). — Un patentable exerçant *trois* professions a été, de même, maintenu à *deux* droits fixes dans les conditions suivantes : il occupait, à l'angle de deux rues, trois pièces, dont un salon de coiffure et un magasin de parfumerie n'ayant qu'une entrée commune, et un atelier de modes desservi par une entrée spéciale; sa femme travaillait dans cet atelier avec deux ouvrières; une demoiselle de magasin, chargée de la vente de la parfumerie, tenait la caisse dans la pièce du milieu; enfin le salon de coiffure était dirigé par le patentable, avec l'aide de deux garçons (Cons. d'Et. 17 févr. 1888, aff. Lefay, *Rec. Cons. d'Etat*, p. 160). Nous insistons sur cet arrêt, car la jurisprudence de la matière nous paraît s'en dégager nettement. — Il suffit même qu'à chaque profession soit affecté le local particulier qu'elle comporte. Ainsi, on doit soumettre à deux droits fixes : celui qui, exploitant un *café* géré par sa femme, exerce au dehors la profession de *maître couvreur* et possède à cet effet un chantier; celui qui, en dehors d'un *cabaret* géré par sa femme, exerce la profession d'*entrepreneur de fiacres* et a loué, à cet effet, une remise pour sa voiture et ses chevaux (Cons. d'Et. 5 janv. 1883, aff. Leconte et aff. Hellec, *Rec. Cons. d'Etat*, p. 14).

89. Mais l'unité de local entraîne l'unité d'*établissement*, que la gestion soit, ou non divisée. Demeurent, en conséquence, passibles d'un seul droit fixe : un marchand d'ustensiles de pêche qui exerce en même temps, mais sans local distinct, la profession de mesureur juré (Cons. d'Et. 28 nov. 1855, aff. Vautrain, D. P. 56. 3. 37); — Un *confiseur* qui exerce, dans le même local, la profession de *cafetier*, lorsqu'il n'a qu'un seul laboratoire et qu'il n'existe pas de préposé spécial pour le service du café (Cons. d'Et. 11 août 1870, aff. Boldacci, *Rec. Cons. d'Etat*, p. 1067); — Un facteur de marchandises dont la femme tient un magasin de chapellerie et qui n'a pas de bureau (Cons. d'Et. 12 mars 1875, aff. Gélin, *Rec. Cons. d'Etat*, p. 240); — Celui qui exerce, dans le même magasin, les professions d'*escompteur* et de marchand de *tissus* en gros (Cons. d'Et. 20 mars 1875, aff. Lacroix, *Rec. Cons. d'Etat*, p. 284); — Un *arpenteur*, dont la femme tient une *épicerie* (Cons. d'Et. 1er août 1884, aff. Dottin, *Rec. Cons. d'Etat*, p. 677). — Il est aussi de jurisprudence que celui qui loue en garni une partie de la maison dans laquelle il exerce son commerce ou son industrie n'a pas, par le fait de cette location, un double établissement, si, d'ailleurs, le garni est dirigé de son comptoir, de sa boutique ou de son habitation, c'est-à-dire si c'est là qu'il reçoit les personnes se présentant pour louer, qu'il traite avec elles, qu'il touche les loyers, qu'il renferme les objets mobiliers, tels que le linge, susceptibles d'être fréquemment renouvelés (Instr. min. du 6 avr. 1881, p. 24).

90. Quant aux professions analogues ou connexes, elles peuvent, en certains cas, être considérées comme s'exerçant dans un seul établissement. — Ainsi jugé : pour un cafetier qui était, en même temps, cabaretier, et qui n'occupait, en outre d'une salle de billard, que deux pièces séparées par une allée, dont l'une formait le café et l'autre le cabaret (Cons. d'Et. 13 févr. 1856, aff. Cordier, D. P. 56. 3. 44) ; — Pour un hôtel dont dépendait un service d'omnibus (Cons. d'Et. 31 mars 1878, aff. Guinon, D.P. 79. 5. 305). — Mais des épiciers en gros doivent aussi être imposés comme épiciers en détail, lorsque leurs magasins de détail, bien que communiquant intérieurement avec ceux affectés au commerce de gros, forment un local distinct, qu'ils ont leur entrée sur la rue et qu'ils sont dirigés par un agent spécial (Cons. d'Et. 21 juill. 1882, aff. Nau et comp., *Rec. Cons. d'Etat*, p. 697).

91. On ne saurait considérer comme ayant lieu dans plusieurs établissements, certains commerces ou industries qui ne peuvent s'exercer qu'au dehors et dans des endroits différents. Tel est le cas des charpentiers, couvreurs, maçons, etc., qui vont exercer leur profession dans différentes localités où ils transportent momentanément leur chantier ou leur atelier; tel est aussi le commerce des blatiers qui vont s'approvisionner de ferme en ferme et qui ont souvent, dans diverses communes, des greniers où ils déposent leurs grains avant et après l'ouverture des marchés. En pareille circonstance, l'établissement suit, en quelque sorte, le patentable et demeure indivisible : il n'est dû qu'un seul droit fixe, au lieu du domicile.

ART. 4. — *Décisions spéciales aux industries* (*Rép.* nos 31 à 34).

92. Dans les industries tarifées par élément de production, la question d'unité ou de pluralité d'établissements demeure sans intérêt pour le Trésor, puisque chaque élément ne peut être taxé qu'une fois, et pour l'industriel, quand ces éléments se trouvent réunis dans une seule commune; le défaut d'intérêt pourrait, en ce cas, être opposé à toute réclamation (Cons. d'Et. 21 avr. 1882, aff. Perraud, D. P. 84. 5. 374). — Mais la situation inverse se présente fréquemment; et, comme le nombre des centimes additionnels varie avec les communes, lesquelles, en outre, reçoivent de l'Etat 8 pour 100 du principal inscrit sur leurs rôles (V. *suprà*, n° 11), il importe que les droits fixes soient imposés où ils doivent l'être. La loi le prescrit, d'ailleurs; car elle dispose que ces droits « sont imposables dans les communes où sont situés les établissements, boutiques ou magasins qui y donnent lieu » (L. 15 juill. 1880, art. 8, § 2).

93. C'est encore des règles déjà énoncées (n° 81) qu'il y a lieu de faire application. Pour qu'il y ait *établissement*, dans le sens de la loi, il faut qu'on se trouve en présence d'une fabrique, d'une usine, d'une manufacture, où s'accomplissent en permanence les actes essentiels de la profession, qui ait son matériel, son personnel, sa direction, sa comptabilité, qui, en un mot, forme un organisme complet, susceptible de se suffire à lui-même. Quant aux simples ateliers, chantiers ou autres locaux, qui ne sont que des annexes ou dépendances, et où ne s'effectuent qu'une partie des opérations, ils rentrent dans la catégorie des magasins de livraison et lieux de dépôt dont nous avons parlé (n° 87): comme conséquence, leurs éléments de cotisation doivent être centralisés au lieu de l'établissement.

94. De nombreux arrêts ont fait application de ces principes, lorsqu'il s'agissait soit d'établissements situés dans des communes différentes, soit d'établissements situés dans la même commune. Jugé : 1° qu'un fabricant de tissus, qui exploite un atelier de tissage situé dans une autre commune, doit être considéré comme y possédant un établissement distinct (Cons. d'Et. 9 mai 1860, aff. Petit-Didier, D. P. 61. 3. 55); — 2° Qu'une société qui possède, dans deux localités, deux usines consacrées à la fabrication des produits chimiques, doit être considérée comme ayant deux établissements, surtout si chacune de ces usines fabrique des produits différents (Cons. d'Et. 9 janv. 1861, aff. Société des mines de Bouxwiller, D. P. 61. 3. 69); — 3° Qu'il y a lieu d'imposer distinctement un manufacturier, pour la *fabrique à métiers*, les ateliers d'*impression sur étoffes*, le *tissage mécanique* et la *blanchisserie*, qu'il exploite dans différentes communes, lorsque ces établissements industriels sont indépendants les uns des autres, munis de leurs moyens spéciaux de production et soumis à des directions particulières (Cons. d'Et. 27 févr. 1862, aff. Gros et comp., *Rec. Cons. d'Etat*, p. 148); — 4° Qu'un fournisseur général dans les prisons, imposé comme tel, à son domicile, d'après le nombre total des détenus, doit être soumis, dans une ville où il exerce la profession distincte d'entrepreneur de fabrication, à un autre droit fixe calculé sur le nombre des détenus qu'il emploie dans cette ville (Cons. d'Et. 16 avr. 1875, aff. Céalis, D. P. 75. 3. 108).

95. Dans une même commune, on impose comme établissements distincts ceux qui ne sont pas une simple annexe de l'usine principale et en sont indépendants. Ainsi, l'industriel exploitant dans une même commune deux filatures de coton est imposable à raison d'un atelier de tissage et d'une blanchisserie mécanique qu'il possède dans la même localité, mais qui ne sont pas de simples annexes de ses filatures (Cons. d'Et. 9 mai 1860, aff. Hartmann, D. P. 61. 3. 55). — De même, à l'égard de celui qui exploite une *laminerie* et une *tréfilerie* situées dans la même commune, mais à 1800 mètres l'une de l'autre (Cons. d'Et. 19 juill. 1866, aff. Colas de Guernay, *Rec. Cons. d'Etat*, p. 857); d'un fabricant de plâtre qui exploite deux groupes de fours alimentés par la même carrière et reliés par une voie ferrée, mais placés chacun sous une direction spéciale (Cons. d'Et. 30 mars 1867, aff. Parquin, *Rec. Cons. d'Etat*, p. 317). — Il en est de même pour deux fabriques de produits chimiques, précédemment distinctes, qu'une société a réunies pour les exploiter simultanément et qui, séparées seulement par un canal, sont reliées par un pont sur lequel passe un petit chemin de fer, lorsque chacune a conservé son entrée spéciale et possède son personnel et sa force motrice (Cons. d'Et. 13 déc. 1890, aff. Société de produits chimiques du Nord, *Rec. Cons. d'Etat*, p. 969). — Un négociant de Marseille qui possédait dans cette ville, à une certaine distance de son comptoir, un moulin à huile dirigé par un préposé spécial, lequel était chargé des approvisionnements et des expéditions et tenait la comptabilité des matières, de la fabrication et de la main-d'œuvre, a été considéré comme exerçant la profession d'exploitant de moulin dans un établissement distinct (Cons. d'Et. 4 janv. 1878, aff. Verminck, D. P. 78. 3. 65). C'est également ce qui a été décidé pour les usines de la Compagnie parisienne du gaz, bien qu'elles soient reliées par une canalisation ininterrompue (Cons. d'Et. 28 févr. 1867, aff. Compagnie parisienne du gaz, D. P. 68. 3. 104).

96. La circonstance que les produits d'une usine sont en partie expédiés à la maison principale de l'exploitant, pour y être vendus, n'empêche pas cette usine d'être passible du droit fixe, si elle a son gérant, ses ouvriers, son matériel, et fait ses achats. Ainsi jugé à l'égard des confiseries de sardines (Cons. d'Et. 30 mai 1868, aff. Peyron, *Rec. Cons. d'Etat*, p. 622; 23 déc. 1884, aff. Carraud, D. P. 86. 3. 69). — Jugé encore que celui qui possède en province une fabrique de coutellerie occupant de nombreux ouvriers, dirigée par un préposé spécial et par un contremaître, où s'effectuent les opérations essentielles de son industrie et d'où sont expédiées directement une partie des marchandises, y est passible du droit fixe, bien qu'il ait à Paris son habitation et ses magasins de vente (Cons. d'Et. 14 janv. 1887, aff. Vitry, *Rec. Cons. d'Etat*, p. 25); que des fabricants de tuyaux de cuivre, ayant près de Provins une fonderie dirigée par l'un des associés et où travaillent 25 ouvriers, doivent y être soumis au droit fixe du tableau C, bien que les achats et les ventes n'aient lieu qu'à Paris, où se trouve le siège des affaires de la société (Cons. d'Et. 13 mai 1887, aff. Durand et comp., D. P. 88. 3. 60).

97. Les fournisseurs de fourrages aux troupes ont donné lieu à une jurisprudence spéciale : ils doivent, en principe, être imposés là où ils ont le siège de leurs affaires et la direction générale de leurs opérations. En conséquence, il a été accordé décharge, à une société de l'espèce, du droit fixe assigné, dans un autre département, à un de ses représentants que l'autorité militaire avait astreint à se porter personnellement adjudicataire d'une fourniture entreprise, de fait, par cette société (Cons. d'Et. 16 janv. 1885, aff. Graineterie française et aff. Lauchet, D. P. 86. 5. 316. V. également 29 juin 1888, aff. Bornard, *Rec. Cons. d'Etat*, p. 580). — Mais le droit fixe serait dû au lieu de l'entreprise, si le fournisseur y entretenait un mandataire investi de pouvoirs propres (Cons. d'Et. 23 nov. 1889, aff. Graineterie française, D. P. 91. 5. 379; 26 déc. 1891, aff. Hurteau, *Rec. Cons. d'Etat*, p. 81); et, pareillement, un fournisseur de pain aux troupes dans plusieurs départements doit être considéré comme ayant un établissement distinct dans une ville où il ne réside pas, mais où il possède une manutention pour la fabrication du pain, et où il est représenté par un véritable mandataire chargé notamment de faire les livraisons et de retirer les mandats de payement (Cons. d'Et. 7 août 1885, aff. Fournié, D. P. 86. 5. 314).

98. Conformément aux principes exposés *suprà*, n° 93, il n'y a pas *établissement*, dans le sens de la loi, lorsque l'usine séparée ne forme pas un organisme complet, susceptible de se suffire à lui-même; c'est ainsi que ne constituent pas un établissement susceptible d'un droit fixe séparé : 1° un atelier de tissage qui n'est pas muni de tous ses moyens de production, et dont les machines préparatoires sont dans un autre groupe d'ateliers (Cons. d'Et. 9 mai 1860, aff. Hartmann, D. P. 61. 3. 55); — 2° Des usines qui, bien que situées à 1200 mètres l'une de l'autre, concourent, sous une seule direction, à la fabrique des mêmes articles de quincaillerie (Cons. d'Et. 26 déc. 1860, aff. Peugeot et Fallot, D. P. 61. 3. 68); — 3° Celles des usines d'un fabricant de vis qui ne sont pas munies de tous leurs moyens de production et dont les produits sont achevés ailleurs (Cons. d'Et. 19 janv. 1866, aff. Viellard, *Rec. Cons. d'Etat*, p. 35); — 4° Un atelier pour le pressage des sardines, qui emprunte à la confiserie voisine son personnel et son matériel (Cons. d'Et. 30 mai 1868, aff. Peyron, *Rec. Cons. d'Etat*, p. 622); — 5° Un atelier de tissage installé dans un faubourg lorsque c'est à la maison principale, située dans la ville, que se font les dessins et que les étoffes sont rapportées après le tissage pour être transformées en châles, terminées et mises en vente (Cons. d'Et. 17 nov. 1870, aff. Sangouard, D. P. 72. 3. 51); — 6° Des ateliers que des fabricants de gants, ayant à Paris le siège de leurs affaires, possèdent en province et qui sont exclusivement affectés aux travaux de première préparation des peaux, lesquelles sont ensuite expédiées à des ouvriers disséminés dans divers départements pour y être cousues et transformées en gants (Cons. d'Et. 4 août 1876, aff. Guy et Lauret, D. P. 77. 3. 5); — 7° Un atelier, situé dans la banlieue d'une ville, qu'un fabricant de câbles et cordages dirige lui-même de sa maison de vente, et qui n'est affecté qu'à des opérations de fabrication (Cons. d'Et. 12 mai 1882, aff. Jacquet, D. P. 84. 5. 368); — 8° Des ateliers que les fabricants de corsets de Paris occupent en province et qui sont exclusivement affectés à des travaux intermédiaires, les corsets étant ensuite renvoyés à Paris, où ils sont achevés et vendus (Cons. d'Et. 2 juill. 1886, aff. Farcy et Oppenheim, D. P. 88. 3. 7); — 9° Chacun des deux locaux qu'un fabricant de chocolat occupe dans une ville, alors que la fabrication, qui se commence dans l'un de ces locaux, n'y est pas achevée et se termine dans l'autre (Cons. d'Et. 30 déc. 1887, aff. d'Ariza, D. P. 88. 5. 347); — 10° Un simple atelier qu'un fabricant de brosses possède dans une commune, lorsque les brosses, ébauchées au siège de sa fabrique, y sont renvoyées de cet atelier après montage pour y être terminées (Cons. d'Et. 24 févr. 1888, aff. Loonen, D. P. 89. 5. 343).

99. Il a été jugé également que le droit fixe était dû à Paris par des fabricants de gants en tissu jersey, qui centralisaient dans cette ville la direction de leur fabrication et la comptabilité de leur industrie, par les motifs que c'était là que se faisaient les achats et les ventes et que les gants étaient coupés; que leurs ateliers, situés dans l'Orne, étaient exclusivement affectés à la couture et à la broderie de ces gants, qui étaient ensuite renvoyés à Paris pour y subir un complément de fabrication; qu'ainsi la fabrication commençant et finissant dans cette ville, là était l'établissement (Cons. d'Et. 30 janv. 1892, aff. Neyret et comp., *Rec. Cons. d'Etat*, p. 98). Mais un second arrêt du même jour (*Rec. Cons. d'Etat*, p. 99) a décidé que ces industriels qui, l'année suivante, avaient transporté dans l'Orne les machines à couper les gants jusqu'alors installées dans leur maison de Paris, et qui n'occupaient plus que quelques ouvrières dans cette maison où les gants arrivaient tout fabriqués et ne recevaient plus qu'un complément de préparation en vue de la vente, étaient désormais passibles du droit fixe dans l'Orne.

100. L'entrepreneur de la *fabrication dans les prisons* de plusieurs départements, qui centralise la direction de ses entreprises au lieu de son domicile ne peut être soumis au droit fixe dans une ville où il a un représentant chargé seulement d'organiser et de surveiller le travail des détenus (Cons. d'Et. 9 juin 1882, aff. Lhermitte, *Rec. Cons. d'Etat*, p. 545); et, pareillement, un marchand de bois de sciage qui, concentrant dans une ville la direction de son industrie, n'opère aucune vente dans une commune où il a acquis une coupe de bois et n'y a qu'un contremaître et cinq ouvriers occupés à abattre et à travailler les bois, n'a pas là d'établissement distinct (Cons. d'Et. 6 juill. 1888, aff. Bert, D. P. 89. 5. 343).

101. Quant aux entrepreneurs de travaux publics, les chantiers qu'ils ouvrent pour l'exécution de leurs entreprises ne les rendent pas imposables dans les communes où se trouvent ces chantiers; ils sont passibles du droit fixe au siège de leurs opérations (V. *infrà*, n° 441). Il a été également statué dans ce sens : pour les chantiers et les lavoirs, sans installation fixe, que créent les extracteurs de phosphates (Cons. d'Et. 19 mars 1880, aff. Chéry et Leveaux, D. P. 80. 3. 117); — Pour les chantiers d'un exploitant d'alfa, qui se déplacent suivant les besoins de l'exploitation et dont les préposés ne sont chargés que de surveiller et de diriger les travaux (Cons. d'Et. 24 déc. 1886, aff. Albagnac, D. P. 88. 3. 34).

102. Les fabricants qui emploient des ouvriers, travaillant à domicile avec des métiers leur appartenant, ne peuvent être considérés comme ayant, chez chaque ouvrier, un établissement distinct. Ainsi, le fabricant de tissus employant des métiers disséminés n'est imposable pour tous ces métiers qu'au siège de son industrie, bien qu'il ait, dans une autre commune, un contremaître chargé de distribuer les matières premières aux ouvriers, de surveiller la fabrication et de recevoir les tissus fabriqués (Cons. d'Et. 31 août 1860, aff. Combet, D. P. 61. 3. 3). Peu importe qu'outre les métiers disséminés il en ait quelques-uns réunis dans un atelier qui n'a pas, d'ailleurs, de machines préparatoires (Cons. d'Et. 4 déc. 1885, aff. Veuve Liagre, *Rec. Cons. d'Etat*, p. 923). — D'une manière générale, l'emploi au dehors, par un industriel, d'ouvriers, d'appareils ou de machines dont les produits sont destinés à son usine n'entraîne pas l'imposition d'un droit fixe distinct, quand d'ailleurs il s'agit de simples travaux accessoires et non d'une véritable profession. Si dans un groupe d'usines, quelques annexes ne fonctionnaient que pour le service de l'usine principale, si, par exemple, les produits d'une briqueterie étaient exclusivement employés à la réparation d'une forge, ou si les planches provenant d'une scierie ne servaient qu'à l'emballage des produits d'une tréfilerie, d'une fabrique de coutellerie, etc., on ne frapperait pas l'usine annexe d'un droit fixe; de même, le fabricant de sucre qui exploiterait, exclusivement pour le service de sa sucrerie, une fabrique de noir animal et un four à chaux, ne devrait le droit fixe que d'après les éléments d'imposition assignés par le tarif aux fabricants de sucre (Instr. min. du 6 avr. 1881, p. 27). Il a été jugé aussi qu'un fabricant de chaux qui exploitait, dans d'autres communes, des carrières destinées exclusivement à l'alimentation de ses fours, n'avait pas d'établissements distincts dans ces communes (Cons. d'Et. 25 févr. 1863, aff. Lobereau, D. P. 63. 3. 79); — Et qu'un maître de forges qui, dans la même commune, exploitait une minière servant uniquement à l'alimentation de ses hauts fourneaux, ne pouvait être soumis, de ce chef, à un droit fixe distinct, les deux entreprises étant d'ailleurs placées sous la même direction (Cons. d'Et. 27 mai 1862, aff. Caillot, D. P. 66. 5. 336). — Mais ont le caractère d'établissements distincts : une féculerie, bien qu'elle serve exclusivement à alimenter une papeterie à la mécanique exploitée par les mêmes industriels (Cons. d'Et. 27 juill. 1883, aff. Béranger et Darblay, *Rec. Cons. d'Etat*, p. 693); — Une fabrique de sucre de betteraves, bien que les produits en soient exclusivement consommés dans une fabrique de chocolat, aux mains de la même société (Cons. d'Et. 8 déc. 1888, aff. Ménier frères, D. P. 89. 5. 344). — Notons cependant que l'entrepreneur de travaux publics n'est pas imposable comme fabricant de briques, s'il emploie exclusivement ces briques dans ses entreprises (Cons. d'Et. 24 janv. 1879, aff. Fortier, D. P. 79. 3. 52); il y a là toutefois une jurisprudence particulière, qui sera exposée *infrà*, n° 440.

103. Comme on l'a exposé au *Rép.* n° 33, les différentes fractions des lignes d'une compagnie de chemin de fer et celles des routes desservies par une entreprise de diligences sont toujours considérées comme appartenant à un seul établissement et sont, en conséquence, soumises au droit fixe, au siège de l'exploitation.

ART. 5. — *Difficultés sur la détermination du lieu de l'établissement.*

104. La détermination du lieu où le droit fixe doit être imposé présente quelquefois certaines difficultés. Nous examinerons rapidement la jurisprudence qui s'est prononcée sur cette détermination.

Le droit fixe de patente est dû, en principe, là où s'exerce la profession, alors même que le patentable aurait son domicile dans une autre localité (Cons. d'Et. 28 nov. 1855, aff. Galpin, D. P. 56. 3. 38; 16 avr. 1856, aff. Giroux, D. P. 56. 3. 66). — Ainsi, lorsqu'un maître de forges, qui se rend chaque année adjudicataire de coupes de bois, pour les besoins de son usine, revend habituellement sur le parterre de la coupe les bois qu'il ne peut employer, le parterre de la coupe forme un établissement distinct, dans le sens de la loi, pour lequel il est imposable dans la commune où ce parterre est situé (Cons. d'Et. 15 août 1860, aff. Salin, D. P. 61. 3. 4). — De même un marchand de bois est imposable dans la commune où il a ses chantiers et son bureau, alors même qu'il a son domicile dans une autre commune (Cons. d'Et. 14 juin 1861, aff. Masson, *Rec. Cons. d'Etat*, p. 496). — Un marchand de vins en gros, qui a établi son entrepôt et pris sa licence dans une commune autre que celle où il a son domicile, est passible du droit fixe dans la première de ces communes (Cons. d'Et. 13 juin 1874, aff. Dépigny, *Rec. Cons. d'Etat*, p. 550). — Le droit fixe est également dû par un gabarier dans le port où il exerce sa profession, bien qu'il ait son domicile légal dans un autre port où sa gabare est immatriculée (Cons. d'Et. 13 déc. 1878, aff. Malgra, D. P. 79. 5. 107). Lorsqu'un marchand d'huiles n'a, dans une commune suburbaine, qu'un magasin de dépôt et de livraison, le droit fixe doit être établi dans la ville, au bureau du représentant qui traite les affaires en son nom (Cons. d'Et. 10 juill. 1890, aff. Desmarais, *Rec. Cons. d'Etat*, p. 656); et c'est pareillement à ce bureau qu'il est dû, lorsque c'est là que les clients sont reçus, que les ventes sont faites et que la comptabilité est tenue, encore que l'entrepôt soit situé dans la banlieue : cette circonstance ne saurait autoriser l'imposé à demander que ledit droit fixe ne soit réglé que d'après le chiffre de la population non agglomérée (Cons. d'Et. 8 avr. 1892, aff. Desmarais, *Rec. Cons. d'Etat*, p. 374).

105. Quant au patentable qui exerce sa profession dans une commune, sans y avoir d'établissement au sens que nous avons indiqué, il demeure imposable là où se trouvent soit le siège de ses affaires, soit la direction effective de ses opérations. C'est ainsi que le marchand forain doit être porté sur le rôle du lieu de son domicile, à moins qu'il n'ait des installations fixes dans les communes qu'il dessert (V. *infrà*, nº 659). — L'entrepreneur de travaux publics est, de même, imposable dans la commune d'où il dirige ses entreprises, qu'il ait ou non sa résidence dans cette commune (Cons. d'Et. 19 juill. 1872, aff. Bourgeois frères, *Rec. Cons. d'Etat*, p. 434; 28 déc. 1883, aff. Fabre et Simon, D. P. 85. 3. 59. V. d'ailleurs *infrà*, nº 441). — Il a été jugé aussi que l'exploitant d'une carrière dont les galeries souterraines s'étendent sous le territoire de deux communes est redevable du droit fixe dans la commune où se trouvent l'ouverture de la carrière, les bureaux et le chantier affecté à la taille des pierres (Cons. d'Et. 7 mai 1875, aff. Ebroussard, *Rec. Cons. d'Etat*, p. 435); et que l'adjudicataire des droits de place sur les marchés de trois communes, qui en habite une quatrième, doit y être imposé, comme n'ayant d'établissement dans aucune des trois autres (Cons. d'Et. 20 avr. 1877, aff. Favard, *Rec. Cons. d'Etat*, p. 369). — Citons encore, dans le même sens, deux arrêts portant : qu'un armateur qui avait son domicile et le siège de ses affaires à Miquelon, où ses navires étaient immatriculés, ne pouvait être considéré comme ayant à Granville un établissement distinct, bien que ses navires y fissent un séjour habituel pendant l'hiver et qu'il y entretînt un agent chargé de recruter les équipages et de livrer les marchandises (Cons. d'Et. 18 juin 1880, aff. Dame Cordon, D. P. 81. 5. 276); et que la Compagnie transatlantique devait, comme ayant à Paris son siège social et la direction générale de ses entreprises, y être assujettie au droit fixe en raison du tonnage de tous ses bâtiments bien qu'elle eût dans ses ports d'attache des bureaux, des docks à marchandises et des ateliers de réparation (Cons. d'Et. 9 juin 1882, D. P. 83. 3. 117). — Mais il faut signaler, à titre d'exception, une disposition récemment ajoutée au tarif pour les entrepreneurs de vidanges (V. *infrà*, nº 449).

ART. 6. — *Magasins de vente des industriels.*

106. L'imposition d'un droit fixe « par établissement, boutique et magasin », telle que l'avaient réglée les lois de 1850 et de 1858, avait été particulièrement rigoureuse pour les industriels obligés d'avoir leurs magasins de vente à distance de leurs usines et fabriques, dans les centres commerciaux. Ces industriels, en effet, se trouvaient atteints à la fois, comme fabricants, à leurs usines et, comme marchands, à leurs magasins; et bien que tout producteur s'accompagne nécessairement d'un marchand, la jurisprudence n'avait pu que maintenir les magasins à un droit fixe particulier (Cons. d'Et. 25 juill. 1860, aff. Gratiot, D. P. 61. 3. 1), même lorsqu'ils consistaient dans des étaux sous les halles (Cons. d'Et. 4 janv. 1866, aff. Vergeot, *Rec. Cons. d'Etat*, p. 3). Pour alléger ces charges, la loi du 2 août 1868 (art. 4) édicta des dispositions qui ont été reproduites dans l'art. 9 de la loi du 15 juill. 1880 : « Le patentable qui exploite un établissement industriel et qui n'y effectue pas la vente de ses produits est exempt du droit fixe pour le magasin séparé dans lequel sont vendus exclusivement en gros les seuls produits de sa fabrication. — Toutefois, si la vente a lieu dans plusieurs magasins, l'exemption de droit fixe accordée par le paragraphe précédent n'est applicable qu'à celui de ces magasins qui est le plus rapproché du centre de l'établissement de fabrication. Les autres sont imposés conformément aux dispositions de l'art. 8 de la présente loi ».

107. En vertu de ce texte et d'après le sens qui lui a été donné par le conseil d'Etat, le magasin dans lequel un industriel vend exclusivement les produits de sa fabrication n'est plus considéré comme formant *établissement*. Affranchi du droit fixe, il ne paye le droit proportionnel qu'au taux de l'usine ou de la fabrique (Cons. d'Et. 16 avr. 1886, aff. Neveu, *Rec. Cons. d'Etat*, p. 353). Le fait que l'industriel ne vend pas exclusivement des produits fabriqués dans ses usines n'empêche pas l'exemption du droit fixe, si, avant de les mettre en vente, il fait subir, aux produits qu'il a achetés, un complément de fabrication qui les transforme et en fait un produit de nature différente de celui qui a été acheté à des tiers. Il a été jugé, à ce point de vue, les autres conditions de la loi étant d'ailleurs remplies, que des fabricants de velours d'Amiens pouvaient prétendre à l'exemption du droit fixe pour leurs magasins de vente, attendu que, s'ils achetaient en pièces des tissus écrus, ils leur faisaient subir, soit dans leurs ateliers, soit chez les ouvriers disséminés, une série de préparations destinées à les transformer en velours et dont l'ensemble constituait un travail de fabrication (Cons. d'Et. 26 juill. 1878, aff. Cocquel et Baulant, D. P. 79. 3. 39; 18 avr. 1890, aff. Larozière, Lavalard et comp., D. P. 91. 5. 378). — Décidé de même pour le magasin de vente, à Paris, d'un industriel qui, au Pecq, faisait teindre et imprimer des tissus écrus destinés à la confection de tapis, de rideaux et de tentures (Cons. d'Et. 28 mars 1888, aff. Laendler, D. P. 89. 3. 59).

L'exemption a été refusée, au contraire, à des raffineurs de pétrole, pour le bureau, situé à Paris, où ils vendaient à la fois les produits de leur raffinerie et des huiles végétales, simplement clarifiées dans un entrepôt : il n'y avait pas là, en effet, un travail industriel, dans le sens de la loi (Cons. d'Et. 13 févr. 1885, aff. Deutsch frère, D. P. 86. 3. 102); — A un marchand peaussier qui vendait, à Paris, des peaux n'ayant subi que quelques préparations dans ses ateliers de Lagny (Cons. d'Et. 29 avr. 1887, aff. Guérin, D. P. 88. 3. 87). — D'autre part, une carrière a été considérée comme rentrant dans la catégorie des établissements industriels visés par la loi (Cons. d'Et. 23 nov. 1888, aff. Bouton, D. P. 90. 3. 3). Mais, comme cette loi exige qu'aucune vente ne se fasse au lieu de production, il est dû un second droit fixe, si les agents préposés à la direction de carrières traitent eux-mêmes des ventes sur place (Cons. d'Et. 11 févr. 1887, aff. Société marbrière d'Avesnes, *Rec. Cons. d'Etat*, p. 132. V. aussi Cons. d'Et. 20 juin 1891, aff. Claisi, *ibid.*, p. 480; 8 avr. 1892, aff. Dida, *ibid.*, p. 374).

108. Il faut encore que l'industriel vende, exclusivement en *gros* les *seuls* produits de sa fabrication. Aussi a-t-il été jugé que le bénéfice de l'exemption ne pouvait être revendiqué: par un fabricant de soieries de la banlieue de Lyon qui, dans cette ville, ne vendait qu'en demi-gros (Cons. d'Et. 14 mai 1870, aff. Salomon, D. P. 72. 3. 24); — Par des fabricants de châles de Lyon qui, dans leur magasin ouvert à Paris, vendaient habituellement des châles de Nîmes, achetés par eux à d'autres fabricants (Cons. d'Et. 16 juill. 1870, aff. Gouin, D. P. 72. 3. 24); — Par des marchands de cuirs qui possédaient un assortiment de cuirs provenant de diverses fabriques et qui en avaient, dans l'année, vendu pour 100 000 fr. (Cons. d'Et. 6 août 1870, aff. Agereau frères, *Rec. Cons. d'Etat*, p. 1031); — Par des fabricants de tuyaux de cuivre, dont une partie des ventes, étant consenties à de petits artisans, ne pouvaient être considérées comme faites dans les conditions du commerce de gros (Cons. d'Et. 27 mars 1885, aff. Durand, Bossin et Brard, D. P. 86. 5. 304. V. aussi Cons. d'Et. 17 juin 1892, aff. Contamin, *Rec. Cons. d'Et.*, p. 556).

Signalons enfin un arrêt aux termes duquel la disposition qui exempte du droit fixe les magasins de vente séparés n'est pas applicable au cas où plusieurs industriels, tout en conservant distincts leurs établissements de fabrication, ont constitué entre eux une société commerciale ayant pour objet la vente en gros, dans un magasin spécial, des produits de leur fabrication (dans l'espèce, des pièces d'horlogerie) (Cons. d'Et. 22 juill. 1881, aff. Japy et comp., D. P. 82. 5. 303).

109. En ce qui concerne le second paragraphe de l'art. 9 précité, qui restreint l'exemption, le cas échéant, au magasin le plus rapproché de l'usine, son application n'a pas jusqu'à présent soulevé de difficultés : il a été jugé que si le magasin de vente le plus voisin de l'usine demeure passible du droit fixe, comme vendant d'autres produits que ceux de l'industriel, l'exemption ne peut être reportée sur un second magasin de vente plus éloigné, encore qu'il réunisse les autres conditions requises : l'exemption tombe alors d'elle-même (Cons. d'Et. 30 janv. 1892, aff. Vachon, *Rec. Cons. d'Etat*, p. 97).

ART. 7. — *Exercice de plusieurs professions dans le même établissement* (*Rép.* n° 29).

110. Lorsque plusieurs professions sont exercées dans le *même* établissement, le mode d'imposition du droit fixe de patente est réglé par l'art. 7 de la loi du 15 juill. 1880, qui combine les dispositions des art. 7 de la loi du 25 avril 1844, 17 de la loi du 18 mai 1850 et 2 de la loi du 29 mars 1872. Cet article est ainsi conçu : « Le patentable qui, dans le même établissement, exerce plusieurs commerces, industries ou professions, ne peut être soumis qu'à un seul droit fixe. Ce droit est le plus élevé de ceux qu'il aurait à payer s'il était assujetti à autant de droits fixes qu'il exerce de professions. — Si les professions exercées dans le même établissement comportent, pour le droit fixe, soit seulement des taxes variables à raison du nombre d'employés, d'ouvriers, de machines ou autres éléments d'imposition, soit à la fois des taxes de cette nature et des taxes déterminées, c'est-à-dire arrêtées à un chiffre invariable, le patentable sera assujetti aux taxes variables d'après tous les éléments d'impositions afférents aux professions exercées ; mais il ne payera que la plus élevée des taxes déterminées ». Si donc les professions exercées dans un même établissement appartiennent toutes au tableau A, le patentable ne payera que le plus élevé des droits fixes afférents à ces professions et sera affranchi de tout droit fixe pour les autres. Par exception, celui qui, dans le même établissement, vend en gros plusieurs espèces de marchandises devient passible des droits du tableau B, sous la qualification de *négociant* (V. *infrà*, n° 351).

En second lieu, la loi n'autorise le cumul des droits fixes qu'autant que les industries exercées comportent, toutes, des taxes variables, avec ou sans addition de taxes déterminées, c'est-à-dire arrêtées par le tarif à un chiffre invariable ; le cumul n'est permis en outre que pour les taxes variables, à l'exclusion des taxes déterminées, dont la plus forte est seule imposée, le cas échéant, sauf en ce qui concerne les grands magasins employant plus de dix personnes (V. *suprà*, tarifs tableau B et la loi du 28 avril 1893, art. 5). Par suite, si des industries rangées dans les tableaux B ou C, ne donnaient lieu qu'à des taxes déterminées, ces taxes ne pourraient être cumulées. Il en serait de même si l'une de ces industries était, seule, passible d'un droit variable (Cons. d'Et. 8 nov. 1878, aff. Lefèvre et comp., D. P. 79. 3. 39). Enfin, comme le tableau A ne comporte que des droits fixes déterminés, on ne peut jamais imposer cumulativement un droit fixe de ce tableau et des droits fixes dépendant des tableaux B ou C.

111. L'application de ces règles ne soulève de difficultés que dans les établissements industriels où les professions exercées sont connexes et se complètent les unes les autres. Même en ce cas, le cumul prévu par la loi est autorisé, dès l'instant que le nombre et l'importance, ainsi que l'affectation respective des divers éléments de production mis en œuvre par l'industriel, sont caractéristiques de l'exercice simultané d'*industries* distinctes, susceptibles d'être exercées séparément. Les arrêts qui suivent vont faire saisir cette jurisprudence. Ainsi, les taxes variables ont été cumulées : pour un fabricant qui faisait fouler et apprêter chez lui les *draps* tissés sur ses métiers, il a été déclaré imposable à raison de tous ses moyens de production : métiers, machines à fouler et ouvriers d'apprêt (Cons. d'Et. 6 août 1857, aff. Gineste, *Rec. Cons. d'Etat*, p. 640); — Pour un fabricant de *chaux* et de *plâtre* qui avait, dans son usine, quatre fours et quatre paires de meules (Cons. d'Et. 26 juin 1862, aff. Drouhin, *Rec. Cons. d'Etat*, p. 519); — Pour un fabricant à *métiers* qui avait une teinturerie dans son établissement bien qu'il se bornât à teindre ses cotons (Cons. d'Et. 24 juill. 1872, aff. Leroy, *Rec. Cons. d'Etat*, p. 459); — Pour un fabricant de draps qui occupait 224 métiers à tisser, 2024 broches à filer, 15 ouvriers teinturiers et 25 ouvriers apprêteurs (Cons. d'Et. 5 mars 1880, aff. Normand, D. P. 81. 3. 6); — Pour un fabricant de laines à tapisserie qui avait, dans son établissement, une filature, une fabrique de canevas, une teinturerie et une blanchisserie, bien qu'il se bornât à teindre et à blanchir les produits de sa fabrication (Cons. d'Et. 13 mai 1881, aff. Poiret, D. P. 82. 5. 303); — Pour des fabricants de savon dont l'usine renfermait 33 presses à huile; mais ils avaient été dégrevés du droit fixe, en première instance, pour les ouvriers, peu nombreux, qu'ils employaient à faire de la soude (Cons. d'Et. 12 mai 1882, aff. Serpette et comp., *Rec. Cons. d'Etat*, p. 461); — Pour un industriel qui exploitait une tannerie et une corroirie, bien qu'il ne fît que corroyer les cuirs sortant de sa tannerie (Cons. d'Et. 19 mars 1886, aff. Vincent, D. P. 87. 5. 321); — Pour un filateur et tisseur qui possédait dans son établissement 23 peigneuses, 10 600 broches à filer et 248 métiers, bien que les opérations de peignage et de filature concourussent exclusivement à sa fabrication de tissus (Cons. d'Et. 2 mars 1888, aff. Jacquot, D. P. 89. 3. 68); — Pour des fabricants de clous et épingles ayant, dans leur usine, 21 bobines à tréfiler qui servaient exclusivement à leur fabrication (Cons. d'Et. 9 nov. 1889, aff. Onfray et comp., *Rec. Cons. d'Etat*, p. 1021); — Enfin, pour un fabricant d'alcool de betterave qui, à l'aide de trois ouvriers installés dans un bâtiment spécial, traite les résidus de ses mélasses pour en obtenir des produits chimiques (Cons. d'Et. 18 juill. 1891, aff. Bourdon, *Rec. Cons. d'Etat*, p. 569). Ce dernier industriel avait dû solliciter une autorisation spéciale pour pouvoir se livrer à la fabrication de ces produits. — Il a été jugé, au contraire : 1° que le fabricant de *ciments*, qui, ayant monté quelques lames de scie, ne les emploie qu'au sciage des bois nécessaires à la confection des barils dans lesquels il expédie les ciments, n'est pas imposable comme exploitant de scierie (Cons. d'Et. 18 mars 1857, aff. Dupont, *Rec. Cons. d'Etat*, p. 225); — 2° Que les meules à vernis, employées par un fabricant de *faïence* exclusivement pour ses besoins, ne sauraient être rangées parmi les éléments de son droit fixe (Cons. d'Et. 7 févr. 1865, aff. Bonnet, *Rec. Cons. d'Etat*, p. 152); — 3° Qu'un maître de *forges* n'est point passible du droit fixe pour un patouillet et des pilons qu'il a dans son établissement, et qu'il n'utilise que pour laver et concasser le minerai qu'il emploie (Cons. d'Et. 16 mars 1877, aff. Durenne, *Rec. Cons. d'Etat*, p. 276); — 4° Que, dans une usine à gaz où un seul ouvrier est employé à la concentration des eaux ammoniacales, il n'y a pas exercice de la profession de fabricant de produits chimiques (Cons. d'Et. 14 févr. 1890, aff. Gaz de Wazemmes, D. P. 91. 5. 384). Il n'y avait, en effet, dans ces dernières espèces, que des travaux accessoires, et non de véritables professions, exercées à côté de l'industrie principale. Mais le cumul des droits fixes est autorisé, comme nous l'avons vu, et, d'ailleurs, il n'a rien que d'équitable lorsqu'il s'agit d'industries juxtaposées, puisque ces industries donneraient ouverture à des patentes distinctes, du jour où elles se trouveraient dans des mains différentes.

SECT. 3. — APPLICATION DES TARIFS SUIVANT LA NATURE DES OPÉRATIONS (*Rép.* n°s 35 à 139).

112. Les règles communes du droit fixe étant exposées, nous rapporterons, ainsi qu'on l'a fait au *Rép.*, n°s 35 et suiv., les solutions particulières, intervenues à l'égard de professions déterminées. Quant aux autres questions de principe (cessation, décès, transfert, faillite, etc.), elles seront traitées dans la suite du travail. On trouvera aussi *infrà*, n°s 580 et suiv., toute la matière des exemptions.

113. Nous suivrons, comme au *Répertoire*, l'ordre alphabétique des professions. Disons seulement, au préalable, à titre d'observation générale, que les faits accidentels, isolés ou accessoires, n'entrent pas en ligne de compte pour l'assiette des droits de patente, et que ces droits sont réglés d'après le caractère habituel des opérations sans que d'ailleurs la modicité des bénéfices puisse les faire réduire au-dessous du taux fixé par la loi (Cons. d'Et. 22 mars 1855, aff. Degeih, D. P. 55. 3. 57). Il ne suffirait pas toutefois qu'une qualification fût attribuée à certains actes, dans les usages du commerce, pour leur rendre applicables les droits prévus de ce chef au tarif, si elle ne correspondait pas à la réalité des opérations. Ainsi, des fabricants de fournitures pour la passementerie, dont la profession, classée depuis, consistait à étirer des fils de *cuivre* doré, ont été, sur l'avis conforme du ministre, déclarés non imposables comme tireurs de fils d'*or*, bien que ce fût le titre qu'on leur donnait et qu'ils prenaient eux-mêmes sur la place de Lyon (Cons. d'Et.

21 déc. 1888, aff. Béroujon, D. P. 90. 3. 10. — V. également, dans ce sens, *infrà*, n° 167, *Bouillons-restaurants*, et n° 174, *Broderies*. De même, et selon la jurisprudence déjà exposée à l'égard des courtiers (V. *suprà*, n° 60), un fabricant et marchand *en gros* de layettes d'enfant ne saurait se prévaloir de ce que cette profession est rangée seulement dans la 7e classe, attendu que ses opérations ne permettent pas de ne l'imposer qu'à ce taux, réservé, dans l'esprit du tarif, à la vente *au détail* des mêmes articles (Cons. d'Et. 14 nov. 1882, aff. Bouchayron-Bennes, D. P. 84. 5. 371).

Pour la définition des professions imposables et l'indication des faits qui en sont constitutifs, V. *Dictionnaire des patentes*, par Brussaux et Guittier, 1891.

114. — 1° *Absinthe* (*Fabricant d'*). — La fabrication de l'absinthe rentre dans l'exercice de la profession de distillateur-liquoriste. Est, par suite, imposable comme tel celui qui fabrique de l'absinthe au moyen d'alambics et autres appareils de distillation, alors même qu'il ne fait pas usage des bassines dont le tarif prévoit l'imposition dans cette industrie (Cons. d'Et. 23 mai 1884, aff. Sautet, D. P. 85. 5. 339). — Quant à la disposition du tarif d'après laquelle le droit fixe de 5 fr. par hectolitre de la capacité brute des alambics est réduit à 1 fr. pour les alambics servant uniquement à la rectification des alcools, elle n'est applicable ni aux alambics servant en même temps à la fabrication de l'absinthe, ni à ceux qui servent à la colorer après une première distillation (Même arrêt du 23 mai 1884). — Il a été jugé depuis que des appareils spéciaux, dits colorateurs, employés par un fabricant d'absinthe, constituaient des bassines, dans le sens du tarif, et devaient, dès lors, être soumis au droit fixe (Cons. d'Et. 17 juin 1887, aff. Pernod, D. P. 88. 3. 100).

115. — 2° *Achat* (*Maison d'*) *pour ventes à l'étranger*. — V. *infrà*, n° 326.

116. — 3° *Agent d'affaires*. — Suivant la définition qui a été donnée au *Rép.*, n° 37, la qualité d'agent d'affaires résulte de la gestion habituelle d'affaires faite sans qualité en vue d'obtenir un salaire, et, comme nous l'avons dit (*Ibid.*), trois choses constituent la profession d'agent d'affaires au point de vue de l'impôt des patentes : 1° la gestion lorsqu'elle est habituelle ; 2° le défaut de qualité ; 3° le salaire.

La première condition, l'habitude, est en quelque sorte nécessaire; un fait isolé de gestion d'affaires ne constituerait pas celui qui l'accomplit, agent d'affaires. Ainsi, on a jugé que la patente n'était pas due par un greffier de simple police qui s'est borné, dans l'année, à recouvrer les sommes dues à deux personnes ayant un intérêt commun (Cons. d'Et. 18 juin 1859, aff. Germa, D. P. 63. 5. 272), alors qu'il eût été, au contraire, imposable s'il s'était chargé de poursuivre des liquidations, de faire des placements, de recouvrer des créances et d'assister, à titre de conseil, diverses personnes pour la conclusion d'affaires litigieuses ou de contrats notariés (Cons. d'Et. 11 sept. 1858, aff. Germa, *Rec. Cons. d'Etat*, p. 643).

En outre, il faut qu'il y ait une véritable profession caractérisée par l'existence d'une clientèle ; ainsi, la gestion des biens de deux personnes de la même famille n'a pas été considérée comme suffisant à justifier l'imposition (Cons. d'Et. 26 mars 1863, aff. Touzeau, *Rec. Cons. d'Et.*, p. 288. — V. aussi Cons. d'Et. 9 avr. 1892, aff. Vivien, *Rec. Cons. d'Et.*, p. 400) ; et d'autres arrêts ont été rendus dans ce sens pour des *receveurs de rentes* (V. *infrà*, n° 388).

117. La gestion doit, en second lieu, être faite sans qualité, en ce sens que celui dont la profession comporte des faits de gestion ne saurait être imposé comme agent d'affaires, en raison de ces faits. Ainsi, la patente d'agent d'affaires n'est pas due : par un avoué qui reçoit exceptionnellement, et comme conséquence de sa profession, des mandats pour toucher les revenus de quelques propriétés (Cons. 17 mai 1854, aff. Lemoyne, D. P. 55. 3. 48); — Par le notaire qui, comme conséquence seulement de sa profession, reçoit des rentes pour le compte de propriétaires, et concourt, en qualité d'expert, à des estimations et à des partages (Cons. d'Et. 22 avr. 1857, aff. Bienvenue, *Rec. Cons. d'Etat*, p. 309).

118. Enfin, comme on l'a vu au *Rép.* n° 38, il est nécessaire que l'agent reçoive un salaire en quelque sorte subordonné au succès de l'entreprise, qu'il agisse à ses risques et périls et non comme commis ou préposé. — On a jugé notamment que décharge de la patente devait être accordée à un individu qui dirigeait les affaires contentieuses de quelques commerçants moyennant un traitement fixe annuel (Cons. d'Et. 10 sept. 1855, aff. Rey, *Rec. Cons. d'Et.*, p. 614) ; au représentant d'une seule agence d'émigration, considéré comme un simple commis (Cons. d'Et., 19 nov. 1875, aff. Salles, p. 906) ; à un agent chargé, en Algérie, de recouvrer des droits d'auteur pour la Société des compositeurs et éditeurs de musique (Cons. d'Et. 29 avr. 1887, aff. Guibert, D. P. 88. 5. 354). Ce n'est, d'ailleurs, que l'application du principe général qui exonère les employés de la patente (*infrà*, n° 639).

119. Ces principes ont été appliqués par la jurisprudence aux agents, directeurs ou représentants des compagnies d'assurances. Ceux qui ont été reconnus dépendre d'une compagnie et traiter pour son compte exclusif ont bénéficié de l'exemption, que leur situation fût ou non celle de simples employés. Au contraire, elle a été refusée à ceux qui, prêtant leur entremise à deux ou plusieurs compagnies, se livraient ainsi, pour leur compte personnel, à des opérations distinctes des contrats d'assurances, encore qu'elles eussent pour objet la conclusion et l'exécution de ces contrats. Ainsi ont été jugés non imposables : le directeur d'une société d'assurances mutuelles, alors même qu'il est rétribué par une remise proportionnée à la valeur des assurances moyennant laquelle il se charge des frais d'administration et de la gérance (Com. f. f. de Cons. d'Et. 1er févr. 1871, aff. Regnault, D. P. 76. 3. 36 ; 17 mars 1876, aff. Delarbre, D. P. 76. 3. 78); le directeur d'une société d'assurances mutuelles, pour le compte exclusif de laquelle il agit; bien qu'il se soit chargé, à forfait, de la gestion des services, il n'est que le représentant d'une société non passible de patente (Cons. d'Et. 23 mars 1880, aff. Leduc, *Rec. Cons. d'Et.*, p. 344). — On remarquera toutefois que la jurisprudence antérieure était plus rigoureuse, car le directeur d'une société d'assurances mutuelles contre la grêle, qui en avait entrepris la gestion à forfait, avait été de ce chef maintenu à la patente (Cons. d'Et. 31 mai 1866, aff. Thouret, D. P. 67. 5. 303). Mais, aujourd'hui, l'allocation de remises proportionnelles n'est plus considérée que comme rentrant dans les combinaisons que le commerce emploie au mieux de ses intérêts et ne suffit plus à justifier l'imposition s'il n'y a en outre exercice personnel d'une profession indépendante.

Sont pareillement non imposables les directeurs associés d'une agence régionale d'assurances non mutuelles, lorsqu'ils sont les agents révocables de la compagnie, pour le compte exclusif de laquelle ils agissent (Cons. d'Et. 24 déc. 1880, aff. Dupuy et Beaumier, *Rec. Cons. d'Et.*, p. 1061). Doivent, au contraire, être maintenus à la patente : 1° les agents régionaux de trois compagnies d'assurances à primes fixes, qui reçoivent d'elles des remises proportionnelles aux affaires qu'ils traitent, qui rétribuent directement les sous-agents et employés et ont à leur charge le loyer de leurs bureaux ; ils ne peuvent être considérés comme de simples commis dans le sens de la loi (Cons. d'Et. 31 mars 1876, aff. Jouanne et de Sarrau, D. P. 76. 3. 78); — 2° Celui qui s'est chargé, moyennant remises, de gérer les intérêts de plusieurs compagnies d'assurances mutuelles et de pourvoir à toutes les dépenses d'administration de ces compagnies, attendu que ces faits sont constitutifs d'une profession qui, pour s'exercer à propos d'assurances, n'en demeure pas moins distincte (Cons. d'Et. 20 juin 1879, aff. Letartre, D. P. 80. 3. 6); — 3° Celui qui représente, dans les mêmes conditions, quatre compagnies d'assurances, dont trois mutuelles (Cons. d'Et. 11 juin 1880, aff. Dermigny, D. P. 81. 5. 276); — 4° Enfin, il en est de même pour celui qui représente deux ou plusieurs *branches* d'une compagnie d'assurances (Cons. d'Et. 31 janv. 1891, aff. Badet, *Rec. Cons. d'Et.*, p. 75). Il est certain, en effet, que sa situation ne diffère pas sensiblement de celle de l'agent de deux compagnies, puisque chaque branche a son existence propre, son capital particulier, sa responsabilité spéciale et ses intérêts distincts.

120. La question de savoir si la patente d'agent d'affaires pouvait être imposée, s'est présentée fréquemment à propos d'avocats non inscrits au tableau. Il résulte de la jurisprudence que l'avocat non inscrit au tableau qui se borne à donner des consultations, n'est imposable, ni comme avocat, ni comme agent d'affaires (Cons. d'Et. 25 juin 1857, aff. Saclier, D. P. 58. 3. 33; 6 août 1864, aff. Brion, D. P. 65. 3. 41; 30 mai 1866, aff. Rousseaud, D. P. 67. 5. 304; 18 déc. 1867, aff. Dons, D. P. 68. 3. 92; 8 févr. 1869, aff. Blanchard, D. P. 70. 3. 45). — Mais au contraire, est imposable comme agent d'affaires l'ancien avocat qui a un cabinet d'affaires ouvert au public, et qui accepte des mandats pour représenter les tiers en justice de paix (Cons. d'Et. 21 nov. 1861, aff. Barne, D. P. 62. 3. 18; 8 avr. 1869, aff. De Lorde, D. P. 70. 3. 45); — Ou celui qui, n'étant plus inscrit au tableau de l'ordre, tient un cabinet ouvert au public et donne, moyennant rétribution, des consultations sur des questions litigieuses, alors même qu'il s'abstiendrait de représenter les parties en justice (Cons. d'Et. 5 déc. 1865, aff. Blanchard, *Rec. Cons. d'Et.*, p. 953); — Ou le licencié en droit qui a prêté serment comme avocat, mais ne s'est pas fait inscrire au tableau, lorsqu'il donne habituellement des consultations sur des questions litigieuses, rédige des actes sous seing privé et reçoit des mandats pour représenter des tiers et défendre leurs intérêts (Cons. d'Et. 28 déc. 1858, aff. Charnal, D. P. 59. 3. 43; 18 avr. 1860, aff. Sousbie, D. P. 60. 4. 57); — Celui qui gère, en France, la succursale d'un office de *sollicitor*, établi en Angleterre (Cons. d'Et. 8 avr. 1859, aff. Trappes, *Rec. Cons. d'Etat*, p. 336); — Un avocat américain, établi en France, qui ne se borne pas à donner des consultations sur le droit de son pays, mais tient un cabinet où il rédige et prépare des actes, reçoit des mandats et se charge de recouvrements (Cons. d'Et. 29 févr. 1874, aff. Mervill, D. P. 74. 3. 103). — Mais il n'y a pas lieu d'imposer en cette qualité le licencié en droit qui, momentanément rayé du tableau de l'ordre des avocats, a obtenu d'y être rétabli alors surtout qu'il n'est pas justifié qu'au moment où il a été réinscrit il exerçât effectivement la profession d'agent d'affaires (Cons. d'Et. 29 avr. 1863, aff. Forest, D. P. 64. 3. 41).

121. Les mandataires agréés près les tribunaux de commerce, que la loi de 1850 a rangés dans le tableau D (*Rép.* n° 223) seraient de même imposables comme agents d'affaires si, sortant de leur rôle d'agréés, ils recevaient en outre mandat pour suivre des affaires litigieuses et pour faire des recouvrements (Cons. d'Et. 19 juill. 1854, aff. Morin, D. P. 55. 5. 312); et, bien que les agréés n'aient aucun caractère légal (V. *suprà*, v° *Agréé*, n° 4), il a été jugé aussi que cette *patente* d'agent d'affaires ne pouvait être repoussée: ni par les individus faisant l'office d'agréés dans les villes (Lyon, par exemple) où il n'existe pas de compagnie d'agréés devant le tribunal de commerce (Cons. d'Et. 30 juin 1858, aff. Vachet, D. P. 59. 3. 12); ni par un individu qui, n'étant pas avocat et ne faisant pas partie de la compagnie d'agréés établie près un tribunal de commerce, se présentait devant ce tribunal comme défenseur libre (Cons. d'Et. 12 juill. 1882, aff. Bruquières, *Rec. Cons. d'Et.*, p. 671).

122. Sont encore passibles de la patente d'agent d'affaires, qu'ils aient ou non un cabinet ouvert au public (*Rép.* n° 36): l'individu qui recouvre habituellement, moyennant remise, des loyers et fermages, pour le compte et en vertu de la procuration des propriétaires (Cons. d'Et. 3 mai 1851, aff. Lagoguée, D. P. 51. 3. 56); celui qui se charge habituellement de la gestion des intérêts d'autrui et qui accepte, en particulier, des mandats pour représenter les tiers en justice (Cons. d'Et. 16 avr. 1854, aff. Cottenest, D. P. 55. 5. 311); celui qui se livre habituellement à des opérations d'achat et de vente de biens pour le compte d'autrui (Cons. d'Et. 25 avr. 1855, aff. Elie, D. P. 55. 5. 311); un individu qui a passé des marchés à forfait avec une ville pour lui procurer les terrains nécessaires à l'ouverture de nouvelles rues (Cons. d'Et. 5 déc. 1865, aff. Legrand, D. P. 66. 3. 60); celui qui se charge de l'administration des successions vacantes, moyennant rétribution (Cons. d'Et. 15 avr. 1869, aff. Durousset, D. P. 70. 3. 91); celui qui encaisse, moyennant remise, des effets de commerce pour le compte de banquiers (Cons. d'Et. 9 janv. 1880, aff. Renault, D. P. 80. 3. 69; 14 déc. 1883, aff. Alévêque, *Rec. Cons. d'Et.*, p. 923); celui qui, sans être un véritable courtier, s'entremet pour la réalisation de contrats d'assurances (Cons. d'Et. 28 mai 1880, aff. Naveau, D. P. 81. 5. 276); celui qui donne des consultations en matière de contributions directes, rédige et poursuit les demandes en dégrèvement d'impôts, et tient, à cet effet, un cabinet ouvert au public (Cons. d'Et. 12 mars 1875, aff. Piedoye, *Rec. Cons. d'Et.*, p. 243; 1er juin 1877, aff. Paradan. *Rec. Cons. d'Et.*, p. 514); celui qui, tenant un cabinet ouvert au public, s'occupe de vérifications et d'expertises en matière de comptabilité (Cons. d'Et. 1er déc. 1882, aff. Jacquemin, *Rec. Cons. d'Et.*, p. 968); celui qui se charge de soutenir les réclamations des particuliers contre les compagnies de chemins de fer (Cons. d'Et. 25 juill. 1884, aff. Cazaux, *Rec. Cons. d'Et.*, p. 651).

123. — 4° *Agent de change.* — Le droit fixe assigné aux agents de change consistait précédemment dans une taxe déterminée, qui s'élevait avec la population (*Rép.* n° 40). Ce droit fixe, rehaussé depuis, a été complété par une taxe variable, réglée sur le nombre des employés. Il est à remarquer en outre que le taux de ces deux droits demeure uniforme (500 fr. pour le premier et 25 fr. pour le second) dans toutes les villes, autres que Paris, où se trouve un parquet pour la négociation des effets publics.

124. — 5° *Agglomérés* (*Fabrique d'*). — Pour la fabrication des agglomérés ou briquettes agglomérées, par les exploitants de mines, V. *infrà*, n° 607.

125. — 6° *Alcool de fécules, de grains, de betteraves, etc.* (*Fabricant d'*). — Le droit fixe afférent à cette profession est réduit de moitié pour les fabriques qui travaillent moins de trois mois par an (V. le tarif). Mais, pour apprécier la durée du travail, on ne doit pas tenir compte de la *campagne* qui commence, chaque année, à l'automne. La réduction n'est due que si la réunion du travail exécuté, tant au commencement de l'année, par la fin de la campagne précédente, que depuis la reprise du travail jusqu'au 1er janvier suivant, n'excède pas trois mois (Cons. d'Et. 23 févr. 1877, aff. Colette, D. P. 77. 3. 60). Quant au droit fixe gradué de 60 cent., prévu par le tarif, il doit être calculé d'après la capacité brute des chaudières et colonnes à rectifier, sans qu'il y ait à distinguer entre les parties destinées à recevoir le liquide et celles que traverse la vapeur. C'est la capacité de ces appareils, pris dans leur ensemble, qu'il y a lieu d'imposer (Cons. d'Et. 8 août 1884 et 23 janv. 1885, aff. Buissot, D. P. 86. 3. 59).

126. — 7° *Ambulance* (*Marchands en*). — Pour les marchands en ambulance, comme pour ceux qui vendent en étalage ou sous échoppe, V. *infrà*, nos 644 et suiv.

127. — 8° *Annonces et avis divers* (*Entrepreneur d'insertions d'*). — Est imposable, comme tel, aux droits de la 6e classe, et ne peut se prévaloir de l'exemption accordée aux éditeurs de feuilles périodiques, celui qui publie un journal exclusivement consacré à l'insertion d'annonces commerciales et judiciaires (Cons. d'Et. 1er juill. 1881, aff. Rousset, D. P. 82. 5. 306). Il s'agissait du journal *Les Archives commerciales de la France*, qui publiait, à Paris, deux fois par semaine, les formations et dissolutions de sociétés, déclarations de faillites, séparations, interdictions et conseils judiciaires, et ventes de fonds de commerce.

128. — 9° *Appartements meublés* (*Loueur d'*). — V. *infrà*, n° 141, *Aubergistes, etc.*, et nos 193 et suiv., *Chambres meublées* (*Loueur de*).

129. — 10° *Appréciateur d'objets d'art.* — Est imposable sous cette dénomination celui qui exerce, dans un hôtel public de ventes, la profession d'expert en tableaux (Cons. d'Et. 20 nov. 1874, aff. Falconnet, *Rec. Cons. d'Etat*, p. 895).

130. — 11° *Armateur.* — Le tarif actuel divise les armateurs en deux catégories, comme précédemment (*Rép.* n° 42); la première comprend les armateurs au long cours; la seconde, les armateurs pour le grand et le petit cabotage, la pêche de la baleine, celle de la morue, la pêche ordinaire ou petite pêche, et c'est en outre à la patente d'armateur que sont maintenant soumis tous les entrepreneurs de bateaux ou paquebots à vapeur pour le transport, *sur mer*, des voyageurs ou des marchandises : ne sont plus imposables, comme entreprises de bateaux à vapeur, que celles qui s'exploitent sur les fleuves, rivières ou lacs (V. le tarif).

131. La jurisprudence n'autorise pas à imposer comme armateur le propriétaire d'un navire, à raison de cette seule qualité : il faut qu'il prenne part à l'armement, c'est-à-dire qu'il courre les chances de l'entreprise. Le propriétaire d'un navire n'est pas, dès lors, imposable s'il demeure étranger aux opérations de l'armement, celles-ci étant toutes faites par le capitaine (Cons. d'Et. 8 août 1855, aff. Savournin, *Rec. Cons. d'Etat*, p. 587). Au contraire, la patente d'armateur est due par le propriétaire qui reçoit une portion des produits, supporte une partie des frais et participe aux risques, bien qu'il ne s'occupe ni des achats d'armement, ni de la formation des équipages (Cons. d'Et. 8 févr. 1878, aff. Heulin, *Rec. Cons. d'Etat*, p. 138). — Quant à l'armateur, il est imposable pour tous les navires dont il fait l'armement, alors même qu'il n'est propriétaire que de certains de ces navires (Cons. d'Et. 23 mai 1860, aff. Dumont, *Rec. Cons. d'Etat*, p. 411).

132. Il a été jugé que le propriétaire d'un bateau à vapeur, qui l'emploie en partie au transport de ses marchandises, est imposable comme armateur au long cours, et non comme entrepreneur de bateaux à vapeur, pour le transport des marchandises, lorsqu'il ne fait ses voyages (aux Indes) qu'à des intervalles irréguliers, et que ses itinéraires varient ainsi que ses escales (Cons. d'Et. 7 mai 1880, aff. Chalès, *Rec. Cons. d'Etat*, p. 436); et que le propriétaire d'un bateau à vapeur armé au cabotage et muni d'un congé de douane qui, pendant l'été seulement, et selon les heures de marée ou l'état de la mer, transporte des voyageurs entre deux villes, et dont tout le parcours se fait, soit en mer, soit dans une partie de la rivière comprise dans les limites de l'inscription maritime, n'est pas un entrepreneur de bateaux à vapeur omnibus, mais un armateur au petit cabotage (Cons. d'Et. 24 juin 1887, aff. Villandre, D. P. 88. 2. 109). — Notons encore un arrêt exemptant de la patente, à titre de simple pêcheur, le propriétaire d'une barque de 25 tonneaux, bien qu'il ne l'exploitât pas toujours par lui-même (Cons. d'Et. 24 mars 1891, aff. Aubert, *Rec. Cons. d'Etat*, p. 272). — Il avait déjà été jugé, dans le même sens, que la patente d'armateur pour la petite pêche n'est pas due par celui qui se livre personnellement à la pêche avec le concours d'un équipage de huit à dix hommes, sur un bateau de faibles dimensions (46 tonneaux), dont il est propriétaire pour partie (Cons. d'Et. 7 mai 1875, aff. Vasseur, D. P. 76. 3. 9).

133. Pour le lieu d'imposition du droit fixe d'armateur, V. *suprà*, n° 105. — V. aussi, en ce qui concerne les armateurs étrangers, *infrà*, n° 556.

134. — 12° *Armes (Marchand d'), armurier.* — Comme conséquence de la loi du 14 août 1885, qui a rendu libre le commerce en gros des armes à feu (V. *suprà*, v° *Arme*, n°s 4 et suiv.), la profession de marchand d'armes en gros a été ajoutée dans la 1re classe du tableau A (L. 8 août 1890). Jusqu'alors, le petit fabricant et le marchand d'armes étaient soumis aux droits de la 5e classe, sous l'appellation commune d'armurier (*Rép.* n° 44), et il avait été jugé que, dans cet état du tarif, le commerce, même en gros, des armes, ne pouvait faire l'objet d'un classement par assimilation (Cons. d'Et. 9 nov. 1889, aff. Becante, D. P. 91. 3. 31).

Aujourd'hui donc, le marchand d'armes en détail peut seul, avec le petit fabricant, n'être imposé qu'à la patente d'armurier.

135. — 13° *Arpenteur.* — Pour les arpenteurs et les experts, V. *infrà*, n° 257.

136. — 14° *Articles de ménage.* — Pour la vente de ces articles, V. *infrà*, n° 153.

137. — 15° *Assurances.* — Depuis la loi du 18 mai 1850 (*Rép.* n° 45), la profession d'entrepreneur d'assurances maritimes est soumise au tarif exceptionnel du tableau B, qui comprend maintenant, comme nous l'avons vu, une taxe variable par employé. Cette taxation la différencie absolument des assurances non mutuelles, dont le droit fixe est réglé par département (V. ci-après); elle est d'ailleurs justifiée, puisque l'action de l'assureur maritime peut s'étendre aux risques de mer de tous services, français ou étrangers. Aussi, l'assureur maritime n'est-il pas fondé à réclamer l'application des droits du tableau C afférents à ces assureurs; il est imposable par établissement (Cons. d'Et. 18 mai 1861, aff. Compagnie *Lloyd bordelais*, D. P. 61. 3. 55; 2 juill. 1880, aff. Compagnie *La Confiance*, D. P. 81. 3. 70).

138. Quant aux sociétés d'assurances non mutuelles, leur droit fixe est calculé, aux termes du tarif, par département où elles *opèrent*. Mais on ne doit entendre par là que les départements où elles sont représentées par un ou plusieurs agents, et où elles ont des polices en cours (Cons. d'Et. 22 juill. 1887, aff. Compagnie *La Métropole*, D. P. 88. 3. 117); et il a été accordé décharge à la même compagnie du droit fixe afférent à des départements où elle n'avait eu, dans l'année, aucun agent et n'avait engagé aucune opération nouvelle (Cons. d'Et. 17 mai 1889, aff. Compagnie *La Métropole*, *Rec. Cons. d'Etat*, p. 605). Il ne peut donc suffire, pour rendre ce droit exigible, que des polices soient en cours dans un département. — D'autre part, la loi n'affranchit de la patente que les assurances *mutuelles* (V. *infrà*, n° 634). Sont dès lors imposables : une société qui perçoit des primes fixes, les unes avec participation aux bénéfices et les autres sans cette participation, alors même qu'elle n'a pas d'actionnaires (Cons. d'Et. 10 déc. 1875, aff. Compagnie *La Continentale de New-York*, D. P. 76. 3. 47); une société qui offre à ses adhérents les combinaisons accessoires enlevant à ses opérations le caractère de mutualité pure et simple exigé par la loi (Cons. d'Et. 27 févr. 1885, aff. Compagnie *La New-York*, D. P. 86. 5. 318). Mais la circonstance qu'une société qui n'assure que ses membres a passé un contrat avec une compagnie de réassurance à l'effet de limiter les cotisations pouvant être exigées de ses associés, ne lui fait pas perdre la qualité de société d'assurances mutuelles et, par suite, le droit à l'exemption (Cons. d'Et. 14 nov. 1879, aff. Compagnie *Le Tarn*, D. P. 80. 3. 38).

139. Pour les réassurances, V. *infrà*, n° 387. V. aussi *infrà*, n° 688, pour les syndicats d'assurances, et n° 790, pour les cessions de portefeuille.

140. — 16° *Assurances (Courtier d').* — Le courtier d'assurances imposé au tableau B est celui dont les attributions sont réglées par l'art. 79 c. com., c'est-à-dire celui qui rédige les polices, concurremment avec les notaires, en atteste la vérité par sa signature et certifie le taux des primes. N'est pas, dès lors, imposable en cette qualité, mais seulement comme un agent d'affaires, un individu qui se borne à s'entremettre pour la réalisation de contrats d'assurances, bien que des affiches apposées à sa porte fassent appel à la clientèle (Cons. d'Et. 28 mai 1880, aff. Naveau, D. P. 81. 5. 276).

141. — 17° *Aubergistes, hôteliers, logeurs, etc.* — Comme il a été dit au *Rép.* n° 46, le logeur, rangé dans la 7e classe, est celui qui loge à bas prix les ouvriers. Quant à l'aubergiste, il appartenait précédemment à la 4e classe et descendait à la 5e, s'il ne logeait qu'à pied ou à cheval. Depuis la loi de 1880, les aubergistes sont tous dans la 5e classe, sous l'appellation d'aubergiste ou « cabaretier-logeur »; mais la profession de maître d'hôtel (3e classe) a été ajoutée au tarif, et celle de maître d'hôtel garni (4e classe), qu'il contenait déjà, a été définie : celui qui loue « à la semaine, à la quinzaine ou au mois ». On doit en outre imposer comme loueur de chambres ou appartements meublés (6e classe), celui qui, sans avoir un véritable établissement, donne à loger des pièces munies de tout ou partie du mobilier nécessaire. — Pour cette dernière profession, V. *infrà*, n° 193 et n°s 610 et suiv.

142. Dans l'état présent du nouveau tarif, la question de savoir si les voyageurs font des séjours plus ou moins prolongés est indifférente pour déterminer si un contribuable doit être imposé à la 3e ou à la 5e classe. C'est la nature de la clientèle, l'aménagement et le mode d'exploitation de l'établissement qu'on doit envisager. Ainsi, il a été jugé que la 3e classe est due par celui qui exploite dans le centre d'une ville un hôtel considérable contenant vingt-cinq chambres de voyageurs, une vaste salle de restaurant, des écuries et des remises; pour demander à n'être imposé qu'à la 6e classe, il ne peut se prévaloir de ce que les voyageurs qu'il reçoit ne séjournent ordinairement que quelques heures ou quelques jours au plus (Cons. d'Et. 7 juill. 1882, aff. Rolland, D. P. 84. 3. 12). Il a été décidé également qu'on devait qualifier d'*hôtel* un établissement ouvert dans le quartier central de Nantes, et occupant toute une maison qui comprenait deux salles à manger, où le prix des chambres était de 1 fr. 50 et de 2 fr., celui des repas de 2 fr. et de 2 fr. 50, et dont la clientèle appartenait à la bourgeoisie, au petit commerce et à l'administration (Cons. d'Et. 3 nov.

1882, aff. De Tuffreau, *Rec. Cons. d'Etat*, p. 839). Telle a été aussi la patente appliquée à l'exploitant d'un établissement dénommé *hôtel de...*, qui contenait huit chambres meublées confortablement et dont le prix varie de 1 fr. 50 à 2 fr. 50, un café, un billard, une salle à manger, et qui était fréquenté par des agents d'administration, des représentants de commerce, etc., à l'exclusion des ouvriers (Cons. d'Et. 20 déc. 1889, aff. Chagnon, D. P. 91. 5. 385). A été, au contraire, réduit à la 5e classe un patentable qui, dans son établissement, donnant sur un des marchés d'Avignon, tenait à l'usage des gens de la campagne un restaurant où le prix des repas n'était que de 1 fr. 75 et mettait seulement six chambres à la disposition de ses clients (Cons. d'Et. 22 déc. 1882, aff. Clément, *Rec. Cons. d'Etat*, p. 1060).

Il n'est pas d'ailleurs nécessaire, pour donner ouverture aux droits de la 3e ou de la 4e classe, qu'un hôtel possède un restaurant ou une table d'hôte (Cons. d'Et. 29 juin 1883, aff. Demay, D. P. 85. 3. 42). Dès l'instant que son installation et son genre de clientèle ne permettent pas de n'y voir qu'une auberge, il doit, selon la durée habituelle des séjours, être taxé à la 3e classe, comme hôtel, ou à la 4e, comme hôtel garni; et même, avant la loi de 1880, qui a précisé le sens de ces derniers mots, il avait été jugé qu'on ne pouvait ranger dans cette catégorie un hôtel important et luxueux, où les voyageurs ne faisaient que de courts séjours (Cons. d'Et. 3 déc. 1875, aff. Ronjat, D. P. 76. 3. 47). Quant aux hôtels dont une partie des chambres sont louées à la journée et le surplus à la semaine, à la quinzaine ou au mois, ils sont passibles de la 3e classe, d'après la règle générale, ci-dessus énoncée (n° 110), que le droit fixe imposable est le plus élevé de ceux afférents aux professions exercées parallèlement (Cons. d'Et., Arrêt précité du 29 juin 1883, aff. Demay; 9 mai 1884, aff. Hamard, D. P. 85. 3. 42), et il importe peu qu'ils ne fournissent pas la nourriture à leurs clients (Cons. d'Et. 4 juill. 1891, aff. Dulery, *Rec. Cons. d'Etat*, p. 531). Enfin, comme nous l'avons dit, c'est l'existence d'un véritable établissement, agencé en vue de la location, qui différencie le maître d'hôtel garni du simple loueur de chambres meublées. Il a été jugé dans ce sens que le bénéfice de l'imposition à la 6e classe ne peut être réclamé par celui qui possède un bureau où sont reçus les objets destinés aux locataires et où ils déposent leurs clefs, et qui occupe un personnel d'employés et de domestiques tel qu'on en trouve dans les hôtels garnis, encore qu'il n'ait aucune salle commune à l'usage des locataires dont la plupart font chez lui des séjours prolongés, et qu'il ne leur donne ni à boire ni à manger (Cons. d'Et. 18 juill. 1884, aff. Boyenval, D. P. 86. 3. 7.).

143. Pour les autres questions se rattachant à ce chapitre, V. *infrà*, n° 328 (*Maisons de retraite, de santé et de séjour*), n° 331 (*Maisons de tolérance*) et n° 357 (*Omnibus*).

144. — 18° *Bains publics et douches* (*Entrepreneur de*). — Celui qui exploite un établissement où il reçoit des pensionnaires qui y sont logés et nourris et auxquels il donne des soins médicaux doit être considéré comme tenant une maison particulière de santé (V. *infrà*, n° 328). Il ne peut demander à n'être imposé que comme entrepreneur de bains et douches (Cons. d'Et. 18 juill. 1884, aff. Rey, *Rec. Cons. d'Etat*, p. 622).

145. — 19° *Banquier*. — A l'exception de la Banque de France, qui est demeurée soumise à une taxation particulière, y compris ses comptoirs (V. le tarif), les banques sont aujourd'hui imposées, sans distinction, d'après les règles du tabeau B. Mais, comme nous l'avons dit *suprà*, n° 57, les sociétés formées par actions pour opérations de banque sont passibles des droits du tableau C, d'après leur capital, à moins que ces droits ne soient inférieurs à ceux résultant de l'application du tableau B. Nous examinons *infrà*, n° 404, les questions relatives à l'imposition du capital de ces sociétés.

146. Le *Répertoire* (nos 52 et suiv.) contient des détails suffisants sur ce qui constitue les opérations de banque et sur les conditions nécessaires pour qu'elles donnent ouverture à la patente de banquier, lorsqu'elles accompagnent d'autres actes commerciaux. Nous nous bornerons à y ajouter quelques arrêts sur la question, fréquemment soulevée, de la distinction du banquier et de l'escompteur. Il y a lieu d'imposer en la première de ces qualités: un comptoir d'escompte dont les opérations ne consistent pas seulement à escompter les effets de commerce payables en France ou à l'étranger, et à encaisser des effets sur la place, mais qui, en outre, reçoit les sommes et les effets qui lui sont remis en compte courant, paye tous mandats jusqu'à concurrence des sommes encaissées et des effets admis à l'escompte, et émet des traites ou mandats à ordre (Cons. d'Et. 7 mai 1856, aff. Comptoir d'escompte de Mulhouse, D. P. 58. 3. 22); — Celui qui ouvre des comptes courants, négocie du papier sur plusieurs places de commerce, a de nombreux correspondants, reçoit des dépôts de valeurs et se charge de faire acheter et vendre en bourse des valeurs cotées (Cons. d'Et. 13 avr. 1877, aff. Drouot, D. P. 77. 5 320); — Celui qui ne se borne pas à escompter et à recouvrer les valeurs payables dans la ville et aux environs, mais qui se livre, en outre, à des opérations de la nature de celles qui constituent la profession de banquier, telles que la négociation de lettres de change, l'ouverture de crédits et de comptes courants (Cons. d'Et. 27 mai 1887, aff. Provost et fils, *Rec. Cons. d'Etat*, p. 435; 8 nov. 1890, aff. Abre, *Rec. Cons. d'Etat*, p. 816). — Il ne faudrait pas cependant induire de ces arrêts que, dès que les opérations d'un escompteur s'étendent à plusieurs places, la patente de banquier devient, par ce seul fait, exigible. Elle n'est due qu'autant qu'on se trouve en présence d'un ensemble d'opérations, d'ailleurs habituelles, rentrant dans celles qui viennent d'être énoncées; et il a été jugé que celui dont les opérations consistent à escompter des effets, à recouvrer ceux qui lui sont envoyés par ses correspondants et à leur en transmettre le montant, soit en espèces et en billets de banque, soit en effets sur d'autres places, ne doit être assujetti qu'à la patente d'escompteur alors même qu'il a reçu quelques dépôts de fonds ou acheté quelques valeurs pour le compte de ces clients (Cons. d'Et. 23 mai 1879, aff. Besson, D. P. 80. 5. 376). Notons cependant que la succursale d'une maison de banque, qui s'occupait essentiellement de l'émission de titres créés soit par cette maison, soit par des sociétés industrielles établies sous son patronage, a été maintenue, de ce chef, à la patente de banquier (Cons. d'Et. 1er août 1884, aff. Banque de prêts à l'industrie, D. P. 86. 3. 22). Il s'agissait, en effet, de l'*émission* de titres nouveaux, c'est-à-dire d'une opération de banque au plus haut degré; le conseil d'Etat a refusé avec raison d'admettre que cette succursale ne constituât qu'une caisse pour opérations sur les valeurs (V. *infrà*, n° 148).

147. Une disposition particulière a été insérée au tarif de 1880, en vue d'atteindre davantage les banquiers dont les opérations comprennent l'émission de titres d'Etats étrangers, de sociétés, compagnies et villes étrangères, et ceux qui se chargent du payement des intérêts et dividendes de ces titres pour le compte des mêmes Etats, sociétés, compagnies et villes. Les deux taxes, déterminées et variables, dont est formé leur droit fixe, sont en ce cas rehaussées de moitié. Mais ce rehaussement ne saurait être appliqué qu'aux banquiers officiellement constitués pour l'émission de ces titres ou le payement de ces intérêts ou dividendes, c'est-à-dire chez lesquels sont *domiciliées* ces nations, sociétés, compagnies ou villes étrangères. Il ne peut être étendu: ni à un banquier qui se borne à payer les coupons de valeurs étrangères qui lui sont présentés (Cons. d'Et. 14 déc. 1883, aff. Lenglé et Dietz, D. P. 85. 3. 99); ni aux succursales d'une société passible de ce rehaussement à son siège social, lorsque, dans ces succursales, les souscriptions aux émissions de titres étrangers ne peuvent être considérées comme des opérations d'émission dans le sens de la loi et lorsque le payement des coupons n'y est fait que pour le compte du siège (Cons. d'Et. 8 févr. 1884, aff. Société générale et Crédit lyonnais, D. P. 85. 3. 100). Nous avons vu d'ailleurs (nos 83 et suiv.) comment doivent être traitées, selon le cas, les succursales et maisons secondaires.

148. Outre les banquiers et les escompteurs, le tarif prévoit aujourd'hui l'imposition, à des droits particuliers, de ceux qui tiennent caisse ou comptoir d'avances ou de prêts, de recettes ou de payement, de bons ou coupons d'escompte d'épargne, de crédit, de capitalisation, et de ceux qui s'occupent plus spécialement d'opérations sur les valeurs (L. 8 août 1890). Enfin, un article spécial a été ouvert pour les sociétés étrangères qui ont en France des bureaux pour le service de leurs titres (V. tous ces mots au tarif, et *infrà*, nos 181 et 184).

149. — 20° *Barbier*. — Pour la distinction du barbier, du perruquier et du coiffeur, V. *infrà*, n° 213.

150. — 21° *Barques et bateaux* (*Maître de*). — Le droit fixe auquel sont assujettis les maîtres ou patrons de barques et bateaux pour le transport des marchandises sur les fleuves, rivières et canaux, doit être calculé sur la capacité de tous les bateaux qu'ils emploient, sans qu'il y ait à distinguer entre ceux dont le patentable est propriétaire et ceux dont il n'est que locataire (Cons. d'Et. 5 mai 1882, aff. Cholet, D. P. 84. 5. 366). — Mais lorsqu'un maître de barques, qui possède un remorqueur, ne l'emploie que pour le service de ses barques, on ne peut le considérer comme entrepreneur de bateaux à vapeur remorqueurs : il continue à n'être imposable qu'à la patente de maître de barques (Cons. d'Et. 23 nov. 1877, aff. Sauton, *Rec. Cons. d'État*, p. 910).

151. — 22° *Bateaux à vapeur* (*Entrepreneur de*). — D'après les arrêts du 7 mai 1880 et du 24 juin 1887 ci-dessus relatés (n° 132), il n'y a lieu de considérer comme entrepreneurs de bateaux à vapeur que ceux dont les bateaux font un service fixe et régulier entre des points déterminés. Ainsi d'ailleurs que nous l'avons signalé *suprà*, n° 130, la patente d'entrepreneur de bateaux à vapeur n'est plus aujourd'hui applicable qu'aux transports effectués sur les fleuves, rivières ou lacs, à l'exclusion des transports sur la mer.

152. Pour le maître de bateaux possédant un remorqeur, V. *suprà*, n° 150. — V. aussi, pour les remorqueurs des chambres de commerce, *infrà*, n° 541.

153. — 23° *Bazar d'articles de ménage, de bimbeloterie, etc.* (*Tenant un*). — Lorsqu'un marchand en détail d'articles de bimbeloterie et de ménage met en vente dans son établissement une grande variété de ces articles, c'est la patente de tenant bazar d'articles de bimbeloterie, etc. (6e cl.), et non celle de bimbeloterie (7e cl.) qui doit lui être appliquée (Cons. d'Et. 12 mai 1876, aff. Corbier, *Rec. Cons. d'Etat*, p. 434). — Pour les grands magasins d'articles de ménage, V. *infrà*, n° 320.

154. — 24° *Bestiaux* (*Marchand de*). — Ils sont imposables comme marchands de bœufs, de chèvres, de moutons, de vaches, etc., selon la nature du bétail vendu. Des difficultés peuvent, d'ailleurs, s'élever sur le point de savoir si celui qui vend des bestiaux n'a point droit à l'exemption dont jouissent les cultivateurs pour la vente de leur bétail (V. *infrà*, nos 592 et suiv.). Mais ceux qui expédient les bestiaux à des courtiers ou facteurs, pour être vendus sur les marchés, sont, d'ailleurs, soumis à une patente spéciale, comme marchands *expéditeurs* (V. *infrà*, n° 256).

155. — 25° *Bijoutier*. — La loi a rangé dans la 3e classe le marchand bijoutier n'ayant pas d'atelier, c'est-à-dire celui qui se borne à acheter et à revendre. Quant au bijoutier fabricant pour son compte, il est passible de la 2e classe, s'il a, outre son atelier, un magasin, et seulement de la 5e, s'il n'a pas de magasin. — Mais, que doit-on entendre par ce terme de magasin? Il a été décidé que des bijoutiers fabriquant à l'avance, qui disposaient, à côté de leurs ateliers, d'une pièce spéciale, renfermant un comptoir couvert en étoffe, des balances et un coffre-fort, où les acheteurs étaient reçus et les bijoux montrés par assortiment, et qui recevaient aussi dans cette pièce les personnes désirant se défaire de diamants, y possédaient un magasin dans le sens du tarif (Cons. d'Et. 5 janv. 1877, aff. Gosset et Chaveton, *Rec. Cons. d'Etat*, p. 23). Au contraire, des fabricants de chaînes de montre, ne travaillant que sur commande et n'ayant ces chaînes, en général, que par unité, et à titre de modèles destinés à être soumis à leurs clients, n'ont pas été regardés comme ayant un magasin dans la pièce voisine de leurs ateliers, où ces bijoux étaient déposés (Cons. d'Et. 21 févr. 1890, aff. Mantoux et Rottembourg, *Rec. Cons. d'Etat*, p. 194). C'est donc une appréciation à faire pour chaque fabricant. — Ajoutons qu'il faut considérer comme travaillant pour son compte le bijoutier qui fournit l'or et l'argent qu'il emploie, bien qu'il reçoive de ses clients les diamants et pierres fines devant entrer dans sa fabrication (Cons. d'Et. 28 juill. 1882, aff. Merle, *Rec. Cons. d'Etat*, p. 720).

156. — 26° *Bimbeloterie* (*Marchand de*). — Le marchand de bimbeloterie est passible des droits de la 5e classe ou seulement de la 7e, selon qu'il vend de la bimbeloterie fine ou commune. — Pour les bazars de bimbeloterie, V. *suprà*, n° 152. — Jugé que la patente de bimbelotier en gros, et non pas seulement celle de tabletier, est due par un fabricant et marchand en gros de chapelets et autres menus objets en nacre pour stations balnéaires, lieux de pèlerinage, etc. (Cons. d'Et. 7 juin 1891, aff. Papineau, *Rec. Cons. d'Etat*, p. 423).

157. — 27° *Blanchisseur de linge*. — Suivant qu'il possède, ou non, un établissement de buanderie, le blanchisseur de linge est passible de la 6e classe ou seulement de la 8e. Il a été jugé que l'existence d'un simple appareil de buanderie, même installé dans la cuisine du patentable, suffisait pour rendre exigibles les droits de la 6e classe (Cons. d'Et. 1er déc. 1858, aff. Veuve Merlier, *Rec. Cons. d'Etat*, p. 669), en sorte que la 8e classe ne serait applicable qu'au blanchisseur ne possédant aucun matériel. — A été aussi maintenu à la 6e classe un blanchisseur qui avait, dans le sous-sol de son habitation, un appareil de buanderie composé d'une chaudière en fonte avec fourneau en maçonnerie et d'un cuvier en bois, au rez-de-chaussée, une table de repassage avec casiers fixés aux murs, dans le grenier, un séchoir, et, dans la cour, une tenderie (Cons. d'Et. 7 mai 1892, aff. Trousseville, *Rec. Cons. d'Etat*, p. 430).

158. — 28° *Blatier*. — D'après la définition donnée par l'Administration, c'est celui qui achète des grains chez les cultivateurs ou sur les marchés, et va les vendre dans les marchés voisins; il est imposable à la 5e classe, s'il emploie une voiture, et à la 6e, s'il n'a qu'une bête de somme. — Il a été jugé que la première de ces patentes était due par un blatier qui, n'ayant pas de voiture à lui et faisant sur les marchés des achats et des ventes de grains par quantités de 2 à 20 hectolitres, chargeait un voiturier du transport de ces grains (Cons. d'Et. 20 juill. 1859, aff. Mercier, *Rec. Cons. d'Etat*, p. 506). — C'est également la jurisprudence suivie pour les marchands forains (V. *infrà*, nos 650 et suiv.).

159. — 29° *Bois* (*Marchand de*). — La classification adoptée en 1844 pour les marchands de bois (*Rép.* n° 61) n'a pas subi de changement. Elle est basée sur l'importance relative des opérations, telles que l'accusent soit les quantités vendues, soit la nature de la clientèle.

Comme précédemment, la 1re classe est due par les marchands de bois à brûler ayant chantier ou magasin, et vendant au stère ou par quantité équivalente ou supérieure ; pour les adjudicataires de coupes de bois qui vendent sur place, le parterre des coupes est considéré comme un chantier dans le sens du tarif (*Rép.* n° 63 ; Cons. d'Et. 15 août 1860, aff. Salin, D. P. 61. 3. 4 ; 24 janv. 1891, aff. Deyst, *Rec. Cons. d'Etat*, p. 49). Dès que ces conditions se trouvent remplies, la 1re classe est exigible, et celui qui, ayant acheté une coupe de taillis, l'a fait exploiter en fagots, qu'il a vendus sur le chantier de la coupe par quantités au moins égales à un stère, prétendrait vainement n'être imposable que comme marchand de fagots et bourrées (6e classe) (Cons. d'Et. 20 nov. 1856, aff. Dovillée, D. P. 57. 3. 35). Il en serait de même pour celui qui transporterait, par voiture, au domicile des consommateurs, le bois vendu sur le parterre de ses coupes; la 5e classe ne saurait lui être applicable, puisqu'elle est réservée à ceux qui vendent par voiture, sans avoir ni chantier, ni magasin (Cons. d'Et. 3 oct. 1857, aff. Aubry, *Rec. Cons. d'Etat*, p. 710).

160. La 1re classe est due pareillement, sans distinction, par tous ceux qui vendent des bois de marine ou de construction, et la circonstance que la clientèle d'un marchand de bois de construction n'est composée que d'artisans et de simples particuliers ne l'autorise pas à se prévaloir de la réduction, accordée en pareil cas, aux marchands de bois de sciage (Cons. d'Et. 30 avr. 1880, aff. Bergounioux, *Rec. Cons. d'Etat*, p. 417). — Il a été jugé aussi qu'on doit imposer comme marchand de bois de construction celui qui vend des traverses destinées au boisage des galeries de mine et à la construction de bâtiments extérieurs, tels que remises, hangars, etc. (Cons. d'Et. 8 juill. 1887, aff. Veuve Drevet, *Rec. Cons. d'Etat*, p. 559).

161. Quant au marchand de bois de sciage, il est passible de la 1re classe, s'il vend en gros, c'est-à-dire à d'autres marchands, et seulement de la 3e classe, quelle que soit l'importance de ses affaires, s'il se borne à vendre aux menuisiers, ébénistes, charpentiers et aux particuliers (Cons. d'Et. 16 août 1861, aff. Tremois, *Rec. Cons. d'Etat*, p. 739). Est d'ailleurs imposable en cette qualité, et non comme marchand de planches en détail, un adjudicataire de coupes de bois, qui fait scier les arbres provenant de son exploitation et qui les revend, à l'état de planches et de poutrelles, aux menuisiers et aux particuliers (Cons. d'Et. 7 nov. 1873, aff. Andrillon, *Rec. Cons. d'Etat*, p. 791).

162. On doit de même imposer à la 1re classe le marchand de bois merrains qui ne vend pas aux simples tonneliers, mais à de grands fabricants de tonneaux, et par quantités équivalant au chargement d'une ou de plusieurs charrettes (Cons. d'Et. 9 nov. 1877, aff. Commanay et Caëlle, *Rec. Cons. d'Etat*, p. 861).

163. Enfin, comme il a été dit au *Rép.* n° 57, le boulanger qui se bornerait à revendre le surplus du bois acheté pour l'alimentation de son four ne devrait pas être imposé à la patente de marchand de bois. Mais un exploitant de scierie qui, en vertu de traités avec des compagnies de chemins de fer, convertit les vieilles traverses en coins et criquets, qu'il leur livre ensuite, et qui vend comme bois de sciage les déchets de cette fabrication, doit être imposé comme marchand de bois à brûler, quand d'ailleurs la vente de ces déchets atteint un chiffre plus élevé que celle des coins (Cons. d'Et. 8 avr. 1881, aff. Collet, D. P. 81. 5. 302).

164. — 30° *Bottier.* — Pour tout ce qui concerne la fabrication et la vente des chaussures, V. *infrà*, n° 199.

165. — 31° *Boucher.* — La profession de marchand boucher *en gros* (2e classe) a été ajoutée au tarif en 1880, et cette qualification a été jugée applicable à un individu qui, achetant des porcs sur pied, les fait abattre et les vend soit par porcs entiers, soit par quartiers, aux charcutiers composant sa clientèle (Cons. d'Et. 16 mars 1888, aff. Veuve Meunier, D. P. 89. 5. 350). Il suffit donc, comme il a été dit au *Rép.* n° 69, d'exploiter une des branches dont se compose le commerce de la boucherie. — Décidé aussi que le contribuable dont l'industrie consiste à vendre de la viande de porc en détail, sans lui faire subir aucune préparation, doit être imposé à la patente de boucher en petit bétail (6e classe), et non à celle de charcutier (4e classe) (Cons. d'Et. 17 sept. 1854, aff. Gueslin, D. P. 55. 5. 312). — Quant au boucher à la cheville (5e classe), il est défini par le tarif « celui qui revend la viande achetée par quartiers ». C'est donc celui qui ne tue pas. Mais il y a lieu d'imposer à la 4e classe, comme marchand boucher, celui qui, ne se bornant pas à revendre des viandes achetées par quartiers, achète aux abattoirs des quartiers de bœuf équivalant souvent ensemble à un bœuf entier, et qui, en outre, y achète habituellement des veaux et des moutons entiers (Cons. d'Et. 7 mai 1856, aff. Gendrop, D. P. 57. 3. 3 ; 16 déc. 1881, aff. Bonnet, D. P. 83. 5. 338).

166. Pour les bouchers qui expédient de la viande au dehors, et pour ceux qui vendent sur étal, dans les halles et marchés, V. *infrà*, nos 644 et suiv.

167. — 32° *Bouillon-restaurant.* — La patente de marchand de bouillon et bœuf cuit (6e classe) n'est pas applicable aux établissements de bouillon qui reçoivent la clientèle aisée. Jugé que, dans les circonstances spéciales à son exploitation, un bouillon-restaurant, genre Duval, devait être soumis à la 4e classe, comme restaurateur à la carte et à prix fixe (Cons. d'Et. 10 avr. 1869, aff. Gailleton, D. P. 70. 3. 91). — Cette décision ne pourrait toutefois être appliquée aux établissements de bouillon ne servant qu'à la carte, et il serait à désirer que ces établissements fussent spécialement dénommés au tarif, puisqu'en l'état, ce sont les droits de la 3e classe (restaurateur à la carte) qui, rigoureusement, leur sont applicables, bien que la loi n'ait voulu, semble-t-il, y soumettre que les restaurants de luxe. Pour ces restaurants, V. *infrà*, n° 392).

168. — 33° *Boulanger.* — On doit imposer en cette qualité tous ceux qui vendent du pain fabriqué avec des farines qu'ils ont achetées, quelle que soit la qualité de ce pain. Du reste, le tarif comprend aujourd'hui, dans la 6e classe, le boulanger ne fabriquant que du pain bis ou de qualité inférieure, de même qu'il renferme dans la 4e classe, l'exploitant de boulangerie par procédés mécaniques.

169. Nous avons vu déjà (n° 85) que le second magasin de vente d'un boulanger est passible du même droit fixe que son premier magasin, attenant au four. Mais un boulanger qui se borne à déposer chaque jour un certain nombre de pains provenant de sa fabrication chez un marchand qui en fait la vente, accessoirement aux objets de son commerce, n'a pas, dans ce dépôt, un second établissement (Cons. d'Et. 24 mai 1878, aff. Som, D. P. 80. 3. 6). Remarquons aussi que la qualification de marchand de pain en boutique (7e classe), applicable aux dépôts de pain, s'ils forment établissement, a été remplacée, en 1880, par celle de *revendeur de pain* en boutique, qui précise mieux la profession. Quant au fournier ou cuiseur (même classe), c'est celui qui se borne à cuire pour le public.

170. — 34° *Boulons et écrous.* — Pour les usines fabriquant ces objets, V. *infrà*, n° 453.

171. — 35° *Brasserie* (*Exploitant de*). — Le droit fixe est de 1 fr. par hectolitre de la capacité brute des chaudières, c'est-à-dire de leur contenance totale, y compris les hausses ; mais ce droit est réduit de moitié, du quart ou seulement du huitième, suivant le nombre annuel des brassins (V. le tarif). Il a été jugé : qu'on doit compter toutes les chaudières, même celles qui ne servent qu'à chauffer l'eau nécessaire aux trempes pour chaque brassin (Cons. d'Et. 23 juin 1868, aff. Bourgelin, *Rec. Cons. d'Etat*, p. 715) ; et que la capacité totale des chaudières, hausses comprises, doit être imposée, sans égard au déchet qui se produit par l'évaporation, dans le procédé bavarois (Cons d'Et. 6 avr. 1869, aff. Labbé, *Rec. Cons. d'Etat*, p. 311).

172. — 36° *Briques, poteries, tuiles* (*Fabricant de*). — Les droits prévus pour cette industrie sont applicables à la fabrication tant des briques et tuiles ordinaires que des creusets, de la poterie, des tuyaux pour le drainage ou la conduite des eaux, et de tous objets en terre cuite pour la construction ou l'ornementation. Ils sont réglés par ouvrier ou par série d'ouvriers momentanément employés équivalant à un ouvrier complètement occupé ; par malaxeur ou autre machine à broyer, à écraser, à mêler, à mouler, à pulvériser, etc., avec réduction de moitié pour les machines à bras ou à manège. Il en résulte, selon la remarque déjà faite ci-dessus (n° 70), que le nombre imposable des ouvriers se détermine sur la base de l'année entière, quelle que soit la durée effective de la fabrication. Mais, pour les usines dont le mode d'installation ne permet pas de travailler pendant l'hiver, la patente est due pour toute l'année, sans égard à l'époque où commence la fabrication (Cons. d'Et. 17 janv. 1879, aff. Rousselot, *Rec. Cons. d'Etat*, p. 25). Ce n'est là, d'ailleurs, que l'application d'une règle commune, dont il sera parlé ci-après (nos 718 et suiv.). — Ajoutons ici qu'il y a lieu d'imposer seulement comme briquetier à façon (8e classe) celui qui ne travaille que pour une compagnie minière moyennant un prix de main-d'œuvre fixé par son contrat, à qui la compagnie fournit la terre, les emplacements nécessaires au séchage et les locaux occupés par les ouvriers, bien qu'il ait à sa charge la fourniture du sable et du charbon (Cons. d'Et. 2 nov. 1888, aff. Gevaert, D. P. 89. 5. 349).

173. Pour les entrepreneurs fabriquant les briques qu'ils emploient, V. *suprà*, n° 102 et *infrà*, n° 512. V. aussi *suprà* n° 203, pour les fours cuisant à la fois des tuiles et de la chaux, et *infrà*, nos 711 et suiv. pour le briquetier ou tuilier se bornant à écouler les produits de sa fabrication antérieure.

174. — 37° *Broderies* (*Marchand ou fabricant de*). — Une disposition particulière déjà signalée (n° 75), maintient dans le tableau A, comme marchand, le fabricant de broderies ou de dentelles travaillant pour le commerce, s'il n'a pas un atelier ou un corps de fabrique dans lequel il occupe plus de dix ouvriers d'une manière permanente. On ne doit d'ailleurs considérer comme dentelles ou broderies que les produits entièrement fabriqués à la main ou dont la main-d'œuvre constitue, tout au moins, la valeur principale. Il y a lieu, en conséquence, d'imposer comme fabricant à métiers celui qui confectionne, au moyen de métiers, des tissus à mailles et à jours sur lesquels des ouvrières se bornent à exécuter ensuite un travail accessoire d'ornementation, alors même que le fabricant donne à ses produits la qualification de dentelles (Cons. d'Et. Com. f. f. de Cons. d'Et. 27 juin 1871, aff. Galoppe, Bouquart et autres, D. P. 72. 3. 42). Mais le tarif assujettit aux mêmes droits tous les fabricants de broderies, soit qu'ils emploient des métiers, soit qu'ils travaillent seulement à la main (Cons. d'Et. 2 août 1877, aff. Galh, D. P. 78. 5. 352).

175. Pour la distinction du fabricant de broderies à façon et du simple facteur de fabrique, V. *infrà*, n° 260.

176. — 38° *Bronzes (Marchand de).* — Celui qui vend à d'autres marchands des bronzes d'église, qu'il fait fabriquer, sur modèle, par des artisans, ne peut se prévaloir de ce qu'il est procédé, dans son établissement, au montage et à l'ajustage de certaines pièces, pour soutenir qu'il exerce la profession de fabricant. Ces opérations n'ayant qu'un caractère accessoire, il doit être imposé comme marchand de bronzes en gros (Cons. d'Et. 6 juin 1879, aff. De Figaret, D. P. 80. 3. 21). — Décision analogue pour un marchand de pendules et bronzes, qui faisait ciseler, polir et ajuster ces objets dans ses ateliers, mais qui achetait à des fabricants les mouvements des pendules et faisait exécuter par des industriels la fonte et le moulage des bronzes (Cons. d'Et. 11 mars 1881, aff. Marlin, *Rec. Cons. d'Etat*, p. 282. — V. aussi, en ce sens, Cons. d'Et. 27 juin 1891, aff. Houdabine, *Rec. Cons. d'Etat*, p. 498).

177. — 39° *Bureau de renseignements divers (Tenant un).* — Sont imposables comme tels ceux qui fournissent des renseignements sur la solvabilité des commerçants. Cette patente a été aussi appliquée à un individu qui dirigeait, sous sa responsabilité, une société fondée par des armateurs pour réunir et communiquer au public des renseignements précis sur l'état et la contenance de leurs navires (Cons. d'Et. 24 févr. 1866, aff. Labadie, D. P. 66. 3. 100). — Décidé également qu'elle est due par la succursale, à Marseille, du bureau *Veritas* ; les agents de cette succursale ne se bornant pas à procéder à des visites de navires, mais délivrant à toutes personnes les renseignements qui leur sont demandés, la profession exercée n'est pas seulement celle d'expert-visiteur de navires (Cons. d'Et. 31 mai 1878, *Rec. Cons. d'Etat*, p. 531). — Notons aussi un arrêt portant que celui qui occupe trois employés et les met à la disposition du public, moyennant rétribution, pour faire des recherches généalogiques, reconstituer des états nobiliaires, fournir des actes originaux ou des copies de ces actes, et donner des consultations en matière héraldique, est passible de la patente comme tenant un bureau de renseignements divers (Cons. d'Et. 16 déc. 1887, aff. De Magny, D. P. 88. 5. 360).

178. — 40° *Cabaretier, cafetier, débitant.* — Le cabaretier, également qualifié, dans le tarif, marchand en détail de vin, de bière, de cidre, appartient à la 6e classe. Il passe dans la 5e, s'il possède un ou plusieurs billards. Le tarif contient en outre, dans la 7e classe, le débitant de liqueurs et eaux-de-vie et le débitant au petit détail de vin, bière, cidre, ainsi défini : celui qui vend au pot et à la bouteille et ne donne pas à boire chez lui. Quant au cafetier, c'est celui dont l'établissement ne peut être considéré comme un simple cabaret, tant à cause de son aménagement et de sa clientèle que de la nature et du prix des consommations : il est rangé dans la 4e classe.

Au sujet de cette différence, il a été jugé qu'on devait qualifier de cafetier un patentable qui occupait plusieurs salles, dont une avec billard, et qui servait des boissons de tous genres (vin, bière, café, liqueurs) (Cons. d'Et. 6 sept. 1869, aff. Golfier, *Rec. Cons. d'Etat*, p. 837) ; et un autre dont l'établissement, ayant pour enseigne *Café de la Ville*, renfermait six tables de marbre avec pieds en fonte, vingt-cinq chaises fines en noyer, un billard en palissandre, un calorifère, une pendule et une glace, et qui servait toute espèce de consommations (Cons. d'Et., 12 févr. 1875, aff. Taillandier, *Rec. Cons. d'Etat*, p. 134). C'est donc une appréciation à faire dans chaque litige. — D'autre part, le tarif porte que le débitant au petit détail de vin, bière, cidre, est celui qui ne donne pas à boire chez lui. La jurisprudence a toutefois admis que les termes du tarif n'excluent pas la 7e classe pour celui dont les clients boivent debout, mais seulement pour celui qui met à leur disposition des tables et des sièges. C'est ainsi que la 6e classe a été jugée applicable : à un individu qui, ne se bornant pas à débiter des liqueurs en détail, donnait à boire, sur des tables disposées à cet effet, du vin, de la bière et des liqueurs (Cons. d'Et. 11 déc. 1874, aff. Roux, *Rec. Cons. d'Etat*, p. 971) ; et à un autre qui tenait un comptoir-buvette, pourvu de tables, où il débitait du vin et des liqueurs à consommer sur place (Cons. d'Et. 16 janv. 1885, aff. Bidal, *Rec. Cons. d'Etat*, p. 42). Au contraire, et à défaut d'une réserve analogue pour le débitant de liqueurs et eaux-de-vie, il y a lieu d'imposer comme tel, à la 7e classe, celui qui ne sert pas d'autres boissons, que son établissement renferme ou non des tables. Ainsi jugé notamment pour un cabaret de Dieppe, où il n'était vendu ni vin, ni bière, ni cidre, mais seulement de l'eau-de-vie, du cassis et une consommation à 10 centimes appelée *jonkin*, composée d'alcool et de café : ce cabaret renfermait des tables et des tabourets (Cons. d'Et. 5 mars 1886, aff. Haussaye, *Rec. Cons. d'Etat*, p. 212).

179. Quant à la différence qui sépare le cabaretier du gargotier (7e classe), elle a été déjà expliquée au *Rép.* n° 72. Le premier est celui qui, ne se bornant pas à donner à manger et à boire, débite habituellement, en dehors des repas, des boissons à consommer sur place (Cons. d'Et. 23 févr. 1877, aff. Guérin, *Rec. Cons. d'Etat*, p. 182 ; 14 nov. 1879, Domerego, *Rec. Cons. d'Etat*, p. 687). C'est donc celui dont l'établissement est ouvert à toute heure et à tout venant. N'est imposable, par contre, que comme gargotier, celui qui fournit des aliments à bas prix aux ouvriers et qui ne débite pas de boissons en dehors des heures de repas (Cons. 20 févr. 1867, aff. Lout, *Rec. Cons. d'Etat*, p. 183). — Ajoutons aussi que le tarif comprend en outre, dans la 6e classe, l'exploitant de café-crémerie ou restaurant-crémerie, que ces appellations suffisent pour différencier du gargotier, et que la 6e classe est pareillement applicable au cantinier (V. *infrà*, n° 186. — V. également *suprà*, n° 141, pour l'aubergiste ou cabaretier-logeur).

180. — 41° *Cafetier.* — Nous avons dit *suprà*, n° 178, ce qui différencie le cafetier du cabaretier. Ajoutons seulement ici que la 1re classe est due par l'exploitant de café-chantant, de café-concert ou de café-spectacle, qu'il y ait ou non un droit d'entrée, que le prix des consommations soit ou non payé à part, si d'ailleurs il s'agit d'une exploitation habituelle et non de faits passagers ou seulement accessoires. — V. aussi *infrà*, n° 288 pour les cafés où l'on débite des glaces.

181. — 42° *Caisse ou comptoir d'avances ou de prêts, de recettes ou de payements, pour opérations sur les valeurs*, etc. — Nous avons dit *suprà*, n° 180, que la loi assujettit à des droits spéciaux, réglés d'après le tarif du tableau B, les particuliers ou les sociétés qui se livrent à ces divers actes.

C'est ainsi que la patente de tenant de caisse d'avances ou de prêts est applicable : à celui qui, avec les fonds d'une société financière dont il n'est pas d'ailleurs le simple commis, fait des prêts hypothécaires et des avances sur marchandises déposées en nantissement (Cons. d'Et. 27 avr. 1872, aff. Bouché, *Rec. Cons. d'Etat*, p. 254); ... à des intermédiaires, genre Crespin, qui consentent à leur clientèle, sous forme de bons de crédit destinés au payement immédiat de marchandises, des avances remboursables par versements échelonnés (Cons. d'Et. 12 août 1879, aff. Grenier et Fontaine, D. P. 80. 3. 42; 1er juin 1883, aff. Ponce, D. P. 85. 5. 336); à celui qui se livre au payement des coupons, à des avances sur titres, à l'encaissement et à l'échange des titres : il ne peut être considéré comme un simple agent d'affaires (Cons. d'Et. 14 mai 1886, aff. Martinet, D. P. 87. 5. 319); à une société, concessionnaire d'abattoirs, qui entretient sur le marché aux bestiaux d'une ville un bureau où elle escompte aux commissionnaires les sommes à eux dues par les bouchers, sur lesquels elle recouvre ensuite ces sommes (Cons. d'Et. 18 juin 1892, aff. Société des abattoirs de Lyon, *Rec. Cons. d'Etat*, p. 561). Pour la détermination du personnel imposable dans les maisons de vente à crédit, V. *suprà*, n° 55.

182. Quant à la patente de tenant caisse de recettes et payements, elle a été jugée due : par une société de crédit opérant à l'étranger pour le bureau, ouvert à Paris, où un agent faisait en son nom le service de ses titres (Cons. d'Et. 9 mai 1860, aff. Guilhou, *Rec. Cons. d'Etat*, p. 378); par un individu qui, à Lyon, encaissait les fonds que lui adressaient plusieurs sociétés industrielles, payait avec ces fonds les intérêts et dividendes de leurs titres, se chargeait des transferts et recevait les versements de libération (Cons. d'Et. 26 déc. 1879, aff. Vautier, *Rec. Cons. d'Etat*, p. 852).

Mais il est rare que ces payements et ces recettes ne demeurent pas l'accessoire des autres opérations auxquelles se livrent les maisons de banque et les sociétés de crédit, en sorte qu'ils viennent se fondre dans ces opérations.

183. Sous l'appellation de tenant caisse ou comptoir pour opérations sur les valeurs, la loi de 1880 a voulu imposer tous ceux qui prêtent leur entremise pour l'achat et la vente de valeurs mobilières. En substituant cette appellation à celle de tenant caisse de *négociation* de valeurs; on a eu pour but d'atteindre en fait, sans les reconnaître dans le tarif, les négociations pratiquées, au mépris du monopole des agents de change, par les coulissiers et autres courtiers en bourse, lesquels n'avaient pu jusqu'alors être imposés que comme agents d'affaires (Cons. d'Ét. 20 nov. 1856, aff. Coméré frères, D. P. 57. 3. 35). Aujourd'hui, la patente de tenant caisse ou comptoir pour opérations sur les valeurs est due par toute personne qui, ayant d'ailleurs un bureau, se charge de l'exécution d'ordres de bourse, même lorsqu'elle se borne à recevoir ces ordres pour les transmettre à des agents de change ou coulissiers qui les exécutent et qui perçoivent le droit de courtage afférent à l'opération (Cons. d'Ét. 9 avr. 1886, aff, Sasle, D. P. 87. 3. 95). Nous avons vu aussi *suprà*, n° 85, que la même patente avait été appliquée à la succursale d'une société de crédit. — Notons également un arrêt qui a maintenu à cette patente une société en commandite formée pour l'achat et la vente de valeurs par voie d'arbitrages de place à place. Bien qu'il s'agit de deux personnes qui s'étaient bornées à réunir leurs capitaux et qui prétendaient, comme telles, à l'exemption acquise aux particuliers qui se contentent de faire valoir leurs fonds, le conseil d'Etat a vu dans leurs opérations l'exercice d'une profession véritable, d'ailleurs caractérisé par l'occupation d'un bureau où travaillaient quatre employés (3 août 1888, aff. Sossa, D. P. 89. 3. 116).

184. On a vu *suprà*, n° 148, que la loi soumet aujourd'hui à une patente spéciale les sociétés, françaises ou étrangères, opérant à l'étranger, qui ont, en France, une caisse où elles assurent par elles-mêmes le service de leurs titres. Il avait été reconnu, en effet, qu'il n'existait aucun motif pour affranchir ces caisses de la patente, et la qualification de caisse de recettes et payements, sous laquelle elles étaient d'abord classées (Arrêt ci-dessus visé du 9 mai 1860, cité *suprà*, n° 182), avait été reconnue leur être inapplicable, comme étant réservée aux caisses ouvertes au public pour ses opérations (Cons. d'Et. 24 juill. 1874, aff. Compagnie du canal de Suez, D. P. 75. 3. 72). D'après les termes mêmes du tarif, il faut que la société opère à l'étranger et qu'elle n'ait qu'une caisse en France, de sorte que la taxe spéciale n'est pas applicable à la société qui a en France son siège ou un établissement commercial. Ainsi une société exploitant à l'étranger des mines de houille ne saurait se prévaloir de ses actes industriels pour demander à n'être imposée à Paris que comme fabricant d'agglomérés, dans le bureau où elle fait le service de ses titres et où elle effectue aussi des payements relatifs à ses entreprises (Cons. d'Et. 17 mai 1889, aff. Mines de Belmez, D. P. 90. 5. 372). — Mais une société exploitant en Espagne des mines de plomb argentifère, qui, en même temps qu'elle fait en France, à son siège, le service de ses titres, y passe tous ses marchés de vente de minerais, est fondée à prétendre qu'elle y est seulement imposable comme marchand de métaux (Arrêt du même jour, aff. Mines de Penarroya, D. P. 90. 5. 372). Jugé dans le même sens, pour une société qui, exploitant des mines en Amérique, vend en France tout l'or extrait de ces mines (Cons. d'Et. 26 févr. 1892, aff. Société *La Cortada de San Antonio*, *Rec. Cons. d'Etat*, p. 198).

185. — 43° *Camionneur*. — Pour tout ce qui a trait aux entreprises de transports de marchandises autres que les chemins de fer, V. *infrà*, n° 220).

186. — 44° *Cantinier*. — Cette qualification est appliquée, dans le langage usuel, non seulement à celui qui tient une cantine militaire, mais encore à celui qui nourrit les ouvriers à bas prix, près des usines ou sur les chantiers de travaux. D'après le tarif, il n'y aurait lieu d'imposer sous ce titre, à la 6e classe, que le cantinier dans les prisons, hospices et autres établissements publics, et il a été jugé (*Rép.* n° 74) que tel est le cas pour le concierge d'une prison militaire et pour le porte-clefs d'une citadelle, lorsqu'ils fournissent du vin aux soldats ou aux détenus. — Quant aux cantiniers attachés *à l'armée*, ils sont exempts de patente (*Rép.* n° 286; L. 15 juill. 1880, art. 17, § 5), sans qu'il y ait à distinguer s'ils sont ou non soldats eux-mêmes, et cette exception a été étendue aux cantiniers des casernes de sapeurs-pompiers de Paris, par le motif que ce régiment fait partie de l'armée (Cons. d'Ét. 10 févr. 1882, D. P. 84. 5. 369). — Mais elle avait été refusée au concierge d'un quartier de cavalerie qui, étant à résidence fixe, n'eût pas été tenu de suivre le régiment au cas de départ (Cons. d'Et. 21 janv. 1857, aff. Docker, *Rec. Cons. d'État*, p. 46). — Cette distinction nous paraît rigoureuse, et puisque c'est évidemment l'intérêt des soldats qui a motivé l'exemption, il semblerait équitable que les cantiniers de tous les établissements de l'armée et de la marine en eussent le bénéfice.

187. — 45° *Caoutchouc (Fabrication et vente du)*. — Le commerce du caoutchouc brut n'est pas dénommé au tarif des patentes. Mais il a été jugé que ce commerce rentre dans l'exercice de la profession de marchand de résines et autres matières analogues (Cons. d'Et. 13 juill. 1889, aff. Morellet, *Rec. Cons. d'Etat*, p. 857). Quant à la fabrication et à la vente d'objets confectionnés ou d'étoffes garnies en caoutchouc, en gutta-percha, etc., elles donnent ouverture aux droits de la 4e classe.

188. — 46° *Carrières*. — La loi n'a pas fait de distinction entre ceux qui exploitent des carrières sur leur propre fonds et ceux qui prennent à loyer des terrains, en vue d'en extraire des matériaux. Mais la location de terrains dans ce but est, en général, l'indice d'opérations commerciales entraînant la patente; jugé notamment qu'elle est due: par un individu qui, bien que travaillant seul, a acquis, moyennant une redevance par mètre cube, le droit d'extraire de la pierre dans des terrains et qui en a vendu 1000 mètres dans une année (Cons. d'Et. 23 févr. 1860, Cuvillier, *Rec. Cons. d'Etat*, p. 141); — Par celui qui, sans avoir d'ouvrier, vend habituellement du gravier et des cailloux à des entrepreneurs (Cons. d'Et. 15 nov. 1866, aff. Lasserre, *Rec. Cons. d'Etat*, p. 1058). — Le caractère industriel et commercial des opérations, qui a été retenu dans ces affaires, sert aussi de base à l'imposition, lorsqu'il s'agit de propriétaires exploitant des carrières existant dans leur fonds. Ainsi sont imposables: 1° le cultivateur qui vend à des entrepreneurs de bâtiments du sable provenant d'une carrière ouverte dans sa propriété, et emploie habituellement deux ouvriers à l'extraction de ce sable (Cons. d'Et. 5 août 1854, aff. Delépine, D. P. 55. 5. 316); — 2° Le propriétaire d'une carrière de marne qui a un associé et qui extrait de la marne pour la vendre aux cultivateurs voisins, avec lesquels il fait un véritable commerce (Cons. d'Et. 7 déc. 1860, aff. Guérin, *Rec. Cons. d'Etat*, p. 752); — 3° Le particulier qui expédie d'une manière habituelle et par quantités importantes (vingt wagons par an), à un établissement métallurgique, le sable extrait à l'aide d'un ouvrier d'une propriété lui appartenant (Cons. d'Et. 13 janv. 1882, aff. De Bovis, D. P. 84. 5. 371); — 4° Celui qui exploite une carrière de marne dont il est propriétaire, et qui vend habituellement aux cultivateurs des environs les produits de son exploitation (Cons. d'Et. 9 janv. 1885, aff. Méneret, D. P. 86. 5. 319). — Et même l'exemption, accordée par la loi aux ouvriers travaillant seuls, a été refusée à des exploitants de carrières ouvertes sur leur fonds, qui avaient vendu d'avance à forfait, et pour plusieurs années, tous les produits de leur extraction (Cons. d'Et. 22 févr. 1870, aff. Vernat et autres, *Rec. Cons. d'Etat*, p. 135); peu importe que le propriétaire ne procède pas lui-même à l'extraction et qu'il se borne à vendre la marne aux cultivateurs qui en opèrent eux-mêmes l'extraction. Jugé que la patente est due par le propriétaire d'une marnière en état d'exploitation auquel les cultivateurs payent, après extraction, une redevance par voiture chargée (Cons. d'Et. 28 févr. 1865, aff. Dugué, *Rec. Cons. d'Etat*, p. 224). — Au contraire, la patente n'est pas due par le propriétaire de carrières qui, au lieu de les exploiter lui-même, en concède l'exploitation, moyennant un prix convenu d'avance, à des entrepreneurs déjà patentés (Cons. d'Et. 19 déc. 1861, aff. Bénétaud, *Rec. Cons. d'Etat*, p. 908); ni par celui qui loue à un tiers le droit exclusif d'extraire les pierres d'une carrière lui appartenant (Cons. d'Et. 10 févr. 1888, aff. Bür, *Rec. Cons. d'Etat*, p. 136). — En pareil cas, en effet, il n'y a pas à proprement parler acte de commerce, mais simplement acte de *propriétaire*, qui ne donne pas lieu à l'imposition de la patente. Il faut en dire autant de celui qui loue, pour trente ans, le droit d'extraire du kaolin de son terrain encore qu'il reçoive un loyer proportionné à l'extraction (Cons. d'Et. 26 déc. 1862, aff. Diharce, *Rec. Cons. d'Etat*, p. 861); et de celui qui loue à un tiers le droit d'exploiter une carrière, moyennant une redevance proportionnée aux quantités de pierres extraites (Cons. d'Et. 16 mars 1883, aff. Blasi, D. P. 84. 3. 108-109).

Il est évident, d'après ce qui précède, que la patente n'est pas due par celui qui, ne se livrant à aucun commerce, ne fait extraire des pierres ou autres matériaux qu'accidentellement ou dans un but d'amélioration du sol. Ainsi ne sont pas imposables : celui qui ne fait extraire des pierres de sa propriété que pour la rendre propre à la culture (Cons. d'Et. 9 mai 1860, aff. Perrot, *Rec. Cons. d'Etat*, p. 383); — Celui qui se borne à extraire, pendant la morte-saison, d'un terrain en friche à lui appartenant, quelques mètres cubes de moellons dont il opère la vente (Cons. d'Et. 22 juil. 1867, aff. Ridey, D. P. 67. 5. 306); — Un propriétaire qui n'a fait extraire des pierres de son terrain que pour l'améliorer, qui a utilisé pour le clôturer les pierres pouvant servir à cet usage et s'est borné à vendre le surplus (Cons. d'Et. 30 mai 1879, aff. Louis, *Rec. Cons. d'Etat*, p. 428). Toutefois il y aurait lieu à imposition si la vente des pierres extraites dans un but d'amélioration dégénérait en un véritable commerce. Ainsi, celui qui, employant plusieurs ouvriers, a passé divers traités pour des fournitures de matériaux, n'est pas fondé à se prévaloir de ce que l'enlèvement des pierres existant sur son terrain aurait été opéré surtout dans un intérêt agricole (Cons. d'Et. 15 juin 1883, aff. Dubois, D. P. 84. 3. 108-109).

189. Pour réclamer la décharge de la patente, le tarif ne fait aucune distinction entre l'exploitant de carrières qui travaille pour son compte, c'est-à-dire qui vend ensuite les matières extraites, et celui dont les opérations se limitent à l'extraction dans le terrain et pour le compte d'autrui; le même droit fixe est applicable dans les deux cas. Ainsi jugé à l'égard d'un individu qui s'était chargé d'extraire et de transporter pour une compagnie de chemins de fer, moyennant un prix convenu, les sables provenant d'une carrière appartenant à cette compagnie (Cons. d'Et. 22 janv. 1868, aff. Decrept, *Rec. Cons. d'Etat*, p. 64); — D'un autre, qui se chargeait d'extraire, moyennant un prix à forfait, la marne existant sur le terrain d'un tiers (Cons. d'Et. 8 nov. 1872, aff. Duval, *Rec. Cons. d'Etat*, p. 580).

190. Quant aux règles applicables à la détermination du nombre des ouvriers, nous les avons énoncées déjà (nos 68 et suiv.). Rappelons seulement qu'on doit compter tous les ouvriers occupés, qu'il s'agisse de l'extraction même ou de travaux accessoires (déblais, terrassements, taille des pierres). Ajoutons aussi que l'entrepreneur de travaux publics n'est pas imposable pour l'exploitation des carrières dont il se borne à utiliser les produits dans ses entreprises. Mais il le serait si, en accordant à d'autres entrepreneurs le droit de prendre dans ses carrières les matériaux dont ils ont besoin, il y faisait aussi extraire, par des ouvriers à sa solde, des cailloux destinés à être vendus (Cons. d'Et. 5 nov. 1875, aff. Gondouin, *Rec. Cons. d'Etat*, p. 867); et, dans ce cas, son droit fixe devrait être calculé à raison du nombre d'ouvriers dont le travail correspondrait à la quantité de matériaux par lui livrés au commerce (Cons. d'Et. 1875, aff. Carrier, *Rec. Cons. d'Etat*, p. 1022).

191. V. pour les chantiers de vente séparés, *suprà*, n° 83; pour l'extraction des phosphates, *infrà*, n° 375.

192. — 47° *Carrossier, sellier-carrossier.* — On a indiqué, au *Rép.* n° 126, les différences qui séparent le carrossier-fabricant (2e classe) et le sellier-carrossier (3e classe). — Il a été jugé depuis, dans le même sens, que la première de ces patentes est due par celui qui fait fabriquer pour son compte, d'après des modèles qu'il fournit, des voitures qui lui sont commandées ou qu'il destine à garnir ses magasins de vente, et dont la sellerie est seule exécutée dans ses ateliers (Cons. d'Et. 6 août 1870, aff. Anquetin, *Rec. Cons. d'Etat*, p. 1024). — Pour la distinction du sellier-carrossier et du sellier-harnacheur, V. *infrà*, n° 400.

193. — 48° *Chambres et appartements meublés.* — A l'appellation usuelle, et plutôt commerciale, de loueur en garni, dont l'emploi choquait parfois certains contribuables, la loi de 1880 a substitué celle de loueur de chambres ou appartements meublés, qui n'a pas les mêmes inconvénients. Mais les droits sont restés pareils, savoir : la 8e classe, pour la location d'une seule chambre, et la 6e classe dans les autres cas.

194. Comme nous examinerons *infrà*, nos 610 et suiv., l'importante question de l'exemption ou de l'application de cette patente, nous n'avons à traiter ici que des points secondaires. — On remarquera d'abord que la 6e classe est due, dès l'instant que la location comprend plus d'*une* chambre. Elle doit donc être appliquée : à celui qui loue deux chambres séparées à des locataires différents (Cons. d'Et. 27 janv. 1859, aff. Nicot, D. P. 59. 3. 85; 25 mai 1861, aff. Bourgeois, *Rec. Cons. d'Etat*, p. 422); à celui qui loue, dans les mêmes conditions, deux chambres meublées avec leurs cabinets, bien que ces chambres soient très petites, et ne forment pas un appartement, étant entre elles sans communication (Cons. d'Et. 3 avr. 1856, aff. Villiers, D. P. 56. 3. 53). — A plus forte raison, la 8e classe doit-elle être refusée si la location comprend : un appartement composé de deux pièces et d'un cabinet, avec écurie et grenier (Cons. d'Et. 16 mars 1859, aff. Brissac, D. P. 59. 3. 85); un salon, une chambre à coucher et un cabinet, bien qu'il s'agisse d'un seul appartement n'ayant qu'une entrée (Cons. d'Et. 30 janv. 1867, aff. Horaillon, *Rec. Cons. d'Etat*, p. 115); un salon et une très petite chambre à coucher, avec usage d'une cuisine et d'une terrasse (Cons. d'Et. 22 févr. 1870, aff. Meja, *Rec. Cons. d'Etat*, p. 130). — D'un autre côté, la patente est due : même si le propriétaire ne fournit ni linge de lit et de table, ni ustensiles de ménage, ni le service de la domesticité (Cons. d'Et. 21 juin 1854, aff. Harbemont, D. P. 55. 3. 4); même lorsqu'il ne fournit que les gros meubles à un locataire habitant la commune en permanence et soumis, comme tel, à l'impôt mobilier (Cons. d'Et. 7 juin 1855, aff. Lejeune, D. P. 55. 3. 84); même si les locataires n'ont pas reçu de linge et ont dû se procurer des objets de literie (Cons. d'Et. 28 déc. 1858, aff. Bouchié, *Rec. Cons. d'Etat*, p. 750). — Il a été jugé aussi que la circonstance que les meubles loués avec l'appartement sont fournis par un ébéniste ne suffit pas pour entraîner l'exemption, si l'imposé traite seul avec les locataires et touche seul le montant total de la location : ce n'est qu'une combinaison dont l'Administration n'a pas à tenir compte (Cons. d'Et. 5 déc. 1884, aff. Flach, *Rec. Cons. d'Etat*, p. 872).

195. Pour le loueur en garni qui n'a pas trouvé à louer dans l'année, V. *infrà*, nos 714 et suiv. — V. aussi *suprà*, nos 141 et suiv., pour la distinction du loueur en garni et du maître d'hôtel garni, et *infrà*, nos 610 et suiv., pour le règlement de l'imposition.

196. — 49° *Chapeaux (Marchand de).* — Il a été jugé que la vente de formes, carcasses et coiffes de chapeaux était constitutive, non de la profession de marchand de modes (3e classe), mais de celle de marchand de chapeaux en gros (1re classe), quand elle est faite à des merciers, modistes et commissionnaires (Cons. d'Et. 9 janv. 1880, aff. Rasse et comp., *Rec. Cons. d'Etat*, p. 10).

197. — 50° *Charbon de bois, charbon de terre (Marchand de).* — Les marchands de charbon de terre ont été, jusqu'à la loi du 30 juill. 1885, rangés dans trois catégories, différenciées par l'importance des quantités vendues. Depuis lors, ces catégories ont été portées à quatre (V. le tarif), et le marchand passible de la 8e classe a été qualifié marchand au petit détail, ce qui lève toute hésitation. — Quant au commerce du charbon de bois, il demeure soumis à la règle commune, c'est-à-dire que les droits en sont réglés, non d'après les quantités vendues, mais selon la nature de la clientèle et l'importance de ses achats. La 1re classe est due, en conséquence, par un marchand de charbon de bois, dès l'instant que sa clientèle est surtout composée de détaillants (Cons. d'Et. 2 févr. 1883, aff. Chagnoux, *Rec. Cons. d'Etat*, p. 105). — Pour le marchand de charbon de bois, rangé dans la 8e classe, la loi n'a pas précisé, comme ci-dessus, qu'il s'agissait du marchand au petit détail, mais la taxation, étant identique, doit évidemment correspondre aux mêmes opérations. — Le tarif comprend, en outre, dans la 6e classe, le marchand de combustibles en détail.

198. — 51° *Charcutier.* — Nous avons vu *suprà*, n° 165, que celui qui vend en détail de la viande de porc non préparée n'est pas un charcutier, mais un boucher. Ajoutons que le tarif distingue le charcutier (4e classe) et le charcutier revendeur (6e classe), ce dernier étant celui qui se borne à revendre en détail de la charcuterie faite par d'autres. Un charcutier ne saurait, par suite, se prévaloir du peu d'importance de ses ventes pour demander à n'être imposé qu'à la 6e classe, lorsqu'il prépare lui-même les produits qu'il livre aux consommateurs (Cons. d'Et. 25 mars 1882, aff. Goubin, *Rec. Cons. d'Etat*, p. 313).

199. — 52° *Chaussures (Fabricant de), cordonnier.* — Comme précédemment, le tarif distingue le fabricant de chaussures par procédés mécaniques du cordonnier travaillant surtout à la main. Il y a lieu de ranger dans la première catégorie: celui qui emploie dans son établissement des coupeuses mécaniques à balancier, une cambreuse mécanique et plusieurs machines à coudre les chaussures, bien que ces engins soient mis en action par la main de l'homme (Cons. d'Et. 23 févr. 1877, aff. Morin et Vaseux, *Rec. Cons. d'Etat*, p. 184); celui qui possède quatre machines à découper et deux machines à visser, encore qu'elles ne soient pas mues par la vapeur (Cons. d'Et. 5 févr. 1886, aff. Dubois, *Rec. Cons. d'Etat*, p. 114). — Mais exerce seulement la profession de *cordonnier*, sauf à être soumis, le cas échéant, aux droits du tableau C, comme travaillant pour le commerce : celui qui, faisant coudre surtout à la main, n'a recours aux procédés mécaniques que pour quelques opérations accessoires (Cons. d'Et. 1er déc. 1882, aff. Canton, *Rec. Cons. d'Etat*, p. 969); un industriel qui n'a que deux coupeuses et une machine à cambrer les tiges, et qui fait exécuter à la main toutes les autres parties du travail (Cons. d'Et. 14 déc. 1883, aff. Chabaud, D. P. 86. 5. 346). — Pour l'assiette du droit fixe dans les fabriques de chaussures et pour la confection des chaussures à façon, V. *suprà*, nos 80 et suiv., et nos 78 et suiv.

200. D'autre part, la loi de 1880 a ajouté dans le tableau A (1re classe) le marchand de chaussures en gros, et, dans la 6e classe, le bottier ou cordonnier tenant magasin de chaussures communes sans assortiment. Cette patente a été appliquée à un cordonnier qui occupait un petit magasin garni de chaussures ordinaires, à l'usage des ouvriers et de la petite bourgeoisie : son chiffre d'affaires annuel n'excédait pas 5000 fr. et la valeur moyenne de ses marchandises n'était que de 7000 fr. (Cons. d'Et. 4 mars 1884, aff. Hobveck, *Rec. Cons. d'Etat*, p. 202).

201. — 53° *Chaux (Fabricant de).* — Le tarif différencie le fabricant de chaux ou ciments naturels du fabricant de chaux ou ciments artificiels. Le premier est celui qui, se bornant à cuire la pierre calcaire, n'emploie dans son industrie aucun produit chimique (Cons. d'Et. 9 déc. 1857, aff. Dame Heulard, *Rec. Cons. d'Etat*, p. 795). — Appartient, au contraire, à la seconde catégorie une société qui, pour obtenir des ciments dits de *Portland*, fait usage de procédés spéciaux, emploie des appareils particuliers et a recours à des manipulations nombreuses pour le dosage et la pulvérisation des matières (Cons. d'Et. 11 mars 1881, aff. Lonquéty et comp., D. P. 82. 5. 307).

202. Pour la fabrication de la chaux naturelle, le tarif distingue en outre les fours à feu intermittent et les fours à feu continu : les seconds sont frappés d'une taxe plus élevée. Quant à la capacité imposable, c'est, pour tous les fours, la capacité *brute*. Mais ces mots doivent s'entendre, dans les fours à plâtre comme dans les fours à chaux, du massif de pierre dressé à chaque fournée, et non du volume intérieur des culées : c'est en effet le massif à cuire qui représente la capacité utilisable et qui exprime la puissance de production du four; on ne doit d'ailleurs faire aucune déduction pour les galeries, comprises dans le massif, qui reçoivent le combustible (Cons. d'Et. 18 août 1866, aff. Thominet, *Rec. Cons. d'Etat*, p. 1037; 9 févr. 1877, aff. Parquin, D. P. 78, 5. 350). — Par la même raison, il a été jugé qu'on devait compter le massif demi-sphérique, couvert d'un revêtement d'argile, qui dépassait la cuvette d'un four à chaux établi dans le sol (Cons. d'Et. 16 avr. 1880, aff. Bertrand, *Rec. Cons. d'Etat*, p. 372). — Décidé également qu'il y avait lieu de comprendre dans la capacité imposable d'un four *à chaux* un récipient établi à la partie supérieure et destiné à contenir, au début de la cuisson, la pierre calcaire qui y subissait un commencement de calcination (Cons. d'Et. 4 avr. 1873, aff. Vazon, *Rec. Cons. d'Etat*, p. 3057).

203. Nous signalerons enfin deux décisions spéciales : 1° un fabricant de tuiles séparait, dans son four, la tuile du combustible, par un massif de 10 mètres cubes de pierre que la cuisson convertissait en chaux. Contrairement à l'avis du ministre des finances, qui soutenait qu'il y avait là exercice simultané des professions de fabricant de chaux et de fabricant de tuiles, le conseil d'Etat a décidé qu'en raison du système employé et des faibles quantités de chaux produites (10 mètres cubes contre 114 mètres cubes de tuiles), il n'y avait pas à tenir compte de la chaux ainsi obtenue (Cons. d'Et. 9 juin 1882, aff. Demoiselle Arbey, *Rec. Cons. d'Etat*, p. 546). Cependant la valeur de chaque fournée était de 200 fr. pour la chaux contre 800 fr. pour la tuile, en sorte qu'il n'y avait pas là, semble-t-il, un pur accessoire qu'on dût négliger; — 2° D'autre part, il a été jugé qu'un four annulaire, du système Hoffmann, composé de 24 compartiments contigus et séparés, qui étaient disposés horizontalement autour d'une cheminée centrale et qui s'allumaient successivement de proche en proche, devait être considéré comme formant un seul four à feu intermittent et être, par suite, imposé pour sa capacité totale, encore que 8 des compartiments fussent seuls allumés à la fois (Cons. d'Et. 14 févr. 1891, aff. Houillères de Saint-Laurs, *Rec. Cons. d'Etat*, p. 128).

204. Pour les meules employées dans les fours à chaux, V. *suprà*, n° 66).

205. — 54° *Chemins de fer.* — Le *concessionnaire* de chemin de fer avec péage a seul figuré au tarif jusqu'à la loi de 1880. Aussi, après avoir admis qu'une compagnie étrangère pouvait, comme étant substituée à la Compagnie de l'Est dans l'exploitation d'un tronçon de ligne, être soumise aux mêmes droits (Cons. d'Et. 14 avr. 1859, aff. Compagnie royale de Saarbrück, D. P. 59. 3. 86), le conseil d'Etat avait dû renvoyer devant le préfet, pour assimilation, une société suisse qui exploitait une ligne française en vertu d'un simple traité passé avec la Compagnie Paris-Lyon-Méditerranée (Cons. d'Et. 22 juin 1877 et 27 févr. 1880, aff. Compagnie de la Suisse occidentale, D. P. 77. 3. 87 et 81. 5. 279). — Aujourd'hui le tarif frappe des mêmes droits le concessionnaire et l'exploitant; en sorte qu'on n'a plus à rechercher à quel titre cette industrie est exercée. C'est par kilomètre que le droit fixe est réglé, savoir : 10 fr. par kilomètre des lignes ou portions de ligne à double voie; 5 fr. par kilomètre des lignes ou portions de ligne à simple voie. Il est stipulé en outre qu'on ne doit compter dans les lignes à double voie que des parties pourvues de deux voies et reliant au moins deux stations entre elles, et que le droit de 10 fr. ou de 5 fr., selon le cas, est applicable aux lignes ayant moins d'un kilomètre.

206. Il peut arriver que le concessionnaire, qui a cédé l'exploitation d'une ligne, continue d'être imposable pour cette ligne, bien que l'exploitant le soit aussi : c'est quand il a conservé un intérêt *commercial* dans cette exploitation. Ainsi jugé : pour la Compagnie du chemin de fer de Wassy à Saint-Dizier qui, dans le traité passé avec la Compagnie de l'Est pour la construction, l'exploitation et l'entretien de ce chemin, lui garantissait un minimum de recettes et demeurait par suite intéressée à l'exploitation (Cons. d'Et. 5 avr. 1878, D. P. 78. 3. 96); pour le département des Ardennes, au nom et pour le compte duquel la même Compagnie de l'Est exploitait différentes lignes à prix de revient (Cons. d'Et. 8 juin 1883, D. P. 85. 3. 26); pour la Compagnie du Nord-Est, à qui son traité avec celle du Nord laissait la qualité de concessionnaire passible de patente (Cons. d'Et. 18 mars 1887, D. P. 88. 3. 78).

207. En ce qui concerne les bureaux de ville des compagnies, V. *infrà*, n° 222. V. aussi pour la situation du concessionnaire pendant la période de construction, *infrà*, n° 431, et pour les chemins de fer de l'Etat, n° 538.

208. — 55° *Chemisier.* — Pour la fabrication et la vente en gros des chemises, V. *infrà*, nos 260 et 264.

209.— 56° *Chevaux* (*Courtier de, logeur de, loueur de, etc.*). — Pour le courtier de chevaux, V. *suprà*, n° 217. — La patente de logeur de chevaux (7e cl.) a été appliquée à un cultivateur qui recevait des chevaux dans ses écuries, les jours de marché, et ne faisait payer que le fourrage consommé : ce fourrage provenant de sa récolte, il a été jugé qu'il n'exerçait pas la profession de débitant de fourrage à la botte (6e cl.), mais seulement celle de logeur de chevaux (Cons. d'Et. 9 avr. 1886, aff. Peyras, *Rec. Cons. d'Etat*, p. 327). — La patente de loueur de chevaux (5e cl.) est applicable au particulier qui loue les deux chevaux qu'il possède au propriétaire d'un hôtel pour le service habituel de l'omnibus de cet hôtel (Cons. d'Et. 12 juin 1885, aff. Juncka, D. P. 86. 5. 320). — A été de même maintenu à la 5e classe, comme tenant pension de chevaux, un individu qui logeait et nourrissait les chevaux qu'il se chargeait de dresser pour les courses (Cons. d'Et. 19 déc. 1885, aff. Paul, *Rec. Cons. d'Etat*, p. 746).

210. — 57° *Chiffonnier.* — En déclarant exempt le chiffonnier au crochet, la loi assujettit le chiffonnier marchand aux droits de la 1re, de la 5e ou de la 7e classe, selon qu'il vend par quantités de plus de 2000 kilog. de 1000 à 2000 kilog. ou de moins de 1000 kilog. C'est donc l'importance moyenne des *ventes* qu'on doit envisager, à l'exclusion de celle des achats, et la circonstance qu'un chiffonnier n'achète que par petites quantités et attend pour revendre qu'il ait plus de 1000 kilog. de chiffons ne fait pas obstacle à son imposition à la 5e classe, encore qu'il ne vende qu'une ou deux fois par an (Cons. d'Et. 5 déc. 1891, aff. Bassard, *Rec. Cons. d'Etat*, p. 747). On ne doit pas non plus considérer comme des marchands forains les chiffonniers qui courent les campagnes pour faire leurs achats. Ainsi jugé : pour un chiffonnier en détail, qui prétendait n'être que marchand forain avec balle et qui achetait dans les communes voisines des chiffons qu'il payait en argent et, accessoirement, en menus articles de mercerie (Cons. d'Et. 6 nov. 1880, aff. Bourdel, *Rec. Cons. d'Etat*, p. 842); pour un autre, qui revendait en gros des chiffons et ferrailles payés soit en argent, soit avec des objets de faïence ou de poterie (Cons. d'Et. 19 nov. 1880, aff. Gérard, *Rec. Cons. d'Etat*, p. 901).

211. — 58° *Chocolat* (*Fabricant de*). — Dans les fabriques de chocolat par procédés mécaniques, le droit fixe est de 4 fr. par ouvrier et de 6 fr. par meule, cylindre ou autre machine à broyer et par appareil à mélanger. Il a été jugé qu'une fabrique, qui possède de puissantes machines comprenant jusqu'à 15 cylindres groupés par séries, est passible de la taxe de 6 fr. pour chaque cylindre, pris isolément, et non pour chaque appareil formé par la réunion de plusieurs cylindres (Cons. d'Et. 28 juin 1889, aff. Ménier, D. P. 91. 3. 16). Les termes du tarif justifient d'ailleurs cette décision.

212. — 59° *Cocons* (*Filerie de*), *moulinerie.* — Le droit fixe est réglé par bassine dans les fileries de cocons. Il a été jugé : que le droit est applicable au propriétaire d'une filerie qui, sans acheter des cocons pour les faire filer pour son compte, loue à d'autres personnes les tours dont se compose son usine, pour filer les cocons provenant de leurs récoltes (Cons. d'Et. 9 mai 1855, aff. De Lapeyrousse, D. P. 55. 5. 317); qu'il est dû pour les bassines dites *batteuses*, qui ne sont pas munies de tours, aussi bien que pour les bassines dites *tireuses*, qui sont pourvues de tours (Cons. d'Et. 16 déc. 1869, aff. Dailhe, *Rec. Cons. d'Etat*, p. 979); qu'enfin un fileur de cocons, qui a dans le même établissement une moulinerie de 120 broches, est imposable pour tous ces éléments de production, bien qu'il prétende employer les broches en remplacement de tours (Cons. d'Et. 26 juin 1885, aff. Bérenger, *Rec. Cons. d'Etat*, p. 618).

213. — 60° *Coiffeur, perruquier, barbier.* — Comme il a été dit au *Rép.* n° 77, c'est par l'importance de l'établissement et la nature de la clientèle que se différencient le coiffeur (6e classe), le perruquier (7e classe) et le barbier (8e classe). Les droits de la 6e classe sont applicables à celui qui tient un véritable salon de coiffure, fréquenté par la clientèle aisée, notamment à un coiffeur, établi dans le quartier le plus central d'une ville, qui occupe des locaux confortablement aménagés et d'un loyer élevé et qui possède en magasin un assortiment d'objets de parfumerie et de toilette d'une valeur importante, bien qu'il n'aille pas en ville et qu'il ne coiffe pas de dames (Cons. d'Et. 13 juin 1879, aff. Gambert, *Rec. Cons. d'Etat*, p. 487); — Il en est de même du coiffeur installé au centre d'une grande ville dans des conditions analogues, bien qu'il n'emploie que quelques jours par semaine un seul ouvrier occupé surtout à confectionner des nattes et des perruques (Cons. d'Et. 3 févr. 1888, aff. Monnet, D. P. 89. 5. 342). — Mais la patente de coiffeur n'est pas due par celui qui se borne à raser, couper les cheveux, faire et vendre des perruques et nattes et qui ne tient que de menus articles de parfumerie; la vente de ces articles ne faisant pas obstacle à ce qu'il soit considéré comme perruquier, lorsqu'elle n'a lieu qu'aux clients, dans des conditions assez restreintes pour constituer l'accessoire nécessaire de la profession (Cons. d'Et. 15 févr. 1884, aff. Faure, D. P. 85. 3. 94). Le perruquier qui n'a pas d'aide peut même être affranchi de la patente, si, dans les conditions où il opère, il ne doit être considéré que comme un ouvrier (Cons. d'Et. 15 févr. 1864, aff, Félix, *Rec. Cons. d'Etat*, p. 146). — Quant au barbier, c'est celui dont l'installation est encore plus modeste et la clientèle moins relevée; il est pareillement exempt de patente, s'il travaille seul (Cons. d'Et. 8 févr. 1860, aff. Escande, *Rec. Cons. d'Etat*, p. 101).

214. — 61° *Coke et agglomérés* (*Fabrique de*). — Pour la fabrication du coke et des agglomérés par les exploitants de mines, V. *infrà*, n° 607.

215. — 62° *Combustibles en détail* (*Marchand de*). — C'est celui qui vend en boutique du bois, du coke, du charbon, etc., par quantités supérieures à la falourde, au fagot ou au cotret (Cons. d'Et. 8 août 1890, aff. Fabreguettes, *Rec. Cons. d'Etat*, p. 775). Il est passible de la 6e classe : c'est le taux appliqué notamment aux magasins de détail, établis dans divers quartiers de Paris, par un marchand en gros (Cons. d'Et. 11 févr. 1887, aff. Leroux, *Rec. Cons. d'Etat*, p. 131).

Pour le commerce des charbons de bois et de terre, V. *suprà*, nos 159 et 197.

216. — 63° *Comestibles et conserves* (*Marchand de*). — Un épicier en détail qui joint à son commerce la vente de vins et liqueurs et de conserves et comestibles n'est pas cependant imposable à la 3e classe, si ces ventes ne sont que l'accessoire de ses opérations principales (Cons. d'Et. 12 août 1859, aff. Lemeland, *Rec. Cons. d'Etat*, p. 596). — Mais il y a lieu d'imposer comme marchand de comestibles celui qui joint au commerce des fromages la vente habituelle de diverses denrées comestibles, telles que viande de charcuterie, thon, olives, miel, chocolat, etc. (Cons. d'Et. 26 nov. 1869, aff. Boyer, *Rec. Cons. d'Etat*, p. 925); celui qui a un important débit de charcuteries, confiseries, spiritueux, conserves, chocolats, etc. (Cons. d'Et. 4 mai 1890, aff. Logereau, D. P. 91. 5. 385). Dans cette dernière espèce, les ventes d'articles d'épicerie s'étaient élevés à 271 000 fr. sur un chiffre d'affaires total de 404 000 fr. C'est donc l'importance respective des ventes qui doit, selon la règle commune, déterminer l'imposition.

En ce qui concerne les *épiciers*, V. *infrà*, n° 253.

217. — 64° *Commissionnaires et courtiers de marchandises, facteurs de denrées et représentants de commerce.* — En exposant ci-dessus (n° 217) les règles d'imposition aujourd'hui communes aux commissionnaires et aux courtiers de marchandises, nous avons dit quel était le sens de chacune de ces appellations et dans quels cas chacune d'elles rendait exigibles les droits du tableau B ou seulement ceux du tableau A (4e classe). Nous avons aussi donné la liste et précisé le caractère des courtiers spécialement dénommés au tarif; enfin nous avons indiqué ce qu'il faut entendre par l'expression de courtier de produits alimentaires ou agricoles. Il ne nous reste donc à traiter ici que des questions complémentaires.

Citons d'abord deux arrêts ayant maintenu au tableau B : un commissionnaire qui, dans un port, servait d'intermédiaire pour des achats d'œufs et de beurre entre des marchands français et des marchands en gros ou en demi-gros habitant l'Angleterre (Cons. d'Et. 14 nov. 1879, aff. Venier, *Rec. Cons. d'Etat*, p. 688); un commissionnaire exportateur qui se chargeait d'acheter à Paris, pour des commerçants d'Amérique, des marchandises au dépôt des-

quelles il affectait un magasin (Cons. d'Et. 28 mai 1880, aff. Gurth, *Rec. Cons. d'Etat*, p. 494). Il n'est pas toutefois nécessaire, et le tarif n'exige nullement, que les locaux quelconques soient affectés par l'intermédiaire au dépôt des objets, denrées ou marchandises, pour la vente desquels il prête son entremise : c'est le fait seul de cette entremise qui entraîne l'imposition. De même, la circonstance qu'un intermédiaire n'agit que pour le compte d'une seule maison de commerce ne suffit point à le rendre non imposable, et de nombreux arrêts ont décidé que la patente est due en pareil cas, à moins qu'on ne se trouve en présence d'un simple *commis* (Cons. d'Et. 31 janv. 1856, aff. Duvivray, D. P. 56. 5. 322 ; 18 janv. 1860, aff. Dewatine, D. P. 60. 5. 261 ; 30 août 1867, aff. Fau, D. P. 68. 3. 103 ; 1er mars 1889, aff. Boucley, D. P. 90. 5. 374). — A ce sujet, on peut dire que le simple commis ou voyageur reçoit en général un traitement fixe ; que des remises proportionnelles ne lui sont allouées qu'accessoirement ou à titre de gratification ; qu'enfin il est payé à l'avance ou remboursé de ses frais de voyage. Au contraire, le véritable intermédiaire touche essentiellement des remises proportionnelles à ses ventes, avec ou sans remboursement de ses frais et débours. Mais, ainsi que nous l'avons dit déjà (no 217), les combinaisons aujourd'hui en usage dans l'industrie et le commerce sont si diverses que l'allocation de remises porportionnelles n'a que la valeur d'une présomption et qu'il faut rechercher quel caractère les faits de chaque litige donnent, dans leur ensemble, aux opérations. La situation de simple commis est surtout accusée par la subordination du voyageur à la maison qui l'emploie et par son retour dans cette maison après ses tournées, à la différence de l'intermédiaire qui, libre de son temps en dehors de ses voyages, conserve en outre dans ceux-ci une initiative et une indépendance dont ne jouit pas un salarié. C'est ainsi qu'ont été maintenus à la patente : un individu qui, domicilié à Strasbourg, était chargé, par une maison d'Epernay, de placer des vins de Champagne, et qui, voyageant dans plusieurs départements, recevait, en outre d'un traitement fixe, une remise proportionnelle au chiffre de ses affaires (Cons. d'Et. 8 avr. 1868, aff. Guéret, *Rec. Cons. d'Etat*, p. 385) ; — Un individu qui plaçait les produits d'une seule maison dans un rayon déterminé et qui, occupant un local loué en son nom, et touchant des remises proportionnelles, était seul responsable de sous-agents qui ne relevaient que de lui (Cons. d'Et. 12 mars 1875, aff. Ribert, D. P. 75. 3. 108) ; — Un fonctionnaire en retraite qui, habitant Seine-et-Oise et visitant à son gré les communes voisines de sa résidence, y plaçait des vins pour le compte d'une maison de Nîmes (Cons. d'Et. 4 juill. 1884, aff. Chomilier, *Rec. Cons. d'Etat*, p. 563) ; — Un individu de Chalon-sur-Saône, qui vendait des absinthes pour une maison de Pontarlier, moyennant remise proportionnelle, et qui demeurait libre de son temps en dehors de ses tournées, bien qu'il dût, pour celles-ci, se conformer aux itinéraires dressés par la maison, qu'il reçût la liste des clients à voir et qu'il fût remboursé de ses frais de voyage (Cons. d'Et. 4 nov. 1887, aff. Lambœuf, D. P. 88. 3. 133) ; — Un cultivateur de l'Isère qui, opérant dans des conditions analogues et recevant 10 cent. par kilog., achetait des cocons aux éducateurs pour le compte d'une maison de Lyon (Cons. d'Et. 30 janv. 1888, aff. Mathieu, D. P. 88. 3. 133). — C'est à l'ensemble des faits, comme on le voit, qu'il faut s'attacher. Il a été jugé aussi que, lorsqu'un individu place des marchandises dans plusieurs départements, moyennant des remises proportionnelles et dans les conditions qui constituent le représentant de commerce au sens de la loi, la circonstance qu'il opère pour une seule maison, et qu'un minimum de traitement lui est assuré, n'est pas de nature à l'affranchir du droit de patente (Cons. d'Et. aff. Monier, D. P. 77. 5. 323). — Sont au contraire non imposables, nonobstant l'allocation de remises proportionnelles : celui qui, dans une ville, est chargé de vendre des charbons entreposés dans cette ville par une compagnie minière dont il est l'agent salarié (Cons. d'Et. 28 juin 1865, aff. Charay, D. P. 66. 3. 44) ; — Celui qui s'entremet entre une maison de commerce et les cultivateurs pour l'achat d'olives, lorsqu'il est ordinairement employé par cette maison à divers travaux, en qualité d'homme de confiance (Cons. d'Et. 13 févr. 1885, aff. Maistre, D. P. 86. 3. 103). — Mentionnons enfin deux arrêts qui ont refusé de considérer comme des agents municipaux non imposables : un individu qui, bien qu'étant nommé et révocable par une ville, y vendait des marchandises à la criée pour le compte de tiers et était rétribué au moyen de remises proportionnelles payées par les acheteurs (Cons. d'Et. 9 janv. 1874, aff. Jahan, *Rec. Cons. d'Etat*, p. 11) ; l'adjudicataire de la vente à la criée du poisson sous une halle qui prélevait sur le produit des ventes un droit de commission, à charge d'abandonner à la ville une partie de cette commission (Cons. d'Et. 10 mars 1876, aff. Chanay, *Rec. Cons. d'Etat*, p. 240). — Ils ont été maintenus au rôle comme facteurs de denrées.

218. Pour compléter ce que nous avons dit *suprà*, no 217, au sujet des courtiers de produits alimentaires ou agricoles, nous donnons ci-après quelques arrêts qui achèvent de montrer qu'il s'agit exclusivement d'intermédiaires *ruraux*, achetant aux cultivateurs leurs récoltes ou leur vendant des graines, des semences, etc. Ainsi, appartiennent à cette catégorie : celui qui achète des vins et eaux-de-vie chez les propriétaires, pour le compte d'un marchand en gros ; celui qui achète aux cultivateurs des fourrages ; une femme qui expédie à des restaurateurs des foies d'oie qu'elle achète sur les marchés ; celui qui place, chez les éducateurs, des graines de vers à soie ; une femme qui sert habituellement, dans les marchés d'une ville, d'intermédiaire entre les propriétaires et les confiseurs et épiciers pour la vente des fruits ; un individu qui achète des jambons aux producteurs pour le compte d'un marchand de salaisons (Cons. d'Et. 3 déc. 1875, aff. Roy, *Rec. Cons. d'Etat*, p. 965 ; 26 mai 1876, aff. Jolivet, *Rec. Cons. d'Etat*, p. 486 ; 8 juin 1877, aff. Demoiselle Saint-Guilhem, *Rec. Cons. d'Etat*, p. 557 ; 18 juin 1880, aff. Rousseau, *Rec. Cons. d'Etat*, p. 574 ; 3 mars 1882, aff. Demoiselle Breton, D. P. 84. 5. 363 ; 17 févr. 1888, aff. Pène, *Rec. Cons. d'Etat*, p. 159).

219. Le tarif comprend enfin, dans la 6e classe, le courtier gourmet-piqueur de boissons. C'est celui qui accompagne les acheteurs dans les chais où les entrepôts et qui déguste les produits offerts. Mais il a été jugé que celui qui, ne se bornant pas à ces opérations, représente en outre des maisons des pays de production et prête son entremise pour l'achat et la vente de vins entre ces maisons et les marchands en gros, n'est pas seulement un courtier-gourmet, mais un courtier ou représentant de commerce, passible des droits établis par la loi du 18 juill. 1866 (Cons. d'Et. 28 mars 1879, aff. Droin et Bonvalet, D. P. 79. 3. 77 ; 28 mai 1880, aff. Bladinières, D. P. 81. 3. 3).

220. — 65o *Commissionnaire de transports, entrepreneur de roulage, voiturier*. — Sur le sens de ces dénominations, V. *Rép*, vo *Commissionnaire*, nos 299 et suiv.

Au point de vue de la patente, on considère comme commissionnaires de transport, et on impose comme tels, ceux qui, sous leur responsabilité et moyennant un droit de commission, servent d'intermédiaires entre le public et les compagnies des chemins de fer et de bateaux à vapeur, pour le transport des marchandises (Cons. d'Et. 7 déc. 1860, aff. Kessler, *Rec. Cons. d'Etat*, p. 752) ; ainsi est imposable celui qui se charge de réexpédier dans les localités les marchandises qui arrivent dans une gare et réciproquement d'apporter en gare les marchandises provenant de ces localités (Cons. d'Et. 11 août 1870, aff. Véricel, *Rec. Cons. d'Etat*, p. 1064) ; celui que divers traités établissent correspondant spécial de plusieurs entreprises de transports, auxquelles il sert d'intermédiaire responsable vis-à-vis du public ; s'il possède des chevaux et des voitures pour transporter les colis jusqu'à la gare, il ne peut être considéré comme n'exerçant que la profession d'entrepreneur de roulage (Cons. d'Et. 14 nov. 1873, aff. Barillot, D. P. 75. 3. 14) ; celui qui se charge, sous sa responsabilité, du factage dans une ville, où il possède un bureau destiné à la réception et à l'enregistrement des marchandises destinées au chemin de fer, qui signe en son nom personnel les reçus à délivrer aux expéditeurs, et qui est également chargé, par son traité, d'opérer à ses risques et périls l'encaissement du prix de transport des objets dont il a à effectuer la livraison (Cons. d'Et. 19 juin 1874, aff. Labourin et comp., D. P. 75. 3. 14) ; celui qui, servant d'intermédiaire entre le public et les compagnies maritimes, se charge de faire transporter les marchandises jusqu'au lieu d'embarquement et qui est envers les compagnies, responsable du prix de transport et des frais s'y rattachant, bien qu'il n'ait ni magasin, ni chevaux, ni voitures, et qu'il ait traité avec une maison de roulage qui assure le transport des colis d'après ses ordres (Cons. d'Et. 28 déc. 1883, aff. Laurette, *Rec. Cons. d'Etat*, p. 966); celui qui, en vertu d'un traité passé avec une compagnie, se charge, sous sa responsabilité et moyennant un droit de commission, de transporter, de la gare chez les habitants de la ville, et dans un rayon de 1 kilomètre en dehors de l'octroi, les marchandises arrivant par le chemin de fer et, réciproquement, de transporter à la gare les marchandises à expédier, et qui possède un bureau pour la réception des colis (Cons. d'Et. 18 mars 1892, aff. Ferrier, *Rec. Cons. d'Et.*, p. 292).

221. C'est également la patente de commissionnaire de transports qui est applicable à une société qui se charge d'effectuer le transport des vins, alcools et autres liquides, lorsqu'elle perçoit un droit de commission et assume la responsabilité du transport; mais, lorsqu'elle se borne à louer ses wagons-réservoirs, à l'hectolitre, au voyage ou au mois, aux marchands qui font voyager la marchandise à leurs risques et payent seulement à la société le loyer de son matériel, elle exerce une profession spéciale, celle de loueur de tonneaux, qui a été portée récemment au tarif (Cons. d'Et. 13 déc. 1889, aff. Société générale pour le transport des liquides, D. P. 91. 5. 387).

222. La distinction entre l'entrepreneur de roulage et le simple voiturier est assez délicate. D'après la jurisprudence la plus suivie, on doit qualifier de simple voiturier celui qui, n'ayant pas de service régulier, ni de relais établis, se borne à faire des transports pour les particuliers qui l'en chargent, qui n'a recours qu'accidentellement à d'autres voituriers et qui ne délivre pas de lettres de voiture (Cons. d'Et. 10 janv. 1865, aff. Nègre, *Rec. Cons. d'Etat*, p. 19). C'est également la patente de voiturier qui est seule due par un individu qui se borne à effectuer le transport de marchandises de la gare au domicile des destinataires et réciproquement, pour le compte et sous la seule responsabilité d'une compagnie de chemin de fer, et selon des tarifs fixés par elle (Cons. d'Et. 4 avr. 1873, aff. Lucas, D. P. 75. 3. 14). Enfin, le conseil d'Etat a refusé de rétablir au rôle, comme entrepreneur de roulage, un individu qui, occupant à Paris de nombreux équipages, avait des bureaux ouverts au public et un magasin où il déposait, avant de les transporter aux gares, les colis apportés par ses clients ou pris par lui à leur domicile, mais qui n'avait pas de service régulier, ne faisait pas d'expéditions et ne délivrait pas de lettres de voiture: il n'a vu en lui qu'un voiturier ou, plus exactement, un camionneur, se bornant à faire des charrois dans le lieu de sa résidence (5 déc. 1891, aff. Poirier, *Rec. Cons. d'Et.*, p. 749). — Cependant une compagnie de chemin de fer qui, à Paris également, centralisait dans un local spécial, le transport des marchandises du domicile des expéditeurs à la gare, et qui percevait, pour cet objet, des rétributions particulières, a été maintenue dans ce local à la patente d'entrepreneur de roulage (Cons. d'Et. 28 mai 1866, aff. Compagnie d'Orléans, *Rec. Cons. d'Etat*, p. 523). Mais elle s'était bornée à soutenir qu'elle n'avait pas là un établissement passible du droit fixe; en sorte que la quotité de ce droit a pu n'être pas examinée. Nous pensons donc que cet arrêt n'infirme pas la jurisprudence qui vient d'être constatée.

223. — 66° *Commissionnaire en douane.* — Le commissionnaire accrédité près la douane (6e classe) est celui qui, avec l'autorisation de l'Administration, assiste, pour le compte et aux frais des voyageurs, à la vérification de leurs effets dans les bureaux des douanes; et cette patente est due par un commissionnaire d'hôtel qui n'est admis à représenter les voyageurs de son établissement auprès de la douane qu'en vertu d'une commission à lui délivrée par cette administration (Cons. d'Et. 28 mars 1860, aff. Villay, D. P. 60. 3. 31). — Quant à celui qui se charge de recevoir dans les gares les marchandises qu'il réexpédie après l'accomplissement des formalités de douane, il exerce une profession spéciale non dénommée au tarif, qui doit être imposée par voie d'assimilation (Cons. d'Et. 25 janv. 1868, aff. Rœsch, D. P. 79. 5. 310), et qui peut être justement assimilée à celle de commissionnaire de transports (Cons. d'Et. 26 avr. 1890, aff. Rœsch, D. P. 91. 5. 387). Il a été aussi jugé que cette dernière profession était exercée par un commissionnaire de transports de Metz, qui se rendait habituellement dans la gare française de Batilly, pour y recevoir en douane des marchandises qu'il s'expédiait à lui-même de Metz et qu'il réexpédiait ensuite aux destinataires définitifs (Cons. d'Et. 9 nov. 1889, aff. Léonard, D. P. 91. 3. 34).

224. — 67° *Commissionnaire-entrepositaire.* — C'est celui qui se charge de recevoir, d'entreposer et de réexpédier ensuite des marchandises selon les ordres qu'il reçoit, mais qui ne fait ni achats ni ventes pour ses commettants. Il se distingue ainsi, à la fois, du commissionnaire de transports et du commissionnaire en marchandises (V. *suprà*, nos 220 et suiv.). Sont imposables comme tels: un commissionnaire qui reçoit et entrepose à Bayonne des marchandises diverses, à charge de les réexpédier en Espagne à ses correspondants (Cons. d'Et. 7 août 1874, aff. Deville, *Rec. Cons. d'Etat*, p. 798); celui qui reçoit habituellement dans des écuries, disposées à cet effet, les chevaux achetés par des marchands français et étrangers et qui se charge de les expédier, moyennant un droit de commission (Cons. d'Et. 2 août 1878, aff. Packam, D. P. 79. 5. 304); celui qui reçoit habituellement des marchandises expédiées par ses clients, et qui les met en dépôt dans ses magasins, moyennant un droit de garde pour les réexpédier, lorsqu'il en reçoit l'ordre (Cons. d'Et. 16 janv. 1885, aff. Jodocius, D. P. 16. 5. 313); une société qui exploite des magasins généraux affectés à ces opérations (Cons. d'Et. 3 juill. 1885, aff. Magasins généraux de France et d'Algérie, *Rec. Cons. d'Etat*, p. 639). Mais, lorsque des entrepositaires reçoivent, dans leurs magasins (dans l'espèce, à Bercy), des vins qui leur sont expédiés pour les vendre et qu'ils se chargent de placer sous leur responsabilité personnelle, ils exercent en même temps la profession de commissionnaires en marchandises, qui donne lieu à des droits plus élevés: c'est donc en cette dernière qualité qu'ils doivent être imposés (Cons. d'Et. 13 févr. 1880, aff. Chamonard et Caucurte, *Rec. Cons. d'Etat*, p. 179). Il avait été déjà statué dans ce sens pour un commissionnaire en soieries qui déposait ses marchandises dans un local loué à son nom (Cons. d'Et. 7 févr. 1885, aff. Hérisson, *Rec. Cons. d'Etat*, p. 151).

225. — 68° *Commissionnaire-expéditeur de charbons.* — Un particulier dont les opérations consistent à recevoir dans un port des charbons de terre expédiés par des compagnies minières anglaises, à acquitter les droits d'entrée et les frais de transport et à faire parvenir aux destinataires les marchandises, suivant les instructions des compagnies, est imposable à la patente de commissionnaire-expéditeur de charbons (tableau A, 6e classe). Il n'opère en effet ni ventes, ni achats, pour le compte de ses commettants, ce qui ne permet pas de le ranger dans la catégorie des représentants de commerce (Cons. d'Et. 9 mai 1884, aff. Jouault, D. P. 85. 5. 338).

226. — 69° *Confiseur.* — Comme précédemment, le confiseur est rangé dans la 3e classe et le confiseur en chambre dans la 7e (*Rép.* n° 80). Ce dernier est l'artisan qui n'a pas un véritable établissement; et il a été jugé que tel n'était pas le cas d'un fabricant de fruits confits, de Clermont-Ferrand, qui occupait une maison d'un loyer de 1500 fr., possédait six fourneaux et quinze chaudières et employait huit ouvriers pendant la saison: il a été maintenu à la 3e classe (Cons. d'Et. 2 juill. 1880, aff. Triozon, *Rec. Cons. d'Etat*, p. 625). — C'est aussi à la 3e classe qu'a été imposé un fabricant de confitures de Bar qui, chaque année, dans les mois de juin et de juillet, employait une quarantaine d'ouvrières à la fabrication de ces confitures (Cons. d'Et. 28 mars 1879, aff. Muarlier, D. P. 80. 5. 258). — Rien ne s'opposerait, d'ailleurs, à ce que ces fabricants de fruits confits et de confitures fussent soumis, le cas échéant, aux droits du tableau C, comme travaillant pour le commerce.

227. — 70° *Conserves alimentaires.* — V. *suprà*, n° 98, pour la fabrication des conserves alimentaires, et n° 216, pour la vente de ces produits.

228. — 71° *Constructeurs, constructions métalliques.* — V. *infrà*, n° 402, 426 et suiv.

229. — 72° *Cordonnier.* — Pour tout ce qui a trait à la fabrication et à la vente des chaussures, V. *suprà*, n° 199.

230. — 73° *Corsets.* — Pour l'assiette du droit fixe dans les fabriques de corsets au métier, V. *suprà*, nos 65 et suiv.

231. — 74° *Courtiers de marchandises.* — Pour toutes les questions intéressant ces courtiers, V. *suprà*, n° 217.

232. — 75° *Couturier.* — Le tarif réunit aujourd'hui sous une seule dénomination le tailleur et le couturier. Nous renvoyons donc sur ce point au mot *Tailleur* (V. *infrà*, n° 416). — Précédemment, il avait été jugé que la couturière marchande est celle qui, ne se bornant pas à confectionner des robes sur commande, fait à sa clientèle des fournitures d'étoffes, de passementeries, de dentelles (Cons. d'Et. 12 juin 1860, aff. Demoiselle Clicquet, *Rec. Cons. d'Etat*, p. 435), et qu'on doit au contraire n'imposer que comme couturière à façon celle qui se borne à confectionner des robes avec les étoffes qui lui sont remises, et ne fournit elle-même que les objets de menue mercerie nécessaires à cette confection (Cons. d'Et. 28 mars 1860, aff. Meslin, *Rec. Cons. d'Etat*, p. 262). — Si les termes du tarif ont changé, cette jurisprudence n'en continue pas moins d'être applicable.

Quant aux ouvroirs de couture, V. *infrà*, nos 543 et suiv.

233. — 76° *Débits de tabac.* — Comme il a été dit au *Rép.* n° 129, la vente du tabac en détail n'entraîne pas la patente. Il n'est fait d'exception à ce principe que pour la Corse, où le commerce du tabac est libre, et pour la vente des tabacs et cigares *étrangers*, aujourd'hui prévue dans le tarif.

Quant aux débitants de tabac qui vendent des pipes, tabatières et autres accessoires, ils ne sont passibles de la patente que s'ils ont un approvisionnement de ces objets ayant une réelle valeur, c'est-à-dire s'ils en font un véritable commerce (Cons. d'Et. 19 avr. 1854, aff. Roux; 9 mai 1855, aff. Py, D. P. 55. 5. 313). — Pour que la vente de pipes et allumettes dans un bureau de tabac échappe à la patente, il suffit que le peu de valeur de ces objets ne permette de les considérer que comme un accessoire du débit lui-même (Cons. d'Et. 18 févr. 1854, aff. Lamson, D. P. 54. 3. 45). — Le tarif distingue, en outre, le marchand de pipes assorties (6e classe), et le marchand de pipes de terre en détail (8e classe). Est passible du premier de ces droits celui qui joint à la vente des pipes de terre celle de pipes en bois et d'articles pour fumeurs (Cons. d'Et. 27 déc. 1890, aff. Grelet, *Rec. Cons. d'Etat*, p. 1026).

234. — 77° *Déchets* (*Marchand de*). — Celui qui achète aux filateurs des déchets de lins pour les revendre aux fabricants de papier est imposable en qualité de marchand de déchets en gros et non comme industriel, bien qu'il effectue dans ses ateliers les opérations nécessaires au nettoyage, de ces déchets (Cons. d'Et. 29 avr. 1887, aff. Ancke, D. P. 88. 3. 87). — Il a été jugé toutefois que ce n'était pas la patente de marchand de déchets, mais celle de marchand de coton en laine, qui était due par un individu dont les opérations consistaient à acheter dans les ports des cotons avariés et à les revendre par balles après les avoir mis en état d'entrer dans la fabrication (Cons. d'Et. 28 mai 1857, aff. Beldant, *Rec. Cons. d'Etat*, p. 431).

235. — 78° *Dégraisseur.* — Pour le teinturier-dégraisseur, V. *infrà*, nos 420 et suiv. — Quant à celui qui se borne à dégraisser les objets sans les teindre, il demeure imposable à la 7e classe, comme précédemment (*Rép.* n° 83).

236. — 79° *Denrées coloniales.* — Le tarif ne prévoit, comme précédemment, que le commerce en gros des denrées coloniales. Quant au commerce en demi-gros ou en détail de ces denrées, il rentre, soit dans l'épicerie, soit dans la vente des comestibles et conserves. On trouve, d'ailleurs, distinctement dans le tarif les marchands de cafés et de thés.

237. — 80° *Dentelles.* — Pour la fabrication et la vente des dentelles et broderies, V. *suprà*, n° 174.

238. — 81° *Dentiste.* — *Dents et râteliers* (*Marchand de*). — Le dentiste non pourvu de diplôme était précédemment différencié, dans le tarif, du médecin ou chirurgien-dentiste. Aujourd'hui, les dentistes sont tous, sans distinction, rangés dans le tableau D (V. *infrà*, n° 566). — Quant à la patente de marchand de dents et râteliers, elle est applicable à celui qui, n'ayant pas de cabinet et n'exerçant pas la profession de dentiste, vend des dents artificielles et des fournitures pour la confection des râteliers, alors même qu'il ne vendrait pas des râteliers complets (Cons. d'Et. 22 févr. 1878, aff. Montarnal, *Rec. Cons. d'Etat*, p. 198). Mais il n'y aurait lieu d'imposer que comme dentiste celui qui ne vendrait qu'accessoirement à cette profession, des dents et râteliers artificiels (Cons. d'Et. 19 mars 1864, aff. Surbled, *Rec. Cons. d'Etat*, p. 282).

239. — 82° *Diligences* (*Entreprise de*). — Nous n'avons que peu de choses à ajouter au *Rép.* (n° 85), touchant cette industrie, qui perd chaque jour de son importance. Remarquons seulement que le droit fixe est maintenant réduit de moitié, lorsque l'entrepreneur ne fait que trois voyages au plus par semaine sur une ligne de moins de deux myriamètres. — Il a été jugé que celui qui transporte des voyageurs et des marchandises, d'une commune à une autre, avec une voiture suspendue à quatre roues et à deux compartiments, attelée de deux chevaux et partant tous les jours à heure fixe, doit être imposé, non comme patachier (tableau A, 7e classe), mais comme entrepreneur de diligence, encore qu'il n'ait ni bureau, ni relais, ni correspondance (Cons. d'Et. 31 juill. 1856, aff. Doguet, D. P. 57. 5. 258). — Quant au patachier, c'est celui qui se borne à faire un service à bas prix, à l'aide d'une voiture commune et de petites dimensions (Cons. d'Et. 28 févr. 1879, aff. Marcy, *Rec. Cons. d'Etat*, p. 189). — On ne doit d'ailleurs le confondre, ni avec l'entrepreneur de cabriolets ou fiacres, ni avec le loueur de voitures suspendues, qui met à la disposition du public des voitures qu'il conduit, ou non, lui-même. — A été maintenu également à la patente comme patachier, dans les conditions où il opérait, un individu qui, avec un cheval et une voiture, transportait les habitants de la commune et les voyageurs dans les localités voisines moyennant rétribution (Cons. d'Et. 7 mars 1890, aff. Faye, *Rec. Cons. d'Etat*, p. 255).

240. — 83° *Distilleries, distillateurs.* — V. *suprà*, nos 114 pour l'imposition des distilleries d'alcool et nos 114, 125, 178 et *infrà*, n° 245, pour la fabrication et la vente des liqueurs. — V. aussi *infrà*, n° 602, pour les distilleries agricoles.

241. — 84° *Droguistes.* — A côté des marchands droguistes, le tarif actuel (L. 8 août 1890) impose distinctement les marchands de produits chimiques et les marchands de spécialités ou préparations pharmaceutiques (V. *infrà*, n° 408). Précédemment, la patente de droguiste en gros avait été maintenue à un individu qui, muni du diplôme de pharmacien, mais n'ayant, dans ses magasins, que les substances destinées à la fabrication de produits pharmaceutiques et hygiéniques spéciaux, les vendait aux pharmaciens et droguistes (Cons. d'Et. 16 mars 1877, aff. Torchon, D. P. 78. 5. 349). — De même, la vente de la dynamite avait été considérée comme rentrant dans la profession de marchand droguiste (Cons. d'Et. 21 juill. 1882, aff. Gusgen, D. P. 84. 5. 373).

242. Pour la vente des articles de droguerie et des produits chimiques aux industriels, artisans, maîtres de lavoirs, etc., V. *suprà*, n° 53. V. aussi *infrà*, n° 294, pour les herboristes.

243. — 85° *Dynamite.* — Pour la vente de la dynamite, V. *suprà*, n° 241.

244. — 86° *Eau* (*Entreprise de distribution d'*). — La distribution des eaux dans les villes présente, au plus haut degré, le caractère d'un service d'intérêt public. Aussi, est-il de jurisprudence qu'une ville qui exploite directement son service d'eau ne fait pas acte de commerce et n'est point passible de patente à raison des abonnements qu'elle consent aux particuliers (Cons. d'Et., 27 avr. 1877, aff. Ville de Poitiers, D. P. 77. 3. 25). Et, d'après un autre arrêt du même jour, rendu au profit de la ville de Blois, l'exemption ne cesse pas d'être due, quoique la ville fasse les travaux et fournisse, moyennant redevance, les appareils nécessaires pour amener l'eau chez les abonnés. — Mais, ainsi qu'il a été jugé à plusieurs reprises, la Compagnie générale des eaux, qui est chargée, à titre de régie intéressée, de la distribution des eaux dans la ville de Paris, doit être soumise de ce chef à la patente d'entrepreneur de distribution d'eau. Elle ne saurait se prévaloir ni de ce que la Ville est devenue propriétaire des terrains, bâtiments, machines et appareils, ni de ce qu'elle verse à la caisse municipale les sommes encaissées, sauf règlement ultérieur de la part qui lui revient, pour prétendre que ses opérations n'ont pas un caractère commercial et qu'elle ne fait que l'office de régisseur ou de gérant d'une propriété de la Ville (Cons. d'Et. 31 mars 1863, D. P. 63. 3. 60; 20 juin 1884, D. P. 85. 3. 126; 19 déc. 1891, *Rec. Cons. d'Etat*, p. 791).

On ne saurait toutefois assujettir à la patente d'entrepreneur de distribution d'eau : ni celui qui s'est uniquement chargé d'établir les tuyaux et branchements et d'entretenir les réservoirs et les machines, lorsque c'est la ville qui passe elle-même les marchés et qui perçoit le prix des abonnements (Cons. d'Et. 22 janv. 1868, aff. Hubert, *Rec. Cons. d'Etat*, p. 63) ; ni le concessionnaire dont le traité n'a pour objet que d'amener dans les réservoirs l'eau nécessaire aux besoins journaliers de la ville et de ses abonnés, lorsque le surplus du service des eaux est assuré par la ville, à qui les taxes sont versées : ce concessionnaire n'est qu'un entrepreneur de fourniture d'eau, qui exerce une profession spéciale, récemment portée au tarif (Cons. d'Et., 16 mars 1888, aff. Pasquet, D. P. 89. 3. 60).

245. Le droit fixe prévu dans le tarif est de 3 fr. par 1000 âmes de la population normale totale des différentes communes desservies par l'entreprise de distribution d'eau ; et cette taxation est applicable même dans le cas où la ville fait directement le service des eaux sur une partie de son territoire, et où le patentable n'a qu'un nombre restreint d'abonnés dans un seul quartier (Cons. d'Et. 3 nov. 1882, aff. Compagnie des eaux de la Rose, D. P. 84. 5. 363). — Pour l'exécution, par les concessionnaires, des travaux de canalisation et de fontainerie, V. *infrà*, n° 426 et suiv.

246. — 87° *Eaux-de-vie et liqueurs.* — La fabrication des liqueurs, lorsqu'elle s'effectue à l'aide d'alambics ou autres appareils, est constitutive de la profession de distillateur-liquoriste (tableau C). Pour la fabrication de l'absinthe, V. *suprà*, n° 114. — Mais il y a lieu d'imposer comme marchand en gros d'eaux-de-vie et liqueurs : celui qui, ne possédant ni alambics, ni appareils distillatoires, se borne à effectuer des mélanges rentrant dans la pratique habituelle des marchands d'eaux-de-vie (Cons. d'Et. 16 avr. 1875, aff. Lechesne, *Rec. Cons. d'Etat*, p. 234); celui qui ne vend pas seulement des liqueurs de sa fabrication, et qui livre surtout au commerce des liqueurs et vins fins n'ayant subi chez lui aucune préparation ou qu'il a simplement mélangés d'eau et d'aromes (Cons. d'Et. 8 mars 1878, aff. Sarre, *Rec. Cons. d'Etat*, p. 267 ; 1er avr. 1887, aff. Arnaud, *Rec. Cons. d'Etat*, p. 284).

247. Une question intéressante est celle de savoir si la patente est due par les personnes qui achètent des eaux-de-vie pour les laisser vieillir et ne les revendre qu'au bout de plusieurs années. Sur le recours du ministre des finances, un sieur Bideret avait été rétabli au rôle, par le motif qu'il avait pris une licence après avoir fait un approvisionnement d'eaux-de-vie (Cons. d'Et. 21 mars 1868, *Rec. Cons. d'Etat*, p. 343). Mais, selon les termes de l'arrêt, il n'avait pas allégué qu'il eût l'intention de renoncer à son commerce ; et un recours ultérieur du ministre, fondé sur cet arrêt, n'a pas été accueilli. Dans cette seconde affaire, après avoir acheté, en 1866, 404 hectolitres d'eaux-de-vie, le demandeur les avait fait enlever en 1874 des caves d'un tiers, où elles étaient restées déposées, et avait pris une licence pour les faire amener chez lui. Comme, d'ailleurs, il n'en avait encore vendu aucune partie, il a soutenu, et le conseil d'Etat a admis, qu'il n'avait entendu faire qu'un placement de ses capitaux (30 juin 1876, aff. Davaine, D. P. 76. 3. 96). Il semble donc qu'on doive rechercher, dans chaque espèce, si l'intention commerciale est suffisamment accusée dans le présent ou s'il ne s'agit que d'une spéculation à long terme, qui ne deviendrait imposable qu'au moment de sa réalisation. C'est ainsi qu'il a été jugé depuis que la patente était due, en 1889, par un individu qui n'avait fait ni achat, ni vente, durant ladite année, mais qui, ayant acheté en 1888, 66 hectolitres d'alcool pur au prix de 800 fr., les avait revendus, en 1890, au prix de 850 fr. et qui n'avait pas cessé dans l'intervalle de payer la licence que doivent les marchands en gros (Cons. d'Et. 9 avr. 1892, aff. Fabvre, *Rec. Cons. d'Etat*, p. 404. V. toutefois la note sur cet arrêt, D. P. 93, 3e partie).

248. — 88° *Eaux minérales et thermales.* — L'exploitation de sources d'eaux minérales ou thermales donne ouverture aux droits de patente, alors même qu'elle est faite par le propriétaire de ces sources (Cons. d'Et. 24 juill. 1852, aff. Badoit, *Rec. Cons. d'Etat*, p. 314). — Il a été jugé aussi que le contribuable qui possède un établissement où les eaux sont puisées et mises en bouteilles pour être livrées au commerce, doit être imposé, non comme marchand, mais comme exploitant d'eaux minérales, bien qu'habituellement on n'y boive pas ces eaux et qu'on n'y prenne pas de bains (Cons. d'Et. 30 avr. 1875, aff. Larbaud, D. P. 75. 3. 100); et la même patente avait déjà été déclarée due par un établissement dont l'eau était en partie débitée sur place, sous forme de bains et boissons, en partie expédiée au dehors (Cons. d'Et. 21 avr. 1864, aff. De Gonzenbach, *Rec. Cons. d'Etat*, p. 363) ; — Pour un établissement situé à Vals, qui avait vendu dans l'année 60 000 bouteilles d'eau (Cons. d'Et. 12 déc. 1871, aff. Champanhet, *Rec. Cons. d'Etat*, p. 301); pour un établissement dépendant d'une usine affectée à l'exploitation de sources d'eaux salées, mais distinct de cette usine, placé sous la direction d'un médecin inspecteur et dans lequel les eaux étaient utilisées pour des douches et des bains médicinaux (Cons. d'Et. 6 févr. 1874, aff. Guily, D. P. 75. 5. 325). — Notons toutefois que l'arrêt du 21 avr. 1864 a prononcé la décharge de la patente de maître d'hôtel garni assignée à l'exploitant : l'hôtel n'était, en effet, qu'une partie de l'établissement. Nous signalerons aussi un arrêt portant sur la détermination du nombre imposable des personnes employées à la vente et à l'expédition des eaux. Ont été déclarées passibles du droit fixe les catégories suivantes d'employés et d'ouvriers : contremaîtres et comptables ; rinceurs, embouteilleurs et boucheurs ; coupeurs et marqueurs de bouchons; timbreurs, étiqueteurs et regardeurs ; porteurs et emballeurs; confectionneurs, rhabilleurs et couvreurs de caisses ; chargeurs et voituriers (Cons. d'Et. 19 juill. 1890, aff. Société des sources Badoit, D. P. 92. 5. 460).

249. — 89° *Editeurs.* — V. *infrà*, n° 305, pour les éditeurs de journaux et n° 309 pour les libraires-éditeurs.

250. — 90° *Engrais ou amendements* (*Marchand d'*). — Est passible des droits de la 3e classe, comme marchand *en gros*, celui qui vend aux autres marchands ou qui fait des envois sur commande. En présence de ces termes du tarif, il a été jugé qu'on doit imposer en cette qualité celui qui fait de nombreux envois de fumier sur commande, alors même que ces envois ne sont adressés qu'à des cultivateurs (Cons. d'Et. 21 mai 1886, aff. Fagut, D. P. 87. 5. 329).

251. — 91° *Entrepôts, entrepositaires.* — A l'égard des entrepôts réels, V. *suprà*, n° 58. — Pour les commissionnaires entrepositaires, V. *suprà*, n° 224.

252. — 92° *Entrepreneur d'établissement pour les courses de chevaux.* — La loi du 15 juill. 1880, après la loi du 4 juin 1858, comprend cette profession à la 4e classe du tableau A, avec droit proportionnel au 40e (tableau 1) sous cette réserve que le droit proportionnel ne doit pas porter sur le terrain des courses. La question s'est élevée récemment de savoir si toutes les sociétés de courses devaient indistinctement être imposées à la patente ou si celle-ci ne doit frapper que les sociétés qui ont pour but la production de bénéfices distribuables, à propos de l'imposition à la patente, en 1891, de la Société d'encouragement pour l'amélioration de la race chevaline en France. Cette société, se fondant sur ce que la patente n'est due qu'autant qu'il s'agit d'une profession ayant pour but la réalisation d'un bénéfice personnel, et sur le but d'utilité publique en vue duquel elle a été constituée, prétendait n'être pas assujettie à la patente. Un arrêté du conseil de préfecture de la Seine du 7 déc. 1892 (*Rec. des cons. de préf.* 1893, p. 31) lui a donné gain de cause par le motif que la « société requérante ne réalise aucun profit commercial de son exploitation de l'hippodrome de Longchamps et que toutes ses ressources sont employées, en dehors de l'intérêt normal des actions, au but en vue duquel elle s'est constituée, c'est-à-dire l'amélioration des races de chevaux en France ». D'après cet arrêté, les sociétés de courses poursuivant un but de spéculation sont seules assujetties à la patente.

253. — 93° *Epicier en détail, épicier regrattier.* — L'épicier regrattier (tabl. A, 7e cl.) est défini dans le tarif : « celui qui ne vend qu'au petit poids et à la petite mesure quelques articles d'épicerie, et joint à ce commerce la vente de quelques autres objets, comme poterie de terre, charbon en détail, bois à la falourde, etc. ». On doit, par suite, n'imposer qu'en cette qualité : celui dont le commerce consiste principalement dans la vente de quelques articles d'épicerie commune, de fruits, de légumes secs, de charcuterie, et d'objets à l'usage de la population pauvre (Cons. d'Et. 4 juill. 1857, aff. Lazutte, *Rec. Cons. d'Etat*, p. 540). — Il a été jugé aussi qu'on devait ne considérer que comme regrattier, et non comme marchand de pâtes alimentaires (6e cl.), un individu qui, dans la banlieue de Marseille, vendait par petites quantités de l'épicerie commune et, accessoirement, des pâtes et des légumes, bien qu'il eût été reconnu qu'il vendait la bougie par paquet et le sucre par kilogr. (Cons. d'Et. 25 avr. 1879, aff. Borel, *Rec. Cons. d'Etat*, p. 321). — Mais les droits de la 5e cl. ont été déclarés applicables à un épicier qui occupait, au centre d'une ville, un magasin convenablement assorti et d'un loyer de 800 fr. (Cons. d'Et. 9 nov. 1883, aff. Bourgeois, *Rec. Cons. d'Etat*, p. 796). — Il a été également décidé depuis, par appréciation des circonstances : qu'il y avait lieu de maintenir comme marchand de pâtes un individu qui joignait la vente des pâtes alimentaires à celle de l'épicerie et de la poterie (Cons. d'Et. 9 mai 1890, aff. Azemar, *Rec. Cons. d'Etat*, p. 471) ; et à l'inverse, qu'on ne devait voir qu'un regrattier dans un épicier habitant une petite commune, dont la boutique avait à peine 7 mètres carrés et dont l'approvisionnement ne représentait qu'une valeur de 1800 à 2000 fr. (Cons. d'Et. 2 avr. 1892, aff. Ventilhac, *Rec. Cons. d'Etat*, p. 349).

Pour les grands magasins d'épicerie, V. *suprà*, n° 55 et suiv. et pour la vente des comestibles et des conserves, *suprà*, n° 216.

254. — 94° *Equipage* (*Maître d'*). — Cette dénomination est applicable à un individu qui se charge du halage des bateaux sur un canal, au moyen de deux chevaux lui appartenant : il doit être imposé comme tel aux droits de la 5e classe (Cons. d'Et. 7 nov. 1879, aff. Defaucheux, D. P. 80. 5. 278).

255. — 95° *Escompteur.* — En parlant des opérations de banque et de crédit, nous avons indiqué (*suprà*, n° 146 et suiv.) ce qui différencie le banquier de l'escompteur et dans quels cas cette dernière patente doit seule être appliquée. Nous ajouterons seulement que, selon la remarque déjà faite au *Rép.* n° 89, il faut, pour la profession d'escompteur, comme pour toute autre d'ailleurs, qu'il s'agisse d'opérations habituelles et réitérées. — Il a été décidé aussi que cette patente n'est pas due par un particulier qui se borne à prêter les fonds disponibles lui appartenant contre la remise de billets à lui souscrits directement (Cons. d'Et. 21 déc. 1883, aff. Boisson, D. P. 85. 5. 346). Dans l'espèce, il résultait de l'instruction que le réclamant gardait jusqu'à l'échéance les billets qui lui étaient souscrits; il ne faisait, dans ces conditions, qu'acte de propriétaire prêtant ses fonds à intérêt.

256. — 96° *Expéditeurs* (*Marchands*). — Dans plusieurs branches de l'alimentation, la loi impose distinctement le marchand *expéditeur* qu'elle soumet à des droits spéciaux. C'est le cas pour le commerce des bestiaux, des fruits et légumes, du lait, des œufs, des viandes, des volailles. Il ne suffit pas toutefois de faire des envois au dehors pour rentrer dans cette catégorie. Ainsi que le ministre des finances l'a rappelé dans l'affaire Champagne, visée ci-après, le terme d'*expéditeur* a un sens particulier dans la législation des patentes. C'est le commerçant qui, habitant les lieux de production, expédie dans les centres de consommation des denrées destinées à être vendues, au cours du jour et pour son compte, par des intermédiaires, courtiers ou facteurs. Ses marchandises ne sont donc pas vendues à l'avance, et ce n'est pas lui qui en effectue la vente. Aussi, a-t-il été décidé, sur recours du ministre, que les sieurs Champagne frères, qui avaient à Paris de vastes magasins où ils centralisaient les primeurs achetées par leurs agents, soit en province, soit aux halles, et d'où ils expédiaient ces primeurs à des marchands de l'étranger, selon les ordres transmis par ces marchands, n'étaient pas des expéditeurs de fruits et légumes dans les termes du tarif, mais des marchands en gros de fruits et légumes frais (Cons. d'Et. 2 nov. 1888, D. P. 89. 3. 123). — Il avait déjà été jugé dans le même sens : qu'un marchand de veaux, qui expédiait ces animaux à Paris, où il venait les vendre lui-même, n'était pas un expéditeur de bestiaux (Cons. d'Et. 16 avr. 1870, aff. Blanchard, *Rec. Cons. d'Etat*, p. 479); et qu'une société qui recevait chaque jour de ses dépôts de la banlieue le lait nécessaire à ses ventes dans Paris, n'exerçait pas la profession de marchand de lait expéditeur, mais celle de marchand de lait en gros (Cons. d'Et. 25 avr. 1879, aff. Bachimont et comp., *Rec. Cons. d'Etat*, p. 322). — Rentrent, au contraire, dans la catégorie des expéditeurs : celui dont la profession consiste à expédier sur Paris, par chemin de fer, des raisins et des légumes dans la saison des primeurs; il doit en outre la patente pour l'année entière, bien que sa profession ne s'exerce que pendant quelques mois (Cons. d'Et. 4 avr. 1870, aff. Vidal, *Rec. Cons. d'Etat*, p. 435); celui qui, pendant l'hiver, fait des envois réguliers de viande de porc aux halles de Paris (Cons. d'Et. 25 janv. 1878, aff. Revallier, *Rec. Cons. d'Etat*, p. 89) ; celui qui achète sur les marchés de plusieurs communes des pigeons qu'il expédie régulièrement à ces mêmes halles (Cons. d'Et. 17 févr. 1888, aff. Buisson, *Rec. Cons. d'Etat*, p. 160).

Citons encore trois arrêts qui ont maintenu à la patente d'*expéditeur :* des marchands de pommes, qui les envoyaient à Paris pour être vendues sur bateau (Cons. d'Et. 16 avr. 1875, aff. Rousse, *Rec. Cons. d'Etat*, p. 326); un marchand de pommes de terre qui les expédiait par chemin de fer pour être vendues à des marchands (Cons. d'Et. 25 juin 1875, aff. Grivot, *Rec. Cons. d'Etat*, p. 623); un marchand de moutons qui les adressait à des intermédiaires chargés de les vendre pour son compte sur un marché (Cons. d'Et. 11 mars 1887, aff. Valentin, *Rec. Cons. d'Etat*, p. 219). — C'est ainsi également que celui dont le commerce consiste à expédier, sur diverses places, des fruits et des pommes de terre destinés à être vendus par des intermédiaires, est imposable à la patente d'expéditeur de fruits et légumes frais (Cons. d'Et. 7 juin 1889, aff. Doulet, D. P. 90. 5. 372).

On remarquera que ceux de ces expéditeurs qui sont rangés dans le tableau C ne sont soumis au droit proportionnel que pour leur habitation seulement. Le législateur a pensé que ces patentables, expédiant directement des lieux de production, n'avaient pas besoin de véritables magasins et que les locaux par eux occupés ne fournissaient aucun indice de l'importance de leurs opérations.

257. — 97° *Expert pour le partage et l'estimation des propriétés, arpenteur.* — En maintenant l'arpenteur dans la 7e classe, la loi du 2 août 1868 a élevé l'expert à la 6e classe. On ne saurait toutefois appliquer les droits de cette dernière classe à celui dont les opérations consistent dans des travaux de bornage et d'arpentage (Com. f. f. de Cons. d'Et. 12 août 1871, aff. Marillier, D. P. 72. 3. 60). — Il faut qu'en dehors de ces opérations purement matérielles, l'expert s'occupe de vérifications de titres, d'estimations de lots, de règlements de comptes, etc. (Com. f. f. de Cons. d'Et. 9 déc. 1871, aff. Réty, D. P. 72. 3. 60). — La 6e classe est applicable pareillement à celui qui, prenant publiquement le titre de géomètre expert, se livre, en dehors de l'arpentage proprement dit, aux opérations suivantes; ventilations de baux, estimations d'immeubles et consultations sur leur valeur, lotissements, expertises judiciaires, etc. (Cons. d'Et. 23 févr. 1877, *Rec. Cons. d'Etat.* p. 181).

258. L'expert en écritures, s'il exerce cette profession d'une manière habituelle, est aujourd'hui (L. 8 août 1890) classé parmi les patentables de la 4e classe.

259. — 98° *Experts visiteurs de navires.* — Sont imposables, comme tels, aux droits de la 7e classe, ceux qui sont chargés, par les tribunaux de commerce, de constater l'état des navires et d'indiquer les travaux dont ils ont besoin pour prendre la mer (Cons. d'Et. 26 déc. 1860, aff. Vion, *Rec. Cons. d'Etat*, p. 803). — Mais c'est la patente de tenant un bureau d'indications (5e cl.) qui est due par une société formée entre des armateurs et ayant pour objet de réunir et de communiquer au public des renseignements sur les navires de ces armateurs; et les mêmes droits ont été appliqués à la succursale, à Marseille, du bureau *Veritas* (V. *suprà*, n° 177). — Il a été jugé, d'autre part, que, bien que les experts visiteurs de navires d'un port de commerce versassent leurs honoraires dans une caisse commune, ils ne pouvaient néanmoins se prétendre *associés;* car chacun, désigné individuellement par le tribunal de commerce, procédait aux expertises en son nom et sous sa seule responsabilité : en conséquence, ces experts ont tous été maintenus à une patente entière (Cons. d'Ét. 6 mai 1884, aff. Got et autres, *Rec. Cons. d'Etat*, p. 392).

260. — 99° *Fabricants à façon, facteurs de fabrique.* — Le fabricant à façon ou façonnier est celui qui emploie dans son industrie des matières premières à lui remises par un tiers. A la différence du fabricant pour son compte, qui peut gagner à la fois sur les matériaux et sur la main-d'œuvre, celui qui travaille avec des matériaux qui lui sont fournis ne fait de bénéfice que sur la main-d'œuvre; et le législateur a tenu compte de ce fait dans la plupart des cas où il se produit (V. *suprà*, n° 78 et suiv.). Ajoutons, dans le même sens, que des fabricants de cartons pour bureaux, qui s'approvisionnent à l'avance de cartons qu'ils mettent en œuvre au fur et à mesure des commandes, ne sauraient prétendre qu'ils travaillent à façon, si minime que puisse être la valeur de ces fournitures (Cons. d'Et. 23 mars 1880, aff. Aubry et Boursin, *Rec. Cons. d'Etat*, p. 347). Pareillement, un individu qui achète, à ses risques et périls, les bois servant à fabriquer les meubles qu'il exécute sur commande, doit être imposé comme ébéniste-fabricant pour son compte sans magasin (6e classe), et non en qualité d'ébéniste à façon (7e classe) (Cons. d'Et. 26 mars 1886, aff. Roger, D. P. 87. 5. 326). C'est donc la nature des opérations qui doit servir de guide dans les cas de l'espèce.

261. Une question soulevée plus souvent est celle de la différence qui sépare le fabricant à façon du facteur de fabrique. Cette différence tient tout entière dans le mode de rétribution. Tandis que le fabricant à façon, après avoir traité à forfait avec l'industriel qui lui fournit les matières, débat lui-même avec ses ouvriers le salaire qu'il leur donnera et peut ainsi réaliser des bénéfices plus ou moins élevés, le facteur de fabrique paye aux ouvriers des prix fixés à l'avance par l'industriel qui l'emploie et ne touche pour lui-même qu'un droit de commission. Ainsi, on ne peut regarder comme n'étant qu'un facteur de fabrique : celui qui fait exécuter des travaux de broderie pour plusieurs maisons, à ses risques et périls et moyennant des prix fixés à forfait, et qui distribue ces travaux à des ouvrières à sa solde auxquelles il fournit les fils et soies nécessaires (Cons. d'Et. 17 févr. 1888, aff. Veuve Ulkowska, D. P. 89. 5. 349); celui qui a entrepris la fabrication de chaussures pour le compte d'une maison et avec les matières premières qu'elle lui fournit, qui exécute cette fabrication à ses risques et périls, à l'aide d'ouvriers dont il paye lui-même les salaires, et qui reçoit une somme fixe par paire de chaussures : il n'y a pas lieu de s'arrêter à la circonstance qu'il ne travaille que pour une seule maison (Cons. d'Et. 22 févr. 1889, aff. Paillard, D. P. 90. 3. 44). On ne doit voir, au contraire, qu'un facteur de fabrique : dans celui qui se charge de faire confectionner des objets de bonneterie pour le compte de fabricants desquels il reçoit une commission fixe par douzaine d'objets fabriqués (Cons. d'Et. 30 janv. 1867, aff. Maret, *Rec. Cons. d'Etat*, p. 115);... dans celui qui, ne touchant qu'un droit de commission, fait broder des tissus pour le compte de maisons de Paris moyennant des salaires fixés à l'avance (Cons. d'Et. 8 déc. 1888, aff. Deschasset, *Rec. Cons. d'Etat*, p. 951). N'est également qu'un facteur de fabrique celui qui se charge de confectionner des tissus avec les matières premières fournies par des fabricants, alors que ces derniers ne lui donnent qu'un droit de commission, fixent eux-mêmes les prix de façon et sont seuls responsables du payement des ouvriers (Cons. d'Et. 8 févr. 1878, aff. Richard, D. P. 78. 3. 68). — Il a été décidé qu'un individu qui, représentant dans sa région un fabricant à métiers, reçoit des particuliers et transmet au fabricant les laines à tisser, les réexpédie à ces particuliers et opère le recouvrement du prix de fabrication, n'est imposable ni comme courtier de produits agricoles, ni comme facteur de fabrique, ni comme commissionnaire porteur pour les fabricants de tissus : il exerce une profession spéciale à imposer par voie d'assimilation (Cons. d'Et. 24 juin 1887, aff. Sol, D. P. 88. 3. 102).

262. — 100° *Fabricants à métiers.* — Pour les questions que soulève l'assiette du droit fixe chez ces industriels, V. *suprà*, n° 102, et *infrà*, nos 342 et 343.

263. — 101° *Fabricant d'objets concernant l'équipement, l'habillement, le campement, etc., des troupes.* — L'adjudicataire de la fabrication des objets d'habillement des troupes d'un corps d'armée, qui travaille uniquement pour le compte de l'Etat et avec des matières par lui vendues, n'est pas fondé à soutenir qu'il doit être imposé, comme couturier à façon travaillant pour le commerce; il est passible des droits spéciaux prévus, dans le tarif, pour la fabrication à laquelle il se livre (Cons. d'Et. 26 avr. 1890, aff. Société des tanneries Simon Ulmo, D. P. 91. 5. 384).

264. — 102° *Fabricants travaillant pour le commerce.* — Pour toutes les questions relatives au droit fixe dû par ces fabricants, V. *suprà*, n° 73 et suiv.

265. — 103° *Fabrication dans les prisons* (*Entrepreneur de*). — Cette qualification est applicable non seulement à celui qui fait fabriquer pour le compte de tiers et avec des matières premières leur appartenant, mais aussi à celui qui fait fabriquer pour son propre compte (Cons. d'Et. 7 janv. 1859, aff. Cordier, *Rec. Cons. d'Etat*, p. 9); —... Au sous-traitant qui a conclu un marché avec l'entrepreneur général (Cons. d'Et. 12 juin 1860, aff. Michel, *Rec. Cons. d'Etat*, p. 437). — Le droit fixe doit être établi sur le nombre moyen de détenus occupés à la fabrication sans qu'il y ait lieu de distinguer entre les ouvriers et les apprentis (Cons. d'Et. 9 juill. 1886, aff. Bouet, *Rec. Cons. d'Etat*, p. 584). Il a été jugé aussi que le fournisseur général d'une prison qui a en même temps l'entreprise de la fabrication dans cette prison doit être considéré comme y exerçant deux professions distinctes et être soumis, pour chacune d'elles, au droit fixe à raison du nombre des détenus (Cons. d'Et. 16 avr. 1875 aff. Céalès, D. P. 75. 3. 108).

Décidé, de même, que celui qui a entrepris l'exécution des services économiques et industriels dans une prison est, en raison de cette entreprise, passible de la patente d'entrepreneur de la fabrication dans les prisons; et que la circonstance qu'il a usé de la faculté que lui accorde son cahier des charges, de sous-traiter avec des fabricants pour l'exploitation du travail des détenus, ne peut lui faire perdre la qualité résultant pour lui de son traité (Cons. d'Et. 8 nov. 1889, aff. Ferrary, D. P. 91. 5. 382). Est, en cette qualité, passible de patente celui qui, par un traité passé avec l'Etat, a entrepris de procurer du travail aux détenus d'une maison centrale; il demeure imposable alors même qu'il sous-traite avec des fabricants pour l'exploitation du travail de ces détenus.

266. — 104° *Facteur aux halles de Paris.* — Dans l'état actuel des règlements, toute personne occupant un poste de vente aux halles de Paris est tenue d'avoir un cautionnement et d'être inscrite au tribunal de commerce, sur la liste dressée à cet effet. Comme certains facteurs avaient fait, en observant ces conditions, agréer les employés à leur solde, la question s'est posée de savoir si ces employés pouvaient être personnellement assujettis à la patente : elle a été résolue par l'affirmative. Le conseil d'Etat a jugé, contrairement à l'avis du ministre des finances, que ces commis ne pouvaient se prévaloir des conventions existant entre eux et des tiers, dès l'instant qu'ils avaient satisfait aux formalités requises pour exercer comme facteurs (3 mars et 28 avr. 1882, aff. Bessin et autres, D. P. 83. 3. 70). Le ministre n'avait, d'ailleurs, conclu à la décharge que sous réserve de l'imposition des facteurs à raison des postes ainsi tenus par leurs employés.

267. — 105° *Facteurs de denrées et marchandises.* — Pour tout ce qui concerne les facteurs de denrées, courtiers de marchandises et représentants de commerce, V. *suprà*, nos 217 et suiv.

268. — 106° *Facteurs de fabrique.* — V. *suprà*, n° 260, *Fabricants à façon.*

269. — 107° *Fer en barre ou fonte de fer* (*Marchand de*). — La loi impose à la 1re classe, comme marchand en gros, celui qui vend principalement par quantités d'au moins 500 kilogr., et à la 4e classe, comme marchand en détail, celui qui vend habituellement par quantités inférieures à 500 kilos. Mais, selon le principe général dont on a déjà signalé plusieurs applications (V. *suprà*, nos 52 et suiv.), ces derniers droits ne sont pas applicables si les ventes de la première catégorie excèdent, comme chiffres d'affaires, l'importance des ventes de la seconde. C'est ainsi qu'a été maintenu à la 1re classe, un marchand de fer qui, pendant un trimestre, avait opéré 4424 ventes par quantités inférieures à 500 kilogr., et 662 ventes seulement par quantités supérieures à ce chiffre, mais dont les premières ventes n'avaient atteint qu'un chiffre d'affaires de 115 913 fr. tandis que les secondes s'étaient élevées à 285 463 fr. (Cons. d'Et. 16 mai 1884, aff. Manceau, D. P. 85. 3. 114).

270. — 108° *Ferronnerie, serrurerie, clous forgés, etc.* (*Fabrique de*). — V. *infrà*, n° 402, pour la fabrication des ponts, charpentes et autres pièces métalliques, et n° 453, pour celle des boulons et écrous.

271. — 109° *Fiacres* (*Entreprise de*). — V. *suprà*, n° 239.

272. — 110° *Filatures.* — La loi reconnaît aujourd'hui cinq catégories de filatures, auxquelles sont assignés des droits spéciaux : les filatures de chanvre, de lin, d'étoupes, de jute ou de ramie ; les filatures de coton ; les filatures de déchets ou de bourre de soie ; les filatures de laine cardée, et les filatures de laine peignée. Pour chacune de ces catégories, le droit fixe est établi par broche, et, pour les quatre premières, la quotité de la taxe a été calculée de manière à tenir compte de la présence de carderies ou peigneries dans les filatures. Par conséquent, il n'y a pas lieu d'assujettir à un droit fixe spécial les carderies ou peigneries existant dans les filatures de ces quatre catégories ; mais, dans ces filatures, le droit fixe doit être réduit de moitié lorsqu'elles ne renferment ni carderie ni peignerie. Au contraire, dans les filatures de laine peignée, la taxe par broche, prévue isolément, doit être cumulée avec le droit fixe spécial afférent aux cordonneries ou aux peigneries, si ces usines en possèdent (Instr. min. 6 avr. 1881, p. 45).

273. Il est à remarquer, en outre, que les broches des bancs à broches qui, par suite de l'application littérale de la législation précédente, avaient été assujetties au droit fixe (D. P. 62. 3. 37), en ont été explicitement affranchies par la loi du 15 juill. 1880, qui en a également exempté, dans les filatures de laine cardée, les broches des métiers en gros susceptibles d'être assimilés aux bancs à broches. Ces éléments de production ne remplissant dans la fabrication qu'un rôle secondaire, il a paru juste de les exempter de la taxe. Pour le même motif, les broches de retordage existant dans les filatures doivent être imposées comme telles et non comme broches de filatures (Instr. précitée, p. 46).

Pour les fileries de cocons, V. *suprà*, n° 212.

274. — 111° *Fleurs artificielles.* — Le fabricant de fleurs artificielles qui se borne à monter les fleurs provenant de sa fabrication ne doit pas être considéré comme un monteur ou marchand en gros : il n'est imposable que comme fabricant (Cons. d'Et. 22 juin 1888, aff. Raboteau, *Rec. Cons. d'Etat*, p. 552). — Jugé, de même, que celui dont la profession consiste à fabriquer des roses artificielles qu'il vend en gros, et qui n'achète qu'accidentellement d'autres fleurs pour les joindre à ces roses, continue de n'être qu'un fabricant, et non un marchand en gros (Cons. d'Et. 19 févr. 1892, aff. Taurel, *Rec. Cons. d'Etat*, p. 172).

275. — 112° *Force motrice* (*Loueur de*). — L'imposition de cette patente est subordonnée au point de savoir si le bailleur se borne, ou non, à faire acte de *propriétaire* louant simplement sa chose ou s'il fait en même temps acte de commerce. Ainsi la patente est due par celui qui ne se contente pas de louer à divers industriels les bâtiments et les moteurs qui lui appartiennent et dont il n'emploie aucune partie pour son propre compte, mais qui s'engage, par les baux passés avec ces industriels, à leur fournir journellement une force motrice déterminée, et prend à sa charge la fourniture du combustible, l'entretien des moteurs et le salaire des agents employés pour la production et la distribution de la force motrice (Cons. d'Et. 23 mars 1870, aff. Demoiselle Bacat, D. P. 71. 3. 48); — Et par celui qui, n'employant pas pour son compte les bâtiments et les moteurs qui lui appartiennent, les loue à des industriels, s'engage à fournir à ceux-ci la force motrice nécessaire et prend à sa charge l'entretien des moteurs et des transmissions (Cons. d'Et. 21 mai 1886, aff. Vuillard, D. P. 87. 5. 328). — Au contraire, n'est pas imposable celui qui loue à divers industriels les bâtiments et la force motrice qui lui appartienent, par des baux embrassant pour la plupart une période de plusieurs années en imposant aux preneurs l'interdiction de sous-louer et l'obligation de prendre à leur charge toutes les réparations ; ces locations, consenties à titre de simple propriétaire, ne constituent pas l'exercice de l'industrie prévue par la loi (Cons. d'Et. 6 déc. 1860 et 17 janv. 1861, aff. Doyon et autres, D. P. 61. 3. 5 et 61. 5. 347). — Même décision à l'égard de l'industriel qui, employant dans son usine la majeure partie de la force motrice dont il dispose, se borne à en louer l'excédent à d'autres industriels : cette location n'est pas, en effet, constitutive d'une véritable profession (Cons. d'Et. 2 sept. 1863, aff. Chémery, D. P. 65. 3. 21).

276. — 113° *Foulonnier.* — La disposition du tarif portant que le foulonnier est passible d'un droit fixe de « 10 fr. par machine à fouler ou à laver » doit être entendue dans ce sens que toutes les machines, soit à fouler, soit à laver, existant dans l'usine doivent être imposées, et non pas seulement les unes à l'exclusion des autres. Un foulonnier ne saurait donc se prévaloir de ce que ses machines à laver ne sont que le complément nécessaire des machines à fouler, quand d'ailleurs elles constituent des appareils distincts (Cons. d'Et. 13 déc. 1890, aff. Dumons, *Rec. Cons. d'Etat*, p. 963 ; 2 mai 1891, aff. Sarda, *Rec. Cons. d'Etat*, p. 346).

277. — 114° *Fournisseurs.* — Nous ne pouvons que renvoyer aux détails du tarif, pour ce qui concerne les différentes espèces de fournitures faites aux troupes, aux prisons, aux hospices, etc. Mais une observation commune trouve ici sa place : c'est qu'on ne doit ranger dans la catégorie des *fournisseurs*, au sens de la loi, que ceux qui contractent, avec des administrations, des marchés passés dans des conditions de durée, d'importance et d'aléa qui en font de véritables entreprises (Cons. d'Et. 30 juin 1876, aff. Rossi, et 21 juill. 1876, aff. Juvenet, *Rec. Cons. d'Etat*, p. 618 et 707). Il s'agissait notamment, dans la seconde espèce, d'un contribuable habitant Lyon, qui avait des entreprises de fourniture de fourrages dans divers départements, où il était représenté par des agents spéciaux. Mais celui qui se borne à vendre et à livrer les objets de son commerce ne cesse pas d'être un marchand, pour devenir un fournisseur. Ainsi il a été jugé : que le marchand en gros de sucres, cafés, savons, etc., qui se borne à livrer ces articles à un hôpital militaire, n'est pas un fournisseur dans les hôpitaux (Cons. d'Et. 19 déc. 1861, aff. Luo, *Rec. Cons. d'Etat*, p. 908) ; que la patente de marchand de fourrages est seule due par celui qui s'est contenté de soumissionner diverses adjudications mensuelles, sans passer de véritables marchés avec l'Administration militaire (Cons. d'Et. 6 août 1870, aff. Tonnelier, *Rec. Cons. d'Etat*, p. 1027) ; qu'on ne doit voir pareillement qu'un marchand de grains en gros dans celui qui, à la suite d'adjudications partielles, a été déclaré adjudicataire, sur prix par lui proposés, de la fourniture de quantités déterminées d'avoine et de blé rouge pour le service d'une seule garnison (Cons. d'Et. 15 mars 1878, aff. Roy, D. P. 78. 3. 68) ; qu'enfin, un meunier qui, dans le courant de l'année, s'est rendu adjudicataire d'une fourniture de farines pour la marine, mais qui n'a passé aucun marché, n'a fait qu'un acte de sa profession et ne peut être imposé comme fournisseur de vivres aux troupes (Cons. d'Et. 1er déc. 1882, aff. Gervé, D. P. 84. 5. 372). Nous retrouverons, d'ailleurs, la même jurisprudence en matière de travaux publics (V. *infrà*, n° 426 et suiv.). — Signalons aussi des arrêts portant : que la patente de fournisseur général dans les prisons est due par l'adjudicataire de l'entreprise générale de ce service, bien qu'il ne fournisse pas la totalité des objets nécessaires aux détenus, le surplus de ces objets étant resté à la charge de l'Etat (Cons. d'Et. 22 juin 1858, aff. Lebreton, *Rec. Cons. d'Etat*, p. 435) ; que l'adjudicataire de fourniture de fourrages aux troupes est imposable même pour la période pendant laquelle il s'est borné à distribuer, moyennant commission, l'approvisionnement laissé en magasin par le précédent adjudicataire (Cons. d'Et. 21 avr. 1864, aff. Lucq, *Rec. Cons. d'Etat*, p. 368) ; qu'enfin la circonstance que l'administration de la Guerre s'est réservé le droit de fournir les farines nécessaires à l'approvisionnement de places faisant partie de l'entreprise d'un fournisseur de pain n'entraîne pas pour ce fournisseur le droit de n'être imposé qu'à une patente moins élevée pour ces places, où il se bornerait à fabriquer le pain sans gagner sur la matière première (Cons. d'Et. 11 févr. 1887, aff. Reboul, D. P. 88. 3. 60; 2 avr. 1892, aff. Mourot, *Rec. Cons. d'Et.*, p. 349).

278. — En ce qui concerne le lieu d'imposition du droit fixe afférent aux fournitures, V. *suprà*, n° 97; le fournisseur général d'une prison qui a en même temps l'entreprise de la fabrication dans cette prison, *suprà*, n° 99.

279. — 115° *Fournitures de bureau* (*Marchand de menues*). — Il avait déjà été jugé que l'instituteur qui se borne à procurer à ses élèves, dans l'intérieur de son école, les fournitures de papeterie dont ils ont besoin, ne doit pas être imposé comme papetier en détail (Cons. d'Et. 3 mars et 20 juill. 1864, aff. Fautrier, D. P. 65. 3. 33). Un arrêt plus récent a admis, dans le même sens, qu'il n'y avait pas lieu d'assujettir à la patente, comme marchand de menues fournitures de bureau, un concierge de lycée qui se contentait de vendre, dans cet établissement et sous le contrôle de l'administration, des fournitures de papeterie et quelques objets accessoires ; il n'y avait pas là, en effet, un véritable commerce (Cons. d'Et. 15 nov. 1890, aff. Labadens, D. P. 92. 5. 464).

280. — 116° *Fourrages*. — V. *suprà*, n° 97, et *infrà*, n° 592 et suiv., pour la vente des fourrages par les cultivateurs. — V. aussi *suprà*, n° 277, pour la fourniture de fourrages aux troupes.

281. — 117° *Fromages de Roquefort et autres* (*Fabrique de*). — La fabrication des fromages de Roquefort, prévue dans le tarif depuis 1850 (*Rép.* n° 91), consiste à disposer, dans des caves présentant des conditions spéciales d'aération, des fromages frais qui sont ensuite arrosés, piqués, égouttés et brossés. Une société de production de ces fromages, établie par actions, ne saurait d'ailleurs se prévaloir de l'exemption de patente accordée aux cultivateurs, lorsqu'elle ne se borne pas à traiter les fromages frais qui lui sont remis par ses actionnaires, mais qu'elle en reçoit aussi d'autres producteurs du pays (Cons. d'Et. 14 mai 1886, aff. Société des producteurs de fromages de Roquefort, D. P. 87. 3. 91).

282. — 118° *Fruits et légumes* (*Marchand de*). — Pour la distinction des marchands proprement dits et des marchands expéditeurs, V. *suprà*, n° 256.

283. — 119° *Galettes, gaufres, brioches et gâteaux* (*Marchand de*). — Pour la fabrication et la vente de la même pâtisserie, V. *infrà*, n° 366.

284. — 120° *Gants* (*Fabrique de*). — Pour l'assiette du droit fixe dans les fabriques de l'espèce, V. *suprà*, n° 80 et suiv.

285. — 121° *Gargotier*. — Celui qui nourrit des pensionnaires au mois, vend du vin et des liqueurs, et tient plusieurs lits à la disposition des voyageurs, n'est pas fondé à demander que sa patente soit réduite à celle de gargotier (V. *infrà*, n° 392).

286. — 122° *Gaz* (*Fabrique de*). — Précédemment taxées d'après la population des villes desservies, les fabriques de gaz le sont maintenant à raison de 20 cent. par mètre cube de la capacité brute des gazomètres. Selon la règle générale ci-dessus énoncée (n° 65), ce droit fixe est applicable à tous les gazomètres en état de fonctionner ; et la circonstance que, dans une ville d'eaux, certains des gazomètres ne sont utilisés que pendant la saison, ne constitue pas un motif de réduction du droit fixe (Cons. d'Et. 2 juill. 1886, aff. Compagnie du Bourbonnais, *Rec. Cons. d'Etat*, p. 546).

287. Pour les villes exploitant elles-mêmes leur usine à gaz, V. *infrà*, n° 540. V. aussi, en ce qui concerne le traitement des eaux résiduaires, *infrà*, n° 385.

288. — 123° *Glacier-limonadier*. — En élevant à la 3ᵉ classe le droit fixe du cafetier qui vend des glaces, la loi a voulu le différencier du cafetier à qui sa clientèle, moins riche, ne demande pas ce genre de consommations. Mais le débit des glaces demeure forcément peu élevé : on n'a pas dès lors à le comparer au surplus des ventes et la 3ᵉ classe est due dès l'instant qu'un cafetier en débite d'une manière habituelle (Cons. d'Et. 5 mai 1882, aff. Brémond, *Rec. Cons. d'Etat*, p. 437). Doit aussi être soumis à ces droits le cafetier qui vend habituellement des glaces dont la vente est annoncée par son enseigne, bien qu'il ne les fabrique pas lui-même et les prenne, au fur et à mesure des demandes, dans un établissement voisin (Cons. d'Et. 8 févr. 1878, aff. Bouvet, *Rec. Cons. d'Etat*, p. 141).

289. — 124° *Glacières* (*Maître de*). — Le droit fixe applicable à cette profession avait été porté en 1880 à 20 cent. par mètre cube de la capacité brute des glacières : il a été, depuis, réduit à 5 cent. — C'est d'ailleurs la capacité totale qui doit être imposée, encore qu'une glacière n'ait été utilisée qu'en partie; et il n'y a lieu, ni de faire de différence entre la glace naturelle et la glace artificielle, ni de s'arrêter à la circonstance que tout l'approvisionnement d'une glacière a été vendu en une seule fois (Cons. d'Et. 3 nov. 1882, aff. Saisse et aff. Théroud, *Rec. Cons. d'Etat*, p. 839). Un maître de glacières ne saurait non plus se prévaloir de ce qu'il ne vend que la glace recueillie sur ses étangs, pour prétendre à l'exemption accordée aux cultivateurs, lorsqu'il possède des bâtiments spéciaux où la glace est emmagasinée, pour être vendue ensuite (Cons. d'Et. 30 déc. 1887, aff. De Maleyssie, D. P. 89. 3. 12.). Suivant la remarque alors faite par le ministre des finances, la glace est moins une récolte qu'une partie du fonds, encore qu'elle se renouvelle : on peut donc assimiler le maître de glacières à celui qui exploite sur son fonds des carrières de pierres, de marne, de tourbe, etc., et, mieux encore, à celui qui exploite une source d'eaux minérales, lesquelles exploitations donnent toutes ouverture au droit de patente (V. *suprà*, n° 188 et 248).

Il a été jugé également que le maître de glacières demeure imposable, même l'année où l'absence de froid ne lui a pas permis de remplir ses glacières : s'il les a conservées prêtes à être employées, il ne peut être considéré comme ayant cessé d'exercer son industrie (Cons. d'Et. 2 juill. 1886, aff. Société des glacières de Paris, *Rec. Cons. d'Etat*, p. 546).

290. — 125° *Grains et graines* (*Marchand de*). — Le droit fixe applicable aux marchands en gros et en demi-gros de grains et graines a pour base les quantités vendues (V. le tarif). Cette taxation comporte, par suite, une observation analogue à celle que nous avons faite pour les marchands de fer (*suprà*, n° 269). — V. *suprà*, n° 158, pour la profession de blatier et, n° 277, pour la fourniture de grains aux administrations.

291. — 126° *Graine de vers à soie* (*Marchand de*). — L'exemption accordée aux cultivateurs avait été étendue à un individu qui, n'achetant pas de graine pour la revendre, se bornait à livrer à des marchands une partie de la graine provenant de cocons élevés par des éducateurs à l'aide de semence par lui fournie (Cons. d'Et. 30 avr. 1875, aff. De Gembert, *Rec. Cons. d'Etat*, p. 388). Mais il a été jugé depuis que la patente est due par celui dont l'industrie consiste à acheter aux éducateurs des cocons qui lui servent à obtenir la graine qu'il vend à sa clientèle, bien qu'il fournisse gratuitement à ces éducateurs la semence nécessaire (Cons. d'Et. 28 nov. 1884, aff. Barou, D. P. 86. 3. 60). — Il a été jugé aussi : qu'un marchand de graine de vers à soie ne doit être considéré que comme vendant en détail, bien qu'il l'expédie par quantités importantes, lorsque ces expéditions sont adressées à des intermédiaires qui placent la graine, pour son compte, chez les éleveurs, par petites quantités (Cons. d'Et. 11 mars 1887, aff. Chance, D. P. 88. 3. 70); et qu'une société en participation, formée pour la vente en gros à l'étranger de graine de vers à soie et imposée comme telle à la 1ʳᵉ classe, aurait dû être soumise à la patente de tenant maison d'achats (Cons. d'Et. 7 déc. 1888, aff. Laval, *Rec. Cons. d'Etat*, p. 933). — Pour les maisons d'achats, V. *infrà*, n° 326.

V. aussi, pour le courtage des graines et des cocons, *suprà*, n° 217.

292. — 127° *Halles et marchés* (*Adjudicataire des droits de place sur les*). — Comme il a été dit au *Rép.* n° 92, cette profession est imposée, depuis 1850, sur la base du prix d'adjudication. Le tarif actuel porte en outre que, « dans le cas où la perception des droits serait concédée à titre d'indemnité ou de remboursement, le concessionnaire serait annuellement imposé sur la somme représentant l'annuité nécessaire pour assurer, à la fin de la concession, l'indemnité ou le remboursement stipulé ». C'est d'ailleurs ce qui avait été jugé à l'époque où le tarif ne contenait pas cette disposition

(Cons. d'Et. 20 mars 1861, aff. Mesure, D. P. 61. 5. 345).

Pour le lieu d'imposition des adjudicataires, V. *suprà*, n° 81 et suiv.

293. — 128° *Halles et marchés* (*Professions exercées dans les*). — V. *infrà*, n° 644 et suiv.

294. — 129° *Herboriste-droguiste*. — Lorsqu'un herboriste vend, indépendamment des plantes médicinales, de l'alun, de l'ammoniaque, des sirops, des pommades et, en général, toutes les drogues non préparées dont le débit lui est permis, il doit être imposé à la 6e classe, comme herboriste-droguiste, et non pas seulement à la 7e classe comme herboriste ne vendant que des plantes médicinales (Cons. d'Et. 22 déc. 1876, aff. Billotte, D. P. 77. 5. 324).

295. — 130° *Horloger*. — L'horloger appartient à la 3e classe. Quant à l'horloger rhabilleur marchand (6e classe), c'est celui qui vend les objets d'horlogerie qu'il a rhabillés ou, au moins, qui n'a qu'un faible approvisionnement d'autres articles et qui fait surtout les réparations. Aussi, les droits de la 3e classe sont-ils dus : par celui qui, s'il se charge des réparations, possède en outre un assortiment varié d'objets d'horlogerie et de bijouterie (Cons. d'Et. 1878, aff. Augé, *Rec. Cons. d'Etat*, p. 1088); — Par l'horloger qui, tout en faisant des travaux de rhabillage, a un magasin où il vend habituellement des pendules et des montres neuves (Cons. d'Et. 2 mai 1879, aff. Gay, *Rec. Cons. d'Etat*, p. 334).

Il a été jugé aussi qu'un commerçant qui vend aux horlogers et aux particuliers des montres neuves est imposable comme marchand de montres en demi-gros (2e classe); pour revendiquer l'appellation d'horloger (3e classe), il n'est pas fondé à se prévaloir des travaux de repassage et de réglage auxquels il soumet ces montres (Cons. d'Et. 17 déc. 1886, aff. Lejeune, *Rec. Cons. d'Etat*, p. 897).

296. — 131° *Hôtel, hôtel garni*. — Pour les différences qui séparent le maître d'hôtel, le maître d'hôtel garni, l'aubergiste, le logeur et le loueur en garni, V. *suprà*, n° 141 et suiv. V. aussi *infrà*, n° 357, pour les omnibus attachés aux hôtels.

297. Il a été jugé, à l'égard de la société de l'Hôtel continental de Paris, que, dans les conditions où elle exploitait cet établissement, les salles de fêtes, la salle de café et les bains devaient être considérés comme à l'usage commun des voyageurs, et que la société n'était pas fondée à soutenir qu'elle avait là des établissements distincts, imposables séparément (Cons. d'Et. 5 févr. 1886, D. P. 87. 5. 325).

298. — 132° *Huiles* (*Marchand d'*). — Nous avons vu *suprà*, n° 53, que le marchand d'huiles qui vend par tonnes aux industriels doit être réputé marchand en gros; rappelons en outre que la clarification des huiles végétales n'est pas constitutive d'une véritable fabrication (V. aussi *suprà*, n° 63, pour le droit fixe applicable aux entrepôts de pétrole.

299. — 133° *Huîtres* (*Marchand d'*). — Depuis la loi de 1880, les droits applicables sont : ceux du tableau C, pour celui qui vend à des expéditeurs ou à des marchands, fait des envois sur commande ou expédie pour son compte; ceux du tableau A (5e classe), pour celui qui vend sur place, et par bourriche ou par panier, aux détaillants et aux restaurateurs; ceux de la 7e classe, pour le marchand en détail. On doit ranger, par suite, dans la première catégorie, celui qui expédie des huîtres par chemin de fer, en quantités importantes, pour être vendues, à son compte, aux détaillants et aux consommateurs (Cons. d'Et. 12 juill. 1878, aff. Griffon, D. P. 79. 3. 9-10); et il avait déjà été jugé dans ce sens pour un marchand de la Tremblade, qui faisait à sa femme, établie à Carcassonne, des expéditions importantes d'huîtres destinées à être vendues à des marchands (Cons. d'Et. 25 avr. 1860, aff. Heurtin, *Rec. Cons. d'Etat*, p. 350). Mais les droits du tableau A sont seuls dus par celui : qui vend sur place les huîtres provenant de ses parcs à des marchands ou restaurateurs ou aux entrepreneurs de transports désignés par eux;... qui se borne à aller vendre dans une ville voisine des huîtres qu'il transporte sur sa charrette et qu'il débite sur la voie publique ; qui envoie ses huîtres dans une ville où elle sont vendues en détail par sa femme, laquelle n'y a pas d'établissement (Cons. d'Et. 12 juill. 1878, aff. Arcouet, Faure et autres, D. P. 79. 3. 9-10).

300. L'exemption de patente acquise aux producteurs (V. *infrà*, n° 592 et suiv.) doit être refusée à ceux qui achètent des huîtres d'*élevage*, pour les revendre après les avoir nourries dans leurs parcs : ces éleveurs ne sauraient se prétendre ni cultivateurs, ni simples pêcheurs (Cons. d'Et. 12 juill. 1878, aff. Griffon, D. P. 79. 3. 10 ; 19 juin 1885, aff. Barrès, D. P. 86. 5. 320). Au contraire, celui qui se borne à vendre les huîtres qui se reproduisent naturellement dans une écluse lui appartenant (Cons. d'Et. 5 août 1854, aff. Charpenteau, *Rec. Cons. d'Etat*, p. 756) et celui qui ne fait que recueillir de jeunes huîtres sur des bancs artificiels qu'il a établis et qui les vend après les avoir nourries dans ses parcs, ont droit à l'exemption de la patente comme producteurs (Cons. d'Et. 12 juill. 1878, aff. Bossis, D. P. 79. 3. 9).

301. Pour les associés des marchands expéditeurs d'huîtres, V. *infrà*, nos 479 et suiv.

302. — 134° *Imprimeur*. — L'exemption de patente accordée par la loi aux éditeurs de feuilles périodiques (V. *infrà*, n° 305) ne s'étend pas à l'impression de ces feuilles; de sorte que l'imprimeur d'un journal ne saurait se prévaloir de ce qu'il se borne à imprimer ce journal, sans faire d'autres travaux, pour échapper à l'imposition de la patente (Cons. d'Et. 29 juill. 1857, aff. Challier, *Rec. Cons. d'Etat*, p. 598; 6 juill. 1888, aff. Gilbert-Martin, D. P. 89. 5. 348). L'impression d'un journal est, en effet, un travail purement industriel, susceptible d'être confié à des tiers qui deviendraient aussitôt passibles de patente, tandis que c'est uniquement le travail intellectuel représenté par l'élaboration des journaux que le législateur a entendu favoriser. Ajoutons que, dans la seconde affaire, le journal n'imprimait même pas ses bandes, qui étaient faites au dehors.

303. Quant aux presses *mécaniques* visées dans le tarif et dont l'emploi entraîne réduction du taux du droit proportionnel, ce sont les presses mues par un moteur quelconque, à l'exclusion de celles mues à bras d'homme (Cons. d'Et. 5 nov. 1875, aff. Rooy, *Rec. Cons. d'Etat*, p. 866).

304. — 135° *Imprimeur d'étoffes*. — Pour le caractère industriel de ses opérations, V. *suprà*, n° 79.

305. — 136° *Journaux*. — Comme il vient d'être dit (n° 302), l'exemption applicable aux éditeurs de feuilles périodiques ne peut être étendue à l'impression de ces feuilles. Elle doit être refusée aux éditeurs de journaux spéciaux d'annonces et aux éditeurs d'almanachs et d'annuaires, publications qui donnent ouverture aux droits de la 5e classe (V. le tarif).

306. La vente des journaux n'est pas prévue dans le tarif et, d'ailleurs, elle accompagne le plus souvent d'autres opérations (vente de librairie, de mercerie, etc., qui sont elles-mêmes sujettes à patente. Aucun arrêt n'a été rendu encore sur la question de principe. Cependant le titulaire d'un kiosque à journaux a été maintenu à la patente, comme agent de librairie en étalage (7e cl.) ; mais il est à remarquer qu'à la vente des journaux quotidiens, il joignait celle de brochures, romans et livraisons périodiques (Cons. d'Et. 21 nov. 1891, aff. Varnier, *Rec. Cons. d'Etat*, p. 698).

307. — 137° *Lait* (*Marchand de*). — Le *Rép.* (n° 95) a indiqué la différence qui sépare le nourrisseur (6e cl.) du laitier (7e cl.) : ce dernier est celui qui se borne à revendre en détail du lait acheté aux marchands en gros (V. pour le nourrisseur, *infrà*, n° 354). Nous avons vu aussi, *suprà*, n° 256) que ceux qui entretiennent près les villes, des dépôts, d'où ils s'expédient à eux-mêmes chaque jour le lait qu'ils vendent dans ces villes, ne sont pas des marchands de lait expéditeurs (1re cl.), mais des marchands de lait en gros (4e cl.), et n'ont pas dans leurs dépôts de véritables établissements, passibles du droit fixe. Ils ne sont pas non plus imposables comme marchands de beurre en gros, s'ils se bornent à convertir en beurre le lait qu'ils n'ont pu livrer directement à la consommation (Cons. d'Et, 25 avr. 1879, aff. Bachimont, *Rec. Cons. d'Et.*, p. 322). Il y a lieu, au contraire, de considérer comme formant établissement : une *porcherie*, installée dans des locaux séparés et dirigée par un préposé spécial chargé de l'achat et de la vente des porcs, dans laquelle un marchand de lait en gros élève des porcs qu'il ne nourrit qu'en partie au moyen des résidus de son commerce de lait ; un *dépôt de lait*, également géré par un agent spécial, où le même marchand se livre à la fabrication et à la vente en gros de *fromages* (Cons. d'Et. 11 et 18 mars 1887, aff. Laiterie des fermiers réunis, *Rec. Cons. d'Etat*, p. 219 et 241; 28 juin 1889, même affaire, D. P. 91. 5. 379). — Rappelons encore que le tarif n'admet pas le demi-gros pour la vente du lait.

308. — 138° *Layettes d'enfant (Fabricant de).* — V. *infrà*, n° 310).

309. — 139° *Libraire.* — La distinction faite en 1844, entre le libraire-éditeur et le libraire non-éditeur (*Rép.* n° 96), a été maintenue dans le tarif. Le premier peut en outre maintenant, comme nous l'avons vu (n° 68), être soumis aux droits du tableau C, d'après le nombre de ses ouvriers.

Pour la vente des fournitures de bureau dans les écoles, V. *suprà*, n° 279.

310. — 140° *Lingerie (Marchand de).* — Celui qui fabrique et vend en gros de la lingerie pour layettes d'enfants n'est pas un marchand de layettes (7e cl.), dans le sens du tarif, mais un fabricant de lingerie, comme celui qui fabrique pour les personnes adultes. De même, et selon la règle posée au *Rép.* (n° 97), on ne peut voir de simples *lingers* (6e cl.) : ni dans ceux qui fabriquent de la lingerie pour la vendre à des marchands, encore qu'il s'agisse d'un seul article, la chemise d'homme (Cons. d'Et. 21 nov. 1879, aff. Désanglais et Chappas, *Rec. Cons. d'Etat*, p. 733; 18 juin 1880, aff. Sueur et Vissa, *Rec. Cons. d'Etat*, p. 576); ni dans ceux qui vendent aux particuliers soit immédiatement soit sur commande, des assortiments de lingerie, tels que trousseaux, layettes, services de table, car le linger, passible de la 6e classe, est celui qui se borne à vendre en détail, c'est-à-dire par mètre ou par unité, du blanc, des bonnets, des cols, des camisoles, etc. (Cons. d'Et. 29 juin 1877, aff. Roze, *Rec. Cons. d'Etat*, p. 641; 28 avr. 1882, aff. Blanc, *Rec. Cons. d'Etat*, p. 404). — Dans le premier cas, les droits exigibles sont ceux de la 2e classe (linger, fabricant ou marchand vendant en gros); dans le second, la patente due est celle de linger fournisseur (Même classe). — Quant aux grandes maisons de blanc, elles restent dans la catégorie des magasins de plusieurs espèces de marchandises (V. *infrà*, n° 320).

311. — En ce qui concerne les ouvroirs de lingerie, V. *infrà*, n° 543 et suiv.

312. — 141° *Liqueurs.* — Pour la fabrication et la vente des liqueurs, V. *suprà*, nos 114, 178 et 246.

313. — 142° *Literie (Objets de).* — Pour les objets, articles et fournitures de literie, V. *infrà*, n° 419.

314. — 143° *Locations d'immeubles (Entrepreneur de).* — Aux termes du tarif, c'est « celui dont la profession consiste à louer, par spéculation, des maisons exclusivement en vue de les sous-louer ». Il n'est pas toutefois nécessaire que cette spéculation s'étende à plusieurs immeubles, pour entraîner le droit de patente. Ainsi, ont été déclarés imposables : deux associés qui, locataires pour dix-huit ans d'un immeuble composé de quatre corps de bâtiment et renfermant 47 appartements, en tiraient, en le sous-louant, un revenu bien supérieur au prix de leur bail (Cons. d'Et. 7 nov. 1879, aff. Péjoux et Bellot, *Rec. Cons. d'Etat*, p. 673); un individu qui avait pris à bail une maison entière et qui en sous-louait les appartements à vingt-huit locataires (Cons. d'Et. 18 juill. 1884, aff. Loth, D. P. 85. 5. 343). Il a été jugé également qu'une veuve qui ne s'est pas bornée à donner à loyer, jusqu'à l'expiration du bail, la maison dont son mari était locataire et non affectée à son habitation personnelle, mais qui a renouvelé le bail en son nom pour continuer les sous-locations, doit être imposée en qualité d'entrepreneur de locations d'immeubles (Cons. d'Et. 22 déc. 1882, aff. Veuve Labrousse, D. P. 84. 5. 366). Mais la patente ne serait pas due, s'il était reconnu que la location a eu lieu sans idée de spéculation. C'est ainsi que la sous-location d'une maison n'a pas été retenue contre un individu qui n'avait loué cette maison qu'en vue d'y installer son habitation et son industrie (Cons. d'Et. 8 janv. 1875, aff. Alaine, D. P. 75. 5. 324).

On retrouvera, d'ailleurs, la même jurisprudence pour les locations en garni (V. *infrà*, n° 610 et suiv.).

315. — 144° *Loueur en garni.* — Pour les questions relatives à cette profession, V. *suprà*, n° 193, et *infrà*, n° 610 et suiv.

316. — 145° *Machines (Constructeur de), mécanicien.* — Le tarif actuel impose distinctement, bien qu'à des droits égaux, le constructeur de machines à coudre, à piquer, à broder, à plisser, etc., et le constructeur de machines à vapeur, métiers mécaniques pour la filature et pour le tissage et autres grandes machines. Il a été jugé en particulier que la seconde dénomination est applicable à l'industriel qui construit des machines-outils (tours parallèles, machines à raboter, à percer, etc.), destinées à travailler le fer et devant être mues par la vapeur : il ne saurait d'ailleurs prétendre qu'il n'est qu'un entrepreneur de fonderie de fer (Cons. d'Et. 14 mars 1879, aff. Cuvillier, *Rec. Cons. d'Etat*, p. 215). — Les travaux de grosse serrurerie et la construction de piliers, charpentes et autres pièces métalliques à l'usage des usines ou des chemins de fer, rentrent dans la profession de serrurier-entrepreneur (V. *suprà*, n° 76, arrêt du 8 mai 1885, aff. Gabelle, D. P. 86. 5. 319); il en est de même de la construction des ponts, plaques tournantes, caissons, etc., destinés aux travaux publics (V. *infrà*, n° 426).

317. Le tarif mentionne, en outre, le mécanicien (tableau A, 4e classe) et le menuisier-mécanicien (5e classe). Le premier est celui qui construit de petites machines, notamment : des moules en fonte et des pièces de rechange pour les machines en réparation (Cons. d'Et. 8 avr. 1863, aff. Brunel, *Rec. Cons. d'Etat*, p. 312) ; des ventilateurs ou trieurs à grains d'une construction compliquée (Cons. d'Et. 19 mai 1868, aff. Baradeau, *Rec. Cons. d'Etat*, p. 554; 28 mars 1879, aff. Aldigé et Cassan, D. P. 79. 3. 52). Enfin, a été imposé comme menuisier-mécanicien un industriel qui fabriquait des mécaniques à dévider en bois, avec tiges en fer et supports en cuivre (Cons. d'Et. 25 avr. 1861, aff. Cote, *Rec. Cons. d'Etat*, p. 293).

318. — 146° *Maçons.* — La loi a rangé l'entrepreneur de maçonnerie dans le tableau A (4e classe), le maître maçon dans la 6e classe et le maçon à façon dans la 7e classe. Le premier est celui qui, faisant de véritables entreprises et construisant des bâtiments complets, exécute des travaux de maçonnerie à forfait ou sur série de prix, en se chargeant à la fois de la main-d'œuvre et de la fourniture des matériaux (Cons. d'Et. 5 janv. 1883, aff. Goilot, D. P. 85. 5. 344). Le second est celui qui fournit également les matériaux, mais qui ne fait que des travaux de moindre importance et n'occupe qu'un petit nombre d'ouvriers (Cons. d'Et. 19 avr. 1854, aff. Grondjan, D. P. 55. 5. 319). Ainsi un maçon qui a fait pour environ 5000 fr. de travaux dans l'année, dont la majeure partie de réparations, et a occupé deux ouvriers est imposable de la 6e classe (Cons. d'Et. 2 août 1878, aff. Durand, *Rec. Cons. d'Etat*, p. 783). — Quant au maçon à façon, il ne fournit que son travail. Ainsi jugé pour un maçon qui travaillait pour les particuliers avec son gendre qu'il payait et ne fournissait à ses clients aucuns matériaux (Cons. d'Et. 27 déc. 1890, aff. Beaubert, *Rec. Cons. d'Etat*, p. 1028).

319. Pour les maçons entreprenant des travaux publics, V. *infrà*, n° 426 et suiv.

320. — 147° *Magasins de plusieurs espèces de marchandises.* — Nous avons dit *suprà*, n° 56, quelles ont été les intentions du législateur, lorsqu'il a frappé d'une patente spéciale les magasins de plusieurs espèces de marchandises. Il a voulu atteindre ainsi les grands établissements divisés en comptoirs ou rayons dans lesquels de nombreux employés mettent en vente des marchandises très diverses, mais qui cependant, sauf dans quelques maisons exceptionnelles que tout le monde connaît, appartiennent ou se rattachent au même genre de commerce : tels sont les articles de blanc et de nouveautés, de mercerie et de modes, de tissus et de vêtements de toilette et de ménage, etc. Il ne pourrait donc suffire, pour entraîner cette patente, que deux ou plusieurs commerces fussent réunis dans les mêmes locaux ; car il y aurait là seulement exercice simultané de plusieurs professions, et ce serait l'art. 7 de la loi du 15 juill. 1880 (V. *suprà*, n° 56) qui devrait être appliqué. Il faut encore qu'on se trouve en présence d'un *magasin* unique, organisé dans les conditions qui viennent d'être indiquées.

321. Pour compléter ces indications, nous citerons les arrêts rendus sur la matière. — Sont imposables comme tenant un magasin de plusieurs espèces de marchandises, quand d'ailleurs ils occupent le nombre minimum d'employés fixé par le tarif : celui qui met en vente, dans un établissement qualifié de *galeries* et divisé en plusieurs comptoirs, des bronzes, de l'orfèvrerie, des ustensiles de ménage, de la coutellerie, de la papeterie et de la parfumerie (Cons. d'Et. 30 avr. 1862, aff. Verry, *Rec. Cons. d'Etat*, p. 358); celui qui vend des toiles, flanelles, rideaux, dentelles, de la lingerie, des couvertures, de la bonneterie (Cons. d'Et. 4 août 1862, aff. Noël, *Rec. Cons. d'Etat*, p. 637; 8 juin 1877, aff. Vaucheret, *Rec. Cons. d'Etat*. p. 559); celui qui tient, dans de vastes magasins, des tissus de tous genres, de la lingerie, des tapis, de la bonneterie, de la passementerie (Cons. d'Et. 16 avr. 1863, aff. Beaudouin, *Rec. Cons. d'Etat*, p. 365); celui qui occupe 20 employés et 4 caissières à la vente de confections, parfumerie, ganterie, brosserie et bijouterie en faux (Cons. d'Et. 3 juill. 1866, aff. Vicel, *Rec. Cons. d'Etat*, p. 760); une grande maison de blanc, où plus de 40 personnes vendent des mouchoirs, des chemises, des layettes, de la bonneterie, des rideaux et couvertures, des gants, des éventails : la profession ainsi exercée n'est pas seulement celle de linger fournisseur (Cons. d'Et. 27 juin 1884, aff. Meunier, *Rec. Cons. d'Etat*, p. 531).

322. On a vu *suprà*, n° 56, comment les droits applicables aux grands magasins ont été rehaussés en 1889, puis modifiés de nouveau en 1890, et comment ils sont actuellement soumis, par la loi du 28 avr. 1893, à un nouveau mode d'imposition, non seulement d'après le nombre d'employés, mais par spécialités de marchandises mises en vente. On a vu également (*suprà*, n° 55) quels sont les employés qui doivent être comptés pour le calcul de l'impôt. Nous ajouterons ici qu'il ne faudrait pas tenir compte des vendeurs qui ne seraient occupés qu'accidentellement, par exemple les seuls jours de foire ou de marché (Cons. d'Et. 1er juin 1864, aff. Ingouf, *Rec. Cons. d'Etat*, p. 523). Mais le droit fixe doit atteindre, dans une maison de vente à crédit, des *courtiers-receveurs* qui, en faisant à domicile les recouvrements, provoquent de nouveaux abonnements, encore qu'ils ne demeurent pas à la disposition de cette maison en dehors du temps consacré à leurs tournées journalières (Cons. d'Et. 23 janv. 1892, aff. Bloch, *Rec. Cons. d'Etat*, p. 55). — V. d'ailleurs, pour des courtiers de l'espèce, *suprà*, n° 55.

323. Les magasins de plusieurs espèces de marchandises où le nombre des employés n'atteint pas le minimum légal, demeurent soumis à la règle commune posée par l'art. 7 précité de la loi de 1880. C'est ainsi que la patente de marchand de nouveautés a été seule maintenue dans l'affaire Ingouf ci-dessus visée (1er juin 1864) et dans une affaire Minard (Cons. d'Et. 2 nov. 1877, *Rec. Cons. d'Etat*, p. 841). — Rappelons enfin que, depuis la loi du 8 août 1890, le tarif soumet, distinctement, aux mêmes droits que les magasins de plusieurs espèces de marchandises : les magasins pour la vente, *en demi-gros ou en détail*, de vêtements confectionnés, de quincaillerie, ferronnerie et articles de ménage, et d'épiceries, liqueurs et conserves. Cette parité de traitement implique que les magasins de plusieurs espèces de marchandises dont il vient d'être parlé sont uniquement ceux où la vente a lieu en demi-gros ou en détail. Quant aux établissements affectés à la vente, *en gros*, de plusieurs sortes de marchandises, c'est la patente de négociant (V. *infrà*, n° 351), qui doit leur être appliquée.

324. — 148e *Magasin général*. — Le concessionnaire des droits d'emmagasinage dans un entrepôt est celui qui se borne à percevoir ces droits, dont il a l'entreprise, mais s'il se charge, en outre, d'y suivre les opérations en douane pour le compte des négociants, d'assurer les marchandises, d'en constater les transferts, de délivrer des warrants et d'ouvrir des salles pour les ventes publiques, il devient passible de la patente comme exploitant de magasin général (Cons. d'Et. 18 juill. 1873, et 7 mai 1875, aff. Compagnie des Entrepôts et magasins généraux de Paris, *Rec. Cons. d'Etat*, p. 650 et 431). Et s'il s'agit d'une société concessionnaire de plusieurs établissements, elle peut n'être imposée qu'à titre de concessionnaire des droits de magasinage pour l'entrepôt réel où elle n'exerce que cette dernière profession (8 juin 1877, *Rec. Cons. d'Etat*, p. 563). — D'autre part, une ville qui exploite pour son compte un magasin général et qui y perçoit des rétributions analogues à celles perçues dans les établissements privés, ne peut se prévaloir, pour cette exploitation, de l'exemption de patente due à l'exécution des services publics (Cons. d'Et. 7 mars 1891, aff. Ville de Douai, *Rec. Cons. d'Etat*, p. 206).

325. — 149e *Maison d'accouchement* (*Chef de*). — Les sages-femmes continuent d'être affranchies de la patente (V. *infrà*, n° 589). Mais elles deviennent imposables à la 5e classe, comme tenant maison d'accouchement, si elles reçoivent habituellement des pensionnaires dans des locaux disposés à cet effet. Ainsi jugé pour une sage-femme qui occupait dans sa maison plusieurs logements ayant cette destination (Cons. d'Et. 21 févr. 1855, aff. De Signol, *Rec. Cons. d'Etat*, p. 141). A été, au contraire, déclarée non imposable une sage-femme qui se bornait à recevoir, dans sa chambre même, quelques femmes en couches (Cons. d'Et. 11 févr. 1857, aff. Demoiselle Carbon, *Rec. Cons. d'Etat*, p. 150).

326. — 150e *Maisons d'achats pour ventes à l'étranger*. — Par application des principes déjà énoncés nos 81 et suiv., le fait d'opérer en France des achats de marchandises destinées à être revendues en pays étranger ne constitue l'exercice d'une profession imposable que si l'acheteur a en France un véritable *établissement* destiné à ses opérations. C'est ainsi qu'il n'est pas dû de patente : par le commerçant étranger qui fait des achats en France, s'il n'y a ni bureaux, ni magasins, ni employés (Cons. d'Et. 4 mai 1859, aff. Bougiclès, D. P. 60. 3. 5); par un marchand forain qui, sans avoir de magasin en France, se borne à y acheter des marchandises qu'il revend en Espagne (Cons. d'Et. 6 nov. 1880, aff. Denat, D. P. 82. 3. 15). Mais le commerçant qui entretient en France une maison d'achat tenue par un commis doit y être considéré comme opérant pour son compte et n'y est pas seulement imposable à la patente de représentant de commerce, comme opérant pour le compte d'un tiers (Cons. d'Et. 9 mai 1855, aff. Ahrenfeldt, D. P. 55. 3. 78); — et la patente ainsi due s'étend à ses associés, même résidant à l'étranger (Cons. d'Et. 13 sept. 1855, aff. Saavedra et de Riberolles, D. P. 56. 3. 36, *infrà*, n° 673).

327. A défaut d'une dénomination spéciale qui leur fût applicable, les maisons d'achats établies en France par des étrangers ont dû, jusqu'en 1885, être soumises aux mêmes droits que les maisons de commerce achetant et revendant en France. Ainsi, ont été maintenus : à la patente de négociant, un individu qui achetait à Paris, pour un comptoir par lui tenu à l'étranger, des marchandises diverses, telles que vins, conserves, savons, papiers, peaux, etc. (Cons. de préf. de la Seine, 2 oct. 1887, aff. De Rutté, *Jurisprudence des conseils de préfecture*, 1880, p. 71); à la patente de bijoutier, un contribuable qui achetait à Paris des bijoux pour une maison qu'il possédait au Brésil et qui déposait ces bijoux dans son logement (Cons. d'Et. 4 févr. 1881, aff. Lacroix, D. P. 82. 5. 306); — A la patente de marchand de diamants, un individu qui agissait dans des conditions analogues (Cons. d'Et. 5 mars 1886, aff. Heulé, D. P. 87. 3. 71). Cette assimilation n'était pas toutefois complètement justifiée, puisque les achats étaient seuls faits en France, à l'exclusion des ventes. Aussi la loi du 30 juill. 1885 a-t-elle ajouté dans le tableau A (1re classe) un article spécial, ainsi libellé : « Achats (Tenant une maison d') : celui qui tient une maison d'achat de marchandises diverses destinées à l'approvisionnement d'un ou de plusieurs établissements de vente qu'il exploite à l'étranger ou aux colonies ». — Bien qu'elle constitue un progrès, on peut se demander si cette taxation n'est pas un peu absolue, ou plutôt, si elle tient compte suffisamment de la diversité des achats et de leur importance, et s'il n'eût pas été préférable que le droit prévu au tableau B fût moins élevé, sauf à faire passer les maisons de l'espèce dans le tableau B à partir d'un certain nombre d'employés. Nous ajouterons qu'il a été jugé que la patente de tenant maison d'achats était due par une société qui achetait en France de la graine de vers à soie pour la revendre à l'étranger ou par un individu qui achetait en France des produits pharmaceutiques pour l'approvisionnement d'un comptoir de vente qu'il tenait à Madrid (Cons. d'Et. 6 août 1886, aff. Ortiz, *Rec. Cons. d'Etat*, p. 712). Il semble donc que la jurisprudence considère cette dénomination de tenant maison d'achats comme pouvant être appliquée à toute personne qui achète des marchandises en France, pour les revendre à l'étranger, ces marchandises fussent-elles d'une seule espèce, et non pas seulement à l'acheteur de marchandises diverses, comme on pourrait l'induire de la lettre du tarif (V. à ce sujet la note de l'arrêt précité du 5 mars 1886, D. P. 87. 3. 71). — On ne saurait, d'ailleurs, confondre le commerçant qui tient une maison d'achat, dans le sens que nous venons d'indiquer, avec le simple pacotilleur, rangé dans la 3e classe, et qui est ainsi défini au tarif : « celui qui expédie par petites quantités dans les colonies ou à l'étranger des marchandises diverses et qui reçoit en retour soit de l'argent, soit des marchandises d'une autre nature ». Les droits de la 3e classe ne sont pas dès lors applicables au marchand qui achète pour son compte à des fabricants des marchandises diverses et les expédie tous les mois et par quantités considérables (600 000 fr. environ dans l'année), à deux maisons de vente qu'il possède à l'étranger (Cons. d'Et. 5 janv. 1883, aff. Jouve, D. P. 85. 5. 349).

328. — 151° *Maisons de retraite, de santé et de séjour.* — Les maisons particulières de retraite, dans le sens de la loi sur les patentes, sont celles qui reçoivent, à titre permanent et moyennant un prix de pension, des personnes âgées venant y chercher la nourriture, le logement et les soins journaliers. On ne doit donc les confondre, ni avec les maisons particulières de santé, destinées à recevoir des malades ou des aliénés, ni avec les maisons de séjour pendant les retraites, pèlerinages, etc. Ces derniers établissements, ajoutés au tarif par la loi du 30 juill. 1885, sont rangés dans la 3e classe du tableau A, par assimilation avec les hôtels. Quant aux autres, portés dans le tableau C, le droit fixe en est réglé par personne attachée au service de l'établissement.

329. Les arrêts relatifs à la matière ayant été rendus à peu près tous sur la question d'exemption, c'est à ce chapitre (nº 580 et suiv.) qu'ils sont rapportés. Nous dirons seulement ici, à titre d'observation commune, que les hospices etautres établissements publics qui, accessoirement, reçoivent quelques vieillards ou malades moyennant rétribution, ne deviennent pas imposables de ce fait, quand surtout, placés sous le contrôle de l'Administration, ils ne se livrent à aucun acte étranger au but dans lequel ils ont été créés et quand la rétribution perçue ne suffit pas à couvrir la dépense. Il en serait autrement, s'il y avait éventualité de bénéfices ou s'il s'agissait d'un hospice ayant pour annexe une maison spécialement affectée à des pensionnaires payants, ou encore si ces derniers formaient la majorité dans l'établissement. Ajoutons aussi que les asiles départementaux d'aliénés sont, de ce chef, affranchis de la patente, l'internement des aliénés, riches ou pauvres, étant une nécessité d'ordre public. — Il a été jugé, à l'égard d'un établissement privé tenu par un médecin, qui logeait, nourrissait et soignait ses pensionnaires, que la patente due était celle de tenant maison de santé, et non pas seulement celle d'entrepreneur de bains et douches (Cons. d'Et. 18 juill. 1884, aff. Rey, *Rec. Cons. d'Etat*, p. 722).

330. Il avait été admis qu'un établissement de charité consacré à l'établissement de jeunes filles pauvres ne peut être imposé comme maison de retraite, par cela seul que, chaque année, il reçoit, pendant quelques jours, des personnes qui viennent faire une retraite de piété, moyennant une faible rétribution des dépenses de leur séjour (Cons. d'Et. 2 juill. 1861, aff. Dames de Nazareth, D. P. 61. 3. 79) ; et que cette patente n'est pas due davantage par une communauté qui, à certaines époques de l'année, reçoit pour quelques jours des personnes qui viennent y prendre part à des exercices religieux, et qui, apportant leurs vivres, ne versent qu'une minime somme de 2 fr. pour toute la durée de leur séjour (Cons. d'Et. 12 août 1867, aff. Dame Barault, D. P. 67. 5. 307). — Mais la jurisprudence est devenue moins large, les espèces soumises depuis au conseil d'Etat ne s'étant plus, du reste, présentées exactement dans les mêmes conditions. C'est ainsi que la patente a été maintenue à la charge de deux communautés religieuses de Paray-le-Monial qui, chaque année, pendant six mois, étaient ouvertes en permanence aux personnes venant y faire des retraites de piété et qui assuraient le logement, la nourriture et les divers soins domestiques à ces personnes, lesquelles étaient dans l'usage de laisser, à leur départ, une offrande destinée à couvrir leurs dépenses de séjour (Cons. d'Et. 21 janv. 1881, aff. Dame de Beaupré, D. P. 82. 3. 55 ; 29 juill. 1881, aff. Lagrange, *Rec. Cons. d'Etat*, p. 752). Au reste, le conseil d'Etat avait reconnu que les maisons dont il s'agit pouvaient être assujetties à la patente comme constituant des maisons particulières de retraite dans le sens du tarif et qu'il y avait lieu de recourir à un arrêté d'assimilation. (Même arrêt). — C'est sans doute le caractère permanent des actes ainsi relevés qui, étant joint d'ailleurs au refus par les intéressés de toute indication sur les résultats de leur gestion financière, a déterminé le conseil d'Etat à refuser l'exemption dans ces deux affaires; et sa décision a été suivie, comme nous l'avons dit, de l'inscription au tarif de la profession de tenant maison de séjour pendant les retraites, pèlerinages, etc. Il a été jugé, depuis lors, que cette patente était due par une société qui s'était constituée en vue d'actes analogues et avait aménagé en conséquence un immeuble par elle acheté (Cons. d'Et. 15 nov. 1889, aff. Abbatiale de Braines, D. P. 91. 3. 35). Dans cette espèce, d'ailleurs, le fonds social était divisé en actions donnant droit à une part des bénéfices à répartir chaque année, ce qui suffisait pour rendre applicables les droits nouvellement inscrits au tarif.

331. — 152° *Maisons de tolérance.* — Deux arrêts du 14 mai 1856 (*Rec. Cons. d'Etat*, p. 350, aff. Toulouse et aff. Lecul) avaient considéré des personnes qui tenaient à Rouen des maisons de tolérance, comme exerçant, de ce fait, la profession de logeur en garni. Mais c'est seulement en 1889 que s'est posée nettement la question de savoir si les tenanciers de ces maisons peuvent être soumis à la patente, alors que la jurisprudence civile leur a toujours dénié la qualité de commerçant (V. *suprà*, vº *Commerçant*, nos 19 et suiv.). — Le ministre des finances a soutenu l'affirmative, dans un avis dont il nous semble intéressant de reproduire ci-dessous les parties essentielles (1). Le conseil d'État ne s'est pas toutefois prononcé explicitement ; il s'est borné à déclarer que les intéressés n'étaient pas recevables à se prévaloir en justice du fait inavouable par eux allégué, et que c'était à tort, par suite, que les premiers juges s'étaient appuyés sur ce fait pour leur accorder la décharge des droits de patente portés dans les rôles (Cons. d'Et. 28 juin 1889, aff. Bélouin, D. P. 91. 3. 15.). — Le débat ne s'était pas, d'ailleurs, étendu aux cafés ou buvettes formant annexe d'une partie de ces établissements et dont l'imposition n'avait pas été atta-

(1) « Pourvu, en effet, qu'ils observent les règlements qui leur sont imposés, les chefs des maisons de tolérance peuvent se livrer, sans crainte de poursuites, à l'exploitation qui est tolérée dans leurs établissements. La différence est, dès lors, absolue entre leur situation et celle des *bookmakers*, qu'un arrêt du 13 mai 1887 (Wright) a déclarés non passibles de patente, et dont les opérations, considérées comme *illicites* à l'époque où cet arrêt a été rendu, donnaient lieu à des poursuites judiciaires, dès l'instant et par le seul fait qu'elles étaient relevées. Au contraire, une fois munies de l'autorisation qui leur est nécessaire, les maisons de tolérance ne sont susceptibles d'être fermées que pour violation des règlements qui leur sont applicables. On ne saurait donc justement poser en principe que l'exploitation en est *illicite*, au moins dans le sens qui vient d'être indiqué. Ce qu'on peut dire, au contraire, c'est que, pour n'être pas reconnue, cette exploitation se trouve, en fait, admise et tolérée. Cette exploitation est dès lors imposable au moins en principe. — A la vérité, on ne la trouve pas nommément prévue dans le tarif. Il faut aussi reconnaître que la procédure de l'assimilation n'est pas ici applicable, la profession n'étant pas nouvelle et le législateur n'ayant pu l'ignorer. Mais cet état du tarif et ce silence apparent de la loi peuvent facilement être expliqués. Sans doute, comme le rappelait M. C. Fournier, rapporteur, au Sénat, de la loi du 15 juill. 1880 « la constatation d'un « fait dans la loi des patentes n'en change pas le caractère ». — Cependant l'inscription effective dans le tarif d'industries ou d'opérations qui ne sont que tolérées pourrait, à divers titres, n'être pas sans inconvénients. On conçoit donc que le législateur ne s'y soit pas résolu, quand il avait l'assurance que le Trésor n'en serait pas désarmé, que les autres dénominations portées au tarif suffiraient pour atteindre des faits qu'il jugeait préférable de ne pas reconnaître, et qu'il n'en résulterait, en somme, aucun privilège pour ces industries ou ces opérations. C'est ainsi notamment que la négociation, par les coulissiers, des valeurs mobilières, bien que n'étant pas reconnue, n'en est pas moins imposable, comme rentrant dans l'appellation générale, choisie à dessein, de « tenant comptoir pour opérations « sur les valeurs ». — Or, l'industrie du sieur C... consiste à met-

quée (V. aussi, sur cette question, *Jurisprudence des conseils de préfecture*, 1887, p. 169, et *Revue générale d'administration*, 1889, t. 3, p. 66).

332. — 153° *Maisons de vente à crédit.* — V. *suprà*, n°s 55 et suiv.

333. — 154° *Mandataire salarié pour l'administration des faillites.* — En soumettant ces opérations aux droits du tableau A (4e classe), la loi exige formellement que l'individu qu'il s'agit d'imposer en fasse *sa profession habituelle*, et on ne saurait y soumettre un avoué, déjà soumis d'ailleurs comme tel à la patente, et qui n'administre les faillites qu'accidentellement et, en quelque sorte, comme conséquence de ses fonctions (Cons. d'Et. 28 avr. 1864, aff. Schneider, D. P. 64. 3. 87). Il avait déjà été jugé, dans le même sens, que l'employé au tribunal de commerce, qui a été chargé, dans le cours de l'année, de l'administration de quatre faillites, ne peut être considéré, à raison de ces seuls faits, comme exerçant la profession de mandataire salarié pour l'administration des faillites (Cons. d'Et. 28 déc. 1858, aff. Binet, D. P. 59. 5. 283).

334. — 155° *Marchands forains.* — Toutes les questions concernant ces marchands sont traitées *infrà*, n° 650.

335. — 156° *Marchés.* — V. *suprà*, n° 292, pour les droits de place dans les marchés, et *infrà*, n° 644 et suiv., pour les professions exercées dans les halles et marchés.

336. — 157° *Maréchal expert.* — Comme on l'a vu au *Rép.* n° 133, l'individu qui, pourvu seulement d'un certificat de capacité, traite habituellement les maladies des animaux, ne peut être assujetti à la patente de *vétérinaire*, mais à celle de maréchal expert, encore qu'il n'ait pas d'atelier de maréchalerie. Il suffit, d'ailleurs, pour qu'un individu soit assujetti à cette patente, qu'il soigne habituellement, moyennant rétribution, les animaux malades sans qu'il doive nécessairement être muni d'un diplôme (Cons. d'Et. 3 nov. 1882, aff. Mauret, *Rec. Cons. d'Etat*, p. 837).

337. — 158° *Mécanicien.* — V. *suprà*, n° 316, *Machines* (*Constructeur de*).

338. — 159° *Mégissier.* — Pour le marchand de peaux de mouton qui se borne à en enlever la laine, V. *infrà*, n° 367.

339. — 160° *Menuisier.* — Comme elle le fait pour les maçons (V. *suprà*, n° 318), la loi distingue le menuisier entrepreneur (4e classe) et le menuisier (6e classe). Les droits de la 4e classe sont applicables à l'individu qui se charge, à l'entreprise, de tous les travaux de menuiserie à faire dans plusieurs constructions (Cons. d'Et. 13 sept. 1855, aff. Bazière, *Rec. Cons. d'Etat*, p. 651); ou encore à celui qui fournit aux compagnies de chemins de fer des quantités importantes de coins et piquets pour le service des voies (Cons. d'Et. 8 avr. 1881, aff. Collet, *Rec. Cons. d'Etat*, p. 422).

340. — 161° *Mercerie.* — Le marchand de mercerie en détail est rangé dans la 4e classe et le marchand de menue mercerie dans la 6e classe. C'est donc l'importance de l'approvisionnement et du commerce qui différencie les deux professions. Est, par suite, imposable comme marchand de mercerie en détail celui qui tient un assortiment complet de gants, cols, cravates, chaussures, rubans, fils, boutons, corsets, laines, etc. (Cons. d'Et. 26 mars 1863, aff. Lambert, *Rec. Cons. d'Etat*, p. 288), tandis qu'il n'y a lieu au contraire de voir qu'un marchand de menue mercerie, dans celui qui se borne à vendre de petits objets de mercerie, tels que fils, épingles, bas, laine, coton en pelote (Cons. d'Et. 26 déc. 1861, aff. Bompain, *Rec. Cons. d'Etat*, p. 1014); ou dans celui qui vend, par petites quantités, les fournitures pour machines à coudre (aiguilles, fils, etc.) (Cons. d'Et. 4 déc. 1875, aff. Schöne, *Rec. Cons. d'Etat*, p. 992). — Quelles que soient, d'ailleurs, l'importance et la variété de son assortiment, celui qui ne fait pas le commerce des tissus, mais qui se borne à vendre en détail des articles de mercerie et de passementerie, ne peut être qualifié marchand de nouveautés (V. *infrà*, n° 355); ce n'est qu'un mercier en détail (Cons. d'Et. 23 nov. 1883, aff. Mairesse, *Rec. Cons. d'Etat*, p. 843).

341. Pour les fournitures de mercerie aux tailleurs et aux cordonniers, V. *suprà*, n° 53.

342. — 162° *Métiers.* — Une partie des questions que soulève l'imposition des fabriques à métiers ont déjà été examinées, savoir : le lieu d'imposition des métiers disséminés (n° 70), la détermination de leur nombre moyen sur la base de la production (n° 65 et suiv.), le cumul des métiers des autres éléments de production que renferment certaines usines (*ibid*), la taxation des mêmes métiers au nom du fabricant pour son compte et du fabricant à façon (n° 79), enfin la différence qui sépare ce dernier fabricant du simple facteur de fabrique (n° 260). Nous compléterons ces indications en rappelant d'abord que, sous la dénomination générale de fabricant à métiers, la loi a entendu imposer ceux qui fabriquent sur métier des tissus et qui ne sont pas compris dans une catégorie particulière (V. à ce sujet, n° 174, pour la fabrication des broderies et n° 230, pour celle des corsets). En second lieu, le droit fixe des fabricants à métiers étant réglé d'après le nombre des métiers qu'ils emploient, sans aucune distinction, il doit être tenu compte, pour l'assiette de ce droit, des métiers à échantillonner, encore qu'ils ne servent pas à faire des étoffes destinées à la vente; le nombre de ces métiers est, du reste, proportionné à l'importance de l'établissement et il est l'indice de l'étendue de ses opérations (Cons. d'Et. 28 mars 1888, aff. Vernier, D. P. 89. 5. 345). — D'autre part, on voit, par les détails du tarif, que les fabricants à métiers, qui auparavant étaient soumis à un droit fixe uniforme de 2 fr. 50 cent. par métier, porté à 3 fr. par la loi de 1872, sont aujourd'hui répartis en plusieurs catégories basées sur la nature des matières mises en œuvre et sur la force productive des métiers employés, avec distinction entre les métiers mus mécaniquement et les métiers à bras. Il est ainsi tenu compte des différences qui séparent les diverses branches de cette industrie.

343. Les fabricants à métiers à façon, dont il nous reste à parler, avaient d'abord été affranchis de la patente, lorsqu'ils avaient moins de dix métiers (L. 10 juin 1853); et ceux qui avaient dix métiers ou plus bénéficiaient d'une réduction de moitié sur leur droit fixe en vertu de la loi du 4 juin 1858. Le législateur de 1880 est revenu en partie sur ces immunités qui, accordées, d'une manière générale, à tous les fabricants à façon, quelle que fût l'importance de leur industrie, étaient contraires à l'équité, et qu'il convenait de limiter aux petits fabricants. Il a décidé que, en principe, les fabricants à métiers à façon seraient soumis au même droit fixe que les fabricants pour leur compte ;

tre à la disposition du public un personnel spécial et des locaux déterminés, le tout à prix d'argent. Ses opérations se trouvent ainsi comprendre la *location*, à temps, de chambres ou appartements meublés selon leur destination; et il importe peu que, dans les circonstances où elle a lieu, cette location ne demeure qu'un accessoire : comme elle se produit nécessairement, il n'existe aucune raison de ne point la retenir. Il n'est pas non plus indispensable qu'elle se produise dans les conditions réglementaires imposées, soit aux maisons meublées ordinaires, soit aux hôtels de voyageurs. Suivant les principes que j'ai dû rappeler, il suffit que cette location, envisagée en elle-même, c'est-à-dire à l'exclusion de tous autres éléments, soit constatée *en fait* pour qu'elle rentre dans l'exercice de l'une quelconque des professions de maître d'hôtel, de loueur de chambres meublées, de logeur, etc., qui figurent au tarif, sans que d'ailleurs aucune d'elles y soit portée en termes limitatifs; et tel a été notamment l'avis du conseil. — Si donc le législateur s'est abstenu d'inscrire au tarif les maisons de tolérance, ce n'est pas assurément pour les investir d'un privilège fiscal que rien ne justifierait. C'est dans la conviction que les personnes qui dirigent ces établissements seraient tout au moins passibles de la patente du chef de la location des locaux par eux ouverts au public, cette location ne pouvant d'ailleurs, telle qu'elle se produit, être disjointe du surplus de leur industrie et autorisant ainsi l'imposition de l'ensemble de leur établissement. Il importe enfin d'ajouter que les maisons de l'espèce présentent entre elles de notables différences, tant à l'égard de l'aménagement et de l'installation qu'au point de vue de la situation du quartier et de la nature de la clientèle. Même ayant pour correctif le droit proportionnel, un droit fixe unique par commune n'eût pas tenu suffisamment compte de ces différences; tandis que le mode d'imposition appliqué par le service local, et qui va, en fait, de la 3e à la 7e classe, permet de régler la patente suivant les circonstances spéciales à chaque établissement. Il n'est pas douteux que la proportionnalité ne soit par là mieux observée » (Avis du ministre des finances).

mais que le droit ainsi réglé serait réduit de moitié pour le fabricant travaillant exclusivement à façon, lorsque ce droit n'excéderait pas 50 fr. en principal, et que le fabricant, travaillant exclusivement à façon, dont le droit fixe n'excéderait pas 10 fr. en principal, serait exempt de patente. Cette situation s'est maintenue jusqu'à la loi du 17 juill. 1889, dont l'art. 2, étendant l'exemption accordée en 1880, a élevé de 10 fr. à 21 fr. le minimum de droit fixe auquel cette faveur était subordonnée. Mais il a été décidé, par le même article, que le fabricant travaillant exclusivement à façon serait exempt du droit *proportionnel* en tout état de cause, c'est-à-dire quelle que fût l'importance de son industrie et aussi bien pour son usine que pour son habitation. L'exemption de droit proportionnel ainsi prononcée à titre de mesure collective prêtait aux mêmes critiques que la réduction générale de droit fixe résultant de la loi de 1858 : aussi a-t-elle été vivement attaquée dès l'année suivante, notamment au Sénat, qui en a voté l'abrogation. Ainsi, en effet, que l'objectait le rapporteur, M. Boulanger (Doc. parlem. Sénat, n° 176) « il est arrivé que de très grandes usines ont été, à leur extrême surprise, affranchies de l'impôt au mépris de toute égalité. Des fabriques d'une valeur locative de 10 000, 15 000, 20 000 et même 28 000 fr. ont été exonérées de tout droit proportionnel aussi bien pour l'habitation que pour l'établissement industriel ». Ces critiques n'ont pas toutefois prévalu et, la Chambre des députés ayant voté à deux reprises le maintien de l'art. 2 de la loi du 17 juill. 1889, le Sénat s'est, en fin de compte, rangé à cet avis (séance du 9 août 1890). — Les fabriques à métiers à façon continuent par suite d'être affranchies de tout droit proportionnel, avec suppression du droit fixe jusqu'à 21 fr. et réduction à la moitié jusqu'à 50 fr. — Ajoutons ici que l'exemption, étant générale, doit être accordée à celui qui emploie des métiers mécaniques comme à celui qui ne fait usage que de métiers à bras (Cons. d'Et. 19 mai 1876, aff. Demange, *Rec. Cons. d'Etat*, p. 463).

344. — 163° *Meubles*. — Pour la fabrication et la vente des meubles, tapisseries et objets de literie, V. *infrà*, n° 419.

345. — 164° *Mines*. — Pour l'exploitation des mines et les industries s'y rattachant, V. *infrà*, n°s 606 et suiv.

346. — 165° *Modes, modistes*. — Comme nous l'avons vu *suprà*, n° 196, la vente en gros des formes de chapeaux de dame est constitutive de la profession de marchand de chapeaux en gros (1re cl.), et non pas seulement de celle de marchand de modes (3e cl.). Ces derniers droits sont spécialement applicables à celui qui, créant ou, tout au moins, propageant la mode chaque saison, fournit de modèles les modistes en détail. Ont été, en effet, déclarés imposables comme tels : celui qui ne se borne pas à confectionner des articles de modes sur commande et à les vendre dans la localité où il réside, mais qui a un magasin où se trouve un assortiment de coiffures, dont la plupart sont achetées à Paris, et qui expédie des articles de modes dans d'autres départements (Cons. d'Et. 22 avr. 1857, aff. Aulif, *Rec. Cons. d'Etat*, p. 305); celui qui, ne faisant qu'accidentellement des articles de modes pour une clientèle de particuliers habitant sa résidence, possède un assortiment complet de modèles de coiffures et confectionne des objets dont la très grande majorité est destinée à être expédiée dans les départements ou à l'étranger (Cons. d'Et. 21 nov. 1879, aff. Morice, *Rec. Cons. d'Etat*, p. 733) ; celui qui ne se borne pas à confectionner des articles de modes sur commande directe pour une clientèle de particuliers, mais qui, créant des modèles, vend aussi à des modistes et à des commissionnaires pour l'exportation (Cons. d'Et. 22 juin 1882, aff. Amillet, *Rec. Cons. d'Etat*, p. 603). — Quant à la modiste en détail (5e cl.), c'est celle qui, vendant aux particuliers, fournit la matière des articles de modes qu'elle confectionne, alors même qu'elle travaille seulement sur commande et ne vend point d'objets confectionnés à l'avance (Cons. d'Et. 13 mars 1860, aff. Demoiselle Baurens, *Rec. Cons. d'Etat*, p. 220). — On ne saurait donc, selon la règle générale, considérer comme modiste à façon (8e cl.) que celle qui fournit exclusivement la main-d'œuvre.

347. — 166° *Moulinerie de soie*. — Comme il a été dit au *Rép.* n° 128, les droits prévus au tarif pour cette industrie sont applicables sans distinction aux mouliniers qui travaillent à façon comme à ceux qui travaillent pour leur propre compte. Pour les broches de moulinage existant dans les fileries de cocons, V. *suprà*, n° 212.

348. — 167° *Moulins*. — Cet article du tarif a subi, en 1890, d'importantes modifications. Jusqu'alors, les exploitants de moulins et autres usines similaires étaient soumis, en principe, aux droits du tableau C, réglés par paire de meules ou de cylindres, par presse ou par pilon. Mais le tarif ajoutait : « Les exploitants de moulins, qui achètent les matières premières, pour revendre ensuite les produits de leur usine, sont imposables comme marchands, lorsque l'ensemble des droits fixe et proportionnel afférents à cette dernière qualification excède l'ensemble des droits fixe et proportionnel afférents à l'exploitation du moulin ». Par l'effet de cette disposition, les moulins dits de commerce passaient du tableau C dans le tableau A, ou restaient dans le premier de ces tableaux selon l'importance de leur outillage, lequel, comme conséquence, cessait d'être imposable quand les droits du tableau A devenaient exigibles (Cons. d'Et. 13 janv. 1888, aff. Guyot, *Rec. Cons. d'Etat*, p. 24). — Ce mode particulier de taxation, qui remontait à la loi de 1844 et qui était destiné à différencier le moulin de commerce du moulin ne travaillant que pour le public, avait le double inconvénient d'être un régime d'exception, limité aux moulins et aux scieries (V. *infrà*, n° 398) et de donner aux exploitants de ces usines le caractère de *marchands*, alors qu'ils ne cessaient pas, même en vendant leurs produits, d'être des *industriels* au même titre que les fabricants d'alcool, de fécule, de sucre, etc. — Aujourd'hui, les exploitants de moulins et de scieries demeurent, en tout état de cause, dans le tableau C, mais, appliquant à ces industries la règle commune, le législateur de 1890 a décidé que leur droit fixe, établi, pour la première, par meule, cylindre, presse ou pilon, pour la seconde, par lame ou par machine, et réduit, le cas échéant, pour chômage (V. *suprà*, n° 66), serait doublé lorsque l'usine fonctionnerait habituellement pour le compte d'un exploitant achetant les matières premières pour revendre ensuite les produits de sa fabrication. En un mot, le droit fixe applicable aux moulins et scieries de commerce est maintenant *double* de celui dont sont passibles les mêmes usines ne travaillant qu'à façon.

349. Le nouveau tarif contient, en outre, les dispositions nécessaires pour tenir compte des systèmes particuliers de mouture maintenant employés, notamment du système *hongrois*. Lorsque les meules et les cylindres ne fonctionnent pas par paire, le droit fixe afférent à la paire est appliqué à la machine ou au jeu de machines qui en tient lieu. En outre, dans les moulins à farine où la mouture s'effectue à l'aide de cylindres, chaque appareil à trois ou à quatre cylindres de mouture doit être compté pour deux paires de cylindres. — D'autre part, et comme précédemment, cet article du tarif n'est pas seulement applicable aux moulins proprements dits, mais encore à toute « autre usine à moudre, à battre, triturer, broyer, pulvériser, presser »; en sorte qu'il s'étend aux machines à battre, aux pressoirs à vin et à huile, aux moulins à tan et à phosphates, etc. Notons cependant qu'un article particulier a été ouvert tant pour les machines à faucher ou à moissonner que pour celles à nettoyer, trier ou vanner les grains (V. le tarif). — Quant à l'application aux moulins des dispositions légales concernant les chômages (L. 15 juill. 1880, art. 11), nous l'avons examinée aux n°s 66 et 67. Ajoutons, sur ce point, que lorsqu'un moulin est exploité alternativement par ses copropriétaires, qui ne sont pas d'ailleurs associés, chacun d'eux est passible du droit fixe entier, sauf réduction pour chômage (Cons. d'Et. 9 déc. 1887, aff. Mouillot et autres, *Rec. Cons. d'Etat*, p. 785). C'est ainsi également qu'il avait été statué pour une scierie mécanique appartenant à deux marchands de bois qui l'exploitaient chacun six mois par an (Cons. d'Et. 30 avr. 1880, aff. Haxo, *Rec. Cons. d'Etat*, p. 415). — Il a été jugé aussi que la patente d'exploitant de moulin n'était pas due par un individu qui, n'étant pas locataire d'un moulin mis seulement à sa disposition par le propriétaire moyennant une redevance de 1 fr. par sac, se bornait à le faire marcher, dans ces conditions, par un homme à ses gages (Cons. d'Et. 2 mars 1877, aff. Morel, *Rec. Cons. d'Etat*, p. 215). Ce serait, en pareil cas, le propriétaire qui pourrait être imposé, car la patente a été maintenue au propriétaire d'un moulin qui le mettait à la disposition du public, encore que la rétribution convenue lui fût payée soit en argent, soit en nature (Cons. d'Et. 27 juill. 1883, aff. Vergnes, *Rec. Cons. d'Etat*, p. 696); et il a été statué dans le même sens pour un moulin mis à la disposition des cultivateurs qui venaient eux-mêmes y moudre leurs grains, bien que le propriétaire prétendît n'exiger qu'une faible rétribution et n'eût surtout en vue que d'empêcher la détérioration de l'outillage (Cons. d'Et. 10 mai 1890, aff. Peigné, *Rec. Cons. d'Etat*, p. 490). — Disons encore que le droit fixe doit atteindre, dans un moulin, les cylindres servant à la trituration du blé dont la mouture est achevée par les meules; ces cylindres, en effet, concourent à la fabrication de la farine (Cons. d'Et. 12 févr. 1868, aff. Conty, *Rec. Cons. d'Etat*, p. 152); et qu'il en est de même pour les cylindres, dits comprimeurs, qui allègent le travail des meules (Cons. d'Et. 27 juill. 1883, aff. Béranger, *Rec. Cons. d'Etat*, p. 693).

350. V. en ce qui concerne les meules employées dans les fabriques de chaux, de plâtre, de savon, etc., *suprà*, n° 172; ... l'exploitant de moulins fournissant les administrations publiques, *suprà*, n° 277.

351. — 168° *Négociants*. — Ainsi qu'il a été dit au *Rép.* nos 114 et suiv., la pensée du législateur a été, dès l'origine, d'assujettir à la patente de négociant celui dont les opérations s'étendent à plusieurs genres de commerce. Mais la définition du négociant ne résultait que de la jurisprudence; elle a été ajoutée au tarif en 1880 : c'est « celui qui, dans le même établissement, vend en gros plusieurs espèces de marchandises ». — Il est donc nécessaire qu'il s'agisse d'un seul établissement et que les opérations y soient, toutes, traitées dans les conditions du commerce du gros. On ne saurait dès lors imposer comme négociant : ni celui qui joint, à la vente des grains en gros, celle des tissus en détail (Cons. d'Et. 6 août 1857, aff. Peltier, *Rec. Cons. d'Etat*, p. 640); ni celui qui fait des ventes, d'ailleurs peu importantes, de chiffons et de vieux fers en gros, d'épicerie en demi-gros et de charbons en détail (Cons. d'Et. 5 oct. 1857, aff. Caignon, *Rec. Cons. d'Etat*, p. 728); ni celui qui joint au commerce en gros des vins et liqueurs la vente en demi-gros d'articles d'épicerie, encore qu'il se qualifie lui-même de négociant (Cons. d'Et. 11 août 1859, aff. Thirouin, *Rec. Cons. d'Etat*, p. 566). — Il faut, en second lieu, que les marchandises vendues ne soient pas connexes ou similaires, mais d'espèces différentes. C'est ainsi que la vente en gros des vins, eaux-de-vie, liqueurs et vinaigres, doit être considérée, à cause de l'analogie des matières, comme ne comprenant qu'une sorte de marchandises, et qu'il en est de même pour la vente en gros du café, du savon, des huiles, du sel, attendu que ces marchandises rentrent dans le commerce de l'épicerie (Cons. d'Et. 10 févr. 1858, aff. Championnois, *Rec. Cons. d'Etat*, p. 135). Le chiffre d'affaires relevé dans cette espèce était cependant de 800 000 fr. Pareillement, ne saurait être réputé négociant le marchand en gros qui se borne à faire, le commerce des vins et des spiritueux, quelle que soit l'importance de ce commerce (Cons. d'Et. 20 déc. 1860, aff. Jansen, *Rec. Cons. d'Etat*, p. 790). — Enfin, la jurisprudence s'est établie dans ce sens que la patente de négociant n'est pas applicable si les affaires traitées, dans chaque branche de commerce, n'atteignent pas un chiffre leur donnant une réelle importance et si le chiffre d'affaires demeure peu élevé (Cons. d'Et. 17 mai 1859, aff. Dixmier, *Rec. Cons. d'Etat*, p. 367); ainsi jugé notamment pour un marchand en gros de graines et de fruits secs qui n'avait vendu, dans l'année, que pour 73 000 fr. de graines et pour 26 000 fr. de fruits secs : il n'a été maintenu à la patente que comme marchand en gros de graines fourragères (Cons. d'Et. 16 nov. 1883, aff. Devic, D. P. 85. 3. 68); pour un commerçant d'Aubusson qui vendait en gros des liqueurs, des sucres, et qui était, en outre, concessionnaire des allumettes chimiques dans l'arrondissement, mais dont le chiffre d'affaires n'avait pas dépassé 60 000 fr. pour la vente des liqueurs et des allumettes et qui n'avait touché pour celle des sucres que 200 fr. de commissions : il n'a été imposé que comme marchand de liqueurs en gros (Cons. d'Et. 9 juill. 1886, aff. Nadoud, D. P. 87. 5. 330); pour un individu qui, habitant un bourg du Cantal et fournissant surtout des colporteurs, leur avait vendu dans l'année pour 142 000 fr. de marchandises, dont 73 000 fr. d'objets de toilette ou d'ameublement tels que tapis, glaces, toiles cirées, pour 49 000 fr. d'articles de ménage et le surplus en objets divers : c'est la patente de marchand bimbelotier en gros qui lui a été appliquée (Cons. d'Et. 4 févr. 1887, aff. Farradèche, *Rec. Cons. d'Etat*, p. 110). — On été, au contraire, maintenus à la patente de négociant : le marchand en gros de grains et de farines qui fait en même temps le commerce des vins en gros et dont le chiffre d'affaires atteint 250 000 fr. (Cons. d'Et. 8 nov. 1878, aff. Dordé, *Rec. Cons. d'Etat*, p. 872); celui qui, dans le même établissement, joint à un commerce de quincaillerie celui des huiles minérales, et qui vend principalement à d'autres marchands (chiffre d'affaires dans l'année 831 000 fr. dont 159 000 pour les huiles) (Cons. d'Et. 6 nov. 1885, aff. Louvet, D. P. 86. 5. 321); celui qui, occupant neuf employés, dont trois voyageurs, fait dans le même établissement les commerces en gros de mercerie, de chaussures, de bimbeloterie, d'épicerie et de papeterie et qui est, en outre, sous-concessionnaire de la vente des allumettes chimiques dans l'arrondissement (Cons. d'Et. 2 juill. 1886, aff. Souty, D. P. 87. 5. 330); un commerçant qui vend en gros dans le même établissement des articles d'épicerie (environ 1 500 000 fr.) et des vins et eaux-de-vie (environ 120 000 fr.); il ne saurait se prévaloir du chiffre relativement peu élevé de ce second commerce pour soutenir qu'on ne doit y voir que l'accessoire du premier (Cons. d'Et. 27 mai 1887, aff. Hennevaux, D. P. 88. 5. 357).

352. Les affaires d'escompte et de commission sont aussi considérées comme rentrant dans les opérations susceptibles d'entraîner la patente de négociant (*Rép.* n° 115); et le conseil d'Etat avait maintenu à cette patente une société ayant pour objet l'administration, la vente et l'échange de toutes sortes d'actions et de valeurs (27 févr. 1852, aff. Société l'*Omnium*, D. P. 52. 3. 21). Il a été jugé depuis qu'elle est due : par celui qui réunit des opérations d'escompte au commerce en gros des bois et des peaux (Cons. d'Et. 20 févr. 1869, aff. Triaulaire, *Rec. Cons. d'Etat*, p. 178); à celui qui ne se borne pas à faire le commerce des vins en gros et celui de la farine en détail, mais qui, en outre, effectue habituellement d'importantes opérations d'escompte (Cons. d'Et. 24 janv. 1879, aff. Jourdan, D. P. 79. 3. 53); par une société qui, faisant le commerce en gros des denrées coloniales, se livre en outre à des opérations de commissions pour le compte de maisons étrangères et portant sur les laines, les alcools, les raisins secs et les huiles (chiffre d'affaires 5 773 000 fr. dont 968 000 fr. pour les ventes à la commission (Cons. d'Et. 27 juill. 1883, aff. Gigandet et comp., *Rec. Cons. d'Etat*, p. 696); par des associés qui, à côté de leur commerce en gros de vins et liqueurs, font l'escompte et recouvrent des effets pour le compte de sociétés de crédit (Cons. d'Et. 20 juin 1891, aff. Lavaysse frères, *Rec. Cons. d'Etat*, p. 477).

353. Nous terminerons ce chapitre par deux observations. Lorsque les achats sont seuls faits en France pour l'approvisionnement de maisons étrangères, ce n'est plus la patente de négociant qui est applicable comme précédemment (*Rép.* n° 118), mais la patente spéciale de tenant maison d'achats (V. *suprà*, n° 326). — D'autre part, le négociant doit être considéré comme exerçant une profession *unique*, dans laquelle ses divers actes de commerce rentrent et viennent se fondre : on n'a plus dès lors, quand cette patente est exigible, à envisager à part les locaux, même distincts, affectés à ces divers actes (V. à ce sujet, *infrà*, n° 466 et suiv.). — Enfin il a été décidé, au point de vue de l'unité d'établissement, que celui qui fait le commerce en gros de plusieurs espèces de marchandises est imposable en qualité de négociant, lorsque les commandes sont reçues et les ventes opérées dans le même établissement, encore qu'il ait, pour une partie de ces marchandises, un magasin séparé de dépôt et de livraison (Cons. d'Et. 21 janv. 1887, aff. Bonnet, D. P. 88. 5. 357).

354. — 169° *Nourrisseur*. — Le nourrisseur (6e classe), qu'on ne doit pas confondre avec le laitier (V. *suprà*, n° 307), est celui qui entretient des vaches, brebis ou chèvres pour en vendre le lait, soit à des marchands, soit aux particuliers.

Selon la règle posée par la loi (V. *infrà*, n° 597), il est ou non exempt de patente, suivant qu'il nourrit ou non ces animaux avec des fourrages provenant de son exploitation. Est par suite imposable celui qui entretient, pour le commerce du lait, un certain nombre de vaches qu'il nourrit, ne fût-ce qu'en partie, avec des fourrages par lui achetés, alors même qu'il se procurerait ces fourrages avec le prix de vente des produits de sa culture maraîchère (Cons. d'Et. 19 juin 1874, aff. Courry, *Rec. Cons. d'Etat*, p. 579). — Toutefois l'exemption ne cesse pas d'être due au cultivateur qui nourrit quelques vaches avec les produits des terrains par lui exploités, alors même qu'accidentellement il ajouterait à ces produits des fourrages achetés par petites quantités (Cons. d'Et. 20 juill. 1859, aff. Volant, *Rec. Cons. d'Etat*, p. 510). — Notons d'autre part deux arrêts qui, en maintenant des nourrisseurs à la patente, ont refusé de les imposer seulement à la 7e classe, comme laitiers (Cons. d'Et. 30 déc. 1887, aff. Larousse, *Rec. Cons. d'Etat*, p. 864; 30 mars 1889, aff. Bouluguet, D. P. 90. 5. 371).

355. — 170° *Nouveautés.* — Comme nous l'avons dit *suprà* (n° 340) en parlant des merciers, la profession de marchand de nouveautés (2e classe) implique essentiellement la vente en détail des tissus, jointe à celle des articles similaires. Ainsi est imposable comme tel celui qui joint au commerce des tissus en pièces la vente des châles, couvertures, étoffes d'ameublement, tapis, toiles cirées, fourrures, etc. (Cons. d'Et. 10 nov. 1882, aff. Courtade, *Rec. Cons. d'Etat*, p. 863). — Il faut d'ailleurs qu'il s'agisse d'un établissement bien aménagé et convenablement assorti, suivant la mode et tenant les articles nouveaux à l'usage de la clientèle aisée. Quant au commerce en détail des tissus proprement dits, il donne ouverture aux droits de la 3e classe et seulement à ceux de la 6e, si le magasin renferme surtout des tissus grossiers et communs, sans véritable assortiment (V. à ce sujet, *infrà*, n° 423). — D'autre part, on a vu (nos 56 et 320), et le tarif porte d'ailleurs, que les magasins de nouveautés sont imposables comme magasins de plusieurs espèces de marchandises, lorsqu'ils occupent habituellement plus de dix personnes employées aux écritures, aux caisses, à la surveillance, aux achats et aux ventes intérieures ou extérieures. Précédemment, c'était à partir de six employés (*Rép.* n° 119) que ces droits spéciaux devenaient applicables.

356. — 171° *Œufs, volailles, lapins, gibier* (*Marchand expéditeur d'*). — Nous avons déjà indiqué (n° 256) le sens particulier du terme d'*expéditeur*, lorsqu'il est employé par le tarif des patentes. Il a été jugé dans le même sens qu'on doit considérer comme marchand d'œufs expéditeur celui dont la profession consiste à acheter des œufs qu'il expédie et qu'il fait vendre pour son compte, soit à Paris, soit en Angleterre (Cons. d'Et. 22 mai 1885, aff. Parfait, *Rec. Cons. d'Etat*, p. 530).

357. — 172° *Omnibus.* — Le droit fixe applicable aux entreprises d'omnibus est réglé par place des voitures en circulation et d'après la population (V. le tarif): il est réduit de moitié pour les places dont le prix est au-dessous de 20 cent. Il a été jugé, sur ce dernier point, que, lorsqu'un service de tramways dessert une ville de plus de 100 000 âmes et des communes suburbaines dont la population est inférieure à 50 000 âmes, et qu'un prix inférieur à 20 cent. par place est perçu d'une manière distincte pour le trajet dans l'intérieur de la ville, l'Administration n'est pas fondée à ajouter à ce prix celui qui est perçu pour le trajet dans les communes suburbaines et à réunir ces deux prix pour le calcul du droit fixe : la compagnie est passible du droit afférent aux places de moins de 20 cent. dans les villes de plus de 100 000 âmes, avec un supplément calculé sur la taxe afférente aux mêmes places dans les communes de 50 000 âmes (Cons. d'Et. 5 janv. 1883, aff. Tramways-Sud de Paris, D. P. 84. 5. 364). — D'autre part, le droit est dû par place des voitures *en circulation*, alors même qu'elles ne marchent pas simultanément. Ainsi jugé pour un établissement thermal qui affectait, le matin, au service des baigneurs, deux omnibus fermés et, dans la journée, deux omnibus ouverts: le droit fixe a été maintenu sur les quatre voitures, contrairement à l'avis du ministre des finances qui avait reconnu que deux eussent suffi au service de l'hôtel, si elles eussent été, à volonté, ouvertes ou fermées (Cons. d'Et. 17 mai 1890, aff. Bertrand, D. P. 91. 5. 379). — V. aussi, *suprà*, n° 90, pour les omnibus attachés aux hôtels.

358. — 173° *Orfèvres.* — Divisés précédemment en trois catégories (*Rép.* n° 121), les orfèvres le sont aujourd'hui en quatre : orfèvre (marchand fabricant) avec atelier et magasin (2e classe); orfèvre (marchand) sans atelier (3e classe); orfèvre (fabricant) pour son compte (5e classe); orfèvre (fabricant à façon) (7e classe). De ces termes du tarif, on doit inférer que l'orfèvre rangé dans la 5e classe est celui qui n'a pas de magasin de vente, mais seulement un atelier. — V. d'ailleurs ce qui a été dit à ce sujet pour les bijoutiers (*suprà*, n° 155).

359. — 174° *Ornemaniste.* — Rangé dans le tableau A (4e classe), l'ornemaniste est celui qui fabrique et vend aux entrepreneurs de bâtiments divers ornements d'architecture pour la décoration des constructions. Sont notamment imposables deux associés qui vendent aux constructeurs des pinacles, galeries, faîtages, lucarnes, gargouilles et autres objets fabriqués dans leurs ateliers (Cons. d'Et. 15 nov. 1889, aff. Chennevières et fils, *Rec. Cons. d'Etat*, p. 1036). — Mais l'exemption de patente due aux artistes a été accordée à un ornemaniste qui se charge de la décoration des monuments publics d'après des modèles et des dessins dont il est l'auteur, encore qu'il emploie à son compte des ouvriers travaillant sous sa direction (Cons. d'Et. 24 mars 1859, aff. Grootaers, *Rec. Cons. d'Etat*, p. 232). — V. d'ailleurs, pour la jurisprudence spéciale aux artistes, *infrà*, n° 582 et suiv.

360. — 175° *Pacotilleur.* — Pour les faits constitutifs de cette profession, V. tarif tableau A, 3e cl.

361. — 176° *Papetier en détail.* — Pour la vente de fournitures de bureau par les instituteurs et les concierges de lycée, V. *suprà*, n° 279.

362. — 177° *Paquebots.* — On a vu *suprà*, n° 130, comment sont aujourd'hui imposables les entreprises de paquebots. Nous ajouterons seulement ici que des droits spéciaux sont assignés aux agences de paquebots étrangers (V. le tarif). — V. également *ibid.*, pour les entreprises étrangères de paquebots n'ayant pas d'établissement en France.

363. — 178° *Parc aux charrettes* (*Tenant un*). — Cette profession est rangée dans la 5e classe. Elle implique une véritable installation; car des cultivateurs qui se bornaient, les jours de marché, à recevoir dans leur cour les voitures et les chevaux des paysans, moyennant une rétribution de 10 cent., ont été déchargés de cette patente (Cons. d'Et. d'Et. 6 nov. 1880, aff. Lemeur et autres, D. P. 81. 5. 280). — Ces contribuables eussent dû toutefois, semble-t-il, être maintenus au rôle comme logeurs de chevaux, ainsi qu'il a été jugé depuis dans un arrêt déjà cité du 9 avr. 1886 (n° 209).

364. — 179° *Palachier.* — V. *suprà*, n° 239, *Diligences* (*Entrepreneur de*).

365. — 180° *Pâtes alimentaires.* — Pour la vente, au petit détail, de l'épicerie et des pâtes alimentaires, V. *suprà*, n° 253.

366. — 181° *Pâtissier, marchand de gâteaux.* — Le tarif, qui contenait précédemment le pâtissier expéditeur (3e classe), le pâtissier non expéditeur (4e classe), et le pâtissier brioleur (7e classe), ne comprend plus que le pâtissier vendant en gros (3e classe), et le pâtissier vendant en détail (4e classe). Quant au brioleur, il a été remplacé dans la 7e classe par le marchand, en boutique, de galettes, gaufres, brioches et gâteaux; ce dernier est celui qui ne fait que de petits gâteaux et autres pâtisseries communes; il n'est d'ailleurs imposable que s'il occupe une boutique, et il peut, le cas échéant, prétendre à l'exemption due aux ouvriers travaillant seuls. Ainsi jugé pour un individu qui, n'ayant avec lui que sa fille non mariée et ne disposant, au fond d'une impasse, que d'un simple atelier avec four attenant à son logement, fabriquait des gâteaux communs qu'il vendait aux étalagistes ou que sa fille allait vendre en ambulance (Cons. d'Et. 5 févr. 1892, aff. Armand, *Rec. Cons. d'Etat*, p. 117). A été, d'autre part, admis à la 7e classe un pâtissier de Jemmapes (Algérie) qui avait un petit magasin, mais qui n'y vendait guère que des gâteaux, du prix moyen de 10 cent., par lui fabriqués, et qui ne possédait qu'un très faible assortiment de bonbons, dragées et fruits confits

(Cons. d'Et. 8 août 1890, aff. Robaine, *Rec. Cons. d'Etat*, p. 778). Il faut, au contraire, considérer comme un pâtissier celui qui a, soit dans ses vitrines, soit à l'étalage de son magasin, des confitures, des sirops, des gâteaux moulés et autres articles de pâtisserie fine (Cons. d'Et. 4 avr. 1873, aff. Carabasse, *Rec. Cons. d'Etat*, p. 300).

367. — 182° *Peaux, peaussiers.* — Il a été décidé qu'on doit considérer comme marchand peaussier, et non comme industriel : un individu qui achète aux tanneurs ou aux commissionnaires des peaux qu'il livre à divers artisans pour être apprêtées à façon et qu'il vend ensuite dans son magasin, après s'être borné à les faire vernir dans un atelier formant dépendance de ce magasin (Cons. d'Et. 29 juin 1877, aff. Guillon, *Rec. Cons. d'Etat*, p. 635); un individu qui achète des peaux ayant déjà subi une première préparation, et qui les vend en gros à Paris après leur avoir fait subir, dans des ateliers situés à Lagny, diverses opérations destinées à les rendre propres à être livrées au commerce, mais qui ne sont pas cependant constitutives d'une véritable industrie (Cons. d'Et. 25 avr. 1887, aff. Guérin, D. P. 88. 3. 87). C'est la patente de peaussier en gros qui a été appliquée dans les deux cas. Il faut toutefois distinguer le marchand peaussier du marchand de peaux vertes ou crues. Ce dernier est celui qui achète les peaux vertes ou crues et les revend ensuite, sans leur avoir fait subir de préparation (Cons. d'Et. 9 avr. 1875, aff. Bellet, *Rec. Cons. d'Etat*, p. 306). Et cette patente est due par celui qui, après avoir acheté des peaux de mouton, se borne à les débarrasser de leur laine et à les revendre dans cet état à des mégissiers ou à des parcheminiers : il n'est pas fondé à prétendre qu'il n'est lui-même qu'un mégissier (Cons. d'Et. 7 mai 1875, aff. Chanteloge, *Rec. Cons. d'Etat*, p. 433).

368. — 183° *Peintres en bâtiment.* — Ainsi qu'elle le fait pour les autres artisans (maçons, menuisiers, etc., V. *suprà*, n°s 318 et 339), la loi distingue l'entrepreneur de peinture en bâtiments (4e classe) et le peintre en bâtiments non entrepreneur (6e classe). Appartient à la première catégorie un individu qui s'est rendu adjudicataire de travaux de peinture et de vitrerie à exécuter dans différentes communes et qui s'est chargé de la main-d'œuvre et de toutes les fournitures (Cons. d'Et. 4 nov. 1887, aff. Cuny, *Rec. Cons. d'Etat*, p. 686).

369. — 184° *Peinture sur verre* (*Exploitant un établissement de*). — On trouvera, au chapitre des *Exemptions*, *infrà*, n° 585, les indications relatives au changement de jurisprudence qui s'est produit pour les artistes-verriers. Disons seulement ici que, d'après le tarif actuel, on ne doit pas compter comme ouvriers les artistes occupés, chez le patentable, à composer les cartons. D'autre part, si le peintre-verrier découpe, ajuste, met en plomb, et vitrifie au four les verrières qu'il exécute, ces opérations ne le rendent pas imposable comme faiseur ou ajusteur de vitraux (tableau A, 6e classe), alors même que cette patente serait plus élevée que celle du tableau C, réglée sur le nombre de ses ouvriers. On ne doit ranger dans la 6e classe que l'artisan dont le rôle se limite à des travaux de plomberie et de vitrerie, à l'exclusion du peintre-verrier dont l'industrie comprend forcément ces travaux (Cons. d'Et. 25 mars 1892, aff. Châlons, *Rec. Cons. d'Etat*, p. 313).

370. — 185° *Pendules et bronzes* (*Marchand de*). — V. *suprà*, n° 176, *Bronzes*, et n° 295, *Horloger*.

371. — 186° *Pension de chevaux.* — V. *suprà*, n° 209.

372. — 187° *Perruquier.* — Pour la distinction du perruquier, du barbier et du coiffeur, V. *suprà*, n° 213.

373. — 188° *Pharmacien.* — Selon le principe posé au *Rép.* n° 232, le médecin qui, dans une commune où il existe des pharmacies, fournit des médicaments aux malades près desquels il est appelé, doit être soumis à la patente de pharmacien, encore qu'il ne tiendrait pas une officine ouverte; mais le médecin qui, sans d'ailleurs tenir une pharmacie ouverte au public, se borne, dans une localité où il n'y a pas de pharmacien, à distribuer à ses malades des médicaments simples ou composés, ne peut être assujetti, à raison de ce fait, à aucune patente en sus de celle à laquelle il est imposé en sa qualité de médecin (Cons. d'Et. 19 juill. 1854, aff. Jagot, D. P. 55. 3. 25) ; et on ne doit de même imposer au droit fixe, ni comme pharmacien ni comme droguiste, l'officier de santé qui fournit des médicaments à ses malades dans les communes où il n'y a pas de pharmacies, attendu que ces ventes, faites dans les conditions de l'art. 27 de la loi du 21 germ. an 11, rentrent dans l'exercice de sa profession (Cons. d'Et. 26 juin 1866, aff. Hoste, *Rec. Cons. d'Etat*, p. 724).

374. — 189° Pour la fabrication et la vente des produits, spécialités ou préparations pharmaceutiques, V. *infrà*, n° 408. V. aussi, pour les associés des pharmaciens, *infrà*, n° 534.

375. — 190° *Phosphates.* — L'extraction des phosphates étant devenue une industrie importante, la profession d'extracteur ou laveur de phosphates naturels a été ajouté, dans le tableau C, en 1885. Il avait été jugé auparavant que celui qui se livre à l'extraction et au lavage des phosphates fossiles exerce une industrie donnant lieu à patente, bien que ces phosphates soient exclusivement destinés à alimenter un moulin lui appartenant et pour l'exploitation duquel il est déjà imposé (Cons. d'Et. 19 mars 1880, aff. Chéry, D. P. 80. 3. 117). La nouvelle dénomination a été appliquée depuis, encore qu'il n'opérât pas pour son compte, à un individu qui extrayait d'un terrain des sables phosphatés qu'il livrait, chargés sur voiture, au propriétaire de ce terrain, moyennant 7 fr. par 1000 kilogr., employait des ouvriers par lui payés à la journée et auxquels il fournissait l'outillage nécessaire (Cons. d'Et. 3 mai 1890, aff. De Thou, D. P. 91. 3. 105). — Pour les chantiers des extracteurs de phosphates, V. *suprà*, n° 93.

376. — 191° *Photographe.* — D'abord imposé à la 6e classe, le photographe a été élevé à la 5e classe en 1880. Le tarif comprend en outre depuis cette époque, et dans la 6e classe, le photographe *travaillant seul*, ce qui constitue une dérogation expresse au principe de l'exemption accordée aux ouvriers (V. *infrà*, n° 620 et suiv.). — D'autre part, le fabricant ou marchand d'appareils, ustensiles et fournitures pour la photographie, ayant boutique ou magasin, a été ajouté à la même époque dans la 4e classe.

377. — 192° *Pianos.* — Outre le loueur de pianos (5e classe), le tarif impose à la 3e classe le facteur ou marchand en boutique ou magasin de pianos et clavecins et à la 5e classe le fabricant de pianos et clavecins n'ayant ni boutique ni magasin. Ce sont, par suite, les droits de la 3e classe qui doivent être appliqués à un fabricant de pianos, disposant d'une pièce où les pianos sont déposés et mis en vente et qui constitue ainsi un magasin, au sens du tarif, encore que cette pièce soit au second étage et ne renferme que des pianos sortis de ses ateliers (Cons. d'Et. 6 févr. 1874, aff. Viart, *Rec. Cons. d'Etat*, p. 129; 6 nov. 1880, aff. Foché et fils, *Rec. Cons. d'Etat*, p. 844). — Mais il a été reconnu qu'une pièce où l'on termine, en les accordant, les pianos en cours de fabrication, dont l'entrée est interdite au public, dont toutes les vitres sont dépolies et où l'on ne pénètre qu'en traversant un atelier encombré de touries d'huiles et d'alcool ne peut être considérée comme un magasin (Cons. d'Et. 8 juill. 1881, aff. Foché, D. P. 82. 5. 307).

Quant aux grands facteurs de pianos, ils sont assujettis, le cas échéant, aux droits du tableau C, comme travaillant pour le commerce.

378. — 193° *Pipes* (*Marchand de*). — Pour la vente des pipes et autres objets dans les bureaux de tabac, V. *suprà*, n° 233.

379. — 194° *Plâtre* (*Fabrique de*). — Pour la détermination de la capacité imposable des fours, V. *suprà*, n° 202. — V. aussi, pour les meules employées dans les fabriques de plâtre, n° 172.

380. — 195° *Poissons.* — Le tarif n'a pas été changé pour les marchands en gros (1re cl.) et en demi-gros (2e cl.) de poisson salé, mariné, sec ou fumé. Mais le marchand de poisson frais expéditeur ou vendant par fortes parties aux détaillants, a été remplacé dans la 5e classe, en 1880, par le marchand en gros de poisson frais. Quant au marchand de poisson en détail (7e cl.), c'est le marchand de poisson frais qui n'est pas couvert par l'exemption de patente accordée à ceux qui vendent en ambulance (V. *infrà*, n°s 644 et suiv). A été déclarée imposable comme telle une femme qui occupait, sur un marché, une place fixe où elle vendait chaque jour des coquillages et du poisson de mer (Cons. d'Et. 21 déc. 1877, aff. Caraman, *Rec. Cons. d'Etat*, p. 1033). — Notons ici quelques arrêts qui ont refusé de n'imposer que comme presseurs de poisson de mer (4e cl.) des individus qui achetaient le poisson déjà salé à bord des bateaux de pêche et le revendaient après l'avoir simplement lavé et rangé dans des barils : ils ont été maintenus à la 1re classe, comme marchands en gros de poisson salé (Cons. d'Et. 14 juin 1878, aff. Fournier et autres, *Rec. Cons. d'Etat*, p. 567). — Il a été jugé, d'autre part, que la patente de marchand de poisson frais vendant par fortes parties (aujourd'hui marchand en gros) était due par une femme qui recevait chaque jour un certain nombre de paniers de moules qu'elle revendait sans les diviser à des détaillants (Cons. d'Et. 28 juill. 1882, aff. Dame Danois, *Rec. Cons. d'Etat*, p. 721).

381. — 196° *Ponts et pertuis (Chef de).* — Les mariniers qui se chargent habituellement de conduire et de diriger dans les passages difficiles les bateaux qui descendent une rivière sont imposables à la patente de chef de ponts et pertuis (6e cl.) (Cons. d'Et. 19 juill. 1854, aff. Gayet, D. P. 55. 3. 25).

382. — 197° *Poteries.* — Pour la fabrication des poteries de terre, tuyaux de drainage et objets analogues, V. *suprà*, n° 172.

383. — 198° *Pressoirs.* — Le droit fixe est réduit de moitié pour les pressoirs à bras ou à manège, et les pressoirs à bras sont exempts du droit proportionnel. — En principe, la patente est due si le propriétaire met habituellement son pressoir à la disposition du public, moyennant redevance ; mais le tarif actuel impose distinctement le loueur de pressoir. V. d'ailleurs, sur ce point, n° 554, et, pour les pressoirs non exploités dans l'année, n° 714.

384. — 199° *Primeurs.* — Pour la vente et l'expédition des primeurs, V. *suprà*, n° 256.

385. — 200° *Produits chimiques.* — Dans certains cas, on qualifie de fabricant de produits chimiques et on impose comme tel, le fabricant d'alcool qui traite ses mélasses, et l'usine à gaz qui traite ses eaux résiduaires. Il est à remarquer, d'autre part, que la clarification des huiles végétales ne constitue pas toujours une véritable industrie. Mais est imposable comme fabricant de produits chimiques, et non comme marchand d'huiles en gros, celui qui achète des huiles brutes de pétrole pour les soumettre à un traitement industriel à l'aide duquel il en extrait plusieurs espèces de produits destinés à des usages différents (Cons. d'Et. 28 mai 1872, aff. Liron, *Rec. Cons. d'Etat*, p. 334). — D'autre part, le tarif ne distinguait pas, jusqu'en 1880, entre les produits chimiques et les produits pharmaceutiques. Comme ces derniers font aujourd'hui l'objet d'un commerce important, la fabrication et la vente en sont soumises à des droits particuliers (*infrà*, n° 408).

386. — 201° *Quincaillerie.* — Le marchand de quincaillerie est celui qui tient assortiment d'articles de serrurerie, de quincaillerie, de ménage, etc. ; on ne doit donc pas le confondre avec le taillandier, qui vend surtout des outils aux cultivateurs. Jugé que la première de ces patentes est due par un individu vendant des objets dont la réunion constitue un assortiment de quincaillerie (Cons. d'Et. 12 févr. 1875, aff. Taillandier, *Rec. Cons. d'Etat*, p. 134). — V., pour les grands magasins de quincaillerie et d'articles de ménage, *suprà*, nos 320 et suiv., et pour la fabrication des vis, boulons et écrous, *infrà*, n° 453.

387. — 202° *Réassurances.* — La quotité du droit fixe applicable aux entreprises de réassurances a été abaissée par la loi du 8 août 1890, D. P. 90. 4. 84-86, de la moitié au dixième du droit fixe payé par les compagnies réassurées. Le tarif porte d'ailleurs, comme précédemment, que, lorsque les opérations de réassurances s'étendent à plusieurs compagnies, c'est le droit fixe payé par la compagnie la plus imposée qui doit servir de base à cette taxation. La diminution importante accordée aux sociétés de réassurance a été motivée par l'augmentation de leur nombre et par l'amoindrissement très notable de leurs bénéfices qui en a été la conséquence.

388. — 203° *Receveur de rentes.* — Selon la remarque faite au *Rép.* n° 124, la profession de receveur de rentes diffère peu, dans la pratique, de celle d'agent d'affaires ; aussi les mêmes droits lui sont-ils applicables. Nous renvoyons donc à ce que nous avons dit (*suprà*, n° 116) pour les agents d'affaires et pour les conditions et circonstances dans lesquelles cette patente est ou n'est pas due. Ajoutons seulement qu'il a été jugé, conformément aux principes applicables aux agents d'affaires : que le fait, par un individu, d'avoir reçu de plusieurs personnes le mandat de gérer leurs propriétés et d'en percevoir les fermages ne suffit pas à le rendre imposable lorsqu'il s'agit d'un mandat gratuit, intervenu entre personnes unies par des liens de parenté ou d'amitié (Cons. d'Et. 12 juill. 1866, aff. Gousse, D. P. 67. 5. 303) ; et que le conseil d'Etat a refusé pareillement d'imposer deux contribuables qui, moyennant des remises proportionnelles, géraient chacun les biens fonciers de *deux* familles (28 déc. 1877, aff. Bresson, D. P. 79. 5. 310 ; 16 janv. 1892, aff. Fouquet, *Rec. Cons. d'Etat*, p. 26). Cependant il avait été établi, dans la seconde affaire, que la gestion s'étendait à 40 fermes d'un produit annuel total de 60 000 fr., et qu'elle laissait au régisseur un bénéfice de 3000 fr. Comme nous l'avons dit pour les agents d'affaires, c'est sans doute l'absence d'une véritable clientèle qui a déterminé le conseil d'Etat à maintenir l'exemption prononcée par les premiers juges. — Avait été, au contraire, jugé imposable un ancien notaire qui recevait, moyennant salaire, les revenus et rentes de plusieurs personnes dont il gérait les propriétés, encore qu'il n'eût point de cabinet ouvert au public et qu'il choisît ses clients (Cons. d'Et. 13 janv. 1858, aff. Piestre, *Rec. Cons. d'Etat*, p. 52).

389. — 204° *Regrattier.* — Pour la distinction du regrattier et de l'épicier en détail, V. *suprà*, n° 253.

390. — 205° *Représentants de commerce.* — Pour tout ce qui a trait aux courtiers de marchandises, facteurs de denrée et représentants de commerce, V. *infrà*, nos 639 et suiv.

391. — 206° *Résines.* — V., pour la vente du caoutchouc, *suprà*, n° 187 et pour l'exploitation des forêts de pins, *infrà*, n° 596.

392. — 207° *Restaurateur.* — En rapportant (*suprà*, n° 167) un arrêt relatif à un établissement de bouillon, nous avons dit que la patente de 3e classe (restaurateur et traiteur à la carte) ne nous paraissait devoir atteindre que les restaurants de luxe. C'est dans ce sens qu'il a été jugé que deux restaurateurs du quartier de la Bourse, à Paris, ne pouvaient se prévaloir de ce qu'ils offraient à leur clientèle des menus différents, dont le prix était fixé à l'avance sans d'ailleurs comprendre le vin, pour demander à n'être imposés qu'à la 4e classe comme restaurateurs à la carte et à prix fixe (Cons. d'Et. 11 juill. 1879, aff. Bayle et Duchesne (Véfour), D. P. 80. 5. 279). Il a été aussi décidé que la 3e classe était due par un établissement où le service à prix fixe n'avait pas un caractère habituel (Cons. d'Et. 19 mai 1882, aff. Martin, *Rec. Cons. d'Etat*, p. 503). — Quant à la 5e classe (restaurateur à prix fixe seulement), elle est applicable au restaurateur qui sert des repas uniformes à prix fixe à tous ses consommateurs.

393. Ajoutons que le tarif comprend aujourd'hui, avec des droits spéciaux, les restaurateurs sur bateaux et sur wagons (L. 8 août 1890, tableau C, 3e partie, D. P. 90. 4. 88).

394. — 208° *Retorderies.* — Pour les broches de retordage existant dans les filatures, V. *suprà*, n° 273.

395. — 209° *Roulage (Entrepreneur de).* — Pour tout ce qui a trait aux entreprises de transports de marchandises autres que les chemins de fer, V. *suprà*, n° 220.

396. — 210° *Sabots, sabotiers.* — Le sabotier fabricant-expéditeur (4e classe) a été supprimé du tarif en 1880. Quant au sabotier-fabricant, maintenu dans la 8e classe, sa taxation indique suffisamment qu'il s'agit du simple artisan, dont les opérations demeurent peu importantes. Aussi, cette patente a-t-elle été refusée : à un fabricant de sabots qui les vendait le plus habituellement à des marchands, par 30 ou 40 paires à la fois (Cons. d'Et. 18 févr. 1876, aff. Dubosq, *Rec. Cons. d'Etat*, p. 175) ; — à un autre qui les livrait, par fortes parties, à des marchands et à des chefs d'exploitation agricole (Cons. d'Et. 28 avr. 1882, aff. Mary, *Rec. Cons. d'Etat*, p. 404) ; ils ont été tous deux déclarés imposables comme marchands de sabots en gros (4e classe). C'est aussi la 4e classe qui est aujourd'hui applicable à la vente en gros des sabots garnis ; car les mots *en détail* ont été ajoutés, en 1890, à l'art. *Fabricant ou marchand de sabots garnis* (6e classe), ce qui ne permet plus de soutenir, comme le fait s'était produit, que la fabrication et la vente de ces objets n'entraînent, en tout état de cause, que les droits de 6e classe. Ajoutons que la vente simultanée de sabots garnis et non garnis rend exigible la 6e classe. Ainsi jugé pour une femme qui, en outre de sabots en bois blanc valant 80 cent. la paire, avait un approvisionnement de sabots garnis, dont le prix s'élevait de 1 fr. à 3 fr. (Cons. d'Et. 11 févr. 1870, aff. Doran, *Rec. Cons. d'Etat*, p. 69).

397. — 211° *Savon* (*Fabrique de*). — Le droit fixe est, pour ces usines, de 70 cent. par hectolitre de capacité brute des chaudières. Comme la loi n'a fait ainsi aucune distinction entre celles qui servent aux opérations préparatoires et celles qui servent aux opérations finales de la fabrication, il a été jugé qu'on devait compter des chaudières où l'industriel faisait subir une préparation chimique à la potasse, à la soude et à l'huile que ses fournisseurs ne lui livraient pas dans un état qui permît de les utiliser immédiatement pour la fabrication (Cons. d'Et. 24 mai 1878, aff. Cavary, D. P. 78. 3. 103). Décidé, de même, qu'il doit être tenu compte, non seulement des chaudières servant à la saponification proprement dite, mais aussi des chaudières munies de fourneaux et employées pour traiter les lessives à feu nu, ces chaudières ne pouvant être considérées comme de simples bassins, bacs ou bacquieux (Cons. d'Et. 4 nov. 1881, aff. Darier, D. P. 83. 5. 339). La jurisprudence est, du reste, analogue pour les brasseries (n° 171) et pour les tanneries (n° 418).

398. — 212° *Scieries mécaniques*. — Il a été rendu compte, à l'article *Moulins* (*suprà*, n° 348), du changement important que l'imposition de ces usines et des scieries mécaniques a subi en 1890. Nous ne pouvons donc qu'y renvoyer, en ce qui concerne les scieries. Ajoutons seulement que le tarif, déjà complété en 1880, l'a été de nouveau en 1890, notamment pour ce qui regarde le sciage du sucre et du marbre.

399. — 213° *Sculpteurs*. — Pour les sculpteurs prétendant à l'exemption de patente due aux artistes, V. *infrà*, n° 582 et suiv.

400. — 214° *Selliers*. — Le simple sellier ou sellier-harnacheur, rangé dans la 5e classe, est celui qui garnit les voitures, mais qui n'en vend pas (*Rép.* n° 126). — Quant au sellier-carrossier (3e classe), c'est celui qui se charge de livrer à ses clients des voitures neuves et de faire les réparations nécessaires à celles qui en ont besoin (Cons. d'Et. 3 août 1877, aff. Ourse, *Rec. Cons. d'Etat*, p. 784). On ne doit pas d'ailleurs le confondre avec le carrossier-fabricant (V. *suprà*, n° 192).

401. Il a été jugé, d'autre part, qu'on ne devait pas considérer comme un fabricant d'objets en cuir bouilli ou verni (6e classe), mais comme un sellier-harnacheur, un individu qui avait pour spécialité la fabrication d'un seul article de sellerie, le culeron (Cons d'Et. 20 nov. 1885, aff. Outi, *Rec. Cons. d'Etat*, p. 852). Ajoutons, à ce point de vue, que le tarif contient maintenant, dans la 5e classe, le fabricant ou marchand d'objets en cuivre, plaqué, os, ivoire, ébène, etc., pour la sellerie ou la carrosserie.

402. — 215° *Serruriers, serrurerie*. — La jurisprudence considère comme rentrant dans la grosse serrurerie la confection et la pose des pièces métalliques (charpentes, piliers, caissons, etc.), dont il est fait usage dans les travaux publics. Le tarif comprend, d'autre part, dans la 2e classe, le marchand en gros d'objets de serrurerie. Il distingue également, selon la règle commune, le serrurier entrepreneur (4e classe) du serrurier non entrepreneur (6e classe). Enfin, le serrurier-mécanicien et le serrurier en voitures suspendues sont rangés l'un et l'autre dans la 7e classe. — Signalons un arrêt portant qu'un fabricant de porte-bouteilles en fer ne pouvait être considéré comme un serrurier-entrepreneur, et que c'était un fabricant de ferronnerie (Cons. d'Et. 12 févr. 1875, aff. Barbau, *Rec. Cons. d'Etat*, p. 135).

403. — 216° *Signaux télégraphiques à l'entrée des ports* (*Entrepreneur de*). — Le droit fixe de cette profession est réglé sur la population. — Est imposable comme tel : l'individu qui occupe, même dans un port, un local où il a établi des lunettes et un appareil pour signaux télégraphiques, et qui fait connaître aux négociants, moyennant rétribution, les navires qui se présentent pour entrer dans le port; il alléguerait en vain, pour prétendre à l'exemption, qu'il rend aussi des services gratuits aux navires en détresse, aux bâtiments de la marine militaire, et à ceux qui demandent à être remorqués (Cons. d'Et. 22 mai 1861, aff. Sanière, D. P. 61. 3. 62).

404. — 217° *Sociétés formées par actions pour opérations de banque, de crédit, d'escompte, de dépôts, comptes courants, etc.* — C'est sous ce titre que les sociétés financières sont imposées depuis la loi du 2 août 1868. Mais leur droit fixe avait alors été réglé par million de capital, avec un minimum de 1000 fr. et un maximum de 2000 fr.; il est aujourd'hui de 30 centimes par 1000 fr. du capital versé ou non versé. — Cette taxation est, d'ailleurs, générale, c'est-à-dire qu'elle est applicable à toutes sociétés formées par actions, que ces sociétés soient en commandite ou qu'elles aient la forme anonyme (Cons. d'Et. 4 août 1870, aff. Comptoir d'escompte d'Annonay, *Rec. Cons. d'Etat*, p. 999, 22 juill. 1887, aff. Société financière de Paris, D. P. 88. 3. 116. Le législateur n'a pas entendu faire une énumération limitative des opérations donnant lieu à l'application de ce tarif ; il a voulu atteindre les sociétés se livrant aux divers actes qu'on range usuellement sous le titre d'affaires financières. Il importe donc peu que les bureaux d'une société de l'espèce ne soient pas ouverts au public et que son service de caisse soit confié à une autre société. De même, la circonstance qu'elle se livre directement ou s'intéresse à des opérations variées, telles que la création de sociétés immobilières, industrielles ou commerciales, l'achat de terrains, l'obtention de concessions, l'établissement d'usines, l'installation de service d'eau et de gaz, ne fait pas obstacle à son imposition d'après le tarif ci-dessus visé, dès l'instant que ses opérations ont et conservent un but essentiellement financier, à savoir l'émission des titres de ces entreprises et la revente ultérieure de ces titres : elle ne saurait prétendre qu'elle n'exerce que la profession d'agent d'affaires ou celle d'entrepreneur de travaux publics (Observ. du min. des finances, dans l'affaire jugée par l'arrêt précité du 22 juill. 1887, D. P. 88. 3. 116).

405. A l'égard de l'imposition du capital d'après les règles du tableau C, nous avons dit déjà (*suprà* n° 157) que la loi la subordonne à la comparaison préalable des droits ainsi obtenus et de ceux des tableaux A ou B, afférents aux opérations qu'il s'agit d'atteindre. On a vu aussi (*ibid.*) qu'il doit être tenu compte, dans cette comparaison, des succursales alimentées par le même capital.— D'autre part, c'est le capital « versé ou non versé » que la loi déclare imposable : c'est donc le capital *social*, tel qu'il résulte des statuts, qui doit être soumis au droit fixe, encore qu'il soit vrai de dire que les parties souscrites de ce capital soient seules, en fait, la base des opérations de la société, la mesure de son crédit et la garantie des tiers. Aussi, a-t-il été jugé, en présence de ces termes exprès de la loi : que le droit fixe doit être calculé d'après le capital nominal fixé par les statuts, et non d'après la portion de ce capital qui a été effectivement versée par les actionnaires (dans la circonstance 1 360 000 fr. sur 3 millions) (Cons. d'Et. 30 avr. 1870, aff. Caisse d'escompte de Rouen, *Rec. Cons. d'Etat*, p. 523) ; qu'il doit être tenu compte des fonds de garantie fournis par l'Etat et par le département, et représentés, dans la caisse sociale, par des bons du Trésor et des obligations de ce département, bien que ces titres ne puissent être aliénés ni mobilisés, et, ne donnent droit, pour l'Etat et le département, à aucune participation aux bénéfices (Cons. d'Et. 12 déc. 1873, aff. Comptoir d'escompte de la Sarthe, D. P. 76. 3. 67); qu'enfin les séries d'actions non encore émises par une société, mais que ces statuts l'autorisent à émettre pour compléter le capital qu'elle s'est engagée vis-à-vis de l'Etat à réaliser, doivent être considérées comme faisant partie de son capital social, dans le sens de la loi (Cons. d'Et. 14 janv. 1876, aff. Société algérienne, D. P. 76. 3. 677), et qu'il en est de même pour les actions que le gérant d'une société a reçu des statuts l'autorisation d'émettre au fur et à mesure des besoins de la société (Cons. d'Et. 11 févr. 1876, aff. Noël et comp., D. P. 76. 3. 67). — Mais le conseil d'Etat a refusé d'étendre cette jurisprudence, déjà rigoureuse, aux augmentations de capital simplement *prévues* dans les statuts ; il a décidé que, lorsque le capital a été fixé par les statuts à un chiffre déterminé et qu'il a seulement été stipulé qu'il pourrait plus tard être augmenté par voie d'émissions successives, ce n'est qu'au fur et à mesure de ces émissions que les augmentations de capital ainsi réalisées deviennent imposables (Cons. d'Et. 21 févr. 1879, aff. Bourgeois et comp., D. P. 79. 3. 51). Il n'y avait là, en effet, qu'une éventualité susceptible de se réaliser, mais qui demeurait sans influence sur le crédit de la société à l'époque du litige: on s'explique dès lors que l'avis du ministre des finances, tendant à l'imposition de ce capital éventuel, n'ait pas été suivi.

406. Lorsqu'une société étrangère possède une succursale en France, son droit fixe doit être établi sur la totalité du capital social, et non sur la partie de ce capital que les règlements de la société affectent aux opérations de cette succursale, attendu que cet acte de gestion intérieure n'a pu avoir pour effet de constituer ladite succursale en société distincte et que c'est le capital social qui en garantit les opérations (Cons. d'Et. 14 janv. 1876, aff. Banque centrale de la Sambre, D. P. 76. 3. 67; 3 févr. 1883, aff. Banque de Mulhouse, D. P. 84. 3. 92). Cette doctrine n'est pas non plus sans rigueur et l'administration de l'Enregistrement ne la suit pas pour la perception de l'impôt sur le revenu (V. la note du second arrêt); mais l'affectation *statutaire* d'un capital déterminé à chaque succursale ainsi établie suffirait, nous semble-t-il, pour la rendre seulement imposable sur la base de cette portion du capital social.

407. — 218° *Soies.* — Il avait déjà été jugé (*Rép.* n° 127) que le marchand de soies est celui qui livre la soie à la consommation, et non celui qui la prépare. Depuis, il a été décidé dans le même sens qu'il faut imposer comme marchand de soie en gros et non comme fabricant, celui qui, ne possédant ni atelier, ni outillage, achète en pains des soies filées et les revend ensuite à des marchands, après les avoir fait mouliner, blanchir, teindre et plier par divers industriels (Cons. d'Et. 5 nov. 1875, aff. Corpet, *Rec. Cons. d'Etat*, p. 866). — V. pour les courtiers en soie, *suprà*, n°s 217 et 212, et pour les fileries et moulineries de soie et les établissements de condition des soies, *infrà*, n°s 540 et 541.

408. — 219° *Spécialités ou préparations pharmaceutiques* (*Fabricant et marchand de*). — Comme il a été dit (n° 345), la loi impose aujourd'hui distinctement les personnes qui fabriquent et celles qui vendent les spécialités ou préparations pharmaceutiques ou médicamenteuses. Le fabricant de ces produits est soumis aux droits du tableau C (10 fr. par ouvrier), mais avec la réserve que, lorsque l'application de ce tarif donnera un ensemble de droits moins élevé que celui qui résultera du tarif du tableau A (marchand, en gros, en demi-gros ou en détail, de spécialités ou préparations pharmaceutiques), c'est ce dernier tarif qu'il faudra appliquer. Réciproquement, lorsque, pour un marchand-fabricant de spécialités ou préparations pharmaceutiques, on obtiendra par l'application du tarif du tableau A un ensemble de droits moins élevé que celui qui résultera du tableau C (fabrique de spécialités ou préparations pharmaceutiques), on devra appliquer ce dernier tarif. Il y a lieu, en somme, de comparer chaque fois les deux taxations, pour retenir la plus forte; nous avons déjà trouvé des dispositions analogues à l'article *Fabricant pour le commerce*, *suprà*, n°s 73 et suiv. et à l'article *Banquier*, *suprà* n° 145.

409. Mais, ainsi que la remarque en a été faite par le ministre des finances (V. la note D. P. 86. 3. 102), la dénomination de fabrique de produits chimiques ou pharmaceutiques n'est applicable qu'aux établissements ayant un véritable caractère industriel, c'est-à-dire dans lesquels la transformation des matières premières exige des opérations chimiques, mécaniques, etc., assez importantes pour donner, par elles-mêmes, en dehors de toute question de monopole ou de notoriété, une plus-value notable aux matières traitées. Elle ne peut s'appliquer à un laboratoire où les opérations sont assez simples pour qu'une production considérable puisse être obtenue à l'aide d'un personnel peu nombreux. Aussi a-t-il été jugé que celui qui, pourvu du diplôme de pharmacien vend, dans les conditions du gros, des produits préparés dans son laboratoire d'après ces formules dont il est inventeur ou propriétaire, doit être imposé comme pharmacien vendant en gros, et non comme fabricant de produits pharmaceutiques (Cons. d'Et. 13 févr. 1885, aff. Vivien, D. P. 86. 3. 102; V. conf. 16 mars 1877, aff. Torchon, D. P. 78. 5. 349) et il a été décidé de nouveau, dans le même sens, qu'on doit considérer comme pharmacien vendant en gros : celui qui, ayant le diplôme de pharmacien, exploite un établissement où il vend en gros divers produits médicamenteux préparés, dans son laboratoire, d'après des formules qui lui appartiennent (Cons. d'Et. 14 avr. 1890, aff. Fanyau, D. P. 91. 5. 386); des contribuables, qui, sous la direction de l'un d'eux, pourvu du diplôme nécessaire, préparent et vendent diverses spécialités, notamment du vin de Bugeaud (Cons. d'Et. 13 juin 1891, aff. Lebeaud et comp. *Rec. Cons. d'Etat*, p. 450). Cette distinction n'a plus toutefois qu'un intérêt théorique en présence des dispositions du tarif que nous avons signalées et qui assurent l'imposition de droits égaux dans les deux cas, les pharmaciens en gros, en demi-gros et en détail étant rangés dans la 1re, la 2e, la 3e classe du tableau A, comme les fabricants et marchands de spécialités pharmaceutiques, et ces derniers ne pouvant être maintenus au tableau C que sous réserve de la comparaison de ces droits et de ceux du tableau A.

410. — 220° *Spectacles.* — La taxation des directeurs de spectacles a été maintenue sur la base, adoptée précédemment, d'une fraction du produit d'une représentation complète. Depuis 1880, cette fraction est de 3/10 dans les théâtres où l'on joue tous les jours, et de 3/20, si l'on ne joue pas tous les jours et si la troupe est sédentaire. Enfin, si la troupe n'est pas sédentaire, c'est-à-dire si elle ne réside pas quatre mois consécutifs dans la même ville, il est dû un droit fixe invariable de 60 fr. D'autre part, et pour atteindre distinctement les théâtres nomades qui fréquentent les fêtes et les foires, et dont certains ont une réelle importance, un article nouveau a été ajouté au tarif : c'est le directeur de spectacle forain. Son droit fixe est réglé à 3/20 d'une représentation complète (L. 8 août 1890, tableau C, 5e partie, D. P. 90. 4. 88); mais, pour qu'il ne soit pas soumis à des droits moins élevés que les maîtres de jeux et amusements publics fréquentant les mêmes lieux, le tarif porte que, si sa patente, ainsi calculée, demeurait, dans son ensemble (droit fixe et proportionnel) inférieure à celle de la 6e classe du tableau A, on devrait faire application de ce dernier tableau. Ajoutons que le maître de jeux et amusements publics dont il vient d'être parlé, et qui est rangé dans la 6e classe, est celui qui tient des jeux divers tels que jeu de quilles ou jeu de mail, manège à chevaux de bois, tourniquet, billard anglais, etc. C'est également à cette patente que paraissent imposables les directeurs de panoramas et autres installations foraines, l'article spécial ouvert dans la 2e classe pour le directeur de diorama, panorama, néorama, etc., étant réservé aux établissements de l'espèce qui sont fixes et permanents. Rappelons aussi que des droits spéciaux sont prévus pour les cafés chantants, cafés-concerts, cafés-spectacles (V. *suprà*, n° 180), ainsi que pour les concerts publics (V. le tarif à ce mot).

411. Il y a lieu de remarquer, à l'égard des directeurs de spectacles, que cette dénomination générale est applicable à tous spectacles quelconques sous les réserves qui viennent d'être indiquées pour les panoramas, les cafés et les concerts. C'est ainsi qu'un individu qui donnait, dans l'amphithéâtre de Nîmes, des représentations consistant en combats de taureaux, exercices de gymnastique, de pantomimes et autres, a été imposé en qualité de directeur de spectacles avec une troupe non sédentaire (Cons. d'Et. 9 janv. 1880, aff. Hérault, D. P. 80. 3. 69); et qu'il en a été de même pour un autre qui avait organisé des courses de taureaux dans un cirque de la banlieue de Bordeaux (Cons. d'Et. 3 juin 1881, aff. Hoppani, *Rec. Cons. d'Etat*, p. 594). Il a été jugé, d'autre part : qu'un théâtre qui est ouvert au public tous les soirs doit, bien qu'il fasse relâche pendant l'été, être considéré, pour l'assiette du droit fixe, comme un théâtre où l'on joue tous les jours (Cons. d'Et. 30 juin 1882, aff. De Geslin, D.P. 84. 5. 375); et qu'un directeur qui exploite deux théâtres dans la même ville, mais qui n'a pas de troupe sédentaire attachée à l'un de ses théâtres, et qui se borne soit à l'ouvrir à des troupes de passage, soit à y faire jouer accidentellement en matinées la troupe affectée à l'autre théâtre, doit n'être imposé de ce chef qu'au droit fixe de 60 fr., comme directeur de spectacles avec troupe non sédentaire (Cons. d'Et. 4 juill. 1884, aff. Lafon, D. P. 85. 5. 351). Enfin, pour la détermination du produit imposable d'une représentation complète, il est de jurisprudence que la seule déduction à faire est celle du droit des pauvres, et qu'il n'y a lieu de tenir compte ni des conventions particulières intervenues avec les abonnés, encore qu'elles résultent du cahier des charges; ni des places gratuites mises à la disposition de la municipalité et de la presse, ni de la circonstance qu'à certains jours de la semaine le spectacle serait à prix réduit (Cons. d'Et. 18 févr. 1865, aff. Bernard, D. P. 66. 5. 335; 4 juill. 1884, aff. Lemercier, D. P. 85. 5. 351).

Il importe d'ajouter que les directeurs de spectacles sont au nombre des patentables que le tarif n'assujettit au droit proportionnel que pour leur habitation seulement, à l'exclusion des locaux affectés à leurs entreprises (V. *infrà*, n° 474).

412. — 221° — *Sucre*. — Nous avons rapporté, *suprà*, n° 68, un arrêt relatif à l'assiette du droit fixe dans les raffineries de sucre. Ajoutons ici que ce droit fixe a été relevé, en 1890, de 10 fr. à 25 fr. par ouvrier, en considération de la prospérité accusée par ces usines. — Quant aux fabriques de sucre de betteraves, sur lesquelles nous reviendrons à l'égard du droit proportionnel (n° 518), leur droit fixe, qui n'était établi précédemment que par chaudière à déféquer, est réglé, depuis la loi de 1880, par hectolitre de la capacité nette, soit des chaudières à défécation, soit des chaudières ou bacs de première carbonatation, étant entendu que la capacité nette se détermine au moyen d'une déduction, sur la capacité brute, d'un dixième pour les chaudières ou bacs de première carbonatation.

413. V., pour les courtiers en sucres, *suprà*, n° 217 et pour les sucreries agricoles, *infrà*, n° 603.

414. — 222° *Tabac*. — Pour le commerce du tabac en France et en Corse, et pour les débits de tabac, V. *suprà*, n° 233.

415. — 223° *Taillandier*. — Pour la différence du taillandier et du quincaillier, V. *suprà*, n° 386.

416. — 224° *Tailleur, couturier, marchand de vêtements*. — La classification adoptée pour les tailleurs, en 1844, et qui a été indiquée au *Rép*. (n° 130), a été modifiée successivement en 1880, en 1885 et en 1890. Il serait aujourd'hui sans intérêt d'entrer dans le détail de ces changements, qui ont été motivés par les transformations qu'a subies l'industrie du vêtement. — Nous dirons seulement que les patentables de cette catégorie sont divisés en deux groupes, ceux qui travaillent sur mesure pour les particuliers et ceux qui fabriquent à l'avance, c'est-à-dire qui font la confection. — Les premiers sont passibles de la 3e classe, s'ils ont « assortiment d'étoffes »; de la 5e classe si, sans avoir assortiment d'étoffes, ils fournissent sur simples échantillons » ; de la 7e classe s'ils ne travaillent qu'à façon; et il a été jugé, à ce point de vue : que la 3e classe est due par celui qui possède un approvisionnement de tissus achetés à l'avance, et non au fur et mesure des demandes de sa clientèle (Cons. d'Et. 17 déc. 1875, aff. Chevassu, *Rec. Cons. d'Etat*, p. 1020 ; 21 avr. 1882, aff. Naguart, *Rec. Cons. dEtat*, p. 368); et qu'il y a lieu pareillement d'assujettir à la 3e classe le couturier qui a chez lui un approvisionnement d'étoffes qu'il soumet au choix de ses clientes, bien que ces étoffes, prises à condition chez des marchands, ne lui appartiennent pas, qu'il en demande d'autres au besoin à ces marchands lorsque la cliente ne se contente pas de voir les échantillons qui lui sont d'abord soumis, et que les pièces ainsi demandées soient rendues ensuite (Cons. d'Et. 22 janv. et 6 août 1886, aff. Laur, et aff. Jeunet, *Rec. Cons. d'Etat*, p. 67 et 713). Nous signalons spécialement ces deux derniers arrêts parce que les opérations qu'ils ont visées sont aujourd'hui courantes, la vente à condition entrant de plus en plus dans les usages du commerce. — Il a été décidé aussi que la 5e classe était due par un tailleur qui ne se bornait pas à travailler à façon avec les étoffes fournies par ses clients, et leur vendait également sur échantillons (Cons. d'Et. 14 juill. 1876, aff. Rouzée, *Rec. Cons. d'Etat*, p. 679); mais la circonstance qu'un tailleur a un assortiment d'étoffes qu'il soumet au choix de ses clients ne le rend pas cependant passible de la 3e classe, si la majeure partie de ses ventes s'appliquent à des vêtements faits à l'avance (dans l'espèce, 81 000 fr. de confection, contre 11 000 fr. sur mesure) : ce n'est qu'un marchand d'habits neufs, aujourd'hui de vêtements confectionnés (Cons. d'Et. 11 févr. 1876, aff. Aron, *Rec. Cons. d'Etat*, p. 145).

417. Enfin, pour les vêtements confectionnés à l'avance, le tarif actuel distingue le fabricant ou marchand vendant en gros (2e cl.), le fabricant ou marchand vendant en demi-gros (3e cl.) et le fabricant ou marchand vendant aux particuliers (5e cl.), avec cette réserve que les deux derniers, dès qu'ils occupent plus de dix employés, passent dans le tableau B, où ils sont soumis à la taxation spéciale afférente aux grands magasins (V. *suprà*, n° 56). — Quant au fabricant et marchand en gros de vêtements confectionnés, il devient le cas échéant, nous l'avons vu (n° 73 et suiv.), passible des droits du tableau C, comme travaillant pour le commerce.

418. — 225° *Tannerie*. — Le droit fixe est ici réglé « par mètre cube de fosses et de cuves ». Ces termes généraux du tarif n'autorisent aucune distinction entre les fosses qui ne servent qu'à la préparation première des cuirs et celles qui sont employées au tannage proprement dit. — Il y a lieu, en conséquence, de compter : les plains ou bassins d'eau destinés au plainage et au rinçage des peaux (Cons. d'Et. 25 juin 1875, aff. Meurié, *Rec. Cons. d'Etat*, p. 624 ; 19 mars 1886, aff. Vincent, D. P. 87. 5. 322); les fosses servant au travail dit de rivière (Cons. d'Et. 28 juin 1889, aff. Frileux, *Rec. Cons. d'Etat*, p. 788); et même les fosses et cuves ne contenant que des écorces (Cons. d'Et. 12 août 1859, aff. Gilliard, D. P. 62. 5. 237).

419. — 226° *Tapissier* (*Marchand de meubles*). — A la distinction établie par le *Rép*., n° 131, entre le tapissier-marchand et le tapissier à façon, il faut ajouter que celui qui vend surtout des meubles, rideaux, tentures et tapis, et qui se borne à fournir accessoirement la literie qui lui est commandée, ne doit être considéré que comme tapissier marchand de meubles, et non comme marchand d'objets de literie (3e classe) (Cons. d'Et. 20 nov, 1874, aff. Soyez, *Rec. Cons. d'Etat*, p. 895; 15 févr. 1884, aff. Jourdan et Brodin, *Rec. Cons. d'Etat*, p. 133). — Mais la 3e classe est due par celui qui vend habituellement des sommiers, traversins, oreillers, lits et couvertures (Cons. d'Et. 27 juin 1891, aff. Raygasse, *Rec. Cons. d'Etat*, p. 498). — On remarquera à ce sujet que l'ancienne qualification de marchand de fer en meubles a été remplacée dans le tarif, en 1880, par celle de marchand d'articles de literie, qui l'a été elle-même, en 1890, par celle de marchand *en détail*, d'articles ou fournitures de literie. Quant au marchand en gros de ces objets, il est imposable, selon le cas, comme marchand de laine, de crin, de plume et duvet. — De son côté, l'ébéniste ou marchand de meubles neufs non garnis est passible de la 5e classe, et le marchand de meubles d'occasion, de la 6e classe. Enfin, le fabricant de meubles est imposable comme ébéniste (V. le tarif), avec application, le cas échéant, des droits du tableau C afférents aux fabricants qui travaillent pour le commerce.

420. — 227° *Teinturiers*. — Le teinturier pour les fabricants et les marchands est un industriel, rangé dans le tableau C. Quant au teinturier-dégraisseur, pour les particuliers, il est imposable à la 4e classe du tableau A, ou seulement à la 6e classe, suivant qu'il emploie ou non une machine à vapeur; et nous avons vu (n° 83) comment ses succursales doivent être traitées dans le premier cas. Il a été dit aussi (n° 83) que chacune des boutiques de réception des objets à teindre forme un établissement distinct, passible du droit fixe. Ajoutons ici que la 4e classe a été jugée applicable à un teinturier qui avait une chaudière à vapeur destinée tout à la fois au chauffage des bains de teinture et à la mise en jeu d'un moteur actionnant une essoreuse et une pompe (Cons d'Et. 30 déc. 1887, aff. Galvin, *Rec. Cons. d'Etat*, p. 864); mais que la 6e classe est seule due par celui qui ne possède dans son atelier qu'un générateur destiné uniquement à fournir la vapeur nécessaire à ses chaudières de teinture et à ses cylindres d'apprêt (Cons. d'Et. 5 févr. 1892, aff. Ferrary, *Rec. Cons. d'Etat*, p. 116).

421. Quant au teinturier travaillant seul, il peut être, comme tel, affranchi de la patente. C'est ainsi que l'exemption a été accordée à un individu dont la clientèle était surtout composée de gens de la campagne et dont l'atelier ne renfermait qu'un outillage de minime valeur (quatre fourneaux avec bassines et un moulin à broyer l'indigo (Cons. d'Et. 3 févr. 1883, aff. Lerat, *Rec. Cons. d'Etat*, p. 137). Elle a été refusée, au contraire, à un teinturier dont l'atelier était pourvu de tous les ustensiles nécessaires et qui recevait en outre de ses clients des étoffes qu'il se chargeait de faire imprimer (Cons. d'Et. 28 déc. 1877, aff.

Trémoulet, *Rec. Cons. d'Etat*, p. 1059). — Dans le même ordre d'idées, il a été jugé que c'était la patente de teinturier, et non pas seulement celle de dégraisseur (7e classe), qu'il fallait appliquer à un contribuable qui se chargeait de faire teindre les objets qui lui étaient confiés et qui avait à cet effet une boutique ouverte au public, encore qu'il prétendît ne posséder qu'un atelier de dégraissage (Cons. d'Et. 23 mars 1880, aff. Michelot, *Rec. Cons. d'Etat*, p. 349).

422. — 228e *Théâtres*. — Pour tout ce qui concerne les théâtres et les spectacles, V. *suprà*, no 410.

423. — 229e *Tissus* (*Marchand de*). — Pour compléter ce qui a été dit des marchands de lingerie, de mercerie et de nouveautés (V. *suprà*, nos 310, 340 et 355), il nous reste à préciser la différence qui sépare le marchand de tissus en détail (3e classe) du marchand de tissus grossiers et communs sans assortiment (6e classe), différence qui est assez difficile à faire dans la pratique. C'est ainsi que le conseil d'Etat a été amené à tenir compte à la fois de l'importance de la commune et de celle du magasin, de la valeur moyenne des objets vendus et du chiffre d'affaires atteint. Il a été jugé en ce sens que la 6e classe devait seule être appliquée à un marchand qui, dans un magasin de 9 mètres carrés, ouvert à Pontorson, et dont le loyer, joint à celui de l'habitation, n'était que de 170 fr., vendait surtout aux paysans des tartanelles, reps, cotonnades, indiennes, coutils, calicots, toiles à matelas, chemises de couleurs, etc., et dont l'approvisionnement n'avait pas une valeur de plus de 2500 fr. (Cons. d'Et. 28 juin 1878, aff. Jallat, *Rec. Cons. d'Etat*, p. 612); et il en a été de même pour un magasin ouvert sur une des places d'Angers, mais qui ne pouvait être regardé comme un magasin de tissus en détail tel qu'en comporte cette ville : la valeur moyenne du mètre d'étoffe n'atteignait pas 2 fr., celle de l'approvisionnement n'était que de 7000 fr., et le chiffre annuel ne dépassait pas 14 000 fr. (Cons. d'Et. 10 juin 1887, aff. Brevet, *Rec. Cons. d'Etat*, p. 468). — Ont été, au contraire, maintenus à la 3e classe : un individu qui, dans un bourg d'Indre-et-Loire, vendait des tissus dont quelques-uns valaient 5 fr., 8 fr. et 13 fr. le mètre et qui achetait de 15 000 à 18 000 fr. de marchandises par an (Cons. d'Et. 6 avr. 1869, aff. Linassier, *Rec. Cons. d'Etat*, p. 310); une femme dont le magasin, situé dans une commune de la banlieue de Troyes, renfermait un assortiment de tissus de laine, de fil et de coton de divers genres, bien qu'elle prétendît que la valeur moyenne de ses tissus ne dépassait pas 2 fr. le mètre (Cons. d'Et. 28 févr. 1879, aff. Demoiselle Vilnet, *Rec. Cons. d'Etat*, p. 189); un marchand de tissus d'une petite commune de l'Hérault, qui avait un assortiment d'étoffes et d'articles de mercerie (Cons. d'Et. 2 mai 1879, aff. Tandon, *Rec. Cons. d'Etat*, p. 236). C'est, comme on le voit, l'ensemble des circonstances qu'il faut envisager pour le règlement de l'imposition.

424. — 230e *Tonnelier*. — Le *Rép.*, no 132, a fait connaître les bases de l'imposition des tonneliers. Nous ajouterons que le fabricant de tonneaux pour expéditions maritimes ou commerciales peut, le cas échéant, passer du tableau A (4e classe) dans le tableau C, comme fabricant pour le commerce. Ajoutons que ce n'est pas la 4e classe qui est due, mais seulement la 6e, par celui qui se borne à fournir des foudres et cuves aux propriétaires qui lui en commandent (Cons. d'Et. 28 mars 1860, aff. Roman, *Rec. Cons. d'Etat*, p. 262). Quant au tonnelier à façon, c'est à la fois celui qui fait des tonneaux avec des bois qui lui sont fournis et celui qui, sans rien vendre, se borne à descendre en cave et à mettre en bouteilles le vin chez les particuliers. Le second devient imposable à la 6e classe, s'il a en outre une boutique où il vend les articles courants de tonnellerie, tels que bouteilles, bouchons, cire, etc. (Cons. d'Et. 13 avr. 1877, aff. Meuriat, *Rec. Cons. d'Etat*, p. 337).

425. — 231e *Tramways*. — V. pour les omnibus et tramways, *suprà*, no 357.

426. — 232e *Travaux publics*. — Rangé dans le tableau C, l'entrepreneur de travaux publics est imposable sur le montant de ses entreprises. Mais « l'application de cette dénomination doit être restreinte aux entrepreneurs de travaux publics proprement dits, c'est-à-dire aux adjudicataires et aux cessionnaires généraux ou partiels des adjudicataires de travaux qui s'exécutent pour le compte de l'Etat, des départements, des communes, des hospices et autres établissements publics, ainsi que pour le compte des compagnies concessionnaires de chemins de fer, etc., qui, vu les privilèges dont elles jouissent, peuvent être considérées comme des établissements publics. On ne donne point la qualification d'entrepreneur de travaux publics à celui qui se borne à travailler pour le compte des particuliers, alors même qu'il a fait avec eux des entreprises plus ou moins importantes; il continue d'être, suivant sa profession, imposé comme entrepreneur de bâtiments, charpentier-entrepreneur, entrepreneur de maçonnerie, etc. » (Instr. minist. 6 avr. 1881, p. 50).

427. La solution demeure sans difficulté, lorsqu'on se trouve en présence d'une soumission ou d'un traité embrassant l'ensemble des ouvrages nécessaires à l'établissement d'un pont, d'une caserne, d'une église, d'une usine, etc. Ainsi, ont été considérés comme des entrepreneurs de travaux publics, dans le sens de la loi : un fabricant de pièces métalliques qui avait entrepris la construction d'un pont, encore qu'il eût rétrocédé tous les travaux de dragage, de terrassement, de charpente et de maçonnerie, ne se réservant que la fourniture et la pose des pièces en fer (Cons. d'Et. 12 déc. 1861, aff. Cail, *Rec. Cons. d'Etat*, p. 883); un maître de forges qui, aux termes d'un traité passé avec une ville, s'était chargé de la construction d'une usine à gaz et des travaux d'établissement de l'éclairage, bien qu'il eût cédé à des sous-traitants, aux prix du devis, les travaux ne rentrant pas dans l'exercice de sa profession (Cons. d'Et. 27 janv. 1882, aff. Durenne, D. P. 84. 5. 367); des charpentiers entrepreneurs qui, ayant traité avec une compagnie de chemin de fer, avaient exécuté les travaux de fondations, de maçonnerie, de charpente, de vitrerie, de serrurerie et de peinture que comportait l'établissement de stations et de maisons de gardes (Cons. d'Et. 23 déc. 1887, aff. Gambault et Terré, *Rec. Cons. d'Etat*, p. 838). — Mais, ainsi que la remarque en a été faite (D. P. 77. 3. 103; V. la note), ce n'est pas le cas le plus général, soit que l'Administration, comme elle le fait souvent dans les grandes entreprises, compose elle-même les lots d'après la nature des travaux, soit qu'il s'agisse de sous-traitants qui ne se chargent guère que d'ouvrages rentrant dans leur spécialité. La jurisprudence a dû par suite s'attacher à un autre ordre de faits pour déterminer dans quels cas la patente dont il s'agit devient applicable à l'artisan ou au chef d'industrie qui, ayant déjà un établissement organisé, exécute, pour le compte de l'Administration ou d'un premier entrepreneur, un ouvrage de sa profession.

428. Avant d'exposer cette jurisprudence, nous dirons qu'il n'y a pas lieu de distinguer entre les sous-traitants et les premiers adjudicataires, dès l'instant que les opérations relevées ont le caractère de travaux publics. C'est ainsi que les droits du tableau C sont applicables non seulement à celui qui a entrepris à forfait les réparations à exécuter au pavage des rues d'une commune (Cons. d'Et. 11 août 1870, aff. Riondel, *Rec. Cons. d'Etat*, p. 1067), mais encore à celui qui, par un sous-traité passé avec l'adjudicataire des travaux d'entretien d'une route, s'est chargé, à forfait et à ses risques et périls, d'une partie de ces travaux qu'il exécute à l'aide d'ouvriers (Cons. d'Et. 12 févr. 1868, aff. Vivien, *Rec. Cons. d'Etat*, p. 153); et qu'il en est de même, tant pour celui qui, par suite d'un marché passé directement avec une compagnie, s'est chargé d'exécuter à ses risques et périls une partie des travaux de construction de la voie ferrée dont cette compagnie est concessionnaire (Cons. d'Et. 28 mai 1886, aff. Barreau, D. P. 87. 5. 327), que pour ceux qui ont sous-traité avec l'entrepreneur principal de la construction d'un chemin de fer pour l'exécution de travaux importants de maçonnerie : on ne saurait voir en eux de simples tâcherons (Cons. d'Et. 13 juill. 1877, aff. Josserand, D. P. 77. 3. 103; 8 août 1884, aff. Landes et Journet, D. P. 86. 3. 58). Citons encore un arrêt maintenant à cette patente un individu qui, par une convention passée avec les adjudicataires de la construction d'un chemin de fer, s'est chargé d'en exécuter une partie des travaux « sous sa responsabilité, et non comme simple tâcheron » (Cons. d'Et. 9 avr. 1892, aff. Boureille). Il a été jugé pareillement que les sous-traitants du concessionnaire de la construction d'un casino municipal, qui s'étaient chargés des travaux de maçonnerie, étaient par ce fait « devenus entrepreneurs de travaux publics » (Cons. d'Et. 26 déc. 1885, aff. Rastaul frères, *Rec. Cons. d'Etat*, p. 1006). — Enfin, au point de vue du principe, deux arrêts portent que celui qui s'est chargé non seulement de l'entretien des chemins vicinaux d'une commune, mais de la construction de trois chemins, moyennant l'abandon à son profit des sommes produites par les prestations en nature et des subventions allouées par l'Etat et le département, doit être imposé comme entrepreneur de travaux publics, sans qu'il puisse se prévaloir de ce qu'il ne se serait chargé de ces travaux que par des motifs désintéressés (Cons d'Et. 23 déc. 1887, aff. Lebugle, D. P. 88. 5. 353); et une compagnie qui, en vertu d'une adjudication, s'est engagée à exécuter, moyennant une somme de 254 169 fr., rabais déduit, le dragage d'un chenal dépendant d'un port, doit être imposée à la patente en qualité d'entrepreneur de travaux publics et non d'exploitant de dragues (Cons. d'Et. 2 mars 1888, aff. Compagnie de Fives-Lille, D. P. 89. 5. 347). C'est ainsi également qu'une société d'exploitation de carrières qui s'était rendue adjudicataire, dans les conditions ordinaires des adjudications de travaux publics, d'un marché ayant pour objet non seulement de fournir les pierres destinées à la construction d'une préfecture, mais aussi d'en effectuer la taille aux conditions prévues au devis, ne peut prétendre qu'il n'y a là qu'un marché de fournitures, et non une entreprise de travaux publics (Cons. d'Et. 17 janv. 1887, aff. Société des carrières de Villebois, D. P. 88. 3. 102). Il avait d'ailleurs été déjà admis implicitement, dans le même sens, qu'au point de vue de la compétence, on doit considérer comme un marché de travaux publics et non comme un marché de fournitures, une entreprise ayant pour objet non seulement de livrer les pierres de taille destinées à la construction d'une église, mais de les ébaucher conformément aux plans et profils donnés par l'architecte (Cons. d'Et. 29 déc. 1859, aff. Simon, *Rec. Cons. d'Etat*, p. 794).

429. La jurisprudence qui a déterminé les cas où un chef d'industrie, ayant un établissement organisé, et exécutant pour l'Administration ou pour le compte d'un entrepreneur, un ouvrage de sa profession, doit être imposé comme entrepreneur de travaux publics, est conforme à celle qui a été exposée (*suprà* n° 277) pour les marchands qui livrent aux administrations les objets de leur commerce. De même que ces marchands ne deviennent des fournisseurs, au sens du tarif, que s'ils contractent de véritables marchés, de même l'artisan ou l'industriel qui se charge d'un travail public ne cesse pas d'exercer son état s'il se borne à exécuter ce travail dans les mêmes conditions que les commandes qu'il pourrait recevoir des particuliers et sans avoir à modifier le mode d'exploitation de son industrie. Il devient au contraire un entrepreneur, lorsque l'importance des travaux qu'il a soumissionnés l'oblige à multiplier ses chantiers ou ses ateliers, à augmenter son personnel, à déplacer son industrie, en un mot à transformer les conditions dans lesquelles il exerçait son état. C'est également la doctrine de l'Administration; car on lit dans l'instruction ministérielle du 6 avr. 1881 (p. 51) : « Lorsqu'un charpentier, un menuisier, un maçon, un serrurier ou un autre artisan se sera rendu entrepreneur d'un travail public, le contrôleur aura à examiner si, d'après son importance, la manière dont elle doit être suivie et le lieu où elle sera exécutée, cette entreprise ne constitue qu'un accessoire de la profession habituelle de l'entrepreneur, ou si, à raison de cette entreprise, le patentable peut être considéré comme possédant un établissement distinct du premier ».

430. Il a été jugé dans ce sens qu'on ne peut qualifier d'entrepreneur 1° un serrurier qui ne s'était chargé que de travaux de son métier à faire dans une école, bien qu'il eût soumissionné ces travaux dans les conditions ordinaires des adjudications (Cons. d'Et. 8 janv. 1867, aff. Chauvet, *Rec. Cons. d'Etat*, p. 13); — 2° Un serrurier-entrepreneur qui, ayant ses ateliers à Auxonne, s'était rendu adjudicataire de la fourniture et de la pose de garde-corps et de tabliers métalliques des ponts en maçonnerie, pour le compte de la compagnie Paris à Lyon et à la Méditerranée : ces travaux ont été considérés comme rentrant dans l'exercice de sa profession (Cons. d'Et. 18 mai 1877, aff. Buisset, D. P. 77. 3. 103). — Mais, ce même contribuable s'étant chargé ensuite de travaux importants pour le compte de l'Etat, du département et de la compagnie déjà citée, a été cette fois maintenu à la patente d'entrepreneur de travaux publics (Cons. d'Et. 19 mars 1880, D. P. 81. 3. 63); et, à l'inverse, il a été jugé de nouveau à son égard que, lorsqu'un marché relatif aux auvents métalliques à établir dans des gares a pour objet principal la fourniture de ces auvents et que, s'il en comprend aussi la pose et l'installation, ces travaux demeurent accessoires, le prix des auvents ainsi fournis ne doit pas entrer en compte pour la détermination du montant des travaux publics imposables au nom de l'entrepreneur (Cons. d'Et. 8 févr. 1890, D. P. 91. 5. 380). — C'est ainsi également que les fournitures faites par une société de construction pour l'établissement de la toiture d'une rotonde à locomotives ont été déduites du surplus de l'entreprise, comme rentrant dans l'exercice de la profession de fabricant de ferronnerie (Cons. d'Et. 22 nov. 1889, aff. Société des ateliers méridionaux, D. P. 91. 5. 377). — Nous citerons encore un arrêt accordant décharge de la patente d'entrepreneur de travaux publics à des fabricants d'appareils à gaz qui avaient passé avec l'Etat un marché ayant pour objet principal la fourniture des conduites et appareils nécessaires à un lycée. Bien que ce marché comprît aussi la pose et l'installation, ces travaux n'étaient demeurés qu'accessoires; en sorte qu'ils rentraient dans l'exercice de la profession des soumissionnaires. — D'ailleurs, ces contribuables n'avaient, pour leur exécution, rien changé, ni comme outillage, ni comme personnel, dans leurs ateliers; et il ne s'était agi que d'une entreprise d'environ 100 000 fr. alors que leur chiffre d'affaires de l'année avec les particuliers avait atteint 150 000 fr. (Cons. d'Et. 3 août 1888, aff. Beau et Bertrand, *Rec. Cons. d'Etat*, p. 710).

431. Pour compléter ces indications, nous ferons remarquer que l'entreprise, au sens du tarif, implique des risques et une responsabilité. Aussi a-t-il été jugé que celui qui, en exécution d'un marché passé avec l'Administration, s'est borné à fournir la main-d'œuvre pour les travaux à exécuter en régie dans un port, dont les ouvriers se sont uniquement servis de matériaux et d'outils fournis par l'Administration et qui n'a pris à sa charge aucun risque d'entreprise, n'est pas un entrepreneur de travaux publics, mais seulement un maçon (Cons. d'Et. 8 mars 1890, aff. Prevost, D. P. 91. 5. 382. V. aussi Cons. d'Et. 9 août 1889, aff. Tual, D. P. 91. 5. 382). — On ne saurait non plus qualifier d'entrepreneur de travaux publics un maçon qui s'est borné à exécuter des réparations au pont d'une commune, sans d'ailleurs employer d'ouvrier, et avec des matériaux fournis par le service vicinal, alors surtout que ces réparations n'ont atteint que le chiffre de 650 fr. (Cons. d'Et. 14 mars 1879, aff. Phillippe, *Rec. Cons. d'Etat*, p. 213); non plus que des cantonniers auxquels leur administration avait fait signer des marchés pour des travaux d'entretien des chemins auxquels ils étaient attachés à d'autres époques de l'année et rentrant dans la catégorie des travaux qu'ils exécutent ordinairement (Cons. d'Et. 9 août 1889, aff. Tual, D. P. 91. 5. 383). — Remarquons que, lorsqu'une compagnie exécute les travaux de canalisation et de fontainerie nécessaires à l'installation d'un service de distribution d'eau dont elle a obtenu d'une ville la régie intéressée pour une longue période, ces travaux ne peuvent la constituer entrepreneur de travaux publics (Cons. d'Et. 22 févr. 1884, aff. Compagnie générale des eaux, D. P. 85. 3. 94). Il ne s'agit en effet que des travaux préparatoires, faits pour lui-même par le futur exploitant et dont il ne doit être rémunéré que par l'exploitation du service entrepris, et c'est la doctrine que l'Administration applique à la construction de chemins de fer par les sociétés ou les particuliers qui en sont concessionnaires. — Pour les sociétés financières qui s'occupent de l'exécution de travaux publics, V. *suprà*, n°s 404 et suiv.

432. Le droit fixe applicable aux entreprises de travaux publics se compose d'une taxe déterminée de 5 fr. et d'une taxe variable qui, portée d'abord à 1 fr. par 1000 fr. de travaux, puis à 1 fr. 20 cent. (L. 29 mars 1872), a été élevée en 1880 à 25 cent. par 100 fr. ou fraction de 100 fr. du montant annuel des entreprises. Le tarif contient, en outre, depuis la même époque, une disposition portant que, « lorsque le prix des entreprises sera de 500 fr. et au-dessous, l'entrepreneur sera imposé conformément aux règles du tableau A et en raison de l'objet spécial des entreprises, pourvu toutefois qu'il n'en résulte aucune surcharge comparativement aux taxes que produirait l'application du tableau C. — La taxe variable ne doit pas d'ailleurs atteindre les chiffres portés aux devis ou aux procès-verbaux d'adjudication, mais seulement ceux qui représentent le montant effectif des travaux *exécutés* (Cons. d'Et. 26 déc. 1861, aff. Hourier et comp., D. P. 62. 3. 45; 14 déc. 1868, aff. Mendiondo, D. P. 70. 3. 43); il doit être tenu compte, par suite, des rabais consentis, sous la réserve que nous indiquons (*infrà* n° 438), et c'est, en somme, sur les payements faits que la taxe s'établit : Notons que, selon le principe général en matières de patentes, on ne doit pas avoir égard aux travaux faits à l'étranger; les travaux entrepris en France doivent seuls être comptés (Cons. d'Et. 13 juill. 1877, aff. Eiffel, *Rec. Cons. d'Etat*, p. 694); et il avait déjà été jugé dans ce sens qu'un étranger qui avait entrepris la construction d'un pont sur le Rhin, entre Kehl et Strasbourg, et qui avait eu, dans cette dernière ville, un établissement pour le service de cette entreprise, devait y être imposé, mais seulement d'après le montant des travaux à exécuter dans la partie française du pont (Cons. d'Et. 7 févr. 1865, aff. Benckiser, D. P. 65. 3. 72).

433. Un grand nombre d'entreprises s'étendent sur plusieurs années, sans qu'il soit possible, soit au cours, soit même vers la fin de chacune de ces années, de connaître le montant exact des travaux déjà exécutés. Aussi s'est-il établi sur ce point une jurisprudence toute spéciale à la matière des travaux publics, et qui déroge au principe d'après lequel les faits de l'année même doivent être seuls retenus pour l'assiette des droits de patente correspondants. Chaque entreprise est considérée comme formant un tout indivisible, et l'Administration est autorisée à n'imposer chaque année, pendant que l'entreprise se poursuit, qu'un chiffre prévisionnel, représentatif de la part de ladite entreprise qu'elle présume devoir se faire au cours de l'année, sauf à atteindre, dans le rôle de la dernière année, la différence entre le montant total des travaux et la réunion des chiffres partiels déjà imposés. Cette jurisprudence, d'ailleurs très équitable dans ses résultats, a été affirmée par de nombreux arrêts. Ainsi il a été jugé : qu'un entrepreneur sur une ligne de chemin de fer, dont les travaux se sont répartis sur deux années et qui n'a été imposé, pour la première, qu'à raison d'une somme inférieure au montant des travaux déjà exécutés, n'est pas fondé à réclamer contre sa cotisation de la seconde année, si le chiffre sur lequel cette cotisation a été réglée n'excède pas, en le réunissant à celui qui a servi de base à la première cotisation, le montant total des travaux exécutés pendant les deux années (Cons. d'Et. 11 déc. 1861, aff. Alary, *Rec. Cons. d'Etat*, p. 872). A l'inverse, l'entrepreneur de la construction d'une église, qui a été imposé la première année pour un chiffre de travaux trop élevé, est fondé à demander une réduction sur le montant des travaux imposés la seconde année (Cons. d'Et. 23 avr. 1861, aff. Geist, *Rec. Cons. d'Etat*, p. 315). Nous citerons également un arrêt du 16 mars 1870 (aff. Escarraguel, *Rec. Cons. d'Etat*, p. 293), où cette doctrine a été nettement exposée, un arrêt du 3 août 1877 (aff. Viale, D. P. 78. 3. 3, V. la note) et un arrêt du 20 avr. 1883 (aff. Olivier, D.P. 84. 3. 52).

434. Lorsqu'un entrepreneur n'exécute, dans le courant de l'année, qu'un chiffre de travaux inférieur à celui pour lequel il est imposé, il n'est pas recevable à réclamer pour cet objet plus de trois mois après la publication du rôle (Cons. d'Et. 12 juin 1872, aff. Cardon, *Rec. Cons. d'Etat*, p. 373). Et il a été décidé que l'entrepreneur ne pouvait se prévaloir, pour combattre la déchéance, du fait qu'il aurait connu seulement à la fin de l'année, qu'il exécuterait une quantité de travaux inférieure aux chiffres prévus aux devis (Cons. d'Et. 23 mai 1884, aff. Massé, *Rec. Cons. d'Etat*, p. 407 ; 27 avr. 1888, aff. Bousquet et Fabre, D. P. 89. 3. 70). Précédemment, le conseil d'État s'était montré moins rigoureux, et, dans une espèce où le ministre de la guerre, plus de trois mois après la publication des rôles, avait pris une décision limitant la dépense à effectuer pendant l'année, par un entrepreneur de service du génie, à une somme inférieure à celle qui était portée au devis et avait servi de base à l'établissement du droit fixé gradué de patente, il avait admis que le délai pour réclamer n'avait couru à l'encontre de l'entrepreneur que du jour de la décision ministérielle (Cons. d'Et. 27 mai 1865, aff. Dufort, *Rec. Cons. d'Etat*, p. 588). Mais la jurisprudence reconnaît à l'entrepreneur la faculté de demander, en temps utile, qu'il lui soit tenu compte de l'excédent dans le calcul des droits afférents aux années suivantes (Arrêt précité du 12 juin 1872). D'ailleurs, dans la pratique, et comme le permet l'instruction ministérielle du 6 avr. 1881, les agents n'imposent en général les entrepreneurs de travaux publics que d'après les faits constatés pour l'année précédente; ils préviennent ainsi les réclamations que ces entrepreneurs seraient souvent amenés à faire pour sauvegarder leurs droits, s'ils étaient compris aux rôles, soit dès le lendemain des adjudications, soit même seulement chaque année pour les travaux devant s'y rapporter.

435. La compensation ainsi admise par la jurisprudence ne saurait s'établir qu'entre les différentes parties ou, si l'on peut le dire, dans l'intérieur d'une même entreprise. Ainsi il a été jugé, sur l'avis conforme de l'Administration, que lorsque les entrepreneurs associés, chargés de travaux sur une ligne de chemin de fer, n'avaient pas été imposés du chef de ces travaux durant les deux premières années, on ne pouvait, pour les comprendre au rôle de la troisième, d'après le montant total de cette entreprise, leur opposer la circonstance que l'associé principal avait figuré sur les deux premiers rôles pour une entreprise différente, la construction de casernes, qu'il exécutait alors pour son compte exclusif (Cons. d'Et. 8 déc. 1882, aff. Vergniaux et fils, D. P. 84. 3. 52). Mais la compensation est admise lorsqu'on se trouve en présence d'entreprises connexes pour le compte de la même administration. Ainsi il a été décidé que lorsque deux marchés de construction de voies ferrées, passés entre une compagnie et un entrepreneur, sont connexes, bien que conclus à des dates différentes, et qu'ils s'appliquent en réalité à un même ensemble de travaux, la patente afférente à la dernière année peut être calculée sur la partie des deux entreprises sur laquelle n'a pas porté la patente des années précédentes, bien qu'une des deux entreprises ait pris fin déjà (Cons. d'Et. 10 juin 1887, aff. Noël, D. P. 88. 5. 346). Il faut aussi, comme on vient de le voir par l'arrêt Vergniaux, que l'entrepreneur soit imposé dès la première année de l'exécution des travaux; il faut de même ensuite qu'il ne soit omis sur aucun des rôles des années auxquelles s'étend l'entreprise; car autrement, et selon les termes de cet arrêt, il ne s'agirait plus d'une compensation à opérer dans le calcul des droits applicables à une même entreprise s'étendant sur plusieurs années, mais de réparer une omission commise par les agents du Trésor, omission qu'aucune disposition législative n'autorise l'Administration à réparer; et c'est ainsi, notamment, qu'il a été statué au profit d'entrepreneurs omis au rôle de la première année : décharge leur a été accordée des droits afférents à la partie de leur entreprise exécutée (Cons. d'Et. 30 déc. 1869, aff. Pinêtres, *Rec. Cons. d'Etat*, p. 1038; 22 nov. 1889, aff. Société des ateliers méridionaux, D. P. 91. 5. 377).

436. Il était enfin nécessaire, jusqu'à la loi du 8 août 1890, que le solde des travaux fût compris au rôle dans l'année même de leur achèvement; et le conseil d'Etat avait rejeté un recours du ministre des finances tendant à faire rétablir au rôle de 1883 des travaux terminés en 1882, mais dont le montant exact n'avait pu être connu que l'année suivante (2 juill. 1886, aff. Dupont, D. P. 87. 5. 321). On devait cependant reconnaître la valeur des motifs invoqués par le ministre qui, à l'argument tiré de ce qu'on l'empêchait ainsi d'atteindre, pour leur montant effectif, les entreprises se terminant en fin d'année, ajoutait dans son recours : « En pareil cas, le solde de l'entreprise échapperait aux agents du Trésor, à moins qu'ils n'imposassent un chiffre prévisionnel exagéré à réduire plus tard sur réclamation. Or, tel n'est pas l'esprit véritable de la jurisprudence. On peut dire, au contraire, qu'en dérogeant dans les cas de l'espèce au principe de l'annalité, elle a eu en vue de concilier les droits de l'Etat avec les intérêts des entrepreneurs et, en particulier, de prévenir l'imposition de chiffres arbitraires, destinés à être forcément l'objet de réclamations ». A défaut d'un texte légal qui les appuyât, les raisons ainsi déduites n'ont pas prévalu; mais cette lacune a été comblée dans le tarif (Loi du 8 août 1890, tableau C, 5e partie) qui dispose aujourd'hui que « lorsque le prix réel alloué à l'entrepreneur dépassera de plus de 2000 francs le montant total de travaux imposé pour l'entreprise, un complément de droit fixe pourra être valablement établi dans l'année qui suivra celle du règlement définitif du prix des travaux ». L'Administration peut ainsi atteindre maintenant les soldes d'entreprise qui ne lui sont que tardivement connus.

437. La loi donnant pour base au droit fixe, comme on l'a vu, le *montant* des entreprises, aucune déduction n'est autorisée par la jurisprudence sur les chiffres représentant le total des dépenses effectuées. Ainsi, l'entrepreneur principal demeure imposable pour les parties de son entreprise qu'il a cédées à des sous-traitants (Cons. d'Et. 17 févr. 1863, aff. Claverier, *Rec. Cons. d'Etat*, p. 139; 30 août 1865, aff. Michelon, *Rec. Cons. d'Etat*, p. 896), alors même que la cession a été faite au prix du devis, c'est-à-dire sans bénéfice pour le cédant (Cons. d'Et., 27 janv. 1882, aff. Durenne, D. P. 84. 5. 367). On ne saurait davantage admettre en déduction soit la valeur de vieux matériaux fournis par une commune (Cons. d'Et. 14 mars 1879, aff. Benoît *Rec. Cons. d'Etat*, p. 212); soit celle des matériaux neufs employés sur une ligne de chemin de fer (Cons. d'Et. 8 août 1884, aff. et Journet, D. P. 86. 3. 58; 28 mai 1886, aff. Barreau, Landes D. P. 87. 5. 327), et celle des matériaux fournis par la compagnie, moyennant remboursement ultérieur (Même arrêt du 28 mai 1886); soit le montant des indemnités, loyers et frais divers retenus par l'entrepreneur principal à ses sous-traitants (Même arrêt du 8 août 1884); soit enfin la valeur des prestations en nature que le cahier des charges d'un entrepreneur de chemins vicinaux l'oblige à prendre en compte et à employer, bien que ces travaux, effectués par les prestataires, ne lui laissent forcément aucun bénéfice (Cons. d'Et. 1er juin 1888 et 14 mars 1890, aff. Barrier, D. P. 89. 5. 344, et 91. 5. 380). Il en est de même pour la valeur des tuyaux fabriqués dans son usine par un maître de forges, qu'il a fournis en établissant l'éclairage au gaz dans une ville (Cons. d'Et. 27 janv. 1882, précité); et pour celle des pièces métalliques fabriquées dans ses ateliers par l'adjudicataire des travaux de construction d'un pont (Cons. d'Et. 11 déc. 1885, aff. Imbert, D. P. 87. 5. 326).

438. On a même jugé, à l'égard des entrepreneurs qui ont sous-traité, qu'il ne devait pas être tenu compte des rabais consentis par eux à l'entrepreneur principal, et qu'ils devaient être imposés en raison des travaux qu'ils avaient sous-traités d'après leur estimation dans l'entreprise générale (Cons. d'Et. 8 août 1884, aff. Landes et Journet, D. P. 86. 3. 58). Mais cette décision ne paraît pas à l'abri de toute critique (V. la note de l'arrêt), et la solution aurait peut-être été différente, si les intéressés ne s'étaient pas refusés à justifier de leurs conventions avec l'entrepreneur général, au lieu de se borner à soutenir, comme ils l'ont fait, qu'ils n'étaient que des tâcherons.

439. Suivant un arrêt, les travaux effectués en régie, en vertu d'arrêtés préfectoraux prescrivant cette mesure, ne doivent pas être déduits du surplus de l'entreprise, pour le calcul du droit fixe applicable à l'entrepreneur, encore que, selon la remarque du ministre des finances, l'adjudicataire se trouve ainsi partiellement dessaisi et qu'il ne puisse plus faire de bénéfices du chef de ces travaux (Cons. d'Et. 24 juin 1887, aff. Caron, D. P. 88. 3. 102). Mais, dans le cas où la résiliation d'une entreprise de travaux publics est prononcée au cours des travaux, la patente de l'entrepreneur doit être calculée seulement sur la partie des travaux qu'il a exécutée (Cons. d'Et. 7 nov. 1884, aff. Nicolier, D. P. 86. 5. 318). Il est à noter, d'autre part, que l'entrepreneur qui commence ses travaux dans le courant de l'année n'est passible du droit fixe déterminé et du droit proportionnel sur son habitation, qu'à partir du 1er du mois dans lequel il a commencé; mais il doit la totalité du droit fixe variable établi sur le montant des entreprises (Cons. d'Et. 10 janv. 1862, aff. Leroux, *Rec. Cons. d'Etat*, p. 8).

440. L'entrepreneur qui emploie dans ses travaux soit des matériaux tirés de ses carrières, soit des objets fabriqués dans ses ateliers, ne doit pas être soumis au droit fixe pour l'extraction de ces matériaux ou la fabrication de ces objets. En effet, le chiffre qui sert de base au droit fixe de l'entrepreneur se trouve comprendre à la fois, en pareille circonstance, la valeur des matières fournies, le bénéfice que l'entrepreneur en devait attendre légitimement, à titre d'industriel, et le prix des travaux proprement dits. Il est donc juste que ce bénéfice ne soit pas atteint une seconde fois. — Nous avons déjà noté l'application de cette jurisprudence à l'égard de la fabrication des briques (*suprà*, n° 172) et à l'exploitation des carrières (*suprà*, n° 188). L'entrepreneur n'est imposable, dans ce cas, comme exploitant de carrières qu'à raison des ouvriers dont le travail correspond à la quantité de matériaux par lui livrés au commerce (Cons. d'Et. 17 déc. 1875, aff. Carrier. *Rec. Cons. d'Etat*, p. 1022). Nous ajouterons qu'il devrait être complètement affranchi de cette patente, s'il n'employait que dans ses entreprises les pierres par lui extraites (Cons. d'Et. 19 mars 1862, aff. Dosmond, et 30 avr. 1862, aff. Freynet, *Rec. Cons. d'Etat*, p. 205 et 359). — De même, lorsqu'une société s'occupant de travaux publics est imposée à son siège social sur le montant des travaux par elle entrepris, et qu'elle possède une usine où elle fabrique à la fois des ouvrages en fer qu'elle emploie dans ces travaux et des pièces métalliques qu'elle se borne à fournir à d'autres entrepreneurs ou à des compagnies de chemin de fer, elle n'est imposable dans ladite usine, comme serrurier-entrepreneur, que pour les ouvriers considérés comme produisant ces pièces métalliques, à l'exclusion des ouvriers dont le travail correspond aux ouvrages utilisés dans ses entreprises (Cons. d'Et. 25 déc. 1888, aff. Société des ponts et travaux en fer, D. P. 89. 5. 352).

441. Rappelons en terminant que, selon la règle commune (V. *suprà*, n° 80), l'entrepreneur de travaux publics est imposable au droit fixe là où il a son *établissement*. Mais des difficultés surgissent fréquemment sur ce point, car, tout en conservant, au lieu de leur résidence, le siège de leur industrie et la direction générale de leurs opérations, la plupart des entrepreneurs se trouvent amenés à installer, sur les travaux même, des chantiers et des bureaux : ils s'y fixent parfois temporairement ou, au moins, y entretiennent des agents; ils sont tenus enfin d'y faire élection de domicile, toutes circonstances qui rendent plus délicate la détermination du lieu de l'établissement, quand surtout il s'agit d'entreprises durant plusieurs années. Toutefois, le conseil d'Etat juge constamment que c'est dans la commune où se trouvent la direction et le siège principal de ses opérations que l'entrepreneur est imposable (Cons. d'Et. 24 janv. 1868, aff. Audrand, *Rec. Cons. d'Etat*, p. 94), encore qu'il occupe sur les travaux des chantiers permanents (Cons. d'Et. 22 mai 1861, aff. Waring, D. P. 61. 3. 56), et qu'il y emploie un nombreux personnel (Cons. d'Et. 9 juill. 1862, aff. Aubert, *Rec. Cons. d'Etat*, p. 550). — Spécialement il a été jugé que le droit fixe devait être établi dans le lieu : où se trouvait le siège légal et effectif d'une société (Cons. d'Et. 17 avr. 1861, aff. Dominique et comp., *Rec. Cons. d'Etat*, p. 267); où résidait l'ingénieur chargé de diriger les travaux et où se réglaient les décomptes de l'entreprise (Cons. d'Et. 30 mars 1864, aff. Gérin. *Rec. Cons. d'Etat*, p. 299); où l'entrepreneur, dont les travaux s'exécutaient dans deux autres départements, n'avait pas cessé d'avoir son domicile, ses bureaux et le centre de ses affaires (Cons. d'Et. 8 févr. 1865, aff. Claverie, D. P. 67. 5. 305); où l'entrepreneur avait conservé le siège de son industrie, les agents qui le représentaient au lieu de l'entreprise n'étant que de simples conducteurs de travaux (Cons. d'Et. 31 mars 1876, aff. Mauren, D. P. 77. 5. 322); où était centralisée la comptabilité et où se faisaient les commandes (Cons. d'Et. 25 févr. 1881, aff. Moity et fils, *Rec. Cons. d'Etat*, p. 226); enfin, d'où étaient transmis les fonds et où résidaient les entrepreneurs, qui venaient une fois par mois visiter les travaux (Cons. d'Et. 9 juin 1882, aff. Varigard et Mortier, *Rec. Cons. d'Etat*, p. 545). — Plus spécialement, il a été décidé que le droit fixe était dû à Paris par une société qui, construisant un chemin de fer en Maine-et-Loire, ne laissait à ses deux chefs de section que l'exécution matérielle des travaux (Cons. d'Et. 15 janv. 1886, aff. Société de travaux publics et constructions. *Rec. Cons. d'Etat*, p. 34). Ces chefs de section n'avaient ni procuration, ni délégation, et ne signaient pas les marchés qui étaient tous passés, de Paris, par la société. Les achats de terrains, préparés sur place par un autre agent, étaient aussi décidés à Paris, où se dressaient également les états de payement et les décomptes et où étaient reçues les sommes versées par l'Etat. Enfin, les projets et devis étaient établis au siège social, et l'ingénieur se rendait sur les travaux une fois par mois. Cette décision a été rendue sur l'avis conforme du ministre des finances qui a fait observer, en particulier, qu'il n'y avait pas de motif pour que l'une plutôt que l'autre des deux sections contînt *l'établissement* et qu'on devait dès lors reconnaître qu'il n'y avait là que de simples chantiers, l'établissement étant à Paris. — Au contraire, un arrêt du 23 déc. 1887 (aff. Gombault. *Rec. Cons. d'Et.* p. 838) a décidé que des charpentiers-entrepreneurs de Paris qui, chargés de construire dans l'Aisne des stations et des maisons de gardes, passaient sur place les marchés de fournitures, y réglaient les décomptes et y payaient les ouvriers et les fournisseurs et qui y entretenaient un préposé spécial, tenant une comptabilité particulière, avaient là un établissement distinct de celui de Paris, encore que la haute direction de l'entreprise se trouvât maintenue dans une ville. Ainsi d'ailleurs qu'il a été dit déjà (n° 427) à propos de cet arrêt, les intéressés avaient exécuté par eux-mêmes les divers travaux que comportait l'entreprise, ce qui achevait de montrer qu'ils avaient eu là, en somme, un véritable établissement, ne pouvant être rattaché à leurs entreprises de charpentes de Paris.

442. — 233° *Tréfileries.* — Le droit fixe applicable à ces usines est réglé par ouvrier et par bobine. Mais il ne doit pas être tenu compte des bobines qui, n'étant employées que comme instruments accessoires dans le travail et demeurant sans relation directe avec la force motrice, ne servent qu'à transmettre le fil aux appareils de traction : ces bobines ne peuvent être considérées comme des éléments de production imposables (Cons. d'Et. 2 mai 1879, aff. Bouize, D. P. 80. 5. 275).

443. — 234° *Truffes.* — L'exemption de patente due aux cultivateurs (V. *infrà*, n° 592 et suiv.), ne peut être accordée à celui qui vend des truffes ne provenant pas exclusivement de terrains qui lui appartiennent ou par lui exploités, mais aussi de terrains où il a fait des recherches, après en avoir obtenu la permission des propriétaires et moyennant redevance (Cons. d'Et. 9 janv. 1861, aff. Brulé et autres, *Rec. Cons. d'Etat*, p. 8; 18 janv. 1890, aff. Terrié, *Rec. Cons. d'Etat*, p. 48). — Il résulte également de ces arrêts du 9 janv. 1861 que la vente de truffes, en détail et en ambulance sur les marchés, ne rend exigibles que la moitié des droits; mais, ainsi qu'il résulte d'un arrêt plus récent (Cons. d'Et. 12 avr. 1880, aff. Bagnol, *Rec. Cons. d'Etat*, p. 288), cette réduction ne saurait être réclamée par celui qui vend *en gros* dans un marché.

V. *infrà*, n°s 644 et suiv., pour les ventes en ambulance, en étalage ou sous échoppe.

444. — 235° *Tuiles.* — Pour les questions relatives à la fabrication des tuiles et briques, V. *suprà*, n° 172.

445. — 236° *Velours.* — Pour le caractère industriel de la fabrication des velours. V. *suprà*, n° 107.

446. — 237° *Verroterie.* — Le commerce des perles et objets analogues vitrifiés qui entrent dans la fabrication des couronnes funéraires entraîne l'imposition de la patente de marchand de verroterie. Ont été maintenus en conséquence aux droits de la 2e classe, comme marchands de verroterie en demi-gros, des individus qui vendaient ces objets aux fabricants de couronnes et qui prétendaient n'être que des marchands de perles fausses (5e cl.) (Cons. d'Et. 7 nov. 1891, aff. Courillon et Croix, *Rec. Cons. d'Etat*, p. 643).

447. — 238° *Vêtements.* — V. *suprà*, n° 417, pour ce qui a trait à la confection et à la vente des vêtements.

448. — 239° *Viandes, volailles, etc.* (*Expéditeur de*). — V. les explications données *suprà*, n° 256, pour les marchands expéditeurs.

449. — 240° *Vidanges.* — Le droit fixe applicable aux entrepreneurs de vidange est toujours celui de la 5e cl.; mais, comme ces entrepreneurs habitent en général la banlieue des villes ou les communes suburbaines, une disposition spéciale a été ajoutée au tarif en 1890 (L. 8 août), en vue de les atteindre selon l'importance des communes auxquelles s'étendent leurs opérations. Désormais, « le droit fixe sera réglé d'après la catégorie à laquelle appartiendra celle des communes desservies qui aura la population normale totale la plus élevée, alors même que l'entrepreneur serait établi dans une autre commune. C'est une dérogation expresse au principe d'après lequel le droit fixe est dû au lieu où se trouve l'*établissement*, V. *suprà*, n°s 80 et suiv.) : elle est d'ailleurs suffisamment justifiée; mais elle aurait dû être étendue, semble-t-il, à l'entrepreneur de fosses mobiles inodores (4e cl.), lequel, à défaut d'un texte analogue, demeure soumis à la règle commune ». — Il a été jugé qu'on devait imposer comme entrepreneur de vidange un individu qui s'était chargé de la fourniture des urinoirs d'une ville, de leur entretien et de leur vidange, moyennant des prix annuels déterminés : on ne pouvait voir en lui un employé de la ville, encore qu'il ne fût pas autorisé à vendre les matières par lui recueillies (Cons. d'Et. 10 sept. 1856, aff. Parlange, *Rec. Cons. d'Etat*, p. 614). — Pour les bureaux de commande de vidange, V. *suprà*, n° 83.

450. — 241° *Vinaigre* (*Fabrique de*). — C'est la capacité brute des vaisseaux affectés à la fermentation qui sert de base au droit fixe. Mais la loi du 30 juill. 1885, sanctionnant une tolérance déjà admise par le ministère des finances, a abaissé ce droit fixe de 12 cent. à 8 cent. par hectolitre pour les établissements qui emploient le système dit *ancien orléanais*, dans lequel les deux tiers des vaisseaux seulement sont remplis de liquide. — Il a été jugé toutefois que cette réduction ne pouvait être étendue, par voie d'analogie, à un établissement qui faisait usage d'un nouveau système dit *procédé orléanais rapide à vaisseaux tournants*, dans lequel les vaisseaux ne sont remplis qu'à moitié; dans le silence du tarif à son égard, cet établissement a été déclaré passible du droit fixe de 12 cent. par hectolitre (Cons. d'Et. 8 juill. 1887, aff. Fontin, D. P. 88. 3. 123).

451. — 242° *Vins* (*Marchands de*). — La classification des marchands de vins, indiquée au *Rép.* n°s 134 à 137), n'a pas été modifiée. — Continue d'être passible de la première classe, comme marchand en gros, celui qui vend principalement, soit aux marchands en détail et aux cabaretiers, soit aux consommateurs, des vins par pièces, c'est-à-dire en cercles de la contenance d'au moins un hectolitre, et des vins fins par paniers : ce sont donc uniquement les quantités vendues qu'on doit envisager, à l'exclusion de la nature de la clientèle; et il a été jugé à ce point de vue que, dans une ville (Toulon) où l'absence presque générale des caves oblige les habitants à acheter leur vin par petits barils de 25 litres, celui qui ne livre à la fois au même client qu'un seul de ces barils n'est qu'un marchand en détail (4e classe) (Cons. d'Et. 1er févr. 1878, aff. Vitton et Bernard, D. P. 79. 5. 309), mais que la 1re classe est due, dans la même ville, par celui qui vend aux restaurateurs et aux hôteliers par groupes de ces barils de 25 litres (Cons. d'Et. 23 nov. 1877, aff. Foulègue, D. P. 79. 5. 309). D'autre part, le tarif actuel, comme l'ancien, ne reconnaît pas le marchand de vins en demi-gros (Cons. d'Et. 5 janv. 1854, aff. Boudard, D. P. 54. 5. 556). — Quant au marchand de vin en détail, il est imposable à la 4e classe, s'il vend habituellement, pour être consommés hors de chez lui, des vins au panier ou à la bouteille, à la 5e ou à la 6e classe, lorsqu'il donne à boire chez lui et qu'il a ou non un billard; et nous avons vu (n° 178) ce qui distingue ce dernier du cafetier, du cantinier et du débitant. — Enfin, le voiturier marchand de vin (V. *infrà*, n° 455) est toujours porté à part dans la 4e classe. — Mais la taxation spéciale qui était assignée aux bureaux urbains de vente ou de commande de vins (*Rép.* n° 138) n'a pas été maintenue au tarif; ces bureaux sont aujourd'hui soumis à la règle commune, à titres d'établissements distincts (V. *suprà*, n° 83).

452. Il nous reste à observer que la patente de marchand de vins en gros n'est pas seulement applicable à celui qui vend des vins de raisins frais, mais encore à celui qui vend des vins de raisins secs additionnés de sucre et de glucose (Cons. d'Et. 23 déc. 1881, aff. Subra. D. P. 83. 3. 39) ou mélangés avec des vins d'Espagne (Cons. d'Et. 12 juin 1885, aff. Couret, D. P. 86. 5. 321), sans que d'ailleurs ces contribuables puissent repousser la qualification de marchands, par ce motif qu'ils ne vendent que les produits de leur fabrication. Celle-ci, en effet, est assez simple pour ne pas modifier le caractère commercial de la profession; et il a été jugé de même qu'il y avait lieu de maintenir à la patente de marchand de vins en gros, un individu vendant par pièces, à des marchands, des vins provenant du pressurage des lies de vin, soit employées exclusivement (Cons. d'Et. 19 mars 1862, aff. Dupuy, *Rec. Cons. d'Etat*, p. 210), soit mélangées avec des vins naturels (Cons. d'Et. 9 avr. 1867, aff. Courthez, *Rec. Cons. d'Etat*, p. 366).

453. — 243° *Vis (Fabricant de).* — La fabrication des boulons et des écrous n'est pas constitutive de la profession de fabricant de ferronnerie, serrurerie, clous forgés. Elle rentre dans celle de fabricant de vis par procédés mécaniques, dont le droit fixe est réglé par tour à tarauder ou par machine à tarauder (Cons. d'Et. 14 mai 1891, aff. Faugier et autres, *Rec. Cons. d'Etat*, p. 370).

454. — 244° *Voituriers.* — Comme il a été dit au *Rép.* (n° 139), le voiturier ou roulier est imposable à la 8e classe, s'il n'a qu'un équipage, et à la 5e classe, s'il en a deux ou plusieurs. Cette dernière patente n'est pas toutefois applicable, si les voitures employées peuvent être considérées comme ne formant qu'un seul train : ainsi, elle n'est pas due par celui qui opère des transports à l'aide de trois voitures attelées chacune d'un cheval, mais ne formant qu'un train conduit par lui seul (Cons. d'Et. 22 janv. 1868, aff. Jeanson, *Rec. Cons. d'Etat*, p. 63); par celui qui possède deux voitures, attelées chacune d'un cheval, mais ne formant qu'un seul train qu'il conduit lui-même, sans l'aide d'aucun charretier ou domestique (Cons. d'Et. 22 mars 1878, aff. Hussenot, D. P. 79. 5. 312). Au contraire, la 5e classe est due par celui qui opère des transports à l'aide de deux voitures attelées chacune d'un cheval dont l'une est conduite par son domestique (Cons. d'Et. 30 avr. 1862, aff. Guerlain, *Rec. Cons. d'Etat*, p. 356); par celui qui possède trois voitures et quatre chevaux, et qui emploie journellement deux voitures conduites par des domestiques (Cons. d'Et. 29 mars 1878, aff. Rey, *Rec. Cons. d'Etat*, p. 342). — On ne saurait d'ailleurs assujettir à la patente de voiturier celui qui n'en fait pas sa profession habituelle, et notamment le cultivateur qui se borne, dans l'intervalle des travaux agricoles, à affecter parfois son attelage à des transports pour le compte d'autrui (*Rép.* n° 255). — Mais il en est autrement : pour l'individu qui, ne se livrant à des travaux agricoles que d'une manière accessoire, fait pendant la plus grande partie de l'année des transports de minerai et de charbons pour des établissements métallurgiques (Cons. d'Et. 29 nov. 1854, aff. Amardeilh et autres, D. P. 55. 5. 322); pour celui qui, en vertu de conventions passées avec des maîtres de forges, emploie habituellement son équipage à transporter des minerais de fer (Cons. d'Et. 7 déc. 1859, aff. Schang, *Rec. Cons. d'Etat*, p. 701). — D'autre part, on a vu (*suprà* n° 220) comment on distingue le voiturier de l'entrepreneur de roulage et du commissionnaire de transports. Nous ajouterons seulement qu'on ne doit pas imposer en cette dernière qualité, mais comme voiturier (5e cl.), celui qui se borne à transporter des marchandises pour le compte des particuliers, au moyen d'équipages qu'il conduit lui-même avec l'aide d'un domestique (Cons. d'Et. 16 mai 1884, aff. Mannessier, *Rec. Cons. d'Etat*, p. 393).

455. — 245° *Voiturier marchand de vin, de bière, de cidre, de sel.* — La profession de voiturier marchand de vin, portée au tarif en 1844 (*Rép.* n° 137), s'entend de celui qui va offrir à domicile et qui livre immédiatement du vin qui est tout chargé sur sa voiture : elle est analogue à celle de marchand de bois à brûler vendant par voiture au domicile des consommateurs. — Jugé que celui qui vend, chaque année, des quantités peu considérables de vins qu'il conduit habituellement lui-même chez les particuliers, doit être imposé, non comme marchand de vins en gros, mais comme marchand de vins voiturier (Cons. d'Et. 28 févr. 1856, aff. Révol, D. P. 56. 3. 47); et qu'on doit aussi imposer en cette qualité : celui dont le commerce principal consiste à transporter du vin avec une voiture pour le vendre dans les communes voisines de sa résidence; il avait ainsi livré dans l'année 312 hectolitres de vins, alors qu'il n'en avait vendu chez lui au détail que 120 hectolitres (Cons. d'Et. 30 août 1861, aff. Boyer, *Rec. Cons. d'Etat*, p. 759); celui qui, tous les mois, se transporte dans diverses localités et y achète des vins qu'il charge sur sa voiture et qu'il revend avant de rentrer chez lui (Cons. d'Et. 20 juill. 1865, aff. Durand, *Rec. Cons. d'Etat*, p. 716); celui qui transporte, pour les vendre, dans les communes voisines de son domicile, non seulement les produits de sa récolte, mais encore des vins achetés à d'autres propriétaires (Cons. d'Et. 4 avr. 1873, aff. Boissette, *Rec. Cons. d'Etat*, p. 303). — C'est ainsi également qu'est imposable le voiturier marchand de bière, de cidre, de sel, et cette dernière patente a été appliquée à un individu qui, ne se bornant pas à vendre le sel par lui récolté, achetait habituellement des chargements de sel qu'il transportait de commune en commune avec une voiture attelée de deux chevaux et qu'il vendait par quantités importantes (Cons. d'Et. 12 août 1879, aff. Mohé, *Rec. Cons. d'Etat*, p. 633).

SECT. 4. — CLASSEMENT PAR ANALOGIE, ASSIMILATIONS (*Rép.* nos 140 à 151).

456. — L'art. 4 de la loi du 25 avr. 1844, qui réglait la procédure à suivre pour le classement des professions imposables à la patente, mais non inscrites dans les tarifs, est devenu l'art. 4 de la loi du 15 juill. 1880. On a seulement remplacé le terme de *droit fixe* par celui de *droits* dans le premier paragraphe, ce qui d'ailleurs était logique, puisque l'assimilation à une profession déjà imposée entraîne l'application, tant du droit proportionnel que du droit fixe que cette profession comporte. Bien que, selon la remarque du *Rép.* (n° 151), le droit proportionnel suive le droit fixe, le nouveau texte est plus précis que l'ancien.

457. La procédure de l'assimilation a été exposée au *Rép.* (nos 147 et suiv.); nous n'avons que peu de chose à y ajouter. Le patentable porté sur un rôle en vertu d'un arrêté préfectoral d'assimilation peut d'abord attaquer cette imposition dans la forme prévue par la loi du 15 juill. 1880, art. 25, c'est-à-dire par voie d'observations lors du dépôt de la matrice à la mairie V. *infrà*, n° 742). Il a ensuite la faculté, le rôle étant émis, de saisir de sa réclamation le conseil de préfecture qui peut être appelé à se prononcer tant sur le mérite de l'assimilation établie par le préfet que sur la question de savoir si le réclamant est, ou non, passible de la patente : dans ce dernier cas, il lui appartiendrait d'accorder la décharge pure et simple des droits imposés (Cons. 9 août 1865, aff. Rolland, D. P. 66. 3. 35). — Toutefois, lorsque le conseil d'Etat, après avoir reconnu qu'un particulier exerce une profession imposable et que cette profession n'est pas dénommée dans les tarifs, renvoie ce particulier devant le préfet pour y être procédé au classement de ladite profession par voie d'assimilation, le conseil de préfecture ne peut, sur le recours contre l'imposition nouvelle, décider sans méconnaître l'autorité de la chose jugée, que la profession exercée est de celles que la loi exempte de la patente : il n'a plus que le droit d'apprécier la valeur de l'assimilation (Cons. d'Et. 6 août 1880 et 3 juin 1881, aff. Fournier, D. P. 82. 5. 309).

458. En principe, une profession qui ne se trouve pas dénommée dans les tarifs devrait n'être imposée qu'après avoir fait l'objet d'un arrêté d'assimilation. Mais, dans la pratique, et à moins qu'il ne s'agisse d'opérations entièrement nouvelles, les contrôleurs se bornent souvent à appliquer les dénominations du tarif qui se rapprochent le plus des professions qu'ils relèvent. Cette circonstance n'autorise pas, d'ailleurs, le patentable à se pourvoir en décharge. Lorsque la profession pour laquelle il a été imposé diffère de celle portée au rôle et n'est pas, d'autre part, dénommée dans le tarif, il y a lieu, si cette profession est imposable de sa nature, non d'accorder décharge de l'imposition, mais de renvoyer le réclamant devant le préfet pour être procédé au classement préalable de ladite profession, sous réserve du droit, pour le réclamant, de le contester ensuite, s'il s'y croit fondé; et, ce classement étant arrêté, la décision définitive du conseil de préfecture sur la réclamation doit tenir compte seulement au contribuable, s'il y a lieu, de la différence entre les droits auxquels il avait été imposé et ceux dont il a été reconnu passible (Cons. d'Et. 20 juill. 1865, aff. Tosquand, D. P. 66. 5. 339; 15 déc. 1876, aff. Bobet, *Rec. Cons. d'Etat*, p. 890).

459. Le conseil de préfecture, d'autre part, ne peut appliquer le tarif par analogie à une profession qui n'y est pas formellement assujettie d'après les tableaux annexés aux lois de finance; lorsqu'une profession n'est pas dénommée aux tarifs, le préfet seul est en droit de décider à quelle autre elle sera assimilée pour la perception des droits, et la décision du conseil de préfecture doit être réservée jusqu'à ce que l'arrêté d'assimilation ait été pris par le préfet (Cons. d'Et. 29 août 1871, aff. Piver, D. P. 72. 3. 50).

460. L'arrêté d'assimilation prévu par la loi n'est, en somme, qu'un acte de pure administration qui ne porte atteinte ni aux intérêts du Trésor, ni à ceux du patentable. Aussi a-t-il été jugé qu'on peut appliquer à un réclamant un arrêté d'assimilation d'une date postérieure à l'établissement du rôle dans lequel il a été compris; cet arrêté peut être valablement rendu par le préfet pendant l'instruction de la réclamation, pour régulariser l'inscription au rôle de la profession qui fait l'objet de cette réclamation, et le conseil de préfecture n'est pas en droit de l'écarter, comme ne pouvant avoir un effet rétroactif: il ne lui appartient que d'en apprécier l'exactitude (Cons. d'Et. 27 nov. 1867, aff. Massart, D. P. 68. 3. 102 ; 19 mars 1880, aff. Chéry et Leveaux, *Rec. Cons. d'Etat*, p. 323; 8 avr. 1892, aff. Bonnal). Peu importe, également, que cet arrêté n'intervienne et que l'imposition qu'il autorise ne soit portée que sur un rôle supplémentaire, après que le contribuable a cessé d'exercer la profession dont il s'agit: s'il l'exerçait au commencement de l'année, l'arrêté lui demeure applicable (Cons. d'Et. 19 déc. 1863, aff. Legras, D. P. 64. 3. 99). — Pareillement, un arrêté d'assimilation est valable, bien qu'il n'ait été, ni notifié aux fonctionnaires du département, ni publié, ni inséré au recueil des actes administratifs de la préfecture (Cons. d'Et. 15 déc. 1876, aff. Bobet, *Rec. Cons. d'Etat*, p. 890); et, de même, aucune disposition de loi, ni de règlement n'en prescrit, à peine de nullité, la communication aux intéressés (Cons. d'Et. 17 avr. 1889, aff. Société de Belmez et de Penarraya, D. P. 90. 5. 373).

461. Enfin, les arrêtés d'assimilation n'ayant pour objet que de fixer, à titre de mesure temporaire, la quotité des droits à percevoir, lorsqu'un contribuable, imposé pour une profession qu'il prétend ne pas exercer, a été renvoyé devant le préfet pour que sa patente soit réglée par voie d'assimilation, son industrie peut être assimilée à la profession à raison de laquelle il avait été d'abord inscrit dans le rôle, quand d'ailleurs cette assimilation est justifiée par l'analogie des opérations. C'est ainsi notamment qu'il a été statué : pour la compagnie du canal de Suez, d'abord imposée à Paris comme tenant une caisse de recettes et de payements, et dont les opérations dans cette ville, à savoir le service de ses titres, ont été ensuite assimilées à cette profession même (Cons. d'Et. 27 juill. 1874, D. P. 75. 3. 72, et 26 mai 1876, D. P. 77. 5. 325); pour l'ancienne compagnie du canal de Beaucaire, qui a été déclarée imposable, comme exploitant des canaux d'irrigation aux mêmes droits que ceux afférents au concessionnaire de ces canaux, dénomination qui lui avait été d'abord appliquée (Cons. d'Et. 6 avr. 1889 et 23 janv. 1892, *Rec. Cons. d'Etat*, p. 488 et p. 58). Comme l'a rappelé en effet l'instruction ministérielle déjà citée du 6 avr. 1881 (p. 131 et 132), « l'art. 4 de la loi du 15 juill. 1880 donne à MM. les préfets, non le pouvoir de créer de nouvelles taxes, mais seulement celui d'appliquer à toute profession non dénommée dans le tarif, les taxes dont est frappée la profession prise pour terme de comparaison parmi celles qui y sont désignées ». Par voie de conséquence, « on ne peut pas ranger la profession non dénommée au tarif dans une classe autre que celle de la profession à laquelle elle est assimilée; de même, s'il s'agit d'une industrie dont le droit fixe n'est pas susceptible d'être établi par classe, on ne peut assigner aux éléments de cotisation de cette industrie, des taxes différentes de celles qui sont applicables aux éléments de cotisation de l'industrie analogue. — Le taux du droit proportionnel doit être aussi le même pour la profession objet de l'arrêté d'assimilation que pour celle à laquelle elle a été comparée ». (*Ibid.*, p. 132). — Ajoutons encore, sur ce point, que les arrêtés d'assimilation, émanant des préfets, ne sont applicables que dans les départements où ils ont été pris, et qu'à Paris, c'est la commission de répartition des contributions directes qui donne son avis, aux lieu et place du maire, sur les projets d'assimilation (Cons. d'Et. 15 déc. 1876, aff. Bobet, *Rec. Cons. d'Etat*, p. 890).

462. Ainsi qu'on l'a fait observer au *Rép.* n° 150 (V. également D. P. 91. 3. 31, note), les arrêtés d'assimilation ne sont pas destinés à corriger les imperfections que peut présenter le tarif; ils ont exclusivement pour objet de suppléer au silence de la loi, soit qu'il s'agisse d'une profession nouvelle, soit que la profession relevée ait échappé aux prévisions du législateur. Il ne suffit donc pas qu'une profession présente, avec celles qui sont dénommées au tarif, de certaines différences ou qu'elle en soit séparée par quelques faits particuliers, pour autoriser le patentable à requérir une assimilation, ou pour permettre à l'Administration de recourir à cette procédure. Le tarif doit être appliqué dès qu'il est reconnu que les opérations relevées *rentrent* dans celles qu'il a prévues. C'est ainsi que des fabricants de vins de raisins secs ont été maintenus à la patente de marchand de vins en gros (*suprà*, n° 452). — Il n'y a pas non plus lieu de prendre un arrêté d'assimilation par cela seul que le tarif n'a pas établi de distinction pour un commerce suivant qu'il est exercé en gros ou en détail : il ne s'ensuit pas qu'il y ait omission à l'égard du patentable qui fait ce commerce en gros ; la qualification portée au tarif lui demeure applicable, quelle que soit l'importance de ses opérations (Cons. d'Et. 8 août 1855, aff. Paillard, D. P. 56. 3. 23).

463. Au contraire, il devrait être procédé au classement par voie d'assimilation, si l'industrie à imposer ne pouvait être considérée comme rentrant dans la dénomination qui lui avait été d'abord appliquée, encore que tel fût le titre même donné à l'industriel dans les usages locaux (Cons. d'Et. 21 déc. 1888, aff. Beroujou, D. P. 90. 3. 19). — Rappelons encore, sur ce point, la déclaration faite par le ministère des finances à l'égard des maisons de tolérance, à savoir que « la procédure de l'assimilation n'est pas ici applicable, la profession n'étant pas nouvelle et le législateur n'ayant pu l'ignorer » (V. *suprà*, n° 331).

464. Enfin, la revision quinquennale prévue par la loi est destinée à mettre les tarifs au courant. Mais, selon la remarque du *Rép.* n° 149, on ne saurait alors y ajouter que les commerces, industries ou professions classées par voie d'assimilation, depuis trois années au moins; cette restriction s'explique d'ailleurs, les tarifs ne devant tenir compte que des opérations d'un caractère permanent, à l'exclusion des faits qui demeureraient purement passagers. Pour le même motif, nous ne donnerons pas ici le détail des nombreuses assimilations prononcées, soit avant, soit depuis la loi du 15 juill. 1880, car, des industries ou professions ainsi classées, les unes ont été ensuite ajoutées aux tarifs et les autres écartées, comme ne se rapportant qu'à des faits isolés ou accidentels. Nous ajouterons seulement, sur la question de principe, que lorsqu'il a été proposé à la sanction législative, dans le délai ci-dessus visé, un arrêté d'assimilation continue de produire ses effets jusqu'à ce qu'il ait été statué par une loi (Cons. d'Et. 15 déc. 1876, aff. Bobet, *Rec. Cons. d'Etat*, p. 890); mais il cesserait d'être exécutoire et devrait être considéré comme caduc, si la loi de revision intervenue ne l'avait pas sanctionné (Cons. d'Et. 9 et 30 janv. 1861, aff. Ducros, *Rec. Cons. d'Etat*, p. 9 et 65). Ce point n'a toutefois qu'un minime intérêt; puisqu'il suffirait, en pareil cas, d'un nouvel arrêté préfectoral pour faire revivre l'assimilation ainsi devenue caduque. Ajoutons enfin que les dernières revisions de la matière ont été comprises dans les lois de finance du 30 juill. 1885 et du 8 août 1890.

CHAP. 3. — Du droit proportionnel (*Rép.* nos 152 à 215).

465. Le droit proportionnel est, ainsi qu'il a été exposé au *Rép.* n° 152, une taxe portant sur la valeur locative des locaux ou emplacements occupés par les patentables. La valeur locative, tant de la maison d'habitation que des locaux servant à l'exercice de la profession, a été donnée pour base à cette taxe, comme fournissant un signe indicateur de l'importance probable des affaires du patentable (*Rép.* nos 153 et suiv., 206 et suiv.). — La loi du 15 juill. 1880 (art. 12 à 16, 20 à 22) reproduit, sauf quelques changements sans importance, et qui seront, d'ailleurs, signalés en temps et lieu, les dispositions des art. 8 à 12, 16 et 17 de la loi du 26 avr. 1844. Les principes sont donc restés les mêmes; de sorte que nous n'avons qu'à rapporter les applications qui en ont été faites par la jurisprudence. Nous parlerons d'abord de la détermination des locaux imposables, en second lieu, de la fixation de la valeur locative, et ensuite, du taux de calcul du droit proportionnel. Un chapitre particulier sera consacré aux établissements industriels. Mais nous rappellerons, dès maintenant, à titre d'observation générale que c'est dans la commune où se trouvent les locaux imposables que le droit proportionnel y afférent doit être établi (*Rép.* n° 177); que ce droit est exigible, lors même que les locaux occupés sont concédés à titre gratuit (*Rép.* n° 158); qu'un industriel ainsi logé chez une personne de sa famille n'est pas fondé à prétendre que la concession gratuite prévue par la loi est celle qui garantit certains droits au patentable et non pas seulement l'abandon précaire et révocable qui peut lui être fait par un parent ou un ami (Cons. d'Et. 3 juill. 1885, aff. Lacroix, D. P. 86. 5. 317). La loi est, en effet, formelle : il suffit que le local soit occupé.

SECT. 1re. — DÉTERMINATION DES LOCAUX IMPOSABLES (*Rép.* nos 153 à 163).

ART. 1er. — *Règles communes. — Exceptions.*

466. D'une manière générale, le droit proportionnel porte sur tous les locaux affectés à l'exercice de la profession. Il en résulte que les bureaux et succursales dépendant du siège principal d'une industrie imposable sont assujettis au droit proportionnel. Ainsi, on a jugé que les compagnies d'assurances doivent être soumises à ce droit pour les bureaux de leurs agents dans toutes les localités où elles en entretiennent, encore que ces bureaux ne soient pas loués en leur nom (Cons. d'Et. 18 févr. 1865, aff. Compagnie *La Paternelle*, *Rec. Cons. d'Etat*, p. 226). Il en est de même pour les agences établies en province par le Crédit foncier, lesquelles, nous l'avons vu, ne forment pas établissement (Cons. d'Et. 22 févr. 1884, *suprà*, n° 87).

467. Cette règle s'applique spécialement aux patentables du tableau D (professions libérales). Ces patentables sont passibles du droit proportionnel dans toutes les communes où ils occupent des locaux pour l'exercice de leur profession. Ainsi, un architecte, qui avait son bureau à Paris et son habitation à Asnières, a été déclaré imposable à raison de ces deux locaux (Cons. d'Et. 31 juill. 1867, aff. Colle, *Rec. Cons. d'Etat*, p. 724). Un huissier qui, outre le local qu'il occupe pour l'exercice de sa profession dans le lieu de sa résidence, a, dans une autre commune, un pied-à-terre où il reçoit ses clients et rédige des actes, est imposé, à juste titre, au droit proportionnel pour ce second local, bien qu'il le soit déjà à raison du premier (Cons. d'Et. 19 juill. 1854, aff. Cazes, D. P. 55. 3. 38). Un notaire qui passe fréquemment des actes, à la réquisition des parties, dans un local qu'il possède en dehors de la commune de sa résidence, doit être soumis, pour ce local, au droit proportionnel. Vainement il objecterait qu'il l'affecte en partie à la gestion de ses affaires privées et que les règlements de sa profession lui interdisent d'avoir une étude ouverte en dehors du lieu de sa résidence (Cons. d'Et. 13 déc. 1871, aff. Durieu, D. P. 72. 3. 59; 30 janv. 1892, aff. Houis, *Rec. Cons. d'Etat*, p. 98). Ainsi jugé également pour un notaire qui possédait, dans une commune autre que celle de sa résidence, un local où il se rendrait chaque semaine d'une façon régulière, où il recevait ses clients et traitait les affaires de son étude, sans toutefois y passer d'actes (Cons. d'Et. 6 nov. 1885, aff. Vigneau, D. P. 86. 5. 317). Un avocat qui a sa résidence principale dans une commune autre que celle où il exerce sa profession et où il possède les locaux nécessaires à cette profession (pied-à-terre et cabinet), doit être imposé au droit proportionnel dans l'une et l'autre commune (Cons. d'Et. 23 janv. 1885, aff. Roux-Lavergne, D. P. 86. 3. 88). — Pour l'assiette de la patente d'un médecin, on doit tenir compte d'une pièce exclusivement affectée à l'exercice de son art (Cons. d'Et. 1er mai 1869, aff. Primaire, D. P. 70. 3. 92); et le médecin qui, outre sa résidence habituelle et principale, a à sa disposition, dans une autre commune, un local où il reçoit ses clients et donne des consultations, est passible, dans cette commune, du droit proportionnel (Cons. d'Et. 23 mai 1884, aff. Dragacci, D. P. 85. 5. 343). Il a même été décidé que ce droit est applicable aux cabinets de consultations gratuites, ouverts par certains médecins (7 mars 1890, aff. Bompar, D. P. 91. 3. 92; 21 mai 1892, aff. Chaumier, *Rec. Cons. d'Etat*, p. 475); le conseil d'Etat a pensé sans doute, comme l'Administration, qu'une clinique gratuite, par les relations qu'elle crée au médecin et par la notoriété qu'elle donne à son nom, exerce une influence appréciable sur le développement de sa clientèle, et qu'elle peut être, dès lors, considérée comme établie dans l'intérêt de sa profession. C'est dans le même ordre d'idées que le droit proportionnel a été maintenu sur un terrain et sur un abri, contigus à son établissement, où un restaurateur recevait gratuitement les visiteurs de l'église du Sacré-Cœur, à Montmartre ; ces locaux communiquaient d'ailleurs avec le restaurant, dont l'exploitant s'était réservé la vente des aliments et consommations demandés par les pèlerins (Cons. d'Et. 12 févr. 1892, aff. Ruaudel, *Rec. Cons. d'Etat*, p. 139). Ajoutons encore que le droit proportionnel a été déclaré applicable à un emplacement, loué au prix annuel de 2000 fr., qualifié de boutique dans le bail et précédemment occupé par un graveur, où un photographe se bornait à exposer ses produits : cet emplacement avait 4 mètres en hauteur, 3 mètres en longueur, 80 centimètres en profondeur; ce qui ne permettait pas d'y voir une simple vitrine, comme le soutenait le requérant (Cons. d'Et. 9 nov. 1883, aff. Merlet, D. P. 85. 3. 68). Enfin, une tour affectée à la fabrication du plomb de chasse a été pareillement déclarée imposable (Cons. d'Et. 12 févr. 1875, aff. Russeil, *Rec. Cons. d'Etat*, p. 141).

468. Le principe que tous les locaux affectés à l'exercice d'une profession doivent servir au calcul du droit proportionnel entraîne cette conséquence qu'un même local peut être soumis autant de fois au droit proportionnel, qu'il sert à l'exercice de professions différentes par divers patentables. Tel est le cas, en particulier, des locaux loués meublés qu'habite un patenté et qui sont imposables à son nom, bien qu'ils le soient déjà au nom du bailleur. Il en est ainsi également pour le loueur de force motrice, dont les locataires sont frappés en même temps que lui du droit proportionnel (Cons. d'Et. 23 mars 1870, aff. Bonnet, D. P. 71. 3. 48), et pour l'agent d'assurances, dont le bureau est imposable à la fois en son nom, s'il exerce personnellement une profession patentable, et au nom de la compagnie qu'il représente dans ce bureau (V. *suprà*, n° 466). C'est ce qui a été décidé, pour le bureau du directeur d'une agence du Crédit lyonnais, déjà imposé au nom de cette maison de banque, et en même temps, au nom de la compagnie d'assurances *Le Monde*, au service de laquelle ce bureau était affecté simultanément (Cons. d'Et. 1er juin 1888, aff. Société du Crédit lyonnais, D. P. 89. 3. 95) ; de même, le bureau d'un agent d'affaires a pu valablement être aussi imposé au nom respectif de *deux* compagnies d'assurances que cet agent y représentait (Cons. d'Et. 2 nov. 1888, aff. Audibert, *Rec. Cons. d'Etat*, p. 785). — Jugé également : 1° qu'un avocat, logé chez sa mère, marchande de nouveautés, est passible du droit proportionnel pour la chambre qui lui est affectée, bien que l'appartement soit, en entier, imposé au nom de sa mère (Cons. d'Et. 21 janv. 1876, aff. Laporte, *Rec. Cons. d'Etat*, p. 58) ; — 2° Que, dans le cas où l'associé principal demeure à l'étranger, le droit proportionnel applicable à la société doit être établi sur la maison de l'agent préposé à l'exploitation, bien que cet agent exerce lui-même une profession à raison de laquelle il est déjà imposé (Cons. d'Et. 12 août 1879, aff. Demelle et comp. *Rec. Cons. d'Etat*, p. 636); — 3° Que le représentant d'une compagnie de navigation qui se livre, en outre, personnellement à la profession de commissionnaire de transports, doit être imposé en cette qualité, bien que les locaux sur lesquels porte son droit proportionnel soient mis gratuitement à sa disposition par la compagnie et soient comptés pour l'établissement du droit proportionnel de cette compagnie (Cons. d'Et. 4 mai 1883, aff. Comolet frères, D. P. 85. 5. 338).

469. En second lieu, et comme il a été dit au *Rép.* nos 153 et 175, un local où s'exercent deux professions, dont une seule est sujette à patente, n'en doit pas moins être soumis, *en entier*, au droit proportionnel alors même que ce local serait affecté à un service public. C'est, notamment, la situation de la plupart des bureaux de tabac, qui échappent à la patente (*suprà*, n° 233), mais dont les titulaires peuvent être assujettis à cet impôt en raison du commerce qu'ils exercent dans le même local. Ainsi, un marchand de pipes ne saurait se prévaloir, pour échapper à tout droit, de ce qu'il tient dans le même local un débit de tabac non imposable (Cons. d'Et. 22 avr. 1857, aff. Lavigne, D. P. 58. 3. 20; 31 juill. 1874, aff. Lesort. *Rec. Cons. d'Etat*, p. 748). — Il faut, pour entraîner l'exemption, que le local soit *exclusivement* affecté à un service public. Il a été décidé notamment que si la compagnie des entrepôts et magasins généraux de Paris n'était pas imposable pour les locaux qu'elle emploie au service exclusif des entrepôts des douanes, des sels, des sucres indigènes et de l'octroi, lesquels d'ailleurs sont distincts et séparés du surplus de son établissement, elle doit être maintenue au droit proportionnel, tant pour d'autres locaux qui, tout en étant à usage d'entrepôt, reçoivent habituellement, et pendant une certaine partie de l'année, des marchandises non sujettes aux droits, et devaient dès lors être considérés comme servant à l'exploitation d'un magasin général, que pour les bureaux du directeur, du sous-directeur et des employés, ainsi que pour les salles d'archives (Cons. d'Et. 13 févr. 1880, D. P. 80. 3. 98). — V., pour les locaux affectés, dans les gares, au service de la douane, *infrà*, n° 525.— Pareillement, il n'y a pas lieu de distraire des locaux imposables au nom d'un greffier la chambre dans laquelle il a établi les bureaux de son greffe, alors du moins que cette chambre fait partie de son habitation : vainement prétendrait-il, dans ce cas, que ledit local doit être exempté comme étant affecté à un service public. Mais il en doit être autrement lorsque les bureaux du greffe, au lieu d'être établis dans l'habitation du greffier, sont installés dans le palais de justice et que le greffier est tenu d'en faire usage pour l'exercice de ses fonctions (Cons. d'Et. 12 févr. 1863, aff. Cantarel, et 23 juill. 1863, aff. Clerget, D. P. 63. 3. 84). — Il avait aussi été jugé (*Rép.* n° 157) qu'il n'y avait pas lieu de soumettre au droit proportionnel les courtiers d'une ville qui, en raison de l'insuffisance de la Bourse, avaient loué en commun un bâtiment pour servir à leurs séances et assemblées ainsi qu'aux ventes publiques faites par leur ministère, et décharge avait, de même, été accordée du droit proportionnel assis, au nom de la chambre des notaires de Marseille, sur un local où les adjudications publiques d'immeubles étaient faites par ces notaires (Cons. d'Et. 26 avr. 1862, aff. Ch. des notaires de Marseille, D. P. 62. 3. 57). Mais les termes de cet arrêt autorisent à penser que la solution eût été différente si, au lieu d'être établie au nom de la *chambre*, c'est-à-dire de quelques-uns seulement des notaires de l'arrondissement, l'imposition l'eût été au nom de la compagnie des notaires, dans l'intérêt commun desquels ce local était occupé ; car déjà les commissaires-priseurs de Brest avaient été déclarés imposables collectivement pour la salle de vente qu'ils occupaient ensemble dans cette ville (Cons. d'Et. 9 mai 1860, aff. Brichet, D. P. 60. 3. 38), et la jurisprudence s'est affirmée depuis dans le même sens. Ont été, en effet, maintenus au droit proportionnel, après imposition collective : les locaux dans lesquels les jaugeurs publics d'une ville se tiennent chaque jour à la disposition du commerce, où ils font leurs calculs et tiennent la comptabilité de la corporation, encore que ces locaux leur soient concédés gratuitement par la municipalité avec le mobilier qu'ils comportent et avec les instruments nécessaires au service de leur profession (Cons. d'Et. 10 déc. 1886, aff. Jaugeurs de Marseille, D. P. 88. 3. 30); — Et les bureaux que les agents de change d'une ville, imposés individuellement au droit fixe, occupent en commun dans la Bourse, mais en dehors de la salle publique, et dans lesquels ils se livrent à diverses opérations rentrant dans l'exercice de leur profession (Cons. d'Et. 18 mars 1887, aff. Agents de change de Toulouse, D. P. 88. 3. 30). — Notons au contraire que, suivant l'opinion exprimée au *Rép.* (n° 157), les consuls ne doivent pas, lorsqu'ils sont en même temps commerçants, être imposés pour les locaux occupés par les bureaux du consulat. Ainsi jugé pour deux pièces qu'un consul, patenté au tableau B comme négociant, affectait à la gestion du consulat (Cons. d'Et. 16 juin 1876, aff. Wagner, *Rec. Cons. d'Etat*, p. 567).

470. A plus forte raison, un patentable doit-il être imposé pour les locaux affectés à un service public lorsque l'Administration, dont il assure un des services, les met ou maintient à sa disposition. Ainsi, le droit proportionnel est exigible : pour une caserne dont une ville concède la jouissance gratuite à l'entrepreneur du logement des troupes de passage (Cons. d'Et. 3 mai 1878, aff. Roux, *Rec. Cons. d'Etat*, p. 426) ; pour un atelier de buanderie que l'Etat met gratuitement à la disposition de l'adjudicataire du blanchissage du linge de la marine dans un port (Cons. d'Et. 21 févr. 1879, aff. Marin, *Rec. Cons. d'Etat*, p. 159); pour les bâtiments qu'un fournisseur de pain aux troupes occupe gratuitement dans une manutention, bien qu'ils demeurent sous la surveillance de l'autorité militaire (Cons. d'Et. 25 nov. 1887, aff. Royer-Gallot, D. P. 88. 5. 350). — Il en est de même pour les hangars, chantiers ou emplacements que les compagnies de chemin de fer louent ou concèdent, dans les gares, à des industriels ou à des commerçants, notamment : pour des locaux occupés par un commissionnaire de transports en vue de l'exercice de sa profession (Cons d'Et. 18 déc. 1867, aff. Bouvet, *Rec. Cons. d'Etat*, p. 929); pour un hangar loué à un marchand de bois dans les dépendances d'une gare (Cons. d'Et. 20 sept. 1871, aff. Pral, *Rec. Cons. d'Etat*, p. 172); pour un emplacement dont un marchand de charbons à l'usage exclusif dans une gare et où il a établi une guérite pour un surveillant (Cons. d'Et. 17 déc. 1875, aff. Bigalion, D. P. 76. 5. 329). Mais il n'en est ainsi qu'autant que le patentable a la jouissance spéciale et privative des locaux ainsi occupés; le droit proportionnel ne serait point dû si la compagnie se bornait à lui assurer, à chaque arrivage, l'emplacement nécessaire qu'elle se réserverait de changer suivant les besoins de son service (Même arrêt du 17 déc. 1875) : il n'y aurait pas là, en effet, occupation dans le sens de la loi. On doit pareillement, selon la règle posée au *Rép.* (n° 153), faire entrer en ligne de compte, pour l'assiette du droit proportionnel, la tuerie qu'un boucher occupe dans l'abattoir public d'une ville et les dépendances de cette tuerie (greniers et étables) dès l'instant qu'il occupe ces locaux à titre privatif et d'une manière permanente; la circonstance qu'il est tenu de se conformer au règlement intérieur de l'abattoir, en ce qui touche notamment les heures d'entrée et de travail, ne suffit pas pour lui permettre de repousser l'imposition, car toute occupation de ce genre est forcément subordonnée aux règlements municipaux (Cons. d'Et. 31 juill. 1885, aff. Langlois, D. P. 86. 5. 317; 24 déc. 1886, aff. Bloch, *Rec. Cons. d'Etat*, p. 926).

Notons encore, dans cet ordre d'idées, deux arrêts portant qu'un chantier situé sur les dépendances d'un port et loué par l'Administration à un marchand de bois qui l'affecte à l'exercice de sa profession, doit entrer en compte pour l'établissement de son droit proportionnel (Cons. d'Et. 2 mars 1888, aff. Nocas, D. P. 89. 5. 346), et qu'il en est de même pour un emplacement qu'un fabricant de briques occupe le long d'un canal dans de pareilles conditions (Cons. d'Et. 13 janv. 1888, aff. Bonjour, *Rec. Cons. d'Etat*, p. 26).

471. Il n'y a pas, au point de vue de l'imposition du droit proportionnel, à se préoccuper du caractère provisoire de l'établissement. Ainsi ont été déclarés imposables les chantiers de l'adjudicataire de la récolte de l'alfa dans une commune d'Algérie, bien que l'installation de ces chantiers, purement temporaires, comprît uniquement une bascule et des gourbis, ce qui avait paru au ministre des finances de nature à justifier la décharge du droit établi (Cons. d'Et. 24 déc. 1886, aff. Albagnac, D. P. 88. 3. 34); et, à ce point de vue, la jurisprudence s'est maintenue dans le sens déjà indiqué au *Rép.* (n° 153), à savoir que ces locaux, même seulement loués *au mois*, n'en doivent pas moins être frappés du droit proportionnel. Ainsi jugé en particulier, pour un terrain qu'un entrepreneur de maçonnerie affectait au dépôt, au sciage et à la taille de pierres (Cons. d'Et. 21 avr. 1882, aff. Fleury, *Rec. Co d'Etat*, p. 364).

472. Quant aux emplacements, boutiques ou étaux, sont pris à loyer dans les marchés ou sous les hall comme l'occupant est assujetti, de ce chef, au droit fixe de sa profession, il doit être soumis, comme conséquence, au droit proportionnel, sauf l'exception prévue par la loi au profit des patentés des 7e et 8e classes. Il y a là, en effet, un *établissement*, qui ne peut bénéficier que du tempérament admis par la loi pour les marchands en étalage ou sous échoppe (V. *infrà*, nos 644 et suiv.). Des marchands forains ont été pareillement déclarés imposables pour un emplacement par eux loué sous une halle pour cinq années et dont il ne pouvait être disposé lorsqu'ils ne venaient pas l'occuper (Cons. d'Et. 23 mai 1870, aff. Biotard et Mannoury, *Rec. Cons. d'Etat*, p. 626). Mais il est à remarquer que le marchand forain n'est imposable au droit proportionnel, pour la place qu'il occupe périodiquement sur un marché, que s'il en est locataire, soit à l'année, soit au moins pour un laps de temps déterminé (Cons. d'Et. 27 juin 1879, aff. Bazire, *Rec. Cons. d'Etat*, p. 537); il ne doit pas être imposé dans le cas contraire, encore bien que la même place lui soit réservée à chaque marché, comme il arrive le plus souvent (Cons. d'Et. 12 mars 1875, aff. Guittard, *Rec. Cons. d'Etat*, p. 244); c'est ce qui a été spécialement jugé au profit d'un marchand de suif en étalage, qui payait chaque fois la location de sa place sous une halle (Cons. d'Et. 18 mai 1877 et 2 mars 1888, aff. Madelaine, *Rec. Cons. d'Etat*, p. 467 et D. P. 89. 5. 353, *infrà*, no 647). En un mot, l'imposition au droit proportionnel ne peut avoir lieu qu'au cas où l'on se trouve en présence d'une occupation privative et d'une certaine durée. L'imposition ne saurait avoir lieu s'il n'y avait ni location ni occupation des locaux; on ne saurait notamment imposer au droit proportionnel un marchand de bois de construction à raison d'une scierie dont il n'est pas locataire, mais où il se borne à faire scier des planches, moyennant payement au propriétaire qui conserve la scierie à sa disposition, d'une redevance par mille de planches fabriquées (Cons. d'Et. 10 mars 1882, aff. Haxo, D. P. 84. 5. 364). — Il est toutefois essentiel d'ajouter que la circonstance que des locaux dépendant de l'exploitation d'un patentable demeureraient inutilisés ne pourrait suffire pour faire admettre en déduction la valeur de ces locaux, s'ils n'en restaient pas moins à la disposition de l'exploitant; c'est ce qui a été jugé pour une partie des fosses d'un tanneur (Cons. d'Et. 5 juill. 1859, aff. Manson, *Rec. Cons. d'Etat*, p. 474), des caves d'un marchand de vins de Champagne (22 avr. 1857 et 7 août 1871, aff. Chausson, *Rec. Cons. d'Etat*, p. 310), et des magasins d'une compagnie de docks et entrepôts (7 juill. 1870, aff. Docks de Marseille, *Rec. Cons. d'Etat*, p. 866). Il n'y a lieu à déduction en raison du droit proportionnel qu'autant qu'il s'agit de locaux demeurés en dehors de l'*établissement*; et, à ce point de vue, un arrêt intéressant a été rendu au profit de la Société des caves réunies de Roquefort, qui a été dégrevée du droit proportionnel pour six caves dont elle était locataire, mais qu'elle tenait fermées depuis plusieurs années, afin d'empêcher la création d'une société concurrente; bien que la possession de ces caves lui procurât un avantage indéniable en lui assurant le monopole de la fabrication, il était cependant impossible de la considérer comme les *occupant* pour le service de son industrie (Cons. d'Et. 7 mai 1875, D. P. 76. 3. 11).

473. Ajoutons encore : qu'on ne peut voir un local imposable dans le bateau qu'un gabarier emploie à ses opérations et où il a son unique logement (Cons. d'Et. 13 déc. 1878, aff. Malgra, D. P. 79. 5. 307); que, selon la remarque du *Rép.* (no 153), lorsqu'un patentable est en même temps cultivateur, il n'y a pas lieu de soumettre au droit proportionnel les bâtiments distinctement affectés à son exploitation agricole, et qu'il en est ainsi notamment pour une ferme exploitée par un fabricant d'eau-de-vie de betteraves, alors que celles-ci sont, aussitôt après la récolte, transportées à l'usine et qu'aucune partie de la ferme n'est affectée au service de la distillerie (Cons. d'Et. 21 janv. 1858, aff. Lanet, *Rec. Cons. d'Etat*, p. 84); qu'enfin, un exploitant d'eaux minérales ne doit pas le droit proportionnel sur la valeur de la source dont les eaux sont par lui mises en vente (Cons. d'Et. 9 mai 1873, aff. Lombard, *Rec. Cons. d'Etat*, p. 392). — V. sur ce dernier point, *Rép.*, no 204.

474. La règle qui assujettit au droit proportionnel l'habitation du patentable et les locaux affectés à son industrie comporte un certain nombre d'exceptions, les unes collectives, les autres particulières. Ces exceptions sont énumérées dans le tableau D annexé à la loi du 15 juill. 1880; la plupart se trouvent, en outre, rappelées dans le tarif. — C'est d'abord l'exemption complète du droit proportionnel accordée, dans toutes les communes, aux patentables des 7e et 8e classes du tableau A qui exercent leur profession en ambulance, sous échoppe ou en étalage; exemption dont profitent également le loueur d'une seule chambre meublée (8e classe) et le fabricant à métiers travaillant exclusivement à façon (V. *suprà*, no 343). — Les autres patentés des 7e et 8e classes sont aussi affranchis du droit proportionnel, mais seulement dans les communes d'une population de 20 000 âmes et au-dessous. Quant aux exemptions partielles, elles portent plus spécialement sur les locaux autres que l'habitation. Ainsi, sont imposables pour l'habitation seulement, à l'exclusion de tous autres locaux, les patentables rangés dans la 5e partie du tableau C (V. D. P. 84. 4. 20), exemption que le tarif rappelle pour chacun d'eux et qui a sa cause, soit dans la nature particulière des opérations (fermiers de droits de place, d'abattoir, de bac, de jaugeage, d'octroi, etc.), soit dans les conditions spéciales où certaines industries s'exercent forcément (entrepreneurs de dessèchement, de dragage, d'éclairage, de flottage, exploitants de carrières, minières et tourbières, entrepreneurs de travaux publics), soit encore dans le mode d'assiette du droit fixe, avec lequel un droit proportionnel ferait double emploi (entrepreneurs de concerts, directeurs de spectacles). — Ne sont aussi imposables que pour leur habitation les concessionnaires, exploitants ou fermiers des droits d'emmagasinage dans un entrepôt; les directeurs de diorama, panorama, géorama, néorama; les concessionnaires ou fermiers de péage sur un pont; les fournisseurs d'objets de consommation dans les cercles et sociétés; les individus qui exploitent *à bras* des moulins ou autres usines à moudre, battre, triturer, broyer, pulvériser, presser. — A l'inverse, une disposition spéciale, portée au tarif en 1880, affranchit les loueurs de chambres ou appartements meublés du droit sur l'habitation, ne les laissant imposables que pour le surplus : elle se justifie par le défaut fréquent de corrélation entre l'importance de l'habitation personnelle du loueur et celle des locaux qu'il affecte à la location, défaut qui avait été surtout relevé dans les villes d'eaux et stations thermales. — D'autre part, dans les institutions et les pensionnats, les locaux affectés au logement et à l'instruction des élèves ne sont pas compris dans l'estimation de la valeur locative. Enfin, l'art. 12 de la loi de 1844, qui ne rendait le droit proportionnel applicable aux 7e et 8e classes qu'après un second dénombrement, c'est-à-dire après un délai de cinq ans, dans les communes venant à passer dans la catégorie de celles de plus de 20 000 âmes, est devenu l'art. 16 de la loi de 1880. Comme l'a dit le *Rép.* (no 165), c'est un tempérament apporté à la taxation des petits patentables; il procède du même esprit que le tarif transitoire prévu, pour le droit fixe, dans le cas de changement de population (V. *suprà*, no 61). Il faut d'ailleurs remarquer que les patentés des 7e et 8e classes exerçant dans les banlieues des communes au-dessus de 20 000 âmes ont droit, lorsque la population des banlieues ne dépasse pas ce chiffre, à la même exemption de droit proportionnel que s'ils exerçaient dans des communes de 20 000 âmes et au-dessous; et, si la population des banlieues vient à s'élever au-dessus de 20 000 âmes, ils ne deviennent passibles du droit proportionnel que dans les délais et conditions ci-dessus (Instr. min. 6 avr. 1881, p. 70). Mais, comme l'ajoute l'instruction, cette règle n'est point applicable dans le cas où des habitations qui appartiennent à la banlieue d'une commune de plus de 20 000 âmes viennent à être rattachées à la partie agglomérée de cette commune. Les patentables occupant les habitations dont il s'agit doivent être immédiatement, tant pour le droit proportionnel que pour le droit fixe, imposés sur le même pied que les patentables de la partie agglomérée pour le droit fixe (V. *suprà*, no 61 et suiv.). Enfin, des dispositions particulières, qui sont relatées *infrà*, nos 650 et suiv., régissent l'imposition des marchands forains au droit proportionnel.

ART. 2. — *Maison d'habitation et dépendances.*

475. Selon les termes mêmes de la loi (25 avr. 1844,

art. 10 ; 15 juill. 1880, art. 14), la maison dont le patentable fait sa résidence habituelle et principale doit être soumise *dans tous les cas* au droit proportionnel, sauf l'exception indiquée ci-après (nos 476 et suiv.) pour celui qui n'exerce pas sa profession par lui-même. Il importe donc peu que cette maison ne serve pas à l'exercice de la profession, ou qu'elle se trouve située dans une autre commune que l'établissement ou encore qu'elle soit simplement concédée au patentable ou mise à sa disposition par une tierce personne. Quant aux autres habitations qu'il peut occuper, elles sont ou non imposables, suivant qu'elles servent ou non à l'exercice de son industrie (Mêmes art. 10 et 14 des lois précitées). — Il a été décidé, en conséquence, que le droit proportionnel est dû : par un marchand de vins en gros, tant pour son habitation principale que pour le pied-à-terre consacré à la surveillance de son établissement commercial, situé dans une autre commune (Cons. d'Et. 22 mai 1866, aff. Rodrigues, *Rec. Cons. d'Etat*, p. 502); par un marchand, non seulement pour la boutique consacrée à son commerce, mais encore pour la chambre affectée à son habitation dans la maison de son père (Cons. d'Et. 20 sept. 1871, aff. Tourreil, *Rec. Cons. d'Etat*, p. 169) ; par un industriel pour un pied-à-terre qu'il occupe dans la maison de son gendre et pour une écurie et une remise en dépendant (Cons. d'Et. 27 déc. 1889, aff. Sauterne, *Rec. Cons. d'Etat*, p. 1207). — C'est ainsi également qu'un pharmacien doit être imposé tant pour les pièces attenantes à sa pharmacie que pour le logement séparé qu'il occupe avec sa famille (Cons. d'Et. 15 déc. 1876, aff. Faivre, *Rec. Cons. d'Etat*, p. 894); et qu'un escompteur, qui dispose de quelques pièces seulement dans une commune pour les besoins de sa profession, est aussi imposable pour son habitation principale, située dans une autre commune (Cons. d'Et. 10 mars 1882, aff. Ortalès, *Rec. Cons. d'Etat*, p. 237). — Nous avons d'ailleurs déjà signalé cette jurisprudence, en parlant des professions libérales, *suprà*, n° 467. Ajoutons, dans le même sens : qu'un arbitre-rapporteur, qui ne possède, dans la ville où il exerce sa profession, qu'un simple bureau et qui a sa maison d'habitation dans une autre commune, est imposable au droit proportionnel sur la valeur locative de cette maison (Cons. d'Et. 2 déc. 1887, aff. Meys, D. P. 88. 5. 350) ; que l'avocat qui, outre le logement qu'il possède pour l'exercice de sa profession dans la ville où siège le tribunal ou la cour, a, dans une commune voisine, une habitation dont il fait sa résidence habituelle et principale, est imposé en raison du second local comme en raison du premier (Cons. d'Et. 17 sept. 1854, aff. Robion, D. P. 55. 3. 38; 20 avr. 1877, aff. Collignon, et 18 mai 1877, aff. Chemioux, *Rec. Cons. d'Etat*, p. 370 et 469), sans qu'il puisse d'ailleurs se prévaloir de la circonstance qu'il réside dans une commune située hors de la circonscription du tribunal ou de la cour où il est inscrit au tableau (Cons. d'Et. 19 déc. 1855, aff. Verrache, D. P. 56. 3. 43) ; et qu'un commissaire-priseur doit de même être imposé au droit proportionnel en raison de sa principale habitation, bien qu'elle soit située dans un département autre que celui où la loi l'oblige à avoir son domicile (Cons. d'Et. 2 juin 1876, aff. Delahaye, D. P. 76. 3. 103). Le médecin inspecteur d'un établissement thermal, qui habite pendant la saison des eaux la commune où se trouve cet établissement, dont il soigne les malades, et qui a son habitation principale dans une autre commune où il exerce son art le restant de l'année, est passible du droit proportionnel dans ces deux communes ; il a en effet, dans l'une, sa première habitation, au sens ci-dessus indiqué, et, dans l'autre, une seconde habitation, occupée en vue de l'exercice de sa profession (Cons. d'Et. 9 juill. 1856, aff. Lambron, D. P. 57. 3. 16; 25 juill. 1860, aff. Alibert, D. P. 60. 3. 82 ; 21 mai 1862, aff. Tellier. *Rec. Cons. d'Etat*, p. 405 ; 15 nov. 1866, aff. Delaporte, D. P. 68. 3. 103 ; 6 avr. 1867, aff. Pasturel, D. P. 68. 3. 13). — Enfin, le médecin qui a son habitation principale dans une ville y doit être soumis au droit proportionnel pour cette habitation en tout état de cause : il se prévaudrait en vain, soit de ce qu'il n'y remplit que des fonctions officielles (dans l'espèce, un médecin attaché au Corps législatif et à la préfecture de police (Cons. d'Et. 15 nov. 1866, aff. Delaporte, D. P. 68. 3. 103), soit même de ce qu'il n'y a pas de clientèle et ne s'y livre pas à la pratique de son art (Cons. d'Et. 21 janv. 1869, aff. Verjon, D. P. 70. 3. 6 ; 11 juill. 1871, aff. Charmassan de Puylavol, *Rec. Cons. d'Etat*, p. 84; 18 déc. 1874, aff. Grimaud, D. P. 75. 5. 324 ; 3 mai 1878, aff. Basset, D. P. 78. 3. 102).

Toutefois, ainsi qu'il a été dit au *Rép.*, nos 159 à 161, une maison de plaisance ou de campagne occupée par le patentable en vue de son seul agrément ne saurait être assujettie au droit proportionnel. Pour rendre ce droit applicable à ses habitations autres que la première, il faut qu'elles « servent à l'exercice de sa profession »; c'est-à-dire qu'elles soient occupées pour la gestion ou pour la surveillance, en un mot, dans l'intérêt de ses opérations.

476. Le législateur a voulu aussi éviter que le droit proportionnel atteignît l'habitation du patentable, lorsqu'il s'agit d'une profession, souvent sans nulle importance, qu'il n'exerce pas lui-même, ce qui est le cas notamment pour le rentier, le châtelain ou le fonctionnaire qui fait exploiter sur sa propriété un pressoir, un moulin, une machine à battre, etc. : le droit proportionnel n'est alors que « sur la maison d'habitation de l'agent préposé à l'exploitation » (*Rép.* n° 162 ; lois de 1844, art. 10, et de 1880, art. 14), et cette disposition procède du même esprit que celle qui affranchit le loueur en garni de tout droit sur l'habitation (*suprà*, n° 474). Nous examinerons, d'ailleurs, la jurisprudence relative à ces questions lorsque nous parlerons des maisons occupées par les directeurs, gérants préposés, mandataires, etc.

477. Enfin, lorsqu'un patenté bénéficie de l'exception consacrée à la 5e partie du tableau C, *suprà*, n° 474, et n'est déclaré imposable, par le tarif, que pour sa *maison d'habitation* seulement, il ne doit pas être soumis au droit proportionnel pour les habitations, autres que la *première*, qu'il peut posséder. Ce ne serait, en effet, que comme servant à l'exercice de sa profession qu'elles pourraient être imposées; or, la loi l'affranchit du droit proportionnel pour tous les locaux de cette catégorie. Ainsi, le droit proportionnel n'est dû par l'entrepreneur de travaux publics que sur la valeur locative de son habitation personnelle; en sorte qu'il est fondé à réclamer contre son imposition dans une autre commune, en raison des locaux habités par son associé et par son commis (Cons. d'Et. 22 juill. 1867, aff. Escarraguel, D. P. 67. 5. 305). Et il a été statué dans le même sens : pour les locaux occupés temporairement par l'associé secondaire d'un second entrepreneur de travaux publics (Cons. d'Et. 25 févr. 1881, aff. Moity, *Rec. Cons. d'Etat*, p. 226) ; pour le logement du préposé d'un entrepreneur (Cons. d'Et. 9 juin 1882, aff. Varigard, *Rec. Cons. d'Etat*, p. 545); pour l'habitation qu'un entrepreneur avait lui-même occupée temporairement sur les travaux (Cons. d'Et., 30 mars 1889, aff. Couvreux, *Rec. Cons. d'Etat*, p. 446).

478. Le droit proportionnel sur l'habitation ne porte pas exclusivement sur la maison affectée à l'habitation du patentable, mais aussi sur certaines dépendances qui doivent y être rattachées. Comme on l'a vu déjà, n° 475 (*Cons. d'Et.*, 2 déc. 1889, aff. Santerne, *Rec. Cons. d'Et.*, p. 1207), il y a lieu de faire rentrer dans cette catégorie une écurie et une remise formant annexes d'un pied-à-terre mis à la disposition d'un industriel par son gendre, ou des écuries et remises prises à loyer par un patentable, bien qu'elles se trouvent à plus de 300 mètres de son habitation (Cons. d'Et. 24 déc. 1862, aff. Labrouche, *Rec. Cons. d'Etat*, p. 854), et même qu'elles soient situées dans une autre rue (Cons. d'Et. 6 déc. 1865, aff. Clapier, D. P. 67. 5. 104; 31 mars 1868, aff. Lecorbeiller, *Rec. Cons. d'Etat*, p. 358). — Jugé de même : pour l'écurie et la remise d'un vétérinaire (Cons. d'Et. 12 févr. 1867, aff. Damour, *Rec. Cons. d'Etat*, p. 171); — Pour la portion d'une grange dans laquelle un marchand de bestiaux loge son cheval et sa voiture et dont le surplus est employé à serrer des récoltes (Cons. d'Et. 12 avr. 1878, aff. Lemoine, *Rec. Cons. d'Etat*, p. 399); — Pour l'écurie et la remise où sont logés le cheval et la voiture du directe[ur] d'une société industrielle (Cons. d'Et. 27 juill. 1883, aff. Béranger et Darblay *Rec. Cons. d'Etat*, p. 692); — Pou[r] les dépendances de l'habitation d'un notaire, telles que cha[let], cour, buanderie, dépôt de charbon, bûcher, chenil, vo[]lière, etc. (Cons. d'Et. 19 févr. 1875, aff. Deport, *Re[c]. Cons. d'Etat*, p. 171 ; 18 mars 1892, aff. Bertrand, *Rec. Con[s].*

d'Etat, p. 293). — Quant aux jardins, les règles applicables ont déjà été exposées au sujet de la contribution mobilière (V. suprà, v° Impôts directs, n° 93) : rappelons seulement qu'ils doivent être imposés pour celles de leurs parties qui forment dépendance nécessaire de l'habitation (Cons. d'Et. 28 mars 1884, aff. Lecoq, D. P. 85. 3. 124) et qu'il avait déjà été décidé dans ce sens pour une partie de jardin constituant l'unique passage par lequel on accédait à la maison (Cons. d'Et. 12 juin 1874, aff. Chaigneau, Rec. Cons. d'Etat, p. 548). — Un jardin situé derrière la maison a été même déclaré imposable en entier : il n'avait qu'une surface de 80 mètres, dont 50 mètres d'allées, et celles-ci conduisaient à des dépendances de l'habitation (Cons. d'Et. 23 juin 1882, aff. Lama, Rec. Cons. d'Etat, p. 598). — On ne saurait, au contraire, faire entrer dans l'estimation de la valeur locative imposable ni des jardins qui ne peuvent être considérés comme dépendant de l'habitation (Cons. d'Et. 28 févr. 1867, aff. Compagnie parisienne du gaz, D. P. 68. 3. 104), ni un jardin séparé de la maison par une cour et des communs et qui a son entrée spéciale sur une autre rue (Cons. d'Et. 11 janv. 1889, aff. Gournay, Rec. Cons. d'Etat, p. 40).

ART. 3. — *Logements des associés* (Rép. n° 155).

479. Ici encore, les dispositions antérieures ont été maintenues. La maison d'habitation de l'associé principal continue d'être seule passible du droit proportionnel; quant à l'habitation de chacun des autres associés, elle en demeure affranchie à moins qu'elle ne serve à l'exercice de l'industrie sociale. En ce cas « elle est, de même que les autres locaux servant à l'industrie sociale, imposable au nom de l'associé principal » ; et cette dernière disposition, qui n'est guère qu'une mesure d'ordre, est la seule que la loi de 1880 ait ajoutée aux lois précédentes. Nous ne parlons d'ailleurs présentement que des associés en nom collectif et des gérants des sociétés en commandite; on trouvera infrà, n° 483, ce qui concerne les directeurs ou gérants des autres sociétés.

480. L'associé principal doit être dans tous les cas assujetti au droit proportionnel pour son habitation personnelle, encore qu'elle soit éloignée de l'établissement (Cons. d'Et. 25 janv. 1860, aff. Gautier. Rec. Cons. d'Etat, p. 61). A cet égard, le gérant d'une société en commandite est imposable au droit proportionnel pour son habitation, les sociétés en commandite ayant le caractère de sociétés en nom collectif à l'égard des associés en nom (Cons. d'Et. 8 août 1855, aff. Griffet, D. P. 56. 3. 28).

481. La question de savoir si l'habitation d'un associé secondaire sert ou non à l'industrie sociale est subordonnée à l'appréciation de circonstances qui varient avec chaque espèce; mais elle dépend plus spécialement de l'état des lieux et de la nature de la profession, qui exige une surveillance plus ou moins étroite. Ainsi, lorsque le logement occupé par un associé secondaire dans une maison où se trouvent des magasins de la société, n'est pas distinct de ces magasins, dont cet associé a d'ailleurs la direction, ce logement est réputé servir à l'exercice de l'industrie sociale, le droit proportionnel doit être établi sur ce logement (Cons. d'Et. 14 mai 1856, aff. Lefebvre, D. P. 57. 3. 1). — Il en est de même lorsque l'associé secondaire, chargé de gérer dans une autre ville une succursale de la maison principale, occupe, au-dessus des magasins, un appartement loué pour le compte de la société et qui fait corps avec ces magasins, encore qu'il n'y existe ni livres, ni bureaux, ni caisse (Cons. d'Et. 31 mars 1859, aff. Jouron, D. P. 59. 3. 74); de l'habitation, dont une partie des pièces sert à la fois à l'associé et aux commis et qui est d'ailleurs contiguë aux magasins (Cons. d'Et. 20 mars 1861, aff. Leduc, D. P. 61. 5. 341); de celle qui est annexée à l'établissement social et dont la société paye le loyer (Cons. d'Et. 12 déc. 1871, aff. Vulliamy, Rec. Cons. d'Etat, p. 303) qui comprend les deux étages d'une maison dont le rez-de-chaussée est affecté aux bureaux d'une maison de banque, et qui a avec ces bureaux une communication intérieure, bien que le loyer de cette habitation soit remboursé par l'occupant à la société (Cons. d'Et. 14 mai 1875, aff. Droche, Robin et comp. Rec. Cons. d'Etat, p. 465). Ont été également considérées comme servant à l'industrie : l'habitation 1° qui, louée pour le compte de la Société des fabricants de joaillerie, était située au même étage que les ateliers et bureaux et communiquait intérieurement avec eux (Cons. d'Et. 5 janv. 1877, aff. Gosset et Chavoton, Rec. Cons. d'Etat, p. 23) ; — 2° Qui avait fait l'objet d'un bail du même jour et de la même durée que les magasins et bureaux de la société, quand d'ailleurs il n'existait sur la rue qu'une entrée commune et que, grâce à ces dispositions, l'associé secondaire exerçait une surveillance constante sur les locaux affectés à l'industrie sociale (Cons. d'Et. 27 avr. 1877, aff. Lesage et comp., D. P. 77. 3. 69) ; — 3° Qui, occupée par l'associé secondaire d'un fabricant à métiers, était située dans la même maison que les magasins et bureaux et avait sa porte sur le même palier que celle des magasins, avec lesquels l'entrée sur la rue était commune (Cons. d'Et. 30 mai 1879, aff. Mignard et Girin, Rec. Cons. d'Etat, p. 431). — A plus forte raison, le droit proportionnel serait-il dû pour le logement dans lequel l'associé secondaire recevrait les clients de la société, circonstance qui avait été relevée dans deux arrêts des 27 févr. 1874 et 4 juin 1875 (aff. Lesage, Rec. Cons. d'Etat, p. 199 et 537).

482. Au contraire, il a été accordé décharge à l'associé d'une maison de banque dont le logement était séparé des bureaux par un corridor commun aux différents habitants de la maison, bien que, par mesure de sûreté, la caisse et les livres fussent placés dans sa chambre à coucher (Cons. d'Et. 30 déc. 1869, aff. Terlot, Rec. Cons. d'Etat, p. 1037) ; et il a été statué dans le même sens pour l'habitation : de l'associé d'un marchand de cotons en gros, qui était la propriété de cet associé et qui formait un corps de bâtiment séparé par une large cour des magasins, bien qu'il n'y eût qu'une entrée commune (Cons. d'Et. 27 avr. 1877, aff. Masquelier, D. P. 77. 3. 69) ; de l'associé d'un marchand en gros de houblons, habitation qui, entièrement distincte des bâtiments où étaient situés les bureaux et magasins, avait une entrée spéciale sur une autre rue et dont le jardin était séparé par un mur de la cour de l'établissement (Cons. d'Et. 25 mai 1877, aff. Cœvoët, D. P. 77. 3. 69). — Ces derniers arrêts ont visé tous deux la disposition des lieux, qui ne permettait pas de considérer l'habitation comme servant à l'exercice de l'industrie sociale, dans le sens de la loi.

ART. 4. — *Logements des directeurs, gérants, préposés, commis, ouvriers, etc.*

483. Par application de la règle suivant laquelle les locaux servant à l'exercice de la profession doivent entrer dans les éléments du droit proportionnel, les logements occupés par les directeurs, contremaîtres ou gérants dans l'intérêt de l'exploitation. En général, tous les locaux de cette catégorie qui peuvent être considérés comme servant à la direction ou à la surveillance des établissements commerciaux doivent entrer en ligne de compte. Mais on ne saurait faire état des locaux dans lesquels sont logés les ouvriers et autres employés dont la présence dans ces établissements n'est pas indispensable. Il y a donc lieu de rechercher, pour chaque logement en particulier, quel est le lien qui le rattache à l'établissement.

En premier lieu, le droit proportionnel frappe le logement du gérant, contremaître ou préposé quelconque, lorsque l'éloignement de l'habitation du patentable rend nécessaire la présence d'un surveillant sur les lieux. C'est ainsi que le droit proportionnel est dû, par un entrepreneur de fournitures dans les prisons, pour la maison d'habitation de ses mandataires, dans les villes où il en a de régulièrement constitués (Cons. d'Et. 18 févr. 1865, aff. Bochet, Rec. Cons. d'Etat, p. 226). De même, lorsque, par suite de l'éloignement de l'habitation de l'exploitant, la présence d'un contremaître dans les bâtiments d'une fabrique à métiers est nécessaire pour en assurer la surveillance, le local qui lui est ainsi concédé doit être soumis au droit proportionnel (Cons. d'Et. 23 juill. 1875, aff. Richer, D. P. 75. 5. 324); une décision analogue a été rendue pour l'agent préposé à l'exploitation d'un moulin à phosphates éloigné de la résidence du patentable, lequel agent était d'ailleurs chargé de tout ce qui concernait la gestion du moulin (réception et pesage des phosphates, mouture, expédition des engrais vendus, payement des voituriers et ouvriers, tenue de la comptabilité (Cons. d'Et. 21 déc. 1877, aff. Chery et Leveaux, D. P. 79. 5. 306). Mais, comme conséquence, un industriel, assujetti au droit proportionnel dans le lieu de son établissement principal, ne devrait pas également ce droit pour un appartement qu'il occuperait temporairement près du lieu de la succursale de sa maison, s'il était imposé déjà dans cette ville en raison du logement d'un préposé, seul chargé de la direction de cette succursale (Cons. d'Et. 1er sept. 1860, aff. Gosse, D. P. 61. 3. 2).

484. Dans certains cas, l'affectation du logement d'un préposé à l'exercice de l'industrie résulte de la disposition des lieux. Ainsi sont imposables : un appartement situé au-dessus d'un magasin de bijouterie, communiquant avec ce magasin par un escalier intérieur, ayant avec lui une entrée commune sur la rue, et occupé par un employé dont la présence continue est nécessaire, par suite de l'éloignement de l'habitation du patentable (Cons. d'Et. 21 nov. 1879, aff. Cartier, *Rec. Cons. d'Etat*, p. 737); l'appartement occupé, au-dessus des bureaux, par le directeur de la succursale d'une maison de banque, lorsque, bien qu'ayant sur la rue son entrée particulière, il communique intérieurement avec ces bureaux, ce qui permet d'y exercer une surveillance directe et permanente (Cons. d'Et. 5 mars 1880, aff. Berthier frères, *Rec. Cons. d'Etat*, p. 253); l'habitation du directeur de la succursale d'une société de crédit, située dans la même maison que cette succursale, prise en location pour une égale durée, ayant avec les bureaux une entrée commune et permettant ainsi au directeur d'y exercer une surveillance constante (Cons. d'Et. 24 déc. 1880, aff. Société générale, *Rec. Cons. d'Etat*, p. 1064). Mais, ainsi qu'il a été jugé à l'égard de la même société, le droit proportionnel n'est pas dû, si cette habitation, éloignée des bureaux de la succursale et située dans une autre rue, ne peut être considérée comme servant à l'exercice de l'industrie sociale (Cons. d'Et. 18 nov. 1881, *Rec. Cons. d'Etat*, p. 892); et une pareille décision a été rendue pour le logement du directeur du Comptoir d'escompte de Nice (Cons. d'Et. 20 avr. 1883, *Rec. Cons. d'Etat*, p. 379). Il a été également décidé que si le directeur d'une succursale de l'agence Havas avait son habitation au 4e étage, alors que les bureaux étaient au rez-de-chaussée, cette circonstance ne pouvait suffire, en l'absence de toute communication intérieure, pour faire considérer ladite habitation comme dépendant de ces bureaux, encore qu'elle leur fût reliée par le téléphone (Cons. d'Et. 4 juill. 1891, aff. Agence Havas, D. P. 91. 5 462).

485. Il est à remarquer que si l'existence, entre l'établissement et l'habitation du patentable, de communications téléphoniques n'a pas pour effet de faire regarder cette habitation comme affectée à l'exercice de l'industrie, elle n'a pas non plus pour résultat de faire considérer les logements affectés à des gérants et contribuables comme étrangers à cet exercice. Ainsi l'on a déclaré imposables les logements qu'une société, exploitant plusieurs usines pour la fabrication du papier, échelonnées le long d'un cours d'eau, concédait dans ces usines aux contremaîtres chargés de leur gestion, bien que toutes ces usines fussent reliées par le télégraphe et le téléphone à l'habitation du directeur général de la société, située près de l'usine principale (Cons. d'Et. 16 juill. 1886, aff. Papeteries du Marais, *Rec. Cons. d'Etat*, p. 630). Il faut ajouter que l'habitation de ce directeur général, que le même arrêt avait aussi maintenue au droit proportionnel, en a été exemptée depuis, par le motif qu'elle était éloignée des bureaux et ne pouvait, dans ses conditions d'installation, être considérée comme servant à l'exercice de l'industrie sociale (26 déc. 1891, *Rec. Cons. d'Etat*, p. 814); bien qu'il s'agit d'une habitation appartenant à la société, le conseil d'Etat a vu sans doute double emploi dans l'imposition de cette habitation et dans celle des logements des chefs d'usines.

486. Il résulte du même arrêt du 26 déc. 1891 que les sociétés anonymes, êtres moraux qui n'ont point d'habitation, ne sont pas forcément imposables pour celle de leurs administrateurs, directeurs ou gérants. Cette habitation est, au point de vue du droit proportionnel, soumise à la règle générale de la matière et n'y est taxée que si elle est occupée en vue et dans l'intérêt de l'industrie sociale. Il en est ainsi spécialement lorsqu'elle est située soit dans l'établissement même, soit à proximité et qu'elle sert, dès lors, à la gestion ou à la surveillance des opérations. Ont été maintenues, pour ce motif, au droit proportionnel : l'habitation occupée, dans l'usine de la Société des constructions mécaniques de Passy par le directeur de cette usine (Cons. d'Et. 20 nov. 1885, D. P. 87. 5. 325); l'habitation, voisine d'une fabrique de sucre, que la société des Magasins du Printemps (Jaluzot et comp.) affectait au directeur de cette fabrique (Cons. d'Et. 29 nov. 1889, *Rec. Cons. d'Etat*, p. 1085). Au contraire, décharge a été prononcée du droit proportionnel assis sur l'habitation du directeur d'une banque, qui était éloignée des bureaux de cette banque et ne servait point à l'exercice de la profession (Cons. d'Et. 29 juin 1869, aff. Caisse commerciale de Chambéry, *Rec. Cons. d'Etat*, p. 646); du directeur d'un établissement métallurgique, ou d'une banque située à distance de l'établissement, encore qu'elle appartînt à la société (Cons. d'Et. 1er juin 1877, aff. Forges de Franche-Comté, *Rec. Cons. d'Etat*, p. 522; 20 avr. 1883, aff. Comptoir d'escompte de Nice, *Rec. Cons. d'Etat*, p. 379). On pouvait même inférer de cette jurisprudence qu'il fallait, pour être imposable, que l'habitation occupée par le directeur fût la propriété du patentable, c'est-à-dire de la société, et non celle de l'occupant. Mais un arrêt du 6 juin 1891 (aff. Union artistique de Vaucouleurs, *Rec. Cons. d'Etat*, p. 423) a maintenu au droit proportionnel l'habitation d'un directeur d'usine, par le motif que, si elle était la propriété personnelle de ce directeur, elle se trouvait néanmoins placée de manière à constituer une dépendance immédiate de ladite usine, dont elle assurait la surveillance constante; et cette doctrine est plus conforme à la loi, qui rend le droit proportionnel exigible pour tout local *servant* à l'exercice de la profession, quelle que soit d'ailleurs la situation au point de vue du droit de propriété.

487. Les mêmes règles sont applicables aux logements des employés, commis et ouvriers; ils ne sont passibles du droit de patente qu'autant que les besoins de l'exploitation exigent que ces employés ou ces ouvriers soient logés dans l'établissement; dans le cas contraire, ces logements ne doivent pas être considérés comme formant dépendance des locaux imposables. — Jugé, en conséquence, que si un magasin de dépôt de quincaillerie et le logement du gérant préposé à la surveillance de ce dépôt doivent être regardés comme affectés à l'exercice de la profession, il n'en peut être de même du logement des autres employés et des ouvriers (Cons. d'Et. 29 janv. 1862, aff. Japy et comp., D. P. 62. 3. 44). C'est ainsi également que décharge a été accordée du droit proportionnel assis sur l'habitation de l'employé d'un marchand de bois, située au-dessus des bureaux mais ne servant point, en fait, à l'exercice de la profession (Cons. d'Et. 17 mars 1876, aff. Maillard, *Rec. Cons. d'Etat*, p. 269). — Au contraire, les logements donnés dans des usines à gaz à ceux des préposés dont la présence de jour et de nuit dans ces usines est nécessaire à l'exercice de l'industrie, font partie de l'établissement industriel (Cons. d'Et. 28 févr. 1867, aff. Compagnie parisienne du gaz, D. P. 68. 3. 104); et les logements des préposés que la Compagnie des lits militaires entretient dans les villes de garnison et qui sont logés dans les mêmes bâtiments que les bureaux, buanderies et magasins (Cons. d'Et. 18 juin 1880, D. P. 81. 3. 64) sont passibles du droit proportionnel.

488. Des décisions intéressantes ont été aussi rendues, sur ce point, à l'égard des locaux (réfectoires, cuisines, dortoirs, etc.) que les grands magasins affectent maintenant au service de leur personnel. Les propriétaires de ces établissements trouvent dans cette combinaison un avantage commercial indiscutable; car ils arrivent ainsi à restreindre les absences des employés au moment des repas, à assurer leur présence à l'ouverture des magasins, à y prolonger leur séjour quand les besoins de la vente l'exigent. Mais, le conseil d'Etat n'a pas pensé, comme l'Administration, que ces faits pussent suffire pour rendre imposables sans distinction les locaux ainsi occupés, s'agissant d'industries qui ne s'exercent que le jour et pour lesquelles par suite la présence des employés, la nuit, dan l'établissement ne constitue pas une nécessité de l'exploitation, il n'a maintenu au droit proportionnel que les pièces consacrées aux cuisines, salles à manger et offices où sont préparés et servis les repas des employés, à l'exclusion des chambres ou dortoirs où sont logés ces employés (8 août 1882, aff. Marquis, D. P. 84. 3. 15 ; 27 avr. 1883, aff. Bourruet-Aubertot, D. P. 84. 5. 365 ; 29 juin 1883, aff. Revillon, *Rec. Cons. d'Etat*, p. 610). — Au contraire, les logements occupés dans un hôtel par des domestiques dont la présence est nécessaire à toute heure pour le service des clients et des voyageurs, constituent des dépendances forcées de l'établissement commercial et doivent dès lors être imposés comme servant à l'exercice de la profession (Cons. d'Et. 10 nov. 1882, aff. Soubiran, D. P. 84. 3. 15) ; et il a été statué dans le même sens pour les dortoirs affectés à tout le personnel de l'Hôtel continental, de Paris, bien que la société exploitant cet hôtel prétendit que la présence d'une partie seulement de ces employés était suffisante pour assurer le service de nuit (Cons. d'Et. 5 févr. 1885, D. P. 87. 5. 325). C'est ainsi également qu'il a été jugé pour le personnel du restaurant établi près de l'église de Montmartre (Cons. d'Et. 12 févr. 1892, aff. Ruandel, *Rec. Cons. d'Etat*, p. 139). — Nous signalerons encore, dans cet ordre d'idées, deux arrêts portant : que, dans un couvent de religieuses qui tenaient un pensionnat, les locaux servant d'habitation aux sœurs chargées de l'enseignement devaient être assujettis au droit proportionnel, à l'exclusion des habitations des autres sœurs et des locaux dont la destination était étrangère au fonctionnement du pensionnat (Cons. d'Et. 16 déc. 1887, aff. Ursulines de Villefranche, D. P. 89. 3. 33) ; et que, dans un établissement libre d'enseignement secondaire, ouvert aux jeunes gens, le droit proportionnel devait porter sur les chambres servant au logement des surveillants et des professeurs, lesquels habitaient tous l'établissement (Cons. d'Et. 11 mai 1888, aff. Ecole Notre-Dame-de-Maugré, D. P. 89. 3. 33). Le conseil d'Etat ne s'est pas toutefois prononcé explicitement dans cette dernière affaire, où le ministère des finances, en reconnaissant que la société avait intérêt à loger ses professeurs, avait cependant admis que cet intérêt ne suffisait pas pour rendre imposables les cellules qu'ils occupaient divisément la nuit, et avait proposé de ne maintenir au droit proportionnel que les locaux à l'usage commun du personnel de l'école (chapelle, bibliothèque, réfectoire, etc.), ainsi que les logements des frères et des surveillants.

489. Enfin, on a vu *suprà*, n° 476, dans quel cas le droit proportionnel atteint seulement l'habitation de l'agent du patentable. Pour rendre applicable cette disposition, il suffit, selon la remarque du *Rép.*, n° 162, que le patentable exerce, à titre de profession principale, une profession *quelconque* non assujettie à la patente, qu'il soit, par exemple, cultivateur ou fonctionnaire ; mais il faut qu'il ne prenne aucune part aux opérations imposées sous son nom. Aussi, le bénéfice de cette mesure a-t-il été refusé : au brasseur qui, s'il confie la fabrication à la surveillance d'un chef ouvrier, ne s'occupe pas moins lui-même de l'exploitation, en se chargeant d'acheter les matières premières, de placer les produits et de faire, à l'administration des Contributions indirectes, les déclarations exigées par la loi, lorsque, d'ailleurs, il n'exerce pas d'autre profession (Cons. d'Et. 10 nov. 1856, aff. Romagné, D. P. 57. 3. 38) ; — Au fabricant d'huile qui, s'il a des préposés pour la fabrication de l'huile dans ses moulins, fait lui-même l'achat des matières premières et le placement des produits fabriqués (Cons. d'Et. 7 avr. 1858, aff. Vandenbroucque, D. P. 58. 5. 263) ; — Au fabricant à métiers qui a chargé un individu de la surveillance des détails de la fabrication, mais qui a conservé la direction des affaires et qui gère par lui-même son établissement (Cons. d'Et. 5 mai 1882, aff. Bourret, D. P. 84. 5. 365) ; — Au fabricant de gaz pour l'éclairage, qui exerce cette industrie par lui-même et qui passe notamment les marchés, encore que la fabrication soit confiée à un ingénieur (Cons. d'Et. 15 janv. 1886, aff. Tahan, *Rec. Cons. d'Etat*, p. 35). — Au contraire, ce bénéfice a été accordé : au propriétaire qui fait exploiter sur son domaine une scierie et un moulin et qui ne s'est réservé que l'examen des comptes de cette exploitation (Cons. d'Et. 11 déc. 1885, aff. De Théolin, *Rec. Cons. d'Etat*, p. 951) ; à la veuve, sans profession, dont le pressoir est exploité par un gérant (Cons. d'Et. 28 janv. 1887, aff. De Heuzé, *ibid.*, p. 86) ; à une autre veuve qui habite Bordeaux et pour le compte de laquelle un café est exploité à Lyon (Cons. d'Et. 24 mars 1891, aff. De Matosin, *Rec. Cons. d'Etat*, p. 264). — Il a été jugé aussi, mais à un autre point de vue, que cette disposition légale devait être appliquée à l'habitation de l'agent, muni en général de pleins pouvoirs, qui tient la maison établie en France par un commerçant résidant à l'étranger, et cette doctrine se justifie si l'on considère qu'il est de principe que les faits qui se passent en dehors du territoire français ne peuvent être opposés à l'Administration ; en sorte qu'elle n'a pas à tenir compte des liens commerciaux qui peuvent unir le siège de la maison à la succursale fondée en France et qu'elle se trouve en présence d'un établissement appartenant à une personne dont l'absence même prouve que l'exploitation de cet établissement n'est pas sa profession principale, et que son préposé est chargé de la gestion de ses intérêts. Ainsi décidé en particulier : pour l'habitation de l'agent, en France, de marchands de cotons résidant en Angleterre, bien que cette habitation ne se trouvât pas située dans la même commune que l'établissement (Cons. d'Et. 14 juin 1878, aff. Brooch, D. P. 78. 3. 103) ; — Pour celle du représentant, à Paris, d'un négociant en tissus habitant l'Alsace (Cons. d'Et. 17 janv. 1879, aff. Hofer, D. P. 79. 3. 46) ; — Pour celle de l'agent, à Lyon, de commissionnaires en marchandises de Londres (Cons. d'Et. 22 juill. 1881, aff. Bradburg, D. P. 82. 5. 305).

ART. 5. — *Locaux habités en commun.*

490. En principe, le patentable doit être soumis au droit proportionnel tant sur les locaux dont il dispose à titre privatif que sur sa part de jouissance dans ceux qu'il occupe en commun avec d'autres personnes. C'est ainsi, en particulier, que doit être réglée l'imposition du fils logé chez ses parents. Jugé, en ce sens : qu'un notaire, qui occupe chez son père deux pièces, d'une valeur locative de 120 fr., et qui jouit en commun avec lui d'autres pièces dont la valeur n'est pas *pour sa part*, inférieure à 180 fr., a été dûment imposé sur un chiffre de 300 fr. (Cons. d'Et. 26 juin 1862, aff. Deshaires, *Rec. Cons. d'Etat*, p. 520) ; — Que, lorsqu'un patentable habite avec d'autres membres de sa famille, son droit proportionnel doit être établi en tenant compte, non seulement de la valeur locative des chambres qu'il occupe exclusivement, mais aussi de celles qui représentent, *pour sa part*, les pièces dont il jouit en commun avec les autres personnes habitant l'appartement (Cons. d'Et. 4 janv. 1878, aff. Pollet, D. P. 79. 5. 306) ; — Qu'un avocat qui habite avec son père un appartement de 1000 fr., dans lequel chacun d'eux a un logement de valeur égale, le surplus étant d'usage commun, doit être imposé sur une valeur locative de 500 fr. (Cons. d'Et. 9 déc. 1887, aff. Fusier, *Rec. Cons. d'Etat*, p. 785). — Mais, par voie de conséquence, un médecin qui habite avec ses sœurs le même appartement ne doit pas être imposé pour la partie de cet appartement qui n'est pas affectée à son usage personnel (Cons. d'Et. 8 juill. 1852, aff. Dubouchet, *Rec. Cons. d'Etat*, p. 287). — Et, de même, un médecin qui loge chez lui sa belle-sœur ne doit pas le droit proportionnel sur les locaux exclusivement affectés à l'habitation de cette dernière (Cons. d'Et. 16 avr. 1856, aff Bary, *Rec. Cons. d'Etat*, p. 282).

491. Lorsque l'habitation est louée à frais communs et que les droits des occupants sont égaux, celui qui est patentable ne doit être imposé que sur la portion du loyer lui incombant. Ainsi décidé que, lorsqu'une habitation est occupée par deux frères, dont l'un est patenté, et qui contribuent chacun pour moitié aux loyer, charges et dépenses se rattachant à l'appartement, la moitié seulement de la valeur locative doit être imposée (Cons. d'Et. 4 févr. 1881, aff. Longden, D. P. 82. 3. 67) ; et qu'une sœur, commerçante, logée avec son frère et sa sœur dans un appartement sur lequel ils ont tous trois des droits égaux, n'est imposable que pour le tiers de cet appartement (Cons. d'Et. 7 nov. 1891, aff. Demoiselle Van Gausewinkel, *Rec. Cons. d'Etat*, p. 643). — Mais, lorsque le patentable est le chef de la famille et qu'il a, comme tel, la *libre disposition* de l'ensemble de l'habitation, la circonstance qu'il y loge soit ses enfants, soit ses parents, n'autorise aucune déduction sur la valeur locative totale de cette habitation : il doit être considéré comme l'occupant en entier. C'est ainsi qu'un marchand de soie habitant en commun avec ses enfants mineurs un hôtel dont il se réserve entièrement la disposition, est imposable pour la totalité de cet immeuble, alors même qu'il n'en occuperait habituellement que quelques pièces et que ledit hôtel serait la propriété de ses enfants (Cons. d'Et. 7 août 1874, aff. Drouet, *Rec. Cons. d'Etat*, p. 804). — Il y a lieu pareillement d'imposer pour la totalité de son habitation un notaire qui loge son beau-père chez lui pendant plusieurs mois de l'année, si d'ailleurs ce dernier n'a pas dans la maison de son gendre un appartement qui lui soit propre (Cons. d'Et. 12 févr. 1875, aff. Bertrand, *Rec. Cons. d'Etat*, p. 142); décidé également que le droit proportionnel afférent à l'hôtel d'un banquier doit être établi sur la valeur locative totale de cet hôtel, alors même qu'il y loge son fils, s'il a conservé l'entière disposition de l'immeuble qui forme d'ailleurs un ensemble non divisé (Cons. d'Et. 4 févr. 1881, aff. Guntzburg, D. P. 82. 3. 67). — Jugé encore qu'une marchande de mercerie dans le logement de laquelle ses deux fils majeurs et sa fille mineure occupent, les deux premiers, chacun une chambre, la seconde une partie de la chambre de sa mère, doit être imposée pour l'intégralité dudit logement, d'ailleurs loué en son nom (Cons. d'Et. 20 mai 1881, aff. Dame Courty, *Rec. Cons. d'Etat*, p. 527); — Que, lorsqu'une belle-mère a son gendre pour associé secondaire, elle est imposable pour l'intégralité de son habitation, y compris la chambre qu'elle s'est bornée à y mettre à la disposition de son gendre (Cons. d'Et. 28 avr. 1882. aff. Reddelien, *Rec. Cons. d'Etat*, p. 402); — Et que, dans le cas où un appartement est loué au nom et pour le compte d'un patentable et que sa mère et son neveu, lequel l'aide dans son commerce, n'ont à leur usage particulier qu'une seule pièce faisant partie intégrante de l'appartement, le droit proportionnel doit être calculé sur la valeur totale de cet appartement (Cons. d'Et. 6 juill. 1888, aff. Bermond, D. P. 89. 5. 346). — Cette jurisprudence ne diffère pas, d'ailleurs, et ne saurait différer, de celle qui a été exposée à l'égard de la contribution mobilière (V. *suprà*, v° *Impôts directs*, n° 95). — Ajoutons enfin que le droit proportionnel applicable à un maître de pension doit porter, tant sur les locaux affectés à son usage personnel et à celui de sa famille, que sur sa part de jouissance dans ceux qu'il occupe en commun avec ses élèves, encore que la loi déclare non imposables les locaux destinés au logement et à l'instruction des élèves (V. *suprà*, n° 474). Ainsi statué pour la salle à manger, la cuisine et le salon occupés, avec ses élèves, par un maître de pension (Cons. d'Et. 19 mars 1880, aff. Bessières, D. P. 80. 3. 118). Sur ce point, V. aussi *infrà*, n° 588.

492. Pour les mêmes motifs, l'habitation *commune* aux époux, séparés ou non séparés de biens, doit être imposée *en entier* au nom de celui des deux qui est patentable. Une femme mariée, non séparée de biens, imposée nominativement pour une profession qu'elle exerce sans le concours de son mari, est passible du droit proportionnel d'après la valeur locative totale de l'appartement qu'elle habite avec lui (Cons. d'Et. 31 juill. 1874, aff. Demoiselle Bleinc, *Rec. Cons. d'Etat*, p. 748); — Et un sous-officier autorisé à loger en ville ne peut se prévaloir de ce qu'il est exempt de l'impôt mobilier, comme sous-officier de troupe, pour soutenir que la valeur locative de l'habitation qu'il occupe avec sa femme ne doit pas entrer en compte pour l'établissement du droit proportionnel de la patente due par cette dernière (Cons. d'Et. 20 janv, 1888, aff. Mareschal, D. P. 89. 5. 346). — Jugé de même : à l'égard d'un tailleur, qui était locataire, en son nom, de l'habitation commune et qui prétendait qu'il avait sous-loué une partie de cette habitation à sa femme séparée de biens ; — Pour un agent d'affaires, qui soutenait qu'il était simplement logé par sa femme ; — Pour un directeur de théâtre, qui habitait en commun avec sa femme séparée de biens, au nom de laquelle était faite la location et à laquelle appartenaient les meubles, et qui objectait qu'il était injuste de lui faire supporter les charges résultant de la location que sa femme avait pu faire dans des conditions de luxe que lui permettait sa fortune personnelle (Cons. d'Et. 22 mars 1878, 14 févr. 1879, 23 janv. 1880, aff. Aron, Taulier et Carvalho, D. P. 80. 3. 101). — Chacun des époux avait, en effet, dans ces trois espèces, l'entière disposition de l'habitation commune, ce qui s'opposait à toute déduction sur la valeur locative. V. également, sur ce point, v° *Impôts directs*, n° 102.

SECT. 2. — FIXATION DE LA VALEUR LOCATIVE (*Rép.* n°s 166 à 173).

493. Les règles établies en 1844 pour la détermination de la valeur locative sont toujours en vigueur. Elles ont été étudiées au *Rép.* n°s 166 à 169 ; nous n'avons donc qu'à signaler les applications qui en ont été faites par la jurisprudence.

494. C'est des baux authentiques, et des déclarations de locations verbales qui en sont le complément depuis la loi du 23 août 1871 (D. P. 71. 4. 54), qu'il doit être fait usage, de préférence et en première ligne, pour la fixation de la valeur locative. Etant, d'une manière générale, l'expression de l'accord d'intérêts différents, ces actes constituent la meilleure base pour l'assiette du droit proportionnel. Mais, ainsi qu'il ressort de la discussion même de la loi de 1844 (*Rép.* n° 167), l'Administration n'est pas liée par les chiffres portés dans ces actes ; et, comme c'est la valeur locative *réelle* que la loi a voulu atteindre, les agents du Trésor sont autorisés à écarter les baux ou déclarations qu'ils estiment ne pas réunir les conditions nécessaires d'exactitude ou de sincérité. Il est alors procédé, selon les termes de la loi, par voie de comparaison « avec d'autres locaux dont le loyer aura été régulièrement constaté ou sera notoirement connu, et, à défaut de ces bases, par voie d'appréciation ». — L'emploi de termes de comparaison s'impose, d'ailleurs, pour les immeubles qui ne sont pas loués. — Il est nécessaire de recourir à la méthode de l'estimation directe, soit pour les immeubles qui n'ont point de similaires, soit pour les établissements industriels dont un très petit nombre seulement font l'objet de locations.

Tel est aussi le sens des recommandations adressées à ses agents par l'Administration, touchant l'emploi des baux. On lit, en effet, dans l'instruction ministérielle du 6 avr. 1881 (p. 54) : « L'évaluation au moyen des baux est la plus sûre et celle par conséquent dont les agents doivent préférablement faire usage lorsqu'ils rencontrent des baux passés dans des conditions normales et régulières. Mais si, par suite de circonstances exceptionnelles, certains baux présentaient une atténuation ou une exagération sensible, les agents constateraient le fait et les écarteraient de leur travail, ou ne les emploieraient qu'après leur avoir fait subir les modifications nécessaires ». Et la même instruction ajoute (p. 62) : « La valeur locative qui doit servir de base au droit proportionnel est la valeur locative courante, ordinaire, celle qui représente le prix de location au moment de l'estimation et en supposant le bailleur chargé de l'impôt foncier et des frais d'entretien et de réparations. Le contrôleur doit donc écarter, comme sortant des conditions normales, où il ne doit utiliser qu'après leur avoir fait subir les modifications nécessaires : 1° un bail par lequel le locatair serait tenu au payement de l'impôt foncier ou à des répara tions autres que les réparations locatives ordinaires (ce charges devraient être ajoutées au prix de la location) ; 2° Un bail qui assurerait au locataire d'autres avantage que ceux de la location proprement dite, ou qui compren drait des terres ou d'autres objets que ceux qui sont passibl du droit proportionnel (le prix de ce bail serait trop élevé devrait être diminué dans une proportion équitable) ; 3° Un bail qui ne comprendrait pas tous les objets pour l quels le locataire est passible du droit proportionnel, te qu'une partie des emplacements ou bâtiments, des machin hydrauliques, à manège ou à vapeur, l'outillage, etc. (c objets devraient être estimés à part et le montant de l'es mation serait ajouté au prix du bail) ; — 4° Un bail conc nant des bâtiments dans lesquels le locataire aurait fai ses frais, des augmentations ou des améliorations ayant l'importance (il y aurait là un accroissement de val locative dont il devrait être tenu compte pour la déter tion des droits de patente) ; — 5° Un bail se rapporta une propriété dans la situation ou l'état de laquelle il s survenu, depuis la location, des changements notables

6° Un bail qui serait d'une date trop ancienne pour représenter le cours actuel des loyers ».

495. Les décisions qui, d'après ces principes, ont écarté les baux, pour l'assiette du droit proportionnel, sont très nombreuses. Nous en citerons seulement quelques-unes, la jurisprudence étant absolument fixée en ce sens que l'impôt doit être établi d'après la valeur locative réelle des locaux servant tant à l'habitation qu'à l'exercice de l'industrie du patentable, alors même que celui-ci produit un bail d'un prix inférieur à cette valeur locative. Ainsi, il suffit qu'il soit constant que le loyer payé en qualité de sous-locataire par un patenté est d'une certaine somme, pour que le droit proportionnel de sa patente ait été légalement fixé d'après cette somme (6000 fr.), encore bien qu'il produirait un bail authentique passé entre son cédant et le propriétaire et stipulant un chiffre de loyer moins élevé (4000 fr.) (Cons. d'Et. 20 juin 1855, aff. Lachamp, D. P. 56. 3. 8). Il a été jugé également que, bien que le propriétaire d'un établissement industriel produise un bail authentique, passé entre elle et ses enfants mineurs, et fixant à 5000 fr. par an le prix du loyer de cet établissement, il y a lieu d'écarter ce bail qui, dans les circonstances où il a été passé, ne peut suffire à déterminer la valeur locative dudit établissement, laquelle n'est pas inférieure à 11 500 fr. (Cons. d'Et. 2 nov. 1877, aff. Berthier-Descroix, D. P. 78. 3. 12); et que si un notaire occupe son logement moyennant un loyer annuel de 300 fr. dûment constaté, ce prix de location « dans les conditions particulières où il a été fixé », ne peut servir à déterminer la valeur locative dudit logement, qui a été justement appréciée par l'Administration à 450 fr. (Cons. d'Et. 27 juin 1891, aff. Chadefaux, *Rec. Cons. d'Etat*, p. 498). — De même, en cas de sous-location par un patentable d'une partie des locaux qu'il a pris à bail, la valeur locative, base du droit proportionnel doit être déterminée directement, et non d'après l'excédent du prix du bail, sur le montant des sous-locations (premier bail : 4800 fr. ; montant des sous-locations : 3800 fr. ; valeur locative maintenue au nom du patentable : 1000 fr.) (Cons. d'Et. 8 janv. 1875, aff. Chapuis, *Rec. Cons. d'Etat*, p. 18) ; et il a été statué dans le même sens pour les exploitants d'un hôtel sis à Bordeaux qui, locataires de l'immeuble entier au prix de 22 500 fr., sous-louaient diverses boutiques moyennant 11 000 fr. par an. Sans s'arrêter à ce dernier chiffre, que les requérants invoquaient, le conseil d'Etat a décidé que la valeur locative de l'hôtel proprement dit avait pu valablement être fixée à 18 000 fr. par voie de comparaison (14 déc. 1883, aff. Queuille et Daric, *Rec. Cons. d'Etat*, p. 916). — Il ne saurait non plus être tenu compte d'une réduction de loyer (dans l'espèce, 1000 fr.), que le propriétaire accorde *à titre gracieux* à son locataire, alors que le prix du bail primitif continue de représenter la valeur des locaux occupés (Cons. d'Et. 26 nov. 1880, aff. Besnier, *Rec. Cons. d'Etat*, p. 923). — Mais, en compensation, si le prix stipulé dans un bail est reconnu manifestement exagéré, par suite de l'ignorance où était le preneur de la valeur réelle de l'établissement, c'est à raison de cette valeur, établie par comparaison, qu'il doit seulement être imposé, sans qu'il puisse suffire de lui opposer son bail (dans l'espèce, loyer de 18 300 fr. ramené à 12 000 fr. (Cons. de préf. des Basses-Pyrénées, 11 déc. 1880, aff. Demoiselle Oulieu).

496. Il était déjà de jurisprudence, à l'époque de la publication du *Rép.* (n° 171), que le droit proportionnel doit être fixé en prenant uniquement pour base la valeur locative des locaux imposables et non les bénéfices présumés de l'établissement. — On ne doit pas ajouter au loyer de ces locaux les redevances particulières que payent certains patentables, telles que les droits d'emplacement au-devant des cafés, lesquels droits n'ont point le caractère de loyers. — Il a été jugé également que, lorsqu'un industriel occupe des terrains dans une gare, il doit n'être imposé qu'à raison de la valeur locative propre à ces terrains, et non d'après le chiffre des redevances annuelles qu'il paye à la compagnie et qui représentent, non le loyer d'un entrepôt exclusivement affecté à son service, mais le rachat par voie d'abonnement des droits de gare et de magasinage (Cons. d'Et. 17 déc. 1875, aff. Bizalion, D. P. 76. 5. 329); — Et que, lorsqu'un pré, servant de séchoir dans un établissement de blanchisseur, est en même temps exploité comme herbage, il ne doit être compris dans les bases du droit proportionnel que sous déduction de la part de sa valeur locative afférente à cette dernière exploitation (Cons. d'Et. 16 nov. 1883, aff. Godard, *Rec. Cons. d'Etat*, p. 812).

497. Mais, selon le principe déjà posé au *Rép.* n° 172, c'est la valeur locative entière des locaux occupés qu'il faut retenir, alors même qu'ils ne tireraient cette valeur que des opérations qui s'y traitent ou du commerce qui s'y fait. En d'autres termes, le droit proportionnel doit prendre pour base la valeur *commerciale*, telle qu'elle résulte, soit de la nature de la profession, soit des avantages d'installation, de situation, de notoriété, de clientèle, etc., qui sont propres à l'établissement. — Ainsi il a été décidé que l'exploitant d'un buffet de chemin de fer n'est pas fondé à repousser l'application à sa patente du loyer qu'il paye à la compagnie, pour le motif que les loyers de l'espèce auraient été fixés en tenant compte du privilège de vente dans l'intérieur des gares, quand d'ailleurs la valeur locative ainsi établie est reconnue n'être pas exagérée par comparaison avec les établissements similaires (Cons. d'Et. 8 févr. 1884, aff. Dacier, *Rec. Cons. d'Etat*, p. 114); — Et que si, au contraire, le loyer stipulé pour un buffet (500 fr.) n'a que le caractère d'une redevance, sans rapport avec la valeur locative réelle de ce buffet, l'Administration a le droit d'écarter cette redevance et de recourir à l'évaluation par comparaison que la loi autorise (Cons. d'Et. 26 déc. 1891, aff. de Coutery, *Rec. Cons. d'Etat*, p. 815). Ce dernier buffet, auquel il n'était pas allégué que la compagnie eût imposé des charges particulières, était ouvert au public de la ville, ce qui facilitait sa comparaison avec les cafés et restaurants du voisinage : il lui a été attribué une valeur locative de 1000 fr. Nous signalerons de même un arrêt maintenant le droit proportionnel assis sur le prix du bail d'un dock, attendu qu'il n'était pas établi que ce prix tînt compte d'autres avantages que de ceux résultant directement de la jouissance du dock et de sa situation en bordure d'un bassin du port, situation éminemment favorable pour les opérations de chargement et de déchargement qui s'y exécutaient. La compagnie intéressée prétendait que le prix par elle payé comprenait à la fois le loyer propre du dock et le bénéfice que le bailleur tirait précédemment du monopole de la manutention des marchandises sur cette partie du port ; mais l'instruction avait établi qu'il n'y avait pas eu cession d'un monopole et que la différence de situation du dock et des établissements similaires du voisinage, qui étaient tous séparés du bassin par une chaussée, ce qui exigeait un double transbordement, suffisait à justifier le loyer exceptionnel consenti (Cons. d'Et. 18 avr. 1891, aff. Compagnie des Messageries maritimes, *Rec. Cons. d'Etat*, p. 297). — Il avait d'ailleurs été déjà jugé dans le même sens que le fait que la valeur locative attribuée à l'établissement d'un contribuable serait très élevée comparativement aux autres établissements de même nature dans la commune, ne peut donner lieu à une réduction, lorsqu'elle n'est pas *en elle-même* exagérée, la loi voulant que le droit proportionnel soit établi d'après la valeur locative réelle qui est propre à chaque établissement (Cons. d'Et. 31 janv. 1855, aff. Guillon, D. P. 55. 3. 66).

498. Quant aux charges qu'il faut ajouter au prix de loyer en principal, elles peuvent être de différentes sortes. — C'est d'abord l'impôt financier et c'est aussi la prime d'assurance des bâtiments contre l'incendie, lorsque le payement en est imposé au locataire par son bail (Cons. d'Et., 18 déc. 1874, aff. Wanner, *Rec. Cons. d'Etat*, p. 1011 ; 4 nov. 1881, aff. Roger, *Rec. Cons. d'Etat*, p. 832); et, le cas échéant, les frais de vidange, qui sont une charge de la propriété, tandis qu'on ne devrait pas ajouter au prix du bail l'impôt des portes et fenêtres, qui est, de par sa nature, à la charge de l'occupant (V. *suprà*, v° *Impôts directs*, n° 165). — Il a été jugé également que la somme qu'un locataire est tenu, en vertu de son bail, de payer annuellement pour le balayage de l'escalier doit être ajoutée au montant du loyer pour déterminer la valeur locative servant de base à l'établissement de son droit proportionnel (Cons. d'Et. 1er avr. 1881, aff. Jegher, D. P. 82. 3. 100); et qu'il doit aussi être tenu compte d'un droit de passage et d'enseigne compris dans le bail (Cons. d'Et. 25 févr. 1881, aff. Pélissié, *Rec. Cons. d'Etat*, p. 224). — En second lieu, si le locataire est tenu à des réparations autres que les réparations locatives qui lui incombent normalement, cette charge particulière doit être ajoutée au prix de son bail (Cons. d'Et. 1er déc. 1858, aff. Mérard, *Rec. Cons. d'Etat*, p. 675; 12 nov. 1886, aff. Crédit général français, *Rec. Cons. d'Etat*, p. 781). — Il s'agissait, dans la seconde espèce, de grosses réparations et de travaux nécessités par l'installation d'une banque dans un immeuble et qui n'avaient pas accru de moins de 500 fr. la valeur locative de cette partie de l'immeuble. Mais la question est plus délicate, lorsqu'il s'agit des travaux effectués et des dépenses faites par le patentable, afin d'approprier les locaux à son industrie.

499. En principe, la valeur locative imposable n'est pas seulement celle des lieux tels qu'ils ont été loués, mais encore celle qui résulte des travaux exécutés par le locataire (*Rép.* n° 172). — On ne saurait toutefois tenir compte des dépenses forcées d'aménagement qui incombent à tout locataire, selon son commerce, lorsque d'ailleurs elles consistent en de simples embellissements, ou qu'elles n'excèdent pas l'importance de celles qu'entraîne nécessairement toute installation commerciale et qu'elles n'ont pas pour résultat de donner à l'immeuble une plus-value notable. Ainsi, des travaux d'appropriation, faits par un restaurateur dans les locaux qu'il a loués pour l'exercice de son industrie, ne peuvent avoir pour effet de faire porter à un chiffre supérieur son droit proportionnel, si ces travaux, qui n'ont entraîné qu'une dépense de 2800 fr. alors que le loyer consenti atteint 1400 fr. par an, n'ont pas été imposés à ce restaurateur par son bail et n'ont pas d'ailleurs été assez importants pour changer les éléments du prix de location (Cons. d'Et. 17 sept. 1854, aff. Adaubard, D. P. 55. 3. 45). — Il a été jugé, au contraire, qu'il y avait lieu de faire venir en ligne de compte l'augmentation de valeur résultant : de la construction d'une galerie vitrée sur la terrasse d'un établissement de limonadier (Cons. d'Et. 14 juin 1866, aff. Bauzin, *Rec. Cons. d'Etat*, p. 652), de travaux d'appropriation exécutés dans l'intérieur d'un restaurant, et qui en avaient élevé la valeur locative de 1000 fr. (prix du bail) à 12 000 fr. (Cons. d'Et. 19 févr. 1875, aff. Gailleton, *Rec. Cons. d'Etat*, p. 176); de travaux importants faits par le locataire en vue de la création d'un casino et qui ont eu pour conséquence d'accroître de 1500 fr. au moins la valeur locative, alors que le prix du bail ne dépassait pas 3500 fr. (Cons. d'Et. 2 mars 1883, aff. Bec, D. P. 84. 3. 107). — Il faudrait d'ailleurs, en tout état de cause, ajouter au loyer le prix supplémentaire payé, chaque année, par le locataire, en raison de travaux exécutés par le propriétaire depuis la location (Cons. d'Et. 21 sept. 1859, aff. Mottet; 10 mai 1860, aff. Legendre, *Rec. Cons. d'Etat*, p. 641 et 398). — Quant aux travaux faits, comme il vient d'être dit, aux frais du locataire, il est d'usage d'en diviser le montant par le nombre d'années de la location et d'ajouter au loyer l'annuité ainsi obtenue; mais cette règle ne pourrait être suivie si le locataire devait emporter tout ou partie des aménagements par lui établis et, dans ce cas, il devrait être fait déduction de la valeur que ces aménagements auraient encore à la fin du bail, sauf à tenir compte, en sens inverse, de la plus-value résultant de leur emploi pendant la location. Il serait même rigoureusement exact, dans les cas de l'espèce, d'augmenter le prix du loyer tant de l'intérêt annuel de la dépense totale effectuée que de l'annuité de capital correspondant à la partie de cette dépense faite à titre définitif et frappée, comme telle, d'amortissement sur la base de la durée du bail.

500. Il nous reste à parler des baux à séries de prix et de ceux dont le chiffre vient à s'élever en cours d'année. « Lorsqu'un bail présentera des séries de prix distinctes, s'appliquant aux diverses périodes de sa durée, et qu'il aura d'ailleurs été conclu dans des conditions normales, on inscrira dans la matrice le loyer correspondant à chaque période considérée à part. » (Instr. minist. du 6 avr. 1881, p. 62). — De même, l'augmentation du loyer en cours d'année n'autorise pas à rehausser le chiffre qui résultait du bail en vigueur au 1er janvier, si d'ailleurs ce bail était normal. Ainsi jugé : pour un patentable qui avait été imposé sur un chiffre de 4900 fr., alors qu'il ne payait, au 1er janvier, qu'un loyer de 3000 fr. (Cons. d'Et. 24 août 1858, aff. Brosset, *Rec. Cons. d'Etat*, p. 580); — Pour une succursale du Crédit lyonnais, dont le bail au 1er janvier n'était que de 800 fr. et qui avait été imposée sur le prix de 1200 fr., stipulé dans un nouveau bail (Cons. d'Et. 15 janv. 1886, *Rec. Cons. d'Etat*, p. 35). — Mais, par voie de conséquence, le contribuable imposé au droit proportionnel, d'après le loyer résultant d'un bail authentique, en vigueur au 1er janvier, n'a pas droit de réclamer une réduction de sa contribution sur le motif que, par une convention intervenue en cours d'exercice, il a obtenu une diminution de loyer remontant à cette date même du 1er janvier (Cons. d'Et. 27 mai 1858, aff. Roussy, *Rec. Cons. d'Etat*, p. 379). — Rappelons aussi que, selon le principe énoncé *suprà* n° 490, un local d'affectation *mixte*, c'est-à-dire où s'exercent deux professions, dont une seule est passible de patente, doit être assujetti au droit proportionnel d'après sa valeur locative totale, et qu'il en est de même lorsqu'il est partiellement utilisé pour un service public, sans que d'ailleurs ce service en occupe une partie spéciale et distincte; car, autrement, cette partie du local ne devrait pas être imposée.

501. On trouvera, *infrà*, n°s 512 et suiv., les règles plus spécialement applicables à la détermination de la valeur locative des établissements industriels. — V. d'ailleurs, sur toutes ces questions, A. Blanchot, *De la valeur locative des maisons, magasins, ateliers, etc.*, 1885.

SECT. 3. — DU TAUX DU DROIT PROPORTIONNEL (*Rép.* n°s 163 à 177).

502. L'art. 8 de la loi de 1844, qui fixait le taux du droit proportionnel au 20e de la valeur locative, sauf les exceptions, a été remplacé par l'art. 13 de la loi de 1880, qui renvoie à un tableau spécial (tableau D) formant annexe de ladite loi. Les différences de taxation étaient, en effet, devenues assez nombreuses pour qu'il fût préférable qu'elles fissent l'objet d'un tableau particulier. Le tarif reproduit, *suprà*, p. 334 et suiv., porte d'ailleurs, en regard de chaque profession imposable, l'indication du taux s'y rapportant, indication qui est complétée, quand il y a lieu, par les détails nécessaires. Nous dirons seulement ici : que ce taux varie du 8e au 60e; — Qu'il a été réduit au 40e pour ceux des patentés des tableaux A et B que la nature de leurs opérations astreint à occuper de vastes locaux ou des emplacements étendus, ce qui est le cas, en particulier, des marchands en gros de bois, de charbons, de farines, de vins, des blanchisseurs et des maîtres d'hôtel, des entrepreneurs d'omnibus et de roulage; — Qu'il a été abaissé au 50e pour les patentés des 7e et 8e classes exerçant dans les communes de plus de vingt mille âmes, ces patentés étant affranchis du droit proportionnel dans les communes de moindre population; — Qu'enfin, il descend au 50e et au 60e pour la plupart des industriels du tableau C, le droit proportionnel étant réglé, comme on le verra (n°s 512 et suiv.), sur la valeur locative de leurs établissements, pris dans leur ensemble et munis de tous leurs moyens matériels de production. D'autre part, le droit proportionnel est réduit de moitié pour les marchands en ambulance, en étalage, ou sous échoppe (V. *infrà*, n° 644); d'un quart pour les patentés de la 6e classe, dans les communes de 2000 âmes et au-dessous (L. 8 août 1890, art. 32). Signalons également la disposition du tarif qui impose le maître d'hôtel au taux du 40e, mais seulement pour les écuries et remises et les locaux destinés au logement particulier des voyageurs.

Quant aux salles à manger et autres locaux destinés à l'usage commun des voyageurs, ils sont passibles du taux du 20e, comme l'habitation du maître d'hôtel; et il a été jugé à ce point de vue qu'on devait ranger dans la catégorie des locaux destinés à l'usage commun des voyageurs : 1° une buanderie affectée au lavage du linge employé dans un hôtel, encore que cette buanderie ne fût pas située dans la même commune (Cons. d'Et. 22 janv. 1886, aff. Lassant, D. P. 87. 5. 324); — 2° Les salles de fêtes, de café et de bains formant dépendances de l'Hôtel continental de Paris, et qui, dans les conditions particulières d'exploitation de cet hôtel, ne pouvaient être considérées comme constituant des établissements distincts, bien que d'autres personnes que les voyageurs y fussent admises (Cons. d'Et. 5 févr. 1886, aff. Soc. de l'Hôtel continental, D. P. 87. 5. 325). — Le maître d'hôtel garni n'est, de même, imposable qu'au 40e pour les locaux loués en garni; et, à défaut d'une disposition précise comme celle qui vient d'être signalée, il avait été jugé que les restaurants dépendant de ces hôtels garnis ne devaient, pareillement, être soumis qu'au taux du 40e (Cons. d'Et. 19 déc. 1860, aff. Molliet et autres, D. P. 61. 3. 69). Mais le tarif porte aujourd'hui que le droit est du 30e pour les locaux autres que ceux loués en garni; et il a été décidé, dans ce sens, que la cuisine et la salle à manger devaient, comme servant à l'exercice de la profession de restaurateur, être taxées d'après le taux afférent à cette profession (Cons. d'Et. 18 juill. 1873, aff. Franciosy, *Rec. Cons. d'Etat*, p. 653).

503. Comme précédemment, « le patentable qui exerce dans un même local, ou dans des locaux non distincts, plusieurs industries ou professions passibles d'un droit proportionnel différent, paye ce droit d'après le taux applicable à la profession pour laquelle il est assujetti au droit fixe »; et, « dans le cas où les locaux sont distincts, il paye pour chaque local le droit proportionnel attribué à l'industrie ou à la profession qui y est spécialement exercée » (L. 25 avr. 1844, art. 11 ; 15 juill. 1880, art. 15). — Nous envisagerons d'abord la première de ces dispositions déjà étudiée au *Rép.* (n° 176) et qui est corrélative à celle qui autorise l'Administration à retenir, pour établir l'assiette de la patente, celle de ces professions qui, si elle était exercée seule, donnerait lieu au droit fixe le plus élevé. Pour le même motif, lorsqu'un patentable exerce plusieurs professions dans des locaux non distincts, et que ces professions, imposables à un droit fixe égal, sont passibles d'un droit proportionnel différent, il doit être soumis tant au droit fixe qu'au droit proportionnel pour celle qui donne lieu au droit proportionnel le plus élevé. Ainsi jugé: pour un marchand en gros d'eaux-de-vie et de vins (Cons. d'Et. 11 juill. 1879, aff. Taillandier-Rocher, *Rec. Cons. d'Etat*, p. 591) ; — Pour des fabricants de liqueurs, qui vendent aussi en gros des vins et des alcools (Cons. d'Et. 11 mai 1888, aff. Besson et Vincent, *Rec. Cons. d'Etat*, p. 432; 7 juin 1889, aff. Ferrand frères, D. P. 91. 3. 3). Mais ces marchands ne sont imposables que d'après le taux du 40e, afférent au commerce des vins, pour les magasins séparés qu'ils affectent spécialement à ce commerce (Mêmes arrêts).

504. Il peut arriver toutefois que la disposition légale qui règle le droit proportionnel, sur le droit fixe imposé, aille à l'encontre des intérêts du fisc, fait qui se produit lorsque celle des professions exercées simultanément qui est retenue pour l'assiette du droit fixe ne comporte pas de droit proportionnel sur les locaux affectés à son exercice ou en comporte un moins élevé. C'est le cas, en particulier, de l'entrepreneur de concerts publics qui exerce, dans le même local, la profession de cafetier et qui est soumis au droit fixe pour la première de ces professions comme étant celle pour laquelle il est le plus élevé. — Mais c'est en même temps d'après le tarif afférent à cette profession que le droit proportionnel doit être taxé, alors même que ce droit serait ainsi moins considérable qu'il ne l'aurait été s'il avait été réglé d'après la profession donnant lieu au droit fixe le moins élevé (Cons. d'Et. 1er juin 1877, aff. Robert, D. P. 77. 3. 91. V. également Cons. d'Et. 8 juin 1877, aff. Comp. des Entrepôts et magasins généraux de Paris, D. P. 77. 3. 89); et il en est de même pour l'entrepreneur de travaux publics, soumis comme tel au droit fixe, qui exerce parallèlement, dans son usine, la profession de fabricant de ferronnerie : cette dernière profession, n'étant pas frappée du droit fixe, ne peut entraîner l'application de son droit proportionnel, encore que l'usine soit partiellement affectée à son exercice (Cons. d'Et. 18 juill. 1877, aff. Eiffel, D. P. 77. 3. 91). — Et, lorsqu'une société s'occupant en partie d'entreprises de travaux publics est soumise dans son usine au droit fixe, comme fabricant de grosse serrurerie, la circonstance que cette usine est partiellement affectée à la fabrication d'ouvrages métalliques destinés à être employés dans lesdites entreprises ne fait pas obstacle à ce qu'elle soit soumise, *en entier*, au droit proportionnel que comporte le droit fixe qui lui est assigné, quand d'ailleurs la société affecte indistinctement son usine à ces deux séries d'opérations (Cons. d'Et. 28 déc. 1888, aff. Société des ponts et travaux en fer, D. P. 89. 5. 352).

505. Quant aux locaux distincts où s'exercent des industries ou professions différentes, ils doivent respectivement être imposés d'après le taux applicable à la profession ou à l'industrie qui s'y trouve exercée. Nous rappelons d'ailleurs que des professions différentes peuvent être exercées dans des *locaux distincts*, sans que le patentable ait pour cela plusieurs *établissements* au sens de l'art. 8 de la loi du 15 juill. 1880 (V. *suprà*, nos 81 et suiv.); car, dans le cas de pluralité d'établissements, chaque droit proportionnel suit forcément le droit fixe auquel il correspond. — Cela dit, l'application de la disposition qui précède n'offre pas, en général, de difficultés, et nous n'en citerons que quelques exemples. Décidé, en ce sens : que le droit proportionnel de l'industriel qui exerce, dans des parties distinctes de son établissement, la profession d'affineur en métaux et celle de fondeur de plomb, ne saurait être établi au 20e de la valeur locative sur l'ensemble de l'établissement, mais au 40e seulement pour la partie affectée à la fonderie (Cons. d'Et. 14 mai 1856, aff. Luce, D. P. 57. 3. 5) ; que celui qui tient une pension bourgeoise à laquelle il joint la location de chambres meublées n'est passible, pour ces chambres, que du taux du 40e (Cons. d'Et. 21 juill. 1882, aff. Munier, D. P. 83. 3. 118); et qu'un contribuable qui exerce dans le même établissement, mais dans des locaux distincts, les professions de marchand d'eaux-de-vie en gros, de marchand de liqueurs en détail et de distillateur-liquoriste, doit être soumis au droit proportionnel, pour chacun de ces locaux, d'après le taux afférent à la profession qui s'y trouve spécialement exercée (Cons. d'Et, 4 févr. 1887, aff. De Noyaux, D. P. 88. 5. 352). V. également Cons. d'Et. 7 juin 1889, aff. Ferrand (D. P. 91. 3. 3). — De même une société qui d'une part exploite, dans des locaux distincts, un entrepôt réel des douanes et d'autre part est concessionnaire des droits d'emmagasinage dans un entrepôt et exploitant de magasin général, ne doit être imposée que pour celle de ces deux dernières professions qui donne lieu au droit proportionnel le plus élevé (Cons. d'Et. 8 juin 1877, aff. Comp. des Entrepôts et magasins généraux de Paris, D. P. 77. 3. 89).

On ne devrait pas toutefois ranger dans la catégorie des locaux distincts les deux parties d'une pièce, séparées par une simple cloison de 1 m. 50 de hauteur et où s'exercent respectivement la profession du marchand de vins à emposer et celle de marchand de vins en détail donnant à boire sur place (Cons. d'Et. 7 déc. 1883, aff. Charmet, *Rec. Cons. d'Etat*, p. 892). Il a été statué, dans le même sens, pour des commissionnaires de transports qui, outre une pièce affectée à l'usage exclusif d'entrepôt pour les colis, avaient une autre pièce pour la réception du public et des marchandises par leurs employés; cette seconde pièce tout entière, et non pas seulement la partie réservée plus spécialement aux employés derrière une cloison vitrée munie de guichets, devait être considérée comme formant les bureaux et être imposée, en conséquence, d'après le taux du 10e (Cons. d'Et. 18 juin 1892, aff. Moiroud, *Rec. Cons. d'Etat*, p. 561). Décidé également que des associés, qui exercent à la fois les professions de marchand de toiles en gros, de marchand cordier, de voilier-emballeur et de marchand et loueur de sacs de toile dans les locaux qu'ils occupent, sans que d'ailleurs il y ait séparation de ces locaux en plusieurs parties et affectation spéciale de chacune d'elles à l'exercice de l'une desdites professions, doivent être imposés, pour l'ensemble de ces locaux, d'après le plus élevé des taux afférents aux professions ainsi exercées (Cons. d'Et. 22 juill. 1892, aff. Saint frères, *Rec. Cons. d'Etat*, p. 639).

506. Mais nous devons noter ici une exception, qui est spéciale à la profession de *négociant*. Comme il a été dit déjà au *Rép.*, n° 175, la disposition légale qui établit l'imposition sur celle des professions exercées simultanément qui donne lieu au droit le plus élevé, ne s'applique qu'aux patentables qui exercent plusieurs industries ou professions distinctes, et non aux négociants dont l'ensemble des opérations ne constitue, au sens du tarif, qu'une seule et même profession, encore que ces opérations portent sur des articles, denrées ou objets différents. Aussi a-t-il été jugé que, lorsque des chantiers de bois de marine et de construction servent à l'exercice de la profession de négociant, le droit proportionnel à établir sur ces chantiers est dû d'après le taux afférent à ladite profession, et non d'après le taux applicable au commerce des bois (Cons. d'Et. 30 juin 1858, aff. Lemire, *Rec. Cons. d'Etat*, p. 479); et qu'un négociant, qui fait le commerce des vins en gros, n'est pas fondé à prétendre que le magasin séparé où il entrepose ses vins n'est imposable que d'après le taux afférent à la profession de marchand de vins en gros (Cons. d'Et. 18 mars 1881, aff. Bergasse. *Rec. Cons. d'Etat*, p. 306). — Décidé aussi que, des bâtiments, magasins et hangars dépendant *à la fois* d'une scierie mécanique et d'un comptoir de négociants formant établissements distincts, doivent être considérés comme affectés à l'exercice des deux professions et imposés par suite d'après le plus élevé des taux qu'elles comportent (Cons. d'Et. 23 mars 1866, aff. Lebeau, *Rec. Cons. d'Etat*, p. 303).

507. Le patentable qui exerce plusieurs industries ou professions dans des locaux distincts devait, aux termes de l'art. 11 de la loi de 1844, être assujetti au droit proportionnel sur sa maison d'habitation, d'après le taux applicable à la profession pour laquelle il était imposé au droit fixe. Il a été nécessaire de modifier cette disposition, par suite des changements introduits, dans le régime du droit fixe, par les lois du 18 mai 1850 et du 28 mars 1872, et comme, aujourd'hui, le patentable est assujetti à autant de droits fixes qu'il possède d'établissements distincts, la loi porte que « dans tous les cas, le droit proportionnel est établi sur la maison d'habitation d'après le taux applicable à celle des professions imposées au droit fixe qui comporte le taux le plus élevé. C'est encore l'application de la doctrine, déjà signalée, que l'Administration n'exerce qu'un droit légitime en retenant celle des professions qui, si elle était exercée seule donnerait ouverture au droit le plus élevé. Nous ajouterons seulement, sur ce point, que les patentables du tableau D, lorsqu'ils exercent en outre une profession passible du droit fixe, doivent le droit proportionnel, pour leur habitation, d'après le taux du 15e). Ainsi jugé pour un avocat également imposé comme loueur en garni et pour un médecin qui était en même temps fabricant de produits chimiques (Cons. d'Et. 23 mars et 28 déc. 1853, aff. Nogué et aff. Lorin, *Rec. Cons. d'Etat*, p. 355 et 1112).

508. La question de savoir quel taux doit être appliqué à l'habitation des représentants, préposés ou agents du patentable, a été soulevée fréquemment. Il avait été jugé que, d'une manière générale, le droit proportionnel est dû, d'après le taux applicable à l'habitation, pour toutes les maisons dépendant des établissements industriels d'une société, lorsque ces maisons sont occupées par des agents préposés à l'exploitation desdits établissements (Cons. d'Et. 6, 13 et 26 déc. 1860, aff. Bougueret, Rambourg et autres, *Rec. Cons. d'Etat*, p. 730, 763, 804). Mais cette jurisprudence a paru, depuis, trop rigoureuse; elle n'a été maintenue qu'à l'égard de l'habitation des agents qui peuvent être considérés comme *représentant* le patentable, tant par l'étendue des pouvoirs dont ils sont munis et de l'initiative qui leur est laissée, que par la nature des opérations auxquelles ils se livrent. Les arrêts qui suivent mettent en lumière cette nouvelle doctrine, que nous retrouverons, du reste, en parlant des chemins de fer (n° 523). Ainsi, ont été déclarés imposables d'après le taux afférent à l'habitation : les logements occupés par les régisseurs et sous-régisseurs, qui sont les représentants de la Compagnie parisienne du gaz dans les usines qu'elle exploite (Cons. d'Et. 28 févr. 1867, aff. Comp. Parisienne du gaz, D. P. 68. 3. 104); le logement du sous-directeur d'une papeterie chargé de suppléer le directeur pendant ses absences (Cons. d'Et. 27 juill. 1883, aff. Béranger et Darblay, *Rec. Cons. d'Etat*, p. 693) ; les locaux habités, dans l'usine même, par le directeur de l'usine d'une société anonyme; ces locaux ne font pas partie de l'établissement industriel, au point de vue du taux du droit proportionnel, et c'est au 20e qu'ils doivent être taxés (Cons. d'Et. 20 nov. 1885, aff. Société des ateliers de constructions mécaniques de Passy, D. P. 87. 5. 325, et aff. Société des cirages français, *Rec. Cons. d'Etat*, p. 853); l'habitation occupée près d'une fonderie à Sermaize, par le fils du patentable, encore bien que ce dernier, étant l'associé principal de la société formée entre lui et son fils, soit déjà soumis au droit proportionnel à Paris, sur son habitation (Cons. d'Et. 2 juill. 1886, aff. Renouvilliers, *Rec. Cons. d'Etat*, p. 551); les logements fournis par une société anonyme, dans diverses usines à papier, aux agents qui dirigent en son nom ces usines (Cons. d'Et. 16 juill. 1886, et 26 déc. 1891, aff. Papeteries du marais, *Rec. Cons. d'Etat*, p. 630 et 814).

509. Au contraire, n'ont été maintenues qu'au taux afférent à l'établissement industriel : les logements occupés par les préposés de la Compagnie des lits militaires dans les garnisons, ces préposés, sans pouvoirs propres, ne pouvant être considérés comme représentant ladite compagnie (Cons. d'Et. 18 juin 1880, D. P. 81. 3. 64); le local habité, dans l'usine d'un fabricant à métiers, par un simple contremaître, encore qu'il soit chargé de tous les détails de la gestion de la fabrique (Cons. d'Et. 14 févr. 1890, aff. Duché, D. P. 91. 3. 76), et qu'il ait le titre de directeur de l'usine (Cons. d'Et. 24 mai 1890, aff. Fourier, D. P. 91. 5. 381). Il s'agissait d'ailleurs, dans ces deux dernières espèces, de patentables déjà imposés à raison de leur logement personnel, situation qui diffère essentiellement de celle des sociétés anonymes; et si l'on comprend que la jurisprudence ne permette d'imposer au taux de l'habitation que les logements des agents qui *représentent* ces sociétés, on conçoit mieux encore qu'elle n'autorise pas à établir un second droit, au taux de l'habitation, à moins qu'il ne s'agisse d'une personne *doublant*, si on peut le dire, le patentable, ce qui était le cas dans l'affaire Renouvilliers (Arrêt du 2 juill. 1886, *Rec. Cons. d'Etat*, p. 551, cité *suprà*, n° 508).

510. Quant aux dépendances des habitations dont nous venons de parler, elles suivent le sort ces habitations. C'est ainsi qu'ont été déclarés imposables au taux du 20e, dans une papeterie, le bureau du directeur, lorsque ce bureau n'est pas distinct de l'habitation, et une écurie avec remise, servant au cheval et à la voiture affectés à l'usage personnel de ce directeur (Cons. d'Et. 27 juill. 1883, *Rec. Cons. d'Etat*, p. 693, aff. Béranger et Darblay).

511. Nous parlerons enfin des magasins de vente que les industriels entretiennent à distance de leurs usines et, le plus généralement, dans les centres commerciaux, magasins qu'une disposition spéciale du tarif, supprimée en 1880, avait jusqu'alors rendus imposables d'après le taux du 20e (*Rép.* n° 106; Cons. d'Et. 25 avr. 1860, aff. Japy, D. P. 60. 5. 262; 11 janv. 1862, aff. Aaron, D. P. 62. 3. 43; 3 août 1877, aff. Guérineau, D. P. 77. 3. 104). — Aujourd'hui, lorsqu'un magasin de l'espèce forme *établissement*, c'est-à-dire lorsqu'il demeure passible du droit fixe, comme ne réunissant pas les conditions auxquelles la loi subordonne l'exemption de ce droit (V. *suprà*, nos 83 et suiv.), le taux applicable est celui afférent au commerce qui s'y trouve exercé. Mais, s'il est affranchi du droit fixe, il est considéré comme n'étant qu'une *dépendance* de l'usine, imposable d'après le même taux qu'elle (Cons. d'Et. 29 févr. 1884, aff. Sallandrouze et autres, D. P. 85. 3. 94; 24 juill. 1885, aff. Araud et autres, D. P. 86. 5. 317).

Cette jurisprudence ne s'est pas toutefois établie sans débat; car l'Administration a soutenu longtemps l'interprétation qu'elle avait adoptée sur ce point en 1881 (Instr. minist. du 6 avr. p. 69), à savoir qu'aucune disposition spéciale n'ayant été édictée ni en 1868, ni en 1880, relativement au droit proportionnel à assigner aux magasins dont il s'agit, le taux de ce droit devait continuer d'être celui que comportait le commerce en gros exercé dans chacun de ces magasins. En recueillant les arrêts susvisés du 29 févr. 1884 (V. la note D. P. 85. 3. 94), nous avons indiqué les raisons qui militent en faveur de la solution donnée à ce litige par le conseil d'Etat. Mais on ne saurait méconnaître la valeur d'une partie des motifs invoqués par l'Administration, notamment du moyen tiré de ce que la législateur, en affranchissant du droit fixe les magasins de l'espèce, avait reconnu, par là même, qu'ils continuaient de former autant d'établissements; car, autrement, ils n'eussent pas été passibles de ce droit et il n'eût pas été besoin d'une disposition expresse pour les en affranchir. Le ministre des finances arguait aussi de la double circonstance que les magasins en question, établis au centre des villes, assuraient aux industriels la vente de leurs produits dans des conditions plus favorables qu'à ceux qui vendent à l'usine même, et qu'ils venaient faire aux marchands de ces villes une concurrence, déjà signalée au *Rép.* (n° 163), qui justifiait le maintien d'une taxation plus élevée. Quoi qu'il en soit, la jurisprudence est aujourd'hui fixée dans le sens qui vient d'être indiqué, et l'Administration s'y est ralliée (Cons. d'Ét. 22 janv. 1886, aff. Leclercq-Mulliez, *Rec. off. des contr. direct.*, n° 3524). Mais une conséquence de cette doctrine, conséquence que le ministre avait d'ailleurs signalée, est l'exemption de tout droit, fixe et proportionnel, pour le magasin de vente séparé, lorsque l'industrie dont il écoule les produits n'est pas soumise au droit proportionnel. Tel a été le cas d'un sieur Rodier, entrepreneur de la fabrication dans la maison centrale de Nîmes, où il faisait confectionner de la literie, et qui, affranchi du droit fixe pour son magasin de vente ouvert à Marseille, a dû aussi être exonéré du droit proportionnel pour ce magasin, sa profession de fabricant ne comportant point ce dernier droit (Cons. d'Ét. 28 déc. 1888 et 24 mai 1890, *Rec. Cons. d'Etat*, p. 1042 et 543); et il en serait de même, le cas échéant, pour les chantiers de vente des exploitants de carrières, le bénéfice de l'art. 9 de la loi de 1880 était applicable à ces industriels (V. Cons. d'Ét. 23 nov. 1888, aff. Bouton, cité *suprà*, n° 107).

SECT. 4. — RÈGLES COMMUNES AUX ÉTABLISSEMENTS INDUSTRIELS (*Rép.* 200 à 214).

512. — I. DÉTERMINATION DE LA VALEUR LOCATIVE. — Comme on l'a vu déjà *suprà*, n° 502, le droit proportionnel applicable aux établissements industriels se règle sur la valeur locative de ces établissements « pris dans leur ensemble et munis de tous les moyens matériels de production » (Lois de 1844, art. 9, et de 1880, art. 12). — Le *Répertoire* a d'ailleurs exposé en détail, au n° 200, les discussions qui ont précédé le vote de ce texte légal et les raisons qui l'ont fait adopter. On doit, en conséquence, ajouter à la valeur locative, tant des terrains, sols et emplacements que des bâtiments, ateliers, hangars et autres installations, celle des moteurs employés (*Rép.* n° 211) et celle de *tout* l'outillage, fixe ou mobile, qui se trouve dans ces établissements, soit que cet outillage appartienne au propriétaire, soit qu'il ait été apporté ou établi par le locataire. Rappelons cependant que les moteurs hydrauliques ou à vapeur doivent être imposés, non pour toute la force qu'ils sont susceptibles de produire, mais seulement pour la force qui est habituellement utilisée, et que les machines à vapeur doivent être évaluées à l'état de repos, c'est-à-dire, sans égard à la dépense de combustible qu'elles nécessitent (*Rép.* n° 201), de même qu'on ne doit pas tenir compte des animaux qui mettent en mouvement les manèges dans les établissements où ce genre de moteur est employé. — L'outillage de rechange ne doit pas non plus être évalué (*Rép.* n° 203); mais, ainsi qu'il a été jugé plusieurs fois, on doit comprendre dans la valeur locative imposable celle d'une machine à vapeur *de secours*, installée à demeure, soit à côté de celle qui fonctionne habituellement, soit à côté d'un moteur hydraulique, et qui, destinée à prévenir les chômages dans les cas d'accident ou de réparation ou encore de manque ou de crue d'eau, augmente en permanence les moyens de production de l'usine (Cons. d'Ét. 21 sept. 1859, aff. Allenou, *Rec. Cons. d'Etat*, p. 642; 15 déc. 1868, aff. Brocard, *ibid.*, p. 1041; 14 nov. 1879, aff. Vachon, D. P. 81. 5. 280; 3 mai 1890, aff. Société des eaux de Meaux, D.P. 91. 5. 381; 19 juill. 1890, aff. Feneaux, *Rec. Cons. d'Etat*, p. 705), alors même que cette machine *de secours*, d'ailleurs en état de fonctionner n'aurait pas été employée pendant l'année de l'imposition (Cons. d'Ét. 26 févr. 1875, aff. Multin, *Rec. Cons. d'Etat*, p. 199). — Il faut aussi comprendre dans les éléments de la valeur locative les appareils servant au chauffage et à l'éclairage d'un établissement industriel (Cons. d'Ét. 20 mars 1866, aff. De Dietrich, *Rec. Cons. d'Etat*, p. 251); ou à l'éclairage des gares (V. *infrà*, n° 524). — Il a été jugé encore que les foudres installés à demeure dans une brasserie sont passibles du droit proportionnel, comme faisant partie intégrante de l'établissement (Cons. d'Ét. 24 nov. 1869, aff. Krauss, *Rec. Cons. d'Etat*, p. 920); — D'où l'on peut, semble-t-il, inférer que les barils servant aux limonadiers ne devraient pas être imposés. — Pareillement, on doit compter tous les métiers réunis en corps de fabrique, à l'exclusion des métiers disséminés qui fonctionnent au domicile des ouvriers (Cons. d'Ét. 8 nov. 1878, aff. De Chapuis-Avril, D. P. 79. 5. 307); car la loi ne déclare imposables que les éléments de production compris dans l'*établissement*. Ainsi il a été décidé qu'on ne pouvait ajouter à la valeur locative d'une fabrique de plâtre celle d'un chemin de fer, d'une longueur de 2500 mètres, qui reliait cette usine à la carrière exploitée par les mêmes industriels et au port d'embarquement (Cons. d'Ét. 9 mars 1877, aff. Fournier et Lavaux, D. P. 77. 5. 321), tandis qu'en conformité de la décision déjà recueillie au *Rép.* n° 211, et relative à un chemin de fer établi dans un chantier de construction pour en faciliter les travaux, il a été jugé qu'on devait tenir compte des voies ferrées desservant l'intérieur d'une fabrique de coke et d'agglomérés (Cons. d'Ét. 18 déc. 1885, aff. Chagot et comp., D. P. 87. 5. 324). — C'est ainsi également que le tarif dispose que les conduites et câbles extérieurs d'électricité ne doivent pas entrer dans l'estimation de la valeur locative, et qu'il est d'usage d'agir de même tant pour les canalisations dépendant des usines de distribution d'eau et des usines à gaz que pour les tuyaux qui relient aux fabriques de sucre leurs râperies séparées.

Signalons enfin un arrêt affranchissant du droit proportionnel, comme ne faisant point partie de l'outillage, les clichés conservés dans une imprimerie (Cons. d'Ét. 5 févr. 1886, aff. Retain, *Rec. Cons. d'Etat*, p. 114). — Il convient de rappeler encore que, si le droit proportionnel ne peut porter sur les terrains d'où les fabricants de chaux, de tuiles, de briques, extraient les matières premières qu'ils emploient, il doit atteindre les prés sur lesquels les blanchisseurs étendent leurs linges ou leurs toiles (*Rép.* n° 210), sous déduction toutefois de la valeur de la récolte de ces prés (V. *suprà*, n° 496); et qu'une source d'eaux minérales n'étant pas un moyen matériel de production, au sens de la loi, sa valeur ne doit pas être comptée (Cons. d'Ét. 9 mai 1873, aff. Lombard, *Rec. Cons. d'Etat*, p. 392).

513. Bien que la presque totalité des établissements industriels se trouvent rangés dans le tableau C, la circonstance que les usines de distribution d'eau figurent dans le tableau B ne fait pas obstacle à l'imposition de l'outillage de ces usines, qui rentrent manifestement dans la catégorie des établissements industriels. C'est ce qui avait été jugé pour les usines à gaz à l'époque où ces usines, aujourd'hui comprises dans le tableau C, faisaient partie du tableau B (Cons. d'Ét. 19 déc. 1879, aff. Compagnie industrielle du gaz, D. P. 80. 3. 54; 3 mai 1890, aff. Société des eaux de Meaux, D. P. 91. 5. 381). — Il résulte au contraire d'arrêts rendus à l'égard de moulins, à l'époque où l'exploitation de ces usines pouvait donner ouverture aux droits du tableau A (V. *suprà*, n° 348), que l'application de ce tableau auxdites usines était exclusive de l'imposition de l'outillage (Cons. d'Ét. 13 janv. 1888, aff. Guyot; 21 déc. 1889, aff. Oudea; 19 juill. 1890, aff. Hardy, *Rec. Cons. d'Etat*, p. 24, 1207 et 697). — Il a été dit également dans ce sens, aux pages 56 et 57 de l'instruction ministérielle du 6 avr. 1881 : « La disposition qui prescrit d'évaluer les machines et l'outillage dans les usines et les établissements industriels est spéciale à ces établissements; elle ne peut pas être étendue, par voie d'analogie, à l'évaluation du mobilier industriel placé dans les ateliers des artisans exerçant des professions du tableau A ou dans les locaux exclusivement affectés au commerce ». Telle n'est pas toutefois la situation des patentables du tableau A qui passent dans le tableau C, comme travaillant pour le commerce (V. *suprà*, n°s 73 et suiv.); ils deviennent, par là même, imposables selon les règles du second de ces tableaux (Instruction ministérielle précitée, p. 57).

514. La disposition relative à l'outillage qui vient d'être examinée est la seule qui différencie les établissements industriels du surplus des locaux soumis au droit proportionnel de patente : les observations qui précèdent sont donc toutes applicables à ces établissements (détermination des locaux imposables, fixation de la valeur locative, emploi des baux, addition des charges, etc.). — C'est ainsi qu'il a été jugé que, la valeur locative imposable étant la valeur locative intrinsèque de l'immeuble pendant l'année sur laquelle porte la réclamation, le bail de moulins établis sur vanne devait être écarté, encore bien qu'il résultât d'une adjudication régulière, lorsque le prix de ce bail avait subi l'influence d'une éventualité dont le locataire devait, le cas échéant, supporter les conséquences sans indemnité (Cons. d'Et. 23 avr. 1880, aff. Massay et Bréant, D. P. 81. 3. 76). La ville de Paris, propriétaire du cours d'eau, s'était en effet réservé le droit d'y pratiquer des dérivations; et le prix de loyer annuel obtenu à l'adjudication n'avait été par suite que de 8000 fr., alors que la valeur locative des moulins ainsi loués n'était pas inférieure à 12 000 fr. par comparaison avec celle d'établissements similaires situés sur le même cours d'eau ou sur les cours d'eau voisins. On a dû pareillement écarter un bail de 75 000 fr., consenti, après faillite, par le syndic et pour une année seulement; la valeur locative de l'usine (une sucrerie) n'a pas été jugée, par comparaison, être inférieure à 184 000 fr. (Cons. d'Et. 2 avr. 1886, aff. Lefebvre et Dupire, D. P. 87. 5. 326). — Au contraire, il a été décidé que le droit proportionnel devait être assis sur le loyer effectif payé à la ville de Marseille par un usinier à qui cette ville fournissait la force motrice hydraulique nécessaire à la marche de son usine, bien qu'il soutînt que ce loyer excédait notablement la valeur locative d'après laquelle il eût pu être imposé en raison d'une machine à vapeur d'égale force : d'une part, en effet, les deux genres de moteurs ne pouvaient être comparés purement et simplement, leurs frais d'emploi n'ayant, en particulier, aucune corrélation, et d'autre part il s'agissait d'une concession d'eau, accordée à des prix et conditions communs à un grand nombre d'industriels et qui présentait par suite les caractères d'une location normale (Cons. d'Et. 20 déc. 1878, aff. Barataud, D. P. 79. 5. 307).

515. Pour les charges à ajouter au prix des baux, nous renvoyons à ce qui a été dit ci-dessus (n° 498). Le *Répertoire* a, en outre, examiné, au n° 208, le cas spécial où le bailleur d'une usine a stipulé que le matériel serait entretenu par le preneur et rendu à l'expiration du bail dans l'état même où il se trouvait lors de l'entrée en jouissance. Mais, s'il est exact, comme il a été dit après examen de cette hypothèse, qu'il s'agit là de stipulations particulières auxquelles, en principe, on ne saurait avoir égard, il n'en est pas moins vrai que c'est la valeur locative que l'usine porte en elle-même qu'on doit s'attacher à déterminer et qu'il y aurait lieu, par suite, en pareille circonstance, de rechercher si l'obligation ainsi imposée au preneur de tenir compte au bailleur de l'usure naturelle de la chose louée n'auraitpas eu pour effet d'abaisser le prix de loyer demandé, qui aurait dès lors cessé de représenter la valeur locative *normale* de l'établissement. Ainsi il a été jugé pour un moulin loué au prix annuel de 2400 fr. alors que le locataire avait en outre pris à sa charge les taxes syndicales de curage et des réparations, autres que les réparations locatives, à faire tant au moulin qu'à son outillage qu' « en tenant compte de ces charges » la valeur locative imposable n'était pas inférieure à 3100 fr. (Cons. d'Et. 7 mai 1875, aff. Raveneau, *Rec. Cons. d'Etat*, p. 437).

516. A défaut d'actes de location réguliers et normaux, la loi autorise, on l'a vu, à procéder par voie de comparaison et, s'il y a lieu, par voie d'appréciation, c'est-à-dire d'estimation directe. Selon la remarque du *Rép.* nos 202 et 209, la première de ces méthodes peut souvent être employée, notamment pour les moulins, car on en trouve à peu près dans toutes les communes, et pour les filatures et les tissages, dans les régions dont ces usines constituent l'industrie principale (V. en ce sens, Cons. d'Et. 14 août 1869, aff. Vœlckel, et 9 mars 1877, aff. Duchesne-Fournet, *Rec. Cons. d'Etat*, p. 818 et p. 257); mais il est encore plus souvent nécessaire de recourir au système de l'estimation directe. — On ne doit pas, d'ailleurs, en ce cas, évaluer distinctement chacun des objets imposables (*Rép.* n° 203); et l'instruction ministérielle du 6 avr. 1881 dit de même (p. 57): « Les évaluations doivent être faites avec beaucoup d'attention, mais cependant d'une manière large. L'Administration n'exige pas que les contrôleurs estiment l'outillage pièce à pièce pour en déterminer la valeur locative; ils devront considérer les établissements dans leur ensemble et tels qu'ils se comportent au moment de fonctionner, puis estimer le prix total qu'on pourrait en obtenir s'ils étaient à louer. Il n'y aurait nécessité de faire une estimation détaillée qu'en cas de réclamation ou sur la demande des parties intéressées ». Ce système se résume dans l'application à la valeur vénale du taux de capitalisation qui, eu égard aux circonstances spéciales à l'établissement, notamment à sa nature et à sa situation économique, comme à son mode d'installation et à son état d'entretien, paraît la plus propre à en dégager la valeur locative, c'est-à-dire le prix de loyer susceptible, le cas échéant, d'en être offert et demandé. Aussi, est-il de jurisprudence qu'il ne faut s'en tenir, pour déterminer la valeur vénale, ni à la dépense de construction des bâtiments, ni au prix de revient de l'outillage; c'est la valeur *vénale* de l'établissement, au jour où on l'envisage, qui doit être prise pour base de l'estimation. L'immeuble, en effet, peut avoir été déprécié par le temps ou par d'autres causes locales; des circonstances particulières telles que l'état du sol, peuvent avoir donné lieu à des dépenses extraordinaires; enfin, certaines appropriations de luxe, ou dues à des convenances personnelles, ne se traduisent par aucune augmentation de la valeur locative, et le locataire éventuel n'en tiendrait pas compte au bailleur, car il n'aurait égard qu'à la dépense *utile* et *productive*. Mais, lorsque la valeur en capital ainsi obtenue paraît convenablement appréciée, rien ne s'oppose à ce qu'elle soit le premier facteur de l'évaluation, pour laquelle d'ailleurs toutes autres bases feraient défaut dans la plupart des cas; et cette doctrine, que nous retrouverons appliquée aux chemins de fer (n° 530), a été sanctionnée par nombre d'arrêts. Ainsi, il a été jugé qu'il ne pouvait suffire de calculer la valeur locative d'un établissement industriel d'après la valeur tant des bâtiments que de l'outillage, en estimant son revenu à 5 pour 100 du prix des bâtiments et à 10 pour 100 du prix de l'outillage (Cons. d'Et. 23 avr. 1862, aff. Lagard, D. P. 64. 5. 273; 30 avr. 1868, aff. Schlumberger, *Rec. Cons. d'Etat*, p. 499), mais qu'à défaut de termes utiles de comparaison, ces mêmes taux de 5 et de 10 pour 100 avaient pu régulièrement être appliqués à la valeur en capital estimée *directement*, c'est-à-dire en raison de l'état effectif de l'usine, et non d'après les frais de premier établissement (Cons. d'Et. 5 avr. 1878, aff. Léderlin, *Rec. Cons. d'Etat*, p. 365).

517. Il importe d'ajouter que le droit proportionnel, une fois réglé, ne doit pas être ensuite modifié chaque année (*Rép.* n° 214); et l'Administration recommande elle-même à ses agents de n'y plus toucher, à moins de changements notables dans la consistance ou dans la valeur de l'établissement (Instr. min. du 6 avr. 1881, p. 63). Aussi, est-il d'usage, lors de l'imposition des usines nouvellement construites, de faire subir aux prix constatés de construction des bâtiments et de revient de l'outillage, une dépréciation dont le taux est, en général, fixé à 10 pour 100 de la valeur des bâtiments et à 20 ou 25 pour 100 de la valeur du matériel : on obtient ainsi des valeurs moyennes, susceptibles de demeurer exactes durant un certain nombre d'années et formant, en somme, la base d'une sorte d'abonnement, consenti à l'industriel par l'Administration. Notons cependant, à titre de cas spécial, un arrêt décidant que, pour la détermination de la valeur locative d'un outillage breveté, employé dans une fabrique de briquettes agglomérées, il devait être tenu compte du prix d'achat effectif de cet outillage. C'eût été, en effet, sur la base de ce prix que le loyer de l'usine se fût réglé, le cas échéant, et qu'il se fût maintenu jusqu'à l'expiration du brevet, en sorte qu'il y avait là une valeur industrielle particulière, qu'il était légitime de faire entrer en ligne de compte (Cons. d'Et. 18 déc. 1885, aff. Chagot et comp., D. P. 87. 5. 324).

518. La question des taux d'intérêt dont on doit faire usage a été traitée au *Rép.* n° 207; et, malgré la diminution du loyer de l'argent, ce sont les taux alors indiqués (5 pour 100 pour les bâtiments, 10 pour 100 pour l'outillage) qui sont encore le plus fréquemment employés, comme offrant le plus de certitude. D'une part, en effet, les placements industriels présentent plus que jamais un aléa qui justifie la prétention, par le bailleur présumé, d'obtenir de ses capitaux un loyer de 5 pour 100. D'autre part, et selon la remarque faite au *Répertoire* (*loc. cit.*), la taxation de l'outillage sur le pied de 10 pour 100 n'implique, en sus de ce loyer, qu'une prime égale de 5 pour 100, représentative d'un amortissement calculé sur une moyenne de quinze années. Or, il est peu d'industries qui puissent compter que leur matériel conserve plus longtemps son effet utile et sa valeur productive, soit à cause de la dépréciation rapide que subissent les outillages, aujourd'hui très perfectionnés, soit en raison des progrès de la science, qui obligent à transformer ces outillages, sinon à les renouveler, à des intervalles rapprochés. On peut donc toujours considérer comme normal ce taux de 10 pour 100, qu'il convient d'ailleurs de ne point dépasser (*Rép.* n° 207). L'instruction ministérielle du 6 avr. 1881 s'exprime dans ce sens (p. 55) en disant que, si les agents doivent appliquer les taux d'intérêt les plus propres à produire la valeur locative habituelle, eu égard à la nature, à la situation et à l'état des usines qu'ils envisagent, « l'application du taux de 5 pour 100 aux bâtiments et aux cours d'eau, et du taux de 10 pour 100 à l'outillage et aux autres objets exposés à une destruction plus rapide que les bâtiments, amène ordinairement les résultats les plus rapprochés d'une valeur locative normale ». — Aussi, la jurisprudence n'a-t-elle pas encore admis de taux moins élevés, sauf pour les chemins de fer, qui se trouvent placés à cet égard, comme on le verra, dans des conditions toutes spéciales ; et l'application du taux de 5 pour 100 au matériel d'une fabrique de sucre de betteraves a été jugée insuffisante, en particulier, par un arrêt du 1er mai 1885 (Cons. d'Et. aff. Sucrerie d'Antilly, *Rec. Cons. d'Etat*, p. 454). — Cette décision était d'ailleurs d'autant plus justifiée que, même sans parler du remplacement des presses par les diffuseurs, qui s'imposait à l'époque dans les sucreries, « les fabriques de l'espèce demeurent en chômage complet près de neuf mois par an ; leur campagne ne dure guère que trois mois, durant lesquels elles fonctionnent jour et nuit, ce qui empêche tout nettoyage et toute réparation immédiate des appareils ; ceux-ci, enfin, sont soumis à l'action permanente du feu, du gaz, de la chaux, des liquides ; toutes ces causes concourent à hâter le dépérissement de l'outillage et à rendre nécessaire son remplacement dans un délai très court » (Avis du ministre des finances).

Il s'est formé toutefois, à l'égard de ces usines, une jurisprudence particulière, qui autorise à en régler la valeur locative par *sac de production* (Cons. d'Et. 10 févr. 1882, aff. Massignan et Dufour, D. P. 83. 3. 53 ; 24 nov. 1882, aff. Sucrerie de Ponthierry, et 9 mars 1883, aff. Mouret et aff. Lallouette, D. P. 84. 3. 108 ; 14 déc. 1883, aff. Ménard, D.P. 85. 3. 75). Mais, en recueillant ces arrêts, nous avons eu soin de faire remarquer (V. les notes) que ce n'était ni la production moyenne des dernières campagnes, laquelle varie nécessairement suivant le nombre des campagnes envisagées, ni la production purement théorique correspondant à la puissance nominale de l'outillage, qu'il importait de prendre pour base, mais la production *normale* susceptible d'être atteinte par l'usine, eu égard à l'ensemble des conditions et circonstances qui lui sont propres. Et c'est, en effet, dans ce sens que paraissent devoir être interprétées les décisions précitées du conseil d'État ; telle est, notamment, la portée de l'arrêt du 14 déc. 1883 ; les conclusions du commissaire du Gouvernement, qui l'ont précédé, ne laissent aucun doute à cet égard. On ne saurait, d'ailleurs, s'en tenir exclusivement à la détermination de la production possible ; car l'état *économique* de l'usine joue un rôle essentiel dans chaque débat de ce genre ; c'est ainsi que le coefficient de 3 à 4 fr. de valeur locative par sac de sucre, qui se dégageait de l'ensemble des décisions ci-dessus rapportées, a été notablement dépassé pour une usine dont la situation avait été étudiée dans tous ses détails par l'Administration (Cons. d'Et. 8 août 1888, aff. Sucrerie de Bray-sur-Seine, *Rec. Cons. d'Etat*, p. 736 ; production normale annuelle : 17 000 sacs ; valeur locative maintenue au rôle : 86 900 fr.). L'Administration s'était, en effet, attachée à déterminer, tant pour ladite usine que pour quatre autres de la même région, non seulement la production moyenne atteinte dans les cinq dernières années, mais encore le prix moyen, durant cette période, de la tonne de betteraves, de charbon et de chaux, le prix de la main-d'œuvre, la surface cultivée en betteraves autour de chaque usine, le montant des subventions industrielles pour dégradation des chemins, la richesse moyenne en sucre, le prix de transport à l'entrepôt de Paris, etc. A l'aide de ces divers éléments, elle avait pu obtenir le prix de revient, pour chaque usine, du sac de sucre rendu à Paris, lequel chiffre était l'expression la plus exacte de la situation économique respective de ces cinq usines. C'est donc seulement avec toutes ces réserves qu'on peut appliquer la jurisprudence qui vient d'être rapportée.

519. — II. FIXATION DU TAUX DU DROIT PROPORTIONNEL. — Pour ce qui regarde le taux du droit proportionnel applicable aux établissements industriels, nous n'avons rien à ajouter aux indications déjà fournies plus haut (nos 502 à 511). Nous renvoyons donc à ces indications, notamment pour le taux à appliquer aux locaux, distincts ou non, où s'exercent des industries différentes, et à ceux affectés, dans les usines ou près d'elles, à l'habitation des agents du patentable (préposés, contremaîtres, ouvriers, etc.).

520. Pour la compensation à établir, en cas de réclamation, entre les divers éléments imposables des usines, V. *infrà*, nos 749 et suiv.

SECT. 5. — RÈGLES SPÉCIALES AUX CHEMINS DE FER.

521. Les entreprises de chemins de fer étant rangées dans le tableau C, les règles de ce tableau leur sont toutes applicables. Par suite, et comme il a été dit au *Rép.* n° 155, les compagnies doivent être soumises au droit proportionnel tant pour les logements de leurs employés dans les gares que pour les locaux occupés par l'Administration, les bureaux de recettes, salles d'attente, magasins, ateliers et tous autres bâtiments servant à l'exploitation des lignes, sans qu'on puisse d'ailleurs distinguer entre les parties des gares où s'exécutent des opérations d'un caractère exclusivement industriel et celles qui sont affectées à des travaux ou opérations d'ordre plutôt commercial (Cons. d'Et. 14 mars 1890, aff. Gares de la Drôme, *Rec. Cons. d'Etat*, p. 281). — Il a été jugé également qu'une compagnie qui fait usage d'une gare, en commun avec une autre, pour la réception de ses wagons et marchandises, et qui occupe, dans cette gare, des locaux destinés au remisage de ses wagons et locomotives, ainsi qu'au dépôt des marchandises provenant ou à destination de la ligne qu'elle exploite, est imposable au droit proportionnel pour la partie de ladite gare servant à l'exercice de son industrie ; la circonstance que l'autre compagnie aurait pris à sa charge tous les impôts afférents à la gare ne fait pas obstacle au maintien de ce droit (Cons. d'Et. 8 mars 1878, aff. Gare de Saint-Quentin, *Rec. Cons. d'Etat*, p. 271).

522. L'imposition n'atteint ni les locomotives, ni le surplus du matériel roulant (Instr. min. du 6 avr. 1881, p. 58). — D'un autre côté, les voies *de circulation* ou voies *principales* sont exemptes du droit proportionnel, comme faisant partie de la voie publique (V. *Rép.* v° *Voirie par chemins de fer*, n° 516). Et l'exception ainsi admise a été étendue aux dépendances de ces voies, par analogie avec leur situation au point de vue de l'impôt foncier (V. *suprà*, v° *Impôts directs*, n° 28). Mais cette extension ne saurait être poussée plus loin ; et l'on peut résumer la jurisprudence sur la matière en disant que sont seules non imposables les dépendances *immédiates* et *forcées* de la voie publique, telles que les cours, quais et trottoirs qui l'accompagnent, et les voies de garage ou de triage qui lui servent de dégagements ; qu'il faut, au contraire, assujettir au droit proportionnel toutes les parties des gares qui rentrent dans l'*établissement industriel* des compagnies, c'est-à-dire qui sont affectées ou qui sont nécessaires au service de leur exploitation commerciale. Nous allons, d'ailleurs, entrer dans les détails que cette distinction comporte.

523. Sont passibles en premier lieu du droit proportionnel les logements, situés dans les gares, des agents qui représentent les compagnies tels que les logements du chef de gare (Cons. d'Et. 7 janv. 1857, aff. Chemin de fer de l'Est, D. P. 57. 3. 60 ; 18 mars 1857, aff. Chemin de fer de l'Est, D. P. 58. 3. 4 ; 6 déc. 1860, aff. Chemin de fer du Midi, D. P. 61. 3. 5 ; 29 août 1867, aff. Gare de Dieppe, *Rec. Cons. d'Etat*, p. 827) ; du sous-chef de gare chargé de suppléer le chef de gare (Même arrêt du 29 août 1867) ; de l'agent commercial (Cons. d'Et. 25 août 1865, aff. Gare de Boulogne, *Rec. Cons. d'Etat*, p. 843) ; du sous-chef de gare qui dirige une gare de triage, sous le contrôle du chef de la gare voisine et qui a sous ses ordres un nombreux personnel (200 employés ou ouvriers) (Cons. d'Et. 22 nov. 1890, aff. Chemin de fer d'Orléans, D. P. 92. 3. 50). — Les logements de l'espèce doivent en outre être imposés d'après le taux afférent à l'habitation, soit au 20e, puisqu'il s'agit d'agents *représentant* les compagnies (Même arrêt du 22 nov. 1890).

524. On doit aussi soumettre au droit proportionnel, mais seulement au taux du 50e, comme faisant partie de l'*établissement industriel* : les terrains et constructions servant à l'exploitation (bureaux, salles d'attente, halles à marchandises, rotondes à locomotives, remises à voitures, etc.); les gares de triage et de réexpédition (Cons. d'Et. 17 août 1864, aff. Gare de Salins, *Rec. Cons. d'Etat*, p. 784; 22 nov. 1890, aff. Chemin de fer d'Orléans, D. P. 92. 3. 50); les ateliers de construction ou de réparation, avec leur outillage, fixe ou mobile, et leurs dépendances (chantiers de dépôt de matériel, cours intérieures, terrains pavés entourant les bâtiments, murs d'enceinte) (Cons. d'Et. 17 août 1864, aff. Gare de Moulins; 11 janv. 1866, aff. Gare de Clermont; 12 août 1868, aff. Gare de Bercy; 20 févr. 1869, aff. Gare de Périgueux, *Rec. Cons. d'Etat*, p. 784, 907, 181); les voies qui conduisent aux ateliers, rotondes et remises ou qui se trouvent établies dans l'intérieur de ces bâtiments (Cons. d'Et. 15 févr. 1866, aff. Gare de Lyon, *Rec. Cons. d'Etat*, p. 92; 11 janv. 1866, aff. précitée, Gare de Clermont-Ferrand; 12 août 1868, aff. précitée, Gare de Bercy); les voies servant à amener des wagons des voies de circulation et de garage aux halles à marchandises, à une usine raccordée à la gare et à un atelier de visiteurs (Cons. d'Et. 11 juin 1886, aff. Chemin de fer du Nord, D. P. 87. 5. 323); les voies encadrant la halle (Cons. d'Et. 27 déc. 1890, aff. Gare de Lannemezan, *Rec. Cons. d'Etat*, p. 1023); les voies de la halle et les voies rayonnantes qui desservent le pont à bascule et la cour des marchandises (Cons. d'Et. 2 mai 1891, aff. Gare de Lézignan, *Rec. Cons. d'Etat*, p. 344); les voies rayonnantes de la rotonde et celles des remises et les voies transversales qui relient les voies de la halle aux voies de circulation (Cons. d'Et. 26 déc. 1891, aff. Gare de Bédarieux, *Rec. Cons. d'Etat*, p. 816); les plaques tournantes ou les chariots et les changements de voie desservant les voies imposables; les terrains couverts par ces voies (Mêmes arrêts); et les terrains pavés qu'elles encadrent (Cons. d'Et. 7 août 1886, aff. Chemin de fer du Nord, D. P. 88. 5. 350); les ponts à bascule et leurs guérites et les grues de chargement (Cons. d'Et. 17 août 1864, aff. précitée, Gare de Salins); un pont à bascule destiné à peser les wagons en provenance ou à destination d'une usine avoisinant la gare (Cons. d'Et. 11 juin 1886, aff. précitée, Chemin de fer du Nord); les bascules placées sous les halles (Même arrêt du 11 juin 1886); les gabarits de chargement (Cons. d'Et. 8 juill. 1887, aff. Chemin de fer du Midi, D. P. 88. 5. 351; 2 mai 1891, aff. précitée, Gare de Lézignan); les appareils pour le gaz et les bouillottes (Cons. d'Et. 17 août 1864, aff. Gare de Moulins, *Rec. Cons. d'Etat*, p. 784), et l'éclairage des gares, sauf les parties desservant les cours et quais à voyageurs et le buffet (26 déc. 1891, aff. précitée, Gare de Bédarieux); les quais, attenant aux gares de marchandises, qui forment dépendance de ces gares (6 déc. 1860, aff. précitée, Chemin de fer du Midi); le terrain et le quai attenant au bâtiment des messageries (Cons. d'Et. 25 févr. 1881, aff. Chemin de fer du Midi, D. P. 82. 5. 304); un quai de dépôt, dit des fûts vides (Cons. d'Et. 25 avr. 1890, aff. Gare de Pézenas, *Rec. Cons. d'Etat*, p. 418); les quais découverts, avoisinant les halles, qui servent habituellement d'entrepôt pour les marchandises encombrantes (Cons. d'Et. 13 juin 1891, aff. Gare de Nissan, *Rec. Cons. d'Etat*, p. 448); les chantiers servant de dépôt pour le matériel de la voie (8 juill. 1887, aff. Chemin de fer d'Orléans); le parc de la voie, employé comme dépôt permanent (26 déc. 1890 et 13 juin 1891, aff. précitées, Gares de Lannemezan et Nissan); un chantier de vieux matériaux provenant des travaux de la voie (25 avr. 1890, aff. précitée, Gare de Pézenas); les terrains, chantiers et lieux de dépôt loués à des tiers, notamment à des compagnies minières (26 déc. 1891, aff. précitée, Gare de Bédarieux); l'estacade aux charbons affectée au service exclusif des locomotives (Cons. d'Et. 8 juill. 1887, aff. Chemin de fer d'Orléans, D. P. 88. 5. 351); les gares d'eau formant dépendance des gares à marchandises (*Rép.* n° 211; 15 févr. 1866, aff. précitée, Gare de Lyon); les clôtures, estacades, passerelles et pontons d'une gare maritime (Cons. d'Et. 8 juill. 1887, aff. Chemin de fer d'Orléans, D. P. 88. 5. 351); les latrines situées dans l'intérieur des gares (Cons. d'Et. 28 juill. 1878, aff. Chemin de fer du Midi, D. P. 79. 3. 28; 25 févr. 1881, aff. Chemin de fer du Midi, D. P. 82. 5. 304).

525. Nous ajouterons ici que, selon les principes déjà exposés *suprà*, n° 469, lorsqu'une halle où la douane effectue ses vérifications sert en même temps à la compagnie pour le dépôt de ses marchandises et qu'il y est perçu des droits de magasinage, cette halle doit être imposée, ainsi que les voies, plaques tournantes, grues et bascules la desservant, sous la seule déduction des bureaux de douane qu'elle renferme (Cons. d'Et. 26 juill. 1878 et 11 juin 1886, aff. précitées, Chemins de fer du Nord et du Midi; 5 nov. 1886, aff. Gare d'Ivry, *Rec. Cons. d'Etat*, p. 762). — Pareillement, les plaques tournantes qui relient des voies exemptes à des voies imposables doivent être rattachées à ces dernières, étant d'ailleurs comptées pour leur valeur totale, et il en est de même, en pareil cas, pour les changements de voie (Arrêts précités des 11 juin et 7 août 1886, aff. Chemin de fer du Nord). — Il a été jugé aussi qu'on devait imposer les voies et les plaques tournantes affectées à la fois au service de la douane et à celui de la halle voisine (Même arrêt du 7 août 1886).

526. Sont également imposables les installations, engins et appareils que comporte le service d'alimentation d'eau, savoir : le bâtiment de prise d'eau et la machine ou pompe qu'il renferme (Cons. d'Et. 11 janv. 1866 et 14 mars 1890, aff. précitées, Gare de Clermont et gare de la Drôme); les réservoirs et châteaux d'eau et leurs accessoires (Mêmes arrêts); les grues hydrauliques, y compris celles établies le long des voies principales (Cons. d'Et. 27 janv. 1865, aff. Gare de Dôle, *Rec. Cons. d'Etat*, p. 104; 14 mars 1890 et 26 déc. 1891, aff. précitées, Gares de la Drôme et gare de Bédarieux); les tuyaux de conduite qui relient le bâtiment de prise d'eau au réservoir et qui alimentent les grues hydrauliques, alors même qu'ils sont posés sous la voie ferrée (Cons. d'Et. 22 janv. 1868, aff. Gare de Vannes, *Rec. Cons. d'Etat*, p. 66; 25 févr. 1881 et 14 mars 1890, aff. susvisées, Chemin de fer du Midi et gares de la Drôme); les tuyaux reliant un château d'eau à un étang qui l'alimente (25 févr. 1881, aff. Chemin de fer du Midi). Tous ces objets sont nécessaires à l'exploitation de la ligne et font dès lors partie de l'établissemen industriel de la compagnie. — Il en est de même pour les citernes qui (dans l'espèce, en Algérie) sont destinées à remplir un réservoir auquel s'alimentent les locomotives (Cons. d'Et. 26 mai 1876, aff. Comp. Paris-Lyon-Méditerranée, D. P. 77. 5. 321); et toujours par ce motif, a été déclarée imposable une voie affectée au service d'une prise d'eau destinée exclusivement à l'alimentation des machines (Cons. d'Et. 7 août 1886, aff. Gare de Lourches (*Rec. Cons. d'Etat*, p. 730).

527. Les logements occupés par les employés qui ne représentent pas la compagnie, mais dont l'habitation dans la gare est exigée par les besoins du service, sont également passibles du droit proportionnel au taux du 50e. Tels sont les logements: des sous-chefs de gare chargés du service de la petite et de la grande vitesse, du chef de dépôt, de l'aiguilleur, du garde-magasin, des concierges, des contrôleurs surveillants (Cons. d'Et. 24 mars 1865, aff. Gare d'Amiens, *Rec. Cons. d'Etat*, p. 318); des sous-chefs de gare qui n'ont pas d'attributions spéciales (15 févr. 1866, aff. précitée Gare de Lyon); du chauffeur de la machine hydraulique, des charbonniers (11 janv. 1866, aff. précitée Gare de Clermont-Ferrand); du mécanicien du dépôt (25 août 1865, aff. précitée Gare de Boulogne); de l'agent chargé de surveiller les livraisons de charbon (15 févr. 1866, aff. précitée Gare de Lyon); du chef du bureau des messageries, lorsqu'il a une communication intérieure avec les bureaux et qu'il est disposé de manière à faciliter l'exercice d'une surveillance constante des magasins de la compagnie (Cons. d'Et. 8 juill. 1887, aff. Chemin de fer d'Orléans, D. P. 88. 5. 351); du piqueur de la voie et du facteur de la gare (Même arrêt du 8 juill. 1887). — Il en est ainsi également pour les maisons des gardes de passage à niveau ou gardes-barrières (Cons. d'Et. 6 déc. 1860, aff.

Chemin de fer du Midi, D. P. 61. 3. 5; 27 janv. 1865, aff. susvisée, Gare de Dôle; 21 avr. 1882, aff. Gares d'Ivry et de Luxé, D. P. 83. 5. 339; 7 août 1886, aff. Chemin de fer du Nord, D. P. 88. 5. 351).

528. Il faut, au contraire, selon la jurisprudence, affranchir du droit proportionnel les terrains, constructions et objets constituant une dépendance de la voie ferrée ou de la voie publique. Tels sont : les cours de service donnant accès à la voie ou à la gare des marchandises (Cons. d'Et. 11 janv. et 15 févr. 1866 et 7 août 1886, aff. précitées, Chemins de fer du Nord et de Lyon); les jardins et les terrains vagues non utilisés ou ne l'étant qu'accidentellement (15 févr. 1866 et 19 août 1867, aff. précitées, Gares de Clermont et de Dieppe); les grilles en bois et en fer servant de clôture aux cours de la gare, ainsi que les murs de soutènement et de clôture, les fondations extraordinaires, les aqueducs ou égouts établis pour l'assainissement de la gare (12 août 1868, aff. précitée, Gare de Bercy); une chaussée pavée qui donne accès au quai des marchandises (Cons. d'Et. 7 août 1863, aff. Gare de Rouen, D. P. 64. 3. 11); les cabinets d'aisances des cours de départ et d'arrivée (12 août 1868, aff. précitée, Gare de Bercy); les quais découverts situés le long de la voie ferrée (Cons. d'Et. 9 avr. 1867, aff. Gare de Rochefort, *Rec. Cons. d'Etat*, p. 367); les quais, même couverts, servant à l'embarquement des voyageurs (Cons. d'Et. 21 mars 1866, aff. Gare de Lille, *Rec. Cons. d'Etat*, p. 259); 8 mai 1867, aff. Chemin de fer d'Orléans, D. P. 67. 5. 304); la marquise qui recouvre l'embarcadère des voyageurs (Cons. d'Et. 19 juill. 1867, aff. Gare de Libourne, *Rec. Cons. d'Etat*, p. 669); les quais à coke et à bestiaux (12 août 1868, aff. précitée, Gare de Bercy); un quai uniquement affecté à l'embarquement des bestiaux (25 avr. 1890, aff. précitée, Gare de Nissan); les quais découverts affectés, près des halles au chargement et au déchargement des marchandises, lorsque ce n'est qu'accidentellement qu'ils servent de lieux de dépôt pour ces marchandises (Cons. d'Et. 2 mai et 26 déc. 1891, aff. Gares de Lezignan et de Bédarieux, *Rec. Cons. d'Etat*, p. 344 et 816); les voies de garage, leurs fosses à piquer et leurs entrevoies (11 janv. et 15 févr. 1866, aff. précitée, Gare de Clermont-Ferrand et de Lyon); des voies de garage situées entre les halles d'une gare maritime, et les plaques tournantes desservant ces voies (25 févr. 1881, aff. susvisée, Chemin de fer du Midi); une voie de garage et la plaque tournante qui la dessert) 7 août 1886, aff. Chemin de fer du Nord); les voies de triage qui, soit dans une gare ordinaire, soit dans une gare spéciale de triage, servent au classement des wagons pleins et à leur stationnement jusqu'au moment de leur expédition (7 août 1886, 14 mars 1890 et 22 nov. 1890, aff. précitées, Chemin de fer du Nord, Chemin de fer d'Orléans); les voies dites de débord, qui ne sont sous ce nom que des voies de garage (Cons. d'Et. 17 juin 1892, aff. Gare de Confolens, *Rec. Cons. d'Etat*, p. 553); les guérites des aiguilleurs (Cons. d'Et. 27 janv. 1865, aff. Gare de Givors, *Rec. Cons. d'Etat*, p. 104); les postes où sont centralisés le service des aiguilles et celui des signaux (Cons. d'Et. 17 févr. 1888, aff. Chemin de fer de Paris-Lyon-Méditerranée, D. P. 89. 5. 134); une salle dite des pas-perdus, qui forme annexe de la salle des visites de la douane (Cons. d'Et. 11 juin 1886, aff. Chemin de fer du Nord, D. P. 87. 5. 323); et la partie d'une halle à marchandises qui est exclusivement affectée au service de la douane (Cons. d'Et. 7 août 1886, aff. Chemin de fer du Nord, D. P. 88. 5. 352). — L'arrêt du 17 févr. 1888, qui vient d'être cité, a été rendu en matière d'impôt foncier (V. *suprà*, v° *Impôts directs*, n° 28); mais le caractère de dépendances de la voie ferrée principale ainsi reconnue aux postes Saxby entraîne virtuellement leur non-imposition au droit proportionnel de patente.

529. C'est ainsi également qu'on ne doit pas imposer : les bureaux des commissaires de surveillance et des commissaires de police (25 août 1865, aff. précitée, Gare de Boulogne); le bureau du télégraphe et le logement des préposés; les bureaux et les magasins de douane (Même arrêt, du 25 août 1865; arrêts précités des 26 juill. 1878 et 7 juin 1886, aff. Chemins de fer du Nord et du Midi); le bureau de l'octroi (Cons. d'Et. 17 févr. 1865, aff. Gare de Saint-Etienne, *Rec. Cons. d'Etat*, p. 207); le bureau des objets perdus (11 janv. 1866, aff. précitée, Gare de Clermont); la remise des pompes à incendie (15 févr. 1866, aff. précitée gare de Lyon). Doivent encore être exemptés : les logements des employés qui ne *représentent* pas la compagnie et dont l'habitation dans les gares n'est pas exigée par les besoins du service (Cons. d'Et. 27 nov. 1867, aff. Gare de la Rochelle, *Rec. Cons. d'Etat*, p. 872); les logements des ingénieurs, de l'inspecteur de la traction, du conducteur des travaux, du chef de bureau de la grande vitesse, du contrôleur ambulant, du receveur principal (24 mars 1865, aff. précitée, Gare d'Amiens); du receveur distributeur des billets, des piqueurs des travaux (29 août 1867, aff. susvisée, Gare de Dieppe); du conducteur de la voie, de l'agent de la salubrité et des cantonniers (25 févr. 1881, aff. Chemin de fer du Midi); des agents chargés de la manœuvre des appareils sémaphoriques, ces logements étant d'ailleurs éloignés desdits appareils (Cons. d'Et. 4 juill. 1890, aff. Compagnie du Nord, D. P. 92. 3. 36).

530. Il nous reste à parler des règles applicables à l'estimation des gares. Il s'agit ici d'habitations qui n'ont point de similaires et l'on ne saurait, dès lors, en ce qui les concerne, faire usage du système de comparaisons locales prévu par la loi ou, tout au moins, cette méthode peut seulement être suivie à titre de contrôle et dans les villes et les communes importantes où se trouvent des bâtiments présentant avec ceux des gares une analogie industrielle qui ne puisse être discutée. Partout ailleurs, et plus particulièrement dans les petites communes, il est nécessaire de recourir à l'estimation directe, si l'on veut se maintenir dans la valeur d'emploi qui, comme il vient d'être dit, est spéciale à ces installations, en même temps qu'elle leur est commune. Nous parlons d'ailleurs ici des bâtiments proprement dits (logements d'employés, maisons de garde, halles et magasins); car l'emploi de l'estimation directe s'impose forcément tant pour l'outillage spécial des gares, que pour les bâtiments qui n'ont point de similaires, tels que les châteaux d'eau et les rotondes à locomotives. Il est certain, en effet, pour en revenir aux bâtiments, que chaque ligne de chemin de fer ne forme qu'un seul établissement, dont toutes les parties, créées en vue de l'exécution d'une seule entreprise, demeurent intimement liées; de telle sorte que la valeur locative, c'est-à-dire le prix du loyer qui, selon la fiction légale, serait susceptible d'en être offert et demandé, se règlerait, le cas échéant, sur les capitaux engagés et sur les produits de l'exploitation, sans tenir compte du taux particulier des locations dans les communes traversées par la ligne; et qu'il serait dès lors contraire à la réalité des choses de se borner à envisager les bâtiments dont il s'agit au regard des autres immeubles de la commune où le service de la ligne a contraint de les élever, puisque c'est de ce service, ou mieux encore, de leur destination particulière et de leur emploi effectif, que ces bâtiments tirent leur valeur locative.

Mais, comme on l'a dit *suprà*, n° 516, en parlant des établissements industriels d'une manière générale, c'est la valeur vénale *actuelle*, et non les prix de construction ou de revient, qu'il faut prendre pour base de l'estimation; et sous cette réserve, la jurisprudence a confirmé la doctrine qui vient d'être exposée, à savoir, la légitimité de l'estimation directe partout où la méthode de comparaison ne peut être utilement suivie. C'est ainsi, en particulier, qu'il a été statué tant pour les gares de Chalon-sur-Saône (Cons. d'Et. 27 janv. 1865, *Rec. Cons. d'Etat*, p. 104), que pour les gares de Béziers et de Cette (Arrêts susvisés du 25 févr. 1881); et on lit également dans l'arrêt cité *suprà*, n° 526, du 14 mars 1890 (gare de la Drôme) : « que les agents de l'Administration ont procédé (pour les gares de Valence et de Romans) par voie de comparaison avec d'autres bâtiments de ces villes; qu'à défaut de points de comparaison, pour les autres gares, ils ont évalué directement la valeur des locaux imposables; que c'est à ces estimations directes, et non au prix de construction des bâtiments, qu'a été appliqué le taux de 5 pour 100; que, dès lors, la compagnie n'est pas fondée à soutenir qu'il a été procédé irrégulièrement. — Pour les mêmes motifs, il a été jugé que la valeur locative des terrains pouvait, sans égard à leur prix d'achat, être irrégulièrement déterminée par voie de comparaison avec d'autres terrains loués (Arrêts susvisés des 26 juill. 1878, 11 juin et 7 août 1886, aff. Chemins de fer du Midi et du Nord, D. P. 87. 5. 323 et 88. 3. 350, etc.); mais sur l'avis conforme de l'Administration, le conseil d'Etat a reconnu que le prix de 1 fr. par mètre carré, habituellement exigé par les compagnies pour les emplacements qu'elles concèdent à des tiers dans les gares, ne représentait pas la valeur locative réelle de ces emplacements, à laquelle il était de beaucoup supérieur, comme comprenant le rachat. par voie d'abonnement, des droits de magasinage (27 déc 1890, aff. Gare de Lannemezan, *Rec. Cons. d'Etat*, p. 1023).

531. Quant au taux d'intérêt applicable aux valeurs en capital, qui ne sont pas, on se le rappelle, les prix de construction, il a été uniformément fixé à 5 pour 100 par une jurisprudence qu'il semble permis de critiquer, au moins en ce qui touche certaines parties de l'outillage des gares. Ce taux, en effet, n'a rien que de normal pour les bâtiments; on peut aussi, nonobstant les principes énoncés au *Rép.* (n° 207), le considérer comme suffisamment justifié pour les parties résistantes de cet outillage, qui ne s'usent et ne se détruisent que très lentement telles que les voies et les plaques tournantes desservant les halles et les grues et ponts-bascules, d'autant que le crédit des compagnies leur permet de trouver des capitaux dans des conditions de plus en plus favorables. Mais, après avoir posé en principe que l'outillage fixe des gares n'était pas soumis à des causes de détérioration plus promptes et plus nombreuses que les bâtiments (Arrêts précités des 29 avr. 1867, 25 févr. 1881 et 11 juin et 7 août 1886, etc.), le conseil d'État a admis que la valeur locative des générateurs affectés au service des bouillotes, des machines-outils des ateliers et des machines à vapeur fixes pouvait être estimée d'après le même taux de capitalisation que les bâtiments (3 déc. 1886, aff. Comp. Paris-Lyon-Méditerranée, D. P. 88. 5. 352). Cette assimilation pure et simple, des machines-outils et des machines à vapeur au surplus de l'outillage des gares demeure, à notre avis, très discutable, encore que le conseil d'Etat ait refusé jusqu'à présent, comme nous l'avons vu *suprà*, n° 516, d'appliquer ce taux de 5 pour 100 à d'autres établissements industriels.

532. V. pour les compensations à établir dans le cas de réclamation, *infrà*, n°s 749 et suiv.

CHAP. 4. — Des personnes et professions assujetties à la patente. — Etrangers. — Professions libérales (*Rép.* n°s 216 à 236).

533. — I. EXCEPTIONS ADMISES PAR LA JURISPRUDENCE. — Comme la loi du 25 avr. 1844, celle du 15 juill. 1880 pose en principe (art. 1er) que « tout individu, Français ou étranger, qui exerce en France un commerce, une industrie, une profession non compris dans les exceptions déterminées par la présente loi, est assujetti à la contribution des patentes ». Ces termes sont généraux; ils autorisent l'imposition de toute personne qui se livre, en France, à des opérations dénommées dans le tarif ou analogues à celles qu'il prévoit. Il n'est pas non plus nécessaire que ces opérations aient un caractère commercial, car la patente atteint, comme on l'a vu déjà, non seulement les professions libérales, mais encore l'exploitation des carrières, la location en garni, la fourniture de force motrice, fussent-elles relevées à la charge de simples propriétaires. Ces règles étant rappelées, nous examinerons à part les questions relatives aux étrangers et celles qui ont trait au groupe des professions libérales (V. *infrà*, n°s 555 à 577). Auparavant, nous allons étudier les applications que la jurisprudence a faites du principe posé par la loi.

534. On a exposé au *Rép.* n°s 218 et 219, que le droit de patente est dû alors même que le commerce ou l'industrie serait soumis à d'autres impôts, charges ou redevances, et par le fait seul de son *exercice*. Dès l'instant que la profession est licite, la circonstance qu'elle serait exercée dans des conditions contraires aux lois ou règlements particuliers relatifs à cette profession, ne fait pas obstacle à ce qu'elle soit imposée; en sorte que le service des Contributions directes n'a pas à rechercher quelle est, au regard d'autres services, la situation des établissements qu'il trouve ouverts, notamment si les personnes ou sociétés qui les dirigent sont munies des autorisations, licences, ou diplômes nécessaires. C'est ainsi qu'il a été jugé, conformément à la jurisprudence déjà exposée au *Rép.*, n° 219, que l'associé d'un pharmacien doit être lui-même imposé à la patente de pharmacien encore qu'il ne possède pas de diplôme (Cons. d'Et. 7 déc. 1859, aff. Aubry et Rigaud, D. P. 60. 5. 267; 3 août 1888, aff. Darne frères, *Rec. Cons. d'Etat*, p. 711); et qu'un individu qui achète des pommes pour les convertir en cidre et qui vend les produits de sa fabrication à des débitants et à des consommateurs, est imposable comme marchand de cidre en gros, bien qu'il ne soit pas muni d'une licence (Cons. d'Et. 7 août 1885, aff. Cureau, D. P. 87. 3. 30). Mais à l'inverse, le payement de la licence ne suffirait pas pour rendre la patente exigible s'il n'y avait pas eu exercice effectif de la profession (Cons. d'Et. 30 juin 1876, aff. Davoine, D. P. 76. 3. 95). Décidé également : que l'individu qui ne réside dans une ville que parce qu'il y est interné, n'est pas dispensé pour cela d'y acquitter la patente, s'il y exerce une profession imposable, il prétendrait à tort se faire assimiler à un détenu (Cons. d'Et. 17 mars 1858, aff. Gros, D. P. 58. 3. 67); qu'un commissaire-priseur ne saurait se prévaloir de ce qu'il habite en dehors du département où il est tenu d'avoir son domicile (Cons. d'Et. 2 juin 1876, cité *suprà*, n° 475); que lorsqu'une société civile exploite, pour son compte et à ses risques et périls, un établissement d'instruction secondaire, la patente doit être établie sous son nom et non sous celui du directeur, son agent, qui, au point de vue des lois et règlements sur l'enseignement, a seul le titre et la responsabilité de chef d'institution (Cons. d'Et. 11 mai 1888, aff. Ecole de Mougré, D. P. 89. 3. 33). — Il faut toutefois, nous l'avons dit, que la profession soit *licite*; et, dans une espèce où l'exercice illégal de la médecine avait été constaté par un jugement correctionnel, le conseil d'Etat a refusé de maintenir l'imposition (6 janv. 1853, aff. Jessé, *Rec. Cons. d'Etat*, p. 21); il y avait là, en effet, une raison d'intérêt public qui primait l'application de la loi fiscale. Il a été jugé, de même, que les paris dits à la cote, pratiqués sur les champs de course dans les conditions où opèrent les individus dits *bookmakers*, constituent des jeux de hasard et ont, par suite, un caractère illicite; d'où la conséquence que ces opérations ne peuvent constituer l'exercice d'une profession imposable (Cons. d'Et. 13 mai 1887, aff. Wright, D. P. 88. 3. 85); et nous renvoyons pour cette affaire aux conclusions intéressantes du commissaire du gouvernement, conclusions recueillies en note de l'arrêt. V. aussi, sur ce point, les arrêts relatifs à des maisons de tolérance, que nous avons rapportés *suprà*, n° 331.

535. On n'a pas davantage à tenir compte, soit des conditions plus ou moins précaires dans lesquelles s'exercent les industries ou professions que la loi déclare imposables, soit des obligations qui peuvent leur être spéciales, soit encore des limites assignées à leur exploitation. En d'autres termes, les faits d'*exercice* doivent être seuls retenus, et nous avons déjà cité plusieurs applications de cette doctrine en parlant du droit proportionnel (n°s 466 et suiv.). C'est ainsi également que la patente d'exploitant de chemin de fer est due par une compagnie de mines, concessionnaire d'un chemin de fer affecté à la fois à son exploitation minière et à un service public de transport pour les voyageurs et les marchandises, alors même que ce service serait une obligation imposée par le décret de concession (Cons. d'Et. 9 avr. 1867, aff. Mines de Carvin, *Rec. Cons. d'Etat*, p. 366); et qu'une compagnie concessionnaire de travaux de dessèchement, qui, moyennant le payement de redevances annuelles réglées par hectare, cède, aux propriétaires des terrains compris dans le périmètre de sa concession, une partie des eaux dont la jouissance lui a été accordée par l'Etat, pour assurer le colmatage et l'irrigation des marais lui appartenant, ne saurait se prévaloir de ce que ces irrigations, auxquelles les propriétaires auraient un droit absolu, sont indispensables au maintien en exploitation des terrains dont il s'agit et de ce qu'elle ne fait en somme que remplir le rôle du syndicat qui aurait pu se former entre les intéressés (Cons. d'Et. 6 avr. 1889, aff. Compagnie du canal de Beaucaire, D. P. 90. 3. 77). Jugé encore, dans ce sens, que les services gratuits rendus aux navires en détresse, à la marine de l'Etat et aux bâtiments qui demandent à être remorqués, ne peuvent constituer un motif d'exemption pour un entrepreneur de signaux télégraphiques établi dans un port (Arrêt précité du 22 mai 1861, aff. Sanière, *suprà*, n° 403).

536. La patente ne serait pas due, toutefois, si on ne relevait à la charge du contribuable que des faits accidentels isolés ou sans importance; car il n'y aurait pas alors *exercice* véritable de la profession. Ainsi, ont été déclarés non imposables : le médecin qui, après avoir renoncé depuis plusieurs années à l'exercice de la médecine, supplée quelquefois son fils, médecin lui-même, en cas d'absence ou d'empêchement de ce dernier (Cons. d'Et. 13 mai 1852, aff. Bordier, D. P. 52. 5. 406); — le médecin qui, depuis le 1er janvier, époque de l'année à partir de laquelle il avait déclaré ne plus vouloir exercer, s'est borné d'ailleurs à donner à quelques malades des soins accidentels et purement gratuits (Cons. d'Et. 18 juin 1859, aff. Beslay, D. P. 60. 3. 30); — un huissier qui a donné sa démission et dont le successeur a été nommé avant le 1er janvier bien qu'il ait, depuis cette date, signé quelques actes pour le compte du nouveau titulaire qui n'avait pu encore prêter serment (Cons. d'Et. 19 juill. 1867, aff. Diot, D. P. 68. 3. 36); — un individu qui se borne à donner à boire et à manger en vertu d'autorisations spéciales qui ne lui sont accordées par le préfet qu'aux époques où se tiennent les marchés de la commune et qui sont renouvelées chaque fois, ces faits accidentels ne constituant pas l'exercice d'une profession imposable (Cons. d'Et. 23 mai 1873, aff. Cohendot, D. P. 74. 5. 367); — un curé qui s'est borné à céder à quelques habitants de sa paroisse, pour les cérémonies funèbres, des cierges provenant des offrandes faites à la fabrique et au clergé : il a été exonéré de la patente de marchand de chandelles en détail qui lui avait été assignée de ce fait (Cons. d'Et. 8 nov. 1872, aff. Grazziani, *Rec. Cons. d'Etat*, p. 570). — Tel a été aussi le motif de l'exemption accordée, pour la vente de menus articles de papeterie à un instituteur et à un concierge de lycée (V. *suprà*, n° 279).

Il est également nécessaire, semble-t-il, pour que la patente soit exigible, qu'on ait relevé, dans l'année, des opérations se rattachant à l'exercice de la profession. Comme nous l'avons déjà exposé (*suprà*, n° 247), à l'égard des propriétaires qui achètent des eaux-de-vie pour les revendre plus tard, les achats opérés en vue d'une vente future, et qui ne donnent lieu au cours de l'année à aucune vente, n'entraînent pas l'imposition de la patente. Il a été jugé, en ce sens, que le droit de patente n'est pas dû par un particulier qui possède un approvisionnement de cocons achetés l'année précédente dans un but de spéculation, mais qui n'a fait, dans l'année, ni vente, ni achat (Cons. d'Et. 19 mars 1880, aff. Tourel, D. P. 81. 3. 6). Pareillement, un individu qui, trois ans après avoir cessé la profession de marchand de bois, se rend adjudicataire d'une coupe et qui la rétrocède, sans l'avoir exploitée, ne peut être considéré, à raison de ce fait isolé, comme ayant exercé la profession de marchand de bois en grume (Cons. d'Et. 20 avr. 1888, aff. Martinot, D. P. 89. 5. 350). Toutefois, il a été décidé que celui qui exerce habituellement la profession de marchand de bois doit être imposé à la patente même dans une année où il a, en vue de continuer son commerce, acheté des coupes de bois, bien qu'il n'ait fait aucune vente durant ladite année (Cons. d'Et. 21 déc. 1877, aff. Barthélemy, D. P. 78. 3. 42). De même, il suffit de tenir à la disposition du public des locaux meublés et tout prêts à être habités, pour donner ouverture à la patente de loueur en garni (V. *infrà*, nos 610 et suiv.). — Il a été décidé aussi, à l'époque où le courtage des marchandises n'était pas libre, que le titulaire d'un brevet de courtier, imposé à la patente en cette qualité, ne pouvait se prévaloir de ce qu'il n'avait fait pendant l'année aucune des opérations constitutives de l'exercice de sa profession (Cons. d'Et. 24 mai 1865, aff. Aubertie, D. P. 66. 3. 32) ; et l'on verra également *infrà*, n° 562, que l'inscription d'un avocat au tableau de l'ordre suffit pour le rendre imposable. — Quant aux questions relatives aux patentables qui cessent petit à petit leurs opérations et qui liquident ou écoulent leurs marchandises, on les trouvera étudiées *infrà*, n° 709.

537. Un point très important est celui de savoir quand la profession est ou n'est pas exercée, *dans le sens de la loi*. La seule constatation d'actes prévus au tarif suffit-elle pour rendre la patente exigible, quelles que soient, d'ailleurs, les circonstances accompagnant ou motivant ces actes? Telle est la question qui se pose à cet égard. Il semble, au premier abord, qu'elle devrait être résolue négativement. Le droit de patente n'étant, en somme, qu'un prélèvement sur les *bénéfices* présumés de l'industrie ou du commerce, n'en doit-on pas conclure que cet impôt n'est pas dû, lorsqu'on n'a pas réalisé, ni cherché à réaliser, des bénéfices? En pareil cas, peut-on dire, la profession commerciale n'est exercée qu'*en apparence*. Cependant la jurisprudence n'a pas, du moins en principe, admis cette solution; elle se refuse à tenir compte soit du but poursuivi, soit des résultats atteints. C'est ce qui ressortira de la jurisprudence analysée ci-après. Les arrêts les plus récents manifestent, il est vrai, comme on le verra, une tendance à tempérer, dans une certaine mesure, la rigueur de cette doctrine; mais les tempéraments qu'ils ont admis concernent seulement les établissements publics; l'application du principe n'a subi aucune modification à l'égard, soit des établissements privés soit des particuliers.

538. — II. ETAT, DÉPARTEMENTS, COMMUNES, ÉTABLISSEMENTS PUBLICS. — On rappellera d'abord que l'Etat n'est pas sujet à la patente pour les travaux, opérations ou entreprises qu'il exécute directement et pour son compte, à l'aide d'agents administratifs, et dont les recettes font partie des revenus publics. La perception de ces revenus rentre, en effet, dans les attributions de tout Etat, et ne saurait constituer une spéculation commerciale. C'est en vertu de ce principe que les manufactures de poudre et de tabac, les ateliers de timbres-poste, etc., ne sont pas imposés ; il en est de même pour les établissements thermaux exploités directement par l'Etat; et c'est par une disposition expresse, destinée à rendre égales les charges des chemins de fer concédés et celles des chemins de fer de l'Etat, que ces derniers sont soumis à la patente (L. 22 déc. 1878, art. 9 ; D. P. 79. 4. 10).

539. Quant aux départements, on a vu *suprà*, n° 328, que l'internement des aliénés, riches ou pauvres, étant une nécessité d'ordre public, il n'y a pas lieu à imposition de la patente de maison particulière de santé, alors même que les aliénés pensionnaires sont reçus dans un autre bâtiment que ceux à la charge de l'Administration. Mais on a vu aussi *suprà*, n° 206, qu'un département concessionnaire de chemins de fer d'intérêt local dont il a cédé l'exploitation à une compagnie, demeure passible de la patente, lorsque c'est pour son compte que ces lignes sont exploitées : il conserve, en effet, dans l'entreprise, un intérêt commercial qui justifie son imposition.

540. A l'égard des villes ou communes, il a été dit *suprà*, n° 244, que les services de distribution d'eau ont un caractère d'intérêt public qui les met à l'abri de la patente, nonobstant les abonnements consentis aux particuliers (D. P. 77. 3. 25. V. la note). Mais il a été jugé : 1° que les communes, lorsqu'elles vendent à leur profit la tourbe extraite de terrains leur appartenant, sont passibles de patente au même titre que les particuliers (Cons. d'Et. 21 mars 1860, aff. Commune d'Hesdin, D. P. 60. 3. 77); — 2° Qu'une ville qui exploite un établissement de bains et de lavoirs publics, où elle perçoit des rétributions, est passible de la patente afférente à cette industrie, encore qu'elle prétende que l'établissement dont il s'agit a été fondé dans l'intérêt des classes ouvrières et qu'il est plus onéreux que productif pour elle (Cons. d'Et. 8 avr. 1869, aff. Ville de Nantes, D. P. 70. 3. 90) : cette dernière décision a toutefois été rendue sous l'ancienne jurisprudence (*suprà*, n° 537) et la solution pourrait être aujourd'hui différente. Décidé également : qu'une ville doit être imposée à la patente comme entrepreneur d'une condition pour les soies, à raison d'un bureau ouvert librement au commerce et qu'elle exploite pour son compte en vertu d'un décret d'autorisation (Cons. d'Et. 3 janv. 1881, aff. Ville d'Aubenas, D. P. 82. 3. 55); — 3° Qu'une ville qui ne se borne pas à fabriquer du gaz pour les services municipaux et qui fournit, en outre, aux habitants, le gaz nécessaire à leur consommation, est passible comme telle, de la patente quand surtout elle n'en a consommé dans l'année que 2832 mètres cubes, alors qu'elle en a livré aux particuliers 5039 mètres, au prix élevé de 1 fr. 35 cent. le mètre ; ce qui ne permet pas de considérer les abonnements comme étant demeurés un simple accessoire du service municipal (Cons. d'Et. 19 mai 1882, aff. Ville d'Oyonnax, D. P. 83. 3. 117); — 4° Qu'une ville est imposable à raison d'un magasin général qu'elle exploite pour son compte et où elle perçoit les rétributions analogues à celles exigées dans les établissements privés, exploitation qui lui laisse d'ailleurs un bénéfice important (ce bénéfice avait dépassé 2000 fr. en 1886) (Cons. d'Et. 7 mars 1891, aff. Ville de Douai, *Rec. Cons. d'Etat*, p. 201). Ces services ne rentrent pas, en effet, dans ceux dont les recettes sont prévues à l'art. 133 de la loi municipale du 5 avr. 1884 (concessions d'eau, droits de place, d'octroi, d'abattoirs, etc.); et la circonstance que leurs produits viennent s'ajouter à ces recettes ne suffit pas pour faire obstacle à leur imposition, la loi des patentes n'ayant pas distingué à leur égard entre les communes et les sociétés ou les simples particuliers, tandis qu'elle vise notamment les adjudications de droits de place, d'octroi et d'abattoir, à l'exclusion de la perception directe de ces droits. — Au contraire, et par le même motif, qui affranchit de la patente les fabriques des églises à raison de la location des chaises, décharge a été accordée, aux fabriques paroissiales d'une ville, de la patente d'entrepreneur d'inhumations et pompes funèbres qui leur avait été assignée : réunies pour assurer elles-mêmes le service des inhumations, elles ne faisaient qu'user d'un monopole à elles conféré par la loi dans un but d'intérêt général; l'administration de ce service était d'ailleurs gratuite et les recettes en étaient versées aux paroisses pour les frais du culte et l'entretien des cimetières (Cons. d'Et. 29 janv. 1892, aff. Fabrique paroissiale de Cette, *Rec. Cons. d'Etat*, p. 74).

541. De leur côté, les chambres de commerce ne doivent pas être imposées pour la gestion des entrepôts par elles établies dans les ports (*Rép.* n° 242). Mais la chambre de commerce de Lyon a été maintenue au rôle des patentes pour un bureau de conditionnement des soies qu'elle exploitait dans des conditions analogues à celles relevées pour la ville d'Aubenas (*suprà*, n° 540), et qui réalisait de ce chef d'importants bénéfices (Cons. d'Et. 7 août 1875, D. P. 76. 3. 26. V. la note). — Depuis lors, au contraire, la chambre de commerce de Bayonne a été dégrevée de la patente qui lui avait été assignée pour le service de remorquage par elle exploité, lequel service ne pouvait lui laisser de bénéfices, car les tarifs en devaient être réduits s'ils excédaient les dépenses de l'exploitation et au prorata de cet excédent (Cons. d'Et. 3 nov. 1882, D. P. 84. 3. 18). C'est de cette dernière décision que se dégage le mieux la jurisprudence, d'après laquelle l'absence de bénéfices, intentionnelle prévue et certaine, rend inapplicable le droit de patente, quand surtout il s'agit d'opérations offrant un caractère d'intérêt général.

542. Nous ajouterons ici, encore qu'il ne s'agisse pas, à proprement parler, d'un établissement public, que la patente de maître de tir a été maintenue à la charge d'une société de tir, bien que cette société, établie dans un but patriotique et d'intérêt général, fût en outre subventionnée par la ville et le département et que ses membres eussent renoncé à tout droit sur l'actif social et sur les produits de l'exploitation : cette société n'offrait pas toutefois son *stand* à ses seuls membres, mais aussi à toute personne et le produit de la vente des munitions consommées lui avait laissé dans l'année un bénéfice assez élevé (Cons. d'Et. 12 mars 1880, aff. Société de tir de Versailles, D. P. 80. 3. 118). — Mais un arrêté récent, du conseil de préfecture de la Seine, a exempté de la patente d'entrepreneur de courses de chevaux, la Société d'encouragement, par le motif que sa constitution ne comportait pas la poursuite de bénéfices, qu'en fait elle n'en réalisait aucun et n'agissait que dans un but d'utilité générale (Cons. de préfect. de la Seine, 7 déc. 1892, *Rec. cons. de préf.* 1893, p. 31). Pour les compagnies de chemins de fer qui n'ont plus qu'un intérêt dans l'exploitation de leurs lignes, confiées à des tiers, V. *suprà*, n° 206.

543. — III. HOSPICES, BUREAUX DE BIENFAISANCE, FONDATIONS CHARITABLES, ÉTABLISSEMENTS RELIGIEUX. — Nous nous référons, pour les hôpitaux et hospices, aux explications déjà données à l'article *Maisons de santé et maisons de retraite* (*suprà*, n° 328). Comme on l'a vu, la patente est due lorsque l'établissement joint, à l'accomplissement de sa mission, certains services rémunérés qui s'en distinguent et constituent l'exercice permanent d'une véritable profession donnant ou susceptible de donner des bénéfices. Ainsi l'exploitation par un hospice d'un service industriel quelconque, d'un établissement de bains, par exemple, le rend passible de la patente (*Rép.* n° 93), et il a été ainsi statué, spécialement, à l'égard : 1° d'un hospice qui exploitait un établissement de bains chauds, une école de natation et un lavoir, et qui percevait du public, pour ces différents services, des rétributions analogues à celles payées dans les établissements privés (Cons. d'Et. 18 avr. 1860, aff. Hospice de Saint-Omer, *Rec. Cons. d'Etat*, p. 234) ; — 2° D'un hospice qui recevait des aliénés pensionnaires dans une annexe, bien que la commission administrative alléguât que tous les bénéfices étaient employés en œuvres de bienfaisance (Cons. d'Et. 9 févr. 1870, aff. Hospice Saint-François, *Rec. Cons. d'Etat*, p. 53) ; — 3° D'un hospice communal dont la commission administrative avait annexé à cet établissement une maison exclusivement réservée au logement de vieillards pensionnaires : cette annexe, qui avait une entrée particulière, ne communiquait que par les jardins avec l'hospice proprement dit, son produit brut annuel s'élevait à environ 15000 fr. et son exploitation laissait, en somme, des bénéfices qui, de l'aveu de la commission, s'ajoutaient aux autres ressources de l'hospice (Cons. d'Et. 27 avr. 1877, aff. Hospice de Jouarre, D. P. 77. 3. 75). — Au contraire, l'exemption a été accordée : 1° à un hospice qui, administré conformément aux lois et règlements relatifs aux hospices civils, admettait seulement quelques vieillards moyennant rétribution, ainsi d'ailleurs que la loi l'y autorisait (Cons. d'Et. 6 déc. 1855, aff. Hospice Saint-Julien de Nancy, D. P. 56. 3. 43); — 2° A l'hospice civil d'une ville de bains de mer qui, pendant la saison, se bornait à recevoir quelques étrangers moyennant rétribution, l'admission de ces étrangers étant du reste accompagnée de circonstances qui excluaient l'idée de l'exercice d'une profession (admission sur certificats de médecin, contrôle du préfet, etc.) (Cons. d'Et. 21 janv. 1857 et 15 nov. 1866, aff. Hospice des Sables-d'Olonne, D. P. 61. 3. 45 et 68. 3. 103); — 3° A une maison de retraite pour vieillards indigents, tenue par l'Assistance publique de Paris, reconnue d'utilité publique et placée sous le contrôle du préfet de la Seine et du ministre de l'intérieur; bien qu'une pension annuelle fût exigée d'une partie de ces vieillards, les ressources de la maison demeuraient insuffisantes pour en assurer le fonctionnement (Cons. d'Et. 13 janv. 1882, aff. Asile de la Providence, D. P. 83. 3. 44).

544. A l'égard des établissements privés, on a déjà rapporté (n° 330) deux arrêts affranchissant de la patente de maison de retraite, dans les conditions qui leur étaient spéciales, une maison d'éducation de jeunes filles pauvres dirigée par les Sœurs de Nazareth et un établissement religieux de Fougères. Le conseil d'Etat a également admis qu'un établissement tenu par des religieuses où les servantes sont reçues gratuitement en attendant qu'elles aient trouvé une place, est à tort imposé comme bureau de placement, alors qu'il est soutenu par des contributions volontaires sans lesquelles il ne pourrait subsister, et qu'il a ainsi conservé un caractère exclusivement charitable (Cons. d'Et. 31 déc. 1862, aff. Œuvre des servantes de Marseille, D. P. 63. 3. 85). — Mais il a été jugé qu'un établissement privé, fondé par un particulier pour le traitement de l'épilepsie, dans lequel les malades sont reçus moyennant un prix de pension, ne perd pas ce caractère, par cela seul que quelques indigents y sont reçus gratuitement dans la mesure des ressources de la maison et des places dont elle peut disposer, et qu'il est dirigé par une communauté religieuse : il doit, dès lors, être assujetti à la patente dont sont passibles les maisons de santé particulières (Cons. d'Et. 26 déc. 1860, aff. Asile de la Teppe, D. P. 61. 3. 46). — Il a été décidé de même pour une maison de retraite fondée par un prêtre, et où les ecclésiastiques malades étaient reçus moyennant un prix de pension : si quelques-uns y étaient admis gratuitement, cette circonstance ne pouvait pas changer son caractère d'établissement privé (Cons.

d'Et. 16 mars 1877, aff. Chaix, D. P. 77. 3. 75) ; et c'est ainsi également qu'il a été statué pour une maison de retraite analogue, ouverte, dans la même ville, aux malades du culte protestant (Cons. d'Et. 20 avr. 1877, aff. Espenett, D. P. 77. 3. 75).

545. Nous avons vu, d'autre part, au n° 330, que le conseil d'Etat a déclaré passibles de patente deux maisons religieuses de Paray-le-Monial, qui recevaient à titre gratuit des pèlerins, ceux-ci étant toutefois dans l'usage de laisser à leur départ une offrande à l'établissement qui les avait logés et nourris pendant leur séjour ; nous renvoyons donc aux observations que ces arrêts nous ont suggérées. — Il a été jugé, s'agissant d'ailleurs d'établissements fondés par l'initiative privée et n'ayant aucune attache administrative : 1° que la patente de maître de pension est due dans le cas où l'établissement reçoit d'une partie des enfants un prix de pension assez élevé pour être rémunérateur, et, où il n'admet, soit gratuitement, soit à prix réduit, d'autres enfants que dans la proportion et dans les conditions où il croit pouvoir faire ce sacrifice (Cons. d'Et. 29 févr. 1860, aff. Sœurs de Saint-Joseph, D. P. 60. 5. 286); — 2° Qu'il y a lieu d'imposer en la même qualité une maison d'éducation créée dans un but de bienfaisance, où sont admis, moyennant pension, de jeunes orphelins qui y reçoivent un enseignement professionnel et fabriquent des produits dont l'établissement tire un profit : le prix de pension habituel variait de 200 à 300 fr. et, depuis la fondation, il n'avait été admis qu'un petit nombre d'orphelins à un prix inférieur à 200 fr., en sorte que l'établissement n'avait pas un caractère exclusivement charitable (Cons. d'Et. 15 mars 1872, aff. Orphelinat Saint-Nicolas, D. P. 72. 3. 67). — Ainsi décidé, également, pour une école libre protestante fondée par le consistoire de Bourges et qui, si elle recevait gratis des élèves protestants, prenait en pension des élèves catholiques : la patente a été toutefois déclarée due par le tiers qui gérait le pensionnat en son nom et pour son compte (Cons. d'Et. 24 mars 1882, aff. Clavel, D.P. 83. 3. 86).

D'autres arrêts ont encore été rendus à l'égard des orphelinats. Contrairement à l'avis de l'Administration, décharge de la patente a été accordée à un prêtre qui dirigeait, à Arras, un orphelinat où il entretenait plusieurs centaines d'orphelins et enfants pauvres. La presque totalité de ces enfants y étaient admis gratuitement et la modique rétribution payée par les autres et le produit du travail des apprentis demeuraient insuffisants pour couvrir les dépenses de l'établissement et, en somme, l'œuvre ne pouvait se soutenir qu'à l'aide des dons de la charité privée et des subventions qui lui étaient allouées : la conseil d'Etat a reconnu que, dans ces circonstances, le requérant ne pouvait être considéré comme exerçant une profession, une industrie ou un commerce (Cons. d'Et. 9 juin 1882, aff. Abbé Halluin, D. P. 83. 3. 118). — Jugé de même que, si un bureau de bienfaisance doit la patente de maison de retraite, pour un local où il reçoit des pensionnaires qui payent une rétribution suffisante pour pourvoir à toutes les dépenses et pour donner éventuellement des bénéfices, ce bureau n'est pas imposable à raison des travaux de lingerie exécutés par les jeunes filles recueillies dans son ouvroir et dont il perçoit le prix, alors que la rémunération est insuffisante pour faire face aux dépenses de l'orphelinat, qui ne subsiste qu'avec le secours de la charité publique et privée (Cons. d'Et. 15 juin 1883, aff. Bureau de bienfaisance de Verdun, D. P. 85. 3. 12) ; et pareillement, qu'un orphelinat reconnu d'utilité publique, qui ne se soutient qu'au moyen des subventions de la charité publique et privée, et à l'encontre duquel il n'est relevé aucun fait étranger à son but charitable ou sortant des conditions en vue desquelles il a été reconnu d'utilité publique, n'est pas imposable à la patente de couturière en linge à façon, en raison des travaux des orphelines dont le produit constitue une des ressources prévues par les statuts (Cons. d'Et. 7 août 1883, aff. Orphelinat Notre-Dame d'Aix, D. P. 85. 3. 12). — Mais il a été décidé depuis que les sœurs dirigeant une maison de refuge doivent être maintenues à la patente, en qualité de couturières, lorsqu'elles conservent au delà de leur majorité un certain nombre de leurs pensionnaires dont le travail constitue la ressource principale de l'établissement. Les sœurs dont il s'agit s'étaient refusées, du reste, à toute justification du nombre effectif de ces ouvrières, de même qu'à tout détail sur l'état financier de la maison (Cons. d'Et. 3 févr. 1888, aff. Bon-Pasteur de Cholet, D. P. 89. 3. 350). Il avait d'ailleurs été jugé précédemment (V. la note sous l'arrêt) que cette maison ne pouvait être considérée comme un atelier de charité échappant à l'application de la loi du 19 mai 1874 sur le travail des enfants dans les manufactures.

546. Il a été décidé que la supérieure d'une communauté religieuse qui s'était engagée, au nom de cette communauté, à fournir pendant un certain nombre d'années, et moyennant des prix déterminés à l'avance, les objets nécessaires à l'éclairage et aux autres services d'une prison, devait être assujettie à la patente, bien qu'elle n'ait agi ainsi que sur les instances de l'administration départementale, et que les prix par elle acceptés fussent insuffisants pour couvrir la dépense (Cons. d'Et. 9 mai 1856, aff. Dames de Saint-Joseph, D. P. 57. 3. 4).

547. Nous mentionnerons aussi deux arrêts portant, l'un, qu'un cercle catholique qui met à la disposition, non du public, mais de ses membres, quelques chambres garnies, moyennant une faible rémunération, ne peut être assujetti de ce chef à la patente comme loueur en garni (Cons. d'Et. 23 févr. 1877, aff. Cercle catholique de Lyon, D. P. 77. 3. 75); l'autre, au contraire, qu'un frère qui, dans un local que lui donne en location un cercle catholique d'ouvriers, fournit le logement et la nourriture, moyennant rétribution, à quelques-uns des membres de ce cercle, ne peut se prévaloir, pour soutenir qu'il dirige un établissement de bienfaisance exempt de patente, de ce que la rétribution serait calculée de manière à ne pas donner de bénéfices et de ce qu'il agirait uniquement dans un but de moralisation (Cons. d'Et. 21 juill. 1882, aff. Frère Munier, D. P. 83. 3. 118) : il doit être imposé en qualité de tenant une pension bourgeoise et de loueur de chambres meublées. Cette seconde décision peut s'expliquer par le fait qu'il y avait là une *maison de famille* distincte du cercle, dirigée, pour son compte personnel, par un simple particulier et offrant, dans son organisation, les caractères extérieurs d'une véritable exploitation industrielle. — Il a été admis enfin qu'une société de bienfaisance reconnue d'utilité publique qui vend, dans des établissements dits *fourneaux économiques*, des aliments au-dessous de leur valeur réelle et dont les opérations se soldent chaque année par une perte prévue et considérable, qui n'est couverte qu'au moyen de souscriptions et de subventions, ne peut être considérée comme exerçant une profession soumise à patente (Cons. d'Et. 19 mai 1882, aff. Société philanthropique, D. P. 83. 3. 45). Ces décisions mettent en lumière toute la rigueur de l'ancienne jurisprudence et les conséquences qu'aurait sa stricte application, conséquences devant lesquelles le conseil d'Etat a reculé, avec raison d'ailleurs. — Il y a lieu encore de noter qu'une société de bienfaisance, qui prête gratuitement les livres d'une bibliothèque lui appartenant, n'est pas imposable à la patente en qualité de loueur de livres, alors que les cotisations qu'elle reçoit ne constituent pas le prix de location de ces livres, mais ont le caractère de secours fournis par des personnes s'intéressant à l'œuvre (Cons. d'Et. 21 janv. 1887, aff. Conférence de Saint-Vincent de Paul, de Ruffec, D. P. 88. 3. 59). Ce n'était pas, en effet, de ses lecteurs, simples ouvriers en général, mais de tierces personnes, que l'œuvre recevait ces cotisations ; en sorte qu'on ne trouvait à aucun degré, dans l'espèce, la condition essentielle du droit de patente, à savoir, la rémunération d'un service rendu.

548. — IV. SOCIÉTÉS COOPÉRATIVES. — ECONOMATS. — SYNDICATS. — Les société coopératives, qui prennent de jour en jour une plus grande importance, méritent à ce titre un examen particulier.

En général, les législations étrangères ne sont pas favorables à ces sociétés ; en Italie, en Belgique et en Suisse, elles sont soumises aux mêmes charges que les commerçants. Il n'en est pas de même en France, au moins jusqu'à présent ; les lois de 1844 et de 1880 sont restées muettes à l'égard de ces sociétés, et les art. 1, 30 et 31 de la loi spéciale les concernant, qui a été votée par le Sénat le 17 juin 1892, paraissent de nature à leur assurer le maintien de la situation privilégiée dont elles jouissent présentement, au point de vue de la patente, étant donné surtout que l'art. 30 prévoit *obligatoirement* la conversion progressive des adhérents en actionnaires. On peut, d'ailleurs se demander, s'il est de l'intérêt bien compris du commerce que ces sociétés soient soumises au droit commun; car elles ne sont aujourd'hui affranchies de patente, comme on va le voir, que si elles demeurent à l'état de sociétés *fermées*; et le premier résultat de leur imposition serait de les rendre accessibles à une nouvelle clientèle, à laquelle il suffirait d'un minime versement pour s'en assurer les avantages. Quoi qu'il en soit, le projet de loi sur les patentes, qui a été adopté en partie (L. 28 avr. 1893) imposait les sociétés coopératives de consommation dans les mêmes conditions que les commerçants vendant des objets similaires : cette disposition a été rejetée.

Actuellement, ces sociétés de consommation bénéficient de la règle, déjà énoncée, que la patente n'est pas due lorsqu'il n'y a pas présomption et recherche de bénéfices commerciaux, la profession n'étant pas alors *exercée*, dans le sens de la loi (V. la note, D. P. 77. 3. 100). Après avoir exempté de la patente d'épicier une société alimentaire qui n'a pour but que de faire profiter les sociétaires des avantages résultant des achats de denrées en gros, alors d'ailleurs que les fonctions de ses administrateurs sont gratuites, que les denrées sont cédées au prix coûtant, augmenté seulement dans la proportion reconnue nécessaire pour couvrir les frais généraux, en sorte qu'il ne peut y avoir de bénéfice pour la société, et que les sociétaires seuls ont le droit de s'approvisionner dans son magasin au moyen de bons dont la vente est interdite (6 août 1863, aff. Société alimentaire de Rochefort, D. P. 64. 3. 87), et de la patente de boulanger une société administrée gratuitement, constituée dans le but de fabriquer du pain pour le livrer au meilleur marché possible aux sociétaires, qui n'acquièrent cette qualité que par la souscription ou le transfert d'une action de 50 fr., sur laquelle 20 fr. doivent être immédiatement versés, et qui ne rapporte ni intérêts ni dividendes (10 mai 1876, aff. Boulangerie des familles, D. P. 77. 3. 12), le conseil d'Etat a traité de même des sociétés où le nombre des membres n'était pas limité et où l'administration n'était pas entièrement gratuite, en ce que des indemnités, d'ailleurs minimes et qui ne constituaient pas de véritables traitements, étaient allouées à la gérance et aux administrateurs. Il a retenu, comme essentiel, le fait que les magasins étaient exclusivement ouverts aux sociétaires et que les bonis remis à ces derniers ou portés à leur compte après chaque inventaire et calculés au prorata des livraisons à eux faites, n'avaient pas le caractère de *bénéfices*, au sens du mot, mais seulement d'*excédents* du prix de vente sur le prix d'achat. Ainsi jugé : pour la société coopérative des mineurs d'Anzin qui ne livrait ses denrées qu'aux personnes devenues sociétaires moyennant certains versements déterminés par les statuts (souscription ou transfert d'une action nominative de 50 fr.), et qui répartissait les sommes représentant la différence entre le prix d'achat et le prix de vente entre les associés, au prorata de l'importance des ventes faites à chacun d'eux (8 juin 1877, D. P. 77. 3. 100); — Pour la société coopérative des forges de Guérigny, qui avait pour but de procurer aux associés des marchandises de qualité vraie et de poids sérieux, en leur faisant réaliser une épargne résultant de la différence, tous frais payés, entre le prix de revient et le prix de vente ou de livraison; où la qualité d'associé ne s'acquérait que par l'admission prononcée par le conseil d'administration et ratifiée par l'assemblée générale des sociétaires et par le versement d'un droit d'entrée de 5 fr. pour les ouvriers et employés des forges, et de 10 fr. pour les autres personnes sur lesquels 1 fr. dans le premier cas, 5 fr. dans le second, devaient être immédiatement versés; où en outre, chaque sociétaire devait posséder au moins deux obligations de 25 fr. formées du produit de l'épargne et constituant une partie du capital social; qui enfin, ne vendait pas à d'autres qu'à ses membres dont chacun devait être muni d'un livret pour l'inscription de ses achats; ces inscriptions donnant seules droit à la répartition des bonis (29 juin 1877, D. P. 77. 3. 100); — Pour la société coopérative des papeteries de Saint-Remy-sur-Avre, dont les membres avaient seuls le droit de s'approvisionner dans les magasins sociaux; où la qualité d'associé ne s'acquérait que par une décision de l'assemblée générale prise sur la présentation de deux sociétaires et l'avis du conseil d'administration, et après versement d'une cotisation de 20 fr. au moins et de 500 fr. au plus; où enfin, la différence entre le prix d'achat et le prix de vente, déduction faite des frais généraux et de l'intérêt des cotisations, était répartie au prorata de la valeur des denrées prises par chacun pendant l'année (7 juin 1878, D. P. 78. 3. 103).

549. Mais la patente a été maintenue chaque fois qu'il a été établi que, les magasins étant, de fait, ouverts au public, les opérations avaient ainsi un caractère commercial ou qu'on se trouvait en présence de combinaisons tendant à donner l'apparence de sociétaires à des personnes n'ayant pas effectivement ce caractère. — Un premier arrêt a déclaré passible de la patente une société de secours mutuels, qui exploitait un café dans lequel étaient admis, moyennant rétribution, non seulement les membres de cette société, mais aussi des consommateurs qui n'en faisaient point partie, encore que les bénéfices, d'ailleurs minimes, résultant de l'admission d'étrangers dans ce café, fussent destinés uniquement à augmenter les secours versés à ses membres par la société (Cons. d'Et. 7 avr. 1866, aff. Société de Saint-Roch, D. P. 67. 3. 9). — Un autre arrêt a maintenu à la patente de boucher une société qui accordait la qualité d'actionnaire à quiconque opérait un versement de 1 fr. (Cons. d'Et. 14 févr. 1873, aff. Oyand et Lemière, *Rec. Cons. d'Etat*, p. 162). — Un autre arrêt a rétabli dans le rôle une société de consommation formée entre employés de chemins de fer et de douanes, et qui n'était pas seulement composée d'actionnaires, mais qui ouvrait ses magasins aux consommateurs, en conférant la qualité de *sociétaire agrégé* à toute personne, moyennant le payement d'une taxe d'inscription de 1 fr. et d'une redevance annuelle de 3 fr. : exclus par les statuts de toute participation aux bonis annuels et du partage éventuel de l'actif social, ces sociétaires agrégés n'étaient pas de véritables associés, mais de simples clients, destinés à procurer un bénéfice commercial aux premiers sociétaires (Cons. d'Et. 3 janv. 1881, aff. Société coopérative de Modane, D. P. 82. 3. 55). — Ainsi décidé également pour un magasin de mercerie, ouvert tant aux actionnaires qu'à des adhérents : ces derniers avaient droit, il est vrai, comme les actionnaires, à la répartition annuelle des bonis au prorata des achats, mais ils ne versaient qu'un droit d'entrée de 25 cent., une fois payé. Le conseil d'Etat a considéré, après l'Administration, que l'espèce était analogue à celle de l'arrêt du 14 févr. 1873 ci-dessus visé et que le magasin social était, en somme, ouvert *au public*, encore que les droits de tous les acheteurs sur les bonis demeurassent égaux (14 mars 1891, aff. Société *L'Economie* de Landreville, D. P. 92. 3. 96).

550. Tel est l'état de la jurisprudence, en ce qui touche les sociétés de consommation, auxquelles il faut ajouter les *économats* établis, soit par les compagnies de chemins de fer, soit dans les grandes usines ou les centres miniers, économats qu'une disposition du projet de loi récemment soumis aux Chambres proposait de soumettre à la patente (disposition non adoptée dans la loi du 28 avr. 1893). Cette jurisprudence est, du reste, en accord complet avec la doctrine (V. *suprà*, v° *Acte de commerce*, n° 30), qui considère comme purement civiles les opérations des sociétés de l'espèce, lorsqu'elles se bornent à acheter des denrées pour les revendre à leurs sociétaires, encore que les statuts aient prévu la fixation d'un prix de livraison supérieur au prix d'achat et que les ventes soient faites à des tiers, si elles n'ont lieu qu'en fraude et sans l'aveu des représentants de la société. Pour que les opérations de ces sociétés prissent un caractère commercial, il faudrait que les ventes consenties à des tiers fussent reconnues être à l'état de faits habituels, ce qui est aussi, en principe, la condition nécessaire pour rendre la patente exigible. Il existe aussi une catégorie spéciale de sociétés coopératives, les sociétés de crédit, et les art. 32 et 33 du projet de loi sur les sociétés coopératives, *suprà*, n° 548, leur sont consacrés. On doit d'ailleurs leur appliquer la même règle qu'aux sociétés dont nous venons de parler. Jugé en conséquence que la patente d'escompteur est due par une société coopérative, ouverte à ses seuls membres pour leurs opérations d'escompte et de comptes courants, mais qui est aussi ouverte au public pour des dépôts de fonds et de titres, bien que les bénéfices soient répartis au prorata des escomptes personnels à chaque sociétaire : l'accession du public, quant aux dépôts, lui enlève le caractère exclusif de mutualité qui pourrait seul l'affranchir du droit de patente (Cons. d'Et. 31 janv. 1891, aff. Crédit mutuel et populaire, D. P. 92. 5. 465). Mais cette société, devenue depuis une société fermée, a cessé dès lors d'être imposée. Décidé également que la patente est due par une société coopérative de banque et d'escompte dont les opérations n'ont pas non plus un caractère exclusif, de mutualité, en ce que les sociétaires pouvant, à leur gré, apporter ou non leur papier à l'escompte et certains d'entre eux ne l'apportant point, les bénéfices sont néanmoins répartis au prorata du nombre des actions, au lieu d'être distribués à titre d'excédents et sur la base des escomptes de chaque sociétaire (Cons. d'Et. 28 nov. 1891, aff. Banque provençale, D. P. 93. 3. 15). Il y a lieu d'ajouter que 1000 actions d'apport, entièrement libérées, avaient été attribuées aux fondateurs de la société.

551. Quant aux *syndicats agricoles*, ils sont pareillement non imposables s'ils se bornent à servir d'intermédiaires gratuits à leurs membres, soit pour l'achat des matières premières ou des engins nécessaires à la culture, soit pour la vente des produits de leurs exploitations. En outre, les beurreries, laiteries ou fromageries coopératives, et autres sociétés analogues, qui rentrent plutôt dans la catégorie des sociétés de *production*, peuvent prétendre au bénéfice de l'exemption accordée par la loi aux cultivateurs (V. *infrà*, n° 592), si elles se bornent à traiter en commun, pour les vendre, les produits des domaines de leurs sociétaires.

552. Enfin, les sociétés coopératives de *production* proprement dite, c'est-à-dire de production industrielle, sont imposables lorsqu'elles traitent avec le public ou qu'elles lui offrent leurs produits : elles ne cesseraient de l'être que si, étant formées de la réunion de sociétés de consommation, elles ne livraient qu'à ces sociétés, leurs actionnaires, ce qui paraît être une des combinaisons d'avenir du système coopératif. Un seul arrêt a été encore rendu touchant un syndicat de production : il a maintenu à la patente d'entrepreneur de maçonnerie une chambre syndicale qui avait fait divers travaux à l'entreprise pour le compte d'une ville et de simples particuliers (Cons. d'Et. 5 déc. 1891, aff. Chambre syndicale des maçons du Mans, *Rec. Cons. d'Etat*, p. 744). Notons encore qu'un comptoir d'échantillons, organisé par un groupe de fabricants de bijoux et ouvert au public (marchands et commissionnaires), a été considéré comme formant un établissement spécial et distinct des fabricants qui l'avaient créé : recevant de ces fabricants les remises proportionnelles aux affaires traitées par son intermédiaire, lesquelles remises n'étaient pas d'ailleurs ensuite réparties au prorata de ces opérations, mais distribuées, par parts égales aux seuls membres fondateurs, il a été déclaré passible de la patente de courtier de marchandises (Cons. d'Et. 22 nov. 1889, aff. Comptoir des bijoutiers, D.P. 91. 3. 37).

553. — V. SIMPLES PARTICULIERS. — La jurisprudence fournit, en ce qui concerne les particuliers, plusieurs applications de cette règle que la patente est due alors même qu'il n'y aurait ni réalisation de bénéfices, ni intention d'en réaliser. C'est ainsi qu'il a été décidé, notamment, que la patente était due : 1° par l'adjudicataire de travaux à exécuter pour l'entretien d'un chemin vicinal, imposable encore qu'il ait pris cette adjudication dans le seul but de procurer du travail aux indigents de la commune (Cons. d'Et. 28 févr. 1856, aff. Jacquet, D. P. 56. 3. 89) ; — 2° Par l'entrepreneur de la construction d'un pont, alors même qu'en se chargeant de ce travail il ne se serait pas proposé de réaliser des bénéfices, mais seulement de rendre service aux habitants de la commune (Cons. d'Et. 9 mai 1860, aff. Poyer, *Rec. Cons. d'Etat*, p. 383) ; — 3° Par les fermiers de lots de pêche dans une rivière, bien qu'ils ne vendissent pas de poisson et ne pêchassent que pour leur agrément et pour les besoins de leurs ménages (Cons. d'Et. 17 avr. 1861, aff. Jeaunez, *Rec. Cons. d'Etat*, p. 266) ; — 4° Par l'adjudicataire d'une coupe affouagère, encore que l'adjudication n'ait eu lieu que pour la forme et qu'il n'ait fait que prêter son nom à l'entreprise sans en tirer profit (Cons. d'Et. 12 déc. 1866, aff. Vidalat, *Rec. Cons. d'Etat*, p. 1125). — Au contraire, il n'y a pas lieu à imposition lorsqu'il s'agit d'une œuvre qui, par sa nature même, n'est pas susceptible de produire de bénéfices commerciaux. Ainsi, il a été jugé qu'aucune patente ne doit être exigée d'un particulier qui, dans un but d'assistance envers la classe pauvre, a fondé un établissement où il distribue des aliments, les uns à titre gratuit, les autres au-dessous de leur valeur réelle : ainsi organisée, cette pension ou cantine alimentaire ne pouvait laisser de bénéfice et sa gestion se soldait par une perte qui, chaque année, ne s'élevait pas à moins de 30 000 fr. (Cons. d'Et. 19 mai 1882, aff. Ruel, D. P. 83. 3. 45). Décidé également que la patente n'était pas due par un fabricant de meubles qui fournissait à une école d'ébénisterie entretenue, près de Lagny, par la ville de Paris, le personnel dirigeant, les outils et les matières premières, et qui, payant à l'Assistance publique un prix déterminé par journée d'ouvrier, vendait ensuite à ses risques et périls les meubles fabriqués, quand d'ailleurs cette entreprise, au lieu de lui procurer des bénéfices, lui avait au contraire fait subir des pertes qui ne s'étaient pas élevées à moins de 90 000 fr. en quatre années seulement et qu'ainsi le concours par lui prêté à l'œuvre, dans une pensée charitable, lui avait été tellement onéreux qu'il s'était vu contraint d'y renoncer (Cons. d'Et. 13 avr. 1889, aff. Damon, D. P. 90. 3. 77). — Signalons un arrêt qui a maintenu à la patente de cabaretier un curé qui possédait un billard et qui réunissait chez lui des jeunes gens le dimanche, bien qu'il se bornât à leur livrer du vin au prix auquel il le payait lui-même au cabaretier voisin (Cons. d'Et. 22 mai 1885, aff. Vigneron, D. P. 86. 3. 133). Mais il n'y a là qu'une décision isolée, et nous avons indiqué, en la recueillant, les critiques qu'elles soulevait (V. la note de l'arrêt).

554. D'autre part, on a vu déjà que la patente n'est pas due par un contribuable, qui n'a aucun intérêt *commercial* dans l'entreprise ou dans l'exploitation. C'est ainsi que se justifie l'exemption accordée soit aux propriétaires, soit aux capitaines de navires, s'ils ne courent pas les chances de l'armement (V. *suprà*, n° 131), et que s'explique, au contraire, l'imposition, tant des compagnies de chemin de fer qui, ayant cédé l'exploitation de leurs lignes, y demeurent cependant intéressés, que des entrepreneurs de fabrication, de fournitures ou de travaux publics, qui ont rétrocédé ou sous-traité ces entreprises (V. *suprà*, n°s 206, 277, 428). Pareillement, c'est le caractère, *commercial* ou non, des opérations qui détermine, comme on l'a vu, l'imposition ou l'exemption : du propriétaire qui exploite une carrière sur son fonds (n° 188) ; — De celui qui loue de la force motrice à des industriels (n° 275) ; — Du locataire principal qui sous-loue en détail un immeuble (n° 314) ; — Des propriétaires de moulins ou de pressoirs (n° 383). — Aux arrêts cités sous ce dernier numéro, nous ajouterons ici : que le propriétaire d'un moulin qui n'en fait usage que pour moudre le grain nécessaire à sa consommation et à celle de sa famille n'est pas imposable à la patente (Cons. d'Et. 11 juill. 1879, aff. Bruneau, D. P. 81. 5, 279) ; — Que celui qui possède un pressoir ne doit non plus être imposé que s'il le met à la disposition du public ; et que la patente n'est pas due par celui qui, louant son pressoir *à l'année*, ne s'en est réservé l'usage que pour les fruits provenant de ses récoltes (Cons. d'Et. 29 janv. 1863, aff. Destrez, *Rec. Cons. d'Etat*, p. 75). — C'est ainsi également que nous avons signalé, au n° 181, le maintien à la patente de deux associés qui se livraient à des opérations sur les valeurs avec leurs capitaux, mais dans des conditions et avec une organisation qui donnaient à ces actes un caractère commercial, et aux n°s 116 et 181, l'exemption accordée, tant à un individu qui se bornait à prêter des fonds lui appartenant contre la remise de billets à lui souscrits, qu'à des receveurs de rentes, qui n'agissant que pour deux familles, ne pouvaient être regardés comme possédant une véritable clientèle. — Nous mentionnerons encore, dans cet ordre d'idées, deux arrêts portant, l'un, que le propriétaire dont le terrain est employé à des dépôts de marchandises, ne peut, si ces dépôts ont lieu par le fait et pour le compte de particuliers auxquels il a loué ce terrain, être imposé à la patente d'exploitant d'un emplacement pour le dépôt des marchandises (Cons. d'Et. 5 août 1854, aff. Sciama, D. P. 55. 5. 314) ;

l'autre, qu'un architecte qui se borne à faire construire des maisons pour son propre compte sur des terrains lui appartenant, et qui loue ou vend ces maisons, ne fait qu'exercer son droit de propriétaire, et n'est pas dès lors passible comme tel, de la patente d'entrepreneur de bâtiments (Cons. d'Et. 4 mai 1864, aff. Lazard, D. P. 65. 5. 289).

555. — VI. DES ÉTRANGERS EXERÇANT EN FRANCE ET DES FRANÇAIS EXERÇANT A L'ÉTRANGER. — Selon le principe général posé par les lois relatives aux contributions directes, la patente est établie sans distinction de nationalité (*Rép.* n° 216). Nous avons relevé déjà l'application de ce principe : aux bureaux que des sociétés, minières et autres, de l'étranger, entretiennent en France pour le service de leurs titres (n° 184); — A une compagnie prussienne de chemin de fer, cessionnaire de l'exploitation d'une ligne de la compagnie de l'Est (n° 205); — A l'entreprise de la construction d'un pont sur la frontière (n° 432). — Par contre, on ne doit tenir compte, pour le règlement de la patente, ni des ouvriers occupés en dehors du territoire français, ni des travaux publics exécutés à l'étranger. Enfin, avant l'addition au tarif, en 1885, de la dénomination de « tenant maison d'achats pour ventes à l'étranger », dénomination que nous avons étudiée au n° 326, il était de jurisprudence qu'on n'avait pas à s'occuper des conditions dans lesquelles ces ventes étaient faites et de l'importance plus ou moins grande qu'elles pouvaient atteindre (Cons. d'Et. 3 nov. 1882, aff. Staniatiadès, D. P. 84. 3. 18; 26 juin et 10 juill. 1885, aff. Gerlès et aff. Lanché, D. P. 87. 3. 13).

556. Nous avons dit aussi *suprà*, n° 326, à propos des *maisons d'achats*, qu'un étranger n'était pas imposable en France, s'il n'y avait pas un *établissement*, c'est-à-dire une installation quelconque (Cons. d'Et. 4 mai 1859, aff. Bougiclès, D. P. 60. 3. 5). Il a été jugé depuis, dans le même sens, qu'un individu qui s'est rendu adjudicataire d'une coupe de bois en France et l'a exploitée, mais qui en a revendu et transporté directement les produits en Suisse, où il fait le commerce des bois, ne peut être imposé à la patente en France, lorsqu'il n'y a aucun établissement, chantier ou entrepôt (Cons. d'Et. 26 juin 1866, aff. Firod, D. P. 67. 3. 40); et qu'il en est ainsi également pour une société d'armateurs espagnols qui ne possède aucun établissement qui lui soit propre dans le port français où ses vaisseaux s'arrêtent à époques fixes, quand d'ailleurs toutes les opérations commerciales qu'elle effectue dans cette ville sont traitées pour son compte par un commissionnaire qui est, en même temps, consignataire de plusieurs autres compagnies maritimes, et qu'il n'affecte spécialement au service de cette société aucun des locaux par lui occupés (Cons. d'Et. 21 juill. 1882, aff. Société Ségovia-Cuadra, D. P. 84. 5. 368). C'est donc bien, en principe, à l'existence d'un *établissement* en France que l'imposition se trouve subordonnée.

Toutefois, ainsi qu'on l'a vu *suprà*, n° 223, il a été décidé que la patente de commissionnaire en douane était due, par un commissionnaire de transports de Metz, à la gare frontière française (Batilly) qui se rendait habituellement pour recevoir des marchandises qu'il s'y expédiait à lui-même et réexpédiait aux destinataires sous sa responsabilité, après accomplissement des formalités de douane, encore qu'il n'eût à Batilly, ni habitation, ni installation quelconque (Cons. d'Et. 9 nov.1889, aff. Léonard, D. P. 91. 3. 34). Mais si cette décision a pour elle, comme nous l'avons dit en note, le principe, posé à l'art. 1 de la loi de 1880, qui déclare passible de patente tout individu *exerçant* en France, elle est cependant encore à l'état d'espèce isolée; et il semble qu'elle ait son explication particulière dans le fait, relevé par l'instruction, que les commissionnaires français de transports de Batilly étaient soumis à la patente en Alsace-Lorraine, lorsqu'ils s'y livraient, dans les mêmes conditions, aux mêmes opérations. Toutefois, l'arrêt ne relève en aucune façon cette circonstance. On peut aussi opposer à cette décision la règle, contenue à l'article 8 de la loi, d'après laquelle le droit fixe est dû par *établissement*. Enfin, l'application de cette doctrine, outre qu'elle n'irait pas sans difficulté au point de vue du recouvrement, conduirait à l'imposition des étrangers, notamment des marchands de bestiaux, qui viennent se livrer à des actes de leur commerce sur les marchés français de la frontière, alors que ces étrangers ont toujours été jugés non imposables, à défaut d'une installation quelconque où un droit fixe pût leur être assigné. Nous pensons donc qu'il convient de s'en tenir à la jurisprudence ci-dessus relatée, que confirment d'ailleurs les arrêts portant maintien de la patente, lorsqu'il existe en France un *établissement*, matériel et tangible, caractérisé par l'occupation d'un local déterminé (habitation, bureau ou magasin). Ainsi jugé à l'égard d'un individu qui avait en Suisse une scierie mécanique et un chantier de planches, mais qui était venu habiter sur le territoire français et y faisait le commerce des planches (Cons. d'Et. 13 sept. 1855, aff. Berlié, D. P. 56. 3. 34) ; — D'un marchand de vins établi à l'étranger, mais qui venait plusieurs fois par an s'installer sur le territoire français pour s'y livrer à des opérations d'achat et de vente de vins (Cons. d'Et. 12 févr. 1867, aff. Métral, *Rec. Cons. d'Etat*, p. 169); — D'une société d'assurances, ayant son siège principal à Lausanne, qui entretenait une agence à Mulhouse (Cons. d'Et 22 févr, 1870, aff. Société *La Suisse*, *Rec. Cons. d'Etat*, p. 129); — D'une société qui, exploitant des mines à l'étranger, avait un établissement en France pour la vente de ses charbons (Cons. d'Et. 24 juill. 1872, aff. Mines de Bois-du-Luc, D. P. 73. 3. 95); — D'une société formée, pour la vente des vins français à l'étranger, entre un négociant de Londres et deux négocients français, laquelle société avait à Libourne un établissement pour l'achat de ces vins (Cons. d'Et. 12 août 1879, aff. Demelle et compagnie, *Rec. Cons. d'Etat*, p. 636).

557. Les Français dont la profession ne s'exerce qu'à l'étranger et qui n'ont pas d'établissement ouvert sur le territoire français ne sont point passibles de la patente. C'est, notamment, ce qui a été décidé pour un cultivateur de la Haute-Savoie, propriétaire d'une machine à battre qu'il n'exploitait qu'en Suisse (Cons. d'Et. 3 févr. 1883, aff. Charmot, *Rec. Cons. d'Etat*, p. 134). — Mais lorsqu'un individu habitant le territoire français s'y livre à des actes de sa profession (dans l'espèce, des achats de bois de construction), la circonstance que ces bois sont expédiés directement en Italie où ils sont vendus, et qu'ainsi cet individu n'a besoin en France d'aucun chantier ou magasin, ne fait pas obstacle à son imposition au lieu de son domicile, car c'est là qu'est le siège de ses affaires et que se trouve, par suite, son *établissement* (Cons. d'Et. 19 juill. 1867, aff. Ramaroni, D. P. 68. 5. 311). Cette décision peut d'ailleurs être rapprochée de l'arrêt du 13 sept. 1855 ci-dessus rapporté (n° 556). Jugé encore qu'un fabricant de conserves de viande habitant l'Amérique, qui fait des fournitures au ministère de la guerre par des marchés exécutés en France, doit y être soumis à la patente, lorsqu'il y a un mandataire chargé d'effectuer des ventes en son nom et d'en recevoir le payement (Cons. d'Et. 28 juin 1889, aff. Brémond, *Rec. Cons. d'Etat*, p. 789).

558. En ce qui concerne l'imposition au droit proportionnel de l'habitation des représentants, en France, des commerçants résidant à l'étranger, V. *suprà*, n° 489; ... les associés résidant en France, de ces commerçants, V. *infrà*, n° 673. V. aussi *infrà*, n° 574, pour les médecins français exerçant à bord des paquebots de commerce.

559. — VII. DES PROFESSIONS LIBÉRALES (*Rép.* n°s 174 et 221 à 236). — La taxation particulière des professions *libérales* a été signalée déjà dans le chapitre relatif au droit proportionnel. Quant aux motifs de cette taxation, le *Rép.* les a indiqués en détail (n°s 174 et n°s 221 et suiv.); et ces motifs qui ont paru déterminants lors du vote de la loi de 1850, ont encore, à notre avis, toute leur valeur; car il semble difficile de donner à la patente exigée de ces professions une base, sinon meilleure, au moins plus satisfaisante que la valeur des locaux occupés et, spécialement, que celle de l'habitation, qui sauf, les exceptions inévitables, demeure en somme « un des signes les plus sûrs pour reconnaître l'importance des affaires de chaque patentable, et pour taxer avec une équitable diversité ceux qui exercent la même profession » (*Rép.* n° 154). Quoi qu'il en soit, la situation n'a pas changé depuis 1850; les professions dont il s'agit sont, depuis lors, taxées uniformément au taux du quinzième sur la valeur locative, tant de l'habitation que des autres locaux occupés (cabinets, bureaux, études, etc.

(*Rép.* n° 222); ces professions, enfin, sont toujours les suivantes : architectes, avocats au conseil d'Etat et à la cour de cassation, avocats inscrits au tableau des cours et tribunaux, avoués, chirurgiens-dentistes, commissaires-priseurs, docteurs en chirurgie, docteurs en médecine, greffiers, huissiers, ingénieurs civils, mandataires agréés près les tribunaux de commerce, notaires, officiers de santé, référendaires au sceau, vétérinaires, chefs d'institution et maîtres de pension. Quant au surplus des professions libérales, peintres, graveurs, sculpteurs, professeurs, artistes, fonctionnaires, etc., elles sont l'objet d'exemptions particulières prononcées par la loi et qui seront étudiées *infrà*, (n°ˢ 582 et suiv.). Nous ajouterons seulement ici, avant d'examiner plus en détail les professions libérales imposées, que les patentables dont il s'agit n'étant passibles que du droit proportionnel, on ne peut leur appliquer littéralement les dispositions de l'art. 15 de la loi du 15 juill. 1880, lorsqu'ils joignent à l'exercice de la profession libérale celui d'une profession des tableaux A, B ou C. « Dans ce cas, on leur appliquera le droit fixe afférent à cette seconde profession, et on les imposera au droit proportionnel d'après le taux du quinzième pour leur habitation personnelle, ainsi que pour les locaux servant à l'exercice de la profession libérale. Toutefois la disposition qui les soumet au droit proportionnel d'après le taux du quinzième étant une disposition aggravante ne saurait, en aucune circonstance, avoir pour résultat de les faire bénéficier d'une atténuation de droits. Si donc il arrivait qu'un patentable exerçât, en même temps qu'une profession libérale rangée dans le tableau D, une industrie rangée dans un autre tableau et passible du droit proportionnel au taux du dixième, c'est à ce dernier taux que le patentable devrait être imposé pour son habitation » (Instr. min. du 6 avr. 1881, p. 71). — V. aussi, à ce sujet, la note sous un arrêt du 26 déc. 1865 (D. P. 67. 3. 4).

Pour les questions de transfert concernant ces professions V. *infrà*, n°ˢ 794 et suiv.

560. — 1° *Agréés.* — Ainsi qu'on l'a vu *suprà*, n° 121, la patente d'agent d'affaires, qui peut être due par les agréés s'ils sortent de leur rôle, doit être appliquée aux défenseurs libres qui en tiennent lieu ou qui sont admis en même temps qu'eux devant certains tribunaux de commerce Nous ajouterons seulement ici qu'à côté des agréés et de ces défenseurs libres, la loi impose aux droits du tableau A (4ᵉ classe) les arbitres-rapporteurs près les tribunaux de commerce et les mandataires salariés pour l'administration des faillites (*Rép.* n° 224). Elle exige toutefois (V. le tarif) que ces opérations constituent leur profession *habituelle*, et ne soient pas simplement accidentelles (V. *suprà*, n° 116).

561. — 2° *Architectes.* — Selon le principe posé au *Rép.* n° 234, la patente est due par les architectes, même attachés au service des départements, s'ils ne sont pas de simples *fonctionnaires*, au sens étroit donné à ce terme par la jurisprudence, c'est-à-dire, s'ils n'ont pas uniquement un traitement fixe et s'il leur est permis de travailler pour les particuliers. En conséquence, l'architecte d'un département doit être soumis à la patente, encore qu'il dirigerait exclusivement des travaux publics et qu'il aurait cessé d'exercer sa profession pour le compte des particuliers (Cons. d'Et. 20 juin 1855, aff. Lévêque, D. P. 56. 3. 37). — L'architecte chargé des travaux d'un diocèse n'est pas fondé à réclamer l'exemption accordée aux fonctionnaires publics, alors même qu'il a été nommé architecte diocésain par le ministre des cultes, et qu'il a bénévolement cessé d'exercer son état pour le compte des particuliers, quand d'ailleurs son traitement se compose d'une indemnité annuelle et de remises proportionnelles (Cons. d'Et. 16 déc. 1868, aff. Epellet, D. P. 70. 3. 36). — Pareillement, la patente est due par un architecte départemental qui, outre un traitement fixe, reçoit du département des remises proportionnelles pour les travaux extraordinaires ou de grosses réparations, et auquel il n'est pas interdit de se charger de travaux pour les particuliers, sans qu'il puisse se prévaloir de la circonstance qu'il n'a pas usé de cette faculté pour réclamer le bénéfice de l'exemption établie, par l'art. 17 de la loi du 15 juill. 1880, au profit des fonctionnaires et employés salariés par les administrations départementales en ce qui regarde seulement l'exercice de leurs fonctions (Cons. d'Et. 6 juin 1891, aff. Mougeaud, D. P. 92. 3. 120). — A plus forte raison, la patente d'architecte est-elle due par un conducteur des ponts et chaussées qui s'est chargé, moyennant rétribution, de dresser des plans et devis et de diriger des travaux de construction pour le compte de particuliers (Cons. d'Et. 20 mars 1875, aff. Robineau, D. P. 76. 3. 8). Mais les architectes de la ville de Paris, investis de ce titre par la nomination du préfet, recevant un traitement en cette qualité et à qui tout travail pour le compte des particuliers est interdit sous peine de révocation, doivent être considérés comme des employés salariés par cette ville, et, par suite, être affranchis de la patente, quand surtout il est reconnu qu'ils ont cessé tout travail pour le public (Cons. d'Et. 10 mars 1862, aff. Ballu et Lebouteux, D. P. 63. 3. 27). Et il en est de même : pour un conducteur principal des ponts et chaussées nommé architecte d'une ville, en exécution d'un arrêté du maire, rétribué au moyen d'un traitement fixe et ne se livrant pas à des travaux d'architecture pour le public (Cons. d'Et. 9 janv. 1880, aff. Tarrieux. D. P. 81. 5. 277) ; — Pour l'agent voyer d'un département encore qu'il ait été autorisé à se charger de la surveillance de quelques travaux communaux de peu d'importance, ces faits n'ayant eu qu'un caractère accidentel et les travaux ainsi dirigés ne s'étant élevés qu'à 4192 fr. (Cons. d'Et. 27 juill. 1888, aff. Carré, D. P. 89. 5. 348). — C'est ainsi également qu'il a été accordé décharge de la patente d'ingénieur civil attribuée à l'agent voyer en chef d'un département, que le préfet avait autorisé à dresser les plans et à surveiller la construction de ponts communaux : la direction de ces ouvrages se rattachait étroitement à ses fonctions et la rémunération qu'il percevait pour ce surcroît de travail ne suffisait pas pour en changer le caractère (Cons. d'Et. 16 juill. 1870, aff. Mialaret, D. P. 71. 3. 107). — Il a été admis enfin que l'architecte attaché exclusivement à une compagnie de chemins de fer, qui l'emploie, moyennant un traitement fixe, à faire les projets de construction des gares et stations, est à tort imposé à la patente dans cette situation : en effet, il n'est que le commis à gages de la compagnie (Cons. d'Et. 7 déc. 1859 et 8 févr. 1860, aff. Villette et Michel, D. P. 60. 3. 58).

562. — 3° *Avocats.* — C'est l'inscription *au tableau* qui entraîne l'imposition de la patente d'avocat, et cette inscription, étant constatée, suffit pour la rendre exigible, qu'il y ait ou non exercice de la profession (*Rép.* n° 228. V. aussi *suprà*, v° *Avocat*, n° 163). — Il y a là un régime exceptionnel établi par la loi elle-même et que la jurisprudence a dû, par suite, appliquer dans toute sa rigueur. Nous nous bornerons donc à ajouter aux arrêts cités sur ce point au *Rép.* n° 226, qu'un contribuable habitant Nice, où il était consul d'une puissance étrangère, et qui était demeuré inscrit au tableau des avocats près la cour d'Agen, devait, comme conséquence de cette inscription, être maintenu au droit proportionnel à Nice sur son habitation, encore qu'il n'eût à Agen ni logement, ni local quelconque et qu'il vînt seulement de temps à autre habiter chez sa sœur, dans une commune voisine de cette ville (Cons. d'Et. 11 déc. 1885, aff. d'Auzac, *Rec. Cons. d'Etat*, p. 949). — Jugé de même qu'un avocat inscrit au tableau ne saurait se prévaloir de ce que son état de santé l'empêche de se livrer à tout travail (Cons. d'Et. 8 avr. 1892, aff. Gineste, *Rec. Cons. d'Etat*, p. 371). — Par contre, l'inscription au tableau est la condition essentielle de l'imposition. — Ce n'est donc pas à dater de l'expiration de son temps de stage, mais seulement de la délibération qui l'a inscrit au tableau de l'ordre, que l'avocat est passible de la patente : il ne peut être imposé tant qu'il n'est pas inscrit au tableau, alors même que son admission au stage remonterait à plus de trois ans (Cons. d'Et. 17 mars 1853 et 10 sept. 1855, Réjaunier et Martin, D. P. 56. 3. 1) : et lorsqu'il est inscrit au tableau dans le courant de l'année, l'Administration n'est pas fondée à faire remonter l'imposition à l'époque antérieure de la même année à laquelle expiraient les trois années de stage (Cons. d'Et. 18 juin 1866, aff. Hérard, D. P. 67. 3. 14). — Nous avons vu, d'autre part (*suprà*, n° 120), que c'est comme agents d'affaires que doivent être imposés les avocats, non inscrits au tableau, qui se chargent habituellement de suivre les affaires litigieuses et de représenter des tiers en justice, mais qu'aucune patente n'est due par ceux qui, sans avoir de cabinet ouvert au public, se bornent à donner des consultations. — Enfin, pour l'application du droit proportionnel au logement et au cabinet des avocats, nous renvoyons à ce qui a été dit sous les nos 467 et suiv.

563. — 4° *Avoués.* — Nous n'avons ici qu'à rappeler l'observation faite à l'article *Agent d'affaires* (n° 117), à savoir, que l'encaissement de revenus ou l'administration de faillites ne rendent pas un avoué imposable à des droits si ces actes ne sont qu'une conséquence de sa profession d'avoué (Cons. d'Et. 17 mai 1854, aff. Lemoyne, D. P. 55. 3. 48; 28 avr. 1864, aff. Schneider, D. P. 64. 3. 87).

564. — 5° *Chefs d'institution.* — V. *infrà*, n° 568, *Maîtres de pension.*

565. — 6° *Commissaires-priseurs.* — Nous renvoyons aux nos 465 et suiv. pour l'imposition au droit proportionnel du logement des commissaires-priseurs et des salles de vente qu'ils occupent en commun dans certaines villes. D'autre part, le commissaire-priseur qui exerce en même temps la profession d'appréciateur au mont-de-piété est passible d'un droit fixe en cette dernière qualité (Cons. d'Et. 6 janv. 1853, aff. Lecomte et Duverger de Villeneuve, *Rec. Cons. d'Etat*, p. 23; 26 déc. 1865, aff. Guibal et Collignon, D. P. 67. 3. 4; 6 juin 1866, aff. Courteville, D. P. 67 5. 308).

566. — 7° *Dentistes.* — Depuis la loi du 8 août 1890, les dentistes sont tous, on l'a dit déjà (n° 238), compris dans le tableau D. On n'a plus dès lors à rechercher s'ils sont, ou non, pourvus d'un diplôme. — Pour la vente des dents et râteliers, V. *suprà*, *ibid.*

567. — 8° *Greffiers.* — A défaut d'une disposition spéciale qui leur soit applicable, les greffiers près les tribunaux de simple police doivent être soumis à la patente comme les autres greffiers (Cons. d'Et. 9 août 1869, aff. Saffray, D. P. 70. 3. 105; 20 nov. 1885, aff. Prevot, D. P. 87. 3. 4). Si d'ailleurs ils sont rémunérés au moyen d'un traitement fixe, ils reçoivent aussi, à raison de l'intervention des parties civiles devant les tribunaux de police, des rétributions variables payées soit par le trésor public, soit par les particuliers; ce qui suffit pour qu'on ne puisse les considérer comme n'étant que des fonctionnaires salariés par l'Etat. — Mais les greffiers près les conseils de guerre ne sont pas imposables, comme n'ayant qu'un traitement fixe (Cons. d'Et. 27 juill. 1853, aff. Michel, D. P. 54. 5. 555); et il en est de même pour les commis greffiers, la patente n'étant applicable qu'aux titulaires d'office (Cons. d'Et. 19 déc. 1855, aff. Vallier, *Rec. Cons. d'Etat*, p. 746). — Pour les greffiers susceptibles d'être imposés comme agents d'affaires, en raison des mandats qu'ils reçoivent de tiers, V. *suprà*, n° 116.

568. — 9° *Maîtres de pension.* — Depuis la loi du 18 mai 1850, les chefs d'institution et maîtres de pension se trouvent compris dans le tableau D, l'exception accordée en 1844 aux externats primaires leur restant acquise (*Rép.* nos 235 et 236). Ainsi donc, la patente continue d'atteindre, d'une part, les maîtres et maîtresses de pension, quel que soit l'enseignement qu'ils donnent, et d'autre part, les directeurs ou directrices d'externats secondaires. — C'est au n° 588 que sera examinée l'exemption maintenue au profit des externats primaires; quant aux autres questions de la matière, elles vont être traitées ici.

569. Dès l'instant qu'il tient un pensionnat, tout directeur d'école, on l'a vu, devient imposable. Ainsi jugé : pour un instituteur *communal* qui avait pris des pensionnaires en vertu d'une autorisation accordée conformément à l'art. 53 de la loi du 15 mars 1850, encore que le pensionnat fût tenu dans un local fourni par la commune et que celle-ci perçût la moitié des recettes (Cons. d'Et. 5 oct. 1857, aff. Brunois, *Rec. Cons. d'Etat*, p. 731); — Pour un frère de la Doctrine chrétienne qui avait quarante élèves payant un prix de pension annuel d'au moins 250 fr., bien que la maison placée sous sa direction ne fût qu'un noviciat de l'institution dont il était membre, c'est-à-dire d'une corporation reconnue comme établissement d'utilité publique pour l'enseignement primaire (Cons. d'Et. 6 mai 1863, aff. Rossorre, D. P. 63. 3. 41); — Pour le frère directeur d'une école qui recevait des internes moyennant une rétribution de 5 fr. par mois et faisait préparer les aliments qu'ils apportaient du dehors (Cons. d'Et. 17 janv. 1873 et 7 août 1874, aff. Dubourdieu, *Rec. Cons. d'Etat*, p. 62 et p. 800); — Pour un instituteur public, qui avait annexé à l'école communale un pensionnat primaire, dans lequel il recevait les élèves de plusieurs communes, qui avait fait construire pour son compte un réfectoire destiné aux internes, et installé à ses frais, dans les bâtiments de la maison d'école, cinquante-deux lits, dont trente-cinq occupés pendant toute l'année scolaire, et les autres pendant trois mois seulement, qui se chargeait de faire préparer les aliments apportés par les élèves lesquels payaient un prix de pension de 6 fr. par mois, y compris la rétribution scolaire; qui enfin rétribuait un sous-maître (Cons. d'Et. 1er juin 1877, aff. Lazennec, D. P. 77. 3. 77).

570. Mais l'institutrice primaire dont l'établissement n'est habituellement fréquenté que par des externes ne peut pas être considérée comme maîtresse de pension, par cela seul que, pendant la mauvaise saison, elle consent quelquefois à garder ceux de ses élèves dont les familles ont un domicile éloigné ; elle doit continuer à jouir de l'exemption édictée au profit des instituteurs primaires (Cons. d'Et. 26 déc. 1860, aff. Dame Gilliès, D. P. 61. 3. 45). Il en est de même pour l'instituteur (de l'ordre des petits frères de Marie) qui se borne à recevoir des externes et à leur donner l'instruction primaire, sans leur fournir la nourriture ni le logement (Cons. d'Et. 23 juill. 1863, aff. Fagouet, D. P. 63. 3. 84). — Décidé également : qu'un instituteur libre, qui a été autorisé provisoirement par le préfet à recevoir chez lui quelques internes pendant une année scolaire, n'est pas pour cela devenu un maître de pension (Cons. d'Et. 27 nov. 1867, aff. Vanhés, *Rec Cons. d'Etat*, p. 868) ; — Et qu'un professeur de l'Université en retraite, qui continue, comme au temps de son activité, à recevoir chez lui quatre pensionnaires auxquels il donne le logement, la nourriture et l'instruction, moyennant un prix annuel, ne peut être imposé à la contribution des patentes (Cons. préfec. de la Seine, 1er mai 1878, aff. Mourgue, D. P. 78. 3. 76). Ainsi, en effet, que nous l'avons dit, en note de cette dernière décision, le chef d'institution assujetti à la patente est celui qui fait appel au public et appelle l'attention sur son établissement, soit par des annonces, soit même par une simple enseigne. Un professeur qui ne fait aucun appel à la publicité, qui ne reçoit chez lui qu'un très petit nombre d'élèves auxquels il donne personnellement des leçons sans recourir à l'aide de répétiteurs, de surveillants, ne peut être assimilé à un maître de pension. Le ministre de l'instruction publique autorise les professeurs de l'Université à recevoir chez eux quatre pensionnaires. Il est également permis aux curés et desservants d'avoir auprès d'eux trois ou quatre enfants se destinant à l'état ecclésiastique ; ils n'ont pas besoin pour cela d'autorisation spéciale, et ne sont pas assujettis aux droits payés par les maîtres de pension.

571. Quant aux écoles secondaires ecclésiastiques (ou petits séminaires), elles ont conservé, comme par le passé, le caractère d'institutions publiques (V. *suprà*, v° *Impôts directs*, n° 36). Aussi, les directeurs ou supérieurs de ces écoles ne doivent-ils pas être soumis à la patente (Cons. d'Et. 6 juin 1856, aff. Gilbert, D. P. 57. 3. 11); et il a été jugé depuis, dans le même sens, que le supérieur d'un petit séminaire n'est pas imposable, lorsqu'il n'est pas justifié que l'établissement qu'il dirige soit pourvu d'aucun cours spécial pour les pensionnaires qui ne se destineraient pas à l'état ecclésiastique (Cons. d'Et. 20 juill. 1877, aff. Petit séminaire de Moissac, D. P. 77. 3. 90). — Mais la patente deviendrait exigible si, au petit séminaire, était annexée une école primaire avec pensionnat (Cons. d'Et. 31 juill. 1856, aff. Arnal, D. P. 57. 5. 239; 1er sept. 1865, aff. Magnan, D. P. 66. 3. 44). — De même, le directeur d'un établissement d'instruction libre fondé par un évêque, bien que cet établissement ait été annexé par cet évêque à une école secondaire ecclésiastique, n'a pas droit à l'exemption de la patente (Cons. d'Et. 2 janv. 1857, aff. Guilbert, D. P. 57. 3. 58); et pareillement, lorsqu'un petit séminaire cesse d'être exclusivement destiné à instruire les jeunes gens qui se préparent à entrer au grand séminaire, que la plupart des élèves suivent des cours préparatoires au baccalauréat et aux écoles du Gouvernement et qu'un pensionnat a été, dans ce but, annexé à l'école secondaire ecclésiastique, le directeur doit être imposé à la patente comme maître de pension (Comm. f. f. de Cons. d'Et. 4 juill. 1872, aff. Petit séminaire de Sarlat,

D. P. 73. 3. 12). Nous renvoyons d'ailleurs, sur ce point, aux notes accompagnant cette dernière décision et celle du 20 juill. 1877 (D. P. 77. 3. 90). — Quant aux noviciats des ordres religieux, on ne saurait les confondre avec les petits séminaires, qui ont toujours, nous le rappelons, le caractère d'institutions publiques; ces noviciats demeurent soumis au droit commun. Il en est de même pour les orphelinats, dont la situation au regard de la patente a été examinée sous le n° 545. Notons encore trois arrêts portant : 1° qu'un maître de pension ne peut se prévaloir de ce qu'il reçoit dans son établissement un certain nombre d'élèves à titre gratuit pour réclamer contre son imposition à la patente (Cons. d'Et. 29 févr. 1860, aff. Bancharel, D. P. 60. 5. 266); — 2° Que le peu d'importance des bénéfices produits par un externat, dans lequel sept élèves seulement reçoivent l'instruction secondaire, ne peut être invoqué par l'exploitant comme lui donnant droit à la décharge de la patente à laquelle il a été imposé en qualité de chef d'institution; il peut seulement motiver une demande en remise ou en modération, de la compétence du préfet (Cons. d'Et. 23 avr. 1862, aff. Boulgon, D. P. 64. 5. 273); — 3° Que l'exemption édictée en faveur des fonctionnaires ne peut être revendiquée par la directrice d'un externat où sont faits des cours d'instruction secondaire aux jeunes filles, alors que cette directrice n'est pas nommée par l'Administration et ne reçoit pas de traitement fixe, bien que, en raison de ces cours, elle touche des subventions de l'Etat, du département et de la ville (Cons. d'Et. 1er juill. 1887, aff. Demoiselle Ottavy, D. P. 88. 3. 109). — Enfin, il a été dit, au n° 474, que les locaux affectés au logement et à l'instruction des élèves ne doivent pas être compris dans l'estimation de la valeur locative, et, au n° 491, que le droit proportionnel applicable à un maître de pension doit porter tant sur les locaux qu'il occupe privativement avec sa famille que sur sa part de jouissance dans ceux qu'il occupe en commun avec ses élèves (salle à manger, cuisine et salon). C'est ainsi également qu'il a été statué pour les bibliothèques, chapelles et réfectoires qui, dans un établissement religieux donnant l'instruction secondaire, étaient à l'usage commun des professeurs et des élèves (Cons. d'Et. 11 mai 1888, aff. Ecole libre de Mongré, D. P. 89. 3. 33). — Pour les fournitures scolaires faites aux élèves, V. *suprà*, n° 279).

572. — 10° *Médecins*. — Les phases traversées par la législation, en ce qui regarde les médecins, imposés avant la loi de 1844, exemptés par cette loi et assujettis de nouveau à la patente par la loi de 1850, ont été indiquées au *Rép.* (nos 229 et 230). Nous avons aussi relevé déjà plusieurs solutions intéressant cette catégorie de patentables; car on a vu, au n° 373, qu'ils peuvent, sans devenir imposables comme pharmaciens, vendre des médicaments dans les communes n'ayant pas de pharmacies; au n° 475, que ceux qui vont donner leurs soins dans les villes d'eaux doivent être imposés, tant dans ces villes qu'au lieu de leur habitation principale, qu'ils pratiquent ou non leur art en dehors de la saison. Ajoutons que les cliniques, même gratuites, doivent être soumises au droit proportionnel; et que l'exercice de la médecine sans diplôme, étant constitutif d'une profession illicite, échappe comme tel à la patente (*suprà*, n° 534). Enfin on a vu, au n° 566, que les dentistes sont tous aujourd'hui soumis aux mêmes règles, qu'ils soient ou non diplômés.

573. A la différence des avocats inscrits (V. *suprà*, n°562) ce n'est pas le titre seul, mais l'exercice *effectif* de la profession, que la loi de 1850 a entendu atteindre chez les médecins (*Rép.* n° 231). Aussi, a-t-il été jugé qu'un docteur en médecine a droit à la décharge de la patente à laquelle il a été imposé au rôle d'un exercice, lorsqu'il justifie que, depuis le commencement de cet exercice, il s'est abstenu de pratiquer son art (Cons. d'Et. 27 déc. 1854, aff. Lavabre, D. P. 55. 3. 65); et deux arrêts analogues déjà rapportés au n° 536, ont été rendus au profit de médecins qui n'avaient plus donné à des malades que des soins purement accidentels. Ce n'est pas d'ailleurs à cet égard que des difficultés se sont produites, mais sur le point de savoir quand les médecins peuvent prétendre à l'exemption acquise aux fonctionnaires. — En rétablissant les médecins à la patente, la loi du 18 mai 1850 n'a édicté aucune disposition en faveur de ceux attachés au service des établissements hospitaliers (*Rép.* n° 230); ils demeurent par suite soumis au droit commun, à moins qu'on ne doive voir en eux de véritables fonctionnaires, comme le médecin, qui est en même temps directeur d'un asile public d'aliénés, que l'arrêt du 23 avr. 1852 (*Rép.* n° 231) a déchargé de la patente. L'exemption doit, par suite, être refusée aux médecins attachés au service des pauvres ou des établissements de bienfaisance, même s'ils ne pratiquent pas en dehors de ces établissements; et la jurisprudence n'a pas varié sur ce point. Ainsi, le médecin en chef d'un hospice, alors même qu'il prétend ne donner des soins qu'aux malades de cet hospice et aux pauvres, doit être considéré comme exerçant sa profession de médecin, et, par suite, demeure imposable (Cons. d'Et. 28 mars 1860 et 21 sept. 1863, aff. Arlin, D. P. 60. 3. 30, et 64. 5. 275). Décidé de même : pour le médecin en chef d'un asile public d'aliénés (de Nantes), encore qu'il touchât de l'administration hospitalière un traitement fixe, sujet à retenue et qu'il lui fût interdit d'avoir une clientèle particulière (Cons. d'Et. 1er juill. 1887, aff. Biaute, D. P. 88. 3. 109) ; — Pour le médecin en chef de l'institution des sourds-muets de Bordeaux, qui recevait pour cet objet une indemnité de 1000 fr. par an, non sujette à retenue et qui, conservant le droit de pratique au dehors était professeur à la Faculté (Cons. d'Et. 27 mai 1892, aff. Coyne, *Rec. Cons. d'Etat*, p. 500). Cette jurisprudence se justifie par cette circonstance que les administrations hospitalières ont une existence propre distincte de celle de la commune, et que l'art. 17 de la loi de 1880 est limitatif et n'accorde l'exemption qu'à ceux qui sont rétribués directement par l'Etat, le département ou la commune (V. les notes sous les arrêts de 1860 et de 1887). Elle procède d'ailleurs du principe exposé *infrà*, n° 580, que l'indemnité acquise aux fonctionnaires est une exception de droit étroit limitativement applicable aux agents *de carrière* qui sont chargés, en permanence, d'un service constituant leur profession exclusive. Pour ce motif également, décharge de la patente a été refusée à un médecin commissionné de l'administration des chemins de fer de l'Etat, bien qu'il ne donnât ses soins qu'aux employés de cette administration et qu'il n'eût pas de clientèle particulière (Cons. d'Et. 14 mars 1890, aff. Guertin, D. P. 91. 5. 386).

574. Quant aux médecins des établissements hospitaliers qui ont en outre une clientèle civile, ils doivent *a fortiori* être maintenus à la patente (*Rép.* n° 230). Il en est ainsi pour le médecin directeur d'un asile public d'aliénés, qui pratique en outre son art en dehors de l'établissement (Cons. d'Et. 27 déc. 1854, aff. Meries, D. P. 55. 3. 62); — Pour le médecin inspecteur d'eaux thermales, qui, indépendamment de cette dernière fonction, donne dans la ville des soins aux malades lesquels le rémunèrent directement (Cons. d'Et. 25 juill. 1860, aff. Alibert, D. P. 60. 3. 82). Pareillement, un médecin militaire qui, en dehors des fonctions qu'il remplit à ce titre, exerce d'une manière habituelle la médecine dans une ville où il a une clientèle civile, doit y être imposé à la patente (Cons. d'Et. 12 mai 1882, aff. Baudon, D. P. 84. 5. 370). — Notons encore qu'un docteur en médecine demeure imposable, bien qu'il ne soigne plus de malades, s'il se livre habituellement à la pratique de la vaccination, ces faits rentrant dans l'exercice de la profession de médecin (Cons. d'Et. 6 févr. 1880, aff. Rougier, D. P. 80. 5. 274). Bien qu'il eût été nommé vaccinateur en chef du département et fût tenu en cette qualité de fournir gratis, dans certains cas, du vaccin aux communes, ce médecin s'était créé une nombreuse clientèle payante. — Enfin, la jurisprudence considère les médecins embarqués sur les paquebots des compagnies françaises de navigation comme n'étant pas de simples employés de ces compagnies et devant, par conséquent, être soumis à la patente au lieu de leur domicile (Cons. d'Et. 31 juill. 1856, aff. Rampal, D. P. 57. 3. 18 ; 29 janv. 1886, aff. Nogier, D. P. 87. 5. 329). Dans la première de ces affaires, l'intéressé invoquait la circonstance qu'il avait reçu de l'administration supérieure une commission pour concourir à la police sanitaire ; mais il était constant qu'en dehors de ces fonctions, il exerçait la médecine « dans son intérêt privé et pour le compte de la compagnie ». Ce sont aussi les motifs qui ont été donnés par le conseil d'Etat dans l'affaire Nogier.

575. — 11° *Notaires.* — Nous renvoyons, pour les notaires, à ce qui a été dit aux n°s 467 et suiv. au chapitre consacré aux questions de droit proportionnel. V. aussi *suprà*, n° 117, pour le notaire qui touche des fermages et qui prend part à des partages, comme conséquence de sa profession.

576. — 12° *Vétérinaires.* — Pour la différence du vétérinaire et du maréchal-expert, V. *suprà*, n° 336.

577. — VIII. AU NOM DE QUI LA PATENTE DOIT ÊTRE IMPOSÉE (*Rép.* n° 217). — Du double principe qu'elle est personnelle et qu'elle a le caractère d'un prélèvement sur les revenus spéciaux de l'industrie ou du commerce, il résulte qu'elle doit être établie au nom de celui qui, exerçant dans son intérêt et *pour son compte*, se trouve ainsi courir les risques et les chances de la profession. Aussi a-t-il été jugé que l'imposition ne saurait être ouverte sous le nom personnel : de la sœur hospitalière chargée, en cette seule qualité, du service des vieillards admis dans un hospice civil moyennant rétribution (Cons. d'Et. 6 déc. 1855, aff. Dame Petit-Poisson, D. P. 56. 3. 43) ; — De l'instituteur communal qui se borne à donner des leçons dans un pensionnat de demoiselles ouvert par sa fille en vertu d'une autorisation personnelle, alors qu'il n'a aucune part à la direction de l'établissement (Cons. d'Et. 13 mars 1860, aff. Lix, D. P. 60. 3. 85) ; — De la femme qui ne perçoit le prix de location des chaises dans une église qu'à titre d'agent salarié du conseil de fabrique et non pour son propre compte (Cons. d'Et. 9 mai 1860, aff. Dame Durrieu, D. P. 60. 3. 58); — De la religieuse préposée à la direction d'un ouvroir de lingerie, qui est administré pour le compte d'une société de bienfaisance (Cons. d'Et. 4 août 1876, aff. Lauras, *Rec. Cons. d'Etat*, p. 762), et des sœurs chargées, moyennant un traitement fixe, de la direction d'un ouvroir, établi par une compagnie minière dans de semblables conditions (Cons. d'Et. 30 nov. 1883, aff. Sœurs de Saint-Vincent-de-Paul, D. P. 85. 3. 48) ; — Du gérant d'une société coopérative qui n'exerce qu'au nom et pour le compte de cette société la profession de marchand de vin épicier en détail (Cons. d'Et, 12 janv. 1877, aff. Roussel, D. P. 77. 3. 46) ; — De l'individu, enfin, qui gère un dépôt de pain pour le compte d'un tiers, qui recevant une indemnité par pain vendu, n'est chargé que de la vente du pain déposé chez lui, sans être responsable de celui qui n'est pas vendu et que reprend le déposant : il ne peut être considéré comme exerçant la profession de revendeur de pain en boutique (Cons. d'Et. 10 févr. 1888, aff. Cadaspé-Sarrailhé, D. P. 89. 5. 347).

578. D'autre part, il a été décidé, par application des mêmes principes : 1° que la patente de maître de pension applicable à un orphelinat non entièrement gratuit n'est pas due par le président d'un consistoire protestant qui se borne à subventionner cet orphelinat sans en avoir la direction, et qu'elle eût dû être établie au nom d'un ménage qui, agréé par le consistoire, avait rempli les formalités légales exigées pour ouvrir l'école, qui dirigeait le pensionnat sous sa responsabilité et qui en recueillait les bénéfices, sans préjudice du traitement fixe qui lui était alloué par le consistoire (Cons. d'Et. 24 mars 1882, aff. Clavel, D. P. 83. 3. 86) ; — 2° Que la patente due par un pensionnat de jeunes filles ouvert dans un couvent peut être établie au nom de la sœur qui a la direction effective de l'établissement, alors même qu'au point de vue des lois et règlements sur l'enseignement, c'est une autre sœur qui a le titre et la responsabilité de chef d'institution (Cons. d'Et. 16 déc. 1887, aff. Dame Ragut, D. P. 89. 3. 33) ; — 3° Et que, de même, lorsqu'une société civile a été créée pour exploiter un établissement d'instruction secondaire ouvert aux jeunes gens, la patente doit être inscrite au nom de cette société et non à celui du directeur, qui n'est que son agent révocable, encore que ce soit lui qui ait, au regard de l'autorité académique, le titre et la responsabilité de chef d'institution (Cons. d'Et. 11 mai 1888, aff. Ecole libre de Notre-Dame-de-Mongré, D. P. 89. 3. 33). Du rapprochement de ces arrêts et surtout des termes du troisième, qui est le plus précis, il ressort que le conseil d'Etat ne se considère pas, pour l'assiette de la patente, comme étant lié par la législation sur l'instruction publique ; nonobstant cette législation, que nous avons rappelée en note des deux derniers arrêts, il subordonne uniquement l'imposition du droit de patente à l'exercice, *pour son compte*, de la profession. Tel avait été d'ailleurs l'avis du ministre des finances, qui avait ajouté que la solution inverse serait susceptible, en certains cas, d'entraver l'action du recouvrement, puisqu'il devrait être poursuivi sur un simple préposé. C'est aussi la doctrine que nous avons exposée au début du présent chapitre, à savoir, que le service des contributions directes n'a pas à rechercher quelle est, au regard d'autres services, la situation des établissements qu'il trouve ouverts et, notamment, si les personnes ou sociétés qui les dirigent sont munies des autorisations, licences ou diplômes nécessaires. — Toutefois, il importe de mentionner, à titre d'espèces particulières, les arrêts du 3 mars et 28 avr. 1882, déjà signalés au n° 266, qui ont maintenu à la patente des facteurs aux halles de Paris ayant cette qualité vis-à-vis de la préfecture de la Seine et de la préfecture de police, bien que ces facteurs ne fussent que les employés au mois d'autres facteurs, qui leur avaient fourni le cautionnement réglementaire.

579. Il a été jugé encore, conformément d'ailleurs à la règle qui vient d'être rappelée, qu'un individu ne peut être soumis à la patente en raison de l'industrie (fabrication et vente de coiffes de femme) exercée par sa fille majeure. Bien qu'habitant chez son père, cette dernière doit être imposée à son nom personnel (Cons. d'Et. 29 nov. 1854, aff. Bié, D. P. 55. 3. 91) ; — Et nous retrouverons la même jurisprudence, en parlant des femmes mariées aux n°s 669 et suiv. V. aussi *infrà*, n° 686, pour les enfants mineurs, propriétaires par indivis d'un établissement industriel exploité en leur nom.

Il résulte enfin de ce qui précède que deux ou plusieurs contribuables ou sociétés exerçant pour leur compte respectif, dans le même établissement, soit la même profession, soit des professions différentes, peuvent y être soumis à la fois à des patentes distinctes ; et des applications de ce principe ont été relevées déjà au chapitre du droit proportionnel. C'est aussi ce qui s'est produit pour deux sociétés en nom collectif, dont l'une était composée de deux marchands de vins en gros résidant à Bordeaux et dont l'autre comprenait, avec ces deux marchands, un négociant qui habitait Londres (Cons. d'Et. 12 août 1879, aff. Demelle et comp., *Rec. Cons. d'Etat*, p. 636). Ainsi jugé également pour l'établissement où un même individu était le représentant, en France, de commissionnaires de transports de Londres et d'une compagnie d'assurances maritimes de la même ville. Les deux patentes ont été maintenues par le motif que, si les opérations traitées avaient lieu par l'intermédiaire d'un seul représentant et dans un seul établissement, chaque société conservait son existence propre et agissait pour son compte exclusif (Cons. d'Et. 16 janv. 1892, aff. Rice et comp. et Compagnie *L'Alliance maritime*, *Rec. Cons. d'Etat*, p. 27).

CHAP. 5. — Des personnes et professions non assujetties à la patente (*Rép.* n°s 237 à 286).

SECT. 1re. — FONCTIONNAIRES PUBLICS (*Rép.* n°s 237 à 242).

580. Par ce que nous avons dit, *suprà*, n° 561, des architectes, des chefs d'institution et des médecins, on a pu se rendre compte de l'esprit dans lequel la jurisprudence applique l'exemption que la loi du 15 juill. 1880 (art. 17), reproduisant celle du 25 avr. 1844 (art. 13), accorde aux « fonctionnaires et employés salariés soit par l'Etat, soit par les administrations départementales et communales, en ce qui concerne seulement l'exercice de leurs fonctions ». Elle y voit, nous le rappelons, une disposition de droit étroit, limitativement applicable aux fonctionnaires qui ne se livrent pas, en dehors de leur emploi, à des opérations prévues au tarif, Comme on l'a exposé au *Rép.* (n° 239), le fonctionnaire qui aura, concurremment avec sa fonction, une profession imposable, doit être lui-même imposé. Nous avons cité à cet égard, le receveur général qui fait des opérations de banque; c'est également le cas du débitant de tabac pour la vente des pipes, tabatières, porte-cigares, porte-monnaie et autres objets semblables lorsque, par leur importance, ces ventes constituent un commerce spécial et non un simple accessoire du débit de tabac (Cons. d'Et. 22 mars 1854, aff. Massinot; 19 avr. 1854, aff. Roux; 9 mai 1855, aff. Py, D. P. 55. 5. 313).

Toutefois, l'exemption due aux fonctionnaires et employés des administrations publiques est applicable aux essayeurs des bureaux de garantie, encore qu'une rétribution, dont le taux est réglé par l'Administration en vertu de la loi, leur soit allouée pour les frais de chaque essai, lorsqu'en dehors de ces fonctions, ils ne font aucune opération d'essai pour le commerce : nonobstant leur mode particulier de rémunération, ce sont de véritables fonctionnaires, rangés par la loi parmi les employés dont se composent les bureaux de garantie (Cons. d'Et. 22 avr. 1857, aff. Morel, D. P. 58. 3. 19). — Mais, à part cette exception, les liens plus ou moins étroits qui unissent à l'Administration les titulaires de certains emplois, la surveillance exercée sur leurs opérations et la fixation des tarifs dont ils font usage, ne suffisent pas pour les faire admettre au bénéfice de l'exemption consacrée par la loi en faveur des fonctionnaires. C'est ce que nous avons vu, au n° 266, pour les facteurs à la criée dans les villes. Pareillement, les peseurs et mesureurs jurés d'une ville, bien qu'ils soient réunis en syndicat sous la surveillance de l'autorité municipale qui détermine leur nombre, les institue, règle leurs opérations et fixe le taux de leurs rétributions par des arrêtés et tarifs soumis à l'approbation du préfet, ne peuvent être considérés comme des préposés de l'administration municipale salariés par la commune, et échapper à ce titre à la patente (Cons. d'Et. 20 juin 1855, aff. Vidal et autres, D. P. 56. 3. 7; 9 avr. 1892, aff. Chambrouillat et autres, *Rec. Cons. d'Etat*, p. 401). — C'est ainsi également qu'il y a lieu d'imposer à la patente d'expert visiteur de navires l'individu désigné par le tribunal de commerce à l'effet de constater l'état des navires et d'indiquer les travaux dont ils ont besoin pour pouvoir prendre la mer, et qui reçoit des rétributions consistant en vacations payées par les particuliers qui réclament son ministère : ce serait vainement qu'il prétendrait exercer, non la profession d'expert visiteur de navires, mais la fonction publique d'officier visiteur des navires, et devoir être, à ce dernier titre, exempt de la patente (Cons. d'Et. 9 mai 1860, aff. Buglet, D. P. 60. 3. 37); et nous avons vu, au n° 259, que les experts visiteurs de navires d'un port, même faisant bourse commune, doivent chacun une patente entière.

581. On ne saurait non plus ranger dans la catégorie des agents salariés par les communes : ni celui qui s'est chargé de fournir les urinoirs publics d'une ville, de les entretenir et d'en opérer la vidange moyennant un prix annuel déterminé; c'est un entrepreneur de vidange, encore qu'il ne soit pas autorisé à utiliser les matières ainsi recueillies (Cons. d'Et. 10 sept. 1856, aff. Parlange, *Rec. Cons. d'Etat*, p. 614) ; — Ni celui auquel l'Administration a loué, au prix annuel de 500 fr., un cabinet d'aisance public qu'il exploite à son profit (Cons. d'Et. 6 mars 1861, aff. Léautaud, D. P. 62. 3. 43). — Jugé encore que l'adjudicataire de l'entreprise de la fabrication des armes de guerre dans une manufacture appartenant à l'Etat (Châtellerault), qui exécute dans cette manufacture les commandes d'armes qui lui sont faites par l'administration de la Guerre, et qui a droit à des bénéfices dont le maximum est déterminé par son marché, n'est pas un préposé de l'Etat au point de vue de la législation des patentes; la circonstance que l'Etat lui garantit un minimum de bénéfice sur ses fabrications n'empêche pas cet adjudicataire d'être un industriel exploitant une manufacture d'armes de guerre, et d'être imposé en cette qualité (Cons. d'Et. 27 mai 1868, aff. Chassepot, D. P. 69. 3. 43). Enfin, celui qui exécute des travaux de nivellement moyennant des rétributions proprotionnelles ou des prix fixés à forfait, ne peut se prévaloir de ce que ces travaux ont été exécutés pour le compte de l'Etat ou d'un département, et sous la direction d'un ingénieur de l'Etat, pour soutenir qu'il doit être considéré comme un fonctionnaire et qu'il n'est pas imposable comme arpenteur (Cons d'Et. 29 juill. 1881, aff. Alloix, D. P. 82. 5. 306).

SECT. 2. — ARTISTES, PROFESSEURS, SAGES-FEMMES, ÉDITEURS DE JOURNAUX (*Rép.* n° 243).

582. L'art. 17, n° 2, de la loi du 15 juill. 1880 affranchit de la patente « les peintres, sculpteurs, graveurs et dessinateurs considérés comme artistes, et ne vendant que le produit de leur art; les professeurs de belles-lettres sciences et arts d'agrément, les instituteurs primaires; les sages-femmes; les éditeurs de feuilles périodiques; les artistes dramatiques ». Nous allons passer en revue ces différentes catégories de non-imposables.

583. — 1° *Peintres, sculpteurs et autres artistes*. — L'exemption des artistes, formellement exprimée pour la première fois par l'art. 13 de la loi du 25 avr. 1844, textuellement reproduit par l'art. 17 de la loi de 1880, est rigoureusement limitée aux véritables artistes, à l'exclusion des imprimeurs, lithographes, mouleurs, dessinateurs et, d'une manière générale, de toutes les professions qui rentrent dans les industries d'art (*Rép.* n° 243). De ce nombre sont, notamment, les photographes, alors même qu'ils soutiendraient n'exercer cette profession que comme un accessoire de celle d'artiste peintre, et non dans un but commercial (Cons. d'Et. 19 mai 1868, aff. Belle, *Rec. Cons. d'Etat*, p. 536). Mais il est souvent difficile de décider si l'on se trouve en présence d'un véritable artiste ou d'un industriel d'art. L'Administration et la jurisprudence ont admis que le bénéfice de l'exemption consacrée par l'art. 13 de la loi du 25 avr. 1844 pouvait être réclamé non seulement par l'artiste qui vend les œuvres originales sorties de ses mains ou les copies et reproductions qu'il en fait, mais encore par ceux qui occupent des ateliers considérables où ils ont des élèves, où ils emploient des auxiliaires, des ouvriers ou des manœuvres, pourvu que, se réservant toute la partie artistique, ils ne livrent à la vente que le produit *personnel* de leur art. C'est ainsi que l'on a exempté de la patente un sculpteur qui, pour l'exécution de travaux de sculpture et de décorations qu'il s'était chargé de faire dans divers monuments publics, employait des ouvriers par lui rétribués, mais qui exécutaient les travaux sous sa direction d'après des modèles et des dessins, dont il était l'auteur (Cons. d'Et. 24 mars 1859, aff. Grootaers-Donon, D. P. 59. 3. 61-62);... Un artiste dont la profession habituelle consistait à exécuter des tableaux d'histoire, des peintures murales et des cartons pour les vitraux des édifices religieux, et qui, par un traité passé avec le ministre des cultes, avait soumissionné l'exécution, dans une église, de travaux d'art faits par lui-même et s'était engagé à surveiller l'exécution de peintures décoratives confiées à des peintres en décors, imposés, comme tels, à la patente. Cette soumission, qu'il n'avait consentie que pour donner plus d'unité aux travaux accomplis dans l'église, ne pouvait le faire considérer comme entrepreneur de peintures décoratives, une somme fixe lui étant seule payée pour ses travaux personnels (Cons. d'Et. 21 mars 1868, aff. Steinhell, D. P. 69. 3. 26). — La patente ne saurait, d'ailleurs, être imposée par le seul fait que l'artiste emploie des praticiens, modeleurs et autres manœuvres nécessaires à l'exécution de la partie matérielle de ses œuvres, ce qui est le cas de tous les sculpteurs.

584. Mais, il est des artistes qui s'attachent plus particulièrement à reproduire, à un nombre plus ou moins considérable d'exemplaires, des œuvres dont le type original a été créé soit par eux, soit par d'autres. Le travail est alors exécuté avec l'aide d'autres artistes, d'auxiliaires et d'élèves, et ils se bornent à le diriger, quelquefois à l'ébaucher ou à le terminer. En pareil cas, l'Administration a considéré qu'il s'agissait d'une véritable fabrication passible de la patente, et la jurisprudence a, sur ce point, consacré sa doctrine. Ainsi il avait été jugé, lors de la publication du *Répertoire*, qu'on ne saurait affranchir de la patente celui qui fait, pour les vendre, des copies de statues exécutées par d'autres (*Rép.* n° 423). Depuis, il a été statué de même à l'égard de celui qui met en vente des bustes et figurines en plâtre, dont une partie provient d'achats par lui faits à des tiers (Cons. d'Et. 13 déc. 1854, aff. Bertholand, *Rec. Cons. d'Etat*, p. 968). — De même pour celui qui se livre à des travaux de sculpture ornementale dans les édifices publics et les maisons particulières où, sous la direction des architectes, il exécute, à forfait et avec l'aide de plusieurs ouvriers, des chapitaux, rosaces, consoles, frises, etc., et qui, obligé de se conforformer aux styles et aux proportions indiqués dans les dessins des architectes, fait ainsi non des œuvres de sculpture artistique, mais des ornements d'architecture pour la décoration des bâtiments (Cons. d'Et. 12 août 1862, aff. Boismen, *Rec. Cons. d'Etat*, p. 646); et pour celui dont la profession consiste à exécuter, à l'aide d'ouvriers, différents travaux d'ornementation, tels que statues, statuettes, autels, tabernacles et autres, et principalement des dallages en mosaïque, lorsque la plupart de ces ouvrages sont la reproduction de modèles dont il n'est pas l'auteur (Cons. d'Ét. 16 févr. 1866, aff. Chauvet, D. P. 66. 3. 100). Jugé de même à l'égard d'un graveur qui possédait un atelier où trois ouvriers, recevant un salaire de 150 à 200 fr. par mois, travaillaient sous sa direction et exécutaient des gravures sur bois faites, pour la plupart, d'après des dessins dont il n'était pas l'auteur (Cons. d'Ét. 24 juill. 1865, aff. Lévy, *Rec. Cons. d'Etat*, p. 718).

585. Toutefois cette interprétation n'a pas, pendant longtemps, été appliquée aux peintres verriers, malgré les efforts de l'Administration. On avait bien décidé que l'exemption devait être refusée à un individu qui exploitait en même temps trois établissements de peinture sur verre, situés à Paris, à Rouen et à Sainte-Croix, et qui y faisait habituellement exécuter les cartons d'artistes étrangers à ces établissements : aucun doute ne pouvait subsister, en effet, sur le caractère industriel de ses opérations (Cons. d'Et. 21 janv. 1875, aff. Lusson, *Rec. Cons. d'Etat*, p. 57). Mais le conseil d'Etat avait décidé que les peintres verriers qui faisaient exécuter, dans leur établissement, par des ouvriers et des artistes, la peinture et la confection des verrières d'après des cartons exécutés par eux, ne devaient pas être imposés (Cons. d'Et. 10 sept. 1856, aff. Maréchal et Gugnon, D. P. 57. 3. 25; 10 févr. 1869, aff. Lobin veuve et fils, D. P. 69. 3. 26); et l'exemption maintenue à leur profit avait même été étendue à l'associé, non artiste, qui se borne à donner au peintre-verrier, son concours pour la vente des produits de son art (Mêmes arrêts de 1856 et de 1869). La question, soulevée de nouveau en 1884, a été tranchée dans le sens que l'Administration tendait à faire prévaloir à propos de l'établissement Lobin (de Tours), qui avait été déjà l'objet de l'arrêt de 1869. Le personnel de cet établissement comprenait, en 1884, 15 peintres-dessinateurs, 9 femmes peintres chargées de travaux accessoires (grisailles, ornementation) et 13 ouvriers. Des peintres ainsi occupés, quatre au moins étaient de véritables artistes. Quant au sieur Lobin, s'il était l'auteur d'une partie des cartons, les autres étant l'œuvre de son père décédé; il n'exécutait, même dans leur partie purement artistique, ni le dessin, ni la peinture des verrières ; il se bornait à diriger les travaux, à les suivre dans leurs phases successives d'exécution et à faire, au besoin, les retouches nécessaires. Cette organisation lui permettait d'atteindre une production effective bien supérieure à celle qu'eût pu lui donner son travail personnel; et comme le conseil d'Etat, l'a reconnu, il exploitait un véritable *établissement* de peinture sur verre, dans les termes du tarif des patentes (5 déc. 1884, aff. Lobin, D. P. 85. 3. 57). Depuis, il a été statué dans le même sens à l'égard d'un peintre-verrier d'Evreux qui occupait une vingtaine d'ouvriers, dont plusieurs auxiliaires, travaillant avec lui à ses cartons et qu'il déclarait lui-même être des « collaborateurs » (Cons. d'Ét. 23 janv. 1885, aff. Duhamel, *Rec. Cons. d'Etat*, p. 73).

586. Enfin, la patente continue de ne pas atteindre les *artistes dramatiques* (*Rép.* n° 286). Cependant, si des artistes réunis en société exploitaient à leur compte un théâtre, il y aurait lieu de leur faire application de la jurisprudence résultant d'un arrêt du 21 mars 1890 (aff. Association artistique, D. P. 91. 3. 93), par lequel le conseil d'Etat a rétabli à la patente d'entrepreneur de concerts publics une association de musiciens qui, chaque dimanche, pendant l'hiver, donnait des concerts publics *payants* dans une salle de théâtre louée à cet effet. En recueillant cet arrêt, nous avons fait remarquer que, bien que la loi ne parle pas des musiciens, un artiste qui se ferait seul entendre dans une réunion pourrait cependant être considéré comme ne faisant pas acte de profession patentable, alors même qu'il percevrait une rémunération de ses auditeurs, mais que l'organisation, dans la circonstance, de concerts périodiques publics, donnés à leur risques et périls par les intéressés, leur permettait d'autant moins d'échapper à la patente qu'ils faisaient appel fréquemment au concours de solistes et de choristes, étrangers à l'association et rétribués par elle. Tel avait été d'ailleurs le sens du recours du ministre des finances, qui avait surtout objecté que chacun des sociétaires bénéficiait du travail et du talent des autres, situation qui, créant entre eux un lien commercial, autorisait à envisager, à leur exclusion, l'entreprise qu'ils exploitaient ensemble, et que l'emploi d'artistes avait eu le caractère d'un fait habituel, car il avait été relevé dans plus de la moitié des concerts depuis la création de la société (dans 113 concerts sur 206). Enfin, le ministre avait ajouté, comme dans l'affaire du Comptoir d'échantillons des bijoutiers (Cons. d'Et 22 nov. 1889, D. P. 91. 3. 37), que les musiciens en cause, ne formant ni une société anomyme, ni une société en commandite, auraient pu, dans l'état de la législation, être réputés associés en nom collectif, mais qu'il paraissait plus conforme à la réalité des choses, en même temps qu'il était à leur avantage au point de vue de la quotité des droits, de les considérer comme constituant une sorte de syndicat ou groupe professionnel, de la nature de ceux qu'a autorisés la loi du 21 mars 1884. Cette doctrine a été acceptée par le conseil d'Etat, dont l'arrêt porte que « c'est à bon droit que l'association artistique a été réputée entrepreneur de concerts publics, et que l'imposition à raison de cette entreprise a été établie en son nom ».

587. — 2° *Professeurs et instituteurs.* — Les professeurs de belles-lettres, sciences et arts d'agrément, échappent à la patente, à moins qu'ils ne possèdent un véritable établissement ouvert au public, auquel cas ils sont imposables, selon les circonstances, comme chefs d'institution, maîtres de gymnase, etc., c'est en cette dernière qualité qu'a été maintenu au rôle un professeur de gymnastique qui ne se bornait pas à enseigner dans le lycée et dans les écoles d'une ville, mais qui exploitait en outre un établissement où il donnait des leçons au public moyennant rétribution (Cons. d'Et. 30 avr. 1875, aff. Bourru, *Rec. Cons. d'Etat*, p. 388). — On remarquera, toutefois, que le tarif ne comprend pas le maître de danse et le directeur de salle d'escrime. Comme certains professeurs de ces deux catégories ont de véritables établissements où ils occupent d'autres professeurs par eux rétribués, on peut se demander si la patente ne devrait pas les atteindre, comme elle atteint les maîtres de gymnase, La question ne paraît pas toutefois avoir été soulevée jusqu'à présent.

588. Quant aux établissements d'instruction *primaire*, on a vu déjà, au n° 570, qu'ils ne peuvent être soumis à la patente qu'autant qu'ils ont le caractère de pensionnat; à défaut, l'immunité leur demeure acquise, quel que puisse être d'ailleurs le nombre des élèves et des professeurs. Ainsi jugé, en particulier, pour un externat tenu par des frères de la Doctrine chrétienne et à l'égard duquel le conseil de préfecture, pour maintenir l'imposition, avait cru pouvoir se fonder sur l'importance de l'établissement, qui recevait cent vingt élèves auxquels l'enseignement était donné par quatre professeurs (Cons. d'Et. 4 nov. 1887, aff. Nury, D. P. 88. 5. 345). — Mais il est nécessaire que les matières enseignées ne sortent pas du cadre de l'instruction *primaire;* et la patente de chef d'institution doit être maintenue à la charge : de celui qui tient un externat où il donne à des jeunes gens l'instruction secondaire (Cons. d'Et. 10 déc. 1856, aff. Bordet, D. P. 57. 3. 45); — D'une femme qui fait des cours d'instruction secondaire à des jeunes filles externes (Cons. d'Et. 1er juill. 1887, aff. Dame Ottavy, D. P. 88. 3. 110) ; — Du directeur d'un établissement où les élèves étaient préparés aux épreuves de l'examen du volontariat d'un an, les matières enseignées en vue de cet examen ne rentrant pas toutes dans le programme officiel de l'enseignement primaire, et, selon la remarque du ministre de l'instruction publique consulté, les élèves admis à suivre les cours ayant tous terminé leur cours d'instruction primaire (Cons. d'Et. 9 avr. 1886, aff. Dangla, D. P. 87. 3. 95). — Pour les fournitures scolaires faites par les instituteurs, V. *suprà*, n° 279.

589. — 3° *Sages-femmes.* — Exemptées de la patente en 1844 (*Rép.* n° 286), les *sages-femmes* ont continué depuis lors d'en être affranchies, à raison de l'intérêt public qui s'attache à l'accroissement de leur nombre encore insuffisant. — Mais une sage-femme deviendrait imposable, comme il a été dit au n° 325, si elle tenait une maison d'accouchement où elle reçût des pensionnaires.

590. — 4° *Editeurs de feuilles périodiques.* — En ce qui concerne les éditeurs de feuilles périodiques, nous avons fait remarquer déjà (n° 305) que c'est uniquement le travail *intellectuel* que le législateur a entendu exonérer de la patente, à l'exclusion, tant de l'impression matérielle des journaux que de la rédaction des recueils spéciaux d'annonces, des annuaires. Il a été décidé dans le même sens, et contrairement à un arrêt rendu, en 1845, au profit du journal *Les Petites Affiches* (*Rép.* n° 286) : 1° que la patente de libraire-éditeur était due par une veuve qui, sous le nom d'*Institut des archives historiques*, publiait des notices bibliographiques dont les matériaux étaient fournis par les intéressés eux-mêmes et simplement mis en ordre par ses employés : ces notices demeurant d'ailleurs anonymes, elle ne pouvait être considérée comme un auteur qui se borne à éditer ses œuvres, mais comme faisant une entreprise de librairie (Cons. d'Et. 5 janv. 1853, aff. De King, *Rec. Cons. d'Etat*, p. 5) ; — 2° Qu'on devait voir pareillement une entreprise d'insertion d'annonces dans la publication d'un journal connu sous le titre de *Grandes Affiches* et consacré à l'insertion exclusive d'annonces commerciales (Cons. d'Et. 1er juin 1853, aff. De Giroud, *Rec. Cons. d'Etat*, p. 574). — Mais des ecclésiastiques, membres d'une commission qu'un évêque avait chargée de rééditer les anciens ouvrages relatifs au chant grégorien ont été déchargés de la patente de libraire-éditeur, attendu que la publication et la mise en vente des résultats de leurs travaux n'avaient été faites et n'avaient dû être assurées par eux-mêmes qu'à cause de la faillite de leur éditeur (Cons. d'Et. 13 juin 1862, aff. Alphonse et autres, *Rec. Cons. d'Etat*, p. 472). — Pour la vente des journaux, V. *suprà*, n° 306.

SECT. 3. — CULTIVATEURS, EXPLOITANTS DE MINES OU DE MARAIS SALANTS, LOUEURS EN GARNI, PÊCHEURS (*Rép.* nos 244 à 265 et 271 à 275).

591. Ces diverses catégories de non-imposables se trouvent réunies sous le n° 3 de l'art. 17 de la loi du 15 juill. 1880. Il convient toutefois de les envisager séparément.

ART. 1er. — *Cultivateurs* (*Rép.* nos 244 à 255).

592. Comme précédemment, les « laboureurs et cultivateurs » sont affranchis de la patente, mais « seulement pour la vente et la manipulation des récoltes et fruits provenant des terrains qui leur appartiennent ou par eux exploités, et pour le bétail qu'ils y élèvent, qu'ils y entretiennent ou qu'ils y engraissent ». Dans ces termes, l'exemption est applicable (Instr. min. du 6 avr. 1881, p. 73 et 74) : aux propriétaires ou cultivateurs qui vendent les récoltes et fruits provenant de leur exploitation, lors même que la vente est effectuée loin de leur domicile ou des terrains par eux exploités ; — Aux propriétaires ou fermiers qui ne vendent que le bétail élevé, entretenu ou engraissé sur les terrains par eux exploités ; — A ceux qui convertissent leurs vins, cidres ou marcs en eau-de-vie, si d'ailleurs ils ne transforment que les vins, cidres ou marcs provenant des terrains qui leur appartiennent ou par eux exploités ; — Aux propriétaires qui convertisssent en sucre ou en alcool les betteraves qu'ils ont récoltées dans leurs champs, ou qui convertissent en fécules les pommes de terre provenant de leurs cultures ; — Aux propriétaires qui ne filent que les cocons provenant de leurs récoltes ; — Aux propriétaires qui exploitent et vendent leurs bois, même convertis en charbon ou débités en planches, etc.

593. On remarquera d'abord que, selon le principe posé au *Rép.*, nos 244 et 248, l'exemption demeure acquise, quels que soient le mode et le lieu de vente, s'il s'agit des *seules* récoltes du vendeur. Jugé, en conséquence : que le propriétaire qui transporte lui-même des vins pour les vendre, est à tort imposé à la patente de voiturier marchand de vin, lorsqu'il n'est pas établi qu'il ait ainsi transporté et vendu d'autres vins que ceux provenant de ses récoltes (Cons. d'Et. 22 mars 1855, aff. Véraud, D. P. 55. 5. 316) ; — Que le cultivateur qui ne vend, dans un débit de boissons ouvert par lui, que du vin, de l'eau-de-vie ou des fruits provenant de ses propriétés ne perd pas le droit à l'exemption (Cons. d'Et. 12 mars 1868, aff. Leloup, D. P. 69. 3. 44) ; — Et qu'il en est de même pour celui qui vend en France (dans l'espèce, à Mâcon) des vins provenant de propriétés qu'il exploite en Algérie (Cons. d'Et. 25 janv. 1890, aff. Perret, *Rec. Cons. d'Etat*, p. 81). — L'exemption ne saurait non plus être refusée au propriétaire qui se borne à acheter la quantité de raisin nécessaire pour améliorer la qualité des vins provenant de ses vignes, et qui ne vend que les vins ainsi produits (Cons. d'Et. 8 nov. 1872, aff. Bodin-Branço n, D. P. 74. 5. 367). — Mais il ne faut pas que ces achats prennent une importance telle qu'ils dégénèrent en une spéculation commerciale. Ainsi, celui qui achète des quantités importantes de raisin pour le mêler au produit de ses vignes (Cons. d'Et. 7 nov. 1873, aff. Bernard, D. P. 74. 5. 367) ; le vigneron qui, vendant par pièce, achète des quantités considérables de raisins pour les ajouter aux siens (le chiffre de ses acquisitions étant décuple de celui du produit de ses vignes) (Cons. d'Et. 7 nov. 1884, aff. Barral, D. P. 85. 5. 345) cessent d'être exempts de la patente. A plus forte raison doit-on imposer à la patente, comme il a été dit au *Rép.* n° 246, ceux qui font le commerce de vins qu'ils ont achetés ou qui leur ont été confiés pour les vendre par des cultivateurs. — D'autre part, l'exemption a été reconnue applicable à des cultivateurs qui, en se rendant adjudicataires de la récolte sur pied de plusieurs lots de prairies, avaient eu plutôt pour but d'étendre leur culture que de faire acte de commerce ; car ils supportaient toutes les charges ordinairement imposées aux fermiers, avaient droit au regain des prairies et pouvaient y faire paître leurs bestiaux (Cons. d'Et. 15 juill. 1868, aff. Villain et autres, *Rec. Cons. d'Etat*, p. 784).

594. Les pépiniéristes, comme on l'a vu au *Rép.* n° 254, demeurent non imposables, lorsqu'ils ne vendent que les produits de leurs jardins ou pépinières, mais doivent être imposés s'ils achètent des arbustes pour les revendre ; ainsi l'exemption doit être accordée à celui qui vend les seuls plants et arbustes provenant de ses propriétés (Cons. d'Et. 29 juill. 1883, aff. Pardon, D. P. 85. 5. 345 ; 30 juill. 1886, aff. Cousin, *Rec. Cons. d'Etat*, p. 672), tandis qu'elle doit être refusée à un pépiniériste qui, ne se bornant pas à vendre les produits de ses terrains, fait venir d'autres villes des plants et arbustes dont une partie est destinée à être revendue immédiatement (Cons. d'Et. 18 juin 1859, aff. Thuillier, *Rec. Cons. d'Etat*, p. 432), et à celui qui se charge habituellement, sur commandes, de livrer au public des arbres et arbustes qu'il va acheter chez d'autres pépiniéristes (Cons. d'Et. 3 avr. 1861, aff. Devos, *Rec. Cons. d'Etat*, p. 225). — Toutefois, l'exemption s'étend à la vente de plants, arbustes ou fleurs achetés par le pépiniériste, lorsqu'il leur donne chez lui une culture assez longue pour qu'on puisse les regarder comme étant devenus de véritables produits de son propre fonds et que leur vente demeure, au reste, l'accessoire de son commerce habituel (Cons. d'Et. 20 mars 1861, aff. Gautié, *Rec. Cons. d'Etat*, p. 194). — Mais, contrairement à l'avis du ministre des finances, qui s'appuyait sur cette décision, l'exemption a été refusée à un marchand de fleurs naturelles et de plantes d'ornement, qui cultivait uniquement, dans des serres ou châssis sur couches, des plantes rares et exotiques, destinées à être vendues à Paris, dans son magasin (Cons. d'Et. 28 mars 1884, aff. Labrousse, D. P. 85. 3. 117). Il s'agissait d'ailleurs d'un véritable établissement horticole, dont les opérations n'ont pas sans doute paru au conseil d'Etat pouvoir rentrer dans les termes de la loi, qui ne vise que la vente des récoltes et fruits provenant des *terrains* exploités. C'est dans le même ordre d'idées que la jurisprudence ne reconnaît pas le caractère de simples bâtiments ruraux aux serres affectées à la production de raisins (Cons. d'Et. 17 janv. 1891, aff. Lantier, *Rec. Cons. d'Etat*, p. 18). — Jugé également que la patente était due par un cultivateur de Cannes, qui expédiait au dehors des paniers de fleurs dont une notable partie ne provenaient pas des terrains par lui cultivés (Cons. d'Et. 23 nov. 1889, aff. Delphin, *Rec. Cons. d'Etat*, p. 1070). — N'a pas droit non plus à l'exemption de patente établie au profit des cultivateurs, celui qui vend des truffes recueillies, non seulement dans les terrains dont il est propriétaire ou fermier, mais encore dans des terrains où il est autorisé à faire des recherches moyennant une rétribution payée aux propriétaires : il doit être considéré comme marchand de truffes (Cons. d'Et. 18 avr. 1860, aff. Gay-de-Laugier, D. P. 60. 5. 264 ; 6 janv. 1864, aff. Bach, *Rec. Cons. d'Etat*, p. 3).

595. Les *champignonnistes*, qui exercent leur industrie dans des caves ou des carrières, rentrent dans la catégorie des cultivateurs exempts de la patente ; ce qui, d'ailleurs, est conforme à la jurisprudence civile, qui considère leurs actes comme n'étant pas commerciaux (V. *suprà*, v° *Actes de commerce*, n° 113). Le ministre des finances a combattu cette exemption, en se fondant sur ce que les champignonnistes n'exploitent aucun *terrain*, au sens donné à ce mot, par l'arrêt du 28 mars 1884 (aff. Labrousse), cité *suprà*, n° 594; que ce n'est pas à la terre, mais à des couches de fumier, qu'ils demandent un produit, que leur exploitation ne court aucun des risques auxquels la culture rurale demeure soumise jusqu'au dernier jour, puisque la récolte est assurée pourvu qu'ils y apportent les soins nécessaires, et qu'en somme, c'est un produit plutôt artificiel et de luxe qu'ils obtiennent ainsi. Ces raisons n'ont pas prévalu devant le conseil d'Etat, qui a prononcé la décharge par le motif que la vente des champignons était assimilée, par le tarif même des patentes, à celle des fruits et légumes pour la production desquels les cultivateurs demeuraient non imposables (Cons. d'Et. 11 juill. 1891, aff. Sauvageot, D. P. 92. 3. 125).

596. Nous mentionnerons encore, à titre de décisions particulières, que la patente est due par ceux qui, à l'aide d'ouvriers, font la récolte annuelle de l'alfa en Algérie (V. *suprà*, n° 471) ; et par les adjudicataires de l'exploitation des forêts de chênes-lièges, encore qu'ils soient fermiers de ces forêts en vertu d'un bail, et soient chargés du démasclage des arbres, lorsque les travaux de nettoiement et d'entretien de la forêt, c'est-à-dire de culture proprement dite, sont faits à la diligence et sous la surveillance des agents forestiers, et qu'ils n'ont, en somme, qu'à récolter le liège mâle et ensuite le liège femelle, lesquels se vendent tous deux, bien qu'à des prix différents (Cons. d'Et. 11 juill. 1879 et 3 juin 1881, aff. Fournier, D. P. 81. 5. 277, *Rec. Cons. d'Etat*, p. 587). Cette jurisprudence n'est, d'ailleurs, pas spéciale aux exploitants des forêts de chênes-lièges et s'étend à ceux qui achètent habituellement des coupes de bois de chêne vert, qui en écorcent les arbres et qui vendent ces écorces aux tanneurs (Cons. d'Et. 5 mars 1886, aff. Michel, *Rec. Cons. d'Etat*, p. 211).

Au contraire, le fermier qui tient un bois en location pour six années, à charge d'effectuer les coupes dans des conditions déterminées, et qui en garde, pour son usage personnel, tous les produits à l'exception des écorces qu'il vend à des marchands dans les mêmes conditions que tous les propriétaires du pays, n'est pas imposable comme marchand d'écorces (Cons. d'Et. 21 nov. 1879, aff. Chemardin-Desvignes, D. P. 81. 5. 277). — Notons aussi que la qualité de cultivateur doit, comme précédemment (*Rép.* n° 253), être refusée à l'adjudicataire du gemmage des pins, qui en recueille la résine. Ainsi décidé pour un individu qui avait vendu dans l'année trente-cinq barriques de résine ainsi recueillie et qui vendait en même temps ceux des arbres qui, étant gemmés à mort, étaient abattus après la récolte : imposé comme marchand de bois de construction, il a été maintenu à cette patente, par le motif qu'elle était égale à celle de marchand en gros de résines dont il était passible (Cons. d'Et. 16 janv. 1885, aff. Labeyrie, *Rec. Cons. d'Etat*, p. 46). — V. enfin, *suprà*, n° 289, pour la vente, par un propriétaire, de glace recueillie sur ses étangs.

597. Les cultivateurs (fermiers ou propriétaires) sont exempts de patente pour la vente de leur bétail, à la condition toutefois que ce bétail ait été élevé, entretenu ou engraissé au moyen de leurs seules récoltes (*Rép.* n° 249). Peu importe même qu'un cultivateur achète, en cas d'insuffisance de ses récoltes, les fourrages nécessaires à l'alimentation de son troupeau, alors même que, parmi les animaux qu'il entretient il s'en trouverait qui ont été achetés par lui pour être engraissés. Ainsi le cultivateur qui, pour nourrir ses bestiaux, ajoute accidentellement aux produits de ses terres des fourrages ou autres aliments par petite quantité, ne cesse pas d'avoir droit à l'exemption (Cons. d'Et. 20 juill. 1859, aff. Volant, *Rec. Cons. d'Etat*, p. 510; 10 mars 1876, aff. Caldunbide, D. P. 77. 5. 325). — Mais il est des cultivateurs qui achètent des bestiaux pour les revendre et qui prétendent se prévaloir de leur qualité de cultivateurs pour échapper à la patente. Or celle-ci est exigible toutes les fois qu'on se trouve en présence de faits de cette nature, qui, par leur fréquence et les conditions dans lesquels ils se produisent, constituent un commerce habituel. La question est alors parfois délicate.

598. La solution est sans difficulté quand la nourriture donnée ne provient pas, ou ne provient que pour partie, des produits de l'exploitation du vendeur ; ce qui suffit pour rendre la patente exigible (*Rép.* n° 251). Mais elle est plus délicate lorsqu'il s'agit d'apprécier si les quantités de bétail achetées, et vendues ensuite, sont demeurées en rapport, soit avec les exigences, soit avec les ressources de l'exploitation, et plus spécialement si ce bétail a séjourné chez le cultivateur pendant le temps normal nécessaire soit à l'élevage, soit à l'engraissage, ou si les achats et les ventes, étant plus fréquents, ont pris le caractère de spéculation sur les bestiaux, auquel cas la patente est également due (*Rép.* n° 250). Quand les achats de bestiaux, faits en vue d'une revente après engraissement, sont en rapport soit avec les ressources, soit avec les besoins de l'exploitation, le cultivateur n'est pas imposable, alors même qu'il n'emploierait pas exclusivement, pour la nourriture des bestiaux, des produits de ses récoltes. Ainsi jugé qu'un cultivateur qui exploite 60 hectares de terres sur lesquelles il engraisse et entretient chaque année environ 120 vaches achetées, et qui emploie pour la nourriture de ces bestiaux, avec les produits de son exploitation, une certaine quantité de tourteaux et de pulpes de betteraves également achetés, n'est pas imposable : les quantités considérables d'engrais qui lui sont nécessaires justifient l'importance de son troupeau (Cons. d'Et. 26 juin 1873, aff. Membré, D. P. 74. 3. 35); — De même celui qui exploite 74 hectares de terre, contenant des prairies suffisantes pour nourrir ses vaches laitières et le bétail nécessaire à son exploitation agricole : la circonstance accidentelle qu'il achète des fourrages lorsque ses récoltes sont mauvaises ne suffit pas pour le faire imposer à la patente comme nourrisseur de vaches pour le commerce du lait (Cons. d'Et. 10 mars 1876, aff. Caldunbide, D. P. 77. 5. 325). Décharge est aussi due au cultivateur qui n'effectue pas d'une manière habituelle des achats et ventes de moutons, mais qui se borne à acheter, chaque année, une centaine de moutons qu'il revend en une seule fois après les avoir engraissés pendant sept à huit mois, et qui les nourrit à l'aide de la vaine pâture et de fourrages provenant de ses propriétés (Cons. d'Et. 1er août 1884, aff. Villain, D. P. 85. 5. 345).

599. Mais les cultivateurs qui achètent des bestiaux pour les revendre après les avoir engraissés, et qui, pendant le séjour qu'ils font dans leurs étables les nourrissent par partie avec des produits autres que ceux de leur exploitation (Cons. d'Et. 31 juill. 1856, aff. Marche, et 25 mars 1858, aff. Porée, *Rec. Cons. d'Etat*, p. 513 et 264) ou qui achètent habituellement, dans les foires et marchés, du bétail en quantité plus grande qu'il ne peuvent en engraisser sur leurs terres, et qui, en attendant l'occasion de le revendre, le placent chez des cultivateurs qui se chargent de le nourrir pour leur compte (Cons. d'Et. 27 janv. 1859, aff. Fillod et aff. Giraud, D. P. 60. 3. 3) n'ont pas droit à l'exemption de patente. Il en est de même pour celui qui se livre au commerce des porcs, et qui, pendant le temps que ces animaux passent chez lui, ne les nourrit pas exclusivement avec les produits de son exploitation agricole, quand surtout il les revend après quelques semaines seulement de séjour et dans un but de spéculation (Cons. d'Et. 1er déc. 1882, aff. Faurie, D. P. 84. 5. 368).

600. A plus forte raison, est imposable : comme marchand de bœufs celui qui, faisant le commerce de ces animaux sur les foires et marchés de la contrée, les revend souvent dans la foire même où il les a achetés ou ne les fait séjourner que très peu de jours dans ses étables (Cons. d'Et. 29 mai 1861, aff. Sourrissau, *Rec. Cons. d'Etat*, p. 441 ; 15 juin 1883, aff. Boly, D. P. 84. 5. 369 ; — Et comme marchand de moutons : celui qui achète et revend *habituellement* des moutons après un séjour plus ou moins prolongé dans ses étables, encore qu'il n'achète pas de fourrages et qu'il nourrisse ses animaux en les faisant pâturer le long des chemins, circonstance qui avait déterminé le ministre des finances à proposer l'exemption (Cons. d'Et. 16 mai 1884, aff. Baudry, D. P. 85. 5. 345) ; celui qui, achetant d'ailleurs des fourrages, ne vend pas ses moutons à l'entrée de l'hiver, selon l'usage, et après un séjour de plusieurs mois chez lui, mais qui en a vendu 764 en onze ventes et peu de jours après leur achat, en profitant des différences de cours (Cons. d'Et. 7 mars 1890, aff. Anouge, *Rec. Cons. d'Etat*, p. 253). Décidé également dans ce sens que la patente était due par un cultivateur « attendu, que pendant les années..., il a fréquenté les foires et marchés pour y faire le commerce des bœufs ; que, fréquemment, il revendait, d'un marché à l'autre, les bœufs achetés par lui, sans que même ils eussent fait aucun séjour sur les terres par lui exploitées » (Cons. d'Et. 6 août 1892, aff. Lambert, *Rec. Cons. d'Etat*, p. 700).

601. L'application des mêmes principes a fait décider que le cultivateur qui se borne à vendre le miel et la cire provenant de ses ruches a droit à l'exemption, alors même que ses ruches ne seraient pas toutes placées sur des terrains à lui appartenant ou par lui exploités, tandis que celui qui, ne se bornant pas à vendre les produits des ruches qu'il élève, achète, soit des ruches mortes pour en retirer le miel et la cire, soit du miel et de la cire bruts pour les manipuler et les revendre, n'est pas fondé à se prévaloir de cette exemption et doit être imposé à la patente comme marchand de miel (Cons. d'Et. 12 août 1859, aff. Priolet, et 10 janv. 1862, aff. Vochelet, D. P. 62. 3. 26). — Enfin nous avons relevé l'application des mêmes principes aux marchands de graine de vers à soie qui fournissent la semence aux éducateurs (n° 291) ; — aux pêcheurs qui se livrent à l'élevage des huîtres (n° 300) ; — aux marchands de lait qui élèvent des porcs au moyen des résidus de leurs laiteries, mélangés à des matières (orge et son) par eux achetées, ce qui ne leur permet pas de prétendre à l'exemption pour la vente de ces porcs (n° 307) ; aux cultivateurs qui entretiennent des vaches, chèvres ou brebis afin d'en vendre le lait, et qui deviennent imposables, si ces animaux ne sont pas nourris des seuls produits de leurs récoltes (n° 354).

602. Les manipulations ou transformations usuelles des produits agricoles (fabrication du vin, du cidres de l'eau-de-vie de vin, de l'huile, du beurre, du fromage), demeurent affranchies de la patente, sous la condition générale que le cultivateur ne traite que ses *seuls* produits. Autrement, le cultivateur devient imposable, soit comme fabricant pour son compte ou comme bouilleur d'eau-de-vie, suivant le cas (*Rép.* n° 246), soit comme marchand de vin, de cidre, de beurre, de fromage, etc. (*Rép.* n° 247), soit comme exploitant de moulin à huile. Cette dernière patente a été, notamment, maintenue à la charge d'un cultivateur algérien qui ne se bornait pas à convertir en huile les olives récoltées sur ses terrains, mais qui s'était en outre rendu adjudicataire de récoltes d'olives provenant de biens communaux (Cons. d'Et. 22 janv. 1892, aff. Noël, *Rec. Cons. d'Etat*, p. 36). On a vu également (*suprà*, n° 281), qu'une société de producteurs de fromage de Roquefort n'est pas fondée à repousser l'application de la patente, lorsqu'elle ne se borne pas à traiter dans ses caves les fromages frais qui lui sont livrés par ses actionnaires, mais qu'elle reçoit les fromages d'autres producteurs de la contrée et qu'elle compte parmi ses membres des personnes qui ne lui apportent pas de fromages (*Rép.* n° 91). Rappelons que cet arrêt rend applicables aux sociétés ou syndicats teurs, réunis pour la manipulation et la vente en commun des produits de leurs récoltes les règles qui s'appliquent aux particuliers (V. la note, D. P. 87. 3. 91.)

603. L'exemption de patente accordée aux cultivateurs en 1844, pour la transformation, même *industrielle*, des produits de leurs récoltes, exemption qui leur avait été enlevée par l'art. 18 de la loi du 18 mai 1850 (*Rép.* n° 252) leur a été rendue par celle du 27 juill. 1870 (art. 3) et ne leur a plus été retirée depuis. « En conséquence, les laboureurs et cultivateurs sont affranchis de la patente pour la manipulation ou la transformation des récoltes et fruits provenant des terrains qui leur appartiennent ou qu'ils exploitent, quel que soit le moyen ou l'agent à l'aide duquel la manipulation ou la transformation ait lieu » (Instr. min. du 6 avr. 1881, p. 73). Ce sont les distilleries, sucreries, et féculeries agricoles, précédemment atteintes par la patente (V. D. P. 54. 5. 554, *ibid.*, 58. 3. 28 et 59. 3. 50) qui bénéficient surtout de ce nouvel état de la législation. Mais, selon la règle déjà appliquée de 1844 à 1850 (*Rép.* n° 252), les exploitants de ces usines et de tous établissements similaires n'ont droit à l'exemption que s'ils se bornent à mettre en œuvre les produits des terrains qui leur appartiennent ou qu'ils exploitent, de sorte que l'exemption doit être refusée à l'agriculteur qui, ne traitant pas exclusivement dans sa distillerie les produits de sa récolte, y distille en outre une quantité notable de betteraves achetées par lui à des cultivateurs voisins (Cons. d'Et. 29 janv. 1886, aff. Lerat de Magnitat, D. P. 87. 3. 91). A ce point de vue, la jurisprudence recueillie au *Rép.* n° 252, qui avait attribué le caractère de véritables marchés, et non de simples baux à ferme, aux conventions, passées entre les fabricants de sucre et les cultivateurs, qui s'engageaient à ensemencer en betteraves leurs terrains avec de la graine qu'on leur fournissait, à cultiver les betteraves pour le compte des fabricants et à transporter la récolte aux usines, a été maintenue (Cons. d'Et. 21 févr. 1891, aff. Tétard, *Rec. Cons. d'Etat*, p. 152). Dans cette espèce, les bailleurs s'engageaient à fournir leurs terrains pour une campagne, à effectuer la majeure partie des travaux nécessaires (fumure, labourage et façon, semis de la graine, épandage de l'engrais chimique, et charroi des betteraves), l'usinier ne se réservant que le binage et l'arrachage, dont il chargeait des ouvriers spéciaux. Il versait enfin aux bailleurs, pour leur loyer, travail et fournitures, une redevance moyenne de 600 fr. par hectare qui leur demeurait acquise, quelle que fût la récolte obtenue. En objectant que cet industriel n'exécutait ainsi qu'une faible partie de la culture, le ministre des finances avait ajouté que l'intime réunion à sa charge des aléas de cette culture et des risques de la fabrication suffisait pour établir qu'il faisait sur l'ensemble une spéculation éminemment industrielle et qu'on pouvait dire encore qu'au lieu d'acheter les betteraves au poids, il les achetait à l'hectare, à forfait et par avance; en sorte que les contrats par lui invoqués demeureraient de véritables marchés (V. Cons. d'Et. 25 mars et 31 mai, 1845, aff. Delacour et autres, *Rec. Cons. d'Etat*, p. 144 et 348).

604. Quant au propriétaire qui exploite et vend ses bois, même débités en planches ou convertis en charbon, il n'a jamais été imposable (*Rép.* n° 244): et, même, sous le régime établi par la loi du 18 mai 1850, l'emploi d'une scierie mécanique, alors qu'il était usuel dans la contrée, ne suffisait pas pour faire perdre le droit à l'exemption (Cons. d'Et. 29 juill. 1857, aff. Palfournoux et autres, D. P. 58. 3. 28). Il en serait ainsi également pour la fabrication de la vannerie au moyen d'osiers récoltés par le fabricant (*Rép.* n°s 246 et 247). Mais l'exemption n'est applicable ni au propriétaire qui exploite, sur son propre fonds, une carrière de pierre, d'ardoise, de marne, etc., ni à celui qui, avec le produit de ses bois, la pierre calcaire extraite de ses carrières ou la terre prise sur son fonds, fabrique de la chaux, du plâtre, des tuiles, des briques, pour les livrer au commerce (*Rép.* n°s 253 et 254; Instr. min. du 6 avr. 1881, p. 74); et nous avons vu *suprà*, n° 188, que l'exemption ne peut être revendiquée que si l'intéressé est reconnu s'être borné à faire acte de *propriétaire*, ses opérations n'ayant point revêtu un caractère commercial. Il faut aussi refuser l'exemption à l'éducateur de vers à soie qui achète des cocons et en vend la soie après les avoir filés (*Rép.* n° 245); au propriétaire d'une filerie de cocons qui, sans l'exploiter lui-même, loue les tours à des tiers (V. *suprà*, n° 212) ; au possesseur d'une machine à battre qui se fait payer en nature par les cultivateurs auxquels il prête cette machine (Cons. d'Et. 17 janv. 1891, aff. Ravey, *Rec. Cons. d'Etat*, p. 17) et au propriétaire d'un moulin qui, moyennant rétribution, le met à la disposition des cultivateurs, lesquels viennent eux-mêmes y moudre leur grain (V. *suprà*, n° 348) ; au cultivateur qui loge chez lui les chevaux des paysans, les jours de marché (n° 209); à celui qui loue habituellement ses chevaux pour un service de voitures ou des charrois (n° 209). Rappelons aussi que le propriétaire qui exploite des glacières dans son domaine ne peut être admis, pour la vente de la glace, au bénéfice de l'exemption acquise aux cultivateurs (V. *suprà*, n° 289).

605. Enfin, il nous reste à parler des cultivateurs qui se rendent adjudicataires de l'enlèvement des boues dans les villes. En présence des termes du tarif, toute entreprise de l'espèce a d'abord été jugée imposable, les boues recueillies fussent-elles employées d'une manière exclusive par l'entrepreneur pour l'amendement de ses terres (Cons. d'Et. 5 août 1861, aff. Bouin, D. P. 62. 3. 37; 31 août et 20 sept. 1865, aff. Brice et aff. Chumbaud. D. P. 66. 3. 43; 24 janv. 1868, aff. Ladey, et aff. Desfour et Jeanjean, D. P. 68. 3. 102). Mais, dès le 20 juill. 1865 (aff. Benoît, D. P. 66. 3. 43), le conseil d'Etat avait décidé, en sens inverse, qu'un cultivateur ne doit pas être imposé lorsqu'il ne vend ni ne cède aucune partie des boues ainsi recueillies et qu'il les emploie exclusivement pour l'amendement de ses terres. Même décision dans deux arrêts du 13 août 1868 (aff. De Cumont et aff. Géré, D. P. 69. 3. 44). Il a été jugé de même que le régisseur d'un hospice, qui s'est rendu adjudicataire de l'enlèvement des boues d'une ville, n'est pas imposable, de ce chef, à la patente, s'il ne vend ou ne cède à des tiers aucune partie de ces boues et s'il les emploie exclusivement, comme engrais, à l'amendement des terres dépendant de l'hospice (Cons. d'Et. 13 mai 1869, aff. Salamon, *Rec. Cons. d'Etat*, p. 467). Enfin, il a été jugé qu'un cultivateur qui, en vertu d'un traité passé avec une commune, s'est chargé du balayage des rues, à qui les boues sont abandonnées moyennant une redevance qu'il paye à la commune et qui emploie exclusivement ces boues comme engrais pour l'amendement de ses terres n'est pas imposable à la patente en qualité d'entrepreneur de balayage (Cons. d'Et. 27 avr. 1888, aff. Peyras, D. P. 89. 5. 347). Dans cette dernière affaire, les agents locaux avaient cru devoir retenir la circonstance que l'entreprise comprenait à la fois le balayage des rues et l'enlèvement des boues; mais il s'agissait d'une petite commune, et le balayage ne pouvait y être séparé du surplus de l'entreprise. La jurisprudence paraît donc fixée définitivement dans le sens de l'exonération; ce qui s'explique, du reste, le cultivateur ne faisant point en pareil cas un acte véritable de commerce et se bornant, en somme, à se procurer, dans des conditions spéciales, les engrais nécessaires à son exploitation. Quant à l'adjudicataire de l'enlèvement des boues qui en fait sa profession ou qui sous-traite avec bénéfice (*Rép.* n° 286), il est, naturellement, passible de la patente.

ART. 2. — EXPLOITANTS DE MINES ET DE MARAIS SALANTS (*Rép.* n°s 256 à 265).

606. L'exploitation des mines, n'étant pas considérée comme un commerce, n'est pas soumise au droit de patente (L. 21 avr. 1810, art. 32; *Rép.* n° 256); et l'exemption ainsi établie au profit de l'extraction des matières minérales s'étend à la vente de ces matières (*Rép.* n° 257), soit qu'elles soient vendues sur le carreau même de la mine, soit que la vente s'en fasse au dehors (*Rép.* n° 257). Il en résulte qu'un exploitant de mines de houille ne cesse pas d'y avoir droit, bien qu'il ait dont la ville voisine un entrepôt où ne sont d'ailleurs que ses charbons (Cons. d'Et. 6 mai 1857, aff. Bretonnière, D. P. 58. 3. 22). — L'exemption est aussi applicable aux sociétés qui se forment pour l'exploitation des mines, soit entre concessionnaires, soit entre des tiers, et qui se subtituent aux concessionnaires eux-mêmes (*Rép.* n° 258); elle doit pareillement être accordée à l'exploitant, simple locataire d'une mine concédée à son bailleur (Cons. d'Et. 14 nov. 1879, aff. Cahen et Rambaud, D. P. 80. 3. 31); c'est en effet à l'exploitation elle-même, d'ailleurs soumise à d'autres charges (V. *suprà*, v° *Mines*, n° 315 et suiv.), que s'attache l'exemption, en sorte qu'on n'a pas à rechercher à quel titre la mine est exploitée. — Mais l'immunité ne saurait être étendue aux intermédiaires (courtiers ou représentants de commerce) qui placent des charbons ou autres matières minérales; et le droit de patente les atteint, à moins qu'il ne s'agisse de simples agents salariés des mines qu'ils représentent (Cons. d'Et. 28 juin 1865, aff. Charay, D. P. 66. 3. 44). D'ailleurs, à cette époque, et ainsi qu'il a été dit en note de l'arrêt, le représentant de commerce était défini au tarif: « Celui qui achète ou vend pour le compte des *marchands* »; ce qui excluait l'imposition des représentants des mines, tandis que, depuis la loi du 18 juill. 1866, cette patente atteint tout individu qui achète ou vend des marchandises pour le compte de *tiers*, commerçants ou non. L'exemption doit, enfin, être refusée pour la vente, en France, des produits de l'exploitation des mines étrangères (*Rép.* n° 258); et nous avons vu (*suprà*, n° 184) comment ces mines doivent être imposées en France, selon qu'elles y entretiennent seulement des caisses pour le service de leurs titres ou qu'elles y opèrent la vente des produits de leur extraction.

607. L'exemption de la patente est rigoureusement limitée à l'extraction et à la vente des matières minérales; elle ne s'étend pas à leur *transformation*. Au texte de la loi du 25 avr. 1844, qui affranchissait de la patente « les concessionnaires de mines, pour le seul fait de l'extraction et de la vente des matières par eux extraites », la loi du 15 juill. 1880 a ajouté : « l'exemption ne pouvant en aucun cas être étendue à la transformation des matières extraites ». La jurisprudence avait admis que les termes de la loi de 1844 autorisaient à considérer la fabrication du coke et celle des agglomérés par les exploitants de mines comme se rattachant directement à l'exploitation de ces mines et ne faisant pas, par conséquent, perdre aux exploitants le bénéfice de l'exemption (*Rép.* n° 260; Cons. d'Et. 7 déc. 1850, aff. Compagnie des mines de houille de la Loire, *Rec. Cons. d'Etat*, p. 908; 30 avr. 1863, aff. Compagnie des mines de Blanzy, D. P. 63. 3. 41; 17 févr. 1865, aff. Compagnie des mines d'Anzin, *Rec. Cons. d'Etat*. p. 210). Lors de la discussion de la loi de 1880, on vit dans cette exemption un abus préjudiciable au fisc, auquel on résolut de mettre fin tant dans l'intérêt du Trésor que des industriels qui se livraient aux mêmes fabrications (V. le rapport de M. Labadié, D. P. 81. 4. 3., note 8). Peut-être cet abus n'était-il qu'apparent alors que, sous le régime établi par la loi de 1844, cette fabrication, quand elle était faite par et près de la mine, entrait en ligne de compte pour le calcul de la redevance proportionnelle; et comme le taux de cette redevance (5 pour 100) est plus élevé, en général, que celui de la patente, le Trésor aurait plutôt perdu au changement de législation qui vient d'être signalé. Quoi qu'il en soit, les termes de la loi sont aujourd'hui formels; et le conseil d'Etat n'a pu que les appliquer aux fabriques d'agglomérés qui dépendent d'une concession minière. D'ailleurs, dès avant la loi du 15 juill. 1880, le conseil d'Etat, jugeant en fait, avait refusé de reconnaître à la fabrication du coke et à celle des agglomérés par une mine le caractère d'opérations rentrant dans l'exploitation de cette mine (Cons. d'Et. 7 mai 1880, aff. Mines de la Grand'Combe, *Rec. Cons. d'Etat*, p. 442).

608. On ne saurait toutefois assimiler à la transformation prévue par la loi la préparation mécanique qui est nécessaire, presque partout, pour amener à l'état commercial des matières extraites (*Rép.* n°s 259 et 260), à savoir, le lavage, le triage, le criblage, le broyage, le premier grillage du minerai, etc. C'est ainsi qu'il a été jugé : qu'un atelier de lavage n'était que l'accessoire obligé de l'exploitation d'une mine de cuivre (Cons. d'Et. 27 déc. 1865, aff. Huytemps de Terbecq, *Rec. Cons. d'Etat*, p. 1026); — Qu'une compagnie concessionnaire de mines de plomb n'est pas imposable à la patente pour l'exploitation d'un lavoir de minerai, employé exclusivement au lavage des produits de ses mines (Cons. d'Et. 30 août 1867, aff. Pastré, *Rec. Cons. d'Etat*, p. 850); — Que les lavoirs, pilons, meules et cylindres employés près des mines de plomb sont de véritables dépendances de l'exploitation de ces mines, comme servant aux préparations qu'il est nécessaire de faire subir au minerai pour les livrer aux usines, et qu'il en est de même pour deux fourneaux d'essais, mais qu'un fourneau destiné au traitement métallurgique du minerai doit être considéré comme distinct de l'exploitation minière et donne lieu à la patente d'exploitant de fonderie de plomb (Cons. d'Et. 11 févr. 1870, aff. Clapier, *Rec. Cons. d'Etat*, p. 72).

Par contre, il y a lieu de maintenir la distinction établie au *Rép.* n° 261, entre les mines et les minières non concessibles. Aussi, le tarif des patentes contient-il toujours, dans le tableau C, l'exploitant de minières non concessibles ou extracteur de minerai de fer; et il en est de même pour le fabricant de tourbes carbonisées (*Rép.* n° 262). Il a été décidé également que l'amiante, qui est un silicate de magnésie, n'est pas comme tel un minerai métallique, susceptible d'être assimilé aux substances minérales qu'a visées l'art. 2 de la loi du 21 avr. 1810, et qu'on doit le ranger dans la catégorie des substances exploitées comme carrières, ce qui entraîne la patente applicable à cette dernière industrie (Cons. d'Et. 1er avr. 1892, aff. Luciani, *Rec. Cons. d'Etat*, p. 336).

609. Quant aux propriétaires ou fermiers de *marais salants*, la loi a aussi continué de les affranchir de la patente; et cette exemption, qui leur est due même s'ils raffinent le sel provenant de leurs marais, ne cesse de leur être applicable que s'ils convertissent en produits industriels soit le sel lui-même, soit les matières qu'ils en séparent (*Rép.* n° 263 ; Instr. min. du 6 avr. 1881, p. 7). — Enfin, les concessions de salines ou de sources d'eaux salées doivent être assimilées aux concessions de mines et profiter de la même immunité (*Rép.* nos 264 et 265). Jugé, en conséquence, que le copropriétaire d'une saline, qui est en même temps le gérant de la société exploitant cette saline, ne saurait être assujetti à la patente comme marchand de sel : s'il s'est borné à vendre, pour le compte de la société, les sels provenant de l'exploitation de la saline il a droit à l'exemption établie par les dispositions combinées des lois des 21 avr. 1810 (art. 32), 17 févr. 1840 (art. 2) et 25 avr. 1844 (art. 13, § 4) (Cons. d'Et. 18 janv, 1862, aff. Aubert, D. P. 62. 3. 26). Mais, comme il a été dit *suprà*, n° 607) l'exemption ne saurait s'étendre à un établissement dépendant de l'usine où le sel est extrait, mais qui est distinct de cette usine, qui est placé sous la direction d'un médecin inspecteur et dans lequel les eaux salées sont utilisées pour des douches et bains médicinaux.

ART. 3. — LOUEURS EN GARNI (*Rép.* nos 271 à 275).

610. En nous occupant, au n° 193, de la profession de loueur d'appartements ou chambres meublés, qui a remplacé en 1880 celle de loueur en garni dans le tarif des patentes, nous avons renvoyé au présent article pour l'étude de l'exemption accordée par la loi aux « propriétaires ou locataires louant accidentellement une partie de leur habitation personnelle ». Ce sont, en effet, les termes dont le législateur de 1880 s'est servi, comme celui de 1844, l'avait fait déjà. En appliquant à la lettre cette disposition, l'exemption demeurerait très restreinte, puisque le bénéfice devrait en être refusé à toute location, même accidentelle, qui s'étendrait à l'ensemble de l'habitation du bailleur. Or, elle a été accordée souvent dans des espèces qui ne remplissaient pas la double condition ainsi exigée par la loi. En réalité, pour interpréter ce texte légal, la jurisprudence s'est plutôt inspirée des deux principes généraux en matière de patente, à savoir que les faits habituels doivent être seuls retenus et qu'il y a lieu de rechercher si les circonstances propres à chaque litige donnent aux opérations relevées un caractère de spéculation commerciale suffisamment accusé pour rendre légitime l'impôt de la patente. Il a été également tenu compte, dans certains cas, des déclarations faites à la Chambre des députés, dans la discussion de la loi de 1844, et qui semblaient considérer comme accidentelle toute location qui ne serait pas faite pour une année entière, mais seulement pour une partie de l'année telle que la saison des eaux ou le temps des foires. Mais la jurisprudence est sur ce point aujourd'hui plus rigoureuse (D. P. 69. 3. 33, note 5). Au surplus, les décisions rendues sont nombreuses et, malgré des différences parfois peu faciles à saisir, c'est du rapprochement de ces décisions que la jurisprudence se dégage le mieux.

611. Nous ne parlons ici, bien entendu, que des simples particuliers (propriétaires ou locataires), à l'exclusion des individus qui tiennent de véritables établissements commerciaux ouverts au public, et qui sont, par cela même, imposables comme maître d'hôtel ou d'hôtel garni, aubergiste ou logeur, suivant le cas (V. à ce sujet, *suprà*, n° 296). — Il est également sans difficulté que la patente est due par les personnes qui, sans rentrer dans la catégorie des commerçants qui viennent d'être désignés, mettent et donnent en location, à titre permanent, des appartements ou chambres meublés dans ce but, et pour lesquelles cette location constitue une spéculation habituelle (*Rép.* nos 273 à 275). « Ceux qui, dans les lieux où il existe des établissements de bains ou d'eaux thermales, garnissent de meubles soit des maisons entières, soit des appartements indépendants de leur habitation et non susceptibles d'entrer dans les bases de leur contribution mobilière, pour les louer pendant la saison des bains ou des eaux ; ceux qui, ailleurs, louent habituellement à une même personne, ou tantôt à une personne et tantôt à une autre, des appartements meublés en vue de la location ; enfin ceux qui, dans les villes de garnison, louent habituellement des chambres aux officiers, doivent être considérés comme loueurs de chambres ou d'appartements meublés, et imposés comme tels » (Instr. min. du 6 avr. 1881, p. 76).

612. Le propriétaire qui loue habituellement un appartement garni dans sa maison, en dehors de son habitation personnelle, avait été déclaré imposable lors même qu'il s'agirait d'une location par bail et à l'année, et qu'il ne fournirait au locataire que les gros meubles (Cons. d'Et. 7 juin 1855, aff. Lejeune, D. P. 55. 3. 84). Mais depuis, on a jugé que l'imposition ne devait pas avoir lieu si la location ne comprenait que quelques gros meubles, qui ne pouvaient dispenser le locataire de se pourvoir d'un mobilier pour rendre l'appartement logeable (Cons. d'Et. 11 sept. 1858, aff. Bouchard, *Rec. Cons. d'Etat*, p. 643) ; — Ou si, le propriétaire n'ayant fourni que des gros meubles, la plus grande partie du mobilier garnissant la maison avait été apportée par le locataire, qui, d'ailleurs, habitait cette maison depuis plusieurs années et avait sa résidence dans la ville, où il était soumis à la contribution mobilière (Cons. d'Et. 3 mai 1861, aff. Lardeilhan-Mezin, D. P. 62. 3. 56); — Ou si les meubles loués, insuffisants pour le service des différentes pièces de la maison, étaient moins importants que ceux qu'avait dû apporter le locataire (Cons. d'Et. 9 avr. 1867, aff. Artiguenane, *Rec. Cons. d'Etat*, p. 363) ; — Ou encore lorsqu'il n'avait été fourni que quelques meubles seulement, bien que la location eût été consentie pour trois années (Cons. d'Et. 17 mars 1876, aff. Laporte, *Rec. Cons. d'Etat*, p. 265).

613. D'autre part, la jurisprudence ne retenant que les faits habituels (*suprà*, n° 616), il ne saurait être tenu compte d'une location qui demeure à l'état de fait accidentel ou que des circonstances ont, en quelque sorte, imposée au bailleur. Ainsi, le fait par un cohéritier d'avoir, pendant l'indivision de la succession, loué, pour en tirer parti, une maison en dépendant avec les meubles qui la garnissent, ne peut, en ce qu'il est accidentel, donner lieu à l'imposition à la patente de loueur en garni (Cons. d'Et. 9 févr. 1861, aff. Peyrusat, D. P. 61. 5. 346). — Jugé de même: à l'égard de la location consentie à un colonel, pour le temps que son régiment tiendrait garnison dans la ville, et avec cette clause que le bail serait résilié si l'immeuble venait à être vendu (Cons. d'Et. 10 juill. 1863, aff. Montauzé, *Rec. Cons. d'Etat*, p. 553); — De la location faite par un propriétaire obligé de quitter une ville pendant quelque temps (Cons. d'Et. 19 nov. 1869, aff. Hiart, *Rec. Cons. d'Etat*, p. 906), et par un étranger qui, appelé hors de Paris par ses affaires, y avait loué son hôtel, pour la durée présumée de son absence, encore que cet hôtel fût ainsi loué pour trois ans (Cons. préfect. de la Seine, 18 nov. 1877, aff. Rochaïd-Dahdah, D. P. 78. 3. 74). Décidé également que, lorsqu'une maison n'était pas destinée à être sous-louée garnie de meubles et que la locataire, ayant cessé de l'habiter après la mort de son mari, l'avait louée avec le mobilier qui la garnissait afin d'en tirer parti jusqu'à l'expiration de son bail, cette location devait être considérée comme accidentelle, dans le sens de la loi (Cons. d'Et. 14 mai 1882, aff. Du Bouchet, D. P. 83. 5. 3. 42; 4 juin 1886, aff. Hugot, D. P. 87. 5. 329) ; mais une semblable location cesserait d'être accidentelle si la veuve prolongeait son bail, afin de continuer la location meublée; elle ne saurait, en pareil cas, bénéficier de l'exemption; 3 nov. 1882, aff. Du Bouchet, D. P. 85. 5. 342).

614. Dans certains cas, l'exemption de la patente a été déterminée par la circonstance que les locaux loués meublés n'avaient pas été disposés en vue de la location. Ainsi il a été jugé, comme avant la loi de 1844 (*Rép.* n° 272): qu'un propriétaire qui a loué, pendant la saison des bains de mer, une partie de la maison qu'il habite et qu'il a fait construire pour son usage personnel, ne doit pas être imposé, s'il n'est pas établi que les pièces en soient disposées et meublées en vue de la location (Cons. d'Et. 28 déc. 1858, aff. Lemud, *Rec. Cons. d'Etat*, p. 751); — Qu'on ne saurait non plus imposer un propriétaire qui a loué meublées pendant quelques mois plusieurs pièces dépendant de son habitation personnelle, lorsqu'il n'est pas constant qu'elles aient été disposées et meublées pour la location et qu'elles soient habituellement données à loyer à des étrangers (Cons. d'Et. 15 janv. 1864, aff. Cartier, *Rec. Cons. d'Etat*, p. 35); — Que l'exemption prévue par la loi est applicable à un propriétaire, qui, pendant la saison des bains, distrait de son habitation quelques pièces, pour les louer aux baigneurs Cons. d'Et. 9 avr. 1867, aff. Gascouin, *Rec. Cons. d'Etat*, p. 364; 20 mai 1881, aff. Tulaup, *Rec. Cons. d'Etat*, p. 531). — Décidé également que le propriétaire habitant avec sa famille une maison, qui n'a été ni construite ni appropriée en vue de la location, et qui est imposé à la contribution mobilière à raison de toutes les parties de cette maison, ne devient pas imposable à la patente de loueur en garni lorsque, dans la saison des bains et pendant le temps qu'il ne peut l'occuper lui-même, il la donne en location, en tout ou en partie, bien que le fait se renouvelle tous les ans (Cons. d'Et. 12 août 1867, aff. Bonnet et autres, D. P. 67. 5. 306), et que la même immunité est due, lorsque les pièces données en location sont ordinairement affectées à l'habitation personnelle du bailleur, et n'en sont retranchées que momentanément pendant la saison des bains de mer ou qu'il se retire alors dans un petit logement dépendant de cette maison, encore que cette location pour la saison des bains se soit reproduite plusieurs années de suite (Cons. d'Et. 12 août 1867; 7 mars, 21 avril et 17 juin 1868, aff. Elies, Lefeuvre, Lemaire et Raffin, D. P. 69. 3. 33). Mais, en recueillant ces derniers arrêts, nous avons fait les réserves que nous paraissait comporter l'interprétation très large ainsi donnée à la loi. Il nous paraît, en effet, difficile de considérer comme demeurant purement accidentelle une location consentie chaque année, pendant la seule saison où elle puisse être utilement faite. Il serait aussi équitable, semble-t-il, lorsque le propriétaire vient habiter sa maison, comme dans les affaires Bonnet et autres ci-dessus relatées, de distinguer entre celui qui ne la loue qu'accessoirement à l'occupation qu'il en fait avec sa famille, c'est-à-dire seulement pour le temps qu'il ne peut y rester, et celui qui ne vient l'occuper qu'avant ou après le *plein* de la saison, de manière à en tirer profit pendant la période la plus favorable. On verra d'ailleurs plus loin que la patente a été maintenue dans des espèces où ces circonstances avaient été relevées.

615. Il a été jugé encore, dans le sens de l'exemption: qu'un propriétaire, qui se bornait à louer aux étrangers, pendant la saison des bains, trois pièces faisant partie d'une maison entièrement affectée à son habitation et à celle de sa famille, n'était pas, par cela seul, devenu un loueur en garni (Cons. d'Et. 19 mai 1876, aff. Daban, *Rec. Cons. d'Etat*, p. 462); et qu'il en était ainsi également pour un inspecteur du chemin de fer du Nord, résidant à Paris, propriétaire, à Berck, d'un chalet qu'il louait meublé dans la saison des bains, pendant le temps qu'il ne pouvait l'occuper lui-même (Cons. d'Et. 25 avr. 1879, aff. Jacob, *Rec. Cons. d'Etat*, p. 323). — Mais ce même chalet a fait depuis l'objet de deux autres arrêts. Le premier a maintenu la patente, par le motif que l'intéressé mettait chaque année son chalet en location pendant la saison des bains, encore qu'il vînt l'occuper lui-même soit *au commencement* soit *à la fin* de la saison (10 juill. 1890, *Rec. Cons. d'Etat*, p. 656). Au contraire, le second arrêt a prononcé la décharge, attendu que si, à diverses reprises, le sieur Jacob avait loué son chalet pendant la saison, il n'en avait été de même ni en 1889, ni en 1890, et que, notamment, dans cette dernière année, il l'avait occupé lui-même pendant l'été (5 mars 1892, *Rec. Cons. d'Etat*, p. 261). — Notons enfin un arrêt portant décharge au profit d'une veuve qui occupait sa maison depuis vingt-huit ans et qui ne l'avait ni construite, ni appropriée en vue de la location. Bien qu'elle se fût renouvelée deux années de suite, de juin à septembre, cette location n'a pas été considérée comme ayant encore cessé d'être accidentelle (Cons. d'Et. 30 nov. 1889, aff. Dame Sallard, D. P. 91. 5. 384). C'est également dans cet ordre d'idées que l'exemption a été admise pour une maison du Vésinet, destinée à l'habitation personnelle du bailleur et non meublée en vue de la location. Si cette maison avait été louée pour trois, six ou neuf ans, avec une partie de ses meubles, sa destination n'avait pas changé et le bailleur s'était réservé de la reprendre après chacune des périodes de location, dont la *première* n'avait pas encore pris fin (Cons. d'Et. 5 déc. 1891, aff. Sauvalle, *Rec. Cons. d'Etat*, p. 748).

616. Des nombreux arrêts qui ont refusé l'exemption, la plupart sont fondés sur ce que les locaux loués n'étaient pas l'*habitation personnelle* du bailleur, dans les termes de la loi. Par cela seul, en effet, la location prend un caractère indéniable de spéculation. C'est ainsi que la patente a été maintenue à la charge : d'un propriétaire qui louait des locaux faisant partie de la maison par lui habitée avec sa famille, alors que cette maison avait été disposée et meublée de manière à réserver des appartements aux étrangers, et alors qu'un domestique était spécialement préposé à la location de ces appartements (Cons. d'Et. 15 mai 1857, aff. Vacher, *Rec. Cons. d'Etat*, p. 400); — D'un individu qui possédait, dans une station de bains de mer, deux maisons dont l'une était exclusivement destinée à être louée, chaque année, aux étrangers pendant la saison (Cons. d'Et. 29 juill. 1857, aff. Coutant, *Rec. Cons. d'Etat*, p. 595); — D'un propriétaire, qui, n'habitant que le rez-de-chaussée de sa maison, en louait, pendant toute la saison des eaux, le premier étage, lequel demeurait fermé durant la saison d'hiver (Cons. d'Et. 9 févr. 1869, aff. Rosain, *Rec. Cons. d'Etat*, p. 128); — De celui qui met chaque année en location, pendant la saison des bains, la plus grande partie de la maison qu'il habite, lorsque, en dehors de cette saison, plusieurs pièces restent inoccupées et qu'on doit ainsi les considérer comme affectées à la location (Cons. d'Et. 17 janv. 1873, aff. Boucard, *Rec. Cons. d'Etat*, p. 59); — D'un contribuable possédant, à Bougival, deux maisons, l'une qu'il habite, l'autre qu'il destine d'une manière permanente à la location en garni et qu'il met, dans ce but, à la disposition d'un agent qui en détient les clefs et qui traite au nom du propriétaire (Cons. d'Et. 19 juill. 1878, aff. Lerolle, *Rec. Cons. d'Etat*, p. 713); — D'un individu qui a meublé un appartement dépendant de sa maison, appartement qu'il destinait à la location en garni et qu'il a loué successivement à plusieurs personnes durant deux années (Cons. d'Et. 17 janv. 1879, aff. Trouble, *Rec. Cons. d'Etat*, p. 24); — D'un photographe de Paris qui donne habituellement à loyer, avec les meubles la garnissant, une maison sise à Chatou et indépendante de son logement personnel dans cette commune: encore qu'il ait passé pour cette maison un bail à long terme, il ne saurait être regardé comme s'étant borné à faire acte de propriétaire (Cons. d'Et. 20 juin 1879, aff. De Villecholle, *Rec. Cons. d'Etat*, p. 523); — D'un propriétaire, de Fécamp, qui loue chaque année, pendant la saison des bains, une partie de sa maison, lorsque les locaux ainsi donnés en location à des étrangers ne servent pas à son habitation personnelle et sont disposés et meublés en vue de la location (Cons. d'Et. 6 nov. 1880, aff. Dame Boulet, *Rec. Cons. d'Etat*, p. 852); et d'un propriétaire de la même ville qui a loué, pendant deux années, une partie de sa maison, distincte de son logement personnel (Cons. d'Et. 17 déc. 1880, aff. Delacroix, *Rec. Cons. d'Etat*, p. 1023); — Du propriétaire qui loue chaque année, pendant la saison d'été, une partie d'une maison de campagne, ne servant pas à son habitation, disposée et meublée en vue de la location (Cons. d'Et. 9 juin 1882, aff. Martin, D. P. 83. 5. 341); — De celui qui donne habituellement en location une maison indépendante de son habitation, destinée à la location et meublée pour cet objet: il ne saurait se prévaloir de cette circonstance que la maison est louée à l'année (Cons. d'Et. 4 nov. 1887, aff. Bourguignon, D. P. 88. 3. 133); — D'un notaire de Nantes, qui possède à la Bernerie un chalet qu'il n'habite pas et qu'il loue meublé, encore qu'il ne fournisse pas le linge à ses locataires: cette location, faite pour trois ans, ne peut être réputée accidentelle (Cons. d'Et. 8 août 1890, aff. Bernard, *Rec. Cons. d'Etat*, p. 774); — D'une veuve enfin qui met chaque année en location, avec les meubles la garnissant, une maison ne servant pas à son habitation et qui a reçu une appropriation particulière en vue de la location (Cons. d'Et. 27 févr. 1892, aff. Dame Duché, *Rec. Cons. d'Etat*, p. 236).

617. La jurisprudence fait aussi une distinction, d'ailleurs très justifiée, entre celui qui, se bornant à louer une partie de son logement personnel pendant la saison, se retire alors dans l'autre partie, et celui qui possède une *seconde* habitation où il se transporte dès qu'il a loué la première, ce qui est l'indice certain de la spéculation que la loi a voulu atteindre. Ainsi jugé : pour un propriétaire de Dieppe, qui met chaque année en location, pendant la saison, le rez-de-chaussée et le premier étage de la maison qu'il occupe dans cette ville et qui a fait construire à côté une autre maison où il va se loger avec sa famille (Cons. d'Et. 18 mai 1877, aff. Thuillier, *Rec. Cons. d'Etat*, p. 468); — Pour un propriétaire de Pierrefonds, qui loue chaque année, pendant la saison des bains, la plus grande partie de la maison qu'il habite et qui a, dans la même commune, une autre maison qu'il va occuper avec sa famille durant cette saison (Cons. d'Et. 3 mai 1878, aff. Bleuet, *Rec. Cons. d'Etat*, p. 426); — Pour un contribuable de Fontainebleau qui, chaque été, met en location, avec les meubles qui la garnissent, la maison qu'il possède dans cette ville, et qui a, dans une commune voisine, une autre habitation où il va se loger pendant ce temps (Cons. d'Et. 26 févr. 1892, aff. Mary, *Rec. Cons. d'Etat*, p. 198); — Ou qui va passer la saison aux bains de mer, quand il a loué (Cons. d'Et. 5 mars 1892, aff. Petit, *Rec. Cons. d'Etat*, p. 260). — Il a même été décidé que le propriétaire qui loue chaque année, à Pornic, pendant la saison des bains, une maison *disposée* en vue de cette location, est imposable en qualité de loueur en garni, bien que, pendant le reste de l'année, il habite la totalité de ladite maison et qu'il se retire l'été dans un pavillon dépendant de sa propriété, où il est réduit à un nombre de pièces qui seraient notoirement insuffisant pour une installation permanente (Cons. d'Et. 25 janv. 1884, aff. Demoiselle Leroux, D. P. 85. 3. 79); et que la patente est également due par un propriétaire de mines qui habite sa maison, au Grau-du-Roi, pendant une partie de la saison des bains de mer, cette maison, qu'il loue durant le surplus de la saison, étant appropriée en vue de la location (Cons. d'Et. 9 avr. 1886, aff. Faure, *Rec. Cons. d'Etat*, p. 326). C'était aussi, évidemment, le motif qui avait entraîné l'imposition d'un propriétaire de Bordeaux qui louait, à Arcachon, un chalet meublé contenant 28 lits, bien qu'il vînt l'habiter avec sa famille durant une partie de la saison (Cons. d'Et. 11 janv. 1865, aff. Grangeneuve, *Rec. Cons. d'Etat*, p. 31).

618. Enfin, l'exemption a été refusée, lorsqu'il a été reconnu que la location avait cessé de n'être qu'accidentelle. C'est ce qui a été jugé : pour un propriétaire de Moulins, qui loue à la ville, par bail de six ou neuf ans, un appartement meublé pour le logement du président des assises, la faculté qu'il a de se servir de cet appartement lorsqu'il est inoccupé n'étant pas de nature à faire perdre à la location par lui consentie son caractère permanent (Cons. d'Et. 27 juill. 1888, aff. De Tarade, D. P. 89. 5. 350); — Pour un contribuable dont l'immeuble, mis à louer avec ses meubles et loué une première fois, a été affiché à louer l'année suivante et loué alors de nouveau toujours meublé, par bail de trois, six ou neuf ans, encore que le bailleur ait dû, dans l'intervalle, être interné dans une maison de santé (Cons. d'Et. 27 juin 1891, aff. Artaud-Haussmann, *Rec. Cons. d'Etat*, p. 498); — Pour le propriétaire d'un château en Sologne, qui le louait tout meublé avec la chasse de 500 hectares l'entourant, cette double location durant d'ailleurs depuis six ans et le château, où le bailleur n'habitait plus, entrant pour moitié, dans le prix du loyer (Cons. d'Et. 26 déc. 1891, aff. De Laâge de Meaux, *Rec. Cons. d'Etat*, p. 807).

619. En résumé, la jurisprudence de la matière a passé par des alternatives de bienveillance et de rigueur et son dernier état est plutôt défavorable aux intéressés, ainsi d'ailleurs que l'y autorisent les termes étroits dans lesquels est conçue l'exemption. Sans donc chercher davantage à formuler des règles précises, nous nous bornerons à dire de nouveau que c'est des principes généraux rappelés au début de l'article qu'il y a lieu de faire application à chaque litige de l'espèce, suivant les circonstances qui lui sont spéciales. Ajoutons seulement, à titre d'arrêts particuliers : que celui qui donne habituellement à loyer des maisons garnies de meubles doit être soumis, de ce fait, à la patente, encore qu'il s'agisse de baux à long terme et que, dans ces maisons, les locataires exercent eux-mêmes la profession de maître d'hôtel garni (Cons. d'Et. 4 nov. 1887, aff. Rambault, *Rec. Cons. d'Etat*, p. 689); — et qu'au contraire, comme il a été dit *suprà* n° 547, la patente n'est pas due par un cercle qui, fondé dans un but de moralisation, sert de centre de réunion aux ouvriers et où sont mises à la disposition, non du public, mais de ses seuls membres, quelques chambres garnies, moyennant une faible rémunération. — Pour le surplus des questions concernant la profession de loueur en garni (non-location dans l'année, point de départ de l'imposition, etc.), V. *infrà*, n°s 610 et suiv.; 696 et suiv.

ART. 4. — *Ouvriers travaillant seuls* (*Rép.* n°s 266 à 270).

620. Comme la remarque en a été faite *suprà*, n° 5, un des traits essentiels de la législation des patentes a été l'abaissement progressif des charges des petits patentables, et surtout des artisans. La loi du 25 avr. 1844 avait affranchi de la patente par son art. 13 « les commis et les personnes travaillant à gages, à façon et à la journée, ainsi que les ouvriers travaillant chez eux ou chez les particuliers, sans compagnons, apprentis, enseigne ni boutique »; et la loi du 18 mai 1850 avait ajouté, art. 13 (*Rép.* n° 269) le dégrèvement de moitié du droit en faveur des patentables des quatre dernières classes du tableau A, annexé à la loi du 25 avr. 1844, et du tableau D annexé à la loi de 1880, qui exercent pour leur compte des professions consistant en un travail de fabrication, confection ou main-d'œuvre, lorsqu'ils travaillent sans compagnon ni apprenti. — La loi du 4 juin 1858 a ensuite disposé (art. 11) : « L'exemption des droits de patente prononcée par l'art. 13, § 6 de la loi du 25 avr. 1844, en faveur des ouvriers travaillant chez eux ou chez des particuliers sans compagnon, apprenti, enseigne ni boutique, est applicable aux ouvriers travaillant dans ces conditions pour leur propre compte et avec des matières à eux appartenant, comme à ceux qui travaillent à la journée ou à façon »; — Celle du 2 juill. 1862 (art. 3) : « Les dispositions du paragraphe 6 de l'art. 13 de la loi du 25 avr. 1844 et de l'art. 11 de la loi du 6 juin 1858, relatives aux exemptions de patente prononcées en faveur des ouvriers seront désormais appliquées aux ouvriers ayant une enseigne ou une boutique comme à ceux qui n'en ont point, si d'ailleurs ces ouvriers réunissent les autres conditions d'exemption énoncées au paragraphe et aux articles précités »; — Et celle du 2 août 1868 (art. 3) : « Est exempt de patente l'ouvrier travaillant en chambre avec un apprenti âgé de moins de seize ans »; — Enfin, la loi du 15 juill. 1880, réunissant toutes ces dispositions dans son art. 17, et les complétant au profit des veuves, a déclaré non imposables : « Les ouvriers travaillant chez eux ou chez les particuliers sans compagnons ni apprentis, soit qu'ils travaillent à façon, soit qu'ils travaillent pour leur compte et avec des matières à eux appartenant, qu'ils aient ou non une enseigne ou une boutique; — les ouvriers travaillant en chambre avec un apprenti âgé de moins de seize ans; — la veuve qui continue avec l'aide d'un seul ouvrier ou d'un seul apprenti la profession précédemment exercée par son mari ».

621. Dans ces termes généraux, l'exemption est désormais acquise à tous les ouvriers, quelles que soient d'ailleurs les conditions dans lesquelles ils travaillent et quel que soit aussi le tableau dans lequel est rangée leur profession. Pendant assez longtemps l'Administration, se fondant sur le texte de la loi du 18 mai 1850, a refusé d'étendre cette exemption au tableau C, dont les industries exigent l'emploi d'un outillage parfois important et dont le droit fixe comprend une taxe variable; la jurisprudence l'avait suivie et cette restriction a été appliquée notamment à un fabricant de tuiles et à des exploitants de carrières (Cons. d'Et. 28 mars 1860, aff. Dezanuaud, D. P. 61. 3. 77; 15 févr. 1864, aff. Drugeault et autres, D. P. 64. 3. 99). — Mais les termes de la loi du 4 juin 1858 justifiaient une solution plus libérale qui, d'ailleurs, avait été adoptée pour un fabricant de coutellerie et pour un tanneur (Cons. d'Et. 14 mai 1856, aff. Voirin, D. P. 57. 3. 6; 26 déc. 1860, aff. Bigarré, D. P. 61. 3. 77), et qui a prévalu depuis. Se fondant sur ce que l'exemption est acquise aux ouvriers réunissant, d'ailleurs, les autres conditions requises, quelle que soit la profession qu'ils exercent, et non pas seulement quand ils exercent une profession classée dans le tableau A, le conseil d'Etat avait accordé la décharge à un tisserand (Cons. d'Et. 31 août 1865, aff. Charpentier, D. P. 66. 5. 337); — A un fabricant de poterie, encore que, selon la remarque du ministre, il eût un véritable établissement industriel (Cons. d'Et. 21 avr. 1864, aff. Blaudé, *Rec. Cons. d'Etat*, p. 366); — A un tanneur (Cons. d'Et. 18 juin 1872, aff. Delevaud, *Rec. Cons d'Etat*, p. 387); — A un *fabricant à métiers* qui travaillait chez lui, même pour son compte et avec des matières à lui appartenant, en n'employant d'autre concours que celui de ses enfants non mariés (Cons. d'Et. 26 juill. 1878, aff. Briot-Agisson, *Rec. Cons. d'Etat*, p. 748). — L'Administration, s'est elle-même ralliée à cette jurisprudence; car l'instruction ministérielle du 6 avr. 1881 s'exprime ainsi, p. 79 : « Ils (les agents) remarqueront d'ailleurs que, vu les termes généraux dans lesquels est conçue la disposition législative accordant l'exemption de patente aux ouvriers travaillant dans les conditions énoncées au présent article, cette exemption doit profiter à tous les ouvriers réunissant les conditions dont il s'agit, quel que soit le tableau auquel appartienne leur profession ».

622. On ne doit d'ailleurs considérer comme compagnons ou apprentis ni la femme travaillant avec son mari, ni les enfants non mariés travaillant avec leurs père et mère, ni le simple manœuvre dont le concours est indispensable à l'exercice de la profession ; et cette disposition, déjà édictée en 1844 (*Rép.* nos 266 et 267), a été reproduite textuellement dans la loi du 4 juin 1858, puis dans celle du 15 juill. 1880 (art. 17 *in fine*). On en trouvera ci-après plusieurs applications. Notons seulement ici que l'ouvrier (un taillandier) travaillant avec son fils non marié, demeure exempt de la patente, alors même qu'il existe entre le père et le fils une association pour le partage des bénéfices: s'agissant d'un simple ouvrier, ce partage des bénéfices a été jugé ne représenter qu'un mode de rémunération dont l'emploi ne pouvait faire perdre le droit à l'exemption (Cons. d'Et. 4 févr. 1876, aff. Baudoin, D. P. 76. 3. 69).

623. La distinction de l'ouvrier ou compagnon et du simple manœuvre « dont le concours est indispensable à l'exercice de la profession », peut donner lieu à quelques difficultés. On a vu au *Rép.*, n° 266, qu'on avait entendu désigner par *manœuvre* celui dont l'aide est indispensable aux professions dont l'exercice exige la force réunie ou le concours de deux personnes. La question doit donc être résolue, la plupart du temps, d'après les circonstances de fait spéciales à chaque espèce. Dans l'application, il a été décidé : 1° qu'il y avait lieu de refuser l'exemption à un charpentier à façon occupant un compagnon qui ne pouvait, à raison de la nature de ses travaux, être assimilé à un simple manœuvre (Cons. d'Et. 29 juill. 1868, aff. Basille, *Rec. Cons. d'Etat*, p. 825); — 2° Que tel n'était pas non plus le caractère des laveuses employées par un blanchisseur de linge, ces femmes étant occupées au travail même qui constitue la profession de blanchisseur (Cons. d'Et. 10 avr. 1869, aff. Bédouin-Machefer, *Rec. Cons. d'Etat*, p. 359); — 3° Qu'au contraire, on devait ne voir qu'un simple manœuvre dans le petit-fils, agé de quatorze ans, que son aïeul, maréchal ferrant, employait à tenir le pied des chevaux, encore que ce maréchal occupât en outre un fils non marié (Cons. d'Et. 4 juin 1870, aff. Sailhan, *Rec. Cons. d'Etat*, p. 709); — 4° Mais qu'une veuve qui exerçait la même profession était imposable, son ouvrier ne pouvant être regardé comme un manœuvre (Cons. d'Et. 13 déc. 1872, aff. Veuve Mancel, *Rec. Cons. d'Etat*, p. 707). — Jugé également que l'apprenti, âgé de moins de seize ans, d'un forgeron n'était pas pour lui un simple manœuvre, attendu que cet apprenti était entré chez lui sous la condition de lui fournir gratuitement son travail pendant un temps déterminé, et qu'en revanche, ce forgeron devait lui enseigner l'exercice de sa profession (Cons. d'Et. 9 juin 1876, aff. Carrié, *Rec. Cons. d'Etat*, p. 897); et qu'au contraire, l'aide employé par un constructeur de barques n'était à son égard qu'un manœuvre, dans les conditions où cet aide travaillait avec lui (Cons. d'Et. 12 mai 1882, aff. Durafour, *Rec. Cons. d'Etat*, p. 459).

624. Conformément au principe déjà énoncé plusieurs fois, il n'y a pas lieu de tenir compte des faits accidentels, lorsqu'il s'agit d'ouvriers en occupant d'autres. Aussi l'exemption ne saurait-elle être refusée à l'ouvrier qui, travaillant seul le plus habituellement, n'a occupé un ouvrier ou un apprenti que d'une manière accidentelle (Cons. d'Et. 1er juin 1869, aff. Sornet, *Rec. Cons. d'Etat*, p. 549; 19 déc. 1879, aff. Rollat, D. P. 80. 3. 50). Dans la seconde affaire, l'apprenti n'avait été occupé que deux mois dans l'année. Mais l'exemption ne peut être accordée: ni à un cordonnier ayant employé durant plusieurs mois un ou plusieurs ouvriers qui, pendant ce temps, ont travaillé presque exclusivement pour lui (Cons. d'Et. 18 juill. 1860, aff. Sainmont, *Rec. Cons. d'Etat*, p. 555; 24 juill. 1885, aff. Chastel, *Rec. Cons. d'Etat*, p. 710). Décidé, à l'inverse, qu'un maréchal ferrant n'avait pas perdu le droit à l'exemption, par cela seul que ses frères, exerçant la même profession dans une autre localité, venaient travailler avec lui, lorsqu'il avait à faire des ouvrages pressés, alors que ce concours, dans les circonstances où il était donné, n'avait pas un caractère permanent (Cons. d'Et. 22 janv. 1886, aff. Paupian, D. P. 87. 5. 328). Sur ce point encore, la solution de chaque espèce dépend nécessairement des conditions qui lui sont spéciales.

625. Mais l'exemption, étant de droit étroit comme toutes les exceptions, ne saurait être appliquée en dehors des cas limitativement prévus par la loi. Un maréchal ferrant, qui se fait aider habituellement dans les travaux de sa profession par un domestique n'est pas fondé à se prévaloir de ce que ce domestique serait aussi occupé à la culture de ses terres (Cons. d'Et. 17 mai 1854, aff. Pinçon, D. P. 54. 3. 72); et la patente est pareillement due par le charron qui emploie des ouvriers (forgerons, peintres et selliers) travaillant tantôt chez lui, tantôt chez eux, bien que ces ouvriers soient employés pour son compte une partie seulement de l'année (Cons. d'Et. 9 juill. 1856, aff. Matignon, D. P. 57. 3. 17). — Il en est de même : pour le frère aîné (un cordonnier) qui, après le décès du père, emploie comme compagnons ses deux frères, âgés l'un de vingt-trois ans, l'autre de seize ans (Cons. d'Et. 18 déc. 1867, aff. Durand, *Rec. Cons. d'Etat*, p. 933); — Pour celui qui exerce, avec l'aide de son gendre, la profession de maréchal ferrant (Cons. d'Et. 5 nov. 1875, aff. Vialté, *Rec. Cons. d'Etat*, p. 871); — Pour le cordonnier qui emploie son père pour l'aider dans son travail (Cons. d'Et. 21 avr. 1882, aff. Suzzarelli, D. P. 84. 5. 370); — Pour le plafonneur qui a exécuté divers travaux de plâtrerie avec le concours de son fils marié (Cons. d'Et. 15 nov. 1889, aff. Legendre, D. P. 91. 5. 383).

D'autre part, on a vu que l'association du père et de son fils *non* marié ne suffit pas pour exclure l'exemption. Mais cette faveur doit être refusée : à deux ouvriers qui se sont associés pour exercer la profession de ferblantier, lorsque chacun d'eux a fait un apport de 3000 fr., que l'un s'occupe surtout de la fabrication, l'autre de la vente, et que les frais et les pertes ou bénéfices se partagent par moitié entre eux: ils forment une véritable association les rendant imposables l'un et l'autre (Cons. d'Et. 23 avr. 1875, aff. Guiraudon et Manceau, *Rec. Cons. d'Etat*, p. 361); — A des ouvrières, associées d'un apprêteur de cheveux, qui partagent avec lui le prix reçu pour ce travail et qui occupent en outre une ouvrière dont le salaire est à leur charge (Cons. d'Et. 24 janv. 1879, aff. Demoiselles Quiquandon et Rolhion, *Rec. Cons. d'Etat*, p. 62); — A un forgeron travaillant avec son frère, alors même que celui-ci est associé avec lui pour l'exploitation de la forge et le partage des bénéfices (Cons. d'Et. 19 déc. 1879, aff. Ravain, D. P. 80. 3. 50); — A deux frères qui exploitent ensemble un atelier de serrurerie, lorsque chacun d'eux reçoit indifféremment les commandes et donne quittance et que les pertes et profits sont communs entre eux (Cons. d'Ét. 16 avr. 1886, aff. Moreau, *Rec. Cons. d'Etat*, p. 352); — A un cordonnier sur commande qui exerce sa profession avec l'aide de ses deux frères, lesquels sont associés avec lui pour l'exploitation de l'atelier et le partage des bénéfices (Cons. d'Ét. 4 nov. 1887, aff. Alberny, *Rec. Cons. d'Etat*, p. 689). — Il n'y a lieu, non plus, d'affranchir de la patente: ni un menuisier que sa mauvaise santé empêche de travailler personnellement, mais qui emploie son frère comme ouvrier (Cons. d'Ét. 8 févr. 1865, aff. Legoupil, *Rec. Cons. d'Etat*, p. 162); — Ni le serrurier qui, incapable d'exercer sa profession, occupe habituellement un ouvrier (Cons. d'Ét. 9 févr. 1869, aff. Tarroux, *Rec. Cons. d'Etat*, p. 131). — La loi ne permet pas, en effet, d'accorder l'exemption, quels que soient les motifs auxquels est dû l'emploi de l'ouvrier.

Enfin, comme il a été dit au *Rép.* (n° 268), la patente est due même si le ou les ouvriers occupés ne travaillent pas chez celui qui les emploie. C'est le cas: d'un fabricant d'instruments aratoires qui, exécutant chez lui, avec son fils non marié, les pièces en fer de ces instruments, a recours, pour la menuiserie, à un ouvrier spécial travaillant, sous ses ordres, dans un autre atelier (Cons. d'Ét. 9 nov. 1871, aff. Bazin-Fromont, *Rec. Cons. d'Etat*, p. 267); — D'un bottier qui occupe des ouvriers en chambre, auxquels il livre, pour la coudre et la finir, la chaussure qu'il a coupée et mise en forme, bien qu'il ne se livre lui-même à ce travail que durant le temps que lui laisse son emploi d'éclusier (Cons. d'Ét. 6 août 1878, aff. Arrival, *Rec. Cons. d'Etat*, p. 816); — D'une femme qui fabrique des cravates avec l'aide d'ouvrières travaillant à leur domicile personnel (Cons. d'Ét. 18 juill. 1884, aff. Dame Majotin, *Rec. Cons. d'Etat*, p. 615).

626. Le bénéfice de l'exemption doit aussi être refusé aux ouvriers, même travaillant seuls, « quand les opérations auxquelles ils se livrent, au lieu de présenter le caractère habituel de travaux de confection ou de main-d'œuvre, offrent celui d'une spéculation industrielle ou commerciale » (Instr. minist. du 6 avr. 1881, p. 78). — Ainsi l'individu qui tient une boutique dans laquelle il vend des articles de coutellerie de toute espèce, tirés par lui de diverses manufactures, doit, alors même qu'il fabriquerait seul, sans compagnon ni apprenti, quelques articles, être imposé à la patente comme marchand-coutelier (Cons. d'Ét. 10 déc. 1856, aff. Veyssel, D. P. 57. 3. 46). Un présurier travaillant seul a été, de même, déclaré imposable, par le motif que sa profession, telle qu'il l'exerçait à Paris, constituait « un véritable commerce » (Cons. d'Ét. 7 avr. 1870, aff. Leclerc, *Rec. Cons. d'Etat*, p. 433).

Quant aux boulangers, la jurisprudence leur est plutôt défavorable. A plusieurs reprises, le conseil d'Etat a maintenu la patente, en se fondant sur ce que l'intéressé fabriquait, avec des farines achetées par lui, du pain qu'il exposait en vente dans son magasin et que, dès lors, il exerçait un véritable commerce (19 mars 1864, 27 mars 1865, 27 févr. 1867, 11 févr. 1876, aff. Michellan, Maillard, Salafa, Sabatier, *Rec. Cons. d'Etat*, p. 287, 354, 224, 143); et c'est également dans ces termes qu'il a été statué à nouveau le 24 janv. 1891 (aff. Blancau, *Rec. Cons. d'Etat*, p. 47). — Cependant, il avait admis à l'exemption, nonobstant l'avis opposé du ministre des finances, un boulanger d'une petite commune de l'Eure, qui, chaque semaine, convertissait en pain six sacs de farine, dont quatre achetés par lui et deux fournis par des clients et qui possédait un cheval et une voiture au moyen desquels il transportait du pain dans une commune voisine (Cons. d'Ét. 17 janv. 1879, aff. Godet, D. P. 79. 3. 52): il n'y a là toutefois qu'une décision d'espèce et on doit reconnaître que l'exemption est rarement applicable aux boulangers. Au contraire, la décharge est due, dans les conditions où il opère, à un individu, qui fabrique seul des gâteaux communs et des pains bénits qu'il livre à des marchands ambulants et à des confréries religieuses (Cons. d'Ét. 1er déc. 1882, aff. Marty, D. P. 84. 3. 53), et à un fabricant de pâtisserie commune qui la vend à des marchands étalagistes ou qui la fait vendre en ambulance par sa fille non mariée (Cons. d'Ét. 5 févr. 1892, aff. Armand, *Rec. Cons. d'Etat*, p. 116). Dans la première espèce, l'intéressé n'avait pas de boutique; de même, dans la seconde, il n'avait qu'un petit atelier au fond d'une impasse, à côté de son habitation : il s'agissait donc bien de simples ouvriers, dont les opérations n'avaient point de caractère commercial. Jugé également que l'exemption est applicable, dans les conditions où il exerce, à un fabricant de pains à cacheter et à chanter, travaillant seul (Cons. d'Ét. 3 déc. 1886, aff. Roger, *Rec. Cons. d'Etat*, p. 855).

627. L'exemption doit être refusée à l'ouvrier qui ne vend pas exclusivement des marchandises par lui fabriquées. Il en est ainsi, pour un sabotier qui « joint à la vente des produits de son travail celle d'autres marchandises, et notamment de chaussons qu'il achète pour les revendre » (Cons. d'Ét. 4 juill. 1868, aff. Biaque, *Rec. Cons. d'Etat*, p. 774); et pour un poêlier qui n'a pas d'ouvrier, mais qui ne se borne pas à vendre des objets qu'il a fabriqués, et dont l'industrie consiste à revendre, après les avoir pourvus de portes et d'ornements, les poêles qu'il a achetés chez les fabricants (Cons. d'Ét. 21 avr. 1864, aff. Larigaldi, *Rec. Cons. d'Etat*, p. 367). — Un individu, au contraire, dont la profession consiste à acheter de vieux fourneaux pour les revendre après les avoir réparés, ce qui constitue surtout un travail de main-d'œuvre, doit être regardé comme un simple ouvrier ayant droit à l'exemption, s'il est seul (Cons. d'Ét. 20 févr. 1869, aff. Vinson, *Rec. Cons. d'Etat*, p. 182). Décidé encore qu'il y a lieu d'imposer: comme marchand de couleurs, un ouvrier qui achète aux fabricants des couleurs destinées à la peinture sur porcelaine, qu'il revend en détail après les avoir mélangées et assorties: selon la remarque du ministre, ces opérations de mélange et d'assortiment ne sont qu'un travail accessoire qu'on trouve dans beaucoup de commerces (Cons. d'Ét. 7 avr. 1869, aff. Grégoire, *Rec. Cons. d'Etat*, p. 314); — Comme fabricant de pompes de métal, un individu qui se sert pour la fabrication des pompes d'un manège à un cheval, qui vend des tuyaux auxquels il ne fait subir aucun travail, et qui, indépendamment des pompes qu'il fait sur commande, en fabrique qu'il vend à un marchand en gros moyennant un prix fixé à l'avance, et qui exerce ainsi un véritable commerce (Cons. d'Ét. 7 déc. 1877, aff. Vernier, D. P. 79. 5. 308); à la patente de mégissier, celui qui « achète à ses risques et périls des peaux pour les revendre, après les avoir préparées, et réalise ainsi des bénéfices commerciaux qui viennent s'ajouter à ceux que lui procure son travail personnel » (Cons. d'Ét. 6 août 1880, aff. Ithurriage, *Rec. Cons. d'Etat*, p. 730; — Comme fabricant de soufflets, celui qui joint à la vente des produits de son travail celle de soufflets à soufrage qu'il achète tout fabriqués, encore que ces achats n'aient pas une grande importance (Cons. d'Ét. 6 nov. 1880, aff. Leudes, *Rec. Cons. d'Etat*, p. 853). — C'est ainsi, enfin, que la patente de bourrelier a été maintenue à la charge de deux ouvriers travaillant seuls, dont l'un vendait, en même temps que des licols, brides, fourreaux, sous-ventrières, etc., par lui confectionnés, des mors, grelots, sonnettes brosses, étrilles, et dont l'autre avait dans sa boutique un assortiment assez varié de fouets, mors, étrilles, brosses, éponges, chaînes, bâches de voiture, etc. (Cons. d'Ét. 5 juill. 1878, aff. Servière, *Rec. Cons. d'Etat*, p. 636; 17 juin 1887, aff. Odiot, D. P. 88. 5. 355). D'ailleurs, la question de savoir si l'exemption est applicable ou s'il y a exercice d'un *commerce* donnant lieu à patente ne peut se résoudre que par l'examen des circonstances spéciales à chaque affaire.

628. D'autres décisions intéressantes ont été rendues à l'égard d'ouvriers travaillant seuls. Comme il a été dit au n° 318, l'exemption n'a pas été refusée à un *maçon* qui avait soumissionné des réparations à faire au pont d'une commune et qui les avait exécutées sans le secours d'aucun ouvrier, au moyen de matériaux fournis par le service vicinal et à des cantonniers auxquels leur administration avait fait souscrire isolément des marchés d'entretien de chemins.

L'exemption est également due à l'artisan, bien que ses opérations exigent l'emploi d'un certain outillage, si d'ailleurs il n'exploite pas un véritable établissement industriel; et c'est ce dernier motif qu'on trouve visé dans un arrêt accordant décharge à un fabricant de cierges (Cons. d'Ét. 7 sept. 1864, aff. Sénéchault, *Rec. Cons. d'Etat*, p. 835). Un fabricant de chandelles a été pareillement considéré comme un simple ouvrier, nonobstant l'emploi des fourneaux, chaudières et moules nécessaires à cette industrie (Cons. d'Et. 13 nov. 1864, aff. Marrot, *Rec. Cons. d'Etat*, p. 921); et l'exemption a même été accordée, contrairement à l'avis du ministre des finances, à un filateur de laine à façon qui, s'il travaillait sans compagnon ni apprenti, disposait d'un métier de trente broches, d'un dévidoir, d'un loup et de deux cardes (Cons. d'Et. 7 mai 1875, aff. Nicard, *Rec. Cons. d'Etat*, p. 438). Mais elle a été refusée à un retordeur de fil à façon, dont le moulin était mû par une petite machine à vapeur et qui se faisait habituellement aider dans son travail par sa domestique (Cons. d'Et. 13 févr. 1874, aff. Vignon, *Rec. Cons. d'Etat*, p. 155). Il a été jugé, au contraire, qu'un tourneur d'objets en bois, travaillant sans compagnon ni apprenti, a droit à l'exemption, bien que le tour dont il fait usage soit mis en mouvement par une partie de la force motrice d'un moulin : cette circonstance ne fait pas obstacle à ce qu'il soit admis au bénéfice de l'art. 17 de la loi du 15 juill. 1880 (Cons. d'Et. 20 avr. 1883, aff. Janod, D. P. 84. 3. 53). Notons encore, dans le sens de l'exemption, deux arrêts dont le premier a déclaré non imposable un ouvrier qui vendait, soit chez lui, soit sur les marchés voisins, la laine qu'il avait filée (Cons. d'Et. 6 déc. 1862, aff. Huzet, *Rec. Cons. d'Etat*, p. 154) et un fabricant de grosse chapellerie qui allait vendre les produits de son travail sur les marchés des communes voisines (Cons. d'Et. 14 févr. 1873, aff. Saby, *Rec. Cons. d'Etat*, p. 163).

629. Les bouilleurs d'eau-de-vie sont également passibles ou non de la patente, suivant les conditions dans lesquelles ils exercent leur industrie. Jugé en effet que plusieurs d'entre eux demeuraient de simples ouvriers (Cons. d'Et. 24 janv. 1866, aff. Servat et autres, *Rec. Cons. d'Etat*, p. 1185), tandis que le père et le fils, qui opéraient ensemble et qui recevaient un prix déterminé par distillation, ne pouvaient prétendre à l'exemption (Cons. d'Et. 4 juill. 1868, aff. Quenard, *Rec. Cons. d'Etat*, p. 775). Ajoutons encore qu'un laveur de cendres a droit à l'exemption due aux ouvriers seuls, bien que son travail ne demeure que l'accessoire d'opérations chimiques (Cons. d'Et. 26 juill. 1866, aff. Moisson, *Rec. Cons. d'Etat*, p. 867). Enfin, il a été accordé décharge à un teinturier qui travaillait principalement pour les gens de la campagne et dont l'atelier ne renfermait que l'outillage, de minime valeur, indispensable à l'exercice de sa profession (quatre fourneaux munis de bassines et un moulin à broyer l'indigo) (Cons. d'Et. 3 févr. 1883, aff. Lerat, *Rec. Cons. d'Etat*, p. 137). Mais la patente demeure due par le *teinturier* qui exerce sa profession dans un atelier muni de tous les ustensiles et appareils nécessaires, et qui reçoit de ses clients des étoffes qu'il se charge de faire imprimer (Cons. d'Et. 12 mai 1876, 20 avr. 1877 et 28 déc. 1877, aff. Bécus, Graillot et Trémoulet, *Rec. Cons. d'Etat*, p. 437, 369 et 1059). Dans la seconde affaire, notamment, l'imposé avait, au rez-de-chaussée sur la rue, un magasin constamment ouvert au public; des machines à nettoyer, à détacher et à cylindrer étaient installées dans d'autres pièces de sa maison; enfin, il occupait le long d'un canal un bâtiment renfermant des chaudières, cuves et autres appareils : on ne pouvait, dès lors, voir en lui le simple artisan que la loi a entendu favoriser.

630. L'exemption accordée par la loi aux ouvriers travaillant seuls n'est acquise qu'autant « que la profession exercée consiste en un travail essentiellement manuel. Ainsi l'exemption ne saurait être étendue à un dentiste, à un pédicure, à un arpenteur, à un pharmacien, à un boulanger, etc. », dont la profession fait l'objet au tarif d'un classement spécial (Instr. min. du 6 avr. 1881, p. 79). Ainsi jugé : pour un pédicure travaillant seul (Cons. d'Et. 7 juin 1855, aff. Gonidel, D. P. 55. 3. 84); pour un hongreur (Cons. d'Et. 12 févr. 1875, aff. Toulouse, *Rec. Cons. d'Etat*, p. 138). Le photographe, qui pouvait précédemment prétendre à l'exemption (Cons. d'Et. 13 mars 1860, aff. Guiraud, D. P. 60. 3. 77), est aujourd'hui rangé dans la 6ᵉ classe, s'il travaille seul. Pareillement, l'exemption doit être refusée : à un dessinateur pour fabrique, car il ne peut être regardé comme un simple ouvrier (Cons. d'Et. 17 déc. 1862, aff. Perrin, *Rec. Cons. d'Etat*, p. 729); à un pharmacien, bien qu'il n'ait ni élève, ni enseigne, ni magasin, et qu'il habite hors du village (Cons. d'Et. 17 juin 1868, aff. Bru, *Rec. Cons. d'Etat*, p. 679). Au contraire, décharge a été accordée, sous l'empire de la loi du 4 juin 1858, à un barbier qui n'avait ni enseigne ni boutique (Cons. d'Et. 8 févr. 1860, aff. Escande, D. P. 60. 3. 58), et sous le régime établi ensuite par la loi du 2 juill. 1862, à un perruquier, « en raison des conditions dans lesquelles il exerce sa profession » (Cons. d'Et. 15 févr. 1864, aff. Félix. D. P. 64. 3. 98). Ici encore, c'est dans l'appréciation des circonstances que chaque litige a sa solution.

631. Quant à la disposition légale qui, depuis 1868 (D. P. 68. 4. 113), exonère de la patente l'ouvrier travaillant *en chambre* avec l'aide d'un seul apprenti âgé de moins de seize ans, ses termes suffisent à l'expliquer. Le bénéfice n'en peut être accordé aux ouvriers qui travaillent en boutique, en magasin ou dans des ateliers disposés de façon à faire appel à la clientèle, mais seulement aux artisans dont l'atelier fait partie intégrante du logement. Ainsi, une forge, bien qu'attenant à l'habitation, ne peut être considérée comme en faisant partie, et, dès lors, le forgeron n'est pas fondé à réclamer le bénéfice de la loi de 1868 (Cons. d'Et. 14 mai 1870, aff. Bigat; 9 juin 1876, aff. Carrié; 11 juill. 1891, aff. Bridoux, *Rec. Cons. d'Etat*, p. 590, 535, 546). — A plus forte raison, l'exemption est-elle inapplicable à un bourrelier travaillant en boutique (Cons. d'Et. 20 nov. 1874, aff. Boyer, *Rec. Cons. d'Etat*, p. 897). — Il a été jugé également que cette exemption n'est pas due : au cordonnier qui a son atelier au rez-de-chaussée sur la rue, dans une pièce éclairée par une large baie à double châssis, le long de laquelle est placé l'établi (Cons. d'Et. 23 févr. 1877, aff. Leclerc, *Rec. Cons. d'Etat*, p. 188); — Au menuisier qui travaille, avec un apprenti âgé de moins de seize ans, dans un local non affecté à l'habitation, séparé par une cour de la maison qu'il occupe, et auquel on peut accéder par la partie de la cour qui donne directement sur la rue (Cons. d'Et. 4 janv. 1878, aff. Haye-Collart, D. P. 78. 3. 65); — Ou, lorsque la pièce dans laquelle il travaille, située au rez-de-chaussée, ayant jour et accès dans la rue et exclusivement consacrée à l'exercice de sa profession, doit être considérée comme un atelier spécial (Cons. d'Et. 23 mars 1880, aff. Aubry, D. P. 81. 5. 278); — A la repasseuse de linge dont l'atelier, exclusivement affecté à sa profession et situé au rez-de-chaussée sur la rue, est éclairé par un large vitrage garni habituellement d'objets de lingerie destinés à faire appel à la clientèle (Cons. d'Et. 18 juin 1880, aff. Dame Ragot, *Rec. Cons. d'Etat*, p. 574).

632. Enfin, aux cas d'exemption déjà reconnus en faveur des ouvriers, la loi du 15 juill. 1880 en a ajouté un nouveau. Elle a affranchi de la patente « la veuve qui continue, avec l'aide d'un seul ouvrier ou d'un seul apprenti, la profession précédemment exercée par son mari » Comme l'a dit le rapporteur de la loi, (V. D. P. 81. 4. 1), ce n'est que l'application, très justifiée en équité, du principe qui a fait exempter de patente l'ouvrier travaillant seul. Mais, par là même, cette immunité ne peut être accordée qu'aux veuves qui exercent une profession manuelle. Elle ne saurait être étendue « à une veuve exerçant la profession d'épicière, de marchande de mercerie, ou toute autre profession pour laquelle son mari n'aurait pas été fondé à demander l'exonération de patente accordée aux ouvriers » (Instr. min. du 6 avr. 1881, p. 81).

Art. 5. — *Associés en commandite, caisses d'épargne, assurances mutuelles, capitaines de navires, cantiniers, pêcheurs* (*Rép.* nº 285).

633. — I. ASSOCIÉS EN COMMANDITE, CAISSES D'ÉPARGNE, ASSURANCES MUTUELLES. — La loi du 15 juill. 1880 affranchit de la patente (art. 17, nº 4) « les associés en commandite, les caisses d'épargne et de prévoyance administrées gratuitement, les assurances mutuelles régulièrement autorisées ». Ces immunités, déjà accordées précédemment dans un but d'intérêt général (*Rép.* nº 285), n'exigent que peu d'explications.

634. Comme il a été dit au *Rép.* nº 303, les *associés en commandite* ne faisant pas partie de la raison sociale, ne sont pas imposés. Mais l'associé en commandite qui prend part à la gestion perd aussitôt sa qualité de simple commanditaire (c. com. art. 27 et 28). Aussi l'exemption prévue par la loi doit-elle lui être refusée lorsqu'il prend part à la gestion en vertu de l'acte constitutif de la société (Cons. d'Ét. 7 déc. 1859, aff. De Frontin, *Rec. Cons. d'Etat*, p. 701), ou en vertu d'une procuration pour recevoir le public et passer les marchés (Cons. d'Et. 4 mai 1877, aff. Jeanne, *Rec. Cons. d'Etat*, p. 423).

Quant à l'exemption édictée au profit des *caisses d'épargne, et de prévoyance* dont l'administration demeure gratuite, elle se justifie d'elle-même.

Enfin, à l'égard des *assurances mutuelles*, l'absence de bénéfices suffit pour expliquer leur non-imposition. Mais, comme on l'a vu *suprà*, n° 138, il est nécessaire que leurs opérations conservent un caractère exclusif de mutualité; faute de quoi la patente leur devient applicable. Ajoutons qu'une société qui se livre à des opérations de capitalisation pour le compte de ses membres dont le profit, dans ces opérations, consiste dans la chance d'un remboursement anticipé, qui fait à des tiers des avances sur titres au taux de 6 pour 100, et procure à certains de ses membres, outre la chance d'un remboursement anticipé, le service d'un intérêt annuel de 5 pour 100, ne se livre pas à une assurance telle que ce contrat est défini par l'art. 332 c. com. et, par suite, n'a pas droit à l'exemption de patente accordée aux assurances mutuelles (Cons. d'Et. 23 févr. 1889, aff. Société *L'Assurance financière*, D. P. 90. 5. 371).

635. — II. CAPITAINES DE NAVIRE. — Les « capitaines de navires de commerce ne naviguant pas pour leur compte » demeurent exempts de patente ce qui d'ailleurs est conforme à ce que nous avons dit, à propos des *armateurs* (n° 130), et au principe, général en matière de patentes, qui subordonne le droit de patente à l'exercice *personnel* de la profession, c'est-à-dire à la recherche des profits qu'elle peut procurer, avec ses aléas comme contrepartie. On peut dire également que les capitaines naviguant pour le compte de tiers ne sont que des agents de ces derniers; de sorte qu'à ce point de vue encore, ils échappent à la patente. Aucune difficulté ne saurait donc s'élever à leur égard (V. *infrà*, n° 639).

636. — III. CANTINIERS. — Les cantiniers attachés à l'armée étaient déjà affranchis de la patente en 1844 (*Rép.* n° 286), nous avons dit, au n° 186, dans quelles limites cette exemption leur était appliquée et pour quels motifs elle nous paraîtrait devoir être élargie. — Enfin, la loi exonère de la patente, comme précédemment (*Rép.* n° 286), les *écrivains publics*, les *savetiers*, les *chiffonniers* au crochet, les *porteurs d'eau* à la bretelle ou avec voiture à bras, les *rémouleurs ambulants* et les *gardes-malades*. Ces différentes exemptions ne nous semblent pas avoir besoin de commentaires.

637. — IV. PÊCHEURS. — Les pêcheurs, dit la loi, sont affranchis de la patente, « lors même que la barque qu'ils montent leur appartient » ; et le *Rép.*, n° 286, a donné les motifs de cette immunité. Elle est d'ailleurs appliquée d'une façon très large par la jurisprudence ; car, en parlant des *armateurs* au n° 132, nous avons dit qu'elle n'avait été refusée ni au propriétaire, pour partie, d'un bateau de pêche de 46 tonneaux, qui le montait avec un équipage de huit à dix hommes, ni au propriétaire d'une barque de 25 tonneaux, encore qu'il ne la montât pas toujours lui-même. Ainsi jugé également, en raison du faible tonnage de la seule barque possédée (Cons d'Et. 18 févr. et 17 mars 1876, aff. Noiret et aff. Asselin, *Rec. Cons. d'Etat*, p. 178 et 268), et pour le propriétaire d'une barque de 22 tonneaux qu'il affectait habituellement à l'exercice de sa profession de pêcheur, bien qu'il eût dû, pendant huit mois, la confier à d'autres patrons (Cons. d'Et. 12 févr. 1892, aff. Auvergne, *Rec. Cons. d'Etat*, p. 139). A été, au contraire, maintenu à la patente d'armateur le propriétaire de deux navires de Dieppe, qu'il ne montait jamais et qu'il employait à la pêche côtière (Cons. d'Et. 3 mars 1864, aff. Sellier, *Rec. Cons. d'Etat*, p. 215).

Les adjudicataires ou fermiers de pêche avaient été déclarés imposables sous l'ancienne jurisprudence, quels que fussent les motifs de l'adjudication et qu'il fissent, ou non, commerce du produit de leur pêche (Cons. d'Et. 23 févr. 1864, aff. Martin, *Rec. Cons. d'Etat*, p. 176). Mais déjà un arrêt du 17 juill. 1861 (aff. Jeannesson, D. P. 61. 3. 84) avait exonéré de la patente un juge de paix qui, s'il s'était rendu adjudicataire d'un droit de pêche, ne pêchait que pour son agrément et ne vendait pas le poisson qu'il avait pêché ; et il avait été statué dans le même sens pour l'adjudicataire d'un droit de pêche qui n'usait de ce droit que pour son agrément personnel et qui avait consenti des sous-locations, non à des pêcheurs de profession, mais à des personnes pêchant pour leur agrément (Cons. d'Et. 21 janv. 1887, aff. Houdet, D. P. 88. 5. 343). — La patente, au contraire, a été maintenue à la charge: du fermier de deux cantonnements de pêche, sur la Seine, qui en avait pris l'adjudication au prix annuel de 1475 fr. (Cons. d'Et. 19 févr. 1880, aff. Soret, *Rec. Cons. d'Etat*, p. 175); — D'un ouvrier de fabrique qui s'était rendu adjudicataire, pour six ans, de la pêche sur un étang communal de l'Isère et qui se faisait aider par un pêcheur de profession (Cons. d'Et. 7 nov. 1879, aff. Cécillon, *Rec. Cons. d'Etat*, p. 671); — Du fermier de deux cantonnements qui, aux termes de l'arrêt, faisait des produits de sa pêche l'objet d'un commerce (Cons. d'Et. 23 déc. 1887, aff. Bourcallier, *Rec. Cons. d'Etat*, p. 839) ; — Du fermier de trois lots de pêche loués au génie, près d'un étang lui appartenant, qui expédiait chaque semaine à Paris une moyenne de 300 kilogr. de poissons tirés tant de ces lots que de son étang et qui occupait dix hommes les jours de pêche (Cons d'Et. 30 nov. 1889, aff. Decamps, *Rec. Cons. d'Etat*, p. 1113). — Mais l'individu qui a été simplement autorisé par l'adjudicataire du droit de pêche à pêcher dans son cantonnement a droit à l'exemption acquise aux pêcheurs, et ne peut, par suite, être imposé en qualité de marchand de poissons en détail, bien qu'il vende le poisson ainsi pêché (Cons. d'Et. 10 févr. 1882, aff. Marty; 10 juill. 1885, aff. Dalibon, D. P. 84. 5. 370 et 86. 5. 319), bien qu'il se soit engagé à fournir le poisson nécessaire au ménage de l'adjudicataire et qu'il vende le surplus (Cons. d'Et. 16 mars 1888, aff. Colson, D. P. 89. 5. 349). — A l'inverse, notons un arrêt maintenant à la patente de marchand de poisson une femme qui ne se bornait pas à vendre le produit de la pêche de son mari, et qui achetait en outre des quantités importantes de poisson qu'elle expédiait à des marchands (Cons. d'Et. 9 févr. 1869, aff. Paysan, *Rec. Cons. d'Etat*, p. 130).

638. Pour les marchands d'huîtres, qui sont plutôt des éleveurs que des pêcheurs, V. *suprà*, n° 300.

SECT. 4. — PRÉPOSÉS PARTICULIERS, CAPITAINES DE NAVIRE, COMMIS, ETC.

639. Comme la loi de 1844, et pour les motifs qui ont été exposés au *Rép.* n°s 276 et 277 et *suprà*, n° 635, la loi du 15 juill. 1880 (art. 17, n° 5) affranchit de la patente les capitaines de navires de commerce ne naviguant pas pour leur compte. Elle exempte également les commis et toutes les personnes travaillant à gages, à façon et à la journée, dans les maisons, ateliers et boutiques des personnes de leur profession. C'est là une nouvelle application du principe que nous avons plusieurs fois eu l'occasion de rappeler, que l'impôt des patentes n'atteint pas ceux qui travaillent pour le compte d'autrui alors même que celui-ci serait lui-même patenté. *A fortiori* le préposé d'un individu qui n'est pas astreint à la patente, ne saurait y être assujetti. C'est ce qui a été décidé à l'égard de l'individu qui se borne à vendre, pour le compte d'un concessionnaire de mines non patentable, les charbons entreposés par ce concessionnaire dans des magasins qui lui appartiennent : cet individu ne doit pas être imposé à la patente comme représentant de commerce, encore qu'il fût rétribué au moyen de remises proportionnelles sur les ventes par lui effectuées ; il n'est que l'agent salarié de son mandant, et par suite, a droit à l'exemption établie par l'art. 13, § 6, de la loi du 25 avr. 1844 et actuellement par l'art. 17, n° 5 de la loi du 15 juill. 1880 (Cons. d'Et. 28 juin 1865, aff. Charay, D. P. 66. 3. 44).

640. Sous l'empire de la loi du 15 juill. 1880 comme sous l'empire de la législation antérieure, la question de savoir quand un individu est un commis ou quand il est un véritable commissionnaire ou représentant de commerce, subsiste avec toutes ses difficultés (*Rép.* n° 279). La jurisprudence très importante qui s'est formée sur cette question ne dégage pas, à cet égard, de règle fixe et la solution de la question dépend des circonstances et de l'appréciation des rapports existant entre la maison de commerce et celui qu'elle emploie, comme nous avons déjà eu l'occasion de le dire (V. *suprà*, n°s 217 et suiv.) en étudiant l'imposition des commissionnaires et courtiers en marchandises. D'une manière générale, lorsque l'employé ne fait qu'exécuter des ordres donnés, sans responsabilité propre, c'est un commis; lorsqu'il conserve, au contraire, son initiative et une liberté d'action qui empêchent ses intérêts personnels de se confondre avec ceux de la maison qui a recours à lui, il doit être considéré comme exerçant une industrie distincte donnant lieu à la patente. Toutes les fois donc qu'il est établi que la personne employée se trouve sous la direction de celle qui l'emploie, elle échappe à la patente. Ainsi il a été jugé que : 1° le commis préposé à la direction d'une usine n'est pas imposable en qualité de représentant de commerce, bien qu'il ait fait des achats de marchandises dans la localité, si ces achats, d'ailleurs accidentels, n'ont pas été faits pour d'autres commettants que son patron (Cons. d'Et. 20 mars 1861, aff. Peyrecave, D. P. 61. 3. 340); — 2° L'individu qui se borne à diriger, comme mandataire des gérants, la succursale d'une caisse d'escompte est à tort imposé à la patente de banquier, alors même qu'il serait propriétaire d'un certain nombre d'actions de cette caisse (Cons. d'Et. 12 août 1859, aff. Gendre, D. P. 62. 5. 233); — 3° L'individu qui ne vend des engrais que pour le compte d'une seule personne moyennant un droit de commission, à celle de marchand d'engrais (Cons. d'Et. 18 mai 1858, aff. Lecomte, D. P. 58. 3. 265); — 4° Le préposé qui vend des huîtres pour le compte de son commettant (Cons. d'Et. 12 juill. 1878, aff. Blanchard, D. P. 79. 3. 9-10); — 5° L'individu chargé, par une maison de commerce, de faire des placements de marchandises, alors qu'il n'agit que pour le compte de cette maison d'après les instructions qui lui ont été données (Cons. d'Et. 27 avr. 1872, aff. Canard, et 23 juin 1868, aff. Deminger, D. P. 75. 3. 47), et alors surtout que le local servant de dépôt est loué par ladite maison (Arrêt précité du 23 juin 1868), quand même il reçoit des remises proportionnelles sur le prix des ventes par lui opérées (Mêmes arrêts).

641. Il résulte de cette jurisprudence que la circonstance qu'un individu reçoit des remises proportionnelles et qu'il ne reçoit pas uniquement un salaire fixe (V. *suprà*, n°s 217 et suiv.), ne suffit pas à lui enlever la qualité de commis. On ne saurait attacher une importance capitale à cette circonstance, aujourd'hui surtout que l'usage du commerce tend, de plus en plus, à intéresser, au moyen de remises, les commis même qui sont employés dans l'intérieur des magasins sous la direction immédiate du patron. Il semble toutefois résulter de la jurisprudence que la rémunération au moyen de remises proportionnelles ne laisse à celui qui la perçoit la qualité de commis qu'autant qu'il reste sous la direction de celui qui l'emploie. Le conseil d'Etat paraît envisager la qualité de commis comme supposant des rapports permanents de service et de subordination qui excluent l'exercice, par celui qui prétend l'avoir, d'une industrie propre, pour son compte, sous sa responsabilité et à ses risques et périls. Ainsi on a considéré : 1° comme représentant de commerce, celui qui opère des achats et ventes sur un marché, quand même il n'opère que pour une seule maison, alors qu'il reçoit des remises proportionnelles et qu'il possède un local servant au dépôt des marchandises (Cons. d'Et. 15 mai 1874, aff. Saule-Raymond, D. P. 75. 3. 47); — 2° Comme facteur de denrées l'individu chargé de placer des denrées chez les détaillants et les consommateurs pour le compte d'une seule maison, lorsque, indépendamment des frais de voyage, il reçoit des remises proportionnelles aux placements (Cons. d'Et. 4 nov. 1887, aff. Lambœuf, D. P. 88. 3. 133); — 3° Comme facteur en marchandises, celui qui fait habituellement, ne fût-ce que pour le compte d'un seul commerçant, des achats de grains et des placements de farine moyennant des remises proportionnelles (Cons. d'Et. 18 janv. 1860, aff. Dewatine, D. P. 60. 5. 261); celui qui fait habituellement, pour le compte d'autrui, des placements de marchandises (de farines, par exemple) moyennant des remises proportionnelles à la quantité des marchandises vendues (Cons. d'Et. 31 janv. 1856, aff. Duvivray, D. P. 56. 5. 322); ou celui qui, pendant la saison de la récolte, achète des cocons chez les cultivateurs et reçoit, comme rémunération, des remises proportionnelles (Cons. d'Et. 20 janv. 1888, aff. Mathieu, D. P. 88. 3. 133); ou celui qui, à l'époque de la tonte des laines, achète aux propriétaires de la contrée qu'il habite des laines pour le compte d'autrui, moyennant des remises proportionnelles à la quantité et à la valeur des marchandises achetées, bien que ses achats ne soient faits que pour le compte d'une seule maison (Cons. d'Et. 11 févr. 1857, aff. Planel, D. P. 57. 3. 76); — 4° Comme marchand expéditeur de bestiaux celui qui achète, en son nom et de ses deniers, des bestiaux qu'il expédie principalement à un marchand qui ne le rembourse pas spécialement et ne lui paye pas un traitement fixe (Cons. d'Et. 27 janv. 1888, D. P. 89. 5. 347). — Au contraire, ne sont pas assujettis à la patente : 1° l'individu qui se charge de faire des recouvrements pour une seule maison, alors même qu'il est rémunéré au moyen de remises proportionnelles (Cons. d'Et. 21 avr. 1882, aff. Gramont, D. P. 83. 3. 102; 29 avr. 1887, aff. Guibert, D. P. 88. 5. 354); — 2° L'individu qui, gérant un dépôt de pain pour le compte d'un tiers, n'est chargé que de la vente du pain exposé chez lui sans être responsable de celui qui n'est pas vendu et que reprend le déposant, alors même qu'il reçoit une indemnité par pain vendu (Cons. d'Et. 10 févr. 1888, aff. Cadassé-Sarrailhé, D. P. 89. 5. 347); — 3° Celui qui reçoit un traitement fixe et touche en outre des remises proportionnées aux bénéfices de la maison (Cons. d'Et. 5 mai 1864, aff. Maringer, *Rec. Cons. d'Etat* p. 411), ou au montant des ventes opérées par son intermédiaire (Cons. d'Et. 17 mars 1865, aff. Rosenfeld, *Rec. Cons. d'Etat*, p. 282).

642. On a vu *suprà*, n° 217, que la circonstance qu'un intermédiaire n'agit que pour le compte d'une seule maison ne suffit pas à le rendre non imposable : un grand nombre d'arrêts du conseil d'Etat l'ont établi, bien que cette circonstance constitue une sorte de présomption en faveur de la qualité de commis. Quant à l'intermédiaire, qui agit pour le compte de plusieurs maisons de commerce, peut-il prétendre à l'exemption de la patente? Ici encore la solution de la question doit dépendre des circonstances et des rapports qui existent entre celui qui réclame l'exemption de la patente et les maisons qui l'emploient. Plusieurs commerçant peuvent, au moyen d'une entente commune, avoir dans une localité un même employé, payé par eux, agissant par leurs ordres et n'exerçant pas à ses risques et périls une industrie spéciale. En pareil cas, il semble bien que cet intermédiaire devrait être considéré comme un commis et ne serait pas imposable; et la circonstance qu'il agit pour le compte de plusieurs maisons ne nous paraîtrait pas décisive. Il ne devrait être assujetti à la patente que si à cette circonstance venaient s'en joindre d'autres, qui seraient de nature à le faire considérer comme un représentant dans le cas même où il n'agirait que pour un seul commettant. Telle est l'hypothèse prévue par plusieurs arrêts du conseil d'Etat aux termes desquels celui qui est, dans une ville, l'agent de plusieurs compagnies d'assurances, qui reçoit d'elles des remises proportionnelles aux affaires par lui traitées, qui rétribue un sous-agent, et qui occupe, pour l'exercice de sa profession, un local loué en son nom, ne peut être considéré comme un commis (Cons. d'Et. 4 déc. 1874, aff. Hermann, *Rec. Cons. d'Etat*, p. 954; 31 mars 1876, aff. Jouanne, D. P. 76. 3. 78; 9 mai 1879, aff. Mauyar; 7 nov. 1879, aff. Desgeorges; 11 juin 1880, aff. Dermigny, D. P. 81. 5. 276; 1er juill. 1887, aff. Hummel, D. P. 88. 5. 354; 27 févr. 1892, aff. Fouché, *Rec. Cons. d'Etat*, p. 239).

643. On ne saurait également considérer comme un commis l'individu qui fait, pour le compte d'un tiers, des actes réservés aux personnes remplissant certaines conditions légales ou réglementaires et qu'il ne peut accomplir que parce qu'il remplit lui-même ces conditions. Ainsi un particulier inscrit comme facteur à la halle de Paris dans les conditions prescrites par les règlements, n'est pas fondé à se prévaloir, pour obtenir décharge du droit de patente, des arrangements intervenus entre lui et un autre facteur, en vertu desquels il procéderait aux opérations dont il est chargé non pour son propre compte, mais en qualité de commis (Cons. d'Et. 3 mars 1882, aff. Bessin et 28 avr. 1882, aff. Peruche, D. P. 83. 3. 70). — En effet, les conventions particulières intervenues entre les deux facteurs ne pouvaient empêcher celui qui agissait pour le compte de l'autre d'avoir la qualité de facteur et surtout d'accomplir les actes qui constituent cette profession. Or, le particulier qui, après avoir rempli toutes les conditions prescrites par les règlements pour être inscrit comme facteur, reçoit les enchères, prononce les adjudications et dresse un procès-verbal journalier des ventes, est bien réellement un facteur dans ses rapports avec les vendeurs et les acheteurs ; il est responsable vis-à-vis d'eux; et les arrangements particuliers qu'il a pu faire avec un de ses collègues ne sont pas plus opposables au Trésor, pour l'établissement des droits de patente, qu'ils ne le seraient aux tiers, dans les cas d'une action en responsabilité.

Sect. 5. — Des marchands ambulants et autres professions diverses (*Rép.* n°s 283-286).

644. La loi du 15 juill. 1880 (art. 17, n° 5) exempte de la patente, comme l'avait fait la loi du 25 avr. 1844, certaines industries qui, en raison de leur peu d'importance, ne pouvaient supporter sans ruine, l'impôt de la patente (*Rép.* n° 283). Ne sont pas imposées, aux termes de cet article, «les personnes qui vendent en ambulance dans les rues, dans les lieux de passage et dans les marchés, soit des fleurs, de l'amadou, des balais, des statues et figures en plâtre, soit des fruits, des légumes, des poissons, du beurre, des œufs, du fromage et autres menus comestibles. L'exemption consacrée par ce texte est rigoureusement limitée à la vente en ambulance des objets compris dans l'énumération ci-dessus. La vente en ambulance des autres objets donne lieu seulement à la réduction de moitié des droits que payent les marchands qui vendent les mêmes objets en boutique. C'est ce que décide en termes formels l'art. 18 de la loi du 15 juill. 1880, qui reproduit les termes de l'art. 14 de la loi du 25 avr. 1844 (*Rép.* n° 284). Aux termes de cet art. 18, « tous ceux qui vendent en ambulance des objets non compris dans les exemptions déterminées par l'article précédent et tous marchands sous échoppe ou en étalage sont passibles de la moitié des droits que payent les marchands qui vendent les mêmes objets en boutique. Toutefois cette disposition n'est pas applicable aux bouchers, épiciers et autres marchands ayant un étal permanent ou occupant des places fixes dans les halles et marchés ». La réduction de moitié accordée par cet art. 18 porte tant sur le droit fixe que sur le droit proportionnel; mais, en vertu des dispositions spéciales insérées aux tableaux A et D, les patentables des 7e et 8e classes sont exempts de tout droit proportionnel, quand ils vendent en ambulance, sous échoppe ou en étalage, alors même que la population des communes où ils exercent leur profession dépasse 20 000 âmes.

645. La solution de la question de savoir dans quels cas un individu vend en ambulance, au sens de la loi, est assez délicate. Il ne faut pas perdre de vue que la loi n'a entendu exempter ou décharger de la patente, à titre de marchands ambulants, que des négociants dont le commerce ne présente qu'une faible importance, et qui n'exercent pas en outre une industrie imposable dont ils vendraient les produits en ambulance. La vente en ambulance comporte également la vente aux consommateurs par petites quantités, et non la vente en gros à des négociants revendeurs. Ainsi le nourrisseur qui vend le lait de ses vaches de porte en porte, ou à des clients attitrés et non à des acheteurs inconnus, ne peut exciper de cette circonstance pour se faire considérer comme marchand ambulant (Cons. d'Et. 4 juin 1891, aff. Oaner, *Rec. Cons. d'Etat*, p. 532; 14 nov. 1891, aff. Nuder, *ibid.*, p. 677). — De même, l'individu qui vend sur un marché, le plus souvent en gros et à des négociants, des truffes recueillies sur ses terres et des terres voisines (Cons. d'Et. 12 mars 1880, aff. Baynol, *Rec. Cons d'Etat*, p. 288); celui qui achète en Belgique des volailles et des légumes et les transporte en France à l'aide d'une voiture pour les vendre dans diverses communes (Cons. d'Et. 27 avr. 1888, aff. Browet, *Rec. Cons. d'Etat*, p. 378) ne sont pas réputés vendre en ambulance. Au contraire, une femme qui va vendre du poisson frais aux consommateurs peut être considérée comme vendant en ambulance, alors même qu'elle vendrait exceptionnellement à des détaillants (Cons. d'Et. 13 févr. 1892, aff. Jouissou, *Rec. Cons. d'Etat*, p. 162).

Dans tous les cas, on ne peut considérer comme vendant en ambulance un marchand en détail qui loue au mois des boutiques vacantes (Cons. d'Et. 4 juill. 1884, aff. Joseph, D. P. 86. 3. 7).

646. Par application du second paragraphe de l'art. 18 de la loi du 15 juill. 1880, les bouchers, épiciers et autres marchands, ayant un étal permanent ou occupant des places fixes dans les halles et marchés, n'ont point droit à la réduction de moitié sur leurs patentes; ils sont imposables comme les marchands en boutique. La question de savoir si un individu doit être considéré comme marchand en étalage ou sous échoppe ne fait pas difficulté, quand cet individu tient en location dans une halle ou un marché un local dont il dispose d'une manière permanente et exclusive (Cons. d'Et. 17 avr. 1869, aff. Bourbon-Beaudeau, *Rec. Cons. d'Etat*, p. 379, 23 mai 1870, aff. Bidard, *ibid.*, p. 627; 7 août 1874, aff. Barnabé, *ibid.* p. 803; 4 févr. 1881, aff. Barré, D. P. 82. 3. 88; 31 juill. 1885, aff. Cherrier, D. P. 86. 5. 321-322). La même règle a été appliquée à un boucher occupant, dans une commune autre que celle où il a son principal établissement, une boutique louée à l'année, alors même qu'il ne vendait des viandes dans cette boutique que trois fois par semaine (Cons. d'Et. 20 févr. 1880, aff. Lefebvre, D. P. 80. 3. 88).

647. Dans ces différents cas, on se trouvait en présence d'une location au mois ou à l'année. Mais la question est plus délicate à résoudre quand cette condition ne se rencontre pas. Le conseil d'Etat a refusé de considérer comme exploitant un établissement distinct pouvant donner lieu au droit entier: 1° un individu se rendant dans une commune les jours de marché, pour y vendre des tissus, soit en plein air, soit sous la halle, mais sans y avoir de place fixe (Cons. d'Et. 18 juill. 1860, aff. Quilhot, *Rec. Cons. d'Etat*, p. 550); — 2° Un boucher se rendant tous les dimanches dans une commune où il expose de la viande de porc sur un banc qu'il enlève après la vente (Cons. d'Et. 25 juill. 1860, aff. Jouy, *Rec. Cons. d'Etat*, p. 574 ; 7 nov. 1884, aff. Beauge, *Rec. Cons. d'Etat*, p. 753); — 3° Un marchand qui paye dans un marché le droit de place chaque fois qu'il s'y rend (Cons. d'Et. 20 févr. 1861, aff. Renaud, *Rec. Cons. d'Et.*, p. 127; 18 mai 1877, aff. Madelaine, *Rec. Cons. d'Etat*, p. 467). Dans certains cas, le conseil d'Etat a maintenu la décharge par le motif que l'instruction n'établissait pas que le réclamant fût locataire à l'année ou pour un temps déterminé (Cons. d'Et. 12 mars 1875, aff. Guittard, *Rec. Cons. d'Etat*, p. 244; 2 mars 1888, aff. Madelaine, D. P. 89. 5. 353).

648. Mais alors même qu'il n'y a pas location pour un temps déterminé, le conseil d'Etat applique le droit entier si la place occupée l'est d'une manière fixe et permanente. Jugé ainsi à l'égard : d'un boucher qui occupait dans une halle une place fixe sans location (Cons. d'Et. 2 mars 1883, aff. Baduel, *Rec. Cons. d'Etat*, p. 231); d'une marchande occupant une place sur laquelle était apposée une plaque portant son nom, ce qui indiquait, bien qu'elle acquittât chaque jour le droit de place, l'existence d'une véritable location (Cons. d'Et. 30 avr. 1880, aff. Derdoulon, *Rec. Cons. d'Etat*, p. 416).

C'est donc, en définitive, le caractère de permanence de la location ou de l'occupation d'une place qui est déterminant pour le conseil d'Etat et s'il attache une grande importance au fait à la location de temps déterminé c'est-à-dire à l'état de droit, il ne prend pas moins en considération l'état de fait lorsque cet état révèle un établissement permanent.

649. L'art. 17, n° 5, de la loi du 15 juill. 1880 exempte encore de la patente un certain nombre de professions qui échappaient à cet impôt sous l'empire de la législation antérieure (*Rép.* n° 286): ce sont les cantiniers attachés à l'armée (V. *suprà*, n° 186), les écrivains publics, les savetiers, les chiffonniers au crochet, les porteurs d'eau à la bretelle ou avec voitures à bras, les rémouleurs ambulants, les gardes-malades.

SECT 6. — DES CONDITIONS SPÉCIALES QUI RÉGISSENT LES MARCHANDS FORAINS ET LES COMMIS VOYAGEURS (*Rép.* n°s 287 à 300).

ART. 1er. — *Marchands forains.*

650. La loi du 15 juill. 1880 reproduit les dispositions de la loi du 25 avr. 1844 (*Rép.* n° 187) relatives aux colporteurs et marchands forains entre lesquels elle maintient l'assimilation que cette dernière loi avait établie. Aux termes de l'art. 23 de la loi du 15 juill. 1880, tout individu transportant des marchandises de commune en commune, lors même qu'il vend pour le compte de marchands ou de fabricants, est tenu d'avoir une patente personnelle, qui est, selon les cas, celle de colporteur avec balle, avec bête de somme ou avec voiture. Elle maintient également la distinction établie par la loi du 25 avr. 1844, entre les commis qui voyagent avec de simples échantillons et ceux qui transportent en outre des marchandises et les vendent (*Rép.* n° 288). La loi de finances du 28 avr. 1893 (art. 8) range parmi les marchands forains, et assujettit aux mêmes droits de patente, les marchands dits *déballeurs*, lorsqu'ils restent habituellement moins d'un semestre dans chaque localité où ils opèrent des ventes.

651. L'obligation d'avoir une patente personnelle est générale pour tout individu qui transporte des marchandises de commune en commune; la loi de 1880, comme celle de 1844, prend soin de préciser que cette obligation s'applique à ceux qui vendent pour le compte de marchands ou de fabricants, et cette disposition a un caractère absolu qui ne permet aucune distinction fondée sur la nature des rapports existant entre le colporteur et celui pour le compte duquel il vend. Déjà, avant la publication du *Répertoire*, il avait été jugé que la patente est obligatoire pour celui qui colporte pour le compte de son père, et la jurisprudence du conseil d'Etat, après quelques hésitations (V. Cons. d'Et. 29 juill. 1852, aff. Moreau, *Rec. Cons. d'Etat*, p. 350), s'est maintenue dans ce sens (Cons. d'Et. 10 janv. 1862, aff. Mathieu, D. P. 62. 3. 68). La même solution est applicable à celui qui colporte des marchandises pour le compte de sa femme séparée de biens, et au commis ou serviteur à gages qui colporte des marchandises pour le compte de son patron, encore que le cheval et la voiture dont il fait usage ne soient pas sa propriété et appartiennent au patron (Cons. d'Et. 2 mars 1888, aff. Delattre, D. P. 89. 5. 351), ou que cette voiture soit attelée avec un cheval de louage (Cons. d'Et. 8 déc. 1888, aff. Aubertin, D. P. 89. 5. 351). Le régime d'exception qui frappe d'une patente personnelle le commis, alors que, en règle générale, ceux qui travaillent pour le compte d'autrui ne sont pas assujettis à cet impôt, se justifie en ce que chaque vendeur, qui opère isolément, transporte avec lui-même un véritable établissement caractérisé à la fois par l'initiative dont ce vendeur dispose, par le champ d'action différent et particulier qui lui est ouvert, enfin par la clientèle qu'il y rencontre. Aussi l'obligation de la patente personnelle n'existe-t-elle que pour le colporteur qui opère isolément et ne s'applique-t-elle pas à celui qui se borne à assister un autre marchand forain et à l'aider dans ses ventes, à la condition qu'il ne se sépare pas de lui et n'aille pas isolément colporter des marchandises (Cons. d'Et. 9 avr. 1892, aff. Pinchaud, *Rec. Cons. d'Etat*, p. 403). Même décision en faveur de l'apprenti voyageant avec un forain, même s'il fait quelques ventes (Cons. d'Et. 9 nov. 1883, aff. Ravel, *Rec. Cons. d'Etal*, p. 798).

652. L'exemption de la patente, que la loi prononce en faveur de l'ouvrier travaillant seul ou avec un apprenti (*suprà*, n°s 620 et suiv.) s'étend à l'ouvrier qui colporte les produits de son travail : ainsi un ouvrier chapelier travaillant seul n'est pas imposable en raison de ce qu'il va vendre ses marchandises dans les foires et marchés voisins (Cons. d'Et. 14 févr. 1873, aff. Jaby, *Rec. Cons. d'Etat*, p. 163). De même l'ouvrier qui vend chez lui ou sur les marchés voisins la laine qu'il a filée (Cons. d'Et. 6 déc. 1862, aff. Hayet, *Rec. Cons. d'Etat*, p. 754).

653. L'obligation de la patente de marchand forain n'est toujours pas imposée à l'individu qui achète en France, où il ne possède aucun dépôt ou magasin, des marchandises qu'il revend en pays étranger (*Rép.* n° 289; Cons. d'Et. 6 nov. 1880, aff. Denat, D. P. 82. 3. 15). C'est l'application d'une règle générale en vertu de laquelle l'individu qui n'a en France ni magasin ni établissement, n'est point assujetti à la patente pour les achats qu'il y fait pour les expédier à l'étranger (Cons. d'Et. 4 mai 1859, aff. Bourgalès D. P. 60. 3. 5; 26 juin 1866, aff. Guad, D. P. 67. 3. 40).

654. Lorsqu'un commerçant possède dans la commune qu'il habite ordinairement un établissement fixe et qu'il colporte des marchandises dans les communes voisines, la question se présente de savoir s'il peut être imposé comme marchand forain et si, à ce titre, le droit fixe le plus élevé doit lui être réclamé conformément à la règle générale, pour le cas de cumul de deux professions (*Rép.* n° 292). Cette question, fréquemment soulevée devant le conseil d'Etat, a été résolue sans difficulté dans le sens de la négative toutes les fois que les opérations de colportage ne sont qu'un accessoire du commerce exercé dans l'établissement fixe (Cons. d'Et. 26 mars 1856, aff. Riffault, D. P. 56. 3. 59); notamment quand le patentable ne se sert de sa voiture que pour porter à domicile des marchandises vendues (Cons. d'Et. 19 mars 1864, aff. Dupont, *Rec. Cons. d'Etat*, p. 285; 20 mars 1866, aff. Lamarre, *Rec. Cons. d'Etat*, p. 251). Au contraire, on a considéré comme marchand forain le marchand qui, ayant boutique ouverte, fréquente les foires et marchés pour la vente des objets de son commerce (Cons. d'Et. 17 juill. 1867, aff. Prégermain, *Rec. Cons. d'Etat*, p. 653; 15 déc. 1868, aff. Diris, *ibid.* p. 1035; 4 févr. 1876, aff. Lapetite, *ibid.*, p. 115; 23 févr. 1877, aff. Nantet, *ibid.*, p. 180; 27 févr. 1892, aff. Lavigne, *ibid.*, p. 237), sauf le cas où il s'agit de faits accidentels. Ainsi décharge de la patente de marchand forain a été accordée à un boucher qui ne se rendait dans les communes voisines que pour y vendre les viandes qu'il n'avait pu débiter dans sa boutique (Cons. d'Et. 24 avr, 1865, aff. Neveu-Barbey, *Rec. Cons. d'Etat*, p. 486); — Ou à des contribuables se transportant dans les foires, marchés ou fêtes patronales de *plusieurs* communes, lorsque ces déplacements n'avaient qu'un caractère accidentel et n'étaient ni assez nombreux ni assez fréquents pour constituer l'exercice d'une profession (Cons. d'Et. 15 févr. 1864, aff. Blot, *Rec. Cons. d'Etat*, p. 141; 25 mai 1864, aff. Bourgeois, *ibid.*, p. 492; 6 août 1864, aff. Arras, *ibid.*, p. 743; 26 juin 1867, aff. Baticle, *ibid.*, p. 607); — Ou encore à un marchand qui se bornait à se rendre une fois par semaine au marché d'une *seule* commune voisine (Cons. d'Et. 25 févr. 1863, aff. Clément, *Rec. Cons. d'Etat*, p. 173); — Ou à un fabricant de chaussures ayant un établissement sédentaire dans une commune, et n'ayant ni cheval ni voiture, qui se rendrait un petit nombre de fois par année dans les foires de deux communes voisines pour y vendre une partie de ses produits (Cons. d'Et. 7 nov. 1879, aff. Paris, D. P. 80. 3. 42).

655. Mais la patente de marchand forain est due quand ces déplacements sont assez fréquents pour être considérés comme constituant une industrie habituelle (Cons. d'Et. 15 avr. 1863, aff. Mazelié, *Rec. Cons. d'Etat*, p. 356). Elle est due, par exemple, par un marchand de fromages fréquentant trois marchés par semaine (Cons. d'Et. 27 mai 1892, aff. Robert, *Rec. Cons. d'Etat*, p. 499); — Ou par un boulanger qui transporte habituellement, avec un cheval et une voiture, dans les foires des communes environnantes, le pain provenant de sa boulangerie : il doit être imposé comme marchand forain avec voiture, et non comme boulanger (Cons. d'Et. 28 avr. 1882, aff. Pradié, D. P. 84. 5. 373). — Mais la solution serait différente si le boulanger se servait de sa voiture non pour offrir sa marchandise au public, mais pour servir quelques pratiques (Cons. d'Et. 27 mai 1857, aff. Jacquin, *Rec. Cons. d'Etat*, p. 417).

656. Remarquons que la qualification de marchand forain ne peut être attribuée à un marchand, pour des ventes faites dans des marchés où il a des places prises par lui en location, alors qu'il est imposé dans ces mêmes communes à des droits fixes comme y ayant des établissements distincts de son établissement principal (Cons. d'Et. 23 juill. 1863, aff. Souques, *Rec. Cons. d'Etat*, p. 563; 17 avr. 1869, aff. Bourbon-Beaudeau, *Rec. Cons. d'Etat*, p. 379).

657. L'individu qui fait un commerce consistant à acheter des denrées chez les producteurs et les particuliers, pour les revendre à d'autres négociants, soit à domicile, soit sur des marchés, n'est pas imposable comme marchand forain, mais en raison de la profession qui résulte de la nature de ses achats. Ainsi un individu, dont la profession consiste à transporter par grandes quantités, au moyen d'une voiture lui appartenant, des pommes, des châtaignes et d'autres fruits qu'il achète à différents propriétaires et qu'il revend principalement aux marchands détaillants, est imposable en qualité de marchand de pommes et autres fruits en gros et non en qualité de marchand forain ayant une voiture et un collier (Cons. d'Et. 22 févr. 1890, aff. Sahuc, D. P. 91. 5. 386; 13 févr. 1892, aff. Cougneux, *Rec. Cons. d'Etat*, p. 161). De même, celui qui parcourt les communes voisines pour acheter des chiffons qu'il revend à des chiffonniers en gros, est imposable comme chiffonnier en gros et non comme marchand forain alors même qu'il paye ses acquisitions soit en argent, soit en objets de mercerie, de ferblanterie, soit en poteries et faïences, etc. (Cons. d'Et. 6 nov. 1880, aff. Bourdel, et 11 nov. 1880, aff. Gérard, *Rec. Cons. d'Etat*, p. 842 et 901).

658. La patente de marchand forain comprend trois catégories : avec balle, avec bête de somme, avec voiture. Lorsque le forain n'a pas de voiture ou bête de somme et qu'il se transporte de commune en commune par les entreprises de roulage ou de chemins de fer, la patente est réglée d'après le poids habituel des marchandises qu'il transporte. Suivant ce poids, il est classé comme marchand avec balle, avec bête de somme, ou avec voiture (Cons. d'Et. 28 févr. 1891, aff. Henry Renard, *Rec. Cons. d'Etat*, p. 176). Ainsi l'on impose comme marchand forain avec balle: celui qui transporte habituellement ses marchandises de commune en commune à l'aide d'un sac; celui qui colporte habituellement des marchandises avec une balle, et, accidentellement, à l'aide des chemins de fer ou des voitures publiques; comme marchand forain avec balle ou avec bête de somme, suivant le cas, celui qui colporte, à l'aide des voitures publiques, des marchandises dont le poids et le volume ne rendent pas nécessaire l'usage d'une voiture; comme marchand forain avec voiture le colporteur qui se sert des voitures publiques et des chemins de fer pour le transport de ses marchandises.

659. En règle générale, les professions qui, comme celle de marchand forain, sont imposées à la patente sans égard à la population, doivent être soumises au droit fixe dans la commune du domicile (Cons. d'Et. 13 sept. 1855, aff. Le Maître, D. P. 56. 3. 34). — Mais cette règle, fondée sur la présomption que le lieu du domicile est celui du siège de ces professions, cesse d'être applicable lorsqu'il est établi, en fait, que le siège de la profession se trouve dans une commune autre que celle du domicile, de sorte que le marchand forain qui a, dans une commune autre que celle de son domicile, le siège permanent de son commerce, doit être imposé au droit fixe de la patente, non dans cette dernière commune, mais dans la première (Cons. d'Et. 22 avr. 1857, aff. Benoist, D. P. 58. 3. 21 ; 6 mai 1857, aff. Chevalier, *ibid.*).

660. Il résulte du tableau C, annexé à la loi du 15 juill. 1880, que des réductions de moitié du droit de patente sont accordés : 1° aux marchands forains ne vendant que des balais, de la boissellerie, des bouteilles, des pierres à aiguiser, de la poterie, de la vannerie ou de la fonte ouvragée ; 2° aux marchands forains qui transportent leurs marchandises au moyen d'une voiture dans un rayon n'excédant pas habituellement 20 kilomètres à partir du lieu de leur domicile, ou pour ceux qui attellent exclusivement leurs voitures avec des ânes ; il y a de même lieu à réduction de moitié de la taxe par collier pour chaque âne, lorsque les marchands forains attellent leurs voitures avec des chevaux et des ânes, la taxe par voiture étant d'ailleurs imposée en entier. Ces réductions ne doivent pas être arbitrairement étendues, le texte étant limitatif; aussi ne peut-on étendre la réduction accordée au marchand qui ne vend que de la boissellerie à celui qui vend en outre de la verrerie ou de la faïence (Cons. d'Et. 27 févr. 1892, aff. Carré, *Rec. Cons. d'Etat*, p. 247).

ART. 2. — *Commis voyageurs.*

661. L'art. 24 de la loi du 15 juill. 1880, qui reproduit l'art. 19 de la loi de 1844 (*Rép.* n° 299), dispose que les commis voyageurs des nations étrangères seront traités, relativement à la patente, sur le même pied que les commis voyageurs français chez ces mêmes nations. La règle à laquelle il y a lieu de ramener toutes les questions relatives à la patente des commis voyageurs étrangers est donc celle d'une entière réciprocité de traitement. La plupart des pays étrangers exemptant de la patente les commis et personnes à gages, n'assujettissent les voyageurs de commerce représentant des maisons françaises à aucun droit, lorsque ces voyageurs se bornent à offrir des marchandises sur échantillons et à prendre des commandes. Il en est autrement de la Belgique, du Danemark, de la Hollande, de la Russie et de la Suède, qui exigent de nos commis voyageurs, souvent à peine d'une amende assez forte, des taxes de patente. Avant la rupture des traités de commerce, ces traités exemptaient les commis voyageurs d'Espagne, de Portugal de Suisse et de Serbie par réciprocité des obligations assumées par ces pays. Cette situation se trouvant aujourd'hui modifiée par la rupture des traités de commerce, les commis voyageurs de ces pays sont sujets à patente lorsque les commis voyageurs français y sont eux-mêmes imposés.

Il importe de remarquer que la jouissance de cette situation privilégiée cesse si les commis voyageurs transportent avec eux des marchandises ; car, dans ce cas, ils sont considérés comme des marchands colporteurs et deviennent, dès lors, imposables en cette qualité au même titre que les colporteurs français.

662. Les droits auxquels les commis voyageurs sont astreints, sont imposés, pour leur chiffre intégral, dans toute l'étendue de la France, quels que soient la population et le nombre des centimes additionnels de la commune où la patente est délivrée. La délivrance des patentes est faite avec le concours de l'administration des Douanes (*infrà*, n° 822).

CHAP. 6. — Réunion de personnes. — Epoux séparés. — Société commerciale et en participation.

ART. 1er. — *Epoux séparés* (*Rép.* nos 301 à 302).

663. L'art. 19 de la loi du 15 juill. 1880 reproduit purement et simplement l'art. 15 de la loi du 25 avr. 1844 (*Rép.* n° 301). Il s'ensuit qu'aujourd'hui encore une seule patente est due par le mari et la femme, même séparés de biens, qui exercent ensemble deux métiers différents, à moins qu'ils n'aient des établissements distincts, auquel cas chacun d'eux doit avoir sa patente et payer séparément les droits fixe et proportionnel.

Il en résulte que la femme qui aide son mari dans son commerce ne peut être assujettie à la patente, alors même qu'elle n'exercerait pas dans la même localité que le mari, si l'un et l'autre se trouvent dans des localités différentes pour le service d'un même établissement. Ainsi la femme qui vend en détail sur la voie publique les huîtres expédiées par son mari, ne peut pas être imposée à la patente, en son nom personnel, comme marchande d'huîtres (Cons. d'Et. 28 juin 1878, D. P. 79. 3. 9-10).

664. La femme mariée sous le régime de la communauté, qui exerce une profession distincte de celle de son mari, doit être seule imposée au rôle des patentes, à raison de cette profession, bien que le mari soit tenu d'acquitter la contribution ainsi imposée. Cette solution, qui paraît définitivement admise par le conseil d'Etat, a été longtemps discutée. Plusieurs arrêts avaient admis que l'imposition pouvait avoir lieu au nom du mari (Cons. d'Et. 29 nov. 1854, aff. Bié, D. P. 55. 3. 91 ; 7 mai 1856, aff. Ollivier, *Rec. Cons. d'Etat*, p. 337), aff. Bié et même la jurisprudence avait été plus loin et avait décidé que l'imposition devait avoir lieu au nom du mari (Cons. d'Et. 7 déc. 1859, aff. Lambert, D. P. 60. 5. 265; 4 juill. 1868, aff. Chautard D. P. 70. 3. 92; 1er juin 1877, aff. Hémert, *Rec. Cons. d'Etat*, p. 527). Ce n'est qu'en 1880 que la question, portée d'office par la section du contentieux devant l'assemblée générale du conseil d'Etat statuant au contentieux, a été tranchée dans le sens de l'imposition au nom de la femme (Cons. d'Et. 9 août 1880, aff. Raucoules, D. P. 81. 3. 95). Cette solution, qui paraît devoir être définitive (Cons. d'Et. 14 déc. 1888, aff. Raucoules, D. P. 89. 5. 349), est plus conforme au principe de la personnalité de la patente inscrit dans l'art. 16 de la loi du 25 avr. 1844 et dans l'art. 20 de la loi du 15 juill. 1880. L'art. 15 de la loi de 1844, dont les termes sont reproduits par l'art. 19 de la loi de 1880, porte, il est vrai, que le mari et la femme séparés de biens ne doivent qu'une patente, à moins qu'ils n'aient des établissements distincts; on en déduisait, *à contrario*, qu'en cas de communauté de biens, la femme ne pouvait avoir une patente personnelle ; mais cet article avait pour seul objet de modifier l'art. 25 de la loi du 1er brum. an 7, aux termes duquel les époux séparés de biens devaient deux patentes distinctes, même lorsqu'ils exerçaient leurs deux professions dans un même local. Elle est également la plus conforme aux règles générales qui déterminent la situation de la femme commerçante. L'art. 220 c. civ. lui attribue une personnalité commerciale distincte de celle du mari. L'art. 1426 lui permet d'engager, même sans le consentement du mari, les biens de la communauté, lorsqu'elle contracte comme marchande publique et pour le fait de son commerce. L'art. 5 c. com. reproduit ces dispositions et définit la marchande publique en disant que c'est celle qui fait un commerce séparé de celui de son mari. D'autre part, le fait que la femme exerce une profession dans de pareilles conditions ne peut avoir pour conséquence de faire considérer le mari comme exerçant cette profession ; aussi, ne peut-il être mis en faillite. Avant l'abolition de la contrainte par corps, ce n'était pas contre lui que cette mesure de contrainte pouvait être pratiquée (L. 17 avr. 1832, art. 2). Enfin, le mari ne pouvait se prévaloir de la profession exercée par sa femme pour participer à l'élection des membres des tribunaux de commerce. Si, à aucun de ces points de vue, il n'est réputé commerçant, pourquoi le serait-il au seul point de vue de l'imposition personnelle à la patente, alors que l'exercice d'une profession est la condition essentielle de cette imposition ? Le mari, il est vrai, comme chef de la communauté, ne reste pas moins tenu d'acquitter l'imposition faite au nom de la femme, en vertu de l'art. 220 c. civ., aux termes duquel la femme marchande publique oblige la communauté ; mais on n'en saurait conclure qu'il doive être personnellement imposé. La question de responsabilité est, en effet, chose fort différente de celle de l'imposition à la patente et si le mari est tenu de la payer, c'est en qualité de chef et de représentant de la communauté; mais la patente est une dette personnelle de la femme puisqu'elle est une charge du commerce qu'elle exerce ; le payement par le mari peut, en raison de son caractère de dette personnelle, donner lieu à récompense en faveur de la communauté et le recouvrement poursuivi sur les propres de la femme. A tous les points de vue donc, la solution adoptée par le dernier état de la jurisprudence, paraît plus rationnelle que celle qu'elle avait précédemment choisie.

665. Lorsque les deux époux sont séparés de biens, la solution qui précède s'impose à plus forte raison ; la femme seule doit être imposée nominativement.

666. Si les deux époux exercent une même profession et ne sont imposés qu'à une seule patente, celle-ci doit, en principe, être inscrite au nom du mari, chef de l'association conjugale ; mais il importe peu qu'elle ait été imposée au nom de la femme : cette irrégularité ne cause aucun dommage aux contribuables, et ne peut, par suite, donner lieu à une décharge de la patente (Cons. d'Et. 13 juill. 1883, aff. Saint-Bonnet, D. P. 85. 3. 43).

667. Dans le cas où l'un des époux exerce seul une profession patentable, le droit proportionnel n'en doit pas moins être calculé sur la valeur totale de l'habitation commune, indépendamment des locaux consacrés à l'exercice de la profession (Cons. d'Et. 29 nov. 1854, aff. Bié, D. P. 55. 3. 91 ; 7 déc. 1859, aff. Lambert, D. P. 60. 5. 265 ; 4 juill. 1868, aff. Chautard, D. P. 70. 3. 92). Peu importe à cet égard qu'il y ait ou non séparation de biens entre les époux (Cons. d'Et. 23 janv. 1880, aff. Carvalho ; 22 mars 1878, aff. Aron ; 14 févr. 1879, aff. Taulier, D. P. 80. 3. 101, V. *suprà*, n° 492).

ART. 2. — *Sociétés commerciales et en participation* (*Rép.* nos 303 à 317).

668. — 1° *Sociétés en commandite.* — Les règles applicables aux sociétés en commandite sont toujours celles qui étaient en vigueur à l'époque de la publication du *Répertoire.* Dans ces sociétés, l'associé gérant est seul assujetti à la patente et le commanditaire n'est imposable que s'il prend part à la gestion (*Rép.* n° 303).

669. — 2° *Sociétés en nom collectif.* — L'art. 20 de la loi du 15 juill. 1880 règle les droits de patente des sociétés en nom collectif en coordonnant simplement les dispositions de l'art. 16 de la loi du 25 avr. 1844, de l'art. 23 de la loi du 18 mars 1850 et de l'art. 19 de la loi du 26 juill. 1860. Dans ces sociétés, l'associé principal paye le droit fixe afférent à l'industrie sociale ; ce même droit est divisé en autant de parts égales qu'il y a d'associés en nom collectif, et une de ces parts est imposée à chaque associé secondaire. Cette règle s'applique exactement lorsque l'industrie sociale est rangée dans le tableau A, ou si, appartenant au tableau B ou au tableau C, elle comporte un droit fixe consistant exclusivement en une somme déterminée. Mais si l'industrie sociale appartient au tableau C et si elle est tarifée, pour le droit fixe, en raison du nombre des ouvriers, machines, métiers ou autres éléments variables d'imposition, l'associé principal paye seul le droit fixe. Enfin, si l'industrie est rangée dans le tableau B et comporte un droit fixe comprenant à la fois une taxe déterminée et des taxes variables par employés, etc., les associés secondaires sont exempts de ces dernières taxes et ne payent qu'une fraction de la taxe déterminée, calculée suivant la règle posée par l'art. 20; mais ils ne doivent aucun droit fixe si la profession ne comporte que des taxes variables (Instr. min. du 6 avr. 1881). Ces règles résultent de la combinaison des art. 20 et 21 de la loi du 15 juill. 1880.

670. Les associés en nom collectif sont imposables, alors même qu'ils ne prennent aucune part à la gestion des affaires, ou qu'ils prétendraient n'être en réalité qu'associés en participation (Cons. d'Et. 17 sept. 1854, aff. Sourdeaux, D. P. 55. 3. 35). — Les droits auxquels chacun d'eux est assujetti tiennent à sa situation personnelle dans la société et sont indépendants de ceux qui peuvent être appliqués aux autres associés. Peu importerait, par exemple, que l'associé principal ne fût pas porté au rôle ou n'y fût pas porté en raison de la profession exercée par la société, parce qu'il serait déjà imposé en raison d'une profession passible de droits plus élevés ; l'imposition d'un associé secondaire n'en serait pas modifiée, et cet associé ne pourrait se prévaloir de cette circonstance pour obtenir sa décharge (Cons. d'Et. 23 févr. 1881, aff. Ulrich, *Rec. Cons. d'Etat*, p. 223; 9 juill. 1886, aff. Bernard, D. P. 88. 3. 6).

671. La loi du 15 juill. 1880 reproduit en faveur des associés secondaires, simples ouvriers (art. 20), la modération du droit que leur accordait déjà l'art. 23 de la loi du 18 mai 1850 (*Rép.* n° 315). « Néanmoins, dit cet article, pour les associés habituellement employés comme simples ouvriers dans les travaux de l'association, cette part ne doit jamais dépasser le vingtième du droit fixe imposable au nom de l'associé principal ».

Cette disposition a été appliquée sous l'empire de la loi du 18 mai 1850 avec une certaine rigueur, soit par l'Administration, soit par la jurisprudence. Toutes les fois, notamment, où l'ouvrier ne se bornait pas à apporter dans l'association son travail manuel, on décidait qu'il n'avait pas droit à la réduction du droit fixe au vingtième. Ainsi jugé à propos : d'une société où les prétendus ouvriers s'étaient engagés à fournir non seulement la main-d'œuvre, mais encore les matériaux nécessaires à l'exécution des travaux dont ils s'étaient chargés (Cons. d'Et. 27 févr. 1860, aff. Guigne, D. P. 60. 3. 68) ; — De deux ouvriers associés pour exercer la profession de ferblantier, ayant fait chacun un apport de 3000 fr., s'occupant, l'un principalement de la fabrication, l'autre, de la vente et partageant les bénéfices par moitié (Cons. d'Et. 23 avr. 1875, aff. Giraudon et Manceau, cité *suprà*, n° 625). — Sont également imposables deux ouvriers qui se sont associés à un tiers pour une entreprise de dégraissage de cheveux pour le compte d'un négociant, qui ont droit chacun à la moitié de la rémunération payée par celui-ci à l'association, et emploient une ouvrière (Cons. d'Et. 24 janv. 1879, aff. Quinquandon et Rolhion, *Rec. Cons. d'Etat*, p. 62). Ces ouvriers ont droit à la réduction seule du 20e accordée aux ouvriers associés. Il en est de même du fils qui prend part à la gestion d'une pharmacie tenue par son père dans les conditions d'un véritable associé, alors même que l'association n'imposait aux contractants aucune obligation réciproque et n'avait pas de durée déterminée (Cons. d'Et. 6 févr. 1874, aff. Parmentier, *Rec. Cons. d'Etat*, p. 133).

672. L'associé principal payant seul le droit entier (*Rép.* n° 306), il importe de déterminer, dans les sociétés en nom collectif, quel est celui qui a réellement cette qualité. La jurisprudence ne formule pas, à cet égard, une règle invariable et la solution de la question dépend, dans une certaine mesure, des circonstances spéciales à chaque espèce. On a vu au *Rép.*, n° 306, qu'une circulaire ministérielle du 14 août 1844 considérait comme associé principal le premier inscrit dans l'acte de société, s'il avait la gestion des affaires, et, dans le cas contraire, celui qui avait la plus forte mise de fonds. Mais c'est là une simple indication qui peut n'être pas rigoureusement suivie lorsqu'elle est démentie par les circonstances. Ainsi, dans le cas où l'on se trouve en présence d'un acte de société non publié en France, le premier inscrit dans l'acte de société ayant fait la plus forte mise de fonds et qui s'occupe exclusivement à l'étranger des affaires de la société n'est pas pour cela, au point de vue de la patente, réputé le principal associé. C'est alors l'associé qui s'occupe seul et à l'exclusion de ses coassociés des affaires traitées en France qui doit être considéré comme l'associé principal au point de vue de l'application de l'impôt (Cons. d'Et. 30 juill. 1886, aff. Heule, D. P. 87. 5. 321; 27 juin 1891, aff. Laboutri, *Rec. Cons. d'Etat*, p. 499). — En effet, au point de vue de l'application de la loi française, c'est l'appréciation des faits accomplis en France qui doit déterminer la qualification respective des associés.

673. Peu importerait même que, pendant un certain temps, l'associé qui s'est exclusivement consacré aux affaires faites à l'étranger par la société, eût été imposé comme principal associé, il cesse d'avoir cette qualité au regard de la loi fiscale française, dès qu'il a cessé d'avoir sa résidence en France et l'a transportée à l'étranger (Cons. d'Et. 13 sept. 1855, aff. Saavedra, D. P. 56. 3. 36).

674. D'autres circonstances peuvent encore enlever à celui qui est le premier inscrit dans l'acte de société la qualité d'associé principal. Ainsi on a jugé que la qualité d'associé principal n'appartient pas au premier inscrit dans l'acte de société quand son nom ne figure pas dans la raison sociale, soit qu'il ait, dans la gestion et dans les pertes ou bénéfices, une part moindre que celle de ses coassociés (Cons. d'Et. 1er déc. 1852, aff. Blanc-Férouillat, *Rec. Cons. d'Etat*, p. 561), soit même qu'il ait la plus forte part d'intérêt, s'il est étranger à la gestion (Cons. d'Et. 9 juill. 1861, aff. Lacotte, *Rec. Cons. d'Etat*, p. 588).

675. Mais la qualité de principal associé a été reconnue à un associé dont le nom figurait le premier dans l'acte de société et qui avait fourni la plus forte part du fonds social, bien qu'il ne figurât pas le premier dans la raison sociale (Cons. d'Et. 3 déc. 1867, aff. Kahn, *Rec. Cons. d'Etat*, p. 900). Il en serait autrement toutefois s'il ne participait pas à la gestion des affaires et n'avait pas la signature sociale.

En effet, la circonstance que l'associé ne participe pas à la gestion lui donne, dans la société, quelle que soit l'importance de sa mise, un rôle secondaire qui ne permet pas de le considérer comme l'associé principal. Cependant il faut, pour qu'il en soit ainsi, que la non-participation de l'associé à la gestion résulte des stipulations de l'acte de société, constitue en quelque sorte un état de droit, et non un état de fait. Ainsi la qualité d'associé principal doit être attribuée à celui dont le nom seul a été choisi pour la raison et la signature sociales et qui, d'après l'acte de société, a, dans l'administration de la société, une part prépondérante, alors même qu'en fait, en raison de sa santé, il a dû déléguer l'exercice d'une partie de ses fonctions à un autre associé. C'est ce qui a été jugé dans une espèce où il s'agissait de l'associé dans une maison de banque, dont le nom seul était choisi pour la raison et la signature sociales, qui s'était réservé le droit de décision en cas de désaccord des associés, qui seul avait le droit de désigner un fondé de pouvoirs et de faire, pour son compte personnel, telles opérations qu'il jugerait convenable et qui enfin n'était tenu à aucune coopération active (Cons. d'Et. 4 févr. 1881, aff. Gunzburg, D. P. 82. 3. 67).

676. Au contraire, peut être considéré comme associé principal : 1° celui qui a la direction et la signature sociale, alors même qu'il n'est pas le principal intéressé (Cons. d'Et. 31 août 1863, aff. Montrieux, *Rec. Cons. d'Etat*, p. 704); — 2° L'associé figurant seul dans la raison sociale et habitant seul à proximité de l'établissement (Cons. d'Et. 31 juill. 1874, aff. Louault, D. P. 75. 3. 72).

677. Il ne faudrait toutefois pas ériger en règle générale que celui qui a dans la gestion la part la plus importante doit toujours être considéré comme l'associé principal ; il peut au contraire résulter des circonstances que cette qualité appartient à un autre associé qui devra, dès lors, être imposé comme associé principal. Ainsi dans un arrêt du 22 juin 1888, aff. Esnault et comp. (D. P. 89. 5. 353), le conseil d'Etat a imposé, en qualité d'associé principal, celui qui était dénommé le premier dans l'acte de société et qui avait fourni les quatre cinquièmes du capital engagé, alors que sa part dans les bénéfices et dans les pertes et sa participation à la gestion étaient moins importantes que celles de ses associés et qu'il devait cesser de faire partie de la société, à l'expiration d'un délai de quatre années. — Jugé de même que la veuve d'un associé, qui avait fourni la part la plus importante du fonds social, doit être considérée, pour l'établissement de la patente, comme associée principale alors que, par application des actes de société, elle a été substituée à son mari et que son nom figure le premier dans la raison et dans la signature sociales, bien que, conformément à ces mêmes actes, elle soit affranchie de toute part dans la gérance (Cons. d'Et. 14 mars 1884, aff. Veuve Leroy, D. P. 85. 5. 350).

678. Lorsque les associés, qui ont apporté la même mise de fonds, prennent une part égale dans les bénéfices et dans les pertes, sont tenus de consacrer tout leur temps et tous leurs soins aux affaires de la société, et qu'aucune indication, en un mot, ne permet de déterminer quel est l'associé principal, cette qualité doit être attribuée à l'associé dont le nom figure le premier dans la raison sociale (Cons. d'Et. 19 mars 1864, aff. Watel, *Rec. Cons. d'Etat*, p. 288; 26 nov. 1879, aff. Fauveau, Ballon et Lemouchaux, D. P. 80. 3. 4; 21 nov. 1884, aff. Verley, D. P. 85. 5. 350). Peu importerait que la maison de l'un des associé fût située à une distance moindre des bureaux de la société, ce qui lui permettrait de prendre une part plus active à la direction et à la surveillance des affaires (Arrêt précité du 26 nov. 1879) ou que l'un des associés eût été le fondateur de la société et figurât le premier dans les actes constitifs de ladite société (Arrêt précité du 21 nov. 1884).

679. La qualité d'associé principal persiste même après le décès de celui qui en est revêtu, lorsque ses héritiers ne sont substitués en son lieu et place, sans que la société ait été modifiée. Jugé que, dans le cas où un associé est décédé avant le 1er janvier, et où la société a continué entre ses héritiers qui ont pris son lieu et place et les associés survivants, il y a lieu de maintenir au rôle la patente inscrite au nom de l'associé décédé, et que cette patente doit être acquittée par ses héritiers (Cons. d'Et. 27 juill. 1883, aff. Béranger et Darblay, D. P. 85. 5. 350).

680. On a vu au *Rép.*, n° 312, que, les étrangers exerçant en France une profession patentable y étant assujettis à l'impôt des patentes, les associés étrangers d'une maison, faisant en France des opérations, sont imposables. La circonstance que les associés sont établis à l'étranger, peut seulement, ainsi qu'on l'a exposé (*suprà*, n° 672), les faire considérer comme associés secondaires et assujettir simplement à la part du droit fixe dont sont passibles ces associés. La jurisprudence n'a pas varié dans cette doctrine (Cons. d'Et. 13 sept. 1855, aff. Saavedra et Rebeulh, D. P. 56. 3. 36; 3 nov. 1882, aff. Stamatridis, D. P. 84. 3. 18 ; 15 févr. 1884, aff. Girard et Goudreau, D. P. 87. 5. 341 ; 21 janv. 1887, aff. Mommer et autres, D. P. 88. 5. 348). Les mêmes règles sont applicables aux associés résidant aux colonies; ils ne sont pas exempts en France du droit fixe (Cons. d'Et. 24 janv. 1891, aff. Roux, D. P. 92. 3. 77).

681. L'Administration, à défaut d'actes de société et en cas de contestation, doit établir le fait de l'association (*Rép.* n° 309). La patente est en effet due alors même qu'il n'y a pas d'acte de société, par tous les membres d'une association dont l'existence est suffisamment établie (Cons. d'Et. 29 juill. 1859, aff. Barbare et aff. Guffray, D. P. 60. 5. 260). — En conséquence, celui qui participe, en qualité d'associé, à l'exploitation d'une maison de commerce doit être imposé en cette qualité à la contribution des patentes, alors même qu'il ne serait pas établi que la société a été constituée par un acte écrit, si son existence résulte des circonstances de la cause (Cons. d'Et. 26 juill. 1878, aff. Masagliano, D. P. 79. 3. 12). — Dans une espèce, une belle-mère et un gendre avaient signé un bail en s'engageant solidairement au payement du loyer d'un local de cabaretier et recevaient indifféremment l'un et l'autre les marchandises qui étaient livrées; l'existence d'une association de fait a été reconnue (Cons. d'Et. 18 juin 1892, aff. Graciet, *Rec. Cons. d'Etat*, p. 563).

De même, il a été jugé que, dans le cas où deux sœurs ont loué solidairement, pour une durée de plusieurs années, des locaux servant à l'exercice de leur commerce, où leurs lettres et factures avaient pour titre *Demoiselles Icard, libraires*, et où leur griffe commerciale et l'enseigne de leur magasin portaient une mention analogue, celle des deux sœurs qui a été imposée comme associée secondaire n'est pas fondée à demander décharge de cette taxe en alléguant qu'elle n'est pas effectivement l'associée de sa sœur et qu'elle ne reçoit d'elle que son entretien (Cons. d'Et. 18 nov. 1887, aff. Icard, D. P. 88. 5. 360). — De même encore l'associé d'un pharmacien doit être imposé à la patente de pharmacien associé, dans le cas même où il ne possède pas de diplôme (Cons. d'Et. 7 déc. 1859, aff. Bigaud, D. P. 60. 5. 267; 3 août 1888, aff. Darne, D. P. 89. 3. 116, Comp., *suprà*, n° 534).

682. La jurisprudence a même décidé qu'un mineur non émancipé, associé de son père, doit être assujetti à la patente en cette qualité, encore que, comme mineur non émancipé, il soit légalement incapable de faire le commerce en son nom et que le père le représente légalement d'une manière assez complète pour ne pas laisser place à un acte légal de volonté de sa part (Cons. d'Et. 27 févr. 1866, aff. De Lavareille, D. P. 66. 3. 87). — Mais si cette solution est éminemment critiquable au point de vue du droit civil, on doit reconnaître qu'elle est conforme au principe généralement admis en matière de patentes, suivant lequel l'exercice d'une profession patentable suffit pour que celui qui l'exerce soit passible de la patente, alors même qu'il n'aurait pas les qualités légales voulues pour l'exercer, comme par exemple celui qui exerce la pharmacie sans être diplômé (*suprà*, n° 534).

683. La société de fait étant imposable, il s'ensuit que la patente est due alors même que l'acte de société n'a pas été publié (Cons. d'Et. 25 mai 1850, aff. Bouillet et aff. Bartalain, D. P. 51. 3. 13; 30 juill. 1886, aff. Heulé, D. P. 87. 5. 321-322). — Il en résulte encore que, malgré l'absence d'un nouvel acte de société, les membres d'une société en nom collectif qui, en fait, a continué d'exister après le terme légal indiqué dans l'acte d'association ou la dissolution annoncée de la société, restent imposables (Cons. d'Et. 31 juill. 1874, aff. Louault, *Rec. Cons. d'Etat*, p. 750).

684. La preuve de l'existence d'une société de fait, bien qu'elle soit à la charge de l'Administration, n'est assujettie à aucune forme particulière; toutefois, il ne suffirait pas que l'existence de la société fût de notoriété publique (*Rép.* n° 309). — Il résulte des arrêts qui ont été analysés aux numéros précédents que l'existence de l'association peut résulter de circonstances telles que la location faite en commun d'un local nécessaire à l'exercice de la profession, du fait que le prétendu associé a signé en cette qualité des traites et billets, que son nom figure sur les factures; elle peut encore résulter des mentions d'une enseigne. De même le fait de l'association entre un père et son fils peut être valablement établi au moyen de clauses contenues dans le contrat de mariage de ce dernier; la continuation d'une association par l'existence d'un bail passé en nom collectif des intéressés, et par la mention collective de leurs noms en tête des factures qu'ils délivrent, etc.

685. Il est des cas où, malgré les apparences, il n'y a pas société, et où, par conséquent, les prétendus associés secondaires ne doivent pas être assujettis à la patente, ou bien doivent être assujettis à un droit fixe entier suivant qu'ils exercent ou non une profession patentable. Ainsi on ne doit pas imposer à la patente comme associé, un propriétaire qui loue à mi-fruits un établissement industriel, lorsqu'il ne participe pas personnellement à l'exploitation de cet établissement (Cons. d'Et. 14 févr. 1891, aff. Picquet, D. P. 92. 3. 84.

686. Les enfants mineurs d'un commerçant pour le compte desquels le commerce continue à être exercé par un tiers ne peuvent être considérés comme associés et ne doivent être imposés qu'à un seul droit fixe de patente, lorsqu'en raison de leur âge ils ne peuvent prendre et ne prennent en fait aucune part à la gestion de l'établissement qui est exclusivement exploité par le tiers en leur nom (Cons. d'Et. 27 juin 1879, aff. Doron, D. P. 80. 3. 21). — La situation des mineurs, en pareil cas, ne constitue nullement une société, mais une sorte d'indivision analogue à celle qui existe entre les créanciers d'une faillite, lorsque le commerce du failli est continué pour leur compte par le syndic, cas auquel celui-ci est seul, en leur nom, imposé à la patente (Cons. d'Et. 18 févr. 1876, aff. Perdereau, *Rec. Cons. d'Etat*, p. 172).

687. Au contraire, il y a lieu d'imposer séparément au droit fixe entier sans qu'aucun d'eux puisse prétendre à la réduction du droit fixe accordée par la loi aux associés secondaires : 1° des experts visiteurs de navires, individuellement désignés par le tribunal de commerce, et dont chacun procède aux expertises en son nom personnel et sous sa seule responsabilité, alors même qu'ils seraient convenus de verser dans une caisse commune et de se partager les produits de leur industrie (Cons. d'Et. 16 mai 1884, aff. Got et autres, D. P. 85. 5. 351); — 2° Les propriétaires par indivis d'un moulin entre lesquels n'existe aucune société et qui exploitent ce moulin chacun pour son compte pendant une partie de l'année (Cons. d'Et. 9 déc. 1887, aff. Mouillot-Rentaix, D. P. 89. 2. 14), sauf, au cas particulier, la réduction du droit qui peut être accordée en raison du chômage en vertu de l'art. 11 de la loi du 15 juill. 1880.

688. Le fait que plusieurs commerçants ont dans une localité un seul représentant ne suffit pas pour qu'il y ait société entre eux au sens de la législation des patentes, alors même que leurs opérations seraient identiques et de même nature. C'est du moins en ce sens que s'est prononcé le conseil d'Etat, plus rigoureux en cela que l'administration des Contributions directes qui concluait, de l'unité d'entreprise et de l'unité d'établissement, à l'existence d'une association. La question a été principalement résolue à l'égard des sociétés d'assurances étrangères qui avaient, en France, un représentant commun. Le conseil d'Etat a jugé que si les opérations de ces compagnies ont lieu en commun par l'intermédiaire d'un seul représentant et dans un seul établissement, chacune desdites compagnies conserve une existence distincte, et qu'il n'existe par conséquent entre elles aucune société (Cons. d'Et. 20 avr. 1883, aff. Compagnie *The Manchester Fire* et autres, D. P. 84. 3. 125; 18 févr. 1891, aff. Syndicat des Assurances néerlandaises, *Rec. Cons. d'Etat*, p. 173).

689. La même solution a été appliquée au cas où plusieurs industriels, tout en conservant distincts leurs établissements de fabrication, ont établi un magasin commun pour la vente en gros des produits de leur fabrication (Cons. d'Et. 22 juill. 1881, aff. Japy et autres, D. P. 82. 5. 304).

690. — 3° *Sociétés anonymes.* — L'art. 22 de la loi du 15 juill. 1880, relatif aux sociétés anonymes (*Rép.* n° 316), est formé de la réunion des art. 19 de la loi du 25 avr. 1844 et 24 de la loi du 18 mai 1850, tous deux relatifs à la patente de ces sociétés. Elles sont toujours assujetties à un seul droit fixe qui frappe la société comme personne morale, indépendamment des associés et d'après l'objet de son entreprise. Un arrêt du conseil d'Etat du 21 août 1868 (aff. Péridier, D. P. 69. 3. 86) a déclaré que les dispositions relatives de la patente des sociétés anonymes étaient applicables aux sociétés à responsabilité limitée, et que les sociétaires ou actionnaires ne peuvent en conséquence être personnellement assujettis à la patente que pour l'exercice d'une industrie particulière. Cette décision, rendue sur un litige antérieur à la promulgation de la loi du 24 juill. 1867 (D. P. 67. 4. 98), et sous l'empire de la loi du 23 mai 1863 (D. P. 63. 4 65), c'est-à-dire à une époque où les sociétés à responsabilité limitée ne pouvaient pas être confondues avec les sociétés anonymes du code de commerce et de la loi du 25 avr. 1844, doit *a fortiori* être appliquée depuis la loi du 24 juill. 1867. En effet, cette loi, en supprimant pour les sociétés anonymes l'intervention du conseil d'Etat et du Gouvernement, en constituant ces sociétés sur les bases de la liberté, a d'autant mieux eu pour effet de ranger dans cette catégorie les sociétés à responsabilité limitée, qu'elle a en même temps abrogé la loi du 23 mai 1863, qui les régissait antérieurement.

691. On doit également considérer comme des sociétés anonymes et imposer à la patente sous l'objet de leur entreprise les syndicats qui seraient constitués conformément à la loi du 21 mars 1884 et se livreraient à des opérations commerciales. Il a été jugé en ce sens qu'un comptoir d'échantillons, organisé par un groupe de fabricants et ouvert aux marchands et aux commissionnaires, doit être considéré comme un établissement distinct des maisons des fondateurs et constitue une personne morale qui doit être imposée comme exerçant la profession de courtier en marchandises (Cons. d'Et. 22 nov. 1889, aff. Comptoir d'échantillon des fabricants bijoutiers, D. P. 91. 3. 37). Un semblable comptoir ayant son organisation, sa comptabilité, son personnel propres, ne saurait être considéré comme une dépendance des maisons des membres fondateurs; mais constitue une personne morale distincte, comme étant l'œuvre d'un syndicat ou groupe corporatif.

692. — 4° *Du débiteur de la patente dans les sociétés.* — Du principe de la personnalité de la patente, posé par l'art. 20 de la loi du 15 juill. 1880 après l'art. 10 de la loi du 25 avr. 1844, le conseil d'Etat a tiré cette conséquence que la contribution des patentes constitue une dette personnelle à chaque associé, et qu'une société en nom collectif ne peut être rendue responsable du payement de cette contribution. Il en résulte que, en cas de liquidation, le percepteur ne peut délivrer une contrainte contre le liquidateur, à l'effet de faire payer la patente d'un des associés sur le fonds social (Cons. d'Et. 22 déc. 1882, aff. Liquidateur de la société Daniel et Wolfaith, D. P. 84. 3. 87); que des poursuites ne peuvent être dirigées contre un associé comme responsable de la patente due par son coassocié (Cons. d'Et. 22 févr. 1870, aff. Bougeant, *Rec. Cons. d'Etat*, p. 122), alors même qu'il s'agit d'associés solidaires (Cons. d'Et. 30 juin 1869, aff. Jammes, *Rec. Cons. d'Etat*, p. 663). Toutefois il importe de signaler en sens contraire un arrêt de la chambre des requêtes de la cour de cassation (Req 9 mai 1860, aff. Joun, D. P. 60. 1. 349), qui considère la patente imposée à l'associé principal d'une société en nom collectif comme une dette sociale dont le recouvrement peut être effectué sur l'actif de la société. Il résulte encore du principe de la personnalité de la patente que l'industriel qui, en raison d'un commerce qu'il exploite personnellement, paye déjà patente, mais sous le nom de son commis, est fondé à réclamer contre le second droit de patente auquel il aurait été imposé sous son propre nom, pour la même exploitation (Cons. d'Et. 29 juin 1853, aff. Dubois, D. P. 54. 4. 553); que l'héritier d'un patentable qui, successeur de celui-ci, a acquitté la patente qu'on a continué d'inscrire au nom du défunt, est fondé à demander décharge de celle qui aurait été inscrite à son nom, en raison de la même industrie, sur un rôle supplémentaire (Cons. d'Et. 29 nov. 1854, aff. Ottman, D. P. 55. 5. 317).

CHAP. 7. — Des rôles (*Rép.* n° 318).

SECT. 1re. — FORMATION DES ROLES (*Rép.* nos 319 à 335).

693. La confection des rôles de la contribution des patentes est aujourd'hui réglée par l'art. 25 de la loi du 15 juill. 1880, qui résulte de la combinaison de l'art. 20 de la loi du 25 avr. 1844 et de l'art. 21 de la loi du 18 mai 1850 légèrement modifiés. Aux termes de cet article, les contrôleurs des contributions directes procédent annuellement au recensement des imposables et à la formation des matrices de patentes. Le maire est prévenu de l'époque du recensement et peut assister le contrôleur dans cette opération ou se faire représenter, à cet effet, par un délégué. En cas de dissentiment entre les contrôleurs et les maires ou leurs délégués, les observations contradictoires de ces derniers sont consignées dans une colonne spéciale. La matrice dressée par le contrôleur est déposée pendant dix jours au secrétariat de la mairie, afin que les intéressés puissent en prendre connaissance et remettre au maire leurs observations. A l'expiration d'un second délai de dix jours, le maire, après avoir consigné ses observations sur la matrice, la transmet au directeur des contributions directes, qui établit les taxes conformément à la loi, pour les articles non contestés. Toutes les fois que le directeur ne croit pas devoir donner suite aux observations consignées par le maire sur la matrice, il soumet les contestations au préfet avec son avis motivé. Si le préfet n'adopte pas les propositions du directeur, il en est référé au ministre des finances. Le préfet arrête les rôles et les rend exécutoires.

694. La procédure suivie est donc sensiblement la même que celle qui a été exposée au *Rép.* nos 319 et suiv.; nous n'avons dès lors à revenir sur les détails de cette procédure que pour signaler la suppression, par l'art. 25 de la loi du 15 juill. 1880, de la transmission du dossier au sous-préfet qui était appelé à fournir des observations sur les contestations entre les maires et les agents des contributions directes (*Rép.* n° 330). Les sous-préfets usaient très rarement de cette faculté; la transmission qui leur était faite constituait donc une complication inutile (Rapport de M. Fournier au Sénat).

695. Quant à la procédure suivie pour la confection des rôles dans la ville de Paris, elle n'a pas été modifiée (*Rép.* n° 334). « A Paris, dit l'art. 25 de la loi du 15 juill. 1880, l'examen de la matrice des patentes aura lieu, pour chaque arrondissement municipal, par le maire, assisté soit de l'un des membres de la commission des contributions, soit de l'un des agents attachés à cette commission, délégué à cet effet par le préfet. Les matrices, revêtues des observations du maire de chaque arrondissement, seront centralisées à la commission des contributions qui, après y avoir aussi consigné ses observations, les transmettra au directeur des contributions, comme il est dit au cinquième paragraphe ».

SECT. 2. — IMPOSITION ANNALE (*Rép.* n° 336 à 340).

696. L'art. 28 de la loi du 15 juill. 1880 dispose, dans les mêmes termes que l'art. 23 de la loi du 25 avr. 1844, que la contribution des patentes est due pour l'année entière par tous les individus exerçant au mois de janvier une profession imposable » (*Rép.* n° 336).

Les conséquences de ce principe sont nombreuses et seront développées ci-après; nous nous bornons ici à signaler les principales d'entre elles. En premier lieu, il suffit qu'un patentable exerce sa profession au commencement de l'année pour que le droit de patente soit dû pour l'année entière et ne puisse subir aucune diminution ni augmentation en dehors des cas spécifiés par la loi et qui seront exposés nos 725 et suiv. Il en résulte notamment que, le droit proportionnel de patente devant être fixé pour l'année entière d'après la valeur locative, au 1er janvier, des locaux servant à l'habitation du patentable et à l'exercice de sa profession (*Rép.* n° 340), aucune réduction ne peut être accordée pour diminution de cette valeur locative survenue durant l'exercice (Cons. d'Et. 17 sept. 1854, aff. Fanjaud, D. P. 55. 3. 45); que le patentable qui cesse d'habiter dans le cours de l'année la maison dans laquelle il a exercé son industrie durant les premiers mois, doit néanmoins payer pendant toute l'année le droit proportionnel de patente tel qu'il a été réglé d'après l'habitation qu'il avait au commencement de l'année (Cons d'Et. 15 sept. 1847, aff. Descor, D. P. 48. 3. 58), alors même qu'il aurait, dès le 8 janvier, transféré son établissement dans un local d'une moindre valeur locative (Cons. d'Et. 6 août 1857, aff. Lacoste, D. P. 58. 5. 264). De même, le fabricant à métiers qui cesse d'occuper, en cours d'exercice, une partie des métiers dont le nombre a servi au 1er janvier à déterminer le chiffre de son imposition à la patente ne peut se prévaloir de ce fait pour réclamer une réduction de contribution (Cons. d'Et. 22 mars 1855, aff. Gibert, D. P. 55. 5. 321).

Pour la fixation de l'assiette de l'impôt mobilier, on tient compte de la valeur locative des lieux dont la location a commencé au 1er janvier, alors même que, suivant l'usage, l'entrée en jouissance n'a eu lieu qu'à une époque postérieure (par exemple, comme à Paris), le 8 ou le 15 (V. *suprà*, v° *Impôts directs*, n° 103). La même règle paraît applicable en matière de patente.

697. Il résulte encore du même principe : 1° que le patentable qui a cessé d'exercer sa profession dans une commune avant le 1er janvier et est allé s'établir dans une autre commune, est fondé à réclamer contre la patente à laquelle il se trouverait imposé pour l'exercice nouveau dans la commune qu'il a quitté (L. 25 avr. 1844, art. 25, Cons. d'Et. 5 janv. 1858, aff. Baruzzi, D. P. 58. 3. 43); — 2° Que le patentable qui a cessé d'exercer sa profession au cours de l'année n'est pas fondé à demander sa décharge par voie contentieuse (*Rép.* n° 336) quelque rapprochée du 1er janvier qu'ait été la cessation. Décidé notamment qu'il n'y avait pas lieu d'accorder décharge du droit afférent à une râperie dépendant d'une sucrerie et ayant cessé de fonctionner le 3 janvier (Cons. d'Et. 18 juin 1892, aff. Gruyelle, *Rec. Cons. d'Etat*, 562).

698. Enfin le principe de l'annualité de l'impôt a cette conséquence que les cotisations établies pour un exercice ne peuvent pas constituer un droit acquis pour les exercices suivants : par exemple, que le patentable ne peut réclamer contre la patente plus élevée qui viendrait à lui être imposée, dans une année ultérieure, en raison d'une qualification nouvelle donnée à son commerce, qu'en démontrant que cette qualification est inexactement appliquée (*Rép.* n° 339. V. également Cons. d'Et. 8 avr. 1852, aff. Couturé, D. P. 52. 5. 404).

ART. 1er. — *Cessation de profession.*

699. On vient de voir que le patentable qui cesse d'exercer sa profession au cours de l'année n'est pas recevable à demander sa décharge par voie contentieuse (*suprà*, n° 697). Cette règle est générale quelle que soit la cause de la cessation de commerce, autre que le décès, la liquidation judiciaire et la faillite (*infrà*, nos 780 et suiv.). Ainsi le patenté qui cesse l'exercice de sa profession en cours d'année, à cause de la cherté des matières premières et de sa position précaire, n'a pas droit à la décharge des douzièmes non encore échus; il peut seulement former devant le préfet une demande en remise ou modération (Cons. d'Et. 25 avr. 1855, aff. Mauvoisin, D. P. 55. 3. 81).

700. Il en est de même lorsque la cessation de commerce provient de la fin du bail du patentable soit qu'il cesse absolument d'exercer sa profession (Cons. d'Et. 26 mars 1870, aff. Litod, *Rec. Cons. d'Etat*, p. 362), soit qu'il prenne à bail un nouveau local, dont la valeur locative est moindre (Cons. d'Et. 17 sept. 1854, aff. Fanjaud, D. P. 55. 3. 45). Le patentable ne peut ni obtenir décharge des douzièmes restant à courir, ni une réduction du droit proportionnel.

701. Il importe peu que celui qui a cessé sa profession ait ou non un successeur lorsqu'il n'a pas réclamé le transfert de la patente; la jurisprudence du conseil d'Etat est sur ce point particulièrement rigoureuse. Ainsi il a été jugé qu'un adjudicataire du droit de pêche doit la patente pour l'année entière lorsqu'il cesse sa profession dans le courant de l'année par suite de l'expiration de son bail (Cons. d'Et. 28 janv. 1887, aff. Casabianca, D. P. 88. 3. 51), de sorte que le Trésor perçoit, des deux adjudicataires successifs, un droit de patente calculé sur le même prix de location. L'Administration, dans cette affaire, estimait au contraire que le droit fixe devait être calculé sur le prix réellement payé par l'adjudicataire pour les mois de l'année antérieure à l'expiration de son bail; mais le conseil d'Etat a considéré la doctrine du ministère des finances comme contraire au principe de l'annualité de l'impôt et persisté dans sa jurisprudence. Il a jugé plus récemment, dans le même sens, que l'adjudicataire des droits de place dans un marché dont le bail expire dans le courant de l'année, est imposable à un droit fixe calculé sur le prix intégral de la location annuelle et non sur le prix afférent à la partie de l'année antérieure à l'expiration du bail (Cons. d'Et. 19 juill. 1890, aff. Bara, D. P. 92. 3. 26).

702. La cessation d'une profession dans le courant de l'année ne donne pas lieu à réduction, alors même qu'elle aurait eu lieu par suite de mesure administrative, judiciaire ou de police, d'expropriation forcée, de démolition ou d'autres causes semblables. Jugé notamment que : 1° un aubergiste, dont l'établissement est fermé en vertu d'un ordre du préfet, n'a pas droit, en raison de ce fait, à être déchargé des douzièmes des patentes qui restent à courir, et ne peut obtenir de dégrèvement que par voie de modération ou de remise (Cons. d'Et. 11 janv. 1853, aff. Bézé, D. P. 55. 3. 42; 18 déc. 1874, aff. Menaud, *Rec. Cons. d'Etat*, p. 1018); — 2° Le contribuable dont l'établissement a été momentanément fermé par ordre de l'Administration, motivé notamment sur ce que la maison menace ruine, n'est pas fondé à demander, pour le temps de cette fermeture, la décharge partielle de la patente à laquelle il a été imposé (Cons. d'Et. 4 juin 1867, aff. Boggiano, D. P. 68. 3. 102); — 3° Le patentable qui a été incarcéré en cours d'exercice n'a pas droit à la décharge de sa patente pour les mois durant lesquels il n'a pu exercer sa profession (Cons. d'Et. 21 févr. 1855, aff. Andreoletty, D. P. 55. 3. 52).

703. Il en est de même dans le cas : 1° d'un maître de pension qu'une interdiction académique oblige à cesser sa profession (Cons. d'Et. 17 mars 1853, aff. Montet, D. P. 54. 3. 19); — 2° De suppression de l'office de notaire dont le patentable était titulaire (Cons. d'Et. 29 mai 1861, aff. Vachez, D. P. 61. 3. 44; 16 déc. 1881, aff. Villemet, *Rec. Cons. d'Etat*, p. 986); — 3° De fermeture d'un établissement par application des règlements sur les manufactures dangereuses, insalubres ou incommodes (Cons. d'Et. 19 févr. 1875, aff. Oudoux, *Rec. Cons. d'Etat*, p. 176; 17 janv. 1879, aff. Grandjon, *Rec. Cons. d'Etat*, p. 28; 27 févr. 1880, aff. Poignon, *Rec. Cons. d'Etat*, p. 228); — 6° D'interdiction faite à un employé des douanes, par ses supérieurs hiérarchiques, de continuer l'exercice d'un commerce auquel il se livrait (Cons. d'Et. 5 janv. 1877, aff. Flahaut-Gourdain, *Rec. Cons. d'Etat*, p. 26).

704. La décharge de la patente ne saurait également être accordée lorsque la cessation du commerce provient de l'expropriation de l'établissement du patentable et de l'impossibilité où il a été de trouver un autre local pour exercer sa profession (Cons. d'Et. 14 déc. 1853, aff. Roussel, D. P. 54. 3. 26; 18 août 1855, aff. Bresse, D. P. 56. 3. 32; 22 juill. 1867, aff. Dunez, D. P. 67. 5. 306). Même décision encore au cas de l'expropriation des fabriques d'allumettes chimiques en exécution de la loi attribuant à l'Etat le monopole de cette fabrication (Cons. d'Et. 8 janv. 1875, aff. Brugnot, *Rec. Cons. d'Etat*, p. 19).

705. L'incendie de l'établissement industriel n'entraîne pas non plus la réduction de la patente (Cons. d'Et. 5 janv. 1883, aff Lazou, D. P. 85. 5. 347), sauf au contribuable à agir par voie de demande en réduction.

706. Le principe de l'annualité de l'impôt des patentes s'oppose encore à ce que l'avocat qui, en cours d'exercice, est nommé à des fonctions incompatibles avec sa profession, puisse se prévaloir de cette incompatibilité pour réclamer la décharge des douzièmes de sa patente qui, au jour de sa nomination, restent à courir. Il en est ainsi notamment lorsque cet avocat, inscrit au tableau au 1er janvier, est nommé juge dans un tribunal durant le cours de l'année (Cons. d'Et. 11 janv. 1853, aff. Joffrès, D. P. 55. 3. 42; 2 févr. 1859, aff. Mathivet, D. P. 59. 3. 85); — Ou lorsqu'un avocat qui, ayant encore au 1er janvier une habitation dans la ville où jusque-là il a exercé, bien qu'il eût cessé d'exercer depuis le milieu de l'année antérieure, n'a fait effectuer sa radiation du tableau et n'a quitté la ville qu'après le 1er janvier (Cons. d'Et. 7 avr. 1866, aff. Callet, D. P. 66. 5. 338).

707. Un refus d'autorisation émanant de l'Administration, pour les professions soumises à cette formalité, ne saurait motiver la décharge de la patente par voie contentieuse. Ainsi décidé notamment à l'époque où l'ouverture des cabarets était soumise à autorisation, à l'égard d'un cabaretier qui avait volontairement fermé son établissement en cours d'exercice et n'avait pu obtenir l'autorisation d'ouvrir autre part un nouvel établissement (Cons. d'Et. 21 févr. 1855, aff. Mathieu, D. P. 55. 3. 52). Cette jurisprudence s'appliquerait encore aujourd'hui aux établissements réputés insalubres dont l'ouverture ne peut avoir lieu sans une autorisation administrative.

708. On a vu au *Rép.* n° 338 que le conseil d'Etat refusait la décharge de la patente aux marchands et fabricants qui cessent, à la fin d'une année, leur commerce ou leur industrie, mais en poursuivent la liquidation. Il a depuis lors persisté dans sa jurisprudence. Ainsi doit rester maintenu : à la patente de fabricant l'individu qui, après avoir cessé toute fabrication, continue de vendre les produits de sa fabrication des années antérieures (Cons. d'Et. 3 août 1850, aff. Fouser, D. P. 52. 5. 407); à la patente de fabricant de briques, celui qui, ayant cessé d'occuper des ouvriers, a conservé un approvisionnement de briques destinées à la vente (Cons. d'Et. 11 août 1870, aff. Trancart, *Rec. Cons. d'Etat*, p. 1068).

709. Les opérations de vente nécessaires à l'écoulement des marchandises restant en magasin, au moment de la cessation de la profession sujette à patente, sont considérées comme une continuation de l'exercice de cette profession, laquelle, dès lors, reste soumise aux mêmes droits de patente que ceux payés antérieurement (Cons. d'Et. 8 juin 1850, aff. Dame Audisson, D. P. 50. 3. 73); alors même qu'il n'y a ni remplacements, ni achats nouveaux (Cons. d'Et. 17 mai 1854, aff. Dubos, D. P. 54. 3. 72; 24 avr. 1874, aff. Demoiselle Guesnon, D. P. 74. 3. 95 ; 3 déc. 1880, aff. Lelogeais, D. P. 82. 5. 306).

Jugé encore que le commerçant qui, nonobstant la saisie-gagerie dont ses marchandises ont été l'objet vers la fin d'une année, a tenu son magasin ouvert et continué son commerce au commencement de l'année suivante, est avec raison imposé pour cette année-là à la contribution des patentes, encore que, depuis, les créanciers aient fait vendre les marchandises, ce qui n'équivaut pas à une cessation de commerce par suite de faillite (Cons. d'Et. 14 juin 1861, aff. Garbé, D. P. 61. 3. 45).

710. La règle qui vient d'être rappelée s'applique non seulement au commerçant qui procède lui-même à la liquidation du fonds, mais à tout individu chargé de la liquidation (Cons. d'Et. 17 sept. 1854, aff. Dame Jeantet, D. P. 55. 3. 45), fût-ce l'héritier ou la veuve du patentable après son décès (Cons. d'Et. 21 juin 1854, aff. Veuve Hébert, D. P. 54. 5. 553).

711. Mais l'exercice d'une profession est la condition essentielle de l'imposition à la patente; aussi n'est-ce qu'autant qu'il y a eu réellement exercice de la profession de marchand que l'imposition doit être maintenue et il doit en être donné décharge lorsque les faits de vente constatés ont un caractère trop accidentel pour constituer l'exercice d'une profession (V. *suprà*, n° 536). En vertu de ce principe, il a été accordé décharge à des particuliers ayant cessé l'exercice de leur profession avant le 1er janvier, bien que, postérieurement à cette date, ils eussent : 1° écoulé un reste de marchandises dans les dix premiers jours de janvier (Cons. d'Et. 5 mars 1870, aff. Mercier-Caux, *Rec. Cons. d'Etat*, p. 247); — 2° Fait vendre aux enchères, le 2 janvier, quelques objets provenant de l'ancien fonds de commerce (Cons. d'Et. 31 juill. 1874, aff. Jambon, *Rec. Cons. d'Etat*, p. 749); — 3° Ecoulé des marchandises en les évaluant en gros et presque au prix de facture (Cons. d'Et. 20 nov. 1874, aff. Géraud, *Rec. Cons. d'Etat*, p. 898); — 4° Vendu quelques marchandises de rebut provenant du fonds de commerce liquidé (Cons. d'Et. 18 juin 1880, aff. Saline, D. P. 81. 3. 69)

712. On a vu, d'autre part (*suprà* n° 536), que, suivant une règle à laquelle la jurisprudence du conseil d'État ne s'est, d'ailleurs, pas toujours conformée, il est nécessaire, pour que la patente soit exigible, qu'on ait relevé dans l'année des opérations se rattachant à l'exercice de la profession. Jugé, par application de cette règle : 1° qu'un particulier qui a cessé sa fabrication et qui n'a fait pendant l'année aucune opération constituant l'exercice de la profession de fabricant d'eau-de-vie, n'est pas imposable à la patente, bien qu'il ait en magasin une certaine quantité d'eau-de-vie provenant de sa fabrication antérieure (Cons. d'Et. 16 nov. 1883, aff. Mesnard, D. P. 85. 5. 336); — 2° Que le fait qu'un individu a vendu, pendant les premiers jours du mois de janvier, quelques litres d'eau-de-vie qu'il n'avait pu écouler dans la liquidation de ses marchandises, à laquelle il avait procédé, à la fin de l'année précédente, ne suffit pas pour le faire considérer comme ayant exercé une profession dans le sens de la loi du 15 juill. 1880 (Cons. d'Et. 1er juin 1883, aff. Noël, *Rec. Cons. d'Etat*, p. 505).

713. Dans certains cas, la cessation de la profession peut, lorsque le patentable procède à la liquidation, donner lieu à une modification de droit imposé. Ainsi : 1° un meunier qui a cessé d'exploiter son usine avant le 1er janvier et qui, depuis lors, a vendu en détail les farines provenant de cette usine, est imposable comme marchand de farines en détail (Cons. d'Et. 17 mars 1858, aff. Maniguy, *Rec. Cons. d'Etat*, p. 216); — 2° Celui qui se borne à vendre le plâtre provenant de son exploitation antérieure est imposable comme exploitant de carrières sans ouvrier (Cons. d'Et. 21 janv. 1857, aff. Bernard, *Rec. Cons. d'Etat*, p. 40); — 3° Un fabricant de soie ayant cessé sa fabrication doit être imposé comme marchand de soie (Cons. d'Et. 18 févr. 1854, *Rec. Cons. d'Etat*, p. 145); — 4° L'exploitant d'ardoisières qui cesse d'employer des ouvriers doit être, pendant le temps de vente des produits précédemment extraits, imposé comme marchand d'ardoises, en raison même de l'impossibilité d'établir la patente d'exploitant d'après le nombre des ouvriers (Cons. d'Et. 26 avr. 1851, aff. Comp. des Ardoisières de Truffay, *Rec. Cons. d'Etat*, p. 296). — De même, un filateur de coton qui, ayant cessé sa fabrication, se borne à vendre les produits fabriqués par lui les années précédentes, doit être imposé d'après la profession qu'il exerce réellement c'est-à-dire celle de marchand de cotons filés en gros (Cons. d'Et. 24 févr. 1888, aff. Dalboude et Flamant, *Rec. Cons. d'Etat*, p. 190).

ART. 2. — *Interruption de la profession ; reprise.*

714. L'interruption de la profession pendant une partie de l'année ne donne pas lieu à décharge de la patente, et celui qui, après avoir cessé de l'exercer au 1er janvier, la reprend au cours de l'année nouvelle, peut être imposé pour l'année entière aux rôles supplémentaires (*Rép.* nos 341-342, et *infrà*, n° 725 et suiv.). Mais lorsque l'interruption de la profession a duré pendant toute l'année, le contribuable qui aurait été inscrit au rôle est fondé à demander décharge. — Ainsi un arrêt du conseil d'Etat a accordé décharge à l'individu ayant un pressoir à huiles public qui n'avait pas fonctionné pour le public pendant cette année, mais uniquement pour sa récolte personnelle (Cons. d'Et. 25 juin 1880, aff. Orsini, *Rec. Cons. d'Etat*, p. 599). — Au contraire, il n'y aurait pas lieu à décharge si le pressoir était resté pendant l'année à la disposition du public et si ce n'était que par suite de circonstances indépendantes de la volonté du propriétaire, par exemple par suite du défaut de récoltes, qu'il n'aurait pas fonctionné (Cons. d'Et. 26 déc. 1891, aff. Gorion, *Rec. Cons. d'Etat*, p. 813). Même décision à l'égard d'un maître de glacières, dont les glacières n'avaient pas fonctionné en raison de l'absence de gel pendant l'hiver (Cons. d'Et. 2 juill. 1886, aff. Glacières de Paris, *Rec. Cons. d'Etat*, p. 546). Dans ces deux cas, il n'y avait en réalité pas eu interruption de la profession et par conséquent il n'y avait pas lieu à décharge. Il n'y a pas non plus interruption de la profession dans le fait d'un négociant qui, pendant toute l'année, n'a fait aucune vente alors qu'il s'est livré, au cours de cette année, à des achats en vue de continuer son commerce. Tel est le cas d'un marchand de bois vendant au stère qui, au cours d'une année, a acheté deux coupes de bois bien que, dans la même année, il n'ait opéré aucune vente (Cons. d'Et. 21 déc. 1877, aff. Barthélemy, D. P. 78. 3. 42).

715. On vient de voir que l'interruption d'une profession pendant une partie de l'année ne donne droit à aucune réduction de la patente. La jurisprudence a, en effet, depuis longtemps décidé que l'art. 23, § 4, de la loi du 25 avr. 1844 (aujourd'hui paragraphe 4 de l'art. 28 de la loi du 15 juill. 1880) qui ne soumet à la patente la profession commencée après le mois de janvier qu'à partir du 1er du mois dans lequel cette profession a été entreprise, n'est point applicable à celui qui ne fait que reprendre, dans le courant d'une année, une profession exercée dans l'année précédente et que la patente est due, en cas pareil, pour l'année entière (Cons. d'Et. 8 juin 1850, aff. Ganil et aff. Arpin, D. P. 50. 3. 73; 18 janv, 1851, aff. Higoumenc, D. P. 51. 3. 42; 27 sept. 1854, aff. Favereau, D. P. 55. 3. 80; 13 févr. 1856, aff. Rochette, D. P. 56. 3. 44; 18 janv. 1862, aff. Wolf, *Rec. Cons. d'Etat*, p. 48; 19 mai 1868, aff. Courrat, *Rec. Cons. d'Etat*, p. 557). Il en est ainsi alors même que le patentable n'occuperait plus les mêmes locaux.

716. Les termes de la loi ne permettent aucun doute sur la conformité de cette jurisprudence aux motifs qui ont inspiré la législation. On ne saurait assimiler à ceux qui *entreprennent* une profession ceux qui se bornent à *reprendre*, après suspension momentanée, une profession déjà exercée précédemment par eux, et l'on conçoit parfaitement que ces derniers, dont l'interruption d'industrie peut n'être que fictive, ne soient pas admis à profiter de l'immunité qui a été si équitablement accordée aux premiers (*Rép.* n° 342). Mais la solution devrait être différente s'il résultait des faits que le contribuable a eu réellement l'intention d'abandonner la profession imposable et ne l'a reprise que par suite d'incidents ultérieurs. Ainsi celui qui, ayant, le 1er janvier, cédé son établissement et cessé son industrie et entrepris au cours de l'année, sur la même commune, l'exploitation d'un autre établissement similaire, est imposable à partir du 1er du mois durant lequel il a ouvert le nouvel établissement: il y a en pareil cas nouvelle entreprise.

717. L'appel sous les drapeaux, en temps de guerre, entraînant l'interruption de la profession, permet-il au contribuable, en cas de reprises au cours de l'année suivante, d'échapper à l'imposition pour l'année entière et lui donne-t-il le droit de réclamer le bénéfice du paragraphe 4 de l'art. 28 de la loi du 15 juill. 1880? La question soulevée à la suite des événements de 1870-71 a donné lieu à des solutions différentes de la part de la commission provisoire qui a rempli les fonctions du conseil d'Etat depuis la dissolution de ce corps, après le 4 sept. 1870, jusqu'au mois de novembre 1872, et de la part du conseil d'Etat reconstitué. — La commission provisoire avait admis la négative pour les commerçants appelés à faire partie de la garde nationale mobilisée (Cons. d'Et. 28 mai 1872, aff. Tardy, D. P. 73. 3. 49, 4e esp.) et l'affirmative pour les anciens soldats rappelés sous les drapeaux alors qu'ils étaient âgés de moins de trente-cinq ans, célibataires ou veufs sans enfants (Cons. d'Et. 28 mai 1872, aff. Mesgault, D. P. *ibid.*, 5e espèce). Le conseil d'Etat au contraire a admis l'affirmative dans tous les cas, tant pour ceux qui avaient été appelés sous les drapeaux comme anciens militaires que pour ceux qui avaient été appelés à faire partie de la garde nationale mobilisée (Cons. d'Et. 8 nov. 1872, aff. Le Plé, aff. Croizon et autres, D. P. 73. 3. 49, 6e et 7e espèces). — Cette dernière solution nous paraît conforme à l'esprit de la loi. La jurisprudence refuse au patentable qui a momentanément interrompu sa profession et qui la reprend dans le courant de l'année le bénéfice de l'art. 28, § 4, de la loi du 15 juill. 1880; elle le lui accorde, ainsi qu'on l'a vu récemment, dans le cas où il résulte des faits qu'il a eu réellement l'intention d'abandonner sa profession et ne l'a reprise que par suite d'incidents ultérieurs. L'appel sous les drapeaux en temps de guerre rend trop incertaine, non seulement l'époque où la profession pourra être reprise, mais même la possibilité de jamais la reprendre, pour ne pas être assimilé à ce dernier cas. Il serait d'ailleurs peu équitable de frapper rétroactivement d'un droit établi d'après les bénéfices présumés le citoyen qui a dû cesser absolument l'exercice de son commerce ou de son industrie pour obéir à la loi qui lui impose un service public. Cette question conserve tout son intérêt sous l'empire des lois actuellement en vigueur pour le cas d'appel à l'activité de la réserve et de l'armée territoriale.

ART. 3. — *Des professions qui ne s'exercent que pendant une partie de l'année.*

718. Le paragraphe 4 de l'art. 28 de la loi du 15 juill. 1880, reproduisant le paragraphe 4 de l'art. 23 de la loi du 25 avr. 1844, dispose que « ceux qui entreprennent dans le cours de l'année une profession sujette à la patente ne doivent la contribution qu'à partir du premier du mois dans lequel ils ont commencé d'exercer, à moins que, par sa nature, la profession ne puisse pas être exercée pendant toute l'année. Dans ce cas, la contribution sera due pour l'année entière, quelle que soit l'époque à laquelle la profession aura été entreprise ». Les professions qui, par leur nature, ne s'exercent que pendant une partie de l'année, n'en donnent donc pas moins lieu à l'imposition de la patente pour l'année entière, alors d'ailleurs qu'il s'agit de la continuation d'un commerce exercé les années précédentes, car autrement la profession serait entreprise au cours de l'année et par conséquent ne serait assujettie à la patente qu'à partir du premier du mois où elle aurait été commencée.

719. Le sens que le législateur attache aux expressions : « profession ne pouvant, *par sa nature*, être exercée pendant toute l'année » est indiqué par l'objet même du paragraphe 4 de l'art. 28. Ainsi que nous l'avons fait observer (*Rép.* n° 341), il s'agit là des industries intermittentes qui ne peuvent s'exercer continuellement; la loi a pris leur nature en considération, quand elle a déterminé le chiffre de la patente et ce serait faire fraude à son économie générale que de vouloir obtenir une réduction qui a déjà été accordée à l'avance.

720. La jurisprudence range au nombre de ces professions celle de marchand de verres et bouteilles que certains forains font vers le temps des vendanges (Cons. d'Et. 11 janv. 1853, aff. Meunier, D. P. 55. 3. 43), et le commerce de fruits en maturité qui consiste à acheter pendant la belle saison chez les cultivateurs pour revendre à la ville (Cons. d'Et. 11 janv. 1853, aff. Touche, D. P. *ibid.*); la profession d'expéditeurs de fruits et légumes ne faisant que des envois de primeurs du Midi pour Paris de juin à septembre (Cons. d'Et. 7 avr. 1870, aff. Vidal, *Rec. Cons. d'Etat*, p. 435).

721. On doit également considérer comme des professions non susceptibles d'être exercées toute l'année, et comme devant la patente pour l'année entière en vertu des art. 28 de la loi du 15 juill. 1880 (anciennement 23 de la loi du 25 avr. 1844) : l'exploitation de bains froids sur rivière (Cons. d'Et. 27 déc. 1854, aff. Peyronnet, *Rec. Cons. d'Etat*, p. 1020); — L'exploitation d'un pressoir à bras (Cons. d'Et. 29 juin 1877, aff. Gaudefrin, *Rec. Cons. d'Etat*, p. 643).

722. Certaines professions sont, par leur nature, susceptibles d'être exercées toute l'année, mais en raison de circonstances locales, ne peuvent, en fait, être exercées que pendant un certain nombre de mois. Il semblerait donc que l'impôt ne devrait pas être exigé intégralement et qu'il ne serait dû que du jour où a commencé l'exercice de la profession, lorsqu'il s'agit d'une profession s'exerçant généralement toute l'année, et qui n'est exercée, d'une manière intermittente, par le contribuable qu'à raison des circonstances à lui particulières. En effet, pour ces professions, la patente a été calculée sur l'année entière et non pas comme pour les professions intermittentes, sur le laps de temps durant lequel elles peuvent être exercées. Mais le conseil d'Etat s'attache plutôt à la nature, non de la profession dénommée au tarif, abstraction faite de toute circonstance de fait, mais à la nature de cette profession telle que l'exerce le contribuable. Ainsi, il a considéré comme devant la patente pour l'année entière les individus exerçant la profession de loueur en garni dans les villes d'eaux et bains de mer (Cons. d'Et. 30 mai 1866, aff. Graffet, *Rec. Cons. d'Etat*, p. 544; 30 juill. 1886, aff. Lacau, D. P. 88. 3. 5). — Les individus qui exercent momentanément, dans ces localités, un commerce assujetti à la patente, comme celui de marchand de vins en gros (Cons. d'Et. 9 nov. 1889, aff. Guillon, *Rec. Cons. d'Etat*, p. 1022). — On a encore assujetti à la patente pour l'année entière celui qui s'est rendu adjudicataire pour plusieurs années de l'exploitation de spectacles ne pouvant avoir lieu, aux termes du cahier des charges, que pendant quelques mois d'été (Cons. d'Et. 9 janv. 1880, aff. Hérault, D. P. 80. 3. 69).

723. On a même appliqué la règle du paragraphe 4 de l'art. 28 à un fabricant de briques exerçant sa profession dans des conditions telles qu'elle n'était possible qu'une partie de l'année (Cons. d'Et. 12 juin 1874, aff. Glacet, *Rec. Cons. d'Etat*, p. 551).

724. Les fabricants d'esprit de betteraves (Cons. d'Et. 9 mars 1859, aff. Laurence, D. P. 59. 3. 50), les fabricants d'eau-de-vie dans les départements où cette profession ne peut être exercée qu'une partie de l'année, sont imposés pour l'année entière. Jugé, à l'occasion d'une fabrique d'eau-de-vie sise dans le département de la Charente, que, cette profession étant de celles qui, par leur nature, ne peuvent être exercées qu'une partie de l'année, le fabricant qui a commencé ses opérations vers la fin de l'année n'est pas fondé à demander à n'être imposé qu'à partir de cette époque (Cons. d'Et. 28 mars 1860, aff. Goutter, D. P. 60. 5. 265). — Jugé, au contraire que, la profession de bouilleur d'eau-de-vie étant susceptible d'être exercée pendant toute l'année, l'industriel qui n'a commencé à exercer cette profession qu'à l'époque des vendanges est avec raison imposé, non pour l'année entière, mais seulement pour les mois qui restent à courir (Cons. d'Et. 20 mars 1861, aff. Baudelot, D. P. 61. 5. 346). La solution dépend donc, pour cette profession, des localités dans lesquelles le contribuable s'y livre, de sorte que le fabricant d'eau-de-vie qui entreprend l'exercice de sa profession dans le courant de l'année est imposable pour l'année entière, si, dans le département, ce genre d'industrie n'est pas susceptible d'être exercé toute l'année, tandis que dans ceux où l'exercice de la profession est possible pendant toute l'année, il ne sera imposable qu'à partir du premier du mois durant lequel il l'aura entreprise.

SECT. 3. — ROLES SUPPLÉMENTAIRES (*Rép.* 341 à 347).

725. Les rôles supplémentaires (*Rép.* n° 341) doivent comprendre, sous l'empire de l'art. 28 de la loi du 15 juill. 1880 comme antérieurement sous celui de l'art. 28 de la loi du 25 avr. 1884 et de l'art. 12 de la loi du 4 juin 1858 : 1° ceux qui entreprennent, dans le cours de l'année une profession sujette à patente et doivent être imposés à partir du premier du mois dans lequel ils ont commencé à exercer, à moins que, par sa nature, la profession ne puisse pas être exercée pendant toute l'année, cas où la contribution est due pour l'année entière (*suprà*, n°s 718 et suiv.) ; — 2° Les patentés qui, dans le cours de l'année, entreprennent une profession comportant un droit fixe plus élevé que celui qui était afférent à la profession qu'ils exerçaient d'abord, ou qui transportent leur établissement dans une commune d'une plus forte population ; — 3° Les patentables qui prennent des maisons ou locaux d'une valeur locative supérieure à celle des maisons ou locaux pour lesquels ils ont été primitivement imposés, et ceux qui entreprennent une profession passible d'un droit proportionnel plus élevé ; — 4° Les individus omis aux rôles primitifs, qui exerçaient, avant le 1er janvier de l'année de l'émission de ces rôles, une profession, un commerce ou une industrie sujets à patente, ou qui, antérieurement à la même époque, avaient apporté dans leur profession, commerce ou industrie, des changements donnant lieu à des augmentations de droits. Ces droits ne sont dus qu'à partir du 1er janvier de l'année pour laquelle le rôle primitif a été émis. C'est ainsi que les patentables omis ne peuvent être compris dans la matrice supplémentaire qu'à partir du 1er janvier de l'année dans laquelle l'omission a été constatée : ils ne peuvent être taxés à des suppléments de droits pour l'année ou les années antérieures, alors même que l'omission s'étendrait aussi à ces années.

726. Actuellement, comme à l'époque de la publication du *Répertoire*, n° 341, les matrices supplémentaires de patentes sont rédigées tous les trois mois, de la même manière que les matrices primitives. Elles doivent être déposées aux mairies cinq jours au plus tard après l'expiration du trimestre, sauf celles qui concernent le quatrième trimestre, qui doivent l'être avant le 15 décembre, afin que les rôles puissent être transmis aux receveurs des finances avant le 31 janvier suivant.

727. Il résulte de ces dispositions que l'imposition des patentables, au moyen des rôles supplémentaires, n'est autorisée qu'à raison de faits nouveaux survenus pendant le cours de l'année et visés par la loi des patentes. L'Administration ne pourrait, au moyen d'un rôle supplémentaire rectifier une erreur qui aurait été commise dans la confection du rôle primitif, par exemple, au sujet de la désignation de la profession exercée par le patentable (Cons. d'Et. 11 janv. 1851, aff. Chauvin, D. P. 51. 3. 40) ; ou réparer l'omission d'un droit (Cons. d'Et. 10 déc. 1856, aff. L'Huillier, D. P. 57. 3. 461 ; 10 nov. 1853, aff. Monnier, D. P. 54. 5. 557).

728. Ainsi un individu assujetti au droit de patente en qualité d'arpenteur expert ne peut être imposé comme marchand de vins en gros, au moyen d'un rôle supplémentaire, alors qu'il exerçait déjà cette profession au moment de la confection du rôle (Cons. d'Et. 11 janv. 1851, aff. Chauvin, D. P. 51. 3. 40). Une personne imposée au droit fixe de patente, en qualité de marchand de bas et bonneterie en demi-gros, ou de tissus, ne peut être assujettie par un rôle supplémentaire, pour la même année, au droit fixe afférent à la profession de marchand forain avec voiture ; le conseil d'Etat a jugé cette imposition irrégulière (Cons. d'Et. 11 janv. 1851, aff. Delasaux, D. P. 51. 3. 40 ; 12 août 1861, aff. Marais, D. P. 62. 3. 73) ; il en serait de même à l'égard d'un individu imposé comme blatier avec voiture qu'on prétendrait imposer comme marchand de bois en gros (Cons. d'Et. 25 avr. 1855, aff. Durand, D. P. 55. 3. 81). Un individu qui a été imposé à la contribution des patentes dans le rôle général d'une année, comme exerçant la profession de marchand d'huîtres, et qui n'avait apporté, antérieurement au 1er janvier de ladite année, aucun changement dans le mode d'exercice de cette profession, qu'il exerçait déjà l'année précédente, ne peut être imposé à la contribution des patentes, par un rôle supplémentaire, comme exerçant la profession de marchand d'huîtres *expéditeur* (Cons. d'Et. 17 déc. 1860, aff. Thomas, D. P. 62. 3. 73 ; 9 janv. 1861, aff. Faure, D. P. *ibid*). Celui qui a été imposé sur le rôle général, comme exerçant la profession d'épicier regrattier, ne peut être imposé au rôle supplémentaire, comme exerçant la profession de marchand de beurre en demi-gros (Cons. d'Et. 4 août 1877, aff. Bergue, D. P. 77. 3. 104).

729. L'Administration ne pourrait pas davantage, lorsque l'imposition d'un contribuable portée au rôle principal a été inexactement calculée, et, par exemple, lorsque les agents n'ont fait figurer que le droit proportionnel sans indication du droit fixe, ou réciproquement, réparer cette erreur par une seconde imposition dans un rôle supplémentaire. La jurisprudence qui s'était fermement prononcée en ce sens antérieurement à la loi du 4 juin 1858 (D. P. 58. 4. 78) a persisté dans cette doctrine malgré cette loi provoquée par l'Administration en vue de lui permettre de suppléer aux lacunes qu'on avait cru exister à cet égard dans la loi du 25 avr. 1844. Ainsi l'Administration ne saurait, au moyen d'un rôle supplémentaire, imposer à un contribuable un droit proportionnel qu'elle aurait omis au rôle général, alors que ce contribuable exerçait sa profession au 1er janvier dans le même local (Cons. d'Et. 20 déc. 1856, aff. Lhuillier, D. P. 57. 3. 46 ; 21 janv. 1887, aff. Lecomte, D. P. 88. 5. 359) ; ni réparer, au moyen de l'imposition d'un droit proportionnel plus élevé, une erreur matérielle commise par les agents de l'Administration dans le calcul de la valeur locative, d'après laquelle avait dû être établi, sur le rôle général, le droit proportionnel de patente du réclamant (Cons. d'Et. 24 juin 1870, aff. Schlumberger, *Rec. Cons. d'Etat*, p. 798), elle ne pourrait davantage compléter par l'imposition d'un droit fixe la patente d'un commerçant qui n'aurait été porté au rôle principal que pour le droit proportionnel (Cons. d'Et. 21 févr. 1855, aff. Genu, D. P. 55. 3. 50).

730. En définitive, l'imposition portée au rôle principal ne peut être modifiée au moyen des rôles supplémentaires qu'autant qu'il y a eu, depuis le 1er janvier de l'année pour laquelle il est émis, une modification dans la situation du patentable, ou qu'il y a eu omission complète d'un individu exerçant au 1er janvier une profession patentable. Ainsi une personne qui était imposée au rôle principal en qualité de fabricant de sabots et qui, entre la formation du rôle et le 1er janvier, a entrepris, dans le même local, la profession de cabaretier, peut être régulièrement imposée au rôle supplémentaire pour la différence entre les deux droits (Cons. d'Et. 1er avr. 1892, aff. Chaux, *Rec. Cons. d'Etat*, p. 333). Il ne s'agit pas en effet, en pareil cas, d'une rectification d'erreur, mais d'un fait nouveau au sens de la loi.

731. Au contraire il n'y a pas fait nouveau, et par conséquent lieu à une imposition nouvelle par un rôle supplémentaire, dans la transformation d'une société en commandite par actions, dont le gérant a été imposé à la contribution des patentes sur le rôle primitif, en société anonyme, alors qu'aucune modification n'a été apportée à l'objet, au siège, à la durée et à la composition de la société (Cons. d'Et. 24 janv. 1879, aff. Sucrerie de Lizy-sur-Ourcq, D. P. 79. 3. 52).

732. On ne peut non plus considérer comme un fait nouveau la cession d'un établissement industriel et le transfert de la patente à un successeur qui continue l'exercice de la profession dans les mêmes conditions que son prédécesseur. Dès lors, en pareil cas, lorsque les locaux occupés par le successeur sont les mêmes que ceux que le prédécesseur occupait et en raison duquel il avait été assujetti au droit proportionnel, le successeur ne peut pas être imposé à un droit plus élevé sur un rôle supplémentaire, plus que ne l'aurait été le prédécesseur (Cons. d'Et. 20 mars 1878, aff. Charzat, D. P. 78. 3. 69); il n'en serait autrement, par application de l'art. 28 de la loi du 15 juill. 1880, que s'il avait ajouté de nouveaux locaux à ceux que le cédant occupait et en raison de ces nouveaux locaux (Cons. d'Et. 16 janv. 1885, aff. Bruyère, D. P. 86. 5. 313).

733. L'omission d'un contribuable sur le rôle primitif peut être réparée au moyen des rôles supplémentaires à la condition qu'il ait exercé déjà, avant le 1er janvier de l'année de l'émission de ces rôles, une profession sujette à la patente, ou lorsque, antérieurement à la même époque, il a apporté à sa profession, commerce ou industrie, des changements donnant lieu à des augmentations de droit. A l'époque de la publication du *Répertoire*, la jurisprudence du conseil d'Etat se refusait d'une manière constante à admettre que l'imposition, par un rôle supplémentaire, pût avoir lieu, aux termes de la loi du 25 avr. 1844, en dehors du cas où des faits nouveaux seraient survenus après la confection du rôle général. Mais cette jurisprudence, encore admise, comme on vient de le voir, toutes les fois qu'il s'agit d'erreurs commises par l'Administration, s'étendait au cas où le contribuable avait été omis au rôle général (Cons. d'Et. 17 sept. 1854, aff. Boisgontier, D. P. 55. 3. 45; 28 mars 1856, aff. Legault, D. P. 57. 5. 241). La loi du 4 juin 1858 a eu pour objet de remédier à cet état de choses qui causait un grave préjudice au Trésor et violait le principe de l'égalité en matière d'impôts, en créant indirectement des exemptions temporaires que la loi n'avait pas entendu établir. Mais elle n'admettait que l'omission pût être réparée qu'autant qu'elle portait sur un état de faits antérieur au 1er janvier. La loi du 15 juill. 1880 ne fait pas autre chose. Il suffit donc que la profession existe au 1er janvier pour que l'omission puisse être réparée au moyen du rôle supplémentaire. Ainsi le contribuable qui, exerçant au 1er janvier deux industries distinctes, a été imposé au rôle principal en raison de l'une d'elles et omis relativement à l'autre, peut être repris, en cours d'exercice, en raison de celle-ci, au moyen d'un rôle supplémentaire (Cons. d'Et. 25 mai 1861, aff. Rolland, D. P. 62. 3. 75).

734. Lorsque le patentable exerçant la profession imposable au 1er janvier a été omis, il peut être repris au rôle supplémentaire bien que, antérieurement à l'émission du rôle, il ait cessé d'exercer sa profession (Cons. d'Et. 27 mai 1867, aff. Lavie, *Rec. Cons. d'Etat*, p. 875).

735. Les droits de patente portés aux rôles supplémentaires en cas d'omission ne sont dus qu'à partir du 1er janvier de l'année, mais à partir de cette date et non pas seulement à partir du premier jour du trimestre auquel se rapporte le rôle sur lequel l'imposition est porté. Aucune disposition de loi ne limite, en effet, en pareil cas, au rôle supplémentaire, la faculté concédée à l'Administration de réparer son omission, et en permettant cette réparation, elle la permet implicitement complète, c'est-à-dire portant sur le droit tel qu'il était dû : or, on sait que la patente est due pour l'année entière lorsqu'elle porte sur une profession exercée au 1er janvier, et que c'est au cas seul où la profession est entreprise postérieurement à cette date, que l'imposition ne part que du premier jour du mois (Cons. d'Et. 20 mars 1861, aff. Chopin-Vesseron et aff. Brochet, D. P. 62. 3. 74). Il en est de même d'ailleurs à l'égard de celui qui entreprend, dans le cours de l'année, une profession sujette à patente; il peut être compris, pour la totalité des droits dont il est passible, dans le rôle supplémentaire d'un trimestre postérieur à celui dans lequel l'exercice de la profession a commencé (Cons. d'Et. 18 déc. 1860, aff. Goffard-Perlot, D. P. 62. 3. 74). De même encore pour celui qui est soumis simplement à un accroissement du droit proportionnel de sa patente, pour extension donnée, depuis le 1er janvier, à son commerce ou à son industrie (Cons. d'Et. 20 mars 1861, aff. Pierrot, D. P. 62. 3. 74), il doit, bien qu'il ait été porté, non au rôle du trimestre dans lequel l'entreprise a été commencée ou l'extension opérée, mais dans un rôle postérieur, être imposé à partir du premier jour du mois dans lequel se sont produits les faits motivant l'imposition en cours d'exercice.

736. Pendant une certaine période, le conseil d'Etat a admis que la publication du rôle restait régulière, bien que le rôle supplémentaire n'eût été publié qu'après l'expiration de l'année à laquelle il appartenait (Cons. d'Et. 12 mars 1868, aff. Croisy, *Rec. Cons. d'Etat*, p. 289). Mais, dans un grand nombre d'arrêts rendus les 10 et 18 juill. 1891, le conseil d'Etat, revenant à la jurisprudence qu'il avait autrefois suivie (Cons. d'Et. 29 juill. 1857, aff. Chemin de fer de Dôle, *Rec. Cons. d'Etat*, p. 590), et se fondant sur ce que, d'après les lois relatives aux contributions directes, ces contributions, étant établies par année, doivent pouvoir être exigées des contribuables dans l'année à laquelle elles s'appliquent, a considéré comme illégale la publication d'un rôle après l'expiration de l'année à laquelle il se rapporte (Cons. d'Et. 18 juill. 1891, aff. Marty, D. P. 92. 3. 94, et soixante et onze arrêts du même jour, D. P. 92. 3. 94-95, notes 7, 8, 9).

737. La règle qui défend de porter les patentables sur des rôles supplémentaires en raison des faits existant au 1er janvier entraîne plusieurs conséquences. En premier lieu, lorsqu'un patentable, ayant quitté une commune avant le 1er janvier pour exercer sa profession dans une autre commune, a été imposé d'abord sur le rôle de la première commune, et ensuite dans la seconde commune par un rôle supplémentaire, il y a lieu de lui accorder décharge de la contribution à laquelle il a été imposé dans la seconde commune (Cons. d'Et. 18 mars 1857, aff. Martin, D. P. 58. 3. 4). En outre, les droits de patente imposés par un rôle supplémentaire doivent être établis sous déduction de tout ou partie des droits déjà compris dans le rôle primitif. Enfin celui qui, en cours d'année, quitte la commune où il a été porté au rôle primitif et entreprend, dans sa nouvelle résidence, une profession donnant lieu à des droits plus élevés, n'est imposable au rôle supplémentaire que sous déduction des droits qui lui ont été primitivement assignés. Ces droits étant dus intégralement, c'est contre l'imposition supplémentaire qu'il doit réclamer si la décharge des droits primitivement imposés n'a pas été faite.

738. L'imposition des entrepreneurs aux rôles supplémentaires donne lieu, lorsqu'ils ont été omis au rôle principal, à des difficultés particulières. Le droit fixe actuellement imposé aux entrepreneurs de travaux publics, par le tableau C, 5e partie, annexé de la loi du 15 juill. 1880, étant calculé sur le montant des travaux totaux à exécuter, la jurisprudence a dû admettre, sur ce point spécial, une dérogation au principe suivant lequel, pour l'établissement de la patente afférente à une année, il n'y a pas lieu de tenir compte des faits relatifs à une autre année. Pendant les premières années, l'imposition est fixée d'une manière approximative, et, pour la dernière année, elle est déterminée d'après le montant total des travaux exécutés, déduction faite des quantités sur lesquelles ont porté les droits perçus pendant les années antérieures. Mais cette pratique doit, comme toutes les exceptions aux principes généraux, être restreinte au cas spécial où la force des choses a obligé la jurisprudence à l'admettre; elle ne peut, par suite, servir de prétexte pour déroger de la règle posée par l'art. 24 de la loi du 15 juill. 1880, d'après laquelle les patentables omis aux rôles ne peuvent être repris par un rôle supplémentaire que pour les faits postérieurs au 1er janvier de l'année courante. Il en résulte que si un patentable qui a entrepris des travaux publics, dont l'exécution a duré plusieurs années, peut être imposé à un rôle supplémentaire pendant la dernière année pour le montant des travaux sur le prix desquels n'ont pas porté les impositions antérieures (Cons. d'Et. 20 avr. 1883, aff. Ollivier et autres, D. P. 84. 3. 52-53), un entrepreneur de travaux publics, omis sur les rôles des patentes publiés depuis le commencement de l'entreprise, ne peut être imposé au rôle supplémentaire publié pendant la dernière année de son entreprise, que pour le montant des travaux restant à exécuter pendant le cours de ladite année (Cons. d'Et. 8 déc. 1882, aff. Vergmann, D. P. 84. 3. 52-53), et qu'un entrepreneur omis sur les rôles des patentes, pendant la première année de son entreprise, ne peut être imposé au rôle supplémentaire de l'année suivante à un droit fixe calculé sur le montant des travaux exécutés pendant cette première année, l'imposition ainsi établie ayant pour objet non une compensation à opérer d'une année à l'autre dans le calcul des droits, mais la réparation de l'omission commise pendant la première année, omission qu'aucune disposition législative n'autorise l'Administration à réparer (Cons. d'Et. 22 nov. 1889, aff. Société des ateliers méridionaux, D. P. 91. 5. 377).

739. Cette règle s'applique aux associés principal et secondaire composant une société, alors même qu'un des membres de cette société a été imposé personnellement pendant les années précédentes en raison d'une autre entreprise de travaux publics (Cons. d'Et. 8 déc. 1882, aff. Vergmann, D. P. 84. 3. 53).

CHAP. 8. — Des réclamations contre l'imposition de la patente (*Rép.* n° 348).

740. L'art. 27 de la loi du 15 juill. 1880 dispose que « les réclamations en décharge ou réduction et les demandes en remise ou modération sont présentées, instruites et jugées dans les formes et délais prescrits pour les autres contributions directes. Les réclamations ne sont admises en cette matière que sous les formes et pour les motifs applicables à toutes les contributions directes. Nous nous référerons donc à l'ensemble des explications qui ont été fournies (*suprà*, v° *Impôts directs*, n°s 189 et suiv.) sur les règles relatives aux demandes en décharge et réduction et (n°s 277 et suiv.), sur la compétence en matière de contributions directes, tout en étudiant ici les règles plus spécialement applicables à l'impôt des patentes.

SECT. 1re. — DEMANDES EN DÉCHARGE OU RÉDUCTION. — PROCÉDURE, COMPÉTENCE DES CONSEILS DE PRÉFECTURE ET DU CONSEIL D'ÉTAT (*Rép.* n°s 349 à 397).

741. Le conseil de préfecture est seul compétent pour connaître des réclamations qui, reposant sur un droit, appartiennent au contentieux (*Rép.* n° 349, *suprà*, V. *Impôts directs*, n°s 285, 286), c'est-à-dire sur les demandes en décharge et réduction. Ces demandes sont seules recevables et on ne saurait considérer comme une réclamation susceptible d'être jugée par le conseil de préfecture la demande d'un contribuable tendant à faire prononcer, par la voie contentieuse, l'imposition à la patente d'autres particuliers qu'il prétend exercer la même profession que lui (Cons. d'Et. 3 mars 1876, aff. Raymond, D. P. 77. 5. 326).

742. La loi de finances du 21 juill. 1887 a consacré une innovation considérable en cette matière, en permettant au contribuable qui se croit imposé à tort, ou surtaxé, d'en faire la déclaration à la mairie dans le mois qui suit la publication du rôle. Ces réclamations, lorsqu'un examen sommaire les fait paraître fondées, sont soumises, par la voie administrative, au conseil de préfecture, qui prononce, s'il y a lieu, le dégrèvement. Ce nouveau mode de réclamation étant commun à toutes les contributions directes, nous nous référerons aux explications auxquelles il a donné lieu (V. *suprà*, v° *Impôts directs*, n° 205).

743. Les réclamations contre l'imposition de la patente ne peuvent être faites que par la partie au nom de laquelle la cote est ouverte ou par son fondé de pouvoirs (*Rép.* n° 351). C'est là un principe général en matière de contributions directes et dont nous avons signalé de nombreuses applications (*suprà*, v° *Impôts directs*, n°s 207 et suiv.). En matière de patente, on a décidé en ce sens : 1° qu'un individu qui, avant le 1er janvier, a acquis un fonds de commerce en prenant à sa charge l'impôt de la patente, n'est pas recevable à réclamer contre le maintien de son prédécesseur sur le rôle, pour l'année nouvelle, sous prétexte qu'à son égard elle ferait double emploi avec la patente qui lui a été nominativement imposée ; c'est à l'imposé seul qu'il appartient de réclamer (Cons. d'Et. 25 mai 1861, aff. Blaude, D. P. 62. 5. 235) ; — 2° Qu'une société n'est pas recevable à déférer au conseil d'Etat un arrêté du conseil de préfecture qui a rejeté la réclamation formée par un individu inscrit au rôle des patentes, bien qu'elle prétende que si celui-ci s'était porté adjudicataire du marché donnant lieu à l'imposition, c'était pour satisfaire aux exigences de l'administration militaire, mais qu'en réalité il n'était que son prête-nom (Cons. d'Et. 23 nov. 1889, aff. Société *La Graineterie française*, D. P. 91. 5. 388).

744. Mais si le patentable seul peut demander réduction ou décharge devant le conseil de préfecture, c'est parce qu'il est réputé seul intéressé à obtenir la réduction ou la décharge, étant seul tenu de payer la somme imposée. Aussi la jurisprudence déroge-t-elle à cette règle toutes les fois que le réclamant se trouverait tenu de payer la cotisation aux lieu et place de celui qui est imposé au rôle. Ainsi l'individu qui, sur la mise en demeure du percepteur, a acquitté la taxe de patente inscrite au nom de son commis a qualité pour demander décharge de cette taxe au nom du contribuable inscrit (Cons. d'Et. 19 févr. 1863, aff. De Calvières, D. P. 63. 3. 19 ; 4 août 1868, aff. Chatenet, *Rec. Cons. d'Etat*, p. 832 ; 28 janv. 1869, aff. Tison, *ibid.*, p. 81 ; 7 nov. 1884, aff. Letouzé, D. P. 86. 3. 51). — Il en est de même d'une veuve qui n'a pas continué pour son compte, après la mort de son mari, l'exercice de la profession en raison de laquelle il était imposé à la patente et qui n'est pas héritière de son mari. La jurisprudence lui reconnaît qualité pour demander réduction de la patente, en raison de la cession de l'établissement, lorsqu'il résulte de l'instruction qu'elle était propriétaire de la plus grande partie de l'établissement (Cons. d'Et. 1er juill. 1887, aff. Bergès, D. P. 88. 5. 359).

745. L'associé principal d'une maison de commerce établie en France a qualité pour demander, dans le délai légal, la décharge de la patente de son coassocié résidant à l'étranger (Cons. d'Et. 21 juin 1854, aff. Coupeau, D. P. 55. 3. 12).

746. Les associés peuvent réclamer collectivement contre les droits auxquels ils ont été imposés individuellement au rôle des patentes. De sorte que l'associé en nom collectif qui a qualité pour réclamer au nom de la société dont il fait partie doit, en cas de décès de son unique coassocié, être mis seul en cause au cours de l'instruction, à l'exclusion des héritiers du défunt.

747. Le véritable intéressé ne serait lui-même pas recevable dans sa réclamation s'il n'existait pour lui aucun intérêt réel à se pourvoir (*Rép.* n° 352). — Ainsi, le patentable imposé par erreur, pour une profession autre que celle qu'il exerce réellement, est sans intérêt à réclamer contre cette imposition, lorsque sa véritable profession l'assujettit à un droit plus élevé (Cons. d'Et. 19 juill. 1854, aff. Malgros et aff. Delloc, D. P. 55. 3. 44 ; 20 juin 1855, aff. Jobert, D. P. 55. 5. 313 ; 25 mai 1861, aff. Rolland, D. P. 62. 3. 75). — De même encore, lorsque le droit de patente a été établi sur une base inexacte, et est égal à celui dont le contribuable était réellement passible, celui-ci n'est pas fondé à en demander décharge (Cons. d'Et. 27 mars 1865, aff. Berger, D. P. 67. 3. 27 ; 1er avr. 1881, aff. Gosse, D. P. 82. 5. 309). Spécialement, le patentable dont l'industrie a été inexactement qualifiée au rôle général, et qui se trouve, par suite, imposé à un droit plus faible que celui dont il était passible en réalité, qui a été imposé à nouveau, lors de la confection d'un rôle supplémentaire, aux droits applicables à la profession qu'il exerce véritablement, est fondé à réclamer contre l'imposition portée au rôle supplémentaire, mais ne peut demander, en même temps, la décharge de l'imposition portée au rôle général, sous prétexte que son industrie a été inexactement qualifiée, puisque cette inexactitude ne lui a causé aucun préjudice (Arrêt précité du 27 mars 1865). — De même, l'erreur matérielle qui aurait, dans l'indication du rôle des patentes, fait désigner l'un des établissements d'un patentable comme situé dans une rue autre que celle où il se trouve réellement ne peut motiver aucune réclamation de la part de celui-ci, s'il n'y a pas eu d'inexactitude dans l'assiette de la cotisation, en ce que le droit proportionnel a été calculé sur une valeur locative non supérieure à la valeur locative réelle de l'établissement dont il s'agit (Cons. d'Et. 18 juill. 1855, aff. Avenelle, D.P. 56. 3. 10). — Il s'établit, dans ces différents cas, une véritable compensation entre les droits réellement dus par le patentable et ceux qui lui sont indûment réclamés.

748. Mais la réclamation du contribuable est recevable lorsque l'erreur relative à la nature de la profession qu'il exerce le rend passible d'un droit plus élevé que le droit afférent à la profession qu'il exerce réellement (Cons. d'Et. 21 févr. 1855, aff. Ranger-Baudy, D. P. 55. 3. 58).

749. On a vu au *Rép.* n° 352 que la réclamation d'un patentable n'est pas recevable pour défaut d'intérêt lorsque la différence en plus sur les droits dont il se plaint est compensée par une différence en moins sur d'autres droits. Notamment on a vu que, d'après un arrêt du 20 mars 1852 (*Rép.* n° 352-3°), la demande en réduction du droit fixe de patente est non recevable lorsqu'il est établi que la quotité du droit proportionnel, dû par le même patentable, a été diminuée, lors de la confection des rôles, d'une somme supérieure à l'excédent de droit fixe allégué. La jurisprudence admet toujours que, lorsque, le réclamant conteste les évaluations de certains éléments ayant servi à établir le droit proportionnel, l'Administration peut lui opposer l'atténuation de certains autres éléments. Mais cette compensation n'est admise que sous plusieurs conditions.

750. En premier lieu, la compensation ne peut être établie lorsqu'il s'agit d'articles complètement différents et sans corrélation entre eux, par exemple relatifs à des professions distinctes s'exerçant dans des communes différentes ou dans des locaux différents. Ainsi : 1° le patentable imposé au rôle d'une commune, en raison de faits mal qualifiés, ne peut y être maintenu sous prétexte que ces faits donnent lieu à une imposition plus élevée sous une qualification différente si l'imposition ainsi motivée ne peut être établie que dans une autre commune où le patentable a son établissement principal (Cons. d'Et. 15 août 1860, aff. Salin, D. P. 61. 3. 4) ; — 2° Le contribuable qui a cessé avant le 1er janvier la profession qu'il exerçait dans un local, et qui a entrepris une autre profession dans un local différent, doit être déchargé de la taxe à laquelle il a été imposé en raison de son ancienne profession, sans qu'il puisse être établi de compensation entre cette taxe et celle dont il est passible en raison de sa nouvelle profession (Cons. d'Et. 2 mai 1877, aff. Mercier, D.P. 78. 3. 15). — Il semble même, d'après un arrêt du 16 mars 1888 (aff. Peigney, D. P. 89. 3. 62), qu'il suffise que le patentable demande décharge de sa cote par le motif qu'il a cessé la profession pour laquelle il a été imposé avant le 1er janvier, pour que l'Administration ne puisse lui opposer la compensation résultant de ce qu'il aurait, depuis le 1er janvier, entrepris une autre profession passible d'un droit plus élevé. La compensation ne serait possible, d'après cette jurisprudence, que dans le cas où l'Administration, ayant mal qualifié les faits servant de base à la taxe, il serait reconnu que ces faits donnent lieu à une patente égale ou supérieure.

751. Mais il ne suffirait pas, pour que les taxes que l'Administration prétend atténuées à tort ne puissent être compensées avec celles que le contribuable critique, qu'elles fussent portées sur des articles différents du rôle. Jugé que, dans le cas où la rectification des bases de la patente, décidée par le conseil de préfecture sur la demande du contribuable, doit avoir pour effet de réduire le droit fixe et le droit proportionnel afférent aux locaux professionnels, et de relever le droit proportionnel afférent à l'habitation, le conseil de préfecture ne peut se fonder, pour refuser de compenser jusqu'à due concurrence ce relèvement avec la réduction accordée, sur ce que la taxe afférente à la maison d'habitation serait portée sur un article du rôle autre que celui sur lequel la réduction doit être opérée (Cons. d'Et. 1er juin 1888, D. P. 89. 3. 85). — Le fait que, à Paris, pour des raisons de service, on a ouvert un article spécial pour l'habitation, ne peut faire obstacle à l'application de la compensation qui n'aurait fait aucune difficulté si l'on s'était trouvé dans une commune rurale où chaque patentable n'a, sur le rôle, qu'un seul article, établi par ordre alphabétique.

752. La compensation s'établit naturellement lorsqu'il s'agit d'éléments relatifs à un même établissement. Ainsi lorsqu'une compagnie de chemins de fer a été, pour une gare, imposée en un seul chiffre, sous un seul article, la circonstance que certaines parties de l'outillage figureraient pour une somme trop élevée dans l'estimation détaillée faite par les agents de l'instruction, ne saurait entraîner de dégrèvement, dès l'instant que la valeur locative de l'établissement, pris dans son ensemble, excède encore le chiffre imposé (Cons. d'Et. 16 mars 1883, aff. Compagnie d'Orléans, *Rec. Cons. d'Etat*, p. 278.

Dans une espèce, le conseil d'Etat a admis la compensation de l'imposition trop élevée relative au nombre d'ouvriers employés dans une usine avec la taxe trop faible relative aux machines (Cons. d'Et. 28 juin 1889, aff. Ménier, *Rec. Cons. d'Etat*, p. 787). — Dans d'autres affaires, la compensation a été établie en raison d'inexactitude dans la taxe relative aux machines et aux ouvriers (Cons. d'Et. 10 juill. 1874, aff. Lardy, *Rec. Cons. d'Etat*, p. 656 ; 19 mars 1880, aff. Grosset et fils, *Rec. Cons. d'Etat*, p. 321).

753. Il faut enfin que la compensation soit opposée par l'Administration devant le conseil de préfecture : pour que celui-ci puisse statuer sur les erreurs commises au profit du contribuable, il faut qu'il soit saisi par l'Administration de conclusions tendant à la rectification de ces erreurs; il ne lui appartient pas, à l'occasion de la critique dirigée par le patentable contre un des éléments du calcul, de se livrer d'office à un travail de revision comprenant tous les autres éléments. Spécialement, dans le cas où les conclusions d'un patentable tendent à faire réduire la valeur locative d'un certain nombre des éléments sur lesquels est calculé le droit proportionnel porté sur un article du rôle, et où les autres bases de l'évaluation faite par les agents de l'administration des Contributions directes n'ont pas été mises en discussion devant le conseil de préfecture, le ministre des finances n'est pas fondé à soutenir que ce conseil, avant d'accorder la réduction demandée, aurait dû vérifier si, sur d'autres points, les évaluations faites par les agents ne présentaient pas d'atténuation (Cons. d'Et. 3 déc. 1886, aff. Chemin de fer de Lyon, D. P. 88. 3. 46).

754. Lorsque l'Administration invoque la compensation, le conseil de préfecture peut, sans excès de pouvoir, tenir compte du fait de l'exercice d'une profession en raison de laquelle le réclamant n'est pas imposé, lorsqu'il s'agit seulement de justifier le rejet, en tout ou en partie, de la demande en décharge, et d'établir qu'il y a eu erreur dans la désignation de l'entreprise imposable. Mais le conseil de préfecture, lorsqu'il reconnaît le bien fondé d'une demande en décharge présentée par un contribuable qui justifie ne pas exercer la profession pour laquelle il est imposé, ne peut, tout en accordant à celui-ci décharge de l'imposition, ordonner qu'il sera porté au rôle en raison d'une autre profession pour laquelle il n'est pas imposé (Cons. d'Et. 30 nov. 1862, aff. Ledard, D. P. 64. 3. 90). Il ne peut pas non plus, sur une demande en réduction d'un droit fixe de patente, refuser d'y faire droit sous le prétexte que l'imposition mise à la charge du réclamant est moins élevée qu'elle ne devrait l'être en raison d'un droit supplémentaire dû pour une profession non portée au rôle ou d'erreurs dans le calcul du droit professionnel (Cons. d'Et. 24 févr. 1866, aff. Lesur, *Rec. Cons. d'Etat*, p. 150).

755. Les demandes en décharge ou réduction doivent être déposées dans les trois mois de la publication des rôles (*Rép.* n° 254, *suprà*, v° *Impôts directs*, n°s 193 et suiv.). En principe, la déchéance du recours qui ne serait pas formé dans ce délai est encourue toutes les fois qu'il n'est pas impossible d'admettre que la mise en demeure résultant de la publication du rôle ait atteint le contribuable (*suprà*, v° *Impôts directs*, n° 193), au moins lorsqu'il s'agit d'une demande en réduction. En effet, pour les demandes en décharge, la situation des contribuables a été améliorée par l'art. 4 de la loi du 19 déc. 1884 (*suprà*, v° *Impôts directs*, n° 194) qui décide que toutes les fois que, par suite de faux ou double emploi, des cotes seraient indûment imposées, le délai pour la présentation des réclamations ne courrait que du jour où le contribuable aurait eu officiellement connaissance des poursuites (Sur les conséquences de cette innovation, V. *suprà*, v° *Impôts directs*, n°s 194 et suiv.).

756. Lorsqu'il s'agit d'une demande en réduction, la déchéance serait encourue alors même que le contribuable n'aurait pu savoir en temps utile dans quelle mesure il était imposable. Ainsi décidé à l'égard d'un fabricant de sucre de betteraves prétendant que, sa fabrication ne commençant qu'en septembre, il ne pouvait savoir en temps utile le nombre de bacs qu'il emploirait (Cons. d'Et. 26 déc. 1891, aff. Laurent, *Rec. Cons. d'Etat*, p. 805).

757. On s'est demandé si une dérogation à la lettre de l'art. 8 de la loi du 4 août 1844 ne serait pas justifiée à l'égard des entrepreneurs de travaux publics, par le caractère spécial du droit fixe gradué qui leur est imposé, alors qu'on a reconnu (*suprà*, n° 738) qu'en cette matière le principe de l'annualité de l'impôt n'était pas rigoureusement applicable, le droit devant être calculé non sur le montant de l'adjudication, mais sur celui des travaux exécutés. Alors que la jurisprudence, pour assurer à l'Etat le recouvrement total de la taxe, a dérogé au principe qu'il ne peut être tenu compte, pour la rédaction de chaque rôle, que des faits afférents à l'année, ne devait-il pas, par une juste compensation, être dérogé à la règle qui fait courir le délai pour réclamer du jour de la publication des rôles, quand, à cette date, il était impossible, tant pour l'Administration que pour le contribuable, de se rendre un compte exact de la somme sur laquelle devait être calculé le droit fixe? Le conseil d'Etat avait admis (Cons. d'Et. 27 mai 1865, aff. Dufort, *Rec. Cons. d'Etat*, p. 588) que le délai n'avait couru à l'encontre de l'entrepreneur que du jour de la décision ministérielle, dans une espèce où le ministre de la guerre, plus de trois mois après la publication des rôles, avait limité, par une décision, la dépense qui devait être effectuée pendant l'année, par un entrepreneur du service du génie, à une somme inférieure à celle qui était portée au devis et qui avait servi de base à l'établissement du droit gradué de patente. Mais il est depuis revenu sur cette jurisprudence et a appliqué la déchéance, bien que l'entrepreneur n'eût connu qu'après l'expiration du délai réglementaire qu'il n'aurait à exécuter qu'une quantité de travaux inférieure aux chiffres prévus au devis (Cons. d'Et. 23 mai 1884, aff. Masse, *Rec. Cons. d'Etat*, p. 407; 27 avr. 1888, aff. Bousquet et Fabre, D. P. 89. 3. 70).

758. La déclaration de cessation de commerce, faite à la mairie ou au contrôleur des contributions directes par un patentable, ne le dispense point, pour obtenir décharge de sa patente, de l'obligation de présenter une réclamation dans les trois mois de la publication des rôles, et, dès lors, n'empêche point que la déchéance ne doive être prononcée contre lui s'il n'a pas réclamé dans ce délai (Cons. d'Et. 26 mars 1856, aff. Debœuf, D. P. 56. 3. 59; 14 mars 1884, aff. Bonyala, D. P. 85. 3. 96). Et même le patentable qui n'exerce habituellement sa profession que pendant une partie de l'année n'est pas recevable à réclamer après les trois mois de la publication du rôle, alors même qu'il prétendrait avoir ignoré s'il continuerait l'exercice de sa profession.

759. Les demandes en dégrèvement pour cause de décès, de liquidation judiciaire ou de faillite, autorisées par l'art. 18, § 2 de la loi du 15 juill. 1880, doivent être également formées dans les trois mois de la faillite de la liquidation judiciaire ou du décès (*infrà*, n°s 808 et 814). Il en est de même des demandes en transfert de la patente afférente à un établissement cédé; elles doivent être formées dans les trois mois du jour où la cession est devenue définitive (*infrà*, n° 798).

760. On a vu au *Rép.*, n° 356, que la déchéance n'est encourue qu'autant que le réclamant a été mis à même de se pourvoir dans le délai légal. La dérogation que la jurisprudence avait admise sur ce point a été, comme on l'a vu *suprà*, v° *Impôts directs*, n° 193, érigée en règle légale pour les cas où, par suite de faux ou double emploi, des cotes seraient indûment imposées par la loi du 29 déc. 1884, art. 4. — On avait décidé avant cette loi : 1° que l'individu imposé comme armateur au long cours dans une commune qu'il a quittée pour un voyage maritime, avant la publication des rôles, est recevable, alors qu'il n'avait laissé dans cette ville aucun représentant, à présenter sa réclamation dans les trois mois de son retour en France (Cons. d'Et. 16 juill. 1862, aff. Hermel, D. P. 63. 3. 13); — 2° Que lorsqu'un patentable ayant quitté une commune avant le 1er janvier, pour aller exercer sa profession dans une autre commune, a été imposé d'abord sur le rôle de la première commune, et ensuite dans la seconde commune par un rôle supplémentaire, le délai de la réclamation contre la première imposition court à partir du moment où il a eu connaissance de cette imposition, et non pas seulement du moment où la publication du rôle supplémentaire de la seconde commune lui a fait connaître l'existence du double emploi (Cons. d'Et. 18 mars 1857, aff. Martin, D. P. 58. 3. 4-5); — 3° Que le délai de trois mois, dans lequel doivent être formées les demandes en décharge ou réduction des contributions directes, court, à l'égard du patentable qui exerce, dans une commune autre que celle de son domicile, la profession en raison de laquelle il a été imposé (par exemple, celle de fournisseur de fourrages pour les troupes), à partir de la publication du rôle dans la première de ces communes, alors d'ailleurs qu'il y est représenté par un mandataire. Et c'est à tort qu'il prétendrait que ce délai a couru seulement à partir du jour où il a eu connaissance de son imposition dans cette commune (Cons. d'Et. 13 févr. 1856, aff. Balestier, D. P. 56. 3. 46); — 4° Que la demande en dégrèvement, formée par la veuve, de la contribution des patentes inscrites au nom de son mari et dont le recouvrement a été poursuivi contre elle sous prétexte qu'elle aurait continué le commerce de ce dernier, peut être valablement introduite dans les trois mois à partir de la sommation qui lui a été faite par le percepteur de payer cette contribution (Cons. d'Et. 7 mars 1868, aff. Bernouis, *Rec. Cons. d'Etat*, p. 276); — 5° Que la mention inscrite au rôle que le patentable est représenté par un particulier désigné, ne pouvant faire considérer ce dernier comme un contribuable porté sur le rôle et l'obliger personnellement au payement de la contribution, sa réclamation est recevable même après l'expiration du délai de trois mois à partir de la publication du rôle, si le payement lui est demandé (Cons. d'Et. 6 déc. 1878, aff. Hardy, D. P. 79. 3. 34).

761. La loi du 15 juill. 1880 a reproduit textuellement, dans son art. 26, l'art. 21 de la loi de 1844 aux termes duquel les patentés qui réclament contre la fixation de leurs taxes sont *admis* à prouver la justice de leurs réclamations par la représentation d'actes de société légalement publiés, de journaux et livres de commerce régulièrement tenus, et par tous autres documents.

Cet article, comme on l'a vu au *Rép.* n° 359, ne donne pas aux agents des contributions directes le droit d'exiger la représentation des actes de société, journaux et livres; mais le refus de faire les justifications indiquées peut, en certaines circonstances, être considéré comme une présomption que la réclamation n'est pas fondée. La jurisprudence a vu dans le refus un moyen de repousser les demandes et a persisté dans la doctrine qui a été constatée au *Rép.*, *ibid.* Ainsi le conseil d'Etat a décidé que le contribuable qui, alors qu'il a été mis en demeure de justifier sa réclamation contre son imposition à la patente, a refusé de produire tout ou partie de ses livres, est avec raison maintenu au rôle (Cons. d'Et. 17 mars 1858, aff. Gros, D. P. 58. 3. 67).— Il en est de même du contribuable qui, mis en demeure de justifier sa réclamation contre le chiffre du droit proportionnel de sa patente, a refusé la communication de pièces propres à établir exactement la valeur nominative des bâtiments dans lesquels il exerce son industrie (Cons. d'Et. 26 déc. 1860, aff. Peugeot et Fallot, D. P. 61. 3. 68).

762. Toutefois, en disant que le contribuable est *admis*..., l'art. 26 de la loi du 15 juill. 1880 indique clairement que la production des actes et des livres n'est pas une mesure d'instruction indispensable. Il en résulte évidemment que le conseil de préfecture peut statuer sans ordonner la production des livres, lorsque le réclamant n'a pas pris, à cet effet, de conclusions écrites; et le réclamant qui ne justifie pas que l'offre par lui faite de présenter ses livres de commerce a été rejetée, n'est pas fondé à se plaindre que l'art. 26 de la loi du 15 juill. 1880 ait été violé à son préjudice. C'est la règle qui est appliquée à l'expertise (*Rép.* n° 370.)

763. La réclamation envoyée au préfet ou sous-préfet est communiquée au maire par ces fonctionnaires ainsi qu'il a été exposé au *Rép.* n° 362. L'art. 27 de la loi du 15 juill. 1880, reproduisant purement et simplement les dispositions de l'art. 22 de la loi du 25 avr. 1844, les décisions rendues sous l'empire de cette loi sont toujours applicables Ainsi les réclamations ne doivent pas être communiquées aux répartiteurs (Cons. d'Et. 18 févr. 1854, aff. Montariol, D. P. 54. 3. 49), alors même qu'il s'agirait de vérifier l'exactitude de la valeur locative prise pour base du droit proportionnel (Cons. d'Et. 31 janv. 1855, aff. Guillon, D. P. 55. 3. 66). — Toutefois, l'irrégularité résultant de la communication aux répartiteurs, lorsque, d'ailleurs, le maire a remis son avis, ne suffit pas pour vicier la procédure et pour entraîner, par suite, la nullité de la décision intervenue sur cette procédure (Même arrêt et 30 mai 1868, aff. Peyron, *Rec. Cons. d'Etat*, p. 623).

764. A Paris (*Rép.* n° 362), les réclamations en matière de patente doivent être communiquées non au maire de l'arrondissement, mais à la commission des contributions directes, visée par la loi du 23 frim. an 3, et à laquelle sont confiées les opérations à la municipalité de Paris relatives aux contributions directes (*Rép.* v° *Commune*, n° 88-4° ; art. 4 de la loi du 3 frim. an 8, *ibid.*, p. 260). Les détails du service de cette commission ont été réglés par une série d'arrêtés en date des 5 juin 1852, 30 mai 1853, 31 déc. 1859, 24 janv. et 24 déc. 1869, 1er août 1871, 7 oct. et 14 nov. 1872 et 29 avr. 1873. Le premier de ces arrêtés, qui détermine les formes à suivre pour l'instruction des réclamations, prescrit la communication à la commission, sans mentionner, dans aucun cas, de communication à faire au maire. Un contribuable ne pourrait donc, à Paris, se plaindre de ce que sa réclamation n'aurait pas été communiquée au maire de l'arrondissement (Cons. d'Et. 26 mars 1876, aff. Pascadan, D. P. 77. 3. 14).

765. Le préfet, après avoir reçu l'avis du maire, communique la réclamation au directeur des contributions directes (*Rép.* n° 362. Comp. *suprà*, v° *Impôts directs*, n° 224).

766. L'expertise, qui doit avoir lieu lorsqu'elle est réclamée par le contribuable, est opérée conformément à l'art. 29 de la loi du 21 avr. 1832 combiné avec la loi du 22 juill. 1889 sur la procédure à suivre devant les conseils de préfecture (D. P. 90. 4. 1). — Il a été jugé que cette expertise ne peut avoir pour objet que l'appréciation de la nature du commerce exercé ou de la valeur locative qui sert de base à l'établissement de la patente; qu'elle ne peut être requise à l'effet de constater si le réclamant exerce ou non le commerce en raison duquel il a été imposé (Cons. d'Et. 3 janv. 1848, aff. Delacou, D. P. 50. 3. 2). Mais cette décision paraît contestable; car l'art. 29 de la loi de 1832, sur laquelle elle s'appuie, ne comporte pas une pareille restriction. — Dans tous les cas, le patentable n'a pas le droit de réclamer l'expertise lorsqu'il ne conteste pas la nature des opérations commerciales à l'aide desquelles il a été imposé, mais se borne à dénier la qualification légale attribuée à ces opérations. Ainsi il n'y a pas lieu à expertise lorsque le réclamant, soumis à la patente de marchand d'eau-de-vie en gros, sans contester la nature des opérations en raison desquelles il a été ainsi imposé, soutient que ces opérations constituent la profession de fabricant de liqueurs, et non celle de marchand d'eau-de-vie en gros (Cons. d'Et. 6 avr. 1850, aff. Archambaud, D. P. 50. 3. 55).

767. De la combinaison des lois des 24 avr. 1832 et 22 juill. 1889, il résulte que le fonctionnaire qui aurait exprimé une opinion au sujet du litige ne pourrait être désigné comme expert (L. 22 juill. 1889, art. 17). Au contraire, rien ne s'oppose à ce que l'Administration désigne, pour procéder à l'expertise, soit un des répartiteurs de la commune, les répartiteurs n'étant appelés à donner leur avis ni sur l'établissement des patentes, ni sur les réclamations des patentés (Cons. d'Et. 10 déc. 1886, aff. Luccioni, D. P. 88. 5. 358), soit un conducteur des ponts et chaussées (Cons. d'Et. 9 déc. 1887, aff. Terrier, D. P. 88. 5. 359). En ce qui concerne la contre-expertise et la tierce expertise (*Rép.* nos 368 et 373), V. *suprà*, v° *Impôts directs*, nos 239, 240 et 241.

768. En ce qui concerne les frais de l'expertise, il y a lieu d'appliquer l'art. 5 de la loi du 29 déc. 1884, aux termes duquel les frais d'expertise et de tierce expertise sont supportés par la partie qui succombe, suivant l'appréciation du juge, dans les termes de l'art. 130 c. proc. civ. (*suprà*, v° *Impôts directs*, n° 243). Cette disposition, ainsi qu'on l'a vu *ibid*, modifie la législation antérieure d'après laquelle les frais devaient être supportés par l'Administration dès lors que la réclamation du contribuable avait été admise dans une mesure quelconque (V. *suprà*, eod. v°, n° 242). Sous l'empire de cette législation, il avait été jugé : 1° que les frais de l'expertise à laquelle il est procédé sur une demande en réduction de la contribution des patentes devaient, dans le cas où cette demande était reconnue juste, être mis à la charge de l'Etat (Cons. d'Et. 16 avr. 1856, aff. Garnier, D. P. 56. 3. 65) ; — 2° Que du moment où le contribuable obtenait une réduction quelconque sur la contestation ayant fait l'objet de l'expertise, aucune partie des frais ne pouvait rester à sa charge (Cons. d'Et. 5 oct. 1857, D. P. 58. 3. 27, et 27 janv. 1859, D. P. 60. 3. 3) ;... alors même que la réduction accordée était égale (Cons. d'Et. 9 juill. 1866, aff. Ducreux, *Rec. Cons. d'Etat*, p. 767)... ou même inférieure (Cons. d'Et. 7 avr. 1858, aff. Priol, *Rec. Cons. d'Etat*, p. 271 ; 15 avr. 1872, aff. Commune de Semousies, *ibid.*, p. 234), à celle que le directeur avait proposé d'accorder avant l'expertise; — 3° Que l'Administration devait supporter tous les frais lorsque l'expertise avait porté à la fois sur l'impôt foncier pour lequel la réclamation avait été admise, et sur la patente pour laquelle elle avait été rejetée (Cons. d'Et. 12 mai 1869, aff. Latapie, *Rec. Cons. d'Etat*, p. 440). Mais il avait été décidé : 1° que lorsque le directeur avait proposé d'admettre la réclamation d'un contribuable, en ce qui touche le droit proportionnel de patente, que, par suite, l'expertise n'avait eu pour objet que de déterminer le droit fixe, et que, sur ce chef, le réclamant avait succombé, les frais d'expertise devaient rester à sa charge (Cons. d'Et. 7 août 1874, aff. Badeau, *Rec. Cons. d'Etat*, p. 803; 4 août 1876, aff. Vigne et autres, D. P. 76. 3. 102); — 2° Que, dans le cas où l'expertise n'avait eu lieu que sur un des chefs de réclamations, lequel avait été reconnu mal fondé, le contribuable devait être condamné à en supporter les frais, bien qu'il eût obtenu une réduction sur d'autres chefs (Cons. d'Et. 17 juill. 1867, aff. Chemin de fer de Lyon, *Rec. Cons. d'Etat*, p. 653); — 3° Que les frais devaient être partagés quand, le contribuable ayant été imposé sur plusieurs numéros du rôle, l'expertise avait porté séparément sur les articles portés sous chacun de ces numéros (Cons. d'Et. 12 août 1868, aff. Chemin de fer de Lyon, *Rec. Cons. d'Etat*, p. 654).

769. Les conseils de préfecture, comme tous tribunaux, ne peuvent statuer que sur les points qui leur sont soumis par les parties; autrement, ils jugeraient *ultra petita* (*Rép.* n° 381). La jurisprudence qui refuse d'admettre la compensation entre les impositions trop élevées critiquées par les réclamants et celles qui ont été à tort trop atténuées, lorsque cette compensation n'a pas été invoquée par l'Administration, (*suprà* n° 753) font une simple application de cette règle.

Le conseil de préfecture ne saurait non plus, sans violer la règle qui vient d'être rappelée, accorder décharge entière de la patente à un contribuable qui s'est borné à en demander la réduction (Cons. d'Et. 14 janv. 1858, aff. Labbé-Godefroy, *Rec. Cons d'Etat*, p. 69). Mais il peut, en présence d'une demande en décharge, prononcer la réduction, cette dernière demande étant implicitement contenue dans la première (Cons. d'Et. 21 avr. 1868 aff. Paquet, *Rec. Cons. d'Etat*, p. 459).

770. Lorsque la profession pour laquelle un contribuable est imposé à la patente est différente de celle mentionnée au rôle et n'est pas comprise dans le tarif, il y a lieu, si elle est imposable de sa nature, non d'accorder décharge de l'imposition, mais de renvoyer le réclamant devant le préfet pour être préalablement statué sur le classement de ladite profession par assimilation et sous réserve du droit, pour le réclamant, de le contester s'il s'y croit fondé. Et, ce classement étant arrêté, la décision à intervenir en définitive sur la réclamation tiendra compte seulement au contribuable, s'il y a lieu, de la différence entre les droits auxquels il a été imposé, et ceux dont il sera reconnu passible (Cons. d'Et. 20 juill. 1865, aff. Tosquand, D. P. 66. 5. 339).

771. Les réclamations relatives aux patentes, comme à toutes les contributions directes, ne sont recevables devant le conseil de préfecture qu'autant que la quittance des termes échus est jointe à la demande. Les règles qui ont été exposées au *Rép.*, v° *Impôts directs*, n° 456, et *suprà*, eod. v°, n° 220, sont donc applicables en matière de patentes.

Toutefois, lorsqu'un rôle supplémentaire a été publié après l'expiration de l'année à laquelle il se rapporte, la jurisprudence présente des hésitations. Le plus souvent, il a été admis que la quittance des termes échus, c'est-à-dire de la totalité de l'imposition, devait être produite lorsque le rôle n'avait été publié qu'après l'expiration de l'année (*suprà*, v° *Impôts directs*, n° 220. V. également Cons. d'Et. 24 mars 1891, aff. Hennequin, D. P. 92. 3. 94). Mais, dans diverses affaires où la question avait été posée expressément, le conseil d'Etat a jugé, en sens contraire, qu'un rôle de contributions directes ne peut être mis en recouvrement après l'expiration de l'année à laquelle il se réfère, et que, dans le cas où le rôle a été indûment mis en recouvrement après la fin de l'année, les contribuables inscrits sur ce rôle ne sont tenus de joindre aucune quittance à leur réclamation (Cons. d'Et. 10 juill. 1891, aff. Calmels; 18 juill. 1891, aff. Héritiers Marty, D. P. 92. 3. 94-95. Du même jour, soixante et onze décisions identiques, *Rec. Cons. d'Etat*, p. 569). Suivant ces arrêts, l'art. 28 de la loi du 21 avr. 1832, aux termes duquel les contribuables qui sollicitent une décharge ou une réduction, sont tenus de joindre à leur demande une quittance des termes échus de leur cotisation, sans pouvoir, sous prétexte de réclamation, différer le payement des termes qui viendront à échoir pendant les trois mois qui suivront la réclamation, ne peut recevoir son application au cas où, par suite du retard apporté par la mise en recouvrement des rôles, la contribution est immédiatement exigible en totalité. D'après les lois qui régissent les contributions directes en France, les contributions directes sont établies pour chaque année; il en résulte qu'elles doivent pouvoir être exigées des contribuables dans l'année à laquelle elles s'appliquent. La publication tardive du rôle a nécessairement pour effet de priver les contribuables d'une libération par payements partiels, dont la loi a voulu leur assurer le bénéfice.

772. Les motifs si péremptoires invoqués par le conseil d'Etat paraissaient de nature à faire considérer la jurisprudence comme fixée dans le sens des arrêts du 18 juill. 1891. Il semble cependant n'y avoir pas persisté; des arrêts plus récents ont, en effet, déclaré que la quittance de la totalité des termes était exigible dans une affaire où le rôle supplémentaire des patentes du quatrième trimestre 1889 n'avait été publié que le 26 janv. 1890 (Cons. d'Et. 27 mai 1892, aff. Ytuarte-Mestre, *Rec. Cons. d'Etat*, p. 494).

773. La production de la quittance n'est cependant exigée que lorsqu'il s'agit d'une demande en décharge ou réduction : notamment elle ne l'est pas lorsqu'il s'agit de faire déclarer mal fondée l'interprétation donnée au rôle par l'agent de recouvrement. Ainsi jugé que l'employé nominativement désigné au rôle comme contribuable au nom du patron qu'il représente et auquel le payement de la contribution est réclamé, n'est pas tenu de produire, à l'appui de sa réclamation, la quittance des termes échus (Cons. d'Et. 3 juill. 1885, aff. Talbot, D. P. 86. 3. 93). Dans tous les cas, lorsque le conseil d'Etat, après avoir annulé, pour défaut de forme, un arrêté par lequel le conseil de préfecture avait déclaré une réclamation non recevable pour défaut de production de la quittance des termes échus, évoque l'affaire, la production d'une quittance, même postérieure à l'arrêté annulé, suffit pour que la fin de non-recevoir ne puisse être opposée (Cons. d'Et. 7 nov. 1884, aff. Letouzé, D. P. 86. 3. 51).

774. En ce qui concerne le recours au conseil d'Etat, nous nous référerons à ce qui a été dit au *Rép.* n°s 390 et 391, et aux explications fournies *suprà*, v° *Impôts directs*, n°s 248 et suiv. Nous rappellerons toutefois que le délai du recours, qui était de trois mois à l'époque de la publication du *Répertoire*, a été réduit à deux mois par la loi du 22 juill. 1889 (D. P. 90. 4. 1). Le recours ne peut avoir une base différente de la demande portée devant le conseil de préfecture à l'égard duquel le conseil d'Etat a le rôle de cour d'appel (*Rép.* n°s 392 et 393; *suprà*, v° *Impôts directs*, n° 254). Il ne peut notamment être formé de demande nouvelle devant le conseil d'Etat. Spécialement le contribuable qui, devant le conseil de préfecture, réclamait, pour cause de cessation de l'exercice de sa profession, la décharge des douzièmes non échus de sa patente, n'est pas recevable devant le conseil d'Etat à transformer sa réclamation en une demande de transfert de la patente à son successeur (Cons. d'Et. 18 juin 1859, aff. Lecomte, D. P. 60. 5. 268); et le conseil d'Etat, tout en reconnaissant qu'un contribuable exerce une profession soumise à un tarif moins élevé que celle que ce contribuable avait prétendu exercer, devant le conseil de préfecture, ne peut lui accorder une réduction plus forte que celle qu'il a réclamée devant le premier juge (Cons. d'Etat, 14 déc. 1883, aff. Bachelay, *Rec. Cons. d'Etat*, p. 924.

775. Devant le conseil d'Etat comme devant les tribunaux, l'appel incident ne peut être dirigé que contre l'auteur de l'appel principal, sauf l'application des règles spéciales aux matières indivisibles (Cons. d'Et. 27 juin 1879, aff. Suchet, D. P. 79. 3. 108). A plus forte raison, ne peut-il être dirigé contre une partie qui n'était pas en cause devant la juridiction de premier degré. Ainsi, le ministre des finances n'est pas recevable à demander, par voie de recours incident, à l'occasion d'une demande en décharge formée par le cessionnaire, le rétablissement du cédant à la patente à laquelle il avait été primitivement imposé, alors que celui-ci n'était pas partie en cause devant le conseil de préfecture (Cons. d'Et. 13 févr. 1884, aff. Jouffrey, D. P. 85. 3. 95).

776. On a vu au *Rép.* n° 395, que l'expertise qui n'a pas été demandée en première instance ne peut plus être réclamée devant le conseil d'Etat (V. également *suprà*, v° *Impôts directs*, n° 254). Tout au moins le contribuable est-il alors sans droit pour l'exiger ; et il s'expose à voir sa demande rejetée comme non justifiée. C'est ce qui arrive toutes les fois que le conseil d'Etat se trouve en présence d'allégations de faits sur lesquels l'instruction ne donne pas d'éléments de décision. Mais c'est là une règle de jurisprudence dont le conseil peut s'écarter, alors surtout qu'il reconnaît que la cote n'a pas été établie conformément aux prescriptions de la loi, et il lui est loisible d'ordonner d'office l'expertise (Cons. d'Et. 7 mai 1875, aff. Blanchard, D. P. 76. 3. 12).

SECT. 2. — DEMANDES EN REMISE OU MODÉRATION, COMPÉTENCE DES PRÉFETS (*Rép.* n°s 398 à 403).

777. Nous n'aurons que de très courtes explications à ajouter à celles qui ont été fournies au *Rép.*, n°s 398 à 403, sur les demandes en remise ou modération. Ces demandes, on l'a vu au *Rép.* n° 399, ont pour but de solliciter une faveur dont le motif réside dans les circonstances particulières à chaque contribuable et qui, sans être de nature à créer en sa faveur un droit au dégrèvement, appellent cependant la sollicitude de l'Administration. Appartenant essentiellement à la juridiction gracieuse des préfets, ces demandes ne sauraient donner lieu à aucun recours contentieux, et les cas dans lesquels elles peuvent être accordées ne sont limités par aucun texte. On a cité au *Rép.*, n°s 399 et suiv., un certain nombre de cas où une demande en remise et modération pouvait être formée ; nous ajouterons que l'indigence, qui ne peut rendre recevable une demande en dégrèvement ou réduction, peut motiver une demande en remise ou modération (Cons. d'Et. 27 avr. 1854, aff. Mandent, D. P. 55. 3. 33); — Décidé de même que le peu d'importance des bénéfices produits par un externat, dans lequel sept élèves seulement reçoivent l'instruction secondaire, ne peut être invoqué par l'exploitant comme lui donnant droit à la décharge de la patente à laquelle il a été imposé en qualité de chef d'institution; qu'il peut seulement motiver une demande en remise ou en modération de l'imposition, qui doit être adressée au préfet, et non au conseil de préfecture (Cons. d'Et. 23 avr. 1862, aff. Boulgon, D. P. 64. 5. 273).

778. La demande formée par un commerçant à l'effet de se faire restituer par l'Administration les droits de patente qu'il a avancés pour son coassocié et qui ont été reconnus depuis ne devoir être payés que par celui-ci, mais à une époque où tout recours contre lui était devenu impossible, ne constitue pas une demande en réduction ou en décharge, et, par suite, est de la compétence du préfet et non du conseil de préfecture (Cons. d'Et. 17 sept. 1854, aff. Fleury, D. P. 55. 3. 42). De même, la demande formée par un industriel et fondée sur l'inoccupation d'une partie des locaux imposables, motivée par une restriction momentanée de fabrication (Cons. d'Et. 5 juill. 1849, D. P. 60. 5. 267); — Celle qui est formée par un industriel en raison de sa situation précaire (Cons. d'Et. 25 avr. 1855, aff. Mauvoisin, D. P. 55. 3. 81); — Celles qui sont fondées sur la fermeture d'un établissement par ordre de l'autorité (Cons. d'Et. 11 janv. 1853, aff. Beze, D. P. 55. 3. 42 ; 17 mars 1853, aff. Moulet, D. P. 54. 3. 19); — Et sur le refus d'ouvrir un nouvel établissement (Cons. d'Et. 21 févr. 1855, aff. Mathieu, D. P. 55. 3. 52).

779. La loi du 25 avr. 1844 avait ajouté, au principal des patentes, 5 centimes par franc pour former un fonds destiné à faire face aux décharges, réductions, remises ou modération, etc. Une loi du 8 juill. 1852 avait également ajouté, aux centimes additionnels, 5 centimes par franc dans le même but. L'art. 36 de la loi du 15 juill. 1880 réunit ces deux textes. Il dispose qu'il est ajouté au principal de la contribution des patentes, ainsi qu'au montant des centimes additionnels départementaux et communaux ordinaires et extraordinaires afférents à cette contribution, 5 centimes par franc, dont le produit est destiné à couvrir les décharges, réductions, remises et modérations, ainsi que les frais d'impression et d'expédition des formules de patentes. En cas d'insuffisance des 5 centimes, le montant du déficit est prélevé sur le principal des rôles. Il est en outre prélevé, sur le principal, 8 centimes par franc, dont le produit est versé dans la caisse municipale.

SECT. 3. — CESSION DE COMMERCE. — FAILLITE. — DÉCÈS.

ART. 1er. — *Cession de commerce. — Transfert* (*Rép.* nos 403-409).

780. L'art. 23 de la loi du 25 avr. 1844 autorisait, en cas de cession d'établissement, le cédant à demander le transfert de sa patente au nom de son successeur (*Rép.* n° 404); mais le cédant seul avait cette faculté. La loi du 15 juill. 1880 (art. 28) confère le même droit au cessionnaire, de sorte que le transfert peut aujourd'hui être indifféremment demandé par l'un ou par l'autre. En outre, aux termes de l'art. 29 de la loi du 8 août 1890, le transfert des droits de patente au nom du cessionnaire peut être proposé par le contrôleur des contributions directes sur un état spécial. Le cédant et le cessionnaire sont invités à prendre connaissance de cet état à la mairie et à remettre au maire leurs observations dans un délai de dix jours, à l'expiration duquel le maire adresse l'état au directeur des contributions directes, avec son avis et les observations qui ont pu être produites; le directeur fait son rapport, et le préfet statue, à moins qu'il n'existe un désaccord entre les conclusions du directeur et les observations présentées par le cédant ou le cessionnaire, auquel cas ceux-ci sont libres de poursuivre le transfert par les voies ordinaires.

781. Malgré l'extension qu'a ainsi reçue le droit de demander le transfert, il ne saurait être étendu à un tiers et, notamment, au propriétaire qui n'a pas été personnellement l'objet de poursuites en payement de la patente imposée à son locataire. Ce propriétaire ne peut se prévaloir de ce qu'en fait il en a acquitté le montant, pour demander le transfert de ladite patente au nom du cessionnaire de l'établissement (Cons. d'Et. 22 janv. 1886, aff. Payet, D. P. 87. 3. 63). — Mais comme on l'a exposé au *Rép.*, n° 404, la faculté accordée au cédant ou au cessionnaire d'un établissement de commerce, de demander le transfert de la patente au cessionnaire, ne peut être exercée que si la cote peut être utilement inscrite au nom de ce cessionnaire. Ainsi, le cédant est privé de cette faculté et doit demeurer imposé pour l'année entière, lorsque le cessionnaire, déjà porté pour une patente égale au rôle de la commune, ne peut pas être utilement inscrit en son lieu et place (Cons. d'Et. 1er juin 1850, aff. Reynaud, D. P. 50. 3. 72). ... Alors même que le cessionnaire payerait déjà des droits supérieurs en raison d'un établissement du même genre qu'il aurait quitté pour se livrer à l'exploitation de l'établissement cédé (Cons. d'Et. 23 févr. 1860, aff. Durget, D. P. 60. 3. 78). Cependant le transfert pourrait avoir lieu encore si le cessionnaire, ayant exercé auparavant d'autres fonctions imposables, avait été maintenu à la patente attachée à ces fonctions, faute de l'avoir fait transférer au nom de son successeur; il ne pourrait se fonder sur l'existence de cette patente pour contester le transfert à son nom de celle à laquelle son cédant était soumis (Cons. d'Et. 16 avr. 1856, aff. Grouillard, D. P. 56. 3. 64).

782. Pour qu'il y ait lieu à transfert il faut, ainsi qu'on l'a exposé au *Rép.*, n° 406, qu'il y ait cession et cessation de commerce. Lorsque ces deux conditions ne sont pas réunies, le transfert ne saurait être ordonné. Ainsi, lorsqu'il y a simplement, au cours de l'année, cession par le patentable du droit à la jouissance des locaux dans lesquels il exerçait son industrie, sans qu'il ait en même temps fait cession de l'établissement industriel à un tiers qui exerçait déjà la même profession dans la ville, il n'y a pas lieu à transfert de la patente (Cons. d'Et. 19 juill. 1854, aff. Voinnet, D. P. 55. 3. 25), alors même qu'il y aurait, de la part du cédant, cessation de commerce (Cons. d'Et. 31 janv. 1855, aff. Estrampes, D. P. 55. 3. 56).

783. Il n'y a pas non plus lieu à transfert lorsque la cessation du commerce est le résultat de la fin du bail du patentable et que le propriétaire a passé un nouveau bail avec un tiers exerçant la même industrie, si d'ailleurs il n'y a eu aucune cession de clientèle ou d'établissement de la part du locataire sortant. Jugé, en ce sens, dans un cas où l'exploitation d'un moulin avait été, par suite de résiliation de bail avec le propriétaire, passée à un autre locataire sans qu'il y ait eu cession d'établissement (Cons. d'Et. 18 juin 1859, aff. Servais, D. P. 60. 5. 268 ; 20 mars 1861, aff. Duez, D. P. 61. 5. 349 ; 26 févr. 1875, aff. Mourier, D. P. 77. 5. 327).

784. Il en serait ainsi alors même que le nouveau locataire exerçant une industrie de même nature, achèterait au locataire sortant une partie du mobilier de l'établissement qu'il quitte (Cons. d'Et. 18 mai 1861, aff. Suard-Mausard, D. P. 61. 5. 348). De même il n'y a pas cession au sens de la loi dans le cas où un commerçant a vendu le matériel et les marchandises provenant d'un établissement qu'il cesse d'exploiter sans céder ni son bail, ni sa clientèle, et où l'acquéreur a ouvert un nouvel établissement dans un autre local (Cons. d'Et. 4 nov. 1887, aff. Sabatier, D. P. 88. 5. 344), ni dans la vente opérée par un marchand forain de sa voiture et de ses chevaux à un confrère (Cons. d'Et. 16 janv. 1892, aff. Naman. *Rec. Cons. d'Etat*, p. 28).

785. L'industriel qui a acquis le droit au bail et le matériel d'une boutique pour y exercer une autre industrie que celle de son prédécesseur ne peut être considéré comme cessionnaire de l'établissement et ne peut se prévaloir de ce qu'il a payé, en vertu de son traité, une partie de la patente de son prédécesseur pour demander décharge de celle à laquelle il a été personnellement imposé (Cons. d'Et. 8 juin 1883, aff. Lefèvre, D. P. 85. 3. 22).

786. La circonstance que la clientèle n'a pas été comprise dans la cession d'une maison de commerce ne suffit pas pour empêcher le transfert, s'il résulte de l'ensemble des faits constatés qu'il y a eu cession d'établissement, dans le sens de la loi. En effet, la cession de la clientèle demeure forcément relative, car le cédant ne peut en disposer, comme il dispose des locaux, du matériel ou des marchandises. La clientèle d'une maison de commerce lui reste acquise en général, au moins pour partie, et il est même parfois inutile de la viser dans l'acte de cession; enfin, la loi n'a pas fait de cet apport une condition absolue, à défaut de laquelle le transfert doive être refusé, et il suffit que la cession résulte de l'ensemble des faits. La circonstance que le cédant, loin de comprendre la clientèle dans la cession, se l'est formellement réservée, n'empêche pas qu'il y ait cession de commerce. A cet égard, le législateur a entendu laisser au juge l'appréciation des circonstances spéciales à chaque affaire et c'est d'après ces circonstances que la question doit être résolue. Dans une espèce où un associé principal avait cédé à son coassocié la moitié indivise lui appartenant, dans le matériel dépendant d'un fonds de commerce et dans le droit au bail, celui-ci a pu être considéré comme un cessionnaire dans le sens de l'art. 28 de la loi du 15 juill. 1880, alors que la clientèle ne fait pas partie de la cession (Cons. d'Et. 27 déc. 1890, aff. Saint-Germain, D. P. 92. 3. 61).

787. La vente par un associé, à un autre associé, de sa part dans la société peut n'être pas considérée comme une cession d'établissement s'il ne s'y joint d'autres circonstances qui constituent cette cession (Cons. d'Et. 20 févr. 1869, aff. Sourzat, *Rec. Cons. d'Etat*, p. 183).

788. Le successeur d'un officier ministériel révoqué ne peut être considéré comme un cessionnaire, dans le sens de l'art. 28 de la loi du 15 juill. 1880, et l'ancien titulaire n'est pas fondé à demander décharge de la patente afférente aux mois qui ont suivi sa révocation. En effet, l'art. 91 de la loi du 28 avr. 1816 prive les avocats à la cour de cassation, notaires, avoués, greffiers, qui ont été destitués, du droit de présenter leur successeur. D'après une jurisprudence bien établie, l'indemnité que le Gouvernement met à la charge du successeur n'est pas le prix de la charge et n'entre pas dans les biens de l'officier ministériel destitué (*suprà*, v° *Office*, n° 70). Dès lors, l'officier destitué ne pouvant être considéré comme ayant vendu sa charge, on ne peut dire qu'il y ait eu, de sa part, cession d'établissement dans le sens de l'art. 28 de la loi du 15 juill. 1880 sur les patentes. Ainsi jugé en raison de la révocation d'un greffier de justice de paix (Cons. d'Et. 14 mai 1891, aff. Silvant, D. P. 92. 3. 112).

789. Le conseil d'Etat a eu à se prononcer à plusieurs reprises sur la question de savoir si la vente, par un armateur, de l'unique navire qu'il possède, constitue une cession d'établissement. Il a résolu cette question par la négative lorsque la vente a été pure et simple et n'implique l'abandon à l'acheteur ni des livres de commerce, ni de la clientèle, ni de locaux professionnels (Cons. d'Et. 24 déc. 1875, aff. Bourdet, *Rec. Cons. d'Etat*, p. 1051 ; 15 déc. 1876, aff. Née, *Rec. Cons. d'Etat*, p. 887; 26 févr. 1886, aff. Crouzet, D. P. 87. 3. 77).

790. Il y a cession d'établissement dans le fait, par un patentable, d'apporter son fonds à une société moyennant l'attribution d'un certain nombre d'actions. Sans doute, l'apport payé en actions laisse au cédant un intérêt dans l'entreprise, mais on ne saurait en conclure que cet apport ne contient pas, à l'égard du cédant, une cession effective et complète. En effet, cette circonstance n'empêche pas l'établissement de passer des mains du cédant dans celles de la société, le premier en reçoit le prix et cesse d'en être propriétaire, et la seconde l'exploite en son nom, pour son compte et sous sa seule responsabilité. La transmission est donc suffisamment caractérisée. A la vérité, les apports tels que ceux en cause ne sont pas frappés par l'administration de l'Enregistrement du droit proportionnel exigible en principe sur toutes les transmissions. Mais cette circonstance, d'ordre purement fiscal, ne suffit pas à changer la nature de l'apport; malgré l'intérêt gardé par le cédant, il y a transmission effective de propriété. C'est par une faveur spéciale inscrite dans la loi que les apports de ce genre ne sont soumis qu'à un droit fixe d'enregistrement (art. 68, § 3, n° 4, de la loi du 22 frim. an 7), et il est de jurisprudence que la société n'en est pas moins, dès ce moment, seule propriétaire des apports qui lui sont faits (Garnier, *Répertoire général de l'enregistrement*, t. 3, p. 1792; Cons. d'Et. 2 juill. 1886, aff. Lamonta, D. P. 88. 3. 6).

791. Le fait que le cessionnaire a conservé son habitation personnelle au lieu de prendre celle du cédant ne fait pas obstacle au transfert de la patente, quand il y a eu cession d'établissement dans le sens de la loi (Cons. d'Et. 17 janv. 1879, aff. Martinier, *Rec. Cons. d'Etat*, p. 26). Peu importe qu'une partie des locaux sur lesquels est calculé le droit proportionnel soit située dans une autre commune que l'établissement cédé, le cédant n'en est pas moins fondé à demander le transfert de sa patente au nom du cessionnaire, jusqu'à concurrence de la somme pour laquelle il était imposé pour les mois restant à courir (Cons. d'Et. 8 juin 1883, aff. Lavergne, D. P. 85. 3. 22). En effet, le législateur a eu en vue l'unité imposable, l'établissement; le cessionnaire est substitué aux obligations du cédant et, lorsqu'il a son habitation dans une commune autre que celle où est situé son établissement, il doit être traité au point de vue de l'impôt comme l'aurait été le cédant s'il avait été logé dans ces mêmes conditions.

792. Le fait que le cédant aurait entrepris une autre profession ne peut donner lieu qu'à son imposition sur un rôle supplémentaire en raison de cette nouvelle profession et ne peut avoir pour effet d'empêcher le transfert à son cessionnaire d'une portion de la patente équivalente aux droits dont il est passible en raison de sa nouvelle profession (Cons. d'Et. 16 janv. 1885. aff. Bruyère, D.P. 86. 5. 313).

793. Il importe peu également que le cessionnaire n'ait pas immédiatement continué la profession et qu'il ait laissé s'écouler plusieurs mois entre la cession et la reprise de la profession. Sans doute le cessionnaire n'est, en pareil cas, devenu passible de patente qu'à la reprise de la profession; mais cette circonstance ne peut avoir d'autre effet que de faire reporter la mutation de cote au jour de la reprise de la profession et de faire restreindre la décharge accordée au cédant au jour où le cessionnaire a rouvert l'établissement (Cons. d'Et. 1er juill. 1887, aff. Veuve Bergès, D. P. 88. 5. 345). — Il en serait autrement si le cessionnaire n'avait rouvert l'établissement qu'au 1er janvier qui suit la cession. En pareil cas, il n'y aurait pas lieu à transfert et le cédant devrait la patente pour l'année entière.

794. L'art. 28 de la loi du 15 juill. 1880 dispose, comme l'art. 23 de la loi du 25 avr. 1844 (*Rép.* n° 408), que la mutation de cote afférente à la patente du cédant est prononcée par le préfet, mais cette mutation n'a, à l'égard du cessionnaire, aucun effet lorsqu'il a été compris dans un rôle supplémentaire pour l'établissement cédé; et la cotisation ainsi ouverte en son nom ne pourrait être allouée en décharge que par le conseil de préfecture (Cons. d'Et. 8 févr. 1884, aff. Berry, D. P. 85. 3. 95).

795. Avant la loi du 8 août 1890, le préfet ne pouvait transférer d'office, en l'absence de toute demande des intéressés, la patente d'un contribuable à un autre particulier considéré comme cessionnaire. En effet, l'art. 28, § 2, de la loi du 15 juill. 1880, en étendant au cessionnaire le droit de demander la mutation de cote qui, sous la législation antérieure, n'appartenait qu'au cédant, n'avait aucunement autorisé l'Administration à prendre l'initiative de ce transfert qui, conservant le caractère d'un acte d'intérêt purement privé, ne pouvait ni porter préjudice, ni procurer avantage aux intérêts du Trésor (Cons. d'Et. 13 févr. 1884, ad. Jouffrey, D. P. 85. 3. 95). On a vu *suprà*, n° 780, que, depuis la loi du 8 août 1890, le transfert peut être proposé d'office par le contrôleur et prononcé par le préfet, sans demande préalable des intéressés; néanmoins, il semble que la règle rappelée ci-dessus reste applicable lorsqu'il s'agit de réparer une erreur commise lors de la rédaction des rôles (Cons. d'Et. 3 déc. 1886, aff. Dame Baudoux, D. P. 88. 3. 46); et que, lorsqu'une erreur de ce genre est commise, le seul procédé qui puisse être suivi légalement consiste à accorder décharge à l'individu porté sur le rôle et à inscrire le véritable contribuable sur un rôle supplémentaire.

796. La voie de la demande en transfert, en cas de cession d'établissement, est la seule qui soit ouverte au patentable pour obtenir décharge de la cote. Le patentable qui, ayant cédé son établissement en cours d'exercice, a négligé de faire transférer sa patente à son successeur, n'est pas fondé à se prévaloir de la patente imposée à celui-ci pour le reste de l'année en raison de la continuation à son profit de la même exploitation, pour réclamer sa décharge des douzièmes correspondant à ceux payés par ce successeur (Cons. d'Et. 17 mai 1854, aff. Poitrey, D. P. 54. 3. 72). — Le cessionnaire, lorsque la patente du cédant ne lui a pas été transférée, qu'il a été imposé en son nom personnel, et a néanmoins acquitté les douzièmes restant à échoir de la contribution de son cédant, ne peut davantage, en raison de cette dernière circonstance, ni obtenir la décharge de sa patente personnelle, ni réclamer de l'Etat le remboursement de la somme payée en l'acquit du cédant ;... sauf à exercer contre ce dernier, s'il s'y croit fondé, tel recours qu'il appartiendra; il n'y a pas, dans ce cas, double emploi au sens de la loi (Cons. d'Et. 11 févr. 1857, aff. Niel, D. P. 57. 3. 76 ; 17 sept. 1854, aff. Maru, D. P. 55. 3. 74).

Ces arrêts ont été rendus à une époque où, sous l'empire de l'art. 23 de la loi de 1844, le transfert de la patente ne pouvait être demandé que par le cédant. A plus forte raison serait-elle applicable aujourd'hui, l'art. 28 de la loi du 15 juill. 1880 accordant la faculté de demander le transfert au cessionnaire, qui ne peut que s'imputer à lui-même la double imposition qu'il a subie.

797. Le transfert ne peut valablement être demandé que dans le cas de cession d'établissement au cours de l'année. Si la cession avait eu lieu antérieurement au 1er janvier de l'année de l'imposition, le cédant pourrait obtenir la décharge de sa patente par la voie contentieuse, et aurait seul qualité pour le faire (Cons. d'Et. 11 mai 1888, aff. Gaumé, D. P. 89. 3. 84). — Le cessionnaire, imposé avec raison pour la même année, ne pourrait se prévaloir, pour demander décharge de la taxe ainsi imposée à son cédant, de ce qu'il l'aurait acquittée de ses deniers, ce qui aurait constitué un double emploi à son préjudice (Cons. d'Et. 31 juill. 1885, aff. Guignet, D. P. 87. 3. 21; 11 mai 1888, aff. Gaumé, D. P. 89. 3. 84). Le cessionnaire, en effet, est imposable personnellement soit parce qu'il exerçait la profession au 1er janvier, soit parce qu'il l'a entreprise au cours de l'année, indépendamment de la patente qui est imposée au cédant, et que celui-ci ayant cessé sa profession antérieurement au 1er janvier, ne doit légalement plus. Il n'y a plus le cumul des deux droits qui se produit lorsque la cession est postérieure au 1er janvier. Dans le cas où la cession est antérieure à cette date, le droit imposé au cédant est mal établi, et le contribuable n'a qu'à en demander décharge, en se fondant sur ce qu'il n'exerce plus sa profession, sans avoir à mettre en cause le cessionnaire. S'il ne forme pas sa demande en temps utile, il encourt la déchéance aussi légalement que tout autre contribuable qui a négligé d'exercer ses droits dans les trois mois de la publication des rôles. Quant à la circonstance qu'en fait le cessionnaire a payé en son lieu et place, elle ne peut avoir aucune influence sur la solution. Le cessionnaire ne peut se prévaloir, pour contester sa propre patente légalement établie, de ce que, en vertu d'arrangements privés, il a payé une autre patente, qui ne le concernait pas.

798. Les demandes en transfert doivent, aux termes de l'art. 28, être présentées dans les trois mois qui suivent soit la cession, soit la publication du rôle supplémentaire dans lequel le cessionnaire aurait été personnellement imposé, pour l'établissement cédé, à des droits qui formeraient double emploi avec ceux qui auraient déjà été inscrits au nom du cédant, c'est-à-dire à des droits dont le transfert aurait pu être utilement demandé. Comme on vient de le voir, cette dernière règle ne s'applique qu'autant qu'il s'agit d'une cession survenue au cours de l'année.

799. Comme on l'a vu au *Rép.*, n° 408, l'arrêté par lequel un préfet refuse de transférer la patente du cédant au cessionnaire doit être considéré comme un acte purement administratif qui ne fait pas obstacle à ce que le cédant saisisse ultérieurement le conseil de préfecture d'une demande en décharge de la patente que le préfet a maintenue à son compte (Cons. d'Et. 31 janv. 1855, aff. Blouet, D. P. 55. 5. 312; 24 mars 1859, aff. Dubois, D. P. 59. 5. 284). — La réclamation contre la décision du préfet qui refuse de prononcer un transfert de patente doit, comme ayant le caractère de demande en décharge, être présentée au conseil de préfecture, à peine de déchéance, dans les trois mois de la notification (Cons. d'Et. 9 juill. 1862, aff. Dupin, D. P. 63. 3. 42). — Lorsque, ce qui arrive fréquemment, le préfet ne fait pas connaître sa décision au contribuable par une notification, on doit considérer comme un refus, de la part du préfet, d'opérer la mutation réclamée, le renvoi par lui fait de la demande au conseil de préfecture, et c'est de ce renvoi que court le délai (Cons. d'Et. 13 févr. 1856, aff. Lannes, D. P. 56. 3. 44).

800. Le conseil de préfecture n'est toutefois compétent pour statuer sur la demande en mutation de cote qu'autant que le préfet a refusé d'y faire droit, d'où il suit que c'est à tort que ce conseil statue sur la demande d'un cessionnaire tendant à obtenir le transfert des droits de patente établis au nom de son prédécesseur, avant que la mutation de cote ait été réglée par le préfet (Cons. d'Et. 27 juin 1884, aff. Guichon, D. P. 85. 5. 337).

801. Comme toutes les demandes en matière de contributions directes, la demande en transfert ne peut être portée directement devant le conseil d'Etat (Cons. d'Et. 31 janv. 1855, aff. Blouet, D. P. 55. 5. 312; 24 mars 1859, aff. Dubois, D. P. 59. 5. 284; 18 juin 1859, aff. Lecomte, D. P. 60. 5. 268; 18 juill. 1884, aff. Queffin, D. P. 85. 5. 338).

ART. 2. — *Faillite*. — *Liquidation judiciaire*.

802. L'art. 28, § 3, de la loi du 15 juill. 1880 reproduisait textuellement le paragraphe 3 de l'art. 22 de la loi du 25 avr. 1844 (*Rép.* n° 410). Il a été modifié par la loi du 8 août 1890, pour établir l'harmonie entre son texte et la législation nouvelle en matière de faillite résultant de la loi du 4 mars 1889 (*suprà*, v° *Faillite*, n° 50), qui a créé l'état de liquidation judiciaire. Le paragraphe 3 de l'art. 28, ainsi modifié, dispose qu' « en cas de fermeture des établissements, magasins, boutiques et ateliers par suite de décès, de liquidation judiciaire ou de faillite déclarée, les droits ne seront dus que pour le passé et le mois courant. Sur la réclamation des parties intéressées, il sera accordé décharge du surplus de la taxe ».

803. Le bénéfice de cette disposition n'est acquis qu'autant qu'il y a faillite déclarée (*Rép.* n° 410) ou liquidation judiciaire prononcée. L'état de suspension de payements et de liquidation de commerce ne peut pas être assimilé à cet état, et ne donne pas lieu à la décharge du droit de patente (Cons. d'Et. 13 sept. 1864, aff. Bossé, *Rec. Cons. d'Etat*, p. 922), alors même qu'il s'agit d'une liquidation ordonnée par justice (Cons. d'Et. 14 mars 1884, aff. *The English and French Bank*, D. P. 85. 3. 117). Dans cette affaire, le patentable, une société étrangère, prétendait être déchargé de la patente pour une succursale établie à Paris par le motif que la liquidation judiciaire, prononcée par la cour de chancellerie de Londres, équivalait à la déclaration de faillite prévue par la loi française et, qu'en fait, il y avait eu fermeture de l'établissement. Le conseil d'Etat n'a pas eu à se prononcer sur la valeur du jugement étranger au point de vue de la déclaration de faillite en France en présence du jugement du tribunal de commerce qui, ayant nommé un liquidateur, avait ainsi déterminé la situation légale de l'établissement possédé en France par la société et faisait obstacle à ce que cette société pût invoquer le bénéfice de l'art. 28 de la loi du 15 juill. 1880.

804. La fermeture des magasins, boutiques et ateliers, c'est-à-dire la cessation de la profession imposable doit se joindre à la faillite pour que le dégrèvement puisse être prononcé (*Rép.* n° 411). Dès lors, la disposition de l'art. 28, § 3, de la loi du 15 juill. 1880 ne s'applique point au cas où, les syndics de la faillite ayant été autorisés, par ordonnance du juge-commissaire, à tenir les ateliers ouverts, l'exploitation de la fabrique du failli a continué pour le compte des créanciers et n'a cessé qu'après l'épuisement des matières premières et l'écoulement des produits de la fabrication (Cons. d'Et. 7 janv. 1857, aff. Lepollard, D. P. 57. 3. 60). Jugé toutefois que, si l'ouverture des magasins n'a été maintenue que pour liquider les marchandises qui s'y trouvaient au moment de la déclaration de faillite, il y a lieu de prononcer la décharge des douzièmes afférents aux mois qui ont suivi celui de la fermeture définitive des magasins (Cons. d'Et. 24 mars 1859, aff. Syndic Fretellière, D. P. 59. 5. 282; 13 févr. 1874, aff. Lanièce, D. P. 74. 3. 94).

805. Les mêmes règles doivent être suivies lorsqu'il s'agit de l'application de la loi du 4 mars 1889 sur la liquidation judiciaire. Cette loi avait été précédée, en 1848 et en 1871, de mesures analogues, essentiellement temporaires; sous l'empire de ces lois, et spécialement de la loi du 22 avr. 1871 (D. P. 71. 5. 51), on décidait déjà que le particulier déclaré en état de liquidation judiciaire devait être déchargé de la patente pour les mois qui suivaient la fermeture de son établissement (Cons. d'Et. 15 mai 1874, aff. Haillard, D. P. 75. 3. 48; 29 déc. 1890, aff. Gayer, D. P. 92. 5. 459). Le doute n'est plus possible en présence du texte de la loi du 15 juill. 1880 modifié par la loi du 8 août 1890 (Cons. d'Et. 30 janv. 1892, aff. Coullery, *Rec. Cons. d'Etat*, p. 94; 27 févr. 1892, aff. Liquid. Aubert, *ibid.*, p. 240). Au cas contraire, il n'y a pas lieu à décharge (Cons. d'Et. 9 mai 1891, aff. Paris, *Rec. Cons. d'Etat*, p. 360). Cette solution s'impose, d'ailleurs, dans la liquidation judiciaire, où le commerçant n'est pas dessaisi, reste à la tête de ses affaires, les gère avec l'assistance du liquidateur, et peut continuer à exploiter son établissement, si celui-ci n'est pas fermé : on se trouve dans une situation identique à celle qui se produit en cas de faillite, lorsque l'exploitation est continuée pour le compte de la masse et où la patente est due (*suprà*, n° 804).

806. Le paragraphe 3 de l'art. 28 ne s'applique pas non plus au cas où le failli aurait obtenu presque immédiatement un concordat et n'aurait pas fermé ses magasins (Cons. d'Et. 16 juill. 1861, aff. Dardy, D. P. 61. 5. 345).

807. Lorsque la continuation de l'exploitation du failli est autorisée dans l'intérêt des créanciers, ceux-ci sont, au regard de la patente, dans la situation des associés commanditaires dans une société, c'est-à-dire que le syndic est réputé exercer la profession et qu'il l'exerce dans les conditions de tout commerçant. Ainsi la continuation de l'exploitation du failli par le syndic entraîne, lorsqu'elle a eu lieu pendant le premiers mois de l'exercice, l'imposition à la patente pour l'année entière; et les créanciers ne peuvent invoquer, pour être déchargés des douzièmes postérieurs à la cessation de l'exploitation, le bénéfice de l'art. 28 de la loi du 15 juill. 1880, surtout si cette cessation a une cause étrangère à la faillite, telle que le manque d'eau pour la mise en activité de l'usine du failli (Cons. d'Et. 9 mars 1859, aff. Syndic Dubron Deladerrière, D. P. 59. 3. 61).

808. Le délai pour réclamer, en cas de faillite, la décharge des douzièmes des droits de patente afférents aux mois qui suivent celui où la faillite a été déclarée ou bien le magasin fermé, court du jour de la déclaration de faillite ou de la fermeture du magasin (*Rép.* n° 415 ; Cons. d'Et. 27 janv. 1882, aff. Joüen, D. P. 83. 3. 51). Il ne saurait courir seulement du jour à partir duquel la décharge peut être accordée, c'est-à-dire du 1er du mois qui suit celui de la clôture. Si le jugement déclaratif de faillite a été frappé d'appel, le délai de trois mois, dans lequel doit être présentée la demande en dégrèvement de la patente, ne court pas de la date de ce jugement, mais de celle de l'arrêt intervenu sur appel, alors même que cet arrêt a confirmé le jugement attaqué (Cons. d'Et. 7 avr. 1864, aff. Syndic Barbier, D. P. 67. 3. 4). Enfin, dans le cas où le tribunal a autorisé la continuation du commerce du failli jusqu'à la vente du fonds, et où il a fallu néanmoins cesser d'exploiter faute d'acquéreur, le délai a pour point de départ le jour de cette cessation, et non l'époque postérieure à laquelle s'est effectuée la vente judiciaire des marchandises et du matériel (Cons. d'Et. 6 août 1857, aff. Syndic Feyh, D. P. 58. 3. 65).

ART. 3. — *Décès.*

809. L'art. 28, § 3, de la loi du 15 juill. 1880 attache, comme l'art. 22 de la loi de 1844, au décès du patentable les mêmes effets qu'à la faillite (*Rép.* n° 413). Comme la faillite, il ne donne lieu à décharge qu'autant qu'il y a eu fermeture de l'établissement. Ainsi l'héritier d'un notaire décédé postérieurement au commencement de l'année, mais dont l'étude est restée ouverte, n'est pas recevable à demander décharge des douzièmes échus, postérieurement au décès du titulaire (Cons. d'Et. 16 mars 1888, aff. Fabre, D. P. 89. 5. 341). De même le décès d'un associé en nom collectif ne donne pas lieu à réduction, lorsqu'il n'a entraîné la fermeture d'aucun des établissements appartenant à la société (Cons. d'Et. 27 nov. 1867, aff. Duiban et Moré, D. P. 68. 3. 104), et la société est avec raison imposée au droit proportionnel de patente en raison de l'habitation personnelle de l'associé principal, bien que celui-ci soit mort le 2 janvier et que les magasins n'aient pas été ouverts le 1er janvier (Cons. d'Et. 8 août 1884, aff. Pérignon, D. P. 85, 5. 342).

810. La patente peut être due par les héritiers d'un industriel décédé en cours d'année, s'ils ont continué de vendre, jusqu'à la fin de l'année, les marchandises provenant de sa fabrication. Il en est ainsi du moins lorsqu'il y a eu de leur part continuation de la profession, et non simplement quelques opérations de liquidation. La distinction à faire sur ce point dépend des circonstances, et on considère généralement qu'il y a lieu à décharge lorsque les seuls actes de commerce ont consisté à écouler les marchandises aux meilleures conditions sans achats nouveaux (Comp. *suprà*, n° 804). Jugé que la veuve d'un patentable qui s'est bornée à liquider les affaires de son mari, sans continuer pour son compte l'exercice de sa profession, peut demander décharge des douzièmes échus depuis la fermeture des magasins (Cons. d'Et. 27 juin 1873, aff. Veuve Robbin, D. P. 74. 3. 75), mais de ces seuls douzièmes (Cons. d'Et. 9 juill. 1886, aff. Conty, D. P. 88. 3. 5). Toutefois, lorsque le décès est survenu avant la fin de l'année, la veuve qui s'est bornée à liquider les affaires de son mari pendant une partie de l'année suivante peut obtenir décharge de la patente pour l'année entière. Jugé ainsi en faveur de la veuve d'un fabricant de briques, alors que toute fabrication avait cessé depuis le décès de son mari et qu'elle s'était bornée, pendant une partie de l'année, à vendre les briques fabriquées existant en magasins (Cons. d'Et. 19 mars 1886, aff. Veuve Merlier, D. P. 87. 3. 86-87). Il en serait autrement s'il y avait eu, après le commencement de l'année suivante, continuation de la profession : la veuve serait tenue d'acquitter pour cette année tout entière la contribution des patentes inscrite au nom du mari (Cons. d'Et. 20 juin 1855, aff. Veuve Chesnel, D. P. 55. 5. 318).

811. Lorsqu'il y a eu continuation de la profession et que l'héritier a cédé ses droits à un associé ou à un successeur, il ne peut obtenir la décharge des douzièmes restant à payer de l'imposition des patentes, inscrite au nom de son auteur, qu'à la charge d'en faire prononcer le transfert au nom du cessionnaire (Cons. d'Et. 20 juin 1855, aff. Aubertin; D. P. 56. 3. 7).

812. Le décès ne peut être une mesure de décharge qu'autant qu'il s'agit du décès du contribuable inscrit au rôle ; le décès d'un parent, d'un employé, etc., ne saurait avoir le même effet, alors même que le concours du défunt était indispensable au patentable et que sa mort l'obligerait à cesser son commerce. Ainsi, on a refusé la décharge réclamée par un boulanger par le motif que sa femme décédée faisait seule le pain (Cons. d'Et. 4 mars 1881, aff. Henry, *Rec. Cons. d'Etat*, p. 254); par un patenté très âgé, et dont la femme et le fils étaient décédés (Cons. d'Et. 25 mai 1892, aff. Marais, *Rec. Cons. d'Etat*, p. 502).

813. Le décès ne peut donner lieu à décharge, ni à réduction, s'il est survenu après la cessation de la profession: il faut que cette cessation ait eu le décès pour seule cause. Dès lors, les héritiers d'un contribuable ne peuvent réclamer le bénéfice de la disposition de l'art. 28, § 3, de la loi du 15 juill. 1880, lorsque la mort de leur auteur est postérieure à la cessation de son commerce (Cons. d'Et. 28 nov. 1855, aff. Demoiselle Salmon, D. P. 56. 3. 37; 23 févr. 1877, aff. Brassac, *Rec. Cons. d'Etat*, p. 190 ; 18 déc. 1885, aff. Prevost, D. P. 87. 5. 319). Il en est spécialement ainsi au cas où les opérations d'une banque ont cessé, à la suite de la nomination par justice d'administrateurs provisoires, antérieurement au décès du patentable (Cons. d'Et. 2 déc. 1887, aff. Lacroix, D. P. 88. 5. 343).

814. Les demandes en décharge pour cause de décès doivent, comme les demandes pour cause de faillite, être formées dans les trois mois du jour où le droit de réclamer s'ouvre pour les héritiers du patentable décédé, c'est-à-dire ordinairement du jour du décès (Cons. d'Et. 30 juin 1858, aff. Hameray, *Rec. Cons. d'Etat*, p. 481 ; 6 mai 1863, aff. Mouty, *Rec. Cons. d'Etat*, p. 414), ou du jour où l'établissement est fermé (*suprà*, n° 809). Toutefois, si au moment du décès les rôles n'étaient pas publiés dans la commune que le patentable habitait, le délai ne courrait que du jour de la publication (Cons. d'Et. 20 sept. 1871, aff. Delarue, *Rec. Cons. d'Etat*, p. 168).

815. Les exemptions d'impôts ont un caractère exceptionnel qui ne permet pas d'étendre les dispositions de lois qui les accordent à des cas autres que ceux qui sont formellement prévus. La décharge accordée pour le cas de cessation de commerce causée par le décès du contribuable ne pourrait donc être étendue au cas de fermeture d'un établissement par suite de la dissolution de la société patentée, ni à celui d'une société par actions dont la liquidation aurait été prononcée par jugement conformément aux statuts (Cons. d'Et. 18 févr. 1876, aff. Salleron, *Rec. Cons. d'Etat*, p. 179) ; ni au cas d'une société en commandite par actions dont l'établissement aurait été fermé en cours d'exercice à la suite de la dissolution prononcée par l'assemblée générale (Cons. d'Et. 6 juill. 1888, aff. Société agricole coopérative d'Arcis-sur-Aube, D. P. 89. 3. 108).

CHAP. 9. — De la délivrance des formules
(*Rép.* nos 417 à 429).

816. A l'époque de la publication du *Répertoire*, les formules de patentes étaient assujetties, par l'art. 26 de la loi du 25 avr. 1844, à un droit de timbre de 1 fr. 25 cent. (*Rép.* n° 417) qui avait donné lieu à de vives critiques surtout en ce qu'il constituait une charge disproportionnée pour les dernières classes, alors qu'il n'atteignait que d'une manière insignifiante les patentes les plus élevées. Depuis lors, l'art. 12 de la loi du 4 juin 1858 affranchit les formules de patente du droit de timbre et remplaça le droit de timbre par quatre centimes additionnels au principal de l'impôt, centimes qui furent augmentés de 3, 8 par l'art. 2 de la loi de finances du 23 juill. 1872 (D. P. 72. 4. 123). L'art. 31 de la loi du 15 juill. 1880, relatif aux formules de patentes, remplace les art. 26 de la loi du 25 avr. 1844, 12 de la loi du 4 juin 1858 et 2 de la loi du 23 juill. 1872. Il stipule que, pour compenser l'exemption du timbre, il est ajouté, au principal de la contribution des patentes, des centimes généraux « dont le nombre sera fixé annuellement par la loi de finances ».

817. L'art. 32 de la loi du 15 juill. 1880 impose à tout patentable l'obligation d'exhiber sa patente lorsqu'il en est requis par les maires, adjoints, juges de paix et tous autres officiers ou agents de police judiciaire. En outre, aux termes de l'art. 33 de la même loi, les individus qui exercent, hors de la commune de leur domicile, une profession imposable sont tenus de justifier, à toute réquisition, de leur imposition à la patente, à peine de saisie ou de séquestre, à leurs frais, des marchandises par eux mises en vente et des instruments servant à l'exercice de leur profession, à moins qu'ils ne donnent caution suffisante jusqu'à la représentation de la patente ou la production de la preuve que la patente a été délivrée. Si les individus non munis de patente exercent dans la commune de leur domicile, il est seulement dressé des procès-verbaux qui sont transmis immédiatement aux agents des contributions directes. La production de la patente est encore exigée dans quelques autres circonstances que la loi ne mentionne pas, dans le cas, par exemple, où un patentable veut prendre part à certaines adjudications publiques.

818. Afin d'assurer la remise exacte des formules aux patentés, une circulaire de la direction générale de la comptabilité publique, en date du 10 juill. 1865, a prescrit aux percepteurs de faire distribuer les formules en même temps que les avertissements. Les directeurs doivent, en conséquence (Circul. min. du 9 août 1875, n° 550), transmettre en même temps aux receveurs des finances les formules et les avertissements de patentes et veiller à ce que ces documents portent la même date, pour chaque commune. Les formules sont, à la diligence des patentés, visées par le maire et revêtues du sceau de la commune où ils exercent leur profession, soit, lorsqu'ils exercent dans plusieurs communes de celle où ils sont imposés au droit fixe le plus élevé (*Rép.* n° 420).

819. Le ministre des finances (Circul. des 20 mai et 16 déc. 1875, n°s 548 et 553) a prescrit de délivrer annuellement à chaque entrepreneur, maître ou patron de barques ou de bateaux, autant de duplicata de la formule de patente qu'il possède d'embarcations, et de mentionner sur chaque duplicata le nom et le tonnage de chacune des barques ou de chacun des bateaux équipés par le même entrepreneur, maître ou patron. Ces pièces étaient destinées à permettre aux bateliers de justifier de l'inscription au rôle du propriétaire de barque et les agents des contributions directes étaient chargés, à titre officieux, de signaler à l'administration des Contributions directes le nom et le domicile des bateliers qui se seraient refusés à exhiber leur patente, et de faire connaître en même temps le nom, le tonnage et le port d'attache des bateaux de ces patentables. Ces mesures ont été maintenues bien que les droits de navigation intérieure aient cessé d'être perçus et que dès lors l'intervention des agents des contributions indirectes ne puisse plus être demandée. Le système institué par ces circulaires est, en effet, de nature à faciliter la tâche des fonctionnaires et des autorités auxquels la loi accorde le droit de requérir des redevables la preuve qu'ils sont assujettis à la patente (L. 15 juill. 1880, art. 32 et 33).

820. La délivrance des patentes par anticipation (*Rép.* n° 421) est autorisée par l'art. 34 de la loi du 15 juill. 1880, qui reproduit textuellement l'art. 30 de la loi du 25 avr. 1844. Mais une décision ministérielle du 18 déc. 1888 a autorisé, sauf dans les chefs-lieux de départements, les percepteurs de certaines résidences désignées par le directeur des contributions directes d'accord avec le trésorier-payeur général, à délivrer des patentes par anticipation aux individus, étrangers au département et n'y ayant pas de résidence, qui seraient imposables comme marchands forains ou colporteurs par application de l'art. 23 de la loi du 15 juill. 1880.

821. La délivrance des patentes par les percepteurs s'effectue au moyen de registres à souche dont ils sont pourvus par le directeur des contributions directes. Le percepteur requis de délivrer une patente inscrit la désignation du patentable sur la souche du registre, en ayant soin de retater exactement le lieu de domicile déclaré, et calcule les droits de patente à percevoir. Puis, après les avoir perçus, il remplit la formule de patente, la détache du registre et la remet au requérant, avec la quittance. Il détache également un certificat d'imposition et le transmet sans retard au contrôleur qui comprend dans les premières matrices supplémentaires les individus auxquels le percepteur a délivré des patentes par anticipation, et transmet en temps utile, pour les colporteurs qui ont déclaré leur domicile en France, un bulletin de communication à destination de la division de contrôle comprenant le lieu de ce domicile.

822. Quant aux colporteurs, forains et commis voyageurs étrangers (Décis. min. du 24 juin 1889), les patentes leur peuvent être délivrées par les agents des douanes des bureaux frontières qui encaissent les droits et inscrivent les patentes délivrées sur un registre *ad hoc*. Il en est de même pour la délivrance des patentes aux bateliers étrangers et aux entrepreneurs de halage, de flottage et de bateaux à vapeur remorqueurs domiciliés hors de France (Circul. min. des 20 mai 1875 et 21 août 1876, n°s 548 et 557).

823. Aux termes de l'art. 25 de la loi du 15 juill. 1880, « le patenté qui aura égaré sa patente ou qui sera dans le cas d'en justifier hors de son domicile, pourra se faire délivrer un certificat par le directeur ou par le contrôleur des contributions directes. Ce certificat fera mention des motifs qui obligent le patenté à le réclamer et devra être sur papier timbré ». Cet article reproduit textuellement l'art. 31 de la loi de 1844; il nous suffira donc sur ce point de nous référer aux explications du *Rép.* n° 426. Il en est de même en ce qui concerne les frais d'impression des formules (*Rép.* n° 428).

CHAP. 10. — De la perception, des poursuites et de la responsabilité des propriétaires.

ART. 1er. — — *De la perception et des poursuites* (*Rép.* n°s 430 à 438).

824. L'art. 29 de la loi du 15 juill. 1880 est la reproduction de l'art. 24 de la loi du 25 avr. 1844 (*Rép.* p° 430) avec de légères modifications, destinées à mettre le texte de l'article en harmonie avec le principe, posé par l'art. 8 de la loi du 4 août 1844, qui fait courir le délai des réclamations en matière de contributions directes de la publication du rôle, et non de l'émission, comme l'exprimait encore l'art. 24 de la loi du 25 avr. 1844. La contribution des patentes est payable par douzièmes, et le recouvrement en est poursuivi comme celui des contributions directes. Il y a donc lieu de se référer d'une manière générale à ce qui a été dit *suprà*, v° *Impôts directs*, n°s 187 et suiv.

825. L'exception au principe de l'exigibilité par douzièmes, que la loi de 1844 avait consacrée à l'encontre des marchands forains, des colporteurs, des directeurs de troupes ambulantes, des entrepreneurs d'amusements et jeux publics non sédentaires, et de tous autres patentables dont la profession n'est pas exercée à demeure fixe (*Rép.* n°s 430-431) a été maintenue dans la loi du 15 juill. 1880; ces patentables sont tenus d'acquitter le montant total de leur cote au moment où la patente leur est délivrée. L'art. 29 laisse également subsister la modification au principe de l'exigibilité par douzièmes pour le cas où le rôle n'est publié que postérieurement au premier mars. En ce cas, les douzièmes échus ne sont pas immédiatement exigibles et le recouvrement en est fait par portions égales, en même temps que celui des douzièmes non échus.

826. En ce qui concerne les poursuites, nous nous référerons aux explications fournies au *Rép.* n°s 433 et suiv. et à celles qui ont fait ci-dessus l'objet du chapitre 6 du traité des *Impôts directs*, n°s 258 et suiv. Nous nous bornerons à signaler des cas où les poursuites en payement de la patente ne peuvent être utilement dirigées contre certaines personnes quoiqu'elles soient, en apparence, débitrices de cette taxe. Il en est ainsi, spécialement, du commis qui est porté au rôle comme représentant du patron; les poursuites ne peuvent être dirigées contre lui lorsque, en raison de sa qualité, il ne peut être imposé. La mention « représenté par » ajoutée dans le rôle ne saurait obliger le représentant ou mandataire à payer au besoin de ses deniers la patente du mandant, car une semblable obligation équivaudrait, dans certains cas, à l'imposition du représentant mandataire ou gérant lui-même, contrairement à la loi (Cons. d'Et. 3 juill. 1885, aff. Talbat, D. P. 86. 3. 93); et cela alors même que le représenté serait un négociant étranger domicilié en pays étranger (Cons. d'Et. 6 déc. 1878, aff. Hardy, D. P. 79. 3. 34).

827. Il en est de même à l'égard du père alors qu'il est établi que c'est le fils que l'Administration a entendu porter au rôle (Cons. d'Et. 11 janv. 1865, aff. Gallut, *Rec. Cons. d'Etat*, p. 26). Les poursuites ne peuvent non plus être dirigées contre un associé comme responsable de la patente due par son coassocié (Cons. d'Et. 22 févr. 1870, aff. Bougeant, *Rec. Cons. d'Etat*, p. 122), alors même qu'il s'agit d'associés solidaires (Cons. d'Et. 30 juin 1869, aff. Jammès, *Rec. Cons. d'Etat*, p. 663). Et, en cas de liquidation d'une société en nom collectif, le percepteur ne peut délivrer une contrainte contre le liquidateur à l'effet de faire payer la patente d'un des associés sur le fonds social (Cons. d'Et. 22 déc. 1882, aff. Liquidation sociale Daniel et Wolfarth, D. P. 84. 3. 87). L'autorité judiciaire serait seule compétente pour décider si le Trésor peut exercer, sur les fonds entre les mains du liquidateur, les privilèges appartenant au Trésor en vertu de la loi du 12 nov. 1808.

ART. 2. — *Responsabilité des propriétaires* (*Rép.* n°s 439 à 441).

828. L'art. 30 de la loi du 15 juill. 1880 prévoit le cas où un déménagement diminue les sûretés du Trésor, et organise la responsabilité des propriétaires et principaux locataires. Il emprunte son texte à l'art. 25 de la loi du 25 avr. 1844, qui reçoit seulement une addition destinée à en préciser la portée. Au point de vue de la responsabilité du propriétaire ou du principal locataire, le cas où le terme normal du déménagement est devancé est assimilé au cas de déménagement furtif. Dans l'un comme dans l'autre, le percepteur devra être averti dans les trois jours. En cas de déménagement hors du ressort de la perception, dit cet article, comme en cas de vente volontaire ou forcée, la contribution des patentes sera immédiatement exigible en totalité. Les propriétaires, et à leur place les principaux locataires, qui n'auront pas, un mois avant le terme fixé par le bail ou par les conventions verbales, donné avis au percepteur du déménagement de leurs locataires, seront responsables des sommes dues par ceux-ci pour la contribution des patentes. Dans le cas où ce terme serait devancé, comme dans le cas de déménagement furtif, les propriétaires, et à leur place les principaux locataires, deviendront responsables de la contribution de leurs locataires, s'ils n'ont pas, dans les trois jours, donné avis du déménagement au percepteur. La part de la contribution laissée à la charge des propriétaires ou principaux locataires par les paragraphes précédents, comprendra seulement le dernier douzième échu et le douzième courant dû par le patentable. Les explications fournies au *Rép.* n°s 439 et 441 ont donc conservé toute leur valeur; on devra se référer, en outre, aux explications complémentaires qui ont été données sur la responsabilité des propriétaires en matière de contributions directes, *suprà*, v° *Impôts directs*, n°s 107 et 108.

829. Aux termes de l'art. 30, al. 1, la totalité de l'impôt est encore exigible dans le cas de vente, volontaire ou forcée, des meubles du locataire assujetti à la patente. Mais le second alinéa, qui édicte la responsabilité du propriétaire en cas de déménagement (V. *suprà*, n° 828), ne contient aucune disposition semblable pour le cas de vente de meubles. La raison de cette différence est facile à saisir. Dans les deux cas, les meubles formant le gage de l'impôt sont sur le point de disparaître; il est donc indispensable d'assurer le payement des contributions en supprimant la faculté de les verser par douzièmes. Mais le déménagement seul, opéré à l'insu du percepteur, fait évanouir le gage; la vente, surtout la vente par autorité de justice, conserve la valeur du mobilier et le transforme même en argent; les intérêts de l'Etat sont sauvegardés pleinement par la loi des 5-18 août 1791 combinée avec l'art. 2 de la loi du 12 nov. 1808, d'après laquelle les commissaires-priseurs, sequestres, etc., sont tenus de ne pas se dessaisir des sommes entre leurs mains sans s'être assurés que les contributions ont été payées (V. *Rép.* v° *Impôts directs*, n° 590). Il en résulte que le propriétaire qui a fait vendre judiciairement les meubles de son locataire n'est pas tenu d'en faire la déclaration au percepteur sous peine d'être déclaré responsable de la patente dont ce locataire est redevable, non plus que de sa contribution mobilière (Cons. d'Et. 26 janv. 1889, aff. De Cerjat, et 23 févr. 1889, aff. Charpentier, D. P. 90. 3. 47).

830. En cas de déménagement furtif d'un locataire, non dénoncé dans les trois jours par le propriétaire, la responsabilité de celui-ci, en ce qui concerne la patente, est limitée au dernier douzième échu et au douzième courant en vertu du dernier paragraphe de l'art. 30 de la loi du 15 juill. 1880, de sorte que le propriétaire qui, à la suite du déménagement furtif d'un locataire, a payé la totalité de la patente imposée à ce dernier, est en droit de réclamer la décharge de la part de la contribution excédant les deux douzièmes dont il est déclaré responsable par la loi (Cons. d'Et. 21 janv. 1887, aff. Bonnier, D. P. 88. 3. 50).

831. La responsabilité imposée par la loi au propriétaire ne saurait être étendue au delà des termes de la disposition légale qui la consacre. Notamment, la responsabilité du logeur en garni, édictée par les art. 22 et 23 de la loi du 21 avr. 1832 et par les art. 29 et 30 de la loi du 15 juill. 1880, ne peut être étendue au cas où le logement est fourni gratuitement par un fils à son père (Cons. d'Et. 7 nov. 1884, aff. Jeanjean, D. P. 85. 5. 347).

832. Le conseil de préfecture est compétent pour statuer sur la question de savoir si un propriétaire est responsable des contributions dues par son locataire (Cons. d'Et. 26 janv. 1889, aff. De Ceyat, D. P. 90. 3. 47), alors même que la réclamation est présentée sous forme de demande en restitution des sommes payées, à ce titre, par ledit propriétaire (Cons. d'Et. 21 janv. 1887, aff. Bonnier, D. P. 88. 3. 50). Mais il est incompétent pour statuer sur une demande de dommages-intérêts formée par un contribuable, même accessoirement à une demande en restitution du montant d'une contribution dont il n'était pas débiteur (Même arrêt du 21 janv. 1887).

CHAP. 11. — De la représentation et de la menti de la patente (*Rép.* n°s 442 à 445).

833. Les art. 32 et 33 de la loi du 15 juill. 1880, se bornant à reproduire avec quelques légères modifications du texte les art. 27 et 28 de la loi de 1844 et maintenant la suppression, résultant de la loi du 18 mai 1850, de l'obligation de mentionner la patente dans les actes, il nous suffira de nous référer aux explications du *Répertoire*.

CHAP. 12. — De la taxe additionnelle à l'impôt des patentes. — Chambres et bourses de commerce (*Rép.* n°s 446 à 448).

834. L'art. 38 de la loi du 15 juill. 1880 dispose, comme l'art. 33 de la loi de 1844, *Rép.* n° 446, que les contributions spéciales, destinées à subvenir aux dépenses des bourses et chambres de commerce seront réparties sur les patentables des trois premières classes du tableau A et sur ceux désignés dans les tableaux B et C, comme passibles d'un droit fixe égal ou supérieur à celui desdites classes. La disposition finale de cet article dispose que les associés des établissements compris dans les classes et tableaux susdésignés contribuent aux frais des bourses et chambres de commerce, *sous la réserve des dispositions des art. 20 et 21 de la loi*. Cette réserve a été ajoutée à l'ancien texte de la loi du 25 avr. 1844, afin de bien préciser que ces contributions n'atteignent les associés des établissements qui y sont assujettis que dans le cas où ces associés sont personnellement imposés et dans la mesure de cette imposition.

Il ressort de l'art. 38 précité que les patentables compris dans le tableau D comme passibles du droit proportionnel seulement ne peuvent être appelés à concourir au payement des dépenses dont il s'agit, puisqu'ils sont affranchis du droit fixe ; d'ailleurs l'art. 38 de la loi du 15 juill. 1880 ne les comprend pas parmi ceux auxquels incombe le payement de ces dépenses.

835. Les patentables des tableaux A, B et C doivent être imposés pour les frais de bourses et chambres de commerce, même dans les communes où ils ne sont assujettis qu'au droit proportionnel, du moment que ces communes font partie du ressort d'une bourse ou d'une chambre de commerce, le droit proportionnel entrant, comme le droit fixe, dans les bases d'imposition pour l'assiette de la contribution spéciale pour frais de bourses et de chambres de commerce, bien que ce soit exclusivement la quotité du droit fixe, abstraction faite du droit proportionnel, qui doive être prise en considération pour reconnaître si un patentable est ou non passible de ladite imposition.

836. La taxe pour frais de chambres de commerce est l'accessoire des droits de patente. Elle doit donc suivre le sort de ces droits et être maintenue alors même que la demande en décharge des droits de patente n'a été rejetée que comme formée tardivement et que la demande en décharge de la taxe additionnelle a été formée en temps utile par suite de la différence de temps entre la publication des deux rôles (Cons. d'Et. 27 janv. 1882, aff. Jouen, D. P. 83. 3. 51). Cependant un conseil de préfecture peut statuer sur la réclamation formée par un patentable en matière de frais de bourse, sans avoir préalablement jugé la réclamation de ce contribuable contre ses droits de patente et si, en raison de cette circonstance, il a été rendu des arrêts distincts sur la patente et sur la taxe accessoire, ces arrêts ne peuvent être déférés au conseil d'Etat au moyen d'un seul recours : il doit être formé deux requêtes distinctes (Cons. d'Et. 26 déc. 1891, aff. Boisleux, *Rec. Cons. d'Etat*, p. 810).

Table sommaire

des matières contenues dans le Supplément et le Répertoire.

(Les chiffres précédés de la lettre *S* renvoient au Supplément ; les chiffres précédés de la lettre *R* renvoient au Répertoire.)

Table des articles de la loi du 15 juill. 1880.

Table chronologique des Lois, Arrêts, etc.

1888

13 janv. Cons. d'Et. 348 c., 471 c., 513 c.
20 janv. Cons. d'Et. 492 c. 641 c.
27 janv. Cons. d'Et. 88 c., 641 c.
30 janv. Cons. d'Et. 217 c.
3 févr. Cons. d'Et. 213 c., 546 c.
10 févr. Cons. d'Et 188 c., 577 c., 641 c.
17 févr. Cons. d'Et. 70 c., 88 c., 218 c., 256 c., 261 c., 528 c., 528 c.
24 févr. Cons. d'Et. 98 c., 713 c.
2 mars. Cons. d'Et. 111 c., 428 c., 471 c., 472 c., 647 c., 651 c.
16 mars. Cons. d'Et. 83 c., 165 c., 244 c., 637 c., 750 c., 808 c.
28 mars. Cons. d'Et. 107 c., 342 c.
20 avr. Cons. d'Et. 536 c.
27 avr. Cons. d'Et. 434 c., 605 c., 645 c., 757 c.
11 mai. Cons. d'Et. 488 c., 503 c., 534 c., 571 c., 578 c., 797 c.
1er juin. Cons. d'Et. 68 c., 437 c., 468 c., 751 c.
22 juin. Cons. d'Et. 274 c., 677 c.
29 juin. Cons. d'Et. 97 c.
6 juill. Cons. d'Et. 100 c., 302 c., 491 c., 814 c.
27 juill. Cons. d'Et. 561 c., 618 c.
3 août. Cons. d'Et. 183 c., 430 c., 534 c., 681 c.
8 août. Cons. d'Et. 518 c.
2 nov. Cons. d'Et., 172 c., 256 c., 468 c.
23 nov. Cons. d'Et. 107 c., 511 c.
7 déc. Cons. d'Et. 291 c.
8 déc. Cons. d'Et. 103 c., 261 c., 651 c.
14 déc. Cons. d'Et. 664 c.
18 déc. Décis. min. 819 c.
21 déc. Cons. d'Et. 113 c., 463 c.
25 déc. Cons. d'Et. 440 c.
28 déc. Cons. d'Et. 504 c., 511 c.

1889

4 janv. Cons. d'Et. 54 c.
11 janv. Cons. d'Et. 477 c.
18 janv. Cons. d'Et. 72 c.
26 janv. Cons. d'Et. 228 c.
22 févr. Cons. d'Et. 79 c., 261 c.
23 févr. Cons. d'Et. 684 c., 828 c.
1er mars. Cons. d'Et. 217 c.
4 mars. Loi. 802 c., 805 c.
30 mars. Cons d Et. 354 c., 477 c.
6 avr. Cons. d'Et. 461 c., 535 c.
13 avr. Cons. d'Et. 553 c.
17 avr. Cons. d'Et. 460 c.
17 mai. Cons. d'Et. 138 c., 184 c.
7 juin. Cons. d'Et. 258 c., 503 c., 505 c.
24 juin. Décis. min. 821 c.
28 juin. Cons. d'Et, 211 c., 307 c., 331 c., 418 c., 557 c., 752 c.
13 juill. Cons. d'Et. 187 c.
17 juill. Loi. 5 c., 56 c., 343 c.
22 juill. Loi. 765 c., 767 c., 774 c.
9 août. Cons. d'Et. 431 c.
8 nov. Cons. d'Et. 265 c.
9 nov. Cons. d'Et. 87 c., 111 c., 134 c., 223 c., 556 c., 722 c.
15 nov. Cons. d'Et. 330 c., 359 c., 625 c.
22 nov. Cons. d'Et. 83 c., 430 c., 435 c., 552 c., 586 c., 691 c., 738 c.
23 nov. Cons. d'Et. 97 c., 594 c., 743 c.
29 nov. Cons d'Et. 486 c.
30 nov. Cons. d'Et. 615 c., 637 c.
6 déc. Cons. d'Et. 76 c.
13 déc. Cons. d'Et. 221 c.
20 déc. Cons. d'Et, 142 c.
21 déc. Cons. d'Et. 60 c., 513 c.
27 déc. Cons. d'Et. 475 c.

1890

17 janv. Cons d'Et. 88 c.
18 janv. Cons. d'Et. 443 c.
25 janv. Cons. d'Et. 53 c., 68 c., 593 c.
8 févr. Cons. d'Et. 430 c.
14 févr. Cons. d'Et. 111 c., 509 c.
21 févr. Cons. d'Et. 155 c.
22 févr. Cons. d'Et. 657 c.
7 mars. Cons. d'Et. 239 c., 467 c., 600 c.
8 mars. Cons. d'Et. 431 c.
14 mars. Cons. d'Et. 437 c., 521 c., 526 c., 528 c., 530 c., 573 c.
21 mars. Cons. d'Et. 586 c.
14 avr. Cons. d'Et. 409 c.
18 avr. Cons. d'Et. 107 c.
25 avr. Cons. d'Et. 524 c., 528 c.
26 avr. Cons. d'Et. 63 c., 223 c., 263 c.
3 mai. Cons. d'Et. 375 c., 512 c., 513 c.
4 mai. Cons. d'Et. 216 c.
9 mai. Cons. d'Et. 253 c.
10 mai. Cons. d'Et. 83 c., 349 c.
17 mai. Cons. d'Et. 357 c.
24 mai. Cons. d'Et. 63 c., 509 c., 511 c.
4 juill. Cons. d'Et. 529 c.
10 juill. Cons. d'Et 104 c., 615 c.
19 juill. Cons. d'Et. 512 c., 513 c., 701 c.
8 août. Loi. 4 c., 5 c., 6 c., 43 c., 48 c., 50 c., 56 c., 134 c., 148 c., 215 c., 241 c., 258 c., 323 c., 366 c., 387 c., 392 c., 410 c., 436 c., 449 c., 464 c., 566 c., 616 c., 780 c., 795 c., 805 c.
8 nov. Cons. d'Et. 146 c.
15 nov. Cons d'Et. 279 c.
22 nov. Cons. d'Et. 523 c., 524 c.
13 déc. Cons. d'Et. 94 c., 276 c.
26 déc. Cons. d'Et. 524 c.
27 déc. Cons. d'Et. 233 c., 318 c., 524 c., 530 c., 786 c.
29 déc. Cons. d'Et. 805 c.

1891

17 janv. Cons. d'Et. 594 c., 604 c.
24 janv. Cons. d'Et. 159 c., 626 c., 680 c.
31 janv. Cons. d'Et. 119 c., 550 c.
14 févr. Cons. d'Et. 203 c., 685 c.
18 févr. Cons. d'Et. 688 c.
21 févr. Cons. d'Et. 603 c.
28 févr. Cons. d'Et. 658 c.
7 mars. Cons. d'Et. 324 c., 540 c.
14 mars. Cons. d'Et. 549 c.
24 mars. Cons. d'Et. 132 c., 489 c., 771 c.
18 avr. Cons. d'Et. 497 c.
2 mai. Cons. d'Et. 276 c., 524 c., 528 c.
9 mai. Cons. d'Et. 805 c.
14 mai. Cons. d'Et. 453 c., 789 c.
27 mai. Cons. d'Et. 53 c.
4 juin. Cons. d'Et. 645 c.
6 juin. Cons. d'Et. 486 c., 561 c.
7 juin. Cons. d'Et. 156 c.
13 juin. Cons. d'Et. 409 c., 524 c.
20 juin. Cons. d'Et. 107 c., 352 c.
27 juin. Cons. d'Et. 419 c., 495 c., 618 c., 672 c.
4 juill. Cons. d'Et. 142 c., 484 c.
10 juill. Cons. d'Et. 736 c., 771 c.
11 juill. Cons. d'Et. 595 c., 631 c.
18 juill. Cons. d'Et. 111 c., 736 c., 771 c., 772 c.
7 nov. Cons. d'Et. 446 c., 491 c.
14 nov. Cons. d'Et. 645 c.
21 nov Cons. d'Et. 306 c.
28 nov. Cons. d'Et. 550 c.
5 déc. Cons. d'Et. 83 c., 210 c., 222 c., 552 c., 615 c.
26 déc. Cons. d'Et. 65 c., 97 c., 485 c., 497 c., 508 c., 524 c., 526 c., 528 c., 618 c., 714 c., 756 c., 835 c.

1892

16 janv. Cons. d'Et. 388 c., 579 c., 784 c.
22 janv. Cons d'Et. 602 c.
23 janv. Cons. d'Et. 322 c., 461 c.
29 janv. Cons. d'Et. 109 c., 540 c.
30 janv. Cons. d'Et. 98 c., 467 c., 805 c.
5 févr. Cons. d'Et. 366 c., 420 c., 626 c.
12 févr. Cons. d'Et. 467 c., 488 c., 637 c.
13 févr. Cons. d'Et. 645 c., 657 c.
19 févr. Cons. d'Et. 274 c.
26 févr. Cons. d'Et. 184 c., 617 c.
27 févr. Cons. d'Et. 616 c., 642 c., 654 c., 660 c., 805 c.
5 mars. Cons. d'Et. 615 c., 617 c.
18 mars. Cons. d'Et. 60 c., 221 c., 477 c.
25 mars. Cons. d'Et. 198 c., 369 c.
1er avr. Cons. d'Et. 608 c., 730 c.
2 avr. Cons. d'Et. 253 c., 277 c.
8 avr. Cons. d'Et. 69 c., 104 c., 107 c., 460 c., 562 c.
9 avr. Cons. d'Et. 116 c., 247 c., 428 c., 580 c., 651 c.
7 mai. Cons. d'Et. 157 c.
21 mai. Cons. d'Et. 467 c.
27 mai. Cons. d'Et. 573 c., 655 c., 772 c.
17 juin. Cons. d'Et. 108 c., 528 c.
17 juin. Loi. 548 c.
18 juin. Cons. d'Et. 181 c., 505 c., 681 c., 697 c.
22 juill. Cons. d'Et. 505 c.
6 août. Cons. d'Et. 600 c.
22 nov. Cons. d'Et. 528 c.
7 déc. Cons. préf. Seine. 252 c., 542 c.

1893

28 avr. Loi. 6 c., 40 c., 50 c., 55 c., 56 c., 110 c., 322 c., 548 c., 550 c., 650 c.
25 mai. Cons. d'Et. 811 c.

V. à la fin du volume l'erratum concernant le tableau D (p. 358 et 359).

PATERNITÉ ET FILIATION.

Division.

TIT. 1er. — DE LA FILIATION LÉGITIME
(*Rép.* nos 7 à 390).

CHAP. 1er. — Historique et législation. — Droit comparé (*Rép.* nos 7 à 22).

1. — I. HISTORIQUE ET LÉGISLATION (*Rép.* nos 7 à 21). — La législation française, en matière de filiation légitime (c. civ. art. 312 à 330), n'a subi aucune modification depuis la publication du *Répertoire*.

2. — II. LÉGISLATION ÉTRANGÈRE (*Rép.* nº 22). — Au point de vue de la filiation légitime, les législations étrangères offrent, d'une manière générale, peu de différences avec les dispositions du code civil français.

3. — 1° *Allemagne.* — Un nouveau code civil est en préparation dans ce pays : la commission a commencé ses travaux le 1er oct. 1881 (V. *Annuaire de législation étrangère*, 1888, p. 148). Les lois encore en vigueur aujourd'hui ne diffèrent pas sensiblement de la nôtre en ce qui concerne la filiation légitime (V. Lehr, *Eléments de droit civil germanique*, édit. 1875).

4. — 2° *Angleterre.* — Suivant le droit civil anglais (V. Lehr, *Eléments de droit civil anglais*, édit. 1885), la présomption de paternité existe à l'égard du mari dont la femme est accouchée durant un mariage régulier, ou durant un mariage putatif dont la nullité n'a pas encore été prononcée ; l'enfant né dans ces conditions naît légitime. Peu importe que cet enfant ait été conçu avant le mariage; la loi ne considère que le moment de la naissance, et ce n'est qu'au cas où une séparation judiciaire interviendrait que la présomption de paternité pourrait fléchir. L'enfant dont la légitimité est contestable peut prévenir les contestations possibles en ouvrant *proprio motu*, devant la Chambre des divorces, une action en déclaration de légitimité.

5. — 3° *Autriche.* — Le code civil autrichien présume la légitimité des enfants nés durant le mariage à partir du *septième* mois de sa célébration, et de ceux nés après la dissolution du mariage dans les *dix* mois qui ont suivi cette dissolution (art. 138). Dans tous les autres cas, il y a présomption d'illégitimité (art. 155), à la condition toutefois, pour le mari ou ses héritiers, d'intenter une action en désaveu dans le délai de trois mois (art. 156). — L'aveu par la mère de son adultère et de l'illégitimité de son enfant ne fait pas preuve contre les présomptions de la loi (art. 158). Les enfants issus d'un mariage nul sont légitimes, mais ils n'ont aucuns droits successoraux (art. 160).

6. — 4° *Espagne.* — Jusqu'à ces dernières années, les lois espagnoles étaient demeurées éparses et disséminées. Un travail de refonte vient de s'opérer; le code civil de 1888-89 qui en est résulté traite de la paternité et de la filiation dans ses art. 108 et suiv. (V. Lehr, *Eléments de droit civil espagnol*, 1re édit., 1880, et 2e édit., 1890).

Tout mariage régulier ou putatif crée une présomption de légitimité en faveur des enfants qui en sont nés, et une présomption de paternité à l'égard du mari. En ce qui concerne le caractère et la preuve de la légitimité, les différences avec le code civil français ne sont pas sensibles. L'aveu de la mère ne suffit, pas plus que chez nous, à établir son adultère ni l'illégitimité de l'enfant. Les art. 110 à 113 contiennent des dispositions analogues à nos art. 329 et suiv. relatifs à la réclamation d'état.

7. — 5° *Italie.* — Le code civil italien, promulgué le 25 juin 1865 et rendu exécutoire le 1er janv. 1866, traite de la paternité et de la filiation dans ses art. 159 à 201. La seule différence avec notre législation, en matière de filiation légitime, résulte de l'art. 164, qui, relativement à l'impossibilité physique de cohabitation, admet l'exercice de l'action fondée sur l'impuissance naturelle du mari, quand cette impuissance est manifeste. Quant à l'impossibilité morale fondée sur l'adultère de la femme et le recel de la naissance de l'enfant, le mari peut la prouver par tous les moyens, sauf toutefois l'aveu de la mère (art. 165).

8. — 6° *Pays-Bas.* — Le code civil néerlandais, revisé en vertu de l'arrêté royal du 24 févr. 1831, et successivement modifié jusqu'au 1er sept. 1886, traite de notre matière dans ses art. 305 à 344. Au point de vue des présomptions de paternité et de légitimité, de l'action en désaveu et de ses conditions, le code néerlandais, sauf quelques points de détail, ne diffère pas des dispositions de la loi française. L'art. 310, cependant, est plus catégorique que notre art. 315; tandis que celui-ci dispose que la légitimité de l'enfant né trois cents jours après la dissolution du mariage *pourra* être contestée, celui-là a prévenu toute équivoque en disposant que l'enfant né trois cents jours après cette dissolution *est* illégitime.

9. — 7° *Russie.* — Les divers Etats qui composent l'empire russe sont soumis à des législations particulières. La *Russie* proprement dite est régie par le *Svod Jakonov*, résumé méthodique du *Sobranié Jakonov*, en vigueur depuis le 1er janv. 1835; les *provinces baltiques* ont un code civil qui a été rédigé en 1864; la *Pologne* a conservé, depuis 1808, le code civil français qui, depuis cette époque, a été successivement modifié en différents points, notamment en ce qui concerne notre matière, par les lois du 6 août 1825 et de 1836 (V. au surplus : Lehr, *Eléments de droit civil russe*).

Aux termes de la *loi russe*, sont réputés légitimes tous les enfants nés d'un mariage régulier, alors même que leur naissance aurait été prématurée selon l'ordre naturel (c'est-à-dire se serait produite avant le cent quatre-vingtième jour du mariage), sauf le droit de désaveu pour le mari, ou qu'ils seraient nés dans les trois cent six jours qui ont suivi la dissolution du mariage (*Svod*, art. 119 et 125). L'enfant qui veut établir sa légitimité doit prouver que le mariage dont il se prétend issu est régulier et qu'il en est effectivement né. Le mariage se prouve par l'inscription sur les registres de la paroisse, ou par les registres d'enquête, les certificats de confession, des documents civils, etc. (*Svod*, art. 35). La naissance se prouve par des pièces qui émanent des autorités ecclésiastiques, l'extrait des registres de baptême, les registres de communion, les tableaux des noms, les registres des habitants de la ville, les listes de service ou de revision : ce ne sont là, toutefois, que des commencements de preuve par écrit, qui doivent être corroborés par les déclarations du ministre du culte, des parrains, marraines et autres témoins (*Svod*, art. 122 à 124; c. proc. civ. de 1864, art. 1354 à 1356). — L'action en réclamation d'état est imprescriptible à l'égard de l'enfant; à l'égard des héritiers, elle est soumise à la prescription décennale : encore faut-il que l'enfant soit décédé en état de minorité ou pendant le cours de l'instance (*Svod*, art. 126; c. proc. civ., art. 1347). — Le mari qui veut exercer le désaveu doit prouver l'impossibilité physique de cohabitation entre le cent quatre-vingtième et le trois cent sixième jour, quand l'enfant est né vivant et viable. Mais son action n'est pas admissible si, l'enfant ayant été inscrit sur les registres de baptême, il a signé sur ces registres personnellement ou même par procuration (*Svod*, art. 127). Le délai de l'action est d'une année, de deux ans, pour celui qui est à l'étranger (*Svod*, art. 129; c. proc. civ. art. 1350 et suiv.). — Sauf reconnaissance expresse de légitimité par le mari, son droit de désaveu passe à ses héritiers, qui ont un délai de trois mois pour l'exercer (*Svod*, art. 130; c. proc. civ. art. 1353). Tous les intéressés ont un délai de six mois pour attaquer la légitimité de l'enfant né trois cent six jours après la dissolution du mariage (*Svod*, art. 131). — En ce qui concerne les enfants nés d'un mariage putatif, la loi russe permet au souverain de leur accorder quelques-uns des droits des enfants légitimes, notamment pour les successions, mais sans que ces droits puissent aller jusqu'à créer des liens de parenté entre eux et leurs père et mère (*Svod*, art. 136 et 137); ces enfants, d'ailleurs, naissent entièrement naturels si la cause de nullité du mariage avait été connue même de l'un seulement des deux époux.

Dans les *provinces baltiques*, sont légitimes les enfants nés ou conçus en légitime mariage. Et, jusqu'à preuve contraire, sont réputés conçus durant le mariage, d'une part, les enfants nés après le cent quatre-vingt-deuxième jour de la célébration du mariage, et, d'autre part, ceux nés dans les dix mois de sa dissolution (c. civ. prov. balt. art 132 à 137). Dans le premier cas, l'action en désaveu peut seule combattre la présomption de la loi (art. 139). Quant au second cas, la loi baltique s'inspire du droit romain (*De inspiciendo ventre*, XXV, t. 4, et *De agnoscendis et alendis liberis* XXV, t. 3) : si la femme divorcée ou veuve se trouve enceinte au moment de la dissolution du mariage, elle doit en informer son mari ou la famille de son défunt mari dans les trente jours du jugement de divorce ou de la mort de l'époux. Celui-ci (ou sa famille) a le droit de la faire examiner et surveiller à ses frais par l'autorité compétente. S'il néglige ces formalités et s'il ne dénie pas sa paternité, il est tenu de reconnaître l'enfant né dans les délais légaux, c'est-à-dire avant le trois cent sixième jour, sauf toutefois son droit de faire la preuve qu'il est étranger à la conception. Si la femme divorcée et enceinte néglige de prévenir son mari de sa grossesse dans les délais utiles ou refuse de se soumettre à l'examen prescrit, le mari n'est pas tenu de reconnaître l'enfant, sauf le droit pour la femme de se faire relever de sa déchéance. Le droit est, en tous cas, imprescriptible pour l'enfant. Si, après le divorce, c'est le mari qui prétend que sa femme est enceinte de ses œuvres, la femme est encore soumise à un examen; mais, si l'allégation du mari est reconnue fausse, sa femme peut le poursuivre pour injure grave, à moins qu'elle ne l'ait elle-même induit en erreur (c. prov. balt. art. 140 à 145). Les enfants nés d'un mariage putatif naissent légitimes, pour peu que la cause de nullité ait été ignorée de l'un des époux. Les enfants nés de justes fiançailles sont naturels, et ne peuvent être que légitimés.

10. — 8° *Suisse.* — Le nouveau code civil du canton de *Zurich*, promulgué le 4 sept. 1889, traite, dans son livre 4 (art. 647 et suiv.), de la paternité et de la filiation et contient des dispositions analogues à notre législation (V. la traduction de ce code, publiée par M. Lehr, en 1890).

CHAP. 2. — Présomptions sur lesquelles repose la filiation légitime (*Rép.* nos 23 à 96).

SECT. 1re. — DE L'ENFANT CONÇU ET NÉ PENDANT LE MARIAGE (*Rép.* nos 24 à 66).

11. On admet presque universellement dans la doctrine que les délais *maximum* et *minimum* de trois cents et de cent quatre-vingts jours, relatifs à la durée de la gestation, doivent se calculer, non pas par heures, *de momento ad momentum*, mais par jours ou intervalles de vingt-quatre heures, de minuit à minuit, *de die ad diem* (*Rép.* n° 27; V. dans le même sens Aubry et Rau, *Droit civil français*, 4e éd., t. 6, § 545, p. 28 et suiv.; Griolet, *Revue pratique* 1868, t. 25, p. 407). — Toutefois l'opinion contraire est soutenue par certains auteurs (V. Laurent, *Principes de droit civil*, t. 3, n° 391; Baudry-Lacantinerie, *Précis de droit civil*, t. 1, n° 818). « Sur quoi, dit M. Laurent, *loc. cit.*, est fondée cette vérité? Au titre de la paternité, la loi est muette, tout le monde s'en plaint. Pour que cette manière de compter (*de die ad diem*) fût une vérité incontestable, il faudrait donc que le législateur eût posé ailleurs une règle générale, applicable à tous les délais. On cite l'art. 2260; il décide effectivement la question pour le calcul de la prescription : en cette matière, les délais se comptent par jours et non par heures. Mais la disposition de l'art. 2260 est spéciale, et rien ne nous autorise à en faire une règle générale..... Un mariage se célèbre le 1er janvier; la durée la plus courte de la grossesse est de 180 jours : quel sera le point de départ du délai? Le bon sens répond : le moment où la conception pendant le mariage est devenue possible; or, elle devient possible dès que le mariage est célébré. Qu'importe que ce ne soit qu'une fraction de jour, si précisément pendant ces douze ou quatorze heures la conception a été possible et, disons plus, probable! Donc, c'est par heures qu'il faut compter et non par jours. ... Est-il impossible de préciser le moment où le mariage se célèbre, puis le moment de la naissance? Les actes de l'état civil indiquent l'heure où ils sont reçus; c'est une des énonciations que l'art. 34 prescrit; et l'officier public doit aussi mentionner l'heure de la naissance sur la déclaration des comparants (art. 57). On a donc une preuve légale qui constate la vérité. Pourquoi laisserait-on là la réalité des choses pour recourir à des fictions? Si ces fictions étaient consacrées par la loi, il faudrait les accepter. Mais la loi les ignore; il faut dire mieux, c'est qu'elles nous écartent de la loi... Nous en dirons autant du délai de 300 jours ».

12. La jurisprudence s'en est longtemps tenue au calcul *de momento ad momentum*, par la raison que l'on peut plus facilement ainsi donner au point de départ de la présomption légale une base fixe et certaine (V. dans ce sens : Trib. civ. d'Arras, 6 mai 1857, aff. Dumont, D. P. 58. 2. 138; Poitiers, 24 juill. 1865, aff. Chenogon, D. P. 65. 2. 129). Ces arrêts partent de ce principe, que l'heure de la célébration du mariage, en ce qui concerne le délai de cent quatre-vingts jours, et l'heure de sa dissolution par la mort du mari, en ce qui concerne le délai de trois cents jours, sont nécessairement fixées par les actes de mariage et de décès, et l'heure de l'accouchement par l'acte de naissance, qu'ainsi le calcul par heures est le plus juste et le plus régulier. Mais si l'art. 57 c. civ. exige que l'heure de la naissance soit consignée dans l'acte qui en fait foi, l'art. 76 ne comporte pas la même obligation quant à l'acte de mariage, et l'art. 77 n'exige pas non plus cette constatation dans l'acte de décès. Il est vrai, toutefois, que, d'une manière à peu près générale, l'heure du décès est indiquée dans l'acte par l'officier de l'état civil; mais, comme elle ne fait pas l'objet d'une constatation de sa part, elle ne fait foi que jusqu'à preuve contraire et n'a rien d'authentique (V. *suprà*, v° *Acte de l'état civil*, n° 67, et les auteurs cités *ibid.*). Il en résulte que la base que la jurisprudence précitée a cru trouver dans le calcul d'heure à heure n'est nullement certaine. Néanmoins il a été jugé de nouveau que le délai légal de la présomption *pater is est...* se compte non par jours légaux de minuit à minuit, mais par périodes de vingt-quatre heures à partir de l'instant précis du décès du mari (Angers, 12 déc. 1867, aff. Passet, D. P. 67. 2. 201). Cet arrêt, infirmant un jugement du tribunal de Beaugé, du 24 juill. 1867 (*Ibid.*), qui avait admis le calcul *de die ad diem*, ayant été l'objet d'un pourvoi en cassation, la cour suprême, consacrant enfin les principes de la doctrine, a définitivement admis le calcul *de die ad diem* (Civ. cass. 8 févr. 1869, aff. Passet, D. P. 69. 1. 181). Il a été jugé depuis, dans le même sens, que le délai fixé par l'art. 315 c. civ. est de trois cents jours civils, entiers, révolus, et non de trois cents périodes de vingt-quatre heures, comptées d'heure à heure; et qu'il n'y a pas lieu de tenir compte des heures qui ont pu s'écouler depuis l'événement qui sert de point de départ au délai jusqu'à l'expiration du jour où il est arrivé; que, par suite, on ne peut pas contester la légitimité de l'enfant né avant l'expiration du trois centième jour depuis le jour du décès du mari, non compris ce dernier jour (Orléans, 3 juin 1869, aff. Passet, D. P. 74. 5. 269).

En conséquence de l'adoption de ce mode de calcul, le délai *minimum* de la gestation se compose de cent soixante-dix-neuf jours pleins, plus la fraction du jour de l'accouchement : cela résulte des termes mêmes de l'art. 314; le délai *maximum* se compose de deux cent quatre-vingt-dix-neuf jours pleins, plus la fraction du jour de la naissance : c'est ce qui ressort de l'art. 315. Dans aucun des cas le *dies a quo*, c'est-à-dire celui de la célébration ou de la dissolution du mariage, n'est compté; le *dies ad quem*, celui de la naissance l'est, au contraire, toujours (V. *Rép. loc. cit.*; Aubry et Rau, t. 6, § 545, p. 29, note 7, et p. 40. V. aussi les arrêts précités).

13. Aux termes des art. 312 et 313 (*Rép.* n° 26), la présomption légale de paternité qui pèse sur le mari lorsque l'enfant a été, ou est réputé avoir été conçu pendant le mariage, peut être infirmée par la preuve faite, au cours d'une action en désaveu, soit d'une impossibilité physique, soit d'une impossibilité morale de cohabitation entre les époux, durant la période légalement présumée de la conception.

14. — I. IMPOSSIBILITÉ PHYSIQUE DE COHABITATION. — Il y a, aux termes de la loi, impossibilité physique de cohabitation entre les époux : 1° quand, durant le temps compris entre le trois centième et le cent quatre-vingtième jour avant la naissance de l'enfant (époque légalement présumée de la conception), le mari a vécu *éloigné* de sa femme; 2° quand, durant ce même laps de temps, cette cohabitation, existât-elle, a été rendue nulle et inefficace par suite de quelque *accident*.

15. — 1° *Eloignement du mari* (*Rép.* nos 30 à 35). — La loi ne pouvait pas déterminer la distance qui doit séparer les époux pour constituer l'éloignement prévu par l'art. 312, ni définir exactement les caractères de cet éloignement. L'appréciation de ces circonstances et caractères constitutifs est donc laissée souverainement au juge du fait (*Rép.* n° 30). Il a été jugé, à cet égard : 1° que l'éloignement peut être considéré comme résultant suffisamment de la preuve que le mari, durant la période de la conception, n'a pas quitté l'Algérie, alors que la femme habitait Paris; que cette dernière n'articule pas avoir jamais rejoint son mari; et qu'au contraire la cessation complète de toutes relations entre les deux époux est démontrée par leur correspondance (Alger, 12 nov. 1866, aff. W..., D. P. 67. 2. 126); — 2° Que l'impossibilité physique de cohabitation qui peut autoriser l'action en désaveu d'un enfant ne résulte pas de ce que le mari résidait habituellement loin du domicile conjugal, alors que ni les empêchements ou difficultés matériels n'étaient tels qu'on en doive nécessairement inférer l'impossibilité d'un rapprochement fortuit et d'une cohabitation accidentelle entre les époux dans la période à laquelle se rapporte la conception de l'enfant (Bourges, 6 juill. 1868, aff. Gesset, D. P. 68. 2. 180) ; — 3° Que le désaveu de l'enfant conçu pendant le mariage n'est admissible, dans le cas prévu par l'art. 312 c. civ., qu'à la condition d'établir l'impossibilité physique du rapprochement des époux pendant la période de la conception ; que par suite, la preuve de cette impossibilité ne peut résulter de simples présomptions, eussent-elles le caractère de probabilités des plus acceptables, et que cette impossibilité n'existe pas lorsqu'on ne peut établir que le mari, éloigné de sa femme, n'a pu se rapprocher d'elle un seul instant (Lyon, 21 janv. 1880, aff. Veuve R....., D. P. 81. 2. 152) ; — 4° Que le fait d'avoir une habitation séparée dans une même ville ou dans deux villes très rapprochées l'une de l'autre ne saurait constituer, en dehors de toutes autres circonstances, l'éloignement exigé par la loi pour donner créance à l'impossibilité physique de cohabitation (C. cass. de Florence, 9 déc. 1881) (1) ; — 5° Que l'appréciation des faits constitutifs de l'éloignement, rentrant dans l'appréciation souveraine du juge du fait, échappe au contrôle de la cour de cassation (Même arrêt).

16. Des arrêts qui précèdent, il résulte que le juge, dans l'exercice de son droit d'appréciation souveraine des faits constitutifs de l'éloignement, ne doit pas se placer seulement au point de vue de la distance qui sépare les époux, mais encore au point de vue des circonstances qui établissent que cette distance n'a effectivement pas été franchie par eux dans tout l'intervalle de temps où la conception est présumée s'être produite. Cela est vrai plus que jamais aujourd'hui, en raison de la facilité des communications. « Il ne suffirait donc pas, dit M. Laurent, t. 3, n° 365, de prouver par témoins que les deux époux ont constamment résidé à une certaine distance l'un de l'autre ; ce ne serait là qu'une probabilité, ce ne serait certes pas la preuve d'une impossibilité de cohabiter ». — Toutefois, il ne faudrait pas aller dans cette voie aussi loin qu'un arrêt qui, en matière d'impossibilité physique de cohabitation, a cru pouvoir compléter certaines des preuves matérielles exigées par la loi par des preuves se référant plutôt à l'impossibilité morale de cohabitation (Montpellier, 9 déc. 1856, aff. Guiraud, D. P. 90. 1. 377, note *a*). Il est, en effet, indispensable que l'éloignement ait été certain et continu pendant tout l'intervalle de temps dans lequel la conception peut se placer (Aubry et Rau, t. 6, § 545, note 47; Laurent, t. 3, n° 365). C'est ainsi également que la présomption de non-paternité que fait naître l'état de séparation de corps, depuis la loi du 6 déc. 1850, se trouve annihilée par la preuve d'une réunion de fait entre les époux séparés (V. *infrà*, n°s 34 et suiv.)

17. On a vu au *Rép.*, n°s 33 et suiv. (V. aussi les auteurs cités *ibid.*), que l'éloignement est constitué non pas seulement par l'absence du mari, mais encore par son emprisonnement, sa reclusion ou sa détention (Conf. Laurent, t. 3, n° 366). Il va de soi que la détention de la femme pourrait aussi constituer une cause d'impossibilité physique de cohabitation, si la conception de l'enfant se plaçait à l'époque de cette détention (Sol. impl. Req. 8 nov. 1859, aff. Joen, D. P. 59. 1. 506). Il a été jugé aussi que l'impossibilité physique de cohabitation exigée par l'art. 312 c. civ. pour l'admissibilité de l'action en désaveu, résulte suffisamment de l'internement du mari dans une maison de santé (Grenoble, 23 févr. 1887, aff. Dubois, D. P. 90. 1. 387);... alors surtout qu'il est établi en fait que, durant les entrevues des époux, et en raison de la surveillance dont ils étaient l'objet, ils ne se sont livrés et n'ont pu se livrer à aucun rapport sexuel (Même arrêt). La cour de Lyon, dans une décision identique, a constaté que les règlements sévères qui régissent les prisons ou les établissements d'aliénés sont un obstacle plus grand que l'éloignement à la réunion intime des époux et constituent, par conséquent, conformément à l'esprit de l'art. 312, une impossibilité physique de rapprochement (Lyon, 5 juin 1891) (2).

18. — 2° *Accident quelconque survenu au mari* (*Rép.*

---

(1) (Agostini C. Lavoignat.) — LA COUR; — Sur le premier moyen : — Attendu que c'est sans raison que l'arrêt est attaqué pour défaut de motifs ou pour motifs insuffisants; qu'en effet cet arrêt pose d'abord comme principe ce qu'il faut entendre par le mot *éloignement* dont se sert la loi, savoir : une séparation réelle entre les époux qui établit entre eux, par suite de la distance ou d'autres circonstances laissées à l'appréciation souveraine du juge du fait, une impossibilité de cohabitation entre le trois centième et le cent quatre-vingtième jours qui ont précédé la naissance de l'enfant; qu'il constate ensuite la non-existence de cette impossibilité entre les époux Agostini et femme Lavoignat à l'époque de la conception de leurs enfants Nelly et Paul : en ce qui concerne Nelly, parce qu'à l'époque de sa conception les époux résidaient tous deux à Paris et que le fait de leur habitation séparée dans cette ville n'implique pas suffisamment qu'il n'y ait pas eu de rapprochement entre eux; en ce qui concerne Paul, parce qu'à l'époque de sa conception l'un des époux habitait Turin et l'autre Gênes et La Spezzia, et que la distance entre ces différentes localités est si minime qu'elle n'entraîne pas forcément l'impossibilité de cohabitation; qu'aucune autre preuve, que celle de la distance, n'a été apportée pour faire tomber la présomption *pater is est*...; que le juge du fait s'est donc consciencieusement conformé à la loi en appréciant la distance et les autres circonstances de la cause;

Sur le second moyen : — Attendu que l'arrêt attaqué a déclaré que la femme Lavoignat n'a pas recelé au comte Agostini, ainsi que le prétendait ce dernier, la naissance desdits enfants; que cette déclaration, rentrant dans les attributions souveraines du juge de fait, échappe au contrôle de la cour de cassation; — Que c'est à tort qu'il est prétendu que l'arrêt attaqué a violé la loi en disant que le recel de la naissance doit être frauduleux, c'est-à-dire entouré d'artifices de nature à céler l'adultère et l'enfant qui en est né; que ce motif est en effet juste et juridique, et qu'au surplus l'arrêt constate ensuite qu'il n'est pas suffisamment démontré que la femme ait gardé vis-à-vis de son mari, sur la naissance de ses enfants, un silence de nature à faire induire une dissimulation frauduleuse, mais qu'au contraire les deux enfants ont été inscrits sur les registres de l'état civil comme nés du comte Agostini, et non sous de faux noms ou comme nés de père inconnu;... — Rejette, etc.

Du 9 déc. 1881.-C. cass. de Florence.-MM. Ubaldini, pr.-Sachini, min. publ.

(2) (Dubois C. Dubois.) — LA COUR; — Considérant que, par arrêt rendu le 6 juill. 1890, à la requête du sieur Denolly, tuteur de l'interdit Dubois, la cour d'appel de Lyon a autorisé la dame Josephte-Olympe Battail, épouse Dubois, à ester en justice pour l'appel qu'elle a formé contre le jugement du tribunal civil de Vienne, en date du 1er avr. 1886, qui avait admis l'action en désaveu intentée par Denolly, ès qualité, contre elle et contre le sieur Fabre, tuteur de la mineure Dubois; qu'ainsi se trouve habilitée la femme Dubois et disparaît le vice qui a fait casser par la cour de cassation, à la date du 16 juill. 1889, l'arrêt de la cour de Grenoble du 23 févr. 1887, confirmatif du jugement précité du tribunal de Vienne; — Considérant qu'aux termes de l'art. 312 c. civ., si l'enfant conçu pendant le mariage a pour père le mari, celui-ci peut le désavouer s'il prouve que, pendant le temps qui a couru depuis le 300e jusqu'au 180e jour avant la naissance de cet enfant, il était, pour cause d'éloignement, dans l'impossibilité physique de cohabiter avec sa femme; — Considérant que l'internement du mari dans une prison ou dans un établissement d'aliénés, pendant le temps où se place la durée légale de la conception, équivaut à l'éloignement; que cette doctrine est absolument conforme à l'esprit de l'art. 312 ; que l'internement dans une prison ou dans une maison d'aliénés, en raison des règlements sévères qui régissent ces établissements, crée à la réunion intime des époux un obstacle plus fort que l'éloignement; qu'en effet, même au temps où le code civil fut promulgué, il se serait rencontré bien peu de cas où la distance séparant deux époux aurait été assez considérable pour rendre absolument impossible la supposition de leur réunion pendant la durée des 120 jours dans lesquels peut se placer l'époque de la conception ;— Qu'aujourd'hui, grâce à la rapidité des moyens de transport, ces cas ne pourraient jamais se rencontrer et l'art. 312 passerait à l'état de lettre morte; que, du reste, jamais les tribunaux n'ont exigé que l'éloignement des époux fût tel que le ferait supposer l'art. 312 si on l'interprétait d'une façon trop rigoureusement littérale; qu'on a seulement autorisé la femme éloignée de son mari à prouver qu'elle s'était rapprochée de lui au moment de la conception; qu'il y a lieu d'examiner de même si la femme dont le mari est interné n'a pas eu accès auprès de lui dans la prison ou dans la maison d'aliénés pendant la période de la conception; mais qu'il faut que ce rapprochement ait eu lieu dans des conditions telles que des rapports intimes entre les époux n'aient pas été absolument et physiquement impossibles; qu'on ne saurait admettre qu'il suffise à la femme de se présenter au parloir de la prison ou de la maison d'aliénés pour mettre à la charge de son mari un enfant né évidemment de relations adultères; qu'au surplus le

n° 36). — On a précisé au *Rép.*, n° 36, ce qu'il faut entendre par l'accident dont parle l'art. 312. La loi a voulu désigner sous ce terme les blessures, les mutilations, ainsi que les maladies graves et longues, au nombre desquelles on doit comprendre les maladies internes, les fièvres par exemple. Toutefois, divers auteurs concluent du mot *accident*, dont se sert la loi, qu'il ne saurait s'agir ici que d'un mal venu du dehors, dû à une cause extérieure, et excluent, par conséquent les maladies dont le principe serait interne (V. dans ce sens Aubry et Rau, t. 6, § 545, note 48; Laurent t. 3, n° 368). En tous cas, il appartient aux tribunaux, souverains appréciateurs des faits constitutifs de cette impossibilité, d'admettre ou de repousser ceux de ces faits qui leur sont apportés en preuve. La seule règle à poser c'est que les faits dont il s'agit doivent avoir d'une manière certaine empêché tout rapprochement entre les époux à l'époque présumée de la conception. Il résulte, en outre, de l'esprit de la loi que l'accident dont parle l'art. 312 ne peut être une cause de désaveu que s'il s'est produit postérieurement au mariage (Conf. Laurent, t. 3, n° 369; Aubry et Rau, t. 6, § 545, note 49).

19. Il est généralement admis aujourd'hui, conformément à ce qui a été dit au *Rép.* n° 38, que l'action en désaveu est irrecevable, malgré la preuve de l'impossibilité physique de cohabitation, si l'enfant dont s'agit est né mort ou non viable (V. Aubry et Rau, t. 6, § 545, p. 48; Laurent, t. 3, n° 378). On invoque à l'appui de cette solution la règle « pas d'intérêt, pas d'action ». Il semblerait cependant au premier abord, que le mari a, dans ce cas, au moins un intérêt moral à exercer cette action, qu'il y a même un certain intérêt matériel au point de vue de la séparation de corps et aussi depuis la loi du 27 juill. 1884 (D. P. 84. 4. 97), au point de vue de l'action en divorce que la naissance de cet enfant, preuve irrécusable de l'adultère de sa femme, pourrait lui permettre d'exercer. Aussi paraît-il plus exact de dire que l'action en désaveu, étant toujours dirigée contre l'enfant ou ses représentants, manquerait d'objet dans le cas de la naissance d'un enfant non viable, qui n'a jamais eu d'existence légale.

20. Les mêmes motifs s'opposeraient-ils à ce que l'action fût introduite après le décès de l'enfant ? V. ce qui est dit *infrà*, n° 74, au sujet des fins de non-recevoir contre l'action en désaveu.

21. En ce qui concerne l'impossibilité physique de cohabitation en concours avec la connaissance de la grossesse, V. *infrà*, n°s 40 et suiv. à propos de l'art. 314.

22. Des termes de l'art. 312, « le mari pourra désavouer l'enfant *s'il prouve*... » il résulte que la charge de la preuve lui incombe entièrement, et que c'est à lui à établir que, soit par cause d'éloignement soit par cause d'accident, il s'est trouvé dans l'impossibilité physique de cohabiter avec sa femme à l'époque présumée de la conception. Les principes qui régissent la matière, ainsi que les termes de l'art. 313, permettent d'ajouter que cette preuve pourra être faite par tous les moyens, et qu'elle sera péremptoire et entraînera *de plano* l'illégitimité de l'enfant en cause (Aubry et Rau, t. 6, § 545, p. 44).

23. En ce qui concerne l'impuissance naturelle, V. *Rép.* n° 39 et 44.

24. — II. Impossibilité morale de cohabitation (*Rép.* n°s 39 à 66). — De ce qui vient d'être dit (*suprà*, n°s 14 et suiv.), il résulte que l'impossibilité physique de cohabitation est déterminée par un fait matériel tel qu'aucun rapprochement, aucun rapport physique, n'a pu avoir lieu entre les époux. L'impossibilité morale de cohabitation s'établit également par la constatation de certains faits matériels, mais il n'en découle pas la preuve de l'impossibilité radicale et absolue de rapports physiques entre les époux; ces faits sont seulement assez puissants pour donner au juge la certitude que, en raison des circonstances qui les constituent, le rapprochement des époux, possible en réalité, n'a pas eu lieu (V. *Rép.* n° 43).

La loi (art. 313) admet deux catégories de faits comme étant de nature à détruire la présomption *pater is est*... et à la remplacer par la présomption contraire : 1° le recel par la mère de la naissance d'un enfant né de son adultère; — 2° Depuis la loi du 6 déc. 1850 (D. P. 50. 4. 207) la nais-

jugement du tribunal civil de Vienne en date du 19 juill. 1881 et l'arrêt confirmatif de la cour d'appel de Grenoble, en date du 5 déc. 1883 (V. *infrà*, n° 87), passés aujourd'hui en force de chose jugée, en déclarant pertinents et admissibles, les faits cités par le sieur Denolly, ont déjà tranché cette première question du procès; — Considérant que Denolly a administré la preuve complète des faits qu'il avait été admis à établir; qu'il résulte des témoignages soit du premier témoin de l'enquête, directeur de l'asile de Saint-Robert, soit du premier témoin de la contre-enquête, médecin du même établissement, que Raphaël-Emilien Dubois a été interné dans cet asile au courant de juin 1877 et n'en est jamais sorti; — Considérant que Constance-Félicie Dubois, l'enfant désavouée, est née le 18 oct. 1878, ainsi qu'en fait foi son acte de naissance; que pendant le laps de temps où peut se placer légalement la conception de cet enfant, la femme Dubois est venue seulement deux fois visiter son mari aux dates des 14 févr. et 18 avr. 1878; que non seulement ces faits sont établis par les déclarations du premier témoin de l'enquête, conformes aux constatations du registre de l'établissement, mais qu'ils ne sont pas sérieusement déniés par la femme Dubois qui n'a pas même tenté de prouver qu'elle eût fait à son mari d'autres visites pendant cette période; — Considérant que, suivant les règlements de l'hospice de Saint-Robert, les visites aux malades ne peuvent avoir lieu qu'en présence d'un ou deux surveillants ainsi que l'attestent le premier témoin de l'enquête et le premier témoin de la contre-enquête ; que ce dernier déclare, en outre, que la dame Dubois n'a jamais été autorisée à voir son mari autrement que sur un permis délivré par lui ou son interne; que le quatrième témoin de la contre-enquête, sous-chef surveillant de l'établissement, est plus précis encore et affirme qu'en fait il n'y a jamais eu de visite à un malade sans l'assistance d'un infirmier; — Considérant que les deux visites susdites de la dame Dubois ont eu lieu au quartier des agités où se trouvait alors son mari, ainsi que cela résulte de la déposition des trois témoins de l'enquête; que les visites s'y font ou dans une cour ou dans une petite salle vitrée où les visiteurs sont exposés au regard de tous, « ce qui, dit le premier témoin de l'enquête, ne me permet même pas de comprendre que des rapports sexuels puissent avoir lieu dans cet endroit »; — Considérant que le troisième témoin de l'enquête, alors surveillant à Saint-Robert, a affirmé qu'il avait assisté aux deux visites susdites, qu'il n'avait pas perdu de vue les deux époux un seul instant, ce que nécessitait du reste l'état violent dans lequel se trouvait Dubois à cette époque; qu'aucun rapport sexuel n'avait eu lieu entre eux, ni même aucune tentative de rapport sexuel; que le second témoin de l'enquête, également surveillant, affirme avoir assisté à une partie de la première visite et à la seconde tout entière; qu'il confirme complètement, pour le temps où il s'est trouvé présent, la déposition du troisième témoin; — Considérant que ces deux témoins, déposant sous la foi du serment, paraissent absolument dignes de foi; que, si les faits sur lesquels ils déposaient remontaient à une époque assez éloignée au moment de l'enquête, ils avaient pu se les remémorer bien antérieurement en raison du bruit qu'avait fait cette affaire; qu'au reste, ils ne paraissent avoir aucune défaillance de mémoire et donnent, au contraire, les détails les plus circonstanciés sur ces deux visites ; c'est ainsi que le troisième témoin explique qu'à la première visite il avait apporté des chaises et que, les mariés Dubois ne s'en étant pas servis, il n'en apporta pas à la seconde; que, pendant ces deux visites, la dame Dubois tentait constamment de se faire embrasser par son mari, qui s'y refusait obstinément; que le second témoin rapporte qu'à la seconde visite Dubois querella sa femme tout le temps, et qu'il était question entre eux d'une somme de 50 fr.; que ces deux dépositions sont, en outre, confirmées par celle du premier témoin, qui affirme qu'il avait interrogé ces deux surveillants immédiatement après les visites, et que les déclarations qu'ils lui avaient faites à cet époque furent conformes à celles qu'ils ont faites dans l'enquête; — Considérant enfin que la dame Dubois n'indique même pas quand et comment elle a pu avoir des rapports intimes avec son mari; — Considérant qu'il y a donc eu impossibilité physique et absolue, qu'aucun rapprochement ait eu lieu entre la dame Dubois et son mari pendant la période où pourrait se placer la conception de l'enfant désavouée; — Considérant que, postérieurement aux conclusions du ministère public, alors que les débats étaient clos, la dame Dubois a fait parvenir à la cour des conclusions tendant à faire visiter par un médecin son mari et l'enfant désavouée, pour vérifier s'ils ne sont pas atteints d'un même vice de conformation ; — Considérant que ces conclusions ne sont plus recevables en raison de leur tardivité; qu'au surplus eussent-elles été recevables en la forme, elles auraient dû être rejetées au fond, par le motif que les faits que la dame Dubois voudrait établir ainsi fussent-ils prouvés, ne pourraient pas plus servir à la solution du litige que les faits d'inconduite que Denolly relève à la charge de la femme Dubois ;

Par ces motifs, rejette, etc.

Du 5 juin 1891.-C. de Lyon, Ch. réun.-MM. Fourcade, 1er pr.-Auzière, av. gén.-Francisque, Rive et Garin, av.

sance d'un enfant survenue, au cas de séparation de corps, trois cents jours après l'ordonnance du président prévue par l'art. 878 c. proc. civ., ou moins de cent quatre-vingts jours après le rejet définitif de la demande ou la réconciliation.

25. — 1° *Recel de la naissance de l'enfant* (*Rép.* n°s 42 à 63). — Aux termes de l'art. 313 « le mari ne pourra pas désavouer l'enfant, même pour cause d'adultère, à moins que la naissance ne lui ait été cachée, auquel cas il sera admis à proposer tous les faits propres à justifier qu'il n'en est pas le père ». On a examiné (*Rép.* n°s 45 et suiv.), la controverse qui s'est produite au sujet de l'interprétation de cet article. Il s'agissait de déterminer le mode et le nombre des preuves dont la charge incombe au mari qui fonde sur cet article son action en désaveu. Il n'y a pas lieu de revenir sur ces discussions ; la doctrine est aujourd'hui fixée en ce sens que le mari doit établir : 1° l'adultère de sa femme ; 2° le recel de la naissance de l'enfant ; 3° enfin, et comme conséquence des deux premières preuves, tous les faits quelconques de nature à justifier sa non-paternité. Ainsi qu'on l'a dit (*Rép.* n° 46), chacune de ces trois preuves doit être faite distinctement et séparément, non pas dans des instances séparées, mais au cours de l'instance en désaveu. On admet même qu'il peut suffire de l'administration expresse et spéciale des deux premières preuves, si la troisième en ressort nécessairement et naturellement (V. dans ce sens : Aubry et Rau, t. 6, § 545, p. 44 et suiv., et notes 56 et suiv.; Laurent, t. 3, n°s 374 et suiv.).

La jurisprudence s'écarte quelque peu des règles admises par les auteurs, et, partant de cette idée que la preuve du recel de la naissance et celle des faits justificatifs de non-paternité doivent entraîner de toute nécessité la preuve de l'adultère, elle considère, en général, comme inutile la preuve spéciale de cette dernière circonstance. C'est ainsi qu'il a été décidé : 1° que la preuve des faits de non-paternité ne peut, en cas de désaveu, être admise qu'autant qu'au préalable il y a preuve acquise du recèlement de la naissance, et que ces deux preuves réunies entraînent nécessairement la preuve de l'adultère (Motifs, Bordeaux, 21 déc. 1849, aff. Lachèze, D. P. 54. 5. 382) ; — 2° Que le désaveu d'enfant, autorisé pour cause d'adultère, en cas de recel de la naissance de l'enfant, et à la charge par le mari d'articuler tous les faits propres à établir sa non-paternité, n'est pas subordonné à une preuve de l'adultère spéciale et distincte de cette dernière articulation ; qu'il suffit que l'adultère résulte d'une manière positive de l'ensemble des faits proposés pour justifier la non-paternité du mari (Req. 31 juill. 1866, aff. Pavie, D. P. 67. 1. 297. V. encore : Alger, 12 nov. 1866, aff. W..., D. P. 67. 2. 126 ; Bourges, 6 juill. 1868, aff. Gesset, D. P. 68. 2. 180).

Quelques arrêts, toutefois, semblent favorables, au moins dans leurs motifs, au système qui exige la preuve spéciale de l'adultère. Ainsi il a été jugé qu'un arrêt avait pu valablement admettre l'action en désaveu lorsqu'il constatait le concours des trois circonstances d'adultère, de dissimulation de la grossesse, et d'impossibilité morale de paternité (Req. 8 déc. 1851, aff. Volte, D. P. 52. 1. 5. V. aussi Req. 14 févr. 1854, aff. H..., D. P. 54. 1. 89. V. encore Aix, 11 janv. 1859, aff. Mostuéjouls, D. P. 59. 2. 85 ; Dijon, 17 mai 1870, aff. Mazoyer, D. P. 73. 2. 195 ; Paris, 23 janv. 1872, aff. Legrand, D. P. 74. 5. 268 ; Amiens, 20 avr. 1882, *infrà*, n° 32).

26. Dans le système qui exige la preuve distincte de l'adultère, en quoi consistera cette preuve, et à quel moment devra-t-elle établir l'existence de l'adultère ? — En ce qui concerne la première de ces questions, on a vu au *Rép.* n°s 45 et suiv., d'une part, qu'un jugement spécial n'est pas nécessaire, et que, d'autre part, la preuve pourra se faire par tous les moyens possibles, pourvu que ce soit d'une manière distincte et séparée. Elle peut même être puisée dans les lettres écrites par la femme à son mari ou à un tiers, ou par un tiers à la femme (Conf. Aix, 11 janv. 1859, aff. Mostuéjouls, D. P. 59. 2. 85 ; Alger, 12 nov. 1866, aff. W..., D. P. 67. 2. 126 ; Dijon, 17 mai 1870, aff. Mazoyer, D. P. 73. 2. 195. Comp. sur ce point *suprà*, v° *Lettre missive*, n°s 91 et suiv.).

27. Relativement à la seconde question, on a vu également au *Rép.* n° 47, qu'il faut que l'adultère se place à l'époque de la conception pour pouvoir servir de fondement au désaveu. Ainsi il a été jugé que, dans l'action en désaveu pour cause d'adultère il ne suffit pas de prouver le fait de l'adultère, qu'il faut établir aussi sa coïncidence avec l'époque précise de la conception de l'enfant ; qu'en conséquence, doit être considérée comme insuffisante la production de lettres non datées ou portant une date postérieure à l'accouchement (Aix, 11 janv. 1859, aff. Mostuéjouls, D. P. 59. 2. 85). Cet arrêt est conforme à la doctrine (V. les auteurs cités au *Rép.* n° 47, *adde :* Laurent, t. 3, n° 371). Toutefois, ainsi qu'on l'a vu *ibid.*, ces auteurs admettent que le juge pourrait faire résulter la preuve de la coïncidence exigée, de circonstances rendant vraisemblable la continuation de relations coupables dont l'existence à une époque antérieure à la conception aurait été positivement établie (Conf. Laurent, *loc. cit.*).

28. La règle par laquelle tous les moyens de procéder sont admissibles à l'effet d'établir l'adultère comporte une exception : l'aveu de la femme ne peut pas être admis comme preuve de son adultère et de l'illégitimité de l'enfant ; c'est l'application de la règle *nemo auditur turpitudinem suam allegans.* On ne saurait admettre, en effet, que la femme, dont le mari est décédé ou garde le silence, puisse invoquer elle-même ses relations adultérines avec un tiers dans le but de nuire à l'enfant. Le mari seul (ou ses ayants droits), peut invoquer l'adultère de sa femme. Il a été jugé, dans ce sens, qu'alors même que la mère ferait au cours du procès, des aveux conformes aux présomptions d'adultère relevées à sa charge, l'enfant dont elle est accouchée quelques jours après le décès de son mari et qui a été déclaré à l'état civil comme né de père inconnu, n'en a pas moins le droit de revendiquer sa qualité d'enfant légitime (Aix, 11 janv. 1859, aff. Mostuéjouls, D. P. 59. 2. 85) ; — 2° Que la mère n'est pas recevable à faire spontanément l'aveu de relations adultérines que le mari seul, ou son représentant, a le droit de dénoncer pour en faire la base d'une action en désaveu (Caen, 24 févr. 1869, aff. Lemenicier, D. P. 71. 1. 174 ; et sur pourvoi, Req. 7 févr. 1870, *ibid.*).

29. L'existence de l'adultère une fois constatée, le mari doit encore établir que la naissance de l'enfant qui en est le fruit lui a été cachée (*Rép.* n° 49 ; Bordeaux, 21 déc. 1849, aff. Lachèze, D. P. 54. 5. 382 ; Req. 8 déc. 1851, aff. Nolte, D. P. 52. 1. 5 ; 14 févr. 1854, aff. H..., D. P. 54. 1. 89 ; Aix, 11 janv. 1859, aff. Mostuéjouls, D. P. 59. 2. 85 ; Req. 31 juill. 1866, aff. W..., D. P. 67. 2. 126 ; Bourges, 6 juill. 1868, aff. Gesset, D. P. 68. 2. 180 ; Dijon, 17 mai 1870, aff. Mazoyer, D. P. 73. 2. 195 ; Paris, 23 janv. 1872, aff. Legrand, D. P. 74. 5. 268 ; Paris, 4 févr. 1876, cité *infrà*, n° 32 ; C. cass. Florence, 9 déc. 1881, *suprà*, n° 15 ; Amiens, 20 avr. 1882, *infrà*, n° 32 ; Civ. rej. 5 août 1891, aff. Salmon, D. P. 92. 1. 567 ; Req. 29 juin 1892, aff. C..., D. P. 92. 1. 477).

30. Comment sera faite cette preuve ? On a admis, *Rép.* n° 50, qu'il suffit qu'elle résulte de faits pertinents et admissibles articulés par le mari, lesquels seront souverainement appréciés par les tribunaux (V. dans ce sens, les arrêts précités, Conf. Aubry et Rau, t. 6, § 545, p. 46 et suiv. ; Laurent, t. 3, n° 392). Quels seront ces faits ?

Comme on l'a vu au *Rép.*, n° 52, le mari doit établir, non pas qu'il a ignoré la naissance de l'enfant, mais qu'on lui a volontairement caché cette naissance, que toutes les précautions ont été prises pour la lui laisser ignorer (Laurent, t. 3, n° 372 ; Aubry et Rau, t. 6, § 545, p. 44, note 55) : en résumé, il doit prouver l'intention du recel, et les faits constitutifs de cette intention. — Jugé qu'il importe peu que le mari, dans ces circonstances, ait eu, par une voie indirecte, connaissance de la grossesse et de l'accouchement (Civ. rej. 5 août 1891, aff. Salmon, D. P. 91. 1. 567). On ne pourrait lui objecter utilement que la notoriété publique (V. *Rép.* n° 54).

31. Le juge conserve, d'ailleurs, la souveraine appréciation des faits qui lui sont soumis. Il a été jugé à cet égard : 1° qu'il y a recel de la naissance lorsque l'enfant a été inscrit aux actes de l'état civil sans nom de père, l'omission du nom du père et la mention de fille naturelle ayant un caractère frauduleux et furtif, et lorsque cet enfant n'a jamais porté le nom du mari de sa mère mais a, au contraire toujours vécu étranger à celui-ci et à sa famille (Trib. Seine, 18 déc. 1863, aff. Pavée, D. P. 67. 1. 297 ;

Paris, 26 déc. 1864, même affaire, *ibid.*; Req. 31 juill. 1866, même affaire, *ibid.* V. dans le même sens : Dijon, 17 mai 1870, aff. Mazoyer, D. P. 73. 2. 195); — 2° Que le recel doit s'induire de la clandestinité de l'accouchement et de son événement dans une maison, choisie frauduleusement, autre que le domicile légal des époux (Motifs, Bourges, 6 juill. 1868, aff. Gesset, D. P. 68. 2. 180); — 3° Qu'il y a recel lorsque la femme a gardé, vis-à-vis de son mari, un silence entouré de fraudes et d'artifices de nature à lui laisser ignorer la naissance (Motifs, C. cass. de Florence, 9 déc. 1881, *suprà*, n° 15); — 4° Que l'action en désaveu de paternité fondée sur le recel de la naissance peut s'appuyer sur cette circonstance que la femme, séparée en fait de son mari depuis seize ans, vivait en concubinage, et sur ce qu'elle a pris la précaution d'aller faire ses couches chez des sages-femmes et de se faire désigner comme fille dans les déclarations faites par celles-ci en présence de témoins différents n'ayant aucune relation avec le mari (Paris, 23 janv. 1872, aff. Legrand, D. P. 74. 5. 268).

32. Est-il nécessaire que la naissance même de l'enfant ait été cachée? ou suffira-t-il que le mari, ayant connu la naissance, démontre que sa femme lui a caché sa grossesse? On a cité, au *Rép.* n° 57, un arrêt qui consacre cette dernière solution (Req. 7 janv. 1850, aff D'Hozier, D. P. 50. 1. 5); mais cette décision résout plutôt une question d'espèce qu'un point de droit. Depuis lors, la cour de Bourges a eu à statuer en droit sur une question identique, et elle a repoussé, en tant que cause de désaveu, le recel de la grossesse : « Attendu, dit cet arrêt, que la naissance implique conception, grossesse et accouchement; qu'en vain prétendrait-on décomposer ce fait complexe pour mitiger la rigueur du droit, de telle sorte que le fait acquis du recel ou dissimulation de la grossesse suffit à lui seul, alors que l'accouchement a eu lieu sans mystère ni clandestinité; que cette entente de la loi ne tend à rien moins qu'à mutiler son texte en faussant son esprit, tel qu'il se révèle dans l'absolu de ces dispositions... » (Bourges, 6 juill. 1868, aff. Gesset, D. P. 68. 2. 180; Laurent, t. 3, n° 372). Suivant cet auteur, il y a là une lacune regrettable dans la loi; mais le texte de l'art. 314 ne comporte pas une autre solution. — Assurément ce texte ne parle que de la naissance, et il est exact de dire que la conception, la grossesse et l'accouchement forment, au point de vue de ces termes, un tout inséparable. Mais si la disposition de l'art. 313 n'a visé que le *plerumque fit*, c'est-à-dire le cas le plus général où la grossesse et l'accouchement auront été l'un et l'autre tenus secrets, il ne s'ensuit pas que son esprit s'oppose à ce que le recel de la grossesse constitue à lui seul une cause de désaveu. La jurisprudence incline d'une façon générale vers cette solution, évidemment plus conforme à la morale et à l'équité. Un arrêt a décidé implicitement que, s'il était prouvé, le recel de la grossesse suffirait à fonder le désaveu (Motifs, Aix, 11 janv. 1859, aff. Mostuéjouls, D. P. 59. 2. 85). Il a été jugé depuis, dans le même sens, que le recel de la grossesse équivaut au recel de la naissance (Paris, 4 févr. 1876, aff. Hourlier et dame Stein, D. P. 76. 2. 193; Amiens, 20 avr. 1882 (1). Conf. Aubry et Rau, t. 6, § 545, p. 44; Massé et Vergé sur Zachariæ, t. 1, p. 300; Demolombe, t. 5, n° 48. V. aussi Civ. rej. 5 août 1891, aff. Salmon, D. P. 92. 1. 567; Req. 29 juin 1892, aff. C..., D. P. 92. 1. 477).

33. Enfin, le mari qui exerce l'action en désaveu est tenu de fournir la preuve des faits de nature à établir sa non-paternité. Sans doute, l'adultère de la femme, le recel de la naissance sont déjà des présomptions graves, précises et concordantes de l'illégitimité de l'enfant; cependant la règle *pater is est...* peut encore s'appliquer : la loi veut donc que le prétendu père établisse, en outre, sa non-paternité. Il semble qu'à cet effet, le mari devrait prouver la paternité d'un autre, en vertu de ce principe qu'on ne peut faire la preuve que d'un fait positif, et non d'un fait négatif; mais ce serait lui demander de faire la preuve d'une paternité adultérine, preuve proscrite par la loi (V. *infrà*, et suiv.). Ce qu'exige l'art. 313, c'est que le mari propose tous les faits propres à donner au juge la certitude et la conviction qu'il n'a pu, à aucun titre, concourir à la conception de l'enfant. Les tribunaux ont l'appréciation souveraine de ces faits; aussi certains arrêts ont-ils pu puiser les motifs de leur décision sur ce point dans les faits invoqués pour établir l'adultère de la femme et le recel de la naissance. Il a été jugé, dans ce sens : 1° que lorsque l'action en désaveu de paternité est fondée sur l'adultère de la femme joint, au recel de la naissance de l'enfant, l'enquête ordonnée par le juge peut porter exclusivement sur ces deux faits; qu'il n'est pas nécessaire qu'elle comprenne en outre un ensemble de faits déclarés de nature à établir que le mari n'est pas le père de l'enfant désavoué, les juges pouvant puiser leur conviction à cet égard dans les documents du procès (Req. 14 févr. 1854, aff. H..., D. P. 54. 1. 89); — 2° Que, dans le même cas, les juges peuvent trouver dans les documents qui établissent ces deux faits la preuve simultanée de la non-paternité du mari,

(1) (F... C. F...) — La cour; — Attendu, en droit, que, dans le cas d'adultère de la femme, le mari peut faire fléchir la présomption de paternité édictée par l'art. 312 c. civ., devant la preuve d'une impossibilité morale de cohabitation, et introduire l'action en désaveu lorsque la naissance lui a été cachée et qu'il justifie de faits propres à démontrer qu'il n'est pas le père de l'enfant; — Attendu que, si le fondement de cette action réside dans le fait que la naissance a été cachée, c'est parce que, comme le disait le tribun Duveyrier, lorsque la femme adultère cache à son mari sa grossesse, son accouchement, la naissance de l'enfant, c'est son cœur lui-même, qui, malgré elle, développe ses replis les plus cachés, c'est sa conscience qui laisse échapper son plus mystérieux jugement; — Attendu que le législateur a donc considéré le silence de la femme adultère, qui dissimule à son mari les marques ou les preuves de sa maternité, comme un aveu tacite de sa faute et un témoignage des plus graves contre la légitimité de l'enfant; — Attendu que le mystère dont la femme s'entoure est aussi accusateur à certains moments de la grossesse qu'au moment même de l'accouchement ou de la naissance; que c'est donc avec raison que la cour de cassation, dans son arrêt du 7 janv. 1850 (aff. d'Hozier, D. P. 50. 1. 5), a décidé que le recel de la grossesse peut, aussi bien que le recel de la naissance, devenir le fondement d'une action en désaveu, et qu'il appartient aux tribunaux de déterminer, d'après les circonstances, la signification morale et intentionnelle du secret dont la femme a voulu entourer sa maternité; — Attendu, en fait, que l'adultère est judiciairement prouvé, et qu'il a existé du trois centième au cent quatre-vingtième jour avant la naissance; qu'il résulte, en outre, des enquêtes et des documents de la cause, et sans qu'il soit besoin de recourir à la preuve subsidiairement offerte par le demandeur, que la dame F... a caché sa grossesse non seulement à son mari, mais à ses voisins et aux habitants de la commune; qu'en effet, dès le mois de décembre, alors qu'elle était à peine enceinte de deux mois, elle s'est abstenue de se montrer, se dissimulant à tous les regards, et que, le 19 février, elle quittait furtivement Hornoy, sans laisser connaître le lieu de sa retraite; — Attendu que ce départ fit naître contre elle les soupçons les plus graves; qu'en effet, la rumeur publique, qui connaissait ses relations notoires avec le sieur M..., s'empressa de conjecturer une grossesse et de conclure du fait de la fuite à des projets criminels; — Attendu que le parquet d'Amiens, averti par le mari, dut recourir à la menace pour obtenir le retour de la dame F..., à Hornoy, retour auquel les sieurs et dame Petit opposaient des obstacles de toute sorte; — Attendu que ce n'est qu'après cinq mois de grossesse qu'elle se présenta devant M. le procureur de la République, et que si, à partir de cette date, elle revint s'installer à Hornoy, où elle est accouchée le 6 juillet, il faut reconnaître qu'elle avait été mise, contre son gré et par la surveillance dont elle se trouvait l'objet, dans l'impossibilité de cacher plus longtemps sa grossesse et ensuite son accouchement; — Attendu qu'il importe peu, dès lors, que le recel de la grossesse ait cessé, puisqu'il n'est pas possible de voir dans la conduite de la dame F... une révélation loyale et sincère de son état, qui, faite en temps opportun à son mari, soit de nature à écarter les conséquences de sa dissimulation et à effacer les soupçons et les doutes qui s'attachaient à son silence; — Attendu, d'ailleurs, que, même après son retour à Hornoy, elle n'a osé faire connaître au sieur F..., qui habitait une autre commune, ni son état de grossesse, ni son accouchement, et qu'elle a fait déclarer l'enfant à l'état civil par son père, accompagné par D..., que la rumeur publique plaçait au nombre de ses anciens amants; — Attendu que la présomption grave résultant de cette dissimulation de la dame F... est confirmée par un ensemble de faits qui prouvent que son mari n'est pas le père de l'enfant dont elle a accouché;

Par ces motifs;

Dit que le désaveu formé par le sieur F... est recevable en la forme et bien fondé au fond.

Du 20 avr. 1882.-C. d'Amiens.-MM. de Roquemont, pr.-Grenier, av. gén.

qui rend inutile une enquête spéciale sur ce point (Dijon, 17 mai 1870, aff. Mazoyer, D. P. 73. 2. 195). Mais le principe n'en reste pas moins sauf malgré ces décisions d'espèces, et dans la plupart des cas la nécessité de faire spécialement cette troisième preuve s'imposera (Comp. *suprà*, n° 25. V. *Rép.* n° 58; Demolombe, t. 5, n° 51; Aubry et Rau, t. 6, § 545, p. 40 et suiv.; Laurent, t. 3, n°s 373 et suiv.). Il a été jugé dans ce sens que les héritiers qui exercent, au nom du mari, le désaveu de paternité pour cause d'adultère, doivent prouver, outre l'adultère et le recel de la naissance, l'impossibilité que la grossesse soit l'œuvre du mari (Aix, 11 janv. 1859, aff. Mostuéjouls, D. P. 59. 2. 85. V. encore Req. 31 juill. 1866, aff. Pavée, D. P. 67. 1. 297, et la note).

Un arrêt, ayant à statuer sur des faits de non-paternité, a décidé que la preuve de non-paternité du mari se trouve suffisamment justifiée et que l'action en désaveu qu'il a intentée doit être accueillie si, l'adultère de la femme et le recel de la grossesse étant établis, il est constaté qu'au terme le plus éloigné de la conception de l'enfant, la femme a présenté une requête introductive d'instance en séparation de corps, et que depuis il a régné entre les époux une animosité telle que tout rapprochement entre eux était impossible; qu'on objecterait, en vain, pour repousser l'action en désaveu du mari, que les époux se sont rencontrés à plusieurs reprises, si aucun témoignage n'établit que les circonstances de ces rencontres pouvaient faire supposer un rapprochement intime (Req. 20 juin 1892, aff. C..., D. P. 92. 1. 477). Cette décision a fait une très juste application de l'art. 313, § 2, à un cas prévu par le paragraphe 1 du même article.

34. — 2° *Séparation de corps* (*Rép.* n°s 64 et 65). — Il est bien entendu que l'impossibilité morale de cohabitation qui autorise le désaveu, en cas de séparation de corps, lorsqu'elle a duré pendant tout l'intervalle de temps écoulé entre le trois centième et le cent quatre-vingtième jour avant la naissance de l'enfant, ne commence à courir qu'à compter de l'ordonnance qui fixe un domicile provisoire à la femme, encore que le jour indiqué pour la comparution des époux devant le président remonte à une époque antérieure, si, au jour désigné, cette comparution n'a point eu lieu (Req. 8 nov. 1859, aff. Tocu, D. P. 59. 1. 506). Ce point ne souffre aucune difficulté (V. *Rép.* n° 64).

35. On s'est demandé si la loi du 6 déc. 1850 a créé un nouveau mode de preuve de l'impossibilité morale de cohabitation avec ses règles spéciales et propres, ou si elle a eu simplement pour but d'étendre à l'état constaté de séparation de corps les règles déjà posées par le code dans l'art. 313. En d'autres termes, le mari séparé de corps d'avec sa femme doit-il, pour triompher dans son action en désaveu, établir préalablement l'adultère de sa femme, le recel de la naissance de l'enfant, ou au moins tous les faits propres à justifier sa non-paternité; ou suffira-t-il qu'il établisse qu'il est séparé de corps et que l'enfant à désavouer est né dans l'intervalle de temps déterminé par la loi nouvelle? Ces deux dernières preuves entraîneront-elles péremptoirement le désaveu? Il a été jugé, sur ce point, que la loi du 6 déc. 1850, qui, aux cas de désaveu prévus par l'art. 313 c. civ., a ajouté celui de la séparation de corps prononcée ou demandée, n'a apporté, pour ce nouveau cas, aucune modification aux règles ordinaires qui régissent les demandes en désaveu; qu'en conséquence, la présomption de paternité ne peut, même en cas de séparation de corps, céder devant une simple dénégation du mari; que celui-ci est seulement admis, comme dans les cas d'adultère et de recel, à prouver, par tous les moyens en son pouvoir, qu'il n'est pas le père de l'enfant par lui désavoué (Amiens, 30 juin 1853, aff. Turquet, D. P. 53. 2. 311). Un arrêt de la cour de Parme, du 25 janv. 1884 (1), a adopté cette opinion, enseignée par certains auteurs (Marcadé, 5e éd., sur l'art 313, n° 4; Boileux, 6e éd., sur le même article; Massé et Vergé sur Zachariæ, t. 1, § 156, p. 280, note 5).

Mais les travaux préparatoires de la loi de 1850 témoignent que cette opinion est erronée. La disposition proposée au Corps législatif par M. Demante (V. *Rép.* n° 62), comme addition à l'art. 313, ne contenait pas les mots: « l'action en désaveu ne sera pas admise s'il y a eu réunion de fait entre les époux ». Dans ces conditions, il était permis de croire que l'état de séparation de corps ne constituerait qu'un cas nouveau de désaveu, mais que, la présomption *pater is est...* demeurant pleine et entière durant cette situation, le mari n'en devrait pas moins avoir recours, pour exercer son action, aux règles ordinaires qui régissent les demandes en désaveu fondées sur les cas déjà existants d'impossibilité morale de cohabitation. Telle n'était pas l'intention du législateur qui voulait au contraire soustraire le mari séparé de corps à la présomption *pater is est...* Aussi, au cours de la délibération, MM. de Vatimesnil et Valette firent-ils voter par voie d'amendement la disposition finale précitée de la loi de 1850. De ce vote il résulte que l'état de séparation de corps joint au fait que l'enfant est né dans l'intervalle déterminé par la loi crée contre cet enfant une présomption d'illégitimité. Cette présomption ne tombera que devant la preuve d'une réunion de fait entre les époux; et cette dernière preuve, qui n'interviendra que par voie d'exception, on ne peut la demander qu'à l'enfant lui-même ou à la mère. « Le sens fondamental et le but de l'amendement, a dit M. Valette, dans une déclaration provoquée par un ancien membre de la commission législative, sont, à la différence du projet primitif, de rendre le désaveu du mari *péremptoire*, sauf le cas de *réunion des époux*, ce dernier fait étant prouvé par la femme ou par le tuteur *ad hoc*, en forme d'exception à l'action du mari; il nous a paru scandaleux que le mari, lorsque l'habitation commune n'existait plus légalement, eût quelque chose à prouver quand il désavoue » (Lettre du 29 avr. 1856 à M. Arbey, président du tribunal de Laon). C'est, d'ailleurs, dans le même sens que M. Demante a interprété la loi nouvelle (*Cours analytique*, t. 2, p. 47. V. encore conf. Duvergier, *Collection des lois*, t. 50, p. 473; Demolombe, t. 5, n° 55 *bis*, Mourlon, *Répétitions écrites*, t. 1, p. 433; Coin-Delisle, *Revue critique*, 1855, t. 6, p. 212; Quénault, *Revue*

(1) (Manzini C. Manzini); — Attendu que le jugement dont est appel, interprétant l'art. 163, § 1, c. civ. (art. 313, § 2, c. civ. français), a décidé que le mari, agissant en désaveu contre un enfant né de sa femme, apportera vainement en preuve une décision définitive de laquelle résulte son état de séparation de corps durant l'intervalle du 300e au 180e jour avant la naissance dudit enfant, s'il n'établit pas en outre que, durant ce même laps de temps, il s'est trouvé dans l'impossibilité physique ou morale de cohabiter avec sa femme, seul moyen de combattre la présomption légale de l'art. 159 c. civ. (art. 312 c. civ. français) qui déclare le mari père de l'enfant né dans le mariage; — Attendu que le fond du procès réside dans la valeur de cette interprétation; qu'il est bien évident que la loi, en permettant au mari trompé par sa femme de la chasser, avec aide de la justice, du domicile conjugal, de manière à détruire la présomption de paternité créée par la cohabitation, devait aussi prendre en considération l'intérêt de l'enfant né dans ce moment malheureux et le couvrir en conséquence de la présomption *pater is est...* tant que la séparation de fait des époux à l'époque de la conception n'a pas été établie aussi sûrement que la séparation légale; — Attendu que le tribunal devait protection à l'enfant Enée-Lothaire-Dante-Maria, inscrit sur les registres de l'état civil comme né à la date du 22 mars 1883 de Virginie Delasi, épouse Anglo Manzini; qu'il a bien jugé en repoussant l'action en désaveu formée par Manzini et appuyée seulement sur un jugement devenu définitif du 12 juill. 1880 prononçant la séparation de corps entre sa femme et lui; que Manzini, en effet, devait encore établir qu'aucune réunion de fait n'avait eu lieu entre sa femme et lui, non seulement depuis le jugement de séparation de corps, mais encore et surtout dans l'intervalle du 300e au 180e jour avant la naissance de l'enfant dont s'agit; — Attendu, en effet, que si la séparation de corps prononcée entre les époux transforme la présomption *juris et de jure* de paternité en présomption *juris tantum*, cette dernière présomption n'en demeure pas moins, et pesait par suite dans l'espèce sur Manzini qui devait l'anéantir en établissant la séparation de fait comme la séparation légale; — Attendu qu'on ne saurait tirer argument du défaut de la femme Manzini et de la déclaration du curateur de l'enfant qu'il s'en rapporte à justice; qu'en effet si cette manière d'agir peut à la rigueur signifier que les défendeurs en désaveu n'entendent pas profiter de l'art. 163, § 2, précité (art. 313, § 2, français), ce n'est point une raison pour que Manzini ne soit pas mis dans l'obligation d'établir la séparation légale et la séparation de fait, entre le 300e et le 180e jour qui ont précédé la naissance de l'enfant dont la légitimité est contestée;

Par ces motifs, etc.

Du 25 janv. 1884. — C. d'appe de Parme. — M. Massari, pr.

critique, 1857, t. 2, p. 308; Aubry et Rau, t. 6, § 545, p. 48; Hérold, *Revue pratique*, 1869, t. 7, p. 310).

Il a été jugé, conformément à cette doctrine, que l'état de séparation de corps fait cesser toute présomption de paternité du mari relativement à l'enfant dont la femme est accouchée trois cents jours après l'ordonnance qui l'autorise à avoir une habitation séparée, ou moins de cent quatre-vingts jours depuis le rejet de la demande en séparation ou la reconciliation, et que le mari n'a, par suite, aucune preuve à fournir à l'appui de son désaveu ; qu'en cas pareil, c'est à la mère ou à l'enfant, pour faire revivre la présomption de paternité, à prouver, par voie d'exception, que les rapports des époux ont été momentanément rétablis (Bordeaux, 16 juin 1858, aff. Du Noguès, D. P. 59. 2. 14. V. dans le même sens : Req. 9 déc. 1857, aff. Doussard, D. P. 58. 1. 132 ; Nancy, 12 janv. 1861, aff. B..., D. P. 61. 5. 236 ; Dijon, 24 janv. 1872, aff. A..., D. P. 73. 2. 13 ; Req. 19 août 1872, aff. A..., D. P. 73. 1. 479 ; Caen, 22 déc. 1880, aff. Aunay, D. P. 82. 2. 53 ; Caen, 29 déc. 1880, aff. Heuzey, *ibid.*; Aix, 6 déc. 1876, aff. Cornillat, D. P. 77. 2. 183 ; Lyon, 3 juill. 1890, aff. Callot, D. P. 91. 2. 99).

36. On ne saurait donc, sous le prétexte que la loi de 1850 fait corps avec l'art. 313, exiger que le mari établisse le recel de la naissance de l'enfant (Req. 9 déc. 1857, aff. Doussard, D. P. 58. 1. 132 ; Riom, 4 mars 1891) (1). Il ne pourrait y avoir intérêt à faire cette preuve qu'au point de vue du point de départ de l'action en désaveu (V. *infrà*, nos 66 et suiv.).

Non seulement la réunion de fait alléguée par les défendeurs doit être prouvée, mais encore elle est soumise à l'approbation des juges qui peuvent la repousser si elle ne leur paraît pas suffisamment concluante. Jugé dans ce sens que c'est en vain que, pour repousser l'action en désaveu du mari, on objecte que les époux séparés se sont rencontrés à plusieurs reprises, si aucun témoignage n'établit que les circonstances de ces rencontres pouvaient faire supposer un rapprochement intime (Req. 29 juin 1892, aff. C..., D. P. 92. 1. 477).

37. Depuis le vote de la loi du 27 juill. 1884 (D. P. 84. 4. 97), la loi du 6 déc. 1850 peut trouver son application, suivant les mêmes principes, en matière de divorce, durant l'instance ou après sa clôture par le rejet de la demande. Mais dans le cas où la conception de l'enfant se place après la clôture de l'instance par un jugement définitif prononçant le divorce, la situation devient analogue à celle qui est examinée au sujet de l'art. 315 (V. *infrà*, nos 49 et suiv.).

38. — III. Concours de l'impossibilité physique et de l'impossibilité morale de cohabitation. — Les causes d'impossibilité physique et d'impossibilité morale de cohabitation peuvent être jointes l'une à l'autre et se compléter mutuellement pour justifier une action en désaveu. Mais il est nécessaire qu'elles aient coexisté ou qu'elles se soient succédé les unes aux autres sans solution de continuité, sous peine d'irrecevabilité de l'action. Il a été jugé, dans ce sens, qu'en matière de désaveu d'enfant, l'impossibilité matérielle de cohabitation résultant de l'art. 312 c. civ. ne peut être réunie, pour le calcul des trois cents jours après lesquels la naissance de l'enfant est considérée comme illégitime, à l'impossibilité morale résultant de l'art. 313, modifié en cas de séparation de corps par la loi du 6 déc. 1850, que lorsqu'elles s'ajoutent l'une à l'autre sans solution de continuité; que par suite il n'y a pas lieu à désaveu, lorsqu'il est constaté, en fait, qu'entre le moment où a pris fin l'impossibilité matérielle de cohabitation et celui où a commencé l'impossibilité morale, il s'est écoulé un certain nombre de jours qui se placent moins de trois cents et plus de cent quatre-vingts jours avant la naissance de l'enfant, la présomption légale de légitimité créée par le mariage reprenant alors tout son empire ; qu'ainsi lorsqu'une femme mariée, incarcérée sous la prévention du délit d'adultère, a été mise en liberté quelques jours avant l'ordonnance du président qui, sur la demande en séparation de corps formée par le mari, lui désigne un domicile provisoire, l'impossibilité physique de cohabitation résultant de l'incarcération ne doit point, en raison de cette mise en liberté, être ajoutée à l'impossibilité morale datant de l'ordonnance du président pour le calcul des trois cents jours fixés par la loi de 1850 ; et, dès lors, l'enfant né moins de trois cents jours après cette ordonnance ne peut être désavoué, encore que plus de trois cents jours se soient écoulés depuis le moment où avait eu

---

(1) (Lagoutte C. Vidal). — La cour; — Considérant qu'à l'action en désaveu intentée par Claude Lagoutte, de la légitimité de l'enfant mâle, né à Chanonat le 8 sept. 1888, inscrit le lendemain sur les registres de l'état civil de la commune de Chanonat, sous le prénom d'Eugène et déclaré né de Vidal Marie, épouse dudit Claude Lagoutte, il est opposé, par les intimés, une fin de non-recevoir tirée de ce que la réclamation du mari se serait produite hors des délais édictés par la loi ; — Considérant, en fait, que les mariés Lagoutte-Vidal ont été séparés de corps par un jugement du tribunal civil de Clermont-Ferrand, en date du 20 févr. 1888, passé en force de chose jugée; — Que ladite séparation, prononcée à la requête du mari, a été motivée sur l'inconduite de la femme, sur son abandon du domicile conjugal, où elle avait laissé l'enfant mineur né de son union pour suivre un homme avec lequel elle entretenait des relations coupables; — Qu'au cours de la procédure en séparation de corps, elle a constamment fait défaut, qu'elle avait rompu la vie commune, même avant l'ordonnance du 12 août 1887, qui a autorisé le mari à introduire sa demande en séparation ; — Considérant en droit, qu'aux termes de la loi du 6 déc. 1850, lorsque la séparation de corps a été prononcée, le mari peut désavouer l'enfant né depuis le jugement; — Que, dans l'espèce, la naissance de l'enfant désavoué a eu lieu plus de 300 jours après l'ordonnance du 12 août 1887 et postérieurement au jugement du 20 févr. 1888 ; — Qu'aucun rapprochement entre les époux, depuis la fuite de Marie Vidal du domicile conjugal, n'a été allégué par elle; — Considérant qu'en matière de désaveu à la suite d'une séparation de corps, le mari n'a pas à prouver que la naissance lui a été cachée ou recelée; que cette preuve n'est à sa charge que dans l'état ordinaire du mariage et non lorsque les époux domiciliés séparément vivent dans un état d'indépendance complète; — Qu'il suffit, dans le cas de séparation de corps, pour que l'action du mari désavouant soit recevable, qu'elle soit exercée dans les deux mois de la connaissance certaine par lui acquise de la naissance de l'enfant désavoué; — Or, considérant qu'il résulte de l'ensemble des circonstances de la cause que Claude Lagoutte n'a positivement connu la naissance de l'enfant qu'il a désavoué, que le 10 févr. 1889, date de la délivrance à lui faite par l'officier de l'état civil de la commune de Chanonat de l'extrait de l'acte de naissance dudit enfant; — Considérant que l'accouchement de la mère a eu lieu à Chanonat, canton de Saint-Amand-Tallende ; que Lagoutte a constamment habité Chauriat, que ces deux communes non limitrophes et dépendant de deux cantons différents, sont distantes l'une de l'autre de 30 kilomètres environ ; — Considérant que, depuis le mois d'août 1887, époque à laquelle Marie Vidal a déserté le domicile conjugal pour fuir avec un amant, son mari n'a pas été sans concevoir de sérieux soupçons sur les conséquences de l'inconduite de sa femme, mais que rien ne prouve qu'il ait en réalité connu l'état de grossesse de sa femme lors de la défense qu'il aurait fait adresser par le maire de Chauriat à celui de Chanonat, d'inscrire sous son nom l'enfant qu'elle viendrait à mettre au monde; — Que l'original de cette lettre n'étant pas rapporté, le certificat du 9 juill. 1889 ne peut être réputé en avoir reproduit exactement les termes; qu'au surplus la lettre du maire de Chauriat à celui de Chanonat étant demeurée sans réponse, la défense faite à ce dernier est restée à l'état de simple précaution prise en vue de l'éventualité d'un accouchement, dont le fait n'a été connu du sieur Claude Lagoutte que le 10 févr. 1889 ; — Considérant qu'entreprise dès le 25 dudit mois de février 1889 par la nomination d'un tuteur *ad hoc* à l'enfant que Claude Lagoutte entendait désavouer, formulée ensuite par la déclaration de désaveu signifiée à Marie Vidal le 8 mars suivant et par les assignations des 25 et 26 du même mois, l'action en désaveu intentée par ledit Claude Lagoutte, l'a été en temps utile, moins de deux mois, en effet, voire même moins d'un mois, depuis la connaissance certaine qu'il a eue de la naissance de l'enfant par lui désavoué;

Par ces motifs... :

Au fond dit qu'il a été mal jugé par la sentence du 30 juill. 1889, bien appelé, émendant et faisant ce que les premiers juges auraient dû faire, déclare recevoir l'action en désaveu de la légimité de l'enfant né le 8 sept. 1888, de Marie Vidal, épouse alors séparée de corps du sieur Claude Lagoutte, son mari, et inscrit le lendemain sur les registres de l'état civil de la commune de Chanonat sous le nom d'Eugène; — Dit et déclare que cet enfant n'est pas l'enfant de Claude Lagoutte, en conséquence déclare bien fondée l'action en désaveu de sa légitimité. Lui fait défense de porter le nom de Lagoutte.

Du 4 mars 1891.-C. de Riom, aud. sol.-MM. Allary 1er pr.-Laloë, subst. proc. gén.-Goyon et Vimal, av.

lieu l'incarcération de la femme (Req. 8 nov. 1859, aff. Tocce, D. P. 59. 1. 506).

Sect. 2. — De l'enfant conçu avant le mariage (*Rép.* nos 67 à 83).

39. Aux termes de l'art. 314, l'enfant *né avant le cent quatre-vingtième jour du mariage*, ce qui revient à dire, d'après le calcul des délais légaux (V. *suprà*, no 12), l'enfant *conçu avant la célébration du mariage*, n'est plus protégé par la règle *pater is est...*

On a vu *suprà*, no 35, que le désaveu fondé sur l'état de séparation de corps, conformément aux dispositions de la loi du 6 déc. 1850, est péremptoire; il en est de même ici. Le seul fait que l'enfant est né avant le cent quatre-vingtième jour du mariage suffit à faire prononcer le désaveu, sauf le droit pour les défendeurs de soulever les fins de non-recevoir prévues par l'art. 314. La preuve de l'existence de ces fins de non-recevoir ou de l'une d'elles est entièrement à leur charge, mais ils peuvent la faire par tous les moyens possibles (*Rép.* nos 71 et 72).

40. — 1° *Connaissance de la grossesse* (*Rép.* nos 69 à 73). — Le mari qui a eu connaissance de la grossesse de sa femme avant le mariage n'est pas recevable à agir en désaveu dans le cas prévu par l'art. 314. Il est présumé, par son mariage, s'être reconnu l'auteur de la grossesse; et cette présomption est si forte qu'elle ne souffre ni exception ni distinction, et que le juge ne saurait admettre la preuve contraire (*Rép.* no 70). Ainsi le mari ne peut être admis à prouver qu'il a été induit en erreur sur le véritable point de départ de la grossesse, et qu'il a été dans l'impossibilité physique de cohabiter avec sa femme au moment où se place la conception, c'est-à-dire du trois centième au cent quatre-vingtième jour avant la naissance de l'enfant (Chambéry, 3 mars 1869, aff. Falcon, D. P. 69. 2. 112. V. dans le même sens : Req. 28 déc. 1869, même affaire, D. P. 70. 1. 145; Toullier, t. 2, no 823; Duranton, t. 3, no 28; Demolombe, t. 5, nos 80 et 80 *bis*; Aubry et Rau, t. 6, § 545, p. 36, note 26). — Cette doctrine, fondée sur les termes absolus de l'art. 314, qui paraissent exclure toute preuve contre la présomption de paternité résultant de l'aveu tacite du mari, et aussi sur la crainte des scandales et des compromissions, n'est pas admise d'une façon unanime. Certains auteurs la combattent par le motif qu'elle conduit à imposer comme légalement certain un fait physiquement impossible. C'est à tort, disent-ils, que l'aveu est considéré comme exclusif de la preuve contraire, puisque l'art. 1356 c. civ. autorise, d'une façon générale, quiconque a fait un aveu à le révoquer, si cet aveu a été la suite d'une erreur de fait. Or l'erreur de fait résulte ici de l'impossibilité physique de cohabitation établie à l'époque de la conception. Ces auteurs assimilent, d'ailleurs, la fin de non-recevoir de l'art. 314 à celle qui résulte de la reconnaissance formelle d'un enfant naturel, annulable pour cause de dol ou de surprise (V. *Rép.*, no 565 et *infrà*, nos 236 et suiv.), et cela avec d'autant plus de raison, disent-ils, que l'enfant né avant le cent quatre-vingtième jour du mariage est légitimé plutôt que légitime, et ne serait légitime que grâce à la fiction dont il sera parlé *infrà* no 46 (V. dans ce dernier sens : Demante, *Cours analytique*, t. 2, no 42 *bis*, IV; Beudant, note, D. P. 70. 1. 145).

41. De ce que la preuve que le mari a connu la grossesse peut être faite par tous les moyens possibles (V. *suprà*, no 39), faut-il conclure que cette preuve peut être puisée dans la fréquentation qui aurait existé avant le mariage entre la femme et le mari? On a vu, *Rép.* no 73, la controverse qui s'est élevée sur ce point; il est toutefois admis que, si la fréquentation n'établit pas d'une façon absolue la connaissance de la grossesse, le juge, dans son appréciation souveraine des faits, peut l'admettre à l'appui des autres faits apportés en preuve par les défendeurs au désaveu (V. outre les auteurs cités *Rép.*, *ibid.*, Aubry et Rau, t. 6, § 545, p. 36 et 37, note 25 et 30).

42. — 2° *Assistance à l'acte de naissance* (*Rép.* nos 74 à 76). — La participation du mari à l'acte de naissance de l'enfant sans protestations ni réserves est considérée comme un aveu de sa paternité, résultant d'une reconnaissance tacite de l'enfant, et par suite comme une renonciation au désaveu. D'après certains auteurs, il n'est même pas nécessaire pour cela que le nom du mari ait été indiqué dans l'acte comme celui du père de l'enfant; il suffirait que la mère fût désignée, tout enfant né d'une femme mariée étant, jusqu'au désaveu, réputé avoir pour père le mari de cette femme. D'après ces mêmes auteurs, le mari ne pourrait réserver ses droits qu'en faisant en même temps inscrire l'enfant comme né de père inconnu (V. dans ce sens Aubry et Rau, t. 6, § 545, p. 34, note 19 Conf. Demolombe, t. 5, no 70).

43. — 3° *Non-viabilité de l'enfant* (*Rép.* no 77). — Le projet du code avait subordonné l'admissibilité du désaveu à la condition que l'enfant vivrait au moins pendant dix jours depuis sa naissance; d'après le texte définitif, l'action est irrecevable dans le cas seul où l'enfant a été déclaré non viable. La déclaration doit émaner d'un médecin. — Cette fin de non-recevoir est fondée sur la règle *pas d'intérêt, pas d'action*.

44. On a vu au *Rép.*, no 78, que l'art. 314 n'est pas limitatif et que les défendeurs au désaveu peuvent repousser l'action du mari par la preuve de tous les faits et circonstances de nature à établir expressément ou implicitement son intention de considérer l'enfant comme sien; il n'est même pas utile que ces faits et circonstances revêtent une forme solennelle quelconque. L'expiration des délais, impartis à l'exercice du désaveu (V. *infrà*, nos 63 et suiv.) constitue, notamment, une fin de non-recevoir (*Rép.* no 78; Demolombe, t. 5, no 77; Aubry et Rau, t. 6, § 545, p. 36).

45. Ainsi qu'on l'a dit, *Rép.* no 79, en l'absence d'une fin de non-recevoir opposable à l'action du mari, les défendeurs ont le droit de demander à faire la preuve que le mari est bien le père de l'enfant, et cela sans qu'il y ait eu rapt à l'époque de la conception. La prohibition de la recherche de la paternité portée à l'art. 340 ne s'applique qu'à la filiation naturelle (V. dans ce sens, *Rép. ibid.*; Demante, t. 2, no 41 *bis*-III. — *Contrà* : Demolombe, t. 5, no 78; Laurent, t. 3, no 384; Aubry et Rau, t. 6, § 545, p. 37, et note 30).

D'après ces derniers auteurs, l'art 340 (V. *infrà* nos 249 et suiv.) doit au contraire s'appliquer ici de la façon la plus stricte, l'enfant dont il s'agit n'étant autre chose qu'un enfant naturel. « En effet, disent-ils, *loc. cit.*, d'une part sa naissance précoce élève contre lui la présomption qu'il a été conçu avant le mariage, et cette présomption absolue ne peut être combattue par aucune preuve contraire. D'autre part le désaveu a détruit la présomption de paternité qu'avait fait naître en sa faveur sa naissance durant le mariage. Il résulte d'ailleurs de l'art. 314 que, dans l'hypothese prévue par cet article, le désaveu ne peut, en général, être combattu que par des fins de non-recevoir et non par des moyens de fond. Ainsi des faits de fréquentation antérieurs au mariage ne sauraient être invoqués à l'effet de prouver la paternité du mari ».

46. Une question très controversée est celle de savoir quel est l'état de l'enfant né avant le cent quatre-vingtième jour du mariage : est-il légitime ou doit-on le considérer comme légitimé? Certains auteurs prétendent que, par une fiction de la loi, la conception est présumée ne remonter qu'au jour du mariage, et que par suite la conception comme la naissance sont entièrement légitimes (Demolombe, t. 5, no 60 et 64; Valette, *Cours de code civil*, p. 391, Laurent, t. 3, no 385). Des décisions ont été rendues dans ce sens (Trib. civ. de Bar-le-Duc, 28 févr. 1862, aff. Garnier, D. P. 62. 3. 57; Grenoble, 19 févr. 1868, aff. Charreton, D. P. 68. 2. 128).

Telle n'est pas l'opinion dominante, et l'on admet plus généralement que l'enfant dont il s'agit doit être simplement considéré comme légitimé. Sans doute il naît légitime; s'il n'en était pas ainsi, les dispositions de l'art. 314 ne se trouveraient pas dans le chapitre du code relatif à la filiation légitime, et le mari n'aurait pas besoin de recourir au désaveu pour échapper à la présomption de paternité. Mais de ce qu'il naît légitime, il ne s'ensuit pas que la conception elle-même ait été légitime; s'il existe ici une fiction de la loi, elle consiste simplement à présumer chez les parents une intention de légitimation anticipée, et à faire produire au mariage subséquent à la conception les effets produits en matière de filiation naturelle par le mariage subséquent à la reconnaissance (V. *infrà*, nos 198 et suiv.). C'est ce qui fait dire à plusieurs arrêts que la légitimité de l'art. 314 diffère de la légitimité de l'art. 312, en ce que celle-ci provient de la présomption des rapports naturels et légitimes des époux, tandis que celle-là provient d'une véritable reconnaissance émanée des époux (V. dans ce sens, Civ. cass. 28 juin 1869, aff. Charreton, motifs, D. P. 69. 1. 335; Trib. de la Seine, 13 déc. 1866, aff. Beaumesnil, *ibid.*; Civ. rej. 28 juin 1869, même affaire, *ibid.*; Lyon, 6 avr 1870, aff. Charreton, D. P. 70. 2. 227, et les conclusions de M. le 1er avocat général de Prandière qui ont précédé cet arrêt, *ibid.*; Poitiers, 19 juill. 1874, aff. Marsault, D. P. 76. 2. 28. Conf. *Rép.* n° 80; Aubry et Rau, t. 6, § 545, note 8).

47. Du moment qu'il y a ici plutôt légitimation par le mariage des parents que légitimité proprement dite, les droits de l'enfant, en tant qu'enfant légitime, ne rétroagiront que jusqu'au jour du mariage. Les droits acquis par les tiers dans l'intervalle de la conception au mariage, notamment en matière de succession, resteront intacts (V. *Rép.* n° 81; Aubry et Rau, t. 6, § 545, p. 32 et notes 10 et 11). Ce point est, d'ailleurs, admis même par les partisans de l'opinon contraire, mais pour des motifs différents (V. Demolombe, t. 5, n° 64).

48. De cette situation spéciale il résulte que, si la conception de l'enfant a été adultérine ou incestueuse, le mariage des parents antérieur à la naissance, rendu possible par la dissolution du premier mariage de l'un d'eux ou par l'obtention des dispenses, s'ils sont parents ou alliés au degré prohibé, ne saurait avoir pour effet de réparer ce vice originel. L'état de l'enfant, dans ce cas, peut être contesté par tous ceux qui y ont intérêt. On s'est prononcé dans ce sens au *Rép.* n° 82 (V. encore Demante, *Cours*, t. 3, n° 37 *bis*-2°; Marcadé sur l'art. 331, n° 3; V. en sens contraire : Demolombe, t. 5, n° 64; Valette, *op. cit.*, p. 156 et 159).

MM. Aubry et Rau (t. 6, § 545, p. 32 et 33, notes 12, 13 et 14) distinguent entre les enfants dont la conception a été adultérine et ceux dont la conception a été incestueuse : en ce qui concerne les premiers, ces auteurs admettent l'opinion qui vient d'être exprimée; mais ils font bénéficier les seconds des dispenses obtenues par leurs parents en faisant fictivement rétroagir l'obtention de ces dispenses jusqu'au jour de la conception. Quant à la jurisprudence, elle conserve, d'une manière à peu près constante, à l'enfant né dans de pareilles conditions, les caractères d'adultérinité ou d'inceste qu'a pu revêtir la conception (V. dans ce sens : Civ. cass. 28 juin 1869, aff. Charreton, D. P. 69. 1. 335; Trib. de la Seine, 13 déc. 1866, aff. Beaumesnil, *ibid.*; Civ. rej. 28 juin 1869, même affaire, *ibid.*; Dijon, 31 mars 1870, *infrà*, n° 181; Lyon, 6 avr. 1870, aff. Charreton, D. P. 70. 2. 227. — *Contrà* : Grenoble, 19 févr. 1868, aff. Charreton, D. P. 68. 2. 128; Trib. civ. Bar-le-Duc, 28 févr. 1862, aff. Garnier, D. P. 62. 3. 57).

SECT. 3. — DE L'ENFANT NÉ APRÈS LA DISSOLUTION DU MARIAGE (*Rép.* nos 84 à 96).

49. L'art. 315 n'autorise la contestation de légitimité fondée sur la dissolution du mariage que si l'enfant naît après l'expiration du délai des grossesses les plus longues : « la légitimité de l'enfant né trois cents jours après la dissolution du mariage, dit-il, pourra être contestée ». Au moment de la promulgation du code, l'art. 315 s'appliquait aux trois cas de dissolution du mariage prévus par l'art. 227 c. civ. : la mort de l'un des époux, le divorce, la mort civile. La loi du 8 mai 1816, en abolissant le divorce, n'a laissé subsister comme cause de dissolution que la mort physique et la mort civile. La mort civile ayant à son tour disparu depuis la loi du 31 mai 1854, la mort physique a été la seule cause de dissolution du mariage. Depuis la loi du 27 juill. 1884, qui a rétabli le divorce, il existe de nouveau deux causes de dissolution. A chacune d'elles s'applique la règle de l'art. 315, et par suite les diverses questions qui vont être traitées.

50. On a dit au *Rép.* n° 85, que l'enfant né plus de trois cents jours après la dissolution du mariage n'a pas *ipso facto* la qualité d'enfant illégitime. Des travaux préparatoires du code, en effet, il ressort de la manière la plus certaine que le législateur a voulu permettre à l'enfant né après l'expiration des trois cents jours de bénéficier du silence et de l'inaction de ceux qui ont intérêt à contester son état. Cet enfant sera donc légitime si sa légitimité n'est pas contestée (V. *Rép.* n° 85 et 86; Demolombe, t. 5, n° 83). Un jugement seul pourra le priver de la légitimité (Aubry et Rau, t. 6, § 545, p. 38).

51. Qu'adviendra-t-il si la légitimité est contestée? Cette contestation sera-t-elle péremptoire, et suffira-t-il au contestant d'établir que l'enfant est né après l'expiration des trois cents jours? Ou bien le juge, au lieu d'être lié d'une façon aussi impérative, conservera-t-il une libre appréciation des faits? On a exposé au *Rép.*, n° 86, la controverse qui s'est élevée sur ce point. Ainsi qu'on l'a vu *ibid.*, il résulte du texte même de l'art. 315 et des travaux préparatoires du code que le juge n'a pas la faculté d'admettre ou de rejeter selon les circonstances, la contestation qui lui est soumise. C'est cette contestation qui *peut* ou non être soulevée par les ayants droit; mais, dès qu'elle s'est produite, le juge a seulement le droit de rechercher s'il s'est ou non écoulé trois cents jours entre la dissolution du mariage et la naissance de l'enfant, et la solution de cette question lui dictera la décision à rendre. Telle est l'opinion qui a prévalu (V. en ce sens : Demolombe, t. 5, n° 86; Aubry et Rau, t. 6, § 545, p. 39).

52. Sur la question de savoir si la règle de l'art. 315 c. civ., suivant laquelle la conception de l'enfant peut remonter trois cents jours avant sa naissance, s'applique non seulement en matière de légitimité, mais encore en matière de succession, V. *infrà*, v° *Succession*; *Rép.* eod. v°, n° 85 et suiv.

CHAP. 3. — Du désaveu et de la contestation de légitimité (*Rép.* nos 96 à 202).

SECT. 1re. — PERSONNES AUXQUELLES APPARTIENT L'ACTION EN DÉSAVEU (*Rép.* nos 100 à 120).

53. L'action en désaveu appartient au mari, et, de son vivant, à lui seul. Il suit de là que nul ne peut l'exercer en son lieu et place, et que, s'il est interdit, son tuteur même, qui a cependant mission de le représenter dans tous les actes de la vie civile, n'aura pas qualité pour agir en désaveu en son nom (V. *Rép.* n° 115). Cela tient au caractère essentiellement personnel et moral du désaveu. Le mobile qui a guidé le législateur dans l'art. 337 c. pén. relatif à la poursuite de l'adultère est le même qui l'a inspiré ici. — Il a été jugé toutefois que le tuteur d'un interdit peut intenter, au nom de cet interdit, une action en désaveu de paternité (Caen, 14 déc. 1876, aff. Marguerite dit Lemencorel, D. P. 77. 2. 146. V. encore dans ce sens : Grenoble, 5 déc. 1883, *infrà*, n° 87; Lyon, 5 juin 1891, *suprà*, n° 17). Mais la doctrine est unanime à considérer le désaveu comme un droit exclusivement attaché à la personne du mari (Aubry et Rau, t. 6, § 545 *bis*, p. 53 et notes 6 et 7 ; Laurent, t. 3, n° 436). — Il en résulte que les créanciers du mari ne peuvent pas agir en son nom, lorsqu'il n'agit pas lui-même (V. art. 1166 c. civ. *in fine*; *Rép.* n° 118; Aubry et Rau, Laurent, *loc cit.*). — En ce qui concerne la suspension de la prescription en faveur du mari interdit, V. ce qui sera dit sur les délais de l'action en désaveu, *infrà*, n° 75.

54. Bien qu'attachée à la personne du mari, l'action en désaveu ne cesse point par son décès. L'art. 317 reconnaît aux héritiers du mari le droit de l'exercer après son décès, à la double condition qu'il n'ait pas lui-même fait sa réclamation, et qu'il soit mort étant encore dans le délai utile pour la faire. Le décès du mari a, en effet, pour résultat de transformer le caractère de l'action, et de la rendre pécuniaire, de purement morale qu'elle était (V. *Rép.* n° 103; Aubry et Rau, t. 6, § 545 *bis*, p. 53 et suiv. ; Laurent, t. 3, n° 437). — Par le terme d'*héritiers* dont se sert l'art. 317, on doit entendre tous ceux qui continuent pécuniairement la personne du défunt, ceux qui le représentent, c'est-à-dire : à défaut de testament, ceux qui sont appelés à sa succession par la loi, même les successeurs irréguliers (*Rép.* n° 107), et, s'il existe un testament, ceux qui sont institués par le fait même de la volonté du *de cujus*. Encore, dans ce dernier cas, pourra-t-il se trouver des héritiers à réserve qui concourront pour l'exercice de l'action avec tous les autres donataires ou légataires; mais tous autres héritiers du sang qui ne seraient pas réservataires seraient irrecevables, en présence d'un testament qui les éloignerait de la succession, à exercer le désaveu. Le caractère pécuniaire de l'action, après le décès du mari, est tel que ces héritiers ne sauraient pas invoquer un intérêt moral et de famille (Bourges, 15 févr. 1873, aff. Foucher, D. P. 73. 2. 174 et, sur pourvoi, Req. 3 mars 1874, D. P. 74. 1. 317).

55. Si le droit d'exercer le désaveu passe, à défaut de testament, à tous les héritiers appelés, quelle que soit leur qualité, il ne passe pas indifféremment à tous les institués, quand il existe un testament, et ne peut être exercé que par les donataires ou légataires universels ou à titre universel (V. *Rép.* n°s 105 et suiv.). Les donataires et légataires particuliers, qui ne sauraient à aucun titre représenter le *de cujus*, ne trouvent pas, dans leur seule qualité de donataires ou légataires, le droit d'exercer le désaveu (V. *Rép.* n° 108; Aubry et Rau, t. 6, § 545 *bis*, p. 52 et note 1; Laurent, t. 3, n° 438; Demolombe, t. 5, n°s 131 et suiv.).

56. En vertu du caractère pécuniaire qu'a l'action en désaveu passée aux mains des héritiers, les tuteurs des héritiers interdits peuvent l'exercer en leur nom. Il en est de même de leurs créanciers (Aubry et Rau, t. 6, § 545 *bis*, p. 53 et note 8).

57. L'absence du mari doit-elle être assimilée à son décès au point de vue de la transmission de l'action en désaveu? On a vu (*Rép.* n° 116) qu'il faut distinguer. Tant que les héritiers présomptifs ne sont envoyés qu'en possession provisoire, ils ne sauraient à aucun titre exercer le désaveu, sous peine de violer l'art. 317, car, durant cette période l'absent est plutôt présumé vivant. Mais après l'envoi en possession définitif, la présomption de décès l'emporte, et les héritiers peuvent certainement exercer le désaveu. Certains auteurs admettent le droit des héritiers au désaveu aussi bien après leur envoi en possession provisoire qu'après leur envoi en possession définitive, mais ils ajoutent que le retour de l'absent fera tomber de droit le jugement rendu sur le désaveu, et que ce jugement ne pourra être invoqué ni par lui, ni contre lui (V. dans ce sens Aubry et Rau, t. 6, § 545 *bis*, p. 54 et note 10). Ce dernier système est dangereux et, en tous cas, contraire à l'esprit de la loi qui, du vivant du mari, n'accorde qu'à lui seul l'exercice du désaveu.

58. La distinction qui vient d'être posée ne s'applique assurément qu'aux enfants qui, nés moins de trois cents jours après la disparition du mari, sont réputés légitimes et couverts par la présomption *pater is est...* Quant à ceux qui sont nés plus de trois cents jours après les dernières nouvelles reçues de l'absent, il suffira, lorsqu'ils voudront faire valoir leurs droits successoraux, de contester leur légitimité par voie d'exception (V. *Rép.* n° 116; Duranton, t. 1, n° 439; Demante, *Cours analytique*, t. 2, n° 43 *bis*-VI; Aubry et Rau, t. 6, § 545 *bis*, p. 54). Il a été jugé, toutefois, que la déclaration d'absence du mari est sans effet quant à la légitimité des enfants nés durant l'absence et dont la conception est postérieure à l'époque indiquée par le jugement comme étant celle des dernières nouvelles; que ces enfants sont réputés légitimes tant qu'il n'est pas justifié du décès de l'absent à l'époque de leur conception; et que, dès lors, ils ont le droit de se présenter à la succession de leur mère, concurremment avec les enfants nés antérieurement à l'absence, sans avoir à faire la preuve de leur légitimité (Douai, 18 nov. 1861, aff. Eliet, D. P. 62. 2. 25).

Mais cette décision paraît fort contestable, car il pourrait en résulter une trop choquante contradiction entre la présomption légale et la réalité, surtout si les enfants dont il s'agit naissaient très longtemps, par exemple cinq ou dix ans après les dernières nouvelles. Quelles que soient les précautions dont le législateur a voulu entourer l'action en désaveu, elles ne sauraient couvrir l'inconduite manifeste de la femme. Il est évident, d'ailleurs, que, à partir de l'envoi en possession provisoire, l'existence du mariage devient aussi incertaine que l'existence même de l'absent. On ne saurait tirer argument de ce que la femme ne peut se marier sans établir le décès de son mari absent; les deux situations sont très dissemblables.

59. Doit-on dire que le droit des héritiers n'existe pas dans la succession lorsque le mari meurt après la conception de l'enfant, mais avant sa naissance? On pourrait dire que, jusqu'à la naissance de l'enfant, le droit au désaveu n'est pas ouvert, puisque, si l'enfant ne naît pas viable, l'action ne peut pas être exercée même par le mari, et qu'en conséquence, le décès du mari survenant avant la naissance de l'enfant entraîne l'irrecevabilité absolue de l'action des héritiers. Mais ce raisonnement ne serait que spécieux. L'action en désaveu du mari existe virtuellement dès la conception, et s'il ne peut être exercé qu'à partir de la naissance de l'enfant, les héritiers du mari n'en trouvent pas moins le germe dans la succession de leur auteur, lorsqu'il meurt dans l'intervalle de la conception à la naissance. Les héritiers pourront donc, dans ce cas, exercer l'action en désaveu en se fondant aussi bien sur l'art. 313 que sur les art. 312 et 314 (Req. 8 déc. 1851, aff. Nolte, D. P. 52. 1. 5. V. conf. Aubry et Rau, t. 6, § 545 *bis*, p. 55 et note 14). « En vain objecterait-on, disent ces auteurs, que la naissance n'ayant pas été cachée au mari lui-même, ses héritiers ne se trouvent plus dans les conditions requises par l'art. 313 pour l'exercice du désaveu. Le bon sens indique qu'il y a recel, dans le sens de cet article, dès que la naissance a été cachée aux personnes auxquelles compétait, au moment de cet événement, le droit de désaveu. La présomption de l'illégitimité de l'enfant est attachée au recel même de la naissance; elle est tout aussi forte, si ce n'est plus, quand la naissance a été cachée aux héritiers du mari, que lorsqu'elle l'a été au mari lui-même ».

60. Lorsque toutes les conditions pour la transmission de l'action en désaveu se trouvent réunies, cette action se transmet dans toute son intégrité et peut être exercée par les héritiers dans tous les cas où la loi la donne au mari. L'exception proposée par Proudhon pour le cas où le désaveu serait fondé sur l'adultère de la femme qui, en outre, aurait caché au mari la naissance de l'enfant, est repoussée par tous les auteurs (V. *Rép.* n° 111. *Adde :* Duranton, t. 3, n° 73; Aubry et Rau, t. 6, § 545 *bis*, p. 55, et notes 12 et suiv.; Laurent, t. 3, n° 441).

61. La capacité qu'on vient de reconnaître aux héritiers est-elle relative ou absolue? En d'autres termes, les héritiers, qui réunissent toutes les conditions d'aptitude à l'exercice du désaveu, doivent-ils attendre pour exercer leur droit que l'enfant les trouble dans leur possession, soit en se mettant en possession des biens du mari, soit en intentant une action en pétition d'hérédité? ou peuvent-ils agir spontanément même avant d'être troublés? Aux termes de l'art. 317, il semble bien que les héritiers ne sont autorisés à agir que s'ils sont troublés dans leur possession. Mais on a vu (*Rép.* n° 106) que, si un trouble est nécessaire, ce trouble peut résulter de toute autre chose que d'un acte de la part de l'enfant. Ainsi, si l'enfant a un acte de naissance ou une possession d'état qui le fasse considérer comme l'enfant légitime du mari défunt, le trouble existe pour les héritiers du mari, et ils ont le droit d'agir. Au contraire, si l'enfant n'a ni titre ni possession, qui lui constituent un état menaçant pour les intérêts pécuniaires des héritiers, leur action manque de base; elle ne peut donc être accueillie tant que l'enfant n'agit pas lui-même (Comp. Demolombe, t. 5, n° 160; Aubry et Rau, t. 6, § 545 *bis*, p. 59; Laurent, t. 3, n° 439).

62. A la différence de l'action en désaveu, l'action en contestation de légitimité peut être intentée par tous les intéressés quelconques sans distinction. Elle appartient non seulement au mari et à ses héritiers ou légataires universels ou à titre universel, mais encore à ses parents non successibles, à ses légataires particuliers, à l'enfant lui-même, à la mère, à leurs héritiers ou parents, en résumé à tous ceux qui ont intérêt à écarter l'enfant des successions auxquelles il prétendrait concourir avec eux (*Rép.* n° 120; Aubry et Rau, t. 6, § 545 *bis*, p. 62 et suiv.).

SECT. 2. — DÉLAI DANS LEQUEL DOIT ÊTRE FORMÉ LE DÉSAVEU
Rép. n°s 121 à 154).

63. Le délai par lequel se prescrit l'action en désaveu varie suivant que l'action est intentée par le mari ou, après sa mort, par ses héritiers.

64. — 1° *Mari.* — L'art. 316 relatif à l'action du mari, prévoit trois circonstances suivant lesquelles varient, non seulement la longueur du délai mais encore son point de départ. Le mot *absent*, dont se sert l'art. 316 au sujet du second cas qu'il prévoit, désigne la situation contraire à celle où se trouve l'individu qui est *sur les lieux*, et il est pris par opposition à ces derniers termes (V. *Rép.* n° 123 ; Demolombe, t. 5, n° 142 ; Aubry et Rau, t. 6, § 545 *bis*, p. 56, et note 16; Laurent, t. 3, n° 444). Il s'agit évidemment d'un éloignement passager, dont les éléments sont soumis à l'appréciation souveraine des juges du fond (V. *Rép.* n° 124). Il a été jugé, sur ce point, qu'un mari habitant une commune voisine de celle où sa femme est accouchée peut, eu égard au peu de rapports existant entre ces deux communes, être considéré comme absent au moment de l'accouchement, et dans ce cas, il profite, pour former le désaveu, du délai de deux mois (Caen, 29 déc. 1880, aff. Heuzey, D. P. 82. 2. 53).

65. Une première question à résoudre est celle de savoir comment il sera établi que le mari a droit au délai de deux mois, ou qu'au contraire son action doit être renfermée dans le délai d'un mois. On a vu (*Rép.* n° 127) qu'il appartient au mari d'établir son droit, et qu'en conséquence la charge de la preuve lui incombe s'il prétend au délai de deux mois. La règle, en effet, est le délai d'un mois, le délai de deux mois est l'exception; c'est à celui qui veut bénéficier de l'exception à faire la preuve de son droit (V. en ce sens : Demolombe, t. 5, n° 143). « Il n'est pas exact, dit au contraire M. Laurent (t. 3, n° 445), de dire que le mari invoque une exception; la loi détermine le délai d'après les circonstances : il est d'un mois quand le mari se trouve sur les lieux, de deux mois quand il est absent ou que la naissance lui a été cachée ; il n'y a là ni règle, ni exception, il y a trois dispositions différentes pour trois cas différents... ». Mais cet auteur appuie à tort son argumentation sur un arrêt de la chambre des requêtes du 14 févr. 1854 (aff. H..., D. P. 54. 1. 89); cet arrêt met à la charge du défendeur au désaveu, non pas la preuve que le mari se trouve dans tel ou tel des cas prévus par l'art. 316, mais celle de l'époque à laquelle a été découverte la fraude tendant au recel de la naissance (V. sur ce point, *infrà*, n° 67).

66. Le point de départ du délai par lequel se prescrit l'action en désaveu, aux termes de l'art. 316, ne soulève aucune difficulté dans les deux premiers cas : l'époque de la naissance de l'enfant et celle du retour du mari absent seront, en effet, toujours faciles à préciser. Il n'en est pas de même du troisième cas, et il sera plus délicat d'établir l'époque à laquelle le mari a découvert la fraude par laquelle on lui avait caché la naissance de l'enfant et a connu cette naissance. — Il est admis, toutefois, qu'un simple soupçon du mari ne suffirait pas à faire courir le délai : il faut pour cela une connaissance de sa part certaine et positive (V. *Rép.* n° 126). Jugé, dans ce sens, que le délai dans lequel le mari doit exercer l'action en désaveu ne court que du jour où il a eu la connaissance certaine de la naissance de l'enfant, et non pas de l'époque où il a reçu des confidences accusatrices et manifesté des soupçons sérieux (Dijon, 17 mai 1870, aff. Mazoyer, D. P. 73. 2. 195. Conf. Req. 14 févr. 1854, aff. H..., D. P. 54. 1. 89 ; Paris, 7 mai 1855, aff. Painb D. P. 56. 2. 45 ; Req. 9 déc. 1857, aff. Doussard, D. P. 5[8]. 1. 132 ; Nancy, 12 janv. 1861, aff. B..., D. P. 61. 5. 236 ; Dijon, 6 janv. 1865, aff. G..., D. P. 65. 2. 32; Paris, 4 févr. 1876, aff. Hourlier, D. P. 76. 2. 193; Caen, 29 déc. 1880, aff. Heuzey, D. P. 82. 2. 53 ; Grenoble, 8 déc. 1881, aff. Charbonnier, D. P. 82. 2. 153 ; Req. 12 févr. 1884 (1); Lyon, 21 janv. 1886, aff. Prébet, D. P. 87. 2. 1 ; Pau, 11 janv. 1887, aff. Lamarque, D. P. 87. 2. 77).

67. Il y a désaccord dans la doctrine sur le point de savoir à qui, du demandeur ou du défendeur, incombe la charge de la preuve qu'il s'est écoulé plus ou moins de deux mois depuis la découverte de la fraude. Certains auteurs veulent que le mari prouve lui-même qu'il est encore dans les délais; ils l'autorisent toutefois à fournir cette preuve par témoins et même par présomptions (V. dans ce sens : Demolombe, t. 5, n° 144 ; Duranton, t. 3, n° 86 ; Massé et Vergé, t. 1, n° 303 ; Demante, t. 2, n° 43 *bis*-XI ; Aubry et Rau, t. 6, § 545 *bis*, p. 56, note 19). Mais on a vu (*Rép.* n° 128) qu'il est plus conforme aux principes d'exiger, au contraire, des défendeurs la preuve que le mari n'est plus dans les délais (Conf. Laurent, t. 3, n° 445). C'est, au surplus, ce qui a été décidé par une jurisprudence constante (V. dans ce sens : Req. 14 févr. 1854, aff. H..., D. P. 54. 1. 89; Dijon, 6 janv. 1865, aff. G..., D. P. 65. 2. 32 ; Aix, 6 déc. 1876, aff. Cornillat, D. P. 77. 2. 183 ; Pau, 11 janv. 1887, aff. Lamarque, D. P. 87. 2. 77). « ... Attendu, dit ce dernier arrêt, que sans doute le mari n'a pas, pour intenter son action, un délai indéterminé, mais qu'il existe en sa faveur une présomption qui met à la charge du défendeur la preuve de l'exception qu'il peut invoquer à ce sujet; que c'est le cas de rappeler la maxime : *reus in excipiendo fit actor* et qu'on ne peut imposer au mari la preuve directe d'un fait négatif, c'est-à-dire la preuve qu'il ne s'est pas écoulé plus de deux mois entre le moment où il a eu la connaissance de la naissance et celui où il a intenté son action ; que le mari étant en droit d'intenter son action, ce sera donc au défendeur de justifier l'exception qui rendrait cette action irrecevable... ».

68. Les tribunaux conservent, d'ailleurs, la souveraine appréciation des faits qui leur sont apportés en preuve, et c'est à eux qu'il appartient de déterminer, d'après ces faits, le moment où le mari a acquis la connaissance de la naissance de l'enfant (V. Req. 12 févr. 1884, *suprà*, n° 66). Quels seront ces faits? On ne peut trouver à cet égard que des décisions d'espèces, d'où aucune règle générale ne saurait être dégagée. Il a été jugé, notamment, que l'on doit assimiler à la découverte de la fraude faisant courir, contre le mari à qui la naissance d'un enfant a été cachée, les deux mois dans lesquels il doit contester la légitimité de cet enfant, la déclaration de l'existence de celui-ci que sa femme lui a faite devant le président lors d'une tentative de conciliation préalable à une action en séparation de corps que

---

(1) (Chambéry *C.* Chambéry.) Le 14 juin 1882, arrêt de la cour de Bourges, ainsi conçu :... En ce qui touche la recevabilité de l'action en désaveu) : — Attendu que cette action est recevable ; que vainement, en effet, la dame Chambéry objecte qu'elle n'aurait été intentée que tardivement, et longtemps après la connaissance acquise par son mari de la naissance de l enfant dont s'agit; que la dame Chambéry qui, depuis 1873, vivait à Paris, séparée de son mari qui habitait Nevers, et avec lequel elle avait cessé toutes relations, ne justifie aucunement lui avoir donné, ainsi qu'elle l'allègue, avis de sa grossesse; que la lettre dont est excipé, et qui aurait été, à son instigation, adressée, au cours du mois de mai 1878, par un tiers à Chambéry, pour lui réclamer des secours destinés à élever l'enfant né en 1875, n'a point satisfait au vœu de la loi pour donner à Chambéry la connaissance certaine de la paternité qu'il conteste; que, dans cette lettre qui n'est pas représentée, le tiers qui s'était chargé de l'écrire ne paraissait pas affirmer personnellement la réalité de la naissance de l'enfant, mais se rendre seulement l'interprète des dires de la dame Chambéry ; que le mari qui, d'après les faits antérieurs, avait l'expérience de la facilité avec laquelle sa femme savait imaginer des nouvelles chimériques quand elle croyait en avoir besoin pour le tromper, n'a attaché aucune importance à la communication étrange qui lui était faite, la considérant comme une nouvelle mystification en vue de lui extorquer de l'argent; qu'il en a parlé dans ce sens à divers témoins entendus dans les enquêtes; qu'un avertissement se manifestant dans de telles conditions n'était point de nature à produire d'effet légal, et n'a été suivi d'aucune investigation ; qu'il n'y a lieu dès lors de s'arrêter à la fin de non-recevoir proposée...; — Pourvoi en cassation par la dame Chambéry, pour violation des art. 312 et suiv. c. civ., en ce que l'arrêt de la cour de Bourges a admis la demande en désaveu de paternité du sieur Chambéry, bien que la naissance de l'enfant lui fût connue, et malgré l'expiration du délai fixé par la loi.

La cour ; — Sur le moyen unique du pourvoi, tiré de la violation des art. 312 et suiv. c. civ. ; — Attendu que si, aux termes de l'art. 316 c. civ., l'action en désaveu, dirigée contre l'enfant né de sa femme durant le mariage, et dont la naissance lui a été cachée, doit, à peine de nullité, être introduite dans les deux mois qui suivent la découverte de la fraude, ce délai ne court qu'à partir du moment où le mari a acquis la connaissance certaine de la naissance de l'enfant; — Attendu que la cour de Bourges, appréciant, dans les limites du droit qui appartenait aux juges du fond, les faits de la cause et les témoignages recueillis dans les enquêtes, a déclaré que Chambéry n'avait pas eu, plus de deux mois avant l'introduction de la demande en désaveu, connaissance certaine de la naissance de l'enfant de la dame Chambéry; — Attendu que l'arrêt attaqué, en se fondant sur ces constatations de fait pour admettre comme recevable la demande en désaveu de Chambéry, loin de violer les articles visés au pourvoi, a fait une juste application de l'art. 316 c. civ. ;

Rejette, etc.

Du 12 févr. 1884.-Ch. req.-MM. Bédarrides, pr.-Talandier, rap. Chevrier, av. gén., c. conf.-Clément, av.

cette dernière se proposait de former; qu'il importe peu que l'acte de naissance n'ait pas été représenté au mari, ou que ce dernier ait, lors de cette déclaration, protesté contre la légitimité de l'enfant (Paris, 7 mai 1855, aff. Painblanc, D. P. 56. 2. 45).

69. La loi du 6 déc. 1850 n'a rien changé aux délais ni à leur point de départ. Toutefois, la séparation de corps rendant les époux étrangers l'un à l'autre, on n'a pas à considérer si le mari est absent ou s'il se trouve sur les lieux au moment de la naissance. On assimile sa situation à celle du mari auquel la naissance a été cachée. Le délai de deux mois lui est, en conséquence, applicable, à partir du moment où il a eu la connaissance certaine de la naissance. C'est ce qui a été jugé d'une manière constante (Req. 9 déc. 1857, aff. Doussard, D. P. 58. 1. 132; Nancy, 12 janv. 1861, aff. B..., D. P. 61. 5. 236; Grenoble, 8 déc. 1881, aff. Charbonnier, D. P. 82. 2. 153; Caen, 29 déc. 1880, aff. Heuzey, D. P. 82. 2. 53; Pau, 11 janv. 1887, aff. Lamarque, D. P. 87. 2. 77; Riom, 4 mars 1891, *suprà*, n° 36).

70. Les délais de l'art. 316 se comptent d'après les règles ordinaires, de quantième à quantième, et non par révolution de trente jours (Demolombe, t. 5, n° 152; Aubry et Rau, t. 6, § 545 *bis*, p. 58). Ainsi qu'on l'a dit *suprà*, n° 12, à propos du calcul des délais de la conception, le *dies a quo* n'est pas compris dans le calcul, tandis que le *dies ad quem* y est compris, en ce sens que c'est le dernier jour utile pour former le désaveu.

71. De ce qui précède, il suit que la demande est tardive si elle est formée après l'expiration des délais, c'est-à-dire s'il est établi que le mari a agi plus de deux mois après son retour ou après la connaissance certaine de la naissance de l'enfant, ou, s'il est sur les lieux, plus d'un mois après cette naissance même (*Rép.* n° 136). Cette demande tardive est sujette à déchéance, et la déchéance peut être opposée en tout état de cause, même en appel (*Rép.* n° 154.— V. toutefois, en ce qui concerne la possibilité de la prorogation des délais, ce qui sera dit à propos du désaveu formé par acte extrajudiciaire, *infrà*, n°s 83 et suiv.).

72. Cette déchéance, qui est de droit dans les cas qu'on vient d'examiner, est-elle absolue et s'applique-t-elle d'une façon générale à tous les cas? Par exemple, si l'enfant n'a pas été inscrit sur les registres de l'état civil ou s'il y a été inscrit comme né de père et mère inconnus, et s'il n'a pas de possession d'état, l'action se prescrira-t-elle, aux termes de l'art. 316, deux mois après que le mari aura eu connaissance de la fraude? Ou bien, au contraire, le mari qui aura connu la fraude pourra-t-il, sans encourir de déchéance, attendre pour exercer le désaveu que l'enfant agisse lui-même en réclamation d'état? Cette question a soulevé une controverse. Certains auteurs prétendent qu'elle ne peut pas se poser, parce que, selon eux, le mari n'a pas, dans ce cas, le droit d'agir en désaveu; il *doit*, pour se soustraire à une paternité qu'il veut repousser, attendre que l'enfant agisse lui-même en réclamation d'état, selon les art. 323 et suiv., et se conformer alors aux dispositions de l'art. 325 (V. *infrà*, n°s 132 et suiv. Conf. Demolombe, t. 5, n°s 145 *bis* et 127; Massé et Vergé, t. 1, p. 288). Ainsi qu'on l'a vu au *Rép.*, n°s 132 et suiv., il est plus généralement admis que le mari a le droit, dans ce cas, de recourir au désaveu, avec toutes ses formes et conditions, y compris les prescriptions de l'art. 316, à la charge pour lui d'établir préalablement la maternité de sa femme; mais s'il laisse passer les délais légaux sans agir, il lui restera encore, quoique déchu des droits de désaveu, la faculté de recourir aux dispositions de l'art. 325, lorsque l'enfant exercera son action en réclamation d'état (V. *Rép.* n° 137; Note de M. Flürer, D. P. 87. 2. 1; Aubry et Rau, t. 6, § 545, p. 50). Il a été jugé, dans ce sens : 1° que l'action en désaveu de paternité peut être exercée par le mari contre un enfant non investi, par son acte de naissance ou par la possession d'état, de la qualité d'enfant de la femme du désavouant, et inscrit, par exemple, sur les registres de l'état civil comme né d'une mère inconnue, sans qu'il soit nécessaire d'attendre que cet enfant réclame les droits d'enfant légitime (Req. 14 févr. 1854, aff. H..., D. P. 54. 1. 89. Conf. Paris, 21 févr. 1863, aff. Hottin, D. P. 63. 2. 37; Req. 9 mai 1864, aff. Delmas, D. P. 64. 1. 409); — 2° Que le mari peut intenter l'action en désaveu même contre un enfant dont la naissance n'a pas été inscrite sur les registres de l'état civil (Lyon, 21 janv. 1886, aff. Prébet, D. P. 87. 2. 1). — Mais ce dernier arrêt commet une erreur lorsqu'il ajoute que, dans ce cas, l'action en désaveu est *facultative* et peut être intentée même après l'expiration des délais prévus par l'art. 316 c. civ. L'action en désaveu est bien facultative, en ce sens que le mari, comme on vient de le dire, peut à son gré l'exercer ou attendre l'action en réclamation d'état de l'enfant, mais elle ne l'est pas au point de vue de l'extension des délais, qui sont fatals (V. dans ce sens, *Rép.* n° 139; Note précitée de M. Flürer; Demolombe, t. 5, n° 146; Aubry et Rau, t. 6, § 545, p. 50, notes 72 et 73).

73. On a vu au *Rép.* n° 131, que le désaveu ne peut pas être exercé avant la naissance de l'enfant, parce que l'action manquerait d'objet (Comp. ce qui a été dit *suprà*, n° 59, au sujet de l'exercice de l'action par les héritiers lorsque le mari est décédé avant la naissance).

74. D'après un arrêt (Besançon, 29 prair. an 13) cité au *Rép.* n° 150 et rapporté *ibid.*, n° 72, la mort de l'enfant, alors qu'il est né viable, ne crée pas une fin de non-recevoir contre l'action du mari, et si ce dernier est encore dans les délais pour agir, son action est recevable. Il a été jugé, depuis, que l'action en désaveu s'éteint par le décès de l'enfant survenu au cours de l'instance (Trib. Pont-l'Evêque, 17 janv. 1878, aff. Prévost, D. P. 78. 3. 87). Cette décision s'appuie sur les motifs qu'on a fait valoir, *suprà*, n° 19, au sujet de l'introduction de l'action en désaveu en cas de naissance d'un enfant mort ou non viable. Elle concorde, en outre, avec celle qui a prévalu en matière de séparation de corps (ou de divorce) sur la question de savoir quelle est la conséquence du décès de l'époux, survenu au cours de l'instance; la jurisprudence admettait, en effet, même avant le remaniement de l'art. 244, § 3, c. civ. par la loi du 27 juill. 1884 (D. P. 84. 4. 97), que l'action en séparation de corps ou en divorce s'éteint, avec toutes ses conséquences, par le décès de l'un des époux (V. *suprà*, v° *Divorce et séparation de corps*, n°s 382 et suiv.). — Toutefois il ne faut pas assimiler entièrement les deux situations : en matière de séparation de corps (ou de divorce), l'action a toujours un caractère moral; en matière de désaveu, elle n'a ce caractère que du vivant du mari et devient pécuniaire après sa mort lorsqu'elle passe aux mains de ses héritiers (V. *suprà*, n° 54). On doit conclure de là que la décision du tribunal de Pont-l'Evêque, juste dans l'espèce, devrait être écartée, si le procès existait entre l'enfant et les héritiers du mari.

75. Les délais de l'art. 316 courent-ils contre le mari interdit? On sait (V. *suprà*, n° 53) que le tuteur de l'interdit n'est pas admis à exercer le désaveu au nom de son pupille, ce droit étant essentiellement personnel. Qu'adviendra-t-il alors? Devra-t-on appliquer à l'interdit les dispositions de l'art. 2252 c. civ. qui suspendent dans certains cas la prescription jusqu'à la majorité ou jusqu'à la mainlevée de l'interdiction? Telle n'est pas l'opinion généralement admise. Il ne s'agit pas ici, en effet, d'une prescription proprement dite, mais d'une véritable déchéance, à laquelle l'art. 2252 ne saurait s'appliquer (*Rép.* n° 115; Demolombe, t. 5, n° 159; Duranton, t. 3, n° 89; Aubry et Rau, t. 6, § 545 *bis*, p. 58, note 28; Laurent, t. 3, n° 450). Toutefois il est admis que le délai ne court pas contre le mari qui se trouve en état de démence, ce mari ne pouvant acquérir la connaissance de la naissance de l'enfant que du jour où il recouvre la raison. On n'applique pas dans ce dernier cas l'art. 2252, mais on se conforme à l'esprit des dispositions de l'art. 316 (*Rép. ibid.;* Aubry et Rau, *loc. cit.*, note 29). Un arrêt a très justement décidé, en conséquence, que les délais ne courent pas lorsque le mari se trouve interné dans un asile d'aliénés (Caen, 14 déc. 1876, aff. Marguerite dit Lememorel, D. P. 77. 2. 146).

76. En ce qui concerne le mineur, la solution est identique : la prescription de l'art. 316 court contre lui (V. les auteurs cités *suprà*, n° 75).

77. — 2° *Héritiers.* — L'action en désaveu des héritiers est régie, quant à la prescription, par l'art. 317 qui leur accorde un délai de deux mois pour contester la légitimité de l'enfant à compter de l'époque où cet enfant s'est mis en possession des biens du mari, ou de l'époque où les héritiers sont troublés par l'enfant dans cette possession (V.

Lyon, 3 juill. 1890, aff. Callot, D. P. 91. 2. 99). Il était juste que les héritiers eussent un délai plus long que celui du mari; leur situation, en effet, ne leur permet pas d'être instruits des faits aussi rapidement que lui (*Rép.* n° 142).

78. En ce qui concerne le point de départ du délai et la question de savoir comment sera constitué le trouble de nature à porter atteinte à la possession des héritiers, on s'est déjà expliqué à ce sujet, *suprà*, n° 61. Il y a simplement lieu de rappeler ici qu'au cas où les héritiers se trouvent, au moment de leur saisine, en présence d'un enfant ayant un acte de naissance et une possession d'état, le trouble doit être considéré comme existant quand bien même l'enfant ne réclamerait aucuns droits héréditaires; ils sont, dès lors, tenus d'agir dans les deux mois de leur saisine. Si, au contraire, ils se trouvent en présence d'un enfant sans titre ni possession d'état, le trouble ne commencera à leur égard que du jour où cet enfant agira contre eux d'une manière quelconque, soit par une pétition d'hérédité, soit par une réclamation d'état; et ce n'est qu'à partir de ce jour que le délai courra contre eux (V. *Rép.* n°s 144 et suiv.). Encore faudra-t-il que l'action de l'enfant de nature à engendrer le trouble prévu par l'art. 317, soit régulièrement formée, et intentée au nom de l'enfant par une personne ayant qualité à cet effet. Il a été jugé, dans ce sens, qu'un tuteur dont la nomination a été déclarée nulle, d'une nullité d'ordre public, n'a aucune qualité pour représenter le mineur et prendre des conclusions en son nom; qu'en conséquence, les conclusions prises par ce tuteur, tendant à faire attribuer une succession au mineur comme enfant légitime du *de cujus* ne peuvent être considérées comme un trouble à la possession des héritiers dans le sens de l'art. 317 c. civ., faisant courir le délai à l'expiration duquel ces héritiers ne seraient plus recevables à former une demande en désaveu (Civ. cass. 10 mai 1887, aff. Zehaune, D. P. 87. 1. 412). On ne saurait voir un trouble à la possession des héritiers dans le seul fait de la nomination régulière d'un nouveau tuteur, aussi longtemps que ce nouveau tuteur n'agit pas pour obtenir l'envoi en possession de l'enfant ou pour troubler les héritiers dans leur possession (Même arrêt). — Doit-on considérer comme un trouble de nature à justifier cette fin de non-recevoir, le fait par l'enfant de former une demande en revendication de la succession du mari devant un tribunal où les héritiers de celui-ci étaient alors en instance, par un mandataire, à la connaissance duquel la demande de l'enfant a été portée immédiatement, encore que ce tribunal siégeât hors de France (dans l'espèce en Amérique), alors que toutes les parties françaises habitent en France? La cour de Lyon (Arrêt du 3 juill. 1890, aff. Callot, D. P. 91. 2. 99) n'a pas résolu expressément la question; mais elle a reconnu ces faits comme suffisamment pertinents pour être admis en preuve.

79. C'est à l'enfant qu'incombe la preuve que le trouble a été porté à la connaissance des héritiers; et l'offre par lui faite de prouver tant la réunion de fait des époux que la connaissance du trouble par les héritiers n'est recevable qu'autant que ces faits ne sont pas d'ores et déjà démentis soit par d'autres faits définitivement acquis et démontrant irrécusablement leur fausseté, soit encore par des documents non contestés ou des actes authentiques qui établissent l'impossibilité de leur existence (Aix, 6 déc. 1876, aff. Cornillat, D. P. 77. 2. 99; Lyon, 3 juill. 1890, aff. Callot, D. P. 91. 2. 99).

80. Ce qui a été dit *suprà*, n°s 72 et 73 de l'action du mari, en ce qui concerne l'exercice de l'action à l'égard d'un enfant non inscrit sur les registres de l'état-civil, ou inscrit comme né de père et mère inconnus, ou d'un enfant non encore né, s'applique à l'action des héritiers (V. en ce qui concerne l'enfant décédé en cours d'instance *suprà*, n° 74). Il en est de même de la supputation des délais, de la déchéance et de la tardiveté de l'action (*suprà*, n°s 66 et suiv.). — En ce qui concerne le cours des délais durant la minorité ou l'interdiction, la question de la suspension ne peut pas se poser puisque, comme on l'a vu *suprà*, n° 56, les tuteurs des héritiers peuvent agir en désaveu en leur nom, cette action étant devenue entre leurs mains une simple action pécuniaire.

81. Conformément à l'opinion adoptée *suprà*, n° 48, aux termes de laquelle l'enfant, né avant le cent quatre-vingtième jour du mariage, suit le sort de sa conception, si cette conception a été adultérine ou incestueuse, il suit que l'action des intéressés qui contestent l'état d'un enfant né dans ces conditions n'est pas soumise aux exceptions et prescriptions particulières à l'action en désaveu, mais qu'au contraire l'imprescriptibilité de l'action prévue par l'art. 339 lui est applicable (V. dans ce sens les auteurs et les arrêts cités *suprà*, *ibid.*).

Sect. 3. — Forme du désaveu (*Rép.* n°s 154 à 193).

82. La loi ne soumettant le désaveu à aucune forme particulière, c'est devant les tribunaux ordinaires que l'action doit être portée, et c'est selon les formes ordinaires que l'instance doit être généralement introduite (*Rép.* n° 155). Toutefois, aux termes de l'art. 318, tout acte extrajudiciaire, contenant le désaveu de la part du mari ou de ses héritiers, sera comme non avenu, s'il n'est suivi, dans le délai d'un mois, d'une action en justice, dirigée contre un tuteur *ad hoc* donné à l'enfant, et en présence de sa mère. De ces dispositions découlent trois conséquences : 1° l'instance en désaveu peut être introduite par un acte extra judiciaire; 2° l'action doit être intentée contre un tuteur *ad hoc* donné à l'enfant; 3° la mère doit être présente aux débats.

83. — 1° *Acte extrajudiciaire.* — On a examiné au *Rép.* n° 180 la question de savoir si une citation en conciliation qui aurait été signifiée par erreur équivaudrait à l'acte extrajudiciaire prévu par l'art. 318, et si elle aurait pour effet de prolonger d'un mois le délai du désaveu conformément à cet article; la négative, enseignée au *Répertoire*, semble avoir prévalu (V. conf. Demolombe, t. 5, n° 157: Aubry et Rau, t. 6, § 545 *bis*, p. 60). M. Troplong (*De la prescription*, t. 1, n° 592) enseigne que, lorsque l'action appartient aux héritiers, la citation en conciliation peut tenir lieu de l'acte extrajudiciaire prévu par l'art. 318, parce que l'action, en passant aux héritiers, a changé de caractère et n'est plus qu'une action pécuniaire. Cette distinction ne saurait être admise : l'action, en effet, ne change de caractère qu'au point de vue du demandeur et demeure, au point de vue du défendeur, identique à elle-même, c'est-à-dire relative à une question d'état.

84. L'art. 318 a pour but de prolonger d'un mois la prescription des art. 316 et 317. Le législateur a pensé que, s'il convenait dans une matière aussi délicate que le désaveu d'imposer des délais très brefs, il fallait cependant tenir compte des hésitations et des combats intérieurs auxquels certains sentiments de convenance ou d'affection pouvaient livrer le demandeur, et il a eu recours à ce moyen qui, sans engager l'avenir, donne à l'intéressé un mois de plus pour réfléchir. Mais, passé ce nouveau délai, l'action se trouve irrévocablement prescrite, à moins que les délais des art. 316 et 317 ne soient expirés. Il va de soi que, tant que les délais des art. 316 et 317 ne sont pas expirés, le mari ou ses héritiers pourraient même après l'expiration d'un mois au lieu d'exercer l'action purement et simplement, faire suivre le premier acte extrajudiciaire d'un second acte qui produirait son effet légal de prorogation (*Rép.* n° 156; Demolombe, t. 5, n°s 158; Aubry et Rau, t. 6, § 545 *bis*, p. 59, note 34; Laurent, t. 3, n° 451).

85. Le délai d'un mois imparti par l'art. 318 pour intenter l'action en désaveu est un délai préfix; en conséquence, la disposition de l'art. 1033, § 5, c. proc. civ. (modifié par la loi du 3 mai 1862), d'après laquelle, si le dernier jour du délai est un jour férié, le délai doit être prorogé au lendemain, ne s'y applique pas (Trib. Caen, 2 avr. 1890, aff. Hébert, D. P. 93. 3. 64).

86. — 2° *Tuteur ad hoc.* — Le mari ou ses héritiers doivent assigner le tuteur *ad hoc* de l'enfant. De ces expressions de la loi, il résulte que c'est bien un tuteur spécial qui doit être désigné, c'est-à-dire dont les pouvoirs se borneront exclusivement à représenter l'enfant durant l'action en désaveu et à défendre ses intérêts. Et il n'y a pas à distinguer suivant que l'enfant a pour tuteur le mari lui-même ou toute autre personne. Telle est l'opinion unanime des auteurs (*Rép.* n° 161; Demolombe, t. 5, n° 165; Aubry et

Rau, t. 6, § 545 *bis*, p. 60, note 37; Laurent, t. 3, n° 454). Si l'action n'est intentée qu'après la majorité de l'enfant, il est bien certain qu'il pourra se défendre lui-même et que la nomination d'un tuteur *ad hoc* sera inutile, tout majeur étant capable d'une manière absolue (*Rép.* n° 167; Demolombe, t. 5, n° 164. Aubry et Rau, t. 6, § 545 *bis*, p. 60; Laurent, t. 3, n° 454. — *Contrà :* Richefort, *De l'état des familles*, t. 1, n° 66). Il n'en serait autrement que si l'enfant majeur était interdit.

87. Quel sera le mode de nomination de ce tuteur *ad hoc?* s'en référera-t-on aux règles édictées par les art. 405 et suiv. c. civ., pour la nomination des tuteurs ordinaires? La question est controversée. La nomination des tuteurs en général, sauf les cas prévus par les art. 397 et suiv. c. civ., appartient au conseil de famille. Bien que le silence de l'art. 318 semble consacrer ce mode ordinaire de nomination, certains auteurs et quelques arrêts ont cru devoir, en raison de la situation créée par le désaveu, s'écarter ici des règles du droit commun. — Les uns considèrent que la loi, lorsqu'elle entend qu'un tuteur spécial soit nommé par la famille du mineur, prend soin de s'en expliquer; c'est ce qui résulterait de l'art. 968 c. proc. civ. Ils confient, en conséquence, au tribunal la nomination du tuteur *ad hoc* chargé de représenter les intérêts de l'enfant dans l'action en désaveu (Aux auteurs cités au *Rép.* n° 162. — *adde :* Laurent, t. 3, n° 453). Ce système a également été consacré par un arrêt (Paris, 4 juill. 1853, aff. d'H..., D. P. 53. 2. 201). Toutefois cet arrêt paraît en restreindre l'application au cas où l'acte de naissance n'indique ni le père ni la mère. On verra, d'ailleurs *infrà* (même numéro), que, même dans cette situation où l'enfant n'a pas de famille, la grande majorité des arrêts s'est prononcée contre la nomination du tuteur par le tribunal.

Un autre système admet la nomination du tuteur par le conseil de famille, avec ce tempérament que les parents de la ligne paternelle seront exclus de la composition du conseil, en raison de l'hostilité dont ils pourraient être animés à l'égard de l'enfant (V. auteurs cités au *Rép. ibid.*). Il a été jugé, en ce sens, que le conseil de famille de l'enfant désavoué, et en particulier le conseil qui doit procéder à la nomination du tuteur *ad hoc* chargé de défendre à l'action en desaveu, ne peut comprendre ni le mari ni les parents de celui-ci, et que le juge de paix doit appeler à leur place des citoyens connus pour avoir eu des relations habituelles d'amitié avec la mère du mineur (Caen, 22 déc. 1880, aff. Aunay, D. P. 82. 2. 53). Il convient de remarquer que, dans l'espèce sur laquelle a statué la cour de Caen, l'enfant avait été conçu après la séparation de corps de la mère et de son mari, et que, dans ce cas, le désaveu étant péremptoire selon la loi du 6 déc. 1850 (V. *suprà*, n° 35), le mari, jusqu'au jugement définitif, devait, d'après cet arrêt, être considéré comme n'étant pas le père de l'enfant, et sa famille comme étrangère par suite à ce dernier. L'arrêt ajoute, du reste, que les irrégularités commises dans la composition du conseil de famille de l'enfant désavoué, par exemple l'irrégularité consistant en ce que le mari ou ses parents y ont été appelés, ne vicient pas la délibération, s'il résulte des circonstances, d'une part, que ces irrégularités ont été la conséquence d'une erreur involontaire, et, d'autre part, qu'elles n'ont causé aucun préjudice au mineur. — Un autre arrêt a poussé jusqu'à l'extrême les conséquences du raisonnement qui sert de base à ce second système, et partant de cette considération que, si le désaveu est prononcé, l'enfant par là même proclamé adultérin n'aura aucuns droits sur la succession de sa mère, et qu'à ce point de vue les parents maternels ont intérêt à le voir désavouer, il a jugé que le conseil de famille de l'enfant désavoué peut être composé d'amis, à l'exclusion des parents paternels et maternels (Bordeaux, 26 juin 1860, aff. Marquais, D. P. 62. 2. 115).

Nous persistons à penser, conformément à la doctrine enseignée au *Rép.* n°s 162 et suiv., qu'il y a lieu d'appliquer les règles ordinaires tracées par les art. 405 et suiv. Le mari ainsi que la mère sont, en effet, jusqu'au jugement définitif, réputés père et mère de l'enfant, et leurs familles sont l'une et l'autre la famille cet enfant : on ne voit donc pas pourquoi la nomination du tuteur *ad hoc* n'appartiendrait pas au conseil de famille, ni pourquoi la composition du conseil de famille ne serait pas régie par le droit commun (V. en ce sens, outre les auteurs cités au *Rép.* n° 162: Aubry et Rau, t. 6, § 545 *bis*, p. 60, notes 38 et 39). C'est l'opinion qui a prévalu dans la jurisprudence. Jugé, en effet : 1° que la nomination du tuteur *ad hoc*, qui doit être donné à l'enfant désavoué, est soumise aux règles tracées pour toute tutelle déférée par le conseil de famille, et que, dès lors, le conseil de famille qui procède à cette nomination peut être composé de parents pris moitié du côté paternel, moitié parmi des amis, à défaut de parents du côté maternel; que le mari désavouant, étant réputé le père de l'enfant jusqu'à preuve contraire, la présence de parents paternels dans la composition du conseil de famille est régulière; et qu'il en est ainsi même dans le cas où la maternité est incertaine; qu'on objecterait vainement que, surtout dans ce dernier cas, le conseil de famille ne peut être composé que d'amis (Req. 14 févr. 1854, aff. H..., D. P. 54. 1. 89); — 2° Que le tuteur *ad hoc* à donner à l'enfant contre lequel une action en désaveu est intentée, ne peut être nommé que par le conseil de famille convoqué selon les formes déterminées par l'art. 407 c. civ., c'est-à-dire composé des parents et alliés de l'enfant pris en nombre égal dans chacune des deux lignes paternelle et maternelle, ou d'amis à défaut de parents et d'alliés, encore que l'enfant désavoué ait été inscrit dans son acte de naissance, sans désignation de sa mère, et comme né d'un père autre que le désavouant : il n'y a pas lieu, même en ce cas, de suivre, pour la composition du conseil de famille, les règles applicables à l'enfant naturel (Req. 9 mai 1864, aff. Delmas, D. P. 64. 1. 409. — V. dans le même sens : Liège, 3 mai 1853, aff. Palmaert, D. P. 53. 2. 200; Paris, 21 févr. 1863, aff. Hoffin, D. P. 63. 2. 37; C. cass. belge, 29 févr. 1872, aff. Boccar, D. P. 72. 2. 9; Trib. civ. Tours, 13 mai 1875, aff. Grandier, D. P. 80. 1. 271; Douai, 5 août 1880 (1); Civ. cass. 24 nov. 1880, aff. Riche, D. P. 82. 1. 52; Douai, 20 mars 1882, même affaire, D. P. 82. 2. 148; Grenoble (2)

---

(1) (P... *C.* L... et de Saint-A...). — LA COUR; — Au fond; sur la fin de non-recevoir proposée en appel, et qui résulterait de ce que le tuteur *ad hoc* aurait dû tenir ses pouvoirs du tribunal et non d'un conseil de famille : — Attendu que la loi n'ayant pas prévu de forme particulière pour la nomination du tuteur *ad hoc* à nommer à l'enfant, objet d'un désaveu, il y a nécessité de faire faire cette nomination, non par un tribunal, mais par un conseil de famille, et de suivre, à cet égard, les règles tracées par le code civil pour la tutelle déférée par le conseil de famille; que ce principe est vrai dans tous les cas, même dans celui où, comme dans l'espèce, l'acte de naissance de l'enfant auquel a été donné, entre autres noms, le nom patronymique de l'épouse du demandeur en désaveu, énonce qu'il est né de père et de mère non désignés; que l'appelante n'élève, d'ailleurs, aucune critique contre la composition du conseil de famille, laquelle présentait toutes les garanties que la loi a voulu assurer à l'enfant; — Déclare la dame L... fondée dans son opposition.

Du 5 août 1880.-C. de Douai, 1re ch.-MM. Botin, pr.-de Vaulx d'Achy, av. gén.-Théry et Allaert, av.

(2) (Seymat *C.* Seymat.) — LA COUR; — Attendu que, par exploit du 12 juin 1881, Eléonore Gontard, veuve de Pierre Seymat, agissant comme tutrice légale de Nancy Seymat, sa fille mineure, a fait assigner devant le tribunal civil d'Embrun Joseph Seymat, pour le faire condamner à lui payer, ès qualité, une somme de 480 fr. due par lui audit Pierre Seymat, décédé et représenté aujourd'hui par sa fille mineure; — Attendu qu'ensuite de cette assignation, Joseph Seymat a fait, à la date du 16 juill. 1881, signifier un acte extrajudiciaire, par le ministère Sarlat, huissier à Gap, à Éléonore Gontrand, veuve de Pierre Seymat, pour lui déclarer qu'il désavouait l'enfant Nancy Seymat, et qu'il se proposait d'intenter en justice son action en désaveu de paternité; — Attendu, en effet, que, par exploit du 16 août 1881, les mariés Seymat, Joseph, Bernard et Marie, ont introduit cette instance en désaveu devant le tribunal de Gap; qu'ils ont exposé que leur fils Pierre Seymat avait épousé Éléonore Gontard à la fin de 1873, etc. ; — Attendu qu'à la date du 16 août 1881, le tribunal de Gap, considérant que c'était bien à lui qu'il appartenait de nommer directement le tuteur *ad hoc* que doit avoir l'enfant mineur désavoué, a désigné en cette qualité François-Brenier, commis greffier audit tribunal; — Attendu que ce même tribunal a rendu, à la date du 2 janv. 1882, le jugement dont est appel, par lequel, sans s'arrêter à

14 févr. 1883. V. également Grenoble, 5 déc. 1883) (1).

88. Ainsi qu'on l'a dit au *Rép.* n° 165, les règles sur la composition du conseil de famille ne sont pas prescrites à peine de nullité; il suffit que les intérêts du mineur ne soient pas lésés, à la condition toutefois que les personnes appelées à constituer ce conseil soient aptes à en faire partie (Paris, 4 juill. 1853, aff. d'H... D. P. 53. 2. 201).

89. Devant quel juge de paix devra-t-on réunir le conseil de famille appelé à nommer le tuteur *ad hoc* de l'enfant? On a vu (*Rép.* n° 166) que la jurisprudence est fixée dans le sens de la compétence du juge de paix du domicile de la femme, que la maternité soit certaine ou non. C'est dans ce même sens que la question a été résolue depuis la publication du *Répertoire* (V. Bordeaux, 26 juin 1860, aff. Marquais, D. P. 62. 1. 115; Dijon, 24 janv. 1872, aff. A..., D. P. 73. 2. 13).

90. Si les règles sur la composition du conseil de famille ne sont pas prescrites à peine de nullité (V. *suprà*, n° 88), la nomination du tuteur peut être arguée de nullité pour une autre cause, et dans ce cas le tuteur, jusqu'à ce qu'il ait été statué à cet égard, n'a point qualité pour représenter le mineur et prendre des conclusions en son nom (V. dans ce sens : Civ. cass., 10 mai 1887, aff. Jehanne, D. P. 87. 1. 412). — Au reste, la fin de non-recevoir opposée à une action en désaveu de paternité et tirée par le défendeur de ce que sa nomination en qualité de tuteur *ad hoc* du mineur désavoué serait irrégulière, constitue une exception d'ordre public, qui peut, dès lors, être invoquée en tout état de cause et même suppléée d'office par le juge. En conséquence, elle ne saurait être rejetée par le motif que le défendeur, au lieu de demander immédiatement sa mise hors de cause, aurait d'abord conclu au rejet de la demande (Trib. civ. Tours, 13 mai 1875, D. P. 80. 1. 271). Décidé, de même, que le tuteur *ad hoc*, chargé de défendre à l'action en désaveu de paternité, a qualité suffisante pour proposer tous les moyens et exceptions qui importent à l'intérêt de l'enfant, y compris ceux concernant la régularité de sa propre nomination; et ce moyen touchant à l'ordre public peut être proposé pour la première fois devant la cour de cassation (Civ. cass., 24 nov. 1880, aff. Riche, D. P. 82. 1. 52).

91. Le droit de contester la nomination du tuteur appartient aussi à la mère, qui peut également soulever ce moyen en tout état de cause. Il a été jugé, dans ce sens, que la mère de l'enfant désavoué est recevable à contester la qualité du tuteur *ad hoc*; et que, en conséquence, elle est recevable à se pourvoir en cassation contre l'arrêt qui a maintenu la nomination de ce tuteur (C. cass. Belgique, 29 févr. 1872, aff. Boccar, D. P. 72. 2. 9).

92. Comme on l'a dit (*Rép.* n° 181), le tuteur *ad hoc* ne doit pas être assisté d'un subrogé tuteur (Conf. Demolombe, t. 5, n° 172). — La nomination d'un tuteur *ad hoc* n'est pas nécessaire lorsque l'enfant agit en réclamation d'état (V. *infrà*, n° 152).

93. En ce qui concerne la nomination d'un tuteur *ad hoc* à l'enfant naturel reconnu, dont la reconnaissance est contestée, V. *infrà*, n° 245.

94. — 3° *Assistance de la mère.* — L'art. 318 dispose que l'action en justice devra être dirigée contre le tuteur *ad hoc* en présence de la mère. Cette disposition signifie que la mère devra être mise en cause comme l'enfant, et qu'elle devra assister à tous les actes de la procédure (*Rép.* n° 168). Mais il ne s'ensuit pas qu'elle doive être assignée dans les délais imposés pour l'assignation du tuteur *ad hoc*; il suffit que sa mise en cause ait lieu dès le début de l'instance. Certains auteurs cependant exigent l'assignation de la mère dans le mois de l'acte extrajudiciaire (Demolombe, t. 5, n° 168), sans toutefois aller jusqu'à frapper de déchéance l'action qui n'aurait pas été précédée de cette formalité (V. *ibid.*). Mais, d'une manière générale, l'opinion contraire prévaut (V. Aubry et Rau, t. 6, § 545 *bis*, p. 60; Laurent, t. 3, n° 455). Il a été jugé, dans ce dernier sens, que l'art. 318 c. civ., n'exige pas, sous peine de déchéance de l'action, que la mère soit citée en justice dans le mois de l'acte extrajudiciaire contenant le désaveu (Caen, 14 déc. 1876, aff. Marguerite, D. P. 77. 2. 146). Il est vrai seulement de dire que la procédure faite en l'absence de la mère serait irrégulière.

95. — 4° *Tribunal compétent.* — Le tribunal devant lequel doit être portée l'action en désaveu est le tribunal du domicile du défendeur (c. proc. civ., art. 59). Or, qui est défendeur à l'action en désaveu? Est-ce l'enfant, est-ce le tuteur? La question, quoique controversée, paraît simple. Peut-on dire que l'action est dirigée contre le tuteur *ad hoc*? L'assignation est dirigée contre lui, mais en qualité de représentant, de mandataire de l'enfant. C'est donc l'enfant qui est le véritable défendeur (V. Demolombe, t. 5, n° 172 *bis*; Laurent, t. 3, n° 443). — On objecte que la question est sans intérêt; qu'en effet, l'art. 108 c. civ. assigne au mineur le domicile de son tuteur, et que, par conséquent, quel que soit celui d'entre eux que l'on considère comme le véritable défendeur au désaveu, la compétence *ratione loci* sera toujours la même. Cette objection n'est pas fondée : l'art. 108 ne vise que le tuteur habituel, celui qui, aux termes de l'art. 450 c. civ., doit prendre soin de la personne du mineur et le représenter dans tous ses actes. Tel n'est pas le tuteur *ad hoc* de l'art. 318. Ce tuteur a un rôle déterminé, limité à l'action à laquelle il est chargé de défendre. D'ailleurs, lorsque le père

l'exception tirée de ce que tuteur *ad hoc*, au lieu d'être nommé par le tribunal, aurait dû l'être par le conseil de famille, ni à une seconde exception tirée de ce que Joseph Seymat, ayant eu connaissance, dès le 1er août 1880, de la naissance de l'enfant, n'était plus dans le délai utile pour le désavouer, il a fait droit à l'action en désaveu;

Attendu, sur la première exception, que la question de savoir si l'enfant désavoué se trouve ou non régulièrement et également représenté en justice pour défendre à l'action si grave intentée contre lui, est une question d'ordre public qui peut être soulevée toujours et en tout état de cause; — Attendu, à cet égard, que si, comme le disent les premiers juges, l'art. 318 c. civ. ne détermine pas le mode suivant lequel le tuteur *ad hoc* de l'enfant désavoué doit être nommé, il ne s'ensuit pas que cette nomination puisse être faite par le tribunal; que la loi détermine en effet dans quels cas la tutelle doit être déférée par le conseil de famille, et qu'il s'agit de voir si la tutelle d'un enfant désavoué ne rentre pas dans un de ces cas; — Attendu que l'art. 405 dispose, d'une manière générale et absolue, que, lorsqu'un enfant mineur et non émancipé restera sans père ni mère ni ascendants mâles, comme aussi lorsque le tuteur de l'une des qualités sus-exprimées se trouvera dans un des cas d'exclusion, ou valablement excusé, il sera pourvu par un conseil de famille à la nomination d'un tuteur; — Attendu, en l'espèce, que la mère tutrice légale de l'enfant désavouée se trouve ou dans un cas d'exclusion ou valablement excusée, et que, suivant les expressions impératives de la loi, il doit être pourvu par un conseil de famille à la nomination du tuteur; qu'il ne peut être dérogé à une prescription aussi formelle par des considérations de convenance et d'équité;...

Par ces motifs, etc.

Du 14 févr. 1883.-C. de Grenoble.

(1) (Fabre et Dubois C. Denolly.) — Le sieur Denolly, chargé de la tutelle du sieur Dubois, interdit, a formé, au nom de celui-ci, une action en désaveu de l'enfant dont la dame Dubois était accouchée dix-huit mois après l'internement de son mari dans une maison d'aliénés. La demande a été introduite à la fois contre la mère et contre le tuteur *ad hoc* dont l'enfant avait été pourvu. La dame Dubois a opposé à cette action diverses fins de non-recevoir, qui ont été rejetées par un jugement du tribunal civil de Vienne, du 19 juill. 1881. Appel par la dame Dubois.

La cour; — ... Sur la deuxième fin de non-recevoir; — Attendu que l'art. 405 c. civ. dispose, d'une manière impérative, que, lorsqu'il doit être procédé à la nomination d'un tuteur, en dehors des cas prévus aux trois premières sections du chapitre de la tutelle, ou dans les cas d'exclusion et d'excuse valable des tuteurs indiqués auxdites sections, « il sera pourvu par un *conseil de famille*, à la nomination du tuteur »; que cette disposition générale et absolue ne trouve nulle part dans le code d'exception pour la nomination du tuteur *ad hoc* que doit avoir l'enfant objet du désaveu...;

Sur la quatrième fin de non-recevoir: — Attendu qu'aux termes de l'art. 405 c. civ. le tuteur doit, non seulement prendre soin de la personne de l'interdit, mais aussi le représenter dans tous les actes civils; qu'il revêt, pour ainsi dire, sa qualité et ses pouvoirs pendant la durée de l'interdiction; que, par suite, Denolly, usant de ses pouvoirs, a le droit de procéder à tous actes civils extra-personnels que pourrait faire Dubois, relevé de son interdiction; que, par conséquent, il a eu le droit d'introduire la présente instance en désaveu,..;

Par ces motifs, etc.

Confirme, etc.

Du 5 déc. 1883.-C. de Grenoble, ch. réun.-M. Orsat, pr.

est vivant, le mineur a le même domicile que lui; c'est ce que déclare le même art. 108. Tant qu'il n'a pas été statué sur le désaveu, le mari est sous le coup de la présomption *pater is est..*, et doit être considéré comme le véritable père de l'enfant. Il semble donc difficile d'attribuer à l'enfant un autre domicile que le domicile du mari. Il a été jugé, cependant, que l'action en désaveu de paternité doit être portée devant le tribunal du domicile du tuteur *ad hoc* donné à l'enfant désavoué, et non devant le tribunal du domicile du mari désavouant (Caen, 18 mars 1857, aff. Cliquet, D. P. 57. 2. 94). Mais la solution contraire est plus généralement admise (C. cass. Belgique, 1er févr. 1883 (1); Demolombe, t. 5, n° 172 *bis*; Laurent, t. 3, n° 443. — *Contrà;* Aubry et Rau, t. 6, § 545 *bis*, p. 60). Et il a été jugé que le tribunal du domicile du mari est compétent même dans le cas où l'enfant habiterait avec sa mère qui, par l'effet d'une séparation de corps, aurait un domicile séparé et distinct de celui de son mari (Paris, 18 juin 1884) (2). Il n'en serait autrement que dans le cas où les héritiers agiraient en désaveu après la mort du mari. L'enfant aurait alors pour domicile le domicile de sa mère tutrice ou celui de son tuteur général, et non celui du tuteur *ad hoc*, et la compétence appartiendrait en conséquence au tribunal de ce domicile.

96. Si l'action en désaveu est exercée contre un enfant majeur, tout majeur ayant son domicile propre (art. 102 et 109 c. civ.), le tribunal compétent sera celui de son domicile. Mais si cet enfant majeur est interdit, ce sera le tribunal du domicile de son tuteur.

97. On a vu au *Rép.* nos 178 et suiv. que, lorsque l'instance s'engage entre les héritiers du mari et l'enfant, celui-ci reste en possession des biens de son prétendu père jusqu'au jugement définitif; qu'il n'en est autrement que dans le cas de l'art. 315, c'est-à-dire dans le cas où l'enfant à désavouer n'est plus couvert par la présomption de paternité parce qu'il est né plus de trois cents jours après le décès du mari de sa mère. L'enfant se trouve ainsi en état de subvenir aux frais de l'instance. — Mais la situation n'est plus la même et les ressources nécessaires lui font défaut, lorsque le débat s'élève entre lui et le mari de sa mère. Les droits de la défense exigent pourtant la possibilité de se défendre. Aussi a-t-il été décidé que le tuteur *ad hoc* de l'enfant contre lequel est exercée une action en désaveu est fondé à demander au désavouant la provision qui est nécessaire pour subvenir aux frais du procès (Paris, 21 mars 1854, aff. Baudouin, D. P. 55. 2. 133). Il avait déjà été décidé dans le même sens que, lorsque l'enfant contre lequel est dirigée une action en désaveu n'a plus sa mère, et n'est pas en position de subvenir lui-même aux frais du procès, le tuteur *ad hoc* est fondé à réclamer du désavouant une provision (Trib. Seine, 18 janv. 1854, aff. Joly, D. P. 54. 3. 32). Mais la provision serait due quand bien même l'enfant aurait encore sa mère.

98. On a vu (*Rép.* n° 192) que, comme toutes les questions d'état, l'action en désaveu doit être jugée par la cour en audience solennelle. Il a été décidé que la cour d'appel qui statue en audience solennelle sur une question d'état n'a pas à motiver la compétence des chambres réunies, alors que le défendeur n'a formulé aucun chef de demande tendant à faire déclarer que la cause devait être jugée en instance ordinaire, mais seulement indiqué dans ses conclusions, à titre d'argument, que ladite action n'était qu'une pétition d'hérédité déguisée (Req. 1er févr. 1876, aff. Robert, D. P. 76. 1. 323). Quant aux questions incidentes qui se rattachent à l'action en désaveu, il a été jugé qu'une demande en provision formée devant une cour d'appel, incidemment à une instance qui doit être jugée en audience solennelle (par exemple, à une instance en désaveu de paternité), est, comme urgente, compétemment portée devant l'une des chambres de cette cour, et spécialement devant la première chambre ; il n'est pas nécessaire qu'elle soit elle-même jugée en audience solennelle (Paris, 21 mars 1854, aff. Baudouin, D. P. 55. 2. 133). — Le désaveu formé d'une manière incidente à une action quelconque est également jugé en audience ordinaire. Il a été décidé que les contestations relatives à l'état civil des personnes ne doivent pas être jugées en audience solennelle, lorsque la question d'état n'est soulevée qu'incidemment à une autre instance et par voie d'exception. Tel est le cas où la demande principale a pour objet unique la licitation des immeubles d'une succession, et où la contestation de la qualité d'héritier du demandeur et de son état d'enfant légitime n'est qu'une défense à l'action principale (Req. 8 nov. 1870, aff. Baudier, D. P. 73. 1. 124. V. dans le même sens : Req. 19 avr. 1847, aff. Barabino, D. P. 47. 1. 128; 27 janv. 1874, aff. Leflon, D. P. 74. 1. 216 ; Orléans, 10 mai 1860, aff. Edmond, D. P. 60. 2. 144; Civ. rej. 18 mars 1884, aff. Gouzène, D. P. 84. 1. 386; Civ. cass. 25 mars 1884, aff. Jarsalé, D. P. *ibid.*). Mais la cause doit être jugée en audience solennelle, alors même que la question d'état serait née d'une question ordinaire, si elle est devenue l'objet principal et dominant des conclusions des parties et des débats (Civ. rej. 26 juin 1889, aff. Lathoud, D. P. 91. 1. 129).

SECT. 4. — EFFETS DU DÉSAVEU (*Rép.* nos 194 à 202).

99. Cette matière a été traitée en détail au *Rép.* nos 194 et suiv. et n'exige aucun développement nouveau.

CHAP. 4. — Preuves de la filiation légitime
(*Rép.* nos 203 à 339).

100. On a dit (*Rép.* n° 205) que la preuve de la filiation doit être faite d'après les lois en vigueur à l'époque et dans le lieu de la naissance. Cette règle n'est pas, au point de

---

(1) (Meissels.) — LA COUR ; — Sur le moyen déduit de la violation et fausse application des art. 39 et 52, n° 10, de la loi du 25 mars 1876, en ce que l'un des défendeurs, le tuteur *ad hoc*, étant belge et domicilié à Saint-Gilles-lez-Bruxelles, le tribunal de Bruxelles devait connaître de la contestation; — Considérant que l'action en désaveu soulève une question d'état et que l'enfant désavoué est le véritable défendeur à l'instance; que si, aux termes de l'art. 318 c. civ., cette action doit être dirigée contre un tuteur *ad hoc* en présence de la mère, aucune loi n'a donné le domicile de ce tuteur à l'enfant désavoué; que cet enfant étant réputé légitime tant que le désaveu n'est pas admis, ne peut être assigné que là où son père peut l'être; que le tuteur *ad hoc* n'ayant d'autre mission que de défendre les intérêts de l'enfant et n'étant pas personnellement partie en cause, son domicile est sans influence sur la compétence du tribunal appelé à connaître de l'action; qu'en le décidant ainsi, l'arrêt attaqué n'a nullement contrevenu aux dispositions invoquées; — Rejette.

Du 1er févr. 1883.-C. cass. belge, 1re ch.-MM. de Longé, 1er pr.-Lenaerts, rap.-Mélot, av. gén., c. conf.-De Mot, H. Warnant et E. Picard, av.

(2) (Hubert C. Hubert et Cissay.) — LA COUR; — Sur l'exception d'incompétence: — Considérant qu'aux termes de l'art. 318 c. civ., l'action en désaveu doit être intentée contre un tuteur *ad hoc* donné à l'enfant, en présence de sa mère; qu'il résulte du texte et de l'esprit de cette disposition que le véritable défendeur à l'action en désaveu est l'enfant désavoué, représenté par le tuteur *ad hoc* qui doit lui être donné; qu'il suffit donc, pour reconnaître quel est le tribunal compétent pour connaître de la demande en désaveu, de déterminer le domicile de l'enfant ; — Considérant qu'aux termes de l'art. 108 c. civ., le mineur non émancipé n'a d'autre domicile que celui de son père; que cette règle continue à subsister pendant tout le cours de l'instance en désaveu, la présomption de légitimité, quoique affaiblie, subsistant également, même en cas de séparation de corps entre les époux jusqu'au jugement définitif; — Considérant, en fait, qu'il est établi et reconnu par toutes les parties qu'Hubert est domicilié à Paris; que dès lors l'enfant qu'il désavoue, et dont il est présumé légalement être le père, n'a d'autre domicile que le sien; que, sans doute, cette communauté de domicile entre le père demandeur et l'enfant défendeur à la demande en désaveu n'implique point que les actes de procédure pourraient être valablement signifiés à un autre domicile que celui du tuteur *ad hoc*, dont la nomination n'a d'autre but que de parer aux inconvénients résultant de la contrariété d'intérêts entre le père et l'enfant; mais que l'existence de ce tuteur *ad hoc*, dont le rôle de protection commence et cesse avec l'instance elle-même, ne saurait avoir pour effet de transférer ailleurs que chez son père le domicile que la loi assigne en principe au mineur émancipé; — Considérant, par suite, que le tribunal civil de la Seine était compétent pour connaître de l'action en désaveu intentée par Hubert, et que c'est à tort et sans droit que les premiers juges ont accueilli l'exception proposée par la dame Hubert, simple partie jointe; — Par ces motifs, réformant, etc.

Du 18 juin 1884.-C. de Paris, ch. réun.-MM. Périvier, 1er pr.-Loubers, av. gén.-G. Lejoindre et Chenu, av.

vue des rapports internationaux, aussi simple qu'elle le paraît. On sait que le principe fondamental du droit international privé au regard des personnes, et plus particulièrement en matière de question d'état, est l'application du statut personnel. On sait encore que, au moins au point de vue de la loi française, un individu qui naît à l'étranger a le statut personnel dont jouit son père au moment de la naissance (V. *suprà*, v° *Lois*, n°s 304 et suiv. ; Aubry et Rau, t. 1, § 31, p. 83 ; Laurent, t. 5, n° 244). Dès lors, la règle précédemment posée n'est-elle pas en contradiction avec ces principes? Est-il au contraire possible d'arriver à la concilier avec eux? Il y aurait contradiction si l'on s'en tenait à la lettre même de cette règle, et si, sans distinction de nationalité, on voulait imposer, à l'enfant appelé à établir sa filiation, l'administration des preuves requises par la loi du pays dans lequel il est né. Le principe du statut personnel se trouverait, en effet, complètement violé. Au contraire, il n'y a pas contradiction si l'on décide que la filiation d'un individu né en pays étranger doit se prouver selon les règles du statut personnel du père à l'époque de la naissance de l'enfant, en admettant toutefois en preuve, conformément à la règle *locus regit actum*, les actes passés au lieu de naissance, à la condition qu'ils soient équivalents, dans leur forme locale, aux actes prescrits par la loi nationale. Peu importe que, après la naissance de l'enfant, le père puisse changer de nationalité et par suite de statut personnel. La loi qui règlera toujours la filiation de l'enfant sera, en ce qui concerne le mode de preuve, la loi du statut qui régissait la personne du père à l'époque de la naissance de cet enfant, et, en ce qui concerne la forme des actes apportés en preuve, la loi du lieu de la naissance de l'enfant. Il n'y a là, au surplus, qu'une application de l'art. 47 c. civ. Il a été jugé, dans ce sens, que l'acte de naissance d'un enfant peut être rédigé selon les formes exigées par la loi en vigueur au lieu de la naissance, mais que les preuves mêmes de la filiation demeurent régies par le statut personnel du père au moment de la naissance (C. cass. de Florence, 1er déc. 1884) (1).

101. En s'appuyant sur les mêmes principes, la chambre des requêtes a décidé que la présomption de l'art. 312 c. civ., d'après laquelle l'enfant né pendant le mariage a pour père le mari, conserve toute sa force encore que l'acte de naissance ait été reçu en pays étranger si cet acte a été rédigé dans les formes du pays où il a été passé (Req. 13 juin 1865, aff. Gaillat, D. P. 65. 1. 409). On retrouve dans cette décision le même concours du principe relatif au statut personnel et de la règle *locus regit actum*. — De même, il a été jugé que, bien que le mariage d'un Français contracté à l'étranger puisse être célébré selon les formes prescrites par la loi du lieu de la célébration, c'est par les tribunaux français, en vertu du statut personnel, que doit être appréciée la validité d'un tel mariage, tant que la qualité de Français n'est pas perdue par le contractant ; et que, si ce mariage est déclaré valable en France, l'enfant qui en est né doit être déclaré légitime selon la loi du statut personnel du père, c'est-à-dire, à défaut d'acte de naissance régulier, par la possession d'état d'enfant légitime, conformément à l'art. 320 c. civ. (Paris, 20 janv. 1873, aff. Dussauc, D. P. 73. 2. 59). — Décidé aussi que, à défaut de production d'un acte de naissance ou de baptême qui a été omis, le fait de la naissance en pays étranger et la filiation légitime peuvent être établis par un acte de notoriété et par la possession constante de l'état d'enfant légitime, alors suffisante, d'après la loi locale, pour établir cette filiation (Bordeaux, 21 déc. 1886, aff. Justamond, D. P. 87. 2. 163).

102. De même que la loi française astreint ses nationaux en pays étranger aux règles du statut personnel, de même elle respecte le statut personnel des étrangers en France. Encore faut-il, toutefois, que l'application du statut personnel des étrangers, en France, soit compatible avec l'ordre public français (Bourges, 26 mai 1858, aff. Ferrand, D. P. 58. 2. 178 ; Rouen, 5 janv. 1887, aff. Joly, D. P. 87. 2. 145).

Sect. 1re. — De l'acte de naissance (*Rép.* n°s 209 à 235).

103. Aux termes de l'art. 319, la filiation des enfants légitimes se prouve par les actes de naissance inscrits sur les registres de l'état civil ». La loi évidemment exige que l'acte de naissance apporté en preuve ait été dressé conformément aux prescriptions légales (*Rép.* n° 210). Quelles sont ces prescriptions?

1° L'acte de naissance doit être inscrit sur les registres de l'état civil. Qu'arriverait-il s'il avait été inscrit sur une feuille volante? Cet acte serait certainement insuffisant pour prouver la filiation, et il pourrait tout au plus faire preuve de la naissance (*Rép. ibid.;* Demolombe, t. 5, n° 190 ; Aubry et Rau, t. 6, p. 7 et suiv., note 3). On a assimilé ce cas à celui de perte ou de non-existence des registres, et fait application, en ce qui le concerne, de l'art. 46 c. civ. (V. *Rép.* v° *Actes de l'état civil*, n° 399 et *suprà*, eod. v°, n° 41).

104. — 2° L'art. 56 c. civ. exige, en outre, que l'acte de naissance soit rédigé sur la déclaration du père, ou à son défaut sur la déclaration des médecins, chirurgiens, sages-femmes, officiers de santé ou autres personnes qui auront assisté à l'accouchement ; et, si la mère est accouchée hors de son domicile, sur la déclaration de la personne chez qui elle est accouchée.

On a examiné au *Rép.* n° 211 la question de savoir si la déclaration ferait foi dans le cas même où elle émanerait d'une personne qui, n'ayant pas assisté à l'accouchement, n'avait pas qualité pour la faire. M. Laurent (n° 396) admet la négative. « Nous croyons, dit-il, qu'il suffira de prouver que le comparant n'avait pas qualité pour faire la déclaration ; dès lors, sa déclaration n'est plus qu'un ouï-dire qui ne mérite aucune foi ».

105. — 3° La déclaration doit être faite dans les trois jours de la naissance (c. civ. art. 55). Qu'adviendrait-il si la déclaration était tardive? M. Laurent, s'appuyant sur un avis du conseil d'Etat du 8 brum. an 10, enseigne qu'après l'expiration du délai légal de trois jours, l'officier de l'état civil ne peut plus inscrire l'acte qu'en vertu d'un jugement : on appliquerait alors les principes sur la rectification des actes de l'état civil, et le jugement intervenu ne vaudrait qu'entre les parties en cause sans pouvoir être opposé aux tiers. « Sans ce jugement, continue M. Laurent, l'acte de naissance tardivement inscrit ne saurait avoir aucune force probante : raisonner autrement serait donner plus d'autorité à une inscription irrégulière qu'à une rectification régulière » (t. 3, n° 397). Cette opinion ne prévaut pas généralement. C'est, en effet, surtout dans un but de police que la loi exige la déclaration de la naissance dans les trois jours de l'accouchement, et cette obligation n'a qu'un rap-

(1) (Trafford *C.* Blanc.) — ... Attendu que les cinquième et septième moyens du pourvoi s'appuient sur la violation de l'art. 6 c. civ. et de la règle de droit international privé admise par cet article ; que, d'après ces moyens, l'arrêt attaqué a fait à tort application, non de la loi anglaise qui était la loi du père à l'époque de la naissance, mais des lois civiles napolitaines en vigueur à cette même époque, pour apprécier si le demandeur, bien qu'il y ait contestation sur sa qualité de fils légitime du *de cujus*, ait, au cours d'une action en pétition d'hérédité, suffisamment démontré jusqu'à preuve contraire sa filiation légitime par la production d'actes de naissance et de baptême établissant sa naissance à Naples à la date du 8 mars 1821 du mariage légitime de François-Clément Trafford-Trufort et de Carmela Pelata ; — Attendu que la nationalité anglaise de François-Clément Trafford, père du demandeur, est constatée par l'arrêt à l'époque de la naissance de ce dernier, et n'est d'ailleurs pas contestée ; — Attendu que l'arrêt, après avoir reconnu l'application du statut personnel en matière de questions d'état et de relations de famille, et déclaré que la filiation légitime doit être prouvée selon la loi en vigueur au moment de l'acquisition de la légitimité, décide, contrairement à ces justes principes, que, d'après la règle *locus regit actum*, le demandeur devait établir sa filiation légitime par les lois napolitaines en vigueur à l'époque de sa naissance, et que, d'après ces lois, l'acte de naissance susvisé du 8 mars 1821, malgré la déclaration de naissance légitime émanée du père du demandeur, ne saurait en aucune manière établir la filiation légitime en litige de ce dernier ; que l'arrêt ne recherche pas ce qu'il faudrait décider selon la loi anglaise ; qu'il ne suffit pas, comme il l'a fait, de dire, selon cette loi, que « l'enfant légitime est celui qui naît du mariage de ses parents » ; qu'il était encore nécessaire de rechercher qu'elles sont les preuves requises par la loi anglaise en matière de contestation de filiation légitime ; que

port très indirect avec la force probante de l'acte. Au surplus, il n'est dit nulle part qu'une déclaration tardive sera nulle de plein droit. On admet, en conséquence, qu'il appartient aux tribunaux d'apprécier souverainement la foi due aux actes de naissance tardivement inscrits (*Rép.* n° 212. V. encore *ibid.*, v° *Acte de l'état civil*, n°s 228 et suiv., et *suprà*, eod. v°, n° 62; Demolombe, t. 5, n°s 192 et suiv.). Toutefois il demeure entendu que les déclarations tardives devront être faites dans un délai assez court; sinon, elles ne pourraient constituer, ainsi qu'on l'a dit au *Rép.*, *ibid.*, suivant les cas, qu'un simple témoignage ou une reconnaissance de filiation légitime.

106. — 4° L'art. 57 exige que les noms des père et mère soient énoncés dans l'acte. C'est là une prescription d'une importance capitale. Ces énonciations, en effet, établissent les rapports de paternité et de filiation, et d'elles dépendent immédiatement la présomption de légitimité ou de non-légitimité de l'enfant. — Mais il suffira que le nom de la mère soit indiqué, sous son nom de fille aussi bien que sous son nom de femme, pour que, si elle est mariée, son mari soit, en vertu de l'art. 312, considéré comme le père de l'enfant. Si donc l'enfant est illégitime, le mari ne pourra, dans ces conditions, recourir qu'au désaveu pour dénier sa paternité (V. sur ce point, les développements contenus au *Rép.* n°s 214 et suiv. Conf. Demolombe, t. 5, n°s 195 et suiv.; Aubry et Rau, t. 6, § 544, p. 9 et suiv., et notes 9 et suiv.; Laurent, t. 3, n°s 360, 394 et 398. — V. encore *Rép.* v° *Acte de l'état civil*, n°s 396 et suiv., et *suprà* eod. v°, n° 98, et les auteurs cités *ibid.*).

Conformément à cette doctrine, la jurisprudence a considéré, jusqu'à preuve contraire, comme fils légitime du mari d'une femme mariée, l'enfant inscrit sur les registres de l'état civil comme né de cette femme durant son mariage ou dans les trois cents jours qui ont suivi la dissolution de ce mariage, quelles que soient les énonciations portées dans l'acte relativement à la paternité. Ainsi il a été jugé 1° que l'enfant dont une femme mariée est accouchée quelques jours après le décès de son mari, et qu'elle a fait déclarer à l'état civil comme né de père inconnu, se faisant désigner elle-même par son nom de fille, n'en a pas moins le droit de revendiquer sa qualité d'enfant légitime, et on ne saurait s'armer contre lui des énonciations de son acte de naissance, si les présomptions d'adultère qui en résultent à la charge de la mère ne sont fortifiées par aucune preuve... Alors même que celle-ci ferait au procès des déclarations conformes aux énonciations de l'acte de naissance (Aix, 17 janv. 1859, aff. Mostùéjouls, D. P. 59. 2. 85); — 2° Que l'acte de naissance dans lequel une femme mariée est désignée comme étant la mère forme preuve légale de la filiation légitime de l'enfant, non seulement lorsque le père légitime n'y est pas indiqué, mais même lorsque l'acte porte l'indication d'une autre paternité. Vainement on prétendrait qu'en ce cas l'acte, loin de constater une filiation légitime, dénonce une naissance adultérine et constitue un titre contraire à la réclamation d'état formée par l'enfant : les énonciations d'un acte de naissance ne sont point indivisibles, et celles qui sont conformes à la vérité ne sont point détruites par celles qui sont erronées; il y a lieu seulement de rectifier l'acte en ce qui concerne la désignation du père. Les dispositions des art. 323 et suiv. c. civ., qui, dans le cas où l'enfant qui réclame le titre d'enfant légitime n'a ni titre ni possession d'état, admettent le mari de la mère à prouver par tous les moyens qu'il n'est pas le père, ne peuvent être opposées à l'enfant qui produit un acte de naissance dans lequel sa mère se trouve indiquée, mais qui lui attribue pour père un autre que le mari; dans ce cas, la maternité de la femme se trouvant légalement établie par le titre de naissance, le mari ne peut échapper à la présomption de paternité qui résulte de l'art. 312 qu'en formant une action en désaveu dans le délai fixé par la loi (Paris, 11 janv. 1864, aff. Louis Maurice dit Jobert, D. P. 64, 2. 18); — 3° Que la présomption que l'enfant né pendant le mariage a pour père le mari peut être invoquée même par l'enfant dont l'acte de naissance indique un père autre que le mari, alors d'ailleurs que l'identité de la mère avec la femme de ce dernier est constante ou est établie par tous les documents du procès; et il en est ainsi encore que l'acte de naissance ait été passé en pays étranger, s'il a été rédigé dans les formes du pays où il a été passé (Req. 13 juin 1865, aff. Grillat, D. P. 65. 1. 409. V. dans le même sens : Caen, 24 févr. 1869, aff. Lemenicier, D. P. 71. 1. 174; Motifs, Req. 22 août 1861, aff. Marquais. D. P. 62. 1. 115; Motifs, Req. 30 déc. 1868, aff. Delporte, D. P. 69. 1. 185; Req. 1er févr. 1876, aff. Robert, D. P. 76. 1. 323. — *Contrà :* Req. 9 janv. 1854, aff. Dehanne, D. P. 54. 1. 185).

107. Pour que la présomption de l'art. 312 soit applicable ici, il faut qu'il n'y ait pas de doute possible sur la maternité. Il faut, quelle que soit la qualité sous laquelle a été désignée la mère dans l'acte de naissance, que son identité avec la femme mariée soit constante et résulte de cet acte même (V. les arrêts cités *suprà*, n° 106). S'il en était autrement, et si, par exemple, la mère était indiquée dans l'acte de naissance sous un nom supposé, ce qui nécessiterait un jugement pour établir son identité, la situation serait tout autre (V. sur l'action en réclamation d'état, *infrà*, n°s 150 et suiv.). Il pourrait arriver encore qu'une action de ce genre fût déclarée irrecevable; tel serait le cas, par exemple, où elle devrait avoir pour résultat la déclaration d'une maternité adultérine (*infrà*, n°s 304 et suiv.).

108. Ainsi qu'on l'a vu au *Rép.*, n° 226, la production d'un acte de naissance établissant la filiation n'est pas toujours suffisante; l'enfant doit encore justifier de son identité avec celui qui est désigné dans l'acte, lorsque cette identité est contestée (*Rép.* n°s 226 et suiv.). Comment sera fournie cette justification? La possession d'état serait la meilleure des preuves, puisqu'elle suffit à elle seule, et sans le secours de l'acte de naissance, à établir la filiation, lorsqu'elle réunit les caractères exigés par la loi (art. 321). On considère ici comme suffisante une possession d'état imparfaite et partielle (*Rép.* n° 227; Demolombe, t. 5, n° 201; Laurent, t. 3, n° 399). Toutefois cette possession d'état imparfaite, n'étant pas caractérisée par la loi, est assez incertaine; il est donc préférable de s'en référer purement et simplement à la preuve testimoniale. Ce mode de preuve est généralement admis, et cela même en l'absence d'un commencement de preuve par écrit (*Rép.* n°s 228 et suiv.). En effet, l'art. 323 qui exige, pour l'admissibilité de la preuve par témoins, un commencement de preuve par écrit, s'applique à la filiation elle-même, et le législateur ne pouvait alors se montrer trop circonspect. Ici, il ne s'agit de prouver que l'identité de l'enfant, la preuve par témoins pure et simple doit donc suffire sans aucune autre garantie (Caen, 8 mars 1866 (1); Aubry et Rau, t. 6, § 544, p. 8 et note 7; Demante, *Cours*

---

sous ce rapport les premiers juges se sont à tort appuyés sur la règle *locus regit actum*, en étendant à l'excès sa compréhension, et ont à tort appliqué les lois napolitaines; qu'en effet, si la loi du lieu doit régir les formes extrinsèques et solennelles d'un acte, il appartient à la loi du statut personnel des personnes en cause de déterminer la valeur intrinsèque d'un tel acte, c'est-à-dire les effets produits entre elles par lui; — Attendu que le litige n'avait pour objet, non pas la forme de l'acte apporté en preuve, ce qui aurait à bon droit entraîné l'application de la règle susdite, mais la force probante de cet acte en tant que preuve, vis-à-vis d'un individu soumis à la loi anglaise, de la filiation légitime contestée; — Attendu qu'en conséquence, le statut personnel et les rapports de famille étaient en cause, qu'il y avait donc lieu de s'en référer à la loi de ce statut personnel, dans l'espèce, la loi anglaise; que c'était d'après cette dernière loi qu'il devait être recherché si, conformément aux conclusions de la demande, le fait de l'inscription sur les registres de l'acte de naissance suffisait, au point de vue anglais, à faire présumer légitime, jusqu'à preuve contraire, l'enfant déclaré issu du mariage légitime de ses père et mère; qu'en vain, pour faire application des lois napolitaines, on voudrait soutenir que cet enfant est né à Naples, et non en Angleterre, et que son acte de naissance a été dressé à Naples ; que ce n'est pas la loi du lieu où la naissance de l'enfant a pu se produire, mais la loi du statut personnel du prétendu père qui régit la paternité légitime; la demande tendant à faire déclarer fils légitime d'un Anglais un enfant né à Naples, la loi anglaise seule applicable au père doit être applicable aussi au fils, notamment pour régler ses rapports avec son père prétendu; — Par ces motifs, casse, etc.

Du 1er déc. 1884.-C. cass. de Florence.-MM. Vigliani, 1er pr.-Rosadi, rap.-Manfredi, min. publ.

(1) (Levionnais *C.* Mérinos.) — La cour; — Sur la première question : — Considérant qu'un acte de naissance, reçu par

analytique, t. 2, n° 46 *bis*-IV; Laurent, t. 3, n° 400). On a vu, d'ailleurs, au *Rép.*, n° 232 et suiv., que la force probante résultant de l'acte de naissance pouvait être neutralisée par la preuve contraire résultant d'un acte de décès régulier (V. conf. Demolombe, t. 5, n° 203; Laurent, t. 2, n° 401).

109. La maternité étant ainsi établie, le mari, en ce qui le concerne personnellement, n'a pour tout recours que la voie du désaveu dans la forme et les délais légaux (Caen, 8 mars 1866, *suprà*, n° 108); ce n'est que dans le cas de l'art. 323 (V. *infrà*, n° 132) qu'il peut combattre la présomption de paternité par toute espèce de preuve.

110. Il va de soi, d'ailleurs, qu'ici comme en toute autre matière l'admission de la preuve testimoniale dans la mesure qu'on vient d'indiquer, quoique admissible en droit, est toujours facultative pour le juge, qui peut l'écarter s'il trouve dans l'instruction du procès des documents suffisants pour s'éclairer et fixer son opinion.

111. Les descendants d'un enfant naturel ne peuvent, contrairement à son acte de naissance, réclamer pour lui la qualité d'enfant légitime, sous le prétexte que cette qualité lui serait attribuée dans son acte de mariage et dans son contrat de mariage : on ne saurait appliquer à cette hypothèse les dispositions des art. 201 et 202 c. civ. (Paris, 14 juill. 1871, aff. Bulgold, D. P. 72. 2, 65).

112. Comme on l'a dit au *Rép.*, n° 235, l'art. 283 c. proc. civ. n'est pas applicable en cette matière, les parents et alliés des parties, jusqu'au degré de cousin issu de germain exclusivement, ne peuvent être reprochés, non plus que les serviteurs ou domestiques. Il y a lieu d'appliquer ici, et pour les mêmes motifs, les dispositions de l'art. 245 c. civ. relatif au divorce, qui admet le témoignage des parents, à l'exception des descendants, et celui des domestiques.

Sect. 2. — De la possession d'état (*Rép.* nos 236 à 264).

113. Les termes dans lesquels est conçu l'art. 321 « les principaux de ces faits sont... » témoignent que le législateur n'a entendu faire ici qu'une énonciation indicative des faits caractéristiques de la possession d'état, et non les énumérer restrictivement, et qu'il a entendu laisser au juge la plus grande latitude d'appréciation (*Rép.* nos 238 et suiv; Demolombe, t. 5, n° 208; Aubry et Rau, t. 6, § 544, p. 12; Laurent, t. 3, n° 403). C'est un point constant en jurisprudence. Il a été jugé, notamment, sur ce point: 1° que les tribunaux apprécient souverainement les circonstances qui peuvent caractériser la possession d'état d'enfant légitime ; la loi n'exige pas le concours de tous les faits énumérés par l'art. 321 c. civ., et elle n'exclut pas ceux que cet article n'a pas mentionnés (Poitiers, 1er déc. 1869, aff. Motheau, D. P. 71. 2. 17) ; — 2° Que l'art. 321 c. civ., qui énumère les principaux faits constitutifs de la possession d'état, laisse aux juges du fond un pouvoir d'appréciation très étendu sur la suffisance des faits propres à établir cette possession. Ils peuvent, notamment, reconnaître la possession d'état à un enfant, bien que son acte de naissance présente une erreur dans l'orthographe de son nom, et qu'il n'ait pas figuré dans l'inventaire dressé après la mort de son père (Req. 23 juin 1869, aff. Ader, D. P. 71. 1. 327. V. encore *Rép.*, nos 238 et suiv.). — Il a été jugé, et ce point ne saurait faire difficulté, que les tribunaux, dans l'appréciation qu'ils ont à faire des faits et des circonstances constitutifs de la possession d'état, doivent tenir compte de l'éloignement des temps et des événements qui, dans ce long intervalle, ont agité et bouleversé le pays (Nîmes, 18 juin 1860, aff. Littaye, D. P. 61. 2. 182).

114. Il résulte des termes de l'art. 320 que la possession d'état fait foi pleinement et entièrement à défaut du titre, c'est-à-dire à défaut d'acte de naissance. L'enfant par conséquent qui veut établir sa filiation légitime par la seule possession d'état ne saurait être tenu de produire un acte de naissance confirmatif, ni même d'expliquer pourquoi il ne le produit pas. Il a été jugé, à cet égard, que la filiation légitime peut s'établir par la simple possession d'état, sans qu'il soit nécessaire de prouver la non-existence ou la destruction des

---

l'officier de l'état civil de la commune de Coutances, constate que, le 2 sept. 1842, s'est présentée devant lui la dame Laurent, sage-femme, laquelle lui a déclaré que, dans la matinée et dans son domicile, la dame Céleste Cordon, épouse du sieur Pierre-Bénoni Levionnais, avait mis au monde un enfant du sexe masculin, qui fut présenté et inscrit sous le prénom d'Alfred; — Que, dans la soirée du même jour, un enfant nouveau-né, du sexe masculin, accompagné d'un billet par lequel on demandait qu'il portât le prénom d'Alfred, fut déposé à l'hospice de Coutance ; que le lendemain, 3 septembre, un procès-verbal de ce dépôt fut rédigé conformément à la loi et transcrit sur les registres de l'état civil, et que l'enfant reçut les noms d'Alfred Mérinos; — Considérant que l'intimé, auquel s'appliquait le procès-verbal du 3 sept. 1842. et qui, depuis cette époque, n'a été connu que sous le nom d'Alfred Mérinos, qu'il a constamment porté, revendique la qualité d'enfant légitime des mariés Levionnais et qu'il a demandé et a été admis par le tribunal à prouver par témoins, à l'aide des faits jugés à bon droit pertinents et révélatoires, qu'il est le même enfant que celui dont la femme Levionnais est accouchée le 2 sept. 1842, et dont la naissance a été constatée par l'acte du même jour; — Considérant que la femme Levionnais oppose à cette demande une double fin de non-recevoir tirée des termes de l'art. 322 c. civ. et en outre, de ce qu'elle soutient n'avoir pas été enceinte en 1842, et n'être pas accouchée au domicile de la dame Laurent, le 2 septembre de cette année ; — Considérant que l'art. 322 c. civ., règle exclusivement la situation de l'enfant dont le titre de naissance et la possession conforme assurent et déterminent la légitimité, sans qu'elle puisse être dans ce cas modifiée ou contestée, ni par lui-même, ni par autres; mais qu'il ne s'applique pas à l'enfant dont les père et mère seraient restés jusqu'alors inconnus et qui revendiquerait sa filiation légitime; — Que, d'ailleurs, si l'intimé parvient à établir qu'il est le bénéficiaire de l'acte de naissance du 2 sept. 1842, cet acte prouvant, aux termes de l'art. 319 c. civ., sa filiation légitime, il ne serait pas vrai de dire qu'il a une possession conforme à son titre de naissance; — Considérant, en second lieu, que l'allégation de la dame Levionnais, dont elle ne demande même pas à faire la preuve, consistant à soutenir qu'elle n'est pas accouchée le 2 sept. 1842, ne saurait prévaloir contre la foi due aux énonciations de l'acte du même jour qui établit le fait de son accouchement et la naissance, comme résultat, d'un enfant du sexe masculin, dont l'acte de décès n'est pas représenté, sans qu'il soit donné sur son existence ultérieure, aucune indication ; — Que, sous ces premiers rapports, l'intimé est recevable à établir qu'il est l'enfant dont la dame Levionnais est accouchée le 2 sept. 1842. — Sur la deuxième question: — Considérant que Levionnais prétend à son tour, que la preuve offerte par l'intimé est inadmissible ; 1° parce qu'il n'a ni commencement de preuve par écrit, ni présomption ou indices déterminés par l'art. 223 c. civ. ; 2° parce qu'il ressortirait de faits dès à présent certains, et dont en tous cas l'appelant demande subsidiairement à fournir la preuve, conformément à l'art. 325, que si le réclamant est l'enfant de la dame Levionnais sa femme, il n'est pas celui du sieur Levionnais son mari; — Sur le premier moyen; — Considérant que la preuve sollicitée par l'intimé ne repose pas sur les dispositions de l'art. 323, lequel admet et réglemente la preuve à faire, lorsqu'elle doit suppléer à l'absence de titre et de possession constante et qu'elle est devenue, pour le réclamant, le seul moyen d'établir sa filiation légitime, en démontrant tout à la fois que la femme qu'il revendique comme sa mère est accouchée et qu'il est l'enfant qu'elle a mis au monde; — Considérant que l'acte du 2 sept. 1842, constate l'accouchement de la dame Levionnais et la légitimité de l'enfant à qui elle a donné le jour; — Que l'intimé demande seulement à compléter, en quelque sorte à son profit, cet acte de naissance, en établissant par témoins que seul il peut en réclamer le bénéfice, et que cette preuve, en dehors des prévisions restrictives de l'art. 323, est régie par les principes du droit commun et peut procéder sans commencement de preuve par écrit et sans les présomptions ou indices exigés par l'art. 323, lesquels d'ailleurs, s'ils étaient nécessaires, existeraient plus qu'à suffire dans la cause; — Sur le deuxième moyen : — Considérant que la preuve ordonnée par les premiers juges procédant, non des dispositions et dans le cas de l'art. 323, mais des règles du droit commun, et ayant pour but d'établir que l'intimé possède un acte de naissance régulier d'où ressort sa qualité d'enfant légitime, aux termes de l'art. 312, l'art. 325, qui se réfère nécessairement et exclusivement à l'art. 323, est sans application à l'espèce, et que Levionnais ne peut pas être admis, à titre de preuves contraires, à établir qu'il n'est pas le père de l'enfant dont sa femme est accouchée, sauf de sa part à exercer toute action en désaveu qu'il jugerait convenable, dans les termes et délais impartis par la loi; — Que les demandes principales et subsidiaires de Levionnais ne doivent donc pas être accueillies, en l'admettant seulement, ainsi que l'a fait le tribunal, à la preuve contraire des faits articulés par l'intimé; — Par ces motifs, confirme, etc.

Du 8 mars 1866.-C. de Caen, aud. sol.-MM. Dagallier, 1er pr.-Jardin, 1er av. gén.-Paris et Trolley, av.

registres de l'état civil (Req. 2 févr. 1870, aff. Giorgiadès, D. P. 71. 1. 247). On a établi, au moyen des travaux préparatoires du code (*Rép.* n° 236), que telle a bien été l'intention du législateur.

115. La loi exige que la possession d'état soit constante, c'est-à-dire ininterrompue. Faut-il en conclure que, depuis le jour de la naissance jusqu'au jour de l'action, elle ne doit avoir subi aucune espèce d'interruption? On a dit (*Rép.* n° 246) qu'il fallait avant tout tenir compte des circonstances. Il a été jugé, d'ailleurs, que lorsque, à défaut d'acte de naissance, l'enfant, conformément à l'art. 320 c. civ., établit sa filiation légitime par une possession d'état non interrompue et constante, résultant d'un ensemble de faits qui embrassent tout le temps écoulé depuis sa naissance jusqu'au delà de sa majorité, le bénéfice de cette possession d'état ne peut lui être enlevé par une déclaration contraire de la mère; que la mère qui conteste la filiation doit, pour réussir dans sa contestation, détruire, par d'autres preuves, la preuve fondée sur la possession d'état; qu'est insuffisante, à cet effet, la preuve tirée d'une déclaration de médecins attestant qu'ils ont constaté sur la personne de la défenderesse des signes organiques faisant conclure qu'elle n'a jamais été mère, alors surtout que cette déclaration n'est pas le résultat d'une expertise faite dans les formes prescrites par la loi (Paris, 10 avr. 1874, aff. d'Yvon, D. P. 75. 2. 10). Il n'y a là qu'une application pure et simple de l'art. 320. La possession d'état indiquée par l'enfant peut sans doute être combattue par la preuve contraire (V. *infrà*, n° 117); mais il est évident qu'une déclaration intéressée et tardive de la part de la mère ne saurait équivaloir à cette preuve.

116. La possession d'état d'enfant légitime doit être prouvée à l'égard du père, aussi bien qu'à l'égard de la mère. L'art. 321 est formel sur ce point (V. *Rép.* n°s 247 et suiv.); le rapport de filiation et de parenté, dit cet article, doit être établi entre un individu et *la famille* à laquelle il prétend appartenir. La loi ne parle pas du père *ou* de la mère, elle parle de la famille entière. Ces termes arrêtent toute controverse et témoignent catégoriquement de l'indivisibilité de la possession d'état. Aussi est-il généralement admis que, quoique la plupart des faits indiqués par cet article ne se rapportent qu'au père et soient étrangers à la mère, il ne faut pas en conclure que l'enfant puisse être admis à établir sa possession d'état quant au mari seul, sans justifier d'aucun fait de nature à la prouver quant à la femme. La preuve de la filiation par la possession d'état doit, au contraire, se faire simultanément et indivisément tant à l'égard de la mère qu'à l'égard du père. Ce ne serait d'ailleurs pas une véritable possession d'état, telle que l'entend la loi, que celle qui n'existerait qu'à l'égard d'un des parents. Il en résulte que l'enfant ne pourrait se borner à justifier de sa possession d'état vis-à-vis de la mère qu'il réclame et se placer ensuite, relativement au mari de celle-ci, sous la protection de la présomption *pater is est...;* cette présomption ne s'applique qu'au cas où la filiation maternelle est directement établie au moyen de la preuve de l'accouchement (*Rép.*, *ibid.;* Demolombe, t. 5, n° 111; Aubry et Rau, t. 6, § 544, p. 11 et suiv., notes 14 et 15; Laurent, t. 3, n° 404).

117. La preuve de la possession d'état peut se faire par tous les moyens, c'est-à-dire par titres, par témoins ou par présomptions, sans qu'il soit nécessaire de produire un commencement de preuve par écrit (*Rép.* n°s 250 et suiv.). La preuve contraire est toujours admise, et les adversaires de l'enfant peuvent combattre non seulement les faits articulés par lui, mais encore les conséquences qu'il prétend en tirer, en administrant, de leur côté, la preuve d'autres faits tendant à établir qu'il a une possession d'état différente de celle qu'il prétend s'attribuer. Ces faits, apportés en preuve par les contestants, ne sont admissibles qu'autant qu'ils sont sérieux et constants, et les juges ont, en ce qui les concerne, un pouvoir souverain d'appréciation (Paris, 10 avr. 1874, aff. d'Yvon, D. P. 75. 2. 10). Les contestants peuvent encore établir qu'il n'existe aucun enfant né du mariage des prétendus parents ou que leurs enfants sont décédés (*Rép.* n° 255; Demolombe, t. 5, n° 213; Aubry et Rau, t. 6, § 544, p. 12 et suiv.).

118. Quelle est précisément la preuve fournie par la possession d'état dûment établie? On a vu *suprà*, n° 106, que l'acte de naissance prouve la filiation maternelle, si l'identité est constante et fait présumer, par voie de conséquence, la filiation paternelle et la légitimité, grâce à l'art. 312, si la mère indiquée est une femme mariée. La possession d'état prouve directement et d'une manière absolue la filiation paternelle et maternelle, puisqu'elle est fondée sur l'aveu implicite des parents qui traitent l'enfant comme leur. Mais elle ne saurait, même par voie de conséquence, faire présumer à elle seule la légitimité : cette preuve résultera seulement de l'existence d'un mariage entre les parents, durant lequel l'enfant sera né légitime, ou par lequel il aura été légitimé. Il a été jugé que la possession d'état ne peut être invoquée comme preuve de légitimité dans le cas où le mariage des parents a été déclaré nul et sans effets civils (Paris, 1er juill. 1861, aff. Patterson, D. P. 61. 2. 137. — V. au surplus, en ce qui concerne les preuves de la légitimité *infrà*, n°s 135 et suiv.). En résumé, la possession d'état témoigne simplement que tel individu a passé constamment pour être l'enfant légitime de tels parents. Une semblable preuve, on le conçoit, ne peut pas être irrécusable, et c'est à bon droit qu'elle peut être combattue par tous les moyens (*Rép.* n° 243; Demolombe, t. 5, n°s 214 et suiv.; Laurent, t. 3, n°s 408 et suiv.).

119. Aux termes de l'art. 322, nul ne peut réclamer un état contraire à celui que lui donnent son titre de naissance et la possession conforme à ce titre, et réciproquement, nul ne peut contester l'état de celui qui a une possession conforme à son titre de naissance. — Une condition s'impose pour que l'acte de naissance et la possession conforme aient toute leur autorité et produisent leur effet péremptoire, c'est qu'il n'y ait pas de doute sur l'identité de l'individu qui a la possession d'état avec celui qui a été inscrit sur l'acte de naissance (*Rép.* n° 257). — Il a été jugé, en ce sens, que l'art. 322 c. civ. n'est pas applicable si l'identité de l'individu qui a la possession d'état avec celui qui a été inscrit sur le titre est contestée (Orléans, 8 juill. 1875, aff. De Vinsse, D. P. 91. 2. 129, note *a;* Paris, 31 juill. 1890, aff. Pagès, sol. impl. D. P. 91. 2. 129).

120. De quelle manière l'identité de l'enfant pourra-t-elle être contestée? Pourra-t-on la combattre notamment par la preuve offerte d'une substitution d'enfant, ou par l'inscription de faux contre l'acte de naissance? On a dit au *Rép.*, n° 257, que la preuve de la substitution peut être faite, si celle-ci a été postérieure à la rédaction de l'acte de naissance, mais qu'elle ne saurait être accueillie dans le cas contraire (V. dans ce sens Paris, 31 juill. 1890, aff. Pagès, D. P. 91. 2. 129). Dans ce dernier cas, en effet, on ne saurait nier l'identité (Comp. Demolombe, t. 5, n°s 223 et suiv.; Aubry et Rau, t. 6, § 444 *bis*, p. 22; Laurent, t. 3, n° 412; Demante, t. 2, n° 48 *bis*-II; de Loynes, note sous D. P. 91. 2. 129). M. Laurent (*loc. cit.*) repousse l'action dans tous les cas, sans distinguer si la substitution alléguée est antérieure ou postérieure à l'acte de naissance, parce que, dit-il, le législateur a voulu empêcher d'une façon absolue la contestation d'un état appuyé sur la double preuve de la possession et du titre.

Il a été décidé, conformément à ces principes, que lorsqu'un enfant a un acte de naissance et une possession d'état d'enfant légitime conforme, les collatéraux sont non recevables à prouver que la prétendue mère n'est pas accouchée à l'époque de la naissance et que l'enfant est une personne supposée (Poitiers, 1er déc. 1869, aff. Motheau, D. P. 70. 2. 17. Comp. *Rép.* n° 260). Jugé également, et à plus forte raison, qu'on ne peut pas considérer comme inexistante la possession d'état d'un enfant, telle qu'elle est définie par l'art. 322 c. civ., sous le prétexte de menaces de dénonciation pour supposition de part, adressées aux personnes désignées dans l'acte de naissance de cet enfant comme ses père et mère légitimes, alors surtout que ces menaces sont restées secrètes (Paris, 26 juin 1883 (1)).

121. Au reste, c'est la filiation seule qui est mise hors

(1) (Pommert C. Blandet.) — LA COUR; — Considérant que, déguisée sous la forme d'une demande en rectification d'acte de l'état civil, l'action de la demoiselle Pommert contient une véritable contestation d'état; qu'elle tend à faire descendre de la

de doute par le concours de l'acte de naissance avec la possession d'état; quant à la légitimité, il est nécessaire de prouver, en outre, l'existence d'un mariage entre le père et la mère de l'enfant (Laurent, t. 3, n° 408). Il a été jugé, en ce sens : 1° que l'art. 322 c civ., suivant lequel nul ne peut contester l'état de celui qui a une possession conforme à son acte de naissance, n'est pas applicable au cas où, la filiation étant constante, c'est la légitimité qui est contestée : la preuve n'en peut être faite, si les père et mère sont encore vivants, que par la représentation de l'acte de célébration de leur mariage (Agen, 19 janv. 1864, aff. Nadau, D. P. 65. 2. 16); — 2° Que cet article ne s'applique qu'à la filiation légitime et ne saurait être opposé à l'enfant dont les père et mère sont restés inconnus et qui revendique sa filiation légitime (Caen, 8 mars 1866, *suprà*, n° 108. V. encore dans le même sens : Douai, 6 juin 1851, aff. Protat, D. P. 52. 2. 221 ; Paris, 9 juill. 1885, aff. Barrende, D. P. 86. 2. 261).

SECT. 3. — DE LA PREUVE PAR TÉMOINS (*Rép.* n°s 265 à 309).

122. A défaut de titre et de possession constante, dit l'art. 323, ou si l'enfant a été inscrit soit sous de faux noms, soit comme né de père et mère inconnus, la preuve de filiation peut se faire par témoins; néanmoins cette preuve ne peut être admise que lorsqu'il y a commencement de preuve par écrit, ou lorsque les présomptions ou indices résultant de faits dès lors constants sont assez graves pour déterminer l'admission. La comparaison entre cet article et l'art. 46 c. civ. a, comme on l'a vu au *Rép.* n° 266, fait naître une difficulté. D'après l'art. 46, lorsqu'il n'aura pas existé de registres de l'état civil ou qu'ils seront perdus, la preuve des mariages, *naissances* et décès sera faite *tant par titres que par témoins*. D'autre part, l'art. 323 porte que la *filiation* ne pourra se prouver *par témoin que s'il existe un commencement de preuve par écrit ou des indices et présomptions graves*. On a indiqué au *Rép. ibid.*, diverses interprétations auxquelles les auteurs ont eu recours pour concilier ces deux dispositions qui paraissaient contradictoires. Le système qui semble avoir prévalu est celui d'après lequel les deux articles s'appliquent à deux situations différentes. Lorsque les registres auront été perdus ou n'auront jamais existé, la preuve par témoins suffira à établir à elle seule la filiation, car le demandeur devra prouver avant tout que les registres n'ont pas existé ou qu'ils sont perdus, « et cette preuve préalable, comme le dit un auteur, donnera quelque probabilité à sa demande, en ce sens qu'il prouvera l'impossibilité où il est de produire un titre qui n'a jamais existé ou qui a été détruit » (Laurent, t. 3, n° 425). Cette probabilité disparaît s'il existe des registres et si l'acte de naissance de l'enfant ne s'y trouve point, et le législateur a dû, dans ce cas, fortifier, aux termes de l'art. 323, la preuve testimoniale par de plus solides garanties (Laurent, *loc. cit.*; Aubry et Rau, t. 6, § 544, p. 13, note 22).

123. Le moyen de preuve établi par l'art. 323 n'a pour but que de venir en aide à une revendication régulière de légitimité. Ce serait donc en méconnaître le caractère exceptionnel et le détourner de son objet que de l'étendre à d'autres cas, notamment à celui où il s'agit d'une action tendant à priver un enfant des avantages résultant pour lui de son titre et de la possession d'état et à le faire déclarer enfant naturel (Paris, 26 juin 1883, *suprà*, n° 120).

124. Mais il résulte de la combinaison des art. 322 et 323 que l'enfant qui a un titre sans possession, ou une possession sans titre, peut recourir au mode de preuve de l'art. 323 pour réclamer un état autre que celui que lui donne ce titre ou cette possession (Aubry et Rau, t. 6, § 544, p. 14, note 23; Laurent, t. 3, n° 416).

125. Le mode de preuve de l'art. 323 peut également être employé par l'enfant qui a été reconnu par un autre que le mari de sa mère, avant de l'avoir été par celui-ci, alors surtout que la première reconnaissance a été judiciairement déclarée nulle : on ne saurait opposer à sa réclamation la règle qui prohibe la recherche de la maternité dans le cas où elle aboutirait à la constatation d'une filiation adultérine (Rouen, 4 mars 1877, aff. Letellier, D. P. 77. 2. 193).

126. Comme on l'a dit au *Rép.*, n° 267, l'enfant qui se trouve dans les conditions prévues par l'art. 323 n'est pas obligé, pour fournir la preuve de sa filiation, de s'inscrire en faux contre l'acte de naissance qui lui donne un faux nom ou une filiation inconnue. En effet, l'acte de naissance ne fait foi jusqu'à inscription de faux que dans ses énonciations relatives à ce qui a été personnellement constaté par l'officier de l'état civil (V. *suprà*, v° *Acte de l'état civil*, n° 98).

---

condition d'enfant légitime à celle d'enfant naturelle la jeune Louise-Eugénie-Anna, inscrite, le 22 déc. 1875, sur les registres de l'état civil du seizième arrondissement de Paris, comme née du mariage de Etienne-Hilaire Blandet et de Amélie-Marguerite-Claudine Coutura, son épouse ; qu'il y a lieu d'examiner si cette action procède en conformité des dispositions de l'art. 322 c. civ., et si elle ne doit pas être écartée, ainsi que le demandent les époux Blandet, par une fin de non-recevoir; — Considérant que l'article précité est ainsi conçu : « Nul ne peut réclamer un état contraire à celui que lui donnent son titre de naissance et la possession conforme à ce titre. Et, réciproquement, nul ne peut contester l'état de celui qui a une possession conforme à son titre de naissance » ; que la demoiselle Pommert ne conteste point que l'acte de naissance ci-dessus rappelé soit applicable à l'enfant dont elle prétend être la mère, mais qu'elle soutient que les époux Blandet ne peuvent invoquer en sa faveur une possession conforme à ce titre; — Considérant qu'il résulte de tous les documents de la cause que du jour de sa naissance à celui de l'acte introductif de l'instance actuelle ou tout au moins jusqu'à la procédure criminelle, Louise-Eugénie-Anna a été constamment considérée par les voisins des époux Blandet comme la fille légitime de ces derniers, dont elle n'a cessé de porter le nom ; qu'elle a toujours été traitée par lesdits époux Blandet, par les membres de leur famille, comme par tous ceux qui étaient en rapports journaliers avec eux, comme étant issue de leur légitime mariage, et qu'aucun doute sérieux ne s'est élevé dans le public à cet égard; que s'il est juste de reconnaître que la demoiselle Pommert, dans un but de spéculation qui ne saurait être trop flétri par la justice, ait, à plusieurs reprises, menacé les époux Blandet d'une dénonciation au parquet pour supposition de part, il est juste également de constater que ces manœuvres dolosives sont restées constamment, et jusqu'à l'instruction criminelle, ignorées du public; que les menaces de la demoiselle Pommert avaient pour but et ont eu pour résultat de troubler et d'intimider profondément les époux Blandet, qui n'ont pu obtenir quelque tranquillité qu'à l'aide des plus lourds sacrifices; — Mais que les agissements de la demanderesse ont été, jusqu'à l'époque précitée, soigneusement dissimulés, soit par celle-ci ou ses complices, soit par les époux Blandet eux-mêmes, et qu'il n'en est résulté aucun trouble pour la possession d'état d'enfant légitime de la jeune Louise-Eugénie-Anna; que, dans ces conditions, l'action de la demanderesse est irrecevable; — Attendu que vainement, et pour échapper à cette fin de non-recevoir, l'appelante chercherait à se prévaloir des dispositions de l'art. 323 c. civ., en soutenant que l'enfant dont elle conteste l'état a été inscrite sous de faux noms, et qu'ayant un commencement de preuve par écrit, elle doit être admise à faire la preuve des faits par elle articulés ; — Considérant, en effet, que cet art. 323, édictant une exception au principe posé dans l'article précédent, n'a été inspiré au législateur que pour venir en aide à toute revendication régulière du bénéfice de la légitimité; que ce serait par suite en méconnaître le caractère exceptionnel et le détourner de son objet que de l'étendre au cas où il s'agit d'une action ayant pour but d'enlever à un enfant les avantages qui résultent pour lui de son titre et de la possession d'état d'enfant légitime; qu'au surplus, la demoiselle Pommert ne pourrait invoquer à l'appui de sa demande d'enquête, ni un commencement de preuve par écrit qu'elle ne saurait légalement trouver soit dans la procédure criminelle irrégulièrement ouverte contre les époux Blandet, et qui, en conformité de l'art. 327, doit être réputée inexistante, soit dans les conclusions signifiées au nom de ces derniers au cours de la procédure actuelle, aucun aveu ne s'y rencontrant rendant vraisemblables les faits allégués; ni « des présomptions ou indices résultant de faits dès lors constants et assez graves pour déterminer l'admission de la preuve testimoniale »; — Considérant enfin, et en admettant par pure hypothèse que l'action dont la cour est saisie constitue une véritable recherche de maternité et que la demoiselle Pommert puisse invoquer les dispositions de l'art. 341 c. civ., sa demande d'enquête ne saurait encore, à ce nouveau point de vue, être accueillie, puisque, ainsi qu'il vient d'être dit, elle ne peut invoquer aucun commencement de preuve par écrit;

Par ces motifs;

Statuant sur la fin de non-recevoir présentée par les intimés : — Dit qu'il a été mal jugé sur ce point par le jugement dont est appel; — Emendant, réformant et faisant ce que les premiers juges auraient dû faire : — Déclare l'appelante non recevable dans sa demande, etc.

Du 26 juin 1883.-C. de Paris, 1re ch.-MM. Périvier, 1er pr.-Loubers, av. gén.-Rousseau et Fontaine, av.

Les autres énonciations ne faisant foi que jusqu'à preuve contraire, l'enfant est admis à les combattre par toutes les voies de droit (V. conf. Laurent, t. 3, n° 415; Aubry et Rau, t. 6, § 544, p. 14, note 24).

127. En quoi consiste le commencement de preuve par écrit prévupar l'art. 323? (V. sur ce point *Rép.* n°s 269 et suiv.; Laurent, t. 3, n° 417; Aubry et Rau, t. 6, § 544, p. 15, note 28). Il demeure entendu, toutefois, que les lettres missives ne pourront être produites que du consentement de celui à qui elles auront été adressées : c'est le principe général de droit commun (V. *suprà*, v° *Lettre missive*, n° 64 et suiv.). Au surplus la personne dont les écrits émanent, vivante ou non, doit avoir dans la contestation un intérêt contraire à celui du réclamant (*Rép.* n° 273).

128. Les règles sur la recherche de la filiation légitime, et notamment celles qui déterminent le mode de preuve de cette filiation, sont applicables à l'action du mari tendant à faire déclarer issu de son mariage un enfant désigné dans son acte de naissance comme né d'une mère autre que sa femme et d'un père inconnu (V. motifs, Paris, 12 juill. 1856, aff. X..., D. P. 57. 2. 4, et sur pourvoi, Req. 27 janv. 1857, aff. X..., D. P. 57. 1. 196; Paris, 26 juin 1883, *suprà*, n° 120; Rouen, 4 mars 1877, aff. Letellier, D. P. 77. 2. 193; Laurent, t. 3, n° 424). Il a été jugé, relativement à cette hypothèse et conformément aux dispositions de l'art. 323, que la preuve testimoniale offerte par le mari, à l'appui de son action en déclaration de filiation légitime, n'est admissible que si elle est accompagnée soit d'un commencement de preuve par écrit, soit de présomptions ou indices résultant de faits dès lors constants et assez graves pour en déterminer l'admission; et qu'on ne peut considérer, en ce cas, comme un commencement de preuve par écrit, les actes judiciaires et extrajudiciaires, signifiés par le mari pour l'exercice de son action (Req. 22 août 1861, aff. Marquais, D. P. 62. 1. 115). Ces actes, en effet, quoique émanés de la partie dont la paternité légitime est l'objet de la preuve offerte, ne rentrent pas dans les termes de l'art. 324. On ne saurait attribuer non plus les caractères d'un commencement de preuve par écrit à la poursuite criminelle intentée par le ministère public contre un délit de suppression d'état avant le jugement définitif sur la question d'état par la juridiction compétente (Paris, 26 juin 1883, *suprà*, n° 120). On verra en effet *infrà*, n° 164, à propos de l'art. 329, qu'une poursuite intentée dans ces conditions doit être réputée inexistante; et, d'ailleurs, cette preuve n'émanerait pas d'une personne ayant un intérêt dans la contestation.

129. Il appartient aux tribunaux d'apprécier les commencements de preuve qui sont apportés et de décider souverainement s'il y a lieu de les admettre. Le degré de vraisemblance qu'ils inspirent à l'allégation du demandeur n'est qu'une question de fait qui échappe au contrôle de la cour de cassation (Aubry et Rau, t. 6, § 544, p. 14; Laurent, t. 3, n° 418; *Rép.* n° 275. V. dans le même sens, Req. 13 juin 1865, aff. Graillat, D. P. 65. 1. 409). Le juge peut, d'ailleurs, se contenter du commencement de preuve qui lui est offert, sans recourir à la preuve testimoniale, s'il le reconnaît assez puissant pour établir de lui-même la filiation. C'est ainsi qu'il a été jugé que l'art. 323 qui permet à l'enfant de faire par témoins la preuve de sa filiation légitime, lorsqu'il existe un commencement de preuve par écrit, n'implique pas la nécessité d'une enquête, lorsque la preuve de cette filiation résulte *de plano* de l'ensemble des documents de la cause (Rouen, 4 mars 1877, aff. Letellier et autres, D. P. 77. 2. 193).

130. A défaut de commencenent de preuve par écrit, la demande en admission de preuve testimoniale peut se fonder, aux termes de l'art. 323, sur des présomptions ou indices résultant de faits dès lors constants et assez graves pour déterminer cette admission. Ces présomptions et ces indices seront également laissés à l'appréciation du juge, qui devra seulement exiger qu'ils soient dès lors constants, comme le veut la loi, c'est-à-dire avoués par la partie ou légalement établis (*Rép.* n°s 277 et suiv.; Laurent, t. 3, n° 418).

131. L'objet de la preuve testimoniale, admise en vertu des art. 323 et 324, doit porter sur deux points : 1° l'accouchement de la mère: 2° l'identité du réclamant avec l'enfant dont elle est accouchée (*Rép.* n° 287; Aubry et Rau, t. 6, § 544, p. 15; Laurent, t. 3, n° 420). L'arrêt qui intervient sur cette question de preuve doit statuer par des motifs spéciaux et différents sur le fait de l'accouchement de la mère et sur l'identité de l'enfant (Motifs, Req. 1er févr. 1876, aff. Robert, D. P. 76. 1. 323).

132. La preuve apportée par l'enfant peut être combattue. « La preuve contraire, dit l'art. 325, pourra se faire par tous les moyens propres à établir que le réclamant n'est pas l'enfant de la mère qu'il prétend avoir, ou même, la maternité prouvée, qu'il n'est pas l'enfant du mari de la mère ». *Par tous les moyens*, dit la loi, par conséquent il ne sera pas besoin ici de commencement de preuve par écrit; la preuve testimoniale, si fragile qu'elle soit, devra être admise purement et simplement (*Rép.* n° 289; Aubry et Rau, t. 6, § 544, p. 15 et note 32; Laurent, t. 3, n° 420). — En ce qui concerne la défense de la mère, la question ne soulève aucune difficulté. Il n'en est pas de même en ce qui concerne la défense du mari de la mère, et l'on pourrait croire qu'une fois la maternité prouvée, le mari se trouve placé sous le coup de la règle *pater is est quem nuptiæ demonstrant*, qu'il ne peut en conséquence agir que par la voie du désaveu, selon les règles des art. 312 et suiv., et dans les délais de l'art. 316. C'est ainsi qu'on l'a décidé *suprà*, n° 106, à propos de l'art. 319. Mais ici la situation est bien différente. L'enfant ne saurait être protégé par la règle *pater is est...* puisque rien, dans le principe, n'établit qu'il est né durant le mariage; nul titre, nulle possession d'état ne lui donnaient droit, non seulement à une filiation paternelle, mais même à une filiation maternelle. C'est grâce aux moyens tirés des art. 323 et 324 qu'il est arrivé à créer, en sa faveur, une présomption qui n'existait pas *à priori*. Faudra-t-il, dans ces conditions, que la loi soit aussi rigoureuse pour le prétendu père que dans le cas où l'enfant se trouve, par le fait seul de sa naissance, présumé issu du mariage? La négative paraît certaine, aussi est-elle admise généralement. (V. *Rép.* n°s 291 et suiv.; Laurent, t. 3, n° 421 ; Aubry et Rau, *loc. cit.*). Il a été jugé, en ce sens, que la faculté accordée par l'art. 325 c. civ. d'établir, une fois la maternité prouvée, que l'enfant n'a pas pour père le mari de la mère n'est pas soumise aux règles du désaveu (Caen, 17 mars 1847, aff. Parfouru, D. P. 48. 2. 57).

133. La preuve contraire de l'art. 325 compète à toute partie intéressée (V. Aubry et Rau, t. 6, § 544 *bis*, p. 17; Laurent, t. 3, n° 421). Il a été jugé, cependant, qu'il n'appartient pas au représentant en ligne collatérale de la branche maternelle de s'opposer à la réclamation de l'état de l'enfant qui, inscrit sous de faux noms sur les registres de l'état civil, a été reconnu comme enfant légitime tant par la femme dont il prétend être né que par le mari de celle-ci (Rouen, 4 mars 1877, aff. Letellier, D. P. 77. 2. 193). Il s'agit d'une décision inspirée par les circonstances particulières de la cause, et qui ne saurait prévaloir contre la règle générale précédemment posée.

Les faits se présentaient devant la cour de Rouen ainsi qu'il suit: un enfant, inscrit sur les registres de l'état civil comme né d'un père inconnu et d'une mère dénommée mais restée inconnue, avait été reconnu postérieurement à sa naissance comme enfant naturel par l'individu auquel il avait été confié; plus tard, par acte notarié, deux époux qui, à l'époque de la naissance, étaient séparés de corps, avaient déclaré que cet enfant était leur enfant légitime; la femme étant venue à mourir sur ces entrefaites, sa sœur revendiquait sa succession; le mari était mort pendant l'instance. La cour avait à statuer sur la situation légale de l'enfant et à rechercher les preuves sur lesquelles il pouvait s'appuyer. L'acte notarié ne pouvait avoir aucune valeur (V. *Rép.* n° 306, et *infrà*, n° 147). Il ne restait donc à l'enfant que le moyen offert par l'art. 323 : la preuve de l'accouchement de la mère et la preuve de sa propre identité avec l'enfant né de cet accouchement. Cette double preuve était faite dans l'instance par les déclarations mêmes du père et, après sa mort, par les déclarations des parents de la ligne paternelle mais il s'agissait de savoir si l'enfant pouvait opposer péremptoirement la présomption tirée de l'art. 312 aux collatéraux maternels ou si, au contraire, ces derniers pouvaient contester la filiation de l'enfant par tous les moyens, conformément à l'art. 325, en soutenant que la reconnaissance du mari de la mère n'avait été que le résultat d'un concert frauduleux entre les deux époux. Cette dernière solution pouvait être sérieusement soutenue : il semble, en effet, que, dans l'espèce, la présomption de l'art. 312 cessait d'être applicable; car elle était détruite par une présomption contraire et non moins puissante, résultant de la clandestinité de la naissance, de l'inscription de l'enfant sous des noms supposés et de la conduite de la mère qui, sans doute, avait eu de graves raisons pour priver l'enfant du bénéfice de la légitimité. — La cour de Rouen ne l'a pas décidé ainsi : elle a consacré un système d'après lequel l'art. 325 ne serait, en ce qui concerne la paternité, qu'une extension du désaveu justifiée par les circonstances de la naissance de l'enfant, donnant au mari ou à ses héritiers le droit de désavouer en dehors des prescriptions des art. 313, 316 et 317, et, par suite, rendant inadmissible, dès que la maternité est prouvée, toute contestation judiciaire entre l'enfant et l'héritier de sa mère. Ce système est fondé sur l'origine de l'art. 325 (V. Locré, t. 6, p. 177, et D. P. 77. 2. 193, note).

134. L'appréciation des témoignages apportés par le contestant est laissée souverainement au juge du fond (Laurent, t. 3, n° 420). Il a été jugé, dans ce sens, que la preuve de la non-paternité du mari peut être considérée comme n'ayant pas été faite, même dans les termes de l'art. 325 c. civ., lorsqu'il est constaté : 1° que l'enfant auquel un père autre que le mari a été indiqué dans son acte de naissance, a été conçu à une époque où la mère vivait avec son mari sous le même toit, sans dissentiment apparent, et dans une situation telle que rien ne démontrerait l'impossibilité d'un rapprochement entre les époux; 2° que, si la mère a quitté le domicile conjugal, c'est seulement pendant les derniers mois de sa grossesse; que, du moins, l'arrêt qui le décide ainsi renferme une appréciation souveraine de faits qui, procédant des pouvoirs du juge de résoudre souverainement, dans le cas de l'art. 325 c. civ., les difficultés relatives à l'accouchement de la mère, à l'identité de l'enfant réclamant et à la paternité ou non-paternité du mari, échappe au contrôle de la cour de cassation (Req. 13 juin 1865, aff. Graillat, D. P. 65. 1. 409).

Sect. 4. — Preuves de la légitimité (*Rép.* n°s 310 à 339)

135. Si les divers modes de preuve examinés *suprà*, n°s 103 et suiv., peuvent suffire à établir la filiation, il ne s'ensuit pas qu'ils donnent à cette filiation le caractère légitime. Une autre preuve s'impose à celui qui veut incontestablement établir sa légitimité, c'est la preuve du mariage de ses père et mère, soit par l'acte même de la célébration du mariage, soit, à défaut de cet acte, par le mode de preuve fixé par l'art. 197 c. civ. D'après cet article, la légitimité d'un enfant issu de deux individus qui ont vécu publiquement comme mari et femme, et qui sont tous deux décédés, ne peut être contestée sous le seul prétexte du défaut de représentation de l'acte de célébration, toutes les fois que cette légitimité est prouvée par une possession d'état qui n'est point contredite par l'acte de naissance. — De ce qui précède, il résulte que, du vivant des père et mère, ou de l'un d'eux, l'enfant ne peut prouver sa légitimité que par la représentation de leur acte de mariage, sauf bien entendu le moyen exceptionnel offert par l'art. 46 c. civ., au cas de perte ou de non-existence des registres de l'état civil; mais une fois les père et mère morts, l'enfant peut suppléer au défaut d'acte de mariage par la présomption tirée de l'art. 197, moyennant toutes les conditions requises (*Rép.* n°s 310 et suiv.).

136. C'est une question controversée que celle de savoir si le décès des père et mère ouvre seul le droit au mode de preuve déterminé par l'art. 197, ou s'il y a d'autres cas, l'absence par exemple, où l'enfant peut avoir recours à cette voie extraordinaire (V. *Rép.* n° 315). Dans le sens de cette dernière solution, il a été jugé que la disposition de l'art. 197 c. civ., qui défend de contester la légitimité des enfants nés d'individus qui, ayant vécu publiquement comme mari et femme, sont décédés l'un et l'autre, sous le seul prétexte du défaut de représentation de l'acte de célébration du mariage, alors que cette légitimité de l'enfant est établie par une possession d'état conforme à l'acte de naissance, constitue une présomption légale, laquelle ne peut être étendue à des cas non prévus par cet article; et que, spécialement, la déclaration d'absence des père et mère ne peut suppléer la condition de leur décès préalable à l lle l'art. 197 subordonne la preuve légale du mariage (is, 21 juin 1853, aff. Lamy, D. P. 55. 2. 311). Cet arrêt d e que les présomptions du genre de celle de l'art. 1 e peuvent être ni suppléées ni étendues; qu'aucune ve n'étant admise contre la présomption de la loi, lorsqu le fondement de cette présomption, elle dénie l'actio justice, on ne peut, sans tomber dans l'arbitraire, l' li- quer à d'autres cas que ceux que le législateur a pré ; et qu'au surplus la déclaration d'absence ne peut remp er l'acte du décès (V. dans le même sens, Aubry et Rau, 5, § 452 *bis*, p. 19, note 21; Baudry-Lacantinerie, *Pré de droit civil*, t. 1er, n° 567. — V. toutefois *suprà*, v° *Ma e*, n° 215). Au reste, ainsi qu'on l'a vu au *Rép. ibid.*, ce e de preuve devrait être admis si l'absence avait duré te ans, ou si l'absent avait atteint sa centième année; e forte présomption de décès fortifierait, dans ce cas, l'ex - sion faite.

137. Une question analogue à celle que l'on vient d' - miner est celle de savoir s'il y a lieu d'assimiler la dém e des père et mère à leur décès (V. *Rép.* n° 316). MM. A et Rau, t. 5, § 452 *bis*, p. 19 et note 21, la résolvent - lement dans le sens de la négative, par le motif que la - mence, de même que l'absence, peut cesser d'un momen à l'autre et ne constitue pas, comme le décès, un état dé - tif (V. aussi Baudry-Lacantinerie, *op. cit.*, t. 1, n° 567. *Contrà :* Laurent, t. 3, n° 10. V. aussi *suprà*, v° *Mari* , n° 215).

138. Dans ce même ordre d'idées, on peut se deman r si les père et mère contestants peuvent être assimilés père et mère décédés. Pour soutenir l'affirmative, on fonde sur ce que les père et mère, qui contestent e mêmes la légitimité de leur enfant, ont intérêt à dissim le lieu de célébration de leur mariage, et, par conséque l'acte de cette célébration; on se borne donc, dans ce s tème, à exiger de l'enfant la preuve que ses père et m vivent publiquement comme mari et femme et que l même a une possession d'état d'enfant légitime non co tredite par son acte de naissance. C'est la solution qui été admise *suprà*, v° *Mariage*, n° 216, et elle a été imp citement adoptée par un arrêt (Agen, 19 janv. 1864, Nadau, D. P. 65. 2. 16). Mais, comme on l'a vu *ibid.*, el est combattue par plusieurs auteurs, comme étant propre favoriser la violation de la loi. Il suffirait, dit-on, d'u connivence coupable entre les parents et leurs enfants pour conférer ainsi judiciairement la légitimité à des enfants nés hors des liens du mariage. Et d'ailleurs, il est très difficile aujourd'hui, eu égard aux moyens de recherche dont on dispose, que le lieu du mariage reste caché longtemps. Au surplus, une pareille extension serait contraire au principe d'après lequel les exceptions sont de droit étroit.

139. En principe donc, et sauf ce qui vient d'être dit *suprà*, n°s 136 à 138, l'enfant qui, pour établir sa légitimité, ne représente pas l'acte de célébration du mariage de ses père et mère, ne peut recourir au mode de preuve de l'art. 197 c. civ. qu'autant que ses père et mère sont décédés. C'est la première preuve à fournir, la preuve nécessaire et préalable à laquelle sont subordonnées toutes les autres conditions de cet article; et l'administration de cette preuve a un caractère péremptoire tel que l'enfant doit être repoussé *de plano* sans être entendu sur les autres chefs de sa demande, s'il ne la fournit pas d'une façon certaine. La jurisprudence n'a cessé de se prononcer en ce sens depuis la publication du *Répertoire* (Paris, 21 juin 1853, aff. Lamy, D. P. 55. 2. 311; Nîmes, 18 juin 1860, aff. Littaye, D. P. 61. 2. 182; Civ. cass. 19 juin 1867, aff. Polverelli, D. P. 67. 1. 342, et sur renvoi, Aix, 10 août 1871, même affaire, D. P. 73. 1. 303, et sur pourvoi, Civ. rej. 7 mai 1873, même affaire, *ibid.*; Req. 7 avr. 1869, aff. Meyrel, D. P. 69. 1. 449; Civ. rej. 28 févr. 1872, aff. Francès, D. P. 72. 1. 97; Req. 8 juill. 1886, aff. Linant de Bellefonds D. P. 87. 1. 267).

L'un des arrêts précités déclare que le bénéfice de la disposition de l'art. 197 n'est pas restreint au cas où les registres de l'état civil, sur lesquels l'acte de mariage aurait dû être inscrit, ont été détruits ou n'ont jamais existé, mais qu'il s'applique également au cas où l'éloignement des temps et l'ignorance des lieux où les actes ont été dressés rendent impossible la représentation de ces actes (Nîmes, 18 juin 1860, aff. Littaye, D. P. 61. 2. 182). L'art. 197, en effet, ne spécifie pas limitativement les causes qui peuvent rendre impossible la représentation de l'acte de mariage. Sans doute, il s'applique plus particulièrement au cas où l'enfant ignore le lieu du mariage de ses parents plutôt qu'au cas de destruction ou d'inexistence des registres de l'état civil, mais on ne saurait restreindre d'aucune manière son champ d'application.

140. Le décès des parents établi, il appartient au juge d'apprécier souverainement les raisons pour lesquelles l'acte de leur mariage n'est pas produit; la loi n'est pas limitative. On verra du reste *infrà*, nos 143 et suiv., que la preuve contraire est toujours admissible, et que la demande de l'enfant peut être repoussée par la production d'un acte de mariage démentant ses prétentions. Au surplus, en cas de destruction ou d'inexistence des registres de l'état civil, l'enfant, comme on l'a indiqué *suprà*, n° 135, peut toujours s'appuyer sur l'art. 46 c. civ., qui, même du vivant de ses père et mère, lui permet, en établissant préalablement cette destruction ou cette inexistence, de prouver par témoins le mariage de ses parents.

141. Le décès des parents n'étant pour l'enfant qu'un moyen de se faire admettre à prouver sa légitimité, conformément à l'art. 197, il lui reste encore, cette première preuve faite, à en fournir deux autres : 1° la preuve que ses père et mère décédés ont vécu publiquement comme mari et femme : 2° la justification qu'il a joui, par rapport à eux, d'une possession d'état d'enfant légitime, non contredite par son acte de naissance. Le législateur a entendu que ces deux preuves fussent faites d'une manière distincte et séparée (Aubry et Rau, t. 5, § 452 *bis*, p. 19, note 23). L'art. 197 est, à ce point de vue, d'une précision rigoureuse, et il en résulte que l'enfant auquel incombe la charge de cette double preuve ne saurait être admis à prouver l'un des faits par l'autre, pas plus qu'il ne pourrait, après avoir fait l'une des deux preuves, être dispensé de l'autre (Comp. *suprà*, v° *Mariage*, n° 218). Il a été jugé, en ce sens, que, dans le cas où les père et mère sont tous deux décédés, l'enfant est tenu, faute de représentation de l'acte de mariage, de prouver à la fois qu'il a la possession d'état d'enfant légitime, et en outre, que ceux qu'il indique comme ses père et mère ont vécu publiquement comme mari et femme : la preuve du premier de ces faits ne dispense pas de la preuve du second (Civ. cass. 19 juin 1867, aff. Polverelli; D. P. 67. 1. 342; sur renvoi, Aix, 10 août 1871, même affaire, D. P. 73. 1. 303; et sur nouveau pourvoi, Civ. rej. 7 mai 1873, *ibid.*). — Est-ce à dire que l'enfant ne pourra prouver les deux faits par les mêmes témoignages ni à l'aide des mêmes circonstances? C'est ce qu'admet la cour de cassation dans l'arrêt précité du 19 juin 1867. Elle déclare, en effet, que l'enfant ne peut induire la possession d'état de ses père et mère comme époux légitimes des faits et actes d'où résulte pour lui la preuve de sa propre possession d'état : il y a là une simple présomption qui ne saurait remplacer la preuve directe et complète. La conséquence est peut être trop absolue. Il est certain que la loi ne veut pas que l'une des preuves résulte *nécessairement* de l'existence de l'autre, mais pourquoi refuser au juge le droit de puiser en fait, aux mêmes sources et dans le même ensemble de documents ou de faits, la preuve du mariage et la preuve distincte de la filiation? Aussi la cour de renvoi s'est-elle prononcée, sur ce point, dans le même sens que l'arrêt cassé (Bastia, 28 juin 1865, D. P. 67. 1. 342), elle a décidé que l'enfant peut tirer la preuve de la possession d'état de ses père et mère comme époux, de l'ensemble des faits et actes d'où résulte pour lui la preuve de sa propre possession d'état d'enfant légitime (Aix, 10 août 1871, aff. Polverelli, D. P. 73. 1. 303). Sur le pourvoi qui a frappé cet arrêt, la cour de cassation a adopté cette opinion, qui paraît plus juridique et plus équitable (Civ. rej. 7 mai 1873, même affaire, D. P. 73. 1. 303).

142. La loi laisse à l'appréciation du juge du fait les circonstances de nature à établir ces deux preuves. Les déclarations qui constatent d'une manière légale l'existence de la double possession d'état, à laquelle est subordonnée l'application de l'art. 197 c. civ., sont souveraines en fait, dit un arrêt, et échappent sous ce rapport au contrôle de la cour de cassation (Civ. rej. 7 mai 1873, aff. Polverelli, D. P. 73. 1. 303). Il a été jugé, sur ce point, que la double possession d'état d'époux et d'enfants légitimes, exigée par l'art. 197 c. civ. pour suppléer au défaut de représentation de l'acte de célébration du mariage de deux individus décédés ne résulte pas de ce fait que plusieurs enfants auraient été successivement déclarés à l'officier de l'état civil comme issus de leur légitime mariage, alors que, postérieurement, la vie publique et commune a cessé d'exister entre les prétendus époux qui sont devenus étrangers l'un à l'autre, que le prétendu mari a été déchargé, par jugement, de l'obligation de recevoir chez lui la femme à titre d'épouse légitime et de lui fournir des aliments, et enfin, qu'après son décès, la succession a été partagée entre ses frères et sœurs, à l'exclusion des enfants dont la légitimité est réclamée (Civ. cass., 18 mars 1868, aff. De Badoux, D. P. 68. 1. 228. — V. aussi les arrêts cités au *Rép.* nos 317 et suiv., et *suprà*, v° *Mariage*, n° 219).

143. L'art. 197 n'exclut pas la preuve contraire aux prétentions de l'enfant (V. *Rép.* nos 324 et suiv.; Aubry et Rau, t. 5, n° 542 *bis*, p. 21). Jugé, en ce sens, que la présomption de légitimité créée par l'art. 197 c. civ., en faveur de l'enfant issu de deux individus dont l'acte de mariage n'est pas représenté, mais qui sont décédés, après avoir vécu publiquement comme mari et femme, peut être détruite par la preuve contraire résultant, par exemple, de ce que la mère attribuée à cet enfant dans son acte de naissance était encore engagée, à l'époque de sa conception, dans les liens d'un mariage contracté avec un autre que le père désigné (Req. 7 avr. 1869, aff. Meyrel, D. P. 69. 1. 449). — Mais le juge doit se montrer aussi rigoureux dans l'admission de la preuve contraire que dans l'admission de la double preuve exigée par l'art. 197. Aussi a-t-il été décidé que cette preuve contraire n'est réputée faite qu'autant qu'il est établi que le mariage d'où l'on prétend la faire résulter subsistait encore à l'époque de la conception de l'enfant qui se prétend, en vertu de l'art. 197, issu d'un nouveau mariage (Même arrêt). On ne saurait, en effet, exiger de l'enfant qu'il fasse la preuve de la dissolution du premier mariage. C'est à ceux qui fondent sur le mariage dont il s'agit une contestation de légitimité à établir que le père ou la mère était encore engagé dans les liens d'une autre union lors de la conception de l'enfant.

144. Mais il peut arriver que, malgré l'existence de ce mariage antérieur, les père et mère de l'enfant qui revendique sa légitimité se soient mariés entre eux de bonne foi. Dans ce cas, le second mariage devra produire, malgré sa nullité, tous les effets légaux d'un mariage régulier, conformément aux art. 201 et 202 c. civ. Les contestants devront prouver, dans ce cas, que le mariage a été annulé sans que le bénéfice de la bonne foi ait été accordé aux époux ou à l'un d'eux (V. *Rép.* n° 324). Dans ces conditions, il n'y aurait pas de légitimité possible, puisque le fondement nécessaire de cette légitimité ferait défaut. Et c'est en vain alors que les enfants se retrancheraient derrière la possession d'état, car la possession d'état ne peut être invoquée comme preuve de la légitimité dans le cas où le mariage a été déclaré nul et sans effets civils (Paris, 1er juill. 1861, aff. Patterson, D. P. 61. 2. 137. Comp. de Loynes, note, D. P. 91. 2. 153). La possession d'état ne peut que contribuer à prouver la légitimité; elle est impuissante à la créer.

145. On a dit *suprà*, n° 141, que la possession d'état d'enfant légitime doit être, comme la possession d'état d'époux des père et mère, prouvée distinctement et principalement. On ne saurait donc y suppléer par une autre preuve, et notamment par la simple production d'un acte de naissance conforme aux prétentions de la demande (*Rép.* n° 329). L'art. 197 exige bien que la possession d'état d'enfant légitime dont il demande la preuve ne soit pas contredite par l'acte de naissance, il ne dit pas que l'acte de naissance, dans le cas particulier auquel il s'applique, pourra remplacer la preuve de la possession d'état expressément ordonnée (Aubry et Rau, t. 5, § 452 *bis*, p. 20, note 27). Mais cette possession d'état doit-elle être, dans l'esprit de la loi, obligatoirement fortifiée par un acte de naissance conforme? En d'autres termes, l'art. 197 exige-t-il impérativement la preuve de la possession d'état d'enfant légitime avec production à l'appui d'un acte de naissance conforme; ou suffira-t-il de cette possession d'état seule pour contribuer à l'affirmation de la légitimité, pourvu qu'il n'existe pas d'acte de naissance contraire, c'est-à-dire en l'absence totale d'acte de naissance? On a admis cette dernière solution

(*Rép.* n° 330. V. aussi *suprà*, v° *Mariage*, n° 220); elle repose sur les termes mêmes de l'art. 197 et c'est évidemment la seule conforme à l'intention du législateur. La preuve en est dans les travaux préparatoires du code : la première rédaction de l'art. 197 exigeait un acte de naissance appuyé par la possession d'état (Locré, *Législation civile*, t. 4, p. 432). Ce changement de rédaction prouve surabondamment dans quel esprit a été votée la loi. Et d'ailleurs, comme le dit Demolombe (t. 3, n° 401), « il y avait là une sorte de contradiction, et en même temps qu'on dispensait l'enfant de représenter l'acte de mariage de ses père et mère parce qu'il pouvait ignorer le lieu où il avait été célébré, on ne pouvait pas raisonnablement exiger de lui, comme condition *sine qua non*, la représentation de son acte de naissance, car il peut aussi bien ignorer le lieu où cet acte a été reçu ». C'est donc à bon droit qu'un arrêt a implicitement décidé que la légitimité de l'enfant est prouvée, selon le vœu de l'art. 197, par une possession d'état, non contredite par l'acte de naissance, lorsque l'acte de naissance fait absolument défaut (Civ. cass., 19 juin 1867, aff. Polverelli, D. P. 67. 1. 342. Conf. Aubry et Rau, t. 5, § 542 *bis*, p. 20, note 25).

146. On a examiné au *Rép.*, n°s 331 et suiv., la question de savoir si, sous l'empire du code civil, comme dans l'ancien droit, l'enfant peut être dispensé de prouver l'état d'époux de ses père et mère décédés, lorsque, en vue d'établir sa légitimité, il s'appuie sur sa possession d'état l'enfant légitime, confirmée par son acte de naissance, et l'on a cité un certain nombre d'arrêts qui, adoptant cette opinion, s'appuient à cet effet sur l'art. 322 c. civ. Mais cette jurisprudence tend à établir une confusion dangereuse entre deux situations tout à fait distinctes (V. *Rép.* n° 336). Les art. 319 et suiv., y compris l'art. 322, s'appliquent spécialement au cas où la filiation seule est en cause, et non le mariage des prétendus père et mère. Dans l'hypothèse visée par l'art. 197, au contraire, l'enfant doit prouver non seulement qu'il est issu de ses prétendus père et mère, mais encore que ses prétendus père et mère étaient légitimement mariés entre eux. En conséquence, on ne saurait s'en rapporter aux règles de l'art. 322 pour trancher une question rentrant dans les termes de l'art. 197. C'est dans ce sens qu'il a été jugé, depuis la publication du *Répertoire*, que l'art. 322 c. civ., suivant lequel nul ne peut contester l'état de celui qui a une possession conforme à son acte de naissance, n'est pas applicable au cas où, la filiation étant constante, c'est la légitimité qui est contestée: la preuve n'en peut être faite, si les père et mère sont encore vivants, que par la représentation de l'acte de célébration de leur mariage (Agen, 19 janv. 1864, aff. Nadau, D. P. 65. 2. 16).

147. Mais, à l'inverse, on ne pourrait pas davantage contester l'état d'un enfant conforme à son acte de naissance, pour lui procurer le bénéfice de la légitimité. Il a été jugé dans ce sens que la déclaration faite par deux époux, mais contraire à l'acte de naissance et à la possession d'état d'un enfant, que cet enfant est né de leur mariage et qu'ils le tiennent pour légitime ne peut établir, au profit de cet enfant, une présomption de légitimité; qu'en conséquence cette prétendue filiation légitime peut être contestée par les héritiers du sang (Paris, 23 mai 1873, aff. Bouffard, D. P. 73. 2. 161).

148. L'art. 197 est applicable aux Français, alors même qu'ils résident hors de France, et que le mariage présumé du père et de la mère devrait aussi être tenu pour avoir été accompli en pays étranger, sans qu'il soit nécessaire de rechercher si, d'après la législation dudit pays étranger, la célébration du mariage prétendu aurait été entourée de toutes les formalités légales, et si cette même législation autorise la reconstitution d'un acte de mariage au moyen de papiers et notes de famille quand il n'y a pas eu de registres de l'état civil; en conséquence, dans le cas où le père et la mère sont décédés, après avoir vécu publiquement comme mari et femme, les enfants issus de cette union peuvent, à défaut d'acte de mariage, démontrer leur légitimité en rapportant la preuve d'une possession d'état d'enfants légitimes non contredite par leurs actes de naissance (Req. 8 juill. 1886, aff. Linand de Bellefonds, D. P. 87. 1. 267).

149. L'enfant a-t-il seul qualité pour revendiquer sa légitimité? De son vivant, il est bien certain que nul autre que lui ne peut exercer en son nom cette action essentiellement personnelle, si ce n'est toutefois, en tant que de besoin, son tuteur durant sa minorité. Mais, après son décès, l'action est-elle irrévocablement éteinte, et ses descendants, ses héritiers de toute sorte ne peuvent-ils pas l'exercer?

En ce qui concerne les descendants, la question ne soulève pas de difficultés : le bénéfice de l'art. 197 leur appartient sans aucun doute, comme à l'enfant lui-même. Il n'en est pas de même à l'égard des collatéraux. La règle générale, peut-on dire, est que le mariage ne peut être prouvé que par la présentation de l'acte de célébration (c. civ., art. 194); or l'exception faite à ce principe par l'art. 197 ne concerne littéralement que les enfants; il est donc impossible de l'étendre arbitrairement à d'autres personnes. Cette disposition, toute de faveur, n'a été introduite dans le code, conformément à la jurisprudence inaugurée sous l'empire de l'ordonnance de 1667, que pour permettre aux enfants de recouvrer leur état civil; les collatéraux n'ont qu'un intérêt pécuniaire et successoral à invoquer cet article, et il n'y aurait pas de raison, si on les y admettait, pour ne pas reconnaître le même droit aux personnes étrangères à la famille, appelées à la succession comme successeurs universels ou à titre universel, en vertu de la règle que tout héritier est admis à faire valoir tous les droits du *de cujus*. On peut répondre que le motif principal qui a inspiré le législateur dans la disposition de l'art. 197, c'est qu'après la mort des époux, leurs enfants peuvent ignorer le lieu où leur mariage a été célébré; or cette ignorance est bien plus probable encore chez les collatéraux. Au surplus, le texte de la loi, s'il ne prévoit pas expressément le cas où l'action serait intentée par les collatéraux, n'exclut pas non plus cette hypothèse : l'art. 197 s'exprime en termes généraux; il ne désigne pas les personnes qui auront qualité pour intenter l'action, il spécifie seulement le moyen par lequel la preuve de la légitimité sera faite dans certaines conditions et circonstances déterminées; et dès lors, la preuve, une fois faite, devient opposable à tous les membres de la famille, descendants et collatéraux ; n'est-il pas juste qu'en retour ils aient aussi le droit de l'invoquer? L'article dit, il est vrai, « s'il existe des enfants »; mais en admettant que ces termes signifient *s'il existe des enfants vivants*, et non *s'il est né des enfants*, ils doivent être pris dans un sens énonciatif, et non limitatif. Dans le cas contraire, on n'aurait, pour contester la légitimité d'un enfant, qu'à attendre son décès : personne ne pourrait plus défendre à l'action. Telle est la doctrine enseignée par Demolombe. « Ce n'est qu'en faveur des enfants que la loi déroge, dans l'art. 197, à la règle posée par l'art. 194 », dit cet auteur (t. 1, n° 392); mais, un peu plus loin, il ajoute : « Est-ce à dire pourtant que le bénéfice de cette disposition soit exclusivement personnel aux enfants eux-mêmes, et qu'il ne pourrait pas être invoqué, après leur décès, par leurs héritiers ou autres successeurs? Telle n'était pas notre pensée; nous nous plaçions dans l'hypothèse prévue par notre texte *s'il existe des enfants*, mais dans cette hypothèse telle qu'il l'a prévue, c'est-à-dire d'une manière énonciative et nullement limitative... Non seulement la loi n'a pas fait ici d'exception à la règle, mais il est évident qu'il n'y avait pas de motif pour y déroger, et que c'est même *à fortiori* que la disposition de l'art. 197 doit pouvoir être invoquée par les héritiers des enfants » (*Ibid.*, n° 406 *bis*. V. dans le même sens : Giboulot, note, D. P. 72. 1. 97; Aubry et Rau, t. 5, § 452 *bis*, p. 19 et note 18; Girardin, *Influence de la possession d'état sur la preuve du mariage*, *Revue pratique*, 1866, t. 21, p. 275 et suiv.). — Ce dernier auteur va même (p. 277) jusqu'à reconnaître aux ayants cause à titre particulier des enfants le droit d'invoquer l'art. 197 c. civ.). — Il a été jugé, conformément à cette doctrine, que l'art. 197 c. civ., qui porte que la légitimité des enfants issus de deux individus qui ont vécu publiquement comme mari et femme, et qui sont tous deux décédés, ne peut être contestée sous le seul prétexte du défaut de représentation de l'acte de célébration du mariage, toutes les fois que cette légitimité est prouvée par une possession d'état non contredite par l'acte de naissance, n'établit pas une exception personnelle aux enfants et peut être invoqué par les héritiers qui les représentent (Nîmes, 18 juin 1860, aff. Littage, D. P. 61. 2. 182; Civ. rej. 28 févr. 1872, aff. Francès, D. P. 72. 1. 97)..., notamment par des collatéraux, pour établir les rapports de parenté que cet état civil a créés, à l'effet d'exercer des droits de succession.

CHAP. 5. — De l'action en réclamation et en contestation d'état (*Rép.* nos 340 à 390).

Sect. 1re. — De l'action en réclamation d'état (*Rép.* nos 340 à 379).

Art. 1er — *Par qui et dans quel délai l'action en réclamation d'état peut être exercée* (*Rép.* nos 344 à 362).

150. On a examiné au *Rép.*, n° 350, la question de savoir si les créanciers de l'enfant peuvent intenter eux-mêmes l'action en réclamation d'état lorsque l'enfant ne le fait pas. Comme on l'a vu *ibid.*, elle ne peut se poser que dans le cas où la réclamation d'état a pour objet d'appuyer une autre demande présentant pour les créanciers un intérêt pécuniaire et actuel, et l'on a admis que, dans ce cas, les créanciers de l'enfant ont qualité pour agir en son nom, l'action en réclamation d'état ne constituant pas un droit exclusivement attaché à la personne, aux termes absolus de l'art. 1166 c. civ. (V. Aubry et Rau, t. 6, § 544 *bis*, p. 20; Laurent, t. 3, n° 470). C'est l'opinion qui paraît avoir prévalu. Ce point admis, il va de soi que les transactions, compromis ou autres actes de ce genre que passeront les créanciers relativement à l'objet de leur action seront licites, cet objet étant, par sa nature, dans le commerce.

151. Les créanciers de l'enfant ont, à plus forte raison, le droit d'intervenir dans l'instance introduite par leur débiteur. Il a été jugé que les créanciers, l'aïeule paternelle et les collatéraux de la même ligne ont le droit d'intervenir dans l'instance en réclamation d'état introduite par un enfant contre des collatéraux de la ligne maternelle, encore que, dans cette instance, leur intérêt matériel soit contraire à leur intérêt moral (Rouen, 4 mars 1877, aff. Letellier, D. P. 77. 2. 193).

152. Si l'action en réclamation d'état est intentée durant la minorité de l'enfant, un tuteur *ad hoc* doit-il être nommé à cet effet, conformément aux règles posées *suprà*, nos 86 et suiv. par l'art. 318? Il faut répondre négativement. L'art. 318 est spécial à la procédure du désaveu; quant aux dispositions relatives à l'action en réclamation d'état, elles sont muettes sur ce point. Le législateur a jugé sans doute que l'intervention d'un tuteur *ad hoc* n'était pas nécessaire ici. La jurisprudence s'est prononcée dans ce sens (Rouen, 4 mars 1877, aff. Letellier, D. P. 77. 2. 193). Cet arrêt ajoute que, si néanmoins un tuteur *ad hoc* avait été nommé par le tribunal à l'effet de suivre l'action en réclamation d'état au nom de l'enfant, ce tuteur n'aurait pas besoin de l'autorisation du conseil de famille pour figurer dans l'instance introduite devant la cour d'appel par le tuteur testamentaire de l'enfant.

153. Après le décès de l'enfant, son droit passe à ses héritiers. On a exposé au *Rép.*, nos 354 et suiv., les conditions dans lesquelles cette transmission s'opère, aux termes des art. 329 et 330 c. civ. et les caractères que l'action en réclamation d'état revêt entre les mains des héritiers, ainsi que les conséquences qui en découlent. Ces points n'exigent aucun développement nouveau.

154. Quels sont les *héritiers* auxquels appartiendra, après le décès de l'enfant, le droit d'exercer l'action en réclamation d'état? On a donné au *Rép.*, n° 358, l'acception la plus large à cette expression, en y comprenant tous les ayants cause à titre universel, et en n'excluant que les légataires particuliers. C'est l'opinion la plus généralement suivie (Demolombe, t. 5, n° 297; Aubry et Rau, t. 6, § 544 *bis*, p. 18, note 3). Certains auteurs vont plus loin et accordent l'action même aux légataires particuliers (V. dans ce sens Laurent, t. 3, n° 468). Cette opinion ne peut se soutenir que si l'on considère les légataires particuliers comme des créanciers des héritiers, et en accueillant leur demande en vertu de l'art. 1166 c. civ. En effet, les créanciers, soit de l'enfant décédé, soit de ses héritiers, sont admis sans difficulté à exercer l'action en réclamation d'état (*Rép.* n° 361).

155. Les descendants de l'enfant doivent-ils être assimilés à l'enfant lui-même, ou sont-ils compris parmi les héritiers que visent les art. 329 et 330? En d'autres termes, doit-on appliquer aux descendants de l'enfant les dispositions de l'art. 328, ou bien celles des art. 329 et 330? Ainsi qu'on l'a établi au *Rép.*, n° 362, la seconde solution est seule conforme aux termes et à l'esprit de la loi; et c'est celle qu'admettent les auteurs les plus récents (Laurent, t. 3, n° 468 ; Aubry et Rau, t. 6, § 544 *bis*, p. 19, note 10, et p. 20, note 14). Comme le font remarquer ces derniers auteurs, *loc. cit.*, « si l'on avait accordé aux descendants de l'enfant le droit d'exercer de leur propre chef l'action en réclamation d'état, il n'y aurait eu aucun motif pour en restreindre l'exercice aux descendants du premier ou du second degré, et cette action, imprescriptible de sa nature, se serait ainsi perpétuée de génération en génération, au grand détriment du repos des familles ». Ainsi, les descendants de l'enfant, comme les autres héritiers, ne peuvent exercer l'action en réclamation d'état qu'autant qu'ils la trouvent dans la succession de cet enfant et ils sont soumis aux conditions qui seront examinées *infrà*, nos 157 et suiv. La jurisprudence est également fixée en ce sens. Il a été jugé: 1° que l'art. 328 c. civ. qui déclare l'action en réclamation d'état imprescriptible à l'égard de l'enfant, ne s'applique pas aux petits-enfants et autres descendants, et que l'action formée par ces derniers est soumise à la prescription résultant de l'art. 329 comme celle qui serait exercée par tous autres héritiers (Req. 9 janv. 1854, aff. Dehanne, D. P. 54. 1. 185); — 2° Que l'art. 329 c. civ. s'applique aussi bien aux descendants de l'enfant qu'à ses autres héritiers (Rouen, 16 nov. 1867 (1) ; Req. 30 déc. 1868, aff. Delporte, D. P. 69. 1. 185 ; 23 juin 1869, aff. Ader, D. P. 71. 1. 327).

156. En devrait-il être ainsi dans le cas même où les descendants de l'enfant déclareraient n'exercer l'action en ré-

(1) (Bouriot C. Dumole-Bard.) — Le 18 déc. 1866, jugement du tribunal de Rouen ainsi conçu : « Attendu que la mère des enfants Bouriot est née à Paris, le 18 brum. an 7, et a été inscrite sur les registres de l'état civil sous les noms de Marie-Geneviève fille de Nicolas Gouvenel et de Marie-Félicie Chaumont mariée à Paris; que mariée le 30 oct. 1837, elle est décédée à Versailles, le 18 nov. 1859; — Attendu que les demandeurs prétendent qu'à tort leur mère a été déclarée fille de Nicolas Gouvenel, avec lequel Marie-Félicie Chaumont n'était pas mariée, et qu'au contraire, elle était fille de Louis-Dumole-Bard, que Marie-Félicie Chaumont, décédée le 16 ou le 17 janv. 1827, avait épousé le 27 nov. 1781 ; — Attendu que la mère des enfants Bouriot a toujours eu une possession d'état conforme à son acte de naissance; qu'elle s'est mariée comme fille de Nicolas Gouvenel et de Marie-Félicie Chaumont et qu'elle est décédée sans jamais avoir laissé d'autre état; — Attendu que la prétention élevée aujourd'hui par ses enfants, de la faire déclarer fille de Louis Dumole-Bard, en vue de se faire reconnaître eux-mêmes héritiers, au quatrième degré, de Louis-Isidore Legendre, décédé à Rouen, le 29 juill. 1863, est repoussée par l'art. 329 c. civ.; qu'en effet cet article n'accorde, aux héritiers de l'enfant, l'action en reclamation d'état, qu'autant qu'il est décédé mineur ou dans les cinq années après sa majorité, circonstances qui ne se rencontrent pas dans la cause actuelle; que les demandeurs se trouvent donc dépourvus de tout droit d'action pour faire changer l'état de leur mère; — Attendu, dès lors, qu'ils ne pourront être déclarés héritiers de Louis-Isidore Legendre, et que leur demande en partage de la succession de ce dernier est non recevable ; — Par ces motifs, etc.

Appel par les héritiers Bouriot.

La cour ; — Attendu que les appelants se prétendent les plus proches héritiers, dans la ligne maternelle, du sieur Louis-Isidore Dumole-Bard, héritier le plus éloigné de cette ligne ;— Attendu que les appelants appuient leur prétention sur un ensemble d'actes de l'état civil qui, selon eux, établissent leur filiation et par conséquent leur droit; mais que leur adversaire conteste à la fois et la recevabilité et le bien fondé de leur demande; — Attendu que la fin de non-recevoir proposée par l'intimé, si elle était admise, rendrait sans objet l'examen du fond; qu'il y a donc lieu de l'apprécier tout d'abord; — Attendu que la fin de non-recevoir conclue par l'intimé repose sur les dispositions de l'art. 329 c. civ., desquelles il résulte que l'action en réclamation d'état de l'art. 328, imprescriptible à l'égard de l'enfant, ne peut être intentée par les héritiers de l'enfant qui n'a pu réclamer, qu'autant qu'il est décédé mineur ou dans les cinq années après sa majorité; d'où il suit que la prescription édictée par cet art. 329 trouve son application toutes les fois qu'il s'agit d'une réclamation d'état et que celui qui réclame son état se trouve dans les conditions que cet article indique; — Attendu que les termes de l'art. 329 c. civ., par leur généralité, s'étendent à tous les cas sans distinction où un individu réclame un état autre que celui qui lui a jusqu'alors appartenu; — Attendu, en fait, que la mère des appelants a été inscrite sur les registres de l'état civil comme

clamation d'état que dans un intérêt purement moral? La question avait été soulevée dans une espèce soumise à la cour de cassation, qui n'a pas eu à la trancher (Req. 30 déc. 1868, aff. Delporte, D. P. 69. 1. 185). Les principes généraux qui régissent la matière conduisent à la résoudre affirmativement. Les descendants de l'enfant, a-t-il été dit *suprà*, n° 155, sont dans la situation de tous les autres héritiers. Or, la loi ne permet aux héritiers d'exercer l'action qu'ils trouvent dans la succession du *de cujus* qu'au point de vue pécuniaire; on ne saurait donc les admettre à transformer à leur gré ce caractère, ce qui d'ailleurs, de leur part, ne serait la plupart du temps qu'un moyen dolosif pour échapper aux déchéances légales et rendre imprescriptible une action qui ne doit pas l'être.

157. Dans quelle mesure et sous quelles conditions les héritiers pourront-ils agir? Des art. 329 et 330, qui statuent à cet égard, résultent les règles suivantes : 1° l'action en réclamation d'état ne passe aux héritiers qu'après le décès de l'enfant; — 2° Si le décès de l'enfant est une condition nécessaire à la saisine des héritiers, il ne suffit pas à lui seul à les saisir, il faut encore que l'enfant n'ait pas réclamé lui-même de son vivant, et que son décès prématuré permette de ne pas considérer son silence et son inaction comme le résultat d'une volonté réfléchie; la loi exige donc qu'il soit décédé mineur ou dans les cinq années qui ont suivi sa majorité; — 3° Les héritiers continuant la personne du défunt peuvent, sous certaines conditions résolutoires, continuer l'action engagée par l'enfant avant son décès (*Rép.* n°s 352 et suiv.; Aubry et Rau, t. 6, § 544 *bis*, p. 18, note 5; Laurent, t. 3, n° 465). Il a été jugé, par application de ces règles, que, si l'enfant est décédé sans avoir formé sa réclamation d'état cinq années après sa majorité, ses héritiers sont déchus du droit de l'exercer, dans le but, par exemple, d'établir la légitimité de la filiation de leur auteur, par rapport à la mère, et d'arriver à la succession de celle-ci par représentation (Req. 9 janv. 1854, aff. Dehanne, D. P. 54. 1. 185, Conf. : Angers, 29 mai 1852, aff. Papin, D. P. 55. 2. 265; Req. 30 déc. 1868, aff. Delporte, D. P. 69. 1. 185).

158. Les héritiers ne peuvent pas combattre la fin de non-recevoir de l'art. 329 en offrant de prouver que, si leur auteur n'a pas agi, c'est parce qu'il ne connaissait pas son véritable état (*Rép.* n° 353; Aubry et Rau, t. 6, § 544 *bis*, p. 18, note 5). Toutefois, cette fin de non-recevoir ne peut leur être opposée par ceux qui ont, à l'aide du dol ou de la violence, et, par exemple, en retenant des pièces décisives, empêché l'enfant de former lui-même son action (Angers, 9 mai 1852, aff. Papin, D. P. 52. 2. 265). Mais les héritiers, demandeurs au procès, ne seraient pas admis à se prévaloir, pour échapper à la déchéance par eux encourue, de la maxime *quæ sunt temporalia ad agendum sunt perpetua ad excipiendum* (Req. 9 janv. 1854, aff. Dehanne, D. P. 54. 1. 185).

159. On a vu au *Rép.*, n° 355, que la déchéance de l'art. 329 n'est pas applicable aux actions en rectification d'état civil. Il importera donc que le juge examine si les actions en rectification d'état civil qui lui sont soumises par les héritiers, en dehors des limites tracées par l'art. 329, ne déguisent pas de véritables actions en réclamations d'état. Il a été jugé, sur ce point : 1° que lorsqu'un enfant a été inscrit sur les registres de l'état civil, comme né de père et mère mariés, et qu'en réalité la mère avait un mari autre que le père désigné, l'action tendant à faire substituer la paternité du mari, en vertu de la présomption légale établie par l'art. 312 c. civ., à celle résultant de l'acte de naissance, à l'effet notamment de purger la maternité ainsi déclarée du vice d'adultérinité, constitue une action en réclamation d'état, soumise à la fin de non-recevoir de l'art. 329, et non une simple demande en rectification d'un acte de l'état civil; on objecterait vainement que, la maternité étant certaine, la paternité du mari l'est également, et que, dès lors, il ne peut s'agir que de faire disparaître, de l'acte de naissance, des énonciations contraires à la loi qui prohibe toute déclaration, à l'officier de l'état civil, d'une filiation adultérine (Req. 9 janv. 1854, aff. Dehanne, D. P. 54. 1. 185); — 2° Que l'action tendant à ce que la qualité donnée à un enfant dans son acte de naissance, de fils illégitime né d'une mère déclarée et d'un père inconnu, soit remplacée par celui de fils légitime né de la même mère et de son mari, constitue, non une simple action en rectification d'un acte de l'état civil, mais une véritable réclamation d'état, soumise à la déchéance de l'art. 329, alors que la qualité résultant de cet acte de naissance a été suivie d'une possession conforme (Req. 30 déc. 1868, aff. Delporte, D. P. 69. 1. 185. Conf. Req. 13 nov. 1882, aff. Lagrange, D. P. 84. 1. 120). En somme, l'action en réclamation d'état se distingue de l'action en rectification de l'état civil, en ce qu'elle a pour but de faire reconnaître à l'enfant un état différent de celui que lui attribuent son acte de naissance et la possession, tandis que cette dernière action, ne touchant en rien à l'état de l'enfant, a trait à des erreurs matérielles dans les énonciations de l'acte.

160. Le désistement et la péremption d'instance prévus par l'art. 330 doivent-ils, pour produire leur effet, avoir eu lieu selon les règles ordinaires du droit (c. proc. civ., art. 403, 399 et 400)? En d'autres termes, le désistement doit-il avoir été accepté, la péremption doit-elle avoir été demandée? Marcadé (sur l'art. 330, n° 4) est de cet avis. Suivant cet auteur, par cela même que le législateur n'a pas réglé d'une manière spéciale, dans l'art. 330, les conditions de l'efficacité du désistement ou de la péremption, il s'en est référé à cet égard au droit commun (V. aussi Aubry et Rau, t. 6, § 544 *bis*, p. 18, note 8). Cette opinion doit être repoussée, par la raison qu'on ne saurait dire qu'il y a ici un véritable désistement ni une véritable péremption d'instance. Si l'enfant avait vécu, en effet, ce désistement et cette péremption d'instance n'auraient pu se produire utilement, par suite de l'application des principes qui régissent les questions d'état. On ne peut donc voir ici autre chose que l'intention présumée chez l'enfant de ne pas donner suite à son action, et la loi oppose aux héritiers cette présomption, qui n'aurait pas pu être opposée à l'enfant lui-même (*Rép.* n° 356; Laurent, t. 3, n° 465). Cette solution prouve qu'on n'est pas dans le droit commun. D'après le droit commun, en effet, aux termes des art. 401 et 403, § 1, le désistement ni la présomption d'instance n'éteignent l'action, ils la laissent subsister au contraire et n'ont d'effet que sur la procédure qu'ils annulent. C'est à cette dernière conséquence qu'arrivent MM. Aubry et Rau (*loc. cit.*, p. 19 et note 9) : ils exigent un désistement accepté, une péremption d'instance demandée et obtenue, et ils estiment que l'instance seule est éteinte, et non l'action. Cette opinion doit être écartée comme contraire à l'esprit de la loi. C'est l'action elle-même qui est définitivement éteinte, et il n'y a même pas lieu de rechercher si le désistement de l'enfant a entendu porter sur l'action même ou simplement sur la procédure (V. Laurent, t. 3, n° 466).

161. Un cas particulier peut se produire : il peut arriver que l'enfant ait formé sa réclamation d'état, qu'il se soit ensuite désisté ou qu'il ait laissé passer trois ans sans suivre son action, et qu'il soit mort avant l'expiration de la cinquième année de sa majorité. Quelle sera la situation dans ce cas? Appliquera-t-on aux héritiers l'art. 329 ou l'art. 330? On a vu *suprà*, n° 160, que l'action est éteinte dans le cas prévu par l'art. 330, et non pas seulement l'instance. Si donc elle est éteinte, les héritiers ne sauraient la trouver dans la succession de l'enfant, ni par suite, l'exercer. L'action ne demeure dans la succession qu'autant que l'enfant est décédé avant l'âge déterminé par la loi, sans avoir jamais manifesté de réclamation (art. 329) ou qu'autant qu'il ne s'est pas désisté ou n'a pas laissé passer trois ans sans poursuites (art. 330), les deux articles visent des cas essen-

fille de Nicolas-Gouvenel et de Marie-Félicie Chaumont; que, dans son acte de mariage avec le sieur Bouriot, elle est indiquée encore, comme dans son acte de naissance, sous les noms de Marie-Geneviève Gouvenel; qu'elle est morte à l'âge de plus de cinquante ans sans avoir jamais réclamé contre la filiation que qui donnent son acte de naissance et son acte de mariage; que dès lors ses enfants ont encouru la prescription édictée par l'art. 329 c. civ., et que la fin de non-recevoir relevée contre eux est fondée;

Confirme, etc.

Du 16 nov. 1867.-C. de Rouen, 2e ch.-MM. Lacroix, pr.-Raoul Duval, av. gén.-Langlois d'Estaintot et Chassan, av.

tiellement distincts, et l'on ne pouvait appliquer les dispositions de l'un à la situation prévue par l'autre (*Rép.* n° 356; Laurent, t. 3, n° 466. — *Contrà :* Aubry et Rau, t. 6, § 544 *bis*, p. 19, note 9). On a vu *suprà*, n° 160, que ces derniers auteurs considèrent comme éteinte l'instance, et non l'action, dans le cas de l'art. 330. Il en résulte qu'ils assimilent les situations créées par les deux articles en ce sens que, selon eux, les héritiers et successeurs universels pourraient encore renouveler la demande tant que l'action ne serait pas éteinte à leur point de vue, c'est-à-dire s'ils se trouvaient dans les conditions et les délais fixés par les art. 329 et 330.

Art. 2. — *Devant quels tribunaux doit être portée l'action en réclamation d'état* (*Rép.* nos 363 à 379).

162. Les tribunaux civils sont compétents, à l'exclusion de tous autres, pour connaître des actions en réclamation d'état. L'art. 326 le dit expressément (V. sur ce point *Rép.* n° 363). Il s'ensuit que, conformément aux principes qui régissent l'état des personnes, les autres tribunaux (tribunaux de commerce, juges de paix, tribunaux criminels) ne peuvent pas en connaître même incidemment (Aubry et Rau, t. 6, § 544 *bis*, p. 22, note 23; Laurent, t. 3, n° 471).

En conséquence de cette attribution exclusive, l'action criminelle dirigée contre un délit de suppression d'état sera tenue en suspens par la question préjudicielle relative à l'état en cause et ne pourra suivre son cours qu'après le jugement définitif sur la question d'état. L'art. 327, qui s'exprime ainsi, sous-entend *in fine :* par la juridiction compétente. Cette disposition constitue une innovation en même temps qu'une dérogation au droit commun : c'est en effet ici le civil qui tient le criminel en état, contrairement à la règle générale (Laurent, t. 3, n° 472 ; Aubry et Rau, t. 6, § 544 *bis*, p. 23, note 26). On trouve l'explication de cette exception dans les travaux préparatoires du code: dans l'ancien droit, comme actuellement, la preuve testimoniale n'était admise en matière de filiation que lorsqu'il y avait commencement de preuve par écrit ; or, devant les tribunaux criminels, la preuve testimoniale est admise dans tous les cas sans condition aucune. Il était dès lors facile, au lieu d'agir civilement en réclamation d'état, de porter une plainte en suppression d'état devant les tribunaux criminels. Les auteurs du code, pour éviter ces abus, ont prescrit exclusivement la compétence civile (*Rép.* n° 364), sans remarquer que dans le droit nouveau il ne pouvait plus en être ainsi. Il n'est plus exact, en effet, sous le régime du code, de dire que les tribunaux criminels admettent la preuve testimoniale sans condition aucune en toutes matières ; ils exigent, au contraire, la preuve littérale quand on allègue devant eux un fait juridique qui, d'après le droit commun, ne peut être établi que par cette preuve (V. Laurent, t. 3, n° 471 ; Faustin Hélie, *Pratique criminelle des cours et tribunaux*, t. 1, nos 454 et suiv.).

163. L'art. 327, bien qu'il ne mentionne expressément que le délit de suppression de part, s'applique également au crime de supposition de part, et en général à tous les crimes et délits par lesquels on a soustrait à un enfant son véritable état ou par lesquels on lui en a donné un qui n'est pas le sien (*Rép.* n° 365 ; Faustin Hélie, *op. cit.*, t. 2, n° 636 ; Aubry et Rau, t. 6, § 544 *bis*, p. 23, note 24 ; Laurent, t. 3, n° 476). Mais il faut qu'il s'agisse de questions d'état intéressant la filiation (*Rép.* n° 373).

164. L'art. 327 est-il applicable aussi bien au ministère public qu'à la partie lésée, ou ne s'applique-t-il qu'à celle-ci ? En d'autres termes, le ministère public qui veut poursuivre d'office doit-il attendre, comme la partie civile, la solution de la juridiction civile ? Il semble, d'après les termes mêmes de l'art. 327, que l'action du ministère public est indépendante, au moins quand il agit d'office et en l'absence de toute action civile ; cet article paraît prévoir simplement le cas où une action civile est engagée en même temps qu'une action publique. Quoi qu'il en soit, l'opinion générale est fixée en sens contraire (*Rép.* nos 368 et suiv. ; Faustin Hélie, t. 2, n° 636 ; Aubry et Rau, t. 6, § 544 *bis*, p. 23 et note 25 ; Laurent, t. 3, n° 473). Il a été jugé, dans ce sens, qu'on doit considérer comme inexistante la poursuite criminelle exercée par le ministère public contre un délit de suppression de part avant le jugement définitif sur la question d'état (Paris, 26 juin 1883, *suprà*, n° 120). Mais l'art. 327 cesse d'être applicable au ministère public toutes les fois que le jugement de l'action publique ne doit pas préjuger la question d'état, quand bien même le délit influerait sur cet état (*Rép.* nos 370 et suiv.).

165. La prohibition de l'art. 327 doit être étendue à l'action civile en dommages-intérêts. Cette action, née d'un délit, est une action criminelle dans le sens de cet article. Les débats pourraient conduire indirectement à la preuve de la filiation par témoins puisque, selon l'art. 1348 c. civ., la preuve testimoniale est admissible, sans aucun commencement de preuve par écrit, quand il s'agit d'obligations naissant d'un délit (*Rép.* n° 366. V. Conf. Laurent, t. 3, n° 475).

166. En dehors des exceptions écrites dans les art. 326 et 327, la compétence en matière de réclamation d'état se règle d'après les principes ordinaires du droit. Ainsi la demande doit être portée devant le tribunal du domicile du défendeur, conformément à l'art. 59 c. proc. civ. (Req. 13 nov. 1882, aff. Lagrange, D. P. 84. 1. 120).

Sect. 2. — De l'action en contestation d'état (*Rép.* nos 380 à 390).

167. De même qu'un enfant peut faire valoir ses droits à un état qu'il n'a pas et qu'il prétend être le sien, de même l'état qu'un enfant a et regarde comme sien peut être contesté. Il n'en serait différemment que dans le cas où l'acte de naissance de cet enfant serait conforme à sa possession d'état : on a vu *suprà*, nos 119 et suiv., l'effet absolu à ce sujet de l'art. 322 (*Rép.* n° 382; Aubry et Rau, t. 6, § 544 *bis*, p. 21 et 22 ; Laurent, t. 3, n° 482). Il faut donc, pour qu'il y ait lieu à contestation de son état, que l'enfant ait seulement soit la possession de cet état, soit un titre qui le lui reconnaisse.

168. La loi ne détermine pas les personnes auxquelles compète cette action. On doit donc s'en tenir au droit commun et dire que cette action appartient à toute personne intéressée. On peut, d'ailleurs, invoquer en ce sens la disposition de l'art. 339, relative à une situation analogue. Les mots *personne intéressée* doivent s'entendre dans le sens le plus large, et aussi bien au point de vue moral qu'au point de vue pécuniaire. L'intérêt des membres d'une famille qui agissent contre un enfant en possession d'un état auquel il n'a point droit est, en effet, aussi digne de faveur que celui de l'enfant qui réclame l'état qui lui est dû (*Rép.* n° 381; Aubry et Rau, t. 6, § 544 *bis*, p. 20; Laurent, t. 3, n° 483). Il a été jugé, dans ce sens, que l'action en contestation d'état n'appartient qu'à la personne qui a un intérêt né à l'exercer, mais qu'il suffit que cet intérêt résulte d'une transmission de biens, ou même de considérations morales dont les tribunaux sont les souverains arbitres (Paris, 9 juill. 1885, aff. Barrande, D.P.86.2.261). — Mais, contrairement à ce que semble admettre un auteur (Laurent, *loc. cit.*), l'intérêt des contestants doit être né ; il ne leur suffirait pas d'un intérêt éventuel : un intérêt moral peut, d'ailleurs, être né et actuel aussi bien qu'un intérêt pécuniaire. Il a été jugé que le droit qu'ont les membres d'une famille de s'opposer à ce qu'un tiers porte le nom de cette famille constitue un intérêt moral suffisant pour les autoriser à exercer contre ce tiers une action en contestation d'état (Bruxelles, 5 août 1854, aff. Coorman, D. P. 55. 2. 247).

Il va de soi que la contestation d'état peut être formée par voie d'exception, par exemple, à l'occasion d'une action en pétition d'hérédité intentée par l'enfant (Dijon, 31 mars 1870) (1).

169. En vertu du caractère moral de cette action, on doit

(1) (Mouillon C. Mouillon.) — Un jugement du tribunal civil de Dijon avait statué en ces termes : « Sur la fin de non-recevoir ; — Considérant que, loin d'exercer l'action en désaveu, les consorts Mouillon se fondent au contraire sur la reconnaissance de paternité que renferme l'acte de naissance de Jean-Baptiste-Claude Mouillon, pour contester sa légitimité ; — Qu'admettant implicitement cette filiation, ils se bornent à soutenir qu'elle n'est pas légitime, et que, tenant pour constant l'aveu du père, ils lui refuse tout effet légal ; — Qu'ils sont recevables, aux termes de l'art. 339 c. civ., à opposer de leur chef cette exception à l'action

appliquer à la contestation d'état les règles exposées au *Rép.* nos 345 et suiv., concernant la réclamation d'état exercée par l'enfant. L'art. 1128 c. civ., d'après lequel les choses qui sont dans le commerce peuvent seules faire l'objet des conventions, reçoit ici son application. En conséquence, toute transaction qui aurait pour objet la reconnaissance de l'état d'une personne est nulle, et ne peut pas être opposée à celui qui l'a consentie (*Rép.* n° 346; Laurent, t. 3, n° 484. — *Contrà :* Troplong, *Des transactions*, sur l'art. 2045, n° 75). Ces principes ont été méconnus par un arrêt qui a décidé que l'état d'un enfant légitime ne peut être contesté par ceux (spécialement les parents) qui, bien que n'ignorant pas le vice de la naissance de cet enfant (l'adultérinité), ont, par des actes géminés, reconnu sa filiation légitime, et les droits qui en découlent pour lui (Bruxelles, 5 août 1854, aff. Coorman, D. P. 55. 2. 247). L'arrêt cependant avait posé comme prémisse que les questions relatives à l'état des personnes ne sont pas dans le commerce, et décidé que le droit qu'ont les membres d'une famille de s'opposer à ce qu'un tiers porte le nom de cette famille, n'est pas susceptible d'être cédé.

170. L'action en contestation d'état est imprescriptible, et ce caractère lui appartient non seulement contre l'enfant, mais encore à l'égard de ses ayants droit. La prescription court seulement au sujet des intérêts pécuniaires qui y sont subordonnés. C'est l'application des principes généraux en matière d'état (*Rép.* n° 384; Aubry et Rau, t. 6, § 544 *bis*, p. 21 et note 15; Laurent, t. 3, n° 485). La jurisprudence est conforme, sur ce point, à la doctrine des auteurs (V. Agen, 19 janv. 1864, aff. Nadau, D. P. 65. 2. 16; Lyon, 6 avr. 1870, aff. Charreton, D. P. 70. 2. 227; Paris, 9 juill. 1885, aff. Barrande, D. P. 86. 2. 261).

171. Quant à la compétence, elle appartient exclusivement aux tribunaux civils, selon les art. 326 et 327. En vain opposerait-on que l'art. 326 ne parle que de l'*action en réclamation d'état* ; l'art. 327, qui s'applique au même ordre d'actions, emploie le terme général de *questions d'état* qui, ainsi qu'on l'a dit *suprà*, n° 163, doit être restreint seulement aux questions d'état intéressant la filiation, mais les comprend toutes (*Rép.* n° 383; Aubry et Rau, t. 6, § 544 *bis*, p. 22 ; Laurent, t. 3, n° 486).

TIT. 2. — DE LA FILIATION NATURELLE

(*Rép.* nos 391 à 746).

CHAP. 1er — Historique et législation. — Droit comparé (*Rép.* nos 391 à 449).

172. — I. Historique et législation (*Rép.* nos 391 à 447). — La législation n'a pas varié en matière de filiation naturelle, depuis la publication du *Répertoire*. Toutefois, certaines modifications aux rigueurs de la loi en matière de recherche de paternité ont été tentées dans ces dernières années. — Un sénateur, M. Bérenger, a présenté au Sénat, le 16 février 1878, une proposition de loi tendant à modifier l'art. 340 c. civ. Le nouveau projet était ainsi conçu : « Art. 1er. La recherche de la paternité est interdite, sauf les cas : 1° d'enlèvement, de viol ou de séduction, lorsque l'époque de l'enlèvement, du viol ou de la séduction se rapporte à celle de la conception ; 2° de possession d'état dans les conditions prévues par l'art. 321 c. civ. — Art. 2. L'action en recherche de la paternité ne peut être intentée que par l'enfant ou en son nom. Elle se prescrit par six mois à dater de sa majorité. Elle ne peut être exercée pendant sa minorité qu'après l'avis favorable du conseil de famille et la désignation d'un tuteur *ad hoc*, chargé de le représenter dans l'instance. — Art. 3. Elle est soumise à l'accomplissement des formalités prescrites, en matière de séparation de corps, par les art. 875, 877, 878, § 1 et 2, et 879 c. proc. civ. — Art. 4. La preuve par témoins n'est admise que dans les

---

en pétition d'hérédité formée contre eux ; — Considérant qu'Antoine Mouillon avait épousé en premières noces Antoinette Mounet; — Que ce mariage n'a été dissous que le 29 oct. 1819 par le décès de sa femme; — Qu'il s'est marié en deuxièmes noces avec Marie Petit-Jean, le 29 janv. 1820; — Que Jean-Baptiste-Claude Mouillon, qu'il a déclaré à l'officier de l'état civil être issu de ce second mariage, est né le 5 avr. 1820, c'est-à-dire 159 jours seulement, après la dissolution du premier mariage; — Qu'il résulte de ce simple rapprochement de dates, qu'en admettant que Jean-Baptiste-Claude Mouillon soit, ainsi qu'il le prétend, et ainsi que le déclare son acte de naissance, le fils d'Antoine Mouillon, sa conception remonterait à une époque où son père était engagé dans les liens d'un premier mariage, et qu'il serait adultérin; — Que, pour déterminer la filiation, c'est en effet à l'époque de la conception qu'il faut se reporter; — Que ce principe résulte des art. 312 et suiv. c. civ., qui supposent que la durée la plus longue de la gestation est de 300 jours, et que la plus courte est de 180; — Que c'est là une présomption légale qui ne peut être détruite au préjudice des tiers intéressés, par la déclaration même du père; — Que l'art. 331 du même code prohibe la légitimation de l'enfant né d'un commerce adultérin; — Qu'admettre que l'aveu du père peut faire entrer dans la famille légitime un enfant né moins de 180 jours après la dissolution du premier mariage dans lequel il était engagé, ce serait l'autoriser à enfreindre les dispositions précitées, fondées sur des raisons de morale et d'ordre public; — Que si l'art. 314 c. civ. a consacré implicitement la légitimité de l'enfant qui, né moins de 180 jours après le mariage, n'a pas été désavoué, il n'a accordé cette faveur particulière qu'à la condition que la paternité ne sera entachée d'aucun vice qui en rende la reconnaissance inefficace et nulle : — Par ces motifs, etc. ». — Appel par Jean-Baptiste Mouillon.

1er Arrêt.

La cour ; — Considérant que les règles de compétence étant d'ordre public, il n'appartient qu'au juge désigné par la loi et dans les formes déterminées, de connaître du litige porté devant lui, selon la nature et l'objet de la demande ; — Qu'il importe avant tout de rechercher comment se présente la question de filiation soumise à la cour ; — Que si l'art. 22 du décret organique du 30 mars 1808 fait exception aux règles communes en ce qui concerne les contestations sur l'état civil des citoyens, et prescrit leur renvoi aux chambres réunies, et ajoute cependant : « A moins qu'elles ne doivent être décidées avec des formes particulières qui ne comportent pas une instruction solennelle » ; — Qu'il faut donc distinguer avec l'art. 22; — Que dans le premier cas, et quand la question est introduite d'une manière directe et principale, il y a lieu de recourir à la solennité de l'audience à raison même de l'importance exceptionnelle de l'intérêt mis en jeu ; — Que dans le second, et lorsque l'état du citoyen n'est agité qu'incidemment et comme défense à la demande principale, le juge de l'action est juge de l'exception; que c'est alors sur la pétition d'hérédité ou la demande en partage que porte directement le débat, et qu'il appartient à la juridiction civile ordinaire d'admettre ou de rejeter le moyen opposé par les parties; — Que cela est si vrai que la question d'état ne se trouve pas résolue par le dispositif du jugement, mais seulement appréciée par ces motifs et dans un de ses effets, le dispositif ne statuant que sur la pétition d'hérédité; — En fait, que suivant exploit d'assignation en date du 3 mars 1869, Jean-Baptiste Mouillon « prétendant que ses cohéritiers s'étaient emparés de la succession d'Antoine, son père légitime, en refusant de l'admettre au partage, a formé contre eux une demande en restitution de sa part dans ladite succession, et en 2000 fr. de dommages-intérêts » ; — Que les défendeurs « ont conclu de leur côté au rejet de la demande, en opposant à Jean-Baptiste Mouillon, qu'il était fils adultérin d'Antoine » ; — Que c'est accessoirement à l'action en restitution d'hérédité et comme fin de non-recevoir, ainsi que le demandeur le reconnaît lui-même dans ses conclusions devant les premiers juges, que son état civil est contesté ; — Que dans ces circonstances, la question incidente doit être jugée par le même juge et dans la même forme que la question principale;

Par ces motifs, etc.

Du 31 mars 1870.-C. de Dijon, aud. sol.-MM. Neveu-Lemaire, 1er pr.-Beaune, subst.-Roignot et Robert, av.

2e Arrêt.

La cour ; — Sur l'exception tirée de l'art. 322 c. civ. : — Considérant que si, aux termes de l'art. 322, nul ne peut contester l'état de celui qui a une possession conforme à son acte de naissance, c'est parce que cet article suppose un titre légal et non vicié dans son origine, ainsi qu'une possession d'état conforme ; — Que la loi ayant érigé le concours simultané de cette double circonstance en une preuve irréfragable de la légitimité, une fin de non-recevoir insurmontable s'élève nécessairement contre toute prétention contraire; mais qu'il n'en est point ainsi dans la cause; et que Jean-Baptiste Mouillon ne se présente pas dans ces conditions réputées inattaquables; — Que, loin d'avoir un titre régulier, c'est sur cet acte lui-même que les intimés s'appuient pour établir le caractère adultérin de Jean-Baptiste; que la possession d'état ne peut avoir plus d'effet que le titre; — Que, d'ailleurs, l'art. 322 est au chapitre de la filiation des enfants légitimes et ne peut être invoqué dans un cas pour lequel il n'a pas été édicté; — Confirme, etc.

Du 31 mars 1870.-C. de Dijon, 1re ch.-MM. Neveu-Lemaire, 1er pr.-Beaune, subst.-Robert et Roignot, av.

conditions de l'art. 323, et sous réserve de la preuve contraire conformément à l'art. 324 ». La discussion eut lieu au Sénat les 6, 8 et 10 déc. 1883, et le projet fut rejeté sur le rapport de M. Cazot. (V. sur ce projet : Léon Giraud, *La vérité sur la recherche de la paternité;* de Neyremond, *Interdiction de la recherche de la paternité; nécessité d'une réforme*).

Quelques années plus tard, en mai 1883, un député, M. Gustave Rivet, a déposé, sur le bureau de la Chambre des députés, une proposition de loi tendant à abroger l'art. 340 c. civ. et à admettre la recherche de la paternité. Renvoyée à la commission d'initiative parlementaire, cette proposition fut prise en considération par les commissaires, mais elle attend encore son tour de discussion. Le 10 juin 1890, M. Rivet reprit sa proposition ainsi conçue: « Art. 1er. La recherche de la paternité est admise, pourvu qu'il y ait preuves écrites, ou faits constants, ou témoignages suffisants. — Art. 2. Si le père reconnu refuse d'épouser la mère, celle-ci est en droit de réclamer des dommages-intérêts et des aliments pour l'enfant. — Art. 3. La femme peut déclarer sa grossesse, désigner le père et commencer l'instance, trois mois avant sa délivrance. — Art. 4. Pendant la minorité de l'enfant, l'action en recherche de paternité appartient à la mère ou au tuteur. — Art. 5. L'action en recherche de paternité se prescrit par six mois à partir de la majorité de l'enfant. — Art. 6. La fille âgée de plus de ving-cinq ans ne sera pas admise à poursuivre un mineur de moins de dix-huit ans. — Art. 7. Les revendications de paternité reconnues calomnieuses et de mauvaise foi seront poursuivies et punies des peines applicables en matière de diffamation. — Art. 8. Est abrogé l'art. 340 c. civ., et toute disposition contraire à la présente loi ». Malgré le rapport sommaire présenté au nom de la septième commission d'initiative le 20 nov. 1890 par M. Rivet lui-même et qui appuyait le projet sous certaines réserves, la Chambre des députés refusa de le prendre en considération.

173. — II. DROIT COMPARÉ (*Rép.* nos 448 à 449). — 1° *Allemagne.* — V. ce qui a été dit *suprà*, n° 3, à propos de la filiation légitime.

174. — 2° *Angleterre* (*Rép.* n° 448). — L'enfant naturel est *fillius nullius*. La loi anglaise ne crée aucun lien civil entre ses parents et lui. Toutefois un acte du Parlement peut relever le bâtard de l'incapacité de succéder. Au reste, le mariage subséquent des parents, bien que ne produisant *légalement* aucun effet, peut, *en fait*, produire certains effets civils : si par exemple, de ce mariage et après sa célébration, est né un enfant légitime, et qu'à la mort de ses parents cet enfant légitime laisse sans protestation son frère aîné naturel s'emparer de l'héritage paternel, le fait accompli devient irrévocable. La recherche de la paternité est admise. Ainsi, lorsque la mère de l'enfant naturel qui, aux termes de la loi doit subvenir à son entretien et à sa subsistance jusqu'à l'âge de seize ans, si elle reste célibataire ou veuve, n'a pas de ressources suffisantes, elle a le droit de demander au juge de paix de déclarer père de l'enfant l'homme qu'elle lui désigne comme l'auteur de sa grossesse. Cette action n'est recevable que durant la grossesse ou dans les douze mois de l'accouchement, sauf le cas où, durant ce laps de temps, le père aura de lui-même subvenu aux charges de l'entretien. Le témoignage de la femme doit être appuyé par d'autres témoignages et fortifié par un commencement de preuve pas écrit. Le prétendu père peut le combattre par tous les moyens possibles ; il peut notamment établir qu'à l'époque de la conception, la femme a entretenu des relations avec d'autres hommes. Si la paternité est prouvée, le juge condamne l'homme à contribuer à l'entretien de l'enfant jusqu'à l'âge de treize ou seize ans, suivant les cas, au moyen d'une allocation hebdomadaire de 5 shillings (325 fr. par an) : c'est un tarif quelle que soit la fortune du père. Si la mère, au lieu de poursuivre le père, demande des secours à la paroisse en vertu du *poor law act*, celle-ci peut la contraindre à exercer cette poursuite (V. au surplus Lehr, *Eléments de droit civil anglais*, éd., 1885).

175. — 3° *Autriche.* — V. *Rép.* n° 448, et le code civil autrichien du 1er juin 1811, art. 161 à 186.

176. — 4° *Danemark.* — Les enfants naturels sont admis à prouver leur filiation maternelle par tous les moyens; ils ne peuvent établir leur filiation paternelle qu'en produisant une déclaration émanée du père, faite à l'audience du tribunal et inscrite sur les registres du greffe (Massonié, *De la reconnaissance des enfants illégitimes*, p. 248 et suiv.).

177. — 5° *Espagne.* — Aux termes du code civil espagnol de 1888-89, la reconnaissance peut avoir lieu par acte sous seing privé. La recherche de la paternité est admise. La légitimation s'obtient (art. 120) par le mariage subséquent des père et mère et par le rescrit du prince (*con autorización real*). Elle ne profite qu'aux enfants naturels simples, c'est-à-dire à ceux dont les parents pouvaient légalement se marier entre eux à l'époque de la conception *ou* de la naissance. Les enfants adultérins ou incestueux, les enfants sacrilèges ou les enfants *manceres* (c'est-à-dire les enfants nés de personnes engagées dans les ordres sacrés ou les enfants des femmes de mauvaise vie) ne peuvent y prétendre (art. 119), sauf l'exception relative aux enfants incestueux nés de parents qui auront pu se marier entre eux par l'obtention de dispenses. Le père ou la mère qui veut légitimer ses enfants naturels ne doit pas avoir d'autres enfants légitimes ou légitimés ni de descendants d'eux. La légitimation *con autorización real* n'est accordée que pour des motifs justes et raisonnables dûment justifiés: le mariage doit être devenu physiquement ou moralement impossible (art. 125 à 127). Elle est accordée d'office aux enfants trouvés. Si l'auteur prédécédé a, dans son testament ou dans un acte public, manifesté le désir d'obtenir pour les enfants qu'il a laissés la légitimation *con autorización real*, ceux-ci peuvent s'appuyer sur ces actes pour être légitimés. Toutes les parties intéressées ont le droit d'attaquer la légitimation (art. 128). V. au surplus Lehr, *Eléments de droit civil espagnol*, 1re édit. 1880, et 2e édit. 1890).

178. — 6° *Italie.* — La légitimation des enfants naturels peut s'opérer soit par le mariage subséquent des père et mère, soit par rescrit du prince (code civ. ital. art. 194). Si l'enfant est prédécédé, la légitimation peut se produire au profit de ses descendants (art. 196). Pour obtenir la légitimation par décret royal, le père et la mère, ou l'un d'eux, doivent adresser au roi une demande mentionnant qu'ils n'ont ni enfants légitimes ni enfants légitimés, ni descendants d'eux, et qu'ils se trouvent dans l'impossibilité actuelle de recourir à la légitimation par mariage subséquent (art. 198). Le père ou la mère qui serait marié à un tiers doit, en outre, produire le consentement de son conjoint (*Ibid.*). La demande peut être formée par l'enfant lui-même si son père ou sa mère prédécédés ont exprimé, dans leur testament ou dans un acte public, la volonté de le légitimer; la demande, dans ce cas, devra être communiquée aux deux plus proches parents de l'auteur défunt jusqu'au quatrième degré (art. 199). Dans tous les cas, la demande à fin de légitimation, accompagnée des documents justificatifs, doit être présentée à la cour d'appel de la résidence du ressort du requérant. La cour, sur les conclusions du ministère public, vérifie en chambre du conseil si les conditions prescrites sont réunies, et déclare, en conséquence, qu'il y a ou non lieu de l'admettre. En cas d'affirmative, le ministère public transmet la décision, avec pièces à l'appui et avec information prise d'office, au ministre de grâce et de justice qui, après avoir pris l'avis du conseil d'État sur la convenance de la légitimation, adresse un rapport au roi. Si le roi accorde la légitimation, un décret royal est adressé à la cour pour être transcrit sur un registre spécial et mentionné par les soins des parties intéressées en marge de l'acte de naissance (art. 200). La légitimation par décret royal produit les mêmes effets que la légitimation par mariage subséquent, mais seulement à partir de la date du décret, et à l'égard seulement de celui des auteurs qui l'a demandée (art. 201).

179. — 7° *Pays-Bas.* — Le code civil néerlandais, revisé en vertu de l'arrêté royal du 24 févr. 1831 et successivement modifié jusqu'au 1er sept. 1886, n'admet en principe que la légitimation par mariage subséquent (art. 327); mais si les parents ont négligé, avant leur mariage ou lors de sa célébration, de reconnaître les enfants naturels qu'ils pouvaient avoir, le roi, après avis de la haute cour, peut accorder des *lettres de légitimation* (art. 329). Les enfants naturels légalement reconnus peuvent être légitimés de la même manière lorsque le mariage des père et mère a été empêché par suite du décès de l'un d'eux (art. 330). Dans les deux cas, la haute cour, avant de se prononcer, entend les proches parents du demandeur; elle peut même ordonner la publicité de la demande par insertion dans certains journaux (art. 331). Au cas où les lettres de légitimation sont demandées par l'enfant lui-même, la légitimation ne produit d'effets qu'à partir de leur délivrance; elle ne peut nuire aux droits successoraux des enfants légitimes du premier lit, et ne confère, d'ailleurs, de droits que sur les biens des parents qui ont consenti à ce qu'elle fût accordée (art. 333). Aux termes de l'art. 334, si l'enfant naturel est décédé, ses descendants peuvent obtenir des lettres de légitimation.— La reconnaissance établit des rapports civils entre les enfants naturels et leurs parents (art. 335). Elle ne peut être faite par le père avant l'âge de dix-neuf ans accomplis, et peut être annulée si elle est le résultat de l'erreur de la violence, du dol ou de la séduction (art. 337). Les enfants adultérins et incestueux ne peuvent être reconnus et légitimés que si leurs parents sont susceptibles d'obtenir des dispenses pour se marier entre eux (art. 328 et 338). La reconnaissance n'est pas admise du vivant de la mère sans son consentement; au cas de refus de sa part, le père doit attendre le décès de la mère, et la reconnaissance ne produit alors d'effets qu'à son égard (art. 339).

180. — 8° *Russie.* — Sont enfants naturels, en Russie : les enfants nés hors mariage, les enfants adultérins; les enfants nés trois cent six jours après la dissolution du mariage; les enfants nés d'un mariage annulé (*Svod*, art. 132); les enfants nés d'une femme dont le mari est impuissant (*Svod*, art. 134). La légitimation par mariage subséquent n'existe pas; l'empereur peut seulement accorder la légitimation par un oukase spécial, mais, depuis une loi du 23 juill. 1829 faite pour prévenir les abus de la noblesse, cette faveur ne peut plus être accordée qu'aux paysans.—Dans les provinces baltiques, sont naturels : les enfants nés d'un mariage nul, si les deux parents ont été de mauvaise foi; les enfants nés hors mariage; les enfants nés plus de dix mois après la dissolution du mariage (*Code des provinces baltiques*, art. 163 et 164). La légitimation par mariage subséquent est admise de la façon la plus large (art. 173). Les enfants nés de justes fiançailles peuvent même être légitimés par une sentence judiciaire (art. 148 et 149). La reconnaissance est volontaire; elle peut aussi résulter d'un jugement qui constate la cohabitation des père et mère entre le cent quatre-vingt-deuxième jour et le dixième mois qui ont précédé la naissance (art. 165) (V. au surplus Lehr, *Eléments de droit civil russe*, édit. 1877).

181. — 9° *Suisse.* — Le canton de Genève a adopté les règles du code civil français, modifiées par la loi du 5 sept. 1874, qui assimile entièrement la situation des enfants naturels simples et des enfants adultérins et incestueux. — Le canton du Valais (code civil du 1er janv. 1855, art. 138 à 148) suit également, à peu de chose près, notre législation. — Il en est de même des cantons de Bâle (Ordonn. de 1719, art. 92 à 101), de Berne (c. civ. du 1er avr. 1826, art. 167 à 200), de Lucerne (c. civ. de 1832, art. 81 à 96), de Vaud (c. civ. de 1819, art. 182 à 196), de Fribourg (c. civ. du 1er janv. 1836, art. 216 à 225), de Saint-Gall (Loi du 23 juin 1832 sur la paternité) : la reconnaissance résulte d'un aveu quelconque; la maternité naturelle est suffisamment exprimée par une déclaration de grossesse qui doit être faite de toute nécessité si la mère veut exercer une action contre le père. — Dans le canton de Neufchâtel, le code civil du 1er mars 1854 (art. 239 à 247) régit la matière : la reconnaissance ne peut avoir lieu que par un acte authentique et ne peut être postérieure à la naissance de l'enfant; l'acte de naissance établit la maternité; en ce qui concerne la paternité, est seule interdite la recherche de la paternité adultérine ou incestueuse; la maternité adultérine ou incestueuse peut être recherchée. — Dans le canton d'Argovie, la reconnaissance se fait devant le tribunal; un délai d'un an, à partir de la naissance de l'enfant, est imparti au père à cet effet (c. civ. 1er janv. 1848, art. 216 à 240). — D'après le code civil du canton de Soleure (1er avr. 1842, art. 281 à 297), le père doit déclarer sa reconnaissance devant le président du bailliage; quant à la mère il suffit d'un aveu quelconque de sa part. — Le *Landbuch* du canton de Glaris du mois de septembre 1852 (art. 59) autorise le père à reconnaître volontairement ses enfants naturels sur une simple invitation du ministre du culte (V. sur ces diverses législations : Massonié, p. 253 et suiv., et pour plus de développements, Baret, p. 206 et suiv.). — En ce qui concerne le canton de Zurich, V. ce qui a été dit au sujet de la filiation légitime, *suprà*, n° 10.

CHAP. 2. — De la filiation naturelle simple
(*Rép.* nos 450 à 704).

Sect. 1re. — De la légitimation (*Rép.* nos 451 à 484).

Art. 1er. — *Quels enfants peuvent être légitimés* (*Rép.* nos 451 à 462).

182. On verra, *infrà*, nos 189 et suiv., que la légitimation doit toujours être précédée, ou au moins accompagnée, de la reconnaissance des enfants naturels qui en font l'objet; la loi devait donc logiquement exclure de ce bénéfice les enfants illégitimes auxquels elle refuse la reconnaissance. C'est pourquoi l'art. 331, admettant à la légitimation tous les enfants nés hors mariage, fait exception pour ceux d'entre eux qui doivent leur naissance à un commerce incestueux ou adultérin, lesquels en effet ne peuvent même pas être reconnus (art. 335). Mais l'on ne saurait aller au delà des termes de l'art. 331 : on sait (V. *Rép.* n° 452) que les seuls obstacles à la légitimation sont l'adultère et l'inceste; par suite, il serait contraire à l'esprit du législateur de reconnaître d'autres causes d'empêchement. Il a été jugé, dans ce sens, que la légitimation d'un enfant naturel est valable, quand bien même l'individu dont elle émane n'aurait pas eu, lors de la naissance de l'enfant, l'âge requis pour contracter mariage, et spécialement aurait été, à cette époque, à peine âgé de quatorze ans (Rennes, 8 mars 1882, aff. Jarsalé, D. P. 84. 1. 385. V. conf. Aubry et Rau, t. 6, § 546, p. 69; Laurent, t. 4, n° 179; Allard, *Des enfants naturels*, n° 39). Le jeune âge de l'auteur de la légitimation à l'époque de la conception ne serait une cause de nullité que s'il apparaissait que des relations n'avaient pu exister entre lui et la mère de l'enfant, soit à cette époque, soit depuis et même jusqu'au mariage (Douai, 6 juin 1851, aff. Protat, D. P. 52. 2. 221).

183. Les principes généraux en matière de filiation trouvent ici leur application : on doit donc, pour déterminer le caractère adultérin ou incestueux des enfants naturels, et pour les exclure à ce titre de la faveur de la légitimation, envisager le moment de leur conception, et non celui de leur naissance (V. Civ. rej. 25 juin 1877, aff. Lambert, D. P. 78. 1. 262), et préciser ce moment conformément aux présomptions établies par les art. 312 et suiv. (*Rép.* nos 453 et suiv.; Aubry et Rau, t. 6, § 546, p. 69, note 17; Laurent, t. 4, n° 174; Allard, n° 40). Mais, en raison de la faveur due à l'enfant, il lui sera loisible de faire fixer ce moment à l'époque qui lui sera le plus favorable dans l'intervalle de temps compris entre le terme légal de la gestation la plus longue et celui de la gestation la plus courte (*Rép.* n° 456; Aubry et Rau, t. 6, § 546, p. 69, note 18).

184. La question de l'adultérinité de l'enfant ne soulève pas de difficultés; en dehors des cas très rares, exposés au *Rép.* nos 458 et 459, aucune discussion n'est possible. Il n'en est pas de même de l'inceste, le législateur ayant, par l'art. 164 c. civ. et la loi du 16 avr. 1832, donné au chef de l'Etat le pouvoir d'annihiler certaines des prohibitions de mariage portées aux art. 162 et 163. On a résumé, au *Rép.* n° 460, la controverse que ces dispositions ont fait naître sur le point de savoir si les enfants, issus des relations illicites de deux personnes qui, pour cause de parenté ou d'alliance, ne pouvaient se marier entre elles qu'en vertu de dispenses (l'oncle et la nièce, la tante et le neveu, les beaux-frères et les belles-sœurs), peuvent être légitimés par le mariage subséquent de leurs père et mère, rendu possible par l'obtention de ces dispenses. La négative a été soutenue *loc. cit.*). Les art. 331 et 335, en effet, les seuls que l'on puisse invoquer dans la question, sont conçus dans les termes les plus généraux; ils excluent les enfants incestueux du double bienfait de la reconnaissance et de la légitimation, et, ce faisant, ils n'établissent pas de différence au point de vue de l'inceste entre les relations des personnes auxquelles le mariage est absolument interdit et les relations de celles auxquelles des dispenses à fin de mariage peuvent être accordées; les deux textes réunis des art. 331 et 335 donnent donc une base juridique et légale au raisonnement qui aboutit à cette conclusion. D'une manière unanime, les auteurs admettent cette doctrine (Demolombe, t. 5, nos 352 et 355; Marcadé sur l'art. 331, no 2; Du Caurroy, Bounier et Roustain, t. 1, no 474; Taulier, t. 1, p. 404; Bressoles, *Revue critique*, t. 30, p. 199, et t. 31, p. 208; Aubry et Rau, t. 6, § 546, p. 67 et suiv., note 15; Laurent, t. 4, nos 175 et suiv.; Allard, nos 43 et suiv.; Beudant, note, D. P. 67. 1. 5). Quelques-uns de ces auteurs vont jusqu'à dire qu'il en serait ainsi quand bien même les dispenses auraient été obtenues avant la conception des enfants, car elles ne sont accordées que pour le mariage et ne sauraient enlever le caractère incestueux au commerce qui se produirait hors mariage (Demolombe, t. 5, no 354; Aubry et Rau, t. 6, § 546, p. 68 et suiv., note 16).

185. La jurisprudence cependant persiste à distinguer. Quelques rares arrêts, il est vrai, se sont conformés à l'opinion de la doctrine (V. Douai, 1er juill. 1864, aff. Bourgeois, D. P. 64. 2. 123; Colmar, 13 mars 1866, aff. Blaise, D. P. 66. 2. 60). Mais leurs décisions ont été cassées par la cour suprême (Civ. cass. 22 janv. 1867, D. P. 67. 1. 5. V. encore Civ. rej. 22 janv. 1867, aff. Bernard, *ibid.*). — « Attendu, disent ces derniers arrêts, que si la règle de l'art. 331 est générale et absolue quand il s'agit d'enfants nés d'un commerce adultérin, il en est autrement quand il s'agit d'enfants nés d'un commerce incestueux; qu'en effet, ceux dont les père et mère ont obtenu du Gouvernement les dispenses qui leur étaient nécessaires pour se marier, dans les cas prévus par les art. 162 et suiv. c. civ., et par la loi du 16 avr. 1832, ne peuvent être mis sur la même ligne que ceux dont les père et mère n'ont pas obtenu ces dispenses, et que le droit nouveau n'a, pas plus que l'ancien, privé les premiers du bénéfice de la légitimation qu'il a refusé aux seconds; qu'on objecte en vain les termes de l'art. 335, puisque ce n'est pas au fruit de l'inceste, mais d'une union purgée, par l'effet des dispenses, de son vice originel, que la reconnaissance et la légitimation en profitent; qu'on objecte encore que cette interprétation est contraire à l'art. 331, qui a pour but de conserver intacte la pureté des relations de famille; mais que cet intérêt est protégé bien mieux par la sévérité que le Gouvernement apporte dans l'octroi des dispenses que par le refus que l'on ferait d'appliquer à un mariage qu'il a permis, l'un de ses effets les plus salutaires... ». On le voit, la cour de cassation appuie son système sur des considérations morales plutôt que sur les travaux préparatoires du code, invoqués par d'autres partisans de la même opinion (V. *Rép.* no 460). M. Laurent a victorieusement réfuté cette argumentation nouvelle (t. 4, nos 176 et suiv.). Quoi qu'il en soit, il a été jugé d'une façon constante, dans ce sens : 1o que l'art. 331 c. civ., qui prohibe la légitimation des enfants incestueux, ne contient qu'une déclaration de principe surabondante, qui se réfère aux seuls enfants nés de parents entre lesquels le mariage est absolument interdit (Paris, 20 juill. 1867, aff. Bourgeois, D. P. 67. 2. 105); — 2o Que les enfants nés hors mariage de parents ou alliés entre lesquels existe une prohibition de mariage susceptible d'être levée au moyen de dispenses, par exemple, d'un beau-frère et d'une belle-sœur, sont légitimés par le mariage subséquent que leurs père et mère contractent au moyen de ces dispenses (Amiens, 14 janv. 1864, aff. Bl..., D. P. 64. 2. 121; Paris, 20 juill. 1867, aff. Bourgeois, D. P. 67. 2. 105; Rennes, 17 juin 1879, aff. Jourdin, D. P. 80. 2. 5; Civ. rej. 22 janv. 1867, aff. Bernard, D. P. 67. 1. 5; Civ. cass. 22 janv. 1867, aff. Bourgeois, *ibid.*); — 3o Que, de même, l'enfant né du commerce illégitime de l'oncle et de la nièce peut être légitimé par le mariage subséquent de ses père et mère, contracté en vertu de dispenses (Paris, 14 juin 1858, aff. L..., D. P. 58. 2. 151; Douai, 29 mars 1873, aff. Wicart, D. P. 73. 2. 173; Req. 27 janv. 1874, aff. Leflon, D. P. 74. 1. 216).

186. On a vu au *Rép.* no 461, qu'il n'y a plus lieu de se demander, en présence de la législation actuelle, si les enfants naturels d'une personne engagée dans les ordres sacrés peuvent être légitimés par mariage subséquent. La question doit, sans difficulté, être résolue affirmativement (Conf. Laurent, t. 4, no 167). — On sait, d'ailleurs que, d'après la jurisprudence la plus récente, la qualité de prêtre catholique ne constitue pas un empêchement au mariage (V. Civ. rej. 25 janv. 1888, aff. Houpin, D. P. 88. 1. 97).

187. L'art. 332 a tranché la question, autrefois controversée, de savoir si les enfants naturels décédés avant le mariage de leurs parents peuvent être légitimés par ce mariage (*Rép.* no 462). D'après cet article, une telle légitimation est possible au profit des enfants décédés qui ont laissé des descendants, et, dans ce cas, elle profite à ces descendants. La loi sous-entend que, pour en profiter, les descendants, doivent être légitimes ou au moins légitimés; en effet, dans le cas contraire, la légitimation de leur auteur prédécédé leur serait indifférente, puisque la loi ne reconnaît aucun lien de parenté entre l'enfant naturel et les ascendants de ses père et mère (V. *infrà*, no 286; Aubry et Rau, t. 6, § 546, p. 71, et notes 25 et 26; Laurent, t. 4, no 173). — On pourrait se demander si la loi met comme condition absolue à cette légitimation posthume l'existence de descendants de l'enfant décédé; la question, comme on le verra, *infrà*, nos 209 et suiv., s'est posée au sujet de la reconnaissance intervenant dans ces circonstances. Si la reconnaissance d'un enfant naturel, décédé sans postérité, est possible (V. *ibid.*), on ne voit pas pourquoi il n'en serait pas de même de sa légitimation.

Art. 2. — *Conditions et formes de la légitimation* (*Rép.* nos 463 à 477).

188. La légitimation des enfants naturels reconnus ne s'opère, selon l'art. 331 c. civ., que par le mariage de leurs père et mère. Pour produire cet effet, il faut et il suffit que le mariage ait été régulièrement célébré conformément aux art. 144 et suiv. c. civ. D'où il suit qu'un mariage *in extremis* opère la légitimation des enfants naturels (*Rép.* no 164; Aubry et Rau, t. 6, § 546, p. 64): les travaux préparatoires du code en témoignent, du reste, puisqu'une disposition contraire contenue dans le projet soumis au conseil d'Etat a été repoussée (Locré, *Législation*, t. 6, p. 29, no 4, et p. 98 et suiv., nos 5, 7 et 8; Aubry et Rau, *loc. cit.*, note 5; Laurent, t. 4, no 166). — Les mariages *secrets*, qu'il ne faut pas confondre avec les mariages *clandestins* (V. *Rép.* no 464, et *suprà*, vo *Mariage*, no 304), produisent également la légitimation. — Il en est de même des mariages putatifs, dont l'assimilation aux mariages valablement contractés est entière sous ce rapport (V. *suprà*, vo *Mariage*, no 330; Aubry et Rau, t. 6, § 546, p. 64 et suiv.). — Enfin la légitimation reste possible alors même que, depuis la conception ou la naissance de l'enfant naturel, l'un de ses auteurs aurait contracté mariage avec un tiers, si, postérieurement à la dissolution de ce mariage intermédiaire, ses deux auteurs viennent à se marier ensemble. La jurisprudence a consacré cette opinion (V. Lyon, 17 mars 1863, *infrà*, no 199. V. encore *Rép.* no 465; Aubry et Rau, t. 6, § 546, p. 64, note 3).

189. Pour opérer la légitimation des enfants naturels, le mariage de leurs père et mère doit, aux termes du même art. 331, non seulement être régulier, mais encore être *subséquent*, c'est-à-dire postérieur à la reconnaissance, ou tout au moins sa célébration doit être concomitante à la reconnaissance. Le législateur a voulu que l'état des enfants fût légalement constaté antérieurement au mariage, ou au plus tard au moment même du mariage (*Rép.* nos 442 et 466; Aubry et Rau, t. 6, § 546, p. 64 et suiv., et notes 3 et 5; Laurent, t. 4, nos 170 et suiv.; Allard, no 53). Il a été jugé que le mariage du père et de la mère n'opère la légitimation des enfants naturels que si ces enfants ont été reconnus au plus tard dans l'acte même de célébration du mariage; qu'ainsi la légitimation ne résulterait pas d'une reconnaissance faite par les père et mère deux heures après la célébration du mariage, alors surtout que les deux actes n'ont pas été rédigés en présence des mêmes témoins et ont été inscrits sur deux registres différents (Metz, 11 janv. 1870, et, sur pourvoi, Req. 8 nov. 1870, aff. Beauder, D. P. 73. 1. 124).

190. Il ne faudrait pourtant pas conclure des termes de l'art. 331 que la légitimation est subordonnée à la reconnaissance expresse et du père et de la mère. La reconnaissance expresse du père est seule nécessaire; quant à celle de la mère, il suffit qu'elle résulte des éléments indiqués dans l'art. 336 (V. *infrà*, no 228), pourvu que ces éléments, notamment l'aveu, soient antérieurs au mariage (*Rép.* n° 467; Aubry et Rau, t. 6, § 546, p. 66, note 12; Laurent, t. 4, n° 171; Allard, n° 59). Il a été jugé, dans ce sens : 1° que la légitimation est valable dans le cas même où la reconnaissance de l'enfant naturel émanerait du père seul, et ne résulterait, à l'égard de la mère, que de l'indication de la maternité faite dans l'acte de naissance en présence du médecin-accoucheur, si l'enfant a toujours habité avec ses père et mère naturels au domicile commun de ceux-ci, et avait ainsi, avant le mariage de ses parents, une possession d'état conforme aux énonciations de son acte de naissance (Trib. civ. de la Seine, 18 mai 1865, aff. Marie L..., D. P. 66. 3. 24); — 2° Que la reconnaissance implicite de la mère suffit pour la légitimation de l'enfant naturel par le mariage subséquent des père et mère, bien que l'acte de célébration du mariage ne contienne aucune mention de leur volonté à cet égard, lorsque d'ailleurs la plupart des faits d'où s'induit cette reconnaissance implicite sont antérieurs au mariage (Bordeaux, 11 mars 1853, aff. Chauvet, D. P. 54. 2. 260); — 3° Qu'il appartient aux juges du fond de rechercher dans toutes les circonstances de la cause la preuve de l'aveu de la mère, et d'apprécier ces circonstances au point de vue de la suffisance de l'aveu; spécialement, de déclarer qu'un enfant naturel, reconnu dans son acte de naissance par son père, avec indication du nom de sa mère, a été légitimé par leur mariage subséquent, bien que cette légitimation ne soit pas énoncée dans leur acte de mariage, lorsque toutes les circonstances qui ont suivi la déclaration de naissance démontrent qu'il y a eu, de la part de la mère, aveu de maternité ratifiant, en ce qui la concerne, la déclaration authentique de reconnaissance faite par le père (C. cass. de Belgique, 6 juill. 1888, aff. Fraikin, D. P. 89. 2. 236. — *Adde*, conf. Civ. cass. 30 nov. 1868, aff. Catala, D. P. 69. 1. 21. Conf. Bordeaux, 27 août 1877, aff. Courbin, D. P. 78. 2. 193; Req. 26 mars 1866) (1).

Mais ces éléments, au cas où leur existence est contestée, ne peuvent être appréciés que par le juge civil, seul compétent; c'est ainsi que la preuve qu'un enfant naturel est en possession d'état d'enfant légitimé par mariage ne saurait résulter de la décision d'un conseil de revision qui l'aurait admis à bénéficier de l'exemption du service militaire accordée au fils aîné légitime au cas de l'art. 17 de la loi du 27 juill. 1872 (Limoges, 20 mars 1885, aff. Dutrompt, D. P. 87. 1. 93). Le juge civil, en tous cas, en a l'appréciation souveraine; il ne s'agit ici en effet que d'une question de fait (V. les arrêts précités).

191. Il est bien certain également que l'art. 331 n'exige pas que la reconnaissance de l'enfant par ses père et mère soit spontanée et volontaire; une reconnaissance forcée, c'est-à-dire résultant d'un jugement rendu sur une demande en recherche de paternité ou de maternité (V. *infrà*, n°s 249 et suiv.), a, en ce qui concerne la légitimation, les mêmes effets (*Rép.* n° 468; Aubry et Rau, t. 6, § 546, p. 66; Laurent, t. 4, n° 172; Allard, n° 58). Mais il faut, conformément aux principes qui régissent la matière, que le jugement, d'où découle cette reconnaissance forcée, constate son existence antérieurement au mariage des père et mère (*Rép.* n°s 469 et suiv.; Aubry et Rau, t. 6, § 546, p. 66, note 14; Laurent, *loc. cit.*)

192. Lorsque toutes les conditions ci-dessus énumérées sont remplies, la célébration du mariage opère *ipso facto* la légitimation, indépendamment de toute manifestation de volonté des père et mère et du consentement de l'enfant (*Rép.* n° 472; Aubry et Rau, t. 6, § 546, p. 65; Laurent, t. 4, n° 165; Allard, n° 60). C'est ainsi qu'il a été jugé que le mariage subséquent des père et mère d'un enfant naturel reconnu procure à celui-ci le bienfait de la légitimation par la seule force de la loi, et sans qu'il soit nécessaire que l'intention de légitimer ait été déclarée dans l'acte de célébration du mariage (Trib. civ. de la Seine, 18 mai 1865, aff. Marie L..., D. P. 66. 3. 24. V. dans le même sens : Bordeaux, 11 mars 1853, aff. Chauvet, D. P. 54. 2. 260; C. cass. de Belgique, 6 juill. 1888, aff. Fraikin, D. P. 89. 2. 236). Et l'enfant légitimé de la sorte est fondé à demander au tribunal civil une décision ordonnant la mention de la légitimation en marge de son acte de naissance et de l'acte de mariage de ses père et mère (Jugement précité du 18 mai 1865).

193. De ce que la légitimation s'opère de plein droit, il ne s'ensuit pas qu'elle ne puisse pas être contestée. L'art. 339 (V. *infrà*, n°s 238 et suiv.) s'applique ici : toutes les parties intéressées ont le droit de combattre, non seulement la légitimation lorsque l'une ou l'autre des prescriptions légales n'ont pas été observées, mais encore la reconnaissance qui l'a précédée lorsque cette reconnaissance est vicieuse soit dans la forme, soit dans le fond : la nullité de le reconnaissance entraîne alors forcément celle de la légitimation, qui n'en est que la conséquence (*Rép.* n°s 473 et suiv.; Aubry et Rau, t. 6, § 546, p. 70 et notes 22 et 24; Laurent, t. 4, n°s 180 et suiv.). Il a été jugé, dans ce sens : 1° que la légitimation, comme la reconnaissance qui en est la base, si elle est mensongère, peut être attaquée par tous ceux qui y ont intérêt (Civ. rej. 17 mai 1870, aff. De Bastard d'Estang, D. P. 70. 1. 241; Trib. de la Seine, 28 août 1868, aff. Fournier, D. P. 68. 5. 230; Rouen, 5 janv. 1887, aff. Joly, D. P. 87. 2. 145; 10 déc. 1864, aff. Cenoni, D. P. 65. 2. 37; Civ. cass. 10 mai 1882, aff. Rateau, D. P. 83. 1. 79); — 2° Que l'annulation de la reconnaissance d'un enfant naturel annule la légitimation subséquente de cet enfant (Lyon, 22 mai 1862, *infrà*, n° 238).

Quoi qu'il en soit, on ne peut opposer à l'enfant naturel reconnu et légitimé par mariage subséquent une autre reconnaissance qui se trouverait dans son acte de naissance, alors que cette dernière reconnaissance est démentie par

(1) (C... *C.* C...) — La cour; — Sur le moyen unique du pourvoi, tiré de la violation des art. 331, 334 et 336 c. civ., en ce que l'arrêt attaqué aurait considéré comme une reconnaissance authentique et légale, de nature à opérer la légitimation par mariage subséquent, l'indication de la mère dans l'acte de naissance d'un enfant naturel par celui qui s'en dit le père, quoique l'aveu de la mère ne fût constaté par aucun acte émané d'elle produit devant l'officier de l'état civil et rappelé dans l'acte de naissance; — Attendu qu'aux termes de l'art. 331 c. civ., l'enfant naturel est légitimé par le mariage subséquent de ses père et mère qui l'ont légalement reconnu; — Attendu qu'à la vérité l'art. 334 exige, pour la reconnaissance de l'enfant naturel, un acte authentique lorsqu'elle n'a point été faite dans son acte de naissance; mais qu'à l'égard de la mère, l'art. 336 tempère la rigueur de cette exigence, et donne, en ce qui la concerne, toute la valeur d'une reconnaissance authentique et formelle à l'indication qu'en a faite le père dans l'acte de naissance de l'enfant, lorsque d'ailleurs cette indication est acceptée par elle, et peut être considérée comme ayant été faite de son aveu; — Attendu que l'aveu de la mère, dans cette hypothèse prévue par l'art. 336, n'est soumis à aucune condition de temps et de forme, qu'il peut à toutes les époques valablement intervenir; que, postérieur à l'acte de naissance, il a tous les effets de la ratification, quelle que soit la forme sous laquelle elle se produit, et lors même qu'il ne résulterait que de simples faits émanés de la mère, pourvu qu'ils ne laissent aucun doute sur son intention; qu'entendre autrement l'art. 336, et exiger pour la constatation de l'aveu de la mère un acte authentique formel autorisant le père à la déclarer, ce serait enlever à la mère le bénéfice de cet article, et méconnaître la pensée de la loi qui, évidemment, a voulu faciliter pour elle la reconnaissance de son enfant en lui épargnant l'humiliation d'une déclaration explicite personnellement consignée par elle dans un acte authentique: qu'à l'égard de la mère, la loi devait d'autant plus facilement se relâcher de sa rigueur que la règle posée dans l'art. 334, qu'elle autorise la recherche de la maternité contestée, et admet, pour l'établir, tous les modes de preuve avec certaines garanties, et sous certaines conditions inutiles lorsqu'il s'agit de la reconnaissance volontaire; — Attendu, en fait, que Charles-Frédéric C..., dans l'acte de naissance de l'enfant qu'il déclarait reconnaître, a indiqué Malvina M... comme étant la mère, et que, l'arrêt attaqué constate, par une appréciation de fait et d'intention qui lui appartenait souverainement, que, de l'ensemble des faits qu'il relève il résulte que, depuis le jour de la naissance de l'enfant dont la maternité lui était attribuée jusqu'au jour où elle a contracté mariage avec Charles-Frédéric C..., Malvina M... a témoigné, par tous ses actes, qu'elle se reconnaissait la mère de cet enfant, et ratifiait ainsi l'indication faite par C... ; — Attendu que, dans cet état de faits que, légalement, la cour de cassation doit accepter, c'est avec toute raison que l'arrêt attaqué (Paris, 2 févr. 1865) juge que Malvina M... a légalement reconnu son enfant avant son mariage avec Charles-Frédéric C..., et qu'ainsi par le fait seul de son mariage, la légitimation de cet enfant s'est opérée de plein droit.

Rejette, etc.

Du 26 mars 1866.-Ch. req.-MM. Bonjean, pr.-Renault d'Ubéxi, rap.-P. Favre, av. gén., c. conf.-Delachère, av.

toutes les circonstances du procès (Bastia, 10 déc. 1864, aff. Cenoni, D. P. 65. 3. 37). En tous cas lorsqu'un enfant a été légalement reconnu par ses père et mère et légitimé ensuite par leur mariage, la preuve des faits contraires à la filiation qui résulte de ces actes est à la charge des contestants (Bordeaux, 27 août 1877, aff. Courbin, D. P. 78. 2. 193).

194. Quant à l'intérêt sur lequel doit se baser la contestation, il a été jugé : 1° qu'il résulte suffisamment, pour la famille de l'individu dont elle émane, de ce que le nom patronymique qui lui appartient peut désormais être porté par cet enfant (Nîmes, 7 mai 1879, aff. Rateau, D. P. 79. 1. 133); — 2° Qu'un intérêt moral ou des raisons de famille insuffisantes pour justifier une demande en nullité de mariage de la part de collatéraux dépourvus de tout intérêt pécuniaire né et actuel, peuvent servir de base légale à une action en nullité de légitimation (Orléans, 14 avr. 1886, aff. De Cibeins, D. P. 87. 2. 95); — 3° Que le pourvoi formé contre l'arrêt qui a rejeté une action en contestation de légitimation ne saurait être écarté par une fin de non-recevoir tirée du défaut d'intérêt des demandeurs, alors que ceux-ci, en tant que représentants de la famille légitime, sont dès à présent intéressés à ce que l'enfant naturel ne puisse prendre la qualité de fils légitimé du défunt et s'approprier un titre nobiliaire attaché à cette qualité (Civ. cas. 10 avr. 1885, aff. De Cibeins, D. P. 86. 1. 23. V. dans le même sens, Civ. rej. 17 mai 1870, aff. De Bastard d'Estang, D. P. 70. 1. 241; Paris, 23 juill. 1853, aff. V..., D. P. 54. 2. 269).

195. Les auteurs de la légitimation et l'enfant même qui en est l'objet peuvent être intéressés à la contester aussi bien que les tiers étrangers à l'acte, et ils y sont recevables (*Rép.* n° 473 et 474; Laurent, t. 4, n°s 182 et suiv.). Dans ce sens, il a été jugé que, bien qu'une reconnaissance ait été suivie de légitimation, son auteur est recevable à en demander l'annulation, en prouvant qu'elle est mensongère, et qu'en réalité il n'est pas le père de l'enfant (Nîmes, 7 mai 1879, aff. Rateau, D. P. 79. 2. 133).

196. En ce qui concerne les tiers contestants, la reconnaissance implicite ou formelle qu'ils auraient faite de la filiation de l'enfant leur est opposable en tout état de cause (*Rép.* n° 476; Aubry et Rau, t. 6, § 546, p. 70, notes 22 et 24). Toutefois, il a été jugé qu'en admettant que l'on puisse opposer, à ceux qui contestent la filiation d'un enfant, la reconnaissance implicite ou formelle qu'ils auraient faite de cette filiation à une époque antérieure (ce qui ne saurait, au surplus, être admis que dans le cas où, à cette époque, ils auraient eu déjà intérêt à la contester), on ne devrait pas induire l'intention de faire une pareille reconnaissance du seul fait que ceux-ci (surtout si ce sont des collatéraux) auraient assisté à l'acte de mariage des parents de l'enfant, acte dans lequel celui-ci aurait été reconnu par les époux en vue de lui procurer le bénéfice de la légitimation (Douai, 6 juin 1851, aff. Protat, D. P. 52. 2. 221). V. au surplus, *infrà*, n°s 238 et suiv., les règles et la jurisprudence relatives à la contestation de la reconnaissance, qui régissent aussi la contestation de la légitimation.

197. On a vu, *Rép.* n° 477, que la légitimation, au regard du droit international, tient du statut personnel, et que, par suite, sans s'arrêter au lieu où le mariage subséquent des père et mère est célébré, on doit, en ce qui concerne la légitimation par ce mariage, s'en rapporter à la loi du pays des contractants, et, s'ils sont de nationalité différente, à celle du père conformément à l'art. 9 c. civ. La doctrine n'a pas cessé d'admettre cette théorie (V. Laurent, t. 4, n°s 168 et suiv.; Pasquale Fiort, *Droit international privé*, traduction Pradier Fodéré, n° 147; Despagnet, *Précis de droit international privé*, n°s 377 et suiv.). La jurisprudence s'est montrée beaucoup plus variable. Cela tient à la difficulté, souvent très grande, de concilier en cette matière le statut personnel des parties en cause avec l'ordre public français (V. sur ce point, *suprà*, v° *Lois*, n°s 320 et suiv.).

ART. 3. — *Effets de la légitimation* (*Rép.* n°s 478 à 484).

198. Aux termes de l'art. 333, les enfants légitimés par le mariage subséquent auront les mêmes droits que s'ils étaient nés de ce mariage. En un mot, les enfants légitimés sont entièrement assimilés aux enfants légitimes, et, réciproquement, leurs père et mère jouissent, à l'égard de leur personne et de leurs biens, des droits que la loi confère aux parents légitimes sur la personne et les biens de leurs enfants. Mais cet effet de la légitimation n'est pas rétroactif : il ne remonte ni au jour de la conception ni au jour de la naissance de ces enfants; il ne se produit qu'à partir du moment de la célébration du mariage. D'où il suit que les droits acquis par les tiers, antérieurement au mariage qui opère la légitimation, demeurent saufs. Ainsi, les enfants légitimés ne sauraient être appelés à prendre part dans les successions qui se sont ouvertes avant le mariage de leurs père et mère (*Rép.* n° 478; Aubry et Rau, t. 6, § 546, p. 71; Laurent, t. 4, n°s 187 et suiv.; Allard, n° 69).

199. Ainsi qu'on l'a vu *suprà*, n° 188, un mariage intermédiaire peut avoir existé entre la conception ou la naissance des enfants naturels et leur légitimation par le mariage subséquent de leurs parents. De cette union intermédiaire peuvent être nés des enfants légitimes. La question se posait autrefois de savoir à quel enfant dans ce cas seraient attribués les avantages de la primogéniture (V. *Rép.* n° 479), et on les refusait à l'aîné des enfants légitimés, en vertu du principe de la non-rétroactivité de la légitimation (Aubry et Rau, t. 6, § 546, p. 71; Allard, n° 71). Cette question n'offre plus d'intérêt aujourd'hui. — Il a été jugé, d'ailleurs, d'une manière générale, que la légitimation par mariage subséquent d'un enfant naturel, que l'époux avait eu avant un premier mariage, ne peut nuire aux enfants nés de ce précédent mariage (Lyon, 17 mars 1863) (1).

(1) (Fusy C. Berry.) — LA COUR; — Considérant que la femme Berry intente une action en partage de la succession de Claire Forest, femme Fusy, dont elle se dit fille naturelle; — Que pour justifier son action, elle demande d'être admise à la recherche de la maternité, conformément à l'art. 341 c. civ.; — Considérant que les consorts Fusy, mari et enfants légitimes de la *de cujus*, opposent à la demanderesse une exception résultant des dispositions de l'art. 337 c. civ.; — Considérant que l'art. 337 veut que l'enfant naturel, reconnu par l'un des époux pendant le mariage, ne puisse tirer de sa reconnaissance des droits qui nuisent à l'autre époux et aux enfants nés du mariage; — Que le but, facile à saisir, de cette disposition de la loi, a été indiqué dans l'exposé des motifs du code fait par le conseiller d'Etat de Préameneu; — Que le législateur, s'inspirant des considérations d'ordre public, de pudeur sociale et de dignité relatives à la constitution de la famille, a voulu maintenir la foi sous laquelle le mariage a été contracté et n'a pas permis que, dans l'intérieur de la famille, des droits imprévus vinssent se manifester en opposition à ceux de l'un des époux et des enfants légitimes, au prix du scandale, du trouble du foyer domestique et des affections de famille justement blessées; — Considérant que les motifs s'appliquent avec la même force, aux deux cas où, depuis le mariage, l'enfant naturel a été reconnu par une déclaration de sa mère ou reconnu par une décision de justice; — Que, distinguer entre ces deux cas, et restreindre au premier l'application de l'art. 337, ce serait abuser d'un argument de texte pour donner à la loi une interprétation évidemment contraire à la pensée du législateur; — Que l'art. 337 est donc applicable, soit aux reconnaissances volontaires faites par la mère, soit aux reconnaissances forcées résultant de jugements qui interviendraient après le mariage; — Considérant que, dès lors, la femme Berry ne peut être admise à établir, par recherche de la maternité, qu'elle est fille naturelle de la femme Fusy, puisque cette filiation naturelle, fût-elle prouvée, ne pourrait, d'après l'art. 337, fonder pour la demanderesse aucun droit dans le partage à faire de la succession de la femme Fusy; — Considérant que, contre cette solution, une autre thèse de droit est invoquée par la femme Berry; qu'elle soutient que les dispositions de l'art. 337 cessent d'être applicables après la dissolution du mariage; — Considérant que limiter l'application de l'art. 337 au temps de durée du mariage, ce serait introduire dans cet article une distinction qui ne répugne pas moins à son texte sainement étudié qu'à son esprit; — Que la disposition de l'art. 337, dictée par les motifs de protection de la famille rappelée plus haut, n'est évidemment capable d'atteindre son but qu'autant que la reconnaissance de l'enfant naturel ne pourra préjudicier aux enfants légitimes nés du mariage; — Que le texte de l'art. 337 s'éclaire à cet égard par son rapprochement avec le projet du code primitif: — Qu'il était expliqué, en effet, dans l'article du projet, que l'époux qui aurait omis de reconnaître, avant le mariage, son enfant naturel ne pourrait faire cette reconnaissance après la dissolution du mariage, que s'il n'en restait pas d'enfant légitime; — Que le législateur défendait clairement par là, que des reconnaissances faites après la dissolution du mariage puissent nuire aux droits

Il n'en serait pas ainsi, toutefois, au point de vue de la loi sur le recrutement militaire, et les avantages qui sont, dans certains cas, réservés à l'aîné des enfants, loin d'être considérés comme des droits acquis aux enfants légitimes nés antérieurement à la légitimation, appartiendraient, dans le cas prévu par l'arrêt du 17 mars 1863 précité, à l'aîné des enfants légitimés. C'est ce qui a lieu, notamment, sous le régime de la loi militaire du 15 juill. 1889 (D. P. 89. 4. 73), en ce qui concerne le renvoi dans leurs foyers, en temps de paix, après un an de présence sous les drapeaux, des jeunes gens qui satisfont aux conditions des art. 21 (§ 1, 2 et 3) et 22 de cette loi (V. *suprà*, v° *Organisation militaire*, n°s 293 et suiv.). On a indiqué au *Rép.* n° 480, la raison de cette anomalie, conforme au vœu de la loi militaire, qui doit évidemment considérer l'aîné d'âge comme étant le mieux en état de soutenir la famille. Il a été jugé, sous l'empire de la loi du 27 juill. 1872 (D. P. 72. 4. 47), dont l'art. 17 contenait des dispositions analogues, qu'il y a fraude à la loi du recrutement militaire dans le cas de celui qui se prévaut de la qualité de fils unique d'un père aveugle, alors qu'il a un frère plus âgé, né hors du mariage, et qu'on prétend avoir été légitimé; mais que la fraude ne peut être poursuivie qu'autant que la preuve de la légitimation a été préalablement faite devant le juge civil, seul compétent pour statuer (Crim. rej. 5 déc. 1885, aff. Dutrompt, D. P. 87. 1. 93).

200. En ce qui concerne l'application de l'art. 960 c. civ., relatif aux révocations de donations entre vifs pour cause de survenance d'enfants, la loi se montre moins favorable pour les enfants légitimés que pour les enfants nés durant le mariage, en exigeant que leur naissance ait été postérieure à la donation. Il résulte, en effet, de ces termes de l'art. 960 que, lorsqu'un enfant naturel vient à être légitimé postérieurement à une donation consentie par son auteur, son changement d'état, bien que lui donnant dès lors les mêmes droits qu'aux enfants légitimes, ne porte aucune atteinte à cette donation, si celle-ci a été faite postérieurement à sa naissance (V. *Rép.* n° 483; *ibid.*, v° *Dispositions entre vifs et testamentaires*, n° 1898; *suprà*, eod. v° n°s 525 et suiv.). — Il a été jugé que les donations faites par un père étranger, avant la naissance des enfants qu'il a légitimés grâce à l'application de la loi française, et à une époque où il était sans enfants, sont révoquées de plein droit, conformément à l'art. 960 c. civ. (Civ. cass. 23 nov. 1857, aff. Skottove, D. P. 57. 1. 423. V. dans le même sens, Bourges, 29 mai 1858, aff. Ferrand, D. P. 58. 2. 178).

201. La légitimation confère aux père et mère des enfants légitimés l'usufruit légal, accordé aux parents sur les biens de leurs enfants par l'art. 384 c. civ. (*Rép.* n° 484); mais cet usufruit ne leur appartient qu'à partir du mariage seulement (Aubry et Rau, t. 6, § 546, p. 72).

SECT. 2. — PREUVES DE LA FILIATION NATURELLE (*Rép.* n°s 485 à 656).

ART. 1er. — *De la reconnaissance volontaire* (*Rép.* n°s 486 à 597).

§ 1er. — Par qui la reconnaissance doit ou peut être faite (*Rép.* n°s 487 à 502).

202. La reconnaissance ne peut émaner que du père, en ce qui concerne la filiation paternelle, et de la mère en ce qui concerne la filiation maternelle, sauf ce qui sera dit *infrà*, n°s 228 et suiv. sur les droits du père agissant au nom de la mère. Le principe d'après lequel ce droit est exclusivement attaché à la personne des père et mère est admis sans conteste, tant en doctrine qu'en jurisprudence, bien qu'il n'ait pas fait l'objet d'une disposition spéciale de la loi; ni les ascendants des père et mère, ni leurs héritiers, ni leurs tuteurs s'ils sont interdits, ni leurs proches s'ils sont absents, ne sont admis à l'exercer en leur lieu et place (*Rép.* n° 487). Il en est de même de leurs créanciers. Jugé, en ce sens, que, à défaut d'une procuration spéciale, la reconnaissance faite par un tiers au nom de la mère ne saurait tenir lieu de preuve de la filiation d'un enfant naturel, à l'encontre des intéressés (Rouen 23 juill. 1862, *infrà*, n° 277); que le droit de reconnaître un enfant naturel, étant exclusivement attaché à la personne du père ou de la mère, ne saurait être exercé par leurs héritiers (Paris 11 juin 1891, aff. Marie Regnault, D. P. 92. 2. 533). De même, une décision administrative, s'appuyant sur ces principes, a déclaré que l'enfant naturel ne peut être valablement reconnu ni par un ascendant ni par les héritiers de sa mère, lorsqu'il ne l'a pas été par celle-ci de son vivant (Sol. admin. Enreg., 26 juill. 1873, aff. D..., D. P. 74. 3. 47; Conf. Demolombe, t. 5, n° 381; Aubry et Rau, t. 6, § 568, p. 156 et suiv.; Laurent, t. 4, n° 26; Baudry-Lacantinerie, t. 1, n° 902; Baret, *Histoire et critique des règles sur la preuve de la filiation naturelle en droit français et étranger*, p. 67; Allard, *Des enfants naturels*, n° 150; Massonié, *De la reconnaissance des enfants illégitimes*, p. 20). — On verra toutefois, *infrà*, n°s 223 et suiv., que la personnalité de ce droit n'est pas exclusive de son exercice par l'intermédiaire d'un mandataire, et on examinera, *loc. cit.*, les conditions de forme et de fond d'un tel mandat.

203. Est-il nécessaire, pour reconnaître un enfant naturel, d'avoir la capacité exigée par le droit commun pour la validité des contrats en général? On a vu au *Rép.*, n° 491, que la doctrine et la jurisprudence se sont prononcées pour la négative et qu'elles n'exigent de l'auteur d'une reconnaissance, en dehors de la qualité de père ou de mère, que deux conditions, l'une physique, l'autre morale: la capacité d'engendrer ou la puberté à l'époque de la conception de l'enfant, et la capacité d'exprimer sa volonté ou le discernement à l'époque de la reconnaissance. Dès que ces conditions se trouvent réunies, les incapables de droit commun peuvent valablement consentir une reconnaissance. Les controverses qui s'étaient élevées sur ce point (V. *Rép.* n° 491) sont éteintes, et il est généralement admis aujourd'hui que le mineur non émancipé, aussi bien que le mineur émancipé, peuvent valablement reconnaître un enfant naturel, en dehors de l'assistance de leur tuteur ou de leur curateur (*Rép. ibid.*; Demolombe, t. 5, n°s 387 et suiv.; Aubry et Rau, t. 6, § 568, p. 157, note 7; Baret, p. 71; Allard, n° 151; Massonié, p. 31. V. toutefois Laurent, t. 4, n° 40). Il n'est même pas nécessaire que le mineur ait atteint un âge déterminé, notamment l'âge requis pour contracter mariage (Rennes, 8 mars 1882, aff. Jarsalé, D. P. 84. 1. 386. V. Massonié, p. 33). En conséquence, le mineur ne saurait arguer de l'art. 1305 c. civ. pour demander la revision de la reconnaissance qu'il aurait librement consentie.

204. De même, l'interdit judiciairement, l'individu pourvu d'un conseil judiciaire et l'interdit légalement con-

---

des enfants légitimes; — Considérant que si la rédaction première a été abandonnée pour faire place à la disposition actuelle de l'art. 337, rien n'indique dans les procès-verbaux des discussions préparatoires du code que l'intention du législateur ait été de renoncer sur ce point au fond du projet, et d'autoriser, après la dissolution du mariage, les effets préjudiciables de la reconnaissance, au lieu de les exécuter; — Qu'il faut donc croire qu'il s'est agi d'un simple remaniement de rédaction, et que la pensée du projet a passé dans l'art. 337 telle qu'elle existait primitivement; — Considérant qu'on objecte vainement que l'époux veuf pourrait légitimer plus tard par un mariage subséquent, l'enfant naturel qu'il aurait eu avant son premier mariage, et que si, de la sorte, pour l'enfant, la légitimation peut sans difficulté s'acquérir, à plus forte raison la qualité d'enfant naturel reconnu; — Considérant qu'en soi la reconnaissance de l'enfant naturel demeure toujours valable, quoique l'art. 337 lui ôte tout effet civil vis-à-vis de l'autre époux et des enfants nés du mariage; — Que s'il est vrai que la légitimation implique toujours une reconnaissance valable, ce n'est que sous la réserve du principe susénoncé que pourrait se produire pour l'enfant naturel le bénéfice d'une légitimation par le convol de l'époux à un mariage postérieur; — Que la légitimation bornerait alors ses effets au second mariage à l'occasion duquel elle serait accomplie et que la reconnaissance implicite qu'elle contient ne pourrait, vis-à-vis des enfants nés du premier mariage, attribuer qu'une qualité d'enfant naturel, destituée par l'art. 337 de tout effet civil; — Que l'objection tirée de la légitimation possible est sans valeur; — Considérant enfin qu'une dernière prétention de l'intimée consiste à soutenir que l'exception des consorts Fusv tirée de l'art. 337, serait prématurée et qu'il y aurait lieu d'abord à autoriser la recherche de la maternité, sauf à statuer ensuite sur les conclusions de l'action en partage; — Considérant que cette prétention n'est pas sérieuse, que, suivant la règle *frustra probatur quod probatum non relevat*, il n'y peut y avoir lieu

servent, malgré leur état d'interdiction, la capacité de reconnaître sans aucune assistance leurs enfants naturels. Mais, le dément, l'imbécile, le fou furieux, ne jouissent de cette capacité que durant leurs intervalles lucides (*Rép.* nos 495 et suiv.; Demolombe, t. 5, n° 388; Aubry et Rau, t. 6, § 568, p. 158 et suiv., notes 6 et 9; Laurent, t. 4, nos 36 et 37; Baret, p. 77; Allard, n° 153; Massonié, p. 34 et suiv.). — Quant au mort civilement, la question n'a plus d'intérêt depuis l'abolition de la mort civile (L. 31 mai 1854, D. P. 54. 4. 91).

205. Malgré son état général d'incapacité, la femme mariée peut reconnaître les enfants naturels qu'elle a eus avant son mariage sans recourir à l'autorisation maritale ni à l'autorisation de justice (*Rép.* n° 499; Demolombe, t. 51, n° 388; Aubry et Rau, t. 6, § 568, p. 159, note 10; Baret, p. 72; Allard, n° 154; Massonié, p. 36. — *Contrà:* Laurent, t. 4, n° 38).

206. Il en est de même du prêtre catholique (*Rép.* n° 500). Cette solution concorde avec celle qui a été donnée *suprà*, n° 186, en ce qui concerne la légitimation.

207. Un étranger peut encore en France reconnaître valablement ses enfants naturels, sauf ce qui a été dit de l'application du statut personnel (*suprà*, n° 197).

§ 2. — A quelle époque peut se faire la reconnaissance (*Rép.* nos 503 à 512).

208. Ainsi qu'on l'a dit au *Rép.*, n° 503, la reconnaissance peut se produire à toute époque durant la vie de l'enfant (Demolombe, t. 5, n° 413; Aubry et Rau, t. 6, § 568, p. 163; Laurent, t. 4, nos 42 et suiv.). Les effets seuls peuvent varier, suivant la situation de l'auteur de la reconnaissance à ce moment, comme on le verra *infrà*, nos 297 et suiv. La reconnaissance peut également être faite avant la naissance de l'enfant qui en est l'objet, à la condition toutefois qu'il soit déjà conçu, en vertu de la règle *infans conceptus pro nato habetur* (*Rép.* nos 505 et suiv.; Demolombe, t. 5, nos 414 et suiv.; Aubry et Rau, t. 6, § 568, p. 163; Laurent, t. 4, n° 42; Baret, p. 72; Massonié, p. 41). Il a été jugé, dans ce sens, que l'enfant naturel seulement conçu peut être reconnu, aussi bien que l'enfant déjà né (Colmar, 25 janv. 1859, aff. Heintz, D. P. 59. 2. 61; Sol. implic. Aix, 30 mai 1866, aff. Aiguillon, D. P. 66. 2. 201; Civ. cass. 12 févr. 1868, même affaire, D. P. 68. 1. 60; Grenoble, 24 juin 1869, même affaire, D. P. 69. 2. 207). La déclaration de grossesse ne constitue une véritable reconnaissance qu'à la condition d'être postérieurement confirmée par l'acte de naissance de l'enfant (Même arrêt du 25 janv. 1859): elle devra donc, conformément à l'art. 62 c. civ., être inscrite en marge de cet acte lors de sa rédaction.

209. De même, le décès des enfants naturels ne s'oppose pas à ce qu'ils soient reconnus. La combinaison des art. 331 et 332 autorise implicitement une telle reconnaissance, lorsque les enfants naturels décédés laissent une postérité (*Rép.* n° 508. Conf. Demolombe, t. 5, n° 416; Aubry et Rau, t. 6, § 568, p. 163, note 31; Laurent, t. 4, n° 43; Baret, p. 73; Allard, n° 98; Massonié, p. 43). Il y a controverse sur le point de savoir si la reconnaissance est possible lorsque ces enfants sont décédés sans postérité. Les adversaires de cette opinion craignent que la cupidité et l'intérêt pécuniaire ne soient les seuls mobiles qui, dans ces conditions, fassent agir les parents. Cependant, d'une manière à peu près unanime aujourd'hui, la validité d'une semblable reconnaissance est admise (*Rép.* nos 509 et suiv.; Demolombe, t. 5, n° 416; Aubry et Rau, t. 6, § 568, p. 163; Laurent, t. 4, n° 43; Baret, p. 73; Allard, n° 98. — *Contrà:* Demante, *Cours analytique*, t. 2, n° 62 *bis*-XI). Il a été jugé, conformément à cette doctrine, que la reconnaissance d'un enfant naturel, survenue après son décès et sans qu'il ait laissé de postérité, est valable (Poitiers, 27 déc. 1882, aff. Pinault, D. P. 83. 2. 120. Conf. Lyon, 26 févr. 1875 (1); Paris, 6 mai

---

d'admettre la femme Berry à une preuve qui ne serait pas relevatoire; qu'il est, dès à présent, établi que la femme Berry ne peut avoir qualité pour former sa demande de partage; — Que la cour n'a même compétence pour statuer en audience ordinaire comme l'intimée lui demande de le faire, que parce que la femme Berry n'exerce point une action directe et principale en réclamation d'état, et que la question d'état ne fait que s'élever d'une manière incidente et accessoire, en se rattachant aux conclusions de l'action en partage, qui déterminent l'objet du litige; — Par ces motifs, infirme ledit jugement; déclare la femme Berry non recevable et sans qualité à intenter l'action qu'elle a formée en partage de la succession de Claire Forest, femme Fusy, etc.

Du 17 mars 1863.-C. de Lyon, 1re ch.-M. Gilardin, 1er pr.

(1) (Borron C. Administration des domaines.) — LA COUR; — Considérant que Pierre-Joseph Poloce, inscrit sur les registres de l'état civil de la commune d'Anse, le 13 déc. 1848, comme fils naturel de Marie-Anne Poloce, est décédé le 19 nov. 1870, sans laisser de postérité; — Considérant que dans un acte authentique, reçu par Me Audibert, notaire à l'Arbresle, le 21 mars 1871, Marie-Anne Poloce, femme Borron, prenant la qualité d'héritière du défunt, qu'elle reconnaît pour son fils naturel, a cédé au sieur Jacques Denis, moyennant 4000 fr., tous les droits qu'elle prétendait avoir sur cette succession; — Que l'administration de l'Enregistrement et des Domaines conteste la qualité d'héritière de la femme Borron, en se fondant principalement sur la tardiveté de la reconnaissance qui n'a eu lieu qu'après le décès de l'enfant; — Considérant qu'aucun texte de loi ne limite à la vie de l'enfant le délai de la reconnaissance; que l'art. 334, qui règle la forme dans laquelle elle doit être faite, ne subordonne pas sa validité à une condition de temps; qu'étant un acte essentiellement unilatéral, dans lequel l'enfant n'a point à intervenir pour consentir ou accepter, son décès ne peut faire obstacle à l'efficacité de l'acte; — Considérant que le droit de l'enfant reconnu sur la succession de ses père et mère est attaché au lien de parenté et non pas à la reconnaissance, qui n'en est que la constatation; que, pour donner ouverture au droit de succéder, il suffit que la reconnaissance existe, sans qu'on ait à s'inquiéter de sa date, puisqu'elle réagit, quant à ses effets, au jour même de la naissance de l'enfant; — Considérant que si l'art. 765 c. civ. exige que, pour succéder à leur enfant naturel, le père ou la mère l'ait préalablement reconnu, aucune de ses dispositions n'implique que la reconnaissance préalable doive nécessairement précéder le décès de l'enfant; — Considérant que l'enfant étant admis à rechercher la maternité, même après le décès de la mère, pour réclamer les droits que la loi lui accorde dans sa succession, on doit, par réciprocité, accorder aux père et mère la faculté d'accomplir, après la mort de l'enfant, l'acte qui est la condition même de l'exercice de leur droit, — Considérant qu'on peut craindre, sans doute, que la reconnaissance d'un enfant naturel, décédé sans postérité, n'ait parfois d'autre mobile qu'un calcul intéressé, destiné à donner aux père et mère des droits sur la succession de l'enfant naturel qu'ils auront délaissé pendant sa vie; mais qu'il n'appartient pas aux tribunaux de réformer l'œuvre du législateur en consacrant une prohibition qui n'est pas écrite dans la loi; qu'il n'est pas impossible, d'ailleurs, que la reconnaissance posthume ait son explication et son excuse dans des circonstances indépendantes de la volonté des père et mère; — Considérant que si la reconnaissance postérieure au décès peut présenter certains dangers de fraude, ils ont leur correctif dans la faculté qui reste toujours aux magistrats de rechercher quelle est la sincérité de l'acte, et, suivant les circonstances, d'admettre ou de repousser la reconnaissance: — Considérant que l'acte de naissance de Pierre-Joseph Poloce, dressé sur les déclarations de la sage-femme qui avait assisté à l'accouchement, indique la fille Marie-Anne Poloce, âgée de vingt-deux ans, comme étant la mère naturelle de l'enfant; — Que, loin de désavouer la maternité qui lui est attribuée par l'acte de l'état civil, Marie-Anne Poloce l'a toujours reconnue et affirmée; — Que la possession d'état est établie par des lettres échangées entre la mère et le fils, par les certificats de libération du service militaire, délivrés à Pierre-Joseph Poloce, et par les qualifications de son acte de décès; — Qu'aucun doute ne peut s'élever sur la sincérité de la reconnaissance contenue dans l'acte du 21 mai 1871; — Qu'elle n'a fait que constater un fait exact et régulariser une situation depuis longtemps reconnue dont la notoriété est incontestable; — Par ces motifs, met à néant le jugement dont est appel, dit et prononce que Pierre-Joseph Poloce était bien le fils dont Marie-Anne Poloce est accouchée le 13 déc. 1848; — Que la reconnaissance faite par ladite Marie-Anne Poloce, femme Borron, de Pierre-Joseph Poloce, dans un acte authentique, reçu par Me Audibert, le 21 mars 1871, est valable et régulière, et qu'elle doit produire effet; — Dit, en conséquence, que la dame Borron était habile à se porter seule héritière de Pierre-Joseph Poloce, et qu'elle a recueilli seule, à l'exclusion de tout autre; — Qu'elle a pu valablement consentir la cession faite par elle au profit du sieur Gaspard Denis, des meubles et immeubles composant ladite succession; — Déclare nul et de nul effet l'envoi en possession prononcé au profit de l'administration de l'Enregistrement et des Domaines, etc.

Du 26 févr. 1875.-C. de Lyon, 1re ch.-MM. Millevoye, 1er pr.-Morin et Richard, av.

1876) (1). — En Italie, la doctrine contraire prévaut (V. C. cass. de Florence, 12 janv. 1885) (2).

210. Parmi les auteurs qui admettent la validité de la reconnaissance de l'enfant naturel décédé sans postérité, quelques-uns ont voulu réduire les effets d'une reconnaissance intervenue dans ces conditions, et ils refusent aux parents le droit de succéder à l'enfant ainsi reconnu tardivement (V. Zachariæ, t. 4, p. 46; Demante, t. 2, p. 114, n° 62 *bis*-XI; Aubry et Rau, t. 6, § 568, p. 164, notes 28 et 32; Massonié, p. 44 et suiv.). « La reconnaissance, disent MM. Aubry et Rau, *loc. cit.*, doit être considérée comme non avenue si le père ou la mère l'a faite dans l'*unique* but de se créer des droits de succession sur les biens délaissés par l'enfant reconnu ». Cette opinion ne semble pas prévaloir (V. *Rép.* n° 509. Conf. Demolombe, t. 5, n° 416; Laurent, t. 4, n° 43; Baret, p. 73; Allard, n° 98). Ainsi, il a été jugé que la reconnaissance d'un enfant naturel prédécédé sans laisser de postérité produit tous ses effets au profit du père ou de la mère dont elle émane, et lui donne notamment le droit de succéder à l'enfant, lorsqu'elle a été faite de bonne foi (Poitiers, 27 déc. 1882, aff. Pinault, D. P. 83. 2. 210. Conf. Paris, 6 mai 1876, *suprà*, n° 209). On reconnaît toutefois au juge le droit d'apprécier souverainement les circonstances; ainsi il a été décidé que le juge peut examiner la sincérité de l'acte pour admettre ou repousser la reconnaissance suivant l'existence ou la non-existence de la fraude (Lyon, 26 févr. 1875, *suprà*, n° 209). — L'arrêt de la cour de Florence du 12 janv. 1885 (*suprà*, n° 209), qui repousse le principe d'une pareille reconnaissance, en repousse aussi les conséquences.

211. Il est aussi généralement admis que l'*absence* de l'enfant naturel n'est pas un obstacle à sa reconnaissance (*Rép.* n° 512; Demolombe, t. 5, n° 417; Aubry et Rau, t. 6, § 568, p. 163, note 30; Baret, p. 74).

§ 3. — Formes de la reconnaissance (*Rép.* n°s 513 à 558).

212. « La reconnaissance d'un enfant naturel, dit l'art. 334, sera faite par un acte authentique lorsqu'elle ne l'aura pas été dans son acte de naissance ». La loi a déterminé (C. civ. art. 55 et suiv.) le mode de réception et de rédaction des actes de naissance. Il n'y a donc pas lieu d'insister sur ce point (V. *suprà*, v° *Acte de l'état civil*, n° 65; — *Rép.* eod. v° n°s 243 et suiv.).

213. On a vu au *Rép.*, n°s 523 et suiv., que les officiers publics compétents pour recevoir l'acte authentique, prévu par l'art. 334, sont en première ligne les officiers de l'état-civil et les notaires (V. encore Demolombe, t. 5, n°s 393 et suiv.; Aubry et Rau, t. 6, § 568 *bis*, p. 165 et suiv., et notes 4 et 9; Laurent, t. 4, n°s 45 et suiv.; Baret, p. 75 et suiv.; Allard, n° 119 et 120; Massonié, p. 59 et suiv., 63 et suiv.). Ces derniers ne sont pas tenus de faire mentionner les actes de reconnaissance qu'ils reçoivent en marge de l'acte de naissance de l'enfant; cette disposition de l'art. 62 c. civ. ne s'applique qu'aux officiers de l'état civil (Conf. Demolombe, t. 5, n° 397; Aubry et Rau, t. 6, § 568 *bis*, p. 166, note 8; Laurent, t. 4, n° 53. — *Contrà :* Marcadé, t. 2, art. 334-I).

214. La compétence des officiers de l'état civil et des notaires n'est pas exclusive. Il est, en effet, universellement admis, comme on le verra *infrà*, n° 220, que la validité de la reconnaissance n'est pas subordonnée à son expression dans un acte spécial; elle peut, au contraire, être exprimée d'une manière incidente, mais suffisamment explicite, dans un acte ayant un objet principal différent. Toutefois, malgré l'authenticité qui peut s'attacher à leurs actes, on dénie d'une façon générale toute compétence en matière de réception des actes de reconnaissance aux huissiers, aux greffiers et aux agents et fonctionnaires de l'ordre administratif (*Rép.* n°s 525, 531 et suiv.; Demolombe, t. 5, n°s 401 et suiv.; Aubry et Rau, t. 6, § 568 *bis*, p. 165 et note 2; Baret, p. 76; Massonié, p. 71; Allard, n° 118).

Pareillement, on doit refuser toute compétence analogue aux ministres du culte dont les registres paroissiaux n'ont pas d'authencité et ne sauraient, depuis la loi du 18 germ. an 10, suppléer les registres de l'état civil (Aubry et Rau, t. 6, § 568 *bis*, p. 165, note 3; Demolombe, t. 5, n° 403). — Mais il est généralement admis que les tribunaux judiciaires dans leurs jugements ou par une constatation sur les registres d'audience, les juges-commissaires dans les enquêtes ou les interrogatoires sur faits et articles auxquels ils sont régulièrement commis, les juges d'instruction au cours des informations criminelles, peuvent valablement recevoir des déclarations de reconnaissance d'enfants naturels ou en donner acte; et que les aveux ainsi recueillis judiciairement constituent de véritables actes de reconnaissance (*Rép.* n°s 326 et suiv.; Demolombe, t. 5, n°s 398 et suiv.; Aubry et Rau, t. 6, § 568 *bis*, p. 165, 167 et suiv.; Allard, n° 135; Baret, p. 76; Massonié, p. 65 et suiv. — *Contrà :* Laurent, t. 4, n°s 47 et suiv.). « ...... La doctrine et la jurisprudence, dit ce dernier auteur, admettent que la reconnaissance peut être faite par un aveu judiciaire, constaté dans le procès-verbal d'un juge-commissaire, ou par le greffier sur le registre d'audience. Cela nous paraît très douteux. Loiseau (*Traité des enfants naturels*, p. 457) avoue que les tribunaux sont faits pour vider les procès, et non pour recevoir les actes de l'état civil. Ce qui veut dire que les tribunaux n'ont que la juridiction contentieuse; quant aux actes de la juridiction volontaire, ils ne sont pas de leur compétence. Personne ne s'aviserait de demander que le juge reçoive un acte de donation ou un contrat de mariage. Ce qu'il ne peut faire directement, le peut-il indirectement en constatant un aveu?..... Sans doute, l'aveu judiciaire fait pleine foi contre celui qui l'a fait (art. 1356). Mais suffit-il qu'un acte fasse foi pour qu'il soit authentique dans le sens de l'art. 334? Un acte sous seing privé, reconnu par celui auquel on l'oppose, a la même foi que l'acte authentique (art. 1322) est-ce à dire que la reconnaissance faite sous seing privé soit une reconnaissance authentique?... Le procès-verbal du juge commis ou le registre d'audience feraient foi, à la vérité, de l'aveu, mais cela ne suffit pas pour qu'il y ait acte solennel; la solennité n'est pas requise

---

(1) (Cochet *C.* Bassot.) — La cour; — Considérant que la déclaration faite à l'état civil de la ville de Fougères, en février 1838, conformément à l'art. 56 c. civ., ainsi qu'il appert de l'extrait régulier produit, il résulte que Félicité Bossé serait la fille naturelle de la veuve Cochet; — Qu'aux termes de l'art. 765, la succession de l'enfant naturel, décédé sans postérité, est dévolue au père ou à la mère qui l'a reconnu; — Considérant qu'à la date du 30 juill. 1872, la veuve Cochet a reconnu sa fille naturelle par un acte passé devant notaire; — Considérant que si cette reconnaissance est postérieure au décès de la fille Félicité Bossé, il n'est pas moins certain qu'un tel acte, purement déclaratif, rétroagit au jour même du fait auquel il se réfère, à savoir la naissance et la filiation de l'enfant; — Considérant qu'au procès, ledit acte corrobore celui de l'état civil, du 25 févr. 1838, indicatif de la même filiation; — Que, par voie de conséquence, il est manifeste qu'au moment de son décès la succession de Félicité Bossé s'est ouverte au profit de l'appelante; — Que, dans le silence de la loi, il n'est pas permis de prononcer ici une exclusion qui serait contraire à la règle générale de l'art. 765; — Par ces motifs : — Met l'appellation et ce dont est appel à néant en ce que la veuve Cochet a été déboutée de sa demande avec dépens; — Émendant, décharge l'appelante des dispositions et condamnations contre elle prononcées; — Et statuant par décision nouvelle; — Dit qu'en sa qualité de mère naturelle de Félicité Bossé, par elle reconnue, elle a seule droit à la succession de sa fille décédée, etc.

Du 6 mai 1876.-C. de Paris, 3e ch.-MM. Alexandre, pr.-Hemar, av. gén.-Rendu et Denormande, av.

(2) (Demanio *C.* Masotti. — La cour; — En droit : — Attendu que Demanio s'est pourvu en cassation contre l'arrêt de la cour d'appel de Florence pour fausse application de l'art. 181 c. civ. (art. 332 c. civ. français); que ce texte, d'après le pourvoi, autoriserait la reconnaissance d'un enfant naturel décédé même sans laisser de postérité légitime; que, pour résoudre cette question, il est bon de se pénétrer non seulement du texte définitif de la loi pris dans sa lettre et dans son esprit, mais encore des travaux préparatoires des codes civils français et italien; qu'il résulte de cette étude attentive que, dans la matière spéciale dont il s'agit, le législateur en admettant la reconnaissance des enfants naturels, a entendu s'intéresser à la situation de ces enfants et de leurs descendants et créer entre eux et les auteurs de la reconnaissance des rapports de famille ainsi que certains liens moraux et pécuniaires; — Attendu, en conséquence, que l'objet de la reconnaissance est de procurer aux enfants naturels un état, une famille, le droit à l'éducation et à l'instruction, le nom de leurs

pour la preuve, elle est prescrite pour l'existence de l'acte ».

215. Une controverse s'est élevée en ce qui concerne les juges de paix. Si, pour les autres autorités judiciaires que l'on vient de citer (*suprà*, n° 214), il ne peut pas surgirde difficultés par suite de l'exacte délimitation de leurs fonctions, il est loin d'en être de même des juges de paix dont les attributions sont complexes. C'est pourquoi l'on a voulu restreindre à certains de leurs actes le droit de conférer à la reconnaissance un suffisant caractère d'authencité. Si donc on admet universellement leur compétence quand ils siègent dans leur tribunal, on a objecté que le juge de paix, siégeant comme conciliateur, ne saurait recevoir valablement une reconnaissance, par la raison que son rôle se borne dans ce cas à présider à des transactions entre les parties, et que les principes généraux du droit s'opposent à ce qu'on transige sur l'état des personnes. Mais on peut répondre à cette objection que le juge de paix, siégeant en conciliation, est tenu de dresser des procès-verbaux qui doivent contenir, non seulement les conventions qui sont intervenues entre les parties, mais encore les déclarations de chacune d'elles; or, comme parmi ces déclarations peut se placer une reconnaissance d'enfant naturel, et que les procès-verbaux qui les constituent sont authentiques dans leur intégrité, il y a lieu d'accueillir comme valables les reconnaissances ainsi faites (V. dans ce sens : *Rép.* n°s 529 et suiv. ; Locré, *Législation*, t. 21, p. 252 et suiv., n° 9, § 419, texte *in fine*, note 5 ; Demolombe, t. 5, n° 399 ; Aubry et Rau, t. 6, § 568 *bis*, p. 167, note 12 ; Baret, p. 76 ; Massonié, p. 65). — En résumé, les juges de paix ont qualité pour recevoir compétemment, en tous lieux et en tous cas, les reconnaissances d'enfants naturels, toutes les fois qu'ils sont assistés de leurs greffiers. Quelques auteurs cependant méconnaissent encore leur compétence en dehors des cas précités ou des réunions de conseils de famille, dans la crainte que ces magistrats ne soient, par cette extension absolue de compétence, trop assimilés aux notaires (V. Demolombe, t. 5, n° 400 ; Aubry et Rau, t. 6, § 568 *bis*, p. 167, note 14).

216. Conformément aux principes qui viennent d'être rappelés, il a été jugé : 1° que la reconnaissance d'un enfant naturel peut résulter de tout acte authentique quelconque, et qu'il n'est pas nécessaire que l'acte en soit reçu par un notaire ou par un officier de l'état civil ; que, spécialement, cette reconnaissance est régulièrement constatée devant un juge de paix dans un procès-verbal de non-conciliation énonçant, par exemple, la déclaration faite par une femme de sa maternité (ou de sa grossesse), au sujet de l'action en dommages-intérêts qu'elle se propose d'intenter contre l'individu auquel elle attribue la paternité de l'enfant (Colmar, 25 janv. 1859, aff. Heinty, D. P. 59. 2. 61) ; — 2° Que la reconnaissance d'un enfant naturel, faite dans une déclaration reçue par le magistrat instructeur au cours d'une procédure criminelle se rattachant étroitement aux relations du père et de la mère (dans l'espèce, au cours d'une information suivie, dans un cas de flagrant délit, par un juge de paix), a la force et les effets d'une reconnaissance par acte authentique ; qu'on objecterait vainement que cette reconnaissance, ayant été provoquée par une question du magistrat instructeur, et ayant eu lieu après la prestation du serment, serait le résultat d'une violence morale, si les juges du fond, appréciant souverainement les circonstances et les documents de la cause, ont décidé que l'auteur de la reconnaissance a très librement exprimé sa volonté d'accomplir un acte éminemment moral (Req. 13 juill. 1886, aff. Samaran, D. P. 87. 1. 119) ; — 3° Mais que la reconnaissance ne peut résulter d'un acte d'engagement militaire passé devant le maire, comme *officier administratif*, et auquel aurait concouru la prétendue mère naturelle pour donner son consentement, le maire, en cette qualité d'officier administratif n'étant pas compétent pour recevoir une reconnaissance d'enfant naturel (Limoges, 6 déc. 1886, aff. Borde, D. P. 88. 2. 93. Conf. Nancy, 17 nov. 1877, aff. Grosset, D. P. 79. 1. 15).

217. De ce qui précède il résulte que, sauf la condition absolument exigée d'authenticité, l'acte qui a pour objet de reconnaître un enfant naturel, loin d'être quant à sa validité subordonné à une forme expresse et spéciale, peut, au contraire, revêtir toute espèce de formes. C'est ainsi qu'il est admis qu'une reconnaissance peut être exprimée valablement dans un testament public, fait conformément aux art. 971 et suiv. c. civ. (*Rép.* n° 537 ; Demolombe, t. 5, n° 404 ; Laurent, t. 4, n° 52 ; Aubry et Rau, t. 6, § 568 *bis*, p. 170 ; Allard, n°s 130 et suiv. ; Massonié, p. 76 et suiv. — V. dans ce sens : Paris, 11 août 1866, aff. Fortin, D. P. 66. 2. 168 ; Agen, 27 nov. 1866, aff. Lacuée de Cessac, D. P. 66. 2. 236). — Au contraire, la reconnaissance n'est pas valable si elle est exprimée dans un testament olographe (*Rép.* n° 539 ; Aubry et Rau, t. 6, § 568 *bis*, p. 169 note 19; Laurent, t. 4, n° 52; Allard, n°s 128 et suiv.; Massonnié. p. 77). Sans que les autres dispositions d'un tel testament en reçoivent aucune atteinte, la clause relative à la reconnaissance qui s'y trouve renfermée est considérée comme non écrite (*Rép.* n° 540. Comp. *infrà*, n° 222). Il a été jugé, à ce sujet, qu'une déclaration de paternité consignée dans un testament olographe ne peut valoir comme reconnaissance d'un enfant naturel, une telle reconnaissance ne pouvant être faite que par acte authentique (Paris, 11 août 1866, aff. Fortin, D. P. 66. 2. 235. Conf. Alger, 4 juin 1857, aff. A..., D. P. 57. 2. 172 ; Aix, 7 juin 1860, aff. Cahen, D. P. 62. 2. 61 ; Bordeaux, 30 avr. 1861, aff. Abadie, D. P. 61. 2. 215; Req. 18 mars 1862, aff. Abadie, D. P. 62. 1. 284 ; Agen, 27 nov. 1866, aff. Lacuée de Cessac, D. P. 66. 2. 235). Mais cette reconnaissance, quoique nulle relativement à la filiation, peut, suivant les circonstances et eu égard aux termes du testament, produire, en faveur de l'enfant auquel elle s'applique, l'effet d'un legs de la portion de biens afférente à la qualité d'enfant naturel reconnu ; il en est ainsi, spécialement, lorsqu'il résulte de l'ensemble des faits comme des clauses du testament, que c'est surtout en vue de l'enfant, objet de la reconnaissance, que le testateur a disposé, et que, dans la pensée de celui-ci, l'attribution d'une part dans sa succession était indépendante de la qualité qu'il entendait

---

auteurs, et aussi la vocation à la succession totale ou partielle de ces derniers; que toute reconnaissance qui ne remplirait pas ces conditions et ne procurerait pas à l'enfant en faveur de qui elle est intervenue et à ses enfants ces divers avantages, ne répondrait aucunement à l'esprit de la loi; — Attendu qu'on ne saurait arguer du silence de l'art. 181 sous ce rapport; que la défense de reconnaître un enfant naturel décédé sans postérité est implicitement contenue dans l'ensemble des règles relatives à cette matière, si elle n'est pas expressément mentionnée dans ledit article; qu'une pareille reconnaissance est tout à fait contraire au but poursuivi par le législateur qui n'a voulu se préoccuper que des enfants et de la pitié qui leur est due en autorisant, sous certaines conditions, l'aveu de relations coupables et en reconnaissant à ces relations certains effets juridiques; que, en dehors de là, l'intérêt de la société qui prime tout s'oppose à ces aveux contraires à la morale publique et à l'honorabilité des familles; — Attendu sans doute qu'au regard des parents la reconnaissance des enfants naturels produit certains effets de faveur, tels que des droits alimentaires (art. 187) et successoraux (art. 750) ; mais que ces droits sont étroitement liés aux seules reconnaissances qui peuvent également avoir effet au profit des enfants, qu'ils en découlent et ne valent qu'à titre de réciprocité; que sans cela la reconnaissance serait illusoire et deviendrait, au lieu de l'acte autorisé en faveur des enfants, un acte fait par les parents dans un but de lucre égoïste; qu'elle perdrait ainsi son caractère réel et jusqu'à son nom même, puisque, les enfants étant décédés, il ne s'agirait plus véritablement d'une reconnaissance d'enfants, mais bien plutôt d'un aveu de paternité ou de maternité; que l'intention du législateur serait en conséquence violée; qu'au surplus il doit y avoir réciprocité entre les parents et les enfants sous le rapport des droits et avantages qui doivent être considérés comme le juste prix des obligations nées d'une reconnaissance efficace et réelle; mais que la loi n'autorise pas les parents à profiter de la reconnaissance, si l'enfant qui en est l'objet ne peut pas en profiter de son côté; qu'il est inadmissible d'admettre à la succession d'un enfant des parents qui l'ont abandonné jusqu'à sa mort et l'ont ainsi empêché d'avoir des droits sur eux et sur leur succession ; que cela serait plus immoral et plus injuste encore en faveur du père qui voudrait sitôt après la mort de son fils le reconnaître pour être admis à lui succéder, alors que, de son vivant, il a su profiter des dispositions de la loi qui prohibent la recherche de la paternité pour éviter les charges qui lui auraient été imposées.

Du 12 janv. 1885.-C. cass. de Florence.-MM. Vigliani, 1er prés.-Martucci, rap.-Trecci, minist. publ.-Busuvicini et Allegretti, av.

conférer à cet enfant (Alger, 4 juin 1857, aff. A..., D. P. 57. 2. 172). Toutefois, s'il résulte des dispositions du testament que les libéralités faites à cet enfant ont eu pour cause déterminante et unique la conviction du testateur que le légataire était son enfant naturel, les libéralités doivent être annulées pour ce qui excède la portion que la loi permet aux père et mère naturels de donner à leurs enfants (Paris, 11 août 1866, aff. Fortin, D. P. 66. 2. 168). Encore faut-il, pour que cette portion de biens soit transmise à l'enfant, qu'il existe une disposition expresse à cet effet dans le testament (Aix, 7 juin 1860, aff. Cahen, D. P. 62. 2. 61).

218. Le testament mystique, pas plus que le testament olographe, ainsi qu'on l'a vu au *Rép.* n° 541, ne peut contenir de reconnaissance valable (Conf. Aubry et Rau, t. 6, § 568 *bis*, p. 169, note 20; Laurent, t. 4, n° 52; Massonié, p. 78). L'écrit qui dans ce cas mentionne la reconnaissance ne saurait participer de l'authenticité de l'acte de souscription; la loi exige en effet que l'aveu, pour être authentique, soit fait en présence de l'officier public, et il n'en serait ainsi que si l'acte de suscription relatait la teneur du testament, au moins en ce qui concerne la reconnaissance (Aubry et Rau, t. 6, § 568 *bis*, p. 170; Massonié, p. 78); sinon, la sincérité d'une telle reconnaissance pourrait être contestée par une simple dénégation d'écriture ou de signature, ce qui est inadmissible (*Rép.* n° 542; Laurent, t. 4, n° 49).

219. La reconnaissance peut intervenir dans le contrat de mariage des père et mère de l'enfant, acte essentiellement authentique (Grenoble, 6 août 1861, aff. Romain-Théodore G..., D. P. 61. 2. 207). Elle résulte également de l'acte de mariage dans lequel un individu a pris la qualité de fils naturel de telle personne désignée, alors que celle-ci a assisté audit acte pour donner son consentement au mariage (Civ. cass. 3 avr. 1872, aff. Miquel, D. P. 72. 1. 113. — V. dans le même sens: Dijon, 2 juill. 1868, aff. Meyer, D. P. 69. 2. 91; Paris, 23 mai 1873, aff. Gallopin, D. P. 74. 2. 87; Paris, 22 juin 1872, aff. Lobel, D. P. 73. 2. 64; Civ. rej. 25 juin 1877, aff. Lambert, D. P. 78. 1. 262; Pau, 2 juill. 1885, aff. Carrau, D. P. 86. 2. 165; Amiens, 26 nov. 1891, aff. Ebroussard, D. P. 92. 2. 245).

Il a été jugé qu'un acte de vente notarié, dans lequel l'une des parties a laissé désigner l'autre partie sous son nom, n'a aucune valeur en tant que reconnaissance d'enfant naturel, quand bien même il serait appuyé par la possession d'état (Req. 16 déc. 1861, aff. Hénault, D. P. 62. 1. 29).

220. Conformément à ce qui a été dit au *Rép.* n° 543, il a été décidé que la reconnaissance d'un enfant naturel peut être faite dans un acte authentique qui a un autre objet principal (Comp. *suprà*, n° 214), et sans qu'il y ait à distinguer si elle est formulée en termes dispositifs ou en termes énonciatifs; que, spécialement, la donatrice qui, dans l'acte de donation, attribue la qualité de petite-fille à la donataire, dont elle dénomme le père et la mère, reconnaît virtuellement la mère dénommée comme étant sa fille naturelle, alors qu'elle la désigne sous le nom de famille qui est le sien propre (Req. 24 janv. 1888, aff. Monot, D. P. 88. 1. 302. Conf. Aubry et Rau, t. 6, § 568 *bis*, p. 171; Massonié, p. 79 et suiv. — *Contrà*: Laurent, t. 4, n°s 54 et suiv.).

221. On a dit au *Rép.* n° 547 que les actes constitutifs de reconnaissance doivent être interprétés de bonne foi et que la validité n'en saurait être infirmée par les irrégularités ou les omissions légères que l'on pourrait y relever. Il suffit que les clauses d'où l'on veut induire la volonté de reconnaître soient claires et précises et fassent nettement ressortir cette volonté. On a vu une volonté nettement exprimée de reconnaître un enfant naturel dans la déclaration, faite par un individu dans un acte de naissance, que l'enfant auquel s'applique cet acte est né d'une femme qu'il désigne mensongèrement comme son épouse, et qui, dans la réalité, n'est que sa concubine; c'est à bon droit que l'on a induit de cette déclaration une reconnaissance de paternité naturelle (Metz, 8 août 1855, aff. Roiret, D. P. 57. 2. 34. Conf. Dijon, 28 févr. 1873, *infrà*, n° 230). Et la mère ni l'enfant surtout ne peuvent contester cette reconnaissance, alors que celui-ci a toujours été connu sous le nom du déclarant, et a été inscrit sous ce nom sur le tableau de recrutement, d'après sa demande et les indications par lui fournies (Même arrêt).

222. L'obligation pour l'auteur de la reconnaissance de recourir à la forme authentique entraîne naturellement la nullité absolue d'une reconnaissance par acte sous seing privé, en quelques termes et de quelque façon que cet acte soit rédigé (V. dans ce sens, *Rép.* n°s 548 et suiv.; Aubry et Rau, t. 6, § 568 *bis*, p. 178 et suiv.; Laurent, t. 4, n° 49; Massonié, p. 72). Un acte sous seing privé ne pourrait valoir comme reconnaissance d'enfant naturel que s'il était déposé chez un notaire, avec réquisition adressée à cet officier public de le mettre au nombre de ses minutes, et à la condition que l'acte de dépôt dressé contînt la copie, ou au moins une relation explicite, des termes de l'acte déposé relatifs à la reconnaissance (V. Aubry et Rau, t. 6, § 568 *bis*, p. 170). Un simple acte de dépôt, non accompagné des formalités susmentionnées, ne vaudrait pas (V. Aubry et Rau, *ibid.*, note 21; Laurent, t. 4, n° 50). Cela revient à dire que l'acte sous seing privé n'a aucune valeur, au point de vue de la reconnaissance, si ce n'est lorsqu'il revêt, par l'accomplissement d'une véritable transformation, un caractère authentique. Il a été jugé que la reconnaissance ne résulte pas de l'écrit sous signature privée par lequel une femme a donné son consentement à l'engagement militaire d'un enfant naturel en désignant ce dernier comme son fils, et qu'il importe peu que cet écrit ait été annexé à l'acte d'engagement reçu par le maire, alors qu'il n'est ni visé ni énoncé dans ledit acte, auquel la prétendue mère n'a d'ailleurs pas concouru (Req. 23 juill. 1878, aff. Grosset, D. P. 79. 1. 15). On a vu *suprà*, n° 216, qu'un acte d'engagement militaire, même reçu par un maire, n'a pas le caractère d'authenticité exigé par la loi en matière de reconnaissance, le maire agissant ici en tant que fonctionnaire de l'ordre administratif; en conséquence, la seule conclusion à tirer de l'arrêt précité est que la reconnaissance serait nulle, même si l'acte, auquel le sous seing privé a été annexé, était lui-même authentique dans le sens de la loi. La reconnaissance en effet pourrait bien acquérir ainsi date certaine, conformément à l'art. 1328 c. civ., mais l'écrit qui la constate ne saurait être transformé par ce moyen.

223. La reconnaissance d'un enfant naturel peut faire l'objet d'un mandat, et avoir lieu, en conséquence, par procuration. Le pouvoir doit être authentique comme la reconnaissance, et de plus, il doit être spécial (V. *Rép.* n°s 551 et suiv.; Aubry et Rau, t. 6, § 568 *bis*, p. 169; Laurent, t. 4, n°s 51 et 57; Allard, n°s 100 et suiv.; Baret, p. 67; Massonié, p. 82 et suiv.; Laurent, t. 4, n° 51). Il a été jugé, sur ce point: 1° que la reconnaissance d'un enfant naturel peut être faite par un mandataire agissant en vertu d'une procuration à la fois spéciale et authentique (Aix, 30 mai 1866, aff. Aguillon, D. P. 66. 2. 201, et sur pourvoi., Civ. cass. 12 févr. 1868, D. P. 68. 1. 60; Grenoble, 24 juin 1869, même affaire, D. P. 69. 2. 207); — 2° Qu'une procuration, donnée à l'effet de reconnaître un enfant naturel, ne peut être considérée comme valable, lorsqu'elle n'a été rédigée qu'en brevet (Bourges, 6 juin 1860, aff. Chevrier, D. P. 61. 2. 9).

224. L'un des arrêts cités *suprà*, n° 223 (Aix, 30 mai 1866) avait décidé qu'on doit considérer comme suffisamment spéciale la procuration dans laquelle il est expressément déclaré que la mère de l'enfant à naître, qui doit être reconnu, a été confidentiellement désignée au mandataire (V. la note de M. Mourlon sur cet arrêt, D. P. 66. 2. 201). Mais la cour de cassation, et après elle la cour de renvoi, ont décidé que, lorsqu'il s'agit de la reconnaissance d'un enfant naturel qui n'est encore que conçu, le mandat notarié ne satisfait à la double condition d'authenticité et de spécialité qu'autant qu'il contient la désignation précise de l'enfant par l'indication de la personne enceinte des œuvres du mandant, et qu'il ne suffirait pas d'une désignation exprimée en dehors de la procuration par une simple communication verbale faite confidentiellement par le mandant au mandataire (Civ. cass. 12 févr. 1868, cité *suprà*, n° 223. V. la consultation de MM. Demolombe et Feugerolle sous cet arrêt, D. P. 68. 1. 60. Conf. Aubry et Rau, t. 6, § 568 *bis*, p. 169; Laurent, t. 4, n° 57; Allard, n°s 100 et suiv.; Baret, p. 67; Massonié, p. 84 et suiv.; Grenoble, 24 juin

1869, cité *suprà* nº 223). Il a été jugé encore que la reconnaissance d'un enfant naturel peut résulter d'une procuration authentique par laquelle la mère a déclaré consentir au mariage de son enfant (Paris, 22 juin 1872, aff. Lobel, D. P. 73. 2. 64).

225. De ce que la procuration doit être authentique et spéciale, il suit qu'elle ne peut être suppléée d'aucune manière, et que, notamment, on ne peut considérer comme un mandat suffisant, à l'effet de reconnaître un enfant naturel, la désignation de la mère dans l'acte de naissance par l'une des personnes énumérées dans l'art. 56 c. civ. comme ayant qualité pour déclarer légalement l'accouchement, et cela quand bien même la mère aurait donné son consentement à cet effet, ou aurait ratifié par son aveu postérieur cette désignation. Il a été jugé, spécialement, en ce sens, que la reconnaissance par la mère d'un enfant naturel ne saurait résulter de la déclaration de naissance faite par la sage-femme qui a procédé à l'accouchement (Paris, 11 juin 1891, aff. Marie Regnault, D. P. 92. 2. 533).

226. Il en serait ainsi à plus forte raison si les déclarants étaient des tiers quelconques dépourvus de toute espèce de mandat. L'indication du nom de la mère dans un acte de naissance rédigé en l'absence de celle-ci et sans qu'elle y ait concouru ou adhéré par un fondé de pouvoirs, n'emporte point reconnaissance de l'enfant par la mère et ne constitue pas même un commencement de preuve par écrit dans le sens de l'art. 323 c. civ. (Grenoble, 26 déc. 1867, aff. Bontoux, D. P. 68. 2. 112). De même, lorsque la mère est indiquée dans l'acte de naissance d'un enfant naturel, non par le père demeuré inconnu, mais par deux témoins étrangers déclarant l'accouchement, l'enfant n'est admis à former contre elle qu'une action en recherche de la maternité, à la charge de rapporter un commencement de preuve par écrit de son identité avec l'enfant dont la mère désignée est accouchée (Req. 13 avr. 1864, aff. Ledoux, D. P. 64. 1. 249). De même encore il a été jugé que la filiation maternelle ne saurait être établie par l'acte de naissance d'un enfant dans lequel la mère est désignée sur l'indication de tiers n'ayant aucun mandat spécial à cet effet (Rouen, 23 juill. 1862, *infrà*, nº 277). C'est à tort que certains arrêts se sont prononcés en sens contraire et ont vu une procuration suffisamment authentique et spéciale pour exprimer une reconnaissance d'enfant naturel dans la mission imposée par la loi à certaines personnes dans l'art. 56 susvisé (V. dans ce dernier sens : Dijon, 2 juill. 1868, aff. Meyer, D. P. 69. 2. 91; 28 févr. 1873, *infrà*, nº 230. — V. au surplus sur ce point ce qui sera dit au sujet de l'art. 336, *infrà*, nº 233, et de l'art. 341, *infrà*, nº 269).

227. Conformément aux règles générales du mandat, la procuration à l'effet de reconnaître un enfant naturel peut toujours être révoquée par celui de qui elle émane, tant que le mandat n'a pas reçu son exécution. C'est ce qui a été jugé par un arrêt aux termes duquel le mandat de reconnaître un enfant naturel ne peut être considéré comme exécuté par cela seul que la procuration a été déposée par le mandataire entre les mains de l'officier de l'état civil, alors que ce dépôt n'a été accompagné ni suivi d'aucune réquisition d'avoir à procéder à l'accomplissement des formalités que prescrit l'art. 62 c. civ. (Bourges, 6 juin 1860, aff. Chevrier, D. P. 61. 2. 9). — Est-ce à dire que le mandat aurait été exécuté et par suite la reconnaissance accomplie si le mandataire avait fait sommation à l'officier de l'état civil d'inscrire l'acte de reconnaissance en marge de l'acte de naissance? On pourrait l'induire des termes de cet arrêt; mais cette solution serait très contestable. — On verra, *infrà*, nº 261, les conséquences que peut entraîner, au point de vue de la responsabilité civile, la révocation d'un tel mandat.

228. Des termes de l'art. 336 résulte une exception aux principes qui viennent d'être posés, en ce qui concerne la double nécessité, pour l'auteur de la reconnaissance, d'exprimer sa volonté personnellement ou, ce qui revient au même, par l'intermédiaire d'un mandataire spécial, et de recourir à la forme authentique. Cette exception existe au regard de la mère, lorsque la reconnaissance émane du père lui-même. L'aveu de la mère suffit à donner pleine force, vis-à-vis d'elle, à la reconnaissance faite par le père, dans laquelle elle est nommément indiquée. Cette interprétation de l'art. 336 est unanimement admise par les auteurs (V. *Rép.* nºs 554 et suiv. ; Laurent, t. 4, nºs 27 et suiv. ; Aubry et Rau, t. 6, § 568 *bis*, p. 171, note 27; Allard, nº 114; Massonié, p. 94 et suiv.). Elle est également consacrée par la jurisprudence. Il a été jugé : 1º que la reconnaissance d'un enfant naturel, faite par le père dans l'acte de naissance de l'enfant avec l'indication et l'aveu de la mère, vaut reconnaissance de la part de celle-ci (Req. 13 avr. 1864, aff. Ledoux, D. P. 64. 1. 249 ; Trib. civ. Seine, 18 mai 1865, aff. Marie L..., D. P. 66. 3. 24 ; Req. 26 mars 1866, *suprà*, nº 190; Civ. cass. 30 nov. 1868, aff. Catala, D. P. 69. 1. 21 ; 21 août 1871, aff. Jérôme, sol. impl. D. P. 71. 1. 143 ; Dijon, 28 févr. 1873, *infrà*, nº 230; Bordeaux, 27 août 1877, aff. Courbin, D. P. 78. 2. 193) ; — 2º Que la désignation de la mère naturelle, dans l'acte de naissance, par l'homme qui se déclare le père de l'enfant, a généralement pour effet de donner à tout aveu de la mère, dans quelque forme et à quelque époque qu'il se produise, la valeur d'une reconnaissance légale de paternité (Civ. rej. 25 juin 1877, aff. Lambert, D. P. 78. 1. 262. V. aussi (C. cass. de Belgique, 6 juill. 1888, aff. Fraikin, D. P. 89. 2. 236).

229. En est-il ainsi même lorsque la déclaration de paternité est nulle, comme s'appliquant à un enfant adultérin ? Un arrêt de la chambre des requêtes du 7 janv. 1852, cité au *Rép.*, nº 555, avait adopté l'affirmative, qui est soutenue par certains auteurs (V. Aubry et Rau, t. 6, § 568 *bis*, p. 172, note 28; Massonié, p. 103 et suiv.). Mais il a été décidé, depuis : 1º que la reconnaissance d'un enfant naturel, faite dans l'acte de naissance par le père, avec l'indication de l'aveu de la mère, ne prouve pas la maternité de celle-ci lorsque cette reconnaissance est nulle, quant au père, pour cause d'adultérinité (Civ. cass. 21 août 1871, aff. Jérôme, D. P. 71. 1. 143. V. dans le même sens Civ. rej. 25 juin 1877, aff. Lambert, D. P. 78. 1. 262. V. *infrà*, nº 271) ; — 2º Que la reconnaissance résultant de l'indication, dans l'acte de mariage d'un enfant naturel, de sa filiation à l'égard de ses père et mère intervenus à l'acte, est sans effet même à l'égard de la mère, s'il est établi que le père, au moment de la conception de l'enfant, était marié avec une autre femme ; en effet, lorsque « la reconnaissance du père est frappée d'inefficacité, l'indication de la mère doit disparaître avec elle » (Même arrêt du 25 juin 1877).

230. L'aveu de la mère, lorsqu'il est joint à l'indication de celle-ci par le père qui reconnaît l'enfant, n'est soumis, pour valoir reconnaissance, à aucune forme particulière; il peut, non seulement résulter d'un acte sous seing privé, mais encore être tacite (V. *Rép.* nºs 554 et suiv. ; Aubry et Rau, t. 6, § 568 *bis*, p. 171, note 27 ; Laurent, t. 4, nºs 27 et suiv.; Allard, nº 114 ; Massonié, p. 102). Il a été jugé : 1º que cet aveu peut résulter des faits et circonstances, et notamment des soins que la mère a donnés à l'enfant (Civ. cass. 30 nov. 1868, aff. Catala, D. P. 69. 1. 21. Conf. Trib. civ. Seine, aff. Marie L..., D. P. 66. 3. 24) ; — 2º Qu'il peut, sans aucune condition de temps et de forme, s'induire de faits émanés de la mère ne laissant aucun doute sur son intention (Req. 26 mars 1866, *suprà*, nº 190), ainsi que des circonstances témoignant un consentement absolu et constant, et cela quand bien même le père aurait mensongèrement déclaré la mère dans l'acte de naissance comme sa femme légitime (Dijon, 28 févr. 1873) (1) ; — 3º Que l'aveu

(1) (Héritiers Charles C. Charles.) — La cour ; — Considérant que Jacques-Nicolas Charles étant décédé à Bricon le 21 mars 1870, René Charles et les consorts Paris, agissant, le premier comme frère naturel reconnu, et les autres comme représentant Eucher-Xavier Paris-Charles, leur père, aussi frère naturel reconnu dudit Nicolas Charles, ont formé, tant contre sa veuve, Anne-Julie Duniat, que contre deux autres enfants de Paris-Charles, les consorts Lesaint et Vallier-Paris, une demande en liquidation et partage de sa succession, ainsi que de la communauté de biens ayant existé entre lesdits époux Charles-Duniat ; — Qu'en défense à cette demande la veuve Charles a contesté à René Charles et aux enfants d'Eucher-Xavier Paris-Charles la qualité d'héritiers de son mari, en ce qu'il n'existait entre eux et celui-ci aucun lien de parenté légale, et que la parenté naturelle par eux invoquée n'était établie par aucune reconnaissance de la nommée Jeanne Charles, qu'ils prétendaient être la mère des trois frères ci-dessus désignés; — Que, par jugement du 14 févr. 1872, le tribunal de Chaumont ayant déclaré les demandeurs non

de la mère peut s'induire de ce qu'elle a constamment élevé et traité comme son fils l'enfant reconnu par le père, notamment pendant le temps qui s'est écoulé entre la naissance de cet enfant et le mariage qu'elle a contracté avec le père (Bordeaux, 27 août 1877, aff. Courbin, D. P. 78. 2. 193. Conf. C. cass. de Belgique, 6 juill. 1888, aff. Fraikin, D. P. 89. 2. 236). — Un arrêt a décidé, contrairement à l'opinion généralement adoptée tant en doctrine qu'en jurisprudence, que l'aveu exigé de la mère qui a été désignée par le père dans l'acte de reconnaissance d'un enfant naturel, doit, pour que cette reconnaissance ait à son égard l'effet d'établir la maternité, consister dans un acte volontaire qui puisse équivaloir à la reconnaissance authentique prescrite par l'art. 334 c. civ; qu'il ne saurait résulter de faits et de circonstances prouvant que l'enfant naturel a joui, quant à la mère, d'une possession d'état conforme à son acte de naissance (Paris, 24 févr. 1868, aff. Jérôme, D. P. 71. 1. 143). Cette décision est isolée.

231. Au surplus, l'appréciation des faits constitutifs de l'aveu émané de la mère appartient souverainement aux juges du fond. Il a été jugé qu'il appartient aux tribunaux de rechercher, dans toutes les circonstances de la cause, la preuve de l'aveu de la mère, et d'apprécier ces circonstances au point de vue de la suffisance de l'aveu (C. cass. de Belgique, 6 juill. 1888, aff. Fraikin, D. P. 89. 2. 236. V. dans le même sens Req. 26 mars 1866, *suprà*, n° 190); et, spécialement de déclarer qu'un enfant naturel, reconnu dans son acte de naissance par son père, avec indication du nom de sa mère, a été légitimé par leur mariage subséquent, bien que cette légitimation ne soit pas énoncée dans leur acte de mariage, lorsque toutes les circonstances qui ont suivi la déclaration de naissance démontrent qu'il y a eu, de la part de la mère, aveu de maternité ratifiant, en ce qui la concerne, la déclaration authentique de reconnaissance faite par le père; qu'on ne saurait prétendre que cette décision a admis la preuve de la filiation d'un enfant naturel par simple possession d'état, en dehors des conditions prévues par la loi, alors qu'elle n'a considéré la manière dont l'enfant a été traité par ses père et mère que comme un des éléments de fait tendant à établir l'existence de l'aveu de maternité, nécessaire pour constituer la reconnaissance de la mère (Mêmes arrêts).

232. L'aveu de la mère, n'étant soumis à aucun mode spécial de preuve, peut être établi par témoins ou par présomption (Req. 13 avr. 1864, aff. Ledoux, D. P. 64. 1. 249).

233. L'exception résultant de l'art. 336 est de droit étroit, comme toutes les exceptions, et ne saurait être étendue. Il en résulte que l'indication de la mère dans l'acte de naissance d'un enfant naturel ne vaut comme reconnaissance, lorsqu'elle est suivie de son aveu, qu'autant que cette indication émane du père, et du père seul. Faite par toute autre personne, même par l'une de celles désignées dans l'art. 56 c. civ., cette indication ne peut être

---

recevables dans leur action, il s'agit de statuer sur l'appel qu'ils ont interjeté; — Considérant, en droit, que si les enfants naturels doivent être reconnus par un acte authentique, c'est lorsqu'ils ne l'ont point été dans leur acte de naissance (art. 334 c. civ.); — Que cette reconnaissance, à l'égard de la mère, résulte suffisamment de l'indication de celle-ci, faite, de son aveu, soit par le père de l'enfant (art. 336 du même code), soit par toutes autres personnes ayant légalement mission de déclarer l'accouchement auquel elles ont assisté, notamment par la mère de l'accouchée, alors que sa fille est domiciliée chez elle (art. 56 et 57); — Que, d'une part, en effet, la preuve de la filiation naturelle ne peut être contestée sous le rapport de son efficacité légale, les registres de l'état civil faisant foi des déclarations faites à l'officier public par les personnes et dans les conditions déterminées par la loi, sous la sanction des peines édictées pour en assurer l'accomplissement et la sincérité; — Que, d'autre part, l'aveu de la mère, que l'indication émane du père, ou, à défaut du père, des personnes ayant mission de constater le fait dont elles sont appelées à rendre témoignage, donne à cette indication toute la valeur d'une reconnaissance; — Que, loin de contrarier cette doctrine, l'art. 341, qui régit exclusivement le cas où l'identité est contestée, ce qui n'a pas lieu dans l'espèce, vient au contraire la confirmer; — Que, complément de l'acte auquel il s'identifie, l'aveu de la mère ou son consentement n'ayant été soumis par la loi à aucun mode spécial de manifestation, à aucune condition particulière de forme ou de temps, peut s'induire de toutes les circonstances qui prouvent dès l'origine l'adhésion personnelle de la mère et sa volonté persévérante; — Qu'en conformité de ces principes, il y a lieu de rechercher, en fait, si les trois actes de naissance produits dans la cause par les appelants répondent aux conditions ci-dessus énoncées, au double point de vue de la régularité des déclarations et indications qu'ils contiennent et du consentement ou de l'adhésion qui y aurait été donnée par la femme à laquelle sont attribués les trois enfants dont s'agit; — Considérant que ces actes, inscrits sur les registres de l'état civil des communes de Tanlay, Cour-l'Évêque et Coupray, aux dates des 1er vent. an 11, 25 juill. 1806, 25 juill. 1809, constatent les naissances d'Eucher-Xavier, de Jacques-Nicolas et de René, le premier sur la déclaration du père lui-même d'Eucher-Xavier, et les deux autres sur celle de la propre mère de l'accouchée, Claudine ou Claudette Charles, chez laquelle elle demeurait, et que Jeanne Charles y a été indiquée comme étant la mère de ces trois enfants; — Qu'il faut donc reconnaître que, dans chacun de ces actes, la déclaration de la naissance et l'indication pour chaque enfant d'une même mère, Jeanne Charles, ont été faites par des personnes qui avaient légalement mission de les faire; — Que cette circonstance, la qualité des déclarants, leurs intimes rapports avec l'accouchée, enfin tous les documents de la cause, prouvent jusqu'à l'évidence qu'elles ont eu lieu avec l'autorisation et de l'aveu de celle-ci; — Qu'il est d'ailleurs constant au procès, sans que la cour admette la possession d'état en matière de filiation naturelle, que Jeanne Charles a nourri, entretenu et élevé les trois enfants ci-dessus nommés comme ses propres fils; — Que ses soins journaliers et la cohabitation commune qui se sont continués jusqu'à son décès démontrent surabondamment qu'elle avait entièrement reconnu sa maternité, avec les charges et les obligations qui en étaient la conséquence; — Qu'à ces faits personnels à la mère et confirmatifs de son aveu viennent s'en joindre d'autres qui, bien qu'ils n'aient pas le même caractère n'étant pas émanés d'elle, n'en ont pas moins une signification et une portée dont la cour doit tenir compte; — Qu'il appert, en effet, des pièces versées dans la cause qu'après le décès de Jeanne Charles, *ses trois fils*, encore mineurs, ont recueilli sa succession, à l'exclusion de Claudine Charles, mère naturelle de Jeanne, sous le contrôle du fisc et l'autorité de la justice, avec l'assistance d'un conseil de famille composé par les soins du juge de paix d'Arc-en-Barrois, et d'une tutelle qui leur fut donnée sous la présidence de ce magistrat; — Qu'il en résulte encore que pendant la vie de Jacques-Nicolas Charles, décédé à l'âge de soixante-quatre ans, sa parenté avec ses deux frères s'est affirmée dans divers actes authentiques, notamment : à la date du 18 juin 1831, dans un acte notarié passé entre Eucher-Xavier Paris, Jacques Charles et René Charles, qualifiés *frères* dans l'acte et la procuration annexée, ledit acte contenant licitation d'une maison qu'ils avaient recueillie dans *la succession de Jeanne Charles, leur mère*; — Le 5 janv. 1868, dans l'acte de baptême d'un enfant de René Charles, où figure comme parrain Jacques Charles, « *oncle* de l'enfant *du côté paternel* »; — Le 29 mars 1841, dans l'acte de mariage de Jacques-Nicolas Charles avec Anne-Julie Duniat elle-même, contracté en présence d'Eucher-Xavier Paris, témoin instrumentaire, qualifié *frère de l'époux*; — Enfin dans l'inventaire dressé le 6 juin 1870, après le décès de Jacques-Nicolas Charles, et contradictoirement avec sa veuve, qui a ainsi reconnu deux fois la qualité des appelants; — En ce qui concerne spécialement Eucher-Xavier Paris; — Attendu qu'il importe peu que son acte de naissance le qualifie « fils de Claude Paris et de Jeanne Charles, *son épouse légitime* »; — Qu'alors même qu'il devrait être considéré comme fils légitime de Jeanne Charles, ce que la cour n'a point à rechercher quant à présent, l'action intentée par ses héritiers n'en serait pas moins recevable au regard de l'intimée, puisque dans tous les cas il exclurait celle-ci de l'hérédité en sa qualité de frère légitime ou naturel de Jacques-Nicolas Charles; — Qu'au surplus cette énonciation, contraire à la vérité des faits, n'enlèverait à l'aveu de la mère, manifesté par des actes précis et non interrompus, ni sa certitude ni son autorité; — Que vainement encore est-il objecté par l'intimée que l'action en recherche de maternité étant intransmissible, ne passe point aux héritiers de l'enfant naturel; — Qu'en tout cas elle devrait être rejetée comme tardive, par application de l'art. 329 c. civ.; — Qu'il ne s'agit point dans la cause d'une action en recherche de maternité; — Qu'en fait l'*identité* des frères de Jacques-Nicolas Charles n'est pas contestée, mais seulement leur filiation ou la *qualité* de frères naturels de celui-ci; — Que c'est en réponse à cette contestation, unique objet du litige, que les appelants opposent la reconnaissance par Jeanne Charles de ses trois fils naturels, reconnaissance résultant des déclarations de leur acte de naissance faites, de l'aveu de leur mère, par personnes compétentes et dans les formes légales; — Que le droit qu'ils exercent ne peut donc se confondre avec la réclamation d'un état qu'ils n'ont point à rechercher, puisqu'il leur est valablement acquis; — Qu'il y a lieu, dès lors, d'infirmer la sentence des premiers juges; — Sur la demande en liquidation et partage; — Qu'aux termes de l'art. 815 c. civ., nul n'est tenu de demeurer dans l'indivision; — Par ces motifs, etc.

Du 28 févr. 1873.-C. de Dijon, 1re ch.-MM. Neveu-Lemaire, 1er pr.-Proust, 1er av. gén.-Ally et Lombart, av.

d'aucun effet, si ce n'est selon les termes de l'art. 341, ainsi qu'on le verra *infrà*, n° 270 au sujet de la recherche de la maternité, à moins que ces personnes n'aient été investies d'une procuration authentique et spéciale, comme il a été dit, *suprà*, n° 223. Il a été jugé, à ce sujet, que l'art. 336 c. civ., duquel il résulte que l'indication de la mère dans l'acte de naissance d'un enfant naturel emporte reconnaissance, de la part de la femme ainsi désignée, ne s'applique qu'au cas où cette indication émane du père, et trouve par là sa garantie dans la reconnaissance que lui-même a faite de l'enfant (Req. 13 avr. 1863, aff. Ledoux, D. P. 64. 1. 249).

234. Un arrêt a admis comme légale, dans une espèce particulière, une reconnaissance de maternité naturelle qui n'était cependant établie juridiquement en aucune manière. Il a jugé que la maternité de la femme qui, dans l'acte de naissance d'un enfant naturel, a été désignée comme la mère, doit être tenue pour constante et reconnue par elle-même s'il est établi que cette femme, qui avait déclaré sa grossesse au maire de la commune, est effectivement accouchée le jour où l'acte a été dressé, et que, depuis cette époque jusqu'au décès de l'enfant, arrivé à l'âge de douze ans, elle n'a cessé de lui donner des soins et de le traiter en tout comme son enfant naturel; que, dans ce cas, la désignation contenue dans l'acte doit être réputée faite de son aveu (Orléans, 18 févr. 1858, aff. Flory, D. P. 58. 2. 113). Cette décision est difficile à justifier en droit: l'art. 336 n'était pas applicable dans l'espèce, la désignation de la mère ayant été faite dans l'acte de naissance, non par le père, mais par des tiers; les art. 334 et 341 ne l'étaient pas davantage, les conditions exigées par ces textes n'étant pas remplies. Dans ces circonstances la reconnaissance n'était évidemment pas régulière, et la décision de la cour d'Orléans repose uniquement sur des considérations d'équité.

235. On a examiné au *Rép.* n° 557, la controverse qui s'est élevée sur le mode de preuve exigé dans le cas où l'identité de l'enfant auquel s'applique la reconnaissance avec celui qui en réclame le bénéfice est contestée. La preuve par témoins est, comme on l'a vu *ibid.*, généralement admise; la controverse porte plutôt sur le point de savoir si, dans le silence de la loi, cette preuve peut être admise purement et simplement, ou si, par analogie avec l'art. 341 (V. *infrà*, n° 263), elle doit s'appuyer sur un commencement de preuve par écrit. Cette dernière opinion paraît préférable, dans ce cas, à défaut de l'acte de naissance lui-même inadmissible en preuve, l'acte de reconnaissance, s'il lui est postérieur, pourrait constituer ledit commencementde preuve. — M. Laurent (p. 4, n° 86) soutient une opinion contraire : d'après cet auteur, il s'agit de prouver ici non pas la filiation, qui est déjà prouvée par un acte authentique (l'acte de naissance ou l'acte de reconnaissance), mais simplement le fait que l'enfant demandeur est bien celui au profit duquel l'acte a été dressé. Dans ces conditions, la preuve testimoniale pure et simple lui paraît suffire, la loi s'étant expressément expliquée, dit-il, dans les art. 323 et 341, lorsque, la filiation même étant en jeu, un commencement de preuve par écrit s'impose (Conf. Baret, p. 88 et suiv.)

§ 4. — Dans quels cas la reconnaissance est nulle ou seulement annulable. — Quelles personnes peuvent en demander la nullité (*Rép.* n°s 559 à 597).

236. On a étudié au *Répertoire* les cas où la reconnaissance est nulle de plein droit et ceux où elle est seulement annulable.

Parmi ces derniers cas, on a cité celui où il est établi que l'homme ou la femme dont émane la reconnaissance n'est pas véritablement le père ou la mère de l'enfant reconnu (V. *Rép.* n° 575; Aubry et Rau, t. 6, § 568 *ter*, p. 178, note 22). Il a été jugé: 1° que la sincérité de la reconnaissance qu'un individu a faite, en se mariant, de l'enfant naturel de la femme qu'il épousait, est, à bon droit, contestée par sa famille, à l'ouverture de sa succession, lorsque la conception de l'enfant remonte à une époque où le prétendu père, alors âgé de seize ans, était interne dans un collège et ne sortait qu'avec ses parents, et lorsque les premières traces d'une correspondance entre lui et la mère de l'enfant sont postérieures de dix années à cette époque, surtout s'il est justifié d'indices sérieux d'une filiation différente (Trib. civ. de la Seine, 28 août 1868, aff. Fournier, D. P. 68. 5. 231); — 2° Que la reconnaissance d'un enfant naturel peut être attaquée comme étant le fruit du mensonge, surtout quand elle a été suivie de légitimation par le mariage de la mère de l'enfant avec l'auteur de la reconnaissance (Paris, 22 janv. 1855, aff. Schwilden, motifs, D. P. 55. 2. 144; Lyon, 13 mars 1856, aff. G..., motifs, D. P. 56. 2. 232; Civ. rej. 17 mai 1870, aff. De Bastard d'Estang, D. P. 70. 1. 241; Nîmes, 7 mai 1879, aff. Rateau, motifs, D. P. 79. 2. 133; Pau, 10 févr. 1890, *infrà*, n° 238).

237. La reconnaissance d'un enfant naturel ne saurait être annulée par cela seul que l'individu dont elle émane n'avait pas, lors de la naissance de l'enfant, l'âge requis pour contracter mariage, et spécialement sous le prétexte qu'il était, à cette époque, à peine âgé de quatorze ans (*Rép.* n° 576; Rennes, 8 mars 1882, aff. Jarsalé, D. P. 84. 1. 385).

238. Toute reconnaissance de la part du père ou de la mère, dit l'art. 339, peut être contestée par tous ceux qui y ont intérêt. La qualité de *personne intéressée* ne donne en elle-même lieu à aucune controverse; l'art. 339 est, à ce point de vue, aussi étendu que possible; il vise aussi bien un intérêt moral qu'un intérêt pécuniaire, pourvu que cet intérêt soit légitime, établi et actuel (Aubry et Rau, t. 6, § 568 *ter*, p. 179 et suiv.; Laurent, t. 4, n°s 67 et suiv.; Allard, n°s 116 et suiv.; Baret, p. 81 et suiv.; Massonié, p. 139 et suiv.). — Il a été jugé, à ce sujet : 1° que l'intérêt auquel la loi subordonne le droit d'attaquer la reconnaissance d'un enfant naturel résulte suffisamment, pour la famille de l'individu dont elle émane, de ce que le nom patronymique qui lui appartient peut désormais être porté par l'enfant reconnu (Nîmes, 7 mai 1879, aff. Rateau, D. P. 79. 2. 133); — 2° Que l'intérêt auquel l'art. 339 c. civ. subordonne le droit de contester la reconnaissance d'un enfant naturel peut s'entendre non seulement d'un intérêt pécuniaire, mais aussi d'un intérêt moral fondé sur la dignité de la famille et l'honneur du nom (Civ. rej. 17 mai 1870, aff. De Bastard d'Estang, D. P. 70. 1. 241); — 3° Que l'action en contestation de reconnaissance n'appartient qu'à la personne qui a un intérêt né à l'exercer, mais qu'il suffit que cet intérêt résulte d'une transmission de biens ou même de considérations morales dont les tribunaux sont les souverains arbitres; que l'aïeul qui hérite de son petit-fils légitime et qui recueille dans sa succession une partie de celle du père de celui-ci a intérêt à écarter de cette dernière succession l'enfant naturel de son fils; qu'il peut, en conséquence, contester la filiation de cet enfant (Paris, 9 juill. 1885, aff. Barrande, D. P. 86. 2. 261); — 4° Qu'il suffit de justifier d'un intérêt matériel né et actuel pour être admis à contester la reconnaissance d'un enfant naturel (Pau, 10 févr. 1890) (1); — 5° Que la reconnaissance peut être contestée, après la mort

(1) (Jalabert C. Rambaud.) — La cour; — Sur la recevabilité de l'action; — Attendu qu'aux termes de l'art. 339 c. civ. toute reconnaissance de la part du père ou de la mère d'un enfant naturel peut être contestée par tous ceux qui y ont intérêt; — Attendu que la dame Rambaud, née Marguerite Jalabert, étant la sœur de Jean-Arnaud-Hippolyte Jalabert, décédé en 1887, est appelée en cette qualité à recueillir toute sa succession s'il n'a laissé ni descendant légitime ni enfant naturel reconnu; qu'elle doit en conséquence être admise à prouver que la reconnaissance du 19 févr. 1845 qui a été suivie de légitimation par le mariage subséquent de la mère de l'enfant avec l'auteur de ladite reconnaissance est mensongère et dolosive puisque sa demande tend à prouver que Louis-Vincent-Xavier Jalabert n'étant pas le fils du défunt n'aurait pas qualité pour retenir sa succession; — Attendu que les droits que la loi confère à la demanderesse n'ont pas été modifiés par les testaments des 12 mars 1863, 27 sept. 1882 et 20 févr. 1883; que, quant aux testaments des 27 sept. 1882 et 20 févr. 1883, ils ne renferment que des legs particuliers; que, si le testateur a chargé Xavier Jalabert d'en faire délivrance aux légataires institués, il ne s'ensuit pas qu'en lui imposant cette charge il ait fait un legs universel en sa faveur; que, tout au contraire, il l'a encore considéré comme étant son héritier légitime, ayant en cette qualité la saisine de tous ses biens, et comme tel ayant l'obligation d'exécuter ses dernières volontés

de son auteur, par le père de celui-ci, dont l'action est recevable en raison des obligations qui pourraient résulter pour lui de la reconnaissance (Lyon, 22 mai 1862) (1); — 6° Qu'un parent collatéral du *de cujus* est sans intérêt, soit matériel, soit moral, et dès lors, sans qualité, pour contester une reconnaissance d'enfant naturel émanée de ce *de cujus*, alors que celui-ci avait, en outre et ultérieurement, conféré l'adoption à ce même enfant naturel et a institué légataires universels de son patrimoine, par un testament régulier, les enfants légitimes de l'adopté prédécédé (Req. 13 juin 1882, aff. De Bouyn, D. P. 82. 1. 308). — Comme on l'a vu *suprà*, n° 193, la reconnaissance d'un enfant naturel peut être contestée par les personnes intéressées, même après que cette reconnaissance a été suivie d'un mariage destiné à assurer à l'enfant le bienfait de la légitimation (Trib. civ. de la Seine, 28 août 1868, aff. Fournier, D. P. 68. 5. 230).

239. Tous les intéressés peuvent-ils également invoquer toutes les causes d'annulation? En ce qui concerne l'erreur, le dol ou la violence, il est bien certain que celui-là même dont le consentement se trouve vicié par l'une de ces causes peut agir en annulation de l'acte de reconnaissance. Il en est de même de ses héritiers et successeurs universels (*Rép.* n° 577; Aubry et Rau, t. 6, § 568 *ter*, p. 178; Laurent, t. 4, n° 67; Massonié, p. 139 et suiv.). — Que décider, à ce point de vue, des autres intéressés? L'application pure et simple des principes généraux en matière de demandes en nullité, fondées sur l'erreur, le dol et la violence, les exclurait du droit à l'action; au contraire, l'application de l'art. 339 à tous les cas prévus de contestation de reconnaissance les autoriserait à agir même dans ce cas spécial. On a adopté cette dernière opinion au *Rép.* n° 577 (V. dans le même sens : Massonié, p. 151 et suiv.). La jurisprudence s'est prononcée en ce sens : il a été jugé que le père de celui qui a reconnu un enfant naturel a qualité, en tant qu'intéressé, pour demander la nullité de cette reconnaissance en établissant qu'elle a été le résultat du dol et de la fraude (Paris, 19 juill. 1864 (2). — V. encore Lyon, 13 mars 1856, aff. G..., motifs, D. P. 56. 2. 232). Mais l'opinion contraire a aussi des partisans (V. notamment Aubry et Rau, t. 6, § 568 *ter*, p. 178, note 23; Laurent, t. 4, n° 67). —

conformément aux dispositions des art. 1004, 1021 et 1024 c. civ.; — Qu'en l'état il est inutile de rechercher si la dame Rambaud n'aurait pas un intérêt moral pour contester la reconnaissance du 19 juin 1845; — Qu'il suffit qu'elle ait un intérêt matériel *né et actuel* pour qu'elle soit admise à prouver que son frère aurait fait une déclaration mensongère qui n'avait ni pour cause ni pour base le fait de sa paternité.

En ce qui touche l'enquête sollicitée et les faits articulés : — Attendu qu'il est de doctrine et de jurisprudence constantes que, pour attaquer une reconnaissance en justice et établir que la filiation qu'elle constate n'est pas vraie, tous les genres de preuve sont admissibles, aussi bien la preuve testimoniale que les présomptions, conformément aux dispositions des art. 1348 et 1353 c. civ.; — Qu'en pareille matière c'est dans l'ensemble des faits et des documents de la cause que les magistrats doivent rechercher les éléments qui peuvent les déterminer à maintenir ou à annuler la reconnaissance; qu'ils n'ont donc qu'à rechercher, quand la preuve testimoniale est invoquée, si les faits articulés à l'appui de la demande sont pertinents et relevants; — Attendu que tel est incontestablement le caractère des faits qui ont été retenus par les premiers juges; — Qu'ils démontrent, en effet, si la preuve en est administrée, que feu Arnaud-Hippolyte Jalabert n'était pas le père de l'enfant qu'il a reconnu le 19 juin 1845 et légitimé par son subséquent mariage avec Marie-Jacquette Jonquière et que c'est faussement et au mépris des dispositions de la loi qui, en autorisant la reconnaissance d'un enfant naturel, a entendu autoriser l'aveu et non le mensonge de la paternité et sanctionner seulement les liens naturels du sang, que ledit Jalabert s'est attribué la paternité d'un enfant qu'il savait ne pas être le sien; — Qu'il n'y a lieu de rechercher si les premiers juges auraient à tort écarté certains faits articulés comme étant contraires aux dispositions de l'art. 340 c. civ., aucun appel incident n'étant formulé contre leur décision; — Qu'il suffit en l'état de compléter leur jugement en ordonnant que, conformément aux dispositions de l'art. 358 c. proc. civ. l'enquête, sera commencée dans le mois qui suivra la signification de l'arrêt; — Attendu enfin que les lettres versées au procès par Xavier Jalabert, soit pour corroborer la reconnaissance du 19 juin 1845, soit pour démontrer l'invraisemblance des faits allégués, ne sont pas de nature à faire écarter l'enquête; — Qu'il est tout d'abord certain que ces documents, au point de vue de la question d'état, ne sauraient avoir la valeur de la déclaration notariée, que, comme présomptions, ils sont insuffisants pour éclairer la cour soit sur les faits contemporains de la conception et de la naissance de Xavier Jalabert, soit sur les personnes qui l'ont soigné dans son enfance, qui ont dirigé son éducation et en ont fait les frais, puisque la première lettre produite a été écrite en 1862 alors que Jalabert, ayant plus de trente ans, songeait à contracter mariage; — Que l'articulation, au contraire, précisant tous ces points avec un soin minutieux tend à démontrer que, jusqu'en 1867, Jalabert n'aurait jamais vu ni connu son prétendu fils, que celui-ci aurait été élevé loin de lui sous le nom de *De Liba* par l'abbé Lasalve qui se serait constamment occupé de son éducation et en aurait fait tous les frais; — Qu'au moment de la conception il ne connaissait pas la mère de l'enfant et l'aurait vue pour la première fois dans des circonstances très nettement déterminées en 1845 et à Toulouse; — Qu'enfin l'existence; de Xavier Jalabert aurait été toujours cachée et dissimulée avec le plus grand soin à tous les membres de la famille; — Que tous ces points ont une importance décisive dans la présente instance; — Que si la correspondance démontre qu'à partir de 1862 des relations suivies et même affectueuses ont existé entre Hippolyte et Xavier Jalabert par l'influence que Marie Jonquière exerçait sur son mari, soit par cette circonstance que Jalabert, qui n'avait pas d'enfants, acceptant les faits accomplis, avait fini par considérer comme son fils l'enfant de Marie Jonquière dont la situation pouvait flatter son amour-propre, soit enfin parce que, seul et isolé après la mort de sa femme, il espérait s'attacher définitivement à Xavier Jalabert et sa famille;

La cour; — Par ces motifs et ceux des premiers juges et qui ne sont pas contraires, dit qu'il a été bien jugé, mal et sans griefs appelé; — Confirme en conséquence le jugement dont est appel qui sortira son plein et entier effet; — Ordonne que l'enquête admise par les premiers juges sera commencée dans le mois de la signification à personne du présent arrêt; — Condamne l'appelant à l'amende et aux dépens.

Du 10 févr. 1890.-C. de Pau.-MM. Monpelat, 1er pr.-Guyon G. Lamaignère et Ebelot du barreau de Toulouse, av.

(1) (Veuve X... C. X... père.) — Le 13 nov. 1861, jugement du tribunal civil de Lyon, ainsi conçu : — « Vu l'acte de mariage de X..., aujourd'hui décédé, avec Marie A..., ledit acte reçu par l'officier de l'état civil du 1er arrondissement de Lyon, le 2 mai 1860, et contenant reconnaissance et légitimation, par les époux, de François-Henri A...; vu l'acte de naissance de ce dernier, en date, à Lyon, du 9 déc. 1852, constatant qu'il est né la veille, de Marie A...; — Attendu que les documents produits constatent que, pendant tout le temps durant lequel a pu avoir lieu la conception de Henri-Edouard A..., le défunt X..., qui l'a reconnu, n'a cessé de résider dans l'île d'Oléron; — Attendu que, pendant le même temps, la veuve X... habitait Lyon, et qu'il est démontré, soit par les documents de la cause, soit par les enquêtes, qu'elle n'a point fait alors de voyage à Oléron; qu'elle n'a pu dès lors avoir de rapports avec celui qui, plus tard, est devenu son époux; — Attendu, en effet, que pendant les cinq années qui ont suivi la naissance de son enfant, Marie A... en a publiquement attribué la paternité à une autre personne auprès de laquelle elle a fait ou fait faire de nombreuses démarches pour en obtenir la reconnaissance, ou tout au moins des secours; — Attendu qu'en 1857 elle s'est fait assister, dans ce but, de X... lui-même, avec lequel elle entretenait des relations depuis 1855 seulement, et que ce dernier, loin de revendiquer à cette époque la paternité de l'enfant dont il s'agit, n'hésitait pas à l'attribuer, comme Marie A... elle-même, à la personne qui avait toujours été désignée par celle-ci; — Attendu que ces circonstances sont exclusives d'un voyage que l'on prétend que la veuve A... a fait à l'île d'Oléron, à l'époque de la conception de son enfant, et qu'il reste dès lors démontré qu'il y a eu impossibilité physique de cohabitation pendant cette même époque entre elle et le défunt X...; — Attendu qu'il suit de là que la reconnaissance par ce dernier de l'enfant de Marie A... n'est point l'expression de la vérité; — Attendu que le demandeur père du défunt X..., a, en cette qualité et en raison des obligations qui pourraient résulter pour lui de la reconnaissance, intérêt à contester celle-ci; que son action est donc à la fois recevable et fondée; — Attendu que la légitimation conférée à l'enfant de Marie A..., a pour base nécessaire la reconnaissance faite en sa faveur par le défunt X..., que l'annulation de cette reconnaissance entraîne par cela même celle de la légitimation; — Par ces motifs, déclare nulle la reconnaissance faite par X..., dans son acte de mariage avec Marie A..., de François-Henri A..., déclare nulle, en conséquence, la légitimation constatée par ledit acte de mariage; fait défense, en conséquence à François Henri A... de porter le nom de X..., et à sa mère de le lui donner, etc. ». — Appel par la veuve X...

La cour; — Adoptant les motifs qui ont déterminé les premiers juges, confirme.

Du 22 mai 1862.-C. de Lyon, ch. réun.-MM. Gilardin, 1er pr.-Merville, 1er av. gén., c. conf.-Joly et Proton, av.

(2) (Devaucoux C. Sichel.) — Le 13 mai 1863, jugement du

M. Laurent, qui admet que les mineurs et les femmes mariées sont incapables de reconnaître un enfant naturel (V. *suprà*, nos 203 et 205), enseigne qu'en pareil cas la nullité est purement relative (t. 4, n° 68).

240. Il est admis, de la façon la plus générale, que toute reconnaissance entachée d'un vice de forme ou de compétence peut être attaquée par tous les intéressés (V. dans ce sens *Rép.* n° 579; Aubry et Rau, t. 6, § 568 *ter*, p. 179 et suiv.; Laurent, t. 4, n° 69). — Il en est également ainsi quand la contestation porte sur la vérité même de la déclaration (V. *Rép.; ibid.*, Aubry et Rau, *loc. cit.*; Laurent, t. 4, nos 72 et suiv.). Il a été jugé que le père de celui qui a reconnu un enfant naturel a qualité pour demander la nullité de la reconnaissance; qu'il lui suffit pour cela de prouver qu'elle est le fruit du mensonge (Lyon, 13 mars 1856, aff. G.... D. P. 56. 2. 232).

241. Ainsi qu'on l'a dit *suprà*, n° 239, l'auteur de la reconnaissance peut lui-même la contester en prouvant qu'elle a été le résultat de l'erreur, du dol ou de la fraude; ou, s'il n'a pas pris l'initiative de l'action, il a au moins le droit d'intervenir sur la demande formée par un autre intéressé, son père par exemple (Paris, 19 juill. 1864, *suprà*, n° 239). Bien plus, pour les raisons qui ont été exposées au *Rép.*, n° 581, on admet que l'auteur de la reconnaissance a le droit, en l'absence de tout vice dans son consentement, de contester la reconnaissance qu'il a consentie, en établissant sa fausseté (V. dans ce sens, *Rép.*, *ibid.*; Aubry et Rau, t. 6, § 568 *ter*, p. 179, note 33; Laurent, t. 4, n° 78). Un arrêt a jugé, à la vérité, que la reconnaissance d'un enfant naturel ne peut être attaquée comme mensongère par l'individu (majeur) qui l'a librement consentie (Paris, 22 janv. 1855, aff. Schevilden, D. P. 55. 2. 144). Mais, depuis, il a été jugé d'une façon constante: 1° que la reconnaissance d'un enfant naturel peut être attaquée comme mensongère par l'individu qui l'a consentie (Lyon, 13 mars 1856, aff. G..., D. P. 56. 2. 232); — 2° Que le père qui a reconnu librement un enfant naturel, sans erreur, ni dol, ni contrainte, est recevable, comme tout tiers intéressé, à demander la nullité de son acte de reconnaissance, à la condition de prouver l'impossibilité de toutes relations entre lui et la mère de l'enfant à une époque correspondante à celle de la conception (Paris, 23 janv. 1877, aff. Pelletier, D. P. 77. 2. 147); — 3° Que l'auteur de la reconnaissance d'un enfant naturel est recevable à en demander l'annulation, en prouvant qu'elle était mensongère, et qu'en réalité il n'est pas le père de l'enfant; et qu'il importe peu que cette reconnaissance ait été suivie de légitimation (Nîmes, 7 mai 1879, aff. Rateau, D. P. 79. 2. 133. Conf. Bastia, 10 déc. 1864, aff. Cecioni, D. P. 65. 2. 37). — En résumé, sont considérés comme parties intéressées, au sens de l'art. 339, l'auteur de la reconnaissance et l'enfant reconnu, les héritiers ou successeurs de l'un et de l'autre (V. au surplus, *Rép.* nos 582 et suiv.; Aubry et Rau, t. 6, § 568 *ter*, p. 179, note 28; Laurent, t. 4, nos 75 et suiv.; Massonié, p. 139 et suiv.).

242. Dans tous les cas où l'annulation de la reconnaissance est demandée, la preuve des faits qui l'invalident est à la charge des contestants. Il a été jugé, dans ce sens, que lorsqu'un enfant a été légalement reconnu par ses père et mère, la preuve des faits contraires à la filiation qui résulte de cet acte est à la charge des contestants (Bordeaux, 27 août 1877, aff. Courbin, D. P. 78. 2. 193). Cette preuve peut être faite par tous les moyens possibles (Pau, 10 févr. 1890, *suprà*, n° 238); mais les juges ont une appréciation

tribunal de la Seine ainsi conçu : — « Attendu que, suivant acte reçu le 19 déc. 1860, à la mairie du 2e arrondissement de Paris, Arthur Sichel, fils légitime du demandeur, a reconnu pour sa fille naturelle Marie Cécile, dont la naissance avait été déclarée le 24 nov. 1856, avec indication qu'elle avait pour mère Claire Devaucoux, rentière, âgée de vingt-cinq ans, demeurant à Paris, rue Turgot, n° 23; — Attendu que Sichel père argue de nullité cette reconnaissance comme étant le résultat du dol et de la captation, et qu'il articule des faits tendant à établir qu'Arthur Sichel ne serait pas le père de Marie Cécile, et aurait cédé, en souscrivant l'acte du 19 décembre, à l'empire de la passion aveugle que lui inspirait Claire Devaucoux; — Que, sur cette action formée contre Mauger, tuteur *ad hoc* de la mineure, la mère de celle-ci est intervenue par des conclusions du 4 déc. 1862, et que son intervention n'a été contestée et ne pouvait l'être par aucune des parties; — Attendu que, de son côté, Arthur Sichel s'est porté intervenant le 14 avril en s'en rapportant à justice sur le mérite de la demande de son père; — Attendu que cette intervention est combattue par Claire Devaucoux, par le motif qu'auteur de la reconnaissance, Arthur Sichel serait non recevable à la contester; — Attendu que, si lorsqu'un acte a été librement consenti, son auteur ne peut être restitué contre ses effets, il n'est pas moins vrai que l'erreur, le dol ou la violence donnent ouverture à une action en nullité au profit de celui qui en a été l'objet; — Que ce principe général, régissant les conventions ordinaires, ne saurait recevoir d'exception dans la matière soumise au tribunal; — Attendu, en effet, que l'art. 339 c. civ. disposant que la reconnaissance peut être contestée par tous ceux qui y ont intérêt, il y a lieu de rechercher si cet intérêt peut exister pour l'une des parties, quelle qu'elle soit ayant comparu à l'acte, et spécialement pour celui qui y est désigné comme faisant la reconnaissance; — Attendu qu'on ne peut méconnaître l'intérêt de l'homme entraîné par une force morale rendue irrésistible ou par une erreur facile dans le paroxysme de la passion, à revenir contre des constatations destinées à monumenter la vérité et qui ne consacrent que le mensonge; — Attendu que cet intérêt moral et réel tout à la fois prend naissance au jour où le prétendu père a découvert la fraude, et le place, dès ce moment dans la catégorie des intéressés dont parle l'art. 339; — Attendu que le motif qui a introduit dans nos lois le vice du consentement fruit du dol, de la fraude ou de la violence, quand il s'agit de contrats qui règlent des intérêts purement matériels, se trouve à un plus haut degré encore, quand il se produit au sujet de constatations mensongères de nature à porter atteinte à l'ordre public et aux droits sacrés de la famille; — Attendu d'autre part, que l'état civil est indivisible de sa nature, et que si, après avoir eu la faiblesse de subir l'influence qui lui a arraché un mensonge, l'auteur d'une reconnaissance d'enfant naturel n'était pas admis à provoquer son annulation, c'est-à-dire à établir la vérité, l'art. 339 ouvrirait vainement un recours aux autres intéressés; qu'on ne saurait admettre, en effet, qu'on pût interdire au profit de qui que ce soit, à celui qui serait devenu par le fait de la reconnaissance, libre ou non, le fils légal de l'auteur de cette reconnaissance, l'exercice des droits inhérents à cette qualité, par exemple de porter le nom écrit dans l'acte de naissance et de venir en concours avec son aïeul dans les conditions de l'art. 757 c. civ.; — Attendu d'après ce qui précède, qu'Arthur Sichel aurait été recevable à former tierce opposition au jugement sollicité par le demandeur s'il n'y avait pas été appelé; que, par conséquent, il a pu intervenir dans la présente instance.

« Au fond : — Attendu qu'Arthur Sichel venait d'entrer dans sa seizième année au moment de la conception de Marie-Cécile (les premiers mois de 1856); que cet âge et les diverses circonstances révélées par le demandeur tendant à établir notamment que la liaison entre Arthur et Claire Devaucoux se rapporte à une époque même postérieure à la naissance de l'enfant de cette fille, seraient de nature, si la preuve en était faite, à infirmer la reconnaissance contractée par l'acte du 19 déc. 1860; — Par ces motifs, reçoit intervenants au procès Claire Devaucoux et Arthur Sichel; statuant au fond autorise, avant faire droit, Sichel père à faire preuve, tant par titres que par témoins, des faits ci-après, etc. ». — Appel par la fille Devaucoux.

La cour; — Considérant qu'aux termes de l'art. 339 c. civ., la reconnaissance de l'enfant naturel peut être contestée par tous ceux qui y ont intérêt; — Considérant que Sichel père a, non seulement un intérêt moral, mais encore un intérêt matériel à contester l'acte du 19 déc. 1860, portant reconnaissance, par Sichel fils de Marie-Cécile pour sa fille naturelle; — Qu'il est intéressé à ce qu'une personne qui serait réellement étrangère à sa famille n'ait pas le droit de porter son nom; — Que, d'autre part, quoique l'enfant naturel soit séparé de la famille légitime, sa reconnaissance a pour but d'y apporter de nouvelles charges et d'y modifier les droits héréditaires; — Qu'ainsi l'action intentée par Sichel père est recevable; — Considérant que Sichel fils, auteur de la reconnaissance attaquée, et la fille Devaucoux, mère de l'enfant reconnu, étaient nécessaires aux débats, et que la contestation ne pouvait être jugée sans qu'ils fussent présents ou appelés; — Que l'intervention de Sichel fils est donc recevable, puisqu'il aurait dû être mis en cause, et que celle de la fille Devaucoux n'a pas été contestée; — Considérant que Sichel fils déclare s'en rapporter à justice, mais que ses conclusions lient l'instance contradictoirement avec lui; que la sentence lui devient commune; qu'il a le droit d'en relever appel si elle lui fait grief, et que ce qui sera définitivement jugé avec le demandeur principal le sera également avec l'intervenant; — Au fond; — Considérant que l'acte de reconnaissance est attaqué comme étant le résultat du dol et de la fraude qui auraient vicié le consentement de Sichel fils; que les faits articulés sont pertinents et admissibles; — Sans s'arrêter aux fins de non-recevoir opposées tant à la demande de Sichel père qu'à l'intervention de Sichel fils; — Confirme.

Du 19 juill. 1864.-C. de Paris, 1re ch.-MM. Devienne, 1er pr.-Sallé, av. gén., c. conf.-Mariage, Laurier et Blondet, av.

souveraine des preuves invoquées dans le cas où la reconnaissance est attaquée comme mensongère (Conf. *Rép.* n° 584; Aubry et Rau, t. 6, § 568 *ter*, p. 181 ; Laurent, t. 4, n° 74).

243. On a vu au *Rép.* n°ˢ 585 et suiv. qu'il appartient également au juge de décider, d'après les circonstances, laquelle doit prévaloir de plusieurs reconnaissances ayant pour objet le même enfant et émanant de plusieurs hommes ou de plusieurs femmes, et que le témoignage de la mère, quelque poids qu'il doive avoir, ne peut être admis qu'avec beaucoup de circonspection. On ne saurait en tout cas donner la préférence à la reconnaissance qui aurait été suivie de légitimation, en s'inspirant de ce seul fait : la légitimation en effet ne vaut que ce que vaut la reconnaissance elle-même (V. *Rép.* n° 587). Mais on ne peut opposer à l'enfant naturel reconnu et légitimé par mariage subséquent une autre reconnaissance qui se trouverait dans son acte de naissance, alors que cette dernière reconnaissance est démentie par toutes les circonstances du procès (Bastia, 10 déc. 1864, aff. Cecioni, D. P. 65. 2. 37).

244. Lorsque la filiation légitime d'une personne décédée est établie, on ne doit avoir aucun égard à une déclaration par laquelle un tiers aurait reconnu cette personne pour son enfant naturel, surtout si cette déclaration paraît n'avoir eu d'autre but que d'assurer son effet à une donation qui, sans cela, eût été frappée de nullité par les lois alors en vigueur (Poitiers, 30 juill. 1857, aff. De Lauspitant, D. P. 58. 2. 73).

245. Si la reconnaissance n'est pas contestée par l'enfant lui-même, il doit être mis en cause ; mais il n'est pas nécessaire qu'il lui soit nommé, s'il est mineur, le tuteur *ad hoc* requis par l'art. 318 (*Rép.* n° 591; Laurent, t. 4, n° 82. — *Contrà* : Massonié, p. 161 et suiv.). — Bien que ce point de droit soit certain en doctrine, on procède en général, dans la pratique, à la nomination d'un tuteur *ad hoc*. La jurisprudence, toutefois, est divisée. Il a été jugé, d'une part, que la disposition de l'art. 318 c. civ., d'après laquelle un tuteur *ad hoc* doit être nommé à l'enfant légitime désavoué, ne s'applique pas à l'enfant, même légitimé, dont la reconnaissance est contestée; que cet enfant est valablement représenté par sa mère, défenderesse à l'action (Nîmes, 7 mai 1879, aff. Rateau, D. P. 79. 2. 133); que l'art. 318 c. civ. qui veut qu'un tuteur *ad hoc* soit nommé à l'enfant légitime désavoué ne s'applique pas à l'enfant naturel dont la reconnaissance est contestée, lorsque cet enfant est représenté au procès par celui qui l'a reconnu (Req. 27 janv. 1857, aff. X..., D. P. 57. 1. 196); — D'autre part, la cour de cassation a décidé que, dans la contestation dirigée contre la reconnaissance et la légitimation par mariage subséquent d'un enfant naturel, cet enfant doit être représenté par un tuteur *ad hoc*; qu'il ne saurait l'être ni par le père qui, lui-même, a introduit l'action en nullité, ni par la mère qui ne peut, durant le mariage, représenter les enfants mineurs (Civ. cass. 10 mai 1882, aff. Sateau, D. P. 83. 1. 79). On peut toutefois induire de ce dernier arrêt que, s'il n'y avait pas eu légitimation, c'est-à-dire mariage entre le père et la mère de l'enfant, s'il se fût agi d'une contestation de reconnaissance simple, la cour suprême eût décidé autrement. Il a été jugé, depuis, que, si le père d'un enfant naturel reconnu figure dans une instance intéressant ledit enfant, spécialement dans une instance en contestation de la reconnaissance, cet enfant n'est pas représenté par son père, et qu'un tuteur datif doit lui être nommé pour lui servir de représentant légal (Paris, 28 juill. 1892, aff. L..., D. P. 92. 2. 544).

246. On a vu au *Rép.*, n° 593, que l'action en contestation de reconnaissance est imprescriptible lorsqu'elle a pour but d'établir que la reconnaissance est mensongère (Conf. Paris, 9 juill. 1885, aff. Barrande, D. P. 86. 2. 161), tandis que, dans les autres cas, on doit appliquer les principes généraux de la prescriptibilité des actions (Conf. Massonié, p. 163 et suiv. V. en ce qui concerne le délai, *infrà*, v° *Prescription*). MM. Aubry et Rau (t. 6, § 568 *ter*, p. 181 et suiv., notes 35 et suiv.) partagent cette opinion, sauf toutefois en ce qui concerne l'action en nullité pour vice de forme, qui, suivant eux, est également imprescriptible (Conf. Laurent, t. 4, n°ˢ 70 et 83).

247. Dans le cas où l'action en nullité est prescriptible, elle peut être éteinte encore par la ratification ou la renonciation, faites en temps opportun, de ceux auxquels elle compète. La ratification peut être tacite et s'induire de faits et circonstances (*Rép.* n° 594; Aubry et Rau, t. 6, § 568 *ter*, p. 182; Laurent, t. 4, n° 71). Ainsi l'état d'un enfant naturel reconnu ne peut être contesté par ceux (spécialement par les parents) qui ont, par des actes géminés, reconnu sa filiation naturelle, et les droits qui en découlent pour lui (C. de Bruxelles, 5 août 1854, aff. Coorman, D. P. 55. 2. 247). Mais la présence d'un collatéral à une délibération du conseil de famille où l'enfant est qualifié de fille légitimée, et qui avait pour but la nomination d'un curateur et l'autorisation d'accepter la succession paternelle, n'implique pas, de la part de ce parent, la renonciation au droit de contester l'état de cet enfant, dont il n'avait alors aucun intérêt à vérifier l'état; en tous cas une telle renonciation, même expresse, ne serait pas opposable aux enfants de ce collatéral, qui viennent à la succession d'une tante, ouverte postérieurement à cette renonciation, en vertu de la vocation directe de la loi, et non par représentation de leur père prédécédé (Req. 8 nov. 1870, aff. Baudier, D. P. 73. 1. 124). De même, il a été jugé que l'aïeul qui, héritier de son petit-fils légitime et ayant intérêt par suite à écarter de la succession l'enfant naturel de son fils prédécédé, a le droit de contester la filiation de cet enfant (V. *suprà*, n° 238), est recevable, dans son action alors même que ce petit-fils n'a pas, lors de l'inventaire qui a suivi la mort de son père, contesté la filiation de son frère naturel par l'organe de son subrogé tuteur; et que l'enfant naturel ne saurait lui opposer, comme fin de non-recevoir, que son nom a figuré à côté du sien dans les lettres de faire part envoyées en raison de la mort de son père naturel, qu'il est qualifié de fils de celui-ci dans l'intitulé de la délibération du conseil de famille à laquelle assistait le contestant, et qu'il a été traité comme tel dans les correspondances émanant de personnes de la famille autres que le contestant (Paris, 9 juill. 1885, aff. Barrande, D. P. 86. 2. 261).

248. La reconnaissance, contenue dans un acte valable à tous les points de vue de capacité, de compétence et de forme, est irrévocable (*Rép.* n°ˢ 595 et suiv.; Aubry et Rau, t. 6, § 568 *quater*, p. 182; Laurent, t. 4, n° 85, Massonié, p. 170 et suiv.). Certains auteurs vont jusqu'à dire qu'elle est irrévocable également lorsqu'elle a été faite dans un testament authentique, acte essentiellement révocable jusqu'à la mort du *de cujus*, alors même que ledit testament serait révoqué (V. dans ce sens Aubry et Rau, t. 6, § 568 *quater*, p. 182, note 2). On a combattu, *Rép.* n° 597, cette dernière opinion (Conf. Laurent, t. 4, n° 85; Massonié, *loc. cit.*). — En ce qui concerne l'irrévocabilité de la reconnaissance librement exprimée, il a été jugé que la reconnaissance d'un enfant naturel faite dans le contrat de mariage de ses père et mère conserve toute sa validité, bien que les autres clauses soient devenues caduques en raison de la non-célébration du mariage projeté (Grenoble, 6 août 1861, aff. Romain-Théodore, D. P. 61. 2. 207).

ART. 2. — *De la reconnaissance forcée* (*Rép.* n°ˢ 598 à 644).

§ 1ᵉʳ. — De la recherche de la paternité (*Rép.* n°ˢ 598 à 613).

249. Les tentatives de MM. Bérenger et Rivet tendant à la modification de l'art. 340 ayant échoué, comme on l'a vu *suprà*, n° 172, les dispositions de ce texte ont conservé toute leur force. En conséquence, la recherche de la paternité demeure interdite, si ce n'est que, dans le cas d'enlèvement, à la condition que l'époque de cet enlèvement se rapporte à celle de la conception, le ravisseur pourra être, sur la demande des parties intéressées, déclaré le père de l'enfant.

250. L'interdiction édictée par la première disposition de l'art. 340 est absolue (V. *Rép.* n° 598; Aubry et Rau, t. 6, § 569, p. 188 ; Laurent, t. 4, n° 88; Allard, n°ˢ 79 et suiv.). Il suit de là qu'elle s'applique à toute personne indistinctement, et que la paternité naturelle ne peut être recherchée par l'enfant en aucun cas, ni même contre lui dans le cas par exemple où l'on serait intéressé à le faire déclarer incapable de recevoir à titre gratuit conformément à l'art. 908 c. civ. Cette solution, qui a été autrefois contestée (V. *Rép.* n° 599), est aujourd'hui universellement admise

(*Rép.*, *ibid.*, Demolombe, t. 5, n° 485 *bis*; Aubry et Rau, t. 6, § 569, p. 190; Laurent, t. 4, n° 89; Allard, n° 80). En ce qui concerne la combinaison de l'art. 340 avec les art. 161 et 162 relatifs aux empêchements de mariage résultant de la parenté et de l'alliance, V. *Rép.* n° 600 et *suprà*, v° *Mariage*, n° 120.

251. On a vu au *Rép.* n° 603, que l'enlèvement, de nature à constituer une exception au principe prohibitif de la recherche de la paternité, doit avoir été consommé avec violence ; la simple séduction ne suffirait pas, ou du moins il faudrait qu'elle eût été suivie de séquestration (Aubry et Rau, t. 6, § 569, p. 194, note 15; Baudry-Lacantinerie, *Précis de droit civil*, t 1, n°s 764 et 765; Laurent, t. 4, n°s 94 et suiv. — V. en sens contraire les auteurs cités au *Rép.* n° 603; Jacquier, *Des preuves et de la recherche de la filiation naturelle*, p. 14 et suiv. Ce dernier auteur étend l'exception au cas de séduction par manœuvres et promesses de mariage). Il a été jugé que l'art. 340 c. civ., qui autorise exceptionnellement la recherche de la paternité en cas d'enlèvement, lorsque l'époque de l'enlèvement se rapporte à celle de la conception, s'applique aussi bien au rapt de séduction qu'à celui de violence, mais à la condition qu'au moment de la conception la personne ravie ait été en la possession de son ravisseur; que, par suite, l'art. 340 cesse d'être applicable si, à ce moment, la mère n'a été ni contrainte, ni séquestrée, mais a librement, quoique secrètement, cohabité avec l'auteur de l'enlèvement (Bordeaux, 30 juin 1885, aff. Lepeyronnie, D. P. 86. 2. 151). La séduction sans violence, accomplie au moyen d'une promesse de mariage, et suivie de grossesse, donnerait lieu tout au plus à une action en dommages-intérêts (V. *suprà*, v° *Mariage*, n° 50); mais il a été jugé que, le fait de la paternité étant indivisible, la recherche qui en est interdite dans l'intérêt de l'enfant naturel ne saurait être autorisée à l'effet de procurer à la mère de cet enfant le moyen d'obtenir des dommages-intérêts contre l'auteur de la grossesse, et que spécialement une fille ne peut, à l'appui d'une demande en dommages-intérêts formée par elle contre un individu qu'elle désigne comme auteur de sa grossesse, être admise à faire interroger cet individu sur faits et articles, à l'effet d'établir qu'il est réellement le père de l'enfant dont elle est accouchée (Caen, 19 juin 1854, aff. R.., D. P. 55. 5. 230).

252. Le viol doit être assimilé à l'enlèvement consommé avec violence, au point de vue de l'application de l'art. 340 (*Rép.* n° 605. Conf. Allard, n° 82 et 142. — *Contrà* : Aubry et Rau, t. 6, § 569, p. 194, note 16). Ces derniers auteurs appuient leur opinion sur la règle *exceptio est strictissimæ interpretationis*, et aussi sur les travaux préparatoires du code, au cours desquels, d'après eux, le cas de viol a été présent à l'esprit du législateur comme celui de l'enlèvement, puisqu'ils avaient été assimilés sous le rapport des dommages-intérêts possibles. « D'ailleurs, ajoutent-ils, *loc. cit.*, tout en admettant la possibilité de la conception à la suite du viol, on ne saurait cependant trouver, dans ce fait passager, une présomption de paternité équivalente à celle qui résulte d'une séquestration prolongée pendant un temps plus ou moins long ».

253. Ainsi qu'on l'a vu au *Rép.*, n° 606, il n'est pas nécessaire que le fait de l'enlèvement soit constaté par un jugement criminel (V. conf. Aubry et Rau, t. 6, § 569, p. 194, note 14; Laurent, t. 4, n° 95).

254. Il importe peu que la femme qui a été victime de l'enlèvement soit majeure ou mineure: la loi ne distingue pas à cet égard (Aubry et Rau, t. 6, § 569, p. 192, note 11 ; Laurent, t. 4, n° 197).

255. Conformément à ce qui a été dit *suprà*, n° 249, l'enlèvement ne suffirait pas à autoriser la recherche de la paternité; il faut encore que l'époque à laquelle il s'est produit corresponde à l'époque légalement présumée de la conception. Les règles posées par les art. 312, 314 et 315 sont applicables à l'appréciation de cette condition (*Rép.* n° 607 ; Aubry et Rau, t. 6, § 569, p. 193, note 13. — *Contrà*: Laurent, t. 4, n° 98). Ce dernier auteur, qui n'admet l'application de ces règles qu'en matière de filiation légitime exclusivement, n'est pas en absolue contradiction avec l'opinion adoptée au *Répertoire*, puisqu'il a été dit, *ibid.*, que, malgré la coïncidence des époques de la conception et de la séquestration, le juge n'en conservait pas moins la faculté d'admettre ou de repousser, suivant les circonstances, la demande en recherche de paternité.

256. Les mots *parties intéressées*, dont se sert l'art. 340, doivent être entendus restrictivement et s'appliquent exclusivement à la mère et à l'enfant (V. *Rép.* n° 639). M. Laurent, t. 4, n° 99, n'admet pas cette interprétation restrictive : la loi, dit-il, s'est servi d'un terme vague et général témoignant qu'elle n'a pas voulu limiter l'action à certaines personnes.

257. Le fait par un enfant de prétendre, en cas de contestation, qu'il y a identité entre lui et l'enfant naturel qui fait l'objet d'une reconnaissance émanée du père, ne constitue pas une recherche de paternité. Dans cette situation, en effet, le père s'est volontairement fait connaître. Jugé qu'un arrêt ne viole pas la disposition de l'art. 340 c. civ. qui interdit la recherche de la paternité lorsque, dans une instance en partage de la succession du prétendu père naturel, il impose à celui qui réclame la qualité d'enfant naturel, en vertu d'un acte de reconnaissance, et d'un acte de naissance, l'obligation d'établir son identité avec l'enfant désigné dans ces actes (Civ. rej. 26 juin 1889, aff. Lathaud, D. P. 91. 1. 129).

En raison des principes qui règlent la preuve de l'identité en matière de filiation (V. art. 341), les témoignages produits doivent être fortifiés par un commencement de preuve par écrit (*Rép.* n° 611).

258. Que faut-il décider si la contestation porte, non plus sur l'identité de l'enfant, objet de la reconnaissance, mais sur celle du père qui a consenti la reconnaissance? Il s'élève, en pareil cas, une question de preuve qui n'est pas sans difficulté. On a vu au *Rép.*, n° 613, que la jurisprudence ne l'avait pas nettement résolue. Depuis lors, un arrêt a accueilli la demande de l'enfant, et « considérant que l'état d'un enfant resterait à la discrétion de celui qui l'a reconnu ou de ses héritiers, s'il suffisait, pour infirmer cette reconnaissance, d'alléguer, malgré la parfaite similitude du nom, des prénoms, de la profession et de la résidence, qu'il n'y a pas identité entre le père indiqué par l'acte et la personne à laquelle on l'applique... », il a mis à la charge du défendeur la preuve de sa non-identité avec le prétendu père (Riom, 14 juill. 1853, aff. Guillermet, D. P. 55. 1. 462). Cet arrêt ayant statué en fait, la cour de cassation, saisie de la question, n'a pu que rejeter le pourvoi ; elle a jugé que celui auquel est attribuée une reconnaissance de paternité naturelle, faite dans l'acte de naissance de l'enfant, avec déclaration que la personne dont elle émane ne sait pas signer, peut soutenir n'être pas le même que l'auteur de cette reconnaissance, sans être tenu de recourir à la voie de l'inscription de faux ; mais que le jugement qui, ne se bornant pas, pour écarter cette dénégation d'identité, à se fonder sur l'absence d'inscription de faux, ajoute que les articulations produites à l'appui de la dénégation ne sont pas de nature à démontrer que l'auteur de la déclaration de paternité n'est pas le même que celui contre lequel on l'invoque, échappe en ce point, comme reposant sur une appréciation de faits, à la censure de la cour de cassation (Civ. rej. 7 nov. 1855, même affaire, D. P. *ibid.*). Il a été décidé, d'autre part, que la preuve de l'identité ne peut pas être faite même au moyen d'une vérification d'écritures, sous peine de constituer une recherche de paternité, si l'enfant se fonde dans sa demande sur ce que le père n'aurait fait connaître que ses prénoms dans l'acte de reconnaissance et aurait omis ou supprimé à dessein son nom de famille pour mieux déguiser son identité (Paris, 11 juill. 1868) (1). —

Des arrêts qui précèdent, on peut tirer la conclusion suivante: s'il y a similitude complète entre le nom du père pré-

(1) (Descroix C. B... du M...) — Le 31 déc. 1867, jugement du tribunal civil de la Seine ainsi conçu : — « Attendu que la reconnaissance volontaire d'un enfant naturel par son père ne peut résulter que de son acte de naissance ou d'un acte authentique ; que ces actes publics, les seuls auxquels la loi reconnaît un caractère probant, forment son titre ; — Que l'enfant naturel a donc pour père celui qui a parlé dans l'acte; que si la reconnaissance est insuffisante en ce point, il ne peut y être suppléé par aucune preuve complémentaire sans violer l'art. 340 c. civ., qui défend la recherche de la paternité naturelle en dehors des actes

tendu et celui de l'auteur de la reconnaissance, l'enfant doit être admis, sans se heurter à la prohibition de l'art. 340, à soutenir qu'il y a identité de personnes, et il appartiendra au prétendu père de faire par tous les moyens la preuve contraire ; si, au contraire, l'acte de reconnaissance ne crée pas en faveur de l'identité une présomption grave et précise, s'il doit être modifié ou complété dans quelqu'une de ses énonciations pour justifier en apparence la demande de l'enfant, cette demande est une véritable recherche de paternité, et elle ne doit pas être accueillie. Un arrêt, cependant, a mis à la charge de l'enfant la preuve de l'identité de l'auteur de la reconnaissance invoquée avec le prétendu père naturel (Civ. rej. 26 juin 1889, aff. Lathaud, D. P. 91. 1. 129).

Les arrêts précités ont fondé leur décision sur la production qui avait été faite des actes de naissance ou de reconnaissance de l'enfant ; on a vu toutefois (*Rép.* n° 612) que, d'après la doctrine, ces actes ne sauraient à aucun titre former un commencement de preuve par écrit de l'identité de celui qui s'en prévaut.

259. L'enfant naturel qui prétend avoir été reconnu volontairement, par un acte inscrit sur les registres de l'état civil, ne contreviendrait pas à la prohibition de la recherche de la paternité, en demandant à prouver par témoins la perte des registres et l'existence sur ces registres d'une reconnaissance en sa faveur. Il pourrait être admis à prouver, de même, la perte de la minute ou de tout autre acte authentique de reconnaissance (Aubry et Rau, t. 6, § 569, p. 195).

260. L'arrêt qui se fonde sur un testament contenant reconnaissance d'un enfant naturel pour déterminer la filiation de cet enfant ne viole pas la disposition du code civil qui interdit la recherche de la paternité (Req. 20 janv. 1879, aff. Antonelli, D. P. 79. 1. 107).

261. On ne saurait davantage repousser l'action en dommages-intérêts exercée par l'enfant contre la personne qui, par la calomnie et des manœuvres mensongères, a empêché l'exécution d'un mandat donné en vue de le reconnaître (Aubry et Rau, *loc. cit.*). Il a été jugé, dans ce sens, que le tiers qui, par ses manœuvres, et notamment par des avis mensongers et dénonciations calomnieuses adressés à l'autorité publique, a empêché que le mandat de reconnaître un enfant naturel reçût son exécution, peut être condamné à des dommages-intérêts envers l'enfant; qu'à tort on voudrait voir dans la demande de l'enfant une recherche implicite de paternité, sous le prétexte que le mandant serait alors judiciairement considéré comme le père réel de l'enfant naturel (Bourges, 6 juin 1860, aff. Chevrier, D. P. 61. 2. 9 et sur pourvoi, Req. 22 juill. 1861) (1). Au surplus, une telle décision échappe au contrôle de la cour de cassation (Même arrêt). Mais il en serait autrement si l'action de l'enfant était dirigée contre le mandant lui-même ; elle constituerait

---

mêmes de reconnaissance volontaire ; — Attendu que l'acte de l'état civil de 1848 porte que l'enfant a été reconnu par Alexandre-Nicole-Charles, lequel a signé au bas de l'acte : A. Charles; qu'il a donc pour père Alexandre-Nicole-Charles; — Attendu cependant qu'il est prétendu, au nom de l'enfant, que le père indiqué dans l'acte de naissance est le même que Charles-Alexandre-Nicole B... du M... ; qu'il s'agit alors d'une preuve d'identité entre le père déclarant et la personne de B... du M..., à laquelle on applique la déclaration de reconnaissance; — Attendu que cette identité ne résulte pas de l'acte lui-même; que le nom de famille B... du M... n'y figure pas; que les prénoms du père indiqué, en accordant pour un moment que le dernier de ces prénoms : « Charles » ne soit pas l'indication d'un nom de famille, ne sont pas rangés dans le même ordre que ceux attribués à B... du M... par son état civil; qu'il n'y a pas enfin similitude parfaite de la profession et de la résidence; — Attendu que le demandeur prétend faire résulter la preuve de l'identité de l'acte lui-même, en ce sens que si le tribunal, se faisant rapporter la minute, examine la signature « A. Charles », apposée au bas, il sera convaincu qu'elle émane de B... du M... ; que dès lors l'omission du nom de famille, l'interversion dans l'ordre des prénoms, ne sont plus que des défectuosités dans la forme d'un acte de l'état civil, pouvant être rectifiées ; que l'acte reste dans ses conditions substantielles avec le caractère que lui imprime l'art. 45 c. civ. ; — Mais attendu que cet examen constituerait une recherche à l'aide de documents pris en dehors de l'acte; qu'il nécessiterait un rapprochement de la signature apposée au bas avec d'autres signatures reconnues émanées de B... du M... et de leur comparaison; — Attendu, enfin, que si le tribunal, attribuant la signature « A. Charles » à B... du M... et trouvant dans cette circonstance la preuve de l'identité faite dans l'acte lui-même, ordonnait la rectification de l'acte de naissance dont s'agit pour omission du nom de famille, interversion dans l'ordre des prénoms, les conséquences de son jugement seraient d'imposer à B... du M... une paternité malgré lui, puisque, s'il a signé l'acte sans le revêtir de sa véritable signature, il est acquis qu'il n'a pas voulu reconnaître l'enfant ». — Appel par Descroix, fondé sur l'erreur qu'auraient commise les premiers juges, en voyant une recherche de paternité prohibée dans une action en constatation d'identité permise par la loi.

La cour; — Considérant que la reconnaissance volontaire de l'enfant naturel ne peut résulter à l'égard du père que de son aveu libre et spontané constaté par un acte public; — Que la preuve de cet aveu doit être faite par l'acte même de reconnaissance et qu'il n'est pas permis de modifier les énonciations de cet acte à l'aide soit des moyens ordinaires d'instruction, soit des présomptions tirées de circonstances ou de documents extérieurs; — Considérant que, dans l'acte de naissance du 18 mars 1848, Henri-Alphonse-Eugène est déclaré fils d'Alexandre-Nicole Charles, lequel a signé « A. Charles »; — Que la demande de l'appelant a pour but de prouver que le père déclarant serait Charles-Alexandre-Nicole B... du M... qui aurait dissimulé son indentité; — Considérant que, dans ces circonstances, la preuve de l'identité du père pour arriver à une reconnaissance forcée constituerait une recherche de paternité que la loi a voulu proscrire dans un intérêt général et d'ordre public; — Confirme, etc.

Du 11 juill. 1868.-C. de Paris, aud. sol.-MM. Devienne, 1er pr.-Dupré-Lassale, 1er av. gén.-Laurier et Nicolet, av.

(1) (Signorel *C.* Chevrier.) — Le sieur Signoret a déféré à la cour de cassation l'arrêt de la cour de Bourges du 6 juin 1860, rapporté D. P. 61. 2. 9 : 1° pour violation de l'art. 22 du 30 mars 1808 et des art. 2 et 9 du décret du 6 juill. 1810, en ce que, par l'arrêt attaqué, la cour de Bourges a statué en audience solennelle sur une demande en dommages-intérêts qui n'était point simplement incidente à la demande en reconnaissance d'enfant naturel dont cette cour était saisie, mais constituait, bien que née à l'occasion de faits se rapportant à la question d'état, une demande principale et distincte; — 2° Pour violation des art. 340, 1382 et 1383 c. civ., en ce que l'arrêt dénoncé a condamné le demandeur à payer des dommages-intérêts au mineur Chevrier à raison d'une dénonciation qui n'a pu causer un préjudice direct à ce mineur, mais à sa mère seule, contre laquelle elle était dirigée, et en ce que l'arrêt a fondé cette condamnation sur la supposition, contraire à la prohibition de la recherche de la paternité, que le sieur Alfred Signoret était le père du mineur Chevrier.

La cour; — Sur le premier moyen, pris de la violation de l'art. 22 du décret du 30 mars 1808 et des art. 2 et 9 du décret du 6 juill. 1810; — Attendu que la demande principale formée au nom de Paulin Chevrier, son enfant mineur, tendait à ce que, soit au respect d'Alfred Signoret, soit au respect d'Henri Signoret, avec lesquels le jugement serait déclaré commun, la procuration du 3 août 1858 fût jugée valoir comme reconnaissance d'enfant naturel, et à ce que, les frères Signoret fussent condamnés solidairement à des dommages-intérêts; qu'ainsi, la demande en dommages-intérêts, formée en même temps que la demande principale n'était qu'un accessoire de la contestation principale; qu'elle se liait à cette contestation d'une manière intime, et qu'il y avait entre les demandes une connexité évidente ; qu'en cet état, la cour de Bourges, compétente pour statuer en audience solennelle sur la question principale, l'était également pour prononcer sur les conclusions accessoires en dommages-intérêts; — Sur le second moyen, fondé sur la violation de l'art. 340 c. civ., et des art. 1382 et 1383 du même code; — Attendu que l'arrêt attaqué constate, en fait, que le préjudice éprouvé par le mineur Chevrier est incontestable, et doit être imputé au demandeur en cassation; qu'en effet, si la procuration du 3 août 1858 n'a pas reçu d'exécution et si, par suite, le mineur Chevrier se trouve privé de tous les avantages qui, à ce moyen, lui eussent été acquis, la cause originaire impulsive et déterminante s'en trouve dans les avis mensongers, les dénonciations et les manœuvres à l'aide desquels il a circonvenu et abusé sciemment l'autorité paternelle; — Attendu que cette décision, fondée sur l'appréciation d'actes de faits et de circonstances qui rentrait dans le domaine souverain des juges de fond, ne peut tomber sous la censure de la cour de cassation; — Attendu, d'un autre côté que la cour de Bourges s'est bornée à déclarer qu'Alfred Signoret avait voulu reconnaître le mineur Chevrier, et que, si cette reconnaissance n'avait pas eu lieu, c'était uniquement par le fait, et par la faute de Henri Signoret, qu'ainsi, c'est sans fondement que le pourvoi reproche à l'arrêt attaqué la violation de l'art. 340 c. civ., qui prohibe la recherche de la paternité.

Rejette, etc.

Du 22 juill. 1861.-Ch. req.-MM. le cons. Hardouin pr.-Pécourt, rap.-de Peyramont, av. gén., c. conf.-Bosviel, av.

alors une recherche de paternité contraire à la loi; ce dernier peut seulement être condamné à des dommages-intérêts envers la mère, s'il a contribué, tant par le pouvoir ultérieurement révoqué que par l'ensemble de sa conduite, à accroître la notoriété de l'accouchement, et par suite le déshonneur qui en résultait pour elle (Arrêt précité du 22 juill. 1861).

262. Au point de vue des rapports internationaux, il a été jugé : 1° que la reconnaissance d'un enfant naturel, sous quelque forme que la loi d'un pays étranger permette de la faire, suppose nécessairement un aveu libre et spontané de le paternité, et que les tribunaux français ne peuvent l'induire de documents et de faits qui, loin d'établir cette reconnaissance, tendent au contraire à y suppléer par la preuve d'une paternité déniée et constitueraient en réalité les éléments d'une recherche de paternité (Paris, 2 août 1866, aff. De Civry, D. P. 67. 2. 41); — 2° Que l'action en recherche de paternité, permise par la loi espagnole (V. *suprà*, n° 177), doit être, même après la mort du père et malgré l'ouverture de sa succession en France, portée devant la juridiction espagnole, si le père et ses enfants légitimes sont restés Espagnols; qu'il n'en est toutefois ainsi que si l'action est une action principale en réclamation d'état, et non un incident de l'instance en partage de la succession du père (Pau, 17 janv. 1872, aff. Etchevest, D. P. 75. 5. 193); — 3° Que le jugement étranger qui déclare une paternité naturelle n'est pas contraire aux bonnes mœurs et à l'ordre public, et par conséquent peut être déclaré exécutoire en France, alors surtout qu'il se borne à constater, conformément aux règles admises dans le pays où il a été rendu, le fait d'une reconnaissance non authentique émanée de celui dont la paternité était réclamée (Même arrêt. V. au surplus, *suprà*, v° *Lois*, n°s 315 et suiv.).

§ 2. — De la recherche de la maternité (*Rép.* n°s 614 à 644).

263. L'art. 341 est ainsi conçu : « La recherche de la maternité est admise; l'enfant qui réclamera sa mère sera tenu de prouver qu'il est identiquement le même que l'enfant dont elle est accouchée; il ne sera reçu à faire cette preuve par témoins que lorsqu'il aura déjà un commencement de preuve par écrit ». Il en résulte que l'enfant qui prétend être l'enfant naturel d'une femme doit prouver : 1° que cette femme est accouchée; 2° qu'il y a identité entre lui et l'enfant auquel elle a donné le jour. Et il ne peut être admis à faire ces deux preuves qu'en les appuyant toutes deux sur un commencement de preuve par écrit. Cette question, qui a donné lieu autrefois à une longue controverse (V. *Rép.* n° 615), est aujourd'hui unanimement résolue dans ce sens (Aubry et Rau, t. 6, § 570, p. 202, note 11; Laurent, t. 4, n° 112; Allard, n°s 85 et suiv. et 148). — Il n'est, au reste, pas nécessaire que les deux preuves soient faites séparément; il vaut mieux même, pour la simplification de la procédure, qu'elles ne soient pas séparées. Il a été jugé, dans ce sens: 1° que dans une action en recherche de maternité naturelle l'enfant n'est recevable à administrer la preuve testimoniale qu'autant que, soutenue d'un commencement de preuve par écrit, elle porte sur les deux faits matériels de l'accouchement de la mère et de l'identité de l'enfant (Pau, 24 juin 1857, aff. Gardères, D. P. 57. 2. 154); — 2° Que, s'il n'est pas nécessaire que, dans une instance en recherche de maternité, le commencement de preuve par écrit, requis par l'art. 341 c. civ., porte spécialement sur l'identité du réclamant avec l'enfant dont la mère serait accouchée, il faut au moins qu'il soit de nature à rendre vraisemblables les faits articulés, si l'articulation avait à la fois pour objet cette identité et le fait de l'accouchement; qu'en effet, le commencement de preuve par écrit est, en ce cas, réputé s'appliquer à l'un et l'autre des deux faits indistinctement, sans qu'il soit besoin, à cet égard, d'une constatation expresse (Req. 15 juill. 1862, aff. D..., D. P. 62. 1. 450); — 3° Que l'enfant n'est admis à former une demande en recherche de maternité que conformément à la disposition de l'art. 341 c. civ., c'est-à-dire qu'à la charge de rapporter un commencement de preuve par écrit de son identité avec l'enfant dont la mère désignée est accouchée (Req. 13 avr. 1864, aff. Ledoux, D. P. 64. 1. 249); — 4° Que les deux conditions auxquelles l'art. 341 soumet la recherche de la maternité doivent être l'une et l'autre remplies (Limoges, 6 déc. 1886, aff. Borde, D. P. 88. 2. 93). Quoi qu'il en soit, il faut, conformément à l'art. 341, que le réclamant, au lieu d'établir d'abord, d'une manière abstraite, le fait de l'accouchement, produise en même temps les moyens par lesquels il se propose de justifier de son identité : on en arriverait sans cela à faire une preuve qui pourrait n'avoir aucune utilité et qui attenterait ainsi sans raison à l'honneur d'une femme (V. *Rép.* n° 617; Aubry et Rau, t. 6, § 570, p. 203; Laurent, *loc. cit.*).

264. Conformément à ce qui a été dit au *Rép.*, n° 618, il a été jugé que le commencement de preuve par écrit exigé par l'art. 341 c. civ. ne peut être remplacé par les présomptions graves qui, aux termes de l'art. 323 c. civ., rendent la preuve testimoniale admissible en cas de recherche de la maternité légitime, cet article ne devant pas être étendu à la recherche de la maternité naturelle (Paris, 13 juill. 1863, aff. Ledoux, D. P. 64. 1. 249. V. dans le même sens : Aubry et Rau, t. 6, § 570, p. 204, note 17; Laurent, t. 4, n° 109; Toulouse, 2 mai 1866, aff. Cousinet, D. P. 66. 2. 83; Motifs, Caen, 1er mars 1860, aff. Robert, D. P. 61. 2. 12). On verra *infrà*, n° 268, que les témoignages, au contraire, dès qu'il existe un commencement de preuve par écrit, peuvent être suppléés par des présomptions ou indices.

265. On a examiné au *Rép.*, n° 619, la controverse qui s'est élevée sur le point de savoir si, dans l'admission du commencement de preuve par écrit dont il est parlé à l'art. 341, on doit se conformer aux règles de l'art. 324 ou à celles de l'art. 1347. Dans le premier cas, le commencement de preuve par écrit pourrait résulter *des titres de famille, de registres et papiers domestiques émanés du père ou de la mère, des actes publics ou même privés émanés d'une partie engagée dans la contestation ou qui y aurait intérêt si elle était vivante.* Dans le second cas, il devrait, *en rendant vraisemblable le fait allégué, émaner de la personne contre laquelle la demande est formée, ou de celle qu'elle représente.* La discussion a été résumée, au *Rép. ibid.*; il paraît définitivement admis aujourd'hui par la doctrine qu'on doit s'en référer ici à l'art. 1347, et n'admettre en preuve que les écrits émanés de la mère (Aubry et Rau, t. 6, § 570, p. 204 et suiv., notes 18 et 19; Laurent, p. 4, n° 111). Toutefois la jurisprudence est encore divisée. Il a été jugé, d'une part : 1° que la disposition de l'art. 1347 c. civ., suivant laquelle le commencement de preuve par écrit doit émaner de la personne contre laquelle la demande est formée ou de la personne qu'elle représente, n'est pas applicable à la recherche de maternité (Paris, 30 avr. 1859, aff. Bardey, D. P. 61. 2. 297); — 2° Que l'art. 324 c. civ., d'après lequel, en matière de filiation, le commencement de preuve par écrit résulte des titres de famille, des registres et papiers domestiques du père ou de la mère, des actes publics et même privés émanés d'une partie engagée dans la contestation ou qui y aurait intérêt si elle était vivante, s'applique au commencement de preuve par écrit requis par l'art. 341 de l'enfant naturel qui réclame sa mère (Civ. rej. 23 nov. 1868, aff. Duval, D. P. 69. 1. 26); — 3° Que le commencement de preuve par écrit exigé par l'art. 341 c. civ. n'est pas soumis aux conditions de l'art. 1347, mais seulement à celle de l'art. 324 c. civ. (Douai, 29 janv. 1879, aff. Anciaux, D. P. 80. 2. 213; Sol. impl. Poitiers, 8 juin 1880, aff. Fruchard, D. P. 81. 2. 78). — D'autre part, il a été jugé, en sens contraire, que la preuve de la maternité naturelle ne peut être admise que sur un commencement de preuve par écrit, tel qu'il est défini par l'art. 1347 c. civ., les dispositions des art. 321 et 324 ne s'appliquant qu'à la filiation légitime; que ce commencement de preuve ne peut résulter, en conséquence, que d'actes émanés de celle à qui l'on attribue la maternité, alors même qu'elle ne saurait pas écrire, ou de ceux qui la représentent (Toulouse, 2 mai 1866, aff. Cousinet, D. P. 66. 2. 83. Conf. Pau, 28 juin 1864, aff. Songny, D. P. 64. 2. 159; Douai, 14 déc. 1864, *infrà* n° 299; Req. 13 avr. 1864, aff. Ledoux, sol. implic. D. P. 64. 1. 249; Pau, 2 juill. 1885, aff. Carrau, D. P. 86. 2. 165). — Enfin, certains arrêts ont fait application à la fois des dispositions de l'art. 1347 et de celles de l'art. 324, en décidant qu'à supposer que l'art. 324 soit applicable, il faut au moins que le commencement de preuve par écrit invoqué par l'enfant pour établir son identité rende vraisemblable le fait allégué (Civ. rej. 23 nov. 1868, aff. Duval, D. P. 69. 1. 26; 25 juin 1877, aff. Lambert, D. P. 78. 1. 262; Toulouse, 2 févr. 1884, aff. Soum, D. P. 85. 2. 227). Le juge du fond a l'appréciation souveraine de cette vraisemblance (Arrêt précité du 25 juin 1877).

266. A l'égard des lettres se rattachant d'une manière plus ou moins directe à la mère de l'enfant (V. *Rép.* n° 620; Laurent, t. 4, n°s 113 et suiv.), il a été jugé : 1° que les lettres adressées à l'enfant naturel, quoique non écrites de la main de la mère, mais dictées par elle et écrites par son ordre, ainsi que celles écrites par l'un des enfants engagés dans la contestation, peuvent être admises comme commencement de preuve par écrit, dans le sens de l'art. 341 c. civ. (Douai, 29 janv. 1879, aff. Anciaux, D. P. 80. 2. 213); — 2° Qu'on ne peut voir un commencement de preuve par écrit de la maternité dans des lettres attribuées à la prétendue mère, mais qui n'ont été ni écrites ni signées par elle (Pau, 28 juin 1864, aff. Songny, D. P. 64. 2. 159); — 3° Qu'on ne saurait trouver un commencement de preuve par écrit, au sens de l'art. 341, dans des lettres missives censées adressées par la mère à la nourrice de l'enfant, mais qui ne sont point écrites par elle, et alors qu'on ne pourrait établir qu'elles émanent de sa volonté qu'à l'aide de simples présomptions (Toulouse, 2 mai 1866, aff. Cousinet, D. P. 66. 2. 83. Conf. Poitiers, 8 juin 1880, aff. Fruchard, D. P. 81. 2. 78); — 4° Que l'arrêt qui, en matière de recherche de maternité naturelle, déclare que le commencement de preuve par écrit exigé par l'art. 341 c. civ. ne se rencontre pas dans les documents produits, tels que des lettres écrites par un écrivain public, parce que ces documents n'émanent ni de la main ni de la volonté de la prétendue mère, et qu'il n'est point établi qu'elle en ait eu connaissance, renferme une simple appréciation d'actes qui, touchant aux inductions de fait à en tirer, et non à leur caractère légal, échappe au contrôle de la cour de cassation (Req. 13 avr. 1864, aff. Ledoux, D. P. 64. 1. 249); — 5° Que l'arrêt qui déclare que les lettres invoquées comme commencement de preuve par écrit rendent vraisemblable le fait de l'identité du réclamant avec l'enfant dont sa prétendue mère est accouchée est suffisamment motivé (Civ. rej. 23 nov. 1868, aff. Duval, D. P. 69. 1. 26). — Il résulte des arrêts précités que, ainsi qu'on l'a dit au *Rép.* n° 622, le commencement de preuve par écrit est exigé alors même que la prétendue mère ne saurait pas écrire (Conf. Laurent, t. 4, n° 110).

267. Un acte de partage provisoire de la succession de la mère prétendue, fait entre l'enfant naturel et les tuteurs des enfants légitimes, et qui n'a point été exécuté ni ratifié par les mineurs devenus majeurs, ne suffit pas, alors même qu'il est rapproché d'un acte de naissance portant indication du nom de la mère naturelle, pour constituer, au profit de l'enfant un commencement de preuve par écrit de nature à rendre la preuve testimoniale admissible (Grenoble, 26 déc. 1867, aff. Bontoux. D. P. 68. 2. 112).

268. Comme on l'a dit au *Rép.* n° 623, il n'est pas indispensable que le commencement de preuve par écrit, requis par l'art. 341, soit complété par la preuve testimoniale : des présomptions graves, précises et concordantes équivaudraient à cette dernière preuve (Comp. *suprà*, n° 264). C'est ce qui a été implicitement reconnu par un arrêt (Douai, 14 déc. 1864, *infrà*, n° 299. Conf. Laurent, t. 4, n° 120). Ces présomptions et indices graves pourraient assurément résulter de la possession d'état, bien que la possession d'état ne prouve aucunement à elle seule la filiation naturelle (V. *infrà*, n° 284).

269. On s'est demandé (*Rép.* n° 624) quelle foi est due, en ce qui concerne la maternité, à l'acte de naissance d'un enfant naturel dans lequel la mère a été désignée (V. aussi sur ce point *suprà*, v° *Actes de l'état civil*, n° 100), et l'on a dit que cet acte, ne prouvant rien relativement à l'identité de l'enfant, ne saurait suffire à établir la double preuve prescrite par l'art. 341 (V. sur la nécessité des deux preuves de l'accouchement de la mère et de l'identité de l'enfant, *suprà*, n° 263). Cette opinion est universellement adoptée dans la doctrine (Aubry et Rau, t. 6, § 570, p. 207, note 24; Laurent, t. 4, n° 117). Il a été jugé, dans ce sens : 1° que l'acte de naissance d'un enfant naturel, dans lequel la mère a été désignée, ne constitue pas à lui seul la preuve de la filiation de l'enfant qui prétend s'en appliquer le bénéfice; qu'il faut de plus que l'identité de cet enfant et de celui dénommé dans l'acte de naissance, soit établie à l'aide d'une reconnaissance formelle, ou d'une action en recherche de maternité (Civ. rej. 19 nov. 1856, aff. Chirat, D. P. 56. 1. 412); — 2° Que l'acte de naissance de l'enfant naturel ne peut servir de commencement de preuve par écrit contre la mère qui y est désignée, sans qu'aucune reconnaissance de l'enfant ait été faite en son nom, cet acte ne pouvant, par sa nature même, constituer un élément de preuve de l'identité de l'enfant (Colmar, 8 mars 1864, aff. Hoff, D. P. 64. 2. 85; Req. 13 avr. 1864, aff. Ledoux, D. P. 64. 1. 249; Rouen, 7 juill. 1871, aff. Vollet, D. P. 73. 5. 269; Toulouse, 2 févr. 1884, aff. Soum, D. P. 85. 2. 227; Grenoble, 14 janv. 1889, aff. Verdant, D. P. 90. 2. 193).

270. L'acte de naissance, portant indication de la mère, suffira-t-il au moins à prouver l'accouchement, et constituera-t-il à ce point de vue un commencement de preuve par écrit dans le sens de l'art. 341? On a résumé (*Rép.* n° 625) la controverse qui s'est élevée sur la question, et on a conclu qu'un tel acte ne constitue ni une preuve ni un commencement de preuve par écrit de la maternité naturelle. Et il en est ainsi encore qu'il ait été dressé sur la déclaration de l'une des personnes désignées en l'art. 56 (V. dans ce sens : Aubry et Rau, t. 6, § 570, p. 205 et suiv., notes 21 et 22; Laurent, t. 4, n° 117. V. aussi concl. de M. l'av. gén. de Raynal, D. P. 69. 1. 269). La jurisprudence qui avait résolu diversement cette question, est restée divisée. Il a été jugé, d'une part, que l'acte de naissance d'un enfant naturel dressé sur la déclaration des personnes désignées en l'art. 56 c. civ. fait foi de l'accouchement de la femme qui y a été désignée comme la mère de l'enfant et supplée le commencement de preuve par écrit exigé par l'art. 341 (Civ. rej. 19 nov. 1856, aff. Chirat, D. P. 56. 1. 413; Paris, 30 avr. 1859, aff. Bardey, D. P. 60. 2. 178; Alger, 26 mars 1860, aff. Grandjean, D. P. 64. 1. 354; Civ. rej. 23 nov. 1868, aff. Duval, D. P. 69. 1. 26; Civ. cass. 1er déc. 1869, aff. Hervet, D. P. 70. 1. 97; Rouen, 7 juill. 1871, aff. Vollet, D. P. 73. 5. 269; Douai, 29 janv. 1879, aff. Anciaux, D. P. 80. 2. 213; Dijon, 7 mai 1879, aff. Lizé, *ibid.*; Toulouse, 2 févr. 1884, aff. Soum, D. P. 85. 2. 227; Limoges, 6 déc. 1886, aff. Borde, D. P. 88. 2. 93; Grenoble, 14 janv. 1889, aff. Verdant, D. P. 90. 2. 193). — Il a été décidé en sens contraire, et conformément à l'opinion qui prévaut en doctrine que : si l'acte de naissance qui a désigné la mère naturelle sans sa participation peut être considéré comme faisant la preuve du fait matériel de l'accouchement, cet acte ne peut être invoqué ni comme une preuve, ni comme un commencement de preuve par écrit dans le sens de l'art. 341 (Metz, 10 août 1864, aff. Machinet, D. P. 64. 2. 225); — 2° Qu'un enfant naturel ne peut, en l'absence d'un commencement de preuve par écrit, invoquer, comme établissant sa filiation maternelle, la désignation de sa mère dans son acte de naissance auquel celle-ci n'a pas personnellement figuré, encore qu'à cette désignation se joigne une possession d'état conforme (Metz, 21 juin 1853, aff. Claude, D. P. 56. 2. 193; Pau, 28 juin 1855, aff. D..., D. P. 56. 2. 258; Besançon, 12 juill. 1855, aff. Emourgeon, D. P. 57. 2. 18; Orléans, 18 févr. 1858, aff. Flory, motifs, D. P. 58. 2. 113; Caen, 1er mars 1860, aff. Robert, D. P. 61. 1. 12; Rouen, 23 juill. 1862, *infrà*, n° 277; Douai, 14 déc. 1864, *infrà*, n° 299; Colmar, 8 mars 1864, aff. Hoff, D. P. 64. 2. 85; Grenoble, 26 déc. 1867, aff. Bontoux, D. P. 68. 2. 112; Poitiers, 8 juin 1880, aff. Fruchard, D. P. 81. 2. 78).

Il convient de remarquer qu'au point de vue du fait même de la recherche de maternité, la division de la jurisprudence est plus apparente que réelle; en effet, les arrêts précités, qui admettent comme preuve de l'accouchement l'acte de naissance de l'enfant portant désignation de la mère, exigent, en outre, la preuve de l'identité de l'enfant corroborée par un commencement de preuve par écrit spécial. — Quant à l'identité de la prétendue mère et de celle désignée dans l'acte de naissance, il faut qu'elle soit certaine; et l'enfant reste entièrement soumis aux dispositions de l'art. 341 c. civ., s'il est constaté qu'il n'existe aucune identité entre la mère qu'il prétend avoir et la femme désignée dans son acte de naissance (Req. 13 avr. 1864, aff. Ledoux, D. P. 64. 1. 249).

271. On sait que la reconnaissance doit être faite par acte authentique (V. *suprà*, n° 212). On admet toutefois qu'une reconnaissance sous seing privé vaudrait comme commencement de preuve par écrit dans le sens de l'art. 341, à condition qu'elle ne laissât planer aucun doute sur l'identité de l'enfant naturel qui s'en prévaut (V. *Rép.* n° 629, et dans le même sens: Aubry et Rau, t. 6, § 570, note 21; Laurent, t. 4, n° 113). — Mais l'enfant naturel ne saurait s'appuyer, pour rechercher sa filiation maternelle, sur une reconnaissance illégale et vicieuse, comme constatant par exemple une filiation adultérine: une telle reconnaissance ne constituerait pas un commencement de preuve par écrit (Civ. rej. 25 juin 1877, aff. Lambert, D. P. 78. 1. 262). Cet enfant, toutefois peut, au moyen de tout autre commencement de preuve par écrit, rechercher sa mère, si l'adultérinité provient du père (Même arrêt).

272. En somme, il ressort de tout ce qui précède que, de l'avis unanime, les actes qui peuvent être invoqués par l'enfant comme commencement de preuve par écrit, soit de l'accouchement de la mère, soit de sa propre identité, doivent, sinon émaner de la mère elle-même, au moins pouvoir être considérés comme un aveu de sa maternité (V. Laurent, t. 4, n°s 115 et suiv.). C'est ainsi qu'il a été jugé, en ce qui concerne l'accouchement : 1° que la déclaration, faite par une femme, de sa maternité ou de sa grossesse, constatée dans un procès-verbal de non-conciliation par le juge de paix, au sujet de l'action en dommages-intérêts qu'elle se propose d'intenter contre l'individu auquel elle attribue la paternité de l'enfant, peut servir de commencement de preuve par écrit autorisant la recherche de la maternité conformément à l'art. 341 c. civ. (Colmar, 25 janv. 1859, aff. Heintz, D. P. 59. 2. 61); —2° Qu'un acte de déclaration de grossesse passé devant le greffier du juge de paix quelques heures avant l'accouchement constitue, rapproché de l'acte de naissance, un commencement de preuve par écrit de la filiation naturelle (Civ. cass. 1er déc. 1869, aff. Hervet, D. P. 70. 1. 97). — De même il a été jugé, en ce qui concerne l'identité : 1° que l'acte de mariage de l'enfant naturel et les publications qui l'ont précédé, dans lesquels cet enfant, qui habitait alors avec celle qu'il réclame pour mère, a été désigné comme étant son fils naturel, peuvent servir de commencement de preuve par écrit de l'identité du réclamant avec l'enfant dont la prétendue mère est accouchée, encore que l'acte de mariage ne mentionne pas le consentement de cette dernière au mariage de son fils (Paris, 30 avr. 1859, aff. Bardey, D. P. 60. 2. 178; Civ. cass. 3 avr. 1872, aff. Miquel, D. P. 72. 1. 113); — 3° Que le concours d'une femme à un acte d'engagement militaire d'un enfant naturel contient un aveu de l'identité de cet enfant avec celui dont elle est accouchée ; et que cet aveu, étant consigné dans un acte reçu par un maire dans la limite de ses attributions, et par conséquent authentique, participe de l'authenticité de cet acte, et forme plus qu'un commencement de preuve par écrit de l'identité de l'enfant, qu'il en est la preuve directe et complète (Limoges, 6 déc. 1886, aff. Borde, D. P. 88. 2. 93).

273. Il a été décidé que le commencement de preuve par écrit requis par l'art. 341 c. civ. peut résulter de l'acte de célébration du mariage de l'enfant réclamant, où a figuré comme témoin l'enfant légitime de la prétendue mère avec la désignation de frère utérin de l'époux (Résol. impl. Pau, 2 juill. 1885, aff. Carrau, D. P. 86. 2. 165).

274. On a vu au *Rép.* n° 631 que la jurisprudence avait une tendance à admettre, à défaut de commencement de preuve par écrit, la délation du serment décisoire faite par l'enfant à sa prétendue mère. Il a été jugé depuis que, dans une action en recherche de maternité naturelle, le serment ne peut être déféré aux héritiers de la prétendue mère, dans le but d'établir l'identité du réclamant avec l'enfant dont cette femme est accouchée (Pau, 24 juin 1857, aff. Gardères, D. P. 57. 2. 154).

275. L'action en recherche de maternité ne peut, du vivant de l'enfant, être exercée que par lui-même (Comp. Angers, 21 mai 1852, aff. Duplaissis, D. P. 53. 2. 23), ou, durant sa minorité, par son père naturel qui l'a reconnu, en vue au moins, dans ce dernier cas, de lui faire fournir des aliments par sa mère (*Rép.* n° 632). Il a été jugé, dans ce sens, que le père et tuteur d'un enfant naturel reconnu a qualité pour rechercher la maternité au nom de cet enfant (Limoges, 4 déc. 1861, aff. D..., D. P. 62. 2. 22. Conf. Laurent, t. 4, n° 104; Aubry et Rau, t. 6, § 570, note 1).

276. On a exposé au *Rép.* n°s 632 et suiv. la controverse qui s'est élevée sur le point de savoir si l'action en recherche de maternité est ou non, entre les mains de l'enfant, imprescriptible et inaliénable, et on a vu que, conformément aux principes généraux qui règlent les questions d'état, elle ne peut ni se prescrire ni faire l'objet de conventions privées, sauf toutefois en ce qui concerne les intérêts pécuniaires qui y sont attachés (V. conf. Aubry et Rau, t. 6, § 570, p. 209, note 29). Il a été jugé, dans ce sens, que la transaction sur l'intérêt pécuniaire résultant de l'état, et notamment de la qualité d'enfant naturel qu'un des contractants s'attribue, est valable quand elle ne porte pas en même temps sur cet état (Req. 9 mai 1855, aff. Muiron, D. P. 55. 1. 228).

277. Après la mort de l'enfant, l'action est-elle éteinte ? ou, au contraire, passe-t-elle à ses héritiers et successeurs ? Divers systèmes sont en présence (V. *Rép.* n° 636); mais on a vu, *ibid.* que la nature même de l'action et l'intention présumée du législateur, telle qu'elle ressort des termes de l'art. 341, entraînent l'extinction de l'action par la mort du seul intéressé, l'enfant (Conf. Allard, n° 93). Plusieurs auteurs cependant considèrent les héritiers et successeurs comme intéressés, au moins pécuniairement, à l'action et leur en accordent l'exercice (Aubry et Rau, t. 6, § 570, p. 196 et suiv., notes 2 et suiv. ; Laurent, t. 4, n°s 101 et suiv.). Il a été jugé, en ce sens, que le droit de rechercher la maternité n'est pas limité à la personne de l'enfant naturel, et qu'il peut être, après son décès, exercé par ses héritiers (Paris, 30 avr. 1859, aff. Bardey, D. P. 60. 2. 178, sol. impl. V. conf. C. cass. Turin, 26 juill. 1883) (1). Mais

(1) (Laurent C. Cocognari.) — LA COUR; — Attendu qu'il est inadmissible dans la pratique de considérer l'action en réclamation d'état comme attachée d'une manière exclusive et absolue à la personne de l'enfant, et par suite de prétendre qu'après le décès de cet enfant ses descendants ne peuvent la trouver dans sa succession, ni l'exercer; — Attendu que le contraire résulte des art. 170 c. albertin et 178 c. civ. ital. qui, posant les règles de l'exercice de l'action par les héritiers, reconnaissent, implicitement la possibilité de sa transmission; — Attendu que ces textes en concédant ce droit aux héritiers de l'enfant, loin de disposer par exception aux principes posés par la loi se bornent à modifier légèrement les principes généraux de la transmissibilité des actions, ce qui fait nettement ressortir la pensée du législateur; qu'ils reconnaissent, sous certaines conditions, l'exercice de l'action aux descendants en ligne directe de l'enfant décédé, sans se préoccuper de leur qualité héréditaire, et cela après avoir déclaré expressément que cette action ne s'éteint pas de droit par le seul fait de la mort de l'enfant; — Attendu que ces articles s'appliquant expressément à la réclamation d'état d'enfant légitime, on peut hésiter sur le point de savoir s'ils doivent être étendus à la recherche de la filiation naturelle en ce qui concernent les conditions auxquelles ils soumettent la transmissibilité de l'action ; — Mais attendu que toute hésitation doit cesser en présence de la façon incomplète dont est traitée dans les textes la filiation naturelle, relativement au grand nombre de dispositions qui visent la filiation légitime, surtout si l'on considère que les mêmes principes doivent régler des situations analogues, toutes les fois qu'on peut s'appuyer sur les mêmes motifs, sans violer l'esprit de la loi; que, dès lors, le juge et les commentateurs, qui ont pour devoir de remédier aux lacunes de la loi, doivent étendre aux hypothèses que la loi n'a pas prévues les règles posées expressément pour certains cas; — Attendu qu'il y a identité absolue de situation, sous le rapport de l'art. 178 c. civ., entre la filiation légitime et la filiation naturelle; que dans l'un comme dans l'autre cas, c'est une question d'état qui est en cause, c'est-à-dire une situation similaire et de même nature ; qu'on ne saurait envisager d'une manière différente la filiation légitime et la filiation naturelle qui crée ainsi des rapports de famille soit entre les enfants naturels et leurs auteurs, soit entre eux et leurs descendants légitimes; que la loi elle-même consacre ces rapports dans de nombreux textes, réglant la situation des descendants légitimes d'un enfant naturel vis-à-vis du père naturel de ce dernier, et faisant produire à la parenté naturelle certains effets spéciaux (V. par exemple les art. 186, § 1, 784, 817 c. civ.); qu'en conséquence il s'agit bien d'une véritable revendication d'état civil pour les descendants légitimes d'un

l'opinion contraire est plus généralement admise par la jurisprudence. Ainsi, il a été décidé : 1° que la recherche de la maternité naturelle n'est possible que dans l'intérêt de l'enfant et constitue un droit exclusivement attaché à sa personne ; qu'en conséquence ce droit ne peut, après le décès de l'enfant, être exercé par des tiers à l'effet d'établir qu'ils sont ses héritiers (comme étant, par exemple, eux-mêmes enfants naturels de la prétendue mère) ; qu'on opposerait à tort les art. 759 et 766 c. civ., lesquels ne s'appliquent qu'aux héritiers des enfants naturels reconnus (Besançon, 12 juill. 1855, aff. Emourgeon, D. P. 57. 2. 18); — 2° Que l'action en recherche de maternité naturelle ne peut être exercée que par l'enfant lui-même à qui elle est personnelle, et qu'elle n'est point transmissible aux descendants ou aux autres héritiers de cet enfant, s'il ne l'a point exercée de son vivant ; qu'en conséquence, les descendants légitimes d'un enfant naturel n'ont pas qualité pour intenter, au nom de cet enfant, une action en recherche de maternité, à l'effet, notamment, de revendiquer contre l'administration des Domaines l'hérédité d'un autre enfant naturel de la même mère, en vertu de l'art. 766 c. civ. (Civ. cass. 29 juill. 1861, aff. Bardey, D. P. 61. 1. 297. Conf. Rouen, 23 juill. 1862 (1) ; Civ. cass. 10 août 1864, aff. Grandjean, D. P. 64. 1. 354 ; Grenoble, 26 déc. 1867, aff. Bontoux, D. P. 68. 2. 112 ; Civ. cass. 3 avr. 1872, aff. Miquel, D. P. 72. 1. 113 ; Rouen, 7 juill. 1871, aff. Vollet, D. P. 73. 5. 269 ; Orléans, 8 févr. 1855, aff. Bruneau, sol. impl. D. P. 55. 2. 100 ; 28 févr. 1855, aff. Bergeraux, D. P. 55. 2. 214 ; Caen, 1er mars 1860, aff. Robert, D. P. 61. 1. 12 ; Req. 23 juill. 1878, aff. Grosset, D. P. 79. 1. 15).

278. Quelques décisions admettent, sous certaines conditions restrictives, l'exercice de l'action par les héritiers et successeurs (V. *Rép.* n° 637). Il a été jugé, dans ce sens, qu'en admettant que l'action des successeurs existe, elle doit être soumise aux restrictions imposées par l'art. 329 c. civ. à l'action des successeurs des enfants légitimes ; qu'en conséquence est non recevable l'action en réclamation d'état intentée par les héritiers de l'enfant naturel décédé, sans avoir agi, plus de cinq ans après avoir atteint sa majorité (Grenoble, 26 déc. 1867, aff. Bontoux, D. P. 68. 2. 112 ; Angers, 29 mai 1852, aff. Papin, D. P. 55. 2. 265). Toutefois, ajoute l'arrêt précité du 29 mai 1852, la fin de non-recevoir que prononce l'art. 329 ne peut être invoquée par ceux qui ont, à l'aide du dol ou de la violence, et par exemple en retenant des pièces décisives, empêché l'enfant naturel de former lui-même son action en recherche de maternité.

279. Il ne faut pas confondre avec l'action en recherche de la maternité celle qui tend à faire constater que l'enfant a été réellement reconnu par sa mère. Dans cette dernière action, le débat porte uniquement sur le fait de la reconnaissance, et les héritiers de l'enfant peuvent, sans aucun doute, l'exercer du chef de leur auteur. D'autre part, la preuve à fournir n'est pas la même que dans le cas où c'est la maternité elle-même qu'il s'agit de prouver. Les demandeurs ont alors à établir l'identité de l'enfant, non pas avec celui dont sa prétendue mère est accouchée, mais avec celui qui a été l'objet de la reconnaissance. — Il a été jugé, en ce sens, que les dispositions des art. 329 et 341 c. civ. qui déterminent les conditions auxquelles sont soumises les actions en réclamation d'état et en recherche de maternité, ne peuvent pas être imposées aux descendants de l'enfant naturel légalement reconnu ; que, spécialement, ceux-ci ne sont pas tenus d'établir l'identité de leur auteur avec l'enfant dont la mère prétendue est accouchée (Bordeaux, 25 août 1877, aff. Courbin, D. P. 78. 2. 193).

280. Il a été décidé aussi qu'on ne saurait voir une action en recherche de maternité irrecevable comme exercée par un

---

enfant naturel dont l'état n'est pas encore réglé ; — Attendu qu'il s'ensuit, devant l'intérêt moral et personnel incontestable de ces descendants à exercer cette réclamation d'état, que l'art. 178, quoique visant la filiation légitime, leur est certainement applicable ; que les intérêts pécuniaires découlant de cet état sont d'ailleurs étroitement liés à la proclamation de leur filiation ; — Attendu qu'en conséquence l'art. 178 c. civ. a été sainement interprété par l'arrêt contre lequel le pourvoi est formé ; — Rejette, etc.

Du 26 juill. 1883.-C. cass. de Turin.-MM. Volo, pr.-Falice, rap.

(1) (Domaine *C.* Bardey.) — LA COUR ; — Attendu que les consorts Bardey ont intenté une action en pétition d'hérédité contre l'administration des Domaines, à l'effet de revendiquer la succession de Jeanne Bardey à laquelle ils prétendaient du chef de leur père Claude Bardey, aux termes de l'art. 766 c. civ., en se fondant sur ce que ledit Claude Bardey et ladite Jeanne Bardey étaient frère et sœur naturels, nés de feu Jeanne-Claude Bardey ; — Attendu que le Domaine repousse cette action en soutenant que les intimés n'ont pas la qualité qui peut seule servir de fondement à leur demande, puisque Jeanne-Claude Bardey n'avait pas reconnu lesdits Claude et Jeanne pour ses enfants naturels, et qu'à défaut de cette reconnaissance aucune autre preuve n'est admissible, et qu'enfin la recherche de la maternité n'est autorisée par la loi qu'en faveur de l'enfant seul, et non en faveur de ses héritiers ;

Sur le premier moyen du Domaine ; — Attendu que les intimés le combattent en s'appuyant, pour démontrer la filiation naturelle de leur père et de leur tante, sur les énonciations des actes de naissance de ceux-ci, dans lesquelles Jeanne-Claude Bardey est désignée comme leur mère par suite de la déclaration même de la mère de cette femme, et invoquent en outre la possession d'état qui corrobore ces énonciations ; — Mais attendu que la loi a posé des règles spéciales et différentes pour la preuve de la filiation des enfants nés dans le mariage et pour la filiation des enfants naturels ; que si l'acte de naissance établit, aux termes de l'art. 319, une preuve de la filiation des enfants légitimes, il n'en est pas de même de la filiation naturelle qui ne peut être légalement assurée que par la reconnaissance du père ou de la mère ; que cette reconnaissance de l'enfant naturel ne peut être faite que par un acte authentique, lorsqu'elle ne l'aura pas été dans son acte de naissance (art. 334) ; que, dans l'absence de cette reconnaissance positive, l'acte de naissance ne constate qu'une seule chose, la naissance de l'enfant, sans lui donner une filiation quelconque ; que la différence dans les dispositions de la loi tient à la nature même des choses ; qu'en effet, à l'égard des enfants légitimes, il suffit qu'il soient nés de père et mère unis par le mariage, pour que leur filiation et leur légitimité soient établies, tandis que, pour les enfants naturels, il n'est permis à personne de leur attribuer, soit un père, soit une mère, si ni l'un ni l'autre ne veulent se reconnaître légalement pour tels ; — Attendu donc que la déclaration qui émane d'un tiers, quel qu'il soit, s'il n'a pas reçu un mandat spécial pour la faire, ne peut attribuer, soit au père, soit à la mère qu'il indique, la qualité qu'ils n'ont pas acceptée de la seule manière qu'autorise la loi qui exige la reconnaissance formelle du père ou de la mère dans l'acte de naissance ; — Attendu, en ce qui touche la possession d'état invoquée par les intimés, qu'en admettant comme constants les faits dont ils prétendent la faire résulter, cette possession ne pourrait remplacer la reconnaissance qui est la seule preuve permise par la loi pour constituer une filiation naturelle ; qu'en effet, si le législateur a voulu qu'à défaut d'acte de naissance, la possession constante d'enfant légitime suffise pour assurer sa filiation, cette disposition spéciale n'est pas reproduite dans la section du code civil qui comprend toutes les règles pour la reconnaissance des enfants naturels ; que l'on doit induire de ce silence que la loi n'a pas voulu accorder la même faveur à la filiation naturelle qu'à la filiation légitime ; que, d'ailleurs, les termes dont la loi s'est servie révèlent de plus sa pensée, car, aux termes de l'art. 321, la possession d'état s'établit par une réunion suffisante de faits qui indiquent le rapport de filiation et de parenté entre un individu et la famille à laquelle il prétend appartenir ; or, l'enfant naturel ne peut se rattacher à la famille de son père ou de sa mère, à laquelle il reste étranger, qu'il ne peut donc recueillir le bénéfice d'une loi qui ne l'accorde qu'à ceux qui, seuls, peuvent en accomplir les conditions ; — Sur le deuxième moyen du Domaine ; — Attendu que la recherche de la maternité qui forme une réclamation d'état est, d'après les termes comme d'après l'esprit de l'art. 341, une action exclusivement attachée à la personne de l'enfant naturel et n'a été autorisée qu'en sa faveur ; que cette action ne passe donc pas à ses héritiers, lorsque, comme dans l'espèce, il ne l'a pas exercée de son vivant ; — Attendu que cette solution, puisée dans les principes qui l'ont dictée, reçoit une nouvelle confirmation par les art. 328 et 329, d'après lesquels l'action en réclamation d'état, d'un enfant légitime ne passe aux héritiers que si l'enfant a intenté son action avant son décès ou s'il est décédé moins de cinq ans après sa majorité ; car si le législateur avait entendu, en une manière quelconque, autoriser une semblable action de la part des héritiers d'un enfant naturel, il aurait eu soin d'en subordonner l'exercice à des conditions analogues et encore plus rigoureuses, puisque partout la loi dans sa haute sagesse, s'est montrée plus favorable à la recherche de la filiation légitime qu'à la recherche de la filiation naturelle ; — Réforme, etc.

Du 23 juill. 1862.-C. de Rouen, aud. solenn.-MM. Gesbert, pr.-Thiriot, av. gén.-Chassau et Aman (du barreau de Paris) av.

héritier, dans l'action intentée par un frère naturel pour établir sa qualité vis-à-vis du *de cujus*, et fondée sur la reconnaissance faite régulièrement par la mère commune de ses enfants naturels (Dijon, 28 févr. 1873, *suprà*, n° 230).

281. Les créanciers de l'enfant naturel n'ont pas le droit d'exercer en son nom l'action en recherche de maternité. On a vu au *Rép.*, n° 637, que ce droit doit leur être refusé en raison des motifs peu élevés sur lesquels ils se fondent. Cette opinion est contestée (V. en sens contraire : Aubry et Rau, t. 6, § 570, p. 196, note 1 ; Laurent, t. 4, n° 102). Il est juste de remarquer que les partisans de l'opinion contraire ne reconnaissent le droit des héritiers et créanciers à l'action qu'au point de vue des droits pécuniaires qui s'y rattachent, et se fondent, pour cela, sur les principes qui régissent la réclamation d'état en matière de filation légitime.

282. L'action en recherche de maternité ne peut être exercée contre l'enfant dans le but, par exemple, de faire réduire, conformément à l'art. 908 c. civ., les libéralités faites à son profit au delà des limites fixées par les art. 756 et suiv. (V. la controverse exposée *Rép.* n°s 639 et suiv. — *Contrà :* Aubry et Rau, t. 6, § 570, p. 198 et suiv., note 6 ; Laurent, t. 4, n° 107). Ces auteurs, partant de ce principe que les dispositions de l'art. 908 sont d'ordre public, n'admettent pas qu'une fraude concertée entre la mère et l'enfant dans le but de violer l'ordre public, puisse être consacrée par la justice. M. Laurent (*loc. cit.*) se fonde, en outre, sur l'interprétation qu'il a donnée (V. *suprà*, n° 256) de l'expression *parties intéressées* contenues dans l'art. 340, et enseigne que cette interprétation, très admissible dans le cas de l'art. 340 qui n'admet qu'exceptionnellement la recherche de la paternité, doit l'être à plus forte raison dans le cas de l'art. 341, qui admet pleinement, sous la seule restriction de l'identité de l'enfant, la recherche de la maternité. — La jurisprudence s'est décidée d'une façon constante pour l'opinion soutenue au *Répertoire*. Ainsi il a été jugé : 1° que l'art. 341 c. civ., en autorisant la recherche de la maternité, n'ouvre ce droit qu'en faveur de l'enfant ; qu'en conséquence, les tiers ne peuvent se prévaloir de cette disposition pour faire juger au détriment d'un enfant que telle personne est sa mère, et ce dans le but de faire considérer cette personne comme interposée, alors surtout que la possession d'état d'enfant naturel n'est ni établie ni même articulée (Orléans, 8 févr. 1855, aff. Bruneau, D. P. 55. 2. 100) ; — 2° Que les tiers ne peuvent être admis à rechercher la maternité naturelle contre l'enfant et dans leur simple intérêt héréditaire, par exemple à l'effet de faire annuler une donation déguisée ou un legs fait par leur auteur à cet enfant (Orléans, 28 févr. 1855, aff. Bergeraux, D. P. 55. 2. 214. Conf. Angers, 21 mai 1852, aff. Duplaissis, D. P. 54. 1. 93 ; Caen, 1er mars 1860, aff. Robert, D. P. 61. 1. 12) ; — 4° Que la recherche de la maternité naturelle admise en faveur de l'enfant n'est pas autorisée contre lui ; qu'en conséquence elle n'est pas recevable de la part des tiers qui voudraient faire constater la filiation de l'enfant, pour obtenir la réduction des libéralités à lui faites par une femme qu'ils prétendent être sa mère naturelle (Req. 23 juill. 1878, aff. Grosset, D. P. 79. 1. 15).

283. Il a été jugé que la condition imposée à un légataire de ne pas rechercher sa mère naturelle doit être réputée non écrite comme contraire à la loi (Trib. civ. de Tarbes, 11 avr. 1856, aff. Gardères, D. P. 57. 2. 154).

ART. 3. — *De la possession d'état avec ou sans titre* (*Rép.* n°s 645 à 656).

284. On a vu, *suprà*, n° 114, qu'aux termes de l'art. 320, la possession d'état d'enfant légitime suffit, à défaut de titre, pour établir la filiation légitime. Doit-on décider, par analogie, que la possession d'état d'enfant naturel suffit à elle seule à établir la filiation naturelle? Cette question a donné lieu à des controverses, exposées au *Rép.* n° 645 ; il a toutefois été dit, *ibid.*, qu'aucun raisonnement par analogie ne saurait aller contre le silence de la loi, et que, les dispositions relatives à la filiation naturelle n'ayant pas spécialement autorisé la preuve par la possession d'état, cette preuve ne peut être admise en pareille matière ni à l'égard du père ni à l'égard de la mère (V. *Rép.* n°s 645, 647 et suiv. Conf. Aubry et Rau, t. 6, § 569, p. 188, note 2, et § 570, p. 200, note 9 ; Laurent, t. 4, n°s 13 et 16. — *Contrà :* Allard, n°s 90 et suiv.). Ce dernier auteur considère la possession d'état comme la plus complète de toutes les preuves parce qu'elle constitue un aveu public.

En ce qui concerne le père, la jurisprudence est constante, et il a été jugé, d'une façon absolue, que la possession d'état ne peut être invoquée à l'égard du père comme une preuve de la filiation naturelle (Caen, 1er mars 1860, aff. Robert, D. P. 61. 1. 12; Orléans, 10 mai 1860, aff. Edmond, D. P. 60. 2. 144; Req. 16 déc. 1861, aff. Hénault, D. P. 62. 1. 29; Agen, 27 nov. 1866, aff. Lacuée de Cessac, D. P. 66. 2. 245). — Sur le cas où la possession d'état est invoquée pour établir la paternité naturelle en vertu des dispositions d'une législation étrangère, V. *suprà*, v° *Lois*, n° 313.

Les divergences subsistent en ce qui concerne la mère. Il a été décidé, d'une part : 1° que la possession d'état prouve à l'égard de la mère la filiation naturelle comme la filiation légitime (Grenoble, 26 déc. 1867, aff. Bontoux, sol. impl. D. P. 68. 2. 112); — 2° Que la mère naturelle est admise à prouver sa maternité au moyen des énonciations de l'acte de naissance de l'enfant soutenues d'une possession d'état conforme (Paris, 16 nov. 1871, aff. Yung, D. P. 72. 2. 62). Il a été, d'autre part, jugé plus généralement que la règle de droit suivant laquelle la possession d'état suffit, à défaut de titre, pour établir la filiation légitime, ne s'applique pas à la preuve de la maternité naturelle (Pau, 28 juin 1855, aff. D..., D. P. 56. 2. 258; 24 juin 1857, aff. Gardères, D. P. 57. 2. 154; Caen, 1er mars 1860, aff. Robert, D. P. 61. 1. 12; Rouen, 23 juill. 1862, *suprà*, n° 277; Douai, 14 déc. 1864, *infrà*, n° 300; Civ. cass. 3 avr. 1872, aff. Miquel, D. P. 72. 1. 113; Poitiers, 8 juin 1880, aff. Fruchard, D. P. 81. 2. 78; Toulouse, 2 févr. 1884, aff. Soum, D. P. 85. 2. 227; Paris, 11 juin 1889, aff. Marie Regnault, D. P. 92. 2. 553).

285. L'art. 322, d'après lequel « nul ne peut réclamer un état contraire à celui que lui donnent son acte de naissance et la possession conforme à ce titre, et réciproquement nul ne peut contester l'état de celui qui a une possession conforme à ce titre de naissance », s'applique-t-il à la filiation naturelle aussi bien qu'à la filiation légitime? (V. *Rép.* n°s 652 et suiv., la controverse qu'a fait naître cette question). L'opinion qui a été adoptée *suprà*, n°s 269 et 270, d'après laquelle d'une part l'acte de naissance ne fait aucunement preuve de la filiation naturelle, et d'autre part l'art. 320 est spécial à la filiation légitime, conduit à repousser de même ici l'application de l'art. 322. D'ailleurs, l'art. 339 est absolu dans ses termes, et c'est de la façon la plus générale, et sans aucune exception, qu'il donne à tout intéressé le droit de contester les reconnaissances d'enfants naturels émanées du père ou de la mère : or, quelle serait l'utilité de cette disposition si elle pouvait se heurter à la fin de non-recevoir de l'art. 322 *in fine?* V. au surplus la discussion, *Rép.* n° 653 (Conf. Laurent, t. 4, n° 18; Aubry et Rau, t. 6, § 570, p. 201, note 10). — La jurisprudence est fixée, d'une façon à peu près unanime, dans le sens de cette opinion. De nombreux arrêts ont décidé que l'art. 322 c. civ., qui ne permet pas de contester l'état de celui qui a une possession conforme à son titre de naissance, est exclusivement applicable à l'enfant légitime, et qu'on ne saurait en étendre le bénéfice aux enfants naturels (Douai, 6 juin 1851, aff. Protat, D. P. 52. 2. 221; Metz, 21 juin 1853, aff. Claude, D. P. 56. 2. 193; Civ. cass. 12 févr. 1868, aff. Aguillon, D. P. 68. 1, 60; Grenoble, 24 juin 1869, aff. Aiguillon, D. P. 69. 2. 207; Dijon, 31 mars 1870, *suprà*, n° 168; Lyon, 6 avr. 1870, aff. Charreton, D. P. 70. 2. 227; Poitiers, 8 juin 1880, aff. Fruchard, D. P. 81. 2. 78; Toulouse, 2 févr. 1884, aff. Soum, D. P. 85. 2. 227; Paris, 9 juill. 1885, aff. Barrande, D. P. 86. 2. 261 ; Grenoble, 14 janv. 1889, aff. Verdant, D. P. 90. 2. 193). Tout au plus pourrait-on soutenir que nul ne peut contester l'état d'un enfant naturel qui a une possession d'état conforme à l'acte par lequel il a été reconnu (V. *Rép.* n° 654). C'est l'opinion qui a été admise par quelques arrêts (Aix, 30 mai 1866, aff. Aguillon, D. P. 66. 2. 201; Paris, 8 mai 1879, aff. De Bouyn, sol. impl. D. P. 82. 1. 203; Req. 13 juin 1882, même affaire, sol. impl. D. P. 82. 1. 308); mais elle ne prévaut pas. Il a été jugé, en sens contraire, que la possession d'état d'enfant naturel, concourant avec une reconnaissance faite à une date plus ou moins postérieure à la naissance, n'est en somme qu'une présomption qui peut être combattue par la preuve contraire (Paris, 9 juill. 1885, aff. Barrande, D. P. 86. 2. 261. Conf. Colmar, 25 janv. 1859, aff. Heintz, D. P. 59. 2. 61; Civ. cass. 12 févr. 1868, aff. Aguillon, D. P. 68. 1. 60; Paris, 8 mai, 1879, aff. De Bouyn, D. P. 82. 1. 203; Req. 13 juin 1882, aff. De Bouyn, D. P. 82. 1. 308). Jugé encore sur ce point que, l'art. 322 c. civ. fût-il applicable aux enfants naturels, l'enfant inscrit comme né de père inconnu ne pouvant, bien que depuis reconnu et légitimé, avoir titre de naissance dans le sens de cet article, serait encore non recevable à l'invoquer (Douai, 6 juin 1851, aff. Protat, D. P. 52. 2. 221).

Sect. 3. — Effets de la filiation naturelle (*Rép.* nos 657 à 704).

286. Aucun lien de parenté ni d'alliance ne rattache les enfants naturels aux parents et alliés de leurs père et mère (Conf. Laurent, t. 4, n° 123), et sauf quelques exceptions (V. *infrà*, n° 294), il n'existe entre eux et ces personnes ni droits, ni devoirs. — Au contraire, l'enfant naturel porte le nom et suit la condition de celui de ses auteurs qui l'a reconnu; il porte le nom et suit la condition de son père s'il a été reconnu par ses deux auteurs (V. *Rép.* nos 660 et suiv. Conf. Aubry et Rau, t. 6, § 571, p. 215 et suiv.; Laurent, t. 4, n° 124. V. au surplus, *suprà*, v° *Nom*, n° 24). — En ce qui touche l'application des art. 376, 377, 378, 379 et 383 c. civ., V. *Rép.* n° 662, et *infrà*, v° *Puissance paternelle*; ... l'application de l'art. 182 c. civ. et les consentement ou opposition au mariage des enfants naturels, V. *Rép.* n° 663, et *suprà*, v° *Mariage*, n° 67; — *Rép.* eod. v°, nos 267, 284; ... la tutelle légale ou dative, V. *Rép.* n° 664, et *suprà*, v° *Minorité-tutelle*, nos 638 et suiv. ... En ce qui concerne la possibilité de l'adoption des enfants naturels par leurs auteurs, V. *suprà*, v° *Adoption*, n° 21.

287. On a vu (*Rép.* n° 665) qu'il résulte des travaux préparatoires du code et aussi des termes de l'art. 762 c. civ. que les père et mère naturels doivent des *aliments* à leurs enfants (Conf. Aubry et Rau, t. 6, § 571, p. 215; Laurent, t. 4, n° 126; Allard, nos 187 et suiv.). La jurisprudence est fixée dans ce sens (Paris, 9 mars 1860, aff. Lebocq, sol. impl. D. P. 60. 2. 148; Rouen, 15 févr. 1864, aff. Vacossin, D. P. 64. 5. 190; Req. 13 juill. 1886, aff. Samaran, D. P. 87. 1. 119). Mais, pour que la dette alimentaire existe au profit des enfants naturels contre leurs auteurs, il faut qu'ils aient été valablement reconnus au préalable par ceux-ci. Il a été jugé, dans ce sens, que la cohabitation du prétendu père avec la mère d'un enfant naturel à une époque correspondante à la conception ne peut, même en vertu de la loi étrangère qui forme le statut commun des parties, servir de base à une demande d'aliments de la part de l'enfant, contre le prétendu père, devant les tribunaux français (Paris, 2 août 1866, aff. De Civry, D. P. 67. 2. 41). — D'après le droit commun du duché de Brunswick, le père naturel reconnu ou présumé n'est tenu de fournir des aliments à l'enfant que jusqu'à sa quatorzième année accomplie; et si cette limite a été étendue par la cour suprême du duché, dans le cas exceptionnel où l'enfant se trouve hors d'état de s'entretenir lui-même par suite d'infirmités d'esprit ou de corps, la même extension ne peut être réclamée en raison des besoins et des habitudes nées de l'éducation que le père naturel a donnée à l'enfant (Même arrêt). Les secours et bienfaits dont, pendant sa minorité, une personne a été l'objet de la part d'une autre, ne peuvent créer au profit de la première un quasi-contrat qui lui donne le droit de réclamer de la seconde une pension alimentaire (Même arrêt).

288. Celui qui s'est reconnu le père d'un enfant naturel peut être condamné, sur la demande de la mère, qui a pourvu seule à la nourriture et aux besoins de l'enfant, à lui rembourser tout ce qui excède la part pour laquelle elle-même était tenue d'y contribuer (Rouen, 15 févr. 1864, aff. Vacossin, D. P. 64. 5. 19. Conf. Toulouse, 25 juill. 1863, aff. ..., D. P. 63. 2. 139).

289. En ce qui concerne les droits des enfants naturels reconnus sur le patrimoine de leurs auteurs décédés, V. *Rép.* nos 667 et suiv. et *infrà*, v° *Succession*; — *Rép.* eod. v°, nos 266 et suiv.

290. Une reconnaissance, nulle pour défaut de formes, et notamment une reconnaissance faite par acte sous seing privé ne peut produire aucune espèce d'effet; aussi ne pourrait-elle servir de base à une demande d'aliments (V. la discussion, *Rép.* nos 670 et suiv., et dans le même sens: Laurent, t. 4, n° 127; Aubry et Rau, t. 6, § 568 *ter*, p. 174, note 9). Il a été jugé, dans ce sens, que la reconnaissance d'un enfant naturel faite dans un acte sous seing privé, par exemple dans une promesse de mariage, ou dans une lettre écrite à la mère, n'étant point valable, ne produit aucune espèce de droit au profit de l'enfant, et ne peut spécialement lui donner droit à des aliments (Douai, 3 déc. 1853, aff. C..., D. P. 55. 2. 132; Aix, 14 juill. 1853, aff. Desfrançais, *ibid.*); ... alors, d'ailleurs, que l'auteur de cette reconnaissance n'a pas pris l'engagement de servir des aliments à l'enfant (Bordeaux, 23 nov. 1852, aff. F..., D. P. 56. 2. 23; Douai, 6 août 1856, aff. R..., D. P. 56. 2. 295). Une reconnaissance contenue dans une lettre missive n'aurait pas plus d'effet, surtout lorsque cette lettre renferme seulement quelques expressions d'intérêt pour l'enfant et quelques vagues déclarations de non-abandon de ce dernier, et exprime la réserve d'une entière liberté d'action (Douai, 6 août 1856, aff. R..., D. P. 56. 2. 295).

291. Au contraire, une obligation alimentaire, souscrite sous seing privé par le père ou la mère naturels au profit de l'enfant, et sans reconnaissance de cet enfant, doit sortir son plein et entier effet. Une semblable convention est, en effet, légalement formée dans le sens de l'art. 1134 c. civ. (V. *Rép.* n° 672; Aubry et Rau, t. 6, § 568 *ter*, p. 176, note 11; Allard, n° 193); et il n'est pas nécessaire que la cause de l'obligation soit exprimée dans l'acte, les principes généraux du droit recevant ici leur application, et l'art. 1132 c. civ. n'exigeant pas la mention de la cause des obligations (V. *Rép.* n° 673 et *ibid.*, v° *Obligations*, n° 515). C'est ainsi que l'engagement pris par un homme marié, envers une fille qu'il a séduite, de pourvoir aux besoins des enfants dont cette fille est accouchée et qu'elle a reconnus, est valable et doit recevoir son application (Caen, 10 juin 1862, aff. L..., D. P. 62. 2. 129). De même, l'engagement pris par un individu de payer les frais d'accouchement d'une fille enceinte et de subvenir aux frais de nourriture, d'entretien et d'éducation de son enfant est valable et obligatoire; dès lors, l'action tendant à établir l'existence d'un tel engagement et à en obtenir l'exécution ne peut être repoussée comme impliquant une recherche de paternité naturelle; et la preuve d'un tel engagement peut être établie conformément aux principes du droit commun, c'est-à-dire à l'aide d'un commencement de preuve par écrit, complété par des témoignages et des présomptions (Limoges, 22 janv. 1864, aff. Poignet, D. P. 64. 2. 197). Pareillement, l'obligation de subvenir aux besoins d'un enfant mineur est valable, quoique la cause n'en soit pas exprimée, s'il est constaté en fait que cette obligation a été contractée pour l'accomplissement d'un devoir de conscience (Civ. rej. 27 mai 1862, aff. ..., D. P. 62. 1. 208). Il n'importe qu'il soit allégué que la véritable cause de l'engagement ne serait qu'une paternité naturelle, dont la recherche étant défendue ne peut être la cause d'une pareille obligation, si les juges ne se sont pas prononcés et n'ont pas eu à se prononcer sur cette paternité (Même arrêt). Dans le silence de l'engagement résultant de la correspondance de celui qui l'a contracté avec la mère des enfants mineurs envers lesquels il a été pris, la durée de la pension alimentaire doit être fixée par les tribunaux (Même arrêt).

Il a encore été jugé, sur ce point, que l'engagement de subvenir aux besoins d'un enfant, pris pour remplir un devoir de conscience, a une cause licite et est civilement obligatoire; qu'en conséquence la mère naturelle de cet enfant, agisant comme tutrice, peut obtenir en justice, de celui qui a pris cet engagement, l'accomplissement de son obligation (Req. 3 nov. 1882, aff. Gontier, D. P. 82. 1. 250; V. dans le même sens: Douai, 15 mars 1865) (1); mais qu'il

(1) (Vugles C. Versailles.) — La cour; — Attendu qu'en janvier 1863, Vugles s'est obligé à payer à Laplante une pension alimen-

n'en peut être ainsi qu'autant que les termes de l'obligation sont formels et démontrent chez leur auteur l'intention catégorique et irrévocable de s'engager (Caen, 5 juill. 1875) (1). — Un tel engagement n'est soumis à aucune forme particulière et peut résulter de la correspondance des parties ; il constitue une obligation civile et légale (Angers, 30 avr. 1873, aff. Réteauls, D. P. 73. 2. 139).

292. Que décider si l'acte sous seing privé contient à la fois reconnaissance de l'enfant et obligation alimentaire ? L'acte sera-t-il indivisible, de telle sorte que la nullité de la reconnaissance entraîne la nullité de l'obligation ? ou sera-t-il permis de le diviser, et, l'annulant en ce qui concerne la reconnaissance, de le maintenir en ce qui concerne l'obligation alimentaire pour lui faire, à ce point de vue, sortir son plein effet ? On s'est expliqué sur ce point au *Rép.* n° 674 : on a vu qu'il y a lieu de distinguer suivant que l'acte a pour principal objet la reconnaissance ou l'obligation d'aliments. Dans le premier cas, la nullité est générale, et l'acte ne saurait en aucune manière servir de fondement à une action en justice. Dans le second cas, au contraire, la situation est identique à celle qui vient d'être examinée *suprà* n° 291 (obligation alimentaire sans reconnaissance), à cette différence près que la cause, au lieu d'être passée sous silence, est exprimée. Cette indication de la cause ne peut pas, à elle seule, entraîner l'annulation de l'obligation ; il faudrait pour cela que le juge trouvât dans les termes de l'acte ou les circonstances qui l'ont inspiré quelque chose d'illicite ou de contraire à la loi. — MM. Aubry et Rau admettent la validité d'une semblable obligation sans distinction ni restriction (t. 6, § 568 *ter*, p. 175, et note 10. Conf. Allard, n° 194). M. Laurent considère également comme valable l'obligation ainsi causée, mais à la condition que l'engagement soit pris envers la mère, par exemple dans des lettres adressées à celle-ci, ce qui permet de le considérer comme la réparation du quasi-délit commis à son préjudice (t. 4, n° 126). On le voit, si la controverse exposée, au *Rép.*, *ibid.*, semble ne plus exister en ce qui concerne la validité ou la non validité d'une telle obligation, elle se continue en ce qui concerne les conditions de cette validité (V. quant à la jurisprudence, les arrêts cités au *Rép.* n° 675 et suiv.).

293. Si, à défaut d'obligation écrite, des sommes ont été payées par une personne pour subvenir à l'entretien, à l'éducation et à la nourriture d'un enfant naturel, ces sommes ne sont pas sujettes à répétition. Celui qui les a versées est considéré comme ayant obéi à un devoir de conscience et volontairement exécuté une obligation naturelle ; l'art. 1235 c. civ. dispose, en effet, qu'on ne peut répéter ce qui a été volontairement payé en acquit d'une obligation naturelle (V. *Rép.* n° 680 et suiv). — Mais quand l'enfant a été reconnu par ses deux auteurs, celui des deux qui a seul pourvu à la nourriture et à tous les besoins de l'enfant ainsi reconnu peut répéter de l'autre sa part contributive (V. Rouen 15 févr. 1864, aff. Vacossin, D. P. 64. 5. 190 ; Tou-

---

taire de 50 fr. par mois ; — Que cette obligation est prouvée par correspondance produite au procès, et notamment par la lettre de l'intimé, en date du 15 janv. 1863, dûment enregistrée, et par celle du 24 du même mois ; — Que cette dernière lettre, écrite en entier par l'intimé, contient le paragraphe suivant : « Je t'écrirai demain en t'annonçant l'envoi de 50 fr. que je te fais par mois » ; — Que cette obligation a été ponctuellement exécutée jusqu'au mois de décembre 1863 ; — Qu'il résulte de la correspondance susmentionnée que l'engagement de payer 50 fr. par mois a été contracté pour subvenir aux besoins des deux enfants de Laplante, Léon-Benoît et Alphonse-Louis Vugles ; — Que, par suite, Laplante ne peut réclamer en son nom personnel l'exécution de ces engagements ; qu'elle ne peut agir que comme tutrice légale de ses deux enfants naturels ; — Que l'engagement souscrit par l'intimé est valable ; — Qu'il a été consenti spontanément et librement pour satisfaire à un devoir de conscience et pour exécuter une obligation naturelle ; — Qu'une telle cause est licite ; — Que l'intimé n'articule pas que son consentement ait été vicié par le dol, l'erreur ou la violence ; — Que la somme de 50 fr. stipulée dans l'obligation est en rapport avec les besoins des enfants Vugles et les ressources de l'intimé ; — Qu'elle doit être payée à partir du 1er déc. 1863 jusqu'au 1er janv. 1865 ; — Que l'un des enfants Vugles, Alphonse-Louis, étant décédé dans le courant du mois de décembre 1864, il y a lieu de réduire la pension à 30 fr. par mois à partir du 1er janvier suivant, et de déterminer l'époque à laquelle cette pension cessera d'être due ; — Attendu que les principes sur la prohibition de la recherche de la paternité et sur la reconnaissance des enfants naturels sont sans application dans la cause ; — Met le jugement dont est appel au néant ; déclare Laplante en son nom personnel, mal fondée à exercer aucune demande contre l'intimé ; la déclare recevable à agir comme tutrice de ses deux enfants naturels, Léon-Benoît, et Alphonse-Louis Vugles ; condamne l'intimé à payer à Laplante, en cette qualité de tutrice, la somme de 30 fr. par mois à partir de cette dernière époque jusqu'au jour où l'enfant survivant aura accompli sa dix-huitième année ; — Par ces motifs, etc.

Du 15 mars 1865.-C. de Douai, 1re ch.-MM. Damon, 1er pr.-Morcret, 1er av. gén.-Coquelin et Ad. Lemaire, av.

(1) (Huteaux C. Coulomb et autres.) — Le 11 févr. 1874, le tribunal de Coutances a rendu le jugement suivant : — Attendu qu'il n'existe pas de fin de non-recevoir contre la demande de dommages-intérêts formée au nom d'Esther Huteaux, mais qu'il résulte de tous les faits de la cause qu'elle n'est pas fondée ; — Attendu, en effet, qu'on a basé cette demande : 1° sur le préjudice causé par Paul Vautier à Marie Huteaux, mère d'Esther Huteaux et 2° sur l'obligation dans laquelle il aurait été et dans laquelle se trouveraient ses héritiers de fournir des aliments à Esther Huteaux ; — Attendu, en ce qui concerne la première cause de dommages-intérêts, qu'il résulte des documents soumis au tribunal et notamment de deux lettres de Marie Huteaux, des 20 nov. et 9 déc. 1863, qu'elle n'a pas été séduite par Paul Vautier et qu'elle a consenti très librement à entretenir avec lui des relations intimes ; — Qu'on ne peut donc pas soutenir que Paul Vautier lui a causé un préjudice, et qu'elle doit s'imputer à elle-même les conséquences des fautes qu'elle a commises ; — Attendu, relativement à la deuxième cause de dommages-intérêts, qu'on ne peut la soutenir ni en alléguant les prétendus liens de parenté qui existeraient entre Esther Huteaux et Paul Vautier, ni en invoquant les prétendues obligations que Paul Vautier aurait prises ; — Attendu, d'abord, que l'art. 340 c. civ., met obstacle à ce que, en l'absence de toute reconnaissance, Esther Huteaux réclame des aliments en prétendant qu'elle est la fille naturelle de Paul Vautier ; — Attendu, ensuite, que les lettres produites par la demanderesse n'établissent aucune obligation de la part de Paul Vautier ; — Attendu qu'il résulte des considérations qui précèdent qu'il n'y a pas lieu d'ordonner l'enquête subsidiairement conclue par la demanderesse ; — Par ces motifs, déclare l'action non recevable, en décharge les héritiers Vautier et condamne la demanderesse aux dépens. — Appel par la dame Huteaux.

LA COUR ; — Attendu qu'aux termes de l'art. 340 c. civ., la recherche de la paternité est interdite et que, suivant l'art. 334 du même code, la reconnaissance d'un enfant naturel ne peut résulter que d'un acte authentique ; — Que, dès lors, Esther Huteaux, qui n'a en sa faveur aucune reconnaissance de cette nature, n'est recevable ni à établir que Paul Vautier était son père, ni à réclamer le bénéfice de cette filiation ; — Qu'à la vérité, une obligation naturelle peut servir de base à un engagement civil ; que, notamment, celui qui se croit le père d'un enfant naturel peut valablement s'obliger envers la mère de cet enfant à lui subvenir, quoiqu'il n'ait pas reconnu authentiquement l'enfant ; mais qu'une telle obligation, qui constitue déjà par elle-même une dérogation grave au double principe posé dans les art. 340 et 334 précités, ne peut donner lieu à une action en justice qu'autant que les termes en sont formels et qu'ils révèlent de la part du souscripteur la volonté ferme, arrêtée, de se lier irrévocablement et de telle sorte que, si les relations illicites qu'il entretient venaient à cesser, il pourrait être contraint à continuer les subsides ; — Attendu que, des deux lettres produites par la veuve Huteaux, il résulte que Paul Vautier se croyait le père de l'enfant dont Marie Huteaux était accouchée le 30 nov. 1864 et avec laquelle il continuait de vivre maritalement ; qu'il lui adressait les protestations d'attachement et de dévouement qui ne manquent jamais en semblable occurence ; mais qu'il n'a pris, ni envers Marie Huteaux, ni envers la fille de celle-ci, aucun engagement formel et irrévocable pouvant être opposé à ses héritiers ; — Attendu que les expressions vagues et banales des deux lettres dont il s'agit, ne constituent même pas un commencement de preuve par écrit d'un engagement de cette nature, et que, dès lors, la preuve testimoniale offerte par la veuve Huteaux n'est pas admissible ; — Attendu, enfin, qu'il n'est pas même allégué que Paul Vautier ait séduit Marie Huteaux, ni qu'il lui ait fait des promesses de mariage ; que celle-ci était plus âgée que lui ; qu'elle avait plus d'expérience de la vie de Paris, où elle résidait depuis plusieurs années, que le jeune étudiant qui arrivait de sa province ; qu'elle a volontairement et librement noué, à ses risques et périls, des relations coupables avec Vautier ; que Esther Huteaux n'est pas fondée, comme représentant sa mère, à réclamer le bénéfice de l'art. 1382 c. civ. ; — Par ces motifs, sans avoir égard à la preuve testimoniale offerte par la veuve Huteaux, laquelle est rejetée, confirme le jugement dont est appel.

Du 5 juill. 1875.-C. de Caen, 1re ch.-MM. Champin, 1er pr.-Soret de Boisbrunet, av. gén.-Carel et Mériel, av.

louse, 23 févr. 1863, aff Antoinette Ginesty, D. P. 63. 2. 139).

294. On a vu au *Rép.*, n° 682, que tandis que le code pénal, dans ses art. 299 et 312, s'en tient au principe général, posé *suprà*, n° 286, que l'enfant naturel demeure civilement étranger aux parents de ses père et mère, le code civil fait exception à ce principe en ce qui concerne les empêchements à mariage (c. civ. art. 161 et 162). Mais cette exception, fondée sur la morale, doit être absolument restreinte aux cas que prévoient lesdits art. 161 et 162, et l'on ne saurait l'étendre même dans le but d'accueillir une demande alimentaire formée par des enfants naturels contre les parents de leur père et mère (*Rép.* n° 683).

295. Existe-t-il des liens de parenté entre les père et mère d'un enfant naturel et les descendants légitimes de ce dernier? L'affimartive a été soutenue au *Rép.* n° 684 (Conf. Turin, 26 juill. 1883, *suprà*, n° 277). La question est cependant toujours controversée, et nombre d'auteurs nient l'existence de cette parenté (V. notamment Aubry et Rau, t. 6, § 567, p. 154 et note 8; Laurent, t. 4, n° 21). Dans l'opinion que nous avons adoptée, on admet aussi comme conséquence la réciprocité de l'obligation alimentaire. — Quant aux autres effets qui découlent de cette parenté, V. *infrà*, v° *Succession*.

296. La reconnaissance est déclarative, et non pas attributive de la filiation (V. *Rép.* n° 687, et, dans le même sens, Aubry et Rau, t. 6, § 568 *quater*, p. 188). Il en résulte que ses effets remontent au jour de la conception de l'enfant. On a vu toutefois (*Rép. ibid.*) que cette rétroactivité n'est pas absolue, et que, notamment, la nullité du mariage de l'enfant naturel, marié avant d'avoir été reconnu, ne pourrait pas être demandée pour cause de défaut de consentement de ses père et mère. Mais la nullité pourrait, au contraire, être demandée et devrait être prononcée si le mariage contracté par l'enfant naturel devenait, par l'effet de la reconnaissance survenue postérieurement, contraire aux dispositions des art. 161 et suiv. Il y a là une question de moralité publique (V. dans ce sens Aubry et Rau, *loc. cit.*; Laurent, t. 2, n° 350). On peut se demander cependant si l'annulation s'imposerait dans les cas où il est possible d'échapper aux prohibitions de la loi au moyen de dispenses accordées par le chef de l'Etat. MM. Aubry et Rau (*loc. cit.* note 21) se prononcent, dans ce cas, pour le maintien du mariage (Conf. Laurent, *loc. cit.*).

297. La reconnaissance faite, pendant le mariage, par l'un des époux au profit d'un enfant naturel qu'il aurait eu avant son mariage, d'un autre que de son époux, dit l'art. 337, ne pourra nuire ni à celui-ci ni aux enfants nés de ce mariage; néanmoins elle produira son effet après la dissolution de ce mariage, s'il n'en reste pas d'enfants. — Les effets de cette disposition survivent-ils au mariage? En d'autres termes, si l'époux veuf (ou divorcé) reconnaît son enfant naturel, né ou conçu avant son mariage d'un autre que de son conjoint, cette reconnaissance pourra-t-elle nuire aux enfants nés de ce mariage? L'affirmative est généralement enseignée, bien que la question ait été controversée (V. *Rép.* n° 690; Aubry et Rau, p. 6, § 568 *quater*, p. 186 et note 15; Laurent, p. 4, n° 129). — Il a été jugé, sur ce point, que l'art. 337 c. civ. n'est applicable ni à la reconnaissance faite après la dissolution du mariage (Douai, 29 janv. 1879, aff. Anciaux, D. P. 80. 2. 113; Dijon, 7 mai 1879, aff. Lizé, *ibid.*);... ni à la constatation judiciaire, postérieure à la dissolution du mariage, d'une reconnaissance d'enfant naturel antérieure au mariage (Pau, 17 janv. 1872, aff. Etchevest, D. P. 75. 2. 193);... surtout si les documents dont l'enfant se sert ne lui ont pas été fournis pendant le mariage (Arrêts précités des 29 janv. et 7 mai 1879). Un arrêt s'est cependant prononcé en sens contraire et a décidé que l'art. 337 s'applique à la reconnaissance ou déclaration de filiation naturelle postérieure à la dissolution du mariage (Lyon 17 mars 1863, *suprà*, n° 199. V. dans le même sens Metz, 10 août 1864, aff. Martinet, D. P. 64. 2. 225).

298. De l'opinion qui vient d'être admise, il ne suit pas que l'époux qui a reconnu pendant le mariage un enfant né antérieurement d'un autre que de son conjoint puisse, pour échapper aux déchéances fixées par l'art. 337, consentir, après la dissolution du mariage, une nouvelle reconnaissance au profit de cet enfant (V. *Rép.* n° 691). L'acte de reconnaissance primitif est acquis avec tous ses effets et toutes ses conséquences. L'enfant naturel ne peut même pas refuser d'accepter la reconnaissance volontaire faite pendant le mariage, et il ne doit pas être admis, après la dissolution du mariage, à prouver directement sa filiation, sous prétexte que cette reconnaissance lui enlève le droit de prendre part à la succession de sa mère, lorsqu'elle a laissé des enfants légitimes (Pau, 2 juill. 1885, aff. Carrau, D. P. 86. 2. 165). La reconnaissance, intervenue pendant le mariage, ne pourrait être critiquée que si elle n'avait été faite par la mère que dans l'intention de nuire à son enfant naturel, ou par collusion avec son mari et ses autres enfants; et la preuve que la reconnaissance, contenue dans le contrat de mariage de l'enfant naturel, n'est pas entachée de fraude résulte de ce fait qu'elle a lieu en présence de cet l'enfant, qui avait appelé sa mère à figurer dans ledit acte, où sa présence ne pouvait avoir pour but que de le reconnaître (Même arrêt).

299. L'art. 337 doit-il s'appliquer à la reconnaissance forcée, comme il s'applique à la reconnaissance volontaire? Si lors du jugement qui constate la filiation naturelle d'un enfant, celui de ses auteurs à l'égard duquel cette filiation est établie se trouve engagé dans les liens du mariage avec un tiers, que devra-t-on décider? La question est controversée (V. *Rép.* n° 693); on la résout cependant dans le sens de l'application de l'art. 337 à toute reconnaissance volontaire ou forcée (V. dans le même sens : Aubry et Rau, t. 6, § 568 *quater*, p. 187, note 17; — *Contrà :* Laurent, t. 4, n° 130). Il a été jugé : 1° que l'art. 337 c. civ., suivant lequel la reconnaissance faite pendant le mariage par l'un des époux au profit de l'enfant naturel qu'il aurait eu, avant son mariage, d'un autre que de son époux, ne peut nuire ni à celui-ci, ni aux enfants légitimes nés du mariage, s'applique non seulement au cas de reconnaissance volontaire, mais encore au cas de reconnaissance judiciaire, surtout si le commencement de preuve par écrit invoqué à l'appui de l'action de l'enfant est lui-même postérieur au mariage; qu'ainsi la décision qui accueille l'action en recherche de maternité formée contre une femme mariée, par un enfant naturel né, avant le mariage, d'un autre que du mari, est sans effet à l'égard de ce dernier et des enfants issus du mariage (Civ. cass. 16 déc. 1861, aff. Bouyat, D. P. 62. 1. 39); — 2° Qu'une action en recherche de maternité ne peut pas être utilement formée par un enfant naturel dans les circonstances où, d'après l'art. 337 c. civ., la reconnaissance libre et spontanée de la mère ne pourrait produire aucun effet à l'égard des enfants issus de son légitime mariage (Metz, 10 août 1864, aff. Machinet, D. P. 64. 2. 225. V. dans le même sens : Civ. rej. 19 nov. 1856, aff. Chirat, D. P. 56. 1. 412; Lyon, 17 mars 1863, *suprà*, n° 199; Douai 14 déc. 1864 (1); Pau, 28 juin 1864, aff. Jongny,

---

(1) Bissaux C. Rodriguez). — LA COUR; — Attendu que l'intimée, pour justifier sa demande en partage et en liquidation de la communauté qui a existé entre François-Joseph Bissaux et Maxellende-Augustine Rodriguez, et de la succession de cette dernière, prétend être fille naturelle de la dame Bissaux-Rodriguez; — Que les appelants contestent incidemment la filiation de l'intimée; — Attendu que, pour établir sa qualité d'enfant naturel de Maxellende-Augustine Rodriguez, l'intimée ne produit aucun acte de reconnaissance conforme aux prescriptions de l'art. 334, c. civ.; — Qu'elle n'invoque, à l'appui d'une recherche de maternité, aucun commencement de preuve par écrit, tel qu'il est exigé par l'art. 341 du même code, qui soit antérieur au mariage de celle qui prétend être sa mère avec François-Joseph Bissaux; — Que l'acte de naissance du 12 vend. an 14 qui a été rédigé sur la déclaration d'un médecin et sans la participation de la mère ne peut être considéré comme un commencement de preuve par écrit; — Que les faits établis par les documents produits au procès, ou articulés dans les conclusions subsidiaires, et qui se reporteraient à une date antérieure au mariage des époux Bissaux-Rodriguez, ne peuvent constituer au profit de l'intimée une possession d'état de fille naturelle de Maxellende-Augustine Rodriguez; — Que d'ailleurs cette possession d'état serait inefficace en droit; — Que les dispositions des art. 320 et 321 c. civ. placés sous la rubrique: *Des preuves de la filiation des enfants légitimes*, ne sauraient, en consultant, soit le texte de ces articles, soit l'esprit du législateur, être étendues à la preuve de la filiation

D. P. 64. 2. 159; Motifs, Douai, 29 janv. 1879, aff. Anciaux, D. P. 80. 2. 113; Motifs, Dijon, 7 mai 1879, aff. Lizé, *ibid.*).

300. Il résulte nécessairement de ce qui précède que l'enfant, qui intente un acte en recherche de maternité après la dissolution de mariage de sa prétendue mère, ne peut pas fonder sa demande sur un commencement de preuve par écrit datant de l'époque où sa prétendue mère était mariée à un tiers, bien que, ainsi qu'on l'a vu *suprà*, n° 297, l'art. 337 ne soit pas applicable après la dissolution du mariage. On assimile très justement cette situation à l'exercice de l'action durant le mariage (V. Civ. cass. 16 déc. 1861, aff. Bouyat, D. P. 62. 1. 39). De même, les présomptions articulées comme graves, précises et concordantes, dans l'intérêt de l'action de l'enfant, ne peuvent pas être tirées de faits se rapportant à une époque postérieure au mariage, quand bien même elles seraient appuyées sur un commencement de preuve par écrit antérieur audit mariage (Douai, 14 déc. 1864, *suprà*, n° 299). De même encore, l'enfant n'est pas recevable à invoquer, à l'appui de sa demande, des écrits émanés de sa prétendue mère pendant le mariage (Pau, 28 juin 1864, aff. Jongny, D. P. 64. 2. 159; Metz, 10 août 1864, aff. Machinet, D. P. 64. 2. 225).

Au surplus, lors même que le commencement de preuve par écrit sur lequel repose l'action aurait reçu date certaine avant le mariage, l'art. 337 devrait être appliqué à la reconnaissance forcée. Il en serait autrement dans le cas prévu par l'art. 336, c'est-à-dire, au cas d'aveu exprès ou tacite de la mère antérieur au mariage; l'art. 337 serait inapplicable bien que l'existence de cet aveu n'eût été judiciairement constatée que depuis la célébration du mariage (Aubry et Rau, t. 6, § 568 *quater*, p. 187, note 18).

301. L'art. 337 ne protégeant que les intérêts matériels et pécuniaires du conjoint et des enfants, il est bien certain que la reconnaissance, intervenue dans les circonstances que prévoit ce texte, produit tous ses autres effets ordinaires (*Rép.* n° 699 ; Laurent, t. 4, n° 134). Mais, au point de vue matériel et pécuniaire, l'art. 337 est absolu dans ses dispositions; aussi est-il difficile d'admettre la décision en sens contraire d'un arrêt d'après lequel l'art. 337 c. civ., portant que la reconnaissance faite, pendant le mariage, par l'un des époux, au profit d'un enfant naturel, qu'il aurait eu, avant son mariage, d'un autre que de son époux ne peut nuire ni à celui-ci, ni aux enfants nés de ce mariage, n'a pour objet que les droits qui résultent de la reconnaissance même, et ne peut être appliquée à une libéralité testamentaire (Req. 28 mai 1878, aff. Fléchaire, D. P. 78. 1. 401); que le conjoint survivant de la testatrice ne peut se prévaloir de l'art. 337 pour attaquer le testament fait au profit de la fille d'un enfant naturel non reconnu avant le mariage (Même arrêt). M. Beudant (Note sur l'arrêt précité, D. P. *ibid.*) a très justement critiqué cette décision, contraire à la doctrine et même sans précédent judiciaire.

302. On a dit au *Rép.* n° 700, que l'art. 337 ne s'oppose pas à ce que l'enfant reconnu pendant le mariage réclame des aliments, à la condition que l'auteur de la reconnaissance soit encore vivant, que la demande lui soit adressée, et qu'il puisse fournir ces aliments sur les biens dont il a la libre disposition. Après la mort de l'auteur de la reconnaissance, la masse héréditaire appartient à ses successeurs légitimes, et l'enfant reconnu n'a le droit de rien réclamer. Cette distinction n'est pas unanimement admise, et certains auteurs prétendent que l'obligation alimentaire est toujours due, que l'auteur de la reconnaissance soit ou non vivant (V. dans ce sens Aubry et Rau, t. 6, § 568 *quater*, p. 185, note 13 ; Comp. Laurent, t. 4, n° 133). — Il a été jugé, sur ce point, que la reconnaissance, faite par le mari, pendant le mariage, d'un enfant conçu avant le mariage par une autre femme que celle qu'il a épousée, entraîne pour lui l'obligation de fournir des aliments à cet enfant, et autorise ce dernier à lui en réclamer le payement sur ses biens personnels, comme sur ceux de la communauté (Req. 13 juill. 1886, aff. Samaran, D. P. 87. 1. 119) ; — 2° Que les aliments dus par l'un des époux à l'enfant qu'il a eu avant son mariage sont à la charge de la communauté, soit comme constituant une dette mobilière antérieure au mariage, soit comme formant une des charges qui grèvent la jouissance des biens personnels de l'époux qui doit les aliments; qu'il en doit être ainsi dans le cas même où la filiation naturelle n'a été constatée que depuis le mariage, ou tout au moins dans le cas où cette constatation résulte non d'une reconnaissance volontaire, mais d'une déclaration judiciaire de maternité, alors surtout que cette déclaration était fondée principalement sur des faits et documents antérieurs au mariage (Paris, 9 mars 1860, aff. Lebocq, D. P. 60. 2. 148). Les aliments sont incontestablement, d'ailleurs, à la charge de la communauté quand la reconnaissance a été antérieure au mariage (Dijon, 2 juill. 1868, aff. Meyer, D. P. 69. 1. 91). — Contrairement aux décisions qui précèdent, il a été jugé que le mari ne peut être condamné à fournir des aliments sur les biens de la communauté lorsque la reconnaissance volontaire ou forcée intervient durant le mariage de son auteur avec un tiers (Civ. cass. 16 déc. 1861, aff. Bouyat, D. P. 62. 1. 39).

303. Les libéralités que les époux se sont faites par contrat de mariage ne peuvent pas être révoquées par l'effet d'une reconnaissance d'enfant naturel, émanée de l'un des conjoints pendant le mariage (*Rép.* n° 703). Il a même été

---

des enfants naturels; — Que la filiation de ces enfants ne peut résulter que d'une reconnaissance faite suivant les formes déterminées par l'art. 334, c. civ., ou d'une recherche de maternité soumise aux conditions rigoureuses exigées par l'art. 341 du même code; — Attendu que l'intimée invoque vainement un commencement de preuve par écrit qui émanerait de Maxellende-Augustine Rodriguez, et des présomptions graves, précises et concordantes complétant la preuve qui lui incombe; — Que ce commencement de preuve par écrit et ces présomptions se reportent à une époque postérieure au mariage des époux Bissaux-Rodriguez ; — Qu'ils ne peuvent, par suite, être opposés aux appelants, enfants légitimes issus de ce mariage; — Que, suivant la disposition de l'art. 337 c. civ., la reconnaissance faite pendant le mariage, par l'un des époux, au profit d'un enfant naturel qu'il aurait eu avant son mariage d'un autre que de son époux, ne peut nuire, ni à celui-ci, ni aux enfants nés de ce mariage ; — Que les termes de la loi sont généraux et s'appliquent à la reconnaissance judiciaire comme à la reconnaissance volontaire ; — Que si la recherche de la maternité est permise par l'art. 341 c. civ., le législateur a subordonné le succès de cette recherche à des conditions rigoureuses; — Que, notamment, l'enfant qui réclame sa mère est tenu de prouver qu'il est identiquement le même que l'enfant dont elle est accouchée ; — Qu'il n'est reçu à faire cette preuve par témoins que lorsqu'il a déjà un commencement de preuve par écrit ; — Qu'il résulte de la combinaison des art. 337 et 341 c. civ. que l'enfant, qui ne peut invoquer, contre le mari ou contre les enfants issus du mariage, une reconnaissance formelle de la mère postérieure à ce mariage, ne peut se fonder sur de simples documents écrits, émanés à la même époque de la mère, qui rendent seulement vraisemblable la maternité alléguée; — Que la mère ne peut, par une voie indirecte, attribuer à l'enfant des droits qu'elle ne peut lui conférer directement; — Que les motifs d'ordre public qui ont déterminé le législateur à édicter les dispositions de l'art. 337, sont fondés sur le respect dû à la loi sous laquelle le mariage a été contracté ; — Que ces motifs peuvent être invoqués avec la même force, lorsqu'il s'agit de repousser un commencement de preuve par écrit émané de la mère pendant le mariage ; — Qu'il importe peu que le mariage soit dissous au moment où l'enfant naturel invoque ses droits ; — Que les termes de l'art. 337, et notamment la disposition finale de cet article, démontrent que la dissolution du mariage ne modifie pas les droits des enfants légitimes; — Attendu que l'intimée voudrait vainement faire résulter une fin de non-recevoir ou une renonciation au bénéfice des dispositions de l'art. 337, de certaines circonstances dans lesquelles les appelants ou leur père auraient reconnu à l'intimée la qualité de fille de Maxellende-Augustine Rodriguez : — Qu'en effet, d'une part, en droit, l'état des personnes, et notamment la filiation des enfants naturels, ne peuvent être établis que par les modes de preuves édictés par le législateur; que les parties ne peuvent déroger à ces principes d'ordre public; — Que d'un autre côté, en fait, les aveux de Bissaux père sont étrangers aux appelants, et que les faits articulés contre ces derniers sont insuffisants pour constituer une reconnaissance de la filiation invoquée par l'intimée; — Attendu qu'il résulte de ces faits et de ces principes que l'intimée ne peut réclamer, contre la succession de Maxellende-Augustine Rodriguez, femme Bissaux, les droits que la loi accorde aux enfants naturels reconnus; — Sans s'arrêter à la preuve offerte dans les conclusions subsidiaires, qui est inadmissible et irrelevante ; — Met au néant le jugement dont est appel ; déclare l'intimée mal fondée dans ses demandes, fins et conclusions, etc.

Du 14 déc. 1864.-C. de Douai, 1re ch.-MM. Dumon, 1er pr.-Morcrette, 1er av.-gén. ;-Flamant et Dupont, av.

jugé que les donations entre époux, faites pendant le mariage, ne sont pas révoquées, et ne deviennent pas non plus réductibles à la quotité disponible à la suite d'une telle reconnaissance (Trib. civ. de la Seine, 21 févr. 1846, aff. Herivald. D. P. 46. 3. 63).

On a vu toutefois au *Rép.*, n° 704, que s'il s'agissait d'un legs universel de tous ses biens laissé par l'auteur de la reconnaissance à son conjoint, en l'absence d'enfants issus du mariage, mais du vivant d'héritiers collatéraux légitimes, l'enfant naturel reconnu pendant le mariage pourrait faire réduire le legs à la quotité disponible, car il n'attaquerait ainsi que le légataire et ne nuirait pas aux droits de l'époux.

CHAP. 3. — De la filiation adultérine ou incestueuse (*Rép.* n°s 705 à 746).

304. De même que les art. 331 et 335, ont exclu les enfants adultérins et incestueux du bienfait de la légitimation et même de la reconnaissance, de même l'art. 342 ne permet pas que ces enfants soulèvent des débats immoraux et scandaleux en recherchant une paternité ou une maternité coupables, et il leur refuse ce droit, aussi bien par voie d'exception que par voie d'action. Cette disposition est absolue (V. *Rép.* n°s 711 et suiv.; Aubry et Rau, t. 6, § 572, p. 217 et suiv., note 1 et suiv.; Laurent, t. 4, n° 138; Massonié, p. 208 et suiv.; Baret, p. 118 et suiv.; Allard, n°s 142 et 174).

Il a été jugé, sur ce point: 1° que la règle qui prohibe la recherche de la filiation adultérine est absolue et d'ordre public; qu'elle est édictée aussi bien dans l'intérêt de l'enfant que contre lui; qu'en conséquence il n'est pas permis à un tiers d'établir cette filiation en s'appuyant sur un acte de reconnaissance, ou sur quelqu'un des modes de preuve admis par la loi en d'autres matières (Aix, 5 janv. 1882. aff. Régis, D. P. 82. 2. 132. V. dans le même sens Lyon, 22 janv. 1856, aff. Rollet, D. P. 56. 2. 256); — 2° Que nul n'est recevable à soutenir que l'enfant qui a été reconnu par son père sans l'indication de sa mère est né d'une femme mariée, ce qui entraînerait une déclaration de maternité adultérine (Aix, 30 mai 1866, aff. Aiguillon, D. P. 66. 2. 201; Req. 13 juin 1882, aff. De Bouyn, D. P. 82. 1. 308; Paris, 8 mai 1879, aff. De Bouyn, D. P. 82. 1. 203); — 3° Que celui qui s'est reconnu le père naturel d'un enfant, contre lequel une action en désaveu est dirigée, ne peut, au cours de cette instance, demander au tribunal de déclarer bonne, sincère et sans fraude la reconnaissance faite par lui, cette reconnaissance ayant pour conséquence de constater à l'avance une paternité qui peut être ultérieurement déclarée adultérine (Paris, 21 févr. 1863, aff. Hoffin, D. P. 63. 2. 37).

305. Mais si l'art. 342 est absolu dans ses termes, il est limité dans son application, et on ne saurait étendre ses dispositions à tous les cas de recherche de la maternité contre une femme mariée. Il existe, en effet, telles circonstances où l'action de l'enfant doit être accueillie comme constituant une véritable réclamation d'état. Il en est ainsi, notamment, lorsqu'un enfant inscrit dans son acte de naissance comme fils naturel d'un père qui l'a reconnu, et d'une mère non désignée, répudie cette reconnaissance et recherche la maternité, même contre une femme mariée, dans le but d'établir ensuite sa filiation légitime vis-à-vis du mari de cette femme par le moyen de l'art. 312 (Aubry et Rau, t. 6, § 572, p. 217. On ne saurait dire qu'il y a dans ce cas recherche d'une maternité adultérine (Comp. *suprà*, n° 125). — Il a été jugé, dans le même sens, que la règle qui prohibe la recherche de la maternité dans le cas où elle aboutirait à la constatation d'une filiation adultérine, ne met pas obstacle à la réclamation d'état d'un enfant, bien qu'il ait été reconnu par un autre que le mari de sa mère avant de l'avoir été par celui-ci, et alors surtout que la première reconnaissance a été judiciairement déclarée nulle (Rouen, 4 mars 1877, aff. Letellier, D. P. 77. 2. 193. V. encore Req. 9 janv. 1854, aff. Dehanne, D. P. 54. 1. 185).

306. On a examiné au *Rép.* n°s 717 et suiv., la question de savoir quel effet on doit attribuer à une reconnaissance d'enfant naturel émanée d'un homme marié et d'une femme libre, ou inversement, et l'on a démontré, *loc. cit.*, que, si une telle reconnaissance doit être valable en ce qui concerne l'auteur libre lorsqu'elle a été faite par deux actes distincts et séparés, elle est au contraire absolument nulle, tant à l'égard de la mère qu'à l'égard du père, lorsqu'elle a été faite par un seul et même acte, en vertu de l'indivisibilité des énonciations de cet acte (V. Demolombe, t. 5, n° 577; Aubry et Rau, t. 6, § 572, p. 217 et suiv., et notes 4 et suiv.; Laurent, t. 4, n°s 142 et suiv.; Massonié, p. 195 et suiv). — On a vu *suprà*, n° 229, une application de cette règle au cas où la reconnaissance faite par le père dans l'acte de naissance, avec indication de la mère, est nulle, quant au père, pour cause, d'adultérinité : cette nullité a pour conséquence d'enlever tout effet à la désignation de la mère, laquelle, malgré l'aveu qui est venu s'y joindre, ne saurait, alors équivaloir à une reconnaissance. De même, l'indication de la mère, s'il en résultait qu'à l'égard de celle-ci la filiation est adultérine, entraînerait la nullité de la reconnaissance faite par le père. Ainsi il a été jugé que la reconnaissance d'un enfant naturel par le père, avec indication, comme mère, d'une femme engagée dans les liens du mariage avec un autre que le déclarant, est nulle comme s'appliquant à un enfant adultérin (Civ. cass. 1er mai 1861, aff. Chovel, D. P. 61. 1. 241. Conf. Aubry et Rau, t. 6, § 572, p. 217, texte et note 4).

La même solution s'appliquerait-elle dans l'hypothèse inverse, c'est-à-dire au cas où la reconnaissance émanerait de la mère, et où celle-ci y aurait joint l'indication du père à l'égard duquel la filiation se trouverait entachée d'adultérinité? La question a été résolue affirmativement par un arrêt, aux termes duquel l'indication du père, contenue dans l'acte de reconnaissance de la mère, constitue, au regard de l'enfant naturel, l'un des éléments d'un aveu indivisible; et, par suite, entraîne la nullité de la reconnaissance, s'il est établi qu'à l'époque où l'enfant a été conçu, le père était marié à une femme autre que la mère naturelle (Req. 29 janv. 1883, aff. Pelletier, D. P. 83. 1. 319. V. Conf. Demolombe, t. 5, n° 576). — MM. Aubry et Rau, *loc. cit.*, texte et note 6, enseignent, au contraire, que la désignation du père doit être réputée non avenue et ne peut porter atteinte à la validité de la reconnaissance. La distinction entre les deux cas se justifierait, suivant ces auteurs, par le motif qu'il n'est pas possible de séparer l'indication de la mère de la reconnaissance de paternité, puisque c'est par cette indication que se trouve individualisé l'enfant reconnu, tandis que l'individualité de cet enfant est complètement indépendante de la désignation du père faite par la mère dans l'acte de reconnaissance (V. au surplus la note sur l'arrêt précité, D. P. 83. 1. 319).

307. Comment ces questions devront-elles être résolues en ce qui concerne l'enfant incestueux? Ainsi qu'on l'a vu au *Rép.* n°s 722 et suiv., lorsqu'un enfant incestueux a été reconnu tant par son père que par sa mère, et dans deux actes distincts, il semble au premier abord que les deux actes devront être annulés par le motif qu'il n'y a pas de raison de préférer l'un de ces actes à l'autre M. Laurent (t. 4, n° 149) se prononce dans ce sens : toutefois la conséquence serait trop dure pour l'enfant lui-même, et il est admis (Conf. Massonié, p. 198 et suiv. qu'une seule des deux reconnaissances doit être annulée. Par suite de cette annulation, en effet, la reconnaissance qui persiste est régulière et valable, toute preuve de l'inceste ayant disparu.

Mais quelle est, des deux reconnaissances, celle qui devra être annulée? Plusieurs opinions ont été émises à ce sujet, ainsi qu'on l'a vu au *Rép.* n°s 722 et suiv.; la controverse persiste encore. MM. Aubry et Rau (t. 6, § 572, p. 219 et suiv., note 10) enseignent que la reconnaissance la première en date doit, dans tous les cas, être seule maintenue, car la seconde seule révèle l'inceste. Mais on a dit au *Rép.*, *ibid.*, que la reconnaissance émanée de la mère doit, en général, être préférée, quelle que soit sa date, par cette raison qu'elle offre plus de garanties de certitude et de sincérité (Conf. Duranton, t. 3, p. 201). Toutefois, il n'y a pas sur ce point de règle absolue, et si, à titre égal au point de vue de la sincérité, c'est la reconnaissance de la mère qui doit l'emporter, ce sera au contraire celle du père toutes les fois que cette dernière paraîtra plus certaine : les tribunaux ont, à cet égard, un pouvoir souverain d'appréciation (Conf. Demolombe, t. 5. n° 580). En vertu de ces principes, on doit autoriser l'enfant, déjà reconnu par un prétendu père, à rechercher sa maternité à l'égard d'une femme parente au degré prohibé de l'auteur de la reconnaissance, sauf à annuler, s'il réussit dans son action, la reconnaissance antérieure de paternité. On ne saurait, en effet, sous prétexte d'appliquer l'art. 342, s'opposer, au profit d'une paternité fausse ou illégale, à la recherche permise par l'art. 341 (V. sur ces points, *Rép.* n° 723). MM. Aubry et Rau, *loc. cit.*, apportent aussi ce tempérament à leur opinion. Si la reconnaissance d'un enfant incestueux a été faite par ses deux auteurs dans un seul et même acte, elle enfreint directement les prescriptions de l'art. 342, et doit être déclarée nulle de la façon la plus absolue à l'égard des deux auteurs (V. *Rép.* n° 721; Demolombe, t. 5, n°s 579 et suiv.; Aubry et Rau, t. 6, § 572, p. 217 et suiv., notes 4 et suiv.; Laurent, t. 4, n°s 147 et suiv.; Massonié, p. 195 et suiv.).

308. Il a été jugé, en cette matière, que la reconnaissance par laquelle un individu, en même temps qu'il déclare être le père de l'enfant, désigne comme mère une femme qui est sa parente au degré prohibé, est radicalement nulle comme reconnaissance de filiation incestueuse (Bordeaux, 17 nov. 1859, aff. Bourdeau, D. P. 60. 2. 48; Limoges, 19 mars 1862, aff. Jarron, D. P. 62. 2. 72; Civ. rej. 1er mai 1861, aff. Bourdeau, D. P. 61. 1. 241); qu'il en doit être ainsi quand bien même la parenté au degré prohibé n'aurait pas été mentionnée dans l'acte (Limoges, 19 mars 1862, aff. Jarron, D. P. 62. 2. 92), alors surtout que l'identité de cette femme résulte de tous les documents du procès et n'est pas sérieusement contestée (Bordeaux, 17 nov. 1859, aff. Bourdeau, D. P. 60. 2. 48). Mais si l'identité de la femme désignée, avec celle dont la maternité ne pourrait être qu'incestueuse (ou adultérine), est contestée malgré la similitude des noms et prénoms, il est du devoir des juges de vérifier cette identité, une telle vérification ne constituant pas une recherche de maternité incestueuse (ou adultérine), mais ayant pour unique but de déterminer la signification de la déclaration du père et le caractère qu'il a lui-même donné à sa paternité (Civ. cass. 1er mai 1861, aff. Chovel, D. P. 61. 1. 241; Civ. rej. 1er mai 1861, aff. Bourdeau, *ibid.*; Limoges, 19 mars 1862, aff. Jarron, D. P. 62. 2. 72). De même, l'arrêt qui prescrit la preuve que la mère désignée dans l'acte de naissance d'un enfant naturel n'était pas engagée dans les liens du mariage lors de la naissance ne contrevient pas à l'art. 342 c. civ., qui interdit la recherche de la maternité adultérine, lorsque cette prescription a uniquement pour but la constatation d'un fait touchant à la force probante et juridique des actes invoqués par l'enfant naturel, en vue d'être admis au partage de la succession du père naturel (Civ. rej. 26 juin 1889, aff. Lathoud, D. P. 91. 1. 129).

Toutefois, il a été décidé, en sens contraire, que l'enfant reconnu par son père dans son acte de naissance est fondé à se prévaloir de cette reconnaissance et à en réclamer le bénéfice, bien que le père ait en même temps indiqué comme étant la mère une femme à laquelle il était allié au degré prohibé; qu'il suffit, d'ailleurs, que l'identité de la personne désignée comme la mère dans l'acte de naissance soit en question entre les parties, pour qu'il ne puisse être passé outre à une recherche qui n'aurait pour but que la constatation d'une maternité incestueuse (Bourges, 12 juill. 1859, aff. Jarron, D. P. 59. 2. 208). Mais cette décision a été cassée par l'arrêt précité du 1er mai 1861.

309. D'autre part, il a été jugé que l'action tendant à faire déclarer l'identité d'une femme mariée avec la mère désignée dans un acte de naissance est non recevable comme aboutissant forcément à la déclaration d'une maternité adultérine, lorsque, dans le même acte de naissance, l'enfant a été reconnu, et qu'il résulte de cet acte et d'une possession d'état conforme que cette maternité naturelle est constante (Req. 18 nov. 1862, aff. Ussel, D. P. 63. 1. 335). Cet arrêt n'est pas en contradiction avec les décisions citées *suprà*, n° 308. Dans l'espèce sur laquelle il a statué, le demandeur ne concluait pas seulement à l'annulation de la reconnaissance du père, comme entachée d'adultérinité; il concluait, en outre, à ce que la femme mariée, dont il s'agissait de faire constater l'identité, fût déclarée mère de l'enfant, et mère légitime en vertu de la maxime : *Pater is est...* L'action n'était donc plus une simple action en nullité de reconnaissance; elle prenait les caractères d'une demande ayant pour objet la recherche ou la déclaration judiciaire de la maternité d'une femme mariée, alors que l'enfant avait été reconnu par un père libre de tout lien du mariage, ce qui était contraire à la loi.

310. Il semble résulter de ce qui précède que, la reconnaissance des enfants adultérins ou incestueux étant prohibée de la façon la plus absolue, la loi n'avait à réglementer en aucune manière les rapports de ces enfants avec leurs parents. Et cependant les art. 762 et 908 c. civ., tout en excluant ces enfants de la succession de leurs auteurs, leur accordent des aliments et limitent ce qu'ils peuvent recevoir par donation entre vifs ou par testament. Qu'est-ce à dire sinon que, malgré les prohibitions édictées par les art. 331, 335 et 342, la filiation adultérine et la filiation incestueuse peuvent produire certains effets entre les enfants et leurs parents? Une controverse, résumée au *Rép.* n°s 724 et suiv., s'est en effet élevée sur le point de savoir si, quoique nulle de plein droit, une reconnaissance exprimée ne peut pas produire légalement certains effets au point de vue des biens. Suivant l'explication adoptée au *Rép.* n° 725, la reconnaissance d'un enfant adultérin ou incestueux est nulle et ne produit aucune espèce d'effet (Conf. Aubry et Rau, t. 6, § 572, p. 219 et suiv., et notes 11 et suiv.). Quant aux art. 762 et 908, ils visent, non pas le cas où la reconnaissance d'une semblable filiation a été exprimée, mais celui où la filiation adultérine ou incestueuse aura été, par la force des choses, légalement constatée, et cela bien qu'une semblable constatation doive être considérée comme non avenue. Il y aura forcément constatation légale de filiation adultérine ou incestueuse lorsque le mari ou ses héritiers auront obtenu gain de cause dans une action en désaveu; lorsque l'enfant aura triomphé dans son action en réclamation d'état contre sa mère, mais que le mari de celle-ci aura prouvé qu'il n'est pas le père; lorsqu'un mariage aura été annulé parce que l'un des époux était déjà marié, ou parce qu'ils étaient parents au degré prohibé, et que la bonne foi n'existait chez aucun d'eux; enfin lorsque, par suite d'une erreur de fait ou de droit, une semblable constatation judiciaire sera passée en force de chose jugée. Dans ces divers cas, et dans ces cas seulement, les dispositions des art. 762 et 908 c. civ. trouvent leur application (Aubry et Rau, t. 6, § 572, p. 222 et suiv., et notes 18 et suiv.; Baret, p. 124; Allard, n°s 174 et suiv.). — M. Laurent (t. 4, n°s 141, 155 et suiv.) ne partage pas cette opinion. Suivant lui, bien que nulle d'une façon absolue, en tant que créant des rapports de paternité et de filiation, une reconnaissance d'enfant adultérin ou incestueux, qu'elle soit volontaire ou forcée, ne doit, pas plus qu'une constatation judiciaire, être considérée comme nulle et non avenue. Au contraire, une semblable reconnaissance constitue un aveu de paternité ou de maternité qui est sincère et définitif, et ne saurait être effacé ni rétracté; cet aveu, étant valable et régulier doit produire certains effets, et ce sont ces effets que règlent les art. 762 et 908 (V. dans le même sens Massonié, p. 229 et suiv.).

Il a été jugé, conformément à l'opinion adoptée au *Répertoire*, qu'une filiation adultérine peut être déclarée par les tribunaux, lorsque cette déclaration est fondée non sur un acte de reconnaissance, mais sur les constatations d'une décision passée en force de chose jugée, et notamment lorsqu'elle intervient comme conséquence de la preuve faite, en exécution d'un arrêt, du mariage existant, lors de la naissance de l'enfant, entre le père et une femme autre que la mère de cet enfant; que, par suite, la donation faite à cet enfant doit être ramenée dans les limites d'une prestation alimentaire (Req. 12 déc. 1854, aff. Manoury, D. P. 55. 1. 53). Mais il n'est pas permis à des tiers d'établir une filiation adultérine en s'appuyant sur une décision judiciaire dans laquelle ils prétendraient trouver la constatation implicite de la paternité adultérine, alors que cette décision, à laquelle l'enfant n'a d'ailleurs pas été partie, non seulement n'a pas préjugé la question de filiation, mais l'a, au contraire, expressément réservée (Aix, 5 janv. 1882, aff. Régis, D. P. 82. 2. 132).

311. On a réfuté au *Rép.*, n° 726, l'opinion d'après laquelle la reconnaissance, si elle est sans effet en faveur de l'enfant incestueux ou adultérin, produirait, au contraire, des effets contre lui (V. dans le sens de la doctrine soutenue *ibid.*, Aubry et Rau, t. 6, § 572, p. 219 et suiv.; Lyon, 22 janv. 1856, aff. Rollet, D. P. 56. 2. 256 ; Aix, 5 janv. 1882, aff. Régis, D. P. 82. 2. 132). M. Laurent (t. 4, n° 157), conséquent avec son système (V. *suprà*, n° 310), se prononce en sens contraire : il enseigne qu'une semblable reconnaissance, donnant à l'enfant le droit aux aliments, confère aux intéressés le droit de faire réduire, s'il y a lieu, à la portion alimentaire les libéralités faites à de tels enfants par l'auteur de la reconnaissance (Conf. Massonié, p. 239-240).

312. Qu'adviendra-t-il des libéralités contenues au profit d'un enfant adultérin ou incestueux dans l'acte qui le reconnaît? Ici encore plusieurs opinions se sont fait jour ; on les a examinées au *Rép.* n° 731, et on a adopté celle qui laisse subsister la libéralité, malgré la nullité de la reconnaissance. Il peut y avoir, en effet, suivant les cas, divisibilité entre ces deux objets de l'acte, et d'autre part on ne peut pas dire absolument que le motif déterminant de la libéralité constitue une cause illicite dans le sens des art. 1131 et 1133 c. civ., car on n'a pas le droit de présumer que le donateur a obéi à un autre mobile qu'à la volonté de donner, cause absolument licite. Mais s'il n'y a pas nécessairement relation de cause à effet entre la reconnaissance et la libéralité contenue dans le même acte, il ne s'ensuit pas que cette relation n'existera jamais. Ainsi y aura-t-il lieu pour le juge d'apprécier les faits et circonstances, et d'anéantir aussi bien la libéralité que la reconnaissance s'il ressort nettement que l'une est la cause de l'autre. Conf. Aubry et Rau, t. 6, § 572, p. 221 et suiv. Comp. Laurent, t. 4, n°s 158 et suiv. Suivant cet auteur, la libéralité serait nulle dans tous les cas, comme ayant une cause illicite. « Un père, dit-il, reconnaît son enfant ; il lui fait en même temps une libéralité ; et l'on dira que la reconnaissance n'est pas nécessairement la cause de la libéralité! Quand un père donne à son enfant, n'est-ce pas parce qu'il est son enfant? Lui aurait-il donné s'il n'en était pas le père? Pourquoi donc commence-t-il par faire l'aveu de sa paternité? »

Il a été jugé que la libéralité faite par son père à un enfant adultérin *doit* être annulée comme ayant une cause illicite, mais dans le cas seulement où l'acte contenant la libéralité renferme en même temps la preuve entière et complète que l'auteur de la libéralité se croyait le père de l'enfant gratifié et où cette opinion a été la cause déterminante du don qu'il lui a fait; que cette preuve ne saurait être recherchée dans un testament qui a été révoqué par un autre testament contenant le legs fait au profit de l'enfant prétendu adultérin, et qui ne se rattache par aucun lien à ce second testament; que le juge du fait a pu, sans heurter aucune disposition légale, considérer que la désignation, faite dans le second testament, d'un tuteur et d'un subrogé tuteur ne constituait pas à elle seule la preuve que le testateur se croyait le père de l'enfant gratifié, et que cette croyance avait été le motif déterminant du legs (Req. 29 juin 1887, aff. Camand, D. P. 88. 1. 295).

313. Une disposition testamentaire ne peut être attaquée comme ayant eu pour cause l'opinion, de la part du testateur, que le légataire était son enfant adultérin, la preuve d'une telle opinion étant prohibée aussi bien que celle de la filiation adultérine; il en est ainsi, du moins, lorsque cette preuve ne résulte pas du testament lui-même, lequel, loin d'assigner à la libéralité une cause illicite, la rattache aux relations d'affaires et aux liens d'affection qui unissaient le disposant au légataire (Aix, 5 janv. 1882, aff. Régis, D. P. 82. 2. 132).

314. On a cité au *Rép.*, n°s 732 et suiv., un certain nombre d'arrêts faisant droit aux demandes d'aliments formées par des enfants incestueux ou adultérins en vertu d'un acte de reconnaissance dont ils avaient été l'objet, ou validant des obligations alimentaires souscrites par les parents de tels enfants (V. conf. Aubry et Rau, t. 6, § 572, p. 225 et suiv.; Laurent, t. 4, n°s 161 et suiv.). Depuis lors, il a été décidé que, bien que la recherche des enfants adultérins soit interdite par la loi, l'engagement pris par un homme marié, envers une fille qu'il a séduite, de subvenir aux besoins des enfants dont cette fille est accouchée et qu'elle a reconnus est valable et doit recevoir son exécution (Caen, 10 juin 1862, aff. L..., D. P. 62. 2. 129).

315. Sur les droits pécuniaires qui appartiennent aux enfants adultérins ou incestueux, soit à l'égard de leur père et mère, soit contre la succession de ces derniers, V. *Rép.* n° 737 et *infrà*, v° *Succession*. Ces droits ne peuvent, d'ailleurs, leur appartenir qu'autant que leur filiation a été légalement constatée dans les conditions exposées *suprà*, n° 310 (V. Aubry et Rau, t. 6, § 572, p. 224; Laurent, t. 4, n° 140).

316. On a vu au *Rép.*, n°s 738 et suiv., qu'au cas de constatation judiciaire de sa filiation, l'enfant adultérin ou incestueux a le droit de porter le nom de celui de ses auteurs à l'égard duquel la constatation judiciaire a été faite (Conf. Aubry et Rau, t. 6, § 572, p. 224 et note 25; Laurent, t. 4, n° 140). Mais une simple reconnaissance de sa filiation par son père, étant radicalement nulle et sans effet, ne saurait l'autoriser à porter le nom de ce dernier; et les enfants légitimes ont le droit de s'opposer dans ce cas à ce qu'il le porte, quand bien même ils le lui auraient antérieurement permis (Bordeaux, 4 juin 1861) (1).

317. L'art. 158 c. civ. n'impose pas aux enfants adultérins ou incestueux l'obligation d'obtenir ou de demander l'autorisation de leurs parents pour se marier (V. *Rép.*, v° *Mariage*, n° 127). Leurs parents n'ont d'ailleurs, sur eux, ni la puissance paternelle (V. *Rép.*, v° *Puissance paternelle*, n° 182), ni la tutelle légale (V. *Rép.*, v° *Minorité*, n° 700) ; mais ils ont droit à l'honneur et au respect prescrits par l'art. 371 c. civ. (V. *Rép.* n° 741; Aubry et Rau, t. 6, § 572, p. 227 ; Laurent, t. 4, n° 140). Les empêchements matrimoniaux édictés par les art. 161 et 162 c. civ. sont applicables ici (V. Demolombe, t. 3, n°s 98 et 106).

318. D'après l'art. 911 c. civ., toute disposition au profit

---

(1) (A... et P... *C.* G...) — LA COUR; — Attendu, sur la fin de non-recevoir proposée par les appelants contre l'action intentée par I. G..., que les termes de l'exploit introductif d'instance signifié à la requête de ce dernier ne sauraient avoir pour effet d'emporter de sa part reconnaissance du droit des appelants à conserver le nom de G...; que, si le libellé de l'exploit rappelle les relations adultères auxquelles ceux-ci ont dû le jour et la déclaration de paternité faite par I. G..., dans leurs actes de naissance, c'est pour contester immédiatement les conséquences qu'en tirent les appelants, et notamment celle de porter le nom dudit G... ; qu'en fait, donc, l'assignation ne saurait fournir une base à la fin de non-recevoir proposée, et qu'en droit, la prétendue reconnaissance qu'on veut en induire contre l'intimé ne pourrait pas avoir plus d'efficacité que celle qui résulte des actes de naissance des appelants; — Attendu, sur le fond, que I. G... a intérêt à demander que les appelants cessent de porter un nom qui est le sien; qu'ils ne l'ont pas pris au hasard et comme un nom commun à un grand nombre de personnes, mais bien comme un nom leur appartenant par l'effet des déclarations mentionnées dans leurs actes de naissance; qu'ainsi la similitude du nom rattache la famille adultérine à la famille légitime; que l'intimé peut avoir à souffrir d'un état de choses qui l'expose à être pris lui-même pour l'enfant adultérin; que la confusion à cet égard est d'autant plus possible que les relations de son père avec une concubine, longues et publiques ont été suivies d'un mariage qui semble les avoir sanctionnées; — Que, dans ces circonstances, l'intérêt de I. G... n'est pas contestable, et qu'il est suffisant pour motiver son action; — Attendu que le nom patronymique ou de famille constitue, pour les membres qui la composent, une véritable propriété qu'ils ont le droit de défendre contre toute usurpation ; que ce nom ne se transmet pas par filiation légitime, ou même par une filiation naturelle constatée au moyen d'une reconnaissance légale; mais qu'aux termes de l'art. 335 c. civ., la reconnaissance ne peut avoir lieu au profit des enfants nés d'un commerce incestueux ou adultère; — Attendu que les appelants sont nés les 9 oct. 1809 et 5 oct. 1814; qu'alors I. G... était engagé dans les liens du mariage avec I. V..., décédée seulement le 27 nov. 1817; qu'il n'a pu reconnaître valablement les enfants d'une autre femme nés pendant le mariage ; que les prohibitions de la loi à cet égard sont absolues; qu'ainsi, les appelants ne peuvent tirer aucun avantage de la reconnaissance portée dans leurs actes de naissance, et n'ont aucun droit au nom de celui qui s'est déclaré leur père;

Par ces motifs, etc.;

Confirme, etc.

Du 4 juin 1861.-C. de Bordeaux, 1re ch.-MM. Dégrange-Touzin, pr.-Peyrot, 1er av. gén.-Lafon et Péconnet (du barreau de Limoges), av.

d'un incapable est nulle, soit qu'on la déguise sous la forme d'un contrat onéreux, soit qu'on la fasse sous le nom de personnes interposées. On décide généralement que les père et mère des enfants incestueux ou adultérins doivent être réputés personnes interposées à l'égard de leurs enfants, et inversement (V. *Rép.* n° 744 et *suprà*, v° *Dispositions entre vifs et testamentaires*, n° 158). Mais il n'en est ainsi qu'autant que la qualité d'enfant incestueux ou adultérin a été légalement constatée, ainsi qu'il a été dit *suprà*, n° 310, et non lorsqu'elle a été établie par une reconnaissance, cette reconnaissance étant nulle (V. *Rép.* n°s 745 et suiv.). Aussi a-t-il jugé, à plus forte raison, que lorsqu'une donation consentie par un homme marié en faveur d'une femme est querellée comme ayant été faite, par l'interposition de celle-ci, à un enfant né de leur commerce adultérin, le juge ne peut, à défaut de preuve de la filiation adultérine, en autoriser la recherche dans des faits et actes (Lyon, 22 janv. 1856, aff. Rollet, D. P. 56. 2. 256).

Table sommaire

des matières contenues dans le Supplément et le Répertoire.

Les chiffres précédés de la lettre *S* renvoient au Supplément; les chiffres précédés de la lettre *R* renvoient au Répertoire.

Acte de naissance *S.* 103 s.; *R.* 209.
— accouchement, assistance *R.* 211.
— déclaration *S.* 105 s.; *R.* 211 s.; (délai) *S.* 105; *R.* 212 s.; (force probante, caractère) *S.* 106; *R.* 211, 223 s.; (présomptions de paternité et de maternité) *S.* 106 s.
— enfant naturel, descendants *S.* 111.
— énonciations, indivisibilité *R.* 218.
— force probante, décès *S.* 108; *R.* 232 s.
— identité, justification *S.* 108; *R.* 226 s.
— inscription, feuille volante *S.* 103; *R.* 210.
— légitimité, caractère *R.* 337.
— père et mère, indication *S.* 106; *R.* 214 s.
— père, fausse indication *R.* 218 s.
— possession d'état *S.* 108; *R.* 226 s.
— preuve, témoins, reproches *S.* 112; *R.* 235.
— preuve testimoniale (conditions) *S.* 108, 110; *R.* 228 s.; (indications erronées) *S.* 106; *R.* 214 s.
— rédaction formes, *S.* 103 s.; 210 s.
Adoption *R.* 4.

Cohabitation.
— impossibilité morale *S.* 24 s.; *R.* 39 s.; (caractère)] *S.* 24; *R.* 43.
— impossibilité physique *S.* 14 s., 21; *R.* 26.; (délai, point de départ) *R.* 29; (désaveu, irrecevabilité) *S.* 19; *R.* 38; (durée) *R.* 26; (époux, détention) *S.* 17; *R.* 33 s.; (habitation séparée) *S.* 15; (impossibilité morale concours) *S.* 38; (mari, accident) *S.* 18; *R.* 36; (mari, captivité) *R.* 34; (présomptions) *S.* 15; *R.* 31.
— impuissance (accidentelle, désaveu) *R.* 40 s.; (naturelle, désaveu) *R.* 39.
Conception.
— adultérine ou incestueuse, mariage postérieur *S.* 48; *R.* 82.
— antérieure au mariage *S.* 39 s., *R.* 67 s.; (délai) *S.* 39.
— légitimité, preuve contraire *R.* 87.
— naissance postérieure à la dissolution du mariage *S.* 49 s.; *R.* 84 s.
— naissance prématurée, (désaveu, conditions) *R.* 68; (état de l'enfant) *S.* 46 s.; *R.* 80 s.; (grossesse, connaissance) *R.* 69 s.
— naissance tardive, successibilité *R.* 96 s.
Contestation de légitimité.
— acception *R.* 99.
— action, qualité *S.* 62; *R.* 120.
— chose jugée, effets *R.* 202.
— délai *R.* 153.
— désaveu, distinction *R.* 97.
— premier mari, héritiers, intervention *R.* 188.
— reconnaissance, déchéance *R.* 183.
— second mariage *R.* 186.
Contestation d'état *S.* 167 s., 380 s.; *R.* 167 s., 380.
— caractère *R.* 98.
— compétence *S.* 171.
— imprescriptibilité *S.* 170; *R.* 384.
— intéressés *S.* 168; *R.* 381.
— recevabilité *R.* 382.
— reconnaissance antérieure *R.* 386 s.
— succession, délaissement *R.* 390.
— transaction *S.* 169.

Définition *R.* 1.
Désaveu *S.* 53 s.; *R.* 97 s.
— acte de naissance, assistance, renonciation *S.* 42; *R.* 74 s.
— action (irrecevabilité, moyens divers) *S.* 44; *R.* 78; (renonciation tacite) *R.* 78.
— adultère de la femme *S.* 25; *R.* 42; (aveu, irrecevabilité) *S.* 28. (époque) *S.* 27; *R.* 47; (preuve distincte) *S.* 25 s.
— caractère *R.* 97.
— causes *S.* 24; *R.* 45 s.
— cohabitation, impossibilité morale *R.* 62 s.
— défendeur, preuve *R.* 79; (preuve contraire) *S.* 45; *R.* 79.
— formes, délai, caractère *S.* 85.
— grossesse (connaissance) *S.* 40 s.; *R.* 69 s.; 73; (connaissance, pouvoir du juge) *S.* 41; (recel) *S.* 32; *R.* 54, 57.
— impuissance *R.* 26; (accidentelle) *R.* 40 s.; (naturelle) *R.* 39, 44.
— mari (absence) *R.* 26; (conditions) *R.* 26; (preuve) *S.* 22.
— naissance, recel *S.* 25 s.; *R.* 42 s.; (faux acte d'état civil) *R.* 55, 61, 66; (mode) *S.* 29 s.; *R.* 50, 52; (pouvoir du juge) *S.* 31; (preuve distincte) *S.* 25, 29 s.; *R.* 49. 52; (preuve juridique) *R.* 50.
— non-paternité (preuve, action en divorce) *R.* 58 s.; (preuves diverses) *S.* 33; *R.* 58 s.
— non-viabilité, irrecevabilité *S.* 43 s.; *R.* 77.
— preuves, mode *S.* 25.
— qualité *S.* 53 s.; *R.* 100 s.
— séparation de corps *S.* 34 s.; *R.* 64 s.
Désaveu-*action*
— absence, envoi en possession, audience ordinaire *R.* 193.
— acte de naissance, rectification *R.* 174.
— acte extrajudiciaire *S.* 83 s.; *R.* 155 s.; (signification) *R.* 159 s.
— adultère de la femme, héritiers *R.* 111.
— appel interlocutoire *R.* 191.
— caractère, pouvoir du juge *R.* 175.
— citation en conciliation *S.* 83; *R.* 180.
— compétence (audience solennelle) *S.* 98; *R.* 192; (questions incidentes) *S.* 98.
— conception adultérine ou incestueuse, exceptions *S.* 81.
— conciliation, dispense *R.* 180.
— créanciers (de l'enfant) *R.* 119; (du mari) *R.* 118.
— délai *S.* 63 s.; *R.* 121 s.; (calcul) *S.* 70; (déchéance) *S.* 71 s.; *R.* 127, 130, 136, 154; (héritiers) *S.* 77 s.; *R.* 141 s.; (héritiers absents, suspension) *R.* 146; (héritiers, calcul, déchéance) *S.* 80; (héritiers, mise en demeure) *R.* 145; (héritiers, point de départ) *S.* 78; *R.* 144 s.; (mari) *S.* 64 s.; *R.* 122 s.; (mari interdit, prescription) *S.* 75; *R.* 115; (preuve, mode) *S.* 67; *R.* 128; (preuve, pouvoir du juge) *S.* 68; (prolongation) *S.* 84; (tuteur) *S.* 78.
— donataire, légataire *S.* 55; *R.* 108.
— effets *R.* 194 s.; (action incidente) *R.* 195; (chose jugée, étendue) *R.* 196 s.; (héritiers) *R.* 198; (tiers) *R.* 199.
— enfant *R.* 104; (décédé) *S.* 74; *R.* 150; (majeur, tribunal compétent) *S.* 97.
— enquête préalable *R.* 189.
— exercice, époque *S.* 73; *R.* 131.
— faux acte d'état civil, délai *R.* 132 s.
— formes *S.* 82 s.; *R.* 155 s.
— grossesse, ignorance *R.* 113.
— héritiers (capacité, caractère) *S.* 61; *R.* 106; (caractère) *R.* 105; (enfant, preuve) *S.* 79; (interdit, tuteur) *S.* 56; (reprise d'instance) *R.* 147, 149; (trouble de possession) *R.* 148.
— héritiers de la femme, qualité *R.* 109.
— impuissance, héritiers *R.* 112.
— interdit, tuteur *S.* 53; *R.* 115.
— jugement, effets *R.* 194.
— mari (absence, délai) *S.* 64; *R.* 122 s.; (absence, délai, point de départ) *S.* 66; *R.* 125 s.; (absence, envoi en possession) *S.* 57 s.; *R.* 116 s.; (caractère) *R.* 115; (décédé avant la naissance, héritiers) *S.* 59; (désistement, effets) *R.* 201; (héritiers) *S.* 54 s.; *R.* 101, 103, 107; (inaction, déchéance) *R.* 177; (mineur, délai, prescription) *S.* 76; (qualité) *S.* 53; *R.* 100.
— maternité constante *R.* 152.
— mère (assignation, délai) *R.* 160 s.; (assistance) *S.* 95; *R.* 168; (intérêt) *R.* 168.
— ministère public, communication *R.* 187.
— mode, action principale *R.* 184.
— qualité *S.* 53 s.; *R.* 100 s.
— reconnaissance, déchéance *R.* 182.
— successeur irrégulier, qualité *R.* 107.
— tardiveté, exception *R.* 154.
— tribunal compétent *S.* 96.
— tuteur *ad hoc* *S.* 86 s.; *R.* 157 s.; (nomination) *R.* 162 s.; (nomination, conseil de famille) *S.* 87; (nomination, mode) *S.* 87; *R.* 162 s.; (utilité) *R.* 161.
— V. Tuteur *ad hoc*.
Divorce
— désaveu *S.* 37.

Enfant naturel. V. Filiation naturelle.

Filiation
— caractère *R.* 5.
Filiation adultérine ou incestueuse *S.* 304 s.; *R.* 3, 705 s.
— acte de reconnaissance, libéralités *S.* 312; *R.* 731.
— ascendants, meurtre, coups et blessures *R.* 743.
— aveu, nullité, *R.* 713 s.
— conditions *R.* 709 s.
— constatation de fait *R.* 735.
— constatation judiciaire *S.* 310; (nom) *S.* 316; *R.* 738 s.
— double reconnaissance, actes séparés *R.* 718.
— droits civils ou politiques *S.* 315; *R.* 737.
— femme mariée (enlèvement) *R.* 706 s.; (maternité, recherche) *R.* 723; (mère, désignation, nullité) *S.* 308; (reconnaissance, effets) *S.* 307 s., *R.* 721 s., 724 s.
— honneur et respect *S.* 316; *R.* 740.
— intérêts pécuniaires *R.* 734.
— légitimation *R.* 711.
— libéralités, personnes interposées *S.* 318; *R.* 744 s.
— mariage (consentement, empêchements) *S.* 317; *R.* 740; (empêchements) *R.* 742.
— maternité adultérine, contestation détournée, nullité *S.* 309.
— maternité, recherche *S.* 305.
— mère, désignation *S.* 306 s.
— père, désignation *S.* 306 s.; *R.* 720.
— puissance paternelle *S.* 317; *R.* 740.
— recherche (enlèvement) *R.* 712; (interdiction absolue) *S.* 304 s.; *R.* 711 s.
— reconnaissance (acte authentique) *R.* 730; (acte privé, biens) *S.* 311; *R.* 727 s.; adoption postérieure) *R.* 732; (aliments) *S.* 310, 314; *R.* 727, 733; (effets) *S.* 306; *R.* 715, 717 s.; (effets contre l'enfant) *S.* 311; *R.* 726; (succession) *R.* 719.
— succession *S.* 315; (donation) *S.* 310; *R.* 724 s.
— testament, contestation *S.* 313.
— tutelle *S.* 317; *R.* 740.
Filiation incestueuse. V. Filiation adultérine ou incestueuse.
Filiation légitime *S.* 1 s.; *R.* 2 s., 7 s.
— collatéraux, revendication *S.* 149.
— conception antérieure au mariage *S.* 39 s.; *R.* 67 s.
— descendants, revendication *S.* 149.
— étranger, statut personnel *S.* 102.
— impossibilité physique de cohabitation *S.* 14 s.
— légitimité, preuve *S.* 135 s.; *R.* 310 s.
— mari (éloignement) *S.* 15 s.; *R.* 25 s., 30; (éloignement, pouvoir du juge) *S.* 15 s.; *R.* 30.
— mariage, preuves *S.* 135 s.; *R.* 207, 310 s.
— possession d'état *S.* 113 s.; *R.* 236 s.
— présomptions *S.* 11 s.; *R.* 23 s.; (preuve contraire) *S.* 13; *R.* 26.
— preuve *S.* 101 s.; *R.* 203 s.; (acte de naissance) *S.* 103 s.; *R.* 209 s.; (acte de naissance à l'étranger) *S.* 102; (droit international, statut personnel) *S.* 101; (faits à prouver) *R.* 203; (mariage à l'étranger) *S.* 102; (modes divers) *R.* 204; (testimoniale) *S.* 122 s.; *R.* 265 s.
Filiation naturelle *S.* 172 s.; *R.* 2, 391 s.
— effets *S.* 286 s.; *R.* 657 s.; (acte privé, obligation alimentaire, défaut de cause) *R.* 673;

Table des articles du code civil

Table chronologique des Lois, Arrêts, etc.

26 juin, Bordeaux, 87 c., 89 c.

1861

11 janv. Nancy. 66 c.
12 janv. Nancy. 36 c., 69 c.
30 avr. Bordeaux. 217 c.
1er mai. Civ. 306 c., 308 c.
4 juin. Bordeaux, 316.
1er juill. Paris. 118 c., 144 c.
22 juill. Req. 261.
29 juill. Civ. 277 c.
6 août. Grenoble. 219 s., 248 c.
21 août. Req. 128 c.
22 août. Req. 106 c.
18 nov. Douai. 58 c.
4 déc. Limoges. 275 c.
16 déc. Req. 219 c., 284 c.
16 déc. Civ. 299 c., 300 c., 302 c.

1862

28 févr. Trib. Civ. Bar-le-Duc. 46 c., 81 c.
18 mars. Req. 217 c.
19 mars. Limoges, 308 c.
3 mai. Loi. 85 c.
22 mai. Lyon. 193 c., 238.
27 mai. Civ. 291 c.
10 juin. Caen. 291 c., 314 c.
15 juill. Req. 263 c.
23 juill. Rouen. 202 c., 226 c., 270 c., 277.
18 nov. Req. 309 c.

1863

21 févr. Paris. 72 c., 87 c., 304 c.
23 févr. Toulouse 293 c.
17 mars. Lyon. 188 c., 199, 297 c., 299 c.
13 juill. Paris. 264 c.
25 juill. Toulouse. 288 c.
18 déc. Trib. Seine. 31 c.

1864

11 janv. Paris. 106 c.
14 janv. Amiens. 185 c.
19 janv. Agen. 121 c., 138 c., 146 c.
22 janv. Limoges. 291 c.
15 févr. Rouen. 287 c., 288 c., 293 c.
8 mars. Colmar. 269 c., 270 c.
13 avr. Req. 226 c., 228 c., 232 c., 233 c., 263 c., 265 c., 267 c., 269 c., 270 c.
9 mai. Req. 72 c., 87 c.
28 juin. Pau. 265 c., 266 c., 299 c., 300 c.
1er juill. Douai. 185 c.
19 juill. Paris. 239 241 c.
10 août. Civ. 277 c.
10 août. Metz. 270 c., 299 c., 300 c.
10 déc. Bastia 193 c., 241 c., 243 c.
10 déc. Rouen. 193 c.
11 déc. Douai. 299 c.
14 déc. Douai. 265 c., 268 c., 270 c., 284 c., 299, 300 c.
26 déc. Paris. 31 c.

1865

6 janv. Dijon. 67 c.
15 mars. Douai. 291.
18 mai. Trib. civ. Seine. 190 c., 192 c., 228 c.
12 juin. Req. 134 c.
13 juin. Req. 101 c., 106 c., 129 c.
28 juin. Bastia. 141 c.
24 juill. Poitiers. 12 c.

1866

8 mars. Caen. 108, 109 c., 121 c.
13 mars. Colmar. 185 c.
26 mars. Req. 190, 228 c., 230, 231 c.
2 mai. Toulouse. 264 c., 265 c., 266 c.
30 mai. Aix. 208 c., 223 c., 224 c., 285 c., 304 c.
14 juin. Aix. 132.
31 juill. Req. 25 c., 29 c., 31 c., 33 c.
2 août. Paris. 262 c., 287 c.
11 août. Paris. 217 c.
12 nov. Alger. 15 c., 25 c.
27 nov. Agen. 217 c., 284 c.
13 déc. Trib. Seine. 48 c., 81 c.

1867

22 janv. Civ. 185 c.
4 juin. Alger. 217 c.
19 juin. Civ. 139 c., 141 c., 145 c.
20 juill. Paris. 185 c.
24 juill. Trib. de Beaugé. 12 c.
16 nov. Rouen. 155.
12 déc. Angers. 12 c.
26 déc. Grenoble. 226 c., 267 c., 270 c., 277 c., 278 c., 284 c.

1868

12 févr. Civ. 208 c., 223 c., 224 c., 285 c.
19 févr. Grenoble. 46 c., 48 c., 81 c.
24 févr. Paris. 230 c.
18 mars. Civ. 142 c.
14 juin. Paris. 185 c.
2 juill. Dijon. 219 c., 226 c., 302 c.
6 juill. Bourges. 15 c., 25 c., 29 c., 31 c., 32 c.
11 juill. Paris. 258.
28 août. Trib. Seine. 193 c., 236 c., 238 c.
12 nov. Alger. 32.
23 nov. Civ. 265 c., 267 c., 270 c.
30 nov. Civ. 190 c., 228 c., 230 c.
30 déc. Req. 105 c., 155 c., 156 c., 157 c.; 159 c.

1869

8 févr. Civ. 12. c.
24 févr. Caen. 28 c., 106 c.
3 mars. Chambéry. 40 c.
7 avr. Req. 139 c., 143 c.
3 juin. Orléans. 12 c.
14 juin. Grenoble. 285 c.
23 juin. Req. 113 c., 155 c.
24 juin. Grenoble. 208 c., 223 c., 224 c.
28 juin. Civ. 46 c., 48 c., 81 c.
1er déc. Civ. 270 c., 272 c.
1er déc. Poitiers. 113 c., 120 c.
28 déc. Req. 40 c.

1870

11 janv. Metz. 189 c.
2 févr. Req. 114 c.
7 févr. Req. 28 c.
31 mars. Dijon. 48 c., 81 c., 168, 285 c.
6 avr. Lyon. 46 c., 48 c., 81 c., 170 c., 285 c.
8 mai. Paris. 304 c.
17 mai. Civ. 193 c., 194 c., 236 c., 238 c.
17 mai. Dijon. 25 c., 26 c., 29 c., 31 c., 33 c., 66 c.
8 nov. Req. 98 c., 189 c., 247 c.

1871

7 juill. Rouen. 269 c., 270 c., 277 c.
14 juill. Paris. 111 c.
10 août. Aix. 139 c., 141 c.
21 août. Civ. 228 c., 229 c.
16 nov. Paris, 284 c.

1872

17 janv. Pau. 262 c., 297 c.
23 janv. Paris. 25 c., 29 c., 31 c.
24 janv. Dijon. 36 c., 89 c.
28 févr. Civ. 139 c., 149 c.
29 févr. C. cass. belge. 87 c., 91 c.
8 mars. Rennes. 237 c.
3 avr. Civ. 219 c., 272 c., 277 c., 284 c.
22 juin. Paris. 219 c., 224 c.
27 juill. Loi. 190 c., 199 c.
19 août. Req. 36 c.

1873

20 janv. Paris. 101 c.
15 févr. Bourges. 54 c.
28 févr. Dijon. 221 c., 226 c., 228 c., 230, 280 c.
29 mars. Douai. 185 c.
30 avr. Angers. 291 c.
7 mai. Civ. 139 c., 141 c., 142 c.
22 mai. Paris. 147 c., 219 c.
26 juill. Sol. adm. enreg. 202 c.

1874

27 janv. Req. 98 c., 185 c.
3 mars. Req. 54 c.
10 avr. Paris. 115 c., 117 c.
19 juin. Poitiers. 46 c.

1875

26 févr. Lyon. 209, 210 c.
13 mai. Trib. civ. Tours. 87 c., 90 c.
5 juill. Caen. 291.
8 juill. Orléans. 119.

1876

1er févr. Req. 98 c., 106 c., 131 c.
4 févr. Paris. 29 c., 32 c.
6 mai. Paris. 209 c., 210.
6 déc. Aix. 36 c., 67 c., 79 c.
14 déc. Caen. 53 c., 75 c., 94 c.

1877

23 janv. Paris. 241 c.
4 mars. Rouen. 124 c., 128 c., 129 c., 133 c., 151 c., 152 c., 305 c.
25 juin. Civ. 183 c., 219 c., 228 c., 229 c., 265 c., 271 c.
25 août. Bordeaux. 190 c., 193 c., 228 c., 230 c., 242 c., 278 c., 279 c.
17 nov. Nancy. 216 c.

1878

17 janv. Trib. Pont-l'Évêque. 74 c.
23 mai. Req. 301 c.
23 juill. Req. 222 c., 277 c., 282 c.

1879

20 janv. Req. 260 c.
29 janv. Douai. 265 c., 266 c., 270 c., 297 c., 299 c.
7 mai. Dijon. 270 c., 297 c., 299 c.
7 mai. Nîmes 194 c., 195 c., 236 c., 238 c., 241 c., 245 c.
8 mai. Paris. 285 c.
17 juin. Rennes. 185 c.

1880

21 janv. Lyon. 15 c.
8 juin. Poitiers. 265 c., 266 c., 270 c., 284 c., 285 c.
5 août. Douai. 87.
24 nov. Civ. 87 c., 90 c.
22 déc. Caen. 36 c., 87 c.
29 déc. Caen. 36 c., 64 c., 69 c.

1881

22 juill. Req. 261.
8 déc. Grenoble. 66 c., 69 c.
9 déc. C. cass. Florence 15; 25 c., 29 c.; 31 c.

1882

5 janv. Aix. 304 c., 310 c., 311 c., 313 c.
8 mars. Rennes. 182 c., 203 c.
30 mars. Douai. 87 c.
20 avr. Amiens. 25 c., 29 c., 32.
10 mai. Civ. 193 c., 245 c.
13 juin. Req. 238 c., 285 c., 304 c.
3 nov. Req. 291 c.
13 nov. Req. 159 c., 166 c.
27 déc. Poitiers. 209 c.

1883

29 janv. Req. 306 c.
1er févr. C. cass. Belgique. 95 c.
14 févr. Grenoble. 87.
26 juin. Paris. 120, 123 c., 128 c., 164 c.
26 juill. C. cass. Turin. 277 c., 295 c.
5 déc. Grenoble. 53 c., 87., 88. c.

1884

25 janv. Parme. 36 c.
2 févr. Toulouse. 265 c., 269 c., 270 c., 284 c., 285 c.
12 févr. Req. 66, 68 c.
18 mars. Civ. 98 c.
25 mars. Civ. 98 c
18 juin. Paris. 95.
27 juill. Loi. 19 c., 37 c., 49 c., 74 c.
10 août. Metz. 297 c.
1er déc. C. cass. Florence. 100

1885

6 janv. Dijon 66 c.
12 janv. C. cass. Florence. 209. 210 c.
20 mars. Limoges. 190 c.
10 avr. Civ. 194 c.,
30 juin. Bordeaux. 251 c.
2 juill. Pau. 219 c., 265 c., 273 c., 298 c.
9 juill. Paris. 121 c., 168 c., 170 c., 238 c., 246 c., 247 c., 285 c.
5 déc. Crim. 199 c.

1886

21 janv. Lyon. 66 c., 72 c.
4 févr. Paris. 66 c.
14 avr. Orléan 194 c.
8 juill, Req. 139 c., 148 c.
13 juill. Req. 216 c., 287 c., 302 c.
6 déc. Limoges. 216 c., 263 c., 270 c., 272 c.
13 déc. Trib. Seine. 46 c.
21 déc. Bordeaux. 101 c.

1887

5 janv. Rouen. 102 c., 193 c.
11 janv. Pau, 66 c., 67 c., 69 c.
23 févr. Grenoble. 17 c.
10 mai. Civ. 90 c.
29 juin. Req. 312 c.
29 déc. Caen. 66 c.

1888

24 janv. Req. 220 c.
25 janv. Civ. 186 c.
12 févr. Civ. 285 c.
6 juill. C. cass. Belgique. 190 c., 192 c., 228 c., 230 c., 231 c.
27 déc. Poitiers. 210 c.

1889

14 janv. Grenoble. 269 c., 270 c., 285 c.
11 juin. Paris. 284 c.
26 juin. Civ. 98 c., 257 c., 258 c., 308 c.
28 juin. Civ. 81 c.
15 juill. Loi. 199 c.

1890

10 févr. Pau. 236 c., 238, 242 c.
2 avr. Trib. civ. Caen. 85 c.
10 mai. Orléans. 98 c.
3 juill. Lyon. 79 c.

1891

4 mars. Lyon. 36, 39 c.
5 juin. Lyon. 17., 53 c.
11 juin. Paris. 202 c., 225 c.
26 nov. Amiens. 219 c.

1892

28 juill. Paris. 246 c.

PATRE COMMUN. — V. outre les renvois indiqués au *Répertoire : suprà*, vis *Commune*, nos 352 et 544; *Droit rural*, nos 89 et suiv.; et *infrà*, vis *Régime forestier*, et *Usage forestier*.

PATURAGE. — V. outre les renvois indiqués au *Répertoire : suprà*, vis *Commune*, nos 347 et suiv.; *Droit rural*, nos 171 et suiv., et 191; et *infrà*, vis *Régime forestier*, *Servitude*, *Usage forestier*; — *Rép.* vis *Servitude*, nos 35, 939 et 1197; *Usage forestier* nos 98, 241, 295, 301 et suiv., 309, 395, 448, 583 et suiv. — V. en outre *suprà*, v° *Pacage*, et les renvois qui y sont indiqués.

PATURE VAINE. — V. *suprà*, v° *Droit rural*, nos 35 et suiv.; et *infrà*, vis *Régime forestier*; *Usage forestier*; — *Rép.* vis *Droit rural*, nos 27 et suiv.; *Usage forestier*, nos 112, 118 et suiv., 301, 585 et suiv.

PAUVRE-PAUPÉRISME. — V. *suprà*, v° *Indigent* et les renvois qui y sont indiqués.

PAVAGE. — V. outre les renvois indiqués au *Répertoire : suprà*, v° *Commune*, n° 444; et *infrà*, vis *Servitude*, *Voie publique*, *Voirie par terre*, *Voirie par chemin de fer*, — *Rép.* vis *Servitude*, nos 798 et suiv.; *Voie publique*, n° 4; *Voirie par terre*, nos 1576 et suiv.; *Voirie par chemin de fer*, nos 189 et 521.

PAVILLON. — V. outre les renvois indiqués au *Répertoire : suprà*, vis *Douanes*, nos 1, 7 et suiv., 18, 21, 79, 317, 452; *Droit maritime*, n° 25; et *infrà*, v° *Prises maritimes*; — *Rép.* vis *Douanes*, nos 107 et suiv., 706; *Organisation maritime*, nos 539 et suiv., 909 et suiv.; *Prises maritimes*, nos 129 et 303.

PAYEMENT. — V. outre les renvois indiqués au *Répertoire : suprà*, vis *Acquiescement*, nos 42, 47, 58, 62, 70; *Assurances terrestres*, nos 138, 204 et 358; *Banque*. nos 22 et suiv., 44; *Cautionnement*, nos 62 et suiv., 74 et suiv.; *Chose jugée*, nos 225 et suiv.; *Commissionnaire*, nos 183 et suiv., 220, 259 et suiv., 276, 292 et suiv., 302 et suiv., 334; *Compétence commerciale*, nos 142 et suiv.; *Degrés de juridiction*, n° 29; *Distribution par contribution*, n°s 59 et suiv.; *Domicile élu*, n° 22; *Douanes*, n°s 117 et suiv.; *Effets de commerce*, n°s 224 et suiv.; *Enregistrement*, n°s 121, 147, 613 et suiv., 634 et suiv., 594 et suiv., 1489, 1501, 2912 et suiv., 3008 et suiv., 3507 et suiv., 3587 et suiv.; 5949; *Faillites et banqueroutes*, n°s 11 et suiv., 424, 436, 453, 570, 588 et suiv., 603 et suiv., 609 et suiv., 623 et suiv., 662 et suiv.; *Jeu-pari*, n°s 36 et suiv,; *Louage*, n°s 184 et suiv.; *Obligations*, n°s 673 et suiv.; et *infrà*, v^is *Privilèges et hypothèques, Succession; — Rép.* v^is *Privilèges et hypothèques*, n°s 1735, 2016 et suiv., 2163 et suiv., 2174 et suiv., 2459 et suiv.; *Succession*, n°s 500 et suiv., 904 et suiv., 919 et suiv.

PÉAGE. — V. outre les renvois indiqués au *Répertoire : suprà*, v^is *Commune*, n°s 376 et suiv., et 521; *Compétence administrative*, n° 300; *Concession administrative*, n°s 9 et 35; *Enregistrement*, n°s 1387, 1667 et suiv.; *Louage*, n° 121; et *infrà*, v^is *Voirie par terre; Voirie par eau; — Rép.* v° *Voirie par eau*, n°s 7, 13, 25 et suiv., 400 et suiv., 532 et suiv., 616 et suiv.

PÊCHE FLUVIALE.

Division.

CHAP. 1er. — Historique et législation
(*Rép.* n°s 2 à 12).

1. La législation sur la pêche fluviale a subi, depuis la publication du *Répertoire*, d'importantes modifications. La loi du 15 avr. 1829 qui avait eu pour but, comme nous l'avons dit au *Rép.* n° 11, de déterminer et de régler l'exercice de la pêche fluviale, et dont nous avons signalé les lacunes, a été complétée par la loi du 31 mai 1865 (D. P. 65. 4. 37) destinée à arrêter la dépopulation des cours d'eau. Cette dernière loi donne notamment au Gouvernement le droit de déterminer les cours d'eau qui doivent être réservés pour la reproduction du poisson et dans lesquels la pêche sera interdite pendant l'année entière.

2. Sous l'empire de la loi de 1829, comme sous la législation antérieure, la surveillance et la police de la pêche dans les cours d'eau naturels étaient placées dans les attributions de l'Administration forestière, tandis que l'administration des Ponts et chaussées était chargée de la surveillance et de la mise en ferme dans les canaux ainsi que dans les rivières canalisées et dans celles qui avaient été rendues navigables au moyen d'ouvrages d'art. D'un autre côté, le service de la conservation des voies navigables, ainsi que la police, le curage et l'amélioration des cours d'eau non navigables ni flottables étaient placés dans les attributions du ministre des travaux publics. Il a paru nécessaire de réunir dans les mêmes mains le service de la navigation et celui de la surveillance de la pêche; tel a été l'objet du décret du 29 avr. 1862 (D. P. 62. 4. 41) qui a transféré les attributions de l'administration des Forêts à l'administration des Ponts et chaussées.

3. L'ordonnance du 15 nov. 1830, rapportée au *Rép.* p. 452, avait délégué aux préfets, dans chaque département, le pouvoir de régler, suivant les circonstances locales, les temps, saisons et heures pendant lesquels la pêche devait être interdite, les filets, engins, procédés et modes de pêche de nature à être prohibés. La variété qui résultait de ces règlements présentait de sérieux inconvénients; il y a été porté remède par un décret du 25 janv. 1868 (D. P. 68. 4. 18) portant règlement général sur la pêche fluviale, qui a abrogé tous les règlements antérieurs. Ce décret a été complété et remplacé par un nouveau décret du 10 août 1875 (D. P. 76. 4. 64) qui a lui-même été modifié par un décret du 18 mai 1878 (D. P. 78. 4. 87) puis par un décret du 27 déc. 1889 (D. P. 91. 4. 14), enfin par un décret du 9 avr. 1892 (D. P. 93. 4. 19).

4. Il convient encore de mentionner les décrets du 2 avr. 1880 (D. P. 81. 4. 48) du 16 juin 1885 (D. P. 86. 4. 14) et du 24 déc. 1889 (D. P. 91. 4. 14) qui ont institué des réserves dans les différents bassins fluviaux de la France en vue de la reproduction du poisson.

TABLEAU DES LOIS ET DÉCRETS SUR LA PÊCHE FLUVIALE.

1er sept. 1856. — Décret qui abandonne aux riverains le droit de pêche sur le canal de Revigny (D. P. 56. 4. 137).

11-19 juin 1859. — Loi relative à l'exercice de la pêche dans la Bidassoa (D. P. 59. 4. 50).

29 avr. 1862. — Décret qui place dans les attributions du ministre de l'agriculture, du commerce et des travaux publics, la surveillance, la police et l'exploitation de la pêche fluviale (D. P. 62. 4. 41).

25 mars-15 avr. 1863. — Décret relatif au recouvrement des fermages de la pêche et de la chasse sur les cours d'eau, des produits de la récolte des francs bords et des redevances pour prises d'eau et permissions d'usine (D. P. 63. 4. 17).

19 oct. 1863. — Décret relatif à la pêche de la truite et du saumon dans la partie fluviale des cours d'eau navigables ou non navigables de l'empire, à l'exception du Rhin et de la Bidassoa (D. P. 63. 4. 157).

31 mai-8 juin 1865. — Loi relative à la pêche (D. P. 65. 4. 37).

26 août-22 sept. 1865. — Décret qui détermine le mode de vérification de la dimension des mailles des filets et de l'espacement des verges des nasses autorisées pour la pêche de chaque espèce de poisson (D. P. 65. 4. 137).

2-28 déc. 1865. — Décret qui détermine la gratification à accorder aux rédacteurs des procès-verbaux ayant pour objet de constater les délits de pêche (D. P. 66. 4. 9).

10 août-9 déc. 1875. — Décret portant règlement sur la pêche fluviale (D. P. 76. 4. 64).

15 nov. 1875. — Cahier des charges pour l'adjudication du droit de pêche dans les rivières navigables et flottables et dans les canaux et rivières canalisées appartenant à l'Etat (*Code forestier annoté*, appendice, p. 684).

18 mai-19 juill. 1878. — Décret portant règlement sur la pêche fluviale (D. P. 78. 4. 87).

12 mai-28 juin 1879. — Décret qui fixe les dimensions des mailles des filets traînants employés à la pêche du lavaret dans le lac du Bourget (D. P. 79. 4. 67).

15 juill.-28 août 1879. — Décret portant que le ministre des travaux publics peut, dans un but de repeuplement, autoriser les agents de l'administration des Ponts et chaussées à pêcher et à transporter en tout temps la montée d'anguille, en se servant d'engins prohibés (D. P. 80. 4. 12).

23 juill.-17 sept. 1879. — Décret qui désigne les parties du canal de l'Est où la pêche est interdite en vue de la reproduction du poisson (D. P. 80. 4. 54).

2 avr. 1880. — Décret qui désigne les parties des fleuves, rivières et canaux navigables et flottables, réservées pour la reproduction du poisson (D. P. 81. 4. 48).

27 juin-11 sept. 1883. — Décret pour la réglementation de la pêche dans les eaux du lac Léman (D. P. 83. 4. 103).

11 janv.-25 mars 1884. — Décret fixant les traitements des brigadiers et gardes-pêche (D. P. 84. 4. 82).

16 juin 1885. — Décret portant désignation des parties des fleuves, rivières et canaux navigables et flottables, réservées pour la reproduction du poisson (D. P. 86. 4. 14).

2-11 juin 1886. — Décret relatif à la pêche de la truite dans la partie maritime de la rivière la Liane (D. P. 87. 4. 37).

24 déc. 1889-14 mars 1890. — Décret portant désignation des parties des fleuves, rivières et canaux navigables et flottables réservées pour la reproduction du poisson (D. P. 91. 4. 14).

27-31 déc. 1889. — Décret qui modifie, en ce qui concerne la pêche du saumon, les art. 1 du décret du 18 mai 1878 et 8 du décret du 10 août 1875 sur la pêche fluviale (D. P. 91. 4. 14).

9-10 avr. 1892. — Décret qui fixe la période d'interdiction annuelle de la pêche des poissons autres que le saumon, la truite, l'ombre-chevalier et le lavaret (D. P. 93. 4. 19).

CHAP. 2. — De la pêche dans les cours d'eau.
(*Rép.* nos 13 à 237).

SECT. 1re. — DU DROIT DE PÊCHE EN GÉNÉRAL (*Rép.* nos 13-14).

5. Ainsi qu'on l'a vu au *Rép.*, n° 13, le droit de pêche est d'une nature différente suivant qu'il s'exerce dans les fleuves ou rivières qui sont navigables ou flottables, ou bien dans les cours d'eau qui ne le sont pas. Le droit de pêche dans une rivière navigable ou flottable est inaliénable et imprescriptible comme la propriété de la rivière elle-même (Besançon, 14 mars 1888, aff. Comp. des forges d'Audincourt, D. P. 90. 2. 29).

6. Quant au droit de pêche dans les rivières qui ne sont ni navigables, ni flottables, il est généralement considéré comme une servitude existant au profit des riverains sur les cours d'eau, mais ne pouvant être détachée du fonds et aliénée séparément (*Rép.* n° 13). Cette doctrine ne nous semble pas contredite par quelques décisions dans lesquelles on a voulu voir une doctrine contraire, notamment par un arrêt de la chambre des requêtes du 13 déc. 1869 (aff. Commune de Miribel, D. P. 71. 1. 49), qui a reconnu la validité d'une convention intervenue entre une commune et certains de ses habitants et concédant à ces derniers « le droit de pêche et de chasse, pour eux et leurs descendants, sur la superficie générale des communaux tant qu'ils ne seraient pas aliénés ni partagés ». Cet arrêt s'est, en effet, refusé à voir dans cette convention autre chose que la concession d'un droit personnel de pêche et de chasse, dont la régularité au moyen d'un bail ou par tout autre mode d'aliénation temporaire a toujours été considérée comme régulière (*Rép.* n° 13); et il a retenu cette circonstance qu'elle n'était pas perpétuelle, comme devant prendre fin soit par l'aliénation ou le partage des communaux, soit par l'extinction de la descendance des ayants droit. Dans une autre espèce (Besançon, 17 déc. 1881, aff. Bourdin, D. P. 82. 2. 234), il a bien été reconnu que les droits des riverains d'un cours d'eau avaient été aliénés par eux et que la servitude grevant le cours d'eau avait été séparée du fonds dominant; mais la cour n'avait pas à se prononcer sur la validité de cette aliénation, et n'avait à définir la nature du contrat qu'au point de vue des obligations résultant, pour le propriétaire exproprié, de l'art. 21 de la loi du 3 mai 1841 envers ceux qui tiennent de lui des droits sur l'immeuble exproprié.

7. On a examiné au *Rép.*, n° 14, la question de savoir si, dans le silence du bail, le droit de pêche appartient au propriétaire ou au fermier. Suvant l'opinion qui nous a paru devoir être suivie, la solution doit varier d'après les circonstances, et le droit de pêche ne doit appartenir au fermier que dans le cas où il tient plus de l'utilité que de l'agrément; s'il est purement voluptuaire, il est présumé avoir été conservé par le propriétaire (V. conf. Aubry et Rau, *Cours de droit civil français*, 4e éd., t. 4, § 365, p. 470). Un arrêt de la cour de Rouen du 7 déc. 1878 (aff. Lathan, D. P. 80. 2. 75), semble, au premier abord, s'être écarté de cette interprétation en déclarant d'une façon absolue qu'un bail à ferme n'implique pas dessaisissement du droit de pêche en faveur du fermier et que ce droit se trouve retenu au profit du propriétaire par cela seul que le bail est muet à ce sujet. Il est à remarquer toutefois que cet arrêt, en examinant les clauses accessoires du contrat et en réfutant les arguments invoqués par le preneur pour en déduire une concession du droit de pêche, paraît admettre que cette concession pourrait résulter implicitement des circonstances de fait.

SECT. 2. — DE LA PÊCHE DANS LES RIVIÈRES NAVIGABLES OU FLOTTABLES (*Rép.* nos 15-47).

ART. 1er. — *Du droit de pêche au profit de l'Etat* (*Rép.* nos 15-44).

8. Pour que le droit de pêche dans un cours d'eau appartienne à l'Etat, il faut que l'entretien de ce cours d'eau soit à la charge de l'Etat ou de ses ayants cause; cela résulte expressément des termes de l'art. 1, § 1, de la loi du 15 avr. 1829. Mais, ainsi qu'on l'a exposé au *Rép.* n° 15, il n'est pas nécessaire qu'*en fait* l'entretien ait lieu par les soins et aux frais de l'Etat; et les riverains ne sauraient se prévaloir, pour revendiquer le droit de pêche, de ce qu'ils ont eux-mêmes exécuté certains travaux d'entretien dans leur intérêt particulier (V. aussi *Rép.* n° 41). Il a été jugé, en ce sens, que le canal d'amener d'un moulin creusé dans le lit d'une rivière navigable, et dans lequel les bateaux peuvent pénétrer jusqu'au moulin, n'est pas affranchi du droit de pêche de l'Etat, dans le cas même où le propriétaire du moulin aurait fait réparer les chaussées de ce canal pour l'utilité de son usine, ces réparations n'ayant pas eu pour effet de déplacer la charge de l'entretien desdites chaussées, qui incombe à l'Etat comme propriétaire du lit de la rivière (Req. 15 janv. 1861, aff. Izernes, D. P. 61. 1. 174).

9. Lorsqu'un canal faisant partie du domaine public a fait l'objet d'une concession, le droit de pêche appartient aux concessionnaires substitués aux droits et obligations de l'Etat (*Code de la pêche fluviale*, n° 14). Ainsi, dans le cas où le Gouvernement, en accordant à des particuliers l'autorisation d'établir une gare dans un cours d'eau navigable, leur a concédé la jouissance exclusive des eaux de cette gare et n'a réservé que les droits du domaine public sur la propriété du fond du lit, la jouissance concédée est réputée comprendre le droit de pêche (Cons. d'Et. 6 mars 1857, aff. Société de la gare de Charenton, D. P. 67. 5. 310).

10. — 1° *Bras de rivières, noues, boires et fossés.* — Ainsi qu'on l'a exposé (*Rép.* n° 18), le paragraphe 2 de l'art. 1 contient une réserve du droit de pêche au profit des propriétaires dont les héritages bordent les rivières navigables ou flottables, dans les parties de ces rivières qui ne sont pas en communication directe avec le cours d'eau. Le droit de pêche que ce paragraphe reconnaît à l'Etat dans les bras, noues, boires et fossés est subordonné à la possibilité d'y passer ou d'y pénétrer librement en bateaux de pêcheur, même par les plus basses eaux. Lorsque la circulation, dans un faux bras d'une rivière navigable ou flottable, dans laquelle ont été établis des barrages artificiels, devient impossible seulement durant certaines heures après les éclusées prescrites dans l'intérêt de la navigation, parce que, l'eau étant retenue en amont par les barrages, il se produit en aval un retrait d'eau qui interrompt la navigation aussi bien dans le bras principal que dans les bras secondaires de la rivière, cette interruption est insuffisante pour faire considérer le faux bras de rivière dont il s'agit comme n'étant pas accessible en tout temps aux bateaux des pêcheurs, et pour faire décider, par suite, que le droit de pêche dans les eaux de ce bras n'appartient pas à l'Etat (Paris, 4 août 1866, *Revue des eaux et forêts*, t. 3, p. 515).

11. Le droit de pêche dans les canaux et fossés dont l'entretien n'est pas à la charge de l'Etat et qui ne sont pas accessibles en tout temps aux bateaux de pêcheurs, appartient, comme on l'a dit au *Rép.* n° 18, aux riverains, alors même que, par suite du débordement d'une rivière, ces fossés se trouveraient accidentellement en communication directe avec cette rivière (Crim. cass. 17 déc. 1880, aff. Couriet, D. P. 82. 5. 310). Mais, ainsi qu'on l'a fait observer (*Rép.* n° 20), de ce que le droit de pêche peut être exercé par les riverains sur une partie de rivière navigable et flottable qui ne communique pas en tout temps avec le cours d'eau principal, il ne faut pas conclure que la pêche y est entièrement libre. La liberté de la pêche cesse d'exister dans les canaux, fossés et étangs dans lesquels le poisson peut communiquer, même accidentellement, avec un cours d'eau dont la pêche est réglementée par la loi du 15 avr. 1829. Elle est, au contraire, absolue lorsque cette communication est impossible, à la condition toutefois que l'impossibilité de communication soit naturelle, et non artificielle. Cette impossibilité est naturelle lorsque les eaux d'une rivière, après avoir envahi pendant la crue les terrains riverains, viennent à se retirer en laissant dans les dépressions de ces terrains des flaques d'eau contenant du poisson. La cessation de communication est artificielle lorsqu'elle s'opère à l'aide de vannes ou d'écluses non accompagnées de grillages, de manière à permettre non seulement le passage de l'eau, mais celui du poisson. Peu importe que l'ouverture de ces vannes ou écluses soit rare ou fréquente, il suffit que la possibilité de communication à volonté soit établie pour que la pêche cesse d'être libre.

12. On a rapporté (*Rép.* n° 20) plusieurs arrêts qui ont consacré ces principes. Mais un arrêt de la chambre criminelle de la cour de cassation semble s'en être écarté sur un point, en admettant que la liberté de la pêche existe sur des terrains inondés tant que dure l'inondation (Crim. rej. 30 mars 1873, aff. Clémence, D. P. 73. 1. 313). Cette décision paraît avoir confondu la liberté de la pêche avec le droit de pêche. Il résulte en effet de l'art. 564 c. civ., ainsi que le décide cet arrêt, que le propriétaire du terrain inondé peut s'approprier les poissons venus de la rivière sur son terrain, mais non qu'il peut les pêcher à toute heure et à l'aide de tous les engins. La liberté de la pêche est suspendue tant que la communication existe. Mais en dehors de cette solution qui peut être considérée comme une solution d'espèce en raison des circonstances particulières de fait dans lesquelles elle est intervenue, la jurisprudence a maintenu les principes qui viennent d'être rappelés. Il a été décidé en ce sens : 1° que la pêche dans les étangs est soumise aux prescriptions de la loi du 15 avr. 1829, lorsque les étangs communiquent aux cours d'eau, et qu'ainsi le poisson peut entrer dans l'étang ou en sortir, sans qu'aucune précaution ait été prise pour s'opposer à sa libre circulation (Crim. cass. 5 déc. 1884) (1) ; — 2° Qu'il y a délit de pêche tombant sous l'application de la loi du 15 avr. 1829, dans le fait de pêcher avec engins prohibés dans le bief d'un ancien étang qui se trouve en communication directe avec une rivière navigable par la destruction partielle des grillages de l'étang (Dijon, 10 nov. 1865) (2) ; — 3° Que l'amas d'eau qui se forme dans l'ancien lit d'une rivière ne constitue pas, au point de vue de la pêche, un étang véritable, si, à certaines époques de l'année, il y a nécessité de le mettre en communication avec le nouveau lit de la rivière au moyen de vannes de décharge pour écouler le trop plein provenant de ruisseaux qui viennent s'y déverser (Caen, 9 août 1871, aff. Croix, D. P. 73. 2. 156) ; — 4° Que le propriétaire d'un étang traversé et alimenté par des ruisseaux et communiquant librement par un canal avec un grand étang soumis à la police de la pêche, est tenu de se conformer aux dispositions réglementaires de la pêche fluviale édictées par la loi du 15 avr. 1829 (Req. 6 mars 1867, aff. Descoqs, D. P. 67. 1. 430) ; — 5° Qu'une nappe d'eau formée par une digue ou chaussée servant à retenir les eaux d'une rivière et à produire un bief pour l'utilité d'une usine ne saurait, lorsqu'elle est traversée par la rivière et est ouverte à la libre circulation du poisson venant des eaux de celle-ci, être considérée comme non soumise aux lois sur la pêche, par cela seul qu'elle serait la propriété d'un particulier et qu'on lui donnerait dans le pays l'appellation d'étang (Crim. cass. 14 juill. 1865, aff. Mathion, D. P. 65. 1. 499) ; — 6° Qu'il en est ainsi dans le cas même où le propriétaire de cette nappe d'eau aurait le droit de fermer par une grille le pertuis par lequel les eaux de la rivière arrivent dans l'étang, si en fait cette grille tombée par suite de vétusté n'a pas été rétablie (Même arrêt).

13. Il a été jugé spécialement, que la liberté de la pêche cesse d'exister dans les canaux ou étangs appartenant à des particuliers, toutes les fois que ces amas d'eaux sont en communication artificielle, même non permanente, notamment au moyen de portes ouvrantes ou fermantes avec un cours d'eau dans lequel la pêche est réglementée par la loi du 15 avr. 1829 (Crim. rej. 10 janv. 1874, aff. Bonsergent, D. P. 74. 1. 449 ; Angers, 9 févr. 1873, aff. Bonsergent, D. P. 74. 2. 247 ; Paris, 9 janv. 1874, aff. Briaux, D. P. 74. 2. 247). Le premier de ces arrêts constate qu'au moment où le fait de pêche a eu lieu, le canal ou étang communiquait naturellement, les portes étant ouvertes, avec la rivière et paraît admettre que la pêche cesse d'être libre alors seulement que la communication a été établie par le fonctionnement d'un mécanisme artificiel et qu'elle devient libre quand cette communication a cessé. Les arrêts du 9 févr. 1873 et du 9 janv. 1874 décident, au contraire, que dans les canaux fermés par des écluses, des portes ou des vannes, la circonstance de leur ouverture est indifférente. D'après le premier de ces arrêts, on ne peut pêcher en temps prohibé dans un canal ou fossé appartenant à un particulier et communiquant avec une rivière navigable et flottable, alors même qu'au moment où le fait de pêche a eu lieu, les portes étaient fermées. Le second décide que la pêche de nuit est interdite dans un canal appartenant à la ville de Paris et communiquant avec la Seine au moyen d'écluses.

14. — 2° *Déclaration de navigabilité.* — L'art. 3 de la loi du 15 avr. 1829 détermine, ainsi que nous l'avons dit au *Rép.* n° 22, les conditions exigées pour que le droit de pêche dans un cours d'eau cesse d'appartenir aux riverains et soit transféré à l'Etat. Il faut qu'un décret rendu après enquête *de commodo et incommodo* et inséré au *Bulletin des lois* ait décidé qu'à l'avenir le droit de pêche dans un cours d'eau sera exercé au profit de l'Etat. Cette prescription est formelle et le fait que le cours d'eau aurait été depuis longtemps navigable ne suffit pas pour attribuer *ipso facto* le droit de pêche à l'Etat (Crim. rej. 26 juin 1891, aff. Garanger, D. P. 92. 1. 259). Une loi qui alloue certains crédits pour des travaux à effectuer dans un cours d'eau, mais qui, dans aucune de ses dispositions, ne déclare ce cours d'eau navigable et n'enlève le droit de pêche aux riverains pour le transférer à l'Etat ne saurait davantage tenir lieu du décret exigé par l'art. 3 de la loi de 1829 (Même arrêt). V. *suprà*, v° *Eaux*, n°s 40 et suiv.; Bouvier, *De la navigabilité et du droit de pêche dans les cours d'eau*, p. 19 et suiv.).

15. Il appartient à l'autorité administrative de décider si une rivière, comprise dans le tableau des rivières navigables dressé en exécution de l'art. 3 de la loi du 15 avr. 1829, était déjà navigable antérieurement, notamment lorsque cette question préjudicielle est soulevée sur la demande en indemnité que les propriétaires riverains ont formée contre l'Etat en raison de la privation du droit de pêche qu'ils prétendaient posséder avant la loi précitée (Cons. d'Et. 17 août 1864, aff. Commune de Saugnac, D. P. 65. 3. 35).

16. — 3° *Limites de la pêche maritime.* — Ce sont aussi, comme on l'a vu (*Rép.* n° 26), des décrets rendus après enquête qui doivent fixer les limites entre la pêche fluviale et la pêche maritime dans les fleuves et rivières affluant à la mer. Aux termes de l'art. 3 de la loi de 1829, ces limites sont les mêmes que celles de l'inscription maritime, mais la pêche qui se fait au-dessus du point où les eaux cessent d'être salées est soumise aux règles de police et de conservation établies pour la pêche fluviale. Il résulte de ces dispositions qu'entre le point de cessation de salure des eaux et la limite de l'inscription maritime, la pêche est libre et gratuite comme la pêche maritime : aucune autorisation n'est donc nécessaire pour pêcher dans cette partie des fleuves et rivières affluant à la mer; et les pêcheurs sont seulement tenus d'observer les règles de police et de conservation établies pour la pêche fluviale (Crim. cass. 29 mai 1869, aff.

---

(1) (Courrier.) — LA COUR ; — Sur le moyen unique du pourvoi, tiré de la violation des art. 5 et 30 de la loi du 15 avr. 1829, et 7 de la loi du 20 avr. 1810 ; — Attendu qu'aux termes des art. 5 et 30 de la loi du 15 avr. 1829, combinés, la pêche dans les étangs est soumise aux prescriptions de cette loi, lorsque les étangs communiquent aux cours d'eau, et qu'ainsi, le poisson peut entrer dans l'étang ou en sortir, sans qu'aucune précaution ait été prise pour s'opposer à sa libre circulation ; — Attendu que le tribunal de Segré, statuant sur l'action intentée à Courrier fils et à Courrier père, ce dernier comme civilement responsable, pour avoir pêché dans l'étang de Pouance, appartenant à de Réaulx, et dont la pêche a été affermée à Peteul, a déclaré en termes formels qu'aucun barrage n'a été établi dans cet étang à l'effet de mettre obstacle à la sortie du poisson, qui peut librement circuler entre l'étang et la rivière la Verzée ; — Attendu que l'arrêt attaqué, sans dénier ce point de fait, s'est borné à affirmer que la loi du 15 avr. 1829 n'est pas applicable à la pêche dans les étangs, et qu'en dehors de l'art. 388 c. pén., aucune loi ne réprime le fait de pêche dans un étang appartenant à autrui ; qu'en statuant ainsi, la cour a manifestement violé les dispositions de loi ci-dessus visées ; — Casse, etc.

Du 5 déc. 1884.-Ch. crim.-MM. Ronjat, pr.-Poux-Franklin, rap.-Loubers, av. gén.-Sabatier, av.

(2) (Baillot et autres.) — LA COUR ; — Vu le procès-verbal rédigé le 8 septembre par le garde-pêche de Châtillon-sur-Seine, et constatant le délit de pêche avec les engins prohibés imputé aux sieurs Baillot, garde particulier, Bresson et Carnet ; — Sur

Daugas, D. P. 69. 1. 532). — Les limites de l'inscription maritime et celle de la salure des eaux qui avaient été fixées pour les arrondissements de Brest, Lorient et Rochefort, par les décrets du 4 juill. 1853 rapportés au *Rép.* n° 29, l'ont été pour l'arrondissement de Toulon par le décret du 19 nov. 1859 (D. P. 59. 4. 122).

17. — 4° *Indemnités aux riverains.* — On a dit au *Rép.*, n° 31, que, dans le cas où les cours d'eau sont rendus ou déclarés navigables ou flottables, les propriétaires qui sont privés du droit de pêche ont droit à une indemnité préalable réglée d'après les formes de la loi sur l'expropriation pour cause d'utilité publique. Quoique l'art. 3, § 3, de la loi de 1829 reconnaisse le droit des riverains à une indemnité *préalable*, il n'en résulte pas que, comme en matière d'expropriation, la dépossession qui est la conséquence de la déclaration de navigabilité ne puisse avoir lieu qu'après fixation et payement de l'indemnité. Par suite, lorsqu'un décret est intervenu pour déclarer un cours d'eau navigable et enlever le droit de pêche aux riverains, ces derniers ne sont pas recevables à exercer des poursuites contre les tiers qui, sans leur autorisation, pêchent au droit de leurs propriétés, alors même qu'ils n'ont pas encore reçu de l'Etat l'indemnité qui, aux termes de l'art. 3, § 3, de la loi du 15 avr. 1829 doit leur être accordée en raison de la privation du droit de pêche (Crim. rej. 26 juin 1891, aff. Garanger, sol. impl. D. P. 92. 1. 259. — *Contrà* : Bouvier, *op. cit.*, p. 27).

18. Nous avons dit *suprà*, n° 14, que lorsqu'un riverain d'un cours d'eau déclaré navigable par décret réclame une indemnité, il appartient à l'autorité administrative de décider si, avant le décret, ce cours d'eau était ou non navigable. Mais c'est à l'autorité judiciaire qu'il appartient de statuer sur les questions de propriété ou d'indemnité auxquelles peut donner lieu la déclaration de navigabilité (Martin, *op. cit.*, n° 64).

19. — 5° *Titres anciens.* — Le droit de pêche dans les rivières navigables appartient à l'Etat même à l'exclusion des droits réservés par l'ordonnance de 1669 et dans les édits de 1663 et de 1693, comme remontant à une époque antérieure à l'édit de 1566 sur l'inaliénabilité du domaine de la couronne; les lois de 1789 et 1790 et les décrets des 6 et 30 juill. 1793 (8 frim. an 2) ont aboli, sans aucune exception, tous les droits privés de pêche. La jurisprudence a confirmé cette solution déjà indiquée au *Rép.* n° 37. (Req. 15 janv. 1861, aff. Izerne, D. P. 61. 1. 176).

20. Les droits exclusifs de pêche sur un étang, concédés anciennement par un seigneur aux habitants d'une commune « à la charge de payer les droits seigneuriaux accoutumés, suivant les règlements et proclamations observés en la pêche », ont un caractère essentiellement seigneurial, ils tombent, dès lors, sous l'application des décrets de juillet 1793 portant suppression de tous droits entachés de féodalité, et l'exercice plus que trentenaire de ces droits, depuis les décrets de 1793, ne peut être invoqué par la commune qui n'établit pas avoir interverti son titre de possession (Civ. cass. 4 avr. 1865, aff. Commune de Mauguio, D. P. 66. 1. 29).

21. — 6° *Canaux.* — On a dit (*Rép.* n° 42) que l'Etat ne peut exercer le droit de pêche que sur les canaux qui sont entretenus par lui. Il existe des canaux dits *de petite navigation* qui, aux termes de la loi du 16 sept. 1807, sont entretenus à moitié frais par l'Etat et par des communes; dans ces canaux, le droit de pêche se partage entre les communes et l'Etat, en proportion de leurs dépenses respectives, sauf dans le cas où il y aurait titre contraire (Martin, *op. cit.*, n° 25).

ART. 2 — *Réserve au profit des propriétaires de canaux.* (*Rép.* n°s 45 à 47).

22. Le droit de pêche dans les canaux qui conduisent les eaux des rivières navigables et flottables sous les roues des moulins et usines qu'elles mettent en mouvement est réservé, comme on l'a vu (*Rép.* n° 45), aux propriétaires ou constructeurs de ces canaux et ne peut appartenir aux riverains. Mais la propriété du bief d'un moulin établi sur le lit d'un ruisseau agrandi par des travaux de déblai et de maçonnerie ne s'étend pas à la partie du ruisseau située en amont de ce bief, où se produit seulement un remous causé par la retenue des eaux, et où n'existe aucun travail d'art qui puisse le faire considérer comme une dépendance du moulin; en conséquence, les riverains de cette partie du ruisseau peuvent y exercer le droit de pêche consacré par l'art. 2 de la loi de 1829, sauf à subir la servitude de remous produit par les eaux du moulin, lorsque l'existence en est légalement établie, par l'effet notamment de la prescription (Req. 26 mars 1869, aff. Billotte, D. P. 69. 1. 320).

23. Pour que le droit de pêche appartienne au propriétaire du canal, il faut que ce canal ait été creusé dans une propriété particulière. Lorsqu'un moulin est établi au milieu du lit d'une rivière navigable, le droit de pêche dans le canal ou coursier de ce moulin appartient, non au propriétaire du moulin, mais à l'Etat, et ce propriétaire ne peut y faire acte de pêche, sans contrevenir à l'art. 5 de la loi du 15 avr. 1829 (Bordeaux, 31 mai 1865, *Revue des eaux et forêts*, t. 3, n° 455, appendice; L. 15 avr. 1829, art. 2, n° 107). De même, lorsqu'un moulin, même existant antérieurement à 1566, est établi sur les bords d'une rivière navigable, le propriétaire ne peut exercer le droit de pêche dans l'intérieur des barrages, pertuis et autres dépendances de ce moulin : ce droit appartient à l'Etat (Toulouse, 30 mai 1859, aff. Izernes, D. P. 61. 1. 174). Mais, dans ce cas, le droit de l'Etat n'implique pas, pour lui ou son fermier, celui de se servir des constructions qui ne lui appartiennent pas, par exemple, des chaussées et dépendances du moulin pour y placer des amarres, des filets et autres engins (Même arrêt).

SECT. 3. — DE LA PÊCHE DANS LES COURS D'EAU QUI NE SONT NI NAVIGABLES NI FLOTTABLES (*Rép.* n°s 48 à 53).

24. Aux termes de l'art. 2 de la loi de 1829 (*Rép.* n° 49), dans les rivières et canaux non navigables ni flottables, les propriétaires riverains ont, chacun de son côté, le droit de pêche jusqu'au milieu du cours de l'eau, sans préjudice des droits contraires établis par possession ou titres. Lorsqu'un riverain ne se renferme pas dans ces limites, mais place dans les eaux d'un autre riverain des nasses ou paniers destinés à prendre le poisson, il ne paraît pas devoir être considéré comme propriétaire du poisson ainsi capturé : en tous cas, il doit être assimilé au braconnier qui aurait placé clandestinement des pièges ou lacets dans la propriété d'autrui, et qui ne pourrait pas venir enlever le gibier contre le gré du propriétaire du terrain (Lyon, 5 janv. 1864, aff. Rey, D. P. 64. 2. 162).

SECT. 4. — ADMINISTRATION ET RÉGIE DE LA PÊCHE (*Rép.* n°s 54 à 57)

25. Les gardes-pêche sont, comme on l'a vu (*Rép.* n° 54), tenus de prêter serment avant d'entrer en fonctions; la prestation de leur serment, ainsi que leur commission, doit être enregistrée au greffe. Les greffiers n'ont droit, de ce chef, à aucun émolument (Circ. min. trav. publ. 12 nov. 1873, Potiquet, *Recueil des lois, décrets, etc... concernant le service des Ponts et chaussées*, t. 3, p. 6). — L'acte de prestation de serment est soumis au droit fixe de 4 fr. 50 plus les décimes, en tout 5 fr. 65, quel que soit le traitement du préposé. Les commissions sont soumises au timbre de dimension. Le droit ne peut être inférieur à 1 fr. 80 cent.

la preuve offerte par Baillot et consorts; — Considérant qu'il est, dès à présent, établi qu'il y a communication directe entre l'ancien étang de la dame Léon Bazile, qui n'a pas été pêché depuis plus de dix ans, et le ruisseau du Brévon affluent de la Seine; que le grillage de l'étang n'existe plus qu'en partie, et que le poisson peut descendre et remonter sans obstacle; que ce fait n'est pas formellement dénié, et que les prévenus eux-mêmes s'en rapportent, sur l'état des lieux, aux énonciations du procès-verbal; — Que, dès lors, la preuve offerte n'est ni pertinente ni admissible; — Au fond; considérant que les trois prévenus, ont, le 8 septembre dernier, à Rochefort, pêché dans un bief dépendant de la rivière du Brevon, affluent de la Seine, à l'aide d'engins prohibés, ledit bief dépendant des propriétés confiées à la garde de Baillot; — Par ces motifs, etc.

Du 10 nov. 1865.-C. de Dijon, ch. civ.-MM. Neveu-Lemaire, 1er pr.-Proust, 1er av. gén.-Fremiet, av.

Les agents des ponts et chaussées dont le traitement est supérieur à 1500 francs, ne recevant aucune compensation pécuniaire pour le service de la pêche, sont soumis aux mêmes droits (Même circulaire).

Les préposés du service de la pêche se divisent en brigadiers et en gardes. Les brigadiers forment trois classes et sont choisis parmi les gardes ayant au moins deux ans de service en cette qualité. Les gardes forment deux classes (Circ. min. trav. publ. 20 juin 1863, Potiquet, *op. cit.*, t. 3, p. 6). — Indépendamment du traitement, les brigadiers et gardes-pêche reçoivent une indemnité annuelle de 100 ou de 75 francs suivant le lieu de leur résidence. En outre, les candidats sortant de l'armée reçoivent une indemnité de 100 francs pour frais d'installation (Même circulaire).

SECT. 5. — ADJUDICATION DES CANTONNEMENTS DE PÊCHE (*Rép.* n°s 58 à 81).

26. On a vu au *Rép.*, n° 58, qu'aux termes de l'art. 10 de la loi du 15 avr. 1829, la pêche au profit de l'Etat est exploitée soit par voie d'adjudication publique, soit par concession de licences à prix d'argent, mais que le mode de concession par licences ne peut être employé que lorsque l'adjudication a été tentée sans succès. L'adjudication est faite sur un cahier des charges dressé suivant le modèle donné par l'Administration. Celui qui est actuellement en usage a été approuvé par le ministre des travaux publics le 15 nov. 1875 (V. *Code forestier annoté*, p. 684). Lorsque l'adjudication a été tentée sans succès, l'exercice du droit de pêche peut être concédé par licence, sur l'autorisation du fonctionnaire chargé de représenter l'administration des Ponts et chaussées.

27. Ainsi qu'on l'a exposé au *Rép.* (n° 64), une fois l'adjudication consommée, les contestations relatives à ses effets et aux engagements réciproques des contractants sont de la compétence des tribunaux civils. Ainsi, c'est à l'autorité judiciaire qu'il appartient de connaître d'une contestation qui a pour objet l'exercice d'un droit de pêche respectivement prétendu par l'Administration et par un particulier dans une noue alimentée par les eaux d'une rivière navigable ou flottable (Cons. d'Et. 14 déc. 1864, aff. Boutillié, D. P. 65. 3. 81). En pareil cas, il n'y a pas lieu de renvoyer préalablement à l'autorité administrative l'interprétation de l'ordonnance qui a classé cette rivière parmi les cours d'eau navigables, le jugement d'un tel litige ne soulevant qu'une question de fait et n'étant pas subordonné à l'interprétation de ladite ordonnance (Même arrêt). Il appartient également à l'autorité judiciaire de statuer : 1° sur l'action d'un tiers tendant à faire annuler la prorogation d'un bail de pêche dans un lac domanial (Cons. d'Et. 12 janv. 1870, aff. Morel. D. P. 70. 3. 38); — 2° Sur une demande en résiliation formée par le fermier de la pêche dans un cours d'eau navigable ou flottable (Cons. d'Et. 19 févr. 1868, Portalupi, D. P. 69. 3. 1) et spécialement sur une demande en résiliation fondée sur le trouble apporté à sa jouissance par des travaux qu'un particulier aurait été autorisé à exécuter en rivière dans son intérêt privé (Trib. confl. 1er déc. 1875, aff. Maisonnabe, D. P. 76. 3. 39); — 3° Sur une demande d'indemnité formée par le fermier en raison du trouble apporté à sa jouissance par toute autre cause qu'un travail public, alors même que le fait dommageable est imputé à l'Administration et que les conclusions tendent à faire déclarer l'Etat débiteur (Cons. d'Et. 29 mai 1874, aff. Duval, D. P. 75. 3. 47). Mais le conseil de préfecture est seul compétent pour connaître d'une action en indemnité formée par l'adjudication d'un droit de pêche dans une rivière navigable, en raison du trouble causé à sa jouissance par l'exécution d'un travail public (Cons. d'Et. 22 nov. 1855, aff. Ch. de fer de Strasbourg, D. P. 56. 3. 29. Trib. confl. 9 déc. 1882, aff. Dumoulin, D. P. 84. 3. 51).

28. — 1° *Incapacités.* — On a indiqué au *Rép.* (n° 70), les personnes qui, d'après l'art. 15 de la loi de 1829, ne peuvent prendre part à l'adjudication ni par elles-mêmes, ni par personnes interposées, directement ou indirectement, comme parties principales, ou comme associés ou cautions. Cet article ne nomme pas, parmi les personnes incapables, les officiers de police judiciaire appelées à concourir à la surveillance de la pêche, tels que les commissaires de police gardes champêtres, gendarmes. Cette omission a peu d'intérêt, parce que la chasse et la pêche sont généralement interdites à ces fonctionnaires et agents dans les lieux où ils exercent leurs fonctions (Martin, *op. cit.*, n° 152). — L'incapacité édictée par l'art. 15 relativement aux gardes et agents forestiers ne paraît pas pouvoir être appliquée aux agents des ponts et chaussées qui, depuis le décret du 29 avr. 1862, sont chargés de la surveillance de la pêche, aux lieu et place des agents et gardes forestiers, à moins qu'ils ne concourent à l'adjudication (*Ibid.* n° 396).

Les incapacités établies par l'article précité ne concernent que la location du droit de pêche dans les eaux du domaine public. Lorsqu'il s'agit de la location du droit de pêche dans les cours d'eau dépendant du domaine privé de l'Etat ou dans les cours d'eau appartenant aux communes, les seules personnes déclarées incapables de se rendre adjudicataires sont celles désignées dans l'art. 1596 c. civ., c'est-à-dire les fonctionnaires publics chargés de l'administration de ces domaines (*Ibid.*, n° 64).

29. — 2° *Folle enchère.* — D'après l'art. 18 de la loi de 1829, l'adjudicataire déchu après folle enchère était tenu *par corps* de la différence du prix. Mais cette disposition ne peut plus recevoir d'application depuis l'abolition de la contrainte par corps en matière civile par la loi du 22 juill. 1867.

30. — 3° *Surenchère.* — La faculté de surenchère, admise dans le texte primitif de la loi de 1829 a, comme on l'a dit (*Rép.* n° 74), été supprimée par la loi du 6 juin 1840, et, d'après l'art. 19 tel qu'il est actuellement rédigé, toute adjudication est « définitive du moment où elle a été prononcée ». Cependant le cahier des charges (art. 8) porte que l'adjudication ne sera définitive qu'après avoir été homologuée par le préfet. Quoique en d'autres matières le conseil d'Etat ait décidé que, lorsque l'exécution d'une adjudication n'est subordonnée par aucune loi à l'approbation du préfet, la clause du cahier des charges qui réserve expressément cette approbation est sans valeur (Cons. d'Et. 6 juill. 1863 aff. Delrial, D. P. 63. 3. 81 ; 28 juill. 1864, aff. Bandy-de-Nalèche, D. P. 65. 3. 42), la jurisprudence paraît avoir implicitement admis la légalité d'une semblable clause dans les baux de pêche en décidant que la pêche exercée avant l'homologation du bail constitue un délit (Req. 24 avr. 1876, aff. Sester, D. P. 77. 1. 129). D'après cet arrêt, lorsque le cahier des charges d'un bail de pêche porte que ce bail n'aura d'effet qu'à partir du jour où il sera homologué par le préfet, et lorsque cette homologation n'a eu lieu qu'un mois après l'époque fixée par l'entrée en jouissance de l'adjudicataire, ce dernier a le droit d'obtenir une réduction du prix proportionnelle à la durée de sa non-jouissance. Mais, bien que le cahier des charges dispose que l'adjudicataire ne pourra pêcher avant d'avoir reçu l'autorisation de l'ingénieur en chef, il doit le prix de son bail pour le temps écoulé entre l'homologation du préfet et la permission de l'ingénieur (Trib. de Baume-les-Dames, 8 juill. 1874, sol. impl. aff. Sester, D. P. 77. 1. 129).

31. — 4° *Contrainte par corps.* — La contrainte par corps ayant été abolie en matière civile par la loi du 22 juill. 1867, la disposition de l'art. 92 de la loi de 1829 aux termes duquel, ainsi qu'on l'a vu au *Rép.* n° 76, le procès-verbal d'adjudication emportait contrainte par corps contre les adjudicataires, leurs associés et cautions tant pour le payement du prix principal de l'adjudication que pour accessoires et frais, ne reçoit plus d'application. — Le même article déclare, en outre, les cautions contraignables solidairement et par corps au payement des dommages, restitutions et amendes qu'aurait encourus l'adjudicataire. Cette disposition, de même que la précédente, ne semble plus devoir être appliquée, l'engagement de la caution étant purement civil, même en ce qui concerne les amendes (Martin, *op. cit.*, n° 176).

32. — 5° *Administration et mode de perception du droit de pêche sur les canaux.* — On a exposé au *Rép.*, n° 78, que la régie de la pêche dans les canaux faisait partie du domaine public et dans les rivières canalisées, était confiée par le décret du 23 déc. 1810, à l'administration des Ponts et chaussées et le recouvrement des produits à l'administration des Contributions indirectes, tandis que, dans les cours d'eau navigables et flottables, la régie de la pêche appartenait à l'administration des Forêts et la perception des fermages à l'administration des Domaines. Cette division d'attributions a été supprimée, d'un côté par le décret du 29 avr. 1862 (D. P. 62. 4. 41), qui a placé dans les attributions de l'administration des Ponts et chaussées la surveillance, la police et l'exploitation de la pêche dans les fleuves et rivières navigables et flottables, et, d'un autre côté, par le décret du 25 mars 1863 (D. P. 63. 4. 17) qui a décidé qu'à partir du 1er juill. 1863, les fermages de la pêche et de la chasse sur les cours d'eau seraient recouvrés par l'administration des Contributions indirectes dans les fleuves et rivières navigables et flottables, comme dans les canaux et rivières canalisées. Mais ce dernier décret n'a rien changé en ce qui concerne les fermages de la pêche sur les cours d'eau non navigables ni flottables qui traversent des forêts de l'Etat, ou sur les canaux dépendant du domaine militaire, lors même que ces canaux sont livrés à la navigation. Les receveurs des domaines sont encore exclusivement chargés du recouvrement de ces fermages (Martin, *op. cit.*, p. 609).

33. — 6° *Infractions au cahier des charges.* — L'art. 9 du cahier des charges porte que l'adjudicataire de la pêche sera tenu de remettre à l'ingénieur en chef l'état indicatif des noms, prénoms et domiciles des compagnons employés par lui et par ses cofermiers pour l'exploitation de la pêche; il ajoute que ces compagnons ne pourront exercer la pêche qu'en aidant ou accompagnant les fermiers, les cofermiers ou les permissionnaires. Cette disposition est exclusive de la pêche exercée isolément par les compagnons, alors même qu'elle le serait pour le compte des fermiers ou permissionnaires. Le mot *aider* rapproché du mot *accompagner* repousse une telle extension et exprime clairement le concours donné à l'action personnelle du concessionnaire (Angers, 18 déc. 1869, aff. Dolbeau, D. P. 70. 2. 102).

SECT. 6. — CONSERVATION ET POLICE DE LA PÊCHE (*Rép.* nos 82 à 167).

ART. 1er. — *Dispositions de police applicables à tous les cours d'eau* (*Rép.* nos 83 à 149).

34. — 1° *Exercice de la pêche sans la permission de celui à qui le droit appartient.* — Les dispositions de l'art. 5 de la loi de 1829 (*Rép.* n° 83) qui interdisent, sous une sanction pénale, la pêche sans la permission de celui à qui ce droit appartient, s'étendent à tous les cours d'eau navigables et flottables ou non navigables ni flottables. Il a été décidé, par application de cette règle, que le fait de pêcher dans un canal navigable qui n'appartient pas à l'Etat (dans l'espèce, le canal de l'Ourcq, appartenant à la ville de Paris), sans la permission du propriétaire de ce canal, constitue un délit (Trib. de la Seine, 26 août 1856, *Bull. des annales forestières*, t. 7, p. 174).

35. D'après un arrêt (Dijon, 11 déc. 1872, aff. Canal de Bourgogne, D. P. 74. 2. 246) le fait de pêcher dans un amas d'eau constituant une propriété privée ne peut être puni des peines portées par l'art. 388 c. pén., en l'absence de toute intention frauduleuse; mais il tombe sous le coup des dispositions de l'art. 5 de la loi du 15 avr. 1829, qui s'appliquent à la pêche dans un cours d'eau quelconque. Ces solutions n'ont pas paru à l'abri de la critique. Il semble, en effet, résulter des termes de l'arrêt précité que la disposition de l'art. 5 s'applique à la pêche dans tous les bassins, réservoirs et étangs. Or la doctrine et la jurisprudence établissent une distinction entre les bassins, réservoirs ou étangs qui sont en communication directe avec des cours d'eau, de telle sorte qu'ils puissent recevoir les poissons de ces cours d'eau, et ceux qui n'ont aucune communication de ce genre. Dans ces derniers amas d'eau, le poisson appartient au propriétaire du fonds, et celui qui s'en empare au préjudice du propriétaire, commet un vol (V. conf. Trib. Gray, 13 juin 1873, aff. X..., D. P. 75. 3. 88). Toutefois l'intention criminelle étant alors nécessaire pour qu'une condamnation soit prononcée, le pêcheur de bonne foi échappe à toute répression, et ne peut être poursuivi que devant les tribunaux civils en dommages-intérêts (V. *infrà*, n° 128). Quant au délit de pêche, il fait absolument défaut en pareil cas, car ce délit consiste dans la violation du droit de pêche qui appartient à autrui; or ici il n'y a pas un droit de pêche qui suppose toujours un poisson en liberté, mais un droit de propriété sur un poisson captif. — Lorsqu'il s'agit de bassins, réservoirs ou étangs en communication avec des eaux courantes, l'art. 5 de la loi de 1829 s'applique à ces bassins, réservoirs ou étangs, comme aux eaux courantes elles-mêmes dont ils font en réalité partie (V. *suprà*, nos 9 et suiv.).

En cas de débordement d'un lac, le droit de pêche ne cesse pas d'appartenir au propriétaire du lac, même sur la partie inondée des terrains riverains; en conséquence, les propriétaires de ces terrains ne peuvent y placer des nasses ou filets pour prendre le poisson (Chambéry, 1er févr. 1870, aff. Frandin, D. P. 70. 2. 178).

36. Un pêcheur commet un délit, malgré sa bonne foi, s'il pêche en vertu d'une permission dont il pouvait connaître les vices, en se renseignant avec plus de soin sur l'étendue des droits de celui de qui il la tenait. Mais l'individu qui, ayant obtenu une permission de pêcher, n'a reçu aucun avis d'une location postérieure du droit de pêche qui en entraînait la révocation, ne peut être déclaré en délit pour avoir, dans l'ignorance de cette location, continué à user de cette permission (Paris, 7 déc. 1869, aff. Guyot, D. P. 70. 2. 154). Il en est ainsi, alors surtout que le locataire, présent au moment du fait de pêche, n'a élevé aucune objection et ne l'a laissé accomplir que pour se procurer déloyalement un motif de faire un procès à son auteur (Même arrêt).

37. La capture de tout produit vivant des rivières destiné à l'alimentation de l'homme est un fait de pêche tombant, à ce titre, sous la prohibition de l'art. 5 de la loi de 1829 (Crim. rej. 13 juill. 1865, aff. Besson, D. P. 65. 1. 503). On doit en conséquence, comme nous l'avons dit au *Rép.* n° 86, y faire rentrer la capture de l'écrevisse (Même arrêt, Lyon, 14 juill. 1862, aff. Bourdin, D. P. 63. 2. 54; et Besançon, 17 janv. 1863, aff. Martin, *ibid.*). La même solution doit être étendue à la pêche des grenouilles (Montpellier, 10 nov. 1862, aff. Simonet, D. P. 63. 2. 56). Mais la défense de pêcher sans permission s'applique exclusivement au poisson et aux autres produits vivants des eaux qui sont propres à l'alimentation de l'homme. Ainsi les peines de l'art. 5 de la loi de 1829 sont inapplicables à la pêche des moules d'eau douce dites *anodontes*. La prohibition de pêcher sans permission préalable s'applique à la pêche du poisson mort comme à celle du poisson vivant (Bordeaux, 13 déc. 1865, aff. Barrat, D. P. 66. 2. 53).

38. — 2° *Pêche à la ligne flottante.* — D'après l'art. 5 de la loi de 1829, la pêche à la ligne flottante tenue à la main est permise à tout le monde, sauf en temps de frai, dans les cours d'eau dépendant du domaine public, tandis qu'elle ne l'est pas dans les autres cours d'eau où le droit de pêche constitue une propriété privée (*Rép.* n° 90). Ainsi la loi ne réserve la faculté de pêcher à la ligne flottante qu'en ce qui concerne les eaux du domaine public *navigables*: c'est ce qui résulte des termes de l'art. 1 de la loi de 1829, auquel se réfère l'art. 5 de cette loi, et qui énumère les cours ou amas d'eau dans lesquels la pêche est exercée au profit de l'Etat. — Toutefois, le législateur ne paraît pas avoir établi une corrélation absolue entre le droit de pêche exercé par l'Etat sur les cours d'eau dont il s'agit et le droit de pêcher à la ligne flottante reconnu au public. L'art. 1, § 2, de la loi de 1829 n'attribue à l'Etat l'exercice du droit de pêche que sur « les bras, noues, boires et fossés qui tirent leurs eaux des fleuves et rivières navigables ou flottables *dans lesquels on peut, en tout temps, passer ou pénétrer librement en bateau de pêcheur*, et dont l'entretien est également à la charge de l'Etat ». Il a été décidé, au contraire, que tout individu peut pêcher à la ligne flottante tenue à la main dans un réservoir aménagé à proximité d'un canal alimenté par une rivière et destiné à recevoir le trop plein des eaux de ce canal et à les restituer lorsque la rivière qui l'alimente devient insuffisante, encore que les travaux d'art destinés à déverser les eaux du canal dans le réservoir ne permettent pas à un bateau de pêcheur de pénétrer dans ce réservoir; cette condition imposée à l'Etat, pour qu'il puisse exercer le droit de pêche dans les dépendances des fleuves et rivières navigables, ne s'étendant pas à la pêche à la ligne flottante pratiquée par les particuliers dans les cours d'eau qui dépendent du domaine public (Bourges, 7 mars 1889, aff. Duchemin, D. P. 90. 2. 351).

39. Mais on ne saurait assimiler aux cours d'eau visés dans le paragraphe 2 de l'art. 1 les bassins ou réservoirs construits pour servir à l'alimentation d'un canal de navigation et dont les eaux n'arrivent à ce canal qu'au moyen de bondes de décharge grillées et par des rigoles artificielles uniquement destinées à leur passage. La pêche à la ligne flottante n'est donc pas autorisée dans ces bassins (Dijon, 11 déc. 1872, aff. Canal de Bourgogne, D. P. 74. 2. 246). Elle ne l'est pas davantage dans les eaux des fossés dépendant du domaine public, tels que les fossés des fortifications d'une ville de guerre, lorsque la rivière de laquelle ces fossés tirent leurs eaux n'est ni navigable ni flottable (Amiens, 13 mars 1874, aff. Décamps, D. P. 74. 2. 192).

40. La pêche à la ligne flottante est également interdite dans un canal navigable appartenant à une commune, par exemple, dans le canal de l'Ourcq qui a été creusé aux seuls frais de la Ville de Paris et dont celle-ci à la propriété exclusive, la Ville de Paris ne pouvant être considérée, à l'égard de ce canal, comme l'ayant cause de l'Etat dans le sens de l'art. 1er de la loi de 1829 (Paris, 9 oct. 1867) (1). Mais la vente consentie par l'Etat à une commune d'un lac déclaré navigable par l'ordonnance du 10 juill. 1835 n'a pas eu pour effet d'enlever à ce lac son caractère légal. En conséquence, il reste soumis à toutes les lois sur la police de la pêche dont l'ordonnance de 1835 fait en quelque sorte partie intégrante; et la commune qui s'en est rendue acquéreur succède à toutes les obligations de l'Etat, dont elle n'est que l'ayant cause (Lyon, 26 juill. 1888, aff. Ville de Nantua, D. P. 89. 2. 64, et sur pourvoi, Crim. rej. 2 août 1889, *Bull. crim.*, n° 278).

41. On a vu au *Rép.*, n° 92, qu'il n'est pas nécessaire de stationner sur la rive d'un cours d'eau navigable pour pouvoir pêcher à la ligne flottante. Le droit reconnu à tout individu, de pêcher en temps permis à la ligne flottante dans les rivières navigables ou flottables dont l'entretien est à la charge de l'Etat ou de ses ayants cause, s'applique au cours d'eau navigable tout entier et comporte tous les moyens nécessaires, notamment l'emploi du bateau, pour qu'il puisse s'exercer utilement sur toutes les portions de ce cours d'eau (Lyon, 26 juill. 1888, aff. Ville de Nantua, D. P. 89. 2. 84).

42. Comme on l'a dit au *Rép.*, n° 93, il faut que la ligne soit *flottante*, et non fixe. On doit considérer comme *ligne flottante* celle qui, au lieu d'être retenue fixe et immobile au fond de l'eau par un poids quelconque, est constamment mise en mouvement par le courant et suit le cours de l'eau (Besançon, 17 juill. 1879 (2);... Celle dont l'appât mobile,

(1) (Haingerlot C. Charlier). — LA COUR; — Considérant, en fait, qu'il résulte d'un procès-verbal régulier, aussi bien que des dépositions des témoins entendus en première instance que, le 27 juin 1867, le prévenu Charlier a été trouvé pêchant à la ligne flottante dans le canal de l'Ourcq, à l'endroit appelé le Barrage, faisant partie des deux lots de pêche affermés à Noise suivant bail reçu par Ragot, notaire à la Villette, le 14 mai 1866; — Considérant que les constatations et énonciations dudit procès-verbal n'ont été, par Charlier, contestées ni devant les premiers juges, ni devant la cour, et que le prévenu s'est toujours borné à soutenir qu'il avait usé d'un mode de pêche autorisé dans le canal de l'Ourcq, lequel appartient à l'Etat, ou à ses ayants cause; la Ville de Paris et la Compagnie Hainguerlot; — Considérant, en droit, qu'il résulte des articles 1 et 5 de la loi du 15 avr. 1829, qu'il est permis à tout individu de pêcher à la ligne flottante, tenue à la main, dans les fleuves, rivières et canaux, contre-fossés navigables ou flottables avec bateaux, trains ou radeaux et dont l'entretien est à la charge de l'Etat; — Considérant que, si la loi du 29 flor. an 10 a décrété l'ouverture d'un canal de dérivation de la rivière d'Ourcq, devant être amenée à Paris, à un bassin près de la Villette (art. 1), ce canal n'a jamais, ainsi qu'il résulte de tous les documents produits, appartenu à l'Etat, n'a pas été créé par lui, mais qu'il a été, est, et sera toujours la propriété de la Ville de Paris, pour le service de laquelle il a été principalement creusé; — Qu'en effet, dès le 2 pluv. an 12, un arrêté du préfet de la Seine portait nomination de gardes champêtres spéciaux chargés de veiller à la conservation du canal de l'Ourcq, ouvert pendant le cours de l'an 11, depuis la redoute de la Villette jusqu'à Sevran; — Que le 12 mars 1810, la Ville de Paris était, par une loi, autorisée à faire un emprunt de sept millions destinés au payement des indemnités de terrains et maisons nécessaires au canal de l'Ourcq et à la distribution des eaux de Paris; — Que le 20 mai 1818, la Ville de Paris était, par une autre loi, autorisée à contracter un nouvel emprunt, de sept millions devant être amortis par un droit d'entrée de 1 fr. 25 par hectolitre de vin; — Que le 24 avr. 1824, la Ville de Paris acquérait de M. le duc d'Orléans, à ce autorisé par une ordonnance royale du 10 déc. 1823, tous les droits et actions de ce prince sur le lit de la rivière d'Ourcq, sur ses eaux, son littoral et droit de halage, sa navigation et ses dépendances, et que ladite cession était faite à titre de forfait moyennant une rente annuelle et perpétuelle de 30 000 francs que le préfet de la Seine créait, et constituait au profit du prince par la Ville de Paris; que les arrérages de ladite rente devaient être servis par la caisse municipale de la Ville de Paris; — Considérant que, par traité passé le 19 avr. 1818 entre le préfet de la Seine, au nom de la Ville de Paris, et la Compagnie des canaux de la ville de Paris, ledit traité approuvé par ordonnance royale en date du 10 juin 1818, il a été fait concession à ladite compagnie de la jouissance et des produits des canaux de l'Ourcq et de Saint-Denis pour quatre-vingt-dix-neuf ans, à la condition que toutes les propriétés nécessaires à l'exécution desdits canaux seraient acquises aux frais de la Ville par l'administration municipale et livrées à ladite compagnie; — Considérant que des conventions additionnelles au traité de concession énoncé portent (art. 10 et 12) qu'au moyen d'un payement de 540 560 francs, à la Compagnie des canaux, la Ville de Paris, à l'expiration de la concession, demeurerait propriétaire des travaux, ouvrages, bâtiments établis aux abords des canaux de l'Ourcq et Saint-Denis, sur les terrains appartenant à la Ville de Paris; — Considérant que la Compagnie des canaux ayant acquis de la Ville de Paris, qui en était bien réellement alors propriétaire, comme les ayant effectués et payés de ses deniers, la jouissance de tous les produits du canal de l'Ourcq, a droit et qualité pour poursuivre une contravention de pêche commise à son préjudice, puisque c'est sur la propriété même du fonds que repose le droit de pêche; — Considérant que si l'Etat, dont la Ville de Paris, serait seulement l'ayant cause, ainsi que le prétend l'intimé, eût eu réellement un droit de pêche sur le canal de l'Ourcq, une ordonnance royale insérée au *Bulletin des lois*, serait nécessairement intervenue, en conformité de l'art. 3 de la loi du 15 avr. 1829; — Qu'on ne peut attribuer l'absence de cette ordonnance à une omission qui, depuis 1829, eût été facilement réparée, alors que l'Etat s'est, à plusieurs reprises, occupé de divers canaux pour en opérer la réglementation, et que ce silence même de la législation doit profiter à la Ville de Paris; — Qu'il faut donc reconnaître que le législateur de 1829, se trouvant en présence de la Ville de Paris, créatrice, et seule propriétaire du canal de l'Ourcq depuis l'an 10, s'est abstenu, et que d'ailleurs il n'aurait pu, sans violer le principe de la non-rétroactivité des lois, comprendre le canal parmi ceux dont l'entretien est à la charge de l'Etat; — Considérant que le droit de pêche, en l'absence de toute ordonnance, demeure entier au profit de la Ville de Paris et que c'est, par suite, à bon droit que Hainguerlot, ès noms, qu'il agit, a, aux termes des cahiers des charges du 23 avr. 1866 (art. 15), exercé la poursuite dont la cour est actuellement saisie; — Emendant, déclare Charlier coupable d'avoir, le 27 juin 1867, pêché sur le canal de l'Ourcq, lieu dit le Barrage, avec ligne flottante, sans permission de la compagnie concessionnaire Hainguerlot, ou de son fermier, le sieur Noise, ce qui constitue le délit prévu par les art. 1 et 5 de la loi du 15 avr. 1829, etc.

Du 9 oct. 1867.-C. de Paris, ch. correct.-MM. Nacquart, cons., pr.-Sallé, av. gén.-Lefèvre-Pontalis et Porché, av.

(2) (Grenier et Grammont.) — Le 30 avr. 1879, le tribunal de Baume-les-Dames, a rendu le jugement suivant: — « Attendu, au fond, que, d'après la déposition de Jeannerot, seul témoin entendu, Grenier et Grammont auraient pêché à la ligne, le 11 février dernier, dans le Doubs, un peu en aval du pont de Baume; que Grammont pêchait sur la rive droite et Grenier sur la rive gauche, à peu près en face l'un de l'autre; que le témoin, placé sur la rive droite et à peu de distance de Grammont, n'a pas remarqué si sa ligne était garnie de plomb ou de laiton; mais qu'il affirme qu'elle était appâtée d'un goujon; qu'elle descendait le cours de l'eau, et que Grammont la suivait, la tenant à la main; qu'en ce qui concerne Grenier, placé sur la rive opposée, Jeannerot n'a pas vu comment sa ligne était appâtée; qu'il déclare seulement qu'ayant pris un brochet, Grenier a appelé Grammont pour l'aider à le décrocher, et qu'à cet effet, Grammont étant passé sur la rive gauche, ils continuèrent à pêcher sur cette rive et prirent un second brochet; qu'alors Laillet, étant arrivé, s'empara du plus gros des poissons et l'emporta chez lui, malgré les réclamations des prévenus; — Attendu qu'aux termes de l'art. 5, § 2 de la loi du 15 avr. 1829, il est permis à toute personne de pêcher à la ligne flottante tenue à la main dans les rivières et cours d'eau appartenant à l'Etat, le temps de frai excepté; que la loi n'a pas défini la ligne flottante; mais que, d'après le sens naturel des mots employés par le légis-

encore qu'il descende parfois au fond, flotte habituellement à la surface entre deux eaux : peu importe que cette ligne ne soit pas pourvue de flotteur ; il suffit qu'elle ne soit pas garnie d'un poids suffisant pour maintenir l'appât sur le sol (Paris, 5 févr. 1862) (1). Il en est de même de la ligne qui, tenue à la main, est agitée entre les deux eaux par le pêcheur qui ne lui laisse pas toucher le fond et se déplace lui-même sans cesse pour attirer le poisson à l'aide du mouvement incessant imprimé ainsi à l'appât (Rouen, 1er août 1878) (2) Peu importe, d'ailleurs, que la ligne soit appâtée d'une amorce vive, si cette amorce consiste dans une espèce de poissons indiquée par l'Administration comme pouvant servir d'amorce (Arrêt précité du 1er août 1878). Jugé aussi qu'on doit faire rentrer dans la catégorie des lignes flottantes toute ligne, même non munie d'un flotteur, qui ne rentre pas dans la classe des lignes dormantes ou de fond : par suite, l'immunité accordée à la pêche à la ligne flottante doit être étendue à la pêche à la ligne dite à la mouchette (Besançon, 19 nov. 1856, aff. Carraz, D. P. 57. 2. 156).

43. On doit considérer comme ligne flottante la ligne tenue à la main et demeurant soumise au mouvement du flot et du courant de l'eau, alors même qu'elle est garnie de plomb, et munie d'une cuiller de métal blanc destinée à servir d'appât au poisson (Chambéry, 13 mai 1880, aff. Dorphin, D. P. 84. 5. 379. Lyon, 26 juill. 1888, aff. Ville de Nantua, D. P. 89. 2. 64). Mais lorsqu'un préfet a pris, en vertu de l'art. 16 du décret du 10 août 1875, rendu en conformité de l'art. 26 de la loi de 1829, un arrêté ayant pour objet d'interdire les procédés ou modes de pêche nuisibles au repeuplement des cours d'eau, on ne saurait contester le caractère légal et obligatoire de la disposition de cet arrêté qui interdit la pêche à la cuiller, pratiquée au moyen d'un engin en forme de cuiller, plombé, muni d'un triple hameçon et traîné à la remorque d'un bateau ; et le prévenu ne peut être renvoyé de la poursuite sous le prétexte que l'arrêté en question a été pris en violation de l'art. 5 de la loi du 15 avr. 1829 (Paris, 9 janv. 1889, aff. Haumont, D. P. 90. 2. 315).

44. Une ligne dépourvue de flotteur et garnie de plombs qui, par leur poids, l'entraînent et la fixent au fond de l'eau, n'est pas une ligne flottante dans le sens de l'art. 5 de la loi de 1829 (Lyon, 28 nov. 1850, *Bull. des annales forestières*, t. 5, p. 234).

45. La faculté de pêcher à la ligne flottante ne donne pas, à ceux qui en usent, le droit de se servir de procédés ou instruments de pêche auxiliaires ; ainsi le fait d'employer un filet dit *épuisette* pour saisir le poisson capturé à la ligne flottante constitue le délit de pêche sans l'autorisation du propriétaire (Metz, 15 févr. 1860, *Bull. des annales forestières*, t. 8, p. 309).

---

lateur, comme d'après un usage constant, on doit entendre par ligne flottante celle qui, au lieu d'être retenue fixe et immobile au fond de l'eau par un poids quelconque, est constamment mise en mouvement par le courant, et suit le cours de l'eau ; que cette interprétation a été consacrée par la jurisprudence, et notamment par deux arrêts, l'un de la cour de Douai, du 27 sept. 1844 (D. P. 52. 2. 54), et l'autre de la cour de Paris, du 21 mai 1851 (D. P. *ibid.*) ; que ces arrêts décident même qu'il n'est pas défendu d'ajouter à la ligne quelques grains de plomb pour la maintenir en ligne perpendiculaire avec le flotteur, pourvu que les plombs ne la retiennent pas immobile au fond de l'eau et lui permettent d'en suivre le cours ; que le jugement du tribunal de Toul, invoqué par le ministère public, ne contredit pas cette solution, puisqu'il s'agissait, dans l'espèce jugée d'une ligne dépourvue de flotteur et ayant pour amorce un poisson de plomb qui la retenait immobile au fond de l'eau ; — Attendu que la théorie du ministère public consistant à prétendre que toute ligne appâtée d'un poisson est nécessairement une ligne de fond, c'est-à-dire une ligne prohibée, est insoutenable au point de vue du fait, comme au point de vue du droit ; qu'en fait, d'après la déposition de Jeannerot, la ligne de Grammont était entraînée par le courant, bien qu'elle fût appâtée d'un goujon, ce qui devait forcément se produire en raison du faible poids de l'amorce, en raison du flotteur qui soutenait la ligne, ainsi que de la profondeur et de la force de l'eau dans cette partie de la rivière ; qu'au surplus, chacun sait qu'un poisson mort ou vif ne séjourne jamais au fond de l'eau ; qu'en droit, le législateur, après avoir autorisé la ligne flottante et tenue à la main, loin de proscrire l'usage de l'amorce vive pour cette ligne, a autorisé expressément le Gouvernement, dans l'art. 26, § 6, de la loi du 15 avr. 1829, à désigner les espèces de poissons pouvant servir à amorcer les hameçons, ce qui comprend évidemment la ligne flottante ; — Par ces motifs ; acquitte les prévenus, etc... » — Appel par le procureur de la République.

LA COUR ; — Attendu que le témoin Laillet a reconnu qu'il n'avait pas vu les prévenus Grammont et Grenier faisant acte de pêche dans la partie de la rivière le Doubs, dont il est adjudicataire ; qu'il prétend, il est vrai, avoir remarqué à ce moment que la ligne de Grenier était amorcée d'un poisson de l'espèce soëff, prohibée comme amorce vive ; mais que cette allégation, qui n'a pu être vérifiée par aucune constatation matérielle, est démentie par la déclaratipn formelle du second témoin de l'enquête, lequel affirme que la ligne du prévenu Grenier était appâtée d'un goujon ; que cette ligne, ainsi que celle dont Grammont avait fait usage, était munie d'un flotteur, et que, tenue à main, elle suivait le fil de l'eau ; — Par ces motifs, et adoptant au surplus, ceux des premiers juges ; — Confirme, etc.

Du 17 juill. 1879.-C. de Besançon, ch. corr.-MM. le cons. Guichard, pr.-de Velna, subst.-Pfortner, av.

(1) (Admin. forest. *C.* Etienne.) — Jugement du tribunal correctionnel de Corbeil ainsi conçu : — « Attendu, que par son silence en ce qui concerne la définition de la ligne flottante, tenue à la main, faisant l'objet de l'art. 5, § 3, de la loi du 15 avr. 1829, sur la pêche fluviale, le législateur a voulu laisser aux tribunaux l'appréciation des circonstances très diverses qui constituent cet engin de pêche ; — Attendu qu'il est de principe et de jurisprudence, qu'à la différence de la ligne de fond, dont l'appât est maintenu au fond du lit des fleuves, soit par son propre poids, soit par l'addition d'un corps étranger, la ligne flottante est celle dont l'appât mobile, encore bien qu'il descende parfois au fond, flotte habituellement à la surface ou entre deux eaux ; — Qu'ainsi, l'absence du flotteur relevée par le procès-verbal est complètement indifférente, puisque, suivant la position du flotteur, la ligne qui en est pourvue peut être ligne de fond au moyen d'un poids suffisant pour maintenir l'appât sur le sol ; — Attendu, en ce qui concerne l'énonciation au procès-verbal « que le ver qui amorçait l'hameçon formait un poids assez lourd pour le maintenir constamment au fond de l'eau », que c'est là une simple appréciation sujette à erreur, et à l'égard de laquelle le procès-verbal ne saurait faire foi jusqu'à inscription de faux ; — Attendu, en fait, qu'il résulte des documents fournis au tribunal que la ligne à l'aide de laquelle pêchait le sieur Etienne, et qu'il tenait à la main, n'était pourvue d'aucun poids étranger, et que l'appât dont elle était amorcée n'était pas de nature à séjourner au fond du lit de la rivière ; — Renvoie, etc. ». — Appel par l'Administration forestière.

LA COUR ; — Adoptant les motifs des premiers juges ; — Confirme etc.

Du 5 févr. 1862.-C. de Paris, ch. corr.-MM. Anspach, pr.-Marie ; av. gén.-Nogent-Saint-Laurent, av.

(2) (Abry.) — LA COUR ; — Sur la contravention qui consisterait à avoir pêché avec une ligne de fond à moins de 30 mètres d'un voisinage d'usine ; — Attendu que, des explications qui ont été fournies à la cour, sous la foi du serment, par le garde rédacteur du procès-verbal, explications conformes, sur ce point, aux allégations du prévenu, il résulte que la ligne à la main que tenait celui-ci, munie d'un seul hameçon, était appâtée à l'aide d'un véron ; que le pêcheur, pour prendre le poisson, agitait la ligne entre deux eaux, sans la tenir immobile, et surtout sans lui laisser toucher le fond, se déplaçant lui-même sans cesse pour attirer le poisson à l'aide du mouvement incessant imprimé ainsi par lui à son appât ; que la ligne dont le prévenu a fait usage était donc une ligne flottante et volante, et non une ligne de fond ; — Sur la contravention qui consistait à avoir pêché à l'eau basse ; — Attendu que le mode même de pêche, tel qu'il vient d'être spécifié, exclurait déjà ce genre de contravention, la pêche à la ligne flottante et volante étant incompatible avec une eau tout à fait basse ; mais qu'il résulte d'ailleurs de la déclaration faite à l'audience de la cour, par le garde, sous la foi du serment, déclaration modificative, sur ce point de son procès-verbal qu'à l'endroit où le prévenu a pêché il y avait une nappe d'eau courante de 60 centimètres, régnant sur toute la largeur de la rivière ; qu'il a pêché ainsi en amont de la vanne du moulin, disposée alors de manière à empêcher l'eau de tomber dans la fausse rivière qui était complètement à sec et en réparation ; qu'il a pêché près la vanne de décharge de la vraie rivière, vanne qui avait été disposée pour livrer à la vraie rivière tout le volume d'eau ; que la hauteur de 50 centimètres existant à l'endroit où le prévenu pêchait est la hauteur normale de cette partie du cours d'eau, quand les vannes fonctionnent dans les conditions où elles fonctionnaient ce jour-là ; qu'il n'a donc pas pêché à l'eau basse ; — Réformant, décharge Abry de la condamnation prononcée contre lui ; le relaxe sur tous les chefs de l'action du ministère public, sans dépens.

Du 1er août 1878.-C. de Rouen, ch. corr.-MM. Reilly, pr.-Gaultier de la Ferrière, av. gén.-Leblond, av.

46. Ainsi que nous l'avons dit au *Rép.*, n° 95, le fait de prendre du poisson avec la main en plongeant dans une rivière navigable constitue un délit de pêche (Conf. Crim. cass. 2 août 1860, aff. Dhers, D. P. 60. 1. 513). A plus forte raison a-t-il été décidé qu'il en était ainsi dans des départements où la pêche à la main avait été expressément interdite par des arrêtés préfectoraux (Paris, 18 déc. 1857, aff. Dragne; D. P. 58. 2. 27. Crim. rej. 13 juill. 1865, aff. Besson, D. P. 65. 1. 503). Cette prohibition a été édictée en termes formels et d'une manière générale et absolue par l'art. 15, § 3, du décret du 10 août 1875).

47. — 3° *Barrage.* — Ainsi qu'on l'a exposé au *Rép.* n° 97, l'art. 24 de la loi de 1829 interdit, sous une sanction pénale, de placer dans les rivières navigables ou flottables, canaux et ruisseaux, aucun barrage, appareil ou établissement quelconque de pêcherie ayant pour objet d'empêcher entièrement le passage du poisson. Cette prohibition s'étend à tous les cours d'eau sans exception: elle s'applique aux fleuves aussi bien qu'aux rivières (Colmar, 3 déc. 1864, *Revue des eaux et forêts*, t. 3, n° 523). — On a dit au *Rép.* (n° 103) qu'elle doit être étendue à tous les canaux, quels qu'ils soient, qui communiquent par un point avec une rivière. Le fait d'avoir placé des filets ou autres engins dans un canal communiquant avec une rivière navigable doit être considéré comme constituant un barrage prohibé, alors que ces engins empêchent entièrement le passage du poisson à cet endroit. Il importe peu que des canaux ou saignées, existant sur d'autres points, offrent des moyens de circulation plus ou moins faciles pour le poisson (Crim. cass. 23 mars 1876, aff. Thiennot, D. P. 77. 1. 330). Il a été jugé, toutefois, que le fait d'établir sur un canal se divisant en plusieurs branches un appareil qui ferme le passage au poisson à la tête de l'une des branches, en lui laissant une libre issue dans les autres branches parallèles, ne constitue pas le délit prévu par l'art. 24 de la loi de 1829 (Besançon, 27 juin 1863, aff. Aigrot, D. P. 63. 2. 181).

48. La prohibition édictée par l'art. 24 de la loi de 1829 est applicable à un appareil de pêche occupant toute la largeur d'un bras de rivière, alors même que, en raison de sa construction, cet appareil n'opposerait qu'un obstacle intermittent au passage du poisson et que, d'ailleurs, ce passage pourrait s'opérer librement par un autre bras de la même rivière. Spécialement, l'appareil de pêche connu en Gascogne sous le nom de *barreau* rentre dans les prévisions de cet article, du moment où il occupe toute la largeur du cours d'eau sur lequel il est construit (Civ. cass. 20 déc. 1851, aff. Dabbadie, et sur renvoi, Bordeaux, 4 mars 1852, D.P. 56. 5. 326). De même, la défense de placer dans les cours d'eau aucun barrage ayant pour objet d'empêcher entièrement le passage du poisson s'applique à un barrage formé d'une grille mobile, en fer, placée à l'entrée d'une noue, qu'on lève à l'époque des grandes eaux et que l'on baisse quand les eaux diminuent pour retenir le poisson qui a pénétré dans la noue (Lyon, 10 nov. 1864, *Revue des eaux et forêts*, t. 2, n° 373). Peu importerait que les mailles de cette grille eussent de 30 à 40 millimètres d'écartement, si elles ne permettaient pas au poisson qui avait pénétré dans la noue quand la grille était levée de regagner librement le lit de la rivière (Même arrêt). — Si, au lieu d'un grillage mobile, il y avait un grillage fixe, la noue serait considérée, en ce qui concerne la circulation du poisson, comme isolée de la rivière et transformée en vivier; l'existence de ce grillage ne pourrait, dans ce cas, donner lieu à aucune poursuite (Martin, *op. cit.*, n° 198). Toutefois, lorsque la la rivière, à l'époque des grandes eaux, vient alimenter, par un canal établi sur un fonds intermédiaire, plusieurs pièces d'eau appartenant à divers propriétaires, ceux-ci peuvent demander, par voie d'action possessoire, la suppression d'un barrage construit sur ce canal et qui empêche le poisson d'arriver jusqu'aux pièces d'eau dans lesquelles ils ont le droit de pêche (Civ. cass. 3 août 1864, aff. Legey, D. P. 64. 1. 430).

49. Le fait de placer aux vannes de décharge d'un moulin, alors que les vannes motrices sont fermées, des engins prohibés ayant pour objet d'empêcher entièrement le passage du poisson, constitue un délit de pêche; il importe peu que ces vannes de décharge soient établies sur un des côtés du bief, et non au travers du courant, si les eaux interceptées par les vannes motrices ne peuvent s'écouler par une autre issue (Paris, 6 oct. 1864, *Revue des eaux et forêts*, t. 3, n° 565).

50. On a vu (*Rép.* n° 106) que l'établissement de *gords* ou grands entonnoirs formés avec des filets ou des pieux dont la pointe aboutit à l'entrée d'un *verveux* ou d'un *guideau* pour y conduire le poisson, n'était interdit sous l'empire de la loi de 1829, qu'autant qu'il empêchait entièrement le passage du poisson. Mais ce procédé de pêche est aujourd'hui interdit par l'art. 14 du décret du 10 août 1875. L'art. 11 du même décret exige que le tiers de la largeur du cours d'eau soit laissé libre.

51. Conformément à ce qui a été exposé au *Rép.*, n° 100, il résulte du principe qu'on ne prescrit pas contre les lois d'ordre public que la possession, même immémoriale, ne peut légitimer l'usage d'un barrage de pêche prohibé par l'art. 24 de la loi du 15 avr. 1829 (Lyon, 10 nov. 1864, *Revue des eaux et forêts*, t. 2, n° 373).

52. — 4° *Usage de drogues ou d'appâts de nature à enivrer ou détruire le poisson.* — On a vu au *Rép.*, n° 112, que l'art. 25 de la loi de 1829 punit de 30 à 300 fr. d'amende et d'un emprisonnement d'un à trois mois le fait de jeter dans les eaux des drogues ou appâts de nature à enivrer ou détruire le poisson. Il appartient aux tribunaux d'apprécier si les substances jetées peuvent produire les résultats prévus par cet article, et ils ont un povoir discrétionnaire pour déterminer la nature et les effets de ces substances. — On s'est demandé si l'emploi de la dynamite, interdite comme procédé de pêche par l'art. 15-4° du décret du 10 août 1875, devait être puni des peines portées par l'art. 25 de la loi de 1829. La question a été résolue affirmativement par le motif que la dynamite est une substance qui, en faisant explosion, répand des vapeurs vénéneuses, qu'elle agit par conséquent sur le poisson, non seulement comme agent explosif, mais encore comme poison et qu'elle produit ainsi, au plus haut degré d'intensité, l'effet prévu par l'art. 25, c'est-à-dire la destruction du poisson (*Revue des eaux et forêts*, t. 9, n° 38; Nîmes, 23 nov. 1876, aff. Vincent, D. P. 78. 5. 354; Bordeaux, 12 août 1881, aff. Bordas, D. P. 82. 5. 311).

53. Le jet volontaire, dans un cours d'eau, de substances de nature à enivrer ou faire périr le poisson tombe sous l'application de l'article précité, alors même que le fait a été commis sans intention malveillante, si d'ailleurs son auteur connaissait les propriétés nuisibles de ces substances (Crim. cass. 27 janv. 1859, aff. Doisy, D. P. 59. 1. 425; Crim. rej. 5 mai 1883, aff. Mosnier, D. P. 83. 1. 484. V. conf. Circ. min. trav. publ., 10 juin 1879, Potiquet, t. 5, p. 244. Mais s'il était constaté que l'auteur du fait ne connaissait pas les propriétés délétères des substances qu'il a jetées dans les eaux, l'art. 25 ne lui serait point applicable (Lyon, 17 août 1863, *Revue des eaux et forêts*, t. 2, n° 262).

54. On doit assimiler au jet des substances prohibées par la loi le fait de déverser dans un cours d'eau, au moyen d'une tranchée, des liquides qui proviennent de résidus industriels et qui sont nuisibles aux poissons (Crim. cass. 27 janv. 1859 et Crim. rej. 5 mai 1883 cités *suprà*, n° 53; Douai, 1er mars 1859, *Bull. des annales forestières*, t. 8, p. 133), et, spécialement des eaux provenant d'une saline et saturées de chlorure de sodium à dix degrés et demi (Arrêt précité du 5 mai 1883). Il en est ainsi, dans le cas même où un arrêté préfectoral aurait autorisé le déversement dans un cours d'eau des eaux provenant d'une saline, si cet arrêté a eu uniquement en vue l'intérêt de la navigation (Crim. rej. 5 mai 1883, précité. Il résulte de ce dernier arrêt que les cours d'eau dans lesquels il est interdit de jeter des substances de nature à enivrer le poisson ou à le détruire sont ceux qui sont énumérés dans l'art. 23 de la loi de 1829. — L'art. 19 du décret du 10 août 1875 porte que des arrêtés préfectoraux, rendus sur les avis des conseils de salubrité et des ingénieurs, détermineront les mesures à observer pour l'évaporation dans les cours d'eau des matières et résidus susceptibles de nuire au poisson et provenant des fabriques et établissements industriels quelconques.

55. — 5° *Rouissage des plantes textiles.* — Comme on l'a dit au *Rép.*, n° 114, le rouissage du lin et du chanvre est permis dans tous les cours d'eau, du moins si on le considère au point de vue de la police de la pêche (Besançon, 23 févr. 1859, *Bull. des annales forestières*, t. 8, p. 69). Mais il en serait autrement du jet des sucs infects du chanvre dans une rivière (Même arrêt). Ainsi le fait de déverser dans une rivière les eaux corrompues provenant de vastes routoirs appartenant à une commune, ce qui a amené l'enivrement et la destruction du poisson, donne lieu à l'application des peines édictées par l'art. 25, bien que le délinquant n'ait été animé d'aucune intention malveillante ou criminelle (Colmar, 14 déc. 1858, *Code forestier annoté*, appendice; L. 15 avr. 1829, art. 25, n° 26).

56. On a dit au *Rép.*, n° 116, que, dans le cas où le rouissage peut compromettre la salubrité publique, les préfets et les maires peuvent prendre des arrêtés pour interdire cette opération. Les infractions à ces arrêtés sont passibles, non des peines de l'art. 25, mais de celles qui sont portées par l'art. 471-15° c. pén. (Besançon, 23 févr. 1859, cité *suprà*, n° 55). Aux termes de l'art. 19 du décret du 10 août 1875, des arrêtés préfectoraux, rendus sur les avis des conseils de salubrité et des ingénieurs, doivent déterminer la durée du rouissage du lin et du chanvre dans les cours d'eau, et les emplacements où cette opération peut être pratiquée avec le moins d'inconvénient pour le poisson.

57. — 6° *Conservation du poisson, principes généraux.* — En exécution de l'art. 26 de la loi du 15 avr. 1829, une ordonnance du 15 nov. 1830 avait donné aux préfets, dans chaque département, le pouvoir de déterminer, sur l'avis du conseil général et après avoir consulté les agents forestiers, les temps, saisons et heures pendant lesquels la pêche devait être interdite, les filets et engins qui devaient être prohibés, et d'interdire les procédés et modes de pêche de nature à nuire au repeuplement des rivières (*Rép.* n° 126). Des règlements distincts étaient intervenus dans chaque département, et la diversité qui en était résultée dans les époques de la pêche, ainsi que dans les procédés autorisés ou prohibés, avait eu le grave inconvénient de faciliter la fraude en rendant souvent illusoire la répression des contraventions. Cette situation a été modifiée par l'adoption d'un règlement unique obligatoire pour tous les cours d'eau. Tel a été l'objet du décret du 25 janv. 1868 (D. P. 68. 4. 18) qu'a abrogé l'ordonnance du 15 nov. 1830.

58. Le décret du 25 janv. 1868 a lui-même été abrogé par le décret du 10 août 1875 (D. P. 76. 4. 64) qui, depuis, a été modifié dans quelques-unes de ses dispositions par celui du 18 mai 1878 (D. P. 78. 4. 87). Les divers points que l'art. 26 laissait à la réglementation du Gouvernement et qui sont aujourd'hui réglés par le décret du 10 août 1875, sont : 1° les temps, saisons et heures pendant lesquels la pêche est interdite (art. 1 à 7); 2° les procédés et modes de pêche qui, étant de nature à nuire au repeuplement des rivières, sont prohibés (art. 14 et suiv.); 3° les filets, engins et instruments de pêche prohibés (art. 13 et 16); les dimensions des filets ou plutôt des mailles des filets dont l'usage est permis (art. 9 à 12); 5° les dimensions au-dessous desquelles les poissons ne pourront être pêchés (art. 8); 6° la défense d'appâter avec certains poissons (art. 16). Le décret du 10 août 1875 s'occupe, en outre : 1° des pêches extraordinaires qui peuvent être autorisées pour détruire certaines espèces de poissons dans le but d'en propager d'autres plus précieuses (art. 18); 2° des pouvoirs des préfets quant au rouissage et à l'évacuation dans les cours d'eau des résidus d'établissements industriels (art. 19); 3° de l'approbation par le ministre des arrêtés rendus par les préfets (art. 20).

59. — 7° *Temps, saisons et heures pendant lesquels la pêche doit être interdite.* — On a vu au *Rép.*, n° 129, que l'ordonnance du 15 nov. 1830 avait délégué aux préfets le pouvoir de fixer les époques d'interdiction de la pêche, afin de tenir compte des conditions spéciales à chaque région. Le décret du 10 août 1875, comme celui du 25 janv. 1868 qu'il a abrogé, fixe seulement deux périodes d'interdiction : la première, du 20 octobre au 31 janvier pour la pêche du saumon, de la truite, de l'ombre-chevalier et du lavaret; la seconde, du 15 avril au 15 juin pour tous les autres poissons et l'écrevisse. Les décrets des 18 mai 1878 et 27 déc. 1888 ont distrait le lavaret et le saumon de la première période, pour en faire l'objet de périodes distinctes qui s'étendent, pour le saumon du 30 septembre au 10 janvier, et pour le lavaret, du 15 novembre au 31 décembre. Enfin, le décret du 9 avr. 1892 a modifié l'art. 1, § 4, du décret de 1875, en décidant que l'interdiction de la pêche des poissons autres que le saumon, la truite, l'ombre-chevalier et le lavaret, aurait lieu du lundi qui suit le 15 avril inclusivement au dimanche qui suit le 15 juin exclusivement. — Il résulte de ces dispositions que le temps du frai est fixé d'une manière uniforme pour toute la France, bien qu'en réalité cette uniformité ne corresponde pas partout avec les lois naturelles de la reproduction. Mais, pour corriger ce que ce système peut avoir de trop absolu, l'art. 2 du décret du 10 août 1875 accorde aux préfets, sur l'avis des conseils généraux, la faculté d'augmenter, pour certains poissons, la durée des périodes d'interdiction, sous la condition que les périodes ainsi modifiées comprennent la totalité de l'intervalle de temps fixé par l'art. 1. Ils peuvent également interdire exceptionnellement la pêche de toutes les espèces de poissons pendant l'une ou l'autre période, lorsque cette interdiction est nécessaire pour protéger les espèces prédominantes, excepter de la seconde période la pêche de l'alose, de l'anguille, de la lamproie, ainsi que des autres poissons vivant alternativement dans les eaux douces et les eaux salées, et fixer une période d'interdiction pour la pêche de la grenouille.

60. D'après un arrêt, la disposition précitée de l'art. 1 du décret de 1875 qui interdisait la pêche du 15 avril au 15 juin devait être entendue en ce sens que le 15 avril était compris dans la période d'interdiction, et que cette période s'arrêtait au 14 juin inclus (Paris, 20 août 1879, aff. Berthemy, D. P. 82. 5. 312). Une circulaire du ministre des travaux publics du 25 sept. 1880 a décidé, au contraire, que l'interdiction devait s'appliquer du 15 avril exclusivement au 15 juin inclusivement (Potiquet, *op. cit.*, t. 5, p. 390). — Les décrets des 27 déc. 1889 et 9 avr. 1892 ont confirmé cette interprétation.

61. Il résulte de ce qui précède que, pendant chaque période d'interdiction, la pêche de tout autre poisson que ceux qui y sont spécialement désignés ne peut constituer un délit, à moins que le préfet n'ait, en vertu de la faculté que lui donne l'art. 2 du décret du 10 août 1875 (V. *suprà*, n° 59) interdit exceptionnellement la pêche de toutes les espèces de poissons pendant l'une ou l'autre période (V. conf. Trib. Agen, 28 juin 1881, aff. Nanbélis, D. P. 83. 3. 72).

62. Les dispositions des décrets du 10 août 1875 et du 18 mai 1878 s'appliquent à tous les cours d'eau, et aux eaux salées aussi bien qu'aux eaux douces. Un décret spécial du 20 nov. 1875 (D. P. 76. 4. 86) décide que la pêche de la truite, du saumon et du lavaret est interdite chaque année du 20 octobre au 31 janvier inclusivement, tant à la mer le long des côtes que dans la partie des fleuves, rivières et canaux où les eaux sont salées. Mais, conformément à ce qui a été dit *suprà*, n° 11, la pêche est entièrement libre et les prescriptions des décrets précités sont inapplicables dans les étangs ou réservoirs qui n'ont pas de communication avec un cours d'eau.

63. L'art. 1er du décret du 10 août 1875 porte que les interdictions prononcées dans cet article s'appliquent à tous les procédés de pêche, même à la ligne flottante tenue à la main. Il a paru opportun de maintenir cette disposition, bien qu'elle rappelle simplement la prescription légale de l'art. 5 de la loi du 15 avr. 1829, et qu'un décret ne puisse modifier une prescription législative (Circ. min. trav. publ. 25 oct. 1875, Potiquet, *op. cit.*, t. 4, p. 306).

64. L'art. 3 concerne les publications qui précèdent le début de chaque période d'interdiction. Elles doivent être faites dans les communes dix jours au moins avant le début de chaque période d'interdiction de la pêche pour rappeler les dates du commencement et de la fin de ces périodes. Ces publications n'ont pour but qu'une mesure d'ordre et de précaution, et, dès lors, leur omission serait à tort considérée comme relevant les habitants de l'obligation de respecter l'interdiction de pêche pendant les périodes fixées par le règlement (Crim. cass. 9 févr. 1871, aff. Haun, D. P. 71. 1. 29 et, sur renvoi Bordeaux, 22 mars 1871, D. P. 71. 5. 293).

65. En dehors des périodes d'interdiction qui viennent d'être indiquées, l'art. 17 du décret du 10 août 1875 interdit de pêcher dans les parties des rivières, canaux ou cours d'eau dont le niveau est accidentellement abaissé soit pour des travaux, curage ou autres, soit par suite du chômage des usines ou de la navigation. Il a été décidé que cette disposition est inapplicable à celui qui pêche dans un endroit où l'eau s'élève encore à 60 centimètres de hauteur (Rouen, 1er août 1878, *suprà*, n° 42).

66. Ainsi qu'on l'a dit au *Rép.*, n° 130, l'art. 27 de la loi du 15 avr. 1829 punit d'une amende de 30 à 200 fr. ceux qui se livrent à la pêche en temps prohibé. Il y a lieu d'appliquer, en pareil cas, les règles du droit commun en matière de complicité (Besançon, 24 déc. 1872, aff. Faucogney, sol. impl. D. P. 73. 2. 46).

67. On a dit (*Rép.* n° 129) que la prohibition de pêcher la nuit, édictée par l'ordonnance de 1669 et maintenue provisoirement par l'art. 84 de la loi de 1829, avait été consacrée de nouveau par tous les règlements pris en exécution de l'art. 26 de cette loi. L'art. 6 du décret du 10 août 1875 porte que la pêche n'est permise que depuis le lever jusqu'au coucher du soleil. Mais il autorise les préfets à lever cette prohibition en ce qui concerne la pêche de l'anguille, de la lamproie et de l'écrevisse; le décret du 18 mai 1878 a étendu cette autorisation au saumon et à l'alose. Pour l'anguille, la lamproie et l'écrevisse, ce sont les préfets qui déterminent les heures pendant lesquelles la pêche sera autorisée, tandis que, pour le saumon et l'alose, c'est le décret lui-même qui fixe ces heures ainsi qu'il suit : deux heures au plus après le coucher du soleil et deux heures au plus avant son lever (Circ. min. trav. publ. 25 oct. 1875 et 14 juin 1878, Potiquet, *op. cit.*, t. 4, p. 306 et t. 5, p. 121).

68. La prohibition de pêcher pendant la nuit est une disposition d'ordre public qui s'applique à tous les cours d'eau sans qu'il y ait à distinguer entre ceux dont la pêche est réservée à l'Etat et ceux où elle appartient soit à des communes, soit à de simples particuliers (Paris, 9 janv. 1874, aff. Briaux, D. P. 74. 2. 247). Il n'y a d'exception que pour les étangs, canaux et fossés qui ne sont pas en communication avec des cours d'eau navigables ou flottables (Même arrêt). En conséquence, la pêche de nuit est interdite dans le canal Saint-Denis qui appartient à la ville de Paris, et qui communique avec la Seine au moyen d'écluses (Même arrêt).

69. Aux termes de l'art. 7 du décret du 10 août 1875, le séjour dans l'eau des filets et engins ayant les dimensions réglementaires est permis à toute heure ; il est interdit seulement de les placer et relever avant le lever ou après le coucher du soleil. Cette disposition est conforme à un arrêt de la cour de cassation du 8 août 1867 (aff. Bourdin, D. P. 68. 1. 43), d'après lequel il suffit que des engins de pêche destinés à séjourner dans l'eau, tels que boîtes ou nasses disposées pour la capture des écrevisses, ne soient pas prohibés pour que celui qui a le droit de pêche puisse, sans délit, les laisser dans l'eau la nuit aussi bien que le jour, pourvu, d'ailleurs, qu'il ne vienne les poser et retirer que le jour.

70. La loi du 15 avr. 1829 avait donné au Gouvernement le droit d'interdire la pêche par des ordonnances ou décrets à certaines époques de l'année, pendant lesquelles le poisson fraye; nous avons analysé (*suprà*, nos 59 et suiv.) les dispositions des décrets de 1875 et 1878 rendus en exécution de cette loi. La loi du 31 mai 1865 (D. P. 65. 4. 38) a fait un pas de plus dans cette voie. Elle a consacré de nouveaux moyens de développer la reproduction du poisson, et, dans ce but, elle a concédé au Gouvernement des droits nouveaux, celui d'interdire la pêche pendant tout le cours de l'année dans certaines parties des cours d'eau et celui de pouvoir établir des échelles dans certains barrages. Mais, d'une part, elle exige, en pareille matière, l'intervention des conseils généraux, pour donner leur avis et éclairer le Gouvernement ; et, d'autre part, elle reconnaît au propriétaire qui aurait à souffrir de l'usage fait par le Gouvernement de cette faculté nouvelle, le droit de réclamer une indemnité réglée suivant les formes déterminées par la loi du 16 sept. 1807.

71. Aux termes de l'art. 1 de la loi du 31 mai 1865, des décrets rendus en conseil d'Etat, après avis des conseils généraux de département déterminent : 1° les parties des fleuves, rivières, canaux et cours d'eau réservées pour la reproduction et dans lesquelles la pêche des diverses espèces de poissons doit être absolument interdite pour l'année entière; 2° les parties des fleuves, rivières, canaux et cours d'eau dans les barrages desquelles il pourra être établi, après enquête, un passage appelé *échelle* destiné à assurer la libre circulation du poisson. A la différence du projet qui avait été soumis au Corps législatif, et d'après lequel la pêche ne devait être réglementée que dans certains fleuves et rivières, la loi de 1865 est applicable à tous les cours d'eau sans exception, même à ceux dont la pêche appartient aux riverains, sauf indemnité. Mais l'interdiction ne peut être étendue aux étangs et réservoirs appartenant à des particuliers et sans communication avec des cours d'eau, et aux fossés qui ne forment une dépendance ni d'une rivière ni d'un cours d'eau et qui doivent être considérés comme des étangs ou réservoirs (Cons. d'Et. 29 nov. 1872, aff. Baillergeau, D. P. 74. 3. 42).

72. La détermination des parties des fleuves, rivières et canaux réservées pour la reproduction du poisson a été faite, pour les cours d'eau dépendant des cinq grands bassins de la France, par les décrets des 25 janv. 1868 (D. P. 68. 4. 17), 20 sept. 1868 (D. P. 69. 4. 5), 30 janv. 1869 (D. P. 69. 4. 29), 17 mars 1869 (D. P. 69. 4. 88 et 92), 17 juill. 1869 (D. P. 69. 4. 95). — Mais, aux termes de l'art. 2 de la loi du 31 mai 1865, l'interdiction de la pêche pendant l'année entière ne peut être prononcée pour une période de plus de cinq ans, et ne peut être renouvelée que par un nouveau décret. En exécution de cette disposition, une interdiction nouvelle a été prononcée pour cinq ans par un décret du 12 janv. 1875, qui a été lui-même remplacé par un décret du 2 avr. 1880 (D. P. 81. 4. 48). L'interdiction a été successivement renouvelée par le décret du 16 juin 1885 (D. P. 86. 4. 14) et par celui du 24 déc. 1889 (D. P. 89. 4. 14) actuellement en vigueur. Les décrets qui interdisent la pêche dans certaines eaux en vertu de l'art. 1 de la loi de 1865 peuvent être attaqués devant le conseil d'Etat pour excès de pouvoir (Cons. d'Et. 29 nov. 1872, cité *suprà*, n° 71), et ils doivent être annulés si les eaux où ils ont interdit la pêche sont des réservoirs ou étangs. Mais c'est aux tribunaux qu'il appartient de décider si l'interdiction de pêcher pendant toute l'année dans une partie de rivière, prononcée par l'Administration, s'applique à une pêcherie établie par un particulier (Cons. d'Et. 13 juin 1873, aff. Dufaur, D. P. 74. 3. 42).

73. Les dispositions de la loi de 1865 s'appliquent à toutes les espèces de poissons. Il résulte des explications du rapporteur que l'écrevisse doit y être comprise, quoiqu'elle ne soit pas expressément mentionnée, ce crustacé étant, d'après l'esprit de la loi de 1829 (V. *suprà*, n° 37), au nombre des habitants des eaux dont la pêche peut être réglementée.

74. La prohibition édictée par l'art. 1 de la loi de 1865 s'applique même à la pêche à la ligne flottante tenue à la main (Crim. rej. 5 mars 1870, aff. Daime, D. P. 70. 1. 138. V. conf. Martin, *op. cit.*, nos 658 et 659. — *Contrà : Journal de droit criminel*, 1865, p. 257, note 2; *Ecole des communes*, 1865, p. 330, note 1). Cette solution semble commandée par la généralité et la précision du texte de la loi, qui édicte une *interdiction absolue* dans les parties réservées; ce serait à tort que l'on opposerait à ce texte formel une déclaration faite dans la discussion par le commissaire du Gouvernement et de laquelle il résulterait que, dans les parties réservées comme dans les autres, il est permis de pêcher à la ligne, excepté pendant le temps du frai, ainsi que l'énonce l'art. 5 de la loi de 1829.

75. En même temps que le législateur a voulu protéger les lits de fécondation, il a cherché à faciliter les migrations périodiques des poissons voyageurs, en permettant à l'Administration d'établir dans les barrages des rivières des passages ou échelles que le poisson puisse facilement franchir. Toutefois, ces mesures ne peuvent être prises qu'à la suite d'enquêtes faites dans les formes prescrites par l'ordonnance du 18 févr. 1834 (Circ. min. trav. publ. 12 août 1865, Potiquet, *op. cit.*, t. 3, p. 125).

76. Les indemnités auxquelles peuvent avoir droit les propriétaires riverains qui seront privés du droit de pêche par application de l'art. 1 de la loi du 31 mai 1865 sont réglées, après expertise, par le conseil de préfecture, conformément à la loi du 16 sept. 1807. Les indemnités auxquelles peut donner lieu l'établissement d'échelles dans les barrages existants sont réglées dans les mêmes formes. On a fait remarquer dans la discussion que les principales échelles seront établies sur les rivières appartenant au domaine public et qu'il n'y aura lieu à indemnité que lorsqu'elles seront établies sur les petits cours d'eau et seront de nature à imposer aux usiniers une diminution de la force motrice. Il a, d'ailleurs, été bien entendu, ainsi que le constate l'exposé des motifs (D. P. 65. 4. 41, note 2), que les barrages qui seront concédés par la suite ne le seront qu'à la condition qu'ils renfermeront des passages établis conformément aux prescriptions de l'Administration, et que, dans ce cas, il n'y aura pas lieu à indemnité. — Le modèle rédigé par le ministre des travaux publics pour mettre les règlements d'usine en harmonie avec la jurisprudence actuelle du conseil d'Etat (D. P. 82. 3. 107, note 2) et transmis aux agents de son administration par une circulaire du 18 juin 1878, contient une clause imposant aux usiniers l'obligation d'avoir des échelles à poissons. Mais cette clause ne peut être insérée que dans les règlements qui confèrent aux usiniers des avantages nouveaux; et, lorsque l'Administration règle le régime d'une usine établie sur une rivière navigable, sans en augmenter la consistance légale, elle ne saurait imposer une pareille charge à l'usinier (Cons. d'Et. 8 août 1884, aff. Dufaur, D. P. 86. 3. 24).

77. L'art. 5 de la loi du 31 mai 1865 interdit, dans chaque département, de mettre en vente, de vendre, d'acheter, de transporter, de colporter, d'exporter et d'importer les diverses espèces de poissons pendant le temps où la pêche en est interdite en exécution de l'art. 26 de la loi du 15 avr. 1829. Une seule exception a été introduite dans cet article pour les poissons pêchés dans les réservoirs et étangs. En ce qui concerne ces derniers, le rapport au Corps législatif paraissait admettre que la provenance devrait en être établie au moyen de certificats d'origine; mais il résulte d'une circulaire ministérielle du 1er févr. 1868 (Potiquet, *op. cit.*, t. 3, p. 306) qu'on a dû y renoncer pour donner une plus grande latitude aux intéressés, en laissant aux tribunaux compétents le soin d'apprécier la validité des preuves fournies. L'art. 4 du décret du 10 août 1875 se borne à imposer aux intéressés l'obligation de justifier de l'origine des poissons transportés ou vendus sans spécifier le mode de justification. — La disposition de l'art. 5 de la loi de 1829 a un caractère général, et elle s'applique à l'importation en France du poisson étranger (Chambéry, 5 août 1880, aff. Chamey, D. P. 83. 2. 46; Grenoble, 3 mars 1892, aff. Berru, D. P. 92. 2. 244) et spécialement au poisson du lac Léman (Arrêt précité du 5 août 1880). Mais, d'après une circulaire du directeur général des Douanes, du 8 juin 1868, l'exception relative aux poissons provenant des étangs comprend les poissons importés de l'étranger, sous la condition qu'on justifiera de leur origine au moyen de certificats émanés des autorités du lieu de l'extraction. Cette solution a paru commandée par l'interprétation de traités qui placent sur la même ligne que les Français, pour les questions de commerce et de trafic, les nationaux des Etats avec lesquels ces traités ont été conclus (Martin, *op. cit.*, n° 649).

78. Il résulte du texte et de l'esprit de la loi de 1865 que le colportage et la mise en vente d'une espèce de poisson ne constitue le délit prévu par l'art. 5 que lorsque l'interdiction de la pêche de ce poisson est générale, c'est-à-dire lorsqu'elle s'applique à tous les cours d'eau, et non lorsqu'elle est restreinte à un certain nombre de ces cours d'eau ou à quelques parties de certains d'entre eux (Nancy, 14 mai 1890, aff. Philippe, D. P. 92. 2. 6).

79. Les prohibitions de l'art. 5 ne concernent que le poisson frais. Il résulte du rapport au Corps législatif (D. P. 65. 4. 39, n° 14) et d'une circulaire du ministre des travaux publics du 12 août 1865 (Potiquet, *op. cit.*, t. 3, p. 125), que l'importation, la vente et le transport du poisson fumé ou salé reste libre en toute saison. L'importation du poisson conservé par la congélation, et notamment des salmonidés venant du Canada, est également permise sous la condition que l'industrie des fabricants de conserve importateurs sera certifiée par les autorités locales, dont les certificats seront visés par les agents consulaires les plus proches, et que chaque poisson congelé introduit en France sera muni d'une ficelle passée à travers la bouche et l'ouïe et dont les extrémités seront réunies au moyen d'une petite planche portant l'empreinte de la marque de fabrique (Circ. min. trav. publ., 12 juill. 1880).

80. L'Administration peut autoriser en tout temps le transport du poisson destiné à la reproduction (art. 6). Cette faculté est commune au frai et à l'alevin (art. 8). Un décret du 15 juill. 1879 (D. P. 80. 4. 12) a donné au ministre des travaux publics, dans un but de repeuplement, le pouvoir d'autoriser les agents de l'administration des Ponts et chaussées à pêcher et à transporter en tout temps la montée d'anguilles en se servant d'engins prohibés.

81. L'art. 7 prévoit et punit des peines portées par l'art. 27 de la loi de 1829, c'est-à-dire d'une amende de 30 à 200 fr. (V. *suprà*, n° 66): 1° la pêche pendant le temps d'interdiction prononcée par décrets rendus en exécution de l'art. 1 dans les parties de cours d'eau désignés par ces décrets; 2° la mise en vente, la vente, l'achat, le transport, le colportage, l'exportation et l'importation du poisson pendant ce même temps. L'amende est doublée et les délinquants peuvent, en outre, être condamnés à un emprisonnement de dix jours à un mois: 1° lorsque le délit est commis en récidive (L. 15 avr. 1829, art. 69); 2° lorsqu'il a été commis la nuit (L. 15 avr. 1829, art. 70); 3° lorsqu'il est constaté que le poisson a été enivré ou empoisonné; 4° lorsque le transport du poisson a lieu par bateaux, voitures ou bêtes de somme. Cette aggravation ne saurait être appliquée à celui qui, en temps prohibé, a remis à une entreprise de transports, pour le faire transporter, un colis contenant du poisson; dans ce cas, en effet, le moyen de transport n'est pas à la disposition du délinquant ni affecté spécialement, au fait que la loi réprime (Martin, *op. cit.*, n° 664). Quant aux entrepreneurs de transports et aux chefs de gare dans les chemins de fer, ils doivent être déclarés pénalement responsables de tout transport de poisson en violation des lois et règlements (*Ibid.*, n° 665). — La disposition finale de l'art. 7, qui reproduit avec quelques modifications de forme l'art. 4 de la loi du 3 mai 1844 sur la chasse, autorise la recherche du poisson en temps prohibé à domicile chez les aubergistes, chez les marchands de denrées comestibles, et dans les lieux ouverts au public. Il résulte de cette rédaction que la recherche du poisson peut avoir lieu chez les aubergistes et marchands de comestibles, même dans les parties d'établissements non ouvertes au public.

82. — 8° *Procédés et modes de pêche.* — On a vu (*Rép.* n° 31) que l'art. 26 de la loi de 1829 laissait au Gouvernement le soin d'indiquer les procédés et modes de pêche qui devaient être interdits, comme étant de nature à nuire au repeuplement des rivières. Ce droit avait été abandonné aux préfets par l'ordonnance du 15 nov. 1830, et il en était résulté de notables divergences entre les règlements locaux intervenus sur la matière. L'art. 13 du décret du 25 janv. 1868 avait eu pour objet de faire cesser ces divergences; les dispositions de cet article ont été modifiées et complétées par les art. 14, 15, 16 et 17 du décret du 10 août 1875.

83. L'art. 14 de ce dernier décret interdit d'établir dans les cours d'eau des appareils ayant pour objet de rassembler le poisson dans des noues, boires, fossés, ou mares, dont il ne pourrait plus sortir, ou de le contraindre à passer par une issue garnie de pièges. Cet article prévoit un procédé de pêche qui peut quelquefois constituer en réalité un barrage complet et qui, dans ce cas, tombe sous l'application de l'art. 24 de la loi de 1829 (Martin, *op. cit.*, n° 784).

84. Les appareils de pêche dit *gords* et *anguillaires*, ayant pour objet de forcer le poisson à passer par une issue garnie de pièges, doivent être considérés comme prohibés; il importerait peu que ces appareils fussent uniquement destinés à prendre des anguilles, en supposant même que la reproduction de ce poisson se fît dans la mer et que, par suite, les gords ne pussent nuire au repeuplement des rivières (Lyon, 8 nov. 1869, *Revue des eaux et forêts*, t. 5, n° 12).

Le visa apposé par l'ingénieur des ponts et chaussées sur le permis donné par l'adjudicataire de la pêche à un sous-fermier ne peut avoir pour effet d'habiliter le sous-fermier à pratiquer un mode de pêche interdit, mais auquel l'adjudicataire aurait déclaré consentir (Bordeaux, 29 juin 1871, aff. Cassagneau, D. P. 72. 2. 148).

85. L'art. 15 interdit: 1° d'accoler aux écluses, barrages, chutes naturelles, pertuis, vannages, coursiers d'usines et échelles à poissons, des nasses, paniers et filets à demeure; 2° de pêcher avec tout autre engin que la ligne flottante tenue à la main dans l'intérieur des écluses, barrages, pertuis, vannages, coursiers d'usines et passages ou échelles à poissons, ainsi qu'à une distance moindre de 30 mètres en amont et en aval de ces ouvrages; 3° de pêcher à la main, de troubler l'eau et de fouiller au moyen de perches sous les racines et autres retraites fréquentées par le poisson; 4° de se servir d'armes à feu, de poudre de mine, de dynamite, ou de toute autre substance explosible. — Les deux derniers paragraphes de cet article ne figuraient pas dans le décret de 1868. — L'interdiction de pêcher autrement qu'à la ligne flottante tenue à la main dans l'intérieur d'un vannage et à moins de 30 mètres de distance de cet ouvrage, s'applique à tout cours d'eau quelconque et ne comporte pas d'exception au profit du propriétaire d'une pêcherie établie antérieurement au règlement qui a édicté cette restriction du droit de pêche (Crim. rej. 4 août 1871, aff. Huard, D. P. 71. 1. 369). En ce qui concerne la pêche à la main, V. *suprà*, n° 46.

86. Il a été jugé que le maître et son domestique qui, à l'époque où la pêche de la truite est interdite, sont surpris, le premier, fouillant les berges d'une rivière avec son bâton, le second armé d'un fusil et prêt à tirer sur le poisson qui paraîtrait, sont coupables l'un et l'autre d'un délit de pêche en temps prohibé, tombant sous l'application de l'art. 15 du décret du 10 août 1875 (Rouen, 23 avr. 1880, aff. Dubuc, D. P. 82. 5. 313).

87. — 9° *Filets, engins et instruments de pêche prohibés.* — L'ordonnance du 15 nov. 1830, rendue en exécution de l'art. 26 de la loi de 1829, n'interdisait d'une manière générale et pour toute la France que les filets traînants et les filets dont les mailles ont moins de 30 millimètres (*Rép.* n° 134). Il appartenait aux préfets de déterminer par des arrêtés dûment homologués les engins dont l'emploi devait être interdit dans le département. Le décret du 25 janv. 1868 n'innova rien à cet égard, et se borna à interdire également les filets traînants à l'exception du petit épervier jeté à la main et manœuvré par un seul homme. Mais, l'interprétation de cette disposition ayant donné lieu à des divergences dans la jurisprudence, il a paru préférable de définir les *filets traînants*. D'après l'art. 13 du décret de 1875, qui reproduit la prohibition du décret de 1868, sont réputés *traînants* tous les filets coulés à fond et promenés sous l'action d'une force quelconque. Cette définition est conforme à celle qui existe dans les règlements de la pêche maritime côtière. Toutefois, le décret du 18 mai 1878 a complété la rédaction de l'art. 13 par un paragraphe additionnel aux termes duquel des arrêtés préfectoraux, rendus après avis des conseils généraux, peuvent autoriser, à titre exceptionnel, l'emploi de certains filets traînants, à mailles de 40 millimètres au moins, pour la pêche d'espèces spécifiées, dans les parties profondes des lacs, des réservoirs de canaux, et des fleuves et rivières navigables. Ils doivent désigner les parties considérées comme profondes dans les lacs, réservoirs de canaux, fleuves et rivières navigables; ils doivent également indiquer les noms locaux des filets autorisés et les heures auxquelles leur manœuvre est permise.

88. La définition des filets traînants contenue dans l'art. 13 du décret du 10 août 1875 n'a pas fait disparaître toutes les difficultés d'interprétation, et la jurisprudence a eu depuis ce décret, comme antérieurement, à se prononcer sur certains filets spéciaux. L'un de ces filets est le *truble* ou *trouble*, sorte de filet en forme de corbeille placé d'une manière fixe à l'extrémité d'un manche et pouvant être appliqué au fond de l'eau. Ce filet, d'après un arrêt (Nancy, 29 avr. 1868, aff. Pierson, D. P. 68. 2. 179), ne saurait être considéré comme un petit épervier, mais est un véritable filet traînant, parce que son extrémité inférieure est ordinairement maintenue en contact avec le sol de manière à empêcher le passage du poisson. Suivant un autre arrêt (Besançon, 24 déc. 1872, aff. Faucogney, D. P. 73. 2. 46), il ne peut être considéré comme filet traînant que suivant la manière dont il est manœuvré dans l'eau.

89. La même controverse s'est produite au sujet de la *senne* ou *escave*, dont il est fait usage pour la pêche dans la Garonne (V. *Rép.* n° 134). C'est, dit M. Martin (*op. cit.*, n° 784), un filet en forme de nappe disposé de manière à se tenir verticalement dans l'eau: la ralingue qui en borde la tête est garnie de flottes de liège ou de bois, tandis que celle du pied est chargée de lest. Les extrémités du filet sont pourvues de cordes ou bras qui servent à le tendre et à le traîner. Suivant une opinion soutenue par l'administration des Ponts et chaussées et adoptée par M. Martin (*loc. cit.*), la *senne* doit être considérée comme un filet traînant. L'opinion contraire a été consacrée par un jugement du tribunal d'Agen du 5 juill. 1871 (aff. Canot, D. P. 71. 3. 97).

Il semble plus exact de n'adopter aucune de ces interprétations absolues. On peut admettre que la *senne* ne rentre pas dans la classe des filets prohibés lorsqu'elle est manœuvrée sans traîner et que, au lieu d'attacher le lest sur la ralingue qui borde le pied du filet, on l'attache à des lignes de quelques pouces de longueur qu'on distribue de distance en distance sur cette ralingue, de manière à la tenir toujours éloignée du fond de l'eau (Baudrillard, *Dictionnaire de la pêche fluviale*, v° *Senne*; Comp. Bordeaux, 29 juin 1871, aff. Cassagneau, D. P. 72. 2. 148). Mais il n'en est plus de même lorsque ce filet est lesté dans sa ralingue inférieure, de manière à traîner pendant la manœuvre (Dijon, 17 nov. 1869, aff. Armand, D. P. 72. 2. 35). Il a été décidé, en ce sens, que la *senne* tombe sous le prohibition dont l'art. 13 du décret de 1875 frappe les filets traînants lorsque, par suite du peu de profondeur de la rivière, le filet, presque toujours coulé à fond, traîne sur le sol sans présenter une solution de continuité et ne laisse ainsi au poisson aucune issue pour s'échapper (Bordeaux, 26 mai 1878, aff. Maumant, D. P. 78. 5. 355).

90. D'une manière générale, le fait de pêcher à l'aide d'un filet coulé à fond au moyen de poids fixés à l'une des extrémités sur la rive pendant que l'autre extrémité y est ramenée en traînant de toute sa longueur, constitue l'emploi d'un filet coulé et promené à fond, prohibé par les règlements de la pêche fluviale (Paris, 24 nov. 1887) (1). Il a été jugé, par application de ces principes, qu'on doit comprendre parmi les engins de pêche prohibés le filet traînant dit *fouloire* (Rouen, 26 déc. 1883, aff. Hamelet, D. P. 84. 5. 379).

91. Nous avons dit (*suprà*, n° 87) que l'emploi de certains filets traînants pouvait être autorisé pour la pêche d'espèces spécifiées par les préfets, après avis des conseils généraux, mais à la condition que les mailles de ces filets aient au moins 40 millimètres. Une exception a été apportée à cette règle pour la pêche du lavaret dans le lac du Bourget. Les mailles des filets traînants destinés à cette pêche peuvent, par dérogation à l'art. 13, être abaissées à 27 millimètres (Décr. 12 mai 1879, D. P. 79. 4. 67).

92. Indépendamment des filets flottants, l'art. 13 du décret de 1875 interdit les *lacets* ou *collets*. Mais ces prohibitions sont les seules que prononce cet article, et les engins qu'il ne frappe pas d'interdiction sont, par cela même, autorisés (Crim. cass. 8 août 1867, aff. Bourdin, D. P. 68. 1. 42). Il en est ainsi spécialement: 1° de boîtes et nasses qui ne forment pas un barrage de nature à empêcher entièrement le passage du poisson (Même arrêt); — 2° Du filet dit *harnais* ou *arroy*, alors que le plombage en a été effectué par l'Administration (Trib. Neufchâteau, 13 déc. 1872, aff. X..., D. P. 74. 5. 369); — 3° De la ligne dormante (Riom, 26 nov. 1878, aff. Aigueperse, D. P. 80. 5. 280); — 4° D'une corde de fond garnie d'un grand nombre d'hameçons (Trib. Agen, 28 juin 1881, aff. Haubélis, D. P. 83. 3. 72). — L'établissement d'une pompe à vapeur, destinée à dessécher un creux d'eau dans le lit d'une rivière temporairement mise à sec, afin d'en nettoyer le fond, ne constitue pas un délit

---

(1) (Min. publ. C. Menuquié et autres.) — LA COUR; — En ce qui concerne l'emploi d'un filet traînant; — Considérant qu'il est établi par les constatations d'un procès-verbal régulier et par les débats que, le 7 août 1887, les prévenus ont pêché dans le canal de la Haute-Seine à l'aide d'un filet coulé à fond au moyen de poids, fixé à l'une des extrémités sur la rive pendant que l'autre extrémité y était ramenée en traînant de toute sa longueur, de façon à capturer le poisson ainsi rassemblé dans un espace dont il ne pouvait plus sortir; — Que cette manœuvre constitue manifestement l'emploi d'un filet coulé et promené à fond, prohibé par les règlements de la pêche fluviale; — Par ces motifs, — Infirme, etc.

Du 24 nov. 1887.-C. de Paris, ch. corr.-MM. Mulle, pr.-Potier, rap.-Bard, av. gén., c. conf.-Moizard, av.

de pêche à l'aide d'un engin ou par un moyen prohibé (Dijon, 4 janv. 1882, aff. d'Ideville, D. P. 82. 2. 107). En tout cas, et en supposant que l'intention du riverain qui a établi cette pompe fût d'installer un barrage après l'épuisement du creux, l'installation de la machine ne constituerait qu'un acte préparatoire au délit, c'est-à-dire un acte non punissable (Même arrêt).

93. Les instruments de pêche autorisés prennent le caractère d'instruments prohibés, par cela seul qu'il en est fait usage en dehors des époques ou des conditions déterminées par les règlements (Crim. cass. 10 avr. 1856, aff. Dupont, D. P. 56. 5. 329). Ainsi, la loi voulant que tout engin de pêche ait un écartement qui permette au poisson, selon la qualité, de s'échapper, lorsqu'il n'a pas atteint une certaine grosseur, il en résulte que des bouteilles en verre ouvertes au fond et fermées au goulot ne laissant pas aux poissons, même de la plus petite dimension, la faculté de s'évader, doivent être mises au nombre des engins prohibés (Lyon, 8 nov. 1869, aff. Giroud, D. P. 70. 2. 18; Dijon, 12 janv. 1870, aff. Mathieu, D. P. 70. 5. 293). Il a été également décidé que le pêcheur qui, pour tirer de l'eau le poisson pris avec sa ligne, se sert d'un filet auxiliaire appelé *épuisette*, commet une contravention, encore que les mailles de ce filet ne soient pas contraires aux prescriptions des règlements (Metz, 15 févr. 1860, cité par Martin, *op. cit.*, n° 63). Au contraire, suivant un autre arrêt, l'*épuisette* n'est pas considérée comme un engin prohibé lorsqu'elle n'est employée que pour faire sortir de l'eau et saisir plus facilement le poisson déjà capturé à l'aide de la ligne flottante (Nancy, 8 déc. 1887, aff. Sizaire, D. P. 88. 5. 361).

94. — 10° *Dimensions des filets dont l'usage est permis.* — On a dit au *Rép.*, n° 136, que l'art. 26 de la loi de 1829 avait confié au Gouvernement le soin de déterminer la dimension des filets dont l'usage serait permis, et l'on a indiqué les dimensions fixées, en exécution de cette disposition, pour l'écartement des mailles des filets par l'ordonnance du 15 nov. 1830. Les prescriptions de cette ordonnance ont été modifiées par l'art. 9 du décret du 10 août 1875. Cet article divise les poissons en trois catégories: 1° les saumons; 2° d'une part les grandes espèces autres que les saumons, et d'autre part les écrevisses; 3° les petites espèces telles que goujons, loches, vérons, ablettes et autres. Les mailles des filets mesurées de chaque côté, après leur séjour dans l'eau, et l'espacement des verges, des bins, nasses et autres engins employés à la pêche des poissons doivent avoir pour la première catégorie 40 millimètres au moins, pour la seconde 27 millimètres au moins et pour la troisième 10 millimètres. Cette dernière dimension est fixe, invariable et s'impose rigoureusement (Martin, *op. cit.*, n° 761), et il a été jugé en ce sens qu'en permettant pour la pêche des petites espèces une dimension de 10 millimètres sans ajouter « au moins », le décret de 1868 (dont le décret de 1875 a sur ce point reproduit les dispositions) a entendu prohiber pour cette pêche non seulement les filets dont les mailles ont moins de 10 millimètres, mais aussi ceux dont les mailles ont une dimension intermédiaire entre 10 millimètres et 27 millimètres, minimum de la dimension fixée pour la pêche des grosses espèces (Besançon, 24 déc. 1872, aff. Faucogney, D. P. 73. 2. 46; Lyon, 11 nov. 1874 (1); Chambéry, 30 juin 1875, aff. Bardel, D. P. 75. 2. 200). — Tous les poissons pour lesquels une dimension est fixée, au-dessous de laquelle ils ne peuvent être pêchés (V. *infrà*, n° 100), doivent être classés parmi les grandes espèces. Il en est ainsi notamment de l'anguille, en conséquence, ce poisson ne peut être pêché qu'au moyen de filets à mailles d'une dimension de 27 millimètres au moins (Paris, 13 juill. 1871, aff. Macquin, D. P. 71. 2. 134).

95. On s'est demandé (*Rép.* n° 137) s'il y a délit par cela seul qu'un poisson de première ou de seconde catégorie ayant les dimensions réglementaires aurait été pris dans un filet ayant les mailles exigées pour une catégorie inférieure. La question a été résolue affirmativement, et il a été jugé que le pêcheur qui se sert d'un filet permis seulement pour la pêche de la petite espèce doit, à peine d'être déclaré coupable d'un délit, rejeter en rivière les poissons de grande espèce qu'il prend accidentellement, sans en excepter ceux qui ont atteint les dimensions fixées par les règlements (Paris, 13 juill. 1871 cité *suprà*, n° 94).

96. L'infraction aux dispositions qui précèdent est passible de l'amende de 30 à 100 fr. prononcée par l'art. 29 de la loi de 1829. Mais le pêcheur reconnu coupable de cette infraction n'encourt pas la confiscation des filets, comme dans le cas d'emploi de filets ou engins prohibés d'une façon absolue (Trib. Tonnerre, 5 août 1870, aff. N..., D. P. 71. 3. 24).

97. L'art. 10 du décret de 1875 autorise les préfets à prendre, sur l'avis des conseils généraux, des arrêtés pour réduire les dimensions des mailles des filets et l'espacement des verges des engins employés uniquement à la pêche de l'anguille, de la lamproie et de l'écrevisse. Les filets et engins à mailles ainsi réduites ne peuvent être employés que dans les emplacements déterminés par ces arrêtés. Les préfets peuvent aussi, sur l'avis des conseils généraux, déterminer les emplacements limités en dehors desquels l'usage des filets à mailles de 10 millimètres n'est pas permis.

98. L'art. 11 détermine les longueurs et largeurs des filets fixes et mobiles et des engins de toute nature; ils ne peuvent excéder les deux tiers de la largeur mouillée du cours d'eau dans les emplacements où on les emploie. Plusieurs filets ou engins ne peuvent être employés simultanément sur la même rive ou sur deux rives opposées, qu'à une distance au moins triple de leur développement. Lorqu'un ou plusieurs des engins employés sont en partie fixes et en partie mobiles, les distances entre les parties fixées à demeure sur la même rive ou sur les rives opposées doivent être au moins triples du développement total des parties fixes et mobiles mesurées bout à bout. — Ces dispositions reproduisent, avec plus de précision, celles que contenait déjà l'art. 10 du décret de 1868.

Les prescriptions relatives aux manœuvres et dimensions des filets fixes ou flottants ont été empruntées en partie à la législation anglaise et ont pour but, d'après une circulaire ministérielle du 1er févr. 1868 (Potiquet, t. 3, p. 306), de prévenir les abus qui résulteraient de la faculté de barrer complètement les cours d'eau par l'emploi de filets d'un trop grand développement relativement à la largeur mouillée du cours d'eau. La contravention à ces prohibitions tombe sous l'application de l'art. 28 de la loi de 1829 ; mais, si le filet s'étend sur toute la largeur du cours d'eau, il devient alors un barrage prohibé, et le pêcheur est passible des peines portées par l'art. 24 de ladite loi.

99. L'art. 12 prescrit, pour le libre mouvement des pois-

(1) (Anisencel.) — LA COUR; — Attendu qu'il est constaté par le procès-verbal de la gendarmerie de Culoz, en date du 22 juillet dernier, et non contesté par Anisencel, que la veille, à Ceysérieu, il a été trouvé porteur de deux filets dont les mailles avaient de 15 à 20 millimètres, et qu'il a déclaré que ces filets étaient destinés à pêcher la soeffe ou vaudoise; — Attendu que l'art. 9 du décret du 25 janv. 1868 fixe à 10 millimètres la dimension des mailles des filets employés à pêcher les petites espèces; — Attendu qu'il résulte des termes de cette disposition, comparés à ceux des art. 1 et 2 de l'ordonnance du 15 nov. 1830, que cette détermination, à 10 millimètres, n'est point l'indication d'un minimum, mais une fixation invariable, qui ne peut être dépassée en plus ou en moins sans irrégularité; que les nécessités d'une bonne police de la pêche ont motivé cette rigueur de la législation; — Que de là on doit conclure que les filets dont Anisencel a été trouvé porteur ne peuvent être employés même à la pêche des petites espèces; — Mais attendu que, du texte de l'art. 29 de la loi du 15 avr. 1829 et de la discussion, il résulte qu'en matière de transport d'engins de pêche, le fait matériel de transport ne suffit pas à constituer le délit; que le juge doit apprécier tout à la fois ce fait avec ces circonstances et l'intention du prévenu, et ne doit déclarer la culpabilité qu'autant qu'elle ressort de leur réunion; — Attendu que, dans l'espèce, il est établi et non contesté que, dans le département de l'Ain, l'administration des ponts et chaussées, jusqu'au jour du procès-verbal, a permis, comme le permettait avant elle l'administration des eaux et forêts, l'usage des filets de la dimension susrelatée pour la pêche de la vaudoise; — Que, dans ces circonstances et celles relatées au procès-verbal, le fait constaté contre Anisencel n'a pas le caractère d'un délit auquel le juge doit faire application des peines requises;

Par ces motifs,

Confirme le jugement du tribunal de Bourg dont est appel, renvoie définitivement Anisencel des fins de la plainte.

Du 11 nov. 1874.-C. de Lyon, ch. corr.-MM. Onofrio, pr.-Flouest, av. gén.-Dulac, av.

sons, de soulever les filets fixes employés à la pêche pendant 36 heures de chaque semaine, du samedi à 6 heures du soir au lundi à 6 heures du matin sur une longueur équivalente au dixième de leur développement et de manière à laisser entre le fond et la ralingue inférieure un espace libre de 50 centimètres au moins de hauteur. Les dispositions de cet article paraissent rentrer dans les prévisions de l'art. 26-1° de la loi de 1829 qui laisse au Gouvernement le soin de déterminer les temps, saisons et heures pendant lesquels la pêche sera interdite; en conséquence, les infractions à ces dispositions semblent tomber sous l'application de l'art. 27 de cette loi.

100. — 11° *Dimensions des poissons.* — On a vu au *Rép.*, n° 139, que le législateur de 1829 a autorisé le pouvoir réglementaire à déterminer, pour chaque localité, les dimensions au-dessous desquelles les poissons de certaines espèces qui seraient désignées ne pourraient être pêchés et devraient être rejetés en rivière. L'art. 12 de l'ordonnance de 1669 qui déterminait ces dimensions ayant cessé d'être en vigueur, et l'ordonnance du 15 nov. 1830 ne contenant aucune disposition sur ce point, il en résultait qu'en l'absence d'un arrêté préfectoral contenant une prohibition spéciale, le fait d'avoir pêché des poissons de petite dimension échappait à toute répression. Cette lacune a été comblée par l'art. 8 du décret de 1875, dont les dispositions ont été modifiées par le décret du 27 déc. 1889. Aux termes de cet article, les dimensions au-dessous desquelles les poissons et écrevisses ne peuvent être pêchés, même à la ligne flottante, et doivent être immédiatement rejetés à l'eau, sont déterminées comme il suit pour les diverses espèces : 1° les saumons et anguilles, 40 centimètres de longueur ; 2° les truites, ombres-chevaliers, ombres communs, carpes, brochets, barbeaux, brèmes, meuniers, mugues, aloses, perches, gardons, tanches, les lottes, lamproies et lavarets, 14 centimètres de longueur ; 3° les soles, plies et flets, 10 centimètres de longueur ; 4° les écrevisses à pattes rouges, 8 centimètres de longueur; celles à pattes blanches, 6 centimètres de longueur. La longueur des poissons ci-dessus mentionnés est mesurée de l'œil à la naissance de la queue ; celle de l'écrevisse, de l'œil à l'extrémité de la queue déployée.

101. — 12° *Défense d'appâter avec certaines espèces de poissons.* — L'art. 16 du décret de 1875 donne aux préfet le droit de déterminer, conformément au paragraphe 6 de l'art. 26 de la loi du 15 avr. 1829, les espèces de poissons avec lesquels il est interdit d'appâter des hameçons, nasses, filets ou autres engins. Ce droit, qui leur était reconnu, comme on l'a vu au *Rép.* n° 142, sous l'ordonnance de 1830, ne leur appartenait plus sous l'empire du décret de 1868, qui avait limité à certains objets spéciaux les pouvoirs qu'il déléguait aux préfets (V. Circ. min. trav. publ., 25 oct. 1875, Potiquet, t. 4, p. 306).

102. — 13° *Transport de filets ou d'engins prohibés.* — Aux termes de l'art. 29 de la loi de 1829, ceux qui sont trouvés porteurs ou munis, hors de leur domicile, d'engins ou instruments de pêche prohibés *peuvent*, à moins que ces engins ou instruments ne soient destinés à la pêche dans des étangs ou réservoirs, être condamnés à une amende, qui ne doit pas excéder 20 fr. et à la confiscation des filets. On a fait remarquer au *Rép.*, n° 144, le caractère facultatif de cette disposition. Le délit ne doit pas être considéré comme un fait matériel dont la constatation régulière lie le juge. La déclaration de culpabilité est laissée à son appréciation et il lui appartient de décider d'après les circonstances et l'intention du prévenu (Lyon, 11 nov. 1874, *suprà*, n° 94).

103. Le *truble* n'étant, comme on l'a vu (n° 88), considéré comme un filet traînant que suivant la manière dont il est manœuvré, il en résulte que le fait de porter un filet de ce genre hors de son domicile ne constitue pas par lui-même le port d'un filet prohibé, sauf à examiner s'il ne se trouverait pas prohibé pour insuffisance de dimensions des mailles (Besançon, 24 déc. 1872, aff. Faucogney, D. P. 73. 2. 46).

104. La seule détention à domicile de filets et engins prohibés ne constitue pas un délit : il en est ainsi, notamment, du fait d'étendre sur une haie autour d'une propriété, ou sur le mur extérieur d'une maison, des filets prohibés pour les faire sécher (Limoges, 6 déc. 1856, *Bull. des annales forestières*, t. 7, p. 159).

105. — 14° *Colportage ou débit des poissons dont la pêche est prohibée en raison de leurs faibles dimensions.* — L'individu poursuivi pour avoir mis en vente des poissons n'ayant pas les dimensions réglementaires ne peut échapper à une condamnation qu'en rapportant lui-même la preuve positive que ces poissons proviennent d'étangs ou de réservoirs particuliers. Et c'est à tort que le juge fonderait l'acquittement sur ce que le prévenu, ayant reçu ces poissons d'un correspondant qui les avait achetés sur le marché du lieu de sa résidence en présence des agents de la police locale, a dû croire que l'autorité, qui en avait toléré la vente audit lieu, avait reconnu la régularité de la provenance de ces poissons (Crim. rej. 22 juin 1865, aff. Grélepois, D. P. 65. 1. 498). — Mais, lorsque le poisson saisi a été acheté par un marchand chez un commissionnaire pour la vente des poissons, il y a preuve suffisante que ce poisson provenait d'étangs ou réservoirs, si le commissionnaire établit, par la représentation de ses livres, qu'il est en relation avec des propriétaires possédant des étangs ou réservoirs, et qu'il avait reçu de ceux-ci, à l'époque où a été dressé le procès-verbal, des poissons appartenant aux mêmes espèces que ceux qui ont été saisis (Lyon, 12 avr. 1866, aff. Landon, D. P. 68. 4. 18, note 6).

ART. 2. — *Règles spéciales à la police des rivières navigables et flottables* (*Rép.* n°s 150-167).

106. L'art. 32 de la loi de 1829, qui exigeait la marque ou le plombage des filets par les agents de l'Administration, ainsi qu'on l'a dit au *Rép.* n° 151, a été abrogé par l'art. 9 de la loi du 31 mai 1865. Le rapporteur de cette loi a exposé que l'usage de marquer ou de plomber les filets avait un double inconvénient, en ce qu'il pouvait involontairement mettre en faute des personnes de bonne foi, et en ce qu'il n'offrait aucune garantie contre la fraude (D. P. 65. 4. 39, n° 19). — Depuis cette abrogation, le mode de vérification des mailles des filets a été déterminé par un décret du 26 août 1865 (D. P. 65. 4. 137). Cette vérification a lieu au moyen d'un instrument en forme de pyramide quadrangulaire, portant à sa surface des traits accompagnés de chiffres indiquant les longueurs des côtés des mailles correspondant à chaque espèce. Cet instrument est fourni par l'Administration, et un exemplaire en est déposé au greffe de chaque tribunal civil. Pour opérer la vérification, l'instrument est introduit successivement dans plusieurs mailles prises au hasard.

107. L'art. 34 de la loi de 1829 rapporté au *Rép.* n° 160 impose à tous les pêcheurs l'obligation de souffrir la visite de leurs réservoirs ou boutiques à poissons par les agents et préposés de l'administration de la pêche. Cette disposition s'applique même aux pêcheurs à la ligne flottante qui se tiennent en bateau (Martin, *op. cit.*, n° 270). L'énumération faite par l'art. 34 des moyens de vérification à l'aide desquels les préposés chargés de la surveillance de la pêche peuvent constater les contraventions commises n'a rien de limitatif, et doit être interprétée en ce sens que les pêcheurs sont tenus de soumettre à la visite des gardes toutes choses pouvant servir à la constatation des délits. Ainsi le pêcheur qui refuse d'obéir à la réquisition à lui faite par le garde-pêche de lever sa ligne à l'effet de constater une contravention dont ce pêcheur était soupçonné, est passible des peines portées en l'art. 34 de la loi de 1829. Il n'a pas à distinguer à cet égard entre les agents ou préposés de l'Administration et les gardes-pêche des particuliers (Metz, 4 janv. 1860, aff. Dubrot, D. P. 60. 2. 182).

SECT. 7. — DES POURSUITES EN RÉPARATION DE DÉLITS (*Rép.* n°s 168-211).

ART. 1er. — *Des poursuites exercées au nom de l'Administration* (*Rép.* n°s 168-207).

108. — 1° *Constatation et poursuite des infractions.* — L'art. 36, § 1, de la loi de 1829 consacre, comme on l'a vu au *Rép.*, n° 168, ce principe que « le Gouvernement exerce la surveillance et la police de la pêche dans l'intérêt général ». Nous avons dit précédemment (n° 2) que le décret du 29 avr. 1862 a placé dans les attributions de l'administration des Ponts et chaussées la surveillance, la police et l'exploitation de la pêche fluviale : mais ce décret n'a rien changé aux règles et aux principes concernant les attributions des agents ordinaires de la police judiciaire et des officiers du ministère public pour la constatation et la poursuite des délits et contraventions en matière de pêche (Circ. min. just. 6 mars 1863, *Revue des eaux et forêts*, t. 1, n° 156).

109. Les règles consacrées par l'art. 36, § 2 et 3, de la loi de 1829 ont été exposées au *Rép.* n° 169 et suiv. Aux termes de cet article, les délits de pêche peuvent être constatés par les agents spéciaux institués par le Gouvernement pour la surveillance et la police de la pêche (c'est-à-dire par les gardes-pêche, V. *suprà*, n° 25), et, en outre, par les gardes champêtres, les éclusiers de canaux et autres officiers de police judiciaire, c'est-à-dire par les gardes forestiers, les commissaires de police, les maires et adjoints et les officiers de gendarmerie.

110. Antérieurement au décret du 29 avr. 1862, la jurisprudence avait reconnu à l'Administration forestière le droit de poursuivre la répression d'un délit de pêche résultant du fait d'avoir pêché sans permission dans une rivière navigable ou flottable (*Rép.* n° 172). On s'est demandé si l'administration des Ponts et chaussées, substituée aujourd'hui à l'administration des Forêts pour la surveillance et la police de la pêche, a, comme cette dernière, le droit d'exercer l'action publique relativement aux délits de pêche. La question n'a pas été formellement résolue. L'Administration a seulement décidé qu'à l'avenir les poursuites dirigées par le ministère public seraient faites au nom de l'administration des Ponts et chaussées, ainsi qu'elles avaient lieu précédemment au nom de l'administration forestière dans les localités où cette administration n'avait pas d'agents (Circ. min. just. 6 mars 1863, citée *suprà*, n° 108).

111. Les procès-verbaux dressés par les gardes-pêche sont transmis par eux à l'ingénieur ordinaire, puis par celui-ci à l'ingénieur en chef, qui les adresse, avec ses observations, au procureur de la République. Les procès-verbaux des autres officiers de police judiciaire sont adressés par eux directement au procureur de la République qui, avant de poursuivre, les communique, s'il le juge convenable, à l'ingénieur en chef, pour avoir ses observations et son avis (Circ. min. trav. pub. 28 juill. 1863, Potiquet, *op. cit.*, t. 3, p. 10). Dans tous les cas, les poursuites sont exercées, par les soins et à la diligence du ministère public, sans aucune intervention obligatoire de la part des ingénieurs et autres agents de l'administration des Ponts et chaussées, qui ne peuvent, en raison de la nature et des obligations de leur service, remplacer sous ce rapport les agents de l'administration des Forêts (Même circulaire).

112. On a dit au *Rép.* n° 176 que, indépendamment des fonctionnaires et agents dénommés dans l'art. 36, les gendarmes ont le droit de verbaliser en matière de pêche (V. conf. Montpellier, 10 juill. 1867, D. P. 70. 2. 41, note 3 ; Martin, *op. cit.*, n°s 299 et 638 ; Rogron, *Code de la pêche fluviale expliqué*, 2e éd., p. 73). L'art. 314 du décret du 1er mars 1854, sur le service de la gendarmerie, énonce formellement que « la gendarmerie surveille l'exécution des règlements sur la police des fleuves et des rivières navigables ou flottables... dresse des procès-verbaux des contraventions à ces règlements, et en fait connaître les auteurs aux autorités compétentes ». — La compétence de la gendarmerie, en matière de police de la pêche, a été spécialement reconnue par l'art. 1 du décret du 27 nov. 1859, lorsqu'il s'agit de la partie des fleuves, rivières et canaux comprise entre les limites de l'inscription maritime et le point où cesse la salure des eaux. Il avait été question d'affirmer de nouveau cette compétence dans l'art. 10 de la loi du 31 mai 1865, mais cette précaution a paru inutile. « Le doute qui pourrait jusqu'à un certain point, a dit le rapporteur, résulter du texte de la loi de 1829, a été dissipé par la jurisprudence, ainsi que par les termes du décret du 1er mars 1854 portant règlement sur l'organisation de la gendarmerie ». Conformément à cette interprétation, le ministre des travaux publics a compris expressément les gendarmes parmi les agents qui ont droit à la gratification allouée par l'art. 10 de la loi du 31 mai 1865 aux rédacteurs des procès-verbaux ayant pour objet de constater les délits de pêche (Circ. 5 févr. 1866, Potiquet, *op. cit.*, t. 3, p. 169). Toutefois il a été décidé, en sens contraire, que la gendarmerie n'a pas qualité pour verbaliser contre les auteurs des délits de pêche, et que, par suite, les procès-verbaux qu'elle dresse en cette matière n'ont que la valeur de simples renseignements (Douai, 1er déc. 1869, aff. Billion, D. P. 70. 2. 41).

113. L'art. 37 de la loi de 1829 assimile, comme on l'a vu au *Rép.* n° 177, les gardes-pêche nommés par l'Administration aux gardes forestiers. Les dispositions de cet article continuent à être applicables aux gardes-pêche, quoiqu'ils aient cessé de faire partie de l'Administration forestière (Circ. min. trav. publ. 20 juin 1863, Potiquet, t. 3, p. 6).

114. — 2° *Saisies.* — L'art. 39 de la loi du 15 avr. 1829 autorise les gardes, ainsi qu'on l'a vu au *Rép.* n° 179, à saisir les filets et autres instruments de pêche prohibés, ainsi que le poisson pêché en délit. Lorsque la saisie a lieu, l'art. 41 ordonne que les filets et engins saisis soient déposés au greffe. Les frais de transport au greffe sont considérés comme frais urgents et payés par les receveurs de l'enregistrement sur simple taxe ou mandat mis au bas du mémoire du porteur ou voiturier, soit par un juge, soit par un juge de paix, ou le maire du lieu, ou tout autre officier de police judiciaire (Circ. min. trav. publ. 22 oct. 1864, Potiquet, *op. cit.*, t. 3, p. 79).

115. L'art. 41 confère aux tribunaux le pouvoir de prononcer la confiscation des filets et engins prohibés (V. *Rép.* n°s 182 et suiv.). Mais lorsque après avoir été saisis ils ont été laissés à la garde du délinquant, il n'appartient pas au juge de condamner le prévenu au payement de cette valeur au cas où il ne déposerait pas au greffe les engins confisqués (Crim. rej. 17 nov. 1887, aff. Vieublé, D. P. 88. 1. 285).

116. On a dit au *Rép.*, n° 185, qu'aux termes de l'art. 42 le poisson saisi pour cause de délit doit être vendu aux enchères. L'art. 5 du décret du 10 août 1875 interdit d'exposer de nouveau en vente les poissons ainsi saisis et vendus. Malgré la généralité de ses termes, cet article ne paraît devoir être appliqué qu'au poisson pêché en temps prohibé ou à celui qui n'a pas la taille réglementaire, c'est-à-dire à celui dont la *vente* est défendue (Martin, *op. cit.*, n° 749).

117. — 3° *Visites domiciliaires.* — A la différence de l'art. 161 c. for. qui autorise les gardes forestiers à faire des visites domiciliaires avec l'assistance du juge de paix ou du maire, l'art. 40 de la loi de 1829 interdit aux gardes-pêche de s'introduire dans les maisons et enclos y attenant pour la recherche des filets prohibés (*Rép.* n° 187). Mais, aux termes de l'art. 7 de la loi du 31 mai 1865, la recherche du poisson peut être faite, en temps prohibé, à domicile, chez les aubergistes, chez les marchands de denrées comestibles et dans les lieux ouverts au public. Cette disposition est empruntée à l'art. 4 de la loi du 3 mai 1844 sur la chasse.

118. — 4° *Compétence.* — On a vu au *Rép.*, n° 191, que la connaissance des poursuites en réparation des délits, pour fait de pêche, est attribuée aux tribunaux correctionnels par l'art. 48 de la loi de 1829. Cette compétence subsiste alors même que les infractions aux règlements sur la pêche ont été commises par des militaires ou des marins de l'Etat (C. just. mil. 9 juin 1857, art. 273, D. P. 57. 4. 125 ; 4 juin 1858, art. 373, D. P. 58. 4. 90).

119. — 5° *Citations.* — L'art. 49 de la loi de 1829 porte que l'acte de citation doit, à peine de nullité, contenir la copie du procès-verbal et de l'acte d'affirmation. C'est là une règle générale et absolue, et son application ne dépend point de la nature du procès-verbal et de la force probante qui s'y attache (Crim. rej. 14 mars 1856, aff. Rochet, D. P. 56. 1. 228). En conséquence, cette prescription est applicable aussi bien à l'égard des procès-verbaux qui peuvent être débattus par la preuve contraire, qu'à l'égard de ceux qui font foi jusqu'à inscription de faux, et au cas où la citation est donnée à la requête du ministère public, comme à celui où elle émane de toute autre partie poursuivante (Même arrêt). Ainsi l'omission, dans la citation donnée au prévenu, de la copie du procès-verbal établissant le délit emporte nullité, alors même que le ministère public déclarerait ne pas vouloir faire usage de ce procès-verbal et s'en tenir à la preuve testimoniale autorisée par l'art. 52 de la loi du 15 avr. 1829 (Crim. rej. 24 avr. 1856, aff. Bordage, D. P. 56. 5. 327; Grenoble, 27 juin 1891, *Journ. des cours de Grenoble et de Chambéry*, aff. Fredet, p. 238). Toutefois, il a été décidé que, si l'acte de citation donné aux prévenus qui ne contient ni la copie du procès-verbal, ni l'acte d'affirmation ne peut plus être invoqué comme faisant foi jusqu'à inscription de faux, le ministère public n'en conserve pas moins la faculté d'établir le délit par tous les genres ordinaires de preuve, de même que le prévenu peut débattre, par les mêmes moyens, les faits qui seraient allégués pour établir sa culpabilité (Montpellier, 15 juin 1868, *Revue des eaux et forêts*, t. 4, n° 657).

120. — 6° *Agents de l'Administration.* — Suivant l'art. 51 de la loi de 1829, rapporté au *Rép.* n° 194 et conforme à l'art. 174 c. for., les agents de l'Administration ont le droit d'exposer l'affaire devant le tribunal et sont entendus à l'appui de leurs conclusions. L'administration des Ponts et chaussées, substituée à celle des Forêts, a renoncé à l'exercice de cette faculté. Toutefois, il ne faudrait pas en conclure que, dans aucun cas, les ingénieurs ne dussent jamais venir eux-mêmes devant les tribunaux pour donner les explications qu'ils jugeraient convenables et rectifier au besoin les renseignements inexacts qui seraient donnés par les contrevenants (Circ. min. trav. publ. 3 nov. 1865, Potiquet, *op. cit.*, t. 3, p. 149).

121. — 7° *Question préjudicielle.* — D'après l'art. 59, § 1, de la loi du 15 avr. 1829, lorsque le prévenu excipe d'un droit de propriété ou de tout autre droit réel, il est statué par le tribunal saisi de la plainte (*Rép.* n° 199). Cette disposition, qui met à la charge du prévenu l'obligation de faire juger la question de propriété soulevée par lui comme exception à la poursuite, est générale et absolue; spécialement, elle s'applique même au cas où le prévenu, excipant de sa qualité de propriétaire des deux rives d'un cours d'eau non navigable ni flottable, pour établir son droit de pêche dans ce cours d'eau, soutient que c'est à l'Etat qui prétend avoir titres ou possession contraire qu'il incombe de justifier préalablement de son droit devant la juridiction civile (Crim. rej. 28 juin 1856, aff. De Lubersac, D. P. 56. 1. 366). En conséquence, si, en pareil cas, le prévenu déclare ne point vouloir élever la question préjudicielle, le tribunal correctionnel saisi de la poursuite ne peut ni surseoir ni renvoyer à fins civiles : il doit statuer immédiatement sur le délit qui lui est dénoncé (Même arrêt).

122. Le prévenu d'un délit de pêche ne peut demander préjudiciellement son renvoi devant les juges civils que s'il excipe d'un droit de propriété ou de tout autre droit réel, et non s'il se borne à se prétendre fermier de la pêche, cette dernière exception ne rentrant pas dans les termes de l'art. 59 de la loi du 15 avr. 1829 (Besançon. 17 janv. 1863, aff. Bourdin, D. P. 63. 2. 54). Il en est de même du cas où le prévenu excipe de ce que, étant fermier de l'héritage riverain, il a, en vertu de son bail, le droit de pêche dans le cours d'eau qui borde cet héritage (Paris, 11 janv. 1862, *Revue des eaux et forêts*, t. 1, n° 150), et du cas où le prévenu, propriétaire d'un moulin, prétend que le canal du moulin dans lequel il a pêché doit être considéré, non comme faisant partie de la rivière navigable qui l'alimente, mais comme un canal creusé dans une propriété particulière et sur lequel les riverains, aux termes de l'art. 1 de la loi de 1829, ont le droit de pêche (Bordeaux, 31 mai 1865, *ibid.*, t. 3, n° 455).

123. L'allégation d'un droit de propriété n'élève pas une question préjudicielle lorsque la poursuite concerne un délit de pêche en temps et avec engins prohibés, ce fait constituant un délit, quels que soient la qualité et le droit de celui qui s'y livre (Crim. rej. 14 févr. 1846, aff. Ruinet, D. P. 55. 5. 324). D'autre part, le renvoi à fins civiles pour faire statuer sur l'exception de propriété soulevée par le prévenu d'un délit de pêche n'implique pas que, dans le cas de reconnaissance par le juge civil du droit dont il a été excipé, le délit poursuivi n'existe pas, alors que le juge correctionnel a réservé l'examen du point de savoir s'il a été fait usage de ce même droit conformément aux prescriptions des règlements (Crim. rej. 4 août 1871, aff. Huard, D. P. 71. 1. 362).

124. — 8° *Appel et pourvoi en cassation.* — Ainsi qu'on l'a vu au *Rép.* n° 200, les art. 60 et 61 de la loi de 1829 conformes aux art. 183 et 184 c. for. donnaient aux agents de l'Administration chargés de la surveillance de la pêche le droit d'interjeter appel des jugements rendus en cette matière et de se pourvoir en cassation contre ces jugements. Comme il est douteux, ainsi qu'on l'a vu *suprà*, n° 110) que l'exercice de l'action publique appartienne aux agents de l'administration des Ponts et chaussées substituée depuis 1862 à celle des Forêts, il en résulte que le droit d'appeler et de se pourvoir en cassation paraît devoir leur être refusé.

125. Il a été jugé que lorsqu'un individu prévenu de deux délits de pêche distincts est acquitté par le tribunal correctionnel, et que l'appel du ministère public ne porte que sur l'un de ces délits, le prévenu est à l'abri de toute peine en raison de l'autre infraction; il peut toutefois, sur l'appel de la partie civile, être condamné de ce chef à des dommages-intérêts (Besançon. 17 janv. 1863, aff. Bourdin, D. P. 63. 2. 54). C'est l'application de ce principe, constant en jurisprudence, que le jugement qui porte sur des chefs distincts et indépendants, et qui n'est attaqué qu'à l'égard de certains de ces chefs, passe en force de chose jugée sur les chefs à l'égard desquels il n'y a pas eu d'appel (V. *Rép.* v° *Appel en matière criminelle*, n°s 351 et 352).

126. Le droit de transiger, en matière de délits et de contraventions de pêche, avait été refusé aux agents de l'Administration forestière par un avis du conseil d'Etat du 26 nov. 1860 (D. P. 61. 3. 62). Mais un décret du 7 sept. 1870 (D. P. 70. 4. 87) a attribué ce droit à l'administration des Ponts et chaussées représentée par le ministre des travaux publics ou les agents par lui désignés, dans les conditions prévues pour les délits forestiers par la loi du 18 juin 1859 et le règlement d'administration publique du 21 déc. 1859.

127. — 9° *Prescription.* — L'art. 62 de la loi du 15 avr. 1829 porte (*Rép.* n° 201) que les actions en réparation des délits en matière de pêche se prescrivent par un mois à compter du jour où les délits ont été constatés lorsque les prévenus sont désignés dans les procès-verbaux. Dans le cas contraire, le délai de prescription est de trois mois à compter du même jour. La prescription spéciale édictée par cet article n'est applicable qu'aux délits constatés par un procès-verbal régulier; à défaut de constatation régulière, les infractions à la police de la pêche ne sont prescriptibles que par les délais de droit commun (Aix, 25 août 1864, aff. Merle, D. P. 64. 2. 202). Cette règle a été appliquée : 1° dans le cas d'un procès-verbal irrégulier comme ayant été dressé par un agent en dehors de sa circonscription (Même arrêt); — 2° D'un rapport de la gendarmerie en réponse à des réquisitions du parquet demandant des renseignements complémentaires (Douai, 1er déc. 1869, aff. Billion, D. P. 70. 2. 41); — 3° D'un acte par lequel des agents même ayant qualité avaient dénoncé, sur de simples renseignements ou d'après la rumeur publique, un délit de pêche qu'ils n'avaient pas constaté par eux-mêmes (Nancy, 8 nov. 1871, aff. Noël, D. P. 72. 2. 231). La cour de cassation a également décidé que la relation d'une enquête sommaire purement officieuse à laquelle des gendarmes avaient procédé sur la demande du parquet à l'occasion d'un délit de pêche qui lui avait été signalé, en dehors de toute constatation directe, par la gendarmerie, des circonstances constitutives du délit, ne pouvait être considérée comme constituant un procès-verbal proprement dit, faisant courir le délai de la prescription d'un mois ou de trois mois édictée par l'art. 62 de la loi de 1829 (Crim. cass. 26 janv. 1884, aff. Galté, D. P. 84. 1. 376).

128. La prescription spéciale établie en matière de délits de pêche court non du jour où le délit a été commis, mais seulement du jour où il a été constaté (Metz, 23 nov. 1865, aff. Lochstetter, D. P. 67. 2. 59). Elle court du jour de la clôture et de la signature du procès-verbal, et non de celui de la reconnaissance du délit par le garde ou de l'ouverture du procès-verbal (Même arrêt). Le délai d'un ou de trois mois par lequel se prescrivent les délits de pêche ne comprend pas le jour de la constatation du délit (Même arrêt et Chambéry, 5 janv. 1871, aff. Devigne, D. P. 71. 5. 304). Il doit être compté de date à date d'après le calendrier, et non par période de trente jours (Colmar, 14 mai 1861, aff. Stœcklin, D. P. 61. 2. 224).

129. Cette prescription n'est interrompue ni par le mandement adressé par le ministère public à l'huissier chargé de faire la citation, cet acte n'étant qu'une pièce de forme toute d'ordre intérieur et d'un caractère purement préparatoire (Douai, 1er déc. 1869, aff. Billion, D. P. 70. 2. 41);... ni par cette note: « citer au plus tard tel jour », mise par le procureur de la République au bas du procès-verbal (Colmar, 14 mai 1861 cité *suprà*, n° 128);.., ni par une cédule à prévenu contenant mandat du ministère public à tous huissiers de citer à sa requête tel individu pour tel jour (Dijon, 13 déc. 1871, aff. Rémy, D. P. 72. 2. 104).

130. Lorsque la prescription spéciale aux délits de pêche a été interrompue par une citation en justice et qu'il n'a pas été donné suite à l'instance, sans toutefois que le tribunal se soit dessaisi, cette prescription cesse d'être applicable, et, dès lors, l'action n'est plus prescriptible que par le laps de trois ans, conformément au droit commun (Amiens, 2 janv. 1873, aff. Mauduit, D. P. 74. 2. 41).

131. Nous avons dit que l'art. 63 de la loi de 1829, qui reproduit les dispositions de l'art. 186 c. for., excepte de la courte prescription en matière de délits de pêche ceux de ces délits qui ont été commis par les agents préposés, ou gardes de l'Administration dans l'exercice de leurs fonctions (*Rép.* n° 205). Cette disposition est applicable aux délits de pêche commis par les gardes champêtres dans l'étendue de leur circonscription (Besançon, 24 déc. 1872, aff. Faucogney, D. P. 73. 2. 46). Mais quant aux délits commis en dehors de leur circonscription, les gardes champêtres ne doivent plus être considérés que comme de simples particuliers et, dans ce cas, ils peuvent invoquer la prescription spéciale de l'art. 62 (Martin, *op. cit.*, n° 462).

132. — 10° *Cumul des peines.* — La jurisprudence a généralement consacré l'opinion adoptée au *Rép.* n° 207, suivant laquelle les dispositions de l'art. 365 c. instr. crim., qui prohibent le cumul des peines ne sont pas applicables aux délits prévus par la loi sur la pêche fluviale (Metz, 15 févr. 1860, *Bull. des annales forestières*, t. 8, p. 309; Nancy, 7 avr. 1862, aff. Thomas, D. P. 62. 5. 240; Chambéry, 5 janv. 1871, aff. Devigne, D. P. 71. 5. 294). Et il en est ainsi alors même qu'à un délit de pêche se joint un délit du droit commun (Arrêt précité du 5 janv. 1871. V. toutefois en sens contraire : Nancy, 15 avr. 1886, aff. Fochot, D. P. 86. 2. 119).

Art. 2. — *Des poursuites exercées au nom et dans l'intérêt des fermiers de la pêche et des particuliers* (*Rép.* n°s 208 à 211).

133. Conformément à ce qui a été exposé au *Rép.*, n°s 208 et suiv., les délits de pêche peuvent être poursuivis au nom et à la diligence des fermiers de la pêche, des porteurs de licence, des propriétaires riverains, en un mot de tous ceux qui ont intérêt à la conservation du droit. Mais lorsqu'il est établi que le prix d'une permission de pêche dans un cours d'eau privé est purement fictif, une semblable permission ne peut être assimilée à un bail, et dès lors le permissionnaire n'a pas qualité pour poursuivre les délits de pêche commis par des tiers (Dijon, 12 févr. 1874, aff. Chalon, D. P. 75. 2. 82).

134. On a exposé au *Rép.* n° 210 que, malgré les termes en apparence restrictifs de la loi du 15 avr. 1829, la poursuite des délits de pêche commis au préjudice des particuliers n'appartient pas seulement aux parties civiles intéressées à son exercice, mais qu'elle peut aussi avoir lieu à la requête du ministère public (V. conf. Trib. corr. de Saint-Julien, 31 juill. 1879) (1).

Sect. 8. — Des peines et condamnations (*Rép.* n°s 212 à 232).

135. — 1° *Complicité.* — On a vu au *Rép.*, n° 213, qu'à l'égard de tous les délits qu'elle caractérise et punit, la loi sur la pêche fluviale n'a nullement dérogé aux principes du droit commun en ce qui concerne l'application de la peine à chacun des auteurs, coauteurs ou complices du même fait. Ainsi des individus qui ont été rencontrés en compagnie du porteur d'un filet de pêche non conforme aux prescriptions de la loi peuvent être condamnés comme complices du délit de transport d'un filet prohibé commis par celui-ci, s'il est reconnu par eux qu'ils se rendaient à la rivière pour y concourir à une pêche à effectuer en commun à l'aide de ce filet (Besançon, 24 déc. 1872, sol. impl. aff. Faucogney, D. P. 73. 2. 46).

136. — 2° *Récidive.* — Les règles suivies en matière de délits forestiers sont, comme on l'a vu (*Rép.* n° 214), applicables aux délits de pêche. L'art. 69 de la loi de 1829 dispose comme l'art. 201 c. for. que, dans le cas de récidive, la peine sera toujours doublée. Lorsque l'infraction commise en récidive est l'une de celles qui sont prévues par la loi du 31 mai 1865 (art. 1 et 5, § 1), l'art. 7 de cette dernière loi autorise le juge à prononcer, indépendamment du doublement de l'amende, un emprisonnement de dix jours à un mois. Mais cette peine de l'emprisonnement n'est applicable à la récidive qu'en ce qui concerne les infractions prévues par la loi du 31 mai 1865. Par suite, l'individu reconnu coupable, en état de récidive, du délit de pêche, en temps prohibé, de poissons n'ayant pas les dimensions fixées par les règlements, n'est passible que du doublement de l'amende (Paris, 5 juill. 1867, aff. Aubert, D. P. 67. 2. 200).

137. — 3° *Nuit.* — Ainsi qu'on l'a dit (*Rép.* n° 215), on doit entendre par *nuit* l'espace compris entre le coucher et le lever du soleil. L'art. 6 du décret du 10 août 1875 écarte sur ce point toute difficulté en disposant, conformément à l'ordonnance de 1669, que la pêche n'est permise que depuis le lever jusqu'au coucher du soleil (V. *suprà*, n° 67).

138. — 4° *Responsabilité civile.* — D'après l'art. 74 de la

(1) (Laplace et Vuagnoux.) — Le tribunal; — Attendu que, par citation régulière notifiée le 23 juillet courant, les sieurs Vuagnoux et Laplace sont prévenus d'avoir, dans les circonstances de temps et de lieu indiquées par la prévention et au procès-verbal du 15 juin dernier, pêché en temps prohibé et sans la permission du propriétaire riverain auquel le droit de pêche appartenait; — Attendu que, tout en reconnaissant le fait matériel reproché, les inculpés opposent, en la forme, le défaut de droit du ministère public agissant d'office sans la plainte du propriétaire, et, au fond, l'autorisation tacite de ce dernier ainsi que la non existence de contravention de pêche en temps prohibé, le *dies ad quem* porté par le décret, loi du 18 mai 1878, n'étant pas compris dans la prohibition; — Sur le premier moyen : — Attendu que l'un des principes fondamentaux de notre législation pénale est le droit conféré au ministère public de mettre en jeu l'action publique, toutes les fois que l'intérêt général se trouve engagé et que la loi ne prohibe pas, d'une manière formelle, l'exercice de cette action; — Attendu que ces deux conditions existent dans la loi sur la pêche du 15 avr. 1829, la conservation des poissons étant un intérêt général, et l'art. 36 de cette loi accordant au procureur impérial le droit de poursuite que les art. 65 et suivants attribuent également aux propriétaires parties intéressées; — Attendu que l'examen des discussions auxquelles a donné lieu l'art. 36 précité devant la Chambre législative lors de sa votation, démontre d'une manière évidente cette intention, quoique, contrairement à la législation antérieure, à l'avis du Gouvernement, et à celui de la commission, on adopta un amendement proposé par M. de Maleville auquel la commission se rallia ensuite en substituant, *in fine* de l'article, les mots procureur impérial à ceux de parties intéressées figurant dans le projet primitif; — Attendu que la transmission des procès-verbaux au procureur impérial, sans imposer à ce fonctionnaire l'obligation de le faire parvenir aux parties intéressées, serait inutile s'il n'avait le droit de poursuivre d'office, droit d'autant plus nécessaire que, dans la plupart des cas, les intéressés négligeraient par complaisance, timidité ou crainte, d'exercer des poursuites et amèneraient l'inefficacité des mesures de protection générale, but principal de la loi; — Attendu que, si quelques documents de jurisprudence et circulaires ont pu refuser le droit de poursuite à certaines administrations et notamment à celle des forêts, dans le cas particulier susdésigné, l'on ne saurait tirer argument de ce refus, l'intérêt social étant suffisamment sauvegardé par le droit conféré au ministère public, principal représentant de l'action publique;

Par ces motifs;

Déclare les prévenus coupables d'avoir, dans les circonstances de temps et de lieu indiquées par la prévention, contrevenu aux dispositions de l'art. 5 de la loi du 15 avr. 1829 en se livrant à la pêche dans un cours d'eau sans la permission du riverain auquel le droit de pêche appartenait, etc.

Du 31 juill. 1879.-Trib. corr. de Saint-Julien.-MM. Dullin, pr.-Serville, proc.

loi de 1829, la responsabilité civile, en matière de délits de pêche, est réglée conformément à l'art. 1384 c. civ. De ce que toutes les dispositions de ce dernier article sont applicables en matière de pêche, ainsi que nous l'avons exposé au *Rép.* n° 229, il résulte, en ce qui concerne les maîtres, qu'ils ne sont responsables que des dommages causés par leurs domestiques dans les fonctions auxquelles ils les ont employés, et qu'en conséquence un maître n'est pas responsable du délit de pêche commis par son domestique s'il prouve que le délit a été commis en dehors du service ou des fonctions auxquelles il l'a employé (Trib. de Grenoble, 20 juill. 1870, *Revue des eaux et forêts*, t. 5, n° 47).

139. On a dit au *Rép.*, n° 231, que la responsabilité civile n'a pour objet que les dommages-intérêts et frais, mais qu'elle ne saurait être étendue aux amendes (*Rép.* n° 231). Cependant il est un cas dans lequel le commettant peut être déclaré pénalement responsable du délit commis par son préposé : lorsqu'un arrêté préfectoral pris en conformité de l'art. 19 du décret du 10 août 1875 a interdit aux propriétaires d'établissements industriels de déverser dans un cours d'eau les résidus de leur fabrication, le chef d'établissement est pénalement responsable de l'infraction à cet arrêté qui a été commise par ses ouvriers ou préposés, sans préjudice de la condamnation prononcée contre l'auteur de l'infraction (V. Crim. cass. 27 janv. 1859, aff. Doisy, D. P. 59. 1. 425).

Sect. 9. — De l'exécution des jugements (*Rép.* n°s 233-236).

140. L'art. 76 de la loi du 15 avr. 1829 confiait, comme on l'a vu au *Rép.* n° 235, aux receveurs de l'enregistrement et des domaines le soin de recouvrer les amendes, restitutions, frais et dommages-intérêts résultant des jugements rendus en matière de pêche. Cette mission est aujourd'hui confiée aux percepteurs des contributions directes (L. 29 déc. 1873, art. 25). Les frais de toute nature auxquels donnent lieu la poursuite des délits de pêche sont avancés par l'administration des Ponts et chaussées, à l'exception des taxes de témoins et des frais de transport des objets saisis, qui sont acquittés par les receveurs de l'enregistrement (Circ. min. trav. publ. 28 juill. 1863, Potiquet, *op. cit.*, t. 3, p. 10). Mais ces règles ne sont pas applicables dans le cas de délits portant préjudice seulement aux particuliers. Dans ce cas, l'intéressé doit se porter partie civile et faire l'avance des frais (Même circulaire).

141. Les décrets de remise et de modération d'amende sont préparés par les soins du ministre de la justice; mais les dossiers sont communiqués au ministre des travaux publics, pour que l'Administration chargée spécialement de la police de la pêche soit consultée sur l'opportunité des mesures sollicitées (Circ. min. trav. publ. 15 janv. 1867, Potiquet, *op. cit.*, t. 3, p. 246). Le recours en grâce suspend les poursuites et fait obstacle au recouvrement de l'amende jusqu'à la décision à intervenir (Instr. adm. enreg. 25 nov. 1866, D. P. 68. 3. 19).

Sect. 10. — Dispositions générales et transitoires (*Rép.* n° 237).

142. L'art. 28 du décret du 10 août 1875 porte que les dispositions de ce décret ne sont applicables ni au lac Léman, ni à la Bidassoa. Un décret du 27 juin 1883 (D. P. 83. 4. 103), rendu à la suite de la convention du 28 déc. 1880 entre la France et la Suisse pour la réglementation de la pêche dans les eaux frontières des deux pays, a déterminé les conditions auxquelles est soumis l'exercice de la pêche dans le lac Léman. La pêche dans la Bidassoa est régie par un règlement international approuvé par une loi du 11 juin 1859 (D.P. 59. 4. 50).

CHAP. 3. — De la pêche dans les étangs (*Rép.* n°s 238-243).

143. Ainsi qu'on l'a dit au *Rép.* n° 240, dans les amas d'eau qui n'ont aucune communication avec un cours d'eau, le poisson appartient au propriétaire de l'étang et, dès lors, celui qui s'en empare sans la permission de ce propriétaire, commet non pas un délit de pêche tombant sous l'application de la loi de 1829, mais un vol passible des peines portées par l'art. 388 c. pén. (Trib. Gray, 13 juin 1873, aff. X..., D. P. 75. 3. 88). Il en est ainsi dans le cas même du débordement d'un lac (V. Chambéry, 1er févr. 1870, aff. Frandin, D. P. 70. 2. 178). Le propriétaire du lac conserve, dans ce cas, un véritable droit de propriété sur le poisson; et la pêche indûment pratiquée par les propriétaires de terrains inondés sur les eaux qui couvrent leur terrain tombe sous l'application de l'art. 388 c. pén. Il n'en est ainsi toutefois qu'autant qu'il y a intention criminelle; le pêcheur de bonne foi ne pourrait être puni des peines correctionnelles portées par l'article précité et pourrait seulement être actionné en dommages-intérêts devant les tribunaux civils (Dijon, 11 déc. 1872, aff. Canal de Bourgogne, D. P. 74. 2. 246).

Table sommaire

des matières contenues dans le Supplément et le Répertoire.

(Les chiffres précédés de la lettre *S* renvoient au Supplément; les chiffres précédés de la lettre *R* renvoient au Répertoire.)

Table des articles des lois du 15 avr. 1829, du 31 mai 1865 et du décret du 10 août 1875.

Table chronologique des Lois, Arrêts, etc.

PÊCHE MARITIME.

Division.

Art. 1er. — *Historique et législation* (*Rép.* nos 2 et 3).

1. Nous avons dit au *Rép.* n° 3, que des lois et décrets nombreux ont modifié la plupart des dispositions de l'ordonnance de 1681, qui avait proclamé la liberté de la pêche maritime et avait cherché à en prévenir les abus. Plusieurs des lois et décrets en vigueur au moment de la publication du *Répertoire* ont également été modifiées depuis cette époque.

Tableau de la législation concernant la pêche maritime

16 juin-18 juill. 1853. — Décret portant que la déclaration exigée des navires non pêcheurs, qui se rendent sur les lieux de pêche pour y charger une ou plusieurs cargaisons de morue, pourra être faite dans les ports étrangers où il existe un consul ou un agent consulaire de France (D. P. 53. 4. 151).

7 juill.-17 août 1855. — Décret qui modifie l'art. 169 du décret du 4 juill. 1853 sur la pêche côtière dans le 4e arrondissement maritime (D. P. 55. 4. 81).

25 juill.-17 août 1855. — Décret qui modifie l'art. 48 du décret du 4 juill. 1853 sur la pêche côtière dans le 2e arrondissement maritime (D. P. 55. 4. 81).

5 déc. 1855-15 janv. 1856. — Décret qui modifie l'art. 46 du décret du 4 juill. 1853 sur la pêche côtière dans le 2e arrondissement maritime (D. P. 56. 4. 8).

7-20 mars 1857. — Décret qui homologue l'arrêté du préfet de la Charente, en date du 20 janvier précédent, qui modifie le règlement d'administration locale du 20 sept. 1849, sur l'exercice de la pêche, en ce sens que l'usage du filet appelé *seine pochante* ou *non pochante* est prohibé (D. P. 57. 4. 55).

1er-21 avr. 1857. — Décret qui modifie celui du 6 juill. 1853 sur la pêche côtière dans le 3e arrondissement maritime (D. P. 57. 4. 61).

7-23 avr. 1857. — Décret qui modifie celui du 4 juill. 1853 sur la pêche côtière dans le 4e arrondissement maritime (D. P. 57. 4. 61).

27 mai-11 juill. 1857. — Décret qui modifie les décrets du 4 juill. 1853 sur la pêche côtière dans les quatre premiers arrondissements maritimes (D. P. 57. 4. 105).

13 juin-31 juill. 1857. — Décret qui modifie celui du 4 juill. 1853 sur la pêche côtière dans le 1er arrondissement maritime (D. P. 57. 4. 109).

20 juin-31 juill. 1857. — Décret qui modifie celui du 4 juill. 1853 sur la pêche côtière dans le 4e arrondissement maritime (D. P. 57. 4. 109).

3 juill.-10 sept. 1857. — Décret qui modifie les art. 57, 280 et 286 du décret du 4 juill. 1853 sur la pêche côtière dans le 4e arrondissement maritime (D. P. 57. 4. 178).

17 juill.-10 sept. 1857. — Décret qui modifie les décrets du 4 juill. 1853 sur la pêche côtière dans les 1er, 2e, 3e et 4e arrondissements maritimes (D. P. 57. 4. 179).

17 juill.-10 sept. 1857. — Décret qui modifie celui du 4 juill. 1853 sur la pêche côtière dans le 2e arrondissement maritime (D. P. 57. 4. 179).

1er août-16 sept. 1857. — Décret qui modifie celui du 4 juill. 1853 sur la pêche côtière dans le 1er arrondissement maritime (D. P. 57. 4. 182).

3-25 nov. 1857. — Décret qui modifie ceux du 4 juill. 1853 sur la pêche côtière dans les 2e, 3e et 4e arrondissements maritimes (D. P. 58. 4. 1).

13 janv.-13 févr. 1858. — Décret qui modifie l'art. 56 du décret du 4 juill. 1853 sur la pêche côtière dans le 3e arrondissement maritime (D. P. 58. 4. 12).

27 janv.-16 mars 1858. — Décret qui modifie celui du 4 juill. 1853 sur la pêche côtière dans le 4e arrondissement maritime (D. P. 58. 4. 24).

10 mars-14 mai 1858. — Décret qui modifie celui du 4 juill. 1853 sur la pêche côtière dans le 4e arrondissement maritime (D. P. 58. 4. 32).

14 avr.-27 mai 1858. — Décret qui modifie celui du 4 juill. 1853 sur la pêche côtière dans le 4e arondissement maritime (D. P. 58. 4. 38).

26 janv.-3 mars 1859. — Décret qui modifie celui du 4 juill. 1853 sur la pêche côtière dans le 4e arrondissement maritime (D. P. 59. 4. 15).

19 mars-18 avr. 1859. — Décret qui modifie celui du 4 juill. 1853 sur la pêche côtière dans le 4e arrondissement maritime (D. P. 59. 4. 25).

6 avr.-13 mai 1859. — Décret qui modifie celui du 4 juill. 1853 sur la pêche côtière dans le 4e arrondissement maritime (D. P. 59. 4. 30).

19 nov.-8 déc. 1859. — Décret sur la police de la pêche côtière dans le cinquième arrondissement maritime (D. P. 59. 4. 122).

19 nov.-12 déc. 1859. — Décret qui modifie celui du 4 juill. 1853 sur la pêche côtière dans le 2e arrondissement maritime (D. P. 59. 4. 131).

19 nov.-12 déc. 1859. — Décret qui modifie celui du 4 juill. 1853 sur la pêche maritime dans le 4e arrondissement maritime (D. P. 59. 4. 131).

25 janv.-8 févr. 1860. — Décret qui modifie le paragraphe 1 de l'art. 113 du décret du 4 juill. 1853 sur la pêche côtière dans le 2e arrondissement maritime (D. P. 60. 4. 12).

4-24 févr. 1860. — Décret qui ouvre, sur l'exercice 1860, un crédit extraordinaire de 130 000 fr. pour des dépenses de pisciculture maritime (D. P. 60. 4. 16).

29 févr.-14 mars 1860. — Décret qui modifie celui du 4 juill. 1853 sur la pêche côtière dans le 4e arrondissement maritime (D. P. 60. 4. 27).

18 avr.-8 juin 1860. — Décret qui modifie celui du 4 juill. 1853 sur la pêche côtière dans le 4e arrondissement maritime (D. P. 60. 4. 67).

21-29 oct. 1860. — Décret qui ajoute une disposition à l'art. 1 du décret du 29 déc. 1851, relatif aux primes pour la pêche de la morue (D. P. 60. 4. 155).

15-22 mai 1861. — Décret qui modifie la composition de la commission spéciale instituée par l'art. 4 du décret du 20 août 1851, relatif aux primes pour la pêche de la baleine et du cachalot (D. P. 61. 4. 62).

15-22 juin 1861. — Décret portant que ceux des 30 juin et 20 août, relatifs à la pêche de la baleine, et du cachalot, continueront de recevoir leur exécution jusqu'au 30 juin 1871, 15 juin 1861 (D. P. 61. 4. 79).

22 févr.-21 mars 1862. — Décret qui modifie celui du 4 juill. 1853 sur la pêche côtière dans le 1er arrondissement maritime (D. P. 62. 4. 31).

22 mars-9 avr. 1862. — Décret qui modifie le décret du 2 mars 1852, sur la police de la pêche de la morue à Terre-Neuve (D. P. 63. 4. 37). — Ce décret a été l'objet d'un *erratum* au *Bulletin des lois*, D. P. 63. 4. 5).

10 mai-28 juin 1862. - Décret sur la pêche cotière (D. P. 62. 4. 58).

18 oct.-21 nov. 1862. — Décret portant que les détenteurs de parcs et dépôts à huîtres ou autres coquillages, à l'île de Ré, peuvent se former en communauté à l'effet d'élire des gardes affectés à la surveillance de leurs établissements (D. P. 62. 4. 125).

10 nov. 1862-4 oct. 1865. — Décret relatif aux demandes de création de parcs et claires à huîtres, ainsi que de dépôts permanents de coquillages ou de crustacés, sur une partie du domaine maritime, et de réservoirs à poissons sur une propriété privée devant avoir une prise d'eau de mer (D. P. 65. 4. 141).

30 nov.-29 déc. 1862. — Décret qui modifie les art. 228 et 230 du 4 juill. 1853 sur la pêche côtière dans le 1er arrondissement maritime (D. P. 63. 4. 4).

24 janv.-1 mars 1863. — Décret relatif à la pêche côtière dans le quartier de la Hougue (D. P. 63. 4. 9).

7 févr.-26 mars 1863. — Décret concernant les parcs et dépôts à huîtres du bassin d'Arcachon (quartier de la Teste (D. P. 63. 4. 12).

2 mai-5 juin 1863. — Décret relatif à l'embarquement de novices en remplacement des mousses, sur les bateaux destinés à la petite pêche (D. P. 63. 4. 118).

29 août-21 oct. 1863. — Décret qui modifie le décret du 19 nov. 1859 sur la pêche côtière dans le cinquième arrondissement maritime (D. P. 63. 4. 153).

9 oct.-17 nov. 1863. — Décret qui abroge l'ordonnance du 16 janv. 1840, portant défense à tout capitaine de navire expédié pour la pêche de la morue en Islande, d'appareiller et de faire route annuellement avant le 1er avril (D. P. 63. 4. 157).

24 oct.-25 nov. 1863. — Décret relatif à la pêche de la truite et du saumon, tant à la mer, le long des côtes, que dans la partie des fleuves, rivières, étangs et canaux où les eaux sont salées (D. P. 63. 4. 157).

6 déc. 1863-28 janv. 1864.—Décret qui modifie le décret du 19 nov. 1859 sur la pêche cotière dans le cinquième arrondissement maritime (D. P. 64. 4. 20).

24 sept. 1864-13 janv. 1865. — Décret relatif à la pêche du hareng et du maquereau (D. P. 65. 4. 6).

11-26 janv. 1865. — Décret qui interdit toute espèce de pêche dans la partie maritime du Dourduff (quartier de Morlaix), depuis le Dourduff en mer jusqu'au Dourduff en terre (D. P. 65. 4. 9).

14 janv.-13 févr. 1865. — Décret qui modifie la composition des commissions instituées par les art. 9 et 13 du décret du 29 déc. 1851 pour la vérification des produits de la pêche de la morue (D. P. 65.. 4. 12).

3 avr.-30 mai 1866. — Décret qui modifie le décret du 4 juill. 1853, sur la pêche côtière dans le deuxième arrondissement maritime (D. P. 66. 4. 74).

23 juin-19 juill. 1866. — Décret qui abroge l'ordonnance du 14 août 1816, portant règlement sur la pêche du hareng et du maquereau (D. P. 66. 4. 103).

22 juin-23 juill. 1867. — Décret relatif aux bordigues de Martigues et de Bouc (5e arrond. marit.) D. P. 67. 4. 122).

24 déc. 1867-2 mars 1868. — Décret portant autorisation de construire des écluses en pierres ou pêcheries à poissons dans les îles de Ré, d'Oléron et de Noirmoutier (D. P. 68. 4. 29).

8 févr.-31 mars 1868. — Décret relatif à la récolte des herbes marines (D. P. 68. 4. 29).

12 févr.-31 mars 1868. — Décret relatif à l'exercice de la pêche dans les quartiers de Port-Vendres, de Narbonne, d'Agde et de Cette (cinquième arrondissement maritime) (D. P. 68. 4. 29).

3-9 août 1870. — Loi relative aux grandes pêches maritimes (D. P. 70. 4. 64).

14 août-14 sept. 1872. — Décret relatif au transport des huîtres dans la rade de Brest (D. P. 72. 4. 130).

20 nov.-5 déc. 1875. — Décret portant règlement sur la pêche maritime (D. P. 76. 4. 86).

19 déc. 1876-15 févr. 1877. — Décret relatif à la pêche du corail en Algérie (D. P. 77. 4. 28).

10 oct.-17 nov. 1878. — Décret portant réglementation des filets à sardines dans la baie de Douarnenez (D. P. 79. 4. 14).

10-11 juin 1879. — Décret relatif aux armements pour la pêche de la morue (D. P. 79. 4. 77).

6-8 août 1879. — Décret concernant les goëlettes armées à Saint-Pierre et Miquelon pour la pêche de la morue (D. P. 80. 4. 60).

13 août-20 oct. 1879. — Décret relatif à la création d'écluses en pierres ou pêcheries à poissons sur certaines parties du rivage du quartier des Sables-d'Olonne (D. P. 80. 4. 61).

15-17 déc. 1880. — Loi portant prorogation des encouragements aux grandes pêches maritimes (D. P. 81. 4. 59).

5-10 mars 1881. — Décret concernant les goëlettes armées à Saint-Pierre et Miquelon pour la pêche de la morue (D. P. 82. 4. 55).

17 sept. 1881-9 févr. 1882. — Décret portant que les décrets des 20 août et 29 déc. 1851, rendus pour l'application de la loi du 22 juill. 1851, continueront à recevoir leur pleine et entière exécution jusqu'au 30 juin 1891 (D. P. 82. 4. 104).

17 sept. 1881-9 févr. 1882. — Décret concernant les goëlettes armées à Saint-Pierre et Miquelon pour la pêche de la morue (D. P. 82. 4. 111).

16 déc. 1881-25 févr. 1882. — Décret suspendant en Algérie du 1er janvier au 8 févr. 1882 l'application du décret du 19 déc. 1876 relatif à la pêche du corail (*Bulletin des lois*, n° 11522).

12-17 janv. 1882. — Décret concernant la vente, l'achat, le transport et le colportage des huîtres (D. P. 83. 4. 3).

4 avr.-13 juin 1882. — Décret portant réglementation des filets à sardines dans la baie de Douarnenez (*Bulletin des lois*, n° 11881).

20 oct. 1882-3 mars 1885. — Décret concernant les filets à sardines dans le quartier d'Audierne (*Bulletin des lois*, n° 15048).

13 janv.-11 avr. 1883. — Décret qui modifie, en ce qui concerne les gardes jurés, les décrets du 4 juill. 1853 sur la pêche côtière dans les 1er, 2e, 3e et 4e arrondissements maritimes (D. P. 83. 4. 39).

11-12 déc. 1885. — Loi qui ouvre au ministre du commerce, sur l'exercice 1884, un crédit supplémentaire de 800 000 fr. pour les encouragements aux pêches maritimes (D. P. 85. 4. 21).

30 avr.-6 mai 1886. — Décret qui suspend jusqu'au 30 juin 1886 l'application du décret du 19 déc. 1876 sur la pêche du corail en Algérie (*Journ. off.* du 6 mai; *Bulletin des lois*, n° 16678).

2-11 juin 1886. — Décret relatif à l'interdiction de la pêche de la truite dans la partie maritime de la Liane (D. P. 87. 4. 37).

30 juin-3 juill. 1886. — Décret qui suspend, jusqu'au 15 juill. 1886, l'application du décret du 19 déc. 1876 sur la pêche du corail en Algérie (*Journ. off.* du 3 juillet; *Bulletin des lois*, n° 16795).

26 juill.-1er août 1886. — Décret qui modifie celui du 6 févr. 1852, déterminant les conditions de dépôt momentané, à Saint-Pierre, des produits de pêche des navires expédiés de France pour Terre-Neuve, sans minimum d'équipage (D. P. 87. 4. 44).

17-21 mai 1887. — Décret qui rétablit le service technique des pêches maritimes (*Journ. off.* du 21 mai ; *Bulletin des lois*, n° 17947).

20 juin-6 août 1887. — Décret portant adjonction de quatre membres titulaires au comité consultatif des pêches maritimes (*Bulletin des lois*, n° 18097).

7-13 janv. 1888. — Décret qui fixe le minimum d'équipage des navires expédiés en 1888 pour la pêche de la morue (D. P. 88. 4. 29).

21 janv.-16 mars 1888. — Décret qui réglemente la pêche de la sardine sur le littoral des quatre premiers arrondissements maritimes (D. P. 88. 4. 30).

1er-2 mars 1888. — Loi ayant pour objet d'interdire la pêche aux étrangers dans les eaux territoriales de France et d'Algérie (D. P. 88. 4. 30).

23 mars-19 mai 1888. — Décret qui modifie celui du 6 févr. 1852, réglant les conditions dans lesquelles sont effectués les dépôts de morue de Saint-Pierre et Miquelon (D. P. 88. 4. 40).

9 avr.-15 juin 1888. — Décret portant création de cantonnements de pêche dans le quartier maritime de l'Aber-Wrac'h (Finistère) (*Bulletin des lois*, n° 19279).

5 mai-20 juin 1888. — Décret portant règlement sur la police de la pêche maritime côtière en Algérie (*Bulletin des lois*, n° 19306).

25 juin 1888. — Décret qui règlemente la pêche du sprat sur le littoral des quatre arrondissements maritimes (*Jour. off.* du 5 juin; *Bulletin des lois*, n° 19400).

9-13 juill. 1888. — Décret qui fixe la limite des baies de l'Algérie à partir de laquelle doivent être comptés les trois milles déterminant la mer territoriale française (*Journ. off.* du 13 juillet; *Bulletin des lois*, n° 19586).

9-13 juill. 1888. — Décret qui fixe, pour les baies du cinquième arrondissement maritime (Toulon), la ligne à partir de laquelle doivent être comptés les trois milles formant la mer territoriale française (*Journ. off.* du 13 juillet; *Bulletin des lois*, n° 19587).

19-22 août 1888. — Décret relatif à la police de la navigation concernant les bâtiments de pêche étrangers naviguant dans les eaux territoriales françaises (*Journ. off.* du 22 août ; *Bulletin des lois*, n° 19656).

21 déc. 1888-2 févr. 1889. — Décret qui interdit la pêche sur certaines huîtrières réservées de l'Etat (bassin d'Arcachon) (D. P. 89. 4. 53).

8 janv.-27 févr. 1889. — Décret qui interdit la pêche dans certaines parties de la baie du Bile (quartier maritime du Croisic) où sont situés des bancs d'huîtres (*Bulletin des lois*, n° 20252).

9 févr.-20 juin 1889. — Décret réglementant la pêche du capelan sur les côtes des îles Saint-Pierre et Miquelon (D. P. 90. 4. 58).

13 févr.-18 avr. 1889. — Décret qui modifie l'art. 8 du décret du 28 mars 1852 sur la pêche du hareng (D. P. 90. 4. 31).

16-19 févr. 1889. — Décret qui modifie le décret du 10 juin 1879 relatif à la pêche de la morue (D. P. 90. 4. 35).

29 avr.-1er mai 1889. — Décret qui modifie la composition des équipages des navires armés à Saint-Pierre et Miquelon pour la pêche de la morue (D. P. 90 4. 67).

30 mai-2 juin 1889. — Décret concernant la vente, l'achat, le transport et le colportage des huîtres (D. P. 90. 4. 64).

19-21 juill. 1889. — Loi relative à l'amnistie (art. 4, relatif aux délits et contraventions en matière de pêche maritime (D. P. 89. 4. 109).

22 nov. 1889-3 févr. 1890. — Décret portant création de gardes jurés en Algérie (*Bulletin des lois*, n° 21391).

10-12 janv. 1890. — Décret portant publication et approbation de la déclaration signée à la Haye le 1er févr. 1889, destinée à modifier la teneur du paragraphe 5 de l'art. 8 de la convention du 6 mai 1882 relative à la police de la pêche dans la mer du Nord en dehors des eaux territoriales (D. P. 90. 4. 127).

1er-7 févr. 1890. — Décret qui réglemente la pêche maritime en ce qui concerne les espèces vivant alternativement dans les eaux douces et salées (D. P. 91. 4. 44).

17-27 mars 1890. — Décret qui règle la composition des équipages de navires armés pour la pêche de la morue pour la campagne de 1890 (*Journ. off.* du 27 mars; *Bulletin des lois*, n° 22221).

31 juill.-1er août 1890. — Loi portant prorogation des encouragements accordés aux grandes pêches maritimes (D. P. 91. 4. 10).

13-17 août 1890. — Décret relatif à la surveillance du commerce des huîtres dans le bassin d'Arcachon (quartier de la Teste) (D. P. 91. 4. 100).

26-28 févr. 1891. — Décret qui règle la composition des équipages armés pour la pêche de la morue pour la campagne de 1891 (*Journ. off.* du 28 février; *Bulletin des lois*, n° 23616).

28 août-12 oct. 1891. — Décret portant reconstitution d'une prud'homie de pêcheurs à Nice (*Bulletin des lois*, n° 24109).

12-14 févr. 1892. — Décret qui règle la composition des équipages des navires armés pour la pêche de la morue (D. P. 92. 4. 69).

19 juill.-22 oct. 1892. — Décret qui complète les conditions d'examen imposées aux marins candidats au brevet de patron pêcheur d'Islande (D. P. 93. 4. 32).

ART. 2. — *Des grandes pêches hors du territoire continental de l'Europe* (*Rép.* n° 4 à 35).

§ 1er. — De la pêche de la morue. — Historique et législation. — Encouragements divers qui lui sont accordés. — Police. — Répartition des places. — Capitaines prud'hommes. — Compétence.

2. — 1° *Primes.* — Ainsi qu'on l'a dit au *Rép.*, n° 6, le système d'encouragement aux grandes pêches ne constitue pas un régime de protection spécial au point de vue de l'industrie privée : il a été établi dans l'intérêt de la puissance navale du pays, en raison des ressources qu'offrent annuellement, pour le recrutement de la flotte, les équipages embarqués pour l'industrie de la pêche de la morue. Il a été constaté, dans la discussion de la loi du 3 août 1870, que les navires employés aux grandes pêches portaient 14 000 marins propres au service de la flotte. Le régime qui a été exposé au *Rép.*, nos 8 et suiv., n'a pas cessé d'être en vigueur. La loi du 22 juill. 1851, qui avait établi un nouveau système de primes devant durer jusqu'au 30 juin 1861 (*Rép.* n° 11), a été prorogée jusqu'au 30 juin 1871 par la loi du 28 juill. 1860 (D. P. 60. 4. 112), avec les deux modifications suivantes: La première a pour objet d'imposer l'obligation d'un minimum d'équipage aux goélettes armées à Saint-Pierre et Miquelon, pour faire la pêche, soit au grand banc de Terre-Neuve, soit au banc de Saint-Pierre, soit dans le golfe de Saint-Laurent ou sur les côtes de Terre-Neuve, et de défendre l'embarquement à bord de ces goélettes d'aucun homme appartenant aux équipages des navires pêcheurs expédiés de France. La seconde abaisse à vingt-deux ans l'âge auquel les hommes portés provisoirement sur les matricules de l'inscription maritime auront droit à la prime d'armement. Les dispositions de cette loi ont été prorogées jusqu'en 1881 par la loi du 3 août 1870 (D. P. 70. 4. 64), jusqu'en 1891 par la loi du 15 déc. 1880 (D. P. 81. 4. 59), et jusqu'au 30 juin 1901 par la loi du 31 juill. 1890 (D. P. 91. 4. 10). Les décrets des 20 août et 29 déc. 1851 (D. P. 51. 4. 173, et 52. 4. 27), rendus pour l'application de la loi du 22 juill. 1851, ont été prorogés également jusqu'au 30 juin 1891 par le décret du 17 sept. 1881 (D. P. 82. 4. 104). L'administration les considère comme étant restés depuis lors en vigueur, bien qu'ils n'aient été l'objet d'aucune nouvelle prorogation.

3. Les modifications apportées à la loi du 22 juill. 1851 ont été reconnues nécessaires pour prévenir le retour d'irrégularités regrettables auxquelles avait donné lieu l'armement d'embarcations équipées à Saint-Pierre et Miquelon. Le but de la loi du 22 juill. 1851 en favorisant les navires armés en France pour faire la pêche avec sécherie, soit sur les côtes de Terre-Neuve, soit à Saint-Pierre et Miquelon, soit au grand banc de Terre-Neuve, à la condition que ces navires auraient un minimum d'équipage, avait été d'amener les armateurs de ces navires à accroître le nombre d'hommes par eux employés et de favoriser ainsi le développement de l'inscription maritime. Mais ce but ne pouvait être atteint qu'autant que le minimum fixé pour chaque navire lui demeurerait spécialement affecté et ne serait pas, par une sorte de double emploi, utilisé pour une pêche supplémentaire, ne profitant plus directement à l'inscription maritime, mais participant, par le fait, aux encouragements de l'Etat. Or cet abus s'était produit et quelques armateurs, au lieu de n'envoyer pêcher sur le banc que leurs navires partis de France, y avaient adjoint des goélettes attachées à la colonie qu'ils avaient armées avec des marins composant le minimum d'équipage des bâtiments expédiés de France. C'est pour éviter ce fâcheux résultat que la loi du 28 juill. 1860 et celles qui en ont prorogé l'application ont astreint au minimum d'équipage les goélettes armées à Saint-Pierre et Miquelon et ont empêché toute confusion entre les équipages de ces embarcations et ceux des navires expédiés de France.

En exécution de ces dispositions, la composition des équipages des navires armés pour la pêche de la morue a été successivement réglée par les décrets des 24 oct. 1860 (D. P. 60. 4. 155); 10 juin 1879 (D. P. 79. 4. 77); 5 mars et 17 sept. 1881 (D. P. 82. 4. 55 et 111); 7 janv. 1888 (D. P. 88. 4. 29); 16 févr. et 29 avr. 1889 (D. P. 90. 4. 35 et 67); 17 mars 1890 et 26 févr. 1891 (D. P. 81. 4. table, col. 19) et 12 févr. 1892 (D. P. 92. 4. 69).

4. La seconde modification apportée à la loi du 27 juill. 1851 est, comme on l'a dit *suprà*, n° 2, relative à la limite d'âge fixée, pour l'allocation de la prime d'armement, aux hommes qui ne sont portés que provisoirement sur les matricules de l'inscription maritime. L'art. 3 de la loi de 1851 ouvrait le droit à la prime aux inscrits provisoires qui n'avaient pas atteint l'âge de vingt-cinq ans à l'époque du départ. La pensée du législateur avait été que les hommes qui avaient passé l'âge de vingt-cinq ans sans être classés, c'est-à-dire sans avoir déjà fait trois voyages, se formaient moins bien au métier de la mer. En 1860, le Gouvernement jugeant cette limite de vingt-cinq ans encore trop élevée avait proposé de l'abaisser à vingt ans et d'exclure ainsi du bénéfice de la prime tous les novices plus âgés. La commission du Corps législatif, à la suite des réclamations de plusieurs chambres de commerce, substitua à l'âge de vingt ans celui de vingt-deux. « Votre commission, dit le rapporteur, M. Ancel, a pensé, avec le Gouvernement, que la loi doit vouloir en effet encourager des vocations maritimes, et non pas payer des hommes que leur âge porterait bientôt à renoncer à la navigation; mais nous croyons qu'il y aussi un intérêt réel à exciter à se faire marins des jeunes gens qui, n'ayant plus rien à craindre de la conscription, n'entreront dans la marine qu'avec la perspective de certains avantages ». Ces considérations ont prévalu et la loi du 28 juill. 1860, dont les dispositions ont été prorogées, a fixé à vingt-deux ans la limite d'âge pour l'allocation de la prime d'armement aux inscrits provisoires.

5. Le conseil d'Etat a appliqué d'une manière rigoureuse les dispositions de la loi du 22 juill. 1851. Il a décidé que les primes accordées par l'art. 1 de cette loi ne sont acquises qu'autant que l'équipage du navire satisfait aux prescriptions de l'art. 2 du décret du 29 décembre suivant, et que, par suite, elles ne sont pas dues pour les hommes qui ont été transportés à Terre-Neuve sous le nom de passagers ou autrement, et n'ont pas pris part aux opérations de pêche dudit navire (Cons. d'Et. 13 août 1861, aff. Riché, D. P. 61. 3. 75). Il a également été jugé que l'art. 5 de la loi du 22 juill. 1851, qui exige que les navires transportant des morues chargées sur les lieux de pêche, pour les destinations susceptibles de primes, soient commandés par des capitaines au long cours, n'a pas seulement prescrit par là une mesure de police maritime, mais a déterminé l'une des conditions nécessaires pour l'obtention de la prime. En conséquence, c'est à bon droit que la prime a été refusée à l'armateur d'un navire ayant fait un transport, alors que ce navire a été commandé non par un capitaine au long cours, mais par un maître au cabotage, et cela encore que l'armateur alléguerait que l'absence du capitaine au long cours a été causé par un fait de force majeure tel qu'une maladie (Cons. d'Et. 24 avr. 1856, aff. Le Mengnonnet, D. P. 57. 3. 3).

6. — 2° *Encouragements divers.* — Un droit élevé frappait la morue étrangère à son entrée en France et dans les colonies (*Rép.* n° 14). La loi du 29 avr. 1845 qui a réglé le régime des douanes aux Antilles, avait fixé ce droit à 7 francs par 100 kilogr. Le projet de loi présenté en 1860 par le Gouvernement supprimait complètement tout droit à l'importation dans les colonies des morues de pêche étrangère. Mais cette suppression a été combattue par la commission du Corps législatif, et le droit en question a été seulement réduit de 7 à 3 francs par l'art. 2 de la loi du 28 juill. 1860.

7. Indépendamment des lois et décrets sur les grandes pêches qui viennent d'être cités, nous devons mentionner : 1° le décret du 11 déc. 1884 (D. P. 85. 4. 21), qui a ouvert au ministre du commerce un crédit supplémentaire de 800 000 fr. pour les encouragements aux pêches maritimes; — 2° Le décret du 17 mai 1887 (D. P. 87. 4. 77), qui a rétabli le service technique des pêches maritimes; — 3° Le décret du 20 juin 1887 (D. P. 87. 4. 80), portant adjonction de quatre membres titulaires au comité consultatif des pêches maritimes.

8. — 3° *Police de la pêche de la morue.* — La pêche de la morue sans sécherie se pratique, comme on l'a vu au *Rép.* n° 15, dans la mer d'Islande et au Doggers Bank, et aussi sur le grand banc de Terre-Neuve, tandis que la pêche avec sécherie a lieu sur la côte de l'île de Terre-Neuve et sur celles des îles Saint-Pierre et Miquelon. — Le décret du 9 oct. 1863 (D. P. 63. 4. 157) a abrogé l'ordonnance du 16 janv. 1840, portant défense à tout capitaine de navire expédié pour la pêche de la morue en Islande d'appareiller et de faire route annuellement avant le 1er avril. — Le décret du 14 janv. 1865 (D. P. 65. 4. 12) a déterminé la composition des commissions instituées par le décret du 27 déc. 1851 pour constater la qualité des morues présentées dans les ports de France et destinées aux colonies et possessions autres que l'Algérie, et pour faire la même constatation à l'arrivée dans lesdites colonies et possessions.

9. — 4° ***Règlements relatifs à la pêche sur les côtes des îles Saint-Pierre et Miquelon.*** — Un décret du 6 févr. 1852 (D. P. 52. 4. 63) avait déterminé les conditions du dépôt momentané, à Saint-Pierre, des produits de pêche des navires expédiés de France pour Terre-Neuve sans minimum d'équipage. Les dispositions de ce décret ont été modifiées par celui du 26 juill. 1886 (D. P. 87. 4. 44) et par celui du 23 mars 1888 (D. P. 88. 4. 40).

10. — 5° *Règlements relatifs à la pêche sur les côtes de Terre-Neuve.* — Le décret du 2 mars 1852, qui réglementait la police de la pêche à Terre-Neuve (*Rép.* n° 17), a été modifié par le décret du 22 mars 1862 (D. P. 62. 4. 37).

11. — 6° *Répartition des places.* — On a vu au *Rép.*, n° 18, que cette question était réglée par le décret du 2 mars 1852. Plusieurs des dispositions de ce décret ont été modifiées par le décret du 22 mars 1862 cité *suprà*, n° 10. Il en est ainsi, notamment, de l'art. 8 et de l'art. 13 relatifs aux obligations des armateurs occupant les places.

12. — 7° *Police pendant la pêche.* — Les art. 22 et 23 du décret du 2 mars 1852, analysés au *Rép.* n° 19 ont été également modifiés par le décret du 22 mars 1862.

13. — 8° *Instruments de pêche.* — On a vu au *Rép.* n° 21 que les art. 30 et suiv. du décret du 2 mars 1852 indiquent quels sont les filets et instruments de pêche dont l'usage est permis. Certaines modifications ont été apportées aux art. 31 et 42 par le décret du 22 mars 1862.

§ 2. — De la pêche de la baleine, du cachalot et des autres cétacés à lardon ou à huile (*Rép.* n°s 26 à 33).

14. Un décret du 20 août 1851 avait réglé l'exécution de la loi du 22 juill. 1851 en ce qui concerne les primes pour la pêche de la baleine et du cachalot (*Rép.* n° 31). La composition de la commission instituée par l'art. 4 de ce décret pour procéder à la reconnaissance de l'état des avitaillements, embarcations, instruments et ustensiles de pêche nécessaires à l'expédition a été modifiée par un décret du 15 mai 1861 (D. P. 61. 4. 62).

§ 3. — De la pêche du corail (*Rép.* n°s 34 à 35).

15. V. *Rép.* n°s 34 et suiv.

Art. 3. — *Pêche côtière ou petite pêche* (*Rép.* n°s 36 à 72).

§ 1er. — De la pêche côtière en général (*Rép.* n°s 37 à 51).

16. — I. Historique et législation. — Ainsi que nous l'avons exposé au *Rép.*, n° 38, le décret-loi du 9 janv. 1852 a réglé l'exercice de la pêche côtière, et l'exercice de cette pêche a été réglementé, en exécution de l'art. 3 de ce décret, par quatre décrets du 4 juill. 1853 pour les arrondissements maritimes de Cherbourg, Brest, Lorient et Rochefort. Le cinquième règlement pour l'arrondissement maritime de Toulon a été rendu le 19 nov. 1859 (D. P. 59. 4. 122). Ces divers décrets, qui ont reçu successivement de nombreuses modifications, ont été modifiés d'une manière générale par le décret du 10 mai 1862 (D. P. 62. 4. 58) qui en a simplifié la réglementation et a abrogé un grand nombre de leurs dispositions. Depuis cette époque, les décrets du 4 juill. 1853 et du 19 nov. 1859 ont encore subi quelques nouvelles modifications.

17. La pêche côtière a lieu, comme on l'a dit au *Rép.* n° 36, le long ou à peu de distance des côtes françaises; et, malgré son appellation, elle n'a pas de limites déterminées au large du littoral. Elle se pratique également dans toutes les parties des fleuves ou rivières affluant directement ou indirectement à la mer, sous la seule condition que ces parties soient comprises dans les limites de l'inscription maritime. La ligne de l'inscription maritime s'étend jusqu'où remonte la marée, et, où il n'y a pas de marée, jusqu'où les bâtiments de mer peuvent remonter. Toutefois, comme on l'a vu au *Rép.* n° 36, les règles auxquelles la pêche est soumise dans ces limites diffèrent suivant qu'elle a lieu dans une partie où les eaux contractent la salure ou dans la partie non salée de l'inscription maritime. Les décrets du 4 juill. 1853 (art. 46) et du 19 nov. 1859 (art. 57) déterminent les limites de l'inscription maritime et le point de cessation de la salure des eaux pour tous les cours d'eau affluant à la mer et dépendant de chacun de ces arrondissements.

18. Un décret du 1er févr. 1890 (D. P. 91. 4. 44) réglemente la pêche maritime en ce qui concerne les espèces vivant alternativement dans les eaux douces et salées. Il interdit chaque année, tant à la mer, le long des côtes, que dans la partie des fleuves rivières, étangs et canaux où les eaux sont salées : 1° la pêche du saumon du 30 septembre exclusivement au 10 janvier inclusivement; 2° la pêche de la truite et de l'ombre-chevalier du 20 octobre exclusivement au 31 janvier inclusivement; 3° la pêche du lavaret du 15 novembre exclusivement au 31 décembre inclusivement. Ces interdictions s'appliquent à tous les procédés de pêche, même à la ligne flottante tenue à la main. L'art. 2 détermine les dimensions au-dessous desquelles les espèces vivant alternativement dans les eaux douces et dans les eaux salées ne pourront être pêchées, même à la ligne flottante, achetées, vendues, transportées, exportées ou employées à un usage quelconque.

19. La législation française a pendant longtemps accordé à tous les pêcheurs, sans distinction de nationalité, le droit de pêche sur nos côtes. Des réclamations furent souvent élevées contre la situation privilégiée faite aux pêcheurs étrangers qui, dispensés de l'inscription maritime et de la plupart des charges qui pèsent sur nos nationaux, jouissaient néanmoins des mêmes avantages que ces derniers. Les auteurs de ces réclamations invoquaient l'exemple des nations étrangères, et spécialement de l'Allemagne qui fermait ses eaux aux étrangers. Plusieurs conventions internationales furent successivement conclues pour réserver à nos nationaux l'exercice de la pêche dans nos eaux territoriales. La plus ancienne de ces conventions fut celle du 2 août 1839 avec l'Angleterre, complétée par une déclaration du 24 mai 1843 portant règlement général des pêcheries entre la France et la Grande-Bretagne. Une clause semblable fut insérée dans le traité franco-espagnol du 6 févr. 1882 (D. P. 84. 4. 88). Enfin la convention de la Haye du 6 mai 1882 (D. P. 84. 4. 88) consacra cette règle pour tous les Etats du Nord. L'art. 2 de cette convention porte que « les pêcheurs nationaux jouiront du droit exclusif de pêche dans le rayon de trois milles à partir de la laisse de basse mer, le long de toute l'étendue des côtes de leurs pays respectifs ».

20. Le droit d'interdire la pêche aux étrangers a été ainsi consacré par les conventions internationales, en ce qui concerne la mer du Nord, la Manche et toutes nos côtes de l'Atlantique y compris le golfe de Gascogne. Mais il n'en était pas de même dans la Méditerranée, où la pêche restait permise aux Italiens. La loi du 1er mars 1888 (D. P. 88. 4. 30) a eu pour but de faire cesser cette situation anormale et d'interdire la pêche aux étrangers dans les eaux territoriales de France et de l'Algérie. La limite réservée a été fixée à trois milles marins; c'est la limite admise par les conventions internationales citées *suprà*, n° 19. L'interdiction est absolue et porte sur la pêche maritime de toute nature, sur celle des huîtres et des crustacés aussi bien que sur celle du poisson ou du corail. Si le patron d'un bateau étranger ou les hommes de son équipage sont trouvés jetant des filets dans la partie réservée des eaux territoriales françaises ou y exerçant la pêche d'une façon quelconque, le patron est puni d'une amende de 16 francs au moins et de 250 francs au plus (art. 2). Cette amende peut être portée au double en cas de récidive, c'est-à-dire lorsque, dans les deux années précédentes, il a été rendu contre le contrevenant un jugement pour infraction à la loi du 1er mars 1888 (art. 3). Indépendamment de l'amende, le tribunal ordonne la destruction des engins prohibés et, s'il y a lieu, la confiscation des engins non prohibés et des produits de la pêche saisis sur le bateau ou de leur prix. Le produit de la vente des engins saisis et du produit de la pêche et le montant des amendes sont intégralement versés dans la caisse des invalides de la marine (art. 6). Les poursuites ont lieu à la diligence du procureur de la République ou des officiers du commissariat chargés de l'inscription maritime. L'action se prescrit par six mois (art. 7). Les poursuites sont portées devant le tribunal correctionnel dans le ressort duquel est situé le port où sont conduits les contrevenants (art. 8). Si le contrevenant n'acquitte pas l'amende et les frais, le bateau peut être retenu jusqu'à entier payement, ou pour un laps de temps qui ne peut excéder trois mois pour la première contravention et six en cas de récidive (art. 10).

21. L'art. 11 de la loi du 1er mars 1888 déclare que cette loi ne porte pas atteinte à la libre circulation reconnue aux bateaux de pêche étrangers naviguant ou mouillant dans la partie réservée des eaux territoriales françaises, et réserve à un règlement d'administration publique le soin de déterminer les règles spéciales de police auxquelles, dans ce cas, les bateaux de pêche devront se conformer. C'est en exécution de cette disposition qu'a été rendu le décret du 19 août 1888 (D. P. 88. 4. 54), qui impose aux bateaux de pêche étrangers, naviguant dans les eaux territoriales françaises, l'obligation : 1° de porter des marques permettant de reconnaître extérieurement leur individualité; 2° d'être pourvus de pièces officielles délivrées par les autorités compétentes de leur pays; 3° d'arborer en tête de mât un pavillon bleu et de porter la nuit les feux qui sont réglementaires à bord des bâtiments français. Les infractions à ce règlement sont poursuivies dans les formes prévues par la loi du 1er mars 1888; elles sont punies d'une amende de 16 francs au moins et de 100 francs au plus, sans préjudice de la retenue du bateau (L. 1er mars 1888, art. 11). Deux décrets du 9 juill. 1888 (D. P. 88. 4. 52-53) ont fixé pour les baies du cinquième arrondissement maritime et pour celles de l'Algérie la ligne à partir de laquelle doivent être comptés les trois milles qui, d'après l'art. 1 de la loi du 1er mars 1888, déterminent la mer territoriale française.

22. — II. Personnel des pêcheurs. — On a vu au *Rép.* n° 40 qu'un décret du 2 oct. 1793 défendait aux pêcheurs de s'engager pour plus d'une année et déclarait nuls les engagements pris par les maîtres de pêche envers les armateurs pour une plus longue période. Il a été décidé que ce décret est encore en vigueur (Rouen, 21 août 1859, aff. Duval, D. P. 66. 2. 103; 2 mai 1874, aff. Fournier, D. P. 77. 2. 221). Il s'applique même au cas où le patron est rétribué à la part, ce mode de rétribution n'empêchant pas qu'il y ait louage et n'impliquant point par lui-même l'existence d'une association en participation (Arrêt précité du 2 mai 1874). — Aux termes des décrets du 15 mars 1862 (D. P. 62. 4. 37) et du 2 mai 1863 (D. P. 63. 4. 118), il peut être embarqué à bord de bateaux destinés à la petite pêche, en remplacement des mousses, dans la proportion indiquée par l'art. 2 du décret du 25 mars 1852 (D. P. 52. 4. 114), des novices âgés de moins de dix-huit ans, qui ne sont tenus de justifier d'aucune condition de navigation.

23. Comme on l'a exposé au *Rép.* n° 40, le règlement du 23 janv. 1727, qui prescrit aux maîtres de chaloupes servant à la pêche du poisson frais de prendre un rôle d'équipage, est toujours en vigueur. Mais les bateaux de plaisance ne sont pas soumis à la nécessité d'un rôle d'équipage, et un fait accidentel de pêche ne suffit pas pour leur imposer cette obligation (Trib. de Toulon, 7 févr. 1873, *Revue des eaux et forêts*, t. 5, n° 157).

24. — III. Police de la pêche côtière — Le principe fondamental de la pêche côtière est celui de la liberté, c'est-à-dire qu'elle s'exerce sans fermage ni licence, mais sous la condition que celui qui s'y livre se soit fait porter sur les matricules de l'inscription maritime et qu'il se conforme aux règlements de police. Cette liberté existe même au delà de la salure des eaux jusqu'aux limites de l'inscription maritime (Crim. cass. 29 mai 1869, aff. Daugas, D. P. 69. 1. 532).

25. Conformément à ce qui a été exposé au *Rép.* n° 43, la police de la pêche côtière a été réglementée, en exécution de l'art. 3 du décret-loi du 9 janv. 1852, par les décrets du 4 juill. 1853 pour les quatre premiers arrondissements maritimes et par celui du 19 nov. 1859 pour le cinquième arrondissement.

Le titre 4 des quatre premiers règlements et le titre 5 du cinquième règlement sont relatifs aux rets, filets, engins, instruments, modes et procédés de pêche prohibés. — Le décret du 10 mai 1862 a édicté, en ce qui concerne les engins de pêche, des mesures plus libérales que celles des règlements. Il divise en quatre catégories les filets et engins de pêche en usage : 1° les *filets fixes* et les *filets à poche*. Ces filets doivent avoir des mailles d'au moins 25 millimètres en carré. Les marins peuvent en faire usage en bateau ou autrement (art. 3-1°); 2° les *filets flottants*, qui sont ceux qui vont au gré du vent, du courant, de la lame ou à la remorque d'un bateau sans jamais s'arrêter au fond : ils ne sont assujettis à aucune dimension de maille ; on assimile aux filets flottants les filets fixes dont la ralingue inférieure est élevée de manière à laisser toujours un intervalle de 20 centimètres au moins entièrement libre au-dessous de ladite ralingue (art. 3-2°) ; 3° les *filets et engins destinés à des pêches spéciales* qui ne sont assujettis à aucune condition de forme, de dimension, de poids, de distance ou d'époque, mais qui ne peuvent servir qu'aux genres de pêche auxquels ils sont destinés (art. 4). Toutefois un décret du 21 janv. 1888 (D. P. 88. 4. 30) a réglementé la pêche de la sardine sur le littoral des quatre premiers arrondissements maritimes et a disposé que cette pêche ne pourrait être pratiquée qu'à l'aide de filets flottants à nappes exclusivement verticales, connus sous le nom de rets ou filets à sardines, sardinières, etc. La pêche du sprat a également été réglementée sur le littoral des quatre premiers arrondissements maritimes par un décret du 2 juin 1888 (*Journ. off.* du 5 juin) ; 4° les *filets traînants* qui, coulés à fond au moyen de poids placés à la partie inférieure, y sont promenés sous l'action d'une force quelconque. Ces filets sont prohibés en principe ; mais l'usage peut en être autorisé, sur la proposition des préfets maritimes, par arrêtés du ministre de la marine, à moins de trois milles de la côte, dans les localités où, soit en raison de la profondeur des eaux, soit pour toute autre cause, il ne présente aucun inconvénient. Ces filets doivent avoir des mailles d'au moins 25 millimètres en carré. Dans aucun cas, il n'est fait usage de filets traînants à moins de 500 mètres des huîtrières (art. 6). La grande seine à jet n'est pas comprise dans les filets traînants; l'usage en est permis mais à la condition qu'elle ait des mailles de 25 millimètres en carré (art. 3-3°). Les gaideaux, gords et autres filets à poche continuent à être prohibés dans les fleuves, rivières et canaux et à leurs embouchures (art. 5). Le décret du 24 janv. 1863 (D. P. 63. 4. 9) interdit pendant huit mois de l'année, du 1er mars au 1er novembre, dans le quartier de la Hougue, le filet connu sous la nom de *havenet, pousseux, bouteux*, ou tout autre filet traînant de même espèce employé pour la pêche de la chevrette grise.

26. Les instruments de pêche (et par exemple le *chalut*) autorisés dans le premier arrondissement maritime à une certaine distance de la côte par le décret du 4 juill. 1853, retombent dans la catégorie des instruments prohibés dans cet arrondissement, lorsqu'il en est fait usage à une distance de la côte moindre que celle fixée par le décret; et cet usage illégal donne lieu, dès lors, à l'application des art. 7 et 14 du décret du 9 janv. 1852 (Crim. cass. 18 janv. 1856, aff. Drugeon, D. P. 56. 1. 109; Rouen, 3 août 1876, aff. Lefort, D. P. 78. 5. 355).

27. L'art. 93 du décret du 29 nov. 1859 interdit de jeter dans les eaux de la mer le long des côtes et dans les cours d'eau où la pêche est réputée maritime, de la chaux, des noix vomiques, des noix de cyprès, des coques du Levant, de la momie, du musc et toutes autres drogues ou liquide pour appâter, enivrer ou empoisonner le poisson. Mais l'emploi de la dynamite, substance explosive qui agit par asphyxie, ne rentre dans aucun de ces cas d'interdiction (Bastia, 15 avr. 1891, aff. Murat, D. P. 92. 2. 535). La solution contraire a été admise en matière de pêche fluviale (V. *suprà*, v° *Pêche fluviale*, n° 52).

28. L'emploi d'un procédé ou mode de pêche prohibé est passible aux termes de l'art. 7 du décret du 9 janv. 1852, d'une amende de 25 à 125 fr. ou d'un emprisonnement de trois à vingt jours. La même peine est applicable à la fabrication, la détention hors du domicile, la mise en vente et l'usage de rets, filets, engins, instruments de pêche prohibés.

29. Le décret du 10 mai 1862 a fixé d'une manière générale les dimensions au-dessous desquelles les poissons, crustacés, et coquillages ne peuvent être pêchés. Il interdit de pêcher : 1° les poissons qui ne sont pas encore parvenus à la longueur de 10 centimètres mesurée de l'œil à la naissance de la queue, à moins qu'ils ne soient réputés poissons de passage ou qu'ils n'appartient à une espèce qui, à l'âge adulte, reste au-dessous de cette dimension; 2° les homards et langoustes au-dessous de 20 centimètres de l'œil à la naissance de la queue ; 2° les huîtres au-dessous de 5 centimètres. — Les dimensions au-dessous desquelles les poissons ne peuvent être pêchés ont été modifiées par le décret du 1er févr. 1890 (V. *suprà*, n° 18) pour les espèces vivant alternativement dans les eaux douces et salées. L'art. 2 de ce décret fixe ces dimensions à 40 centimètres de longueur pour les saumons et anguilles, à 14 centimètres pour les truites, ombres-chevaliers, ombres communs, muges, brèmes, aloses, lamproies, esturgeons et lavarets, à 10 centimètres pour les soles, plies et flets (Comp. *suprà*, v° *Pêche fluviale*, n° 100).

30. Le fait de pêcher à la mer du poisson dont la capture est prohibée par les règlements, et par exemple le petit poisson assimilé au frai, constitue à lui seul un délit sans qu'il soit nécessaire qu'il vienne s'y joindre un fait d'emploi ou de vente (Crim. cass. 12 mai 1855, aff. Lamedey, D. P. 55. 1. 362). On doit entendre par fait de pêche toute capture du poisson occasionnée par l'emploi d'un filet propre à ce résultat, alors même que le pêcheur prétendrait qu'il n'avait l'intention de retenir parmi le poisson capturé que celui que les règlements permettent de prendre, et qu'au moment de la saisie pratiquée par le garde-pêche il aurait été encore dans la possibilité de rejeter à la mer le poisson qu'il est défendu de pêcher (Même arrêt).

31. L'art. 128 du décret du 4 juill. 1853 qui interdit de pêcher, dans l'arrondissement maritime de Cherbourg, tous poissons non dénommés dans l'art. 127 du même décret dont la longueur est inférieure à 81 millimètres, n'admet pas d'autres exceptions que celles prévues aux art. 129 et 130 (cradots et œillets). En conséquence, doit être annulé le jugement correctionnel qui relaxe l'individu prévenu d'avoir pêché, dans cet arrondissement, des poissons non dénommés dans l'art. 127 et non compris dans les art. 129 et 130, sous prétexte que ces poissons sont sans valeur et non susceptibles d'arriver à une longueur dépassant 81 millimètres (Crim. cass. 10 avr. 1856, aff. Dupont, D. P. 56. 5. 329).

32. Toute espèce de pêche peut être temporairement interdite, aux termes de l'art. 6 du décret du 10 mai 1862, à moins de trois milles de la côte, sur une étendue déterminée du littoral, lorsque cette interdiction est reconnue nécessaire pour sauvegarder soit la reproduction de l'espèce, soit la conservation du frai. C'est en exécution de cette disposition qu'a été rendu le décret du 17 janv. 1865 (D. P. 65. 4. 9) qui interdit toute espèce de pêche dans la partie maritime du Dourduff (quartier de Morlaix) depuis le Dourduff en mer, jusqu'au Dourduff en terre.

33. On a dit au *Rép.*, n° 44, que les décrets du 4 juill. 1843 n'avaient pas dérogé à la loi du 23 juin 1846 sur les pêcheries dans les mers situées entre les côtes de France et celles du Royaume-Uni. Ces dispositions ont été expressément maintenues par l'art. 1 du décret du 10 mai 1862.

34. — IV. Étangs salés. — Les étangs salés, ainsi qu'on l'a vu (*Rép.* n° 47), ne diffèrent point de la mer; ils en sont les annexes et en font partie. La pêche maritime côtière y est donc libre et exempte de tous droits de fermage ou de licence. Mais cette règle n'est applicable qu'aux dépendances du domaine public, et elle ne saurait être étendue aux étangs salés qui n'ont aucune communication avec la mer et qui appartiennent aux communes ou aux particuliers (Civ. rej. 26 juill. 1870, aff. Saris, D. P. 72. 1. 469). En conséquence, les communes et les particuliers propriétaires d'étangs salés peuvent y exercer exclusivement le droit de pêche, à la condition toutefois de n'employer à cette exploitation que des marins inscrits, ainsi que cela résulte de l'art. 57, § 3, du décret du 19 nov. 1853. — Mais les dispositions législatives et réglementaires sur la pêche côtière sont applicables aux étangs et autres amas d'eau salée où le poisson de mer s'introduit, lors même que ces étangs constituent des propriétés privées (Aix, 28 mai 1868, aff. Mistral, D. P. 69. 2. 129). En conséquence, le fait d'avoir tendu, sans autorisation et en temps prohibé, des filets dans un étang de cette nature constitue une infraction aux art. 5 et 6, § 2, du décret du 9 janv. 1852, et aux art. 116 et 154 du décret du 19 nov. 1859 (Même arrêt). — De même, l'obligation d'être munie du rôle d'équipage est, comme on l'a dit au *Rép.*, n° 47, imposée à toute embarcation qui navigue sur des étangs d'eau salée, sans qu'il y ait à tenir compte des droits de pêche ou autres allégués par les prévenus, sur ces étangs, ces droits ne faisant nul obstacle à l'observation des mesures de police générale établies par le droit maritime (Crim. cass. 9 mars 1860, aff. Darboullé, D. P. 61. 1. 94).

35. Les herbes et fruits produits par les étangs salés communiquant avec la mer sont susceptibles de propriété privée, à la différence de ces étangs eux-mêmes qui font partie du domaine public; en conséquence, ceux qui jouissent de ces produits en vertu soit d'une concession, soit d'une tolérance caractérisée de l'Administration, acquièrent un droit en vertu duquel ils ont qualité, tant que dure cette concession ou cette tolérance, pour actionner en justice toute personne qui en troublerait l'exercice (Req. 22 nov. 1864, aff. Gilles, D. P. 65. 1. 110).

36. — V. Goémons. — La récolte des plantes marines désignées sous le nom de *goémons* sur les côtes de Bretagne, de *varechs* sur les côtes de Normandie, de *sarts* sur les côtes de Saintonge, et d'*algues* sur les côtes de la Méditerranée, a été régie successivement par l'ordonnance de 1681, par les déclarations du 30 mai 1731 et du 30 oct. 1772 et par l'arrêté consulaire du 18 therm. an 10. Mais cette ancienne législation a été abrogée par l'art. 24 du décret-loi du 9 janv. 1852, d'après lequel des décrets devaient, à l'avenir, déterminer, pour chaque arrondissement ou sous-arrondissement maritime, les dispositions spéciales à la récolte des herbes marines. Ces décrets réglementaires sont ceux du 4 juill. 1853 et du 19 nov. 1859, cités *suprà*, n° 16. — Mais, depuis la promulgation de ces décrets, la récolte des herbes marines ayant donné lieu à des réclamations, un décret du 8 févr. 1868 (D. P. 68. 4. 29) est intervenu pour satisfaire aux vœux exprimés. L'art. 1 de ce décret divise, comme l'avaient fait déjà les règlements de 1853 et 1859, les varechs ou goémons en trois classes : 1° les *goémons de rive*, qui tiennent au sol et que l'on peut atteindre du pied aux basses mers d'équinoxe ; 2° les *goémons poussant en mer*, c'est-à-dire ceux qui, tenant aux fonds et aux rochers, ne peuvent être atteints du pied à la basse mer des marées d'équinoxe ; 3° les *goémons épaves*, c'est-à-dire ceux qui, détachés par la mer, sont portés à la côte par le flot.

37. La récolte des *goémons de rive* appartient aux habitants des communes riveraines, et tout habitant a le droit d'y participer (art. 2). Mais cette récolte, n'étant qu'une jouissance de fruits du domaine public, n'est pas dans le commerce et, dès lors, ne saurait devenir l'objet ni d'une convention, ni d'une prescription ; par suite, une commune ne peut, d'aucune manière, acquérir le droit de la faire en dehors de son territoire (Caen, 21 nov. 1851, aff. Commune de Bricqueville, D. P. 56. 5. 477 ; Cons. d'Ét. 14 déc. 1857, aff. Commune de Teulé, D. P. 58. 3. 97).

38. L'art. 2 du décret du 8 févr. 1868 ne reconnaît pas seulement le droit de participer à la récolte du varech aux individus qui ont leur domicile dans la commune ; il étend ce droit à tous les propriétaires non résidents, sans imposer, d'ailleurs, à ces derniers, comme le faisaient les décrets de 1853, l'obligation d'employer les goémons de rive dans la circonscription de la commune. Ces dispositions reproduisent, tout en abrogeant les anciens règlements sur la matière, l'ancien principe de l'attribution exclusive du goémon de rive aux habitants de la commune dans les circonscriptions territoriales de laquelle il est récolté et aux possesseurs de terre dans la commune, quoique non habitants, et, par suite, la prohibition aux ayants droit de se faire aider dans cette récolte par des ouvriers étrangers à la commune (Crim. cass. 28 août 1857, aff. Laisné, D. P. 57. 1. 414 ; 30 mars 1882, aff. K'nonant, D. P. 82. 1. 437). En conséquence, un ouvrier étranger à la commune et n'y possédant aucune propriété, qui participe à cette récolte pour le compte d'un propriétaire de cette commune, est passible des peines correctionnelles édictées par l'art. 9 du décret du 9 janv. 1852 (Mêmes arrêts).

39. L'étendue des côtes dans lesquelles chaque commune doit être autorisée à faire la récolte du goémon de rive se détermine d'après la délimitation cadastrale, sauf à la commune qui conteste l'exactitude de cette délimitation à la faire rectifier, s'il y a lieu, par l'autorité compétente (Caen, 21 nov. 1851, aff. Commune de Briqueville, D. P. 56. 5. 477). Ainsi que nous l'avons dit au *Rép.*, n° 50, l'examen de la question préjudicielle de savoir si une localité dépend d'une circonscription territoriale indiquée est de la compétence exclusive de l'autorité administrative. Il a été décidé en ce sens que, dans le cas où des individus poursuivis pour avoir récolté du varech sur une portion de rivage considérée comme dépendance du territoire d'une commune voisine, opposent que cette portion fait partie du territoire de leur propre commune, la nécessité de déterminer les limites séparatives élève, en l'absence de documents décisifs, une question préjudicielle qui doit être vidée contradictoirement entre les deux communes par l'autorité administrative (Caen, 15 nov. 1858, aff. Commune d'Agon, D. P. 59. 2. 164).

Le conseil d'Etat a également décidé que c'est à l'autorité administrative qu'il appartient de statuer sur les contestations qui ont pour objet l'exercice du droit de récolter les goémons, l'autorité judiciaire n'étant compétente que lorsqu'il s'agit de statuer entre les communes sur des droits de propriété (Cons. d'Et. 14 déc. 1857, aff. Commune de Tulé, D. P. 58. 3. 57).

40. Antérieurement aux décrets de 1852, 1853 et 1859, les préfets, investis par l'arrêté du 18 therm. an 2 du pouvoir de réglementer la récolte du goémon, avaient été jugés compétents pour fixer les limites des droits respectifs de deux communes qui jouissaient du droit de faire cette récolte. Mais il a été décidé, depuis ces décrets et par application du décret du 4 juill. 1853, que lorsqu'il y a lieu de procéder à la délimitation des portions du rivage de la mer sur lesquelles les habitants de deux communes voisines ont ou prétendent avoir le droit de récolter le goémon de rive, ce n'est pas au préfet, mais aux autorités maritimes qu'il appartient de faire cette délimitation (Cons. d'Et. 31 mars 1865, aff. Commune d'Agon, D. P. 65. 3. 92).

41. L'art. 4 du décret de 1868 permet deux coupes des goémons de rive par an et laisse à l'autorité municipale le soin d'en fixer les époques. D'après le 1er règlement de 1853, art. 107, cette coupe ne pouvait avoir lieu qu'une fois par an; cette disposition avait provoqué de nombreuses réclamations, auxquelles il a paru possible de donner satisfaction sans nuire à la conservation du frai (Circ. min. mar. 28 mars 1868, *Bull. off. mar.* 1868, 1er sem., p. 402).

42. Les municipalités sont chargées, sous l'approbation du préfet du département, de régler par des arrêtés les mesures d'ordre et de police relatives à l'enlèvement des goémons. On a rapporté au *Rép.*, n° 51, un arrêt d'après lequel l'autorité municipale pouvait, dans un intérêt d'ordre public, interdire la récolte du goémon les dimanches et fêtes. La solution contraire a depuis été adoptée par la cour de cassation, par le motif que les travaux qui ont pour objet la récolte du goémon sont des travaux de récoltes dans le sens de l'art. 8 de la loi du 18 nov. 1814 (Crim. rej. 28 juill. 1864, aff. Lainé, D. P. 65. 1. 48). La question ne saurait se poser dans ces termes depuis l'abrogation de la loi du 18 nov. 1814 par celle du 12 juill. 1880 (V. *suprà*, v° *Jour férié*, n° 2). Mais, l'art. 4 du décret de 1868 donnant aux maires le pouvoir de fixer les jours consacrés aux coupes de goémon, il semble en résulter qu'ils peuvent, sans excéder leurs pouvoirs, excepter les dimanches et fêtes des jours pendant lesquels ces coupes sont autorisées. La coupe du goémon ne peut être opérée la nuit (Même article).

43. Les infractions aux prescriptions des décrets de 1853, de 1859 et de 1868, et notamment la contravention consistant dans le fait d'avoir coupé le goémon pendant la nuit, sont passibles des peines édictées par l'art. 9 du décret du 9 janv. 1852. Quant aux contraventions aux arrêtés municipaux, elles sont punies des peines de l'art. 471 c. pén. La commune sur le territoire de laquelle des coupes de varech ont été coupées en délit a qualité pour intervenir aux poursuites comme partie civile (Caen, 15 nov. 1858, aff. Commune d'Agon, D. P. 59. 2. 164).

44. Les règlements de 1857 défendaient de vendre le goémon de rive aux forains et de le transporter hors du territoire de la commune. Cette disposition est abrogée par l'art. 5 du décret de 1868.

45. L'incinération du goémon pour la fabrication de la soude naturelle ne tombe sous l'application des règlements sur les manufactures insalubres que lorsqu'elle est fabriquée en grand dans des établissements permanents, et non lorsqu'elle est effectuée, suivant l'usage des habitants des communes riveraines de l'Océan, dans des fourneaux mobiles ou cavités creusées sur le rivage pour le besoin du moment (Crim. rej. 13 juin 1863, aff. Michel Léon, D. P. 63. 1. 322). Mais cette opération reste soumise aux prescriptions des art. 5, tit. 3, de la déclaration du 30 mai 1731, et 6 de la déclaration du 30 oct. 1772, qui font aux habitants « très expresses inhibitions et défenses d'allumer leurs fourneaux dans les temps où les vents venant de la mer porteraient les fumées vers les terres » (Crim. cass. 13 juin 1863, aff. Michel-Léon, D. P. 63. 1. 322).

46. Ce qui vient d'être dit des droits des habitants des communes riveraines sur les goémons de rive s'applique aux goémons attenant au sol dans l'intérieur des pêcheries à poissons. Quant aux goémons poussant dans l'intérieur des parcs et dépôts à coquillages, ils appartiennent aux détenteurs de ces établissements (Décr. 8 févr. 1868, art. 3).

47. Aux termes de l'art. 6, la récolte des *goémons poussant en mer* est permise de jour pendant toute l'année. La récolte du goémon est permise pendant toute l'année sur les rochers situés en mer et sur les rives des îles désertes (1er règlement de 1853, art. 116).

48. L'art. 7 permet la récolte en tout temps des *goémons épaves*, qu'on ne pouvait précédemment ramasser que de jour. Les goémons épaves que la mer dépose dans l'intérieur des pêcheries, parcs et dépôts à coquillages appartiennent aux détenteurs de ces établissements. Le décret du 17 juill. 1857 modifiant les art. 119 du 1er règlement, 123 du 2e règlement, 123 du 3e règlement et 107 du 4e règlement de 1853, détermine la forme et les dimensions des instruments qui peuvent être employés pour la récolte des goémons épaves. Il a été décidé qu'il n'y avait pas infraction au paragraphe 3 de l'art. 107 du 4e règlement, suivant lequel cette récolte doit être opérée avec des fourches ou des perches armées d'un seul croc, dans le fait de se servir, pour cette pêche, d'une fourche ordinaire à deux branches, ne paraissant pas armée même d'un seul croc (Crim. cass. 10 avr. 1856, aff. Dupont, D. P. 56. 5. 328).

49. Pour récolter le *goémon de rive* et le *goémon épave*, qui se trouvent sur les parties des côtes inaccessibles par terre, les habitants des communes doivent employer, comme moyen de transport pour eux et pour les goémons, des embarcations montées par des inscrits maritimes et pourvues de rôle d'équipage (1er règlement de 1853, art. 111). De même, la récolte du goémon poussant en mer ne peut être faite qu'au moyen de bateaux pourvus de rôles d'équipage (Décr. 8 févr. 1868, art. 6). Néanmoins, les cultivateurs peuvent accidentellement adjoindre aux équipages des bateaux dans une proportion déterminée (Même article).

50. L'art. 8 du décret de 1868 limite à la Manche et à l'Océan les dispositions de ce décret: il en résulte qu'il ne régit que les quatre premiers arrondissements maritimes, et que les dispositions du décret du 19 nov. 1859 (art. 78 à 82 84) restent applicables, sans modifications, au 5e arrondissement. L'enlèvement des amendements marins et sables coquilliers ne peut avoir lieu que sur l'autorisation du préfet maritime après avis du préfet du département. S'il s'agit de l'extraction des sables à bâtir, pierres et produits naturels autres que ceux qui sont considérés comme amendements marins, les autorisations sont délivrées par le préfet du département, après avis du préfet maritime (art. 9).

§ 2. — De la pêche du hareng et du maquereau (*Rép.* nos 52-57).

51. Ainsi qu'on l'a vu au *Rép.*, nos 52 et suiv., la pêche du hareng et du maquereau était soumise à des règlements spéciaux. Les anciens règlements, en ce qui concerne la pêche du hareng, avaient été abrogés par le décret du 28 mars 1852, qui formait le code spécial de cette pêche. Quant à la pêche du maquereau, elle était régie par l'ordonnance du 14 août 1816 et le décret du 7 févr. 1854 (D. P. 54. 4. 31), qui avait rendu applicables à cette pêche plusieurs dispositions des décrets des 28 mars et 7 juin 1852. Le décret du 24 sept. 1864 (D. P. 65. 4. 6) a fait rentrer la pêche du hareng et du maquereau dans le droit commun, et autorisé cette pêche, avec ou sans salaison à bord, en tout temps et en tous lieux: il supprime toutes les dispositions concernant le nombre des hommes de l'équipage, les filets, les avitaillements ou objets d'armement à embarquer sur les bateaux de pêche; enfin il permet de préparer dans tous les ports sans distinction les armements pour la pêche du hareng et du maquereau, avec salaison à bord. — Le décret du 23 juin 1866 (D. P. 66. 4. 203) a expressément abrogé l'ordonnance du 14 août 1816. — Enfin le décret du 13 févr.

1889 (D. P. 90. 4. 31) a rapporté le paragraphe 4 de l'art. 8 du décret du 28 mars 1852, sur la pêche du hareng avec salaison à bord, rendu applicable par le décret du 7 févr. 1854 à la pêche du maquereau avec salaison à bord, aux termes duquel le simple refus de l'immunité des droits était appliqué aux chargements lors que les engagements du patron et de l'équipage du bateau n'avaient pas été faits à part.

§ 3. — De la pêche des huîtres et des moules (*Rép.* nos 58-61).

52. On a vu au *Rép.* (nos 58 et 59) que les anciennes dispositions qui régissaient la pêche des huîtres et des moules avaient été abrogées et remplacées par les règlements de 1853 et 1859. Ces règlements ont été eux-mêmes modifiés sur certains points par le décret du 10 mai 1862 (V. *suprà*, n° 16). — Aux termes de l'art. 1 de ce décret, la pêche des huîtres est libre du 1er septembre au 30 avril sur les bancs hors baies ou situés à trois milles des côtes. Quant à la pêche des huîtres sur les bancs dans l'intérieur des baies ou sur ceux situés à moins de trois milles de la côte, c'est aux préfets maritimes qu'il appartient d'en fixer les époques d'ouverture et de clôture. Les préfets déterminent aussi les huîtrières qui peuvent être mises en exploitation (art. 8). Le même art. 8 interdit la pêche des huîtres avant le lever du soleil. L'art. 11 interdit la pêche des huîtres au-dessous de cinq centimètres.

53. Un décret spécial du 14 août 1872 (D. P. 72. 4. 130) règle le transport des huîtres dans la rade de Brest. Le décret du 21 déc. 1888 (D. P. 89. 4. 53) interdit toute espèce de pêche de jour et de nuit sur certaines huîtrières réservées de l'Etat dans le bassin d'Arcachon. La même interdiction a été prononcée par le décret du 8 janv. 1889 (D. P. 89. 4. table) pour certaines parties de la baie du Bile (quartier maritime du Croisic), où sont situés des bancs d'huîtres.

54. Un décret du 12 janv. 1882 (D. P. 83. 4. 3) avait interdit la vente des huîtres de toute provenance du 15 juin au 1er septembre, dans l'intérêt de la reproduction de ces coquillages. Mais ce décret a été en partie abrogé par celui du 30 mai 1889 (D. P. 90. 4. 64), qui autorise en tout temps la vente, l'achat, le transport, et le colportage des huîtres ayant plus de cinq centimètres de diamètre (art. 1). Aux termes de l'art. 2 de ce dernier décret, la vente, l'achat, le transport et le colportage des huîtres de moins de cinq centimètres de diamètre sont également autorisés en tout temps, mais uniquement dans l'intérêt de l'élevage et du peuplement des établissements ostréicoles : les huîtres d'une dimension inférieure ne peuvent, en aucun cas, être exposées sur les marchés ou livrées à la consommation. — Ces dispositions ne sont pas applicables à l'exportation des huîtres de moins de cinq centimètres du bassin d'Arcachon qui continue à être interdite en tout temps (art. 3).

Le décret du 30 mai 1889 a été modifié dans un de ces articles par le décret du 13 août 1890 (D. P. 91. 4. 100), aux termes duquel les contrevenants doivent être punis des peines prévues aux art. 7 et 14 du décret de la loi du 9 janv. 1852, et les contraventions à l'art. 3 recherchées par les agents désignés dans les deux paragraphes de l'art. 16 du décret du 9 janv. 1852, ainsi que par les agents des douanes et les militaires de la gendarmerie départementale, dont les procès-verbaux font foi jusqu'à preuve contraire.

55. Il a été décidé que l'art. 234 du décret du 4 juill. 1853, qui oblige les patrons de barque admis dans les communautés de pêcheurs à continuer la pêche jusqu'à sa clôture, à moins que les autres patrons associés ne consentent à ce qu'ils se retirent avant cette époque, ayant été édicté en vue d'assurer la conservation du poisson et du coquillage, l'infraction à cet article est passible des peines dont l'art. 7, § 2, du décret du 9 janv. 1852 punit les contraventions aux dispositions établies dans un tel objet, et non de celles de l'art. 9, lequel réprime l'infraction à des mesures générales propres à assurer la conservation de la pêche et à en régler l'exercice (Crim. cass. 23 juill. 1857, aff. Thomas, D. P. 57. 1. 383).

§ 4. — De la pêche fixe : parcs, pêcheries, bachots, bordigues, écluses, etc. (*Rép.* nos 62-68).

56. Conformément à ce qui a été exposé au *Répertoire* n° 62, on distingue la *pêche mobile* et la *pêche fixe*, la première qui se pratique à l'aide de filets transportés sur des bateaux, jetés à la mer, ramenés à bord des embarcations et rentrés en même temps qu'elles, la seconde qui se fait au moyen de certains établissements attenant au rivage ou rattachés à la terre par un moyen quelconque. On a vu au *Rép.*, n° 63, que les dispositions des anciens règlements relatives à ces établissements ont été abrogées par le décret du 9 janv. 1852, dont l'art. 2 permet l'établissement de pêcheries avec l'autorisation, toujours révocable, du ministre de la marine.

Les conditions relatives soit à l'établissement, soit à l'exploitation des pêcheries avaient été énumérées dans les règlements de 1853 et 1859 (V. *suprà*, n° 16). Mais ces dispositions sont aujourd'hui remplacées par les art. 9 et 10 du décret du 10 mai 1862. L'art. 9 de ce décret permet l'établissement, avec l'autorisation du ministre de la marine, de fossés et de réservoirs à poissons sur les propriétés privées recevant l'eau de la mer ; les arrêtés d'autorisation doivent spécifier, suivant la disposition et l'étendue des lieux, les conditions dans lesquelles seront exploités ces réservoirs. L'art. 10 porte qu'à l'avenir, il ne sera établi aucune pêcherie à poissons, soit sur le domaine maritime, soit sur une propriété privée, et que les détenteurs de pêcheries actuellement existantes seront tenus, lorsqu'ils en seront requis et dans les délais ultérieurement déterminés, de justifier de leurs titres de propriété ou des actes d'autorisation. Un grand nombre de pêcheries avaient déjà été supprimées. L'expérience ayant démontré les inconvénients de quelques-unes de ces suppressions, la reconstruction de plusieurs des pêcheries supprimées a été autorisée. Nous citerons notamment : 1° le décret du 22 juin 1867 (D. P. 67. 4. 122), relatif aux bordigues de Martigues et de Bouc ; 2° le décret du 21 déc. 1867 (D. P. 68. 4. 29), portant autorisation de construire des écluses en pierres ou pêcheries à poissons dans les îles de Ré, d'Oléron et de Noirmoutier ; 3° le décret du 13 août 1879 (D. P. 80. 4. 61), relatif à la création d'écluses en pierres ou pêcheries à poissons sur certaines parties du rivage du quartier des Sables-d'Olonne (D. P. 80. 4. 61).

57. Il existe d'autres établissements, connus sous le nom de *haut et bas parcs*, qui n'ont pas le même caractère de fixité et de permanence que les pêcheries proprement dites. Ils consistent simplement en filets tendus à la mer et que maintiennent des pieux et piquets fixés en terre. Ces parcs ne tombent pas sous la prohibition de l'art. 10 du décret de 1862. Une circulaire du 17 sept. 1862 détermine les conditions sous lesquelles ces parcs peuvent être autorisés ou concédés.

58. Les parcs à huîtres ne sont pas soumis à une réglementation uniforme. Un décret du 7 févr. 1863 (D. P. 63. 4. 12) contient un certain nombre de disposition relatives aux parcs et dépôts à huîtres du bassin d'Arcachon (quartier de la Teste). Le décret du 10 nov. 1862 (D. P. 63. 4. 141) détermine les formes à suivre pour les demandes de création : 1° de parcs et claires à huîtres, ainsi que de dépôts permanents de coquillages ou de crustacés sur une partie du domaine maritime ; 2° de réservoirs à poissons sur une propriété privée devant avoir une prise d'eau de mer.

Le décret du 18 oct. 1862 (D. P. 62. 4. 125) autorise les détenteurs de parcs et dépôts à huîtres ou autres coquillages à l'île de Ré à se former en communautés, à l'effet d'élire des gardes affectés à la surveillance de leurs établissements.

59. La défense de créer ou conserver, sans une autorisation du ministre de la marine, des établissements de pêcherie dans les étangs dont les eaux sont salées, s'applique mêmes aux étangs appartenant à des particuliers. A cet égard, tout mode de se servir d'un étang salé pour y exercer la pêche avec ou sans le secours de travaux de main d'homme, est compris dans les prévisions relatives aux établissements de pêcherie ; par suite, le fait d'un individu d'avoir affermé un enclos ou portion d'étang, dont il a fait l'acquisition, à des marins qui l'exploitent par les procédés de pêche usités et suivis dans les autres étangs salés de la contrée, constitue, en l'absence de l'autorisation exigée, la création irrégulière d'un établissement de pêcherie (Crim. cass. 6 déc. 1860, aff. Alicot, D. P. 61. 1. 95).

60. Dans le cas où un événement de force majeure, tel

que l'inondation d'un fleuve, a créé une communication permanente entre un étang salé et une pêcherie, le propriétaire de l'étang peut, en vertu du droit de se clore, placer des claires-voies pour empêcher le passage du poisson à l'endroit où se produit le passage des eaux. On verrait à tort dans ce fait une contravention aux articles 114 et suiv. du décret du 19 nov. 1859, qui prohibent l'établissement, dans les étangs salés, de barrages ou autres obstacles formant ramade, ces dispositions n'ayant eu en vue que la réglementation de l'exercice du droit de pêche (Nîmes, 9 janv. 1869, aff. Redarès, D. P. 70. 2. 184).

61. Les pêcheries sédentaires n'ont jamais existé qu'à titre précaire et à charge de révocation des autorisations accordées. Ce principe existait sous l'ancienne législation, ainsi que cela résulte notamment de l'ordonnance de 1681, qui prescrit la démolition des parcs ou pêcheries maritimes en bois et en pierres, et des ordonnances du 21 avr. 1739 et du 24 janv. 1756, qui ont institué des commissions chargées de reviser les titres des concessions des pêcheries alors existantes et de prononcer des suppressions suivant les cas. Le décret du 9 janv. 1852 n'a fait qu'appliquer ce principe dans son art. 2, en subordonnant l'existence des pêcheries de toute nature à l'autorisation du ministre de la marine. En conséquence, le ministre, investi par ce décret et par ceux du 4 juill. 1853 du droit de prononcer sur les questions de conservation ou de suppression des pêcheries même alors pourvues d'autorisation, peut exercer ce droit à l'égard des pêcheries maritimes antérieures à ces décrets ; et cette règle est applicable aux établissements de pêcheries placés sur les propriétés privées, s'ils sont alimentés par les eaux de la mer ainsi qu'à ceux existant sur les grèves (Crim. rej. 19 juill. 1855, aff. Messager, D. P. 80. 1. 244). — Cet arrêt étend l'application de la règle aux marais à poissons situés dans les quartiers des Sables-d'Olonne (4e arrondissement maritime), quoique les dispositions du décret de 1853, spéciales à ce quartier, n'en soumettent pas expressément les possesseurs à la représentation de leurs actes de concession, ces marais restant soumis aux règles générales édictées pour toutes les pêcheries.

62. Toutefois cette règle reçoit une exception. L'ordonnance de 1681 qui, après avoir prescrit la démolition des parcs ou pêcheries maritimes en bois ou en pierres, maintient cependant dans leur possession et jouissance les possesseurs des pêcheries antérieures à l'année 1544, confère à ces possesseurs un droit dont ils ne peuvent être dépouillés par l'Administration que sous la condition d'une indemnité préalable; on objecterait vainement que la possession et jouissance maintenues par l'ordonnance constituent une détention purement précaire et toujours révocable au gré de l'Administration. Ainsi le ministre de la marine, investi du droit de supprimer, par mesure de police, les établissements de pêcheries maritimes qu'il a jugés ne pouvoir être conservés, ne peut ordonner cette suppression à l'égard des pêcheries antérieures à 1544 qu'à charge d'indemnité préalable (Req. 6 févr. 1860, aff. Letroadec, D. P. 60. 1. 156). Mais s'il n'est pas formellement établi que des parcs ou pêcheries existant sur les bords de la mer et dans la construction desquels entre du bois ou de la pierre ont été bâtis avant 1544, ces parcs ou pêcheries doivent être démolis (Crim. cass. 26 juill. 1851, aff. Joys, D. P. 51. 5. 178 et, sur nouveau pourvoi, Ch. réun. cass. 25 mai 1853, D. P. 54. 1. 47).

63. Le possesseur d'une pêcherie qui n'a pas été régulièrement autorisée n'en est pas moins recevable à demander la cessation de tout fait qui porte atteinte à sa jouissance, sans que les tiers puissent lui opposer l'irrégularité de sa possession, si cette possession, quel qu'en soit le vice, est tolérée par l'Administration (Nîmes, 9 janv. 1869, aff. Redarès, D. P. 70. 2. 184).

§ 5. — Des prud'hommes pêcheurs (*Rép.* nos 65-68).

64. On a dit au *Rép.* n° 67 que, dans les quatre premiers arrondissements maritimes, les prud'hommes pêcheurs ont plutôt des attributions d'officiers de police judiciaire que des pouvoirs juridictionnels. Ils concourent, aux termes du décret du 4 juill. 1853, à faire exécuter les lois et les règlements concernant la pêche côtière et à assurer la répression des contraventions y relatives. Ils peuvent, notamment, opérer, sans l'assistance d'un juge de paix ou d'un commissaire de police, en vertu de l'art. 8 du décret du 9 janv. 1852, la visite d'un magasin situé sur le port, uniquement affecté au dépôt provisoire et à la salaison du poisson provenant de la pêche, un tel lieu de dépôt, qui n'est d'ailleurs l'accessoire d'aucune habitation, constituant par lui-même une dépendance d'une pêcherie (Crim. rej. 13 juill. 1865, aff. Guartella, D. P. 66. 5. 342).

65. L'institution des prud'hommes pêcheurs dans le 5e arrondissement maritime, telle qu'elle est réglementée par le décret du 19 nov. 1859 (D. P. 59. 4. 122), a un tout autre caractère et une beaucoup plus grande importance que dans les autres arrondissements. Ces prud'hommes pêcheurs, qui sont nommés à l'élection, connaissent seuls, exclusivement et sans appel, revision ou cassation, de tous les différends et contestations survenus à l'occasion de faits de pêche, manœuvres et dispositions qui s'y rattachent dans l'étendue de leur juridiction. Afin de prévenir autant que possible les risques, dommages et accidents, ils sont spécialement chargés, sous l'autorité du commissaire de l'inscription maritime, de régler, entre les pêcheurs, la jouissance de la mer et des dépendances du domaine public maritime, de déterminer les postes, tours de rôle, sorts ou baux, stations et lieux de départ affectés à chaque genre de pêche; d'établir l'ordre suivant lequel les pêcheurs devront caler leurs filets de jour et de nuit; de fixer les heures de jour et de nuit auxquelles certaines pêches devront faire place à d'autres; enfin de prendre toutes les mesures d'ordre et de précaution qui, en raison de leur variété et de leur multiplicité, ne sont pas prévues par le règlement (Décr. 19 nov. 1859, art. 17-1°). En outre, ils administrent les affaires de la communauté et concourent à la recherche et à la constatation des infractions en matière de pêche côtière (art. 17, 2° et 3°). — La procédure à suivre devant la juridiction des prud'hommes pêcheurs dans le 5e arrondissement maritime est déterminée par les art. 24 et suiv. du décret du 19 nov. 1859.

66. Tout acte de juridiction des prud'hommes pêcheurs échappe au contrôle de l'autorité judiciaire. Ainsi le pêcheur, condamné par un jugement de prud'hommes pêcheurs à payer des dommages-intérêts à un autre pêcheur pour détérioration causée aux filets de celui-ci, ne peut demander devant le tribunal civil la nullité de la saisie de son bateau opérée par le garde du tribunal des prud'hommes en vertu et en exécution de ce jugement (Montpellier, 3 avr. 1856, aff. Chauvin, D. P. 57. 2. 3). — Jugé aussi qu'un prud'homme pêcheur ne peut, hors le cas de prise à partie, être poursuivi personnellement par un de ses justiciables à raison d'un acte de juridiction émané de lui; et, en cas de poursuite, il est fondé à réclamer des dommages-intérêts contre la partie qui l'a actionné (Même arrêt). Ce ne serait qu'autant que l'acte, à raison duquel un prud'homme pêcheur est poursuivi personnellement par un de ses justiciables, constituerait une pure voie de fait, que les tribunaux auraient le pouvoir d'en prononcer la répression (Même arrêt, motifs).

§ 6. — Constatation des infractions; poursuites; compétence (*Rép.* nos 69-72).

67. On a indiqué au *Rép.*, n° 70, les officiers et agents par lesquels, aux termes de l'art. 16 du décret du 9 janv. 1852, sont recherchées et constatées les infractions à la police de la pêche côtière. On ne doit considérer comme agents que les syndics des gens de mer, les gardes jurés de la marine, les gardes maritimes, les gendarmes de la marine, et peut-être aussi les prud'hommes pêcheurs. Ce sont eux seuls, en effet, qui sont soumis à l'obligation d'affirmer leurs procès-verbaux (art. 17), qui ont droit à une partie des amendes de confiscation (art. 15) et qui peuvent être chargés des citations et significations (Martin, *Code de la pêche fluviale*, p. 685). — A coté de ces agents spéciaux, l'art. 56 autorise, comme on l'a dit au *Rép.*, n° 70, mais dans certains cas seulement (la vente, le transport ou colportage du frai, du poisson ou du coquillage n'ayant pas les dimensions prescrites), les officiers de police judiciaire, les agents municipaux assermentés, les employés des contributions indirectes et des octrois, à constater les contraventions.

68. Aux termes du décret du 13 août 1890 (V. *suprà*, n° 54), les contraventions à l'art. 3 du décret du 30 mai 1889, qui interdit en tout temps l'exportation des huîtres de moins de 5 centimètres du bassin d'Arcachon, sont recherchées et constatées par les fonctionnaires et agents désignés à l'art. 16 du décret du 9 janv. 1852, ainsi que par les agents des douanes et par les militaires de la gendarmerie départementale; les procès-verbaux de ces derniers agents font foi jusqu'à preuve contraire.

69. Un décret du 27 nov. 1859 (D. P. 59. 4. 132) dispose que, dans la partie des fleuves, rivières et canaux compris entre les limites de l'inscription maritime et le point où cesse la salure des eaux, les infractions à la loi du 15 avr. 1829 sur la pêche fluviale ou aux règlements rendus en exécution de cette loi seront recherchées et constatées, concurremment avec les officiers de police judiciaire et autres agents institués à cet effet, par les syndics des gens de mer, gardes maritimes et gendarmes de la marine. D'après une circulaire du 22 juill. 1864 (Fournier, *Cours d'administration des élèves commissaires de la marine*, p. 337), les procès-verbaux des agents étrangers à la police des pêches ne peuvent servir que comme témoignages ordinaires.

70. Les contraventions à la loi du 1er mars 1888, qui interdit la pêche aux étrangers dans les eaux territoriales de France et d'Algérie (V. *suprà*, n° 20) sont constatées par les officiers et officiers mariniers commandant les bâtiments de l'Etat ou les embarcations gardes-pêche et tous officiers et agents commis à la police des pêches maritimes (L. précitée, art. 4). Les procès-verbaux doivent, à peine de nullité, être affirmés. dans les trois jours de leur clôture, par-devant le juge de paix du canton ou l'un de ses suppléants ou par-devant le maire ou l'adjoint soit de la commune de la résidence de l'agent qui a dressé le procès-verbal, soit de celle où le bateau a été conduit. Toutefois les procès-verbaux dressés par les officiers du commissariat de la marine chargés de l'inscription maritime, par les officiers et officiers mariniers commandant les bâtiments de l'Etat ou les embarcations garde-pêche et par les inspecteurs des pêches maritimes ne sont pas soumis à l'affirmation (Même loi, art. 5).

71. Nous avons mentionné (*suprà*, n° 67) parmi les agents commis à la police de la pêche maritime les *gardes jurés* dont le nombre est fixé par le préfet maritime, ou les chefs de service, et qui sont choisis parmi les patrons pêcheurs réunissant certaines conditions. Ils sont nommés pour un an par le préfet ou le chef de service, après élection par leurs pairs et présentation par l'autorité du quartier (Décr. 4 juill. 1853, art. 11 et suiv; 13 janv. 1883, D. P. 83. 4. 39). — Le décret du 17 juin 1865 (D. P. 65. 4. 127) autorise, en outre, les détenteurs des établissements de pêche fondés sur le littoral à se former en associations, à l'effet d'élire des gardes exclusivement affectés à la surveillance de leurs établissements. Ces gardes jurés spéciaux sont élus dans la forme indiquée par les décrets du 4 juill. 1853 pour les gardes jurés, mais peuvent être maintenus en fonctions indéfiniment. Ils sont choisis, autant que possible, parmi les inscrits maritimes et prêtent serment devant le tribunal de première instance dans le ressort duquel ils exercent, lorsqu'ils ont été agréés par l'autorité maritime, qui conserve le droit de les révoquer dans les formes prévues pour les autres gardes jurés. Ils ne participent à aucun des avantages particuliers stipulés en faveur de ces derniers; mais ils ont droit, comme eux, au cinquième des amendes et confiscations prononcées par suite de leur vigilance (Décr. 9 janv. 1852, art. 15).

72. On a vu (*Rép.* n° 72) qu'aux termes de l'art 18 du décret du 9 janv. 1852, les poursuites pour infractions à ce décret et à ceux qui ont été rendus en exécution de ses art. 3 et 4, sont portées devant les tribunaux correctionnels. Toutefois, par exception, lorsqu'il s'agit d'infractions légères, le commissaire de l'inscription maritime peut infliger, à titre disciplinaire, jusqu'à cinq jours de prison ou d'interdiction de pêche (Décr. 24 mars 1852, art. 58, D. P. 52. 4. 132).

73. Aux termes du décret du 7 sept. 1870 (D. P. 70. 4. 87) l'administration de la Marine, représentée par le ministre ou les agents par lui désignés, a le droit de transiger en matière de délits ou contraventions relatives à la pêche maritime, dans les conditions prévues pour les délits forestiers par la loi du 18 juin 1859 et le règlement d'administration publique du 21 déc. 1839.

Table sommaire

des matières contenues dans le Supplément et le Répertoire.

(Les chiffres précédés de la lettre *S* renvoient au Supplément; les chiffres précédés de la lettre *R* renvoient au Répertoire.)

Table chronologique des Lois, Arrêts, etc.

PÉCULAT. — V. *suprà*, v° *Forfaiture, délits commis par les fonctionnaires publics*, n°s 17 et suiv.; *Rép.* eod. v°, n°s 28 et suiv.

PEINE.

1. L'attention publique s'est portée, en ces dernières années, sur les questions de pénalité. Sous l'influence de causes diverses, parmi lesquelles il faut signaler l'augmentation de la criminalité et l'accroissement continu de la récidive, les philosophes se sont efforcés de mieux étudier les conditions théoriques de la répression, en même temps que les criminalistes des différents pays cherchaient à vérifier les défauts et les mérites des systèmes pénaux en vigueur. Cette sorte d'enquête universelle ne pouvait manquer de produire de bons effets en législation ; la plupart des nations étrangères se sont donné, depuis la publication du *Répertoire*, de nouveaux codes de pénalité, et, en France même, d'importants travaux extraparlementaires ont été entrepris en vue de préparer la revision de notre code pénal (V. *infrà*, n° 13). D'autre part, comme nous le verrons *infrà*, n° 6 et suiv. des lois particulières ont déjà modifié, sur différents objets, notre législation nationale répressive. — Il n'entre pas dans le cadre du présent traité de résumer l'ensemble des travaux qui ont été accomplis à l'étranger et dans notre pays relativement à la mise en action du droit de punir ; mais nous signalerons les principaux résultats de ces travaux à l'occasion des diverses questions de pénalité qui formeront l'objet de la présente étude, nous plaçant d'ailleurs, comme toujours, plus spécialement au point de vue de l'utilité pratique.

2. Bien que la définition de la peine ait surtout un intérêt doctrinal, il ne sera pas, croyons-nous, sans intérêt de signaler ici quelques-unes des définitions qui ont été proposées, depuis la publication du *Répertoire*. On a dit au *Rép.*, n° 1, que la peine, au point de vue juridique, c'est le mal infligé, par la volonté de la loi, à celui qui lui a désobéi, ou en faisant ce qu'elle défendait, ou en ne faisant pas ce qu'elle prescrivait. La définition donnée par M. Ch. Haus se rapproche de celle-ci : « La peine sociale, dit-il, est le mal infligé par la société à l'auteur d'un délit, à raison de ce délit » (*Principes du droit pénal belge*, t. 1, n° 72); et M. Laborde dit, en termes presque identiques : « La peine est le châtiment édicté par la loi pour réprimer l'infraction » (*Cours élémentaire de droit criminel*, n° 248); M. Garraud a proposé une définition plus explicite, en disant que « la peine proprement dite, c'est le mal que le pouvoir, au nom seul de l'intérêt public, inflige à l'individu déclaré, par jugement, coupable d'une infraction » (*Traité théorique et pratique du droit pénal français*, t. 1, n° 251). La meilleure de toutes les définitions est peut-être celle du professeur Carrara : « La peine est un mal infligé par les magistrats, conformément à la loi de l'Etat, à ceux qui ont été, dans les formes voulues, reconnus coupables d'un délit » (*Programme du cours de droit criminel fait à l'université de Pise*, partie générale, trad. Baret, § 584).

3. En raison des changements introduits dans notre législation des peines, la *division* de notre traité a dû subir quelques modifications. Le chapitre 4, qui n'avait que quatre sections au *Répertoire*, en comprend deux nouvelles, savoir : la section 5, consacrée à la condamnation conditionnelle (L. 29 mars 1891, dite loi Bérenger) et la section 6, qui a pour objet la libération conditionnelle et le patronage (L. 14 août 1885 sur les moyens de prévenir la récidive). D'autre part l'importance croissante de la matière de la récidive et aussi l'institution de la nouvelle peine de la *relégation* des récidivistes nous ont déterminé à consacrer à ce double objet de la récidive et de la relégation un traité spécial qui figurera dans le *Supplément* à la place que lui assigne l'ordre alphabétique, sous ce titre : *Récidive-relégation*. Conséquemment, la récidive, qui occupait au *Répertoire* toute la première section du chapitre 5, a disparu du présent traité. Il résulte de ce changement que ledit chapitre 5 ne comprend plus aujourd'hui que deux sections, lesquelles ont pour objet : la première, les causes de non-culpabilité et les excuses ; la seconde, les circonstances atténuantes.

4. On remarquera que, à la différence de ce qui a été fait au *Répertoire*, lequel réunit sous la rubrique générale *Excuses* les causes de non-culpabilité et les excuses proprement dites, on a cru devoir distinguer ces deux matières, différentes par nature, dans l'intitulé de la section 1 du chapitre 5. De plus, l'âge n'étant pas une excuse mais une cause de non-culpabilité, quand il exclut le discernement, il a paru préférable de placer cette matière de l'âge dans la section première, où un nouveau paragraphe (§ 4) lui a été consacré. Quant aux excuses proprement dites, qui forment désormais l'objet de l'art. 2 de la section 1 du chapitre 5, on a cru devoir diviser cet article en trois paragraphes, traitant, le premier des excuses en général, le second des excuses absolutoires, le troisième des excuses atténuantes. C'est la division universellement adoptée dans tous les traités de droit pénal. Enfin quelques rubriques des sections du chapitre 6 ont dû subir des modifications nécessaires. La peine de l'*exposition* a disparu de nos lois depuis 1848. La section 6, qui lui était réservée, a été consacrée à la peine de l'emprisonnement, ainsi détachée de la reclusion avec laquelle elle était confondue au *Répertoire*, dans la section 5. L'interdiction de séjour a pris, dans la section 9, la place de la surveillance, qu'elle a remplacée depuis la loi du 27 mai 1885; et, à côté de l'interdiction légale, on a placé, dans la section 11, les incapacités spéciales créées par la loi du 31 mai 1854.

Division.

CHAP. 1er. — Historique, législation, doctrine et droit comparé (*Rép.* nos 2 à 30).

5. — I. HISTORIQUE. — Nous n'ajouterons rien aux notions historiques très étendues données au *Répertoire* sur la pénalité; mais il nous paraît à propos de signaler ici les principaux ouvrages qui peuvent être utilement consultés relativement à cette partie de l'histoire du droit criminel.

Sur l'origine historique de la pénalité, on consultera : Albert du Boys, *Histoire du droit criminel des peuples anciens* (1845) ; *Histoire du droit criminel des peuples européens* (2e édit. 1865), prolégomènes ; Lubbock, *Origines de la civilisation*, trad. Barbier (Paris, 1873), p. 459 et 460; Garraud, *Traité théorique et pratique du droit pénal français*, t. 1 (1888), nos 35 et suiv. ; L. Proal, *Le crime et la peine* (1892), 2e partie, chap. 15, intitulé : « Origine de la justice pénale » ; Fr. Carrara, *Programme du cours de droit criminel fait à l'université de Pise*, trad. par P. Baret (1876), § 587 et suiv.

On consultera pour l'étude de la pénalité : 1° dans l'Egypte ancienne : Thonissen, *Etudes sur l'histoire du droit criminel des peuples anciens*, 1869, 1er vol., liv. 2, chap. 3 ; Fr. Lenormant, *Manuel de l'histoire ancienne de l'Orient*, t. 1, p. 493 ; Roland, *De l'esprit du droit criminel aux différentes époques* (Paris, 1880, p. 14); — 2° Chez les Hébreux : Thonissen, *op. cit.*, 2e vol., liv. 3, chap. 3 et appendice ; Lenormant, *op. cit.*, p. 169 ; R. Dareste, *Etudes d'histoire du droit*, p. 20 et suiv.; Roland, *op. cit.*, p. 75; — 3° Dans l'Inde brahmanique : Thonissen, 1 vol., liv. 1, chap. 3 ; R. Dareste, *op. cit.*, p. 78 et suiv.; — 4° Chez les Athéniens : Thonissen, *Le droit criminel de la république athénienne* (Paris, 1875); R. Dareste, *Esquisse du droit criminel athénien* (*Journal des savants*, 1878, p. 625-639) ; Roland, *op. cit.*, p. 158 ; — 5° A Rome : Faustin Hélie, *Le droit pénal dans la législation romaine*, *Revue critique*, 1882, t. 11, p. 27 et 100 ; Ferdinand Walter, *Histoire du droit criminel des Romains*, traduit de l'allemand par Piquet-Damesme, nos 819 et suiv.; Ch. Maynz, *Esquisse historique du droit criminel de l'ancienne Rome* (*Nouvelle Revue historique*, 1882, t. 6, p. 1 à 34); Labatut, *Essai sur le système pénal des Romains* (*Revue critique*, 1874, p. 630 ; 1875, p. 605, 709 et 757) ; Madvig, *L'Etat romain, sa constitution et son administration*, traduit du danois par Ch. Morel, t. 3, p. 309 et suiv. ; Mispoulet, *Les institutions politiques des Romains*, t. 2, p. 513 et suiv. ; Roland, *op. cit.*, p. 256 ; et surtout Garraud, *op. cit.*, t. 1, p. 59 et suiv. V. aussi la thèse de M. Jean Paris (Paris, 1891) sur la *Poursuite d'office en matière de délits publics*, p. 12, 22, 23 et 41.

Quant à l'ancien droit français, nous citerons les ouvrages suivants : 1° pour la période barbare : Thonissen, *L'organisation judiciaire, le droit pénal et la procédure pénale dans la loi salique* (1882), p. 152 et suiv. ; Guizot, *Histoire de la civilisation en France*, t. 1, 9e leçon ; Albert du Boys, *Histoire du droit criminel des peuples européens*, liv. 1 et 2.; Pardessus, *Loi salique*, 12e dissertation ; Gauthier, *Précis de l'histoire du droit français*, p. 122 et suiv.; Garraud, *Précis de droit criminel* (4e édit., 1892) nos 18 et 23 ; Villey, *Précis d'un cours de droit criminel* (5e édit. 1891), p. 16 ; Ortolan, *Eléments de droit pénal*, t. 1, nos 74 et suiv.; — 2° Pour la période féodale : L. Tanon, *Histoire des justices des anciennes églises et communautés monastiques de Paris* (Paris, 1883), le chap. 3, intitulé : « Des peines » ; Garraud, *Précis*, n° 23 ; Villey, *Précis*, p. 23 ; Trébutien, *Cours élémentaire de droit criminel*, revu par MM. Laisné-Deshayes et Guillouard, t. 1, nos 56 à 60 ; Ortolan, *op. cit.*, t. 1, nos 101 et suiv.; — 3° Pour ce qui concerne les pénalités ecclésiastiques : A. du Boys, *Histoire du droit criminel de la France*, t. 1, appendice au chap. 14, p. 86 et suiv. ; *Histoire du droit criminel des peuples européens*, p. 422 et suiv. ; Ortolan, t. 1, n° 66 ; Paul Viollet, *Précis de l'histoire du droit français*, 1er fascic. p. 39 et suiv. ; Faustin Hélie, *Traité de l'instruction criminelle*, t. 1, nos 198 et suiv.; Trébutien, t. 1, nos 80 et suiv. ; — 4° Pour la période royale : A. du Boys, *Histoire du droit criminel de la France*, t. 1, chap. 13, p. 218 et suiv. ; t. 2, chap. 16, p. 17 et suiv. ; Ortolan, t. 1, nos 120 et 121 ; Trébutien, t. 1, nos 125 et suiv. ; Villey, p. 29 et suiv. ; Garraud, *Précis*, nos 23 et 24 ; Laborde, *Cours élémentaire de droit criminel* (Paris, 1891), nos 44 et suiv. ; Maury, *L'ancienne législation criminelle* (*Revue des Deux Mondes*, 1877, 15 septembre et 1er octobre); Alb. Desjardins, *Les cahiers des états généraux en 1789 et la législation criminelle*, p. 27 et suiv.; — 5° Enfin pour le droit pénal sous la Révolution : Garraud, *op. cit.*, t. 1, introduction, § 12, nos 59 et suiv. V. aussi l'introduction de l'ouvrage précité de M. Desjardins ; Villey, p. 33 ; Ortolan, t. 1, nos 144 et suiv. ; Laborde, nos 49, 50 et 51.

6. — II. Législation. — Notre législation des peines a été améliorée depuis la publication du *Répertoire*, par l'effet de diverses lois, dont la plus importante est celle des 13 mai-1er juin 1863, portant modification de plusieurs dispositions du code pénal (D. P. 63. 4. 79). La plupart des réformes ains introduites dans le droit pénal peuvent être rattachées aux trois idées suivantes : 1° *adoucissement de la pénalité*; 2° *amendement du condamné* par la peine; 3° *expulsion hors du territoire* des condamnés dangereux (V. Garraud, *Traité de droit pénal*, t. 1, n° 70).

Au premier point de vue (*adoucissement de la pénalité*), la loi précitée des 13 mai-1er juin 1863 a accompli une œuvre considérable. Cette revision du code pénal, moins étendue que celle du 28 avr. 1832 (*Rép.* p. 553), a porté sur 45 articles dont les uns dataient du 1810 et les autres de 1832; elle a consisté principalement à abaisser les peines édictées par le code contre un certain nombre de crimes et de délits, peines jugées trop sévères. L'abaissement a été réalisé de trois manières : 1° par la conversion de certaines peines criminelles du code en peines criminelles d'un moindre degré (c. pén. art. 158, 309, 310, 361, § 5, 383, § 2 et 3); — 2° Par la transformation (*correctionnalisation*) d'assez nombreux crimes en délits, passibles désormais de simples peines correctionnelles (c. pén. art. 142, 153, 154, 155, 158, 156, 160, § 2; 174, 241, § 2 *in fine*; 251, § 2; 279, § 1; 305, 309, 362, § 1 ; 363, 364, 365, 366, 387, 389, 399, § 2; 418); — 3° Par la réduction de la peine d'emprisonnement prononcée par le code contre certains délits (c. pén. art. 153, 154, 156, 159, 160, 174, 222, 241 et 306). — Au reste, la loi du 13 mai 1863 n'a pas fait qu'abaisser les peines; elle en a aggravé quelques-unes. Ainsi l'emprisonnement a été augmenté : pour le délit d'outrage envers un commandant de la force publique prévu par l'art. 225, et pour le délit d'outrage public à la pudeur prévu par l'art. 330. Il a été augmenté avec addition d'une amende, pour le délit de violence ou voies de fait prévu par l'art. 230. Il a été ajouté à l'amende, pour le délit d'outrage prévu par l'art. 224, avec faculté toutefois de prononcer l'une de ces deux peines seulement. Enfin l'affiche et l'insertion dans les journaux sont ajoutées à l'emprisonnement, à l'amende et à la confiscation spéciale dans le cas des art. 157, 161 et 423. — D'autre part, la loi de 1863 a ajouté au code quelques nouvelles infractions, qu'elle a punies de peines correctionnelles. (V. à cet égard, c. pén. art. 134, 222, 223, 224, 308, 400, § 2 et 5). Elle a aussi reculé jusqu'à treize ans la limite d'âge au delà de laquelle l'emploi de la violence est légalement présumé en matière d'attentat à la pudeur contre des enfants (c. pén. art. 331 et 333). En revanche, la communication des secrets de fabrique faite à un Français résidant en France, que punissait l'art. 418, § 2, a cessé d'être punissable.

7. A propos de l'atténuation des peines, deux modifications législatives sont encore à signaler. La première concerne l'art. 463 c. pén. relatif aux circonstances atténuantes. On sait que le dernier paragraphe de l'art. 463 de la loi du 28 avr. 1832, autorisait les juges correctionnels à abaisser l'emprisonnement et l'amende, même jusqu'à un emprisonnement ou à une amende de simple police ; il permettait aussi de ne prononcer que l'une de ces deux peines. La loi du 13 mai 1863 a restreint, à cet égard, les pouvoirs du juge : elle n'a plus accordé à celui-ci la faculté de descendre aux peines de simple police qu'à l'égard des peines correctionnelles dont le *minimum* n'excéderait pas les limites par elle déterminées dans les deux derniers paragraphes de l'art. 463. Mais le décret du 27 nov. 1870 (D. P. 71. 4. 9). a rétabli sur ce point la législation de 1832. — D'autre part, le nouvel alinéa 3 de l'art. 463 (texte de 1863) a réglé, en cas de circonstances atténuantes, le mode d'abaissement de la peine de la déportation dans une enceinte fortifiée. — Enfin un paragraphe dernier a été récemment ajouté à l'art. 463 par la loi du 26-28 oct. 1888 (D. P. 89. 4. 3), qui a décidé que, dans le cas où l'amende est substituée à l'emprisonnement (par suite d'une déclaration de circonstances atténuantes en matière correctionnelle), si la peine de l'emprisonnement est seule prononcée par l'article dont il est fait application, le maximum de cette amende sera de 3000 fr.

8. La seconde modification, beaucoup plus importante,

résulte de la loi sur l'atténuation et l'aggravation des peines, dite loi Bérenger, des 26-27 mars 1891 (D. P. 91. 4. 24), qui a concédé aux juges, dans des conditions déterminées, la faculté d'accorder au condamné *primaire* un sursis de cinq ans pour l'exécution de sa peine (V. *infrà*, nos 215 et suiv.).

9. En ce qui concerne l'*amendement du condamné par la peine*, nous signalerons la loi des 5-16 juin 1875 (D. P. 76. 4. 9), sur le régime des prisons départementales, qui établit, dans ces prisons, le système d'isolement ou de l'emprisonnement individuel, habituellement appelé *régime cellulaire* (V. *infrà*, nos 639 et suiv.); celle du 4 févr. 1893 sur la réforme des prisons pour courtes peines (*Journ. off.* du 5 févr.); celle des 14-15 août 1885 (D. P. 85. 4. 60), sur les moyens de prévenir la récidive, qui contient d'importantes dispositions relatives à la libération conditionnelle, et aussi l'art. 19 de la loi sur les récidivistes du 27-28 mai 1885 (D. P. 85. 4. 45), qui a supprimé la peine de la surveillance de la haute police et l'a remplacée par la peine de l'interdiction de séjour. On peut rattacher au même ordre d'idées la loi du 25-27 déc. 1880 (D. P. 81. 4. 53), qui a édicté des mesures spéciales pour la répression des crimes commis dans l'intérieur des prisons.

10. Relativement à l'*expulsion hors du territoire des condamnés dangereux*, on sait que trois peines s'exécutent aujourd'hui par l'expatriation, savoir: la déportation, soit simple, soit dans une enceinte fortifiée; la transportation, ou plutôt les travaux forcés, soit à temps, soit à perpétuité, car la transportation n'est que le mode d'exécution des travaux forcés; et enfin la relégation. Cette dernière peine est d'institution récente. Créée par la loi des 27-28 mai 1885 sur les récidivistes (D. P. 85. 4. 45), et motivée par la recrudescence croissante des récidives, la relégation aux colonies a été organisée par le décret d'administration publique du 26-27 nov. 1885 (D. P. 85. 4. 86). Il en sera traité *infrà*, v° *Récidive-relégation*. — La transportation, on vient de le dire, n'est qu'un mode d'exécution de la peine des travaux forcés. En effet, cette dernière peine s'exécute exclusivement, en principe, du moins pour les hommes, par la transportation dans des colonies pénitentiaires, autres que l'Algérie (L. 30 mai-1 juin 1854, art. 1, D. P. 54. 4. 90). Des décrets ont désigné pour cet objet: la Guyane (Décr. 16 avr. 1852, D. P. 52. 4. 115), la Nouvelle-Calédonie (Décr. 2 sept. 1863, D. P. 63. 4. 153), Obock (Décr. 3 mars 1886, D. P. 86. 4. 85; et 3 oct. 1886, D. P. 87. 4. 55), le Gabon (Décr. 1er-4 déc. 1887, D. P. 88. 4. 17). Au point de vue pénal, la condition des transportés a été réglée par un décret important, en date du 5 oct. 1889 (D. P. 90. 4. 101), véritable *code des bagnes*, qui fixe les pénalités applicables, à l'avenir, aux forçats (Sur la transportation, V. *infrà*, nos 611 et suiv., et v° *Prisons*). — Quant à la déportation, cette peine, de nature politique, créée par l'art. 17 c. pén., est aujourd'hui (depuis la loi du 8 juin 1850, D. P. 50. 4. 129) de deux sortes: simple ou dans une enceinte fortifiée. Dans l'un et l'autre cas, elle se subit à la Nouvelle-Calédonie (L. 23 mars-3 avr. 1872, D. P. 72. 4. 71), et la condition des déportés y a été réglée par la loi des 25-28 mars 1873 (D. P. 73. 4. 49), dont l'art. 3 prononce des peines très graves contre les déportés coupables d'évasion (V. *infrà*, n° 626).

11. Il convient de noter encore, parmi les récentes lois de pénalité ayant un caractère général: la loi déjà citée (*suprà*, n° 8) des 26-27 mars 1891 sur l'atténuation et l'aggravation des peines (D. P. 91. 4. 24) et la loi du 15 nov. 1892, relative à l'imputation de la détention préventive sur la durée de la peine. L'objet de la première de ces lois (dite *loi Bérenger*) est double, comme l'indique son titre; nous avons indiqué (*suprà*, n° 8), le premier, qui concerne l'atténuation des peines; l'autre est relatif à l'aggravation des peines en cas de récidive: à cet égard, la loi nouvelle, dans la seconde partie de ses dispositions, a remanié le système du code pénal sur la récidive correctionnelle (V. *infrà*, v° *Récidive-relégation*). Quant à la loi du 15 nov. 1892, elle sera expliquée *infrà*, nos 188 et suiv.

12. Indépendamment des lois qui précèdent, il a été promulgué, depuis la publication du *Répertoire*, un assez grand nombre de lois spéciales, les unes complémentaires du code pénal, les autres étrangères à ce code, qui contiennent des dispositions pénales, et qui, à ce titre, nous paraissent devoir, ainsi que quelques décrets importants, trouver place dans le tableau chronologique ci-après.

TABLEAU DE LA LÉGISLATION RELATIVE AUX PEINES.

10-15 juin 1854. — Loi sur le libre écoulement des eaux provenant du drainage, dont l'art 6 étend l'art. 456 c. pén. à la destruction des conduites d'eau établies dans un fond pour le drainage, et l'art. 457 à tout obstacle apporté au libre écoulement des eaux dirigées dans ces conduites (D. P. 54. 4. 96).

5-9 mai 1855. — Loi qui déclare applicable aux boissons les dispositions de la loi du 27 mars 1851 sur la répression des fraudes dans la vente des marchandises (D. P. 55. 4. 65).

9 juin-4 août 1857. — Code de justice militaire pour l'armée de terre (D P. 57. 4. 115).

4-15 juin 1858. — Code de justice militaire pour l'armée de mer (D. P. 58. 4. 90).

13 mai-1er juin 1863. — Loi portant modification de plusieurs dispositions du code pénal (D. P. 63. 4. 79).

25-27 mai 1864. — Loi qui modifie les art. 414, 415 et 416 c. pén., relatif au délit de coalition (D. P. 64. 4. 53).

27 juill.-2 août 1867. — Loi relative à la répression des fraudes dans la vente des engrais (D. P. 67. 4. 137).

25 nov.-8 déc. 1870. — Décret sur les exécuteurs des hautes œuvres (D. P. 70. 4. 133).

27 nov. 1870-7 janv. 1871. — Décret modifiant les trois derniers paragraphes de l'art. 463 c. pén., relatif aux circonstances atténuantes (D. P. 71. 4. 3).

10-29 août 1871. — Loi relative aux conseils généraux, dont l'art. 34 déclare les peines de l'art. 258 c. pén. sur l'usurpation de fonctions applicables aux réunions illégales des conseils généraux.

14-23 mars 1872. — Loi qui établit des peines contre les affiliés à l'Association internationale des travailleurs (D. P. 72. 4. 42).

23 mars-3 avr. 1872. — Loi qui désigne de nouveaux lieux de déportation (D. P. 72. 4. 71).

23 janv.-4 févr. 1873. — Loi tendant à réprimer l'ivresse publique et à combattre les progrès de l'alcoolisme (D. P. 73. 4. 18).

25-28 mars 1873. — Loi qui règle la condition des deportés à la nouvelle-Calédonie (D. P. 73. 4. 49).

26 juill.-3 août 1873. — Loi qui ajoute à l'art. 401 c. pén. un paragraphe concernant certains délits commis au préjudice des restaurateurs, aubergistes, cabaretiers, etc. (D. P. 73. 4. 94).

29-30 déc. 1873. — Loi portant fixation du budget général des dépenses et des recettes de l'exercice 1874, dont l'art. 25 substitue les percepteurs aux receveurs de l'enregistrement pour le recouvrement des amendes et des condamnations pécuniaires autres que celles concernant les droits d'enregistrement de timbre etc. (D. P. 74. 4. 29).

23-30 janv. 1874. — Loi relative à la surveillance de la haute police (D. P. 77. 4. 50).

8 mars-8 avr. 1875. — Loi relative à la poudre dynamite. V. l'art. 8 (D. P. 75. 4. 97).

5-16 juin 1875. — Loi sur le régime des prisons départementales (D. P. 76. 4. 9).

25-27 déc. 1880. — Loi sur la répression des crimes commis dans l'intérieur des prisons (D. P. 81. 4. 53).

30 juin-1er juill. 1881. — Loi sur la liberté de réunion. V. notamment l'art. 8 (D. P. 84. 4. 101).

21-24 juill. 1881. — Loi sur la police sanitaire des animaux. V. Dispositions pénales dans les art. 30 et suiv. (D. P. 82. 4. 32)

29-30 juill. 1881. — Loi sur la liberté de la presse, contenant de nombreuses dispositions pénales, notamment dans les art. 2, 3, 9, 10, 11, 12, 13, 14, 17, 21, 24, 26, 27, 28, 38, 31, 32, 33, 36, 37, 38, 39, 40 (D. P. 81. 4. 65).

2-4 août 1882. — Loi ayant pour objet la répression des outrages aux bonnes mœurs (D. P. 84. 4. 105).

21-22 mars 1884. — Loi relative à la création des syndicats professionnels, dont l'art. 1er abroge l'art. 416 c. pén., et déclare en outre que les art. 291, 292, 293, 294 du même code et la loi du 10 avr. 1834 ne sont pas applicables aux syndicats professionnels (D. P. 84. 4. 129).

27-28 mai 1885. — Loi sur les récidivistes (D. P. 85. 4. 45).

14-15 août 1885. — Loi sur les moyens de prévenir la récidive (libération conditionnelle, patronage, réhabilitation) (D. P. 85. 4. 60).

14-20 août 1885. — Loi sur la fabrication et le commerce des armes et des munitions non chargées (D. P. 85. 4. 77). Le titre 3 de cette loi contient des dispositions pénales.

26-27 nov. 1885. — Décret portant règlement d'administration publique pour l'application de la loi du 27 mai 1885, sur la relégation des récidivistes (D. P. 85. 4. 86).

18-19 avr. 1886. — Loi qui établit des pénalités contre l'espionnage (D. P. 86. 4. 58).

26-28 oct. 1888. — Loi qui ajoute un paragraphe à l'art. 463 c. pén., relatif aux circonstances atténuantes (D. P. 89. 4. 3).

4-6 juill. 1889. — Loi tendant à compléter l'art. 177 c. pén., relatif à la corruption des fonctionnaires (D. P. 90. 4. 56).

15-17 juill. 1889. — Loi sur le recrutement de l'armée, tit. 5 : Dispositions pénales (D. P. 89. 4. 98).

16-19 nov. 1889. — Décret relatif à la désignation du lieu de transportation dans lequel seront internés des condamnés aux travaux forcés (D. P. 90. 4. 102).

5 oct. 1889-25 févr. 1890. — Décret qui décide que les lois pénales en vigueur dans chaque colonie pénitentiaire seront applicables aux condamnés aux travaux forcés subissant leur peine sous les réserves spécifiées au présent décret (D. P. 90. 4. 101).

26-27 déc. 1890. — Loi portant fixation du budget général des dépenses et des recettes de l'exercice 1891, dont l'art. 11 règle l'attribution des amendes (D. P. 91. 4. 55).

26-27 mars 1891. — Loi sur l'atténuation et l'aggravation des peines (D. P. 91. 4. 24).

2-3 avr. 1892. — Loi sur les attentats par les explosifs portant modification des art. 435 et 436 c. pen. (D. P: 92. 4. 42).

2-4 nov. 1892. — Loi sur le travail des enfants, des filles mineures et des femmes dans les établissements industriels. V. art. 26 et suiv. relatifs à la pénalité (D. P. 93. 3. 25).

15-17 nov. 1892. — Loi relative à l'imputation de la détention préventive sur la durée de la peine (D. P. 93. 4. 1).

30 nov.-1er déc. 1892. — Loi sur l'exercice de la médecine. V. les art. 18 et suiv. relatifs à la pénalité (D. P. 93. 4. 8).

3-4 févr. 1893. — Loi tendant à compléter les art. 419 et 420 c. pén. (retraits de fonds des caisses publiques) (*Journ. off.* du 4 février).

4-5 févr. 1893. — Loi relative à la réforme des prisons pour courtes peines (D. P. 93. 4. 48).

16-17 mars 1893. — Loi portant modification des art. 45, 47 et 60 de la loi du 29 juill. 1881 sur la presse (*Journ. off.* du 17 mars).

28-29 avr. 1893. — Loi portant fixation du budget général des dépenses et des recettes de l'exercice 1893, dont l'art 45 modifie l'art. 4 de la loi des finances du 26 déc. 1890, relatif à la répartition des amendes (*Jour. off.* part. off. p. 2141).

13. Il résulte de tout ce qui précède que si, depuis la publication du *Répertoire*, des améliorations nombreuses ont été introduites dans notre législation pénale, aucun plan général de réforme n'a été jusqu'ici exécuté en France. C'est au jour le jour, sous l'empire des besoins et des idées du moment, que les lois signalées ont été élaborées et votées (V. Garraud, t. 1, p. 100). La plupart des nations étrangères nous ont devancés dans la voie des réformes, ainsi qu'on le verra *infrà*, nos 15 et suiv. Chez nous aussi la réforme se fera, et sans doute dans un temps peu éloigné. Elle est nécessaire et universellement réclamée. « Notre code pénal n'est plus en harmonie avec le milieu social. A certains points de vue, l'échelle des peines est renversée. La reclusion est plus intimidante que les travaux forcés. La déportation, appliquée aux criminels politiques, est un nonsens. Le bannissement, héritage des vieux codes, ne peut être utile tel qu'il est édicté. Une refonte générale du système pénal, et surtout du système pénitentiaire, s'impose donc à la France » (Garraud, *loc. cit.*).

Une commission extraparlementaire, chargée de préparer la revision de la législation pénale, a été instituée au ministère de la justice par décret du 26 mars 1887. Le rapport de M. le garde des sceaux au chef de l'Etat, qui précède ce décret (V. *Journ. off.* du 27 mars 1887), indique sommairement les réformes principales que le Gouvernement a eues en vue en instituant la commission. On trouvera aussi au *Journal officiel* (no du 2 juill. 1892) un décret ultérieur, en date du 30 juin 1892, réorganisant la commission. Dans le rapport qui a précédé ce second décret, le ministre a fait connaître la situation des travaux effectués à cette date. « La commission, dit M. le garde des sceaux, a déjà accompli une partie importante de sa tâche. Elle a, en effet, élaboré un projet dans lequel se trouvent établies les règles fondamentales de notre droit pénal. Indépendamment des dispositions qu'il contient relativement aux infractions en général, ce projet détermine les peines et leur mode d'exécution, ainsi que les circonstances qui les excluent, les atténuent ou les aggravent. Il institue le pardon et prévoit le sursis à l'exécution ; il réglemente la libération conditionnelle. Les conditions de la complicité et de la tentative y sont précisées, l'influence que le concours de faits punissables doit exercer sur la peine y est également déterminée. Enfin, des dispositions relatives à la prescription et à la réhabilitation, terminent ce projet ». — En somme, à la date du 30 juin 1892, la commission avait achevé la *partie générale* du code pénal en projet. Il lui reste à reviser l'énumération des différents faits qui doivent être punis, avec les peines applicables à chacun d'eux, autrement dit la partie spéciale. Dans son état actuel, l'œuvre est divisée en 112 articles, et intitulée : *Livre 1er : Des infractions en général et des peines* (*Bull. de la Société des prisons*, 1893, p. 188 et suiv.). — V. sur le projet de réforme du code pénal, partie générale : le rapport de M. Bomboy, substitut au tribunal de la Seine et secrétaire de la commission. V. aussi l'article de M. Lepoitevin, intitulé : *Le projet de réforme du code pénal*, dans le *Bulletin de la Société générale des prisons*, 1893, p. 151).

14. — III. DOCTRINE. — Sous ce titre, nous nous bornerons à signaler les traités généraux de droit pénal français parus ou réédités depuis la publication du *Répertoire*. Quant aux ouvrages spéciaux qui ont pour objet, non pas l'ensemble de la pénalité, mais l'étude spéciale et exclusive de telle ou telle branche de notre législation pénale, on les mentionnera dans la suite du présent traité, chacun à propos de la partie du droit pénal, à laquelle il se rapporte. Les traités généraux les plus importants, à la fois théoriques et pratiques, sont les suivants : Chauveau Adolphe et Faustin Hélie, *Théorie du code pénal*, 6e éd., annotée par M. Villey, 1887 ; Blanche, *Etudes pratiques sur le code pénal*, 2e éd., annotée par M. Dutruc, 1888 ; et Garraud, *Traité théorique et pratique du droit pénal français*, 5 volumes dont 4 parus en 1893. — On consultera aussi les ouvrages suivants, plus théoriques que pratiques : Ortolan, *Eléments de* Trébutien, *droit pénal*, 5e éd. annotés par M. Albert Desjardins, 1886 ; *Cours élémentaire de droit criminel*, 2e éd. annotée par MM. Laisné-Deshayes et Guillouard, 1878, t. 1 ; Bertauld, *Cours de code pénal et leçons de législation criminelle*, 4e éd., 1873 : Boitard, *Leçons de droit criminel*, 13e éd., revue par M. Villey, 1890 ; Le Sellyer, *Traité de la criminalité, de la pénalité et de la responsabilité*, 2e éd., 1875 ; Nypels, *Le droit pénal français progressif et comparé*, Bruxelles 1868 ; Garraud, *Précis de droit criminel*, 3e éd. 1888 ; Villey, *Précis d'un cours de droit criminel*, 5e éd. ; Laborde, *Cours élémentaire de droit criminel*, 1891 ; Dieudonné, *Répétition de droit criminel*, 1875 ; Lainé, *Traité élémentaire de droit criminel*, 1881 ; Lefort, *Cours élémentaire de droit criminel*, 1879. — Enfin les ouvrages ci-après se recommandent surtout au point de vue pratique : Faustin Hélie, *Pratique criminelle des cours et tribunaux*, 1877, t. 2 ; Rolland de Villarques, *Les codes criminels interprétés par la jurisprudence et la doctrine*, 5e éd., 1877.

En ce qui concerne la question pénitentiaire, il convient de signaler, sur l'ensemble de la question, les ouvrages suivants : d'Haussonville, *Les établissements pénitentiaires en France et en Algérie*, 1875 ; Fernand Desportes et Léon Lefébure, *La science pénitentiaire au congrès de Stockholm*, 1880 ; Astor, *Essai sur l'emprisonnement cellulaire en France et à l'étranger*, 1887 ; Stevens, *Les prisons cellulaires en Belgique*, 1874 ; A. Prins, *Criminalité et répression*, 1886 ; et les nombreux articles, documents et études publiés, depuis 1877, par la *Société générale des prisons*, dans son bulletin mensuel, qui a pris, depuis quelques mois, le nom de *Revue pénitentiaire*. Spécialement on trouvera dans ce recueil, sous le titre de « Bibliographie pénitentiaire » une liste des ouvrages (volumes ou brochures) relatifs aux questions pénitentiaires mentionnés par la « Bibliographie de la France » de 1842 à 1892, liste publiée en six séries, de février 1892 à février 1893, dans ledit *Bulletin de la Société des prisons* (1892, p. 189, 334, 504, 618, 797 ; 1893, p. 261). Consulter aussi : *L'Œuvre pénitentiaire*, par M. Herbette, directeur de l'administration pénitentiaire, 1891, et la statistique *pénitentiaire*, que l'administration de l'Intérieur a publiée tous les ans, depuis 1851 jusqu'en 1888. Cette statistique donne l'exposé général annuel de la situation des services et des divers établissements pénitentiaires de France.

Deux ouvrages récents, d'une haute portée morale, doivent encore être consultés par les personnes qui s'occupent de questions pénales et pénitentiaires : Ce sont *Le combat contre le crime*, par M. Henri Joly, 1891, et *Le crime et la peine*, par M. Louis Proal, 1892.

15. — IV. DROIT COMPARÉ. — On sait que, presque partout, en Europe, le droit criminel est en voie de codification et de transformation. La plupart des nations étrangères se sont, dans le cours des trente dernières années, donné de nouveaux codes de pénalité; chez quelques-unes, les réformes sont en cours d'exécution ou s'achèvent. D'une manière générale, on peut dire que, sous le rapport des incriminations, les codes nouveaux, inspirés des mêmes principes de justice et d'utilité sociale, présentent entre eux une grande analogie, et punissent les mêmes faits Il y a plus de variété dans les différents systèmes de pénalité institués pour la répression des infractions; toutefois, même à ce point de vue, il est remarquable que partout la privation de liberté s'offre comme la répression ordinaire des infractions; c'est « la peine par excellence dans les sociétés civilisées ». La peine de mort, autrefois si fréquemment comminée par les lois de tous les pays, devient rare; elle tend, de plus en plus, à se restreindre à l'assassinat consommé. La torture a partout disparu; la suppression des châtiments corporels, décrétée par la Suède en 1855 et 1858, par la Russie en 1863, est à peu près universelle. Le fouet n'est plus guère en usage qu'en Angleterre, en Danemark (pour les garçons de dix à quinze ans et les filles de dix à douze ans), dans certains états de l'Union américaine et en Australie. En somme, la pénalité tend partout à s'adoucir et à s'*humaniser* de plus en plus. Nous essayerons de faire ressortir, dans les numéros qui suivent, les principaux traits qui caractérisent, en ce qui concerne la pénalité, les législations nouvelles les plus importantes. Le tableau a été fait par M. Garraud dans son *Traité historique et pratique du droit pénal français* (t. 1, n°s 73 et suiv.). M. Lacointa l'a aussi présenté, en abrégé dans l'introduction de sa traduction de *Beccaria et le droit pénal* par C. Cantu (Paris, 1885), et plus tard dans la préface de sa traduction du nouveau code pénal d'Italie (Paris, Imprimerie nationale, 1890). V. encore sur ce sujet, l'article de M. Berge intitulé : *De la réforme du droit criminel en Europe*, dans la *Revue générale du droit*, 1878, t. 3, p. 297 et 375, et, dans le *Bulletin de la société générale des prisons*, 1885, p. 286, l'article de M. Ch. Lucas, intitulé : le *Mouvement progressif de la codification pénale*. La plupart des codes étrangers ont été traduits en français; nous signalerons dans les numéros qui suivent, les principales traductions parues jusqu'ici. L'*Annuaire de la législation étrangère* et le *Bulletin de la société de législation comparée* fournissent, pour l'étude de la législation pénale étrangère, de nombreux documents. On consultera le *Bulletin de la Société générale des prisons*, surtout pour ce qui concerne les questions pénitentiaires à l'étranger. Enfin chaque année le *Bulletin de l'Union internationale de droit pénal* (fondée en 1889) publie un rapport sur les progrès de la législation pénale pendant l'année écoulée.

16. — 1° *Angleterre*. — On sait que le droit criminel anglais se compose de trois éléments, qui sont le vieux droit coutumier (*old common law*), le droit écrit (*statute law*) et la jurisprudence (*case law*). Le jurisconsulte sir James Stephen, a caractérisé en quelques mots ces trois éléments dans un ouvrage qu'il a publié en 1863 sous ce titre : *Aperçu général de la législation criminelle anglaise*. « Le vieux droit coutumier est le droit pauvre et informe qui convenait au grossier état social depuis longtemps disparu. Le droit écrit consiste en une masse de lois (*Acts of Parliament*) qu'il a fallu faire pour combler les lacunes de la coutume, mais que ne relie aucune idée d'ensemble et qui, votées à différentes époques, rédigées en différents styles, conçues dans des vues différentes, ont été littéralement fondues (*consolidated*) en un petit nombre de lois confuses et non moins embrouillées. Quant à la jurisprudence, elle remplit de nombreux volumes, elle ne décide que des points isolés... Mais elle est l'œuvre de générations successives de juges merveilleusement aptes à l'accomplissement de leur tâche... Il en résulte qu'aujourd'hui le droit coutumier, le droit écrit et la jurisprudence qui est leur commentaire commun, tiennent en suspens un admirable code pénal adapté par une longue pratique aux besoins et aux sentiments de la nation, mais où l'ordre fait complètement défaut, et qui est défiguré par de bizarres subtilités et par une masse hétérogène de matières étrangères au sujet. Toute la question est de savoir comment dégager le pur métal du riche mais grossier minerai, et comment le couler en la forme requise ». Les Anglais ont beaucoup travaillé depuis cinquante ans pour dégager le « pur métal » dont parlait sir Stephen. Ils se sont aussi, avec raison, appliqués à tempérer l'excessive rigueur d'une législation dont Romilly disait encore au commencement de notre siècle que « les lois pénales anglaises étaient dignes d'un peuple d'anthropophages ». On consultera sur le droit pénal anglais et les réformes accomplies ou tentées : Glasson, *Histoire du droit et des institutions politiques, civiles et judiciaires de l'Angleterre*, t. 6, chap. 9, § 339 à 341 ; Ern. Bertrand, *Communication faite à la Société de législation comparée sur le projet de loi relatif à l'homicide en Angleterre* (*Bulletin de la Société de législation comparée*, 1877, p. 178); G. Louis, *Présentation à la Société de législation comparée d'un projet de code pénal et du code de procédure criminelle au Parlement anglais*, dans le *Bulletin de la Société de législation comparée*, 1878, p. 549 et suiv.; Ch. Babinet, *Notice sur la loi du 12 juill. 1877 pour améliorer la législation sur les prisons en Angleterre*, dans l'*Annuaire de législation étrangère*, 1878, p. 13. V. aussi dans le *Bulletin de la Société générale des prisons* de nombreux articles sur la pénalité en Angleterre, notamment la déportation et la servitude pénale, et dans la *Revue des Deux Mondes* du 1er févr. 1873, l'article de M. Alexandre Ribot, intitulé : *Le sytème pénitentiaire en Angleterre*.

Avant de chercher à codifier leurs lois pénales, les Anglais ont fréquemment recouru à la *consolidation*. On sait que ce mot désigne, en Angleterre, le procédé qui consiste à réunir en une seule loi toutes les dispositions législatives qui se rapportent à la même matière. La première consolidation qui ait été faite en matière criminelle date de 1827 ; elle comprend les lois relatives au vol. Elle a été suivie de plusieurs autres, dont les dernières et les plus importantes, au nombre de cinq, ont été votées en 1861 et correspondent à peu près, ainsi que le fait remarquer M. Louis (*op. cit.*, p. 552), au titre 2 du livre 3 de notre code pénal (Crimes et délits contre les particuliers). Tout en consolidant ses lois, le Parlement anglais y a introduit des améliorations importantes. Au temps de Beccaria, deux cent quarante faits étaient punis de mort par les lois anglaises. Au commencement de notre siècle, le nombre des crimes passibles de cette peine s'élevait encore à cent soixante. La loi de *consolidation* du 6 août 1861 a réduit le nombre des crimes capitaux à deux : la haute trahison au premier chef et le meurtre. Jusqu'ici le Parlement ne paraît pas disposé à aller plus loin; dans la séance de la Chambre des communes du 22 juin 1881, une proposition de M. Pease, tendant à l'abolition de la peine de mort, a été rejetée par 175 voix contre 79. La transportation, si fréquemment appliquée dès le règne d'Elisabeth a été abolie par des *acts* de 1853 et 1857 et remplacée par la servitude pénale qui se subit en Angleterre. Les Anglais ont aussi établi, sans parler des peines pécuniaires, l'emprisonnement avec travail forcé et l'emprisonnement sans travail. Ils pratiquent principalement, pour l'exécution de ces peines, le système pénitentiaire progressif, dit *irlandais* qu'ils ont modifié, et ils ont introduit de grandes améliorations dans le régime de leurs prisons, autrefois très défectueux (V. *Ann. lég. étr.*, 1878, p. 13 et suiv. l'article de M. Babinet sur l'acte du 12 juill. 1877 « pour améliorer la législation sur les prisons de l'Angleterre) ». De plus, une loi du 7 août 1887, intitulée *Probation of first offenders act*, a créé l'institution de la « mise en probation » en faveur des prévenus qui comparaissent pour la première fois en justice ; à l'égard des prévenus de cette catégorie, le juge est autorisé à surseoir, s'il le juge convenable, au prononcé de la peine pendant un temps déterminé. — Au reste, il convient de remarquer qu'en Angleterre le juge jouit des pouvoirs les plus étendus pour l'application de la peine; la loi fixe seulement un maximum qu'il ne peut pas dépasser, mais elle ne détermine pas de minimum, de sorte qu'il est permis au juge de descendre, en toute matière, jusqu'à un jour d'emprisonnement. Aussi les Anglais ne connaissent pas les circonstances atténuantes (Glasson, *op. cit.*, p. 818). — Les Anglais codifieront-ils leur droit pénal, suivant le vœu de Brougham ? Ils y sont parvenus pour l'Inde (1860), et ils espèrent y parvenir pour la métropole. Un jurisconsulte de ce pays, sir J. Stephen, a publié, en 1887, sous le titre *A digest of criminel law* un résumé du droit pénal en vigueur qui réunit tant de suffrages que le gouvernement songea immédiatement à se l'approprier. Remaniée par son auteur, examinée et approuvée par les légistes de la Couronne, l'œuvre de sir Stephen est devenue un projet de code pénal et de code de procédure criminelle que le gouvernement proposa en 1878 à l'adoption de la Chambre des communes. Bien qu'il ait été accueilli avec faveur par cette chambre, ce projet n'a pas abouti jusqu'ici. — On trouvera les détails les plus complets sur le projet de sir Stephen, en ce qui concerne les peines, dans Glasson, *op. cit.*, t. 6, p. 545 et suiv. Mais nous nous bornerons à signaler ici, parce qu'elle est tout à fait originale, une disposition générale sur les délits sans importance, ainsi conçue : « Ne sera pas considéré comme délit l'acte que la cour saisie jugera trop peu important pour être traité comme tel et que le juge, devant lequel l'affaire sera instruite, estimera être accompagné de circonstances qui en rendent la punition inopportune (*inexpedient*).

17. — 2° *Allemagne.* — La Confédération de l'Allemagne du Nord s'était donné, le 31 mai 1870, un code pénal unique, remplaçant les huit législations pénales qui régissaient ses vingt-deux Etats. Ce code, introduit en Bavière par une loi du 22 avril 1871, a été étendu, sous le titre de *Code pénal de l'Empire allemand* (*Strafgesetzbuch für das Deutsche Reich*), à tout le territoire du nouvel empire, par la loi du 15 mai 1871. Une loi du 30 août 1871 l'a rendu exécutoire en Alsace-Lorraine à partir du 1er oct. 1871. Traduit en français par M. Ribot (*Annuaire de législation étrangère*, 1872, p. 80 et suiv.), ce code a déjà été l'objet d'une revision importante dans le sens de la sévérité. On trouvera aussi la traduction du texte de la loi de revision (26 févr. 1876) dans l'*Annuaire de législation étrangère*, 1877, p. 135. — Le code pénal allemand admet la peine de mort dans deux cas seulement : la haute trahison (art. 80), et l'assassinat (art. 211) ; la reclusion perpétuelle ou temporaire, l'emprisonnement, la détention dans une forteresse (pour les crimes et délits qui ne sont pas déshonorants), et la peine des arrêts qui consiste uniquement dans la privation de la liberté (art. 18, § 2). Il accorde aux condamnés à la reclusion et à l'emprisonnement le bénéfice de la libération provisoire après qu'ils ont subi les trois quarts et en tout cas au moins une année de leur peine (art. 23). Il ordonne l'acquittement du sourd-muet dépourvu de l'intelligence nécessaire pour comprendre le caractère délictueux de l'acte qu'il a commis (art. 58) ; il ne permet au juge de déclarer des circonstances atténuantes que dans des cas déterminés, mais ces cas sont nombreux. — V. sur le code pénal allemand : Martinet, *Etude sur l'origine du code pénal allemand* (*Bull. Soc. législ. comp.*, 1870, p. 149 et 174). V. aussi, dans la *Revue générale* de 1879, les articles précités de M. Berge sur la *Réforme du droit criminel en Europe*.

18. — 3° *Argentine* (*République*). — Le congrès national de cette république a voté, le 25 nov. 1886, un code pénal régissant toute la République Argentine, préparé par le docteur Tejedor, mis en vigueur le 1er mars 1887. — V. l'analyse du code pénal argentin *Ann. lég. étr.*, 1887, p. 968.

19. — 4° *Autriche.* — Le code pénal actuellement en vigueur en Autriche date du 27 mai 1852 ; mais ce pays aura probablement bientôt un nouveau code de pénalité. En 1874, le ministre de la justice Glaser a présenté à la Chambre des députés un projet qui a beaucoup de ressemblance avec le code pénal allemand, mais qui contient en outre plusieurs dispositions originales. Ce projet a été présenté une seconde fois par M. Pragack, ministre de la justice, le 14 nov. 1881, et une troisième par le comte Schoenborn, aussi ministre de la justice, le 12 avr. 1889. La commission a déposé son rapport, qui est dû à trois rapporteurs, mais l'œuvre n'a pas encore abouti. Sur l'appréciation du projet, V. Martinet, *Bull. Soc. lég. comp.*, 1876, p. 328 à 343.

20. — 5° *Belgique.* — Un nouveau code pénal a été promulgué en Belgique le 8 juin 1867, à la suite de longs et importants travaux, qui ont, en quelque sorte, inauguré le travail de rénovation des lois criminelles européennes dans la seconde partie de ce siècle. Les rédacteurs du code belge se sont attachés à modérer les dispositions de notre code de 1810, qui a régi leur pays jusqu'à cette époque. La peine capitale est maintenue, mais elle n'a plus été appliquée depuis 1863, c'est-à-dire depuis l'avènement du roi Léopold II. — Nypels, professeur de droit à l'université de Liège, a publié un excellent commentaire du nouveau code en trois volumes, intitulé : *Le code pénal belge interprété*, Bruxelles, 1872-84. Le même auteur a recueilli et classé les documents du travail législatif qui a préparé le code de 1867 dans l'ouvrage intitulé : *Législation criminelle de la Belgique ou commentaire et complément du code pénal belge*, Bruxelles, 1869, 4 vol. in-4°. — Au reste, quelques modifications ont déjà été introduites dans le code pénal belge. Nous signalerons à cet égard : la loi du 4 oct. 1867 portant attribution aux cours et aux tribunaux de l'appréciation des circonstances atténuantes, la loi du 4 mars 1870, relative à la réduction des peines subies sous le régime de la séparation, la loi du 31 mai 1888 instituant la condamnation conditionnelle et la libération conditionnelle.

21. — 6° *Brésil.* — Un décret du gouvernement provisoire, en date du 11 oct. 1890, a promulgué un nouveau code pénal brésilien qui, tout en consolidant l'œuvre du code de 1830, y a apporté de larges et intéressantes modifications. La peine de mort est abolie, ainsi que celles du bagne et du bannissement. Dorénavant les seules peines en vigueur sont : l'emprisonnement cellulaire, la détention dans une forteresse, la détention avec travail forcé dans des pénitenciers agricoles, la détention disciplinaire pour les mineurs de vingt et un ans, l'interdiction (des fonctions publiques, de certaines professions, etc.) qui n'est qu'une peine accessoire, la suspension et la déchéance des fonctions publiques et l'amende. Il n'y a plus de peines infamantes. Les peines restrictives de la liberté ne dépassent jamais trente ans. La liberté conditionnelle est admise. La détention préventive est imputée sur la durée de la peine.

22. — 7° *Chili.* — Nouveau code pénal de la république du Chili, en vigueur depuis le 1er mars 1875.

23. — 8° *Colombie.* — Nouveau code pénal promulgué le 18 oct. 1891. L'analyse de ce code, qui supprime la peine de mort et ne paraît pas, d'ailleurs, contenir de dispositions vraiment originales, a été faite par M. H. Prudhomme *Ann. lég. étr.*, 1891, p. 846.

24. — 9° *Costa-Rica.* — Cette république possède, depuis le 27 avr. 1860, un code pénal qui consacre l'abolition de la peine de mort et des peines perpétuelles.

25. — 10° *Danemark.* — Longtemps attardé dans les entraves de son antique législation qui datait de 1643, ce pays a, tour à tour, en 1866, pour le droit pénal commun, en 1881, pour le droit pénal militaire, édicté deux codes qui réalisent de véritables progrès. Sur le code pénal du 10 févr. 1866, V. P. Dareste, *Bull. Soc. lég. comp.* 1877, p. 15.

26. — 11° *Egypte.* — Ce pays possède un code pénal promulgué le 13 nov. 1882.

27. — 12° *Equateur.* — Le code pénal de la république de l'Equateur datait de 1873 ; un décret du président Florès, du 9 sept. 1890, a rendu obligatoire, à dater du 1er décembre suivant, une nouvelle édition de ce code préparée par les soins de la cour suprême de justice (V. un résumé du code pénal équatorien dans l'*Annuaire de législation étrangère*, 19e année, p. 966 et suiv.).

28. — 13° *Espagne.* — L'Espagne a revisé son code pénal de 1822, d'abord en 1848, puis en 1850, enfin en 1870 (V. sur ce code : *Théorie du code pénal espagnol*, par MM. Laget et Valdeson, Paris, 1882). Depuis cette époque, l'Espagne a élaboré trois projets successifs de législation pénale ; le dernier, présenté aux Cortès en 1885, réalisera d'importantes améliorations (V. sur ce dernier projet : Lehr, *Revue de droit international et de législation comparée*, t. 17, p. 561 et suiv.).

29. — 14° *Finlande.* — Un nouveau code pénal finlandais, voté par la Diète en 1888 a été promulgué le 19 déc. 1889 (V. sur ce code, dont une traduction française a été donnée par M. Bauchet, l'analyse présentée par le même auteur dans *Ann. lég. étr.*, 19e année, p. 832 et suiv.). Mais la mise en vigueur du code pénal finlandais a été depuis suspendue, et un projet, apportant certaines modifications au texte précédemment adopté, a été soumis en 1890 à la Diète finlandaise.

30. — 15° *Hollande.* — Les Pays-Bas ont reçu le code pénal français de 1810 à l'époque de sa promulgation, mais ils l'ont partiellement modifié en 1847 et 1854 : la confiscation générale, le renvoi sous la surveillance de la haute police n'existaient plus ; le carcan, les travaux forcés à perpétuité et à temps avaient été remplacés par d'autres peines; la peine de mort avait été abolie en 1879. Un nouveau code pénal a été voté deux ans après et promulgué le 3 mars 1881, mais mis en vigueur seulement à partir du 1er sept. 1886, œuvre originale et hardie : plus de peine de mort, les circonstances atténuantes sont supprimées, le juge est maître absolu de fixer la quotité de la peine, car si le code établit un maximum, il ne fixe pas de minimum à la peine, de telle sorte que, quelle que soit l'infraction, le juge est libre de n'appliquer qu'un jour de prison et un demi-florin d'amende. Comme le fait remarquer M. Garraud, p. 107, « c'est le système de l'individualisation de la peine poussé jusqu'à ses dernières limites, mais sans l'institution du jury qui n'existe pas dans ce pays ». Une traduction française du code pénal néerlandais a été donnée par M. Wintgens, et publiée par les soins de la Société de législation comparée (Paris, Imprimerie nationale, 1883).

31. — 16° *Hongrie.* — « Jusqu'en 1878, le droit criminel hongrois se composait des éléments épars dans le *Corpus juris hungarici*, dans les coutumes et dans les décisions judiciaires ; au commencement de ce siècle, le jurisconsulte Vachetich en avait fait un corps qui n'avait d'autre autorité que celle de son auteur ; cette contrée n'avait donc pas de législation criminelle, lacune qui a été comblée le 28 mai 1878 par la promulgation d'un code pénal dont la rédaction avait été confiée au ministre de la justice Csemegi » (Berge, article précité de la *Revue générale*, p. 298). Le code du 28 mai 1878 est spécial aux crimes et aux délits. Un autre code, spécial pour les contraventions, a été promulgué le 14 juin 1879. Le premier a peu d'originalité, ce n'est pas une œuvre de réformes hardies comme le code néerlandais de 1881 ; le second est très détaillé et fait avec beaucoup de soin. Tous les deux ont été traduits par MM. Martinet et P. Dareste, et cette traduction a été publiée en un seul volume, par les soins de la Société de législation comparée (Paris, Imprimerie nationale, 1885). On songe déjà, en Hongrie, à la revision du code de 1878. Le ministre de la justice a, en effet, adressé en 1887, aux cours supérieures et aux chambres d'avocats une circulaire déclarant que « le temps lui paraît venu d'examiner s'il ne serait pas nécessaire de modifier ou de compléter par une nouvelle loi quelques dispositions de ce code ».

32. — 17° *Italie.* — Avant la guerre que suivit le traité de Villafranca, l'Italie, partagée en plusieurs Etats, était soumise à diverses législations pénales. « Le code du 26 oct. 1839, dit *Code albertin*, régissait le Piémont et la Sardaigne; le code autrichien du 1er sept. 1852, la Lombardo-Vénétie; le code édicté le 1er janv. 1821, les duchés de Parme et de Plaisance; le code du 1er mai 1856, le duché de Modène; le code du 29 juin 1853, revisé par la loi du 8 avr. 1856, la Toscane; le code du 1er sept. 1819, les Deux-Siciles; le règlement grégorien du 10 nov. 1832, les Etats de l'Eglise. Les événements qui se sont succédé depuis le traité de Villafranca, sans priver la Toscane de sa législation, amenèrent la promulgation de deux codes nouveaux, dont l'autorité s'est étendue, la Toscane exceptée, sur toute la péninsule : au Nord et au centre, le code subalpin, du 20 nov. 1859; au midi, le même code, mais amendé et devenu la législation sardo-napolitaine, en vertu d'un décret émané de la lieutenance générale du royaume, le 17 févr. 1861 ; tels sont les trois codes qui ont, au point de vue pénal, régi les diverses contrées de l'Italie jusqu'au 31 déc. 1889 » (J. Lacointa, *Code pénal d'Italie traduit et annoté*, Paris, Imprimerie nationale, 1890, introduction p. 20). Préparé par de longs et brillants travaux, et promulgué le 30 juin 1889, le nouveau code pénal d'Italie est entré en vigueur le 1er janv. 1890, et régit tout le royaume. M. Lacointa, dans l'introduction de la traduction précitée, en a donné une remarquable analyse dont nous nous contenterons de résumer la partie relative aux peines. La loi nouvelle a aboli la peine de mort; elle a proscrit aussi les travaux forcés, la transportation, le bannissement, les châtiments corporels et la confiscation générale. *L'ergastolo*, peine perpétuelle, privative de la liberté, qui sera subie, six ans d'abord dans l'isolement cellulaire, puis en commun, est le châtiment suprême substitué à la peine de mort. Au-dessous viennent la reclusion (de trois jours à vingt-quatre ans), destinée à réprimer les faits les plus déshonorants, et à l'exécution de laquelle le législateur italien a appliqué les règles du système gradué, dit *irlandais;* la détention, qui atteint les délits d'une moindre gravité et les infractions spéciales; le *confinement*, peine restrictive de liberté dont l'effet est de contraindre le coupable à demeurer, un temps déterminé, dans une commune distante de 60 kilomètres au moins du lieu du délit, du domicile de la victime et de la résidence du condamné, enfin l'amende et la réprimande judiciaire. Le bienfait de la libération conditionnelle est assuré, dans les cas précisés par la loi, aux condamnés à la reclusion comme aux condamnés à la détention. Obéissant à une pensée fort juste, le code italien (art. 39) se sépare de la législation française pour interdire l'application de la solidarité au payement des amendes, et, avec raison encore, il interdit les poursuites, après la mort du condamné, contre ses héritiers, en raison des peines pécuniaires dont il ne s'était pas encore libéré (art. 85). Enfin la loi nouvelle contient des dispositions intéressantes sur l'imputabilité et les causes qui l'excluent (art. 44 à 60). Il est remarquable qu'en ce qui concerne la responsabilité, pas plus du reste qu'à l'égard des autres questions soulevées par le problème de l'organisation de la justice répressive, le législateur italien ne s'est aucunement laissé impressionner par les doctrines peu sûres de l'école italienne d'anthropologie criminelle. Défendues d'ailleurs avec un incontestable talent au sein de la Chambre des députés d'Italie, notamment par M. Enrico Ferri, ces doctrines ont été repoussées et le nouveau code pénal demeure appuyé sur la théorie classique du libre arbitre et de la responsabilité morale. Outre la traduction de M. Lacointa, enrichie de notes remarquables, nous signalerons deux autres traductions du nouveau code : l'une donnée par M. Sarraute (1890), et l'autre publiée par M. Turrel, avocat général à Monaco (1890).

33. — 18° *Japon.* — Le Sénat de l'empire du Japon a été saisi, en août 1877, d'un projet de code pénal qui s'inspire des principes du droit criminel moderne de l'Europe. Aucune législation ne s'éloignait plus de la nôtre que la législation japonaise. Ce projet a été depuis revisé. Un savant français établi au Japon, M. G. Boissonade, a publié à Tokio, en 1886, un *Projet revisé de code pénal pour l'empire du Japon*, accompagné d'un commentaire ; et ce projet est, depuis, devenu loi (Code pénal japonais, promulgué par le décret n° 36, le 7e mois de la 13e année de Meiji. Tokio, Imprimerie impériale).

34. — 19° *Luxembourg.* — Le code pénal français de 1810 a cessé d'être en vigueur dans le grand-duché de Luxembourg, à partir de 1879. Le code nouveau qui lui a été substitué, à cette époque, est calqué sur le code pénal belge de 1867 (V. Limelette, *Etude sur le code pénal du grand-duché de Luxembourg*, *Bull. Soc. législ. comp.* 1882, p. 327).

35. — 20° *Mexique.* — Un code pénal mexicain a été promulgué le 7 déc. 1871 (V. l'étude de M. de Montlac, dans le *Bulletin de la Société de législation comparée* de 1879, p. 138).

36. — 21° *Norvège.* — Le code pénal norvégien, promulgué en 1842, a été revisé en 1874 et en 1879. Depuis, la loi du 29 juin 1889 (*Ann. lég. étr.* 19e année, p. 745) a apporté à ce code des modifications considérables qui équivalent à une revision d'ensemble. La loi nouvelle modifie près de 80 articles et remanie plusieurs chapitres entiers.

37. — 22° *Portugal.* — Le code pénal portugais date du 10 déc. 1852. Presque aussitôt après sa promulgation, le besoin d'une revision s'est fait sentir et diverses commissions ont été nommées pour effectuer cette revision. Dès le 1er juill. 1867, une loi spéciale a aboli la peine de mort et celle des travaux forcés, en les remplaçant par la peine de l'emprisonnement cellulaire. Depuis une revision générale du code a été faite par la loi du 14 juin 1884. V. l'analyse de cette législation nouvelle dans *Ann. lég. étr.*, 1885, p. 425. V. aussi, sur la législation portugaise, la notice de M. Midosi (*Ann. lég. étr.*, 1875, p. 162).

38. — 23° *Russie.* — Le code pénal actuel russe date de l'empereur Nicolas et de l'année 1845. Ce code a été revisé en 1857 et 1866. Une nouvelle législation pénale se prépare depuis 1881. A cette époque, une commission a été nommée pour élaborer un projet de code pénal. La commission a successivement préparé deux projets, dont le second date de 1885. Ce projet proclame l'égalité de tous devant la loi, adoucit le système pénal, supprime la mort civile, la confiscation générale des biens, la pénitence religieuse, et restreint considérablement les cas de transportation en Sibérie. La peine de mort est conservée, mais son application est restreinte aux crimes d'Etat d'une gravité exceptionnelle. On sait que les punitions corporelles ont été généralement abolies en Russie dès le 17 avr. 1863. Sur la législation pénale russe et les projets nouveaux, on peut consulter : Lehr, *La nouvelle législation pénale de la Russie* (*Rev. de législ. franç. anc. et moderne*, 1875, p. 270 et suiv.; 1876, p. 166 et suiv.); *Ann. lég. étr.*, 1880, p. 691; P.-R. Dareste, *Etude sur le projet de code russe* (*Bull. soc. lég. comp.* 1883, p. 548); Schmourlo, *Le système des peines d'après le projet de code pénal russe* (*Bulletin de la Société générale des prisons*, 1889, p. 796).

39. — 24° *Suède.* — Le code pénal suédois du 16 févr. 1854 a été amélioré par deux lois importantes: la première, du 28 oct. 1887, qui a édicté des abaissements de peine pour les délits de violence et certains délits contre la religion; la seconde (20 juin 1890), qui a modifié un grand nombre d'articles du code de 1864 et offre ainsi le caractère d'une véritable refonte. V. sur la loi du 20 juin 1890, *Ann. lég. étr.*, 1891, p. 679.

40. — 25° *Suisse.* — La Confédération hélvétique possède une législation pénale fédérale, régissant tous les cantons, mais ne s'appliquant qu'aux délits politiques commis par ou contre des fonctionnaires fédéraux et à quelques délits d'une nature particulière. Chaque canton a, d'ailleurs, ses codes spéciaux. Au point de vue de la pénalité, les cantons offrent des lois très disparates; dans certains d'entre eux, l'ordonnance de Charles-Quint, *la Caroline*, est encore la base de la jurisprudence criminelle. Plusieurs ont réformé, en ces derniers temps, leurs codes de pénalité. En 1874, Genève a refondu notre code de 1810, en tempérant la sévérité de beaucoup de ses dispositions; de même Berne en 1867. Les codes nouveaux de Zurich de 1871, de Soleure de 1874, d'Appenzell (Rhodes extérieures) de 1878, de Zug de 1876 se sont inspirés de la législation allemande. Saint-Gall s'est donné, le 4 janv. 1886, un code pénal remarquable par sa brièveté et la modération de ses peines; les incriminations y sont d'une grande simplicité. A Neufchâtel, le grand conseil a voté, le 12 févr. 1891, un code pénal préparé par M. Cornaz, qui est peut-être, à l'heure actuelle, l'expression la plus parfaite des principes de la science criminelle. Au reste, on travaille activement, en Suisse, à l'unification des lois pénales de la Confédération. L'assemblée des juristes suisses, réunie en 1888, à Bellinzona, a pris l'initiative d'une proposition en vue d'amener cette unification. Saisi de la question par un de ses membres, le Conseil national suisse a résolu de provoquer des travaux préparatoires sur cet objet, et, à la demande du Conseil fédéral, un professeur de l'université de Berne, M. C. Stoos, a publié sous ce titre : *Les codes pénaux suisses rangés par ordre de matière*, Bâle et Genève, 1890, un important recueil qui offre, sur toutes les questions que soulèvent les problèmes de pénalité, le texte même des diverses législations pénales cantonales. V. sur le travail de préparation qui se poursuit en vue d'amener l'unification du droit pénal suisse, une intéressante lettre de M. Correvon, dans le *Bulletin de la Société générale des prisons*, 1893, p. 54.

41. — 26° *Venezuela.* — Un nouveau code pénal est en vigueur depuis le 3 sept. 1891 (*Revue de droit international*, 91-92, p. 127).

CHAP. 2. — Fondement du droit de punir. — But, qualités et mesure de la peine (*Rép.* n°s 31 à 40).

42. — I. FONDEMENT DU DROIT DE PUNIR. — On ne reprendra pas ici l'examen, déjà fait au *Rép.*, n°s 31 à 36, des différents systèmes, auxquels a donné lieu la recherche du fondement du droit de punir. L'intérêt de cette recherche est, en effet, plus théorique que pratique. Le lecteur désireux de connaître les principaux écrits publiés sur cet objet depuis vingt ans, pourra consulter: Bertauld, *Etude sur le droit de punir, Appendice au cours de code pénal*, 4° éd., 1873; Emile de Girardin, *Du droit de punir*, 1871, Garraud, *Traité théorique et pratique de droit pénal français*, t. 1, p. 38 et suiv.; Ortolan, *Eléments de droit pénal*, 5° éd., 1886, annotée par M. Desjardins, t. 1, n°s 176 et suiv.; Trébutien, *Cours élémentaire de droit criminel*, 2° éd., revue par MM. Laisné-Deshayes et Guillouard, t. 1, p. 92 et suiv.; Haus, *Principes du droit pénal belge*, t. 1, n°s 90 et suiv.; Carrara, *Programme du cours de droit criminel fait à l'université de Pise*, partie générale, traduction Baret, § 598 et suiv.; Lucien Brun, *Introduction à l'étude du droit*, 2° éd., 1887, 9° conférence; et parmi les auteurs les plus récents : E. Mouton, *Le devoir de punir*, 1887; Georges Vidal, *Principes fondamentaux de la pénalité dans les systèmes les plus modernes*, 1890, p. 215 et suiv.; Is. Maus, *De la justice pénale*; *Etude philosophique sur le droit de punir*, 1891; Henry Joly, *Le combat contre le crime*, 1891, chap. 1; Maurice de Baets, *Les bases de la morale et du droit*, 1892, liv. 3; surtout Louis Proal, *Le crime et la peine*, 1892.

43. Sans entrer dans l'examen des diverses théories présentées par les auteurs qui viennent d'être cités, il ne sera pas inutile de faire remarquer qu'elles conduisent toutes à peu près au même résultat, étant toutes fondées sur le double principe de justice et d'utilité. M. de Girardin seul a contesté le droit social de punir; mais ce n'est évidemment qu'un paradoxe. La peine sociale, on ne peut sérieusement le contester, est une nécessité absolue. Il s'agit seulement de savoir si le législateur peut tout ce qu'il veut, quand il organise la répression, ou s'il est tenu de se renfermer dans certaines limites tracées par une règle supérieure de justice et de morale; il s'agit de savoir si, de son côté, le juge, lorsqu'il applique la peine, ne doit consulter que l'utilité sociale, ou s'il est obligé, lui aussi, de tenir compte des principes de justice et de morale naturelles inscrits au cœur de tout homme. Or, pour tous les auteurs précités, il existe une loi morale, absolue et immuable, qui commande à tous les hommes, et qui s'impose, dans l'application, aux pouvoirs publics comme aux individus. Cette loi est la règle du législateur pénal comme celle du juge, et leur premier devoir est d'y conformer, l'un ses commandements, l'autre ses sentences. Assurément l'ordre moral en lui-même n'est pas du domaine de la société; celle-ci n'a point à s'ingérer dans la conduite privée des hommes, et dans la correspondance de cette conduite avec la fin de l'individu; mais, chargée de sauvegarder l'ordre social, elle doit, dans l'ordre des relations extérieures des hommes entre eux, empêcher que l'action individuelle s'oppose à la morale publique, aux droits des individus et à la société elle-même. En d'autres termes, la loi morale, la loi de justice, est la première règle du droit de punir, mais l'utilité sociale limite l'exercice de ce droit. C'est la théorie que nous avons adoptée au *Rép.* n° 36. C'est de cette théorie que se sont inspirées toutes les législations pénales étrangères récentes; la pratique judiciaire française n'en connaît point d'autre jusqu'ici.

44. Cependant on ne saurait nier que de grands efforts aient été faits, en ces dernières années, même en notre pays, pour ébranler la doctrine qui vient d'être résumée, et à laquelle l'école positiviste donne le nom de théorie classique. Sous l'influence des idées déterministes, qui nient le libre arbitre et la responsabilité morale, une école, qui compte, il est vrai, parmi ses partisans, plus de médecins et d'anthropologistes que de juristes, prétend poser en principe que la peine n'est qu'un simple acte de défense, de réaction sociale contre les actes antisociaux. Dans la « nouvelle école » (*nuova scola*), il n'y a point de loi morale absolue, pas de justice supérieure, et le magistère pénal se réduit à défendre la société contre les agressions d'individus moralement irresponsables (car ils sont poussés fatalement au crime), mais dangereux, et ce, de la même manière que l'homme se défend contre un chien enragé. Telle est la doctrine de l'école d'anthropologie italienne dont les principaux soutiens sont : Lombroso, *L'homme criminel*, traduit en français, sur la 4° éd. italienne, par MM. Régnier et Bournet, Paris, 1887; *L'anthropologie criminelle et ses récents progrès*, 1890. Enrico Ferri, *Les nouveaux horizons du droit pénal; La sociologie criminelle*, Paris, 1893. Garofalo *Criminologie*, traduit en français par l'auteur, 1888. Il convient de signaler encore parmi les ouvrages de valeur dans lesquels la théorie italienne a été soutenue et développée : la *Théorie de la tutelle pénale*, de Poletti, les *Prolégomènes de l'étude du droit répressif*, de Puglia. — La critique des doctrines de la « nouvelle école » a été faite avec un rare talent, d'après les données de l'expérience judiciaire, par M. le conseiller L. Proal, dans son ouvrage précité, *Le crime et la peine*, et aussi par M. Albert Desjardins : *La méthode expérimentale appliquée au droit criminel en Italie*, 1892. Un professeur italien, M. Luigi Lucchini, a consacré au même objet un livre ayant pour titre : *Le droit pénal et les nouvelles théories*, traduit en français par M. Henri Prudhomme (1892), et précédé d'une introduction de M. Jules Lacointa. V. aussi : D. Francotta, *L'anthropologie criminelle*, Liège et Paris, 1891.

En ce qui concerne la pénalité, les conséquences des nouvelles théories sont graves. L'homme étant fatalement poussé au crime, il n'y a plus d'amendement à essayer. M. E. Ferri ne croit pas à l'efficacité du régime pénitentiaire. « L'homme n'est pas libre, dit-il, dès lors que sert-il de le contraindre à s'amender? C'est la société qu'il faut amender en détruisant les causes du mal et en fortifiant celles du bien pour que l'individu s'amende. Celui qui sera sorti de prison, même après avoir donné des preuves de résipiscence, retournera là où le délit a son foyer, là où il donne son impulsion, préparant une société corrompue et corruptrice » (*Théorie de l'imputabilité*, introduction, p. 412). Selon le même auteur, ce sont les idéalistes qui proclament la possibilité du repentir, qui se représentent le coupable comme accessible aux bons sentiments, à l'honneur même. La vraie science ne croit à l'amendement, ni par la prison, ni par l'instruction, *op. cit.*, p. 496 et 497 (Conf. *Les nouveaux horizons*, p. 19). Une autre conséquence non moins logique est la multiplication des peines qui assurent *l'élimination* du criminel, c'est-à-dire de la peine de mort (Garofalo, p. 44 et 45) et de la peine de la déportation perpétuelle, ou du moins (cette dernière étant difficile à organiser d'une manière satisfaisante) de l'incarcération à vie (*op. cit.*, p. 42 et E. Ferri, *Les nouveaux horizons*, p. 153 et suiv.). La nouvelle doctrine italienne conduit donc à l'exagération des peines, ou tout au moins à un accroissement de sévérité qui heurte la justice et choque les mœurs adoucies de la civilisation actuelle. D'autre part, par une sorte de contradiction, très logique d'ailleurs, elle tend, dans le domaine judiciaire, à l'affaiblissement pratique de la répression par un plus grand abus de la *force irrésistible* et des circonstances atténuantes. N'est-il pas rationnel, si l'on accepte les doctrines positivistes sur les causes qui déterminent les individus à commettre des crimes (atavisme, hérédité, nomalie morale, folie, dégénérescence), de se montrer indulgent pour des malheureux auxquels on ne peut imputer, à titre de cause libre et intelligente, les actes qu'ils accomplissent en vertu d'une nécessité de nature? Bien plus, n'est-ce pas une criante injustice de les condamner à des peines quelconques, et la seule chose juste et convenable n'est-elle pas de les enfermer tous dans des maisons de fous?

Ces conséquences ont fait hésiter plus d'un partisan de la doctrine de la *défense sociale* (V. à ce sujet les ouvrages de M. Tarde, d'ailleurs déterministe, intitulés: *La philosophie pénale*, 1890, et *Les transformations du droit*, 1893). Celle-ci a trouvé quelque faveur en France parmi les philosophes (Ch. Guyau, *Esquisse d'une morale sans obligation ni sanction*, liv. 3, ch. 2, p. 162 et suiv.; Fouillée, *La science sociale contemporaine*, liv. 4, ch. 2, p. 283 et suiv.; Taine, *Archives d'anthropologie criminelle*, 1888, p. 87) et les naturalistes (Dr Gustave Le Bon, *Problèmes anthropologiques: La question des criminels*, *Revue philosophique*, 1881, t. 1, p. 519; Letourneau, *L'évolution de la morale*, V. aussi, dans le même sens, de nombreux articles de la revue qui se publie à Lyon depuis huit ans, sous le titre d'*Archives d'anthropologie criminelle*, et plusieurs articles de la *Revue d'anthropologie*). Mais elle a peu pénétré jusqu'ici dans le monde judiciaire. Un ancien magistrat, M. J. Lacointa, nous paraît avoir exactement et heureusement traduit, à cet égard, l'appréciation de la grande majorité des criminalistes français, dans les lignes suivantes : « La théorie du *débarras* ne pourra jamais être adoptée par le droit criminel; le régime pénitentiaire est à réformer; les peuples s'attardent malheureusement dans l'exécution de cette tâche, de l'intérêt le plus élevé; la législation pénale est elle-même susceptible d'améliorations, de remaniements; il importe d'organiser des mesures préventives, de fortifier la répression que tant de causes concourent à énerver, de mettre fin aux excitations malsaines, qu'engendrent les vices de l'état social; mais il est un principe fondamental, gravé dans les consciences et qui ne cessera pas, quoi qu'il arrive, d'être inscrit dans les codes criminels, le principe de la responsabilité, qui ne peut être remplacé par aucun autre; il est un but dont la justice criminelle ne saurait s'écarter, sans abdiquer, l'amendement du coupable, amendement inséparable du but même de protection sociale qui ne serait pas atteint, si la peine perdait son caractère souverain de moralisation » (Introduction, p. 31, de la traduction française de l'ouvrage précité de Lucchini). Au reste, si l'on en juge par certaines circonstances assez caractéristiques, il semble que la « nouvelle école » perde du terrain dans le monde purement scientifique. Il est, en effet, remarquable, que ses doctrines, bien que soutenues avec un grand talent au Parlement italien par plusieurs députés, notamment par M. E. Ferri, non seulement n'aient pas triomphé, mais ne soient pas parvenues à obtenir la moindre influence sur la rédaction du code pénal italien de 1889 (V. à cet égard la préface de l'ouvrage de Lucchini, p. 5 et suiv.); plus remarquable encore pour nous que notre commission de revision du code pénal, instituée au ministère de la justice en 1887, paraisse ne leur avoir fait aucune part dans le projet qu'elle a préparé (V. *suprà*, n° 13). Au deuxième congrès d'anthropologie criminelle, tenu à Paris en 1889, M. Lombroso et ses amis n'ont obtenu qu'un médiocre succès très relatif, alors qu'à Rome, en 1885, au premier congrès, l'exposé de leurs doctrines avait soulevé d'unanimes applaudissements. Ils paraissent avoir été moins heureux encore au troisième congrès, tenu à Bruxelles en 1892 (V. le compte rendu de ce congrès dans le *Journal des débats* des 10, 11, 13, 14 et 15 août 1892).

45. — II. BUT, QUALITÉS ET MESURE DE LA PEINE. — Comme nous l'avons déjà dit au *Rép.* n° 37, le but principal de la peine est de maintenir, de conserver l'ordre social. Elle produit ce résultat : 1° en *réparant* la violation de l'ordre par une réaffirmation de l'ordre moral, qui se réalise par une souffrance, une diminution du bonheur imposée à l'auteur du mal qui a été commis; 2° en *intimidant* les imitateurs possibles du crime; 3° en *corrigeant*, en amendant autant que possible, le condamné au moyen de la peine elle-même sagement organisée et appliquée. La tendance de toutes les législations est de faire une place de plus en plus considérable, dans l'organisation des peines, à la réforme du condamné. C'est à la recherche des moyens propres à obtenir ces résultats que se sont appliqués particulièrement les importants congrès pénitentiaires internationaux tenus à Londres en 1872, à Stockholm en 1878, à Rome en 1885, à Saint-Pétersbourg en 1890. V. sur les travaux du congrès de Stockholm : *La science pénitentiaire au congrès de Stockholm*, par MM. Desportes et Léon Lefébure; sur ceux du congrès de Saint-Pétersbourg : L. Herbette, articles dans le *Journal officiel* des 10 et 11 sept. 1890; F. Voisin, *Communication à la Société générale des prisons*, *Bulletin*, 1891, p. 82; J. Leveillé, *Communication* à la même société, *Bulletin*, 1891, p. 353; H. Joly, *Le quatrième congrès pénitentiaire international de Saint-Pétersbourg* (*Archives d'anthropologie criminelle*, 1890, p. 517 et suiv.).

46. Nous n'avons rien à ajouter à ce qui a été dit au *Rép.* nos 38, 39, 40, concernant les qualités et la mesure des peines, si ce n'est que l'harmonie entre les diverses peines n'existe plus en France depuis que la loi du 31 mai 1854 a « mis les travaux forcés dans la transportation ». De l'aveu de tous, cette dernière peine est beaucoup moins redoutée des malfaiteurs que la reclusion, qui vient après elle dans l'échelle des peines; et cependant la peine des travaux forcés à perpétuité, c'est-à-dire la transportation perpétuelle, est, en fait, la peine de l'immense majorité des assassins et autres grands criminels ayant encouru la peine capitale. En effet, il résulte des statistiques que, dans la période de 1871 à 1885, presque tous les accusés (98 pour 100) traduits devant nos cours d'assises pour crimes entraînant la peine de mort, ont échappé à la peine que, d'après la loi, leur crime eût dû encourir, et cela parce qu'ils ont obtenu du jury le bénéfice d'une déclaration de circonstances atténuantes, ou parce qu'ils ont été graciés par commutation de peine. — V. les chiffres donnés à cet égard par M. Bérenger dans l'exposé des motifs de la proposition de loi présentée au Sénat, en 1887, par ce sénateur et deux de ses collègues « sur une aggravation de la peine des travaux forcés à perpétuité dans le cas où elle est substituée à la peine de mort par l'effet de l'admission de circonstances atténuantes ou de la commutation » (*Bulletin de la Société des prisons*, 1887, p. 659, note). De 1881 à 1885, la proportion des crimes capitaux punis seulement des travaux forcés à perpétuité n'a même été que de 1 pour 100. La proposition de M. Bérenger tendait à faire décider que les condamnés placés dans les circonstances qu'elle prévoit subiraient huit années d'internement cellulaire avant d'être transportés. Cette proposition accueillie avec faveur par le Sénat qui l'a votée le 2 mars 1888, n'a cependant pas abouti jusqu'ici. Le danger auquel elle voulait remédier, (signalé déjà en 1885, par M. Charles Lucas, dans son livre sur l'*Etat anormal en France de la répression en matière de crimes capitaux*), s'aggrave tous les jours, et il est devenu urgent de rendre à la peine des travaux forcés son ancienne rigueur, ou de la remplacer par une peine plus afflictive. C'est à ce dernier parti que semble s'être arrêtée la commission de revision du code pénal. Dans son projet, qui remanie entièrement le système des peines, la commission de revision du code pénal supprime les travaux forcés et propose l'institution d'une seule peine privative de liberté de droit commun, qui sera l'emprisonnement perpétuel ou temporaire (V. *suprà*, les art. 14 et 15 du projet).

CHAP. 3. — Examen général de notre système pénal. Gravité relative des peines (*Rép.* n°s 41 à 80).

47. — I. EXAMEN GÉNÉRAL DE NOTRE SYSTÈME PÉNAL. — Ainsi que nous l'avons déjà fait remarquer *suprà*, n° 13, notre code pénal a subi, depuis la publication du *Répertoire*, d'assez nombreuses modifications ; mais ces réformes n'ont été que partielles et notre système pénal est resté le même. Ce système est assurément fort défectueux. Dans le rapport qu'il a adressé en 1885 au chef de l'Etat sur l'administration de la justice criminelle en France, M. le garde des sceaux a pu dire : « L'inefficacité de la peine, au triple point de vue de la correction, de l'intimidation et de l'amendement, ressort chaque jour davantage des indications de la statistique ». D'après les documents statistiques officiels, en cinquante ans, de 1838 à 1887, la criminalité générale de la France a augmenté de 133 pour 100. Quant au chiffre des récidives, il croît chaque année avec une régularité, une précision, une intensité effrayantes. Sur 100 prévenus, déférés aux tribunaux correctionnels, la proportion des récidives a, depuis trente ans, plus que doublé ; elle n'était que de 21 pour 100, de 1851 à 1855 : elle s'est élevée à 44 pour 100, de 1881 à 1885. En 1887 elle a été de 45 pour 100 ; en 1888 de 47 pour 100 ; en 1889, dernière année dont la statistique soit connue, d'un peu plus de 47 pour 100. Si l'on réunit les récidivistes correctionnels et les récidivistes criminels, on arrive à des constatations plus fâcheuses encore. Le nombre totat annuel des récidivistes, qui n'était que de 42 255 pendant la période décennale de 1856-1866, a été en 1886 de 92 825, en 1887 de 93 867, en 1888 de 95 871, en 1889 de 98 159. Encore faut-il remarquer que, depuis la loi du 30 mai 1854 sur l'exécution de la peine des travaux forcés, le plus grand nombre des forçats libérés sont retenus dans les colonies pénales, privant ainsi la criminalité d'une abondante source de recrutement, et, d'autre part, que depuis la promulgation de la loi sur les récidivistes, du 27 mai 1885, on n'a pas relégué aux colonies (année moyenne) moins de 1300 malfaiteurs d'habitude dont les crimes et délits, commis depuis leur expatriation, ne comptent pas dans nos statistiques.

Le mal est donc grand, indéniable. A bien des reprises, le ministre de la justice, dans ses rapports officiels, a voulu rechercher l'explication des progrès de la récidive ; il a constamment indiqué ces quatre causes : l'insuffisance de la législation, la faiblesse du juge, la mauvaise organisation des prisons, la difficulté du reclassement dans la société. Nous sommes portés à croire que la première et la troisième sont les causes principales, et il est au pouvoir du législateur d'y remédier.

48. En ce qui concerne l'insuffisance de la législation, celle-ci a été constatée solennellement par le décret du 26 mars 1887 qui a institué au ministère de la justice une commission chargée de préparer la réforme du code pénal Le rapport du garde des sceaux qui précède ce décret déclare que notre code pénal n'est plus en harmonie avec le milieu social. Il est nécessaire de revenir à une organisation normale de la répression, particulièrement en ce qui concerne les grands crimes. D'autre part, il y a lieu de corriger la sévérité de certaines incriminations et peut-être d'abaisser la peine de certaines infractions qui paraît trop sévère. Enfin, il faut essayer de fondre en un seul code toutes nos lois pénales.

La commission de revision, ainsi qu'on l'a vu *suprà*, n° 13, a déjà mené à bien une partie importante de sa tâche. A la fin de juin 1892, elle avait élaboré un projet contenant les règles fondamentales du droit pénal, et présentant un système complet et nouveau de pénalité. Nous nous bornerons à constater ici, en ce qui concerne le système de pénalité, que la commission maintient la peine de mort, mais qu'elle supprime les travaux forcés (et par conséquent la transportation qui n'en est que le mode d'exécution), la déportation, la reclusion, le bannissement. Elle n'admet plus, en fait de peines privatives de la liberté, que l'emprisonnement (perpétuel ou à temps), la détention (dont le régime est plus doux, et qui devra sanctionner les délits politiques et les infractions le moins déshonorantes), les arrêts de police et la relégation (celle-ci dans des conditions toutes différentes de la relégation organisée par la loi du 27 mai 1885 sur les récidivistes). Le projet conserve aussi l'amende, l'interdiction de séjour, la confiscation spéciale, la publication du jugement Il crée, pour les mendiants et vagabonds, la peine nouvelle du placement dans une maison de travail. Il maintient, pour les condamnés à des peines privatives de la liberté, l'heureuse institution introduite en France par la loi du 14 août 1885, de la libération conditionnelle. Il conserve aussi, pour les condamnés primaires, le sursis à l'exécution de la peine (Loi Bérenger). Enfin, allant plus loin, il autorise même le juge, ainsi investi d'un droit complet de *pardon*, à ne pas prononcer de condamnation si la peine encourue n'est qu'une amende.

49. En attendant l'accomplissement des réformes proposées par la commission de revision du code pénal, il convient de donner ici l'indication des dispositions législatives qui, depuis la publication du *Répertoire*, ont apporté des améliorations partielles à notre système de pénalité. Ce sont : 1° la loi du 23-30 janv. 1874, relative à la surveillance de la haute police (D. P. 74. 4. 50) ; — 2° La loi du 27-28 mai 1885, sur les récidivistes (D. P. 85. 4. 45), qui a créé la relégation et aboli la surveillance, remplacée dorénavant par l'interdiction de séjour ; — 3° La loi du 14-15 août 1885, sur les moyens de prévenir la récidive (libération conditionnelle, patronage, réhabilitation) (D. P. 85. 4. 60) ; — 4° La loi du 26-27 mars 1891, sur l'atténuation et l'aggravation des peines, dite loi Bérenger (D. P. 91. 4. 24), qui a accordé aux tribunaux le pouvoir de surseoir pendant cinq ans à l'exécution des condamnations qu'ils prononcent contre des inculpés frappés pour la première fois par la justice, et qui a remanié le système du code pénal en ce qui concerne la récidive correctionnelle.

50. La réforme des établissements pénitentiaires est plus nécessaire encore et plus urgente que la réforme pénale. Nos prisons, telles qu'elles sont organisées d'après le régime en commun, ont mérité d'être appelées les *écoles normales du crime*. Un magistrat, dans une audience solennelle de rentrée, a pu dire : « Malheureusement, l'expérience l'a trop prouvé, l'emprisonnement, tel qu'il est subi, aggrave la corruption du détenu, au lieu de la corriger. Le mal est tellement notoire qu'il peut, même ici, être constaté sans inconvénient » (M. Charles Bernard, avocat général, à l'audience de rentrée de la cour d'appel de Dijon du 16 oct. 1890). D'un autre côté, si la maison centrale est redoutée, nos prisons pour courtes peines n'effrayent guère. Enfin on sait à combien de difficultés s'est trouvée livrée notre administration des colonies quand elle a voulu organiser les peines de la transportation et de la relégation. Il est plus que douteux qu'elle ait réussi dans sa tâche. N'est-il pas notoire que, pendant longtemps, le transfèrement aux colonies n'a guère répondu à son but, parce que la vie coloniale, presque dans l'oisiveté, sans rigueurs suffisantes, n'intimide point les malfaiteurs? N'a-t-on pas dû, il y a quelques années, faire une loi (L. 25-27 déc. 1880, D. P. 81. 4. 53), pour déjouer le calcul des détenus de nos maisons centrales qui attentaient à la vie de leurs gardiens ou de leurs codétenus dans l'espoir d'être transportés à la Nouvelle-Calédonie? Depuis, l'Administration a multiplié les décrets sur la transportation et sur la relégation, mais le succès de ses efforts demeure incertain. Ces quelques traits suffisent pour marquer l'insuffisance de nos lois relatives à l'exécution des peines privatives de liberté, c'est-à-dire des peines qui constituent la clef de voûte de notre système pénal. Or, à ce point de vue encore, la commission de revision du code pénal a proposé des réformes importantes, qui paraissent en conformité avec les données à la fois théoriques et expérimentales de la science pénitentiaire. Tranchant dans le vif, son projet change entièrement le régime des prisons et maisons centrales. Au système de la vie en commun il substitue une période d'isolement cellulaire, comprenant, pour les courtes peines (un an et au-dessous), toute leur durée, pour les autres une durée variable qui ne pourra être inférieure à un an ni excéder trois ans; après quoi les condamnés à long terme seront séparés pendant la nuit seulement, à moins qu'ils ne soient autorisés, sur leur demande, à rester en cellule (art. 15 du projet).

51. Au reste, ce n'est pas d'hier que date, chez nous, ce réveil de la question pénitentiaire. On sait que si le second Empire a peu fait pour sa solution parce qu'il s'est principalement appliqué à poursuivre l'expérience de la transportation des forçats outre mer, organisée par la loi du 30 mai 1854, l'Assemblée nationale, à la suite de la vaste enquête sur la situation des prisons ordonnée par elle en 1872, a voté l'importante loi des 5-16 juin 1875, sur le régime des prisons départementales (D. P. 76. 4. 9), qui établit, en principe, le système de séparation individuelle des détenus (ou système cellulaire) dans cette catégorie d'établissements pénitentiaires appelés, dans la langue administrave : prisons pour courtes peines. Dans la pensée du législateur de 1875, l'emprisonnement individuel ne devait pas être appliqué immédiatement partout, mais seulement au fur et à mesure de la transformation des prisons départementales en prisons cellulaires. — Cette transformation s'est fait beaucoup attendre parce que les prisons départementales sont la propriété des départements, et que ceux-ci ne se sont pas jusqu'ici souciés d'effectuer, même avec l'aide des subventions de l'Etat que leur promet la loi de 1875, les dépenses considérables nécessitées par les travaux d'appropriation ou de reconstruction de leurs prisons, dépenses qui sont, d'ailleurs, bien plutôt d'intérêt général que d'intérêt départemental. En fait, en 1892, 23 prisons départementales seulement sur 379 étaient affectées à l'emprisonnement individuel; 6 seulement avaient été classées de 1884 à 1892 (Rap. de M. Boucher à la Chambre des députés sur le budget de l'administration pénitentiaire pour 1893, *Journ. off.* du 12 juill. 1892, annexe 2327, p. 1954). A ce compte, il eût fallu trois siècles pour réaliser la réforme des prisons départementales. Mais cet état de choses va changer, grâce à la loi du 4 févr. 1893, qui, tout en laissant, en principe, aux départements la propriété de leurs prisons, permet à l'Etat de traiter avec un département de la rétrocession de gré à gré de la propriété d'une ou plusieurs prisons. En ce cas, les départements peuvent être exonérés d'une partie des charges qui leur sont imposées par la loi du 5 janv. 1875. En même temps, la loi reconnaît le droit au Gouvernement de déclasser comme établissements pénitentiaires les prisons dont l'état serait contraire aux nécessités de l'hygiène, de la moralité, du bon ordre ou de la sécurité; les départements seront, dans cette hypothèse, mis en demeure de faire procéder aux travaux d'appropriation ou de reconstruction nécessaires. D'autre part, la loi rend *obligatoires*, pour les départements, les dépenses qu'elle vise; elle autorise le Gouvernement à pourvoir d'office, après certains délais, aux travaux exigés. Dans les conditions nouvelles, le temps paraît proche où ces « antres de corruption » qu'on trouve dans tant de lieux indiqués par le rapporteur de la loi du 4 févr. 1893 à la Chambre des députés (V. *Journ. off.* du 28 mars 1892, annexe 2015, p. 708), seront déclassés et remplacés par ces maisons cellulaires devant lesquelles recule la récidive en Belgique, en Hollande, en France même, dans les trop rares arrondissements où elles existent (V. *infrà*, v° *Prisons*). Malheureusement, la loi du 4 févr. 1893, comme la loi du 5 juin 1875 elle-même, vise exclusivement les prisons *pour courtes peines*, c'est-à-dire les prisons départementales; elle laisse complètement en dehors de la réforme les maisons centrales de force et de correction où se subissent les peines de la reclusion et celles de l'emprisonnement au-dessus de un an et un jour, maisons centrales qui ne renferment pas, en moyenne, moins de 14 000 condamnés, lesquels demeureront exposés à la corruption *fatalement* engendrée par le régime de la promiscuité des détenus. — Sur cette question du régime des prisons, la commission extraparlementaire de revision du code pénal, moins préoccupée, on le comprend, des questions budgétaires que les Chambres législatives, a émis, dans l'art. 21 de son projet, un vœu auquel on ne peut que souscrire : « L'emprisonnement et la détention sont subis dans des établissements appartenant à l'Etat ». Cette solution est sans doute destinée à prévaloir.

52. La difficulté du reclassement du condamné dans la société à sa sortie de prison est une des causes de l'accroissement de la récidive et, par conséquent, de la criminalité. A ce point de vue, le législateur a fait œuvre utile en abolissant la peine de la surveillance de la haute police (L. 27 mai 1885, art. 19, D. P. 85. 4. 45), qui a été remplacée par la peine nouvelle, assez peu efficace d'ailleurs, de l'interdiction de séjour. V. *infrà*, n° 633. Il a aussi introduit dans la loi du 14 août 1885, sur les moyens de prévenir la récidive (D. P. 85. 4. 60), des dispositions (art. 6, 7 et 8), qui permettent au Gouvernement d'allouer des subventions aux sociétés de patronage, c'est-à-dire aux associations indépendantes et libres qui se proposent d'exercer, par un appui matériel et moral, une action salutaire sur les condamnés, après leur libération, afin de les garantir et de garantir la société contre leur retour au mal. V. *infrà*, n° 332.

53. — II. Peines de droit commun et peines politiques. — Les art. 7 et 8 c. pén. énumèrent les peines en matière criminelle dans l'ordre de leur gravité relative, suivant une échelle générale, allant de la peine la plus grave, *la mort*, à la peine la moins grave, la *dégradation civique*. Il semblerait, à la lecture de ces articles, que les peines *criminelles* ne forment chez nous qu'une seule échelle de peines à échelons successifs. Il n'en est rien : les unes s'appliquent exclusivement aux crimes de droit commun, les autres aux crimes politiques, de telle sorte qu'il existe, en réalité, en notre droit, deux échelles parallèles, l'une contenant les peines affectées aux crimes de droit commun, l'autre celles des crimes politiques (Ortolan, *Eléments de droit pénal*, t. 2, n° 1629; Trébutien, *Cours de droit criminel*, t. 1, n° 262; Garraud, *Traité de droit pénal français*, t. 1, n° 256; Laborde, *Cours élémentaire de droit criminel*, n° 253).

Si la distinction qui précède n'est pas formulée par les art. 7 et 8 c. pén., c'est que, au moment où le code pénal fut promulgué, elle était sans importance. Ainsi que le fait remarquer M. Garraud « les cours d'assises devaient appliquer la peine prononcée par la loi, en conséquence du verdict du jury, dans les limites du *maximum* et du *minimum*, sans pouvoir l'abaisser d'un ou de deux degrés, par suite de l'admission des circonstances atténuantes, dont le système n'était pas encore organisé en matière criminelle » (t. 1, n° 256, p. 425). Néanmoins, à cette époque, il existait déjà des peines politiques, puisque la déportation était particulièrement réservée aux infractions politiques. Plus tard, la loi de revision du 28 avr. 1832 a créé une nouvelle peine politique: la détention. Plus tard encore, après l'abolition de la peine de mort en matière politique par le décret du 26 févr. 1848 et par la constitution du 4 nov. 1848, la loi du 5 avr. 1850 (D. P. 50. 4. 129) a institué la peine de la déportation dans une enceinte fortifiée, qui, en matière politique, remplace la peine capitale. Ces diverses dispositions législatives ont complètement séparé les deux échelles de peines. Dès avant la promulgation de la loi précitée du 5 avr. 1850, la cour de cassation avait déclaré, par la seule interprétation du code pénal, « que l'esprit général de ce code a été de distinguer entre les crimes politiques et les crimes communs, et d'appliquer une nature particulière de peines à chacune de ces deux catégories, quand la peine capitale n'était pas prononcée ; que cette pensée a reçu une nouvelle consécration et un développement nouveau du travail de revision opéré en 1832 ; que, d'abord, la loi du 28 avr. 1832 a créé une nouvelle peine politique, la détention de cinq à vingt ans ; que, par suite, l'échelle des peines en matière politique se trouve ainsi formée : la déportation, la détention, le bannissement et la dégradation civique ; que le nouvel art. 463 vient ensuite confirmer et compléter cette règle par le soin avec lequel il dispose que, s'il existe des circonstances atténuantes, la peine de mort encourue pour crime d'attentat à la sûreté intérieure ou extérieure de l'Etat sera remplacée par la déportation ou la détention ; qu'il en résulte clairement que le législateur a entendu fonder un système complet de pénalité politique différent du système de pénalité applicable aux crimes ordinaires ; qu'il a soustrait le coupable d'un crime purement politique aux peines de droit commun, et qu'il a voulu que, quand la peine de mort serait écartée, on descendît aux peines politiques inférieures ; que la suppression de la peine de mort en matière politique a fait virtuellement dégénérer la répression en déportation » (Crim. cass. 3 févr. 1849, aff. Durand, D. P. 49. 1. 10).

54. Il résulte de tout ce qui précède que « les peines criminelles sont, aujourd'hui, graduées de manière à former une *échelle générale* de pénalité et deux *échelles spéciales*, destinées, l'une aux crimes de droit commun, et l'autre aux crimes politiques » (Garraud, p. 426). L'échelle générale comprend : 1° la mort; 2° les travaux forcés à perpétuité ; 3° la déportation dans une enceinte fortifiée ; 4° la déportation simple ; 5° les travaux forcés à temps ; 6° la détention ; 7° la reclusion ; 8° le bannissement ; 9° la dégradation civique. Quant aux deux échelles spéciales, nous les disposons ainsi à côté l'une de l'autre :

PEINES DE DROIT COMMUN	PEINES DE L'ORDRE POLITIQUE
Mort.	Déportation dans une enceinte fortifiée.
Travaux forcés à perpétuité.	Déportation simple.
Travaux forcés à temps.	Détention.
Reclusion.	Bannissement.
Dégradation civique.	Dégradation civique.

Bien que cette différence de destination soit la règle générale, elle n'a pas toujours été observée par notre législation, et il existe dans le code pénal ou dans les lois spéciales plusieurs dispositions qui, dans un sens ou dans l'autre, l'ont intervertie. La loi du 13 mai 1863 a supprimé quelques-uns de ces cas, en ce qui concerne le bannissement.

55. En ce qui concerne les délits de police correctionnelle, nos lois n'ont pas organisé deux ordres de peines, et l'emprisonnement, comme l'amende, répriment les délits politiques comme les délits de droit commun. Toutefois, l'exécution de l'emprisonnement ne s'effectue pas de la même manière dans les deux cas. Les condamnés politiques à l'emprisonnement jouissent d'un régime spécial et favorable, réglementé par un arrêté du ministre de l'intérieur en date du 4 janv. 1890, qui sera analysé *infrà*, v° *Prisons*.

56. — III. GRAVITÉ RELATIVE DES PEINES. — La question de savoir laquelle, entre deux peines, doit être réputée la plus grave, présente, ainsi que nous l'avons dit au *Rép.* n° 79, un double intérêt. Cette question s'élève, en effet : 1° lorsqu'il s'agit d'appliquer l'art. 365, 2° al. c. instr. crim. qui porte qu'en cas de conviction de plusieurs crimes ou délits, la peine la plus forte sera seule prononcée; 2° lorsque, la peine applicable à une infraction ayant été changée par la loi dans l'intervalle de la perpétration du fait au jugement, il s'agit de savoir laquelle, de la peine ancienne ou de la peine nouvelle, est la plus douce. En d'autres termes la question de la gravité comparative des peines se pose à propos de la règle du non-cumul des peines, et à propos de la règle de la non-rétroactivité de la loi pénale. — Au premier point de vue, V. *Rép.* n°s 112 et suiv., et 130, et *infrà*, n° 140. Au second point de vue, V. *infrà*, v° *Lois*, n° 130; *Rép.* eod. v°, n° 373. Quoi qu'il en soit, la doctrine nous paraît avoir dégagé les règles de la gravité comparative des peines avec plus de netteté qu'elle ne l'avait fait à l'époque de la publication du *Répertoire*.

Suivant une première règle universellement admise, les peines se classent d'abord d'après leur *nature* (ou si l'on veut, leur *genre*) en ce sens que les peines criminelles sont toujours plus graves que les peines correctionnelles, et celles-ci que les peines de simple police. Peu importe la durée respective des peines prononcées : cinq ans de reclusion constituent une peine plus forte que dix ans d'emprisonnement (Mangin, *Traité de l'action publique*, t. 2, n° 459; Blanche, *Etudes pratiques sur le code pénal*, t. 1, n° 31; Garraud, *Traité de droit pénal*, t. 2, n° 172; Villey, *Précis*, p. 463; Laborde, *Cours élémentaire de droit criminel*, p. 48; Trébutien, *Cours élémentaire de droit criminel*, t. 1, n° 212). Cette décision est conforme à l'indication du décret du 23 juill. 1810, relatif à la publication des codes criminels, qui a disposé dans les termes suivants : « Si la *nature* de la peine prononcée par notre nouveau code pénal était moins forte que celle prononcée par le code actuel, les cours et tribunaux appliqueront les peines du nouveau code ». Elle a d'ailleurs été formellement consacrée par un arrêt de cassation du 18 janv. 1850 (aff. Lalane, D. P. 50. 5. 349), qui a décidé que la peine de la reclusion est plus forte que la peine d'emprisonnement, encore qu'elle serait prononcée pour une durée moins longue.

Entre peines de même nature, la plus grave est celle qui occupe le *degré le plus élevé* dans l'échelle pénale, telle qu'elle est établie par les art. 7 et 8 pour les peines criminelles, et par l'art. 9 pour les peines correctionnelles (Garraud, *loc. cit.*; Blanche, n° 32; Laborde, *loc. cit.*). C'est, en d'autres termes, ce que l'on a déjà exprimé au *Rép.* n° 79, en disant que la gravité relative des peines comprises dans une même catégorie est déterminée par l'ordre dans lequel la loi les nomme. Ici enore il n'y a point à tenir compte de la durée ou de la quotité respective des peines (Garraud, *eod. loc.*; Villey, *loc cit.*; Laborde, *loc. cit.*; Trébutien, *loc. cit.*). C'est ainsi que cinq ans de travaux forcés sont supérieurs à dix ans de reclusion ou à vingt ans de détention. C'est ainsi qu'une peine d'emprisonnement, fût-elle réduite à un jour par le bénéfice des circonstances atténuantes, l'emporte sur une amende de 5000 francs (V. en ce sens : Poitiers, 18 mars 1839, aff. Gatineau, *Journ. dr. crim.*, n° 2359, V. aussi conf. Mangin, n° 459).

57. La détention doit-elle être réputée peine plus forte que la reclusion bien qu'en réalité elle soit plus douce dans son mode d'exécution? Oui, car elle précède la reclusion dans l'échelle pénale (c. pén. art. 7). C'est ce que la cour de Paris a décidé le 7 juin 1851 (aff. Raymond, D. P. 52. 2. 81). Conf. Garraud, *loc. cit.*, Mangin, n° 459, *in fine*. De même, la déportation doit être considérée comme plus grave que les travaux forcés à temps, puisqu'elle occupe un rang supérieur dans l'art. 7 c. pén. Cela ne fait aucun doute. Mais la déportation dans une enceinte fortifiée doit-elle prendre rang *après* ou *avant* la peine des travaux forcés à perpétuité? C'est une question plus délicate. On sait que cette nouvelle peine a été créée par la loi du 8 juin 1850 pour remplacer, à l'égard des crimes politiques, la peine capitale. Cette destination n'indique-t-elle pas que la peine nouvelle doit être classée, dans l'échelle générale, immédiatement après la peine de mort, et, par conséquent, avant la peine des travaux forcés à perpétuité? Nous ne le pensons pas. D'une part, en effet, la déportation dans une enceinte fortifiée n'est, après tout, qu'une variété de la déportation créée par l'art. 17 c. pén.; elle n'a pas de rang spécial dans l'art. 7 du même code et reste, par conséquent, primée par les travaux forcés à perpétuité (Garraud, *eod. loc.*). D'autre part, un argument de texte démontre, suivant nous, que, dans la pensée du législateur, la déportation dans une enceinte fortifiée passe après les travaux forcés à perpétuité. On sait que la loi de revision du code pénal du 13 mai 1863 a remanié le texte d'un certain nombre d'articles du code pénal parmi lesquels l'art. 463 relatif aux circonstances atténuantes. Or, dans le nouvel art. 463, la déportation dans une enceinte fortifiée est énumérée après les travaux forcés à perpétuité (§ 3 et 4); par là le législateur de 1863 a bien montré ce qu'il pensait du rang que la nouvelle peine politique, créée en 1850, occupe dans l'échelle générale des peines. Enfin, on peut tirer argument, dans le même sens, des art. 17, § 2, et 198, § 5, c. pén. « Aux termes du premier de ces articles, l'évasion d'un déporté, suivie de retour en France, est punie des travaux forcés à perpétuité. Le second emploie aussi cette dernière peine pour réprimer un crime, habituellement puni de la déportation, quand l'agent doit subir une aggravation de peine à raison de sa qualité de fonctionnaire. Par ces deux textes le législateur montre qu'il considère les travaux forcés à perpétuité comme plus graves que la déportation. Ces textes sont, il est vrai, antérieurs à la création du second degré de déportation, mais, comme ils n'ont pas été modifiés lors de la revision du code pénal en 1863, l'argument qu'on en tire a toute sa valeur » (Laborde, n° 409, p. 240).

58. Si les peines en concours sont de même *nature* et de même *degré*, mais d'un *taux* différent, quelles règles faut-il suivre pour discerner la plus forte? La solution de cette question comportera, en général, peu de difficultés. D'abord il est clair que « s'il s'agit d'une peine qui prive de la liberté, la moins douce sera celle dont la durée sera la plus longue, et, s'il s'agit de l'amende, la peine la plus forte sera celle qui portera l'amende la plus élevée » (Blanche, n° 33).

Mais, en notre droit, les peines sont rarement fixes; elles comportent presque toujours un *maximum* et un *minimum*. Au point de vue qui nous occupe, la solution de la question de savoir laquelle, de deux peines en présence, est la plus forte, dépendra, avant tout, de la comparaison du *maximum* respectif des deux peines. La plus grave sera celle dont le *maximum* est le plus élevé, quelle que soit la durée comparative (ou le taux comparatif) du *minimum*. L'art. 61 c. pén. néerlandais de 1881 s'énonce ainsi : « La gravité relative des peines de même nature est fixée par le *maximum*. » Notre code ne contient aucune règle semblable ; mais la raison dit que la possibilité d'être condamné à un *maximum* plus élevé constitue pour un prévenu une situation plus défavorable, tandis que sa situation n'est pas sensiblement modifiée par un abaissement de *minimum*, puisque, lorsqu'il y a des circonstances atténuantes, le juge a la faculté d'abaisser la peine au-dessous du *minimum* légal. Aussi la doctrine s'est-elle unanimement prononcée en ce sens que la gravité relative de deux peines se détermine par la considération du *maximum*, de telle sorte que la peine la plus forte est celle dont le *maximum* est le plus élevé (Garraud, *eod. loc.*, p. 279; Blanche, n° 33; Villey, p. 464; Haus, *Principes du droit pénal belge*, t. 1, n° 193).

Si, des deux peines à comparer, le *maximum* est le même, la supériorité appartient à celle dont le *minimum* est le plus élevé. Elle est évidemment la plus grave des deux. En cas d'égalité sur les deux limites (*maximum* et *minimum*), la plus forte des deux peines serait celle à laquelle une peine *additionnelle* aurait été ajoutée par le législateur. Hors ce cas particulier, ainsi qu'on l'a déjà dit au *Rép.* n° 79, les peines accessoires attachées par la loi à certaines peines n'entrent pas en considération lorsqu'il s'agit de déterminer la gravité de ces dernières.

59. Signalons, en terminant cette matière, l'art. 89 du projet de réforme de notre code pénal ainsi conçu : « La peine la plus forte est celle dont la durée est la plus longue ; si les peines sont de même durée, l'emprisonnement est considéré comme une peine plus forte que la détention ». On sait que, dans la pensée des auteurs du projet, la détention différera de l'emprisonnement parce qu'elle comportera un régime plus doux et aussi parce qu'elle sanctionnera les délits politiques ou les infractions les moins déshonorantes.

CHAP. 4. — Principes généraux (*Rép.* n°s 81 à 242).

SECT. 1re. — LÉGALITÉ DES PEINES (*Rép.* n°s 81 à 93).

60. — I. DE LA RÈGLE « NULLA PŒNA SINE LEGE ». — Avant 1789, ainsi qu'on l'a rappelé au *Rép.* n° 81, les peines étaient souvent *arbitraires*. Résumant à cet égard les données de notre droit ancien, M. Garraud a dit, dans son *Traité théorique et pratique du droit pénal français* » (t. 1, n° 105) : « Les juges pouvaient, en général, incriminer eux-mêmes des faits que la loi n'avait pas prévus et y appliquer, à leur choix, les peines qui leur paraissaient convenir parmi celles établies par les usages et ordonnances. C'est en ce sens que nos anciens criminalistes disaient : *Les peines sont arbitraires en ce royaume.* Ce système a disparu de nos lois : il n'y a plus aujourd'hui de peines *arbitraires*, mais seulement des peines *légales*, c'est-à-dire expressément établies par la loi. En d'autres termes, la règle : *nulla pœna sine lege* est chez nous un principe de droit pénal. Bien que nos codes ne l'énoncent pas d'une façon très précise (V. c. pén. art. 1 et 4), le principe de la légalité des peines est, dans la doctrine comme dans la pratique, au-dessus de toute contestation. Les codes étrangers nouveaux l'admettent également ; quelques-uns l'ont très heureusement formulé. Nous citerons à cet égard l'art. 1 du code pénal d'Italie de 1889, ainsi conçu : « Personne ne peut être puni en raison d'un fait qui n'est pas expressément prévu comme infraction à la loi, ni atteint de peines que la loi n'édicte pas ». L'art. 2 du code pénal de Neufchâtel de 1891 porte : « Nul ne peut être puni qu'en vertu d'une disposition de la loi pénale ». Et l'art. 9 de la constitution belge : « Nulle peine ne peut être établie ni appliquée qu'en vertu de la loi ».

61. De la règle *nulla pœna sine lege* découlent de nombreuses conséquences pratiques, notamment les suivantes : 1° dans tout procès pénal, la première recherche que doit faire le juge consiste à déterminer si le fait reproché à l'inculpé, en le supposant établi, est ordonné ou prohibé par la loi sous menace de châtiment (Garraud, t. 1, n° 105) ; — 2° Les tribunaux ne peuvent prononcer des peines autres que celles qui sont fixées par la loi (V. les arrêts cités au *Rép.*, n° 102-1°, 2°, 3°, 4°, 6°, 7°, 11°, 12°, et en outre : Crim. cass. 15 oct. 1849, aff. Miquel, D. P. 49. 1. 281, et Crim. rej. 5 juin 1890, aff. Bordes, D. P. 90. 1. 495) ; — 3° Les tribunaux ne peuvent, par voie d'analogie, atteindre et punir un fait non formellement déclaré punissable par une loi (Crim. cass. 19 mars 1831, *Rép.* v° *Dommage-destruction*, n° 29 ; Crim. rej. 11 juill. 1834, *Rép.* v° *Faux* n° 88 ; Crim. cass. 27 juill. 1850, aff. Daverne, D. P. 50. 1. 288 ; Trib. corr. de Metz, 28 sept. 1853, aff. Lévy, D. P. 54. 2. 245) ; — 4° Les tribunaux doivent renvoyer absous, sans prononcer contre lui aucune peine, l'individu traduit devant eux qui n'est reconnu coupable d'aucun crime, délit ou contravention défini par le texte de loi ; — 5° Les tribunaux ne peuvent aggraver ni diminuer les peines établies par la loi (V. *infrà*, n°s 99 et suiv.).

62. C'est par une *loi* proprement dite que la peine doit être édictée ; elle ne peut l'être par un décret, un arrêté ministériel, un arrêté préfectoral ou tout autre acte de l'autorité publique. En d'autres termes, c'est au pouvoir *législatif* seul qu'il appartient de sanctionner ses commandements par une peine, non au pouvoir *exécutif*. « La pénalité ou l'emploi d'un mal infligé au nom de la société comme châtiment public, en raison d'actes qui vont se trouver défendus ou commandés à l'activité de l'homme, est chose assez grave pour que le soin de la décréter ne soit pas abandonné au pouvoir chargé seulement de gouverner, d'administrer, d'exécuter » (Ortolan, *Eléments de droit pénal*, t. 1, n° 576. Conf. Garraud, t. 1, n° 107). Par application de cette règle, il a été jugé que l'arrêté du gouverneur général ou l'arrêté ministériel qui, en Algérie, interdit aux boulangers de mettre en vente des pains d'un poids inférieur au poids fixé, est illégal dans la disposition par laquelle il déclare l'infraction à cette prohibition passible de la peine portée en l'art. 479 c. pén., et de la confiscation des pains ; une telle infraction ne peut être punie que des peines de l'art. 471, § 15, c. pén. (Crim. rej. 10 sept. 1857, aff. Labaronne, D. P. 57. 1. 486).

63. — II. DES RÈGLEMENTS ET DE LEUR SANCTION PÉNALE. — Bien qu'il soit rigoureusement vrai de dire qu'il n'appartient qu'au pouvoir législatif de porter un commandement pénal, il faut reconnaître que, dans une certaine mesure, les autorités qui possèdent le pouvoir réglementaire participent, par délégation du pouvoir législatif, à cette puissance. On sait que le chef de l'Etat, quelquefois les ministres, les préfets, les maires, possèdent, dans des conditions diverses, le droit de faire des règlements (ou actes réglementaires), ayant pour objet soit d'assurer l'exécution des lois, soit de compléter celles-ci par l'établissement de règles locales et temporaires (Sur ces règlements, qui sont de véritables actes de législation secondaires, des quasi-lois, V. *suprà*, v° *Lois*, n°s 17 et suiv.). Or l'exécution des règlements peut, dans certains cas, être assurée, comme l'exécution des lois, par des sanctions pénales. Mais pour cela une condition est indispensable : l'existence d'une délégation du pouvoir législatif, sans l'autorité duquel aucune peine ne peut être portée (*nulla pœna sine lege*). M. Ortolan a clairement expliqué, dans ses *Eléments de droit pénal* le procédé employé par le législateur pour assurer cette sanction tout en laissant au pouvoir gouvernemental et administratif (comme il est nécessaire), le soin de faire les règlements : « Le législateur lui-même, soit dans chaque loi spéciale dont l'application aura besoin d'être organisée par un règlement de détail, soit comme règle générale d'attributions pour certains objets à l'avance déterminés par lui, délègue expressément à l'autorité gouvernementale ou administrative le soin de faire sur ces objets les règlements nécessaires, et fixe lui-même, par un texte de loi, la peine qui sera applicable en cas de violation de ces règlements. Le détail de l'incrimination se prend alors dans le texte du règlement et la peine dans la loi ; le délit que prévoit et frappe le législateur, c'est la violation du règlement » (t. 1, n° 578). En d'autres termes, l'incrimination est faite par le règlement, mais la peine se trouve toujours dans la loi ; c'est encore une application de la règle : *nulla pœna sine lege*. Il est assez remarquable que, dans une matière spéciale, le législateur a été jusqu'à déléguer la pénalité elle-même. Nous voulons parler de la loi du 2 mai 1855 relative à l'établissement d'une taxe municipale sur les chiens (D. P. 55. 4. 54), dont l'art. 5 est ainsi conçu : « Un règlement d'administration publique déterminera les formes à suivre pour l'assiette de l'impôt, et *les cas où l'infraction à ces dispositions donnera lieu à un accroissement de taxe. Cet accroissement ne pourra s'élever à plus du quadruple de la taxe fixée par les tarifs* ». A la vérité il ne s'agit pas là d'une pénalité proprement dite, mais d'un supplément de taxes recouvrables comme en matière de contributions directes.

64. Sauf cette exception unique, la sanction pénale des règlements est toujours placée dans la loi. En fait, cette sanction est souvent placée dans la loi spéciale même, qui, en déléguant à l'autorité gouvernementale ou administrative le soin de faire le règlement, marque la peine applicable en cas de violation de ce règlement. Avec Ortolan (t. 1, n° 637), on peut citer comme exemples les lois du 3 mars 1822 sur la police sanitaire (art. 1, 7 et suiv.), du 15 avr. 1829 sur la pêche fluviale (art. 26 et suiv.), du 3 mai 1844 sur la police de la chasse (art. 3, 9, 11 et suiv.), du 15 juill. 1845 sur la police des chemins de fer (art. 21), du 19 juill. 1845 sur la vente des substances vénéneuses (art. 1). A ces exemples on peut ajouter les art. 4, 5 et 6 de la loi du 30 mai 1851 sur la police du roulage et des messageries publiques, et l'art. 26 de la loi du 2 nov. 1892 sur le travail des enfants, des filles mineures et des femmes dans les établissements industriels, lequel est ainsi conçu : « Les manufacturiers, directeurs ou gérants d'établissements visés dans la présente loi, qui auront contrevenu aux prescriptions de ladite loi *et des règlements d'administration publique* relatifs à son exécution, seront poursuivis devant le tribunal de simple police et passibles d'une amende de 5 à 15 fr. ». — A défaut de pénalité édictée par la loi spéciale, tout règlement de l'autorité administrative ou municipale légalement fait vient se placer sous une disposition générale, qui a été ajoutée à l'art. 471 du code pénal de 1810 par la loi de revision de 1832 et qui est ainsi conçue : « Seront punis d'amende depuis un franc jusqu'à 5 fr. inclusivement :... 15° Ceux qui auront contrevenu aux règlements légalement faits par l'autorité administratives, et ceux qui ne se seront pas conformés aux règlements ou arrêtés publiés par l'autorité municipale, en vertu des art. 3 et 4, tit. 11 de la loi des 16-24 août 1790 et de l'art. 46, tit. 1 de la loi des 19-22 juill. 1791 ».

65. — III. SANCTION DONNÉE PAR L'ART. 471, § 15, AUX RÈGLEMENTS. — Nous venons de dire qu'à défaut de pénalité édictée par la loi spéciale, tout règlement légalement fait par l'autorité administrative vient se placer sous la disposition générale de l'art. 471, § 15, c. pén. En est-il de même des dispositions *législatives* qui ne portent pas avec elles de sanctions pénales ? La négative est certaine. « Le législateur, dit avec raison M. Garraud (t. 1, n° 109), peut donner à ses prescriptions toutes les sanctions qui lui paraissent nécessaires ; mais lorsqu'il n'en a édicté aucune, il n'est pas permis de suppléer à son silence ». C'est une vérité que la jurisprudence a consacrée par plusieurs arrêts. Ainsi la cour de cassation a refusé la sanction des peines de simple police à la disposition de la loi du 9 mars 1878, aujourd'hui abrogée par la loi du 29 juill. 1881 sur la presse (D. P. 81. 4. 65), qui obligeait les colporteurs de journaux à représenter aux agents de l'autorité le récépissé constatant leur déclaration (Crim. rej. 11 janv. 1879, aff. Peffert, D. P. 80. 1. 143). Elle a refusé la même sanction à l'art. 44 de la loi du 18 germ. an 10, qui interdit l'ouverture d'une chapelle domestique sans autorisation du Gouvernement (Crim. cass. 23 oct. 1886, aff. d'Espinassy de Verrel, D. P. 87. 1. 505). V. le rapport de M. le conseiller Tanon, sur cette affaire, D. P. *ibid.*

66. En ce qui concerne les *décrets* du chef de l'Etat, la question de savoir s'ils sont sanctionnés par l'art. 471, § 15, c. pén. est moins simple que pour les lois. Une première observation doit être faite : c'est que la question ne se pose pas et ne peut pas se poser dans l'hypothèse où une sanction spéciale a été édictée par la loi même qui a délégué au chef de l'Etat le soin de faire le règlement, comme par exemple, dans le cas précité (V. *suprà*, n° 64) de l'art. 26 de la loi du 2 nov. 1892 sur le travail des enfants, des filles mineures et des femmes dans les établissements industriels (D. P. 93. 4. 23). Il est évident qu'en cas pareil, c'est la peine spécialement édictée qui doit être appliquée, et qu'il ne saurait être question de celle de l'art. 471, § 15. Mais que faut-il décider quand aucune peine n'a été édictée à l'avance contre les violateurs du règlement ? La jurisprudence n'accorde la sanction de l'art. 471, § 15, aux décrets du chef du pouvoir exécutif que dans les deux cas suivants : 1° lorsqu'ils ont statué sur les matières confiées par les lois au pouvoir réglementaire de l'autorité municipale ; — 2° Lorsqu'ils ont été pris en vertu d'une délégation spéciale de la loi (V. à ce dernier point de vue l'arrêt de cassation rendu, en matière de poids et mesures, le 3 mars 1877, aff. Roca, D. P. 77. 1. 333). Elle la refuse en toute autre hypothèse. Cette doctrine, affirmée surtout par deux arrêts importants (Crim. rej. 13 déc. 1851, aff. Kastner, D. P. 52. 1. 303 ; et Crim. cass. 23 oct. 1886, aff. d'Espinasse, D. P. 87. 1. 505), s'appuie sur ce motif (non exprimé dans les arrêts, mais développé dans le rapport précité de M. Tanon sous l'arrêt du 23 oct. 1886), que, lors de la revision de 1832, le législateur paraît n'avoir eu d'autre intention, en édictant la dernière disposition de l'art. 471, que « de confirmer la pratique judiciaire antérieure, et d'éviter seulement aux tribunaux de recourir aux dispositions surannées de la loi de 1791 sur la police rurale, et du code de brumaire an 4 ». — M. Garraud paraît peu disposé à approuver cette jurisprudence. Il fait remarquer (t. 1, n° 109) que l'art. 3 de la loi constitutionnelle du 25 févr. 1875, en disant que le président de la République « surveille et assure l'exécution des lois » lui attribue, par cela même, le pouvoir de faire tous les règlements et décrets nécessaires pour l'exécution des lois. La délégation du pouvoir réglementaire, assurée par la constitution au président de la République, étant ainsi *générale*, M. Garraud estime que tous les décrets rendus par le chef de l'Etat pour l'exécution des lois, s'ils n'empiètent pas sur le domaine réservé au législateur, sont, en réalité, des décrets « légalement faits », et dès lors rentrent tous dans les termes de l'art. 471, § 15. Nous inclinons à admettre cette opinion qui nous semble fondée sur un argument de texte solide. En effet, si « pour assurer l'exécution des lois » qui lui est confiée par la constitution, le président fait un règlement, ce règlement n'est-il pas « légalement fait » ? Ces dernières expressions de l'art. 471, § 15, sont, par elles-mêmes tellement claires qu'il n'est pas possible, suivant nous, de les interpréter, même à l'aide des travaux parlementaires. Au reste, qu'on parcoure ces travaux parlementaires ; qu'on lise notamment les courtes observations présentées à la Chambre des pairs et à la Chambre des députés de 1832 par les rapporteurs (V. rapport de M. Tanon précité), l'on n'y trouvera que peu de lumière, pas assez pour que l'intention du législateur puisse être invoquée à l'encontre d'un texte précis. Il est remarquable que, dans ses arrêts précités de 1851 et de 1886, la cour de cassation ne s'est pas appuyée sur les travaux parlementaires, elle n'y a fait aucune allusion. Cette cour s'est bornée à déclarer, en termes généraux et identiques qu' « il faudrait, pour que la sanction pût être attachée à l'inobservation des dispositions réglementaires, que les lois préexistantes eussent attribué, par voie de délégation, au pouvoir exécutif, le droit de faire de tels règlements ». Quoi qu'il en soit, la jurisprudence qui vient d'être analysée est formelle, et, dans la pratique, elle devra sans doute être suivie.

67. Comme nous l'avons dit au numéro précédent, la cour de cassation admet la sanction de l'art. 471, § 15, pour les décrets du chef du pouvoir exécutif, lorsque ceux-ci statuent sur des matières confiées par les lois au pouvoir réglementaire de l'autorité municipale, c'est-à-dire sur les objets déterminés aujourd'hui par les lois des 16-24 avr. 1790 et du 25 avr. 1884. Le motif est que les prescriptions du pouvoir exécutif sur ces objets ne peuvent avoir moins d'efficacité que celles du pouvoir municipal. La jurisprudence s'est depuis longtemps affirmée dans ce sens par de nombreux arrêts (Crim. cass. 25 févr. 1826 (établissements insalubres, *Rép.* v° *Manufactures et ateliers dangereux*, n° 184-1°; Ch. réun. cass. 16 juill. 1840 (boulangers), *Rép.* v° *Boulangers*, n° 22-5°; Crim. cass. 17 avr. 1856, aff. Thibeaud (police des théâtres), D. P. 56. 1. 199; Crim. rej. 22 juill. 1875, aff. Larbaud (eaux minérales), D. P. 76. 1. 190; Crim. cass. 3 mars 1877, aff. François Roca (boulangers), D. P. 77. 1. 333).

68. Telle est également la doctrine d'un arrêt de la cour de Paris (7 mai 1890, aff. Chauveau, D. P. 91. 2. 150) rendu à propos d'un règlement d'administration publique. Cet arrêt a jugé avec raison qu'un décret réglementaire de cette nature (dans l'espèce le décret du 13 mai 1875, D. P. 75. 4. 105, pris en exécution de la loi du 19 mai 1874, D. P. 74. 4. 88, sur le travail des enfants et des filles mineures employés dans l'industrie), ne peut être sanctionné par une pénalité lorsqu'il étend ses dispositions à un cas non prévu par la loi même qui a donné délégation au pouvoir réglementaire. Suivant nous, rien n'est plus juridique que cette décision. Les règlements d'administration publique rendus en exécution des lois procèdent de la délégation expresse et spéciale du législateur (V. sur ces règlements *suprà*, v° *Lois*, n°s 18 et suiv. V. aussi *Rép.* v° *Règlements administratifs et de police*, n°s 24 et suiv.); il suit de là que leurs dispositions ne sauraient avoir le caractère de lois et, spécialement, être sanctionnées par une pénalité qu'autant qu'elles se rattachent d'une façon directe et positive à la loi même qui donne délégation au chef de l'Etat, à l'effet d'exercer le pouvoir réglementaire. Tout ce qu'un pareil règlement aurait prescrit au delà des limites marquées par le législateur est illégal et dépourvu de sanction. — Toutefois, si la thèse générale de l'arrêt, refusant la sanction légale au règlement qui étend ses dispositions à un cas non prévu par la loi, est à l'abri de la critique, il ne nous paraît pas aussi certain que la cour de Paris ait eu raison de déclarer que le règlement invoqué outrepassait là loi. Il s'agissait, dans l'espèce, d'un accident d'usine arrivé à un mineur de seize ans. Celui-ci avait eu deux doigts de la main droite coupés dans l'engrenage d'une machine à vapeur non revêtue d'organes protecteurs, et son patron avait été poursuivi en police correctionnelle. La cour d'appel a acquitté ce dernier parce que la machine se manœuvrait à la main (et non au moyen d'un moteur mécanique), et que la loi du 19 mai 1874, n'oblige les chefs d'établissement à couvrir d'appareils protecteurs les roues, courroies, engrenages, etc., que dans les usines à moteurs mécaniques. A la vérité, l'art. 2 du règlement d'administration publique du 13 mai 1875 interdit, d'une façon générale, d'employer des enfants au-dessous de seize ans dans les ateliers qui mettent en jeu des machines dont les parties dangereuses ne sont pas couvertes d'appareils protecteurs ; mais, suivant la cour de Paris, ce règlement qui ne fait pas de distinction entre les machines à moteurs mécaniques et les machines se manœuvrant à la main, a outrepassé la loi. La cour de cassation a, depuis, décidé que l'art. 2 du règlement du 13 mai 1875 est rendu en conformité de l'art. 12 de la loi du 19 mai 1874, et jugé que le directeur d'un établissement industriel qui emploie un enfant mineur de seize ans à la mise en mouvement d'une machine dont les parties dangereuses ne sont pas recouvertes d'organes protecteurs, commet une infraction au règlement du 13 mai 1875 et à la loi du 19 mai 1874, alors même que cette machine se manœuvrerait à la main (Crim. rej. 23 juin 1892, aff. Bécour, D. P. 93. 1. 132). Du reste, la loi du 19 mai 1874, et les règlements faits en exécution de ses dispositions, ont été abrogés par la loi du 2 nov. 1892 (D. P. 93. 4. 25). — V. *infrà*, v° *Travail*.

69. Sous la constitution actuelle de 1875, les *ministres* ne possèdent pas de pouvoir réglementaire général (V. notamment, Cons. d'Et. 4 mars 1881, aff. Société de Laneuville, D. P. 82. 3. 70); mais ils peuvent avoir et ils ont dans certains cas, assez rares, il est vrai, un pouvoir réglementaire par délégation législative spéciale. C'est ainsi que la loi du 14 avr. 1885 sur la surveillance des étalons (D. P. 86. 4. 55) donne, dans son art. 7, au ministre de l'agriculture le droit de régler « la composition de la commission d'examen des étalons, l'époque de ses réunions, le mode et les conditions de l'examen et toutes les mesures d'exécution ». C'est ainsi qu'à une époque bien antérieure, le ministre des travaux publics a reçu, en matière de chemin de fer, de l'ordonnance royale du 15 nov. 1846, art. 79 (*Rép.*, v° *Voirie par chemin de fer*, p. 851), rendue en exécution de la loi du 15 juill. 1845 sur la police des chemins de fer (*Rép.* eod. v°, n° 849), le pouvoir de prendre des arrêtés réglementaires concernant le départ, la circulation et l'arrivée des convois. Il nous paraît certain que, quand la loi n'a pas édicté de sanction spéciale, les règlements ministériels faits en vertu d'une délégation législative sont des *règlements légalement faits par l'autorité administrative*, et qu'ils ont, dès lors, la sanction de l'art. 471, § 15, c. pén.

70. Les *préfets* exercent le pouvoir réglementaire, tantôt en vertu de délégations législatives spéciales, comme dans le cas de l'art. 21 de la loi du 21 mai 1836 sur les chemins vicinaux (*Rép.*, v° *Voirie par terre*, p. 201) et dans le cas des art. 3 et 9 de la loi du 3 mai 1844 sur la police de la chasse (*Rép.* v° *Chasse*, p. 106) et quelques autres cas prévus par des lois spéciales (V. à cet égard Faustin Hélie, *Traité de l'instruction criminelle*, t. 6, n° 2482); tantôt en vertu de délégations législatives générales, comme celles que leur donnent la loi du 22 déc. 1789; l'art. 99 de la loi municipale du 5 avr. 1884 (D. P. 84. 4. 53) pour le maintien de la salubrité, de la sûreté et de la tranquillité publiques (V. sur le pouvoir réglementaire de police des préfets : Faustin Hélie, *Traité de l'instruction criminelle*, t. 6, n°s 2480 et suiv.). Dans l'une et l'autre hypothèses, l'exécution de leurs règlements est garantie par la sanction de l'art. 471, § 15, c. pén.

Il est à peine besoin de dire que la contravention à un arrêté préfectoral, pris au sujet d'un fait prévu par une loi, ne saurait entraîner une peine que cette loi ne prononce pas. Les préfets ne peuvent évidemment entreprendre sur le pouvoir législatif, et ce serait leur attribuer ce droit que d'attacher aux arrêtés pris par eux dans des matières que la loi a réglementées, une sanction pénale qui n'a pas été édictée par le législateur. La cour de cassation a jugé, en ce sens, que l'art. 196 de la loi du 28 avr. 1816, qui prescrit l'arrachage et la destruction, immédiatement après la récolte, des tiges et souches de tabacs, n'a d'autre sanction que la destruction de ces tiges et souches aux frais des cultivateurs, à la diligence de l'Administration, et qu'un arrêté préfectoral qui rappelle aux cultivateurs l'obligation légale qui leur est imposée n'est pas sanctionné par l'art. 471, § 15, c. pén. (Crim. rej. 5 juin 1890, aff. Bordes, D. P. 90. 1. 495-496).

71. De tous les règlements administratifs sanctionnés par l'art. 471, § 15, les plus nombreux sont les *arrêtés des maires*. On sait que l'article précité punit... « ceux qui ne se sont pas conformés aux règlements ou arrêtés publiés par l'autorité municipale, en vertu des art. 3 et 4, tit. 11 de la loi du 16-24 août 1790, et de l'art. 46, tit. 1, de la loi du 19-22 juill. 1791 ». Les maires ont toujours eu un pouvoir réglementaire général en matière de police. Ce pouvoir leur a été de nouveau reconnu par la loi municipale du 5 avr. 1884, art. 92 et suiv. (D. P. 84. 4. 25). — Sur les règlements et arrêtés municipaux en général (V. *suprà*, v° *Commune*, n°s 455 et suiv. V. aussi Faustin Hélie, *Traité de l'instruction criminelle*, t. 6, n°s 2473 et suiv.).

Le préfet de police exerce à Paris et dans tout le département de la Seine le droit de prendre des arrêtés de police (V. *suprà*, v° *Commune*, n° 465). Et l'art. 104 de la loi précitée du 5 avr. 1884 donne au préfet du Rhône, dans les communes de Lyon, Caluire-et-Cuire, Oullins, Sainte-Foy, Saint-Rambert, Villeurbanne, Vaux-en-Velin, Brou, Vénissieux et Pierre-Bénite du département du Rhône, et dans celle de Sathonay, du département de l'Ain, les mêmes attributions que celles qu'exerce le préfet de police dans les communes suburbaines de la Seine. Les ordonnances ou arrêtés de ces deux préfets, en matière de police, ont la même sanction que ceux des maires. — Sur les infractions aux arrêtés de police, V. Blanche, *Etudes pratiques sur le code pénal*, t. 7, nᵒˢ 229 et suiv. ; Chauveau et Hélie, *Théorie du code pénal*, t. 6, nᵒˢ 279 et suiv.

72. Au reste, il n'appartient pas à l'autorité municipale (et plus généralement à l'autorité administrative) de substituer ses règlements de police aux dispositions de la loi, et de remplacer de la sorte la pénalité particulière qu'édictent ces dispositions par la pénalité générale que l'art. 471, § 15, c. pén. attache à toute infraction aux règlements de police. Ainsi le prévenu coupable de tapage nocturne doit être condamné à l'amende prononcée par l'art. 479, n° 8, c pén., et non simplement à celle de l'art. 471, § 15, du même code, pour infraction à un arrêté municipal portant défense de faire aucun bruit ou tapage de nuit ou de jour (Crim. cass. 29 août 1857, aff. Mercier, D. P. 57. 1. 416). — Jugé, de même, que le charretier qui, contrairement aux prescriptions d'un règlement de police municipale, est monté sur sa voiture pour la conduire, ne tombe pas sous le coup de l'art. 471, § 15, mais est passible de la peine édictée par le paragraphe 3 de l'art. 475 c. pén. (Crim. cass. 4 nov. 1848, aff. Capelle, D. P. 50. 5. 472). — Jugé aussi que le fait de bêcher ou combler le fossé d'un chemin vicinal constituant une dégradation de ce chemin, punie par l'art. 479, § 11, c. pén., la contravention à un arrêté préfectoral qui défend un tel fait donne lieu à l'application de la peine prononcée par ce même article, et non pas seulement à celle édictée par l'art. 471, § 15 (Crim. cass. 15 févr. 1856, aff. Joly, D. P. 56. 1. 349. Conf. Crim. cass. 19 janv. 1848, aff. Nicolle, D. P. 48. 5. 96; 7 janv. 1859, aff. Gally, D. P. 60. 5. 428; 17 mars 1866, aff. Hanon, D. P. 66. 1. 354 (V. *suprà*, v° *Commune*, n° 489).

73. Des expressions mêmes de l'art. 471, § 15 « sont punis d'amende... ceux qui auront contrevenu aux règlements *légalement* faits par l'autorité administrative, et ceux qui ne se seront pas conformés aux règlements ou arrêtés *publiés* par l'autorité municipale ... » il résulte que le code pénal « donne le droit, et même fait un devoir aux juges compétents pour connaître d'une contravention à un règlement, de ne prononcer la peine qu'après en avoir examiné la *légalité*, c'est-à-dire après avoir répondu aux quatre questions suivantes : « Emane-t-il d'une autorité ayant le pouvoir réglementaire? A-t-il été pris par cette autorité dans les limites de sa compétence? A-t-il été fait dans les formes exigées par la loi? A-t-il été rendu exécutoire par publication, affiche ou signification administrative? » (Garraud, t. 1, n° 108). Mais si le juge auquel on demande l'application pénale d'un règlement doit se préoccuper de la *légalité* de celui-ci, il ne pourrait, sans commettre un excès de pouvoir et sans violer les lois des 16-24 août 1790 et 16 fruct. an 3, se permettre de discuter la *convenance* de ces règlements et en refuser l'application, sous le prétexte qu'ils seraient *nuisibles, inopportuns* ou *inefficaces*. Il ne lui appartient, en effet, à aucun degré, d'apprécier les mesures ordonnées par l'autorité administrative dans les limites de ses attributions. — La doctrine et la jurisprudence sont d'accord sur le principe qui vient d'être posé et sur son étendue (V. en ce sens : Garraud *op. et loc. cit.*; Blanche, *Etudes pratiques sur le code pénal*, t. 7, nᵒˢ 261 et 262; Chauveau et Hélie, *Théorie du code pénal*, t. 6, nᵒˢ 2810 et 2813. Conf. Ch. réun. cass. 24 févr. 1858, aff. Aujouvin, D. P. 58. 1. 256; Crim. cass. 10 mars 1860, aff. Dajou, D. P. 60. 5. 322; 9 nov. 1861, aff. Sedillot, D. P. 63. 5. 45; 8 déc. 1865, aff. Desguy, D. P. 69. 5. 335; 11 janv. 1878, aff. Abdallah-ben-Arbi, D. P. 79. 1. 140; Crim. rej. 26 nov. 1886, aff. Amitouche, *Bull. crim.*, n° 398; Crim. cass. 10 mars 1887, aff. Bouvet, *Bull. crim.*, n° 95). Ce dernier arrêt a dit avec raison : « que, si le juge de simple police a le droit de rechercher si les dispositions d'un arrêté municipal sont dans la sphère des attributions de l'autorité municipale et si elles statuent sur des intérêts placés sous la surveillance de cette autorité, il ne pourrait lui appartenir d'en apprécier le mérite, de décider que de telles dispositions *ne sont pas justifiées pour les besoins de sûreté et du passage*, ni qu'elles ont pour but *uniquement d'entraver une classe de commerçants dans l'exercice de leur profession et de les contraindre à y renoncer*; qu'en statuant ainsi le juge de police a méconnu les limites qui séparent le pouvoir judiciaire du pouvoir administratif ». Jugé aussi (Crim. rej. 29 mai 1891, aff. Gourreau, D. P. 93. 1. 135) qu'on ne saurait contester l'application d'un arrêté municipal sous prétexte que ses dispositions ne correspondent pas au but que leur auteur s'est proposé, ou qu'elles ne présentent pas des garanties suffisantes pour les particuliers. C'est à ces derniers à se pourvoir contre l'arrêté et à en obtenir la réformation de l'autorité administrative; mais tant que l'arrêté existe, il doit recevoir son exécution. — Il est également de jurisprudence qu'un tribunal de simple police ne peut, sans excès de pouvoir, se fonder pour acquitter le contrevenant sur les difficultés plus ou moins grandes que présenterait l'exécution d'un règlement municipal (Aux arrêts cités à cet égard, v° *Commune*, n° 475, *adde* : Crim. cass. 24 févr. 1881, aff. Moreau, D. P. 81. 1. 336; Crim. rej. 14 mai 1887, aff. Gillet, *Bull. crim.*, n° 195).

74. Les arrêtés réglementaires ne sont obligatoires qu'après avoir été publiés. Il est, en effet, de principe et les art. 471, § 15 c. pén. et 96 de la loi municipale du 5 avr. 1884 le rappellent l'un et l'autre, « qu'un règlement administratif, dont l'application emporte l'application d'une peine, n'a force d'exécution que par la connaissance qui en est légalement donnée à ceux auxquels est imposée l'obligation de s'y conformer » (Crim. cass. 5 juill. 1845, aff. Lerain, D. P. 45. 1. 377); car, ainsi que le déclare un arrêt : « les citoyens ne sont tenus de se conformer aux injonctions spéciales ou individuelles de police qui les concernent qu'à partir du moment où ils en ont légalement connaissance » (Crim. cass. 11 août 1854, aff. Marchand, *Bull. crim.*, n° 256). Cette règle est au-dessus de toute contestation et journellement appliquée. On en trouvera de nombreuses applications faites par la jurisprudence, *infrà*, v° *Règlements administratifs et de police*. Nous nous contenterons de signaler ici un arrêt du 31 janv. 1891 (aff. De May, D. P. 91. 5. 453) par lequel la cour de cassation a jugé que l'arrêté pris par un maire, et non notifié au public dans les formes prescrites par l'art. 96 de la loi du 5 avr. 1884, n'a pas force obligatoire, et que sa violation ne constitue pas une contravention.

75. — IV. INTERPRÉTATION DES RÈGLEMENTS. — Le droit reconnu aux tribunaux de simple police d'apprécier la légalité des arrêtés réglementaires, lorsqu'ils sont appelés à prononcer contre les contrevenants les peines édictées en l'art. 471 c. pén., entraîne l'obligation de rechercher le sens de ces arrêtés, en d'autres termes l'obligation de les *interpréter*. Le principe de la séparation des pouvoirs ne s'y oppose aucunement, car les règlements sont moins des actes administratifs que des actes de législation secondaire, des quasi-lois. « Les arrêtés de police pris, soit par les préfets, soit par les maires, en vertu d'une délégation du pouvoir législatif, participent de la nature de la loi et s'y incorporent ; dès lors, de même que le droit d'interpréter la loi appartient au pouvoir judiciaire, de même il lui appartient d'interpréter les arrêtés ; c'est pour lui, aux termes de l'art. 4 c. civ., non seulement un droit, mais un devoir » (Crim. rej. 21 nov. 1884, aff. Martel, *Bull. crim.*, n° 314. V. dans le même sens; Crim. cass. 28 sept. 1855, aff. Rambaud, D. P. 56. 1. 347; 10 juin 1864, aff. Guerre, D. P. 65. 1. 402; 15 avr. 1864, aff. Gida, D. P. 65. 1. 402; 22 nov. 1872, aff. Giraud, D. P. 72. 1. 429; Crim. rej. 29 janv. 1885, aff. Duclou, D. P. 86. 1. 43; 27 févr. 1886, aff. Hébert; *Bull. crim.*, n° 80; 20 janv. 1888, aff. Deleuze, *Bull. crim.*, n° 36).

76. — V. PEINES PROMULGUÉES ET NON ABROGÉES. — Les peines ne peuvent être appliquées qu'en vertu d'une loi légalement *promulguée* et *publiée*. D'autre part, ainsi qu'on l'a dit au *Rép.* n° 89, les peines prononcées par des lois qui ont été *abrogées* ne peuvent plus être appliquées. « L'action des lois criminelles, comme celle des autres lois, dit M. Garraud, t. 1, n° 115, embrasse une durée qui se détermine par la date de leur *promulgation* et *publication* et celle de leur *abrogation* ».

En premier lieu, la loi pénale n'oblige que lorsque le chef

de l'Etat l'a promulguée. c'est-à-dire rendue exécutoire, et que, d'autre part, cette promulgation a été portée à la connaissance de tous par l'un des deux modes de publication établis dans le décret du 5 nov. 1870 (D. P. 70. 4. 130). On sait que, d'après ce décret, combiné avec une ordonnance du 27 nov. 1816, le Gouvernement a le choix entre deux organes de publicité, le *Bulletin des lois* et le *Journal officiel* (Garraud, *eod. loc.*). Les règles, à ce point de vue, sont les mêmes pour les lois pénales que pour les autres lois. — Sur la promulgation et la publication des lois en France, V. *suprà*, v° *Lois*, n°s 78 et suiv.

77. Les mêmes règles s'appliquent aujourd'hui à la publication des lois et à celle des décrets. Sur la publication des décrets V. *suprà*, v° *Lois*, n°s 100 à 104).

Quant aux arrêtés des ministres, ordonnances du préfet de police, arrêtés des préfets et des maires, ils sont portés à la connaissance des intéressés tantôt par voie de notification individuelle, tantôt par voie d'affiches, d'insertions dans les journaux, de publications à son de trompe ou de tambour (Garraud, *eod. loc.*). V. à cet égard, *infrà*, v° *Règlements administratifs et de police;* — *Rép.* eod. v°, n°s 86 et suiv., et 128. V. aussi, *suprà*, v's *Commune*, n°s 217 et suiv., et *Lois*, n°s 105 et suiv. — V. encore sur la publication des règlements de police : Blanche, t. 7, n° 250 et suiv. ; Chauveau et Hélie, t. 6, n°s 2804 et suiv. En ce qui concerne les arrêtés municipaux, les modes de publication et de notification de ces arrêtés sont aujourd'hui déterminés par l'art. 96 de la loi municipale du 5 avr. 1884.

78. Les lois pénales, comme toutes les autres lois, cessent d'être obligatoires, soit par leur *abrogation* expresse ou tacite, soit par l'*expiration du temps* pour lequel elles sont faites, mais jamais par *désuétude* (Garraud, *loc. cit.;* Haus, *Principes du droit pénal belge*, t. 2, n°s 251 et 256). V. sur l'abrogation des lois en général, *suprà*, v° *Lois*, n°s 451 à 455; *Rép.* eod. v°, n°s 525 à 562.

On sait qu'il est de jurisprudence que l'usage contraire n'abroge pas la loi. En France, la volonté générale doit s'exprimer, pour défaire comme pour faire une loi, dans les formes indiquées par la constitution (V. *suprà*, v° *Lois*, n° 452 et *Rép.* n°s 528 et suiv.). A plus forte raison l'usage est-il impuissant à abroger une loi d'ordre public, telle que la loi pénale. Il en est de même des règlements. Ceux-ci ne sont jamais abrogés par désuétude, usage contraire, tolérance de l'autorité (Paris, 1er mai 1848, aff. Dubois, D. P. 49. 2. 79 ; Crim. cass. 18 déc. 1848, aff. Pelissier, D. P. 51. 5. 462 ; Paris, 30 juill. 1853, aff. Granier, D. P. 54. 2. 70 ; Crim. cass. 30 mars 1861, aff. Guérin, D. P. 61. 5. 291 ; 8 janv. 1864, aff. Dru, D. P. 66. 5. 402 ; 17 janv. 1868, aff. Prat, D. P. 68. 1. 363 ; Crim. rej. 5 juill. 1873, aff. Gille, D. P. 74. 1. 42 ; 27 févr. 1875, aff. Boussinescq, *Bull. crim.*, n° 76 ; 27 déc. 1878, aff. Bouchers de Fontenay, D. P. 79. 1. 186 ; 3 déc. 1880, aff. Villaret, D. P. 81. 1. 280 ; 11 nov. 1881, aff. Pichard, D. P. 82. 5. 351 ; 11 juill. 1884, aff. X..., D. P. 85. 1. 333-334 ; 19 févr. 1887, aff. Couffignal, *Bull. crim.*, n° 71). V. *suprà*, v° *Commune*, n° 490.

79. L'abrogation, c'est l'abolition d'une loi par une loi postérieure. Elle est expresse ou tacite (V. à cet égard, *suprà*, v° *Lois*, n°s 451 et suiv.). L'abrogation est expresse quand la loi nouvelle révoque formellement la précédente ; elle est tacite lorsqu'elle résulte simplement de l'opposition entre les deux lois, l'ancienne et la nouvelle (Garraud, t. 1, n° 116 ; Chauveau et Hélie, t. 6, n° 2878 ; Haus, t. 1, n° 252). — Ainsi que nous l'avons dit au *Rép.*, n° 89, les peines prononcées par des lois qui ont été abrogées ne peuvent plus être appliquées. Plusieurs arrêts ont, à cet égard, rappelé que la peine de la confiscation générale établie par le code pénal a été abolie par les chartes de 1814 et de 1830 (Crim. cass. 12 nov. 1886 (aff. Nguyen-Van-Thieu, aff. Dinh-Van-Thong et autres, et aff. Trân-Thi-Tho) ; *Bull. crim.*, n°s 378, 380, 382 ; 3 févr. 1887, aff. Ho-Van-Manh, *Bull. crim.*, n° 40 ; 22 avr. 1887, aff. Hermancia-Adjutor, *Bull. crim.*, n° 147). Jugé toutefois que la condamnation à une peine prononcée par une loi spéciale abrogée n'est pas nulle si cette peine est inférieure à celle dont le même fait serait passible d'après le droit commun (Crim. rej. 15 mars 1849, aff. Rétini, D. P. 49. 1. 192).

Lorsque les peines abolies par la loi n'ont pas été remplacées par d'autres peines, les tribunaux peuvent-ils, quant aux faits punis de cette peine abolie, y substituer une de celles qui sont consacrées par le code pénal? Ou doivent-ils, au contraire, déclarer ces faits non punissables? Cette question ne peut être résolue que par une appréciation des termes de la loi abolitive et des intentions du législateur. A cet égard il a été jugé : 1° que l'art. 5 de la constitution de 1848, qui, en matière politique, a aboli la peine de mort, sans la remplacer par une autre peine, a eu pour effet, non pas d'affranchir de toutes peines les crimes politiques emportant précédemment la peine capitale, mais bien de leur rendre applicable la peine immédiatement inférieure, peine qui est celle de la déportation (Crim. cass. 3 févr. 1849, aff. Durand, D. P. 49. 1. 10) ; il est, d'ailleurs, à remarquer que cette peine capitale abolie a été, depuis, formellement remplacée, aux termes de l'art. 5 de la loi du 7 juin 1850, par la peine de la déportation dans une enceinte fortifiée ; — 2° Que, bien que les art. 40 de la loi des 21-22 août 1790 et 31 du décret du 12 déc. 1806, qui punissent de trois ans de galères le pilote coupable d'avoir perdu, par négligence ou ignorance, un bâtiment de l'Etat ou de commerce, n'aient été abrogés par aucune loi postérieure, cependant, comme la peine des galères a été supprimée par le code de justice maritime du 4 juin 1858, sans avoir été remplacée par une autre pour le fait d'échouement involontaire d'un navire de commerce non convoyé, ce fait, dans l'état actuel de la législation, ne peut donner lieu à des poursuites criminelles (Crim. rej. 30 avr. 1874, aff. Labat, D. P. 75. 1. 178).

80. L'abrogation d'une loi est tacite, quand elle résulte implicitement de la loi nouvelle, sans qu'aucune des dispositions de celle-ci l'ait prononcée (Chauveau et Hélie, t. 6, n° 2876. V. Sur l'abrogation tacite de la loi, en général : v° *Lois*, *Rép.* n°s 544 et suiv. Et sur l'abrogation tacite de la loi pénale : Chauveau et Hélie, t. 6, n°s 2878, 2879 et 2883 ; Haus, *Principes du droit pénal belge*, t. 1, n° 254). M. Garraud a résumé très exactement, dans les lignes suivantes, les règles de l'abrogation tacite : « *a*) Se trouve-t-on en présence de deux lois générales sur la même matière? la seconde abroge complètement la première. — *b*) Se trouve-t-on en présence d'une loi générale et d'une loi spéciale antérieure? quand cette dernière a pour objet une matière non traitée par la loi générale, elle n'est pas abrogée ; quand elle contient des dispositions contraire à la loi générale nouvelle, celle-ci l'abroge. — *c*) Les deux lois en présence sont-elles l'une et l'autre spéciales? La seconde abroge la première, seulement dans les dispositions qui lui sont contraires ».

81. Relativement à l'abrogation tacite de la loi pénale nous nous bornerons à signaler un seul arrêt. La cour de cassation a jugé, avec raison, que, pour qu'une loi ou un règlement soient considérés comme tacitement abrogés, il faut qu'il y ait impossibilité absolue de les concilier dans leur application avec une nouvelle loi ou un nouveau règlement (Crim. rej. 31 janv. 1873, aff. Goursat, D. P. 73. 1. 44) ; spécialement, que la disposition du décret du 12 févr. 1870, qui permet de faire, dans le même magasin, le commerce en gros et la vente en détail de marchandises payant un droit d'octroi, lesquels, d'après les règlements antérieurs, ne pouvaient être faits que dans des magasins séparés, ne peut être considéré comme abrogeant implicitement l'obligation d'une déclaration préalable, imposée aux marchands en détail par les mêmes règlements, une telle obligation n'étant pas incompatible avec le cumul des deux commerces (Même arrêt). — A l'égard de l'abrogation des lois et règlements anciens, V. *infrà*, n°s 83 et suiv.

82. Il est évident, ainsi que nous l'avons dit *suprà*, v° *Lois*, *Rép.* n° 544, que les lois faites pour un temps limité sont virtuellement abrogées par l'expiration de ce délai. A cet égard, il a été jugé, depuis la publication du *Répertoire* : 1° que les lois des 30 juill. 1850 et 30 juill. 1851, sur la police des théâtres, ayant cessé d'être en vigueur à partir du 31 déc. 1852, jour où a expiré le délai déterminé par la dernière de ces lois, et le décret du 30 de ce même mois de décembre, qui les a remplacées et qui soumet, comme elles, toute représentation d'un ouvrage dramatique à une autorisation préalable, n'ayant édicté aucune pénalité pour l'infraction à cette prescription, les tribunaux saisis d'une telle infraction ne peuvent la punir de l'amende prononcée par les lois précitées (Crim. cass. 17 avr. 1856, aff. Thibeaud, D. P. 56. 1. 199) ; — 2° Que l'expiration sans renouvellement, du temps pour lequel une loi pénale a été édictée, équivaut à une abrogation formelle, et que la juridiction criminelle appelée, après la date assignée comme terme de la prohibition du port d'armes en Corse, à statuer définitivement sur des faits antérieurs, ne peut prononcer aucune peine en vertu d'une loi passée à l'état de lettre morte (Crim. rej. 24 sept. 1868, aff. Trameni, D. P. 69. 1. 412).

83. — VI. LOIS ET RÈGLEMENTS ANTÉRIEURS AU CODE PÉNAL. — Aux termes de l'art. 484 c. pén, « dans toutes les matières qui n'ont pas été réglées par le présent code, et qui sont réglées par des lois et règlements particuliers, les cours et les tribunaux continueront de les observer ». Il résulte de ce texte que les anciennes lois et les anciens règlements peuvent être encore en vigueur aujourd'hui; mais, ainsi que le fait remarquer M. Garraud, t. 1, n° 117, trois conditions sont nécessaires pour cela. « Il faut que les *matières* dont il s'agit, c'est-à-dire « le genre d'infractions » prévu par ces lois, ne soient pas réglées par le code pénal; il faut ensuite que ces matières soient réglées par des *lois* ou *règlements particuliers;* enfin, que ces lois et règlements particuliers, encore en vigueur au moment de la mise en activité du code pénal, n'aient pas été *abrogés* depuis ».

Que faut-il entendre par ces expressions de l'art. 484 « *matières réglées par le code* »? Il faut entendre, disent Chauveau et Hélie (t. 6, n° 1881), les matières sur lesquelles le code renferme un système complet de législation. S'il ne fait que toucher à ces matières, s'il ne renferme à cet égard que quelques dispositions éparses et détachées, s'il ne les considère que dans un seul de leurs rapports, on ne doit pas les regarder comme réglées dans le sens de l'art. 484, et les lois antérieures peuvent encore être appliquées dans les cas non prévus par le code : *Derogatur legi quum pars detrahitur*. Conf. Blanche, t. 7, n° 532; Garraud, t. 1, n° 117. — Ces deux points ont été consacrés par un avis du conseil d'Etat du 8 févr. 1812, lequel a décidé : « que l'art. 484, en ne chargeant les cours et tribunaux de continuer d'observer les lois et règlements particuliers non renouvelés par le code, que dans les matières qui n'ont pas été réglées par ce code même, fait clairement entendre que l'on doit tenir pour abrogées toutes les anciennes lois, tous les anciens règlements qui portent sur des matières que le code a réglées, quand même ces lois ou règlements prévoiraient des cas qui se rattachent à ces matières, mais sur lesquelles le code est resté muet; qu'à la vérité on ne peut pas regarder comme réglées par le code pénal, dans le sens attaché à ce mot *réglées* par l'art. 484, les matières relativement auxquelles ce code ne renferme que quelques dispositions éparses, détachées, et ne formant pas un système complet de législation; et que c'est par cette raison que subsistent encore, quoique non renouvelées par le code pénal, toutes celles des dispositions des lois et règlements antérieurs à ce code qui sont relatives à la police rurale et forestière, à l'état civil, aux maisons de jeu, aux loteries non autorisées par la loi, et autres objets semblables, que le code ne traite que dans quelques-unes de leurs branches ».

C'est parce qu'elle a considéré que la matière n'avait été l'objet, dans le code pénal, que de dispositions éparses et détachées, que la cour de cassation a jugé que ce code n'avait pas abrogé notamment : 1° la loi des 28 sept.-6 oct. 1791, appelée vulgairement « code rural ». De nombreux arrêts ont décidé que la loi susdite est encore en vigueur pour tous les délits qu'elle a prévus, et sur lesquels le code pénal ne contient pas de dispositions particulières (Crim. cass. 19 févr. 1813, *Rép.* v° *Droit rural*, n° 208; 13 janv. 1815, *Rép.* v° *Contravention*, n° 410; Crim. rej. 5 févr. 1818, *Rép.* v° *Droit rural*, n° 177; Crim. cass. 23 janv. 1819, *Rép.* v° *Dommage destruction*, n° 327; 30 juill. 1825, *Rép.* v° *Contravention*, n° 498-3°; 1er déc. 1826, *Rép.* v° *Droit rural*, n° 165; 21 nov. 1828, *Rép. ibid.*, n° 209; 18 avr. 1835, *Rép.* v° *Contravention*, n° 498-4°; 3 juill. 1835, *ibid.*; 10 nov. 1836, *Rép.* v° *Droit rural*, n° 209; 6 oct. 1837, *Rép.* v° *Compétence criminelle*, n° 398; 17 oct. 1837, *Rép.* v° *Droit rural*, n° 169; 22 févr. 1839, *ibid.*, n° 219; 4 mars 1842, *Rép.* v° *Terrain ensemencé*, p. 288; 7 oct. 1847, aff. De Bellegarde, D. P. 47. 4. 154; 19 janv. 1848, aff. Nicolle, D. P. 48. 5. 96; Crim. rej. 15 oct. 1851, aff. Créquey, D. P. 52. 5. 553; 10 mars 1854, aff. Maltête, D. P. 54. 5. 774); — 2° La déclaration du roi du 23 mars 1728, sur la fabrication des poignards et couteaux-poignards (Crim. rej. 5 juill. 1851, aff. Chapuis, D. P. 51. 1. 176; Douai, 2 oct. 1852, aff. Kestel, D. P. 52. 5. 32. V. à cet égard, *suprà*, v° *Arme*, n° 11; *Rép.* eod. v°, n° 60); — 3° L'édit de févr. 1776, interdisant à tous ceux qui exercent des professions ayant pour objet journalier de pourvoir à la subsistance publique, notamment les boulangers et les bouchers, de quitter leur profession avant qu'il se soit écoulé un certain temps depuis la déclaration qu'ils sont tenus de faire à la municipalité (Crim. cass. 18 févr. 1848, aff. Pingard, D. P. 48. 5. 30; Paris, 9 juin 1848, aff. Pingard, D. P. 49. 5. 31; Crim. cass. 14 févr. 1856, aff. Mathieu, D. P. 56. 1. 346; 28 févr. 1857, aff. Rolland, D. P. 58. 1. 335; Trib. Seine, 14 avr. 1858, aff. Leduc, D. P. 58. 3. 63). (V. toutefois relativement à la question de savoir si l'édit de février 1776 est encore en vigueur aujourd'hui, *suprà*, v° *Industrie et commerce*, n° 22); — 4° La loi du 19 brum. an 6, relative à la surveillance du titre et à la perception des droits de garantie en matière d'or et d'argent, dans ses dispositions qui ne sont pas inconciliables avec celles du code pénal (Crim. cass. 26 mai 1876, aff. Daoud-Guigne, D. P. 76. 1. 509).

C'est, au contraire, parce qu'elle a pensé que la matière était, dans le code pénal, l'objet d'un ensemble complet de législation, que la cour de cassation a jugé que ce code avait abrogé la loi du 25 frim. an 8 qui, dans son art. 13, punissait la menace d'incendie qui avait été faite verbalement, sans ordre ni condition (Crim. rej. 9 janv. 1818 *Rép.* v° *Dommage-destruction*, n° 127). — V. aussi, dans le même sens, l'avis du conseil d'Etat du 8 févr. 1812 précité qui a considéré comme abrogée la loi du 22 flor. an 2, sur l'emploi de *violences ou voies de fait* pour faire cesser l'effet de l'*exécution des actes émanés de l'autorité publique*.

84. Quant aux lois et règlements particuliers relatifs à des matières que le code pénal n'a pas traitées, ils sont restés en vigueur aux termes de l'art. 484 c. pén. Nous citerons parmi les textes législatifs anciens que la jurisprudence a classés dans cette catégorie: 1° la déclaration du 25 avr. 1777, relative à la vente illégale des préparations pharmaceutiques (Crim. cass. 12 déc. 1873, aff. Jacomety, D. P. 75. 1. 87); — 2° La déclaration du 29 mars 1778, portant règlement pour les fripiers-brocanteurs ambulants et applicable à tout le royaume (V. *suprà*, v° *Industrie et commerce*, n° 23); — 3° L'ordonnance du lieutenant de police de Paris du 8 nov. 1780, qui impose aux brocanteurs l'obligation d'inscrire journellement leurs achats sur un registre à ce destiné (Paris, 21 août 1868, aff. Michel, D. P. 68. 2. 181; Crim. rej. 1er févr. 1878, aff. Delion, D. P. 78. 1. 489; Crim. cass. 17 févr. 1883, aff. Chauvet, D. P. 83. 1. 488); — 4° L'ordonnance de police du 6 nov. 1778 concernant les femmes et filles de débauche dans la ville de Paris (Paris, 18 févr. 1846, aff. Moriencourt, D. P. 46. 4. 33; 15 nov. 1865 (aff. Mésenge et aff. Coyaud), D. P. 66. 2. 37; Crim. cass. 1er déc. 1866, aff. Saint-Blancat, D. P. 67. 1. 142, et sur renvoi, Orléans, 28 janv. 1867, D. P. 67. 2. 205; Trib. corr. Seine, 19 déc. 1866, aff. Drevet, D. P. 67. 3. 21; Crim. cass. 11 juill. 1884, aff. X..., D. P. 85. 1. 333); — 5° La loi du 6 mess. an 3 sur la vente des grains en vert (Orléans, 9 mai 1847, aff. Bidron, D. P. 49. 2. 66; Crim. cass. 12 mai 1848, aff. Flamant, D. P. 48. 1. 153; 7 sept. 1854, aff. Houée, D. P. 54. 1. 291).

85. Il résulte du texte même de l'art. 484 c. pén. que les seules lois et règlements anciens restés en vigueur après la promulgation de ce code sont les « lois et règlements *particuliers* ». C'est l'application de la règle d'après laquelle une loi générale sur une matière abroge les lois *générales* antérieures. Suivant M. Garraud (t. 1, p. 177, n° 117) « il faut en conclure que le code pénal de 1791, le code de police correctionnelle municipale des 19-22 juill. 1791, et le livre 3 du code du 3 brum. an 4, qui statuait accessoirement sur la pénalité, ont été abrogés par le code pénal de 1871 ». Nous inclinons à partager cette manière de voir; mais, ainsi que le fait remarquer M. Garraud lui-même (p. 178), elle est en opposition formelle avec une jurisprudence constante, qui applique à certains faits non prévus par le code pénal de 1810, les dispositions des codes antérieurs, soit du code pénal de 1791, soit du code des délits et des peines de brum. an 4. C'est ainsi qu'il a été souvent décidé que le code pénal n'ayant pas prévu les voies de fait légères, ou simples violences, sans coups ni blessures, elles restent punissables d'après l'art. 17 de la loi des 19-22 juill. 1791 et l'art. 605, n° 8, du code de brum. an 4 (V. à cet égard les nombreux arrêts cités *suprà*, v° *Crimes et délits contre les personnes*, n° 198).

86. Au reste, pour que des lois et règlements particuliers anciens soient encore en vigueur aujourd'hui, il faut nécessairement qu'ils n'aient pas été abrogés depuis la mise en activité du code pénal. Parmi les textes législatifs laissés en vigueur lors de la promulgation du code de 1810 et formellement abrogés depuis, nous citerons : 1° l'arrêt du conseil du 16 juill. 1784 sur les épizooties, lequel a été abrogé par l'art. 41 de la loi du 21 juill. 1881, sur la police sanitaire des animaux, qui a abrogé expressément toutes lois et ordonnances, tous arrêts du conseil, arrêtés, décrets et règlements intervenus, à quelque époque que ce soit, sur la police sanitaire des animaux (D. P. 82. 4. 32-35) ; — 2° La loi du 19 vent. an 11, relative à l'exercice de la médecine, dont les art. 35 et 36 renferment des dispositions pénales, et qui a été abrogée expressément par la loi du 30 nov. 1892 sur l'exercice de la médecine (D. P. 93. 4. 8). — On doit regarder aussi comme abrogés, non pas expressément mais tacitement, certains règlements anciens qui ne sont plus conciliables avec les règles générales ou avec l'esprit de la législation moderne. Ainsi que le fait remarquer Blanche (t. 7, n° 534), c'est par cette considération que la cour de cassation a jugé qu'il n'y a plus lieu d'appliquer : 1° l'art. 19 de l'ordonnance du 20 janv. 1563, qui défendait aux hôteliers de se refuser, sans cause légitime, à recevoir les voyageurs. Cet article a été abrogé par les dispositions des lois de 1791, relatives à la liberté du commerce et de l'industrie (Crim. rej. 4 août 1846, aff. Mazelier, D. P. 46. 4. 354 ; 2 juill. 1857, aff. Desriège, D. P. 57. 1. 376 ; 3 oct. 1857, aff. Richard, D. P. 57. 1. 452 ; Crim. cass. 18 juill. 1862, aff. Lechaudet, D. P. 63. 1. 485, et la note) ; — 2° L'arrêt du conseil du 27 sept. 1729, qui défendait aux ouvriers des usines métallurgiques, sous peine de 300 livres d'amende, de quitter les ateliers lorsque les fourneaux étaient en feu. Cet arrêt a été abrogé soit par les lois de 1791, relatives à la liberté du travail et de l'industrie, soit par l'art. 2 de la loi du 14 mai 1851, concernant les avances aux ouvriers (Crim. rej. 21 juill. 1860, aff. Goupil, D. P. 60. 1. 371) ; — 3° L'arrêt du conseil du 3 avr. 1753 sur l'extraction des tourbes et les dimensions que leurs piles devaient avoir (Crim. règl. de jug. 16 déc. 1841, *Rép.* v° *Mines*, n° 726).

87. — VII. SANCTION DES ANCIENS RÈGLEMENTS RESTÉS EN VIGUEUR. — Les tribunaux de répression doivent-ils appliquer aujourd'hui les peines portées par les règlements ou arrêts réglementaires anciens qui ne sont pas abrogés? Tout d'abord, il importe de remarquer que les peines qui, par leur nature, répugnent à nos usages nouveaux, telles que le *fouet*, le *carcan*, la *marque*, etc., sont nécessairement inapplicables (*Rép.* v° *Commune*, n° 708). — Cette hypothèse écartée, il y a lieu, suivant la jurisprudence actuelle de la cour de cassation, de distinguer, en ce qui concerne les peines applicables, deux catégories de règlements anciens savoir : 1° les règlements de police, maintenus en vigueur par les lois des 19-20 avr. 1790, art. 9, et des 16-24 août 1790, tit. 1, art. 20 et 46 ; — 2° Les règlements spéciaux, relatifs aux matières non réglées par le code pénal ou les lois postérieures, et qui sont maintenus en vigueur par l'art. 484 c. pén. — Les premiers n'ont pour sanction que les peines de simple police prévues par les art. 471, § 15, et 474 c. pén. (Crim. cass. 11 oct. 1851, aff. Chiffre, D. P. 51. 1. 312 ; 1er déc. 1866, aff. Saint-Blancat, D. P. 67. 1. 142 et, sur renvoi, Orléans, 28 janv. 1867, D. P. 67. 2. 205 ; Trib. corr. Seine, 19 déc. 1866, aff. Drevet, D. P. 67. 3. 21 ; Crim. cass. 19 mars 1875, *suprà*, v° *Commune*, n° 488 ; 9 juin 1877, aff. Delaya, D. P. 78. 1. 187 ; Crim. rej. 1er févr. 1878, aff. Delion, D. P. 78. 1. 489 ; Crim. cass. 11 juill. 1884, aff. X..., D. P. 85. 1. 333). V. conf. Faustin Hélie, *Traité de l'instruction criminelle*, t. 6, n° 2468; Blanche, t. 7, n° 264 ; Berriat Saint-Prix, *Tribunaux de simple police*, nos 64 et suiv. — Cette solution a été appliquée non seulement aux règlements relatifs à des matières qui rentrent aujourd'hui dans les attributions de l'autorité municipale, mais aussi aux règlements relatifs à des matières sur lesquelles il appartient soit aux préfets, soit au chef de l'Etat de statuer (Crim. cass. 9 juin 1877, aff. Delaya, D. P. 78. 1. 187, et, sur renvoi, Nîmes, 1er sept. 1877, aff. de Çagarriga, D. P. 78. 2. 87).

88. Quant aux règlements anciens de la seconde catégorie, c'est-à-dire aux règlements spéciaux rendus sur des matières qui ne rentrent ni dans les attributions de l'autorité municipale, ni dans celles de toute autre autorité administrative, les infractions à ces règlements demeurent passibles des peines qu'ils édictent. En effet, suivant l'expression de M. Faustin Hélie, n° 2472, ce ne sont pas des règlements de police, « mais des *lois spéciales* qui vivent à côté des lois générales et doivent être conservées avec la sanction particulière qui y a été attachée ». C'est donc l'ancienne peine, celle-là même portée par le règlement ancien, qu'il convient d'appliquer (Ch. réun. cass. 12 août 1853, aff. Joys, D. P. 54. 1. 47 ; Crim. rej. 13 juin 1863, aff. Michel Léon, D. P. 63. 1. 322 ; Paris, 21 août 1868, aff. Michel, D. P. 68. 2. 180 ; Crim. cass. 12 déc. 1873, aff. Jacomety, D. P. 75. 1. 87 ; Crim. rej. 1er févr. 1878, aff. Delion, D. P. 78. 1. 489 ; Crim. cass. 17 févr. 1883, aff. Chanvet, D. P. 83. 1. 488). — Tel est le cas, notamment, des infractions aux dispositions de l'ordonnance du lieutenant de police de Paris du 8 nov. 1780, qui imposent à certains commerçants, et notamment aux brocanteurs, l'obligation d'inscrire journellement leurs achats sur un registre à ce destiné (Mêmes arrêts des 21 août 1868, 1er févr. 1878 et 17 févr. 1883) ; tel aussi le cas des infractions à l'art. 6 de la déclaration du 25 avr. 1777, relatif à la vente illégale de préparations pharmaceutiques (Arrêt précité du 12 déc. 1873). — Cette dernière règle recevrait exception dans le cas où les peines édictées par ces règlements anciens ne seraient pas en harmonie avec les principes de notre droit criminel. Supposons qu'un ancien règlement porte, comme il y en a plus d'un exemple, quelques-unes de ces peines corporelles que nos lois nouvelles ont abrogées. Quelle sera la pénalité applicable? Il n'y en aura pas d'autre que la plus minime, la peine de police (Faustin Hélie, *Traité de l'instruction criminelle*, t. 6, n° 2472). Si, au contraire, l'ancienne peine rentre dans notre système pénal, elle sera appliquée dans toute sa rigueur, alors même qu'elle s'élèverait à 3000 francs d'amende, et le fait aura le caractère d'un délit (*Ibid.*; Garraud, n° 117, p. 178).

89. On sait que notre droit moderne repousse absolument les peines *arbitraires* (*suprà*, n° 60). Il a été fait application de cette règle par rapport à un règlement ancien maintenu en vigueur. L'art. 6 de l'édit de février 1776 contient cette formule : « A peine de 500 livres d'amende et *plus forte peine*, s'il y échoit ». La cour de cassation a décidé que le juge de répression ne peut, en cas pareil, prononcer que l'amende, et jamais l'emprisonnement « attendu que les règlements particuliers ne sont applicables que dans celles de leurs prescriptions qui peuvent se concilier avec nos lois actuelles; qu'il suit de là que l'application de l'art. 6 de l'édit de 1776 doit être restreinte à la disposition qui édicte l'amende ; et que les mots « à plus forte peine, s'il y échoit » qui le terminent, ne peuvent servir de base à une condamnation à l'emprisonnement, étant indéterminés et d'ailleurs incompatibles avec les principes de notre droit criminel, qui exclut toute peine arbitraire, non seulement quant à sa nature, mais aussi quant à sa quotité » (Crim. cass. 14 févr. 1856, aff. Joly, D. P. 56. 1. 346).

SECT. 2. — DE L'APPLICATION DES PEINES (*Rép.* nos 94 à 121).

90. Aucune peine ne peut être appliquée qu'autant : 1° que le fait incriminé a été reconnu constant; 2° que ce même fait se trouve qualifié et puni par la loi, avant qu'il ait été commis ; 3° que la peine prononcée est non seulement établie par la loi, mais encore est conforme à celle que la loi a édictée ; 4° que cette peine frappe l'auteur du délit; 5° que les règles de compétence et les formes prescrites pour l'instruction et le jugement ont été observées.

91. — I. CONSTATATION DU DÉLIT. — Nous n'avons rien à ajouter à ce qui a été dit au *Rép.*, nos 94 et 95, concernant la règle, qui s'impose aux tribunaux répressifs de tout ordre, de n'infliger des peines qu'aux auteurs de faits déclarés constants.

92. — II. DE LA NON-RÉTROACTIVITÉ DES LOIS PÉNALES. — Aucune peine ne peut être appliquée qu'autant que le fait incriminé se trouve qualifié et puni par la loi avant qu'il ait été commis. En d'autres termes, la loi pénale n'a pas, en principe, d'effet rétroactif (c. pén., art. 4).— Sur les applications de cette règle, qui a été rappelée au *Rép.* nos 111 à 115, et les exceptions qu'elle comporte, V. *suprà*, vo *Lois*, nos 222 à 234; — *Rép.* eod. vo, nos 365 à 376. On y trouvera le tableau complet de la jurisprudence sur la matière de la rétroactivité des lois pénales. En doctrine, on peut ajouter aux auteurs cités : Garraud, *Traité théorique et pratique du droit pénal français*, t. 1, nos 118 à 127 ; Laborde, *Cours élémentaire de droit criminel*, nos 66 à 69; Villey, *Précis d'un cours de droit criminel*, 5e éd., p. 55 et suiv. — Nous signalerons aussi, parmi les dispositions les plus remarquables des législations étrangères récentes, en ce qui concerne la rétroactivité de la loi pénale, l'art. 2 du code pénal d'Italie de 1889, qui formule avec une grande concision un ensemble de règles toutes, à notre avis, fort rationnelles. Cet article est ainsi conçu : « Personne ne peut être puni en raison d'un fait qui, suivant la loi en vigueur à l'époque où il a été commis, ne constituait pas une infraction. Personne ne peut être puni en raison d'un fait qui, en vertu d'une loi postérieure à sa perpétration, ne constitue plus une infraction ; dans ce cas, s'il est intervenu une condamnation, l'exécution de la peine et les conséquences de la décision judiciaire cessent par l'effet de la loi nouvelle. Si la loi de l'époque de la perpétration et les lois postérieures diffèrent, on applique, entre toutes les dispositions, celles qui sont le plus favorables au prévenu ».

93. — III. APPLICATION DE LA PEINE MÊME QUE LA LOI A ÉTABLIE. — 1° *Fixation de la peine.* — Outre que le juge ne peut appliquer au fait reconnu constant et imputable au prévenu qu'une peine légalement existante (V. *suprà*, no 92), il ne doit prononcer contre lui que la *peine même* établie pour ce fait (V. *Rép.* no 102). Cette règle comporte de nombreuses applications. — En premier lieu, si la peine a été invariablement fixée par la loi, les tribunaux n'ont aucune latitude quant à sa détermination, et ils doivent l'appliquer telle qu'elle a été établie. Jugé, en ce sens, que la peine encourue pour abandon d'animaux sur le terrain d'autrui est réglée par les lois du 28 sept. 1791 et du 23 therm. an 4, et ne peut dépasser le maximum fixé par ces lois, bien qu'il n'atteigne pas le maximum des peines de simple police. Cette peine est, en effet, invariablement fixée, sauf le cas de récidive, à une amende de trois journées de travail ou un emprisonnement de trois jours (Crim. cass. 3 mai 1877, aff. Rouquet, D. P. 77. 1. 407). — De même, en matière de douanes, il ne saurait être permis aux tribunaux d'abaisser l'amende fixe de 500 fr. prononcée par l'art. 31 de la loi du 28 avr. 1816 contre les auteurs d'importations d'objets prohibés, quand la valeur de l'objet de contrebande n'excède pas cette somme (V. cette loi, *Rép.* vo *Douanes*, p. 583).

94. En second lieu, lorsque la loi établit, pour un cas donné, une peine d'une nature déterminée, sans fixer un *maximum*, les tribunaux sont tenus de ne prononcer que le minimum de cette peine. Jugé, en conséquence, que lorsque les tribunaux correctionnels substituent, en raison de circonstances atténuantes, une amende à l'emprisonnement dans un cas où le délit n'est puni que d'emprisonnement, ils ne peuvent, à défaut d'indication dans le code pénal d'un maximum général des amendes correctionnelles, appliquer au délinquant que le minimum des amendes correctionnelles, c'est-à-dire 16 fr. (Crim. cass. 10 janv. 1846, aff. Carossio, D. P. 46. 1. 162 ; Douai, 19 mai 1858, aff. Macquet, D. P. 59. 2. 77; Pau, 12 janv. 1870, et Limoges, 14 avr. 1874 (*Journ. min. publ.*, t. 13, p. 113) ; 3 janv. 1880, aff. De Rabelles, D. P. 80. 1. 141. Conf. Blanche, *Etudes pratiques sur le code pénal*, t. 6, no 706 ; Dutruc, *Mémorial du ministère public*, vo *Peine*, no 13 ; Garraud, t. 1, no 355). Au reste, la loi des 26-28 oct. 1888 (D. P. 89. 4. 3) qui a modifié, sous ce rapport, l'art. 463 c. pén., a décidé qu'en pareille hypothèse, le maximum de l'amende sera de 3000 fr.

En sens inverse, si la loi s'était bornée à fixer le maximum, sans en déterminer le minimum, les juges, dans ce cas, pourraient descendre jusqu'au taux de la plus faible des amendes de simple police, c'est-à-dire jusqu'à 1 fr. (*Rép.* no 797).

95. Lorsqu'une loi punit les infractions à ses dispositions d'une peine dont elle ne détermine pas la quotité, on doit, à moins qu'il n'y ait des circonstances aggravantes, prononcer la plus faible des peines de police. C'est ce qui a été décidé par de nombreux arrêts à l'égard de l'exercice illégal de la médecine, réprimé jusqu'en ces derniers temps par la loi des 19-20 vent. an 11, dont l'art. 35 punissait les contrevenants « d'une amende pécuniaire envers les hospices » (V. les arrêts cités *Rép.* vo *Médecine*, no 54, et de plus : Paris, 18 sept. 1851, aff. Gabory, D. P. 54. 2. 192; Crim. cass. 11 janv. 1855, aff. Robert Lasou, D. P. 55. 5. 76 ; 19 mars 1857, aff. Séguin, D. P. 58. 1. 290; Ch. réun. cass. 30 avr. 1858; même affaire, *ibid.*; Crim. cass. 31 mars 1859, aff. Bressac, D. P. 59. 1. 190; 10 nov. 1864, aff. Lafourcade, D. P. 65. 1. 47; Aix, 19 mars 1874, aff. Strong, D. P. 75. 2. 94). — La loi de ventose an 11 a été abrogée par la loi des 30 nov.-1er déc. 1892 (D. P. 93. 4. 8), dont l'art. 18 prononce des peines beaucoup plus élevées avec *minimum* et *maximum* bien précisés. En vertu d'une disposition spéciale (art. 34), la loi nouvelle ne sera d'ailleurs exécutoire qu'un an après sa promulgation. A partir du 1er décembre 1893, le cas visé par les arrêts précités ne pourra donc plus se présenter.

96. Les juges devant prononcer la peine même établie par la loi, il est évident que, lorsqu'une infraction est punie cumulativement de deux peines (l'amende et l'emprisonnement, par exemple), il ne leur appartient pas, en l'absence d'une déclaration de circonstances atténuantes, de n'en appliquer qu'une seule (Crim. cass. 12 juill. 1855, aff. Fauve, D. P. 55. 5. 326).

97. D'autre part, il suffit que l'application de la peine soit justifiée par une disposition légale applicable, et la fausse citation d'un autre texte ne serait pas une cause de nullité (C. instr. crim. art. 411. Dans ce sens : Crim. rej. 14 sept. 1855, aff. Loos dit Godor, D. P. 55. 1. 445 ; Crim. cass. 19 mars 1869, *Bull. crim.*, no 71 ; 30 sept. 1869, aff. Antiq, D. P. 70. 1. 188 ; Crim. rej. 23 août 1872, aff. Denize, D. P. 73. 1. 169 ; 19 sept. 1872, *Bull. crim.*, no 240; 16 mai 1873, *Bull. crim.*, no 130 ; 20 févr. 1875, aff. Huin-Varnier, *Bull. crim.* no 62).

98. Enfin, ainsi que nous l'avons dit au *Rép.* no 107, c'est au juge seul qu'il appartient de déterminer la peine qui doit être subie ; celle-ci ne peut être laissée au choix du condamné. A l'arrêt du 2 sept. 1825, cité *ibid.*, *adde* : Crim. cass. 6 juin 1851 (aff. Courty, D. P. 51. 5. 506) : aux termes de cet arrêt, le jugement qui condamne des individus déclarés coupables de tapages injurieux ou nocturnes à l'amende *ou* à l'emprisonnement est nul, en ce qu'il laisse aux condamnés l'option entre l'une ou l'autre de ces peines. — Quant à l'obligation pour le juge de spécifier la peine qu'il prononce, nous n'avons rien à ajouter à ce que nous avons dit *Rép.* no 108.

99. — 2° *Modification de la peine établie par la loi.* — La peine établie par la loi ne peut être modifiée par le juge, à moins, bien entendu, qu'un texte particulier ne lui en donne le pouvoir, comme en cas d'excuses ou de circonstances atténuantes. Cette règle est posée, pour le cas d'atténuation, par l'art. 65 c. pén. aux termes duquel « ... nulle peine ne peut être mitigée, que dans les cas et dans les circonstances où la loi déclare le fait excusable, ou permet de lui appliquer une peine moins rigoureuse ». — Le code pénal d'Italie de 1889 a dit en termes plus généraux dans son art. 29 : « Les peines ne peuvent être ni augmentées, ni diminuées, ni modifiées, sinon dans les cas expressément prévus par la loi ». Et le code de 1891, de Neufchâtel : « Le juge ne peut aggraver, ni diminuer, ni changer les peines établies par la loi » (art. 3).

En premier lieu, *l'aggravation* de la peine édictée par la loi est interdite au juge. Cette règle est évidente. Un arrêt de la cour de cassation du 19 mars 1869 (*Bull. crim.*, no 71) en a fait l'application en annulant une condamnation prononcée, d'après l'art. 423 c. pén., à une amende supérieure à 50 francs, alors que le chiffre des réparations et dommages-intérêts n'était pas fixé. On sait que l'art. 423 prononce une amende « qui ne pourra excéder le quart des restitutions et dommages-intérêts ». La même cour avait précédemment cassé, en vertu du même principe, le jugement d'un conseil de guerre maritime qui, pour des délits commis postérieurement au décret du Gouvernement provisoire du 12 mars 1848 abolitif de la peine de la cale, avait prononcé un emprisonnement *de plus* d'un mois, alors que le décret précité avait remplacé la cale par un emprisonnement de *quatre jours à un mois* (Crim. cass. 16 mars 1849, aff. Pascal, D. P. 49. 1. 133).

100. Il n'est pas non plus permis aux juges *d'abaisser* la peine au-dessous des limites fixées par la loi (V. en ce sens les arrêts cités au *Rép.*, nos 102-8°, 9° et 10°), à moins, bien entendu, que la loi n'autorise expressément la modération de la peine, par exemple dans les cas où elle permet l'admission d'excuses ou de circonstances atténuantes. — V. à cet égard *Rép.*, v° *Droit rural*, n° 209, les nombreux arrêts de la cour de cassation qui ont jugé que tout délit rural, puni par application d'une loi antérieure à l'an 4, ne peut entraîner une peine moindre que celle d'une amende de trois journées de travail ou d'un emprisonnement pendant trois jours. *Adde:* Conf. Crim. cass. 25 févr. 1876, aff. Bousquet, D. P. 78. 1. 45. — V. aussi l'arrêt (Crim. cass. 18 mai 1849, aff. Chianpauty, D. P. 49. 1. 180), qui a décidé que le juge de police ne peut, s'il n'a pas déclaré de circonstances atténuantes, condamner les auteurs d'un tapage injurieux et nocturne commis en état de récidive, à une peine moindre que celle prononcée par les art. 479, § 8, et 482 c. pén., et par exemple à 2 fr. d'amende. — Toutefois, le condamné ne pourrait se faire un grief en cassation de ce que la peine prononcée est moindre que celle qui aurait pu être appliquée. Aux arrêts cités, *Rép.* n° 105, *adde:* Crim. 13 déc. 1877, *Bull. crim.*, n° 256; 27 juill. 1878, aff. Danzer, D. P. 79. 1. 389; 29 juin 1882, aff. Anna Orlioni, D. P. 83. 1. 144).

101. A plus forte raison le juge qui reconnaît la culpabilité du prévenu ne peut-il se dispenser de prononcer la peine déterminée par la loi. A ce point de vue, il a été décidé que le juge ne peut, même en cas de circonstances atténuantes, réduire au seul payement des frais la condamnation prononcée contre le prévenu reconnu coupable; la prononciation du minimum de l'amende doit pour le moins y être ajoutée (Crim. cass. 1er juill. 1853, aff. Marvaud, D. P. 53. 5. 346; 18 août 1860, aff. Ponçon, D. P. 60. 5. 274). — De même, il ne saurait appartenir au juge de *diviser* les peines que la loi a cumulativement prononcées, à l'effet de n'infliger au condamné que l'une d'entre elles. Décidé, en ce sens, que, lorsque la loi prononce, à la fois, l'emprisonnement et l'amende, il n'appartient pas aux juges, en l'absence d'une déclaration de circonstances atténuantes, de n'appliquer que l'amende (Crim. cass. 12 juill. 1855, aff. Faure, D. P. 55. 5. 326). — On peut rattacher à ce même point de vue les arrêts nombreux qui ont consacré l'obligation imposée aux juges de prononcer l'amende édictée, à titre de peine additionnée, par l'art. 164 c. pén. contre les coupables de faux (V. *suprà*, v° *Faux et fausse monnaie*, n° 384).

102. Le juge n'a pas, en principe, le droit de substituer une peine à celle que la loi a prononcée. Ainsi, lorsque la saisie d'objets soumis à la confiscation n'a pas été effectuée, il ne peut substituer à cette peine, pour en tenir lieu, la condamnation en payement de la valeur attribuée à ces objets (Crim. rej. 19 août 1858, aff. Huart, D. P. 58. 1. 475). V. toutefois, en cas de délit de chasse, L. 3 mai 1844, art. 16. — Encore moins pourrait-il substituer une peine arbitraire à celle que la loi a prononcée (Crim. cass. 15 oct. 1849, aff. Miquel, D. P. 49. 1. 281).

Mais il est des cas où la loi permet, par une disposition spéciale, de substituer une peine à une autre. Par exemple, à l'égard des délinquants militaires, lorsque les lois pénales prononcent la peine de l'amende, les tribunaux militaires peuvent remplacer cette peine par un emprisonnement de six jours à six mois (C. just. mil. art. 195, D. P. 57. 4. 115; c. just. marit. art. 251, D. P. 58. 4. 90). — D'autre part la loi substitue parfois une peine à une autre en raison de *l'âge* du condamné. C'est ainsi que les art. 70 et 71 c. pén. remplacent la peine de la déportation par la peine de la détention à perpétuité, pour les individus âgés de soixante-dix ans accomplis au jour du jugement. De même, la peine des travaux forcés est, aux termes de l'art. 5 de la loi du 30 mai 1854, remplacée par celle de la reclusion pour les sexagénaires. De même encore, la loi du 27 mai 1885 sur les récidivistes (art. 6 et 18) remplace, pour les sexagénaires, la peine de la relégation par celle de l'interdiction perpétuelle de séjour (V. sur cette substitution de peine en faveur des septuagénaires et des sexagéniaires, *infrà*, n° 489). Enfin, aux termes du paragraphe 2 de l'art. 271 c. pén., les vagabonds âgés de moins de seize ans sont, non pas condamnés à la peine de l'emprisonnement, mais renvoyés sous la surveillance de la haute police (aujourd'hui remplacée par l'interdiction de sejour) jusqu'à l'âge de vingt ans accomplis.

103. Le juge ne peut *ajouter* à la peine principale prononcée par la loi une peine accessoire qu'elle ne prononce pas. — V. *Rép.* n° 102-1°, 2°, 3° les arrêts qui ont appliqué cette règle et auxquels il faut ajouter les décisions nombreuses, rendues depuis la publication du *Répertoire*, qui ont jugé que la confiscation, étant une peine, ne peut être prononcée que dans le cas où elle est autorisée par le code pénal ou par une loi spéciale (V. *infrà*, n° 788).

Mais le jugement qui contiendrait des injonctions inutiles et surabondantes, sans ajouter aucune peine à celle qui est légalement prononcée, n'encourrait pas la cassation. — Aux arrêts des 19 sept. 1832 et 27 janv. 1809, cités à cet égard, *Rép.* nos 103 et 102-12°, *adde:* Crim. rej. 22 juill. 1875, aff. Larbaud, D. P. 76. 1. 190, qui a jugé que la défense de récidiver, insérée dans le jugement qui condamne l'auteur d'une contravention, est inutile et surabondante; mais que, comme elle n'ajoute aucune peine à celle qui est légalement prononcée, elle ne saurait faire grief au prévenu et constituer un moyen de nullité.

104. Enfin le juge qui reconnaît le délit constant ne peut faire au prévenu *remise* totale ou partielle de la peine, puisqu'il n'a pas le droit de grâce. Rien de plus évident que cette règle, établie au *Rép.* n° 104 et consacrée par de nombreux arrêts cités *ibid.* Nous n'avons, à cet égard, à signaler aucune décision nouvelle.

105. — IV. APPLICATION DE LA PEINE A L'AUTEUR MÊME DU DÉLIT. — 1° *Personnalité des peines.* — Il est de principe que les peines sont essentiellement *personnelles*, et qu'ainsi la peine encourue pour un fait délictueux, ne peut être appliquée qu'à l'auteur de ce fait. De ce principe découlent plusieurs conséquences importantes, savoir: 1° que la mort du coupable, si elle survient avant la condamnation, ne permet plus de prononcer aucune peine, et que, si elle survient après la condamnation, elle fait tomber cette condamnation et rend inapplicable la peine qui avait été prononcée; 2° que le juge de répression n'a pas le pouvoir de transporter à un autre, même de son consentement, la responsabilité pénale que la loi, dans un cas donné, fait peser sur une personne déterminée; 3° que la peine ne peut être prononcée contre les personnes qui ne sont que civilement responsables; 4° que les tribunaux ne peuvent prononcer de peine contre des personnes morales.

106. — A. *Décès de l'auteur du fait.* — Aux termes de l'art. 2 c. inst. crim., « l'action publique pour l'application de la peine s'éteint par la mort du prévenu ». Donc, si le décès survient pendant l'instance d'appel ou même pendant l'instance en cassation, l'action publique est éteinte, et aucune peine, corporelle ou pécuniaire, ne peut plus être prononcée (V. à ce sujet *Rép.*, v° *Instruction criminelle*, nos 203 et 204, et *infrà*, v° *Procédure criminellle*). Cette règle, rappelée au *Rép.*, n° 96, s'applique même aux amendes fiscales, et il a été jugé qu'en matière de douanes, l'amende, bien qu'on puisse y reconnaître le mélange d'un caractère civil, ne peut être appliquée aux héritiers du contrevenant (Besançon, 21 déc. 1854, v° *Douanes*, n° 688). — D'autre part, si la peine a été prononcée, par jugement définitif, du vivant du coupable, l'exécution ne peut, en principe, en être poursuivie contre ses héritiers. Cela est évident pour les condamnations corporelles, et certains auteurs estiment qu'il en est de même pour l'amende, parce que l'amende est une peine et que toute peine est essentiellement personnelle (Garraud, t. 1, n° 353, p. 574; Haus, *Principes du droit pénal belge*, t. 2, n° 771). Telle est aussi la prescription du nouveau code pénal d'Italie dont l'art. 85 s'énonce ainsi: « La mort du condamné éteint la condamnation, même à une peine pécuniaire non exécutée, et toutes les conséquences pénales de la condamnation ». Mais la jurisprudence et la majorité desauteurs admettent, au contraire, que l'amende peut être recouvrée contre les héritiers du condamné, pourvu que la condamnation, prononcée avant la mort du prévenu ait acquis, avant cette époque, l'autorité de la chose jugée. Cette solution se fonde sur ce que la condamnation ayant créé le titre d'une obligation pécuniaire à la charge du patrimoine du coupable, cette obligation a été transmise aux héritiers avec le patrimoine même (Conf. Chauveau et Hélie, *Théorie du code pénal*, t. 1, n° 131 ; Blanche, 1re étude, n° 300 ; Bertauld, 14e leçon, p. 305 ; Villey, p. 501). Toutefois, même dans ce cas, le payement de l'amende ne pourrait être poursuivi contre le successeur à *titre particulier* du contrevenant. Par exemple, l'amende à laquelle un propriétaire a été condamné pour contravention de grande voirie ne peut être prononcée de nouveau ou recouvrée contre l'acquéreur à qui la propriété a été ultérieurement transmise (Cons. d'Et. 14 févr. 1861, aff. Delarivière, D. P. 61. 3. 73).

107. La confiscation, dans les cas où la loi l'autorise, peut-elle être prononcée contre l'héritier du délinquant? Il faut distinguer. Il y a plusieurs sortes de confiscation: celle-ci est tantôt une véritable peine, tantôt une mesure de police (V. *infrà*, n° 791). Dans le premier cas, le décès du prévenu éteint l'action publique pour la confiscation, et celle-ci ne peut-être prononcée contre les héritiers du coupable ; mais si la confiscation a été prononcée par un jugement passé en force de chose jugée avant le décès du délinquant, elle est, comme l'amende, exécutoire contre les héritiers. Telle est la confiscation des grains et boissons qui seraient l'objet d'un commerce de la part des commandants militaires, des préfets ou des sous-préfets dans l'étendue des lieux où ils exercent leur autorité (c. pén. art. 176); celle des choses livrées par le corrupteur d'un fonctionnaire public, qui est prononcée au profit des hospices (art. 180 et 364); celle de l'argent reçu par un faux témoin (art. 364); celle des fonds ou des effets mis en loterie dans les rues (art. 410).

108. Dans la seconde hypothèse, c'est-à-dire lorsque la confiscation constitue une mesure de police et d'ordre public, en d'autres termes « quand elle est ordonnée par la loi et prononcée par le juge pour retirer un objet nuisible ou dangereux de la circulation, ou dont la possession est *illicite*, soit pour celui qui le détient, soit d'une manière absolue » (Garraud, t. 2, n° 364), la chose doit être confisquée tant qu'elle existe et partout où elle se trouve; dès lors, elle peut être prononcée, même après la mort de l'inculpé, contre ses héritiers (V. *infrà*, n° 797). On trouvera des exemples de cette confiscation, mesure de police, dans les art. 287 et 477 c. pén., relatifs aux écrits, livres et gravures obscènes, dans les art. 1 et 5 de la loi du 27 mars 1851, relative aux tromperies dans la vente des marchandises, dans l'art. 314 c. pén., relatif aux armes prohibées.

109. — B. *Défense de transporter la peine d'une personne à une autre.* — Le juge de répression n'a pas le pouvoir de transporter à une autre personne, même de son consentement, la responsabilité pénale que la loi, dans un cas donné, fait peser sur une personne déterminée. Ainsi, dans une poursuite en répression de dégâts qui ont été causés par des bestiaux laissés à l'abandon, le juge de police méconnaît les dispositions des art. 12 et 13 de la loi du 28 sept. 1791, qui déclarent le propriétaire des bestiaux spécialement et civilement responsable de ces dégâts, si, tout en condamnant le propriétaire (non comparant, dans l'espèce) à l'amende et aux frais, il y condamne en même temps, en tant que de besoin, un tiers irrégulièrement admis à le représenter sur la déclaration par lui faite qu'il acceptait le débat en son lieu et place (Crim. cass. 22 févr. 1866, aff. Quilichini, D. P. 67. 1. 86).

110. — C. *Personnes civilement responsables.* — Du principe que les peines sont personnelles et ne peuvent être infligées qu'à l'auteur du délit, il résulte, en troisième lieu, que la peine ne peut être prononcée contre les personnes civilement responsables ; la responsabilité civile n'entraîne pas la responsabilité pénale, si ce n'est lorsque cette responsabilité pénale résulte d'une disposition formelle de la loi ou de la nature même de l'infraction (Sur la nature et l'étendue de l'action en responsabilité du fait d'autrui, V. *infrà*, v° *Responsabilité*; — *Rép.* eod. v°, nos 505 et suiv.). La règle ci-dessus s'applique à l'amende comme aux autres peines (V. *infrà*, n° 733, et *Rép.* n° 766).

C'est *infrà*, v° *Responsabilité*, que seront présentées les diverses applications de cette règle faite par la jurisprudence depuis la publication du *Répertoire*, relativement à la responsabilité du maître ou patron, des père et mère et du mari.

111. — D. *Personnes morales.* — Du principe que les peines sont personnelles, résulte encore cette règle que, sauf les exceptions spécialement prévues par la loi, la peine ne peut être prononcée contre une collection d'individus formant un être moral, par exemple une commune, une société, une corporation. En effet, le délit imputé à une personne morale ne peut être que le délit des individus qui la composent ou qui en sont les organes ; et alors de deux choses l'une : ou tous les associés ont participé à l'infraction et, dans ce cas, tous doivent être punis d'une peine distincte et proportionnée à la culpabilité individuelle de chacun : ou quelques-uns des associés seulement ont pris part à l'infraction, et s'il est juste de frapper ceux-là, il serait au contraire inique d'atteindre pénalement les autres membres de l'association qui sont restés étrangers à l'acte. La doctrine et la jurisprudence ont toujours admis que, sauf les exceptions édictées par les lois spéciales (L. 21 avr. 1810 sur les mines, art. 93, 96 ; L. 15 juill. 1845 sur la police des chemins de fer, art. 12 et 14 ; L. 17 juill. 1874, relative aux mesures à prendre en vue de prévenir les incendies dans les régions boisées de l'Algérie), les personnes morales ne sont pas pénalement responsables. La cour de cassation n'a jamais varié sur ce point. C'est ainsi qu'elle a jugé : 1° que les principes généraux du droit criminel qui veulent que, si un délit est imputable à plusieurs personnes, il doit être prononcé contre chacune d'elles une peine distincte et proportionnée, dans les limites du maximum et du minimum, au degré de culpabilité de chacune, s'appliquent au cas de communauté d'intérêts ou association quelconque entre ceux qui se rendent coupables du délit, comme par exemple s'ils sont associés pour faire le commerce (Crim. cass. 14 déc. 1838, *Rép.* n° 787) ; — 2° Qu'une société ou association quelconque ne peut être, en tant qu'être moral et collectif, frappée d'une condamnation pénale (Crim. rej 10 mars 1877, aff. Garrigue-Lalande, D. P. 84. 1. 429, note *a*; 21 juill. 1877, aff. Bousquet, *Bull. crim.*, n° 172; 8 mars 1883, aff. Compagnie parisienne des vidanges, D. P. 84. 1. 428-429 ; Crim. cass. 17 déc. 1891, aff. Société des eaux de la ville de Rennes, D. P. 92. 1. 365. V. aussi Trib. corr. Nancy, 5 août 1890, aff. Christophe, D. P. 91. 2. 375). — Sur cette question de la responsabilité pénale des personnes morales, V. Garraud, t. 1, n° 191.

112. Au reste, si le directeur d'une société a, par ses négligences, ses omissions, en un mot par ses actes personnels, violé les lois pénales, il est évident qu'il est pénalement responsable. Plusieurs arrêts cités au *Rép.*, n° 98, ont consacré cette règle qui n'est qu'une application exacte du principe de la personnalité des peines. Il a été jugé, dans le même sens (Trib. corr. de Rennes, 7 mai 1892, aff. Compagnie des eaux, D. P. 92.2. 501), que le directeur d'une société anonyme est responsable pénalement des infractions qu'il a commises, ou *qu'il a laissé commettre* par ses subordonnés, soit à une loi répressive, soit à un arrêté légalement pris par l'autorité municipale (dans l'espèce, un arrêté municipal réglementant les obligations des entrepreneurs d'arrosage d'une ville). En effet, le directeur d'une société qui laisse commettre par ses agents des infractions aux lois, est coupable de négligence ou d'omission, et il est tout naturel qu'il supporte les conséquences de ses fautes.

113. — 2° *Exceptions au principe de la personnalité des peines ; Responsabilité pénale du fait d'autrui.* — Le principe que la peine ne peut être appliquée qu'à l'auteur du fait reconnu délictueux reçoit, ainsi que nous l'avons annoncé au *Rép.* n° 98, quelques exceptions. Ces exceptions résultent soit d'une disposition de *loi*, expresse ou implicite, soit de la *nature* même de l'infraction. Les unes et les autres seront expliquées *infrà*, v° *Responsabilité*. V. aussi *Rép.* eod. v°, nos 508 à 517.

114. — 3° *Individualité des peines.* — Il est de principe que les peines sont individuelles. Ainsi, quand un délit ou une contravention ont été commis conjointement par plusieurs individus, chacun d'eux doit être condamné à une peine distincte (Crim. cass. 11 nov. 1852, aff. Guezennec, D. P. 52. 5. 414 ; 10 nov. 1853, aff. Farucha, D. P. 53. 5. 346). Jugé, spécialement, en matière de contraventions, que « l'amende, comme toute peine, est individuelle, c'est-à-dire qu'elle doit être appliquée à chacun des inculpés qui ont participé à une même infraction ; que, s'il en était autrement, et si une amende unique pouvait être distribuée en un plus ou moins grand nombre de contrevenants, la disposition répressive de la loi perdrait son effet et pourrait, dans certains cas, descendre au-dessous du minimum de la peine » (Crim. cass. 11 juill. 1873, aff. Lair, D. P. 73. 1. 393 ; 9 mai 1885, aff. Roland, *Bull. crim.*, n° 136 ; 9 mai 1885, aff. Pignatel, *Bull. crim.*, n° 137).

A plus forte raison, doit-il être prononcé plusieurs peines, lorsque les infractions de même nature commises par plusieurs sont distinctes et indépendantes les unes des autres. Ainsi, lorsque plusieurs prévenus sont poursuivis simultanément pour des contraventions de police commises séparément, chacun d'eux doit être frappé d'une amende distincte. En conséquence, la condamnation à 1 fr. ou 2 fr. d'amende, prononcée collectivement, en pareil cas, contre plusieurs prévenus, est nulle (Crim. cass. 11 nov. 1852, aff. Guézennec, D. P. 52. 5. 414 ; 10 nov. 1853, aff. Farucha, D. P. 53. 5. 346).

Il y a, toutefois, des exceptions à la règle que les amendes sont individuelles, notamment en matière de faux, en matière forestière et en matière fiscale. Sur cette règle et ses exceptions, V. *infrà*, n° 741, et *Rép.* n°s 784 et suiv.

115. Du principe de l'individualité des peines résulte cette conséquence que la personne à laquelle s'applique la décision qui prononce la peine doit être désignée et précisée exactement (Crim. rej. 15 févr. 1849, aff. X..., D. P. 49. 1. 135). — Il ne faudrait pas conclure de là qu'une condamnation ne puisse être prononcée contre un individu qui refuse de déclarer ses nom et profession. Mais il est nécessaire, dans ce cas, que l'identité entre la personne condamnée et celle qui s'est rendue coupable du délit soit constante (Crim. rej. 15 févr. 1849, aff. X..., D. P. 49. 1. 135; 17 mars 1854, aff. X..., D. P. 54. 5. 96).

116. — V. FORMES PRESCRITES PAR LA LOI. — Sur les formes prescrites par la loi pour l'instruction et le jugement, et sur la compétence des tribunaux criminels qui ont seuls qualité et compétence pour appliquer les peines, V. *Rép.* v° *Instruction criminelle*, et *infrà*, v° *Procédure criminelle.*

SECT. 3. — DU CUMUL DES PEINES.

117. — I. PRINCIPE DU NON-CUMUL. — DROIT COMPARÉ. — « En cas de conviction de plusieurs crimes ou délits, la peine la plus forte sera seule prononcée ». Telle est, aujourd'hui comme à l'époque de la publication du *Répertoire*, la règle de notre droit français, écrite dans le paragraphe 2 de l'art. 365 c. instr. crim., pour le cas de concours de crimes et de délits à punir. On a déjà fait remarquer au *Rép.*, n° 124, que cette disposition, et celle de l'art. 379 du même code, qui la complète, impliquent un principe général (applicable d'ailleurs aux crimes et aux délits seulement, mais non aux simples contraventions) qui peut être formulé ainsi : « En subissant la peine la plus forte, le coupable expie tous les crimes passibles d'une peine de la même nature ou d'une moindre gravité que celle qui lui est appliquée » (Chauveau et Hélie, t. 1, n° 170). C'est le système de l'*absorption* de toutes les peines moins graves dans la peine la plus grave, système généralement abandonné aujourd'hui par les législations étrangères, comme n'étant pas suffisamment répressif. En effet, comme le dit M. Laborde (n° 655), « l'agent n'a aucun intérêt à s'arrêter dans l'accumulation de ses délits, s'il sait qu'on ne dépassera jamais contre lui le maximum de la peine la plus forte ».

118. Repoussant également le système de l'*addition* ou du cumul matériel des peines qui, par un excès contraire, fait appliquer autant de peines qu'il y a d'infractions, système impraticable pour les peines perpétuelles, inhumain pour les autres, les législations pénales les plus récentes consacrent, en général, le système du *cumul juridique* des peines ou de l'*aggravation*. M. Garraud a caractérisé ce système dans les lignes qui suivent : « En ce qui touche les peines afflictives ou infamantes, elles (les législations pénales récentes) repoussent le cumul; elles l'admettent, au contraire, quant aux peines d'un ordre inférieur. Mais, dans les deux cas, elles tempèrent ce que chacune de ces solutions pourrait avoir d'excessif dans ses résultats. Là où elles se contentent d'une peine unique, elles augmentent son *maximum*, et permettent ainsi au juge de tenir compte de la multiplicité des infractions, quand la peine applicable est une peine temporaire. Dans les cas où la règle du cumul prévaut, l'étendue de ses conséquences varie dans les différentes législations. Mais, presque toujours, le cumul qu'elles autorisent a des limites qui réduisent la quotité des peines applicables bien au-dessous du taux que pourrait atteindre leur addition infinie » (t. 2, n° 271).

119. Le système du cumul juridique, ou de la simple aggravation, est admis par les codes suivants : c. pén. belge de 1867, art. 58 et suiv. ; c. pén. allemand de 1870, § 74, 75, 77, 78; c. pén. hongrois de 1878, art. 91 et suiv; c. pén. néerlandais de 1881, art. 57 et 58; c. pén. d'Italie de 1889, art. 67 à 69 ; c. pén. de Neufchâtel de 1891, art. 90.

Le système de l'addition ou de l'accumulation des peines est encore en vigueur en Angleterre. La loi anglaise proclame le principe du cumul des peines : autant de faits, autant de délits, autant de condamnations (Glasson, *Histoire du droit et des institutions de l'Angleterre*, t. 6, p. 819). Le projet de sir Stephen (V. *suprà*, n° 16) n'applique qu'une seule peine en cas de pluralité de délits; mais, d'après l'échelle établie par l'art. 15, cette peine peut toujours être supérieure ou au moins égale au total des peines encourues. « Quiconque, dit cet article, par deux infractions, a encouru deux condamnations à deux ans d'emprisonnement, peut être condamné pour les deux délits à *sept* ans de servitude pénale; si ces infractions sont au nombre de trois, la durée de la servitude pénale peut être portée à quatorze ans... Si chacune des infractions commises est punie de la servitude pénale, la peine prononcée peut être égale au montant des peines encourues; si ce total dépasse vingt ans, une condamnation à vie peut être prononcée » (Glasson, *op. cit.*, p. 852).

120. Quoi qu'il en soit, le principe du non-cumul est la règle de notre droit, et le législateur français l'a de nouveau consacrée dans les art. 60 et 135 c. just. mil. pour l'armée de terre du 9 juin 1857 (D. P. 57. 4. 115), 109 et 165 du code de justice militaire pour l'armée de mer du 4 juin 1858 (D. P. 58. 4. 90), et 63 de la loi du 29 juill. 1881 sur la liberté de la presse (D. P. 81. 4. 65). Ainsi que nous le verrons *infrà*, n° 127, la jurisprudence y voit même un principe général dominant la législation pénale et applicable à toutes les infractions atteintes de peines criminelles ou correctionnelles qui n'en ont pas été implicitement ou explicitement exceptées. — La législation autrichienne admet aussi le principe du non-cumul ou de l'absorption de la peine la plus forte (c. instr. crim. de 1873, art. 260); de même le code pénal de Genève de 1874, art. 39.

121. Malgré l'extrême simplicité de notre législation sur la pénalité en cas de cumul de délits à punir, l'application des art. 365, § 2, et 379 c. instr. crim. n'est pas exempte de difficultés. Cette application a donné lieu, depuis la publication du *Répertoire*, à un grand nombre d'arrêts qui seront analysés dans les numéros qui suivent. Quant à la doctrine, nous citerons, comme s'étant particulièrement occupés de la règle du non-cumul des peines, les auteurs suivants : Chauveau et Hélie, *Théorie du code pénal*, t. 1, n°s 170 à 172 ; Garraud, *Traité de droit pénal français*, t. 2, n°s 166 à 170; *Précis de droit criminel*, n°s 290 à 293; Le Sellyer, *Traité de la criminalité, de la pénalité et de la responsabilité*, t. 1, n°s 249 à 300; Bertauld, *Cours de code pénal*, 15e leçon, p. 323 et suiv.; Laborde, *Cours élémentaire de droit criminel*, n°s 652 à 679; Trébutien, *Cours de droit criminel*, t. 1, n°s 668 et suiv.; Ortolan, *Eléments de droit pénal*, t. 1, n°s 1144 et suiv. ; Villey, *Précis d'un cours de droit criminel*, p. 141 et suiv.; Bonneville de Marsangy, *De l'amélioration de la loi criminelle*, t. 2.

122. — II. DANS QUELS CAS LE PRINCIPE DU NON-CUMUL EST APPLICABLE. — A ce premier point de vue, deux questions se posent : 1° à quelles infractions le principe du non-cumul est-il applicable? 2° à quelles peines?

1° *Infractions.* — La loi, dans l'art. 365, § 2, c. instr. crim., n'a établi la règle du non-cumul des peines que pour le concours des *crimes* et des *délits*. Son silence à l'égard des *contraventions* est significatif, et une jurisprudence constante a interprété ce silence en ce sens que le principe du non-cumul n'est point applicable en matière de contravention. Aux arrêts cités au *Rép.* n° 159, *adde* les décisions mentionnées *suprà*, v° *Contravention*, n° 29, et, de plus, Crim. cass. 9 janv. 1890, aff. Cane, D. P. 90. 1. 239. La doctrine est aujourd'hui conforme à cette jurisprudence : Ortolan, t. 2, n° 1172; Bertauld, p. 328; Le Sellyer, t. 1, n° 294; Trébutien, t. p. 495; Garraud, *Traité*, t. 2, n° 173, p. 282; Villey, p. 144; Laborde, n° 660. — *Contrà* : Chauveau et Hélie, t. 6, n°s 2734 et suiv.

123. De la règle que l'art. 365 n'est pas applicable aux contraventions, de police, il suit : 1° qu'en cas de concours de contraventions il y a lieu à autant de peines qu'il y a de contraventions distinctes; 2° qu'en cas de concours de crimes ou délits et de contraventions, il faut cumuler les peines des contraventions avec la peine unique du crime ou du délit le plus grave. Ces conséquences ont été formulées en ces termes dans l'art. 62 du nouveau code pénal des Pays-Bas : « En cas de concours soit de contraventions avec des délits, soit de plusieurs contraventions uniquement, il est infligé une peine pour chaque contravention, sans diminution ».

La première des deux conséquences qui viennent d'être formulées a été admise par un grand nombre d'arrêts, lesquels ont décidé que le juge saisi de plusieurs contraventions doit prononcer une peine pour chacune d'elles (Crim. cass. 13 févr. 1845, aff. Des Essarts, D. P. 46. 4. 396; 2 déc. 1848, aff. Hommeau, D. P. 51. 5. 389; Crim. rej. 22 mars 1851, aff. Nolant, D. P. 51. 5. 389; 3 mars 1854, aff. Caulec, D. P. 54. 5. 562; 8 janv. 1857, aff. Miganne, D. P. 57. 5. 244; 28 juill. 1859, aff. Horseau, D. P. 59. 5. 286; 23 nov. 1860, aff. Montigny, D. P. 60. 5. 275; 27 janv. 1865, aff. Thouin, D. P. 66. 1. 44; 21 juin 1866, aff. Cabanis, D. P. 67. 1. 45; Crim. rej. 2 mai 1873, aff. Bizetzky, D. P. 73. 1. 173; Crim. cass. 23 janv. 1874, aff. Gillot, D. P. 74. 1. 453).

124. Toutefois, pour qu'il y ait lieu à l'application de plusieurs peines, il faut évidemment qu'il y ait plusieurs contraventions *distinctes*, et non pas plusieurs faits constituant une contravention unique. A cet égard il a été jugé : 1° que l'omission, par l'adjudicataire de l'enlèvement des boues d'une ville, d'enlever les tas de boues et immondices dans les diverses rues de la ville, peut être considéré comme une contravention unique passible d'une seule amende (Crim. cass. 23 janv. 1874, aff. Gillet, D. P. 74. 1. 453); — 2° Que la contravention à un arrêté de police, qui prescrit un travail déterminé, consistant dans un fait négatif, constitue une contravention permanente et unique, et ne doit donner lieu qu'à une seule condamnation (Crim. cass. 29 janv. 1885, aff. Duclou du Teillot, D. P. 86. 1. 43). — Par contre, il a été jugé : 1° que l'aubergiste ou logeur est passible d'autant d'amendes qu'il a omis de voyageurs dans les inscriptions qu'il doit porter sur son registre (Crim. cass. 8 janv. 1864, aff. Tardivon, D. P. 66. 5. 343); — 2° Qu'en cas de contravention à la disposition d'un arrêté réglementant le commerce de la boulangerie qui impose la marque des pains, il y a lieu de prononcer autant d'amendes qu'il a été saisi sur le boulanger contrevenant de pains dépourvus de la marque prescrite (Crim. cass. 22 juill. 1852, aff. Deschamps, D. P. 52. 1. 223; 18 janv. 1861, aff. Mandavit, D. P. 61. 5. 353); — 3° Que le boulanger, qui expose en vente des pains dépourvus du poids prescrit par les règlements, est passible d'autant d'amendes qu'il a exposé de pains au-dessus du poids légal (Crim. cass. 16 sept. 1853, aff. Girod, D. P. 53. 5. 52); — 4° Que chaque fait spécial de vente par un boucher au-dessus de la taxe, reconnu constant par le juge, doit être réprimé par la prononciation d'une amende distincte (Crim. rej. 24 juin 1865, aff. Franceschini, D. P. 65. 5. 38); — 5° Qu'en cas d'affichage contrairement aux dispositions d'un règlement municipal, il doit être prononcé autant d'amendes qu'il y a de lieux différents où l'affiche a été apposée (Crim. cass. 7 févr. 1873, aff. Destout, D. P. 73. 1. 94); — 6° Que les infractions à l'obligation du balayage ou de l'arrosage, commises le même jour par l'entrepreneur du balayage ou de l'arrosage des marchés et places publiques, sont punissables séparément, suivant le nombre des places ou édifices publics négligés (Crim. cass. 23 janv. 1874, aff. Gillet, D. P. 74. 1 453; Trib. corr. Rennes, 7 mai 1892, aff. Compagnie des eaux, D. P. 92. 2. 501); — 7° Que le fait d'un chef de gare d'avoir changé, en cours du voyage, l'affectation d'un compartiment réservé d'abord aux dames seules, et celui d'avoir retiré la plaque qui indiquait cette affectation, sont deux faits distincts et non indivisibles; par suite, dans l'hypothèse où ils seraient tous deux punissables, le juge de répression prononcerait avec raison deux amendes (Crim. rej. 2 mai 1873, aff. Byzetzky, D. P. 73. 1. 173); — 8° Que le propriétaire d'immeubles qui, au mépris d'un arrêté municipal, a laissé séjourner des immondices dans des fosses distinctes les unes des autres et dont chacune constituait un foyer d'infection, doit être considéré comme ayant commis des contraventions distinctes à chacune desquelles le juge de police peut appliquer une amende (Crim. rej. 22 août 1879, aff. Briet, *Bull. crim.*, n° 168); — 9° Que l'individu qui, contrairement à un arrêté municipal, a, sans l'autorisation du maire, étalé pendant plusieurs jours des marchandises sur le devant de son magasin, se rend coupable de faits réitérés réunissant tous les éléments constitutifs de la contravention d'étalage sans autorisation et caractérisant autant d'infractions distinctes; en conséquence, est sujet à cassation le jugement de simple police qui, dans ce cas, déclare le prévenu coupable d'une contravention unique et lui applique une seule amende (Crim. cass. 5 févr. 1887, aff. Salomon, *Bull. crim.*, n° 49).

125. Au même point de vue, nous signalerons encore un arrêt de la cour de cassation du 10 nov. 1864 (aff. Lafourcade, D. P. 65. 1. 47), qui a jugé que, la règle prohibitive du cumul des peines n'étant pas applicable aux matières de simple police, tout fait distinct d'exercice illégal de la médecine sans usurpation de titre doit être réprimé par l'application d'une amende spéciale, et qu'il y a lieu à cet égard de considérer comme constitutifs d'infractions distinctes, les faits d'exercice illégal de la médecine commis à des époques différentes dans plusieurs communes et relativement à plusieurs personnes.

126. L'art. 365 n'étant pas applicable aux contraventions, il s'ensuit, d'autre part, ainsi que nous l'avons dit *suprà*, n° 123, qu'en cas de concours de crimes ou délits et de contraventions, il y a lieu de cumuler les peines des contraventions avec la peine unique du crime ou du délit plus grave (Garraud, *Traité*, t. 2, p. 282). C'est ce qui a été jugé pour le cas, fréquent dans la pratique, de concours de délit et de contravention (Crim. cass. 11 mars 1864, aff. Olivieri, D. P. 64. 1. 503; 24 nov. 1864, aff. Riverain, D. P. 65. 5. 292; Crim. rej. 28 sept. 1865, *Bull. crim.*, n° 184; Crim. rej. 28 déc. 1872, aff. Lefèvre, D. P. 73. 5. 352; 18 avr. 1884, aff. Fouilland, D. P. 85. 1. 91; Trib. de Lille, 8 avr. 1873, aff. de B..., D. P. 73. 3. 79; Lyon, 8 nov. 1886) (1).

127. A l'égard des *crimes* et des *délits*, il est aujourd'hui de doctrine comme de jurisprudence que l'art. 365, qui, pour la règle du non-cumul, établit un principe général de

(1) (Ministère public *C.* femme Guillaud.) — LA COUR; — Considérant que des aveux mêmes de la prévenue, ainsi que des dépositions des témoins entendus soit à l'instruction, soit à la barre du tribunal, il résulte la preuve que la femme Guillaud, sans être pourvue d'aucun titre qui l'autorise à exercer la médecine et la pharmacie, a donné cependant des consultations et des soins médicaux : 1° dans le courant des mois de mars et d'avril 1884, à François Bourgeois; 2° dans le courant du mois de mai de la même année, à la veuve Fournier; qu'elle a, en outre, distribué à ces mêmes personnes les médicaments qu'elle leur prescrivait et qu'elle s'est fait rémunérer par elles, soit en argent, soit en marchandises, de ces consultations et de ces médicaments; — Considérant que ces faits constituent bien, ainsi que l'a reconnu le tribunal, des infractions aux art. 34 et 35 de la loi du 19 vent. an 11, réglementant l'exercice de la médecine et à l'art. 36 de la loi du 21 germ. an 11, réglementant l'exercice de la pharmacie; mais que c'est à tort que, pour cette double infraction, il a prononcé contre la femme Guillaud une amende unique de 500 fr.; qu'en effet, l'art. 35 de la loi de ventôse an 11 ne punit le contrevenant que de peines de simple police et que la prévenue n'ayant pas pris le titre de docteur, on ne saurait lui faire application de l'aggravation de peine édictée dans ce cas par l'art. 36 de la même loi; qu'il y a lieu dès lors de prononcer contre la femme Guillaud autant d'amendes distinctes qu'il y a de faits distincts d'exercice illégal de la médecine; que l'art. 365 c. instr. crim. ne recevant application qu'au cas de conviction de plusieurs crimes ou délits et non au cas de conviction de contravention et de délit, il y a lieu de condamner en outre la femme

pénalité applicable à toutes les infractions atteintes de peines criminelles ou correctionnelles, qui n'en ont pas été implicitement exceptées (Chauveau et Hélie, t. 1, nº 170 ; Bertauld, p. 338 ; Mangin, *Traité de l'action publique*, t. 2, nº 462 ; Le Sellyer, t. 1, nº 254 ; Ortolan, t. 1, nº 1173 ; Garraud, t. 2, nº 173. Conf. Crim. cass. 26 juill. 1855, aff. Demollière, D. P. 55. 1. 380 ; 13 juill. 1860, aff. Gounouilhou, D. P. 60. 1. 467 ; 20 mars 1862, aff. Gilles, D. P. 62. 1. 443 ; 21 nov. 1878, aff. Surmont, *Bull. crim.*, nº 219 ; 24 avr. 1885, aff. Lioust, *Bull. crim.*, nº 120). — Et l'on ne discute plus la question posée au *Rép.*, nº 161, de savoir si, bien que l'art. 325 soit placé au titre *Des affaires qui doivent être soumises au jury*, la règle qu'il établit doit être appliquée aux délits qui sont poursuivis devant les tribunaux correctionnels, aussi bien qu'aux infractions poursuivies devant la cour d'assises. A cet égard, il est universellement admis que le principe du non-cumul doit être appliqué aussi bien en police correctionnelle qu'en cour d'assises (Bertauld, p. 337 ; Le Sellyer, t. 1, nº 295 ; Ortolan, t. 1, nº 1167 ; Morin, *Répertoire*, vº *Cumul des peines*, nº 6 ; Garraud, t. 2, nº 173 ; Blanche, t. 1, nºs 302 et 308 ; Villey, p. 143 ; Laborde, nº 659). « L'art. 365, a dit un arrêt, pose un principe général de pénalité qui s'applique aussi bien à la *juridiction correctionnelle* qu'à la *juridiction criminelle* » (Crim. cass. 12 juin 1857, aff. Petit, D. P. 57. 1. 371). Aussi bien la question paraît aujourd'hui tranchée par le législateur lui-même, puisque l'art. 60 c. just. mil. pour l'armée de terre, du 9 juin 1857 (D. P. 57. 4. 110), a décidé qu'en cas de concours de plusieurs infractions dont l'une est de la compétence des conseils de guerre, l'autre de la compétence des tribunaux ordinaires, s'il y a double condamnation, la *peine la plus forte est seule subie*. V. aussi art. 135 même code. V. également, conf. art. 109 et 165 c. just. mil. pour l'armée de mer (D. P. 58. 4. 90). Il résulte de ces différents textes que l'application du principe du non-cumul est indépendante de la nature de la juridiction (V. spécialement sur ce point : Bertauld, p. 337, et Garraud, p. 281, note 10).

128. La règle du non-cumul reçoit-elle application dans le cas de concours de contraventions punies de peines correctionnelles, c'est-à-dire de ces infractions appelées par certains auteurs *contraventions-délits ?* En d'autres termes, en cas de concours de contraventions-délits, y a-t-il lieu de prononcer une seule peine ou autant de peines qu'il y a d'infractions? La question a déjà été examinée au *Rép.* nº 160. Depuis, la jurisprudence s'est arrêtée à la première solution, c'est-à-dire qu'elle applique à ces infractions les règles écrites pour les délits : en quoi elle a bien fait, suivant nous, car « aux termes de l'art. 1 c. pén , la qualification de délit appartient à tout fait punissable de peines correctionnelles » (Crim. rej. 14 avr. 1883, aff. Devy, *Bull. crim.*, nº 98). On sait qu'en ces dernières années, une jurisprudence s'est établie suivant laquelle les contraventions-délits, par exemple, les infractions aux lois sur la chasse, sur les douanes, les contributions indirectes, l'exercice de la médecine ou de la pharmacie, constituent de simples contraventions matérielles, en ce sens qu'elles existent indépendamment de l'intention coupable et que la bonne foi ne saurait les exercer, mais n'en sont pas moins à considérer, à tous les autres points de vue, comme des délits, la peine qui les frappe dépassant le taux des peines de simples police. Par suite, d'après cette jurisprudence (V. les décisions citées, D. P. 90. 2. 259, notes 2 et 3) il y a lieu d'appliquer à ce genre d'infractions les règles des délits en ce qui concerne la complicité, la prescription, le cumul, etc. Spécialement, en ce qui concerne la règle du non-cumul, la cour de cassation a décidé par de nombreux arrêts que cette règle est applicable aux contraventions-délits. Elle a jugé en termes généraux, dans deux poursuites pour infractions aux lois sur la presse antérieures à la loi du 29 juill. 1881 que « si l'art. 365 c. inst. crim. ne peut recevoir son application en ce qui touche les contraventions de police, il ne peut en être de même lorsqu'il s'agit de contraventions punies de peines correctionnelles » (Crim. cass. 16 nov. 1877, aff. Larcher, *Bull. crim.*, nº 235 ; 1er déc. 1877, aff. Camoin, *Bull. crim.*, nº 253). Elle a jugé de même et décidé que la règle du non-cumul est applicable : en matière d'infractions matérielles aux lois de presse (Crim. cass. 14 janv. 1875, aff. *Avenir de la Haute-Saône*, D. P. 75. 1. 281. Conf. Barbier, *Code expliqué de la presse*, nº 1006) ; en matière de douanes (Crim. cass. 28 janv. 1876, aff. Ribeaucourt, D. P. 76. 1. 329) ; en matière d'ivresse manifeste (en récidive) (Crim. cass. 30 juin 1881, aff. Trascewski, *Bull. crim.*, nº 165) ; en matière de port d'armes prohibées (Crim. cass. 13 juin 1884, aff. Paoli, D. P. 90. 2. 259, note) ; en matière d'exercice illégal de la médecine (Crim. cass. 22 avr. 1887, aff. Lemonnier, D. P. 87. 1. 506) ; en matière d'ouverture de débit de boissons sans déclaration préalable (Crim. cass. 31 mai 1889, aff. Longoz, *Bull. crim.*, nº 198) ; en matière de contravention aux lois sur la pharmacie (Crim. cass. 28 mai 1891, aff. Perret, D. P. 92. 1. 195).

129. D'une façon plus générale, et quelle que soit la nature du fait incriminé (crime, délit ou contravention), que faut-il penser de la règle du non-cumul par rapport aux lois spéciales? Cette règle s'applique-t-elle aux infractions prévues et punies par des lois de ce genre? La question doit être, croyons-nous, divisée, suivant qu'il s'agit de lois spéciales postérieures au code pénal ou de lois spéciales antérieures à ce code.

Dans la première hypothèse, une opinion extrême a soutenu qu'en dehors des cas prévus formellement par un article de loi, l'art. 365 est inapplicable aux infractions non prévues par le code pénal. C'est ce qui a été jugé en matière d'indemnité à payer aux maîtres de poste (Civ. cass. 3 janv. 1856, aff. Riverain, D. P. 56. 1. 94), et en matière de pêche fluviale (Nancy, 7 avr. 1862, aff. Thomas et Clément, D. P. 62. 5. 240 ; Chambéry, 5 janv. 1871, aff. Devigne et autres, D. P. 71. 5. 294). Aujourd'hui, il est généralement reconnu que le principe du non-cumul régit non seulement les matières prévues par les codes criminels, mais encore les matières réglées par les lois postérieures à ces codes. Il a été ainsi jugé en matière de tromperie (Crim. cass. 8 juin 1855, aff. Moulin, D. P. 55. 1. 303 ; 12 juin 1857, aff. Petit, D. P. 57. 1. 371 ; 1er juill. 1858, aff. Girardin-Mahout, D. P. 58. 1. 384) ; en matière d'ivresse manifeste commise en état de récidive (Rennes, 29 mai 1878, aff. Guichon, D. P. 79. 2. 17 ; Paris, 25 avr. 1878, aff. Barcelot, D. P. 79. 2. 202 ; Crim. cass. 30 juin 1881, cité *suprà*, nº 128) ; en matière de pêche fluviale (Crim. cass. 24 avr. 1885, aff. Lioust, *Bull. crim.*, nº 120 ; Nancy, 15 avr. 1886, aff. Fochot, D. P. 86. 2. 119) ; en matière de vente de substances vénéneuses et d'exercice illégal de la pharmacie (Nîmes, 15 juill. 1887, aff. Girou, D. P. 88. 2. 279) ; en matière d'infraction aux lois et règlements alors en vigueur sur le travail des enfants dans les carrières (Angers, 27 août 1866, aff. Hamon, D. P. 66. 2. 180) ; en matière de police du roulage (Crim. cass. 24 nov. 1864, aff. Riverain, D. P. 65. 5. 292) ; en matière de port d'armes prohibées (Crim. rej. 13 juin 1884, aff. Paoli, D. P. 90. 2. 259, note) ; en matière d'ouverture d'un débit de boissons sans déclaration préalable (Crim. rej. 31 mai 1889, cité *suprà*, nº 128. Conf. Garraud, t. 2, nº 173 ; Garraud, *Précis*, nº 296 ; Laborde, nºs 661 et 662 ; Villey, p. 155 ; Ortolan, t. 1, nº 1173 ; Le Sellyer, *Criminalité et pénalité*, t. 1, nº 271). — Toutefois, la règle du non-cumul est inapplicable aux contraventions à la police des chemins de fer, même lorsqu'elles sont punies de peines correctionnelles, parce que la proposition d'étendre le principe du non-cumul des peines aux contraventions à la police des chemins de fer a été expressément repoussée par le législateur (Crim. rej. 27 janv. 1883, aff. Soulié, D. P. 83. 1. 229 ; Trib. corr. Carpentras, 10 juill. 1890) (1). Comp.

Guillaud à une amende distincte à raison de l'exercice illégal de la pharmacie ; — Considérant que c'est la loi du 29 pluv. an 13 qui édicte la peine encourue par celui qui a contrevenu aux dispositions de l'art. 36 de la loi de germ. an 11 ; qu'il y a lieu de réparer l'omission du tribunal ;

Par ces motifs ; — Dit que le tribunal a bien jugé en déclarant la femme Guillaud coupable d'avoir contrevenu aux lois sur l'exercice de la médecine et de la pharmacie ; mais réformant en ce qui concerne l'application de la peine ; — Condamne la dame Guillaud à deux amendes de 15 fr. chacune pour exercice illégal de la médecine, et à une amende de 400 fr. pour exercice illégal de la pharmacie ;

Du 8 nov. 1886.-C. de Lyon, ch. corr.-M. Montalan, pr.

(1) (Alfred Brun et Ulysse Ripert.) — LE TRIBUNAL ; — Considérant, au sujet du concours du délit de l'art. 311, prévu par le code pénal ordinaire, avec la contravention prévue et punie de peines correctionnelles par la législation spéciale des chemins de

Crim. rej., 2 mai 1873, aff. Bizetsky, D. P. 73. 1. 172-173. Conf. *Rép.*, n° 177; *Ibid.*, v^is *Voirie par terre*, n°s 265, 1190, 1791, 2280 et suiv., et *Voirie par chemin de fer*, n° 624. — *Contrà* : Riom, 14 mai 1883) (1). — A plus forte raison, le principe du non-cumul est-il applicable lorsqu'une infraction prévue par cette catégorie de lois spéciales est poursuivie en même temps qu'un délit ou un crime puni par le code pénal (Crim. cass. 6 mars 1856, aff. Lefranc, D. P. 56. 1. 224; Paris, 27 nov. 1883) (2).

130. En ce qui concerne les infractions punies exclusi-

---

fer, que si, en principe général, et pour se ranger à la définition si nette et si simple que donne l'art. 1, § 2, c. pén. sur les infractions, qu'il faut en droit appeler délits et traiter comme tels, la jurisprudence la plus récente, la plus rationnelle aussi de la cour de cassation et des cours d'appels, appelle délits (et soumet logiquement aux règles des art. 365, § 2, c. instr. crim. et 55, 59 et 60 c. pén., règles formant un tout harmonique) toutes les infractions punies par le code pénal ou les lois spéciales, qui sont punies de peines correctionnelles, ces infractions fussent-elles d'ordre purement matériel, n'exigeassent-elles point l'intention frauduleuse ; cette jurisprudence admet que le texte ou l'esprit de certaines lois spéciales (comme, par exemple, la législation sur la police et la sécurité des chemins de fer) peut faire échec à l'application à certaines infractions (quoique punies de peines correctionnelles) de cet ensemble de dispositions propres aux délits et aux crimes, qui se compose des art. 365, § 2, c. instr. crim., des art. 55, 59 et 60 c. pén. : — Considérant que si, en ce qui concerne les infractions qualifiées *contraventions* (par opposition à celles qualifiées crimes ou délits) aux lois sur la police et l'exploitation des chemins de fer, la jurisprudence la plus récente des cours et tribunaux s'attache avec une logique rigoureuse et inspirée assez justement par l'adage: *Odiosa restringenda* à la définition de l'art. 1, § 2, c. pén. plutôt qu'à la terminologie de ces lois spéciales, et les tenant pour des délits puisqu'elles sont punies de peines correctionnelles, leur applique le bénéfice de l'art. 365, § 2, c. instr. crim., à côté des sévérités des art. 55, 59 et 60 c. pén., la cour de cassation, au contraire, s'appuyant sur l'art. 27, § 1, de la loi du 15 juill. 1845 qui ne parle que de crimes et délits, en gardant le silence sur les contraventions, et qui restreint à ces crimes ou délits l'application de l'art. 365, § 2, précité, non point par inadvertance, mais parce que les travaux préparatoires de la loi de 1845 (V. D. P. 45. 3. 173, note 44), en ce qui concerne cet art. 27, § 1, prouvent que le mot contravention a été retranché à dessein de la nomenclature de l'art. 27, § 1, précité, s'appuyant aussi sur divers articles de la loi de 1845, tit. 3 (art. 17, 18, d'une part, 19, 20, d'autre part, 21, 23 d'une troisième part), où le législateur prend soin de distinguer en crimes, délits, contraventions, les divers ordres d'infractions à cette loi, sur l'art. 79 de l'ordonnance de 1846 employant le mot: contravention, décide résolument et d'une façon constante, que l'art. 27, § 1, de la loi de 1845, d'accord avec l'économie et le texte de cette loi, exclut du bénéfice de l'art. 365, § 2, c. instr. crim. les infractions à cette loi qui, tout en étant punies de peines *correctionnelles*, n'y sont qualifiées que de *contraventions* ; — Faisant application géminée aux deux prévenus de l'art. 311 c. pén. (tempéré par l'art. 463 c. pén.) d'une part, et d'autre part des art. 3 de l'arrêté de M. le préfet de Vaucluse, 1, 79 de l'ordonnance de 1846, 21, § 1, 27, § 1, de la loi du 15 juill. 1845 ; — Condamne chacun d'eux : du chef des violences et voies de fait à 10 fr. d'amende ; du chef de la contravention à la police des chemins de fer, à 16 fr. d'amende ; — Dit que chacune de ces peines sera subie sans aucune confusion entre elles ; — Condamne les deux prévenus aux dépens solidairement entre eux ; fixe au minimum légal la durée pour chacun d'eux de la contrainte par corps.

Du 10 juill. 1890.-Trib. corr. Carpentras.-M. Armanet, pr.

(1) (Baldeyrou.) — LA COUR ; — Attendu que, par un traité du 4 déc. 1881, passé entre la compagnie d'Orléans et Baldeyrou père et fils, ces derniers se sont engagés à établir un service de correspondance de la gare d'Aurillac à la ville de Mauriac, tant pour la grande que pour la petite vitesse, avec obligation de desservir les localités intermédiaires, moyennant un tarif fixé par l'Administration et homologué par arrêté de M. le ministre des travaux publics en date du 30 janv. 1882; — Attendu que les entrepreneurs s'engageaient à établir à Mauriac un bureau dont le préposé devait être agréé par la Compagnie, qui se réservait en même temps de le faire punir, et même révoquer, si elle avait à s'en plaindre ; — Attendu que Baldeyrou, père et fils, se sont conformés à cette double obligation, et ont choisi, avec l'agrément de la compagnie d'Orléans, le sieur Guy, comme préposé; qu'il résulte de l'information que ce dernier a exigé et perçu pour frais de transports de la gare d'Aurillac au domicile des destinataires, ou du domicile de ceux-ci à ladite gare, des sommes supérieures à celles dues d'après la taxe; que les premiers juges ont relevé à sa charge quarante-six contraventions, et l'ont condamné à quarante-six amendes de 3 fr. chacune; que Guy n'a pas fait appel de cette décision; — Mais attendu que le jugement a en même temps condamné Baldeyrou père et fils, comme pénalement responsables des quarante-six contraventions commises personnellement par Guy leur préposé; qu'il les a condamnés en outre à la même peine pour six contraventions au tarif de la grande vitesse portées sous les n°s 5, 11, 18, 49, 53 et 58 de l'ordonnance du juge d'instruction, et trois contraventions au tarif de la petite vitesse (2e, 3e et 15e chefs de la prévention); — Attendu que Baldeyrou père et fils ont interjeté appel de la décision; — Attendu que, pour les contraventions commises par Guy seul, Baldeyrou père et fils en repoussent la responsabilité pénale reconnue par le jugement dont est appel ; — Attendu que, si les faits de la cause révèlent une négligence coupable de la part des sieurs Baldeyrou, cette négligence peut bien engager leur responsabilité au point de vue civil, mais non pas au point de vue pénal; que si, dans les industries réglementées par les arrêtés de l'autorité, où les conditions et le mode d'exploitation sont personnellement imposés aux chefs d'entreprise, ceux-ci, obligés à exercer une action directe sur les faits de leurs employés, se trouvent responsables, même pénalement, des infractions commises par ceux-ci, il n'en est pas de même de l'espèce; que les sieurs Baldeyrou n'étaient nullement chargés personnellement de la perception des taxes à Mauriac; que ce soin était dévolu à Guy, leur préposé agréé par la Compagnie, qui pouvait le faire révoquer; que Baldeyrou père et fils n'auraient pu être condamnés de ce chef que comme coauteurs ou complices desdites contraventions; — Mais, attendu que rien n'établit, en dehors de leur incurie, qu'ils aient engagé ou autorisé leur préposé à commettre les contraventions pour lesquelles il a été condamné ; — Attendu que les six contraventions visées aux n°s 5, 11, 18, 49, 53 et 58, sont personnelles aux Baldeyrou, et reconnues par eux; qu'ils allèguent, il est vrai, leur bonne foi, mais qu'à aucun point de vue, elle ne saurait être admise; qu'il y a donc lieu de les retenir, comme l'ont fait les premiers juges ; — Attendu qu'au point de vue de l'application de la peine, la décision dont est appel a violé l'art. 27 de la loi du 15 juill. 1845, qui n'est que la consécration du principe édicté par l'art. 365 c. instr. crim.; qu'il est aujourd'hui de principe que cet article doit recevoir son application même lorsqu'il s'agit de contraventions punies de peines correctionnelles, sauf le cas où la loi en aurait disposé autrement, et à la condition que les condamnations aient été prononcées pour des faits antérieurs à la poursuite; — Or, attendu que les six contraventions retenues contre les sieurs Baldeyrou s'échelonnent du 18 février au 28 mai 1862; que le jugement de condamnation est du 17 févr. 1883, qu'elles sont dès lors antérieures audit jugement; que ces contraventions sont punies de peines correctionnelles; qu'il y a donc lieu d'appliquer une seule amende, et vu l'art. 27 de la loi du 15 juill. 1845, ainsi conçu : — « Art. 27. En cas de conviction de plusieurs crimes ou délits prévus par la présente loi, ou par le code pénal, la peine la plus forte sera seule prononcée. Les peines encourues pour des faits postérieurs à la poursuite pourront être cumulées, sans préjudice des peines de la récidive » ; — Adoptant au surplus les motifs qui ont déterminé les premiers juges, et faisant droit à l'appel des prévenus; — Les décharge des condamnations prononcées contre eux pour les contraventions commises par Guy ; — Les déclare coupables des six contraventions portées à l'ordonnance sous les n°s 5, 11, 18, 49, 53 et 58; et pour ce, les condamne solidairement en une amende de 18 fr.

Du 14 mai 1883.-C de Riom, ch. corr.-MM. Pouradier-Duteil, pr.-Chaurigaud, av. gén.-Lecarrière, av.

(2) (X... C. Min. pub.) — LA COUR ; — Sur l'application de la peine ; — Considérant que c'est à tort que deux peines distinctes ont été prononcées par les premiers juges, savoir une peine de 500 fr. d'amende à raison de l'infraction à l'art. 13 de la loi du 24 juill. 1867, et une seconde peine de six mois d'emprisonnement et 50 fr. d'amende à raison du délit d'escroquerie déclaré constant; — Considérant, en effet, qu'aux termes de l'art. 365, § 2, c. instr., en cas de conviction de plusieurs crimes ou délits, la peine la plus forte doit seule être prononcée ; — Que ce principe déjà posé par l'art. 40, tit. 7, de la loi des 16-29 sept. 1791 sur la justice criminelle et par l'art. 446 du code de brumaire an 4 domine toute la matière ; — Considérant, il est vrai, que le texte de l'art. 365 précité exclut les contraventions de simple police, mais que cette exception ne doit pas être étendue de plein droit aux infractions purement matérielles punies de peines correctionnelles et assimilées par la jurisprudence aux contraventions de simple police, en ce sens seulement que, comme dans celles-ci, l'intention délictueuse n'est pas un de leurs éléments constitutifs ; — Considérant que l'assimilation absolue des contraventions de simple police, au point de vue du cumul des peines, conduirait à des résultats contraires à la raison ; qu'on s'explique, en effet, que le législateur ait entendu prescrire, le cas échéant, le cumul des peines de simple police, lesquelles sont toujours

vement par des textes antérieurs au code pénal, l'art. 365, d'après un premier système, leur est applicable, parce que c'est une règle absolue de notre législation criminelle, un texte général sous l'empire duquel rentrent tous les crimes et délits. Suivant les expressions de M. Ortolan, t. 1, n° 1173, « le code pénal n'a rien à faire à la question, puisqu'il s'agit d'une règle posée, non pas par ce code, mais bien par le code d'instruction criminelle. Assurément, ni la loi de 1791 sur l'établissement des jurés, dans son art. 40 du titre 7, ni le code de brumaire an 4, dans son art. 446, ni le code d'instruction criminelle, dans son art. 365 décrété et promulgué en 1808, n'ont eu en vue de restreindre leur disposition aux cas à venir d'un futur code pénal, dont les lois n'ont été décrétées et promulguées qu'en 1810. Ils ont statué pour les crimes ou délits punis par les lois alors en vigueur, comme aussi pour ceux qui pourraient être prévus par la suite. Leurs termes n'expriment aucune restriction à cet égard ». Enfin, cette solution paraît résulter des motifs d'un arrêt de la chambre criminelle, ainsi conçu : « L'art. 365 est une disposition générale sur la pénalité, applicable soit que les faits soient qualifiés par le code pénal ordinaire, soit qu'ils soient prévus et punis par les lois spéciales ; le principe de la non-cumulation des peines est applicable dans tous les cas où il n'est pas fait une exception formelle au droit commun » (Crim. rej. 2 juin 1838, *Rép.* v° *Chasse*, n° 336).

Avant l'arrêt de la cour de cassation du 28 janv. 1876, dont il sera parlé *infrà*, n° 132, la doctrine et la jurisprudence se prononçaient plutôt pour l'opinion contraire, d'après laquelle l'art. 365 ne régirait pas les lois spéciales antérieures à la promulgation des codes criminels, lorsque les peines édictées par ces lois sont seules à appliquer (V. Paris, 18 sept. 1851, aff. Veuve Gabory et autres, D. P. 54. 2. 192 ; Crim. rej. 3 janv. 1856, aff. Riverain, D. P. 56. 1. 94 ; 27 déc. 1862, aff. Pottet, D. P. 63. 1. 325 ; Chambéry, 19 juill. 1867, aff. Bertherat, D. P. 67. 1. 119 ; Morin, *Répertoire*, v° *Cumul de peines*, n° 16 ; Trébutien, t. 1, n° 328 ; Bertauld, p. 338 ; Le Sellyer, *Criminalité et pénalité*, 2e éd., t. 1, n° 271). On peut d'abord, en faveur de cette solution, invoquer cette considération générale, formulée par M. Blanche, t. 1, n° 201 : chaque crime et chaque délit doit recevoir son châtiment. Ce n'est que par exception à cette règle générale que l'art. 365 dispose qu'en cas de conviction de plusieurs crimes ou délits la peine la plus forte sera seule prononcée. Cette exception doit être scrupuleusement observée ; mais elle ne doit pas être étendue au delà des cas qu'elle a prévus. — En outre, Mangin (*op. cit.*, t. 2, n° 462) donne à l'appui de ce système des motifs particuliers ; l'art. 365 ne renferme pas une règle de procédure, applicable conséquemment à tous les jugements que les tribunaux sont appelés à rendre, quel que soit le délit qui y donne lieu ; mais il contient un principe général sur la pénalité. Le code d'instruction criminelle et le code pénal ne forment qu'un seul corps de droit criminel (Décr. 23 juill. 1810) dont les dispositions s'expliquent, se modifient les unes par les autres ; or, l'art. 484 c. pén. porte : « Dans toutes les matières qui n'ont pas été réglées par le présent code, et qui sont réglées par des lois et règlements particuliers, les cours et tribunaux continueront de les observer ». Ainsi, la publication du nouveau code criminel n'a apporté aucun changement à la répression des délits prévus par des lois particulières ; et, si le principe adopté par l'art. 365 c. instr. crim. ne s'y trouve pas, les tribunaux ne sont pas autorisés à l'y introduire et à modifier la pénalité qu'elles ont établie. Que ce principe ne s'y trouve pas, c'est un point qu'on ne peut méconnaître, il n'y est pas formulé explicitement ; il n'en résulte pas non plus implicitement, puisque ni la loi du 16-29 sept. 1791, ni le code du 3 brum. an 4, ne contiennent aucune disposition générale qui équivaille à l'art. 365 c. instr. crim. ; ce qui a fait dire à l'orateur du Gouvernement : « Jusqu'ici les cours de justice criminelle se sont interdit cette cumulation, plutôt d'après une jurisprudence que d'après un texte formel » ; et cette jurisprudence ne s'est jamais étendue aux délits prévus par des lois spéciales. Ainsi, dans ce second système, l'art. 365 c. instr. crim. ne concernait pas les crimes et délits prévus par des lois particulières en vigueur au moment de sa mise à exécution.

131. Mais que décidera-t-on lorsque des infractions prévues par des lois spéciales antérieures au code d'instruction criminelle se trouveront en concours avec un crime ou un délit réprimé par le code pénal ? Dans ce cas, la jurisprudence admet que le principe prohibitif du cumul des peines reprend son empire (Amiens, 10 févr. 1854, aff. Thirat, D. P. 55. 2. 62 ; Crim. cass. 8 juin 1855, aff. Moulin, D. P. 55. 1. 303 ; Amiens, 21 mars 1863, aff. Pottet, D. P. 66. 5. 344 ; 27 déc. 1862, aff. Pottet, D. P. 63. 1. 325, et sur renvoi, 3 mai 1866, aff. Walzer, D. P. 66. 5. 344 ; 22 avr. 1887, aff. Lemonnier, D. P. 87. 1. 506-507 ; Trib. corr. Cahors, 21 mars 1889 (1) ; Crim. rej.

---

minimes ; mais que, renvoyant un individu devant la juridiction correctionnelle à raison tout à la fois de divers délits et de diverses contraventions matérielles de gravité inégale mais punies de peines de même ordre, on ne saurait comprendre que le législateur ait entendu que le prévenu fût frappé plus sévèrement à raison des infractions les moins graves, ce qui aurait lieu dans le système du cumul, puisque le juge, dans ce système, devrait prononcer une seule peine pour les divers délits dont la perpétration supposerait l'intention perverse et autant de peines distinctes qu'il y aurait d'infractions ne supposant pas l'existence de cette même intention ; — Considérant, dès lors, qu'il convient de décider, avec la jurisprudence la plus récente, que le principe du non-cumul, posé en l'art. 365 c. instr. crim., est applicable à toutes les peines de nature criminelle ou correctionnelle, qu'elles soient édictées par le code pénal ou par une loi spéciale, pourvu que, dans ce dernier cas, les textes spéciaux ne repoussent l'application du principe, ni par une déclaration formelle, ni implicitement par quelqu'une de leurs dispositions, comme, par exemple, lorsqu'il s'agit d'amendes ayant le caractère de réparations civiles ; — Considérant que, dans l'espèce, le fait punissable prévu par l'art. 13 de la loi du 24 juill. 1867 constitue bien une contravention matérielle ; — Mais qu'aucun texte législatif n'a exclu ni formellement ni implicitement l'infraction dont s'agit du principe posé en l'art. 365 précité ; — Que, d'autre part, l'amende prononcée n'a pas le caractère de réparation civile ; — Que, dès lors, il n'y a pas lieu de les cumuler ; — Par ces motifs ; — Supprime la peine de 500 fr. d'amende, le jugement au résidu sortissant effet.

Du 27 nov. 1883.-C. de Paris, ch. corr. M. Faure Biguet, pr.

(1) (X...) — LE TRIBUNAL ; — Attendu que X..., pharmacien, est prévenu pour avoir trompé ou tenter de tromper, sur la qualité de la marchandise vendue, les sieurs Z..., notamment dans les livraisons de médicaments faites aux mois d'août et septembre dernier ; — Attendu, en ce qui concerne les faits relatifs à ces différents chefs (sans intérêt)... ; — Attendu que X... est encore prévenu de contravention aux lois et règlements sur l'exercice de la pharmacie, en ce que : 1° il aurait délivré des drogues composées sans ordonnance de médecin ; 2° il ne se serait pas conformé dans la préparation des remèdes livrés par lui aux prescriptions du *Codex* ; — Attendu que, pour la première contravention, le fait est incontestable et n'est pas dénié par X... ; — Que pour la deuxième, X... ne conteste pas l'identité de la substance contenue dans le flacon remis par N... et soumis à l'analyse de l'expert sous le n° 2 ; qu'il est obligé de reconnaître avec l'expert que l'alcool employé par lui dans ce médicament est de l'alcool métylique ou alcool de bois ; qu'il est certain, d'autre part, que cet alcool n'est pas prévu dans le *Codex*, et que si le prévenu l'a employé, c'est pour se ménager un bénéfice illicite, cet alcool étant moins cher que l'alcool de bonne nature, parce qu'il n'est pas frappé des droits de consommation ; — Attendu que le remède contenu dans le flacon n° 6 contient également, d'après l'expert, de l'alcool métylique ; qu'il est vrai que X..., ne reconnaît pas avoir fourni le médicament renfermé dans ce flacon ; mais que ses dénégations ne sauraient être accueillies en présence des affirmations catégoriques, dont les souvenirs ont été fixés par une circonstance caractéristique, à savoir le mot *Lubin* incrusté dans le verre du flacon ; — Attendu que, les faits étant constants, il y a lieu de rechercher s'ils tombent sous l'application de la loi ; — Attendu à cet égard que la loi du 21 germ. an 11, dans l'art. 32, porte entre autres prohibitions la double défense aux pharmaciens de délivrer des remèdes composés sans ordonnance et de déroger au *Codex* dans leur préparation ; qu'aucune distinction ne peut donc être faite entre ces deux contraventions ; — Attendu, il est vrai, que cet article 32 ne contient pas d'indication de peine applicable en cas de contraventions à ces prescriptions ; mais que cet article se rattache étroitement aux art. 27 et 30 qui, contenant en principe les prohibitions explicitement posées dans l'art. 32, renvoient, pour la peine à prononcer en cas d'infraction, aux lois et règlements antérieurs sur la matière ; — Attendu que, parmi les lois et règlements antérieurs, figure l'arrêt du parlement de Paris du 23 juill. 1748, lequel porte les mêmes prohibitions que l'art. 32 de la loi de l'an 11 ; que la peine en pareil cas était, sous l'ancienne

28 mai 1891, aff. Perret, D. P. 92. 1. 195); à moins que la loi spéciale ne renferme une disposition qui prohibe le non-cumul expressément ou virtuellement (Douai, 31 janv. 1872) (1). La même doctrine paraît devoir être admise dans l'hypothèse où l'un des deux faits serait puni par une loi antérieure au code pénal et l'autre par une loi postérieure à ce même code: l'existence du fait puni par cette dernière loi suffirait pour rendre l'art. 365 applicable. C'est ce qu'on peut induire, au moins implicitement, de l'arrêt de cassation précité du 3 mai 1866 : « Si l'art. 365 ne s'applique pas généralement aux lois spéciales antérieures à la promulgation du code d'instruction criminelle, il en est autrement lorsque la peine prononcée par l'une de ces lois est en concurrence avec une peine prononcée par la loi ordinaire et notamment par le code pénal » (Conf. Mangin, *op. cit.*, note ; Sorel, t. 2, p. 341 ; Le Sellyer, *Pénalité et criminalité*, 2e éd., t. 1, p. 489; Nîmes, 15 juill. 1887, aff. Girou, D. P. 88. 2. 279).

132. Reste enfin le cas dans lequel les divers faits poursuivis seraient à la fois prévus pas une loi antérieure et par une loi postérieure au code d'instruction criminelle : les mêmes motifs sembleraient encore nécessiter l'application de l'art. 365. — C'est sur cette hypothèse qu'a eu à statuer l'arrêt de cassation du 28 janv. 1876 (aff. Ribeaucourt, D. P. 76. 1. 329) ; mais la difficulté se trouvait compliquée de cette circonstance qu'il s'agissait d'infractions en matière de douanes. M. l'avocat général Desjardins a soutenu qu'il y avait lieu au cumul, non seulement des amendes considérées en pareil matière comme des réparations civiles, mais encore de la peine de l'emprisonnement pour chaque délit poursuivi. Après avoir rappelé les arguments tirés par Mangin de l'art. 484 c. pén., l'honorable magistrat a ajouté que ce texte, dans sa rédaction primitive, prescrivait aux tribunaux « de continuer à observer et à faire exécuter les dispositions des lois et des règlements relatifs : 1° aux contributions directes ou indirectes, droits réunis ou douanes... »; et que, si cette rédaction a disparu, c'est uniquement parce qu'on craignait l'inconvénient d'une énumération peut-être incomplète. D'autre part, le législateur a envisagé l'ensemble de la législation douanière comme un code à part, et rien ne démontre qu'il ait entendu lui appliquer la disposition de l'art. 365, soit à l'époque du vote de ce texte, soit à l'époque du vote de la loi du 28 avr. 1816 ; au contraire, l'art. 56 de cette dernière loi paraît bien s'éloigner de l'esprit de l'art. 365 c. instr. crim., quand il prescrit le cumul de la peine corporelle et de l'amende ; l'art. 51 ne s'en rapproche pas davantage quand il décide que tout fait de contrebande de la compétence prévôtale entraînera une amende, une confiscation et un emprisonnement; enfin il en est de même de l'art. 53 qui, mettant sur la même ligne l'amende et l'emprisonnement, rend les assureurs solidaires de la première et passibles du second. Aussi Mangin (*op. cit.*, t. 2, p. 337) déclare-t-il qu'en matière de douanes ou de contributions indirectes, les tribunaux ne doivent pas se borner à appliquer la peine attachée à la contravention la plus grave, mais que chaque contravention doit recevoir la répression qui lui est propre. M. Le Sellyer (*Criminalité et responsabilité*, 2e éd., t. 1, n° 269) considère également comme restant en vigueur et comme applicable au cas où il s'agit de punir plusieurs contraventions en matière de droits réunis, l'art. 39 du décret du 1er germ. an 13, ainsi conçu : » Les juges ne pourront modérer les confiscations et amendes, ni en ordonner l'emploi au préjudice de la Régie ». Enfin, un arrêt de la chambre criminelle, du 26 mars 1825 (*Rép.* v° *Impôts indirects*, n° 295-2°), statuant sur l'application des peines édictées par la loi du 28 avr. 1816, posait non moins formellement le principe suivant : « Les contraventions aux lois et règlements sur les contributions indirectes, expressément maintenus par l'art. 484 c. pén., n'ont absolument rien de commun avec les dispositions de l'art. 365 c. instr. crim., qui ne concerne que les crimes et délits ordinaires ; chaque contravention en matière de contributions indirectes est passible des peines particulières qui lui sont spécialement attachées ».

A ces divers arguments, la cour de cassation a répondu que « la loi de 1816 et la loi d'organisation des 6-22 août 1791 ne repoussent, ni expressément par une déclaration formelle, ni implicitement par la nature de leurs dispositions, le principe du non-cumul des peines criminelles ou correctionnelles, admis en partie dans les lois des 16-20 sept. 1791, art. 446, ou dans le code du 3 brum. an 4, et établi par l'art. 365 c. instr. crim. ». — C'est là une décision notable

---

législation, de 500 livres d'amende ; que c'est donc la peine encore applicable en vertu de cette même loi du 23 germ. an 11 qui, par la formule générale de l'art. 27, a rendu applicable à toute la France l'arrêt de 1748 qui ne statuait que pour Paris ; — Attendu enfin que l'ordonnance du 8 août 1816 a rendu obligatoire le *Codex* dressé à cette époque par le corps des professeurs de médecine et de pharmacie, lequel est en vigueur aujourd'hui ; — Attendu dès lors que les dispositions ci-dessus sont applicables à X... pour la double contravention qu'il a commise ; — Attendu que l'art. 365 c. instr. crim., qui interdit le cumul des peines, est applicable alors même que, parmi les lois enfreintes se retrouvent des lois antérieures à la promulgation du code d'instruction criminelle, s'il en est aussi de postérieures à cette promulgation qui soient applicables aux faits poursuivis ; que c'est le cas de l'espèce, puisque X... est poursuivi en vertu de la loi du 28 mars 1851 ; — Attendu que, dans ce cas, si le minimum de la peine la plus faible est supérieur au minimum de la peine la plus forte, le tribunal ne doit pas descendre au-dessous du premier de ces minima ; — Par ces motifs ; — Vu les articles ci-dessus ; — Condamne X... à 500 fr. d'amende et aux frais.

Du 21 mars 1889.-Trib. corr. de Cahors.-MM. Lurguie, pr.-Couderc, min. publ.-Cambres, av.

(1) (Delobelle). — LA COUR ; — Attendu qu'en important une vache et trois génisses du Pas-de-Calais (Saint-Omer) dans le Nord à Renescure, arrondissement d'Hazebrouck, Delobelle a contrevenu formellement aux arrêtés du préfet du Nord des 8 mars, 10 mai et 9 sept 1871, qui prohibent l'entrée dans le département du Nord, et plus spécialement dans l'arrondissement d'Hazebrouck, des animaux d'espèce bovine ; qu'il a ainsi encouru les peines prévues par l'art. 471, § 15, c. pén. ; — Considérant, en outre, qu'il résulte de l'information et des aveux de Delobelle que cet inculpé a, le 22 oct. 1871, conduit ou fait conduire pour les vendre cinq vaches ou génisses, de Renescure, commune de l'arrondissement d'Hazebrouck, dans diverses communes du départ du Nord ; — Qu'en faisant ainsi circuler ses bestiaux, Delobelle n'était pas muni de certificats d'origine délivrés par le maire de Renescure, commune de départ, et attestant qu'il n'y avait pas de maladie dans ledit lieu sur les bestiaux ; qu'à cette époque au 22 oct. 1871, la peste bovine était répandue dans l'arrondissement d'Hazebrouck ; — Que par suite, Delobelle a violé les dispositions de l'art. 3 de l'arrêt de règlement du parlement de Paris, du 24 mars 1745, et qu'il y a lieu de le condamner à 300 fr. d'amende, par chaque tête de bétail ; — Que cette contravention est distincte de celle qui consiste à avoir importé des bestiaux du Pas-de-Calais dans le Nord, n'ayant été commise ni à la même époque, ni dans les mêmes lieux, et étant réprimée par une législation différente ; — Que ces deux contraventions ne peuvent, dès lors, être confondues en une seule ; — Sur l'application de l'art. 365 c. instr. crim. ; — Attendu que cet article prohibe le cumul des peines, dans le cas de conviction de plusieurs crimes ou délits ; qu'il n'est pas applicable au cas où il s'agit de contraventions prévues par des lois ou règlements antérieur au code pénal ; — Qu'il en est ainsi, alors que ces contraventions résultent, comme dans l'espèce, de faits distincts de ceux qui ont été pris pour éléments constitutifs du délit ; — Qu'en admettant même que le principe général de pénalité édicté dans l'art. 365 c. instr. crim., puisse être invoqué, lorsque la peine prononcée par la loi spéciale antérieure à la promulgation des codes criminels est en concurrence avec une peine édictée par le code pénal, il en est autrement quand la loi spéciale a formulé une exception expresse ou virtuelle ; — Que cette exception résulte du texte impératif de l'arrêt de règlement du parlement de Paris, du 24 mars 1745 qui décide que « les amendes encourues pour contravenitoa à l'exécution du présent arrêt ne pourront être remises ou modérées par les juges, sous quelque prétexte que ce soit » ; — Que cette exception fait corps avec les règlements relatifs aux maladies épizootiques et maintenus en vigueur par l'arrêté du Directoire du 27 mess. an 5, l'ordonnance du 27 janv. 1815 et par les art. 161 et 484 c. pén. ; — Attendu d'ailleur que du système opposé résulterait cette anomalie, que l'amende ne pourrait être élevée, dans la proportion des infractions constatées et que la pénalité ne serait plus à la hauteur du danger couru par la fortune publique ; — Par ces motifs, condamne Delobelle, pour le délit, à 16 fr. d'amende, pour les contraventions à quatre amendes de 1 fr. et à cinq amendes de 300 fr.

Du 31 janv. 1872.-C. de Douai, ch. corr.-MM. Bottin, pr.-Bagneris, av. gén.

et dont il importe d'approfondir les termes : en premier lieu, le principe du non-cumul est expressément déclaré applicable en matière de douanes; mais il résulte encore, au moins tacitement, des motifs de l'arrêt, que l'art. 365 régit toutes les matières spéciales, pourvu que les textes ne repoussent ce principe « ni expressément par une déclaration formelle, ni implicitement par la nature de leurs dispositions ». Car du silence même de la cour sur la circonstance que les articles de lois qui ont édicté les peines appliquées sont ou non antérieurs aux codes criminels, on peut conclure que cette circonstance est considérée comme indifférente pour la solution de la question. Ainsi, cesse l'incertitude résultant notamment de ce que les arrêts et les auteurs paraissaient embarrassés pour fixer la date exacte à partir de laquelle les lois spéciales tombaient sous l'application de l'art. 365 : les uns parlaient des lois postérieures « au code pénal », ou « aux codes criminels », expressions conduisant au même résultat, puisque le code pénal a été promulgué postérieurement au code d'instruction criminelle; d'autres, au contraire, visaient les lois postérieures « au code d'instruction criminelle »; et cette seconde opinion paraît plus naturelle, puisque c'est dans ce code qu'est insérée la règle du non-cumul. — Ajoutons cependant que la question de savoir si des textes anciens « repoussent implicitement par la nature de leurs dispositions » l'application de l'art. 365, sera souvent fort difficile à résoudre, et qu'un doute sérieux sur son applicabilité continuera à s'élever, principalement dans les cas où il s'agit de lois fiscales.

Quoi qu'il en soit, l'arrêt précité a inauguré une nouvelle jurisprudence (Trib. corr. Dunkerque, 13 mars 1880, aff. Masselier, D. P. 80. 3. 45; Besançon, 18 déc. 1890, aff. Stoffel, D. P. 92. 2. 256; Sol. impl. Douai, 16 déc. 1867, aff. du journal *L'Ordre*, D. P. 68. 2. 41. — Conf. Garraud, *Traité*, t. 2, n° 173; *Précis*, n° 296; Villey, p. 155; Laborde, n°s 661 et 662), et si l'on se rappelle les controverses multiples et les décisions contradictoires auxquelles a donné lieu l'art. 365 c. instr. crim., on ne peut que se féliciter de voir ce nouveau progrès vers une solution simple et définitive, qui consiste à faire du principe du non-cumul une règle générale de notre droit criminel, applicable en toutes matières et à toutes les pénalités.

133. Il existe certaines exceptions au principe du non-cumul, que le *Répertoire* examine aux n°s 165 et suiv. C'est d'abord celle qui résulte de l'art. 245 c. pén., relatif au cas d'évasion ou de tentative d'évasion. Elle a été étudiée *suprà*, v° *Evasion*, n°s 24 et suiv.

134. Vient ensuite l'exception établie par les lois de 1807 et de 1850 sur l'intérêt de l'argent et l'usure. Il résulte des arrêts cités au *Rép.*, n° 170, que, dans le concours du délit d'habitude d'usure avec un délit de droit commun, l'amende proportionnelle afférente à l'usure doit toujours être prononcée (*Adde*, dans le même sens : Crim. rej. 4 févr. 1860, aff. Barroist, D. P. 61. 1. 93; 14 nov. 1862, aff. Villemot, D. P. 63. 5. 394; 14 mai 1880, aff. Raine, D. P. 81. 1. 239; Crim. cass. 28 janv. 1887, aff. Lévy, D. P. 87. 1. 368), mais qu'il n'y a pas lieu d'y adjoindre l'amende dont peut être passible le délit de droit commun (Arrêt précité du 28 janv. 1887). D'ailleurs, il est bien entendu que la peine d'emprisonnement édictée par les lois précitées contre les usuriers ne peut être cumulée avec la peine pécuniaire ou corporelle du délit concomitant (Crim. cass. 15 mai 1885, aff. Lévy, *Bull. crim.*, n° 142).

135. En matière de contributions indirectes et d'octroi, de même qu'en matière de douanes et de forêts, les amendes, ayant, ainsi qu'il a été dit au *Rép.* n°s 173 et 174, le caractère de réparations civiles, doivent être cumulées; et il y a lieu de condamner le prévenu à autant d'amendes qu'il a commis d'infractions (Crim. rej. 26 juill. 1855, aff. Trémollière et Jacquet, D. P. 55. 1. 380; Crim. cass. 20 mars 1862, aff. Gilles, D. P. 62. 1. 443; 28 janv. 1876, aff. Ribeaucourt, D. P. 76. 1. 329; Crim. rej. 22 déc. 1876, aff. Bourdon, D. P. 78. 1. 144; Lyon, 11 juill. 1877, aff. Sertet, D. P. 78. 2. 192; Lyon, 14 mars 1878, aff. Navoret, D. P. 79. 2. 246; Crim. cass. 21 nov. 1878, aff. Surmont, *Bull. crim.*, n° 219; Besançon, 18 déc. 1890, aff. Stoffel, D. P. 92. 2. 256; Poitiers, 11 nov. 1891, aff. Milh, D. P. 93. 2. 31). Mais cela n'est vrai que de l'amende; s'agit-il de peines corporelles, le principe du non-cumul doit être appliqué (V. *suprà*, v° *Douanes*, n° 671; *Rép.* v°s *Forêts*, n° 336; *Impôts indirects*, n°s 295, 512).

136. L'art. 236 c. pén. constitue encore une exception au principe du non-cumul. « Les témoins et jurés, y est-il dit, qui auront allégué une excuse reconnue fausse, seront condamnés, outre les amendes prononcées pour la non-comparution, à un emprisonnement de six jours à deux mois ».

137. Quant aux art. 279 (mendicité avec violences) et art. 304 c. pén. (meurtre précédé, accompagné ou suivi d'un autre crime), s'ils s'écartent de la règle du non-cumul, ce n'est pas pour aboutir seulement au cumul, c'est pour suivre le système de l'aggravation des peines. Le code pénal considère, dans ces deux cas, la coexistance des deux infractions comme une circonstance aggravante.

138. On a vu au *Rép.*, n° 272, que l'art. 17 de la loi du 3 mai 1844, sur la chasse, permet le cumul des peines encourues pour faits postérieurs à la déclaration du procès-verbal de contravention. Il en est de même en matière de contrefaçon industrielle (L. 5 juill. 1844, art. 42), de contravention à la police des chemins de fer (L. 15 juill. 1845, art. 27), de délits électoraux (Décr. 2 févr. 1852, art. 49). Pour les infractions à la loi sur le travail des enfants, des filles mineures et des femmes dans les établissements industriels (L. 2 nov. 1892, art. 27), en cas de pluralité de contraventions entraînant les peines de la récidive, l'amende doit être appliquée autant de fois qu'il a été relevé de nouvelles contraventions.

139. Au *Rép.*, n°s 178 et suiv., on signalait les lois de la presse comme s'écartant du principe du non-cumul pour la répression de faits postérieurs à la première poursuite. Il n'en est plus de même aujourd'hui, sous le régime de l'art. 63 de la loi du 19 juill. 1881 (V. Fabreguettes, *infrà*, v° *Presse-outrage*, t. 2).

140. — 2° *Peines.* — L'application du principe du non-cumul consistant dans l'absorption de la peine la plus faible par la peine la plus forte, il importe de connaître la gravité respective des peines. Ce point a été traité *suprà* n°s 56 et suiv.; nous n'avons pas à y revenir. Il convient seulement de mentionner une difficulté qui s'est produite dans la pratique. Il peut arriver que le *minimum* de la peine la plus forte (quant au *maximum*) soit moins élevé que celui de la peine la plus faible; dans ce cas la peine la plus forte ne peut être appliquée dans une proportion inférieure au *minimum* de l'autre peine (Poitiers, 19 oct. 1861) (1).

(1) (Amélineau.) — LA COUR; — Quant à l'application de la peine corporelle; — Attendu que notre ancienne législation admettait la cumulation des peines, qu'elle est prohibée par l'art. 365, § 2, c. instr. crim.; qu'en cas de conviction de plusieurs crimes ou délits, la peine la plus forte doit être seule infligée; qu'en la subissant, le coupable expie tous les délits possibles d'une peine de même nature ou d'une moindre gravité pour lesquels il a été condamné; — Attendu que le juge doit régler la force des peines d'après leur nature et leur durée; que la peine d'emprisonnement la plus forte est celle dont la durée est la plus longue; que, néanmoins, dans le concours de plusieurs peines, pour les appliquer on doit prendre en considération, non seulement le *maximum*, mais encore le *minimum* de chacune d'elles; qu'il peut arriver, en effet, que le *minimum* de la peine la plus faible, soit plus élevé que le *minimum* de la plus forte; qu'alors cette dernière ne peut être appliquée dans une proportion inférieure au moindre degré de la peine la plus faible; — Attendu que la loi donne aux tribunaux, par l'art. 463 c. pén., le pouvoir de modifier les peines quand les circonstances leurs paraissent atténuantes, mais, qu'en dehors de ce cas, elle ne permet pas d'abaisser le *minimum* qu'elle a prescrit; que les peines doivent être subies intégralement; que si, en appliquant la peine la plus forte, on restait au-dessous du *minimum* fixé par la peine la plus faible, l'un des délits commis par le coupable ne serait pas puni dans les limites posées par le code pénal; qu'en résultat, l'obligation d'infliger la peine la plus forte, dont le but a été de rendre la répression efficace, l'affaiblirait en profitant au condamné; — Attendu qu'Amélineau a été déclaré coupable : 1° d'avoir, à diverses reprises et depuis moins de trois ans, dans la commune de Bougnaud, outragé le maire de ladite commune, soit publiquement, d'une manière quelconque et à raison de ses fonctions ou de sa qualité, soit non publiquement, à l'occasion de l'exercice de ses fonctions et par des paroles tendant à inculper l'honneur et la délicatesse de ce magistrat; 2° d'avoir, le 24 mars 1861, dans la commune de Bougnaud, prononcé, dans l'exercice de son ministère et en assemblée publi-

141. La règle du non-cumul régit-elle aussi les amendes, les peines complémentaires et les peines accessoires? — En ce qui concerne l'amende, il n'y a pas de difficulté. Elle constitue une peine, et, comme telle, elle est soumise à la règle de l'absorption (Crim. cass. 12 et 13 juin 1857, aff. Petit, D. P. 57. 1. 371; 28 févr. 1857, aff. Pouettre, D. P. 57. 5. 244). Par exception, le cumul est applicable, ainsi qu'il a été dit *suprà*, n° 135, quand la peine consiste, comme dans les matières fiscales (douanes, contributions indirectes etc), en une amende ayant principalement le caractère de réparation civile.

142. En ce qui concerne les peines accessoires proprement dites, comme l'interdiction légale, c'est-à-dire les peines qui viennent, *de plein droit*, s'adjoindre à la peine principale pour la corroborer et pour en consacrer les conséquences juridiques, il est évident qu'elles disparaissent par voie de conséquence, si la peine à laquelle elles sont attachées vient à être écartée. Si donc une peine principale est, par l'effet de la règle du non-cumul, absorbée dans une peine plus grave, la peine accessoire disparait aussi nécessairement (Garraud, t. 2, n° 172, p. 279; Trébutien, t. 1, p. 323; Villey, p. 146).

143. Quant aux pénalités dites complémentaires qui ne figurent point dans l'échelle des peines déterminées par les art. 7, 8 et 9 c. pén., et dans lesquelles le législateur voit moins un mode de répression qu'une mesure de protection sociale établie en vue du caractère propre à certaines infractions (par exemple: la confiscation, l'interdiction de séjour, l'interdiction des droits de l'art. 42 c. pén., la destitution d'un fonctionnaire), ces pénalités doivent toujours, comme on l'a admet au *Rép.* n° 150, être prononcées, bien que la peine principale soit absorbée par une peine plus forte (Conf. Ortolan, t. 2, n° 1644; Villey, p. 157; Bertauld, p. 339; Garraud, t. 2, n° 172; Trébutien, t. 1, n° 678. — *Contrà:* Laborde, n° 665). Le projet de la commission de revision du code pénal consacre d'ailleurs ce principe dans l'art. 90, ainsi conçu: « Les peines de la confiscation spéciale à raison de plusieurs crimes, délits ou contraventions seront toujours cumulées ». — Jugé à cet égard: 1° que, bien qu'un individu déclaré coupable d'un délit de chasse et d'un crime (violences envers un garde) ne doive être condamné qu'à la peine prononcée pour ce crime, la confiscation de l'arme qui a servi à la perpétration du délit de chasse n'en doit pas moins être ordonnée (Crim. cass. 6 mars 1856, aff. Lefranc, D. P. 56. 1. 224; 13 mars 1856, aff. Relier, D. P. 56. 5. 331); — 2° Que le principe du non-cumul étant inapplicable aux peines complémentaires, on doit appliquer au prévenu d'ivresse manifeste, condamné pour un autre délit emportant une peine plus grave, les dispositions de l'art. 3 de la loi du 23 janv. 1873 (Crim. cass. 30 juin 1881 (1); 14 juin 1884, aff. Guichon, *Bull. crim.* n° 194); — 3° Que la prohibition du cumul des peines ne s'étend pas à la destitution encourue en même temps que d'autres peines plus fortes (Crim. rej. 12 juin 1885, aff. Pécoud, D. P. 86. 1. 431). Il en est de même de la surveillance de la haute police, et aujourd'hui de l'interdiction de séjour qui l'a remplacée (V. en ce qui concerne la surveillance, l'arrêt précité du 6 mars 1856). Si plusieurs faits sont passibles de la surveillance, cette peine ne peut être infligée qu'une fois, et sans excéder le maximum (Douai, 26 avr. 1875, aff. Ribeaucourt, D. P. 76. 1. 329).

144. Cependant la jurisprudence décide que les peines complémentaires rentrent dans la règle du non-cumul et ne doivent pas être prononcées, lorsqu'il y a incompatibilité entre elles et la peine la plus grave. C'est ainsi, par exemple, que la cour suprême casse tout arrêt qui applique concurremment l'interdiction de séjour et la relégation (Crim. cass. 11 sept. 1890, aff. Pfeiffer, D. P. 90. 5. 376);... la relégation et les travaux forcés à perpétuité (Crim. cass. 26 juin 1886, aff. Gauthier, D. P. 86. 1. 478). — M. Laborde, n° 667, critique non sans raison cette jurisprudence. Pourquoi ne pas prononcer en même temps ces diverses peines, en subordonnant l'exécution de la peine complémentaire à l'inexécution de l'autre peine? Sans cela, si, dans les espèces précitées, le condamné venait à être dispensé définitivement de la relégation pour cause d'infirmité ou de maladie, du même coup il échapperait à l'interdiction de séjour; de même, si le condamné aux travaux forcés à perpétuité venait à bénéficier d'une amnistie ou à être gracié, il échapperait, et de plein droit, à la relégation.

145. Mais le principe du non-cumul reprend son empire s'il s'agit de l'amende encourue comme peine additionnée à la peine principale d'un crime ou d'un délit. Cette amende ne doit pas être cumulée avec la peine plus forte prononcée pour un autre crime ou délit. C'est ce qui a été jugé pour l'amende accessoire de la peine du faux (Aux arrêts cités *suprà*, v° *Faux et fausse monnaie*, n° 388, *adde:* Crim. cass. 25 août 1865, *Bull. crim.*, n° 165; 29 août 1867, aff. Corbeau, D. P. 67. 5. 312; 11 janv. 1877, aff. Seveyrac, *ibid.* n° 9; 12 sept. 1878, aff. Taissié, *ibid.*, n° 195; 1er mai 1879, aff. Bouchet, *ibid.*, n° 94; 12 mai 1881, aff. Ancette *ibid.*, n° 121; 11 janv. 1883, aff. Faure, *ibid.*, n° 10; 26 janv. 1888, aff. Orcière, *ibid.*, n° 43);... de la répression du détournement de deniers publics (Crim. cass. 6 nov. 1862, aff. Astoin, D. P. 64. 5. 277);... de la peine de la dénonciation calomnieuse (Crim. cass. 4 mars 1859, *Bull. crim.*, n° 72);... accessoire de la peine édictée par l'art. 224 c. pén. (Crim. cass. 15 avr. 1864, aff. Blondeau de Combas, D. P. 66. 5. 345);... de la peine portée contre la filouterie (Crim. cass. 7 févr. 1884, aff. Bastide, *Bull. crim.*, n° 31). En cas pareils, l'amende est, en effet, une véritable peine, qu'on ne saurait assimiler aux peines complémentaires, telles que la confiscation, l'affiche du jugement, l'interdiction

---

que, un discours, contenant la critique ou censure du Gouvernement et des actes de l'autorité publique; 3° d'avoir, dans les circonstances ci-dessus indiquées, et par l'un des moyens énoncés, en l'art. 1 de la loi du 17 mai 1817, excité à la haine et au mépris du gouvernement de l'empereur; — Attendu que ces délits sont prévus et punis par les art. 6 de la loi du 25 mars 1822, 222 et 201 c. pén., et 4 du décret du 11 août 1848; — Attendu que la peine la plus forte est celle d'un mois à quatre ans d'emprisonnement et de 150 à 5000 fr. d'amende prononcée par l'art. 4 du décret du 11 août 1848; que c'est bien cette peine que le tribunal devait appliquer; mais que l'art. 201 c. pén., fixant à trois mois le *minimum* de la peine encourue par le ministre du culte, coupable du délit qu'il prévoit, les premiers juges ne pouvaient infliger la peine de l'emprisonnement dans une proportion inférieure à ce *minimum*; — Disant droit sur l'appel interjeté par M. le procureur général, condamne Amélineau à trois mois d'emprisonnement, etc.

Du 19 oct. 1861. C. de Poitiers, ch. corr.-MM. Lavaur, pr.-François Saint-Maur, av. gén.-Lepetit av.

(1) (Traszeweski.) — LA COUR: — Sur le moyen présenté d'office et tiré de la violation de l'art. 365 c. instr. crim.; — Vu ledit article; — Attendu que Traszeweski avait été déclaré coupable de quatre infractions: rébellion, outrage envers un magistrat, coup à un magistrat, et ivresse manifeste sur la voie publique, en état de double récidive correctionnelle; qu'aux termes de l'art. 365 précité, la peine la plus forte, devait seule lui être appliquée; que cette peine était celle de deux à cinq ans de prison, édictée par l'art. 228 c. pén., pour les violences envers un magistrat; qu'en vertu de l'art. 463 c. pén., dont le bénéfice a été accordé à Traszeweski, ce prévenu n'a été condamné qu'à un emprisonnement de trois mois; mais qu'à cette peine, l'arrêt attaqué a joint, par application des art. 2 et 3 de la loi du 23 janv. 1873, une amende de 16 fr. et l'interdiction, pendant deux ans, des droits mentionnés dans l'art. 3 de ladite loi; — ... En ce qui touche l'interdiction pendant deux ans des droits mentionnés en l'art. 3 de la loi du 23 janv. 1873: — Attendu que la prohibition du cumul des peines ne s'étend pas aux dispositions pénales accessoires, telle que la surveillance, la confiscation spéciale, l'affiche du jugement et l'interdiction à temps de certains droits; qu'en effet, d'une part, la remise de la peine accessoire ne résulte pas directement du texte de l'art. 365 précité, puisqu'il n'existe aucune règle légale pour décider si elle est plus forte ou moins forte, que la peine principale à appliquer; que, d'ailleurs, les peines accessoires ont été établies dans l'intérêt général, en vue du caractère propre à certaines infractions; que le but du législateur serait manqué si celui contre qui il a voulu que ces mesures fussent employées pouvait échapper, par cela seul qu'outre le délit spécial qui les rend nécessaires, il en aurait commis un autre plus grave; d'où il suit qu'à bon droit l'arrêt attaqué, en condamnant Traszeweski à trois mois d'emprisonnement pour violences envers un magistrat et par application de l'art. 228 c. pén., a prononcé en même temps l'interdiction, pendant deux ans, des droits mentionnés en l'art. 3 de la loi du 23 janv. 1873, et que cette condamnation accessoire doit être maintenue; — Par ces motifs, etc.

Du 30 juin 1881.-Ch. crim.-MM. de Carnières, pr.-Dupré-Lasalle, rap.-Tappie, av. gén.

de séjour et autres mesures de police et de protection spéciales commandées par la nature particulière de l'infraction.

146. Les codes étrangers consacrent, en général, la doctrine d'après laquelle la règle du non-cumul n'est pas applicable aux peines accessoires. L'art. 76 du code pénal allemand s'exprime ainsi : « La condamnation à une seule peine pour plusieurs infractions n'exclut pas l'interdiction des droits civiques lorsque celle-ci peut ou doit être prononcée accessoirement à l'une des peines encourues ». L'art. 74 du nouveau code d'Italie porte : « Les peines de l'interdiction temporaire des fonctions publiques et de la suspension de l'exercice d'une profession ou d'un métier, édictées relativement à chaque infraction, sont toutes appliquées intégralement, pourvu que la durée totale n'excède pas dix ans d'interdiction et quatre ans de suspension ». Et l'art. 93 du code de Neufchâtel (1891) : « Les peines accessoires sont applicables dans le cas de concours de plusieurs infractions, alors même qu'elles ne sont établies que pour une seule d'entre elles ».

147. — III. APPLICATION DU PRINCIPE DU NON-CUMUL. — 1° *Poursuite.* — L'art. 365 c. instr. crim. suppose le concours de plusieurs faits distincts dont chacun constitue une infraction séparée. Une autre hypothèse, qu'il ne prévoit pas, est celle où un fait unique se prête à des qualifications différentes, parce qu'il viole en même temps plusieurs lois pénales. Il y a en pareil cas, suivant l'expression adoptée par la doctrine, concours *intellectuel* ou *idéal* d'infraction. La règle du non-cumul doit-elle s'appliquer en pareil cas ? Malgré le silence de la loi, l'affirmative ne peut faire aucun doute : on ne concevrait pas, en effet, qu'un fait matériel unique fût puni deux ou plusieurs fois comme délit. Aussi la jurisprudence et les auteurs s'accordent-ils à reconnaître qu'il ne peut y avoir, en pareil cas, qu'une seule condamnaton (Bordeaux, 10 janv. 1856, aff. Tirait, D. P. 56. 2. 216 ; Crim. cass. 24 nov. 1864, aff. Riverain, D. P. 65. 5. 292 ; Paris, 16 juill. 1883 (1) ; Garraud, t. 2, n° 167 ; Ortolan, t. 1, n° 1149 ; Villey, p. 152 ; Laborde, n° 658). — Cette hypothèse est prévue par plusieurs législations étrangères : code pénal de Neufchâtel de 1891, art. 89 : « Lorsque, par un seul et même acte, un individu tombe sous le coup de plusieurs dispositions de la loi pénale, le juge lui appliquera celle qui inflige la peine la plus forte, et, si ces dispositions prévoient différents genres de peines, celle qui inflige le genre de peine le plus rigoureux ». — Code pénal d'Italie de 1889, art. 78 : « Celui qui, par un seul et même fait, viole plusieurs dispositions de la loi, est puni d'après la disposition qui édicte la peine la plus grave ». Conf. c. pén. hongrois de 1878, art. 95 ; c. pén. néerlandais, art. 55.

148. Ainsi qu'on l'a exposé au *Rép.*, n° 131, la prohibition du cumul des peines ne s'applique pas au cas où il s'agit d'un crime ou délit postérieur à une première condamnation (V. en ce sens, outre les auteurs cités *ibid.* : Garraud t. 2, n° 166 ; Ortolan, t. 1, n° 1144 ; Crim. rej. 17 déc. 1857, aff. Mory, D. P. 58. 1. 96 ; Crim. cass. 22 juill. 1880, *Bull. crim.*, n° 148 ; 8 juin 1882, aff. Bulcourt, D. P. 82. 1. 486 ; Crim. rej. 23 août 1888, aff. Lirony, D. P. 89. 1. 124 ; 2 mars 1889, aff. Boissonnet et autres, D. P. 91. 1. 41).

149. Mais, pour que la première condamnation se cumule avec la suivante, il est nécessaire qu'elle soit devenue définitive au moment où le crime où le délit ultérieur a été commis (*Rép.* n° 132. V. aussi les arrêts cités au numéro précédent). A ce point de vue, il est intéressant de savoir à quelle époque un jugement de défaut suivi d'acquiescement est définitif. Un arrêt de la cour d'assises du Haut-Rhin du 22 juin 1869 (aff. Deschazeaux, D. P. 70. 2. 152) décide que l'acquiescement rétroagit au jour du prononcé ; d'où cette conséquence que la peine encourue pour un fait postérieur à ce jugement ne jouit pas du bénéfice du non-cumul. La cour d'assises du Loiret (Arrêt du 11 janv. 1883, aff. Champeaux, D. P. 84. 2. 141) a admis, au contraire, et avec plus de raison suivant nous, que l'acquiescement ne rétroagit point, ce qui permet d'appliquer le principe du non-cumul.

150. Il est cependant un cas où les peines se cumulent, même quand la première condamnation n'est pas devenue définitive, c'est celui où le condamné qui a obtenu le sursis à l'exécution de la peine prévu par l'art. 1 de la loi du 26 mars 1891, sur l'atténuation et l'aggravation des peines (D. P. 91. 4. 24), encourt, dans le délai de cinq ans à dater du jugement ou de l'arrêt, une poursuite suivie de condamnation à l'emprisonnement ou à une peine plus grave pour crime ou délit de droit commun. Dans ce cas, porte le paragraphe 3 de l'article précité, « la première peine sera d'abord exécutée sans qu'elle puisse se confondre avec la seconde ». L'art. 3 de la même loi réitère la même disposition. On le voit, ces textes sont absolus ; ils ne comportent pas de distinction (V. Locard, *La loi du 26 mars 1891, sur l'atténuation et l'aggravation des peines*, n° 111).

151. D'ailleurs, il a été jugé à bon droit qu'un arrêt de cour d'assises ne peut être annulé pour violation de l'art. 365, lorsqu'il n'est pas établi que la première condamnation subie par l'accusé fût déjà devenue définitive au moment où a été commis le crime qui a motivé la nouvelle condamnation, sauf à l'accusé à soulever, s'il y a lieu, la question du cumul lors de l'exécution des deux peines (Crim. rej. 17 déc. 1857, aff. Mory, D. P. 58. 1. 96).

152. Il n'y a pas à distinguer suivant que les poursuites sont simultanées ou successives ; le principe du non-cumul reçoit son application dans l'un et l'autre cas. Cela résulte de ce qui a été enseigné au *Rép.*, n°s 133 et 134, et des arrêts de rejet des 15 juin 1877, aff. Plantadis, D. P. 77. 1. 404 et 23 déc. 1880, aff. Bécar, D. P. 81. 1. 278. — Toutefois, il a été jugé que, lorsqu'un individu, condamné en première instance pour deux délits, restreint son appel à un seul chef de condamnation, et acquiesce par là à l'autre chef, le juge du second degré, s'il prononce une peine en raison du délit dont il reste saisi, n'est pas tenu de confondre cette peine avec celle prononcée en première instance pour le délit à l'égard duquel le prévenu a acquiescé au jugement : ici ne s'applique pas l'art. 365 c. instr. crim., relatif seulement au cas où le juge se trouve saisi à la fois de plusieurs délits dont l'un emporte une peine plus grave (Crim. rej. 7 déc. 1855, aff. Moulin, D. P. 56. 1. 143). Pour faire fléchir dans l'espèce la règle du non-cumul, cet arrêt se fonde sur ce que c'était par le fait du prévenu que le juge d'appel ne se trouvait plus saisi que d'un seul délit ; mais une pareille circonstance ne nous semble pas de nature à empêcher l'application de l'art. 365 c. instr. crim., lequel ne fait pas de distinction.

153. Il importe de considérer séparément l'hypothèse de poursuites simultanées et celle de poursuites successives. La première ne peut donner lieu à aucune difficulté : le juge prononce la peine la plus forte.

Les poursuites sont-elles, au contraire, successives ? de sérieuses difficultés peuvent se présenter. Et d'abord, rappelons, conformément à la doctrine enseignée au *Rép.*, n° 133, que le principe du non-cumul s'applique non seulement aux cas prévus par l'art. 379 c. instr. crim., mais encore à l'hypothèse où des faits antérieurs à une première condamnation n'auraient été découverts qu'après cette condamnation.

154. Si les premiers juges ont connu de l'infraction punie de la peine la moins grave, on applique à l'autre infraction la peine la plus grave, laquelle absorbe la première (Conf. C. d'assises du Doubs, 20 juill. 1860, aff. Dufour, D. P. 60. 2. 150 ; Crim. cass. part. 1er déc. 1887, aff. Rullier, *Bull. crim.*, n° 411). Si c'est, au contraire, la peine la plus grave

(1) (Guillot C. Chainay.) — LA COUR ; — En ce qui touche le délit de blessures par imprudence, adoptant les motifs des premiers juges ; — En ce qui touche la contravention : — Considérant que le jugement dont est appel ne relève à la charge du cocher Chainay qu'un seul fait reprochable, celui de n'avoir pas ralenti l'allure de son cheval à la traverse de la rue de Notre-Dame-des-Victoires et de la rue Joquelet ; — Considérant que cette faute unique, déjà reprise comme élément essentiel du délit puni par l'art. 320 c. pén., ne peut donner lieu à une seconde amende comme ayant constitué par elle-même une infraction aux règlements de police ; que la règle *non bis in idem* ne permet point d'appliquer en même temps deux qualifications pénales au même fait ; — Par ces motifs : — Confirme le jugement en tant qu'il a condamné Chainay à 25 fr. d'amende, par application de l'art. 320 c. pén. ; — Emendant, décharge Chainay de l'amende prononcée contre lui pour contravention de simple police ; etc...

Du 16 juill. 1883.-C. de Paris.

qui a été encourue en premier lieu, et que le *maximum* ait été prononcé, comment doit-on procéder ? La question a été vivement débattue, et la controverse a été résumée au *Rép.* n° 187. Aujourd'hui la jurisprudence admet que l'action publique n'est pas éteinte par l'épuisement de la pénalité, et cette solution est acceptée par la plupart des auteurs. (Crim. cass. 3 janv. 1867, aff. Imbert, D. P. 67. 1. 185 et la note; Crim. rej. 29 juill. 1880, aff. Abadie, D. P. 81. 1. 189; Bertauld, p. 332 et 333; Haus, t. 2, n°s 1266 et suiv.; Ortolan, t. 2, n°s 1818 et suiv.; Faustin Hélie, t. 2, n°s 1092 et suiv.; Garraud, t. 2, n° 177; Villey, p. 266; Laborde, n° 675). Mais la situation de l'agent n'en sera pas changée: conformément à la jurisprudence mentionnée au *Rép.*, n° 126, on ne pourra pas appliquer de nouvelle peine (Crim. cass. 24 avr. 1856, aff. Chasset, D. P. 61. 5. 353). La dernière juridiction saisie doit donc, en cas de culpabilité, se borner à prononcer une condamnation aux dépens (Nîmes, 13 mars 1873, aff. Cordelet, *Journ. du droit crim.*, n° 10551; Cour d'assises de la Seine, 30 août 1880) (1) et à statuer, si elle est saisie à cet égard, sur les réparations civiles. (Conf. Faustin Hélie, t. 2, n°s 1092 et suiv.; de Neyremand, *Journ. du droit crim.*, n° 10551).

155. Il en sera de même dans le cas où les premiers juges n'auraient pas appliqué le maximum de la peine la plus forte; les seconds juges n'y pourront rien ajouter. A la vérité, on peut croire que si les premiers juges avaient connu le second crime, ils se seraient montrés plus sévères. Mais l'autorité de la chose jugée s'oppose à ce que la peine soit aggravée (Ortolan, t. 2, n° 1167; Garraud, t. 2, n° 177; Laborde, n° 671).

156. Enfin, si les peines encourues pour les faits compris dans les diverses poursuites sont de même nature, il faut distinguer entre le cas où la pénalité n'a pas été épuisée par le premier jugement et le cas contraire. Dans le premier cas, les peines se cumulent à concurrence du maximum de la peine la plus forte (Crim. cass. 15 juin 1850, aff. Lemaistre, D. P. 50. 5. 348; Crim. rej. 24 avr. 1856, aff. Jolly, D. P. 61. 5. 353; 3 juill. 1861, *Bull. crim.*, n° 145; Nîmes, 20 mars 1873, aff. Barret, *Journ. du droit crim.*, n° 10551; Crim. cass. 26 mars 1874, aff. Barthélemy, *Bull. crim.*, n° 94; Nîmes, 23 mai 1878, aff. Ougier, *Journ. du droit crim.*, n° 10297; Crim. rej. 13 févr. 1880 (2); Nancy, 3 juill. 1883, aff. Robert, D. P. 84. 1. 477; Conf. Laborde, n° 673; Garraud, t. 2, n° 177; Ortolan, t. 1, n° 1169). Toutefois un arrêt de la cour de Rouen du 21 avr. 1853 (aff. X..., D. P. 54. 2. 182) décide même que tout jugement de condamnation, n'eût-il pas épuisé la pénalité, statue sur tous les faits antérieurs qui auraient pu être à la charge du prévenu et qui seraient passibles d'une peine inférieure à celle prononcée; et que le ministère public ne peut ultérieurement exercer des poursuites pour aucun de ces faits. M. Bertauld, p. 334, approuve cette décision. — Dans le second cas, c'est-à-dire quand la première décision a épuisé la pénalité, les deux peines se confondent (Crim. cass. 10 mai 1855, aff. Paquet, D. P. 56. 1. 128; 24 avr. 1856, aff. Chasset, D. P. 61. 5. 353; Crim. rej. 29 juill. 1880, aff. Abadie, D. P. 81. 1. 189; Conf. Bertauld, *loc. cit.*). Il en est de même quand c'est la seconde décision qui applique le *maximum* (Crim. rej. 15 juin 1877, aff. Plantadis, D. P. 77. 1. 404; Crim. cass. 25 juin 1880, aff. Maréchal, D. P. 81. 1. 187; 22 juill. 1880) (3).

157. Est nul, pour défaut de motifs, l'arrêt qui ordonne une confusion de peines sans indiquer les condamnations antérieures avec lesquelles la peine qu'il prononce doit

---

(1) (Abadie.) — LA COUR; — En ce qui concerne Abadie : — Considérant que le fait déclaré constant par le jury constitue le crime d'assassinat prévu et puni par l'art. 302 c. pén.; — Considérant que le crime d'assassinat emporte la peine de mort; — Mais, considérant qu'Abadie a déjà été condamné à cette peine par arrêt de la cour d'assise de la Seine, en date du 30 août 1879; — Que d'après les principes du droit pénal, énoncés dans l'art. 365 c. instr. crim., les individus condamnés pour plusieurs crimes ou délits ne doivent pas être frappés de peines diverses en raison de chaque crime ou délit, mais que la peine la plus forte seule doit leur être appliquée; — Qu'en conséquence de ce principe, le condamné à la peine de mort, maximum des peines édictées par nos lois, purge, par l'effet de cette condamnation non seulement le crime pour lequel il a été condamné, mais encore, tous les crimes et délits antérieurs, qui auraient pu être commis par lui précédemment à sa condamnation; — Que la seule appréciation réservée à la cour consiste donc à savoir si l'assassinat de la veuve Bassengeaud pour lequel Abadie a été condamné à mort, le 30 août 1879, était antérieur ou postérieur en date à l'assassinat de Lecercle qui fait l'objet de la présente déclaration du jury; — Considérant, en fait, que la veuve Bossengeaud a été assassinée par Abadie le 17 avr. 1879, tandis que Lecercle avait été assassiné par lui trois mois et demi auparavant, à la date du 3 janvier de la même année; — Que si, par suite d'une commutation de peine, intervenue le 11 nov. 1879, la peine de mort prononcée contre Abadie n'a pas été exécutée, cette décision gracieuse du chef de l'Etat, et prise par lui en vertu du droit de grâce qui lui est propre, ne saurait modifier le caractère légal de la condamnation prononcée; — Qu'il n'y a donc pas lieu dans l'espèce de faire à Abadie l'application de la peine, mais seulement de le condamner aux frais de la procédure, etc.

Du 30 août 1880.-C. d'ass. de la Seine.-MM. Bérard des Glajeux, pr.-Bertrand, av. gén.-Darest, av.

(2) (Morel, *dit* Robert.) — LA COUR; — Sur le moyen tiré d'une violation des art. 365 et 379 c. instr. crim., en ce que le demandeur aurait été à tort condamné pour un délit commis antérieurement à une précédente condamnation; — Attendu, en droit, que le droit de poursuivre tous les délits, conféré au ministère public et à la partie civile, ne souffre d'exception que dans les cas prévus par des dispositions expresses de la loi; qu'aucune limitation à l'exercice de ce droit général ne résulte du texte ni de l'esprit des art. 365 et 379 susvisés qui ne prohibent point le cumul des poursuites; qu'il est de principe que, lorsque les peines prononcées successivement contre le même individu, convaincu de plusieurs délits poursuivis séparément, sont de même nature et ne diffèrent que par leur durée, elles doivent toutes être subies, à moins que, par leur réunion, elles n'excèdent le maximum de la peine la plus forte; — Attendu, en fait, que le demandeur, condamné, le 9 oct. 1879, à quinze mois de prison, pour escroquerie, aurait pu être condamné, pour le délit antérieur de détournement d'objets saisis, à une peine supérieure à quinze mois de prison; que, cependant, l'arrêt attaqué l'a seulement condamné à trois mois d'emprisonnement, en ordonnant la confusion des peines; qu'il suit de là qu'aucun grief n'a été fait au demandeur et qu'aucune loi n'a été violée; — Rejette, etc.

Du 13 févr. 1880.-Ch. crim.-MM. de Carnières, pr.-Dupré-Lasale, rap.-Petiton, av. gén.

(3) (Gibert.) — LA COUR; — Statuant par un seul et même arrêt sur le double pourvoi formé par Gibert, tant contre l'arrêt de la cour d'appel de Rouen, chambre correctionnelle, en date du 27 mai dernier, qui l'a condamné à cinq années d'emprisonnement pour outrages par paroles à l'audience à des magistrats dans l'exercice de leurs fonctions, que contre l'arrêt de la même cour, en date du même jour, qui l'a condamné à huit mois de prison pour abus de confiance ; — Attendu que les faits souverainement constatés par les deux arrêts attaqués justifient la qualification qu'ils ont reçue et les peines qui ont été appliquées; — Mais vu l'art. 365, § 2, c. instr. crim., portant qu'en cas de conviction de plusieurs crimes ou delits, la peine la plus forte sera seule prononcée; — Attendu que Gibert avait, à la date du 26 janv. 1880, subi une condamnation, devenue définitive, à trois mois de prison, lorsqu'il a été traduit de nouveau, le 3 mai dernier, devant le tribunal correctionnel du Havre, pour un fait antérieur à celui qui avait motivé sa première condamnation, et condamné de nouveau à la peine de huit mois d'emprisonnement dont le jugement a ordonné la confusion avec celle de trois mois précédemment encourue; — Attendu que, traduit le 27 mai devant la cour d'appel de Rouen pour voir statuer sur l'appel par lui interjeté de cette décision, Gibert a outragé à l'audience les magistrats dans l'exercice de leurs fonctions; qu'un premier arrêt l'a condamné pour ce nouveau délit à cinq ans d'emprisonnement, puis qu'un second arrêt a confirmé purement et simplement le jugement frappé d'appel, mais a omis d'ordonner que la peine se confondrait avec celle de cinq ans qui venait d'être prononcée; — Attendu qu'il résulte de cette omission une violation formelle de l'art. 365, § 2, c. instr. crim.; — Rejette le pourvoi formé par Gibert contre l'arrêt de la cour d'appel de Rouen, chambre correctionnelle, en date du 27 mai dernier, qui l'a condamné à cinq ans de prison pour outrage à l'audience à des magistrats; — Casse et annule l'arrêt de la cour d'appel de Rouen, chambre correctionnelle, en date du 27 mai dernier, qui condamne Gibert à huit mois de prison pour abus de confiance, mais seulement en ce qu'il a omis d'ordonner que cette peine de huit mois se confondrait avec la peine la plus forte de cinq ans prononcée pour le délit d'outrages; — Déclare, en conséquence, que ces peines doivent se confondre; — Dit n'y avoir lieu à renvoi.

Du 22 juill. 1880.-Ch. crim.-MM. de Carnières, pr.-Sevestre, rap.-Chevrier, av. gén.

être confondue (Crim. cass. 13 août 1885, aff. Thibault, *Bull. crim.*, n° 248).

158. D'après M. Laborde, nos 670 et 675, les tribunaux doivent, dans tous les cas, — que les poursuites soient simultanées ou successives, que la pénalité ait ou non été épuisée lors du premier jugement, que la peine la plus forte soit ou non perpétuelle, — assigner une peine à chaque infraction. Et ils le doivent, dit cet auteur, pour éviter l'impunité des faits les moins graves, s'il arrivait que la peine applicable au fait le plus grave disparût pour une cause quelconque : acquittement après cassation par la cour de renvoi, ou amnistie ; car, en pareille occurrence, on ne saurait songer à intenter de nouvelles poursuites, puisqu'il y a chose jugée. L'effacement virtuel de la peine la moins forte a, d'ailleurs, des conséquences évidentes et qui peuvent être fâcheuses, au point de vue de la récidive et de la relégation. M. Laborde estime qu'en assignant une peine à chaque infraction, les tribunaux se conformeraient à *l'esprit* de l'art. 365 c. inst. crim. Peut-être ; mais un pareil système peut-il se concilier avec le *texte* de la loi ?

159. La cassation pour violation de l'art. 365 c. instr. crim. ne doit être prononcée, du moins en principe, que *parte in quâ* et par voie de retranchement (V. *suprà*, v° *Cassation*, nos 497 et suiv. ; Crim. cass. 24 avr. 1856, aff. Jolly, D. P. 61. 5. 353 ; 12 janv. 1860, aff. Boitel, D. P. 60. 5. 273 ; 16 févr. 1860, aff. Depouy, D. P. 60. 5. 273 ; 6 nov. 1862, aff. Astoin, D. P. 64. 5. 277 ; 3 mai 1866, aff. Walzer, D. P. 66. 5. 345 ; 29 août 1867, aff. Corbeau, D. P. 67. 5. 312 ; 25 août 1870, *Bull. crim.*, n° 165 ; 25 juin 1880, aff. Maréchal, D. P. 81. 1. 187 ; 19 mai 1881, aff. Gille, *Bull. crim.*, n° 129 ; 21 sept. 1882, aff. Vaudoux, *Bull. crim.*, n° 226 ; 31 mai 1889, aff. Longaz, *Bull. crim.*, n° 198). Toutefois, lorsque l'amende et l'emprisonnement irrégulièrement cumulés ont été prononcés en vertu d'une appréciation d'ensemble, d'un caractère indivisible, et non pas séparément contre chacune des infractions réprimées, il y a lieu à cassation pour le tout avec renvoi devant de nouveaux juges (Crim. cass. 15 avr. 1864, aff. Blondeau de Combas, D. P. 66. 5. 345).

160. — 2° *Exécution.* — L'application du principe du non-cumul intéresse également l'exécution des peines. Quand les poursuites ont été simultanées, le juge a appliqué la peine la plus forte : aucune difficulté ne peut se présenter. Il n'y a pas non plus matière à difficulté lorsque, en cas de poursuites successives, les jugements prononcent des peines de gravité différente, par exemple la reclusion et les travaux forcés à temps ; il est évident que cette dernière peine, absorbant l'autre comme étant la plus grave, devra seule être subie. Mais les difficultés commencent quand on se trouve en présence de décisions prononçant des peines de même nature et que la dernière est muette sur la question de confusion.

161. A cet égard, il convient d'abord de remarquer que les tribunaux ne violent aucune loi en ne s'expliquant pas d'office sur la confusion des peines (Crim. rej. 17 déc. 1857, aff. Mory, D. P. 58. 1. 96 ; 16 janv. 1864, aff. De Monlaur, *Bull. crim.*, n° 14 ; 15 juin 1877, aff. Plantadis, D. P. 77. 1. 404 ; 11 déc. 1879, aff. Dabert, *Bull. crim.*, n° 225 ; 23 déc. 1880, aff. Bécar, D. P. 81. 1. 278 ; 30 sept. 1886, aff. Mathieu, *Bull. crim.*, n° 340 ; 20 sept. 1888, aff. Margotat, D. P. 89. 1. 121). Les renseignements nécessaires peuvent, d'ailleurs, leur faire défaut. Dans le silence du juge, la question de confusion reste entière et peut être utilement soulevée lors de l'exécution de la condammation (Mêmes arrêts).

162. Assurément, l'exécution ne saurait, dans aucun cas, dépasser le *maximum* commun aux deux peines prononcées ; mais, si les deux peines réunies n'atteignent pas ce *maximum*, que doit-il advenir ? D'après la jurisprudence résumée *suprà*, n° 156, les peines doivent, en ce cas, se cumuler. MM. Chauveau et Hélie, t. 1, n° 171, combattent cette jurisprudence et soutiennent que la condamnation la plus élevée doit seule être subie. M. Garraud (*Traité*, t. 2, n° 178 ; *Précis*, n° 301) se prononce pour une solution intermédiaire. Le dernier tribunal saisi, dit en substance cet auteur, avait toute latitude pour ordonner le cumul ou la confusion. Tant qu'il n'a pas manifesté sa volonté, c'est le doute, et le doute doit bénéficier au condamné. Le seul moyen de résoudre la difficulté est de se pourvoir en interprétation devant la juridiction de laquelle émane le dernier jugement (V. *Rép.* n° 143 ; Cour d'ass. du Doubs, 20 juill. 1860, aff. Elise Dufour, D. P. 60. 2. 150).

163. Dans la pratique, les questions de cette nature sont le plus souvent tranchées par les procureurs généraux ou par le ministre de la justice (Circ. min. int. 12 nov. 1867, D. P. 68. 3. 20) ; mais cet usage est critiquable, au point de vue théorique tout au moins (Laborde, n° 676 ; Garraud, t. 2, n° 178 et note 10 ; Villey, p. 159). Il faut reconnaître, d'ailleurs, que le nombre de ces difficultés serait considérablement réduit si les tribunaux prenaient l'habitude de statuer, au moment de la condamnation, sur la confusion des peines, toutes les fois qu'ils sont en possession des éléments d'appréciation nécessaires, et qu'ils connaissent notamment la date et le *quantum* des condamnations antérieures ainsi que la date des faits en raison desquels elles sont intervenues. Les perfectionnements apportés à la tenue du casier judiciaire (V. *suprà*, v° *Organisation judiciaire*, nos 450, 467 et 468) faciliteront, à cet égard, la tâche des juges.

164. Un point qu'il importe de remarquer, c'est que la confusion des peines n'a pas pour objet d'enlever aux peines confondues leur existence propre et leurs conséquences légales, mais uniquement de déterminer que l'exécution de la peine la plus faible aura lieu simultanément avec celle de la peine la plus forte ; si donc cette dernière peine venait à être supprimée par suite de la cassation de l'arrêt qui l'avait prononcée et de l'acquittement ultérieur du prévenu par la cour de renvoi, les peines qui se seraient confondues avec elle n'en devraient pas moins être subies (Crim. rej. 13 juill. 1888, aff. Lapierre, D. P. 88. 1. 445). Il en serait de même en cas d'amnistie. Jugé, dans le même ordre d'idées, que, alors même que, par l'effet de la confusion des peines, le prévenu n'a subi qu'une peine unique pour deux condamnations, ces deux condamnations distinctes doivent être comptées au point de vue de la relégation (Crim. cass. part. 12 nov. 1886, aff. Teyssier, D. P. 87. 1. 145).

SECT. 4. — DE L'EXÉCUTION DES PEINES.

(*Rép.* nos 201 à 242).

165. La matière de l'exécution des peines sera divisée en trois paragraphes. Nous traiterons dans le premier des règles générales de cette exécution, dans le second des règles spéciales à l'exécution de la peine de mort, dans le troisième des règles spéciales à l'exécution des peines privatives ou restrictives de la liberté. — C'est dans le chapitre 6, sect. 12, art 2, § 6, qu'on trouvera exposées les règles relatives à l'exécution des condamnations pécuniaires. Quant aux incapacités et déchéances, ce sont des peines d'une nature spéciale qui produisent leurs effets *ipso jure*, sans aucun acte extérieur d'exécution ; les seules questions qui se présentent à leur égard sont celles de savoir quelle est le point de départ de ces peines et quelle en est la durée. Il en sera traité dans le chapitre 6. Quant à la durée et au point de départ des incapacités édictées par la loi du 31 mai 1854 contre les condamnés à des peines afflictives perpétuelles, V. *suprà*, v° *Droits civils*, nos 346 et suiv.

§ 1er. — Règles générales.

166. « Nulle peine ne peut être infligée, ni subie en France, qu'en vertu d'un arrêt ou d'un jugement *irrévocable*, ayant acquis l'autorité de la chose jugée par l'expiration des délais accordés pour se pourvoir, ou par l'épuisement de toutes les voies de recours » (Garraud, *Traité de droit pénal français*, t. 2, n° 21). Telle est la première règle de l'exécution des peines (Conf. Laborde, *Cours élémentaire de droit criminel*, n° 435 ; Chauveau et Hélie, *Théorie du code pénal*, t. 1, n° 169 ; Haus, *Principes généraux du droit pénal belge*, t. 1, n° 940). — A ce principe fondamental, il existe deux exceptions remarquables : 1° un jugement par défaut peut devenir exécutoire avant d'être irrévocable. On sait, en effet, que le troisième alinéa de l'art. 187 c. instr. crim., modifié par la loi du 27 juin 1866, accorde au condamné par défaut qui n'a pas reçu signification du jugement à personne, le droit de faire opposition « jusqu'à l'expiration des délais de la prescription de la peine » (V. *suprà*, v° *Jugement par défaut*, n° 248). Dans cette hypothèse, la prolongation du délai ordinaire de cinq jours n'arrête pas l'exécution du jugement, sauf au condamné à paralyser cette exécution par un acte formel d'opposition. Le jugement par défaut est donc, tant que le délai de la prescription court, exécutoire quoique non encore irrévocable (Garraud, *loc. cit.* note 1. Conf. Paul Brion, *De l'opposition au jugement de défaut* (*Journal des parquets*, 1887, t. 2, art. 14, p. 168). V. *suprà*, v° *Jugement par défaut*, n° 267); — 2° Un arrêt par contumace est exécutoire, relativement *aux biens* du condamné, même avant d'être devenu irrévocable par l'expiration des délais de la prescription de la peine (Garraud, *loc. cit.*, et *Questions pratiques sur la contumace*, *Revue critique*, 1878, p. 369. V. aussi *suprà*, v° *Contumace*, n° 88).

167. Ainsi qu'on l'a dit au *Rép.*, n° 203, l'autorité chargée de procéder à l'exécution des peines est, en principe, le ministère public (c. instr. crim. art. 165, 197, 376). « Ce n'est point aux tribunaux, a dit la cour de cassation dans son arrêt du 6 avr. 1827, *Rép.* n° 208, qu'il appartient de pourvoir à l'exécution de la condamnation prononcée; la loi s'est reposée, quant à ce soin, sur les officiers du ministère public, et à la charge par eux de ne pas s'écarter des dispositions de la loi ». Au reste, nous verrons que le droit d'exécuter les peines privatives ou restrictives de liberté se partage entre les officiers du ministère public et les agents de l'Administration (*infrà*, n° 185 et suiv.). Quant aux condamnations pécuniaires, leur exécution a lieu soit à la requête de la partie qui les a obtenues, soit à la requête du ministère public (c. instr. crim., art. 165 et 197). V. *infrà*, v° *Procédure criminelle*.

Pour assurer l'exécution de la condamnation quelle qu'elle soit, le ministère public se fait délivrer par le greffier un extrait du jugement ou de l'arrêt qui l'a prononcée ; puis il remet cet extrait visé par lui, avec ses réquisitions, aux agents de la force publique, au gardien-chef de la prison, à l'exécuteur des arrêts criminels, au percepteur des contributions directes, suivant les cas. L'agent requis, ainsi muni de l'extrait et de la réquisition, réalise l'exécution de la sentence, en ce qui le concerne.

168. Il y a deux manières d'exécuter un jugement : réellement ou par effigie. Le premier mode est de beaucoup le plus fréquent: il consiste à soumettre effectivement le condamné à la peine prononcée contre lui. Le second, employé pour les condamnations par contumace portant peine criminelle, résulte aujourd'hui (c. instr. crim. art. 472, modifié par la loi du 2 janv. 1850, D. P. 50. 4. 5) de la publicité donnée à la condamnation par l'insertion d'un extrait dans un journal du département du dernier domicile du condamné, et par trois affiches qui doivent être apposées : 1° à la porte de son dernier domicile; 2° à celle de la maison commune du chef-lieu d'arrondissement où le crime a été commis; 3° à celle du prétoire de la cour d'assises. Les effets qui étaient antérieurement attachés à l'exécution par effigie sont désormais produits par l'accomplissement de ces formalités, et à la date du dernier des trois procès-verbaux constatant les affiches (article précité).

169. Un tribunal répressif ne peut accorder au condamné un sursis à l'exécution de la condamnation qu'il prononce, car cette exécution ne le concerne point (V. *suprà*, v° *Grâce et commutation de peine*, n° 5; *Rép.* eod. v° n° 13). V. toutefois ce qui est dit *infrà*, n° 215 et suiv., relativement aux condamnations conditionnelles et à la loi du 26 mars 1891, sur l'aggravation et l'atténuation despeines. — Quant au ministère public, il lui est laissé un certain pouvoir discrétionnaire sur le moment opportun de faire exécuter la peine de l'emprisonnement correctionnel. Dans la pratique, les officiers du parquet accordent souvent, aux condamnés à l'emprisonnement qui ont été laissés en liberté avant jugement, des délais modérés pour subir leur peine (pour *se constituer*, suivant l'expression reçue). Au reste, une raison d'humanité peut, dans certains cas, imposer le sursis. C'est ainsi que lorsque, après la condamnation, le condamné vient à être atteint de démence, l'exécution de toute peine corporelle est nécessairement suspendue (V. *infrà*, n°s 383 et suiv.). D'autre part, on sait que la loi du 4 vend. an 6 autorise la translation des détenus malades dans des hospices, à la charge qu'il sera pourvu à leur garde (art. 15 et 16. V. *infrà*, n° 213). Quant aux peines qui frappent le condamné dans ses droits relatifs soit à son état et à sa capacité, soit à ses biens, elles ne sont évidemment suspendues ni par l'état de démence, ni par l'état de maladie survenu depuis la condamnation. — Le code de procédure pénale allemand contient des dispositions remarquables sur les sursis : « Art. 487. Il sera sursis à l'exécution de toute peine privative de liberté à l'égard des personnes atteintes d'aliénation mentale. Il en sera de même dans le cas d'une autre maladie, lorsque l'exécution de la peine pourrait mettre en péril la vie du condamné. L'exécution pourra également être suspendue, lorsque le condamné se trouvera dans un état corporel ne permettant pas d'exécuter immédiatement la peine conformément aux règlements de l'établissement pénitentiaire où elle doit être subie. — Art. 488. Sur la demande du condamné, l'exécution de la peine pourra être suspendue, lorsque l'exécution immédiate serait de nature à entraîner, pour lui ou pour sa famille, un préjudice considérable et en dehors du but de sa condamnation. Le sursis ne pourra pas dépasser le délai de quatre mois. L'obtention d'un sursis pourra être subordonnée à la constitution d'une caution ou à d'autres conditions ». Citons aussi l'art. 398 c. proc. pén. autrichien ainsi conçu : « Quand un condamné à mort ou à une peine privative de la liberté sera, au moment où le jugement devra être exécuté, frappé d'une maladie mentale ou atteint d'une maladie physique grave, ou quand une condamnée sera enceinte, l'exécution sera remise jusqu'à ce que cet état ait cessé. L'exécution d'une peine privative de la liberté ne pourra avoir lieu contre une femme enceinte qu'autant que son emprisonnement préventif continué jusqu'à l'accouchement serait plus dur que la peine prononcée ».

170. Parfois l'exercice du droit d'exécution de la peine est suspendu par la loi elle-même. C'est ainsi que la détention d'un membre de l'une ou de l'autre Chambre législative est suspendue pendant la session et pour sa durée, si la Chambre dont il fait partie le requiert (L. const. du 16 juill. 1875, art. 14, D. P. 75. 4. 114). De même, lorsqu'il est vérifié qu'une femme condamnée à mort est enceinte, elle ne subit sa peine qu'après sa délivrance (c. pén. art. 27). De même encore l'art. 379 c. instr. crim. dispose : « Lorsque, pendant les débats qui ont précédé l'arrêt de condamnation, l'accusé aura été inculpé, soit par des pièces, soit par des dépositions de témoins, sur d'autres crimes que ceux dont il était accusé, si ces crimes méritent une peine plus grave que les premiers ou si l'accusé a des complices en état d'arrestation, la cour ordonnera qu'il soit poursuivi en raison de ces nouveaux faits, suivant les formes prescrites par le présent code. Dans ces deux cas, le procureur général *surseoira* à l'exécution de l'arrêt qui a prononcé la première condamnation jusqu'à ce qu'il ait été statué sur le second procès ». De même enfin, au cas de demande en revision, l'exécution des arrêts ou jugements dont la revision est demandée est, aux termes de l'art. 444 c. instr. crim., de plein droit *suspendue* sur l'ordre du ministre de la justice.

171. Souvent l'exécution des peines fait naître des difficultés. Si ces difficultés ne présentent aucun caractère contentieux, elles sont tranchées par l'autorité administrative ; si, au contraire, elles offrent ce caractère, elles doivent être déférées à l'autorité judiciaire, pour être résolues, soit par le ministère public, quand il n'y a pas de réclamation de la part du condamné, soit par les tribunaux, quand un véritable litige s'engage entre le condamné et le ministère public. C'est la doctrine que nous avons exposée au *Rép.* n°s 241 et 242 (Conf. Chauveau et Hélie, t. 1, n° 173 et 180 ; Trébutien, *Cours de droit criminel*, t. 1, n° 443; Garraud, t. 2, n° 23).

172. Mais, dans ce dernier cas, devant quel tribunal l'incident doit-il être porté? Est-ce devant la juridiction répressive qui a prononcé le jugement, est-ce devant la juridiction civile ? Une jurisprudence aujourd'hui fermement établie attribue compétence exclusive aux juges compétents pour décider le principal, c'est-à-dire au tribunal répressif même qui a rendu l'arrêt qu'il s'agit d'exécuter (Civ. cass. 9 mars 1859, aff. Denis, D. P. 59. 1. 119; Crim. rej. 9 juill. 1859, même affaire, D. P. 59. 5. 233; Crim. règl. de jug. 18 janv. 1862, aff. Voisin, D. P. 62. 1. 399; Crim. cass. 5 févr. 1887, aff. Morel, D. P. 88. 1. 45; Crim. rej. 11 mars 1887, aff. Morel, D. P. 88. 1. 140. Conf. Chauveau et Hélie, *loc. cit.;* Blanche, *Etudes pratiques sur le code pénal*, t. 1, n° 134; Laborde, *Cours élémentaire de droit criminel*, n° 443).

Au contraire, et conformément à la doctrine de M. le procureur général Dupin (*Rép.* n° 242), MM. Trébutien, *Cours de droit criminel*, t. 1, n° 444; Bertauld, *Cours de code pénal*, 14e leçon, p. 314; Villey, *Précis d'un cours de droit criminel*, p. 467, et Cabat, *Du calcul de la durée des peines à l'usage des parquets*, n° 42, estiment que c'est le tribunal civil qui doit être saisi de l'incident. M. Garraud, t. 2, n° 23, p. 30, propose de faire décider la question par la juridiction criminelle permanente du lieu où se trouve le condamné, c'est-à-dire par le tribunal correctionnel de l'arrondissement où il est détenu; mais cet auteur reconnaît lui-même qu'« il est peu logique de donner au tribunal correctionnel le droit d'interpréter un arrêt de la cour d'assises ou de la cour d'appel ». Nous croyons, pour notre part, qu'il faut s'en tenir au système de la jurisprudence, qui paraît plus logique (car nul ne peut interpréter un arrêt aussi bien que celui qui l'a rendu), et qui trouve seul un appui dans les textes (c. proc. civ. art. 472 et 554); en conséquence, nous donnerions compétence, suivant le cas, au tribunal correctionnel, au tribunal de simple police, à la cour d'assises; seulement nous admettrions volontiers ce tempérament qu'en cas d'urgence, le tribunal correctionnel du lieu où l'exécution est requise et auquel est attaché l'officier du ministère public qui fait exécuter, pourra ordonner des mesures provisoires, en réservant la connaissance du fond au tribunal ou à la cour qui a prononcé la condamnation et qui doit statuer définitivement. L'art. 554 c. proc. civ. peut fournir en ce sens un argument d'analogie.

173. La cour de cassation, en persistant, comme il vient d'être dit, à proclamer le principe que les incidents qui s'élèvent sur la nature et la durée des peines sont de la compétence des juges de qui émanent les condamnations, a décidé : 1° que la juridiction civile, saisie d'un incident de ce genre, doit se déclarer incompétente, même d'office (Civ. cass. 9 mars 1859, cité *suprà*, n° 172); — 2° Que lorsque les juges correctionnels d'appel ont statué, c'est à eux, et non aux premiers juges, qu'il appartient de connaître de l'exécution de leur arrêt, encore qu'il y ait eu confirmation, l'art. 472 c. proc. civ. étant inapplicable en pareil cas (Crim. rej. 9 juill. 1859 et 11 mars 1887, cités *suprà*, n° 172); — 3° Que, bien que la juridiction appelée à statuer sur des incidents contentieux relatifs à l'exécution de jugements ou arrêts correctionnels puisse être saisie par simple requête, ces incidents n'en suivent pas moins le sort de l'action publique, et doivent être jugés dans les mêmes formes et avec les mêmes garanties; spécialement, le condamné demandeur sur l'incident doit être appelé à comparaître devant la juridiction saisie, et l'arrêt qui est intervenu sans que cette formalité essentielle ait été accomplie et hors la présence du condamné, ayant été rendu par défaut, est susceptible d'opposition (Crim. cass., 5 févr. 1887, cité *suprà*, n° 172).

174. A l'égard de l'affiche des arrêts et jugements dont il a été parlé au *Rép.* n° 227, il n'a été apporté aucune modification au texte de l'art. 36 c. pén. qui ordonne l'affiche de tous arrêts portant peines *afflictives et infamantes;* mais il n'est plus exact aujourd'hui de dire que les tribunaux peuvent ordonner l'affiche des arrêts en ce qui touche les délits commis par voie de publication. La loi du 29 juill. 1881 sur la liberté de la presse (D. P. 81. 4. 65) ne prononce plus, en effet, dans aucun cas, comme supplément de peine, l'affiche facultative du jugement de condamnation pour délit de presse. — Sur l'affiche des jugements en matière pénale, V. *suprà*, v° *Affiche*, nos 11 et suiv. et *infrà*, nos 818 et suiv.

175. En terminant l'exposé de ces règles générales, nous constaterons qu'une condamnation pénale prononcée par un tribunal étranger, ne peut jamais être exécutée en France. Notre législation ne contient pas, il est vrai, de dispositions expresses sur ce point; mais, par cela seul qu'elle n'organise pas une procédure d'*exequatur* pour les jugements criminels étrangers, elle reconnaît que ceux-ci ne peuvent pas être exécutés en France. Sur ce point, il n'y a aucun désaccord dans la doctrine ni dans la jurisprudence.

§ 2. — Règles spéciales de l'exécution de la peine de mort.

176. — I. MODE D'EXÉCUTION. — L'art. 12 c. pén. qui porte : « tout condamné à mort aura la tête tranchée » n'a point été modifié. Mais, aux termes de l'art. 187 c. just. mil. des 9 juin-4 août 1857 (D. P. 57. 4. 113) « tout individu condamné à la peine de mort par un conseil de guerre est fusillé ». Un décret des 25 oct.-23 nov. 1874 (D. P. 75. 4. 54) a réglé le mode des exécutions militaires. Quant à la peine de mort prononcée par les tribunaux maritimes, elle s'exécute tantôt par la décapitation, tantôt par la fusillade. En effet, aux termes de l'art. 239 c. just. mil. pour l'armée de mer des 4-15 juin 1858 (D. P. 58. 4. 102), les forçats et les pirates ont la tête tranchée, tandis que tous autres condamnés à mort par les tribunaux de la marine sont fusillés.

177. Dans notre droit français, la peine de mort n'est plus jamais aggravée par des tortures. Elle ne consiste que dans la simple privation de la vie. Toutefois, pour le parricide, la loi ajoute au dernier supplice un certain appareil, réglé par l'art. 13 c. pén. Plusieurs auteurs ont demandé la suppression de cet appareil spécial, qu'ils trouvent « barbare et inutile » (Chauveau et Hélie, t. 1, n° 156; Bertauld, 11e leçon, p. 237). Ces scrupules nous ont paru (*Rép.* n° 49) et nous paraissent encore excessifs; nous ne voyons rien de barbare dans une simple démonstration extérieure comme celle qui est imposée par l'art. 13, et croyons, avec M. Trébutien t. 1, n° 265 « qu'il importe de signaler au peuple le parricide comme un criminel, pour ainsi dire, d'une nature spéciale ». Peut-être pourrait-on, cependant, supprimer la lecture de l'arrêt, qui retarde l'exécution (Laborde n° 256, note 2). Le projet de revision du code pénal élaboré par la commission extraparlementaire organisée en 1887 qui réglemente les exécutions capitales dans son art. 14, est muet sur la question qui nous occupe; d'où il faut conclure que, dans la pensée de ses auteurs, l'exécution des parricides ne devra être entourée d'aucun appareil particulier.

178. L'art. 375 c. instr. crim. porte que « la condamnation sera exécutée dans les vingt-quatre heures qui suivront les délais mentionnés en l'art. 273 (pour se pourvoir en cassation), s'il n'y a point eu de recours en cassation; ou, en cas de recours, dans les vingt-quatre heures de l'arrêt de la cour de cassation qui aura rejeté la demande ». Cette disposition générale n'est point appliquée, en fait, aux condamnations à mort. En effet, une circulaire du ministre de la justice du 28 sept. 1830, confirmée par une autre circulaire du 2 mai 1854, a prescrit aux procureurs généraux de surseoir à l'exécution des peines capitales jusqu'à la décision du chef de l'Etat, de telle sorte qu'en réalité, l'exécution n'a jamais lieu qu'après une décision du président de la République autorisant celle-ci, décision précédée d'une instruction administrative semblable à celle à laquelle donnent lieu les recours en grâce. Ainsi que le fait remarquer M. Garraud, t. 2, n° 26, note 2, c'est la disposition de l'édit de 1788, reprise de nos jours. On sait que cet édit commandait (art. 5) qu'aucune sentence de mort ne serait exécutée qu'un mois après la prononciation, afin d'assurer aux condamnés le temps nécessaire pour solliciter la clémence du roi, et ordonnait aux procureurs généraux de transmettre les sentences capitales avec les renseignements nécessaires au garde des sceaux (V. à cet égard : Esmein, *Histoire de la procédure criminelle en France*, p. 402).

Faite par l'exécuteur des arrêts criminels, l'exécution est constatée par un greffier qui y assiste et qui dresse un procès-verbal (c. instr. crim. art. 378, et décret du 18 juin 1811, art. 52). MM. Chauveau et Hélie, t. 1, n° 157, font justement remarquer à cet égard que la loi, en ne convoquant pas d'autre officier de justice, a organisé d'une façon incomplète la surveillance des exécutions capitales.

Aux termes de l'art. 14, le corps du supplicié (autrefois jeté à la voirie) est aujourd'hui rendu à sa famille, si elle le réclame, à la charge par elle de le faire inhumer sans aucun appareil. Il est à peine besoin de faire remarquer que la loi ne prétend pas éloigner le ministre du culte, ni interdire les cérémonies religieuses; elle repousse simplement la pompe d'un convoi qui aurait les apparences d'une protestation scandaleuse contre l'œuvre de la justice (Chauveau et Hélie, t. 1, n° 157; Garraud, t. 2, n° 26, p. 34; Laborde, n° 256, p. 144; Trébutien, t. 1, n° 266).

179. — II. LIEU DE L'EXÉCUTION. — Aux termes de l'art. 26

c. pén., « l'exécution se fera sur l'une des places publiques du lieu qui sera indiqué par l'arrêt de condamnation ». Ce texte a donné lieu à plusieurs difficultés. Incontestablement la désignation du lieu de l'exécution appartient au juge; mais qu'arriverait-il si le juge n'avait pas usé de son pouvoir, en d'autres termes si l'arrêt de la cour d'assises gardait le silence sur le lieu où l'exécution doit s'accomplir? Ainsi que nous l'avons dit au *Rép.* n° 213, ce défaut d'indication serait une irrégularité sans intérêt, et l'exécution devrait en pareil cas, être faite sur une place publique de la ville où siège la cour d'assises. Aux arrêts cités au *Rép. ibid.*, *adde*: Crim. rej. 17 nov. 1859, aff. Vallaud, D. P. 59. 4. 369; 20 mars 1862, aff. Klopfenstein, D. P. 62. 5. 242; 4 janv. 1866, aff. Ducré, D. P. 66. 5. 346; 8 mars 1867, aff. Ramsamy, D. P. 68. 1. 237-238; 26 déc. 1873, *Bull. crim.* n° 315. Conf. Chauveau et Hélie, t. 1, n° 160, p. 275; Blanche, t. 1, n° 139; Garraud, t. 2, n° 27; Laborde, n° 256. — Au reste, il a été jugé que la cour d'assises qui a négligé d'indiquer la localité où son arrêt sera exécuté ne peut pas réparer cette omission dans un arrêt postérieur (Crim. rej. 3 août 1843, *Rép.* n° 213). Le premier arrêt est, en effet, complet, puisque, comme on vient de le dire, à défaut de désignation spéciale, il est reconnu que l'exécution aura lieu sur la place publique de la ville où siège la cour d'assises (Conf. Blanche, t. 1, n° 140; Garraud, *loc. cit.*).

180. La loi attribue, relativement au choix de la localité, un pouvoir discrétionnaire aux juges chargés d'ordonner l'exécution. Ceux-ci pourraient donc, ainsi qu'on l'a dit au *Rép.* n° 212, ordonner que l'exécution aura lieu dans une commune sise hors de leur ressort (Conf. Blanche, n° 138, Garraud, t. 2, p. 35, note 9). MM. Chauveau et Hélie estiment, au contraire, que le lieu de l'exécution ne peut être que celui du jugement, ou *une des communes de l'arrondissement où le crime a été commis* (t. 1, n° 160, p. 275). Cette restriction nous paraît arbitraire. Il est à noter qu'une circulaire du ministre de la justice du 27 juin 1874 a prescrit aux officiers du ministère public de requérir formellement que l'exécution de la peine ait lieu dans la ville où la condamnation est prononcée; mais « cette circulaire, inspirée par l'esprit d'économie, n'oblige pas la cour d'assises qui conserve le droit de fixer ce lieu de l'exécution dans la commune où le crime a été commis, si elle estime que cette désignation donnera plus d'*exemplarité* à la peine » (Laborde, n° 256, note 2).

181. Si l'art. 26 c. pén. confère à l'autorité judiciaire le soin d'indiquer la localité dans laquelle l'exécution se fera, il ne lui donne pas, en même temps, le droit de déterminer la place publique sur laquelle elle aura lieu. « Ce choix de la place publique où doit être dressé l'échafaud, étant une mesure de police, appartient à l'autorité municipale; et il y aurait lieu de casser, *parte in quâ*, la disposition de l'arrêt de la cour d'assises qui désignerait le lieu de l'exécution, le *locus loci* » (Garraud, t. 2, n° 27. Conf. Blanche, t. 1, n° 137; Chauveau et Hélie, t. 1, n° 160). Un arrêt (Crim. cass. 17 sept. 1857, aff. Maurin, D. P. 57. 1. 450) avait décidé que les arrêts de cours d'assises portant condamnation à mort ne peuvent indiquer que la commune dans laquelle se fera l'exécution, et non la voie ou la place publique sur laquelle cette exécution aura lieu. Trois arrêts plus récents ont fixé la jurisprudence sur ce point. La cour de cassation a jugé que « les pouvoirs de l'autorité municipale doivent rester entiers pour chaque exécution à raison des circonstances qui peuvent se produire », et qu'une cour d'assises, en désignant l'*avenue de Paris devant la porte de la maison de correction*, pour l'exécution de son arrêt, avait commis un excès de pouvoir (Crim. cass. 30 août 1883, aff. Person, *Bull. crim.*, n° 229). La même cour a cassé, pour excès de pouvoir, deux arrêts de cour d'assises qui avaient ordonné que la condamnation serait exécutée, l'un « sur l'*une des places publiques de la ville de Bourg, au lieu ordinaire des exécutions* » (Crim. cass. 25 août 1887, aff. Duplâtre, *Bull crim.*, n° 321), l'autre « sur la place Viarmes, à Nantes » (Crim. cass. 16 avr. 1891, aff. Sarrebourse, *Bull. crim.*, n° 88). En présence de cette jurisprudence, nous croyons que la doctrine enseignée au *Rép.* n° 214, *in fine*, ne pourrait plus être suivie dans la pratique avec sécurité. — Il a été jugé toutefois, avec raison, que lorsque l'arrêt indique, sans autre spécification, que l'exécution aura lieu sur *la place publique* de la ville qu'elle nomme, cette disposition laisse en réalité à l'administration municipale le soin de désigner la place où cette exécution devra être effectuée, et, par suite, ne renferme aucun empiétement sur les attributions de celle-ci (Crim. rej. 6 juin 1861, aff. Ballagny, D. P. 61. 5. 356).

182. — III. PUBLICITÉ DE L'EXÉCUTION. — L'exécution de la peine capitale se fait *publiquement*. — Ce principe de la publicité des exécutions a été vivement attaqué, surtout depuis la publication du *Répertoire*. Plusieurs pays, l'Angleterre en 1868 (28 and 29 Vict., c. 126, sch. 61; 31 Vict. c. 14, sch. 2), l'Allemagne (c. proc. pén. de 1877. art. 486), l'Autriche (c. proc. pén. de 1874, art. 404), la Russie (oukase du 25 mai 1881), la Suède (L. 10 août 1877), la Hongrie (c. pén. de 1878, art. 21) le grand-duché de Luxembourg (c. pén. art. 9), le canton de Saint-Gall (c. pén. art. 6) ont substitué, à l'exécution sur une place publique, l'exécution dans l'enceinte de la prison en présence d'un certain nombre d'assistants et de témoins légaux. En France, M. le président Bérenger signalait l'un des premiers, en 1854, le mal moral engendré par la publicité des exécutions capitales. Dans les dernières années du second Empire (1866 et 1868) le même sentiment s'est traduit par de nombreuses pétitions au Sénat demandant la suppression de la publicité; mais le Sénat les a rejetées en se fondant « sur ce que le système des exécutions à huis clos affaiblirait vis-à-vis de nos populations, plus vivement impressionnables que celles des pays où s'essaye ce nouveau mode d'exécution, l'autorité de la chose jugée et l'impression salutaire et préventive de ces terribles exemples » (Chauveau et Hélie, t. 1, n° 111).

183. Depuis cette époque, il s'est fait en notre pays un mouvement important dans le sens de l'abolition de la publicité. La commission extraparlementaire de revision du code d'instruction criminelle, instituée par M. Dufaure, a conclu à la suppression des exécutions publiques, et préparé un projet de loi dans ce sens. Ce projet, soumis par le Gouvernement à la Chambre des députés le 20 mars 1879, laissé sans suite à la Chambre, repris par M. Bardoux et présenté par lui au Sénat le 10 juin 1884, a été voté en seconde lecture le 12 mai 1885 par la haute assemblée (V. le texte voté par le Sénat dans le *Bulletin de la Société des prisons*, 1886, p. 1007); mais, transmis à la Chambre des députés, il a donné lieu à un rapport de M. Granet déposé le 10 mai 1890 (*Journ. off.* annexe, 545, p. 698), concluant à la non-prise en considération, rapport non encore discuté par la Chambre. D'un autre côté le projet de revision du code pénal récemment élaboré par la commission extraparlementaire créée en 1887 porte à cet égard : « Art. 11. ... Les exécutions ne sont pas publiques; elles auront lieu dans l'enceinte de la prison, en présence du procureur général ou de son substitut, d'un magistrat et du greffier de la cour d'assises, d'un commissaire de police, du directeur de la prison et d'un médecin. Pourront assister à l'exécution le maire, les adjoints, les conseillers municipaux, les membres du jury du jugement et, si ce condamné le demande, un ministre du culte ». Dans l'état actuel de nos mœurs, l'adoption de ce projet est, suivant nous, à désirer. Sans doute, il est fâcheux que l'exécution ne puisse décemment s'accomplir au grand jour, et il sera toujours vrai de dire que la justice n'a pas à se cacher quand elle assure l'exécution de ses arrêts. Mais si les mœurs publiques sont devenues telles qu'une exécution capitale ne puisse avoir lieu au grand jour sans provoquer des scandales déplorables, ne faut-il pas subir la triste nécessité des temps et renoncer à cette publicité dangereuse, en fait, pour la morale publique? Or, « les cours et les procureurs généraux (consultés, à la demande du Sénat, sur le projet Bardoux, entre la première et la seconde lecture) ont constaté, d'après le témoignage des magistrats ayant assisté aux derniers moments d'un condamné que, partout, les exécutions publiques avaient donné lieu aux plus tristes scènes. Partout, une foule grossière encombre les cabarets voisins, s'entasse plusieurs heures à l'avance dans les rues où doit passer le funèbre cortège, riant, vociférant, faisant entendre des paroles et des chants obscènes, considérant l'acte le plus redoutable de la justice humaine — ce que nos pères appelaient les « hautes œuvres » — comme un sujet de spectacle ou de distraction (Garraud, t. 2, p. 36, note 13). Au reste, ainsi que M. l'avocat général Desjardins l'a fait justement remarquer, « ce qui peut intimider les gens enclins au crime, c'est la peine elle-même appliquée avec une sage fermeté, non l'échafaud » (Rapport présenté à la cour de cassation, *Gazette des tribunaux* du 25 janv. 1885). En d'autres termes, ce qu'il faut assurer c'est la certitude de l'expiation. Or, il ne paraît pas difficile de donner, à cet égard, des garanties sérieuses au sentiment public. Il suffit de convier largement magistrats, journalistes et témoins ayant déposé dans le procès, aux exécutions qu'on ferait dans l'intérieur des prisons. Nous pensons aussi, avec M. Laborde, n° 257, qu'il conviendrait « de ne négliger aucun des signes extérieurs susceptibles d'annoncer au public que tel jour, à telle heure, le condamné aura subi sa peine (affiches, drapeau noir hissé sur la prison, glas funèbre etc.). — Sur le principe même du projet Bardoux, c'est-à-dire sur la suppression de la publicité des exécutions capitales, la cour de cassation, seize cours d'appel et vingt-deux procureurs généraux ont émis, en 1885, un avis favorable (V. le rapport présenté à la cour de cassation par M. l'avocat général Desjardins. V. aussi, sur les exécutions capitales et leur publicité, *Bulletin de la Société des prisons*, 1886, p. 155 à 176, p. 1003 à 1015).

184. — IV. AGENTS DE L'EXÉCUTION. — Depuis la publication du *Répertoire*, le décret du 25 nov. 1870 (D. P. 70. 4. 233) a organisé à nouveau le service des exécutions des arrêts criminels. L'art. 2 de ce décret ne maintient, pour toute la France continentale, qu'un exécuteur en chef et cinq exécuteurs adjoints, et, depuis, le décret de 1870 a été étendu au département de la Corse par un décret du 31 juill. 1875 (D. P. 76. 4. 29). Les nominations, révocations, privations disciplinaires de partie des gages, et tout ce qui concerne la police et la discipline des exécuteurs, est placé dans les attributions du directeur des affaires criminelles au ministère de la justice, sous l'autorité du ministre (art. 2 précité du décret du 25 nov. 1870).

§ 3. — Règles spéciales concernant l'exécution des peines privatives ou restrictives de la liberté.

185. — I. AUTORITÉS CHARGÉES D'ASSURER L'EXÉCUTION DE CES PEINES. — L'exécution des peines privatives de liberté appelle, dans tous les cas, le concours de l'autorité judiciaire (Chauveau et Hélie, t. 1, n° 180; Garraud, t. 2, n° 30), représentée par les officiers du ministère public, et de l'autorité administrative, représentée par les agents de l'administration pénitentiaire. Les limites des deux autorités, en cette matière, sont, ainsi que nous l'avons déjà fait remarquer au *Rép.*, n° 240, mal définies. De plus, deux pouvoirs différents se partagent l'administration des établissements pénitentiaires de droit commun: Ceux de ces établissements où s'exécutent la détention, la reclusion, l'emprisonnement dépendent du ministère de l'intérieur; ceux où s'exécutent les travaux forcés, la déportation, la relégation dépendent du ministère des colonies. V. *infrà*, v° *Prisons*. — Suivant M. Garraud (*loc. cit.*) « l'administration pénitentiaire est seulement compétente pour *l'exécution matérielle* de la peine, et le ministère public a le droit de donner tous les ordres nécessaires pour cette exécution. C'est donc au ministère public qu'il appartient de requérir la translation des condamnés dans le lieu d'exécution de leur peine. Mais c'est à l'administration pénitentiaire qu'il appartient de faire écrouer le condamné dans telle ou telle maison, d'ordonner, en cours de peine, sa translation d'une prison dans une autre ou bien même de la prison dans une maison de santé ». Cette distinction nous paraît exacte. Dans la pratique, le ministère public assure l'exécution de la peine, en ce sens que c'est lui qui fait incarcérer le condamné dans la prison où doit *commencer* cette exécution; mais la suite de l'exécution est abandonnée à l'Administration qui prescrit, *en cours de peine*, toutes les mesures qu'elle juge utiles. C'est elle, notamment, qui fixe le jour de la libération.

186. Des circulaires ministérielles ont essayé de régler les rapports du ministère public et de l'Administration en ce qui concerne l'exécution des peines. Elles ont fixé à cet égard plusieurs points importants. Une circulaire du garde des sceaux en date du 5 sept. 1864 a décidé qu'à l'avenir les officiers du parquet n'auront aucun ordre à donner pour faire élargir les détenus dont la peine est sur le point d'expirer. Ils devront se borner à mentionner, au pied de l'extrait de jugement délivré pour la rédaction de l'écrou, *la date du jour* où la *peine a commencé à courir*. Cette indication contient implicitement celle du jour où la peine doit expirer. Quand ce jour est arrivé, le gardien-chef procède, sur l'*ordre de l'autorité administrative*, à l'élargissement des condamnés. Toutefois, le gardien-chef est tenu d'adresser au parquet, huit jours à l'avance, la liste des condamnés dont la peine est sur le point d'expirer. Cette règle générale comporte une exception; le ministère public demeure chargé d'ordonner lui-même la mise en liberté des individus condamnés à une peine n'excédant pas vingt jours. D'autre part, le ministre de l'intérieur a adressé aux préfets d'importantes circulaires relatives à l'exécution des peines. La circulaire du 12 nov. 1867 (D. P. 68. 3. 20) a prescrit que, dans le cas d'insuffisance ou d'erreur de l'extrait de la condamnation relative à un condamné envoyé dans une maison centrale, le directeur doit renvoyer cet extrait au parquet duquel il émane, pour qu'il soit rectifié. Si la rectification ne paraît pas conforme aux prescriptions de la loi, notamment en ce qui concerne la détermination du point de départ de la peine, il en est référé au ministre de la justice par l'intermédiaire du ministre de l'intérieur. La même circulaire déclare que le condamné, détenu dans une maison centrale, qui demande à s'éclairer sur sa véritable situation pénale, doit être autorisé par le directeur à s'adresser directement aux autorités judiciaire et administrative. Une autre circulaire du 21 févr. 1868 établit que les parquets remplissent le mandat qui leur est déféré par la justice en fixant, sur les extraits, le point de départ des peines. C'est à l'autorité administrative qu'il appartient d'inscrire, sur ces extraits, le jour de la libération des détenus. Enfin une circulaire du 6 juill. 1868 (D. P. 69. 3. 22) a donné, relativement au mode de supputation de la durée de la peine, des instructions qui seront rappelées *infrà*, n° 212.

187. — II. POINT DE DÉPART. — La question de savoir quel est le point de départ des peines privatives de liberté a une grande importance pratique pour les condamnés à des peines temporaires, puisque le terme de celles-ci dépend de l'époque à laquelle l'exécution de la condamnation a commencé. Elle est, au contraire, sans intérêt relativement aux peines perpétuelles (travaux forcés à perpétuité, déportation, relégation), celles-ci n'ayant d'autre terme que la vie du condamné. Elle ne se pose pas non plus pour les peines prononcées par contumace, lesquelles ne sont jamais exécutées sur la personne du condamné. En effet, d'après les art. 476 et 635 c. inst. crim., le condamné par contumace a vingt ans pour se représenter. De deux choses l'une: s'il se représente dans les vingt ans, sa comparution volontaire ou forcée fait évanouir (art. 476) la condamnation prononcée contre lui, et il n'y a pas lieu d'en calculer alors la durée; ou bien il ne reparaît qu'après les vingt ans, et alors, la peine étant prescrite (art. 655), il n'y a plus d'exécution possible contre lui.

188. C'est dans les art. 23 et 24 c. pén., qu'il faut chercher la solution des questions relatives au point de départ des peines temporaires. L'interprétation de ces articles a donné lieu, depuis la publication du *Répertoire*, à de nombreuses décisions de jurisprudence; nous n'aurons à signaler qu'un petit nombre de celles-ci, parce que la loi des 15-17 nov. 1892 (D. P. 93. 4. 1) a introduit à cet égard, dans notre législation, en modifiant les articles précités du code pénal, des changements considérables et, suivant nous, très justifiés. La loi des 15-17 nov. 1892 a été commentée par M. G. Vidal (*Commentaire des art. 23 et 24 c. pén. modifiés par la loi du 15 nov. 1892*, Paris, 1893); par M. Mesnard (*Lois nouvelles*, 1893, n°s 1 et 2). V. aussi, sur ce même objet, deux articles publiés dans la *Gazette des tribunaux*, n°s des 3-4 avr. 1893.

Avant la loi précitée des 15-17 nov. 1892, l'art. 23 c. pén. disposait en ces termes: « La durée des peines temporaires comptera du jour où la condamnation sera devenue irrévocable ». Cette rédaction, inexacte, exigeait une modification, car il arrive souvent que la condamnation est devenue irrévocable et que la peine ne peut commencer à courir, par exemple si le condamné est encore en liberté ou si, étant détenu, il subit une peine antérieurement prononcée. « La vérité, a dit M. Morellet dans son rapport au Sénat, du 13 juill. 1889, c'est que la peine ne compte pas nécessairement du jour où la condamnation est devenue irrévocable, mais seulement du jour où il y a atteinte portée à la liberté du condamné et où cette atteinte procède de la condamnation même » (Rapport de M. Morellet, du 13 juill. 1889, *Journ. off.* du 27 janv. 1890, annexes, p. 546). C'est bien ainsi que la jurisprudence et la doctrine interprétaient l'art. 23 : la peine ne comptait que du jour de l'écrou *en vertu* de la condamnation (Garraud, t. 2, n° 23 *in fine*; Villey, p. 464; Bertauld, p. 307). Le nouveau texte a consacré la pratique suivie par une disposition plus claire, en disant : « La durée de toute peine privative de la liberté compte du jour où le condamné est détenu *en vertu* de la condamnation, devenue irrévocable, qui prononce la peine ». Désormais, il devient certain, en présence des termes de l'art. 23 nouveau, que la peine du condamné qui a été laissé libre ne commencera que le jour de l'écrou réel, et que celle du condamné qui était déjà détenu par suite d'une précédente condamnation pour un autre crime ou un autre délit, aura son point de départ à la date du jour où les peines antérieurement prononcées seront arrivées à expiration. C'est, en effet, à ce moment seulement qu'il sera vrai de dire que le condamné est détenu *en vertu* de la condamnation nouvelle. — Une seconde observation doit être faite relativement à l'art 23 c. pén. Aux mots « peines temporaires » le législateur de 1892 a substitué les mots : *toute peine privative de liberté*. La disposition nouvelle est, à ce point de vue, plus compréhensive que l'ancienne. Elle s'applique aux travaux forcés, à la reclusion, à la détention et à l'emprisonnement.

189. La disposition capitale de la loi nouvelle est celle qui a introduit dans l'art. 24 c. pén. le principe de l'imputation de la détention préventive sur la durée de la peine. A cet égard, le législateur de 1892 a consacré une innovation réclamée depuis longtemps par la grande majorité des criminalistes et à laquelle nous donnions, dès 1855, notre assentiment (*Rép.* n° 232). Presque toutes les législations pénales étrangères ont admis l'imputation de la prison préventive sur la durée des peines. En Belgique (c. pén. 1867, art. 30) et en Italie (c. pén. de 1889, art. 40), cette imputation est obligatoire pour le juge; en Allemagne (c. pén. de 1870, art 60), en Hongrie (c. pén. de 1878, art. 94), en Hollande (c. pén. de 1881, art. 27), elle est facultative. L'art. 153 c. pén. russe donne aux magistrats la faculté d'abaisser la peine « quand le prévenu a subi *une longue* détention préventive » ; l'art. 23 du code de Genève ordonne qu'en prononçant la condamnation, le juge tiendra compte *autant que possible* de la détention préventive subie avant la condamnation ». Les codes de Glaris (art. 39), de Zurich (art. 63), de Bâle (art. 37), du Tessin (art. 33), de Zug (art. 39), de Gall (art. 41), d'Appenzell (Rhodes extérieures) (art. 51), présentent des dispositions semblables. Enfin le code le plus récent de tous, celui de Neufchâtel (1891), après avoir posé en principe (art. 20, § 2) que la détention préventive, même subie hors du canton, peut être portée partiellement ou totalement en déduction de la durée de la peine, ajoute : elle devra l'être lorsque le coupable, hors le cas de flagrant délit, a fait *des aveux complets dès le premier interrogatoire*.

190. Le système de l'imputation obligatoire, *ministerio legis*, présente des inconvénients. « En cachant son nom et en dissimulant son identité, en refusant de répondre à l'instruction, en imaginant des crimes qui n'ont pas été commis ou en s'accusant de crimes dont il est innocent, le criminel, certain d'être condamné et certain en même temps de bénéficier de l'imputation, pourrait prolonger systématiquement une détention préventive qui retarde le jour, qu'il redoute, où il sera soumis à un régime plus rigoureux. Si l'imputation était un droit absolu, indélébile, ce criminel en profiterait » (Rapport de M. Graux à le Chambre des députés, le 29 oct. 1892, *Journ. off.*, annexes, n° 2378). D'autre part, faire de la non-imputation la règle et décider, comme en Hongrie, en Hollande, etc., que l'imputation ne se produit qu'autant qu'elle a été ordonnée dans le jugement ou l'arrêt de condamnation, n'est-ce pas, en quelque sorte, inviter le magistrat à n'user que trop parcimonieusement de son pouvoir d'imputation? Le législateur de 1892 a cru devoir prendre, entre ces deux systèmes, une position intermédiaire. « Il fait de l'imputation la règle en ce sens que, si le juge ne s'explique pas sur ce qui la concerne, elle a lieu de plein droit et intégralement, comme dans le premier système; mais à cette règle il permet de déroger à la condition qu'en y dérogeant, le jugement ou l'arrêt de condamnation s'expliquera sur la dérogation, par une disposition spéciale et motivée, ce qui revient à laisser en dernière analyse le pouvoir d'imputer ou de ne pas imputer entre les mains du juge, comme dans le système hongrois et hollandais, mais en donnant au condamné des garanties que ne lui offrent pas la loi hongroise et la loi néerlandaise » (Rapport de M. Morellet au Sénat). Telle est bien, en effet, la règle posée par l'art. 24 nouveau, dans son premier paragraphe ainsi conçu : « Quand il y aura eu détention préventive, cette détention sera intégralement déduite de la durée de la peine qu'aura prononcée le jugement ou l'arrêt de condamnation, à moins que le juge n'ait ordonné, par disposition spéciale et motivée, que cette imputation n'aura pas lieu ou qu'elle n'aura lieu que pour partie ».

191. Dans l'application de la règle qui précède, une question devait se poser pour le législateur de 1892. Considérerait-on l'imputation comme une véritable compensation susceptible de ne s'opérer qu'entre peines de même nature; et, par suite, refuserait-on le bénéfice de la loi aux condamnés à la reclusion, à la détention et aux travaux forcés, pour ne l'accorder qu'aux condamnés à l'emprisonnement? Cette solution a été repoussée. Sans doute, le régime de la maison d'arrêt n'est pas le même que celui de la maison centrale; sans doute, il y a des différences essentielles et nécessaires entre l'emprisonnement correctionnel et l'exécution des peines criminelles de la reclusion, de la détention, des travaux forcés; mais, d'une part, est-ce que l'emprisonnement, la reclusion, la détention, les travaux forcés n'ont pas un caractère commun, qui constitue la base de notre système pénal, et qui est la privation de la liberté? D'autre part, ainsi que l'a très justement fait remarquer le rapporteur du Sénat, l'imputation n'est pas « une défalcation mathématique opérée d'une quantité sur une quantité d'ordre identique, mais une atténuation équitable apportée à l'exécution des peines ». La justice commande cette atténuation équitable toutes les fois qu'elle est possible, et elle est possible pour toutes les peines privatives de la liberté, quels qu'en soient le nom et le régime. A cet égard, les travaux préparatoires et le texte même de la loi ne laissent aucun doute sur les intentions du législateur. « Dorénavant, a dit le rapporteur de la Chambre des députés, les condamnés à *toute peine privative de la liberté* bénéficieront en principe de l'imputation de la prison préventive sur la durée de leur peine ». Au reste, l'art. 23, auquel se réfère nécessairement l'art. 24, commence par ces mots : « La durée de *toute peine privative de liberté* compte du jour où le condamné est détenu, etc. ». Il est donc certain que l'imputation est aujourd'hui admise pour *toutes peines privatives de liberté*, et non pas seulement (comme elle l'était partiellement par l'ancien art. 24) pour « les condamnations à *l'emprisonnement* ».

192. Evidemment, la faculté de refuser le bénéfice de l'imputation appartient au juge d'appel comme au juge de première instance. Mais il a été jugé que, lorsqu'en prononçant une peine d'emprisonnement, le jugement de première instance n'a rien statué quant à la détention préventive, ce qui, d'après la loi du 15 nov. 1892, entraîne la déduction de plein droit, l'arrêt de cour d'appel qui, sur le seul appel du condamné, confirme le jugement, mais déclare que la détention préventive ne s'imputera pas sur la durée de la peine, aggrave la situation de l'appelant et encourt la cassation (Crim. cass. 13 janv. 1893, aff. Lado, *Journ. min. publ.* janv. 1893, p. 62; 2 févr. 1893, aff. Bourdeau, *Gaz. des Trib.* du 5 févr. 1893).

193. L'imputation ne se produit pas sur l'amende, comme en Hongrie, en Russie, en Hollande, en Italie. En ce dernier pays (art. 40 et 19 c. pén. de 1889), la déduction de l'amende s'opère à raison d'un jour par 10 lires et fraction de 10 lires. En Hongrie, la proportion est d'un jour par 5 florins (c. pén. 1881, art. 23 et 27). Mais il n'y a ni parité, ni même identité de nature entre les peines privatives de liberté et les peines pécuniaires ; et le législateur français a eu raison, suivant nous, de ne pas assimiler, au point de vue de l'imputation, des pénalités d'ordres très différents.

194. La faculté de refuser l'imputation, accordée au juge par la loi nouvelle, rencontre une limite dans deux cas prévus par le second alinéa de l'art. 24 nouveau. Aux termes de cette disposition, la détention préventive comprise entre la date du jugement ou de l'arrêt et le moment où la condamnation devient irrévocable, sera toujours imputée : 1° si le condamné n'a point exercé de recours contre le jugement ou l'arrêt ; 2° si, ayant exercé un recours, sa peine a été réduite par son appel ou à la suite de son pourvoi. C'est la confirmation d'une faveur déjà garantie par l'ancien art. 24 (texte de la loi de revision du 28 avr. 1832) au condamné détenu lors du jugement. En étendant dans la plus large mesure le principe de l'imputation, le législateur de 1892 ne pouvait songer à revenir en arrière de la loi de 1832. Aussi le Sénat, sur la proposition de M. de Casabianca, s'est-il empressé d'introduire dans l'art. 23 le second alinéa qui ne figurait pas dans le texte primitif du projet, en sorte qu'il demeure certain, aujourd'hui comme avant la loi nouvelle, que, dans les deux cas prévus, l'imputation reste obligatoire, mais seulement, bien entendu, pour la partie de la détention préventive comprise entre la date du jugement ou de l'arrêt et le moment où la condamnation devient irrévocable. Pour tout ce qui précède le jugement, le juge peut, au contraire, par une disposition spéciale et motivée, priver le condamné, en tout ou en partie, du bénéfice de l'imputation.

195. Bien que le second alinéa de l'art. 24 ne fasse que reproduire, quant au fond, la disposition du texte ancien, ce texte diffère du précédent sous deux rapports. En premier lieu, il ne reproduit pas, dans les deux cas qu'il vise, ces expressions : « nonobstant l'appel ou le pourvoi du ministère public, et quel que soit le résultat de cet appel ou de ce pourvoi ». Mais cette suppression est sans importance et doit être regardée comme non avenue, car M. Graux a dit dans son rapport à la Chambre : « Il est bien entendu que l'imputation a lieu de plein droit, lors même que le ministère public aurait interjeté appel et aurait obtenu une condamnation supérieure à celle prononcée par la première juridiction ». — D'autre part, le législateur de 1892 a substitué les mots : « le condamné qui n'a pas usé du recours » à ceux « le condamné qui ne s'est pas pourvu ». Les expressions du nouvel article sont plus générales, plus compréhensives, et, en les employant « la loi nouvelle a clairement indiqué que l'hypothèse prévue était celle où le condamné n'a employé aucune des *voies de recours* : ni l'opposition, ni l'appel, ni le pourvoi » (Même rapport). Au reste, cette solution était déjà admise dans la pratique (*Rép.* n° 237).

196. Quoi qu'il soit, le paragraphe 2 nouveau de l'art. 24 consacre le système suivi par la loi ancienne relativement à l'imputation de la partie de la détention préventive comprise entre le jugement et l'irrévocabilité de la condamnation. Or, suivant la juste remarque de M. Garraud (t. 2, n° 33), le code pénal, à cet égard, prévoit formellement deux hypothèses et implicitement une troisième. La première est celle où le condamné s'est entièrement abstenu d'user de recours contre le jugement ; la seconde est celle où, ensuite de son appel ou de son pourvoi, il a fait réduire la peine qui était prononcée contre lui ; la troisième celle où le condamné a formé un appel ou un pourvoi et a échoué. Quel est, dans ces diverses hypothèses, le point de départ de la peine ? La question a été examinée au *Répertoire*, sous les n°s 236 et 237 ; il nous paraît utile d'y revenir.

197. Le premier cas qui se présente est celui du condamné qui pouvant, soit appeler d'un jugement en premier ressort, soit former un pourvoi en cassation contre un arrêt en dernier ressort, s'est entièrement abstenu de ces voies de recours : il a accepté la sentence. Dans cette hypothèse, il y aura imputation obligatoire remontant au jour même du jugement ou de l'arrêt. Point de doute à cet égard, puisque l'art. 24 (texte nouveau) décide : « En ce qui concerne la détention préventive comprise entre la date du jugement ou de l'arrêt et le moment où la condamnation devient irrévocable, elle sera toujours imputée... 1° *Si le condamné n'a point exercé de recours*, contre le jugement ou l'arrêt... ». Peu importe, ainsi que nous l'avons déjà fait remarquer *suprà*, n° 195, que le ministère public ait, de son côté, exercé un recours, fait appel ou formé un pourvoi : son attitude, comme le résultat de son recours, ne modifie pas la situation du condamné. « En effet, si le ministère public échoue, il a commis une erreur ; s'il réussit, c'est la cour ou le tribunal qui l'a commise ; mais, dans un cas comme dans l'autre, le condamné ne peut souffrir d'une erreur à laquelle il est resté étranger » (Garraud, *loc. cit.*). Au reste, la même règle s'impose aujourd'hui pour les condamnations en cour d'assises comme pour les condamnations en police correctionnelle. « Il est évident, a dit M. Graux dans son rapport, que cette règle s'appliquera désormais aux condamnés de la cour d'assises, et que le pourvoi du ministère public, lors même qu'il n'aurait pas été jugé téméraire, n'empêchera pas la peine de courir à partir de la condamnation ».

198. A une certaine époque, la jurisprudence a hésité à faire l'application de la règle qui précède au cas du prévenu acquitté ou condamné à l'amende seulement en première instance, et condamné à l'emprisonnement sur appel ou pourvoi du ministère public. Il a été jugé, dans cette hypothèse spéciale, que l'emprisonnement ne compterait que du jour où la dernière condamnation serait devenue irrévocable, et qu'il ne devait être tenu aucun compte du temps de détention préventive auparavant subie (Pau, 14 déc. 1861, aff. Verdier, D. P. 62. 2. 200). Le motif donné était « qu'il est de principe que la détention préventive ne doit pas être comptée dans la supputation de la peine ; qu'il est, d'ailleurs, évident qu'une peine corporelle ne saurait s'exécuter avant le jugement qui l'inflige ». Sous l'empire de la loi nouvelle qui consacre le système de l'imputation, une pareille décision ne saurait plus être admise. Au reste, depuis la loi du 14 juill. 1865 (D. P. 65. 4. 159), il n'y a plus, au cas d'acquittement par un tribunal correctionnel, de détention préventive possible au cours de l'appel ou du pourvoi du ministère public, puisque, aux termes de l'art. 206 c. instr. crim., modifié par ladite loi, le prévenu, en cas d'acquittement, est immédiatement, et nonobstant appel, mis en liberté. La question pourra encore se poser dans le cas où le prévenu, condamné d'abord à l'amende, l'est ensuite à l'emprisonnement sur pourvoi ou appel du ministère public, et continue, dans l'intervalle de la procédure de recours, à être détenu préventivement. Blanche a soutenu (t. 1, n° 121) qu'en semblable hypothèse, la durée de la peine privative de la liberté ne devait compter que de la décision qui a prononcé cette peine, « le prévenu ne pouvant exécuter par anticipation une peine qui n'existe pas encore ». Mais il faudrait répondre aujourd'hui que la détention comptera du jugement, parce que l'imputation est maintenant la règle, parce que le texte de l'art. 24 ne fait aucune exception pour le cas supposé d'une simple condamnation à l'amende par le premier juge, et parce qu'enfin ce cas est encore plus favorable que celui d'une condamnation à l'emprisonnement par la première sentence. Conf. Vidal, p. 63 et suiv.

199. Le second cas expressément réglé par l'art. 24, § 2, c. pén., est celui où le condamné, sur son appel ou son pourvoi, a fait réduire la peine qui était prononcée contre lui. Alors encore c'est à la date de la première décision que commencera la peine, et le temps qui se sera écoulé depuis le jour de cette décision s'imputera obligatoirement sur cette peine. Point de doute à cet égard en présence de ces expressions de la loi nouvelle : « elle (la détention préventive) sera toujours imputée... 2° si le condamné ayant exercé un recours, sa peine a été réduite sur son appel ou à la suite de son pourvoi ». Et qu'on le remarque : la loi s'attache au résultat seul du recours formé par le condamné ; elle ne fait aucune distinction. D'où il faut conclure, avec M. Garraud, « qu'il importerait peu que le condamné eût appelé d'abord sans succès, si, après un pourvoi formé contre l'arrêt et une cassation prononcée sur ce pourvoi, il avait obtenu de la cour de renvoi un adoucissement dans la peine prononcée. La loi ne se préoccupe, pour apprécier le bien fondé de sa résistance, que du résultat définitif du procès ; et c'est logique » (*Traité*, t. 2, n° 33, p. 46). MM. Chauveau et Hélie (t. 1, n° 176) ont autrefois soutenu l'opinion contraire et proposé de faire partir la peine du jour de l'arrêt, et non du jugement. Cette opinion, d'ailleurs isolée (V. Blanche, n° 126, p. 163 ; Villey, *Précis de droit criminel*, p. 465 ; Laborde, *Cours de droit criminel*, n° 437, p. 256) ne pourrait plus se soutenir aujourd'hui. « Si la peine est réduite sur l'appel du ministère public, a dit M. Graux dans son rapport à la Chambre des députés, l'imputation portant sur la totalité de la prison préventive à partir du jugement, cette réduction se combinera avec l'imputation » (Conf. Vidal, p. 68).

200. La troisième hypothèse est celle où le condamné, ayant formé un recours, a échoué. Suivant le rapporteur à la Chambre des députés, ce recours, dans lequel le condamné a succombé, fait perdre à celui-ci le bénéfice de l'imputation obligatoire prévue par le deuxième paragraphe de l'art. 24, pour la période comprise entre le jugement et l'irrévocabilité de la condamnation, mais lui laisse le profit, si le juge n'en a pas autrement décidé, de l'imputation prévue par le premier paragraphe, et portant sur la période antérieure à la condamnation. M. Graux, dans son rapport, s'est exprimé sur ce point avec une grande précision : « Si le condamné, a-t-il dit, n'a pas obtenu une réduction de peine, s'il y a confirmation ou aggravation à la suite de son recours, il perd le bénéfice de l'imputation pendant la période de détention postérieure à la décision primitive, soit qu'il ait formé opposition, soit qu'il ait interjeté appel, soit qu'il se soit pourvu en cassation. S'il s'agit d'opposition ou d'appel, la prison ne comptera que du rejet de l'opposition ou de l'appel. Lorsqu'il s'agit d'un pourvoi en cassation, lors même qu'il y aurait eu acquittement en première instance et condamnation sur appel du ministère public, si le condamné s'est pourvu et si son pourvoi est rejeté, la peine court de l'arrêt de cassation. Si, à la suite de l'arrêt de cassation, il y a renvoi devant une autre cour qui confirme la décision de la première cour qui a statué, ce n'est qu'à partir de l'arrêt sur renvoi que courra la peine ». Mais la cour de cassation consacre une doctrine absolument contraire. Par deux arrêts du 18 mai 1893 (aff. Deletombe), et 24 juin 1893 (aff. Snock), D. P. 93, 1re partie, cette cour a décidé que, à quelque époque que se place la détention préventive subie par celui qui échoue dans son recours, celle-ci doit être imputée sur la peine, par cela seul que le juge n'exclut pas expressément cette imputation. En conséquence, dans l'hypothèse prévue, la déduction de la peine doit, suivant la cour, s'appliquer non seulement à la détention préventive qui a précédé la condamnation, mais à celle qui se place entre la condamnation prononcée et la condamnation devenue irrévocable.

201. Le condamné, après avoir formé un appel ou un pourvoi, peut se désister. A quelle date, au cas de désistement, faut-il placer le point de départ de la peine ? Depuis la nouvelle loi qui assure, dans tous les cas, au condamné le bénéfice de l'imputation de la période antérieure à la première condamnation s'il n'en a été privé par les juges de première instance ou d'appel (paragraphe 1 de l'art. 24), la question ne se pose plus que relativement à la période de détention postérieure à la décision primitive (paragraphe 2 du même article). En cas de désistement du condamné, l'imputation de cette période se fera-t-elle obligatoirement, comme s'il ne s'était pas pourvu ? D'après la jurisprudence, le donné acte du désistement rétroagit et efface le pourvoi en cassation. Nous en conclurons que, dans le cas de désistement de pourvoi, la situation sera la même que si le condamné ne s'était pas pourvu. C'est ce qui avait été décidé, avant la nouvelle loi, par plusieurs arrêts (Crim. cass. 2 juill. 1852, aff. Bloch, D. P. 52. 1. 222; Crim. rej. 26 mai 1853, aff. Verpillat, D. P. 53. 1. 240, déjà cité *Rép.* n° 237. Conf. Circ. min. int. 6 juill. 1868, D. P. 69. 3. 22; Chauveau et Hélie, t. 1, n° 176, p. 298; Laborde, n° 248). L'application du même principe conduira aujourd'hui à la solution qui vient d'être proposée, à savoir qu'en cas de désistement de son pourvoi, le condamné conservera le bénéfice de l'imputation obligatoire à partir du jugement. — La solution sera-t-elle la même en cas de désistement de l'appel ? Il a été jugé par plusieurs arrêts, bien avant la loi nouvelle, qu'en cas de désistement de l'appel, l'emprisonnement ne devait commencer qu'à la date de l'arrêt qui a donné acte du désistement (Crim. cass. 22 nov. 1855, aff. Gavillé, D. P. 56. 1. 44; Paris, 17 nov. 1860, aff. Larchevêque, D. P. 61. 5. 354. Conf. Garraud, t. 2, n° 33. — *Contrà :* Bertauld, p. 312; Blanche, n° 129 ; Villey, p. 466). M. Garraud a justifié de la manière suivante la différence admise à cet égard par la jurisprudence entre le pourvoi et l'appel : « Entre le délai d'appel et le délai du pourvoi, il y a une différence essentielle : l'un est relativement long, *dix jours* (c. instr. crim. art. 203) ; l'autre est très bref, *trois jours* à compter de la sentence (c. instr. crim. art. 373). Le condamné forme donc un recours en cassation sans avoir le temps de la réflexion, les moyens mêmes d'examiner à loisir le texte de l'arrêt qu'il attaque; dès lors, on ne pouvait lui imputer à tort d'avoir exercé ce recours sans de justes griefs, si, plus tard, il s'en désiste. Au contraire, le délai d'appel étant plus long, le condamné use de cette voie de recours à ses risques et périls ». Ces considérations nous semblent justes ; elles nous conduisent à penser que le donné acte de l'appel ne doit pas rétroagir et, par conséquent, qu'aujourd'hui le bénéfice de l'imputation obligatoire du paragraphe 2 de l'art. 24 ne serait acquis qu'à partir de ce donné acte. — M. Vidal (*op. cit.*, p. 72) ne partage pas cette opinion. Il estime que la condition de la faveur accordée par l'art. 24 (à savoir que, si le condamné a fait appel ou pourvoi, sa peine soit réduite sur cet appel ou ce pourvoi) faisant défaut en cas de désistement, cette faveur ne saurait, dans aucun cas, être accordée au condamné qui s'est désisté.

202. Quant aux désistements donnés par le ministère public, la loi ne les admet pas (V. *suprà*, v° *Désistement*, n° 64), et si, malgré cette défense, ils sont donnés, ils doivent être considérés comme non avenus. Le pourvoi et l'appel subsistent donc malgré le désistement, et ils subsistent avec leurs effets ordinaires. Mais, comme on l'a vu *suprà*, n° 195, les recours du ministère public sont sans effet sur le point de départ de la peine au point de vue de l'imputation de la détention préventive sur la durée de celle-ci. Il en résulte que la question de l'effet du désistement du ministère public ne se pose pas utilement en ce qui concerne cette imputation.

203. La règle qui veut que l'imputation de la prison préventive soit faite sur la durée de la peine s'applique-t-elle aux condamnés mis en liberté provisoire? Évidemment non, puisqu'ils ne sont pas en état de détention préventive au jour du jugement. Pour les condamnés mis en liberté provisoire, c'est le jour de l'écrou qui est le point de départ de la peine. On a déjà proposé au *Rép.* n° 204 cette solution, qui ne saurait, d'ailleurs, plus faire aucun doute, après les déclarations formelles de M. Graux à ce sujet dans son rapport.

Faudrait-il décider de même si le condamné détenu avait obtenu sa mise en liberté provisoire dans l'intervalle du jugement de première instance et de l'arrêt rendu sur son appel? Il a été décidé qu'en semblable hypothèse, les jours d'emprisonnement effectif que le condamné avait faits, depuis le jugement jusqu'à la mise en liberté provisoire, devront être déduits de la condamnation définitive prononcée par la cour (Paris 4 mars 1882) (1). Cette solution conforme à l'équité, nous paraît devoir être admise.

---

(1) (Pilteau. — LA COUR; — Considérant que Pilteau a été condamné par les premiers juges à quinze jours d'emprisonnement, qu'il était détenu au jour du jugement, et que, sur son appel, la peine a été réduite à dix jours; — Considérant que ce cas est prévu par l'art. 24 c. pén., qui, modifiant le principe général de l'art. 23 même code, dispose que la durée de la peine compte alors du jour du jugement ; — Considérant qu'à la vérité un fait particulier s'est produit dans l'espèce ; que, dans l'intervalle des deux décisions judiciaires, Pilteau a obtenu un arrêt de mise en liberté provisoire exécuté, et qu'au moment de l'exécution, ledit Pilteau était détenu depuis sept jours seulement à partir du jugement ; — Considérant que, postérieurement à l'arrêt qui a réduit sa peine, Pilteau s'est constitué prisonnier, et qu'il s'agit de savoir si sa mise en liberté provisoire lui a fait perdre le bénéfice des sept jours de détention dont il s'agit ; — Considérant que l'affirmative est, au point de vue de la durée de sa peine, soutenue par le ministère public, par ce motif que le bénéfice des dispositions de l'art. 24 n'est acquis qu'au condamné en état de détention préalable, quand l'arrêt qui réduit la peine a été prononcé; que Pilteau, mis en liberté provisoire, ne se trouvait pas dans cette situation, et a, par suite, perdu, par l'effet de cette liberté provisoire, le bénéfice relatif de l'art. 24 ; — Considérant, en premier lieu, que la liberté provisoire est une faveur accordée au détenu, et que cependant il résulterait de l'argument qui précède que, dans certains cas, et notamment dans l'espèce, cette faveur aurait en réalité pour conséquence une aggravation de peine énorme, conséquence difficile à concilier avec les notions vulgaires de la logique et de l'équité ; — Considérant d'ailleurs que l'arrêt qui, sur appel du condamné, réduit une peine d'emprisonnement, constate, par le fait seul de cette réduction, que le condamné a été rigoureusement traité par les premiers juges ; que, dès lors, il est naturel et équitable

204. Une autre question est celle de savoir si l'on doit regarder comme détention préventive, devant être imputée sur la durée de la peine, la détention subie en pays étranger, par suite d'une arrestation opérée en vertu d'un traité d'extradition. La négative a été décidée par deux arrêts (Orléans, 27 juill. 1870, aff. Veuve L..., D. P. 71. 2. 20; Paris, 28 juin 1883) (1). Nous croyons que cette jurisprudence serait difficilement maintenue sous l'empire de la loi nouvelle, qui a voulu faire œuvre d'équité en posant la règle de l'imputation. Si, comme l'a fait observer le rapporteur du Sénat, l'imputation n'est pas « une défalcation mathématique opérée d'une quantité sur une quantité d'ordre identique, mais une atténuation équitable apportée à l'exécution des peines », pourquoi refuserait-t-on cet effet à une détention opérée en vertu d'une demande du gouvernement français pour arriver à l'application de la loi pénale en France? Au reste, le rapporteur de la Chambre des députés a émis à cet égard une opinion fort nette. « La détention, a dit M. Graux, la détention subie en pays étranger par suite d'une arrestation opérée en vertu d'un traité d'extradition, devra également être imputée sur la durée de la peine ». Conf. Vidal, p. 79 et 80.

205. En cas de flagrant délit, la détention préventive qui doit être déduite de la durée de la peine prononcée a-t-elle pour point de départ le jour où le condamné a été arrêté, ou seulement celui où il a été incarcéré à la maison d'arrêt? La question s'est présentée devant la cour de Douai qui, par arrêt du 8 févr. 1893 (D. P. 1893, 2e partie), l'a résolue en ce sens que la détention ne commence qu'à dater de l'écrou dans la prison. Cette décision nous paraît fondée. Une différence profonde sépare l'arrestation opérée en cas de flagrant délit de la détention dans une maison d'arrêt en vertu d'un mandat de dépôt ou d'arrêt. « L'arrestation en cas de flagrant délit est une mesure de police qui peut n'être pas maintenue et n'a ainsi qu'un caractère provisoire; elle ne comporte pas la détention dans une prison; elle ne fait que la précéder, même lorsqu'elle donne lieu à la délivrance d'un mandat d'amener, et ce n'est que par l'effet du mandat ultérieur de dépôt ou d'arrêt que l'inculpé est véritablement détenu à titre préventif. Comment voir une détention préventive dans le seul fait de l'arrestation et de la conduite devant le procureur de la République, par un agent de la force publique ou par un simple particulier, d'un individu surpris en flagrant délit? N'est-il pas certain qu'une telle détention ne commence qu'au moment de l'incarcération de l'inculpé, en vertu d'un mandat autorisant cette autre mesure qui, elle, présente un caractère définitif »? (*Journ. min. publ.*, 1893, p. 41). — Si, au lieu d'une arrestation en flagrant délit, il s'agissait d'une arrestation opérée en vertu d'un mandat d'arrêt, régulièrement décerné par le juge d'instruction, la solution devrait être certainement différente: aucun titre ne peut constituer un prévenu en état de détention préventive plus exactement, plus certainement, qu'un mandat d'arrêt.

206. En ce qui concerne l'incarcération au dépôt de la préfecture de police à Paris, il a été jugé par la cour de cassation (Req. 17 déc. 1850, aff. Belon de Chassy, D. P. 50. 1. 343) que l'incarcération audit dépôt d'un individu condamné à la peine d'emprisonnement, afin d'assurer son transfèrement dans la maison de correction où cette peine doit être subie, ne peut être considérée comme l'équivalent de l'emprisonnement; que la durée de cette incarcération ne peut, par suite, être déduite du temps fixé pour la durée de l'emprisonnement, lequel doit être expié dans une maison de correction. — Mais cette décision laisse entière la question de savoir si l'incarcération au dépôt à titre préventif (et non, comme dans l'espèce de l'arrêt, pour l'exécution d'une peine) doit, ou non, être imputée sur la peine en cas de condamnation. Nous préférons la négative, bien que le rapporteur de la Chambre des députés ait paru exprimer l'opinion contraire quand il a dit: « Il n'en est pas de même lorsqu'il s'agit de l'incarcération au dépôt de la préfecture de police d'un individu condamné à l'emprisonnement, afin d'assurer son transfèrement dans la prison où cette peine doit être subie. Le séjour de ce condamné au dépôt n'est pas la conséquence de son recours. Il ne doit pas être victime des lenteurs du système pénitentiaire. L'argument de la disparité entre l'emprisonnement, mesure de sûreté, et l'emprisonnement, peine effective, n'a plus aucune valeur; La règle générale de l'imputation devra donc s'appliquer au temps pendant lequel le condamné restera au dépôt ». Manifestement, le rapporteur a visé ici l'application de l'art. 23 et non celle de l'art. 24 c. pén., c'est-à-dire le cas du dépôt à la préfecture de police d'un individu arrêté en vertu d'un *jugement* ou d'un *arrêt* de condamnation, et il a, pour cette hypothèse, exprimé une opinion contraire à la doctrine de l'arrêt précité de la chambre des requêtes du 15 déc. 1850; mais, comme la cour de Douai l'a dit avec beaucoup de raison, dans son arrêt du 8 févr. 1893, cité *suprà*, n° 205 « le rapporteur n'a pu vouloir interpréter le sens des expressions *détention préventive* de l'art. 24 c. pén., puisque l'individu arrêté n'était *ni prévenu, ni détenu* ». Il n'y a donc pas à tirer argument du langage de M. Graux en faveur de l'opinion qui prétend voir une détention préventive dans l'incarcération au dépôt. Nous croyons qu'un inculpé n'est jamais détenu à titre préventif, dans le vrai sens du mot, qu'en vertu d'un mandat régulier de dépôt ou d'arrêt; et nous estimons, dès lors, que l'incarcération au dépôt de la préfecture (ou quelque autre lieu de dépôt que ce soit) ne peut compter comme détention préventive et ne peut être imputée, à ce titre, sur la durée de la peine qu'autant qu'elle est réalisée en vertu d'un mandat de dépôt on d'arrêt.

207. Reste un dernier cas spécial, celui du condamné à l'emprisonnement qui se soumet à la *mise en état*, c'est-à-dire à la prison, nécessaire, aux termes de l'art. 421 c. instr. crim., pour faire juger son pourvoi en cassation. La jurisprudence décidait jusqu'ici que la peine ne courait que de l'arrêt de cassation si le pourvoi était rejeté; elle refusait, dans cette hypothèse, le bénéfice de l'imputation parce que la mise en état était, disait-on, un préliminaire participant de la détention préventive et non de l'exécution anticipée de la peine. Sous l'empire de la loi nouvelle, il n'y aura pas lieu de modifier cette jurisprudence, mais par un tout autre motif que celui précédemment admis. En effet, l'accusé qui s'est pourvu et qui a échoué perd, aux termes de l'art. 24 c. pén., le bénéfice de l'imputation pour la période de détention postérieure à la condamnation. Il est donc certain que la prison faite pour la *mise en état* ne comptera pas, si son pourvoi est rejeté, et que l'exécution de la peine ne commencera qu'au jour de l'arrêt de rejet.

---

de transformer en peine d'emprisonnement, au profit du condamné malheureux, qui avait raison de se plaindre, la détention préalable qu'il a subie, à partir du jugement, dans l'intervalle des deux décisions judiciaires; que l'art. 24, expliqué par ces motifs, consacre réellement cette transformation, d'où il suit que Pilteau a subi, depuis son jugement, la peine de l'emprisonnement pendant sept jours; — Considérant, ceci posé, que la liberté provisoire, faveur qui lui a été accordée, ne peut modifier la nature de la privation de liberté qu'il a subie, et que cette liberté provisoire a eu pour seul effet une interruption spéciale, exceptionnelle si l'on veut, mais régulière, de la peine d'emprisonnement; — Considérant, en fait, qu'en ajoutant aux sept jours d'emprisonnement dont il s'agit les jours écoulés depuis que Pilteau s'est constitué prisonnier, il est prouvé qu'il a subi la peine entière de dix jours d'emprisonnement à laquelle il a été condamné; — Par ces motifs; — Rejette comme mal fondées les conclusions du ministère public, et ordonne que Pilteau sera mis en liberté immédiatement.

Du 4 mars 1882.-C. de Paris, ch. temp. correct.-MM. Violas, pr.-Bernard, subst.

(1) (Aff. de B...) — LA COUR; — Considérant qu'aux termes de l'art. 40, c. pén., la peine de l'emprisonnement doit être subie dans une maison de correction, et non ailleurs, ce qui ne peut s'entendre que d'un établissement pénitentiaire français, et que la date de l'entrée du condamné dans cette maison, c'est-à-dire le point de départ de la durée de la peine, est fixé par l'acte d'écrou, à moins qu'il ne soit établi que cet acte n'a pas été dressé par omission ou par accident; qu'il n'y a donc pas lieu de tenir compte du mois passé dans les prisons d'un autre pays par les condamnés arrêtés à l'étranger en vertu des traités d'extradition;

Par ces motifs; — Déclare de B... mal fondé dans les conclusions de sa requête, etc.

Du 28 juin 1883.-C. de Paris, ch. corr.-MM. Cotelle, pr.-Robert, av. gén.-Duverdy, av.

208. La loi des 15-17 nov. 1892 relative à l'imputation de la détention préventive sur la durée de la peine n'a pas d'effet rétroactif. Telle est la disposition formelle de l'art. 2. Elle est applicable à l'Algérie et aux colonies (art. 3).

209. Il y a lieu de signaler ici la disposition spéciale de l'art. 200 c. just. mil. de 1857. Aux termes de cet article, « les peines prononcées par les tribunaux militaires commencent à courir, savoir: celle des travaux forcés, de la déportation, de la détention, de la réclusion et du bannissement, à partir du jour de la dégradation militaire ; celle des travaux publics, à partir du jour de la lecture du jugement devant les troupes. Les autres peines comptent du jour où la condamnation est devenue irrévocable. Toutefois, si le condamné à l'emprisonnement n'est pas détenu, la peine court du jour où il est écroué ». Une disposition semblable est contenue dans l'art. 258 c. just. mil. pour l'armée de mer de 1858.

210. — III. DURÉE DES PEINES. — La durée des peines temporaires privatives de liberté est fixée par l'arrêt ou jugement de condamnation. Le minimum général est, dans notre droit, d'un jour ou de vingt-quatre heures (c. pén., art. 40 et 465). Le maximum varie suivant les peines ; il est, sauf le cas de récidive, de cinq ans pour l'emprisonnement, de dix ans pour la réclusion, de vingt ans pour la détention, de vingt ans aussi pour les travaux forcés à temps. Les peines criminelles se comptent exclusivement par années ; la peine correctionnelle de l'emprisonnement se compte par jour, par mois, par années.

211. En règle générale, ainsi qu'on l'a dit v° *Délai*, n° 5, et *Rép.* n°s 17 et 18, la durée des peines temporaires doit être calculée de *quantième à quantième*, en employant le calendrier grégorien, admis par la législation française, pour la mesure du temps légal (Sén.-cons. 22 fruct. an 13 ; c. com. art. 32). Si donc la peine prononcée est d'une ou plusieurs années, ces années se compteront d'une date à la date correspondante. Si la peine est de un ou plusieurs jours, elle devra se calculer par durée de vingt-quatre heures, et d'heure à heure. Par conséquent, huit jours de prison signifieront huit fois vingt-quatre heures. — Si la peine est d'un mois, sera-ce trente jours, ou tantôt trente jours, tantôt trente et un jours, tantôt vingt-neuf ou vingt-huit jours, suivant le mois, d'après le calendrier grégorien ? Ce sera, dans tous les cas, trente jours, ni plus ni moins, puisque l'art. 40 c. pén. a pris soin de dire dans son dernier alinéa : « Celle (la peine) à un mois est de trente jours ». Si la peine est de plusieurs mois de prison, trois mois ou six mois par exemple ? calculera-t-on, de même, d'une date à l'autre ? ou bien comptera-t-on trois fois trente jours, six fois trente jours ? La chancellerie, considérant l'art. 40 comme une disposition exceptionnelle applicable pour le cas seulement de la condamnation à un mois, a toujours décidé qu'en toute autre hypothèse, les mois doivent être comptés de date à date, selon le calendrier grégorien, et non par périodes de trente jours, et la jurisprudence s'est, depuis un certain nombre d'années, fixée dans le même sens (Aix, 15 oct. 1862, aff. X..., D. P. 63. 2. 160; Crim. cass., 14 janv. 1881, aff. Lina; 16 juin 1881, aff. Alton Rosemond, D. P. 81. 1. 490; 12 févr. 1881, aff. Tandou, *Bull. crim.*, n° 45. Conf. Garraud, n° 34 ; Villey, p. 466 ; Laborde, n° 326 et p. 185, note 1 ; Mangin, *Traité de l'action publique*, t. 2, n° 318 *in fine*. — V. cependant en sens contraire : Blanche, t. 1, n° 179, Trébutien, t. 1, n° 353 ; Morin, *Répertoire*, v° *Emprisonnement*, n° 2 ; Lainé, n° 377 ; Haus, *Principes du droit pénal belge*, t. 2, n° 738).

212. A quelle heure la libération doit-elle avoir lieu ? Dans la pratique le condamné est élargi à l'heure correspondant à celle de son écrou. Il en est, du moins, toujours ainsi pour les courtes peines d'emprisonnement. Quant aux longues peines, la circulaire déjà citée du ministre de l'intérieur (6 juill. 1868, D. P. 69. 3. 22) a décidé que, dans le cas où la peine de l'emprisonnement comprend une ou plusieurs années entières, la mise en liberté du condamné doit avoir lieu le matin du jour anniversaire du commencement de la peine, à l'ouverture des portes de la prison, et non la veille de ce jour. « C'est déjà par une mesure favorable, a dit le ministre, que le condamné est mis en liberté dès le matin de ce jour, car, régulièrement, il n'aurait droit à sortir de la prison qu'à l'heure correspondant à celle de son entrée ». Cette circulaire est encore appliquée aujourd'hui dans les prisons de longues peines.

213. Les peines qui emportent privation de la liberté doivent être subies sans interruption, jusqu'à ce que le temps fixé par le jugement ou l'arrêt soit expiré, à moins que leur durée n'ait été réduite par un décret de grâce. Il est à remarquer toutefois que la loi du 4 vend. an 6 (art. 15 et 16) permet, en cas de maladie, la translation des condamnés à l'emprisonnement dans les hospices, à la charge qu'il sera pourvu à leur garde. Cette détention dans un hospice comptera-t-elle dans la durée de la peine ? Oui, d'après la pratique de la chancellerie, si le dépôt dans l'hospice a eu lieu conformément aux art. 15 et 16 de la loi précitée. Rien ne paraît plus juste ; est-ce que le temps passé par un condamné malade à l'infirmerie de la prison ne compte pas dans le calcul de la durée de la peine ? pourquoi n'en serait-il pas de même du temps passé dans un hospice ? Un arrêt (Grenoble, 10 juill. 1890, aff. Femme F..., D. P. 91. 2. 341) a jugé, en matière d'évasion, que les hospices dans lesquels les détenus sont transférés en cas de maladie *formant des annexes ou dépendances de la prison elle-même*, le détenu qui, transféré dans un hospice, s'évade en descellant les barreaux et de grillage d'une fenêtre commet le délit d'évasion. Si l'hospice forme pour le détenu malade « une dépendance de la prison », n'est-il pas logique de compter dans la durée de la peine, tout le temps passé à l'hospice ? A cet égard, le nouveau code pénal de Neufchâtel (1891) contient une disposition précise : si le condamné doit être transporté dans un hôpital ou un hospice, le temps qu'il y passe est imputé sur la durée de la peine, sauf le cas de simulation (art. 24). — Mais nous estimons que la solution devrait être tout autre, si un condamné avait obtenu la faveur d'être transféré dans une de ces maisons particulières qu'on appelle maisons de santé. L'usage de transférer les condamnés malades dans des maisons de santé a été justement critiqué par MM. Chauveau et Hélie (t. 1, n° 178), comme constituant une infraction grave à la loi. « Les maisons particulières, disent ces auteurs, n'offrent aucune des garanties d'un établissement public, et il est visible que la peine est interrompue pendant la résidence des condamnés dans ces maisons. Ces translations sont donc évidemment illégales ; et, si l'on ajoute qu'elles peuvent être accordées avec légèreté, qu'elles le sont toujours par faveur, et que les condamnés qui ont quelque fortune peuvent seuls en profiter, il s'ensuit qu'elles sont encore entachées d'injustice vis-à-vis des autres détenus ». Quoi qu'il en soit du mérite de ces critiques, auxquelles nous nous associons d'ailleurs complètement, nous regardons comme tout à fait illégal de faire compter pour l'exécution de la peine le temps passé dans une maison de santé.

L'art. 25 du nouveau code de Neuchâtel contient, en cette matière, une disposition originale, qui est ainsi conçue : « Les condamnés atteints d'une maladie présumée mortelle peuvent, sur la demande de leur famille, être remis aux soins de celle-ci S'ils viennent à guérir, ils sont réintégrés dans l'établissement, où ils étaient détenus. Dans ce cas, le temps qu'ils ont passé hors de l'établissement *n'est pas déduit de leur peine* ».

214. — IV. CRIMES COMMIS DANS L'INTÉRIEUR DES PRISONS. — La loi des 25-27 déc. 1880 (D. P. 81. 4. 53) a édicté, comme on l'a vu *suprà*, n° 9, des mesures spéciales pour la répression des crimes commis par les détenus dans l'intérieur des prisons. Cette loi a eu pour but de protéger la vie des détenus paisibles et des gardiens des prisons, en déjouant le calcul d'un grand nombre de condamnés, qui préfèrent la transportation au regime de la reclusion et qui commettent, dans l'intérieur des prisons, les crimes les plus graves pour se faire condamner aux travaux forcés à temps ou à perpétuité et aller subir leur peine à la Nouvelle-Calédonie. Elle contient deux ordres de mesures : 1° elle oblige (Crim. cass. 5 mai 1882, aff. Wronna, D. P. 83. 1. 143 ; 8 juin 1882, aff. Bulcourt, D. P. 82. 1. 426) la cour d'assises qui prononce la peine des travaux forcés à temps ou à perpétuité à ordonner que la peine sera subie, à moins d'impossibilité, dans la maison même où le crime a été commis, pendant un temps qui ne pourra être inférieur au temps de reclusion ou d'emprisonnement que le détenu avait encore à subir au moment du crime ; 2° elle donne à la cour d'assises, dans le même cas, la faculté d'ordonner que le condamné sera resserré plus étroitement, enfermé seul et soumis, pendant un temps qui n'excède pas un an, à l'emprisonnement cellulaire.

SECT. 5. — DE LA CONDAMNATION CONDITIONNELLE.

§ 1er. — Législation et droit comparé.

215. L'institution de la condamnation conditionnelle a été introduite en France par la loi des 26-27 mars 1891 sur l'atténuation et l'aggravation des peines (D. P. 91. 4. 24). Cette loi, due à l'initiative de M. le sénateur Bérenger, a un double objet : atténuer la situation du condamné primaire, aggraver celle du délinquant d'habitude. Nous ne nous occuperons ici que du premier de ces objets, auquel sont consacrés les art. 1 à 4 de la loi ; l'aggravation de la peine en cas de récidive (art. 5 de la loi) sera étudiée *infrà*, v° *Récidive-relégation*.

216. Le but du législateur, dans les quatre premiers articles de la loi précitée, a été d'épargner la honte et le danger de la prison à celui qui a commis une première faute. La prison, telle qu'elle est appliquée en France, ne corrige pas : elle déprave (V. *suprà*, n° 50). Cela étant, ne convient-il pas, au cas de première chute, de donner aux tribunaux la faculté de remplacer la prison par une peine purement comminatoire, par une simple menace ? Ainsi que le dit M. Bérenger dans son premier rapport au Sénat, « l'avertissement avec menace d'une sévérité plus grande n'est-il pas, dans la pratique de la vie, universellement et efficacement employé par le père de famille, le maître, le patron? N'est-il pas partout le préliminaire indispensable de toute répression raisonnée ? Pourquoi la société dédaignerait-elle d'employer à sa propre préservation l'arme qui réussit si bien dans la famille, à l'école, à l'atelier? » (D. P. 91. 4. 24, col. 3.)

217. Pour organiser la *loi du pardon* (comme certains l'ont appelée) en faveur du délinquant primaire, le législateur avait à choisir entre trois procédés : la simple réprimande judiciaire, la sentence suspensive et la condamnation conditionnelle. — Le système de la réprimande judiciaire remonte fort loin. Usité déjà en droit romain sous le nom de *severa interlocutio*, et dans notre ancien droit français sous le nom d'*admonition*, blâme ou correction par la bouche du juge (Merlin, *Répertoire*, v° *Blâme*), il consiste essentiellement dans une mercuriale adressée par le juge à l'inculpé, qui est renvoyé de la poursuite sans autre châtiment après constatation de la culpabilité. La commission du Sénat l'a écarté parce qu'elle a craint que cette simple mercuriale n'eût pas une efficacité suffisante et ne fût pas assez exemplaire, mais la commission extra-parlementaire qui prépare la revision du code pénal lui a, depuis, donné place dans son projet (art. 66). La réprimande judiciaire, sans adjonction d'aucune autre peine, est admise par les codes : d'Allemagne (art. 59, § 4), de Portugal (art. 81 et 119), de Russie (art. 30, 40 et 65), d'Espagne (art. 26 et 117), de Fribourg (art. 310), de Vaud (art. 13, n° 12, et art. 31), d'Appenzell (art. 12, § 16), de Malte (art. 7 et 16). Le nouveau code d'Italie (art. 26 et 27) l'admet aussi, mais à certaines conditions. Il exige que le condamné s'oblige personnellement, et, lorsque le juge l'estime opportun, même avec le concours d'une ou de plusieurs cautions idoines et solidaires, à payer une somme déterminée, à titre d'amende, au cas où dans un délai fixé par la sentence, il commettrait une nouvelle infraction. — V. sur la réprimande judiciaire : Code pénal d'Italie, traduction par J. Lacointa, note sous les art. 26 et 27, et aussi l'introduction, p. 62 et 63.

218. Dans l'Etat de Massachusetts, à la Nouvelle-Zélande et en Angleterre, la législation ne consacre pas l'usage de la réprimande. Le juge ne concède pas à l'inculpé le pardon, mais il peut, la culpabilité établie, surseoir au prononcé de la peine pendant un délai déterminé, à l'expiration duquel les poursuites seront définitivement abandonnées, si l'inculpé n'a mérité aucun reproche. Au cas contraire, la peine sera prononcée et subie. On le voit, dans ce système, il est sursis, non pas simplement à l'exécution de la peine, mais au prononcé même de la condamnation. Créée en 1870 à Boston, pour les jeunes délinquants, l'institution de la « mise en probation » fonctionne, depuis 1880, dans l'Etat entier de Massachusetts et à l'égard des adultes ; l'exemple a été suivi par la Nouvelle-Zélande en 1886 et par l'Etat australien du Queensland aussi, en 1886. En Angleterre, la mise en probation a été introduite par la loi du 7 août 1887, intitulée : *Probation of first offenders act* (50 et 51 Vict. chap. 25). Ce système qui donne, paraît-il, d'excellents résultats outre mer, n'a pas obtenu faveur chez nous ; il présente des inconvénients : « Le magistrat peut, quand l'inculpé reparaît devant lui, ne pas se souvenir de la peine qu'il voulait prononcer, ou bien ce n'est plus le même magistrat. D'autre part, les preuves de la première infraction peuvent être dispersées et les témoignages affaiblis » (H. Capitant, *La loi du 26 mars 1891 sur l'atténuation et l'aggravation des peines*, *Rev. crit.* 1891, p. 372). Sur le système de la mise en probation, V. *Bulletin de la Société générale des prisons*, avr. 1891, art. de M. Worms, p. 386 et suiv. ; Gautier, professeur à l'université de Genève, *A propos de la condamnation conditionnelle* ; L. Mahoudeau, *Commentaire de la loi du 26 mars 1891*, p. 9 et 10 ; H. Locard, *La loi du 26 mars 1891*, p. 155 et suiv. ; Nègre et Gary, *La loi Bérenger*, p. 41 et 43.

219. C'est le système de la condamnation conditionnelle, ou du sursis à l'exécution de la peine prononcée, qui a prévalu en France. La loi du 26 mars 1891, dite *loi Bérenger*, l'a consacré. Dès 1884, M. Bérenger en avait donné la formule dans une proposition de loi « sur l'aggravation progressive des peines en cas de récidive et sur leur atténuation en cas de premier délit » présentée au Sénat le 26 mai 1884, proposition qui, après avoir subi diverses modifications, est devenue la loi précitée. — La condamnation conditionnelle existe en Belgique. Elle a été introduite en ce pays par la loi du 31 mai 1888 qui, dans une certaine mesure, s'est inspirée du projet Bérenger. Des propositions analogues ont été déposées en Autriche le 29 mai 1889 par le ministre de la justice, en Hongrie le 3 févr. 1890 par un député. Dans ce dernier pays, le mouvement d'opinion qui s'est produit en faveur de la condamnation conditionnelle vient d'aboutir à un projet de loi que le ministre de la justice a déposé, le 18 mai 1892, à la Chambre des députés de Buda-Pesth. En août 1889, à Bruxelles, l'union internationale du droit pénal recommandait l'adoption du principe de la condamnation conditionnelle aux législateurs des différents pays.

220. Le principe même de la condamnation conditionnelle a été fortement combattu. On a dit au congrès pénitentiaire de Saint-Pétersbourg, en juin 1890, qu'avec la condamnation conditionnelle, on n'aurait plus que « l'ombre d'un magistrat appliquant l'ombre d'une peine à l'ombre d'un délinquant ». D'autres, lors de la discussion de la loi que nous étudions, ont critiqué cet excès de sentimentalité qui remplace le vieux proverbe : il n'y a que le premier pas qui coûte, par un encouragement à s'engager dans une voie où le premier pas ne doit rien coûter. L'argument a été présenté sous une forme humoristique par M. le marquis de l'Angle-Beaumanoir, lorsqu'il a dit au Sénat qu'avec la condamnation conditionnelle « tout citoyen honorable, passagèrement entraîné ou en proie à une irrésistible passion, peut se passer la fantaisie d'un premier délit ou d'un premier crime, s'il considère que cela lui est utile ou agréable » (Séance du 3 juin 1890, *Journ. off.* p. 523). Sans vouloir entrer dans le détail de la controverse, on peut répondre simplement que la condamnation, même conditionnelle, n'en a pas moins le caractère d'une condamnation. « La condition résolutoire dont elle est affectée, les effets qu'elle produit pendant le délai d'épreuve, la contrainte morale imposée au bénéficiaire du sursis s'il veut gagner sa réhabilitation constituent une véritable peine qui établit une différence profonde entre la situation du délinquant condamné conditionnellement et celle de l'individu acquitté » (Locard, *op. cit.* p. 153). — Il faut reconnaître, toutefois, que la condamnation conditionnelle est une arme délicate, qui demande à être maniée avec beaucoup de prudence. Plus que jamais, le juge devra se garder de tomber dans l'arbitraire et d'oublier les nécessités de l'exemple ; surtout, il serait déplorable que la magistrature pût être jamais soupçonnée de ne pas suivre, en toute occasion, les règles de la justice distributive la plus exacte. Au reste, mieux que tous les raisonnements, l'expérience permettra de se faire une opinion éclairée sur la nouvelle réforme, et nous dirons volontiers avec M. Locard (*op. cit.* p. 6) qu' « il serait téméraire, à l'heure actuelle, de porter un jugement auquel les faits pourraient donner tort ».

Un premier rapport sur l'application de la loi du 26 mars 1891 a déjà été présenté au garde des sceaux par le directeur des affaires criminelles au ministère de la justice. Ce rapport, inséré au *Journal officiel* du 27 août 1891, comprend la période écoulée du 26 mars au 31 déc. 1891. Nous signalerons ci-après quelques-unes de ses constatations, nous bornant à faire connaître ici que, pendant la période précitée, les cours d'assises ont accordé le sursis à 39 condamnés à l'emprisonnement, les tribunaux correctionnels à 7362 condamnés à l'emprisonnement et à 4406 condamnés à l'amende. C'est une proportion de 75 sursis pour 1000 condamnations à l'emprisonnement et 67 sursis sur 1000 condamnations à l'amende. En Belgique, l'institution a, jusqu'à présent, donné de bons résultats. Il résulte d'un rapport présenté le 7 juill. 1891 à la Chambre des représentants de ce pays par le ministre de la justice que, depuis le 10 juin 1888 (date de la mise en vigueur de la loi nouvelle) jusqu'au 31 déc. 1890, sur un total de 447 070 condamnations (correctionnelles ou de simple police), il y a eu 27 504 condamnations prononcées conditionnellement et 578 rechutes, c'est-à-dire environ 2 pour 100 de rechutes. Certains tribunaux correctionnels importants, comme ceux de Gand et de Verviers, qui, pendant l'année 1890, ont prononcé respectivement 450 et 185 condamnations conditionnelles, n'ont eu aucune rechute constatée (Même rapport).

221. La loi Bérenger a déjà été étudiée et commentée par un grand nombre d'auteurs. Nous citerons spécialement: Locard, *Commentaire de la loi du 26 mars 1891 (Loi Bérenger), sur l'atténuation et l'aggravation des peines ;* Jules Nègre et Ferdinand Gary, *La loi Bérenger et ses applications;* Brégeault, *Commentaire de la loi du 26 mars 1891 sur l'atténuation et l'aggravation des peines;* L. Mahoudeau, *Commentaire de la loi du 26 mars 1891 sur l'atténuation ou l'aggravation des peines;* G. Mabille du Chêne, *De l'atténuation et de l'aggravation des peines*; Laborde *Questions pratiques sur la loi du 26 mars 1891*, *Lois nouvelles*, 1891, 1re partie, p. 401 et suiv.; H. Capitant, *La loi du 26 mars 1891*, *Revue critique*, 1891, p. 368 ; de Forcrand, *Journal du ministère public*, 1892, p. 3, 29, 61, 85, 113, 145, 193, 241. V. aussi Garraud dans *Précis de droit criminel*, 4e édit., nos 174 et suiv. et M. L. André, *De la récidive*, 2e partie, liv. 1, tit. 1, p. 101 et suiv.).

§ 2. — Nature de la décision de sursis.

222. La loi du 26 mars 1891 a consacré, dans son art. 1, un principe jusque-là inconnu dans notre droit pénal, à savoir que le juge qui a constaté l'infraction et qui la punit peut, dans certains cas, suspendre pendant cinq ans l'exécution de la condamnation qu'il vient de prononcer. — Quelle est la nature de cette condamnation avec sursis ? Le législateur ne s'en est pas expliqué. Pas une seule fois, il n'a prononcé le mot de « condamnation conditionnelle » dont le législateur belge s'est servi; il a parlé de « sursis à l'exécution de la peine » de « suspension de la peine », mais il n'a point défini l'innovation introduite et n'en a pas déterminé les caractères juridiques. Cela étant, quelle est la vraie nature de la décision du juge? Celle-ci est-elle un acquittement, une grâce, un pardon, une amnistie, une condamnation ? Assurément, ce n'est pas une décision d'acquittement, « puisque le prévenu, déclaré coupable, est condamné à une peine afflictive déterminée » (Chambéry, 14 juin 1891, aff. Clerc, D. P. 91. 2. 299). Ce n'est pas une grâce, puisque le droit de grâce est réservé par la constitution au pouvoir exécutif; ce n'est pas une amnistie, puisque l'amnistie est du ressort du pouvoir législatif ; ce n'est pas non plus un pardon, puisque l'idée qui a présidé à la loi n'est pas de faire l'oubli autour de la faute, mais bien de contraindre son auteur à la racheter par sa bonne conduite. Serait-ce une peine d'ordre purement moral, comme l'intitulent MM. Bérenger et Barthou dans leurs rapports au Sénat et à la Chambre des députés, consistant dans la menace d'un châtiment éventuel (Nègre et Gary, *op. cit.*, p. 38)? Non, puisque, en cas de nouvelle infraction dans les cinq ans, la peine matérielle s'exécute. Faut-il y voir une condamnation conditionnelle sous condition résolutoire, en ce sens que, si le délai de cinq ans s'écoule sans rechute, la condamnation disparaît (Laborde, p. 401)? Ce point de vue manque aussi, croyons-nous, d'exactitude : dans notre droit la condition résolutoire ne suspend pas l'exécution des obligations, et ici cependant, l'exécution n'a pas lieu (Brégeault, p. 20 ; Capitant, p. 381). Qu'est-ce donc que la décision de sursis ? Nous pensons avec M. de Forcrand (*op. cit.*, p. 4) que, si l'on veut répondre à la question posée, il convient de distinguer deux choses qui ont été souvent confondues : la condamnation et l'exécution de la peine. La condamnation avec sursis est positive et actuelle, son exécution seule se trouve suspendue par un obstacle non admis jusqu'à ce jour dans notre droit pénal, qui est le sursis. La preuve que la condamnation est positive et actuelle, c'est que, malgré le sursis, les incapacités et déchéances sont encourues. D'ailleurs, le condamné qui a obtenu sursis doit, malgré la suspension, payer les frais et les dommages-intérêts. Une décision qui produit de pareils effets est certainement actuelle et ferme. Mais, d'autre part, l'exécution de la peine est conditionnelle, puisque cette exécution est subordonnée à la réalisation d'une condition suspensive, condition qui doit arriver dans les cinq ans et qui consiste dans une infraction nouvelle. Il a été jugé, dans ce sens, que le jugement qui ordonne un sursis à l'exécution de la peine, loin d'équivaloir à un acquittement sous clause résolutoire, contient, au contraire, une condamnation avec clause suspensive quant à l'exécution (Chambéry, 14 juin 1891, aff. Clerc, D. P. 91. 2. 297-298). Au reste, si l'on veut une définition courte et précise, nous proposerons celle qui a été donnée par M. André, p. 101, à savoir que la décision de sursis n'est pas autre chose qu'*une condamnation avec exécution conditionnelle de la peine*. — V. aussi, sur la question, Locard (n° 68 et note 2). Cet auteur préfère l'expression de « condamnation conditionnelle », usitée, d'ailleurs, dans la pratique.

223. De ce que la décision de sursis est une condamnation ferme et actuelle, nous tirerons cette conséquence que le condamné n'a pas le droit de renoncer au sursis et d'exécuter sa peine. Cette décision est obligatoire pour lui, au même titre et avec la même force que toute autre disposition en matière répressive. En effet, le tribunal ou la cour ne prononcent pas une condamnation à une peine déterminée, avec faculté pour le condamné de ne pas l'exécuter: ils *ordonnent* qu'il sera sursis, dit l'art. 1 de la loi. La décision est donc impérative pour le condamné, et, quel que fût le désir exprimé par lui, l'officier du ministère public appelé à y accéder n'en serait pas plus investi du droit de faire exécuter la peine (Nègre et Gary, p. 83 ; de Forcrand, p. 5; Locard, p. 87 et 88). — Quelques auteurs ont contesté cette solution. S'appuyant sur certaines paroles de M. Bérenger au Sénat, M. André (p. 219) estime que le condamné avec sursis a un droit d'option. M. Mahoudeau (n° 30), tout en critiquant le droit du condamné à la renonciation au sursis, paraît cependant l'admettre. Il est incontestable que M. Bérenger a affirmé à plusieurs reprises, devant le Sénat, le droit de renonciation au sursis. Amené à constater que le condamné peut avoir intérêt à y renoncer pour faire courir le délai de trois années de la réhabilitation ordinaire, et effacer toute trace de sa faute avant le terme des cinq ans du sursis, il s'est exprimé en ces termes à la séance du 3 juin 1890 : « Si quelque circonstance exceptionnelle rend utile une réhabilitation plus prompte, le condamné *peut renoncer au bénéfice du sursis* et abréger ainsi le délai. Le rapport s'explique expressément à cet égard. Il y a deux situations parfaitement précises. Veut-on rester dans les termes du code d'instruction criminelle ? On subit la peine : et, au bout de trois années, on peut poursuivre la réhabilitation. Veut-on profiter de la loi de faveur et d'indulgence ? On échappe d'abord à la flétrissure de la prison, on échappe ensuite au danger des enquêtes, et l'on arrive par la suppression du casier à la réhabilitation de plein droit ». Déjà, dans son premier rapport au Sénat (p. 17), M. Bérenger avait dit : « Le temps d'épreuve exigé pour la réhabilitation ordinaire ne commençant à courir qu'à partir de la libération, le condamné conditionnel ne pourrait l'invoquer que si, *renonçant au sursis*, il exécutait réellement sa peine ». — M. Bérenger, auteur du projet et rapporteur de la commission, était évidemment, mieux que tout autre, qualifié pour en indiquer la véritable portée et les conséquences. Néanmoins, malgré l'autorité qui s'attache à sa parole, nous dirons avec M. Locard (p. 87), « qu'il ne paraît pas possible d'accepter une interprétation qui ne s'appuie sur aucune disposition précise de la loi, et semble en contradiction avec les principes généraux du droit. La loi du 26 mars 1891 a essentiellement pour but de prévenir et de réprimer la récidive. Dans les rapports et au cours des débats, elle a été maintes fois qualifiée une loi de défense et de préservation sociales. Aussi la condamnation conditionnelle et le sursis ne sont-ils pas accordés au délinquant uniquement dans son intérêt personnel, mais également et peut-être même surtout dans l'intérêt de la société tout entière. Comment concevoir, dès lors, que le délinquant puisse, par sa seule volonté, rendre caduque cette mesure d'ordre public et priver la société du bénéfice qu'elle peut en retirer? Comment admettre qu'il ait le droit de s'exposer aux contacts démoralisateurs des prisons que la société a cru devoir lui épargner pour l'empêcher de grossir d'une nouvelle recrue l'armée des récidivistes? »

§ 3. — Conditions d'application du sursis.

224. Avant tout il importe de constater que ce n'est pas un droit que crée la loi nouvelle au profit de certains condamnés, c'est une pure faculté donnée au juge. « Les cours et tribunaux *peuvent* ordonner », dit l'art. 1, § 1, de la loi. Il appartient donc au juge d'examiner si le condamné, à supposer qu'il se trouve, d'ailleurs, dans les conditions légales ci-après indiquées, mérite personnellement cette faveur : question morale, que le juge résoudra en son âme et conscience (André, *La récidive*, p. 103). A ce point de vue, M. Bérenger (premier rapport au Sénat, D. P. 91. 4. 25, col. 2) traçait au juge la règle de ses devoirs quand il disait : « Il ne s'agit plus d'envisager le degré de gravité de la faute, cette appréciation a dû être faite pour l'appréciation de la peine, mais de mesurer l'état moral du condamné et le degré de garantie que cet état suppose ». Il a été jugé que le sursis à l'exécution de la peine n'est pas de droit à la première condamnation; qu'il appartient aux tribunaux de l'accorder ou de le refuser selon les circonstances de la cause (Lyon, 13 juill. 1891, aff. Bozon, D. P. 92. 2. 286).

225. Quant aux conditions *légales* nécessaires pour que le sursis puisse être accordé, elles sont au nombre de deux : 1° il faut que l'inculpé n'ait pas subi de condamnation antérieure à l'emprisonnement pour crime ou délit de droit commun; 2° il faut que la condamnation prononcée soit une condamnation à l'emprisonnement ou à l'amende (L. 26 mars 1891, art. 1).

226. — I. PREMIÈRE CONDITION : ABSENCE DE CONDAMNATION ANTÉRIEURE A LA PRISON. — Tout d'abord, il va de soi, quoique la loi ne parle que de condamnation à la prison, que si la peine déjà subie par le délinquant était une peine supérieure à celle de l'emprisonnement, par exemple la reclusion ou les travaux forcés, on ne pourrait, à plus forte raison, lui accorder le bénéfice de la loi nouvelle. La pensée du législateur a été qu'il fallait *au moins* une condamnation antérieure à l'emprisonnement pour être privé du bénéfice de la loi (Conf. Capitant, n° 14; Mahoudeau, p. 14; Garraud, n° 175, p. 226; Brégeault, p. 24; Locard, n° 28; André, p. 104; Nègre et Gary, p. 45, note; de Forcrand, p. 7). — D'autre part, il résulte évidemment du texte de l'art. 1 que des condamnations antérieures à l'amende, même répétées, ne seraient point un obstacle au sursis (Mêmes autorités). La loi belge est, sur ce dernier point, moins large que la nôtre : elle exclut tous les individus condamnés antérieurement pour crimes et délits, quelle qu'ait été la condamnation encourue par eux. — Une troisième conséquence également certaine de l'art. 1, c'est que les condamnations, même corporelles, pour contraventions de police, n'empêcheraient pas de prononcer le sursis, puisque la loi ne parle que des condamnations « pour crime et délit » (Mahoudeau, n° 9; Brégeault, p. 319; Mabille du Chêne, n° 10; André, p. 105; Nègre et Gary, p. 45; Locard, n° 20; de Forcrand, p. 2).

227. L'envoi en correction d'un mineur de seize ans en vertu de l'art. 66 c. pén. ferait-il obstacle au sursis? Nous ne le pensons pas : la correction n'est pas la prison (Brégeault, p. 22; Nègre et Gary, p. 46; André, p. 104; Locard, n° 30; de Forcrand, p. 7). Mais nous n'irions pas jusqu'à dire avec un auteur (Brégeault, p. 23) que la condamnation d'un mineur de seize ans en vertu des art. 67 et 69 ne fera pas obstacle au sursis; car, dans cette seconde hypothèse, c'est bien une peine d'emprisonnement qui est prononcée contre le mineur, ainsi qu'il résulte des termes mêmes de l'art. 67 (Mahoudeau, n° 8; Locard, n° 31; André, p. 104; Nègre et Gary, p. 46 et 47).

228. La question la plus délicate que soulève l'art. 1 est celle de savoir ce qu'il faut entendre par ces mots : pour crimes et délit *de droit commun*. Nulle part, dans les travaux préparatoires on ne trouve la définition de ces dernières expressions. De l'avis unanime des commentateurs de la loi (Brégeault, p. 24; Mabille du Chêne, n° 10; Mahoudeau, n° 10; Capitant, n° 14; André, p. 105; Locard, p. 16; Nègre et Gary, p. 47; de Forcrand, p. 9), ils excluent les crimes et délits *politiques*, qui, dans l'usage, sont opposés aux crimes et délits du droit commun. Donc, une condamnation antérieure à la détention, au bannissement, même à la déportation (peines criminelles politiques) ne ferait pas obstacle au sursis. Il faut en dire autant des condamnations correctionnelles pour espionnage et pour tous autres délits politiques quelconques (V. *suprà*, v° *Délit politique*, n°s 13 et suiv.). Quant aux délits commis par la voie de la presse et par les autres moyens de publication (L. 29 juill. 1881), ce sont, en principe, des délits de droit commun, à moins qu'ils ne soient dirigés contre la constitution et la sûreté de l'Etat (V. à cet égard, v° *Délit politique*, n° 58). Les condamnations à la prison pour délit de presse suffiront donc, en règle générale, pour mettre obstacle à la suspension d'une seconde condamnation, et, spécialement, il en sera ainsi de celles qui auraient été prononcées pour diffamation et injures envers les particuliers (Conf. Mahoudeau, n° 11; Mabille du Chêne, n° 11). — Certaines infractions ont un caractère *mixtes*, en ce qu'elles lèsent à la fois l'ordre politique et l'ordre commun (V. *Délit politique*, n°s 30 et suiv.). M. Garraud (n° 175, p. 225 et la note) estime qu'il convient, dans ce cas, de faire prédominer le caractère politique sur celui de droit commun, et il propose d'appliquer par analogie l'art. 3 de la loi du 27 mai 1885 sur les récidivistes, qui décide que « les condamnations pour crimes ou délits politiques *ou pour crimes ou délits qui leur sont connexes* ne seront en aucun cas comptées pour la rélégation ». Cette opinion nous semble fondée, et nous croyons que la condamnation antérieure pour délit mixte ne devra pas empêcher le sursis (Conf. Locard, n° 18).

229. On oppose souvent aux infractions « de droit commun » les infractions militaires, c'est-à-dire les délits d'ordre purement militaire, prévus et punis par les codes de justice militaire. Les délits de cette nature sont-ils, ou non, des infractions « de droit commun », dans le sens de l'art. 1er, § 1 de la loi Béranger? La jurisprudence ne paraît pas encore avoir été appelée à se prononcer sur cette question assez délicate, qui divise la doctrine. M. Brégeault (p. 24) estime qu'il est bien difficile d'admettre qu'une condamnation pour un de ces crimes militaires d'une gravité exceptionnelle, tels que la trahison ou l'espionnage, par exemple, ne fasse pas obstacle à la faculté de sursis. L'objection n'est pas sans valeur. Nous croyons cependant que, par leur nature et la façon dont ils sont réprimés, les délits militaires offrent, plus encore que les infractions politiques, un caractère tout spécial, et, pour cette raison, nous pensons qu'ils sont exclus par les termes mêmes de la loi (Conf. Mahoudeau, n° 12; Capitant, n° 14; Mabille du Chêne, n° 13; De Forcrand, p. 9). Mais s'il s'agissait d'un délit de droit commun, tel qu'un vol, déféré aux tribunaux militaires à cause de la qualité de l'auteur, on ne serait plus dans l'exception, on rentrerait dans la règle, et la condamnation prononcée dans un cas de ce genre mettrait obstacle à l'obtention du sursis, en cas de condamnation postérieure.

230. Ainsi que nous l'avons dit plus haut, n° 222, d'après le texte même de l'art. 1 : *crime et délit de droit commun*, les contraventions ne peuvent jamais donner lieu à une condamnation antérieure de nature à faire perdre la qualité de délinquant primaire. Faut-il décider de même pour les infractions spéciales qui participent à la fois du délit et de la contravention, et auxquelles on a souvent donné le nom de délits-contraventions, c'est-à-dire des infractions punies de peines correctionnelles par des lois spéciales (pêche, chasse, douanes, chemins de fer, etc.), et punissables quelle que soit la bonne foi de celui qui les commet? On sait que, d'après la jurisprudence nouvelle de la cour de cassation, toute infraction qu'une loi spéciale a cru devoir atteindre d'une peine correctionnelle doit être considérée comme un délit et soumise aux règles relatives au délit proprement dit (V. les arrêts cités *suprà*, vº *Complice*, nºs 61 et 62). Les infractions de l'espèce sont donc des délits, et les condamnations qu'elles entraînent sont des condamnations pour *délit*. Ce n'est donc pas parce qu'elles seraient motivées par des contraventions que les condamnations prononcées pour des infractions spéciales, telles que délits de chasse, de pêche, ou fraudes fiscales quelconques, ne feraient pas obstacle au sursis; mais peut-on les considérer comme des condamnations pour « délit *de droit commun* »? En l'absence de définition légale de ces dernières expressions, nous croyons, avec M. de Forcrand, p. 9, qu'il faut adopter la solution la plus conforme au but évident du législateur, et, comme le sursis a été institué pour ceux dont une première faute ne dénote pas nécessairement la perversité, nous rejetterons de la catégorie des délits de droit commun, toutes les infractions non prévues par le code pénal qui ne prouvent pas l'immoralité ou l'intention coupable ». Les condamnations à l'emprisonnement pour des infractions de ce genre n'empêcheront donc pas, suivant nous, le sursis (Conf. Mahoudeau, nº 9). — Toutefois, la cour de Chambéry a consacré la doctrine contraire. Cette cour a jugé, par arrêt du 16 févr. 1893 (aff. André) « que la cour de cassation ayant décidé que le bénéfice de la loi du 26 mars peut être accordé aux condamnations prononcées la première fois pour des délits de contrebande, il s'ensuit que des condamnations antérieurement encourues pour de tels délits sont exclusives dudit bénéfice et que, d'une façon générale, toutes condamnations à l'emprisonnement en matière de douanes doivent être considérées, par rapport à la loi du 26 mars 1891, comme devant être confondues avec les condamnations pour crimes et délits de droit commun ». L'argument ne nous paraît pas très solide. Nous devons même avouer que nous n'en saisissons pas bien la portée. Sans doute, la cour de cassation a déclaré que le bénéfice de la loi peut être accordé aux condamnations à l'emprisonnement prononcées la *première fois* pour délits de contrebande (Civ. cass. 22 déc. 1891 (cité *infrà*, nº 246), et cela est fort juste, puisque la disposition de l'art. 1 de la loi, conçue en termes généraux, ne fait, à cet égard, aucune distinction entre les délits de droit commun et ceux prévus par des lois spéciales ou fiscales. Mais quelle conclusion peut-on tirer de là relativement à la question de savoir si des condamnations antérieures pour délits de contrebande sont ou non des condamnations pour délits de droit commun, puisque, précisément, la première partie de la disposition ne prononce pas les mots « délits de droit commun », et que la seconde ne définit pas ces expressions? Nous persistons donc, malgré l'arrêt précité, dans la doctrine par nous proposée.

231. Au reste, d'une façon générale, ce n'est qu'autant qu'une seconde condamnation intervient qu'il y a lieu de rechercher, pour la concession du sursis à l'exécution de la peine prononcée par cette seconde condamnation, si la première condamnation a été prononcée pour un crime ou délit de droit commun (Douai, 12 janv. 1892, aff. Bemsart, D. P. 92. 2. 286. V., dans le même sens, les conclusions de M. l'avocat général Sarrut, rappelées sous l'arrêt de la chambre criminelle du 25 mars 1892 (D. P. 92. 1. 309).

232. L'art. 1 ne précise pas le caractère que doit avoir la condamnation antérieure. S'ensuit-il que le seul fait de l'existence de la condamnation mette obstacle à l'exercice de la faculté de sursis, ou faut-il, pour produire un tel effet, que la condamnation antérieure soit devenue définitive avant le fait qui a donné lieu aux nouvelles poursuites? Une condamnation *définitive* nous paraît nécessaire. En matière de récidive, il est admis que la première condamnation doit être devenue définitive et doit avoir acquis l'autorité de la chose jugée avant le fait qui est réprimé par la seconde, car jusqu'à ce moment elle n'a pas d'effet légal et ne saurait être un avertissement pour celui qui a le droit de former un recours contre elle (Crim. cass. 2 août 1856, aff. Drevelle, D. P. 56. 1. 379; 13 août 1880, aff. Vignard, D. P. 81. 1. 143; 29 janv. 1885, aff. Duclou, D. P. 86. 1. 43; Ch. réun. rej. 26 févr. 1889, aff. Barrère de Haut, D. P. 89. 1. 485; Crim. cass. 16 mars 1889, aff. Jacob, D. P. 89. 1. 485; 21 mars 1889, aff. Raguenet, D. P. 89. 1. 486; 4 avr. 1889. aff. Laurent, D. P. 89. 1. 487; 16 mai 1889, aff. Dethoor, D. P. 89. 1. 487; 29 août 1889, aff. Mallet, D. P. 89. 1. 487; 14 juin 1890, aff. Capdepou, D. P. 91. 1. 238).

Il en doit être de même, croyons-nous, en matière de condamnation conditionnelle. « Sans doute, comme le dit M. Locard, nº 22, p. 22, il ne s'agit pas, dans cette hypothèse, d'aggraver légalement la peine à prononcer contre l'inculpé qui a commis la deuxième infraction. Mais, pour lui refuser le bénéfice au sursis, et, pour aggraver ainsi, en fait, les conséquences du jugement, la loi se fonde sur ce que le délinquant n'ayant pas tenu compte de l'avertissement antérieur n'est pas digne d'une mesure d'indulgence présumée inefficace. N'est-il pas légitime d'exiger que cet avertissement ait ici le même caractère qu'en matière de récidive, et ne doive par conséquent résulter que d'une condamnation antérieure devenue définitive? » Nous concluons donc avec le même auteur et avec M. Garraud, p. 225, note 4, que l'inculpé peut être considéré comme un délinquant primaire, bien que comparaissant pour la seconde fois en justice, et qu'il peut bénéficier du sursis toutes les fois que la condamnation prononcée contre lui pour crime ou délit de droit commun était encore susceptible d'un recours au moment où il a commis l'infraction réprimée par le deuxième jugement (Conf. de Forcrand, p. 9). Spécialement, il en sera ainsi en cas de condamnation par défaut tant que les délais de l'opposition ne seront pas expirés.

Au reste, il nous paraît certain que ces mots « condamnation antérieure » doivent s'entendre non pas d'une condamnation antérieure à la *comparution* devant la juridiction appelée à statuer sur l'application de la loi Bérenger, mais d'une condamnation antérieure au *fait* ou *délit* qui motive cette comparution. Pour apprécier si l'auteur du fait mérite ou non la faveur de la loi, c'est évidemment à la date de ce fait qu'il se faut placer (Mabille du Chêne, nº 14).

233. Pour faire obstacle au sursis faut-il que la condamnation antérieure émane d'un tribunal français? Assurément oui, car il est de principe, en notre droit, que les sentences pénales et étrangères n'ont, en France, d'autre effet que celui qui est expressément prévu par l'art. 5, § 3, c. inst. crim. Spécialement, les jugements rendus par les tribunaux étrangers ne peuvent constituer le prévenu en état de récidive, soit au point de vue de l'application de la loi du 27 mai 1885, soit au point de vue de l'application des art. 56 à 58 c. pén. (Crim. cass. 27 nov. 1828, *Rép.* vº *Peine*, nº 265; 3 juill. 1863, aff. Philippe, D. P. 65. 5. 328; Aix, 14 avr. 1875, aff. Giribaldi, D. P. 76. 2. 108; Crim. cass. 3 avr. 1875, aff. Bellot, D. P. 75. 1. 490; Besançon, 15 janv. 1879, aff. Bich, D. P. 79. 5. 351). Le même principe impose, croyons-nous, la même décision pour le refus de sursis. Il y a lieu, dès lors, de refuser à tout jugement étranger, même définitif et rendu contre un Français, l'autorité suffisante pour constituer une condamnation antérieure au point de vue de la loi du 26 mars 1891 (Conf. Locard, nº 24, qui cite, dans ce sens, un jugement du tribunal de Bruges du 21 juin 1888, *Pasicrisie belge* 1889. 3. 45).

234. S'il faut que la condamnation antérieure émane d'un tribunal français, on doit entendre ce mot *tribunal* dans le sens le plus étendu, puisque l'art. 1 vise sans restriction toute *condamnation antérieure à la prison pour crime et délit de droit commun*. Par suite, nous estimons, avec M. Locard (nº 24), que les décisions des conseils de guerre, militaires ou maritimes, qui punissent des crimes ou délits de droit commun, doivent avoir, au point de vue qui nous occupe, le même effet que les arrêts de cours d'assises ou d'appel et les jugements des tribunaux correctionnels.

235. L'existence d'une condamnation antérieure, quelle que soit son ancienneté, et alors même que, en raison de sa date, elle ne pourrait, aux termes des nouveaux art. 57 et 58 c. pén. (modifiés par l'art. 5 de notre loi du 26 mars 1891), servir de base à la récidive, empêcherait le condamné de bénéficier d'un sursis (Garraud, nº 175; Conf. Locard, nº 26).

236. Il n'est pas douteux non plus que toutes les condamnations prononcées avant la promulgation de la loi du

26 mars 1891 doivent être considérées comme des antécédents judiciaires, aux termes de l'art. 1. « Leur existence, dit très bien M. Locard (n° 27), constitue un état de fait et de droit sur lequel il ne peut y avoir à revenir, et auquel sont attachées même les conséquences résultant d'une loi nouvelle qui d'ailleurs n'aggrave pas la situation des condamnés ». Conf. Garraud, p. 226, note 2.

237. Que doit-on décider au sujet d'une condamnation à l'emprisonnement qu'une décision gracieuse a remise ou transformée en une simple amende? La grâce, on le sait, n'a d'autre effet que de dispenser le condamné d'exécuter sa peine, elle n'affecte en aucune façon la condamnation ellemême. Celle-ci subsistant, il reste, après comme avant la grâce, une « condamnation antérieure » qui fait obstacle au sursis (de Forcrand, p. 10 ; Nègre et Gary, p. 46).

238. L'amnistie et la réhabilitation produisent un tout autre effet que la grâce. L'amnistie éteint en principe le délit lui-même et la condamnation (V. *suprà*, v° *Amnistie*, n° 36; *Rép.* eod. v°, n°s 117 et suiv. La réhabilitation judiciaire organisée par la loi du 14 août 1885, «efface la condamnation et fait cesser pour l'avenir toutes les incapacités qui en résultaient » (c. instr. crim., art. 634). Nous en concluons que le condamné réhabilité ou amnistié peut obtenir le sursis, l'amnistie comme la réhabilitation effaçant « la condamnation antérieure » (Conf. Locard, n° 25 et 26 ; Garraud, n° 175, p. 225 ; de Forcrand, p. 10; Nègre et Gary, p. 45). — Quant à la réhabilitation de plein droit qui résulterait de l'expiration du délai de cinq ans après une première condamnation suspendue (art. 1, § 2, de la loi), elle produirait, croyons-nous, le même effet. En d'autres termes, nous pensons que l'individu qui aurait obtenu un sursis et qui, plus de cinq ans après sa première condamnation, commettrait une seconde infraction et serait condamné, pourrait voir encore suspendre l'exécution de cette deuxième peine. En effet, au bout de cinq ans d'épreuve, la condamnation « est comme non avenue » dit le paragraphe 2 de l'art. 1. Si elle est non avenue, comment pourrait-elle produire un effet quelconque, et notamment faire obstacle au sursis? V. Locard, n° 25, p. 26 et 27; Nègre et Gary, p. 46 ; Brégeault, p. 29 ; de Forcrand, p. 40 ; Garraud, p. 225 ; Laborde, p. 412 ; H. Capitant, n° 13. « Du reste, comme l'a fait remarquer ce dernier auteur, il est peu probable que les magistrats soient portés à renouveler l'expérience du sursis en faveur d'un coupable qui a si mal profité de la leçon et qui a eu soin de mettre précisément entre ses deux infractions le délai nécessaire pour éviter le premier châtiment prononcé contre lui » (*loc. cit.*).

239. On peut enfin se demander si, après un premier sursis, le juge est autorisé à suspendre l'exécution de la peine prononcée en raison d'un délit antérieur à l'infraction déjà réprimée. M. Laborde, p. 412, se prononce pour l'affirmative, et il justifie ainsi son opinion : « Le délit commis avant l'obtention du sursis est un délit concurrent qui aurait pu être compris dans la même poursuite. Dans ce cas, il aurait été examiné par le premier juge, et il n'y aurait eu, pour les deux délits, qu'une condamnation à laquelle aurait pu s'appliquer le sursis. Il ne faut pas que la division des poursuites, causée par un accident de procédure, puisse exclure l'application d'une règle de fond ». Nous ajouterons avec M. de Forcrand (*loc. cit.*) que « le prévenu ne peut être déclaré indigne du bénéfice de la loi, puisque, à la date de la nouvelle infraction poursuivie, il n'avait pas encore reçu l'avertissement d'une première condamnation. Cette règle est d'ordre public en matière de récidive ou de relégation, et, comme elle est l'équité même, on doit l'étendre à toutes les poursuites dans lesquelles la situation du prévenu est légalement aggravée par l'existence d'un jugement antérieur ».

240. — II. DEUXIÈME CONDITION. — CONDAMNATION A L'EMPRISONNEMENT OU A L'AMENDE. — Pour que le sursis soit applicable, il faut, en second lieu, que la condamnation prononcée soit une « condamnation à l'emprisonnement ou à l'amende » (art. 1, § 1). Donc le sursis ne s'applique pas, cela est hors de doute, aux peines plus fortes que l'emprisonnement, comme la reclusion, les travaux forcés, la détention, le bannissement, la déportation (Mahoudeau, p. 19 ; Capitant, p. 375; de Forcrand, p. 30). La cour de cassation a cassé un arrêt de cour d'assises qui avait fait bénéficier du sursis un condamné à la reclusion (Crim. cass. 20 janv. 1893, D. P. 93, 1re partie). — Le sursis ne s'applique pas davantage à la dégradation civique. Que faudrait-il décider au cas où le juge viendrait à prononcer *accessoirement* à la dégradation civique, comme il y est autorisé dans certains cas et comme il en a même parfois le devoir (c. pén., art. 35), la peine complémentaire de l'emprisonnement? L'exécution de cette peine d'emprisonnement, subsidiairement prononcée, pourrait-elle être suspendue en vertu de l'art. 1 de la loi? M. Mahoudeau, p. 20, s'appuyant sur la règle *accessorium sequitur principale*, estime qu'il ne saurait être permis au juge de suspendre l'exécution de la peine accessoire d'emprisonnement, lorsqu'il lui est interdit de différer l'application de la peine principale de la dégradation civique. Cette décision nous semble arbitraire. Le législateur a autorisé la suspension de la peine d'emprisonnement sans distinction; de quel droit le juge distinguerait-il? (Conf. Locard, p. 34, note.) Au reste, la question a peu d'intérêt pratique, car l'hypothèse prévue se présente très rarement.

241. — 1° *Emprisonnement.* — Que faut-il entendre par le mot *emprisonnement*? Dans le silence de la loi et des travaux préparatoires, nous pensons que ce mot vise uniquement la peine prévue par l'art. 40 c. pén. Suivant nous, un jugement qui ordonne l'envoi en correction de mineurs de seize ans, acquittés comme ayant agi sans discernement, ne pourrait suspendre, en vertu de l'art. 1 de la loi, l'exécution de la mesure qu'il vient d'ordonner. En effet, l'envoi en correction n'est pas une peine d'emprisonnement (Comp. *suprà*, n° 227), mais une mesure de protection, prise dans l'intérêt de l'enfant (Conf. Mahoudeau, p. 20; de Forcrand, p. 30; Locard, n° 39; Nègre et Gary, p. 54 ; Laborde, p. 404). Il en serait autrement si le mineur, ayant agi *avec* discernement, venait à être condamné à une peine d'emprisonnement plus ou moins longue, en vertu des art. 67 et 69 c. pén. puisque, dans cette hypothèse, c'est bien l'emprisonnement qui est prononcé (Conf. mêmes autorités). Au reste, ainsi que le fait remarquer M. Brégeault (*loc. cit.*), la faculté donnée aux tribunaux de déclarer que l'enfant a agi sans discernement et de le rendre, s'il y a lieu, à ses parents, rend inutile, en cas pareil, le droit de sursis.

242. — 2° *Amende.* — Le législateur a admis le sursis pour les condamnations à l'amende. Il n'en était pas ainsi dans le projet primitif de M. Bérenger, et le Sénat, lors de la première discussion de ce projet, avait formellement repoussé l'assimilation de l'amende à l'emprisonnement à cet égard. Nous sommes portés à croire que les scrupules du Sénat étaient fondés. Le but de la loi n'est-il pas, en effet, de soustraire les condamnés à la flétrissure corporelle, à la dégradation de la prison? Et d'ailleurs n'y a-t-il pas quelque chose de dérisoire à condamner un prévenu à 16 ou 50 francs d'amende avec un sursis de cinq ans? C'est ce qu'a pensé le législateur belge, qui n'admet le sursis que pour l'emprisonnement (L. 31 mai 1888, art. 9). Mais cette manière de voir n'a pas prévalu au Parlement français. Il a paru, à la Chambre des députés d'abord, puis au Sénat lui-même, qu'il ne serait pas juste de priver les condamnés à une simple amende d'une faveur accordée à des condamnés plus coupables, puisqu'ils sont frappés de la peine plus grave, celle de l'emprisonnement, et l'assimilation a été décidée. (Sur l'appréciation de cette disposition, V. Locard, n° 41 ; Nègre et Gary, p. 51 ; Mabille du Chêne, n°s 21 à 23; Mahoudeau, n° 17). — En fait, depuis la promulgation de la loi, les tribunaux correctionnels prononcent assez fréquemment la suspension de l'amende. Il a même été jugé que le sursis pour l'amende peut être restreint à une partie de celle-ci, les trois cinquièmes par exemple (Trib. corr. de Saint-Etienne, 20 janv. 1893, *Gazette des tribunaux* du 2 févr. 1893). Cette décision, qui s'appuie exclusivement sur le principe « qui peut le plus peut le moins », nous paraît sujette à critique. Le principe invoqué est-il bien juridique? n'est-il pas plus vrai de dire avec l'art. 65 c. pén.. que « la peine ne *peut être mitigée* que dans les cas et dans les circonstances où la loi..... permet d'appliquer au fait une peine moins rigoureuse »? D'ailleurs, s'il était admis, comme le fait le jugement précité, que la peine peut être divisée, il conviendrait d'appliquer, par voie de conséquence, le principe aussi bien à la prison qu'à l'amende. « Il en résulterait que le juge, après avoir condamné un prévenu à six mois de prison, aurait la faculté de n'accorder le sursis de la loi du 26 mars

1891 que pour une durée de deux, de trois, de quatre mois. Est-ce bien ce qu'a entendu faire la loi nouvelle? Il est permis d'en douter » (*Gazette des tribunaux* du 2 févr. 1893). Au reste, la cour de Lyon, par arrêt du 20 févr. 1893, a réformé le jugement et refusé le sursis pour toute l'amende prononcée. La cour n'a, d'ailleurs, donné aucun motif.

243. Les juges peuvent accorder le sursis en cas de condamnation à l'amende, sans qu'il y ait à distinguer si l'amende est prononcée seule ou si elle accompagne une peine d'emprisonnement (Locard, n° 42). Au reste, dans ce dernier cas, rien ne s'oppose juridiquement à ce que le sursis soit accordé pour l'emprisonnement et non pour l'amende : cette mesure peut être adoptée en certains cas comme une sorte de transaction entre une exécution complète de peine et une dispense absolue (Trib. corr. de Brive, 16 oct. 1891 (1); Trib. corr. d'Orange, 21 janv. 1892, *Monit. judic. du Midi*, 31 janv. 1892). La cour de cassation a décidé, en termes plus généraux, que le juge du fait étant maître d'apprécier s'il y a lieu d'accorder au condamné la faveur de la loi du 26 mars 1891, peut restreindre cette faveur à l'une des peines qu'il applique, lorsqu'il prononce à la fois une peine d'emprisonnement et une peine d'amende (Crim. rej. 14 mai 1892, aff. Michols, D. P. 92. 1. 523. Conf. Nègre et Gary, p. 52 ; André, p. 108 ; de Forcrand, p. 35).

244. L'amende pourrait-elle être suspendue lorsqu'elle constitue une peine complémentaire d'une peine criminelle, comme, par exemple, en cas de condamnation aux travaux forcés ou à la reclusion *et à l'amende* (c. pén., art. 145 et suiv.; 150, 164) ? Nous ne le croyons pas, parce qu'elle joue, dans ce cas, le rôle de peine accessoire, et qu'aux termes de l'art. 3, § 2, de la loi, « la suspension de la peine ne comprend pas les *peines accessoires* et les incapacités résultant de la condamnation » (Conf. Locard, n° 42. V. cependant, en sens contraire, de Forcrand, p. 87).

245. La loi du 26 mars 1891 est-elle applicable aux condamnations à l'amende prononcées en matière fiscale ? La cour de cassation a décidé la négative par plusieurs arrêts, en se fondant d'une part sur ce motif que « les peines fiscales, telles que la confiscation et les amendes, sont moins des peines que des réparations civiles », et, d'autre part, sur ce que, aux termes de l'art. 2 de la loi de 1891, la suspension ne peut avoir lieu ni pour les frais ni pour les *dommages-intérêts*. Ainsi jugé en matière de contributions indirectes (Crim. cass. 19 nov. 1891, aff. Morize, D. P. 92. 1. 109), et en matière de douanes (Crim. cass 22 déc. 1892, aff. Dalmand, D. P. 93. 1. 157). V. dans le sens du premier de ces arrêts, les conclusions de M. l'avocat général Baudoin, qui l'ont précédé (D. P. 92. 1. 109). — Il est à noter que l'arrêt du 19 nov. 1891 s'applique en termes généraux aux *peines fiscales*. La décision de la cour suprême serait dès lors, sans doute, la même en matière d'octroi. La plupart des commentateurs admettent, au contraire, que les amendes fiscales ayant, dans tous les cas, un certain caractère pénal, le pouvoir de sursis accordé aux juges peut, en principe, être exercé relativement aux condamnations de cette nature (Laborde, p. 406 ; Locard, n° 42 ; Nègre et Gary, p. 52 et suiv.; André, p. 106; Forcrand, p. 91). Plusieurs cours d'appel ont consacré cette dernière doctrine (Rennes, 3 juin 1891, aff. N....., D. P. 91. 2. 297-298 ; Lyon, 19 nov. 1891, aff. Dalmand, D. P. 92. 2. 63). A ce point de vue, nous signalerons particulièrement l'arrêt précité de la cour de Lyon qui, « considérant que le caractère pénal de l'amende, en matière de douanes, ressort manifestement de ce que la condamnation est personnelle ; de ce qu'elle s'éteint par la mort du condamné ; de ce qu'enfin les règles de la prescription criminelle et de la récidive lui sont également applicables ; qu'on ne saurait donc, sans contredire tout à la fois aux termes mêmes et à l'esprit de la loi du 26 mars 1891, confondre la condamnation à l'amende, visée dans l'art. 1, avec les frais et les dommages-intérêts nominativement désignés dans l'art. 2 de la même loi » a jugé que la loi du 26 mars 1891 est applicable aux condamnations à l'amende encourues pour fraude en matière de douanes. Nous sommes disposés à partager cette opinion. Sans doute, l'amende en matière de douanes, de contributions indirectes et d'octroi est, sous certains rapports, une réparation plutôt qu'une peine, mais elle est aussi une peine : en réalité, elle a un caractère mixte. Dès lors que cette amende est une peine, elle se trouve, croyons-nous, comprise dans les termes de l'art. 1, lequel ne fait aucune distinction.

246. Mais il importe de préciser davantage les données de la jurisprudence par rapport aux diverses catégories d'amendes fiscales. En ce qui concerne les douanes, la grande majorité des arrêts décident que le sursis de la loi Bérenger ne peut être accordé pour la condamnation à l'amende (Crim. cass. 22 déc. 1892, cité *suprà*, n° 245; Bordeaux, 14 août 1891, aff. Castagné, D. P. 92. 2. 61 ; Bourges, 17 déc. 1891, aff. X..., D. P. 92. 2. 61-63 ; Besançon, 29 janv. 1892, aff. Berrodier, D. P. 92. 2. 61-64; Douai, 12 janv. 1892, aff. Bemsart, D. P. 92. 2. 286. V. toutefois, *contrà*, Lyon, 19 nov. 1891, cité *suprà*, n° 245). — En ce qui concerne les amendes prononcées pour fraudes aux lois sur les contributions indirectes, la cour de cassation a, par l'arrêt du 19 nov. 1891 (cité *suprà*, n° 245), jugé que le sursis autorisé par la loi du 26 mars 1891 ne peut leur être appliqué. La cour de Rennes (3 juin 1891, cité *suprà*, n° 245) a décidé le contraire. — A notre connaissance, il n'est encore intervenu aucune décision de jurisprudence relativement aux amendes d'octroi, non plus qu'aux amendes pour contravention aux lois sur les postes. — Quant aux amendes forestières, la jurisprudence se trouve également partagée. La cour d'Angers a accordé le sursis par un arrêt du 4 déc. 1891 (aff. N...., D. P. 92. 2. 61) ; mais cet arrêt a été cassé (Crim. cass. 22 déc. 1892, aff. Terpreau, D. P. 93. 1. 159) et la cour suprême, considérant que l'amende en matière forestière a un caractère mixte, et, sans être une peine exclusivement fiscale, est néanmoins régie par des règles toutes spéciales, qui la différencient des amendes ordinaires, a jugé que le sursis de la loi de 1891 ne s'applique pas au cas de condamnation à l'amende prononcée en matière forestière. Un arrêt de la cour de Riom (18 mai 1892, aff. Valadier, D. P. 93. 2. 25) a également refusé le sursis en cette matière.

247. — 3° « *Quantum* » *de la peine prononcée*. — Le sursis peut-il s'appliquer à toute condamnation à l'emprisonnement ou à l'amende, quelle que soit la quotité de la peine prononcée? L'affirmative est certaine, puisque le texte n'apporte aucune limitation au pouvoir du juge. Rien ne s'opposerait donc, en droit, à ce que celui-ci accordât sursis à un individu qu'il condamne à cinq ans d'emprisonnement. Cela s'est vu trois fois en 1891 (V. au *Journ. off.* du 27 août 1892, le rapport présenté au garde des sceaux sur l'application de la loi pendant les trois derniers trimestres de 1891). — Moins large, à cet égard, que la nôtre, la loi belge du 31 mai 1888 n'autorise le sursis que si l'emprisonnement

---

(1) (Min. publ. C. Caubel.) — LE TRIBUNAL ; — Attendu que Caubel n'a pas subi de condamnation antérieure à la prison pour crime ou délit de droit commun, et que les renseignements fournis sur sa moralité sont des meilleurs ; — Attendu que, dans ces conditions, il échet de le faire bénéficier de la disposition de l'art. 1 de la loi du 26 mars 1891 sur l'atténuation et l'aggravation des peines ; — Attendu que toutefois il convient de lui accorder ce bénéfice seulement du chef de l'emprisonnement et de maintenir l'effet immédiat de sa condamnation à l'amende ; — Attendu que la faculté de limiter ainsi le sursis conditionnel paraît résulter des termes mêmes de l'article de la loi précitée, et de l'esprit dans lequel il a été édicté ; — Attendu que, d'un côté, en effet, il permet littéralement de surseoir à l'exécution de l'emprisonnement ou à celle de l'amende, et que d'un autre côté ayant pour but d'augmenter le pouvoir d'indulgence de la justice, il ne saurait avoir pour résultat de mettre les tribunaux dans l'impuissance totale de recourir à sa disposition bienveillante lorsque, se croyant tenus de condamner à l'amende en même temps qu'à l'emprisonnement, ils sont conduits par les circonstances de la cause à considérer comme excessive l'exemption de l'exécution de ces deux peines à la fois ; — Attendu que, d'ailleurs, si l'on peut l'appliquer en entier, ou ne pas l'appliquer du tout, on semble pouvoir, en vertu de l'adage « qui peut le plus peut le moins », l'appliquer aussi dans la mesure restreinte où il l'est en l'espèce, ni son texte ni les principes juridiques ne s'y opposant : et que, en tous cas, si l'on est incertain à cet égard, on doit être déterminé dans le sens de la présente solution par la règle qui domine la matière pénale et suivant laquelle le doute, de droit comme de fait, profite au prévenu ;

Par ces motifs :

Ordonne qu'il sera sursis à la peine d'emprisonnement prononcée contre Caubel dans les conditions énoncées par la loi du 26 mars 1891.

Du 16 oct. 1891.-Trib. civ. de Brive.-M. Quercy, pr.

prononcé ne dépasse pas six mois (art. 9). Cette réserve nous paraît prudente. Au lendemain de la promulgation de la loi Bérenger, M. Brégeault écrivait : « On n'admettra pas volontiers que des juges, ayant à statuer sur un délit qui nécessite l'application d'une peine d'emprisonnement de longue durée, éprouvent, en même temps, le désir de dispenser le prévenu de cette peine » (p. 317). En fait cependant, il arrive assez souvent, surtout aux assises, que les juges accordent le bénéfice du sursis à des inculpés condamnés à des peines de longue durée. D'après le rapport précité au garde des sceaux sur les premiers résultats de l'application de la loi, les cours d'assises ont, en 1891, accordé sursis à 37 accusés condamnés à six mois d'emprisonnement et plus, savoir : 2 à six mois, 17 à un an, 2 à un an et un jour, 3 à dix-huit mois, 9 à deux ans, 1 à trois ans, 3 à cinq ans. Le même sursis a été accordé par les tribunaux correctionnels dans le même espace de temps à 109 condamnés de six mois à un an, et à 9 condamnés à plus d'un an. — L'opinion publique, il faut le dire, n'a pas toujours sanctionné à cet égard les décisions de la justice. Le projet élaboré par la commission de revision du code pénal n'autorise le sursis à l'exécution que pour les peines inférieures ou égales à trois mois d'emprisonnement ou de détention (art. 67) ; et cette disposition nous paraît bien fondée.

§ 4. — A quelles infractions s'applique la faculté de sursis.

248. Y a-t-il lieu de rechercher pour quels faits sont prononcés l'emprisonnement et l'amende lorsqu'on veut leur appliquer le sursis? En principe, non. C'est à toutes infractions quelconques punies d'emprisonnement ou d'amende que s'applique la faculté de sursis. Le juge n'a pas à se préoccuper de la nature de l'infraction, ni de la loi qui la prévoit. De la généralité du texte de l'art. 1, § 1, énoncée en ces termes précis : « En cas de condamnation à l'emprisonnement ou à l'amende... » découle, en effet, une règle absolue, ne comportant aucune distinction (André, p. 108 ; Locard, nos 46 et 47 ; Nègre et Gary, p. 62 et suiv. ; Laborde, p. 404). A cet égard, M. Bérenger a dit, dans son exposé à la tribune du Sénat, le 23 mai 1890 : « Nous accordons la faculté nouvelle au juge correctionnel en tout état de cause, c'est-à-dire *quel que soit le délit qu'il ait à réprimer* ». Et la cour de cassation a jugé qu' « il résulte des travaux préparatoires que, *sans se préoccuper de l'infraction commise* par le délinquant, le législateur s'est uniquement attaché *au caractère de la peine prononcée* pour déterminer les cas où la mesure permise par l'art. 1 serait applicable » (Crim. rej. 25 mars 1892, aff. Chevrette, D. P. 93. 1. 309).

En conséquence, l'emprisonnement et l'amende peuvent être suspendus lorsqu'ils sont prononcés : pour infraction politique aussi bien que pour infraction de droit commun (André, p. 109 ; Laborde, p. 405 ; Locard, no 46 ; de Forcrand, p. 87) ; pour délits prévus par des lois spéciales, aussi bien que pour délits prévus par le code pénal. Ainsi jugé, spécialement, que le sursis est applicable en matière de presse (Bordeaux, 17 juin 1891, aff. Doussin, D. P. 92. 2. 61-62) ; en matière de chasse (Bourges, 17 déc. 1891, aff. X..., D. P. 92. 2. 61-63) ; en matière d'infraction à la loi sur les réquisitions militaires (Crim. rej. 25 mars 1892, aff. Chevrette, D. P. 93. 1. 309 ; Alger, 16 févr. 1893, aff. Hunès Francisca, D. P. 93. 2. 26) ; en matière de pêche (Trib. corr. de Rouen, 21 avr. 1891, *La Loi*, 14 mai 1891, *Le Droit*, 7 mai 1891 ; *Journ. du ministère publ.*, 1892, p. 54) ; en matière de pêche maritime (Poitiers, 26 févr. 1892, *Journ. du minist. publ.*, 1892, p. 99).

249. La question est moins simple en ce qui concerne les matières fiscales, c'est-à-dire les douanes, les contributions indirectes, les octrois, et, jusqu'à un certain point, les forêts. Une distinction doit tout d'abord être faite. S'il s'agit de condamnations à l'amende, on a déjà vu *suprà*, no 245, que la solution généralement admise par la jurisprudence est qu'il n'y a pas lieu à sursis, parce que les amendes fiscales sont moins des peines que des réparations civiles attribuées au Trésor, et que, d'après l'art. 2 de la loi, la suspension de la peine ne peut comprendre le payement des *dommages-intérêts*. Mais en ce qui concerne les condamnations à l'emprisonnement, il n'y a aucune raison, suivant nous, pour décider de même. Même en matière fiscale, l'emprisonnement n'est jamais une réparation civile, c'est une peine. Le principe général doit donc être suivi à l'égard de l'emprisonnement, et le principe, c'est que « la faculté nouvelle est accordée au juge en tout état de cause, c'est-à-dire quel que soit le délit qu'il ait à réprimer » (M. Bérenger, Exposé au Sénat, le 23 mai 1890). Nous estimons donc que le sursis peut être accordé pour toute condamnation à l'emprisonnement, qu'il s'agisse d'infractions prévues par le code pénal ou par des lois spéciales, et alors même que la condamnation est prononcée pour infraction à une loi *fiscale*. Telle est la doctrine de la cour de cassation qui, par l'arrêt du 22 déc. 1892 cité *suprà*, no 245, a jugé que la disposition de l'art. 1 de la loi du 26 mars 1891, conçue en termes généraux, ne fait aucune distinction entre les délits de droit commun et ceux prévus par les lois spéciales ou *fiscales* ; qu'elle peut donc être appliquée à *toutes les condamnations à l'emprisonnement*, à l'exception de celles qui émanent des tribunaux militaires et de simple police, et notamment aux condamnations prononcées pour délits de *douanes* » (Conf. Lyon, 19 nov. 1891 ; Besançon, 29 janv. 1892 ; Douai, 12 janv. 1892, cités *suprà*, no 245).

Deux cours d'appel ont pourtant admis une doctrine contraire, et ont jugé que la suspension de la condamnation encourue pour fraude aux lois de douane ne peut pas même être accordée au cas d'emprisonnement (Bordeaux, 14 août 1891, aff. Castagné, D. P. 92. 2. 61 ; Nancy, 7 nov. 1891, aff. Flécheux, D. P. 92. 2. 61-62). Les considérants du premier de ces arrêts présentent, à cet égard, un exposé complet de principes : « Attendu que si, par la généralité des termes employés, l'art. 1 semble comprendre toute condamnation à l'emprisonnement ou à l'amende, quelle que soit la nature de l'infraction réprimée, il est à remarquer toutefois que, dans ledit article, le législateur mentionne deux fois les crimes et délits de droit commun, ce qui indique que les matières telles que le régime répressif des lois douanières sont restées en dehors de ses prévisions ; — Attendu que le deuxième paragraphe de l'art. 1 ne peut laisser aucun doute à cet égard, puisqu'il dispose que la remise de la peine ne sera définitive que si, dans le délai de cinq ans, le condamné n'a encouru aucune condamnation à l'emprisonnement pour faits de droit commun ; — Attendu, en effet, qu'un individu qui, pour une première infraction aux lois de douanes, aurait bénéficié du sursis, pourrait commettre une série de délits de même nature sans encourir la révocation ; — Attendu que le législateur de 1891 n'a eu en vue que les crimes et délits de droit commun comportant l'application de l'art. 463 du code pénal, c'est-à-dire des infractions dans la répression desquelles les juges peuvent modérer la peine en s'inspirant de l'élément intentionnel ; qu'à ce premier point de vue, les infractions aux lois fiscales doivent être considérées comme étant restées en dehors des prévisions de la loi du 26 mars 1891 ». — L'argumentation de cet arrêt, reproduite en grande partie par l'arrêt de la cour de Nancy, ne nous paraît pas fondée. De ce que l'art. 1 de la loi a visé, par deux fois, les crimes et délits *de droit commun*, il ne s'ensuit pas qu'il ait exclu du bénéfice du sursis les infractions spéciales. En effet, le législateur n'a employé ces expressions « délits de droit commun » que pour fixer : 1° quelles seraient les condamnations qui feraient, dans une nouvelle poursuite, obstacle au sursis ; 2° quelles seraient les condamnations postérieures qui entraîneraient révocation du sursis accordé. Au contraire, quand il s'est agi de déterminer quelles sont les condamnations pour lesquelles le sursis peut être accordé, la loi s'est exprimée en termes absolument généraux, elle n'a pas parlé de « délits de droit commun ». Il n'y a donc rien à conclure du langage du législateur, si ce n'est que, le texte qui accorde le sursis ne comportant aucune réserve, il n'est pas permis d'en limiter arbitrairement la portée, et notamment d'exclure du bénéfice du sursis les infractions spéciales. Quant à la théorie qui fait du sursis l'accessoire obligé de l'art. 463 du code pénal, en ce sens que le législateur de 1891 n'aurait entendu viser que les condamnations que les juges peuvent modérer par l'admission de circonstances atténuantes, ce qui exclurait de l'application de la loi les condamnations pour contravention aux lois fiscales qui, en général, on le sait, n'admettent pas l'application de l'art. 463, elle ne trouve aucun appui ni dans le texte, ni dans les travaux préparatoires,

C'est une théorie purement hypothétique, formellement condamnée par l'arrêt du 25 mars 1892 cité *suprà*, n° 248. S'il fallait l'admettre, on arriverait à ce singulier résultat que la suspension serait impossible en matière de douanes ou de réquisitions militaires, tandis que la loi autoriserait la suspension pour les infractions aux lois sur les contributions indirectes, dans les cas où l'art. 463 est maintenant applicable (L. 30 mars 1888, art. 42, D. P. 88. 4. 26). V., sur la question qui précède, une dissertation de M. de Forcrand, *Journ. du minist. publ.*, 1892, p. 88 et suiv. V. aussi Pabon, journal *La Loi*, n° du 14 nov. 1891.

De tout ce qui précède, nous concluons, avec la cour de cassation, et la plupart des cours d'appel, que le sursis peut être ordonné pour toute condamnation à l'emprisonnement, qu'il s'agisse d'une infraction prévue par le code pénal ou par des lois spéciales, et alors même que la condamnation est prononcée pour infraction à une loi fiscale.

250. Malgré la généralité des termes de l'art. 1, § 1, la jurisprudence admet une exception importante à la règle qui applique la faculté de sursis à toutes les condamnations à l'emprisonnement ou à l'amende, quelle que soit la nature de l'infraction. Cette exception concerne les contraventions de simple police. Par deux arrêts (Crim. cass. 5 mai 1892, aff. Sénac, D. P. 92. 1. 338, et 29 juill. 1892, aff. Flick, D. P. 92. 5. 472), la cour de cassation a déclaré qu' « il ne résulte ni des travaux préparatoires de la loi, ni de son texte, ni de son esprit, qu'elle soit applicable en matière de contravention de simple police ». Nous croyons cette solution exacte, bien que plusieurs auteurs l'aient improuvée (Brégeault, p. 321; Locard, n° 57; Mahoudeau, n° 19; Capitant, n° 10). En effet, l'étude attentive des travaux préparatoires de la loi fournit la preuve que le législateur n'a pas un instant songé à comprendre les contraventions de simple police dans les dispositions par lui édictées. M. Bérenger, dans sa proposition, M. Mazeau, dans son rapport au Sénat, M. Barthou, dans son rapport à la Chambre des députés, n'ont parlé que des *délits*, jamais des contraventions. De plus, « si l'on se reporte aux développements présentés à l'une et à l'autre Chambre, on ne trouve pas un mot permettant de supposer que l'application du sursis aux cas de simple police ait jamais apparu à l'esprit des membres du Parlement comme une conséquence possible et logique de l'institution nouvelle » (de Forcrand, p. 115). Enfin, quel est l'objet de la réforme introduite par la loi Bérenger? C'est de combattre la récidive *correctionnelle*, danger redoutable dont la marche rapide nécessite un prompt et énergique remède, et nullement de lutter contre les fautes minimes dont la connaissance est dévolue au juge de police, fautes punies d'une légère amende, et très rarement de quelques jours de prison (V. en ce sens le rapport de M. le conseiller Bernard, qui a précédé l'arrêt de cassation du 5 mars 1892 (D. P. 92. 1. 338). V. aussi, dans le même sens : J. Nègre et Gary, p. 70 et suiv.; André, p. 110 et suiv.; de Forcrand, p. 113 et suiv.).

251. Ce qui vient d'être dit s'applique sans difficulté aux contraventions que leur connexité avec des délits renvoie à la connaissance des tribunaux correctionnels; ceux-ci, devenant, pour la circonstance, juges de police, ne peuvent suspendre les pénalités attachées à ces contraventions (de Forcrand, p. 117). — Au contraire, le tribunal correctionnel conserve la faculté de prononcer le sursis quand, en déclarant des circonstances atténuantes et en appliquant l'art. 463 c. pén., il abaisse la répression d'un délit au niveau des peines de simple police. Le caractère d'une infraction se détermine, en effet, d'après la peine édictée par la loi, et non d'après le taux de la répression portée dans le jugement (c. pén. art. 1, c. inst. crim. art. 137).

252. Il arrive parfois qu'en vertu de dispositions législatives spéciales, le juge de paix est autorisé à prononcer des amendes supérieures au taux de simple police. C'est ainsi qu'aux termes de l'art. 34 de la loi des 21-24 juill. 1881 sur la police sanitaire des animaux (D. P. 82. 4. 35), « les contraventions aux dispositions du règlement d'administration publique rendu pour l'exécution de ladite loi seront, suivant les cas, passibles d'une amende de 1 fr. à 200 fr., qui sera prononcée par le *juge de paix du canton* ». Le juge de paix qui prononcerait, en vertu de cet article, une amende de plus de 15 fr., pourrait-il accorder sursis? Nous le pensons, car, d'après la taxation de la loi elle-même, le fait réprimé n'est pas un fait de simple police (*Contrà* : de Forcrand, p. 118).

253. A l'exception relative aux contraventions de police, apportée par la jurisprudence à la règle suivant laquelle le sursis peut être appliqué à toutes les condamnations à l'emprisonnement ou à l'amende, il convient d'en ajouter une seconde, d'ailleurs peu importante. Aux termes de l'art. 504 c. instr. crim. : « Lorsqu'à l'audience ou en tout autre lieu où se fait publiquement une instruction judiciaire, l'un ou plusieurs des assistants donneront des signes publics, soit d'approbation, soit d'improbation, ou exciteront du tumulte, de quelque manière que ce soit, le président ou le juge les fera expulser; s'ils résistent à ses ordres ou s'ils rentrent, le président ou le juge ordonnera de les arrêter et conduire dans la maison d'arrêt, il sera fait mention de cet ordre dans le procès-verbal; et, sur l'exhibition qui en sera faite au gardien de la maison d'arrêt, les perturbateurs y seront reçus et retenus pendant vingt-quatre heures » (Comp. c. proc. civ., art. 88 qui contient une disposition semblable). L'incarcération autorisée par les deux textes n'est pas, à proprement parler, une peine, mais une simple mesure d'ordre et de police non susceptible de recours. Non inscrite au casier judiciaire, et dépouillée de toute efficacité si elle n'était immédiatement suivie d'exécution, elle ne comporte évidemment pas de suspension (de Forcrand, p. 113). Il en faut dire autant des condamnations à l'amende et à l'emprisonnement que les art. 10 et 11 c. proc. civ. autorisent le juge de paix, siégeant au civil, à prononcer en cas de troubles, d'insulte ou irrévérence grave à son audience.

A plus forte raison ne saurait-il être question du sursis de la loi de 1891 pour les amendes purement civiles édictées par le code de procédure civile en matière d'enquête, de vérification d'écritures, d'inscription de faux, d'appel, de requête civile, non plus que pour les amendes prononcées par les tribunaux civils contre les officiers ministériels pour fautes relatives à leurs fonctions ou contre les officiers de l'état civil pour irrégularité dans la tenue des registres.

254. Les délits militaires comportent-ils le sursis? V. à cet égard, *infrà*, n° 260 et suiv.

§ 5. — Des juridictions qui peuvent ordonner le sursis.

255. A quelles juridictions répressives appartient-il d'ordonner le sursis? La loi, dans son art. 1, confère ce droit aux « cours et tribunaux ». L'expression est très générale et, à première vue, ne paraît exclure aucune juridiction. Très certainement elle comprend, outre les tribunaux correctionnels, les cours d'appel et les cours d'assises. La doctrine est unanime à cet égard (Nègre et Gary, p. 70 et suiv.; Locard, n° 57; André, p. 110 et suiv. ; Mahoudeau, n° 19; Capitant, n° 10; de Forcrand, p. 119 et suiv.).

256. Les cours d'appel sont, au premier chef, des « cours », et par conséquent le droit de sursis leur est attribué. Il en est ainsi, soit qu'elles statuent en première instance, comme juridiction spéciale, à l'égard des magistrats et officiers de police judiciaire, en vertu des art. 479 et suiv., c. inst. crim. (André, p. 110; Nègre et Gary, p. 74; de Forcrand, p. 120); soit, ce qui est beaucoup plus fréquent, qu'elles statuent sur appel à l'occasion des jugements des tribunaux de police correctionnelle. — A propos de cette dernière hypothèse, une remarque doit être faite. On sait que l'appel d'un jugement rendu par un tribunal correctionnel produit des effets différents, suivant qu'il est interjeté par le condamné ou par le ministère public: lorsque le ministère public n'a pas appelé, la cour, saisie par le seul appel du prévenu, n'a pas le droit d'aggraver la situation de celui-ci, elle ne peut modifier que dans son intérêt le jugement de première instance (V. *suprà*, v° *Appel en matière criminelle*, n° 99 et suiv.). Il suit de là qu'une cour d'appel ne pourrait pas, sur le seul appel du condamné avec sursis, confirmer la décision des premiers juges quant à la peine prononcée et ordonner l'exécution de celle-ci (Nègre et Gary, p. 73; André, p. 110). Elle ne pourrait pas davantage, suivant nous, dans la même hypothèse, ordonner l'exécution en abaissant la peine, car l'exécution, prononcée en appel, d'une peine même atténuée par la cour, constituerait une aggravation actuelle (Nègre et Gary, p. 72; André, p. 111). Au contraire, la cour peut, soit sur l'appel du condamné, soit sur l'appel du ministère public seul, confirmer la peine prononcée sans sursis en première instance et en ordonner le sursis (Montpellier, 4 juin 1891, Nègre et Gary, p. 72) : elle le peut dans la première hypothèse, puisque l'appel du condamné l'autorise à atténuer, en faveur de celui-ci, la rigueur du premier jugement; elle le peut aussi dans la seconde hypothèse, parce que l'appel du ministère public seul, même fait *à minima*, a un effet entièrement dévolutif, remet en question tout ce qui a été jugé par les premiers juges (V. *suprà*, n° 120 et suiv.), et permet toujours l'atténuation ou même l'acquittement (Nègre et Gary, *loc. cit.*). Comp. sur ces divers points, de Forcrand, p. 121.

257. « Le magistrat de la cour d'assises, a dit M. Bérenger au Sénat le 3 juin 1890, sera armé du même pouvoir que le juge correctionnel quand la peine d'emprisonnement devra être prononcée et que, d'ailleurs, les circonstances paraîtront comporter cette faveur exceptionnelle » (D. P. 91. 4. 27, note 4). Or la cour d'assises est appelée à prononcer seulement une peine correctionnelle: 1° lorsque le jury a reconnu l'existence d'un fait constituant une excuse légale; 2° lorsqu'il a écarté les circonstances aggravantes et que le fait primitivement qualifié crime s'est trouvé par suite transformé en simple délit; 3° lorsqu'il a admis des circonstances atténuantes qui permettent à la cour d'appliquer une peine d'emprisonnement. — Il résulte du rapport du 26 août 1892, présenté au garde des sceaux par le directeur des affaires criminelles, que, pendant les trois derniers trimestres de 1891, les cours d'assises de France ont ordonné le sursis à l'exécution des peines d'emprisonnement prononcées contre 39 accusés.

258. La disposition de l'art. 1 comprend-elle les tribunaux de simple police? Ce sont incontestablement des « tribunaux »; toutefois, la jurisprudence ayant décidé, ainsi qu'on l'a vu *suprà*, n° 250, que le sursis n'a pas lieu pour les faits de simple police, il s'ensuit que les tribunaux de simple police ne peuvent, en fait, jamais le prononcer. Nous admettons toutefois une exception à cette règle pour le cas où le juge de simple police serait autorisé à prononcer des amendes supérieures au taux de simple police, par exemple dans le cas de l'application de l'art. 34 de la loi des 21-24 juill. 1881 sur l'épizootie, V. *suprà*, n° 252.

259. Les condamnations conditionnelles avec sursis peuvent-elles être prononcées par les tribunaux d'exception, tels que la haute cour de justice et les tribunaux consulaires dans les Echelles du Levant et de Barbarie et dans l'extrême Orient? L'affirmative nous paraît certaine. Ces juridictions ne sont-elles pas des « cours et tribunaux », comprises dès lors, dans les termes mêmes de l'art. 1 de la loi de 1891? En parlant de « cours et tribunaux » l'art. 1 de la loi du 26 mars a visé, croyons-nous, *toutes les juridictions répressives*, à l'exception de celles qu'elle a formellement exceptées, à savoir les tribunaux militaires (V. *infrà*, n° 260). (Conf. Locard, n°s 58 à 61; Laborde, p. 407; de Forcrand, p. 119). Aussi estimons-nous qu'il en serait de même des conseils de préfecture quand ils sont appelés à punir les contraventions de grande voirie. Le conseil de préfecture est, dans ce cas, un véritable tribunal répressif (Conf. Locard, n° 59. V. cependant, *contrà*, de Forcrand, p. 145).

260. Quant aux tribunaux militaires, il est hors de doute qu'ils n'ont pas le pouvoir d'accorder le sursis, puisque la loi le leur a dénié formellement dans l'art. 7, ainsi conçu: « La loi *n'est applicable* aux condamnations prononcées par les tribunaux militaires qu'en ce qui concerne les modifications apportées par l'art. 5 aux art. 57 et 58 c. pén. ». On doit donc tenir pour certain que les individus condamnés par les tribunaux militaires ont été formellement exclus des dispositions indulgentes de la loi du 26 mars 1891. M. Bérenger avait émis l'opinion (séance du Sénat du 3 juin 1890, *Journ. off.* p. 526) que l'exclusion devait porter seulement sur les condamnations encourues pour faits contraires à la discipline militaire, et spécialement punis par les lois militaires. « Je pense, disait-il, que le militaire poursuivi, *même devant un conseil de guerre, pour fait de droit commun*, devrait participer au bénéfice de la loi ». L'éventualité d'une telle jurisprudence parut à M. le général Robert dangereuse pour le maintien de la discipline et la fermeté des tribunaux militaires; et ce sénateur déposa un amendement qui, approuvé par le ministre de la guerre et voté sans discussion, est devenu le texte de notre art. 7. — Il suit de là que ledit art. 7 a été introduit pour maintenir aux conseils de guerre leur caractère indispensable de sévérité; c'est la juridiction qui a été visée. D'où la conséquence, suivant nous, que les conseils de guerre ne peuvent, dans aucun cas, accorder le sursis aux individus traduits devant eux, quels qu'ils soient, spécialement aux non-militaires, français ou étrangers, déférés aux conseils de guerre en vertu de l'art. 77, n°s 2, 3 et 4, c. just. mil. de 1857, aux individus appartenant à l'élément civil, et que les art. 62 et suiv. du même code soumettent, dans la zone d'action des armées en campagne, à la juridiction de ces tribunaux spéciaux, et aux non-militaires traduits devant les conseils de guerre en exécution des art. 8 de la loi du 9 août 1849 (D. P. 49. 4. 135), et 191 du décret du 4 oct. 1891 (D. P. 92. 4. 36), dans les places déclarées en état de siège (de Forcrand, p. 147).

261. La disposition de l'art. 7, interdisant aux tribunaux militaires d'accorder le sursis, s'applique-t-elle aux tribunaux de droit commun saisis de poursuites contre des militaires? On sait que les juridictions de droit commun sont exclusivement compétentes: 1° pour juger les infractions commises par des militaires aux lois sur la chasse, la pêche, les douanes, les contributions indirectes, les octrois, les forêts et la grande voirie (c. de just. mil. art. 273); — 2° Pour juger les délits de droit commun non prévus par le tit. 2 du liv. 4 du c. de just. mil., et commis par des militaires en congé ou en permission (même code, art. 57). Dans l'une comme dans l'autre hypothèse, il n'y a aucun motif de refuser à la juridiction de droit commun la faculté d'accorder le sursis, puisque cette faculté est retirée seulement aux « tribunaux militaires » (Conf. Nègre et Gary, p. 49; de Forcrand, p. 146). Nous déciderons de même à l'égard des officiers de gendarmerie, sous-officiers et gendarmes, que l'art. 59 c. just. milit. rend justiciables des tribunaux de droit commun pour les crimes et délits commis dans l'exercice de leurs fonctions relatives à la police judiciaire et à la constatation des contraventions en matière administrative (de Forcrand, p. 146).

262. Aux termes de l'art. 76 c. just. milit., les juridictions de droit commun ont également compétence pour juger les militaires coupables, soit de délits de droit commun, soit même de délits militaires, lorsque les poursuites comprennent des individus non justiciables des tribunaux militaires, en d'autres termes des complices civils (V. *suprà*, v° *Organisation militaire*, n° 492). La juridiction saisie pourra-t-elle, dans ce cas, faire application du sursis au prévenu militaire? Par arrêt du 10 juin 1891 (D. P. 93, 5e part.), la cour de Besançon a jugé qu'un tribunal correctionnel, saisi d'une poursuite contre un caporal, en raison d'un vol de pains de munition, au préjudice de sa compagnie, commis de complicité avec une femme ne pouvait faire bénéficier le caporal du sursis de la loi de 1891. La cour s'est fondée, sur ce que « la situation vis-à-vis de la loi pénale du militaire prévenu d'un crime ou d'un délit *militaire*, ne saurait être différente suivant que la répression est confiée aux tribunaux militaires, ou exceptionnellement aux tribunaux ordinaires ». Dans l'espèce, il s'agissait d'un *délit militaire*, c'est-à-dire d'un fait spécialement prévu par le code de justice militaire, savoir le vol militaire prévu par l'art. 248 dudit code. Or, lorsqu'ils connaissent par exception d'un délit militaire, les juges de droit commun ne peuvent (c. just. milit. art. 196) appliquer que les peines édictées par le code de justice militaire; il s'ensuit qu'ils sont purement et simplement substitués au tribunal militaire, lequel n'aurait pu prononcer le sursis, et que, dès lors, ils ne peuvent pas eux-mêmes le prononcer. — Cette décision nous paraît très contestable. Ce n'est évidemment pas, dans l'espèce, une juridiction militaire qui statue. Dès lors, pourquoi lui refuser un pouvoir que l'art. 1 accorde, d'une façon générale, aux « cours et tribunaux », sauf l'exception formulée par l'art. 7 en ce qui concerne « les tribunaux militaires »? D'ailleurs, admettre que les militaires peuvent être traités avec plus d'indulgence parce qu'ils ont des complices civils, n'est-ce pas « leur donner un intérêt immoral à rechercher des complices en cette espèce? » (De Forcrand, p. 148. Conf. Locard, n° 46, p. 49, note 1).

263. A plus forte raison, ne refuserons-nous pas le bénéfice du sursis au militaire traduit avec un complice civil devant un tribunal ordinaire pour un fait de droit commun. L'art. 7 n'exclut que les « condamnations prononcées par les tribunaux militaires »; or, il est impossible de considérer comme telle une condamnation prononcée par un tribunal correctionnel appliquant le code pénal (Nègre et Gary, p. 78. Conf. de Forcrand, p. 148).

264. Les expressions de l'art. 7 « tribunaux militaires » comprennent évidemment les juridictions militaires de la marine, telles que les conseils de guerre à bord, les conseils de justice et les tribunaux maritimes de revision. Ces juridictions ont, en effet, le caractère des tribunaux militaires (Locard, n° 63; André, p. 79; Laborde, p. 407; Brégeault, p. 321; Nègre et Gary, p. 114). Mais le caractère de juridictions militaires doit être, au contraire, refusé aux tribunaux maritimes *commerciaux*, institués par le décret disciplinaire et pénal pour la marine marchande du 24 mars 1852. Une circulaire du ministre de la marine, concertée avec le département de la justice, en date du 12 août 1891 (rapportée dans le *Journ. min. publ.*, 1891, p. 293), s'est prononcée, avec raison, dans le sens de l'attribution de la faculté de sursis à ces tribunaux (Conf. de Forcrand, p. 148; Locard, n° 64).

§ 6. — Des formes de la décision de sursis.

265. — I. PRONONCÉ DU JUGEMENT. — C'est par le jugement même de condamnation que le sursis doit être accordé. « La condamnation conditionnelle, comme la condamnation pure et simple, prononce contre l'inculpé la peine que les juges croient proportionnée à la gravité de l'infraction. Mais elle ajoute, immédiatement, par une disposition spéciale, que l'exécution de la peine est suspendue dans les conditions prévues par l'art. 1 de la loi du 26 mars 1891. La décision de sursis est donc un élément essentiel de la condamnation elle-même. Par suite, elle fait corps avec elle ; elle ne peut en être séparée et prend place dans le dispositif même du jugement ou de l'arrêt » (Locard, n° 65). Ce premier point ne peut présenter aucune difficulté en présence du texte de l'art. 1 portant que « les cours et tribunaux peuvent ordonner *par le même jugement*, etc. ».

266. — II. JUGEMENT MOTIVÉ. — L'art. 1 ajoute que le sursis à l'exécution de la peine doit être accordé « par décision motivée ». M. Locard (n° 66) fait justement remarquer que cette règle n'est que l'application du principe écrit dans l'art. 7 de la loi du 20 avr. 1810, qui déclare nuls les jugements ne contenant pas de motifs. A cet égard, il n'est pas douteux qu'une décision de sursis serait insuffisamment motivée *en droit* et encourrait la censure de la cour de cassation, si elle n'énonçait pas que les conditions légales de l'art. 1 sont remplies, en mentionnant que l'inculpé n'a pas subi une condamnation antérieure de nature à mettre obstacle à la condamnation conditionnelle. Une pareille indication est, en effet, indispensable pour permettre à la cour suprême d'apprécier si l'application de l'art. 1 a été légalement faite (Locard, *eod. loc.*; Nègre et Gary, p. 88).

Ce simple visa de la condition légale, à laquelle est subordonnée la condamnation conditionnelle, suffit-il? Ne faut-il pas de plus, que le juge fasse connaître les raisons *de fait* qui le déterminent à l'indulgence? M. Laborde (p. 415) tient pour la négative. « Aucune allusion aux antécédents, au repentir, à la réparation n'est utile, suivant ce commentateur; car, dès que la condition légale est remplie, le juge est souverain; il n'a pas à rendre compte des motifs de son indulgence ». C'est aussi le sentiment de MM. Nègre et Gary (p. 88). Nous croyons, au contraire, que la décision de sursis doit être motivée en fait, aussi bien qu'en droit. En d'autres termes, nous pensons avec M. André (p. 152) que la loi veut « que les juges indiquent toujours les raisons de la mesure d'exceptionnelle bienveillance qu'ils prennent à l'égard du condamné, qu'ils expliquent les circonstances diverses et les considérations de fait qui justifient les sursis » (Conf. de Forcrand, p. 153). Plusieurs motifs nous portent à en décider ainsi. D'abord l'expression de « décision motivée » n'éveille-t-elle pas, tout naturellement, l'idée de motifs de fait, de considérations justifiant le sursis? D'autre part, M. Bérenger a dit, dans son discours du 23 mai 1890 au Sénat, que le juge ordonne le sursis « par une disposition motivée sur les garanties que la conduite du condamné et ses regrets offrent à la société, et sur les diverses circonstances qui peuvent motiver sa bienveillance ». N'est-ce pas dire que le sursis doit être motivé en fait? Sans discuter la question, M. Brégeault (p. 26), déclare que « les juges sont tenus d'indiquer les raisons de la mesure d'exceptionnelle bienveillance qu'ils prennent à l'égard du condamné ». MM. Nègre et Gary (p. 89) admettent aussi que, en faisant connaître, par leur décision, les considérations qui justifient le sursis, les tribunaux répondent mieux au vœu de la loi (Conf. André, p. 115. Conf. aussi, Motifs, Lyon, 13 juill. 1891, aff. Bozon, D. P. 92. 2. 286). — Toutefois, il faut reconnaître que, sur ce point, l'exigence de l'art. 1 est à peu près dépourvue de sanction. La cour de cassation n'ayant pas à exercer son contrôle sur les constatations de fait du jugement, il suffira, en effet, pour éviter une annulation, que celui-ci contienne une formule des plus vagues dans le genre de celle-ci : *Attendu que le prévenu n'est pas indigne d'indulgence... attendu que les circonstances de la cause permettent de penser qu'il y a lieu de suspendre l'exécution de la peine...* (Locard, *loc. cit.*).

267. — III. AVERTISSEMENT AU CONDAMNÉ. — L'art. 3 de la loi porte que « le président de la cour ou du tribunal doit, après avoir prononcé la suspension, avertir le condamné qu'en cas de nouvelles condamnations dans les conditions de l'art. 1, la première peine sera exécutée sans confusion possible avec la seconde, et que les peines de la récidive seront encourues dans les termes des art. 57 et 58 c. pén. ». Cet avertissement présente une double utilité : il aura pour effet, a dit M. Bérenger, « de prémunir le condamné contre les rechutes, et d'initier le public aux conditions auxquelles la faveur qu'il obtient est subordonnée » (Premier rapport, D. P. 91. 4. 25, col. 25, n° 12).

268. La formalité de l'avertissement est d'ordre public ; son accomplissement doit donc être constaté dans le texte de la condamnation conditionnelle. L'omission de cette constatation entraînerait-elle nullité? C'est une question que la jurisprudence n'a pas encore résolue, mais nous tenons pour l'affirmative. La formalité étant d'ordre public, nous estimons que l'absence de toute mention à cet égard peut entraîner la cassation *parte in quâ* de la décision (Conf. Locard, n° 67; Dutruc, *Journ. du ministère public*, 1892, art. 3432, p. 109. — *Contrà* : Mahoudeau, n° 4).

269. La loi n'ayant prescrit aucune forme pour l'avertissement, le président pourra évidemment recourir, pour l'exprimer, à la formule qu'il croira la plus convenable. Il fera bien, pensons-nous, de donner d'abord lecture des art. 1, 2 et 4 de la loi; le condamné sera informé par cette lecture des avantages que sa bonne conduite lui assurera. Puis il devra avertir celui-ci qu'une condamnation nouvelle à l'emprisonnement ou à une peine plus grave, survenue dans le délai de cinq ans, pour crime ou délit de droit commun, entraînerait de plein droit et en tout cas la résolution du sursis; que, par conséquent, la peine suspendue deviendrait alors exécutoire et serait tout d'abord subie sans confusion possible avec la seconde; enfin que cette seconde peine serait sévère, étant elle-même déterminée par l'état de récidive légale et aggravée selon les termes rigoureux des art. 57 et 58 c. pén. (André, p. 116, note 1 ; Nègre et Gary, p. 89). La partie de l'avertissement relative à l'aggravation de peine au cas de récidive doit être supprimée s'il s'agit d'un délit prévu par la loi du 29 juill. 1881 sur la presse, l'aggravation de peine résultant de la récidive n'étant pas applicable à cette catégorie spéciale de délits (L. 29 juill. 1881, art. 63).

270. L'avertissement suppose nécessairement la présence du prévenu à l'audience où la condamnation est prononcée. S'il ne comparaît pas à cet audience, l'impossibilité de remplir à son égard la formalité de l'avertissement rendra-t-elle nul le jugement qui, en le condamnant par défaut, lui accorderait le bénéfice du sursis? La négative est universellement admise (Dutruc, *loc. cit.*; Nègre et Gary, p. 112; André, p. 117; Locard, n° 35; de Forcrand, p. 154). Il est vrai que parfois l'absence du prévenu révélera un manque de déférence et ne permettra guère de se rendre compte de ses véritables sentiments. Mais le cas peut se présenter où le prévenu, malade ou retenu par des raisons sérieuses, pourra faire excuser son absence ; il enverra, par exemple, une lettre de regrets, de repentir ; faudra-t-il, néanmoins, lui refuser le sursis parce qu'il fait défaut? La négative est suivie dans la pratique : de très nombreuses décisions, rendues depuis la promulgation de la loi, ont prononcé le sursis dans des jugements rendus par défaut. En cas de défaut, il est utile que le dispositif du jugement indique les conditions du sursis, afin de suppléer à l'avertissement du président prescrit par l'art. 3 (Nègre et Gary, p. 112 ; Dutruc, *eod. loc.*).

§ 7. — Délai du sursis.

271. Le délai du sursis a été fixé par la loi (art. 1 § 2), d'une manière invariable, à cinq ans, sans qu'il soit au pouvoir du juge de le diminuer ou de le prolonger. Sous ce rapport, notre législation s'est écartée du système belge, qui laisse aux tribunaux le soin d'impartir le délai suivant leur appréciation dans la limite du maximum de cinq ans (art. 9 de la loi belge du 31 mai 1888). En Angleterre (*Probation act.* du 7 août 1887), le délai est également fixé par le juge. Le projet élaboré par notre commission extraparlementaire de revision du code pénal a réduit le délai à trois ans (art. 68). — Au reste, le délai, une fois commencé, se prolonge sans interruption ni suspension, en quelque lieu et dans quelque situation que se trouve le condamné. Ainsi, il n'est pas suspendu pendant l'exécution d'une peine d'emprisonnement prononcée pour crime ou délit en dehors du droit commun. Il en serait de même dans l'hypothèse d'une infraction quelconque antérieure à la décision du sursis, mais réprimée seulement au cours du délai d'épreuve. La loi n'autorise aucune dérogation à la règle des cinq ans (de Forcrand, p. 201).

272. Quel est le point de départ du délai de cinq ans? Les expressions dont la loi s'est servie, « délai de cinq ans *à dater du jugement ou de l'arrêt* », sont trop claires pour qu'un doute puisse s'élever sur leur interprétation. Dire que le délai courra « à dater du jugement ou de l'arrêt », c'est évidemment dire qu'il courra *du jour même* de la prononciation du jugement ou de l'arrêt, en d'autres termes de la date même de la décision qui a ordonné le sursis. — La détermination de ce jour ne peut présenter aucune difficulté dans le cas, qui est le plus fréquent, où le sursis est prononcé par jugement contradictoire non frappé d'appel. C'est alors, évidemment, le jour du jugement lui-même. De même, lorsque le sursis est prononcé par la cour d'assises, le point de départ est le jour de l'arrêt, qu'il y ait ou non pourvoi en cassation. Ni le délai de pourvoi, ni le pourvoi lui-même ne peuvent changer le point de départ du sursis, puisque la loi l'a placé sans distinction à « la date du jugement ou de l'arrêt » (Nègre et Gary, p. 86 ; Laborde, p. 408). Mais que décider s'il y a eu appel?

On peut supposer d'abord que le sursis, refusé en premier ressort, a été accordé par les juges d'appel. Dans cette hypothèse, nous pensons que le point de départ du délai doit être fixé au jour de l'arrêt, « parce qu'en faisant partir le délai du *jugement ou de l'arrêt*, l'art. 1 a évidemment visé le jugement ou l'arrêt qui ordonne le sursis. On ne comprendrait guère, en effet, que la période d'épreuve pût avoir commencé avant que les juges aient décidé qu'il y avait lieu de faire bénéficier l'inculpé de la condamnation conditionnelle » (Locard, n° 91. Conf. Capitant, p. 379. V. cependant en sens contraire Brégeault, p. 28, qui estime qu'en cas pareil il y a lieu de faire remonter les effets de l'indulgence du juge d'appel au jour du jugement). La décision de la cour étant favorable au prévenu, cette décision doit, suivant cet auteur, entraîner, par voie de conséquence nécessaire, une interprétation bienveillante de la disposition relative au point de départ du sursis (Conf. de Forcrand, p. 205 ; Nègre et Gary, p. 85 ; André, p. 119 ; Mahoudeau, p. 31). — Une seconde hypothèse peut se présenter. Il peut se faire, et il arrivera souvent, que le sursis accordé en première instance soit maintenu par la cour, par confirmation de la décision des premiers juges. Nous n'hésiterons pas, dans ce cas, à faire dater le sursis du jugement, sans distinguer, d'ailleurs, si l'appel est émané du condamné ou du ministère public, car c'est ce jugement (depuis confirmé) qui l'a accordé. — Enfin si le sursis est prononcé par jugement rendu par défaut, le délai ne courra, suivant nous, que du jour de la signification, car « jusqu'à ce moment le prévenu est présumé ignorer la condamnation prononcée contre lui ; il n'est pas légalement averti de l'épreuve qui lui est imposée et du danger qu'elle présente » (Nègre et Gary, p. 87. Conf. André, p. 120. — V. cependant, *contrà*, de Forcrand, p. 203. Cet auteur estime que le sursis prendra sa date au jour du prononcé du jugement). Si le condamné par défaut faisait opposition au jugement de défaut, tout serait remis en question, puisque, aux termes de l'art. 187 c. inst. crim., l'opposition a pour effet de rendre comme « non avenue » la condamnation prononcée par défaut. La décision dont la date fait courir la période d'attente est alors celle qui statue sur l'opposition ; toutefois, si le jugement sur opposition maintenait le sursis, nous pensons que le temps d'épreuve ayant couru depuis la signification devrait compter dans le délai de cinq ans (Nègre et Gary, p. 87).

§ 8. — Effets du sursis.

273. Lorsque le sursis a été accordé par le juge, il s'ouvre une période d'attente ou d'épreuve pour le condamné, et deux cas peuvent se produire : ou bien aucune poursuite nouvelle n'intervient dans ce délai, ou, au contraire, il s'en produit une. Nous nous placerons successivement, d'abord dans la période d'attente, puis dans l'hypothèse où aucune poursuite n'est intervenue pendant les cinq ans d'épreuve, enfin dans l'hypothèse où une poursuite nouvelle a été exercée pendant cette période. Ce dernier cas, qui entraîne la révocation du sursis, fera l'objet du paragraphe 9.

274. — I. PÉRIODE D'ATTENTE. — Quelle est la situation du condamné après la prononciation de la décision de sursis? Suivant la volonté clairement exprimée du législateur français, la mesure dont le condamné a été l'objet n'a point d'autre effet que de suspendre l'exécution de la peine principale (Garraud, p. 226 ; Capitant, n° 17 ; Locard, n° 71). D'où cette triple conséquence : 1° que le condamné n'en reste pas moins tenu de payer les frais du procès et les dommages-intérêts ; 2° que les peines accessoires et les incapacités résultant de la condamnation s'appliquent immédiatement, sauf à cesser, plus tard, au cas où celle-ci disparaîtrait ; 3° que la condamnation est inscrite au casier judiciaire. — Il est, d'ailleurs, évident que le sursis entraîne la mise en liberté du condamné détenu préventivement au moment du prononcé du jugement.

275. — 1° *Frais et dommages-intérêts.* — « La suspension de la peine, dit l'art. 2, § 1, ne comprend pas le payement des frais du procès et des dommages-intérêts ». Rien de plus juste que cette disposition. La faveur accordée à l'inculpé ne pouvait porter atteinte aux droits des tiers ; or le Trésor, pour ce qui regarde les frais du procès, est un véritable tiers ; la justice commande qu'il les recouvre sur le condamné qui les a occasionnés par sa faute. Quant aux dommages-intérêts qui ont pu être accordés à la partie civile, il est plus évident encore qu'il s'agit là d'une créance d'ordre privé, à laquelle ne peut préjudicier le sursis.

276. A la différence des art. 51, 52, 54 c. pén., l'art. 2, § 1, ne vise pas expressément les restitutions qui peuvent être ordonnées par la cour et le tribunal indépendamment des dommages-intérêts (V. *Rép.* n°s 853 et suiv.) ; mais ces restitutions sont virtuellement comprises dans la formule du texte. M. Locard fait remarquer que « cette solution s'impose même *à fortiori*, puisque les restitutions constituent la réparation directe et normale du préjudice causé, tandis que les dommages-intérêts n'y remédient que par équivalence et souvent d'une façon bien insuffisante » (n° 69, p. 76. Conf. de Forcrand, p. 65). Cette solution est fondée sur une appréciation exacte, suivant nous, du caractère de la restitution (V. sur ce caractère : Garraud, t. 2, n° 14).

277. Le sursis ne faisant pas obstacle au recouvrement des frais, dommages-intérêts et restitutions, il en résulte que la contrainte par corps peut être exercée durant son cours pour assurer ce recouvrement (Conf. Locard, n° 70 ; Brégeault, p. 30 ; André, p. 124 ; Garraud, *Précis*, p. 227 ; Laborde, p. 414 ; de Forcrand, p. 66). Mais, par contre, la contrainte par corps destinée à assurer le recouvrement de l'*amende* ne pourrait certainement pas être exercée *pendente conditione*, puisque l'exécution de la condamnation à l'amende est précisément suspendue par le sursis. Cette différence nous porte à penser, avec M. Locard (p. 72, note 1, et M. de Forcrand, p. 67) qu'il serait bon « que le jugement portant condamnation conditionnelle fixât séparément la durée de la contrainte applicable, d'une part, à l'amende, et, d'autre part, aux frais et dommages-intérêts ». C'est ce qu'a prescrit une circulaire de la chancellerie du 16 janv.

1892, dont le texte est rapporté au *Journal du ministère public*, 1892, p. 193. Il convient, toutefois, de rappeler ici que, d'après la jurisprudence la plus récente de la cour de cassation (Crim. cass. 20 avr. 1882, aff. Crohin, D. P. 82. 1. 273, et *suprà*, v° *Contrainte par corps*, n° 80), la durée de la contrainte par corps doit se régler d'après l'*ensemble* des condamnations pécuniaires que prononce un jugement, tant au profit de l'État que de la partie civile, sans distinction entre l'amende les frais et les autres condamnations.

278. — 2° *Peines accessoires et incapacités.* — Aux termes de l'art. 2, § 2, la suspension de la peine « ne comprend pas les peines accessoires et les incapacités résultant de la condamnation ». La loi belge ne contenant aucune disposition sur les peines accessoires, la jurisprudence de ce pays a adopté le système contraire, qui est peut-être plus logique que le nôtre, puisqu'il est assez naturel que l'accessoire suive le sort du principal. Quoi qu'il en soit, le texte précité a été voté par notre Parlement après longues discussions dans les deux Chambres, et il ne s'agit ici que de l'interpréter dans ce qu'il peut avoir d'obscur.

En premier lieu, la loi semble distinguer les peines accessoires des incapacités produites de plein droit par la condamnation, ce qui n'est pas très juridique, car précisément, dans notre droit, ces incapacités ne sont autre chose que des peines accessoires. D'autre part, quelles sont les peines que le législateur a voulu viser par ces mots : *peines accessoires?* On sait que, d'après les interprètes, les peines accessoires sont de deux sortes : les peines accessoires proprement dites et les peines complémentaires. Les premières sont encourues de plein droit en vertu de la loi, et n'ont pas besoin d'être prononcées par le juge; elles frappent le coupable *ministerio legis*. Telles sont, par exemple, les incapacités en matière électorale (art. 15, 16, 17 du décret du 2-21 févr. 1852, D. P. 52. 4. 49). Les secondes doivent être prononcées d'une manière formelle par le juge, et sont attachées, non à certaines peines, mais à certains délits. L'interdiction des droits civiques, civils et de famille, édictée par l'art. 42 c. pén., peut être citée comme un exemple de peine complémentaire. Il en est de même de la confiscation spéciale et de l'affichage du jugement en matière correctionnelle. De l'avis général, ces deux catégories de peines rentrent, l'une comme l'autre, dans les prévisions de l'art. 3 de la loi de mars 1891 (André, p. 125; Nègre et Gary, p. 58; Mabille du Chêne, n° 37).

En conséquence, la suspension de la peine principale ne comprend pas les peines *accessoires* suivantes : 1° incapacités en matière électorale (art. 15, 16 et 17 du décr. du 2-21 févr. 1852, D. P. 52. 4. 49); — 2° Incapacités d'être juré (L. 21 nov. 1872, art. 2, D. P. 72. 4. 132); — 3° Incapacités en matière d'élections consulaires (L. 8 déc. 1883, art. 2, D. P. 84. 4. 12); — 4° Incapacités de tenir école, établissement public ou libre d'instruction secondaire (L. 15 mars 1850, art. 26 et 65, D. P. 50. 4. 52); — 5° Incapacités de servir dans l'armée ou de contracter un engagement volontaire (L. 15 juill. 1889, art. 4, 5, 59-3°, D. P. 89. 4. 73); — 6° Déchéance de plein droit de la puissance paternelle et des droits qui s'y rattachent dans les cas prévus par l'art. 1 de la loi du 24 juill. 1889 (D. P. 90. 4. 15). — Elle ne comprend pas non plus les peines *complémentaires* suivantes : 1° interdiction des droits de l'art. 42 c. pén.; 2° amende honorable prévue par les art. 226 et 227 c. pén.; 3° affiche ou publication du jugement ordonnées en matière correctionnelle, notamment en exécution de la loi du 27 mars 1851 sur les fraudes dans la vente des marchandises (D. P. 51. 4. 59); 4° déchéance facultative de la puissance paternelle et des droits qui s'y rattachent dans les cas prévus par l'art. 2, n°s 3 et 4 de la loi du 24 juill. 1889, sur la protection des enfants maltraités ou moralement abandonnés (D. P. 90. 4. 16); 5° la confiscation spéciale (art. 11 c. pén.).

279. L'interdiction de séjour, substituée dorénavant à la surveillance de la haute police par l'art. 19 de la loi du 27 mai 1885 (D. P. 85. 4. 58), est, en matière correctionnelle, une peine complémentaire devant être prononcée par les juges. Est-elle suspendue pendant la durée du sursis? Assurément oui, puisque son exécution est placée, d'une manière invariable, au terme de la peine principale. « Mais, comme le dit M. Brégeault, p. 31, il n'est guère admissible qu'un tribunal prononce cette peine contre un condamné qu'il juge assez peu dangereux pour ordonner le sursis à l'exécution de la peine principale ». La question est donc sans importance pratique (de Forcrand, p. 62).

280. La loi du 15 juill. 1889 sur le recrutement de l'armée (D. P. 89. 4. 78) prescrivant (art. 5) d'incorporer dans les bataillons d'infanterie légère d'Afrique certaines catégories de condamnés à l'emprisonnement, notamment « ceux qui ont été condamnés correctionnellement à trois mois de prison au moins pour outrage public à la pudeur, pour délit de vol, escroquerie, abus de confiance ou attentat aux mœurs prévu par l'art. 333 c. pén. », que doit-il advenir si les individus dont il s'agit ont obtenu le bénéfice du sursis? Une note du ministre de la guerre du 23 nov. 1891, citée par M. de Forcrand, p. 63, répond : « L'incorporation aux bataillons d'infanterie légère d'Afrique doit être considérée comme une peine accessoire qu'il y a lieu d'exécuter. Mais il va sans dire qu'à l'expiration du délai d'épreuve de cinq ans sans poursuite nouvelle, et si le condamné a déjà mérité par sa bonne conduite d'être réintégré dans un régiment, l'incorporation dans les bataillons d'infanterie légère doit cesser comme toutes les peines accessoires ». Il nous paraît, comme à M. de Forcrand (*loc. cit.*), « assez douteux que l'envoi dans un corps spécial, sans rapport avec les compagnies de discipline, constitue une peine accessoire ou même une incapacité au sens de notre loi du 26 mars 1891; on doit y voir plutôt une simple mesure de sagesse prise pour épargner aux honnêtes gens, appelés sous les drapeaux, le contact des malfaiteurs véritables ». Toutefois nous dirons avec le même auteur que « cette critique n'infirme en rien la solution ministérielle, car la loi de 1889 vise les *condamnés* de certaines catégories, et l'on a vu que le bénéficiaire du sursis est bien un *condamné* ».

281. Achevons ce qui concerne les peines accessoires en faisant remarquer qu'un tempérament a été apporté par l'art. 2 de la loi du 26 mars elle-même au principe que la suspension de la peine ne comprend pas les peines accessoires et les incapacités résultant de la condamnation. Le paragraphe 3 s'exprime ainsi : « Toutefois, ces peines accessoires et ces incapacités cesseront d'avoir effet du jour où, par application des dispositions de l'article précédent, la condamnation aurait été réputée non avenue ».

282. — 3° *Casier judiciaire.* — Aux termes de l'art. 4 de la loi « la condamnation est inscrite au casier judiciaire, mais avec la mention expresse de la suspension accordée ». Le jugement de condamnation avec sursis donne donc lieu, comme tout jugement de condamnation, à l'établissement et au classement au casier d'un bulletin n° 1. D'autre part, *tous* les extraits du casier (ou bulletins n° 2) délivrés au ministère public ou aux parties doivent contenir la même mention que le bulletin n° 1. Telle est la prescription formelle de la loi. Il est permis d'en déplorer la rigueur. « On comprend assurément qu'une peine judiciaire suspendue soit mentionnée au casier et sur les bulletins n° 2 destinés au service de la justice ou des administrations publiques, afin d'utiliser, dans l'intérêt général, un élément indispensable d'appréciation; mais est-il possible de justifier la nécessité de cette inscription sur les extraits délivrés aux particuliers? » (de Forcrand, p. 196). Nous pensons aussi que la mention des peines suspendues sur les bulletins destinés aux parties est chose fâcheuse, mais nous croyons qu'elle s'impose dans l'état actuel de la législation. — Une circulaire de la chancellerie du 19 déc. 1891 (rapportée au *Journ. min. publ.*, p. 180), a indiqué les règles à observer pour que le casier judiciaire rende, au point de vue de l'application de la loi du 26 mars 1891, tous les services qu'on en peut attendre. Cette circulaire prescrit que lorsqu'un greffier reçoit un bulletin n° 1 constatant une peine suspendue, il a le devoir de s'assurer que le casier ne contient pas de mention relative à une condamnation précédente à l'emprisonnement pour crime ou délit de droit commun. S'il en existe, il est tenu d'en prévenir le procureur de la République près son tribunal, qui en informe son collègue du lieu de la condamnation conditionnelle, pour que cette décision puisse faire l'objet des recours autorisés par la loi. La circulaire fait aussi remarquer qu'il est utile d'adopter un mode de procéder uniforme pour la mention du sursis sur les bulletins, et elle décide qu'à l'avenir cette inscription, toujours manuscrite, sera faite en ces termes : « Sursis à l'exécution », et placée à la suite de la peine infligée.

283. — 4° *Mise en liberté.* — Le sursis entraîne nécessairement la mise en liberté du condamné détenu préventivement au moment du prononcé du jugement. Si donc le bénéficiaire du sursis a été arrêté en flagrant délit, ou s'il est détenu en vertu d'un mandat d'arrêt ou de dépôt, il y a lieu à mise en liberté immédiate, mise en liberté qui, suivant nous, doit être ordonnée par le tribunal. — A ce sujet, une question se présente. S'il y avait appel du jugement de sursis par le ministère public, le condamné devrait-il être mis en liberté, nonobstant l'appel ? On sait qu'aux termes de l'art. 206 c. instr. crim., « en cas d'acquittement, le prévenu sera immédiatement, et nonobstant appel, mis en liberté ». Cette disposition s'applique-t-elle à l'individu condamné conditionnellement? La négative paraît certaine, attendu que le jugement qui ordonne un sursis à l'exécution de la peine, loin d'équivaloir à un acquittement sous clause résolutoire, contient, au contraire, une condamnation avec clause suspensive quant à l'exécution (V. *suprà*, n° 218). Un arrêt s'est prononcé dans ce sens avec une grande précision (Chambéry, 14 juin 1891, aff. Clerc, D. P. 91. 2. 298. Conf. Locard, n° 82; André, p. 122; Dutruc, *Journ. min. publ.*, 1891, p. 130; de Forcrand, p. 193 et suiv. V. cependant en sens contraire : Laborde, p. 415; Nègre et Gary, p. 71). Au reste, la question, ainsi que M. de Forcrand le fait remarquer (p. 195), est sans importance sérieuse, « car les tribunaux, investis du droit d'accorder la mise en liberté en tout état de cause, peuvent l'ordonner par une disposition du jugement qui prononce la condamnation conditionnelle, disposition sujette à exécution provisoire suivant les termes généralement applicables de l'art. 135, dernier alinéa, du code d'instruction criminelle ».

284. — II. Réhabilitation de droit au bout de cinq ans. — Aux termes du paragraphe 2 de l'art. 1 de la loi du 26 mars 1891, « si, pendant le délai de cinq ans à dater du jugement ou de l'arrêt, le condamné n'a encouru aucune poursuite suivie de condamnation à l'emprisonnement ou à une peine plus grave pour crime ou délit de droit commun, la condamnation sera *comme non avenue* ». Il ne peut y avoir de doute, sur le sens de ces mots « sera comme non avenue », qui ont été bien expliqués, à diverses reprises, par le rapporteur au Sénat. « C'est une réhabilitation de plein droit » (Premier rapport au Sénat du 6 mars 1890, D. P. 91. 4. 25, col. 2, n° 9; et discours de M. Bérenger du 23 mars 1890, D. P. 91. 4. 26, col. 3, n° 2). Il suit de là que ce n'est plus seulement l'exécution de la peine qui est suspendue, c'est la condamnation elle-même qui est annulée de plein droit. Les choses sont remises dans le même état que s'il n'y avait pas eu de condamnation.

285. Faut-il assimiler entièrement la réhabilitation de droit, établie par la loi du 26 mars, à la réhabilitation judiciaire organisée par les art. 619 et suiv. c. instr. crim.? Non: de l'avis de tous les auteurs, il y a plus d'une différence entre les deux réhabilitations. En premier lieu, il ne faut pas perdre de vue que, si l'expression de *réhabilitation* a été plusieurs fois employée dans les travaux parlementaires pour marquer les effets de l'institution nouvelle, cette expression ne se trouve cependant pas dans le texte de la loi. De plus, la réhabilitation judiciaire suppose nécessairement l'exécution antérieure ou la remise de la peine (art. 619 et suiv. c. instr. crim.), tandis que l'effet essentiel de notre réhabilitation de droit est précisément de changer en dispense définitive le sursis à l'exécution de la peine. — Nombreuses aussi sont les différences, quant aux conditions de l'obtention: 1° la réhabilitation résultant de la loi nouvelle a lieu de plein droit, l'autre doit être demandée et c'est un arrêt de la cour d'appel qui la prononce après enquête (art. 624 à 628 c. inst. crim.); — 2° La première n'a lieu qu'après cinq ans à dater de la condamnation; la seconde peut être obtenue, en matière correctionnelle, trois ans après l'expiration de la peine (art. 620, § 4); — 3° La réhabilitation de plein droit n'est pas astreinte aux conditions de résidence imposées à celui qui veut se faire réhabiliter suivant les règles du code d'instruction criminelle (art. 621, 1°); — 4° Elle n'est pas subordonnée au payement de la condamnation à l'amende qui aurait été prononcée, tandis que la réhabilitation judiciaire exige, au contraire, ce payement (art. 623).

286. Mais, si les conditions des deux réhabilitations sont différentes les effets en sont sensiblement les mêmes. C'est ainsi que la condamnation pour laquelle le sursis a été accordé étant, au bout de cinq ans, « comme non avenue » elle ne pourra constituer, en cas de nouvelle condamnation, le premier terme de la récidive, pas plus qu'une condamnation qui aurait été effacée par la réhabilitation judiciaire (Locard, n° 105). Et, à cet égard, il n'y a pas à distinguer entre la récidive ordinaire des art. 56, 57 et 58 c. pén., et la récidive spéciale prévue par la loi du 27 mai 1885 sur les récidivistes (Locard, *eod. loc.;* André, p. 185).

287. De même, les peines accessoires à la condamnation principale et les incapacités disparaissent pour l'avenir par l'effet de la réhabilitation de plein droit, aussi bien que par l'effet de la réhabilitation judiciaire. L'art. 2, § 3, de la loi de 1891 dispose en termes exprès que ces peines accessoires « cesseront d'avoir effet du jour où, par application des dispositions de l'article précédent, la condamnation aura été réputée non avenue » (de Forcrand, p. 282). Au reste, il résulte clairement de ce texte que les déchéances cesseront pour l'avenir, mais qu'elles ne sont pas rétroactivement effacées. « C'est qu'en effet, dit M. Locard, n° 106, elles ont constitué non seulement un état de droit, mais encore un état de fait auquel ne peut s'appliquer l'effet rétroactif de la condition résolutoire de la condamnation. La condamnation est bien résolue, mais rien ne peut faire que le condamné n'ait été, en réalité, pendant cinq ans, frappé d'incapacité, et empêché d'exercer certains droits dont on ne peut lui rendre rétroactivement l'usage » (Conf. de Forcrand, *loc. cit.;* André, p. 218).

288. Les condamnations aux restitutions, dommages-intérêts et frais échappent à la réhabilitation de droit. Cette solution s'impose dans le silence de la loi; elle n'est contestée par personne. Une disposition contraire de la loi aurait eu ce résultat injuste d'appauvrir la partie lésée et le trésor public au grand avantage du condamné.

289. Quant au casier judiciaire, le système de la loi du 26 mars est que le bulletin n° 1 de la condamnation abolie subsistera au casier, mais que cette condamnation « ne devra plus être inscrite dans les extraits délivrés aux parties » (art. 4 de la loi), en d'autres termes qu'on ne la mentionnera pas sur les bulletins n° 2 délivrés aux particuliers. Il résulte *a contrario* de l'article précité que la condamnation devra, malgré la réhabilitation de droit, être inscrite avec la mention du sursis sur les extraits délivrés à la requête du ministère public, et cela est juste, car si « le réhabilité est réputé n'avoir pas été condamné, il n'en a pas moins commis une infraction à la loi pénale et l'on conçoit que le ministère public ait le droit de connaître tout son passé pour pouvoir apprécier exactement la gravité morale des nouvelles infractions dont il a pu se rendre coupable. Or, le seul moyen pratique d'être exactement renseigné sur l'infraction ancienne, c'est de se reporter à la condamnation qui, bien qu'effacée en droit, n'en a pas moins été prononcée en fait, et, au moment où elle est intervenue, a été proportionnée à la gravité du délit qu'elle devait réprimer » (Locard, n° 107. Conf. de Forcrand, p. 285; Nègre et Gary, p. 92).

290. Doit-on inscrire les jugements effacés par la réhabilitation de droit sur les bulletins délivrés aux administrations publiques? La loi ne s'en est pas expliquée. La question a, d'ailleurs, de l'intérêt, puisqu'il est évidemment utile que les administrations publiques de l'Etat aient la possibilité de connaître et d'apprécier la conduite de ceux qui sollicitent un emploi ou une fonction. Actuellement, suivant la pratique de la chancellerie, les personnes publiques sont traitées comme des *parties*, et on ne les admet pas à connaître, par le moyen du casier judiciaire, les antécédents des individus réhabilités, qu'il s'agisse de la réhabilitation de plein droit ou de la réhabilitation judiciaire. Mais le projet de réforme du casier judiciaire, déposé par la garde des sceaux sur le bureau du Sénat, décide, au contraire, dans son art. 5, que les condamnations effacées par la réhabilitation seront notées sur les extraits délivrés aux administrations publiques de l'Etat en vue de l'obtention d'emplois publics, de poursuites disciplinaires ou de l'ouverture d'écoles privées.

291. Le réhabilité de plein droit peut-il se faire délivrer *sans frais* un extrait de son casier judiciaire purgé de la condamnation? A cet égard, la loi nouvelle ne reproduit pas la disposition du dernier paragraphe de l'art. 633 c. inst. crim., qui accorde ce droit au réhabilité judiciaire, mais, les effets des deux réhabilitations étant identiques, il y a lieu, croyons-nous, d'admettre la délivrance sans frais (Conf. Laborde, p. 417; Nègre et Gary, p. 92, mais *contrà :* Locard, n° 107 *in fine;* de Forcrand, p. 287).

292. Que devient la contrainte par corps après la réhabilitation de plein droit? Subsiste-t-elle, ou est-elle supprimée? La partie civile et les agents du Trésor ont-ils encore, après les cinq ans d'épreuve, le droit de requérir la contrainte par corps envers le condamné? Pour résoudre cette question, il importe de prendre parti sur le caractère prédominant de la contrainte par corps. Doit-on considérer celle-ci comme une peine ou comme une épreuve de solvabilité? Suivant nous (V. *suprà*, v° *Contrainte par corps*, n° 25), la contrainte n'est pas une mesure pénale, mais une simple voie d'exécution (Conf. Garraud, *Traité de droit pénal*, t. 2, n° 41; *contrà:* Laborde, *Cours élémentaire de droit criminel*, n°s 447 et suiv.). Nous en conclurons que cette mesure n'est pas atteinte par la réhabilitation qui doit, comme l'amnistie, laisser intacte les droits des tiers. Sans doute, le droit d'exercer la contrainte n'aurait pu prendre naissance sans une condamnation pénale; mais ce droit une fois acquis au profit de la partie civile ou du Trésor, il nous semble impossible de faire disparaître, sans léser les droits de ceux-ci, une garantie qu'ils tiennent de la loi (Conf. Nègre et Gary, p. 93; de Forcrand, p. 284, et anal., Alger, 27 févr. 1882, aff. Allaman, *suprà*, v° *Contrainte par corps*, n° 44. *Contrà :* Laborde, p. 414).

293. En terminant, nous constaterons que la réhabilitation de plein droit ne peut pas se cumuler avec la réhabilitation ordinaire, puisque le temps d'épreuve de trois ans, exigé pour cette dernière, ne commence qu'à partir de la libération, et que, dès lors, le condamné conditionnel ne pourrait invoquer la réhabilitation judiciaire que si, renonçant au sursis, il avait exécuté réellement la peine. Nous avons, d'ailleurs, établi *suprà*, n° 223, que le condamné conditionnel ne peut pas renoncer au sursis et exécuter sa peine.

§ 9. — Révocation du sursis.

294. Il y a déchéance du sursis, aux termes de l'art. 1 de la loi du 26 mars 1891, § 2 et 3 combinés, si, pendant le délai de cinq ans, le bénéficiaire encourt une poursuite suivie de condamnation à l'emprisonnement ou à une peine plus grave pour crime ou délit de droit commun. En ce cas, la première peine est d'abord exécutée, sans confusion possible avec la seconde. L'étude des dispositions de la loi du 26 mars relatives à la déchéance du sursis comporte quatre questions, qui vont être examinées dans les numéros suivants: 1° à quel moment est acquise la déchéance? 2° en quels cas intervient-elle? 3° quelles sont les formalités qui accompagnent la révocation du sursis? 4° quels sont les effets de cette révocation?

295. — I. À QUEL MOMENT EST ACQUISE LA DÉCHÉANCE? — Cette première question est loin d'être sans difficultés. Faut-il, pour entraîner la déchéance, qu'une *condamnation* soit prononcée avant l'expiration des cinq ans? Suffit-il que la *poursuite* ait été commencée dans ce délai? Ne suffit-il pas même que la date du *nouveau fait* délictueux se place dans les cinq ans? Il y a désaccord à ce sujet parmi les auteurs. Cela tient à ce que le texte de la loi n'est rien moins qu'explicite et se prête, dans une certaine mesure, à trois interprétations différentes.

Dans un premier système, soutenu par M. Laborde (*Questions pratiques*, p. 409 et 410), et par MM. Nègre et Gary (p. 95) l'indignité du condamné conditionnellement résulte seulement de la dernière *condamnation* qui, par suite, doit être intervenue avant l'expiration du délai de cinq ans. Le texte, disent ces auteurs, n'attribue qu'à une « poursuite *suivie de condamnation* » le pouvoir de faire revivre la peine suspendue. Il exige donc, non seulement la poursuite, mais encore la condamnation pendant le délai d'épreuve. Ce système a été consacré par la loi belge de 1888 dont l'art. 9 s'énonce ainsi : « La condamnation sera comme non avenue si, pendant le délai, le condamné n'encourt pas de *condamnation nouvelle pour crime ou délit* ». Il a aussi les préférences de la commission extraparlementaire de revision de notre code pénal français. L'art. 69 du projet de cette commission est ainsi conçu: « La condamnation sera considérée comme exécutée, s'il n'est pas *prononcé* de nouvelle *condamnation* dans les termes du précédent article ». — D'autres commentateurs se contentent d'une *poursuite* commencée dans le délai précité; d'après eux, le sursis est révoqué si la nouvelle poursuite est intentée dans les cinq ans, alors même que la condamnation interviendrait après l'expiration de ce délai (Mahoudeau, n° 27; Locard, p. 99). Les partisans de ce système font remarquer que, si l'on décidait autrement, si l'on exigeait la condamnation dans les cinq ans, il dépendrait du prévenu en prenant la fuite ou en créant des obstacles et des retards à l'instruction, d'échapper à la conséquence de sa faute, ce qui est inadmissible. Ils invoquent aussi le texte de la loi à l'appui de leur opinion : L'art. 1 parle de « poursuite encourue » et l'art. 4 de poursuite « intervenue » dans le délai de cinq ans. La poursuite *encourue, intervenue*, ce n'est pas, disent-ils, la condamnation, c'est simplement la poursuite commencée. Dans cette seconde opinion, pour savoir si le condamné qui a obtenu sursis a satisfait ou non à la condition exigée, on s'attache uniquement à la date du premier acte de poursuite (citation directe devant le tribunal, réquisitoire introductif). — Enfin, la plupart des auteurs (de Forcrand, p. 241 et suiv.; Brégeault, p. 78; Capitant, n° 22; André, p. 126) estiment que ce n'est ni la condamnation, ni la poursuite nouvelle qu'il faut considérer, mais la date de la *faute* elle-même, de l'infraction. En effet, c'est la *faute* elle-même qui interrompt cette prescription de la condamnation par la bonne conduite, dont parle M. Bérenger dans son rapport. Ce que la loi a voulu frapper, n'est-ce pas la *récidive* dans le délai de cinq ans, n'est-ce pas la *rechute?* Qu'importe dès lors, que le fait n'ait été poursuivi qu'après l'expiration du délai? M. Locard a très bien dit, à ce sujet : « Si la poursuite fait *présumer* dans une certaine mesure, et si la condamnation *constate* l'indignité du bénéficiaire du sursis, c'est dans l'infraction nouvelle, base de la poursuite et de la condamnation, que réside la preuve de son incorrigibilité » (n° 98). Ce troisième système est certainement, en législation, préférable aux deux autres. Il peut s'appuyer aussi sur certaines paroles de l'auteur de la loi. Dans son rapport de 1884, M. Bérenger a dit : « Une nouvelle faute *commise dans le délai de cinq ans* donnera lieu, d'abord à l'exécution de la première peine, ensuite à l'aggravation de la récidive ». Toutefois, il faut bien reconnaître que la variété des expressions employées par les orateurs qui ont pris la parole dans les deux Chambres pendant la discussion de la loi est si grande (M. Locard a fait, p. 99, en note, un curieux relevé de ces expressions) qu'il est difficile de trouver, dans les travaux préparatoires, une raison de décider sérieuse sur le point qui nous occupe. En réalité, il ne paraît pas que les législateurs se soient rendu compte de la difficulté qui pouvait naître, et l'on ne peut trouver, ni dans les rapports, ni dans les discours, une indication uniforme et vraiment précise sur l'événement auquel on a voulu attacher l'indignité du condamné et la révocation du sursis. Dès lors, le plus sûr n'est-il pas de s'attacher au texte, et d'en bien peser les termes? À ce point de vue, nous croyons, pour notre part, que la loi, encore qu'elle ne soit pas d'une clarté parfaite, est pourtant assez explicite pour imposer la solution proposée par les partisans de la première opinion. Ces expressions de l'art. 1 : « Si, pendant le délai de cinq ans..., le condamné n'a encouru *aucune poursuite suivie de condamnation* à l'emprisonnement ou à une peine plus grave..., la condamnation sera comme non avenue », n'indiquent-elles pas que le législateur a voulu que la rechute, pour produire son effet révocatoire, fut constatée par une poursuite suivie de condamnation? Surtout comment hésiter en présence du § 2 de l'art. 4, dont la disposition interdit de mentionner la peine suspendue sur les extraits du casier judiciaire délivrés aux parties, si *aucune poursuite suivie de condamnation* n'est intervenue *dans le délai* de cinq ans?

La jurisprudence n'a pas jusqu'ici résolu la question posée. Elle n'a pas eu à s'en occuper puisque, dans aucune hypothèse, le délai d'épreuve de cinq ans ne pourra prendre fin avant mars 1896 pour aucun condamné conditionnellement.

296. — II. DANS QUELS CAS INTERVIENT LA DÉCHÉANCE. — La loi exige, pour qu'il y ait déchéance du sursis, une poursuite nouvelle « suivie de condamnation à l'emprisonnement ou à une peine plus grave pour crime ou délit de droit commun » (art. 1, § 2). Quatre conditions sont donc nécessaires. Il faut: 1° une poursuite *suivie de condamna-*

tion; 2° une condamnation à *l'emprisonnement ou à une peine plus grave;* 3° une condamnation motivée par *un crime ou un délit;* 4° une condamnation *de droit commun.* — En premier lieu, l'art. 1 exige une poursuite « suivie de condamnation ». Donc une poursuite qui aboutirait soit à une ordonnance ou un arrêt de non-lieu, soit à une décision d'acquittement, ne suffirait pas pour faire perdre au condamné le bénéfice du sursis (André, p. 127; Capitant, p. 379; Mahoudeau, n° 26). — Secondement, la condamnation qui est le résultat de la poursuite intentée pendant le délai doit prononcer « une peine d'emprisonnement ou une peine plus grave ». Donc une simple condamnation à l'amende, même pour délit, n'entraîne pas la déchéance. C'est un point évident et constant. La loi belge diffère, sous ce rapport, de la nôtre, car elle ne distingue pas suivant que la condamnation nouvelle prononce une peine d'emprisonnement ou d'amende. Donc encore l'emprisonnement est une cause absolue de révocation, quelle qu'en soit la durée, et alors même que le juge en abaisserait la quotité au niveau des peines de simple police par le moyen de l'art. 463 c. pén. Ajoutons que cette expression: « Peines plus graves que la prison » comprend toutes les peines criminelles appliquées à des faits de droit commun, sans distinction. — En troisième lieu, la condamnation nouvelle doit, pour entraîner la déchéance, être motivée « par un crime ou un délit ». D'où la conséquence certaine qu'une condamnation prononcée pour contravention de simple police, même à l'emprisonnement, n'entraîne pas la déchéance du sursis. — Enfin, la condamnation nouvelle ne révoque le sursis qu'autant qu'elle a été prononcée pour crime ou délit « de droit commun ». Quel est le sens de cette dernière expression? Nous nous sommes déjà expliqués à cet égard, en commentant la première partie de l'art. 1 de la loi du 26 mars, relative aux conditions de l'obtention du sursis (V. *suprà*, n°s 224 et suiv.). La condamnation pour fait *de droit commun* exigée aux termes du deuxième paragraphe de l'art. 1 pour la révocation du sursis, est évidemment de même nature que celle qui est prévue par le premier paragraphe du même article comme mettant obstacle à l'obtention du sursis. Nous renvoyons le lecteur à ce qui a été dit, *suprà, loc. cit.* Au reste, en cette matière, il n'y a pas à considérer la qualité du juge, et le sursis est révoqué dès que la condamnation nouvelle, prononcée par quelque tribunal que ce soit, militaire ou civil, réunit les conditions qui viennent d'être énoncées.

297. — III. FORMALITÉS DE LA RÉVOCATION DU SURSIS. — La révocation du sursis est obligatoire; elle intervient de plein droit, *ministerio legis.* Le second jugement n'a donc pas à ordonner l'exécution de la peine suspendue; il n'a pas même à prononcer la déchéance qui se réalise par le seul fait d'une nouvelle peine prononcée (Nègre et Gary, p. 97; Locard, n° 114, note 2). Cette solution est raisonnable, puisque la déchéance est subordonnée à une condition sur laquelle les magistrats saisis en cas de rechute n'ont aucun pouvoir (de Forcrand, p. 246). Autoriser ceux-ci à décider qu'il n'y avait pas lieu à révocation, c'eût été leur accorder le droit d'apprécier la sentence rendue par d'autres magistrats (André, p. 128). La circulaire de la chancellerie du 16 janv. 1892 consacre ce système dans les termes suivants: « Le jugement qui ordonne le sursis et celui qui prononce la seconde condamnation doivent demeurer absolument indépendants. S'il en était autrement, la révocation du sursis serait subordonnée à la connaissanee qu'auraient les juges de la condamnation suspendue, et une telle conséquence serait en opposition avec les intentions du législateur qui a voulu que la déchéance, au cas de seconde condamnation, eût lieu de plein droit ». — Le principe de l'indépendance des deux jugements conduit aussi à décider que l'extrait de la seconde sentence n'a pas à rappeler la condamnation naguère suspendue. La circulaire précitée du 16 janv. 1892 le proclame en termes formels (de Forcrand, p. 248).

298. — IV. EFFETS DE LA RÉVOCATION. — La révocation du sursis produit trois effets, qu'il convient d'étudier séparément, le premier relatif à l'exécution de la première peine, le second relatif au casier judiciaire, le troisième relatif à l'aggravation de la nouvelle peine.

299. — 1° *Exécution de la première peine.* — La révocation du sursis a pour premier et principal effet de rendre exécutoire la peine suspendue. Rien de plus juste, puisque le condamné a prouvé, par sa rechute, qu'il n'était pas digne de l'indulgence dont la justice avait usé à son égard; rien de plus juridique, puisque la condition suspensive à laquelle l'effet de la condamnation était subordonné, se réalise. Donc si la peine suspendue était une peine d'emprisonnement, le ministère public en requerra sur le champ l'exécution; si c'était une condamnation à l'amende, le percepteur en poursuivra le recouvrement. — Mais quel sera le parquet compétent? Par la force des choses, l'initiative sera prise par le parquet près le tribunal qui a prononcé la deuxième condamnation. En Belgique, une circulaire du ministre de la justice a décidé que le soin de faire exécuter les deux condamnations devait appartenir à ce parquet. En France, si la révocation affecte une peine pécuniaire, le parquet qui a requis le second jugement n'a pas à s'immiscer dans l'exécution de cette peine; il se borne à prévenir le procureur de la République du lieu de la première condamnation, et celui-ci (Circul. de la chancellerie du 16 janv. 1892) avise le receveur des finances. Si la déchéance rend exécutoire une condamnation à l'emprisonnement, on se conformera aux règles ordinaires; c'est-à-dire que la peine sera subie en principe dans la maison d'arrêt établie auprès du tribunal qui l'a prononcée, mais qu'elle peut être aussi exécutée dans toute autre maison d'arrêt quand les circonstances l'exigent ou le rendent préférable. Cette exécution se fera notamment au siège du tribunal qui inflige la seconde condamnation toutes les fois que le coupable, en état de détention préventive, devra subir les deux peines sans intervalle (de Forcrand, p. 278). En cas de contestation entre le ministère public et le condamné relativement à l'exécution de la première peine, le tribunal compétent serait certainement celui qui a prononcé le sursis, conformément au principe que la juridiction dont émane la condamnation se ressaisit pour statuer sur les incidents contentieux qui s'élèvent relativement à son exécution (V. *suprà*, n° 172).

300. La loi de mars 1891 ne s'est pas bornée à déclarer qu'en cas de condamnation nouvelle la première peine serait exécutée. Elle décide, dans le paragraphe 3 de l'art. 1, que cette peine sera *d'abord* exécutée, sans qu'elle *puisse se confondre avec la seconde.* — Il suit de là premièrement, qu'en cas de révocation de sursis, la première peine sera toujours subie la première, quel que soit le rang occupé par la seconde dans l'échelle des peines, par conséquent, même avant les peines de la réclusion, des travaux forcés à temps ou à perpétuité (Locard, n° 110; Laborde, p. 411).

Cette solution pourra, dans la pratique, présenter des inconvénients que le législateur n'a sans doute pas prévus. D'accord avec la chancellerie, l'administration pénitentiaire est dans l'usage, fort rationnel, de faire subir les peines dans l'ordre décroissant de leur gravité (Circ. min. int 20 mars 1869, *Bull. min. int.*, 1869, p. 247). Elle devra, dans l'hypothèse supposée, faire exception à la règle ordinaire et commencer par la peine la moins forte. V. toutefois, en sens contraire, Nègre et Gary, p. 98. — Faudrait-il maintenir cette solution si la nouvelle condamnation portait peine de mort? En d'autres termes, retarderait-on l'exécution de celle-ci jusqu'après celle de l'emprisonnement précédemment prononcé? Cela est bien difficile à admettre. « Qui ne voit, dit M. Laborde, p. 411, que le supplice survenant deux ou trois ans après la condamnation, serait odieusement inhumain, et qui ne sent dès lors que l'exécution préalable de l'emprisonnement donnerait *droit* à la grâce! » Une pareille conséquence est absolument inadmissible et nous n'hésitons pas à dire avec M. de Forcrand, p. 276: « Ce système, interprète fidèle du texte de la loi, violerait évidemment son esprit; c'en est assez pour qu'on le répudie sans hésitation ». En tous cas nul doute, que si une situation aussi extrême venait à se présenter « la remise de l'emprisonnement interviendrait immédiatement pour faire cesser un état de choses contre lequel la conscience publique ne manquerait pas de se révolter » (Locard, *loc. cit.*). — La première peine doit, de plus, être subie « sans qu'elle puisse se confondre avec la seconde » (art. 1, § 3, et art. 3). Cette règle prohibe l'application de l'art. 365 c. instr. crim. relatif au non-cumul des peines.

301. — 2° *Casier judiciaire.* — Relativement au casier judiciaire, la révocation du sursis produit nécessairement ce double effet, que la condamnation suspendue demeure définitivement et indéfiniment inscrite au casier, et qu'à l'avenir ladite condamnation devra figurer dans tous les extraits quelconques de ce casier. Cela dérive implicitement, mais sans hésitation possible, des termes mêmes de l'art. 4 de la loi. L'amnistie ou la réhabilitation de droit pourraient seules faire disparaître cette conséquence forcée de la rechute (de Forcrand, p. 247).

302. La mention du sursis qui avait été accordé doit-elle être maintenue au casier judiciaire? On a soutenu l'affirmative : « Il y a là, a-t-on dit, un renseignement des plus précieux, soit pour la justice, soit pour les particuliers, qu'il ne convient pas de faire disparaître, et qui d'ailleurs peut présenter un avantage pour le condamné » (Brégeault, p. 32. Conf. André, p. 129). Nous n'apercevons pas bien cet avantage. Il nous paraît, comme à M. de Forcrand, « à la fois plus logique et plus en rapport avec l'esprit de la réforme instituée par la loi du 26 mars de passer sous silence le sursis jadis accordé, puis révoqué; car la rechute a mis à néant la suspension, et celle-ci est à considérer, dès lors, comme n'ayant jamais existé. Les documents officiels n'en doivent donc pas perpétuer le souvenir » (p. 247).

303. — 3° *Aggravation de la nouvelle peine.* — Aux termes de l'art. 3 de la loi « en cas de nouvelle condamnation dans les conditions de l'art. 1, les peines de la récidive seront encourues dans les termes des art. 57 et 58 c. pén. ». Il résulte de ce texte que la seconde peine appliquée est une peine de récidive aggravée dans les conditions spéciales déterminées par les art. 57 et 58 c. pén., tels qu'ils ont été modifiés par l'art. 5 de la loi Bérenger. V. à cet égard, *infrà*, v° *Récidive-relégation*.

SECT. 6. — DE LA LIBÉRATION CONDITIONNELLE ET DU PATRONAGE DES LIBÉRÉS.

ART. 1er. — *De la libération conditionnelle.*

304. — I. HISTORIQUE, LÉGISLATION COMPARÉE, DOCTRINE. — « La libération conditionnelle ou préparatoire, appelée parfois improprement liberté provisoire, est l'acte par lequel on accorde au condamné, qui a mérité cette récompense par son application au travail et sa bonne conduite, sa libération anticipée, à charge de continuer à se conduire honnêtement, et sous la condition qu'il sera réintégré pour achever de subir sa peine s'il donne de nouveaux sujets de plaintes ». C'est en ces termes que l'institution de la libération conditionnelle a été définie par l'exposé des motifs de la loi du 14 août 1885 (D. P. 85. 4. 60) qui l'a introduite dans notre pays. — L'idée est ancienne. On la rencontre pour la première fois dans un mémoire publié en 1775 par le comte Vilain XIIII, le fondateur de la célèbre prison de Gand. En France, dès l'année 1832, une circulaire ministérielle du 9 décembre recommande l'emploi de la libération préparatoire pour les jeunes détenus; la loi du 5 août 1850 (D. P. 50. 4. 181) l'a consacrée à leur égard par son art. 9, ainsi conçu : « Les jeunes détenus des colonies pénitentiaires peuvent obtenir, à titre d'épreuve et sous des conditions déterminées par un règlement d'administration publique, d'être placés provisoirement hors de la colonie ». A M. Charles Lucas et à M. Bonneville de Marsangy revient l'honneur d'avoir, dès longtemps, insisté pour que la libération préparatoire fût étendue aux adultes, en vue de favoriser le reclassement des libérés dans la société. Les vœux de ces criminalistes ont, à diverses époques, reçu en notre législation des satisfactions partielles. A l'égard des déportés et des transportés, M. Garraud a fait justement remarquer que « les concessions de terres et les engagements autorisés par les art. 11 et 12 de la loi du 30 mai 1854 pour les transportés, l'établissement hors du territoire de la déportation, permis, pour les déportés, par l'art. 15 de la loi du 25 mars 1873, ne sont pas autre chose qu'une sorte de libération préparatoire » (*Traité de droit pénal français*, t. 1, n° 283). On peut rattacher au même principe la disposition introduite dans l'art. 48 c. pén. par la loi du 23 janv. 1874 sur la surveillance de la haute police (D. P. 74. 4. 50), aux termes de laquelle la surveillance (aujourd'hui l'interdiction de séjour) peut être suspendue par mesure administrative, et celle de l'art. 16 de la loi du 27 mars 1885 sur les récidivistes (D. P. 85. 4. 45) qui permet aux relégués d'obtenir de l'autorité judiciaire la cessation de la relégation, « en justifiant de leur bonne conduite, des services rendus à la colonisation et de moyens d'existence ». Mais c'est la loi précitée du 14 août 1885, *sur les moyens de prévenir la récidive* (*libération conditionnelle, patronage, réhabilitation*), loi due, comme tant d'autres, à l'initiative de M. le sénateur Bérenger, qui a donné à l'institution sa formule générale.

305. Recommandée par tous les criminalistes, la libération conditionnelle est admise dans un grand nombre d'Etats de l'Europe et de l'Amérique. Si l'on en croit des renseignements dignes de foi, elle existait au Japon bien longtemps avant qu'elle ne fût introduite en Europe au 19e siècle (*Bulletin de la société des prisons*, 1892, p. 888). Elle fait partie essentielle du système pénitentiaire de Walter Crofton (système irlandais); l'Angleterre l'a appliquée d'abord aux convicts, puis aux individus condamnés à la servitude pénale (V. les *Acts* britanniques des 20 août 1853, ch. 47, sect. 4 et 5; 25 juill. 1864, ch. 114, sect. 3 et suiv.; 21 août 1871, ch. 55, sect. 2; 12 juill. 1877, etc. cité par M. Lacointa, en note de sa traduction du nouveau code pénal d'Italie, sous les art. 16 et 17). Appliquée en Saxe et dans le grand-duché d'Oldenbourg depuis 1862, elle a été introduite dans le code pénal allemand de 1871. Le paragraphe 23 de ce code est ainsi conçu : « Les condamnés à la reclusion ou à un emprisonnement de longue durée pourront, s'ils y consentent, obtenir leur libération provisoire lorsqu'ils auront subi les trois quarts, en tous cas au moins une année de leur peine, et qu'ils se seront bien conduits pendant ce temps ». Le paragraphe 24 ajoute : « La libération provisoire pourra être révoquée en tout temps, soit pour inconduite du libéré, soit pour infraction aux obligations qui lui auront été imposées. En ce cas, le temps écoulé depuis la mise en liberté provisoire jusqu'au nouvel écrou ne sera pas imputé sur la durée de la peine ». La libération conditionnelle existe en Hongrie (C. pén. de 1878, art. 48 et suiv.), en Hollande (C. pén. de 1881, art. 15 et suiv.), en Danemark (L. 13 févr. 1873), en Belgique (L. 31 mai 1888), en Italie (C. pén. de 1889, art. 16 et 17), en Croatie (L. 22 avr. 1875), en Norvège, en Suède, dans les cantons de Zurich, d'Argovie, du Tessin, de Neufchâtel, de Fribourg, de Saint-Gall, de Vaud. La plupart des codes de l'Union des Etats américains l'ont aussi organisée. — Les conditions varient suivant les législations, notamment quant au délai minimum de détention, à l'expiration duquel la libération peut être accordée; plusieurs pays ne l'admettent que relativement aux peines d'une assez longue durée (En Angleterre elle est admise seulement pour la servitude pénale dont le minimum est de cinq ans, dans le canton de Zurich, seulement pour les peines des travaux forcés et de la reclusion), et après une longue épreuve (trois ans en Hollande, trois ans aussi en Italie s'il s'agit de la reclusion); en France, au contraire, et en Belgique, cette mesure est possible, suivant les cas, après une détention de trois mois seulement. — La libération conditionnelle est conservée dans le projet élaboré par la commission de revision du code pénal français. L'art 76 de ce projet dispose : « Tout condamné à l'emprisonnement ou à la détention peut être mis conditionnellement en liberté après avoir subi les trois quarts de sa peine, et vingt ans si la peine est perpétuelle ».

306. La libération conditionnelle agit de deux manières. « Pendant l'incarcération du condamné, elle est un stimulant de bonne conduite, un germe d'amendement, une prime offerte au détenu repentant. Après la mise en liberté, elle contribue efficacement à maintenir le libéré dans la voie du bien, à prévenir sa chute (Thonissen, rapport déposé le 1er mai 1888 à la chambre des représentants de Belgique). A ce même point de vue, M. Bérenger, auteur de la proposition qui est devenue la loi du 14 août 1885, a dit dans son rapport au Sénat : « Les avantages de la libération conditionnelle sont, en premier lieu, d'introduire dans les prisons, aussi bien dans celles qui sont soumises au régime en commun que dans les autres, un élément d'ordre, de bonne discipline et d'émulation, ensuite de soumettre le bon vouloir et le repentir souvent simulés de la prison à l'épreuve de la liberté, de soutenir les défaillances si fréquentes de la première heure, de couper court par une correction immédiate aux premiers écarts, enfin de donner aux sociétés de patronage le moyen d'action le plus efficace » (D. P. 85. 4. 61, note n° 3).

307. La libération conditionnelle est un moyen terme

entre la grâce absolue, émanée du chef de l'Etat, et l'exécution intégrale de la peine. Mais elle ne fait pas double emploi avec la grâce, dont elle diffère par son origine, par son but et par ses conséquences. La première constitue une mesure administrative, restrictive et révocable établie pour moraliser le détenu et défendre la société ; elle est accessible à tous les détenus. Le droit de grâce est, au contraire, un attribut indispensable du Gouvernement. Il tire son origine de l'imperfection des lois humaines et des jugements humains. C'est le remède extra-légal qui répare les erreurs juridiquement irréparables, et qui atténue les rigueurs de la justice. Il vient en aide au repentir ; il tient compte quelquefois des nécessités de la famille. Mais la grâce conférée sans conditions, sans retour possible, ne saurait se généraliser sans de graves inconvénients (Rapport de M. Gomot à la Chambre des députés, D. P. 85. 4. 61, note *a*, col. 3. Conf. L. André, p. 153).

308. On trouvera au *Journal officiel* du 15 juin 1890 un intéressant rapport adressé par le ministre de l'intérieur au chef de l'Etat, sur les premiers résultats de la loi du 14 août 1885 en ce qui concerne la libération conditionnelle. Il résulte de ce document que, depuis l'application initiale de la loi jusqu'au 1er janv. 1890, 3776 personnes ont bénéficié de la libération conditionnelle ; sur ce nombre, 27 seulement se sont vu retirer, par des arrêtés de révocation, le bénéfice de cette libération. En Belgique, sur 278 libérations conditionnelles accordées depuis la promulgation de la loi du 31 mai 1888 jusqu'au 31 déc. 1890, il n'y a eu que huit révocations.

309. Sur l'institution de la libération conditionnelle considérée en général, on consultera : Ortolan, *Eléments de droit pénal*, t. 2, n° 1489 ; d'Haussonville, les *Etablissements pénitentiaires*, p. 486 et suiv.; Bonneville de Marsangy, *Traité des diverses institutions complémentaires du régime pénitentiaire*, t. 17, p. 201 à 724 ; *De l'amélioration de la loi criminelle*, t. 1, p. 593 à 624 ; t. 2, p. 28 à 173; Tissot, *Introduction philosophique à l'étude du droit pénal*, p. 406 et suiv. ; Soret de Boisbrunet, *Bull. Soc. gén. des prisons*, 1880, p. 877. Plus spécialement, pour le commentaire de la loi du 14 août 1885 en ce qui concerne la libération conditionnelle, V. Garraud, *Traité de droit pénal français*, t. 1, nos 283 à 286 ; *Précis de droit criminel*, 4e édit., n° 177 ; Louis André, *La récidive*, p. 56 et suiv., et p. 152 et suiv., Villey, *Précis d'un cours de droit criminel*, 5e édit. p. 461 ; Laborde, *Cours élémentaire de droit criminel*, n° 385. On lira aussi avec intérêt, dans le *Bulletin de la Société générale des prisons*, divers articles sur la libération en Angleterre (1879, p. 67 ; 1880, p. 815), en Belgique (1888, p. 934), en Italie (1890, p. 831), en Hongrie (1891, p. 370).

310. — II. Système de la loi du 14 aout 1885. — 1° *Caractère facultatif de la libération conditionnelle.* — Dans le système de la loi du 14 août 1885, la libération conditionnelle est une *faveur* pour les condamnés, mais ne constitue jamais un *droit* à leur profit (premier rapport de M. Bérenger au Sénat, D. P. 85. 4. 62, note 2). L'art. 2 de la loi ne laisse aucun doute sur le caractère facultatif de la mesure pour l'Administration. « Tous condamnés... *peuvent* être mis conditionnellement en liberté... » (Conf. Garraud, *Traité de droit pénal*, t. 1, n° 284 ; Laborde, p. 224 ; L. André, p. 154). — Il en est autrement en Angleterre ; dans ce pays, quand le détenu a obtenu, pour la conduite et le travail, le nombre de points (marques) fixé par les règlements, il ne dépend pas de l'Administration de lui refuser la mise en liberté ; il l'a conquise, elle doit lui être donnée (L. André, p. 58 et 59).

311. La libération conditionnelle pourrait-elle être refusée par le condamné ? M. Laborde tient pour la négative (*op. cit.*), mais nous ne sommes pas très disposés à partager son avis. Nous croyons et nous avons déjà dit *suprà*, v° *Grâce*, n° 25 « que le droit de grâce, qui appartient au chef de l'Etat, a pour fondement des principes trop élevés et un intérêt social trop puissant, pour qu'il soit permis à un particulier, quel que soit son intérêt direct, d'y faire obstacle ». Mais la libération conditionnelle n'est pas la grâce (V. *suprà*, n° 307). Si le droit de grâce est un attribut indispensable de gouvernement, on ne peut certainement pas en dire autant du droit d'accorder une libération conditionnelle. Ce dernier droit n'est pas essentiel à la bonne administration de la justice pénale : la preuve qu'un pays peut s'en passer, c'est que l'institution est toute nouvelle dans le nôtre. En général, les faveurs ne s'imposent pas à qui les refuse ; pourquoi faire exception à cette règle, lorsque l'intérêt public ne l'exige pas ? La question a d'ailleurs peu d'intérêt pratique, car il n'est pas probable que beaucoup de condamnés refusent la faveur d'une libération anticipée qui viendrait à leur être offerte par l'Administration.

312. — 2° *Cas dans lesquels la libération conditionnelle est possible.* — A quelles peines s'applique la libération conditionnelle ? A cette question l'art. 2 répond : « Tous condamnés ayant à subir une ou plusieurs *peines emportant privations de la liberté* peuvent... être mis conditionnellement en liberté... ». Donc la libération conditionnelle peut être demandée aussi bien par les condamnés à la reclusion ou à la détention que par les condamnés à l'emprisonnement : ce premier point ne fait aucun doute. — Les déportés et les condamnés aux travaux forcés à perpétuité pourraient-ils prétendre au même bénéfice ? Non, puisque, d'après l'art. 2 précité, le condamné ne peut obtenir la libération conditionnelle que lorsqu'il a subi la *moitié* de sa peine, et que la perpétuité ne comporte pas la division par moitié. M. Herbette, commissaire du gouvernement, s'est formellement prononcé dans ce sens (Ch. des députés, séance du 18 mai 1885, D. P. 85. 4. 68, note. Conf. Garraud, *loc. cit.* p. 466, note 7 ; André, p. 155). Mais il en serait autrement (M. Herbette l'a aussi reconnu) si le condamné venait à être l'objet d'une commutation réduisant la perpétuité à un nombre déterminé d'années, en d'autres termes si la peine de la déportation ou des travaux forcés à perpétuité était commuée en peine temporaire; dans ce cas rien ne s'opposerait à ce que la libération fût accordée après l'exécution de la moitié de cette dernière peine (Garraud, *loc. cit.* ; Laborde, *loc. cit.* ; André, *loc. cit.*).

313. La question est moins simple en ce qui concerne les condamnés aux travaux forcés à temps. M. Garraud (*loc. cit.*) estime que ces condamnés ne peuvent pas prétendre à l'application de l'art. 2 de la loi du 14 août 1885, parce que « leur situation est réglée, au point de vue de la libération conditionnelle, par un décret du 18 juin 1880 » (Conf. André, p. 156). Cette opinion ne nous paraît pas exacte. Il est vrai qu'au point de vue disciplinaire, la situation des condamnés aux travaux forcés subissant leur peine dans les colonies pénitentiaires a été réglementée par un décret du 18 juin 1880 (D. P. 81. 4. 37) lequel a été depuis remplacé par un décret du 14 sept. 1891 ; mais ces décrets, qui règlent le classement et les punitions des transportés, ne contiennent aucune disposition exclusive de la libération conditionnelle ordinaire. Bien plus, l'art. 4 du second des décrets précités consacre en termes explicites l'applicabilité de la libération conditionnelle aux forçats, puisqu'il décide que « les condamnés placés à la première classe peuvent seuls être compris dans les propositions de remise, de réduction de peine ou de *libération conditionnelle* transmises par le gouverneur de la colonie ».

314. Au reste, tous les forçats ne sont pas transportés. On sait, en effet, que certains condamnés aux travaux forcés subissent leur peine dans les établissements de la métropole ; par exemple les femmes qui sont le plus souvent dispensées de la transportation et subissent leurs peines dans les maisons centrales (C. pén. art. 16 ; L. 30 mai 1854, art. 4, D. P. 54. 4. 90), et les hommes qui, ayant commis un crime dans un établissement pénitentiaire, doivent subir même les plus longues peines dans l'enceinte d'une prison (L. 25-27 déc. 1880, D. P. 81. 4. 53). A l'égard de ces forçats non transportés, le langage tenu à la Chambre des députés, par le commissaire du Gouvernement, ne permet pas de douter qu'il puissent réclamer le bénéfice de la loi du 14 août 1885. « Il demeure entendu, a dit M. Herbette, que la libération conditionnelle s'applique même à la peine des travaux forcés à temps, subie en France ou en Algérie » (Séance de la Chambre des députés du 18 mai 1885, D. P. 85. 4. 68, note). En fait, 195 condamnés aux travaux forcés détenus dans les prisons métropolitaines ont été ainsi libérés conditionnellement du 23 févr. 1888 au 1er janv. 1890 (V. Rapport précité du ministre de l'intérieur, *Journ. off.* 15 juin 1890, tableau annexe V).

315. Le décret du 5 oct. 1889 (D. P. 90. 4. 101) a institué, pour les condamnés aux travaux forcés subissant leur peine dans les colonies, les peines nouvelles et spéciales de la reclusion cellulaire pendant six mois au moins et cinq ans au plus et de l'emprisonnement pour six mois au moins et cinq ans au plus. Ces peines spéciales, qui se subissent dans la colonie, au cours même de la transportation, peuvent donner lieu à l'application de la libération conditionnelle, ainsi que cela résulte de la disposition formelle de l'art. 5 du décret précité, ainsi conçu : « Les condamnés à la reclusion cellulaire et à l'emprisonnement peuvent obtenir la faveur de la libération conditionnelle, dans les conditions déterminées par la loi du 14 août 1885. Dans ce cas, ils sont réintégrés sur les chantiers et ateliers de la transportation ». Aux termes de l'art. 11 du décret du 4 sept. 1891 sur le régime disciplinaire des forçats, ces libérés conditionnels sont, lors de leur réintégration sur un établissement de ransportation, placés à la troisième classe, et y sont maintenus au moins pendant un an.

316. Sur la question de savoir si la libération conditionnelle s'applique à la relégation, V. *infrà*, n° 329.

317. — 3° *Conditions de la libération conditionnelle.* — A. *Condition de temps.* — La libération conditionnelle ne peut être obtenue qu'après un certain temps passé en prison. Ce temps varie suivant le taux de la condamnation et les antécédents du prévenu. Il faut que les condamnés « aient accompli trois mois d'emprisonnement si les peines sont inférieures à six mois, la moitié de leurs peines dans les autres cas » (art. 2, § 1). Toutefois, s'il y a récidive, soit aux termes des art. 56 à 58 c. pén., soit en vertu de la loi du 27 mai 1885, la durée de l'emprisonnement à subir est portée à six mois, si les peines sont inférieures à neuf mois, et aux deux tiers de la peine dans le cas contraire (art. 2, § 2).

318. La loi n'a pas prévu l'hypothèse particulière d'une peine déjà réduite ou commuée par voie de grâce. Convient-il, dans le premier cas, de tenir compte de la réduction de peine pour la détermination de la date de la libération conditionnelle, et, dans la seconde hypothèse, y a-t-il lieu de calculer la moitié ou les deux tiers de la peine en prenant pour point de départ la date de la commutation ? Une circulaire du garde des sceaux, du 20 juill. 1888, a décidé que « d'une façon générale et pour tous les cas, le calcul devait se faire en prenant pour base le jour à partir duquel la condamnation est devenue définitive, en déterminant la date de la libération, quelle qu'en soit la cause (réduction, commutation ou application de la loi du 5 juin 1875 sur l'emprisonnement cellulaire), et en se *référant ensuite aux dispositions de l'art. 2 de la loi du 14 août* 1885 ». Cette décision nous paraît fondée.

319. — B. *Condition d'amendement.* — Pour obtenir sa libération conditionnelle, il faut aussi, aux termes de l'art. 2 précité, § 1, que le condamné ait donné des preuves certaines d'un amendement moral, en d'autres termes, qu'il ait satisfait aux conditions de conduite et de travail déterminées par les règlements établis en exécution de l'art. 1 de la loi. A cet égard, il convient de remarquer qu'il n'est pas encore intervenu de règlement d'administration publique touchant la mise en pratique du régime d'amendement prescrit par l'art. 1, et qu'en attendant, aux termes de l'art. 9, la libération conditionnelle « peut être prononcée à l'égard des condamnés qui en auront été *reconnus dignes* dans les cas prévus par la présente loi ».

320. — 4° *Formes de la libération conditionnelle.* — *Arrêtés de mise en liberté.* — *Permis de libération conditionnelle.* — Les arrêtés de mise en liberté sous conditions sont pris par le ministre de l'intérieur, « après avis du préfet, du directeur de l'établissement ou de la circonscription pénitentiaire, de la commission de surveillance de la prison et du parquet près le tribunal ou la cour qui a prononcé la condamnation » (art. 3). La circulaire du garde des sceaux du 20 janv. 1888 détermine le rôle du parquet dans l'application de la loi sur la libération conditionnelle, et trace aux officiers du ministère public les règles à suivre pour formuler « l'avis » qu'ils doivent donner au ministère de l'intérieur. N'eût-il pas été préférable de confier l'œuvre de la libération, comme en Italie, en Allemagne, en Hongrie, en Hollande, en Belgique, au département de la justice ? M. Bardoux a fait une proposition dans ce sens au Sénat, mais cette proposition a été repoussée par le motif que, « à tort ou à raison, c'est aujourd'hui le ministre de l'intérieur qui a la direction du service et de la police des prisons. C'est lui qui règle et qui surveille leur discipline, a-t-on dit... Comment serait-il possible de ne pas lui remettre le soin de juger de la conduite des détenus ? On ne pourrait transporter cette attribution au pouvoir judiciaire qu'à la condition de lui accorder en même temps une autorité directe sur le service intérieur des prisons et sans risquer de créer des conflits » (Premier rapport de M. Bérenger au Sénat, D. P. 85. 4. 63, note 1, col. 3). Au reste, depuis le 27 févr. 1888, fonctionne au ministère de l'intérieur un comité consultatif, dit *comité de la libération conditionnelle*, composé de huit membres, représentant les services de l'administration pénitentiaire, de la direction de la sûreté générale et de la direction des grâces au ministère de la justice. Ce comité est chargé par le ministre d'examiner les dossiers de toutes les demandes de libération et de donner ses conclusions sur la suite qu'elles comportent, d'après l'ensemble des éléments d'appréciation recueillis en chaque cas.

321. Comme toute mesure gracieuse, la décision de libération conditionnelle est mentionnée en marge ou à la suite des arrêts ou jugements de condamnation (Circulaire du garde des sceaux du 20 juill. 1888). En outre, elle figure au casier judiciaire. Cette mention au casier judiciaire présente une double utilité : « elle permet d'abord aux magistrats, dans le cas où le libéré conditionnel serait l'objet de nouvelles poursuites avant l'époque de sa libération définitive, de connaître immédiatement sa véritable situation judiciaire ; ensuite et alors même que la peine serait entièrement subie, il y a intérêt moral à ce que le juge sache, lorsqu'il aura à appliquer la loi pénale, qu'il se trouve en présence d'un individu qui n'a pas su reconnaître par sa bonne conduite la faveur dont il a été l'objet » (Même circulaire).

322. Le libéré conditionnel reçoit un permis de libération qui lui est remis au moment même de la levée de l'écrou. Dans la pratique, ce permis affecte la forme d'un carnet. Il contient : 1° toutes indications d'identité et de signalement ; 2° le texte du titre 1 de la loi du 14 août 1885 ; 3° le texte de l'arrêté ministériel de libération conditionnelle ; 4° le procès-verbal de libération conditionnelle, constatant la levée de l'écrou. Le permis de libération doit être présenté par l'intéressé sur toutes réquisitions des autorités administratives et judiciaires (*Texte des permis de libération conditionnelle*).

Le libéré est, en outre, soumis à une surveillance spéciale dont le mode sera déterminé par un règlement d'administration publique (art. 6 de la loi). Ce règlement n'est pas encore fait, bien que le rapport du ministre de l'intérieur du 15 juin 1890 en ait fait pressentir la prochaine publication. Ajoutons qu'aux termes du même art. 6 « l'Administration peut charger les sociétés ou institutions de patronage de veiller sur la conduite des libérés qu'elle désigne spécialement, et dans les conditions qu'elle détermine ».

323. — 5° *Révocation de la libération conditionnelle.* — La liberté conditionnelle, comme l'indique son nom même, est essentiellement révocable. La mise en liberté peut être révoquée, soit pour inconduite habituelle et publique dûment constatée, soit pour infraction aux conditions spéciales exprimées dans le permis de libération (art. 2, § 3). Le droit de révocation ne peut, d'ailleurs, s'exercer que pendant la durée de la peine : si la révocation n'est pas intervenue avant l'expiration de la durée de la peine, la libération est définitive (art. 2, § 4). Le système de la loi est donc de limiter la durée de l'épreuve du condamné mis en liberté à celle du temps d'emprisonnement qu'il lui restait à subir ; à l'heure même où son écrou eût été levé s'il fût resté en état d'incarcération, sa libération se trouve définitive par ce seul fait qu'il n'est point intervenu d'arrêté de révocation (Conf. c. pén. hongrois, art. 50 ; c. pén. néerlandais, art. 15 ; c. pén. d'Italie, art. 17). — L'épreuve ainsi limitée est-elle suffisante ? Il est permis, croyons-nous, d'en douter. Sans doute la menace de la réincarcération ne doit pas peser sur la vie entière du libéré ; mais la période d'épreuve pourrait être plus longue ; en Belgique, elle est fixée au double du terme d'incarcération que le libéré avait encore à subir au jour où la mise en liberté a été ordonnée en sa faveur (art. 4 de la loi belge du 31 mai 1888). Par exception, au cas de libération conditionnelle de la relégation, le droit de révocation peut s'exercer dans le délai de dix années à partir de la date d'expiration de la peine principale (art. 2, § 6).

324. Les arrêtés de révocation sont pris par le ministre de l'intérieur après un double avis du préfet et du procureur de la République de la résidence du libéré (art. 3). Une circulaire du garde des sceaux en date du 28 juin 1888 reconnaît également le droit d'avis aux juges de paix, sans doute en raison de leur qualité d'officiers de police judiciaire, auxiliaires du procureur de la République.

325. L'effet de la révocation est la réintégration du libéré conditionnel en prison « pour toute la durée de la peine non subie au moment de sa libération » (art. 5, § 1). En d'autres termes, l'intervalle de temps passé en état de libération conditionnelle n'est pas compté dans le calcul de la durée de la peine.

326. Les arrêtés de révocation sont mentionnés en la même forme et de la même manière que les décisions de libération conditionnelle, c'est-à-dire qu'ils sont inscrits en marge ou à la suite des arrêts ou jugements de condamnation, et que, de plus, ils figurent au casier judiciaire (Circ. du garde des sceaux du 20 juill. 1888).

327. — 6° *Arrestation provisoire avant révocation.* — Aux termes de l'art. 4, § 1, de la loi « l'arrestation du libéré conditionnel peut être *provisoirement* ordonnée par l'autorité administrative ou judiciaire du lieu où il se trouve, à la charge d'en donner immédiatement avis au ministre de l'intérieur ». C'est à ce ministre qu'appartient le droit de maintenir, s'il y a lieu, l'arrestation provisoire, et de prononcer, par suite, la révocation de la libération qui avait été accordée (Même article, § 2). L'effet de la révocation remonte au jour de l'arrestation ; le temps de la durée de l'arrestation est imputable sur la peine restant à subir (art. 4, § 3 et art. 5, § 2).

La loi ne désigne pas les membres de l'autorité *administrative* ou *judiciaire* qui peuvent prescrire des arrestations provisoires. Dans l'ordre administratif, ce droit appartient incontestablement aux préfets, sous-préfets et maires. La circulaire précitée du garde des sceaux, du 28 juin 1888, le reconnaît expressément aux procureurs de la République et aux juges de paix.

328. Si l'arrestation provisoire ordonnée en vertu de l'art. 4 n'était pas suivie de révocation, le temps de sa durée viendrait-il en déduction de sa peine ? Cette question présenterait surtout de l'intérêt dans le cas où le libéré conditionnel viendrait plus tard à être arrêté de nouveau, et, cette fois, maintenu en prison ; l'emprisonnement qu'il aurait subi lors de sa première arrestation, compterait-il pour l'exécution de sa peine ? Dans le projet du Sénat, l'hypothèse était prévue, et il était décidé que le temps de la durée de l'arrestation provisoire compterait pour l'exécution de la peine. En effet, à la demande de M. Herbette, directeur de l'administration pénitentiaire, un second alinéa avait été ajouté, dans ce but, à l'art. 5, alinéa ainsi conçu : « Si l'arrestation provisoire *n'est pas suivie de révocation*, le temps de sa durée (de la libération conditionnelle) compte pour l'exécution de la peine », et M. Bérenger avait motivé l'utilité de cette disposition en ces termes : « Le Sénat comprend quelle est l'importance de cette addition ; il s'agit d'un libéré conditionnel dont l'inconduite a motivé l'arrestation. Cette arrestation, pour être maintenue, doit être suivie de la révocation de la libération conditionnelle précédemment accordée. L'art. 4, dernier paragraphe, prévoit le cas où la révocation aura été prononcée, et décide que la peine recommencera à courir du jour de l'arrestation ; *mais la commission n'avait pas prévu le cas où l'arrestation ne serait pas suivie de révocation et où l'individu, arrêté pendant un temps, serait remis en liberté, lorsque le ministre de l'intérieur ne jugerait pas suffisants les motifs invoqués contre lui et se refuserait à révoquer sa libération. Ce cas ne saurait donner lieu à une disposition différente, car il est incontestablement plus favorable.* La commission est, en conséquence, d'avis de compléter l'article par l'addition dont je viens de vous donner connaissance et dont l'objet est de déclarer expressément que, pour le libéré dont l'arrestation n'aura pas été maintenue, comme pour celui qui aura été l'objet d'un arrêté de révocation, le temps passé en état d'arrestation devra compter pour l'exécution de la peine » (*Journ. off.* du 2 avr. 1884, p. 875).

Ces explications étaient fort claires. La Chambre des députés a substitué, on ne sait pour quel motif, dans l'art. 5, aux mots : Si l'arrestation provisoire « n'est pas suivie de révocation », ces mots « est maintenue », ce qui modifie complètement le sens de l'article et rend la disposition inutile, puisqu'elle ne fait qu'exprimer exactement, quoique sous une autre forme, l'idée déjà énoncée au paragraphe 3 de l'art. 4. Quoi qu'il en soit, le texte ne résout plus la question posée. Dans le silence de la loi, nous estimons que la volonté du législateur s'est manifestée d'une manière non douteuse par les paroles ci-dessus rapportées de M. Bérenger, lesquelles n'ont été contredites par personne ni au Sénat, ni à la Chambre des députés, et nous pensons que « pour le libéré dont l'arrestation n'aura pas été maintenue comme pour celui qui aura été l'objet d'un arrêté de révocation, le temps passé en état d'arrestation devra compter pour l'exécution de la peine ». Cette solution nous paraît moins douteuse encore aujourd'hui, depuis que la loi des 15-17 nov. 1892 (D. P. 93. 4. 1), a introduit dans notre législation la règle de l'imputation de la détention préventive sur la durée des peines.

329. — 7° *Cas spécial de la relégation.* — En ce qui concerne les condamnés à la relégation, la loi du 14 août 1885 contient, dans son art. 2, § 5 et 6, une disposition spéciale ainsi conçue : « Au cas où la peine qui aurait fait l'objet d'une décision de libération conditionnelle devrait être suivie de la relégation, il pourra être sursis à l'exécution de cette dernière mesure, et le condamné sera, en conséquence, laissé en France, sauf droit de révocation, ainsi qu'il est dit au présent article. Le droit de révocation prendra fin en ce cas s'il n'en a été fait usage pendant les dix années qui auront suivi la date d'expiration de la peine principale ». Il résulte de cette disposition, dont la portée a été clairement expliquée par M. Bérenger dans son second rapport au Sénat (D. P. 85. 4. 63, en note, col. 3) : 1° que la libération conditionnelle de la peine principale n'entraîne pas nécessairement et de plein droit l'affranchissement de la relégation ; 2° qu'elle donne seulement à l'Administration la faculté de surseoir à l'exécution de cette peine accessoire, et, en conséquence, de laisser en France les condamnés à la relégation ; 3° que l'Administration qui a usé de cette faculté au profit d'un condamné à la relégation, ne peut révoquer la libération de la relégation que dans le délai de dix années à partir de la date d'expiration de la peine principale.

Il y a lieu de noter que le délai de dix ans est une véritable *prescription* de la relégation dans l'hypothèse où le condamné a obtenu sa libération conditionnelle, sans qu'on ait à distinguer si cette peine complémentaire est criminelle ou correctionnelle. Il remplace les délais ordinaires de cinq ans et de vingt ans. Au reste, il ne faudrait pas confondre la libération conditionnelle de la relégation spécifiée à l'art. 2 de la loi du 14 août 1885, avec la *remise* de la relégation prévue par l'art. 16 de la loi du 27 mai 1885. Ces deux mesures diffèrent l'une de l'autre au point de vue de l'autorité chargée de statuer, des conditions prescrites pour leur concession, de leurs effets et de leur durée (V. L. 27 mai 1885, art. 16 et suiv.).

ART. 2. — *Du patronage des libérés.*

330. Le patronage des libérés est le complément obligé de tout système pénitentiaire normal, et spécialement de la libération conditionnelle. En effet, comme l'a très bien dit M. André « les institutions pénitentiaires les plus rationnellement conçues risquent de demeurer inefficaces et vaines si, à l'heure de la levée de l'écrou, le détenu qu'elles ont eu pour but de moraliser est trop brusquement livré à toutes les épreuves, à toutes les tentations, à tous les périls de la liberté. C'est le patronage qui a mission de donner aux libérés, en vue de leur reclassement, appui matériel, et appui moral. » (*La récidive*, p. 69). D'un autre côté, « le patronage seul peut exercer sur le condamné, rendu avant terme à la vie sociale, la protection et la surveillance nécessaires. Et sans le patronage, la loi de libération conditionnelle pourrait ne rester, par suite de l'inévitable inégalité de son application, que l'apanage d'un petit nombre de privilégiés. Comment, en effet, en présence des prescriptions administratives qui, à bon droit, subordonnent la mise en liberté à la justification ou de ressources acquises ou d'un travail assuré, le condamné sans fortune, sans famille, sans appui, serait-il à même, en dehors d'une assistance amie, de profiter du bénéfice de la loi? » (*op. cit.* p. 70).

331. Chez tous les peuples européens, sauf en Russie, le patronage affecte le même caractère. Il est confié à des sociétés *libres* de bienfaisance qui reçoivent de l'Etat des *subventions* plus ou moins larges. Les institutions de patronage sont nombreuses en Angleterre, aux Etats-Unis d'Amérique, en Hollande, en Suisse, en Allemagne; elles sont également répandues sur la surface de la Belgique, du Danemark, de l'Italie, de l'Autriche, de la Suède. La Russie a fait du patronage des libérés une institution d'Etat (André, *La récidive*, p. 73 et 74). Des congrès internationaux (Londres en 1872, Paris en 1878, Saint-Pétersbourg et Anvers en 1890) ont étudié les résultats obtenus par la pratique, signalé à l'attention publique les progrès désirables. Le congrès d'Anvers a élaboré tout un ensemble de propositions, dont M. le sénateur Bérenger a été l'inspirateur, qui peuvent être considérées comme un petit code du patronage des libérés. On trouvera le texte de ces propositions dans André, *La récidive*, en note à la page 74, et aussi dans le *Bulletin de la Société générale des prisons*, 1891, p. 28. Le bulletin précité renferme de très nombreux articles sur l'institution du patronage et sur ses applications en France et à l'étranger.

332. Le titre 2 de la loi du 14 août 1885 (art. 7 et 8) est consacré au patronage. Il résulte des articles 7 et 8 combinés avec l'art. 6, § 2: 1° que l'Etat ne se charge pas, en France, de patroner lui-même les libérés; 2° qu'il accorde aux sociétés ou institutions *agréées* par l'Administration, une subvention annuelle en rapport avec le nombre des libérés réellement patronés par elles, dans les limites du crédit spécial inscrit dans la loi de finances (art. 7); 3° que, s'il s'agit de libérés conditionnels, l'Etat alloue à la société ou institution de patronage une somme de cinquante centimes par jour pour chaque libéré, pendant un temps égal à celui de la durée de la peine restant à courir, sans que cette allocation puisse dépasser 100 fr. (art. 8 et 6, § 2).

333. Pour que des sociétés ou institutions de patronage soient admises à jouir du bénéfice des institutions nouvelles, il n'est pas nécessaire qu'elles soient *reconnues;* il suffit qu'elles soient *agréées* par le Gouvernement (D. P. 85. 4. 64, note 4). « On a pensé, a dit M. Bérenger dans son premier rapport au Sénat, que la reconnaissance, impliquant une longue procédure et l'intervention du conseil d'Etat, pourrait entraîner, aussi bien pour le retrait que pour la demande, des inconvénients réels, que le Gouvernement n'avait pas besoin de formalités aussi complexes pour s'assurer de la bonne direction d'une société de patronage, et qu'il devait en même temps conserver toute liberté d'intervenir par de promptes mesures contre les institutions qui ne présenteraient plus de garanties propres à justifier sa confiance. L'agrément ministériel devait suffire ». En mai 1892, il n'existait en France que 49 sociétés de patronage. Ce chiffre est bien peu élevé si on le compare à celui des associations similaires dans certains pays étrangers. L'Angleterre ne compte pas moins de 680 sociétés de patronage qui, depuis plus de trente ans, se réunissent et fonctionnent régulièrement. On trouve la liste des principales sociétés françaises dans le *Bulletin de la Société générale des prisons*, année 1889, p. 731 et suiv. Les subventions annuelles de l'Etat français aux œuvres de patronage des libérés ont atteint, dans les derniers budgets, le chiffre de 120 000 fr. Un congrès national des œuvres de patronage des libérés a eu lieu à Paris du 24 au 27 mai 1893; le compte rendu en a été donné par le *Bulletin de la Société générale des prisons* (1893, juin, p. 784). Une commission permanente a été nommée « pour suivre la réalisation des vœux du congrès, notamment en ce qui concerne la constitution d'un *bureau central* de patronage, destiné à servir de lien aux différentes sociétés de patronage, pour établir et publier la statistique des œuvres de patronage, pour déterminer la date et le lieu de réunion du prochain congrès ». — V. sur la question du patronage : M. Lefébure, *Le lendemain de la peine, étude sur la condition du prisonnier libéré dans la société contemporaine*, Paris, 1880; M. Henri Joly, *Le combat contre le crime*, ch. 9; et l'article du même auteur publié sous ce titre : *Un prochain congrès, les œuvres de patronage*, dans *le Correspondant* du 10 avr. 1893.

CHAP. 5. — Des circonstances qui influent sur la peine. — Causes de non-culpabilité, Excuses, Circonstances atténuantes.

SECT. 1re. — DES CAUSES DE NON-CULPABILITÉ ET DES EXCUSES.

334. La présente section a pour rubrique au *Répertoire: Des excuses.* Nous avons réuni ici, sous le titre commun qui précède, l'étude des causes de non-culpabilité et celle des excuses proprement dites. Les causes de non-culpabilité et les excuses ont de nombreux points de contact, mais elles diffèrent grandement, puisque les premières sont des circonstances qui impliquent l'absence de toute criminalité dans l'agent, et, par conséquent, excluent l'application de toute peine; tandis que les secondes, sans effacer la criminalité, la diminuent seulement et, par suite, n'entraînent qu'une réduction de la peine. D'autre part, le nom d'excuses est plus que jamais réservé, dans le langage scientifique, aux seules excuses légales. Nous avons donc cru préférable de modifier la rubrique de la section ci-dessus. Notre division sera, d'ailleurs, la même qu'au *Répertoire*. Nous traiterons, dans l'art. 1, qui suit, des circonstances qui détruisent la culpabilité, et, dans l'art. 2, des excuses proprement dites. Toutefois, il nous a paru utile de faire subir quelques changements aux divisions intérieures de ces articles, et la distribution des matières y a été légèrement modifiée.

ART. 1er. — *Des circonstances qui détruisent la culpabilité* (*Rép.* nos 368 à 420).

335. Il n'entre pas dans le cadre de cet ouvrage de présenter la théorie de *l'élément moral* de l'infraction. Cette théorie, aussi importante que difficile, a, depuis la publication du *Répertoire*, particulièrement exercé la sagacité des jurisconsultes (V. notamment : Haus, *Principes du droit pénal belge*, t. 1, nos 291 et s.; Garraud, *Traité du droit pénal français*, t. 1, tit. 4 du liv. 1, nos 195 et suiv.; Ortolan, *Éléments de droit pénal*, t. 1, nos 232 et suiv.; Laborde, *Cours élémentaire de droit criminel*, nos 123 et suiv.; Villey, *Précis d'un cours de droit criminel*, 5e édit., p. 99 et suiv. V. aussi Proal, *Le crime et la peine*, chap. 4, *Le crime et la libération*, et chap. 16, *La responsabilité morale de la peine*). Toutefois, il nous a paru utile, avant d'étudier des causes de non-culpabilité, de résumer ici brièvement les principales notions qui se dégagent de l'ensemble de la doctrine sur la moralité de l'infraction.

336. Au point de vue moral, toute infraction suppose chez l'agent deux conditions indispensables, l'*intelligence* et la *liberté*. L'intelligence et la liberté sont les deux conditions nécessaires de la responsabilité morale; elles sont aussi, à notre avis, exigées pour la responsabilité légale. « Par intelligence (ou discernement) on entend la faculté de discerner l'illégalité de l'acte qu'il s'agit d'imputer. La liberté humaine est interne ou externe. La première (ou libre arbitre) est la faculté de vouloir ou de ne pas vouloir, de se déterminer spontanément. La seconde consiste dans le pouvoir d'agir ou de ne pas agir, de faire ou de s'abstenir » (Haus, n° 292) (Comp. Garraud, n° 198). A défaut de l'une ou de l'autre des deux conditions ci-dessus (intelligence, liberté), toute culpabilité disparaît; le fait n'est pas imputable à son auteur, et ne peut, par conséquent, lui imposer aucune responsabilité, pénale ou civile. Il est d'ailleurs évident que, « si l'intelligence et la liberté sont toutes deux nécessaires, la seconde ne se conçoit pas sans la première, car l'agent qui ne distingue pas le bien du mal ne peut librement choisir entre l'un et l'autre; tandis que, l'intelligence existant toujours, la liberté peut néanmoins faire défaut » (Garraud, *loc. cit.*) (Conf. Villey, p. 100).

337. Le principe suivant lequel la réunion des deux conditions dont nous venons de parler (intelligence et liberté) est indispensable pour constituer l'imputabilité pénale, est un principe général et sans exception. Il s'applique aux contraventions aussi bien qu'aux crimes et aux délits (Garraud,

t. 1, n° 227; Haus, t. 1, n° 292; Villey, p. 101). Il est applicable non seulement aux infractions prévues par le droit commun, mais encore à celles qui sont réprimées par des lois particulières, même par les lois fiscales. Il est donc erroné de dire que les contraventions et les délits punis par des lois spéciales ne sont que des infractions matérielles à des prohibitions ou des prescriptions de la loi » (Haus, *loc. cit.*).

338. Si l'intelligence et la liberté de l'agent sont les conditions sans lesquelles la culpabilité ne peut se concevoir, il faut reconnaître, ainsi que M. Haus (n° 293) l'a fait remarquer que « leur concours ne suffit pas pour donner naissance à celle-ci. L'homme peut être l'auteur intelligent et libre d'un fait illicite, sans qu'il soit coupable, ni partant responsable de ce fait et des conséquences qui en sont résultées. Pour l'être, il faut qu'il ait connu l'illégalité de son action et *voulu* la commettre; ou que, sans avoir eu l'intention d'enfreindre la loi, il ait *négligé* les soins et les précautions qu'il pouvait et devait prendre pour éviter le mal dont il est devenu la cause sans le vouloir... Bien qu'il ait joui de ses facultés intellectuelles et morales au temps de l'action, il n'est coupable que lorsqu'on peut lui reprocher une intention criminelle ou une répréhensible négligence ». En effet, ce qui est nécessaire pour qu'il y ait *culpabilité*, c'est une faute (*culpa*), c'est-à-dire un manquement au devoir. Or, cette faute consiste ordinairement dans l'intention criminelle (*ou dol*) c'est-à-dire dans le fait d'avoir *voulu* commettre une action dont on savait le caractère illicite, parfois, plus rarement, une simple négligence suffit à constituer la faute. Dans le premier cas, la faute est *dolosive* ou *intentionnelle*; dans le second, la faute est dite *simple* ou *non intentionnelle* (Garraud, n° 228).— Il a été jugé, par application de la règle qui précède, que, même en matière de contravention, le fait poursuivi n'est délictueux que s'il a été librement et volontairement accompli; spécialement, qu'en matière d'infraction à l'interdiction de colporter du gibier après la fermeture de la chasse, si les juges n'ont pas à tenir compte de la bonne ou de la mauvaise foi du prévenu, il n'en est pas de même de l'absence de volonté, le fait du transport n'étant délictueux qu'autant qu'il a été commis librement. En conséquence, échappe à la censure de la cour de cassation l'arrêt qui acquitte un facteur de messageries poursuivi pour transport de gibier en temps prohibé, en se fondant sur ce que ce facteur n'a ni connu ni pu connaître le contenu du colis dans lequel le gibier était renfermé (Crim. rej. 9 déc. 1859, aff. Carbonnel, D. P. 60. 1. 144).

339. Il résulte des préliminaires qui viennent d'être exposés que la culpabilité comporte comme conditions: 1° l'intelligence de l'agent; 2° sa liberté; 3° en général, l'intention criminelle. Dès lors, l'étude des circonstances qui détruisent la culpabilité paraît devoir être divisée, comme au *Répertoire*, en trois paragraphes correspondant à l'intelligence, à la liberté, à l'intention.

Avant de parler, dans le premier paragraphe, de l'intention criminelle et de la bonne foi qui l'exclut, nous constaterons que nous n'avons pas à nous occuper ici de la légitime défense, non plus que de l'ordre de la loi avec commandement de l'autorité légitime. Ce sont là, en effet, des faits justificatifs ou des causes de justification, et il en a déjà été traité *suprà*, v° *Crimes et délits contre les personnes*, n°s 300 et suiv. Les causes de justification ne doivent pas être confondues avec les causes de non-culpabilité, comme, par exemple, la démence ou la contrainte (c. pén. art. 64), dont il sera ci-après parlé. Sans doute, les unes et les autres ont ceci de commun que, quand elles sont reconnues exister, elles entraînent le renvoi de toute poursuite ou l'acquittement de l'inculpé; de plus, en cour d'assises, le jury n'est pas davantage interrogé sur les causes de justification que sur les causes de non-culpabilité, car la question générale de culpabilité les embrasse toutes. Enfin, les juridictions d'instruction, quand elles statuent sur la mise en prévention ou en accusation, doivent examiner les faits justificatifs, comme les cas de non-culpabilité. — Mais il existe des différences dans la situation de l'inculpé qui invoque un fait justificatif ou une cause de non-culpabilité: 1° le fait justificatif (comme la légitime défense) a donné à l'inculpé le droit de faire l'acte, il a rendu cet acte légitime; la cause de non-culpabilité efface seulement la culpabilité de l'agent, sans légitimer l'action même; 2° la cause de justification, étant une circonstance qui agit *in rem* pour effacer la criminalité du fait, peut être invoquée par tous ceux qui ont assisté l'agent, par tous les coparticipants du délit; les causes de non-culpabilité, comme la démence, la contrainte, le défaut de discernement chez le mineur de seize ans, ne peuvent, au contraire, être invoquées que par celui des codélinquants dans la personne duquel elles se rencontrent; elles agissent *in personam*, pour détruire, non pas la culpabilité du fait, mais la culpabilité personnelle de l'agent (Haus, n°s 601 à 603; Garraud, *Précis de droit criminel*, n° 144; Villey, p. 74, note 1; Ortolan, t. 1, n° 486 *bis*).

340. On verra ci-après (n°s 433 et suiv.) que nous faisons rentrer dans le présent art. 1 de la sect. 1, c'est-à-dire dans les *circonstances qui détruisent la culpabilité*, l'étude de la condition des mineurs de seize ans, au point de vue pénal, qui a été comprise au *Répertoire* dans la matière des excuses. Le défaut d'âge, en tant qu'il entraîne le non-discernement, est en effet une cause de non-culpabilité, et non une excuse (V. *infrà*, § 4, n°s 433 et suiv.).

§ 1er. — De l'intention; de la bonne foi; de l'ignorance.

341. — I. GÉNÉRALITÉS SUR L'INTENTION. — Que faut-il entendre par intention? Le mot est susceptible de plusieurs significations. Dans le sens étymologique, l'intention est la direction de la volonté vers un but déterminé (*tendere in*); en matière pénale, c'est la direction de la volonté vers l'acte incriminé (Garraud, t. 1, n° 228; Ortolan, t. 1, n° 249). Dans ce premier sens, il est vrai de dire qu'« il n'y a pas de culpabilité sans intention », que « c'est l'intention qui fait le délit », que tout crime ou délit se compose « du fait et de l'intention » (V. *Rép.* n°s 369, 374), car l'intention se confond avec la volonté, et la volonté est une condition de la culpabilité, quel que soit le délit (Garraud, *eod. loc.*). Mais intention et volonté ne sont pas toujours synonymes. Souvent intention signifie le fait de vouloir non seulement l'acte que l'on commet, mais *les conséquences* de cet acte, le fait de *tendre vers le résultat* produit par cet acte ». Par exemple, dit M. Garraud, *eod. loc.*, on affirme d'un individu qui, en s'amusant à jeter des pierres, a tué ou blessé quelqu'un, qu'il a agi *sans intention*: qu'est-ce à dire? Qu'il a agi sans *volonté*? Nullement, car l'acte même reproché à cet individu, le jet de la pierre, est absolument volontaire de sa part. Ce qui ne l'est pas, c'est la conséquence qui en est résultée: l'*homicide*, la *blessure*. Aussi, tout en reconnaissant que l'agent a voulu l'acte, on nie qu'il l'ait voulu en tant que délit, et c'est ce qu'on exprime en disant: « il l'a commis sans intention; il l'a fait sans le vouloir; il ne l'a pas fait exprès », toutes expressions usitées pour indiquer le défaut d'intention, non le défaut de volonté (Conf. Ortolan, n° 249).

Dans un troisième sens, l'intention est la volonté d'accomplir le fait défendu *malgré la prohibition légale*; elle prend alors le nom spécial d'*intention criminelle*, ou de *dol*, lequel dol consiste essentiellement dans la détermination de commettre une action dont on connaît la criminalité (Haus, n° 298).

Enfin, dans un sens plus spécial encore, il y a *l'intention de nuire* ou *le mauvais dessein* et *l'intention frauduleuse*, qui consistent à vouloir soit causer du mal à quelqu'un, soit satisfaire une passion, tendances contingentes et secrètes, qui se rapportent aux motifs de l'action et qui, du moins en général, n'entrent pas dans les éléments essentiels du délit (Laborde, *Cours élémentaire de droit criminel*, n° 180; Villey, *Précis d'un cours de droit criminel*, p. 112; Haus, n° 302, Garraud, t. 1, p. 378).

342. — II. INTENTION DE NUIRE. INTENTION FRAUDULEUSE. — On vient de dire que l'*intention de nuire* ne peut être considérée, en règle générale, comme une condition de la culpabilité en matière répressive. Rien n'est plus certain. « En effet, pas plus qu'il ne faut confondre, en droit civil, la *cause* avec le *motif* d'une obligation, il ne faut confondre, en droit criminel, avec l'intention de commettre le délit, les motifs qui déterminent l'agent à le commettre... Le mobile de l'acte peut être méchant, indifférent ou même louable; Qu'importe? C'est là le motif, l'intention *indirecte* ou *finale*, dont la loi, en principe, ne tient nul compte pour effacer la culpabilité. De même, en effet, qu'on peut accomplir de bonnes actions par des motifs blâmables, de même, on peut commettre des délits par des motifs louables » (Garraud, t. 1, p. 378. Conf. Laborde, n° 180). En fait, d'ailleurs, l'intention méchante est étrangère à une foule d'infractions pénales, par exemple au délit de l'art. 358 c. pén., qui consiste à procéder à une inhumation sans l'autorisation requise par la loi, aux délits de vagabondage et de mendicité (art. 269, 270, 271, 274 c. pén.), et généralement à toutes les infractions qui consistent dans la simple désobéissance à la loi, aux règlements, par conséquent à la plupart des contraventions de police. De plus, beaucoup de criminels et de délinquants, le faussaire, par exemple, l'escroc, le voleur, n'ont pas tant l'intention de nuire à autrui que de faire pour eux un profit illégitime; pour poursuivre et condamner ces criminels, exigerait-on la preuve qu'ils ont voulu faire du tort à leur victime? Non, évidemment, pas plus qu'on ne se demandera, en présence d'un viol ou d'un attentat à la pudeur, si l'auteur du crime a voulu nuire à la victime elle-même. — Conformément à cette doctrine, il a été jugé, en ce qui concerne la violation du secret professionnel (art. 378 c. pén.), que si la volonté de révéler le secret au public constitue un élément nécessaire du délit, la loi n'exige pas, pour que la peine soit applicable, une intention spéciale de nuire à la personne dont le secret a été divulgué (Crim. rej. 19 déc. 1885, aff. Watelet, D. P. 86. 1. 347).

343. Tout ce que nous venons de dire de l'intention de nuire (*malitia*) s'applique aussi au dessein de procurer à soi-même ou à autrui des profits illicites (*fraus*). Cette fraude ne doit pas être considérée comme une condition générale et nécessaire de la culpabilité pénale (Garraud, p. 378; Haus, n° 302).

344. Il est cependant des exceptions, et elles sont nombreuses, à la règle qui vient d'être posée. Certaines infractions requièrent l'intention de nuire ou l'intention frauduleuse. Pour que ces infractions existent, il ne suffit pas qu'elles soient commises sciemment et volontairement, il faut de plus qu'elles soient le résultat d'un mauvais dessein, d'une intention méchante ou frauduleuse; de sorte que la culpabilité dépend ici de la criminalité du motif qui a déterminé l'agent. Dans ces cas particuliers, le législateur a généralement fait connaître sa volonté par les expressions mêmes dont il s'est servi : *à dessein, méchamment, dans la vue de nuire, frauduleusement.* Il en est ainsi du vol, des faux en écriture et autres délits (V. notamment : c. pén., art. 146, 251, 379, 407, 417, 419; Ortolan, t. 1, n° 401; Garraud, t. 2, p. 379; Haus, n° 303. — Il n'est pas douteux non plus, quoique le législateur n'ait pas ici employé ces mêmes expressions significatives, que l'intention *frauduleuse* soit requise en matière de faux en écriture, d'escroquerie, d'abus de confiance et d'abus de blanc-seing (V. *suprà*, v° *Faux et fausse monnaie*, n°s 160 et suiv.; *Abus de confiance*, n°s 21 et suiv., et *Rép.*, v° *Vol et escroquerie*, n°s 723 et suiv.). — Enfin, l'intention de nuire est un élément essentiel de la diffamation (V. *Presse-outrage, infrà*, et *Rép.* eod. v°, n°s 875 et suiv.). On sait, d'ailleurs, que les imputations diffamatoires sont réputées de droit faites avec intention de nuire, sauf au prévenu à faire tomber cette présomption en rapportant la preuve de faits justificatifs suffisants pour établir sa bonne foi (V. notamment : Crim. rej. 10 févr. 1883, aff. Debia, D. P. 83. 1. 364).

345. — III. INTENTION RELATIVE AUX CONSÉQUENCES DE L'ACTE. — Si l'intention de nuire n'est, pas plus que l'intention frauduleuse, une condition de l'imputabilité pénale, en faut-il dire autant de l'intention relative aux conséquences de l'acte voulu? Non assurément. Cette sorte d'intention est, au contraire, en règle générale, une condition de l'imputabilité. En principe, on ne peut imputer à un agent les conséquences de son acte qu'autant qu'il les a prévues et voulues (Villey, p. 111; Ortolan, n° 392; Haus, n° 311; Garraud, *Précis*, n° 143).

346. Il peut arriver que l'agent, en avouant l'intention quant au fait du délit, la nie quant à certaines conséquences de ce fait. En d'autres termes, les conséquences du délit peuvent avoir dépassé son intention; par exemple, voulant blesser, il a tué; voulant incendier une maison, il a brûlé quelqu'un qu'il ne savait pas s'y trouver. Dans ce cas, et autres semblables, l'agent est-il responsable des conséquences qu'il n'a pas prévues? « Pour que la question se pose, dit avec raison M. Villey, p. 114, il faut que la conséquence produite ne soit pas dans l'ordre naturel des choses : on n'écouterait pas celui qui, après avoir déchargé une arme à feu sur son semblable et l'avoir tué, prétendrait n'avoir voulu que lui faire peur. Il faut encore qu'il ne s'agisse pas d'un de ces actes qui sont évidemment accomplis au risque de toutes les conséquences : tels, par exemple, le délaissement d'un enfant au-dessous de sept ans (c. pén. art. 351), le dérangement des voies ferrées (L. 15 juill. 1845, art. 16). C'est avec raison que le législateur impute à l'auteur de ces actes toutes les conséquences produites, comme s'il les avait voulues ». Ces hypothèses écartées, nous dirons que, si l'agent n'a pas pu et dû prévoir la conséquence produite, il n'en est certainement pas responsable. Néanmoins, si le délit est un de ceux dans lesquels la loi punit l'inattention et la négligence, il résultera du mal produit par le fait de l'agent un surcroît de responsabilité pénale à sa charge, car cet agent est évidemment en faute pour n'avoir pas prévu toutes les conséquences de son acte (Garraud, *Précis*, p. 183; Ortolan, t. 1, n°s 389 et suiv., et n° 408, avec la note; Haus, t. 1, n° 297).

347. — IV. INTENTION CRIMINELLE. — L'intention criminelle, ou dol, consiste, suivant M. Haus, n° 298, « dans la détermination de commettre une action dont on connaît la criminalité » et, suivant M. Garraud (*Traité*, t. 1, n° 228, p. 376), dans « la conscience de l'immoralité ou de l'illégalité d'une action qui est accompagnée de la volonté de l'accomplir ». Cette intention est-elle une condition de l'imputabilité pénale? Nos lois ne contiennent pas de texte général qui réponde expressément à cette question; mais la doctrine et la pratique des tribunaux s'accordent pour reconnaître qu'en ce qui concerne les crimes et délits de police correctionnelle, même dans le silence de la loi, l'intention criminelle est une condition distincte, qui s'ajoute aux conditions ordinaires de la culpabilité. En principe donc, ces infractions sont intentionnelles (Garraud, t. 1, n° 234, Villey, *Précis*, p. 113; Ortolan, t. 1, n° 404).

348. Il y a toutefois des exceptions à la règle qui vient d'être posée. Il existe, en effet, un grand nombre de faits qui sont frappés de peines correctionnelles, quelques faits frappés de peines criminelles, que le législateur punit alors même qu'ils ont été commis sans intention, de bonne foi, par simple négligence ou imprudence. Pour les crimes, nous citerons le cas de l'art. 119 c. pén. et celui de l'art. 10 de la loi du 3 mars 1822 sur la police sanitaire; pour les délits, nous citerons, à titre d'exemple, les cas suivants : art. 192, 193, 194, 196, 237 à 240, 254, 346, 347, 319, 320, 458, 459 à 462 c. pén. Il faut y ajouter surtout les infractions aux nombreuses lois spéciales qui édictent de véritables mesures de police et d'administration : comme les lois de douanes, de contributions indirectes, de chasse, de pêche, de forêts, de postes, même au cas où les peines édictées pour assurer l'exécution de ces mesures sont des peines correctionnelles. A l'égard des infractions aux lois de cette nature, la jurisprudence déjà analysée au *Rép.* n° 377, a été confirmée par de très nombreux arrêts qu'on trouve aux mots spéciaux (V. notamment v^is *Douanes*, n° 682; *Impôts indirects*, n° 57; *Chasse*, n°s 1079 et 1080; *Régime forestier*, *Postes*, *Rép.* n°s 74 et 132).

349. Y a-t-il un *criterium* des infractions non intentionnelles? Peut-on reconnaître à quelque signe certain quels sont les actes que la loi française punit même abstraction faite de toute intention coupable, et quels sont ceux qui ne constituent de délit que lorsque cette intention s'y rencontre? A cette question si importante, Ortolan (n° 404) répond : « On ne peut pas poser pour règle qu'il faille s'en tenir à cet égard aux termes mêmes de la loi; car souvent les termes de la loi font défaut et laissent à la jurisprudence le soin de discerner l'une de l'autre ces deux variétés de délits. C'est donc à la jurisprudence à résoudre la question pour chaque cas, en s'inspirant des principes rationnels et de l'esprit de la loi qu'il s'agit d'appliquer ». Et le même auteur ajoute : « Si nous cherchons à émettre quelques idées qui puissent servir de guide à cet égard, voici ce que nous dirons : 1° en matière de crimes et de délits de police correctionnelle, la règle ordinaire est que l'intention, même dans le silence de la loi, forme une condition constitutive du fait réprimé. Toutefois, il en est autrement non seulement lorsque de la nature même de l'acte en question, du but que la loi s'est proposé en le défendant ou en l'ordonnant, et des principes de raison appliqués à cette prohibition ou à cette injonction, on est autorisé logiquement à conclure que l'accomplissement ou l'omission de l'acte, quoique n'ayant eu lieu que par une faute non intentionnelle, suffit pour entraîner la peine...; 2° A l'égard des contraventions de simple police, la nature même de l'infraction et le but que se propose la loi en les punissant veulent que la règle ordinaire se renverse: l'intention n'est pas nécessaire pour qu'il y ait punition, à moins que la loi ne l'ait exceptionnellement et textuellement exigé ». M. Garraud, qui a examiné la même question, a dit plus brièvement: « Quel *criterium* faut-il suivre? La loi manifeste parfois sa volonté de punir la faute non intentionnelle par les termes mêmes dont elle se sert, ce qui supprime toute difficulté. Si elle ne le fait pas, il faut examiner la nature de la disposition qui prévoit et punit ces actes : le fait constitue-t-il une infraction à une loi de police, d'administration? Il résulte alors du but même que s'est proposé le législateur, en ordonnant ou en défendant telle action, qu'il a prévu et puni la faute même non intentionnelle. Il est alors interdit aux juges, suivant les termes d'une loi du 9 floréal an 7 sur les douanes, *d'excuser les contrevenants sur l'intention* » (*Traité*, t. 1, n° 234, p. 385).

En ce qui concerne les contraventions de simple police, la règle, comme l'énonce Ortolan dans le passage précité, est toute différente : l'intention, à moins d'exception contraire, qui ne peut résulter que d'un texte de loi, n'y est pas exigée comme condition générale de la culpabilité. C'est un principe déjà proclamé au *Rép.*, n° 376, et resté à l'abri de toute contestation en doctrine comme en jurisprudence, que les contraventions de police sont punissables par cela seul que le fait matériel qui les caractérise est déclaré constant, indépendamment de l'intention criminelle. — Sur cette règle et ses exceptions, V. *suprà*, v° *Contravention*, n°s 18 et 19.

350. Le défaut d'intention criminelle étant une cause de non-culpabilité en matière de crimes et de délits, il est clair que la question d'intention doit être appréciée par tous les juges qui auront successivement à reconnaître s'il y a crime ou délit dans le fait incriminé (Blanche, t. 1, n° 216). Il suit de là que l'intention criminelle doit toujours être constatée, et, à cet égard, le juge est souverain. Toutefois, s'il appartient au juge du fait de décider, d'après les circonstances, que le prévenu a agi sans intention criminelle, sa déclaration à cet égard tombe sous le contrôle de la cour de cassation lorsqu'elle est en opposition flagrante avec les constatations mêmes du jugement ou de l'arrêt (Crim. cass. 7 mai 1857, aff. Candé, D. P. 57. 1. 317; 7 juill. 1859, aff. Alibert, D. P. 59. 1. 285; 28 juin 1862, aff. Mirès, D. P. 62. 1. 305; 14 mai 1881, aff. Violle, D. P. 82. 1. 89). Ainsi, après avoir reconnu à la charge d'un prévenu des agissements consistant non seulement en promesses fallacieuses et en allégations contraires à la vérité, mais en une mise en scène destinée à corroborer ces faits et à en dissimuler la fausseté, un arrêt ne peut, sans se mettre en contradiction avec lui-même, nier *l'intention criminelle* que ces faits impliquent forcément (Arrêt précité du 14 mai 1881). Par contre, la cour de cassation a reconnu que l'intention criminelle, élément essentiel du délit de distribution de dividende fictif, est suffisamment constatée lorsque le jugement de condamnation énonce que le prévenu connaissait la situation presque désespérée de la société et n'a pu supposer de bonne foi que l'état de situation fût exact et que les bénéfices signalés fussent acquis et susceptibles de distribution (Crim. rej. 24 avr. 1891, aff. Secrétan. D.P. 93. 1. 49).

351. Au reste, puisque le défaut d'intention criminelle exclut la culpabilité, le jury ne doit pas, aux assises, être provoqué par une question spéciale à examiner la question d'intention. Celle-ci est virtuellement comprise dans la question générale de culpabilité (Crim. rej. 27 août 1847, aff. Donat, D. P. 47. 4. 136; 6 janv. 1876, aff. Saux, D. P. 77. 1. 234; Crim. cass. 23 sept. 1880, aff. Tandrayapadéatchy, D. P. 81. 1. 489; Crim. rej. 29 juin 1889, *Bull. crim.*, n° 236. Conf. Blanche, t. 1, n° 217; Nouguier, *La cour d'assises*, t. 4, n°s 2809, 2810 et 2815; Faustin Hélie, *Traité de l'instruction criminelle*, t. 8, n°s 3667 et suiv.).

352. — V. DE LA BONNE FOI. — La bonne foi, en matière pénale, consiste dans l'ignorance où se trouvait l'agent, lors du fait qu'il a commis, des circonstances qui imprimaient à ce fait un caractère délictueux et le rendaient punissable. Cette bonne foi exclut l'intention criminelle et, par conséquent, l'imputabilité suivant les distinctions faites dans les numéros qui précèdent. C'est dire qu'elle est en principe exclusive de la culpabilité en matière de crimes et délits, mais nullement en matière de contraventions de simple police non plus qu'en matière de délits-contraventions.

353. Au reste, *la bonne foi* n'est pas la même chose que la *bonne intention*. Qu'est-ce que la bonne intention? C'est la croyance dans la légitimité du but que l'on veut atteindre (Le Sellyer, *Traité de la criminalité et de la pénalité*, t. 1, n° 125). Or, cette croyance ne saurait justifier une violation de la loi. Et cela est surtout vrai, comme nous l'avons dit au *Rép.* n° 375, lorsqu'il s'agit de justifier un acte contraire à la loi naturelle ou à la loi morale. Il a été jugé, dans ce sens, que la circonstance que l'auteur de l'incendie d'une maison habitée (dans l'espèce, une cabane occupée par un homme et une femme vivant en concubinage) aurait agi, non dans l'intention de faire subir des dégâts aux habitants, dont il aurait au contraire préservé autant que possible le mobilier et qu'il aurait indemnisés des dégâts subis, mais en vue de parvenir, par ce procédé violent, à les expulser de la commune où leur présence causait du scandale, n'empêche pas que le fait ne doive être considéré comme constitutif du crime d'incendie volontaire d'une maison habitée (Crim. rej. 15 juin 1871, aff. Gaillard, D. P. 71. 1. 363).

354. — VI. DE L'IGNORANCE OU DE L'ERREUR DE FAIT. — « La notion exacte d'une chose peut nous manquer, soit parce que nous n'en avons aucune idée, soit parce que nous en avons une idée fausse. Dans le premier cas, il y a *ignorance;* dans le second, *erreur* » (Savigny, *Traité de droit romain*, t. 3, p. 116 et 137). « Ainsi, dit M. Garraud (t. 1, p. 386, note 3), l'ignorance, c'est l'absence de toute notion par rapport à l'existence ou à la non-existence d'un précepte ou d'une disposition de la loi, par rapport à l'existence ou à l'inexistence d'un fait. Tandis qu'il y a erreur lorsque l'idée de la réalité est cachée ou obscurcie par une idée fausse ».

355. Quelle est l'influence de l'ignorance ou de l'erreur de fait sur l'imputabilité? Un homme croyant épouser une veuve a épousé une femme mariée; il a enlevé sa propre chose, croyant voler celle d'autrui; domestique, il pensait que les objets par lui emportés en quittant le service de son maître lui appartenaient comme faisant partie de son salaire. Est-il coupable malgré cette erreur? Dans ces différents cas et autres semblables, les auteurs sont unanimes à admettre que la culpabilité constitutive du délit disparaît parce que l'erreur supprime l'intention (Ortolan, t. 1, n°s 387 et 407; Garraud, t. 1, n° 235; Haus, t. 1, n° 714; Villey, p. 116). La doctrine et la jurisprudence ont fait notamment application de cette règle dans les cas d'adultère, de bigamie, de vol, en décidant: que l'erreur est exclusive du délit d'adultère de la part de l'auteur principal ou du complice, soit qu'elle porte sur l'existence du mariage qui forme la condition de ce délit (Bruxelles, 10 août 1865), soit qu'elle résulte d'une substitution de personnes (v° *Adultère*, n° 73, et *Rép.* n°s 21 et 22); — Que l'opinion fondée sur de très fortes probabilités qui portaient celui qui a contracté mariage avant la dissolution du précédent mariage, à croire à cette dissolution, fait disparaître le crime de bigamie (V. *suprà*, v° *Bigamie*, n° 7; *Rép.* eod. v°, n° 25); — Qu'il n'y a pas de vol de la part de l'individu qui a pris la chose d'autrui dans l'opinion qu'il en était propriétaire (*Rép.* v° *Vol*, n° 93), non plus que de la part de l'individu qui enlève une chose qu'il sait bien ne pas lui appartenir, mais dans l'opinion qu'il a agi avec l'assentiment du propriétaire (*Ibid.*). — Jugé de même que, lorsqu'il est établi qu'un prévenu, traduit en justice pour avoir abattu des arbres sur la propriété d'autrui, l'a fait de bonne foi et dans la croyance qu'il était propriétaire du terrain sur lequel ils croissaient, il y a lieu de le renvoyer de la plainte, quand bien même il serait établi, par un jugement intervenu postérieurement, que sa prétention était mal fondée (Bruxelles, 7 avr. 1815, *Rép.* vº *Contravention*, nº 15-5º).

Ce qui vient d'être dit de l'ignorance ou de l'erreur portant sur le fait principal doit être appliqué à l'ignorance ou à l'erreur portant sur une circonstance du fait, comme dans le parricide, si le meurtrier ignore que celui a qui il a donné la mort est son père. On n'imputera à ce fils meurtrier que le fait dépouillé de la circonstance aggravante. De même le serviteur qui vole son maître, croyant dévaliser un étranger, ne peut être puni pour vol domestique (Garraud, nº 235; Haus, nº 715; Villey, p. 116). L'art. 59 du code pénal allemand de 1870 contient à cet égard une disposition remarquable : « Lorsque l'auteur d'un acte punissable ignorait l'existence des circonstances qui en constituent le caractère délictueux ou qui en aggravent la criminalité, ces circonstances ne lui seront point imputées ». Cette disposition a passé presque textuellement dans le code pénal de Neufchâtel de 1891 (art. 69).

356. Il est cependant une exception à la règle suivant laquelle l'erreur de fait exclut l'imputabilité: c'est le cas où une faute non intentionnelle peut être reprochée à l'agent. Si l'ignorance ou l'erreur est le résultat d'une négligence, d'une imprudence, elle peut tomber, *à ce titre*, sous l'incrimination de la loi : ainsi celui qui, croyant administrer une substance bienfaisante, a administré un poison, pourra être puni en vertu de l'art. 319 c. pén. qui, dans l'homicide par imprudence, réprime la simple faute (Garraud, *eod. loc.*; Villey, *eod. loc.*; Haus, nº 714). Le législateur du canton de Neufchâtel a exprimé cette réserve d'une façon très claire dans l'art. 69 c. pén. de 1891, qui est ainsi conçu : « Si l'auteur de l'infraction ignorait l'existence de circonstances qui en constituent le caractère délictueux, ou qui en aggravent la peine, ces circonstances ne lui seront point imputées. A l'égard des actes involontaires commis par négligence ou imprudence, cette dernière disposition n'est applicable qu'autant que l'ignorance n'est pas elle-même le résultat d'une négligence ou d'une imprudence ».

357. Au reste, toute culpabilité disparaît, et le mal causé doit être considéré comme un accident, si tout homme raisonnable et prudent eût pu, dans les mêmes circonstances, être dans l'ignorance ou tomber dans la même erreur, en un mot si aucune faute ne peut être reprochée à l'agent (Haus, nº 714; Garraud, nº 235, p. 387). Et il en est ainsi quelle que soit l'infraction, s'agit-il même d'une simple contravention. « Sans doute, dit M. Garraud, *loc. cit.*, l'absence de toute faute sera difficilement admissible en matière de contraventions. Cela est toutefois possible : ainsi, quelqu'un, en courant rapidement, me heurte et me jette sur un enfant que j'écrase; ou bien je ne déclare pas, aux employés de l'octroi d'une ville, un objet qui, à mon insu, a été glissé dans ma voiture : ces faits ne me sont pas *personnellement* imputables; ils constituent, en ce qui me concerne tout au moins, de purs accidents ». Comme exemples d'application de cette règle, nous citerons, avec le même auteur, des arrêts qui ont jugé : 1º qu'un facteur de messageries qui, en temps prohibé, a transporté du gibier dans une bourriche dont il n'a pu connaître le contenu, malgré qu'il soit l'auteur du fait matériel de colportage de gibier en temps prohibé, doit être renvoyé d'instance (Crim. rej. 9 déc. 1859, aff. Carbonnel, D. P. 60. 1. 144); — 2º Qu'une compagnie de transport chargée, aux lieu et place de l'administration des Postes, du transport des colis postaux, et qui, d'après les lois, règlements et conventions sur la matière, est tenue de recevoir lesdits colis soigneusement emballés, clos et cachetés, et de les transporter à destination, sans avoir la liberté de vérifier le contenu de son chargement, ne pourrait encourir aucune responsabilité pénale à raison d'objets de contrebande qu'un expéditeur aurait frauduleusement dissimulés sous la couverture d'un colis postal, et que la vérification en douane y ferait découvrir (Crim. rej. 23 janv. 1885, aff. Compagnie générale transatlantique, D. P. 85. 1. 177); — 3º Que lorsque, dans une battue autorisée, l'un des habitants convoqués a tué un chevreuil en croyant tirer sur un loup, le juge correctionnel refuse avec raison de voir dans ce fait un délit de chasse, s'il est certain pour lui que cet habitant n'a ni connu ni pu connaître l'animal sur lequel il tirait, et qu'il a été induit en erreur par les coups de feu que d'autres venaient de tirer avant lui sur le même animal en croyant également poursuivre un loup (Crim. rej. 16 nov. 1866, aff. Genty, D. P. 67. 1. 87).

358. Mais l'erreur sur la personne qui est victime de l'infraction n'empêche pas l'imputabilité du fait intentionnel, et n'a pas même pour effet de diminuer la culpabilité de l'agent. « On a tué Paul, croyant tuer Pierre; l'agent est coupable de meurtre ou d'assassinat, car il a eu l'intention de donner la mort à celui qui se trouvait devant lui et qu'il a pris pour Pierre » (Haus, nº 716. Conf. Villey, p. 112. V. à cet égard, *suprà*, vº *Crimes et délits contre les personnes*, nºs 9 et 39). — Le code pénal d'Italie de 1889 contient, dans son art. 52, une disposition aussi judicieuse qu'équitable relativement au cas d'erreur sur la personne de la victime : « Lorsque quelqu'un, par erreur ou autre cause accidentelle, commet un délit au préjudice d'une personne autre que la personne contre laquelle l'action était dirigée, on ne peut mettre à la charge du prévenu les circonstances aggravantes qui dérivent de la qualité de la personne offensée ou lésée, et l'on tient compte des circonstances qui auraient fait diminuer la peine, à raison du délit, si le prévenu l'avait commis au préjudice de la personne contre laquelle son action était dirigée ».

359. — VII. DE L'IGNORANCE OU DE L'ERREUR DE DROIT. — Il est de jurisprudence constante que l'ignorance où était l'agent de la disposition pénale qui prévoit et punit le fait qu'il a commis ne peut jamais faire disparaître l'imputabilité. Aux arrêts cités dans ce sens, *Rép.* nº 373, *adde*: Metz, 3 juill. 1850, aff. Quesne, D. P. 51. 2. 137; Orléans, 22 avr. 1863, aff. Debain, D. P. 63. 2. 88; Nîmes, 13 juin 1874, aff. David, D. P. 77. 5. 366; Crim. rej. 12 août 1881 (1); Lyon, 4 janv. 1884, aff. Devaux, D. P. 84. 2. 159; Crim. rej. 1er mars 1890, aff. Roumier, D. P. 90. 1. 334; Crim. cass. 8 sept. 1892, *Bull. crim.*, nº 246. Conf. Garraud, nº 236; Blanche, t. 2, nº 268; Ortolan, nºs 388 et 407; Haus, t. 1, nºs 704 et suiv.; Villey, p. 117. — Le code pénal d'Italie de 1889 (art. 44) érige en loi le principe que « nul ne peut invoquer pour sa propre excuse l'ignorance de la loi ». Chez nous, le décret du gouvernement de la Défense nationale des 5-11 nov. 1870 (D. P. 10. 4. 130), qui a modifié les principes du droit civil sur la promulgation des lois, permet de tenir compte de l'ignorance d'une loi récemment publiée, mais seulement en ce qui concerne les *contraventions*. « Les tribunaux et les autorités administratives ou militaires peuvent, selon les circonstances, accueillir l'exception d'ignorance alléguée par les contrevenants, si la contravention a eu lieu dans le délai de trois jours francs, à partir de la promulgation » (art. 4) (V. à cet égard, vº *Lois*, nº 114).

360. Au reste, il en est de l'ignorance en matière de contravention à des *règlements* administratifs ou municipaux légalement pris et régulièrement publiés, comme de l'ignorance de la loi elle-même; et le prévenu de contravention à un règlement ne saurait jamais se justifier en alléguant qu'il n'avait pas connaissance de ce règlement, qui n'est qu'une loi secondaire.

361. L'erreur de droit n'est pas précisément la même chose que l'ignorance de la loi. On peut connaître la loi pénale, et cependant se tromper quand il s'agit de l'appliquer à un fait particulier; on peut croire, par exemple, que ce fait ne rentre pas dans la définition légale, qu'il n'est point ou qu'il n'est plus punissable. Ce genre d'erreur

(1) (Onemarck.) — LA COUR; — Sur le premier moyen, tiré de la fausse application de l'art. 34 du décret du 2 févr. 1852, en ce que le demandeur n'aurait pas agi de mauvaise foi, en votant dans deux communes différentes pour des élections de même nature; — Attendu qu'Onemarck prétend qu'ayant été inscrit d'office sur les deux listes électorales de Cayenne et de l'île de Cayenne, il s'est cru autorisé à faire usage des deux cartes électorales qui lui ont été délivrées; qu'il allègue comme excuse qu'il ne savait pas qu'il fût interdit d'exercer ses droits électoraux dans plus d'une commune; — Attendu que nul n'est censé ignorer la loi; que l'arrêt attaqué constatant qu'Onemarck a volontairement profité d'une double inscription sur les listes électorales pour voter deux fois, à Cayenne et à l'île de Cayenne, c'est à bon droit que l'art. 34 du décret du 2 févr. 1852 lui a été appliqué;

Rejette.

Du 12 août 1881.-Ch. crim.-MM. Sallantin, rap.-Chevrier, av. gén.

n'exempte évidemment pas l'inculpé de la responsabilité qu'il a encourue, « car l'interprétation de la loi s'impose comme son existence et nul ne peut se soustraire à son application en l'interprétant mal » (Garraud, *Précis*, p. 184. Conf. Laborde, n° 182; Haus, n° 711). — Il a été jugé qu'une *erreur de droit* ne saurait excuser la contravention (Crim. cass. 20 mai 1887, *Bull. crim.*, n° 199). Précédemment, la cour de cassation avait annulé un jugement de simple police qui, pour relaxer les prévenus, s'était fondé sur leur bonne foi ou leur *ignorance de la jurisprudence* (Crim. cass. 1er juin 1876, *Bull. crim.*, n° 130).

§ 2. — De la démence, des passions, de la surdi-mutité, du somnambulisme, de l'ivresse.

362. — I. DE LA DÉMENCE. — Il n'est point de législation qui ne fasse reposer la responsabilité pénale sur le libre arbitre, qui est aussi la base de la responsabilité morale. Par libre arbitre, il faut entendre une liberté intelligente et raisonnée. En sorte que, comme nous l'avons déjà dit *suprà*, n° 335, deux conditions forment la base de l'imputabilité pénale : l'intelligence (ou discernement) qui donne la notion du bien et du mal; la volonté libre ou liberté, qui permet de choisir entre le bien et le mal. Le fou, le dément, qui ne possède pas cette liberté intelligente et raisonnée, est pénalement irresponsable. C'est ce qu'exprime l'art. 64 c. pén., quand il dit : « Il n'y a ni crime ni délit, lorsque le prévenu était en démence au temps de l'action ». — L'art. 64 c. pén. a été particulièrement étudié, au point de vue de la démence, par les auteurs suivants : Chauveau et Hélie, *Théorie du code pénal*, t. 1, nos 347 et suiv.; Garraud, *Traité théorique et pratique du droit pénal français*, t. 1, nos 209 à 220; Trébutien, *Cours de droit criminel*, t. 1, nos 522 et suiv.; Blanche, *Etudes sur le code pénal*, t. 2, nos 175 et suiv.; Ortolan, *Eléments de droit pénal*, t. 1, nos 302 et suiv.; Le Sellyer, *Traité de la criminalité et de la pénalité*, t. 1, nos 49 et suiv.; Villey, *Précis de droit criminel*, p. 105; Laborde, *Cours élémentaire de droit criminel*, nos 161 et suiv.; Haus, *Principes du droit pénal belge*, t. 1, nos 672 et suiv. On consultera aussi, sur l'altération des facultés intellectuelles et son influence sur la culpabilité, les ouvrages qui suivent : Tardieu, *Etude médicale légale sur la folie;* Lombroso, *L'homme criminel;* Tarde, *La philosophie pénale*, chap. 4; L. Proal, *Le crime et la peine*, chap. 4 et 16. La jurisprudence n'offre qu'un petit nombre d'arrêts sur cette matière.

363. La doctrine nous paraît avoir dégagé plus complètement, depuis la publication du *Répertoire*, le principe de l'irresponsabilité absolue du dément au point de vue pénal. Bien que l'art. 64 c. pén. se serve de l'expression « ni crime ni délit », et ne parle point des contraventions, il est universellement reconnu aujourd'hui que cette irresponsabilité s'étend à toute espèce d'infractions, aussi bien aux contraventions de simple police qu'aux crimes et aux délits (V. *suprà*, v° *Contravention*, n° 22. Conf. Garraud, t. 1, n° 211; Ortolan, t. 1, n° 349; Blanche, t. 2, n° 201 ; Laborde, n° 162; Le Sellyer, t. 1, n° 48; Haus, t. 1, n° 672). C'est ce qu'un arrêt de la cour de cassation (Crim. cass. 13 mars 1863, aff. Caussin, D. P. 63. 5. 367) a admis implicitement en décidant que le juge de simple police ne peut relaxer de la poursuite un prévenu de contravention, par le motif que ce dernier ne paraîtrait pas jouir de la plénitude de ses facultés intellectuelles, si, au lieu de fonder ce moyen justificatif sur l'un des genres de preuve autorisés par l'art. 154 c. instr. crim., il se borne à substituer ses appréciations personnelles aux énonciations du procès-verbal. — Les codes modernes récemment rédigés ont généralisé, à ce point de vue, la disposition de notre art. 64. Ainsi l'art. 71 du code pénal belge de 1867 porte : « Il n'y a pas d'*infraction* lorsque l'accusé ou le prévenu était en état de démence au moment du fait ». — L'art. 51 du code pénal allemand de 1870 : « Il n'y a pas d'*acte punissable* lorsque son auteur était, lors de la perpétration de cet acte, privé de connaissance ou dans un état mental qui excluait le libre exercice de sa volonté ». — L'art. 76 du code pénal hongrois de 1878 : « Un *acte* n'est *pas imputable* à celui qui le commet en état d'inconscience ou dont les facultés intellectuelles étaient troublées au point qu'il n'avait plus son libre arbitre ». — L'art. 46 du code pénal italien de 1889 : « *N'est pas punissable* celui qui, au moment où il a commis le fait, se trouvait dans un état d'infirmité mentale de nature à lui enlever la conscience ou la liberté de ses propres actes ».

364. L'irresponsabilité de l'aliéné étant générale, il n'y a pas, non plus, lieu de distinguer si le crime, le délit ou la contravention sont prévus par le code pénal ou par une loi spéciale. Au reste, il est à remarquer, à cet égard, que l'art. 64 a été déclaré applicable, par une disposition formelle de la loi spéciale, aux infractions de la compétence des tribunaux militaires (art. 202, c. just. milit. du 4 juin 1857), et aux infractions de la compétence des tribunaux maritimes (art. 260, c. just. de la marine milit. du 9 juin 1858).

365. La démence au temps de l'action n'exclut pas seulement la responsabilité pénale du délit; elle exclut aussi toute responsabilité civile du dommage causé. En effet, là où il n'y a pas de faute, il ne peut y avoir de responsabilité d'aucune espèce. Aussi a-t-il été jugé : 1° que lorsqu'un individu, atteint du délire des persécutions, a grièvement blessé, en tirant sur elle, presque à bout portant, deux coups de feu, une personne qu'il ne connaissait pas, celle-ci n'est pas fondée à demander à l'aliéné réparation du préjudice qu'il lui a causé, et sa demande en responsabilité doit être repoussée par le tribunal civil (Aix, 3 déc. 1889) (1); — 2° Que, lorsque l'auteur d'un trouble à l'exercice des préposés des douanes est en état de démence, il ne peut être condamné à l'amende, bien que cette amende ait le caractère d'une réparation civile et non celui d'une peine (Crim. rej. 1er avr. 1848, aff. Puget, D. P. 48. 112. Conf. Garraud, n° 211). De même l'individu renvoyé du procès pénal pour démence ne peut être condamné aux frais, car la poursuite

(1) (Orhaud.) — Le 17 juin 1889, le tribunal civil de Nice a rendu le jugement suivant : — « Attendu qu'il est constant que le 25 févr. 1888, Orhaud, voyant passer l'abbé Abbo, sur une des places publiques de Menton, où il s'était embusqué pour l'attendre, tira sur lui presque à bout portant deux coups de feu, et lui fit à la tête, à l'avant-bras droit et à la cuisse droite des blessures, dont quelques-unes ont présenté une gravité sérieuse; — Attendu qu'après avoir commis cet acte, Orhaud se rendit au bureau du commissaire de police de la ville de Menton, et demanda qu'on procédât à son arrestation; — Que les réponses qu'il fit aux questions qui lui furent alors posées démontrèrent qu'il était en proie à une extrême exaltation; — Qu'il déclara que, poursuivi par les prêtres, par la police, par la justice, il avait voulu mettre fin aux persécutions dont il était l'objet; — Qu'interrogé quelques heures plus tard par le juge de paix de Menton, il manifesta le même état d'esprit : « Si je vous avais rencontré, « dit-il au magistrat, du ton le plus violent, il y en aurait eu « autant pour vous; il y a trop longtemps que cela dure, il fallait « en finir. Vous avez voulu connaître mes secrets; vous vous « êtes introduit chez moi; vous faites partie des mouchards qui « me poursuivent depuis dix ans »; — Attendu que l'information criminelle à laquelle il a été ensuite procédé a établi qu'ainsi que ces divagations l'attestaient Orhaud n'était pas en possession de ses facultés mentales; — Qu'à Nice, où il avait antérieurement résidé; qu'en Italie, pendant un voyage qu'il avait fait dans ce pays, que partout enfin où il habitait, dans ces dernières années, il croyait être l'objet d'un espionnage intolérable de la part de la police et du clergé; — Que son père, décédé depuis longtemps, avait éprouvé les mêmes troubles cérébraux; — Que sa sœur est depuis plusieurs années enfermée dans une maison d'aliénés, et qu'enfin il n'avait aucun grief réel contre l'abbé Abbo, qui ne le connaissait même pas; — Que, soumis le 12 mars et le 11 mai 1888, à un double examen médical, confié à des hommes de l'art différents, il fut reconnu qu'il était atteint du délire de persécution, et qu'il était irresponsable de ses actes; — Que l'instruction suivie contre lui fut close par une ordonnance de non-lieu, et qu'il fut interné dans la maison de santé de Saint-Pons; — Attendu qu'aux termes de l'art. 1382 c. civ., un fait dommageable ne peut donner lieu à une réparation que tout autant qu'il est imputable à son auteur, c'est-à-dire qu'il peut être considéré comme le résultat d'une libre détermination de sa part; — Que la faute n'existe plus, et que la responsabilité manque de base quand l'agent n'a pas eu conscience de l'acte auquel il s'est livré; — Que tel est le cas actuel, et que, quelque intérêt qui s'attache à la demande de l'abbé Abbo, elle n'est point susceptible d'être accueillie; — Par ces motifs : — Le tribunal, statuant en matière ordinaire et en premier ressort; — Déclare le demandeur mal fondé dans ses fins et conclusions, l'en déboute et le condamne aux dépens ». — Appel par l'abbé Abbo.

LA COUR ; — Adoptant les motifs des premiers juges; — Confirme.

Du 3 déc. 1889.-C. d'Aix, 1re ch.-MM. Grassi, av. gén.-Guillibert et Druson, av.

ne devait pas avoir lieu (V. *suprà*, v° *Frais et dépens*, n° 600 ; *Rép.* eod. v°, n° 1015. Conf. Le Sellyer, t. 1, n° 58).

366. La démence, étant un fait exceptionnel, doit être prouvée. Tous les moyens de preuve sont admissibles pour l'établir; mais, lorsque le trouble de l'intelligence est présenté comme le résultat d'une maladie mentale, il est naturel de recourir à une expertise *médico-légale*, « puisque la folie est une maladie du cerveau, que le médecin est plus en état de connaître que tout autre » (Muyart de Vouglans, *Institutes au droit criminel*, part. 3, chap. 4, p. 76). — Sur l'utilité de l'expertise *médico-légale*, V. Proal, *Le crime et la peine*, p. 360 et suiv. « Le bon sens, dit très justement cet auteur, ne suffit pas pour distinguer, dans les cas difficiles, la santé de l'esprit de l'insanité; sans études spéciales, on peut voir la folie où elle n'est pas et ne pas la voir là où elle est » (p. 358). Aussi, dans la pratique, les magistrats recourent à une expertise toutes les fois qu'ils aperçoivent quelque signe de démence chez le prévenu. Toutefois, il est certain que la loi n'impose pas aux juges de faire reconnaître préalablement par les gens de l'art l'état de démence d'un individu; il suffit, ainsi qu'on l'a dit au *Rép.* n° 393-1°, que cet état leur paraisse résulter des pièces de l'instruction et des réponses de l'individu lui-même. Au reste, l'opinion des experts, à cet égard, ne lie certainement pas le juge. « Les juges, dit l'art. 323 c. proc. civ., ne sont pas astreints à suivre l'avis des experts, si leur conscience s'y oppose » (*Rép.* v° *Expert*, n° 415, et l'arrêt du 21 nov. 1822, cité au *Rép.* n° 393-2°. V. aussi L. Proal, p. 361).

367. Pourrait-on prouver la démence en invoquant l'interdiction dont l'agent aurait été frappé avant le délit? La négative est certaine, comme nous l'avons dit au *Rép.* n° 381, car « l'interdiction n'établit qu'une présomption légale de la démence; or, l'art. 64 exige que la preuve de la démence soit rapportée en fait » (Laborde, n° 169. Conf. Garraud, n° 214; Le Sellyer, t. 1, n° 52; Blanche, t. 2, n° 178). La cour de cassation a jugé que le juge criminel peut, malgré l'existence d'un jugement civil qui aurait prononcé l'interdiction du prévenu avant l'exécution du fait incriminé, se refuser à reconnaître que le prévenu était en démence au temps de l'action, « attendu que les jugements rendus en matière criminelle ne sont pas tenus de reconnaître comme constants les faits déclarés par ces jugements des tribunaux civils, parce que ces jugements n'ont pas le même objet ni les mêmes conséquences, et que, dès lors, ils n'ont pas respectivement, à l'égard les uns des autres, l'autorité de la chose jugée; qu'il suit de là qu'en appréciant l'état mental d'un prévenu autrement que ne l'avait fait le jugement d'interdiction de ce dernier, un arrêt ne viole pas l'autorité de la chose jugée » (Crim. rej. 13 oct. 1853, aff. Monnier, D. P. 53. 4. 204). — A plus forte raison, l'interdiction *légale* n'a-t-elle pas pour effet de faire échapper ceux qui en sont frappés à la responsabilité des faits qu'ils peuvent commettre, et qui auraient le caractère de crimes ou de délits (Crim. rej. 4 déc. 1856, aff. Berthe de Villers, D. P. 57. 1. 77). Cela est hors de doute, et l'on ne conçoit pas facilement que la question ait pu être sérieusement posée.

368. La démence au temps de l'action étant une cause d'irresponsabilité, il s'ensuit, que l'examen mental appartient aux juridictions d'instruction comme aux juridictions de jugement (*Rép.* n° 388). Donc, dès que les premières juridictions constatent l'état de démence de l'inculpé, elles doivent rendre des décisions de non-lieu mettant fin à la poursuite (Garraud, n° 211, p. 346; Laborde; n° 163; Chauveau et Hélie, t. 1, n° 364; Blanche, n°s 181 et 182).

369. Si le fait de la démence n'est pas suffisamment établi devant les juridictions d'instruction, et qu'il y ait renvoi devant les juridictions de jugement, la question de savoir si le prévenu ou accusé est en état de démence appartient à celles-ci. C'est donc par le jury pour les crimes, et par le tribunal correctionnel pour les délits, que cette question devra être résolue. — Mais dans quelle forme la question de l'état mental de l'accusé se présentera-t-elle aux assises? Nous l'avons déjà dit au *Rép.* n° 384, elle rentre dans le question générale de culpabilité. Par conséquent, si, aux assises, le défenseur réclame la position d'une question spéciale de démence, distincte de la question de culpabilité, la cour n'est pas obligée de faire droit aux conclusions, car, en posant la question de savoir si l'accusé est coupable, on demande, par cela même, au jury, si cet accusé était sain d'esprit et si sa volonté était libre et indépendante au moment de l'action (Crim. rej. 23 sept. 1847, aff. Viala, D. P. 47. 4. 118; 30 mars 1849, aff. Dubuisson, D. P. 49. 5. 95; 1er mars 1855, aff. Duplessis, D. P. 55. 5. 201; 13 mars 1873, *Bull. crim.*, n° 66; 16 sept. 1875, *Bull. crim.*, n° 293). « Attendu, porte ce dernier arrêt, que la cour d'assises a décidé avec raison, contrairement aux conclusions prises par l'accusé, que le jury ne serait pas interrogé, par une question séparée, sur le point de savoir si, avant et au moment de la perpétration des faits incriminés, ledit accusé jouissait de ses facultés intellectuelles; que l'état de démence d'un accusé au moment des faits qui sont l'objet de l'accusation est, en effet, exclusif de toute criminalité, et ne peut, dès lors, être compris au nombre des excuses admises par la loi qui doivent, à peine de nullité, être l'objet de questions spéciales et séparées » (Conf. Nouguier, *De la cour d'assises*, t. 4, n° 2818; Faustin Hélie, *Instruction criminelle*, t. 8, n° 3642).

370. Cependant il convient de remarquer que, si la loi n'édicte pas l'obligation de poser une question spéciale relative à la folie, elle ne le défend pas. D'où il faut conclure: 1° que si la question de démence était posée au jury, il n'en résulterait, ainsi que nous l'avons déjà dit, au *Rép.* n° 386, aucune violation de la loi (Conf. Blanche, t. 2, n° 185; Garraud, t. 2, n° 211, p. 346; Nouguier, n° 2823; Faustin Hélie, n° 3644). C'est, d'ailleurs, ce qu'on peut induire des arrêts de la cour de cassation des 30 mars 1849 et 1er mars 1855, cités *suprà*, n° 369; — 2° Qu'il peut être sage de poser la question de démence si le défenseur le demande, afin d'éviter une erreur toujours possible du jury. Le code de brumaire an 4 l'exigeait. En Angleterre, en Autriche, indépendamment de la question sur la culpabilité, à la demande du défenseur, le président doit poser une question relative à l'aliénation mentale.

371. Au reste, si c'est au jury qu'il appartient de décider si l'accusé était en démence au moment du crime, c'est à la cour d'assises à juger si l'accusé est en démence au temps du jugement. Cette distinction a déjà été soutenue au *Rép.* n° 393; elle est approuvée par Chauveau et Hélie, t. 1, n° 365, p. 582; Blanche, t. 2, n° 191; Le Sellyer, t. 1, n° 63.

372. L'acquittement ou la décision de non-lieu motivés par la démence au temps de l'action entraînent nécessairement, au point de vue judiciaire, la mise en liberté du prévenu. Cette mise en liberté peut, on le conçoit, présenter les plus graves inconvénients pour l'ordre public et la santé des personnes. Pour y parer, les préfets, dûment avertis par les officiers du ministère public, ordonnent le plus souvent, en vertu de l'art. 18 de la loi du 30 juin 1838, le placement d'office, dans un asile d'aliénés, de la personne mise en liberté par justice (V. *suprà*, v° *Aliéné*, n°s 72 et 73). Mais ce remède est très insuffisant (V. A. Guillot, *Les prisons de Paris*, p. 180, et L. Proal, *Le crime et la peine*, p. 372), et tout le monde aujourd'hui reconnaît la nécessité de créer des asiles spéciaux où les aliénés dits criminels seront placés *par autorité de justice*. Ces asiles spéciaux existent en Angleterre, en Italie, en Allemagne, en Hollande, aux Etats-Unis, au Canada. En assurant la séquestration des aliénés dits criminels, ils protègent la société d'une manière plus efficace, et ils protègent aussi les aliénés contre le danger d'une condamnation. L'art. 46, § 2, du nouveau code pénal d'Italie de 1889, contient, à cet égard, une disposition remarquable. « Le juge, néanmoins, dit cet article, s'il voit des dangers à l'élargissement du prévenu absous, ordonne qu'il soit remis à l'autorité compétente en vue des mesures légales ». L'art. 55 de notre projet de code pénal revisé va plus loin et précise en ces termes le rôle de l'autorité judiciaire : « Lorsqu'un individu inculpé d'un fait qualifié crime aura été acquitté pour cause de démence, la cour pourra ordonner qu'il soit placé dans un établissement d'aliénés. L'état de démence sera l'objet d'une question spéciale posée au jury, soit d'office, soit sur la demande de l'accusé. Si l'inculpé a été l'objet d'une ordonnance ou d'un arrêt de non-lieu, le placement pourra être ordonné par le tribunal civil à la requête du ministère public. La sortie de l'asile ne pourra être autorisée que par un jugement du tribunal civil rendu sur l'avis du médecin ». Le projet de loi portant revision de la loi du 30 juin 1838 propose la création d'asiles spéciaux destinés à recevoir les aliénés dits criminels (V. à cet égard *suprà*, v° *Aliéné*, n° 75. V. aussi Garraud, t. 1, n° 311, p. 347, et la note).

373. Que faut-il entendre par la *démence?* Le code pénal n'a pas défini cette expression; mais il est généralement admis aujourd'hui qu'elle est synonyme de *maladie mentale*. M. Blanche estime que « la démence est le trouble de l'intelligence occasionné par une maladie mentale. L'homme atteint de ce déplorable mal n'a pas la conscience de ses actes, et, par suite, ne peut pas être responsable des conséquences pénales des faits qualifiés crimes ou délits qu'il exécute » (t. 2, n° 174) (Conf. Chauveau et Hélie, t. 1, n° 351, et Haus, t. 1, n° 672). Pour M. Villey (p. 105), démence est une expression générique comprenant toutes les variétés de l'aliénation mentale. M. Ortolan (t. 1, n° 340) pense que, dans l'art. 64 c. pén., le mot démence « est pris dans son acception générale et vulgaire, comme comprenant tous les cas d'absence de raison (*dementia*) qui peuvent être qualifiés de folie, d'aliénation mentale ». A notre avis, la démence existe toutes les fois qu'il y a *aliénation mentale*, c'est-à-dire absence de raison provenant, soit d'une *organisation cérébrale incomplète* (idiotie, imbécillité), soit d'une *maladie du cerveau* qui vient entraver le libre jeu des facultés intellectuelles (folie proprement dite, sous toutes ses formes) (Garraud, t. 1, n° 212, p. 351). Mais, avec ce dernier auteur, nous refuserons de ranger sous l'expression générale de démence les altérations passagères de l'entendement, qui ont pour cause l'ivresse, le somnambulisme, l'hypnotisme, le sommeil, et qui ne sont pas des maladies mentales.

374. La démence, on vient de le dire, est une maladie mentale, mais elle est aussi une maladie du corps. Il est aujourd'hui certain qu'il n'y a point d'aliénation mentale sans modification physique. L'idiotie, en effet, n'est pas autre chose qu'un arrêt de développement de l'intelligence produit par des lésions du cerveau (V. *Leçons sur l'idiotie*, par Auguste Voisin, citées par L. Proal, *op. cit.*, p. 370, note 2), et la folie elle-même provient toujours d'une maladie cérébrale. Dès lors, il est évident que c'est surtout par un rapport médico-légal que la preuve de la folie devra être faite, puisque le médecin est plus en état de connaître les maladies que tout autre ; ajoutons que, parmi les médecins, le seul qui soit vraiment compétent est le médecin aliéniste, c'est-à-dire le médecin qui a fait une étude spéciale des maladies mentales (Proal, p. 360).

375. C'est une question délicate (V. *Rép.* n° 389) de savoir si la monomanie entraîne l'irresponsabilité. En cas de délire partiel, c'est-à-dire lorsque les facultés paraissent seulement troublées sur un point, sans être complètement troublées, faut-il admettre l'irresponsabilité pour les faits délictueux touchant au délire, et reconnaître une responsabilité pour les faits qui paraissent y être étrangers? La distinction a été faite par beaucoup d'auteurs (Trébutien, *Cours de droit criminel*, t. 1, n° 523 ; Chauveau et Hélie, t. 1, n° 354, p. 560 ; Rossi, t. 2, p. 44; Legrand du Saulle, *Traité de médecine légale*, p. 790; Laborde, n° 146). Suivant ces auteurs, le monomane étant raisonnable sur tout autre objet que celui de sa monomanie, il n'y a aucun motif pour ne point lui appliquer, quant à ses objets, les règles ordinaires d'imputabilité. Mais est-il bien vrai que le monomane soit raisonnable sur tout autre objet que celui de sa monomanie? Cela est, au contraire, fort douteux. Si l'on examine attentivement la *nature* de la monomanie, on découvre, en effet, que le désordre mental que l'on est convenu d'appeler démence partielle affecte toutes les opérations de l'esprit (Haus, n° 675); et, d'autre part, « les observations les plus récentes ont démontré que, dans la majorité des cas, pour ne pas dire dans tous les cas, le prétendu délire partiel, loin de s'installer d'emblée dans l'intelligence, n'est que la conséquence et la conclusion d'un état maladif général, dans lequel l'aliéné, assailli d'idées délirantes, fait peu à peu son choix parmi elles et systématise insensiblement son délire, sans toutefois jamais arriver à l'unité » (Garraud, n° 273, p. 353). Il faut ajouter que la responsabilité partielle ne peut se concilier avec l'unité, avec l'indivisibilité du *moi*, avec la solidarité des facultés. « Lorsque le cerveau est malade, dit un éminent magistrat, est-il possible que cette maladie ne réagisse pas sur toutes les facultés? L'esprit peut-il être malade sur certains points et complètement sain sur d'autres? » (Proal, p. 365). Nous croyons, pour notre part, que, dès qu'il y a folie, partielle ou non, l'irresponsabilité s'impose (Blanche, n° 175), et, par conséquent, nous voyons dans la monomanie (ou délire partiel), lorsque son existence est bien démontrée, une cause générale de non-culpabilité. En tout cas, il faudrait au moins dire, avec M. Le Sellyer, t. 1, p. 54, que « le monomane, bien qu'atteint d'une folie simplement partielle, doit être regardé comme n'ayant plus le sens moral assez sûr pour que, relativement même à tout autre objet que celui de sa monomanie, on puisse lui appliquer les règles ordinaires d'imputabilité. Ce qui est au moins incontestable, c'est que la monomanie devra, même pour les actes sur lesquels elle ne porte pas directement, être considérée comme circonstance atténuante. — Est-il besoin d'ajouter que, pour que la théorie de l'irresponsabilité absolue de l'aliéné n'entrave pas l'action légitime de la justice, il faut que le médecin commis par elle « distingue avec soin la folie de tout ce qui n'est pas elle, et ne la confonde pas avec la déchéance morale et physique, produite par le vice, la débauche, l'ivrognerie? » (Proal, p. 366).

376. L'aliénation présente parfois des intervalles lucides. Si un aliéné a commis un crime ou un délit pendant un de ces intervalles, est-il pénalement responsable? Cette question a besoin d'être précisée. Remarquons d'abord, avec M. Haus, « qu'on ne peut appeler intervalle lucide une discontinuation de la maladie assez longue pour que l'on ait abandonné l'individu à lui-même, comme ayant recouvré sa raison. Celui qui se trouve dans cet état ne peut plus être regardé comme un maniaque; il doit donc être responsable de ses actions » (t. 1, n° 677). D'autre part, il est absolument certain, en droit, que si un aliéné est en possession de sa raison au moment où il commet le crime, ce crime lui est imputable, puisque l'art. 64 exige que la démence ait existé « au temps de l'action ». Mais, en fait, en dehors des périodes d'une durée assez longue pour qu'on puisse y voir une discontinuation de la maladie, y a-t-il, chez les aliénés, des intervalles vraiment lucides? En d'autres termes, faut-il admettre l'existence de périodes de rémission pendant lesquelles l'aliéné reprend momentanément tout son discernement et son entière liberté, pour retomber ensuite dans le désordre intellectuel? La question, plus médicale, d'ailleurs, que juridique, est délicate. « Pendant l'intermittence du délire, dit M. Haus, n° 678, la manie n'a point disparu; elle subsiste toujours; seulement elle ne se manifeste que par des signes extérieurs et sensibles. On peut donc affirmer que les illusions de l'esprit malade, quoiqu'elles ne se révèlent point par le délire, continuent d'exercer leur influence sur les déterminations du maniaque. Ensuite, dans un intervalle lucide, le malade pourrait avoir la conscience de la moralité de ses actions, sans jouir cependant de son libre arbitre ; car, de ce que les paroxysmes de la manie sont momentanément suspendus, il ne suit pas que le malade ait recouvré aussi cette force morale dont il a besoin pour ne pas succomber à la première tentation, au premier désir qu'une circonstance quelconque fait naître dans son âme souffrante et affaiblie. Enfin, qui peut affirmer que le crime a été commis dans un intervalle lucide, qu'il n'est pas plutôt le résultat du retour des accès de la folie, excité par des causes inconnues, surtout lorsque les intervalles lucides sont de courte durée? » Et l'auteur conclut que « la disposition du code pénal qui déclare qu'il n'y a pas d'infraction, lorsque l'accusé ou le prévenu a été en état de démence au moment de l'action, doit recevoir son application au cas où le fait a été commis dans un intervalle soi-disant lucide ». M. Rauter avait déjà fait observer : 1° « que l'état de démence ne cesse pas ordinairement d'une manière subite, et ne recommence pas, non plus, subitement ; d'où la conséquence que l'intervalle lucide pourrait n'être qu'apparent »; 2° que, « pendant l'intervalle lucide même, le dément est dans un état extraordinaire, puisqu'il conserve une disposition à la rechute dans l'état de démence, et qu'il peut, à chaque instant, se trouver, par suite de son infirmité même, porté à des actes qu'il ne commettrait point s'il était dans une jouissance habituelle de sa raison » (*Traité de droit criminel*, n° 67. Conf. Le Sellyer, t. 1, n° 51). M. Garraud, sans discuter la question, constate (t. 2, p. 367, note 19) que le législateur n'a pas entendu la trancher. Il ajoute que l'opinion généralement admise, « c'est qu'on ne peut affirmer, dans un cas donné, qu'un acte commis par un aliéné ait eu lieu dans une période de rémission, c'est-à-dire dans un intervalle lucide ». Tel est aussi notre sentiment. Nous croyons qu'il n'est guère possible, en semblable hypothèse, de reconnaître sûrement le retour de l'aliéné à la raison. Au surplus, dans chaque cas particulier, le juge appréciera en fait, après s'être éclairé des lumières d'un médecin aliéniste. En tout cas, et tout au moins, l'obligation de la preuve est ici renversée, en ce sens que l'altération mentale établie, la présomption tourne au profit de l'inculpé. C'est à l'accusation à prouver qu'il y avait chez l'agent, au moment de l'acte, intervalle lucide et pleine jouissance des facultés morales (Ortolan, t. 1, n° 330; Chauveau et Hélie, t. 1, n° 352; Le Sellyer, *loc. cit.*, Laborde, p. 96, note 3).

377. C'est une question aujourd'hui fort débattue dans la doctrine que de savoir si la responsabilité des aliénés peut être ou non partielle. M. Falret (*Dictionnaire encyclopédique des sciences médicales*, article *Responsabilité légale des aliénés*) a soutenu qu'il n'y a pas de milieu entre la responsabilité complète et l'irresponsabilité absolue. La plupart des savants estiment, au contraire, que certains aliénés sont responsables partiellement (Ball, *De la responsabilité partielle des aliénés*, Paris, 1886; Coutagne, *Manuel des expertises médicales en matière criminelle*, Lyon, 1887; Tarde, *Philosophie pénale*, p. 183 et suiv.). M. Proal est d'avis que, si la faiblesse d'esprit n'est pas accompagnée d'un état pathologique, la responsabilité peut être très atténuée, sans être entièrement supprimée (*Le crime et la peine*, p. 370); mais, suivant lui, dès qu'il y a maladie mentale reconnue, il n'y a plus de place pour une déclaration de culpabilité. Telle est aussi notre opinion (Conf. de Baets, *Les bases de la morale et du droit*, p. 246). Nous croyons à la demi-responsabilité des faibles d'esprit, non à celle des fous. Nous admettons que, pour les premiers, le médecin expert conclue à une responsabilité limitée, c'est-à-dire atténuée, et que la justice, appliquant au prévenu des circonstances atténuantes, abaisse la peine dans de fortes proportions. Mais si l'état mental du prévenu est troublé par la maladie, il faut, croyons-nous, acquitter celui-ci et le traiter dans un établissement spécial, jamais le punir. — Plusieurs législations étrangères ont consacré des dispositions spéciales à la *demi-responsabilité*. L'art. 70 du code pénal de Neufchâtel (1891) est ainsi conçu: « Lorsque la responsabilité intellectuelle est seulement diminuée, il en sera tenu compte dans l'appréciation de l'intention délictueuse et dans l'application de la peine. L'emprisonnement pourra même être substitué à la reclusion ». Et l'art. 47 du code pénal d'Italie de 1889 dispose que « quand l'état d'esprit est de nature à amoindrir grandement l'imputabilité, sans la supprimer, la peine édictée relativement à l'infraction commise a diminué d'après des règles qu'il indique. Dès 1866, le code pénal de Berne a déterminé la manière de diminuer les peines lorsque « l'inculpé n'avait pas perdu entièrement la conscience de son action ou de la culpabilité d'icelle, mais que cette conscience était simplement affaiblie, ou s'il n'était pas entièrement privé de son libre arbitre » (art. 43). Notre loi est muette sur la question; mais, de plus en plus souvent, dans la pratique, les médecins-experts concluent à une responsabilité atténuée pour les faibles d'esprit, et les magistrats, appliquant aux prévenus des circonstances atténuantes, abaissent en leur faveur la peine dans des proportions considérables.

378. La folie est souvent liée à l'épilepsie. Un arrêt de la cour de cassation du 8 frim. an 13 (*Rép.* v° *Compétence administrative*, n° 87) a admis que l'épileptique devait être assimilé au dément pendant l'accès qui l'étreint, et qu'un homicide par lui commis dans cet état n'est pas punissable. Dans son *Etude médico-légale sur les épileptiques*, p. 46, le docteur Legrand du Saulle dit: « Une ou plusieurs heures et même la veille de l'événement, le malade fait une sorte de stage; il est morne, taciturne, irritable, hargneux; il paraît manquer de spontanéité et de vivacité; il est distrait et sa mémoire est un peu en défaut. Dans quelques cas minutieusement observés, il est, au contraire, un peu loquace, expansif, bienveillant, gai, enthousiaste. De toute façon, il n'est pas à son diapason intellectuel normal ». — Faut-il conclure de ces observations scientifiques que l'épileptique, non encore atteint par la crise, mais sous le coup imminent de ce terrible accès, doit être toujours considéré comme en état de démence? Un arrêt a assimilé, au point de vue de la responsabilité pénale, la période d'invasion de l'épilepsie à celle de l'accès proprement dit. Il s'agissait d'une voie de fait exercée contre un agent de l'autorité. La cour d'Orléans a jugé que l'auteur de cette voie de fait s'étant trouvé, à la date du délit, sous l'influence d'une attaque d'épilepsie, pouvait être considéré comme irresponsable, et elle l'a acquitté (Orléans, 22 juin 1886, aff. Legendre, D. P. 87. 5. 213-214). Mais c'est là une décision d'espèce que l'on ne saurait sans danger étendre au delà des limites qu'elle comporte. Si le juge reconnaît, d'après les documents de la cause, que l'inculpé ne jouissait pas de ses facultés mentales pendant la période d'invasion ou de *stage*, il doit le déclarer irresponsable. Si, au contraire, il est établi que cet inculpé avait encore sa lucidité d'esprit et une volonté suffisante, l'attaque imminente de la maladie ne saurait l'exonérer de toute responsabilité.

379. On s'est demandé au *Rép.* n° 391 quel est, au point de vue pénal, l'effet de la démence de l'inculpé survenue depuis la consommation du délit. Précisant notre pensée, nous dirons aujourd'hui que cette demande suspend l'exercice de l'action publique et aussi l'instruction, si celle-ci a été commencée. Qui dit accusation dit défense, et le fou est incapable de se défendre. Toutefois il ne faut pas exagérer la portée de cette proposition. Sont suspendus seulement les actes de poursuite *personnelle*. « Pour tout ce qui exigerait contestation, contradiction, défense personnelle, le cours de la procédure reste en suspens » (Ortolan, t. 1, n° 1753). Mais les actes de poursuite *in rem*, et les actes d'instruction proprement dits (constatations matérielles et enquête) restent possibles (Laborde, n° 165). — A plus forte raison la folie qui survient après le délit suspend-elle les décisions des juridictions d'instruction et celles des juridictions de jugement. On ne peut ni faire juger un fou, ni le juger. Toutefois, s'il y avait doute sur l'existence de la démence, ce serait évidemment à la juridiction d'instruction d'apprécier s'il y a lieu de mettre, ou non, le prétendu fou en jugement. C'est la doctrine de l'arrêt du 13 oct. 1853, cité *Rép.* n° 391, *in fine*.

380. Si la démence se manifeste immédiatement après la condamnation, avant que le condamné ait recouru à l'appel ou au pourvoi, mais lorsqu'il est encore dans les délais pour le faire, aura-t-elle pour résultat de suspendre les délais et de conserver au condamné la faculté d'appeler ou de se pourvoir dans le cas où il recouvrerait plus tard la raison? La loi n'a pas touché à cette question qui a été examinée par M. Le Sellyer (t. 1, n°s 60 et 61) et par M. Blanche (t. 2, n° 198); la jurisprudence ne l'a pas jugée. Nous estimons, avec les deux jurisconsultes précités, que les délais d'appel ou de pourvoi sont suspendus, sauf à recommencer à courir après le retour à la raison, pour le temps qui restait encore au moment où est survenue la démence. « L'appel ou le pourvoi, dit M. Blanche, sont ouverts au condamné comme des moyens de défense ou de salut. Il serait contraire à la loi morale et même à la loi positive qu'il en fût privé par son état de démence. S'il reprend l'exercice de ses facultés intellectuelles, il pourra donc y recourir, à la condition d'en user dans le délai qui lui restait pour le faire, au moment où il a été atteint d'aliénation mentale; car la démence est suspensive et non interruptive des délais d'appel et de pourvoi » (*loc. cit.*).

381. Si la démence du condamné survient après la déclaration d'appel ou de pourvoi en cassation, il sera sursis au jugement par la cour d'appel ou par la cour de cassation (Blanche, t. 2, n° 199; Le Sellyer, t. 1, n° 62). Confirmant, en ce concerne le pourvoi, une jurisprudence déjà ancienne (Crim. cass. 25 janv. 1839, aff. Gilbert, *Rép.* v° *Aliéné*, n° 263) la cour de cassation a jugé qu'il y avait lieu de surseoir à statuer sur le pourvoi jusqu'à l'apport au greffe, à la diligence du procureur général, de documents conformes à la loi de 1838, propres à constater les changements qui pourraient survenir dans l'état mental du demandeur (Crim. cass. 23 déc. 1859, aff. Boursier, D. P. 60. 1. 55).

382. La prescription court-elle pendant le temps où les poursuites se trouvent suspendues par la démence de l'accusé? L'affirmative, soutenue au *Rép.* n° 397, est admise par la plupart des auteurs (Mangin, *Traité de l'action publique*, t. 2, n° 334; Faustin Hélie, *Traité de l'instruction criminelle*, t. 2, n° 1072; Le Sellyer, *De la criminalité et de la pénalité*, t. 1, n° 67; Chauveau et Hélie, t. 1, n° 367; Brun de Villeret, *De la prescription*, n°s 257 et 264; Garraud, *Traité de droit pénal*, t. 2, n° 66, p. 109; Blanche, t. 2, n° 195, *in fine;* Dutruc, *Mémorial du ministère public*, v° *Prescription criminelle*, n°s 42 à 47; Ortolan, t. 2, n°s 1873 et 1874; Villey, *Principes de droit criminel*, p. 245; Haus, *Principes du droit pénal belge*, t. 2, n° 1359; Laborde, *Cours élémentaire de droit criminel*, n°s 889 à 892). Mais la cour de cassation a, depuis la publication du *Répertoire*, consacré la doctrine contraire, en jugeant que la prescription de l'action publique ne court pas au profit de l'accusé qui n'a pu être soumis aux débats à cause de son état de démence, lorsqu'il a été déposé dans un établissement d'aliénés pour y rester à la disposition de l'autorité judiciaire, et que, par suite, quelle que soit la durée du séjour de l'accusé dans l'établissement (vingt-deux ans, par exemple), les poursuites peuvent régulièrement, à son retour à la santé, être reprises contre lui (Crim. rej. 8 juill. 1858, aff. Campi, D. P. 58. 1. 431). — Nous préférons le système de la doctrine. La prescription pénale n'a pas pour base l'intérêt du coupable, mais l'intérêt social. Or le temps amène, d'une part, le dépérissement des preuves, et, d'autre part, l'oubli de l'infraction qui supprime la nécessité et, par suite, la légitimité de la répression (Villey, p. 236). Ce double résultat est produit par le temps écoulé, quel que soit le motif de l'inaction de la partie poursuivante.

383. Si la démence survient après que la condamnation est devenue définitive, met-elle obstacle à l'exécution des peines ? Aucun texte n'attribue cet effet à la démence du condamné. Il en est autrement en plusieurs législations étrangères. L'art. 398 c. proc. pén. autrichien porte : « Quand un condamné à mort ou à une peine privative de liberté sera, au moment où le jugement devra être exécuté, frappé d'une maladie mentale..., l'exécution sera remise jusqu'à ce que cet état ait cessé ». Et l'art. 487 c. proc. pén. allemand : « Il sera sursis à l'exécution de toute peine privative de liberté à l'égard des personnes atteintes d'aliénation mentale ». Dans le silence de la loi, M. Blanche (t. 2, n° 200) décide qu'en principe rigoureux la démence ne suspend point l'exécution de la condamnation ; mais il ajoute que, dans la pratique, de nombreux tempéraments doivent être admis. Suivant lui, la peine de mort ne serait pas exécutée ; la peine privative de liberté serait exécutée par le placement du condamné dans une maison d'aliénés, où son séjour compterait pour le temps de la peine ; l'exécution des condamnations pécuniaires pourrait être poursuivie sur les biens, mais non sur la personne par la contrainte par corps.

Nous partageons cette opinion. L'humanité, nous l'avons déjà dit au *Rép.* n°s 394, s'oppose évidemment à l'exécution capitale d'un fou. Il n'y a qu'une voix à cet égard dans la doctrine.

384. La question est plus délicate pour les peines privatives de liberté. A la vérité, les peines de ce genre, non suspendues pendant la démence, ne seraient pas « réformatrices », puisque le condamné ne saisirait pas la relation du traitement qu'on lui fait subir avec son délit (Laborde, n° 166; Ortolan, t. 2, n° 1770; Le Sellyer, t. 1, n° 65, p. 123). Mais cette qualité (nous l'avons dit *suprà*, n° 45) n'est pas indispensable pour qu'une peine puisse être légitimement appliquée. Qu'on remarque, d'ailleurs, que si l'exécution de la peine était suspendue pendant la démence du condamné, il en résulterait que la séquestration de celui-ci serait augmentée de tout le temps de sa maladie, tandis, au contraire, que le système adopté par M. Blanche (translation dans une maison d'aliénés), en comprenant ce temps dans la durée de la peine, ne prolonge pas le châtiment au delà du terme fixé par la condamnation. Au reste, la loi elle-même a, en quelque sorte, prévu le cas, puisque la loi du 4 vend. an 6 autorise, dans ses art. 15 et 16, la translation des détenus malades dans les *hospices de santé*. « Cette loi, comme le fait justement remarquer Blanche, *loc. cit.*, ne distingue pas entre les affections morbides ; elle est applicable aussi bien aux maladies de l'esprit qu'aux maladies du corps. Elle permet donc de satisfaire aux exigences de la loi criminelle sans méconnaître les égards qu'on doit à la triste situation des condamnés atteints d'aliénation mentale » (Conf. Trébutien, *Cours de droit criminel*, t. 1, n° 532).

385. S'agit-il d'une condamnation pécuniaire ? Il est manifeste et universellement admis que la démence du condamné n'empêche pas d'en poursuivre l'exécution sur ses biens. Le dément, avons-nous dit au *Rép.* n° 396, aussi bien que l'homme sain d'esprit, est tenu de payer ses dettes. (Conf. Le Sellyer, t. 1, n° 67 ; Blanche, *eod. loc. ;* Chauveau et Hélie, t. 1, n° 366 ; Laborde, n° 166 ; Ortolan, t. 2, n° 1771 ; Villey, p. 106). Mais la contrainte par corps, qui est une épreuve de solvabilité, ne pourrait pas être exercée contre le condamné tombé en démence. « L'aliéné ne sait plus ce qu'il possède ; la contrainte par corps ne pourrait donc pas être, à son égard, une épreuve de solvabilité » (Blanche, *eod. loc.*, *in fine*. Conf. Laborde, n° 167).

386. Quant aux peines privatives de droits, elles continuent, nonobstant la démence, à produire leur effet. Ces peines, en effet, sont pleinement exécutées *ipso jure* au moment où la condamnation devient irrévocable (Ortolan, n° 1771 ; Laborde, n° 166).

387. — II. PASSIONS. — Les passions peuvent devenir une cause d'altération momentanée des facultés, mais il est impossible de les assimiler à la démence, et on ne doit pas admettre, du moins en thèse générale, qu'elles constituent une cause de non-culpabilité. La médecine légale divise les passions en deux espèces. Les unes consistent dans des mouvements violents de l'âme qui se manifestent d'une manière subite ; telles sont la crainte et la colère. Les autres consistent dans un état moral résultant de désirs non réprimés et augmentant successivement de force ; tels sont l'amour, la jalousie, l'ambition, la haine (Haus, n°s 699 et 700 ; Thiry, *Cours de droit criminel*, n° 120). — Parmi les passions de la première catégorie, la crainte est de nature à enlever toute imputabilité, lorsqu'il est établi qu'elle a exercé sur l'agent une contrainte à laquelle il n'a pu résister (c. pén. art. 64). En ce qui concerne la colère, le législateur n'en fait qu'une excuse atténuante dans les hypothèses les plus favorables (c. pén. art. 321, 324, 325), et jamais une cause de non-imputabilité.

388. Quant aux passions de la seconde catégorie, c'est-à-dire celles qui naissent d'un désir non réprimé et qui augmentent successivement de force (vengeance, amour, jalousie, cupidité), le juge ne peut y voir qu'une cause d'atténuation de la culpabilité dont il tiendra compte en appliquant le système des circonstances atténuantes, jamais une cause de non-responsabilité. Nous l'avons déjà dit au *Rép.* n° 389 : ces passions, quelque fougueuses qu'elles soient, peuvent entraîner la volonté de l'homme, mais elles ne lui enlèvent ni sa raison, ni sa liberté morale. L'homme a toujours le devoir et le pouvoir de les dompter. D'ailleurs, « si l'auteur de l'action a pu, par l'usage de sa raison, prévenir cette exaltation de passion, et qu'il ne l'ait point fait, cet état pourra lui être imputé ; l'action qui en est le fruit pourra l'être également ; non pas, il est vrai, en elle-même, mais *dans sa cause*. Il dépendait de cet homme de ne point laisser ses passions s'exalter ; il ne les a point refrénées ; son action lui est imputable en tant qu'il a prévu que l'action mauvaise suivrait ; il l'a permise, alors qu'il pouvait la prévenir et l'empêcher » (de Baets, p. 243). Quel est, au reste, l'objet principal des lois pénales, si ce n'est précisément de contraindre les individus à contenir leurs passions lorsqu'elles sont susceptibles de nuire à autrui ? Et enfin, si l'on recherche les causes des crimes, ne trouve-t-on pas toujours une passion pour mobile, la cupidité ou la vengeance, la paresse ou la débauche ? A moins donc de supprimer le code pénal, il faut reconnaître, avec tous les criminalistes (Chauveau et Hélie, t. 1, n° 355 ; Blanche, t. 1, n° 203 ; Lesellyer, t. 1, n° 84 ; Haus, t. 1, n°s 699 et 700 ; Ortolan, t. 1, n° 333 ; Garraud, *Traité*, t. 1, n° 227, p. 374 ; Villey, p. 109 ; Laborde, n° 152) que les passions ne peuvent être invoquées comme causes de non-culpabilité, qu'elles peuvent seulement devenir une cause d'atténuation de la peine (V. sur ce sujet, dans l'ouvrage de M. Proal, *Le crime et la peine*, le chap. 12, intitulé *Le crime et les passions*).

389. — III. SOMNAMBULISME, HYPNOTISME. — Le somnambulisme est ou spontané, ou provoqué. Il n'a été question que du premier au *Répertoire*. Le somnambulisme spontané bien constaté, qu'il soit naturel ou hystérique, exclut l'imputabilité, quand même l'agent aurait exécuté, dans le sommeil, le projet criminel qu'il avait formé en état de veille, ou approuvé le crime depuis son réveil. Cette doctrine, exposée au *Rép.* nos 399 à 401, est enseignée aujourd'hui par tous les auteurs (Chauveau et Hélie, t. 1, n° 357; Haus, t. 1, n° 682; Garraud, t. 1, n° 218; Villey, p. 107; Le Sellyer, t. 1, n° 85; Ortolan, t. 1, n° 318; Boitard, *Leçons sur le code pénal*, n° 148; Laborde, n° 148; Proal, p. 373 et 374. V. aussi conf. De Baets, p. 268). Les tribunaux, de leur côté, n'ont jamais hésité à considérer les somnambules comme inconscients et irresponsables dans les cas, fort rares, où la question s'est présentée avec netteté (Garraud, p. 361, note 27. — V. dans le livre de M. Liégeois, intitulé *De la suggestion hypnotique et du somnambulisme dans leurs rapports avec la jurisprudence et la médecine légale*, chap. 15, le résumé de cinq affaires dans lesquelles la poursuite, dirigée contre des individus ayant agi sous l'empire du somnambulisme, a été terminée par des sentences d'acquittement ou des ordonnances de non-lieu. V. notamment Paris, 26 janv. 1881 (1). V. encore la brochure du docteur Motet, ayant pour titre *Accès de somnambulisme spontané et provoqué*. V. aussi un cas analogue à celui qui a donné lieu à l'arrêt précité de Paris, exposé par le docteur Dufay dans la *Revue philosophique*, janv. 1891). — Toutefois, le somnambule est certainement coupable de faute et responsable si, connaissant son état, il n'a pas pris les précautions qu'il pouvait et devait prendre. « Si donc le fait qu'il a accompli en état de sommeil est un de ceux pour lesquels la loi punit la simple négligence, tels que l'homicide, les coups et blessures, l'agent sera déclaré pénalement (art. 319 et 320 c. pén.) comme civilement responsable, à la charge d'établir qu'il a commis une faute initiale, consistant dans un défaut de précaution ou de prévoyance » (Garraud, p. 361. Conf. Haus, n° 682; Le Sellyer, *loc. cit.*, p. 170; Proal, p. 373, note 1).

390. Le somnambulisme peut être provoqué par des manœuvres artificielles, et s'appelle alors *hypnotisme*. Est-il vrai que dans ce sommeil provoqué, l'hypnotisé devient l'exécuteur docile des projets que lui suggère le magnétiseur? Est-il vrai que les hypnotisants peuvent déposséder les hypnotisés de leur personnalité, substituer leur volonté à la leur et leur faire commettre par suggestion des crimes? Nous n'avons pas à nous faire juges de ces questions qui ont, en ces dernières années, passionné et troublé l'opinion publique. Mais, d'une part, on peut tenir pour certain, en fait, que jusqu'à présent on n'a pas encore vu, devant un tribunal ou une cour d'assises, un crime suggéré à un hypnotisé et exécuté par lui (Proal, *Le crime et la peine*, p. 384. V. à ce sujet dans la *Gazette des tribunaux* des 19 et 20 déc. 1890, les dépositions des docteurs Motet, Brouardel, Ballet, à l'audience de la cour d'assises de la Seine des 18 et 19 décembre, dans l'affaire Eyraud-Bompard). D'autre part, si le cas venait à se réaliser, il n'est pas douteux que le véritable coupable serait l'hypnotisant, et non l'hypnotisé. Ce dernier, ayant perdu sa raison ou ses forces morales, n'encourrait aucune responsabilité, à moins, bien entendu, qu'il n'ait recherché ou accepté l'état hypnotique dans un but criminel, sachant qu'il servirait d'instrument à crime. L'hypnotiseur, au contraire, devrait être poursuivi comme complice du crime ou du délit qu'il a suggéré, soit parce qu'il l'a provoqué par abus d'autorité, machinations, ou artifices coupables, soit parce qu'il a donné des instructions pour le commettre (c. pén. art. 60), de telle sorte qu'il existera, dans le cas supposé, un déplacement de responsabilité (Garraud, t. 1, n° 218; Laborde, n° 149; Villey, p. 107; Proal, p. 384. — Sur la suggestion hypnotique au point de vue juridique, V. Gilles de la Tourette, *L'hypnotisme et les états analogues au point de vue médico-légal*, chap. 2; Liégeois, *La suggestion hypnotique dans ses rapports avec le droit civil et le droit criminel*, 1884, et *De la suggestion hypnotique et du somnambulisme dans leurs rapports avec la jurisprudence et la médecine légale*, 1889; Dr Bernheim, *De la suggestion et de ses applications à la thérapeutique*, 1888; Dr Beaunis, *Le somnambulisme provoqué;* Lefort, *L'hypnotisme au point de vue juridique*, article dans la *Revue générale du Nord*, 1888, p. 193 et suiv.; Ladame, *L'hypnotisme et la médecine légale*, articles dans les *Archives d'anthropologie criminelle*, 1887, p. 293 et p. 520; Binet et Féré, *Hypnotisme et responsabilité*, article dans la *Revue philosophique*, de mars 1885; Em. Laurent, *Les suggestions criminelles*, important article dans les *Archives d'anthropologie criminelle*, 1890, p. 596 et suiv.; De Baets, *Bases de la morale et du droit*, p. 277 et suiv.; observations de MM. Franck, Arthur Desjardins et Paul Janet à l'Académie des sciences morales et politiques, dans *Séances et travaux de l'Académie des sciences morales et politiques*, 1884, 2e semestre, p. 220 et suiv.).

Nous constaterons en terminant que notre législateur pénal ne s'est point occupé du somnambulisme, car il est évident qu'on ne peut étendre à cette affection (naturelle ou artificielle) l'art. 64 du code; en conséquence, si l'on suppose prouvée chez un inculpé l'existence d'un état semblable, le juge devra l'acquitter en se conformant aux principes généraux de la responsabilité, mais non pas en se basant sur l'art. 64.

391. — IV. Ivresse. — Il a été dit au *Rép.* n° 402 que l'ivresse, considérée en elle-même, « n'est pas un délit que la loi punisse ». Cette proposition n'est plus exacte aujourd'hui. Depuis la promulgation de la loi du 23 janv. 1873, tendant à réprimer l'ivresse publique et à combattre les progrès de l'alcoolisme (D. P. 73. 4. 18), l'ivresse, quand elle est publique et manifeste, est tantôt une contravention, tantôt un délit (V. à cet égard *suprà*, v° *Ivresse publique*, nos 16 à 38). — Mais il demeure toujours vrai que notre loi pénale ne contient aucune disposition relative à la responsabilité de l'agent qui a commis une infraction pénale en état d'ivresse. Comme au *Répertoire*, la question de l'influence de l'ivresse sur la responsabilité sera examinée d'abord au point de vue théorique, ensuite au point de vue pratique.

392. Théoriquement, aucune difficulté n'est possible

(1) (D...). — Du 21 oct. 1880, jugement du tribunal correctionnel de la Seine, qui condamne D..., à trois mois d'emprisonnement pour délit d'outrage public à la pudeur résultant des faits suivants : « D... avait été arrêté, le 18 oct. 1880, à huit heures et demie du soir, par des agents du service des mœurs, en surveillance aux environs d'un urinoir public, rue Sainte-Cécile, à Paris. Ces agents affirmaient avoir vu D... se livrer, dans l'urinoir où il était resté près d'une demi-heure, à des manœuvres immorales, à des provocations constituant le délit d'outrage public à la pudeur. D... brusquement entraîné par eux, protesta en vain de son innocence; traduit devant le tribunal correctionnel en vertu de la loi du 20 mai 1869 sur les flagrants délits, il fut condamné à trois mois d'emprisonnement par application de l'art. 330 c. pén. D... était somnambule. En 1879, il avait passé six mois à l'hôpital Saint-Antoine, et les troubles nerveux et intellectuels qu'il présentait alors avaient été notés avec soin, jour par jour, notamment par M. le docteur Mesnet et par M. le docteur Motet. Ce dernier, dès que l'arrestation de D... lui fut connue, considéra comme un devoir de lui venir en aide; appel fut interjeté du jugement, une expertise ordonnée, et confiée au docteur Motet. Celui-ci, après avoir, dans son rapport, signalé l'impossibilité matérielle où, suivant lui, D... s'était trouvé d'accomplir les actes à lui reprochés, fit remarquer que l'inculpé présentait deux états: l'un, normal, pendant lequel il était responsable de ses actes; l'autre, pathologique, pendant lequel il cessait de s'appartenir, de se diriger, et il affirma que pendant cette « condition seconde » dont il ne conservait pas le souvenir, D... était absolument irresponsable. Sur la demande du docteur Motet, D... fut appelé dans la chambre du conseil de la cour, et, en présence des magistrats, placé, par le médecin, dans l'état de condition seconde. Des expériences eurent lieu, sous les yeux de la cour, au cours desquelles fut partiellement reproduite la scène du 18 octobre. D... fut réveillé, endormi une seconde fois par un autre médecin, interrogé de nouveau, puis encore réveillé. A la reprise de l'audience, la cour rendit l'arrêt suivant:

« Attendu que, s'il paraît établi que D... ait commis les faits qui lui sont reprochés, il n'est pas suffisamment établi qu'il en ait la responsabilité morale; — Considérant, en effet, qu'il résulte de l'examen du docteur Motet, remontant à une date ancienne, que le prévenu se trouve souvent en état de somnambulisme; que dans cet état il ne saurait être déclaré responsable de ses actes, — Attendu que cet examen se fortifie d'une nouvelle expérience faite en chambre du conseil; que, dans ces circonstances, D... ne saurait être regardé comme responsable ».

La cour; — Infirme le jugement frappé d'appel, et renvoie D... des fins de la plainte.

Du 26 janv. 1881.-C. de Paris (Ch. des appels de police correctionnelle).-MM. Manau, pr.-Bernard, av. gén.

quand il s'agit d'une ivresse involontaire, amenée, soit par un accident, soit par les artifices d'une autre personne ; si cette ivresse est complète, elle ne laisse place à aucun genre de responsabilité; si elle est partielle, elle diminue la culpabilité (Chauveau et Hélie, t. 1, n° 358 ; Le Sellyer, t. 1, n° 74; Garraud, t. 1, n° 219; Ortolan, t. 1, n° 322; Haus, t. 1, n° 686).

393. Il n'y a pas de doute non plus dans le cas de l'*ivresse recherchée* ou *procurée*, c'est-à-dire de l'ivresse qu'on se donne pour avoir le courage de réaliser l'acte délictueux. Loin d'écarter la culpabilité, cette ivresse ne fait que l'aggraver, puisqu'elle présente, comme on l'a fait remarquer au *Rép.* n° 405, le caractère de la préméditation (Chauveau et Hélie, n° 360 ; Haus, n° 687 ; Ortolan, n° 324 ; Boitard, n° 147; Trébutien, n° 530). — M. Garraud, toutefois, n'est pas de cet avis (p. 365). Il estime que l'ivresse recherchée détruit l'intention criminelle aussi bien que l'ivresse non recherchée, et doit, par conséquent, écarter la responsabilité de tout délit intentionnel, dès qu'elle est complète. Seulement, M. Garraud a soin d'ajouter que cette discussion est à peu près théorique, « puisque l'individu qui exécute, en état d'ivresse, le projet en vue duquel il s'est enivré, montre par là même une certaine conscience de ses actes. Il serait, en effet, mal venu à soutenir qu'il avait perdu, dans cet état, tout discernement et toute volonté: l'exécution même de l'acte délictueux prémédité n'est-elle pas une preuve suffisante de la persistance de ses facultés, même au milieu de l'ivresse ? » Nous croyons qu'on peut répondre avec M. Thiry (*Cours de droit criminel*, n° 106, p. 77): « C'est précisément cette considération qui doit faire déclarer, comme chose certaine, que l'ivresse dont il s'agit laisse subsister l'imputabilité ».

La loi russe du 26 avr. 1872 (art. 256) prononce le *maximum* de la peine contre celui qui s'est enivré volontairement pour commettre un crime. En Angleterre (Garraud, p. 366, art. 36), la même doctrine a trouvé place dans la coutume et elle est consacrée par l'art. 21 du projet de code pénal. Le nouveau code pénal d'Italie de 1889, art. 48, dernier paragraphe, se borne à décider que « les diminutions de peine (motivées par l'ivresse) ne sont pas appliquées, si l'ivresse a été procurée pour faciliter l'accomplissement de l'infraction ou pour lui servir d'excuse ».

394. Le problème de la responsabilité pénale de l'homme ivre ne se pose qu'au cas où l'ivresse a été le résultat de l'imprudence, du laisser-aller, de l'intempérance de l'agent, ce qui est, de beaucoup, le cas le plus fréquent. En cette hypothèse, si l'ivresse est complète, l'agent est inconscient du crime ou délit qu'il commet, incapable de discerner la moralité de son action et, par conséquent, irresponsable au point de vue pénal (Garraud, n° 219, p. 364; Le Sellyer, n° 74; Haus, n° 685 ; Ortolan, t. 2, n° 323). Toutefois, si le délit est de ceux que la loi réprime alors même qu'ils sont le résultat d'une simple faute (comme aux cas d'homicide ou de blessures involontaires prévus par les art. 319 et 320 c. pén.), l'auteur de l'acte commis en état d'ivresse en sera pénalement responsable, puisque, comme nous l'avons dit au *Rép.* n° 407, l'ivresse, lors même qu'elle a été assez complète pour enlever au fait le caractère intentionnel sans lequel il ne peut y avoir ni crime ni délit, doit être considérée au moins comme une imprudence (Conf. Le Sellyer, *loc. cit.;* Ortolan, n° 348; Haus, n° 685; Thiry, n° 109). « Ainsi, dit M. Haus, *loc. cit.*, l'homme complètement ivre qui aurait apposé une fausse signature à un acte devrait être acquitté ; tandis que, s'il avait donné la mort ou fait des blessures à une personne, s'il avait mis le feu à une maison, il serait condamné pour homicide, blessure ou incendie involontaire ». Quant à l'ivresse incomplète qui a été le résultat de l'imprudence, du laisser-aller, de l'intempérance de l'agent, elle laisse évidemment subsister la responsabilité pénale, puisqu'elle n'anéantit point le discernement et qu'elle se borne à l'obscurcir.

395. Le nouveau code pénal d'Italie de 1889 a réglé d'une manière complète et méthodique, en son art. 48, les effets de l'ivresse sur la responsabilité pénale du délinquant. Sans omettre d'exclure de toute atténuation, ainsi que nous l'avons déjà fait remarquer *suprà*, n° 393, l'ivresse recherchée en vue de faciliter l'exécution d'un méfait, cet article applique à celui qui se trouvait, au moment de l'acte, en état d'ivresse *accidentelle*, les dispositions des art. 46 et 47 concernant l'irresponsabilité de l'individu « qui, dans le moment où il a commis le fait, était dans un état d'infirmité d'esprit propre à lui enlever la conscience ou la liberté de ses actes » (art. 46), et la semi-responsabilité de celui dont « l'état d'esprit, indiqué à l'article précédent, est de nature à amoindrir grandement l'imputabilité, sans la supprimer ». Quant à l'ivresse *volontaire*, elle motive une atténuation de la peine, moindre toutefois quand elle est, chez l'auteur du méfait, *habituelle*.

396. En notre droit positif français, on l'a déjà dit *suprà* n° 391, aucun texte ne règle les effets de l'ivresse sur l'imputabilité. D'autre part, il est universellement reconnu, conformément à la doctrine exposée au *Rép.* n° 408, que l'ivresse ne peut être considérée comme une véritable *démence*, dans le sens propre de cette dernière expression, et, par conséquent, que le juge ne pourrait renvoyer de la poursuite un prévenu ivre au temps de l'action, en lui appliquant l'art. 64 c. pén. (Chauveau et Hélie, n° 361 ; Ortolan, n° 342 ; Garraud, n° 219; Villey, p. 106). Il est également de jurisprudence constante que l'ivresse n'est pas une *excuse légale* (Aux arrêts cités dans ce sens au *Rép.* n° 410, *adde* : Crim. rej. 27 août 1868, *Bull. crim.*, n° 196, qui a jugé que, l'ivresse n'étant pas une excuse, ni le président d'office, ni la cour, au cas de conclusions formelles, ne doivent poser de question sur l'état d'ivresse de l'accusé au moment du crime).

397. Mais, si l'ivresse ne doit pas être assimilée à la démence et si elle ne peut pas constituer une excuse légale, ce n'est pas à dire, assurément, qu'elle sera toujours sans influence sur la décision à rendre par les juges répressifs. L'ivresse peut être, en effet, suivant les cas, une cause de non-culpabilité, ou, tout au moins, une circonstance atténuante. C'est ce que M. Blanche a exprimé avec précision (n° 243) dans les termes suivants : « J'admets la doctrine de ces arrêts (les arrêts de la cour de cassation citées *Rép.* n° 410) ; cependant je pense qu'il ne faut pas l'exagérer. Assurément l'ivresse ne peut pas, par elle-même et à elle seule, être considérée comme une cause justificative ; assurément elle ne peut pas constituer une excuse proprement dite. Mais l'ivresse peut, dans certains cas, qui, je le reconnais, ne devront se présenter que fort rarement, autoriser le juge à penser que l'accusé ou le prévenu a manqué de l'intention criminelle et, par conséquent, qu'il n'a commis ni crime ni délit. Elle peut aussi, dans certains cas, permettre l'admission des circonstances atténuantes, et, par suite, une mitigation de la peine. Les principes consacrés par la cour de cassation n'en demeurent pas moins certains ; c'est que l'ivresse n'est pas par elle-même une cause justificative et qu'elle n'est pas davantage, à vrai dire, une excuse » (Conf. Garraud, n° 219).

398. Dans la pratique, l'ivresse au temps de l'action intervient presque toujours comme cause de mitigation de la peine. Rien de plus juste, parce que l'ivresse est, d'ordinaire, incomplète et causée par l'intempérance ou l'imprudence de l'agent, plutôt que par l'effet de sa volonté positive. Dans ces conditions, étant le résultat d'une faute, elle engage la responsabilité de l'homme qui a eu le tort de boire avec excès et qui, d'ailleurs, au moment du délit, se rendait un compte suffisant de ses actions; d'autre part, il est juste que cette responsabilité soit amoindrie puisque l'ivresse a obscurci la raison de l'agent, affaibli la force de résistance de sa volonté. — Ajoutons qu'en fait l'état matériel de l'homme *complètement* ivre le rend incapable de commettre la plupart des délits. On ne peut guère lui imputer que des délits d'inaction ou des actes indécents constituant des outrages publics à la pudeur (Laborde, p. 99, note 3). L'homme ivre-mort peut aussi, en tombant, écraser un enfant dans sa chute, ou blesser quelqu'un. A part ces cas exceptionnels et un petit nombre d'autres, l'ivresse complète exclut la possibilité de délinquer ; et l'on peut dire, avec M. Laborde, que « les délits d'action qu'un homme aurait commis en état d'ivresse prouveront en général que l'ivresse n'était pas complète » (*loc. cit.*).

399. — V. SURDI-MUTITÉ. — On a dit au *Rép.* n° 398 que la surdi-mutité ne peut être assimilée à la démence ; que, par elle-même, elle n'est point exclusive de la raison, de l'intelligence du bien et du mal; que, par conséquent, elle ne met point obstacle à l'application des lois répressives. Cela résulte même des précautions prises par la loi, en faveur des sourds-muets, pour entendre leurs explications quand ils sont accusés (c. instr. crim., art. 332 et 333). Il faut reconnaître cependant que, chez la plupart des sourds-muets, le développement des facultés mentales est, en général, incomplet. Nous en conclurons avec M. Garraud (n° 217) qu'il est du devoir du juge de prendre en considération cette infirmité, soit pour exclure, soit pour diminuer la culpabilité. On peut ajouter avec Blanche (n° 244) que la surdi-mutité n'est pas une excuse proprement dite, car aucune disposition ne lui donne ce caractère. — Il résulte de ce qui vient d'être dit que, le plus souvent, la surdi-mutité constituera une simple circonstance atténuante en faveur du malheureux atteint de cette infirmité (Blanche, *loc. cit.*). Mais s'il était démontré, en fait, que l'accusé sourd-muet n'a pas l'intelligence nécessaire pour comprendre le crime qui lui est reproché, si, suivant l'expression de M. Laborde (n° 151) « on l'avait laissé végéter dans une vie quasi animale », son irresponsabilité pénale serait certaine, et il devrait, par conséquent, être acquitté (Conf. Garraud, *loc. cit.*, et la note 24).

400. La plupart des législations étrangères contiennent des règles spéciales à l'égard du sourd-muet. Considérant qu'il présente une certaine ressemblance avec l'enfant, le code belge de 1867 lui applique des dispositions analogues. Aux termes de l'art. 76 de ce code, « lorsqu'un sourd-muet, âgé de plus de seize ans accomplis, aura commis un crime ou un délit, s'il est décidé qu'il a agi sans discernement, il sera acquitté. Il pourra être placé dans un établissement déterminé par la loi, pour y être détenu et instruit pendant un nombre d'années qui n'excédera pas cinq ans ». S'il est décidé qu'il a agi avec discernement, les peines sont diminuées dans la proportion établie par la loi (art. 73 à 75) pour les mineurs de seize ans. — Le nouveau code pénal italien de 1889 prescrit, dans ses art. 57 et 58, des mesures du même genre, avec cette différence pourtant qu'il défend les poursuites contre le sourd-muet qui, au moment où il a commis le fait, n'avait pas accompli sa quatorzième année. — D'autres codes ordonnent au juge de rechercher, avant de condamner le sourd-muet, s'il a l'intelligence nécessaire pour comprendre le crime qui lui est reproché. Le code allemand de 1870 dit dans son art. 58 : « Le sourd-muet dépourvu de l'intelligence nécessaire pour comprendre la criminalité de l'acte par lui commis devra être acquitté ». Aux termes de l'art. 88 du code hongrois, « les sourds-muets qui n'ont pas le discernement nécessaire pour reconnaître la criminalité de leurs actes ne peuvent être punis, ni pour crime, ni pour délit ». Enfin le code pénal de Neufchâtel (1891) dispose ainsi (art. 85) : « Le sourd-muet ne peut être condamné que s'il est décidé qu'il a agi avec discernement ».

§ 3. — De la contrainte, de la force majeure.

401. La contrainte, quand elle est irrésistible, anéantit la liberté de l'agent, et, par conséquent, fait disparaître sa culpabilité. « Il n'y a ni crime ni délit, lorsque le prévenu... a été contraint par une force à laquelle il n'a pu résister » (c. pén. art. 64). Les caractères et les effets de la contrainte (ou force majeure) sur l'imputabilité pénale ont été étudiés par Chauveau et Hélie, t. 1, nos 372 à 382 ; Ortolan, t. 1, nos 353 à 367, et 373 à 376 ; Blanche, t. 2, nos 202 à 214 ; Garraud, *Traité de droit pénal*, t. 1, nos 221 à 226 ; *Précis*, nos 138 à 140 ; Laborde, nos 172 et suiv. ; Bertauld, *Cours de code pénal*, 16e leçon ; Boitard, *Cours de droit criminel*, nos 150 et 151 ; Le Sellyer, *Traité de la criminalité et de la pénalité*, t. 1, nos 86 à 99 ; Haus, t. 1, n° 688 à 698 ; Thiry, *Cours de droit criminel*, nos 122 à 132. — Sur les effets de la force majeure en matière de crimes, délits et contraventions, V. aussi *suprà*, v° *Force majeure*, nos 37 à 45, et *Rép.* eod. v°, nos 42 à 46.

402. — I. DES DIVERSES ESPÈCES DE CONTRAINTE. — Ainsi qu'on l'a dit au *Rép.* n° 414, on distingue deux sortes de contraintes ; la contrainte *physique* et la contrainte *morale*. Au reste, dans un cas comme dans l'autre, il s'agit uniquement de forces *extérieures* à l'agent qui viennent opprimer sa liberté et l'empêcher d'en faire usage. En réalité, la contrainte est l'oppression de la volonté par une force *extérieure* (Laborde, n° 172). Il suit de là que la contrainte dont parle l'art. 64 ne saurait résulter des seuls entraînements, soit de la colère, soit de toute autre passion (*Rép.* n° 416. Conf. Blanche, n° 203 ; Chauveau et Hélie, n° 376).

403. — 1° *Contrainte physique.* — C'est celle qui s'exerce directement sur le *corps* de l'agent (Garraud, n° 222; Laborde, n° 173), ou, si l'on aime mieux, celle qui résulte de l'emploi direct de la force matérielle (Blanche, n° 203). Cette contrainte physique peut résulter des forces de la nature ou, plus rarement, du fait de l'homme. On peut citer comme exemple de contrainte physique provenant du fait de l'homme le cas de l'individu qui, conduisant violemment la main d'un autre, le force à tracer sa signature au bas d'un acte, ou à porter un coup de poignard qu'il ne veut point porter, ou à répandre dans un breuvage une substance vénéneuse qu'il ne veut pas y répandre (Ortolan, n° 356) ; ou encore le cas de l'homme qui pousse un tiers sur autre personne pour la faire tomber (Laborde, n° 173). Dans toutes ces hypothèses, évidemment très rares, l'homme contraint est patient et non pas agent : *non agit, sed agitur*. Il n'y a pas d'imputabilité pour lui. La contrainte physique résulte le plus souvent de causes de force majeure étrangères au fait de l'homme, et provenant d'événements que leur nature même soustrait au pouvoir de celui-ci. « Par exemple, l'ouragan éteint les lanternes d'une voiture circulant la nuit sur une route et empêche de les rallumer. La tempête jette sur les côtes de France un Français banni. Le ballon qui emporte un aéronaute atterrit dans un champ préparé et ensemencé » (Laborde, *eod. loc.*). « Un juré, désigné pour la session, est mis par suite d'une inondation, d'un accident de chemin de fer, dans l'impossibilité de se rendre à la cour d'assises » (Garraud, n° 222. V. aussi Haus, n° 690). Dans toutes ces hypothèses, et autres analogues, presque toujours relatives, on le remarquera, à des délits d'inaction, il y a une suppression de la liberté physique qui fait de l'homme contraint l'instrument plutôt que l'agent du délit, et la culpabilité disparaît. C'est ainsi qu'il a été jugé : 1° que l'aéronaute dont le ballon a atterri dans un champ ensemencé peut être renvoyé de la poursuite dirigée contre lui par application de l'art. 471, § 15, c. pén., s'il est établi, par ses appels au secours, que sa descente n'était pas volontaire (Crim. rej. 14 août 1852, aff. Toutain, D. P. 52. 5. 194) ; — 2° Que le conducteur d'une voiture non pourvue de lanterne allumée peut être relaxé des poursuites dirigées contre lui pour contravention à l'art. 471, § 15, c. pén., s'il prouve qu'il s'est trouvé par suite de mauvais temps et d'ouragan dans l'impossibilité de maintenir cette lanterne allumée (Crim. rej. 28 fév. 1861, aff. Maisonneuve, D. P. 61. 1. 141 ; 28 nov. 1868, *Bull. crim.*, n° 241 ; 10 janv. 1879, aff. Devred, D. P. 79. 1. 388) ; — 3° Que l'éboulement de terres entraînées sur un chemin public par la fonte des neiges ou la chute de pluies prolongées, constitue un cas de force majeure qui met le propriétaire des terres ainsi entraînées à l'abri de l'application de l'art. 471, § 4, c. pén. (Crim. rej. 28 juill. 1881, aff. Duchesne, D. P. 82. 1. 95) ; — 4° Que lorsqu'un individu est poursuivi pour avoir attelé à sa charrette un nombre de chevaux supérieur à celui qui était fixé par un règlement municipal, c'est avec raison que l'excuse de force majeure est admise en sa faveur, s'il est établi que la rue par laquelle il était obligé de passer était empierrée (Crim. rej. 8 août 1874, *Bull. crim.*, n° 225, p. 420 ; — 5° Que lorsqu'un individu est prévenu d'avoir conduit une voiture à allure trop rapide, il peut à bon droit alléguer l'excuse de la force majeure s'il est établi que son cheval s'est emporté en entendant la détonation de boîtes placées à une très faible distance (Crim. rej. 7 avr. 1876, *Bull. crim.*, n° 100). — Mais il n'en serait pas de même, évidemment, si l'agent du délit avait pu prévoir et neutraliser les effets de la contrainte physique à laquelle il a cédé. Aussi a-t-il été jugé que le cultivateur poursuivi pour avoir laissé écouler sur la voie publique, contrairement aux défenses d'un règlement, le trop-plein de ses récipients de purin, n'est pas fondé à invoquer comme cause d'excuse la déclivité du sol de sa ferme et la survenance d'une pluie abondante ; ce ne sont pas là des événements imprévus et de force majeure, puisque le prévenu pouvait, en donnant tous des soins à l'accomplissement de ses obligations, soit prévenir ces événements, soit en neutraliser les résultats (Crim. cass. 17 févr. 1860, aff. Tordeux, D. P. 63. 5. 163). — Jugé de même qu'on ne peut considérer comme un cas de force majeure l'impossibilité où a pu se trouver un marin d'apercevoir, de la place occupée par son bateau, les signaux d'ouverture et de fermeture du port, alors que l'heure de la marée, sa connaissance des règlements maritimes et son habitude du port le provoquaient à vérifier avant de lever l'ancre l'état des signaux (Crim. cass. 7 août 1890, aff. Lefèbvre, D. P. 91. 1. 43). — Jugé de même, enfin, avec beaucoup de raison, que le juge ne peut admettre l'excuse de la force majeure que s'il y a impossibilité absolue pour le prévenu de se conformer à la loi; les difficultés, même très considérables, contre lesquelles il aurait eu à lutter, ne sont pas assimilables au cas de force majeure (Crim. cass. 13 mars 1891, aff. Lorin, D. P. 91. 5. 258).

404. — 2° *Contrainte morale.* — La contrainte morale est, suivant la juste définition de M. Garraud (n° 223), « l'oppression du libre arbitre par la crainte d'un mal imminent ». Cette sorte de contrainte « ne prive pas l'individu qui la subit de la *possibilité physique* de faire ce que la loi ordonne ou de ne pas faire ce qu'elle défend : elle n'agit que sur le moral de l'agent; elle ne pèse que sur sa *volonté* » (*eod. loc.*).

Comme la contrainte physique, la contrainte morale peut résulter des forces de la nature ou du fait de l'homme. — Le premier cas est rare. M. Garraud en a cité quelques exemples. « Dans une foule qui se précipite pour éviter la chute d'un pont, d'un édifice, pour échapper à un incendie, un individu renverse d'autres individus, plus faibles que lui, les blesse ou les tue. Dans un naufrage, ceux qui ont réussi à monter dans une embarcation écartent, de peur de la surcharger, ceux qui s'y cramponnent et les exposent à une mort certaine. Ce sont là des hypothèses dans lesquelles l'agent s'est trouvé soumis à une sorte de *nécessité* qui dérive plutôt de la nature que de l'action de ses semblables » (*loc. cit.*) (Conf. Laborde, n° 175; Ortolan, n° 363). — On peut rattacher à cette sorte de contrainte la force majeure résultant d'une nécessité actuelle et urgente, comme celle qui, en présence d'un danger imminent pour la vie d'un de ses semblables, force l'homme à lui porter secours, même en employant des moyens illégaux. Un arrêt a jugé qu'une sœur de charité qui, appelée près d'un malade, a pratiqué une saignée ou conseillé une application de sangsues, ne peut être déclarée coupable d'exercice illégal de la médecine, si elle n'a ainsi agi qu'en raison de l'urgence et après avoir insisté pour que le médecin fût appelé (Crim. rej. 14 août 1863, aff. Sœur Sainte-Marie, D. P. 64. 1. 399). Un autre arrêt a déclaré excusable l'officier de santé qui, en présence d'une circonstance de force majeure, avait pratiqué un accouchement au forceps sans l'assistance d'un docteur en médecine (Crim. rej. 2 mai 1878, aff. Casimir, D. P. 78. 1. 336). Un troisième a décidé qu'il n'y a pas délit d'exercice illégal de la médecine de la part du pharmacien qui, en cas d'extrême urgence et de force majeure, et sans exiger aucune rétribution, administre un médicament qui ne présente en lui-même aucun danger (Paris, 7 févr. 1880, aff. Gauthier, D. P. 81. 2. 192).

405. Le plus souvent la contrainte morale a pour cause le fait de l'homme. Ainsi qu'on l'a dit au *Rép.* n° 414, cette sorte de contrainte résulte, soit de la menace d'un mal plus ou moins grave, en cas de refus d'exécuter le crime, soit du commandement d'une personne qui a autorité sur l'agent. Examinons d'abord le cas de contrainte résultant d'une menace; nous traiterons ensuite *infrà*, n°s 421 et suiv., de la contrainte résultant de l'ordre d'une personne ayant autorité.

406. — 3° *Contrainte morale résultant d'une menace.* — Toute menace n'entraîne pas l'irresponsabilité de l'agent menacé (*Rép.* n° 414). Pour que cet effet se produise, il faut que la contrainte ait été irrésistible, il faut, suivant les expressions de l'art. 64, que l'agent *n'ait pu résister*. L'expression est vague et laisse au juge une grande liberté d'appréciation. La loi ne peut pas exiger, n'exige pas l'héroïsme; elle admet l'irresponsabilité lorsque la liberté de l'agent a été complètement opprimée. « C'est au juge de la culpabilité à apprécier l'intensité de la contrainte, en mettant en balance, d'une part, le mal dont l'agent a été menacé, d'autre part, le crime ou le délit qu'il a commis pour l'écarter, et en prenant en considération l'âge, le sexe et la condition de l'inculpé. La loi pénale n'exige point une contrainte capable d'ébranler l'homme le plus ferme; mais elle ne condescend pas non plus à de coupables faiblesses » (Haus, n° 694. Conf. Chauveau et Hélie, t. 1, n° 374; Garraud, t. 1, n° 223; Laborde, n° 173; Villey, p. 109; Thiry, n° 125).

407. — II. Des conditions de la contrainte. — Si l'on analyse les circonstances dans lesquelles la contrainte existe, on voit qu'elles supposent le concours de plusieurs conditions : il faut que le mal dont l'agent est menacé soit grave, présent, imprévu, injuste, impossible à éviter autrement qu'en exécutant l'acte qui est reproché à cet agent.

Le mal doit d'abord être *grave*. Sous ce rapport, il n'y a point de doute que le péril de mort, de mutilations ou de tortures corporelles doive être regardé comme une cause de justification (Chauveau et Hélie, n° 374; Haus, n° 694; Thiry, n° 126). Mais la crainte d'une lésion corporelle moins grave, soit d'une perte pécuniaire plus ou moins considérable, peut-elle, suivant les cas, être regardée comme une contrainte morale suffisante dans le sens de l'art. 64? La négative a été enseignée au *Rép.* n° 414, en ce qui concerne la perte des biens, conformément à l'opinion de Chauveau et Hélie, n° 374; mais cette opinion est aujourd'hui abandonnée. Sans doute, si la menace porte uniquement sur les biens, elle sera généralement moins puissante que celle qui porte sur la personne; il peut arriver toutefois qu'elle acquière, dans certaines circonstances, le même degré d'intensité ; tout dépend de la nature des faits. « Tout dépend, dit M. Villey, p. 109, de la proportion entre le mal à éviter et le mal à faire : on n'absoudrait pas celui qui donnerait la mort pour éviter un léger mal corporel; mais peut-on, *à priori*, condamner d'avance celui qui, pour éviter un dommage considérable, commettrait un léger délit»? On admet donc que la crainte d'un attentat aux propriétés, si la perte pécuniaire est considérable, peut aussi, suivant les circonstances, subjuguer la volonté et décharger l'agent de toute responsabilité pénale (Haus, *loc. cit.;* Garraud, t. 1, p. 372, note 7; Laborde, n° 174; Ortolan, t. 1, n° 357; Thiry, n° 126). Il a été jugé, dans ce sens, que l'action d'avoir coupé et enlevé du bois dans une forêt d'autrui est justifiée par la force majeure, et, par suite, dépourvue de caractère délictueux, lorsque son auteur a agi pour obéir aux réquisitions de troupes ennemies, et dans la crainte du pillage et de tous les dangers qui pouvaient être la conséquence directe d'un refus, et ce, alors même que l'enlèvement du bois aurait continué à un moment où la présence des ennemis avait cessé dans le pays, si de nouvelles troupes étaient annoncées ou attendues (Crim. rej. 2 déc. 1871, aff. Bratigny, D. P. 71. 1. 366).

408. Au reste, il n'est pas nécessaire que l'agent soit menacé lui-même dans sa personne ou dans sa fortune; « le danger de nos proches peut nous effrayer aussi légitimement que le péril suspendu sur nous-même, et détruire dès lors notre liberté » (Haus, n° 694, *in fine*. Conf. Villey, p. 109; Ortolan, n° 358; Laborde, n° 174; Thiry, n° 129). — Le code pénal allemand de 1870 contient, sous ce rapport, une disposition remarquable. « Il n'y a pas d'action punissable, porte l'acte 52, lorsque l'agent y a été contraint par une force irrésistible ou par une menace entraînant un danger actuel, qu'il ne pouvait empêcher d'une autre manière, pour le corps ou la vie soit de lui-même, *soit d'un des siens*. — Comme proches dans le sens de la loi, on doit comprendre les parents et les alliés en ligne ascendante ou descendante, les parents adoptifs et nourriciers et leurs enfants, le conjoint, les frères et sœurs, ainsi que leurs conjoints et fiancés ».

409. Le mal dont l'agent est menacé doit, en second lieu, être *présent*. En d'autres termes, il faut, comme on l'a dit au *Rép.* n° 414 *in fine*, que l'auteur du fait ait eu lieu de craindre une exécution immédiate des menaces qui lui étaient faites. Des menaces dont l'effet ne devrait se produire qu'ultérieurement et, par conséquent, ne serait pas certain, ne constitueraient pas une contrainte suffisante (Chauveau et Hélie, n° 374; Garraud, n° 223 ; Ortolan, n° 359 ; Haus, n° 695). Toutefois il suffirait, selon nous, d'un danger imminent.

410. Le péril doit aussi être *imprévu* et *injuste*. S'il eût été au pouvoir d'un homme prudent de l'éviter, l'agent devrait subir les conséquences d'une situation qui lui serait imputable (Garraud, n° 223). D'autre part, il est évident que si celui qui nous menace d'un mal a le droit de nous l'infliger, nous avons le devoir de le subir. « Il n'y a pas même, dans ce cas, de contrainte morale, puisque le seul parti à prendre est celui de nous soumettre, de subir les conséquences de nos torts. La loi ne justifie point le condamné à mort qui tue son geôlier pour se soustraire au supplice, ou le fonctionnaire qui, menacé de destitution, fabrique un faux certificat pour détourner ce malheur » (Haus, n° 696).

411. Il faut, enfin, que la personne menacée n'ait pas d'autre moyen de se soustraire au péril que l'exécution du crime ou du délit. Cela est évident, puisque la contrainte morale est celle qui force la volonté à choisir entre un mal menaçant et la perpétration d'un délit : la contrainte n'existe plus dès que l'agent dispose d'un autre moyen d'échapper au danger (Thiry, n° 127; Haus, n° 696; Garraud, n° 223, *in fine*).

412. Signalons, en terminant cet examen des conditions de la contrainte résultant d'une menace, l'art. 49 du nouveau code pénal italien, ainsi conçu : « N'est pas punissable celui qui a commis le fait... s'il a été contraint par la nécessité de se sauver lui-même ou de sauver un tiers d'un péril grave et imminent, intéressant la personne, péril qui n'était pas la conséquence d'un acte volontaire de sa part et qui ne pouvait être autrement évité ».

413. — III. EFFETS DE LA CONTRAINTE. — La contrainte ou force majeure détruit la culpabilité en toute matière, même en matière de contravention de simple police (Crim. rej. 12 déc. 1850, aff. Cottenet, D. P. 53. 1. 154; 14 août 1852, aff. Toutain, D. P. 52. 5. 194; 1er mars 1855, aff. Jalanier, D. P. 55. 1. 184; 10 mars 1855, aff. Flament, D. P. 55. 5. 201; 28 févr. 1861, aff. Maisonneuve, D. P. 61. 1. 141; 21 juin 1866, aff. Desjardins, D. P. 66. 1. 415; 8 août 1874, cité *suprà*, n° 403; 7 avr. 1876, cité *suprà*, *ibid.*; 14 juill. 1877, aff. Marseau, *Bull. crim.*, n° 166; 10 janv. 1879, aff. Devred, D. P. 79. 1. 388; 28 juill. 1881, aff. Duchesne, D. P. 82. 1. 95; Crim. cass. 18 nov. 1881, aff. Labougonnière, D. P. 84. 5. 244-245; 12 avr. 1889, aff. Isamand, D. P. 91. 2. 306, note). En conséquence, lorsqu'elle est établie, elle entraîne nécessairement l'acquittement de l'inculpé. — Toutefois il est à remarquer que, s'il s'agissait de ces sortes de délits ou de contraventions dans lesquelles la simple négligence est punie, et que l'inculpé fût en faute antérieurement à la contrainte ou dans les faits mêmes qui ont amené cette contrainte, la culpabilité pourrait rester à sa charge, précisément à cause de cette négligence ou de cette imprudence antérieure, et dans la mesure de cette faute (Ortolan, n° 376). M. Laborde, qui adopte cette solution (n° 176), cite comme exemple le cas de l'homme qui a dirigé imprudemment un fusil chargé vers un autre individu, et qui peut être déclaré coupable d'homicide involontaire si, par une cause étrangère à sa volonté, le fusil part et tue la personne vers laquelle il était dirigé. La cause de cet accident est, en effet, plutôt dans la direction qui a été donnée imprudemment à l'arme que dans l'événement qui a fait partir le coup » (*loc. cit.*). — Au reste, si la contrainte est le résultat de menaces qui émanent d'un tiers, le délit commis sous la pression de ces menaces sera imputable à ce tiers; celui-ci sera complice par provocation dans les termes de l'art. 60 c. pén. (Garraud, n° 224).

414. Quant à la responsabilité civile, elle est, en général, exclue par la contrainte, aussi bien que la responsabilité pénale. Il peut se faire, cependant, qu'elle subsiste, l'infraction une fois écartée, parce que le dommage causé sera de nature à être imputé à *faute* à son auteur. Si cette faute est reconnue exister, la responsabilité civile devra être reconnue. Le cas, très rare en matière de contrainte physique, pourra, au contraire, se présenter assez souvent en matière de contrainte morale. Sans doute, la loi pénale ne commande pas l'héroïsme sous peine de châtiment, et c'est pour cela qu'elle exempte de peine l'homme qui commet un crime en cédant à la menace d'une tierce personne; mais si ce crime cause du tort à autrui, n'est-il pas juste que son auteur, coupable, après tout, de faiblesse, répare le préjudice que cette faute a causé à un innocent, et ce conjointement avec le provocateur? V. à cet égard : Laborde, n° 176; Garraud, n° 224; Thiry, n° 126.

415. — IV. PREUVE, CONSTATATION ET APPRÉCIATION DE LA CONTRAINTE. — C'est à celui qui allègue la contrainte à l'établir. Les événements humains ou naturels d'où résulte la contrainte étant exceptionnels, il est évident que c'est à l'inculpé d'en rapporter la preuve. Il détruit ainsi la présomption de responsabilité qui s'attache aux actes des majeurs de seize ans, parce que ces actes sont en général le résultat d'une volonté libre (Laborde, n° 177). Ainsi doit être annulée la décision qui reconnaît, au profit d'une femme prévenue de pratique illicite d'un accouchement, l'existence d'une sorte de force majeure, laissant au ministère public le soin de faire preuve de l'absence de nécessité (Crim. cass. 23 avr. 1858, aff. Beaudouin, D. P. 58. 5. 170).

416. Il faut, en outre, que les faits constitutifs de la contrainte ou force majeure soient *légalement* établis. A cet égard, il a été jugé par de nombreux arrêts que le juge ne pourrait se fonder, pour admettre l'exception de force majeure, sur les seules allégations du prévenu et sans avoir recours à aucun des moyens de preuve autorisés par la loi (enquêtes, expertises, vérifications des lieux, etc.) (Crim. cass. 3 déc. 1855, aff. Havel, D. P. 56. 1. 32; 21 juin 1866, aff. Desjardins, D. P. 66. 1. 415; 3 mars 1865, aff. Renaud, D. P. 65. 5. 394; 28 avr. 1865, aff. Sœur Louise, D. P. 65. 1. 245; 1er juin 1872, *Bull. crim.*, n° 132; 14 nov. 1874, aff. Loyau, *Bull. crim.*, n° 288; 18 nov. 1881, aff. Labougonnière, D. P. 84. 5. 244-245; 23 oct. 1885, aff. d'Almont, *Bull. crim.*, n° 276; 12 avr. 1889, aff. Isamand, D. P. 91. 2. 306, note).

Jugé, spécialement, que, lorsqu'une disposition d'un arrêté préfectoral prescrit aux cafetiers d'afficher dans leurs établissements un exemplaire dudit arrêté, l'excuse de la force majeure résultant de l'impossibilité de se procurer copie de l'arrêté ne pourrait être admise que sur la preuve faite par l'inculpé au moyen de documents ou de témoignages (Crim. cass. 14 juill. 1877, cité *suprà*, n° 413). Jugé aussi que la déclaration d'un témoin, faite sans prestation de serment devant le juge de simple police, ne peut servir de base à la décision pour motiver l'admission d'une excuse de force majeure (Crim. cass. 13 mars 1891, aff. Jahan, D. P. 91. 5. 259). — Toutefois, la notoriété pourrait, en certains cas, être regardée comme une preuve suffisante, si elle est résultée des débats. Il a été jugé, en ce sens, que le juge de police peut, après enquête régulière à l'audience, déclarer inutile la preuve offerte par le prévenu de l'excuse de force majeure, si cette excuse lui paraît fondée sur des faits notoires résultant des débats (Crim. rej. 7 avr. 1876) (1) Mais il lui serait certainement interdit de faire découler cette notoriété de renseignements extrinsèques à l'audience.

417. La preuve de la force majeure ne peut pas être admise, lorsque les faits qui la constitueraient sont contraires aux faits constatés par un procès-verbal (Ch. réun. cass. 6 août 1834, *Rép.* v[is] *Force majeure*, n° 46, et *Procès-verbal*, n° 184; Crim. cass. 14 nov. 1874, aff. Loyau, *Bull. crim.*, n° 288). — De même est illégale l'excuse tirée de la force majeure, lorsqu'elle est en contradiction avec les prescriptions de l'arrêté auquel il a été contrevenu ainsi qu'avec les

(1) (Joseph Basquet.) — LA COUR; — Sur le premier moyen, tiré d'une prétendue violation de l'art. 154 c. instr. crim. en ce que le jugement aurait à tort refusé l'offre faite par le prévenu de prouver, par témoins, la force majeure qu'il avait subie en énonçant que l'allégation de cette excuse était basée sur des faits notoires : — Attendu, que le jugement a été précédé d'une enquête régulière et des explications du prévenu; que si, à ce moment du débat, la preuve de la force majeure lui semblait acquise, le juge pouvait déclarer inutile celle qui lui était supplétivement offerte; que, s'il a invoqué la notoriété du fait, c'est celle qui résultait des débats et non des renseignements extrinsèques; que, d'ailleurs, la décision, étant justifiée par des motifs juridiques suffisamment indiqués, ne saurait être viciée par l'énonciation d'un motif susceptible de critique; que, s'il en est ainsi en principe, il en est de même, *a fortiori*, dans une affaire où il n'existait pas de procès-verbal; que, dès lors, il n'y a pas eu violation de l'article précité du code d'instruction criminelle... Rejette, etc...

Du 7 avr. 1876.-Ch. crim.-MM. Camescasse, rap.-Desjardins, av. gén.-Ewald, av.

constatations du jugement (Crim. cass. 17 févr. 1860, aff. Tordeux, D. P. 63. 5. 163 ; 9 juill. 1887) (1).

418. Au reste, c'est aux juges du fait qu'il appartient de constater souverainement l'existence des éléments de fait d'où peut résulter la contrainte ou force majeure; mais il est réservé à la cour de cassation de vérifier si ces éléments de fait sont de nature à entraîner les conséquences légales qui dérivent de la contrainte physique ou morale (Crim. cass. 28 févr. 1861, aff. Maisonneuve, D. P. 61. 1. 141 ; 28 avr. 1865, aff. Sœur Louise, D. P. 65. 1. 245 ; 7 nov. 1867, aff. Némery, D. P. 72. 5. 222 ; 2 déc. 1871, aff. Bratigny, D. P. 71. 1. 366 ; 18 nov. 1885, aff. Labougonnière, D. P. 84. 5. 244-245 ; 29 févr. 1884, *suprà*, v° *Force majeure*, n° 26 ; 13 mars 1891, aff. Jahan, D. P. 91. 5. 259). En effet, comme le dit très bien Le Sellyer, n° 90, la force majeure n'est pas un fait, mais la conséquence d'un ou plusieurs faits, et, comme telle, elle rentre évidemment dans les pouvoirs d'appréciation de la cour de cassation. — Conséquemment, la cour de cassation doit être, par l'énonciation des circonstances constitutives de la contrainte ou de la force majeure, mise à même de contrôler l'appréciation des juges du fait et de décider si elle n'a pas été arbitraire (Mêmes arrêts et Crim. cass. 19 févr. 1875, aff. Leromain, *Bull. crim.*, n° 59 ; 21 nov. 1891) (2). — Spécialement, bien que l'appréciation du tribunal de simple police soit souveraine en ce qui concerne l'appréciation des faits constitutifs de la force majeure, il appartient à la cour de cassation de déclarer cette appréciation irrégulière ou insuffisante, lorsque les éléments sur lesquels elle est fondée sont en contradiction évidente avec d'autres constatations contenues dans le même jugement (Crim. cass. 17 juill. 1858, aff. Guéret, D. P. 58. 1. 384. Conf. 9 juill. 1887, *suprà*, n° 417).

419. Il est d'ailleurs évident que, lorsque l'excuse de force majeure est invoquée par le prévenu, le juge du fait doit y statuer, et que sa décision sur ce point doit être motivée. A cet égard, il a été jugé que si, dans une poursuite d'homicide par imprudence dirigée contre un officier de santé qui, appelé pour opérer un accouchement, a pratiqué une grande opération chirurgicale sans l'assistance d'un docteur en médecine, l'arrêt correctionnel a déclaré que, dès son arrivée, ledit officier de santé a reconnu et révélé à la sage-femme la nécessité d'une grande opération, et que cependant la délivrance n'a eu lieu que huit heures après, par les soins d'un docteur en médecine tardivement appelé, cet arrêt est suffisamment motivé au point de vue du rejet de l'excuse tirée de la nécessité urgente et de la force majeure (Crim. cass. 28 mai 1891, aff. Perret, D. P. 92. 1. 195).

420. La contrainte excluant la culpabilité, il n'est pas besoin d'en faire l'objet d'une question distincte au jury ; « elle est virtuellement comprise dans la question principale, relative à la culpabilité de l'accusé, puisque celui-ci ne peut être déclaré coupable qu'à la condition qu'il sera reconnu qu'il n'a pas été contraint à l'action par une force à laquelle il n'a pu résister » (Blanche, n° 211 ; Faustin Hélie, *Instruction criminelle*, t. 8, n° 3642 ; Nouguier, t. 4, n° 2819). — Cependant, si une question spéciale avait été posée à cet égard au jury, aucune loi n'aurait été violée (Crim. rej. 10 janv. 1834, *Rép.* v° *Instruction criminelle*, n° 1880. Conf. Blanche, *eod. loc.*; Chauveau et Hélie, t. 1, n° 382 ; Faustin Hélie, t. 8, n° 3644 ; Nouguier, t. 4, n° 2823).

421. — V. CONTRAINTE RÉSULTANT DE L'ORDRE D'UNE PERSONNE AYANT AUTORITÉ. — Si une personne ayant autorité sur une autre vient à donner à celle-ci l'ordre de commettre un délit, et que l'inférieur obéisse, sera-t-il permis de voir dans l'ordre du supérieur une contrainte morale excluant la culpabilité de l'inférieur? La question, étudiée au *Rép.*, n°s 417 à 419, comporte des distinctions.

422. D'abord il est certain qu'un ordre illégal ne peut jamais détruire la criminalité du fait par lequel il a été exécuté. La loi pénale commande à tous ceux qui se trouvent sur le territoire, et l'acte qu'elle a qualifié crime ou délit ne peut, dans aucun cas, se trouver justifié par le commandement d'un représentant du pouvoir, quelque considérable que soit son autorité. L'ordre illégal du supérieur n'est donc jamais une cause de justification analogue à celle qui résulte de l'ordre de la loi (c. pén. art. 327) ou de la légitime défense (art. 328 et 329). On ne saurait y voir davantage une excuse légale, sauf les cas prévus par les art. 114, 184 et 190 c. pén., puisque, en dehors de ces cas particuliers, la loi ne contient aucune disposition réglant l'effet de l'ordre du supérieur sur la responsabilité de l'inférieur. Mais, sans justifier l'acte délictueux et sans même l'excuser, le commandement ne peut-il effacer la culpabilité du subordonné? C'est ce qui va être examiné dans les numéros qui suivent, en commençant par l'ordre du supérieur civil ou militaire à ses subordonnés.

423. — 1° *Ordre d'un supérieur hiérarchique civil ou militaire.* — La doctrine est unanime à admettre la non-culpabilité de l'inférieur qui a commis une infraction sur l'ordre de son supérieur hiérarchique tant civil que militaire, lorsqu'il prouve qu'il a cru que l'acte ordonné n'était pas illégal. Cette preuve de bonne foi, en faisant disparaître toute intention criminelle, fait disparaître toute culpabilité (Garraud, t. 1, n° 250 ; Chauveau et Hélie, t. 1, n° 378 ; Le Sellyer, t. 1, n° 136 ; Bertauld, 16e leçon, p. 361 et suiv. ; Ortolan, t. 1, n°s 471 et suiv. ; Villey, p. 110). Il a été jugé, dans ce sens, qu'un caporal de la garde nationale qui, sur les ordres du chef de poste, a opéré, avec l'assistance de quelques gardes, dans une maison particulière, une arrestation qui a été reconnue illégale, se trouve couvert par la responsabilité de son supérieur, alors qu'il a pu croire que les ordres à lui donnés n'excédaient pas les attributions du

---

(1) (Désiré Brossard.) — LA COUR ; — Sur le moyen tiré de la fausse application de l'art. 154 c. instr. crim. ; — Attendu qu'il résulte des constatations du jugement entrepris qu'au cours des débats Brossard a reconnu que son échaudoir n'était pas nettoyé le 4 févr. 1887, à huit heures et demie du matin, contrairement aux prescriptions des art. 26, 30 et 35 de l'arrêté municipal du 19 août 1869 ; que, néanmoins, il a été renvoyé des poursuites, le juge s'étant fondé sur une prétendue irrégularité du procès-verbal, mais sans apprécier, comme il en avait le devoir, la force probante de l'aveu fait à l'audience ; — Attendu que le jugement a admis en outre, pour prononcer le relaxe, l'excuse tirée de la force majeure, en se fondant uniquement sur ce que le contrevenant n'aurait pas eu, en trois heures et demie, le temps de procéder dans la soirée du 3 et la matinée du 4 février aux nettoyages imposés par l'arrêté susvisé ; mais que cette excuse est en contradiction avec les prescriptions de l'arrêté susvisé et les constatations du jugement dénoncé ; — Que ce jugement a donc doublement violé l'art. 154 c. instr. crim. ; — Par ces motifs ; — Casse et annule le jugement du tribunal de simple police du canton de Beaugé, en date du 14 mars 1887 ; renvoie la cause et les parties devant le tribunal de simple police du canton de Noyant.

Du 9 juill. 1887.-Ch. crim.-MM. Forichon, rap.-Rousselier, av. gén.

(2) (Jean-Marie Lissarre.) — LA COUR ; — Sur le moyen relevé d'office et tiré de la violation de l'art. 7 de la loi du 20 avr. 1810 pour défaut de motifs ; — Attendu que Lissarre a été poursuivi pour n'avoir pas hersé et labouré, pendant les journées du 9 et 10 juin 1891, des terrains à lui appartenant, et situés dans la commune de Mostaganem, lesquels étaient contaminés par des pontes de sauterelles, et pour avoir ainsi contrevenu à l'arrêté municipal du 19 mai 1891 ; — Attendu que le jugement attaqué, après avoir constaté l'exactitude matérielle des faits imputés au prévenu, constate en même temps qu'il résulte des débats et de l'enquête que l'inculpé a déféré, en tant que cela a été en son pouvoir, aux réquisitions qui lui ont été faites pour combattre l'invasion des sauterelles ; qu'il a parfaitement établi, ainsi qu'il avait été admis à le faire, que, pendant les journées des 9 et 10 juin 1891, il avait constamment travaillé, à l'aide de toutes ses charrues disponibles, à labourer ses terres où avaient eu lieu des pontes, et cela sur les réquisitions du maire de la commune de Pélissier ; que, dès lors, on ne pouvait exiger de lui qu'il labourât en même temps, et le même jour, des terrains qu'il possède dans la commune de Mostaganem ; — Attendu que, en l'état de ces constatations, il n'est pas possible de déterminer les éléments constitutifs de l'excuse légale de force majeure ; qu'il suit de là que le jugement attaqué a méconnu les dispositions de l'art. 7 de la loi du 20 avr. 1810 et n'est pas suffisamment motivé ; — Sans qu'il soit besoin de statuer sur le moyen tiré de la violation de l'art. 64 c. pén. ; — Casse et annule le jugement rendu, le 22 juin 1891, par le tribunal de simple police du canton de Mostaganem, et, pour être statué conformément à la loi, renvoie le nommé Lisarre devant le tribunal de simple police du canton de Tiaret.

Du 21 nov. 1891.-Ch. crim.-MM. Peret, rap.-Baudouin, av. gén.

chef de poste (Bourges, 30 déc. 1870, aff. Bigot, D. P. 71. 2. 226).

Mais, pour qu'il en puisse être ainsi, pour que la culpabilité disparaisse, la doctrine exige, avec raison, que l'illégalité de l'ordre n'ait pas été évidente; si, en effet, la criminalité de l'acte commandé éclatait avec évidence, comme dans le cas où le chef commanderait à ses inférieurs d'incendier une maison, de commettre un viol, etc., manifestement la bonne foi de ceux-ci ne serait plus possible. Il faut, de plus, que l'ordre concerne quelque objet du ressort du supérieur; si l'ordre du supérieur est en dehors de ses attributions, ses subordonnés ne sont pas tenus d'obéir; ils doivent refuser d'obéir quand l'ordre a pour objet une chose illicite, sinon ils encourent la peine portée par la loi. Au reste, il est certain que la présomption de légitimité accompagne l'ordre du supérieur, et que cette présomption doit d'autant plus être favorable à l'inférieur que le devoir de l'obéissance lui est plus rigoureusement imposé, comme par exemple aux militaires (V. à cet égard *suprà*, v° *Crimes et délits contre les personnes*, n° 309). — L'art. 47, § 2, du code pénal militaire allemand contient, à ce point de vue, une disposition remarquable. Ce texte traite le subordonné de complice quand il a connaissance du caractère délictueux de l'acte qui lui est commandé.

424. On voit par ce qui précède qu'il n'y a pas, en principe, de différence à faire, quant à la responsabilité, entre les subordonnés civils et les subordonnés militaires. Nous rejetons pour notre part, ainsi que nous l'avons déjà fait au *Rép.* n° 417, la règle de l'obéissance passive en ce qui concerne ces derniers (Conf. Chauveau et Hélie, t. 1, n° 378, Villey, p. 110; Garraud, n° 250 et note 2, p. 413; Laborde, n° 194 et note 1), et, aux motifs précédemment donnés, à cet égard, nous ajouterons, avec M. Villey, que le serment militaire exclut cette obéissance passive, puisque le soldat n'est tenu à l'obéissance envers son supérieur hiérarchique qu'en tout ce qui lui est commandé *pour le bien du service et pour l'exécution des règlements militaires* (Ordon. du 2 nov. 1833, ch. 25, art. 202 et 203). Toutefois, comme le devoir de l'obéissance est plus rigoureusement imposé aux militaires, la présomption de bonne foi sera, comme nous l'avons dit *suprà*, n° 423, plus facilement admise en faveur du subordonné militaire que pour l'inférieur civil.

425. La responsabilité de l'inférieur, civil ou militaire, qui a reçu un ordre illégal, doit être encore appréciée à un autre point de vue, celui de la contrainte exercée sur sa volonté. Si le subordonné, tout en ayant conscience de la criminalité de l'acte qu'on lui ordonne, l'accomplit néanmoins parce qu'il craint, en refusant d'obéir, d'attirer sur sa personne ou sur sa fortune un dommage irréparable, l'ordre illégal peut devenir pour lui une cause de non-imputabilité, parce que sa volonté a été opprimée, parce qu'il a été, dans les termes de l'art. 64, « contraint par une force à laquelle il n'a pu résister ». C'est un cas de contrainte morale (Conf. Garraud, n° 250 *in fine*: Villey, p. 110; Laborde, n° 195). Il nous paraît juste d'admettre que ce genre de contrainte pèsera plus lourdement, en principe, sur le militaire que sur le civil, et sur l'humble agent de l'autorité exposé, en cas de refus d'obéissance, à perdre son gagne-pain, que sur le fonctionnaire d'un ordre plus élevé. Au reste, et dans tous les cas, là où la responsabilité sera encourue, parce que le juge n'admettra ni la bonne foi exclusive de l'intention criminelle, ni la contrainte exclusive de la liberté, la peine, du moins, pourra être diminuée par l'admission de circonstances atténuantes, car le juge devra tenir compte, en mesurant la culpabilité, de la situation de l'agent qui n'a fait, en commettant un délit, qu'exécuter l'ordre de son chef (Garraud, n° 250 *in fine*).

426. Certaines législations étrangères contiennent des dispositions dignes d'être signalées sur la responsabilité pénale des fonctionnaires inférieurs. L'art. 43 du code pénal des Pays-Bas de 1881 s'exprime ainsi : « N'est pas punissable celui qui commet un fait en exécution d'un ordre officiel donné par une autorité compétente. Un ordre officiel donné par une autorité incompétente ne supprime pas la criminalité, à moins que le subordonné n'ait de bonne foi considéré cet ordre comme étant donné par une autorité compétente, et que l'accomplissement de cet ordre ne rentrât dans ses devoirs de subordination ». Et l'art. 260 du code pénal belge de 1867 porte : « Lorsqu'un fonctionnaire public, ou dépositaire, ou agent de la force publique, aura ordonné ou fait quelque acte contraire à une loi ou à un arrêté royal, s'il justifie qu'il a agi par ordre de ses supérieurs, pour des objets du ressort de ceux-ci et sur lesquels il leur était dû une obéissance hiérarchique, il sera exempt de la peine, qui ne sera, dans ce cas, appliquée qu'aux supérieurs qui auront donné l'ordre ». C'est la généralisation de nos art. 114, 184 et 190, et l'extension à tous les délits de l'immunité qu'ils consacrent pour les attentats à la liberté visés par lesdits articles. Le code pénal d'Italie de 1889 dit dans son art. 49 : « N'est pas punissable celui qui a commis le fait: 1° en vertu d'une disposition de la loi, *ou d'un ordre, qu'il était obligé d'exécuter, de l'autorité compétente...* ». D'après le code pénal du Mexique de 1871 (art. 34), l'obéissance à un supérieur légitime n'exclut pas la criminalité lorsqu'il est établi que l'inférieur a connu la nature délictueuse de l'ordre donné, ou lorsque cette nature délictueuse est notoire.

427. Les ordres adressés par l'autorité légitime aux simples particuliers feraient-ils échapper ceux-ci à la responsabilité pénale des actes ordonnés? Nous ne saurions l'admettre en principe. Nul n'a le droit de dispenser les particuliers de l'exécution de la loi, et il est difficile de parler de contrainte morale en pareille hypothèse. Toutefois, il a été jugé que les ouvriers échappent à la responsabilité pénale édictée contre eux pour les cas de participation à l'exécution de travaux faits en contravention aux règlements de voirie, lorsque ces travaux ont été faits sur l'ordre du maire agissant pour le maintien de la tranquillité dans une fête publique (Crim. rej. 30 avr. 1863, aff. Gras, D. P. 63. 1. 440; Cons. d'Et. 4 mai 1854, aff. Durou, D. P. 54. 3. 65). En tous cas, les simples particuliers qui commettent un délit ne peuvent être excusés sous le prétexte qu'ils n'ont fait qu'exécuter les ordres d'un fonctionnaire ou d'un agent de l'autorité, si ce fonctionnaire ou cet agent n'avait pas le droit de les donner (Crim. cass. 13 avr. 1849, aff. Brousson, D. P. 49. 5. 203; 21 juin 1851, aff. Labarthe, D. P. 51. 5. 276).

428. — 2° *Autorité paternelle, maritale, domestique.* — Nous avons dit au *Rép.* n° 418 que la crainte révérentielle des enfants envers leur père, l'obéissance qu'ils lui doivent, ne peuvent constituer la contrainte morale dont l'art. 64 fait une cause de justification. Le commandement du père peut être un motif d'atténuation de la peine, mais ne justifie pas complètement l'agent. Cette doctrine est universellement admise (Chauveau et Hélie. t. 1, n° 380; Ortolan, t. 1, n° 362; Le Sellyer, t. 1, n° 92; Blanche, t. 2, n° 204).

429. La soumission que la femme doit à son mari ne la rendrait pas davantage irresponsable des délits qu'elle a commis sur son ordre. Jugé, toutefois, depuis la publication du *Répertoire*: 1° que la femme ne doit pas être réputée complice par recel des détournements commis par son mari, alors même qu'elle aurait cherché par des moyens plus ou moins répréhensibles (tels que la rédaction d'un compte mensonger, appuyé de pièces fabriquées) à dissimuler ces détournements, si d'ailleurs elle a agi sous la pression de son mari, et si elle n'a pris aucune part aux détournements eux-mêmes (Douai, 23 août 1859, aff. Boudin, D. P. 60. 2. 33); — 2° Que la femme convaincue d'avoir, de concert avec son mari, commis un crime ou un délit, par exemple le crime de recel de malfaiteurs, n'est pas réputée de plein droit avoir agi sous l'influence de son mari et sans une liberté suffisante; il appartient au jury d'apprécier l'intention qui a dirigé cette femme, et la déclaration de culpabilité qu'il rend à cet égard est irréfragable (Crim. rej. 23 mars 1854, aff. Champion, D. P. 54. 5. 171-172). — Nous signalerons encore, relativement à la contrainte morale exercée par un mari sur sa femme, l'arrêt du 19 févr. 1875, cité *suprà*, n° 418, aux termes duquel il y a contradiction entre les motifs d'un arrêt qui, pour prononcer le relaxe d'une femme convaincue d'avoir participé à des faits d'escroquerie imputés à son mari, déclare, d'une part, qu'elle a agi sous l'empire d'une contrainte morale, et, de l'autre, qu'elle a pu être de bonne foi.

430. Il va sans dire que la même difficulté ne s'élève pas quant à la concubine. Il a été jugé : 1° que la concubine qui prend part à des manœuvres frauduleuses pratiquées par l'individu avec lequel elle vit en concubinage, et aux profits qu'elles lui ont procurés, en se faisant passer pour sa femme légitime, peut être considérée comme complice du délit d'escroquerie résultant de ces manœuvres (Crim. rej. 8 juin 1860, aff. Boulogne, D. P. 60. 5. 150); — 2° Que la concubine qui a pris faussement, dans un acte, la qualité de femme légitime de l'individu avec lequel elle vivait en concubinage, pour faire croire aux affirmations frauduleuses à l'aide desquelles celui-ci a obtenu, malgré son état de faillite, le bail d'un immeuble, se rend coupable de complicité du délit d'escroquerie résultant de ces affirmations (Crim. rej. 8 août 1867, aff. Fournet, D. P. 68. 1. 41).

431. Les mêmes principes doivent être appliqués dans les rapports des maîtres et des domestiques. Le domestique qui a commis un crime ou un délit ne peut se décharger de toute responsabilité en prouvant qu'il n'a fait qu'obéir à son maître (Chauveau et Hélie, n° 381 ; Blanche, n° 208 ; Le Sellyer, n° 93). Aux décisions citées à cet égard au *Rép.* n° 419, il y a lieu d'ajouter un arrêt plus récent décidant que l'employé de commerce qui a participé à des faits punissables commis par son patron, et notamment à une vente de marchandises falsifiées, ne peut exciper, pour se soustraire aux peines de la complicité, de ce qu'il a agi dans l'intérêt et sur l'ordre de ce dernier, alors d'ailleurs qu'il s'est rendu compte de la criminalité de sa participation (Poitiers, 13 déc. 1856, aff. Valentin, D. P. 58. 1. 476).

432. En terminant cette matière de la contrainte résultant de l'ordre d'une personne ayant autorité, rappelons que ceux qui, par abus d'autorité ou de pouvoir, ont provoqué à un crime ou à un délit, sont punissables comme complices dans les termes de l'art. 60 c. pén., et que, par conséquent, ils peuvent être condamnés alors même que, par application de l'art. 64, l'auteur principal serait acquitté.

§ 4. — De l'âge; du défaut de discernement; des sexagénaires et septuagénaires.

433. — I. MINEURS. — 1° *Généralités et législation comparée.* — Notre législation sur la condition pénale des mineurs de seize ans n'a point subi de modification depuis la publication du *Répertoire*. Elle se compose toujours des art. 66 à 69 c. pén., et de l'art. 340 c. instr. crim. On sait que cette législation s'est contentée de partager la vie humaine, au point de vue de l'âge des inculpés, en deux périodes fixes : l'une qui va jusqu'à seize ans accomplis; l'autre qui commence à cet âge. « Pendant la première, les enfants ou adolescents, qu'on appelle, par abréviation, mineurs de seize ans, peuvent, sans doute, être poursuivis à raison des infractions qu'ils commettent, mais ils sont couverts par une présomption d'irresponsabilité, qui doit tomber devant la preuve qu'ils ont agi avec discernement; pendant la seconde, les adultes sont, au contraire, présumés coupables, et cette présomption de responsabilité ne peut tomber que devant la preuve qu'ils ont agi sans discernement ou sans volonté » (Garraud, t. 1, n° 201).

434. A la différence de nos codes, la plupart des législations étrangères fixent un âge au-dessous duquel l'irresponsabilité est absolue. Cet âge est de quatorze ans dans les cantons de Vaud et du Valais; de douze ans en Allemagne, en Hongrie et dans les cantons de Berne, de Fribourg, de Neufchâtel, de Saint-Gall, de Zurich, de Zug; de dix ans en Hollande, en Grèce, en Norvège, en Danemark au Tessin, à Genève et dans le canton de Lucerne; de neuf ans en Espagne, en Italie et à Malte, de huit ans en Roumanie, de sept ans en Angleterre, en Australie, en Portugal, en Russie. On trouvera, dans le *Bulletin de la Société générale des prisons*, 1892, p. 7 et suiv., un tableau complet de l'âge de l'irresponsabilité des enfants dans les diverses législations étrangères. — Y a-t-il grande utilité à établir ainsi une immunité légale défiant toute exception? Nous ne le croyons pas. Deux circulaires du ministre de la justice, du 26 mai 1855 et du 15 mars 1876, ont, en France, recommandé aux membres du ministère public de s'abstenir de poursuivre les enfants qui ne sont pas arrivés à l'âge de sept ou huit ans, auxquels, sauf des cas tout à fait exceptionnels, la responsabilité légale de leurs actes ne peut être imputée. Les instructions ministérielles ont suffi pour rendre infiniment rares, au témoignage des statistiques françaises, les poursuites dirigées contre les très jeunes enfants. Quand celles-ci se produisent, c'est que la prévention peut être utile, soit pour confronter l'enfant avec ses complices, soit pour l'enlever à sa famille qui l'élève mal, au moyen d'une déclaration de culpabilité, sans discernement (Garraud, p. 327. Conf. Lacointa, *Traduction du nouveau code pénal d'Italie*, p. 41, note. — *Contrà* : Chauveau et Hélie, t. 1, n° 325; Ortolan, t. 1, n° 263; Laborde, n° 127). Sur cette question de savoir s'il convient de fixer un âge au-dessous duquel il y aurait pour le mineur irresponsabilité pénale, V. la discussion au sein de la Société générale des prisons, dans le *Bulletin* de cette société, 1892, p. 2 et suiv., 129 et suiv., 269 et suiv., 413 et suiv. A cet égard, il convient de signaler ici l'intéressante disposition proposée par la commission de revision du code pénal, dans l'art. 57 de son projet. Cet article est ainsi conçu : « Le mineur de dix ans ne peut être l'objet d'aucune poursuite. S'il a commis un fait qualifié crime ou délit par la loi et entraînant l'emprisonnement, la détention ou une peine supérieure, le tribunal *civil* peut, à la requête du ministère public, ordonner qu'il soit placé dans un établissement d'éducation et de réforme jusqu'à l'âge de vingt et un ans au plus ».

435. La majorité pénale, fixée à seize ans par notre art. 66 c. pén., est atteinte : à quatorze ans en Grèce et en Angleterre; à quinze ans en Suède, avec une atténuation jusqu'à dix-huit ans pour les peines les plus graves; à quinze ans aussi en Finlande et en Turquie; à seize ans (comme en France) en Belgique, dans le Luxembourg, en Hollande, en Hongrie, dans les cantons de Berne, Genève, Fribourg, Zurich; à dix-huit ans en Allemagne, en Espagne, en Danemark, dans les cantons de Bâle et de Vaud; à vingt ans en Autriche, en Portugal, en Roumanie, dans le canton du Tessin, dans le code de Russie, modifié par la loi du 27 oct. 1881, et dans le code de la République de Saint-Marin; à vingt-trois ans dans le canton du Valais. (V. à cet égard, Garraud, p. 326, note 1, et Lacointa, *op. cit.*, p. 43, note. Le nouveau code pénal d'Italie de 1889 distingue (art. 54 à 56) quatre périodes d'adoucissement, savoir : 1° au-dessous de neuf ans; 2° de neuf à quatorze ans; 3° de quatorze à dix-huit ans; 4° de dix-huit à vingt et un ans, de telle sorte qu'en réalité l'entière répression n'est possible qu'envers l'inculpé de vingt et un ans.

436. La responsabilité pénale des mineurs de seize ans a été étudiée dans les ouvrages suivants : Chauveau et Hélie, *Théorie du code pénal*, t. 1, n°s 319 à 342; Blanche, *Etudes pratiques sur le code pénal*, t. 2, n°s 292 à 362; Le Sellyer, *Traité de la criminalité, de la pénalité et de la responsabilité*, t. 1, n°s 105 à 123; Boitard, *Leçons de droit criminel*, n°s 161 et 162; Trébutien, *Cours de droit criminel*, t. 1, n°s 514 à 521; Garraud, *Traité théorique et pratique du droit pénal français*, t. 1, n°s 200 à 208, et t. 2, n° 134; Ortolan, *Eléments de droit pénal*, t. 1, n° 257 à 301; Laborde, *Cours élémentaire de droit criminel*, n°s 126 à 137; Villey, *Précis d'un cours de droit criminel*, p. 101; Haus, *Principes du droit pénal belge*, t. 1, n°s 652 à 668. On trouvera des détails très complets sur « la protection de l'enfance et l'influence de l'âge sur la culpabilité » dans le *Cours de droit criminel* récemment publié (1892) par M. Fernand Thiry, professeur à l'université de Liège. V. aussi sur ce sujet *Le combat contre le crime*, de M. Henri Joly; Fr. Carrara, *Programme du cours de droit criminel*, partie générale, traduction Baret, n° 215 et suiv. Consulter encore le *Bulletin de la Société générale des prisons*, qui contient de nombreux articles sur la protection de l'enfance et l'éducation correctionnelle.

437. — 2° *Question d'âge.* — Ainsi qu'on l'a déjà dit au *Rép.* n° 427, par ces expressions de l'art. 66, *l'accusé âgé de moins de seize ans*, il faut entendre celui qui n'a pas encore *accompli* sa seizième année. « La majorité pénale, comme la majorité civile, ne peut, dit M. Garraud (p. 241, note 25), commencer que lorsque la dernière heure de la seizième année ou de la vingt et unième année est sonnée ». M. Blanche a dit à cet égard, avec beaucoup de raison : « On ne peut pas considérer comme âgé de seize ans celui qui n'est encore que dans sa seizième année; il a, il est vrai plus de quinze ans, mais il n'a pas seize ans » (n° 294). Conf. Chauveau et Hélie, n° 331; Ortolan, n° 284; Le Sellyer, n° 122. — Au reste, c'est de l'âge de l'accusé, *au moment où il a commis le fait incriminé*, que parle l'article précité, « car il s'agit d'un élément essentiel de la culpabilité; or c'est au moment de l'action que la culpabilité existe ou n'existe pas, quelle que soit plus tard l'époque du procès » (Ortolan, *loc. cit.* Conf. Chauveau et Hélie, *loc. cit.*) Le Sellyer, n° 121; Blanche, n° 295; Aussi a-t-il été jugé, à bon droit, que la question principale posée au jury doit préciser suffisamment la date du fait incriminé pour permettre de reconnaître si l'accusé, lorsqu'il a commis le fait qui lui est reproché, était ou non majeur de seize ans, et s'il y avait lieu, dès lors, d'appliquer les textes de loi concernant les majeurs ou bien les dispositions des art. 66 à 68 c. pén. (Crim. cass. 17 mars 1887, aff. Longuefosse, *Bull. crim.*, n° 108).

438. La première question qui se pose pour le juge d'un crime ou d'un délit est donc de savoir si l'agent avait ou n'avait pas, au moment de l'infraction, seize ans accomplis. En fait, la plupart du temps, cette question ne sera pas même examinée; parce qu'il n'existera aucun doute sur sa solution; mais si quelque doute s'élève, elle devra être posée et résolue par le juge de la culpabilité. Jugé que lorsqu'il existe un doute sur la question de savoir si l'accusé est âgé de moins de seize ans, à plus forte raison lorsque cette question est soulevée par la défense et donne lieu à un incident contentieux, le président de la cour d'assises a le devoir de soumettre cette question au jury (Crim. cass. 26 sept. 1850, aff. Peyssel, D. P. 50. 1. 334; 21 mai 1885, aff. Munigadou, *Bull. crim.*, n° 151). — Jugé aussi que, lorsque l'arrêt de renvoi et l'acte de naissance joint au dossier attestent que l'accusé avait moins de seize ans lorsqu'il a commis le crime, le président de la cour d'assises doit interroger le jury sur son âge et poser une question de discernement, encore que l'accusé ait déclaré dans les interrogatoires avoir seize ans et même dix-sept ans (Crim. 5 mai 1870, *Bull. crim.*, n° 97). — Décidé encore qu'il y a lieu d'annuler, comme manquant de base légale, l'arrêt qui fait l'application pure et simple de la loi pénale à un prévenu, en laissant incertain le point de savoir s'il était ou non âgé de plus de seize ans au moment où il a commis le fait qui lui est reproché (Crim. cass. 12 août 1880, aff. Bonord, D. P. 81. 1. 92). — Mais lorsque aucune incertitude ne s'est manifestée à aucune des phases de la procédure sur l'âge de l'accusé, il n'y a point lieu, pour le président de la cour d'assises, d'interroger le jury sur la question d'âge (Crim. rej. 3 mars 1881, aff. Saïd-ben-Moktar, D. P. 82. 1. 188). En tout cas, il n'est pas nécessaire de poser au jury, indépendamment de la question de discernement, celle de savoir si l'accusé était âgé de moins de seize ans, alors qu'il n'y a pas d'incertitude sur l'âge de l'accusé et qu'aucun incident contentieux n'a été soulevé (Crim. rej. 9 sept. 1880, aff. Guiraudon, *Bull. crim.*, n° 179).

439. Il résulte implicitement des arrêts ci-dessus que, lorsque la question d'âge se pose en cour d'assises, c'est au jury, et non à la cour, à la trancher. Cette solution, déjà admise par les arrêts du 4 mai 1839 et du 26 sept. 1846 cités au *Rép.* n° 429, a été consacrée explicitement par l'arrêt du 26 sept. 1850 cité *suprà*, n° 438). L'âge est, en effet, un des éléments de la culpabilité pénale, et toutes les questions relatives à la culpabilité rentrent dans les attributions du jury. Conf. Chauveau et Hélie, n° 333; Ortolan, n° 286; Garraud, n° 208, p. 342; Blanche, n° 309 à 312; Laborde, n° 133; Le Sellyer, n° 112; Villey, p. 103; Haus, n° 658; Nouguier, *De la cour d'assises*, t. 4, n° 2827.

440. La question d'âge ne se pose pas seulement en cour d'assises; il est de toute évidence qu'elle se pose aussi devant les tribunaux correctionnels, puisque ceux-ci, suivant une jurisprudence désormais certaine (*infrà*, n°s 449 et 450), sont appelés à faire, le cas échéant, l'application de l'art. 66 c. pén. aux prévenus qui comparaissent devant eux.

Elle peut, d'ailleurs, être soulevée en tout état de cause, non seulement en première instance, mais encore en appel, soit par l'inculpé, soit par le ministère public, soit même d'office par le tribunal, car la justice elle-même y est engagée. — Pourrait-elle l'être, pour la première fois, devant la cour de cassation? En d'autres termes, un condamné qui n'aurait pas produit devant la cour d'assises (ou d'appel) la preuve qu'il était âgé de moins de seize ans au moment de l'infraction, serait-il recevable à la présenter à la cour de cassation? La question est controversée. Nous avons admis l'affirmative au *Rép.* n° 435, conformément à la doctrine ancienne de la cour de cassation elle-même, et cette solution est certainement plus humaine, puisqu'elle permet à la cour suprême de réparer une erreur facile à vérifier (par la simple production de l'acte de naissance) et qui peut avoir entraîné des conséquences graves pour le condamné (Conf. Trébutien, t. 1, n° 521). Mais cette opinion est généralement abandonnée. Aucun texte, dit-on, n'impose aux tribunaux l'obligation d'examiner la question d'âge; « sans doute la loi suppose que les juges se préoccuperont de l'âge de l'inculpé; elle exige même que la question d'âge, *si la procédure a signalé quelque incertitude sur l'âge de l'accusé*, soit posée et résolue sous peine de nullité (*suprà*, n° 437); mais, lorsque rien n'a appelé spécialement l'attention des juges sur l'âge de l'accusé, la loi n'ordonnant pas formellement de le vérifier, n'a pu être violée. Il résulte alors implicitement de l'arrêt que l'inculpé avait seize ans accomplis, comme il résulte implicitement d'un arrêt de condamnation que l'accusé n'était pas en état de démence ou de contrainte au temps de l'action. Sans doute, le condamné peut n'avoir pas eu seize ans, comme il peut avoir été en état d'aliénation mentale ou de contrainte; mais ce n'est pas à la cour de cassation qu'il appartient de rectifier les erreurs de fait des décisions judiciaires » (Garraud, p. 343. Conf. Le Sellyer, n° 113; Laborde, n° 133; Nouguier, *De la cour d'assises*, t. 4, n° 2831). Un arrêt (Crim. rej. 27 févr. 1845, aff. Derondeau, D. P. 46. 4. 52) a décidé, dans ce sens, que l'exception résultant de ce que le prévenu avait moins de seize ans lors de la perpétration du crime, ne peut être proposée pour la première fois devant la cour de cassation, à l'appui du pourvoi dirigé contre l'arrêt de condamnation, alors surtout que le prévenu a dissimulé cet âge, en déclarant durant le cours de l'instruction, qu'il était âgé de dix-sept ans. Et un autre arrêt (Crim. rej. 21 juin 1872, *Bull. crim.*, n° 147) a jugé, en termes plus généraux, que le moyen tiré de la minorité de seize ans, d'où résulterait une fausse application de la peine, ne peut être produit pour la première fois devant la cour de cassation. — Au reste, c'est aux juges du fait qu'il appartient de constater souverainement l'âge de l'inculpé, et leurs constatations à cet égard échappent au contrôle de la cour de cassation (Crim. rej. 23 déc. 1881, aff. Chaban-ben-Mohamed, *Bull. crim.*, n° 268). — Remarquons toutefois en terminant que, s'il résultait des constatations mêmes de la décision des juges du fait qu'un individu relaxé et renvoyé dans une maison de correction jusqu'à l'âge de vingt ans avait plus de seize ans au moment où il a commis le fait à raison duquel ladite décision l'a acquitté, il y aurait certainement violation de l'art. 66 et ouverture à cassation. C'est ce que la chambre criminelle a décidé par un arrêt de cassation du 19 mai 1893, aff. Stéphane (D. P. 93, 1re partie).

441. Les juridictions d'instruction ont aussi, dans un cas particulier, compétence pour examiner la question de minorité. On sait qu'aux termes de l'art. 58 c. pén. « l'individu âgé de moins de seize ans, qui n'aura pas de complices présents au-dessus de cet âge, et qui sera prévenu de crimes autres que ceux que la loi punit de la peine de mort, de celle des travaux forcés à perpétuité, de la peine de la déportation ou de celle de la détention, sera jugé par les tribunaux correctionnels ». Dans cette hypothèse, il appartient au juge d'instruction qui règle la procédure, et, le cas échéant, à la chambre d'accusation d'examiner et de résoudre la question d'âge. « Ce droit, ils le tiennent de la nature des choses. Appelés à régler la compétence, et la compétence ne pouvant se déterminer que par l'âge du prévenu, il est clair qu'ils peuvent et qu'ils doivent rechercher et décider si celui-ci est ou non mineur de seize ans » (Blanche, n° 299). Au reste, la décision du juge d'instruction n'est que provisoire et indicative de la compétence; elle ne lie pas le tribunal correctionnel. Il en résulte que, si ce tribunal estime que le prévenu n'est pas âgé de moins de seize ans, il peut et doit même, malgré l'ordonnance du juge d'instruction, se déclarer incompétent (*op. cit.* n° 301). La cour d'assises n'aurait pas, comme le tribunal correctionnel, en semblable hypothèse, le droit de déclarer son incompétence, quoiqu'il lui fût démontré que l'accusé a moins de seize ans; elle devrait juger celui-ci, parce que l'arrêt rendu par la chambre des mises en accusation est attributif, et non pas seulement indicatif de compétence. C'est ce qui a été décidé par l'arrêt du 20 avr. 1827, cité *suprà*, v° *Compétence criminelle*, n° 364; *Rép.* eod. v°, n° 648.

442. Comment la preuve de l'âge se fait-elle? Nous l'avons déjà dit au *Rép.* n° 434 : l'âge se prouve naturellement par la production de l'acte de naissance. Si cet acte n'est pas produit, « le juge devra y suppléer en consultant tous les genres de preuve mis à sa disposition, et, dans le doute, résoudre la question en faveur de l'accusé ou du prévenu » (Blanche, n° 297). Il sera permis, par conséquent, au ministère public d'établir l'âge de la même manière que tous les faits qui servent à la conviction du juge, c'est-à-dire par présomptions, par témoins, par écrit, etc. (Garraud, p. 342; Faustin Hélie, *Pratique criminelle*, t. 2, n° 122; Villey, p. 103). La circulaire du ministre de la justice du 6 avr. 1842, rapportée au *Rép.*, n° 46, s'exprime ainsi à cet égard : « Pour les circonstances où cette production (de l'acte de naissance) est impossible, il faut y suppléer en employant tous les moyens propres à constater l'âge des prévenus ».

443. Au reste, c'est au ministère public à faire la preuve que l'inculpé avait plus de seize ans accomplis au temps de l'infraction, car « la minorité n'est pas une excuse exceptionnelle : c'est l'état normal par lequel tous passent avant de parvenir à la majorité » (Villey, p. 102). M. Garraud a dit dans le même sens : « La condamnation ne peut être prononcée que si la juridiction compétente a reconnu l'existence de tous les éléments constitutifs de la criminalité, et c'est au ministère public à les établir; or, l'âge est un de ces éléments » (n° 208). Conf. Ortolan, t. 1, n° 287 ; Chauveau et Hélie, p. 524, note 3 ; Blanche, t. 2, n° 296 ; Laborde, n° 133.

444. Il convient de remarquer, enfin, que si la prévention portait sur plusieurs infractions ayant des dates différentes, la question d'âge devrait être posée à l'occasion de chacune de ces infractions (Blanche n° 312).

445. — 3° *Question de discernement.* — Lorsqu'il est constaté que l'inculpé avait moins de seize ans accomplis au temps de l'action, il y a lieu de décider s'il a agi ou non sans discernement. Il appartient au juge de la culpabilité, et à lui seul, de résoudre cette importante question. En matière criminelle, le juge de la culpabilité est le jury ; le jury devra donc être spécialement interrogé sur ce point. C'est ce qu'exige en termes formels l'art. 340 c. inst. crim. En matière correctionnelle, le juge de la culpabilité est le tribunal. C'est lui qui résoudra la question de discernement. L'art. 340 c. inst. crim. ne statue, il est vrai, qu'en vue des affaires soumises au jury; mais, ainsi qu'on le verra *infrà* n° 449, l'examen spécial de la question de discernement s'impose également aux tribunaux de police correctionnelle. — Au surplus, il n'y a, à proprement parler, de question posée sur le discernement que devant la cour d'assises ; en police correctionnelle, la preuve que la question de discernement a été examinée doit résulter des motifs du jugement ou de l'arrêt.

446. Au reste, la question de discernement est ici distincte de la question de culpabilité. Par l'effet d'une disposition spéciale aux mineurs de seize ans, la juridiction qui est appelée à juger l'un de ceux-ci doit résoudre une double question : une question de culpabilité et une question de discernement. Dans notre système législatif, on ne procède pas, en effet, de la même manière pour apprécier la responsabilité d'un enfant et la responsabilité d'un homme fait. Pour le premier, il y a deux questions à résoudre; pour le second, il n'y en a qu'une seule, qui est la question générale de culpabilité. Celle-ci répond à toute hypothèse pour l'homme fait, qui est présumé responsable ; si le juge estime, en fait, que l'accusé majeur de seize ans n'a pas le discernement de ses actes, il lui suffira de répondre négativement à la question de culpabilité, puisque l'accusé ne peut être coupable s'il n'a pas le discernement de ses actes. Mais pour le mineur de seize ans la loi ne pouvait se contenter de voir le jury, en répondant affirmativement à la question de culpabilité, résoudre implicitement contre le mineur la question de discernement; elle devait couvrir le mineur, même déclaré coupable, de cette présomption d'irresponsabilité qui est la conséquence de son jeune âge. C'est pourquoi deux questions sont nécessaires : d'abord la question générale de culpabilité, puis une question spéciale de discernement, distincte de celle-ci (Garraud, p. 330 ; Blanche, n°s 307 et 316 ; Haus, n° 660).

M. Garraud a analysé en ces termes les motifs et les conséquences de la disposition légale qui prescrit la position d'une question spéciale de discernement : « En posant au jury une question spéciale de discernement distincte de la question de culpabilité, la loi a séparé ces deux éléments de la responsabilité pénale, en général confondus dans la question de culpabilité : la *volonté* de commettre l'infraction et la *conscience* de l'illégalité du fait qui la constitue. Pour répondre à la première question : *l'accusé est-il coupable?* le jury doit se demander si le fait a été matériellement commis, si l'accusé en est l'auteur, s'il a eu l'intention de le commettre. Pour répondre à la seconde question : *l'accusé a-t-il agi avec discernement?* le jury doit se demander si l'accusé a compris, agi avec l'appréciation exacte de la gravité du fait qu'il commettait. Ainsi un mineur de seize ans est accusé de meurtre : le jury décide, *en le déclarant coupable*, qu'il a voulu tuer sa victime, que ce n'est pas par imprudence qu'il a accompli l'homicide; mais, *en déclarant qu'il a agi sans discernement*, le jury décide que sa volonté n'était pas intelligente, qu'il ne se rendait pas un compte exact de la nature et de la portée de son action. En conséquence il n'y aurait pas plus de *pléonasme* dans la réponse du jury qui déclarerait l'accusé *coupable* d'avoir agi *avec discernement*, qu'il n'y aurait de *contradiction* dans celle qui déclarerait l'accusé *coupable* d'avoir agi *sans discernement*. La déclaration de *non-culpabilité* et la déclaration de *culpabilité sans discernement* doivent avoir pour résultat un *acquittement*, mais cet acquittement ne peut pas être aussi absolu dans le second cas que dans le premier. J'en conclus que si le jury estime que le défaut de discernement du mineur est *exclusif de toute volonté coupable*, c'est en répondant négativement à la question de culpabilité, qu'il manifestera sa manière de voir » (p. 330).

447. Il résulte de ce qui précède non seulement que la question de discernement est distincte de la culpabilité, mais encore qu'elle ne doit être posée qu'après celle-ci et lorsque la question de la culpabilité a reçu une réponse affirmative. En d'autres termes, suivant l'expression de M. Blanche (n° 308), le juge ne peut passer à la question de discernement qu'après avoir résolu contre le mineur la question de culpabilité. Il y a pour cela deux motifs : d'abord la minorité de seize ans n'est qu'une excuse; elle ne doit donc, comme toutes les excuses, être examinée qu'après la question de culpabilité. En second lieu, la raison veut qu'il en soit ainsi ; si, en effet, il n'y a pas de coupable à punir, parce que le fait de l'accusation n'est pas prouvé, ou parce que ce fait ne constitue pas un crime ou un délit, ou parce que l'accusé n'en est pas l'auteur, ou encore parce qu'il l'a exécuté sans intention criminelle, le juge n'a pas, évidemment, à se demander si l'accusé ou le prévenu avait pu trouver une excuse dans son défaut de discernement. « Il lui doit une satisfaction plus complète et plus radicale ; il doit le renvoyer purement et simplement des poursuites » (Blanche, n° 307. Conf. Garraud, n° 204).

Au reste, comme le fait remarquer justement M. Blanche (n° 308), il ne faudrait pas croire qu'il est indifférent pour le mineur de seize ans d'être renvoyé des poursuites, ou parce qu'il n'est pas coupable ou parce qu'il a agi sans discernement. Dans le premier cas, l'affaire est définitivement réglée, le pouvoir du juge est épuisé, le mineur n'a plus rien a en redouter. Dans le second, le mineur est sans doute exonéré de toute peine ; mais le juge peut, aux termes de l'art. 66, ordonner son renvoi dans une maison de correction. De plus, le mineur acquitté comme non coupable est renvoyé des poursuites sans dépens, tandis que, d'après une jurisprudence constante (V. *suprà*, v° *Frais et dépens*, n° 602), le mineur acquitté comme ayant agi sans discernement doit être condamné aux frais.

448. Si l'accusé âgé de moins de seize ans était renvoyé devant la cour d'assises en raison de plusieurs chefs d'accusation, il y aurait lieu, ainsi qu'on l'a déjà fait remarquer, *Rép.* n° 431, de poser une question de discernement sur chaque chef séparé. Une question unique, commune à tous les chefs, serait nulle pour vice de complexité (Crim. cass. 9 févr. 1854, aff. Tessier, D. P. 54. 1. 88. Conf. Chauveau et Hélie, n° 332, p. 523 ; Garraud, p. 344 ; Blanche, n° 315 ; Nouguier, t. 4, n° 2834).

449. Lorsqu'un mineur de seize ans est traduit en police correctionnelle, la nécessité pour le tribunal d'examiner la question de discernement existe-t-elle ? L'affirmative est certaine en doctrine et dans la pratique judiciaire. On l'a déjà dit au *Rép.*, n° 426, il y a identité de raison avec le cas de crime, puisque, en matière de délit comme en matière de crime, le défaut de discernement est exclusif de la criminalité. De plus, l'art. 68 c. pén. ordonne aux tribunaux qui jugent les *crimes* commis par des mineurs de seize ans de se conformer à l'art. 66 ; il ne saurait en être autrement lorsque les tribunaux correctionnels jugent les *délits* suivant leur compétence normale (Garraud, p. 331 ; Laborde, n° 132 ; Chauveau et Hélie, n° 332 ; Le Sellyer, n° 117). Il faut donc que le jugement correctionnel constate, à peine de nullité, que la question de discernement a été posée et résolue.

450. En ce qui concerne les infractions prévues par les lois spéciales, la jurisprudence a, comme nous l'avons dit au *Rép.*, n°s 452 à 454, longtemps hésité à leur appliquer l'art. 66 ; mais elle est maintenant fixée dans le sens de cette application. Les arrêts ont reconnu que « la disposition de l'art. 66 c. pén., d'après laquelle les individus âgés de moins de seize ans doivent être acquittés, s'ils ont agi sans discernement, doit être suivie dans toutes les matières, même dans celles qui sont régies par des lois spéciales, à moins que ces lois ne contiennent, à ce sujet, quelque dérogation expresse ou tacite » (Crim. cass. 9 avr. 1875, aff. Roche, D. P. 77. 1. 508. V. dans le même sens Crim. cass. 3 févr. 1849, aff. Drevet, D. P. 50. 5. 59 ; Crim. rej. 11 janv. 1856, aff. Druart, D. P. 56. 1. 108 ; Orléans, 19 oct. 1864, aff. Pasquier, D. P. 65. 2. 28 ; Metz, 29 nov. 1870, aff. Manichou, D. P. 67. 2. 247. Conf. Blanche, n°s 344 à 348 ; Garraud, n° 203, p. 332 ; Chauveau et Hélie, n° 337 ; Laborde, n° 132 ; Le Sellyer, n° 119). — Un arrêt plus récent a fait application de cette doctrine en matière d'infraction aux lois et règlements sur la police et l'exploitation des chemins de fer (Bordeaux, 11 mars 1891) (1).

451. La jurisprudence a aussi admis, comme une conséquence nécessaire des mêmes principes, « que les dispositions de l'art. 66 sont applicables aux simples contraventions comme aux crimes et aux délits » (Crim. cass. 7 mars 1845, aff. Amyot, D. P. 45. 4. 289 ; 24 mai et 22 juin 1855, aff. Michel et Feretti, D. P. 55. 1. 426 ; 19 déc. 1856, aff. Chevalier, D. P. 57. 5. 181 ; 26 mars 1858, aff. Allain, D. P. 58. 5. 170 ; 7 juill. 1864, aff. Ebrard, D. P. 65. 5. 209 ; 21 mars 1868, aff. Cadiou, D. P. 69. 1. 262 ; Crim. rej. 7 janv. 1876, aff. Boissenet, D. P. 76. 1. 415 ; 1er févr. 1877, aff. Bacri, *Bull. crim.*, n° 39. Conf. Blanche, n°s 354 et 355 ; Bertauld, p. 337 ; Trébutien, p. 111 et 112 ; Garraud, n° 203, p. 332 ; Laborde, n° 132. — V. cependant *Contrà :* Le Sellyer, n° 118).

452. Enfin la cour de cassation a jugé, en termes généraux, que la disposition de l'art. 66 est obligatoire « pour toutes les juridictions devant lesquelles sont traduits des mineurs de moins de seize ans, et par conséquent pour les tribunaux commerciaux maritimes, à moins qu'il n'y soit spécialement dérogé par un texte de loi » (Crim. cass. 7 avr. 1865, aff. Bellebon, D. P. 65. 1. 193). — Il est à remarquer, au surplus, que le code de justice militaire pour l'armée de terre du 4 août 1857 (art. 199) et le code de justice militaire pour l'armée de mer du 15 juin 1858 (art. 257) ont déclaré applicables devant les tribunaux militaires et les tribunaux de la marine les dispositions des art. 66, 67 et 69 c. pén. ordinaire, concernant les individus âgés de moins de seize ans.

453. Toutefois le droit de déclarer le défaut de discernement n'appartient pas aux juridictions d'instruction. D'une part, on sait que ces juridictions (juge d'instruction et chambre d'accusation) ne statuent pas, en principe, sur les excuses, lesquelles ne doivent être soumises qu'aux tribunaux de jugement. D'autre part, le renvoi de la poursuite pour cause de non-discernement n'est pas pur et simple, et les tribunaux doivent, aux termes de l'art. 66, examiner s'il n'y a pas lieu de placer le mineur acquitté dans un établissement d'éducation correctionnelle ; or cette mesure ne peut être prise que par la juridiction de jugement (Laborde, n° 130 ; Blanche, n° 317). — V. cependant Garraud (n° 204, p. 334), qui estime que « les juridictions d'instruction auraient pouvoir et droit pour arrêter le zèle exagéré du ministère public requérant la mise en prévention ou en accusation d'un enfant à qui manquerait tout discernement ». *Adde*, dans le même sens, Le Sellyer, n° 123.

454. — 4° *Effets d'une déclaration de non-discernement. Remise aux parents. — Envoi en correction.* — « Lorsque l'accusé aura moins de seize ans, s'il est décidé qu'il a agi sans discernement, il sera *acquitté* ». Telle est la disposition formelle de l'art. 66 c. pén., applicable, suivant une jurisprudence et une doctrine constantes, aux mineurs de seize ans déclarés coupables d'un délit, comme aux mineurs déclarés coupables d'un crime. Il suit de ce texte que la sentence, basée sur le défaut de discernement, ne peut condamner le mineur à aucune peine, pas même à la surveillance de la haute police, remplacée aujourd'hui par l'interdiction de séjour, qui est prononcée parfois quand, en raison d'une excuse absolutoire, la peine principale est supprimée. A l'arrêt du 16 août 1822 cité dans ce sens au *Rép.*, n° 438, *adde :* Crim. cass. 12 août 1843, *Bull. crim.*, n° 205 ; 28 févr. 1852, aff. Varland, D. P. 52. 1. 288. Conf. Blanche, n° 335 ; Garraud, p. 335 ; Chauveau et Hélie, n° 334.

455. Bien qu'il ne puisse être condamné à aucune peine, le mineur acquitté pour avoir agi sans discernement doit toutefois être condamné aux frais du procès (V. *suprà*, v° *Frais et dépens*, n° 602).

456. Le défaut de discernement ne met pas obstacle non plus à l'application du principe de la responsabilité civile consacré par l'art. 1382 c. civ. Ainsi le mineur de seize ans, lorsqu'il a agi sans discernement, peut être condamné aux réparations civiles (Crim. cass. 24 mai 1855, aff. Michel, D. P. 55. 1. 426 ; 22 juin 1855, aff. Feretti, D. P. 55. 1. 426 ; 26 mars 1858, aff. Allain, D. P. 58. 5. 170 ; 7 juill. 1864, aff. Ebrard, D. P. 65. 5. 209). Et ces condamnations doivent être également prononcées contre la partie civilement responsable (Crim. cass. 7 mars 1845, aff. Amyot, D. P. 45. 4. 289 ; Crim. rej. 3 janv. 1846, aff. Bouvier, D. P. 46. 4. 311 ; Crim. cass. 22 juin 1855, aff. Feretti, D. P. 55. 5. 181 ; 26 mars 1858, aff. Allain, D. P. 58. 5. 170 ; 7 juill. 1864, aff. Ebrard, D. P. 65. 5. 209).

457. De là on a conclu (*Rép.* n° 455) que le mineur de seize ans, lors même qu'il a agi sans discernement, est passible de l'amende dans les cas où cette amende est considérée, non pas comme une peine, mais comme la réparation civile du préjudice causé à l'Etat. Il en est ainsi en

(1) (Gaillardon et autres.) — LA COUR ; — ... En ce qui concerne Bernard Lascombre : — Attendu que le billet d'aller et retour est personnel, d'après le tarif et le contrat de transport ; d'où la conséquence que celui qui se sert pour voyager d'un coupon de retour détaché d'un billet délivré à une autre personne n'a qu'un billet insuffisant et doit être considéré comme voyageant sans billet ; que ce fait est prévu par l'art. 63 de l'ordonnance du 15 nov. 1846, et réprimé par l'art. 21 de la loi du 15 juill. 1845 ; — Attendu que tel est manifestement le cas de Bernard Lascombre, qui a fait le voyage de Paris à Falgueyrat avec un coupon de retour détaché d'un billet qui avait été délivré à Gaillardon par la Compagnie d'Orléans ; — Mais attendu que, si l'infraction reprochée au prévenu Lascombre est constante, il importe de définir son véritable caractère, pour savoir si elle comporte l'application des dispositions de l'art. 66 c. pén. ; — Attendu qu'aux termes de l'art. 1 c. pén., l'infraction que la loi punit de peines correctionnelles est un délit ; — Attendu, d'un autre côté, que le fait reproché au jeune Lascombre est réprimé, aux termes de l'art. 21 de la loi du 15 juill. 1845, par une amende de 16 à 3000 fr., c'est-à-dire d'une peine correctionnelle ; que, par conséquent, ce fait rentre dans la catégorie des délits ; — Attendu, d'ailleurs, qu'il est certain que les règles du droit commun sont applicables aux matières spéciales lorsqu'il n'y a pas été expressément dérogé, d'où la conséquence que le jeune Lascombre doit être acquitté si la cour estime qu'il a agi sans discernement ; — Attendu que le jeune Lascombre était âgé de onze ans et demi au moment où il a commis l'infraction qui lui est reprochée ; que l'absence de discernement est d'autant plus certaine qu'il s'agit dans la cause d'une infraction toute spéciale, dont les caractères juridiques ne sont exempts ni de controverses, ni de difficultés ; qu'il y a donc lieu, dès lors, d'acquitter le prévenu Lascombre des fins de la poursuite comme ayant agi sans discernement ;

Par ces motifs, infirme, etc.

Du 11 mars 1891.-C. de Bordeaux, ch. corr.-MM. Olive, pr.-Labroquère, av. gén.

matière de douanes (V. *suprà*, v° *Douanes*, n° 673); en matière de contravention à l'exploitation, fabrication et vente des poudres et salpêtres (Crim. cass. 18 mars 1842, aff. Thibaut, *Rép.* n° 452); en matière de colportage d'allumettes de provenance frauduleuse (Trib. corr. de Bourges, 24 oct. 1889 (1). Conf. Blanche, n° 352).

458. On sait qu'aux termes de l'art. 358 c. inst. crim., quand l'accusé a été déclaré non coupable, c'est au président de la cour d'assises qu'il appartient de prononcer qu'il est acquitté de l'accusation. En est-il de même lorsque le jury a déclaré que l'accusé, mineur de seize ans, a agi sans discernement? La question ne pourrait faire aucun doute si, comme le pensent certains auteurs (Blanche, t. 1, n° 342; Nouguier, t. 4, n° 3741), le mineur devait être, dans ce cas, *absous* et non acquitté. Les arrêts d'absolution émanent nécessairement de la cour d'assises elle-même. Mais nous ne pouvons admettre cette opinion, qui ne tient aucun compte des expressions de l'art. 66 déclarant le mineur *acquitté*, et non *absous*. D'ailleurs, quand l'art. 364 c. inst. crim. dit-il qu'il y a lieu à absolution? Uniquement lorsque le fait dont l'accusé est déclaré coupable, n'est pas défendu par une loi pénale. Ce cas n'est évidemment pas celui de l'art. 66, puisque, dans cette dernière hypothèse, l'accusé, déclaré coupable d'un fait défendu par la loi pénale, est acquitté pour défaut de discernement. Nous croyons donc que le mineur doit être acquitté, et non absous; et cet acquittement, suivant nous, doit être prononcé par arrêt de la cour, et non par ordonnance du président. La raison en est qu'il y a peut-être lieu de prendre des mesures de détention contre le mineur et de le condamner aux frais du procès; un arrêt de la cour est nécessaire pour cela (Garraud, p. 335). Toutefois, la cour de cassation, dans un arrêt du 2 juin 1831, *Bull. crim.*, n° 121, a jugé incidemment qu'il y a lieu, dans notre hypothèse, à absolution et non à acquittement. L'arrêt a dit qu' « il y a lieu à absolution de l'accusé si le fait dont il est déclaré coupable n'est pas défendu par une loi pénale, ce qui doit s'entendre nécessairement de tous les cas où la loi pénale ne doit pas être appliquée, soit par l'effet de la prescription acquise, *soit au cas de l'art.* 66 *c. pén.*, soit, comme dans l'espèce et d'après l'art. 64 du même code, lorsque l'accusé était en état de démence au temps de l'action ». Au reste, suivant nous, la sentence d'acquittement pour défaut de discernement est, comme tout autre acquittement, à l'abri d'un recours en cassation (Conf. Garraud, p. 335).

459. Si aucune peine ne peut être infligée au mineur de seize ans qui est reconnu avoir agi sans discernement, il peut cependant être pris à son égard certaines mesures de surveillance et de protection: les juges peuvent, en effet, ordonner selon les circonstances, soit la remise de l'enfant à ses parents, soit son envoi dans une maison de correction c. pén., art. 66). Sur le choix entre ces deux catégories de mesures, le juge du fait est souverain (Crim. rej. 3 janv. 1823, aff. Filleuil, *Rép.* n° 441). Et ce choix lui appartient, quelle qu'ait été la peine encourue, dès qu'il reconnaît qu'il n'y a pas eu discernement. Un arrêt a fait application de cette règle à un jeune vagabond qui avait encouru la peine de la surveillance de la haute police. Il a décidé « que le deuxième paragraphe de l'art. 271 c. pén., qui affranchit les vagabonds, âgés de moins de seize ans, de l'emprisonnement, et qui veut que, sur la preuve du fait de vagabondage, ils soient renvoyés sous la surveillance de la haute police, n'a point eu pour but d'empêcher les tribunaux d'examiner la question de discernement, et de refuser, aux enfants qui ont agi sans discernement, le bénéfice de la protection paternelle, ou du renvoi dans une maison de correction pour y apprendre un état » (Crim cass. 12 août 1843, aff. Morisset, *Bull. crim.*, n° 205. Conf. Crim. cass. 28 févr. 1852, aff. Varland, D. P. 52. 1. 288).

460. Les applications de l'art. 66 doivent-elles être inscrites au casier judiciaire? Oui, soit que l'enfant ait été remis à ses parents, soit qu'il ait été envoyé dans une maison de correction (Circ. du garde des sceaux du 8 déc. 1868). Toutefois les décisions prises concernant les jeunes délinquants en vertu de l'article précité ne doivent être relevées sur les bulletins n° 2 qu'autant que l'extrait est réclamé par le ministère public; on ne doit jamais les porter sur les bulletins délivrés aux administrations publiques ou aux particuliers (Même circulaire).

461. Ainsi que le rappelait la circulaire du ministre de la justice du 6 avr. 1842, dont le texte a été reproduit au *Rép.* n° 446, p. 655, note 1, « la remise aux parents est la meilleure des mesures de protection à prendre, lorsqu'on peut compter sur une surveillance efficace de la famille; et l'on ne doit recourir au renvoi dans une maison de correction que quand il y a lieu de penser que les mineurs acquittés y trouveront des soins et des enseignements que ne leur offrirait pas la maison paternelle ». Il importe donc que les tribunaux connaissent, avant de statuer, toutes les circonstances qui peuvent les déterminer à prendre l'un ou l'autre parti; pour les éclairer à cet égard, le ministère public doit, suivant les prescriptions de la circulaire précitée, requérir, dans toutes les affaires où sont impliqués des mineurs de seize ans, une information préalable, et ne jamais employer la voie de la citation directe.

462. M. Blanche (n° 339) a exprimé l'avis que l'art. 66, en autorisant la remise aux *parents*, n'entend parler que de la remise au père ou à la mère, en un mot aux parents proprement dits. Mais cette opinion est restée isolée. En fait, tous les tribunaux se regardent comme autorisés par la loi à remettre l'enfant, non seulement à son père et à sa mère, non seulement aux autres membres de sa famille, mais même à des maîtres, à des sociétés publiques ou privées de bienfaisance, en un mot à toute personne honorable qui voudra bien se charger du mineur (Conf. Garraud, n° 204, p. 336). La cour de Nancy a jugé, par un arrêt du 11 nov. 1861 (aff. Joly-Louis, D. P. 62. 2. 22), que les commissions administratives des hospices chargées de la tutelle des enfants trouvés ou abandonnés doivent être assimilées aux *parents* dans le sens, et pour l'application de l'art. 66 c. pén.; qu'ainsi le tribunal correctionnel qui acquitte, pour défaut de discernement, un enfant trouvé, âgé de moins de seize ans, peut, au lieu d'ordonner qu'il soit détenu dans une maison de correction, le remettre à la commission administrative, alors d'ailleurs que cette dernière a fait les diligences nécessaires pour lui assurer, jusqu'à sa majorité, les avantages d'une bonne éducation.

463. Au sujet de la remise de l'enfant aux parents, il y a lieu de signaler une disposition du code pénal finlandais de 1889. Ce code, qui déclare non punissables les actions de l'enfant au-dessous de quinze ans, donne néanmoins au tribunal le droit d'ordonner, après examen, que l'enfant « sera corrigé notoirement à domicile par ses parents ou par toute autre personne à l'autorité de laquelle il est soumis ».

464. Au point de vue juridique, nous n'avons que peu de chose à ajouter à ce qui a été dit au *Rép.*, n°s 440, 445 et 446, concernant l'envoi et la détention dans une maison de correction en exécution de l'art. 66. Nous rappellerons que cette détention n'est pas une peine, mais plutôt une mesure de protection contre le mineur, et, dès lors, qu'elle ne pourra être prise comme un élément de récidive si le mineur vient à commettre plus tard une nouvelle infraction (Garraud, p. 336; Chauveau et Hélie, n° 334. Paris, 3 déc. 1830, aff. Barbier, *Rép.* n° 254; Montpellier, 6 juin 1848, aff. Ramadie, D. P. 48. 2. 117).

465. De ce que l'envoi en correction n'est pas une peine, nous conclurons encore, au point de vue de l'application de la loi du 27 mars 1891, dite loi Bérenger: 1° que le jugement qui prononce cet envoi ne saurait suspendre l'exécution de la mesure qu'il ordonne. La détention dans une maison de correction n'est certainement pas une « peine d'emprison-

(1) (Chassin.) — LE TRIBUNAL; — Attendu qu'il résulte d'un procès-verbal régulier que la jeune Chassin, âgée de moins de seize ans, a été trouvée à Mehun-sur-Yèvre colportant des allumettes de provenance frauduleuse; — Attendu qu'il est constant pour le tribunal que cette enfant a agi sans discernement; qu'il y a lieu de l'acquitter, l'art. 66 c. pén. posant un principe général applicable même aux contraventions punies par les lois spéciales; — Attendu toutefois que l'amende, en cette matière, n'a pas le caractère d'une peine, mais celui d'une réparation civile; qu'elle doit donc être prononcée, même lorsque le prévenu a agi sans discernement; — Attendu qu'en raison des circonstances de la cause il y a lieu de modérer cette amende par application de l'art. 42

nement » dans le sens de l'art. 1 de la loi précitée; 2° que l'envoi en correction précédemment ordonné en vertu de l'art. 66 c. pén. ne ferait pas obstacle au sursis en cas de seconde poursuite suivie de condamnation, puisque le sursis n'est rendu impossible que par une condamnation antérieure à la *prison* (V. *suprà*, n° 227).

Nous rappellerons aussi (V. *Rép.* n° 440) que les juges ont un pouvoir absolu pour fixer la durée de la détention, dans une maison de correction, et que, notamment, ils peuvent la fixer à moins d'un an (Crim. rej. 8 févr. 1833, aff. Stolz, *ibid.*). Cela est de jurisprudence constante dans la pratique; les tribunaux prononcent souvent (ils le faisaient plus souvent encore il y a quelques années) l'envoi en correction pour six mois, pour trois mois, et même pour une moindre durée (V. *infrà*, n° 469).

466. La loi du 5 août 1850, sur l'éducation et le patronage des jeunes détenus (D. P. 50. 4. 181), a organisé, pour les jeunes détenus acquittés en vertu de l'art. 66 c. pén., comme ayant agi sans discernement, des colonies pénitentiaires qu'elle distingue en établissements publics ou privés. Ces jeunes détenus y sont élevés en commun, sous une discipline sévère, et appliqués aux travaux de l'agriculture et des principales industries qui s'y rattachent. Il est pourvu à leur instruction élémentaire (Loi précitée, art. 3). Le régime de ces établissements a été exposé au *Rép.*, v° *Prisons et bagnes*, n°s 52 à 57. Il fera l'objet d'une étude nouvelle *infrà*, v° *Prisons*. C'est dans ces colonies pénitentiaires que s'exécute, en fait, la détention dans une maison de correction prescrite par l'art. 66 c. pén. Au reste, il a été jugé que la disposition de l'art. 3 de la loi du 5 août 1850, portant que les jeunes détenus, acquittés en vertu de l'art. 66 c. pén., mais non remis à leurs parents, doivent être conduits dans une colonie pénitentiaire, est une disposition purement administrative, et qu'il n'appartient pas aux juges correctionnels d'ordonner que le mineur sera conduit, non dans une *maison de correction*, mais dans une colonie *pénitentiaire*, attendu qu'à l'Administration seule appartient l'application de la disposition susénoncée de la loi de 1850 (Paris, 26 janv. 1865) (1).

467. L'application de l'art. 19 de la loi du 27 mai 1885 sur les récidivistes a fait surgir une question nouvelle. On sait, d'une part, que l'art. 271 c. pén., § 2, ordonne que les vagabonds âgés de moins de seize ans seront renvoyés sous la surveillance de la haute police jusqu'à l'âge de vingt ans accomplis; et, d'autre part, que le paragraphe 2 de l'art. 19 de la loi précitée a substitué d'une manière générale la peine de l'interdiction de séjour à la peine de la surveillance de la haute police. La question s'est posée de savoir si des mineurs de seize ans poursuivis pour vagabondage et ayant, par conséquent, encouru la peine de l'interdiction de séjour, pouvaient, en vertu de l'art. 66 c. pén., être envoyés dans une maison de correction. La cour de Paris l'a résolue par l'affirmative (Paris, 26 avr. 1892, aff. Marie Lequintel, *Gaz. des tribunaux* du 26 mai). Cela ne pouvait, à notre avis, faire difficulté. L'interdiction de séjour est, au cas de l'art. 271, une peine unique et principale, comme l'était la surveillance. Elle disparaît forcément par l'effet de la déclaration de non-discernement, pour être remplacée par l'une des deux mesures de protection autorisées par l'art. 66, la remise aux parents ou l'envoi en correction.

468. Le juge saisi d'une simple contravention de police a-t-il le droit de renvoyer le mineur dans une maison de correction? Sans doute, au point de vue théorique, il est difficile de dénier ce pouvoir au juge de police. Si, en effet, comme nous l'avons admis *suprà*, n° 451, avec une jurisprudence formelle, l'art. 66 s'applique aux contraventions de police, il leur est nécessairement applicable tel qu'il est, à moins qu'un texte particulier n'autorise à distinguer entre ses dispositions. Or, ce texte n'existe pas. Il faut donc conclure, rigoureusement, que l'art. 66 restant applicable, dans toutes ses dispositions, au mineur de seize ans reconnu coupable d'une contravention de police, celui-ci pourrait être, sans qu'il y eût violation de la loi, renvoyé dans une maison de correction, même, comme le porte l'art. 66, pour un certain nombre d'années (Conf. Dutruc, *Mémorial du ministère public*, v° *Mineur*, n°s 9 et suiv., et aussi *Journal du ministère public*, 1862, p. 81 et 106). Mais, dans la pratique, il paraît impossible d'admettre qu'un juge de police puisse appliquer, à raison d'une simple contravention, cette sévère et durable épreuve. Entre le fait et sa conséquence la disproportion serait manifeste; l'art. 66 s'adresse à de jeunes malfaiteurs, et non à de jeunes contrevenants. « Il me semble, dit M. Blanche, n° 361, que, dans la pratique, un sentiment que je ne saurais trop définir interdira toujours au juge d'user de l'alternative rigoureuse que l'art. 66 met à sa disposition, même dans le cas où le mineur de seize ans, absous pour défaut de discernement, n'est déclaré coupable que d'une contravention de police ». Nous partageons l'avis de Blanche, qui est aussi celui d'Ortolan (n° 398) et de M. Villey, sur Chauveau et Hélie, t. 1, p. 532, note 4 *in fine* (V. dans le même sens les autres autorités citées *suprà*, v° *Contravention*, n° 21). En fait, il n'est pas à notre connaissance qu'un juge de police, acquittant un mineur faute de discernement, l'ait envoyé dans une maison de correction. Suivant nous, ce juge doit, en cas pareil, se borner à prononcer l'acquittement.

469. Nous avons fait allusion *suprà*, n° 465, à un certain changement qui, en ces dernières années, s'est introduit dans la pratique judiciaire relativement au renvoi des mineurs en correction. Autrefois, les tribunaux hésitaient souvent à ordonner ce renvoi, surtout pour une durée un peu longue. A tort ou à raison, l'opinion publique n'était généralement pas favorable aux maisons de correction. L'enfant, disait-on, en sort plus mauvais qu'il n'est entré. Sans nier de regrettables abus, trop certains d'ailleurs, nous croyons qu'il y aurait injustice à généraliser ces critiques, et nous pensons qu'il était facile, même il y a quarante ans, de citer d'importantes et anciennes maisons de correction qui ont rendu à l'enfance coupable des services incontestables. Quoi qu'il en soit, les tribunaux, mis en défiance, se sont pendant longtemps appliqués à faire éviter aux mineurs poursuivis devant eux le renvoi en correction. Dans ce but, l'usage s'est introduit de ne point acquitter, comme ayant agi sans discernement, les mineurs de seize ans traduits en justice, mais, au contraire, de les condamner, en vertu de l'art. 69 c. pén., à des peines d'emprisonnement de courte durée. Cet usage tend à disparaître, pour deux raisons: non seulement les colonies pénitentiaires se sont notablement améliorées, mais surtout le *patronage* s'est progressivement substitué à l'internement dans les établissements correctionnels.

470. Ce n'est point ici le lieu d'expliquer avec quel succès les établissements de *patronage*, fondés et entretenus le plus souvent par la charité privée, ont accompli la tâche qu'ils ont assumée. M. le sénateur Roussel, dans son rapport sur la loi du 24 juill. 1889 sur la protection des enfants maltraités ou abandonnés, s'est plu à reconnaître que « l'assistance libre, la charité, a presque seule assumé et supporté, jusqu'à ce moment, la charge sociale des enfants, matériellement ou moralement abandonnés ». Au point de vue de l'application de l'art. 66 c. pén., les maisons de patronage rendent de signalés services. L'assistance publique leur confie souvent des mineurs dont l'envoi en correction a été ordonné par les tribunaux, et qui sont soumis à la *tutelle administrative*. Ces établissements charitables placent en apprentissage les enfants qui leur sont confiés, et l'effet du

de la loi de finances du 30 mars 1888; — Attendu que la femme Chassin est responsable du délit commis par sa fille mineure habitant avec elle;

Par ces motifs, acquitte la jeune Chassin comme ayant agi sans discernement, la condamne à 16 francs d'amende et aux dépens; Prononce la confiscation des allumettes saisies; — Déclare la mère civilement responsable.

Du 24 oct. 1889.-Trib. corr. de Bourges.-Me Bona Christave, av.

(1) (Mesure.) — LA COUR; — Considérant que la loi du 5 août 1850, dans son art. 3, contient une disposition purement administrative qui, ni dans son esprit, ni dans son texte, n'apporte aucune modification au principe de répression édicté par le code pénal; que dès lors l'application de cette loi appartient exclusivement à l'Administration; — Adoptant au surplus les motifs des premiers juges;

Confirme.

Du 26 janv. 1865.-C. de Paris, ch. des appels de police correctionnelle.-MM. Haton, pr.-Merveilleux-Duvignaux, av. gén.-Salle, av.

jugement correctionnel se trouve ainsi momentanément suspendu pour le bien des enfants patronnés. Grâce à l'application de ce système, d'excellents résultats ont été obtenus en divers lieux, notamment à Paris (V. notamment, dans le *Bulletin de la Société des prisons*, année 1890, le compte rendu de la séance de la Société du 15 janv. 1890, les observations de MM. Clairin, Voisin, Flandin, p. 148 et suiv., et le compte rendu du congrès international tenu à Anvers, en octobre 1890, pour l'étude des questions relatives à la protection de l'enfance, par M. Flandin, p. 900 et suiv.).

Au reste, il est facile de comprendre que, pour être efficace, l'envoi en correction doit avoir été prononcé pour un temps assez long, par exemple jusqu'à l'âge de dix-huit ou vingt ans; en effet, l'enfant détenu qui sait qu'il sera libéré dans quelques semaines ne veut pas du patronage; et, d'autre part, ce n'est pas en quelques semaines, ni même en quelques mois, que le patronage, même accepté, peut modifier le caractère ou les habitudes d'un enfant animé de mauvais penchants. Déférant à un vœu émis par le conseil supérieur des prisons, M. le garde des sceaux a, par une circulaire du 4 janv. 1889 (*Bulletin de la Société générale des prisons*, 1889, p. 227), appelé l'attention des officiers du ministère public sur le danger des condamnations, même courtes, prononcées contre les mineurs de seize ans, et prescrit à ces magistrats de ne pas requérir contre les mineurs de seize ans, inculpés de faits ne présentant pas un caractère de gravité exceptionnelle, la peine d'emprisonnement. La même circulaire déclare « qu'il est préférable de solliciter du tribunal leur acquittement comme ayant agi sans discernement et leur envoi en correction pendant un temps assez long pour qu'il soit possible d'espérer leur amendement ».

471. En terminant la matière de l'envoi en correction, nous mentionnerons la disposition de l'art. 8, § 2, de la loi du 27 mai 1885, sur les récidivistes, d'après laquelle le récidiviste qui, à l'expiration de sa peine, serait mineur de vingt et un ans, ne pourra pas être relégué, mais devra seulement être retenu dans *une maison de correction* jusqu'à sa majorité (V. *infrà*, v° *Récidive-relégation*). Il convient de signaler aussi l'art. 58 du projet de revision du code pénal, ainsi conçu: « Le mineur de seize ans, s'il est décidé qu'il a agi sans discernement, sera acquitté, mais il sera, selon les circonstances, remis à ses parents ou conduit dans un établissement d'éducation et de réforme pour y être retenu pendant tel nombre d'années que le jugement déterminera et qui toutefois ne pourra excéder l'époque où il aura accompli sa vingt et unième année ». Ce texte, on le voit, ne diffère de notre art. 66 que par la substitution des mots: *établissements d'éducation et de réforme pour y être retenus*, à ceux: *maison de correction pour y être élevés et détenus*.

472. — 5° *Effets d'une déclaration de discernement*. — Lorsque le mineur de moins de seize ans est déclaré avoir agi avec discernement, il est responsable pénalement de l'acte qu'il a commis : une peine doit donc lui être appliquée. Mais son jeune âge n'en reste pas moins une cause d'excuse, qui diminue alors sa culpabilité, au lieu de la faire disparaître complètement, comme au cas où il est déclaré avoir agi sans discernement. La peine encourue doit donc subir une certaine atténuation. En d'autres termes, l'âge devient une *excuse atténuante*. L'effet de cette atténuation est déterminé par l'art. 67 c. pén. pour les peines criminelles, et par l'art. 69 pour les peines correctionnelles. Avant d'étudier l'application des art. 67 et 69, nous exprimerons, avec M. Garraud, n° 205, le « regret que, relativement au mineur de seize ans, qui est jugé avoir agi avec discernement, la juridiction compétente n'ait pas été investie du pouvoir de faire suivre l'emprisonnement *pénal*, qui peut être de courte durée, de ces mesures de garde et d'éducation qui, pour celui qui a agi sans discernement, peuvent se prolonger jusqu'à vingt ans. Il est singulier que la privation de liberté infligée, à titre correctionnel et non pénal, au mineur ayant agi sans discernement, soit, en général, plus longue que celle infligée, à titre pénal, à celui chez qui le discernement a été reconnu ». Le projet de revision du code pénal donne satisfaction à ce vœu en permettant au tribunal qui prononce la peine « d'ordonner, en outre, qu'à l'expiration de sa peine, le condamné sera envoyé dans une maison de correction pour y être retenu jusqu'à sa majorité ».

473. En ce qui concerne les peines *criminelles*, l'effet général de l'excuse atténuante de l'âge est de les transformer en peines correctionnelles. Aux termes de l'art. 67, les peines de mort, des travaux forcés à perpétuité et de la déportation, c'est-à-dire les peines afflictives perpétuelles, sont remplacées par la peine correctionnelle d'un emprisonnement de dix à vingt ans ; les peines des travaux forcés à temps, de la détention et de la reclusion, c'est-à-dire les peines afflictives temporaires, sont remplacées par un emprisonnement dont le maximum ne peut excéder la moitié de celui de la peine à laquelle il est substitué, et dont le minimum peut descendre au tiers du minimum de cette peine ; enfin les peines du bannissement et de la dégradation civique, c'est-à-dire les peines simplement infamantes, sont remplacées par un emprisonnement de un à cinq ans.

474. D'ailleurs, quoique le mineur de seize ans ne puisse encourir de peine afflictive et infamante, il a été jugé, avec raison, que la matière reste criminelle, et que, dès lors, c'est à tort que la cour d'assises refuserait au jury compétence pour déclarer les circonstances atténuantes, auxquelles elle est tenue d'avoir égard (Crim. rej. 28 févr. 1867, *Bull. crim.*, n° 49). Jugé aussi que, la matière restant criminelle, la peine d'emprisonnement prononcée contre le mineur accusé d'un crime se prescrit par vingt ans, et non par cinq ans (Crim. cass. 9 juill. 1891) (1).

475. Dans la seconde hypothèse prévue par l'art. 67, la loi se sert de ces expressions: « il (le mineur) sera condamné à être renfermé dans une maison de correction, pour un temps égal au tiers au moins et à la moitié au plus de celui pour lequel il aurait pu être condamné à l'une de ces peines ». Nous avons déjà fait remarquer au *Rép*. n° 447 que la durée de cette détention ne se calcule pas nécessairement sur le *maximum* de la peine qui aurait dû être infligée au mineur, s'il eût eu plus de seize ans; mais elle peut être graduée depuis le tiers du *minimum* jusqu'à la moitié du *maximum*, ainsi, lorsqu'il s'agit des travaux forcés à temps ou de la reclusion, dont la durée peut n'être que de cinq ans, la détention correctionnelle du mineur peut être réduite au tiers de cinq ans, c'est-à-dire à vingt mois (Conf. Chauveau et Hélie, t. 1, n° 338 ; Garraud, t. 2, n° 134 ; Laborde, n° 134 ; Blanche, n° 323). — Dans ces deux premiers cas de l'art. 67, les juges peuvent, en outre, condamner le mi-

(1) (Etcheverry.) — La cour ; — Sur le moyen pris de la violation des art. 635 et 636 c. instr. crim., 57 et 68 c. pén., en ce que l'arrêt attaqué aurait appliqué la prescription de cinq ans à un fait qualifié crime ; — Attendu que le sieur Etcheverry, poursuivi comme complice de vols qualifiés, en raison desquels la peine encourue était celle des travaux forcés à perpétuité, a été condamné par contumace par la cour d'assises des Basses-Pyrénées, le 18 févr. 1886, alors qu'il était âgé de moins de seize ans, à la peine de dix ans d'emprisonnement et de cinq ans d'interdiction de séjour; qu'arrêté le 22 févr. 1891, il fut traduit le 5 mai suivant devant la même cour d'assises et déclaré coupable par le jury comme ayant agi avec discernement, des vols ci-dessus spécifiés ; — Attendu qu'avant le prononcé de la condamnation, l'arrêt attaqué a, sur les conclusions prises par la défense, déclaré l'action publique éteinte contre l'accusé en raison de la prescription de la peine relativement aux faits dont il avait été déclaré coupable par le jury, par ce motif que ces faits, accomplis par un mineur âgé de moins de seize ans, ne pouvaient être punis que de peines correctionnelles, et qu'il y avait lieu de leur appliquer la prescription quinquennale attachée aux peines en matière correctionnelle; — Attendu que si, par une dérogation tout à fait spéciale, le mineur âgé de moins de seize ans qui a commis une infraction de la nature de celles que la loi qualifie crimes, n'est puni que de peines correctionnelles, ce tempérament exceptionnel, apporté à la peine en faveur du mineur, exclusivement en raison de son âge, ne saurait transformer le caractère du fait incriminé, dont les éléments substantiels ne sont pas modifiés, et que la matière reste criminelle; — Attendu qu'aux termes de l'art. 635 c. instr. crim., les peines portées par les arrêts ou jugements rendus en matière criminelle se prescrivent par vingt ans; qu'ainsi l'arrêt attaqué, en appliquant la prescription des peines, en matière correctionnelle, à un crime pour lequel le coupable aurait, aux termes de l'art. 67 c. pén., encouru la peine des travaux forcés à perpétuité, s'il n'eût été mineur, a violé les dispositions de l'art. 635 c. instr. crim.; — Casse, etc.

Du 9 juill. 1891.-Ch. crim.-MM. Lœw, pr.-Peret, rap.-Reynaud, av. gén.

neur à l'interdiction de séjour pendant cinq à dix années (Art. 67, alin. 4; L. 27 mai 1885, art. 19).

476. Aux réductions de peines que prononce l'art. 67, il faut ajouter encore celle qui peut résulter, suivant les cas, de l'admission des circonstances atténuantes. A ce point de vue, il a été jugé par de nombreux arrêts que, lorsqu'un mineur de moins de seize ans a été reconnu coupable d'un *crime* avec discernement, mais avec circonstances atténuantes, la cour d'assises, pour faire bénéficier l'accusé de la double atténuation à laquelle il a droit, aux termes des art. 67 et 463 c. pén., doit *d'abord* déterminer la peine encourue d'après la déclaration du jury, abstraction faite de l'état de minorité, et *ensuite* faire subir à la peine ainsi fixée la transformation indiquée par l'art. 67; l'art. 67 pose, en effet, pour base de l'atténuation dérivant de la minorité, la détermination préalable de la peine encourue; et c'est sur cette peine modifiée applicable au fait que s'opère l'atténuation prescrite en vue de la minorité (Crim. rej. 24 mars 1853, *Bull. crim.*, n° 111; 10 août 1866, aff. Debricou, D. P. 66. 1. 456; 28 févr. 1867, aff. Check-Chadou, *Bull. crim.*, n° 49; 5 mai 1887, *Bull. crim.*, n° 171, Conf. Chauveau et Hélie, n° 338; Blanche, t. 2, n° 325 et suiv., et t. 6, n° 693. — V. toutefois en sens contraire : Bertauld, 18e leçon, p. 417; Ortolan, t. 2, n° 1666; Villey, *Précis*, p. 488, et note sous Chauveau et Hélie, t. 1, p. 534; Laborde, n° 605, qui estiment qu'il serait plus conforme aux termes de l'art. 67 de calculer d'abord l'effet de la minorité sur la peine portée par la loi contre le crime et que le mineur a encourue, sauf à appliquer ensuite l'effet des circonstances atténuantes).

477. Pour l'exécution de la peine, réduite ainsi qu'il vient d'être dit, la loi du 5 août 1850 a apporté encore des adoucissements. Aux termes de cette loi, la détention doit être subie, non pas dans les maisons d'arrêt ou les maisons centrales, mais dans des colonies pénitentiaires ou dans des colonies correctionnelles, suivant la durée de la peine à laquelle il a été condamné (art. 4 et 10 de la loi). Pour les jeunes filles, la peine est subie dans des maisons pénitentiaires (art. 16 de la même loi). — Au surplus il est évident que le mineur, étant condamné pour crime à une peine correctionnelle seulement, n'encourra pas les incapacités qui sont la conséquence des condamnations à des peines afflictives et infamantes, telles que l'interdiction légale et la dégradation civique. Mais l'amende et la confiscation spéciale, qui accompagnent parfois, à titre de peines complémentaires, les peines afflictives ou infamantes, ne sont pas modifiées dans leur application au mineur de seize ans. C'est ce qui résulte du silence de l'art. 67, ainsi que de la nature de ces peines (Garraud, p. 212).

478. En matière *correctionnelle*, lorsqu'il sera décidé que le mineur de seize ans a agi avec discernement, la peine qui sera prononcée contre lui est déterminée par l'art. 69. Cette peine « ne peut s'élever au-dessus de la moitié de celle à laquelle il aurait pu être condamné s'il avait eu seize ans ». Cette disposition s'applique, sans aucun doute, à l'amende comme à l'emprisonnement; mais elle ne concerne pas, croyons-nous, l'interdiction de certains droits civiques, civils et de famille organisée par l'art. 42 c. pén., peine complémentaire, qui a un but spécial et distinct des peines (emprisonnement et amende) qui constituent le châtiment direct du délit (Conf. Garraud, p. 213. *Contrà*, Laborde, n° 574).

Quel sera, dans ce cas, le *minimum* de la peine applicable au mineur? La loi ne l'a pas indiqué. On doit en conclure qu'il est permis de l'abaisser à la dernière limite des peines correctionnelles, à six jours d'emprisonnement et 16 francs d'amende (Crim. rej. 11 janv. 1856, aff. Druard, D. P. 56. 1. 108). Ne faut-il pas aller plus loin? Par arrêt du 9 avr. 1875 (aff. Roche, D. P. 77. 1. 509) la cour de cassation a jugé, avec raison, suivant nous, que le mineur de seize ans qui a agi avec discernement peut n'être condamné qu'à la moitié du minimum de la peine dont il est passible, alors même que cette moitié serait au-dessous de l'emprisonnement et de l'amende correctionnels. Ainsi, au cas de délit de chasse sans permis, puni par la loi du 3 mai 1844 d'une amende de 16 à 100 francs, l'amende pourra être abaissée jusqu'à 8 francs, si le coupable est un mineur de seize ans (Même arrêt. Conf. Garraud, t. 2, p. 213, note 3; Laborde, n° 576).

479. Au reste, en déclarant des circonstances atténuantes et en appliquant l'art. 463 c. pén., les tribunaux correctionnels peuvent toujours réduire la peine à une peine de simple police. Ce droit leur appartient aussi bien au cas de l'art. 69 c. pén., qu'en toute autre hypothèse (Chauveau et Hélie, n° 338; Faustin Hélie, *Prat. criminelle*, n° 126; Garraud, *loc. cit.* Conf. Orléans, 19 oct. 1864, aff. Pasquier, D. P. 65. 2. 28. — *Contrà* : Colmar, 5 mai 1857, aff. Simon, D. P. 61. 5. 355).

480. L'art. 69 s'applique-t-il au cas de condamnation pour *crime* (vol domestique, par exemple) à une peine correctionnelle, par suite de l'admission des circonstances atténuantes? Oui, suivant un arrêt de la cour de cassation du 2 nov. 1864 (aff. Reus, D. P. 65. 1. 454), qui a décidé qu'en cas pareil l'emprisonnement prononcé par le tribunal ne peut dépasser deux ans et demi.

481. Le bénéfice de l'art. 69 peut être invoqué dans les matières qui sont régies par les lois spéciales, aussi bien que dans celles qui sont régies par le code pénal, notamment en matière de chasse (V. *suprà*, v° *Chasse*, n°s 1093 et 1094); de douanes (V. *suprà*, v° *Douanes*, n° 672); en matière de délits forestiers (V. *Rép.* v° *Forêts*, n° 324).

482. Sur la question de savoir si le mineur de seize ans, condamné pour crime ou pour délit à la détention correctionnelle, doit, en cas de pourvoi en cassation, consigner l'amende, V. *suprà*, v° *Cassation*, n° 147.

483. En matière de *simple police*, le jeune âge de l'inculpé n'est point une excuse atténuante légale. Cela est certain, puisque les art. 67 et 69 prévoient exclusivement les cas de crimes et délits, et que nulle autre disposition légale n'autorise un abaissement légal des peines de simple police prononcées à raison de contraventions. Ces peines sont peu graves, et le juge peut toujours tenir compte de l'âge du prévenu pour les réduire jusqu'au minimum des peines de simple police, par une déclaration formelle de circonstances atténuantes.

484. La contrainte par corps s'applique-t-elle aux condamnés qui sont mineurs de seize ans? Assurément non, puisque la loi du 22 juill. 1867 dispose, en son article 13, que « les tribunaux ne peuvent prononcer la contrainte par corps contre les mineurs, âgés de moins de seize ans accomplis, à l'époque des faits qui ont motivé la poursuite » (V. *suprà*, v° *Contrainte par corps*, n° 33. *Adde* : Crim. cass. 11 avr. 1889, aff. Quoniam et autres, *Bull. crim.*, n° 149, qui a annulé un jugement de simple police ayant prononcé la contrainte par corps contre des mineurs et des personnes civilement responsables de ceux-ci).

485. — 6° *Immunité de juridiction.* — On sait qu'aux termes de l'art. 68 c. pén., et sauf les exceptions indiquées audit article, le mineur de moins de seize ans doit être, en principe, jugé par les tribunaux correctionnels, même pour les crimes qu'il aurait commis. Nous n'avons rien à ajouter à ce qui a été dit au *Rép.* n°s 450 et 451 concernant cette immunité de juridiction, si ce n'est que le mineur qui aurait commis un délit de presse, de la compétence ordinaire de la cour d'assises, devrait, ce semble, être traduit devant cette juridiction, et non devant le tribunal correctionnel. La cour d'assises est considérée, en effet, en matière de presse, comme une garantie pour l'accusé, dont on ne doit pas priver le mineur (Garraud, p. 339).

486. — II. SEXAGÉNAIRES ET SEPTUAGÉNAIRES. — La loi adoucit, dans leur application aux vieillards, l'exécution de trois peines qui ont pour caractère commun de se subir par l'expatriation, savoir : les travaux forcés, la déportation, la relégation. Ainsi qu'on l'a déjà dit au *Rép.* n° 457, l'art. 5 de la loi du 30 mai 1854 sur l'exécution des travaux forcés (D. P. 54. 4. 90), qui modifie l'art. 70 c. pén., décide que « les peines des travaux forcés à perpétuité et des travaux forcés à temps ne seront prononcées contre aucun individu âgé de *soixante* ans accomplis au moment du jugement; elles seront remplacées par celles de la réclusion, soit à perpétuité, soit à temps, selon la durée de la peine qu'elle remplacera ». Les art. 70 et 71 c. pén. remplacent également la peine de la déportation par la peine de la détention à perpétuité, pour les individus âgés de *soixante-dix ans* accomplis au jour du jugement. Enfin, aux termes des art. 6 et 8 de la loi du 27 mai 1885 sur les récidivistes (D. P. 85. 4. 45), le récidiviste qui aurait dépassé l'âge de *soixante ans*, à l'expiration de la peine qui entraînerait la relégation, ne pourra être relégué; la relégation sera pour lui remplacée par l'interdiction perpétuelle de séjour.

487. Les dispositions précitées n'ont pas eu pour but de modifier la nature des peines encourues par les vieillards pour les crimes par eux commis, mais seulement d'établir une mode d'exécution différent du mode d'exécution régulier des peines (Garraud, t. 1, n° 207; Blanche, n° 363; Chauveau et Hélie, n° 345). De là plusieurs conséquences : 1° en cas de circonstances atténuantes, la réduction de la peine se calcule non sur la reclusion ou la détention qui sera subie, mais sur la peine qui est encourue, c'est-à-dire, suivant les cas, sur les travaux forcés à perpétuité, la déportation ou les travaux forcés à temps (Crim. rej. 18 déc. 1856, aff. Loubes, D. P. 57. 1. 44; 7 janv. 1858, aff. Bolo, D. P. 58. 5. 269); — 2° La reclusion et la détention prononcées en remplacement des travaux forcés ou de la déportation engendrent les incapacités des peines auxquelles elles sont substituées; spécialement, la reclusion perpétuelle et la détention perpétuelle emporteront la double incapacité de donner et de recevoir à titre gratuit dont l'art. 3 de la loi du 31 mai 1854 a frappé les condamnés à une peine afflictive perpétuelle (Blanche, n° 370; Garraud, p. 340, note 24; Faustin Hélie, *Pratique criminelle*, t. 2, n° 133); — 3° Les dérogations apportées par l'art. 11 de la loi du 27 mai 1885 à la procédure correctionnelle, lorsque la poursuite peut aboutir à la prononciation de la relégation (interdiction d'appliquer la procédure de la loi du 20 mai 1863 sur les flagrants délits, nécessité d'un défenseur), s'appliquent dans le cas où l'interdiction perpétuelle de séjour la remplace (Garraud, *eod. loc.*).

488. Cette substitution de la reclusion aux travaux forcés, de la détention à la déportation, de l'interdiction perpétuelle de séjour à la relégation n'a pas lieu de plein droit; elle doit être prononcée par le juge (Chauveau et Hélie, n° 345; Garraud, n° 207, p. 340; Villey, p. 404; Trébutien, t. 1, n° 620). La cour de cassation a jugé, par de nombreux arrêts, qu'il y a lieu d'annuler, en ce qui concerne l'application de la peine seulement, les arrêts qui ont prononcé la peine des travaux forcés lorsque les condamnés prouvent qu'ils étaient agés de soixante ans au moment du jugement (Crim. cass. 15 oct. et 30 nov. 1854, aff. Ducroy et Vignau, D. P. 54. 5. 563; 30 sept. et 25 nov. 1858, aff. Lenoir et Martin, D. P. 58. 5. 268; 27 janv. 1859, aff. Riallaud, D. P. 59. 5. 287; 28 nov. 1862, aff. Astorgues, D. P. 62. 5. 242; 17 déc. 1863, aff. Galais, D. P. 64. 5. 280; 13 déc. 1877, aff. Perdricau, D. P. 79. 5. 313; 17 avr. 1891, aff. Rolla, D. P. 91. 5. 391-392). Et cette cassation peut être prononcée même d'office (Arrêt précité du 17 déc. 1863). Nul doute que la décision de la cour fût la même si, au mépris des dispositions ci-dessus rappelées, une cour d'assises venait à prononcer la peine de la déportation contre un septuagénaire, ou celle de la relégation contre un sexagénaire.

489. Le septuagénaire (*Rép.* n° 459) ou le sexagénaire, dont s'occupent l'art. 72 c. pén. et l'art. 5 de la loi du 30 mai 1854, est celui qui a accompli sa soixante-dixième année ou sa soixantième année au moment du jugement, et non celui qui est seulement entré dans cette année (Chauveau et Hélie, n° 344; Blanche, n° 364). On remarquera qu'il existe une différence notable entre la disposition des articles précités et celle des art. 66 et 69 c. pén., car ces derniers articles, relatifs aux mineurs de seize ans, considèrent, pour fixer l'âge, le *moment même* de l'action (Chauveau et Hélie, *eod. loc.*). — En ce qui concerne la relégation, le récidiviste qui échappe à cette peine en raison de son âge est, aux termes de l'art. 8 de la loi du 27 mai 1885, celui qui aurait dépassé l'âge de soixante ans à l'expiration de la peine qui entraînerait la relégation. L'art. 8 de la même loi prononçant contre ce dernier l'interdiction *perpétuelle* de séjour, il est clair qu'il ne serait pas loisible à une cour d'assises de ne lui appliquer cette peine que pour dix ans; l'arrêt qui statuerait ainsi devrait être cassé (Crim. cass. 3 mars 1887, aff. David, *Bull. crim.*, n° 83).

490. S'il y a indécision sur l'âge de l'accusé, à qui appartient-il de le rechercher et de le déclarer? Est-ce, comme dans le cas de minorité de seize ans, au jury? N'est-ce pas plutôt à la cour d'assises? Puisque, comme nous l'avons dit *suprà*, n° 487, les dispositions spéciales aux septuagénaires et aux sexagénaires ont pour but unique de modifier l'exécution de la peine, c'est la cour qui sera compétente. « Si, en effet, dit Blanche, n° 371, le jury a compétence pour rechercher et reconnaître le fait principal et toutes les circonstances qui peuvent l'aggraver ou l'atténuer, il n'est pas chargé d'indiquer comment la peine, attachée au fait qu'il déclare constant, sera exécutée. C'est à la cour d'assises qu'il est réservé exclusivement de régler ce qui concerne cette exécution ». Le même auteur fait remarquer que la cour de cassation paraît avoir admis, dans tous les arrêts qu'elle a rendus sur l'application des art. 70 et suiv., que c'est à la cour d'assises qu'il appartient de rechercher l'âge du condamné et de le déterminer dans son arrêt (V. notamment Crim. cass. 14 déc. 1854, *Bull. crim.*, n° 342).

491. En terminant, nous signalerons encore deux arrêts de la cour de cassation qui ont jugé : le premier, que l'arrêt qui condamne à la reclusion un sexagénaire, en visant à tort un article du code pénal qui prononce la peine des travaux forcés, n'en doit pas moins être maintenu malgré cette erreur, si la peine réellement encourue par cet accusé est bien celle de la reclusion (Crim. rej. 13 mai 1886, *Bull. crim.*, n° 170); le second, qu'il y a lieu de prononcer la nullité d'un arrêt qui condamne un prévenu sexagénaire à la reclusion, au lieu des travaux forcés, en raison de son âge, alors que la peine réellement applicable était celle de la reclusion (Crim. cass. 6 janv. 1881, *Bull. crim.*, n° 3).

492. Sur la réduction de la contrainte par corps accordée aux sexagénaires pas l'art. 14 de la loi du 22 juill. 1867, V. v° *Contrainte par corps*, n°s 34 et 35. *Adde :* Crim. rej. 3 juill. 1890, aff. Punelle, D. P. 91. 1. 94. D'après cet arrêt, c'est à bon droit que la cour d'assises réduit à la moitié du minimum la durée de la contrainte par corps qu'elle prononce contre un sexagénaire.

ART. 2. — *Des excuses proprement dites.*

493. La législation des excuses n'a point subi de modification depuis la publication du *Répertoire*, si ce n'est que deux nouveaux cas d'excuse absolutoire ont été créés, l'un par l'art. 10 de la loi du 18 avr. 1888 (D. P. 88. 2. 58) au profit de l'inculpé d'espionnage qui dénonce ou fait arrêter ses complices (V. *suprà*, v° *Crimes et délits contre la sûreté de l'Etat*, n° 31), l'autre par la loi du 2 avr. 1892 (D. P. 92. 4. 42) au profit de l'inculpé du crime de destruction par l'effet d'une substance explosible qui révèle ses complices. — Quant à la doctrine, elle s'est beaucoup occupée de l'importante matière des excuses. On consultera sur cet objet : Garraud, *Traité de droit pénal*, t. 2, n°s 129 à 144; Chauveau et Hélie, *Théorie du code pénal*, t. 1, n°s 317 à 342, et t. 4, n°s 1428 à 1472; Faustin Hélie, *Pratique criminelle*, t. 2, n°s 117 à 126 et 559 à 570; Villey, *Précis d'un cours de droit criminel*, p. 475 et suiv.; Trébutien, *Cours élémentaire de droit criminel*, t. 1, n°s 572 à 599; Blanche, *Etudes pratiques sur le code pénal*, t. 2, n°s 219 et suiv., et t. 5, n°s 29 et suiv.; Le Sellyer, *Traité de la criminalité*, t. 1, n°s 301 et suiv.; Boitard, *Leçons de droit criminel*, 13e édit. annotée par Villey, n°s 154, 359 à 364; Ortolan, *Eléments de droit pénal*, t. 1, n°s 1080 à 1110; Haus, *Principes du droit pénal belge*, t. 2, n°s 823 à 864; Arthur Desjardins, *Théorie des excuses en droit criminel* (*Revue critique*, 1869, t. 14, p. 517; t. 15, p. 312); de Sarrau de Boynet, *Des excuses légales en droit pénal*. V. aussi un article de M. Sarraute, dans le *Bulletin de la Société de législation comparée*, avr. 1884, p. 249, et un article sur l'excuse de l'art. 324 c. pén. dans le *Journal du droit criminel*, 1880, p. 161.

§ 1er. — Des excuses en général (*Rép.* n°s 354 à 367).

494. Dans le langage ordinaire, on entend par *excuse* « une raison que l'on apporte pour se disculper, ou pour disculper quelqu'un, de ce qu'il a fait ou dit » (Acad.). Dans ce sens, l'excuse fait donc disparaître la faute, puisqu'elle *disculpe*. Le fait matériel reste seul, mais sans culpabilité. En un mot, dans ce sens, excuse est synonyme de cause de non-culpabilité (Le Sellyer, *Criminalité*, t. 1, n° 302). Ce sens n'est pas le sens juridique : en droit, l'excuse n'exclut pas la culpabilité, elle la suppose, au contraire, établie. L'excuse, c'est une cause d'atténuation ou d'exemption de peine spécialement déterminée par la loi. Mieux encore, « les excuses sont des faits précis, déterminés par le législateur, qui, tout en laissant subsister la culpabilité, entraînent une exemption ou une atténuation de la peine » (Bœuf, *Résumé de répétitions écrites sur le droit pénal*).

495. Toute excuse trouve son *titre* dans la loi, et l'art. 65 dispose : « Nul crime ou délit ne peut être excusé, ni la peine mitigée que dans les cas et dans les circonstances où la loi déclare le fait excusable ou permet de lui appliquer une peine moins rigoureuse ». Ainsi qu'on l'a déjà dit au *Rép.*, n° 354, il résulte de cette disposition, laquelle est commune à toutes les infractions sans distinction, que les seules excuses admissibles sont celles auxquelles la loi a expressément attribué ce caractère. La doctrine et la jurisprudence sont, à cet égard, pleinement d'accord.

496. En ce qui concerne les crimes et les délits, il y a lieu d'ajouter aux décisions citées au *Rép.*, *ibid.*, divers arrêts plus récents qui ont jugé qu'on ne saurait considérer comme un fait d'excuse légale : 1° en cas de poursuite pour coups et blessures entre époux, la réconciliation survenue entre les époux (Crim. rej. 7 mai 1851, aff. Belland, D. P. 52. 5. 564); — 2° En cas de rébellion, la circonstance que celui qui s'est fait le complice d'un délit de rébellion est le père du délinquant (Crim. rej. 16 janv. 1869, aff. Giboz, D. P. 69. 1. 381); — 3° En cas d'infanticide, la circonstance que l'accusée aurait été victime d'un viol au moment de la conception (Crim. cass. 3 août 1855, aff. Legros. D. P. 55. 1. 380). — L'ivresse, même accidentelle, n'est pas non plus une excuse (V. les arrêts cités *suprà*, n° 396, et notamment Crim. rej. 27 août 1868). Il en est de même de la provocation verbale dans les préventions de voies de fait et violences (V. *infrà*, n° 515).

497. Quant aux contraventions de police, la règle suivant laquelle il n'est permis de déclarer les faits excusables que dans les cas et circonstances où la loi l'autorise par une disposition expresse a été appliquée par la cour de cassation par des arrêts nombreux. Ces décisions sont intervenues principalement dans des cas où les juges de police avaient prononcé l'acquittement des prévenus pour absence d'intention ou de préjudice, minime importance du fait incriminé, difficulté d'exécution des règlements, ignorance de ces règlements, insuffisance de leur publication, tolérance et usage habituel, indigence de l'inculpé, infirmité ou maladie du délinquant, instigation d'un tiers, réparation de la contravention, etc., etc. Il serait sans intérêt de rappeler ici ces applications d'une règle placée au-dessus de toute contestation. M. Blanche en a réuni et classé un grand nombre sous la forme synoptique, dans sa *Deuxième Étude sur le code pénal*, n°s 248 à 289.

498. Ainsi qu'on l'a dit au *Rép.*, n° 360, l'excuse ne détruisant pas la criminalité de l'action mais en modifiant seulement le caractère, il s'ensuit que, lorsqu'elle existe, les poursuites, en principe, n'en doivent pas moins avoir lieu. Il s'ensuit également que les juridictions d'instruction (juge d'instruction et chambre d'accusation) ne doivent pas connaître des excuses. Aux autorités dans ce sens déjà citées au *Rép.*, v° *Instruction criminelle*, n°s 810-1°, 1064-3°, *adde* : Mangin, *De l'instruction écrite*, t. 2, n° 17; Le Sellyer, *De la criminalité*, t. 2, n° 306; Faustin Hélie, *Pratique criminelle*, t. 2, n° 118; Blanche, t. 2, n° 224; Garraud, t. 2, n° 130, p. 206. — Cette dernière règle admet cependant quelques exceptions. Ainsi, lorsque l'excuse doit être prise en considération pour le règlement de la compétence, comme dans le cas de l'art. 68 c. pén., ou lorsque l'excuse est péremptoire, comme dans les cas des art. 116, 247, 248, 357 et 380, le juge de la mise en prévention et celui de la mise en accusation ont qualité pour la reconnaître et pour décider ou qu'il n'y a lieu à suivre contre le prévenu ou qu'il doit être traduit devant le tribunal rendu compétent par l'excuse (Blanche, n° 225; Faustin Hélie, *Pratique criminelle*, t. 2, n° 118).

499. A qui appartient-il de proposer les excuses? Ce droit n'appartient-il qu'à l'accusé ou au prévenu? Ne peut-il être aussi exercé par le ministère public? V. à cet égard *infrà*, v° *Procédure criminelle*, et *Rép.* v° *Instruction criminelle*, n°s 2676 et suiv.

500. Sur la manière de poser au jury les questions d'excuse, V. *infrà*, v° *Procédure criminelle*, et *Rép.* v° *Instruction criminelle*, n°s 2656 et suiv.

La doctrine distingue deux sortes d'excuses : les excuses absolutoires, et les excuses atténuantes. On se conformera, dans les numéros qui suivent, à cette division, qui est fondée sur la nature des effets produits par l'excuse.

§ 2. — Des excuses absolutoires.

501. Les excuses absolutoires (ou péremptoires) sont « des circonstances de fait, définies par le législateur, qui assurent l'impunité à un individu judiciairement reconnu coupable d'une infraction » (Laborde, n° 562, p. 324). D'après M. Haus (t. 2, n° 823), ce sont « des circonstances spécialement définies par la loi et qui, sans détruire l'infraction, ont pourtant pour effet d'exclure la peine ». — Lorsque l'existence d'une semblable excuse est constatée, l'accusé ou le prévenu, quoique reconnu coupable, ne peut être condamné à aucune peine, ni par conséquent être frappé de la surveillance de la haute police (aujourd'hui, depuis la loi du 27 mai 1885, l'interdiction de séjour), à moins que, par exception à la règle, la loi n'autorise formellement le juge à prononcer cette pénalité accessoire.

Il résulte de cette dernière observation qu'au point de vue de leurs effets, on doit distinguer deux sortes d'excuses absolutoires. Les unes produisent une exemption totale de peine, entraînant une absolution complète. Le code pénal en offre des exemples dans les art. 114, § 2, et 190, 248 et 380, 247 et 357. La loi sur l'espionnage, du 18 avr. 1888 (D. P. 88. 2. 58), en fournit un autre dans son art. 10. La loi du 3 avr. 1892 sur les attentats par les explosifs (D. P. 92. 4. 42) en présente encore un autre. M. Garraud (n° 144) fait très justement remarquer que non seulement ces circonstances doivent exonérer de toute pénalité, mais qu'il arrivera fréquemment, dans les hypothèses prévues, qu'il n'y aura pas de poursuites. A quoi bon, en effet, des poursuites qui n'aboutiraient qu'à une déclaration platonique de culpabilité? Il pourra se faire, cependant, qu'en raison de circonstances particulières, la poursuite soit considérée comme utile, par exemple si, dans l'intérêt de la manifestation de la vérité, il convient d'appeler le bénéficiaire de l'excuse à l'audience à côté de ses complices. En cette hypothèse et autres analogues, ce sera au ministère public d'apprécier s'il convient de poursuivre ou non. — A côté de ces excuses entraînant une absolution complète, il en est d'autres qui, tout en exemptant le coupable de la peine principale et ordinaire de l'infraction, donnent aux juges la faculté, et, quelquefois même, leur imposent l'obligation, de prononcer contre le coupable le renvoi sous la surveillance de la haute police, aujourd'hui remplacé par l'interdiction de séjour (c. pén. art. 100, 108, 138, 144, 213, 271). Il est manifeste que, dans ces cas, la poursuite devra toujours avoir lieu (Garraud, n° 144, *in fine*).

502. Bien que les excuses absolutoires entraînent, comme on vient de le dire, l'exemption de la peine, et qu'ainsi, au point de vue matériel, le résultat soit le même, elles diffèrent à plusieurs points de vue des causes de justification (légitime défense, ordre de la loi) et des causes de non-culpabilité (démence, contrainte) : 1° les excuses absolutoires doivent, en cour d'assises, faire l'objet d'une question au jury (c. instr. crim. art. 339). Cette question spéciale n'est pas prescrite pour les faits justificatifs, ni pour les causes de non-culpabilité, lesquels peuvent être compris, les uns comme les autres, dans la question générale de culpabilité; — 2° L'accusé, déclaré non coupable par suite d'une cause de justification ou de non-culpabilité, doit être acquitté par une ordonnance du président, tandis que l'accusé, déclaré coupable, mais en faveur de qui le jury a admis l'existence d'une excuse péremptoire, est *absous* par arrêt de la cour d'assises; — 3° La responsabilité civile persiste toujours et reste à la charge du délinquant au cas d'excuse absolutoire, puisque cette excuse suppose la culpabilité et, par conséquent, la faute ; elle disparaît, au contraire, par l'effet du fait justificatif, l'agent justifié étant reconnu avoir agi dans la plénitude de son droit, ce qui exclut toute espèce de faute (V. *suprà*, v° *Crimes et délits contre les personnes*, n°s 303, 338 et suiv.). Quant aux causes de non-culpabilité, elles excluent ou n'excluent pas, suivant les cas, la responsabilité civile (V. *suprà*, n°s 365 et 414).

503. Les causes d'excuses absolutoires sont variables : 1° les unes se rattachent à l'idée d'un service rendu par le coupable à la société, service qui lui mérite une exemption de peine. C'est ainsi qu'on accorde l'impunité aux révélateurs dans les crimes attentatoires à la sûreté, au crédit ou au monopole de l'Etat (C. pén. art. 108, 138, 144 ; L. sur les douanes, du 4 germ. an 2, tit. 4, art. 4, *Rép.*, v° *Douanes*, p. 559. V. aussi L. sur l'espionnage du 18 avr. 1888, art. 10, D. P. 88. 2. 58 ; L. sur les attentats par les explosifs du 3 avr. 1892, D. P. 92. 4. 42) ; ou qu'on récompense ceux qui se sont retirés, au premier avertissement de l'autorité, des bandes ou attroupements en cas de sédition ou de rébellion (c. pén. art. 100, 213) ; — 2° D'autres excuses sont fondées sur ce que le mal du délit a été réparé ou arrêté (c. pén. art. 247) ; — 3° D'autres, sur certaines relations de parenté ou d'alliance entre l'agent et les personnes en faveur desquelles ou contre lesquelles le délit a été commis (c. pén. art. 288 et 380) ; — 4° D'autres enfin sont inspirées par le désir de maintenir l'obéissance et la prompte exécution des ordres dans la hiérarchie administrative (c. pén. art. 114, 190). — Sur les classifications dont les excuses absolutoires peuvent être l'objet d'après leurs causes (V. Ortolan, t. 1, n° 1102 ; Garraud, t. 2, n° 141 ; Laborde, n° 563).

§ 3. — Des excuses atténuantes.

504. Les excuses atténuantes sont des faits spécialement prévus et définis par la loi, qui diminuent la culpabilité et, par suite, la peine. On peut les définir « des circonstances atténuantes spécialement définies par la loi » (Haus, t. 2, n° 825). Elles se distinguent donc nettement des circonstances atténuantes proprement dites, dont la détermination est abandonnée à l'appréciation des juges (Garraud, p. 208).

505. Les excuses atténuantes sont générales ou spéciales, suivant qu'elles s'appliquent à une série d'infractions ou seulement à certaines infractions déterminées. Nous citerons, parmi les excuses spéciales, le cas de l'individu qui, ayant émis de la fausse monnaie, prouve qu'il l'avait reçue pour bonne (c. pén. art. 135) ; le cas de la provocation qui excuse les injures, publiques ou non, envers les particuliers (C. pén. art. 471, n° 11, et L. 27 juill. 1881, art. 33) ; et le cas du coupable de séquestration qui a rendu la liberté à la personne arrêtée, séquestrée ou détenue, avant le dixième jour accompli depuis celui de l'arrestation, séquestration ou détention (c. pén. art. 343). — Quant aux causes générales d'excuse atténuante, il n'en existe que deux dans notre système pénal : l'*âge au-dessous de seize ans* s'il est décidé que le mineur a agi avec discernement, et la *provocation*. Encore cette dernière n'a-t-elle qu'une généralité restreinte.

506. — I. MINORITÉ DE SEIZE ANS. — Il a déjà été traité de l'excuse de la minorité de seize ans, *suprà*, n°s 472 et suiv. Cette excuse atténuante se présente dans l'hypothèse des art. 67 et 69 c. pén., c'est-à-dire lorsqu'un mineur, étant poursuivi, il vient à être décidé qu'il a agi *avec* discernement. Le jeune âge diminue alors la culpabilité, et, par conséquent, la peine. Relativement à l'effet de cette excuse atténuante sur la peine, nous n'avons rien à ajouter à ce qui a été dit *suprà*, n°s 473 et suiv. ; mais il convient de traiter ici de l'effet *juridique* de l'excuse.

507. En transformant la peine criminelle en peine correctionnelle (c. pén. art. 67), l'excuse de minorité change-t-elle aussi la nature de l'infraction ? Le fait non excusé était un crime ; excusé, devient-il un délit ? L'intérêt pratique de cette question se présente surtout au double point de vue de la durée de la prescription et du droit de déclarer l'existence des circonstances atténuantes en cour d'assises. Au premier point de vue, l'on sait que la durée de la prescription de l'action publique est de dix ans en matière criminelle, de trois ans en matière correctionnelle (c. instr. crim. art. 637 et 638). Si l'excuse transforme le crime en délit, et que l'on suppose une poursuite commencée plus de trois ans et moins de dix ans après la perpétration du fait, l'admission de l'excuse devra entraîner l'absolution de l'accusé ; si le crime est resté crime, la prescription, étant de dix ans, ne sera pas acquise. D'autre part, le jury conserve le droit d'accorder des circonstances atténuantes si le fait reste crime. Il perd ce droit si le fait devient délit (c. instr. crim. art. 341 ; c. pén. art. 463). Si donc l'excuse de minorité a pour effet de changer la nature de l'infraction, l'admission de cette excuse enlève au jury le droit de déclarer des circonstances atténuantes, et celui-ci devra laisser à la cour d'assises le soin d'examiner s'il en existe.

Suivant la jurisprudence de la cour de cassation, l'admission de l'excuse de minorité modifie la durée de la prescription, le crime dégénérant, dans ce cas, en simple délit ; conséquemment, le crime commis par le mineur de seize ans est soumis à la prescription triennale (Crim. rej. 25 août 1864, aff. Liotard, D. P. 65. 1. 42 ; 16 déc. 1869, aff. Hostein, D. P. 70. 1. 320 ; Crim. cass. 12 août 1880, aff. Bonord, D. P. 81. 1. 92). — Toutefois une évolution dans la jurisprudence semble se dessiner dans un récent arrêt. La cour de cassation a jugé, le 9 juill. 1891, aff. Etcheverry, *suprà*, n° 474, que si le mineur de seize ans, qui commet une infraction de la nature de celle que la loi qualifie crime, n'est puni que de peines correctionnelles, ce tempérament exceptionnel apporté à la peine ne saurait transformer le caractère du fait incriminé dont les éléments substantiels ne sont pas modifiés, de telle sorte que si ce mineur, poursuivi pour crime, vient à être condamné par contumace à une peine correctionnelle, puis ultérieurement arrêté, la prescription de vingt ans sera seule applicable.

En doctrine, la question est fort controversée. MM. Faustin Hélie, *Instruction criminelle*, t. 2, n°s 1055 et 1056 ; Ortolan, *Eléments de droit pénal*, t. 2, n° 1856 ; Garraud, *Traité*, t. 2, n° 143 et *Précis*, n° 388 ; Morin, *Répertoire*, v° *Mineur*, n° 9 ; Berriat-Saint-Prix, *Procédure des tribunaux correctionnels*, t. 2, n° 380 ; Cousturier, *Prescription criminelle*, n° 113, Laborde, n° 572, tiennent, comme la cour de cassation, pour la prescription triennale. Mais V. en sens contraire : Bertauld, *Cours de droit pénal*, 29e leçon, p. 621, 622 ; Le Sellyer, *Action publique et privée*, t. 2, n° 544 ; Brun de Villeret, *Prescription*, n°s 195-197 ; Villey, *Précis*, p. 237.

508. Quant au droit de déclarer des circonstances atténuantes en faveur du mineur de seize ans, la cour de cassation le conserve au jury, ce qui ne peut s'expliquer qu'en disant que le fait reste crime (Crim. rej. 27 mai 1852, *Bull. crim.*, n° 169 ; 24 mars 1853, *Bull. crim.*, n° 111 ; 10 août 1866, aff. Debricou, D. P. 66. 1. 456 ; 28 févr. 1867, *Bull. crim.*, n° 49. Conf. Blanche, t. 6, n° 693. *Contrà* : Villey, p. 488 ; Bertauld, 18e leçon, p. 417-418).

Il nous paraît difficile de ne pas décider, dans l'une comme dans l'autre hypothèse, que le crime excusé par la minorité devient un délit. L'art. 1 c. pén. définit le « délit » toute infraction « que les lois punissent de peines correctionnelles ». Or, dans le cas de minorité, c'est la loi même (art. 67) qui prononce directement une peine correctionnelle contre les crimes commis par des mineurs de seize ans. On peut ajouter qu'en revisant, en 1863, les art. 57 et 58 c. pén., le législateur a consacré ce principe que celui-là seul est condamné pour crime auquel la loi inflige des peines afflictives ou infamantes, tandis que celui qui n'a été condamné, en vertu de la loi, qu'à des peines correctionnelles est condamné pour *délit*. Les articles précités traitent, en effet, comme un délit, au point de vue de la récidive, le « crime qui devra être puni de la peine d'emprisonnement », ce qui est le cas du crime excusé. Enfin, un argument d'analogie peut aussi être invoqué : « Personne, dit M. Laborde, p. 332, personne n'hésite à qualifier crime l'infraction dont la peine est transformée de correctionnelle en criminelle par l'effet d'une cause d'aggravation légale ; pourquoi hésiterait-on à qualifier délit l'infraction dont la peine est transformée de criminelle en correctionnelle, par l'effet d'une cause d'atténuation légale ? » (V. surtout dans le sens de cette opinion : Garraud, t. 2, n° 143 ; Laborde, n°s 571 et 572). — On a objecté à cette doctrine que l'excuse n'a trait qu'à la criminalité *subjective*, et que la gravité sociale du fait, la criminalité *objective*, reste la même ; mais il a été répondu avec raison, croyons-nous, qu'en notre droit toute infraction se compose de deux éléments : la matérialité du fait et la moralité de l'agent, et que « les circonstances qui se rattachent à tous ces éléments, et à raison desquelles la loi elle-même modifie la peine de l'infraction, doivent avoir le même effet dans une législation qui qualifie l'infraction *crime* ou *délit* d'après la peine légale dont elle est passible » (Garraud, *loc. cit.*).

509. — II. PROVOCATION. — 1° *Caractères généraux.* — « *Provoquer* signifie *exciter, faire éprouver ce qui excite, irrite* » (Littré); la provocation est l'action par laquelle on excite à exécuter un fait. En matière pénale, on dit qu'il y a provocation « lorsque, lésés dans notre droit, nous nous laissons dominer par notre ressentiment, en nous rendant coupables d'une infraction vis-à-vis de l'auteur de la lésion » (Thiry, n° 156).

La provocation, ainsi que nous l'avons dit au *Rép.*, n° 461, ne fait pas disparaître la culpabilité; elle la diminue seulement. Ce n'est pas une cause de justification, c'est une cause d'excuse. « La provocation, quand elle est admise, dit un arrêt, ne justifie pas l'auteur des voies de fait et n'a pour effet que l'atténuation de la culpabilité » (Crim. cass. 22 juill. 1882, aff. Coiffard, D. P. 83. 1. 275). Elle n'excuse pas, d'ailleurs, tous les crimes et délits, mais seulement (c. pén., art. 321 à 326) le meurtre, les coups et blessures volontaires et la castration, c'est-à-dire les *délits de sang*. Il faut ajouter qu'elle est encore admise en matière d'injures publiques ou non publiques (L. 29 juill. 1881, art. 33, et c. pén. art. 471, n° 11). V. *infrà*, v° *Presse-outrage*. En somme, l'excuse de la provocation est une excuse beaucoup moins générale que celle tirée de la minorité de seize ans.

510. Il ne faut pas confondre la provocation avec la légitime défense. Cette dernière est une véritable cause de justification, tandis que la provocation, simple excuse, laisse subsister la culpabilité, laquelle se trouve seulement diminuée. « La provocation, dit à cet égard M. Garraud (t. 2, n° 135), à la différence de l'agression, qui légitime les actes de défense, ne met pas le prévenu en danger de perdre la vie, mais, par l'irritation qu'elle cause à celui qui a été provoqué, elle obscurcit son intelligence et lui enlève, en partie, sa liberté; si donc le meurtre et les coups et blessures ne sont pas justifiés, du moins ils sont excusés par la provocation » (t. 2, n° 135). — Il n'est pas toujours facile de tracer la limite précise entre l'acte commis en état de légitime défense et l'acte commis en état de provocation. Nous croyons, avec l'auteur précité (p. 214, note 5), que « la science criminelle ne saurait trouver de meilleur *critérium* que celui qui est indiqué par le jurisconsulte Paul, dans la loi 45, § 4, *Ad legem aquiliam :* L'acte a-t-il été commis pour pourvoir à la *sûreté* ou pour accomplir une *vengeance? Et hoc si tuendi duntaxat, non etiam ulciscendi causa factum sit.* — Au reste, la légitime défense peut dégénérer en provocation, en ce sens que les mêmes faits qui constitueraient une personne en légitime défense, motivent à son profit l'excuse de la provocation, si les conditions de la légitime défense ont été incomplètes ou insuffisamment remplies, ou s'il y a eu excès dans la défense (Laborde, n° 577; Haus, t. 1, n° 629).

511. La provocation ne rend excusables l'homicide, les blessures, les coups, la castration qu'à certaines conditions. Il faut, d'abord, qu'elle résulte d'une des causes déterminées par la loi. Or les faits de provocation auxquels la loi attache le caractère d'excuse sont au nombre de quatre, savoir : les violences graves envers les personnes (c. pén. art. 321); la violation à l'aide d'escalade ou d'effraction du domicile pendant le jour (art. 322); le flagrant délit d'adultère (art. 324); un outrage violent à la pudeur, pour le crime de castration (art. 325). Il existe, sans doute, bien d'autres faits de provocation que ceux qui sont spécialement prévus par le code pénal. Ainsi les injures, les menaces, les paroles, gestes, écrits, les attentats contre les propriétés, les violences exercées contre les animaux, peuvent exciter une colère tout aussi forte et tout aussi excusable, en principe, que les faits prévus par la loi (Garraud, n° 135, p. 216). Mais ces faits ne sont pas des causes d'excuses légales. « Le législateur, a dit M. Haus (n° 831), ne peut définir tous les faits de provocation qui méritent à l'agent un adoucissement considérable de peine; il doit se borner à spécifier ceux qui sont les plus saillants et, en règle générale, les plus graves. Le système des excuses légales, toujours raide et inflexible, a besoin d'être complété par le système des circonstances atténuantes qui, de leur nature, sont indéfinissables et illimitées ». Le législateur italien a adopté un système tout à fait différent du système français. L'art. 51 c. pén. italien de 1889 considère comme excusable, en termes généraux, « celui qui a commis le fait sous une impulsion de colère ou d'intense douleur, déterminée par une injuste provocation ».

512. En second lieu, pour que la provocation constitue une cause d'excuse, il faut que le crime ou le délit ait été commis dans le mouvement d'emportement produit par la provocation, « sous une impression de colère ou d'intense douleur » dit l'art. 51 du code d'Italie précité. M. Haus, n° 832, explique et justifie en ces termes cette seconde condition : « Le principe de l'excuse invoquée par l'agent, réside dans la violence de la passion qui jette le trouble dans son esprit et le précipite dans le crime; il est coupable d'avoir cédé à l'irritation ou à la crainte qu'il aurait dû surmonter; mais il est excusable, parce qu'il a agi sous l'empire d'un mouvement impétueux qui l'a surpris. La provocation continue donc de produire l'excuse, tant que se prolonge l'émotion violente dont elle a été la cause. Mais l'excuse vient à cesser, lorsque le crime a été commis après un intervalle assez long pour que la réflexion ait pu surgir; car alors l'action n'est plus commise dans un premier élan; elle est le résultat d'une délibération qui en aggrave la criminalité; ce n'est plus un acte de colère ou de crainte, mais de vengeance ou de haine ». Il a déjà été traité de cette seconde condition au *Rép.*, n°s 469 et 470. On a posé en principe (n° 470) que l'homicide peut être excusable quoiqu'il n'ait eu lieu qu'après un certain intervalle écoulé depuis la provocation, pourvu que l'intervalle qui sépare ces deux actes n'ait pas été suffisant pour que la réflexion pût tempérer le premier emportement de la passion. M. Blanche a dit, en termes à peu près identiques, que « la provocation pourra être considérée comme une excuse, même dans le cas où elle n'aura pas été suivie sur-le-champ des violences incriminées, mais à la condition qu'elle n'en soit pas séparée par un intervalle de temps qui ait permis au coupable de recouvrer sa liberté d'esprit » (n° 31). — Quant à l'appréciation de la durée de cet intervalle de temps, c'est là une question abandonnée à l'appréciation des tribunaux (Conf. Chauveau et Hélie, t. 4, n°s 1439 et 1440; Garraud, p. 215, note 6; Boitard, n° 360; Villey, p. 477; Trébutien, n° 586). On remarquera qu'il y a, sous ce rapport, une grande différence entre la légitime défense et l'excuse de provocation : la légitime défense doit, comme son nom l'indique, être la réponse à l'attaque et ne peut plus se produire dès que l'attaque a cessé; en d'autre termes, elle doit être *actuelle* (V. *suprà*, v° *Crimes et délits contre les personnes*, n° 325); au contraire, il peut s'écouler, comme on vient de le dire, un certain temps, entre la violence et la provocation.

513. Il résulte de ce qui vient d'être dit que l'excuse tirée de la provocation ne peut être appliquée aux délits *réfléchis*, tels que l'assassinat ou les coups et blessures prémédités (Thiry, n° 160; Haus, n° 832; Garraud, n° 135). Aussi croyons-nous, avec ces deux derniers auteurs, qu'il y aurait contradiction entre deux réponses du jury, dont l'une admettrait l'existence de la préméditation dans le meurtre, et dont l'autre reconnaîtrait, en faveur de l'accusé, l'excuse de la provocation fondée sur l'art. 321; en cas pareil, la cour de cassation devrait, pensons-nous, annuler le verdict comme impliquant deux affirmations inconciliables. Toutefois, cette cour a déclaré, par un arrêt du 20 déc. 1883, aff. Capella, *Bull. crim.*, n° 289, qu' « en ce qui concerne l'admissibilité de l'excuse de provocation, la loi ne fait aucune distinction entre le meurtre commis sans aucune aggravation et le meurtre perpétré avec préméditation ou guet-apens, circonstance dont le concours avec l'excuse de provocation n'est pas impossible ». Conçue en ces termes généraux, cette proposition, que l'arrêt n'a, d'ailleurs, pas développée, nous semble difficile à admettre; on ne comprend pas bien comment un meurtre pourrait être à la fois prémédité, c'est-à-dire préparé à l'avance, et d'autre part excusable au titre de la provocation, c'est-à-dire commis dans le premier emportement de la passion.

En tous cas, il ne faudrait pas conclure, de la doctrine ci-dessus énoncée, que la cour d'assises ait le droit, dans une accusation d'assassinat, de refuser de poser une question sur l'excuse de provocation qui est invoquée par l'accusé : car le jury peut toujours, en admettant la culpabilité sur le fait principal, écarter la circonstance aggravante de préméditation, et accueillir l'excuse (Garraud,

p. 215, note 7; Haus, *loc. cit.*). — Sur la question de savoir si le mari qui aurait prémédité le meurtre pourrait invoquer l'excuse de l'art. 324, § 2, V. *infrà*, n° 527.

514. L'excuse de la provocation est-elle réelle ou personnelle? En d'autres termes, profiterait-elle au complice d'un crime ou d'un délit dont l'auteur aurait été déclaré excusable par application de l'un des art. 321, 322, 324 et 325? La question a été examinée *suprà*, v° *Complice*, n°s 20 et suiv., et résolue par l'affirmative, conformément à la jurisprudence, qui considère l'excuse de provocation « comme inhérente au fait lui-même » (Crim. cass. 12 oct. 1882, aff. Aury, D. P. 83. 1. 280). M. Laborde estime, au contraire, que l'excuse de la provocation est toujours personnelle, et qu'il n'en peut être autrement, puisqu'elle est empruntée à un fait psychologique. V. à cet égard, Haus, t. 1, n° 576. M. Garraud admet que l'excuse se communique dans les cas des art. 321, 322 et 325, mais il pense que la cause de provocation qui est tirée du flagrant délit d'adultère est essentiellement personnelle au mari, et qu'elle ne se communiquerait pas à ses complices (t. 2, p. 472, note 19). Chauveau et Hélie, t. 4, n° 1469, Sarrau de Boynet, p. 327 et Haus, sont du même sentiment en ce qui concerne cette hypothèse spéciale. « Point d'excuse, dit ce dernier auteur, pour celui qui aurait participé à ces actes de violence ; il est étranger aux sentiments qui ont pu, dans cet instant, agiter l'époux outragé ». Nous inclinons à admettre la distinction faite par ces derniers auteurs. Au reste, un arrêt a décidé, non sans raison, que le jury peut, sans que son verdict renferme de contradiction, déclarer l'accusé principal coupable d'homicide volontaire sans provocation, et admettre en faveur du complice l'excuse de provocation (Crim. rej. 7 sept. 1871, *Bull. crim.*, n° 111).

515. — 2° *Des faits de provocation qui constituent des excuses égales*. — A. *Coups et violences graves envers les personnes* (c. pén. art. 321). — Cette excuse, dont il a été traité au *Rép.* n°s 461 à 491, suppose : 1° des violences physiques ; 2° des violences envers les personnes ; 3° des violences graves ; 4° des violences injustes. — Elle suppose, d'abord, des violences *physiques*. On ne peut donc considérer comme des faits d'excuse ni les injures par paroles, par écrits ou par gestes, quelque outrageantes qu'elles soient, ni même les imputations calomnieuses (*Rép.* n°s 463 et 464). Conf. Garraud, t. 2, n° 136 ; Blanche, t. 5, n° 32 ; Chauveau et Hélie, *Instruction criminelle*, t. 4, n° 1430 ; Faustin Hélie, *Prat. crim.*, n° 560; Boitard, n° 360). Il a été jugé, dans ce sens, que, dans une poursuite pour violences légères contre un spectateur qui avait jeté des pierres et sa canne à un acteur et une actrice sur la scène, le juge de police n'a pu relaxer l'inculpé par le motif que la violence légère qui lui était imputée avait été provoquée par les paroles injurieuses prononcées par l'acteur (Crim. cass. 5 mars 1886, aff. Casanova, *Bull. crim.*, n° 94). Il faut en dire autant des menaces verbales (*Rép.* n° 464), à moins qu'elles ne soient accompagnées de circonstances et, notamment, de gestes, qui puissent faire craindre leur exécution immédiate. A l'arrêt du 15 mess. an 13, cité *Rép. ibid.*, *adde :* Crim. cass. 23 déc. 1880, aff. Bouchault, D. P. 81. 1. 191, qui a décidé que le fait de poursuivre avec un couteau diverses personnes en les menaçant de mort constitue légalement les violences graves visées par l'art. 321 c. pén., comme pouvant servir d'excuse à un meurtre. Conf. (Chauveau et Hélie, n° 1431 ; Garraud, *eod. loc.* Ortolan, t. 1, n° 448).

516. L'excuse de l'art. 321 suppose, en second lieu, des violences *envers des personnes*. Celles qui n'atteignent que les animaux domestiques et les choses matérielles, sans toucher à la personne, ne suffiraient point pour constituer l'excuse (Chauveau et Hélie, n° 1431 ; Blanche, n° 32 ; Garraud, n° 136). Confirmant la jurisprudence résumée à cet égard au *Rép.* n° 467, la cour de cassation a jugé depuis que les violences commises par un individu contre une clôture (bris d'un volet appartenant à l'inculpé) ne sauraient constituer, au profit de celui-ci, la provocation légale (Crim. cass. 22 juill. 1882, aff. Coiffard, D. P. 83. 1. 275). Mais, comme on l'a dit au *Rép.* n° 468, il n'est point nécessaire que les violences aient été commises contre l'accusé lui-même. « L'excuse existe certainement, soit que l'auteur du crime ou du délit ait été lui-même maltraité, soit que les violences aient été exercées contre ses proches ou contre des tiers qui lui sont inconnus » (Garraud, *eod. loc.*). Blanche en donne la raison : « Le texte de l'art. 321 admet qu'il y a excuse, toutes les fois que l'action a été provoquée par des coups ou violences graves envers les personnes. Ces violences, quoiqu'elles soient adressées à un tiers, ont pu émouvoir le coupable, l'engager dans la lutte, exciter sa colère ; il est légitime qu'elles le rendent excusable comme celles qui seraient exercées sur sa personne » (n° 34). Conf. Chauveau et Hélie, n° 1433 ; Haus, n° 834.

517. Il faut, en troisième lieu, des violences *graves*. Cette condition est, ainsi qu'on l'a rappelé au *Rép.* n° 466, formellement exigée par le texte de l'art. 321. Si les violences n'étaient pas de cette nature, elles n'excuseraient pas celui qui, cédant à la provocation dont il aurait été l'objet, se serait rendu coupable de meurtre ou de coups et blessures. Il importe donc, dit Blanche n° 33, que, dans l'articulation de l'excuse, ou prenne soin d'énoncer que les coups ou violences sur lesquels on entend la faire reposer ont été graves; sans quoi, la cour d'assises pourrait et devrait même se refuser à poser la question au jury. C'est ce que la cour de cassation a jugé par trois arrêts (Crim. cass., 19 mars 1835, *Bull. crim.*, n° 102 ; Crim. rej. 22 janv. 1852, aff. Jeannin, D. P. 52. 5. 564 ; 30 janv. 1859, aff. Berthon, D. P. 59. 1. 327).

518. Enfin, les violences doivent être *injustes*, non légitimes. Cette condition n'est pas exprimée dans l'art. 321 ; mais elle est néanmoins certaine, car si l'auteur des violences avait le droit de les exercer, celui qui en a été l'objet avait le devoir de les subir (Haus, n° 833 ; Garraud, t. 2, n° 136, p. 218). Cette condition de *l'injustice* est expressément formulée par l'art. 51 du c. pén. d'Italie, ainsi conçu: « Celui qui à commis le fait sous une impulsion de colère ou d'intense douleur, déterminée par une *injuste* provocation, est puni... ». A ce sujet, nous avons examiné au *Rép.* n° 479, la question de savoir si, lorsqu'un agent de l'autorité commet, dans l'exercice de ses fonctions, des violences graves envers un citoyen, ces violences peuvent servir d'excuse aux représailles exercées par ce citoyen ainsi provoqué. Bien que l'opinion affirmative, par nous soutenue, soit en contradiction avec la jurisprudence de la cour de cassation, nous croyons devoir y persister. Seulement, avec l'unanimité des auteurs (sauf Blanche, t. 4, n° 131, qui tient pour le système de la jurisprudence), nous exigerons, pour que l'excuse de provocation puisse être admise, qu'il y ait, une *illégalité évidente, flagrante* (Conf. Chauveau et Hélie, t. 3, n° 1281 ; Garraud, t. 2, n° 136, p. 219 ; Laborde, n° 578 ; Trébutien, t. 1, n° 591 ; Villey, p. 512 ; Haus, n° 833). Nous croyons donc, et nous avons déjà soutenu la même opinion au sujet de la légitime défense (v° *Crimes et délits contre les personnes*, n° 329), que les violences illégalement exercées par un fonctionnaire peuvent être invoquées comme excuses, pourvu que l'illégalité en soit évidente. Contrairement à cette opinion, la cour de cassation, persistant dans la jurisprudence rappelée au *Rép. ibid.*, a, depuis, jugé que l'excuse résultant de la provocation n'est pas admissible en matière de meurtre ou d'actes de violence commis envers les dépositaires ou agents de la force publique dans l'exercice de leurs fonctions, ou à l'occasion de cet exercice (Crim. rej. 29 nov. 1855, aff. Lenclume, D. P. 56. 1. 96; 26 déc. 1856, aff. Berla, D. P. 57. 1. 96 ; 25 avr. 1857, aff. Brun, D. P. 57. 1. 268). En Belgique, un arrêt s'est prononcé dans le même sens que la doctrine française (C. d'assises du Brabant, 8 mai 1856, *Pasicrisie belge*, 1857, 2e partie, p. 365).

Il résulte des arrêts de la cour de cassation qui viennent d'être rappelés : 1° que lorsqu'un individu est traduit en cour d'assises pour meurtre d'un agent de la force publique, dans l'exercice de ses fonctions, s'il demande que la question de provocation soit posée, la cour, par application de l'art. 65 c. pén., doit rejeter la demande, le fait de provocation, dans ce cas, ne constituant pas une excuse légale (Arrêt précité du 25 avr. 1857) ; 2° que cependant la question de provocation doit être posée subsidiairement pour le cas où le jury ferait une réponse négative sur la qualité de la victime, lorsque l'accusé conteste cette qualité ou qu'il y a doute sur ce point (Arrêt précité du 26 déc. 1856 ; C. d'ass. de Constantine 20 juin 1880) (1).

(1) (Philippini.) — LA COUR ; — Attendu que l'accusé Philippini demande que la question d'excuse, résultant de la provocation

519. Quels sont les crimes et délits qui peuvent être excusés par les violences graves envers les personnes dont parle l'art. 321 ? Cet article ne cite que le meurtre et les coups et blessures. Le meurtre, c'est l'homicide commis volontairement (c. pén. art. 295). Faut-il en conclure que l'excuse de l'art. 321 n'est pas applicable aux coups et blessures volontaires ayant occasionné la mort sans intention de la donner (c. pén. art. 309, § 4)? Assurément non. Nous l'avons déjà dit au *Rép.*, n° 472 : il serait inacceptable qu'une excuse autorisée par la loi à l'égard de l'homicide volontaire qualifié meurtre, ne le fût pas à l'égard du crime moins grave de violences n'ayant entraîné qu'un homicide involontaire. D'ailleurs le crime de l'art. 309, § 3, consiste dans des « coups et blessures » et rentre exactement, à ce titre, dans les termes mêmes de l'art. 321 (Conf. Chauveau et Hélie, n° 1447).

520. Quant à l'homicide et aux blessures et coups involontaires qui résulteraient d'une simple faute, et constitueraient ainsi les délits prévus et punis par les art. 319 et 320 c. pén., il nous paraît assez difficile qu'ils puissent être excusés par la provocation. Quand la loi, dans l'art. 321, parle de meurtre, de blessures, de coups provoqués, n'est-il pas évident qu'elle entend parler du meurtre, des blessures et des coups *volontaires* ou intentionnels, c'est-à-dire d'actes de violence exercés dans l'intention d'attenter à la personne de l'individu qui a été tué, blessé ou frappé?

521. En ce qui concerne le crime d'assassinat, on a déjà vu *suprà*, n° 513, qu'il ne peut pas être excusé.

522. Il existe une double exception à la règle qui admet l'excuse de provocation au cas de violences graves envers les personnes : celle du parricide (c. pén. art. 323) et celle du meurtre d'un conjoint par son conjoint (art. 324). Il a été traité de ces deux exceptions au *Rép.*, n°s 473 à 477, et nous n'aurons que peu de choses à ajouter aux explications précédemment données. — En ce qui concerne le parricide, bien que l'art. 323 déclare que ce crime n'est jamais excusable, il est admis en doctrine que, malgré les expressions générales dont le législateur s'est servi, c'est *seulement la provocation* prévue par les art. 321 et 322 c. pén. qui n'est pas admise comme cause d'excuse du parricide. L'esprit de loi, aussi bien que la place matérielle de l'art. 323, commandent cette solution. L'esprit de loi d'abord, car, si « le respect religieux que l'on doit à l'auteur de ses jours... impose le devoir de tout souffrir plutôt que de porter sur lui une main sacrilège » (Locré, t. 30, p. 477), ce motif, qui, d'après le législateur lui-même, a inspiré l'art. 323, ne s'oppose en rien à ce que la peine soit réduite, conformément à l'art. 67 c. pén., lorsque le parricide a été commis, avec discernement, par un mineur de seize ans. D'autre part, la place qu'occupe l'art. 323, à la suite des art. 321 et 322, indique bien que c'est seulement la provocation dont il est question dans ces articles, qui n'est pas admise en cas de parricide. Nous croyons donc (avec MM. Chauveau et Hélie, n° 1443; Garraud, t. 2, n° 137, p. 220; Laborde, n° 579; Blanche, n° 43) que le parricide reste excusable si l'agent est mineur de seize ans. — Suivant MM. Garraud et Laborde (*loc. cit.*), il en serait de même au cas de provocation par flagrant délit d'adultère dans les termes de l'art. 334. Mais cette solution semble plus douteuse.

523. Au reste, l'art. 323 ne mentionnant que le parricide, on doit en conclure, ainsi que nous l'avons fait au *Rép.* n°s 73 et 74, qu'il ne s'applique pas aux coups portés et blessures faites par un fils à son père. La doctrine constante à cet égard (Chauveau et Hélie, n° 1442; Blanche, n°s 35 et 44; Garraud, t. 2, n° 137; Villey, p. 478). Par le même motif, il faut décider aussi, croyons-nous (*Rép.* n° 475), que l'homicide volontaire commis sans intention de donner la mort, par un enfant sur ses parents (art. 309, *in fine*), profiterait du bénéfice de l'excuse. L'art. 323 ne déclare déchu de ce bénéfice que le seul *parricide;* or, l'art. 299 ne qualifie *parricide* que le meurtre des père ou mère et ascendants de l'accusé (Chauveau et Hélie, *eod. loc.* Garraud, *eod. loc.*).

524. La seconde exception à la règle générale posée par l'art. 321, exception qui concerne le meurtre commis par l'un des époux sur l'autre, a été étudiée au *Rép.* n°s 476 et 477. Nous avons rien à ajouter à ce qui y a été dit.

525. — B. *Outrage violent à la pudeur.* — *Castration.* — Ce cas particulier de provocation, visé par l'art. 325 c. pén. et étudié au *Rép.*, n°s 492 à 494, ne nous paraît comporter aucune observation nouvelle. On peut consulter à son sujet : Blanche, t. 5, n°s 53 à 58; Chauveau et Hélie, t. 4, n°s 1448 à 1451; Garraud, t. 2, n° 138.

526. — C. *Attaque faite pour pénétrer dans une maison pendant le jour* (*Rép.* n°s 495 à 499). — Sur ce troisième cas de provocation, visé par l'art. 322 c. pén., V. Blanche, n°s 38 à 42; Chauveau et Hélie, n°s 1452 à 1458; Garraud, t. 2, n° 140. — Si l'attaque avait lieu, non pendant le jour, mais pendant la nuit, le cas rentrerait sous l'application de l'art. 329; il y aurait non pas excuse de provocation, mais présomption de légitime défense (V. à cet égard, *suprà*, v° *Crimes et délits contre les personnes,* n°s 341 et suiv.).

527. — D. *Flagrant délit d'adultère* (*Rép.* n°s 500 à 507). — Le deuxième paragraphe de l'art. 324 ne reconnaît point au mari le droit de donner la mort à sa femme et à son complice surpris en adultère; mais il considère cet outrage comme une provocation violente qui motive l'excuse. Cette excuse est soumise à deux conditions : il faut que le meurtre soit commis au moment où le mari surprend les coupables en *flagrant délit*, et qu'il les ait surpris *dans la maison conjugale.*

Il a été traité de la première condition au *Rép.*, n°s 501 à 503. Sous ce premier aspect, l'exigence de l'art. 324 est double : la loi veut qu'il y ait *flagrant délit*, et *surprise* par le mari. Nous ne reviendrons pas sur les caractères du flagrant délit, exposés au *Rép.*, n° 501. La doctrine qui y a été présentée est admise par tous les auteurs (Blanche, n° 50; Chauveau et Hélie, n°s 1466 et suiv.; Garraud, t. 2, n° 139; Trébutien, t. 1, n° 595). Mais nous signalerons un arrêt de la cour de Lyon, du 4 janv. 1845, qui a refusé, avec raison, le bénéfice de l'excusabilité à un mari qui avait tiré un coup de pistolet sur sa femme dans les circonstances suivantes. Ce mari, soupçonnant l'infidélité de sa femme, avait annoncé un voyage de plusieurs jours, mais il était revenu le jour même à son domicile armé de deux pistolets chargés et accompagné de trois amis. Trouvant sa femme avec le complice soupçonné, il avait tiré sur elle, en disant : « Je ne veux pas te tuer, je veux seulement te marquer », et il

---

par coups ou violences graves envers les personnes, soit posées au jury; que le ministère public s'y oppose, parce que le sieur Bogueski, sur lequel aurait été commise la tentative d'homicide volontaire incriminée, était, au moment du fait, garde champêtre de la commune de Chérarïa, et que ce serait à raison de cette qualité et à l'occasion d'un procès-verbal par lui dressé contre Philippini que se seraient passés les actes qui amènent l'accusé devant la cour d'assises; — Attendu que, s'il est exact que l'excuse légale résultant de la provocation ne puisse être posée au jury que lorsqu'il s'agit de crimes commis contre des particuliers et que l'arrêt de renvoi considère que le fait actuellement poursuivi a été commis à raison de l'exercice, par le sieur Bogueski de son ministère de garde champêtre, il n'est pas moins vrai aussi que la question d'excuse résultant de coups ou violences graves envers les personnes, est une question qui doit toujours être soumise au jury, lorsque l'accusé formule sa demande dans les termes légaux de l'art. 321 c. pén.; — Que le jury étant souverain maître d'écarter ou d'admettre la question qui lui est spécialement posée pour qu'il décide si c'est à raison de l'exercice de son ministère de garde champêtre que Bogueski a été victime de la tentative qui fait l'objet de la poursuite actuelle, ou ne saurait, quant à présent, admettre ou rejeter d'une façon définitive la question d'excuse dont l'accusé demande la position; qu'il convient de la poser pour le cas où le jury répondrait négativement sur la question relative à l'exercice du ministère de garde champêtre qui aurait été la cause déterminante de la tentative incriminée; que cette question deviendrait, en ce cas, d'une utilité incontestable pour l'accusé et que c'est avec raison qu'il en réclame le bénéfice si le jury ne doit pas reconnaître que la tentative d'homicide volontaire a été commise à l'occasion de l'exercice du ministère de garde champêtre; — Mais que le jury sera prévenu qu'en cas de réponse affirmative sur cette question de ministère d'agent de la force publique, il n'aura pas à répondre, sur la question d'excuse ainsi posée conditionnellement en quelque sorte, et que sa réponse, en ce cas, serait considérée par la cour comme inutile et inopérante;

Ordonne, etc.

Du 20 juin 1880.-C. d'ass. de Constantine.-MM. Lourdan, pr.-Bœurner, proc.-Forcioli, av.

l'avait blessée. Le tribunal fit application au mari de l'art. 324; mais la cour, « attendu que les faits de la cause donnent la certitude que H..., loin d'avoir été entraîné par un premier mouvement de colère provoqué par le plus grand outrage que puisse recevoir un époux, a au contraire prémédité sa vengeance et en a calculé l'étendue », déclara inapplicable les dispositions de l'art. 324 et réforma le jugement.

528. Quant à la seconde condition, l'adultère commis « dans la maison conjugale », il a été jugé: 1° que le mari reconnu coupable d'avoir tué sa femme en flagrant délit d'adultère ne peut être déclaré excusable qu'autant qu'il est constaté par la déclaration du jury, qu'il l'a surprise dans la maison conjugale (Crim. cass. 25 janv. 1872, aff. El-Habib-ben-Thami, D. P. 72. 1. 48); — 2° Que, même pendant l'instance en séparation de corps ou en divorce, et tant que la séparation ou le divorce n'a pas été prononcé, le domicile du mari reste la maison conjugale (Crim. cass. 17 août 1883, aff. Petit, D. P. 87. 1. 47).

529. Les complices que le mari aurait trouvés pour l'aider à exécuter le meurtre de sa femme sont-ils, eux aussi, excusables? C'est demander si l'excuse de l'art. 324, § 2, est *personnelle* ou *réelle*. Persistant dans la doctrine enseignée au *Rép.*, n° 504, nous estimons que l'excuse du mari lui est personnelle, et nous pensons que le tiers qui lui aurait servi d'instrument ne profiterait point de cette excuse (V. *suprà*, n° 514).

530. Nous croyons aussi, contrairement à l'opinion de Blanche (n° 51), mais d'accord avec la plupart des auteurs (Garraud, t. 2, n° 139, *in fine*; Chauveau et Hélie, n° 1471; Villey, p. 477; Trébutien, t. 1, n° 597; Laborde, n° 580), que le mari qui aurait entretenu une concubine dans la maison conjugale ne pourrait invoquer l'excuse de l'art. 324. C'est la solution qui avait été admise au *Rép.*, n° 507.

531. L'art. 324 ne déclare excusable que le *meurtre;* est-ce à dire que les *coups* portés, les *blessures* faites par le mari à la femme et à son complice ne seraient pas excusables? Un arrêt de la cour d'Alger du 3 mai 1879, rapporté *suprà*, v° *Adultère*, n° 102, l'a ainsi décidé. Dans une poursuite où les coups avaient été mortels pour la femme, cet arrêt a refusé de poser la question d'excuse légale demandée par la défense du mari, en se fondant sur ce que l'art. 324 ne parle que du meurtre, et nullement des coups et blessures. Cette décision a été approuvée dans le *Journal de droit criminel*, 1881, n° 10656, p. 161 et suiv. (Conf. aussi Haus, t. 2, n° 841). Nous hésitons pourtant à la croire fondée. Sans doute le paragraphe 2 de l'art. 324 ne parle que du meurtre; mais les coups et blessures, étant moins graves que le meurtre, ne doivent-ils pas, *a fortiori*, profiter du bénéfice de l'excuse? Nous le croyons avec M. Villey, p. 477, et avec M. Garraud, t. 2, p. 222, note 24. V. au surplus, dans le même sens, v° *Adultère*, *loc. cit.*

532. Enfin, nous constaterons de nouveau (*Rép.* n° 506) que l'excuse de l'art. 324, § 2, n'est faite que pour le mari, et qu'elle ne pourrait être invoquée par la femme qui surprendrait son mari en adultère (Conf. Blanche, t. 5, n° 53; Ortolan, n° 459; Laborde, n° 580; Trébutien, n° 594). Cette différence est, croyons-nous, assez peu justifiable et même choquante; la femme outragée ne sent-elle pas aussi vivement que le mari l'offense qui lui est faite? Ne perd-elle pas comme lui sa liberté d'esprit quand elle commet le meurtre de son époux par elle surpris en adultère? Tout cela est certain; mais tout est de droit étroit en matière d'excuses, et le texte de l'art. 324 n'accorde l'excuse qu'au seul mari. — Le code pénal belge de 1867 a effacé toute distinction à cet égard entre les époux; son art. 413 accorde le bénéfice de l'excuse indifféremment à la femme et au mari. Ce même code a, d'ailleurs, dans la même disposition, formellement étendu aux coups et blessures l'excuse du flagrant délit d'adultère, sans exiger que ce flagrant délit soit constaté dans la maison conjugale.

533. — 3° *Des effets de l'excuse.* — Lorsque l'excuse de provocation est admise, l'atténuation des peines est déterminée par l'art. 326 c. pén., dont l'effet général est de réduire la peine à un simple emprisonnement correctionnel. Il est à peine besoin de dire que la surveillance facultative de la haute police, dont il est question dans le troisième paragraphe de cet article, devrait aujourd'hui, le cas échéant, être remplacée par l'interdiction de séjour (L. 27 mai 1885, art. 19). Ajoutons que la réduction de l'art. 326 est, d'ailleurs, ainsi qu'on l'a déjà reconnu au *Rép.* n° 480, indépendante de celle qui peut être prononcée en vertu de l'art. 463, et que les circonstances atténuantes peuvent se combiner avec l'excuse (Chauveau et Hélie, n° 1446; Blanche, n° 60). — L'art. 87 c. pén. de Neufchâtel (1891) contient, relativement aux effets de la provocation, la disposition suivante : « Lorsqu'il a été riposté sur-le-champ à une injure ou à des voies de fait par une autre injure ou par d'autres voies de fait n'ayant pas entraîné une des conséquences prévues aux art. 316 et 317, le juge peut transformer l'emprisonnement en prison civile ou en amende, et même *libérer les accusés ou l'un d'eux, s'il n'y a pas eu de lésion grave* ».

534. En transformant, dans les premiers cas de l'art. 326, la peine criminelle en peine correctionnelle, l'excuse de provocation change-t-elle aussi la nature de l'infraction? Le fait non excusé était un crime; devient-il délit? La question a déjà été examinée *suprà*, n°s 507 et suiv., par rapport à l'excuse de minorité et résolue par l'affirmative. La solution doit être la même, croyons-nous, pour l'excuse de provocation, les raisons de décider n'étant pas différentes (Conf. Laborde, n° 572; Garraud, t. 2, n° 143. — V. toutefois, en sens contraire, Villey, p. 327 et 479). Mais la jurisprudence n'est pas bien fixée sur cette question. La cour de cassation a décidé, d'une part, que l'admission de l'excuse de provocation n'influe pas sur la durée de la prescription, qui reste la prescription des crimes (Crim. rej. 17 janv. 1832, aff. Massoni, *Rép.* v° *Prescription criminelle*, n° 49); elle a jugé, d'autre part, par plusieurs arrêts (Crim. rej. 13 sept. 1850, aff. Atgé, D. P. 50. 5. 98; 22 juill. 1852, aff. Picassette, D. P. 52. 5. 153; 20 juin 1867, aff. Barrot, D. P. 67. 1. 413; 5 mai 1881, aff. Duviquet, *Bull. crim.*, n° 117; 7 avr. 1887, aff. Lesne, D. P. 88. 1. 41), que, dans le cas d'admission d'une excuse de provocation, le droit de déclarer des circonstances atténuantes doit être retiré au jury et n'appartient qu'à la cour, ce qui suppose que le fait devient *délit*. Il est vrai que, d'après ce dernier arrêt, le fait excusé devient non pas délit, mais infraction *sui generis*. « Le crime, a dit M. le conseiller de Larouverade, dans le rapport qui a précédé l'arrêt du 7 avr. 1887, bien que déclaré excusable, n'en reste pas moins un crime. Seulement, c'est un crime atténué, un crime *sui generis*, qui échappe exceptionnellement à l'application des peines afflictives et infamantes, et ne peut être puni que de la peine d'emprisonnement » (D. P. 88. 1. 41). Il nous paraît à la fois plus simple et plus exact de reconnaître que le crime excusé devient un délit.

535. — 4° *Constatation de l'excuse. — Questions au jury.* — L'excuse, si elle est admise, doit, évidemment, être constatée par le jugement. Si des conclusions tendant à l'admission de l'excuse avaient été prises, il est clair qu'il y faudrait statuer. A ce sujet, la cour de cassation a jugé que l'arrêt correctionnel qui constate que le prévenu de coups ne peut s'en prendre qu'à lui-même s'il a reçu quelques coups dans la bagarre dont il est le seul auteur, rejette implicitement, mais suffisamment, le moyen tiré de la légitime défense ou de la provocation (Crim. rej. 26 févr. 1892, aff. Beydel, D. P. 92. 1. 472).

On sait qu'aux termes de l'art. 339 c. inst. crim., lorsque l'accusé aura proposé pour excuse un fait admis comme tel par la loi, le président doit, à peine de nullité, poser une question au jury relativement à cette excuse. Il s'ensuit que si, aux assises, la défense en fait la demande formelle, la question de provocation doit être posée à peine de nullité (Crim. cass. 22 sept. 1836, *Bull. crim.*, n° 311; 14 déc. 1850, *Bull. crim.*, n° 421; 15 juin 1855, aff. Groguet, D. P. 55. 5. 132; 26 déc. 1856, aff. Basta, D. P. 59. 1. 327). Mais des conclusions formelles sont pour cela nécessaires; en l'absence de conclusions, l'omission de statuer ne pourrait déterminer l'annulation de l'arrêt (Crim. rej. 25 avr. 1872, *Bull. crim.*, n° 94; 25 mars 1886, aff. Stoffel et autres; *ibid.*, n° 127).

536. La question de provocation peut être aussi posée comme résultant des débats. Il est clair que si elle a été ainsi posée par le président, le jury ne peut se dispenser d'y répondre. A ce point de vue, il a été jugé qu'il y a nullité si, le jury n'ayant fait aucune réponse à la question de provocation posée comme résultant des débats, la cour d'assises, au lieu de renvoyer les jurés dans la salle de leurs délibérations pour réparer cette omission, a admis les réponses affirmatives sur les questions résultant de l'acte d'accusation et fait au prévenu l'application de la loi pénale correspondante (Crim. cass. 28 janv. 1886, aff. Abdesselem-ben-Tahar, *Bull. crim.*, n° 32).

537. La réponse négative du jury sur la question de provocation, étant contraire à l'accusé, doit, à peine de nullité, exprimer qu'elle a été rendue à la majorité (Crim. cass. 20 déc. 1866, aff. Goujon, D. P. 67. 5. 108; 3 avr. 1873, aff. Serre, D. P. 73. 1. 392; 19 mars 1877, aff. Bay, D. P. 77. 1. 332; 3 mai 1877, aff. Aïssa-ben-el-Hadj-Bachir, D. P. 78. 5. 176; 12 oct. 1882, aff. Aury, D. P. 83. 1. 280; 22 avr. 1886, aff. Mohamed-ben-Salah, *Bull. crim.*, n° 160).

SECT. 2. — DES CIRCONSTANCES ATTÉNUANTES (*Rép.* n° 508 à 576).

ART. 1er. — *Des circonstances atténuantes en général.*

538. — I. LÉGISLATION ET DOCTRINE. — L'art. 463 du code pénal, relatif aux circonstances atténuantes en matière de crimes et délits, a subi, depuis la publication du *Répertoire*, plusieurs modifications. La loi du 13 mai 1863 (D. P. 63. 4. 108) en a apporté deux. La première concerne le mode d'abaissement de la peine de la déportation dans une enceinte fortifiée, peine créée par la loi des 5 avr.-15 juin 1850 (D. P. 50. 4. 129) pour remplacer la peine de mort abolie, en matière politique, par la constitution de 1848. Aux termes du nouvel alinéa 3 de l'art. 463, la déportation dans une enceinte fortifiée est, en cas de circonstances atténuantes, remplacée par la déportation simple ou la détention; toutefois, dans les cas prévus par les art. 96 et 97, la peine de la déportation simple est seule appliquée (V. *infrà*, n° 560). Le second changement introduit dans l'art. 463 par la loi du 13 mai 1863 était relatif à l'abaissement des peines correctionnelles en cas d'admission de circonstances atténuantes, mais le décret du 27 nov. 1870 (D. P. 71. 4. 9) a fait disparaître la modification que la loi de 1863 avait introduite, et, sous ce rapport, le texte ancien de l'art. 463 (rédaction de 1832) a été remis en vigueur, comme il l'était à l'époque de la publication du *Répertoire*. Enfin, un paragraphe a été ajouté à l'art. 463 par la loi des 26-28 oct. 1888 (D. P. 89. 4. 3). Cette loi a décidé que, dans le cas où l'amende est substituée à l'emprisonnement (par suite d'une déclaration de circonstances atténuantes en matière correctionnelle), si la peine de l'emprisonnement est seule prononcée par l'article dont il est fait application, le maximum de cette amende sera de 3000 francs (V. *infrà*, n° 580).

539. Indépendamment des trois modifications qui viennent d'être signalées, deux autres ont été, en ces dernières années, proposées au Parlement, l'une par M. Bozérian, l'autre par M. Bérenger. M. Bozérian a présenté au Sénat, dans la séance du 4 avr. 1885, une proposition de loi tendant à modifier l'art. 341 c. instr. crim. en ce sens que, dans toute affaire criminelle, le jury serait appelé à statuer, non seulement sur l'admission de circonstances atténuantes en faveur de l'accusé, mais en outre sur l'admission de circonstances *très atténuantes*, et l'art. 463 c. pén. en ce sens que l'admission des circonstances très atténuantes obligerait la cour à réduire, dans tous les cas, la peine encourue aux proportions d'une peine correctionnelle. Cette proposition, dont l'auteur s'inspirait des art. 40 et 41 c. pén. de Genève de 1874, n'a pas abouti jusqu'ici. Le Sénat l'a renvoyée au garde des sceaux pour être soumise à l'examen préalable de la cour de cassation et des cours d'appel. L'enquête n'ayant pas été favorable au projet de système des circonstances très atténuantes (V. notamment dans le journal *Le Droit*, nos des 20 et 21 mai 1887, le rapport présenté le 16 mai 1887, à la cour de cassation, devant toutes les chambres réunies, par M. le conseiller Tanon), le Sénat (séance du 7 févr. 1888) en a ajourné la discussion, afin de permettre un nouvel examen du système par la commission extra-parlementaire instituée sous la présidence du garde des sceaux pour la revision du c. pén. On trouvera dans le *Traité* de M. Garraud, p. 248 et suiv., une appréciation critique du système des circonstances très atténuantes.

La proposition de M. Bérenger a été présentée au Sénat le 26 mai 1884. Elle faisait partie d'un projet beaucoup plus étendu « sur l'aggravation progressive des peines en cas de récidive et sur leur atténuation en cas de premier délit », qui est devenu la loi *Bérenger* du 26 mars 1891. Au point de vue spécial qui nous occupe, M. Bérenger, afin de raffermir la répression contre les récidivistes, avait proposé de restreindre la faculté d'atténuer la peine en faveur de ceux-ci, au cas de circonstances atténuantes. Dans ce but, son projet introduisait dans l'art. 463 deux paragraphes additionnels ainsi conçus : « En cas de récidive criminelle, la peine ne pourra descendre au-dessous de quatre années d'emprisonnement, si la peine encourue est celle des travaux forcés à temps, et de deux années, s'il s'agit de la reclusion, de la détention, du bannissement ou de la dégradation civique. Elle ne pourra, dans les cas prévus par les art. 57 et 58, être abaissée au-dessous de la peine précédemment prononcée ». La commission du Sénat s'est montrée favorable à l'addition proposée, mais la Chambre des députés a refusé de toucher à l'art. 463. Devant ces résistances, la commission sénatoriale finit par abandonner cette partie du projet, et par concéder, pour arriver à une entente sur l'ensemble de la loi, le maintien pur et simple dudit art. 463. — On peut regretter que le Parlement n'ait pas cru pouvoir accepter le second paragraphe additionnel de M. Bérenger. Avec tous les criminalistes, nous regardons l'abus des courtes peines, si fréquent aujourd'hui, comme un grand mal, et comme un mal déplorable quand il s'agit des récidivistes. Or, à ce point de vue, il n'est pas bon, croyons-nous, que le pouvoir d'atténuation du juge correctionnel soit sans limites; ce juge, en effet, est facilement porté à user d'une indulgence excessive, et à perdre de vue, dans la pratique, les nécessités de l'intérêt général. Pris de pitié pour un coupable dont le sort est entre ses mains, il inclinera le plus souvent, vers les solutions favorables à celui-ci, et il sera conduit à manquer de fermeté dans l'application de la peine. La loi viendrait utilement à son aide, en l'empêchant de céder outre mesure à ce sentiment, d'ailleurs si honorable dans son principe, si, quand il est en présence d'un récidiviste, elle lui interdisait d'abaisser la peine « au-dessous de la peine précédemment prononcée ». Il nous semble qu'ainsi la mesure convenable, au double point de vue du juste et de l'utile, ne risquerait plus d'être dépassée.

540. Pour achever l'examen de la législation des circonstances atténuantes, il convient de rappeler que, depuis la publication du *Répertoire*, un grand nombre de lois spéciales ont déclaré expressément que l'art. 463 et l'art. 483 seront applicables aux délits et aux contraventions qu'elles prévoient et répriment (V. *infrà*, nos 569 et 584).

En ce qui concerne les infractions militaires, le code de justice militaire pour l'armée de terre, du 9 juin 1857 (D. P. 57. 4. 128) et celui du 4 juin 1858 pour l'armée de mer (D. P. 58. 4. 103) ont consacré, sur les circonstances atténuantes, un système particulier qui sera examiné *infrà*, nos 589 et suiv.

541. Quant à la doctrine, on consultera particulièrement sur la matière des circonstances atténuantes, les ouvrages suivants : Chauveau et Hélie, *Théorie du code pénal*, t. 6, nos 2081 à 2712, et n° 2733; Faustin Hélie, *Pratique criminelle*, t. 2, nos 959 à 968; Garraud, *Traité de droit pénal*, t. 2, nos 145 à 164; Blanche, *Etudes pratiques sur le code pénal*, t. 6, nos 666 à 709; Bertauld, *Cours de code pénal*, 18e et 19e leçons; Trébutien, *Cours de droit criminel*, t. 1, nos 599 à 617; Le Sellyer, *Traité de la criminalité, de la pénalité et de la responsabilité*, t. 1, nos 315 à 344; Ortolan, *Eléments de droit pénal*, t. 2, nos 1658 à 1665; Villey, *Précis de droit criminel*, p. 479 et suiv.; Boitard, *Leçons de droit criminel*, nos 155 à 160; Laborde, *Cours élémentaire de droit criminel*, nos 582 à 596.

542. — II. CARACTÈRES GÉNÉRAUX DES CIRCONSTANCES ATTÉNUANTES DANS LA LÉGISLATION FRANÇAISE. — « Les circonstances atténuantes, dit M. Villey, p. 481, ne sont pas, comme les excuses, déterminées par la loi : elles sont laissées à l'appréciation souveraine du juge, qui peut les trouver partout où elles sont, dans le fait ou dans la personne de l'agent, bien mieux, qui peut les décréter lorsqu'elles n'existent pas, et par cela seul que la pénalité lui paraît excessive ». M. Bertauld avait dit avant lui : « Les circonstances atténuantes sont partout où le juge croit les apercevoir, dans les circonstances qui ont précédé l'infraction, dans les circonstances qui l'ont accompagnée, dans les circonstances qui l'ont suivie, dans ce qui se lie à l'infraction et dans ce qui ne s'y lie pas, dans la qualité, dans la position, dans les antécédents de l'agent, dans son repentir, en un mot dans tout ce qui peut jeter sur lui de l'intérêt, et même, d'après la déclaration expresse de ceux qui ont fait la loi, dans l'opinion du juge que la pénalité encourue est trop forte, c'est-à-dire dans le sentiment que la loi est mauvaise » (*Cours de code pénal*, 18e leçon, p. 396). En d'autres termes et plus brièvement, les circonstances atténuantes ne sont pas, dans notre droit français, limitativement déterminées par la loi ; elles sont indéfinissables et illimitées. D'où la conséquence que le juge de répression est souverain pour apprécier si les circonstances dans lesquelles le fait incriminé a été commis présentent un caractère atténuant. Cette doctrine, déjà enseignée au *Rép.* n° 519, est admise par la presque unanimité des auteurs (Chauveau et Hélie, t. 6, nos 2684 et 2686; Faustin Hélie, *Pratique criminelle*, n° 960; Garraud, n° 147; Laborde, n° 582; Trébutien, n° 601). Seul, M. Le Sellyer (*Traité de la criminalité*, t. 1, n° 322) a soutenu que la qualification d'atténuantes, d'après l'esprit général de nos lois pénales, ne convient qu'aux circonstances qui diminuent la culpabilité elle-même. — La jurisprudence pratique est d'accord, à cet égard, avec l'opinion presque unanime des auteurs ; elle n'exige du juge autre chose, lorsqu'il prend en considération, pour abaisser la peine, telle ou telle circonstance (le repentir du coupable, par exemple, ou son aveu, etc.), sinon qu'il déclare expressément reconnaître à celle-ci un caractère atténuant (Crim. cass. 18 mai 1849, aff. Chianpauty, D. P. 49. 1. 180). Comme application nouvelle de la règle suivant laquelle le juge de répression est souverain appréciateur des circonstances atténuantes, nous citerons un arrêt de la cour de cassation qui a jugé que la position de père de famille peut servir de base à une déclaration de circonstances atténuantes en faveur d'un prévenu (Crim. rej. 27 févr. 1869, aff. Stagnetto, D. P. 69. 1. 383). Un autre arrêt de la même cour a jugé qu'il n'y a pas contradiction dans une décision correctionnelle qui atteste énergiquement la culpabilité, et énumère, au nombre des circonstances atténuantes l'*excès de zèle* ou même les *doutes* ou *appréhensions qui auraient conduit un avocat à suborner des témoins au profit de son client* (Crim. rej. 22 juill. 1864, *Bull. crim.*, n° 192).

543. Il n'est pas inutile d'insister sur l'un des caractères les plus remarquables du pouvoir accordé par la loi au juge français en matière de circonstances atténuantes, à savoir le droit de déclarer ces circonstances pour rectifier, dans l'espèce qui lui est soumise, l'appréciation d'une loi qu'il trouve mauvaise. Ce pouvoir a quelque chose d'anormal, d'extraordinaire : il fait du juge, non plus un magistrat, mais un législateur, et, surtout en matière correctionnelle, un législateur à peu près tout-puissant, puisque, quelle que soit la peine normale prononcée contre un délit, le juge correctionnel peut, en déclarant des circonstances atténuantes, réduire cette peine même à 1 franc d'amende. Cependant il ressort jusqu'à l'évidence des travaux préparatoires de la loi de 1832 que ce pouvoir extraordinaire a été donné au juge. Le rapport de M. Dumon à la Chambre des députés (V. *Rép.* n° 520) ne peut laisser de doute à cet égard. Aussi croyons-nous que la réforme de 1832 a implicitement abrogé le paragraphe 5 de l'art. 342 c. instr. crim., qui défendait au jury de se préoccuper de la peine, et qu'elle a, par contre-coup, autorisé la lecture et la discussion de la loi pénale devant le jury (Garraud, p. 234, note 5; Laborde, p. 336, note 2; Villey, note sous Chauveau et Hélie, p. 256; Beudant, *De l'indication de la loi pénale dans la discussion devant le jury*).

544. Du principe que le juge est souverain dans la constatation des circonstances atténuantes découlent plusieurs conséquences. En premier lieu, il n'a point à *motiver* sa déclaration ; il lui suffit d'affirmer qu'il existe des circonstances atténuantes. Le jury déclare : « A la majorité, il existe des circonstances atténuantes » ; le juge correctionnel ou de simple police : « Attendu qu'il existe des circonstances atténuantes ». Ajoutons que la déclaration de l'existence de circonstances atténuantes est irréfragable. Ainsi, il a été jugé que la déclaration de circonstances atténuantes accordée par le tribunal de police a un prévenu ne peut être critiquée devant la cour de cassation dans le cas même où cet état de récidive résulterait de l'existence de six condamnations antérieures (Crim. rej. 2 juill. 1859, aff. Pénisson, D. P. 59. 5. 287). — En second lieu, la déclaration et l'appréciation des circonstances atténuantes n'appartiennent, en aucune manière et dans aucun cas, aux juridictions d'instruction. En effet, ces juridictions n'ont pas mission d'apprécier le degré de la culpabilité du prévenu ; elles examinent seulement s'il y a des charges suffisantes permettant de renvoyer l'inculpé devant les juridictions de jugement (Garraud, p. 236; Laborde, p. 338). — Enfin, l'atténuation de la peine par l'effet des circonstances atténuantes étant *judiciaire*, puisqu'elle résulte d'une appréciation judiciaire et non d'une appréciation *légale*, il s'ensuit et il est admis en doctrine comme en jurisprudence que la déclaration de circonstances atténuantes modifie seulement la peine, mais non la nature de l'infraction et la qualification légale du fait (Bertauld, 18e leçon, p. 400; Villey, p. 484; Laborde, n° 583 ; Ortolan, t. 2, n° 1856 ; Garraud, p. 237 et note 10). Spécialement, il a été souvent décidé que la déclaration de circonstances atténuantes ne pouvait avoir aucun effet sur la durée de la prescription (Crim. cass. 18 avr. 1834; 30 mai 1839, *Rép.* v° *Prescription criminelle*, n° 48; Crim. rej. 1er mars 1855, aff. Dumont, D. P. 55. 1. 192, et les autorités citées par Garraud, *loc. cit.* V. cependant, *contrà*, Faustin Hélie, *Instruction criminelle*, t. 2, n° 1057). La jurisprudence belge est également contraire ; la cour de cassation de Belgique a décidé, à plusieurs reprises, que le délit auquel le tribunal correctionnel n'a appliqué qu'une peine de simple police, par suite de l'admission de circonstances atténuantes, devient une contravention (Arrêts des 27 juin 1881, 17 juill. 1882, 11 juin 1883, *Pasicrisie belge*, 1881. 1. 330; 1882. 1. 328; 1883. 1. 265).

Il est à peine besoin d'ajouter que les circonstances atténuantes, constituant une appréciation favorable de la culpabilité individuelle, peuvent être accordées à l'auteur principal et refusées au complice, et réciproquement (V. *suprà*, v° *Complice*, n° 17).

545. — III. Droit comparé. — Le système français des circonstances atténuantes, qui donne un pouvoir immense au juge et fait de lui presque un législateur, n'a pas été adopté par la plupart des législations étrangères. Il existe plus ou moins différent du nôtre, en Belgique (c. pén. de 1867), dans le grand-duché de Luxembourg (c. pén. de 1879, calqué sur le code belge), dans le canton de Genève (c. pén. de 1874). L'Angleterre ne le connaît point. — Les lois anglaises ne reconnaissent pas au jury le droit de déclarer l'existence de circonstances atténuantes et d'influer officiellement ainsi sur la nature ou la quotité de la peine à apprécier; mais le jury peut : 1° modifier l'incrimination portée contre l'accusé, en le déclarant coupable d'un crime moindre, et en prononçant, en même temps, un verdict de non-culpabilité à raison du crime le plus grave; 2° recommander l'accusé à la clémence du juge. Ce juge a, d'ailleurs, un véritable pouvoir discrétionnaire sur le choix de la peine, et il est, en réalité, le maître de la répression (Bertauld, 18e leçon, p. 402, note 1; Garraud, p. 239; Glasson, *Histoire du droit et des institutions politiques, civiles et judiciaires de l'Angleterre*, t. 6, p. 818). Le code pénal de l'Equateur, revisé en 1890, a pris soin d'énumérer, dans ses art. 90 à 96, les principales circonstances auxquelles il reconnaît le caractère atténuant. — Le code pénal espagnol de 1848, revisé en 1870, a fait de même (chap. 3, art. 9); mais, après une énumération qui paraît limitative, ce code ajoute comme devant amener une atténuation : « toute autre circonstance de même valeur et analogue aux circonstances précédentes ». — La législation autrichienne présente (c. pén. de 1852, § 46 et 47) au point de vue des circonstances atténuantes, les caractères suivants : 1° détermination légale des circonstances atténuantes; 2° pouvoir exclusif accordé aux magistrats de les prononcer; 3° nécessité qui leur est imposée de les préciser ; 4° pouvoirs restreints dans la modification et dans l'atténuation des peines (Garraud, p. 238, note). — D'après le code pénal allemand de 1870, les circonstances atténuantes ne peuvent être accordées que pour certains crimes et délits définis ; et, d'autre part, les conséquences produites par leur déclaration sont déterminées sur chaque peine (§ 187, 189, 213, 261, 263, 264, 268, 281, 282, 332, 333, 340, 346, auxquels il faut ajouter, depuis la loi de revision du 26 févr. 1876, les paragraphes 114 et 228). — Le code finlandais de 1889 ne contient pas non plus de théorie générale des circonstances atténuantes, mais il laisse, en général, au juge une très grande latitude dans l'application de la peine, lui permettant ordinairement de prononcer un minimum très bas; de plus, dans certaines circonstances particulières, le même code, prévoyant l'hypothèse où il existerait dans la cause des circonstances particulièrement atténuantes, autorise, pour certaines infractions déterminées, une réduction de peine considérable (V. la traduction du code finlandais publiée en 1890 par M. Beauchet, professeur à la faculté de droit de Nancy). — Quant au nouveau code pénal d'Italie de 1889, il admet (art. 59), sans les définir, les circonstances atténuantes, et l'effet général de celles-ci est de diminuer la peine d'un sixième. — En Hollande, les circonstances atténuantes n'existent plus depuis la promulgation du code pénal de 1881 ; il n'en pouvait être autrement, puisque le minimum de l'emprisonnement et de la détention, seules peines afflictives admises par ce code, est, d'une façon générale, réduit à un jour, uniformément et dans tous les cas. — En Belgique, la loi du 4 oct. 1867 attribue l'appréciation des circonstances atténuantes non seulement aux cours d'assises, mais même aux juridictions d'instruction (chambre du conseil et chambre des mises en accusation), qui ont d'ailleurs, en vertu de la même loi, le pouvoir de *correctionaliser* les crimes, c'est-à-dire de renvoyer leurs auteurs en police correctionnelle « dans tous les cas où il y aurait lieu de ne prononcer qu'une peine correctionnelle, à raison soit d'une excuse, soit de circonstances atténuantes, et dans tous les cas où il y aurait lieu d'appliquer les art. 72, 73 et 76 du cod pénal (mineurs de seize ans et sourds-muets) ».

ART. 2. — *Des circonstances atténuantes en matière criminelle* (*Rép.* nos 522 à 536).

546. — I. DES PEINES CRIMINELLES AUXQUELLES S'APPLIQUE LE BÉNÉFICE DES CIRCONSTANCES ATTÉNUANTES. — Ainsi qu'on l'a dit au *Rép.* nos 523 et 535, la faculté de déclarer des circonstances atténuantes s'applique à *tous* les crimes, que ceux-ci soient prévus par le code pénal ou par une autre loi que ce code. C'est ce qui résulte formellement des expressions employées par l'art. 463, § 1, c. pén., « les peines prononcées par *la loi* », et de celles de l'art. 341 c. instr. crim. qui autorise la déclaration des circonstances atténuantes en *toute matière criminelle*. La doctrine est unanime à reconnaître cette vérité juridique (Chauveau et Hélie, t. 6, n° 2688; Garraud, t. 2, n° 150; Laborde, n° 586; Bertauld, p. 365 et 379; Villey, p. 485) que la jurisprudence a consacrée non seulement par l'arrêt du 27 sept. 1832, cité *Rép.* n° 535, mais, depuis la publication du *Répertoire*, par deux arrêts qui ont jugé qu'au grand criminel la faculté pour le juge de modérer la peine, en cas de déclaration de circonstances atténuantes, forme la règle même en ce qui concerne les crimes prévus par des lois spéciales antérieures ou postérieures au code pénal (Crim. rej. 6 nov. 1862, aff. Galiano, D. P. 63. 1. 264; 6 nov. 1863, aff. Giraud, D. P. 63. 5. 277).

547. Il n'y a d'exception qu'au cas de dérogation expresse énoncée dans la loi par laquelle le crime est prévu. A ce point de vue, les codes de justice militaire de 1857 et 1858 consacrent, sur les circonstances atténuantes, un système particulier. En premier lieu, l'art. 463 c. pén. peut toujours être appliqué, pour les crimes et les délits de toute nature au prévenu, traduit devant les tribunaux militaires, qui n'est ni militaire, ni marin (art. 198 c. de 1857, et 256 c. de 1858). De plus, les militaires ou assimilés et les marins, peuvent obtenir le même bénéfice pour les crimes et délits de droit commun (art. 267 c. de 1857, et 364 c. de 1858). Quant aux crimes et délits prévus par les codes militaires, le bénéfice des circonstances atténuantes ne peut être appliqué aux militaires qu'en vertu d'une disposition expresse et spéciale de ces codes. Les infractions prévues par les codes militaires sont, en effet, au point de vue des circonstances atténuantes, divisées en deux catégories, savoir les infractions à la discipline et au devoir militaire (comme l'espionnage, l'embauchage, la trahison, l'abandon du poste, etc.), à l'égard desquelles les circonstances atténuantes ne sont pas admissibles (c. de 1857, art. 204 à 246; c. de 1858, art. 262 à 330), et, d'autre part, toute une série d'infractions militaires qui ne touchent pas aussi essentiellement à la discipline militaire, et pour chacune desquels l'application de l'art. 463 est spécialement autorisée (art. 248, 250 à 252, 254, 255, 257, 261, 263 et 265 c. de 1857; 331, 335, 336, 337, 343, 344, 346, 349, 354, 356, 358 c. de 1858). — Sur l'application des circonstances atténuantes en matière militaire, V. *infrà*, art. 5, nos 589 et suiv.

548. En ce qui concerne l'applicabilité des circonstances atténuantes aux crimes, la règle du code pénal colonial n'est pas la même que celle du code métropolitain. Ce code n'autorise les circonstances atténuantes qu'en ce qui concerne les crimes prévus par *ledit code*, et non par des lois spéciales. Aussi a-t-il été jugé qu'une cour d'assises coloniale ne peut accorder les circonstances atténuantes lorsque le crime sur lequel elle est appelée à statuer est puni par une loi spéciale qui n'a pas prévu les circonstances atténuantes, comme, par exemple, le crime de vol puni par l'art. 93 du décret du 24 mars 1852 sur la marine marchande (Crim. cass. 10 mars 1876, aff. Miklauz, D. P. 77. 1. 464).

549. — II. COMPÉTENCE POUR DÉCLARER LES CIRCONSTANCES ATTÉNUANTES EN MATIÈRE CRIMINELLE. — A la différence de ce qui a lieu en d'autres pays, notamment en Belgique et en Autriche, c'est au jury (et non à la cour d'assises) qu'il appartient, dans notre droit, de reconnaître et de déclarer les circonstances atténuantes en matière criminelle (c. instr. crim. art. 341). Le jury étant seul compétent pour cet objet, il s'ensuit que la cour d'assises ne peut appliquer le bénéfice des circonstances atténuantes à un accusé que si celles-ci ont été expressément déclarées par les jurés, et dans les limites de cette déclaration. La jurisprudence a, dans les arrêts cités au *Rép.* nos 531 et 532, tiré les conséquences très logiques de cette règle. La cour de cassation a encore décidé, depuis, par application de la même règle : 1° que, lorsqu'une peine, celle de la reclusion, par exemple, est encourue par un accusé en raison de plusieurs crimes dont le jury l'a reconnu coupable, la déclaration de circonstances atténuantes limitée par celui-ci à un seul des chefs d'accusation, ne permet pas et, par conséquent, n'oblige pas la cour abaisser la peine d'un degré (Crim. rej. 16 janv. 1862, aff. Durrieux, D. P. 62. 5. 239); 2° que l'arrêt qui étend à toutes les questions de culpabilité le bénéfice des circonstances atténuantes admises par le jury, pour une seule des questions qui lui étaient posées, doit être cassé (Crim. cass. 24 avr. 1882, *Bull. crim.*, n° 143).

550. C'est seulement « en matière criminelle » que l'art. 341 c. instr. crim. confie au jury la mission de se prononcer sur l'existence des circonstances atténuantes. Suivant la remarque de M. Garraud (n° 152), ces expressions ont un caractère restrictif et sont d'autant plus significatives qu'un amendement tendant à y substituer les mots « en toute matière soumise au jury » fut repoussé lors de la discussion de la loi de 1832 (V. à ce sujet les observations du rapporteur, reproduites au *Rép.* n° 534). Il faut en conclure, avec l'auteur précité, que si le fait, dont la cour d'assises est saisie, est un *délit* ou *dégénère en délit*, c'est à la cour, jugeant correctionnellement, qu'il appartient de déclarer des circonstances atténuantes. Or la cour d'assises peut avoir à se prononcer sur des infractions qui ne constituent pas des crimes dans quatre cas : 1° lorsque le fait, dont elle a été saisie par l'arrêt d'accusation, se trouve réduit, par suite de la déclaration du jury qui écarte les circonstances aggravantes, à un simple délit correctionnel (c. instr. crim. art. 365, § 1); — 2° Lorsqu'il s'agit d'un crime excusé; — 3° Lorsque la cour d'assises a été saisie par la chambre d'accusation d'un délit connexe à un crime (c. instr. crim. art. 226 et 227); — 4° Lorsqu'il s'agit d'un délit de presse (L. 29 juill. 1881, art. 45, § 1). Dans ces quatre hypothèses, les jurés n'ont pas à statuer sur l'existence des circonstances atténuantes; c'est à la cour, jugeant correctionnellement, qu'il appartient de les reconnaître, et elle ne serait pas liée par la déclaration du jury à cet égard (Garraud, *loc. cit.*; Villey, p. 487).

551. Reprenons les quatre hypothèses qui viennent d'être indiquées. La première se présente fréquemment dans la pratique des cours d'assises. La cour de cassation a jugé par plusieurs arrêts, conformes à celui du 8 mars 1833, déjà cité au *Rép.* n° 534, que lorsque, par suite de la déclaration du jury écartant les circonstances aggravantes, le fait incriminé ne constitue plus qu'un simple délit, il appartient à la cour d'assises seule de prononcer sur l'admission des circonstances atténuantes (Crim. rej. 30 déc. 1881, aff. Bonnefoy, *Bull. crim.*, n° 272; Crim. cass. 29 juin 1882, aff. Anna Ordioni, D. P. 83. 1. 144. Conf. Chauveau et Hélie, t. 6, n° 2700; Le Sellyer, t. 1, n° 331). Et même l'un des arrêts précités a décidé que si, en cas pareil, le jury prononce à tort sur l'admission des circonstances atténuantes, il y a lieu d'annuler, dans l'intérêt de la loi, l'arrêt de la cour d'assises qui modère la peine conformément à la déclaration illégale du jury sur les circonstances atténuantes (Arrêt du 30 déc. 1881 précité).

552. La même doctrine a été appliquée dans la seconde hypothèse, celle du crime excusé. Déjà l'on a cité au *Rép.* n° 534 un arrêt du 19 avr. 1844, qui a décidé que, quand le fait qualifié crime d'homicide volontaire par l'accusation se trouve, par suite de l'admission de l'excuse de provocation, n'être passible que de peines correctionnelles, la déclaration de circonstances atténuantes ne peut émaner que de la cour d'assises. Cette jurisprudence a été confirmée par cinq arrêts plus récents, tous rendus dans des hypothèses où l'excuse de provocation avait été admise (Crim. rej. 13 sept. 1850, aff. Atgé, D. P. 50. 5. 98; 22 juill. 1852, aff. Picassette, D. P. 52. 5. 153; 20 juin 1867, aff. Barrot, D. P. 67. 1. 413; 5 mai 1881, aff. Duriquet, *Bull. crim.*, n° 117; 7 avr. 1887, aff. Lesne, D. P. 88. 1. 41). Il est à noter, toutefois, que la jurisprudence est contraire au cas d'excuse de minorité; ainsi qu'on l'a vu *suprà*, n° 507, elle décide que, bien que le mineur de seize ans, reconnu coupable de crime commis avec discernement, ne puisse encourir de peine afflictive et infamante, la matière reste criminelle, et que la cour d'assises refuse à tort au jury compétence pour déclarer les circonstances atténuantes auxquelles elle est tenue d'avoir égard.

553. Une cour d'assises peut être saisie par la chambre d'accusation d'un délit *connexe* à un crime (V. pour cette hypothèse, v° *Compétence criminelle*, n° 117). Il n'y a point de doute pour nous que, dans ce cas, le jury soit sans pouvoir pour déclarer les circonstances atténuantes par rapport au délit. On n'est pas « en matière criminelle » relativement à ce délit.

554. La question est plus délicate en ce qui concerne les *délits* de presse qui, comme on sait, sont aujourd'hui, en général, de la compétence des cours d'assises (L. 29 juill. 1881, art. 45). Evidemment, quand une cour d'assises est saisie d'un *délit* de presse, l'on n'est pas « en matière criminelle », puisque l'objet de la prévention est un simple délit; mais, d'un autre côté, il y a de fortes raisons de croire que le législateur de 1881 a entendu donner au jury le droit de se prononcer sur les circonstances atténuantes en matière de presse. Le rapporteur de la loi à la Chambre des députés s'est exprimé, en effet, en des termes qui ne laissent point de doute sur sa pensée à cet égard. A propos de l'art. 64 de ladite loi qui rend l'art. 463 c. pén. applicable à la matière de la presse, et qui décide que « *lorsqu'il y aura lieu de faire cette application*, la peine prononcée ne pourra excéder la moitié de la peine édictée par la loi », ce rapporteur a expliqué, à plusieurs reprises (V. D. P. 81. 4. 87, col. 2) dans quels cas il y aura lieu de faire application de l'art. 463. C'est, a-t-il dit, lorsque le jury aura déclaré l'existence des circonstances atténuantes. Telle était déjà, d'ailleurs, la solution donnée, en termes exprès, par l'art. 23 de la loi sur la presse du 27 juill. 1849 (D. P. 49. 4. 130), remis plus tard en vigueur par l'art. 1 de la loi du 15 avr. 1871 (D. P. 71. 4. 44) : « Lorsqu'en matière de délit, disait l'art. 23 précité, le *jury* aura déclaré l'existence des circonstances atténuantes, la peine ne s'élèvera jamais au-dessus de la moitié du maximum déterminé par la loi ». A la vérité, la loi de 1881 ne donne, dans aucun de ses textes, le même pouvoir au jury, mais, comme le dit M. Garraud (p. 243, note 18), « c'est évidemment par oubli, car, dans tous les documents parlementaires, le droit du jury est toujours supposé ». Le même auteur, bien que les intentions du législateur lui paraissent *certaines*, ne croit pas néanmoins qu'il soit possible « de suppléer au défaut du texte et de reconnaître au jury, jugeant correctionnellement, le droit de statuer sur les circonstances atténuantes, alors que, aux termes de l'art. 463, le jury a ce pouvoir en matière *criminelle* seulement » (*eod. loc.*). M. Laborde est d'un avis contraire (n°s 589 et 595). Nous pensons, avec ce dernier auteur, que la pensée du législateur de 1881 s'est manifestée d'une manière trop claire, et dans l'art. 63 et dans les paroles du rapporteur, pour qu'il soit permis de refuser au jury la faculté de se prononcer sur les circonstances atténuantes en matière de délits de presse. En fait, par une sorte d'accord, le ministère public et les cours ont laissé jusqu'ici au jury cette faculté. Sans se prononcer expressément sur la difficulté, les commentateurs de la loi de 1881 paraissent incliner vers cette solution (Barbier, *Code expliqué de la presse*, t. 2, n° 1007; Fabreguettes, *Traité des infractions de la parole*, t. 2, n° 2139).

555. On sait que le jury n'est pas interrogé par une question spéciale sur les circonstances atténuantes; mais le président des assises est tenu, à peine de nullité, de l'avertir que s'il pense, à la majorité, qu'il existe en faveur de l'accusé des circonstances atténuantes, il doit en faire la déclaration en ces termes : « A la majorité, il y a des circonstances atténuantes en faveur de l'accusé » (c. instr. crim. art. 341). Tout ce qui concerne l'avertissement relatif aux circonstances atténuantes et la déclaration de celles-ci se trouve exposé v° *Instruction criminelle*, *Rép.* n°s 2631 à 2665 et 3215 à 3233 (V. aussi *infrà*, v° *Procédure criminelle*).

556. Si l'accusé est contumace, la cour d'assises, qui juge sans assistance du jury, peut-elle admettre en sa faveur des circonstances atténuantes? Cette question, posée au *Rép.* n° 524 et résolue par l'affirmative, a été traitée de nouveau *suprà*, v° *Contumace*, n° 28, et tranchée dans le même sens (Aux autorités citées v° *Contumace*, *adde :* Garraud, t. 2, n° 153; Villey, p. 486, et surtout Laborde, n° 588. V. cependant, en sens contraire, Blanche, t. 6, n° 674, qui, comme la jurisprudence, refuse à la cour le droit d'accorder les circonstances atténuantes).

557. — III. Effets des circonstances atténuantes sur les peines criminelles. — D'une façon générale, l'effet des circonstances atténuantes sur les peines criminelles, tel qu'il est réglé par les sept premiers paragraphes de l'art. 463 c. pén., peut se résumer ainsi : abaissement *obligatoire* d'un degré dans chaque échelle pénale, et abaissement *facultatif* d'un second degré.

La cour de cassation a fait plusieurs fois application de la règle qui prescrit, au cas de circonstances atténuantes, l'abaissement *obligatoire* d'un degré, en cassant des arrêts de cour d'assises qui n'avaient point effectué cet abaissement. C'est ainsi qu'elle a cassé : 1° un arrêt qui avait condamné à la reclusion un accusé reconnu coupable de faux en écriture privée, avec admission de circonstances atténuantes (Crim. cass. 6 avr. 1882, aff. Ornan); *Bull. crim.*, n° 96); — 2° Un arrêt qui avait prononcé la même peine de la reclusion contre un accusé reconnu coupable de deux vols commis l'un la nuit et dans une maison habitée, et l'autre la nuit, avec effraction intérieure, mais sans que cette effraction ait été commise dans des édifices, parcs ou enclos, alors que, grâce à l'admission de circonstances atténuantes, l'accusé ne pouvait être condamné qu'à l'emprisonnement (Crim. cass. 11 mai 1882, aff. Altigadou, D. P. 83. 1. 91); — 3° Un arrêt qui avait, à tort, prononcé la reclusion contre un individu reconnu coupable, avec circonstances atténuantes, de vol commis la nuit et en réunion, lequel crime n'entraînait, comme peine normale, que la reclusion (Crim. cass. 6 avr. 1883, aff. Chrétien; *Bull. crim.*, n° 90); — 4° Enfin un arrêt qui avait prononcé la peine des travaux forcés à temps contre un individu déclaré coupable de vol qualifié, mais en faveur duquel étaient intervenues des circonstances atténuantes, cet individu ne pouvant, par suite de l'admission de ces circonstances, encourir au maximum que la peine de la reclusion (Crim. cass. 15 mai 1885, aff. Nguyen-van-Nguon, *Bull. crim.*, n° 143).

558. L'abaissement de la peine en cas de circonstances atténuantes (abaissement *obligatoire* d'un degré, et *facultatif* d'un second degré) se fait dans *chaque échelle pénale*. En d'autres termes, la loi, pour l'application des circonstances atténuantes en matière criminelle, a tenu compte de la distinction des peines en peines de droit commun et peines politiques, en ce sens qu'elle « n'a pas voulu que l'on pût passer, par l'effet d'une déclaration de circonstances atténuantes, d'une peine ordinaire à une peine politique, et réciproquement » (Garraud, n° 155). Sur la distinction des peines de droit commun et des peines politiques, V. *suprà*, n° 53. — La règle des deux degrés d'atténuation, l'un obligatoire, l'autre facultatif, s'applique, d'ailleurs, sans exception, aux peines suivantes : 1° la mort; 2° les travaux forcés à perpétuité; 3° la déportation dans une enceinte fortifiée; 4° la déportation simple.

559. Cette règle, avons-nous dit, comporte plusieurs restrictions. Premièrement, les peines correctionnelles de l'art. 401, c'est-à-dire un emprisonnement d'un an à cinq ans, et une amende de 16 à 500 francs, plus les peines complémentaires facultatives de l'interdiction de certains droits civiques, civils et de famille et de l'interdiction de séjour (pendant cinq à dix années), servent de second degré d'atténuation aux travaux forcés à temps, et de seul et unique degré d'atténuation à la reclusion, à la détention, au bannissement et à la dégradation civique (art. 463, § 5 et 6). Dans la première hypothèse (art. 463, § 5), l'atténuation ne peut descendre au-dessous de deux ans d'emprisonnement; elle peut, dans la seconde, descendre jusqu'à un an (§ 6).

560. En second lieu, ainsi qu'on l'a vu *suprà*, n° 538, la loi du 13 mai 1863 a introduit dans l'art. 463 un paragraphe nouveau, qui en est devenu l'alinéa 3. Aux termes de cette disposition nouvelle, la peine (politique) de la déportation dans une enceinte fortifiée est, en cas de circonstances atténuantes, remplacée par la déportation simple ou la détention ; toutefois, dans les cas prévus par les art. 96 et 97, la peine de la déportation simple sera seule appliquée. Cette dernière disposition constitue une exception à la règle de l'abaissement facultatif d'un second degré.

561. Aux termes du paragraphe 8 de l'art. 463, « dans le cas où *le code* prononce le maximum d'une peine *afflictive*, s'il existe des circonstances atténuantes, la cour appliquera le minimum de la peine, ou même la peine inférieure ». Cette disposition a donné lieu, depuis la publication du *Répertoire*, à d'assez nombreux arrêts. Il a été jugé : 1° que si c'est la peine inférieure qui est appliquée, la cour d'assises n'est pas tenue de ne prononcer que le minimum de la peine, puisque le texte lui laisse toute latitude à cet égard, et spécialement qu'elle peut, en portant la peine inférieure à son maximum, prononcer dix ans de réclusion contre un individu qui a encouru le maximum de la peine des travaux forcés à temps, mais qui a obtenu des circonstances atténuantes (Crim. rej. 26 mars 1863, aff. Allaguin, D. P. 63. 5. 277. V. dans le même sens, Crim. rej. 3 déc. 1846, *Bull. crim.*, n° 301) ; — 2° Que, toutefois, dans la même hypothèse, le maximum de la peine inférieure ne saurait être dépassé, et spécialement que la peine de la reclusion ne pourrait être élevée au-dessus de dix ans (Crim. cass. 16 sept. 1869, aff. Besançon, D.P. 74. 5. 419); — 3° Que, de même, si la cour ne juge pas à propos d'user de la faculté de descendre à la peine inférieure, le *minimum* de la peine prononcée par la loi ne saurait être dépassé par elle, alors même que le maximum serait encouru par l'effet de la récidive avec la faculté de porter la peine au double (Crim. cass. 7 févr. 1852, aff. Chamboradou, D. P. 52. 5. 465; 7 oct. 1852, *Bull. crim.*, n° 338 ; 24 mars 1854, *Bull. crim.*, n° 81 ; 26 juin 1862, aff. Brehy, D. P. 62. 5. 240; 5 janv. 1866, *Bull. crim.*, n° 7 ; 11 nov. 1869, *Bull. crim.*, n° 225; 14 juill. 1871, *Bull. crim.*, n° 64; 17 févr. 1877, aff. Georgin, *Bull. crim.*, n° 57; 25 sept. 1890, aff. Tran-van-Thuau, *Bull. crim.*, n° 195). — Au reste, il convient de remarquer que le mode exceptionnel de réduction de l'art. 463, § 8, n'est admis que pour les peines dont le maximum est prononcé par le *code pénal*, par dérogation à la règle qui étend l'art. 463 même aux peines criminelles édictées par des lois spéciales. On trouvera des exemples de crimes entraînant le *maximum* de la peine dans les art. 118, 140, 189, 312, 332 c. pén.

562. Les circonstances atténuantes peuvent être accordées à un récidiviste: cela ne saurait faire aucun doute en présence des termes de l'art. 341 c. instr. crim. « En toute matière criminelle, *même en cas de récidive*, le président... ». L'art. 463 c. pén. n'est pas moins explicite en ce qui concerne la matière correctionnelle: « Dans tous les cas où la peine de l'emprisonnement et celle de l'amende sont prononcées par le code pénal, si les circonstances paraissent atténuantes, les tribunaux correctionnels sont autorisés, *même en cas de récidive*, à réduire... ». La question s'est posée de savoir si lorsqu'un récidiviste obtient, aux assises, des circonstances atténuantes, la cour doit aggraver la peine pour cause de récidive avant de l'atténuer pour cause de circonstances atténuantes, ou, au contraire, l'atténuer avant de l'aggraver? Elle sera traitée *infrà*, v° *Récidive-relégation*. Nous nous bornerons à dire ici que la jurisprudence est fixée en ce sens que l'aggravation pour récidive doit précéder, dans l'application de la peine, l'atténuation résultant des circonstances atténuantes (Crim. cass. 5 avr. 1866, aff. Dejust, D. P. 67. 5. 357; 24 janv. 1867, aff. Vidal, D. P. 67. 1. 357 ; 15 mai 1874, aff. Horo, *Bull. crim.*, n° 136; 9 juin 1877, aff. Jaudrand, *Bull. crim.*, n° 138; 29 juill. 1880, aff. Goater, *Bull. crim.*, n° 152; 3 juill. 1884, aff. Ameur, D. P. 86. 1. 96; 23 août 1888, aff. Nguyen-van-Luong, D. P. 89. 1. 88).

563. L'art. 463 passe sous silence les peines accessoires; quel est à leur égard l'effet des circonstances atténuantes? N'examinant ici la question qu'en ce qui concerne la matière criminelle, nous dirons qu'une déclaration de circonstances atténuantes est sans aucun effet direct sur ces sortes de peines. Les peines accessoires, comme l'interdiction légale et la dégradation civique, marchent, en effet, toujours avec les peines principales auxquelles elles sont forcément attachées; le juge n'ayant pas le droit de les appliquer, n'a pas celui de les en détacher. Mais si, au moyen d'une déclaration de circonstances atténuantes, il écarte la peine principale dont elles sont les conséquences légales, le juge écarte virtuellement ces peines accessoires (Garraud, n° 159; Laborde, n° 594; Villey, p. 482).

564. L'amende est ajoutée par certaines dispositions de loi à la peine principale du crime, par exemple en matière de faux (art. 164 c. pén.). Quel sera, sur cette peine d'amende, l'effet d'une déclaration de circonstances atténuantes? La cour aura-t-elle la faculté soit de la supprimer, soit de la réduire au-dessous de son minimum légal? La jurisprudence décide, avec raison, que l'amende doit toujours être prononcée, lorsque la loi l'édicte, et telle que la loi l'édicte (V. les nombreux arrêts cités, en matière de faux, *suprà*, v° *Faux et fausse monnaie*, n° 385. V. aussi, en matière de destruction d'édifice, l'arrêt du 22 janv. 1847, cité au *Rép.* n° 529, et Crim. cass. 3 nov. 1848, aff. Fonder, D. P. 50. 5. 137. Conf. les trois auteurs cités *suprà*, n° 563).

565. Pour tout ce qui concerne les questions à poser au jury relativement aux circonstances atténuantes, V. v° *Instruction criminelle*, n°s 2631 et suiv., et *infrà*, V. *Procédure criminelle*.

566. Sur l'application des circonstances atténuantes devant les tribunaux militaires, V. *infrà*, n°s 589 et suiv.

ART. 3. — *Des circonstances atténuantes en matières correctionnelle* (*Rép.* n°s 537 à 568).

567. Les deux derniers paragraphes de l'art. 463 s'appliquent aux faits qui ne sont passibles que de peines correctionnelles. De ces deux paragraphes, le plus important, qui est aujourd'hui l'avant-dernier, est resté textuellement le même qu'à l'époque de la publication du *Répertoire ;* l'autre, relatif à une hypothèse toute spéciale, a été ajouté par la loi des 26-28 oct. 1888 (D. P. 89. 4. 3). Il résulte de la comparaison de ces deux textes avec les sept premiers paragraphes de l'art. 463 que le système de la loi en matière correctionnelle est très différent de celui qu'elle a institué en matière criminelle. « Quand il s'agit de crimes, dit Faustin Hélie, la gravité de l'accusation et l'élévation des peines ont fait poser des limites à l'atténuation. Quand il s'agit de délits, la faculté d'atténuation est pour ainsi dire illimitée, puisqu'elle ne s'arrête qu'aux peines de police. Dans la première hypothèse, le jury provoque l'atténuation et concourt à la prononcer ; dans la seconde, ce droit est réservé aux juges correctionnels ou à la cour d'assises statuant comme tribunal correctionnel » (*Pratique criminelle*, t. 2, n° 965). — On examinera successivement : 1° dans quels cas les circonstances atténuantes peuvent être déclarées en matière correctionnelle ; 2° quels sont, en cette matière, les effets d'une déclaration de circonstances atténuantes. Aucune question ne peut s'élever, en police correctionnelle, relativement à la compétence pour déclarer les circonstances atténuantes, puisque la mission du juge ne s'y partage pas comme en cour d'assises entre les magistrats et le jury, et qu'elle est nécessairement exercée tout entière par le tribunal.

568. — I. DANS QUELS CAS LES CIRCONSTANCES ATTÉNUANTES PEUVENT ÊTRE DÉCLARÉES. — D'après le texte même de l'art. 463, § 8, cet article ne s'applique qu'aux *délits prévus par le code pénal*. Les motifs du législateur à cet égard ont été donnés au *Rép.* n° 562. La jurisprudence et la doctrine en ont unanimement conclu que l'art. 463 n'est point applicable aux délits autres que ceux prévus par le code pénal, s'il n'y a dans la loi spéciale un texte qui l'autorise (Aux nombreux arrêts déjà cités, dans ce sens, *Rép.* n° 562, *adde :* Aix, 22 nov. 1855, aff. Serf, D. P. 56. 2. 267 ; Crim. rej. 21 août 1856, aff. Renault, D. P. 56. 1. 414; 28 mars 1857, aff. Rolland, D. P. 58. 1. 335-336 ; Crim. cass. 4 janv. 1861, *Bull. crim.*, n° 3 ; Crim. cass. 24 sept. 1868, aff. Lépine, D. P. 69. 1. 438; 12 déc. 1873, aff. Jacomety, D. P. 75. 1. 87 ; 24 nov. 1876 ,aff. David, *Bull. crim.*, n° 227 ; 2 janv. 1885, aff. Bayon, *Bull. crim.*, n° 3. Conf. Chauveau et Hélie, t. 6, n° 2706 ; Garraud, *Traité*, p. 240 ; *Précis*, n° 246; Laborde, n° 586; Villey, p. 485 ; Blanche, n° 700).

Parmi les infractions à des lois spéciales qui ne comportent pas l'application de l'art. 463, nous citerons, à titre d'exemples : 1° les délits forestiers, prévus par le code forestier de 1827 (V. art. 203 dudit code) ; 2° les infractions à la loi du 3 mai 1844 sur la police de la chasse du 3 mai 1844 (V. art. 20 de ladite loi) ; 3° les infractions aux lois de douanes (V. *suprà*, v° *Douanes*, n°s 685 et 686 ; *adde* les notes 1 à 5, D. P. 92. 2. 61) ; 4° les infractions à la loi du 3 juill. 1877 sur la conscription des chevaux (Agen, 27 août 1879, aff. Cartay, D. P. 80. 2. 158); 5° les infractions à la loi concernant la répression des fraudes dans le commerce des engrais (L. 4 févr. 1888, D. P. 88. 4. 9) ; 6° les infractions à la loi du 25 juin 1856 sur les postes (Besançon, 8 févr. 1893, *Gazette des tribunaux* du 13 avr. 1893). Il est à remarquer que l'art. 20 de la loi de 1844, sur la chasse, déclare formellement que l'art. 463 ne sera pas applicable. Il en est de même de l'art. 203 du code forestier.

569. D'autre part, un très grand nombre de lois spéciales ont, par des dispositions expresses, étendu l'art. 463 aux peines qu'elles prononcent. Nous citerons à cet égard, à titre d'exemples : 1° la loi du 15 avr. 1829, relative à la pêche fluviale, art. 72 (*Rép.* v° *Pêche fluviale*, p. 443); 2° la loi du 15 juill. 1845, sur la police des chemins de fer, art. 26 (D. P. 45. 3. 163); 3° la loi du 7 juin 1848, sur les attroupements, art. 8 (D. P. 48. 4. 105); 4° la loi du 27 mars 1851, sur la répression des certaines fraudes dans la vente des marchandises, art. 7 (D. P. 51. 4. 57); 5° la loi du 23 juin 1857 sur les marques de fabrique et de commerce, art. 12 (D. P. 57. 4. 97) ; 6° la loi du 24 juill. 1867 sur les sociétés, art. 16 (D. P. 67. 4. 98) ; 7° la loi du 27 juill. 1867 sur la répression des fraudes dans la vente des engrais, art. 4 (D. P. 67. 4. 137); 8° la loi du 14 mars 1872 contre les affiliés de l'association internationale des travailleurs, art. 5 (D. P. 72. 4. 42) ; 9° la loi du 23 janv. 1873, tendant à réprimer l'ivresse publique, art. 9 (D. P. 73. 4. 18) ; 10° la loi du 21 juin 1873 sur les contributions indirectes, art. 15 (D. P. 73. 4. 90) ; 11° la loi du 15 juill. 1878 sur les mesures à prendre pour arrêter les progrès du phylloxera et du doryphora, art. 15 (D. P. 79. 4. 2) ; 12° la loi sur la presse du 29 juill. 1881, art. 64 (D. P. 81. 4. 65) ; 13° la loi de finances du 30 mars 1888 (D. P. 88. 4. 26) qui, dans son art. 42, a étendu l'art. 463 « aux délits et contraventions prévus par les lois sur les contributions indirectes » ; 14° la loi du 30 nov. 1892 sur l'exercice de la médecine, art. 27 (D. P. 93. 4. 8); 15° la loi du 3 févr. 1893 tendant à compléter les art. 419 et 420 c. pén. art. 2 (*Journ. off.* 4 févr.). Quant à la loi des 2-4 nov. 1892 sur le travail des enfants, des filles mineures et des femmes dans les établissements industriels (D. P. 93. 4. 25), elle contient, au point de vue qui nous occupe, des dispositions spéciales. Cette loi n'admet pas, en principe, l'application de l'art. 463, mais elle l'autorise dans les deux cas visés par les art. 27 et 29.

570. Ainsi que nous l'avons dit *suprà*, n° 569, l'art. 463 est aujourd'hui applicable aux délits de presse. L'art. 64 de la loi du 29 juill. 1881 est, en effet, ainsi conçu : « L'art. 463 c. pén. est applicable dans tous les cas prévus par la présente loi. Lorsqu'il y aura lieu de faire cette application, la peine prononcée ne pourra excéder la moitié de la peine édictée par la loi ». Depuis la promulgation de la loi précitée, les observations présentées et les arrêts cités au *Rép.* n°s 564 et 565, relativement aux délits de presse, ont perdu leur intérêt.

571. Il n'y a point de doute que les circonstances atténuantes peuvent être, en matière correctionnelle, accordées à un récidiviste (c. pén. art. 463. V. *suprà*, n° 562). Toutefois, en matière de contributions indirectes, il faut qu'il n'y ait pas eu récidive dans le délai d'un an (V. *infrà*, n° 572).

572. En ce qui concerne l'art. 42 de la loi du 30 mars 1888, citée *suprà*, n° 569, relative aux délits et contraventions prévus par les lois sur les contributions indirectes, il y a lieu d'observer encore : 1° que, d'après la jurisprudence, cette disposition ne doit pas être étendue aux infractions en matière d'octroi (Crim. cass. 22 déc. 1888, aff. Michel, D. P. 89. 1. 83), mais elle est applicable à la détention d'allumettes de fraude (Crim. rej. 8 mars 1889, aff. Jouhannaud, D. P. 89. 1. 437), et aux contraventions à la loi du 19 brum. an 6, relative à la garantie des matières d'or et d'argent (Trib. corr. de la Seine, 21 nov. 1891, aff. Tiffany, D. P. 92. 2. 254); — 2° Que l'art. 2 de la loi de finances du 26 déc. 1890 (D. P. 91. 4. 56) dispose que, dans les cas prévus par l'art. 42 de la loi du 30 mars 1888, il ne pourra être fait application de l'art. 463 c. pén. s'il y a récidive pendant le délai d'un an à partir du jugement qui a reconnu la contravention ou le délit.

573. Il convient de remarquer enfin que la faculté d'atténuation dérivant de l'art. 463 s'applique même à l'aggravation de peines prononcée par l'art. 198 c. pén. contre les fonctionnaires qui se sont rendus coupables de délits qu'ils étaient chargés de surveiller. Cet article dispose que les coupables, s'il s'agit d'un délit de police correctionnelle, subiront *toujours* le *maximum* de la peine attachée à l'espèce de délit. Mais il est de jurisprudence que ces expressions, quelque absolues qu'elles soient, n'excluent point l'application de l'art. 463, et que, si l'art. 198 se sert du mot *toujours*, il faut seulement en conclure que les tribunaux doivent dans tous les cas prononcer contre les fonctionnaires publics le maximum des peines portées par la loi, sauf le cas où ils reconnaissent des circonstances atténuantes (A l'arrêt du 27 juin 1834, cité *Rép.* n° 558, *adde*, dans le même sens : Bastia, 11 nov. 1856, aff. Moretti, D. P. 57. 2. 47-48; Crim. rej. 17 janv. 1879, aff. Sénac-Lagrange, *Bull. crim.*, n° 24. Conf. Chauveau et Hélie, t. 6, n° 2711).

574. — II. EFFETS DES CIRCONSTANCES ATTÉNUANTES SUR LES PEINES CORRECTIONNELLES. — Comme en matière criminelle, l'effet des circonstances atténuantes consiste dans une diminution de peine; mais cet effet est beaucoup plus considérable, puisque la diminution de peine est en quelque sorte illimitée. Cette diminution de peine est, d'ailleurs, facultative. Même en constatant l'existence de circonstances atténuantes, les juges criminels ne sont pas tenus d'abaisser la peine au-dessous de son minimum légal. L'atténuation est, suivant l'expression de M. Garraud (p. 251) *in facultate*, non *in obligatione judicis*. D'où il suit, ainsi que nous l'avons déjà constaté au *Rép.* n° 555, qu'un arrêt qui, en déclarant l'existence de circonstances atténuantes, ne prononcerait pas une peine inférieure au minimum de la peine légale, serait inattaquable (Aux arrêts cités dans ce sens, *adde :* Crim. rej. 10 août 1877, aff. Cheynet et autres, *Bull. crim.*, n° 188; 14 mai 1891, aff. Choyer, D. P. 92. 1. 194. Conf. Chauveau et Hélie, t. 6, n° 2702; Blanche, t. 6, n° 698; Garraud, t. 2, n° 156). — Par exception à cette règle, la réduction, en cas de déclaration de circonstances atténuantes, cesse d'être facultative pour les délits prévus par la loi du 29 juill. 1881 sur la presse, puisque, d'après l'art 64, dont le texte est reproduit *suprà*, n° 570, la peine ne peut alors excéder la *moitié* de celle qu'édicte cette loi.

575. L'atténuation autorisée par l'avant-dernier paragraphe de l'art. 463 porte expressément sur l'emprisonnement et sur l'amende. M. Garraud a caractérisé très complètement les effets d'une déclaration de circonstances atténuantes sur ces deux peines, en distinguant comme il suit trois hypothèses : « 1° si la peine prononcée par la loi est un emprisonnement, le juge a la faculté, par une déclaration de circonstances atténuantes, ou de réduire cet emprisonnement, même au-dessous de *six* jours (*minimum* de l'emprisonnement correctionnel) jusqu'à *un* jour (*minimum* de l'emprisonnement de simple police), ou même de lui substituer une amende; 2° si la peine prononcée par la loi est d'une simple *amende*, le juge peut l'abaisser, par une déclaration de circonstances atténuantes, jusqu'au minimum des peines de simple police, c'est-à-dire jusqu'à 1 fr.; 3° enfin, si la loi prononce à la fois un *emprisonnement* et une *amende*, le juge peut n'appliquer qu'une de ces deux peines, et encore a-t-il la faculté d'abaisser cette peine unique jusqu'à *un jour* d'emprisonnement ou 1 fr. d'amende » (n° 156, p. 250). — En résumé, suivant la remarque du même auteur (p. 252), « le pouvoir d'abaisser les peines correctionnelles n'a pas de limite dans l'état actuel de notre législation, puisque l'appréciation des circonstances atténuantes est livrée aux juges et puisqu'elles ont pour effet de pouvoir conduire jusqu'à l'unité de la peine qui est la plus minime, 1 franc d'amende ». N'est-ce point là un pouvoir excessif? N'est-ce point l'arbitraire dans l'indulgence? Nous croyons, avec M. le procureur général Cordoën, commissaire du Gouvernement au Corps législatif dans la discussion de la loi du 13 mai 1863, qu' « il y a pour la magistrature plus de péril que d'avantage, dans cette extrême liberté ». « La liberté sans limite n'est bonne pour personne, disait ce magistrat; elle n'est pas meilleure pour l'application de la loi pénale qu'elle n'est bonne dans l'ordre politique... ». Sans doute, ajouterons-nous, la peine doit être proportionnée à la faute, et la gravité de la faute peut, suivant les circonstances, varier à l'infini; mais quand le délit est de ceux qui, par eux-mêmes, troublent gravement l'ordre social, et auxquels le législateur a jugé nécessaire, précisément pour ce motif, d'infliger une peine d'une certaine importance, pourquoi permettre au juge de rejeter les indications de la loi parce qu'il existe des circonstances atténuantes, et l'autoriser à traiter ce délit, dans l'application de la peine, comme s'il n'avait aucune gravité? Aussi, croyons-nous que, sous ce rapport, la loi du 13 mai 1863 (D. P. 63. 4. 108) avait été heureusement inspirée en introduisant dans l'art. 463 une disposition restreignant les pouvoirs si étendus du juge. On sait que, suivant les prescriptions d'un avant-dernier paragraphe ajouté par cette loi à l'article précité, la peine prononcée par la loi était un emprisonnement d'une année au minimum, ou une amende de 500 fr. au minimum; les tribunaux ne pouvaient pas réduire l'emprisonnement au-dessous de six jours, l'amende au-dessous de 16 fr.; pour les autres délits, d'ailleurs, ils conservaient la faculté illimitée d'atténuation. Mais cette distinction a été supprimée par un décret du gouvernement de la Défense nationale, en date du 27 nov. 1870 (D. P. 71. 4. 9) qui a ramené l'art. 463 au texte primitif de 1832. Cette suppression est regrettée par la plupart des auteurs (Bertauld, p. 425 et suiv.; Molinier, *Recueil de l'académie de législation de Toulouse*, t. 2, p. 139-192; Garraud, t. 2, n° 156, p. 252; Laborde, n° 585, p. 338; Dutruc, *Le code pénal modifié*, p. 189 à 203. V. toutefois, en sens contraire : Chauveau et Hélie, t. 6, n° 2703).

576. L'art. 463, § 9, autorise le juge, en cas de déclaration de circonstances atténuantes, à prononcer séparément l'une ou l'autre des peines de l'emprisonnement et de l'amende. Il s'ensuit évidemment que l'admission des circonstances atténuantes, pour un délit emportant à la fois l'emprisonnement et l'amende, permet au juge de ne faire porter la réduction que sur la première peine, l'autre peine fût-elle appliquée ou maintenue dans la mesure du maximum (Crim. rej. 4 août 1865, aff. Dutertre, D. P. 66. 1. 96; 2 déc. 1865, aff. Cussin, D. P. 68. 5. 343).

577. Le même article laisse au juge la faculté de réduire l'emprisonnement au-dessous de six jours et l'amende au-dessous de 16 fr. ou de prononcer séparément l'une ou l'autre de ces deux peines. La cour de cassation en a conclu, avec raison, qu'un moyen de cassation ne peut être tiré de ce qu'un arrêt, après avoir reconnu l'existence des circonstances atténuantes, a néanmoins appliqué au prévenu la peine de l'emprisonnement (Crim. rej. 9 oct. 1884) (1).

578. Nous avons dit *suprà*, n° 574, que l'admission des circonstances atténuantes n'oblige pas nécessairement le juge à réduire la peine au-dessous du *minimum* déterminé par la disposition applicable au délit. Cela est incontestable; mais il ne s'ensuit pas que le juge puisse se dispenser de prononcer une peine, et notamment se borner à la condamnation aux dépens (Crim. cass. 31 déc. 1846, aff. Femme Féon, D. P. 46. 4. 280). C'est avec beaucoup de raison que la cour de cassation a prononcé l'annulation d'un arrêt qui, tout en déclarant le prévenu coupable d'un délit, l'avait déchargé, par suite de l'admission des circonstances atténuantes, de la peine d'emprisonnement seule prononcée contre lui, sans que son dispositif contînt l'application d'aucune peine (Crim. cass. 27 nov. 1885) (2).

579. Les circonstances atténuantes n'autorisent pas non plus le juge « à prononcer des peines autres que celles prononcées dans l'article du code pénal relatif au délit poursuivi » (Crim. cass. 7 mars 1844, *Bull. crim.*, n° 86). Spécialement, ainsi que nous l'avons dit déjà *Rép.* n° 552, quand le tribunal juge convenable de ne prononcer que l'amende, il ne peut, sous le prétexte qu'il affranchit le condamné de l'emprisonnement, porter cette amende au delà du maximum fixé par l'article de loi concernant le délit (A l'arrêt cité du 3 nov. 1827, *adde :* Crim. cass. 7 mars 1844 précité; 4 nov. 1854, *Bull. crim.*, n° 308; et 14 avr. 1855, aff. Lemoine, D. P. 55. 1. 136).

580. L'art. 463 dit que les tribunaux correctionnels peuvent « substituer l'amende à l'emprisonnement » (§ 9 *in fine*); mais quel sera le taux de cette amende? quel en sera le maximum? La loi était muette à cet égard à l'époque de la publication du *Répertoire*, et la jurisprudence, ainsi qu'on l'a dit *Rép.* n° 553, en désaccord avec une partie de la doctrine. En général, les arrêts fixaient le maximum à 16 fr., c'est-à-dire au minimum des peines correctionnelles. Aujourd'hui la question se trouve tranchée par la loi du 26 oct. 1888 (D. P. 89. 4. 3) qui a ajouté à l'art. 463 un nouveau paragraphe, aux termes duquel le maximum de l'amende substituée à l'emprisonnement, dans le cas dont il s'agit, est de 3000 fr.

581. Au reste, il est à remarquer que si l'art. 463 donne aux tribunaux de répression le droit de substituer l'amende à l'emprisonnement, il ne les autorise point à remplacer l'amende par l'emprisonnement, lequel, si courte que soit sa durée, est toujours une peine plus grave que l'amende (Crim. cass. 14 févr. 1856, aff. Mathieu, D. P. 56. 1. 346).

582. Les tribunaux correctionnels peuvent-ils, en déclarant des circonstances atténuantes, faire remise des peines complémentaires, telles que l'interdiction de séjour qui a remplacé la surveillance de la haute police, l'interdiction

(1) (Léopold Racagel.) — LA COUR; — ... Sur le troisième moyen tiré de la violation de l'art. 463 c. pén., en ce que l'arrêt attaqué aurait fait, à tort, au prévenu, l'application de la peine de l'emprisonnement après avoir reconnu, en sa faveur, l'existence des circonstances atténuantes; — Attendu que l'admission des circonstances atténuantes n'astreint pas le juge à un abaissement de la peine dans des limites déterminées, qu'elle lui laisse seulement la faculté de réduire l'emprisonnement au-dessous de six jours et l'amende au-dessous de 16 fr., ou de prononcer séparément l'une ou l'autre de ces peines; qu'en prononçant, dès lors, contre le demandeur la peine de l'emprisonnement réduite à six jours et celle de 16 fr. d'amende, par application de l'art. 225 c. pén., modéré par l'art. 463 du même code, l'arrêt attaqué a fait de ces dispositions légales une exacte application; — Et attendu, d'ailleurs, que la procédure est régulière; — Rejette, etc.

Du 9 oct. 1884.-Ch. crim.-MM. le cons. Tanon, rap.-Petiton, gén.

(2) (Albert Antoniny.) — LA COUR; — ... Sur le troisième moyen, tiré de la violation des art. 195 c. instr. crim. et de la fausse application de l'art. 463 c. pén.: — Attendu que la cour de Paris, tout en déclarant Antoniny coupable du délit d'escroquerie, l'a cependant déchargé de la peine d'emprisonnement, seule prononcée contre lui, sans que son dispositif contienne l'application d'aucune autre peine; — Attendu que, si d'après l'arrêt attaqué il existait dans la cause des circonstances permettant de modérer la peine prononcée en première instance, l'art. 463 c. pén. n'autorisait point à la faire disparaître, sans en appliquer aucune; — Par ces motifs, casse et annule, mais dans l'intérêt de la loi seulement, l'arrêt rendu par la cour d'appel de Paris, chambre correctionnelle, le 29 juill. 1885, contre Antoniny et au profit de Tavel; — Ordonne, etc.; — Ainsi fait et prononcé, etc.

Du 27 nov. 1885.-Ch. crim.-MM. le cons. Hérisson, rap.-Rousselier, av. gén.

des droits de l'art. 42 c. pén., et la confiscation? La question, traitée au *Rép.* n° 559, doit être divisée. En ce qui concerne l'interdiction de séjour, qui a remplacé, depuis la loi du 27 mai 1885, la surveillance de la haute police, il n'est plus douteux, en jurisprudence, que les tribunaux correctionnels en puissent dispenser totalement le prévenu auquel ils accordent des circonstances atténuantes ou en réduire la durée fixée par la loi (Crim. rej. 15 juill. 1881, aff. Ordioni, *Bull. crim.*, n° 177; 21 janv. 1886; 19 févr. 1886). De même, les tribunaux correctionnels peuvent, en déclarant des circonstances atténuantes, s'abstenir de prononcer l'interdiction des droits mentionnés en l'art. 42 c. pén. (Crim. cass. 27 mars 1813. Conf. Blanche, n° 702; Laborde, n° 594; Garraud, n° 159; Villey, p. 484). De même encore ils peuvent, en appliquant l'art. 463, affranchir le condamné de l'interdiction des fonctions publiques (Crim. cass. 12 sept. 1846, aff. N..., D. P. 46. 1. 371. Conf. mêmes auteurs). On décide généralement, au contraire, que les tribunaux ne pourraient s'autoriser de l'art. 463 pour s'abstenir de prononcer la confiscation, qui affecte plus la chose que la personne (Blanche, t. 1, n° 78, et t. 6, n° 702; Chauveau et Hélie, t. 6, n° 2708; Villey, p. 484; Bertauld, 18e leçon, p. 413; Le Sellyer, *De la criminalité et de la pénalité*, t. 1, n° 340). C'est l'opinion que nous avons soutenue au *Rép.* n° 559, et elle a été sanctionnée, en termes généraux, par plusieurs arrêts rendus en matière de simple police (Crim. cass. 14 déc. 1832, *Bull. crim.*, n° 498; 27 sept. 1833, *Bull. crim.*, n° 410; 14 oct. 1839, *Bull. crim.*, n° 319; 7 juill. 1854, *Bull. crim.*, n° 218). Toutefois, il est à remarquer que, dans les espèces sur lesquelles sont intervenus ces arrêts, il s'agissait de confiscations autorisées par la loi à titre de *mesure de police*, et portant sur des objets nuisibles ou dangereux. Il en serait autrement, croyons-nous, si, comme il arrive souvent (V. *infrà*, nos 793 et suiv.), la confiscation était ordonnée à titre de *mesure pénale*, de *supplément de peine* : il n'y a en effet aucune raison de refuser aux tribunaux de réduire ou d'écarter une confiscation purement pénale (Conf. Laborde, n° 594).

583. Il en est de même de la relégation; le juge n'a pas le droit d'en dispenser le condamné lorsque celui-ci se trouve dans les conditions de la loi; il ne saurait, dès lors, s'autoriser de l'art. 463 pour s'abtenir de la prononcer quand elle est encourue.

ART. 4. — *Des circonstances atténuantes en matière de simple police* (*Rép.* nos 569 à 576).

584. Le bénéfice des circonstances atténuantes n'est, en principe, applicable qu'aux peines de simple police prononcées par le *code pénal* (c. pén. art. 483, § 2), et l'on ne peut l'étendre aux contraventions régies par des lois spéciales, soit antérieures, soit postérieures au code pénal, à moins que la loi spéciale n'ait dérogé à ce principe. Cette règle est aujourd'hui au-dessus de toute discussion (Garraud, *Traité*, t. 2, n° 150, et *Précis*, p. 318; Laborde, n° 586; Villey, p. 485). La cour de cassation l'a appliquée en jugeant, depuis la publication du *Répertoire*, que les art. 463 et 483 sont inapplicables à la contravention rurale d'abandon de volailles, réprimée par l'art. 606 c. du 3 brum. an 4, mais non prévue par le code pénal (Crim. cass. 27 mars 1868, *Bull. crim.*, n° 85). On trouvera *suprà*, v° *Contravention de police*, n° 50, une liste de lois spéciales qui ont admis, par des dispositions expresses, l'application des articles précités aux contraventions qu'elles répriment.

585. Au reste, la disposition de l'art. 483, § 2, est générale et absolue; elle s'étend à toutes les contraventions prévues par le code pénal, aux délinquants qui sont en état de récidive comme à ceux qui ne sont pas en cet état. Il en résulte que, même en cas de récidive, les tribunaux de police peuvent abaisser la peine jusqu'à un jour d'emprisonnement ou 1 fr. d'amende, ou même substituer l'amende à l'emprisonnement (Crim. cass. 8 mai 1845, aff. Vinson, *Bull. crim.*, n° 163; 8 nov. 1849, aff. Vialla, D. P. 51. 5. 459; 31 mars 1855, aff. Leloup, D. P. 55. 5. 376; 7 oct. 1852, aff. Barutzi, D. P. 53. 5. 349; 11 nov. 1852, aff. Mallet, *ibid.*; 18 nov. 1852, aff. Aumerle, D. P. 53. 5. 351; Crim. rej. 1er juin 1876, aff. Lombart et autres, *Bull. crim.*, n° 130; 4 juin 1886, aff. Barbier, *Bull. crim.*, n° 201).

586. Mais la peine ne peut, en aucun cas, descendre au-dessous du *minimum* des peines de simple police, c'est-à-dire au-dessous d'un franc d'amende (Crim. rej. 12 nov. 1852, aff. Roulet, D. P. 53. 5. 350. Conf. Chauveau et Hélie, t. 6, n° 2733). A plus forte raison, le juge ne peut-il pas, sous le prétexte que les circonstances lui paraissent atténuantes, renvoyer l'inculpé des poursuites (Crim. cass. 23 août 1839, *Bull. crim.*, n° 280; 6 nov. 1840, *Bull. crim.*, n° 316). Il ne pourrait pas davantage réduire au seul payement des frais ou dépens la condamnation prononcée contre le prévenu reconnu coupable; la prononciation du minimum de l'amende doit, pour le moins, y être ajoutée (Crim. cass. 1er juill. 1853, aff. Marvandes, D. P. 53. 5. 346 ; 18 août 1860, aff. Ponçon, D. P. 60. 5. 274). Et il en serait ainsi, alors même que le juge déclarerait prononcer la condamnation aux dépens *pour toute peine;* l'art. 162 c. instr. crim. prescrivant que la partie qui succombe soit condamnée aux frais envers la partie publique, son exécution ne peut être considérée comme constituant l'application d'une peine (Crim. cass. 31 déc. 1846, aff. Féon, D. P. 47. 4. 280). A l'inverse, la condamnation du prévenu à l'amende, en matière de contravention de police, ne dispense pas de la condamnation aux dépens, même en cas de circonstances atténuantes (Crim. cass. 20 sept. 1855, aff. Fabi, D. P. 63. 5. 192).

587. Lorsqu'un tribunal de police, en considération des circonstances qu'il déclare atténuantes, s'abstient de prononcer la peine de l'emprisonnement contre le délinquant en état de récidive, il ne peut pas, comme pour suppléer à cette peine, infliger une amende supérieure à celle qui est encourue pour la contravention constatée (Crim. cass. 11 août 1860, aff. Jardin, D. P. 60. 5. 272). En tout cas, l'amende substituée ne pourra jamais excéder 15 fr., maximum de l'amende de simple police (c. pén. art. 466). Suivant la remarque de M. Garraud (*Précis*, p. 318), le texte de l'art. 463, tel qu'il a été modifié par la loi du 28 oct. 1888, conduirait, il est vrai, à décider que l'amende de 3000 fr. peut être substituée à l'emprisonnement de police. Mais, dit le même auteur, on ne doit pas s'arrêter à cette apparence, car le tribunal ne peut pas, sous prétexte d'indulgence, remplacer une peine de police par une peine correctionnelle. Cela nous paraît incontestable (Conf. Laborde, n° 593, note 3).

588. La faculté d'accorder au condamné des circonstances atténuantes est laissée à l'appréciation du tribunal de police. Ainsi, la déclaration de circonstances atténuantes, accordée par le tribunal de police à un prévenu en état de récidive, ne peut être critiquée devant la cour de cassation, dans le cas même où cet état de récidive résulterait de l'existence de six condamnations antérieures (Crim. rej. 2 juill. 1859, aff. Penisson, D. P. 59. 5. 287). D'autre part, dans le cas où le tribunal veut faire profiter un contrevenant du bénéfice de l'art. 483, il doit déclarer expressément ou au moins implicitement, que les circonstances sont atténuantes. Il ne suffirait pas, pour légitimer la réduction de la peine, d'énoncer que les contrevenants se sont montrés repentants de leur conduite (Crim. cass. 18 mai 1849, aff. Chianpauty, D. P. 49. 1. 180), ou qu'il y a lieu d'espérer qu'ils se conformeront à l'avenir aux arrêtés (Crim. cass. 9 sept. 1841, aff. Bonamour, *Rép.* v° *Contravention*, n° 61).

ART. 5. — *Application des circonstances atténuantes en matière militaire.*

589. La question de savoir si l'art. 463 est applicable aux crimes et délits militaires, discutée au *Rép.* n° 536, n'en est plus une aujourd'hui. Le code de justice militaire du 9 juin 1857 (D. P. 57. 4. 115) a consacré, en ce qui concerne les circonstances atténuantes, un système particulier, pour l'application duquel il faut distinguer selon qu'il s'agit de citoyens appartenant à l'ordre civil, ou de militaires ou assimilés aux militaires. — Pour les condamnés non militaires, l'art. 198 du code de 1857 déclare, d'une manière générale, que le conseil de guerre peut faire l'application de l'art. 463 c. pén. Il a été jugé, par application de cette règle, que les individus étrangers à l'armée ne sont pas exceptés du bénéfice des circonstances atténuantes, lorsqu'ils sont poursuivis pour des infractions prévues par le code de justice militaire, les art. 134 et 267 de ce code ne s'appliquant qu'aux militaires (Crim. cass. 10 avr. 1862, aff. Sens, D. P. 62. 1. 400; Lyon, 9 mars 1869, aff. Decagny, D. P. 69. 2. 80-81). Jugé aussi, en vertu du même principe, que le bénéfice des circonstances atténuantes peut être accordé par le tribunal correctionnel à l'individu non militaire qui a acheté en délit des effets de grand ou de petit équipement (Colmar, 20 mars 1860, aff. Haltenberger, D. P. 61. 5. 354).

590. Quant aux militaires et aux assimilés aux militaires, la loi nouvelle fait une distinction. Le militaire ou assimilé peut obtenir le bénéfice des circonstances atténuantes pour les crimes et les délits de droit commun (art. 267). Ce bénéfice ne peut, au contraire, lui être appliqué, pour les crimes et délits prévus par le code militaire, qu'en vertu d'une disposition spéciale et expresse de ce code, disposition spéciale qui existe pour un certain nombre de faits ne touchant pas essentiellement à la discipline militaire (c. pén. art. 248, 250 à 252, 254, 255, 257, 261, 263, 265).— Sur la distinction qui précède, V. *Rép.* v° *Organisation militaire*, n°s 749 et 750. V. aussi, en ce qui concerne les militaires ayant moins de trois mois sous les drapeaux, la disposition particulière de l'art. 79 de la loi sur le recrutement des 15-17 juill. 1889, rappelée *infrà*, n° 592.

Le code de justice militaire pour l'armée de mer du 4 juin 1858 (D. P. 58. 4. 90) contient, en ce qui concerne les circonstances atténuantes, des dispositions semblables à celles qui viennent d'être rappelées (V. notamment les art. 256, 364).

591. La loi sur le recrutement des 15-17 juill. 1889 (D. P. 89. 4. 73) a largement étendu le système des circonstances atténuantes aux infractions militaires commises par des hommes de la réserve de l'armée active et par ceux de l'armée territoriale ou de sa réserve. On sait qu'aux termes de l'art. 52 de ladite loi, les hommes de la réserve et de l'armée territoriale sont, sous les drapeaux, soumis à toutes les obligations imposées aux militaires de l'armée active par les lois, et justiciables des tribunaux militaires : 1° en cas de mobilisation, à partir du jour de leur appel à l'activité jusqu'à celui où ils sont renvoyés dans leurs foyers; 2° hors le cas de mobilisation, lorsqu'ils sont convoqués pour des manœuvres, exercices ou revues... ; 3° lorsqu'ils sont placés dans les hôpitaux militaires... et lorsqu'ils voyagent comme militaires sous la conduite de la force publique, qu'ils se trouvent détenus dans les établissements, prisons et pénitenciers militaires ou qu'ils subissent, dans un corps de troupe, une peine disciplinaire. Or l'article précité dispose que « des circonstances atténuantes pourront être accordées, alors même que le code de justice militaire n'en prévoit pas, aux hommes qui, n'ayant pas trois mois de présence sous les drapeaux, se trouveront dans l'une des positions indiquées aux paragraphes 2° et 3° ci-dessus ».

592. La même loi a, par une autre disposition (art. 79), adouci la rigueur du code de justice militaire, non plus seulement au profit des réservistes et des territoriaux, mais, d'une façon générale, au profit de tous les hommes ayant moins de trois mois de présence sous les drapeaux. Aux termes de l'art. 79 précité, il peut être accordé à ces hommes des circonstances atténuantes, alors même que le code de justice militaire ne les prévoit pas, pour tous les crimes et délits militaires énumérés dans le tableau D annexé à la loi (V. ce tableau D. P. 89. 4. 103).

593. L'art. 80 de la loi précitée (D. P. 89. 4. 99) détermine les diminutions de peine résultant de l'admission des circonstances atténuantes lorsque, par application de la faculté accordée par les art. 52 et 79, les tribunaux militaires auront admis des circonstances atténuantes en faveur des inculpés de crimes ou délits pour lesquels le code de justice militaire ne les prévoit pas.

CHAP. 6. — Des diverses peines considérées chacune en particulier (*Rép.* n°s 577 à 871).

SECT. 1re — DE LA PEINE DE MORT (*Rép.* n°s 577 à 587).

594. Nous ne reprendrons pas ici la question, déjà examinée au *Rép.* n° 46, de la légitimité théorique de la peine de mort. Presque tous les jurisconsultes, et parmi eux l'on pourrait citer les abolitionnistes les plus convaincus (Ortolan, *Eléments de droit pénal*, t. 2, 5e édit., n° 1361, p. 16; Thonissen, *De la prétendue nécessité de la peine de mort*, 3e édit., p. 20; Chauveau et Hélie, *Théorie du code pénal*, t. 1, n° 58, p. 102; d'Olivecrona, *De la peine de mort*, p. 83; Haus, *Principes du droit pénal belge*, t. 2, n°s 723 et 724; Garraud, *Traité de droit pénal*, t. 1, n° 262), reconnaissent que la peine de mort est légitime et juste, si elle est nécessaire à la conservation de l'ordre social. « L'illégitimité absolue de la peine de mort, a dit Thonissen, *loc. cit.*, ne peut être sérieusement alléguée. La société possède le droit de punir, et, si la conservation de l'ordre et le maintien de la sécurité publique exigent une répression énergique, rien ne s'oppose à ce que le législateur, dans la punition des actes immoraux, aille au besoin jusqu'à la rétribution du mal causé par un mal identique. Mais, d'un autre côté, si la société possède le droit de punir, elle ne peut exercer ce droit que dans la mesure des besoins sociaux. Elle ne doit pas saisir le glaive et frapper pour se ménager le plaisir d'étaler sa puissance. Si le châtiment d'un degré inférieur suffit pour sauvegarder les intérêts confiés à sa sollicitude, elle n'a pas le droit de recourir au châtiment d'un degré supérieur. Nous avouons donc bien volontiers que, si la peine de mort est nécessaire, cette peine appliquée aux crimes les plus graves devient par cela même légitime ». Chauveau et Hélie avaient déjà dit également (*loc. cit.*) : « S'il est établi que l'ordre ne peut exister si l'Etat ne dispose pas de cette peine suprême, que l'échafaud est la pierre angulaire de l'édifice, il faut renoncer à la supprimer, car la société humaine a le devoir de vivre pour assurer les destinées des êtres qui la composent, et elle est armée des droits essentiels à sa conservation » (*loc. cit.*). La vraie question aujourd'hui est donc de savoir, non pas si la peine de mort est juste en soi, mais si elle est un moyen nécessaire de protection et de défense sociales, question *relative et locale* qui peut comporter des réponses différentes, suivant les besoins et les nécessités de chaque pays.

595. En France, on est généralement d'accord pour conserver la peine de mort comme moyen de répression des crimes les plus graves. « Je n'en veux pour preuve, dit M. Garraud (n° 262, p. 436), que l'indifférence ou l'hostilité avec laquelle les diverses propositions de loi, dues à l'initiative parlementaire, et tendant à l'abolition de la peine de mort, ont toujours été accueillies par l'opinion publique. Tant qu'il sera admis que la peine de mort est la seule et unique peine capable d'empêcher certains crimes et surtout d'intimider certains malfaiteurs, il serait imprudent de la rayer de nos lois ». Depuis la publication du *Répertoire*, nos assemblées législatives ont été saisies, à plusieurs reprises, de la question d'abolition de la peine capitale; elles ont toujours repoussé cette mesure. Le 27 juill. 1867, le Sénat passait à l'ordre du jour sur une pétition revêtue de 14 000 signatures et demandant la suppression de la peine de mort. Le 23 mars 1870, le Corps législatif écartait, à la majorité de 111 voix contre 97, une proposition semblable. Le 21 juin 1876, le Sénat refusait de prendre en considération une proposition de M. Schœlcher. A la vérité, la Chambre des députés a, depuis cette époque, pris en considération une proposition d'abolition présentée, en 1881, par M. Louis Blanc, et une autre présentée en 1888 par M. Frébault et plusieurs de ses collègues; mais ces tentatives, restées sans résultat au point de vue législatif, n'ont rencontré, au dehors, que l'indifférence générale. L'opinion publique, en France, n'est pas favorable à l'abolition. La plus grande partie des citoyens éclairés conservent la conviction que la peine de mort peut seule empêcher certains crimes et surtout intimider certains malfaiteurs. En 1885, la cour de cassation était unanime à penser que la peine de mort ne doit pas être abolie, et la recrudescence des crimes capitaux, depuis quelques années, paraît reculer à une époque éloignée une solution du problème (Garraud, *Traité de droit pénal*, t. 1, p. 433, note 4, *in fine*. Conf. Laborde, *Cours élémentaire de droit criminel*, p. 151).

596. Toutefois, on ne saurait contester qu'un mouvement très considérable se soit produit, en de nombreux pays, dans le sens de l'abolition de la peine de mort. Cette peine a été abolie : par la république de Saint-Marin en 1849, par la Roumanie en 1861, par la Grèce en 1862, par le Portugal en 1866, par la Hollande en 1881, dans les cantons de Neufchâtel en 1856, de Zurich, du Tessin, de Genève en 1871, de Bâle-Ville en 1872, de Bâle-Campagne en 1873. A l'égard de la Suisse, une situation particulière est à noter. La constitution fédérale helvétique du 19 avr. 1874 avait prononcé (art. 65) l'abolition de la peine capitale à raison de tous crimes, dans toute l'étendue de la confédération; quatre ans plus tard un vote populaire du 18 mai 1879 revisait l'art. 65 en ce sens qu'il serait désormais permis à chaque canton de rétablir la peine de mort pour *crimes de droit commun*. Dix cantons ont usé de ce droit et rétabli la peine capitale sur leur territoire, savoir : Appenzell-Rhodes intérieures, Unterwald supérieur, Uri, Schwitz, Zug, Saint-Gall, Lucerne, Zurich, Valais et tout récemment (1893) Schaffhouse. Certains Etats de l'Amérique du Nord ont fait disparaître la peine de mort de leur législation, savoir : le Michigan en 1848, le Rhode-Island et le Wisconsin en 1852 ; de même, la république de Costa-Rica en 1880 et le Brésil en 1890. — Plusieurs Etats d'Allemagne, notamment le royaume de Saxe. le grand-duché d'Oldenbourg, la ville de Brême, les duchés de Nassau et d'Anhalt, l'avaient supprimée avant 1870 ; mais cette peine s'est trouvée rétablie pour toute l'Allemagne, par l'adoption, en 1870, du code pénal allemand. — L'Italie, enfin, a proscrit le châtiment suprême dans son code pénal du 30 juin 1889. Ce nouveau royaume est, parmi les grands Etats, le premier qui ait décidé l'abolition de la peine capitale. — On peut ajouter que si la Belgique a conservé la peine de mort dans son code pénal de 1867, celle-ci se trouve abolie de fait en ce pays, puisque depuis l'avènement au trône du roi Léopold II, c'est-à-dire depuis 1863, les condamnations capitales prononcées par les tribunaux de ce pays ont, sans aucune exception, fait l'objet de commutations de peine.

597. Même dans les pays qui l'ont conservée, la peine de mort est plus rarement appliquée qu'autrefois. Cela tient à une double cause : d'une part, les législations ont diminué les cas de peine de mort ; d'autre part, le nombre des commutations de peine par voie de grâce a partout considérablement augmenté. Au premier point de vue, l'Angleterre qui, à la fin du dernier siècle, prodiguait la peine de mort pour les moindres délits, a successivement réduit le nombre des crimes capitaux de 240 à 2 (haute trahison et meurtre, depuis la loi de consolidation de la législation pénale du 6 août 1861). — Le code pénal allemand ne maintient également la peine capitale que pour la haute trahison et l'assassinat (paragraphes 80 et 211). — Le code pénal hongrois l'a restreinte aux cas de haute trahison qualifiée ou tentative de ce crime (art. 128) et d'assassinat (art. 278). — En Belgique, le nombre des crimes capitaux est, depuis le code de 1867, réduit à six : attentat contre la vie du roi; attentat contre la vie de l'héritier présomptif; assassinat; parricide; empoisonnement; incendie volontaire ayant entraîné la mort d'une ou plusieurs personnes qui, à la connaissance de l'auteur, se trouvaient dans les lieux incendiés (art. 101, 102, 394, 395, 397 et 518 c. pén. de 1867). — La constitution bolivienne de 1878 porte, art. 21 : « La peine de mort reste abolie, excepté dans les seuls cas d'assassinat, de parricide et de trahison à la patrie, où cette peine peut être appliquée. On entend par trahison la complicité avec l'ennemi pendant l'état de guerre étrangère ». — Le nouveau code pénal luxembourgeois de 1879 n'applique la peine capitale qu'à des attentats contre la vie entièrement consommés. — Dans les codes les plus récents des Etats-Unis d'Amérique, elle est comminée contre l'homicide au premier degré seulement. — En France, le code pénal de 1810 l'édictait dans trente-neuf articles, dont la plupart contenaient plusieurs cas différents ; après la réforme de 1832, ce chiffre s'est trouvé réduit à trente-sept; enfin, depuis l'abolition partielle accomplie en 1848 (suppression en matière politique, V. *Rép.* n° 47), la peine de mort n'est plus applicable que dans les treize cas suivants : 1° assassinat (c. pén. art. 302); 2° infanticide (*idem*); 3° empoisonnement (*idem*); 4° meurtre accompagné d'un autre crime (art. 304, § 1); 5° meurtre accompagné, précédé ou suivi d'un délit avec lequel existe la connexité prévue par l'art. 304 § 2; 6° castration ayant entraîné la mort (art. 316); 7° cas des malfaiteurs qui, pour l'exécution de leurs crimes, emploient des tortures ou commettent des actes de barbarie (art. 303); 8° séquestration avec tortures corporelles (art. 344) ; 9° coups et blessures, avec intention de donner la mort, aux magistrats et fonctionnaires désignés dans les art. 228 et 230 (art. 233); 10° faux témoignage et subornation de témoins ayant eu pour résultat une condamnation à mort (art. 361 et 365); 11° incendie dans certaines circonstances et crimes analogues (art. 434, 435 et 437) ; 12° déraillements volontairement occasionnés (art. 16, L. 15 juill. 1845 sur la police des chemins de fer); 13° enfin violation, même non intentionnelle, de certaines prescriptions de police sanitaire (L. 3 mars 1822, art. 7, 9 à 11. V. *Rép.*, v° *Salubrité publique*, n°s 148 et suiv.). Il résulte de cette énumération que la peine de mort n'existe plus, de nos jours, en France, que pour protéger la vie humaine, lorsqu'elle est *directement* ou *indirectement* attaquée. Au reste, il est certainement rigoureux, trop rigoureux, comme le fait remarquer justement M. Garraud (t. 1, n° 263, p. 437), que l'application des règles sur la tentative, la complicité et la récidive puisse, comme elle le fait, amener une condamnation à mort (c. pén. art. 2, 59, 60, § 2 et 3, 56, § 7).

598. C'est en Angleterre et en Espagne que la peine de mort est le plus fréquemment appliquée. En Suède, en Norvège, en Danemark, en Allemagne, les exécutions sont devenues très rares, parce que la condamnation est habituellement commuée par le souverain. La Russie n'applique plus guère le châtiment suprême qu'aux actions politiques. Dans toute la Suisse, il n'y a eu qu'une seule exécution depuis 1868 (Lucerne, mars 1892). Nous avons dit *suprà*, n° 596, qu'en Belgique, la peine capitale est supprimé en fait depuis 1863. En France, de 1826 à 1830, ainsi que de 1831 à 1847, le nombre proportionnel des commutations de peine capitale a été de 36 pour 100; il s'est élevé successivement à 39 pour 100 de 1848 à 1852; à 46 pour 100 on 1853 à 1870 ; à 61 pour 100 de 1871 à 1880 ; à 79 pour 100 de 1881 à 1885. Dans cette dernière période (1881-1885), on a compté 148 condamnations à mort, savoir 19 en 1881, 35 en 1882, 25 en 1883, 30 en 1884, 39 en 1885, et la justice n'a suivi son cours qu'à l'égard de 27 condamnés, dont un seul en 1881, 4 en 1832, 3 en 1883, 7 en 1884, 12 en 1885. Depuis, le nombre des exécutions capitales a été de 10 en 1886, de 6 en 1887, de 9 en 1888, aussi de 9 en 1889. Si l'on réfléchit que, comparé au nombre des accusés traduit annuellement devant nos cours d'assises pour crime entraînant la peine de mort, le nombre des condamnations à mort est extrêmement faible, à cause des acquittements et des commutations de peine, on arrivera à cette conclusion que application de la peine de mort est, en France, extrêmement rare. « Il résulte, en effet, des chiffres officiels empruntés aux statistiques publiées par le ministère de la justice, qu'à l'heure actuelle, 98 accusés sur 100 échappent à la peine que, d'après la loi, leur crime eût dû encourir. De 1881 à 1885 la proportion a même été de 99 pour 100 » (M. Bérenger, Exposé des motifs de la proposition de loi présentée au Sénat en 1887 sur une aggravation de la peine des travaux forcés à perpétuité dans le cas où elle est substituée à la peine de mort par l'effet de l'admission de circonstances atténuantes ou de la commutation). « Il est impossible, dans ces conditions, ajoute avec raison M. Béranger, de se dissimuler que la peine de mort n'est plus aujourd'hui qu'exceptionnellement le mode de répression des plus grands crimes et qu'elle a été remplacée en fait à peu près complètement dans cette fonction par la peine des travaux forcés à perpétuité ». — Il est superflu d'ajouter que la peine de mort ne consiste plus, dans notre droit, que dans la seule privation de la vie, sans tortures (*Rép.* n° 578). Pour les seuls parricides, le dernier supplice reste entouré d'un certain appareil destiné à frapper les imaginations (c. pén. art. 23). Plusieurs auteurs ont demandé la suppression de cet appareil qu'ils trouvent « barbare et inutile » (Chauveau et Hélie, t. 1, n° 156; Bertauld, 11° leçon, p. 237). Nous avons donné *suprà*, n° 177, les motifs qui nous portent à en souhaiter, au contraire, la conservation.

599. Les complices du parricide doivent-ils être punis de la même peine que l'auteur principal ? Cette question a été examinée *suprà*, v° *Complice-complicité*, n°s 32, 33 et 36. Suivant la jurisprudence (V. les arrêts mentionnés au n° 36) le complice du parricide doit subir, dans tous les cas, l'aggravation de peine de l'art. 13 c. pén.

600. Aux termes de l'art. 27 c. pén. « si une femme condamnée à mort se déclare et s'il est vrai qu'elle est enceinte, elle subira sa peine qu'après sa délivrance ». Nous avons donné au *Rép*. nos 579 et 580 le commentaire de cet article. Il est admis aujourd'hui par tous les auteurs que la vérification de la grossesse doit être faite non seulement lorsque la femme se déclare enceinte, mais aussi dans le cas où la femme qui paraît enceinte n'a fait aucune déclaration à cet égard (Garraud, t. 2, p. 34, note 6; Chauveau et Hélie, t. 1, p. 273; Laborde, p. 154; Blanche, t. 1, n° 141).

601. On a vu *suprà*, n° 179, en quel lieu doivent être faites les exécutions. Nous avons aussi traité *suprà*, nos 182 et suiv., la question si débattue de la suppression ou du maintien de la publicité des exécutions capitales.

602. Nous n'avons rien à ajouter à ce qui a été dit au *Rép*. nos 582 à 584 concernant les déclarations que le condamné à mort peut vouloir faire avant l'exécution (c. instr. crim. art. 377). Il n'est intervenu, sur ce point, aucun arrêt postérieur à celui du 4 janv. 1845.

603. On sait que la peine capitale a été abolie, en matière politique, par décret du Gouvernement provisoire des 26-29 févr. 1848 (D. P. 48. 4. 36) confirmée par l'art. 5 de la constitution des 4-10 nov. 1848. A l'époque de la publication du *Répertoire*, il existait dans notre législation une exception à la règle de l'abolition. La loi du 10 juin 1853 (D. P. 53. 4. 111) avait, en effet, rétabli la peine capitale dans le texte de l'art. 86 c. pén. en punissant de mort, à l'avenir, les coupables d'attentat contre la vie ou la personne de l'Empereur, et d'attentat contre la vie des membres de la famille impériale. Cette disposition s'est trouvée abrogée de fait par l'établissement du gouvernement républicain, et l'exception a disparu. Il est donc rigoureusement vrai de dire aujourd'hui que la peine de mort n'est jamais applicable en matière politique (V. *suprà*, v° *Crimes et délits contre la sûreté de l'Etat*, n° 2).

SECT. 2. — DE LA PEINE DES TRAVAUX FORCÉS. — DE LA TRANSPORTATION (*Rép.* nos 588 à 601).

604. — I. HISTORIQUE, LÉGISLATION ET DROIT COMPARÉ. — Depuis la publication du *Répertoire*, les bagnes ont complètement disparu dans notre pays, et la peine des travaux forcés s'exécute exclusivement, en principe, du moins pour les hommes, par la transportation dans les colonies pénitentiaires, situées hors du territoire continental, ailleurs qu'en Algérie. La loi des 30 mai-1er juin 1854 (D. P. 54. 4. 90) dont on a présenté au *Rép.*, nos 593 et suiv., une analyse succincte, a mis, comme on l'a dit justement, les *travaux forcés dans la transportation*.

605. La discussion théorique des avantages et des inconvénients de la transportation n'entre pas dans le cadre de cet ouvrage. Il suffira de constater ici que, s'il est utile de débarrasser la société régulière d'une population dangereuse comme la classe des grands criminels, et si, d'autre part, la transportation bien organisée peut rendre d'importants services à la colonisation, l'expatriation des forçats a l'inconvénient d'entraîner des frais considérables; elle nécessite une flotte, une armée coloniale, et les transports deviennent d'autant plus coûteux que la colonie est plus lointaine. Surtout la transportation ne présente pas, au point de vue pénal, un caractère suffisant d'intimidation. Déjà au lendemain de la mise à exécution de la loi du 30 mai 1854, nous faisions remarquer (*Rép.* n° 594) que le sort des condamnés aux travaux forcés se trouvait notablement adouci. Depuis, l'expérience a prouvé que les criminels ne redoutent pas la transportation. « L'idée du châtiment disparaît pour faire place à l'idée du voyage. La perspective d'une vie nouvelle, d'un horizon inconnu, d'un travail libre, de concessions de terres, n'est pas sans un certain attrait, au moins relatif » (Garraud, t. 1, n° 275). Beaucoup d'attentats contre les gardiens, dans les maisons centrales, n'ont été commis que pour obtenir la transformation de la peine de la reclusion en celle des travaux forcés. Pour empêcher le renouvellement de crimes de ce genre, on sait que la loi du 25 déc. 1880, sur la répression des *crimes commis dans l'intérieur des prisons* (D.P. 81. 4. 53), a prescrit l'exécution de la peine des travaux forcés dans la prison où le crime aura été commis, pendant un temps que la cour d'assises déterminera et qui ne pourra être inférieur au temps de reclusion ou d'emprisonnement que le détenu avait à subir au moment du crime.

606. Au reste, il n'est que trop certain qu'en France, la transportation n'a donné jusqu'ici que des résultats médiocres, au double point de vue de la répression et de la colonisation. En ce qui concerne le premier aspect de la question, le seul dont nous ayons à nous préoccuper ici, il est hors de doute que la peine des travaux forcés à perpétuité ou à temps, subie sous la forme de la transportation telle qu'elle est organisée aujourd'hui, a perdu la plus grande partie de son efficacité. Cette peine est pourtant, en fait, appelée par voie de commutation, à remplacer la peine de mort dans l'immense majorité des cas où celle-ci est prononcée par la loi (V. *suprà*, n° 598). Quel danger ne présente pas une situation aussi anormale que celle que l'on peut caractériser par ces deux mots: la peine de mort n'est presque jamais appliquée, et celle qui la remplace en fait pour la punition des plus grands crimes n'est ni intimidante ni exemplaire! (V. spécialement à cet égard le livre de M. Charles Lucas: *De l'état anormal en France de la répression en matière de crimes capitaux et des moyens d'y remédier*, Paris, 1885). D'autre part, il est profondément déplorable et tout à fait anormal que la peine des travaux forcés à perpétuité soit, ainsi qu'on l'a dit plus haut, n° 13, moins redoutée des malfaiteurs que la reclusion ou même l'emprisonnement correctionnel. La graduation de l'échelle pénale étant ainsi bouleversée, comment faire pour rendre bonne et efficace justice? — En attendant que la commission extraparlementaire du code pénal et, après elle, le Parlement réorganisent, par une réforme d'ensemble, notre système pénal, de sérieux efforts ont été faits, en ces dernières années, par l'Administration des colonies en vue d'améliorer le régime de la transportation. Une « commission permanente du régime pénitentiaire aux colonies » a été instituée, le 15 mai 1889, au ministère, avec mission: 1° d'étudier les réformes qu'il y aurait lieu d'apporter dans le régime des établissements pénitentiaires coloniaux; 2° de préparer la refonte des règlements d'administration publique rendus en exécution de la loi du 30 mai 1854, pour lesquels des modifications ont été reconnues nécessaires. Cette commission a déployé une grande activité. Nous signalerons *infrà*, nos 612 et suiv., quelques-uns des décrets et règlements élaborés par elle. Son œuvre n'est point achevée; mais elle est, dès à présent, très considérable.

607. D'une façon générale, le système de la transportation paraît moins en faveur qu'il y a quelques années, tant en France qu'à l'étranger. On sait qu'en Angleterre la peine de la déportation aux colonies a été abolie, comme peine prononcée par le juge, par acte du Parlement du 26 juin 1857 (Statut 20 et 21 Victor. c. 3), quoiqu'elle puisse être encore appliquée par une mesure administrative. En fait, cette peine n'existe plus qu'en France, en Russie, en Espagne et en Portugal. Il est question de la supprimer en Russie. Ni la Hollande, ni l'Allemagne, ni l'Italie ne l'ont inscrite dans leurs codes récemment promulgués. Au congrès pénitentiaire de Stockholm en 1878, la discussion du système de la transportation (Desportes et Lefébure, *La science pénitentiaire au congrès de Stockholm*, p. 86 et suiv.), a abouti à cette proposition: « La peine de la transportation présente des difficultés qui ne permettent pas de l'adopter dans tous les pays, ni d'espérer qu'elle y réalise toutes les conditions d'une bonne justice ».

608. La bibliographie de la transportation est considérable. On peut consulter sur cet objet: de Blosseville, *La colonisation pénale de l'Angleterre en Australie;* Glasson, *Histoire des institutions et du droit de l'Angleterre*, t. 6, p. 827; Bérenger, *De la répression pénale*, 1855, 1er vol. tit. 2 et 3; Paul Leroy Beaulieu, *La colonisation chez les peuples modernes*, 1re part., liv. 2, ch. 6; Michaux, *Etude sur la question des peines;* V. Molinier, *Etudes sur le nouveau projet de code pénal pour le royaume d'Italie*, t. 1, p. 81 et s.; d'Haussonville, *Les établissements pénitentiaires en France et aux colonies*, p. 529 et s.; Léveillé, *La Guyane et la question pénitentiaire coloniale (Forçats et récidivistes)*, Paris, 1886; de Lanessan, *L'expansion coloniale de la France*, 1886; Ch. Lucas, *De l'état anormal en France de la répression en* *matière de crimes capitaux*, p. 39 et suiv., et dans le même ouvrage, p. 130 et suiv., les observations présentées à la séance du 17 oct. 1884 de l'Académie des sciences morales et politiques par M. Arthur Desjardins et par M. Georges Picot; Henri Joly, *Le combat contre le crime*, chap. 13 ; A. Prins, *Criminalité et répression*, p. 176 et s.; Ortolan, *Eléments de droit pénal*, t. 2, nos 1369 et s.; 1495 à 1500 ; 1517 et 1518 ; Garraud, *Traité théorique et pratique du droit pénal français*, t. 1, nos 274 et suiv. ; et 289 à 294 ; Chauveau et Hélie, *Théorie du code pénal*, t. 1, n° 71 ; Laborde, *Cours élémentaire de droit criminel*, nos 262 à 266.—La *Société générale des prisons* dont les travaux ont pour objet de contribuer à l'amélioration du régime pénitentiaire, s'est beaucoup occupée de la question de la transportation. En 1883 et 1889, elle s'est livrée, sur cet objet, à d'intéressantes discussions dont on trouvera le compte rendu dans son *Bulletin*, qui a pris récemment le titre de *Revue pénitentiaire* (1883, p. 6 et suiv. ; V. notamment les discours de M. Picot et de M. Chopin; 1889, p. 7 et suiv.). Cette société a publié, dans le même *Bulletin*, un grand nombre d'articles sur la transportation, parmi lesquels nous citerons les suivants : *Transportation dans l'Inde anglaise*, par M. Arboux, 1879, p. 117 ; *Aux îles Andaman*, 1879, p. 119 ; *A Bermude*, 1883, p. 732 ; *Transportation anglaise*, 1883, p. 6 ; Note de M. Tallack, et lettre de M. Chapwick, 1883, p. 113 ; Article de M. A. Ribot sur la transportation anglaise, 1883, p. 307 ; *Transportation et servitude pénale*, par M. E. du Cane, 1883, p. 715 ; *Transportation en Italie*, 1880, p. 826 ; *En Russie*, 1883, p. 178 et 192, et 1890, p. 839 et suiv. (Conférence de M. Komorsky à la Société des prisons) ; *La transportation*, par M. James Nattan, 1886, p. 45, 488 ; *Guyane*, 1878, p. 396 ; 1886, p. 56, 60, 713 ; *Nouvelle-Calédonie*, 1878, p. 250, 345, 499 ; 1886, p. 58, 718, 961 ; *Obock*, 1886, p. 975 ; 1887, p. 354 ; A. Clairin, *Les travaux forcés en* 1886, année 1886, p. 882 ; A. Rivière, *La colonisation pénale*, 1887, p. 374 et suiv. ; *Transportation au Chili*, 1890, p. 120 ; *Transportation en Hollande*, 1890, p. 126. — Nous signalerons encore l'importante discussion qui a eu lieu sur la transportation au sein de la Société de législation comparée dans la séance du 13 févr. 1889 (V. *Bulletin de la Société de législation comparée*, 1889, p. 336 et suiv.); plusieurs brochures intéressantes, telles que Moncelon, *Le bagne et la colonisation pénale à la Nouvelle-Calédonie*, 1886 ; Docteur Nicomède, *Un coin de la colonisation pénale ; Bourail en Nouvelle-Calédonie*, 1886, et différents articles de revue : *La colonisation pénale et le bagne d'aujourd'hui*, par M. Denis, *Nouvelle Revue*, t. 17, 1884, p. 492 ; *La colonisation pénale*, par A. Prins, dans la *Revue française de l'étranger et des colonies*, 1886 ; *La transportation et les récidivistes*, par Rabary, dans la *Nouvelle Revue*, 1883, p. 5 ; et deux articles des 26 oct. et 2 nov. 1889 de M. Michel dans l'*Economiste français*. Enfin l'administration des Colonies a publié, à diverses reprises, des *Notices sur la transportation à la Guyane française et à la Nouvelle Calédonie* (1878, 1879, 1882-83, 1884-85).

609. — II. DES CONDAMNÉS AUX TRAVAUX FORCÉS QUI SUBISSENT LEUR PEINE EN FRANCE. — La transportation est, en principe, obligatoire pour les hommes condamnés aux travaux forcés (L. 30 mai 1854, art. 1, 2 et 3). Toutefois, les individus condamnés aux travaux forcés pour crimes commis dans l'intérieur des prisons devant, aux termes de la loi du 25-27 déc. 1880 (D. P. 81. 4. 53), subir cette peine dans la prison même où le crime a été commis, pendant une durée qui ne peut être inférieure au temps de reclusion ou d'emprisonnement que le détenu avait à subir au moment du crime, la peine des travaux forcés est, en ce qui concerne ces condamnés, subie dans les établissements pénitentiaires de la métropole.—Quant aux vieillards, on sait que, s'ils sont âgés de soixante ans accomplis au moment du jugement, ils ne peuvent plus aujourd'hui (L. 30 mai 1854, art. 5) être condamnés aux travaux forcés. Les peines des travaux forcés à perpétuité et des travaux forcés à temps sont, à leur égard, « remplacées par celle de la reclusion, soit à perpétuité, soit à temps, selon la durée de la peine qu'elle remplacera ». — D'autre part, les condamnés aux travaux forcés qui atteignent l'âge de soixante ans restent dans la colonie. La loi de 1854 a donc modifié, sous un double rapport, la situation faite aux vieillards par le code pénal, en ce qui concerne la peine des travaux forcés, puisque d'une part, la limite d'âge fixée par l'art. 70 de ce code pour la prononciation de cette peine était de soixante-dix ans, et que, d'autre part, le forçat, dès qu'il avait atteint l'âge de soixante-dix ans accomplis, en était « relevé et renfermé dans la maison de force pour tout le temps à expirer de sa peine, comme s'il n'eût été condamné qu'à la reclusion » (art. 72, c. pén., formellement abrogé par l'art. 5 de la loi de 1854).

610. Pour les femmes, la transportation est facultative. « Les femmes condamnées aux travaux forcés pourront, dit l'art. 4 de la loi du 30 mai 1854, être conduites dans un des établissements créés sux colonies : elles seront séparées des hommes et employées à des travaux en rapport avec leur âge et leur sexe. » C'est là une simple faculté pour l'Administration, qui peut encore garder ces femmes en France et les y détenir dans une maison de force, conformément à l'art. 16 c. pén., dont la disposition a seulement cessé d'être obligatoire (exposé des motifs de la loi du 30 mai 1854, *Moniteur universel* du 8 juin 1852). En fait, le nombre des femmes transportées est peu considérable. On ne transporte guère que celles qui désirent contracter mariage avec des forçats ou des libérés astreints à résider dans la colonie. Les autres subissent leur peine dans des maisons centrales, en France ou en Algérie. En 1885, il y avait dans les maisons centrales de France 714 femmes condamnées aux travaux forcés à perpétuité ou à temps.

611. — III. DES LIEUX DE TRANSPORTATION. — « La peine des travaux forcés sera subie, à l'avenir, dans des établissements créés par décrets de l'empereur, sur le territoire d'une ou de plusieurs possessions françaises, autres que l'Algérie » (L. 30 mai 1854, art. 1). — En quels lieux ces établissements ont-ils été créés? C'est à la Guyane que les condamnés aux travaux forcés ont d'abord été exclusivement envoyés. Dès 1852, un décret du 16 avril (D. P. 52. 4. 115) avait désigné cette colonie pour recevoir les forçats; plus tard, un décret du 2 sept. 1863 (D. P. 63. 4. 153) décida qu'il pourrait être créé sur le territoire de la Nouvelle-Calédonie des établissements pour l'exécution de la peine des travaux forcés. Plus tard encore, d'autres établissements de moindre importance ont été fondés à Obock, avec affectation spéciale aux individus d'origine arabe (Décr. 3 mars 1886, D. P. 86. 4. 85) africaine ou indienne (Décr. 3 oct. 1887, D. P. 87. 4. 55), et au Gabon pour les individus d'origine annamite ou chinoise (Décr. 1er-4 décr. 1887, D. P. 88. 4. 17).

612. C'est en Guyane et à la Nouvelle-Calédonie que se trouvent nos principaux établissements de transportation. Un décret du 16 nov. 1889 (D. P. 90. 4. 102) confie au sous-secrétaire d'Etat des colonies le soin de désigner, après avis de la commission permanente pénitentiaire, la colonie dans laquelle sera envoyé chaque condamné aux travaux forcés, en partant de ce principe que les criminels dangereux, ceux qui ont déjà été plusieurs fois condamnés, ceux enfin qui ne laissent aucun espoir d'amendement, seront dirigés sur la Guyane, tandis que la Nouvelle-Calédonie sera plus particulièrement réservée aux condamnés primaires et aux individus dont on peut espérer le relèvement. Un arrêté du sous-secrétaire d'Etat, en date du 20 du même mois, a chargé deux sous-commissions, prises dans le sein de la commission plénière, du soin d'opérer cette sélection. On trouvera dans le *Bulletin de la Société générale des prisons*, 1891, p. 1100, un intéressant rapport, daté du 28 mars 1891 sur les travaux de ces deux sous-commissions de classement.

613. — IV. RÉGIME PÉNAL ET DISCIPLINAIRE DES TRANSPORTÉS. — Au point de vue pénal, la condition des transportés a fait l'objet de deux décrets importants, l'un relatif à la juridiction, l'autre relatif aux pénalités.—Le décret du 4 oct. 1889 (D.P. 90.4.96) a tardivement institué, en exécution de l'art. 10 de la loi du 30 mai 1854, des tribunaux maritimes spéciaux chargés de juger les crimes et délits commis par les condamnés aux travaux forcés internés dans les colonies pénitentiaires. Ainsi a pris fin la compétence transitoirement accordée par le même art. 10 « au premier conseil de guerre de la colonie » jusqu'à l'établissemment des tribunaux maritimes spéciaux.

Un autre décret, daté du lendemain 5 oct. 1889 (D. P. 90. 4. 101), véritable *code des bagnes*, a réglé les pénalités qui seront, à l'avenir, appliquées aux forçats. Le rapport qui précède ce décret fait ressortir, en termes saisissants, l'insuffisance de la législation antérieure sous ce rapport. Quant au décret lui-même, ses dispositions principales sont les suivantes. Après avoir posé en principe, dans l'art. 1, que « les dispositions des lois pénales en vigueur dans chaque colonie pénitentiaire sont applicables aux condamnés aux travaux forcés qui subissent leur peine, sous les réserves spécifiées aux articles suivants », le décret déclare, dans son art. 2, que les peines applicables aux condamnés aux travaux forcés sont : la mort ; la reclusion cellulaire pendant six mois au moins et cinq ans au plus ; l'emprisonnement pour six mois au moins et cinq ans au plus. — Les art. 3 et 4 organisent ces deux dernières peines, de création nouvelle dans les colonies pénitentiaires. Aux termes de l'art. 3, les condamnés à la reclusion cellulaire sont détenus séparément de jour et de nuit et privés de toute communication avec l'extérieur. Ils sont astreints au travail. Aux termes de l'art. 4, les condamnés à l'emprisonnement sont détenus dans un établissement fermé et astreints au travail en commun sous l'obligation du silence. Ils sont isolés la nuit. Deux incriminations spéciales sont prévues : les voies de fait sur la personne d'un fonctionnaire, employé, agent ou surveillant de l'administration pénitentiaire, lesquelles sont punissables de mort (art. 6), et le refus de travail après sommation, punissable, suivant les cas, de la reclusion cellulaire ou de l'emprisonnement pour une durée de six mois à deux ans (art. 7). Enfin l'art. 8 dispose que, lorsque les condamnés aux travaux forcés auront commis des faits passibles, d'après les lois pénales ordinaires, de peines autres que la mort, celles-ci seront remplacées, savoir : les peines afflictives et infamantes par la reclusion cellulaire de six mois à deux ans ; le bannissement, la dégradation civique en tant que peine principale, et les peines correctionnelles, par l'emprisonnement de six mois à cinq ans. — Il convient de noter ici, d'autre part, la décision présidentielle du 4 oct. 1889, relative à l'exécution des condamnations à mort, qui complète heureusement, croyons-nous, l'œuvre du décret du 5 oct. sur les pénalités. Cette décision a rendu à la peine de mort l'efficacité qu'elle avait perdue, dans nos colonies pénitentiaires, depuis une circulaire du 1er avr. 1880, laquelle prescrivait aux gouverneurs d'envoyer en France le dossier des condamnations capitales, afin que le président de la République pût toujours examiner s'il y avait lieu de laisser la justice suivre son libre cours. Dans ces conditions, l'ordre d'exécution ou la grâce n'intervenait qu'au bout de six ou sept mois, et le plus souvent, par suite, à cause même de ce long délai, c'était la grâce qui était accordée. Désormais, la décision précitée, abrogeant la circulaire de 1880, a rendu aux gouverneurs, à l'égard des condamnés aux travaux forcés en cours de peine, la liberté de faire procéder immédiatement à l'exécution capitale lorsque deux voix au moins ne se sont pas prononcées, au sein du conseil privé de la colonie, pour le sursis.

614. En ce qui concerne la discipline des transportés, les règlements antérieurs, notoirement insuffisants, ont été récemment remaniés et fondus dans le décret *sur le régime disciplinaire des établissements de travaux forcés aux colonies* des 4-13 sept. 1891 (*Journ. off.* du 13 sept., *Bulletin*, n° 24211). Ce décret abroge spécialement le décret du 18 juin 1880 sur le même objet (D. P. 81. 4. 37) (V. *infrà*, v° *Prisons*).

615. — V. MAIN-D'ŒUVRE PÉNALE. — La loi du 30 mai 1854 (art. 2) veut, comme l'ancien art. 15 c. pén., que les condamnés aux travaux forcés soient employés aux travaux les plus pénibles. Ces travaux doivent être, d'après l'art. 2 précité, des travaux de colonisation et d'utilité publique. Toutefois l'art. 11 de la même loi déclare que « les condamnés des deux sexes qui se seront rendus dignes d'indulgence par leur bonne conduite, leur travail et leur repentir, pourront obtenir l'autorisation de travailler aux conditions déterminées par l'Administration, soit pour les habitants de la colonie, soit pour les administrations locales ». Il a été fait souvent abus, dans nos deux grandes colonies pénitentiaires de la Guyane et la Nouvelle-Calédonie, des facilités accordées par ce dernier article. D'autre part, au point de vue des travaux publics et de la colonisation, l'administration supérieure elle-même a reconnu que « les résultats obtenus n'étaient pas en rapport avec les efforts donnés et l'argent dépensé » (Instruction de M. Etienne, sous-secrétaire d'Etat des colonies, au gouverneur de la Nouvelle-Calédonie, insérée au *Journ. off.* du 16 oct. 1889). — Cette grave question de l'emploi de la main-d'œuvre pénale ne pouvait manquer de fixer l'attention de la commission permanente du régime pénitentiaire aux colonies. Un décret des 15 sept.-2 oct. 1891 (*Journ. off.* du 2 oct., *Bull.*, n° 24214), préparé par les soins de la commission, a réglementé d'une manière complète l'emploi de la main-d'œuvre pénale (V. *infrà*, v° *Prisons*).

616. — VI. CONCESSIONS. — La faculté reconnue à l'Administration par l'art. 11, § 2, de la loi de 1854, d'accorder aux transportés repentants et de bonne conduite des concessions de terrain, a aussi donné lieu à de grands abus (V. à cet égard le compte-rendu des travaux de la commission permanente du régime pénitentiaire aux colonies pendant les années 1889 et 1890, dans le *Bulletin de la Société générale des prisons*, 1891, p. 1091). La commission permanente précitée a préparé un projet de décret sur le régime des concessions; à la fin de décembre 1891, ce projet n'avait pas encore été soumis au conseil d'Etat.

617. — VII. LIBÉRÉS. — Ainsi qu'on l'a dit au *Rép.*, n° 597, les condamnés aux travaux forcés ne recouvrent pas, à l'expiration de leur peine, leur pleine et entière liberté. Aux termes de l'art. 6 de la loi du 30 mai 1854, « tout individu condamné à moins de huit années de travaux forcés sera tenu, à l'expiration de sa peine, de résider dans la colonie pendant un temps égal à la durée de la condamnation. Si la peine est de huit années, il sera tenu d'y résider pendant toute sa vie ». La sanction de cette disposition légale se trouve dans l'art. 8, qui punit de la peine d'un an à trois ans de travaux forcés tout libéré coupable d'avoir quitté la colonie sans autorisation, ou d'avoir dépassé le délai fixé par l'autorisation. — La situation des libérés des travaux forcés a, depuis longtemps, préoccupé l'Administration. Cette catégorie de transportés a, en effet, donné lieu à de nombreuses plaintes de la part des autorités coloniales et des colons libres. Il n'en pouvait être autrement, puisque, d'une part, il y a impossibilité légale d'assujettir le libéré à un travail pénal proprement dit, qui aurait pour résultat de prolonger, pour ainsi dire, le cours d'une peine dont il est libéré ; et que, d'autre part, la loi du 30 mai 1854 n'instituait, à son égard, aucune discipline spéciale. Les libérés, de jour en jour plus nombreux par la force des choses (dans la Nouvelle-Calédonie, leur nombre s'élevait, au 31 décembre 1890, à 4131), le plus souvent oisifs, ne possédant aucune ressource et n'épargnant jamais, sont devenus une charge pour l'Etat, obligé de les recueillir dans ses dépôts; loin d'être une ressource pour la colonisation, ils en sont le fléau. Un décret du 13 janv. 1888 (D. P. 88. 3. 13), en soumettant les libérés à des appels périodiques ou extraordinaires, a remédié, dans une certaine mesure, aux dangers que faisait courir aux colonies pénitentiaires la trop grande liberté laissée aux individus de cette catégorie. Bientôt l'Administration a pensé qu'il était nécessaire d'entrer plus résolument encore dans la voie indiquée par le décret précité. Un nouveau décret, daté du 29 sept. 1890 (D. P. 91. 4. 104), tout en maintenant l'obligation des appels, a imposé aux libérés, en outre, celles : 1° d'être nantis d'un livret ; 2° de justifier de moyens d'existence ; 3° de faire des déclarations de changements de résidence. Les décrets du 13 janv. 1888 et du 29 sept. 1890 seront analysés *infrà*, v° *Prisons*. Nous nous bornerons à ajouter ici qu'aux termes de l'art. 6 du décret précité du 13 janv. 1888, la connaissance de tous les crimes et délits commis par les libérés, attribuée jusqu'alors aux conseils de guerre, a été conférée aux tribunaux de droit commun.

618. — VIII. DÉCHÉANCES ET INCAPACITÉS QUI FRAPPENT LES CONDAMNÉS AUX TRAVAUX FORCÉS. — Aux termes des art. 28 et 29 c. pén., la condamnation aux travaux forcés à temps emporte la dégradation civique et l'interdiction légale. Ces deux peines frappent aussi, depuis la loi des 31 mai-3 juin 1854 portant abolition de la mort civile (art. 2), les condamnés à des peines afflictives perpétuelles, et par conséquent les condamnés aux travaux forcés à perpétuité. De plus, ces derniers encourent, de plein droit, les déchéances créées par l'art. 3 de ladite loi, savoir la double incapacité de disposer et de recevoir à titre gratuit, et l'annulation du testament antérieur à la condamnation (A l'égard de la dégradation civique, V. *infrà*, nos 649 et suiv. et *Rép.* nos 664 et suiv.; à l'égard de l'interdiction légale, V. *infrà*, nos 718 et suiv. et *Rép.* nos 719 et suiv. V. aussi *suprà*, v° *Droits civils*, nos 380 et suiv. — En ce qui concerne les déchéances de la loi du 31 mai 1854, V. *suprà*, v° *Droits civils*, nos 342 et suiv.

619. On sait que l'Administration a le droit de relever les condamnés aux travaux forcés, mais seulement dans la colonie pénitentiaire, de quelques-unes des déchéances ou incapacités qui les frappent (L. 31 mai 1854, art. 4, et L. 30 mai 1854, art. 12). V. sur ce point *suprà*, v° *Droits civils*, nos 358 et suiv., et nos 390 et suiv. V. aussi *infrà*, v° *Réhabilitation*.

620. — IX. ÉVASIONS. — L'évasion des forçats est sévèrement réprimée : 1° les condamnés à temps qui s'évadent sont punis de deux à cinq ans de travaux forcés; cette peine ne se confond pas avec celle qui a été antérieurement prononcée (L. 31 mai 1854, art. 7); — 2° Les condamnés à perpétuité subissent l'application à la double chaîne pendant deux ans au moins et cinq ans au plus (*Ibid.*); — 3° Les libérés sont punis d'un an à trois ans de travaux forcés (Même loi, art. 8). Ces pénalités sont prononcées, pour les forçats, par les tribunaux maritimes spéciaux créés par le décret du 4 oct. 1889, D. P. 90. 4. 96), et, pour les libérés, par les tribunaux de droit commun (Décr. 13 janv. 1888, art. 6 (D. P. 88. 3. 13). La reconnaissance de l'identité de l'évadé est faite, soit par ces tribunaux, soit par la cour qui aura prononcé la condamnation (L. 30 mai 1854, art. 97). — V. *suprà*, v° *Evasion*, nos 33 et 88.

Sur la transportation considérée comme mesure de sûreté générale, V. *infrà*, n° 628.

SECT. 3. — DE LA DÉPORTATION.

621. — I. CARACTÈRES GÉNÉRAUX. — LÉGISLATION. — DOCTRINE. — On a dit au *Rép.* n° 612 que la loi du 8 juin 1850 (D. P. 50. 4. 129) a établi deux sortes de déportations : la déportation dans une enceinte fortifiée et la déportation simple. La seconde existait déjà dans le code pénal (art. 17); la première est une véritable création de la loi de 1850, destinée, dans la pensée du législateur, à remplacer la peine de mort abolie, en matière politique, par l'art. 5 de la constitution de 1848. La peine de la déportation a été spécialement étudiée par les auteurs suivants : Ortolan, *Éléments de droit pénal*, t. 2, nos 1523 et suiv.; Trébutien, *Cours de droit criminel*, t. 1, nos 289 et suiv.; Chauveau et Hélie, *Théorie du code pénal*, t. 1, nos 72 et suiv.; Blanche, *Etudes pratiques sur le code pénal*, t. 1, p. 139 et suiv.; Garraud, *Traité théorique et pratique de droit pénal français*, t. 1, nos 291 et suiv.; Villey, *Précis d'un cours de droit criminel*, 5e édit., p. 447 et suiv.; Laborde, *Cours élémentaire de droit criminel*, nos 268 et suiv. V. aussi, sur les deux degrés de déportation, les intéressants détails du *Rapport sur les établissements pénitentiaires* du comte d'Haussonville, p. 597 et suiv. V. également V. Molinier, *Etudes sur le nouveau projet de code pénal pour le royaume d'Italie*, p. 77 et suiv. — La déportation est une peine essentiellement politique. Qu'elle soit simple ou dans une enceinte fortifiée, elle n'a jamais pour effet de faire renfermer le condamné dans une prison; elle consiste dans la transportation suivie d'internement *perpétuel* dans une colonie lointaine (Laborde, n° 268). Elle est, dans son essence, simplement restrictive de la liberté; elle n'impose, en effet, au condamné d'autre obligation que celle de ne pas quitter le territoire où il a été transporté (*Ibid.*); le déporté n'est pas astreint au travail ; il a, suivant l'expression de M. Garraud, *droit à l'oisiveté* (t. 1, p. 477). « Le Gouvernement, dit l'art. 6 de la loi de 1850, déterminera les moyens de travail qui seront donnés aux condamnés, *s'ils le demandent* ».

622. Les deux déportations diffèrent à plusieurs points de vue. La déportation dans une enceinte fortifié , qu'on appelle souvent aussi déportation aggravée, s'exécute, comme son nom l'indique, dans une enceinte fortifiée. Il faut entendre par là, a dit le rapporteur de la loi de 1850 à l'Assemblée législative, « un ensemble de fortifications dont la citadelle est le dernier réduit, et qui comprend même des terrains libres » (D. P. 50. 4. 131, note). La déportation simple place le condamné dans l'obligation de ne pas sortir du lieu assigné pour l'exécution de la peine; mais, dans ce lieu, le condamné à la déportation simple est libre. Ajoutons que la situation des condamnés à l'une ou l'autre déportation diffère aussi au point de vue de la facilité d'obtenir des concessions de terre dans la colonie (L. 25 mars 1873, art. 9 et 15, D. P. 73. 4. 49), et au point de vue de la remise plus ou moins large des droits civils perdus par l'effet de la condamnation (V. *infrà*, n° 627).

623. — II. DES CAS D'APPLICATION DE LA DÉPORTATION. — La déportation dans une enceinte fortifiée remplaçant la peine de mort « dans tous les cas où celle-ci a été abolie par l'art. 5 de la constitution de 1848 » (L. 8 juin 1850, art. 1), c'est-à-dire toutes les fois qu'il s'agit d'un crime politique passible, d'après les lois, de la peine capitale, les cas d'application de ladite déportation sont assez nombreux. Nous citerons les art. 75, 76, 77, 80, 81, 91, 92, 93, 94, 95, 96, 97, c. pén. Quoiqu'elle n'ait pas disparu du texte de ces articles, la peine de mort est aujourd'hui, par suite de son abolition en matière politique, implicitement remplacée, dans toutes ces dispositions, par la peine de la déportation dans une enceinte fortifiée; et c'est le devoir du juge, lorsqu'il y a lieu par lui d'appliquer un des articles précités, de substituer d'office, dans sa sentence, à la peine de mort prononcée par le texte, celle de la déportation dans une enceinte fortifiée. C'est ce qu'ont fait, à l'égard d'un très grand nombre d'accusés, les conseils de guerre institués pour le jugement des affaires se rattachant à l'insurrection de Paris du mois de mars 1871. La peine de la déportation dans une enceinte fortifiée est, de plus, applicable aux attentats qui ont pour but, soit de détruire ou de changer le Gouvernement, soit d'exciter les citoyens ou habitants à s'armer contre l'autorité « impériale » (aujourd'hui « présidentielle ») (c. pén. art. 87, modifié par la loi du 10 juin 1853). V. *suprà*, v° *Crimes et délits contre la sûreté de l'Etat*, n° 39. V. aussi *Rép.*, v° *Délit politique*, n° 13. Conf. Garraud, t. 2, p. 546 ; Chauveau et Hélie, t. 2, p. 465 ; Blanche, t. 2, p. 552, note 1. — Quant à la déportation simple, elle s'applique : 1° aux crimes qui sont punis par le code pénal de la peine de la déportation (c. pén., art. 82, 84, 89, 91, 94, 98, 124, 203, 206) ; — 2° Aux crimes politiques pour lesquels elle est substituée à la déportation dans une enceinte fortifiée, lorsque les juges reconnaissent l'existence de circonstances atténuantes (L. 8 juin 1850, art. 2). Dans cette dernière hypothèse, on sait que la déclaration de circonstances atténuantes permet aux juges de substituer à la peine de la déportation dans une enceinte fortifiée, non seulement celle de la déportation simple, mais aussi celle de la détention (même article), à moins, toutefois, qu'il ne s'agisse d'un des crimes prévus par les art. 86 (abrogé), 96 et 97 c. pén. Dans ce cas spécial, aux termes du même art. 2, *in fine*, de la loi de 1850, dont la disposition a été reproduite, à cet égard, par le nouvel art. 463 c. pén., revisé par la loi du 13 mai 1863, la peine de la déportation dans une enceinte fortifiée, dont ces crimes sont passibles comme constituant des crimes politiques, ne peut, en cas d'admission de circonstances atténuantes, être abaissée que d'un degré, c'est-à-dire être réduite seulement à la déportation simple. — Au reste, la déportation cesse d'être applicable, aujourd'hui comme précédemment (c. pén. art. 70), aux individus âgés de soixante-dix ans accomplis au moment du jugement. Elle est remplacée, à l'égard de ceux-ci, par la détention à perpétuité (art. 71). V. *suprà*, n° 486.

624. La jurisprudence récente ne présente, relativement à la déportation, que deux arrêts rendus par la cour de cassation dans une espèce assez remarquable, où la peine de la déportation avait été encourue en raison du caractère politique des faits déclarés constants à la charge des accusés. A l'audience d'une cour criminelle de Cochinchine, à la suite des réquisitions du ministère public tendant à l'application de la peine à prononcer en conséquence de la déclaration de culpabilité lue à l'audience, le défenseur, au nom de tous les accusés, avait pris des conclusions tendant à ce qu'il fût déclaré par la cour que les faits reconnus constants à leur charge constituaient des crimes politiques, ne pouvant, à ce titre, entraîner l'application de la peine de mort, mais seulement les peines de la déportation ou de la détention, suivant les distinctions énoncées dans la loi du 16 juin 1850 sur la déportation. La cour criminelle, sans statuer sur ces conclusions, prononça contre l'un des accusés la peine de mort et contre les autres accusés la peine des travaux forcés à perpétuité et à temps. Sur pourvoi, la cour de cassation annula l'arrêt de la cour criminelle (Crim. cass. 15 nov. 1883, aff. Luc-Hien et autres, *Bull. crim.*, n° 254), et, pour être statué quant aux peines prononcées, la déclaration de culpabilité demeurant maintenue, renvoya la cour et les parties devant une autre cour criminelle de la même colonie. La cour de renvoi reconnut aux crimes d'attentats déclarés constants par la première cour à charge de plusieurs accusés le caractère de crimes politiques, conformément aux art. 91 c. pén., et 1, L. 16 juin 1850, et substitua la peine de la déportation et celle de la détention aux peines des travaux forcés à perpétuité et des travaux forcés à temps; mais elle eut le tort, relativement à l'accusé condamné à la peine de mort par la première cour, de ne pas s'expliquer formellement sur les conclusions prises par le défenseur devant celle-ci. Sur nouveau pourvoi, la cour de cassation a jugé que l'arrêt avait fait une juste application de la loi en substituant, pour les accusés d'attentats, la peine de la déportation et celle de la détention aux peines des travaux forcés; mais, à l'égard du condamné à mort, la cour prononça la cassation de l'arrêt (Crim. cass. 5 avr. 1884, même affaire, *Bull. crim.*, n° 130).

625. — III. LIEUX DE DÉPORTATION. — La loi de 1850 avait déclaré (art. 4 et 5) la vallée de Waithau aux îles Marquises lieu de déportation dans une enceinte fortifiée, et l'île de Noukahiva lieu de déportation simple. A la suite des événements de la Commune en 1871, la loi des 23 mars-13 avr. 1872 (D. P. 72. 4. 71) a désigné de nouveaux lieux de déportation qui sont : la presqu'île Ducos dans la Nouvelle-Calédonie, pour la déportation dans une enceinte fortifiée, et l'île des Pins, et, en cas d'insuffisance, l'île Maré, dépendances de la Nouvelle-Calédonie, pour la déportation simple.

626. — IV. RÉGIME DE LA DÉPORTATION. — Ce régime a été réglementé par : 1° la loi précitée du 23 mars 1872 ; 2° la loi des 25-28 mars 1873, *qui règle la condition des déportés à la Nouvelle-Calédonie* (D. P. 73. 4. 49); 3° le décret des 31 mai-1er juin 1872, *portant règlement d'administration publique sur le régime de police et de surveillance auquel les condamnés à la déportation dans une enceinte fortifiée sont assujettis* (D. P. 72. 4. 72); 4° le décret du 10 mars 1877 (D. P. 77. 4. 40) *portant règlement d'administration publique pour l'exécution de l'art. 13 de la loi du 25 mars 1873*. Le régime de la déportation sera étudié *infrà*, v° *Prisons*. Nous nous bornerons à constater ici : 1° qu'en principe les déportés jouissent, dans le lieu de la déportation, de toute la liberté compatible avec la nécessité d'assurer la garde de leur personne et le maintien de l'ordre (L. 8 juin 1850, art. 1; 23 mars 1872, art. 4, 5; 25 mars 1873, art. 1); — 2° Qu'ils sont justiciables, pour leurs crimes et délits, des conseils de guerre (L. 25 mars 1873, art. 2); — 3° Que leur évasion est très sévèrement punie, puisque d'une part les peines édictées par les art. 237 à 248 c. pén. leur sont applicables alors même qu'il n'y a eu ni bris de clôture ni violence, et que, d'autre part, ils encourent la peine des travaux forcés à perpétuité, en cas de rentrée sur le territoire de la France (C. pén. art. 17, et L. 25-28 mars 1873, art. 3); — 4° Qu'ils peuvent obtenir (L. précitée du 25 mars 1873, art. 9 à 14) des concessions de terre qui deviennent définitives au bout de cinq ans; — 5° Que la même loi (art. 7) accorde au conjoint et aux enfants du déporté le droit d'aller le rejoindre aux frais de l'Etat, pourvu qu'il soit en mesure de subvenir à leurs besoins.

627. — V. DÉCHÉANCES ET INCAPACITÉS QUI FRAPPENT LES DÉPORTÉS. — La déportation, étant une peine afflictive perpétuelle, emporte nécessairement la dégradation civique et l'interdiction légale (L. 31 mai 1854, art. 2, D. P. 54. 4. 91). De plus, elle fait encourir au condamné les déchéances créées par l'art. 3 de la même loi, savoir la double incapacité de recevoir et de disposer à titre gratuit, et l'annulation du testament antérieur à la condamnation (V. pour la dégradation civique *Rép.* nos 664 et suiv. et *infrà*, nos 649 et suiv.; pour l'interdiction légale, *Rép.* nos 719 et suiv. et *infrà*, nos 718 et suiv.; pour les déchéances de la loi du 31 mai 1854, *suprà*, v° *Droits civils*, nos 342 et suiv.). Toutefois le Gouvernement a le droit de faire remise aux déportés de tout ou partie de ces incapacités; de plus, ceux-ci jouissent, à ce point de vue, de faveurs spéciales que la loi du 23 mars 1873 leur a accordées.

En premier lieu, tous les déportés peuvent, aux termes de l'art. 4 de la loi du 31 mai 1854, § 1, obtenir remise de tout ou partie des incapacités de recevoir et de disposer à titre gratuit prononcées par l'art. 3 de ladite loi; ils peuvent aussi (§ 2) être relevés, dans la colonie, des effets de l'interdiction légale. — En second lieu, le Gouvernement a reçu de la loi du 23 mars 1873 (art. 16 *in fine*) la faculté d'accorder aux déportés, sur l'avis du gouverneur en conseil, « l'exercice dans la colonie de tout ou partie des droits dont ils sont privés par la dégradation civique ». — En troisième lieu, par un bienfait *légal* inscrit dans l'art. 13, § 4, de la loi précitée, le déporté a capacité pour, dans les limites autorisées par les art. 1094 et 1095 c. civ., disposer de ses biens, dans quelque lieu qu'ils soient situés, soit par acte entre vifs, soit par testament, en faveur de son conjoint habitant avec lui. Les déportés *simples* ont, de plus, deux avantages que la loi n'a pas accordés aux déportés dans une enceinte fortifiée : 1° ils ont de plein droit (L. précitée du 23 mars 1873, art. 16, § 2) l'exercice des droits civils dans le lieu de la déportation; en d'autres termes, dès qu'ils ont posé le pied sur le territoire colonial affecté à l'expiation de la peine, l'interdiction légale est, pour eux, levée de plein droit; 2° ils peuvent même recevoir du Gouvernement le droit d'administrer eux-mêmes leurs biens situés en France (art. 16 § 3, et 4).

628. — VI. TRANSPORTATION POLITIQUE. — Ainsi que nous l'avons dit au *Rép.* n° 620, il ne faut pas confondre, avec la déportation qui vient d'être étudiée, une mesure politique à laquelle divers gouvernements ont cru devoir recourir à différentes reprises dans l'intérêt de la sûreté générale, c'est-à-dire la transportation politique. A l'époque de la publication du *Répertoire*, un décret du 8 déc. 1851 (D. P. 52. 4. 8) autorisait le Gouvernement à transporter, par mesure de sûreté générale, dans une colonie pénitentiaire, à Cayenne ou en Algérie, tout individu placé sous la surveillance de la police reconnu coupable de rupture de ban, et aussi tout individu reconnu coupable d'avoir fait partie d'une société secrète. Plus tard, une loi dite de sûreté générale, du 27 févr. 1858 (art. 6, D. P. 58. 4. 14), a autorisé le Gouvernement à faire interner par mesure de sûreté générale, dans un département ou en Algérie, ou à faire expulser du territoire français les individus condamnés pour les crimes et délits prévus par les art. 86 à 101 c. pén. Ce décret et cette loi ont été formellement abrogés par le décret du gouvernement de la Défense nationale des 24-31 oct. 1870 (D. P. 70. 4. 98).

SECT. 4. — DE LA DÉTENTION.

629. La peine de la détention est, comme celle de la déportation, spécialement réservée aux crimes politiques. Instituée par la loi de revision du code pénal du 28 avr. 1832, et organisée par l'art. 20 nouveau de ce code (dont le texte n'a subi aucun changement depuis la publication du *Répertoire*), cette peine est classée, par l'art. 7 du code, au nombre des peines afflictives et infamantes. Elle entraîne la dégradation civique et l'interdiction légale (c. pén. art. 28 et 29), ainsi que l'interdiction de séjour pour vingt ans, sauf dispense ou réduction (art. 46).

630. La détention se subit dans une forteresse située sur le territoire continental (c. pén. art. 20, § 1). Un décret du 11 mai 1864 a créé, dans la maison centrale de Clairvaux, un quartier spécial pour les condamnés à la détention. Plus tard, un décret du 16 janv. 1874 (D. P. 74. 4. 55) a désigné, pour l'exécution de la peine de la détention, le fort de l'île Sainte-Marguerite, dans le département des Alpes-Maritimes. Mais cette dernière maison ne reçoit plus actuellement que des détenus militaires convalescents; elle ne renferme plus aucun condamné à la détention. Quant au quartier spécial de Clairvaux, depuis plus de dix ans, il ne reçoit plus que des militaires frappés de cette peine. On sait que la peine de la détention est très rarement prononcée par les tribunaux autres que les conseils de guerre. D'après les statistiques criminelles, elle n'a pas été prononcée une seule fois depuis 1875.

631. Ainsi qu'on l'a fait remarquer au *Rép.* n° 623,

la peine de la détention consiste uniquement dans la privation de la liberté, et n'entraine aucune obligation au travail. Le condamné peut communiquer avec les personnes placées dans l'intérieur du lieu de la détention ou avec celles du dehors, conformément aux règlements de police établis par un décret (c. pén. art. 20, § 2). Un décret du 25 mai 1872 (D. P. 72. 4. 121) a réglé ces communications.

SECT. 5. — DE LA RECLUSION.

632. La reclusion, a-t-on dit au *Rép.* n° 625, est une peine afflictive et infamante, applicable aux crimes de l'ordre commun. Définie par l'art. 21 c. pén. (dont le texte n'a pas été modifié depuis la publication du *Répertoire*), elle consiste dans une privation de liberté, avec assujettissement au travail dans l'intérieur d'une maison de force. Elle entraîne la dégradation civique (c. pén. art. 28) et l'interdiction légale (art. 29). Depuis la loi du 27 mars 1885 qui a remplacé la surveillance de la haute police par l'interdiction de séjour, elle emporte l'interdiction de séjour pour vingt ans, sauf dispense ou réduction (c. pén. art. 46).

633. La peine de la reclusion se subit exclusivement dans les maisons centrales. On trouvera *infrà*, v° *Prisons*, tout ce qui est relatif à l'organisation des maisons centrales, à la discipline de ces établissements, au régime des condamnés qui y sont détenus et à l'organisation du travail qui leur est imposé. On sait, d'ailleurs, qu'il se trouve dans les maisons centrales, non seulement des reclusionnaires, mais encore des condamnés correctionnels à l'emprisonnement de plus d'un an et un jour. Les maisons centrales pour femmes reçoivent aussi les femmes condamnées aux travaux forcés que l'Administration n'envoie pas subir cette peine au lieu fixé pour son exécution par la loi du 30 mai 1854 sur l'exécution de la peine des travaux forcés.

634. La durée de la reclusion est de cinq à dix ans (c. pén. art. 21). Le maximum de cette peine étant de dix années, la cour de cassation a annulé, avec raison, un jugement d'un tribunal criminel colonial qui avait prononcé contre un individu reconnu coupable d'homicide volontaire avec circonstances atténuantes, la peine de douze ans de reclusion (Crim. cass. 6 juill. 1883, aff. Vinson, *Bull. crim.*, n° 173).

Il est pourtant un cas où la reclusion peut être prononcée pour plus de dix ans. C'est celui du sexagénaire qui a encouru la peine des travaux forcés à perpétuité ou à temps. L'art. 5 de la loi du 30 mai 1854, portant abrogation de l'art. 72 c. pén., décide que les peines seront remplacées, à son égard, par la peine de la reclusion, soit à perpétuité, soit à temps, selon la durée de la peine qu'elle remplacera.

SECT. 6. — DE L'EMPRISONNEMENT.

635. — 1° *Emprisonnement correctionnel et emprisonnement de simple police.* — Ainsi qu'on l'a vu au *Rép.*, n° 627, l'emprisonnement est à la fois peine correctionnelle et peine de simple police.

L'emprisonnement correctionnel consiste dans la privation de liberté, avec assujettissement au travail dans l'intérieur d'une maison de correction (c. pén. art. 40). Il est au moins de six jours, et de cinq années au plus, sauf les cas de récidive ou autres où la loi aurait déterminé d'autres limites (*Ibid.*). L'emprisonnement de simple police consiste dans une simple privation de liberté, sans assujettissement au travail. Sa durée a pour minimum un jour complet de vingt-quatre heures, et pour maximum cinq jours (c. pén. art. 465). Cette peine est subie dans les prisons cantonales ou municipales, lorsqu'elles sont organisées pour l'exécution des peines (Arrêté du 20 oct. 1810, art. 4). Mais comme elles ne sont ordinairement qu'un lieu de dépôt, un quartier de la maison d'arrêt de l'arrondissement les remplace à cet effet (Décr. 11 nov. 1885, *sur les prisons de courtes peines*, art. 27, *infrà*, v° *Prisons*). En aucun cas, la peine d'emprisonnement, lorsqu'elle est prononcée, ne peut être abaissée au-dessous de vingt-quatre heures. — Jugé qu'elle ne saurait par exemple être réduite à six heures, même dans les cas où cette peine n'est que facultative, à cause de l'admission de circonstances atténuantes en simple police (Crim. cass. 2 mars 1855, aff. Ledormeur, D. P. 55. 1. 91); à plus forte raison dans les cas où cette peine est obligatoire (Crim. cass. 4 août 1854, aff. Richetain, D. P. 55. 1. 91).

636. — 2° *Durée de l'emprisonnement correctionnel.* — On vient de rappeler (*suprà*, n° 635) que la durée de l'emprisonnement correctionnel est de six jours à cinq ans. Il convient d'ajouter que cette peine a un minimum et un maximum particuliers pour chaque délit. Mais toutes les fois qu'une loi, prononçant l'emprisonnement correctionnel, aurait omis d'en fixer le maximum ou le minimum, il faudrait recourir, pour la détermination de ces limites, aux indications générales de l'art. 40 c. pén. C'est ce qui a été jugé, notamment, en matière de douanes (Crim. rej. 28 sept. 1855, aff. Giot, et Crim. rej. 11 oct. 1855, aff. Lorin, D. P. 55. 1. 447). Jugé aussi, en matière de faillite, qu'il importe peu que l'art. 597 c. com. n'ait pas déterminé le minimum des peines qu'il prononce, le juge devant suppléer à cette omission par les règles du droit commun touchant le minimum des peines correctionnelles (Crim. rej. 21 août 1856, aff. Renault, D. P. 56. 1. 414).

637. La peine d'un mois d'emprisonnement est de trente jours (c. pén. art. 40, § 4). Faut-il en conclure que la condamnation à un nombre déterminé de mois d'emprisonnement est réputée subie par le laps d'autant de périodes égales de trente jours? Ainsi qu'on l'a dit *suprà*, n° 211, la jurisprudence est aujourd'hui fixée sur cette question en ce sens, que les mois doivent être comptés de date à date, selon le calendrier grégorien, et non par périodes de trente jours. V. les arrêts et les autorités citées (*Ibid.*).

638. — 3° *Des prisons dans lesquelles se subit l'emprisonnement correctionnel.* — D'après l'art. 40 c. pén., le lieu d'exécution de l'emprisonnement est une maison de correction. En fait, l'emprisonnement se subit soit dans les prisons départementales, soit dans les maisons centrales. Ces dernières, ainsi qu'on l'a rappelé au *Rép.* n° 629, ont été constituées par l'ordonnance du 2 avr. 1817 (*Rép.* v° *Prisons*, p. 991), à la fois maisons de force pour les reclusionnaires et maisons de correction pour les condamnés à l'emprisonnement correctionnel d'un an ou plus. Plus tard, une ordonnance du 6 juin 1830 (*Rép.* v° *Prisons*, p. 992) décida que ces établissements ne recevraient que les condamnés à l'emprisonnement de plus d'un an. Enfin la loi du 5 juin 1875 *sur le régime des prisons départementales* (D. P. 75. 4. 9) a reculé encore la limite qui divise en deux catégories les condamnés à l'emprisonnement, en statuant, dans son art. 2, que les condamnés à l'emprisonnement d'un an et un jour et au-dessous seront soumis à l'emprisonnement individuel et subiront leur peine dans les maisons de correction départementales. On sait, d'ailleurs, que le nouveau régime pénitentiaire institué par la loi précitée ne doit être appliqué (art. 8) qu'au fur et à mesure de la transformation des prisons, et qu'à l'heure actuelle (1893), 25 prisons seulement ont été transformées.

Il résulte des différents textes précités qu'actuellement la situation des condamnés à l'emprisonnement est, relativement au lieu d'exécution de la peine, la suivante. Les maisons centrales reçoivent: 1° les individus condamnés à plus d'une année d'emprisonnement, lorsqu'il n'existe pas, dans le département où la condamnation a été prononcée, une prison départementale soumise au régime de l'emprisonnement individuel; 2° les individus condamnés à plus d'un an et un jour d'emprisonnement, lorsqu'il existe, dans le département où la condamnation a été prononcée, une prison départementale soumise au régime précité. En ce dernier cas, l'emprisonnement ne doit être subi dans une maison centrale que s'il excède l'année de plus d'un jour. Les condamnés à des peines d'emprisonnement inférieures subissent leur peine dans les prisons départementales, suivant la distinction ci-dessus. A cet égard, une circulaire en date du 5 juin 1893, concertée entre les ministères de l'intérieur et de la justice, a décidé qu' « à l'avenir les individus condamnés à un an et un jour d'emprisonnement par le tribunal d'un arrondissement dont la prison n'est pas cellulaire, seraient dirigés, pour y subir leur peine, sur la prison de concentration, lorsque celle-ci est affectée au régime de la séparation ». — Sur l'organisation, le régime et la discipline des prisons départementales, V. *infrà*, v° *Prisons*. Nous nous bornerons à mentionner ici le décret du 11 nov. 1885 (D. P. 86. 4. 75), portant règlement du service et du régime des prisons de courtes peines affectées à l'emprisonnement en commun.

639. — 4° *Régime de la séparation individuelle. Loi des 5-16 juin 1875.* — A la suite de la vaste enquête sur le régime des prisons, ordonnée en 1872 par l'Assemblée nationale, et du rapport de M. d'Haussonville sur les résultats de cette enquête (*Les établissements pénitentiaires en France et à l'étranger*, 1875), notre législation a établi, pour la première fois, dans le régime moral des prisonniers, une réforme qui, jusque-là, était restée à l'état de tentative ou de pratique purement administrative. Cette réforme, décrétée par la loi des 5-16 juin 1875 (D. P. 76. 4. 9), consiste dans l'établissement du système d'isolement ou de l'emprisonnement individuel (le plus souvent appelé *régime cellulaire*) dans les maisons départementales.

La loi du 5 juin 1875 sur le régime des prisons départementales a été particulièrement étudiée par les auteurs suivants : Garraud, *Traité théorique et pratique du droit pénal français*, t. 1, n° 310; Laborde, *Cours élémentaire de droit criminel*, n° 370; Ortolan, *Eléments de droit pénal*, 5e édit., par Alb. Desjardins, t. 2, p. 151 et suiv.; Astor, *Essai sur l'emprisonnement cellulaire en France et à l'étranger*, p. 124 et suiv.

640. Il est à remarquer, tout d'abord, que la loi du 5 juin 1875 ne s'applique qu'aux prisons départementales et aux détenus en état de détention préventive ou condamnés à l'emprisonnement. Elle ne s'applique ni aux maisons centrales, ni aux individus condamnés à des peines plus fortes que l'emprisonnement correctionnel. Pour les inculpés, prévenus et accusés, la séparation individuelle pendant le jour et la nuit est obligatoire (art. 1). Quant aux condamnés à l'emprisonnement correctionnel, ils sont divisés en deux classes : 1° ceux qui ont été condamnés à un emprisonnement inférieur à un an et un jour; 2° ceux qui ont été condamnés à plus d'un an et un jour. La séparation individuelle est prescrite impérativement pour les premiers (art. 2) ; elle n'est que facultative pour les seconds (art. 3). Ces derniers n'y sont soumis qu'à deux conditions : 1° qu'ils le demandent; 2° que l'Administration y consente. A ce dernier point de vue, il a été jugé que l'isolement est, dans l'hypothèse de l'art. 3 de la loi, une faveur qu'il dépend de l'Administration d'accorder ou de refuser aux condamnés qui la sollicitent (Paris, 8 févr. 1876, aff. Mollas, D. P. 76. 2. 107). Lors de la discussion de la loi de 1875, M. Félix Voisin, membre de la commission, répondant à une objection de M. Randot, dans la séance du 5 juin 1875, avait expliqué en ces termes le but de l'art. 3 : « C'est une *faculté* pour les individus condamnés à plus d'un an et un jour de prison de demander la cellule. L'Administration examinera leur demande, et, si cela se peut, elle leur accordera cette faveur de n'être pas confondus avec les malfaiteurs de toute espèce » (D. P. 76. 4. 11, note 3). Au reste, la demande tendant à être soumis au régime de l'emprisonnement individuel « pourrait être faite par le condamné à toute époque de la durée de la peine. Mais si, une fois qu'elle aura été accordée, le retour à la prison commune était réclamé, les motifs de cette demande nouvelle devraient être agréés par l'Administration, la commission de surveillance entendue » (Rapport de M. Bérenger, D. P. 76. 4. 10, note 6).

641. L'emprisonnement individuel est généralement considéré comme plus pénible que l'emprisonnement en commun. Aussi l'art. 4 de la loi dispose-t-il que la durée des peines subies sous le régime de l'emprisonnement individuel sera, de plein droit, réduit du quart. A ce point de vue, il convient de remarquer que la disposition de l'art. 4 ne modifie en rien la quotité des peines fixée pour chaque délit par la loi. La justice doit continuer à appliquer la loi pénale avec la même mesure et suivant les mêmes appréciations; c'est par une opération purement mathématique que la réduction s'opérera à l'expiration de la peine suivant la durée du temps passé en cellule (Rapport, D. P. 76. 4. 10, note 7). — La réduction ne s'opère pas sur les peines de trois mois et au-dessous (Même art. 4). Il n'a pas paru possible, en effet, sans risquer d'énerver complètement la répression des petits délits, d'y faire participer les peines inférieures à trois mois. Par voie de conséquence, l'isolement volontaire ne donne droit à la réduction, pour les condamnés à plus d'un an et un jour, qu'après un séjour de trois mois dans la cellule (Même article). Mais pour l'isolement forcé, comme pour l'isolement volontaire, les trois mois, une fois accomplis, apportent dans le calcul leur contingent de diminution (Même article, *in fine*); en d'autres termes, ils comptent pour quatre mois subis sous le régime de l'emprisonnement en commun (Garraud, p. 505).

642. Si un individu a été condamné successivement à deux peines dont l'une ou toutes les deux sont inférieures à trois mois, peut-on additionner les deux et sur la somme opérer la réduction du quart? Le garde des sceaux s'est prononcé pour l'affirmative. « Lorsqu'un individu est condamné successivement par deux jugements différents n'ordonnant pas la confusion des peines et prononçant l'un une peine supérieure à trois mois, l'autre une peine de trois mois ou au-dessous, ou par des jugements prononçant, sans confusion, des peines dont aucune n'excède trois mois, ces condamnations doivent être réunies pour le calcul de la réduction du quart. En d'autres termes, le bénéfice de la réduction du quart est acquis à tout individu qui, en vertu d'une ou plusieurs condamnations a subi sans interruption un emprisonnement individuel de plus de trois mois » (Décision du garde des sceaux, du 24 janv. 1876). Il a été jugé avec raison par l'arrêt de la cour de Paris du 8 févr. 1876, cité *suprà*, n° 640, que le bénéfice de la réduction d'un quart dans la durée de l'emprisonnement ne peut être réclamé par le condamné à plus d'un an et un jour qui a été soumis à l'emprisonnement individuel, non sur sa demande et par faveur spéciale, mais comme peine disciplinaire, en raison d'actes d'insubordination.

643. Le bénéfice de la réduction de l'art. 4 pourrait-il être réclamé par des détenus *préventivement* qui auraient passé dans l'isolement la durée de leur détention préventive, et qui, plus tard, viendraient à être condamnés à l'emprisonnement? La négative paraît certaine, puisque l'art. 4 de la loi de 1875 spécifie que la réduction ne profitera « qu'aux *condamnés* ayant passé trois mois consécutifs dans l'isolement »; cette expression ne pourrait s'appliquer aux détenus préventivement que par suite d'une extension de sens manifestement abusive. C'est ce qu'a décidé un jugement du tribunal correctionnel de la Seine en date du 19 mai 1893 (aff. Bascourt *Gazette des tribunaux* du 24 mai).

644. L'emprisonnement individuel n'est pas destiné à être appliqué immédiatement partout, mais seulement au fur et à mesure de la transformation des prisons départementales en prisons cellulaires (L. 5 juin 1875, art. 8). Cette disposition renvoie, en fait, l'exécution de la loi à une époque éloignée. Sur 379 prisons départementales à l'heure actuelle (1893) 25 seulement, comme on l'a vu *suprà*, n° 639, ont été transformées. Toutefois, grâce à la loi du 4 févr. 1893 (D. P. 93. 4. 48) sur les prisons de courtes peines, on peut espérer que cet état de choses va changer.

SECT. 7. — DU BANNISSEMENT.

645. — 1° *Bannissement judiciaire.* — La peine du bannissement, peine criminelle, infamante seulement (c. pén. art. 8), est devenue d'une application fort rare. Depuis la publication du *Répertoire*, la loi des 13 mai-1er juin 1863 *portant modification de plusieurs articles du code pénal* (D. P. 63. 4. 79) a substitué à cette peine l'emprisonnement correctionnel dans un certain nombre de cas où elle était prononcée pour crimes non politiques (V. *Rép.* n° 650) : par exemple, dans les art. 155 à 160 c. pén., relatifs aux faux dans les passeports et certificats. Le bannissement est ainsi réservé aujourd'hui pour les crimes politiques de gravité secondaire. Sous le bénéfice de cette observation, nous n'ajouterons rien à ce que nous avons dit au *Rép.* nos 647 à 658, si ce n'est qu'il a été jugé par la cour de cassation que la pénalité édictée par l'art. 33 c. pén., contre le banni repris sur le territoire français, ne peut être appliquée qu'après la reconnaissance judiciaire de son identité, faite conformément aux art. 518 et 519 c. instr. crim., lors même qu'elle ne serait en fait, ni déniée, ni douteuse (Crim. cass. 18 juill. 1874, *suprà*, v° *Organisation militaire*, n° 486).

On peut consulter sur la peine du bannissement les

ouvrages suivants : Chauveau et Hélie, *Théorie du code pénal*, t. 1, nos 84 et suiv. ; Garraud, *Traité de droit pénal français*, t. 1, n° 315 ; Laborde, *Cours élémentaire de droit criminel*, nos 281 et 282 ; Blanche, *Etudes pratiques sur le code pénal*, t. 1, nos 167 et 168.

646. — 2° *Interdiction du territoire français aux membres des familles ayant régné en France.* — On a parlé au *Rép.*, nos 659 à 662, du bannissement politique infligé par voie législative à certaines classes de personnes, et cité plusieurs lois qui ont successivement banni la famille de Bonaparte, la branche aînée des Bourbons et la branche cadette des Bourbons d'Orléans. La loi du 22 juin 1886 *relative aux membres des familles ayant régné en France* (D. P. 86. 4. 57), actuellement en vigueur, interdit par une formule générale le territoire de la République « aux chefs des familles ayant régné en France et à leurs héritiers directs par ordre de primogéniture » (art. 1). Elle autorise, en outre, le Gouvernement à étendre cette interdiction « aux membres de ces familles » (art. 2). L'interdiction est prononcée par un décret du président de la République, rendu en conseil des ministres (Même article). Le retour sur le territoire français constitue une sorte d'infraction de ban, punie de peines correctionnelles (art. 4).

647. — 3° *Expulsion des étrangers.* — La loi des 3-11 déc. 1849 (D. P. 49. 4. 171) autorise le ministre de l'intérieur à expulser par arrêté tout étranger voyageant ou résidant en France, et, dans les départements frontières, le préfet à prendre la même mesure à l'égard des étrangers non résidant (art. 7). L'étranger peut être expulsé par le ministre de l'intérieur, alors même qu'il aurait été autorisé à établir son domicile en France ; seulement, en pareil cas, l'arrêté d'expulsion cesse d'avoir effet après un délai de deux mois, si l'autorisation n'a pas été révoquée par le Gouvernement, le conseil d'Etat entendu art. 7 et 3). Le retour en France de l'étranger expulsé constitue une sorte d'infraction de ban, punissable d'un emprisonnement d'un mois à six mois (art. 8).

648. Il est évident que la qualité d'étranger est un élément constitutif du délit d'infraction à un arrêté d'expulsion. Aussi a-t-il été jugé que, lorsqu'un individu, poursuivi pour infraction à un arrêté d'expulsion, justifie de sa qualité de Français, la peine portée par l'art. 7 de la loi du 3 déc. 1849 ne peut lui être appliquée (Crim. cass. 7 déc. 1883, aff. Gillebert, D. P. 84. 1. 209). Au reste, du moment qu'il y a contestation de la part du prévenu relativement à la qualité d'étranger, c'est, par la même raison, au ministère public qu'incombe la preuve de l'extranéité (Même arrêt). Il a été jugé aussi que l'arrêt qui a condamné un prévenu pour contravention à un arrêté d'expulsion doit être annulé, pour fausse application de l'art. 8 de la loi du 3 déc. 1849, alors que ce prévenu, postérieurement à son pourvoi, a fait constater par la juridiction compétente qu'il a pris un faux nom et qu'il appartient, en réalité, à la nationalité française (Crim. cass. 7 août 1891, aff. Cros, D. P. 92. 1. 197).

649. Il convient de noter ici qu'aux termes de l'art. 3, § 3, de la loi du 14 mars 1872 (D. P. 72. 4. 42), qui établit des peines contre les affiliés de l'association internationale des travailleurs, la faculté d'expulser du territoire français les étrangers, par mesure administrative, peut être appliquée même aux Français condamnés en vertu de l'art. 31 de ladite loi de 1872 (V. *suprà*, v° *Associations illicites*, n° 57).

SECT. 8. — DE LA DÉGRADATION CIVIQUE.

650. La dégradation civique est une peine criminelle, infamante seulement (c. pén. art. 8). Elle enlève la jouissance des droits politiques, d'un certain nombre de droits publics et d'un certain nombre de droits de famille, énumérés en l'art. 34 c. pén. Cette peine a été étudiée, notamment par MM. Chauveau et Hélie, *Théorie du code pénal*, t. 1, nos 87 à 93 ; Blanche, *Etudes pratiques sur le code pénal*, t. 1, nos 145, 148 et suiv., 169 à 171 ; Garraud, *Traité de droit pénal français*, t. 1, nos 328 et suiv. ; Boitard, *Leçons de droit criminel*, nos 73, 88 et suiv. ; Nusse, *Etude sur les droits civils des condamnées aux peines du grand criminel*, nos 16 à 58, et 1re partie, ch. 2 et 3 ; Laborde, *Cours élémentaire de droit criminel*, nos 283 et suiv.

651. — 1° *Effets de la dégradation civique.* — On peut diviser en trois groupes les déchéances qu'entraîne la condamnation à la dégradation civique : 1° déchéance de *tous les droits politiques*, c'est-à-dire des droits en vertu desquels chaque citoyen participe au gouvernement du pays, droits de vote, d'élection, d'éligibilité (Garraud, n° 328) ; 2° déchéance de *certains droits publics*, droits qui sont (Garraud, *eod. loc.*) soit des facultés assurées à tous, comme le droit de port d'armes, soit des distinctions accordées ou autorisées par le chef de l'Etat, comme le droit de porter des décorations, soit une participation à la puissance publique, comme le droit d'occuper une fonction, un emploi ou un office public, le droit de servir dans les armées, et d'être juré expert, témoin, professeur, maître ou surveillant dans un établissement d'instruction ; 3° enfin privation de *certains droits de famille*, tels que celui de faire partie d'un conseil de famille, d'être tuteur, curateur, subrogé tuteur ou conseil judiciaire, si ce n'est de ses propres enfants, et sur l'avis d'un conseil de famille.

652. Relativement au premier groupe de déchéances, c'est-à dire aux droits politiques, nous ferons remarquer que la disposition de l'art. 34 (§ 2), qui prive le dégradé du droit de vote, d'élection et d'éligibilité, est reproduite, en matière d'élections législatives, par l'art. 15 du décret organique du 2 févr. 1852 (D. P. 52. 4. 49), qui frappe d'incapacité électorale les individus privés de leurs droits politiques par suite de condamnations soit à des peines afflictives et infamantes, soit à des peines infamantes seulement, et par l'art. 26 du même décret qui déclare indignes d'être élus les individus incapables d'être électeurs.

653. En ce qui concerne les droits *publics*, plusieurs observations doivent être ici présentées. Non seulement il est interdit à l'individu atteint de dégradation civique de « porter aucune décoration » (art. 34, § 2) ; mais, de plus, quand une condamnation emportant la dégradation civique est prononcée contre un membre de la Légion d'honneur ou un décoré de la Médaille militaire, le condamné est l'objet d'une dégradation spéciale qui est prononcée dans l'arrêt même de la condamnation (Décr. 16 mars 1852, art. 42, D. P. 52. 4. 77 ; 24 nov. 1852, D. P. 52. 4. 213). V. *Rép.*, v° *Ordres civils et militaires*, nos 237 et 253. En second lieu, le dégradé est destitué et exclu « de toutes *fonctions*, *emplois* ou *offices* publics ». M. Garraud (t. 1, p. 534, note 4) fait remarquer que la formule dont se sert la loi est des plus larges. « Non seulement, dit cet auteur, le condamné ne peut plus être dépositaire d'une portion de l'autorité gouvernementale ou administrative, mais toute participation, même lointaine, à titre d'employé aux fonctions publiques, lui est interdite. La loi va plus loin encore ; elle lui défend d'être officier public, de remplir pour l'avenir une de ces charges dont le titulaire a le droit de présenter un successeur à l'agrément du chef de l'Etat, elle l'en déclare destitué pour le passé ».

654. Aux termes de l'art. 34, § 5, le dégradé est déchu « du droit de faire partie de la garde nationale, et de servir dans les armées ». En ce qui concerne la garde nationale, l'incapacité est aujourd'hui sans application, puisque les gardes nationales ont été dissoutes par une loi du 25 août 1871 (D. P. 71. 4. 145). Quant à l'exclusion de l'armée, la disposition de l'art. 34 a été corrigée par la loi sur le recrutement du 15 juill. 1889 (D. P. 89. 4. 73). L'art. 4 de cette loi est ainsi conçu : « Sont exclus de l'armée, mais mis, soit pour leur temps de service actif, soit en cas de mobilisation, à la disposition du ministre de la marine et des colonies, qui détermine par arrêtés les services auxquels ils peuvent être affectés : 1° les individus qui ont été condamnés à une peine afflictive et infamante ou à une peine infamante dans le cas prévu par l'art. 177 c. pén. ; 2°... ». Il résulte de ce texte que, quand elle est appliquée comme peine principale dans toute autre hypothèse que celle de l'art. 177 et quand elle est encourue comme peine accessoire du bannissement, la dégradation civique n'entraîne plus l'exclusion de l'armée (Laborde, p. 166, note 1). V. *suprà*, v° *Organisation militaire*, nos 212 et suiv.

655. Les individus frappés de dégradation civique ne peuvent pas se livrer ni concourir à l'enseignement, (c. pén., art. 34, § 5). Cette disposition a été reproduite par l'art. 26 de la loi du 15 mars 1850 sur l'enseignement (D. P. 50. 4. 52) et par l'art. 8 de la loi du 12 juill. 1875, relative à l'enseignement supérieur (D. P. 75. 4. 137). — Enfin ils n'ont pas le droit d'être gérant d'un journal ou écrit périodique (L. 29 juill. 1881, art. 6, D. P. 81. 4. 65).

656. A l'égard des droits de *famille*, nous rappellerons que le dégradé est déchu de ses droits de tutelle, si ce n'est de ses propres enfants, et sur l'avis conforme du conseil de famille (c. pén. art. 34, § 4, et c. civ. art. 443 et 445). Il perd aussi, pendant la durée de la peine, le droit de puissance maritale (c. civ., art. 221).

657. — 2° *Condamnations auxquelles la dégradation civique est attachée*. — Nous avons dit au *Rép.*, n° 668, que la dégradation civique est tantôt peine accessoire et tantôt peine principale. En tant que peine accessoire, elle est, aux termes de l'art. 28 c. pén., la conséquence de toute condamnation à la peine des travaux forcés à temps, de la détention, de la reclusion et du bannissement, c'est-à-dire de toute condamnation à une peine criminelle temporaire. De plus, cette peine est aussi attachée, depuis la loi du 31 mai 1854 (D. P. 54. 4. 91), aux condamnations afflictives perpétuelles (art. 2 de la loi), en d'autres termes à la peine de mort, à celle de la déportation et à celle des travaux forcés à perpétuité. La dégradation civique est donc aujourd'hui l'accessoire de toutes les peines criminelles, afflictives ou simplement infamantes. Au reste, il y a lieu de remarquer, avec un arrêt (Crim. rej. 17 févr. 1876, aff. Piquet, *Bull. crim.*, n° 51), que la dégradation civique est attachée « non pas au fait tel qu'il ressort de la déclaration du jury, mais à la peine prononcée par l'arrêt de condamnation ».

658. La dégradation civique fonctionne rarement comme peine principale. C'est à ce titre qu'elle est comprise dans l'énumération de l'art. 8 c. pén. Elle est alors appliquée à un petit nombre de crimes politiques de gravité secondaire (c. pén., art. 111, 114, 119, 122, 126, 127, 130), et à quelques crimes de droit commun qui sont : certains cas de forfaiture (art. 167 et 183) ; certains cas de corruption de fonctionnaires (art. 177, 179) ; les coups portés à un ministre d'un culte dans ses fonctions (art. 263). — La dégradation civique, lorsqu'elle est peine principale, peut sembler insuffisante comme moyen de répression ; aussi, comme on l'a rappelé au *Rép.* n° 668, l'art. 35 c. pén. autorise-t-il les juges à l'accompagner, dans ce cas, d'une peine complémentaire d'emprisonnement. Nous n'avons rien à ajouter à ce qui a été dit au *Rép. ibid.*, et n° 669 concernant cette peine complémentaire (Conf. Chauveau et Hélie, t. 1, n° 93 ; Garraud, t. 1, p. 535 ; Laborde, n° 285).

659. — 3° *Caractères principaux*. — La dégradation civique est indivisible et perpétuelle. Elle est indivisible en ce sens que les juges ne peuvent pas faire un choix parmi les diverses incapacités qu'elle entraîne, infliger les unes et retrancher les autres (*Rép.* n° 667). Elle est perpétuelle en ce double sens que les juges n'ont pas le droit d'en limiter la durée (V. les arrêts cités *Rép. ibid.*), et qu'elle ne peut cesser que par l'effet de l'amnistie ou de la réhabilitation (V. *infrà*, n° 661).

660. — 4° *Point de départ, durée*. — Comme nous l'avons dit au *Rép.* n° 665, le point de départ de la dégradation civique varie suivant que la condamnation d'où elle résulte est contradictoire ou par contumace. Aux termes de l'art. 28 c. pén., cette peine est encourue, dans le premier cas, du jour où la condamnation est devenue irrévocable, et, en cas de condamnation par contumace, du jour de l'exécution par effigie.

661. Quant à la durée, nous venons de dire *suprà*, n° 659 que la dégradation civique est perpétuelle. Elle cesse toutefois quand survient une cause qui efface la condamnation : amnistie, réhabilitation, revision du procès. Comme toutes les peines qui ne nécessitent pas de mesures d'exécution matérielle, elle n'est susceptible ni de prescription, ni de grâce (Laborde, n° 288 ; Garraud, n° 328, p. 537).

Toutefois il convient de faire remarquer que les lois qui ont organisé la transportation aux colonies, comme mesure d'exécution de certaines peines, ont admis la remise plus ou moins large aux transportés des droits perdus par l'effet de la dégradation civique. C'est ainsi que l'art. 16, § 5, de la loi du 25 mars 1873 *qui règle la condition des déportés à la Nouvelle-Calédonie* (D. P. 73. 4. 49) autorise le Gouvernement à accorder aux déportés simples, sur l'avis du gouverneur en conseil, l'exercice dans la colonie de tout ou partie des droits dont ils sont privés par l'art. 34 c. pén.

662. C'est ainsi encore que l'art. 12, § 4, de la loi du 30 mai 1854, *sur l'exécution des travaux forcés* (D. P. 54. 4. 90), permet au Gouvernement d'accorder aux forçats *libérés* l'exercice, dans la colonie, des droits dont ils sont privés par les troisième et quatrième paragraphes de l'art. 34 c. pén. — En ce qui concerne les relégués, c'est une question de savoir s'ils peuvent être gratifiés d'une pareille faveur par le Gouvernement. On sait qu'aux termes de l'art. 17 de la loi sur les récidivistes du 27 mai 1885 (D. P. 85. 4. 56), « le Gouvernement peut accorder aux relégués l'exercice, sur le territoire de relégation, de tout ou partie des droits *civils* dont ils auraient été privés par l'effet des condamnations encourues ». S'ensuit-il qu'il puisse les relever des déchéances de l'art. 34? Il est certain (Rapport de M. de Verninac au Sénat) que la faculté donnée au Gouvernement ne va pas jusqu'à permettre à celui-ci de rendre au relégué jusqu'à ses droits *électoraux*. C'est précisément, en effet, pour empêcher la remise des droits électoraux que le mot *civils* a été ajouté au texte en seconde délibération (*Journ. off.*, Débats parlementaires, Sénat, 1884, annexes, p. 531 et 535). Il n'y a donc point de doute pour les droits d'élection et d'éligibilité ; ces droits ne peuvent être rendus. M. Laborde (p. 182, note 1) pense que « tous les autres droits politiques ou assimilés peuvent être restitués aux relégués ». Nous ne partageons pas cette opinion. La restitution des déchéances est une faveur exceptionnelle ; elle n'est possible, suivant nous, que si un texte formel l'autorise. Ce texte manque dans l'hypothèse de la relégation. A moins de forcer le sens des mots, comment admettre que, dans l'art. 17 de la loi, droits *civils* veut dire droits *politiques?* Nous croyons donc qu'il ne peut être fait remise aux relégués d'aucune des incapacités entraînées par la dégradation civique.

663. On remarquera que les droits restitués aux déportés et aux forçats libérés par les lois du 25 mars 1873 et du 30 mai 1854 ne peuvent jamais être exercés que dans les colonies, et non ailleurs. — Quant aux condamnés à la détention, à la reclusion et au bannissement, il n'appartient jamais au Gouvernement de les relever de la dégradation civique.

SECT. 9. — DE L'INTERDICTION DE SÉJOUR REMPLAÇANT LA SURVEILLANCE. — INTERDICTIONS SPÉCIALES DE CERTAINS SÉJOURS.

664. — 1° *Législation et droit comparé*. — La surveillance de la haute police n'existe plus. Cette peine, dont il a été traité au *Rép.* n°s 672 à 713, a été supprimée par l'art. 19 de la loi sur les récidivistes du 27 mai 1885 (D. P. 85. 4. 56), et remplacée par la peine nouvelle de l'interdiction de séjour. Avant de disparaître, l'institution de la surveillance avait été modifiée profondément par la loi du 23 janv. 1874 (D. P. 74. 4. 50) qui a changé le texte des art. 44, 46, 47 et 48 du code pénal. Ces articles, à l'exception du premier, sont demeurés applicables à la peine nouvelle de l'interdiction de séjour. En effet, aux termes de l'art. 19 précité de la loi du 27 mai 1885, « restent applicables pour cette interdiction les dispositions antérieures qui réglaient l'application ou la durée, ainsi que la remise ou la suppression de la surveillance de la haute police et les peines encourues par les contrevenants, conformément à l'art. 45 du code pénal ». Il résulte de ce qui précède que la législation générale de l'interdiction de séjour se compose 1° de l'art. 19 de la loi du 27 mai 1885; 2° des art. 45 à 50 c. pén.

665. Nous croyons que le législateur a bien fait de supprimer la surveillance. Cette institution ne produisait pas de bons résultats en France, et les magistrats s'y montraient, en général, fort opposés. M. Garraud a bien fait sentir le vice de cette peine, quand il a dit dans son *Traité de droit pénal français :* « Le droit même de la société de se protéger contre les libérés, en les soumettant à une surveillance spéciale, ne peut être contesté; mais les difficultés commencent lorsqu'il s'agit de l'organiser. Il faut, en effet, que le surveillé soit constamment sous l'œil de la police, si l'on veut rendre la surveillance efficace; mais il faut aussi que sa situation reste ignorée de tous, si l'on veut lui laisser les moyens de gagner sa vie par le travail. Concilier la surveillance de l'État avec la nécessité de cacher à tous la situation du libéré, tel est donc le problème qu'une législation doit résoudre quand elle conserve la surveillance, et les vicissitudes par lesquelles a passé cette institution prouvent assez que, si le législateur s'est souvent posé ce problème, il n'en a jamais trouvé une solution satisfaisante. Il s'est donc résolu, dans la loi du 27 mai 1885, à supprimer le renvoi sous la surveillance, ou plutôt à le remplacer par une simple interdiction de certains séjours » (t. 1, p. 515). Le sentiment de M. Garraud est partagé par MM. Chauveau et Hélie (*Théorie du code pénal*, 6e éd., n° 111, t. 1, p. 191 et suiv.); Boitard (*Leçons de droit criminel*, 13e éd., p. 136); Ortolan (*Eléments de droit pénal*, 5e éd., t. 2, n° 1562); d'Haussonville (*Les établissements pénitentiaires*, p. 442); Laborde (*Cours élémentaire de droit criminel*, n° 335).

666. La surveillance n'est pas admise par les codes néerlandais, de 1881, et hongrois, de 1878. Elle est facultative en Belgique (art. 111 et 313 du code de 1867), en Allemagne (code de 1870, § 38), et aussi dans le projet de code pénal autrichien (§ 35) et dans le projet russe (art. 29 et 30). En Allemagne, elle présente ce caractère particulier de donner à la police: 1° le droit d'interdire au surveillé certains séjours déterminés; 2° la possibilité de pratiquer, en tout temps, des visites domiciliaires chez le surveillé; 3° le droit de bannir l'étranger du territoire fédéral (c. pén., § 39). L'Italie vient de l'admettre, fort adoucie, dans son nouveau code de 1889 (art. 28). L'Angleterre l'a empruntée à l'Irlande où elle est, depuis l'act du 21 août 1881, le complément de la libération conditionnelle, et étendue non seulement aux condamnés libérés à titre provisoire, mais encore à la plupart des récidivistes (*Prevention Crime Act* du 15 août 1879).

667. C'est dans les auteurs cités *suprà*, n° 665, qu'on trouvera examinées et résolues les principales questions que l'application de la loi de 1885 a fait naître en ce qui concerne l'interdiction de séjour. On consultera aussi, en ce qui concerne la surveillance : Renault, *Revue critique*, 1874, p. 567 et suiv.; Migneret, *Revue critique*, 1881-82, p. 362 et suiv.

668. — 2° *Régime de l'interdiction de séjour.* — La surveillance, aux termes de l'art. 19 de la loi du 27 mai 1885, « est remplacée par la défense faite au condamné de paraître dans les lieux dont l'interdiction lui sera signifiée par le Gouvernement avant sa libération. Toutes les autres obligations et formalités imposées par l'art. 44 c. pén. sont supprimées à partir de la promulgation de la présente loi, sans qu'il soit, toutefois, dérogé aux dispositions de l'art. 635 c. instr. crim. ». Il résulte de ce texte : 1° que le condamné n'est plus obligé, avant sa libération, de choisir une résidence, ni de résider dans le lieu choisi; en d'autres termes, il n'y a plus, pour le libéré, de résidence obligée; — 2° Que la peine nouvelle consiste uniquement dans l'interdiction de paraître dans certaines localités déterminées. Sous le régime de la surveillance, le libéré ne pouvait résider que dans un lieu déterminé; et il commettait le délit de rupture de ban dès qu'il s'en écartait; sous le régime de l'interdiction, il est absolument libre de se rendre et de séjourner où bon lui semble, sous réserve de ne point paraître dans les localités interdites.

669. Les localités interdites au condamné doivent lui être signifiées par le Gouvernement avant sa libération (art. 19 précité). Cette interdiction se fait par un arrêté du ministre de l'intérieur. Certaines localités, telles que Nice, Cannes, Marseille, Bordeaux et sa banlieue, Saint-Etienne, Nantes, Lille (et depuis Roubaix) Pau, Lyon et l'agglomération lyonnaise, le Creuzot, les départements de la Seine, de Seine-et-Oise, de Seine-et-Marne, sont interdites, à *titre général*, à tous les condamnés. D'autres peuvent l'être à titre spécial (Circ. min. int. aux préfets 1er juill. 1885, D. P. 85. 4. 59).

670. Au reste, ainsi que nous l'avons déjà dit *suprà*, n° 664, la loi de 1885 n'a pas modifié « les dispositions antérieures qui réglaient l'application et la durée, ainsi que la remise ou la suppression de la surveillance de la haute police, et les peines encourues par les contrevenants conformément à l'art. 45 c. pén. ». Il suit de là qu'on doit appliquer à l'interdiction de séjour, remplaçant désormais la surveilance de la haute police, toutes les règles des art. 45 et suiv. c. pén. (Garraud, n° 319, *in fine*). « Les deux peines, a dit la cour de cassation, ne diffèrent que par le mode de désignation des lieux où il est interdit au condamné de paraître; elles sont prononcées pour les mêmes causes, dans les mêmes conditions, pour la même durée et sous la même sanction » (Crim. rej. 15 avr. 1886, aff. Mocaër, D. P. 86. 1. 229).

Ainsi, par exemple, nous n'hésiterions pas à regarder comme applicable à l'interdiction de séjour la doctrine de l'arrêt par lequel la cour de cassation a jugé que le Français condamné à la surveillance y demeure soumis, alors même qu'il revient en France après une absence et qu'il a obtenu la naturalisation d'un Gouvernement étranger (Crim. rej. 18 juin 1874, aff. Lemeur, D. P. 75. 1. 88).

671. Il est à peine besoin de dire que la surveillance ne peut plus être prononcée par un tribunal depuis que la loi a supprimé cette peine. Peu de temps après la promulgation de la loi du 27 mai 1885, deux cours d'appel avaient prononcé la peine de la surveillance contre des condamnés; la cour de cassation a cassé les arrêts *parte in quâ*, et ordonné le renvoi devant une autre cour, pour permettre à celle-ci d'appliquer les mesures édictées par les art. 19 et suiv. de la loi précitée (Crim. cass. 9 juill. 1885, aff. Lançon, D. P. 86. 1. 348; 13 août 1885, aff. Hamido-ould-Abdallah, *Bull. crim.*, n° 247). La cour suprême a aussi cassé un arrêt de cour criminelle coloniale, qui, après avoir visé l'art. 19 de la loi du 27 mai 1885, déclarait qu'il y avait lieu d'appliquer au condamné « la peine de la relégation pendant dix ans, laquelle remplace la surveillance de la haute police », cet arrêt ayant effectivement prononcé la peine de la relégation, bien que les juges aient eu la pensée d'appliquer l'interdiction de séjour prévue, en effet, par l'article précité (Crim. cass. 9 sept. 1886, aff. Nguyen-van-Nghi, *Bull. crim.*, n° 323).

672. — 3° *Caractères de l'interdiction de séjour.* — De même que la surveillance, l'interdiction de séjour est une peine restrictive de la liberté. « Sans doute, par sa nature et son objet, la surveillance est moins une peine de répression qu'une mesure de prévention : ce qui la motive, en effet, ce sont les dangers que les antécédents du condamné peuvent faire craindre à la société. Mais elle n'en est pas moins une peine: aussi l'art. 50 c. pén. interdit de la prononcer en dehors des cas où des textes formels l'autorisent » (Garraud, t. 1, p. 523). Ajoutons que l'art. 11 du même code déclare formellement que la surveillance est une peine et, comme l'indique le même article, c'est une peine commune aux matières criminelles et aux matières correctionnelles.

Du caractère pénal de la surveillance, la jurisprudence a tiré cette conclusion que le mineur, acquitté pour avoir agi sans discernement, ne pouvait être renvoyé sous la surveillance de la haute police (Crim. cass. 28 févr. 1852, aff. Varland, D. P. 52. 1. 288; Nancy, 28 juin 1848, aff. Collin, D. P. 49. 2. 5; Paris, 26 avr. 1863, aff. C..., D. P. 74. 5. 371). La doctrine de ces arrêts est, sans aucun doute, applicable à l'interdiction.

673 L'interdiction de séjour joue tantôt le rôle de peine accessoire, tantôt celui de peine complémentaire, tantôt celui de peine principale. Elle est attachée comme peine *accessoire* aux peines afflictive perpétuelles. Cette première hypothèse veut être précisée. Quand un juge prononce une peine afflictive *perpétuelle*, il serait étrange, et en quelque sorte contradictoire, qu'il ordonnât, en même temps, que le condamné sera frappé d'interdiction à l'*expiration* de sa peine, puisque, normalement, la peine perpétuelle ne doit finir qu'avec la vie des condamnés. Mais la peine perpétuelle peut finir, en fait, le condamné vivant, pour diverses causes, notamment par suite de grâce ou de prescription. Le législateur, dans les art. 46, § 4, et 48, § 4, c. pén. s'est placé dans cette double hypothèse. Ces articles décident qu'en cas de commutation ou remise de peine perpétuelle (art. 46. § 4), comme en cas de prescription de peine de cette nature (art. 48, § 4), le condamné sera de *plein droit* sous la surveillance de la haute police (aujourd'hui l'interdiction de séjour) pendant vingt années. C'est un cas de peine accessoire, frappant le condamné par l'autorité de la loi, sans que le juge ait à la prononcer, même éventuellement. Par application de cette règle, il a été jugé qu'il y a excès de pouvoir dans l'arrêt de la cour d'assises qui, en condamnant un accusé aux travaux forcés à perpétuité, le condamne, en outre, à vingt ans de surveillance, dans l'éventualité d'une commutation de peine; et la disposition relative à la surveillance (aujourd'hui l'interdiction de séjour) doit être annulée par voie de retranchement (Crim. cass. 27 mars 1880, aff. Cloumac, D. P. 80. 1. 440; 23 févr. 1882, aff. Rochelle, *Bull. crim.* n° 51). De même, il a été plusieurs fois décidé que l'arrêt qui ordonne la relégation, peine perpétuelle, subie hors de France, n'a pas à statuer sur l'interdiction de séjour, qui ne peut être subie qu'en France (C. d'assises de Lot-et-Garonne, 15 mars 1886, aff. Lasseignoux, D. P. 86. 2. 146; Dijon, 16 mars 1887, aff. Hisette, D. P. 87. 2. 197; Crim. cass. 25 mars 1887, aff. Beauregard, D. P. 87. 1. 413; 20 sept. 1888, aff. Margottat, D. P. 88. 1. 121; 14 janv. 1890, aff. Chameton, D. P. 91. 1. 238; 11 sept. 1890, aff. Pfeiffer, D. P. 90. 5. 376; 20 déc. 1890, aff. Malanot, D. P. 91. 1. 239.)

674. L'interdiction de séjour est à la fois *l'accessoire* et le *complément* des peines criminelles temporaires (travaux forcés à temps, détention, reclusion, bannissement). En effet, aux termes des art. 46, § 1 et 2, et 47, la surveillance (aujourd'hui l'interdiction de séjour) est encourue de *plein droit*, par les condamnés aux peines susdites, pour vingt années, (au cas de bannissement, pour un temps égal à celui de la peine subie). Mais les magistrats ont, en appliquant la peine, la faculté (art. 46, § 3) de réduire la durée de la surveillance (interdiction) dans une proportion dont ils sont les appréciateurs souverains, et même d'en exonérer complètement le condamné. Cette faculté fait de l'interdiction, au cas de peines criminelles temporaires, une peine complémentaire facultative.

675. Nous verrons *infrà*, n° 692, que d'après la disposition de l'art. 47, § 2, en cas de condamnation à une peine criminelle temporaire, il faut que l'arrêt ou jugement s'explique sur la surveillance (l'interdiction), soit pour la réduire ou la supprimer, soit pour faire mention qu'il a été délibéré sur la remise ou la réduction. Il s'ensuit qu'en cas pareil, le juge est tenu de statuer sur l'interdiction de séjour; aussi a-t-il été jugé que l'arrêt qui décide qu'il n'y a lieu à statuer sur la peine accessoire de l'interdiction, parce que l'accusé, étant condamné à vingt ans de travaux forcés et devant, aux termes de l'art. 6, § 2, de la loi du 30 mai 1854, être tenu de résider pendant toute sa vie, à l'expiration de sa peine, dans la colonie où il sera transporté, ne saurait être astreint à l'interdiction de séjour, doit être cassé (Crim. cass. 31 mars 1887, aff. Marcelin, *Bull. crim.* n° 124).

676. Quand elle est ajoutée à des peines correctionnelles, l'interdiction de séjour est une peine purement *complémentaire;* en d'autres termes, elle n'est jamais encourue de plein droit et par le seul effet de la loi: il faut que le juge la prononce dans le jugement ou l'arrêt portant condamnation à la peine que le législateur a aggravée de cette peine accessoire.— L'interdiction de séjour n'est pas, d'ailleurs, le complément habituel de telle ou telle peine correctionnelle, ni la peine habituelle de tous les délits : pour qu'elle puisse être prononcée, il faut qu'un texte spécial l'attache à un délit déterminé (c. pén., art. 50). Cette dernière règle a été consacrée, pour la surveillance, par un arrêt de la cour de cassation, qui a reconnu qu'un individu déclaré coupable de vol simple et d'escroquerie ne peut, à moins d'être récidiviste, être placé sous la surveillance, les art. 401 et 405 c. pén. n'autorisant pas les juges à prononcer cette peine (Crim. rej. 9 nov. 1878, aff. Nouly, *Bull. crim.* n° 210).

Par exception à la règle qui précède, l'art. 49 fait, d'une manière générale, de la surveillance (aujourd'hui de l'interdiction) la peine complémentaire « des délits qui intéressent la sûreté intérieure ou extérieure de l'Etat ».

677. En tant que peine complémentaire, l'interdiction de séjour est généralement facultative pour le juge (*Rép.* n° 687). Par exception elle est, dans plusieurs dispositions du code pénal, impérative et obligatoire. Ainsi, les tribunaux correctionnels doivent nécessairement la prononcer : contre les individus condamnés pour vagabondage (c. pén. art. 271) ou pour mendicité (art. 282); elle est également obligatoire à l'égard des condamnés pour délits qui intéressent la sûreté intérieure ou extérieure de l'Etat (art. 49). — Au reste, alors même qu'il y a pour le juge obligation de l'appliquer, la peine de l'interdiction n'est pas subie, si elle n'a pas été prononcée (Blanche, t. 1, n° 186).

On remarquera que, depuis la loi du 26 mars 1891, dite loi Bérenger (D. P. 91. 4. 24), il ne serait plus exact de dire, comme à l'époque de la publication du *Répertoire*, que les tribunaux correctionnels doivent nécessairement prononcer la surveillance (l'interdiction) en matière de récidive (c. pén. art. 57 et 58). D'après le texte nouveau donné à ces articles par l'art. 5 de la loi Bérenger, la condamnation à l'interdiction n'est plus que facultative.

678. Il est depuis longtemps de jurisprudence que les tribunaux peuvent, en déclarant des circonstances atténuantes et par application de l'art. 463 c. pén., supprimer ou modifier dans sa durée la peine de la mise en surveillance (*Rép.* n° 689 et suiv.). Conf. Chauveau et Hélie, t. 6, n° 2709; Blanche, t. 1, n° 202; Garraud, t. 2, n° 159. Il n'y a point de doute que cette doctrine doive être étendue à l'interdiction de séjour qui a remplacé la surveillance (Garraud, *loc. cit.;* Villey, p. 484; Laborde, n° 594). Les tribunaux correctionnels ont donc, à leur disposition, un moyen facile d'écarter, s'ils le veulent, la peine, même obligatoire, de l'interdiction de séjour : ils n'ont qu'à déclarer des circonstances atténuantes en faveur du prévenu. Deux arrêts de la cour de cassation, rendus en matière d'interdiction de séjour (Crim. cass. 21 janv. 1886 et 19 févr. 1886, cités *suprà* n° 582), l'ont formellement reconnu.

Suivant M. Garraud (t. 1, p. 527), les juges correctionnels pourraient même arriver à ce résultat sans déclarer des circonstances atténuantes, et en se basant sur la disposition de l'art. 46, § 3, c. pén., ainsi conçu : « L'arrêt ou le jugement de condamnation pourra réduire la durée de la surveillance ou même déclarer que les condamnés n'y seront pas soumis ». Nous ne saurions partager cette opinion. Nous admettons bien, avec l'auteur précité, que « le but du législateur de 1874 a été de restituer à la surveillance son caractère préventif, en permettant aux juges d'en dispenser les coupables qu'ils ne croient pas dangereux ». Mais ce même législateur n'a investi le juge du droit de réduire la durée de la surveillance (interdiction) ou de la remettre que par rapport aux matières criminelles. L'art. 46 vise, en effet, uniquement les peines du grand criminel. Dans le silence de la loi relativement à la matière correctionnelle, il nous paraît impossible d'étendre à cette matière la disposition de l'art. 46.

679. Ainsi qu'on l'a dit au *Rép.*, n° 699, le renvoi sous la surveillance est une peine *principale* dans les cas des art. 100 et 213, 108, 138, 144 et 271 c. pén., où l'inculpé est exempté de la peine ordinaire de l'infraction par suite de certaines circonstances déterminées par la loi. Nul doute que les infractions prévues par ces textes ne soient aujourd'hui punies de l'interdiction de séjour. Spécialement, il a été jugé qu'en cas de poursuite pour vagabondage, par application de l'art. 271, § 2, les mineurs de seize ans doivent être frappés de l'interdiction de séjour (Paris, 22 sept. 1885, aff. Thévenin, D. P. 85. 5. 354-355). La cour de cassation a, plus récemment, consacré la même solution (Crim. rej. 30 juin 1892, aff. Lequintet. D. P. 93. 1. 48).

680. — 4° *Durée de l'interdiction.* — En matière criminelle, dans le système de la loi du 28 avr. 1832, la surveillance était tantôt perpétuelle, tantôt temporaire (*Rép.* n° 681). Elle était perpétuelle en cas de condamnation aux travaux forcés à temps, à la détention et à la reclusion (art. 47 anc.); elle était temporaire en cas de condamnation au bannissement (art. 48). Le nouvel art. 46 (texte de la loi du 23 janv. 1874) a rendu la surveillance toujours temporaire et en a limité la durée à vingt années. Ainsi a été déclarée nulle la disposition d'un arrêt de cour d'assises qui avait prononcé la surveillance de la haute police pour la *vie entière* du condamné (Crim. cass. 17 janv. 1878, aff. Allecq, D. P. 78. 1. 288).

681. Le maximum de l'interdiction de séjour est donc aujourd'hui de vingt années. Ce maximum de vingt ans est appliqué : 1° aux condamnés à une peine afflictive perpétuelle qui ont été graciés ou qui ont prescrit leur peine (art. 46, § 4; art. 48, § 4); 2° aux condamnés à une peine afflictive temporaire, lorsque le juge n'a pas réduit la durée de ladite interdiction (art. 46, § 2 et 3).

682. La disposition de l'art. 46, § 1, suivant laquelle « en aucun cas, la durée de la surveillance ne pourra excéder vingt années » est une disposition absolue, applicable à tous les cas où la surveillance à vie est prononcée par le code pénal (Garraud, p. 524). Les art. 108, 138, 144 c. pén., qui prononçaient la surveillance *à vie*, se trouvent donc implicitement abrogés. Il existe cependant aujourd'hui un cas d'interdiction de séjour à vie, c'est celui qui a été créé par l'art. 8 de la loi du 27 mai 1885, pour remplacer la relégation à l'égard des récidivistes qui auraient dépassé soixante ans à l'expiration de la peine principale.

683. Nous venons de rappeler *suprà*, n° 680, que, antérieurement à la loi du 23 janv. 1874, les condamnations criminelles temporaires entraînaient la surveillance à vie. Postérieurement à la promulgation de cette loi, la question s'est élevée de savoir si l'individu soumis à la surveillance de la haute police pendant toute sa vie par suite d'une condamnation antérieure aux travaux forcés, pouvait invoquer la disposition du nouvel art. 46, d'après laquelle la durée de la surveillance ne peut excéder vingt ans. L'affirmative a été décidée, avec raison, croyons-nous, par la cour d'appel d'Aix (15 mai 1878) (1). Il est, en effet, de règle qu'en matière criminelle, les lois rétroagissent *in mitius* en faveur de l'inculpé (Conf. Circ. du garde des sceaux du 21 févr. 1874, relative à l'exécution de la loi du 23 janv. 1874).

684. La loi n'a pas déterminé de minimum général de la durée de la surveillance (interdiction de séjour); légalement, il n'en existe donc aucun. C'est un point qui a été reconnu par le garde des sceaux, dans sa circulaire précitée du 21 févr. 1874; mais, en se fondant sur l'esprit de la loi qui a voulu que la surveillance fût sérieuse et effective, le garde des sceaux a recommandé aux magistrats de ne pas assigner à la surveillance une durée inférieure à deux ans. — Toutefois, si la loi n'a pas déterminé de minimum, il est évident que la cour d'assises, quand elle use de la faculté de réduction qui lui est accordée par l'art. 46, § 3, du code pénal, doit elle-même déterminer exactement la durée de cette peine accessoire. La cour de cassation a, avec raison, annulé, dans sa disposition relative à l'interdiction de séjour, un arrêt qui avait fixé *au minimum* le temps pendant lequel le condamné serait assujetti à cette peine (Crim. cass. 1er juill. 1886, aff. Truong-van-Minh et autres, *Bull. crim.*, n° 231).

685. Pour les condamnés au bannissement, la loi fixe la durée de la surveillance (aujourd'hui l'interdiction de séjour) à *un temps égal à la durée de la peine qu'ils auront subie*, à moins qu'il n'en ait été disposé autrement par l'arrêt ou le jugement de condamnation (art. 47, § 1). En conséquence, il a été jugé que doit être annulé *in parte quâ*, pour violation de l'art. 47 c. pén., l'arrêt qui a prononcé la peine de *dix* ans de surveillance contre des individus condamnés à *cinq* ans de bannissement (Crim. cass. 16 août 1883, aff. Nguyen-van-Duong) *Bull. crim.*, n° 213). Nous ajouterons, avec M. Laborde (n° 334, p. 194), que, puisque la loi parle de peine *subie*, il faudra s'attacher non pas au bannissement *prononcé*, mais au bannissement *exécuté*. La grâce de la peine principale réfléchirait donc, dans ce cas, sur l'interdiction de séjour.

686. En matière *correctionnelle*, les textes fixent d'une manière variable, suivant les délits, la durée de l'interdiction de séjour, ordinairement entre cinq et dix années (Ex. c. pén., art. 56, 57, 58, 271, 282). Il appartient donc au juge de déterminer la durée qu'il entend prononcer, entre le *maximum* et le *minimum*. Si la loi s'est bornée à fixer un *minimum* sans énoncer de *maximum*, la durée pourra en être aussi longue qu'il plaira au juge de la fixer (*Rép.* n° 687), à la condition toutefois, depuis la loi du 23 janv. 1874, de ne pas dépasser le *maximum* de vingt ans déterminé par le nouvel art. 46. Réciproquement, si la loi a seulement fixé le *maximum* sans poser un *minimum*, les juges pourront (*Rép.*, *ibid.*), réduire l'interdiction à une durée aussi courte que bon leur semblera par exemple à un mois.

687. Quelle est la durée de l'interdiction au cas de l'art. 49, c'est-à-dire au cas de condamnation pour crimes ou délits qui intéressent la sûreté intérieure ou extérieure de l'État? La question a été examinée au *Rép.* n° 685, mais elle ne se présente plus dans les mêmes termes depuis la loi du 23 janv. 1874. Avant la réforme de 1874, l'art. 49 qui se sert de ces expressions : *devront être renvoyés sous la même surveillance*, venait immédiatement après l'art. 47 actuel, relatif à la surveillance accessoire du bannissement; et nous avons exprimé au *Rép.*, *ibid.*, l'opinion que la surveillance devait être perpétuelle, parce que l'art. 47 établissait la surveillance perpétuelle. Aujourd'hui les mots: *devront être renvoyés sous la même surveillance*, n'ont plus de sens, puisque l'art. 48 actuel n'a nullement trait à l'indication des cas où est prononcée la surveillance ni à sa durée. Dans cette situation, nous croyons, avec M. Garraud (p. 526), que les juges ont un pouvoir discrétionnaire pour fixer la durée de l'interdiction de séjour, sans qu'ils puissent cependant la prononcer pour plus de vingt années (art. 46, § 1). Conf. Laborde, p. 194; Renault, article précité, p. 585.

688. — 5° *Point de départ.* — La durée de l'interdiction de séjour, peine accessoire ou complémentaire, compte seulement du jour où le condamné a subi ou prescrit la peine principale (art. 46, § 2 et 4; art. 48, § 3 et 5). L'interdiction de séjour n'est, en effet, réellement utile que lorsque le condamné a recouvré sa liberté. Cette interdiction ne pouvant, de même qu'autrefois la surveillance, recevoir son exécution qu'autant que celui contre lequel elle a été prononcée se trouve en liberté, il en résulte que si le condamné à l'interdiction commet, au cours de l'interdiction, de nouveaux délits pour lesquels un emprisonnement est prononcé contre lui, l'exécution de cette peine nouvelle interrompt celle de la peine de l'interdiction, laquelle ne reprend son cours qu'à l'expiration de l'emprisonnement, de telle sorte que l'époque où l'interdiction doit cesser se trouve reculée de tout le temps qu'a duré cet emprisonnement. C'est ce qui a été jugé, pour la surveillance, par plusieurs arrêts cités au *Rép.*, n° 696, auxquels il faut ajouter un arrêt de Montpellier du 14 janv. 1856, aff. Marguerie, D. P. 56. 2. 127. Conf. Blanche. t. 1, n° 203, qui s'exprime à ce sujet en ces termes : « Toute peine doit être exécutée ; c'est une vérité qui n'est

---

(1) (Tauveron.) — La cour; — Attendu, en droit, qu'aux termes de l'art. 47 c. pén., les coupables condamnés aux travaux forcés, à la détention et à la reclusion, sont placés de plein droit, après qu'ils auront subi leur peine et pendant toute la vie, sous la surveillance de la haute police; — Attendu qu'en ce qui concerne la durée de cette surveillance, la loi du 23 janv. 1874 a modifié les dispositions de l'article précité; que l'art. 46 de la loi déclare de la manière la plus expresse qu'en aucun cas la durée de la surveillance ne pourra excéder vingt ans; qu'il paraît évident que cette limitation doit s'appliquer aux individus condamnés antérieurement à la loi de 1874; que le texte de l'art. 46, motivé par des raisons d'équité et de bienveillance, ne laisse aucun doute sur la pensée du législateur; qu'il a voulu qu'en ce qui touche la durée de la surveillance, cette durée ne pût jamais excéder vingt années; que l'art. 47 c. pén., s'est trouvé ainsi en partie abrogé; que dès lors les condamnés à des peines afflictives et infamantes avant la promulgation de la loi de 1874 ne peuvent plus aujourd'hui être poursuivis pour rupture de ban que conformément aux dispositions de la loi nouvelle, qui a limité le temps de la surveillance et qui a décidé que ce temps ne pourrait jamais dépasser vingt ans; que cette interprétation, qui est conforme aux principes appliqués en matière pénale, trouve aussi sa justification dans les circulaires de M. le garde des sceaux et du ministre de l'intérieur, relatives à l'exécution de la loi de 1874; que dans ces circulaires il est formellement déclaré que la restriction de la durée de la surveillance devra s'appliquer aux individus condamnés antérieurement; — Attendu, en fait, que Jean Tauveron a été condamné le 14 févr. 1850 par le conseil de guerre de Paris à cinq ans de travaux forcés pour vol de fonds de la solde et de l'ordinaire dont il était comptable; qu'après avoir subi sa peine, il a été de nouveau condamné pour rupture de ban, coups et blessures et abus de confiance; qu'en tenant compte du temps pendant lequel il a été détenu, il est constant que le 10 août 1876, vingt années s'étaient écoulées depuis qu'il avait été soumis à la surveillance de la haute police; qu'à partir de cette date il était en droit, conformément aux principes indiqués ci-dessus, d'invoquer les dispositions de l'art. 46 de la loi de 1874; qu'il n'était plus placé sous la surveillance de la haute police à partir du 10 août 1876; que c'est donc à tort que le 12 avril dernier il a été poursuivi sous l'inculpation de rupture de ban devant le tribunal correctionnel de Marseille, et que ce tribunal, par le jugement dont est appel, l'a condamné à six jours de prison; — ... Réforme et annule le jugement du tribunal correctionnel de Marseille qui a condamné Jean Tauveron à six jours de prison sous l'inculpation de rupture de ban, relaxe Tauveron des pour suites du ministère public, sans dépens.

Du 15 mai 1878.-C. d'Aix, 2e ch.-MM. Lescouvé, pr.-Dupuy, av. gén.-Ronchetti (du barreau de Marseille), av.

pas à démontrer. Or, comme le renvoi sous la surveillance de la haute police consiste dans de certaines restrictions apportées à l'état de liberté, il est clair que le condamné à la surveillance qui commet un délit nouveau pour lequel l'emprisonnement est prononcé contre lui, ne peut pas continuer à exécuter la peine de la surveillance pendant qu'il exécute l'emprisonnement qui lui a été appliqué à raison de l'infraction nouvelle dont il a été reconnu coupable; sans quoi il exécuterait en même temps deux peines, celles de la mise en surveillance et celle de l'emprisonnement; ce que la loi ne permet pas plus que la raison ». Nous adhérons à cette doctrine, qui a été consacrée, en ce qui concerne l'interdiction de séjour, par un jugement du tribunal correctionnel de Saint-Etienne du 4 mai 1893 (*Gazette des tribunaux* du 10 mai 1893). — Il ne faudrait pas toutefois, aller jusqu'à dire que la durée de l'interdiction de séjour sera prorogée même par une détention préventive (Blanche, n° 205). La détention préventive n'est pas une peine; ni la loi ni la raison ne s'opposent à ce qu'elle soit exécutée en même temps que l'interdiction.

689. Lorsque le nouveau délit commis pendant la durée de l'interdiction consiste dans la désobéissance aux règles de cette interdiction, le temps pendant lequel l'emprisonnement prononcé en raison de cette désobéissance est exécuté doit-il être compris dans la durée de l'interdiction pour en déterminer la limite? En d'autres termes, l'emprisonnement prononcé pour infraction de ban suspend-il, pendant sa durée, le cours de l'interdiction de séjour? Oui, d'après l'arrêt de la cour de cassation du 19 mai 1841, rendu en matière de surveillance et cité *Rép.* n° 696. « Il est, en effet, impossible que deux peines restrictives de liberté, pesant sur le même individu, puissent s'exécuter en même temps » (Garraud, t. 1, n° 324, p. 530 Conf. Blanche, t. 1, n° 204). Une solution différente a, toutefois, été admise par la cour de cassation, sous l'empire du décret du 8 déc. 1851, aujourd'hui abrogé, à l'égard du condamné à la peine de la surveillance qui était, en cas de rupture de ban, transporté administrativement dans une colonie pénitentiaire. Cette cour a jugé que la transportation ne suspendait point le cours de l'exécution de la surveillance, parce qu'elle partait du même principe que celle-ci, dont elle n'était qu'une application plus rigoureuse et plus étendue (Crim. rej. 22 janv. 1863, aff. Baverel, D.P. 63. 1. 328). — Au même point de vue, nous signalerons un arrêt plus récent qui, considérant « que l'obligation de résider dans la colonie, imposée aux condamnés à huit années de travaux forcés, n'est pas une peine », a décidé, avec raison, que cette obligation n'est pas inconciliable avec l'interdiction de séjour (Crim. rej. 26 mars 1891, aff. Harel, D. P. 91. 1. 400).

690. Quant à la durée de l'interdiction de séjour, peine *principale*, elle compte, conformément au principe général de l'art. 23 c. pén., du jour où la condamnation est devenue irrévocable.

691. — 6° *Faculté de réduction ou d'exonération.* — La loi du 23 janv. 1874, après avoir déclaré (nouvel art. 46 c. pén.) que le renvoi sous la surveillance de la haute police du condamné à la peine des travaux forcés à temps, de la détention ou de la reclusion, aura lieu, de plein droit, pendant vingt années à compter de l'expiration de la peine, sans qu'il soit besoin que le juge la prononce, a armé le juge d'un pouvoir destiné à tempérer la sévérité de cette disposition et qui n'existait pas sous la législation précédente. Les magistrats, en appliquant la peine, ont (même art. 46, § 3) la faculté de *réduire* la durée de la surveillance dans une proportion dont ils sont les appréciateurs souverains, et même d'en *exonérer* complètement le condamné. La même faculté leur appartient à l'égard du condamné au bannissement (art. 47). Cette faculté de réduction et d'exonération, qui s'applique incontestablement aujourd'hui à l'interdiction de séjour, n'a été concédée aux juges par les textes précités, que pour le cas de condamnation à des peines criminelles temporaires.

692. Comme il était à craindre que le juge ne perdît de vue la faculté nouvelle dont la loi l'investit, l'art. 47, § 2, a pris, en vue d'appeler l'attention des magistrats sur le pouvoir qu'elle leur confère, une précaution remarquable: « Si, dit l'art. 47, § 2, l'arrêt ne contient pas dispense ou réduction de la surveillance (aujourd'hui l'interdiction de séjour), mention sera faite, à peine de nullité, qu'il en a été délibéré ». D'après cette disposition, il faut que l'arrêt ou le jugement s'explique sur la surveillance (l'interdiction), soit pour la réduire ou la supprimer, soit pour faire mention qu'il a été délibéré sur la remise ou la réduction: l'omission de cette mention motiverait la cassation partielle de l'arrêt (Crim. cass. 4 avr. 1874, aff. Mahieddin-ben-Mamed, D. P. 74. 1. 328; 11 févr. 1875, aff. Borne, D. P. 75. 1. 395-396; 28 sept. 1876, aff. Milon, D. P. 77. 5. 331; 28 juin 1877, aff. Pascal, D. P. 78. 1. 139; 26 févr. 1880, aff. Aragon, D. P. 80. 1. 396; 20 juill. 1882, aff. Mohamed-ben-Ali, D. P. 83. 1. 280; 3 sept. 1885, aff. Maouï-ben-Saad, D. P. 85. 1. 473; 24 déc. 1885, aff. Tuault, et 25 févr. 1886, aff. Duclerc, D. P. 86. 1. 227; 8 avr. 1886, aff. Mathon et autres, *Bull. crim.*, n° 146; 22 sept. 1887, aff. Berteloot, *Bull. crim.*, n° 342; 10 nov. 1887, aff. Nguyen-van-An, *Bull. crim.*, n° 373; 20 oct. 1887, aff. Pochon, *Bull. crim.*, n° 350; 17 févr. 1887, aff. Gibert, *Bull. crim.*, n° 62; 12 déc. 1889, aff. Mohammed-ben-Hadj, D. P. 90. 1. 288; 20 déc. 1889, aff. Messaoud-ben-Sedira, *Bull. crim.*, n° 401; 20 juin 1890, aff. Garron, *Bull. crim.*, n° 136). Nous disons la cassation *partielle*: il importe, en effet, de remarquer que la cassation d'un arrêt de cour d'assises, fondée sur ce motif, ne confère à la cour de renvoi que la mission de statuer sur la question de réduction ou de dispense de l'interdiction de séjour, et de faire mention, au cas où il n'y aurait ni réduction, ni dispense, qu'il en a été délibéré; elle ne lui donnerait pas le droit de modifier la peine qui a été régulièrement prononcée (Mêmes arrêts, et notamment ceux des 20 juill. 1882, 17 févr. 1888, et 20 juin 1890).

693. La cour de cassation a défendu avec beaucoup de fermeté la règle nouvelle de la mention obligatoire. C'est ainsi qu'elle a décidé que la mention spéciale exigée par l'art. 47, § 2, ne saurait être suppléée par la mention d'une délibération générale sur l'application de la peine, comme celle que prescrit l'art. 369 c. instr. crim., surtout si les dispositions légales relatives à la surveillance (aujourd'hui l'interdiction) ne sont pas visées dans l'arrêt (Crim. cass. 11 juin 1874, aff. Thouroude, *Bull. crim.*, n° 164; 11 févr. 1875, aff. Borne, D. P. 75. 1. 395; 17 janv. 1878, aff. Alleq, D. P. 78. 1. 288). — Jugé que l'arrêt qui ne contient pas de mention spéciale doit être cassé alors même qu'il se termine par ces mots: « la cour, après en avoir délibéré, conformément à la loi, faisant application à l'accusé des articles de loi ci-dessus cités (parmi lesquels se trouve reproduit le texte de l'art. 46 c. pén.);... alors, d'ailleurs, que l'art. 47 c. pén. n'est pas visé dans l'arrêt (Même arrêt du 11 févr. 1875); — Et même qu'il y a lieu à cassation, à défaut de mention spéciale, nonobstant le visa et la transcription du texte de la loi qui ordonne la mention, c'est-à-dire de l'art. 47, § 2 (Crim. cass. 26 févr. 1880, aff. Aragon, D. P. 80. 1. 396). — Mais il a été décidé qu'il n'y a point de violation de la loi, lorsqu'il est constaté par l'arrêt que la cour a délibéré sur les réquisitions spéciales du ministère public, relativement à l'application de la surveillance, et qu'elle a ensuite statué en ces termes: « Maintient la durée de la surveillance fixée par le deuxième paragraphe de l'art. 46 du code pénal (L. du 23 janv. 1874) ». La cour de cassation a jugé (Crim. rej. 3 sept. 1874, aff. Troche *Bull. crim.*, n° 256) ces constatations suffisantes.

694. La délibération spéciale prescrite par l'art. 47 du code pénal doit toujours avoir lieu en cas de condamnation de l'accusé à une peine criminelle temporaire. De nombreux arrêts ont reconnu que cette délibération est nécessaire alors même que, par l'effet d'une condamnation antérieure, l'accusé serait déjà soumis à la surveillance, l'accusé ayant un intérêt éventuel à ce que la surveillance dérivant de la deuxième condamnation soit supprimée ou réduite, dans l'hypothèse où la surveillance attribuée à la première condamnation viendrait à cesser (Crim. cass. 1er oct. 1874, aff. Perrotin, *Bull. crim.*, n° 265; 18 nov. 1875, aff. Blain, D. P. 76. 1. 192; 28 sept. 1876, aff. Milon, D. P. 77. 5. 331; 9 juin 1877, aff. Jaudrand, *Bull. crim.*, n° 138; 13 sept. 1877, aff. Plantecoste, *Bull. crim.*, n° 215).

695. Qu'arriverait-il si toute mention relative à l'interdiction de séjour avait été omise dans un arrêt condamnant aux travaux forcés à temps, à la reclusion, à la détention ou au bannissement, et qu'un pourvoi n'ayant pas été fait en temps utile par le ministère public ou le condamné, cet arrêt eût acquis force de chose jugée ? L'interdiction frapperait-elle néanmoins le condamné ? Avec M. Garraud (t. 1, p. 526, note), nous estimons que « cette peine existerait alors de plein droit pendant vingt années, car l'art. 46, § 2, et l'art. 47, § 1, font de la surveillance une peine *accessoire* de la peine principale, qui, seule, a besoin d'être prononcée pour être encourue ».

696. Nous avons dit *suprà*, n° 673, que, lorsque le juge prononce une peine afflictive perpétuelle, il n'a pas à prononcer la peine accessoire de l'interdiction. A plus forte raison ne pourrait-il, en pareille hypothèse, dispenser le condamné de cette interdiction. Aussi a-t-il été jugé qu'il y a excès de pouvoir dans l'arrêt de la cour d'assises qui, en condamnant un accusé à la peine des travaux forcés à perpétuité, déclare le dispenser de la surveillance de la haute police (Crim. cass. 16 sept. 1880, aff. Friquet, D. P. 81. 1. 47 ; 21 juin 1889, aff. Lé-Van-Duong, D. P. 90. 1. 284).

697. Quant aux condamnations correctionnelles, comme elles n'entraînent pas de plein droit l'interdiction, il n'y a pas lieu de dispenser de cette peine le condamné à une peine correctionnelle (Crim. cass. 21 juin 1889, aff. Lé-Van-Duong, D. P. 90. 1. 284. Conf. pour la surveillance : Crim. rej. 15 juin 1877, aff. Plantadis, *Bull. crim.*, n° 145).

698. — 7° *Causes d'extinction.* — L'interdiction de séjour peut cesser, d'abord par l'expiration du temps fixé soit par la loi, soit par le jugement, et, en outre, par l'effet de l'amnistie, de la grâce, de la réhabilitation.

En ce qui concerne le temps fixé. nous nous bornerons à constater que l'interdiction cesse de plein droit à l'expiration de ce temps, alors même que le condamné se serait soustrait aux obligations que ladite interdiction lui impose. Mais, comme nous l'avons dit *suprà*, n° 668, l'interdiction serait évidemment suspendue par l'exécution d'une peine privative de liberté comme l'emprisonnement, et son terme se trouverait reculé de tout le temps qu'aurait duré cet emprisonnement.

699. L'amnistie, qui anéantit la condamnation avec toutes ses conséquences pénales, met nécessairement fin à l'interdiction de séjour qui a frappé le condamné (Garraud, t. 1, n° 323 ; Laborde, n° 346). — Il en est de même de la réhabilitation qui, aux termes de l'art. 634 c. instr. crim., « efface la condamnation et fait cesser pour l'avenir toutes les incapacités qui en résultaient » (*op. cit.*, et Villey, p. 461). — La grâce peut porter, soit sur la peine principale dont l'interdiction est l'accessoire, soit sur l'interdiction elle-même. Dans le premier cas, il est certain que la remise de la peine principale n'entraîne pas, de plein droit, celle de la peine accessoire. L'art. 46, § 4, décide même que « tout condamné à des peines perpétuelles, qui obtiendra commutation ou remise de sa peine, sera, s'il n'en est autrement disposé par la décision gracieuse, de plein droit sous la surveillance de la haute police (aujourd'hui l'interdiction) pendant vingt ans ». Quant à une remise directe de la surveillance par voie de grâce, la chancellerie l'avait toujours regardée comme impossible avant la loi du 23 janv. 1874. Désormais, aux termes de l'art. 48, § 1 « la surveillance pourra être remise ou réduite par voie de grâce ». Cette disposition est, bien entendu, applicable à l'interdiction de séjour (Garraud, n° 323, p. 528 ; Laborde, n° 346 ; Villey, p. 461).

700. Outre la grâce proprement dite, dont il vient d'être parlé, la loi de 1874 a créé une grâce provisoire et révocable de la surveillance (interdiction de séjour). Après avoir dit que la surveillance pourra être remise ou réduite par voie de grâce, l'art. 48, § 2, ajoute : « elle pourra être suspendue par mesure administrative ». Cette suspension est prononcée par le ministre de l'intérieur, sur la proposition du préfet, après un temps d'épreuve qui ne doit jamais être inférieur à la moitié de la durée totale de la surveillance (Décr 30 août 1875, art. 5, D. P. 76. 4. 51).

701. L'interdiction de séjour est-elle prescriptible ? Pour répondre à cette question, il y a lieu de se placer à un double point de vue. Il faut distinguer le cas où la condamnation principale a été prescrite de celui où elle a été exécutée. Avant la loi de 1874, la question de savoir si la prescription de la peine principale entraînait la prescription de la surveillance était controversée. Le nouvel art. 48, § 2, 3 et 4, a tranché la difficulté dans le sens de la négative, avec raison, croyons-nous. « L'esprit ne saurait concevoir, a dit le rapporteur de la loi, qu'un condamné puisse prescrire, pendant le temps où il devrait subir une peine qu'en fait il ne subit pas, contre une mesure commandée par l'intérêt général et qui ne doit commencer à recevoir son exécution qu'à l'expiration même de cette peine ». Le texte d'ailleurs est formel : « La prescription de la peine ne relève pas le condamné de la surveillance à laquelle il est soumis » (art. 48, § 3). Et l'article ajoute : « en cas de prescription d'une peine perpétuelle, le condamné sera de plein droit sous la surveillance de la haute police pendant vingt années » (§ 5).

702. Si la peine principale, au lieu d'avoir été prescrite, a été exécutée, l'interdiction est-elle elle-même prescriptible à compter de l'expiration de cette peine, au profit du condamné qui s'est soustrait aux obligations résultant de cette interdiction ? Nous ne le croyons pas. L'interdiction de séjour s'exécute, en effet, de plein droit, sans mesures matérielles, par une diminution de capacité au moment où la condamnation devient irrévocable. Dès qu'elle s'exécute *toute seule*, comment le condamné pourrait-il prescrire ? Sans doute, il peut arriver qu'en fait l'Administration ne prenne pas de mesures pour assurer l'exécution du jugement en ce qui concerne l'interdiction ; mais ce défaut de mesures matérielles n'empêcherait pas l'exécution proprement dite de la peine, car cette peine consiste essentiellement, comme autrefois la surveillance, dans une mise à la disposition de l'autorité administrative opérée, expressément ou virtuellement, par le jugement de condamnation et tout à fait indépendante des mesures matérielles que l'Administration est autorisée à prendre (Laborde, n° 338). MM. Chauveau et Hélie avaient déjà dit dans leur *Théorie du code pénal*, t. 1, n° 116 : « La mise en surveillance échappe à la prescription. En effet, qu'elle soit à vie, qu'elle soit temporaire, son exécution est indépendante des mesures facultatives attribuées par la loi à l'autorité administrative ; la suspension de ces mesures ne peut donc constituer un droit en faveur du condamné ; la peine est continue, et, par conséquent, imprescriptible ; elle n'a d'autre terme que celui marqué par le jugement ou par la loi. Toutefois, son exécution est suspendue pendant tout le temps que le condamné subit une peine d'emprisonnement pour un délit quelconque ; car cette détention est la peine d'un nouveau fait et ne peut se cumuler, dans son exécution, avec la surveillance qui suppose la liberté du condamné. Mais cette surveillance n'est, au contraire, ni suspendue, ni effacée par la permission administrative qui lui aurait été donnée d'habiter en pays étranger » (Conf. Blanche, t. 1, n° 209). Cette doctrine a été soutenue au *Rép.* 697 en ce qui concerne la surveillance. Elle a été consacrée non seulement par l'arrêt de la cour de cassation du 31 janv. 1834, rapporté au *Rép.* n° 682, mais depuis par un arrêt de la cour de Douai du 8 mars 1875 (aff. Jolibert, D. P. 76. 2. 142).

En terminant nous signalerons un arrêt de la cour de cassation du 18 juin 1874 (aff. Lemeur, D. P. 75. 1. 88) qui a jugé que le fait, par un condamné à la surveillance, de se faire naturaliser à l'étranger ne lui enlève pas la pénalité qui l'a frappé. Cet arrêt est évidemment applicable à l'interdiction de séjour.

703. — 8° *Sanction.* — *Rupture de ban.* — « L'interdiction de séjour, pouvant être facilement éludée, doit être corroborée par une peine subsidiaire, menaçant celui qui viendrait à s'y soustraire » (Garraud, t. 1, n° 324). Cette sanction se trouve dans l'art. 45 c. pén., qui déclare qu'en cas de désobéissance aux dispositions prescrites par l'art. 44, « l'individu mis sous la surveillance de la haute police sera condamné par les tribunaux correctionnels à un emprisonnement qui ne pourra excéder cinq ans ». Nul doute que cet article, fait pour la surveillance, soit applicable à l'interdiction de séjour, puisque l'art. 19 de la loi du 27 mai 1885, qui a créé l'interdiction en remplacement de la surveillance qu'il abolissait, a dit, après avoir supprimé les obligations et formalités imposées par l'art. 44 : « Restent en conséquence applicables pour cette interdiction les dispositions antérieures qui réglaient l'application ou la durée, ainsi que la remise ou la suppression de la surveillance de la haute police *et les peines encourues par les contrevenants, conformément à l'art. 45 du code pénal* ».

704. En quoi consiste aujourd'hui le délit de rupture de ban ? Son élément matériel ne consiste plus que dans le fait du libéré de paraître dans un lieu où il lui est interdit de résider, puisque la seule obligation qui pèse sur celui-ci est de s'abstenir de paraître dans les localités interdites. C'est ce que la cour de Toulouse a exprimé avec une grande précision, quand elle a dit que la peine édictée par l'art. 45 c. pén. « ne peut désormais être appliquée qu'aux prévenus ayant contrevenu à l'interdiction qui leur aura été signifiée de paraître dans certains lieux déterminés, et que, tant que cette signification ne lui a pas été faite, le délit de rupture de ban ne peut exister » (Toulouse, 24 juin 1885, aff. Clausse, D. P. 85. 5. 353).

Il suit de ce qui précède que la plupart des arrêts rendus, depuis la publication du *Répertoire*, relativement aux conditions de la rupture du ban de surveillance, n'ont plus d'application. Deux de ces décisions nous semblent pourtant devoir être signalées. La première est un arrêt de la cour de Metz du 4 nov. 1868 (aff. Duthoy, D. P. 69. 2. 78), aux termes duquel le condamné soumis à la surveillance qui, ayant obtenu, à l'expiration de sa peine, un passeport pour l'étranger, est resté en France, ou bien y est rentré sans prévenir l'Administration, ne peut être déclaré en rupture de ban, si aucune résidence ne lui avait été éventuellement fixée en France pour le cas où il voudrait y séjourner avant l'expiration du temps de surveillance. Il est évident qu'on ne pourrait aujourd'hui regarder comme ayant rompu son ban un individu frappé d'interdiction de séjour, à qui l'Administration n'aurait pas signifié, avant sa libération, les localités qu'elle entend lui interdire. Une condamnation pour rupture de ban n'est, en effet, justifiée qu'autant qu'il y a constatation d'un fait précis de désobéissance. — L'autre arrêt (Crim. rej. 18 juin 1874, aff. Lemeur, D. P. 75. 1. 88) a décidé que le délit de rupture de ban est un délit continu qui dure tant que l'assujetti ne se trouve pas replacé dans une situation régulière sous la main de l'autorité, et que c'est seulement à partir de ce moment que pourrait courir la prescription. Le cas échéant, la doctrine de cet arrêt serait aujourd'hui applicable à l'interdiction de séjour.

705. On a dit au *Rép.*, n° 702, que la rupture de ban, étant seulement une désobéissance aux formalités imposées par les lois de police, ne constitue pas un délit proprement dit, mais une simple contravention matérielle. Cela est vrai en ce sens que le délit existe ici indépendamment de toute intention criminelle, qu'il n'est pas nécessaire que le contrevenant ait eu l'intention de violer la loi; et il a été jugé, avec raison, que l'excuse de la bonne foi n'est pas admissible en cette matière (Crim. cass. 25 janv. 1868, aff. Negroni, D. P. 69. 4. 216). Mais, comme tout délit, la rupture de ban suppose, chez le coupable, tout au moins une faute; pour que le délinquant puisse être condamné, il est nécessaire qu'il ait commis une imprudence ou une négligence.

706. La peine encourue pour le délit de rupture de ban est un emprisonnement de cinq ans au *maximum* (c. pén. art. 45). La loi n'ayant pas déterminé de *minimum*, nous en avons conclu au *Rép.* n° 705 que le tribunal peut abaisser l'emprisonnement indéfiniment, même jusqu'au taux des peines de simple police, et qu'ainsi il pourrait ne prononcer qu'un emprisonnement d'un jour. Mais l'arrêt de la cour de Rennes du 25 août 1847, cité *ibid.*, qui a décidé, au contraire, que la peine dont la rupture de ban est passible, étant peine correctionnelle, ne peut être abaissée au-dessous de six jours, conformément à l'art. 40 c. pén., si le tribunal n'a pas appliqué l'art. 463 au prévenu, a été approuvé par MM. Blanche, t. 1, n° 223, p. 299 et Garraud, t. 1, n° 324.

707. D'après une jurisprudence constante, la rupture de ban d'un condamné à la surveillance n'entraîne pas les peines de la récidive, en se combinant avec la condamnation qui a placé le prévenu sous le coup de cet état, parce que la rupture de ban est moins un délit nouveau, que l'inexécution même des peines prononcées par la première condamnation (Angers, 16 déc. 1850, aff. Gaultier, D. P. 52. 2. 163; Rennes, 7 juin 1854, aff. Leclanche, D. P. 54. 1. 304; Crim. rej. 20 juill. 1854, aff. Leclanche, D. P. 54. 1. 304; Orléans, 19 févr. 1855, aff. Heymard, D. P. 55. 2. 186; Bourges, 31 juill. 1856, aff. Perrou, D. P. 58. 2. 109; 5 janv. 1860, aff. Gauthier, D. P. 60. 5. 316; Chambéry, 10 mars 1864, aff. Périsson, D. P. 64. 5. 12; 1er sept. 1870, aff. Baudran, D. P. 71. 2. 197; Angers, 14 juin 1875, aff. Hédreul, D. P. 76. 2. 108; Crim. cass. 16 mai 1878, *Bull. crim.* n° 212; 24 juill. 1879, aff. Doidy, D. P. 80. 5. 318; 13 nov. 1884, *Bull. crim.*, n° 301. Conf. Chauveau et Hélie, t. 1, n° 229; Blanche, t. 1, n° 224). Cette jurisprudence a été appliquée à l'interdiction de séjour (Crim. cass. 4 déc. 1886, aff. Hypeau, D. P. 87. 1. 239). Conf. Garraud, t. 2, p. 321; Laborde, n° 511. — Mais si un condamné pour rupture de ban commettait une seconde fois le même délit, il serait en état de récidive (Limoges, 4 janv. 1845, aff. Beynest, D. P. 45. 4. 446; Crim. cass. 20 juill. 1854, aff. Leclanche, D. P. 54. 1. 304; Bourges, 4 janv. 1855, aff. Mignet, D. P. 55. 5. 377; Chambéry, 10 mars 1864, aff. Périsson, D. P. 64. 5. 312; Crim. rej. 19 déc. 1868, aff. Garnier-Vital, D. P. 69. 1. 385; Chambéry, 1er sept. 1870, aff. Baudran, D. P. 71. 2. 197), comme le serait également le repris de justice qui commettrait une rupture de ban (Crim. cass. 14 nov. 1856, aff. Pasquier, D. P. 56. 5. 384; Angers, 14 juin 1875, aff. Hédreul, D. P. 76. 2. 108; 25 janv. 1883, aff. Barroy, *Bull. crim.*, n° 20; 1er févr. 1883, aff. Voirin, *Bull. crim.* n° 29. Conf. Blanche, t. 1, n° 224; Chauveau et Hélie, t. 1, n° 229).

708. A l'époque de la publication du *Répertoire*, le décret du 8 déc. 1851 (D. P. 52. 4. 8) disposait que tout individu placé sous la surveillance de la haute police, et reconnu coupable de rupture de ban, pouvait être transporté dans une colonie pénitentiaire, à Cayenne ou en Algérie (art. 1). De plus, l'art. 4 de ce décret (*Rép.* n° 711) interdisait le séjour de Paris et de la banlieue à tous les surveillés, et les contrevenants pouvaient être aussi transportés (art. 5). Le décret de 1851 a été abrogé par celui du 24 oct. 1870 (D. P. 70. 4. 98). Il est donc certain qu'aujourd'hui la seule sanction de l'interdiction de séjour se trouve dans l'art. 45 c. pén.

709. — 9° *Interdictions spéciales de certains séjours.* — Avant la loi du 27 mai 1885 sur les récidivistes, le Gouvernement était armé par la loi du 9 juill. 1852 (D. P. 52. 4. 181) du droit d'interdire, par voie administrative, le séjour du département de la Seine et des communes de l'agglomération lyonnaise à deux catégories d'individus non domiciliés dans les départements ou communes : 1° à ceux qui avaient subi depuis moins de dix ans une condamnation à l'emprisonnement pour rébellion, mendicité ou vagabondage ou une condamnation à un mois de la même peine pour coalition; 2° à ceux qui n'avaient pas, dans les lieux sus-indiqués, de moyens d'existence. Toute contravention à l'arrêté d'interdiction était punie d'un emprisonnement de huit jours à un mois, pouvant être élevé jusqu'à deux ans en cas de récidive. L'art. 19 de la loi du 27 mars 1885 a purement et simplement abrogé la loi de 1852 (Garraud, t. 1, n° 325). Mais cette même loi (art. 19) déclare expressément maintenir les dispositions de l'art. 635 c. instr. crim., aux termes duquel, en cas de prescription d'une peine criminelle, « le condamné ne pourra résider dans le département où demeureraient, soit celui sur lequel ou contre la propriété duquel le crime aurait été commis, soit ses héritiers directs ». L'article ajoute que le Gouvernement pourra assigner au condamné le lieu de son domicile. Cette disposition est d'une application fort rare. En général, on la considère comme étant moins une peine qu'une réparation civile. Dans l'opinion de M. Laborde (p. 196, note 4), le droit de poursuite, à cet égard, appartient non pas au ministère public, mais seulement aux parties intéressées, lesquelles peuvent faire expulser le condamné du département interdit, et le faire condamner à des dommages-intérêts, mais non à une peine. Sans aller aussi loin, M. Renault (p. 592) estime que l'art. 635 « donne un droit personnel à la partie lésée par le crime ».

710. Bien que la loi du 27 mai 1885 n'ait pas cru devoir s'en expliquer, comme pour l'art. 635, il faut considérer comme étant resté en vigueur l'art. 229 c. pén. qui autorise, au cas de violence ou voie de fait commise contre un magistrat dans l'exercice ou à l'occasion de l'exercice de ses fonctions (c. pén., art. 228), la condamnation du coupable « à s'éloigner pendant cinq à dix ans du lieu où siège le magistrat et d'un rayon de deux myriamètres » (Garraud, *eod. loc.*; Laborde, n° 348). Il n'y a, d'ailleurs, point de doute (V. *Rép.* v° *Fonctionnaire public*, n° 155) que cette interdiction locale et temporaire dont la sanction est le bannissement, ne soit une peine véritable, et non une satisfaction donnée au magistrat offensé; d'où la conséquence qu'elle ne pourrait être remise par la volonté de ce magistrat, son décès ou son changement de résidence (Garraud, t. 3, p. 590, note 7; Chauveau et Hélie, t. 3, n° 991: Blanche, t. 4, n° 136).

SECT. 10. — DE L'INTERDICTION DES DROITS CIVIQUES, CIVILS ET DE FAMILLE.

711. L'interdiction des droits énumérés en l'art. 42 c. pén., est une peine correctionnelle (art. 9); c'est, de plus, une peine complémentaire, en ce sens qu'elle n'est jamais encourue de plein droit, et qu'elle doit toujours être formellement prononcée par le juge, même lorsqu'elle est obligatoire pour lui. Il s'ensuit, ainsi que nous l'avons dit au *Rép.* n° 717, que si, malgré l'injonction de la loi, le juge omet d'appliquer cette peine, le jugement est, sans doute, irrégulier, et peut être réformé; mais tant qu'il n'est pas réformé, le condamné demeure affranchi de l'interdiction (Blanche, t. 1, n° 180).

712. Il résulte de l'art. 43 que l'interdiction ne peut être prononcée que dans les cas où son application « aura été autorisée ou ordonnée par une disposition de loi » (Blanche, t. 1, n° 188; Garraud, t. 1, n° 330; Laborde, n° 327). Il ne serait d'aucune utilité de donner ici la liste des cas assez nombreux où cette disposition se rencontre dans nos lois; mais nous signalerons deux arrêts relatifs à l'application de l'interdiction en cas de déclaration de circonstances atténuantes. Le premier a décidé qu'en matière d'escroquerie, l'interdiction peut être prononcée alors même que, par suite de l'admission de circonstances atténuantes, la peine de l'amende a été substituée à celle de l'emprisonnement. Les mots « à compter du jour où le condamné aura subi sa peine », dans l'art. 405 c. pén., ont, en effet, pour objet de fixer le point de départ de l'interdiction en cas de condamnation à la prison, mais ne signifient pas que cette interdiction ne peut être prononcée qu'accessoirement à l'emprisonnement (Crim. rej. 14 mars 1878, aff. Lagadec, *Bull. crim.*, n° 69). Le second arrêt a jugé que, lorsque la cour d'assises, par suite de l'admission des circonstances atténuantes, a prononcé, en raison d'un crime, une condamnation à l'emprisonnement, elle peut, conformément à l'art. 401 c. pén., prononcer l'interdiction des droits mentionnés en l'art. 42 (Crim. rej. 27 juin 1878, aff. Coste, *Bull. crim.*, n° 137). Cette décision est absolument juridique, puisqu'elle ne fait qu'appliquer les dispositions combinées des art. 463, § 6 et 7, et 401 c. pén.

713. On a déjà fait remarquer au *Rép.* n° 715 que l'interdiction de l'art. 42 entraîne des incapacités moins étendues que la dégradation civique. Pour compléter la liste des différences qui ont été signalées, il convient d'ajouter que l'art. 42, qui permet aux juges correctionnels d'interdire l'exercice des fonctions ou des emplois publics, ne leur donne pas le droit d'interdire aux condamnés l'exercice des offices publics. Aussi la cour de cassation a-t-elle cassé un jugement qui, prononçant contre un huissier une condamnation pour escroquerie, avait ajouté au chef relatif à l'interdiction temporaire des droits énumérés dans l'art. 42, l'énonciation suivante : « et notamment de l'exercice des fonctions d'huissier dont il était investi » (Crim. cass. 30 avr. 1863, aff. Figean, D. P. 63. 1. 326). D'ailleurs, comme le remarque M. Garraud (t. 1, n° 330), « de ce que l'art. 42 ne parle pas de toutes les incapacités énumérées en l'art. 34 (relatif à la dégradation civique), il ne s'ensuit pas que les condamnés correctionnels n'en soient jamais frappés. Des dispositions spéciales de lois règlent, à cet égard, les conséquences légales que produit, pour certains délits, la peine de l'emprisonnement » (V. *infrà*, n° 717).

714. L'interdiction des droits civiques, civils et de famille est, avons-nous dit au *Rép.* n° 715, temporaire et ne dure que le temps fixé par le jugement qui l'a prononcée. Cependant elle est, dans deux cas, perpétuelle (c. pén. art. 171, 175), et dans deux autres (art. 89, 91) la loi a omis d'en fixer la durée. Que devra faire le juge dans ces deux derniers cas? Devra-t-il prononcer l'interdiction à perpétuité, ou ne devra-t-il donner à cette peine qu'une durée limitée? « Il pourra, dit Blanche, n° 180, suivre les inspirations de sa conscience. En effet, quelle que soit sa décision, il n'aura violé aucune loi (Conf. Faustin Hélie, *Pratique criminelle des cours et tribunaux*, t. 2, n° 49). M. Garraud (t. 1, n° 330) estime qu'en cas pareil, la loi n'ayant pas fixé de terme de l'interdiction et en ayant laissé l'indication aux tribunaux, ceux-ci « sont libres, par conséquent, de lui donner une durée temporaire ou de la rendre perpétuelle ». Nous partageons cet avis, mais nous croyons que, si le juge opte pour une durée temporaire, il ne pourra pas dépasser celle de 20 ans, et cela pour deux raisons : d'abord, parce que, quand la loi détermine la durée de l'interdiction, elle fixe comme maximum 5, 10 et 20 ans (art. 86, 109, 112, 113, 123, 185, 187, 197, 335, 388, 400, 401, 405, 410); et ensuite parce que, dans notre législation, le terme maximum des peines temporaires est de 20 ans (Laborde, n° 329). Cette question assez délicate ne se poserait plus, évidemment, si notre législateur, comme l'a fait le législateur belge (c. pén. belge, art. 33), venait à fixer, par une disposition générale, entre 5 et 10 ans, par exemple, la durée normale de l'interdiction.

715. Le point de départ de l'interdiction est facile à fixer dans le cas où la peine que l'interdiction accompagne est seulement l'amende (c. pén. art. 113, 185). C'est évidemment le jour où la condamnation est devenue définitive. Mais que faut-il décider lorsqu'elle est jointe à l'emprisonnement? Plusieurs textes disent que le condamné « sera interdit des droits mentionnés en l'art. 42... à compter du jour où il aura subi sa peine » (art. 86, 197, 388, 400, 401, 405, 406, 410). Dans les cas prévus par ces différents articles, il nous paraît impossible de faire produire à l'interdiction ses effets avant le moment indiqué par la loi, c'est-à-dire avant l'expiration de la peine principale. Cela est rationnel d'ailleurs, sauf peut-être pour l'incapacité de témoigner en justice. « En effet, dit Blanche (n° 181), à quoi bon interdire au condamné qui est détenu, et pendant qu'il est détenu, le droit de vote, d'élection et d'éligibilité, le droit d'être appelé aux fonctions de juré, aux autres fonctions publiques et aux emplois de l'Administration, le droit d'exercer ces fonctions ou emplois, le droit de port d'armes, le droit de vote et de suffrage dans les délibérations de famille, le droit d'être tuteur et curateur, le droit d'être expert ou employé comme témoins dans les actes? Est-ce que le fait de l'incarcération n'est pas par lui-même un obstacle à l'exercice de ces droits? La loi a donc raison, à ces différents points de vue, lorsqu'elle a ordonné, dans les articles rappelés, que l'interdiction ne courrait qu'à compter du jour où le coupable aurait subi sa peine ». Le même auteur ajoute : « Mais, parmi les incapacités de l'art. 42, il en est une qui aurait évidemment demandé une autre règle, c'est l'incapacité de témoigner en justice. En effet, la loi, telle qu'elle est, va produire, relativement à cette incapacité, les conséquences les plus bizarres. Le condamné en vertu de l'un des art. 86, 197, 388, 400, 401, 405, 406, 410, ne subissant qu'à l'expiration de sa peine l'interdiction civique, pourra, pendant la durée de son incarcération, témoigner en justice; et ce ne sera que lorsqu'il aura expié sa peine qu'il ne devra plus être entendu qu'à titre de simples renseignements ». Blanche estime que, quelle que soit l'anomalie de cette situation, il n'appartient pas au juge d'y pourvoir autrement que par l'application de la loi. Nous partageons cette opinion, et nous croyons que le juge n'est pas autorisé à tenir pour incapable de prêter serment le condamné qui exécute encore sa peine, sous le prétexte qu'il en sera incapable quand il l'aura exécutée. — Cependant MM. Laborde, n° 330, et Garraud, t. 2, n° 46, se prononcent en sens contraire. Suivant ces derniers auteurs, le sens des art. 86, 197 et suiv. est que « le condamné sera, pendant la durée de son emprisonnement et pendant cinq, dix ou vingt ans à compter du jour où il aura subi sa peine, interdit des droits mentionnés en l'art. 42 » (Conf. Molinier, *Etudes sur le nouveau projet du code pénal pour le royaume d'Italie*, t. 1, p. 173, note 2). Nous ne pouvons souscrire à cette interprétation. Quand la loi dit qu'un condamné sera interdit pendant cinq ans *à compter du jour* où il aura subi sa peine », elle ne dit pas qu'il sera interdit *avant* cette époque. A cet égard, la loi belge renferme une disposition ainsi conçue (c. pén., art. 34) : « La durée de l'interdiction, fixée par le jugement ou l'arrêt de condamnation, courra du jour où le condamné aura subi ou prescrit sa peine. L'interdiction produira, *en outre*, ses effets, à compter du jour où la condamnation contradictoire ou par défaut sera devenue irrévocable ». V. une disposition analogue dans le code d'Italie de 1889, art. 41. Mais ce texte n'existe pas dans notre loi, et il n'appartient ni aux commentateurs ni au juge de le suppléer. Tant que le législateur français n'aura pas revisé, dans ce sens, l'art. 42, nous croyons qu'il faut prendre à la lettre les mots : *à compter du jour où il aura subi sa peine* dans les art. 186, 197 et autres précités, et nous estimons, par conséquent que le condamné à qui a été fait application de la peine de l'interdiction, en vertu d'un de ces articles, ne sera réellement incapable d'exercer les droits énumérés en l'art. 42 qu'à dater du moment où il aura achevé de subir sa peine.

716. Dans les art. 89, 91, 109, 112, 171, 175, 187, 335, le code pénal se tait sur le point de départ de l'interdiction. De quel jour courra-t-elle dans ces divers cas? Sera-ce du jour où la condamnation est devenue définitive? Sera-ce du jour où la peine principale a été expiée? Suivant M. Blanche (*loc. cit.*) « la loi n'ordonnant pas, c'est au juge à prononcer: il pourra, suivant les circonstances, et surtout en prenant en considération la nature de l'incapacité qu'il appliquera, ordonner que l'interdiction courra soit du jour où la condamnation sera devenue définitive, soit du jour où le coupable aura subi sa peine. En prenant l'un ou l'autre parti, il ne pourra pas enfreindre la loi, puisque la loi ne s'explique pas sur ce point » (Conf. Faustin Hélie, *Prat. crim.*, t. 2, n° 49). Cette doctrine paraît juridique; mais, en fait, les juges ne font jamais usage du pouvoir qu'elle leur attribue, pour décider que l'interdiction courra du jour où la condamnation sera devenue définitive. D'ordinaire, sinon toujours, les jugements et arrêts prononcent l'interdiction à compter du jour où le condamné aura subi sa peine. — Que faudrait-il, toutefois, décider si le juge n'avait pas parlé? En l'absence d'une disposition de loi analogue à l'art. 34 du code belge et à l'art. 41 du code d'Italie, nous ne ferions partir la durée de l'interdiction que de l'expiration de la peine, comme dans l'hypothèse précédente.

717. En dehors du code pénal et de son art. 42, un certain nombre de lois établissent des incapacités correctionnelles spéciales. Nous signalerons les plus importantes. Les art. 15 et 16 du décret organique du 2 févr. 1852 (D. P. 52. 4. 49) attachent à un grand nombre de condamnations correctionnelles la perte de plein droit de la faculté de voter (V. à cet égard *suprà*, v° *Droit politique*, notamment n° 45). La loi du 24 nov. 1872, art. 2 (D. P. 72. 4. 132), déclare incapables d'être jurés les condamnés à un emprisonnement de trois mois au moins, les condamnés à l'amende ou à l'emprisonnement, quelle qu'en soit la durée, pour vol, escroquerie et divers autres délits. Le droit de porter des décorations est, aux termes des art. 3 et 6 du décr. du 24 nov. 1852, suspendu, pour tout condamné à l'emprisonnement, pendant la durée de sa peine (*Rép.* v° *Ordres civils et militaires*, n°s 235 et 253). L'art. 26 de la loi du 15 mars 1850 (D. P. 50. 4. 59) déclare incapables de tenir un établissement public ou libre d'instruction primaire ou secondaire, ou d'y être employés « les individus qui ont subi une condamnation pour crime ou pour *délit contraire à la probité ou aux mœurs* », et l'art. 8 de la loi du 12 juill. 1875 (D. P. 75. 4. 137) décide que ces mêmes condamnations entraîneront, pour celui qu'elles frappent, l'incapacité d'ouvrir un cours et de remplir les fonctions d'administrateur ou de professeur dans un établissement libre d'enregistrement supérieur. Enfin l'art. 5 de la loi sur le recrutement du 15 juill. 1889 (D. P. 89. 4. 73) ordonne que les individus qui ont été condamnés correctionnellement à trois mois de prison au moins pour certains délits qu'il énumère, et ceux qui ont été l'objet de deux condamnations au moins, quelle qu'en soit la durée, pour ces mêmes délits, seront incorporés dans les bataillons d'infanterie légère d'Afrique. On sait que cette même loi n'exclut de l'armée que les individus qui ont été condamnés à une peine afflictive et infamante ou à une peine infamante seulement dans le cas prévu par l'art. 177 c. pén. (V. *suprà* n° 653).

SECT. 11. — DE L'INTERDICTION LÉGALE ET DES INCAPACITÉS SPÉCIALES DE L'ART. 3 DE LA LOI DU 31 MAI 1854.

718. — I. DE L'INTERDICTION LÉGALE. — 1° *Caractères et causes de cette interdiction.* — L'interdiction légale est une peine accessoire et criminelle, qui enlève au condamné, pendant la durée de sa peine principale, l'exercice de ses droits civils. Elle est réglée par les art. 28, 29 et 30 c. pén. Il a déjà été traité de cette peine *suprà*, v° *Droits civils* n°s 380 et suiv. Parmi les ouvrages de doctrine qui se sont occupés de l'interdiction légale, nous citerons: Chauveau et Hélie, *Théorie du code pénal*, t. 1, n° 99; Ortolan, *Eléments de droit pénal*, t. 2, n° 1555; Garraud, *Traité de droit pénal, français*, t. 1, n°s 331 et suiv., et t. 2, n°s 48 et 50; Blanche, *Etudes pratiques sur le code pénal*, t. 1, n°s 142 et suiv.; Boitard, *Leçons de droit criminel*, 13e éd., n°s 74 et suiv.; Villey, *Précis d'un cours de droit criminel*, 5e éd., p. 452 et suiv.; Laborde, *Cours élementaire de droit criminel*, n°s 291 et suiv.; Humbert, *Des conséquences des condamnations pénales relativement à la capacité des personnes*; Nusse, *Etude sur les droits civils des condamnés aux peines du grand criminel*, n°s 128 à 275.

719. Ainsi qu'on l'a dit au *Rép.*, n° 720, l'interdiction légale est aujourd'hui l'accessoire obligé de toute condamnation contradictoire à une peine afflictive et infamante temporaire (c. pén. art. 29) ou perpétuelle (L. 31 mai 1854, art. 2). En d'autres termes, elle est entraînée par les peines suivantes: mort, déportation, travaux forcés à perpétuité ou à temps, détention, reclusion, mais non par le bannissement qui est une peine infamante seulement. L'interdiction légale n'est jamais attachée qu'aux condamnations contradictoires, non aux condamnations par contumace. C'est la doctrine déjà enseignée au *Rép.* n° 723. V. à cet égard *suprà*, v° *Contumace*, n° 66, où la question a été l'objet d'un nouvel examen.

720. — 2° *Durée de l'interdiction légale.* — L'interdiction légale dure autant que la peine dont elle est destinée à assurer l'exécution (même art. 29). Si donc la peine est perpétuelle, l'interdiction l'est également. Mais, ainsi qu'on l'a déjà dit au *Rép.*, n° 721, dans ce dernier cas, si la peine vient à être commuée en une peine temporaire, ou si le condamné est gracié, l'interdiction cesse à partir du jour de la libération (Exposé des motifs de la loi du 31 mai 1854, D. P. 54. 4. 93, note 14). On admet généralement, suivant la doctrine énoncée au *Rép.*, n° 725, que le condamné qui s'évade ne cesse pas pour cela d'être en état d'interdiction légale (Garraud, t. 2, n° 48; Nusse, n° 172. V. cependant, en sens contraire, Laborde, n° 298).

721. Quel est le point de départ de l'interdiction légale? Il est le même, évidemment, que celui de la peine principale dont l'interdiction assure l'exécution. Or, la durée de toute peine privative de la liberté compte du jour où le condamné est détenu en vertu de la condamnation devenue irrévocable, qui prononce la peine (c. pén., art. 23). C'est donc de ce jour-là que commence l'exécution de la peine principale, et, par conséquent, l'interdiction légale qui l'accompagne. De ce jour-là également, quoique la loi du 31 mai 1854 ne s'en explique pas, l'exécution des peines perpétuelles est réputée commencer, au point de vue de l'interdiction légale (Garraud, t. 2, n° 48; Blanche, n° 149). Il a été jugé (Lyon 17 août 1867, aff. Desseigne, D. P. 68. 2. 110) que l'état d'interdiction légale d'un individu condamné à la peine de la reclusion ne commence qu'à compter du jour où la condamnation est devenue irrévocable, et, par suite, s'il y a eu pourvoi en cassation de la part du condamné, que du jour où le pourvoi a été rejeté.

722. L'interdiction légale cesse de plein droit à l'expiration de la peine (*Rép.* n° 726). Elle cesse également par la grâce ou la commutation de peine, et par l'amnistie intervenant au cours de l'exécution de la peine principale. Enfin elle cesse lorsque la peine a été prescrite (Rapport sur la loi du 31 mai 1854, D. P. 54. 4. 95, n° 25; Garraud, t. 1, n° 336; Blanche, n° 165).

723. — 3° *Effets de l'interdiction légale.* — Sur les effets de l'interdiction légale, V. *suprà*, v° *Droits civils*, n°s 380 et suiv.

724. — 4° *Relèvement des effets de l'interdiction légale.* — Nulle disposition de loi n'autorise le Gouvernement à relever, en tout ou en partie, de leur état d'interdiction légale, pendant la durée de la peine, ni les condamnés à la détention, ni les condamnés à la reclusion. Mais, dans un intérêt de colonisation, cette faculté de relèvement individuel de tous les effets ou de quelques-uns des effets de l'interdiction légale a été attribuée, au contraire, à l'Administration, en faveur des condamnés aux travaux forcés et des déportés. Aux termes de l'art. 12 de la loi du 30 mai 1854 (D. P. 54. 4. 90), « le Gouvernement pourra accorder aux condamnés aux travaux forcés à temps l'exercice, dans la colonie, des droits civils, ou de quelques-uns de ces droits, dont ils sont privés par leur état d'interdiction légale ». De même, l'art. 4, § 2, de la loi du 31 mai 1854 (D. P. 54. 4. 91), autorise le Gouvernement à accorder *au condamné à une peine afflictive perpétuelle* (expression qui comprend les forçats à perpétuité et les déportés dans une enceinte fortifiée), l'exercice, dans le lieu d'exécution de la peine, des droits civils, ou de quelques-uns de ces droits, dont il a été privé par son état d'interdiction légale. Enfin, il résulte de l'art. 16 de la loi du 25 mars 1873 (D. P. 73. 4. 49) que les déportés simples ont, sans qu'il soit besoin de l'autorisation du Gouvernement, l'exercice de tous leurs droits civils dans la colonie. Toutefois, les condamnés qui ont été l'objet de ce relèvement individuel de l'interdiction légale, et les déportés simples (pour lesquels il n'est même pas nécessaire), ne sont admis à exercer leurs droits civils que dans la colonie où ils subissent leur peine; et leurs actes ne peuvent dès lors affecter les biens qu'ils possédaient au moment de leur condamnation ni ceux qui leur seront échus depuis par succession ou donation entre vifs (L. 31 mai 1854, art. 4, § 3; 30 mai 1854, art. 12), à l'exception toutefois des biens dont le Gouvernement aurait fait remise aux déportés simples, en vertu de la faculté qui lui est conférée par l'art. 16 de la loi du 25 mars 1873 (D. P. 73. 4. 49).

725. — II. DES INCAPACITÉS ÉDICTÉES PAR LA LOI DU 31 MAI 1854, CONTRE LES CONDAMNÉS A DES PEINES AFFLICTIVES PERPÉTUELLES. — Ces incapacités spéciales, dont il a été parlé au *Rép.* nos 729 à 732, ont fait, depuis la publication du *Répertoire*, la matière de développements étendus *suprà*, v° *Droits civils*, nos 340 et suiv. Nous n'avons rien à ajouter aux explications contenues dans ce traité.

SECT. 12. — DE L'AMENDE (*Rép.* nos 733 à 825).

726. Les principaux ouvrages à consulter sur cette matière sont les suivants: Garraud, *Traité de droit pénal*, t. 1, nos 350 et suiv., et 2 n° 35 et suiv.; Garraud, *Précis de droit criminel*. p. 277 et suiv., 793 et suiv., 815 et suiv.; Trébutien, *Cours de droit criminel*, t. 1, nos 358 et suiv.; Ortolan, *Eléments de droit pénal*, t. 2, nos 1398 et suiv., 1579 et suiv.; Le Sellyer, *Traité de la criminalité, de la pénalité et de la responsabilité*, t. 2, nos 476-478; Blanche, *Etudes pratiques sur le code pénal*, t. 1, nos 268 et suiv.; Chauveau et Faustin Hélie, *Théorie du code pénal*, t. 1, nos 81 et suiv.; Haus, *Principes généraux du droit pénal belge*, t. 2, nos 717 et suiv.; Géraud et Prisse, *Commentaire de l'instruction générale sur le service des amendes;* Durieu, *Poursuites en matière d'amendes*.

ART. 1er. — *De l'amende en matière civile* (*Rép.* nos 734 à 763).

727. Ainsi que cela résulte des explications fournies au *Répertoire*, l'amende civile est celle qu'entraîne toute violation de la loi qui ne constitue ni crime, ni délit, ni contravention (V. sur ce point Garraud, t. 1, n° 350; Haus, t. 2, nos 718 et 718 *bis;* Garraud, *Précis*, n° 215).

§ 1. — Des cas principaux où il y a lieu à l'amende en matière civile (*Rép.* nos 735 à 742).

728. Depuis la publication du *Répertoire*, un certain nombre de lois ont édicté des amendes en matière civile. — C'est d'abord la loi du 21 mai 1858, modificative des art. 751 et 773 c. proc. civ. relatifs au règlement amiable des ordres, laquelle punit d'une amende les créanciers non comparants (V. *Rép.* v° *Ordre entre créanciers*, nos 202 et suiv.). Citons ensuite, en ce qui concerne les officiers de l'état civil, l'art. 252 c. civ. modifié par la loi des 18-20 avr. 1886 (D. P. 86. 4. 27) sur la procédure en matière de divorce et de séparation de corps; cet article, relatif à la transcription sur les registres de l'état civil du jugement ou de l'arrêt qui prononce le divorce, déclare applicable, en cas de contravention à ses dispositions, l'amende édictée par l'art. 50 c. civ.

729. Il y a lieu de mentionner encore, en ce qui concerne les huissiers, les avoués, les greffiers, les notaires: la loi des 2-3 juill. 1862 (D. P. 62. 4. 60), dont l'art. 20 prescrit, sous peine d'une amende de 25 fr., que les copies des exploits, celles des significations d'avoué à avoué et des significations de tous jugements, actes ou pièces, soient correctes, lisibles et sans abréviations, quel que soit l'officier ministériel de qui elles émanent (V. *suprà*, vis *Copie de pièces*, n° 5; *Exploit*, n° 17; et *infrà*, v° *Timbre*); — L'art. 13-3° de la loi des 23-25 août 1871 (D. P. 71. 4. 54), prescrivant aux notaires qui reçoivent un acte de vente, d'échange ou de partage, de donner lecture aux parties, à peine d'une amende de 10 fr., des dispositions dudit article et de celles de l'article précédent; — L'art. 18 de la loi des 26-27 janv. 1892 (D. P. 92. 4. 22) qui ordonne à l'huissier de présenter au receveur de l'enregistrement, dans les quatre jours de la signification, les originaux des conclusions respectivement signifiées; — L'art. 19 de la même loi, qui prescrit aux huissiers et aux greffiers de tenir un répertoire spécial, non assujetti au timbre, sur lequel ils inscriront tous actes, exploits, jugements et arrêts dispensés des formalités du timbre et de l'enregistrement; — L'art. 20 de la loi précitée qui enjoint aux huissiers et aux greffiers de soumettre, à des dates déterminées, ce répertoire au visa du receveur de leur résidence; — L'art. 21 de la même loi, aux termes duquel les états de frais dressés par les avoués, huissiers, notaires, commis, doivent faire ressortir distinctement, dans une colonne spéciale et pour chaque débours, le montant des droits de toute nature payés au Trésor; ces diverses dispositions étant sanctionnées par une amende de 10 fr.

730. Citons également comme édictant, en matière de timbre, des amendes plus ou moins élevées: les lois des 11-17 juin 1859, art. 20 (D. P. 59. 4. 34), 27-30 juill. 1870, art. 6 (D. P. 70. 4. 59), concernant les timbres mobiles à apposer sur les effets de commerce et les papiers destinés à l'impression des affiches et des formules assujetties au timbre de dimension; — Celle des 2-3 juill. 1862, art. 20 et 22, concernant: 1° le nombre de lignes et de syllabes que doivent contenir les copies; 2° les actes ou écrits sous signature privée sujets au timbre de dimension et faits sur papier non timbré; — La loi des 29-30 déc. 1873 (D. P. 74. 4. 26) concernant l'acquittement, au moyen de timbres mobiles apposés sur l'original, du droit de timbre des copies des exploits, des notifications d'avoué à avoué et des significations de tous jugements, actes ou pièces; — L'art. 4 de la loi des 19-20 févr. 1874 (D. P. 74. 4. 41), concernant l'augmentation du tarif du droit de timbre proportionnel; — L'art. 6 de la même loi, concernant les chèques; — L'art. 8 de la loi du 29 déc. 1884 (D. P. 85. 4. 40), concernant l'augmentation du droit de timbre d'abonnement en matière d'assurances et rendant obligatoire ce mode de perception (V. sur toutes ces dispositions *infrà*, v° *Timbre*).

731. Enfin, en matière d'enregistrement, on rappellera: l'art. 12 de la loi des 23-25 août 1871 (D. P. 71. 4. 54) qui punit d'une amende égale au quart de la somme dissimulée, payable solidairement par les parties, toute dissimulation dans le prix d'une vente et dans la soulte d'un échange ou d'un partage (V. *suprà*, v° *Enregistrement*, n° 26); — L'art. 8-3° de la loi des 28-29 févr. 1872 (D. P. 72. 4. 12) qui déclare applicables aux mutations de propriété des fonds de commerce ou de clientèles les dispositions des art. 12 et 13 de la loi des 23-25 août 1871 concernant les dissimulations dans les prix de vente (V. *suprà*, v° *Enregistrement*, n° 1567); — L'art. 5 de la loi des 29-30 juin 1872 (D. P. 72. 4. 116) qui établit un impôt sur le revenu des valeurs mobilières (V. *infrà*, v° *Valeurs mobilières*); — L'art. 3 de la loi des 28-29 déc. 1880 (D. P. 81. 4. 97), qui étend l'impôt établi par la loi précitée du 29 juin 1872 à toutes les sociétés dans lesquelles les produits ne doivent pas être distribués en tout ou en partie entre leurs membres, ainsi qu'aux associations reconnues et aux sociétés ou associations même de fait existant entre tous ou quelques-uns des membres des associations reconnues ou non reconnues (V. *infrà*, eod. v°); — L'art. 5 de la loi des 21-23 juin 1875 (D. P. 75. 4. 107), qui taxe les lots et primes de remboursement payés aux créanciers et aux porteurs d'obligations, effets publics et tous autres titres d'emprunt (V. *infrà*, eod. v°); — L'art. 22 de la loi précitée des 23-25 août 1871 et l'art. 7 de la loi précitée des 21-23 juin 1875 relatifs aux communications auxquelles sont tenues, envers les agents de l'enregistrement, les sociétés, compagnies d'assurances, assurances contre l'incendie ou sur la vie, et tous autres assujettis aux vérifications de l'Administration (V. *suprà*, v° *Enregistrement*, n°s 3068 et suiv.); — L'art. 9-3° de la loi des 29-30 déc. 1884 (D. P. 85. 4. 38), qui rend applicables les dispositions de l'art. 7 de la loi précitée des 21-23 juin 1875 à toutes les congrégations, communautés et associations religieuses, autorisées ou non autorisées, etc. (V. *suprà*, v° *Enregistrement*, n° 3060).

§ 2. — Règles applicables aux matières civiles. — Compétence, action, recouvrement, prescription (*Rép.* n°s 743 à 763).

732. On se référera aux explications données par le *Répertoire* sur ces divers points. Mais il est utile de remarquer que l'art. 25 de la loi des 29-30 déc. 1873 (D. P. 74. 4. 26), qui a substitué les percepteurs des contributions directes aux receveurs de l'enregistrement, pour le recouvrement des amendes et des condamnations pécuniaires, n'a point innové en ce qui touche les amendes civiles, puisqu'il excepte les amendes et les condamnations pécuniaires concernant les droits d'enregistrement, de timbre, de greffe, d'hypothèques, le notariat et la procédure civile. — On trouve *suprà*, v° *Contrainte par corps*, n°s 48 et suiv., l'exposé de la controverse née de la suppression de la contrainte par corps en matière civile par la loi du 22 juill. 1867 (D. P. 67. 4. 75), et relative à la question de savoir si les amendes prononcées par les juges de paix, en matière de douanes, et notamment pour opposition à l'exercice des préposés, ont ou non un caractère répressif. — On trouve également *suprà*, v° *Enregistrement*, n°s 3259 et suiv. et *Rép.*, v° *Timbre*, n° 192, tous les développements utiles concernant le point de départ de la prescription biennale en matière d'amendes pour contraventions aux lois sur l'enregistrement et le timbre.

ART. 2. — *De l'amende en matière criminelle* (*Rép.* n°s 764 à 825).

§ 1. — Caractère de l'amende (*Rép.* n°s 765 à 772).

733. L'amende prononcée par les tribunaux répressifs étant une peine, on en a tiré au *Rép.*, n° 766, cette première conséquence, qu'elle est personnelle et que, par suite, elle ne peut atteindre que les auteurs de l'infraction. C'est l'application pure et simple des principes généraux du droit criminel (V. conf. Garraud, t. 1, n°s 353 et 354; Trébutien, t. 1, n°s 358 et suiv.; Ortolan, t. 2, n°s 1582 et 1583; Le Sellyer, *Traité de la criminalité, de la pénalité et de la responsabilité*, t. 2, n° 476; Haus, t. 2, n° 720; Garraud, *Précis*, n°s 216 et suiv.). — Il a été jugé, en conséquence : 1° que l'arrêt qui, en condamnant l'auteur d'une escroquerie, condamne en même temps le civilement responsable, doit s'entendre des frais à l'exclusion des amendes (Crim. rej. 21 janv. 1870, aff. Petit et autres, *Bull. crim.*, n° 15); — 2° Que la responsabilité civile des père et mère pour les contraventions commises par leurs enfants mineurs ne peut, sauf les cas où la loi en dispose autrement, s'appliquer qu'aux restitutions et dommages-intérêts, et non à l'amende : spécialement, en matière de contravention à la police rurale, un père ne peut être passible de l'amende encourue par son fils, pour avoir cueilli des fruits appartenant à autrui (Crim. civ. et rej. 25 mars 1881, aff. Chiappini, D. P. 81. 1. 391. V. *suprà*, v° *Contravention*, n°s 33 et suiv.).

734. Il résulte du même principe qu'une association, prise comme collectivité, ne peut encourir une amende; les membres de cette association seuls peuvent être poursuivis et condamnés personnellement et nominativement (Crim. cass. 8 mars 1883, aff. Compagnie parisienne des vidanges, D. P. 84. 1. 428-429; 10 mars 1877, aff. Garrigue-Lalande et comp., *ibid.*, Trib. corr. de Nancy, 5 août 1890, aff. Christophe, D. P. 91. 2. 375).

735. La seconde conséquence du caractère pénal de l'amende, c'est, ainsi qu'on l'a vu au *Rép.* n° 771, qu'elle ne peut être prononcée contre les héritiers de l'auteur de l'infraction (V. conf. Garraud, Trébutien, *loc. cit.*; Haus, t. 2, n° 724).

Mais l'amende résultant d'un jugement passé en force de chose jugée peut-elle être recouvrée sur les héritiers du condamné? La question a été discutée au *Rép.* n° 772, où l'on s'est prononcé pour l'affirmative, avec la jurisprudence et la majorité des auteurs (V. en ce sens : Garraud, t. 1, n° 353; Garraud, *Précis*, n° 217; Trébutien, t. 1, n° 366; Blanche, t. 1, n° 300; Chauveau et F. Hélie, t. 1, n° 87. — V. en sens contraire : Rauter, t. 1, p. 277; Carnot, t. 1, p. 60; Paringault, *Revue pratique*, 1857, p. 305 et suiv.; Haus, t. 2, n° 724).

736. Le principe d'après lequel l'amende a le caractère d'une peine n'est pas absolu : comme on l'a vu au *Rép.* n°s 767 et suiv., dans certaines matières spéciales, telles que les douanes, les contributions indirectes, l'octroi, la jurisprudence décide que l'amende n'est plus une peine, mais une simple réparation civile, ou encore qu'elle participe de l'une et de l'autre. Ainsi, il a été jugé : 1° en matière de douanes que l'amende n'ayant pas le caractère de peine, mais bien celui de réparation civile, le fait de la contravention fait naître le droit au moment de sa perpétration; que, dès lors, cette amende doit être appliquée encore qu'entre la contravention et sa répression ait paru une loi qui fait disparaître le délit (Crim. rej. 11 déc. 1863, aff. Dietsch, D. P. 64. 1. 200, et *suprà*, v° *Douanes*, n° 689) : — 2° En matière de contributions indirectes, que le caractère de l'amende étant surtout celui d'une réparation civile au regard du fisc, la promulgation d'une nouvelle loi qui permet au juge de modérer les amendes ne peut préjudicier, rétroactivement, au droit acquis à la Régie à l'égard des amendes encourues en raison de contraventions commises antérieurement à la loi qui a permis au juge de diminuer la pénalité (Crim. cass. 9 nov. 1888, aff. Pradol, D. P. 89. 1. 217; Toulouse, 20 févr. 1889, même affaire, D. P. 90. 2. 196). — La même solution serait applicable à l'amende fiscale édictée par l'art. 8 de la loi du 8 mars 1875, relative à la poudre dynamite (Comp. Crim. cass. 9 janv. 1879, aff. Hyvernat, D. P. 80. 1. 357; Lyon, 16 févr. 1883, aff. Biet, D. P. 84. 2. 48; Limoges, 14 août 1884, aff. Montagne, D. P. 85. 2. 24).

§ 2. — Par qui la condamnation à l'amende peut être poursuivie et devant quel tribunal (*Rép.* n°s 773 à 779).

737. V. *Rép.* n°s 773 et suiv.

§ 3. — Dans quel cas il y a lieu à l'amende; individualité; solidarité (*Rép.* n°s 778 à 793).

738. Conformément au principe énoncé au *Répertoire*, n° 778, suivant lequel l'amende, comme toute autre peine, ne peut être prononcée qu'en vertu d'une disposition expresse de la loi, il a été jugé que la contravention à un arrêté préfectoral pris au sujet d'un fait prévu par une loi ne peut pas entraîner une peine que cette loi ne prononce pas (Crim. rej. 5 juin 1890, aff. Administration des manufactures de l'Etat, D. P. 90. 1. 496). De même, c'est illégalement que dans une condamnation pour détournement qualifié, une cour d'assises ajoute à la peine de la reclusion, édictée par l'article 408, § 2, c. pén., celle de 500 francs d'amende (Crim. cass. 17 août 1876, aff. M° G..., D. P. 77. 1. 48).

739. Ajoutons que, lorsqu'une disposition de loi (comme l'art. 8 de la loi du 8 mars 1875 (D. P. 75. 4. 97), sur la dynamite) édicte deux pénalités, l'une fiscale, l'autre répressive, la seconde, si elle est réduite à une amende par application de l'art. 463 c. pén., doit être prononcée distinctement de l'amende fiscale (Limoges, 14 août 1884, aff. Montagne D. P. 85. 2. 24).

740. En second lieu, l'amende doit, ainsi qu'on l'a vu

au *Rép.*, n° 782, être individuelle, c'est-à-dire être prononcée contre chacun de ceux qui ont concouru à la perpétration de l'infraction. C'est là un principe constant (V. Blanche, t. 1, n° 277; Garraud, t. 1, n° 353, *a*, 2°; Garraud, *Précis*, n° 217; Trébutien, t. 1, n° 364). — Jugé, en conséquence: 1° qu'en condamnant plusieurs prévenus ensemble aux amendes édictées par la loi, l'arrêt viole le principe d'après lequel l'amende doit être individuelle et infligée à chacun des coparticipants à une même infraction (Crim. rej. 11 juill. 1873, aff. Lair et autres, D. P. 73. 1. 393); — 2° Que l'amende, comme toute peine, étant individuelle, c'est-à-dire devant être appliquée à chacun des inculpés qui ont participé à une même infraction, le jugement qui ne condamne solidairement ces inculpés qu'à une amende unique pour chacune des infractions relevées à leur charge doit être annulé (Crim. cass. 9 mai 1885, aff. Louise Roland et autres, *Bull. crim.*, n° 136; 9 mai 1885, aff. Pignatel et autres, *Bull. crim.*, n° 137).

741. Mais, comme on l'a exposé au *Rép.* n°s 784 et suiv., ce principe admet des exceptions, en matière de faux, en matière forestière et en matière fiscale, où une seule amende, calculée d'après le préjudice causé, est prononcée, quel que soit le nombre des auteurs de l'infraction. Jugé, à cet égard : 1° que les amendes fiscales, notamment celles prononcées contre les fraudes en matière de contributions indirectes, sont plutôt réelles que personnelles, et ont moins le caractère de peine que celui de réparation civile; de là il suit que, lorsqu'une contravention consistant en un fait unique a eu plusieurs auteurs, une seule amende doit être prononcée contre tous, sauf à garantir par la solidarité le recouvrement de cette amende (Crim. cass. 4 déc. 1863, aff. Quinson, D. P. 64. 1. 195. Comp. Crim. rej. 3 juin 1880, aff. Estrade, D. P. 81. 1. 493); — 2° Qu'en cas d'infraction au décret du 19 mars 1852 sur le rôle d'équipage, une seule amende doit être prononcée solidairement contre le capitaine et contre l'armateur (Crim. rej. 18 août 1881, aff. Lemaire et Hubert, D. P. 82. 1. 324). — Jugé encore que la règle d'après laquelle il ne peut être prononcé qu'une amende unique pour une même contravention fiscale n'est point violée par l'arrêt qui, sur l'appel du ministère public, condamne un prévenu à l'amende pour contravention fiscale, solidairement avec d'autres prévenus déjà condamnés en première instance (Crim. rej. 14 nov. 1874, aff. Bourg, *Bull. crim.*, n° 289).

M. Garraud (*loc. cit.*) critique les arrêts qui attribuent à l'amende un caractère plus réel que personnel; d'après lui, il n'y a rien de changé, en cette matière, au caractère de l'amende : « Le juge, ajoute-t-il, fixera simplement la quotité de l'amende due par chacun des codélinquants, de manière à ce que le chiffre total, ainsi que le veut la loi, soit en rapport avec la gravité matérielle du fait ou avec la quotité du dommage causé par l'infraction » (V. en ce sens, Haus, n° 723).

742. Au *Rép.* n° 787 on a indiqué comme une exception au principe de l'individualité de la peine le cas où, l'infraction étant commise par un être collectif, une société par exemple, une seule amende est applicable, bien que plusieurs associés aient été mis en cause. Mais, ainsi qu'on l'a vu *suprà*, n° 734, un être collectif ne peut devenir l'objet d'une poursuite répressive et d'une responsabilité pénale qu'en vertu d'une disposition formelle de la loi.

743. On a étudié au *Rép.* n°s 788 et suiv. le principe de la solidarité édictée par l'art. 55 c. pén. Il en a été traité *suprà*, v° *Frais et dépens*, n°s 638 et suiv., en ce qui concerne les frais; et tous développements utiles, quant à la solidarité en matière de restitutions et de dommages-intérêts, seront donnés *infrà*, v° *Responsabilité*, comme ils l'ont été au *Rép.*, eod. v°, n°s 72, 526, 549, 637, 653, 764, 765. Il ne sera question ici de la solidarité que par rapport aux amendes.

Si la solidarité, appliquée aux restitutions, aux dommages-intérêts et aux frais, est conforme aux règles du droit, il en est autrement de la solidarité en matière d'amende : l'amende, en effet, est une peine; or il n'est pas plus juste de faire supporter à un autre une peine pécuniaire qu'il n'a pas encourue que de lui faire subir une peine corporelle qui lui est étrangère. C'est là « un mauvais vestige des vices de notre ancienne jurisprudence criminelle » (Ortolan, t. 2, n° 1584. V. aussi Garraud, t. 2, n° 38). — Jugé, par application de cette règle : 1° que les individus associés qui se sont livrés à des actes constituant une immixtion dans les fonctions d'agent de change, ont commis chacun ce délit, et ont de plus participé aux délits commis par chacun des associés, doivent être condamnés individuellement à l'amende édictée par la loi et à la solidarité prescrite par l'art. 55 c. pén. (Crim. rej. 28 avr. 1857, aff. Goubie, D. P. 57. 1. 415); — 2° Que les marchands en gros et en détail, condamnés pour tromperie sur les marchandises qu'ils ont respectivement vendues, commettent un délit unique, et que tous les prévenus qui en sont déclarés coupables doivent être, dès lors, solidairement condamnés aux frais, amendes et dommages-intérêts (Crim. rej. 27 juin 1873, aff. Dascher et autres, *Bull. crim.*, n° 176); — 3° Que les coauteurs d'un délit d'habitude d'usure doivent être assujettis à la solidarité de toutes les amendes prononcées contre chacun d'eux (Crim. cass. 12 août 1864, aff. Muraire, D. P. 64. 5. 377). Le même principe est applicable aux dommages-intérêts (Crim. rej. 9 févr. 1877, aff. Poupinel et Crampon, *Bull. crim.*, n° 46).

744. On a vu au *Rép.* n° 792 que la solidarité est de droit, qu'elle existe sans qu'il soit nécessaire de la prononcer (V. Conf. Crim. rej. 25 mars 1875, aff. Duroyon, *suprà*, v° *Frais et dépens*, n° 642; Crim. cass. 26 févr. 1886, aff. Béchet et autres, *Bull. crim.*, n° 88). Le premier de ces arrêts va plus loin : il admet que la solidarité existe de plein droit, alors même que les codélinquants sont condamnés par des jugements distincts (V. Blanche, t. 1, n° 428 ; Garraud, t. 2, n° 40). Aussi, lorsqu'une cour d'appel, sans statuer d'une façon définitive sur les dommages-intérêts qu'il convient d'allouer aux diverses parties civiles sur la plainte desquelles les prévenus ont été condamnés, se borne à poser le principe de ces dommages-intérêts, en laissant aux parties le soin d'en faire déterminer le chiffre ultérieurement, son arrêt ne constitue-t-il pas chose jugée au profit des prévenus sur la question de solidarité (Crim. rej. 25 juin 1886, aff. Daniault, *Bull. crim.*, n° 224).

745. La solidarité peut encore être prononcée contre les prévenus reconnus coupables de délits différents, pourvu qu'ils soient connexes (Crim. rej. 26 mars 1874, aff. Roussel, *Bull. crim.*, n° 99, cité *suprà*, v° *Frais et dépens*, n° 647 ; 24 août 1877, aff. Fourmon et Rédier, *Bull. crim.*, n° 202 ; 1er juill. 1880, aff. Peyrille, *Bull. crim.*, n° 134, cité *suprà*, v° *Frais et dépens*, n° 648 ; 25 juin 1886, aff. Daniault et autres, *Bull. crim.*, n° 224. V. Garraud, t. 2, n° 39, *b*; Blanche, t. 1, n° 419). — C'est ce qui a été jugé plus spécialement à l'égard des frais, par les arrêts suivants : Crim. cass. 10 juill. 1875, aff. Sarrazin, *Bull. crim.*, n° 221 ; Crim. rej. 17 août 1877, aff. Jobin, *Bull. crim.*, n° 195 ; Crim. cass. 3 juill. 1880, aff. Julia, *Bull. crim.*, n° 141 ; 8 sept. 1881, aff. Deniau, *Bull. crim.*, n° 214 ; 4 nov. 1881, aff. Bour, *Bull. crim.*, n° 229 ; 29 avr. 1882, aff. Thiercelin, *Bull. crim.*, n° 109; Crim. rej. 1er juill. 1882, aff. Dreveton, D. P. 83. 1. 325, cité *suprà*, v° *Frais et dépens*, n° 647 ; 21 sept. 1882, aff. Chompret et autres, *Bull. crim.*, n° 225 ; Crim. cass. 20 déc. 1883, aff. Palmont, *Bull. crim.*, n° 290 ; 30 sept. 1886, aff. Mathieu, *Bull. crim.*, n° 340; 17 févr. 1887, aff. Criquebeuf, *Bull. crim.*, n° 63; 18 mars 1887, aff. Puech, Lacour et autres, D. P. 88. 1. 235, cité *suprà*, n° 644. — Jugé, dans cet ordre d'idées, que lorsqu'un précédent arrêt a constaté que diverses infractions forment un ensemble d'actes délictueux se complétant mutuellement, l'arrêt qui s'y réfère pour prononcer la solidarité entre les divers prévenus constate suffisamment la connexité et donne une base légale à sa décision (Arrêt précité du 25 juin 1886).

746. Mais la solidarité des amendes ne peut être appliquée lorsque les faits en raison desquels les contrevenants ont été condamnés sont distincts, indépendants l'un de l'autre et sans connexité (Crim. cass. 24 mars 1855, aff. Agren et autres, D. P. 55. 1. 219 ; 31 déc. 1868, aff. Gamou, D. P. 69. 5. 226 ; 19 juin 1875, aff. Plazolles, *Bull. crim.*, n° 196 ; 12 avr. 1884, aff. Lebuf, D. P. 85. 1. 383 ; 22 oct. 1885, aff. Aubert, *Bull. crim.*, n° 269). Peu importe que les faits relevés à la charge de plusieurs inculpés aient été constatés au même moment et par un même procès-verbal (Arrêts précités du 24 mars 1855 et du 31 déc. 1868). — La cassation de l'arrêt, en tant qu'il prononce la solidarité, doit alors être prononcée par voie de retranchement (Arrêts précités des 12 avr. 1884 et 22 oct. 1885): le renvoi serait sans objet, puisqu'il n'y a ni procédure à terminer, ni peine à appliquer. — Les mêmes principes sont applicables en ce qui concerne les frais (Crim. cass. 12 juin 1875, et les autres arrêts cités *suprà*, v° *Frais et dépens*, n° 647) et les dommages-intérêts (Crim. cass. 17 janv. 1873, aff. Dubois, D. P. 74. 1. 501).

747. La solidarité ne s'applique pas seulement aux délits prévus par le code pénal, mais encore à toutes les infractions que la loi frappe de peines correctionnelles, comme les contraventions fiscales, celles en matière de douanes (Crim. cass. 26 févr. 1886, aff. Bréchet et autres, *Bull. crim.*, n° 88 ; Crim. rej. 30 juill. 1887, aff. Fouquet et Claisse, D. P. 87. 1. 509).

748. En ce qui concerne les contraventions de simple police, la jurisprudence et la doctrine décident, comme on l'a vu au *Rép.* n° 793 et *suprà*, v° *Contravention*, n° 35, que les coprévenus ne peuvent, à moins de disposition expresse de la loi, être soumis à la solidarité (Crim. rej. 10 juill. 1875, *suprà*, eod. v°, n° 274 ; Crim. cass. 9 mai 1885, aff. Elise Garnier, *Bull. crim.*, n° 137 ; 20 nov. 1885, *suprà*, eod. v°, n° 35).

749. La solidarité s'applique-t-elle aux infractions que l'on désigne habituellement sous le nom de *contraventions-délits ?* Il a d'abord été jugé que, les dispositions de l'art. 55 c. pén. ne pouvant être étendues aux contraventions, et l'introduction illicite en France d'un journal étranger (autrefois prévue par l'art. 2 du décret du 17 févr. 1852, aujourd'hui par l'art. 14 de la loi du 29 juill. 1881) constituant une contravention, bien qu'elle soit punie de peines correctionnelles, la solidarité, par suite, ne peut être prononcée en pareille matière (Crim. cass. 3 avr. 1869, aff. Barbieux, D. P. 69. 1. 529. Conf. Rouen, 12 déc. 1872, aff. Lair et autres, D. P. 73. 1. 393, en matière de contraventions aux règlements concernant les épizooties). Mais la cour de cassation a jugé ensuite, en sens contraire, que l'art. 55 est applicable à toutes les infractions que les lois punissent de peines correctionnelles, sans qu'il y ait aucune distinction à établir entre les délits ordinaires et ceux qu'on qualifie de contraventions-délits (Crim. rej. 5 déc. 1872, aff. Darie et autres, D. P. 72. 1. 432. Comp. Crim. rej. 30 juill. 1887, aff. Fouquet et Claisse, D. P. 87. 1. 509).

750. On a vu au *Rép.* n° 789 qu'il n'est pas nécessaire, pour justifier l'application du principe de la solidarité, que les agents aient été condamnés aux mêmes peines. Jugé, à cet égard : 1° que la solidarité établie, quant à l'amende, par l'art. 55 c. pén., contre les individus condamnés pour un même crime ou pour un même délit, s'applique même à ceux des condamnés contre lesquels aucune amende n'a été prononcée (C. d'appel de la Guadeloupe, 15 juin 1848, aff. Berjolles, D. P. 52. 1. 23); — 2° Que lorsqu'un prévenu, reconnu coupable de deux délits, a été condamné à une amende unique en vertu de l'art. 365 c. instr. crim., cette amende s'appliquant tout entière et indivisément à chacun des délits, le complice d'une de ces infractions doit être tenu solidairement de la totalité de la peine pécuniaire prononcée contre l'auteur principal (Crim. rej. 6 juill. 1878, donné en note *suprà*, v° *Frais et dépens*, n° 648); — 3° Que lorsque l'auteur principal de divers délits et les complices de plusieurs de ces délits sont compris dans la même poursuite, la solidarité embrasse l'ensemble des amendes prononcées contre chacun d'eux à l'occasion de ces délits (Crim. rej. 2 juin 1883, aff. De Lespinasse et de Ferraudy, D. P. 84. 1. 427).

751. La solidarité n'étant pas une peine, mais seulement un mode d'exécution, le tribunal, en prononçant contre chacun des prévenus le maximum de l'amende, n'a pas à tenir compte des effets éventuels de la solidarité et à se préoccuper de savoir si, en raison de cette solidarité, un des prévenus pourra être astreint à verser une somme supérieure au maximum prévu par la loi (Crim. rej. 17 nov. 1877, aff. Lémonon, *Bull. crim.*, n° 196).

752. Réciproquement, il a été jugé que, lorsque des prévenus ont été condamnés solidairement à la réparation de la totalité d'un dommage (il s'agissait, dans l'espèce, de l'application de l'art. 433 c. pén., pour un délit de fraude en matière de fournitures), l'amende proportionnelle à prononcer individuellement doit être calculée, non d'après le total de la condamnation solidaire, mais d'après le montant du dommage fixé au regard de chaque prévenu, « puisque, aux termes de l'art. 1213 c. civ., la dette solidaire se divise de plein droit entre les débiteurs, qui n'en sont tenus entre eux que chacun pour sa part et portion » (Crim. rej. 2 avr. 1874, aff. Guffroy, D. P. 75. 1. 141). De même, on ne doit avoir égard, au point de vue de la confusion des peines, qu'aux amendes auxquelles le prévenu a été personnellement condamné, et non à celles qui auraient été prononcées contre ses coïnculpés et dont il serait tenu solidairement (Crim. rej. 9 mars 1878, aff. Lireux, *Bull. crim.*, n° 68).

753. En ce qui concerne le recours du condamné qui a payé la totalité de l'amende à laquelle il était tenu solidairement avec des complices condamnés également, il a été jugé que l'on ne saurait repousser sa demande par le motif qu'elle aurait une cause illicite; mais il ne peut réclamer à chacun que sa quote-part, sauf, en cas d'insolvabilité de l'un d'eux, à recourir à une nouvelle répartition (Aix, 7 août 1879 (1). Comp. *Rép.* n° 815).

§ 4. — Quotité de l'amende. — Remise ou modération (*Rép.* n°s 794 à 808).

754. On a vu au *Rép.* n° 801, que parfois le taux de l'amende est variable. Il en est ainsi toutes les fois que la loi établit une certaine proportion entre ce taux et une base qu'elle détermine. Depuis la publication du *Répertoire*, la jurisprudence a eu à statuer sur divers cas particuliers; d'autre part, elle a consacré plusieurs solutions d'une portée générale.

755. — I. APPLICATIONS DIVERSES. — 1° *Faux, fausse monnaie.* — L'arrêt qui condamne un accusé pour faux doit, à peine de nullité, prononcer l'amende édictée par l'art. 164 du code pénal et proportionnelle au bénéfice illégitime que l'accusé s'est procuré (V. les arrêts cités *suprà*, v° *Faux et fausse monnaie*, n°s 384 et suiv.). Il en est de même en matière de fabrication ou d'émission de fausse

(1) (Orengo C. Ascenco et autres.) — Le tribunal de Nice l'avait ainsi décidé par un jugement, en date du 29 août 1878, ainsi conçu : — LE TRIBUNAL ; — Attendu que, par jugement en date du 14 août 1875, confirmé par arrêt de la cour d'appel d'Aix, le sieur Antoine Orengo et onze autres prévenus ont été condamnés solidairement à payer une amende à l'administration des Douanes qui s'était portée partie civile au procès intenté par le ministère public contre les susnommés; — Attendu que le sieur Antoine Orengo justifie avoir payé la totalité de l'amende et des frais s'élevant, pour l'amende, à 38 856 fr. 45 cent., et pour les frais à 73 fr. 80 cent.; — Attendu qu'il réclame à chacun de ses coprévenus un douzième de ces sommes; — Attendu qu'on ne saurait repousser sa demande par le motif qu'elle aurait une cause illicite; qu'en effet l'obligation des défendeurs vis-à-vis du sieur Orengo ne provient pas du fait de contrebande, mais du jugement qui les a tous condamnés pour ce délit, et en exécutant, en vertu de la solidarité, la décision émanant de la justice, le sieur Orengo a fait un acte utile à ses coprévenus dont ceux-ci doivent lui tenir compte; — Attendu, quant à la répartition de la somme, qu'on objecte que le sieur Orengo aurait eu dans l'opération le plus gros profit et devait équitablement supporter la plus forte part de l'amende; — Attendu que cette considération pourrait être juste si on n'envisageait que le dernier fait qui a motivé la condamnation; — Attendu que les défendeurs faisaient métier de contrebande; qu'ils s'étaient organisés pour cela; qu'en attribuant à chacun d'eux une part égale de l'amende prononcée, la répartition est faite en proportion des torts de chacun; — Attendu que l'action solidaire contre tous les prévenus appartenait à l'administration des Douanes, mais le sieur Orengo, en payant l'intégralité des sommes dues à cette administration, n'a pas été substitué à lui seul dans tous ses droits; qu'il ne peut agir solidairement contre tous ses coprévenus; qu'il est fondé à réclamer seulement à chacun d'eux la quote-part revenant personnellement à chacun, sauf à recourir à une nouvelle répartition entre les individus solvables pour les parts qui n'auraient pu être recouvrées contre ceux reconnus insolvables; — Par ces motifs, etc. ; — Appel.

LA COUR; — Adoptant les motifs des premiers juges, etc.; — Confirme, etc.

Du 7 août 1879.-C. d'Aix, 2° ch.-MM. Rolland, pr.-Thourel, av. gén.

monnaie (Crim. cass. 27 févr. 1879, aff. Lartigue et autres, *Bull. crim.*, n° 52).

756. — 2° *Abus de confiance.* — L'amende proportionnelle édictée par l'art. 406 c. pén. en matière d'abus de confiance doit, à la différence de ce qui a lieu en matière de faux, être calculée, non d'après le bénéfice réalisé par l'auteur du délit, mais d'après le préjudice éprouvé par la partie lésée (Crim. rej. 17 mai 1878, aff. Ligarde, D. P. 78. 5. 5). — Lorsqu'il y a plusieurs délinquants, il a été jugé que l'amende proportionnelle doit s'élever au plus au quart, non pas du chiffre total des restitutions, mais de la part mise, dans ce total, à la charge personnelle de celui qui est frappé de cette amende, alors même que tous les condamnés seraient déclarés solidairement tenus du montant des restitutions (Crim. cass. 12 avr. 1873, aff. Roché, D. P. 73. 1. 223). Ajoutons que l'arrêt de condamnation peut prendre pour base d'évaluation le montant de la somme détournée, alors même qu'aucune restitution ne devait être ordonnée par suite du désintéressement de la partie civile (Crim. rej. 27 déc. 1872, aff. Letulle, D. P. 72. 1. 475).

757. — 3° *Usure.* — Le délit d'habitude d'usure est puni, outre l'emprisonnement, d'une amende qui peut s'étendre à la moitié des capitaux prêtés à usure. Jugé que, quel que soit le nombre des individus qui ont coopéré à un délit d'habitude d'usure, le total des amendes proportionnelles ne peut excéder la moitié des capitaux prêtés de complicité (Crim. cass. 12 août 1864, aff. Muraine, D. P. 64. 5. 377). Il est à remarquer que la seule base légale est le chiffre des capitaux prêtés: il y aurait violation de la loi si l'on prenait pour base la réunion des capitaux prêtés et des intérêts (Crim. cass. 28 juin 1861, aff. Floquet, D. P. 61. 1. 408).

758. — 4° *Délits des fournisseurs.* — L'amende proportionnelle prononcée par l'art. 443 c. pén. ne peut excéder le quart des dommages-intérêts. En cas de pluralité de prévenus condamnés solidairement à des dommages-intérêts, la base de cette amende est, non pas le total de la condamnation solidaire, mais la part contributive de chacun des prévenus dans cette condamnation (Crim. cass. 2 avr. 1874, aff. Guffroy, D. P. 75. 1. 141).

759. — 5° *Immixtion dans les fonctions de courtier maritime.* — L'amende prononcée pour délit d'immixtion dans les fonctions de courtier maritime doit être calculée d'après le cautionnement de ces officiers publics tel qu'il a été déterminé par la loi du 28 avr. 1816 (Crim. rej. 6 nov. 1886, aff. Jouault, D. P. 87. 1. 511).

760. — 6° *Immixtion dans les fonctions d'agent de change.* — L'amende applicable au délit d'immixtion dans les fonctions d'agent de change doit être déterminée d'après le chiffre du cautionnement établi par la loi de 1816, et non d'après celui établi par la loi du 28 vent. an 9 (Crim. rej. 28 août 1857, aff. Goubie, D. P. 57. 1. 415; 19 janv. 1860, aff. Jarry, D. P. 60. 1. 40. V. *suprà*, v° *Bourse de commerce*, n°s 97 et suiv.).

761. — II. RÈGLES GÉNÉRALES. — Lorsqu'il n'y a pas eu de dommage réalisé, le juge calcule l'amende sur le chiffre du dommage préparé et tenté. C'est ce qui a été jugé en matière de falsification (Crim. rej. 6 juill. 1878) (1).

762. En principe, si l'amende proportionnelle excède le minimum fixé par la loi, le jugement doit, à peine de nullité, évaluer, selon le cas, soit le préjudice, soit les restitutions ou dommages-intérêts : il importe, en effet, que la cour de cassation puisse vérifier si le chiffre de l'amende est ou non excessif. Ainsi jugé, en matière d'abus de confiance (Crim. cass. 28 févr. 1862, aff. Girgeois, D. P. 62. 5. 5; 29 févr. 1864, aff. Grange, D. P. 65. 5. 404; 4 nov. 1864, aff. Castex, D. P. 65. 1. 104; 13 janv. 1866, aff. Dearanjo, D. P. 69. 5. 5; 13 févr. 1886, aff. Allamellou, *Bull. crim.*, n° 53; 5 mars 1887, aff. Barbier, *Bull. crim.*, n° 91); de tromperie (Crim. cass. 27 mars 1857, aff. Hébert, D. P. 58. 1. 264; 13 juin 1857, aff. Petit, D. P. 57. 1. 371; 24 juill. 1857, aff. Deschéneux, D. P. 57. 1. 369; 22 juill. 1860, aff. Karsenty, D. P. 60. 1. 361; 7 déc. 1860, aff. Chaussaud et autres, D. P. 61. 5. 526; 19 juill. 1862, aff. Villette, D. P. 63. 5. 339; Crim. rej. 4 nov. 1865, aff. Urbain, D. P. 66. 5. 491; 22 juill. 1869, aff. Sauvêtre et Boize, D. P. 70. 1. 45; Crim. cass. 21 nov. 1884, aff. Salmon-Gaudonnière, *Bull. crim.*, n° 318); de mise en vente de boissons falsifiées (Crim. rej. 13 déc. 1861, aff. Déchénaux, D. P. 62. 1. 397; 17 nov. 1877, aff. Sostène Lireux, *Bull. crim.*, n° 237); d'usure (Crim. cass. 28 juin 1861, aff. Floquet, D. P. 61. 1. 408); de marques de fabrique (Crim. cass. 19 mars 1869, aff. Marchand, *Bull. crim.*, n° 71).

763. Que faut-il pour que cette prescription soit remplie? Plusieurs décisions se sont expliquées sur ce point; ainsi il a été jugé : 1° que le jugement statuant sur un délit d'usure établit suffisamment le chiffre des capitaux prêtés sur le montant desquels les amendes ont été calculées, lorsqu'il précise le montant des valeurs négociées chez les usuriers, en ajoutant que ces négociations, faites sous la dénomination d'*escomptes*, ont eu pour but de déguiser des perceptions usuraires (Crim. rej. 11 juill. 1873, aff. Lair et autres, D. P. 73. 1. 393); — 2° Que l'arrêt qui constate que le tuteur a détourné une somme de 180 000 fr. au préjudice du mineur justifie l'amende proportionnelle de 1000 fr. qu'il prononce (Crim. rej. 3 févr. 1870, aff. Chalvet de Souville, *Bull. crim.*, n° 32); — 3° Que la sentence du juge peut se référer aux conclusions de la partie civile pour déterminer le chiffre des restitutions qui doit servir de base à l'évaluation de l'amende (Crim. rej. 21 mars 1879, aff. Delebecque, *Bull. crim.*, n° 70). Mais l'adoption du jugement de première instance qui fixe le chiffre de ces restitutions et dommages-intérêts à l'égard des prévenus condamnés ne peut suffire à l'égard du prévenu acquitté; il faut, en ce qui le concerne, que l'arrêt contienne une disposition spéciale (Crim. cass. 12 juill. 1860, aff. Karsenty, D. P. 60. 1. 361; 7 déc. 1860, aff. Chassaud et autres, D. P. 61. 5. 526).

764. Cependant l'évaluation peut être remplacée par cette déclaration que l'amende n'excède pas, par exemple, le quart des restitutions encourues (Crim. rej. 22 juill. 1869, aff. Sauvêtre et Boize, D. P. 70. 1. 45; 20 juin 1885, aff. Payraud, D. P. 86. 1. 232; 30 nov. 1887, aff. Chauliac, *Bull. crim.*, n° 249);... ou par des constatations du jugement ou de l'arrêt de nature à justifier l'amende prononcée (Crim. rej. 23 févr. 1861, aff. Fabre, *Bull. crim.*, n° 43).

(1) (Lireux.) — LA COUR; — ... Sur la première branche du second moyen, moyen tiré d'une violation des art. 1 et 2 de la loi du 27 mars 1851 et 423 c. pén., en ce qu'à tort Lireux a été condamné à une amende proportionnelle calculée sur le chiffre des restitutions et dommages-intérêts, bien qu'aucun dommage n'ait pu être causé par le délit de falsification dont il était reconnu complice; — Attendu que les art. 423 c. pén., et 1 et 2 de la loi du 27 mars 1851, ne distinguent pas entre les falsifications de vins destinés à être vendus, la mise en vente et la vente des vins falsifiés; que ces articles punissent ces trois délits d'une amende proportionnelle qui doit être calculée sur le chiffre des restitutions et dommages-intérêts; d'où la conséquence que, pour calculer cette amende, le juge doit apprécier, non seulement le dommage réalisé, mais encore le dommage préparé et tenté; — Sur la seconde branche du second moyen, tirée de la violation des art. 423 c. pén., 1 et 2 de la loi du 27 mars 1851 et 7 de la loi du 20 avr. 1810, en ce que l'arrêt attaqué, en condamnant Lireux à une amende proportionnelle de 1000 fr., s'est borné à déclarer que cette peine ne dépassait pas le quart des restitutions et dommages-intérêts, quand il aurait dû additionner l'amende de 1000 fr. prononcée contre Lireux avec l'amende de 500 fr. prononcée contre Goupil, et rechercher si ces amendes réunies, formant un total de 1500 fr., ne dépassaient pas le taux déterminé par la loi; — Attendu que Goupil a été condamné au maximum de l'amende fixe; que les règles de l'amende fixe sont indépendantes des règles qui régissent l'amende proportionnelle, et que du moment qu'il ne prononçait qu'une seule amende proportionnelle et déclarait qu'elle ne dépassait pas le quart des restitutions et dommages-intérêts, l'arrêt attaqué a donné une complète satisfaction aux prescriptions de la loi et suffisamment motivé sa décision; — Sur la troisième branche du second moyen, tirée d'une violation de l'art. 365 c. instr. crim., en ce que l'arrêt attaqué, en condamnant Lireux à une amende de 1000 fr., n'a pas ordonné que cette demande se confondrait avec d'autres condamnations prononcées à la même époque pour faits antérieurs ou concomitants; — Attendu que l'arrêt attaqué ne fait pas mention de ces condamnations, qu'il n'appert non plus d'aucun document de la cause, et, qu'il n'est pas même allégué que le prévenu ou le ministère public aient pris à cet égard des conclusions; que l'arrêt attaqué ne préjuge donc rien sur la question du cumul; que cette question reste entière et qu'elle pourra être soulevée, s'il y a lieu, lorsqu'il s'agira de l'exécution de la peine; d'où il suit que l'art. 365 c. instr. crim. n'a pas été violé; — Rejette, etc.

Du 6 juill. 1878.-Ch. crim.-MM. de Carnière, pr.-Dupré-Lasale, rap.-Benoist, av. gén.-Chambaraud, av.

765. L'obligation d'évaluer comporte, toutefois, des exceptions. Ainsi les falsifications nuisibles à la santé sont punies d'une amende de 50 à 500 fr. à moins que le quart des restitutions ou dommages-intérêts n'excède cette somme. Par suite, l'arrêt qui prononce une amende de 500 fr. pour ce délit n'est pas tenu de déterminer le montant des restitutions ou dommages-intérêts (Crim. rej. 18 nov. 1880, aff. Briatte, D. P. 83. 1. 139). De même, en pareille matière, l'obligation imposée au juge de spécifier le montant du préjudice qui sert de base à l'amende proportionnelle cesse lorsque le prévenu se trouve dans le cas de récidive spéciale prévu par l'art. 4 de la loi du 27 mars 1851, et que l'amende prononcée n'excède pas 1000 fr. (Crim. rej. 5 janv. 1884, aff. Rieunaud, *Bull. crim.*, n° 16. Comp. Crim. rej. 22 juill. 1869, aff. Sauvêtre et Boize, D. P. 70. 1. 45). — Ajoutons que, lorsqu'un des prévenus a été condamné à l'amende fixe, et l'autre à l'amende proportionnelle, le juge n'est pas obligé de faire état de ces deux amendes de façon que le total ne dépasse pas le quart des restitutions et dommages-intérêts (Crim. rej. 6 juill. 1878, aff. Lireux, *Bull. crim.*, n° 146). Enfin si la peine de l'amende a été appliquée hors des limites tracées par la loi, et si cependant une amende était à prononcer, la cassation ne peut être partielle ou par voie de retranchement ; elle doit être totale avec renvoi devant un autre juge du fait (Crim. cass. 4 mars 1859, aff. Blanc, D. P. 72. 5. 6).

§ 5. — Attribution de l'amende (*Rép.* n°s 809 à 811).

766. Certaines amendes de condamnation, ainsi qu'on l'a vu au *Rép.* n°s 809 et suiv., étaient attribuées soit aux communes, soit aux agents verbalisateurs, soit enfin à l'Etat. La répartition du produit de ces amendes, réglée successivement dans chaque espèce par des lois spéciales (elles étaient au nombre de vingt-trois), nécessitait des opérations multiples, qui étaient une cause, un embarras, pour la comptabilité. Il a paru possible de les réduire en adoptant pour les amendes de répression un mode uniforme de répartition. Tel a été l'objet de l'art. 11 de la loi de finances des 26-27 déc. 1890 (D. P. 91. 4. 50) qui est ainsi conçu : « Le produit des amendes et condamnations pécuniaires prononcées par les tribunaux répressifs, dont le recouvrement a été confié aux percepteurs par la loi du 29 déc. 1873, est attribué comme suit : le produit des amendes en principal est réparti annuellement, dans chaque département, de la manière suivante : 20 pour 100 pour l'Etat; 80 pour 100 pour le fonds commun. — Les décimes sur les amendes en principal, les frais de justice, les confiscations, les réparations au profit du Trésor et les droits de poste sont acquis à l'Etat. — Les frais d'extraits d'arrêts et de jugements sont encaissés pour le compte du fonds commun qui en fait l'avance. — Sur le fonds commun sont prélevés, en vertu d'ordonnances de payement du préfet : 1° les frais de poursuites exposés en vue du recouvrement et tombés en non-valeur ; 2° les gratifications dues aux agents verbalisateurs, à raison de 10 fr. par condamnation prononcée en matière de chasse ou de pêche, et de 1 fr. 25 cent. par condamnation recouvrée en toute autre matière donnant lieu à gratification ; 3° le payement des droits dus aux greffiers des cours et tribunaux pour les extraits d'arrêts et de jugements adressés dans les délais réglementaires au service du recouvrement. — Les prélèvements opérés, le reste du fonds commun est attribué, savoir : la moitié aux communes, au prorata de la population ; un quart au service des enfants assistés ; un quart aux communes qui éprouveront le plus de besoins, suivant la répartition faite par la commission départementale, sur la proposition du préfet. — En cas de transaction ou de remise sur amendes encourues ou prononcées, la gratification due à l'agent verbalisateur est toujours réservée. — Les frais de perception des amendes et condamnations pécuniaires, les frais d'abonnement au *Journal officiel* des communes chefs-lieux de canton et une allocation fixe de 15 000 fr. à verser annuellement à la caisse des Invalides de la marine en représentation du produit des amendes qui lui sont attribuées par les lois et règlements, sont compris parmi les dépenses du budget de l'Etat ». Ces dispositions ont été modifiées, ainsi qu'il suit, par l'art. 45 de la loi de finances des 28-29 avr. 1893 (*Journ. off.*, part. off., p. 2141) : « Les prélèvements une fois opérés, « le reste du fonds commun est attribué, savoir : un quart au service des enfants assistés ; trois quarts aux communes, suivant la répartition faite par la commission départementale, après avoir entendu l'avis ou les propositions du préfet, conformément à l'art. 81 de la loi du 10 août 1871 ».

767. Le mode de répartition établi par la loi de 1890 ne concerne, selon les termes mêmes du texte, que les amendes dont le recouvrement est confié aux percepteurs, substitués aux receveurs de l'enregistrement. Il reste donc étranger aux condamnations pécuniaires en matière de douanes, contributions indirectes, etc., régies par des dispositions spéciales, dont il est parlé au *Rép.* n° 811. — Quant aux amendes et confiscations pour infractions aux lois de douanes, la répartition de leur produit est réglée par l'art. 11 de la loi de finances du 17 juill. 1889 (D. P. 90. 4. 71) et par le décret des 31 déc. 1889-7 mars 1890 (D. P. 90. 4. 104).

§ 6. — Recouvrement de l'amende (*Rép.* n°s 812 à 820).

768. Ainsi qu'on l'a déjà vu *suprà*, n° 732, la loi des 29-30 déc. 1873, art. 25 (D. P. 74. 4. 26) a substitué les percepteurs des contributions directes aux receveurs de l'enregistrement pour le recouvrement des amendes et des condamnations pécuniaires autres que celles concernant les droits d'enregistrement, de timbre, de greffe, d'hypothèques, le notariat et la procédure civile. On a considéré, non sans raison, que « le percepteur, plus rapproché des contribuables, connaissant mieux leur situation pécuniaire, pouvait assurer le recouvrement d'une manière plus efficace que le receveur de l'enregistrement, dont les fonctions sont essentiellement sédentaires » (Exposé des motifs). — Une autre disposition du même article autorise les porteurs de contraintes à remplacer les huissiers pour l'exercice des poursuites, dont les frais, par suite de cette substitution, seront notablement diminués. Cette substitution toutefois n'est que facultative : le ministère des huissiers peut être employé toutes les fois qu'il s'agit d'actes importants ou qui présenteraient des difficultés spéciales (Exposé des motifs).

Ces deux modifications sont, d'ailleurs, les seules qui aient été introduites par la loi de 1873. Toutes les autres dispositions concernant les amendes et les condamnations pécuniaires sont maintenues (Exposé des motifs). D'où il suit qu'il n'est rien changé au mode de recouvrement adopté (V. *Rép.* n° 817) pour les amendes encourues en matières spéciales, telles que douanes, contributions indirectes. Quant aux amendes forestières, ce n'est plus par l'administration des Forêts qu'elles sont recouvrées, comme on pourrait le conclure du renvoi fait par le *Rép. ibid.* : il résulte, en effet, de l'art. 210 c. for., commenté au *Rép.* v° *Forêts*, n°s 578 et suiv., que le recouvrement en est confié aux receveurs de l'enregistrement et des domaines

769. Les amendes de condamnation sont actuellement augmentées de deux décimes et demi, par application des art. 1 de la loi du 6 prair. an 7, 1 de la loi du 23 août 1871 et 2 de la loi du 30 déc. 1873.

770. Les juridictions répressives doivent, dans les cinq jours de l'enregistrement, transmettre au trésorier général les extraits des jugements ou arrêts (Circ. compt. publ. 22 déc. 1879). Ces extraits ne sont assujettis ni au timbre ni à l'enregistrement (L. 22 frim. an 7, art. 8, § 1 ; L. 13 brum. an 7, art. 16-1°, al. 11) ; mais ils sont visés par le magistrat du ministère public (Circ. min. just. 7 mars 1876). — En ce qui concerne les jugements des tribunaux de simple police, susceptibles d'opposition ou d'appel, on se borne à transmettre, dans la huitaine du prononcé, des extraits provisoires de ces jugements, afin d'éviter les frais de notification (Circ. précitée du 22 déc. 1879). On ne notifie qu'autant que le condamné ne s'exécute pas volontairement et que le juge de paix, ou le commissaire de police, selon le cas, d'après les renseignements recueillis, estime que la signification et des poursuites peuvent être utiles (Instr. min. 20 sept. 1875, art. 22). Quant aux jugements prononcés pour ivresse par les tribunaux de simple police, il importe, comme on l'a vu *suprà*, v° *Ivresse publique*, n° 29, qu'ils soient notifiés, pour devenir définitifs, et servir ainsi de base à la récidive.

771. Les extraits sont transmis directement par les greffiers au receveur particulier, qui les fait parvenir aux percepteurs (Circ. 22 déc. 1879). Ceux-ci en prennent charge et adressent à chaque condamné un avertissement (Instr. min. 20 sept. 1875, art. 27). C'est seulement huit jours après l'avertissement qu'un commandement peut être signifié (Même instruction, art. 154). Mais les condamnés peuvent être admis à se libérer par acomptes, et les percepteurs doivent user de ce mode de recouvrement toutes les fois qu'il peut être utilement employé sans compromettre, d'ailleurs, les droits du Trésor (Même instruction, art. 424).

772. En cas d'insolvabilité constatée, l'article est inscrit sur un sommier dit des surséances indéfinies (Instr. 20 sept. 1875, art. 72). Si, au contraire, le condamné est solvable et s'il se refuse à exécuter le jugement, des poursuites sont exercées. Le percepteur dresse un état des retardataires, qu'il transmet au receveur particulier; et c'est seulement après avoir reçu les instructions de son supérieur hiérarchique qu'il peut agir par voie de commandement et, s'il le faut, recourir à la saisie.

773. C'est à la requête du percepteur et au nom du procureur de la République que les poursuites sont exercées. Ajoutons qu'elles se font par voie de contrainte, conformément à l'art. 64 de la loi du 22 frim. an 7, la loi de 1873, qui a substitué les percepteurs aux receveurs de l'enregistrement pour le recouvrement des amendes, n'ayant rien changé au mode de recouvrement (Trib. civ. de Marseille, 12 nov. 1886, *Recueil des arrêts d'Aix*, 1887, 202. 2). — V. toutefois, *suprà*, v° *Enregistrement*, n°s 3289 et suiv.

774. S'il y a lieu de recourir à la contrainte par corps contre un condamné solvable, les percepteurs doivent obtenir au préalable l'autorisation du receveur des finances, comme nous l'avons expliqué *suprà*, v° *Contrainte par corps*, n° 95.

775. Les percepteurs touchent sur le produit des amendes une remise de 3 pour 100. Cette remise est de 6 pour 100 sur les recouvrements de sommes portées au sommier des surséances (Instr. min. 20 sept. 1875, art. 322).

776. On a exposé *suprà*, v° *Grâce et commutation de peine*, n° 18, la distinction à établir entre les amendes qui sont et celles qui ne sont pas susceptibles d'être remises par la grâce. Bien que le recours en grâce n'ait pas d'effet suspensif, il a toujours été admis qu'en pareil cas il y a lieu de surseoir au recouvrement (V. notamment Décis. min. des 16 nov. 1854 et 16 févr. 1855; Instr. du directeur général de l'Enregistrement du 25 nov. 1866, D. P. 68. 3. 19; Circ. min. just. 25 juin 1875, 20 mars, 22 nov., 21 déc. 1876; et Instr. min. du 20 sept. 1875, art. 253).

777. A l'égard des condamnés insolvables, l'initiative de l'incarcération appartient au ministère public. Il s'agit alors non d'un procédé de recouvrement, mais d'une mesure de répression. Les procureurs de la République reçoivent, à cet effet, tous les trimestres, les relevés des condamnés dont l'insolvabilité a été constatée. Ils désignent ceux qu'ils croient utile de faire incarcérer, et le receveur particulier transmet, en conséquence de cette désignation, les instructions nécessaires au percepteur. Mais, en matière forestière, le procureur de la République n'est appelé qu'à donner son avis, et la liste des insolvables à incarcérer est arrêtée par le conservateur des forêts (Instr. min. 20 sept. 1875, art. 205 à 209).

778. Le trésorier général est libre de mettre un terme à la contrainte par corps. Toutefois, l'élargissement des condamnés insolvables doit toujours être concerté, selon le cas, avec le procureur de la République ou avec le conservateur des forêts (Instr. min. 20 sept. 1875, art. 233).

779. Les délinquants forestiers peuvent, en cas d'insolvabilité, être admis à se libérer des amendes, réparations civiles et frais, au moyen de prestations en nature, consistant en travaux d'entretien et d'amélioration dans les forêts ou sur les chemins vicinaux (c. for., art. 210 modif. par la loi du 18 juin 1859; et Décr. 21-28 déc. 1859, tit. 2, D. P. 59. 4. 115. V. *infrà*, v° *Régime forestier*).

780. Il a été jugé que, lorsque les biens d'une personne condamnée à une amende sont confondus avec les biens d'une société dont cette personne fait partie, le Trésor public est fondé à poursuivre le recouvrement de cette amende sur l'ensemble de ces biens, sans qu'on puisse lui opposer le principe de la personnalité des peines (Ch. req. 4 janv. 1888, aff. Syndics de la faillite Clavel et comp. D. P. 89. 1. 248).

781. Tel est, en résumé, le mécanisme du recouvrement des amendes. Nous renvoyons, pour plus de détails, à l'instruction ministérielle du 20 sept. 1875, sur le service des amendes et condamnations pécuniaires, au *Commentaire* de cette instruction par MM. Géraud et Prisse et à l'ouvrage de M. Durieu, sur les *Poursuites en matière d'amendes*. — Nous devons ajouter que la circulaire de 1875 doit être prochainement remplacée par une autre, actuellement en préparation.

§ 7. — Prescription (*Rép.* n°s 821 à 825).

782. V. *Rép.* n°s 821 et suiv.

SECT. 13. — DE LA CONFISCATION.

783. La matière de la confiscation *spéciale* (il n'y a plus de confiscation générale en France depuis la charte de 1814) n'est pas sans difficultés. Cela tient en grande partie à l'insuffisance des dispositions de notre loi. Le code pénal a traité de la confiscation dans les seuls art. 11 et 470, et il n'a pas pris soin d'y distinguer les différents caractères avec lesquels celle-ci peut se présenter. La jurisprudence et la doctrine ont dû suppléer, sous ce rapport, aux lacunes de la législation. Parmi les jurisconsultes qui ont entrepris cette tâche difficile, nous citerons : MM. Garraud (*Traité théorique et pratique du droit pénal français*, t. 2, n°s 358 à 366); Laborde (*Cours élémentaire de droit criminel*, n°s 389 à 398); Haus (*Principes de droit pénal belge*, t. 2, n°s 780 à 792). V. aussi *Journal du droit criminel*, 1869, art. 8960.

784. La confiscation spéciale est édictée par la généralité des codes étrangers (V. les codes d'Allemagne, § 40; de Belgique, art. 42 et 43; de Hongrie, art. 61; de Hollande, art. 33 et 34; d'Italie, art. 36).

785. Dans la pratique française, la confiscation a moins d'importance en matière ordinaire que dans les matières spéciales telles que les douanes, les brevets d'invention, etc. (V. *Rép.* v^is *Douanes*, n°s 696 et suiv.; *Brevet d'invention*, n°s 361 et suiv.; *Industrie et commerce*, n°s 281 et suiv., et 403 et suiv.; *Propriété littéraire et artistique*, n°s 489 et suiv. V. aussi, pour la confiscation en matière de contravention, *suprà*, v° *Contravention*, n°s 39 à 40; *Rép.* eod. v°, n°s 49 à 53).

786. — I. RÈGLES GÉNÉRALES. — Les objets confiscables sont, d'après les art. 11 et 470 c. pén. : le *corps*, le *produit*, et l'*instrument* du délit. — Par *corps du délit*, il faut entendre (Garraud, n° 359; Laborde, n° 395) les choses sur lesquelles le fait délictueux a été exécuté, comme, par exemple, les armes, dans le délit de port d'armes prohibées (c. pén. art. 314, § 2), le gibier vendu ou transporté en temps prohibé (art. 12, § 4, L. 3 mai 1884). Cette expression de corps de délit est ici assez mal choisie, car dans le langage scientifique elle est ordinairement employée pour indiquer, non pas la chose sur laquelle le délit a été exécuté, mais la matérialité complète de l'infraction, l'ensemble de ses éléments physiques. Aussi le code belge de 1867 l'a-t-il remplacée par ces mots : « les choses formant l'objet de l'infraction ». Le code d'Italie de 1889 l'a supprimé tout à fait, ce qui ne semble pas offrir de véritables inconvénients, car, en fait, le *corps* et l'*instrument* du délit se confondent le plus souvent. — Par le *produit* du délit, il faut entendre les sommes ou les objets procurés par l'infraction : tels seraient les présents faits à un fonctionnaire public ou à un témoin pour les corrompre (c. pén. art. 180, 364), les recettes qu'un entrepreneur de spectacles aurait obtenues par des représentations illicites (c. pén. art. 427), et aussi le tabac, les cartes, la poudre, la fausse monnaie, quand ils sont le produit d'une fabrication défendue. Au reste, suivant la remarque de Blanche, t. 1, n° 73, il faut se garder de confondre les choses produites par le crime ou le délit avec les choses appartenant à autrui que le crime ou le délit a pu faire passer en la possession du prévenu, comme l'objet obtenu par le vol, l'escroquerie, etc. La raison dit assez que ces dernières choses ne peuvent être confisquées. — L'*instrument du délit* désigne « les choses qui ont servi ou qui ont été destinées à le commettre », par exemple les armes ou engins avec lesquels aurait été commis un délit de chasse (L. 3 mai 1846, art. 16).

787. Est-ce à dire que les objets formant le corps, le produit ou l'instrument du délit doivent toujours être confisqués ? Est-ce à dire que la confiscation de ces objets doive ou puisse toujours être autorisée par le juge, alors même qu'elle n'est pas expressément ordonnée par la loi qui punit et prévoit l'infraction? La négative est certaine. En notre droit français, la confiscation ne peut être prononcée que dans les cas où la loi l'autorise formellement. Il faut un texte spécial pour l'autoriser (*Rép.* n° 836). A cet égard, M. Laborde (n° 395, p. 229) a dit avec raison : « Les art. 11 et 470 du code pénal énumèrent les objets sur lesquels porte la confiscation, sans cependant obliger ni autoriser le juge à le prononcer dans tous les cas. C'est une sorte de programme que le législateur se trace à lui-même et qu'il appliquera d'une manière plus ou moins complète dans les textes relatifs aux diverses infractions. C'est donc à ces textes spéciaux qu'il faut se reporter pour savoir quels objets sont confiscables, et si leur confiscation est obligatoire ou facultative » (Conf. Garraud, n° 359, p. 587 ; Blanche, n° 76 ; Chauveau et Hélie, t. 1, n° 136). — Un système tout différent existe dans la législation belge. Aux termes de l'art. 43 du code pénal de 1867, « la confiscation spéciale sera toujours prononcée pour *crime* ou *délit*. Elle ne sera prononcée pour *contravention* que dans les cas déterminés par la loi ». Quant au code d'Italie de 1889, son art. 36 dispose, en termes généraux, que, « en cas de condamnation, le juge *peut* ordonner la confiscation des choses qui ont servi, ou qui étaient destinées à servir à la perpétration du délit, et de celles qui en sont le produit, à moins qu'elles n'appartiennent à des personnes étrangères au délit ». La confiscation dans cette législation est donc facultative.

788. La jurisprudence a maintenu par de nombreux arrêts la règle suivant laquelle les tribunaux français ne peuvent prononcer la confiscation que dans les cas où elle est spécialement autorisée par le texte de loi qui punit l'infraction poursuivie. Ainsi il a jugé que les tribunaux ne peuvent prononcer la confiscation : 1° du pain mis en vente par un boulanger qui ne s'est pas conformé aux arrêtés municipaux pris pour assurer la fidélité du poids du pain dans le commerce de la boulangerie (Crim. cass. 24 nov. 1853, aff. Pollin, D. P. 53. 1. 336) ; — 2° Du gibier vendu ailleurs qu'au marché de la commune, contrairement à la prohibition portée par un règlement municipal (Crim. rej. 10 févr. 1854, aff. Boyer, D. P. 55. 5. 44) ; — 3° Des objets saisis par suite des poursuites exercées contre un pharmacien pour vente ou annonce de remèdes secrets (Crim. cass. 6 mai 1854, *Bull. crim.*, n° 137) ; — 4° Des objets provenant d'un vol ou des instruments qui ont servi à le commettre (Crim. cass. 12 nov. 1886, aff. Nguyen-Van-Thieu, aff. Dinh-Van-Thong et autres, et aff. Thran-Thi-Tho, *Bull. crim.*, n°s 378, 380 et 382 ; 4 mars 1892, aff. Nguyen-Van-Sanh, D. P. 93. 1. 24) ; — 5° Des objets provenant d'un vol, en ce sens que l'individu, condamné pour vol, au domicile duquel ils ont été saisis, reconnaîtrait qu'il les a achetés avec le prix des objets volés (Crim. cass. 12 juin 1856, aff. Cafard-Delong, D. P. 56. 1. 382) ; — 6° Des objets saisis comme pièces à conviction à l'occasion d'une poursuite pour viol (Crim. cass. 3 févr. 1887, aff. Hôvan-Mârch, D. P. 87. 1. 462), ou pour infanticide (Crim. cass. 22 avr. 1887, aff. Adjutor, *Bull. crim.*, n° 147), ou pour coups et blessures (Crim. cass. 13 mars 1891, aff. Appavon, *Bull. crim.*, n° 67).

789. D'autre part, quand la confiscation est ordonnée par la loi, les tribunaux ne peuvent, sous peine de cassation de leur décision, s'abstenir de la prononcer. C'est ainsi que la cour de cassation a annulé un arrêt qui, confirmant un jugement rendu en première instance contre un individu déclaré coupable du délit de port d'armes prohibées, avait omis d'ordonner, ainsi que l'exige l'art. 4 de la loi du 24 mai 1834, la confiscation de l'arme dont le prévenu était porteur (Crim. cass. 9 sept. 1886, aff. Blasi, *Bull. crim.*, n° 325). Précédemment la même cour avait jugé que le juge de simple police est tenu de prononcer la confiscation de la mesure saisie pour contravention aux règlements sur les poids et mesures (Crim. cass. 15 juill. 1882, aff. Serfati, D. P. 82. 5. 319). Et il en est ainsi alors même que le ministère public aurait pensé qu'il n'y avait pas lieu à confiscation : ainsi jugé par deux arrêts en matière de poids et mesures (Crim. cass. 8 janv. 1857, aff. Miganne, D. P. 57. 1. 96 ; 12 juill. 1866, aff. Cals, D. P. 66. 5. 357). En effet, dit Blanche, n° 77, les réquisitions du ministère public n'enchaînent pas la liberté du juge; elles ne sont pour lui qu'une indication qu'il ne doit pas suivre, lorsqu'elles sont erronées.

790. La confiscation porte sur l'objet même que désigne la loi, et le juge ne pourrait y substituer une condamnation en argent de la valeur présumée de cet objet, car, dit M. Garraud, n° 360, « la peine consistant essentiellement dans la privation d'une chose qui a un certain rapport avec l'infraction, ce serait en changer la nature que de condamner à en payer la valeur » (Conf. Crim. cass. 23 mai 1823, *Bull. crim.*, n° 70 ; Crim. rej. 11 juin 1840, *Rép.* v° *Forêts*, n° 344 ; Nancy, 24 déc. 1845, *Rép. ibid.*; Crim. rej. 19 août 1858, aff. Huart, D. P. 58. 1. 475).

Par la même raison, la confiscation n'est plus permise si l'objet a été dénaturé par le délinquant, à moins, bien entendu, que les tribunaux ne soient autorisés directement à la prononcer par un texte de loi (Arrêt précité du 23 mai 1823, et Crim. rej. 14 août 1871, aff. Championnois, D. P. 71. 1. 282). — Toutefois, dans quelques matières spéciales, les tribunaux ont la faculté, lorsque l'objet du délit ne peut plus être représenté, de condamner le prévenu au payement de sa valeur présumée. On trouve un exemple de cette disposition exceptionnelle dans l'art. 16, § 3, de la loi du 3 mai 1844 sur la police de la chasse. C'est une question controversée de savoir si la même faculté n'existe pas en matière forestière (V. *Rép.*, v° *Forêts*, n° 344).

791. — II. DIVERSES ESPÈCES DE CONFISCATIONS. — La confiscation peut offrir, suivant les cas, des caractères très divers : « Dans toute législation, dit M. Garraud, n° 362, la confiscation se présente avec trois caractères différents. Elle équivaut à une *amende*, acquittée en nature, lorsqu'elle porte sur des objets dont la possession n'offre rien de dangereux ni d'illicite, objets qui font partie des biens du condamné et dont elle lui enlève la propriété. Elle a les caractères d'une *mesure de police*, lorsqu'elle frappe des choses dont la possession est illicite ou peut présenter des dangers pour la sûreté, la salubrité ou l'honnêteté publiques. Enfin, le caractère de *réparation civile* apparaît, sinon isolé, tout au moins dominant, dans les cas où la confiscation est édictée et prononcée, avec ou sans condamnation pénale, contre un délinquant, comme dédommagement, en tout ou partie, du préjudice causé par un délit de fraude envers un particulier ou envers le fisc ».

La distinction qui précède (en confiscation *pénale*, confiscation *mesure de police*, et confiscation *réparation civile*) a été pour la première fois formulée par M. Haus, t. 2, n°s 781, 782, 786 et suiv. On la trouve aussi précisée dans l'article déjà signalé du *Journal du droit criminel* 1870, art. 8960, et dans le *Cours élémentaire du droit criminel* de M. Laborde, n°s 389 et suiv. Cette distinction présente un intérêt considérable. Elle éclaire un grand nombre des solutions données par la jurisprudence sur les conditions et les effets de la confiscation.

792. Avant de comparer entre elles les trois espèces de confiscations, on doit se demander à quels signes on peut reconnaître que, dans un cas donné, la confiscation appartient à l'une ou à l'autre classe, et M. Laborde, n° 390, répond en ces termes à la question : « Il faut envisager en premier lieu le résultat final : *l'attribution de l'objet confisqué*. Si cet objet doit être remis à un particulier, la confiscation est une réparation civile ; s'il doit être attribué à l'Etat, c'est une peine ou une mesure de police. Pour distinguer maintenant la confiscation pénale de la confiscation mesure de police, il faut examiner la *raison d'être* de la confiscation. Porte-t-elle sur un objet dont l'existence ou la possession par un particulier est prohibée, c'est une mesure de police. S'applique-t-elle au contraire à un objet dont l'existence ou la possession par un particulier est licite, c'est une peine. Dans ce cas, en effet, la loi punit l'usage ou la provenance de la chose ».

793. — 1° *Confiscation pénale.* — Le caractère de *peine* appartient à la confiscation quand elle est appliquée : aux marchandises dont certains fonctionnaires ont fait le commerce, malgré la prohibition de la loi (c. pén. art. 176), aux choses données à un fonctionnaire public ou à un témoin pour le corrompre (c. pén. art. 180 et 364), aux enjeux et au mobilier des maisons de jeux de hasard et des loteries non autorisées (c. pén. art. 410), aux marchandises sur la nature, la qualité ou la quantité desquelles il y a eu tromperie (c. pén.

art. 423), aux pièces d'artifice saisies sur ceux qui auraient violé la défense de les tirer en certains lieux (c. pén. art. 471, § 2, et 472), aux coutres de charrue, pinces, barreaux, ou autres machines ou instruments, ou armes, laissés dans les rues, chemins, places, lieux publics, ou dans les champs, dont puissent abuser les voleurs et les autres malfaiteurs (c. pén. art. 471, § 7, et 472), aux engins et armes de chasse (L. 3 mai 1844, art. 16), aux instruments et produits forestiers dont la confiscation est ordonnée par les art. 81, 112, 146, 154 et 198 c. for.

794. Dans ces différents cas et autres semblables, la confiscation, étant une *peine*, est soumise à toutes les règles qui concernent les peines proprement dites. En conséquence: 1° elle ne peut être prononcée que contre un individu déclaré coupable et condamné, « car il implique contradiction qu'un prévenu soit acquitté et en même temps frappé d'une peine » (Chauveau et Hélie, n° 136, p. 238). C'est ce qui a été jugé par de nombreux arrêts. Aux décisions déjà signalées *Rép.* n° 837, *adde*: Crim. rej. 1er avr. 1854, *Bull. crim.*, n° 96, et Crim. cass. 1er mars 1855, *Bull. crim.*, n° 75; — 2° Elle ne peut être prononcée contre les héritiers du coupable; mais, si elle l'a été par un jugement passé en force de chose jugée avant le décès du délinquant, elle est, comme l'amende, exécutoire contre les héritiers; — 3° Elle ne peut atteindre les personnes civilement responsables; — 4° Elle est prescriptible aussi bien que les peines; — 5° Elle peut être écartée par une déclaration de circonstances atténuantes (V. *suprà* n° 582).

795. C'est à cette hypothèse de la confiscation prononcée à *titre de peine* que se rapporte la disposition de l'art. 11 c. pén. qui parle de la confiscation du corps du délit *quand la propriété en appartient au condamné*. D'après cet article, il est nécessaire, pour que la confiscation du corps du délit soit prononcée contre le délinquant, que celui-ci ait la qualité de propriétaire de cet objet. Bien que cette disposition soit conçue en termes généraux, la doctrine admet que la condition qu'elle impose n'est applicable qu'au cas où le texte spécial prononce la confiscation à titre de peine et contre le condamné. En effet, comme le dit M. Garraud, p. 593, il serait évidemment inique, dans ce cas, de frapper un tiers étranger au délit, qui en est peut-être victime, parce qu'il est propriétaire de l'objet à confisquer. Mais, lorsque la confiscation est ordonnée comme mesure d'ordre public, le juge n'a pas à se préoccuper de savoir à qui appartient l'objet qui est l'instrument d'un délit ou dont la rétention constitue, en elle-même, un délit » (Conf. Blanche, n° 72; Haus, n° 787).

796. — 2° *Confiscation mesure de police.* — La confiscation constitue une *mesure de police* et *d'ordre public* « quand elle est ordonnée par la loi et prononcée par le juge pour retirer un objet nuisible ou dangereux de la circulation, ou dont la possession est *illicite*, soit pour celui qui le détient, soit d'une manière absolue » (Garraud, n° 364). Dans ce cas, la chose est en quelque sorte *coupable*; elle doit être confisquée tant qu'elle existe et partout où elle se trouve. Tel est le caractère de la confiscation appliquée: aux écrits, livres et gravures obscènes (c. pén. art. 287 et 477); aux denrées alimentaires et boissons falsifiées par des mixtures nuisibles à la santé (L. 27 mars 1851, art 1 et 5, et L. 5 mars 1855, art. 1. V. *Rép.* v° *Vente de substances falsifiées*, nos 86, 111, 112); aux armes prohibées (c. pén. art. 314); aux marchandises prohibées à l'entrée (L. 22 août 1791, art. 23. V. *Rép.* v° *Douanes*, nos 696 et suiv.).

797. La confiscation qui constitue une mesure de police, n'étant pas une peine, n'est pas soumise aux règles qui concernent les peines. D'où il suit: 1° que ce genre de confiscation peut être prononcé, même en cas d'acquittement du prévenu, pourvu que le délit matériel ait été constaté (Garraud, n° 364; Laborde, n° 393; *Journal du droit criminel*, article précité, p. 36). C'est ce qui a été jugé en matière de falsification, vente ou mise en vente de substances alimentaires fasifiées et reconnues nuisibles à la santé (Crim. cass. 3 janv. 1857, aff. Tridon, D. P. 57. 1. 77; 12 juill. 1860, aff. Kersenty, D. P. 60. 1. 361). De même, en matière de douanes, de nombreux arrêts, rapportés au *Rép.* n° 838, ont jugé que la confiscation des marchandises prohibées doit être prononcée dans le cas même où la nullité du procès-verbal ne permet pas de constater le délit (V. aussi *Rép.* nos 839 et 840 en ce qui concerne les infractions aux prohibitions en matière de contributions indirectes et la fabrication illicite de poudre); — 2° Que cette confiscation peut être prononcée, même au cas où le délinquant est inconnu, à la condition que le délit soit constant (Garraud, *eod.*; Blanche, n° 83). La loi du 3 mai 1844 contient à cet égard une disposition spéciale: aux termes de l'art. 16, § 4, de cette loi, les armes, engins ou autres instruments de chasse abandonnés par les délinquants restés inconnus, doivent être saisis et déposés au greffe du tribunal compétent, et, sur le vu du procès-verbal, le tribunal en ordonne la confiscation. En matière de douanes, les tribunaux correctionnels prononcent journellement la confiscation de marchandises abandonnées par des contrebandiers fugitifs et restés inconnus; — 3° Qu'elle peut être prononcée, même après la mort de l'inculpé, contre ses héritiers (Garraud, *eod.*; Haus, n° 791). — V. à cet égard la très juste distinction faite par Mangin, rapportée au *Rép.* n° 851; — 4° Qu'elle est imprescriptible puis qu'elle doit atteindre les objets tant qu'ils existent (Laborde, n° 391; Haus, n° 792); — 5° Qu'elle ne peut être écartée par une déclaration de circonstances atténuantes (V. *suprà*, n° 582); — 6° Qu'elle n'est pas comprise dans la règle qui prohibe le cumul des peines. D'où l'on doit conclure que si un individu, prévenu de deux faits dont l'un est réprimé par une peine plus forte et dont l'autre est réprimé par une peine moindre à laquelle la confiscation est jointe comme accessoire, est déclaré coupable sur ces deux chefs et condamné en vertu de l'art. 365 c. instr. crim. à la peine la plus forte, il devra, en outre, être condamné à la confiscation quoiqu'il soit dispensé de subir la peine moindre dont la confiscation n'est que l'accessoire. Ainsi jugé pour la confiscation de l'arme qui a servi à la perpétration d'un délit de chasse connexe à un crime (violences envers un garde) (Crim. cass. 6 mars 1856, aff. Lefranc, D. P. 56. 1. 224; 13 mars 1856, aff. Relier, D. P. 56. 5. 351), et aussi pour la confiscation d'une arme prohibée dans une poursuite intentée pour le double délit de port d'armes prohibées et de coups et blessures volontaires (Crim. cass. 9 sept. 1886, cité *suprà*, n° 789. Conf. Blanche, n° 79).

798. — 3° *Confiscation réparation civile.* — Quelquefois la confiscation est simplement un moyen d'indemniser certaines personnes lésées par des actes frauduleux qui ne sont pas érigés en délits par la loi. Ces sortes de confiscation, qui ont un caractère *exclusivement civil*, sont étrangères au droit criminel. Nous n'avons pas à nous en occuper ici. Mais la confiscation prononcée pour crimes, délits ou contraventions, a parfois le caractère mixte de réparation civile et de peine. Il en est ainsi lorsqu'elle est attribuée à la victime du *délit*, pour l'indemniser de la fraude dont elle a souffert. On trouve plusieurs exemples de cette nature, spécialement dans les lois protectrices de la propriété industrielle, littéraire ou artistique. Quel est alors le caractère prédominant de la confiscation? Est-ce le caractère civil, est-ce le caractère pénal? C'est, dit M. Garraud (n° 385), une question bien souvent délicate à résoudre et qu'il faut examiner dans chaque espèce.

799. Pour ce qui concerne la confiscation en matière de propriété littéraire et artistique, V. *infrà* v° *Propriété littéraire et artistique*; — *Rép.* eod. v°, nos 489 et suiv. — Il est généralement admis qu'en cette matière le caractère pénal de la contrefaçon est prédominant (*Journal du droit criminel*, article précité, p. 37 et suiv.; Garraud, t. 2, n° 365, p. 594): d'où il suit que cette confiscation ne peut être prononcée que par les tribunaux correctionnels, et qu'elle doit l'être dès que le prévenu subit une condamnation pénale, y eût-il des circonstances atténuantes; d'où il suit encore qu'elle ne pourra pas être prononcée par la juridiction correctionnelle en cas d'acquittement du prévenu (Conf. sur ce dernier point: Crim. cass. 18 juin 1847, aff. Philippon, D. P. 47. 1. 253; Paris, 29 juin 1878, aff. Lepec, D. P. 80. 2. 71; Crim. rej. 29 déc. 1882, aff. Sicard, D. P. 84. 1. 369).

800. En matière de brevet d'invention, la confiscation des objets contrefaits et, le cas échéant, celle des instruments ou ustensiles destinés spécialement à la fabrication doivent, aux termes de l'art. 49 de la loi du 5 juill. 1844, être prononcées, même en cas d'acquittement; les objets confisqués sont, suivant le même article, remis au propriétaire du brevet. — Sur le caractère mixte de cette confiscation, V. *suprà*, v° *Brevet d'invention*, nos 361 et 367 et les arrêts cités. V. aussi : Garraud, n° 365, p. 595; et *Journal du droit criminel*, article précité, p. 38 et suiv. Dans son arrêt du 22 juin 1860 (aff. Jahel, D. P. 60. 1. 292), la cour de cassation a dit : « que la confiscation ainsi établie n'est plus considérée comme une peine inséparable de l'exercice de l'action du ministère public; qu'elle devient principalement une réparation civile du dommage causé au breveté et qu'elle peut être ordonnée sur sa poursuite, malgré l'extinction de l'action publique; qu'ainsi en ordonnant la confiscation de l'objet contrefait, qui avait été saisi, et sa remise aux mains de la partie civile sur le seul appel de cette dernière, après acquittement prononcé en première instance, l'arrêt attaqué n'a fait qu'une juste et saine application de l'art. 49 ».

801. Pour les marques de fabrique et de commerce, et le caractère de la confiscation prononcée en exécution de la loi du 23 juin 1857, V. *suprà*, v° *Industrie et commerce*, n° 404. V. aussi l'article précité du *Journal du droit criminel*, p. 40 et 41, et Garraud, p. 596.

802. En ce qui concerne la contrefaçon des dessins de fabrique, et la confiscation en cette matière, V. *suprà*, v° *Industrie et commerce*, n° 281.

803. — III. Saisie préalable. — Est-il nécessaire que les objets déterminés par la loi aient été réellement saisis, pour que la confiscation puisse en être prononcée? L'affirmative a été soutenue, en termes généraux, au *Rép.* n° 834, et, spécialement, pour les matières de simple police, v° *Contravention*, n° 38, et *Rép.* n° 50. Mais nous devons reconnaître que cette opinion est contredite par la jurisprudence. Les arrêts sont unanimes à décider que, dans le silence de la loi à cet égard, la confiscation peut être ordonnée bien que les objets n'aient pas été saisis. Ainsi jugé: en matière de poids et mesures (Crim. cass. 14 nov. 1850, aff. Lacouture, D. P. 50. 5. 353), en matière forestière (Nancy, 24 déc. 1845, aff. Scoeffer, D. P. 47. 4. 268; Crim. cass. 13 févr. 1847, aff. Belman, D. P. 47. 1. 85), en matière de brevet d'invention (Civ. rej. 20 août 1851, aff. Cunin-Gridaine, D. P, 54. 5. 78), en matière de douanes (Crim. cass. 19 août 1858, aff. Huart, D. P. 58. 1. 475.) Conf. Garraud, n° 366, note 14; Laborde, n° 394; Haus, n° 785. — Toutefois, à défaut de saisie réelle, il est indispensable, d'après les auteurs précités, que les objets sujets à confiscation aient été désignés et décrits dans un procès-verbal de constat. La description donnée par le procès-verbal fournira, si elle est claire et précise, tous les éléments nécessaires au juge pour prononcer la confiscation, et au receveur des amendes pour en poursuivre le recouvrement sur la réquisition du ministère public (mêmes autorités). Les mêmes auteurs estiment que, si les objets dont la loi ordonne ou autorise la confiscation étaient de telle nature qu'il fût impossible ou trop difficile d'en constater l'identité (par exemple si c'étaient des haches, scies, cognées et autres instruments d'un délit forestier) la saisie réelle et préalable de ces objets serait une condition nécessaire de la confiscation. Cette exigence nous paraît fondée: une saisie réelle préalable est, en effet, en cas pareil, le seul moyen de déterminer l'individualité des objets à confisquer.

804. Sur cette même question de la saisie préalable à la confiscation, nous signalerons encore un arrêt rendu en matière de contributions indirectes. La cour d'Orléans a jugé, le 4 févr. 1890 (*Journal du ministère public*, 1890, p. 81), que la confiscation de spiritueux transportés avec une expédition inapplicable doit être prononcée, bien que la saisie n'en ait pas été déclarée au début du procès-verbal, si elle a eu lieu avant sa clôture, avec estimation de ces objets faite contradictoirement avec le contrevenant. Cela ne pouvait guère, ce nous semble, faire difficulté.

805. — IV. Attribution. — Comme on l'a dit au *Rép.* n° 852, c'est communément au profit de l'Etat que la confiscation spéciale est prononcée; elle l'est aussi quelquefois dans l'intérêt des particuliers, par exemple dans le cas de contrefaçon artistique ou littéraire (c. pén., art. 429), ou de contrefaçon industrielle (L. 15 juill. 1844, art. 49). Parfois encore l'objet confisqué est attribué à quelque établissement public, comme un hospice, par exemple dans le cas de l'art. 180 c. pén., ou encore dans le cas de colportage de gibier en temps prohibé (L. 3 mai 1844, art, 4), et dans celui de certaines fraudes dans la vente des marchandises, d'ailleurs reconnues propres à un usage alimentaire ou médical (L. 27 mars 1851, art. 5). — Ajoutons que, si l'existence des objets confisqués est prohibée, ils doivent être détruits (c. pén. art. 477; L. 27 mars 1851, art. 5; L. 3 mai 1844, art. 16). Si leur possession par des particuliers est simplement illicite, l'Etat les utilisera à son profit, ou les fera vendre par le receveur des domaines, pour le prix en être versé au Trésor.

Sect. 14. — Des restitutions et dommages-intérêts.

806. — I. Restitutions. — D'une façon générale, les restitutions auxquelles peut être tenu l'auteur d'une infraction consistent dans le rétablissement de l'état de choses antérieur au délit (Garraud, t. 2, n° 14; Haus, t. 2, n° 1059). Dans le sens ordinaire du mot, les restitutions ont pour objet les choses dont la partie lésée a été dépossédée, et elles s'entendent de la remise au véritable propriétaire des choses dont celui-ci a été dépouillé par le délit. La plupart du temps, ces choses ont été saisies et se trouvent placées sous la main de la justice. C'est dans ce sens ordinaire et particulier que l'expression restitution est employée dans les art. 52, 54, 73 c. pén., et dans les art. 161 et 366 c. instr. crim. Ainsi entendue, la restitution, comme on l'a dit au *Rép.* n° 854, n'est que l'application pure et simple du droit de propriété; c'est la réparation directe et régulière de l'infraction : *res clamat domino*.

807. La restitution forme l'un des trois chefs de la réparation civile du délit. Ces trois chefs sont, en effet : les restitutions, les dommages-intérêts, les frais, et l'on sait que la responsabilité civile d'un délit consiste précisément dans l'obligation de réparer, à ce triple point de vue, les conséquences préjudiciables du délit qui a été commis (V. *infrà*, v° *Responsabilité*).

808. Du caractère spécial de la restitution découlent diverses conséquences : 1° elle doit toujours être ordonnée, quand elle est possible, comme la réparation la plus naturelle de l'infraction; et, sous ce rapport, sont compétentes pour l'ordonner, non seulement les cours d'assises (en vertu de l'art. 366, § 2, c. instr. crim.), mais toutes les autres juridictions criminelles, soit ordinaires comme le tribunal de simple police (c. instr. crim. art. 161) et le tribunal correctionnel, soit extraordinaires comme les conseils de guerre (c. de just. milit. du 9 juin 1857, art. 53); — 2° Elle peut être ordonnée même d'office, sans qu'il y ait constitution de partie civile ni réquisition de quelque partie que ce soit (Crim. rej. 21 févr. 1852, aff. Flesson, D. P. 52. 5. 575; Crim. cass. 5 févr. 1858, aff. Coulmeau, D. P. 58. 1. 231; 16 août 1872. Conf. Blanche, *Etudes pratiques sur le code pénal*, t. 1, n° 237; Garraud, *eod. loc.*; Faustin Hélie, *Instruction criminelle*, t. 8, n° 3816). Et les tribunaux peuvent même, en pareil cas, décider que la restitution sera faite au marc le franc entre les victimes du délit (Même arrêt du 16 août 1872, et Crim. cass. du 26 avr. 1851, cité par Faustin Hélie, n° 3818); — 3° Elle peut être ordonnée par les cours d'assises (c. instr. crim. art. 366) aussi bien en cas d'acquittement qu'en cas d'absolution ou de condamnation (V. à cet égard les arrêts cités, v° *Compétence criminelle*, n° 356. Conf. Blanche, t. 1, n° 239; Faustin Hélie, t. 8, n° 3816). — Mais, suivant un arrêt du 7 sept. 1820, *Rép.* v° *Compétence criminelle*, n° 526, qui est approuvé par Blanche, n° 240, il n'en est pas de même des tribunaux correctionnels; et ceux-ci ne peuvent ordonner la restitution qu'en cas de condamnation du prévenu; — 4° La restitution ne peut comprendre que les choses retrouvées en nature dans la possession du prévenu. « En effet, dit Blanche, t. 1, n° 242, il faut que les choses détournées portent encore, en quelque sorte, l'empreinte du propriétaire; car c'est cette empreinte qui maintient et assure son droit de revendication. Si la chose avait été dénaturée, elle serait tombée dans le patrimoine du prévenu et s'y serait confondue avec celles qui lui seraient propres; aux termes de l'art. 2003 c. civ., elle serait devenue, comme elles, le gage commun de ses créanciers. Autoriser la partie lésée à prélever sur cette masse les valeurs représentant l'objet dont elle a été dépouillée, ce serait lui accorder un privilège que la loi civile ne reconnaît pas ». Maintenant, à cet égard, sa jurisprudence antérieure (Crim. cass. 6 juin 1845, aff. Affenaër, D. P. 45. 1. 287), la cour de cassation a décidé que les juges correctionnels ne peuvent, sous prétexte que la somme saisie et provenant de la vente de choses escroquées ne peut appartenir qu'à l'un des plaignants propriétaire desdites choses escroquées, ordonner à son profit la restitution de cette somme, sans qu'il y ait eu constitution de partie civile et conclusions à des dommages-intérêts (Crim. cass., 3 mai 1888, aff. Chapon, *Bull. crim.*, n° 159). — Sur la compétence des cours d'assises en matière de restitutions, V. *suprà*, v° *Compétence criminelle*, n°s 356 à 361.

809. En matière de restitution d'objets saisis, c'est évidemment au juge de la poursuite qu'il appartient de statuer sur la propriété des objets, et son appréciation est, à cet égard, souveraine. La cour de cassation a décidé que le juge correctionnel qui déclare qu'une somme saisie au domicile de la prévenue provient du délit commis par elle, et qui, par suite, refuse d'en ordonner la restitution à son mari, fait une appréciation souveraine de fait (Crim. cass. 25 nov. 1858, *Bull. crim.*, n° 285). Le même arrêt a jugé, avec non moins de raison, que le jugement qui se borne à dire qu'il existe des soupçons pour attribuer aux objets réclamés une source illégitime, et à ordonner que la restitution ne pourra avoir lieu qu'après un délai de six mois, commet un excès de pouvoir et viole les dispositions des art. 189 et 161 c. instr. crim. C'est, en effet, par le jugement même d'acquittement ou de condamnation, que le tribunal correctionnel doit purger définitivement la prévention dans toutes ses conséquences, soit pénales, soit civiles, et statuer tant sur l'application de la peine que sur les demandes en restitution.

810. — II. DOMMAGES-INTÉRÊTS. — L'art. 51 c. pén. pose en principe que « le coupable pourra être condamné envers la partie lésée, si elle le requiert, à des indemnités dont la détermination est laissée à la justice de la cour et du tribunal ». De là il suit: 1° que l'adjudication des dommages-intérêts est purement facultative; 2° que les dommages-intérêts ne peuvent être accordés que sur la réquisition des parties et dans les limites de cette réquisition; 3° que les cours et tribunaux sont investis d'un pouvoir discrétionnaire pour apprécier les dommages éprouvés et distribuer les réparations civiles (Faustin Hélie, *Pratique criminelle*, t. 2, n° 362). Reprenons ces trois points.

811. D'abord il est certain que l'allocation de dommages-intérêts est purement facultative, en ce sens qu'il faut que la partie justifie d'une lésion résultant directement du délit et du droit d'en poursuivre personnellement la réparation. A cet égard, V. *Rép.* v° *Instruction criminelle*, n°s 28 et suiv., 78 et suiv., et *infrà*, v° *Procédure criminelle*

812. D'autre part, les dommages-intérêts ne peuvent être accordés à la partie lésée que sur sa réquisition formelle et dans les limites de cette réquisition (art. 51). En d'autres termes, ils ne peuvent être alloués d'office. Donc, pratiquement, pour que la cour ou le tribunal puisse accorder des dommages-intérêts, il faut absolument que la personne lésée se soit portée partie civile et qu'elle ait pris des conclusions tendant à les obtenir. C'est un point incontestable (Blanche, t. 1, n° 245; Garraud, t. 2, n° 14; Laborde, n° 415). Ne serait-il pas plus juste que la condamnation aux dommages-intérêts fût toujours prononcée (comme la restitution) sans intervention nécessaire de la partie lésée? Un certain nombre de criminalistes le pensent (Garraud, n° 14, p. 20; Bonneville, *Des diverses attributions complémentaires du régime pénitentiaire*, p. 511; Tarde, *Philosophie pénale*, p. 80; Thiry, *Cours de droit criminel*, n° 367), et nous sommes tentés de partager leur avis. « La réparation civile, lorsqu'elle est bien organisée, dit ce dernier auteur, peut constituer l'un des moyens les plus puissants de lutter contre la criminalité. Actuellement la partie lésée, pour obtenir cette réparation, est obligée de se constituer partie civile, de remplir de nombreuses formalités et de s'exposer à des dépenses considérables; si l'on ajoute à cela que très souvent le délinquant est insolvable, on ne s'étonnera pas que les demandes de réparation soient assez rares ». Suivant M. Tarde, la réparation du préjudice devrait être requise par le ministère public, avant toute peine.

813. Le plus ordinairement les dommages-intérêts consistent en des indemnités pécuniaires. L'art. 51 en laisse la détermination à la justice de la cour ou du tribunal, lorsque la loi ne les aura pas réglées; en d'autres termes, le juge ne doit, si ce n'est en ce dernier cas, aucun compte de ses appréciations et évaluations qui échappent à la censure de la cour de cassation (Crim. cass. 17 sept. 1846 (1); 15 juin 1872) (2). Spécialement, le juge n'est pas obligé de suivre, dans sa décision, les dispositions du code civil (art. 1146 à 1155) sur les dommages-intérêts, lesquelles ne sont pas applicables aux matières criminelles (Crim. rej. 29 mars 1849, aff. Jacquin, D. P. 49. 1. 225; 8 juin 1849, aff. Brafin, D. P. 49. 1. 180; 18 mars 1853, aff. Roche, D. P. 53. 5. 167; 9 févr. 1877, aff. Poupinel, *Bull. crim.*, n° 46).

814. Sur l'évaluation du préjudice en raison duquel les dommages-intérêts peuvent être alloués, V. *Rép.* v° *Responsabilité*, n°s 230 et suiv.

815. Les tribunaux peuvent, à titre de réparation civile, ordonner l'impression, l'affiche et la publication de leurs décisions (V. les nombreux arrêts cités *suprà*, v° *Affiche*, n° 18).

816. Nous avons rappelé au *Rép.* n° 860 la disposition de l'art. 51 c. pén. qui interdit aux cours et tribunaux, du consentement même de la partie, de prononcer l'application des dommages-intérêts à une œuvre quelconque. Depuis, deux arrêts ont déclaré cette disposition applicable en matière civile (Req. 25 avr. 1854, aff. Tastet, D. P. 54. 1. 361; Limoges, 24 juin 1874, aff. Raymond, D. P. 76. 1. 162). — Il résulte de ces mêmes arrêts : 1° que le juge ne peut même pas donner acte à la partie de son intention d'appliquer à une œuvre le montant des condamnations prononcées à son profit (Arrêt précité du 24 juin 1875); — 2° Mais que la simple énonciation, dans le jugement, que les dommages-intérêts accordés à une partie sont destinés par elle à des œuvres de bienfaisance, ne constitue pas une infraction à l'art. 51, alors que le jugement ne renferme à cet égard aucune décision (Arrêt précité du 25 avr. 1854).

817. Ce n'est point ici le lieu d'étudier les règles de la compétence des tribunaux répressifs pour statuer sur les dommages-intérêts. Il en a été traité v° *Compétence criminelle*, n°s 208 et suiv., 297 et suiv., 338 et suiv. — Nous nous bornerons de rappeler qu'en général les tribunaux criminels sont compétents pour statuer sur l'action civile dans le cas où ils déclarent l'accusé ou le prévenu coupable de ce fait qui est l'objet de la poursuite, mais que, dans le cas d'acquittement ou d'absolution, la compétence des tribunaux de police et correctionnels est plus restreinte que celle des cours d'assises. Ces cours sont compétentes (c. instr. crim. 358 et 366) pour prononcer, en cas d'acquittement ou d'absolution, sur les dommages-intérêts respectivement prétendus par la partie civile et par l'accusé. Quant aux tribunaux correctionnels et de police, dessaisis de l'action publique lorsqu'ils déclarent que le fait ne constitue ni délit, ni contravention, ils sont incompétents pour statuer sur les dommages-intérêts réclamés par la partie civile, attendu qu'aucune disposition de la loi ne leur a attribué l'action civile séparément de l'action publique, mais ils peuvent statuer sur les dommages-intérêts réclamés par le prévenu (c. instr. crim. art. 212).

SECT. 15. — IMPRESSION ET AFFICHE DES JUGEMENTS.

818. — 1° *Affiche.* — La publication des décisions judiciaires est *autorisée* ou *ordonnée* par la loi, tantôt comme

(1) (Gillet.) — LA COUR; — Sur le second moyen, résultant de ce que l'adjudication des dommages-intérêts accordés à la partie civile comprendrait les frais de voyage et de plaidoirie excédant la limitation du tarif, et qui auraient été supportés cumulativement dans la condamnation aux frais; — Attendu que cette adjudication a pour base des évaluations dont le juge ne doit aucun compte et qui échappent à toute censure; — Rejette.

Du 17 sept. 1846. Ch. crim. MM. Rocher, rapp.-Pascalis, av. gén.-Avisse, av.

(2) (Martin.) — LA COUR; — Attendu que la question de préjudice est une question de fait; que l'arrêt attaqué déclare formellement que l'erreur commise a été préjudiciable, et qu'elle doit être imputée à la négligence de l'Administration ou de ses agents; que cette double constatation, qui est souveraine, suffit pour justifier l'arrêt attaqué, au point de vue du droit commun; — Rejette.

Du 15 juin 1872.-Ch. crim.-MM. Guyho, rapp.-Bédarrides, av. gén.-Arbelet, av.

une *mesure pénale*, tantôt comme une *mesure de réparation*, tantôt comme une *mesure d'ordre public*. Cette triple distinction a été mise en lumière par M. Garraud (t. 1, n° 368). Elle ressort également des explications données *suprà*, v° *Affiche*, n°s 10 et suiv.

819. Comme *mesure pénale*, l'impression et l'affiche de la condamnation est de droit (c. pén. art. 36) pour tous arrêts portant condamnation à une peine criminelle (*Rép.* v° *Affiche*, n° 65). En police correctionnelle et en simple police, au contraire, la publicité de la décision n'est pas de droit. Elle doit s'appuyer, si elle est prononcée à titre de peine, sur un texte formel l'ordonnant ou l'autorisant; d'où il suit, comme nous l'avons dit *suprà* v° *Affiche*, n° 16, que toute disposition d'un jugement correctionnel ou de simple police qui, en dehors des cas où la loi l'autorise, ordonnerait l'affiche de la condamnation, devrait être déclarée nulle, comme contenant une aggravation de peine illégale (V. les autorités citées, *eod. loc.*).

820. Les textes qui autorisent l'affiche sont très nombreux dans les lois pénales spéciales (V. l'énumération des textes principaux dans Ortolan, *Eléments de droit pénal*, t. 2, n° 1547. V. aussi *suprà*, v° *Affiche*, n°s 11 à 15). Nous ajouterons que la loi nouvelle sur le travail des enfants, des filles mineures et des femmes dans les établissements industriels (L. 2-4 nov. 1892, D. P. 93. 4. 25) dispose dans son art. 28 : « L'affichage du jugement peut, suivant les circonstances et en cas de récidive seulement, être ordonné par le tribunal de police correctionnelle. Le tribunal peut également ordonner, dans le même cas, l'insertion du jugement aux frais du contrevenant dans un plusieurs journaux du département ».

821. Il est à remarquer (V. *suprà*, v° *Affiche*, n° 11) qu'à la différence de la législation antérieure (L. 9 juin 1819, art. 11; 26 mai 1819, art. 26), la loi du 29 juill. 1881 sur la liberté de la presse ne prononce plus, dans aucun cas, comme supplément de peine, l'affiche facultative du jugement de condamnation pour délit de presse. Il résulte du silence du législateur que ni la cour d'assises, ni le tribunal correctionnel ne pourraient ajouter aux peines prononcées par la loi pour délit de presse, l'impression et l'affiche du jugement de condamnation (Garraud, n° 368, p. 699, note 1; Barbier, *Code expliqué de la presse*, t. 1, n° 175, p. 156). Mais cette affiche peut, en matière de presse comme en toute autre matière, être accordée à la partie civile à titre de dommages-intérêts (Mêmes autorités).

822. Comme *mesure de réparation*, l'affiche peut être ordonnée par les tribunaux sur la demande du plaignant. Nous n'avons rien à ajouter à ce qui a été dit à cet égard, v° *Affiche*, n° 18, si ce n'est qu'en matière de diffamation ou d'injure, cette publicité du jugement de condamnation est souvent considérée comme la plus naturelle et la plus efficace des indemnités, et qu'elle est très fréquemment ordonnée. On sait que les compagnies des chemins de fer demandent souvent aux tribunaux et obtiennent fréquemment l'affiche, à titre de réparation, des jugements qui prononcent des condamnations à l'emprisonnement, à l'amende, et à des dommages-intérêts contre les auteurs d'infractions concernant la police et l'exploitation des chemins de fer.

823. Enfin, l'impression de l'affiche des jugements peuvent être ordonnés par les tribunaux comme *mesure d'ordre public*, en vertu de l'art. 1036 c. proc. civ. Deux arrêts de la cour de cassation (Crim. rej. 16 mai 1873, aff. Boulon, D. P. 73. 1. 441; 23 mai 1874, aff. Turck, D. P. 75. 1. 223) ont reconnu aux tribunaux, tant civils que de répression, le droit d'ordonner d'office la publication de leur jugement à titre de mesure d'ordre « pour réparer le scandale causé par la partie condamnée » (Conf. Le Neuf de Neuville, *De l'impression et de l'affiche du jugement en matière correctionnelle*, *France judiciaire*, t. 2, 1re part., p. 529). Certains auteurs estiment que l'art. 1036 ne donne pas aux tribunaux un pouvoir aussi large. Suivant MM. Garraud (n° 368, p. 600 et 601), Laborde (n° 388), et Barbier (n° 797), l'art. 1036 suppose que les tribunaux ont à réprimer des abus du droit de défense, pour lesquels ils prononcent des *injonctions*, *suppriment des écrits* ou les *déclarent calomnieux*. « La publication qu'il autorise s'applique seulement au jugement prononçant ces injonctions ou suppressions d'écrits. C'est le complément de la répression. Elle ne peut donc être ordonnée qu'à deux conditions : 1° qu'il se soit produit un abus du droit de défense; 2° qu'il ait donné lieu aux injonctions ou suppressions prévues par le texte » (Laborde, *eod. loc.*)

824. — 2° *Insertions dans les journaux.* — Toutes les fois que les tribunaux peuvent ordonner l'impression et l'affiche de leur jugement, ils peuvent remplacer l'affiche par l'insertion dans les journaux, et réciproquement (Garraud, n° 369. Conf. Laborde, n° 388, *in fine*). L'insertion n'a, en effet, d'autre but que de rendre le jugement public, et cette publicité se réalise aussi bien par voie d'insertion que par voie d'affichage (Garraud, *eod. loc.*). A cet égard, la cour de cassation a jugé que les tribunaux ont le droit d'ordonner l'insertion dans les journaux des jugements par lesquels ils prononcent la suppression d'un écrit diffamatoire, et que ce mode de publication, substitué à l'affiche, ne constitue pas une aggravation de peine (Req. 14 juin 1854, aff. Dechamps, D. P. 54. 1. 389). Cette même cour a aussi jugé que la cour qui ordonne à titre de dommages-intérêts l'insertion d'un arrêt dans les journaux, n'est pas tenue de fixer le prix maximum de chaque insertion, sauf à statuer ultérieurement sur les questions qui viendraient à être soulevées relativement à l'exécution de l'arrêt (Crim. rej. 18 août 1881, aff. Genay, D. P. 83. 1. 46). Enfin nous signalerons un arrêt de cour d'appel qui a décidé que, dans le cas où le tribunal prescrit, non pas l'affiche du jugement mais son insertion dans un certain nombre de journaux, il y a lieu d'admettre que la partie qui a obtenu ce jugement peut, sans se rendre passible de dommages-intérêts, le faire insérer à ses frais dans d'autres journaux (Aix, 6 févr. 1857, aff. Vermare, D. P. 57. 2. 133).

CHAP. 7. — Cessation des peines et de leurs conséquences légales. — Amélioration des individus des condamnés, des systèmes préventif et répressif.

825. — I. Extinction des peines. — Les peines s'éteignent normalement par leur exécution (V. ce qui a été dit *suprà*, chap. 4, sect. 4, n°s 165 et suiv., sur l'exécution des peines). Il est aussi des circonstances exceptionnelles qui en font cesser l'effet. Ces circonstances sont : 1° le décès ; 2° l'amnistie; 3° la grâce; 4° la réhabilitation ; 5° la prescription.

826. Le décès du condamné met fin à l'application de la peine corporelle, comme il met fin à l'application des peines privatives de droits. Mais l'effet des condamnations pécuniaires aux amendes, aux confiscations et aux frais subsiste malgré le décès, et elles peuvent être exécutées contre les héritiers (V. *suprà*, n° 106).

827. L'amnistie efface la condamnation, de sorte que tous les effets que celle-ci a produits sont relativement anéantis : les condamnés frappés de peines corporelles doivent être mis immédiatement en liberté; les incapacités sont effacées ; les amendes et les frais payés à l'Etat doivent, en principe, être restitués (V. *suprà*, v° *Amnistie*, n°s 36, 48 et suiv.; — *Rép.* eod. v°, n°s 117 et suiv.).

828. La grâce arrête simplement l'exécution de la peine. C'est le pardon que le chef de l'Etat accorde à un condamné, en lui faisant remise de l'exécution de tout ou partie de sa peine. A la différence de l'amnistie, la grâce ne produit d'effet que dans l'avenir. Elle laisse subsister l'infraction; elle laisse subsister la condamnation; elle dispense seulement de son exécution (Garraud, t. 2, n° 88). Elle s'applique à toutes les peines corporelles ou pécuniaires, mais non aux incapacités ou déchéances prononcées par les juges ou attachées par la loi à certaines condamnations (V. *Grâce et commutation de peine*, n°s 35 et suiv., et *Rép.* n°s 43 et suiv.).

829. « La réhabilitation efface la condamnation et fait cesser pour l'avenir toutes les incapacités qui en résultent » (c. instr. crim. art. 634, modifié par la loi du 14 août 1885). Elle est donc une cause d'extinction des incapacités. — Quant à la prescription, elle met obstacle à l'exécution des peines prononcées par la condamnation, tout en laissant subsister cette condamnation elle-même qu'elle rend définitive (V. *infrà*, v° *Prescription*).

830. — II. Des systèmes préventif et répressif. — « Partout aujourd'hui, en France, comme à l'étranger, les questions de criminalité et de pénalité sont à l'ordre du jour. Elles n'intéressent pas seulement un cercle professionnel de magistrats et de juristes. L'opinion publique s'en empare, elle les discute; et l'agitation salutaire, qui aboutissait au vote de la loi sur la relégation des récidivistes, montre que la France laborieuse a la conscience très nette du péril criminel et la volonté bien arrêtée de s'en défendre ». C'est en ces termes que dans un remarquable discours sur *Le problème moderne de la pénalité*, prononcé, le 3 nov. 1888, à la séance solennelle de rentrée des facultés de Lyon, M. le professeur Garraud caractérisait ce fait incontestable, que l'attention publique se porte aujourd'hui sur les questions de criminalité et de répression. Cette préoccupation générale s'explique, croyons-nous, en grande partie, par l'augmentation progressive de la criminalité et de la récidive dont les statistiques judiciaires ne cessent de témoigner. Déjà, en 1855, nous constations au *Rép.* n° 876 que le nombre des délits correctionnels avait, de 1826 à 1852, augmenté dans une proportion considérable, et nous faisions remarquer qu'il n'était pas possible de voir dans cette augmention une suite naturelle de l'accroissement de la population, car cet accroissement, pendant cette même période d'un quart de siècle, n'avait été que d'un neuvième environ. L'augmentation n'a pas cessé de se manifester. D'après les *Comptes généraux de l'administration de justice criminelle*, le nombre annuel des actes délictueux réprimés était en 1825 de 58 000; de 1856 à 1860 il s'est élevé à 123 000. En 1867, il montait déjà à 162 000. De 1876 à 1880, il s'est trouvé porté à 171 000. De 1881 à 1885 il a atteint 184 000. De 1886 à 1888, il s'est chiffré par 193 000, soit, en une soixantaine d'années, une augmentation graduelle de 135 000 (L. André, *La récidive*, p. 4). Suivant M. Garraud, « tout calcul fait, on peut affirmer que la criminalité a progressé, depuis soixante ans, en France, non pas seulement d'une manière absolue et numérique, mais encore dans une proportion plus grande que la population: c'est-à-dire qu'aujourd'hui, sur le même nombre d'habitants, on commet environ deux fois plus de crimes et de délits qu'on n'en commettait vers 1826 » (Discours précité, p. 19). Un autre criminaliste, M. Henri Joly, dans une étude publiée en 1889 sous ce titre : *La France criminelle*, a constaté que « en 1837, il y avait 237 accusés ou prévenus jugés à la requête du ministère public par 100 000 habitants; cinquante ans plus tard, la proportion était de 552, de telle sorte que, « dans ce demi-siècle, la criminalité générale de la France a augmenté de 133 pour 100 » (p. 10). — Quant au chiffre des récidives, il croît chaque année avec une régularité, une précision, une intensité effrayantes (V. *suprà*, n° 47). Enfin, symptôme plus triste encore et plus inquiétant, la plupart des attentats retentissants commis au cours de ces dernières années, n'ont-ils pas eu pour auteurs des criminels non encore sortis de l'enfance? « Les statistiques, disait en 1887 M. Adolphe Guillot dans *Paris qui souffre*, ont constaté que le nombre des délinquants et des criminels de moins vingt ans a quadruplé; de 5000 environ, il s'est élevé à plus de 20 000 (p. 199). Et l'accroissement continue. Il résulte du dernier rapport présenté au chef de l'Etat par le ministre de la justice sur l'administration de la justice criminelle, qu'en 1889 le nombre total des accusés et prévenus de délits communs de moins de vingt et un ans a été de 36 834. Le ministre fait remarquer qu'en ce qui regarde les délits communs « c'est en quatre années (1886-1889), pour les deux sexes réunis, un accroissement de 2244, ou des deux cinquièmes » (*Journ. off.* du 20 avr. 1893, p. 1997, col. 2). — Sur l'accroissement de la criminalité chez les jeunes gens, voir, outre l'ouvrage précité de M. Adolphe Guillot : H. Joly, *La France criminelle*, tout le chap. 6, et notamment les p. 185 et suiv., et L. Proal, *Le crime et la peine*, 1892, p. 195 et suiv.

831. A quelles causes attribuer un état aussi déplorable? Assurément ces causes sont multiples. Il n'entre pas dans le plan de cet ouvrage d'essayer d'en donner ici le tableau. Nous croyons, comme en 1855 (*Rép.* n° 876), qu'une des principales causes du mal réside dans les vices de notre régime pénitentiaire. La prison, telle qu'elle est organisée chez nous, ne corrige pas, elle déprave. Sous ce rapport, il est grand temps d'appliquer résolument la loi du 5 juin 1875 sur le régime des maisons départementales et le régime cellulaire que cette loi a déclaré obligatoire (V. à cet égard ce qui a été dit *suprà*, n° 51, au sujet de la nouvelle loi du 4 févr. 1893, sur les prisons pour courtes peines). Mais tout le mal, assurément, ne gît pas dans la mauvaise organisation des prisons. Il y a des causes plus profondes, et ce sont des causes morales. Les passions sont les principales causes de la criminalité. Nul doute, d'ailleurs, que le milieu social joue un rôle très important dans la formation et le développement de la criminalité. A cet égard, on nous permettra de citer une partie des conclusions du livre de M. Proal, conclusions qui se rapprochent singulièrement, d'ailleurs, de celles que nous formulions au *Rép.* n° 878. « La société, dit cet auteur (*op. cit.*, p. 525), a des devoirs à remplir envers les pauvres, les ignorants, les malades, les enfants et les femmes. Il ne suffit pas de punir les crimes; il faut encore s'efforcer de les prévenir par des lois sages, des institutions charitables et de bons exemples. La société peut rendre les crimes moins fréquents, en diminuant le nombre des débits de boissons et en augmentant l'impôt sur l'alcool; en donnant un asile, dans les campagnes comme dans les villes, aux épileptiques, indigents, aux incurables; en appliquant le décret du 5 juill. 1808 sur les dépôts de mendicité, décret qui est resté jusqu'ici à peu près lettre morte; en donnant à l'instruction primaire un caractère pratique, professionnel; surtout en ne séparant pas l'instruction de l'éducation, et en ne gênant pas l'action du sentiment religieux, le frein le plus puissant contre les passions et les crimes; en protégeant l'enfant au delà de treize ans, jusqu'à quatorze ans au moins, contre les attentats à la pudeur sans violence; en reculant jusqu'à dix-sept ans la présomption légale de discernement; en retenant à la campagne les cultivateurs qui la désertent, par le dégrèvement de l'impôt foncier, par la diminution des charges qui pèsent sur eux, par la suppression de tous les emplois inutiles; en faisant cesser les provocations qui portent atteinte à la liberté morale des enfants, des jeunes gens, des femmes et des ouvriers: les provocations de la presse et de la photographie pornographiques, les provocations des filles soumises sur la voie publique, les excitations des chansons et pièces obscènes qui se chantent et se jouent dans les cafés et les théâtres; les excitations, dans les journaux et les réunions publiques, au meurtre, au pillage, à la guerre civile... ». Si un pareil programme était rempli, si les pouvoirs sociaux appliquaient résolument cet ensemble de mesures préventives, qui oserait dire que la criminalité ne diminuerait point?

832. Au reste, quoi qu'on fasse, il y aura toujours des crimes et des criminels, puisque les principales causes des crimes sont les passions et que les passions sont inhérentes à la nature humaine. Après avoir employé les mesures préventives, il faudra donc toujours réprimer les infractions commises, autrement dit punir les coupables. En faisant *suprà*, n°s 47 et suiv., l'examen général de notre système pénal, nous nous sommes déjà expliqués sur les réformes principales dont la pénalité française paraît susceptible, et nous ne croyons pas utile de revenir sur cet objet. Il y a lieu toutefois de constater que si les questions de pénalité sont loin d'être résolues en notre pays, surtout pratiquement, il se dégage pourtant des études nombreuses entreprises par les criminalistes et les philosophes en ces dernières années, ainsi que des observations répétées auxquelles se sont livrées les savants sur la « grande tribu criminelle », un certain nombre d'idée générales, chaque jour mieux précisées, qui peuvent servir de jalons au législateur dans son « combat contre le crime ». L'abus des courtes peines a été fréquemment dénoncé. Nos tribunaux prononcent souvent, trop souvent, des condamnations légères, même contre les récidivistes. Or les courtes peines n'ont aucun caractère intimidant et nuisent plutôt qu'elles ne servent à l'amendement. Dans son rapport sur l'administration de la justice criminelle pendant les années 1881 à 1885, M. le garde des sceaux a pu dire que « les condamnations à quelques jours ou à quelques mois d'emprisonnement sont d'autant plus fâcheuses quand elles sont prononcées contre des récidivistes qu'elles s'exécutent dans des maisons en commun où la promiscuité ne peut qu'engendrer la corruption morale de ceux qui seraient susceptibles d'amendement » (*Journ. off.* du 14 mai 1887, p. 2187). D'un autre côté, puisque « la prison, telle qu'elle est organisée chez nous, déprave », faut-il s'étonner que les tribunaux hésitent parfois à envoyer les coupables dans ces écoles « normales du crime » pour plus de quelques jours, ou de quelques semaines ? Le remède, à ce point de vue, ce serait donc la réforme pénitentiaire, et spécialement la prompte mise à exécution de la loi du 5 juin 1875 sur le régime des prisons départementales et de la loi du 4 févr. 1893 sur la réforme des prisons pour courtes peines. — Sur les dangers des courtes peines surtout pour les mineurs de seize ans, V. la discussion au sein de la *Société générale des prisons*, dans le *Bulletin* de la Société, 1890, p. 137, 375, 489, 609, 717.— Une autre idée, de jour en jour mieux comprise, c'est que les magistrats doivent se montrer indulgents pour les délinquants primaires, et sévères pour les malfaiteurs incorrigibles. M. Bérenger s'est voué au service de cette idée, qui a inspiré plusieurs des propositions de loi soumises au Parlement par l'éminent sénateur, et qui nous semble aussi juste que féconde. Il faut reconnaître que jusqu'ici le législateur français n'a accordé qu'un assentiment incomplet aux vues de M. Bérenger. Sous le rapport de l'atténuation des peines, l'institution de la condamnation conditionnelle, introduite par la loi du 26 mars 1891 (D. P. 91. 4. 24), a donné satisfaction au premier besoin social signalé : l'indulgence pour le premier délit. Mais le législateur n'a pas prêté l'oreille aux propositions faites en vue de fortifier la répression contre les récidivistes. M. Bérenger avait demandé une aggravation *progressive* des peines en cas de récidive, analogue à celle qu'admet la législation anglaise : le Sénat a voté sa proposition en juin 1890, mais celle-ci n'a pas trouvé place dans la loi Bérenger qui, sous le rapport de l'*aggravation* des peines, est, à notre avis, tout à fait insuffisante. On peut croire, toutefois, que l'idée fait son chemin, car les art. 64 et 65 du projet élaboré par la commission de revision du code pénal déploient contre les récidivistes une sévérité inconnue jusqu'ici. Le second de ces articles dispose que « si un individu, après avoir été condamné à un an d'emprisonnement, commet, dans un délai de dix ans à partir de sa libération, un nouveau crime ou un délit passible au minimum d'une année d'emprisonnement, la peine portée par la loi sera augmentée d'un tiers. Elle ne pourra, *même au cas de circonstances atténuantes*, être abaissée au-dessous de la moitié du maximum fixé par la loi, s'il n'excède pas dix ans, ni au-dessous de cinq ans, dans le cas où il serait supérieur à dix ans ».

833. Une bonne organisation pénitentiaire appelle comme complément nécessaire l'institution de la libération conditionnelle et le patronage des libérés. La libération conditionnelle fonctionne avec succès en France depuis la loi du 14 août 1885 (V. *suprà*, n°s 304 et suiv.) ; mais combien insuffisante est chez nous l'action des sociétés de patronage ! (V. aussi *suprà*, n° 333). Ce n'est pourtant que par la réunion de ces forces diverses, les unes officielles, les autres libres, s'exerçant sur les condamnés pendant leur détention et après leur libération, qu'il sera possible de lutter efficacement contre la « marée montante du crime ».

834. Certaines nations étrangères ont obtenu, sous ce rapport, des résultats bien remarquables, notamment la Hollande et l'Angleterre. « Au fur et à mesure que la Hollande s'engageait davantage dans la réforme de la prison par la cellule, dit M. Joly, sa criminalité diminuait. Elle diminuait en chiffres absolus, bien que sa population augmentât de 50 pour 100, et que le nouveau code pénal fût plus sévère que l'ancien pour les actes contraires aux mœurs. Sur notre continent, peu de délits ont plus augmenté que le délit de vol. Eh bien ! la Hollande fait exception. En 1851, année où elle commença à appliquer timidement la cellule, elle comptait par 100 000 habitants 111 condamnations pour vol. En 1881, son nouveau code consacrait et étendait les progrès de l'idée nouvelle : elle voyait en même temps ce chiffre de 111 tomber à 79,5. En 1887, elle ne constatait plus que 52,7. Si en 1889 elle a eu une légère recrudescence, elle est restée encore à 66,5, c'est-à-dire bien au-dessous des chiffres d'il y a quarante ans » (*Le combat contre le crime*, p. 254). L'Angleterre est encore mieux favorisée. Deux faits frappants se dégagent des statistiques judiciaires de ce pays et du dernier rapport officiel (1892) des commissaires des prisons. Le premier, c'est que, d'après le mouvement de la population des prisons en Angleterre, le nombre des individus ayant commis des infractions entraînant la perte de la liberté a constamment diminué pendant les dernières années. La moyenne quotidienne du nombre des détenus est, en effet, pour les prisons, tombée de 20 361 en 1876-1877 à 13 196 en 1891-1892, et pour les condamnés à la servitude pénale (*convict prisons*) de 10 763 dans la même période de 1876-1877 à 5068 en 1891-1892. Le second fait, qui est basé sur des rapports de police et vise la généralité des contrevenants et inculpés, vient fournir la preuve que le nombre des malfaiteurs dangereux est tombé de 87 000 à 52 000 pendant la période comprise entre les années 1867-1868 et les années 1889-1890 (V. à cet égard, dans la *Revue pénitentiaire, Bulletin de la Société des prisons*, mai 1893, p. 615 et suiv., l'intéressant article du major Arth.-Griffiths, inspecteur général des prisons de S. M. B.). La criminalité est donc, en Angleterre, en décroissance marquée. L'article précité attribue cet heureux résultat principalement à l'application intelligente des mesures préventives, parmi lesquelles il signale les *écoles de réformes* et plus spécialement les *écoles industrielles* ouvertes à l'enfance coupable (les écoles industrielles fondées et entretenues uniquement par des subventions privées étaient, en Angleterre, à la fin de 1892, au nombre de 136, abritant une population de 16 652 enfants des deux sexes), les services croissants de l'activité de la police armée de pouvoirs légaux, la loi concernant ceux qui sont traduits pour la première fois en justice et qui permet au juge d'ajourner sa sentence (*probation system*), et les nombreuses sociétés de secours aux prisonniers libérés.

Table sommaire

des matières contenues dans le Supplément et le Répertoire.

(Les chiffres précédés de la lettre *S* renvoient au Supplément; les chiffres précédés de la lettre *R* renvoient au Répertoire.)

Table des articles du code d'instruction criminelle et du code pénal.

Table chronologique des Lois, Arrêts, etc.

4 nov. Crim. 745 c.
11 nov. Crim. 78 c.
18 nov. Crim. 413 c., 416 c.
23 déc. Crim. 440 c.
30 déc. Crim. 551 c.

1882

23 févr. Crim. 673 c.
27 févr. Alger. 292 c.
4 mars Paris. 203.
6 avr. Crim. 557 c.
20 avr. Crim. 277 c.
24 avr. Crim. 549 c.
29 avr. Crim. 745 c.
5 mai Crim. 214 c.
11 mai Crim. 557 c.
8 juin Crim. 148 c., 214 c.
29 juin Crim. 100 c., 551 c.
1er juill. Crim. 745 c.
15 juill. Crim. 789 c.
17 juill. C. cass. belg. 544 c.
20 juill. Crim. 692 c.
22 juill. Crim. 509 c., 516 c.
21 sept. Crim. 159 c., 745 c.
12 oct. Crim. 514 c., 537 c.
29 déc. Crim. 799 c.

1883

11 janv. Crim. 145 c.
11 janv. C. d'ass. Loiret. 149 c.
25 janv. Angers. 707 c.
27 janv. Crim. 129 c.
1er févr. Angers. 707 c.
10 févr. Crim. 344 c
16 févr. Lyon. 736 c.
17 févr. Crim. 88 c.
8 mars Crim. 111 c., 734 c.
6 avr. Crim. 557 c.
14 avr. Crim. 128 c.
14 mai Riom. 129
2 juin Crim. 750 c.
11 juin C. cass. belge 544 c.
28 juin Paris. 204.
3 juill. Crim. 634 c.
3 juill. Nancy 156 c.
16 juill. Paris. 147
16 août Crim. 685 c.
17 août Crim. 528 c.
30 août Crim. 181 c.
15 nov. Crim. 624 c.
27 nov. Paris. 129.
7 déc. Crim. 648 c.
8 déc. Loi. 278 c.
20 déc. Crim. 513. 745 c.

1884

4 janv. Lyon. 359 c.
5 janv. Crim. 765 c.
7 févr. Crim. 145 c.
29 févr. Crim. 418 c.
5 avr. Crim. 624 c.
5 avr. Loi. 70 c., 71 c., 74 c., 77 c.
12 avr. Crim. 746 c.
18 avr. Crim. 126 c.
25 avr. Loi. 67 c.
13 juin Crim. 128 c., 129 c.
14 juin Crim. 143 c.
3 juill. Crim. 562 c.
11 juill. Crim. 78 c., 84 c., 87 c.
14 aout Limoges. 736 c., 739 c.
9 oct. Crim. 577.
13 nov. Crim. 707 c.
21 nov. Crim. 75 c., 762 c.
29 déc. Loi. 730 c., 731 c., 609 c.

1885

2 janv. Crim. 568 c.
23 janv. Crim. 357 c.
29 janv. Crim. 75 c., 124 c. 232 c.
27 mars. Loi. 304 c., 476 c., 632 c., 709 c.
14 avr. Loi. 69 c.
24 avr. Crim. 127 c., 129 c.
9 mai. Crim. 114 c., 740 c., 748 c.
15 mai. Crim. 134 c., 557 c.
21 mai. Crim. 488 c.
27 mai. Loi. 4 c. 9 c., 10 c., 47 c., 48 c., 49 c., 52 c., 102 c., 228 c., 233 c., 279 c., 287 c., 317 c., 329 c., 467 c., 471 c., 486 c., 487 c., 489 c., 501 c., 533 c., 582 c., 662 c., 664 c., 665 c., 667 c., 668 c., 670 c., 671 c., 703 c., 708 c., 710.
12 juin. Crim. 143 c.
20 juin. Crim. 764 c.
24 juin. Toulouse. 704 c.
1er juill. Circ. min. int. 669 c.
9 juill. Crim. 671 c.
13 août. Crim. 157 c., 671 c.
14 août. Loi. 8 c., 9 c., 48 c., 49 c., 52 c., 238 c.. 304 c., 306 c., 308 c., 309 c., 310 c., 313 c., 314 c.. 315 c., 318 c., 322 c., 329 c., 332 c., 829 c., 838 c.
3 sept. Crim. 692 c.
22 sept. Paris. 679 c.
22 oct. Crim. 746 c.
24 oct. Crim. 416 c.
11 nov. Décr. 635 c., 638 c.
18 nov. Crim. 418 c.
20 nov. Crim. 748 c.
26 nov. Décr. d'adm. publ. 10 c.
27 nov. Crim. 578.
19 déc. Crim. 342 c.
24 déc. Crim. 692 c.

1886

21 janv. Crim. 582 c., 678 c.
28 janv. Crim. 536 c.
13 févr. Crim. 762 c.
19 févr. Crim. 582 c., 678 c.
25 févr. Crim. 692 c.
26 févr. Crim. 744 c., 747 c.
27 févr. Crim. 75 c.
3 mars. Décr. 10 c., 611 c.
5 mars. Crim. 515 c.
15 mars. C. d'ass. Lot-et-Garonne. 673 c.
25 mars. Crim. 535 c.
8 avr. Crim. 692 c.
15 avr. Crim. 670 c.
15 avr. Nancy. 129 c., 669 c.
18 avr. Loi. 728 c.
22 avr. Crim. 537 c.
13 mai. Crim. 491 c.
4 juin. Crim. 585 c.
15 juin. Crim. 745 c.
22 juin. Orléans. 378 c., 644 c.
26 juin. Crim. 144 c.
1er juill. Crim. 684 c.
9 sept. Crim. 671 c., 789 c., 797 c.
30 sept. Crim. 161 c., 745 c.
3 oct. Décr. 10 c.
23 oct. Crim. 65 c., 66 c.
6 nov. Crim. 759 c.
8 nov. Lyon. 126.
12 nov. Crim. (3 arrêts) 79 c.
12 nov. Crim. 164 c.
12 nov. Trib. civ. Marseille 773 c.
26 nov. Crim. 73 c.
4 déc. Crim. 707 c.

1887

28 janv. Crim. 134 c.
3 févr. Crim. 79 c., 788 c.
5 févr. Crim. 124 c., 172 c., 173 c.
17 févr. Crim. 692 c., 745 c.
19 févr. Crim. 78 c.
3 mars. Crim. 489 c.
5 mars. Crim. 762 c.
10 mars. Crim. 73 c.
11 mars. Crim. 172 c., 173 c.
16 mars. Dijon. 673 c.
17 mars. Crim. 437 c.
18 mars. Crim. 745 c.
25 mars. Crim. 673 c.
26 mars. Décr. 13 c., 48 c.
31 mars. Crim. 675 c.
7 avr. Crim. 534 c. 552 c.
22 avr. Crim. 79 c., 128 c., 131 c., 788 c.
5 mai. Crim. 476 c.
14 mai. Crim. 73 c.
20 mai. Crim. 361 c.
9 juill. Crim. 417 418 c.
15 juill. Nimes. 129 c., 131 c.
29 juill. Loi. 554 c.
30 juill. Crim. 747 c., 749 c.
25 août. Crim. 181 c.
3 oct. Décr. 611 c.
30 nov. Crim. 764 c.
1er déc. Décr. 10 c., 154 c., 611 c.

1888

4 janv. Req. 780 c.
12 janv. Décr. 620 c.
13 janv. Décr. 617 c.
20 janv. Crim. 75 c.
26 janv. Crim. 145 c.
4 févr. Loi. 568 c.
17 févr. Crim. 692 c.
30 mars. Loi. 249 c., 569 c., 572 c., 573 c.
18 avr. Loi. 493 c., 501 c., 503 c.
3 mai. Crim. 808 c.
31 mai. Loi. 242 c.
20 juin. Circ. garde des sceaux 320 c.
21 juin Trib. Bruges 233 c.
28 juin. Circ. garde des sceaux 324 c., 327 c.
13 juill. Crim. 164 c.
20 juill. Circ. garde des sceaux 318 c., 321 c., 326 c.
23 août. Crim. 148 c., 562 c.
20 sept. Crim. 161 c., 673 c.
26 oct. Loi. 94 c., 538 c., 567 c., 580 c.
28 oct. Loi. 587 c.
9 nov. Crim. 736 c.
22 déc. Crim. 572 c.

1889

4 janv. Circ. garde des sceaux 470 c.
20 févr. Toulouse. 736 c.
26 févr. Ch. réun. 232 c.
2 mars. Crim. 148 c.
8 mars. Crim. 572 c.
16 mars. Crim. 232 c.
21 mars. Trib. corr. Cahors. 131, 232 c.
4 avr. Crim. 232 c.
11 avr. Crim. 484 c.
12 avr. Crim. 413 c., 416 c.
16 mai. Crim. 232 c.
31 mai. Crim. 128 c., 129 c., 159 c.
21 juin. Crim. 696 c., 697 c.
29 juin. Crim. 351 c.
15 juill. Loi. 278 c., 280 c., 590 c., 654 c., 717 c.
17 juill. Loi. 767 c.
24 juill. Loi. 278 c., 470 c.
29 août. Crim. 232 c.
4 oct. Décis. présid. 613 c., 620 c.
5 oct. Décr. 10 c., 315 c., 613 c.
24 oct. Trib. corr. Bourges. 457.
12 nov. Crim. 788 c.
16 nov. Décr. 612 c.
20 nov. Arr. sous-secrét. d'Etat. 612 c.
3 déc. Aix. 365.
12 déc. Crim. 692 c.
20 déc. Crim. 622 c.
31 déc. Décr. 767 c.

1890

1er janv. Loi. 308 c.
4 janv. Arrêté. 55 c.
9 janv. Crim. 122 c.
14 janv. Crim. 673 c.
4 févr. Orléans. 804 c.
1er mars. Crim. 359 c.
7 mai. Paris. 68 c.
5 juin. Crim. 61 c., 70 c., 738 c.
14 juin. Crim. 232 c.
15 juin. Rapp. min. de l'int. 322 c.
20 juin. Crim. 692 c.
3 juill. Crim. 492 c.
10 juill. Grenoble. 213 c.
10 juill. Trib. Carpentras. 129.
5 août. Trib. corr. Nancy. 111 c., 734 c.
7 août. Crim. 403 c.
16 août. Loi. 64 c.
11 sept. Crim. 144 c., 673 c.
25 sept. Crim. 561 c.
29 sept. Décr. 617 c.
16 oct. Dijon. 50 c.
18 déc. Besançon. 132 c., 135 c.
20 déc. Crim. 673 c.
26 déc. Loi. 573 c., 766 c.

1891

31 janv. Crim. 74 c.
11 mars. Bordeaux. 450.
13 mars. Crim. 403 c., 416 c., 418 c., 788 c.
25 mars. Trib. corr. Lorient. 245 c.
26 mars. Crim. 689 c.
26 mars. Loi. 8 c., 11 c., 49 c., 150 c., 169 c., 215 c., 216 c., 217 c., 218 c., 219 c., 220 c., 221 c., 222 c., 223 c., 225 c., 230 c., 233 c., 235 c., 236 c., 242 c., 243 c., 245 c., 249 c., 253 c., 259 c., 260 c., 262 c., 265 c., 284 c., 287 c., 294 c., 296 c., 300 c., 302 c., 465 c., 539 c., 677 c., 832 c.
29 mars. Loi. 3 c.
17 avr. Crim. 488 c.
21 avr. Trib. corr. Rouen. 248 c.
24 avr. Crim. 350 c.
14 mai. Crim. 574 c.
27 mai. Crim. 73 c.
28 mai. Crim. 128 c., 131 c., 419 c.
3 juin. Rennes. 245 c., 246 c.
4 juin. Montpellier. 256 c.
10 juin. Besançon. 262 c.
14 juin. Chambéry. 222 c., 283 c.
17 juin. Bordeaux. 248 c.
9 juill. Crim. 474 507 c.
13 juill. Lyon. 224 c., 266 c.
7 août. Crim. 648 c.
12 août. Circ. min. mar. just. 264 c.
14 août. Bordeaux. 246 c., 249 c.
4 sept. Décr. 315 c., 614 c.
14 sept. Décr. 313 c.
15 sept. Décr. 615 c.
4 oct. Décr. 260 c.
16 oct. Trib. corr. Brive. 243.
7 nov. Nancy. 249 c.
11 nov. Poitiers. 135 c.
19 nov Crim. 245 c.
19 nov. Lyon. 246 c., 249 c.
21 nov. Crim 418.
21 nov. Trib. Seine. 578 c.
4 déc. Angers. 246 c.
17 déc. Bourges. 246 c., 248 c.
17 déc. Crim. 111 c.
22 déc. Civ. 230 c., 246 c.

1892

12 janv. Douai. 231 c., 246 c., 249 c.
16 janv. Circ. 277 c., 297 c. 299 c.,
21 janv. Trib. corr. Orange. 243 c.
26 janv. Loi. 729 c.
29 janv. Besançon. 246 c.. 249 c.
26 févr. Crim. 535 c.
26 févr. Poitiers. 248 c.
4 mars. Crim. 788 c.
5 mars. Crim. 250 c.
25 mars. Crim. 231 c., 248 c., 249 c.
2 avr. Loi. 493 c.
3 avr. Loi. 501 c.
26 avr. Paris. 467 c.
5 mai. Crim. 250 c.
7 mai. Trib. corr. Rennes. 112 c., 124 c.
14 mai. Crim. 243 c.
18 mai. Riom. 246 c.
23 juin. Crim. 68 c.
30 juin. Crim. 679 c.
30 juin. Décr. 13 c.
29 juill. Crim. 250 c.
8 sept. Crim. 359 c.
2 nov. Loi. 64 c., 66 c., 68 c., 138 c. 569 c., 820 c.
15 nov. Loi. 11 c., 188 c., 189 c., 190 c., 191 c., 192 c., 194 c., 195 c., 208 c., 328 c.
19 nov. Lyon. 245 c.
30 nov. Loi. 86 c., 95 c., 569 c.
22 déc. Crim. 245 c., 246 c., 249 c.

1893

13 janv. Crim. 192 c.
20 janv. Crim. 240 c.
20 janv. Trib. corr. Saint-Etienne. 242 c.
2 févr. Crim. 192 c.
3 févr. Loi. 569 c.
4 févr. Loi. 9 c., 51 c., 643 c., 831 c., 832 c.,
8 févr. Douai. 205 c., 206 c.
8 févr. Besançon. 568 c.
16 févr. Alger. 248 c.
16 févr. Chambéry. 230 c.
20 févr. Lyon. 242 c.
28 avr. Loi. 766 c.
4 mai. Trib. corr. Saint-Etienne. 688 c.
18 mai Crim. 200 c.
19 mai. Crim. 440 c.
5 juin. Circ. 638 c.
24 juin. Crim. 200 c.

PEINE DISCIPLINAIRE. — V. outre les renvois indiqués au *Répertoire, suprà*, vis *Avocat*, nos 166 et suiv.; *Avoué*, nos 97 et suiv.; *Discipline judiciaire*, nos 84 et suiv., 103 et suiv., 142 et suiv.; *Greffier*, nos 39 et suiv., 102; *Huissier*, nos 27 et suiv., 59 et 71; *Notaire*, nos 297 et suiv., 324 et suiv., 375 et suiv., 384 et suiv.; *Office*, nos 45 et suiv.

PEINTRE-PEINTURE. — V. *suprà*, vis *Acte de commerce*, no 73; *Patente*, nos 368 et suiv., et *infrà*, *Propriété littéraire; Rép.* vis, *Acte de commerce*, nos 85 et 87; *Patente*, no 243; — *Propriété littéraire*, nos 402 et suiv.

PENITENCIER. — V. *infrà*, vo *Prisons; — Rép.* vo *Prisons et bagnes*, nos 103 et suiv.; et vo *Organisation de l'Algérie*, nos 404 et suiv.

PENSION.

1. Les pensions civiles et les pensions militaires n'étant pas soumises aux mêmes règles, nous traiterons séparément des unes et des autres dans deux chapitres distincts, ainsi qu'on l'a fait, d'ailleurs, au *Répertoire*.

Division.

CHAP. 1er. — Des pensions civiles (*Rép.* nos 17 à 103).

SECT. 1re. — HISTORIQUE ET LÉGISLATION (*Rép.* nos 2 à 16).

2. On a présenté au *Rép.*, nos 2 et suiv., l'historique détaillé des pensions de retraites en France, sous l'ancien régime et depuis 1789 jusqu'à la loi du 9 juin 1853 sur les pensions civiles (D. P. 53. 4. 98). On a étudié les origines de cette dernière loi et exposé son économie générale. Depuis la publication du *Répertoire*, aucune loi n'est encore venue modifier profondément celle de 1853, dont la plupart des dispositions sont, par conséquent, encore en vigueur aujourd'hui. Quelques dispositions se sont bornées à en étendre ou à en restreindre l'application, dans certains cas déterminés.

TABLEAU DE LA LÉGISLATION SUR LES PENSIONS CIVILES.

14-30 mai. 1856. — Décret qui crée une caisse spéciale de pensions de retraite pour le théâtre impérial de l'Opéra (D. P. 56. 4. 57).

17-23 juill. 1856. — Loi relative aux pensions des grands fonctionnaires de l'empire (D. P. 56. 4. 91).

19 nov.-5 déc. 1859. — Décret impérial concernant le Théâtre français. — Art 2 et suiv. réglant les pensions de retraite des artistes de ce théâtre (D. P. 59. 4. 120).

24 janv.-6 févr. 1860. — Décret impérial qui modifie l'ordonnance du 20 août 1824, sur les pensions et secours à accorder aux fonctionnaires, employés, ouvriers, etc... de l'Imprimerie impériale (D. P. 60. 4. 12).

21-22 nov. 1860. — Décret impérial portant promulgation de la convention destinée à régler diverses questions auxquelles donne lieu la réunion de la Savoie et de l'arrondissement de Nice à la France. — Art. 2 relatif aux pensions liquidées par le gouvernement sarde en faveur d'individus devenus sujets français par suite de l'annexion (D. P. 60. 4. 158).

27-30 juill. 1870. — Loi portant fixation générale du budget des recettes et des dépenses de 1871. — Art. 33 fixant le maximum des pensions extraordinaires (D. P. 70. 4. 59).

13-14 déc. 1870. — Décret relatif aux pensions de retraite des employés et agents du département de la Seine et de la Ville de Paris (D. P. 70. 4 108).

16 sept.-2 oct. 1871.— Loi portant fixation du budget rectificatif de 1871. — Art. 25 qui abroge la loi du 17 juill. 1856 relative aux pensions des grands fonctionnaires (D. P. 71. 4. 94).

30 mars-4 avr. 1872. — Loi concernant les fonctionnaires et employés civils réformés pour cause de suppression d'emploi ou de réorganisation (D. P. 72. 4. 71).

15-27 juin. 1872. — Loi portant suppression de la caisse des retraites des employés de l'ancien Sénat (D. P. 72. 4. 109).

21 mars-11 avr. 1873. — Décret qui modifie l'ordonnance du 20 août 1824 et le décret du 24 janv. 1860 sur les pensions de l'Imprimerie nationale (D. P. 73. 4. 29).

19 mai-26 juin 1873. — Décret relatif aux pensions de retraite des employés, ouvriers et ouvrières de l'Imprimerie nationale (D. P. 73. 4. 72).

15 nov.-14 déc. 1873. — Décret qui établit une limite d'âge pour la cessation de l'activité des fonctionnaires, comptables et agents relevant du ministère des finances (D. P. 74. 4. 25).

17-mars-1er avr. 1875. — Loi portant régularisation des crédits supplémentaires accordés par des décrets pendant la prorogation de l'Assemblée nationale et ouverture de crédits spéciaux d'exercice clos et périmés. — Art. 3 et 4 relatifs à la liquidation et à la concession des pensions civiles (D. P. 75. 4. 93).

6-8 juill. 1875. — Décret qui rapporte celui du 15 nov. 1873, établissant une limite d'âge pour les agents de tout grade de l'administration centrale des Finances et les comptables directs du Trésor (D. P. 76. 4. 14).

30 nov.-31 déc. 1875. — Loi organique sur l'élection des députés. — Art. 10, concernant les droits à pensions des fonctionnaires élus députés (D. P. 76. 4. 4).

17-25 août 1876. — Loi relative à la retraite de divers fonctionnaires de l'enseignement primaire (D. P. 76. 4. 125).

11-20 oct. 1877. — Décret qui fixe l'âge auquel les chefs et employés du ministère des travaux publics seront admis à faire valoir leurs droits à la retraite (D. P. 78. 4. 29).

7-28 déc. 1878. — Décret relatif aux pensions de retraite des employés, ouvriers et ouvrières de l'Imprimerie nationale (D. P. 79. 4. 22).

15-16 juill. 1879. — Loi relative à la liquidation des caisses départementales et municipales des retraites d'Alsace-Lorraine (D. P. 79. 4. 83).

13-19 juill. 1880. — Décret concernant les pensions de retraite des fonctionnaires et agents coloniaux ayant une parité d'office dans les services métropolitains (D. P. 81. 4. 92).

11-21 juin 1881. — Décret concernant les pensions de retraite des employés de la préfecture de police (D. P. 82. 4. 61).

13-14 janv. 1883. — Décret portant institution d'une caisse des retraites en faveur des agents et employés commissionnés de tous les services du réseau de chemin de fer de l'Etat (D. P. 89. 4. 51).

30-31 août 1883. — Loi sur la réforme de la magistrature. — Art. 12 relatif aux pensions de retraite des magistrats non maintenus en fonctions (D. P. 83. 4. 58.)

31 juill.-7 sept. 1883. — Décret qui soumet à la retenue pour pension civile le traitement de secrétaire-comptable de l'académie de France à Rome (D. P. 84. 4. 8).

6-10 déc. 1884. — Loi portant modification aux lois organiques sur l'organisation du Sénat et les élections des sénateurs. — Disposition transitoire concernant le droit à pension des fonctionnaires élus sénateurs auxquels l'art. 8 de la loi du 30 nov. 1875 est déclaré applicable (D. P. 85. 4. 5).

5 févr.-18 mars 1885. — Décret modifiant, en ce qui concerne le personnel des ponts et chaussées, les décrets des 13 juill. 1880 et 29 août 1884, relatifs aux parités d'office des fonctionnaires coloniaux (D. P. 85. 4. 79).

21-22 mars 1885. — Loi portant fixation du budget des dépenses de l'exercice 1885.— Art. 9, 10 et 23 relatifs aux pensions des fonctionnaires et employés de l'administration centrale du ministère de la marine, de ceux des colonies, des professeurs du collège de France et des professeurs de facultés (D. P. 85. 4. 41).

5-6 sept. 1885. — Décret étendant aux professeurs spéciaux des écoles primaires supérieures les dispositions de la loi du 9 juin 1853 sur les pensions (D. P. 86. 4. 66).

23-25 nov. 1886. — Décret qui fixe, par assimilation, la pension de retraite du résident général, du secrétaire général et des résidents du protectorat du Cambodge (D. P. 87. 4. 59)

26-27 févr. 1887. — Loi portant fixation du budget des recettes et du budget des dépenses sur les ressources extraordinaires de l'exercice 1887. — Art. 24 relatif à la liquidation des pensions des agents du service actif des douanes (D. P. 87. 4. 81).

26-29 mars 1887. — Décret relatif à la liquidation de la caisse des retraites instituée au profit des artistes et employés de l'Opéra (D. P. 87. 4. 69).

26-28 juill. 1887. — Décret relatif aux pensions des agents du service actif des douanes (D. P. 87. 4. 91).

26-28 déc. 1887. — Loi concernant les incompatibilités parlementaires. — Article unique, al. 2, concernant les pensions de retraite des fonctionnaires élus sénateurs (D. P. 88. 4. 2).

23-29 janv. 1888. — Décret qui fixe la limite d'âge pour l'admission à la retraite du personnel des bibliothèques de Paris et des Archives nationales (D. P. 88. 4. 42).

30-31 mars 1888. — Loi portant fixation du budget général de l'exercice 1888. — Art. 22, relatif à la limite d'âge fixée pour la retraite des fonctionnaires (D. P. 88. 4. 25).

22 juin-14 sept. 1889. — Décret ayant pour objet de compléter l'art. 6 du décret du 14 mai 1856 sur la caisse des retraites du théâtre de l'Opéra (D. P. 90. 4. 68).

17-18 juill. 1889. — Loi portant fixation du budget général des dépenses et des recettes de l'exercice 1890. — Art. 11 relatif à la part affectée au service des pensions civiles dans les produits des amendes et confiscations (D. P. 90. 4. 72).

26-27 déc. 1890. — Loi portant fixation du budget général des dépenses et des recettes de l'exercice 1891. — Art. 29, 30, 53, relatifs aux retenues pour pensions civiles sur les traitements des principaux collèges, et de divers fonctionnaires de l'enseignement primaire (D. P. 91. 4. 57).

11 juin-4 août 1891. — Décret qui modifie l'art. 2 du règlement annexé au décret du 13 janv. 1883, portant création d'une caisse de retraite en faveur des agents et employés commissionnés des chemins de fer de l'Etat (D. P. 92. 4. 8).

13-14 juin 1891. — Décret relatif aux retenues à opérer sur les émoluments des trésoriers payeurs généraux pour le service des pensions civiles (D. P. 92. 4. 8).

26-27 janv. 1892. — Loi portant fixation du budget des dépenses et des recettes de l'exercice 1892. — Art. 51 relatif à l'affectation des crédits d'inscription pour pensions civiles. — Art. 70 relatif aux retenues pour pensions civiles sur les traitements des instituteurs (D. P. 92. 4. 9).

20-21 févr. 1892. — Décret relatif aux pensions de retraite du personnel de l'Imprimerie nationale (D. P. 92. 4. 63).

4-6 mai 1892. — Loi rendant les tarifs de la gendarmerie et des agents et préposés des douanes applicables à la liquidation des pensions des agents et préposés forestiers domaniaux ou mixtes soumis aux prescriptions des décrets du 22 sept. 1882 et du 18 nov. 1890 (D. P. 92. 4. 55).

8-20 août 1892. — Décret portant règlement d'administration publique pour l'application de l'art. 51 de la loi du 26 janv. 1892 (D. P. 93. 4. 40).

17 août 1892. — Décret portant règlement d'administration publique pour l'exécution de la loi du 4 mai 1892, relative aux pensions des agents et préposés forestiers domaniaux ou mixtes (*Journ. off.* du 30 août 1892).

28 avr. 1893. — Loi portant fixation du budget des recettes et des dépenses de l'exercice 1893. — Art. 50, 53, 69 et 70 relatifs aux pensions civiles (*Journ. off.* du 29 avril).

3. La loi de 1853 a soulevé d'assez nombreuses critiques. On a, d'abord, contesté le principe même de la loi, qui donne aux anciens fonctionnaires le droit à une pension sur les fonds de l'Etat calculée d'après leurs derniers traitements et la durée de leurs services. Il serait plus naturel, dit-on, et plus conforme aux idées modernes de donner à la pension de retraite le caractère d'une assurance sur la vie dont les conditions varieraient suivant les prévisions du contrat. La caisse des retraites gérée par l'Etat ne serait plus, alors qu'une *Caisse nationale de prévoyance* alimentée par les versements des fonctionnaires, et au besoin, par des subventions de l'Etat. La liquidation des pensions se ferait, en principe, en se conformant aux tarifs des compagnies d'assurances, sauf sur certains points où des dispositions spéciales seraient nécessaires, notamment en faveur des fonctionnaires blessés ou devenus infirmes par suite de l'exercice de leurs fonctions, de ceux dont l'emploi est supprimé, de ceux qui complètent les années de service exigées par un certain nombre d'années de services militaires, etc. (Rapport de M. Mathieu, au nom de la commission chargée d'examiner un projet de loi sur les pensions civiles, Séance de la Chambre des députes du 19 juin 1840 ; V. aussi Exposé des motifs de la loi de 1853, n° 2, D. P. 53. 4. 98, note).

Sans aller jusqu'à cette refonte complète du système qui existe en France depuis 1790, on a demandé souvent l'amélioration du régime de la loi de 1853, sous divers rapports. Ces revendications portent, notamment, sur les points suivants :

La nécessité de l'admission à la retraite, qui est le préalable indispensable de toute liquidation de pension, livre le fonctionnaire au pouvoir discrétionnaire de l'Administration (V. *infrà*, n°s 105 et suiv., 148 et suiv.). Il en est autrement en matière de pensions militaires : il y a droit absolu à pension au profit du militaire ou du marin qui réunit les conditions nécessaires pour l'obtenir (*infrà*, n°s 446 et 646).

De même, la démission ou la révocation du fonctionnaire civil lui fait perdre ses droits à la retraite (*infrà*, n°s 110 et suiv.), tandis qu'aucun fait ne peut enlever au militaire le droit qu'il a acquis à une pension. On demande que le même droit absolu soit accordé au fonctionnaire civil. La pension constitue une des conditions du contrat intervenu entre l'Etat et lui ; elle est, en quelque sorte, un supplément de traitement et le prix des services rendus pendant une longue suite d'années. Le législateur de 1853 lui-même a reconnu incidemment ce caractère à la pension. « La pension, dit l'exposé des motifs de la loi de 1853, constitue un véritable supplément de traitement, ou plutôt une continuation de traitement, qui se divise en traitement d'activité et en autre traitement appelé pension, lorsque l'activité a cessé » (Exposé des motifs de la loi de 1853, n° 1, D. P. 53. 4. 98).

Il serait, dit-on, également équitable et logique, lorsqu'un fonctionnaire cesse ses fonctions avant d'avoir droit à pension, de lui rembourser le montant des retenues qui ont été prélevées sur son traitement en vue de la retraite.

On critique encore la condition d'âge fixée par l'art. 5 de la loi de 1853 pour l'obtention de la pension d'ancienneté. Si l'on ne veut pas créer aux employés, qui sont entrés de bonne heure dans l'Administration, une situation moins favorable qu'à ceux dont les services sont moins anciens, on ne doit poser d'autres conditions que celles relatives à la durée *minima* des services.

On fait observer également que les *maxima* établis par la loi de 1853 (art. 7) et qui sont, pour la plupart, empruntés à la législation antérieure, ne sont plus en rapport avec la valeur actuelle de l'argent et devraient être notablement relevés. Il devrait en être de même des chiffres *maxima* fixés pour le cumul des pensions entre elles ou avec des traitements d'activité (L. 1853, art. 28 et 31). Il conviendrait aussi, ajoute-t-on, de relever et de porter du tiers à la moitié les pensions et secours accordés aux veuves et orphelins (L. 1853, art. 13 et 14).

Enfin, dans le but de faciliter le recrutement de la magistrature parmi les hommes de savoir et d'expérience, on a proposé d'accorder aux magistrats, atteints par la limite d'âge, une retraite proportionnelle s'ils comptent au moins dix années de service.

Sur tous ces points, V. Bavelier, *Traité des pensions civiles et militaires*, t. 1, p. 9 et suiv. (Paris, 2 vol., A. Rousseau, 1886). V. aussi E. Perriquet, *Etat des fonctionnaires et pensions civiles*, n° 32 (Paris, Marchal et Billard, 1886).

4. La loi de 1853, contrairement aux prévisions de ses auteurs (*Exposé des motifs* de la loi de 1853, n° 13, D. P. 53. 4. 98, note) a eu pour conséquence d'augmenter rapidement les charges de l'Etat. Avant cette loi, afin d'éviter d'épuiser les fonds des caisses spéciales, on n'admettait à la retraite que les agents qui ne pouvaient plus rendre de services suffisants à l'Administration. Aujourd'hui, au contraire, le payement des pensions étant assuré sur les fonds de l'Etat, personne n'a plus un intérêt direct à s'opposer à des mises à la retraite prématurées. Aussi de graves abus se sont-ils produits et le chiffre de la dette viagère de l'Etat s'est-il accru dans des proportions considérables (V. *infrà*, n° 109). Un article de la loi du budget de 1888 (L. 30 mars 1888, art. 22, D. P. 88. 4. 22) a porté remède, dans une certaine mesure, à ces abus en décidant que les limites d'âge fixées par les décrets et règlements alors en vigueur ne pourraient plus être *abaissées* qu'en vertu d'une loi (V. *infrà*, n° 107). Mais cette mesure est incapable d'arrêter la progression constante de la charge imposée au Trésor par le service des pensions. Dans l'exposé des motifs du projet de budget pour 1892, le ministre des finances a, lui-même, reconnu que cette situation est de nature à préoccuper sérieusement le Parlement et le Gouvernement. Les pensions civiles, dit-il, n'ont pu, dans ces dernières années, être contenues dans les limites inflexibles qu'au prix d'un trouble profond dans de nombreux services : le Gouvernement étudie les moyens de remédier à cette situation, tout en ménageant autant que possible les intérêts du Trésor. — Le ministre fait également remarquer que les crédits des pensions militaires grossissent chaque année; ils se sont accrus, depuis dix ans, de près de trente-cinq millions et présentaient encore, au budget de 1892, une augmentation de 1 611 000 fr.

5. Différents projets de loi ont été proposés, à diverses époques, pour modifier ou même refondre complètement la législation des pensions. M. Bavelier, t. 1, p. 13 et suiv., a analysé les dispositions des deux principaux, présentés, l'un le 24 mars 1873 par M. de la Monneraye, à l'Assemblée nationale, l'autre le 18 déc. 1877 par M. Léon Say, ministre des finances, au Sénat. Le premier a été renvoyé au conseil d'Etat; le second, voté par le Sénat en 1879, a été l'objet, à la Chambre des députés, d'un rapport tendant au rejet et n'a reçu aucune suite depuis lors. D'autres propositions sont actuellement soumises à la Chambre des députés, mais ne seront certainement pas votées par elle avant l'expiration de son mandat, et deviendront, par conséquent, caduques. Nous croyons donc inutile de les analyser. Nous nous bornerons à signaler un projet de loi sur les pensions civiles présenté par le Gouvernement à la Chambre des députés, le 27 juin 1891 (n° 1549).

6. Toutes les pensions civiles ne sont pas soumises aux dispositions de la loi du 9 juin 1853; il en est quelques-unes qui sont régies par d'autres lois; elles feront l'objet d'une étude spéciale (V. *infrà*, sect. 3, n°s 306 et suiv.).

SECT. 2. — DES PENSIONS CIVILES RÉGIES PAR LA LOI DU 9 JUIN 1853 (*Rép.* n°s 17 à 103).

ART. 1er. — *Suppression et liquidation des caisses de retraite* (*Rép.* n°s 18 à 21).

7. On a étudié (*Rép.* n°s 18 et suiv.) les dispositions des art. 1 et 2 de la loi de 1853 qui ont supprimé la plupart des caisses de retraite alors existantes, et en ont attribué l'actif à l'Etat, à charge par lui de servir les pensions que ces caisses devaient acquitter. Les art. 1 à 4 du décret du 9 nov. 1853 ont complété les dispositions de la loi de 1853 sur ce point.

8. Ainsi, depuis 1853, tous les agents de l'Etat ont, en principe, droit à pension; les anomalies fâcheuses de l'ancienne législation ont disparu. Le rapporteur de la loi a justifié ainsi cette innovation. « Quant au principe de la généralité du droit à pension en faveur de tous les fonctionnaires et employés, on peut dire que les considérations qui justifient et nécessitent la concession de pensions viagères aux fonctionnaires publics s'appliquent avec une égale force à toutes les branches de l'Administration. On ne voit pas comment on pourrait, sans injustice, concéder aux uns ce qu'on refuserait aux autres. On comprend quelques diversités dans les règles relatives à la durée des services donnant droit à pension ou à la quotité de la pension, suivant la nature des fonctions; mais on ne comprend pas que certaines catégories de fonctionnaires soient exclues de tout droit à pension ».

9. On a expliqué (*Rép.* n° 18) pourquoi le tableau n° 1, annexé à la loi de 1853, et qui énumère les caisses de retraites supprimées, ne cite pas celle des instituteurs communaux et celle de l'Imprimerie nationale (V. aussi *infrà*, n° 322). La loi a également passé sous silence la caisse des employés du Sénat (V. *infrà*, n° 318), celle des employés de la Chambre des députés (V. *infrà*, n° 319) et celle des Invalides de la marine (V. *suprà*, v° *Organisation maritime*, n° 96). Depuis lors, un décret du 13 janv. 1883 a encore constitué une nouvelle caisse spéciale, celle des employés des chemins de fer de l'Etat (V. *infrà*, n° 321).

10. M. Bavelier (*Traité des pensions civiles et militaires*, t. 1, n°s 208 à 227) a donné une analyse complète des règlements des vingt-quatre caisses supprimées. Quoique, aux termes de l'art. 18 de la loi du 9 juin 1853, les services antérieurs à 1854 doivent continuer à être rémunérés conformément aux règlements en question, nous ne croyons pas devoir les étudier ici; car le nombre des fonctionnaires qui peuvent faire entrer en compte des services antérieurs au 1er janv. 1854 diminue de jour en jour, et l'étude des divers règlements auxquels ils sont soumis ne présentera bientôt plus qu'un intérêt purement historique.

ART. 2. — *Des conditions du droit à pension* (*Rép.* n°s 22 à 60).

§ 1er. — Il faut être fonctionnaire ou employé directement rétribué par l'Etat (*Rép.* n°s 23 à 27).

11. On a expliqué (*Rép.* n°s 23 et suiv.) que, en règle générale et sauf les exceptions que nous indiquerons, peuvent seuls avoir droit à pension *les fonctionnaires et employés directement rétribués par l'Etat* (L. 9 juin 1853, art. 3).

Ainsi, pour prétendre à pension, il faut, en premier lieu, réunir les deux conditions suivantes : 1° *être fonctionnaire ou employé de l'Etat*; 2° *être directement rétribué par l'Etat*.

12. — 1° Le conseil d'Etat a eu souvent à faire application de la règle que les fonctionnaires et employés de l'Etat peuvent seuls avoir droit à pension, en vertu de la loi de 1853. C'est ainsi qu'il a jugé : 1° que les services rendus en qualité de géomètre de 1re classe du cadastre ont le caractère de services rendus dans une administration publique, et, par suite, sont admissibles dans la liquidation des pensions de retraite pour le règlement desquelles cette condition est exigée (Cons. d'Et. 20 févr. 1868, aff. Lasnier, D. P. 69. 3. 11); — 2° Que les piqueurs des ponts et chaussées en Algérie (sous le régime en vigueur de 1842), n'étaient que des agents auxiliaires nommés à titre temporaire, et leurs services n'étaient pas de ceux qui donnent droit à pension; les conducteurs auxiliaires des ponts et chaussées appartenaient, au contraire, à un cadre permanent et régulier, et les services rendus en cette qualité étaient de la nature de ceux qui, aux termes de la loi du 22 août 1790 et du décret du 13 sept. 1806, donnaient droit à pension (Cons. d'Et. 29 juin 1877, aff. Talairach, D. P. 79. 5. 314); — 3° Que des services temporaires et rémunérés par un salaire mensuel ou journalier, non assujetti à la retenue, ne donnent pas droit à pension (Cons. d'Et. 8 janv. 1875, aff. Dabat, D. P. 75. 3. 93), notamment quand il s'agit d'un sous-employé civil aux subsistances ou d'un individu employé à la direction des contributions directes à titre d'auxiliaire temporaire (Même arrêt), ou d'un individu qui a rempli, sans titre régulier, les fonctions d'un employé absent, moyennant une rétribution mensuelle prélevée sur le traitement de cet employé (Cons. d'Et. 7 mai 1852, aff. Durieu, *Rec Cons. d'Etat*, p. 145); ou d'un arpenteur forestier requis seulement quand les besoins du service forestier l'exigeaient, et payé par vacations (Cons. d'Et. 10 janv. 1856, aff. Noirot, D. P. 56. 3. 54); ou du gardien auxiliaire d'une maison d'arrêt qui n'avait pas reçu de commission (Cons. d'Et. 1er avr. 1868, aff. Lallemant, *Rec. Cons. d'Etat*, p. 365); — 4° Que ne peut être compté pour la pension de retraite d'un employé, le temps du surnumérariat, quand même le surnuméraire aurait reçu une indemnité annuelle, mais non sujette à retenue (Cons. d'Et. 15 nov. 1872, aff. Pluchart. D. P. 73. 3. 43. Conf. L. 9 juin 1853, art. 23).

13. Les greffiers des cours et tribunaux, malgré le traitement qu'ils reçoivent, sont plutôt des officiers ministériels que des fonctionnaires de l'Etat (*Rép.* v° *Greffier*, n° 38); aussi n'ont-ils pas droit à pension. Jugé, toutefois, que les services rendus sous le gouvernement sarde par un greffier dont les fonctions ne constituaient pas un office, comptent pour lui donner droit à une pension de retraite, alors même que le réclamant aurait été institué greffier après l'annexion de la Savoie à la France, et aurait ensuite disposé de son office moyennant finance (Cons. d'Et. 28 janv. 1876, aff. Masson, D. P. 76. 3. 54). — A la différence des greffiers, les commis greffiers, dont le traitement est sujet à retenue, peuvent recevoir une pension de retraite (Bavelier, t. 1, n° 7).

14. — 2° Il faut, en second lieu, pour que le fonctionnaire ou l'employé ait droit à pension, que son traitement ait été payé directement par l'Etat (Comp. *infrà*, n° 388). Par application de ce principe, le conseil d'Etat a toujours décidé que, d'une façon générale, les services admissibles pour la retraite sont uniquement les services rétribués sur les fonds de l'Etat. Il a été jugé, notamment : 1° que le temps passé par un employé en congé ou en disponibilité sans traitement ne peut pas être compté pour la liquidation de sa pension (Cons. d'Et. 30 juill. 1863, aff. Raybaud *Rec. Cons. d'Etat*, p. 604 ; 14 janv. 1881, aff. Mayeul, D. P. 82. 3. 37. Conf. Cons. d'Et. 19 déc. 1873, aff. Lemontey, *Rec. Cons. d'Etat*, p. 955; 20 nov. 1891, aff. Séguin de la Salle, D. P. 93. 3. 19. V. aussi *infrà*, n°s 237 et suiv.); mais le temps passé en congé avec traitement peut, au contraire, entrer en compte (Cons. d'Et. 30 juill. 1863, précité); — 2° Que les services rendus par un juge suppléant chargé de l'instruction, étant rémunérés par un traitement, sont de nature à donner droit à pension; par suite, un magistrat déplacé en vertu de la loi du 30 août 1883, et qui n'a pas accepté le nouveau poste qui lui était offert, peut faire entrer en compte les services qu'il a rendus comme juge suppléant chargé de l'instruction, pour établir qu'il a droit à la pension exceptionnelle dans les conditions prévues par l'art. 12 de la loi précitée (Cons. d'Et. 26 déc. 1884, aff. Gaudiani, D. P. 86. 3. 56. Conf. Bavelier, t. 1, n° 7); — 3° Que les services rendus dans une école préparatoire de médecine par un professeur suppléant qui, d'après le règlement de cette école, n'avait pas de traitement permanent et recevait seulement, à titre d'indemnité, pendant la durée du remplacement, la moitié du traitement du professeur suppléé, n'entrent pas en compte pour la liquidation de la pension (Cons. d'Et. 1er août 1890, aff. Breton, D. P. 92. 3. 44. Conf. Cons. d'Et. 23 mars 1888, aff. Bonnemason, et 4 mai 1888, aff. Jacquemin, D. P. 89. 3. 54); — 4° Que les magistrats nommés avant le 1er janv. 1854 et mis à la retraite en vertu du décret du 1er mars 1852, n'ont droit à pension, après quinze années de services, qu'autant qu'ils remplissaient au 1er janv. 1854 des fonctions rétribuées (Cons. d'Et. 3 juill. 1874, aff. Rougeot, D. P. 75. 3. 9).

15. Dans le calcul des trente années de services effectifs rendus à l'Etat, dont doivent justifier les commissaires de police pour avoir droit à une pension sur les fonds généraux, on ne doit tenir compte que des années de service *rétribuées par l'Etat* à l'exclusion de celles rétribuées par les communes (Cons. d'Et. 14 déc. 1862, aff. De la Cipière, D. P. 55. 3. 64; 4 juill. 1862, aff. Lefebvre, D. P. 63. 3. 67). Ainsi, n'a pas droit à pension pour ancienneté de services, le commissaire de police qui, rétribué en dernier lieu par l'Etat, ne peut justifier des trente années exigées qu'en réunissant, aux services rétribués par le trésor public, des services pour lesquels il a touché un traitement sur les fonds d'une commune (Mêmes arrêts). Il en est autrement des commissaires de police qui (comme ceux de Lyon, par exemple) sont directement rétribués par l'Etat (Cons. d'Et. 15 mai 1869, aff. Lemarchand et aff. Cazaintre, *Rec. Cons. d'Etat*, p. 488 et 490; 9 mars 1883, aff. Mallet, D. P. 84. 3. 110). V. toutefois, Cons. d'Et. 16 mai 1869, aff. Rion, *Rec. Cons. d'Etat*, p. 485.

De même il a été décidé que l'art. 10 de la loi du 21 mars 1885, d'après lequel les services accomplis dans les administrations civiles des colonies sont admis dans la liquidation des pensions sur le trésor public, ne s'applique pas à un employé de mairie rétribué sur le budget municipal (Cons. d'Et. 17 janv. 1890, aff. Veuve Germain, D. P. 91. 3. 61).

16. Il a été également jugé, par application des mêmes principes, qu'un agent de l'Etat, dont l'emploi est supprimé, ne peut compter pour compléter les vingt années de services nécessaires pour lui donner droit à pension, le temps qu'il a passé au service d'une compagnie dont l'Etat a racheté le canal (dans l'espèce le canal d'Aire à la Bassée), alors que, ni la loi relative à ce rachat, ni aucune autre disposition législative ou réglementaire ne l'autorise à faire entrer en compte ces services pour la liquidation de sa pension (Cons. d'Et. 1er avr. 1887, aff. Devernay, D. P. 88. 5. 365). Il faut, toutefois, remarquer que si la loi du 20 mai 1863, relative au rachat du canal d'Aire à la Bassée, ne contient aucune disposition en faveur des employés de la compagnie, l'art. 7 de la loi, en date du même jour, relative aux rachats des canaux d'Orléans et du Loing, autorise les employés qui avaient subi des retenues à compter leurs services rendus à la compagnie pour leur pension de retraite.

17. La règle générale d'après laquelle la pension, telle qu'elle est régie par la loi de 1853 ne peut être accordée qu'aux fonctionnaires et employés directement rétribués sur les fonds de l'Etat subit plusieurs exceptions que nous avons indiquées au *Rép.* n° 25.

18. — 1° La *première exception* résulte de l'art. 4, § 1, de la loi du 9 juin 1853 ainsi conçu : « Les fonctionnaires de l'enseignement, rétribués, en tout ou en partie, sur les fonds départementaux et communaux, ou sur le prix des pensions payés par les élèves des lycées nationaux, ont droit à pension conformément aux dispositions de la présente loi, et supportent, sur leur traitement et leurs différentes rétributions, la retenue déterminée par l'art. 3 ». Il en était ainsi, notamment, des instituteurs primaires qui, avant la loi du 19 juill. 1889, étaient rétribués sur les fonds communaux. Toutefois, d'après l'art. 25 de la loi du 15 mars 1850, les fonctions d'instituteurs publics ne pouvaient être remplies que par ceux qui étaient munis d'un brevet de capacité ou qui suppléaient à l'absence de ce brevet par un certificat de stage, un diplôme de bachelier, un certificat constatant qu'ils avaient été admis dans une des écoles de l'Etat ou par le titre de ministre d'un des cultes reconnus par l'Etat. L'enseignement donné en contravention à des dispositions si précises ne pouvait avoir le caractère de service susceptible de mettre une pension à la charge du Trésor. Aussi a-t-il été jugé que les services qu'un individu a rendus comme instituteur dans une école publique ne peuvent être comptés pour lui donner droit à une pension, s'il n'avait pas le brevet de capacité (Cons. d'Et. 28 mai 1880, aff. Foulquier, D. P. 81. 3. 7).

19. Il a été décidé, par application de l'art. 4 de la loi de 1853, que les services rendus comme directeur d'une école communale sont considérés, pour ce qui concerne la liquidation de la pension de retraite, comme services rendus dans une administration publique ressortissant au Gouvernement; par suite, l'employé municipal qui compte plus de dix ans de services dans la commune est fondé, dans le cas où celle-ci n'a pas de règlement spécial pour la caisse de retraite de ses employés, à réclamer qu'on fasse entrer dans le temps de service en raison duquel sa pension est fixée, les services qu'il a rendus antérieurement dans d'autres communes comme instituteur primaire... Et, à cet égard, on doit assimiler à l'absence de règlement le cas où il existe un règlement non revêtu de l'approbation du ministre, alors même qu'il aurait été exécuté depuis longtemps (Cons. d'Et. 18 nov. 1858, aff. Bailly, D. P. 59. 3. 57).

Il a été jugé, au contraire, que les services rendus par un fonctionnaire de l'enseignement en qualité d'économe d'un collège communal n'entrent pas en compte pour la liquidation de sa retraite (Cons. d'Et. 27 févr. 1891, aff. Causse, D. P. 92. 3. 82). L'art. 4 de la loi de 1853 ne s'applique, en effet, qu'aux fonctionnaires remplissant des fonctions d'enseignement, dans le service où ils sont détachés; or il n'existe d'économes que dans les collèges en régie, où ils sont chargés de la gestion des deniers de la ville et nommés par le maire : ils sont donc, en réalité, des employés municipaux.

20. Aux termes d'un décret du 5 sept. 1885 (D. P. 86. 4. 66), « les professeurs spéciaux de langues vivantes, de dessin, d'agriculture, de gymnastique et de chant, attachés aux écoles primaires supérieures en vertu d'une nomination préfectorale, ont droit au bénéfice de la loi du 9 juin 1853 sur les pensions civiles, lorsqu'ils sont pourvus du certificat d'aptitude à l'enseignement dont ils sont chargés ». — L'art. 30 de la loi de finances du 26 déc. 1890 (D. P. 91. 4. 58) dispose également : « Les institutrices des écoles facultatives de filles, dans les communes de moins de 401 habitants, et des écoles maternelles, dans les communes de moins de 2000 habitants ; les maîtres auxiliaires des écoles normales primaires et des écoles primaires supérieures qui, lors de la loi du 19 juill. 1889, étaient régulièrement nommés et comptaient cinq ans d'exercice et trente-cinq ans d'âge, sont autorisés à continuer à verser des retenues à la caisse des pensions civiles, sur un traitement qui ne pourra dépasser celui dont ils jouissaient au 31 déc. 1889, pour conserver leur droits à la retraite, conformément à la loi du 9 juin 1853 ». C'est une application du principe posé par l'art 4 de la loi de 1853.

21. — 2° La *deuxième exception* à la règle de l'art. 3 de la loi de 1853 est posée par l'art. 4 (§ 2) de la même loi, qui, au point de vue de la retraite, assimile aux fonctionnaires rétribués par l'Etat « les fonctionnaires et employés attachés à l'administration de la Dotation de la couronne et rétribués sur les fonds de la liste civile ». Les employés de la dernière liste civile non replacés ont été admis, en vertu de la loi du 30 mars 1872 (D. P. 72. 2. 71), à faire valoir leurs droits à la retraite, pour suppression d'emploi (*infrà*, n° 86). L'art. 19 de la loi de finances du 29 déc. 1873 a ouvert un crédit en leur faveur.

22. — 3° La *troisième exception* est formulée par l'art. 4, § 3, de la loi de 1853, ainsi conçu : « Il en est de même des fonctionnaires et employés qui, sans cesser d'appartenir au cadre permanent d'une administration publique, et en conservant leurs droits à l'avancement hiérarchique, sont rétribués, en tout ou en partie, sur les fonds départementaux ou communaux, sur les fonds des compagnies concessionnaires, et même sur les remises et salaires payés par les particuliers ». Cette disposition concerne notamment les percepteurs qui sont en même temps receveurs municipaux et receveurs d'établissements de bienfaisance (Décr. 9 nov. 1853, art. 20, D. P. 54. 4. 3), alors même qu'ils n'auraient exercé leurs fonctions de receveurs qu'à titre provisoire (Cons. d'Et. 4 juill. 1879, aff. Descourvières, D. P. 80. 3. 19). Elle vise également les préposés en chef d'octroi nommés par le ministre des finances (Cons. d'Et. 7 mai 1857, aff. Brun, *Rec. Cons. dEtat*, p. 374), mais non les receveurs d'octroi, qui n'ont point le caractère de fonctionnaires de l'Etat (Cons. d'Et. 20 févr. 1868, aff. Tournier, *ibid.*, p 210); ni les autres fonctionnaires ou agents communaux, tels que les commissaires de police et agents forestiers (*Rép.* n° 25. V. toutefois L. 4 mai 1892, D. P. 92. 4. 55); ou, à plus forte raison, les employés particuliers d'un agent de l'Etat, par exemple, d'un directeur des contributions directes (Cons. d'Et. 30 mars 1846, aff. Fabre, *Rec. Cons. d'Etat*, p. 209).

23. Le bénéfice de l'art. 4, § 3, de la loi de 1853 a toujours été appliqué sans difficulté aux services rétribués par les gouvernements étrangers. L'autorisation donnée au fonctionnaire d'accepter le poste qui lui est offert, sans perdre ses droits à l'avancement hiérarchique, est une preuve suffisante que l'Administration considère qu'il pourra servir utilement les intérêts politiques, commerciaux ou scientifiques de son pays (Cons. d'Et. 30 avr. 1867, aff. Poirel, *Rec. Cons. d'Etat*, p. 417. Conf. sol impl. : Cons. d'Et. 6 févr. 1874. aff. Ignon, D. P. 74. 3. 92).

24. — 4° La *quatrième exception* résulte de l'art. 9 de la loi du 9 juin 1853 : « Les services des employés des préfectures et des sous-préfectures rétribués sur les fonds d'abonnement sont réunis, pour l'établissement du droit à pension et pour la liquidation, aux services rémunérés conformément aux dispositions de la présente loi, pourvu que la durée de ces derniers services soit au moins de douze ans dans la partie sédentaire et de dix ans dans la partie active » (*Rép.* n° 26). Cette disposition ne saurait évidemment être étendue aux employés des préfectures et sous-préfectures rétribués sur d'autres fonds que les fonds d'abonnement (Cons. d'Et. 7 juin 1878, aff. Mouton, D. P. 78. 3. 71), par exemple à un architecte de préfecture rétribué sur les fonds d'un département (Cons. d'Et. 12 juin 1877, aff. Osiecki, *Rec. Cons. d'Etat*, p. 532);.. ou par un agent voyer d'arrondissement, bien qu'un décret ait admis les agents voyers du département aux charges et bénéfices de la caisse de retraite établie pour les employés de préfecture (Cons. d'Et. 21 janv. 1887, aff. Franceschi, D. P. 88. 5. 363).

25. Les employés de la préfecture de police, n'étant pas rétribués sur les fonds d'abonnement, ne peuvent réclamer le bénéfice de l'art. 9 de la loi du 9 juin 1853, bien que l'Etat fournisse, sous forme de subvention, à la ville de Paris, une partie des sommes destinées au service de la police. Jugé notamment : 1° que les services à la préfecture de police, étant rétribués sur les fonds alloués au budget de la ville de Paris, ne comptent pas pour constituer le droit à pension sur les fonds de l'Etat (Cons. d'Et. 27 mai 1874, aff. Damesne, D. P. 75. 3. 39) ; — 2° Que cette règle s'applique au chef du cabinet de la préfecture de police, bien que ses attributions principales aient pour objet des services à rendre à l'Etat (Cons. d'Et. 7 juin 1878, aff. Mouton, D. P. 78. 3. 71).

26. Il a été jugé que la durée de douze années dans la partie sédentaire ou de dix années dans la partie active, sans laquelle les services rendus dans les préfectures ne peuvent être réunis, pour l'établissement du droit à pension et pour la liquidation, aux services civils rémunérés par l'Etat et qui ont donné lieu à une retenue, concerne ces derniers services, et non pas ceux qui ont été rendus dans les bureaux de la préfecture (Cons. d'Et. 6 mai 1858, aff. Chartrand. D. P. 59. 3. 11. Conf. Cons. d'Et. 18 mars 1858, aff. Vaux, motifs, D. P. 58. 3. 66).

27. Conformément à l'avis émis au *Rép.* n° 27, il a été décidé : 1° que le droit de faire compter, dans la liquidation d'une pension de retraite, les années de services passées dans une administration départementale, lorsqu'il s'y joint douze années au moins de services civils rémunérés par l'Etat, ne s'étend pas au cas où, à ces mêmes années, se joignent exclusivement des services militaires (Cons. d'Et. 18 mars 1858, aff. Vaux, D. P. 58. 3. 66) ; — 2° Que les services des employés des préfectures et des sous-préfectures ne peuvent être réunis, pour l'établissement du droit à pension et pour sa liquidation, aux services rémunérés conformément aux dispositions de la loi du 9 juin 1853, qu'autant que la durée de ceux-ci a été de douze ans au moins dans la partie sédentaire et de dix ans dans la partie active, et les services dont il s'agit ne peuvent s'entendre que de ceux qui ont été soumis à retenue. Ainsi, le fonctionnaire qui, au moment de sa mise à la retraite, comptait moins de douze ans de services civils soumis à la retenue, ne peut pas être admis à prétendre qu'il y a lieu, pour compléter les douze ans exigés, de compter aussi ses services militaires, ce qui permettrait alors de faire entrer dans la liquidation de sa pension les services qu'il a rendus comme employé d'une préfecture (Cons. d'Et. 4 août 1866, aff. Delaunay, D. P. 70. 3. 34). Cette solution est évidemment très rigoureuse : car elle a ce résultat qu'un fonctionnaire qui a servi l'Etat, dans l'armée et dans des emplois civils, pendant plus de cinquante ans, ne reçoit pas une pension de retraite plus élevée que s'il n'avait eu que onze ans de services. Il faut cependant reconnaître, en droit, que lorsque, dans l'art. 9 de la loi de 1853, le législateur a exigé douze ans de services *rémunérés conformément aux dispositions de cette loi et rendus dans la partie sédentaire*, il ne peut avoir porté sa pensée que sur des services soumis à retenue et sur des services civils.

28. L'art. 8 du décret du 4 juill. 1806, relatif aux pensions de retraite des employés du ministère de l'intérieur (*Rép.* p. 749), porte que ces employés pourront obtenir une pension de retraite après trente ans de services effectifs, pour lesquels on compte tout le temps d'activité dans d'autres administrations publiques qui dépendent du Gouvernement. Il a été jugé qu'un employé, mis à la retraite avant d'avoir accompli trente ans de services civils, n'est pas fondé à soutenir, en se prévalant de l'article précité, que, pour compléter le temps nécessaire pour constituer droit à une pension d'ancienneté, il doit être fait état de sept ans de services militaires rendus par lui comme soldat maintenu en activité, le requérant, pendant ce laps de temps passé dans ses foyers, n'ayant pas rendu de services effectifs dans le sens de l'art. 8 précité (Cons. d'Et. 11 nov. 1887, aff. Chapontot, D. P. 88. 5. 364).

29. — 5° *Cinquième exception.* — Jusqu'en 1885, la jurisprudence décidait que les services rendus par les agents et employés civils de l'administration centrale du ministère de la marine n'étaient pas au nombre de ceux qui peuvent être comptés pour les pensions à liquider en vertu de la loi de 1853 (Cons. d'Et. 12 juill. 1878, aff. Hildibrand, D. P. 79. 3. 8 ; 12 déc. 1884, aff. Descamps, D. P. 86. 3. 103). Les art. 9 et 10 de la loi de finances du 21 mars 1885 (D. P. 85. 4. 42) ont modifié cet état de choses. Ils décident que les services accomplis tant dans l'administration centrale du ministère de la marine et des colonies, que dans les administrations civiles des colonies seront, dorénavant, admis dans la liquidation des pensions sur le trésor public, au même titre que les autres services rendus à l'Etat (V. *infrà*, n° 294. Conf. L. de fin. 28 avr. 1893, art. 53).

30. La disposition des art. 9 et 10 de la loi du 21 mars 1885 s'applique-t-elle à l'employé de mairie rétribué sur les fonds d'une commune aux colonies ? Un avis de la section des finances du conseil d'Etat et un arrêt du même conseil (Cons. d'Et. 17 janv. 1890, aff. Veuve Germain, D. P. 91. 3. 61) se sont prononcés pour la négative. Un arrêt (Cons. d'Et. 25 juill. 1890, aff. Simon, D. P. 92. 3. 35) a décidé toutefois qu'il en est autrement quand l'individu qui demande la liquidation de sa pension avait été simplement détaché par le gouverneur de la colonie au service de la municipalité, sans perdre son caractère d'employé local ; le requérant bénéficie, en ce cas, de la disposition de l'art. 4, § 3, de la loi du 9 juin 1853 permettant de compter pour les retraites les services rendus par des agents qui, tout en étant rétribués sur les fonds communaux, ne cessent pas d'appartenir au cadre permanent d'une administration publique. La même solution a été admise à l'égard des employés rémunérés par les budgets locaux des colonies : un arrêt a décidé que les services rendus dans une colonie par un agent appartenant au cadre régulier et permanent d'une administration civile donnent droit à pension sur les fonds du Trésor, alors même qu'ils sont rémunérés sur le budget local de la colonie (Cons. d'Et. 19 déc. 1890, aff. Boyer, D. P. 92. 3. 68). C'est d'ailleurs pour ce motif que, immédiatement après la loi du 21 mars 1885, diverses mesures ont été prises pour que le payement par l'Etat des pensions des employés dans les colonies n'aggrave pas la charge du Trésor; l'art. 11 de la loi du 22 mars 1885 (D. P. 85. 4. 44) a attribué à l'Etat les retenues opérées antérieurement sur les traitements, au profit de la caisse des invalides de la marine, et la loi des finances du 8 août suivant (D. P. 86. 4. 40) a imposé aux colonies le versement de contingents équivalant au montant des pensions (V. Dislère, *Législation coloniale*, t. 1, nos 535 et suiv.).

31. On s'est demandé si les services rendus par un *étranger* peuvent donner droit à pension. Un arrêt du conseil d'Etat a décidé que la qualité de Français n'est pas nécessaire à cet égard; que, par exemple, l'étranger non naturalisé, qui a été admis comme employé dans une administration publique pour laquelle la qualité de Français n'est pas exigée, et qui a subi sur son traitement, pendant la durée de ses fonctions, les retenues prescrites par la loi, a droit à une pension de retraite, s'il remplit d'ailleurs les conditions d'âge et de services auxquelles ce droit est subordonné (Cons. d'Et. 13 mars 1863, aff. Sauphar, D. P. 63. 3. 37). L'opinion contraire, qui avait été soutenue, dans cette affaire, par le ministre des finances (D. P. *ibid*), n'a pas prévalu. Il est vrai que, lorsqu'un Français a été admis dans les fonctions publiques et qu'il perd ensuite sa nationalité, cette circonstance entraîne la suspension soit de la jouissance de la pension déjà concédée, soit du droit à obtenir cette pension, *infrà*, n° 117); mais telle n'est pas la situation de l'étranger qui a été admis comme tel dans une fonction publique, et qui dès lors n'éprouve aucun changement dans son état. D'autre part, il est bien vrai que la qualité de Français est exigée dans la plupart des services publics (*Rép.*, v° *Fonctionnaire public*, n° 67); et, dès lors, quelque favorable qu'eût encore été en équité la situation du réclamant, son droit à pension aurait pu être contesté, s'il eût rempli une fonction de ce genre (Cons. d'Et. 28 mai 1880, aff. Foulquier, D. P. 81. 3. 7. Comp analog. Cons. d'Et. 18 déc. 1881, aff. De Wogan, D. P. 83. 3. 25); mais la règle n'est pas absolue (*Rép.*, *ibid.*), et l'arrêt a soin de constater qu'elle n'était pas applicable à l'espèce, réservant ainsi la question que l'autre hypothèse soulèverait. L'arrêt constate aussi que le réclamant avait subi les retenues dont son traitement était passible; il semble, par là, avoir voulu réserver également la question pour le cas où il s'agirait, non d'une pension sur les fonds de retenues, mais d'une pension sur les fonds généraux du Trésor, pour laquelle le fonctionnaire n'aurait point subi de retenues, et qui, à ce titre, serait peut-être susceptible d'être traitée avec moins de faveur (L. 9 juin 1853, art. 32).

32. Les services rendus par un étranger, en vertu d'un titre de nomination dont la légalité n'est pas contestée, changent-ils de caractère et deviennent-ils inutiles pour constituer droit à pension par le seul fait de la promulgation d'une loi nouvelle exigeant, pour l'emploi dont il est titulaire, la qualité de Français? La solution affirmative de cette question serait évidemment contraire à l'équité. Lorsque pour améliorer un service, le législateur croit devoir exiger de nouvelles conditions d'aptitude, il appartient à l'Administration d'apprécier quels ménagements peuvent être admis, dans l'application de la nouvelle loi, en faveur des situations acquises; et si les supérieurs hiérarchiques d'un employé ont cru devoir le maintenir en fonctions, il serait injuste, après avoir profité de ses services, de lui refuser ensuite la pension qui est, non une faveur gratuite du Gouvernement, mais un véritable complément de traitement. Le conseil d'Etat a adopté cette manière de voir et décidé qu'un étranger, nommé à une fonction sous l'empire d'une législation qui ne faisait pas de la qualité de Français une condition d'aptitude à ces fonctions, a droit à pension, bien qu'une loi postérieure ait exigé, pour cette fonction, la qualité de Français, si, depuis la loi nouvelle, il a continué ses services et subi les retenues. Il en est ainsi, notamment, d'un étranger nommé instituteur public avant la loi du 15 mars 1850 (Cons. d'Et. 12 juill. 1882, aff. Kran, D. P. 83. 3. 120).

§ 2. — Pour être admis à la pension de retraite, il faut avoir subi les retenues prescrites par la loi (*Rép.* nos 28 à 44).

33. — I. Principe général. — On a exposé (*Rép.* nos 28 et suiv.) le principe d'après lequel les services dont on doit tenir compte sont seulement ceux qui sont rémunérés par un traitement soumis à retenue (Conf. Cons. d'Et. 28 mai 1880, aff. Foulquier, D. P. 81. 3. 7). C'est ainsi qu'il a été jugé qu'un fonctionnaire de l'enseignement ne peut compter, pour la liquidation de sa pension, une période de temps pour laquelle il ne justifie pas avoir touché un traitement soumis à retenue (Cons. d'Et. 20 mars 1891, aff. Raspeyras, D. P. 92. 5. 475). On verra, *infrà*, n° 410, que ce principe n'est pas applicable aux pensions militaires.

34. L'Administration, par cela même qu'elle opère des retenues sur le traitement d'un fonctionnaire en vertu d'un règlement spécial, reconnaît que ce règlement s'applique à ce fonctionnaire. Il a été décidé, en conséquence, que, lorsqu'un fonctionnaire remplit les conditions prescrites par un règlement spécial aux fonctionnaires de son ordre et a subi les retenues établies par ce règlement, l'Administration ne peut contester son droit à pension, sous prétexte que son poste aurait été créé postérieurement à ce règlement (Cons. d'Et. 5 juill. 1871, aff. Drouhet, D. P. 72. 3. 47).

35. Il est de principe que, sauf exceptions formellement édictées par la loi, le payement des retenues réglementaires est une des conditions essentielles du droit à pension (*Rép.* n° 28); aussi un fonctionnaire a-t-il le droit d'exiger que la retenue soit effectuée sur son traitement (Cons. d'Et. 14 juin 1878, aff. Bellemare, D. P. 78. 3. 94). — Mais, du moment que l'Administration et le fonctionnaire ont été d'accord pour reconnaître, d'une part, qu'il y a lieu à retenue, et, d'autre part, qu'un délai sera donné pour le versement de la retenue, la circonstance que le fonctionnaire meurt avant l'expiration du terme qui lui avait été accordé ne peut ni lui faire perdre son droit à pension, ni affranchir sa succession de la dette qu'il avait contractée envers le Trésor ou envers la caisse spéciale de retraites; cette dette subsisterait alors même qu'au moment de son décès le fonctionnaire ne remplirait pas les conditions nécessaires pour que son droit à pension fût acquis à sa veuve ou à ses enfants. Il a été jugé, en conséquence, que la veuve d'un fonctionnaire admis à compléter, en plusieurs versements, des retenues qui, par suite de circonstances accidentelles, n'avaient pas été opérées antérieurement, ne perd pas son droit à pension, en raison de ce que son mari serait décédé avant d'avoir terminé ces versements, à la condition par elle de tenir compte à la caisse départementale des sommes dont il était encore redevable (Cons. d'Et. 2 juill. 1880, aff. Veuve Védie, D. P. 81. 3. 52).

36. Les agents encore actuellement dispensés de la retenue sont obligés, pour obtenir la liquidation de leur pension, de justifier que leurs services sont effectifs et, s'ils sont postérieurs au 1er janv. 1854, qu'ils sont rétribués (V. *suprà*, n° 14). — Sur la façon dont il est procédé à la liquidation de la pension des fonctionnaires dont le traitement n'est soumis à retenue que depuis le 1er janv. 1854, V. *infrà*, n° 222; *Rép.* n° 88).

37. Il a été jugé que les fonctionnaires qui, à la date du 1er janv. 1854, étaient titulaires, même depuis peu de temps, de fonctions en raison desquelles ils subissaient une retenue ne peuvent, eux ou leurs veuves, prétendre qu'on tienne compte, pour la liquidation de leur pension, de services non soumis à retenue qu'ils ont rendus antérieurement (Cons. d'Et. 13 avr. 1870, aff. Moore, D. P. 71. 3. 63. Comp. Cons. d'Et. 15 juill. 1857, aff. Gaulthier. D. P. 58. 3. 27; 22 mai 1874, aff. Mornand, D. P. 75. 5. 330.

38. — II. Quotité de la retenue. — Traitements et attributions sur lesquels elle porte. — On a indiqué (*Rép.* nos 33 et suiv.) que les retenues à exercer sur les traitements sont de trois sortes: 1° une retenue de 5 pour 100 sur les sommes payées à titre de traitement fixe ou éventuel, de préciput, de supplément de traitement, de remises proportionnelles, de salaires, ou constituant, à tout autre titre, un émolument personnel; 2° une retenue du douzième des mêmes rétributions lors de la première nomination ou dans le cas de réintégration, et du douzième de toute augmentation ultérieure; 3° les retenues pour cause de congés et d'absences, ou par mesure disciplinaire (L. 9 juin 1853, art. 3).

39. Le premier douzième désigné par la loi comme devant être retenu est celui qui est afférent au premier traitement reçu par le fonctionnaire et lui ouvrant un droit à pension. Si donc le premier traitement touché par un fonctionnaire est exempté de la retenue (V. *Rép.*, n° 29), et que ce fonctionnaire passe ensuite dans un service où la même immunité n'existe pas, il n'aura pas à subir la retenue du premier douzième sur le traitement attribué à ses nouvelles fonctions; il ne supportera, s'il y a lieu, que la retenue du premier douzième sur la différence existant entre les deux traitements. Il a été jugé, par application de ce principe, que la retenue du premier douzième du traitement n'est pas applicable à un conseiller d'Etat, nommé conseiller à la cour de cassation; ce fonctionnaire ne doit subir la retenue que sur la différence entre son nouveau traitement et celui qu'il touchait précédemment (Cons. d'Et. 13 mars 1885, aff. Monod, D. P. 86. 3. 125).

40. La retenue du premier douzième du traitement, imposée aux fonctionnaires en cas de *réintégration* (L. 1853, art. 3-2°), n'est pas applicable au fonctionnaire qui, après avoir passé d'un service sujet à retenue dans un autre service dont le traitement n'était soumis à aucune retenue, est ensuite nommé à une autre fonction donnant lieu à retenue; par exemple, à un professeur nommé conseiller d'Etat, puis conseiller à la cour de cassation (Cons. d'Et. 9 août 1880, aff. Blondel, D. P. 82. 3. 4. Conf. Bavelier, n° 13).

41. Aux termes de l'art. 25 du décret du 9 nov. 1853, « le fonctionnaire démissionnaire, révoqué ou destitué, s'il est réadmis dans un emploi assujetti à la retenue, subit de nouveau la retenue du premier mois de son traitement et celle du premier douzième des augmentations ultérieures. Celui qui, par mesure disciplinaire ou par mutation volontaire d'emploi, est descendu à un traitement inférieur, subit la retenue du premier douzième des augmentations ultérieures. Le fonctionnaire placé dans la situation indiquée par le dernier paragraphe de l'art. 10 de la loi du 9 juin 1853 est assujetti à la retenue sur son traitement d'inactivité; mais il ne subit pas la retenue du premier douzième lorsqu'il est rappelé à un emploi actif » (Conf. Avis sect. fin. du Cons. d'Et. 5 févr. 1861; Ourry, *Dictionnaire des pensions inscrites au trésor public*, p. 219). Les termes *démissionnaire*, *révoqué* ou *destitué*, employés par l'alinéa 1 de l'art. 25 sont purement énonciatifs, et la disposition doit être appliquée à tout fonctionnaire qui a été privé de son emploi par mesure administrative (Av. Cons. d'Et. 4 avr. 1878, D. P. 82. 3. 4, note). Ainsi le pensionnaire civil rappelé à l'activité doit supporter sur son nouveau traitement la retenue du premier douzième prescrite dans le cas de réintégration par l'art. 3-2° de la loi de 1853 (Av. sect. fin. du Cons. d'Et. 5 nov. 1858, D. P. 82. 3. 4, note; Bavelier, t. 1, n° 13).

42. Le passage d'une fonction rétribuée sur les fonds communaux non assujettie à la retenue et ne conférant pas le droit à pension, à une fonction rétribuée sur les fonds de l'Etat et créant droit à pension, est considérée comme une première nomination donnant lieu à retenue de l'intégralité du premier douzième (Note du directeur de la Dette inscrite du 8 janv. 1859). M. Bavelier (*loc. cit.*) estime qu'il en serait de même en cas de passage d'une fonction rétribuée sur les fonds d'abonnement à une fonction rétribuée sur les fonds de l'Etat.

43. On a analysé (*Rép.* n°s 34 et suiv.) les dispositions des art. 21 et suiv. du décret du 9 nov. 1853 qui, non seulement déterminent, en vertu de l'art. 35 de la loi du 9 juin 1853, la portion des rétributions diverses qui peut être affranchie de la retenue mentionnée à l'art. 3 (§ 1) et le montant des retenues désignées au même article (§ 3), mais encore pose les règles suivant lesquelles devra s'effectuer la retenue du douzième opérée en vertu de cet article (§ 2), lorsque le fonctionnaire est rétribué au moyen de remises ou salaires variables. On a exposé notamment (*Rép.* n° 36) que la retenue opérée au moment où un agent rétribué au moyen de remises variables est nommé à un emploi plus avantageux, est calculée d'après le résultat du dernier exercice connu de la gestion du prédécesseur (Instr. gén. sur le service et la comptabilité des receveurs des finances, art. 347 et 351); mais ce procédé ne peut donner que d'une manière provisoire et approximative la moyenne des remises que touchera à l'avenir le nouveau fonctionnaire, moyenne qui, d'après la prescription formelle de l'art. 23 du décret du 23 nov. 1853, doit servir à calculer le premier mois d'augmentation dont la retenue doit lui être faite.— C'est pour remédier à cet inconvénient qu'une circulaire ministérielle du 29 févr. 1864 a décidé que la retenue du premier douzième serait *revisée en fin de gestion*, en comparant la somme sur laquelle elle a été exercée avec la moyenne des six dernières années. Ce chiffre de six années est tiré, par voie d'analogie, de l'art. 6 de la loi de 1853, qui règle, d'après la moyenne des six dernières années, le traitement servant à la liquidation du droit à pension. Le conseil d'Etat, sans toutefois se prononcer explicitement, a sanctionné, en principe, le mode de procéder tracé par la circulaire de 1864, en décidant que le montant du premier douzième de retenue à opérer sur l'augmentation de traitement des agents dont les fonctions sont rétribuées au moyen de remises variables, doit être calculé sur la différence existant entre la moyenne du traitement frappé de la dernière retenue et celle des émoluments afférents au nouvel emploi. Par suite, la retenue supportée par le fonctionnaire au moment où il a été nommé à ce nouvel emploi ne fait pas obstacle à ce qu'à la fin de sa gestion il soit astreint à compléter la retenue dont il est redevable, lorsque, d'après la moyenne des émoluments qu'il a touchés, cette retenue dépasse celle qu'il a supportée à son entrée en fonctions (Cons. d'Et. 6 mai 1881, aff. Veuve Descourvières, D. P. 82. 3. 103. Conf. Bavelier, t. 1, n° 13). Le requérant serait mal fondé à invoquer ici l'art. 25 de la loi de 1853, aux termes duquel il ne peut, en aucun cas, y avoir lieu au rappel de plus de trois années d'arrérages antérieurs à la date de l'insertion au *Bulletin des lois* du décret de concession de pension; aucune disposition de loi ne permet d'étendre les prescriptions dudit article au rappel des sommes dues par les fonctionnaires pour le service des pensions civiles (Même arrêt).

44. Que décider dans le cas où la moyenne des six dernières années se trouverait *inférieure* à celle sur laquelle le premier douzième a été calculé? Nous estimons, avec M. Bavelier (t. 1, n° 13), que le fonctionnaire est alors en droit de demander que la revision ait lieu à son profit; car, ainsi qu'on vient de le remarquer *suprà*, n° 43), la retenue à opérer au moment de l'entrée en gestion n'est évaluée que d'une manière provisoire et approximative, et sauf revision ultérieure.

45. Les émoluments ou rétributions personnelles attribués à titre de *suppléments de traitement* sont soumis à retenue (L. 9 juin 1853, art. 3). Il en est ainsi notamment de l'indemnité allouée aux proviseurs, censeurs et professeurs des lycées des départements pourvus du titre d'agrégé (Décr. 31 déc. 1873, art. 2, D. P. 74. 4. 38); ... de l'indemnité allouée en vertu des décrets des 4 déc. 1849 (*Rép.* v° *Organisation de l'Algérie*, n° 426) et 25 mars 1860 (D. P. 60. 4. 64) aux fonctionnaires qui justifient de la connaissance de la langue arabe; ... de l'allocation annuelle de 100 fr. accordée aux instituteurs par l'art. 4 de la loi du 19 juill. 1875 (Cons. d'Et. 2 mai 1890, aff. Campana, sol. impl., D. P. 91. 3. 101. V. *infrà*, n° 167); ... des remises proportionnelles des préposés en chef de l'octroi (Cons. d'Et. 7 mars 1857, aff. Brun, *Rec. Cons. d'Etat*); ... des remises proportionnelles allouées aux employés d'un octroi soit sur les droits d'entrée, soit sur les produits de l'octroi dépassant un minimum fixe (Cons. d'Et. 6 août 1880, aff. Olive, D. P. 82. 3. 67; 28 juin 1882, aff. Ducourthial, D. P. 84. 3. 1. Conf. *infrà*, n° 361). Ne sont pas, au contraire, soumises à retenue, les allocations supplémentaires accordées *sur les fonds communaux* aux professeurs des collèges communaux (Décr. 27 juin 1892, art. 6, *Code des lois politiques et administratives*, t. 2, p. 742.)

46. On s'est demandé si la portion de salaire des gardes forestiers mixtes, qui est payée sur les fonds de cotisation ou sur les caisses communales, est soumise aux retenues. La question a été résolue affirmativement par une décision ministérielle du 30 janv. 1855, portée à la connaissance des services intéressés par une circulaire du ministre de l'intérieur en date du même jour (D. P. 55. 3. 56). « Cette décision, dit la circulaire, est motivée, d'une part, sur ce que les gardes mixtes se trouvent dans la catégorie des employés qui font l'objet de l'art. 4 de la loi du 9 juin 1853, c'est-à-dire qui, sans cesser d'appartenir au cadre permanent d'une administration publique, sont rétribués *en tout ou en partie* sur les fonds départementaux ou communaux; d'autre part, sur ce que l'art. 3 de la même loi assujettit aux retenues toutes sommes payées à titre de traitement fixe ou éventuel, de salaire ou constituant *à tout autre titre* un émolument personnel, et que d'après l'art. 6 la pension doit être basée sur la moyenne des traitements et émoluments de *toute nature* soumis aux retenues ».

47. Les rétributions pour *services temporaires*, ou *à titre auxiliaire*, au contraire, ne sont pas soumises à retenue (Décr. 9 nov. 1853, art. 21; Cons. d'Et. 26 mars 1850, aff. Cottard, *Rec. Cons. d'Etat*, p. 307; 7 mai 1852, aff. Durieu, *ibid*, p. 145; 10 janv. 1856, aff. Noirot, D. P. 56. 3. 54; 1er avr. 1868, aff. Lallemand, *Rec. Cons. d'Etat*, p. 365; 8 janv. 1875, aff. Dabat, D. P. 75. 3. 93). Ainsi les frais d'escorte, abandonnés intégralement aux employés d'un octroi pour les rémunérer du surcroît de travail qu'exige l'escorte des produits en transit d'un bureau à l'autre, ont le caractère d'un salaire de travail extraordinaire qui n'est pas sujet à retenue, et non celui d'un émolument personnel servant à établir le traitement moyen pour la liquidation de la pension (Cons. d'Et. 6 août 1880, aff. Olive, D. P. 82. 3. 67). Il en est de même : 1° de la rétribution accordée à un instituteur suppléant, rétribution qui, d'ailleurs, est payée, non par une caisse publique, mais par l'instituteur titulaire, de ses deniers personnels (Cons. d'Et. 4 mai 1888, aff. Jacquemin, D. P. 89. 3. 54. Conf. Cons. d'Et. 1er août 1890, aff. Breton, D. P. 92. 3. 44); ... 2° Des indemnités allouées à des surnuméraires, en raison des services rendus (Cons. d'Et. 15 nov. 1872, aff. Pluchart. D. P. 73. 3. 43), à moins qu'il ne s'agisse d'intérimaires ou d'auxiliaires appointés, tels que ceux qui sont attachés aux divers services administratifs de l'Algérie (Lettre du ministre de l'Algérie du 15 oct. 1858; Bavelier, t. 1, n° 14); ou d'intérimaires ou auxiliaires faisant partie d'une classe d'agents soumis au régime des retenues (Décr. 26 déc. 1866, art. 44).

48. On a énuméré au *Rép.*, n° 34, les indemnités et gratifications qui, en vertu de l'art. 21 du décret du 9 nov. 1853, échappent à l'obligation de la retenue. On peut ajouter à cette énumération : 1° les indemnités attribuées aux présidents d'assises (Même article, § 2), et par analogie celles allouées, en vertu du décret du 12 janv. 1884 (D. P. 84. 4. 95) aux juges suppléants et substituts délégués près d'un tribunal en cas d'empêchement des membres ordinaires du parquet (Bavelier, t. 1, n° 15); — 2° L'allocation accordée à un ingénieur détaché au service de la marine, sur les fonds de ce département, pour frais de bureau ou remboursement de dépenses (Cons. d'Et. 24 déc. 1880, sol. impl., aff. Courbebaisse, D. P. 82. 3. 66); — 3° Les frais fixes alloués à l'ingénieur en chef chargé de la statistique des rivières de la France (Cons. d'Et. 28 nov. 1867, aff. Dausse, *Rec. Cons. d'Etat*, p. 882); — 4° L'indemnité accordée aux remplaçants non suppléants au Collège de France et dans les facultés, laquelle est prélevée sur la partie du traitement abandonnée par le titulaire (L. de fin. 21 mars 1885, art. 23, *in fine*, D. P. 85. 4. 41). Si le remplaçant est un *suppléant*, il doit, au contraire, subir la retenue sur la partie du traitement du titulaire qui lui est attribuée à titre de rémunération (Même article, § 4); — 5° L'indemnité payée, sur les fonds de l'Etat, aux maîtresses chargées de l'enseignement de la couture dans les écoles mixtes dirigées par des instituteurs (L. 19 juill. 1889, art. 46); — 6° L'allocation supplémentaire accordée par une commune à un instituteur, à titre de gratification (Cons. d'Et. sol. impl., 23 mars 1888, aff. Bonnemason, D. P. 89. 3. 54); — 7° Les allocations suivantes : parts dévolues aux employés saisissants sur le produit des amendes et confiscations, indemnité sur la taxe des plombages, remises aux receveurs des douanes sur les crédits qu'ils sont autorisés à consentir, parts attribuées aux employés secondaires et aux receveurs subordonnés des douanes sur le produit des amendes et confiscations, complément de traitement alloué aux employés des contributions indirectes sur les fonds communaux, pour leur concours dans la perception des octrois (Av. Cons. d'Et. 8 déc. 1855, approuvé par le ministre le 22 du même mois, rapporté par Bavelier, *loc. cit.*). V. aussi *suprà*, n° 47.

49. On a rapporté au *Rép.*, n° 35, les dispositions de l'art. 22 du décret de 1853, qui détermine la part du traitement passible de la retenue, en ce qui concerne les fonctionnaires envoyés d'Europe en Algérie ou dans les colonies. On a également rapporté (*Ibid.* p. 768) le texte de l'art. 24 de la loi du 18 avr. 1831, relatif à la fixation du taux des pensions des fonctionnaires de l'ordre judiciaire et des fonctionnaires civils attachés au service des colonies. Un décret du 17 janv. 1863, complété et modifié depuis par un grand nombre de textes (notamment par les décrets des 17 août 1864, 28 nov. 1866, 7 mars 1868, 18 août 1868, 15 mai 1875, 21 janv. 1876, 4 mai 1878, 31 août 1878, 16 janv. 1879, 1er mars 1879, 7 mars 1879, 10 janv. 1880, 6 sept. 1880, 3 oct. 1880, 25 mai 1881, 21 déc. 1881, 28 févr. 1882, 6 oct. 1882, 22 janv. 1883, 9 févr. 1884, 17 avr. 1884, 4 sept. 1887, 5 sept. 1887, 4 mai 1888, 1er oct. 1888, 27 févr. 1889, 15 mai 1889, 17 juin 1889, 25 nov. 1890, 31 janv. 1891 (deux décrets) 27 avr. 1891, 4 juill. 1891, 23 août 1892, etc.) a fixé la majeure partie des parités d'office qui doivent servir à déterminer les bases du règlement des pensions des magistrats et autres fonctionnaires judiciaires des colonies. — Quant aux autres fonctionnaires coloniaux, un décret du 13 juill. 1880 (D. P. 81. 4. 92) a déterminé la façon dont seraient traités, pour la parité d'office avec le personnel similaire de la métropole, les membres du personnel colonial des services des ponts et chaussées, des ports, de l'enregistrement, des poids et mesures, des contributions directes, du cadastre, des postes, des eaux et forêts, des feux et phares, des épizooties (V. le tableau annexé à ce décret, *Bull. des lois*, 1880, n° 558, p. 422). Sur la validité de ce décret, V. *infrà*, n° 50). — Le personnel colonial, qui ne figure pas dans les décrets d'assimilation précités, est retraité d'après les dispositions de la loi de 1853. La solde d'Europe est déterminée par le ministre (Décr. 13 juill. 1880, précité, art. 3), et s'il n'existe pas de fonctions similaires en France, la retenue est basée sur la moitié du traitement colonial (Circ. min. marine, 10 mars 1881). — Le décret du 13 juill. 1880 a été modifié par celui du 29 août 1884 (D. P. 85. 4. 25), puis par celui du 5 févr. 1885 (D. P. 85. 4. 79), en ce qui concerne les parités d'offices des fonctionnaires coloniaux. — Un décret du 25 nov. 1886 (D. P. 87. 4. 59) a fixé également, par assimilation, la pension de retraite du résident général, du secrétaire général et des résidents du protectorat du Cambodge. — L'assimilation, au point de vue des pensions, des gouverneurs généraux, commissaires généraux, résidents généraux, résidents, chanceliers, administrateurs et de divers autres agents ou fonctionnaires du service colonial a été établie successivement par les décrets des 3 févr. 1886, 2 sept. 1887, 17 oct. 1887, 23 nov. 1887, 12 déc. 1888, 27 févr. 1888. — Enfin la loi de finances du 26 déc. 1890, art. 51 (D. P. 91. 4. 60), a supprimé le supplément de traitement appelé quart colonial, pour tous les préposés et agents nommés en Algérie à partir du 1er janv. 1891. V. *infrà*, vis *Organisation de l'Algérie, Organisation des colonies*.

50. La légalité du décret du 13 juill. 1880 a été contestée, et le conseil d'Etat a, en effet, refusé de le considérer comme ayant une valeur légale (Cons. d'Et. 30 mai 1884, aff. Mercier, D. P. 85. 3. 107; 21 déc. 1888, aff. Veuve Bonnefoy, D. P. 90. 3. 20). « Considérant, dit ce dernier arrêt, que si le décret du 13 juill. 1880 n'a point fait figurer les commissaires de police coloniaux dans le tableau d'assimilation qui y est joint, et, si la circulaire du ministre de la marine et des colonies, du 10 mars 1881, prise en exécution dudit décret, a décidé que, pour tous les emplois non assimilés, le supplément colonial serait évalué à la moitié du traitement effectif, aucune de ces dispositions n'a pu abroger la règle inscrite dans l'art. 22 du décret du 9 nov. 1853; qu'en effet, ce dernier décret constitue un règlement d'administration publique, rendu en vertu de la délégation générale contenue dans l'art. 35 de la loi du 9 juin 1853, et qu'*il ne saurait être modifié que par un décret rendu dans la même forme* » (V. anal. : Cons. d'Et. 6 janv. 1888, aff. Salle, D. P. 89. 3. 37). Jugé, en conséquence, que l'art. 22 du règlement d'administration publique du 9 nov. 1853, aux termes duquel le traitement normal des fonctionnaires des colonies, servant de base à la liquidation de la pension, est fixé d'après le traitement de l'emploi correspondant qui lui est assimilé en France, doit recevoir son application, nonobstant les dispositions contraires du décret de 1880, rendu sans avis préalable du conseil d'Etat (Arrêt précité du 21 déc. 1888). En l'absence de tout acte établissant l'assimilation entre un emploi dans la colonie et un des emplois correspondant en France, il appartient à la juridiction contentieuse d'établir cette assimilation ; et en raison de l'importance de ses fonction, le commissaire de police cantonal à Pondichéry ne peut être assimilé qu'à un commissaire de police de la métropole, touchant un traitement au moins égal et, par suite, la pension doit être calculée sur l'intégralité du traitement (Même arrêt).

51. Les retenues opérées sur les traitements de parité d'office des fonctionnaires et employés coloniaux ont été exercées pendant longtemps au profit de la caisse des Invalides de la marine. Depuis le 1er janv. 1886, l'Etat ayant pris à sa charge les pensions du personnel colonial et du personnel de l'administration centrale du ministère de la marine, c'est le Trésor, et non plus la caisse des Invalides, qui perçoit les retenues sur traitements exercées en vue de la retraite (L. 21 mars 1885, art. 9, D. P. 85. 4. 42; Décr. 17 nov. 1885, art. 37, D. P. 86. 4. 70).

52. L'art. 24 de la loi de finances du 26 févr. 1887 (D. P. 87. 4. 82) a décidé que les pensions des *agents du service actif des douanes*, jusqu'au grade de capitaine inclusivement doivent être liquidées en prenant pour base les tarifs applicables à la gendarmerie. — Un décret du 26 juill. 1887, art. 4 (D. P. 87. 4. 91), a établi les assimilations de grades que comporte l'application de cette disposition (V. *infrà*, n°s 296 et suiv.).

53. Une loi du 4 mai 1892 (D. P. 92. 4. 55) a rendu les tarifs de la gendarmerie et des agents des douanes applicables à la liquidation des pensions des *agents et préposés forestiers* domaniaux ou mixtes soumis aux prescriptions des décrets du 22 sept. 1882 (D. P. 83. 4. 53) et du 18 nov. 1890 (D. P. 91. 4. 107. V. *infrà*, n° 303).

54. Aux termes de l'art. 19 du décret du 9 nov. 1853, « les agents politiques et consulaires du département des affaires étrangères supportent les retenues déterminées par l'art. 3 de la loi du 9 juin 1853, sur l'intégralité des premiers 20 000 fr. de leurs émoluments personnels, sur les quatre cinquièmes des seconds 20 000 fr., sur les trois cinquièmes des troisièmes 20 000 fr., sur les deux cinquièmes des quatrièmes 20 000 fr., et enfin sur le cinquième de tout ce qui excède 80 000 fr. ».

55. On a vu au *Rép.*, n° 33, que, aux termes de l'art. 3 de la loi de 1853, « sont affranchies des retenues les commissions allouées en compte courant par le Trésor aux receveurs généraux des finances. Ces comptables, les receveurs particuliers et les percepteurs des contributions directes, ainsi que les agents ressortissant au ministère des finances, qui sont rétribués par des salaires ou remises variables, supportent ces retenues *sur les trois quarts* seulement de leurs émoluments de toute nature, le dernier quart étant considéré comme indemnité de loyer et de frais de bureau » (V. la critique de cette disposition dans le rapport de la commission sur la loi de 1853, n° 17, D. P. 54. 4. 98).

Un décret du 21 nov. 1865 (D. P. 66. 4. 21) ayant décidé que les fonctions de receveur général et celles de payeur seraient, à l'avenir, réunies et confiées dans chaque département à un fonctionnaire prenant le titre de *trésorier-payeur général*, un décret du 28 févr. 1866 (D. P. 66. 4. 48) a disposé (art. 1er) : « Les trésoriers-payeurs généraux des finances supporteront, sur *la moitié* de leurs émoluments de toute nature les retenues prescrites par l'art. 3 de la loi du 9 juin 1853, pour le service des pensions, l'autre moitié étant considérée comme indemnité de loyer et frais de bureau ».

Un décret du 31 déc. 1889 (D. P. 90. 4. 126), rendu en exécution de la loi de finances du 17 juill. 1889 (D. P. 90. 4. 71), a supprimé (art. 2) les commissions ou remises allouées jusque-là aux trésoriers-payeurs généraux sur le budget de l'Etat et celui de la Légion d'honneur, à l'exception des indemnités pour les recettes particulières supprimées provisoirement, à titre d'essai. Le même décret (art. 1) a, en conséquence, attribué aux trésoriers-payeurs généraux des *traitements fixes* variant de 12 000 à 25 000 fr. Aussi un autre décret du 13 juin 1891 (D. P. 92. 4. 8) a-t-il décidé que, à partir du 1er janv. 1890, les retenues prescrites par l'art. 8 de la loi de 1853 doivent porter sur *l'intégralité* des émoluments touchés par les trésoriers-payeurs généraux aux titres ci-après : traitement fixe, taxations accordées par la Caisse des dépôts et consignations, remises sur coupes extraordinaires des bois des communes. Mais le fonds d'abonnement à forfait, pour frais de personnel créé par la loi de 1889, n'est pas soumis à retenue (Même décret). V. *infrà*, v° *Trésor public*.

56. La retenue est imposée aux fonctionnaires de l'enseignement (L. 1853, art. 4), même aux suppléants au Collège de France et dans les facultés, pour la partie à eux abandonnée par les titulaires des chaires, sans que ceux-ci en soient pour cela déchargés (L. 21 mars 1885, art. 23, § 1 et 4, D. P. 85. 4. 41 ; V. *suprà*, n° 48).

L'art. 30 de la loi de finances du 26 déc. 1890 (D. P. 91. 4. 50), autorise les institutrices des écoles facultatives de filles et des écoles maternelles facultatives, et les maîtres auxiliaires des écoles normales et des écoles primaires supérieures qui, lors de la loi du 19 juill. 1889, avaient cinq ans d'exercice et trente-cinq ans d'âge, à continuer à verser des retenues à la caisse des pensions sur un traitement qui ne pourra dépasser celui dont ils jouissaient au 31 déc. 1889, afin de conserver leurs droits à la retraite.

Depuis le 1er janv. 1891, les principaux de collège ayant la pension à leur compte ne subissent les retenues pour pension que sur le traitement attribué à la classe dans laquelle ils ont été rangés par décision ministérielle (L. 26 déc. 1890, art. 29, D. P. 91. 4. 50 ; V. Décr. 7 janv. 1892, D. P. 92. 4. 62. V. aussi *infrà*, n° 184).

L'art. 53 de la loi du 26 déc. 1890 (D. P. 91. 4. 61) dispose dans ses paragraphes 3, 4 et 5, que les instituteurs et institutrices exerçant dans les villes de plus de 100 000 âmes visées par le paragraphe 4, art. 12 de la loi du 19 juill. 1889, devront subir les retenues pour pensions civiles exclusivement sur le traitement légal qui leur sera assigné d'après la classe qu'ils occuperont dans le cadre départemental. Les instituteurs en fonctions à cette époque continueront à subir les retenues sur le chiffre du traitement garanti dont ils étaient en possession et qui supportait alors lesdites retenues. Pour ces instituteurs, le taux de l'indemnité prévue par le paragraphe 4 de l'art. 12 de la loi du 19 juill. 1889 sera calculé en prenant pour base le chiffre des émoluments régulièrement soumis à retenue qu'ils touchaient au 31 déc. 1889. L'art. 70 de la loi de finances du 26 janv. 1892 (D. P. 92. 4. 26) a déclaré cette disposition applicable à l'exercice 1892 et a ajouté : en ce qui concerne la ville de Paris, les retenues pour pensions civiles seront subies par les instituteurs sur le traitement qui leur sera assigné dans le classement spécial prévu par le § 13 de l'art 53 susvisé. Ce classement spécial sera approuvé par le Gouvernement, le conseil d'Etat entendu ». L'art. 70 de la loi de finances du 28 avr. 1893 (*Journ. off.* du 29 avril) a déclaré applicable à l'exercice 1893 les dispositions des art. 52 de la loi de 1890 et 70 de la loi de 1892.

Enfin l'art. 69 de la loi de finances précitée du 28 avr. 1893 porte : « Les maîtres auxiliaires des écoles normales primaires et des écoles primaires supérieures qui, lors de la loi du 19 juill. 1889, étaient nommés par le préfet et comptaient cinq années d'exercice et trente-cinq ans d'âge, bien qu'ils ne soient pas pourvus du certificat d'aptitude à l'enseignement dont ils sont chargés, sont autorisés à continuer à verser des retenues à la caisse des pensions civiles sur un traitement qui ne pourra dépasser celui dont ils jouissaient au 31 déc. 1889, pour conserver leurs droits à la retraite, conformément à la loi du 9 juin 1853 ». Antérieurement, le conseil d'Etat refusait le droit à pension aux maîtres auxiliaires qui ne possédaient pas le diplôme spécial, bien que ce diplôme eût été institué depuis leur entrée en fonctions.

57. Un décret du 12 sept. 1870 (D. P. 70. 4. 20) a réintégré dans tous leurs droits et titres les fonctionnaires qui les avaient perdus par suite des événements de décembre 1851. Au nombre de ces droits doit être compris le droit à pension (V. *infrà*, n° 68). Mais le fonctionnaire qui, par application dudit article, est admis à faire valoir ses droits à pension, n'est pas tenu de verser au Trésor le montant des retenues qu'il aurait eu à supporter s'il avait continué à toucher son traitement jusqu'au jour où il aurait acquis son droit à pension (Cons. d'Et. 24 janv. 1879, aff. Veuve Michelet, D. P. 79. 3. 44 ; 4 juill. 1879, aff. Tarenne, *Rec. Cons. d'Etat*, p. 565 ; 3 janv. 1881, aff. Bernard, D. P. 82. 3. 37). Le ministre des finances avait soutenu le contraire, par le motif que la pension ne peut jamais être acquise sans qu'il y ait eu versement de retenues, et il rappelait que, d'après l'art. 4 de la loi du 9 juin 1853, les fonctionnaires détachés près des compagnies, des gouvernements étrangers ou des particuliers, qui ne rendent aucun service à l'Etat et n'en reçoivent aucun traitement, doivent néanmoins verser les retenues réglementaires, s'ils ne veulent pas perdre leur droit à pension. L'analogie entre le cas de l'art. 4 précité et l'espèce n'était qu'apparente. Les fonctionnaires admis, par une mesure de faveur, à compter pour la pension des services rendus à d'autres qu'à l'Etat doivent tout au moins un équivalent des retenues dont le Trésor aurait bénéficié s'ils étaient restés au service de l'Administration. Le décret du 12 sept. 1870, au contraire, a voulu mettre les fonctionnaires privés de leurs fonctions par suite des événements de décembre 1851 dans la situation où ils se seraient trouvés si leur carrière n'avait point été interrompue.

58. On a analysé et commenté au *Rép.*, n°s 37 et suiv., les dispositions des art. 16 et 17 du décret du 9 nov. 1853, qui posent les règles à observer pour les retenues *accidentelles*, c'est-à-dire les retenues pour congés, absences ou mesure disciplinaire. Ces retenues s'exercent sur les rétributions de toute nature constituant l'émolument personnel passible de la retenue de 5 pour 100, aux termes du § 2 de l'art. 3 de la loi du 9 juin 1853 (Même décret, art. 18). Un arrêté du ministre des finances du 15 avr. 1854 (D. P. 54. 3. 73) a réglementé ce qui concerne les congés des fonctionnaires ou employés dépendant du ministère des finances, et leur séjour à Paris pendant la durée de leurs congés.

59. Le retard dans le payement d'un traitement, par suite d'une retenue indûment opérée, peut-il donner lieu à l'allocation d'intérêts à la charge de l'Etat? Un arrêt (Cons. d'Et. 9 août 1880, aff. Blondel, D. P. 82. 3. 4) a résolu la question affirmativement. Mais un précédent arrêt (Cons. d'Et. 26 janv. 1877, aff. De Bastard, D. P. 77. 3. 20) s'était prononcé en sens contraire.

60. — III. MODE DE PERCEPTION DE LA RETENUE. — Les art. 5 et suiv. du décret du 9 nov. 1853 posent les règles suivantes pour la *perception des retenues* : « Art. 5. Les traitements ou allocations passibles de retenues, qui sont acquittés par les comptables du Trésor, sont portés pour le brut sans les ordonnances et mandats, et il y est fait mention spéciale des retenues à exercer pour pension. Les comptables chargés du payement de ces ordonnances ou mandats les imputent en dépense pour leur montant intégral, et ils constatent en recette les retenues opérées au crédit du budget de chaque exercice et à un compte distinct intitulé : Retenues sur traitements pour le service des pensions civiles. — Art. 6. Les traitements des fonctionnaires des services qui ont une comptabilité spéciale, tels que l'administration de la Dotation de la couronne, la Légion d'honneur, les chancelleries consulaires, les caisses d'amortissements et des dépôts et consignations ou autres, sont portés pour le brut dans des mandats délivrés sur les caisses particulières chargées de l'acquittement des dépenses de ces services, et il y est fait mention spéciale des retenues à exercer. Les décomptes et retenues sont établis sur les états mensuels de traitements. Un bordereau récapitulatif de ces retenues, visé par l'ordonnateur, est remis par lui, comme titre de perception, au receveur des finances, à qui il en fait en même temps verser le montant. Un duplicata de ce bordereau récapitulatif est adressé, par l'ordonnance de chaque service, au ministre des finances. Les règles établies par le présent article, en ce qui concerne les bordereaux fournis par les ordonnateurs, comme titre de perception, ne sont pas applicables aux retenues sur les émoluments des receveurs de communes et d'établissements de bienfaisance, lesquelles doivent être soumises aux dispositions spéciales de l'art. 20. — Art. 7. Les retenues afférentes aux traitements tant fixes qu'éventuels des fonctionnaires des lycées sont précomptées chaque mois ou chaque trimestre, à l'instant du payement, par l'économe, et par lui versées à la caisse du receveur des finances. A l'appui de chaque versement et comme titre de perception, l'économe fournit au receveur une expédition des états de traitements certifiée par le proviseur et visée par le recteur. — Art. 8. Les retenues à exercer sur les traitements des fonctionnaires des écoles secondaires de médecine et de pharmacie, et des collèges communaux en régie, au compte des villes, sont précomptées de la même manière par le receveur municipal et par lui versées dans la caisse du receveur des finances, auquel il remet, comme titre de perception, une expédition des états de traitements certifiée par le directeur de l'école ou par le principal, et visée par le recteur. — Art. 13. Les fonctionnaires et employés rétribués sur d'autres fonds que ceux de l'Etat, qui ont néanmoins droit à pension, conformément au dernier paragraphe de l'art. 4 de la loi du 9 juin 1853, supportent la retenue sur l'intégralité de leur rétribution. Ceux qui sont placés en France et en Algérie doivent effectuer le versement de cette retenue, par trimestre et dans les premiers jours du trimestre échu, à la caisse du receveur des finances; ils transmettent la déclaration de ce versement au ministre du département auquel ils ressortissent. Ceux qui résident à l'étranger sont tenus de faire acquitter, pour leur compte, les retenues qui les concernent, et de faire faire en même temps la déclaration ci-dessus prescrite : ils sont autorisés à faire un seul versement par année. Les ministres transmettent chaque trimestre au ministre des finances des états nominatifs par département desdits fonctionnaires et employés; ces états, indiquant le traitement applicable à chaque agent et la retenue à exercer, sont transmis, comme titre de perception à recouvrer, aux receveurs des finances. — Art. 14. Pour les services tels que celui des haras, dans lesquels les traitements et salaires sont, comme les autres dépenses, payés par les comptables à titre d'avance et sauf justification ultérieure, l'ordonnancement des retenues a lieu tous les trois mois, au profit du Trésor, par l'administration centrale. La vérification et la liquidation définitive des décomptes de retenues perçues sur les agents des chancelleries diplomatiques et consulaires sont faites par le ministre des affaires étrangères, lors du règlement des comptes desdites chancelleries. — Art. 15. Le compte général des retenues exercées pour le service des pensions civiles, établi par ministères et administrations, est annexé au compte définitif des recettes publié par le ministre des finances pour chaque exercice ».

En ce qui concerne la retenue sur le traitement des principaux de collèges ayant le pensionnat à leur compte, V. Décr. 9 nov. 1853, art. 9.

Pour la perception de la retenue sur le traitement des instituteurs et institutrices, V. Décr. 9 nov. 1853, art. 10, 11 et 12; Circulaire du min. des fin. du 20 déc. 1875 et Circul. du min. de l'instruct. publ. du 23 août 1877.

61. Les retenues régulièrement encaissées par l'Etat ne peuvent jamais donner lieu à répétition de la part de ceux qui les ont subies. Ainsi il a été jugé : 1° qu'un ancien préposé en chef d'octroi devenu, par suite de suppression d'emploi, simple receveur d'octroi non rétribué par l'Etat, ne saurait, à défaut de pension, prétendre à la restitution des retenues qu'il a versées antérieurement sur son traitement de préposé en chef (Cons. d'Et. 20 févr. 1868, aff. Tournier, *Rec. Cons. d'Etat*, p. 210) ; — 2° Qu'un conducteur des ponts et chaussées révoqué ne peut réclamer la restitution des retenues par lui versées pendant le cours de ses fonctions (Cons. d'Et. 18 juill. 1873, aff. Chappuis, *ibid.*, p. 668).

62. — IV. PRÉLÈVEMENTS SUR AMENDES ET CONFISCATIONS. — Certains prélèvements sont opérés sur les *amendes* et *confiscations*, en matière de douanes, de contributions indirectes et de postes, et sont versés au Trésor, au compte des pensions civiles ; ils allègent d'autant les charges de l'Etat. Un tableau (n° 2) annexé à l'art. 24 du décret du 9 nov. 1853 (*Bull. des lois*, 1853, p. 898) a déterminé, en exécution de l'art. 35, § 2°, de la loi du 9 juin 1853, les proportions dans lesquelles doivent s'exercer ces prélèvements en vertu des lois et règlements existants. L'art. 11 de la loi de finances du 17 juill. 1889 (D. P. 90. 4. 72) a modifié l'art. 24 du décret de 1853 et le tableau 9 annexé, en ce qui concerne les amendes et confiscations résultant d'affaires suivies à la requête de l'administration des Douanes. Il fixe la part du produit de ces amendes et confiscations à attribuer au service des pensions civiles à 40 pour 100 du montant net de ce produit.

L'art. 11 de la loi de finances du 26 déc. 1890 (D. P. 91. 4. 53), qui a modifié le mode de répartition du produit des amendes et condamnations pécuniaires *dont le recouvrement* est confié aux percepteurs (L. 29 déc. 1873, art. 25), n'a pas eu pour effet de changer les attributions faites par le décret de 1853, qui ne s'occupe que des amendes et confiscations recouvrées *directement* par les trois administrations des Douanes, des Contributions indirectes et des Postes. Nous devons ajouter, toutefois, qu'avant 1891, un tiers des amendes pour contravention aux lois relatives à la pêche du hareng était aussi versé au compte des pensions civiles (Décr. 28 mars 1852, art. 15; Ordonn. 21 mai 1817, art. 3) : ce versement a été supprimé par l'art. 11 précité de la loi du 26 déc. 1890; mais c'est là une perte insignifiante pour le service des pensions qui, en 1889, n'avait perçu de ce chef qu'une somme de 94 francs.

§ 3.—De l'âge et du temps de services requis pour donner droit à pension (*Rép.* nos 45 à 54).

63. I. — RÈGLES GÉNÉRALES. — Aux termes de l'art. 5 de la loi du 9 juin 1853, « le droit à pension s'acquiert par ancienneté à soixante ans d'âge et après trente ans accomplis de services. Il suffit de cinquante-cinq ans d'âge et de vingt-cinq ans de services pour les fonctionnaires qui ont passé quinze ans dans la partie active.

Sur l'époque à partir de laquelle les services sont comptés, V. *infrà*, n° 236; *Rép.* n° 90.

L'âge fixé par l'art. 5 de la loi de 1853 n'est évidemment qu'un *minimum ;* la cessation des fonctions et la liquidation de la pension n'ont pas nécessairement lieu à cet âge; le fonctionnaire peut continuer ses services jusqu'à l'âge où les règlements particuliers à chaque catégorie de fonctions décident que celles-ci doivent prendre fin.

64. On a dit au *Rép.*, n° 45, que le tableau n° 2, annexé à la loi de 1853 a énuméré limitativement les emplois du *service actif* qui donnent droit à pension à cinquante-cinq ans d'âge, après vingt-cinq ans de services. Aucun emploi ne peut être compris au service actif, ni assimilé à un emploi de ce service, qu'en vertu d'une loi (L. 1853, art. 5). Ainsi, ne peuvent pas être comptés comme accomplis dans la partie active les services rendus : 1° par un géomètre du service topographique en Algérie, bien que les géomètres se trouvent classés, par arrêté du gouverneur général, dans le personnel actif (Cons. d'Et. 6 mars 1872, aff. Dupleix, *Rec. Cons. d'Etat*, p. 132); — 2° Par les employés des postes faisant le service des chemins de fer (*Rép.* n° 46; Bavelier, t. 1, n° 31); — 3° Par un commissaire de police de Lyon (Cons. d'Et. 9 mars 1883, aff. Mallet, D. P. 84. 3. 110); — 4° Par un adjudant de l'École forestière, bien qu'un arrêté du directeur général des forêts ait assimilé cet emploi à celui de garde général adjoint (Cons. d'Et. 9 juillet 1882, aff. Veuve Velsch, D. P. 83. 3. 119). D'ailleurs, même en dehors de la distinction entre les divers ordres de service, la jurisprudence n'admet pas qu'un arrêté ayant pour objet de donner au titulaire d'un emploi le même rang qu'au titulaire d'un autre emploi ait par là même pour effet d'établir une assimilation au point de vue de la pension (Cons. d'Et. 25 nov. 1881, aff. Catier, D. P. 83. 3. 29).

65. Il a été jugé, de même, que les services militaires ne peuvent pas être considérés comme services actifs dans le sens de la loi du 9 juin 1853; en conséquence, ces services ne peuvent servir à compléter les quinze années de service actif donnant droit à pension aux fonctionnaires âgés de cinquante-cinq ans (Cons. d'Et. 10 juill. 1869, aff. Gury, *Rec. Cons. d'Etat*, p. 678; Conf. Avis sect. fin. du Cons. d'Et, 24 déc. 1857; 13 juin et 20 juill. 1858; 16 mai 1885, D. P. 88. 3. 45, note. V. cependant Av. sect. fin. Cons. d'Et. 30 juill. 1856). Comp. *infrà*, n° 78.

66. Une loi du 17 août 1876 (D. P. 76. 4. 125) a classé dans le service actif un certain nombre d'emplois de l'enseignement primaire. L'art. 1 de cette loi est ainsi conçu : « Les inspecteurs de l'enseignement primaire, les directeurs et les directrices, les maîtres adjoints et les maîtresses adjointes des écoles normales primaires; les instituteurs communaux et les institutrices communales, titulaires ou adjoints; les directrices de salles d'asile communales, seront compris parmi les fonctionnaires du service actif et ajoutés au tableau n° 2 annexé à la loi du 9 juin 1853. Leur pension de retraite sera, à partir de la promulgation de la présente loi, réglée conformément aux dispositions relatives aux emplois de la partie active ».

Le conseil d'Etat assimile : 1° aux inspecteurs des écoles primaires les déléguées spéciales et les déléguées générales pour l'inspection des écoles maternelles (Av. Cons. d'Et. 1er juill. 1879; 5 nov. 1879); ... 2° Aux directeurs et maîtres adjoints des écoles normales, les professeurs et les aumôniers des écoles d'agriculture, et les directrices maîtresses du cours pratique des écoles maternelles (Bavelier, t. 1, n° 31); ... 3° Aux fonctionnaires de l'enseignement primaire, les élèves de l'Ecole normale auxquels la loi de 1876 permet de compter comme services rendus le temps passé en cette qualité dans les écoles (Av. Cons. d'Et. 11 janv. 1881); ... 4° Aux instituteurs communaux, les fonctionnaires de l'enseignement primaire pourvus d'un brevet de capacité pour l'instruction primaire supérieure et qui ont été nommés à leur poste dans les formes prescrites par la loi pour les instituteurs primaires adjoints, alors même que l'établissement auquel ils ont été attachés porte le titre de collège, qu'on y enseigne des matières autres que celles qui sont imposées dans l'instruction primaire et qu'eux-mêmes aient été qualifiés de professeurs (Cons. d'Et. 14 nov. 1879, aff. Bruneau, D. P. 80. 3. 36). Ce n'est pas, en effet, le caractère général de l'établissement, c'est la nature de la fonction attribuée au pensionnaire qu'il faut prendre en considération; il pourrait arriver que, dans une maison destinée à l'instruction secondaire, des classes d'instruction primaire fussent établies et confiées à des instituteurs; il n'existerait, ni en droit ni en équité, aucun motif pour refuser de leur appliquer la loi de 1876.

67. Il a été jugé que l'art. 9 de l'ordonnance du 25 sept. 1814, sur les pensions des magistrats, portant que la fraction de services de sept mois et au-dessus sera comptée pour une année entière, n'est pas applicable à l'égard d'un magistrat dont les services ont cessé (par décès) postérieurement à l'époque fixée pour la mise à exécution de la loi du 9 juin 1853, laquelle n'accorde le droit à pension qu'après trente années de services effectifs (Cons. d'Et. 7 août 1856, aff. Lévisse, D. P. 57. 3. 18).

68. On a décidé, par application du décret du 12 sept. 1870 (D. P. 70. 4. 20; *suprà*, n° 57) que le temps passé sans emploi effectif par un fonctionnaire destitué à la suite des événements de décembre 1851, doit lui être compté comme années de services pour l'acquisition du droit à pension à titre d'ancienneté (Cons. d'Et. 12 mars 1875, aff. Vimont, D. P. 75. 3. 107; 3 janv. 1881, aff. Bernard, D. P. 82. 3. 37; Conf. Cons. d'Et. 30 mars 1877, aff. Violet, D. P. 78. 3. 26. V. aussi *suprà*, n° 57, et *infrà*, n° 368). Le but du décret de 1870, en effet, était de replacer les fonctionnaires et agents privés de leur emploi par suite des événements de 1851 dans la situation où ils auraient été si ces événements n'avaient pas eu lieu. Aussi est-il admis sans difficulté que les années écoulées depuis la révocation jusqu'au décret précité comptent comme années de service pour la liquidation de la pension. Mais, à partir du décret de 1870, la situation de ceux qui avaient bénéficié de ce décret est rentrée dans les conditions du droit commun; ceux donc qui se sont abstenus de réclamer leur réintégration se sont trouvés exactement dans la position où ils auraient été si, après avoir servi l'Etat jusqu'à la date dudit décret, ils avaient alors donné leur démission. C'est ainsi qu'il a été décidé que le fonctionnaire révoqué à la suite des événements de 1851 qui, en comptant comme années de services le temps écoulé depuis sa révocation jusqu'au décret du 12 sept. 1870, ne remplissait pas, à la date de ce décret, les conditions nécessaires pour constituer le droit à la pension d'ancienneté et qui n'a pas usé de la faculté que lui reconnaissait le décret précité de demander sa réintégration dans l'Administration, n'a pas droit à une pension de retraite (Cons. d'Et. 17 févr. 1888, aff. Singuerlet, D. P. 89. 3. 51. Comp. *infrà*, n° 235).

De même, le droit à pension a été reconnu aux membres du conseil d'Etat suspendus de leurs fonctions par le décret du 15 sept. 1870, qui ont accompli les conditions d'âge exigées par l'art. 3 du décret du 13 sept. 1806 avant la réorganisation de ce corps, en exécution de la loi du 24 mai 1872 (Cons. d'Et. 30 juill. 1875, aff. Crignon, D. P. 76. 5. 336).

69. Sur la mise à la retraite avant l'âge des fonctionnaires qui se trouvent dans un état d'invalidité physique ou intellectuelle tel qu'ils sont hors d'état de continuer leurs fonctions (L. 9 juin 1853, art. 5; Décr. 9 nov. 1853, art. 30), V. *Rép.* n° 47.

70. On a étudié (*Rép.* n° 48) les dispositions de l'art. 8 de la loi du 9 juin 1853, qui établit dans quelles conditions les services dans les armées de terre et de mer concourent avec les services civils à l'établissement du droit à pension. Ils sont comptés pour leur durée effective, pourvu que la durée des services civils soit au moins de douze ans dans la partie sédentaire, ou de dix ans dans la partie active. Toutefois, on ne peut faire entrer en compte, pour compléter ces douze années de services civils, le temps pendant lequel le fonctionnaire serait resté en disponibilité sans traitement (Cons. d'Et. 20 nov. 1891, aff. Séguin, D. P. 93. 3. 19. Conf. Cons. d'Et. 30 juill. 1863, aff. Reybaud, V. *suprà*, n° 14).

On doit tenir compte des services rendus dès l'âge de dix-huit ans, pour l'armée de terre, et de 16 ans pour l'armée de mer (Bavelier, t. 1. n° 32). Les services du militaire en congé entrent aussi en compte jusqu'au jour de sa libération, (Av. Cons. d'Et. 25 sept. 1861). — V. *infrà*, n° 205 et suiv. ; *Rép.* n° 83.

La loi sur le recrutement de l'armée du 15 juill. 1889 (art. 28) a décidé que les jeunes gens reçus à l'*École polytechnique*, à l'*Ecole forestière* ou à l'*Ecole centrale des arts et manufactures* doivent, avant d'être admis, contracter un engagement militaire de trois ans pour les deux premières écoles, et de quatre ans pour la dernière, et qu'ils sont considérés comme présents sous les drapeaux pendant tout le temps passé dans lesdites écoles. Ce temps devra donc, ainsi d'ailleurs que l'année passée ensuite à l'armée en qualité de sous-lieutenant de réserve (L. 1889, même article), entrer en compte pour la liquidation de la pension civile, au même titre que les services militaires ordinaires (Comp. *infrà*, n° 408).

71. Les services rendus par un militaire en vertu d'un acte d'engagement souscrit sous le nom d'un tiers, alors que, par suite d'une condamnation, il était incapable de contracter un engagement volontaire, ne peuvent être considérés comme des services effectifs, ni entrer en compte dans la liquidation de la pension, alors même que le condamné a obtenu sa réhabilitation postérieurement aux services dont s'agit (Cons. d'Et. 16 déc. 1881, aff. De Wogan, D. P. 83. 3. 25).

Les services dans la garde nationale ne sont pas comptés (V. *infrà*, n° 392) ; il en est ainsi même de ceux rendus dans la garde nationale de Paris en 1870-1871 (Cons. d'Et. 21 févr. 1873, aff. Lambert, D. P. 73. 3. 74; 22 juill. 1887, aff. Wittmann, D. P. 88. 3. 116). On en doit dire autant des services sur les bâtiments de commerce ou sur les bâtiments armés en course (Av. Cons. d'Et. 22 déc. 1845 et 19 janv. 1846); ou du temps passé sous les drapeaux, dans la réserve ou l'armée territoriale, en temps de paix, si pendant cette période la solde a été cumulée avec une pension ou un traitement quelconque en vertu de l'art. 1 de la loi du 1er juin 1878 (L. 1er juin 1878, art. 2).

Quant aux services militaires qui entrent en compte, ils ne figurent que pour leur durée effective, sans pouvoir être accrus pour aucune cause. On n'a donc égard ni au bénéfice de campagne, ni au bénéfice de navigation (Cons. d'Et. 6 déc. 1872, aff. Boudaz; 23 avr. 1880, aff. Chevame ; 20 avr. 1883, aff. Bouvard; 11 mai 1883, aff. Rouyre).

72. Il a été jugé que les services civils rendus par le titulaire d'une pension militaire ne peuvent donner lieu à une nouvelle liquidation que si la durée de services atteint effectivement le minimum fixé par l'art. 8 de la loi du 9 juin 1853. (Cons d'Et. 6 mars 1885, aff. Deydier, D. P. 86. 3. 127). Il en est ainsi notamment des services civils rendus hors d'Europe (Même arrêt). On soutiendrait vainement que l'art. 8 de la loi du 9 juin 1853 doit être combiné avec l'art. 10 aux termes duquel les services civils rendus hors d'Europe par des fonctionnaires envoyés d'Europe doivent être comptés pour moitié en sus de leur durée effective; en l'absence de toute référence de l'art. 8 à l'art 10, le conseil d'Etat a estimé que la disposition de l'art. 8 ne pouvait s'entendre que de services effectifs, et qu'il n'était pas possible de restreindre la durée des services exigés pour avoir droit à une liquidation nouvelle par l'application de la disposition de l'art. 10, laquelle, comme toutes les dispositions exceptionnelles, ne peut être étendue, par voie d'analogie, à un cas autre que celui en vue duquel elle a été édictée.

73. Sur les services des employés des préfectures et sous-préfectures rétribués sur les fonds d'abonnement, V. *Rép.* n° 48. Comp. *suprà*, n° 24 et suiv.; *Rép.* n° 27.

74. On a exposé au *Rép.*, n° 50, quelles sont les conditions spéciales faites par l'art. 10 de la loi de 1853 aux fonctionnaires envoyés d'Europe dans les colonies, aux agents extérieurs du département des affaires étrangères et aux fonctionnaires de l'enseignement. Il a été jugé, par application du dernier paragraphe dudit art. 10, que le temps passé par un fonctionnaire de l'enseignement en inactivité avec traitement ne peut être compté pour une période supérieure à cinq années. (Cons. d'Et. 29 mars 1891, aff. Raspeyras, D. P. 92. 5. 475).

75. L'art. 10, § 1, concerne même les individus nés hors d'Europe, pourvus d'un emploi colonial (Av. Cons. d'Et. 15 juin 1878). Il ne distingue pas, d'ailleurs, entre les fonctions du service actif et celles du service sédentaire (Bavelier, n° 36). Il s'applique aussi bien au cas où des services militaires entrent en compte que lorsqu'il n'y en pas (*Ibid.*) Comp. *suprà*, nos 49 et suiv., et *infrà*, n° 173.

76. Il a été jugé, sous l'empire de la législation antérieure à la loi de 1853 : 1° que les services rendus dans la magistrature en Algérie comptent, lors de la liquidation de la pension de retraite, comme services rendus en France (Ord. 10 août 1834, art. 22); qu'on prétendrait à tort appliquer à ce cas le bénéfice de campagne accordé par la loi du 18 avr. 1831 pour les services rendus en temps de guerre dans les colonies par les magistrats envoyés d'Europe (Cons. d'Et. 11 janv. 1855, aff. Marion, D. P. 55. 3. 46); — 2° Que la disposition du paragraphe 2 de l'art. 5 du tit. 2 de la loi des 3-22 août 1790, aux termes de laquelle les services civils rendus hors d'Europe doivent être comptés pour le double de leur durée, lorsque les trente ans de service effectif sont d'ailleurs complets, doit être appliquée même aux fonctionnaires et employés qui n'avaient pas encore trente ans de services au 1er janv. 1854, époque de la mise à exécution de la loi du 9 juin 1853 sur les pensions civiles, si ces trente ans de services se trouvent accomplis lors de l'admission à la retraite (Cons. d'Et. 9 févr. 1860, aff. Béguin, D. P. 60. 3. 81; 2 août 1860, aff. Bonnet, *ibid.*; 6 déc. 1860, aff. Couronne, D. P. 61. 3. 74; 20 mars 1862, aff. Large, *Rec. Cons. d'Etat*, p. 232; 5 août 1869, aff. Rousset, *ibid.*, p. 736); — 3° Que, en principe, et à moins d'exceptions spéciales dans les lois ou règlements postérieurs, le bénéfice dudit article de la loi de 1790 s'étend aussi bien aux pensions qui, avant 1854, étaient à la charge des caisses de retraite alimentées par des retenues sur les traitements, qu'aux pensions servies sur les fonds généraux de l'Etat (Cons. d'Et. 9 févr. 1860, 20 mars 1862, 5 août 1869 précités); qu'il peut et doit, en conséquence, profiter intégralement, par exemple, aux membres du corps des ponts et chaussés (Cons. d'Et. 9 févr. 1860 et 5 août 1869 précités) ; — 4° Que, quant aux magistrats qui ont rendu des services dans les colonies, il a été dérogé à la loi de 1790 par l'art. 7 de l'arrêté du Gouvernement du 11 fruct. an 11, et par la loi du 18 avr. 1831, en ce sens que leurs services aux colonies avant 1854 doivent être comptés, non pour le double, mais seulement pour moitié en sus de leur durée effective (Cons. d'Et. 2 août 1860 précité). Il importerait peu, d'ailleurs, que le fonctionnaire n'eût pas encore trente ans de services au 1er janv. 1854; il suffit qu'il les ait acquis depuis (Cons. d'Et. 9 févr. et 2 août 1860 précités). V. aussi *infrà*, n° 217.

77. Un avantage analogue à celui que concède l'art. 10, § 4, de la loi de 1853 à certains fonctionnaires est admis en faveur des ingénieurs des ponts et chaussées ou des mines et des conducteurs attachés temporairement au service des compagnies concessionnaires d'entreprises ou de travaux publics qui ont pris du service à l'étranger pour une durée de cinq ans au plus, à condition que ces agents aient subi la retenue sur le montant intégral du traitement d'activité de leur grade (Décr. 13 oct. 1851, art. 19 et suiv.; 24 déc. 1851, art. 19 et 20; 9 nov, 1853, art. 17, § 4).

78. — II. Conditions requises pour avoir droit a pension pour cause d'infirmités ou de suppression d'emploi. — On a vu (*Rép.* n° 51) que, aux termes de l'avant-dernier alinéa de l'art. 11 de la loi de 1853, le droit à pension naît au profit du fonctionnaire que des infirmités graves résultant de l'exercice de ses fonctions mettent dans l'impossibilité de les continuer ou dont l'emploi a été supprimé, pourvu qu'il compte cinquante ans d'âge et vingt ans de service dans la partie sédentaire, ou quarante-cinq ans d'âge et vingt ans de service dans la partie active.

Comme on l'a indiqué *suprà*, n° 65, les services militaires ne peuvent être considérés comme services actifs dans le sens de la loi du 9 juin 1853. En conséquence, ces services ne peuvent servir à compléter les quinze années de service actif donnant droit à pension aux fonctionnaires âgés de quarante-cinq ans au moins, que des infirmités graves résultant de leurs fonctions mettent dans l'impossibilité de les continuer (Cons. d'Et. 7 janv. 1887, aff. Baumgarten, D. P. 88. 3. 45; 18 nov. 1887, aff. Gravel, D. P. 88. 5. 363). Mais, lorsque les services militaires s'ajoutent à douze années de service dans la partie sédentaire ou à dix années dans la partie active (Comp. *suprà*, n° 70), ils sont admissibles pour compléter la période de vingt ans ou de quinze ans exigés pour constituer le droit à pension en raison d'infirmités graves résultant de l'exercice des fonctions (Av. Cons. d'Et. 30 juill. 1856).

79. Il faut, d'ailleurs, que les quinze ou vingt années de service ne comprennent que des services effectifs : ainsi il a été jugé que le receveur de l'Enregistrement qui a cessé ses fonctions avant l'âge de cinquante ans ne peut obtenir une pension, par application de l'art. 11, § 2, de la loi du 9 juin 1853, alors même qu'il avait été placé jusqu'à cet âge dans le cadre de non-activité établi par un arrêté du directeur général (Cons. d'Et. 22 juin 1877. aff. Birat, D. P. 77. 3. 78. Conf. Cons. d'Et. 20 nov. 1891, aff. Séguin, D. P. 93. 3. 19). Il ne peut, en effet, dépendre d'un règlement émané d'un chef de service de changer la situation légale d'un fonctionnaire, en ce qui concerne le droit à pension.

Il en serait autrement, en vertu de l'art. 16 du décret du 9 nov. 1853, à l'égard soit des ingénieurs des ponts et chaussées et des mines, soit des agents extérieurs du département des affaires étrangères, soit des fonctionnaires de l'enseignement (Même arrêt, motifs. V. *Rép.* n° 50).

80. On sait qu'aux termes de l'art. 18 de la loi de 1853, les droits à pension des fonctionnaires en exercice le 1er janvier 1854 sont réglés, pour leurs services antérieurs, conformément aux dispositions législatives qui régissaient antérieurement leur situation. Il a été décidé, par application de ce principe : 1° que les dispositions introduites dans la loi du 9 juin 1853, pour fixer la durée de services dont devront justifier à l'avenir les fonctionnaires appartenant à la partie sédentaire, qui demandent des pensions de retraite pour cause d'infirmités, ne doivent pas être appliquées aux demandes formées depuis la mise en vigueur de la loi, lorsqu'elles sont fondées sur l'existence d'infirmités contractées antérieurement ; ces pensions sont acquises, quelle que soit la durée des services, d'après l'art. 2 du décret du 13 sept. 1806 (Cons. d'Et. 26 avr. 1855, aff. Mitiffen, D. P. 55. 3. 90) ;... — 2° Que le principe énoncé dans l'art. 18 de la loi de 1853 s'applique à la liquidation des pensions pour cause d'infirmités comme à la liquidation des pensions pour cause d'ancienneté (Cons. d'Et. 21 févr. 1860, aff. Benoist, D. P. 60. 3. 69) ;... — 3° Que, en vertu de l'ordonnance du 19 avr. 1820 (art. 3), le droit à pension est acquis au membre de l'Université qui, sans avoir atteint l'âge de soixante ans, est atteint d'une infirmité dans l'exercice de l'une des fonctions donnant droit à pension, pourvu qu'il ait au moins dix années effectives et entières de service dans lesdites fonctions; on estimerait à tort que, dans ce cas, l'admission de la demande de pension est subordonnée à l'approbation de l'autorité supérieure (Cons. d'Et. 2 déc. 1858, aff. Meynien, D. P. 59. 3. 57. V. *ibid.* en note, le texte de l'art. 3 de l'ordonnance de 1820 et l'avis du ministre) ;... — 5° Que l'employé de l'administration des Finances mis en disponibilité pour infirmités provenant de l'exercice de ses fonctions, qui demande une pension de retraite en vertu de l'art. 8, § 2, de l'ordonnance du 12 janv. 1824, peut comprendre, dans les quinze années de service dont il doit justifier, le temps qu'il a passé en congé avec traitement (Cons. d'Et. 30 juill. 1863, aff. Raybaud, *Rec. Cons. d'Etat*, p. 605).

81. Pour qu'un fonctionnaire ait droit à l'application de la disposition de l'alinéa précité de l'art. 11, il faut que les infirmités dont il est atteint soient graves, qu'elles résultent de l'exercice de ses fonctions et qu'elles ne lui permettent pas de les continuer.

Pendant longtemps, le ministre des finances et la section des finances du conseil d'Etat avaient accueilli sans difficulté les demandes de pensions proposées par les ministres compétents, lorsque les certificats de médecins, dressés en exécution de l'art. 33 du règlement d'administration publique du 9 nov. 1853, constataient que les infirmités résultaient de l'exercice des fonctions. Mais plus récemment, la section des finances, préoccupée sans doute du grand nombre de pensions accordées à la suite de mises à la retraite, modifia sa jurisprudence ; elle exigea que les certificats fissent preuve que les infirmités résultaient *exclusivement* de l'exercice des fonctions. Le ministre de l'instruction publique adressa alors aux préfets (18 avr. 1880, *Bull. de l'instr. publ.*, p. 414) une circulaire contenant des instructions en ce sens. Le ministre n'accepta plus que des certificats contenant des attestations très détaillées et très affirmatives, tant de la part des médecins, en ce qui concernait les maladies dont l'origine pouvait être douteuse, que de la part des autorités universitaires ou municipales lorsque l'origine de la maladie était attribuée à l'insalubrité du climat ou au mauvais état des locaux scolaires. Néanmoins, la section continua à rejeter un grand nombre de demandes. Le ministre de l'instruction publique ne crut pas devoir user du droit qui lui appartenait de présenter à la signature du président de la République des décrets contraires à l'avis de la section ; mais lorsque la question fut portée par deux des intéressés devant le conseil d'Etat au contentieux, il présenta des observations tendant à ce qu'elle fût tranchée contrairement à la théorie de la section des finances. Le conseil d'Etat a implicitement écarté ce que cette théorie avait d'excessif. Un médecin ne peut presque jamais affirmer, sous la foi du serment, qu'une infirmité a pour cause unique et exclusive l'exercice de la profession. Lorsque l'exercice de la profession détermine une infirmité, c'est habituellement parce qu'il existait une prédisposition à cette infirmité. L'exigence de la section des finances aboutissait donc soit à multiplier les certificats de complaisance, soit à priver le plus grand nombre des intéressés du bénéfice légitime (§ 2) de l'art. 11, de la loi de 1853. Le conseil d'Etat a admis, en conséquence, que, pour qu'un fonctionnaire ait droit à l'application de l'art. 11 de la loi du 9 juin 1853, aux termes duquel le droit à pension est ouvert, moyennant certaines conditions, aux fonctionnaires que des infirmités graves résultant de l'exercice de leurs fonctions mettent dans l'impossibilité de les continuer, il n'est pas nécessaire qu'il fasse la preuve que ses infirmités sont dues exclusivement et uniquement à la profession. C'est ce qui résulte implicitement des décisions suivantes : Cons. d'Et. 16 déc. 1881, sol. impl., aff. Romeuf et aff. Picard, D. P. 83. 3. 36 ; 8 août 1882, aff. Tholon, D. P. 84. 3. 26 ; 22 déc. 1882, aff. Girard, D. P. *ibid.* ; 18 févr. 1887, aff. Doumenge, D. P. 88. 5. 363.

82. Il faut noter, toutefois, que la loi du 3 août 1790 (art. 17), qui est encore applicable à certains fonctionnaires (*Rép.* n° 29), semble encore moins exigeante sur ce point que la loi de 1853. Elle ne se sert pas, comme elle, des expressions « *résultant* de l'exercice de leurs fonctions » ; mais de celles-ci : « infirmités *contractées dans* l'exercice des fonctions publiques ». Il n'est donc pas nécessaire qu'il soit constaté, lors de la liquidation de la pension, que les infirmités sont la conséquence directe de l'exercice des fonctions (Av. sect. fin. Cons. d'Et., motifs, 10 août 1876, D. P. 78. 3. 25).

83. Peu importe l'époque à laquelle remontent les infirmités (Cons. d'Et. 10 mai 1860, aff. Martin ; 16 déc. 1881, aff. Romeuf, D. P. 83. 3. 36 ; 8 août 1882, aff. Tholon, D. P. 84. 3. 26 ; 21 mars 1883, aff. Palaa, D. P. 84. 3. 119. Cont. anal. Cons. d'Et. 12 févr. 1857, aff. Guesney, D. P. 58. 3. 34 ; 12 mai 1859, aff. Veuve Belhe, D. P. 60. 3. 2. V. aussi anal. *infrà*, n°s 98 et suiv.).

84. Il a été jugé : 1° que le principal d'un collège atteint d'infirmités ayant eu pour causes déterminantes les fatigues multipliées de son emploi, notamment pendant la guerre de 1870-1871, a droit à pension par application de l'art. 11 de la loi du 9 juin 1853 (Cons. d'Et. 8 août 1882, aff. Tholon, D. P. 84. 3. 26); — 2° Qu'un agent des ponts et chaussées qui justifie par la production de plusieurs certificats que les infirmités qui l'ont obligé à prendre sa retraite ont pour cause les fatigues exceptionnelles subies par lui pendant qu'il était attaché au service du ravitaillement de Paris, a droit à pension par application de l'art. 11, § 3, de la loi du 9 juin 1853 (Cons. d'Ét. 21 mars 1883, aff. Palaa, D. P. 84. 3. 119); — 3° Que ce même article est applicable à un instituteur atteint d'une sciatique chronique résultant du long exercice de ses fonctions dans un local humide et insalubre (Cons. d'Et. 22 déc. 1882, aff. Girardot, D. P. 84. 3. 26); — 4° Qu'un instituteur a droit à pension pour infirmités résultant de l'exercice de ses fonctions lorsqu'il est établi par l'instruction que la démence paralytique dont il est atteint et qui l'a mis dans l'impossibilité de continuer ses fonctions est le résultat des fatigues excessives qu'il a eu à subir en dirigeant seul, pendant plusieurs années, une école de deux classes fréquentées par un nombre considérable d'élèves (Cons. d'Et. 18 févr. 1887, aff. Doumenge, D. P. 85. 5. 363). Cette dernière décision est intervenue contrairement à trois avis de la section des finances, qui avait considéré la corrélation de cause à effet entre l'exercice de la profession et l'infirmité comme n'étant pas suffisamment justifiée.

85. L'avant-dernier alinéa de l'art. 11 de la loi de 1853 assimile, au point de vue de l'obtention du droit à pension, le fonctionnaire dont l'emploi est supprimé à celui qu'une infirmité résultant de ses fonctions a mis dans l'impossibilité de les continuer (*Rép.* n° 51).

La question de savoir s'il y a eu ou non suppression d'emploi se résout, en fait, suivant les circonstances de chaque espèce. Ainsi, il a été jugé : 1° qu'il y a suppression d'emploi, quand un employé payé vient à être congédié par mesure d'économie et remplacé par un surnuméraire non rétribué (Cons. d'Et. 21 janv. 1842, aff. Soulan, *Rec. Cons. d'Etat*, p. 27); — 2° Qu'au contraire, il n'y a pas suppression, dans le cas où l'emploi est simplement détaché d'un service et rattaché à un autre (Cons. d'Et. 8 janv. 1836, aff. Lantier; 8 janv. 1851, aff. Ménard, *ibid.* p. 106; 4 avr. 1884, aff. Cernesson, D. P. 85. 5. 358).

Jugé également que le fait qu'une recette municipale a été retirée à un percepteur pour être confiée à un receveur spécial ne peut être considéré comme ayant, à l'égard de ce percepteur, le caractère d'une suppression d'emploi pouvant lui donner droit à une pension distincte de celle à laquelle il a droit en sa qualité de percepteur, d'après la moyenne de ses six dernières années de traitement (Cons. d'Et. 17 févr. 1888, aff. Bonjean, D. P. 89. 3. 46). En effet, le percepteur ne remplit les fonctions de receveur municipal qu'à titre précaire, sous la réserve des droits appartenant aux communes, en vertu de l'art. 156 de la loi du 5 avr. 1884, de désigner un receveur spécial lorsque leurs revenus sont supérieurs à 30 000 fr.; ces fonctions ne constituent qu'un accessoire de leur emploi, et leur seul droit est de faire entrer les émoluments qu'ils perçoivent à ce titre, tant qu'ils en sont investis, dans le calcul de leur traitement moyen (V. notamment, à titre d'exemple, Cons. d'Et. 4 juill. 1879, aff. Descourvières, D. P. 80. 3. 19).

86. Après les événements de 1870-1871, on dut supprimer certains emplois et réorganiser certains services publics. Une loi du 30 mars 1872 (D. P. 72. 4. 71), calquée sur un décret du 2 mai 1848 (D. P. 48. 4. 87), a réglé la situation qui serait faite, au point de vue de la retraite, aux employés dont les fonctions auraient été ainsi supprimées. L'art. 1 de cette loi dispose : « Les fonctionnaires et employés civils ayant subi une retenue, qui, du 12 févr. 1871 au 31 déc. 1872, auront été réformés pour cause de suppression d'emploi, de réorganisation, ou pour toute autre mesure administrative qui n'aurait pas le caractère de révocation ou de destitution, pourront obtenir pension, s'ils réunissent vingt ans de services... ». — L'art. 1 du décret de 1848 exigeait un temps de services plus long que celui que prescrit la loi de 1872. Il était ainsi conçu : « Les fonctionnaires et employés qui, du 25 février au 25 juillet de la présente année, auront été réformés pour cause de suppression d'emploi, de réorganisation, ou par toute autre mesure administrative qui n'aurait pas le caractère de révocation ou de destitution, pourront obtenir pension, s'ils réunissent *vingt ans de service, dont quinze ans au moins entièrement accomplis dans la partie active, ou vingt-cinq ans indistinctement accomplis dans la partie active ou sédentaire* ». — Sur le mode de liquidation des pensions concédées en vertu de la loi du 30 mars 1872, V. *infrà*, n°s 124, 232 et 273.

87. La loi transitoire du 30 mars 1872 n'a pas eu pour effet d'abroger la disposition de l'art. 11 de la loi de 1853, relative aux fonctionnaires dont l'emploi est supprimé. Elle ne l'a même, croyons-nous, modifié temporairement, que dans la mesure où ses dispositions sont plus favorables aux fonctionnaires. C'est ainsi qu'un employé du service actif réformé pour cause de suppression d'emploi, qui aurait réuni quinze années de service et quarante-cinq ans d'âge aurait pu, semble-t-il, réclamer une pension, en vertu de la loi de 1853. La loi de 1872 est, sur un point, moins exigeante que celle de 1853 : elle ne fixe aucune limite *minima* pour l'âge ; il suffit que le fonctionnaire ait vingt ans de service au moment où il est mis en réforme, pour qu'il ait droit à pension. Les termes employés par la loi de 1872, pour désigner la mesure qui met fin aux fonctions de l'employé, sont aussi plus compréhensifs que ceux de la loi de 1853, et prévoient la réforme « pour cause de suppression d'emploi, de réorganisation, *ou pour toute autre mesure administrative qui n'a pas le caractère de destitution* ».

88. Pour les employés qui ont moins de vingt ans de service, la loi de 1872 (art. 2) reproduit, en termes un peu différents, les dispositions du décret du 12 mai 1848, art. 2, et accorde au fonctionnaire réformé une indemnité temporaire (V. *infrà*, n°s 201 et 232). Mais cet art. 2 omet d'indiquer le *minimum* de temps de service qui sera nécessaire pour donner droit à ladite indemnité. Le conseil d'Etat, « considérant que cette indemnité est fixée, par l'art. 2, au tiers du traitement moyen des quatre dernières années d'exercice, pour un temps égal à la durée des services », a décidé que, pour avoir droit à une indemnité temporaire, par application de la loi précitée, il est nécessaire de compter quatre années au moins de services (Cons. d'Et. 9 janv. 1874, aff. Laplanche, aff. Magnien, aff. Lefébure de Saint-Maur, aff. De Bardel, D. P. 74. 3. 76).

89. L'application de la loi de 1872 doit être strictement limitée à la période qu'elle a déterminée. Ainsi le bénéfice de cette loi ne peut être invoqué par le fonctionnaire dont l'emploi a été supprimé le 1er déc. 1870 (Cons. d'Et. 25 mai 1877, aff. Patrimonio, *Rec. Cons. d'Etat*, p. 503). Elle ne profite pas non plus au fonctionnaire révoqué (L. 1872, art. 1; Cons. d'Et. 18 juill. 1873, aff. Chappuis, *ibid.*, p. 668), ou démissionnaire (Cons. d'Et. 30 janv. 1874, aff. Pascalis, *ibid.* p. 106).

90. Les magistrats mis à la retraite en vertu du décret du 1er mars 1852 (D. P. 52. 4. 62) ont droit à pension si, le jour où ils atteignent la limite d'âge fixée, ils comptent vingt ans de services admissibles en France, ou quinze ans aux colonies (L. 9 juin 1853, art. 11, *in fine*; *Rép.* n° 52). C'est une dérogation à la règle générale posée par l'art. 5, de la même loi. Cette exception ne concerne que les magistrats inamovibles, les seuls qui soient soumis à une limite d'âge (Bavelier, t. 1, n° 42).

91. La disposition transitoire de l'art. 18, § 4, de la loi de 1853 (*Rép.* n° 52) est devenue aujourd'hui inapplicable.

Il a été jugé que cette disposition, d'après laquelle les magistrats nommés avant le 1er janv. 1854, et mis à la retraite en vertu du décret du 1er mars 1852, ont droit à pension après quinze ans de services, ne peut être étendue aux conseillers de préfecture, encore qu'une décision impériale du 1er mai 1858 ait statué qu'à l'avenir ils seraient mis d'office à la retraite à l'âge de soixante-dix ans. Cette décision, en effet, n'a point dérogé aux dispositions de la loi précitée qui régissent la pension de ces fonctionnaires (Cons. d'Et. 3 août 1865, aff. Ducôté, D. P. 66. 3. 19; 29 août 1865, aff. Marre, *ibid.*). — L'arrêt du 3 août 1865 se borne à dire que la décision impériale de 1858 n'a eu *ni pour but ni pour effet* de déroger aux règles établies par la loi du 9 juin 1853. On peut ajouter qu'elle n'aurait pas pu y déroger. Les conseillers de préfecture étant des fonctionnaires amovibles, le Gouvernement peut faire cesser leurs fonctions *ad nutum;* on comprend dès lors qu'il ait pu décider qu'à l'avenir ils seraient mis à la retraite à l'âge de soixante-dix ans. Mais le Gouvernement ne pouvait évidemment pas leur accorder un droit à pension autre que celui qui résultait pour eux de la loi du 9 juin 1853, à laquelle une loi seule pourrait apporter des modifications.

92. La loi du 30 août 1883 (D. P. 83. 4. 58), sur l'organisation de la magistrature, qui a réduit le personnel des cours et tribunaux (art. 11), a formulé, en faveur des magistrats non maintenus dans leurs fonctions, les dispositions suivantes, (art. 12) : « Les magistrats qui, par application de la présente loi, n'auront pas été maintenus ou n'auront pas accepté le poste nouveau qui leur aura été offert, recevront à titre de pension de retraite, savoir : Au-dessus de vingt ans et au-dessous de trente ans de services, la moitié; au-dessus de dix ans et au-dessous de vingt ans, les deux cinquièmes; au-dessus de six ans et au-dessous de dix ans, le quart du traitement moyen dont ils ont joui pendant les six dernières années. Au-dessous de six ans de services, ils recevront le cinquième du traitement moyen dont ils ont joui depuis leur entrée en fonctions. Les dispositions qui précèdent ne sont pas applicables aux magistrats qui, s'ils restaient en fonctions jusqu'à l'âge fixé par le décret du 1er mars 1852, ne pourraient acquérir droit à pension aux termes de l'art. 5 de la loi du 9 juin 1853, ni invoquer la disposition finale de l'art. 11 de ladite loi pour être admis exceptionnellement à une pension de retraite. Il sera alloué à ces magistratsjus, qu'à cet âge, une indemnité annuelle calculée sur les bases ci-dessus. Les magistrats qui ne seront pas maintenus auront droit, s'ils comptent plus de trente ans de service, et quel que soit leur âge, à un soixantième de leur traitement moyen de retraite par année de service en sus de trente. En aucun cas, les pensions et indemnités servies en exécution des dispositions qui précèdent ne pourront excéder le maximum fixé par la loi du 9 juin 1853 ».

93. Le bénéfice de l'art. 12 de ladite loi, qui accorde une pension de retraite aux magistrats non maintenus, a été reconnu aux commis greffiers privés de leur emploi par application de la loi du 30 août 1883 (Cons. d'Et. 3 juill. 1885, aff. Dieupart, D. P. 87. 3. 23). Le ministre de la justice, dans cette affaire, avait contesté que les commis greffiers pussent être considérés comme des *magistrats*. Il se fondait sur ce que ces agents sont nommés et peuvent être révoqués par les compagnies judiciaires, et non par le Gouvernement (*Rép.* v° *Greffe*, nos 191 et 201), et sur ce qu'ils ne sont ni inamovibles, ni soumis à la limite d'âge; il ajoutait que l'art. 12 de la loi du 30 août 1883 leur était d'autant moins applicable que cette loi laisse au Gouvernement la faculté d'offrir un nouveau poste aux magistrats déplacés et que le droit à pension ne s'ouvre que si le magistrat refuse cette compensation; ce droit ne peut donc appartenir aux commis greffiers à qui le Gouvernement n'a pas la possibilité d'offrir un poste en remplacement de celui qui est supprimé par l'effet de la loi. Le conseil d'Etat a évité de se prononcer sur le point de savoir si la qualification de *magistrats* pouvait être, à tous les points de vue, attribuée aux commis greffiers; il s'est borné à déclarer qu'ils sont des magistrats dans le sens de la loi du 30 août 1883. Cette solution ne pouvait faire doute en présence du texte des art. 3 et 7 de la loi précitée, qui leur donnent expressément cette qualification. On peut ajouter que, si un arrêt de la cour de cassation a décidé que les commis greffiers ne sont pas membres des cours et tribunaux (Crim. rej. 21 nov. 1850, aff. Maupou, D. P. 50. 5. 274, *Rép.* v° *Greffe*, n° 195), un arrêt plus récent a décidé qu'au point de vue disciplinaire les greffiers d'audience font partie de la cour (Crim. rej. 7 mai 1880, aff. Bith et autres, D. P. 80. 1. 476). Le conseil d'Etat, appelé à examiner la question au point de vue de l'éligibilité aux fonctions de maire, a également décidé que les commis greffiers assermentés font partie intégrante des tribunaux près desquels ils exercent leurs fonctions (Cons. d'Et. 17 févr. 1882, aff. élec. d'Audillé, D. P. 83. 3. 52).

94. — III. CAS DANS LESQUELS LE FONCTIONNAIRE PEUT AVOIR DROIT A PENSION INDÉPENDAMMENT DE TOUTE CONDITION D'AGE OU DE DURÉE DE SERVICE. — On a étudié (*Rép.* nos 53 et 54) les deux dispositions de l'art. 11 de la loi de 1853 qui, dans certaines circonstances exceptionnelles, accordent au fonctionnaire le droit à pension, indépendamment de toute condition d'âge ou de durée de service. La première de ces dispositions concerne « les fonctionnaires et employés qui auront été mis hors d'état de continuer leur service, soit par suite d'un acte de dévouement dans un intérêt public, ou en exposant leurs jours pour sauver la vie d'un de leurs concitoyens, soit par suite de lutte ou combat soutenu dans l'exercice leurs fonctions ». La seconde s'applique à « ceux qu'un accident grave, résultant notoirement de l'exercice de leurs fonctions, met dans l'impossibilité de les continuer ».

95. Il ne faut pas confondre les deux cas exceptionnels prévus par l'art. 11 précité. Dans le second cas, le fonctionnaire n'a fait qu'accomplir son devoir; c'est en l'accomplissant, dans les limites où il était tenu de le faire, qu'il a été victime d'un accident. Dans le premier cas, il est allé plus loin que l'exigeait l'accomplissement strict de son devoir; il s'est exposé sciemment à un péril qu'il lui aurait été permis d'éviter parce qu'il ne rentrait pas dans les exigences de son devoir professionnel. Cette dernière circonstance est indispensable, d'après la jurisprudence, pour que la première disposition de l'art. 11 soit applicable (Cons. d'Et. 27 août 1857, aff. Caton, D. P. 58. 3. 34; 6 déc. 1872, aff. Boudaz, D. P. 73. 3. 43; 9 mai 1879, aff. Legros, D. P. 79. 3. 59). L'accomplissement courageux du devoir professionnel ne suffit pas (Cons. d'Et. 29 mars 1853, aff. Peychaud, D. P. 53. 3. 54 ; 20 déc. 1872, aff. Roze, D. P. 73. 3. 43 ; 12 janv. 1877, aff. Santelli, D. P. 77. 3. 40).

La distinction entre les deux cas de l'art. 11 est très importante; car la pension est liquidée d'une façon différente suivant que le fonctionnaire peut invoquer la disposition de l'un ou de l'autre des deux alinéas (*infrà*, n° 212). V. aussi, relativement aux droits des veuves, *infrà*, nos 125 et suiv., 128 et suiv.; *Rép.* n° 71.

96. Par application de ces principes, on a considéré comme ayant été victime d'un acte de dévouement accompli dans un intérêt public, et rentrant sous l'application de la première disposition de l'art. 11 : 1° un employé civil au palais des Tuileries, après être resté, sur l'ordre de ses chefs, à son poste pendant toute la durée de l'insurrection, avait été blessé en se rendant au palais, le jour de l'entrée des troupes, pour concourir aux mesures qui pourraient être prises à l'effet de le préserver (Cons. d'Et. 6 déc. 1872, aff. Veuve Boudaz, D. P. 73. 3. 42) ; — 2° Un éclusier qui ne s'était pas borné à remplir les obligations que lui imposait son service, mais au lieu d'attendre l'arrivée des hommes dont le concours était indispensable pour manœuvrer le barrage, n'avait pas hésité, en présence d'une inondation imminente et pour en conjurer les effets, à tenter seul cette opération ; et, pendant qu'il accomplissait cet acte de dévouement dans un intérêt public, avait été entraîné par les eaux et avait perdu la vie (Cons. d'Et. 9 mai 1879, aff. Legros, D. P. 79. 3. 59). — Au contraire, il a été décidé que la seconde disposition de l'art. 11 qui prévoit le cas où le fonctionnaire a été victime d'un accident grave dans l'exercice de ses fonctions, pouvait seule être invoquée : 1° par la veuve d'un fonctionnaire qui, retenu par son service dans une ville attaquée par l'ennemi, avait été tué pendant le bombardement (Cons. d'Et. 20 déc. 1872, aff. Veuve Roze, D. P. 73. 3. 42) ; — 2° Par un juge de paix ayant contracté dans une descente de justice des infirmités qui s'étaient aggravées par suite de fatigues et de dangers auxquels il s'était exposé dans un incendie, plusieurs années avant la cessation de ses fonctions (Cons. d'Et. 28 févr. 1879, aff. Aycard, D. P. 79. 3. 59) ; — 3° Par la veuve d'un consul qui avait succombé aux suites d'une affection due à l'insalubrité du climat et à des fatigues exceptionnelles (Cons. d'Et. 9 mars 1877, aff. Thénon, D. P. 77. 3. 51) ; — 4° Par un employé des forêts qui avait été mis hors d'état de continuer son service par suite des infirmités qu'il avait contractées en construisant des tranchées destinées à circonscrire les limites d'un incendie (Cons. d'Et. 12 janv. 1877, aff. Santelli, D. P. 77. 3. 40); — 5° Par un employé des postes qui, incorporé, pendant le siège de Paris, dans un bataillon de marche de la garde nationale, exclusivement composé d'agents de ce service, avait reçu dans un combat, une blessure l'ayant mis dans l'impossibilité de continuer son service (Cons. d'Et. 7 août 1891, aff. Groniez, D. P. 93. 3. 14). Dans cette dernière espèce, il n'y avait sans doute pas eu acte de dévouement dans le sens de l'art. 11, § 1, mais on peut se demander si le réclamant n'était pas fondé à invoquer le bénéfice du même paragraphe, comme ayant été mis dans l'impossibilité de continuer ses services par suite d'un combat soutenu dans l'exercice de ses fonctions (V. la note D. P. *ibid.*).

97. Il a été décidé que l'agent forestier tué par des individus surpris en contravention doit être considéré comme ayant péri par suite d'une lutte, et non par suite d'un accident, dans l'exercice de ses fonctions; qu'en conséquence, la pension de sa veuve doit être liquidée par application de l'art. 11, § 1, et de l'art. 14, § 1 et 3, de la loi du 9 juin 1853 (Cons. d'Ét. 18 nov. 1881, aff. Veuve Streissel, D. P. 83. 3. 36). — La question était délicate et a donné lieu à une divergence d'appréciation entre le ministre des finances et le ministre de l'agriculture. D'après le ministre des finances, l'interprétation des termes : *lutte ou combat dans l'exercice des fonctions*, résulte du rapprochement, dans le même paragraphe, de l'art. 11 de la loi du 9 juin 1853, de l'hypothèse à laquelle ils se rapportent et de l'acte de dévouement dans un intérêt public. Les cas pour lesquels ce paragraphe prescrit un mode de liquidation exceptionnellement avantageux sont ceux où le fonctionnaire a volontairement et sciemment exposé sa vie pour remplir son devoir; or, dans l'espèce soumise au conseil d'Etat, l'instruction judiciaire avait constaté qu'au moment où l'agent forestier avait été assassiné, il prenait des notes, ce qui excluait toute idée d'une lutte engagée par lui contre les délinquants. Ce système était conforme à la lettre de la loi; il paraîtrait difficile d'en contester l'application dans le cas où un fonctionnaire ou agent dont le service ne comporte aucun péril habituel aurait été surpris et frappé par des malfaiteurs. Mais le ministre de l'agriculture, dont le conseil d'Etat a adopté, en fait, l'opinion, sans toutefois se prononcer expressément sur le point de droit, a apporté à la doctrine absolue du ministre des finances un tempérament à la fois équitable et juridique. Il a fait observer que certains fonctionnaires, les agents forestiers notamment, s'exposent volontairement et sciemment à de véritables périls toutes les fois qu'ils exercent contre les délinquants leurs devoirs de surveillance et de répression. C'est là un état de lutte presque permanent, et il n'existe aucune raison de les traiter ou de traiter leurs veuves différemment, suivant qu'ils ont pu ou non prévoir l'attaque et se mettre en état de défense.

Il a cependant été jugé qu'un sergent de ville blessé par des hommes appartenant à une troupe qui avait envahi la caserne, et qui avait obligé les agents occupant cette caserne à l'évacuer en fuyant, devait être considéré comme ayant été mis dans l'impossibilité de continuer son service, non par suite d'une lutte ou combat soutenu dans l'exercice de ses fonctions, mais par suite d'un accident résultant de l'exercice de ses fonctions (Cons. d'Ét. 22 mai 1885, aff. Roux, D. P. 86. 3. 133). Mais cette solution n'est pas à l'abri de la critique. Si lors de l'attaque qui, dans l'espèce avait été dirigée contre la caserne des sergents de ville, ceux-ci n'avaient été en nombre suffisant pour résister, aucun doute n'aurait pu s'élever sur la nature des droits qui se seraient ouverts en faveur de ceux qui auraient été blessés ou des veuves de ceux qui auraient succombé. Or la circonstance que la disproportion du nombre les avait obligés à se retirer précipitamment a-t-elle pu modifier le caractère de l'attaque dirigée contre eux, et transformer en simple accident survenu dans l'exercice des fonctions les blessures infligées à l'un d'eux par les assaillants?

98. Le droit à pension existe pour le fonctionnaire ou employé mis par un acte de dévouement hors d'état de continuer son service, même dans le cas où l'incapacité, au lieu d'être immédiate, n'a été qu'une conséquence éloignée, mais cependant directe, de l'acte de dévouement. Tel est le cas où l'incapacité a été amenée par une maladie qui, ne s'étant développée que progressivement, a pour cause et pour point de départ... soit une blessure reçue en combattant dans les rangs de la garde nationale pour la cause de l'ordre (Cons. d'Ét. 12 févr. 1857, aff. Guesney, D. P. 58. 3. 34) ;... soit des fatigues éprouvées dans l'accomplissement d'une mission médicale pendant l'épidémie cholérique; et il importe peu, en ce cas, que le service soit étranger aux fonctions de l'employé et ait été volontairement offert (Cons. d'Et. 27 août 1857, aff. Caton, *ibid.* V. aussi Cons. d'Et. 28 févr. 1879, aff. Ayeard, D. P. 79. 3. 59).

Le conseil d'Etat admet la même solution pour le cas d'incapacité provenant d'un accident reçu par l'agent dans l'exercice de ses fonctions (V. *infrà*, n°s 101 et suiv. Comp. *suprà* n° 83). Si l'agent, atteint par un accident, se trouve doué d'une constitution assez forte pour lutter pendant quelque temps contre la gravité du mal, ce résultat, qu'il n'obtient presque toujours que grâce à des soins coûteux, ne saurait en bonne justice être retourné contre lui ou contre sa veuve.

99. En ce qui concerne l'application de la seconde disposition de l'art. 11, § 1, il a été décidé : 1° qu'une maladie épidémique contractée par un fonctionnaire dans l'exercice de ses fonctions peut être considérée comme un accident grave dans le sens de l'art. 11, § 2, de la loi de 1853, à l'effet de constituer le droit à pension (Cons. d'Et. 19 nov. 1875, aff. Eyssautier, D. P. 76. 3. 48 ; — 2° Qu'une chute dans un ravin faite par un agent forestier pendant l'accomplissement de son service doit être considérée comme un accident de service, et lorsqu'elle a été la cause déterminante de la maladie qui a mis cet agent dans l'impossibilité d'exercer ses fonctions, la pension doit être liquidée conformément aux dispositions de l'art. 11, § 2, de la loi de 1853 (Cons. d'Et. 23 juin 1882, aff. Menu, D. P. 84. 5. 381); — 3° Qu'un inspecteur des forêts qui, étant en tournée de service dans une forêt, est tombé dans une excavation de rocher dissimulée par la mousse et a dû subir une opération chirurgicale, à la suite de laquelle il s'est trouvé dans l'impossibilité de continuer ses fonctions, a droit à une pension liquidée par application des art. 11, § 2, et 12, § 2, de la loi de 1853 (Cons. d'Et. 28 févr. 1890, aff. Vankouce, D. P. 92. 5. 392) ; — 4° Qu'un commis greffier près d'un tribunal a droit à pension comme ayant contracté dans l'exercice de ses fonctions l'aliénation mentale qui l'a mis dans l'impossibilité de les continuer, lorsqu'il est établi qu'à diverses reprises, il a dû prendre part à l'instruction d'affaires criminelles et à des descentes de justice dans des circonstances exceptionnelles qui ont eu pour effet d'agir sur ses facultés (Cons. d'Et. 4 août 1882, aff. Eyssautier, D. P. 84. 5. 381) ; — 5° Une chute de cheval faite par un agent des contributions indirectes dans l'exercice de ses fonctions constitue un accident grave pouvant donner lieu à pension (Cons. d'Et. 30 nov. 1888, aff. Achard, D. P. 90. 3. 7).

100. Il a été jugé, au contraire, qu'un fonctionnaire qui, en revenant à terre après son service terminé, s'est porté en bateau au secours d'un homme qui se noyait, et qui est mort d'une maladie causée par un coup qu'il s'était donné sur le bordage de son bateau en saisissant cet homme, ne peut être considéré, ni comme ayant perdu la vie par suite d'un acte de dévouement dans un intérêt public, ni comme ayant exposé ses jours pour sauver un de ses concitoyens. En conséquence, la pension de sa veuve ne peut pas être liquidée par application du paragraphe 1 de l'art. 14 de la loi du 9 juin 1853. (Cons. d'Et. 10 févr. 1882, aff. Veuve Giacometti, D. P. 83. 3. 61). Cette solution, adoptée par le conseil d'Etat contrairement à l'avis des ministres de l'intérieur et des finances et aux conclusions du commissaire du Gouvernement, est d'autant plus rigoureuse que, ainsi que l'a fait remarquer le ministre des finances, la veuve dont le mari a péri par suite d'un accident, en dehors de l'exercice de ses fonctions, est exposée à se voir refuser tout droit à pension.

D'ailleurs, en règle générale, les accidents même fortuits survenus pendant qu'un fonctionnaire ou agent se transporte d'un lieu à un autre pour accomplir son devoir sont considérés comme des accidents de service ; c'est ce qui a été jugé, notamment, en faveur : 1° d'un facteur de la poste aux lettres qui, étant en tournée de distribution, s'était foulé le pied en tombant (Cons. d'Et. 21 mars 1861, aff. Roger, *Rec. Cons. d'Etat*, p. 211) ; — 2° De la veuve d'un contrôleur des contributions directes mort des suites d'une chute de voiture arrivée pendant une tournée de mutation (Cons. d'Et. 26 juin 1869, aff. Renouard, *ibid.* p. 615). — Sur les caractères que doit avoir l'accident grave, pour donner droit à pension, V. aussi ce qui est dit, *infrà*, n° 131 et suiv. et *Rép.* n° 71, au sujet des droits des veuves et orphelins des fonctionnaires. Comp. *suprà*, n° 95 et suiv.

101. Le droit à pension existe, d'ailleurs, au profit du fonctionnaire, quelle que soit l'époque à laquelle remonte l'accident (Cons. d'Et. 12 mai 1859, aff. Belle, D. P. 60. 3. 2 ; 17 févr. 1861, aff. Lejust, *ibid.* p. 624 ; 16 déc. 1881, aff. Romeuf, *ibid.*, p. 1010 ; 22 juill. 1881, aff. Kanengieser, D. P. 83. 3. 11 ; 3 août 1888, aff. Grenier, D. P. 89. 5. 360). Peu importe même que le fonctionnaire ait pu continuer son service pendant plusieurs années: par exemple pendant neuf ans (Cons. d'Et. 27 mars 1856, aff. Déjean, D. P. 56. 3. 49. Conf. 18 nov. 1881, aff. Veuve Verdun, D.P. 83. 3. 29);...

pendant douze ans (Cons. d'Et. 19 nov. 1875, aff. Eyssautier, D. P. 76. 3. 48 ; 30 janv. 1880, aff. Laubie, D. P. 80. 5. 282) ; ... pendant seize ans (Cons. d'Et. 30 nov. 1888, aff. Achard, D. P. 90. 3. 7) ;... et même recevoir de l'avancement (Cons. d'Et. 30 nov. 1888, précité);... ou être investi d'autres fonctions (Cons. d'Et. 30 avr. 1868, aff. Germain, *Rec. Cons. d'Etat*, p. 506; 19 nov. 1875, précité). V. aussi *suprà*, nos 83 et 97, et *infrà*, n° 137.

102. Le fonctionnaire qui invoque soit le paragraphe 1, soit le paragraphe 2 de l'art. 11, n'est pas tenu seulement de fournir la preuve du fait accidentel ; il doit encore établir que c'est ce fait qui l'a mis dans l'impossibilité de continuer l'exercice de ses fonctions (Cons. d'Et. 12 mai 1859, aff. Belle, D. P. 60. 3. 2 ; 8 mars 1860, aff. Fiat, *Rec. Cons. d'Etat*, p. 202; 17 juill. 1861, aff. Lejust, cité *suprà*, n° 101 ; 11 juill. 1867, aff. Daupeley, *Rec. Cons. d'Etat*, p. 642 ; 19 déc. 1873, aff. Lemontey, *ibid.*, p. 955 ; 23 juin 1881, aff. Menu, D. P. 84. 5. 381 ; 15 déc. 1882, aff. Roulleau, *Rec. Cons. d'Etat*, p. 1029. Conf. Cons. d'Et., 4 juill. 1860, aff. Lefèvre et aff. Dupuy, D. P. 61. 5. 357).

103. Sur le cas où le fonctionnaire qui a acquis des droits à une pension d'ancienneté justifie en même temps qu'il se trouve dans l'un des cas exceptionnels prévus par l'art. 11 de la loi de 1853, V. *infrà*, n° 214.

104. Aux termes de l'art. 10, § 2, 3 et 4 de la loi du 30 nov. 1875 (D. P. 76. 4. 4), le fonctionnaire civil qui, ayant vingt ans de service à la date du jour où il accepte le mandat de député, et qui justifie de cinquante ans d'âge, à l'époque de la cessation de ce mandat, peut faire valoir ses droits à une pension de retraite exceptionnelle. — Cette pension est réglée conformément au troisième paragraphe de l'art. 12 de la loi de 1853.

Une disposition transitoire ajoutée à la loi du 9 déc. 1884 (D. P. 85. 4. 1) portant modification à la loi organique sur l'élection des sénateurs, après avoir déclaré applicables aux prochaines élections sénatoriales l'art. 8 de la loi du 30 nov. 1875, qui prononce l'incompatibilité entre l'exercice de fonctions publiques rétribuées par l'Etat et le mandat de député ajoute : « Tout fonctionnaire atteint par cette disposition, qui comptera vingt ans de service et cinquante ans d'âge, à l'époque de l'acceptation de son mandat, pourra faire valoir ses droits à une pension de retraite proportionnelle, qui sera réglée conformément au troisième paragraphe de l'art. 12 de la loi du 9 juin 1853 ». Cette disposition transitoire, applicable seulement aux élections sénatoriales de janvier 1885, a été maintenue pour les élections sénatoriales ultérieures, jusqu'au vote d'une loi spéciale sur les incompatibilités, par une loi du 26 déc. 1887 (D. P. 88. 4. 2), conçue en termes identiques à ceux de la disposition transitoire de 1884. V. *infrà*, nos 257 et 276.

§ 4. — Il faut que les besoins du service ne s'opposent pas à la mise à la retraite du fonctionnaire ou employé qui demande la pension (*Rép.* nos 55 à 57).

105. On a expliqué (*Rép.* nos 55 et suiv.) que, quand un employé ou un fonctionnaire atteint l'âge de la retraite, il appartient au ministre d'apprécier s'il convient ou non de l'admettre à faire valoir ses droits à pension. L'art. 19 de la loi de 1853 semble formel sur ce point (Conf. *Rép.* n° 55 ; V. aussi Décr. 9 nov. 1853, art. 47). Cependant, les art. 3, 5, 13 et 14 de la loi, où il est parlé du *droit* à pension qui appartient au fonctionnaire ou à sa veuve, paraissent en contradiction avec cette doctrine. Quoi qu'il en soit, elle a été sanctionnée formellement par plusieurs décisions contentieuses (Cons. d'Et. 2 sept. 1862, aff. Descrimes, D. P. 63. 3. 42; 15 nov. 1872, aff. De Langle de Carie, *Rec. Cons. d'Etat*, p. 620. Conf. Bavelier, t. 1, n° 48) et par un avis du conseil d'Etat du 17 janv. 1889 (1). Mais cette théorie, qui transforme le *droit* à pension en simple *aptitude* à obtenir pension n'a pas cessé de donner lieu à des réclamations nombreuses (V. *suprà*, n° 3 et *infrà*, n° 111. V. aussi la discussion de la loi du 19 juill. 1889, sur les dépenses de l'instruction primaire) et d'autant plus vives qu'il en est autrement, en matière de pensions militaires (V. *infrà*, n° 451).

106. Il a été décidé également que l'Administration n'est pas tenue, pour mettre un fonctionnaire à la retraite, d'attendre la limite d'âge déterminée par les règlements (Cons. d'Et. 7 janv. 1876, aff. De Brives, *Rec. Cons. d'Etat*, p. 17 ; 9 juin 1882, aff. Du Bois du Romand, D. P. 83. 5. 126). Il n'en serait autrement que dans le cas où le pouvoir de l'Administration sur ce point aurait été formellement restreint par une législation spéciale (*Rép.* n° 57). V. en ce qui concerne les magistrats inamovibles de l'ordre judiciaire et les membres de la Cour des comptes, Décr. des 1er et 19 mars 1852 ; L. 30 août 1883, art. 15) ; ... en ce qui concerne les professeurs titulaires des facultés, des écoles supérieures, lycées et collèges, Décret 4 nov. 1882.

107. De nombreux décrets, arrêtés et décisions ministériels ont fixé la limite d'âge de certaines catégories de fonctionnaires. Nous citerons notamment les suivants: 1° Décr. 1er mars 1852, sur la limite d'âge des magistrats inamovibles ; Décr. 19 mars 1852 (D. P. 52. 4. 89), sur la mise à la retraite des membres de la Cour des comptes ; Décr. 19 févr. 1853 (D. P. 53. 4. 15) ; Décis. minist. 20 mars 1865 ; Décr. 15 nov. 1873 (D. P. 74. 4. 25), établissant une limite d'âge pour la cessation de l'activité de divers fonctionnaires, comptables et agents relevant du ministère des finances ; Décr. 6 juill. 1875 (D. P. 76. 4. 14) rapportant le décret précité du 15 nov. 1873 ; Décr. 11 oct. 1877 (D. P. 78. 4. 28), fixant l'âge auquel les chefs et employés du ministère des travaux publics seront admis à faire valoir leurs droits à la retraite ; Décr. 23 janv. 1888 (D. P. 88. 3. 14. et 88. 4. 42) fixant la limite d'âge pour la mise à la retraite du personnel des Archives nationales et des bibliothèques Sainte-Geneviève, Mazarine, et de l'Arsenal, etc.

Cette multiplicité de décisions arbitraires et souvent contradictoires avait amené dans certaines administrations de graves abus, qui motivaient des plaintes nombreuses. La sécurité de la situation des fonctionnaires, aussi bien que l'intérêt des finances de l'Etat, étaient sérieusement compromis. Dans le but de mettre un terme à cette instabilité des décisions ministérielles, l'art. 22 de la loi de finances du 30 mars 1888 (D. P. 88. 4. 22) a disposé (§ 2) : « La limite d'âge fixée pour la mise à la retraite des fonctionnaires civils et militaires par les décrets, arrêtés et décisions actuellement en vigueur ne peut être *abaissée* que par la loi ». Un simple décret suffirait encore, semble-t-il, pour reculer la limite d'âge.

108. Aux termes du décret du 9 nov. 1853 (art. 47), « lorsque l'intérêt du service l'exige, le fonctionnaire admis à faire valoir ses droits à la retraite peut être maintenu momentanément en activité, sans que la prolongation de

(1) LE CONSEIL D'ÉTAT, consulté par le ministre des finances sur la question de savoir quels sont les droits résultant, pour les ministres et pour les fonctionnaires et employés civils, des art. 5 et 19 de la loi du 9 juin 1853 et 29 du décret du 9 novembre de la même année ; — Vu la dépêche du ministre des finances, en date du 22 déc. 1888 ; — Vu la loi du 9 juin 1853 et le règlement d'administration publique du 9 novembre suivant ; — Considérant qu'il importe de distinguer, d'une part, les conditions dans lesquelles peut cesser l'activité des fonctionnaires et employés civils, et d'autre part, les conséquences de cette cessation de l'activité au point de vue de la concession d'une pension de retraite ; — Considérant que, si l'art. 5 de la loi du 9 juin 1853 garantit, au moment de la cessation de leur activité, la jouissance d'une pension aux fonctionnaires et employés qui rempliront les conditions qu'il détermine, pourvu que tout lien de droit entre eux et l'Etat n'ait pas été rompu, soit par la démission soit par la destitution ou la révocation, il est de principe que l'Administration apprécie discrétionnairement, et suivant les exigences du service, le moment où elle doit autoriser ou prescrire cette cessation de l'activité ; que l'art. 19 de la loi de 1853, aux termes duquel « aucune pension n'est liquidée qu'autant que le fonctionnaire aura été admis à faire valoir ses droits à la retraite », n'a d'autre objet que de confirmer ce principe, qui a été formellement rappelé dans toutes les discussions parlementaires relatives aux pensions civiles, et, en particulier, dans la discussion de la loi de 1853 ; que cette interprétation est d'ailleurs conforme à la jurisprudence du conseil d'Etat statuant au contentieux :

Est d'avis : que les art. 5 et 19 de la loi du 9 juin 1853 et 29 du décret du 9 novembre de la même année ne confèrent point aux fonctionnaires et employés qui remplissent les conditions déterminées par le premier de ces articles le droit d'exiger leur admission à la retraite.

Du 17 janv. 1889. Avis du Cons. d'Etat.

ses services puisse donner lieu à un supplément de liquidation. Dans ce cas, la jouissance de sa pension part du jour de la cessation effective du traitement » (V. *infrà*, n° 258); et il doit toucher ce traitement jusqu'au jour de la cessation effective de ses fonctions (Cons. d'Et. 15 nov. 1878, aff. Gabet, D. P. 79. 5. 315). Il en est de même, à plus forte raison, des fonctionnaires qui n'ont pas encore été admis à faire valoir leurs droits à la retraite, ou dont la démission n'a pas encore été acceptée (Conf. Angers, 18 juill. 1866, D. P. 68. 2. 144 : Crim. rej. 9 mars 1871, D. P. 71. 1. 70; Cons. d'Et. 14 juill. 1876, D. P. 76. 3. 100). — L'art. 22, § 2, de la loi de finances du 30 mars 1888 (D. P. 88. 4. 24), voté par la Chambre des députés portait, en propres termes que « les fonctionnaires civils admis à la retraite continueraient provisoirement leurs fonctions jusqu'à la liquidation de leur pension »; et il ajoutait: « ils recevront, à titre d'indemnité, leur dernier traitement diminué de 5 pour 100 ». Sur les observations du rapporteur, le Sénat a supprimé ces deux dispositions, qui ont disparu du texte définitif (V. *suprà*, n° 107). Des observations du rapporteur au Sénat (D. P. 88. 4. 24, note 10), il résulte que l'Administration conserve toujours le droit de remplacer le fonctionnaire atteint par la limite d'âge, ou au contraire de le maintenir provisoirement en fonctions, si les nécessités du service l'exigent (Comp. Décr. 9 nov. 1853, art. 47).

§ 5. — Il faut que les extinctions réalisées sur les pensions inscrites permettent d'accueillir la demande (*Rép.* n°s 58 à 60).

109. Les prévisions émises au *Rép.* n° 60 (Comp. Exposé des motifs de la loi de 1853, n° 13, D. P. 53. 4. 98, note) ne se sont malheureusement pas réalisées. Les sommes inscrites au budget, pour le service des pensions tant civiles que militaires, loin de diminuer, ont augmenté dans des proportions considérables; de telle sorte que la *Dette viagère*, qui ne figurait au budget de 1853 que pour une somme totale de 45 979 000 fr., au budget de 1871 pour une somme de 96 348 502 fr., à celui de 1880 pour une somme de 132 447 619 fr., est portée au budget de 1893 pour une somme de 222 973 890 fr. (V. *suprà*, n° 4).

L'art. 38 du décret du 9 nov. 1853 était ainsi conçu : « En exécution de l'art. 20 de la loi du 9 juin 1853, le ministre des finances arrête chaque année, dans les premiers jours de janvier, l'état des extinctions réalisées dans le cours de l'année précédente, et dont le montant sert de base pour la fixation du crédit d'inscription de l'année courante. Un décret rendu sur le rapport du ministre des finances détermine : 1° la somme jusqu'à concurrence de laquelle ce crédit est employé; 2° La portion afférente à chacun des départements ministériels ».

Aux termes de l'art. 51 de la loi de finances du 26 janv. 1892 (D. P. 92. 4. 9), « les crédits d'inscription ouverts au budget de chaque année, soit en vertu des dispositions de la loi de finances, soit par suite de l'extinction des pensions en cours, sont exclusivement affectés à l'inscription des pensions résultant d'admissions à la retraite ou de décès survenus au cours de cette même année. Un règlement d'administration publique déterminera les mesures à prendre pour assurer l'affectation du crédit d'inscription de chaque année à l'inscription de pensions résultant d'admissions à la retraite ou de décès survenus au cours de cette année, mais qui n'auraient pu être liquidées avant le 31 décembre ». Ce règlement est contenu dans un décret du 8 août 1892 (D. P. 93. 4. 40), qui abroge l'art. 38 du décret de 1853. V. *infrà*, v° *Trésor public*.

L'art. 39 du décret de 1853 dispose : « Le compte à rendre annuellement, lors de la présentation de la loi du budget, en exécution de l'art. 21 de la loi du 9 juin 1853, comprend, par ministère, et avec la distinction des pensions d'employés, de veuves et d'orphelins : 1° l'emploi du crédit d'inscription qui a été déterminé conformément aux dispositions de l'article précédent; 2° la situation, par accroissement et décroissement, des pensions concédées et inscrites au 31 décembre de l'année expirée pour services terminés avant le 1er janv. 1854; 3° la situation, par accroissement et décroissement, des pensions concédées et inscrites à la même date pour services terminés postérieurement au 1er janv. 1854 ».

ART. 3. — *Comment se perd le droit à pension* (*Rép.* n°s 61 à 64).

110. Aux termes de l'art. 27 de la loi de 1853, les fonctionnaires qui ont acquis des droits à pension les perdent en cas de démission, destitution ou révocation; ces dispositions sont limitatives (*Rép.* n° 61). Il a été jugé que, dans le cas où le Gouvernement a cru devoir remplacer un fonctionnaire sans le révoquer, ni le destituer, le ministre ne peut empêcher ce fonctionnaire d'obtenir la liquidation de sa pension en refusant de l'admettre à faire valoir ses droits à la retraite (Cons. d'Et. 27 nov. 1885, aff. Lacombe, et les conclusions du commis. du Gouvernement dans cette affaire, D. P. 87. 3. 33, V. cependant Cons. d'Et. 2 juill. 1836, aff. Férand, Av. Cons. d'Et. 4 avr. 1878). Il a été décidé, de même, que le fonctionnaire qui a cessé d'appartenir à l'activité par suite d'un remplacement administratif, sans avoir été ni révoqué ni démissionnaire, n'est pas déchu du droit qu'il peut avoir à une pension de retraite, alors même qu'il fonde ce droit sur des infirmités qui l'auraient mis dans l'impossibilité de continuer ses fonctions (Cons. d'Et. 15 mars 1889, sol. impl., aff. Leprince, D. P. 90. 3. 63; Conf. Cons. d'Et. 29 juill. 1887, sol. impl., aff. Watteville, D. P. 88. 3. 113).

Cependant, quoique le remplacement pur et simple d'un fonctionnaire ne soit pas considéré comme équivalant à une destitution, il n'en est pas moins évident qu'une mesure de ce genre, lorsqu'elle a un caractère définitif, fait perdre à celui qui en est atteint le caractère de fonctionnaire public, et que, dès lors, sa situation, au point de vue des droits à pension, doit être réglée d'après l'âge et la durée des services qu'il a accomplis au moment de la cessation de ses fonctions. Aussi a-t-il été jugé, avec raison, qu'un fonctionnaire relevé de ses fonctions par mesure administrative, avant d'avoir rempli les conditions d'âge nécessaires pour lui constituer droit à pension, ne peut se prévaloir de ce qu'il n'a été ni destitué, ni révoqué, pour soutenir qu'il n'avait pas cessé de faire partie de l'Administration et que, par conséquent, il peut compter le temps couru depuis la mesure qui l'a atteint pour compléter les conditions d'âge exigées par la loi (Arrêt précité du 29 juill. 1887).

111. Conformément à l'opinion que nous avons émise au *Rép.* n° 62 (Conf. Bavelier, t. 1, n° 126), il a été décidé que le fonctionnaire révoqué perd ses droits à pension, alors même qu'au moment de sa révocation il remplit les conditions d'âge et de durée de services nécessaires pour constituer droit à pension (Cons. d'Et. 2 déc. 1887, aff. Hébert, D. P. 89. 3. 26). Le pouvoir ainsi conféré à l'Administration, d'enlever d'une manière absolument discrétionnaire aux serviteurs de l'Etat les avantages acquis par de longs services, a un caractère excessif. Le droit de révocation, en effet, bien qu'ayant un caractère disciplinaire, peut s'exercer pour des motifs qui ne touchent en rien à l'honorabilité de celui qui en est atteint. Si le Gouvernement croit devoir priver un fonctionnaire de son emploi sans avoir à lui reprocher quelque acte répréhensible, aucun intérêt supérieur de discipline ou de hiérarchie n'exige qu'il puisse lui enlever en même temps la pension à laquelle ce fonctionnaire pouvait croire légitimement avoir un droit acquis et qui lui aurait presque toujours été accordée, s'il avait sollicité sa mise à la retraite dès qu'il avait accompli les conditions exigées par la loi. Il est, d'ailleurs, à remarquer que certaines administrations communales ont renoncé sans inconvénient au droit d'aggraver ainsi les conséquences de la révocation. Par exemple, la révocation ou la démission ne fait perdre aux employés de l'octroi de Paris le droit à pension qu'autant qu'ils n'ont pas accompli trente années de service (Cons. d'Et. 23 nov. 1877, aff. Crochez, D. P. 79. 5. 314; Ordonn. 7 mai 1831).

112. Au contraire, la révocation d'un fonctionnaire après que celui-ci, par suite de sa mise à la retraite avait cessé ses fonctions, ne peut lui faire perdre ses droits à pension (Cons. d'Et. 7 juill. 1870, aff. Moris, D. P. 71. 3. 99). Le pouvoir qui appartient à l'Administration, d'enlever au fonctionnaire tout droit à la retraite en le révoquant, ne peut s'expliquer que par la nécessité d'assurer, par la discipline, la marche des services publics. Il ne doit donc plus subsister dès que ce motif a cessé par l'admission du fonctionnaire à faire valoir ses droits à la retraite.

113. Déjà avant la loi de 1853, on décidait que la révocation, lorsque les circonstances dans lesquelles elle avait été prononcée lui donnaient le caractère d'une destitution (par exemple, lorsqu'elle était intervenue à la suite d'une poursuite en détournement qui, bien que terminée par un acquittement, avait mis au jour l'irrégularité de la conduite du fonctionnaire), entraînait, comme la destitution elle-même, perte du droit à la pension de retraite (Cons. d'Et. 26 avr. 1855, aff. De V...., D. P. 55. 3. 65; V. aussi Cons. d'Et. 9 févr. 1850, aff. De Wailly, cité *infrà*, n° 116, D. P. 50. 3. 38).

114. Aucun recours contentieux n'est, d'ailleurs, ouvert à l'intéressé, ni contre un arrêté portant révocation (Cons. d'Et. 18 juill. 1873, aff. Rouillard et aff. Chapuis, *Rec. Cons. d'État*, p. 661 et 668; 12 juill. 1878, aff. Berthiot, *ibid.* p. 697; 31 déc. 1878, aff. Duval, *ibid.* p. 1127), ni contre un arrêté qui se borne à relever un employé de ses fonctions (Cons. d'Et. 24 janv. 1879, aff. Deville, *ibid.* p. 72). Des arrêtés de révocation ne sont susceptibles d'être déférés au conseil d'Etat que pour inobservation des formalités qui, dans certaines carrières, doivent précéder la destitution des fonctionnaires (V. *suprà*, v° *Fonctionnaire public*, n° 2).

115. Il a été décidé que le fonctionnaire qui a donné sa démission pure et simple ne peut réclamer la liquidation de la pension à laquelle il aurait droit comme ayant, au jour de sa démission, accompli les conditions d'âge et de durée de services fixées par la loi, s'il n'a été admis à faire valoir ses droits à la retraite ni par le décret qui a pourvu à son remplacement, ni par un décret spécial (Cons. d'Et. 2 sept. 1862, aff. Descrimes, D. P. 63. 3. 42).

116. Aux termes de l'art. 27 de la loi du 9 juin 1853, le droit à pension est suspendu, par la condamnation à une peine afflictive ou infamante (*Rép.* n° 63) La dégradation civique, notamment, prive le fonctionnaire de ce droit. Cette peine est encourue du jour où la condamnation est devenue définitive; en conséquence, la commutation de peine, postérieurement intervenue, ne fait pas revivre le droit à pension (Cons. d'Et. 14 nov. 1873, aff. Lacroix, D. P. 74. 3. 68. V. *Rép.* n° 63). Il en est autrement de la dégradation militaire (V. *infrà*, n° 453).

117. On a vu (*Rép.* n° 64) que, aux termes de l'art. 29 de la loi de 1853, « le droit à l'obtention ou à la jouissance d'une pension est suspendu par les circonstances qui font perdre la qualité de Français, tant que dure la privation de cette qualité ». La liquidation ou le rétablissement de la pension ne peut donner lieu à aucun rappel pour les arrérages antérieurs (Même article).

La disposition de l'art. 29 de la loi de 1853 est applicable à la femme qui épouse un étranger et perd ainsi la nationalité française (Cons. d'Et. 27 juill. 1870, aff. Rauner, *Rec. Cons. d'État*, p. 970). Mais il a été jugé que la demande de pension formée par une femme ayant rempli dans un établissement de l'Etat un emploi de nature à lui donner droit à pension, est à tort rejetée par application de l'article précité, alors qu'il n'est pas justifié que le mari de la réclamante est de nationalité étrangère, et que, d'autre part, cette femme n'a pas cessé de remplir son emploi après son mariage (Cons. d'Et. 19 févr. 1886, aff. Siegel, D. P. 87. 3. 76). Au reste, la femme qui a épousé un étranger recouvre son droit, si elle devient veuve (Bavelier, t. 1, n° 124).

118. Les infractions aux dispositions qui interdisent le *cumul* de deux pensions ou d'une pension avec un traitement (V. *infrà*, n° 271 et suiv.) constituent des causes de déchéance du droit à pension (L. 15 mai 1818, art. 15; *Rép.* p. 756). La déchéance est prononcée par le ministre des finances (Bavelier, t. 1, n° 137).

119. Aux termes de l'art. 10, § 1, de la loi du 30 nov. 1875 (D. P. 76. 4. 4), « le fonctionnaire (élu député) conserve les droits qu'il a acquis à une pension de retraite et peut, après l'expiration de son mandat, être remis en activité ». — Il n'existe pas de disposition semblable à l'égard des sénateurs. La loi organique du 2 août 1875, en effet, n'établissait entre les fonctions publiques et celle de sénateur, d'autres incompatibilités que les incompatibilités exceptionnelles énumérées par son art. 20, tandis que la loi du 30 nov. 1875 (art. 8) décide, d'une façon générale, que « l'exercice des fonctions publiques rétribuées sur les fonds de l'Etat est incompatible avec le mandat de député » (sauf certaines exceptions édictées par le même article). On trouva donc inutile d'insérer dans la loi organique du Sénat une disposition analogue à celle de l'art. 10 de la loi du 30 nov. 1875. Depuis lors, deux dispositions transitoires (L. 9 déc. 1884, art. 5, D. P. 85. 4. 1; L. 27 déc. 1887, D. P. 88. 4. 2), dont la dernière est encore en vigueur, ont étendu aux sénateurs les incompatibilités édictées pour les députés (*suprà*, n° 104). Elles se sont bornées à reproduire la disposition des paragraphes 2 et 3 de la loi du 30 nov. 1875, mais ont omis de reproduire le paragraphe 1, ou d'y renvoyer.

ART. 4. — *Droits des veuves et des orphelins des fonctionnaires ou employés* (*Rép.* n°s 65 à 76).

120. — I. CAS OU LE MARI EST DÉCÉDÉ TITULAIRE D'UNE PENSION OU AYANT ACCOMPLI LA DURÉE DE SERVICE EXIGÉE PAR LA LOI. — On a exposé (*Rép.* n° 65) les motifs qui ont déterminé le législateur à accorder, dans certaines circonstances, aux veuves des fonctionnaires, un droit à pension On a étudié également (n°s 66 et suiv.), les divers cas dans lesquels ce droit peut naître. — En premier lieu, a droit à pension, en vertu de l'art. 13 de la loi de 1853, « la veuve du fonctionnaire qui a obtenu une pension de retraite en vertu de la présente loi, ou qui a accompli la durée de service exigée par l'art. 5, pourvu que le mariage ait été contracté six ans avant la cessation des fonctions du mari ». Ainsi, la seule condition exigée pour que la veuve du fonctionnaire décédé étant titulaire d'une pension, ou ayant accompli la durée de service prescrite, ait elle-même droit à pension c'est que son mariage soit antérieur de six ans à la cessation des fonctions du mari. Il n'est pas nécessaire, en outre, lorsque le mari est décédé en activité, que celui-ci ait atteint l'âge auquel il aurait pu demander la liquidation de sa pension de retraite. L'art. 3, § 1, ne parle que de la durée des services du mari, et non de son âge (*Rép.* n° 68. Conf. Bavelier, t. 1, n° 73). V. le numéro suivant.

121. D'après l'art. 13 de la loi de 1853, pour que la veuve d'un mari mort en activité de services eût droit à pension, il fallait que le mari eût accompli la durée de service exigée par l'art. 5 de la même loi, c'est-à-dire trente ans dans la partie sédentaire, ou vingt-cinq ans dans la partie active. Cette disposition rigoureuse, qui laissait sans aucun droit à pension la veuve du fonctionnaire qui, pendant moins de trente ans, avait donné ses services à l'Etat, a été l'objet de vives critiques. Elle a été modifiée par l'art. 50 de la loi du budget du 28 avr. 1893, ainsi conçu : « La veuve de tout fonctionnaire ou employé décédé postérieurerement au 31 déc. 1892, après vingt-cinq ans de services, aura droit, si elle compte six ans de mariage, à une pension égale au tiers de la pension produite par la liquidation des services de son mari. Une pension temporaire de même importance sera accordée à l'orphelin ou aux orphelins mineurs du fonctionnaire, lorsque la mère sera décédée ou inhabile à recueillir la pension ou déchue de ses droits. Les art. 8, 13, 15 et 16 de la loi du 9 juin 1853 sont abrogés en ce qu'ils ont de contraire à ces dispositions ».

122. Avant 1853, les règlements des diverses caisses de retraites présentaient de notables divergences, quant aux droits des veuves à pension. Par exemple, en ce qui concerne les fonctionnaires et employés du ministère de l'intérieur et de l'administration des Cultes, l'art. 12 du décret du 4 juill. 1806 se bornait à disposer que la veuve, pour avoir droit à pension, devait avoir été mariée *pendant cinq ans* avec l'employé décédé; et de là il était assurément possible de conclure qu'il suffisait que le mariage eût précédé de cinq ans *le décès*. Telle avait été, en effet, pendant longtemps, la pratique du ministère de l'intérieur; mais elle a été condamnée par un arrêt du conseil d'Etat du 13 avr. 1850 (aff. Denis Lagarde, *Rec. Cons. d'Et.*, p. 353.), rendu à l'égard de la veuve d'un ancien fonctionnaire de ce ministère. Un autre arrêt (Cons. d'Et. 19 nov. 1868, aff. Delacour, D. P. 69. 3. 97) a décidé, de même, que la veuve d'un fonctionnaire soumis à l'application du décret du 4 juill. 1806, notamment la veuve d'un ancien fonctionnaire de l'administration des Cultes, n'a pas droit à pension, si le mariage n'a pas précédé de cinq ans la cessation des fonctions du mari; il ne suffit pas que ledit mariage soit antérieur de plus de cinq ans au décès.

123. La loi du 22 août 1790 et la loi interprétative du 22 août 1791 autorisent le Gouvernement à accorder, dans certaines conditions, une pension aux veuves de fonctionnaires, mais, pas plus que le décret du 13 sept. 1806, elles ne confèrent aux veuves un droit qu'elles puissent faire valoir par la voie contentieuse. Ainsi jugé à l'égard : 1° de la veuve d'un ancien conseiller d'Etat (Cons. d'Ét. 16 nov. 1888, aff. Blondel, D. P. 90. 3. 3); ... de la veuve d'un ancien sous-préfet (Cons. d'Ét. 16 janv. 1892, aff. Milliet, D. P. 92. 3. 78).

124. Certaines lois spéciales concédant des pensions à titre exceptionnel ont formellement stipulé que ces pensions seraient réversibles sur la tête des veuves et des enfants. La loi du 30 mars 1872 (D. P. 72. 4. 71) concernant les fonctionnaires réformés en 1871-1872 pour cause de suppression d'emploi ou de réorganisation (*suprà*, n° 86) se borne à dire (art. 4): « Les pensions concédées en vertu de l'art. 1 seront éventuellement réversibles sur la tête des veuves et des enfants, aux conditions de la loi du 9 juin 1853 » (Comp. L. 2 mai 1848, art. 3. D. P. 48. 4. 87). V. aussi L. 4 mai 1892 (D. P. 92. 4. 54), sur les pensions de retraite des agents forestiers domaniaux ou mixtes.

La loi du 30 juill. 1881 (D. P. 82. 4. 40), qui « accorde des indemnités aux victimes du coup d'Etat du 2 déc. 1851 et de la loi de sûreté générale » (art. 13) et la loi du 18 avr. 1888 (D. P. 88. 4. 81), « qui a pour objet d'assurer, à titre de récompense nationale, des pensions viagères aux survivants des blessés de Février 1848 » (art. 5), disposent que: « Au décès des rentiers, *moitié* de la pension viagère qui leur aura été attribuée sera réversible sur leur veuve non remariée ou leurs descendants au premier degré » (Conf. L. 28 juill. 1835; Décr. 24 juill. 1848, D. P. 48. 4. 36; L. 13 juin 1850; Décr. 11 janv. 1871; etc. V. *infrà*, n° 147).

Au contraire, l'indemnité accordée par l'avant-dernier alinéa de l'art. 12 de la loi du 30 août 1883 (D. P. 83. 4. 58), aux magistrats non maintenus dans leurs fonctions en 1883, *qui n'auraient pas pu obtenir postérieurement de droits à la retraite* (*suprà*, n° 92), n'ayant pas le caractère d'une *pension*, mais d'une simple *indemnité*, n'est pas réversible au profit de leurs veuves et de leurs enfants. Cela résulte des observations échangées, lors de la discussion de la loi au Sénat (Séance du 31 juill. 1883, D. P. 83. 4. 58, note).

125. — II. CAS OU LE MARI EST MORT PAR SUITE DE L'UN DES ÉVÉNEMENTS ÉNUMÉRÉS PAR L'ART. 14 DE LA LOI DE 1853. — L'art. 14 de la loi de 1853 accorde encore droit à pension à la veuve dans deux cas exceptionnels : 1° lorsque le fonctionnaire ou employé *a, dans l'exercice ou à l'occasion de ses fonctions, perdu la vie dans un naufrage ou dans un des cas spécifiés au paragraphe 1 de l'art. 11, soit immédiatement, soit par suite de l'événement;* 2° *lorsque « le mari a perdu la vie par un des accidents prévus au paragraphe 2 de l'art. 11, ou par suite de cet accident ».*

126. En ce qui concerne le premier de ces cas, V. sur les difficultés que soulève, dans la pratique, l'interprétation des termes de l'art. 11, § 1°, de la loi de 1853, les nombreux arrêts rapportés *suprà*, n° 96 et suiv.

127. La détermination du sens du mot *naufrage*, employé par l'art. 14, a donné lieu à difficultés. D'après l'administration des Finances, il n'y aurait naufrage que dans le cas où un bâtiment périt par un événement de mer : en assimilant le naufrage à l'acte de dévouement, la loi aurait entendu parler d'un événement de mer se produisant dans des conditions inévitables, et non d'accidents souvent faciles à éviter survenus dans les conditions ordinaires du service de chaque jour. C'est avec raison, selon nous, que le conseil d'État a repoussé cette interprétation. Le naufrage est « la perte d'un vaisseau... Il se dit aussi des bâtiments et barques qui circulent sur les lacs et les rivières » (Littré, *Dictionnaire*, v° *Naufrage*). Si, d'ailleurs, on recherche dans quelles circonstances le naufrage a été prévu pour la première fois dans les règlements sur les pensions, on trouve une décision royale du 9 juin 1847 qui applique aux veuves des employés du ministère des finances, ayant péri par suite de naufrage, les dispositions de faveur édictées par l'ordonnance du 12 janv. 1825 pour les veuves dont les maris avaient péri par suite d'un acte de dévouement; or, la circulaire du 24 juill. 1847 qui accompagne la décision précitée constate qu'elle est une preuve de l'intérêt du pouvoir exécutif pour les agents attachés « au service des embarcations des douanes ». Il est donc permis d'affirmer que ce n'était pas en vue du cas très exceptionnel de voyages en haute mer que la disposition nouvelle avait été adoptée; or cette disposition a été étendue par la loi du 9 juin 1853 à tous les employés civils. Il pourra en résulter quelques anomalies dans les liquidations des pensions de veuves; mais la législation a pu, sans blesser l'équité, accorder certains avantages aux agents et fonctionnaires que leur service appelle à s'embarquer et qui, par suite, sont exposés à de fréquents accidents. — Il a été jugé, conformément à cette doctrine : 1° que l'accident, par suite duquel un éclusier périt avec la barque qu'il montait, alors qu'il allait opérer la levée d'un barrage, constitue un naufrage et, en conséquence, la pension de sa veuve doit être liquidée conformément aux dispositions du paragraphe 1 de l'art. 14 de la loi du 9 juin 1853 (Cons. d'Ét. 14 juin 1878, aff. Hournon, D. P. 79. 3. 78); — 2° Il en est de même pour la liquidation de la pension de la veuve d'un douanier qui a péri par suite d'un accident ayant fait chavirer dans l'intérieur d'un port la barque sur laquelle il était monté (Cons. d'Ét. 14 mars 1879, aff. Bourgant, D. P. *ibid.*).

Mais il est évident que l'on ne pourrait qualifier naufrage un accident individuel, laissant intact le corps du bâtiment; ce serait attribuer au mot *naufrage* un sens qu'il n'a jamais eu. Ainsi, il a été jugé que l'accident par lequel un agent des douanes est précipité d'une barque dans la mer, où il se noie, ne constitue pas un naufrage, et que, par suite, la pension de sa veuve ne doit pas être liquidée par application du paragraphe 1 de l'art. 14 de la loi du 9 juin 1853 (Cons. d'Ét. 26 déc. 1879, aff. Veuve Binvel, D. P. 80. 3. 103).

128. Le droit à pension dans les deux hypothèses prévues par l'art. 14 est subordonné à la condition que « le mariage ait précédé l'événement qui a causé la mort ou la mise à la retraite du mari ». Il est un cas, cependant, où la veuve dont le mariage est postérieur à l'accident survenu à son mari pourra néanmoins obtenir pension; c'est celui où ce mariage aura duré au moins six ans avant la cessation des fonctions du mari. Un arrêt (Cons. d'Ét. 11 déc. 1885, aff. Veuve Altayrac, D. P. 87. 3. 46) a décidé que la disposition de faveur de l'art. 14 « n'a eu pour but ni pour effet d'aggraver, dans le cas qu'elle prévoit, les conditions imposées à la veuve, si la condition de droit commun exigée par l'art. 13 est remplie ». Cette solution est conforme à un avis émis par la section des finances, presque immédiatement après la mise en application de la loi du 9 juin 1853 (Avis 15 mars 1855, aff. Benque), et à la jurisprudence constamment suivie par l'Administration depuis cette époque. Elle est également conforme à l'opinion des auteurs (Durry, *Dictionnaire des pensions*, v° *Mariage*, p. 393; Bavelier, t. 1, p. 107). Mais à l'occasion de l'affaire qui a donné lieu à l'arrêt précité, la section des finances avait formulé, à la date du 19 nov. 1884, un avis en sens contraire, conçu en ces termes : « Considérant que, par la disposition de l'art. 14, paragraphe final, de la loi du 9 juin 1853, le législateur a manifestement entendu éviter que les accidents survenus à un fonctionnaire antérieurment à son mariage créassent, le mari étant décédé des suites desdits accidents, des droits au profit de sa veuve, et cela dans le double intérêt du Trésor et de la morale publique; considérant que cette interprétation ne saurait être mise en doute, si on la compare aux textes analogues et formels des lois des 11 et 18 avr. 1831 ». L'arrêt du 11 déc. 1885 paraît établir, d'une manière péremptoire, que le texte des articles à interpréter ne se prête pas à la nouvelle jurisprudence que la section des finances avait adoptée. On peut ajouter que les considérations sur lesquelles s'appuie l'avis du 19 nov. 1884 soulèvent de graves objections, même au point de vue de l'équité. Le fait seul que le mariage a été contracté six années avant la cessation des fonctions est une garantie qu'il ne l'a pas été dans une pensée de cupidité inavouable. Il serait contraire à l'esprit de bienveillance envers les fonctionnaires publics qui a inspiré la loi du 9 juin 1853, de les placer dans une situation telle que le mariage contracté par eux ne pourrait donner aucun droit à la veuve, du moment que, dans l'exercice de leurs fonctions, ils auraient compromis leur santé.

129. Il convient de remarquer la distinction importante que la loi de 1853 a faite entre les conditions du droit exceptionnel à pension, pour les fonctionnaires ou employés eux-mêmes et pour leurs veuves. Pour les premiers, elle reconnaît deux causes de droit exceptionnel : les *infirmités graves* provenant de l'exercice des fonctions et la mise hors de service par suite d'un *accident grave* provenant de l'exercice de l'emploi. Pour les veuves, la première de ces deux causes est effacée, et l'art. 14 de la loi ne leur reconnaît de droit exceptionnel que dans le cas où la mort du mari résulte d'un accident. La veuve du fonctionnaire que des infirmités graves ont mis dans l'impossibilité de continuer ses fonctions, n'a point droit à pension si son mari n'avait pas accompli la durée de service exigée par l'art. 5 (*Rép.* n° 71). Il a été jugé, en ce sens, que la veuve d'un fonctionnaire décédé en activité, sans avoir accompli la durée de services nécessaire pour lui permettre de réclamer une pension pour cause d'ancienneté, n'a droit à pension qu'autant que la mort de son mari a été causée par un accident grave résultant notoirement de l'exercice de ses fonctions ; il ne suffirait pas que cette mort eût été la suite d'infirmités graves contractées dans l'exercice des fonctions (Cons. d'Et. 27 mars 1856, aff. Dejean et aff. Magdelaine, D. P. 56. 3. 49 ; 6 mai 1856, aff. Veuve Bonnefoy, D. P. 58. 3. 50 ; 7 août 1856, aff. Lévisse, D. P. 57. 3. 18 ; 4 juill. 1860, aff. Dupuy et aff. Lefèvre, D. P. 61. 5. 357 ; 2 mai 1870, aff. Veuve Margier, D. P. 70. 3. 72). Spécialement, il ne suffit pas qu'un magistrat ait succombé à une maladie chronique par lui contractée en Corse, pendant qu'il y exerçait ses fonctions, pour qu'une pension soit due à sa veuve (Cons. d'Et. 7 août 1856, précité). — Sur ce qu'il faut entendre par accident grave, en ce cas, V. *infrà*, n° 131.

130. Si le mari était décédé après avoir obtenu une pension, le droit de la veuve ne serait pas douteux ; l'art. 14 est formel en ce sens ; et il importerait peu que cette pension n'eût pas été liquidée avant le décès (*Rép.* n° 71). La question est plus douteuse dans le cas où le fonctionnaire ayant formé sa demande, est décédé au cours de l'instruction et avant que ses droits aient été reconnus. Elle a été résolue en ce sens que la veuve n'a, en pareil cas, aucun droit à faire valoir. Décidé : 1° que la veuve d'un fonctionnaire ou employé (un magistrat par exemple) décédé avant d'avoir accompli ses trente années de service, ne peut obtenir une pension, en faisant valoir le droit que son mari aurait eu lui-même à une pension pour cause d'infirmités contractées par suite de l'exercice de ses fonctions, qu'autant que ce droit a été reconnu du vivant de celui-ci. Par suite, s'il peut suffire, pour qu'en pareil cas le droit de la veuve se trouve conservé, que le mari, avant de mourir, ait été admis à faire valoir ses droits à la retraite, la liquidation de sa pension restant à faire, ce n'est pas assez qu'au moment du décès la demande de pension pour infirmités ait été formée et que l'instruction en ait été commencée (Décis. min. fin. 22 juill. 1857, aff. Isabelle, D. P. 58. 3. 49 ; Cons. d'Et. 7 mai 1857, aff. Gillon, D. P. 58. 3. 49) ; — 2° Que lorsque l'employé qui a succombé à la suite d'infirmités contractées dans l'exercice de ses fonctions n'avait pas, au moment où il a cessé ses fonctions, le temps de service exigé pour la pension d'ancienneté, sa veuve ne peut obtenir de pension qu'autant qu'il avait lui-même obtenu une pension avant son décès ; et la réclamation de la veuve doit être rejetée même dans le cas où l'employé avait été admis à faire valoir ses droits à la retraite en raison de ses infirmités et où son décès est survenu pendant que s'instruisait sa demande de pension. (Cons. d'Et. 22 déc. 1882, aff. Vivaraud, D. P. 84. 3. 84). — Cette solution est singulièrement rigoureuse ; en effet, comme on l'a fait remarquer, aucun délai n'est fixé pour l'instruction des demandes de pension pour cause d'infirmités ; plus l'état maladif du fonctionnaire qui a formé sa demande est grave et, par conséquent, de nature à justifier ses prétentions, plus il y a lieu de craindre qu'un décès prématuré ne vienne compromettre le secours promis à la veuve survivante (V. D. P. 58. 3. 49, note). Mais on ne saurait méconnaître qu'elle soit commandée par les termes très précis de l'art. 14. Cependant le conseil d'Etat, dans un arrêt plus récent, semble avoir implicitement admis que la pension pourrait être obtenue par la veuve, par cela seul que la demande aurait été formée par le mari avant son décès. En effet, aux termes de cet arrêt, la veuve d'un fonctionnaire ne peut se fonder, pour obtenir une pension sur ce que son mari aurait succombé aux suites d'infirmités résultant de l'exercice de ses fonctions, lorsque celui-ci *n'avait formé aucune demande* tendant à être mis à la retraite et à obtenir une pension exceptionnelle par application de l'art. 11, § 3, de la loi du 9 juin 1853 (Cons. d'Et. 4 mai 1888, aff. Veuve Jacquemin, D. P. 89. 3. 54).

131. On a vu (*suprà*, n° 95 et suiv., et n° 99 et suiv.) quels sont les caractères de l'événement qui peut être considéré comme un *accident grave*, dans le sens de la loi de 1853. La détermination de ces caractères donne souvent lieu à des appréciations de fait d'une nature très délicate. Elle est particulièrement difficile lorsque cet événement est une *maladie* contractée par le fonctionnaire dans l'exercice ordinaire de ses fonctions. Elle laisse nécessairement, alors, une large part à l'appréciation de l'Administration et, en cas de pourvoi, à celle du conseil d'Etat. Ainsi il a été décidé qu'il n'était pas dû de pension à la veuve : 1° d'un payeur qui avait succombé à une inflammation de vessie laquelle, si elle avait pu être le résultat du travail continu et sédentaire auquel ce fonctionnaire avait dû se livrer, ne constituait pas du moins un accident grave dans le sens de l'art. 14, § 2, de la loi de 1853 (Cons. d'Et. 27 mars 1856, aff. Magdelaine, D. P. 56. 3. 49) ; — 2° D'un employé des ponts et chaussées qui avait succombé à une maladie d'intestins, bien qu'elle *parût* résulter de l'exercice de ses fonctions (Cons. d'Et. 6 mai 1856, aff. Veuve Bonnefoy, D. P. 58. 3. 50) ; — 3° D'un sous-inspecteur des forêts, atteint d'une pneumonie compliquée de catarrhe suffocant, dont la cause était attribuée à des courses dans les montagnes, par une température souvent froide et humide (Cons. d'Et. 8 mars 1860, aff. Fiat, *Rec. Cons. d'Etat*, p. 202) ; — 4° D'un employé des contributions indirectes atteint durant une tournée d'exercice, par l'effet de refroidissements successifs qu'il a éprouvés en passant alternativement d'une atmosphère brûlante dans des caves froides et humides, d'une maladie à laquelle il a succombé dix jours après, cette maladie ne pouvant être considérée comme un accident grave dans le sens des art. 11 et 14 de la loi de 1853 (Cons. d'Et. 4 juill. 1860, aff. Lefèvre, D. P. 61. 5. 357) ; — 5° D'un employé atteint, par suite d'une chute de cheval dans l'exercice de ses fonctions, d'une maladie qui a graduellement affaibli ses forces, si le décès est dû, non à cette maladie même, mais à un état de démence qui s'est déclaré plusieurs années après, sans qu'il soit soit démontré que cet état ait été la conséquence directe de l'accident dont l'employé avait été victime (Cons. d'Et. 4 juill. 1860, aff. Dupuy, D. P. 61. 5. 357) ; — 6° D'un employé mort d'une maladie de poitrine qu'il avait contractée à la suite des fatigues d'un déménagement des bureaux, si le décès n'a eu lieu que plusieurs années après, cette maladie ne pouvant, dans de pareilles conditions, être considérée comme un accident grave résultant de l'exercice des fonctions (Cons. d'Et. 22 déc. 1882, aff. Vivaraud, D. P. 84. 3. 84) ; — 7° D'un employé qui, atteint d'un rhumatisme dans l'exercice de ses fonctions n'a succombé que par suite d'une modification essentielle dans le caractère de son mal, alors que cette modification ne peut être attribuée à l'exercice de ses fonctions (Cons. d'Et. 12 déc. 1884, sol. impl. aff. Veuve Boudil, D. P. 86. 3. 61) ; — 8° D'un magistrat qui, au cours d'une enquête ordonnée par le tribunal, a contracté une bronchite ayant occasionné une maladie de cœur (Cons. d'Et. 2 nov. 1888, aff. Doubernard, D. P. 89. 5. 360). V. aussi *infrà*, n° 134.

132. Dans les espèces qui précèdent, le conseil d'Etat a repoussé les réclamations parce que les faits articulés devant lui tendaient à établir que le service du fonctionnaire décédé s'était exercé dans des conditions nuisibles à la santé. Admettre trop facilement des prétentions de ce genre serait ouvrir la porte à des abus dangereux pour les finances publiques. Dans des espèces, au contraire, où l'accident de service était attribué à un fait précis dont la date et les circonstances étaient déterminées, ce qui permettait de contrôler les allégations et les certificats des requérants, le conseil d'Etat a accueilli les demandes. C'est ainsi qu'il a reconnu droit à pension en faveur de la veuve : 1° d'un sous-inspecteur des contributions indirectes qui avait été atteint d'une néphrite à la suite d'opérations qui s'étaient prolongées dans l'humidité pendant plusieurs heures (Cons. d'Et.

16 déc. 1863, aff. Renault, *Rec. Cons. d'Etat*, p. 820); — 2° D'un préposé des douanes qui avait été atteint d'une péritonite à la suite d'un refroidissement gagné pendant une observation matinale (Cons. d'Et. 19 mai 1864, aff. Delenclos, *Rec. Cons. d'Etat*, p. 458); — 3° D'un sous-inspecteur des forêts, lequel, s'étant rendu pendant la nuit sur le théâtre d'un incendie qui avait éclaté dans une forêt de sa circonscription, avait été subitement frappé, dans l'exercice de ses fonctions, d'une maladie grave et accidentelle, des suites de laquelle il était mort neuf ans après (Cons. d'Et. 27 mars 1856, aff. Dejean, D. P. 56. 3. 49); — 4° D'un fonctionnaire qui, ayant eu les membres inférieurs congelés dans une tournée faite pour son service, avait été atteint d'une paralysie du pied, cause première d'attaques d'apoplexie qui s'étaient successivement reproduites, et auxquelles il avait fini par succomber quinze ans après l'accident (Cons. d'Et. 12 mai 1859, aff. Veuve Belle, D. P. 60. 3. 2); — 5° D'un fonctionnaire décédé à la suite d'une maladie de cœur contractée pendant le siège de la ville où le retenaient ses fonctions, par suite de souffrances et de fatigues exceptionnelles (Cons. d'Et. 18 nov. 1881, aff. Veuve Verdun, D. P. 83. 3. 29); — 6° D'un douanier ayant succombé à une fièvre typhoïde déterminée par le refroidissement et par la commotion dont cet agent avait été atteint au cours d'une ronde de nuit effectuée pendant un violent orage (Cons. d'Et. 7 août 1886, aff. Veuve Couplet, D. P. 88. 5. 365); — 7° D'un contrôleur des contributions indirectes qui, pendant les nombreuses visites faites au cours d'un double service dont il était chargé exceptionnellement, avait contracté un refroidissement ayant dégénéré en bronchite aiguë, et qui, jusqu'à cette époque, ayant toujours joui d'une santé robuste, n'avait depuis lors jamais cessé d'être malade et avait succombé deux ans plus tard aux suites de cette affection (Cons. d'Et. 3 août 1888, aff. Grenier, D. P. 89. 5. 360).

133. La résidence d'un fonctionnaire dans un local insalubre ne peut être considérée comme suffisante pour donner aux infirmités contractées par ce fonctionnaire le caractère d'un accident de service que si les relations de cause à effet sont rigoureusement démontrées; une trop grande facilité dans l'appréciation des faits pourrait devenir la source d'abus très préjudiciables aux intérêts du Trésor. Le conseil d'Etat a refusé de reconnaître le droit à pension de la veuve d'un substitut qui aurait succombé à une affectation rhumatismale contractée dans les locaux humides où le parquet était installé (Cons. d'Et. 2 mars 1870, aff. Margier, D. P. 83. 3. 12, note 1). Mais il a reconnu droit à pension à la veuve d'un employé mort des suites d'une maladie causée par son séjour dans une pièce non chauffée, où il a dû stationner, pour exercer ses fonctions (Cons. d'Et. 22 juill. 1881, aff. Kanengieser, D. P. 83. 3. 11); ... ou dans un local exceptionnellement insalubre (Cons. d'Et. 29 mars 1889, aff. Veuve Hendoux, D. P. 90. 3. 70). Il a, de même, décidé qu'une pension est due à l'instituteur qui a contracté une sciatique chronique par suite du long exercice de ses fonctions dans un local humide et malsain (Cons. d'Et. 22 déc. 1882, aff. Girardot, D. P. 84. 3. 26).

134. La relation directe de cause à effet qui doit exister entre l'exercice des fonctions et la maladie contractée par le fonctionnaire décédé existe-t-elle, lorsqu'il n'est pas allégué, comme ci-dessus, que les conditions dans lesquelles le fonctionnaire ou agent exerçait ses fonctions l'aient prédisposé à contracter la maladie, et où le seul fait constaté est l'existence d'une maladie régnant avec une fréquence exceptionnelle dans le lieu de sa résidence? Le conseil d'Etat fait aujourd'hui, sur ce point, une distinction, s'il s'agit d'une maladie régnant à l'état *endémique* dans le lieu de la résidence du fonctionnaire, le décès de celui-ci par suite de cette maladie doit être considéré comme un accident de service. S'il s'agit, au contraire, d'une maladie *épidémique*, le décès n'a plus le même caractère (V. toutefois, *infrà*, n° 136). Cette distinction peut se justifier par les motifs suivants : un fonctionnaire désigné par ses supérieurs hiérarchiques pour résider dans une localité où règnent, à l'état permanent, des influences morbides, se trouve, par le seul fait de l'acceptation du poste qui lui est assigné, exposé à un péril permanent. Dans le cas, au contraire, où la résidence n'offre, dans l'état habituel, aucune condition défavorable, et où une maladie épidémique vient fortuitement à y éclater, la condition des fonctionnaires est identique à celles des autres habitants retenus dans leur résidence habituelle par leurs affaires privées.

135. Il a été jugé, conformément à cette doctrine, que : 1° la fièvre paludéenne contractée par un fonctionnaire, par suite de son séjour dans une localité où cette maladie règne à l'état endémique, doit être considérée comme un accident résultant de l'exercice de ses fonctions, et, dès lors, s'il succombe à cette maladie, sa veuve a droit à une pension de retraite (Cons. d'Et. 23 juin 1882, aff. Veuve Arrighi, D. P. 84. 3. 6; Conf. Cons. d'Et. 12 déc. 1884, motifs, aff. Veuve Boudil, D. P. 86. 3. 61); ... 2° Il en est de même de l'anémie paludéenne (Cons. d'Et. 9 août 1889, aff. Veuve Henry, D. P. 91. 5. 397); ... des fièvres intermittentes (Cons. d'Et. 23 mai 1884, aff. Veuve Treich, D. P. 85. 3. 82); ... des fièvres paludéennes et de la congestion du foie régnant à l'état endémique (Cons. d'Et. sol. implic. 22 févr. 1889, aff. Veuve d'Elbée, D. P. 90. 3. 45); ... pourvu toutefois que ces maladies soient la cause directe et unique du décès du fonctionnaire. Ainsi il a été jugé que le fonctionnaire décédé par suite d'une maladie qui est la conséquence de son séjour dans une localité où cette maladie règne à l'état endémique ne peut être considéré comme ayant succombé par suite d'un accident résultant de l'exercice de ses fonctions, lorsqu'il était antérieurement atteint d'une maladie constitutionnelle contractée en dehors de ses fonctions et qui a donné au mal une gravité exceptionnelle; par suite, sa veuve n'a pas droit à pension par application de l'art. 14, § 2, de la loi de 1853 (Cons. d'Et. 12 déc. 1884, sol. implic., aff. Veuve Rinési, D. P. 86. 3. 61. V. aussi Cons. d'Et. 22 févr. 1889 précité).

136. Décidé, au contraire, que la maladie *épidémique* à laquelle a succombé le fonctionnaire ne doit pas être considérée, en règle générale, comme un accident de service donnant ouverture au droit à pension de la veuve (Cons. d'Et. 11 janv. 1884, aff. Veuve Ager, D. P. 85. 3. 82). Il en est ainsi notamment de la variole existant à l'état épidémique (Même arrêt. V. toutefois Cons. d'Et. 6 août 1878, aff. Jarry, *Rec. Cons. d'État*, p. 837).

Il a été jugé cependant, dans certains cas exceptionnels, qu'une maladie épidémique elle-même pourrait, en raison des circonstances dans lesquelles elle a été contractée, être considérée comme un accident résultant de l'exercice des fonctions. Le conseil d'Etat a notamment reconnu ce caractère : 1° à la suette miliaire contractée par un employé qui, étant en congé illimité dans une ville indemne, rejoignit son poste dès qu'il apprit qu'une maladie épidémique sévissait dans la ville à laquelle l'attachaient ses fonctions (Cons. d'Et. 19 nov. 1875, aff. Eyssautier, D. P. 76. 3. 48).

137. Lorsqu'il s'agit d'attribuer une pension à la veuve, de même que lorsqu'il s'agit de l'accorder au fonctionnaire impotent (*suprà*, n° 83, 98 et 101), le long intervalle écoulé depuis l'accident n'est pas un obstacle à l'application du paragraphe 2 de l'art. 14 de la loi de 1853. Il a été jugé, que l'accident de service qui a causé la mort du fonctionnaire donne droit à pension à sa veuve, alors même qu'il n'aurait succombé aux suites de cet accident que plusieurs années après le jour où il l'a éprouvé; par exemple deux ans (Cons. d'Et. 22 juill. 1888, aff. Kanengieser, D. P. 83.3. 11);... neuf ans (Cons. d'Et. 18 nov. 1881, aff. Verdun, D. P. 83. 3. 29); quinze ans (Cons. d'Et. 12 mai 1859, aff. Belle, D. P. 60. 3. 2).

138.— III. EFFETS DE LA SÉPARATION DE CORPS OU DU SECOND MARIAGE. — On a vu (*Rép.* n° 72) que, d'après l'art. 13, *in fine*, de la loi de 1853, « le droit à pension n'existe pas pour la veuve dans le cas de *séparation de corps* prononcée sur la demande du mari ». Les termes généraux de cette disposition doivent, croyons-nous, la faire appliquer non seulement à la veuve qui, mariée depuis plus de six ans, aurait pu invoquer les dispositions de l'art. 13, mais encore à celle qui a perdu son mari par l'un des événements énumérés dans l'art. 14, survenu postérieurement à son mariage.

139. Il a été jugé que la femme d'un fonctionnaire (un courrier des postes) dont la pension a été liquidée en vertu de règlements refusant la réversion à la veuve en cas de séparation de corps, a droit à cette réversion, quoique ayant été séparée de corps, si la séparation a été prononcée à son profit et si elle ne l'a été que depuis la loi du 9 juin 1853, qui ne frappe de la perte du droit à réversion que la femme contre laquelle la séparation de corps a été prononcée au profit du mari (Cons. d'Et. 14 août 1865, aff. Abrial, D. P. 65. 5. 349. Conf. Bavelier, t. 1, n° 74).

140. La réconciliation des époux judiciairement séparés de corps faisant cesser les effets de la séparation, rend à la femme son droit éventuel à pension (Bavelier, t. 1, n° 74. Conf. Cons. d'Et. 7 avr. 1841, aff. Mazian, *Rec. Cons. d'État*, p. 141; 12 janv. 1844, aff. Philippon, *ibid.* p. 19).

141. La loi de 1853 n'a pas eu à se préoccuper du cas où le *divorce* aurait été prononcé entre les époux, le divorce n'ayant été rétabli que par la loi du 27 juill. 1884. Mais il est évident que le lien conjugal étant rompu par le divorce, la femme ne peut prétendre à une pension, du chef de celui qui a été son mari. Telle était, d'ailleurs, la solution adoptée par les règlements de toutes les anciennes caisses de retraites créées sous l'empire du régime établi par le code civil (V. Bavelier, t. 1, n° 74).

142. Ainsi qu'on l'a expliqué (*Rép.* n° 73), la veuve qui convole n'est pas déchue de ses droits à pension. La loi de 1853, en effet, ne prive la veuve du droit à pension (art. 13) que dans le cas de séparation de corps prononcée sur la demande du mari; elle ne reproduit pas la déchéance établie par certains règlements antérieurs contre la veuve qui convolait en secondes noces. Mais la difficulté était sérieuse pour les veuves des fonctionnaires et employés retraités en vertu de ces règlements, notamment en vertu de l'ordonnance du 12 janv. 1825; elle avait même été résolue contre ces veuves par un premier arrêt du 7 mai 1857 (aff. Beirant, *Rec. Cons. d'Etat*, p. 378). Mais le conseil d'État est revenu sur cette jurisprudence, et, adoptant la solution la plus favorable, a décidé que la veuve d'un employé d'une administration financière, décédé sous l'empire de l'ordonnance du 12 janv. 1825, ne perd pas, en cas de second mariage, et alors même qu'il ne lui resterait pas d'enfants du premier lit, son droit à la pension qu'elle avait obtenue après la mort de son mari (Cons. d'Et. 26 déc. 1868, aff. Magne, D. P. 69. 3. 98; 19 déc. 1869, aff. Henquel, *Rec. Cons. d'Etat*, p. 886).

143. — IV. SECOURS AUX ORPHELINS MINEURS. — On a indiqué au *Rép.*, n°s 75 et suiv., les dispositions de l'art. 16 de la loi de 1853 concernant les secours auxquels peuvent avoir droit les *orphelins mineurs* de fonctionnaires et employés. Nous ajouterons que, aux conditions posées par le paragraphe 1 de cet article, pour que ces orphelins aient droit à pension, l'art. 34 du décret du 9 nov. 1853 joint la suivante : « Les enfants orphelins des fonctionnaires décédés pensionnaires ne peuvent obtenir de secours à titre de réversion qu'autant que le mariage dont ils sont issus a précédé la mise à la retraite de leur père ».

L'art. 16 de la loi de 1853 a été modifié par l'art. 50 de la loi de finances du 28 avr. 1893 (V. *suprà*, n° 121), aux termes duquel les orphelins ont, en cas de décès ou de déchéance de leur mère, droit à pension si leur père est décédé après avoir accompli *vingt-cinq ans* de service (et non plus trente ans dans la partie sédentaire, comme l'exigeaient les art. 16 et 5 de la loi de 1853).

144. L'art. 16, § 2, modifié par l'art. 50 de la loi du 28 avr. 1893, détermine la façon dont doivent être liquidés les secours accordés aux orphelins mineurs. Il faut noter que l'art. 38, § 3, de la loi de 1853, aux termes duquel les pensions des fonctionnaires ayant accompli au 1er janv. 1854 la durée de services exigée par les règlements antérieurs doivent être liquidées conformément à ces règlements, ne vise pas les secours annuels à accorder aux orphelins. C'est donc uniquement d'après l'art. 16 de la loi de 1853 que doit, dans tous les cas, être réglé ce secours (Cons. d'Et. 21 juin 1855, aff. Manssion, D. P. 56. 3. 11).

145. Jusqu'en 1881, on n'avait jamais mis en doute que les orphelins d'une femme fonctionnaire pussent invoquer le bénéfice de l'art. 16 de la loi de 1853 et réclamer l'allocation d'un secours annuel. Notamment en 1870, en 1873, en 1874, des liquidations de secours annuels avaient été soumises, en faveur des enfants mineurs de plusieurs receveuses des postes, à la section des finances, qui n'avait fait nulle difficulté pour les approuver. Mais en 1881, la question ayant été, de nouveau, soumise à la section des finances du conseil d'Etat, celle-ci, par un avis du 4 janv. 1881, formula une opinion contraire, et le ministre adopta cette solution. Devant le conseil d'Etat, saisi de l'affaire, M. le commissaire du gouvernement Gomel a combattu ce système. « On est forcé de reconnaître, a-t-il dit, que le législateur de 1853 ne s'est pas occupé des femmes fonctionnaires; il n'a envisagé que le cas le plus général, celui où les fonctions publiques sont remplies par des hommes, et dès lors, il n'y a rien d'étonnant à ce que l'art. 16, spécial aux droits des orphelins, ne définisse que la situation des enfants laissés par les fonctionnaires hommes. Etant donnée l'omission commise par le législateur, il faut rechercher si l'art. 16 n'est pas susceptible, comme les autres dispositions de la loi, de produire effet dans l'hypothèse qui nous occupe. Or, l'art. 16 pose trois règles : droit à un secours annuel pour les orphelins; quotité de ce secours, fixée au tiers de la pension de la mère; jouissance de ce secours jusqu'à ce que tous les enfants aient atteint leur majorité. Chacun de ces trois principes peut recevoir son application quand il s'agit des orphelins laissés par une femme fonctionnaire... Il est vrai que nous négligeons dans l'art. 16 certaines expressions; mais c'est qu'elles ont été introduites dans l'article en prévision du cas uniquement visé par le législateur : celui des enfants d'un employé ayant obtenu pension ou étant en possession du droit à pension. Notre hypothèse étant autre, nous pouvons ne pas tenir compte de ces expressions, sans altérer le sens de l'art. 16 et même en restant fidèle à l'esprit dans lequel il a été rédigé. La conséquence de notre interprétation sera la suivante : un fonctionnaire homme vient-il à mourir? aux termes des art. 13, 14, 15 et 16, sa veuve a droit à une pension, et c'est seulement à défaut de leur mère que les enfants obtiennent un secours annuel égal à la pension. Au contraire, une femme fonctionnaire décède-t-elle après sa mise à la retraite, ou lorsqu'elle a accompli le temps voulu pour avoir droit à la pension? Les orphelins qu'elle laisse se présentent immédiatement pour recueillir le secours annuel, et ce secours est du tiers de la pension que touchait ou aurait pu obtenir leur mère. Le système que nous venons d'exposer a, à nos yeux, le double mérite d'être logique et conforme à l'esprit de la loi du 9 juin 1853. Il est logique, car du moment qu'on admet que les femmes qui sont employées par l'Etat subissent des retenues et ont droit à pension, bien que le texte de la loi semble les exclure, il faut reconnaître que si l'art. 16 a, comme les autres articles, omis de régler leur situation, ses dispositions régissent les droits des enfants mineurs qui leur survivent aussi bien que ceux des orphelins laissés par un fonctionnaire homme. Il est conforme à l'esprit de la loi, car, ainsi qu'on le dit dans l'exposé des motifs de la loi du 9 juin : « La pension constitue un véritable supplément de traitement, ou plutôt une continuation du traitement, qui se divise en traitement d'activité et en autre traitement appelé pension, lorsque l'activité a cessé. Le secours accordé aux orphelins est une des formes de la pension, et on ne comprend pas pourquoi une catégorie d'orphelins aurait droit à ce secours, quand l'autre ne pourrait pas y prétendre ». — Conformément à ces conclusions, le conseil d'Etat a décidé que la disposition de l'art. 16 de la loi du 9 juin 1853 qui accorde des secours annuels aux orphelins laissés par un fonctionnaire décédé titulaire d'une pension civile s'applique aux orphelins laissés par une femme fonctionnaire (Cons. d'Et. 3 mars 1882, aff. Rigaud, D. P. 83. 3. 65). On peut encore ajouter aux considérations exposées par M. le commissaire du Gouvernement, que l'interprétation ainsi donnée à l'art. 16 de la loi du 9 juin 1853 est conforme à celle qui avait été donnée à la loi du 26 juill. 1821 accordant des pensions aux anciens titulaires de dotations (*Rép.* v° *Domaine extraordinaire*, n° 51). Bien que cette loi n'employât le mot *donataire* qu'au masculin, l'Administration reconnut, dès l'origine, que les femmes qui avaient reçu des dotations pouvaient en laisser la réversion à leurs enfants. Un avis de la section des finances du conseil d'Etat, en date du 16 nov. 1831, décida seulement que les pensions possédées par des femmes qui étaient, de leur chef, titulaires de dotations n'étaient réversibles que sur leurs enfants, à l'exclusion de leurs maris. Une solution analogue interviendrait sans doute, au cas où le conseil d'Etat serait saisi de la question de savoir si les dispositions édictées par la loi du 9 juin 1853 en faveur des veuves de fonctionnaires sont applicables aux veufs de femmes fontionnaires. C'est d'ailleurs, ainsi que le fait remarquer M. Bavelier (t. 1, n° 85), ce qu'a implicitement admis l'arrêt précité du 3 mars 1882, puisque, dans cette espèce, le mari était vivant et que le conseil d'Etat a cependant admis le droit des enfants qui n'aurait pu exister si le père avait eu un droit de réversion.

146. On a vu (*Rép.* n° 76) comment, aux termes de l'art. 16, § 3, s'établissent les droits de chacun, lorsque le fonctionnaire, en mourant, a laissé une veuve et des enfants mineurs d'un premier lit.

147. Comme on l'a indiqué *suprà*, n° 124, la loi du 30 juill. 1881 (art. 13), qui accorde des pensions aux « victimes du coup d'Etat du 2 déc. 1851 », dispose qu'au décès du titulaire, la moitié de la pension sera réversible sur sa veuve non remariée ou ses descendants au premier degré, sans indiquer qui aura la préférence lorsque le défunt laissera une veuve et des enfants. Le ministre de l'intérieur a tranché la question en faveur de la veuve par une circulaire en date du 8 janv. 1883 (*Bull. min. int.*, 1883, p. 45). On a contesté que cette solution, qui d'ailleurs peut soulever de sérieuses objections, fût applicable dans le cas où une femme qui ne s'était mariée que postérieurement au coup d'Etat et qui, par suite, n'avait pas partagé les épreuves en raison desquelles une pension avait été accordée à son mari, se trouvait en présence d'enfants issus du mariage existant à la date de cet événement et dont, par suite, la mère avait subi les conséquences. Le ministre des finances, consulté sur la question, reconnut qu'en équité, cette considération n'était pas dépourvue de valeur; et il fit observer que la loi du 13 juin 1850, qui avait accordé, à titre de récompense nationale, des pensions aux citoyens blessés dans les journées de mai et de juin 1848 exigeait, pour la réversibilité à la veuve, que le mariage fût antérieur à la date des blessures; mais le ministre estimait qu'une clause limitant ainsi le droit des veuves ne pouvait être ajoutée à la loi par voie de jurisprudence. Le conseil d'Etat a adopté cette opinion, et décidé que la veuve d'une victime du coup d'Etat du 2 décembre a droit à la réversion de la moitié de la pension dont son mari était titulaire, de préférence à l'enfant issu d'un premier mariage, alors même qu'elle ne s'est mariée que postérieurement au coup d'Etat (Cons. d'Et. 24 janv. 1890, aff. Beauvoir, D. P. 91. 3. 67).

ART. 5. — *Demande de mise à la retraite. — Quotité, liquidation et jouissance de la pension* (*Rép.* n°s 77 à 102).

148. — I. DEMANDE DE MISE A LA RETRAITE. — On a vu (*Rép.* n° 77) que l'art. 19 de la loi du 9 juin 1853 porte qu'aucune pension n'est liquidée qu'autant que le fonctionnaire aura été préalablement admis à faire valoir ses droits à la retraite, par le ministre du département duquel il ressortit. Aucune doute n'existe sur le but de cette disposition; le législateur n'a pas voulu qu'un fonctionnaire ayant droit à pension, en raison de son âge et de la durée de ses services, pût obliger l'Administration à liquider sa pension, alors que des considérations budgétaires ou l'intérêt du service peuvent exiger qu'il ne soit pas immédiatement remplacé. — On a exposé, *suprà*, n°s 105 et suiv., 110 et suiv., quelle est l'étendue des pouvoirs de l'Administration sur ce point. — V. aussi *suprà*, n° 3.

149. L'admission du fonctionnaire à faire valoir ses droits à la retraite est prononcée par l'autorité qui, aux termes des règlements, a qualité pour prononcer sa révocation (Décr. 9 nov. 1853, art. 29); c'est-à-dire par le ministre sous l'autorité duquel il est placé (L. 1853, art. 22; *Rép.* n° 78). — C'est au ministre personnellement qu'appartient ce droit. Il ne peut être délégué par lui à son chef de cabinet (Cons. d'Et. 21 févr. 1890, aff. Mimieux, D. P. 91. 3. 83. Comp. Cons. d'Et. 15 mars 1878, aff. Warembourg, D. P. 78. 3. 64; 7 août 1883, aff. Masselle, D. P. 85. 5. 361; 27 juin 1884, *ibid.* V. anal. Cons. d'Et. 27 juill. 1888, aff. Lacarrière, D. P. 89. 3. 99; 22 nov. 1889, aff. Niquevert, D. P. 91. 3. 38). Prendre une décision opposable aux tiers est, en effet, un droit essentiellement attaché à la personne de celui qui en a été légalement investi (V. toutefois *infrà*, n° 153).

L'acte d'admission à la retraite spécifie les circonstances qui donnent ouverture au droit à la pension et indique les articles de la loi applicables au fonctionnaire (Décr. 9 nov. 1853, art. 29).

150. Il a été jugé que les pensions des fonctionnaires et employés sardes qui, bien que devenus Français par le fait de l'annexion, ne sont pas passés au service de la France, doivent être liquidées conformément à la législation sarde, et dès lors, par application du décret sarde du 19 déc. 1852, qui, par une disposition analogue à celle de la loi du 9 juin 1853, décide qu'aucune pension ne peut être liquidée en faveur d'un fonctionnaire qui n'a pas été préalablement admis à faire valoir ses droits à la retraite (Cons. d'Et. 11 juin 1880, aff. Golliet, D. P. 80. 5. 283).

151. Sur le délai dans lequel la demande d'admission à pension doit être formee, V. *Rép.* n° 79.

152. Les décisions ministérielles qui rejettent les demandes de pension peuvent être déférées au conseil d'Etat par les intéressés (Aucoc, *Conférences sur le droit administratif*, t. 1, n° 365; Bavelier, t. 1, n° 136. Conf. Cons. d'Et. 4 août 1879, motifs, aff. De Soland, *Rec. Cons. d'Etat*, p. 297). Il en est différemment des décisions portant révocation, destitution, suppression d'emploi, admission à la retraite, acceptation ou refus de démission (V. *suprà*, n° 114 et v° *Fonctionnaire public*, n° 21).

Mais pour que la décision puisse être ainsi déférée au conseil d'Etat, il faut qu'elle statue, d'une façon formelle, sur la demande faite par le fonctionnaire. Ainsi il a été jugé que la décision par laquelle un ministre se borne à déclarer qu'il ne peut admettre à la retraite un fonctionnaire qui, à la suite d'un congé non renouvelable, exerce une profession incompatible avec sa fonction, et à engager ce fonctionnaire à solliciter un rappel à l'activité, n'est pas susceptible d'être déférée au conseil d'Etat par la voie contentieuse (Cons. d'Et. 8 juill. 1887, aff. Janvier, D. P. 88. 3. 117). — Le ministre seul peut prendre une telle décision; aussi le conseil d'Etat a-t-il décidé que la dépêche par laquelle le directeur de l'intérieur d'une colonie a répondu à une demande de pièces à lui adressée par la veuve d'un fonctionnaire ne peut être considérée comme une décision portant rejet de la demande de pension formée par ladite veuve; et, lorsque celle-ci ne produit aucune décision ministérielle rejetant cette demande, son pourvoi au conseil d'Etat est non recevable (Cons. d'Et. 6 déc. 1889, aff. Rossammale, D. P. 91. 5. 94. Conf. Cons. d'Et. 21 févr. 1890, aff. Mimieux, D. P. 91. 3. 83. V. anal. 7 août 1883, aff. Masselle, D. P. 85. 5. 361; 27 juin 1884, aff. May, *ibid.*; 15 mars 1878, aff. Warembourg, D. P. 78. 3. 64; 24 janv. 1890, aff. Nicolini, D. P. 913. 62).

Sur le recours contre les décisions portant liquidation de pensions, V. *infrà*, n°s 571 et suiv.

153. La question s'est présentée de savoir quels sont, au point de vue de la liquidation des pensions, les pouvoirs des *sous-secrétaires d'Etat* auxquels une partie des attributions ministérielles a été déléguée.

Dans une espèce jugée le 4 avr. 1879 (aff. Houlié, *Rec. Cons. d'Etat*, p. 295), le conseil d'Etat a statué, sans opposer de fin de non-recevoir, sur un pourvoi dirigé contre une décision par laquelle le sous-secrétaire d'Etat, président du conseil d'administration des forêts, avait admis le requérant à faire valoir ses droits à la retraite pour suppression d'emploi; mais dans cette affaire la question ne paraît pas avoir été soulevée par les parties, et le conseil d'Etat, qui rejetait le pourvoi, par le motif que la décision attaquée ne faisait pas obstacle à ce que le requérant fit valoir ses droits à pension, a pu s'abstenir d'examiner si l'acte par lequel le sous-secrétaire d'Etat avait procédé à la réorganisation des bureaux de son administration rentrait dans la limite des pouvoirs qui lui avaient été conférés. Dans une affaire plus récente, le conseil d'Etat, sans se prononcer expressément sur le point de savoir si le décret qui institue un sous-secrétariat d'Etat peut également conférer au titulaire de ce poste le droit de décision, avait jugé que, dans le cas où, en fait, cette attribution ne lui avait pas été conférée par le décret, l'acte par lequel il statuait sur une question litigieuse ne pouvait être opposé aux intéressés et, par suite, n'était pas susceptible de faire l'objet d'un pourvoi (Cons. d'Et. 25 juill. 1890, D. P. 92. 3. 25).

La controverse n'a été soulevée et la question n'a été examinée d'une façon approfondie qu'en 1892, à propos de l'interprétation du décret du 19 mars 1889 (D. P. 90. 4. 61) qui a délégué au sous-secrétaire d'Etat des colonies la signature du ministre « pour tous les actes émanant de l'administration des Colonies, *sauf pour ceux qui doivent être soumis à l'approbation du président de la République* » (Sur la légalité de ce décret, V. les conclusions de M. le commissaire du Gouvernement devant le conseil d'Etat, D. P. 93. 3. 1. V. aussi *suprà*, v° *Organisation administrative*, n° 16). On s'est demandé si cette disposition doit être considérée comme contenant délégation au sous-secrétaire d'Etat des colonies du droit de liquider les pensions du personnel de son administration. On sait que la *concession* d'une pension ne peut se faire que par décret du chef de l'Etat (V. *infrà*, n° 160), tandis que le ministre a qualité pour *rejeter* les demandes de pension (V. *suprà*, n° 152). Doit-on, dès lors, décider que le décret du 19 mars 1889 en ne déléguant au sous-secrétaire d'Etat les pouvoirs du ministre que pour les actes autres que ceux soumis à la signature du président de la République, a entendu exclure complètement de la délégation toute la matière des pensions, parce que, en cas de concession, un décret est nécessaire et que le décret ne peut être contresigné que par un ministre ; ce texte s'oppose-t-il, dès lors, à ce que, dans le cas où le ministre refuse la pension et statue seul sans décret, le sous-secrétaire d'Etat puisse statuer à sa place ? « Nous ne le pensons pas, répond M. le commissaire du Gouvernement, dans les conclusions précitées; le décret du 19 mars 1889 ne réserve la compétence exclusive du ministre que pour les actes soumis à la signature du président de la République, et, ce faisant, il se borne à rappeler la règle constitutionnelle du contre-seing ministériel, qui conserverait toute sa valeur, même si le décret ne l'avait pas mentionnée; il ne vise donc que la pièce présentée à la signature du chef de l'Etat, c'est-à-dire le projet de décret. Si l'Administration ne propose pas d'accorder la pension, il n'y a rien à faire signer par le président de la République; il n'y a dès lors pas de contre-seing ministériel obligatoire, il n'y a qu'une instruction qui aboutit au ministre, lequel rejette la demande de pension, et rien n'empêche que cette instruction, comme la décision de rejet, ne soient déléguées au sous-secrétaire d'Etat. C'est un cas très fréquent en droit administratif que celui où le ministre a qualité pour rejeter une demande qui lui est adressée, et n'est tenu de provoquer un décret que s'il est d'avis de donner à cette demande une suite favorable. La circonstance qu'il faudra un décret dans certains cas et qu'alors le ministre pourra seul le contresigner ne saurait empêcher la délégation de ses attributions dans tous les autres cas où, le décret n'étant pas nécessaire, le ministre a un pouvoir propre. Cette règle nous paraît s'appliquer tout particulièrement aux décisions sur les demandes de pensions. Il y a, en matière de pensions civiles, trois opérations distinctes : la mise à la retraite, la liquidation, la concession. Nous avons vu que la mise à la retraite, qui d'après la loi du 9 juin 1853 devait être faite par le ministre, avait été régulièrement déléguée par le décret du 9 nov. 1853 aux chefs de service qui ont le pouvoir de révocation. Restent la liquidation et la concession : la concession se fait par décret (art. 24 de la loi du 9 juin 1853); la liquidation (c'est-à-dire l'instruction, l'arrêté de compte, et le refus de pension) appartient au ministre. C'est qu'en effet, dans un cas, les intérêts du Trésor ne sont pas engagés; dans l'autre, au contraire, il s'agit de créer un titre permanent de la Dette publique et cette création ne peut se faire que par un décret, rendu sur la signature du ministre compétent et du ministre des finances... Nous croyons donc qu'on peut dire qu'il y a ici deux matières différentes : la matière de la liquidation de pension qui est d'essence ministérielle et où la délégation au sous-secrétaire d'Etat est possible, et la matière de la concession, où un décret est nécessaire, ce qui exclut toute délégation ». Ainsi donc, d'après cette doctrine, la délégation faite au sous-secrétaire d'État emporte le droit de statuer sur les demandes de pension, *toutes les fois que l'instruction n'aboutit pas à un décret de concession*. Cette solution qui, d'ailleurs, est conforme à la pratique administrative et à celle de la section des finances du conseil d'Etat, a été implicitement mais très nettement adoptée par le conseil d'Etat qui, sur un pourvoi formé par un ancien écrivain auxiliaire de la direction de l'intérieur des établissements de l'Inde, contre une décision du sous-secrétaire d'Etat des colonies portant rejet d'une demande de pension de retraite, a statué au fond sur ce pourvoi, et par conséquent a reconnu que le sous-secrétaire d'Etat a un pouvoir de décision propre, et ne se borne pas à faire de simples actes d'instruction (Cons. d'Et. 2 déc. 1892, aff. Mogambury, D P.93. 3. 1).

154. Lorsque l'admission à la retraite a lieu avant l'accomplissement de la condition d'âge imposée par l'art. 5 de la loi du 9 juin 1853, cette admission est prononcée dans les formes suivantes : Si l'impossibilité d'être maintenu en activité résulte pour le fonctionnaire d'un état d'invalidité morale, qui ne peut être appréciée par les hommes de l'art, sa situation est constatée par un rapport de ses supérieurs dans l'ordre hiérarchique. Si l'incapacité de servir est le résultat de l'invalidité physique du fonctionnaire, l'acte prononçant son admission à la retraite doit être appuyé, indépendamment des justifications ci-dessus spécifiées, d'un certificat des médecins qui lui ont donné leurs soins et d'une attestation d'un médecin désigné par l'Administration et assermenté, qui déclare que le fonctionnaire est hors d'état de continuer utilement l'exercice de son emploi (Décr. 9 nov. 1853, art. 30).

155. Le fonctionnaire admis à la retraite doit produire, indépendamment de son acte de naissance et d'une déclaration de domicile :

1° Pour la justification des services civils, un extrait dûment certifié des registres et sommiers de l'administration ou du ministère auquel il a appartenu, énonçant ses nom et prénoms, sa qualité, la date et le lieu de sa naissance, la date de son entrée dans l'emploi avec traitement, la série de ses grades et services, l'époque et les motifs de leur cessation et le montant du traitement dont il a joui pendant chacune des six dernières années de son activité. Cet extrait est dressé dans la forme du modèle annexé, sous le n° 3, au décret de 1853. Lorsqu'il n'aura pas existé de registres, ou que tous les services administratifs ne se trouveront pas inscrits sur les registres existants, il y sera suppléé, soit par un certificat du chef ou des chefs compétents des administrations où l'employé aura servi, relatant les indications ci-dessus énoncées, soit par un extrait des comptes et états d'émargement, certifié par le greffier de la Cour des comptes. Les services civils rendus hors d'Europe sont constatés par un certificat distinct délivré par le ministre compétent. Ce certificat, conforme au modèle annexé sous le n° 4, énonce, pour chaque mutation d'emploi, le traitement normal du grade et le supplément accordé à titre de traitement colonial. A défaut de ces justifications, et lorsque, pour cause de destruction des archives dont on aurait pu les extraire ou du décès des fonctionnaires supérieurs, l'impossibilité de les produire aura été prouvée, les services pourront être constatés par acte de notoriété;

2° Pour la justification des services militaires de terre et de mer, un certificat directement émané du ministère de la guerre ou de celui de la marine. Les actes de notoriété, les congés de réforme et les actes de licenciement ne sont pas admis pour la justification des services militaires. Lorsque des actes de cette nature sont produits, ils sont renvoyés au ministère de la guerre ou à celui de la marine, qui les remplace, s'il y a lieu, par un certificat authentique.

156. Les services des employés de préfectures et de sous-préfectures sont justifiés par un certificat du préfet ou du sous-préfet, constatant que le titulaire a été rétribué sur des fonds d'abonnement, et ce certificat doit être visé par le ministre de l'intérieur (Décr. 9 nov. 1853, art. 31).

Les veuves prétendant à pension fournissent, indépendamment des pièces que leur mari aurait été tenu de produire : 1° leur acte naissance; 2° l'acte de décès de l'employé ou du pensionnaire; 3° l'acte de célébration du mariage; 4° un certificat de non-séparation de corps, et, de non-divorce; 5° dans le cas où il y aurait eu séparation de corps, la veuve doit justifier que cette séparation a été prononcée sur sa demande. Les orphelins prétendant à pension fournissent, indépendamment des pièces que leur père aurait été tenu de produire : 1° leur acte de naissance; 2° l'acte de décès de leur père ; 3° l'acte de célébration de mariage de leurs père et mère; 4° une expédition ou un extrait de l'acte de tutelle; 5° en cas de prédécès de la mère, son acte de décès; en cas de séparation de corps, expédition du jugement qui a prononcé la séparation ou un certificat du greffier du tribunal qui a rendu le jugement; en cas de second mariage, acte de célébration. Les veuves ou orphelins prétendant à pension produisent le brevet délivré à leur mari ou père, lorsqu'il est décédé en jouissance de pension, ou une déclaration constatant la perte de ce titre (Décr. 9 nov. 1853, art. 32).

157. Si le fonctionnaire a été justiciable direct de la Cour des comptes, soit en deniers, soit en matière, il doit produire un certificat de la comptabilité générale des finances ou du ministère compétent, constatant, sauf justification ultérieure du *quitus* de la Cour des comptes, que la vérification provisoire de sa gestion ne révèle aucun débet à sa charge. Si le prétendant à pension n'est pas justiciable direct de la Cour des comptes, sa situation en fin de gestion est constatée par un certificat du comptable supérieur duquel il relève (Décr. 9 nov. 1853, art. 33).

158. Dans les cas spécifiés aux paragraphes 1 et 2 de l'art. 11, 1 et 2 de l'art. 14 de la loi du 9 juin 1853, l'événement donnant ouverture au droit à pension doit être constaté par un procès-verbal en due forme dressé sur les lieux et au moment où il est survenu. A défaut de procès-verbal, cette constatation peut s'établir par un acte de notoriété rédigé sur la déclaration des témoins de l'événement ou des personnes qui ont été à même d'en connaître et d'en apprécier les conséquences. Cet acte doit être corroboré par les attestations conformes de l'autorité municipale et des supérieurs immédiats du fonctionnaire. Dans le cas d'infirmités prévu par le troisième paragraphe de l'art. 11 de la loi du 9 juin, ces infirmités et leurs causes sont constatées par les médecins qui ont donné leurs soins au fonctionnaire et par un médecin désigné par l'Administration et assermenté. Ces certificats doivent être corroborés par l'attestation de l'autorité municipale et celle des supérieurs immédiats du fonctionnaire (Décr. 9 nov. 1853, art. 35). V. Bavelier. t. 1, n°s 88 et 89.

159. En principe, toutes pièces nécessaires pour obtenir la liquidation des pensions civiles doivent être rédigées sur papier timbré (Instr. gén. direct. Enregistr., n°s 881 et 2000). Cependant, les extraits dont parle l'art. 31 du décret de 1853 peuvent être rédigés sur papier libre ; ils ne sont, en effet, que la copie partielle des registres et sommiers de l'administration à laquelle le fonctionnaire a appartenu. Ce sont des pièces d'ordre intérieur délivrées par une administration publique à une autre administration, et ils rentrent ainsi dans la catégorie des actes affranchis du timbre par l'art. 16, n° 1, de la loi du 13 brum. an 7 (Décis. min. fin., 14 sept. 1881). La même règle s'appliquera, pour les mêmes motifs, à toutes les pièces justificatives, d'origine administrative, comme par exemple le certificat de non-debet prescrit par l'art. 33 du décret de 1853.

160. — II. LIQUIDATION DE LA PENSION. — Le ministère compétent réunit les pièces justificatives du droit à pension, arrête la liquidation, et, après l'avoir communiquée au ministre des finances, la soumet, avec l'avis de ce ministre, à l'examen de la section des finances du conseil d'Etat. Sur l'avis de cette section, le ministre liquidateur prépare le décret de concession, qui doit être contresigné par ce ministre et par le ministre des finances (Décr. 9 nov. 1853, art. 40 ; L. 9 juin 1853, art. 24; *Rép.* n° 93.)

161. La liquidation des pensions exigeant des délais assez longs, les fonctionnaires admis à la retraite restent pendant un certain temps avant de commencer à toucher les arrérages de leurs pensions L'ordonnance du 12 janv. 1825 (art. 39), pour prévenir les inconvénients qui résultent pour les fonctionnaires de cette situation permettait, d'une façon générale, de faire à ceux-ci l'avance de provisions, dont le montant était ensuite précompté sur le payement des premiers arrérages de la pension. Cette disposition a cessé d'être exécutée, parce qu'elle n'a été reproduite ni par la loi, ni par le décret de 1853. Mais, en pratique, on accorde encore, dans certains services, des autorisations partielles de provisions à des agents à traitement inférieur.

Une circulaire du ministre de l'instruction publique du 16 janv. 1885 a prescrit aux préfets de conserver leurs fonctions et traitements aux instituteurs et institutrices, jusqu'au jour où ils auront reçu notification de l'arrêté ministériel d'admission à la retraite.

162. — III. QUOTITÉ DE LA PENSION D'ANCIENNETÉ. — Aux termes de l'art. 7 de la loi de 1853, la pension *à titre d'ancienneté* de services est réglée, pour chaque année de services civils, à un soixantième du traitement moyen (*Rép.* n° 80). Néanmoins, pour vingt-cinq ans de services entièrement rendus dans la partie active, elle est de la moitié du traitement moyen, avec accroissement, pour chaque année de services en sus d'un cinquantième du traitement (Sur la quotité des pensions exceptionnelles accordées en vertu de l'art. 11 de la loi de 1853, V. *infrà*, n° 212 et suiv.).

163. L'art. 6 de la loi de 1853 indique la façon dont doit se déterminer le *traitement moyen*, qui doit servir de base au calcul du taux de la pension : le chiffre du traitement moyen s'obtient en prenant « la moyenne des traitements et émoluments de toute nature soumis à retenue, dont l'ayant droit a joui *pendant les six dernières années* d'exercice » (Conf. *Rép.* n° 81 et Observat. de M. le commis. du Gouvern. rapportées en note sous l'art. 6, D. P. 53. 4. 99. V. aussi Bavelier, t. 1, p. 9 et suiv., et n° 56). On ne saurait donc, avoir égard au traitement que le fonctionnaire aurait eu avant cette période de dix ans, alors même qu'il serait plus élevé que les traitements suivants (Cons. d'Et. 28 févr. 1880, aff. Charpenne, *Rec. Cons. d'Etat*, p. 235).

164. Un fonctionnaire qui n'a pas reçu la totalité du traitement porté sur les états des émargements n'en a pas moins droit à une pension calculée sur le traitement régulièrement attaché à son emploi (Cons d'Et. 24 janv. 1879, aff. Glatigny, D. P. 79. 3, 59. Conf. Cons. d'Et. 2 mai 1890, aff. Campana, D. P. 91. 3. 101). Il serait aussi contraire au droit qu'à l'équité qu'un fonctionnaire qui n'a pas touché la totalité du traitement afférent à ses fonctions se trouvât par ce fait privé d'une partie de la pension à laquelle il a droit.

165. Lorsqu'un même agent remplit plusieurs fonctions rémunérées chacune par un traitement distinct, on n'a égard qu'au traitement le plus élevé. L'art. 31 de la loi de 1853 interdit en effet tout *double emploi* dans les années de service présentées pour la liquidation de la pension (V. *Rép.* n° 97).

Une exception à cette règle a cependant été reconnue, en faveur des professeurs, savants, gens de lettres et artistes. L'art. 28 de la loi de finances du 8 juill. 1852 (D. P. 52. 4. 185. Comp. Décr. 16 fruct. an 3 ; L. 15 mai 1818, art. 12, *Rép.* p. 756; 12 déc. 1848, art. 5; 9 mars 1852, art. 9), les autorise à remplir simultanément plusieurs fonctions ou à occuper plusieurs chaires et à cumuler les traitements de l'Etat qui leur sont affectés, jusqu'à concurrence du chiffre de 20 000 fr. (Comp. *Rép.*, v° *Traitement*, Cons. d'Et. 30 avr. 1875, aff. Sandeau et Ruprich-Robert, D. P. 75. 3. 120). On a appliqué la même faveur au calcul du traitement moyen. Pour déterminer celui-ci, on réunit les divers traitements touchés par le professeur ou savant, s'ils sont imputés sur les fonds d'un même département ministériel; si au contraire les fonctions sont rétribuées sur les fonds de deux ministères différents, on peut, soit procéder à deux liquidations distinctes, soit ne faire qu'une seule liquidation comprenant la totalité des divers traitements (Bavelier, t. 1, n° 56. V. toutefois *infrà*, n° 184. V. aussi *infrà*, n° 280).

166. Les émoluments supplémentaires fixes et annuels qui sont imputables sur le même chapitre du budget que le traitement principal doivent entrer en compte, pour le calcul du traitement moyen, s'ils constituent un supplément de traitement personnel; car les émoluments de cette nature sont soumis à retenue (L. 1853, art. 3) et font, en quelque sorte, partie du traitement alloué au fonctionnaire (V. *suprà*, n° 45). Mais on ne tient pas compte des suppléments de traitement alloués à titre d'indemnité de séjour, de frais de représentation, de bureau ou de tournées, de gratifications, d'indemnités pour missions extraordinaires, etc. (Décr. 9 nov. 1853, art. 21. V. *suprà*, n°s 47 et suiv.). Ainsi, il a été jugé que : 1° les services rendus dans une école préparatoire de médecine par un professeur suppléant qui, d'après le règlement de cette école, n'avait pas de traitement permanent et recevait seulement, à titre d'indemnité, pendant la durée du remplacement, la moitié du traitement du professeur suppléé, n'entrent pas en compte pour la liquidation de la pension (Cons. d'Et. 1er août 1890, aff. Breton, D. P. 92. 3. 44); — 2° Que l'allocation annuelle non sujette à retenue au profit du Trésor accordée à un ingénieur détaché au service de la marine, sur les fonds de ce département, pour frais de bureau ou remboursement de dépenses, ne constitue pas un émolument personnel pouvant entrer dans la composition du traitement moyen sur lequel est calculée la pension (Cons. d'Et. 24 déc. 1880, aff. Courbebaisse, D. P. 82. 3. 66. Comp. Cons. d'Et. 28 nov. 1867, aff. Dausse, *Rec. Cons. d'Etat*, p. 882). Peu importe que cette allocation ait été l'objet, en faveur de la caisse des Invalides de la marine, du prélèvement opéré sur toutes les dépenses tant du personnel que du matériel de la marine (Même arrêt). Lorsqu'il s'agit de fonctionnaires placés sous le régime de la loi du 9 juin 1853, il y a corrélation nécessaire entre le droit à pension et l'assujettissement à la retenue ; il en est différemment quand il s'agit des prélèvements en faveur de la caisse des Invalides de la marine ; ces prélèvements ont lieu, en effet, sur tous les payements (*Rép.*, v° *Organisation maritime*, n° 287), sans que les lois et règlements se soient préoccupés de savoir si les personnes qui les subissent peuvent éventuellement profiter de l'institution de cette caisse.

167. A la suite de la loi du 19 juill. 1875, dont l'art. 4 avait accordé à tout instituteur titulaire de la médaille d'argent une allocation annuelle de 100 fr., une circulaire en date du 16 décembre de la même année avait prescrit de soumettre cette somme à la retenue, à titre de supplément de traitement. La loi du 29 juill. 1881 et toutes les lois des finances postérieures ont ouvert un crédit destiné au payement de cette allocation aux instituteurs sortis de l'activité ; le ministre de l'instruction publique considéra que, par suite, ladite allocation avait perdu le caractère d'un traitement pouvant entrer en compte pour la liquidation de la pension ; en conséquence, après avoir pris l'avis du ministre des finances, il prescrivit par une circulaire du 15 févr. 1885 : 1° de ne plus soumettre l'allocation pour la médaille à la retenue et de rembourser le montant des retenues opérées depuis l'année 1875 ; 2° de ne plus faire figurer la somme dont il s'agit dans les traitements servant à l'établissement de la pension. Cette solution aurait été pleinement justifiée si une loi avait transformé cette allocation en une rente viagère; car il serait inadmissible qu'un fonctionnaire comptât pour sa pension une somme dont la totalité lui resterait acquise après comme avant la cessation de ses services actifs. Mais les lois de finances n'avaient pas donné aux instituteurs en retraite un droit acquis et irrévocable à l'allocation pour la médaille. Quant à la circonstance que l'Administration se serait refusée à recevoir les retenues, elle ne pouvait porter atteinte aux droits de l'instituteur (Comp. Cons. d'Et. 22 févr. 1889, aff. Larquier D. P. 90. 5. 378). Aussi le conseil d'Etat a-t-il décidé, contrairement à l'avis du ministre, que l'allocation en question constitue un véritable supplément de traitement entrant en compte pour le calcul de la pension (Cons. d'Et. 2 mai 1890, aff. Campana, D. P. 91. 3. 101).

168. Il a été jugé, antérieurement à la loi du 26 déc. 1890 (art. 29, V. *suprà*, n° 56), que, lorsqu'un fonctionnaire de l'enseignement remplit dans un collège communal, en outre des fonctions de principal ayant le pensionnat à son compte, celles de régent chargé d'un cours, et qu'il touche, pour ces dernières fonctions, un traitement spécial, sa pension doit être calculée non seulement sur son traitement comme principal, déterminé conformément à l'art. 26 du décret du 9 nov. 1853, mais sur l'ensemble de ses traitements sujets à retenue, par application des art. 3 et 4 de la loi de 1853 (Cons. d'Et. 6 mars 1874, aff. Chesnel, D. P. 75. 5. 330). — Sur l'art. 29 de la loi du 26 déc. 1890, V. *infrà*, n° 184).

169. Décidé qu'un inspecteur chargé de la direction du service de l'enregistrement et qui a touché pendant plusieurs années le traitement de directeur sur lequel il a subi la retenue, a droit à une pension liquidée d'après ce traitement, et non d'après le traitement afférent à son titre (Cons. d'Et. 10 févr. 1882, aff. Mérat, D. P. 83. 3. 61). C'est là une application pure et simple du principe que le montant du traitement moyen doit être calculé, non seulement sur le traitement attaché par les règlements à chaque emploi, mais aussi sur les suppléments de traitements et sur toutes les sommes constituant un émolument personnel.

170. Le fait qu'une fonction ne serait exercée qu'à titre provisoire ne suffit pas pour changer, au point de vue de la pension, le caractère du traitement. Décidé, en ce sens, que les remises touchées par un percepteur chargé de gérer la recette municipale d'une commune doivent entrer dans le calcul des émoluments sur lesquels est liquidée sa pension de retraite, alors même qu'il n'a exercé ces fonctions qu'à titre provisoire, sans verser de cautionnement, et que ses retenues ont été reversées par le Trésor dans la caisse municipale (Cons. d'Et. 4 juill. 1879, aff. Descourvières, D. P. 80. 3. 19. V. la note sur cet arrêt. Comp. *suprà*, n° 22).

171. Il a encore été jugé que les remises allouées au préposé en chef de l'octroi, dans le cas où les recettes dépassent un minimum fixe, constituent un traitement éventuel dont il doit être tenu compte pour le calcul de la moyenne sur laquelle la pension est liquidée (Cons. d'Et. 28 juill. 1882, aff. Ducourthial, D. P. 84. 3. 1. Conf. Cons. d'Et. 6 août 1880, aff. Olive, D. P. 82. 3. 67).

172. Mais la pension d'un fonctionnaire de l'Etat doit être calculée d'après le traitement attaché à son titre par les règlements en vigueur, alors même que, sur des sommes provenant du budget départemental et centralisées au Trésor à titre de fonds de concours, il touche une allocation supplémentaire sur laquelle une décision ministérielle l'a autorisé à subir la retenue (Cons. d'Et. 1er mars 1889, aff. Bertin, D. P. 90. 3. 58).

173. Le supplément accordé à titre de traitement colonial n'entre pas dans le calcul du traitement moyen (L. 9 juin 1853, art. 10, § 2). Ce supplément de traitement colonial pour chaque grade consiste, d'après l'art. 22 du règlement du 9 nov. 1853, dans la différence entre le traitement effectif perçu dans la colonie et le traitement de l'emploi correspondant ou qui lui est assimilé en France (*suprà*, n° 49). — Sur la validité du décret du 13 juill. 1880 (D. P. 80. 4. 92), qui a déterminé les parités d'offices des fonctionnaires coloniaux, V. Cons. d'Et. 30 mai 1884 (aff. Mercier, D. P. 85. 3. 107) ; 21 déc. 1888 (aff. Bonnefoy, D. P. 90. 3. 20) et *suprà*, n° 50.

174. Aux termes de l'art. 28 du décret du 9 nov. 1853, « le traitement moyen des agents qui sont rétribués par des salaires ou remises variables sujettes à liquidation est établi sur les six années *antérieures à celle dans le cours de laquelle cesse l'activité* ». Il a été jugé que cette disposition doit être considérée comme rentrant dans les mesures qu'il appartenait au règlement de prescrire pour l'exécution de l'art. 6 de la loi du 9 juin 1853, en vertu de la délégation contenue dans l'art. 35 de ladite loi. En conséquence, ces agents ne sont pas fondés à soutenir que ledit traitement doit être calculé en tenant compte des remises qu'ils ont touchées jusqu'au jour où ils ont cessé leur service (Cons. d'Et. 14 nov. 1873, aff. Périgault, D. P. 74. 3. 78. Conf. Cons. d'Et. 5 févr. 1867, aff. Saxe, *Rec. Cons. d'Etat*, p. 143 ; 21 juill. 1882, aff. Monteil, D. P. 84. 3. 26 ; 8 août 1882, aff. Colin, *ibid.*).

L'interprétation donnée par l'art. 28 du règlement à l'art. 6 de la loi tient avec raison compte de la distinction qui existe entre les traitements fixes et les traitements à remises variables. Pour les premiers, le calcul peut se faire sans difficulté de jour à jour, et le montant des sommes perçues est corrélatif aux services rendus. Pour les traitements à remises variables, des circonstances de toute nature peuvent augmenter ou diminuer leur traitement pendant une partie de l'année, et l'agent qui toucherait à l'époque de sa retraite pourrait apporter à ses recouvrements une activité exceptionnelle qui influerait indûment sur la liquidation de sa pension.

175. La règle de l'art. 28 du décret de 1853 cesserait de s'appliquer, et le traitement moyen devrait être calculé sur les six années antérieures à la cessation de l'activité si, à ce moment, les salaires ou remises variables avaient été remplacés par un traitement fixe (Cons. d'Et. 20 févr. 1870, aff. Colonieu, *Rec. Cons. d'Etat*, p. 146). Les motifs indiqués *suprà* n° 174 ne subsistent plus, dans ce cas.

176. On ne peut jamais écarter, pour le calcul du traitement moyen, ni les années qui auraient procuré un produit exceptionnellement élevé (Bavelier, t. 1, n° 58) ni celles pendant lesquelles les remises auraient été exceptionnellement réduites, par l'effet d'événements de force majeure, par exemple par l'invasion étrangère (Cons. d'Et. 15 nov. 1872, aff. De Langle de Cary, *Rec. Cons. d'Etat*, p. 620. V. aussi Cons. d'Et. 19 févr. 1892, aff. Bernis, D. P. 93. 3. 63).

177. Il est incontestable également que les seules remises auxquelles on doit avoir égard sont celles qui sont applicables aux opérations effectuées pendant chacune des six dernières années, et non pas celles qui ont été touchées pendant ces années (Cons. d'Ét. 8 août 1882, aff. Colin, D. P. 84. 3. 26; 22 juin 1883, aff. Fleuret, D. P. 85. 3. 21). La solution contraire faciliterait des abus préjudiciables au Trésor ; il suffirait à l'agent, pour grossir le chiffre afférent à une année, de faire retarder le payement des sommes à lui dues pour opérations effectuées pendant les années antérieures. Même en l'absence de tout calcul frauduleux, des faits accidentels pourraient modifier, sans motif légitime, le montant de la pension. Ainsi, dans certains départements, l'impôt est payé en une fois au milieu de l'année; dans d'autres, son versement est effectué par moitié en mars et en septembre ; si l'on calculait le traitement moyen sur les remises qui ont été réellement touchées par le percepteur admis à la retraite, on serait forcément conduit, dans certains cas, à comprendre dans le traitement moyen de ce comptable des recettes afférentes aux derniers mois de la gestion de son prédécesseur. Aussi il a été jugé que le traitement moyen d'un percepteur doit être calculé, pour la liquidation de sa pension de retraite, au prorata de la durée de ses fonctions, sans tenir compte des remises sur restes à recouvrer s'appliquant à la gestion de ses prédécesseurs (Cons. d'Et. 22 juin 1883, précité).

178. Sur la façon dont on procède pour déterminer le montant des émoluments variables des receveurs des finances et des percepteurs, V. Circul. direct. de la comptabil. génér. du min. des fin. 14 févr. 1854. Conf. Bavelier, t. 1, n° 58.

179. Lorsqu'un fonctionnaire, bien que rétribué sur des fonds autres que ceux de l'Etat, a droit à pension en vertu de l'art. 4 de la loi de 1853 (*suprà*, n°s 17 et suiv.), la moyenne qui sert de base au calcul de sa pension ne peut jamais excéder celle du traitement dont il aurait joui s'il eût été rétribué directement par l'Etat (L. 1853, art. 7). Mais cette moyenne peut atteindre le maximum du traitement déterminé par la loi (Cons. d'Et. 30 avr. 1867, aff. Poirel, *Rec. Cons. d'Etat*, p. 418). Il a été jugé, spécialement, que, pour le calcul du traitement moyen devant servir de base à la liquidation de la pension de retraite d'un fonctionnaire de l'enseignement, délégué au lycée de Galata-Séraï, il y a lieu de compter, non le traitement qu'il a effectivement touché du gouvernement ottoman, ni celui qui est attribué en France aux emplois analogues à celui qu'il remplissait dans ce lycée, mais celui qui est affecté à la fonction qu'il devait reprendre à son retour de l'étranger (Cons. d'Ét. 6 févr. 1874, aff. Ignon, D. P. 74. 3. 92).

180. On a vu, *suprà*, n° 66, que certaines fonctions de l'enseignement primaire ont été comprises dans les emplois du service actif, par l'art. 1 de la loi du 17 août 1876 (D. P. 76. 4. 125). Les art. 2 et 3 de la même loi contiennent encore d'autres dispositions de faveur, au profit des titulaires de ces fonctions. « Art. 2. La pension de retraite sera basée sur la moyenne des traitements et émoluments de toute nature, soumis à la retenue, dont l'ayant droit aura joui pendant les six années *qui auront produit le chiffre le plus élevé*. Les années passées, à partir de l'âge de vingt ans, en qualité d'élèves dans les écoles normales, seront comprises dans le compte des années de services, lors de la liquidation de la pension de retraite. — Art. 3. Le chiffre de la pension de retraite ne pourra être inférieur à 600 fr. pour un instituteur, et à 500 fr. pour une institutrice et une directrice de salle d'asile communale. Ce minimum ne s'appliquera pas aux pensions exceptionnelles pour infirmités ». Le rapporteur de la loi a justifié en ces termes la disposition exceptionnelle du 1er alinéa de l'art. 2 : « La dérogation qu'il édicte à la règle fixée par l'art. 6 de la loi du 9 juin 1853 nous a paru nécessaire. En effet, la loi de 1853, en décidant que la pension serait basée sur la moyenne des traitements dont l'ayant droit a joui pendant ses six dernières années d'exercice, a eu pour but de liquider la pension dans les conditions les plus favorables pour les fonctionnaires ; car c'est une règle générale que ses traitements augmentent avec l'âge et la durée des services. Mais dans un très grand nombre de cas, il n'en est pas ainsi pour les instituteurs. Lorsqu'ils avancent en âge les fatigues qu'entraîne l'exercice même de leur profession leur rendent de plus en plus pénible, et enfin impossible, la direction de l'école importante à la tête de laquelle ils avaient mérité d'être placés; l'Administration alors leur trouve une situation moins fatigante, mais aussi moins rémunérée, sorte de retraite anticipée, dans laquelle ils attendent, si toutefois il ne leur faut pas descendre encore, qu'ait sonné l'heure de la retraite légale. Or, c'est précisément sur ces années mauvaises que se liquide le montant de leur pension ; en telle sorte que les intentions bienfaisantes du législateur de 1853 ne sont nullement appliquées. C'est à cette situation regrettable que nous avons voulu porter remède en déclarant que la pension de retraite serait basée sur la moyenne des traitements dont l'ayant droit a joui pendant les six années qui ont produit le chiffre le plus élevé ».

181. Il a été jugé : 1° que pour qu'un fonctionnaire de l'enseignement (par exemple le principal d'un collège) puisse invoquer le bénéfice des dispositions de la loi de 1876, il faut qu'il ait appartenu pendant vingt-cinq ans au moins à l'enseignement primaire, sinon sa pension doit être liquidée conformément aux règles du droit commun (Cons. d'Ét. 8 août 1882, aff. Tholon, D. P. 84. 3. 26); — 2° Que, pour compléter la durée de services *actifs* d'un fonctionnaire, on ne peut compter le temps qu'il a passé en inactivité pour une durée de plus de cinq ans (L. 9 juin 1853, art. 10); que, dès lors, si, en ne tenant compte que dans cette limite du temps d'inactivité, le fonctionnaire se trouve avoir accompli moins de vingt-cinq années de service dans la partie active, sa pension sera liquidée conformément aux règles posées par la loi de 1853 pour les fonctionnaires du service sédentaire (Cons. d'Et. 19 déc. 1884, aff. Veyssière, D. P. 86. 3. 70); — 3° Que le traitement des instituteurs à la date de la loi du 16 juin 1881 ne pouvant, aux termes de l'art. 6 de ladite loi, devenir inférieur au plus élevé de ceux dont ils avaient joui pendant les trois dernières années, le traitement moyen servant de base à la liquidation de leur pension ne peut être inférieur au traitement le plus élevé touché pendant ces trois années;... alors même que, par suite d'erreur, l'instituteur n'a reçu qu'un traitement inférieur depuis la loi précitée jusqu'à sa mise à la retraite (Cons. d'Et. 2 mai 1890, aff. Campana, D. P. 91. 3. 101. Comp. Cons. d'Et. 24 janv. 1879, aff. Glatigny, D. P. 79. 3. 59).

182. Pour déterminer la base de liquidation des pensions des *conseillers référendaires de la Cour des comptes*, on divise par leur nombre le fonds annuel qui leur est réparti à titre de préciput et de récompense de travaux. La somme produite par cette division est réunie au traitement fixe, pour former le total des émoluments sur lesquels la pension est liquidée (Décr. 9 nov. 1853, art. 26).

183. Le montant annuel des salaires payés aux *courriers* et *postulants des postes* est divisé par leur nombre, et le produit de cette division forme le traitement moyen à prendre pour base du calcul de la pension des agents de cette classe (Décr. 9 nov. 1853, art. 26, § 3).

184. Aux termes de l'art. 26, *in fine*, du décret du 9 nov. 1853, « à l'égard des *principaux des collèges communaux* qui administrent le pensionnat à leur compte, le traitement moyen est réglé sur le traitement du régent le mieux rétribué, surévalué d'un quart ». Cette disposition a été modifiée par la loi de finances du 26 déc. 1890 (art. 29, D. P 91. 4. 50). On a vu *suprà*, n° 168, que la jurisprudence permettait de calculer la pension des principaux de collège ayant le pensionnat à leur compte et remplissant les fonctions de professeurs, sur les deux traitements qu'ils touchent, à ce double titre. Cette faculté avait engendré des abus que le rapport au Sénat sur le projet de budget de 1891 exposait en ces termes : « Les principaux de collège peuvent actuellement subir la retenue sur deux sortes d'émoluments à la fois : d'abord leur traitement fictif du principal, puis leur traitement de professeur ou de chargé de cours, quand ils cumulent cette fonction avec la précédente. Plusieurs profitant de cette faculté, se sont fait nommer à des fonctions professorales cinq ans avant l'âge de la retraite et ont pu ainsi accroître dans des proportions notables leur pension, au prix de quelques faibles versements. C'est un abus que l'on vous propose de faire cesser : ces principaux ne cumuleront plus les retenues; ils payeront exclusivement sur un traitement calculé d'après la classe où les rangera un arrêté ministériel ». L'art. 29 de la loi du 26 déc. 1890 a consacré cette solution (*suprà*, n° 56). « Dorénavant, porte cet article, les principaux de collège ne subissent plus la retenue, et par conséquent ne peuvent plus calculer leur pension que sur « le traitement attribué à la classe dans laquelle ils ont été rangés par décision ministérielle ».

Un décret du 7 janv. 1892 (D. P. 92. 4. 62), rendu en exécution de cet art. 29, a divisé les principaux en cinq classes, et pour le décompte de la retenue qu'ils doivent subir, a déterminé le traitement à eux attribué (V. *suprà*, v° *Organisation de l'instruction publique*, n° 229).

185. A l'égard des agents extérieurs du département des affaires étrangères et des fonctionnaires de l'enseignement qui sont admis à la retraite dans la position d'inactivité prévue par le quatrième paragraphe de l'art. 10 de la loi du 9 juin 1853, le traitement moyen s'établit sur les six années de service qu'ils ont rendus, comme titulaires d'emploi, avant leur mise en inactivité (Décr. 9 nov. 1853, art. 27). Il a été jugé que la pension d'un agent extérieur du département des affaires étrangères qui a été nommé à un grade supérieur en inactivité et admis à faire valoir ses droits à la retraite avant d'avoir été appelé à un service effectif, doit être réglée d'après la moyenne des six dernières années d'activité; mais le maximum est celui du nouveau grade (Cons. d'Et. 28 juill. 1876, aff. Gœpp, D. P. 76. 3. 100. V. *infrà*, n°s 187 et suiv.).

186. D'après l'art. 10 de la loi du 9 juin 1853 (D. P. 53. 4. 100), le temps d'inactivité pendant lequel les fonctionnaires de l'enseignement ont été assujettis à la retenue est compté, quelle que soit sa durée, comme service effectif, c'est-à-dire comme service pouvant servir à constituer le droit à pension; mais il ne peut être admis dans la liquidation pour plus de cinq années. D'après l'art. 7, la pension est calculée, non au 60e, mais au 50e, pour les fonctionnaires comptant vingt-cinq ans de services dans la partie active. La question s'est posée de savoir si, pour déterminer les années de services pouvant donner droit au bénéfice de cette disposition, il fallait se référer aux dispositions légales réglant les conditions nécessaires pour que des services soient considérés comme effectifs, ou à celles qui fixent quels sont ceux de ces services qui comptent pour la liquidation. C'est avec raison que le conseil d'Etat a admis la seconde solution et décidé que la pension d'un fonctionnaire de l'enseignement doit être liquidée au 60e, et non au 50e du traitement moyen, bien que le fonctionnaire compte vingt-cinq ans de services dans la partie active, lorsque, pour compléter ces vingt-cinq années, il a été compté plus de cinq années d'inactivité avec traitement, par application de la disposition finale de l'art. 10 de la loi de 1853 (Cons. d'Et. 19 déc. 1884, aff. Veyssière, D. P. 86. 3. 70). L'ensemble de l'art. 7 a, en effet, pour objet, non les conditions du droit à pension, mais les règles à suivre pour la liquidation.

187. — IV. MAXIMUM ET MINIMUM DE LA PENSION. — On a indiqué (*Rép.* n° 80) que, aux termes du dernier alinéa de l'art 7 de la loi de 1853, une pension ne peut, en aucun cas, excéder les trois quarts du traitement moyen, ni les maxima déterminés au tableau annexé à la loi. Ce tableau n'a reçu, depuis 1853, aucune modification.

La pension des veuves ne peut jamais excéder celle que le mari aurait obtenue ou pu obtenir (Même loi, art. 13).

188. Le tableau n° 3 divise, pour la fixation du maximum des pensions, les fonctionnaires et employés en quatre catégories. La première comprend les *agents diplomatiques et consulaires*. Le maximum des pensions de tous ces fonctionnaires est déterminé d'après leur dernier grade, et non d'après leur dernier traitement (V. *infrà*, n° 189). Il a été jugé que, sous l'empire du décret du 1er déc. 1869 (D. P. 70. 4. 20), qui a substitué une division des chanceliers en classes personnelles à l'ancienne division fondée sur la nature des postes auxquels ils étaient attachés, les chanceliers de première classe, même lorsqu'ils sont attachés à un consulat, ont droit au maximum de pension attribué, par le tableau annexé à l'art. 7 de la loi du 9 juin 1853, aux chanceliers d'ambassade et de légation et aux chanceliers des consulats généraux (Cons. d'Et. 21 nov. 1854, aff. Caporal, D. P. 88. 3. 53). Cette solution est incontestablement d'accord avec l'intention du décret du 1er déc. 1869. Dans le rapport présenté à l'empereur, le ministre des affaires étrangères s'exprimait ainsi : « L'ensemble de ces mesures ne porte aucune atteinte à l'économie générale des dispositions financières adoptées sous le régime de l'ancienne classification. En effet, le nombre des chanceliers des deux premières classes étant égal à celui des chanceliers actuels des missions diplomatiques et des consulats généraux, le règlement *soit de leur pension de retraite*, soit de leur traitement d'inactivité, ne saurait imposer au Trésor aucune charge nouvelle ». — En présence de cet exposé, on peut se demander pourquoi l'art. 4 du décret, qui assimile les chanceliers des deux premières classes aux chanceliers des missions diplomatiques pour le règlement du traitement d'inactivité et pour l'application du décret du 26 avr. 1854, n'a pas prononcé expressément la même assimilation en ce qui concerne la pension. Cette omission provient vraisemblablement de ce que l'auteur du décret a estimé qu'il ne lui appartenait pas d'édicter une disposition qui aurait paru modifier une disposition législative, et qu'il convenait de laisser à la jurisprudence le soin d'adapter à la nouvelle classification l'application des prescriptions de la loi de 1853.

189. On a vu (*suprà*, n° 185) que la pension des agents extérieurs du département des affaires étrangères est liquidée sur le pied des traitements moyens des six dernières années de service avant la mise en non-activité (L. 9 juin 1853, art. 6; Décr. 9 nov. 1853, art. 27). Pour la fixation du maximum de la pension de ces fonctionnaires devra-t-on également s'attacher au grade dont ils sont titulaires pendant leurs dernières années d'*activité*, ou au contraire le maximum devra-t-il être calculé d'après le grade dont ils sont en possession au jour de leur admission à la retraite? Le conseil d'Etat s'est prononcé dans le sens de cette dernière solution et a formellement décidé que la pension d'un agent extérieur du département des affaires étrangères qui a été nommé à un grade supérieur en inactivité, et admis à faire valoir ses droits à la retraite avant d'avoir été appelé à un service effectif, doit être réglée d'après la moyenne du traitement des six dernières années d'activité, mais que le maximum est celui du nouveau grade (Cons. d'Et. 28 juill. 1876, aff. Goepp, D. P. 76. 2. 100). En effet, l'examen du tableau n° 3 annexé à la loi de 1853 (V. *suprà*, n° 188) fait voir que le législateur de 1853 a fait exception, pour les agents de cette classe, au principe d'après lequel le maximum se calcule d'après les traitements, ce qui aurait eu pour effet de donner à certains consuls généraux une pension plus élevée que celle des ministres plénipotentiaires. La loi a voulu maintenir, même après la retraite, une sorte de hiérarchie, et permettre aux anciens fonctionnaires de conserver une situation en rapport avec le titre qu'ils avaient porté. Tel était aussi l'esprit de l'ordonnance antérieure du 19 nov. 1823; mais cette ordonnance, qui fixait la pension uniquement d'après le grade, exigeait, dans son art. 3, quatre années de service dans ce grade; cette disposition n'ayant pas été reproduite dans la loi, il est impossible, sans tomber dans l'arbitraire, d'exiger une durée quelconque de service. D'autre part, en présence des termes formels de l'art. 10 de la loi du 9 juin 1853, il serait également impossible de tenir pour non avenu le temps passé en non-activité avec traitement; le décret du 9 nov. de la même année n'aurait pu déroger à la disposition législative précitée; il est, d'ailleurs, évident que l'art. 27 de ce décret n'a eu d'autre objet que de protéger les agents contre les conséquences qu'auraient eues pour eux une liquidation opérée sur un traitement de non-activité (V. *suprà*, n° 188).

190. La seconde catégorie du tableau comprend les *magistrats de l'ordre judiciaire ou de la Cour des comptes, les fonctionnaires de l'enseignement et les ingénieurs des ponts et chaussées et des mines*. Le maximum de la pension de ces agents est uniformément des deux tiers du traitement moyen (V. *infrà*, n° 194), sans pouvoir excéder 6000 fr. Dans un grand nombre de cas, le maximum accordé aux fonctionnaires rangés dans cette catégorie sera plus élevé que celui qui serait attribué à des fonctionnaires de la troisième catégorie ayant eu même durée de services et traitement égal. Une note annexée à l'exposé des motifs du projet de loi de 1853 justifie cette situation avantageuse (V. Perriquet, *Etat des fonctionnaires et pensions civiles*, n° 55).

191. Il faut remarquer que la loi ne dit pas *fonctionnaire de l'Université*, expression qui aurait pu s'entendre dans un sens restrictif; elle parle de *fonctionnaires de l'enseignement*, sans distinguer entre les fonctionnaires qui professent dans un lycée, dans un collège communal ou même dans un établissement dépendant de ministères autres que celui de l'instruction publique. Aussi ne saurait-on refuser le bénéfice du maximum de la deuxième section aux professeurs nommés par d'autres ministres que celui de l'instruction publique. L'intention du législateur sur ce point est d'ailleurs indiquée clairement par le passage suivant de la note annexée à l'exposé des motifs : « La difficulté des épreuves auxquelles sont assujettis les aspirants au professorat, les études incessantes auxquelles ils sont obligés de se livrer pour se tenir au courant des progrès de l'enseignement, les fatigues inhérentes à l'exercice de ces pénibles fonctions, veulent qu'on assure à ceux qui les ont exercées une retraite honorable, et qui puisse diriger vers cette carrière les intelligences d'élite et les esprits droits ». Ces considérations s'appliquent à tout le personnel enseignant, quel que soit le ministre duquel il relève.

Il a été jugé, en conséquence : 1° que les professeurs dans les écoles militaires, à la nomination du ministre de la guerre, sont des fonctionnaires de l'enseignement, et, par suite, que leur pension peut s'élever jusqu'aux deux tiers de leur traitement moyen pendant les six dernières années d'activité (Cons. d'Et. 29 nov. 1872, aff. Simon, D. P. 73. 3. 42; 9 avr. 1873, *ibid.*); — 2° Que le bénéfice du maximum fixé par la deuxième section du tableau 3 annexé à la loi du 9 juin 1853 n'est pas limité aux membres du corps enseignant relevant du ministère de l'instruction publique; qu'il appartient à tous les fonctionnaires de l'enseignement, et notamment à un professeur de l'école forestière de Nancy, alors même que le titre d'inspecteur des forêts a été conféré à ce professeur, s'il n'a jamais exercé les fonctions d'agent forestier (Cons. d'Et. 22 janv. 1875, aff. Meaume, D. P. 75. 3. 81); — 3° Qu'un chef d'atelier, dans une école nationale d'arts et métiers, doit être considéré comme un fonctionnaire de l'enseignement, et que, par suite, le maximum de sa pension de retraite est des deux tiers de son traitement moyen (Cons. d'Et. 11 mai 1888, aff. Biesse, D. P. 89. 3. 84); — 4° Que les professeurs du prytanée impérial militaire, réorganisé par le décret du 8 nov. 1859, sont des fonctionnaires de l'enseignement; que, par suite, ils ont droit, dans la liquidation de leur pension de retraite, au bénéfice du maximum spécial établi pour ces fonctionnaires par la loi du 9 juin 1853 (tableau n° 3, 2e section), et non pas seulement au maximum déterminé pour les employés des administrations centrales et du service intérieur des ministères (Même tableau, 3e section) (Cons. d'Et. 20 févr. 1868, aff. Légé, D. P. 69. 3. 11). Il faut noter toutefois, en ce qui concerne cet arrêt, le premier qui soit intervenu sur la question, que le conseil d'Etat s'est borné à invoquer les règlements particuliers du prytanée de la Flèche, d'après lesquels les professeurs ne peuvent être choisis que dans l'Université.

192. Il a été jugé que le maximum de la pension de retraite des sous-ingénieurs des ponts et chaussées doit être calculé d'après les bases établies par la section 3 du tableau 3 annexé à la loi de 1853, applicable à tous les fonctionnaires et agents pour lesquels la loi n'a pas admis de bases plus avantageuses, et non d'après la section 2, par assimilation avec les ingénieurs (Cons. d'Et. 25 nov. 1881, aff. Catier, D. P. 83. 3. 29). Les sous-ingénieurs ne pourraient, en effet, être admis à profiter des avantages que la section 2 accorde aux ingénieur qu'autant que leur situation aurait été assimilée à celle de ces fonctionnaires. Or, il suffit de se reporter au décret du 21 déc. 1867 (D. P. 68. 4. 10), qui a créé le titre de sous-ingénieur, pour se convaincre que ce décret n'a eu ni pour but ni pour effet d'établir cette assimilation. L'art. 1 règle le traitement des conducteurs des ponts et chaussées; puis l'art. 2 ajoute : « Le titre de sous-ingénieur pourra être conféré aux conducteurs principaux des ponts et chaussées, remplissant depuis cinq ans au moins les fonctions d'ingénieur ». Le décret du 27 déc. 1867 (D. P. 68. 4. 11) fait bien ressortir la portée limitée de la faveur honorifique accordée aux sous-ingénieurs : « Le costume officiel des conducteurs principaux des ponts et chaussées auquel sera conféré le titre de sous-ingénieur sera celui qui est réglé pour les élèves ingénieurs ». Le traitement de ces agents est déterminé par des décrets spéciaux, d'après des règles autres que celles qui sont applicables aux ingénieurs (Décr. 28 déc. 1878, D. P. 79. 4. 24). L'impossibilité d'assimiler, au point de vue de la liquidation de la pension de retraite, les sous-ingénieurs aux ingénieurs, par voie de jurisprudence, a paru si évidente qu'à la suite de l'examen de la question dans la commission du budget, le rapporteur, M. Sadi Carnot, exprima le vœu qu'une disposition spéciale relative à ces agents fût insérée dans le tableau 3 (Séance du 6 déc. 1877).

193. La troisième section du tableau 3 embrasse *tous les fonctionnaires à traitement fixe, non compris dans les 1re et 2e sections*, et en particulier ceux des administrations centrales et du service intérieur des différents ministères. L'échelle des maxima fixés par la section 3 est empruntée au tableau n° 2 annexé à l'ordonnance du 12 janv. 1825 (*Rép.* n° 762), portant règlement sur les pensions des employés du ministère des finances. Cette section, ainsi que le démontre son titre même, constitue le droit commun en matière de maximum pour la liquidation des pensions civiles; les dispositions plus favorables contenues dans les deux premières sections ont un caractère exceptionnel qui ne permet pas de les étendre, par voie d'analogie, à des catégories de fonctionnaires et agents autres que celles qui y sont prévues (Cons. d'Et. 25 nov. 1881, aff. Catier, D. P. 83. 3. 29).

194. Les seconde et troisième sections du tableau n° 3 fixent le maximum de la pension de certains fonctionnaires à la moitié ou aux deux tiers de leur traitement, sans indiquer s'il s'agit de leur dernier traitement, ou du traitement moyen des six dernières années. Le conseil d'Etat a décidé, avec raison, que le législateur a entendu désigner ici encore le traitement *moyen* (Cons. d'Et. 22 janv. 1863, aff. Sainjon, D. P. 66. 5. 347; 7 févr. 1867, aff. Guillot, *Rec. Cons. d'Etat*, p. 155; Comp. Cons. d'Et. 13 déc. 1872, aff. Payen, D. P. 73. 3. 76; 23 mars 1880, sol. impl., aff. Fontaneau, D. P. 81. 3. 7). C'est, en effet, ce traitement qui est pris pour base du calcul de la pension et même du maximum lorsqu'il est dit que celui-ci ne doit pas dépasser les trois quarts du traitement (L. 1853, art. 6 et 7). Il est donc naturel de penser que c'est encore ce traitement auquel s'attache le tableau n° 3 (Conf. Bavelier, t. 1, n° 54 ; Perriquet, n° 57).

195. Enfin, la dernière partie du tableau n° 23 s'occupe des *fonctionnaires et agents à salaires et remises*. Elle impose à leurs pensions un maximum fixe, déterminé d'après leur grade (et non plus d'après la localité où ils exerçaient leurs fonctions) comme sous l'empire de l'ordonnance du 12 janv. 1825. La note annexée à l'exposé des motifs de la loi de 1853 fait connaître les motifs pour lesquels un maximum fixe a été préféré au maximum proportionnel, pour les fonctionnaires et agents qui reçoivent des remises variables. « L'Administration, dit cette note, en organisant, en l'an 4, sa caisse de retraite, avait senti la nécessité d'imposer aux conservateurs et aux receveurs rétribués par des émoluments variables, des maxima de pension fixes. En les soumettant au mode de rémunération proportionnelle, on serait arrivé, en effet, dans un grand nombre de cas, à fixer les pensions de ces classes de comptables à un taux beaucoup plus élevé que celles de leurs supérieurs dans l'ordre hiérarchique ».

196. Une instruction du directeur général de l'enregistrement du 23 mai 1854, approuvée par le ministre des finances, a déterminé la première et la seconde classe des fonctionnaires désignés dans les deux premiers alinéas de la dernière partie du tableau n° 3. La première classe, y est-il dit, comprend les conservateurs dont les émoluments sont, en moyenne, pour les six dernières années, de 15 000 fr. brut et au-dessus et les receveurs dont les remises sont, en moyenne, pour les six dernières années, de 4 500 fr. et au-dessus.

Il a été jugé que cette détermination a été régulièrement faite en exécution de la loi de 1853 (Cons. d'Et. 16 avr. 1863, aff. Agasson, *Rec. Cons. d'Etat*, p. 372; 15 déc. 1865, aff. Theuriet, *ibid.*, p. 991 ; 18 mai 1869; aff. Febvre, sol. impl., D. P. 70. 3. 44; 9 déc. 1882, sol. impl., aff. Campiglia, D. P. 84. 3. 62).

197. La loi et le règlement de 1854 n'ont pas prévu le cas où un employé remplit, en même temps, les fonctions de conservateur et celles de receveur. Le conseil d'Etat décide que si ce fonctionnaire n'a droit, en raison des émoluments qu'il reçoit pour chacun de ces emplois, pris isolément, qu'au maximum de pension afférent à la seconde classe, il n'est pas fondé à soutenir que la totalité des émoluments qu'il perçoit doit être réunie pour le calcul du maximum, et que, par suite, le maximum auquel il a droit est celui de la première classe (Cons. d'Et. 16 avr. 1863, cité *suprà*, n° 196; 8 déc. 1882, aff. Camiglia, D. P. 84. 3. 62). Il était peut-être difficile, pour le conseil d'Etat, dans ces espèces, de suppléer à la lacune existant dans la loi et d'attribuer, au point de vue de la pension, le titre de la première classe à des agents que les règlements administratifs placent dans la seconde; la solution contraire paraîtrait cependant plus conforme, sinon au texte, du moins à l'esprit de la loi. Le principe de la loi du 9 juin 1853 est que la pension soit calculée sur la moyenne du traitement des six dernières années; en ce qui concerne les agents rémunérés au moyen de remises variables, un maximum a été fixé dans l'intérêt du Trésor; mais ce maximum, dans la pensée du législateur, est calculé d'après l'importance des traitements, la classe étant corrélative aux traitements. Aucun motif ne paraît donc justifier une distinction entre le cas où l'agent perçoit ses remises pour une seule nature de services et celui où il les reçoit comme rémunération de services différents. On pourrait même dire que, dans cette dernière hypothèse, le travail de l'agent a été plus difficile et que sa responsabilité a été plus exposée.

198. Que décider lorsque le même employé a, pendant ses six dernières années de service, rempli successivement deux fonctions rémunérées, l'une par un traitement fixe, l'autre par un salaire variable, et donnant droit toutes deux au maximum de 3 000 fr., si la moyenne des six dernières années calculées sur le traitement et les remises réunis devait faire descendre ce fonctionnaire au rang de la seconde classe? Il a été décidé que le maximum de 3000 fr. devait, en ce cas, être appliqué. Jugé, spécialement, que le fonctionnaire qui a exercé les fonctions de conservateur des hypothèques pendant quatre ans avec des émoluments annuels supérieurs à 15 000 fr., et qui, précédemment, a rempli, pendant le surplus du temps nécessaire pour compléter la période de six ans, l'emploi d'inspecteur de l'enregistrement de première classe, est fondé à soutenir qu'il a droit, pour sa pension de retraite, au maximum de 3000 fr. et non pas seulement à celui de 2000 fr. (Cons. d'Et. 18 mars 1869, aff. Febvre, D. P. 70. 3. 44). Le commissaire du Gouvernement dans cette affaire a justifié cette solution en ces termes : « L'instruction du 23 mai 1854 n'est applicable, et le texte est là pour l'affirmer, qu'au fonctionnaire qui, pendant les six ans au moins qui précèdent sa mise à la retraite, a été rémunéré comme conservateur par des remises variables, et non pas à celui qui a rempli successivement, pendant ces six dernières années, deux emplois rétribués, l'un par un traitement fixe, l'autre par des remises variables. Il est certain que, dans la fixation des maxima particuliers aux fonctionnaires rémunérés par des remises variables, on n'a pas fait entrer l'élément du traitement fixe qui en aurait détruit toute l'économie. Il ne faut donc retenir de cette instruction ministérielle qu'une chose : le chiffre au delà duquel les fonctionnaires appartiennent à la première classe, en deçà duquel ils sont rangés dans la seconde. Quand un fonctionnaire de l'administration de l'Enregistrement aura, dans les six années qui précéderont sa mise à la retraite, passé d'un service rétribué par un traitement fixe dans un service rémunéré par des remises variables, nous pensons qu'il devra être rangé, pour la liquidation de sa pension et pour l'application du maximum dans la première classe ou dans la seconde, selon que ses remises auront été supérieures ou inférieures à 15 000 fr. Cette interprétation nous paraît conforme à l'esprit de la loi de 1853 et, en même temps, à la pensée qui a présidé à la division créée par l'instruction ministérielle du 23 mai 1854 ».

199. Il a été jugé que le maximum de la pension d'un conservateur des hypothèques de seconde classe doit être calculé d'après le taux afférent à ce grade, alors même qu'il aurait rempli précédemment, comme receveur de première classe, des fonctions qui lui auraient donné droit, si sa pension avait été liquidée immédiatement, à un maximum plus élevé (Cons. d'Et. 24 déc. 1886, aff. Gadaux, D. P. 88. 3. 39). Jugé dans le même sens à l'égard d'un directeur de l'enregistrement nommé conservateur des hypothèques de première classe, qui avait été installé et avait prêté serment devant le tribunal civil conformément aux prescriptions de la loi du 21 vent. an 7 (Cons. d'Et. 23 déc. 1887, aff. Michel, D. P. 88. 5. 364). En effet, l'art. 33 de la loi de 1853 n'autorise le fonctionnaire qui passe d'un service à un autre à demander l'application des règlements relatifs au premier service, s'il remplit les conditions d'âge et de services nécessaires pour constituer droit à pension que, dans le seul cas où l'un des services n'est pas sujet à retenue. Cette disposition, loin de pouvoir être étendue, par voie d'analogie, est conçue en termes limitatifs qui fournissent, au contraire, un argument pour établir que cette faculté n'existe dans aucune autre hypothèse que celle qui est prévue par ledit article. Le conseil d'Etat a eu plusieurs fois à reconnaître que, dans certains cas, le texte de la loi oblige à liquider la pension à un taux inférieur à celui que le fonctionnaire aurait obtenu s'il avait pris plus tôt sa retraite (V. notamment, Cons. d'Et. 24 avr. 1885, D. P. 86. 3. 132).

200. La disposition du tableau annexé à l'art. 7 de la loi du 9 juin 1853, qui fixe à 3000 fr. le maximum de la pension des receveurs de l'enregistrement et du timbre, n'est applicable qu'autant que ces receveurs touchent des remises variables. Il suit de là que, pour les receveurs employés en Algérie et qui reçoivent un traitement fixe, le maximum est fixé à la moitié du traitement moyen, conformément à la règle applicable à tous les fonctionnaires pour lesquels n'a été édictée aucune disposition spéciale (Cons. d'Et. 23 mars 1880, aff. Fontaneau, D. P. 81. 3. 7). Dans cette espèce l'application du maximum de 3000 fr. eût été favorable au fonctionnaire; il arrivera le plus fréquemment, au contraire, que les fonctionnaires de l'enregistrement, détachés en Algérie, trouveront avantage à ne pas être assujettis à une règle spéciale édictée, non pour favoriser les agents à remise variable, mais pour limiter plus strictement leurs pensions.

201. Les maxima établis par l'art. 7 et le tableau annexé s'appliquent, non seulement à toutes les pensions régies par la loi de 1853, mais aussi à celles qui font l'objet d'une double liquidation (L. 1853, art. 18, § 2. V. *infrà*, n° 218 et suiv.). Ils s'appliquent également aux pensions concédées, en vertu de la loi du 31 déc. 1872, aux fonctionnaires, réformés du 12 févr. 1871 au 31 déc. 1872, pour cause de suppression d'emploi (L. 31 déc. 1872, art. 1, § 2, D. P. 72. 4. 71. V. *suprà*, n° 86 et suiv.), et même aux *indemnités temporaires* accordées par l'art. 2 de la même loi aux fonctionnaires qui, au moment de la suppression de leur emploi, comptaient moins de vingt ans de services (Cons. d'Et. 25 juill. et 8 août 1873, aff. Magne et Lalou, D. P. 74. 3. 76. V. *suprà*, n° 88).

Le paragraphe 3 de l'art. 24 de la loi de finances du 26 févr. 1887 (D. P. 87. 4. 81) relatif aux pensions de retraite des *agents du service actif des douanes* dispose : « Les pensions liquidées par application du présent article ne pourront dans aucun cas dépasser les trois quarts du traitement afférent au grade obtenu depuis deux ans au moins » (V. *infrà*, n° 295).

Le paragraphe 4 de l'article unique de la loi du 4 mai 1892 (D. P. 92. 4. 55), sur les pensions de retraite des agents forestiers domaniaux ou mixtes soumis aux prescriptions des décrets des 22 sept. 1882 et 18 nov. 1890, contient une disposition identique.

202. Le tableau n° 3 et l'art. 7 ne s'occupent que du *maximum* des pensions; ils ne fixent aucun *minimum* au-dessous duquel celles-ci ne pourraient descendre (Cons. d'Et. 12 févr. 1863, aff. Martin, *Rec. Cons. d'Etat*, p. 115). Trois dispositions de la loi de 1853 ont seules établi un minimum : 1° dans le cas prévu par l'art. 11, § 1, la pension ne peut être moindre de la moitié du traitement moyen; 2° dans le cas de l'art. 11, § 2, elle ne peut être inférieure au sixième; 3° la pension des veuves ne peut être inférieure à 100 fr. (art. 13), à moins qu'elle ne soit accordée en vertu de l'art. 50 de la loi du 28 avr. 1893 (*infrà*, n° 245, *in fine* et *suprà*, n° 121).

Il convient d'ajouter qu'aux termes de l'art. 3 de la loi du 17 août 1876 (D. P. 76. 4. 125), le chiffre de la pension de retraite des fonctionnaires de l'enseignement primaire ne peut descendre au-dessous de 600 fr. pour un instituteur et de 500 fr. pour une institutrice et une directrice de salle d'asile communal : ces minima ne s'appliquent pas aux pensions exceptionnelles pour infirmités (V. *infrà*, n° 216); — 2° Qu'aux termes de la loi de finances du 26 févr. 1887 (D. P. 87. 4. 81), art. 24, les pensions des *agents du service actif des douanes* ne peuvent être inférieures : dans les cas prévus par le paragraphe 1 de l'art. 11 de la loi de 1853, au minimum attribué pour vingt-cinq ans de services au grade correspondant de la gendarmerie, par la loi militaire; et, dans le cas prévu par le paragraphe 2 du même article, aux trois quarts de ce minimum (V. *infrà*, n° 295); — 3° Que d'après les paragraphes 2 et 3 de l'art. unique de la loi du 4 mai 1892 (D. P. 92. 4. 55) relative aux pensions des *agents et préposés forestiers domaniaux ou mixtes* soumis aux prescriptions des décrets des 22 sept. 1882 et 18 nov. 1890 « dans les cas prévus par le paragraphe 1 de l'art. 11 de la loi du 9 juin 1853, la pension ne pourra être inférieure au minimum attribué pour vingt-cinq ans de services au grade correspondant par la loi militaire. Dans le cas prévu par le paragraphe 2 du même article, la pension ne pourra être inférieure aux trois quarts de ce minimum ».

203. — V. PENSIONS DES FONCTIONNAIRES DE L'ÉTAT RÉTRIBUÉS SUR FONDS COMMUNAUX OU DÉPARTEMENTAUX. — En vertu des dispositions combinées des art. 4 et 6 de la loi de 1853, lorsqu'un fonctionnaire, sans cesser d'appartenir au cadre permanent d'une administration publique, est rétribué en tout ou en partie sur les fonds départementaux ou communaux, la moyenne servant de base à la liquidation de sa pension ne peut excéder celle des traitements et émoluments dont il aurait joui, s'il eût été rétribué directement par l'Etat (*Rép.* n° 82; Comp. Cons. d'Et. 6 févr. 1874, aff. Ignon, D. P. 74. 3. 92). Ces dispositions sont applicables à un inspecteur primaire qui, sans cesser d'appartenir, à ce titre, à l'administration de l'Instruction publique, a été autorisé à accepter les fonctions de chef de division de l'enseignement primaire dans une préfecture, et qui, dans cet emploi, a continué à percevoir sur les fonds de l'Etat une partie de son traitement d'inspecteur primaire à laquelle s'ajoutait une allocation sur les fonds départementaux ; en conséquence, sa pension doit être calculée sur le traitement d'inspecteur primaire, que ses émoluments n'auraient pas dépassé, s'il eût été rétribué directement par l'Etat (Cons. d'Et. 30 mai 1884, aff. Foucault, D. P. 85. 5. 356).

204. Il a été décidé : 1° que le montant d'une allocation supplémentaire accordée par une commune à un instituteur, mais qui n'a pas été versée aux fonds des cotisations municipales et n'a pas été soumise à retenue, n'entre pas en compte pour la liquidation de la pension de retraite (Cons. d'Et. 23 mars 1888, aff. Bonnemason, D. P. 89. 3. 54); — 2° Que, pareillement, la rétribution accordée à un instituteur suppléant ne peut entrer en compte pour constituer droit à pension, lorsqu'elle n'a pas le caractère d'un traitement soumis à retenue (Cons. d'Et. 4 mai 1888, aff. Jacquemin D. P. 89. 3. 54).

205. — VI. COMPUTATION DES SERVICES MILITAIRES. — On a dit *suprà*, n°s 70 et suiv., que les services militaires concourent avec les services civils pour établir le droit à pension. Quant au mode de computation de ces services pour la fixation du montant de la pension, il a été déterminé par l'art. 8, § 2, de la loi de 1853. (V. *Rép.* n° 48).

Plusieurs lois intervenues depuis 1853 ont eu pour objet d'élever notablement le chiffre des pensions militaires (L. 26 avr. 1855, 18 août 1879, 18 août 1881). Devait-on avoir égard aux dispositions de ces lois pour la liquidation des services militaires qui viennent en compte pour la liquidation des pensions civiles? Le conseil d'Etat a jugé, par plusieurs arrêts, que l'art. 19 de la loi du 26 avr. 1855, qui avait ajouté un supplément à la pension des sous-officiers et soldats, n'avait aucunement modifié les tarifs d'après lesquels devait se faire la liquidation des services militaires, pour le calcul des pensions civiles (Cons. d'Et. 9 juill. 1875, aff. Clairac, D. P. 76. 3. 30; 17 nov. 1876, aff. Chauny, D. P. 78. 3. 36). D'après la rédaction de ces arrêts, la solution paraissait principalement motivée sur cette considération que le supplément était fourni, non par le Trésor, mais par la caisse de la dotation de l'armée. Après la loi du 18 août 1879, qui a purement et simplement augmenté les pensions militaires, le conseil d'Etat a décidé que les lois qui modifient exclusivement les pensions militaires sont sans influence sur la liquidation des pensions civiles, même en ce qui concerne les services militaires (Cons. d'Et. 23 avr. 1880, aff. Chevalme, *Rec. Cons. d'Etat*, p. 399). Enfin, après le vote de la loi du 18 août 1881, il a, par plusieurs arrêts identiques, confirmé sa jurisprudence antérieure et décidé « que si les lois des 18 août 1879 et 18 août 1881 ont modifié les tarifs annexés aux lois des 11 et 18 avr. 1831, ces lois n'ont eu pour but et pour effet que d'élever le chiffre des pensions militaires et qu'aucune disposition législative n'a abrogé l'art. 8 de la loi du 9 juin 1853 ; que, dès lors, en ce qui touche les services militaires admis en liquidation avec les services civils conformément aux dispositions dudit article et rémunérés au moyen d'une pension civile, les tarifs annexés à la loi du 11 avr. 1831 auxquels se réfère expressément l'art. 8 de la loi du 9 juin 1853 n'ont pas cessé d'être en vigueur » (Cons. d'Et. 21 juill. 1882, aff. Lesecq, D. P. 84. 3. 26; 20 nov. 1883, aff. Bouvard, *ibid.*; 19 janv. 1883, aff. Dutry, D. P. 84. 5. 384; 11 mai 1883, aff Rouyre, *Rec. Cons. d'Etat*, p. 454).

Cette jurisprudence, bien fondée en droit, a soulevé de nombreuses réclamations, de la part des intéressés, qui faisaient observer qu'il était illogique et injuste de rémunérer les services militaires entrant en compte dans la liquidation des pensions civiles, d'après les tarifs de 1831, alors que ces tarifs sont, depuis longtemps, modifiés pour la fixation des pensions militaires. — Une disposition législative récente a fait cesser, pour l'avenir, cette anomalie. L'art. 50 de la loi du 28 avr. 1893 portant fixation du budget de 1893 porte : « A partir de la promulgation de la présente loi, les services militaires compris dans la liquidation des pensions civiles seront calculés d'après le minimum affecté au grade par les lois en vigueur à la date où ils ont été terminés ».

206. En règle générale, les services militaires entrant en compte pour la fixation d'une pension civile ne donnent lieu qu'à une seule liquidation, l'art. 8 de la loi de 1853 disposant qu'en ce cas, la liquidation est opérée d'après le dernier grade. Aussi a-t-il été jugé qu'un fonctionnaire civil qui avait antérieurement servi dans l'armée de terre, puis dans l'armée de mer, n'est pas fondé à demander qu'il soit procédé à une liquidation distincte pour chaque nature de services militaires. Et la liquidation doit être faite d'après le dernier emploi qu'il occupait dans l'armée de mer, alors même qu'il avait eu un grade supérieur dans l'armée de terre (Cons. d'Et. 24 avr. 1885, aff. Guermeur, D. P. 86. 3. 132). Sans doute, cette règle peut, dans certaines situations exceptionnelles, aboutir à un résultat défavorable au pensionné; ainsi, dans l'espèce ci-dessus, si le requérant avait cessé de servir l'Etat à la suite de sa libération du service militaire, au lieu d'entrer au service de la marine, sa pension aurait été plus élevée que celle à laquelle il a eu droit; mais, la jurisprudence, en ce qui concerne la liquidation des pensions militaires, a toujours maintenu avec une rigueur absolue l'application du principe que la pension est liquidée d'après le dernier grade, quelles que soient les circonstances que le requérant puisse invoquer pour obtenir une dérogation à cette règle (V. *infrà*, n°s 525 et suiv.). On ne doit pas se montrer moins rigoureux lorsqu'il s'agit de faire entrer en compte des services militaires pour la liquidation d'une pension civile.

207. Il a été jugé, cependant, qu'un fonctionnaire civil qui a servi dans la garde nationale mobilisée pendant la guerre, avec un grade supérieur à celui qu'il avait eu antérieurement dans l'armée, n'est pas fondé à demander que, pour la fixation de sa pension, la totalité de ses services militaires soient liquidés d'après le tarif applicable à son grade dans la garde nationale, et il doit être procédé, pour ces services, à deux liquidations distinctes (Cons. d'Et. 7 juin 1889, aff. Vial, D. P. 90. 3. 96). En effet, d'une part, les lois de 1853 (art. 8) et de 1831 (art. 10) n'ont eu en vue que les grades obtenus dans l'armée régulière, conformément aux lois sur l'avancement; d'autre part, si l'art. 1 du décret du 27 janv. 1872 a décidé que le temps passé dans les gardes nationales sédentaires des villes assiégées serait compté comme service dans l'armée active, cette assimilation, qui ne devait avoir lieu que pendant la durée de la guerre, n'a pu en aucune façon réagir sur les services antérieurs. Il a été décidé de même pour le cas où l'ancien militaire a repris du service avec un grade inférieur, ou même comme simple soldat (Av. Cons. d'Et. 4 avr. 1880 ; Bavelier, t. 1, n° 57).

208. Aux termes de l'art. 36 du décret du 9 nov. 1853, dans les cas exceptionnels prévus par les deux premiers paragraphes de l'art. 11 de la loi de 1853, il est tenu compte à l'employé de ses services militaires de terre et de mer, suivant le mode spécial de rémunération réglé par l'art. 8 de la loi, indépendamment de la liquidation déterminée pour les services civils par les deux premiers paragraphes de l'art. 12. La liquidation s'établit, dans les mêmes cas, sur le traitement moyen, lorsqu'il est plus favorable à l'employé que le dernier traitement d'activité.

209. Il a été jugé que l'employé d'une administration publique qui faisait partie de la garde impériale en 1815, est fondé à faire compter, pour la liquidation de sa pension, dans la durée de ses services militaires, le temps qui s'est écoulé entre l'époque de sa rentrée dans ses foyers et celle du licenciement de son régiment, s'il a continué de lui appartenir jusqu'au dernier moment (Cons. d'Et. 9 avr. 1859, aff. Clère, D. P. 59. 3. 83). La solution est différente lorsque la non-activité provient d'une cause dépendant de la volonté du prétendant droit à pension ; le temps de la non-activité n'entre pas alors dans le calcul de la durée effective des services.

210. L'art. 1 de l'ordonnance du 20 janv. 1841 (*Rép.* v° *Gendarme*, p. 497), aux termes duquel les sous-officiers de l'armée qui sont admis dans la gendarmerie doivent être considérés comme restés titulaires de leur ancien grade, est applicable à la liquidation des services militaires d'un ancien gendarme passé dans un service civil (Cons. d'Et. 22 juill. 1887, aff. Wittmann, D. P. 88. 3. 116). L'ordonnance du 20 janv. 1841 décide, il est vrai, que le grade dont les militaires sont pourvus, indépendamment de l'emploi qu'ils occupent dans la gendarmerie, se perd par démission ou congé du service dans la gendarmerie; mais cette disposition prévoit le retour ultérieur des militaires dans les cadres de l'armée active. Quand, au contraire, l'ancien gendarme n'est pas rentré dans l'armée après avoir donné sa démission, il doit être considéré comme ayant démissionné étant encore pourvu de son ancien grade, et par conséquent, la partie militaire de sa pension doit être liquidée d'après ce grade (Av. sect. fin. du Cons. d'Et. 7 nov. 1883, aff. Fauconnier; 26 déc. 1883, aff. Richomme).

Il en serait autrement, et la liquidation des services militaires devrait être basée sur le grade de soldat, si l'ancien gendarme, avant de passer dans un service civil, était rentré dans l'armée comme simple soldat (Cons. d'Et. 22 juill. 1887, précité. Conf. Av. précités des 7 nov. et 26 déc. 1883). L'art. 1 de l'ordonnance du 20 janv. 1841 a eu pour objet de favoriser le recrutement de la gendarmerie parmi les sous-officiers de l'armée. Le militaire qui renonce volontairement à servir dans ce corps pour rentrer dans les cadres de l'armée active n'a plus droit à réclamer le bénéfice de cette disposition et rentre sous l'application de la règle que les services militaires sont liquidés d'après le dernier grade, quand même le retraité aurait occupé antérieurement un grade plus élevé, soit qu'il s'agisse de la liquidation d'une pension militaire (Cons. d'Et. 15 juin 1883 aff. Agostini, D. P. 85. 3. 16, et les renvois) ;... soit qu'il s'agisse de la liquidation des services militaires dont il est tenu compte pour règlement d'une pension civile (Cons. d'Et. 24 avr. 1885, aff. Guermeur, D. P. 86. 3. 132).

211. Quant à la disposition de l'art. 8 de la loi du 9 juin 1853, aux termes de laquelle les services militaires *déjà rémunérés par une pension*, bien que concourant avec les services civils pour établir le droit à pension, n'entrent pas dans le calcul de la liquidation, il a été jugé qu'elle doit être appliquée à la veuve du fonctionnaire mort en activité de service, comme elle l'aurait été au fonctionnaire lui-même. En conséquence, si la pension militaire n'est pas réversible la veuve n'a droit qu'à une pension calculée sur la durée des services civils (Cons. d'Et. 14 mai 1873, aff. Marchadier, D. P. 73. 3. 77). La combinaison des dispositions de la loi de 1853 amène ici un résultat regrettable. Si le défunt avait, par suite d'une circonstance quelconque, quitté l'armée avant d'avoir acquis droit à la pension, sa veuve aurait profité de la totalité de ses services; sa présence sous les drapeaux pendant un plus grand nombre d'années peut réduire la pension de celle-ci à une somme presque insignifiante (V. la note sur l'arrêt précité, D. P. *ibid.*)

212. — VII. QUOTITÉ DE LA PENSION DANS LES CAS PRÉVUS PAR L'ART. 11 DE LA LOI DE 1853. — On a exposé au *Rép.*, n°s 84 et suiv., quelle est, en vertu de l'art. 12 de la loi de 1853, la quotité de la pension exceptionnelle à attribuer aux fonctionnaires dont l'admission à la retraite est motivée par l'un des événements énumérés dans l'art. 11 de la loi de 1853. On a dit que, dans les cas prévus par le paragraphe 1 de cet art. 11, la pension est de la moitié du dernier traitement, sans pouvoir excéder les maxima déterminés au tableau n° 3. Dans le cas prévu par le paragraphe 2, la pension est liquidée, suivant que l'ayant droit appartient à la partie sédentaire ou à la partie active, à raison d'un soixantième ou d'un cinquantième du dernier traitement pour chaque année de service civil; elle ne peut être inférieure au sixième dudit traitement. Dans les cas prévus par les deux derniers paragraphes, la pension est également liquidée à raison d'un soixantième ou d'un cinquantième du traitement moyen pour chaque année de service (L. 1853, art. 12). — V. sur les différents cas où il y a lieu à application soit du paragraphe 2 de l'art. 11, *suprà*, n° 95 et suiv., soit des deux derniers alinéas de cet article, *suprà*, n°s 78 et suiv., et n°s 84 et suiv.

213. Un avis du conseil d'Etat du 5 mai 1858 a décidé que, dans le cas du paragraphe 1 de l'art. 11, si le dernier traitement est inférieur à ceux des six dernières années, la moyenne de ceux-ci doit être prise pour base de la liquidation.

214. La jurisprudence du conseil d'Etat admet, comme principe général, qu'un fonctionnaire ne peut jamais obtenir une pension exceptionnelle par application des art. 11, et 12 de la loi du 9 juin 1853, lorsque sa pension peut être liquidée à titre d'ancienneté, aux termes des art. 5 et 7. Ce principe avait été posé même avant la loi de 1853 par un arrêt du 2 juill. 1847 (aff. Germain, *Rec. Cons. d'Etat*, p. 438). Il a été, depuis lors, confirmé par de nombreux arrêts. C'est ainsi qu'il a été décidé que la liquidation de la pension d'un fonctionnaire admis à faire valoir ses droits à la retraite pour ancienneté de services, par application de l'art. 5 de la loi du 9 juin 1853, doit être faite conformément à l'art. 7; l'art. 12, spécial au cas où une pension exceptionnelle est allouée en vertu de l'art. 11, n'est pas applicable à cette hypothèse, alors même que ce fonctionnaire aurait contracté, par suite de l'exercice de ses fonctions, des infirmités le mettant dans l'impossibilité de les continuer plus longtemps (Cons. d'Et. 17 nov. 1876, aff. Chaumy, D. P. 78. 3. 36; 28 juill. 1882, aff. Ducourthial, D. P. 83. 3. 1; 15 déc. 1882, aff. Sigwald, D. P. 84. 5. 382; 19 janv. 1883, aff. Dutry, *ibid.*; 19 janv. 1883, aff. Pradet et aff. Drouville, *Rec. Cons. d'Etat*, p. 63 et 64; 4 juill. 1884, aff. Palandre, *ibid*, p. 572; 28 mars 1885, aff. Chapelain, *ibid.*, p. 405);... et que cette solution s'applique même dans le cas où le fonctionnaire qui avait accompli le temps de service exigé par l'art. 5 a été dispensé de la condition d'âge par le ministre, en vertu de la disposition finale de cet article, comme étant hors d'état de continuer ses fonctions (Cons. d'Et. 28 juill. et 15 déc. 1882; 19 janv. 1883; 4 juill. 1884 et 28 mars 1885, précités).

Cette doctrine a cependant été contestée, à l'occasion de l'arrêt du 28 juill. 1882, notamment dans le *Recueil des arrêts du Conseil d'Etat* (année 1882, p. 733). Les arguments sur lesquels on se fonde pour la critiquer peuvent se résumer ainsi : L'art. 11 règle seul les cas où un fonctionnaire a péri ou a perdu sa santé par suite de l'exercice de ses fonctions, et il traite cette situation plus favorablement que ne le serait celle d'un fonctionnaire qui, après avoir accompli le temps de services fixé par l'art. 5, se serait retiré plein de santé; il est vrai que la disposition finale dudit art. 5 prévoit le cas où un fonctionnaire remplissant, au point de vue de la durée des services, les conditions légales exigées par la loi pour la pension d'ancienneté, n'a pas atteint l'âge requis pour obtenir cette pension, et elle dispose que le ministre peut le dispenser de cette seconde condition s'il le reconnaît hors d'état de continuer ses fonctions. Mais l'hypothèse ainsi prévue n'est pas la même que celle de l'art. 11; il s'agit du cas où le fonctionnaire a contracté des infirmités pour des causes autres que l'exercice de ses fonctions. Le conseil d'Etat semble avoir lui-même reconnu cette distinction lorsque, dans l'arrêt précité du 24 janv. 1867 (aff. Vial), il a accordé le bénéfice de l'art. 11 à un employé qui avait accompli le temps de service exigé par l'art. 5. Il est vrai que, dans cette affaire, le ministre n'avait pas usé de la faculté que lui donne la disposition finale de l'art. 5 et qu'il n'avait pas dispensé le réclamant de la condition d'âge, de sorte que celui-ci n'avait pas été admis à la retraite par application dudit article; mais le ministre ne peut user de ce pouvoir de dispense, qui lui a été accordé dans l'intérêt des fonctionnaires, pour rendre pire la situation de ces fontionnaires et pour les priver arbitrairement des avantages auxquels leur donnent droit les infirmités contractées dans l'exercice de leurs fonctions. Le système consacré par la jurisprudence pourrait d'ailleurs conduire à des résultats étranges. Ainsi un fonctionnaire, appointé à 1000 fr. par an et ayant plus de quinze ans, mais moins de vingt-cinq ans de services dans la partie active, a été atteint d'infirmités dans l'exercice de ses fonctions; à force d'énergie, il a pu prolonger ses services jusqu'à l'expiration de la trentième année; sa pension liquidée par ancienneté d'après les bases fixées par l'art. 7, c'est-à-dire d'un soixantième du traitement moyen par année de services, sera de 500 fr. seulement. Si ce même fonctionnaire avait argué de ses infirmités pour obtenir sa mise à la retraite, en vertu de l'art. 11, après vingt-neuf ans et onze mois de services, sa pension aurait été liquidée, conformément à l'art. 12, à raison du cinquantième du dernier traitement par chaque année de services, et elle aurait été portée à 598 fr. Un système qui aboutit à un pareil résultat est aussi contraire à l'esprit de la loi qu'à l'équité. — Malgré la gravité des arguments invoqués à l'appui de cette doctrine, nous croyons que c'est avec raison que le conseil d'Etat persiste dans sa jurisprudence. Dans l'économie de la loi du 9 juin 1853, la règle, c'est la pension d'ancienneté; cette pension constitue le complément de traitement promis au fonctionnaire qui a consacré au service public toute la partie de son existence où il était en pleine possession de ses facultés physiques et morales; dans l'immense majorité des cas, cette pension sera la plus favorable qui puisse être obtenue; aussi le législateur n'a pas même prévu l'hypothèse où un fonctionnaire pourrait avoir intérêt à obtenir un autre mode de liquidation; la disposition finale de l'art. 5, qui autorise le ministre à accorder dispense de la condition d'âge, est conçue en termes généraux, sans réserve et sans référence à l'art. 11; rien dans les travaux préparatoires ne permet de supposer qu'il y ait une réserve sous-entendue. Là où la loi ne distingue pas, il serait périlleux d'établir, par voie de jurisprudence, une distinction suivant que l'impossibilité de continuer les fonctions provient ou non de causes étrangères au service. D'ailleurs, si l'on se reporte à l'art. 11, on peut facilement se convaincre qu'il a en vue exclusivement les cas où l'art. 5 n'est pas applicable. Ainsi que le dit expressément le paragraphe 1 de cet article, il s'agit de cas où, en raison de circonstances particulières, une pension peut être *exceptionnellement* accordée. C'est dans la suppression ou la réduction des conditions d'âge et de durée des services que consiste le bénéfice accordé par cet article soit aux fonctionnaires victimes de leur dévouement, ou tout au moins de l'accomplissement de leur devoir, soit aux veuves de ces fonctionnaires. Quant à la liquidation, le législateur ne l'a pas rendue plus favorable, en règle générale, que celle des fonctionnaires qui ont accompli les conditions exigées par l'art. 5. Cela est si vrai que, dans une des hypothèses prévues par l'art. 11, celle où un fonctionnaire est mis par un accident grave, résultant notoirement de l'exercice de ses fonctions, dans l'impossibilité de les continuer, la pension peut descendre jusqu'au sixième du dernier traitement. Dans les cas où un fonctionnaire de la partie sédentaire est atteint d'infirmités résultant de l'exercice de ses fonctions, la pension liquidée à raison d'un soixantième du traitement moyen par année de service sera toujours inférieure à celle qu'aurait obtenue le fonctionnaire après trente ans de services: dans le seul cas où le fonctionnaire a compté plus de quinze ans dans la partie active et où, par suite, sa pension sera liquidée au cinquantième du traitement moyen, il arrivera sans doute quelquefois que sa pension sera plus élevée que celle qu'il aurait obtenue par ancienneté; mais il ne faut voir dans ce fait qu'une de ces anomalies qui se rencontrent parfois en matière de pension, et qui ont pour unique cause l'impossibilité de prévoir toutes les combinaisons de chiffres qui peuvent résulter, dans des cas exceptionnels, des règles générales posées par le législateur. C'est ainsi que le conseil d'Etat a eu à juger une affaire où des ingénieurs, pour obtenir une pension plus élevée, avaient intérêt à démontrer qu'ils avaient moins d'années de services comptant pour la retraite que l'Administration ne leur en attribuait (Cons. d'Et. 4 août 1864, aff. Floucaud de Fourcroy, D. P. 65. 3. 41). Le résultat singulier signalé ci-dessus auquel peut aboutir la combinaison des art. 5 et 11 ne fournit donc, en droit, aucun argument pour combattre l'interprétation donnée par le conseil d'Etat à ces deux articles.

215. Par application des mêmes principes, le conseil d'Etat a encore décidé que la pension d'un fonctionnaire qui remplit les conditions nécessaires pour obtenir une pension à titre d'ancienneté en vertu des dispositions transitoires contenues dans l'art. 18 de la loi, doit être liquidée conformément aux règles posées par cet article, et non d'après les art. 11 et 12, alors même que ce fonctionnaire aurait été mis à la retraite pour cause de suppression d'emploi (Cons. d'Et. 14 déc. 1877, aff. Lavillate, D. P. 78. 3. 36). La question est, il est vrai, plus délicate dans cette hypothèse que dans celle que l'on a examinée sous le numéro précédent; car on pourrait prétendre qu'entre les deux espèces de pensions, également exceptionnelles, concédées l'une par l'art. 18, l'autre par les art. 11 et 12, le fonctionnaire devrait avoir le choix. Mais ce serait une erreur; l'art. 18 établit des mesures transitoires nécessaires pour concilier les droits des employés nouvellement assujettis à des retenues avec les intérêts du Trésor; mais la pension qui leur est allouée par cet article n'est pas exceptionnelle dans le sens des art. 11 et 12.

216. Il faut noter que le *minimum* de 600 ou 500 fr. établi par la loi du 17 août 1876 (art. 3, D. P. 76. 4. 125), en faveur des fonctionnaires de l'enseignement primaire (*suprà* n° 202) ne doit pas, en vertu du dernier alinéa du même article, s'appliquer aux pensions exceptionnelles pour infirmités concédées à ces fonctionnaires. M. Batbie, auteur de cette disposition, proposée à titre d'amendement à l'art. 3, a exprimé les motifs qui l'ont inspirée, dans les termes suivants : « D'après la loi du 9 juin 1853 sur les pensions civiles, tous les fonctionnaires, de quelque degré qu'ils soient, n'ont, pour cause d'infirmités, droit qu'à une somme proportionnelle à la durée des services. Cette pension, il est vrai, sera souvent insuffisante pour faire vivre l'employé retraité, mais la loi présume que cet employé, encore jeune, pourra travailler pour compléter ses moyens d'existence. De ce qu'il ne peut pas continuer ses fonctions, il ne résulte pas qu'il soit incapable de faire un travail quelconque. Il y a des employés qui sont incapables de faire un service actif, qui pourront faire un service sédentaire, et réciproquement. Les instituteurs, notamment, qui ne pourront plus enseigner ne seront pas incapables de faire le commerce, d'être hommes d'affaires, secrétaires de mairie. Il serait injuste d'accorder à des instituteurs qui peuvent faire d'autres travaux, après quinze ans d'activité, la pension que d'autres n'auront gagnée qu'après vingt-cinq ans de service. Il serait à craindre qu'après quinze ans d'activité, tous les maîtres de l'enseignement primaire ne fissent des efforts pour quitter la carrière, ce qui leur permettrait de joindre à leur retraite le produit des travaux assez nombreux dont ils seraient encore capables. Ajoutez que, pour la plupart des instituteurs, la pension après vingt-cinq ans n'atteindra pas le chiffre de 600 fr., et qu'il faudra invoquer en leur faveur le minimum. On accorderait donc souvent la même retraite à ceux qui auront servi quinze ans qu'à ceux qui auront servi vingt-cinq ans ».

217. — VIII. DISPOSITIONS CONCERNANT LES FONCTIONNAIRES EN EXERCICE AU 1er JANVIER 1854. — On a expliqué au *Rép.*, n° 86, que, aux termes des deux premiers alinéas de l'art. 18 de la loi de 1853, les pensions des fonctionnaires qui étaient tributaires de caisses de retraite supprimées et ceux qui obtenaient pension sur fonds généraux sont liquidées dans les proportions et aux conditions réglées par ladite loi pour leurs services postérieurs au 1er janv. 1854; et pour les services antérieurs, conformément, soit aux règlements spéciaux, soit aux loi et décret des 22 août 1790 et 13 sept. 1806, qui régissaient respectivement leur situation, sans que les maxima déterminés par la loi de 1853 puissent être dépassés. On a reproduit (*ibid.*) le texte de l'annexe n° 7 de l'exposé des motifs de la loi, qui indique fort clairement comment on doit entendre et appliquer la division des services prescrits par cet article.

Il a été jugé, par application de ces dispositions : 1° que le fonctionnaire rétribué avant 1854 sur fonds généraux ne peut prétendre, pour ses services jusqu'au 31 déc. 1853, qu'à autant de fois le trentième du sixième du traitement moyen (c'est-à-dire un cent quatre-vingtième), qu'il a d'années de service (Av. Cons. d'Et. 15 nov. 1858; Cons. d'Et. 22 sept. 1859, aff. Loret d'Aubigny, *Rec. Cons. d'Etat*, p. 655; 11 déc. 1862, aff. Lacourrière, *ibid.* p. 763);... alors même que, à une époque antérieure, il aurait exercé des fonctions rémunérées suivant des règlements particuliers (Cons. d'Et. 5 août 1869, aff. Rousset, *Rec. Cons. d'Etat*, p. 736); — 2° Que le bénéfice des dispositions de l'art. 10 de la loi de 1853 ne s'applique qu'aux services rendus hors d'Europe qui sont antérieurs au 1er janv. 1854 (Cons. d'Et. 14 avr. 1864, aff. Mertz, *Rec. Cons. d'Etat*, p. 349; 14 août 1865, aff. Boulenger, *ibid.*, p. 820; 30 janv. 1868, aff. Dussert, *ibid.*, p. 121; 1er avr. 1868, aff. Lallemant, *ibid.*, p. 365); — 3° Mais que les services hors d'Europe rendus antérieurement au 1er janv. 1854 doivent compter pour le double de leur durée, lorsque d'ailleurs les trente années de service effectif sont complétées, ainsi que le prescrit l'art. 5, tit. 2, de la loi du 22 août 1790 (Cons. d'Et. 9 févr. 1860, aff. Danel-Duplan, *Rec. Cons. d'Etat*, p. 110; 2 août 1860, aff. Bonnet, D. P. 60. 3. 81; 20 mars 1862, aff. Large, *Rec. Cons. d'Etat*, p. 232; 31 juill. 1862, aff. Negrel, *ibid.*, p. 629; 30 nov. 1862, aff. Touraix, *ibid.*, p. 739; 14 août 1865, précité; 24 janv. 1879, aff. Fontaveau, *ibid.*, p. 78; 31 mars 1882, aff. Mathison, *ibid.*, p. 326; V. *suprà*, n° 76); — 4° Que la disposition de l'art. 10, *in fine*, de la loi de 1853, qui limite à cinq années la durée du temps d'inactivité admissible pour la liquidation n'est applicable qu'au temps d'inactivité postérieure au 31 déc. 1853 (Av. Cons. d'Et. 18 janv. 1859);... sauf cependant pour les agents du département des affaires étrangères, à qui l'ordonnance du 22 mai 1833 (art. 5), ne permettait de faire entrer en compte dans la liquidation que cinq années d'inactivité; on doit donc, à leur égard, confondre en une seule période le temps passé en inactivité avant et après 1854 (Av. Cons. d'Et., 31 mars 1863); — 5° Que l'on doit tenir compte des services militaires antérieurs à 1854, en se conformant au règlement qui régissait, à cette époque, la situation de l'employé (Cons. d'Et. 19 avr. 1859, aff. Clère, D. P. 59. 3. 83; 18 juin 1868, aff. De Clausade, *Rec. Cons. d'Etat*, p. 690). Notamment, dans la liquidation de la pension d'un employé ou fonctionnaire qui, avant la loi du 9 juin 1853, avait droit à une pension sur fonds de retenue, les services militaires antérieurs à cette loi doivent être comptés comme les services civils (Cons. d'Et. 19 avr. 1859, précité; 21 mars 1834, anal. D. P. 34. 3. 37); et il en est ainsi spécialement pour la liquidation des pensions, dues aux employés des bureaux du conseil d'Etat; et le principe d'une liquidation séparée des services militaires et des services civils, qui a été établi pour la liquidation des pensions des employés de certaines administrations publiques, reste spécial à ces administrations (Cons. d'Et. 19 avr. 1859, précité); — 6° Que le nombre minimum d'années de services dans l'administration de la caisse, exigé par les règlements de certaines caisses supprimées (par exemple, dix années pour les employés des bureaux du ministère de la guerre, Décr. 2 févr. 1808, art. 2 et suiv.), pour que les services rendus antérieurement dans d'autres administrations puissent entrer en compte, doit être accompli, non pas au 1er janv. 1854, mais seulement au moment de la mise à la retraite de l'employé (Cons. d'Et. 23 nov. 1865, aff. De Cès-Caupenne, *Rec. Cons. d'Etat*, p. 936).

218. On a indiqué, *suprà*, n° 201, que les maxima fixés par la loi de 1853 s'appliquent même aux pensions qui sont soumises à la double liquidation prescrite par l'art. 18 de cette loi. Ces maxima s'établissent sur le résultat final des deux liquidations (Av. Cons. d'Et. 2 août 1855; Cons. d'Et. 30 juill. 1857, aff. Espéron, *Rec. Cons. d'Etat*, p. 616; 28 janv. 1858, aff. Gavand, *ibid.*, p. 93; 4 août 1864, aff. Belliotte, *ibid.*, p. 730; 18 août 1867, aff. Bérard, *ibid.*, p. 313); et le traitement moyen d'après lequel est fixé le maximum est calculé sur les six dernières années de service, alors même que, par application de l'art. 18 de la loi de 1853, la liquidation des services antérieurs au 1er janv. 1854 est faite d'après un ancien règlement, aux termes duquel le traitement moyen était celui des trois dernières années (Cons. d'Et. 13 déc. 1872, aff. Poyer, D. P. 73. 3. 76). En effet, les maxima dont parle l'art. 18 ne peuvent être dépassés; ces maxima ne peuvent être que ceux qui sont réglés par le tableau annexé à l'art. 7; il ne paraît pas contestable que le traitement moyen dont il est question dans le tableau soit dans tous les cas celui qui est déterminé à l'art. 6, dont les termes se refusent absolument à l'établissement d'un double traitement moyen; sans doute, l'application de ce maximum pourra faire perdre aux fonctionnaires et employés qui comptent des services antérieurs à 1854 tout ou partie des avantages résultant de la double liquidation; mais c'est là l'effet de toute disposition qui admet le principe d'un maximum.

219. Le principe de la double liquidation s'applique aussi bien aux pensions à titre exceptionnel qu'aux pensions à titre d'ancienneté; l'art. 18 ne distingue pas. Il en est ainsi notamment à l'égard des pensions pour cause de suppression d'emploi (Cons. d'Et. 19 déc. 1867, aff. Dartaud, *Rec. Cons. d'Etat*, p. 936), ou pour cause d'infirmités (Cons. d'Et. 24 févr. 1860, aff. Benoist, *Rec. Cons. d'Etat*, p. 149; 9 mars 1883, aff. Mallet, D. P. 84. 3. 110; Av. sect. fin. Cons. d'Et. 24 nov. 1874);... alors même que, dans ce dernier cas, il s'agirait de fonctionnaires qui, par suite d'une interruption de services, ne se trouvaient pas en fonctions le 1er janv. 1854 (Av. sect. fin. Cons. d'Et. 24 nov. 1874, précité).

220. Le troisième alinéa de l'art. 18 de la loi de 1853 dispose : « Toutefois, les pensions des fonctionnaires et employés qui, au 1er janv. 1854, auront accompli la durée de service exigée par les règlements spéciaux, loi et décret précités, sont liquidées conformément à ces règlements, loi ou décret » (*Rép.* n° 87). Par règlements spéciaux, l'art. 18 de la loi de 1853 entend ici toutes les dispositions législatives régissant la situation des fonctionnaires et employés; par exemple, la loi de finances du 12 juill. 1836, qui a modifié l'ordonnance du 19 nov 1823 relative aux pensions de retraite des agents du département des affaires étrangères (Cons. d'Et. 28 nov. 1861, aff. De Lesseps, *Rec. Cons. d'Etat*, p. 851).

221. Il a été décidé que les dispositions de la loi du 9 juin 1853, qui élèvent le maximum des pensions à accorder à certains fonctionnaires, et notamment aux fonctionnaires de l'enregistrement, ne sont pas applicables à ceux qui, n'ayant cessé leurs fonctions que depuis cette loi, auraient cependant accompli, avant le 1er janv. 1854, la durée des services exigée par les lois antérieures, leur pension devant, dans ce cas, être liquidée uniquement d'après les bases fixées par ces mêmes lois (Cons. d'Et. 26 avr. 1855, aff. Frémont, D. P. 55. 3. 64; 17 janv. 1861, aff. d'Armengaud, *Rec. Cons. d'Etat*, p. 35; 15 janv. 1868, aff. Leverdier, *ibid.*, p. 28; Bavelier, t. 1, n° 68. — *Contrà : Journ. de l'enreg. et des dom.*, 1re livraison, année 1855). Ce qui pouvait motiver certains doutes dans ces espèces, c'est que l'art. 18 a été introduit dans la loi, ainsi que l'apprend l'exposé des motifs, en vue de conserver aux employés en exercice, en 1854, les avantages de liquidation que leur assuraient les règlements alors en vigueur. Il pouvait donc paraître étrange, au premier abord, d'appliquer ces règlements, même dans les dispositions reconnues moins favorables que celles établies par la loi nouvelle.

222. On a vu au *Rép.* n° 88, que, aux termes du dernier alinéa de l'art. 18 de la loi de 1853, les fonctionnaires et employés qui, antérieurement, ne subissaient pas de retenues et n'étaient pas placés sous le régime des loi et décret des 22 août 1790 et 13 sept. 1806, sont admis à faire valoir la totalité de leurs services admissibles pour constituer leur droit à pension; mais on ne comprend alors dans la liquidation que les années de service pendant lesquelles la retenue a été subie (Comp. Cons. d'Ét. 23 juill. 1880, aff. Chevreau, *Rec. Cons. d'Etat*, p. 683). Ainsi qu'on l'a dit au *Rép. ibid.*, la pension est calculée à raison d'un cent-vingtième du traitement moyen par chaque année de services civils ; mais le montant de la pension ainsi fixé est alors augmenté d'un trentième pour chacune des années liquidées : cette base exceptionnelle cesse lorsque le titulaire se trouve dans les conditions voulues par l'art. 5 de la loi de 1853 (art. 18). Il a été jugé que la disposition du dernier alinéa de l'art. 18 s'applique, notamment, aux fonctionnaires attachés au ministère des travaux publics qui, antérieurement à la loi du 9 juin 1853, ne subissaient pas de retenue et n'obtenaient pas de pension sur une caisse spéciale (Cons. d'Et. 22 mai 1874, aff. Mornand, D. P. 75. 5. 330). Ces employés, en effet, n'étant pas placés sous le régime des loi et décret des 22 août 1790 et 13 sept. 1806, n'obtenaient pas de pension sur les fonds généraux du Trésor.

223. S'il s'agit de fonctionnaires ou employés classés dans la partie active, leur pension est liquidée à raison d'un centième du traitement moyen pour chaque année de services assujettis à la retenue dans la partie active, et le montant de la pension ainsi fixée est augmenté d'un vingt-cinquième par chacune des années liquidées (Décr. 9 nov. 1853, art. 37). Mais cette disposition de faveur n'est applicable que dans le cas où la loi rémunère les services à raison d'un cinquantième du traitement moyen par année, c'est-à-dire quand la pension est liquidée à vingt-cinq ans de service dans la partie active, ou pour cause d'accident ou d'infirmités (Av. Cons. d'Et. 24 déc. 1857, approuvé le 4 janv. 1858).

224. La disposition finale de l'art. 18 ne s'applique pas au fonctionnaire auquel la loi de 1853 n'a pas imposé une obligation nouvelle, celle de supporter des retenues qu'il ne subissait pas auparavant. Le texte de l'article est formel sur ce point (Cons. d'Et. 13 mai 1869, aff. Lemarchand, *Rec. Cons. d'Etat*, p. 488). Cette solution est d'ailleurs conforme à l'esprit de la loi. Celle-ci, en effet, soumet à la retenue, à partir du 1er janv. 1854, un grand nombre de fonctionnaires qui n'y étaient pas soumis antérieurement. Pour beaucoup d'entre eux, dont la carrière était déjà avancée, cette charge aurait été sans compensation, si les services postérieurs à cette date avaient seuls été comptés pour établir le droit à pension ; le dernier paragraphe de l'art. 18 a pour but d'empêcher ce résultat inique. Quant aux fonctionnaires qui avaient commencé par des services pour lesquels ils n'avaient aucune pension à espérer, et qui, antérieurement au 1er janv. 1854 étaient passés dans un autre service soumis à la retenue ou régi par les loi et décret des 22 août 1790 et 13 sept. 1806, la loi nouvelle ne leur impose aucune charge; faire rétroactivement compter leurs anciens services non soumis à retenue, c'eût été imposer au Trésor un sacrifice qu'aucune raison de droit ou d'équité n'eût justifié. Il a été jugé, en conséquence, qu'un fonctionnaire ne peut faire valoir, pour établir son droit à pension, conformément au paragraphe dernier de l'art. 18, des services pour lesquels il n'avait pas antérieurement subi de retenue, qu'autant qu'il n'avait pas cessé définitivement ses fonctions au 1er janv. 1854 (Cons. d'Et. 13 avr. 1870, aff. Demoiselle Moore, D. P. 71. 3. 63) ; par exemple, qu'il n'a pas été promu, avant cette date, à des fonctions dont le traitement était soumis à la retenue ; peu importe qu'auparavant il ait rempli des fonctions non assujetties à la retenue (Même arrêt).

225. Au contraire, le bénéfice de l'art. 18 *in fine* doit être accordé au fonctionnaire qui, après avoir exercé au début de sa carrière une fonction soumise à retenue, s'est trouvé, au 31 déc. 1853, appartenir à un service dans lequel aucune retenue n'était opérée sur le traitement. Ainsi il a été décidé que, dans le cas où le droit à pension d'un fonctionnaire n'a été établi qu'en faisant valoir conformément à l'art. 18, § 5, des services pour lesquels il n'a pas subi de retenue, la liquidation qui, en cas pareil, est limitée aux seuls services ayant donné lieu à une retenue, doit porter cependant même sur les services de cette nature antérieurs à la loi, et cela encore que, sous la législation précédente, le bénéfice de ces services aurait été perdu pour le fonctionnaire par le fait de l'acceptation de fonctions non soumises à la retenue (Cons. d'Et. 25 juill. 1857, aff Gauthier, D. P. 58. 3. 27 ; Conf. Cons. d'Et. 10 déc. 1857, aff. Pilvois, *Rec. Cons. d'Etat*, p. 802).

226. Le mode exceptionnel de liquidation établi par le dernier alinéa de l'art. 18 de la loi de 1853 pour les fonctionnaires qui, antérieurement au 1er janv. 1854, ne subissaient pas de retenue sur leurs traitements, alors que ces fonctionnaires sont mis à la retraite par ancienneté sans avoir accompli, depuis le 1er janv. 1854, les trente années de service exigées par l'art. 5, est également applicable aux fonctionnaires qui obtiennent une pension pour infirmités, dans les conditions prévues par l'art. 11, alors qu'ils ne comptent pas vingt années de services depuis la même date (Cons. d'Et. 18 janv. 1884, aff. Acquaviva, D. P. 85. 5. 356).

227. On a vu *suprà*, n° 222, qu'aux termes de l'art. 18, *in fine*, la base exceptionnelle de liquidation qui vient d'être établie cesse de pouvoir être appliquée lorsque le titulaire se trouve dans les conditions voulues par l'art. 5, portant que le droit à pension est acquis par ancienneté à soixante ans d'âge et après trente ans accomplis de services pour la partie sédentaire, et à cinquante-cinq ans d'âge et après vingt-cinq ans de services pour la partie active. Jusqu'en 1873, les employés du service actif assujettis à la retenue depuis 1854 et ne comptant pas vingt-cinq ans de services civils, ont eu leurs pensions liquidées par application de l'art. 18; mais, la section des finances du conseil d'Etat, dans un avis du 15 mars 1873, proposa une distinction. Elle faisait observer que, d'après l'art. 8, les services militaires concouraient avec les services civils pour établir le droit à pension, bien que donnant lieu à une liquidation spéciale, et que, dès lors ceux des fonctionnaires de la partie active qui comptaient vingt-cinq ans de services, tant militaires que civils soumis à retenues, remplissaient les conditions voulues par l'art. 5; elle en tirait la conséquence que, pour ces fonctionnaires, il n'y avait pas lieu à la liquidation exceptionnelle de l'art. 18, et que la pension devait être liquidée d'après la règle générale posée par l'art. 7, c'est-à-dire au soixantième du traitement moyen des six dernières années. Le ministre des finances se conforma pendant plusieurs années à cet avis. Mais ce système qui, en fait, aurait été avantageux aux fonctionnaires s'il avait été appliqué dans les années qui ont suivi immédiatement la loi du 9 juin 1853, leur était devenu défavorable depuis que le nombre d'années qui auraient pu entrer en compte par l'application de l'art. 18 avait augmenté. Aussi plusieurs pourvois furent-ils formés par d'anciens agents. Le conseil d'Etat les accueillit et décida, contrairement à l'avis émis en 1873 par la section des finances, que, lorsque les services civils rendus postérieurement au 1er janv. 1854, par un employé de la partie active (par exemple, un facteur de la poste), sont inférieurs à vingt-cinq ans, sa pension doit être liquidée, non par application de l'art. 7 de la loi de 1853, mais d'après le mode exceptionnel établi par les art. 18 de cette loi et 37 du décret du 9 novembre suivant, bien que l'addition de ses services militaires à ses services civils postérieurs au 1er janv. 1854 lui donne droit à pension en vertu des art. 5 et 8 de la loi précitée (Cons. d'Et. 15 déc. 1876, aff. Simon et aff. Dupin, D. P. 78. 3. 35. Conf. Bavelier, t. 1, n° 69).

228. Le paragraphe 4 de l'art. 18 décide que les magistrats nommés avant le 1er janv. 1854, et mis à la retraite en vertu du décret du 1er mars 1852, auront droit à pension après quinze ans de service (*Rép.* n° 89). C'est à raison d'un soixantième du traitement moyen par chaque année, que se liquidera, en ce cas, la pension (L. 9 juin 1853, art. 12).

Cette disposition n'est pas applicable aux magistrats qui occupaient au 31 déc. 1853 des fonctions non rétribuées, par exemple aux juges de paix suppléants (Cons. d'Et. 3 juill. 1874, aff. Rougeot, *Rec. Cons. d'Etat*, p. 633). Elle ne saurait non plus être étendue aux conseillers de préfecture; le décret du 1er mai 1858, qui leur impose la limite d'âge de soixante-dix ans, n'entraîne nullement leur assimilation, sur ce point, aux magistrats de l'ordre judiciaire (Cons. d'Et. 3 août 1865, aff. Ducôté, *Rec. Cons. d'Etat*, p. 737; 29 août 1865, aff. Marre, *ibid.*, p. 885).

229. — IX. Pensions des fonctionnaires devenus Français par l'annexion de la Savoie. — Lors de la réunion de la Savoie et de Nice à la France, le gouvernement français, par l'art. 5 de la convention internationale conclue le

24 mars 1860 avec la Sardaigne, s'est obligé à tenir compte aux fonctionnaires de l'ordre civil appartenant par leur naissance à la province de Savoie et qui deviendraient sujets français, des droits qui leur étaient acquis par les services rendus au gouvernement sarde; l'exécution de cette clause du traité a été réglée par le décret du 21 nov. 1860 (D. P. 61. 4. 8) rendu en vertu des pouvoirs législatifs conférés au chef de l'Etat par l'art. 3 du sénatus-consulte du 12 juin précédent, et relatif à la rémunération des services rendus au gouvernement sarde avant l'annexion par les fonctionnaires devenus Français. L'art. 1 de ce décret dispose que les services rendus au gouvernement sarde avant l'annexion par les fonctionnaires de l'ordre civil qui sont devenus Français par le fait de l'annexion et qui sont passés au service de la France, seront comptés suivant la loi française, et que les pensions de ces fonctionnaires seront liquidées conformément aux dispositions de la loi du 9 juin 1853. L'art. 2 du même décret décide que les fonctionnaires et employés sont assujettis aux retenues prescrites par l'art. 3 de la loi de 1853, sauf à celle du premier douzième, au moment de leur passage au service de la France. Le titre 3 de la loi de 1853 (disposit. transit.) n'a pas été rendu applicable à ces pensions. Il n'y a donc pas à distinguer entre les services rendus avant ou depuis l'annexion (Ravelier, t. 1, n° 72); les premiers comme les seconds doivent être rémunérés conformément à la loi française (Cons. d'Ét. 26 janv. 1877, aff. Rosnoblet, D. P. 78. 5. 358). Quant aux services rendus avant l'annexion, qui n'étaient pas soumis à retenue et n'ouvraient pas droit à pension, en vertu de la loi sarde, ils ne sont comptés que pour la constitution du droit à pension, mais non pour la liquidation de celle-ci.

230. Les pensions auxquelles ont droit les fonctionnaires et employés devenus Français par le fait de l'annexion, sans cependant être passés au service de la France, sont réglées suivant la législation sarde (Décr. 21 nov. 1860, art. 3).

Spécialement, à l'égard d'un certain nombre de magistrats admis sur leur demande à faire valoir leurs droits à la retraite, au moment de l'annexion, un décret du 1er août 1860 (*Bull. des lois*, 1860, n° 8035) a décidé (art. 2) que: « les pensions seront réglées conformément à la législation sarde, en prenant pour base le traitement dont ces magistrats jouissaient, et quelle que soit la durée de leurs services ». Il a été jugé, à cet égard, que les pensions des anciens magistrats de la Savoie et de Nice devant être réglées conformément à la législation sarde, le bénéfice du cinquième en sus accordé par cette législation aux magistrats qui ont occupé les mêmes fonctions pendant douze ans, ne peut être réclamé que par ceux qui, d'une part, l'ont occupé pendant douze ans révolus, et qui, d'autre part, ont rempli, durant cette période de temps, non seulement la même fonction, mais la même fonction dans le même grade (Cons. d'Ét. 12 déc. 1861, aff. d'Acchiardi, D. P. 62. 3. 34).

231. Il y a lieu de rappeler aussi que le décret du 21 nov. 1860 (D. P. 60. 4. 158) portant promulgation de la convention passée entre la France et la Sardaigne, charge le gouvernement français, à dater du 14 juin 1860, du payement des pensions déjà liquidées en faveur des individus devenant Français par le fait de l'annexion (art. 2).

232.—X. PENSIONS DES FONCTIONNAIRES RÉFORMÉS POUR CAUSE DE SUPPRESSION D'EMPLOI EN 1871-1872, DES MAGISTRATS INAMOVIBLES PRIVÉS DE LEURS FONCTIONS EN 1883, DES FONCTIONNAIRES ÉLUS SÉNATEURS OU DÉPUTÉS, DES FONCTIONNAIRES AYANT PERDU LEUR RANG PAR SUITE DES ÉVÉNEMENTS DE DÉCEMBRE 1851. — Les art. 1, 2 et 3 de la loi du 30 mars 1872 (D. P. 72. 2. 71) ont indiqué sur quelles bases il devait être procédé à la liquidation de la pension des fonctionnaires réformés depuis le 12 févr. 1871 jusqu'au 31 déc. 1872, pour cause de suppression d'emploi ou de réorganisation (V. *suprà*, n°s 85 et suiv.). Cette pension devait être calculée pour chaque année de service civil, à raison d'un soixantième du traitement moyen des quatre dernières années d'exercice. En aucun cas, elle ne devrait excéder le maximum de la pension de retraite affectée à chaque emploi (art. 1). Ceux desdits fonctionnaires et employés réformés qui ne comptaient pas la durée de services exigée par l'article précédent obtenaient une indemnité temporaire du tiers de leur traitement moyen des quatre dernières années, pour un temps égal à la durée de leurs services, sans pouvoir excéder cinq ans. Néanmoins, si les fonctionnaires et employés avaient plus de dix années de services, la jouissance de l'indemnité était limitée à la moitié de la durée des services (art. 2). Conf. : Décr. 2 mai 1848, art. 1 et 2, D. P. 48. 4. 87. V. aussi *suprà*, n°s 86 et suiv., 124 et 201.

233. On a indiqué *suprà*, n° 92, quel est le *quantum* et le mode de fixation des pensions de retraite et des indemnités temporaires allouées aux magistrats inamovibles dépouillés de leurs fonctions par la loi du 30 août 1883.

234. On a vu également (*suprà*, n° 104) que la pension accordée au fonctionnaire civil qui, ayant vingt ans de service, accepte le mandat de député ou de sénateur, doit être réglée conformément au troisième paragraphe de l'art. 12 de la loi de 1853 (L. 30 nov. 1875, art. 10, D. P 76. 4. 4; 9 nov. 1884, D. P. 85. 4. 1; 26 déc. 1887, D. P. 88. 4. 2).

235. Comme on l'a exposé *suprà*, n° 55, le décret du 12 sept. 1870 a disposé que les fonctionnaires qui avaient perdu leur rang par suite des événements de décembre 1851 seraient réintégrés dans leurs droits et titres, et qu'ils recouvreraient sur leur demande les emplois que comportaient leur situation et leurs services au fur et à mesure des vacances. Il a été jugé que le fonctionnaire qui a perdu son emploi à la suite des événements de 1851, mais qui est rentré dans l'Administration avant la fin de l'Empire, n'est pas fondé à demander que, pour la liquidation de sa pension, il soit tenu compte du temps qu'il a passé en dehors des services publics (Cons. d'Ét. 2 mars 1883, aff. Biers, D. P. 84. 3. 110; 12 mars 1886, aff. Dame Béteille, D. P. 88. 3. 29. Comp. *suprà*, n° 68). Cette solution est conforme à l'esprit comme au texte des décrets des 12 sept. et 13 nov. 1870.

236. — XI. SERVICES CIVILS POUVANT ENTRER EN COMPTE POUR LA LIQUIDATION DE LA PENSION. — Aux termes de l'art. 23, § 2, de la loi de 1853, les services civils ne sont comptés que de la date du premier traitement d'activité. Le temps de surnumérariat n'est compté dans aucun cas (*Rép* n° 90). D'autre part, les services civils ne sont comptés, pour constituer des droits à pension, qu'à partir de l'âge de vingt ans accomplis; et il en est ainsi alors même que le réclamant avait été admis dans le service avant vingt ans en vertu d'une dispense d'âge formelle et qu'il avait immédiatement subi la retenue (Cons. d'Ét. 11 mars 1881, aff. Dame Gorgues, D. P. 82. 5. 314). Il a même été jugé que les services rendus postérieurement au 1er janv. 1854, par un fonctionnaire n'ayant pas atteint l'âge de vingt ans, ne comptent pas pour la pension, bien que ce fonctionnaire fût entré au service antérieurement à la loi du 9 juin 1853, sous l'empire d'un règlement autorisant à compter les services à partir de l'âge de dix-huit ans (Cons. d'Ét. 15 mars 1889, aff. De la Desmardais, D. P. 90. 3. 64). Cette solution peut paraître rigoureuse et conduit à ce résultat singulier que les services rendus par le réclamant à son entrée dans l'Administration comptent pour la pension, alors que ceux qu'il avait rendus, lorsqu'il était plus âgé, sont exclus de la liquidation; mais les termes de l'art. 23 de la loi du 9 juin 1853 sont trop impératifs pour prêter à une interprétation autre que celle qui a été consacrée par le conseil d'Etat.

237. D'après l'art. 3 de la loi du 9 juin 1853, les fonctionnaires qui ont droit à pension sont assujettis à la retenue; d'après l'art. 23, les services ne sont comptés qu'à partir du premier traitement d'activité. De ces dispositions, le conseil d'Etat a tiré la conséquence que le temps de service passé en congé sans traitement ne compte pas pour la pension (Cons. d'Ét. 30 juill. 1863, aff. Raybaud, *Rec. Cons. d'Etat*, p. 604; 14 janv. 1881, aff. Mayeul, D. P. 82. 3. 37). Au contraire, le temps passé en congé avec traitement peut être compté (Cons. d'Ét. 30 juill. 1863, précité. Conf. *suprà*, n° 14).

Il a été jugé, à l'égard d'un fonctionnaire admis à la retraite antérieurement au 1er janv. 1854, que la disposition de l'art. 10 de l'ordonnance réglementaire du 12 janv. 1825, qui veut que la pension de retraite d'un employé des finances soit calculée d'après la moyenne du traitement fixe dont il a joui pendant les quatre dernières années d'activité, doit, au cas où, durant les quatre années précédant la mise à la retraite, il se trouve que l'employé a été mis en disponibilité pendant un certain temps pour une cause accidentelle et non prévue par les règlements, être entendue en ce sens que les quatre dernières années d'activité doivent être comptées, abstraction faite du temps de mise en disponibilité (Cons. d'Ét. 17 mai 1855 aff. Leroy, D. P. 55. 3. 90.

V. toutefois, Cons. d'Ét. 8 août 1873, D. P. 74. 3. 36; 30 juill. 1875, D. P. 76. 5. 336).

238. De ce que les services civils ne sont comptés que de la date du premier traitement d'activité, on doit conclure que, en principe, les années passées dans les écoles speciales ne peuvent compter comme services admissibles pour la liquidation de la pension. Mais certaines dispositions législatives ont apporté des exceptions à cette règle. Ainsi : 1° le temps de service des ingénieurs des ponts et chaussées et des mines date de leur entrée à l'École des ponts et chaussées ou à l'École des mines, ou de l'âge de vingt ans, dans le cas où l'élève serait au-dessous de cet âge lors de sa nomination (Ordon. 5 août 1840, art. 1); — 2° Les années passées à partir de l'âge de vingt ans en qualité d'élève dans les écoles normales sont comprises dans le compte des années de service, lors de la liquidation de la pension (L. 17 août 1876, art. 2, D. P. 77. 4. 125. V. *suprà*, n° 180). Le temps passé à l'École normale supérieure a toujours été compté pour la liquidation de la retraite des professeurs. Cette faveur ne repose sur aucun texte (Bavelier, t. 1, n° 38); elle a néanmoins été maintenue, même depuis la loi de 1853 (Cons. d'Ét. 22 nov. 1872, aff. Deloche, *Rec. Cons. d'Etat*, p. 639).

239. Il a été jugé que l'ordonnance royale du 5 août 1840, qui a disposé qu'à l'avenir le temps de service des ingénieurs des ponts et chaussées et des mines daterait de leur entrée à l'École des ponts et chaussées ou à celle des mines, n'a eu pour objet que de leur permettre de compter pour leur retraite des services que les règlements antérieurs n'admettaient pas. Mais elle ne fait pas obstacle, pour ceux de ces fonctionnaires qui sont dans le cas d'en réclamer le bénéfice, à l'application de l'art. 35 du décret du 7 fruct. an 12, qui fixait le point de départ des services à la nomination comme aspirant ingénieur; par suite, ces fonctionnaires sont fondés à demander, le cas échéant, que la liquidation de leur pension de retraite soit faite d'après la double base établie par le deuxième paragraphe de l'art. 18 de la loi du 9 juin 1853 (Cons. d'Ét. 4 août 1864, aff. Floucaud, aff. Belliote et aff. Geoffroy, D. P. 65. 3. 41). La question soulevée, dans ces espèces, n'offrait en elle-même qu'un intérêt très restreint. Mais la décision du conseil d'État repose sur cette idée, d'une portée générale, que l'ordonnance de 1840, prise *en faveur* des ingénieurs, ne devait pas être retournée contre eux, en d'autres termes, que les fonctionnaires peuvent réclamer ou repousser l'application des anciens règlements, selon que cette application leur est favorable ou préjudiciable. Ce serait là une doctrine inadmissible en matière de pensions : à proprement parler, ceux-là seuls peuvent être envisagés comme ayant un droit acquis à faire liquider leur pension d'après une certaine législation, qui ont trente ans de service et soixante ans d'âge au moment où intervient une loi nouvelle ou un règlement nouveau, et encore faut-il remarquer que ce droit, pour les fonctionnaires amovibles, est toujours subordonné à celui de destitution ou de révocation qui appartient au Gouvernement. S'il en était autrement, la loi nouvelle ou le règlement nouveau ne pourrait régir que les fonctionnaires ou employés qui entreraient en fonctions depuis sa promulgation, et les règlements anciens continueraient à recevoir seuls leur application pendant plus de trente ans; or, telle n'a jamais été la pratique législative et administrative, si ce n'est dans les cas et dans les limites expressément déterminés par des dispositions spéciales, et cela par la raison fort simple que la loi ou le Gouvernement (selon les cas) peut constamment, sans rétroactivité, modifier les conditions sous lesquelles fonctionnent les agents amovibles des services publics. Rien ne le prouve mieux que l'art. 18 de la loi du 9 juin 1853 elle-même; car, dans ce système, cet article ne se serait pas borné à réserver le bénéfice exclusif des anciens règlements aux fonctionnaires et employés ayant déjà trente ans de services, il l'aurait également étendu aux fonctionnaires et employés ayant un temps quelconque de services, qu'il aurait considérés et dû considérer comme ayant désormais un droit acquis à continuer ces services sous l'empire des règlements existants lors de leur nomination (Conf. Observations présentées par le ministre des finances dans cette affaire, D. P. 65. 3. 41, note. V. aussi anal., Cons. d'Ét. 2 mai 1890, aff. Veuve Mourgue, D. P. 91. 3. 100)

240. Les pensions sont liquidées d'après la durée des services, en négligeant sur le résultat final du décompte les fractions de mois et de franc. (L. 1853, art. 23, § 1; *Rép.* n° 90). Cet article, en prescrivant que les fractions de mois seraient négligées pour le calcul de la durée totale des services, n'a pas déterminé comment doit se faire la déduction quand les services donnent lieu à une double liquidation. Aux termes d'un avis de la section des finances du conseil d'Etat, en date du 10 janv. 1860, le retranchement doit s'opérer sur les derniers services (V. Ourry, *Dictionnaire des pensions*, p. 213). Un arrêt a constaté la légalité de ce procédé, en décidant que, dans le cas où un fonctionnaire, mis à la retraite, compte à la fois des services militaires et des services civils et où, pour établir la durée des services sur lesquels doit être calculée sa pension, il y a lieu de négliger une fraction de mois, la déduction est opérée avec raison sur la durée de ses services civils (Cons. d'Ét. 11 mai 1883, aff. Rouyre, D. P. 85. 3. 6. V. Av. Cons. d'Ét. 5 févr. 1885).

241. — XII. QUOTITÉ DE LA PENSION DES VEUVES. — On a vu, *suprà*, n° 121 et suiv., à quelles conditions la veuve d'un fonctionnaire peut avoir droit à une pension de retraite. Quant à la quotité de cette pension, elle est différente suivant qu'il s'agit d'une pension accordée à la veuve à titre de réversion, ou d'une pension à elle accordée à titre exceptionnel, en vertu de l'art. 14 de la loi du 9 juin 1853.

242. En ce qui concerne la pension *à titre de réversion*, l'art. 13 de la loi de 1853 décide que le montant en sera fixé au tiers de celle dont jouissait le mari, sans pouvoir être inférieur à 100 fr.

243. La pension de la veuve n'étant qu'une partie de celle du mari, la liquidation faite au profit de celui-ci est censée faite au profit de la veuve (On verra *infrà*, n° 563, qu'il en est autrement en matière de pensions militaires). Par conséquent, les droits des veuves se trouvent déterminées d'une manière définitive lors de la liquidation de la pension de leur mari et ne peuvent être modifiés par aucun fait postérieur (Av. Cons. d'Ét. 4 déc. 1866; Cons. d'Ét. 11 déc. 1856, aff. Bizot et aff. Répécaud, D. P. 57. 3. 47; 28 janv. 1858, aff. Veuve Pichot, D. P. 59. 3. 11; 28 juill. 1882, aff. Arnozan, D. P. 84. 3. 25; 16 nov. 1888, aff. Blondel, D. P. 90. 3. 3; 2 mai 1890, aff. Veuve Mourgue D. P. 91. 3. 101; 16 janv. 1892, motifs, aff. Milliet de Faverges, D. P. 92. 3. 78 V. aussi *infrà*, n° 353); ... comme, par exemple, un changement de législation (Cons. d'Ét. 11 déc. 1856 et 28 janv. 1858 précités); ou une modification des règlements d'une caisse départementale de retraite (Cons. d'Ét. 2 mai 1890 précité). Ainsi, il a été jugé : 1° que la veuve du fonctionnaire ou employé décédé, depuis la mise à exécution de la loi du 9 juin 1853, en jouissance d'une pension de retraite liquidée antérieurement à cette loi, ne peut faire valoir son droit à réversion que conformément à la législation sous l'empire de laquelle son mari se trouvait placé. Par suite, elle est sans droit pour réclamer le bénéfice des dispositions plus favorables qui ont été insérées dans la loi nouvelle au profit des veuves de fonctionnaires. (Cons d'Ét. 11 déc. 1856 et 28 janv. 1858 précités); — 2° Que la veuve d'un fonctionnaire (un sous-préfet) n'est pas recevable, pour établir qu'un droit de réversion s'est ouvert à son profit, à contester les bases de la liquidation de son mari, alors que celui-ci n'aurait plus été admis à réclamer contre cette liquidation (Cons. d'Ét. 16 janv. 1892, précité).

244. Décidera-t-on de même, dans le cas où il n'y a pas eu de liquidation antérieure à 1854, et où l'activité du mari s'est prolongée sous le régime de la loi de 1853? Le conseil d'Etat a d'abord adopté la solution négative et décidé que, le droit à pension de la veuve d'un fonctionnaire ne s'ouvrant qu'à l'époque du décès de ce dernier, la pension de cette veuve doit être réglée conformément à la loi en vigueur à cette même époque, et non conformément à la loi ou aux règlements d'après lesquels aurait été fixée la pension de ce fonctionnaire lui-même (Cons. d'Ét. 21 juin 1855, aff. Maussion de Candé, D. P. 56. 3. 11; 24 févr. 1856, aff. Desgranges, D. P. 56. 3. 70; 7 août 1856, aff. Lévisse, D. P. 57. 3. 18; 10 mars 1859, aff. Veuve Lefol, D. P. 59. 3. 65). Jugé, spécialement : 1° que la pension de la veuve d'un fonctionnaire décédé depuis la loi du 9 juin 1853 et ayant accompli la durée de services exigée par l'art. 5 de cette loi doit être réglée conformément à cette même loi (art. 13) et non conformément à l'art. 12 de l'ordre du 19 nov. 1823

(Cons. d'Et. 24 févr. 1856, précité); — 2° Que le droit à pension de la veuve d'un magistrat décédé postérieurement à la mise à exécution de la loi du 9 juin 1853 est régi par cette loi, qui n'accorde de pension à la veuve que dans les cas spécifiés par son art. 14, et non par les ordonnances royales des 21 sept. 1814 et 17 août 1824, d'après lesquelles la veuve d'un magistrat décédé après dix ans de services a droit à une pension, si elle lui est nécessaire (Cons. d'Et. 7 août 1856, précité); — 3° Que la veuve de fontionnaire, dont le droit à pension ne s'est ouvert que depuis la loi du 9 juin 1853, ne peut se fonder sur ce que son mari aurait accompli la durée de trente ans de services avant la promulgation de cette loi, pour obtenir que sa pension soit réglée d'après les bases plus avantageuses qui étaient admises par la législation antérieure; ce mode de règlement ne concerne que les fonctionnaires eux-mêmes et ne s'étend pas à leurs veuves (Cons. d'Et. 10 mars 1859, précité. V. les observations du ministre des finances dans cette affaire, D. P. 59. 3. 65).

L'ancienne jurisprudence du conseil d'Etat s'était établie en sens contraire. Le droit de la veuve étant considéré comme se rattachant intimement à celui du mari, il avait paru que la législation applicable à ce dernier régissait également sa veuve (*Rép.* n° 92. Comp. *ibid.* n° 190). De sérieux motifs d'équité conseillaient, sembla-t-il, de maintenir cette jurisprudence. En effet, la loi nouvelle, en conservant aux fonctionnaires ayant déjà trente ans de services leur droit à une liquidation conforme aux anciens règlements, a voulu que la continuation de leurs fonctions ne pût pas leur nuire, et qu'aucun intérêt ne pût les décider à demander prématurément leur admission à la retraite. Ces fonctionnaires ont dû compter également, eu égard à la jurisprudence en vigueur, qu'en restant en fonctions ils ne compromettaient pas le droit de réversibilité de leurs veuves. Or, avec la jurisprudence inaugurée en 1855. il arrivait que dans certains cas (V. notamment Cons. d'Et. 10 mars 1859 précité), la veuve à laquelle on aurait reconnu sans contestation un droit de réversibilité égal à moitié de la pension du mari, si celui-ci avait opté pour sa mise à la retraite avant la loi de 1853, se trouvait n'avoir plus droit qu'à la réversibilité à concurrence du tiers de cette pension.

En 1865, un revirement de jurisprudence s'est produit sur ce point, et le conseil d'Etat, revenant à la doctrine qu'il avait sanctionnée avant 1853, a, depuis lors, décidé que lorsqu'un fonctionnaire a été mis à la retraite et que sa pension, en vertu des dispositions transitoires de l'art. 18 de la loi du 9 juin 1853, a été liquidée d'après les règlements antérieurs à cette loi, la pension de sa veuve doit être également liquidée d'après ces mêmes règlements, et non d'après la loi de 1853 (Cons. d'Et. 6 déc. 1865, aff. Flandin, D. P. 66. 3. 84; 13 déc. 1866, aff. Clavel et aff. Saugon, *Rec. Cons. d'Etat*, p. 1137 et 1141; 22 nov. 1872, aff. Deloche, *ibid.*, p. 639). Dans ces espèces, la nouvelle jurisprudence était favorable aux veuves; elle pourra, d'autres fois, leur être préjudiciable, notamment dans le cas à propos duquel était intervenu l'arrêt précité du 24 févr. 1856; mais nous ne croyons pas que le conseil d'Etat entende faire varier ses décisions selon cette différence, quoique le commissaire du Gouvernement ait émis l'opinion contraire dans ses conclusions sur l'arrêt précité du 13 déc. 1866. Un pareil système serait difficile à justifier en droit (V. anal. *infrà*, n° 247).

245. Dans deux cas, la loi accorde à la veuve, non plus à titre de réversion, mais en vertu d'un droit propre, une pension égale *au tiers* de celle qu'aurait eue son mari, avec minimum de 100 fr., comme dans le cas de réversion.

Le premier cas est celui où le mari est décédé ayant déjà droit à pension (L. 9 juin 1853, art. 13; V. le numéro précédent). Le second est celui où l'art. 15 de la loi de 1853 accorde à la veuve droit à pension alors que son mari ne pouvait pas encore y prétendre: « Dans le cas où un employé, ayant servi alternativement dans la partie active et dans la partie sédentaire, décède avant d'avoir accompli les trente années de service exigées pour constituer le droit à pension de sa veuve, un cinquième de son temps de service dans la partie active est ajouté fictivement en sus du service effectif pour compléter les trente années nécessaires. La liquidation ne s'opère, néanmoins, que sur la durée effective des services.

Enfin, la femme a droit au tiers, non plus de la pension qu'aurait eue son mari, mais « de la pension produite par la liquidation des services de son mari », quand celui-ci est mort n'ayant pas encore droit à pension, mais ayant déjà accompli vingt-cinq ans de service au moins (L. 28 avr. 1893, art. 50, *suprà*, n° 121). Dans le silence de la loi de 1893, nous ne croyons pas qu'il y ait lieu, en ce dernier cas, de faire bénéficier la femme du minimum de 100 fr. établi par l'art. 13 de la loi de 1853.

246. La veuve est encore investie d'un droit propre, mais sa pension est liquidée à un taux de faveur, dans les hypothèses prévues par l'art. 14 de la loi de 1853: 1° lorsque son mari, dans l'exercice ou à l'occasion de l'exercice de ses fonctions, a perdu la vie dans un naufrage ou dans un des cas spécifiés au paragraphe 1 de l'art. 11 (V. *suprà*, n°s 125 et suiv.), sa pension est des *deux tiers* de celle que le mari aurait obtenue ou pu obtenir par application de l'art. 12, § 1; — 2° Lorsque son mari à perdu la vie par un des accidents prévus au paragraphe 2 de l'art. 11, ou par suite de cet accident (V *suprà*, n° 129 et suiv.), sa pension est du tiers de celle que le mari aurait obtenue ou pu obtenir en vertu dudit article.

247. Il a été jugé que la pension de la veuve d'un fonctionnaire décédé, pendant qu'il faisait partie du service sédentaire, des suites d'un accident survenu alors qu'il appartenait au service actif, doit être calculée d'après les bases applicables aux veuves de fonctionnaires du service sédentaire, et non d'après celles qui sont applicables aux veuves de fonctionnaires du service actif (Cons. d'Et. 21 nov. 1890, aff. Veuve Gaubert, D. P. 92. 3. 54). On sait que, dans le cas de l'art. 11, § 2, de la loi de 1853, la pension est, aux termes de l'art. 14, § 2, même loi, liquidée suivant que l'ayant droit appartient à la partie sédentaire ou à la partie active, à raison d'un soixantième ou d'un cinquantième du dernier traitement Le ministre des finances avait toujours interprété cette dernière disposition comme équivalant à ces mots: « suivant que l'accident est survenu pendant que l'ayant droit appartenait à la partie active ou à la partie sédentaire ». La section des finances du conseil d'Etat s'étant prononcée dans un sens contraire, à l'occasion de l'espèce rappelée ci-dessus, le ministre crut devoir se conformer à son avis; mais, dans ses observations sur le pourvoi, il soutint que le système de la section des finances était en opposition avec la volonté du législateur. « Il n'est pas logique, a-t-il dit, qu'un fonctionnaire, victime d'un accident, qui, au lieu de cesser ses fonctions, a l'énergie de les continuer dans la partie sédentaire, moins pénible, obtienne, après de plus longs services, une pension quelquefois moins élevée que celle qui lui aurait été concédée s'il eût été admis à la retraite quelques années auparavant. Il ne faudrait pas non plus qu'il pût dépendre de l'Administration, en faisant passer cet employé dans un service sédentaire pendant quelques mois ou même pendant quelques jours, de le priver des avantages de la liquidation par cinquantième accordée au service actif auquel il appartenait ». On ne peut méconnaître la gravité des raisons d'équité invoquées par le ministre; cependant c'est avec raison, croyons-nous, que le conseil d'Etat a refusé de les considérer comme décisives. Le texte de l'art. 12 ne paraît présenter aucune ambiguïté; il faut se référer au moment de la cessation des fonctions pour savoir si un fonctionnaire admis à la retraite fait partie du service actif ou sédentaire. C'est, d'ailleurs, une règle générale, en matière de pensions, que c'est la position occupée par l'impétrant au moment où il est admis à faire valoir ses droits à la retraite qui sert de base à la liquidation, alors même qu'il aurait occupé précédemment une situation plus avantageuse au point de vue de cette liquidation (V. Cons. d'Et. 24 déc. 1886, aff. Gadaux, D. P. 88. 3. 39, et les renvois. V. anal., en ce qui concerne les services militaires, Cons. d'Et. 22 juill. 1887, et les renvois, aff. Wittmann. D. P. 88. 3. 116).

248. Sur la question de savoir si la veuve a droit de faire entrer dans le calcul de sa pension les services militaires de son mari, déjà rémunérés par une pension non réversible, V. *suprà*, n° 211.

249. On a vu *suprà*, n° 124, que les veuves des individus pensionnés en vertu des lois des 30 juill. 1881 et 18 avr. 1888 ont droit à réversion de *moitié* de la pension de leur mari.

250. Les pensions des veuves et les secours aux orphelins des préposés et agents forestiers domaniaux ou mixtes sont, en principe, égaux au tiers des trois quarts (c'est-à-dire au quart) du traitement afférent au grade obtenu par leur mari deux ans au moins avant la cessation de ses fonctions. Ils sont, par exception, portés à la moitié des trois quarts (c'est-à-dire aux trois huitièmes) de ce traitement, dans les cas mentionnés au paragraphe 1 de l'art. 14 de la loi de 1853, et des deux cinquièmes des trois quarts (soit trois dixièmes), dans le cas du paragraphe 2 du même article (L. 4 mai 1892, art. 1, D. P. 92. 4. 55).

251. Sur les droits des femmes et des enfants du fonctionnaire qui, depuis plus de trois ans, a disparu de son domicile et n'a pas réclamé le payement des arrérages de sa pension, V. Décr. 9 nov. 1853, art. 45; *Rép.* nos 95 et suiv.

252. Un certain nombre de lois qui accordent des pensions exceptionnelles, à titre de récompense nationale, à des particuliers, posent des règles spéciales pour la réversion desdites pensions au profit des veuves et des enfants des bénéficiaires (V. notamment L. 18 mars 1857; 18 juill. 1874; 2 août 1883, etc.);... ou refusent, soit expressément soit tacitement, le droit de réversion aux veuves (V. notamment L. 30 août 1830; Décr. 24 juill. 1848; 21 avr. 1832). D'autres, au contraire, se réfèrent expressément ou tacitement aux règles posées à cet égard par la loi de 1853 (V. notamment: L. 28 juill. 1835, etc.), ou par celle de 1831 (Décr. 11 janv. 1871). D'autres enfin ont pour objet de concéder des pensions aux veuves de certains particuliers morts sans avoir eux-mêmes droit à pension (V. notamment: L. 28 juill. 1835; 24 avr. 1833; Décr. 5 et 24 juill. 1848; 9 août 1848; L. 12 févr. 1855; 6 juill. 1862; 15 sept. 1871; 1er mars 1872; 12 août 1876; 20 juin 1878; 11 mai 1883; etc.).

253. — XIII. Secours aux orphelins. — Sur la façon dont sont liquidés les secours aux orphelins mineurs (L. 1853, art. 16), V. *suprà* n° 144 et suiv.

254. — XIV. Inscription des pensions et secours. — Effets de cette inscription. — Les pensions et secours sont inscrits au grand-livre de la dette publique (L. 9 juin 1853, art. 17; L. 25 mars 1817, art. 22; *Rép.* n° 94). Les certificats d'inscription sont adressés aux ayants droit par le ministre liquidateur; ils doivent, pour former titre envers le Trésor, être revêtus du visa du contrôle (L. 24 avr. 1833, art. 5).

255. Les pensions, une fois liquidées et inscrites sur le grand-livre de la dette, sont irrévocablement acquises aux titulaires, qui ne peuvent plus en perdre le bénéfice que s'ils encourent l'une des déchéances prévues par la loi (*Rép.* n° 65). En principe, le pouvoir exécutif ne pourrait donc rétracter l'acte qui a accordé une pension, cet acte ayant un caractère irrévocable et constituant un droit acquis dans le sens le plus absolu de ce mot (V *infrà*, n° 579).

La loi, au contraire, peut avoir un effet rétroactif, quand telle est la volonté du législateur. Il n'en a pas été ainsi de la loi du 9 juin 1853 : aux termes d'un arrêt du conseil d'Etat (16 nov. 1854, aff. d'Haubersart, D. P. 55. 3. 73), cette loi n'a entendu porter aucune atteinte aux droits acquis sous la législation antérieure. Mais des considérations politiques ont fréquemment amené le législateur, au lendemain de nos révolutions, à user de son pouvoir à l'égard des pensionnaires de l'Etat. Le premier acte qui ait posé les principes de la matière, la loi des 3-22 août 1790, règle à nouveau la situation de ceux qui touchaient des pensions sur le trésor public. La loi du 29 janv. 1831 ordonne que les pensions accordées depuis le 1er janv. 1828, en exécution de la loi du 11 sept. 1809, seront revisées dans un délai de six mois (*Rép.* p. 764); celle du 19 mai 1849 (D. P. 49. 4. 106) prescrit, dans ses art. 25 et suiv., que les pensions concédées sur fonds généraux à d'anciens fonctionnaires depuis le 1er janv. 1848, en dehors des conditions d'âge et de durée de service fixées par la loi, seront revisés dans le délai de trois mois, et règle les formes dans lesquelles il devra être procédé à cette revision; la loi du 16 sept. 1871 (D. P. 71. 4. 89), ordonne la revision des pensions accordées à de grands fonctionnaires de l'Empire. Enfin, en 1875, le Gouvernement ayant demandé un crédit supplémentaire pour le payement des pensions concédées pour cause d'infirmités à un certain nombre d'anciens membres du conseil d'Etat, une loi (L. 17 mars 1875, art. 3, D. P. 75. 4. 93) invita le Gouvernement à soumettre à un nouvel examen la liquidation de ces pensions.

La discussion de cette dernière loi, dont nous avons analysé les principaux éléments (D. P. 75. 4. 93), indique que l'Assemblée, bien qu'elle ait hésité à donner à sa décision un caractère aussi précis que celui de la loi de 1849 intervenue dans des conditions presque identiques, avait entendu faire usage de son pouvoir législatif, non seulement en ouvrant au Gouvernement un droit de revision, mais encore enjoignant, sous la forme adoucie d'une invitation, de procéder à cette revision. En conséquence, les ministres des finances et de la justice firent procéder à la revision des quarante-deux pensions à titre exceptionnel qui avaient donné lieu à ce vote. Deux pensionnaires s'abstinrent de se présenter devant la commission médicale chargée de les examiner. Trente-cinq obtinrent un avis favorable tant de cette commission que de la section des finances du conseil d'Etat, et leur situation ne subit aucune modification. Pour les cinq autres, l'avis de la commission fut défavorable, en se basant principalement sur ce que les infirmités ne provenaient pas de l'exercice des fonctions. La section des finances du conseil d'Etat émit l'avis qu'il y avait lieu de procéder à un supplément d'instruction, en se fondant sur ce que, en ce qui concerne les pensions concédées en vertu de la loi du 3 août 1790 comme le sont celles des membres du conseil d'Etat, *Rép.* n° 29, les mots : *pendant et à l'occasion des fonctions* ne figurent pas dans le texte de cette loi, qu'il suffit que les infirmités aient été contractées dans l'exercice des fonctions qu'il n'est donc pas nécessaire de constater qu'elles en sont la conséquence, et que le contrôle de la commission médicale devait, par conséquent, se renfermer exclusivement dans les termes de cette loi. Néanmoins, sans recourir à ce supplément d'instruction, un décret du 5 mai 1877 prononça purement et simplement la radiation des pensions sur le Grand-Livre. Sur le pourvoi formé par les intéressés qui, d'une part, contestaient que l'invitation contenue dans l'art. 3 de la loi de 1875 pût porter atteinte à leurs droits acquis, d'autre part, relevaient subsidiairement le défaut de forme consistant en l'absence d'avis définitif de la section des finances, le conseil d'Etat a décidé que l'*invitation* adressée au Gouvernement par l'art. 3 de la loi du 17 mars 1875, de soumettre à un nouvel examen la liquidation des pensions pour lesquelles un crédit était demandé, impliquait le *droit* de procéder à cet examen (Cons. d'Et. 16 nov. 1877, aff. De Maupas, Riché, de la Noue Billault, Berthier, Fortoul, D. P. 78. 3 25). Mais, d'autre part, il a reconnu que les décrets portant liquidation de pensions ne pouvaient être rapportés, par application de la disposition législative précitée, que par décrets rendus sur l'avis de la section des finances du conseil d'Etat, et il a, en conséquence, annulé le décret attaqué. La loi précitée du 19 mai 1849 (art. 26) stipulait expressément que la revision devait être faite, après avis du conseil d'Etat; bien que cette prescription ne fût pas reproduite dans la loi de 1875, le Gouvernement n'a pas hésité à soumettre tous les dossiers à l'examen de la section des finances. En effet, cette loi n'avait pas rayé les pensions du Grand-Livre et renvoyé les anciens fonctionnaires à faire valoir leurs droits, cas dans lequel le ministre compétent aurait pu refuser de donner suite aux demandes qui lui auraient été adressées, sauf aux intéressés à se pourvoir contre ses décisions devant le conseil d'Etat au contentieux; les décrets de liquidation subsistaient et, dès lors, les principes généraux exigeaient qu'ils ne pussent être rapportés que par l'autorité qui les avait rendus, dans les mêmes formes protectrices des droits du Trésor et de ceux des particuliers. Quant à l'avis de la section des finances ainsi exigé, il devait, à peine de nullité du décret, porter sur le fond de la revision proposée; il ne suffisait pas que la section des finances eût demandé qu'il fût procédé à un supplément d'instruction (Arrêts précités du 16 nov. 1877). On peut rapprocher de cette dernière décision les arrêts qui ont décidé que, dans le cas où soit un décret, soit un arrêté préfectoral, ne peut être rendu que sur l'avis du conseil municipal, cette condition n'est pas remplie lorsque le conseil, avant de se prononcer sur le fond de la question, a voté une mesure d'instruction (V. *suprà*, v° *Commune*, n° 1184).

256. — XV. Décisions en matière de pension. — Recours. — Les règles sont les mêmes qu'en matière de pensions militaires (V. *infrà*, nos 571 et suiv.).

257. — XVI. JOUISSANCE DE LA PENSION. — La jouissance de la pension commence du jour de la cessation du traitement, ou du lendemain du décès du fonctionnaire (L. 9 juin 1853, art. 25 ; *Rép.* n° 95). Il n'y a d'exception à cette règle que pour les pensions accordées en vertu des lois des 30 nov. 1875, art. 10 (D. P. 76. 4. 4), 9 déc. 1884 (D. P. 85. 4. 1) et 26 déc. 1887 (D. P. 88. 4. 2), aux fonctionnaires civils élus députés ou sénateurs (*suprà*, n° 104). Les arrérages de ces pensions ne commencent à courir au profit du titulaire que du jour où il peut en demander la liquidation, c'est-à-dire du jour de l'*expiration de son mandat ;* et il en est ainsi, même lorsque, au moment de son élection, il remplissait déjà les conditions exigées par les lois précitées (Cons. d'Et. 4 avr. 1879, aff. Chalamet, D. P. 79. 3. 78). Il peut paraître singulier qu'un fonctionnaire remplissant, au moment où il est élu député, les conditions d'âge et de services nécessaires pour lui constituer droit à pension exceptionnelle, soit privé de cette pension pendant la durée de son mandat, alors qu'il n'existe aucune interdiction du cumul et qu'il pourra toucher cette pension si, après l'expiration de son premier mandat, il est réélu membre de la Chambre. Mais le texte des lois précitées ne paraît pas susceptible d'une autre interprétation ; aucune distinction n'est établie entre les cas où le député avait cinquante ans au moment de son élection et celui où il n'atteint cet âge que pendant la durée de son mandat ; dans un cas comme dans l'autre, il est ajourné à l'expiration de ce mandat pour faire la justification d'âge, et il n'est pas admissible que les arrérages soient dus pour une période pendant laquelle un obstacle légal s'oppose à la liquidation de la pension.

258. Lorsqu'un fonctionnaire admis à faire valoir ses droits à la retraite est maintenu provisoirement en fonctions (V. *suprà*, n° 108), la jouissance de sa pension ne court que du jour de la cessation effective de son traitement (Décr. 9 nov. 1853, art. 47 ; Cons. d'Et. 11 déc. 1862, aff. Lacourrière ; 15 nov. 1878, aff. Gabet, D. P. 79. 5. 315).

259. Il ne peut, en aucun cas, y avoir lieu au rappel de plus de trois années d'arrérages antérieurs à la date de l'inscription au *Bulletin des lois* du décret de concession (L. 1853, art. 25, § 1 ; *Rép.* n° 95). — Malgré les termes généraux de l'art. 25 de la loi du 9 juin 1853, la jurisprudence admet que le pensionnaire a droit à plus de trois années d'arrérages lorsqu'il justifie qu'il a fait tout ce qui dépendait de lui pour hâter la liquidation de sa pension. Même dans la matière qui porte l'empreinte de la rigueur la plus absolue, c'est-à-dire dans la matière des dettes de l'Etat, la déchéance n'est plus encourue qu'autant que le retard de la liquidation n'est pas imputable à l'Administration (L. 29 janv. 1831, art. 9 et 10 ; *Rép.*, v° *Trésor public*, n°ˢ 490 et suiv.). A plus forte raison doit-il en être de même à l'égard des pensions. Jugé, en conséquence, que l'art. 25 de la loi de 1853 ne saurait être opposé au fonctionnaire qui a demandé, immédiatement après son admission à la retraite, la liquidation de sa pension, et qui n'a subi un retard de plus de trois ans dans cette liquidation que par le fait de l'Administration (Cons. d'Et. 25 févr. 1864, aff. Sauphar, D. P. 64. 3. 84 ; 27 juill. 1870, aff Germain, *Rec. Cons. d'Etat*, p. 952). L'art. 25 de la loi de 1853 recevra donc seulement son application lorsque le fonctionnaire aura formé sa demande de pension plus de trois ans et moins de cinq ans après sa mise à la retraite : dans ce cas, il aura encore droit à la pension, mais il ne pourra réclamer plus de trois ans d'arrérage (Conf. Cons. d'Et. 26 déc. 1856, aff. Floret, D. P. 57. 3. 50).

Les mêmes principes sont adoptés par la jurisprudence en ce qui concerne l'application de l'art. 5 de la loi du 17 avr. 1833, relative aux pensions militaires (V. *infrà*, n° 610).

260. En dehors du cas que l'on vient d'étudier, c'est-à-dire toutes les fois que le retard dans la liquidation n'est pas uniquement imputable à l'Administration, l'art. 25 de la loi de 1853 devrait recevoir sa stricte application. Ainsi il a été jugé que la disposition de l'art. 25 est applicable à un préfet qui, après avoir été admis à faire valoir ses droits à la retraite, mais avant d'avoir demandé la liquidation de sa pension, a été placé dans le cadre de non-activité, et a reçu pendant quelque temps le traitement afférent à cette situation; il objecterait vainement que, tant qu'il était en non-activité, l'exercice de ses droits à la pension de retraite était nécessairement suspendu (Cons. d'Et, 11 mars 1869, aff. Jambert, D. P. 70. 3. 33). « Considérant, dit très justement cet arrêt, qu'il ne pourrait être dérogé à cette prescription formelle de la loi que dans le cas où ce serait par une cause indépendante de la volonté du fonctionnaire, mais uniquement imputable à l'Administration, que ce fonctionnaire aurait laissé écouler plus de trois ans sans réclamer la liquidation de sa pension et sans justifier de ses titres ;... que le sieur Jaubert, qui au lieu de demander sa pension de retraite a préféré accepter la position et le traitement de préfet en non-activité, n'est pas fondé, en présence des dispositions formelles de l'art. 25 de la loi du 9 juin 1853, à réclamer le payement des arrérages de sa pension afférents à la période de temps compris entre le 5 oct. 1861 et le 11 avr. 1863 ».

La même solution a été appliquée à un fonctionnaire mis en disponibilité sans traitement (Cons. d'Et. 26 janv. 1870, aff. Marly de Bernage, *Rec. Cons. d'Etat*, p. 36). — Jugé également : 1° qu'un fonctionnaire qui a formé une demande en pension plusieurs années avant le décret qui a liquidé cette pension, mais n'a fourni les pièces justificatives nécessaires pour établir son droit que l'année qui a précédé cette liquidation, n'est pas fondé à demander le rappel de plus de trois années d'arrérages par dérogation à l'art. 25 de la loi du 9 juin 1853 (Cons. d'Et. 24 mai 1889, aff. Lagrange, D. P. 90. 3. 98 ; V. analog. Cons. d'Et. 14 janv. 1876, aff. Fass, D. P. 76. 3. 54 ; 19 janv. 1883, aff. Justa, D. P. 84. 5. 385); — 2° Que l'agent relevé de son poste comme « appelé à d'autres fonctions » n'est pas fondé à différer de former sa demande, et tombe sous le coup de l'art. 25, § 2, s'il laisse écouler plus de trois ans depuis son remplacement sans poursuivre la liquidation de sa pension (Cons. d'Et. 29 juin 1877, aff. Mazel, *Rec. Cons. d'Etat*, p. 655).

261. Il a été décidé que l'engagement, pris par l'Administration envers les agents qui accepteraient de se charger d'un travail spécial moyennant des remises proportionnelles, de leur assurer ce travail pendant dix ans au moins ne confère pas à ces agents le droit de réclamer leur mise à la retraite à l'expiration de cette période; que, par suite, lorsque l'un d'entre eux n'a cessé son service qu'à une époque postérieure et a touché une rétribution jusqu'à cette époque, il n'est pas fondé à demander que le point de départ de la jouissance de sa pension soit reporté à la fin des dix années à l'expiration desquelles ses fonctions auraient dû cesser (Cons. d'Et. 11 juill. 1890, aff. Leca, D. P. 92. 3. 21). L'engagement de conserver à un agent, qui consent à se charger d'un service spécial, la continuation de ce service pendant un temps déterminé, ne constitue aucunement l'engagement de mettre cet agent à la retraite, immédiatement après l'achèvement de ce travail. Or, en règle générale, c'est à l'Administration qu'il appartient d'apprécier s'il y a lieu de prononcer la mise à la retraite d'un fonctionnaire, alors même que celui-ci remplit les conditions nécessaires pour avoir droit à pension, et le refus de prendre cette mesure ne constitue pas un acte susceptible d'être déféré au conseil d'Etat.

262. Les dispositions du titre 4 de la loi du 9 juin 1853 sur les pensions civiles, n'affectant ni les conditions du droit à pension ni les bases de la liquidation, s'appliquent à toutes les pensions liquidées postérieurement à la promulgation de la loi, quelle que soit l'époque à laquelle remontent les services pour lesquels la pension est concédée. Spécialement, l'art. 25 d'après lequel la pension commence à courir du jour de la cessation du traitement, s'applique à une pension accordée en rémunération de services rendus sous l'empire de la législation ancienne, mais liquidée postérieurement au jour où la loi du 9 juin 1853 est devenue exécutoire (Cons. d'Et. 10 sept. 1855, aff. Corneille, D. P. 56. 3. 31).

263. — XVII. PAYEMENT DE LA PENSION. — Les pensions sont payables par trimestre (L. 1853, art. 30 ; *Rép.* n° 77) les 1ᵉʳ mars, 1ᵉʳ juin, 1ᵉʳ septembre et 1ᵉʳ décembre de chaque année (L. 12 août 1876, art. 13), et au lieu désigné par le pensionnaire. Si celui-ci change de résidence et désire toucher les arrérages dans sa nouvelle résidence, il doit adresser une demande à cet effet au trésorier général qui a effectué le dernier payement (Circ. direct. dette inscrite 25 mars 1872). Les mêmes règles s'appliquent aux secours annuels accordés aux orphelins (*Rép.* n° 79).

264. Tout titulaire d'une pension inscrite au Trésor doit produire, pour le payement, un certificat de vie délivré par un notaire, conformément à l'ordonnance du 6 juin 1839, lequel certificat contient, en exécution des art. 14 et 15 de la loi du 13 mai 1818, la déclaration relative au cumul (Décr. 9 nov. 1853, art. 46). Quant à la forme de ce certificat, V. aussi Décr. 21 août 1806; 23 sept. 1806; 30 juin 1814; Décis. min. fin. 24 mars 1817; Instruct. min. fin. 12 sept. 1806; 29 avr. 1822; 13 août 1826; 6 juin 1839. La rétribution fixée par le décret du 21 août 1806 et l'ordonnance du 20 juin 1817, pour la délivrance des certificats de vie, est modifiée ainsi qu'il suit: Pour chaque trimestre à percevoir:

De 600 fr. et au-dessus	0f50
De 500 à 301 fr	0 35
De 300 à 101 fr	0 25
De 100 à 50 fr	0 20
Au-dessous de 50 fr	0 00

(Décr. 9 nov. 1853, art. 46). Les certificats de vie sont rédigés sur des formules timbrées délivrées aux notaires par les receveurs de l'enregistrement (Décis. min. fin. 23 mai 1818 et 7 juill. 1818). Cependant, sont dispensés du timbre, les certificats de vie concernant: 1° les indigents, s'il est joint un certificat d'indigence délivré par le maire (Décis. min. fin. 31 déc. 1827; Circul. direct Dette inscr., 1er déc. 1863); — 2° Les agents des Douanes et de l'administration des Poudres (Décis. min. fin. 27 janv. et 20 mars 1827); — 3° Les titulaires de pensions à titre d'indemnité aux donataires dépossédés ou de récompense nationale, et les membres pensionnés de la Légion d'honneur (Décis. min. fin. 22 août 1817; 30 nov. 1825; 28 févr. 1826; Instruct. direct. gén. de l'enreg., n° 1189 et 1166). Le même certificat peut servir au payement de plusieurs trimestres arriérés (Réglem. min. fin. 26 déc. 1866).

265. Les titulaires de pensions civiles qui résident à l'étranger doivent produire un certificat de vie délivré par les chanceliers des légations et consulats français, ou par les officiers publics du lieu de leur résidence, et légalisé par les agents diplomatiques français. Ce certificat est visé par le ministre des affaires étrangères (Ordonn. 30 juin 1814, 20 mai 1818, 26 juill. 1821).

Lorsque les pensionnaires se trouvent sous les drapeaux, leur certificat de vie peut être délivré par le conseil d'administration de leur corps (Ordonn. 24 janv. 1816).

Les sénateurs et députés peuvent faire établir leur certificat de vie par les questeurs de l'Assemblée à laquelle ils appartiennent (Bavelier, t. 1, n° 104).

266. La pension est payable au porteur du titre et du certificat de vie. Si le titulaire veut faire toucher les arrérages sans confier son titre à un tiers, il peut donner à ce dernier une procuration délivrée dans la forme prescrite par les ordonnances des 1er mai 1816 et 9 janv. 1818 (V. *infrà*, v° *Trésor public*).

En cas de perte de son certificat d'inscription, le pensionnaire peut former opposition au payement des arrérages, entre les mains du payeur. Il peut, d'ailleurs, obtenir un duplicata de son titre (Bavelier, t. 1, n° 106 et suiv.).

267. — XVIII. RADIATION DE LA PENSION. — Les pensions et secours annuels sont rayés des livres du Trésor après trois ans de non-réclamation. Leur rétablissement a lieu sur une demande de l'intéressé, accompagnée du titre et d'un certificat de vie, de domicile et d'identité dressé par le maire de la résidence, en présence de deux témoins. Ce certificat doit énoncer que le titulaire ne se trouve dans aucun cas de suspension ou de perte du droit à pension (V. Bavelier, t. 1, n° 111).

268. Le rétablissement de la pension ne donne lieu à aucun rappel d'arrérages antérieurs à la réclamation (L. 9 juin 1853, art. 30; *Rép.* n° 97; Cons. d'Et. 14 janv. 1876, aff. Fass, D. P. 76. 3. 54). La même déchéance est applicable aux héritiers ou ayants cause des pensionnaires qui n'auront pas produit la justification de leurs droits dans les trois ans qui suivront la date du décès de leur auteur (L. 1853, art. 30 *in fine*). Les trois années ont pour point de départ le jour de l'*exigibilité* du plus ancien des trimestres arriérés (Décis. min. fin. 28 juin 1864; Circul. direct. Dette inscr. 27 juill. 1864), ou, pour les pensions sur lesquelles aucun arrérage n'a encore été payé, le jour de la promulgation du décret de concession (Av. Cons. d'Et. 14 mars 1834). V. *infrà*, n° 610.

269. La déchéance prononcée par l'art. 30 de la loi de 1853 ne s'applique qu'aux pensions déjà liquidées et inscrites; on ne saurait donc l'étendre par analogie aux arrérages antérieurs à l'inscription sur les livres du Trésor d'une pension qui vient d'être concédée; aussi a-t-il été jugé que le fonctionnaire qui a présenté sa demande en liquidation de pension avant l'expiration du délai de déchéance fixé par l'art. 22 de la loi du 9 juin 1853, a droit au rappel de trois années d'arrérages qu'autorise l'art. 25, encore qu'il ait laissé écouler trois années avant de former sa réclamation (Cons. d'Et. 26 déc. 1856, aff. Floret, D. P. 57. 3. 50; 23 juill. 1857, aff. Fromant, *Rec. Cons. d'Etat*, p. 576. Conf. Bavelier, t. 1, n° 110).

270. Il a été jugé que l'art. 30 de la loi du 9 juin 1853, aux termes duquel le rétablissement d'une pension dont les arrérages n'ont pas été réclamés depuis trois années, ne donne lieu à aucun rappel d'arrérages, est applicable au cas où les arrérages n'ont pas été réclamés en raison d'une condamnation dont les effets ont été ultérieurement effacés par une amnistie (Cons. d'Et. 23 janv. 1880, aff. Souvras, D. P. 80. 3. 63; 19 janv. 1883, aff. Justa, D. P. 84. 5. 385).

271. — XIX. CUMUL. — Aux termes de l'art. 28 de la loi de 1853, lorsqu'un pensionnaire est remis en activité dans le même service, le payement de sa pension est suspendu. Lorsqu'il est remis en activité dans un service différent, il ne peut cumuler sa pension et son traitement que jusqu'à concurrence de 1500 fr. (*Rép.* n° 100). Par les mots *service différent* employés dans cet article, il faut entendre un ministère autre que celui duquel dépendait l'employé, au moment de son admission à la retraite (Lettres min. fin. 1er oct. 1853 et 5 avr. 1855: Bavelier, t. 1, n° 119); ou, à plus forte raison des administrations autres que celles de l'Etat, par exemple les administrations départementales ou communales (Cons. d'Et. 17 mai 1826, aff. Lafont de Ladebat; 17 avr. 1834, aff. Faure).

L'indemnité législative ne constituant pas un traitement, peut se cumuler avec une pension (Cons. d'Et. 1er juin 1883, aff. Datas, *Rec. Cons. d'Etat*, p. 515).

272. D'après un avis de la section des finances du conseil d'Etat, en date du 30 oct. 1855 (D. P. 78. 3. 5, note), la disposition du paragraphe 3 de l'art. 28 de la loi du 9 juin 1853, aux termes de laquelle le titulaire d'une pension est admis, lorsqu'il est remis en activité dans un service différent, à cumuler sa pension et son traitement jusqu'à concurrence de 1500 fr., peut être invoquée par « la veuve qui, jouissant, par droit de réversion, d'une portion réduite de la pension qu'aurait obtenue son mari, reçoit un traitement comme rémunération des services qu'elle rend personnellement ».

Mais il a été décidé que la veuve d'un fonctionnaire ne peut cumuler la pension dont elle jouit en cette qualité, avec le traitement d'une fonction qu'elle remplit elle-même, que jusqu'à concurrence de 1500 fr. (Cons. d'Et. 3 août 1877, aff. Veuve Mennequin, D. P. 78. 3. 5. Comp. Bavelier, t. 1, n° 120).

273. L'art. 3 de la loi du 30 mars 1872 (D. P. 72. 2. 71) concernant les fonctionnaires réformés en 1871-1872 pour cause de suppression d'emploi ou de réorganisation (*suprà*, n° 86, 126 et 232) porte: « Si ces fonctionnaires et employés sont ultérieurement replacés dans une administration de l'Etat, les pensions ou indemnités accordées conformément aux art. 1 et 2 ci-dessus ne se cumuleront pas avec leur nouveau traitement ».

274. Il a été jugé que l'art. 28, § 3, de la loi de 1853, aux termes duquel le pensionnaire qui a été remis en activité peut, après la cessation de ses nouvelles fonctions, obtenir, s'il y a lieu, une nouvelle liquidation basée sur la généralité de ses services (*suprà*, n° 271), n'est applicable qu'au cas où la législation sur les pensions permet à la liquidation nouvelle de comprendre cette généralité des services (Cons. d'Et. 17 janv. 1861, aff. Faucon-Delalonde, *Rec. Cons. d'Etat*, p. 40). Ainsi le pensionnaire remis en activité de service dans des fonctions qui ne donnent droit à pension que depuis la loi de 1853 (par exemple, celles de percepteur) ne saurait demander qu'il soit procédé à la nouvelle liquidation prévue par l'art. 28 (Même arrêt).

275. Si les pensions liquidées antérieurement à la promulgation de la loi du 9 juin 1853 constituent des droits acquis que ne peut modifier l'application des dispositions de cette loi; les conditions auxquelles est subordonnée l'allocation d'un traitement d'activité peuvent, au contraire, être changées et réglées à nouveau, sans qu'il y ait violation d'aucun droit acquis. Par exemple, les deux premiers paragraphes de l'art. 28 de cette loi portant que lorsqu'un pensionnaire est remis en activité dans le même service, le payement de sa pension est suspendu, et que, lorsqu'il est remis en activité dans un service différent, il ne peut cumuler sa pension et son traitement que jusqu'à concurrence de 1500 fr., s'applique même au cas où la concession de la pension remonte à une époque antérieure à la promulgation de cette loi (Cons. d'Et. 10 sept. 1855, aff. Perrignon, D. P. 56. 3. 31. — V. en sens contraire, Av. sect. fin. Cons. d'Et. 30 déc. 1854, D. P. *ibid.*, note).

276. Lorsqu'un fonctionnaire élu député ou sénateur, qui a eu sa pension liquidée en vertu des lois des 30 nov. 1875 et 26 déc. 1887 (V. *suprà*, n° 104) est, après l'expiration de son mandat, remis en activité, on lui applique l'art. 28 de la loi de 1853 (L. 30 nov. 1875, art. 10, § 4).

277. L'art. 1 de la loi du 1er juin 1878 porte que les militaires de la réserve et de l'armée territoriale, autres que ceux qui composent le personnel administratif de cette armée, cumulent, *en temps de paix*, les traitements ou pensions dont ils jouissent avec la solde et les prestations qui sont attribuées pendant les exercices ou manœuvres auxquels ils sont convoqués. Toutefois, le temps passé sous les drapeaux dans ces conditions n'entre pas dans la supputation des services militaires donnant droit à pension (Même loi, art. 2).

278. Le cumul de deux pensions est autorisé dans la limite de 6000 fr., pourvu qu'il n'y ait pas double emploi dans les années de service présentées pour la liquidation. Cette règle n'est pas applicable aux pensions que des lois spéciales ont affranchies des prohibitions du cumul (L. 9 juin 1853, art. 31 ; *Rép.* n° 97). Elle ne saurait non plus être appliquée rétroactivement aux pensions déjà liquidées avant la promulgation de la loi de 1853; car cette loi n'a entendu nullement porter atteinte aux droits acquis sous la législation antérieure (Cons. d'Et. 16 nov. 1854, aff. d'Haubersart, cité *suprà*, n° 256. V. cependant *suprà*, n° 275).

279. On a vu *suprà*, n° 165, qu'une exception a été faite à l'interdiction du double emploi dans les années de service en faveur des professeurs, savants, artistes, etc. (L. 8 juill. 1852, D. P. 52. 4. 185). Mais il n'est pas dérogé, pour cela, aux règles du non-cumul posées par les art. 28 et 31 de la loi de 1853 (*Moniteur* 25 juin 1852). V. toutefois le numéro suivant.

280. Certaines exceptions aux règles prohibitives du cumul ont été établies par des dispositions législatives spéciales. Ainsi, aux termes de l'art. 12 de la loi du 15 mai 1818 (*Rép.* p. 756), les pensions des académiciens et hommes de lettres attachés à l'instruction publique, à la Bibliothèque du roi, à l'Observatoire ou au Bureau des longitudes, peuvent se cumuler jusqu'à concurrence de 2000 fr. avec un traitement d'activité, pourvu que la pension et le traitement ne s'élèvent pas ensemble à plus de 6000 fr. (V. *Rép.* v° *Traitement*, n° 210). Un arrêt a décidé que le bénéfice de l'art. 12 ne pouvait être réclamé que par ceux qui touchaient un traitement d'activité dans le service de l'instruction publique, et non pas, par exemple, par celui qui, pourvu d'une pension de l'Université, vient à faire partie du clergé (Cons. d'Et. 14 juin 1862, aff. Alazard, *Rec. Cons. d'Etat*, p. 490).

Deux arrêts plus récents ont décidé que l'art. 12 est encore en vigueur aujourd'hui (Cons. d'Et. 30 avr. 1875, aff. Sandeau et aff. Ruprich-Robert, D. P. 75. 3. 120). Cette disposition est, d'ailleurs, applicable aux indemnités temporaires liquidées en exécution de la loi du 30 mars 1872 et de l'art. 19 de la loi du 29 déc. 1873 (Mêmes arrêts. V. aussi Cons. d'Et. 25 juill. 1873, aff. Maigne, D. P. 74. 3. 76).

281. En général, les pensions accordées à titre d'indemnité ou de récompense nationale sont affranchies des règles prohibitives du cumul. Telles sont notamment celles des anciennes listes civiles (Cons. d'Et. 2 août 1854, aff. Godard-Dubuc, *Rec. Cons. d'Etat*, p. 734);... des anciens donataires dépossédés et de leurs veuves (L. 26 juill. 1821, art. 5); ... les traitements de la Légion d'honneur, les rentes viagères attribuées aux médaillés militaires et les pensions des veuves de militaires ou d'employés tués pendant l'insurrection de Paris (Décr. 31 mai 1862, art. 274; L. 15 sept. 1871 et 1er mars 1872);... les pensions concédées par les lois des 30 août 1830, 21 avr. 1833, 26 avr. 1833, 4 sept. 1835, le décret du 24 juill. 1848, les lois des 16 mai 1858, 16 avr. 1859, etc.;... les « indemnités accordés aux victimes du coup d'Etat du 2 décembre 1851 et de la loi de sûreté générale » (L. 30 juill. 1881, art. 12; Conf. séance de la Chambre des députés du 25 févr. 1893, *Journ. off.* 26 févr. 1893, p. 754).

282. Les secours aux orphelins ne constituant ni des des pensions, ni des traitements, on ne saurait leur appliquer les art. 28 et 31 de la loi de 1853 (Bavelier, t. 1, n° 122). Pour le même motif, il a été décidé que les remises des receveurs-buralistes des contributions indirectes peuvent aussi se cumuler avec des pensions (Av. Cons. d'Et. 24 sept. 1819 et 6 déc. 1849; Décis. min. fin. 27 janv. 1853; Bavelier, *ibid.*).

283. M. Bavelier (t. 1, n° 122) estime que, à défaut de prohibition analogue à celle de l'art. 11 de la loi du 5 août 1879, la veuve du fonctionnaire *civil* peut cumuler, dans la limite de 6000 fr., plusieurs pensions soit civiles soit militaires qu'elle aurait eues, à titre de réversion, du chef de plusieurs maris.

284. — XX. INCESSIBILITÉ ET INSAISISSABILITÉ DES PENSIONS. — Les pensions sont *incessibles*, sauf les exceptions énoncées dans l'art. 26 de la loi de 1853 (*Rép.* n° 98). Aucune saisie ou retenue ne peut être opérée, du vivant du pensionnaire, que jusqu'à concurrence d'un cinquième pour débet envers l'Etat, ou pour des créances privilégiées, aux termes de l'art. 2101 c. civ., et d'un tiers dans les circonstances prévues par les art. 203, 205, 206, 207 et 214 du même code (L. 1853, art. 26).

285. L'exception relative au cas de débet envers l'Etat (V. sur le sens de cette expression : Décr. 31 mai 1862, art. 326, 329, 337 et suiv., 369 et suiv., 419, 545 et suiv., et *infrà*, v° *Trésor public*) ne saurait évidemment être étendue à d'autres créances, même privilégiées de l'Etat (Bavelier, t. 1, n° 114). C'est donc à tort que des retenues sont parfois, en fait, opérées, sur des pensions, pour arriver au payement d'impôts soit indirects, soit même directs, pour le recouvrement desquels la loi du 12 nov. 1808 accorde un privilège général sur les meubles du redevable. On se prévaudrait à tort, en ce cas, ainsi que l'ont fait certaines circulaires ministérielles, de ce que l'art. 2101, relatif à certaines créances privilégiées sur tous les meubles, est compris dans l'énumération de l'art. 26 (Bavelier, *loc. cit.*).

Les oppositions pour débet envers l'Etat se font par voie administrative (Circul. 28 août 1844 et 11 déc. 1879).

286. Si le tiers de la pension déclaré saisissable dans certains cas, par l'art. 26 de la loi de 1853 est insuffisant pour assurer l'acquittement de la dette alimentaire, peut-on porter atteinte aux deux autres tiers par une saisie-arrêt? La question est identique à celle qui sera examinée à l'égard des traitements, *infrà*, v° *Traitement*. Elle est, on le verra résolue de façons différentes par la jurisprudence.

287. Sauf dans les cas spécifiés par l'art. 26, les pensions ne peuvent jamais être saisies, même pour dette alimentaire, ou pour loyer d'habitation (Paris, 26 juill. 1847, aff. Patorni, D. P. 47. 2. 151). Il a été jugé que, l'art. 301 c. civ. n'étant pas visé par ledit art. 26, aucune saisie ne peut être pratiquée sur une pension par la femme divorcée du titulaire, pour sûreté de la pension alimentaire à elle allouée par le jugement qui prononce le divorce; et il en est ainsi, notamment, des pensions servies par l'Etat, en vertu de la loi du 30 juill. 1881, aux victimes des événements de décembre 1851 (Trib. Seine, 24 nov. 1892 (1). Conf. Req. 24 déc. 1883, aff. Gagnebin, D. P. 84. 1. 196).

288. De ce que les pensions peuvent être saisies dans les conditions et dans les limites qui viennent d'être indiquées, on a conclu qu'elles peuvent être, jusqu'à due con-

(1) (Femme Forest C. Forest.) — LE TRIBUNAL; — Attendu que la femme Forest est créancière de son mari d'une pension alimentaire de 30 fr. par mois, payable d'avance à partir du jour de la demande et jusqu'à la liquidation de la communauté ayant

currence, cédées ou déléguées aux créanciers privilégiés qui peuvent former sur elle des oppositions. Ces délégations qui sont sans inconvénients, quand déjà les créances existent, ont, en effet, l'avantage d'épargner aux débiteurs pensionnés les frais relativement élevés des saisies-arrêts et des instances qui en sont la suite (Dareste, *Code des pensions civiles*, p. 77; Bavelier, t. 1, n° 116).

289. Les titres de pensions sur l'Etat sont, ainsi que les pensions elles-mêmes, insaisissables, inaliénables, et non susceptibles de faire l'objet d'un nantissement. En conséquence, un agent d'affaires ne peut valablement ni les recevoir en nantissement des titulaires, ni les donner au même titre à un tiers en garantie de sommes empruntées par lui à ce dernier (Paris, 19 mai 1877, aff. Clasquin, D. P. 79. 2. 84).

290. Les oppositions et significations de transport relatives aux pensions sur les fonds de l'Etat doivent être faites entre les mains des payeurs, agents ou préposés, sur les caisses desquels des ordonnances ou mandats sont délivrés. A Paris, elles sont faites entre les mains du conservateur des oppositions, au ministère des finances (Bavelier, t. 1, n° 117). Les sommes retenues sur les pensions ne sont pas, comme celles qui sont retenues sur les traitements, susceptibles d'être versées d'office, à chaque échéance, à la Caisse des consignations; le versement ne peut être effectué qu'en vertu d'un jugement (Ordonn. 16 sept. 1837; Bavelier, *loc. cit.*) V. *infra*, v^is *Traitement*, *Trésor public*.

291. L'insaisissabilité et l'incessibilité cessent à la mort du pensionnaire. A ce moment, les arrérages échus peuvent être saisis par tous les créanciers ou cédés par les héritiers (L. 14 févr. 1792, art. 7; Bavelier, t. 1, n° 118).

292. — XXI. FONCTIONNAIRE AYANT PASSÉ D'UN SERVICE SUJET A RETENUE DANS UN SERVICE QUI EN EST AFFRANCHI, ET RÉCIPROQUEMENT — D'après l'art. 33 de la loi de 1853, « lorsqu'un fonctionnaire aura passé d'un service sujet à retenue dans un service qui en est affranchi, ou réciproquement, la pension est liquidée d'après la loi qui régit son dernier service, à moins qu'il n'ait accompli dans le premier service les conditions d'âge et de durée de fonctions exigées. Dans ce dernier cas, le fonctionnaire a le droit de choisir le mode de liquidation de sa pension ».

Cette disposition s'applique-t-elle même aux services rendus avant 1854 ? La section des finances du conseil d'Etat a adopté la négative et décidé qu'il y a lieu, en ce cas, de se conformer à la règle posée par l'art. 18, § 1, de la loi (Av. sect. fin. Cons. d'Et. 15 mars 1872. Conf. Bavelier, t. 1, n° 71). La section du contentieux s'était antérieurement prononcée pour l'affirmative (Cons. d'Et. 9 avr. 1868, aff. Delpech, *Rec Cons. d'Etat*, p. 398).

293. — XXII. PENSIONS QUI, BIEN QUE RÉGIES PAR LA LOI DE 1853, SONT EN OUTRE SOUMISES A CERTAINES RÈGLES SPÉCIALES. — Indépendamment des diverses catégories de pensions civiles qui ne sont pas régies par la loi du 9 juin 1853 et le décret du 9 nov. 1853, mais sont soumises à une législation spéciale, et dont il sera traité *infrà*, n° 306 et suiv., il en est qui, tout en restant placées, en principe, sous l'application de la loi et du décret de 1853, sont cependant, en outre, assujetties à certaines règles spéciales, qui dérogent à la loi et au décret. Ce sont notamment : 1° celles des employés des bureaux du ministère de la marine et des colonies; 2° celles des agents du service actif des douanes ; 3° celles des agents et préposés forestiers domaniaux et mixtes.

294. 1° Jusqu'en 1885, les pensions du personnel des bureaux du *ministère de la marine et des colonies* ont continué à être soumises au décret du 4 mars 1808, qui avait rendu applicables aux employés des bureaux du ministère de la marine et des colonies les dispositions du décret du 2 févr. 1808 (*Rép.* p. 751) relatif aux pensions des employés du ministère de la guerre, et déclaré que ces pensions continueraient à être acquittées comme toutes celles accordées dans le département de la Marine, par la caisse des Invalides de la marine, conformément à l'arrêté du 11 vent. an 12. La loi de 1853, en effet, n'avait ni abrogé les décrets de 1808, ni supprimé la caisse des Invalides de la marine (V. *infrà*, n° 668).

En 1885, une disposition de la loi de finances (L. 21 mars 1885, art. 9, § 1, D. P. 85. 4. 42) a placé, à partir du 1er janv. 1886, sous le régime de la loi et du décret de 1853, « les fonctionnaires et employés de l'Administration centrale du ministère de la marine, et ceux des colonies retraités d'après la loi du 9 juin 1853 ». Les paragraphes 2, 3 et 4 du même article ont édicté des dispositions transitoires en faveur des agents en exercice au 31 déc. 1885 : « Ceux des fonctionnaires ou employés de ladite administration centrale, qui seront en exercice au 1er janv. 1886, auront la faculté d'opter, en fin de carrière, entre le régime du décret du 2 févr. 1808 et celui de la loi du 9 juin 1853, ou toute loi qui la modifierait. Ceux qui opteront pour ce dernier régime seront retraités, pour les services postérieurs au 1er janv. 1886, d'après les dispositions de la loi du 9 juin 1853 ou de toute autre loi qui la modifierait, et, pour les services antérieurs, conformément au décret du 2 févr. 1808, sans que les maxima déterminés par la loi précitée puissent être dépassés. Les veuves ou orphelins dont les maris ou auteurs, retraités en vertu du décret du 2 févr. 1808, décéderont après le 31 déc. 1885, auront également la faculté d'opter entre l'application dudit décret et celle de la loi de 1853 ou de toute autre loi qui la modifierait » (V. aussi L. 28 avr. 1893, art. 53).

Sur les décrets des 2 févr. et 4 mars 1808, V. Bavelier, t. 1, n° 151 à 162 V. aussi, *suprà*, n° 29.

295. 2° Aux termes de l'art. 24 de la loi de finances du 26 févr. 1887 (D. P. 87. 4. 81), « à partir du 1er avr. 1887, les pensions auxquelles les agents du *service actif des douanes*, jusqu'au grade de capitaine inclusivement, ont droit, en vertu et dans les conditions de la loi du 9 juin 1853, seront liquidées en prenant pour base les tarifs applicables à la gendarmerie (V. Ordonn. 20 janv 1841 ; L. 18 août 1879; 23 juill. 1881 ; *infrà*, n° 530). Dans les cas prévus par le paragraphe 1 de l'art. 11 de la loi du 9 juin 1853, la pension ne pourra être inférieure au minimum attribué pour vingt-cinq ans de service, au grade correspondant, par la loi militaire. Dans le cas prévu par le paragraphe 2 du même

---

existé entre elle et son mari; — Attendu que cette pension lui a été allouée par jugement du 19 mars 1888 prononçant le divorce d'entre les époux, et que la somme à elle due s'élève à 1200 fr.; — Attendu que, suivant exploit de Ormeaux, huissier à Paris, en date du 18 déc. 1888, la demanderesse a formé saisie-arrêt entre les mains du ministre des finances sur les sommes par lui dues au sieur Forest; — Attendu que la saisie porte sur des sommes dues par l'Etat à Forest en vertu de la loi du 30 juill. 1881 qui a accordé des indemnités aux victimes du 2 déc. 1851; — Attendu que Forest soutient que les sommes allouées par cette loi sont insaisissables; — Attendu qu'il ajoute que, voulût-on considérer les rentes allouées en vertu de ladite loi du 20 juill. 1881 comme ayant tous les caractères d'une pension civile ordinaire, la saisie-arrêt ne porterait encore pas, les pensions civiles étant elles-mêmes insaisissables, sauf dans certains cas énumérés dans la loi du 9 juin 1853; — Attendu que l'art. 680 c. proc. civ. décide que les pensions et traitements dus par l'Etat ne pourront être saisis que pour la portion déterminée par les lois et ordonnances; — Attendu que la loi du 30 juill. 1881 porte seulement que « des rentes incessibles et insaisissables sont allouées aux citoyens français »... — Qu'aucune restriction n'est apportée à l'insaisissabilité établie par l'art. 1 de cette loi; — Attendu que la loi du 9 juin 1853 sur les pensions civiles déclare (art. 26) : « Aucune saisie ou retenue ne peut être opérée du vivant du pensionnaire que jusqu'à concurrence d'un cinquième pour débet envers l'Etat, ou pour des créances privilégiées, aux termes de l'art. 2101 c. proc. civ., et d'un tiers dans les circonstances prévues par les art. 203, 205, 206, 207 et 214 du même code; — Attendu que la dame Forest divorcée, ne demande et ne peut demander au sieur Forest le payement de la pension alimentaire qu'en vertu seulement de l'art. 381 c. proc. civ., et non de l'art. 214 même code qui est visé dans la loi du 9 juin 1853. et qui concerne la femme mariée non divorcée ni séparée; — Attendu qu'on s'explique que la loi du 9 juin 1853 ait à dessein omis l'art. 301 c. proc. civ.; qu'en effet, la créance résultant d'un mariage dissous par le divorce est loin d'être aussi favorable que les créances résultant de la parenté ou d'une alliance non dissoute; — Attendu, en conséquence, que la créance de la dame Forest ne peut trouver place dans aucune des exceptions admises par la loi du 9 juin 1853 en ce qui concerne l'insaisissabilité des pensions civiles; — Que la demande de la dame Forest doit donc être rejetée; — Par ces motifs; — Déclare la dame Forest mal fondée en sa demande de validité de saisie-arrêt, l'en déboute; — Ordonne en conséquence que, dans la quinzaine du présent jugement, la dame Forest devra fournir mainlevée entière et définitive de l'opposition par elle formée suivant exploit de Ormaux, huissier à Paris, en date du 8 déc. 1888; — Dit que faute par elle de ce faire dans ledit délai, le présent jugement en tiendra lieu.

Du 24 nov. 1892.-Trib. civ. Seine, 6e ch.-MM. Labrouste, pr.-Goujon et L. Thévenet, av.

article, la pension ne pourra être inférieure aux trois quarts de ce minimum. Les pensions liquidées par application du présent article ne pourront, dans aucun cas, dépasser les trois quarts du traitement afférent au grade obtenu depuis deux ans au moins. Les pensions des veuves et les secours aux orphelins seront égaux au tiers de ce maximum ; ils seront de la moitié dans les cas mentionnés au paragraphe 1, et des deux cinquièmes dans le cas du deuxième paragraphe de l'art. 14 de la loi du 9 juin 1853. Un règlement d'administration publique déterminera les conditions d'application du présent article ».

296. Un décret portant règlement d'administration publique pour l'exécution de l'art. 24 de la loi de 1887 précité, est intervenu à la date du 26 juill. 1887 (D. P. 87. 4. 91).

Les art. 8 et suivants de ce décret établissent les conditions de durée des services actifs ou militaires que doivent remplir les agents des douanes pour pouvoir bénéficier, à titre d'ancienneté de services, des dispositions de faveur de l'art. 24 de la loi : « Art. 8. Les agents des douanes ne peuvent prétendre à une pension d'ancienneté liquidée d'après les tarifs militaires que s'ils comptent vingt-cinq ans au moins de services entièrement rendus dans l'armée ou dans la partie active des douanes, sans toutefois déroger aux prescriptions concernant la durée des services civils exigées par le paragraphe 1 de l'art. 8 de la loi du 9 juin 1853. — Art. 9. Si des services civils sédentaires ou actifs s'ajoutent à cette période d'au moins vingt-cinq ans de services militaires ou actifs des douanes, ils seront liquidés également d'après les tarifs militaires, mais sans entrer dans le calcul de la majoration. — Art. 10. Les agents qui, comptant vingt-cinq ans de services actifs des douanes, terminent leur carrière dans la partie sédentaire de cette administration, ont le droit d'opter pour la liquidation militaire, d'après leur dernier grade et leur dernier traitement dans la partie active, conformément aux art. 5, 6 et 7 ci-dessus, ou pour la liquidation civile, par application de la loi du 9 juin 1853 ».

297. Les art. 5 et suivants du décret du 26 juill. 1887 déterminent le procédé suivant lequel devra s'opérer la liquidation des pensions régies par l'art. 24 de la loi de 1887. « Art. 5. Pour opérer la liquidation de la pension, il est fait un total des années de services effectifs, tant civils que militaires, si ces derniers n'ont pas été rémunérés par une pension. On ajoute à ce total les campagnes calculées de la même manière que celles des militaires des armées de terre ou de mer. La majoration accordée aux militaires de la gendarmerie ne s'applique qu'aux années de service effectif dans la partie active de l'administration des Douanes en sus de quinze ans de services militaires ou civils actifs dans cette administration. — Art. 6. La liquidation de la pension pour ancienneté ou infirmités est établie d'après le dernier grade dont l'agent est revêtu, s'il en est titulaire depuis deux ans ou s'il a occupé, pendant une partie de ses deux dernières années d'activité, un grade plus élevé que son grade final. Si l'agent ne remplit aucune de ces conditions, la pension est liquidée sur le pied du grade immédiatement inférieur. — Art. 7. Les pensions des agents du service actif des douanes, à titre d'ancienneté, d'accidents de service ou d'infirmités contractées dans l'exercice de leurs fonctions, sont liquidées sur les bases suivantes : En ce qui concerne les agents assimilés aux officiers, à raison, pour chacune des trente premières années de service, d'un trentième du minimum de la pension militaire d'ancienneté afférente au grade militaire correspondant à leur assimilation, et pour chacune des années suivantes, à raison d'un vingtième de la différence entre le minimum et le maximum de ladite pension militaire. En ce qui concerne les agents assimilés aux militaires de la gendarmerie, à raison, pour chacune des vingt-cinq premières années de service, d'un vingt-cinquième du minimum de la pension militaire d'ancienneté afférente au grade correspondant à leur assimilation, et à raison, pour chacune des années suivantes, d'un vingtième de la différence entre le minimum et le maximum de la pension militaire afférente audit grade ; les fixations ainsi obtenues sont majorées, pour chaque année de service postérieure à la quinzième, d'une annuité de 18 fr. ou de 15 fr., selon que le grade d'assimilation équivaut ou non à celui de brigadier ou de sous-officier de la gendarmerie ».

298. L'art. 4 du décret de 1887 établit ainsi qu'il suit les assimilations de grade que comporte l'application de l'art. 24 de la loi de 1887.

SERVICE DES DOUANES	GENDARMERIE
Capitaines de toutes classes	Capitaines.
Lieutenants de 1re et de 2e classe.	Lieutenants.
Lieutenants de 3e classe et sous-lieutenants	Sous-lieutenants.
Brigadiers, patrons de 1re classe et gardes-magasins (anciens brigadiers)	Maréchaux des logis chefs.
Brigadiers et patrons de 2e classe	Maréchaux des logis
Sous-brigadiers et sous-patrons.	Brigadiers.
Préposés et matelots, cavaliers et préposés d'ordonnance, préposés concierges, préposés emballeurs, préposés peseurs et plombeurs	Gendarmes.

Le même article 4 ajoute : « Les dispositions de l'ordonnance du 20 janv. 1841 relatives aux sous-officiers, brigadiers et caporaux admis dans la gendarmerie sont applicables au personnel des douanes ». — Toutefois, pour tout ce qui n'est pas contraire aux dispositions de cette ordonnance et à celles de la loi et du décret de 1887, ces agents continuent à être régis par la loi du 9 juin 1853 et le décret du 9 novembre de la même année (Décr. 26 juill. 1887, art. 1). — Il en est évidemment de même, et la loi et le décret de 1853 sont appliqués purement et simplement, dans tous les cas où les agents, n'ayant pas accompli la durée de services actifs ou militaires prescrite par les art. 8 et suiv. du décret de 1887 (*suprà*, n° 296), ne peuvent prétendre à une pension liquidée d'après les tarifs de la gendarmerie en vertu dudit décret et de la loi de 1887.

299. Dans tous les cas, soit que la pension soit liquidée d'après les tarifs militaires, soit qu'elle soit liquidée d'après la loi de 1853, le décompte, tant des années de service que de la majoration, est établi en négligeant sur le résultat final les fractions de mois et de franc, conformément à l'art. 23 de la loi du 9 juin 1853 (Décr. 26 juill. 1887, art. 11). V. *suprà*, n° 240.

300. L'art. 2 du décret de 1887 contient des dispositions transitoires pour l'application de l'art. 24 de la loi de 1887 : « L'art. 24 de la loi de 1887 est applicable aux pensions non inscrites à la date du 1er avr. 1887, en faveur, soit de ces agents, soit des veuves et orphelins de ceux qui, décédés en activité de service, se trouvaient dans les conditions voulues pour obtenir pension. Toutefois, l'agent qui, déjà titulaire d'une pension concédée par application de la loi du 9 juin 1853 et remis en activité depuis le 1er avr. 1887, réclamerait le bénéfice du dernier paragraphe de l'art. 28 de ladite loi, ne pourra prétendre au nouveau mode de liquidation ».

301. Les pensions concédées en vertu de la loi de 1853, soit antérieurement au 1er avr. 1887, soit postérieurement, en vertu de l'art. 2 du décret de 1887, sont réversibles en faveur des veuves et orphelins conformément aux art. 13, 14 et 16 de la loi de 1853 (Décr. 1887, art. 3). Quant à celles qui sont concédées en vertu de la loi de 1887, leur *quantum* est déterminé par l'art. 24, *in fine*, de ladite loi (V. *suprà*, n° 295).

302. L'art. 49 de la loi de finances du 26 janv. 1892 (D. P. 92. 4. 25) a accordé aux agents de tout grade du service actif des douanes, retraités avant le 1er avr. 1887, et à leurs veuves, une allocation supplémentaire annuelle, avec rappel des arrérages à compter du 1er déc. 1891. Le montant de cette allocation est ainsi fixé pour l'année 1892, par l'art. 50 de la même loi :

Capitaines de toutes classes...	80 fr.;	leurs veuves	50 fr.
Lieutenants et sous-lieutenants..................	60 »	—	50 »
Brigadiers, patrons de 1re classe, gardes-magasins.......	45 »	—	30 »
Brigadiers, patrons de 2e classe	40 »	—	30 »

Sous-brigadiers, sous-patrons :	30 fr.;	leurs veuves 20 »
Préposés, matelots, cavaliers et préposés d'ordonnance, préposés concierges, préposés emballeurs, peseurs et plombeurs....................	30 »	— 20 »

Cette allocation s'augmentera, les années suivantes, des sommes devenues disponibles en fin d'exercice, par suite d'extinctions, et qui seront réparties proportionnellement, entre tous les pensionnaires militaires et douaniers auxquels l'art. 49 de la loi de 1892 a accordé une allocation supplémentaire (L. 1892, art. 50).

303. — 3° L'article unique de la loi du 4 mai 1892 (D. P. 92. 4. 55) est ainsi conçu : « A partir de la promulgation de la présence loi, les pensions auxquelles ont droit, en vertu et dans les conditions de la loi du 9 juin 1853, les inspecteurs adjoints, gardes généraux, gardes généraux stagiaires, brigadiers et gardes *des forêts* soumis aux prescriptions des décrets des 22 sept. 1882 et 18 nov. 1890 (D. P. 83. 4. 53 et 91. 4. 107) sur l'organisation des chasseurs forestiers, sont liquidées en prenant pour base les tarifs applicables à la gendarmerie (*infrà*, n° 536), et les grades correspondants, conformément aux assimilations établies par les décrets précités. Dans les cas prévus par le paragraphe 1 de l'art. 11 de la loi du 9 juin 1853, la pension ne pourra être inférieure au minimum attribué pour vingt-cinq ans de service au grade correspondant par la loi militaire. Dans le cas prévu par le paragraphe 2 du même article, la pension ne pourra être inférieure aux trois quarts de ce minimum. Les pensions liquidées par application du présent article ne pourront, dans aucun cas, dépasser les trois quarts du traitement afférent au grade obtenu depuis deux ans au moins. Les pensions des veuves et les secours aux orphelins seront égaux au tiers de ce maximum ; ils seront de la moitié, dans les cas mentionnés au paragraphe 1, et des deux cinquièmes dans le cas du deuxième paragraphe de l'art. 14 de la loi du 9 juin 1853. Un règlement d'administration publique déterminera les conditions d'application de la présente loi ». L'exposé des motifs de ladite loi du 4 mai 1892 rappelle, ainsi qu'il suit, dans quelles conditions sont intervenues les dispositions que nous venons de rapporter : « Dans sa séance du 8 févr. 1887, la Chambre des députés avait adopté, sous les art. 25, 26, 27 et 28 du budget des recettes et du budget des dépenses sur ressources extraordinaires de l'exercice 1887, des dispositions rendant les tarifs de la gendarmerie applicables à la liquidation des pensions auxquelles les agents du service actif des douanes et les agents et préposés forestiers soumis aux prescriptions des décrets des 22 sept. 1882 (D. P. 83. 4. 53) et 18 nov. 1890 (D. P. 91. 4. 107) ont droit en vertu de la loi du 9 juin 1853 (D. P. 53. 4. 98). Conformément aux conclusions de la commission des finances, le Sénat, dans sa séance du 25 du même mois, n'a maintenu que l'article relatif aux retraites des douaniers et a rejeté ceux qui concernaient les retraites du service forestier (L. 26 févr. 1887, art. 24, D. P. 87. 4. 81 ; Décr. 26 juill. 1887, D. P. 87. 4. 91). Le motif qui paraît avoir déterminé la résolution de la commission et le vote du Sénat est que le projet, tel qu'il avait été libellé par la Chambre des députés, faisait bénéficier des dispositions de la loi du 9 juin 1853 toute une catégories de fonctionnaires (les gardes forestiers communaux) qui n'en profitent pas actuellement, tandis que pour les douaniers il ne s'agissait que d'une question de tarif. Les agents forestiers et les gardes domaniaux ou mixtes, subissant déjà la retenue prescrite pour le service des pensions civiles, se trouvent dans une situation tout à fait identique à celle des employés du service actif des douanes. Comme ils sont soumis aux mêmes charges que ces derniers au point de vue militaire, il est de toute justice de leur assurer les mêmes avantages pour retraite ».

304. Un décret du 17 août 1892 (*Journ. off.* 30 août 1892) a porté règlement d'administration publique pour l'application de la loi du 4 mai 1892.

ART. 6. — *Pensions accordées aux employés ou pensionnaires des anciennes listes civiles* (*Rép.* n° 103).

305. V. *infrà*, n° 331, et *Rép.* n° 103.

SECT. 3. — PENSIONS CIVILES RÉGIES PAR DES LOIS AUTRES QUE CELLE DU 9 JUIN 1853.

ART. 1er. — *Pensions civiles à la charge de l'Etat régies par des lois autres que celle du 9 janv. 1853.*

306. Un certain nombres de pensions civiles, bien qu'étant à la charge du Trésor, ne sont pas soumises aux dispositions de la loi de 1853, mais sont régies par des lois spéciales ; ce sont notamment : 1° celles des ministres, sous-secrétaires d'Etat, membres du conseil d'Etat, préfets et sous-préfets ; — 2° Celles des employés du Sénat et de la Chambre des députés ; — 3° Celles des employés et ouvriers de l'Imprimerie nationale ; — 4° Celles des employés commissionnés des chemins de fer ; — 5° Celles des employés des établissements généraux de bienfaisance ; — 6° Les pensions ecclésiastiques ; — 7° Les pensions accordées en vertu de la loi du 15 juill. 1879, sur la liquidation des caisses départementales et municipales de retraites d'Alsace-Lorraine ; — 8° Les pensions exceptionnelles accordées pour services rendus à la chose publique, ou comme compensation d'un dommage éprouvé à l'occasion d'un événement politique.

307. — I. MINISTRES, SOUS-SECRÉTAIRES D'ÉTAT, ETC. — L'art. 32 de la loi du 9 juin 1853 porte : « Les dispositions de la loi du 22 août 1790 et du décret du 13 sept. 1806 continueront à être appliquées aux ministres secrétaires d'Etat. aux sous-secrétaires d'Etat, aux membres du conseil d'Etat, aux préfets et sous-préfets ». « Des raisons politiques dont la gravité ne saurait être méconnue, dit l'exposé des motifs de la loi de 1853, ne permettent pas de comprendre ces fonctionnaires dans les catégories précédentes. Le Gouvernement doit conserver, à leur égard, une indépendance absolue, à laquelle pourrait porter atteinte le versement d'une retenue. Les dispositions de la loi du 22 août 1790 et du décret du 13 sept. 1806 continueront à leur être appliquées, c'est-à-dire que leur pension, lorsqu'ils y auront droit, sera réglée au sixième du traitement moyen des quatre dernières années. Leur position serait presque toujours plus favorisée, si on leur faisait l'application du projet de loi actuel; mais en même temps qu'on ne leur accorde pas le bénéfice de la loi nouvelle, on les soumet à celles de ses dispositions qui contiennent des règles d'ordre et de comptabilité ».

308. Les agents énumérés dans le numéro précédent ne supportent aucune retenue sur leur traitement. Ils sont tenus, au moment de la liquidation, de justifier uniquement que leurs services ont été *effectifs*. Il a été jugé que, antérieurement à la loi du 9 juin 1853, les services rendus comme auditeur au conseil d'Etat et comme maître des requêtes en service extraordinaire autorisé à participer aux travaux du conseil, constituaient des services effectifs dont il devait être tenu compte dans la liquidation de la pension (Cons. d'Et. 8 août 1873, aff. Pagès, D. P. 74. 3. 36 ; Conf. Av. sect. fin. Cons. d'Et. 30 mars 1870, *ibid.*, note ; 30 juill. 1875, aff. Crignon de Montigny, *Rec. Cons. d'Etat*, p. 751). — Peu importe que ces services ne fussent pas rétribués, Toutefois, il n'en est ainsi qu'en ce qui concerne les services antérieurs au 1er janv. 1854 (V. *infrà*, n° 317).

309. La pension des fonctionnaires énumérés au n° 307 n'est liquidée qu'après trente années de service effectif et soixante ans d'âge, à moins que ce ne soit pour cause d'infirmités (Décr. 13 sept. 1806, art. 3). Comptent comme services, pour la liquidation de la pension, tous ceux « qui intéressent la société entière » (L. 3-22 août 1790, tit. 1, art. 2), par conséquent les divers services civils susceptibles d'ouvrir droit à une pension de l'Etat, et les services militaires dans les armées de terre et de mer (Bavelier, t. 1, n° 142) ;... mais non les services rendus dans des administrations autres que celles de l'Etat, par exemple, dans des administrations municipales ou départementales (Cons. d'Et. 22 janv. 1838, aff. Farnaud, *Rec. Cons. d'Etat*, p. 121). S'il existe vingt ans au moins de services militaires, on doit compter les années de campagne en sus, conformément aux lois des 11 et 18 avr. 1831, art. 7 (Cons. d'Et. 30 nov. 1850, aff. Cuson, *ibid.*, p. 888). — Les années de services civils hors d'Europe comptent double, pourvu que les trente années de services soient complètes (L. 1790, t. 2, art. 5).

La suppression d'emploi ne peut, d'ailleurs, suffire à donner droit à une pension exceptionnelle, la loi de 1790 et le décret de 1806 étant muets à cet égard (Cons. d'Et. 7 juin 1836, aff. Guichard de Montguers).

310. Les art. 17 et 21 du tit. 1 de la loi de 1790 admettent les pensions pour blessures reçues ou infirmités contractées dans l'exercice des fonctions publiques, lorsqu'elles mettent le fonctionnaire hors d'état de continuer son service. Aucune condition d'âge ou de durée de service n'est, en ce cas, exigée pour l'ouverture du droit à pension (V. aussi Décr. 1806, art. 3). Il suffit qu'il soit constaté que les infirmités ont été contractées *dans l'exercice des fonctions ;* il n'est pas nécessaire qu'elles soient le *résultat* desdites fonctions (Cons. d'Et. 28 juill. 1852, aff. Jourdan, *Rec. Cons. d'Etat*, p. 333; 15 juill. 1853, aff. De Caunan, *ibid.*, p. 703). En effet, l'art. 17 précité ne s'exprime pas, à cet égard, dans les mêmes termes que l'art. 11 de la loi de 1853. M. Bavelier (t. 1. n° 144) estime toutefois que, l'art. 3 du décret de 1806 ordonnant la liquidation de la pension d'après le traitement moyen des quatre dernières années, il est nécessaire, pour avoir droit à pension pour blessures ou infirmités, que l'on ait exercé ses fonctions pendant quatre années au moins.

311. L'art. 4 de la loi du 17 mars 1875 (D. P. 75. 4. 93) prescrit de ne plus accorder à l'avenir aucune pension en vertu de la loi de 1790 et du décret de 1806, en dehors des conditions d'âge et de service, « qu'après vérification, par trois médecins nommés par le ministre compétent et assermentés, des infirmités sur lesquelles se fonderont les réclamants et des causes qu'ils leur attribueront », le conseil d'Etat pouvant d'ailleurs, avant d'émettre son avis ou de statuer au contentieux, ordonner toute nouvelle vérification ou mesure d'instruction qu'il juge propres à l'éclairer.

312. La pension est fixée au sixième du traitement moyen des quatre dernières années (Décr. 13 sept. 1806, art. 3; Cons. d'Et. 8 août 1873, aff. Pagès, D. P. 74. 3. 36; Bavelier, t. 1, n° 146; Perriquet, *Etat des fonctionnaires et pensions civiles*, n° 105). Ce mode de fixation s'applique dans tous les cas où le fonctionnaire compte plus de trente ans de service, et alors même qu'il serait, en outre, atteint de blessures ou infirmités. En effet, l'art. 21 du titre 1 de la loi du 22 août 1790, qui a réservé la fixation de la pension pour infirmités d'après la nature et la durée des services et l'état des infirmités, s'applique exclusivement aux fonctionnaires que leurs blessures ou infirmités obligent à cesser leur service avant le temps requis pour constituer le droit à pension ; ceux qui ont accompli ce temps de service ne peuvent avoir leur pension liquidée que par application des art. 3 et 4 du décret du 13 sept. 1806, précité.

313. La pension ne peut jamais dépasser le *maximum* de 1200 fr. pour les traitements n'excédant pas 1800 fr., et les deux tiers du traitement, pour les traitements supérieurs à 1800 fr., sans d'ailleurs pouvoir dépasser 6000 fr. (Décr. 3 sept. 1806, art. 5).

314. La pension n'est, en aucun cas, réversible au profit des veuves et des orphelins; « mais, dans le cas de défaut de patrimoine, la veuve d'un homme mort dans le cours de son service public pourra obtenir une pension alimentaire, et les enfants être élevés aux dépens de la nation » (L. 22 août 1790, art. 7). Dans la pratique, l'Administration attribue généralement à la veuve ou aux orphelins mineurs qui se trouvent sans ressource le tiers ou la moitié de la pension de leur mari ou père (Bavelier, t. 1, n° 148). Mais il s'agit là d'une faveur, et non d'un droit que les intéressés puissent faire valoir par la voie contentieuse (Cons. d'Et. 17 juin 1820, aff. Grattery; 22 avr. 1842, aff. Bessières, *Rec. Cons. d'Etat*, p. 220; 9 juin 1842, aff. Champ, *ibid.*, p. 294 ; 16 nov. 1888, aff. Blondel, D. P. 90. 3. 3; 16 janv. 1892, aff. Milliet, D. P. 92. 3. 78).

315. Les dispositions des art. 19, 22, 23, 24, 25, 26, 27, 28, 29, 30 et 31 de la loi de 1853 sont applicables à la liquidation des pensions régies par la loi de 1790 et le décret de 1806 (L. 9 juin 1853, art. 34).

316. Il a été jugé que l'art. 34 de la loi de 1853, qui a déclaré applicables aux fonctionnaires dont la pension est liquidée conformément à la loi du 22 août 1790 et au décret du 13 sept. 1806, les dispositions de l'art. 23 de ladite loi de 1853, aux termes duquel les services civils ne sont comptés qu'à partir de l'âge de vingt ans accomplis, est une prescription qui affecte les conditions mêmes du droit à pension et les bases de la liquidation. En conséquence, et en vertu du titre 3 qui règle les effets transitoires de la loi, cette disposition ne peut être étendue aux fonctionnaires qui étaient en exercice au moment de la mise en vigueur de la législation nouvelle (Cons. d'Et. 10 déc. 1880, aff. Granval, D. P. 82. 5. 315. Comp. analog. Cons. d'Et. 8 août 1873, aff. Pagès, D. P. 74. 3. 36).

317. L'art. 23 de la loi du 9 juin 1853 (auquel se réfère l'art. 34) ayant posé en règle absolue qu'il ne serait tenu compte que des services rétribués, les services rendus, sous le régime de cette loi, c'est-à-dire depuis le 1er janvier 1854, par les auditeurs de deuxième classe dont les services étaient gratuits (Décr. 25 janv. 1852, art. 25; L. 24 mai 1872, art. 5), ne pourraient plus être admis pour constituer un droit à pension. Il en est autrement des services gratuits rendus par les auditeurs avant 1854 (Cons. d'Et. 8 août 1873, aff. Pagès, D. P. 74. 3. 36). V. *suprà* n° 308.

318. — II. EMPLOYÉS DU SÉNAT ET DU CORPS LÉGISLATIF. — La loi de 1853 (annexe à l'art. 1) ayant passé sous silence la caisse des *employés du Sénat* et celle des *employés du Corps législatif*, ces caisses continuèrent à subsister.

La caisse des retraites des employés de l'ancien Sénat avait été organisée par un règlement de ce corps du 24 juin 1856. Elle a été supprimée par la loi du 15 juin 1872 (D. P. 72. 4. 109), qui a attribué son actif à l'Etat (art. 1). Dès sa réunion, le Sénat créé par la loi constitutionnelle de 1875 décida la création d'une caisse de retraites pour ses employés et agents. Cette caisse a été organisée par un règlement qui a été adopté le 19 nov. 1876 par la commission qu'a instituée l'art. 142 du règlement du Sénat. M. Bavelier (t. 1, n° 164 à 170) a donné l'analyse des dispositions de ce règlement (V. aussi Poudra et Pierre, *Traité de droit parlementaire* n° 949 et suiv.).

319. La caisse de retraites des employés de la Chambre des députés a été fondée par un arrêté du conseil général d'administration du Corps législatif, en date du 7 déc. 1807; elle a été définitivement organisée par un règlement délibéré par le même conseil, le 15 juill. 1811 Ce dernier règlement a lui-même été modifié par deux résolutions de la Chambre en date des 5 juin 1835 et 19 juill. 1850. Sous le second Empire, des arrêtés du président pouvaient modifier ce règlement ; mais aujourd'hui une délibération de la Chambre est indispensable (Bavelier, t. 1, n° 163 ; Poudra et Pierre, *loc. cit.*). M. Bavelier (t. 1, n° 171 à 180) a exposé les règles qui servent de base aux pensions des employés de la Chambre, en vertu des règlements actuellement en vigueur.

320. — III. EMPLOYÉS ET OUVRIERS DE L'IMPRIMERIE NATIONALE. — La loi de 1853 a laissé subsister la caisse des retraites des *employés et ouvriers de l'Imprimerie nationale.* Lors de la discussion de la loi, M. le commissaire du Gouvernement fit observer que cette caisse avait deux sortes de pensions à servir : « D'abord, dit-il, aux employés, ensuite aux ouvriers de l'imprimerie; les premiers subissent une retenue de 5 pour 100, les seconds de 3 pour 100. On ne peut soumettre cette caisse aux mêmes conditions que celles des autres administrations, car elle est à la fois caisse d'employés et caisse d'ouvriers. Or le projet de loi ne concerne pas les ouvriers ; il n'y est question que des employés et des fonctionnaires. La caisse de l'Imprimerie impériale continuera donc à exister » (Conf. Rapport, n° 16, et D. P. 53. 4. 99, note 1). Cette caisse est régie actuellement par l'ordonnance du 20 août 1824 (*Rép.* p. 760) modifiée par décret des 24 janv. 1860 (D. P. 60. 4. 12), 21 mars 1873 (D. P. 73. 4. 29), 19 mai 1873, 7 déc. 1878 (D. P. 79. 4. 22). Ces dispositions ont été analysées par M. Bavelier (t. 1, nos 181 à 188). Notons qu'un décret du 20 févr. 1892 (D. P. 92. 4. 63) a décidé que, « par dérogation aux dispositions du décret du 7 déc. 1878, les pensions à liquider comme conséquence de la réduction des crédits du personnel de l'Imprimerie nationale, résultant des dispositions de la loi de finances du 26 janv. 1892, seront imputées sur la réserve créée par ledit décret ».

Il a été jugé que, pour le calcul des trente années de services effectifs dans des administrations publiques, dont doivent justifier les employés de l'Imprimerie impériale, à l'effet d'obtenir une pension de retraite, on doit tenir compte même des années de service militaire (Cons. d'Ét. 26 mai 1853, aff Jardin, D. P. 54. 3. 3).

321. — IV. EMPLOYÉS DES CHEMINS DE FER DE L'ETAT. — Un décret du 13 janv. 1883 (D. P. 89. 4. 51) a institué une caisse de retraites pour les *employés commissionnés des chemins de fer de l'Etat*. Un règlement annexé au décret de 1883 (D. P. 89. 4. 52) a organisé cette caisse et en a réglé le fonctionnement (V. l'analyse de ses dispositions donnée par Bavelier, t. 1, n°s 189 à 192). Une délibération du conseil d'administration des chemins de fer de l'Etat ayant décidé, le 30 avr. 1891, que dorénavant les ouvriers pourraient être appelés à faire partie du personnel commissionné de cette administration, un décret du 11 juin 1891 (D. P. 92. 4. 8) a rendu applicable aux ouvriers commissionnés les dispositions du règlement de 1883 (art. 2), et a modifié l'art. 2 de ce règlement de façon à établir les bases de la retenue à supporter par les ouvriers commissionnés (art. 1). Une caisse de secours mutuels subventionnée par l'Administration a été créée au profit des employés et ouvriers non commissionnés (Bavelier, t. 1, n° 189, note).

322. — V. EMPLOYÉS DES ÉTABLISSEMENTS GÉNÉRAUX DE BIENFAISANCE. — Les pensions des *employés des établissements généraux de bienfaisance* dont on étudiera l'organisation, *infrà*, v° *Secours publics*, sont régies par un décret du 29 mars 1862, dont M. Bavelier (t. 1, n° 193) a exposé l'économie.

323.—VI. PENSIONS ECCLÉSIASTIQUES.— Un décret du 28 juin 1853 (D. P. 53. 4. 168) a institué une caisse générale de retraites en faveur des ecclésiastiques. On a étudié *suprà*, v° *Culte*, n°s 351 et suiv., tout ce qui concerne l'organisation et le fonctionnement de cette caisse (V. aussi Bavelier, t. 1, n° 198; *Rép.* n° 104 et Circ. min. des cultes du 30 nov. 1853).

324. M. Bavelier (*loc. cit.*) estime que, en raison de leur caractère de *secours*, les pensions accordées aux ecclésiastiques sont *incessibles* et *insaisissables*. Cependant, un jugement du tribunal de la Seine a récemment décidé que les pensions de retraite servies à des ecclésiastiques peuvent être valablement frappées de saisie-arrêt, sauf aux tribunaux à réduire les effets de cette saisie dans la mesure des besoins alimentaires du bénéficiaire (par exemple, au quart de la pension); que la déclaration du roi du 7 janv. 1779, qui consacre le principe de l'insaisissabilité des pensions servies par l'Etat, ne peut s'appliquer aux pensions ecclésiastiques qui, à cette époque, n'étaient pas à la charge de l'Etat; que, d'ailleurs, le décret du 28 juin 1853 qui a organisé ces pensions ne reproduisant pas le principe de l'insaisissabilité proclamé pour les pensions civiles par la loi du 9 juin 1853 (art. 26), ce principe ne saurait leur être appliqué; qu'il en est surtout ainsi quand il s'agit non pas de pensions servies par l'Etat, mais de pensions allouées, conformément au décret du 13 therm. an 13, par l'autorité diocésaine, au moyen de ressources qui lui sont propres (Trib. Seine 15 déc. 1892) (1).

325. Il a été jugé que : 1° l'exclusion de toute participation à la répartition des fonds de la caisse des retraites ecclésiastiques, prononcée par la commission diocésaine contre un prêtre excorporé du diocèse, n'est pas susceptible d'être attaquée par la voie d'appel comme d'abus (Cons. d'Et. 30 déc. 1854, aff. Bordier, D. P. 55. 3. 62.); — 2° Qu'il en est de même de la suppression, par l'évêque, du secours qui était accordé à titre gracieux à un ecclésiastique sur la caisse diocésaine (Cons. d'Et. 5 nov. 1857, aff. Roquet, D. P. 58. 3. 47).

326. — VII. PENSIONS ACCORDÉES SUR LA LIQUIDATION DES CAISSES DE RETRAITES D'ALSACE-LORRAINE. — L'art. 3 du protocole de clôture de la convention additionnelle de Francfort du 11 déc. 1871 (D. P. 72. 4. 9) porte : « Les caisses de retraites, de prévoyance, de secours mutuels, tontines et autres associations du même genre établies dans les territoires cédés par des employés ou agents départementaux ou communaux de toutes classes, à l'aide de retenues sur les traitements, de dons et de subventions volontaires versés à la Caisse des dépôts et consignations de Paris, seront liquidées par les soins de cette caisse, dans le cas où un ou plusieurs de leurs membres auraient opté pour la nationalité française. Il en sera de même des versements opérés à la Caisse des retraites pour la vieillesse, ainsi que du montant des retenues faites au profit de cette caisse sur les salaires des ouvriers des anciennes manufactures et magasins de la régie à Strasbourg, Schlestadt et Benfeld. Le résultat de ces diverses liquidations sera soumis à l'approbation de la commission mixte instituée par l'art. 11 de la convention additionnelle ».

Une partie des employés des préfectures, des sous-préfectures et des administrations départementales de la Moselle, du Bas-Rhin et du Haut-Rhin, ainsi que des employés municipaux des villes de Colmar, de Mulhouse, de Metz et des sapeurs-pompiers de cette dernière ville, ayant exprimé la volonté de conserver leur ancienne nationalité, la liquidation des caisses de retraites dont ils étaient sociétaires est devenue nécessaire. — La commission mixte de liquidation a adopté une base transactionnelle de partage de l'actif des caisses de retraites entre les gouvernements allemand et français. La quote-part d'actif de chacun des gouvernements a été calculée approximativement d'après une division des droits supposés français d'un côté, des droits supposés allemands de l'autre. La part nette attribuée à la France sur l'actif des trois caisses des retraites départementales de la Moselle, du Bas-Rhin et du Haut-Rhin, des caisses municipales de Metz, de Colmar et de Mulhouse, et de la caisse des sapeurs-pompiers de Metz, s'éleva au total de 886 431 fr. 04 cent.

327. Une loi du 15 juill 1879 (D. P. 79. 483) a, en exé-

---

(1) (Fouquier C. Sisson.) — LE TRIBUNAL; — Attendu que Fouquier, créancier de l'abbé Sisson, d'une somme de 7000 fr., montant en principal des condamnations prononcées à son profit par jugement du tribunal de commerce de la Seine en date du 18 déc. 1888, a formé opposition, suivant exploit de Dhéret, huissier à Paris, du 5 mai 1891, enregistré, entre les mains de l'archevêque de Paris, sur la pension de 4000 fr. qu'il sert à l'abbé Sisson; — Attendu que l'abbé Sisson demande la nullité de cette opposition, tant à raison du caractère d'insaisissabilité que des lois spéciales auraient attaché aux pensions ecclésiastiques que de la nature même de sa pension qui lui aurait été servie à titre d'aliments; — Attendu que la déclaration du roi du 7 janv. 1779 qui consacre le principe de l'insaisissabilité des pensions servies par l'Etat, ne saurait, ainsi que le prétend à tort l'abbé Sisson, s'appliquer aux pensions ecclésiastiques; — Qu'à cette époque, en effet, le clergé subvenait lui-même, au moyen de ses biens personnels, aux frais du culte et au traitement de ses ministres, sans aucune participation de l'Etat; — Attendu que les pensions ecclésiastiques ont été créées et organisées par les décrets des 28 juin 1853 et 27 mars 1860; — Qu'aucun de ces textes ne reproduit le principe d'insaisissabilité proclamé pour les pensions civiles dans l'art. 26 de la loi du 9 juin 1853, et qu'on ne saurait, à raison de ce silence, l'étendre, par voie d'analogie, aux pouvoirs ecclésiastiques; — Attendu, au surplus, que les décrets précités n'ont trait qu'aux seules pensions ecclésiastiques servies par l'Etat, et ne s'appliquent pas aux pensions allouées, comme dans l'espèce actuelle, conformément au décret du 13 therm. an 13, par l'autorité diocésaine, au moyen des ressources qui lui sont propres, et qui sont alimentées par le produit de la location des chaises dans les églises du diocèse; — Que la pension servie à l'abbé Sisson est donc, à ce premier point de vue, cessible et saisissable; — Mais attendu que, des documents produits, il appert que cette somme de 4000 fr. est en partie nécessaire à l'abbé Sisson pour subvenir à ses besoins; qu'il y a lieu dès lors d'en fixer la portion alimentaire aux trois quarts, soit à la somme de 3000 fr.; — Que dans ces conditions l'opposition de Fouquier ne saurait valablement frapper que le dernier quart, soit la somme de 1000 fr.; — Par ces motifs; — Dit que l'opposition pratiquée par Fouquier, suivant exploit de Dhéret, huissier à Paris, en date du 5 mai 1891, ne conservera son effet que sur le quart de la pension allouée à l'abbé Sisson, soit sur la somme de 1000 fr.; — Fait mainlevée de cette opposition en ce qu'elle frappe le surplus de ladite pension; — Dit, en conséquence, que l'abbé Sisson pourra toucher, dans ladite proportion, de l'archevêque de Paris, tous termes échus et à échoir, quoi faisant le tiers saisi bien et valablement déchargé; — Ordonne l'exécution provisoire du présent jugement; — Condamne Fouquier aux dépens.

Du 15 déc. 1892.-Trib. civ. de la Seine, 1re ch.-MM. Gillet, pr.-Lombard, subst.-Lebée et Davrillé des Essards, av.

cution du protocole cité *suprà*, n° 326, réglé définitivement la situation des anciens employés tributaires des caisses de retraites d'Alsace-Lorraine, restés Français. L'art. 1 de cette loi, déclare acquise à l'Etat la part attribuée à la France par les conventions internationales sur l'actif des sept caisses départementales et communales ci-dessus. Toutefois, aux termes de l'art. 8, il a été prélevé, sur l'actif mis à la disposition de l'Etat par l'art. 1, une somme de 64 000 fr., qui a été versée au fonds de retraites des employés du territoire de Belfort, en représentation des droits de ces employés sur l'actif de la caisse de retraites de l'ancien département du Haut Rhin. — L'art. 2 dispose que les pensions liquidées et à liquider sur les caisses de retraites désignées seront inscrites au trésor public. Cette inscription est une conséquence de la remise du capital à l'Etat. Ces pensions se divisent en: 1° pensions liquidées antérieurement au 2 mars 1871; 2° pensions liquidées postérieurement au 2 mars 1871; 3° pensions à liquider. Les art. 5, 6 et 7 posent les règles à suivre pour la liquidation des pensions concédées en vertu de la loi: « Art. 5. Ne pourront prétendre à pension sur le Trésor les employés replacés dans des services départementaux et qui ont été autorisés par les conseils généraux à compter pour la retraite leurs anciens services au même titre que s'ils avaient été rendus dans le département. Néanmoins, ceux qui viendraient à quitter leurs nouvelles fonctions avant d'avoir acquis un droit à pension sur la caisse à laquelle ils sont adjoints pourront faire valoir les droits qu'ils avaient à la date du traité de paix. Dans ce dernier cas, la jouissance de la pension courra à partir du jour de la cessation des nouvelles fonctions. — Art. 6. Les employés et agents replacés dans les administrations publiques de l'Etat pourront, quelle que soit la durée de leurs nouvelles fonctions, compter pour la retraite leurs services administratifs soumis à retenue au profit des caisses de retraites supprimées comme services propres au département ministériel qui les emploie. La pension à laquelle ils auront droit sera basée sur la généralité de leurs services et liquidée conformément aux dispositions de la loi du 9 juin 1853. — Art. 7. Les pensions inscrites en vertu de la présente loi pourront être cumulées avec un traitement d'activité. Elles pourront également être cumulées avec une autre pension, pourvu qu'il n'y ait pas double emploi dans les années de services comprises dans la liquidation. Ne seront pas considérés comme faisant double emploi les services rendus dans l'instruction publique par les instituteurs qui versaient à la fois des retenues à la caisse municipale et au Trésor ».

328. On s'est demandé si la loi du 15 juill. 1879, qui, dans son art. 7, permet aux fonctionnaires qu'elle régit de cumuler leur pension avec un traitement d'activité, leur a accordé simultanément le bénéfice de ce cumul et le droit à une liquidation portant sur l'ensemble de leurs services. Le conseil d'Etat a estimé avec raison qu'aucune disposition de la loi de 1879, loi toute de faveur pour les anciens employés dépossédés de leurs fonctions par les malheurs de la guerre, ne leur imposait l'option entre l'application de l'art. 6 et celle de l'art. 7. Il a décidé, en conséquence, qu'un ancien tributaire d'une caisse de retraites d'un des départements cédés à l'Allemagne, titulaire d'une pension liquidée sur les fonds du Trésor et qu'il a cumulée, par application de l'art. 7 de la loi du 15 juill. 1879 avec un traitement d'activité dans une administration publique, est fondé, à la cessation de ses fonctions, à demander l'annulation de sa première pension et la liquidation d'une pension nouvelle calculée, conformément à l'art. 6 de la loi précitée, sur la totalité de ses services (Cons. d'Et. 14 févr. 1890, aff. Louis, D. P. 91. 3. 79).

329. Les termes de l'art. 5 de la loi du 15 juill. 1879, rapportés ci-dessus, sont limitatifs, et aucun motif d'analogie ne peut autoriser à étendre aux services communaux une règle édictée exclusivement pour les services départementaux. Aussi a-t-il été jugé que les pensions concédées en vertu de la loi du 15 juill. 1879, sur la liquidation des caisses de retraite d'Alsace-Lorraine, peuvent être cumulées avec un traitement sur les fonds d'une commune (Cons. d'Et. 13 avr. 1887, aff. Aigle, D. P. 88. 3. 75).

Un arrêt (Cons. d'Et. 30 mai 1884, aff. Haraud, D. P. 85. 5. 357) a encore décidé que le bénéfice de l'art. 5 du décret du 9 juin 1879, aux termes duquel les employés de l'octroi de Paris, qui ont appartenu à l'octroi des villes d'Alsace-Lorraine annexées à l'Allemagne, sont admis à compter, pour la liquidation de leur pension, le temps passé dans l'octroi desdites villes où ils ont été soumis à retenues réglementaires, peut être réclamé par un employé qui a déjà obtenu, pour la rémunération de cette partie de ces services, une pension concédée en vertu de la loi du 15 juill. 1879, sauf à l'Administration à assurer, s'il y a lieu, l'application des dispositions législatives qui interdisent la rémunération, par deux pensions simultanées, des mêmes années de services.

330. — VIII. Pensions exceptionnelles. — Indépendamment des pensions accordées en vertu de la loi du 9 juin 1853 et des diverses dispositions législatives que l'on vient d'examiner, un grand nombre de pensions viagères ont été accordées par des lois particulières, soit pour reconnaître des services rendus à la chose publique, soit pour indemniser certains individus des dommages qu'ils avaient éprouvés à l'occasion d'événements politiques. On ne saurait étudier ici les dispositions de ces lois dont l'intérêt est trop spécial, ni même en donner une énumération complète. Nous citerons seulement les plus importantes, renvoyant pour le surplus à l'exposé donné par M. Bavelier (t. 1, n°s 194 à 207).

Auparavant, nous remarquerons, avec M. Bavelier (n° 194), que trois règles sont communes à toutes ces pensions: ce sont celles qui concernent la déchéance résultant de la non-réclamation des arrérages pendant trois ans (L. 1853, art. 30), le droit des héritiers aux arrérages courus (Même article), et l'incessibilité et l'insaisissabilité des arrérages, sauf les exceptions admises par certains textes (Décr. 31 mai 1862, art. 267 ; C. proc. civ. art. 580). — V. en ce qui concerne la réversion au profit des veuves ou orphelins, *suprà*, n°s 123 et suiv.;... le cumul, *suprà*, 281.

331. Une loi du 11 sept. 1807 (*Rép.* n° 750) attribuait au chef de l'Etat la faculté d'accorder aux grands fonctionnaires de l'Empire des pensions proportionnées à leurs positions, et ne pouvant dépasser 20 000 fr. Cette loi fut abrogée par celle du 31 janv. 1832 (*Rép.* p. 770); mais une loi du 17 juill. 1856 (D. P. 56. 4. 91) revint au système de 1807, et permit à l'empereur d'accorder « aux ministres et autres grands fonctionnaires de l'empire, à leurs veuves et à leurs enfants, aux veuves et aux enfants des maréchaux et amiraux, une pension dont le maximum n'excéderait pas 20 000 fr., lorsque, par des services éminents rendus à l'Etat, ces fonctionnaires auront mérité une récompense extraordinaire, et que l'insuffisance de leur fortune rendra cette pension nécessaire » (Conf. Rap. de M. Legrand, sur le projet de loi de 1856, D. P. 56. 4. 91). La loi de finances du 27 juill. 1870 a limité à 12 000 fr. le taux maximum des pensions à accorder. Enfin la loi du 16 sept. 1871 (art. 25) a ordonné la revision des pensions concédées ; cette revision a eu lieu et a été approuvée par décret du 10 mars 1872.

Une ordonnance royale du 4 juin 1814 a accordé aux membres du Sénat impérial une pension de 36 000 fr., qui fut réduite à 24 000 fr. par ordonnance du 3 déc. 1823. D'autres ordonnances rendues sous le gouvernement de la Restauration accordèrent aussi diverses pensions à des pairs de France dont la fortune n'était pas en rapport avec leur situation. La légalité de ces concessions a été reconnue par la loi du 28 mai 1839, qui en a ordonné l'inscription au livre des pensions (art. 1 et 2). Un décret du 13 avr. 1853 (D. P. 53. 4. 111) a décidé que les anciens pairs et fils d'anciens pairs nommés sénateurs ne recevraient plus la pension dont ils jouissaient jusque-là.

Une loi du 26 juill. 1821, complétée par une ordonnance du 24 févr. 1823, a attribué une pension aux donataires qui, sous le premier Empire avaient reçu la jouissance de domaines conquis à l'étranger et en avaient été dépouillés par le traité du 30 mai 1814. La même loi a également réglementé le payement des pensions concédées sur le domaine extraordinaire sans affectation spéciale des biens (V. Bavelier, t. 1, n° 200).

Une pension avait été accordée, en vertu des lois des 27 août 1793 et 16 frim. an 7, aux anciens employés de la liste civile du roi Louis XVI. Pendant la Restauration, une caisse de vétérance fut établie en faveur de ces pensionnaires

(L. 8 nov. 1814). Mais la caisse fut liquidée et les pensions furent revisées et mises à la charge de l'Etat, par la loi du 29 juin 1835.

Une loi du 8 juill. 1852 a, de même, accordé des pensions viagères, avec réversion, aux employés de la liste civile du roi Louis-Philippe qui, après dix ans de services, avaient été privés de leur emploi en 1848.

Les décrets des 18 déc. 1861, 14 août et 17 déc. 1862 ont ordonné la restitution en usufruit, jusqu'à concurrence de 310 000 fr., des dotations faites sur le Mont-de-Milan aux membres de l'armée qui avaient pris part aux campagnes du premier Empire.

Sur les pensions accordées aux agents réformés en 1871-1872, V. *suprà*, nos 86, 124, 232 et 273.

Sur les pensions accordées aux agents réformés avant 1870, V. Bavelier, t. 1, n° 204.

Sur les pensions des employés de l'ancien Sénat (L. 15 juin 1872), V. Bavelier, t. 1, n° 206.

Sur la loi du 30 juill. 1881 (D. P. 82 4. 40), qui « accorde des indemnités aux victimes du coup d'Etat du 2 décembre 1851 et de la loi de sûreté générale », V. *suprà*, nos 124, 147 et 281; Bavelier, t. 1, n° 207.

Sur la loi du 18 avr. 1888 (D. P. 88. 4. 81), qui « a pour objet d'assurer, à titre de récompense nationale, des pensions viagères aux survivants des blessés de Février 1848 », V. *suprà*, n° 124.

On peut citer encore les pensions qui ont été concédées aux blessés et aux veuves et enfants de ceux qui sont morts dans les journées des 26, 27, 28 et 29 juillet 1830 (L. 30 août 1830); aux « vainqueurs de la Bastille » (L. 26 avr. 1833); aux gardes nationaux blessés en 1832 à Paris, ou par suite des événements de l'Ouest (L. 21 avr. 1833); aux victimes de l'attentat du 28 juillet 1835 (L. 4 sept. 1835); aux membres de la garde nationale mobile et aux blessés qui ont pris part à la lutte dans les journées de mai et juin 1848 (Décr. 28 juill. 1848 et loi 13 juin 1850); aux victimes de l'attentat du 14 janvier 1858 (L. 16 mai 1858 et 16 avr. 1859); aux victimes du bombardement de Paris en 1871 (Décr. 11 janv. 1871); enfin à un assez grand nombre de particuliers en raison de services éminents rendus soit par eux, soit par leur père ou leur mari, ou en raison de dommages éprouvés à l'occasion d'événements politiques ou de force majeure.

ART. 2. — *Pensions à la charge des départements, des communes et de divers établissements publics.*

332. — 1° *Caisses départementales et communales, et caisses des établissements de bienfaisance communaux.* — Tous les départements et les communes les plus importantes possèdent des caisses de retraites pour leurs employés et agents. — C'est à 1823 que remonte la fondation des caisses départementales. On sait que l'ordonnance du 15 mai 1822 (*Rép.* v° *Organisation administrative*, p. 608) a affecté une portion du fonds d'abonnement des préfets au traitement des employés et agents de leurs bureaux. A cette occasion, le ministre de l'intérieur prit l'initiative de l'établissement de caisses de retraites au profit des employés de chaque département (Circ. 1er mai 1823). Le bénéfice de la participation à ces caisses, d'abord réservé aux employés de préfecture, a été successivement étendu à tous les agents départementaux (Bavelier, t. 1, n° 228). La loi du 10 mai 1838 (*Rép. ibid.*, p. 611) sur les attributions des conseils généraux appela les conseils généraux à *délibérer* sur « l'établissement et l'organisation de caisses de retraites ou autre mode de rémunération en faveur des employés des préfectures et des sous-préfectures » (art. 4, 14°). Mais la loi du 10 août 1871 investit les conseils généraux du droit de *statuer définitivement* sur cet objet (art. 46, 21°).

Quant aux caisses de retraites municipales, le décret du 25 mars 1852 (art. 1, tabl. A, n° 38) a donné aux préfets le droit de statuer définitivement, après avis du conseil municipal, sur tout ce qui concerne les « pensions de retraite aux employés et agents des communes et des établissements charitables ». Les pensions régulièrement concédées constituent pour les intéressés un droit acquis, et sont, par conséquent, pour les communes, une charge obligatoire (*suprà*, v° *Commune*, n° 309).

333. Le décret du 4 juill. 1806 qui régissait, avant 1854, les pensions des employés du ministère de l'ntérieur a servi de modèle pour la rédaction des statuts de la plupart des caisses départementales et communales. Ce sont les règles posées par ce décret et par la loi du 9 juin 1853 qui doivent, à l'avenir, servir de types pour les modifications à introduire dans les règlements actuellement existants (Circ. min. int. 8 oct. 1871).

Le conseil d'Etat s'est, d'ailleurs, toujours efforcé de ramener les statuts de ces caisses aux dispositions du décret de 1806. C'est ainsi qu'il applique ce décret aux pensions sur les caisses qui fonctionnent sans qu'un règlement spécial leur ait été imposé (Av. Cons. d'Et. 17 déc. 1811, approuvé par l'empereur et inséré au *Bull. des lois*, 4e série, n° 7463; Cons. d'Et. 11 juin 1834, aff. Ville de Bordeaux; 21 mars 1844, aff. Paulin, *Rec. Cons. d'Etat*, p. 159; 8 févr. 1851, aff. Ménard, *ibid.*, p. 106; 18 nov. 1858, aff. Ville de Reims, *ibid.*, p. 653). Il a été jugé, toutefois, que lorsque l'employé d'une commune n'avait pas encore trente ans de service au moment de l'établissement du règlement de la caisse municipale, sa pension doit être liquidée d'après ce règlement, et non d'après les dispositions du décret de 8061, même pour les années de services antérieures à ce règlement (Cons. d'Et. 20 janv. 1865, aff. Boyer, *Rec. Cons. d'Etat.* p. 78).

334. Décidé que les expressions « la pension *pourra* être accordée », si l'employé remplit telles conditions, qui se trouvent dans certaines règlements, ne signifient pas que l'Administration est libre d'accorder ou de refuser la pension; l'employé qui réunit toutes les conditions posées par le règlement possède un véritable droit, dont il peut poursuivre la revendication (Cons. d'Et. 6 mai 1865, aff. Ville de Nancy, *Rec. Cons. d'Etat*, p. 517 Comp. *infrà*, n° 372).

335. Un décret du 17 mai 1809 (art. 147 et 148) a autorisé les communes à établir, au profit de leurs employés d'*octroi*, des caisses de retraites qui sont régies, lorsque les villes le demandent, par les titres 2, 3 et 4 de l'ordonnance du 12 janv. 1825 (*Rép.*, p. 762), laquelle a été applicable jusqu'en 1854 aux employés du ministère des finances (Ordonn. 4 sept. 1840, *Rép.*, p. 776; Circ. min. int. 14 oct. 1840).

336. On a vu, *suprà*, n° 332, qu'aux termes de l'art. 4, § 14, de la loi du 10 mai 1838, les conseils généraux étaient appelés à délibérer sur l'établissement et l'organisation des caisses de retraites ou autre mode de rémunération en faveur des employés des préfectures et des sous-préfectures. Sous l'empire de cette législation, les statuts de toutes les caisses départementales portèrent que la liquidation serait faite par décision du chef de l'Etat, le conseil d'Etat entendu, sur la proposition des préfets, l'avis du conseil général et le rapport du ministre de l'intérieur. L'art. 46, § 21, de la loi du 10 août 1871, modifiant la législation antérieure, ainsi qu'on l'a dit *suprà*, *ibid.*, porte que « le conseil général statue définitivement sur l'établissement et l'organisation des caisses de retraites ou tout autre mode de rémunération en faveur des employés des préfectures et des sous-préfectures et des agents salariés sur les fonds départementaux ». Le ministre de l'intérieur, commentant cette disposition, rappela le mode de liquidation suivi jusqu'alors et déclara que « les conseils généraux peuvent évidemment modifier aujourd'hui cette partie des statuts, mais que, tant que les règlements actuels subsisteront, la même procédure devra être suivie » (Circ. 8 oct. 1871, D. P. 72. 4. 114, note n° 40). En fait, la plupart des conseils généraux ont laissé subsister l'ancien mode de liquidation qui, on doit le reconnaître, est celui qui offre les garanties les plus complètes, tant pour les fonctionnaires que pour le département; car, toutes les fois que la liquidation est ainsi faite par décret, le recours par la voie contentieuse est ouvert devant le conseil d'Etat, comme lorsqu'il s'agit de pensions à la charge du trésor public; tandis que la possibilité d'un recours contentieux contre la décision du conseil général est contestée et a même été, à l'origine, niée par la jurisprudence du conseil d'Etat (*infrà*, nos 345 et suiv.).

D'après les renseignements fournis en 1882 par le ministre de l'intérieur à l'occasion d'une affaire portée devant le conseil d'Etat, vingt et un conseils généraux avaient, à la fin de 1871, supprimé dans les statuts, la clause exigeant un décret en conseil d'Etat; dans trois départements, le préfet liquide les pensions sur l'avis du conseil général; dans onze, c'est le conseil général qui liquide sur l'avis du préfet; dans les sept autres, l'assemblée départementale s'est réservé le droit de satuer souverainement. La légalité de cette dernière manière de procéder ne saurait être contestée. Aussi le conseil d'Etat a-t-il décidé que le conseil général peut, en vertu des pouvoirs que lui confère l'art. 46, § 21, de la loi du 10 août 1871, se réserver, dans les règlements de la caisse de retraites départementale, le droit de liquider lui-même les pensions de retraite à servir par cette caisse (Cons. d'Et. 18 juill. 1882, aff. Arnozan. D. P. 84. 3. 25).

337. Quant aux caisses départementales dont le règlement décide que la liquidation doit être faite par décret, il a été jugé, antérieurement à 1871 (c'est-à-dire à une époque où toutes les liquidations de pensions sur les caisses départementales se faisaient par décret), que lorsqu'un asile public d'aliénés est un établissement départemental destiné à remplir l'obligation imposée aux départements par l'art. 1 de la loi du 30 juin 1838, le ministre de l'intérieur ne peut, sans une délibération préalable du conseil général, accorder une pension de retraite sur les fonds dudit asile à un ancien médecin-directeur de cet établissement (Cons. d'Et. 11 janv. 1866, aff. Département de la Haute-Marne, D. P. 66. 3. 71). Cet arrêt n'avait pas eu à résoudre la question de savoir si le ministre de l'intérieur, après avoir consulté le conseil général, aurait pu passer outre à l'avis négatif de ce conseil; mais l'affirmative ne nous paraît pas douteuse, le droit à pension étant un droit proprement dit, qui ne peut pas être paralysé par le refus du débiteur.

338. Pour les caisses communales, c'est au préfet qu'il appartient de procéder à la liquidation, sur la proposition du conseil municipal (Décr. 25 mars 1852, tabl. A, n° 38; Circ. min. int. 5 mai 1852; Cons. d'Et. 16 janv. 1874, aff. Ville de Lyon, D. P. 74. 3. 101; 15 janv. 1875, aff. De Larralde, D. P. 75. 3. 94; 1er déc. 1882, aff. Jeanrenaud, D. P. 84. 3. 25). Il n'est, d'ailleurs, pas tenu de se conformer à l'avis de ce conseil, et peut procéder à la liquidation bien que le conseil municipal ait exprimé l'avis qu'il n'y avait pas lieu d'accorder une pension (Cons. d'Et. 16 janv. 1874, précité; 24 févr. 1888, sol. impl., aff. Ville de Lyon, D. P. 89. 3. 44). — Il a, d'autre part, été décidé qu'il appartient au ministre de l'intérieur, comme supérieur hiérarchique du préfet, de prononcer sur la question de savoir si, par application du règlement d'une caisse de retraites municipale, un employé dont la fonction a été supprimée a droit au remboursement de ses retenues (Cons. d'Et. 13 déc. 1889, aff. Cadot, D. P. 91. 3. 41).

339. Les règlements n'ayant pas accordé aux municipalités le droit de liquider les pensions, elles ne peuvent, à plus forte raison, déclarer éteintes des pensions régulièrement liquidées. Aussi les délibérations par lesquelles le conseil municipal déclare ne plus être tenu de fournir les fonds demandés pour payer une pension ne sont-elles pas des décisions susceptibles d'être attaquées devant le conseil d'Etat (V. *infrà*, nos 343 et 349); ce sont de simples prétentions sur le mérite desquelles il doit être statué par l'autorité chargée de tout ce qui concerne la liquidation des pensions sur fonds communaux, c'est-à-dire par le préfet, sauf recours au ministre et au conseil d'Etat (V. 16 janv. et 20 févr. 1874, aff. Jacques et aff. Neveu, D. P. 74. 3. 101 et 102). Il suit de là que non seulement le préfet a qualité pour agir, mais qu'il a le devoir de le faire; s'il s'y refuse, sa décision peut être attaquée en vertu de la jurisprudence qui assimile, pour les voies de recours, la méconnaissance, par une autorité, des pouvoirs qui lui appartiennent, à un véritable excès de pouvoir (V. *suprà*, v° *Conseil d'Etat*, n° 98. V. aussi Cons. d'Et. 13 juin 1867, aff. Commune de Goulier, D. P. 68. 3. 49). Mais, une fois le caractère obligatoire de la dette de la commune reconnu, le préfet reste maître d'apprécier s'il y a lieu de recourir à l'inscription d'office; et, s'il croit devoir s'en abstenir, aucun recours n'est ouvert au contentieux en faveur du créancier de la commune (Cons. d'Et. 29 mars 1853, aff. Giraud, D. P. 53. 3. 50, et 16 mai 1873, aff. Crédit foncier colonial, D. P. 74. 3. 41).

Il a été jugé, par application de ces principes, que c'est au préfet qu'il appartient, sauf recours au ministre de l'intérieur, de statuer sur les demandes en rétablissement de pension sur fonds communaux, lorsque les titulaires soutiennent qu'elles ont été à tort supprimées (Cons. d'Et. 15 janv. 1875, aff. De Larralde, D. P. 75. 3. 94). Doit, en conséquence, être annulée, par application de la loi des 7-14 oct. 1790, la décision par laquelle un préfet se refuse à prononcer sur une demande tendant à cette fin (Même affaire).

Le préfet étant chargé de la liquidation des pensions des employés communaux, il lui appartient de faire vérifier les infirmités dont un employé entend se prévaloir pour établir son droit à pension (Cons. d'Et. 20 févr. 1874, aff. Ville d'Avignon, D. P. 74. 3. 102).

340. Les solutions que l'on vient d'indiquer, nos 336 et suiv. s'appliquent-elles à la liquidation des employés de la ville de Paris? Le droit pour le préfet de la Seine de procéder à cette liquidation avait d'abord été implicitement reconnu, sans qu'aucune objection eût été soulevée contre la compétence de ce fonctionnaire (Cons. d'Et. 24 juin 1881, aff. Bougard, D. P. 82. 3. 51). Mais, en 1882, la ville de Paris, pour soutenir qu'il appartenait au conseil municipal de prendre des décisions en cette matière, invoqua une ordonnance du 13 nov. 1822, portant que le préfet fera examiner les demandes de pension et vérifier les titres à l'appui, et que, sur son rapport, les pensions seront fixées par le conseil municipal. Cette prétention ne fut pas admise par le conseil d'Etat, qui décida que c'est au préfet de la Seine qu'il appartient de statuer sur la liquidation de la pension des employés de la ville (Cons. d'Et. 1er déc. 1882, aff. Jeanrenaud, D. P. 84. 3. 25). En effet, ainsi que le fit remarquer le ministre de l'intérieur dans ses observations sur le pourvoi, les termes plus ou moins appropriés dont s'est servi le rédacteur de l'ordonnance de 1822 ne sauraient prévaloir contre la législation alors en vigueur et doivent être interprétés par les textes antérieurs auxquels l'ordonnance se réfère d'ailleurs expressément. Ces textes, qui ont cessé d'être en vigueur depuis que le décret du 25 mars 1852 a été rendu applicable à la ville de Paris, attribuaient au chef de l'Etat le droit de liquider les pensions des employés municipaux sur l'avis du conseil municipal et le conseil d'Etat entendu: c'étaient le décret du 4 juill. 1806 (*Rép.* p. 749), l'avis du conseil d'Etat approuvé par l'empereur le 17 nov. 1811 (*Ibid.*, p. 752), et, en ce qui concernait spécialement les employés du département de la Seine et de la ville de Paris, le décret du 1er févr. 1813.

De ce que la liquidation est faite par le préfet, il suit que la délibération par laquelle le conseil municipal de la ville de Paris délibère sur la liquidation d'une pension ne constitue pas un acte susceptible d'être déféré au conseil d'Etat (Même arrêt. Comp. *suprà*, nos 339, et *infrà*, n° 343 et 349).

341. Le conseil d'Etat a décidé que, les préfets étant chargés de liquider la pension des employés communaux, le décret du 19 oct. 1868, qui a confié cette liquidation au préfet du Rhône, ne peut être interprété comme lui ayant donné cette attribution en sa qualité de maire de la ville de Lyon (Cons. d'Et. 16 janv. 1874, aff. Ville de Lyon, D. P. 74. 3. 101) En effet le décret du 25 mars 1852 ayant force de loi, le décret de 1868 n'a pu entendre y déroger.

342. En matière de pensions sur les caisses de retraites communales, les intéressés peuvent déférer les arrêtés préfectoraux portant liquidation de pensions, soit par la voie hiérarchique au ministre de l'intérieur, sauf recours au conseil d'Etat (Cons. d'Et. 1er déc. 1882, Jeanrenaud, D. P. 84. 3. 25; 13 déc. 1889, aff. Cadot, D. P. 91. 3. 41. Conf. Cons. d'Et. 7 févr. 1890, aff. Lauze, sol. impl., D. P. 91. 3. 78; 24 juin 1881, aff. Bougard, sol. impl., D. P. 82. 3. 51, et les conclus. du commissaire du Gouvernement, *ibid.*);... soit directement au conseil d'Etat par la voie contentieuse (Cons. d'Et. 12 août 1868, aff. Pétiaux; 24 juin 1881, précité; 22 mai 1885, sol. impl., aff. Roux, D. P. 86. 3. 133; 24 févr. 1888, aff. Ville de Lyon, D. P. 89. 3. 44; Conclus. précitées du commissaire du Gouvernement. Conf. Cons. d'Et. 7 avr. 1869, aff. Ville de Nîmes; 16 janv. 1874, aff. Ville de Lyon, D. P. 74. 3. 101. Conf. *suprà*, v° *Compétence administrative*, n° 125). Ils peuvent même employer simultanément ces deux voies de recours, sauf au conseil d'Etat à déclarer qu'il n'y a lieu de statuer sur le recours dirigé contre l'arrêté préfectoral, dans le cas où le ministre, statuant avant lui, aurait réformé cet arrêté (Cons. d'Et. 1er déc. 1882, précité).

343. En tout cas, c'est contre l'arrêté préfectoral liquidant la pension que doit se pourvoir la partie qui se prétend lésée, et non contre les actes qui ont pu précéder cet arrêté, par exemple contre la délibération du conseil municipal (Cons. d'Et. 24 févr. 1888, aff. Ville de Lyon, D. P. 89. 3. 44. V. anal. : Cons. d'Et. 16 déc. 1887, aff. Veuve Rebière, D. P. 89. 3. 14; 27 déc. 1889, aff. Giroud, D. P. 91. 5. 393). C'est, en effet, une règle générale que les décisions qui ne peuvent, en l'état, causer aucun préjudice au requérant, ne sont pas susceptibles d'être déférées au conseil d'Etat (V. Cons. d'Et. 12 juin 1885, et les renvois, D. P. 87. 3. 12). Comp. *suprà*, n°s 338 et 340.

344. Il a été décidé aussi que la dépêche par laquelle le ministre de l'intérieur informe un ancien employé communal qu'il a invité le préfet à l'admettre à faire valoir ses droits à la retraite ne constitue pas une décision susceptible d'être déférée au conseil d'Etat par la voie contentieuse et, par suite, n'est pas susceptible d'acquérir l'autorité de la chose jugée (Cons. d'Et. 7 févr. 1890, aff. Lauze, D. P. 91. 3. 78); il est, en effet, de jurisprudence constante, que les instructions adressées par le ministre à ses subordonnés ne constituent pas des décisions pouvant créer des droits en faveur des tiers ou faire obstacle à ce que ceux-ci fassent valoir les droits pouvant leur appartenir (V. *suprà*, v° *Conseil d'Etat*, n°s 62; *Rép.* eod. v°, n° 77 et suiv.; Cons. d'Et. 7 janv. 1869, aff. Laffitte, D. P. 70. .3 6).

345. En ce qui concerne les pensions de retraite des employés *départementaux*, il y a lieu, au point de vue de la recevabilité du recours contre la décision qui procède à la liquidation, de distinguer suivant que les statuts de la caisse dont l'employé est tributaire donnent au préfet ou au chef de l'Etat ou au contraire réservent au conseil général le droit de procéder à la liquidation (*suprà*, n°s 336 et suiv.).

346. Dans le cas où c'est le préfet qui opère la liquidation, il ne paraît pas douteux que sa décision puisse être déférée au conseil d'Etat par la voie contentieuse; le caractère de cette décision est, en effet, absolument semblable à celui des actes par lesquels ce fonctionnaire liquide les pensions à la charge des caisses communales, en vertu du décret du 25 mars 1852. Or, la recevabilité du recours contentieux en cette matière a été formellement reconnue par la jurisprudence (*suprà*, n° 342). La faculté de recourir au conseil d'Etat par la voie contentieuse est également accordée aux intéressés, lorsque la liquidation a lieu, aux termes des statuts de la caisse, par décret du chef de l'Etat (Cons. d'Et. 16 déc. 1887, aff. Veuve Rebière, D. P. 89. 3. 14). Les choses se passent alors comme en matière de pension sur le trésor public.

347. Dans le cas, au contraire, où la liquidation est faite par le conseil général lui-même, le recours par voie d'appel devant le ministre n'est pas possible (Cons. d'Et. 28 juill. 1882, sol. impl., aff. Arnozan, D. P. 84. 3. 25), et la faculté d'un recours contentieux devant le conseil d'Etat a même été contestée. Le conseil d'Etat avait, en effet, dans un premier arrêt, décidé implicitement que le recours pour excès de pouvoir, en vertu de la loi des 7-14 oct. 1790, est seul ouvert en ce cas (Cons. d'Et. 28 juill. 1882, précité. Conf. Observ. du ministre de l'intérieur dans l'affaire jugée par le conseil d'Etat, le 4 juill. 1884 (aff. Bussereau. D. P. 86. 3. 1). D'après ce système, les erreurs de fait commises au préjudice des anciens fonctionnaires par les conseils généraux échapperaient à tout contrôle, et aucune autorité ne pourrait les rectifier. Il est à peine nécessaire de signaler combien serait regrettable ce résultat qui donne pour juge sans appel d'une question litigieuse entre le département et un particulier le représentant légal d'une des parties en cause. Aussi, dans un arrêt plus récent, le conseil d'Etat a-t-il, après une discussion approfondie, modifié sa jurisprudence, sur ce point, et décidé que les contestations entre un département et un de ses agents, relativement à la liquidation de la pension de cet agent, rentrent dans le contentieux administratif sur lequel il appartient au conseil d'Etat de statuer souverainement; et que, par suite, le conseil d'Etat peut être saisi d'un recours dirigé contre la décision du conseil général qui a fixé les bases de la liquidation de la pension, lorsque les statuts de la caisse de retraites réservent cette fixation audit conseil (Cons d'Et. 4 juill. 1884, précité. V. aussi Cons. d'Et. 6 juill. 1888, sol. impl., aff. Pinot, D. P. 89. 3. 110).

Les termes de l'arrêt du 4 juill. 1884 ne laissent aucun doute sur la théorie que le conseil d'Etat a entendu consacrer. Il n'a pas considéré le conseil général comme un juge de premier degré, dont les décisions pourraient lui être déférées par voie d'appel; il a envisagé les décisions prises en matière de pensions par ce conseil comme des actes de gestion donnant naissance à un contentieux dont la connaissance appartient directement au conseil d'Etat. C'est l'application du principe qui tend de plus en plus à prévaloir en matière administrative, d'après lequel ce serait cette assemblée, et non le ministre, qui serait le juge ordinaire du contentieux administratif (V. *suprà*, v° *Compétence administrative*, n° 418). V. les conclusions prises dans cette affaire par M. le commissaire du Gouvernement Chante-Grellet (D. P. 86. 3. 2).

On ne saurait, d'ailleurs, prétendre, comme l'avait fait le ministre dans cette affaire, que, en admettant que le recours contre la décision du conseil général est impossible, les intéressés peuvent cependant attaquer l'arrêté préfectoral qui exécute cette décision, cet arrêté étant le seul acte ayant une valeur propre et le caractère de gestion qui autorise un recours contentieux. Ce système ne nous paraît ni exact, ni suffisant. Il n'est pas exact, parce que la décision du conseil général qui liquide une pension est également un acte de gestion; pas suffisant, parce que, si on annulait, même au contentieux, l'arrêté préfectoral fixant la pension, cette annulation n'aurait aucune sanction, le conseil général étant toujours maître de ne point se conformer à la décision d'annulation, et aucune autorité ne pourrait se substituer à lui (V. les conclusions précitées de M. le commissaire du Gouvernement. D. P. 86. 3. 1).

348. Pour assurer l'exécution de la décision du conseil d'Etat dans le cas où le conseil général refuserait de s'y conformer, on recourrait à une inscription d'office, au budget du département, du montant des arrérages de la pension.

349. L'avis du conseil général, lorsque c'est le préfet qui statue, est toujours une formalité essentielle, dont l'omission entraîne la nullité de la décision (Cons. d'Et. 29 août 1865, aff. Département de la Meurthe, *Rec. Cons. d'Etat*, p. 884). Mais cet avis n'est pas, par lui-même, susceptible d'un recours par la voie contentieuse devant le conseil d'Etat (Cons. d'Et. 16 déc. 1887, aff. Veuve Rebière, D. P. 89. 3. 14; 27 déc. 1889, aff. Giroud, D. P. 91. 5. 395. V. aussi Cons. d'Et. 26 nov. 1875, aff. Mogis, *Rec. Cons. d'Etat*, p. 945; 3 déc. 1875, aff. Glatigny, *ibid.*, p. 976 et *suprà*, n°s 339, 340 et 343).

350. Il n'y a pas lieu d'étudier ici les divers règlements des caisses de retraite départementales ou communales, et les difficultés auxquelles peut donner lieu l'application de leurs dispositions. On se bornera à signaler les principales décisions de jurisprudence intervenues dans les litiges relatifs à l'interprétation des clauses de ces statuts.

Sur les règles générales qui, en cas de lacune ou d'obscurité dans les statuts, doivent être appliquées à la liquidation des pensions à la charge des caisses de retraite départementales ou communales, V. *suprà*, n° 332.

351. Il a été décidé : 1° que la disposition d'un règlement portant que les employés d'une administration seront admis à faire valoir leurs droits à la retraite, en cas de réforme pour suppression d'emploi, ne peut être invoquée par l'employé qui, réformé par suite de la suppression de son emploi, n'a pas usé de son droit et a accepté, au contraire, une autre fonction plus élevée dans la même administration (Cons. d'Et. 28 nov. 1861, aff. Liskenne, D. P. 66. 5. 347); ... et cela, alors même qu'il aurait été remplacé quelques mois plus tard dans cette dernière fonction (Même arrêt); — 2° Qu'un arrêté préfectoral se bornant à décider qu'un architecte, remplissant à titre temporaire les fonctions d'architecte adjoint dans le service des halles et marchés, cesserait de faire partie de l'agence à laquelle il était attaché, et serait attaché au service des maisons d'école, avec même titre et même traitement, n'a d'autre objet que de confier à cet architecte l'exécution d'un travail autre que celui dont il était chargé; et que, dès lors, cet architecte n'est pas fondé à réclamer le bénéfice de l'art. 8, § 2, du décret du 4 juill. 1806, aux termes duquel une pension peut être accordée aux employés réformés après dix ans de services, par l'effet de la suppression de leur emploi (Cons. d'Et. 4 avr. 1884, aff. Cernesson, D. P. 85. 5. 358); — 3° Que le fait que, par suite de la réorganisation des bureaux de la préfecture, la division à la tête de laquelle un employé était placé a été supprimée, n'autorise pas cet employé à réclamer le bénéfice des dispositions des statuts de la caisse départementale applicables aux employés réformés par suite de suppression d'emploi, alors que le réclamant restait chargé de la direction du second service de la première division et conservait son grade et son traitement (Cons. d'Et. 8 août 1888, aff. Fages, D. P. 89. 5. 358).

D'ailleurs, l'employé dont la fonction a été supprimée n'a pas droit au remboursement de ses retenues, lorsqu'aux termes du règlement d'une caisse de retraite municipale, les retenues ne sont pas remboursées aux employés qui ont perdu leur droit à pension (Cons. d'Et. 13 déc. 1889, aff. Cadot, D. P. 91. 3. 41; 13 déc. 1889, aff. Drancey, D. P. 91. 5. 392). En effet, l'application régulière des statuts d'une caisse de retraites auxquels l'intéressé avait implicitement adhéré en devenant tributaire de cette caisse, ne peut constituer une faute engageant la responsabilité de l'Administration.

352. Conformément à la jurisprudence constante du conseil d'Etat qui voit un accident, et non un acte de dévouement, dans le fait qui a causé la mort d'un fonctionnaire ou employé, alors que celui-ci n'a pas sciemment exposé sa vie dans l'intérêt exclusif d'un intérêt public ou de tierces personnes (*suprà*, n° 95), il a été jugé qu'un employé départemental qui a péri en sautant d'une voiture où il se trouvait avec d'autres personnes, pour chercher à arrêter le cheval qui s'était emporté, ne peut être considéré comme ayant succombé dans l'accomplissement d'un acte de dévouement de nature à donner ouverture à un droit à pension en faveur de sa veuve (Cons. d'Et. 15 févr. 1889, aff. Ferrand, D. P. 90. 3. 46).

353. La liquidation des pensions des employés communaux et départementaux doit se faire d'après le règlement en vigueur au moment où ils sont admis à faire valoir leurs droits à la retraite (Cons. d'Et. 20 janv. 1865, aff. Boyer, *Rec. Cons. d'Etat*, p. 78; 16 janv. 1874, aff. Ville de Lyon, D. P. 74. 3. 101. Comp. Cons. d'Et. 16 nov. 1854, aff. d'Haubersart, D. P. 55. 3. 73). Ainsi, il a été jugé : 1° que la pension de la veuve d'un fonctionnaire *mort en activité de service* doit être liquidée conformément aux règlements en vigueur au moment du décès, alors même que ces règlements lui sont moins favorables que ceux qui étaient en vigueur à l'époque à laquelle ce fonctionnaire avait acquis droit à pension (Cons. d'Et. 28 juill. 1882, aff. Arnozan, D. P. 84. 3. 25); — 2° Que la pension de la veuve doit au contraire, être calculée conformément au règlement en vigueur au moment où son mari a été mis à la retraite, alors même qu'avant le décès de son mari, mais postérieurement à la liquidation de la pension de celui-ci, ce règlement a reçu des modifications favorables aux veuves (Cons. d'Et. 2 mai 1890, aff. Mourgue, D. P. 91. 3. 101. Comp. *suprà*, n° 243). Mais lorsqu'un règlement voté par le conseil municipal porte que les pensions de certains employés seront réglées sur des bases plus avantageuses à partir d'une date déterminée, les employés mis à la retraite postérieurement à cette date ont droit au bénéfice de cette disposition, alors même que le règlement n'a reçu qu'à une époque ultérieure l'approbation de l'autorité supérieure (Cons. d'Et. 24 juin 1881, aff. Bongard, D. P. 82. 3. 51). En effet, la décision qui a approuvé le règlement purement et simplement a, par là même, sanctionné cette disposition de faveur aussi bien que les autres.

354. Il a été jugé que le montant de la pension doit être calculé en prenant pour base le traitement porté sur les états d'émargement et sur lequel a eu lieu la retenue, alors même qu'en fait le fonctionnaire, par suite de circonstances particulières, a fait l'abandon d'une partie de ce traitement au profit d'autres employés (Cons. d'Et. 24 janv. 1879, aff. Glatigny, D. P. 79. 3. 59). Il est d'ailleurs évident que les employés qui ont touché, sur les fonds abandonnés, une sorte de supplément de traitement en dehors de tout droit résultant des règlements, ne pourraient se prévaloir de ces allocations pour faire élever le chiffre du traitement moyen sur lequel est calculé leur pension.

Il a été décidé, d'autre part, que, lorsque les statuts de la caisse de retraites des employés d'une ville portent que les traitements de tous les emplois énumérés dans ces statuts seront passibles de retenue, la ville, pour soutenir que des services donnant par leur nature droit à pension ne seront pas comptés à ces employés, ne peut se prévaloir de ce que la retenue n'a pas été opérée, alors que c'est par son fait qu'on a omis de prélever la retenue prescrite par le règlement (Cons. d'Et. 22 févr. 1889, aff. Larquier, D. P. 91. 5. 378).

355. Les règlements de la plupart des caisses de retraites départementales et communales autorisent à compter, pour la pension d'ancienneté, les services rendus dans les administrations publiques non tributaires de la caisse, à la condition d'une durée de services plus ou moins longue (généralement dix ou douze ans) dans le département ou la commune dont la caisse va être chargée du service de la pension.

Il a été jugé : 1° que lorsque les statuts d'une caisse de retraites départementale admettent, sous certaines conditions, que les services rendus dans les administrations publiques du Gouvernement soient comptés pour la liquidation de la pension, cette clause s'applique aux services rendus en qualité d'instituteur public (Cons. d'Et. 4 juill. 1884, aff. Bussereau, D. P. 86. 3. 1. Conf. Cons. d'Et. 18 nov. 1858, aff. Bailly, D. P. 59. 3. 57); — 2° Que, dans le cas où un règlement de pensions départementales permet de compter les services rendus dans un autre département, un employé de préfecture qui, pendant son activité de service, a touché une pension payée par le département où il avait d'abord servi, n'a pas le droit de renoncer à cette pension pour faire liquider sur la totalité de ses services la pension à la charge du département où il a servi en dernier lieu (Cons. d'Et. 1er avr. 1881, aff. Dagier, D. P. 82. 5. 314); — 3° Que lorsque le règlement en vigueur dans un département permet de compter pour la pension les services rendus avant vingt ans, l'employé n'est pas fondé à se prévaloir de cette disposition pour faire entrer dans la liquidation de la pension à la charge de ce département les services rendus avant cet âge dans un autre département, lorsque les services rendus dans cet autre département ont fait l'objet d'une liquidation spéciale dans laquelle les statuts en vigueur dans ledit département n'ont pas permis de compter les services antérieurs à l'âge de vingt ans (Même affaire).

356. Il est certain, d'ailleurs, que, en principe, les mêmes services ne pourraient être rémunérés par deux pensions distinctes sur des caisses de retraites différentes. Ainsi il a été jugé que, si des services universitaires *déjà rémunérés par une pension* peuvent entrer en compte pour constituer droit à pension à un employé des hospices de la ville de Paris, ils ne peuvent avoir pour effet d'élever le montant de la nouvelle pension à liquider sur la caisse des employés des hospices de Paris (Cons. d'Et. 17 janv. 1861, aff. Cluzel, *Rec. Cons. d'Etat*, p. 37; Conf. anal. *suprà*, n° 211). Comme le disait le commissaire du Gouvernement, en terminant ses conclusions dans cette affaire, « il ne s'agit pas ici du cumul, tantôt permis, tantôt défendu, tantôt limité. Il s'agit du double emploi qui n'est jamais permis, parce que la nature des choses s'y oppose... ». — Dans une autre affaire, le conseil d'Etat a également décidé qu'un agent des ponts et chaussées détaché au service d'une ville, dans des conditions où il n'était pas tributaire de la caisse des retraites des employés municipaux, et qui a conservé le droit de faire compter le temps où il est resté au service de la ville pour la liquidation de sa pension sur les fonds de l'Etat, n'a pas droit, pour la même période de temps, à une autre pension sur la caisse de retraites municipale (Cons. d'Et. 31 mai 1889, aff. Moreau, D. P. 90. 3. 98). Dans cette espèce, le requérant soutenait que, s'il n'avait pas opéré de versements dans la caisse de retraites municipale, c'était par suite d'une erreur de droit commune aux parties et qu'il offrait de réparer en opérant ces versements. Le conseil d'Etat, pour rejeter le recours, s'est fondé, non sur ce qu'en fait le requérant n'avait pas opéré de versements à la caisse municipale, mais sur ce qu'il n'était pas tributaire de cette caisse. Cette solution se justifie par la même raison de droit que l'arrêt du 17 janv. 1861, à savoir que la nature des choses s'oppose à ce que des services qui doivent être ultérieurement rémunérés par une pension de l'Etat soient considérés comme pouvant être également comptés dans la liquidation d'une pension sur la caisse municipale. Le principe énoncé plus haut semble donc adopté formellement par la jurisprudence du conseil d'Etat. Cependant un arrêt récent a décidé que quand, d'après le règlement d'une caisse départementale, les services rendus dans toutes les administrations publiques sont admis pour la liquidation des pensions concédées sur cette caisse, il y a lieu de tenir compte, pour la liquidation, des services rendus dans l'administration des ponts et chaussées, alors même que ceux-ci sont déjà rémunérés par une pension de l'Etat (Cons. d'Et. 26 juin 1891, aff. Dutey, D. P. 92. 3. 116). Ainsi, dans cette espèce, le conseil d'Etat admet, contrairement à la jurisprudence que nous venons de rapporter, que les mêmes services peuvent être comptés pour la liquidation de deux pensions différentes. Cette solution prêterait aux plus graves objections, si elle n'était pas expliquée par les circonstances toutes particulières dans lesquelles elle est intervenue. Lorsque le réquérant était devenu agent voyer en chef du département de l'Allier, il avait voulu cesser ses versements au Trésor, par le motif que ces sommes devaient désormais compter pour sa pension sur la caisse départementale. Le ministre des travaux publics avait insisté pour qu'il fît des versements calculés sur le taux élevé de son traitement actuel, en lui faisant connaître que, s'il opérait ainsi deux versements distincts, il aurait également droit à deux pensions. Le ministre ayant fait connaître cette difficulté au conseil général, celui-ci n'avait nullement contesté la théorie de la double pension, et, lorsque, plus tard, il avait modifié le règlement de la caisse départementale, il avait voté une disposition transitoire en vue particulièrement de sauvegarder les droits acquis à son agent voyer en chef. Dans ces conditions, on ne pouvait contester qu'un accord formel se fût établi entre tous les intéressés sur l'application qui serait faite au requérant du règlement sous l'empire duquel il était entré au service du département.

Il a été décidé, d'ailleurs, que la disposition du règlement d'une caisse de retraites communale portant que les employés de la commune pourront, dans certains cas, faire valoir les services qu'ils ont rendus dans d'autres administrations, à la condition de justifier que ces services ne sont pas déjà récompensés, doit s'entendre en ce sens que, si ces services sont déjà rémunérés, ils pourront compter pour constituer le droit à pension, mais qu'ils n'entreront pas en liquidation (Cons. d'Et. 16 janv. 1874, aff. Jacques, D. P. 74. 3. 101).

357. Les règlements de la plupart des caisses départementales contiennent un article conçu à peu près en ces termes : « En cas de changement de résidence du *directeur* ou des *médecins de l'asile d'aliénés*, le montant des retenues opérées sur leurs traitements au profit de la caisse des retraites sera versé à la caisse des retraites du département où ils seront appelés ». Cette disposition a été insérée dans les règlements, sur la demande du ministère de l'intérieur, à titre de réciprocité entre les départements, et pour tenir compte de la situation spéciale des directeurs et médecins des asiles d'aliénés. Le conseil d'Etat interprète cette clause en ce sens que « les directeurs des asiles publics d'aliénés doivent être regardés, au point de vue de leur droit à la retraite, comme ayant toujours servi dans le département où ils terminent leur carrière » (Av. sect. fin. Cons. d'Et. 23 mai 1877, aff. Binet, D. P. 81. 3. 52, note). Comme le dit fort justement cet avis, la disposition précitée « a pour but de concilier les nécessités du service des asiles d'aliénés avec les intérêts des fonctionnaires de ce service, en rendant possible, au moyen de la combinaison de la translation des retenues, la conservation de leurs droits à pension, malgré leurs changements d'emploi et de résidence ». Aussi ne doit-on pas appliquer à ces fonctionnaires les articles des statuts qui, en règle générale, n'autorisent à compter pour la retraite les services rendus dans des administrations non tributaires de la caisse départementale que si les services dans le département ont, en outre, duré pendant un certain nombre d'années (dix ou douze ans en général ; V. *suprà*, n° 355). C'est ainsi qu'un arrêt du conseil d'Etat a décidé que, dans le cas où les règlements de caisses départementales de retraites stipulent qu'en cas de changement de résidence du directeur ou des médecins de l'asile d'aliénés, le montant des retenues perçues par la caisse du département où le fonctionnaire résidait en premier lieu, sera versé à la caisse des retraites du département où il a été appelé, la veuve d'un directeur décédé en fonctions a droit à pension, alors même que son mari n'a pas accompli dans l'asile départemental la durée de services exigée, en règle générale, pour que les services rendus dans d'autres administrations publiques puissent contribuer à constituer droit à pension au profit des employés du département (Cons. d'Et. 2 juill. 1880, aff. Veuve Védie, D. P. 81. 3. 52).

358. Il a été jugé : 1° qu'un agent appartenant à un corps licencié par une mesure générale, et dont les membres ont été remis ultérieurement en exercice de leurs fonctions par un acte de même nature, n'est pas fondé à soutenir que le temps écoulé entre ces mesures doit être compté, dans la liquidation de sa pension, comme temps de services effectifs (Cons. d'Et. 22 mai 1885, aff. Roux, D. P. 86. 3. 133) ; — 2° Que lorsque le règlement d'une caisse de retraites municipale stipule qu'il ne sera tenu compte que du temps de service d'activité, l'employé mis en disponibilité par suite de la suppression de son emploi n'est pas fondé à demander que le temps passé dans cette situation soit compté pour la liquidation de sa pension ; sauf à cet employé à invoquer le bénéfice de la disposition du même règlement qui accorde une pension aux employés qui sortent de l'activité par suite de la suppression de leur emploi, si, au moment de sa mise en disponibilité, il réunissait les conditions nécessaires pour que cette disposition lui fût applicable (Cons. d'Et. 1er déc. 1882, aff. Jeanrenaud, D. P. 84. 3. 25). Cette application du principe que l'on ne peut tenir compte que des services effectifs (L. 3-22 août 1790, art. 17 ; Décr. 4 juill. 1806, art. 8) est d'autant plus remarquable qu'il était constant, en fait, que le préfet, en mettant le requérant en disponibilité à la suite de la suppression de son emploi, avait entendu lui donner ainsi le moyen d'atteindre l'époque où il aurait le temps de service nécessaire pour avoir droit à la pension d'ancienneté. Les considérants de l'arrêté préfectoral étaient formels en ce sens ; mais le conseil d'Etat a pensé que des arrêtés individuels ne peuvent ainsi créer en faveur de certains fonctionnaires des positions non prévues par les règlements généraux, à cette seule fin de leur attribuer droit à pension par dérogation à ces règlements.

359. Il a encore été décidé : 1° qu'un employé communal, relevé de ses fonctions par mesure administrative, ne peut se prévaloir de ce qu'il n'a été ni destitué, ni révoqué, pour soutenir qu'il peut compter le temps couru depuis la mesure qui l'atteint pour compléter la durée de services exigée par les règlements pour constituer le droit à pension (Cons. d'Et. 7 févr. 1890, aff. Lauze, D. P. 91. 3. 78) ; — 2° Que dans le cas où le ministre a annulé l'arrêté préfectoral révoquant un employé communal et a admis celui-ci à faire valoir ses droits à la retraite, l'employé ne peut compter, pour la constitution de son droit à pension, le temps qui s'est écoulé entre la cessation de ses services effectifs et la décision ministérielle (Cons. d'Et. 24 févr. 1888, aff. Ville de Lyon, D. P. 89. 3. 44). Dans cette espèce, le préfet, en prenant l'arrêté de révocation, avait agi dans la limite de ses pouvoirs, et l'agent ainsi frappé avait, en droit comme en fait, perdu le caractère d'agent municipal. La décision ministérielle, annulant l'arrêté préfectoral, avait le caractère d'un acte de pure administration faisant cesser pour l'avenir les conséquences de la révocation, mais ne pouvant lui rendre rétroactivement le caractère d'agent communal dont il avait été légalement privé. La question serait beaucoup plus délicate si un agent était privé, par l'effet d'une révocation prononcée par une autorité incompétente, de la possibilité d'exercer des fonctions dont légalement il n'aurait pas cessé d'être investi.

360. Dans la plupart des règlements de caisses de retraites, les employés privés de leurs emplois par la volonté arbitraire de l'Administration sont assimilés aux employés révoqués ; ils perdent tout droit à pension (Cons. d'Et. 23 nov. 1877, aff. Crochez, D. P. 79. 5. 314). Le règlement de la ville de Saint-Etienne, par une innovation très heureuse qu'il serait désirable de voir se généraliser, dans l'intérêt du bon recrutement des services municipaux, reconnaît droit à pension aux employés contre lesquels aucune faute professionnelle n'est relevée et qui sont victimes de mesures dictées par des considérations administratives ou politiques ; mais cette disposition entraînerait des exagérations désastreuses pour les finances municipales, et dont l'éventualité suffirait pour en empêcher l'adoption par les municipalités, si la durée des services rendus à la ville n'était pas déterminée de manière à prévenir tout abus. Dans le règlement de la ville de Saint-Etienne, dix années de services ont été exigées, par cette raison que, à l'époque où est intervenu ce règlement, cette période représentait la durée de deux administrations municipales successives, et qu'il y avait lieu de présumer que l'employé qui avait été maintenu par l'une et l'autre dans ses fonctions remplissait ses devoirs d'une manière satisfaisante.

La disposition de faveur que l'on vient de citer doit, d'ailleurs, être appliquée strictement, et l'on ne saurait l'étendre à des cas ne rentrant pas entièrement dans les termes de l'article du règlement. Ainsi il a été jugé que le bénéfice de cette disposition ne saurait se combiner avec celui d'une autre disposition du même règlement qui autorise à compter, pour la pension d'ancienneté de services, les services rendus dans d'autres administrations ; qu'en conséquence, l'employé, qui a été renvoyé sans motifs d'indignité alors qu'il comptait moins de dix ans dans la ville de Saint-Etienne, ne peut faire entrer en compte, pour établir son droit à pension, les services qu'il aurait rendus précédemment dans d'autres villes (Cons. d'Et. 21 mai 1880, aff. Bègue, D. P. 81. 3. 52).

361. Des difficultés s'élèvent souvent, dans la pratique, lorsqu'il s'agit de déterminer quel est le traitement moyen des dernières années qui doit servir de base pour la liquidation de la pension, et quelles sont les allocations que l'on doit faire entrer dans la composition de ce traitement.

Il a été jugé, notamment : 1° qu'une indemnité fixe, payable par douzième et sujette à retenue, doit être considérée comme faisant partie du traitement (Cons. d'Et. 16 janv. 1874, aff. Jacques, D. P. 74. 3. 101) ; — 2° Que les remises proportionnelles allouées aux employés d'un octroi soit sur les droits d'entrée, soit sur les produits de l'octroi dépassant un minimum fixe, constituent des émoluments personnels et un traitement éventuel (Cons. d'Et. 6 août 1880, aff. Olive, D. P. 82. 3. 67. V. *suprà*, nos 45 et suiv.) ; — 3° Que les avantages en nature dont jouit le directeur d'un asile d'aliénés constituent un complément de son traitement, et, par suite, doivent entrer en compte pour établir la moyenne du traitement fixe pendant les trois dernières années d'après lequel la pension doit être liquidée, aux termes du règlement de la caisse des retraites départementales (Cons. d'Et. 6 juill. 1888, aff. Pinot, D. P. 89. 3. 110). — Quant à l'évaluation de ces avantages en nature, une circulaire du ministre de l'intérieur, en date du 5 janv. 1861, relative à l'évaluation des avantages en nature attribués aux employés des asiles d'aliénés, porte que ces avantages, sur lesquels devra être prélevée la retenue au profit de la caisse des retraites, seront évalués, pour la nourriture, à 500 fr., et, pour le logement et tous autres avantages, au dixième du traitement fixe. — 4° Que, sous l'empire d'un règlement qui détermine la pension de retraite d'après le traitement moyen des trois dernières années, un fonctionnaire (dans l'espèce, un inspecteur des enfants assistés) ne peut demander qu'il lui soit tenu compte, sous forme d'une pension spéciale, de l'allocation qu'il avait touchée pendant un certain temps, antérieurement à ces trois dernières années, comme rémunération d'un service particulier (inspection de la médecine gratuite), dont il n'avait été chargé qu'en raison de ses fonctions et par extension de ses attributions (Cons. d'Et. 27 avr. 1877, aff. Coiffier, D. P. 77. 3. 71).

362. En principe, la concession d'une pension à un ancien employé d'une commune, ou de toute autre administration publique, crée un droit non seulement au profit du titulaire, mais aussi de sa femme si elle lui survit et se trouve dans les conditions voulues pour avoir un droit de réversion. Ainsi, il a été jugé que, quand une pension de retraite a été accordée à un employé d'un hospice ou d'un établissement de charité, la veuve de cet employé, bien qu'il s'agisse d'une pension facultative (Comp. *suprà*, n° 334), a droit à la réversion du quart ; l'Administration estimerait à tort qu'elle peut refuser la réversion comme elle pouvait refuser la pension (Cons. d'Et. 15 déc. 1865, aff. Puybonnieux, D. P. 66. 5. 348).

363. La disposition du règlement d'une caisse départementale de retraites (dans l'espèce, du décret du 13 juill. 1863 relatif au département de la Drôme), d'après laquelle la pension accordée à un employé, avant trente ans de services, pour cause d'infirmité, ne peut être cumulée avec un traitement d'activité, est applicable au cas où le pensionnaire reprend du service dans un autre département, aussi bien que dans celui où il en reprend dans le même département (Cons. d'Et. 16 mai 1890, aff. Moulard, D. P. 91. 5. 393).

364. On sait que la jurisprudence du conseil d'Etat est établie en ce sens que les pensions liquidées à la charge du Trésor ne peuvent faire l'objet d'une revision purement administrative, alors même que des services ont été omis par erreur (*infrà*, n° 579). Cette doctrine est, il est vrai, contraire à l'opinion de la section des finances du conseil d'Etat, qui admet la revision administrative, en cas d'erreur matérielle (Comp. *Rép.* n° 192). — En matière de pensions départementales, le conseil d'Etat s'est montré moins rigoureux et a implicitement reconnu la recevabilité de la réclamation formée par un ancien fonctionnaire départemental contre la liquidation de sa pension ; il a décidé que, lorsque le conseil général a liquidé la pension d'un agent départemental sans tenir compte de certains services qui avaient été omis dans la demande, cet agent est recevable à demander au conseil général de reviser la liquidation de ladite pension, et que la décision par laquelle le conseil refuse de procéder à cette revision, par le motif que la première liquidation était définitive, est susceptible d'être déférée au conseil d'Etat (Cons. d'Et. 4 juill. 1884, sol. impl., aff. Bussereau, D. P. 86. 3. 1). Cette décision est peut-être difficile à justifier en droit : il semble que le recours contentieux n'aurait pas dû être admis contre une décision qui refusait de reviser une pension liquidée en pleine connaissance des faits, et alors que le réclamant ne pouvait s'en prendre qu'à lui-même de n'avoir pas compté, dans sa demande de liquidation, certains services admissibles.

365. Il a été décidé qu'un employé communal ne peut se prévaloir d'un arrêté pris par le maire, à la suite d'une délibération du conseil municipal, et lui allouant une indemnité temporaire en raison de la suppression de son emploi, pour réclamer le bénéfice d'une disposition du règlement autorisant les employés qui, après avoir obtenu une pension, rentrent dans le service, à demander une revision de leur pension dans laquelle il est tenu compte de leurs nouveaux services (Cons. d'Et. 24 févr. 1888, aff. Ville de Lyon, D. P. 89. 3. 44). Il est certain, en effet, qu'une indemnité temporaire accordée par une autorité qui eût été incompétente pour liquider une pension, ne peut autoriser un agent à réclamer le bénéfice des dispositions d'un règlement applicable à ceux qui sont en jouissance d'une pension proprement dite.

366. En principe, les pensions de retraite accordées sur des caisses départementales ou communales ne sont pas insaisissables comme les pensions sur l'Etat (V. sur l'insaisissabilité de ces dernières pensions, *suprà*, nos 284 et suiv.). Mais il a été jugé qu'une pension de retraite accordée sur une caisse communale peut, en vertu de l'art. 581 c. proc. civ., être déclarée insaisissable, quand il résulte des circonstances qu'elle a un caractère alimentaire (Aix 24 mai 1865, aff. Torrini, D. P. 66. 5. 348. Conf. Bavelier, t. 1, n° 231).

367. Sur la liquidation des caisses de retraites des départements et communes d'Alsace-Lorraine, et la situation faite aux anciens employés tributaires de ces caisses, V. *suprà*, nos 326 et suiv.

368. Le décret du 12 sept. 1870 (D. P. 70. 4. 20, *suprà*, nos 57 et 68) qui a réintégré dans tous leurs droits et titres les fonctionnaires qui les avaient perdus par suite des événements de décembre 1851 est applicable même dans le cas où la pension est à la charge d'un département (Cons. d'Et. 3 janv. 1881, aff. Bernard, D. P. 82. 3. 37)... ou d'une commune. Il en est ainsi encore que la fonction dont le réclamant était titulaire n'ait été rangée parmi celles qui profitent de la caisse de retraites départementale que postérieurement à la cessation effective de ses services (Même arrêt). L'obligation pour les départements de payer une pension pour des services qui n'ont pas été rendus effectivement est une conséquence assez singulière du décret du 12 sept. 1870; mais ce décret a force de loi, et il ne paraît pas contestable qu'il a entendu n'établir aucune distinction entre les différentes catégories de fonctionnaires et employés victimes des événements de 1851.

369. Il ne peut y avoir obligation, pour le département ou la commune, de pourvoir à l'insuffisance de la caisse de retraites de ses employés, qu'en cas d'engagement formel à cet égard (Bavelier, t. 1, n° 232. V. *suprà*, v° *Commune*, n°s 309 et 338).

370. Les caisses de retraites départementales et communales sont administrées par la Caisse des dépôts et consignations. C'est cette dernière, ou ses représentants, qui paye aux titulaires des pensions le montant de leurs arrérages, sur un mandat délivré par le préfet et après production de leur titre (L. 28 avr. 1816, art. 110; Ordonn. 3 juill. 1816; Décr. 31 mai 1862, art. 823. V. *infrà*, v° *Trésor public*).

Sur les formalités à remplir par les héritiers ou ayants cause des pensionnaires des caisses départementales ou communales, pour obtenir le payement des arrérages restant dus au moment du décès de leur auteur, V. Circ. min. int. 31 déc. 1892.

371. — 2° *Pensions sur diverses caisses spéciales fonctionnant dans le département de la Seine.* — Plusieurs grands services publics fonctionnant dans le département de la Seine ont des caisses de retraites particulières, soumises à une réglementation spéciale. Les dispositions qui les régissent sont assez nombreuses; les unes ne concernent que l'une ou plusieurs de ces caisses; d'autres, au contraire, sont communes à toutes.

Parmi ces dernières, nous citerons le décret du 11 juin 1881 (D. P. 82. 4. 61). Aux termes de l'art. 1 de ce décret, « les pensions de retraite des employés de la préfecture de la Seine, des administrations annexes (assistance publique, octroi, mont-de-piété) et de la préfecture de police, qui auront été nommés en exécution des lois des 24 juill. 1873 et 22 juin 1878 seront, lorsque ces employés ne jouiront pas d'une pension militaire, mises pour partie à la charge de l'Etat ». « La part contributive de l'Etat est fixée, lors de la liquidation, d'après la durée des services militaires de l'employé, et à la quotité qui est déterminée par le deuxième paragraphe de l'art. 8 de la loi du 9 juin 1853, sans toutefois pouvoir être supérieure à la rémunération des services militaires, telle qu'elle est réglée par les statuts de la caisse de retraites dont l'intéressé est tributaire ». « En ce qui concerne les pensions et secours accordés aux veuves et orphelins, la part contributive de l'Etat est égale au tiers de celle qui aurait été fixée pour le mari ou pour le père. Lorsque ce dernier a été titulaire d'une pension militaire, la part contributive est due, si les services dans les armées de terre ou de mer figurent dans le décompte de la pension liquidée au profit de la veuve ou des orphelins, par la caisse spéciale » (art. 2).

Les pensions dont s'occupe le décret du 11 juin 1881 sont liquidées conformément aux statuts de la caisse de retraites intéressée; les liquidations sont soumises par le ministre de l'intérieur à l'examen de la section des finances, de la guerre et de la marine du conseil d'Etat. Les projets de liquidation sont accompagnés de l'avis du ministre des finances (art. 4). Les pensions sont concédées par décrets rendus sur la proposition du ministre de l'intérieur. Les décrets contresignés par lui et par le ministre des finances sont insérés *Bulletin des lois*. Les pensions sont servies par les caisses spéciales. Les avances que celles-ci font pour la part contributive afférente aux services militaires leur sont remboursées, chaque année, par le trésor public (art. 5).

372. Quand un fonctionnaire remplit les conditions d'âge et de durée de services requises par le règlement de la caisse des retraites de son administration, il y a, à son profit, un droit acquis à pension, que ne peut lui faire perdre le fait de sa démission ou de sa révocation (Conf. *suprà*, n° 334). Ainsi il a été jugé que l'art. 17 du règlement de la caisse municipale de retraites des employés de l'octroi de Paris, du 7 mai 1831 (V. *infrà*, n° 378), aux termes duquel tout employé destitué ou démissionnaire avant trente ans de service perd ses droits à la pension, doit être entendu en ce sens que l'employé perd ses droits s'il est révoqué avant trente ans de services ou démissionnaire avant ce temps, et non en ce sens qu'il perd toujours ses droits en cas de révocation, et qu'il ne les perd, en cas de démission, que s'il n'a pas trente ans de services (Cons. d'Et. 23 nov. 1877, aff. Crochez, D. P. 79. 5. 314; Bavelier, t. 1, n° 234).

Il n'en serait autrement que si le règlement de la caisse contenait une disposition formelle en sens contraire, comme, par exemple, le décret du 4 juill. 1806 (art. 19; *Rép.* p. 749), qui régit les employés de la préfecture de la Seine (Cons. d'Et. 12 juill. 1878, aff Regnier, *Rec. Cons. d'Etat*, p. 697, 31 déc. 1878, aff. Duval, *ibid* p. 1127).

373. Un décret du 1er févr. 1813 a appelé à bénéficier de la caisse des retraites, en se conformant aux règles du décret du 4 juill. 1806 (*Rép.* p. 749), un certain nombre d'employés de la préfecture de la Seine. L'application du même décret a été ensuite étendue successivement aux employés des bureaux de la commission des contributions directes de Paris (Ordonn. 8 janv. 1817),... à tous les employés de la préfecture de la Seine et des administrations qui en dépendent (Ordonn. 13 nov. 1822),... aux employés de la caisse municipale, de l'administration de la réserve du service des anciennes et nouvelles eaux, etc. (Ordonn. 20 août 1824),... aux gardes-magasins et hommes de peine de l'Hôtel de Ville, etc. (Décr. 3 août 1856),... d'une façon générale, à tous les employés et agents de la préfecture de la Seine nommés par arrêtés préfectoraux et investis de fonctions permanentes, rémunérées par un traitement fixe et annuel et exclusives de toute autre occupation professionnelle (Décr. 21 sept. 1861),... aux employés des mairies annexées à Paris (Décr. 5 févr. 1868),... aux médecins et pharmaciens des établissements d'aliénés, qui n'exercent pas leurs profession en dehors des asiles (Décr. 13 juill. 1876, art. 7).

374. Quant aux services admissibles pour l'établissement de la pension de ces employés, le temps d'activité dans d'autres administrations publiques ne peut leur être compté pour la pension de retraite que sous la condition qu'ils auront au moins dix ans de services dans l'administration du département de la Seine ou de la ville de Paris: c'est ce qui résulte de l'art. 8 du décret du 4 juillet 1806 (*Rép.* p. 749), abrogé, en ce qui concerne les employés du département de la Seine et de la ville de Paris, par le décret du 13 déc. 1870, art. 1 (D. P. 70. 4. 108), mais rendu de nouveau applicable auxdits employés par décret du 8 août 1878.

375. Sur les retenues à opérer au profit de la caisse des retraites des employés du département de la Seine et de la ville de Paris, V. Bavelier, t. 1, n° 235. — Sur le maximum des pensions à accorder sur cette caisse, sur les droits des veuves et orphelins, sur la prohibition du cumul, V. Bavelier, *ibid*.

376. Il a été jugé que les employés et agents de la préfecture de la Seine ne pouvant, aux termes de l'art. 1, § 2, du décret du 21 sept. 1861, être admis à faire les versements et à recevoir les pensions sur la caisse des retraites de cette préfecture qu'autant qu'ils sont investis de fonctions permanentes et exclusives de toute autre occupation professionnelle, le concierge d'une école municipale à qui sa qualité n'interdisait pas l'exercice d'une autre occupation professionnelle, n'est pas fondé à réclamer droit à pension (Cons. d'Et. 23 mars 1888, aff. Fazzi, D. P. 89. 5. 360).

377. Sur la caisse de retraites fondée par le décret du 24 mai 1865, au profit des employés des mairies des arrondissements de Sceaux et de Saint-Denis, V. Bavelier, *ibid*.

378. Une ordonnance royale du 7 mai 1831, approuvant le règlement arrêté par le conseil municipal de Paris les 3 sept. 1830 et 17 mars 1831, a organisé une caisse de retraites spéciale pour les employés de l'octroi de la ville de Paris (Comp. Décr. 9 juin 1879). Sur le fonctionnement de cette caisse et les règles à observer pour la liquidation des pensions à sa charge, V. Bavelier, t. 1, n° 236.

Il a été jugé que l'art. 13 du règlement du 24 juin 1831, sur la caisse des retraites des employés de l'octroi de Paris, aux termes duquel la pension des employés mis hors de service par suite d'un accident résultant de l'exercice de leurs fonctions est réglée par le conseil municipal, sur la proposition du préfet de la Seine, à raison des services rendus par l'employé et de la gravité de ses blessures, sans que ladite pension puisse jamais être moindre du sixième du traitement moyen, ni excéder les deux tiers dudit traitement, doit être entendu en ce sens que le pouvoir d'appréciation laissé au conseil municipal dans les limites du minimum et du maximum indiqués ci-dessus est absolu; d'où il suit que l'employé ne peut contester devant le conseil d'Etat la liquidation faite par le préfet, conformément à l'avis du conseil municipal, en se fondant sur ce qu'il n'avait pas été tenu compte suffisant de la durée de ses services et de la gravité de l'accident qui l'avait obligé à les cesser (Cons. d'Ét. 11 janv. 1884, aff. Grosjean, D. P. 85. 5. 357).

379. La caisse de retraites des employés de l'administration de l'Assistance publique à Paris a été organisée par le décret du 7 févr. 1809 (*Rép.*, v° *Hospices*, p. 70), modifié depuis par un certain nombre d'arrêtés ministériels, de circulaires, de délibérations du conseil général des hospices, ou d'arrêtés du directeur de l'Assistance publique. — Sur le fonctionnement de cette caisse, V. Bavelier, t. 1, n° 237 (V. aussi *infrà*, v° *Secours publics*). — Une ordonnance du 6 sept. 1820, a rendu applicable aux *établissements charitables* qui demandent que des pensions soient accordés à leurs employés, les dispositions des art. 12 à 22 du décret précité de 1809, fixant les règles à suivre pour la liquidation des pensions des employés des hospices de Paris.

Les employés du mont-de-piété de Paris ont aussi une caisse de retraites, qui est régie par un décret du 22 sept. 1812; des ordonnances royales des 12 janv. 1831 ; 21 déc. 1832, 20 mai 1844; des décrets des 27 juin 1877 et 25 juill. 1882. — Sur le fonctionnement de cette caisse, V. Bavelier, t. 1, n° 238; Duval, *Le mont-de-piété de Paris*, n°s 144 à 169 (V. aussi *suprà*, v° *Mont-de-piété*, n° 67 ; *Rép.* eod. v°, n° 35).

380. Une caisse de retraites pour les employés de la Préfecture de police a été organisée par un décret du 25 oct. 1806, modifié par des ordonnances royales des 11 août 1819, 20 oct. 1819, 26 déc. 1821, 21 août 1822, 11 juin 1823, puis abrogé par une ordonnance du 12 avr. 1831 qui a édicté un règlement nouveau, amélioré lui-même, en ce qui concerne les employés de la police municipale, par un décret du 20 nov. 1857 (V. Bavelier, t. 1, n° 239).

Il a été jugé qu'un employé du service de la police municipale de Paris auquel est applicable le décret du 23 nov. 1857, dont l'art. 4 porte que les services dans les armées de terre et de mer concourent avec les services dans la police municipale pour établir le droit à la pension et sont comptés pour leur durée effective, pourvu que la durée des services dans la police municipale soit de dix ans au moins, n'est pas fondé à demander qu'il soit procédé à une double liquidation de sa pension, alors même que ses services militaires ont été assez prolongés pour lui constituer droit à pension; ce mode de procéder rendrait inapplicable l'art. 4, qui seul lui permet d'obtenir une pension comme employé du service de la police municipale (Cons. d'Ét. 8 févr. 1889, aff. Guy, D. P. 90. 5. 378).

381. — 3° *Caisses de retraites diverses.* — Sur les pensions de retraite des employés des grandes compagnies de chemins de fer français, V. Bavelier, t. 1, n°s 240 à 248 (V. *infrà*, v° *Voirie par chemins de fer*).

382. Sur la caisse des employés et ouvrières de la Banque de France, V. Bavelier, t. 1, n° 249 (V. aussi *suprà*, v° *Banque*, n° 35).

383. En ce qui concerne la caisse des employés de la Société du Crédit foncier de France, V. Bavelier, t. 1, n° 250.

384. Sur la caisse des retraites du théâtre de l'Opéra (Décr. 14 mai 1856, D. P. 56. 4. 57; 15 oct. 1879; 26 mars 1887, *Bull. des lois*, n° 17702 ; 22 juin 1889, D. P. 90. 4. 68) V. Bavelier, t. 1, n° 251... ; la caisse des retraites du Théâtre-Français (Décr. de Moscou du 15 oct. 1812 ; Décr. 27 avr. 1850; 19 nov. 1859; 6 juill. 1877). V. Bavelier, t. 1, n° 252. V. aussi *infrà*, v° *Théâtre*.

Sect. 4. — Pensions militaires (*Rép.* n° 105).

385. Les pensions militaires de l'armée de terre sont toujours régies par la loi fondamentale du 11 avr. 1831 (*Rép.* n° 764); celles de l'armée de mer par la loi du 10 avr. 1831 (*Rép.* n° 766). Cette législation, à la différence de celle qui régit les pensions civiles (V. *suprà*, n° 3) n'a donné lieu qu'à des critiques de détail; les modifications qu'elle a subies ont d'ailleurs, en général, donné satisfaction aux intéressés.

386. Parmi les dispositions qui ont modifié ou complété la loi du 11 avr. 1831, sur les pensions de l'armée de terre, il y a lieu de signaler, notamment en ce qui concerne les pensions des officiers, celles de la loi du 28 juin 1878 (D. P. 78. 4. 81), qui en a relevé sensiblement le tarif. Mais la plupart concernent les pensions des non-officiers (sous-officiers, caporaux, brigadiers et soldats).

Une loi du 26 avr. 1855 (D. P. 55. 4. 44), qui a créé la *caisse de dotation de l'armée*, destinée à recevoir le versement des prestations applicables à l'exonération du service militaire, qui se faisait alors administrativement (art. 5), portait : « Art. 19. Le maximum et le minimum de la pension de retraite fixés par la loi du 11 avr. 1831 sont augmentés de 165 fr. pour les sous-officiers, caporaux, brigadiers et soldats. — Le droit à la pension de retraite par ancienneté est acquis à ces militaires à vingt-cinq ans accomplis de service effectif. Toutes les autres dispositions de la loi du 11 avr. 1831 sont maintenues. — Art. 20. Le surcroît de dépenses résultant de l'exécution de l'article précédent est prélevé sur l'actif de la dotation de l'armée, mais seulement en ce qui concerne les pensions des militaires des corps qui se recrutent par la voie des appels ».

La loi du 1er févr. 1868 (art. 2) (D. P. 68. 4. 41), qui abolit l'exonération administrative, enleva ses ressources à la caisse de la dotation de l'armée et entraîna la nécessité de procéder à sa liquidation, qui fut ordonnée par décret du 3 janv. 1871 (D. P. 71. 4. 8).

Une décision impériale du 25 mars 1854, qui paraît n'avoir été que verbale et qui est seulement relatée dans une circulaire du ministre de la guerre du 13 mars 1855 (Bavelier, t. 2, n° 254) décida que les militaires amputés de l'armée d'Afrique et de l'armée d'Orient recevraient, sur la cassette impériale, la somme annuelle nécessaire pour élever la pension de chacun d'eux à 600 fr. Ce complément a, depuis lors, été accordé à tous les militaires retraités pour blessures ou infirmités reçues ou contractées en temps de guerre et classées au moins dans la cinquième classe de l'échelle de gravité. — Après la chute de l'Empire et la liquidation de la liste civile, on se préoccupa de maintenir cette allocation supplémentaire à ceux qui en jouissaient jusqu'alors, et d'en étendre le bénéfice aux militaires blessés ou infirmes de la guerre de 1870-1871. Une loi du 27 nov. 1872 (D. P. 72. 4. 135) substitua à la liste civile la *caisse des offrandes nationales*, fondée par décret du 18 juin 1860 (D. P. 60. 4. 79), que les ministres de la guerre, de la marine et des finances furent chargés d'organiser, de façon à payer les compléments de pension dont il va être parlé, et en outre, de façon à ce qu'elle pût, « après préférence accordée aux amputés, secourir, sur ses ressources disponibles, tous les militaires retirés du service dans des conditions dignes d'intérêt et nécessitant un secours de l'Etat, ainsi que leurs femmes et enfants ou ascendants » (art. 4). Aux termes des art. 1 et 2 de cette loi, « les sous-officiers, caporaux et soldats des armées de terre et de mer admis à la retraite pour blessures reçues devant l'ennemi ou pour infirmités contractées en campagne ayant entraîné l'amputation d'un membre, la perte de l'usage de deux membres, la perte de l'usage d'un membre ; ainsi que les anciens militaires mutilés qui touchaient un supplément de pension payé par l'ancienne liste civile, recevront une allocation élevant leur pension à 600 fr., par assimilation aux aveugles et amputés de deux membres qui reçoivent déjà une pension supérieure à 600 fr. ». (art. 1). « Il sera pourvu au payement de cette allocation supplémentaire au moyen : 1° des fonds aujourd'hui administrés par la caisse des offrandes nationales en faveur des armées de terre et de mer, en y comprenant ceux qui deviendront disponibles ; 2° du restant libre sur les sommes déposées au Trésor à titre d'offrandes nationales pour les victimes de la guerre ; 3° de ce qui reste disponible sur le crédit de 50 millions de francs voté par les lois des 24 juill. et 10 août 1870 pour secours aux militaires, marins, garde nationale mobile, garde nationale, etc., et, en cas d'insuffisance, par un crédit inscrit au budget » (art. 2). — Un décret du 9 janv. 1873 (D. P.

73. 4. 26), rendu en exécution de cette loi, a réorganisé la caisse des offrandes nationales et réglementé son fonctionnement. Par suite des augmentations des pensions militaires contenues dans les lois de 1881 et 1892, l'utilité de la caisse des offrandes nationales a presque entièrement disparu, puisque, d'une part, toutes les pensions anciennes sont unifiées au tarif de 1879, et que, d'autre part les suppléments de pension accordées par lesdites lois ne sont payés que sous déduction des compléments servis par la caisse des offrandes nationales.

La loi du 27 juill. 1872, qui introduisit en France le service militaire personnel obligatoire, n'autorisa plus les rengagements que jusqu'à l'âge de trente-cinq ans pour les sous-officiers, et vingt-neuf ans pour les caporaux, brigadiers et soldats (art. 51): elle supprima par là même la pension à titre d'ancienneté de services pour les non-officiers. L'effet immédiat de cette loi fut de faire le vide dans les cadres inférieurs de l'armée. Pour remédier à cet inconvénient, un décret du 30 nov. 1872 (art. 27 et 28) autorisa tous les hommes comptant douze ans de services effectifs au 1er janv. 1873, à contracter des engagements successifs de deux à cinq ans, pour parfaire les vingt-cinq ans de services nécessaires pour leur donner droit à pension. — Une loi du 24 juill. 1873 décida, d'autre part, que certains emplois seraient exclusivement réservés aux anciens sous-officiers ayant passé douze années dans l'armée active, dont quatre ans avec le grade de sous-officier (art. 1). Elle fut complétée par une loi du 10 juill. 1874, qui accorda aux sous-officiers certains avantages de solde, et, en outre, le droit d'obtenir à trente-cinq ans une *pension proportionnelle*, dont le taux devait être décompté, par chaque année de service et par chaque campagne, à raison d'un vingt-cinquième du minimum de la pension à laquelle ils auraient droit, en vertu des lois en vigueur (*infrà*, nos 398 et suiv.). — L'art. 35 de la loi du 13 mars 1875, modifié par la loi du 15 déc. 1875, vint ensuite autoriser le ministre de la guerre à conserver ou à réadmettre sous les drapeaux, en qualité de commissionnés, au delà de la limite d'âge fixée par l'art. 51 de la loi du 27 juill. 1872, certaines catégories de sous-officiers, caporaux, brigadiers et soldats. Aux termes du dernier alinéa de cet article, « tout militaire commissionné a droit, après quinze années de service, à une retraite proportionnelle dont le taux sera décompté, pour chaque année de service et pour chaque campagne, à raison d'un vingt-cinquième du minimum de la pension du grade dont il sera titulaire depuis deux ans au moins. A partir de vingt-cinq ans, campagnes comprises, le tarif à appliquer sera celui de la loi du 26 avr. 1855 ». — Une loi du 22 juin 1878 concéda également certains avantages pécuniaires aux sous-officiers rengagés, dans le but de les garder sous les drapeaux. Enfin, une loi du 18 août 1879 (D. P. 80. 4. 35), a réglementé en détail tout ce qui concerne les pensions auxquelles peuvent avoir droit les sous-officiers, caporaux, brigadiers et soldats de l'armée de terre. Cette loi a été modifiée ou complétée par celles des 23 juill. 1881, 18 août 1881 (D. P. 82. 4. 81), 18 mars 1890 (art. 32), 26 janv. 1892 (art. 49 et suiv.; D. P. 92. 4. 9), et le décret du 17 sept. 1881 (D. P. 82. 4. 99).

387. Le personnel relevant du ministère de la marine et des colonies est, au point de vue des pensions de retraite, soumis à des législations différentes, suivant les différentes catégories de fonctionnaires et d'employés. Les pensions des officiers et marins des équipages de la flotte, qui sont les seules que nous ayons à étudier, dans l'art. 2 de cette section, sont régies en principe par la loi du 18 avr. 1831 (*Rép.* p. 766), sauf les modifications qui seront indiquées ci-après.

Les pensions des troupes de la marine sont soumises à la législation concernant l'armée de terre (L. 18 avr. 1831, art. 23; 5 août 1879; art. 17; 23 juill. 1881, art. 21), sauf le bénéfice des dispositions des mêmes lois qui leur permettent d'acquérir des droits à la retraite après vingt-cinq ans de services, s'ils réunissent six ans de navigation ou de colonies (*Ibid.*).

Les pensions des agents coloniaux non compris au tarif annexé à la loi du 5 août 1879 (*Bull. des lois*, 1879, p. 226 et suiv.) sont régies par la loi du 9 juin 1853 sur les pensions civiles (L. 18 avr. 1831, art. 24).

Il en de même, depuis 1886, des pensions des agents de administration centrale du ministère de la marine qui, jusque-là, étaient régies par le décret du 2 févr. 1808 (L. 21 mars 1885).

Les pensions de la marine dites de *demi-solde* sont réglementées par une législation spéciale que l'on exposera *infrà*, nos 731 et suiv.

388. La loi du 18 avr. 1831 (*Rép.* p. 766) a été complétée et modifiée par un certain nombre de dispositions, qui figurent dans le tableau ci-dessous. Diverses dispositions des lois et décrets relatifs aux pensions de l'armée de terre (V. *suprà*, n° 386) ont d'ailleurs, été déclarées également applicables à l'armée de mer.

Tableau des lois, décrets, etc., relatifs aux pensions militaires.

26-28 avr. 1855. — Loi relative à la création d'une dotation de l'armée et aux pensions militaires (D. P. 55. 4. 44).

4-14 août 1855. — Décret qui augmente le maximum et le minimum des pensions des officiers mariniers, matelots et assimilés des divisions des équipages de ligne, ou des bâtiments de la flotte (D. P. 55. 4. 81).

26 avr.-5 mai 1856. — Loi relative aux pensions des veuves des militaires et marins tués sur le champ de bataille, ou morts des suites des blessures qu'ils y ont reçues (D. P. 56. 4. 52),

11 juill. 1856. — Décret relatif à l'allocation d'un supplément de pension aux marins ayant droit à la demi-solde et qui réunissent six ans de service à bord des bâtiments de l'Etat ou dans les divisions des équipages de la flotte (D. P. 56. 4. 134).

28 janv.-6 mars 1857. — Décret portant que les mécaniciens, chauffeurs et autres employés au service des machines à vapeur des bâtiments de mer seront compris dans l'inscription maritime. — Art. 12 fixant les conditions auxquelles les mécaniciens et chauffeurs des bâtiments de commerce obtiendront la pension dite de *demi-solde* (D. P. 57. 4. 51).

14-28 août 1860. — Décision impériale relative aux pensions de retraite des vétérinaires militaires (D. P. 60. 4. 140).

25-29 juin 1861. — Loi qui modifie celle du 11 avr. 1831, sur les pensions de l'armée de terre (D. P. 61. 4. 79).

26 (et non **25**)-**29 juin 1861.** — Loi qui modifie celle des 18 avr. 1831, sur les pensions de l'armée de mer (D. P. 61. 4. 82).

28 juin-1er juill. 1862. — Loi sur les pensions de retraite des ouvriers des ports et de divers agents de la marine non inscrits, et sur les pensions dites de *demi-solde* des marins inscrits (D. P. 62. 4. 59).

20 août-23 sept. 1864. — Décret modifiant l'art. 2 de l'ordonn. du 2 juill. 1831 (D. P. 64. 4. 111).

27 nov. 1864-26 janv. 1865. — Décret modifiant l'art. 2 de l'ordonn. du 26 janv. 1832 (D. P. 65. 4. 6).

10-19 avr. 1869. — Loi qui modifie celle du 18 avr. 1831, sur les pensions de l'armée de mer (D. P. 69. 4. 41).

5-10 mai 1869. — Loi portant création de pensions pour les anciens militaires de la République et de l'Empire (D. P. 69. 4. 54).

29 août 1870. — Loi relative aux forces militaires de la France pendant la guerre. — Art 5, portant que les lois sur les pensions militaires sont applicables aux gardes mobiles et sédentaires, à leurs veuves et à leurs enfants (D. P. 70. 4. 81).

12-14 sept. 1870. — Décret concernant les militaires et fonctionnaires qui ont perdu leur grade ou leur rang par suite des événements de décembre 1851 (D. P. 70. 4. 88).

14-19 nov. 1870. — Décret concernant les militaires qui ont perdu leur grade par suite des événements de décembre 1851 (D. P. 70. 4. 104).

5-10 janv. 1872. — Loi relative à la remise à la retraite, à titre d'ancienneté, d'officiers comptant vingt-cinq ans de service (D. P. 72. 4. 6).

27 nov.-4 déc. 1872. — Loi relative aux pensions à accorder aux militaires blessés et amputés (D. P. 72. 4. 135).

30 nov. 1872. — Décret relatif aux engagements volontaires et aux rengagements. — Art. 27 et 28, relatifs aux pensions des militaires qui auront contracté des rengagements (D. P. 73. 4. 14).

9-11 janv. 1873. — Décret relatif à la caisse des offrandes nationales (D. P. 73. 4. 26).

24 juill.-7 août 1873. — Loi relative à l'organisation de l'armée. — Art. 40, al. 2, relatif aux officiers auxiliaires ou de l'armée territoriale jouissant d'une pension de retraite (D. P. 73. 4. 81).

10-17 juill. 1874. — Loi relative aux améliorations à apporter à la situation des sous-officiers de l'armée active. — Art. 3 relatif aux pensions des sous-officiers (D. P. 75. 4. 17).

23 janv.-26 févr. 1875. — Décret portant que les demandes de pension à raison de blessures reçues ou d'infirmités contractées par des militaires ou marins pendant la guerre de 1870-1871, et de revision de pensions déjà accordées, devront être faites avant le 31 déc. 1876 (D. P. 75. 4. 88).

13-28 mars 1875. — Loi relative à la constitution des

cadres et des effectifs de l'armée active et de l'armée territoriale. — Art. 18 et 35, contenant des dispositions relatives aux pensions des officiers retraités admis dans le service du recrutement et des militaires commissionnés (D. P. 75. 4. 129).

30 avr. 1875. — Décret relatif à l'organisation du corps des vétérinaires militaires (art. 3) (D. P. 76. 4. 38).

29 mai-8 juin 1875. — Loi qui rapporte celle du 5 janv. 1872 relative aux pensions des officiers et assimilés qui comptent vingt-cinq ans de services (D. P. 75. 4. 128).

15 déc. 1875-21 janv. 1876. — Loi qui modifie divers articles (notamment l'art. 35) de la loi du 13 mars 1875 (D. P. 76. 4. 84).

1er-5 juin 1878. — Loi relative au cumul de la solde militaire avec les traitements ou pensions de retraite, pour les militaires de la réserve ou de l'armée territoriale appelés en temps de paix à des exercices ou manœuvres (D. P. 78. 4. 80).

20-22 juin 1878. — Loi qui porte la pension de la veuve ou les secours des orphelins d'un militaire ou d'un marin au tiers au lieu du quart du maximum de la pension d'ancienneté dont le mari ou le père était titulaire (D. P. 78. 4. 80).

22-25 juin 1878. — Loi relative aux pensions de retraite des officiers de l'armée de terre (D. P. 78. 4. 81).

5-6 août 1879. — Loi sur les pensions du personnel du département de la marine et des colonies (D. P. 80. 4. 32).

17-19 août 1879. — Loi sur les soldes et pensions des sous-officiers en réforme (D. P. 80. 4. 34).

18-19 août 1879. — Loi sur les pensions des sous-officiers caporaux, brigadiers et soldats de l'armée de terre (D. P. 80. 4. 35).

18-20 août 1879. — Décret concernant les pensions proportionnelles à concéder aux officiers mariniers, aux magasiniers de la flotte et aux commis aux vivres (D. P. 80. 4. 60).

21-22 mai 1880. — Décret portant fixation des pensions de retraite des fonctionnaires, employés et agents du service colonial (D. P. 81. 4. 63).

11-13 avr. 1881. — Loi relative aux pensions de retraite attribuées aux inscrits maritimes (D. P. 82. 4. 29).

23-24 juill. 1881. — Loi relative au rengagement des sous-officiers. — Art. 25 et 26 relatifs aux pensions des sous-officiers, brigadiers, caporaux et soldats (D. P. 82. 4. 35).

18-21 août 1881. — Loi relative aux pensions des anciens militaires et marins et de leurs veuves (D. P. 82. 4. 81).

17 sept.-23 nov. 1881. — Décret concernant les suppléments de pensions militaires alloués par la loi du 18 août 1881 (D. P. 82. 4. 99).

16-25 mars 1882. — Loi sur l'administration de l'armée. — Art. 42, qui déclare applicables aux membres du corps du contrôle les lois et décrets relatifs aux pensions militaires (D. P. 82. 4. 123).

26 juin-25 juill. 1882. — Décret concernant les certificats de vie à produire par les pensionnaires de la caisse des Invalides de la marine qui résident en pays étranger (D. P. 83. 4. 42).

8-12 août 1883. — Loi concernant les pensions de retraite du personnel non officier de la marine (D. P. 84. 4. 74).

21-22 mars 1885. — Loi portant fixation du budget des dépenses de l'exercice. — Art. 9 et 10, relatifs aux pensions des fonctionnaires et employés de l'administration centrale du ministère de la marine (D. P. 85. 4. 42).

15-16 avr. 1885. — Loi portant : 1° modification du paragraphe 2 de l'art. 19 des lois des 11 et 18 avr. 1831; 2° application au département de la marine des dispositions de l'art. 6 de la loi du 17 avr. 1833 (D. P. 85. 4. 81).

8-9 août 1885. — Loi portant fixation du budget des dépenses et des recettes de l'exercice 1886. — Art. 13, concernant les demi-soldes des marins âgés de soixante-dix ans et au-dessus (D. P. 86. 4. 41).

17-22 nov. 1885. — Décret portant : 1° modification du service de l'établissement des Invalides de la marine; 2° règlement du mode de payement des pensions de la marine et des colonies (D. P. 86. 4. 70).

24-26 mars 1886. — Décret modifiant les art. 2, 3, 7, 8, 9 du décret du 17 nov. 1885 (D. P. 86. 4. 71).

29 juin-1er juill. 1886. — Décret relatif aux pensionnaires militaires résidant dans les pays de protectorat (D. P. 87. 4. 39).

10-14 août 1886. — Décret portant modifications aux décrets des 20 août et 27 nov. 1864 (D. P. 90. 4. 64).

26-27 févr. 1887. — Loi portant fixation du budget des recettes et dépenses de l'exercice 1887. — Art. 17, relatif aux pensions concédées sur les fonds de la caisse des Invalides (D. P. 87. 4. 81).

30-31 mars 1888. — Loi portant fixation du budget général de l'exercice 1888. — Art. 22, al. 2, concernant la limite d'âge fixée pour la mise à la retraite (D. P. 88. 4. 24).

18-20 mars 1889. — Loi relative au rengagement des sous-officiers. — Art. 13, 22, 31, 32, relatifs à la pension proportionnelle des sous-officiers (D. P. 90. 4. 52).

15-23 mai 1889. — Décret modifiant celui du 10 août 1886 précité (D. P. 90. 4. 65).

15-18 avr. 1890. — Loi modifiant les tarifs des pensions de certaines catégories d'officiers et employés militaires (D. P. 91. 4. 11).

26-27 déc. 1890. — Loi portant fixation du budget de 1891. — Art. 31, relatif au cumul des pensions militaires avec des traitements civils (D. P. 91. 4. 50).

26-27 janv. 1892. — Loi portant fixation du budget de l'exercice 1892. — Art. 49, 50 et 52, concernant l'allocation supplémentaire accordée aux pensionnaires militaires, marins, douaniers et à leurs veuves (D. P. 92. 4. 25).

21 avr. 1892. — Décret relatif aux allocations supplémentaires accordées par l'art. 49 de la loi du 26 janv. 1892 (D. P. 93. 4. 19).

28 avr. 1893. — Loi portant fixation du budget de l'exercice 1893. — Art. 53, relatif aux pensions militaires (*Journ. off.* du 29 avril).

ART. 1er. — *Pensions de l'armée de terre* (*Rép.* n° 107).

389. Afin d'éviter les doubles emplois, on a cru devoir exposer dans cet article un certain nombre de solutions qui se réfèrent aux pensions de l'armée de mer, parce qu'elles sont l'application de règles communes aux deux catégories de pensions.

§ 1er. — Conditions du droit à pension (*Rép.* n° 108).

390. Aux trois classes de pensions énumérées au *Rép.* n° 108, pensions d'*ancienneté*, pensions pour *blessures ou infirmités*, pensions de *réforme*, il faut ajouter une quatrième catégorie, celle des *pensions proportionnelles*, que nous étudierons sous le paragraphe 2, *infrà*, nos 393 et suiv.

391. — I. PENSIONS D'ANCIENNETÉ DE SERVICE (*Rép.* n° 109). — « On entend par *services militaires*, dit M. Bavelier (t. 2, n° 256), ceux rendus à la France et au titre militaire, par des militaires et assimilés, ou rendus à l'étranger par des militaires qui ont conservé dans l'armée française leur rang, leur activité et leurs droits ». Pour servir dans l'armée française, il faut être Français ou naturalisé (L. 21 mars 1832, art. 2; 27 juill. 1872, art. 7; 15 juill. 1889, art. 3), sauf les exceptions déterminées par la loi. De même, pour avoir droit à pension, il faut être Français (Ordonn. 5 juin 1816 et 20 oct. 1817; L. 11 avr. 1831, art. 26; 18 avr. 1831, art. 28). Les étrangers cependant peuvent être admis à contracter des engagements dans les deux régiments étrangers (*Rép.* v° *Organisation militaire*, n° 213. Comp. *suprà*, eod. v°, n° 211); leurs services sont en ce cas admissibles pour la retraite; mais la jouissance de la pension reste subordonnée à leur naturalisation (Bavelier, *loc. cit.*).

En cas de mobilisation, les militaires de l'armée territoriale sont, pendant leur présence sous les drapeaux, considérés comme en activité, et les services qu'ils rendent sont admissibles pour la retraite (L. 24 juill. 1873, art. 40), et, par suite les officiers de l'armée territoriale qui jouissent d'une pension peuvent en demander la revision, pour y faire comprendre leurs nouveaux services (Même loi, art. 40). Mais ces droits n'appartiennent pas, en dehors du temps de mobilisation, aux membres du personnel administratif de l'armée territoriale (Cons. d'Et. 11 mai 1883, aff. Valette, *Rec. Cons. d'Etat*, p. 452).

Le temps passé sous les drapeaux par un militaire de la réserve ou de l'armée territoriale, pour accomplir une période d'exercice, compte aussi pour la retraite, à moins que ce militaire ne soit déjà titulaire d'un traitement ou d'une pension qu'il cumule avec sa solde, en vertu de l'art. 1 de la loi du 1er juin 1878 (L. 24 juill. 1873, art. 2). Dans ces conditions, il peut même acquérir droit à pension pour blessures ou infirmités (Même article) (V. *infrà*, n° 624).

392. Les services rendus dans la garde nationale, antérieurement à sa suppression, ne pouvaient constituer droit à pension militaire; mais une loi du 29 août 1870 (art. 5, D. P. 70. 4. 81) a rendu applicables aux gardes nationaux mobiles et sédentaires morts ou blessés au service pendant la guerre de 1870, les lois sur les pensions militaires et le décret du 1er mars 1852 sur la Légion d'honneur (Comp. L. 28 janv. 1850; 12 août 1860, art. 4).

De même, la garde nationale mobile de Paris, constituée en 1848, n'était pas assimilée aux corps de l'armée active; en conséquence, les services rendus dans cette garde avec un grade d'officier ne peuvent être liquidés sur ce grade; et le temps pendant lequel une solde de non-activité a été payée après le licenciement de ladite garde ne peut entrer dans le calcul des services militaires (Cons. d'Ét. 31 juill. 1874, aff. Bauzon, D. P. 75. 3. 54).

Il est évident, d'ailleurs, que les services d'un agent d'informations étranger à l'armée ne constituent pas des services militaires. Il ne suffit pas, en effet, qu'un particulier, dans une circonstance spéciale, ait accompli un acte utile aux intérêts de l'armée, pour que les lois qui régissent la situation des hommes présents sous les drapeaux lui deviennent applicables. Aussi, pour assimiler aux militaires les citoyens qui, ne faisant pas partie d'un corps organisé, se porteraient spontanément à la défense du pays, l'art. 2 de la loi du 29 août 1870 a dû déclarer qu'ils seraient considérés comme faisant partie de la garde nationale, à la seule condition de prendre un des signes distinctifs de cette garde. Mais la règle ci-dessus n'est pas applicable dans le cas où l'agent d'informations fait partie de l'armée, et où, en effectuant sa mission, il accomplit un service commandé. Il en est ainsi notamment du garde national qui, pendant la guerre de 1870, a contracté des infirmités graves en exécutant un service commandé, consistant à traverser les lignes ennemies pour recueillir des informations et porter des dépêches : il a droit à pension (Cons. d'Ét. 16 mai 1879, aff. Crusem, D. P. 79. 3. 107).

393. L'art. 23 de la loi du 9 juin 1853 sur les pensions civiles dispose que les services civils ne sont comptés qu'à partir du premier traitement d'activité, ce qui interdit nécessairement de compter les services non rémunérés par l'Etat (*suprà*, nos 14 et suiv.). En ce qui concerne les pensions militaires, l'hypothèse de services non rétribués ne peut se présenter que très exceptionnellement. Mais la jurisprudence a posé en principe que des services qui ne sont pas rétribués directement par le Trésor ne peuvent être considérés comme rendus à l'Etat et ne peuvent, dès lors, ouvrir droit à pension. Il en est ainsi, notamment, des services rendus par les agents de service embarquants, domestiques des officiers généraux et autres, antérieurement à la mise en vigueur de la décision impériale du 25 déc. 1867, qui a alloué à ces agents une solde journalière sur les fonds de la marine (Cons. d'Et. 11 nov. 1887, aff. Gachet, D. P. 88. 3. 132);... ou des services accomplis dans la trésorerie aux armées par les payeurs militaires, à l'époque où ces derniers n'étaient que de simples préposés des payeurs généraux (Cons. d'Et. 29 juin 1849, aff. Morel et aff. Fumeron, D. P. 49. 3. 86).

394. Les services des agents du ministère de la marine ne peuvent être considérés, au point de vue de l'application des lois sur les pensions, comme services militaires qu'autant qu'ils rentrent dans la catégorie des fonctions auxquelles sont applicables, aux termes des lois et règlements, les prescriptions relatives aux pensions militaires (Cons. d'Et. 6 mars 1885, aff. Deydier, D. P. 86. 3. 127; Comp. Cons. d'Et. 18 janv. 1884, aff. Amy, et 23 mai 1884, aff. Ténot, D. P. 85. 3. 83). Et un agent ne peut se prévaloir, pour soutenir que ses services ont le caractère militaire, de ce que, postérieurement à son entrée en fonctions, un règlement a assimilé l'emploi dont il était titulaire à un emploi militaire, alors que, depuis ce règlement, il n'a été maintenu que provisoirement dans ses fonctions, qu'il a continuées dans les mêmes conditions que précédemment (Cons. d'Et. 6 mars 1885, précité). — Si, au contraire, il avait été maintenu à titre définitif, l'irrégularité ainsi commise n'aurait pas pour effet de lui faire perdre son droit à pension. C'est ce que l'on décide en matière de pensions civiles (V. *suprà*, n° 32); et la même solution est applicable en matière de pensions militaires (Comp. *infrà*, n° 449).

395. On a indiqué au *Rép.* n° 109 que, aux termes de l'art. 1 de la loi du 11 avr. 1831, les *officiers* acquièrent le droit à pension, pour ancienneté de service par trente années de service. Toutefois l'art. 2 de la loi du 25 juin 1861 (D. P. 61. 4. 79) a introduit une exception à cette règle : « Auront droit exceptionnellement, après vingt-cinq ans de services effectifs, au minimum de la pension de retraite attribuée à leur grade, les officiers mis en non-activité pour infirmités temporaires, lorsqu'ils auront été reconnus par un conseil d'enquête, conformément aux prescriptions de la loi du 19 mai 1834, non susceptibles d'être rappelés à l'activité » (Sur ce qu'il faut entendre par non-activité, V. *infrà*, n° 437). — Cet article s'applique à une catégorie d'officiers qui, d'après la législation antérieure à 1861, devaient être mis en réforme. Dans cette position, ils auraient eu un traitement peu inférieur à celui du minimum de la pension de retraite; mais, au décès de ceux qui seraient mariés, leurs veuves et leurs enfants seraient privés de toute pension (*infrà*, n° 475). Grâces à la disposition précitée, cet inconvénient ne se produira pas. Elle a aussi l'avantage de lever les scrupules des chefs de corps qui, ayant sous leurs ordres des officiers valétudinaires ou infirmes, les toléreraient en activité au détriment du service, pour leur laisser atteindre la limite de la période trentenaire, afin que leurs veuves et leurs enfants puissent acquérir le droit à pension.

Une loi du 5 janv. 1872 (D. P. 72. 4. 6) avait décidé que, « provisoirement, et par dérogation à l'art. 1 de la loi du 11 avr. 1831, pourraient être admis à la pension de retraite, à titre d'ancienneté, après vingt-cinq ans accomplis de service effectif : sur leur demande, les officiers et assimilés en activité de service; d'office, les officiers et assimilés en non-activité, pour infirmités temporaires ou par mesure de discipline » (art. 1). Cette dérogation se fondait sur le grand nombre d'officiers se trouvant, à cette époque *à la suite* des corps de toutes armes, ce qui grevait lourdement le budget et constituait une situation préjudiciable aux intérêts de l'armée, puisqu'elle entravait l'avancement à tous les degrés. Une loi du 29 mai 1875 (D. P. 75. 4. 128) a abrogé celle du 5 janv. 1872 (art. 1). « Aujourd'hui, dit le rapport sur cette loi, que les cadres sont rentrés dans leurs limites normales, le Gouvernement vous demande de revenir sur cette disposition, et il vous donne à ce sujet des raisons déterminantes. Il en est une qui doit vous toucher particulièrement : c'est que les officiers retraités après vingt-cinq ans de service seulement sont généralement en pleine possession de leurs forces physiques et capables de rendre encore au pays les meilleurs services ».

Le paragraphe 2 de l'art. 1 de ladite loi de 1875 est ainsi conçu : « Toutefois, le ministre de la guerre pourra procéder à la liquidation et à la concession des pensions des officiers et assimilés en activité qui lui auront adressé, par la voie hiérarchique, leur demande avant la promulgation de la présente loi, et des officiers et assimilés en non-activité à l'égard desquels il aura reconnu, avant la même date, devoir prendre cette mesure ».

396. Il a été jugé que la loi du 29 mai 1875, qui a rapporté la loi du 5 janv. 1872, n'a autorisé le ministre de la guerre à procéder, par application de la loi de 1872, à la liquidation des pensions qui lui auraient été demandées par la voie hiérarchique avant la promulgation de la loi nouvelle, qu'autant qu'il s'agissait d'officiers et assimilés en activité; en ce qui concerne les officiers et assimilés en non-activité, le ministre n'a été autorisé à procéder à la liquidation qu'autant que, avant la même date, il aurait reconnu devoir prendre cette mesure. Cette disposition est applicable alors même que c'est par suite d'un retard qu'a subi l'instruction de la demande formée par l'officier, que le ministre ne l'a pas admis à la retraite avant la promulgation de la loi (Cons. d'Et. 4 août 1876, aff. Crist, D. P. 77. 5. 331).

397. Les *sous-officiers, caporaux, brigadiers et soldats*, acquièrent toujours, ainsi que nous l'avons dit au *Rép.* n° 109, le droit à pension d'ancienneté par vingt-cinq ans de services effectifs (L. 26 avr. 1855, art. 19; 18 août 1879, art. 2; 23 juill. 1881, art. 13).

398. — II. PENSIONS PROPORTIONNELLES. — Une pension proportionnelle à la durée des services, et dont la quotité sera indiquée *infrà*, n° 538, est accordée à certaines catégories de non-officiers. Aux termes de l'art. 32 de la loi du 18 mars 1889, ont droit à cette pension proportionnelle : « les sous-officiers, caporaux ou brigadiers et soldats, ainsi que les militaires de tout grade dans la gendarmerie, qui ont été maintenus sous les drapeaux comme rengagés ou commissionnés, et qui comptent au moins quinze années et moins de vingt-cinq années de services ».

Le principe du droit à pension proportionnelle en faveur de certaines catégories de militaires commissionnés, après quinze ans de services, avait été posé par l'art. 3, de la loi du 10 juill. 1874; puis par l'art. 35 de la loi du 13 mars 1875 (D. P. 75. 4. 129), modifié par la loi du 15 décembre même année (D. P. 76. 4. 84) (*suprà*, n° 385). L'art. 3 de la loi du 18 août 1879 (D. P. 80. 4. 35) qui avait complété et réglementé l'exécution de cette disposition, avait établi, au point de vue de la retraite proportionnelle, trois catégories différentes, parmi les sous-officiers rengagés et les sous-officiers de tout grade commissionnés : « Ont droit à une pension proportionnelle à la durée de leurs services : 1° les sous-officiers qui, après avoir accompli les cinq années de service actif exigées par la loi du 27 juill. 1872, ont contracté deux rengagements successifs de cinq années, avec indemnités, conformément aux dispositions de la loi du 22 juin 1878, et pour lesquels la limite d'âge de trente-cinq ans n'est pas exigée ; — 2° Tous les sous-officiers restés sous les drapeaux jusqu'à la limite d'âge de trente-cinq ans, par suite de rengagements contractés dans les conditions de la loi du 27 juill. 1872 et de la loi du 10 juill. 1874 ; — 3° Les sous-officiers, caporaux ou brigadiers et soldats maintenus sous les drapeaux comme commissionnés par application de l'art. 35 de la loi du 13 mars 1875, modifié par la loi du 15 décembre suivant, et qui comptent au moins quinze années et moins de vingt-cinq années de services effectifs accomplies sous les drapeaux ». Cet article, modifié une première fois par l'art. 26 de la loi du 23 juill. 1881, qui ne distinguait plus que deux catégories : les sous-officiers rengagés et les militaires commissionnés, l'a été de nouveau dans les termes que l'on a indiqués plus haut, par la loi du 18 mars 1889 (art. 32), qui soumet aux mêmes règles tous les militaires qui peuvent avoir droit à pension proportionnelle.

399. La loi du 15 déc. 1875 a ajouté, au dernier alinéa de l'art. 35 de la loi du 13 mars précédent, une disposition ainsi conçue : « Ceux qui obtiendraient d'être commissionnés après avoir quitté les drapeaux ne pourront réclamer ladite pension proportionnelle qu'après avoir servi cinq ans en cette nouvelle qualité ». L'exposé des motifs de la loi de 1875 justifie ainsi qu'il suit l'introduction de cette nouvelle disposition : « Un grand nombre de militaires, après avoir quitté le service, se sont fait commissionner avec l'intention de se retirer dès qu'ils auraient droit à la retraite proportionnelle, c'est-à-dire, pour quelques-uns, après un temps très court ; il y a là un abus préjudiciable aux intérêts de l'armée, et, pour y porter remède, on propose d'insérer dans la loi une disposition d'après laquelle les hommes qui sont commissionnés après une interruption de service, n'auraient droit à la retraite qu'après avoir servi, au moins cinq ans, dans cette qualité ».

L'interprétation de cette disposition de la loi du 15 déc. 1875 a donné lieu à difficulté ; elle n'exige pas, en effet, d'une façon expresse que les cinq années de services rendus par les commissionnés après leur rentrée sous les drapeaux soient *consécutives*. Mais l'intention du législateur, en exigeant cinq années de services postérieurs à l'âge de trente-cinq ans, a été de sauvegarder les intérêts du Trésor contre l'abus qui aurait consisté à conserver sous les drapeaux en qualité de commissionnés des militaires n'ayant pas droit à la pension proportionnelle, dans le seul but de leur faire attendre le temps de services voulu pour constituer ce droit. Le conseil d'Etat a estimé que la loi serait violée si un commissionné, après avoir perdu définitivement par sa démission tout droit à l'encontre du Trésor public, pouvait, en rentrant, pour un court espace de temps, dans le service abandonné par lui, faire revivre un droit éteint. La pension proportionnelle est une faveur d'une nature exceptionnelle accordée dans l'intérêt du bon fonctionnement de l'armée, à des hommes qui n'ont consacré au service de l'Etat qu'un nombre d'années très limité ; il importe que cette faveur ne soit pas détournée de son objet. Aussi a-t-il été jugé : 1° qu'un militaire sorti de l'armée et qui y rentre en qualité de commissionné n'a droit à pension proportionnelle qu'à la condition de servir cinq ans en cette qualité après sa rentrée dans l'armée (Cons. d'Et. 22 déc. 1882, aff. Simon, D. P. 84. 3. 83) ; — 2° Que le sous-officier qui, après être resté sous les drapeaux en qualité de commissionné, après l'âge de trente-cinq ans, a cessé d'occuper l'emploi qui lui avait été donné et reprend ultérieurement cet emploi, n'a droit à revision de la pension proportionnelle qu'il avait obtenue en vertu de la loi du 10 juill. 1874 qu'à la condition de servir cinq années *consécutives* en cette nouvelle qualité (Cons. d'Et. 15 juill. 1887, aff. Roussel, D. P. 88. 3. 113) ; — 3° Qu'un militaire qui, après avoir quitté les drapeaux, a été commissionné une première fois, a donné sa démission avant d'avoir servi cinq ans en cette qualité, puis est ensuite réadmis dans les mêmes fonctions et qui quitte de nouveau le service avant d'avoir servi cinq ans, n'est pas fondé à demander une pension proportionnelle aux termes de l'art. 38 de la loi du 15 déc. 1875, bien que l'ensemble de ses services comme commissionné dépasse cinq années (Cons. d'Et. 12 avr. 1889, aff. Leclercq, D. P. 90. 5. 381). Ces solutions sont conformes à la jurisprudence du ministère de la guerre, telle qu'elle résulte de plusieurs circulaires (Circ. 18 sept. 1876, *Journal militaire*, 2° semestre, p. 115 ; 20 mars et 19 avr. 1885, 1885, *ibid.*, 2° semestre, partie supplémentaire, p. 642).

400. Il a encore été jugé que l'ancien sous-officier commissionné, qui a obtenu une pension proportionnelle après quinze ans de services, et est ensuite rentré dans l'armée en qualité de commissionné, a le droit de demander la revision de sa pension en raison de ses nouveaux services, sans qu'il soit nécessaire que ces services aient eu une durée de cinq années (Cons. d'Et. 30 déc. 1887, aff. Guipart, D. P. 88. 3. 113) : on ne saurait prétendre, en effet, que la disposition ci-dessus de l'art. 35 de la loi de 1875 soit applicable non seulement au cas où un commissionné invoque des services postérieurs à sa rentrée sous les drapeaux pour constituer son droit à pension, mais aussi à celui où il réclame la *revision* de la pension proportionnelle, acquise en cette même qualité de commissionné pendant la première période de ses services. Le conseil d'Etat a jugé avec raison qu'adopter cette théorie serait appliquer l'article précité à un cas absolument différent de celui qu'il prévoit. D'ailleurs, le motif qui a inspiré l'art. 35, à savoir la nécessité de protéger le Trésor contre des manœuvres abusives, n'existe pas dans l'hypothèse actuelle ; ici le droit à pension a été acquis dans les conditions exigées par la loi ; la revision de la pension, en tenant compte des nouveaux services d'après leur durée effective, ne peut favoriser aucun abus : c'est l'application pure et simple de la règle qu'un retraité qui rentre au service de l'Etat peut demander que sa pension soit calculée sur le nombre total des années qu'il a consacrées aux fonctions publiques.

Au contraire, l'ancien militaire commissionné qui n'avait pas quinze ans de services au moment où il a quitté les drapeaux ne peut compter, pour obtenir une pension proportionnelle, le temps de services qu'il a accompli après avoir été commissionné de nouveau, lorsqu'il a été réformé par mesure disciplinaire avant d'avoir accompli cinq années de services en cette nouvelle qualité (Cons. d'Et. 18 nov. 1887, aff. Husson, D. P. 88. 3. 113). On prétendrait vainement que, dans l'intention de la loi, le droit à pension proportionnelle ne doit être perdu par le commissionné qu'autant qu'il y a renoncé en quittant le service, et que la disposition de l'art. 35 de la loi du 15 déc. 1875, exigeant une durée de services de cinq années ne peut être appliquée dans le cas où la cessation des services a eu pour cause un fait indépendant de la volonté du commissionné. Le texte de l'art. 35, qui exige en termes absolus une durée de services de cinq années, ne se prête aucunement à cette interprétation. Il serait, d'ailleurs, inadmissible qu'une réforme prononcée par mesure disciplinaire plaçât celui qui en est l'objet dans une situation meilleure qu'une démission donnée pour cause de santé ou pour motif de convenance personnelle.

401. Sous l'empire de la législation antérieure à 1889, on décidait déjà que le droit à pension proportionnelle était acquis au sous-officier qui avait quinze ans de présence effective sous les drapeaux, alors même qu'il n'aurait pas accompli dix années de services en qualité de *rengagé* (Av. Cons. d'Et. 8 déc. 1881). Dans ce cas, la pension se réglait comme celle du sous-officier commissionné (Bavelier, t. 2, n° 258). Aujourd'hui, aux termes de l'art. 32 de la loi de 1889, la seule condition exigée des sous-officiers, pour avoir droit à pension proportionnelle, est d'avoir quinze ans de services.

402. Il a été décidé qu'un militaire resté au corps en

vertu de rengagements successifs n'est pas fondé à se prévaloir, pour obtenir une pension proportionnelle, de ce que l'emploi qu'il occupait (dans l'espèce, celui de clairon) est au nombre de ceux qui peuvent être donnés à d'anciens militaires commissionnés (Cons. d'Et. 28 mars 1888, aff. Bardon, D. P. 89. 3. 58). Vainement il soutiendrait que c'est en vue d'obtenir la pension proportionnelle qui peut être allouée aux commissionnés qu'il a demandé à rester sous les drapeaux, et qu'il ne peut subir les conséquences de l'erreur que les agents de l'Administration ont commise en ne mentionnant pas en quelle qualité il continuait à servir. En effet, l'art. 35 précité n'a donné au ministre le droit de délivrer des commissions qu'aux militaires qui ont atteint la limite d'âge fixée par la loi; le texte est formel. Cette disposition s'explique, d'ailleurs, par l'intention qu'a eue le législateur de donner à l'Administration la faculté de retenir sous les drapeaux certaines catégories de militaires qui peuvent y être conservés au delà de la limite d'âge, non seulement sans inconvénient, mais même avec avantage pour le service; aussi aucune commission ne peut être délivrée aux militaires à qui leur âge permet le rengagement (V. en ce sens, note du ministre de la guerre, 13 déc. 1875, *Journal militaire*, 2e semestre 1875, p. 651).

403. — III. Questions diverses. — 1° *Temps pendant lequel le militaire est réputé être au service.* — V. *Rép* nos 120 et suiv.; Bavelier, t. 2, n° 258. — Jugé, à cet égard, qu'un militaire engagé en 1870 pour la durée de la guerre, qui, après la cessation des hostilités, a été renvoyé dans ses foyers et qui ultérieurement est rentré au service avec la classe à laquelle il appartenait, n'est pas fondé à se prévaloir, pour demander que la période pendant laquelle il n'a pas été lié au service militaire lui soit comptée pour l'établissement du droit à pension, d'une circulaire ministérielle aux termes de laquelle les militaires ayant servi pendant la guerre ont été admis à compter pour la durée de leur service le temps écoulé depuis leur rentrée dans leurs foyers jusqu'à leur réadmission sous les drapeaux en qualité de jeunes soldats (Cons. d'Et. 7 févr. 1890, aff. Martel, D. P. 91. 3. 74. Conf. Av. sect. des fin. du Cons. d'Et. 27 oct. 1883, aff. Barnouin).

404. Il a été décidé que, dans le calcul des cinq années de services nécessaires pour qu'un médecin aide-major mis en retraite à raison d'infirmités ait droit à une solde temporaire, il y a lieu de tenir compte du temps qu'il a passé comme élève de santé militaire après son incorporation dans un régiment et en vertu de congés renouvelables qui lui étaient accordés à cette fin (Cons. d'Et. 22 nov. 1889, aff. Forestier, D. P. 91. 3. 36. Conf. Cons. d'Et. 17 juill. 1885, aff. Goureau, D. P. 87. 3. 22).

405. Les années de service ne peuvent compter que depuis l'âge où il est permis de contracter un engagement (L. 11 avr. 1831, art. 2), c'est-à-dire depuis l'âge de dix-huit ans (L. 27 juill. 1872; 15 juill. 1889), sauf pour les indigènes algériens, qui peuvent s'engager dès dix-sept ans (Décr. 21 avr. 1866, art. 3). Le service des marins entrés dans l'armée de terre est, pour le temps qu'ils ont passé dans la marine, compté suivant les règles qui régissent l'armée de mer (L. 18 avr. 1831, art. 3), c'est-à-dire à partir de l'âge de seize ans (V. *infrà*, n° 657).

406. Le temps d'absence illégale ayant entraîné une condamnation et le temps passé en prison par suite de condamnation (L. 19 mai 1834, art. 27), mais non à titre de peine disciplinaire, doivent être retranchés des services (Bavelier, t. 2, n° 264).

407. On a expliqué au *Rép.*, n° 111, que l'on compte quatre années de service effectif, à titre d'études préliminaires aux anciens élèves de l'Ecole polytechnique qui sont entrés comme officiers dans les *armes spéciales* (L. 11 avr. 1831, art. 5; 18 avr. 1831, art. 5).

La loi sur le recrutement de l'armée du 15 juill. 1889 (art. 28) dispose que les jeunes gens reçus à l'*Ecole polytechnique*, à l'*Ecole forestière* ou à l'*Ecole centrale des arts et manufactures* doivent, avant d'être admis, contracter un engagement militaire de trois ans pour les deux premières écoles, et de quatre ans pour la dernière. Ils sont considérés comme présents sous les drapeaux pendant tout le temps passé dans lesdites écoles. A leur sortie, ils accomplissent (sauf ceux qui sortent de l'Ecole polytechnique pour entrer comme officiers dans l'armée active) une année de service dans un corps de troupe, en qualité de sous-lieutenant de réserve. D'après ces dispositions, il est certain que le temps passé dans les écoles forestière et centrale doit, dans le cas où l'élève entrerait ensuite dans l'armée (par exemple, s'il quittait l'école sans satisfaire aux examens de sortie et était, en conséquence, renvoyé dans un corps de troupe pour y parfaire son engagement) compter pour l'obtention du droit à pension militaire ou civile (Comp. *suprà*, n° 70). — Quant aux élèves de l'Ecole polytechnique qui sont entrés dans les armes spéciales, nous croyons que l'on doit s'en tenir à la disposition de la loi de 1831 et leur compter quatre années de service à titre d'études, antérieures à leur sortie de l'école, car l'art. 5 des lois de 1831 n'a pas été abrogé. Les deux ans passés à l'école ne s'ajouteront évidemment pas à ces quatre années, mais se confondront avec elles. C'est déjà ce que l'on décidait antérieurement à la loi du 16 juill. 1889, dans le cas où, par suite d'engagement volontaire, des services militaires effectifs avaient été rendus antérieurement à l'admission à l'Ecole polytechnique (Av. sect. fin. Cons. d'Et. 7 et 28 juin 1880; Note min. guerre 4 sept. 1881).

Contrairement à ce qui a été dit au *Rép.* n° 111, il a été décidé que la disposition de faveur contenue dans l'art. 5 des lois de 1831 ne peut profiter aux élèves de l'école polytechnique qui n'entrent pas dans les *armes spéciales* (Av. Cons. d'Et. 9 avr. 1872; 23 sept. 1878).

408. Les officiers de santé militaire (médecins et pharmaciens) ont, aux termes du décret du 25 mars 1852 (art. 35) droit de compter cinq années de service, à titre d'études préliminaires, antérieurement à leur admission au grade de médecin ou pharmacien aide-major (Conf. Décis. min. guerre 10 juill. 1867). La même faveur, mais pour quatre ans seulement, a été accordée, par l'art. 3 du décret du 30 avr. 1875, aux vétérinaires militaires, avec effet rétroactif au profit de tous les vétérinaires en activité à l'époque de la publication de ce décret.

Le bénéfice de la disposition de l'art. 35 du décret de 1852 doit, croyons-nous, profiter aussi bien aux docteurs en médecine et aux pharmaciens de 1re classe admis directement à l'école d'application du Val-de-Grâce, en vertu de l'art. 4 du décret du 14 déc. 1888, qu'aux médecins et pharmaciens militaires qui, avant d'entrer à ladite école d'application, ont suivi les cours de l'Ecole du service de santé militaire. En effet, l'art. 35 précité étendait la faveur même aux officiers de santé militaire qui avaient bénéficié de « l'admission latérale » dans ce corps, autorisée par l'art. 14 du même décret (V. aussi L. 10 avr. 1890 pour le corps du service de santé de la marine).

409. — 2° *Retenues sur la solde des officiers.* — La solde d'activité des officiers subit, au profit du Trésor, une retenue analogue à celle qui est imposée aux fonctionnaires civils. Cette retenue avait toujours été, jusqu'en 1878, de 2 pour 100 de la solde, pour les officiers de l'armée de terre, et de 3 pour 100 pour les officiers de l'armée de mer. Le rapporteur de la loi du 22 juin 1878 à la Chambre des députés a présenté l'historique de la retenue opérée sur les traitements militaires, et exposé les motifs qui justifient cette institution (V. D. P. 78. 4. 82, note). Lorsque la proposition qui est devenue la loi de 1878 fut présentée, le relèvement du taux de la retenue de 2 à 5 pour 100 fut vivement combattu et, après avoir été adopté par la Chambre, fut même rejeté par le Sénat; mais la Chambre ayant maintenu son premier vote, le Sénat se rallia à son opinion et l'art. 1 de la loi du 22 juin 1878 (D. P. 78. 4. 81) fut ainsi conçu : « La retenue prélevée sur la solde des officiers ou assimilés de tout grade de l'armée de terre, en activité de service, est élevée de 2 à 5 pour 100, à dater du mois qui suivra la promulgation de la présente loi ». Le second rapport à la Chambre des députés explique, ainsi qu'il suit, cette innovation : « Pourquoi élever le chiffre de cette retenue de 2 à 5 pour 100 pour les officiers de l'armée de terre, de 3 à 5 pour 100 pour les officiers de l'armée de mer? Nous répondons à cette question que ce n'est qu'au prix de cette élévation qu'il est possible à l'Etat de donner une satisfaction immédiate aux besoins que nous avons signalés, et qu'il nous a paru préférable d'élever le chiffre de la retenue à 5 pour 100, avec la perspective d'augmenter la solde des grades inférieurs, que de maintenir le taux de la retenue à 2 pour 100 en renonçant à tout relèvement prochain de la solde. La solde des officiers, depuis le grade de sous-lieutenant jusqu'à celui de capitaine, est insuffisante, et, même en n'imposant à cette solde qu'une retenue de 2 pour 100, elle appelle un relèvement nécessaire ».

410. A la différence de ce qui a lieu en matière de pensions civiles (*suprà*, n° 33 et suiv.), la retenue n'est pas une condition nécessaire du droit à pension militaire ; ce droit est attaché au grade lui-même (Av. Cons. d'Et. 30 nov. 1880). « Si donc, dit M. Bavelier (t. 2, n° 266), l'officier vient à être détaché dans des conditions où il ne reçoive pas de traitement du département de la guerre et ne supporte pas de retenue, cette circonstance reste sans influence sur le sort de la pension ».

411. — 3° *Computation des services civils.* — On a expliqué (*Rép.* n° 113 et suiv.) que l'on doit tenir compte des *services civils*, si la durée du service militaire est au moins de vingt ans (L. 1831, art. 4).

Il y a lieu de noter que, l'admission des services civils pour le calcul des pensions militaires étant une dérogation au principe que les services militaires peuvent seuls donner droit à ces pensions, on ne saurait étendre cette faveur en dehors des limites posées par la loi (Bavelier, t. 2, n° 265). On ne pourrait, par exemple, admettre les services civils lorsqu'il s'agit de pensions proportionnelles (Av. Cons. d'Et. 13 mars 1875; 18 août 1879, 20 janv. 1880);... ou de pensions de réforme (Av. Cons. d'Et. 7 août 1839; 16 avr. 1841, aff. d'Escrivan).

412. Il a été jugé : 1° que le droit de faire compter, dans la liquidation d'une pension de retraite, les années de service passées dans une administration départementale, lorsqu'il s'y joint douze années au moins de services civils rémunérés par l'Etat, ne s'étend pas au cas où, à ces mêmes années, se joignent exclusivement des services militaires (Cons. d'Et. 18 mars 1858, aff. Vaux, D. P. 58. 3. 66); — 2° Que le militaire qui compte moins de trente ans de services militaires ne peut faire admettre comme complétant ces trente années, pour lui donner droit à une pension militaire d'ancienneté, le temps des services par lui rendus comme employé d'une administration départementale (d'une sous-préfecture), ces services n'étant point par eux-mêmes de nature à donner droit à pension (Cons. d'Et. 4 sept. 1856, aff. Risbey, D. P. 57. 3. 33). Le texte de l'art. 9 de la loi de 1853 ne peut laisser de doute sur le bien fondé de ces décisions. Si, d'une part, il est vrai que l'admissibilité des services des employés des préfectures et des sous-préfectures est prononcée par cet article, d'un autre côté, il résulte aussi clairement de ses termes que cette concession n'est ni complète, ni absolue, puisqu'elle est soumise à la condition restrictive de douze ans de services civils au compte de l'Etat (Conf. Av. comité de la guerre du Cons. d'Et. 26 juin 1821).

413. — 4° *Campagnes.* — On a expliqué (*Rép.* n° 115 et suiv.) que l'art. 7 de la loi du 11 avr. 1831 sur les pensions de l'armée de terre et l'art. 7 de la loi du 18 du même mois sur les pensions de l'armée de mer autorisent les militaires et marins à compter, en sus des années effectives de service, les années de campagne d'après les règles établies dans lesdits articles (Conf. Bavelier, t. 2, n° 262).

Jusqu'en 1861, les militaires envoyés d'Europe comptaient pour le double en sus de sa durée effective, c'est-à-dire comptaient triple, le temps passé en Algérie; les indigènes le comptaient double. Mais la loi du 25 juin 1861 (D. P. 61. 4. 79) a décidé (art. 3) que, « à partir du 1er janv. 1862, le service militaire accompli en Algérie ne sera compté que pour le double de sa durée effective » (V. la justification de cette décision par le rapporteur du Corps législatif, D. P. 61. 4. 80, note). A dater de cette époque, on ne compta plus aux indigènes aucun bénéfice de campagne pour leur temps de service en Algérie, en temps de paix; mais, depuis 1883, on est revenu à l'ancien état de choses, et l'on compte aux indigènes algériens tout leur temps de service comme campagne simple, sans d'ailleurs accorder aucun doublement pour les périodes de guerre (Bavelier, t. 2, n° 262).

414. On doit considérer comme campagne le service fait par des militaires envoyés en conduite de détachement en dehors du territoire continental (Arr. min. guerre, 19 janv. 1870, cité par Bavelier, t. 2, n° 262), de même que le service fait par une troupe organisée qui, par des combats, a contribué à rétablir l'ordre public (Décr. 5 déc. 1851, D. P. 52. 4. 2; Décis. président. 14 août 1871, citée par Bavelier, *loc. cit.*). Mais un officier en mission hors d'Europe ne peut pas, quoiqu'il ait conservé son rang, son activité et ses droits dans l'armée française, réclamer, pour la fixation de sa pension de retraite, le bénéfice de campagnes faites au service de la puissance étrangère près de laquelle il était en mission, alors, d'ailleurs, qu'il n'existait, entre la France et cette puissance, aucun traité d'alliance offensive et défensive (Cons. d'Et. 6 janv. 1853, aff. Gallier, D. P. 53. 3. 43).

415. Aucune disposition des lois des 11 et 18 avr. 1831, ni des règlements d'administration publique qui les ont suivies n'a déterminé à quelle autorité il appartient de reconnaître si un service peut être considéré comme service de campagne ; il semble résulter de là qu'en cette matière, comme pour toute autre difficulté en matière de pensions, lorsqu'un désaccord s'élève entre l'Administration et le pensionnaire, le conseil d'Etat au contentieux a compétence pour statuer. Ainsi, dans une affaire jugée le 23 nov. 1865 (aff. Alfonsi, *Rec. Cons. d'Etat*, p. 939), le conseil d'Etat saisi de la réclamation d'un marin qui se trouvait à Taïti pendant les guerres de Crimée, après avoir constaté que le réclamant ne pouvait invoquer ni une décision du ministre de la marine allouant le bénéfice de campagne aux marins embarqués sur la flotte, ni un décret spécial aux militaires débarqués en Crimée, a examiné si, en fait, le réclamant avait fait campagne et, conformément aux conclusions du commissaire du Gouvernement, a déclaré sa prétention mal fondée. Dans un arrêt du 12 nov. 1886 (aff. Roux, D. P. 88. 3. 28), le conseil d'Etat s'est, au contraire, fondé exclusivement sur les décisions ministérielles accordant ou refusant le bénéfice de campagne à certaines catégories de troupes, et a jugé que, en l'absence d'une décision applicable à toute la garnison d'une colonie, une décision ministérielle spéciale est nécessaire pour concéder le bénéfice de campagne à celles des troupes qui ont fait partie d'une expédition. On peut se demander si le conseil d'Etat n'a pas méconnu l'étendue de sa compétence en refusant de vérifier si, en fait, le requérant avait rempli les conditions qui, d'après la loi, constituent la campagne et, en s'en référant à la décision du ministre à qui aucune loi ni règlement, n'a délégué le pouvoir de statuer souverainement en cette matière.

L'arrêt précité du 12 nov. 1886 a encore décidé que, dans le cas où une décision ministérielle a étendu, par mesure générale, le bénéfice de campagne à la garnison d'une colonie, cette décision est applicable à un médecin ayant fait partie de cette garnison.

416. Sur le mode de computation des campagnes (L. 11 et 18 avr. 1831, art. 8), V. *Rép.* n° 119.

Il a été décidé que, lorsque des campagnes hors d'Europe en temps de guerre ont une durée de moins d'un an et sont précédées ou suivies d'autres campagnes en Europe, on doit déterminer d'abord la période totale donnant droit au bénéfice de campagnes, sans se préoccuper de la nature de ces dernières, puis on suppute séparément les périodes de campagne hors d'Europe; enfin on totalise le résultat de ces deux opérations (Av. Cons. d'Et. 7 avr. et 29 déc. 1880 et 4 janv. 1881; Note min. guerre, 20 août 1881, cités par Bavelier, t. 2, n° 263).

417. — 5° *Age de la retraite.* — Sur l'âge de la mise à la retraite pour les militaires des différents grades des armées de terre et de mer, V. Bavelier, t. 2, n° 260. Nous nous bornerons à rappeler ici que, aux termes de l'art. 22 de la loi de finances du 30 mars 1888 (D. P. 88. 4. 22), la limite d'âge fixée pour la mise à la retraite des fonctionnaires tant civils que militaires par les décrets, arrêtés et décisions en vigueur au moment de la promulgation de ladite loi, ne peut désormais être *abaissée* que par une loi (V. *suprà*, n° 107). Nous signalerons aussi qu'un projet de loi soumis actuellement aux Chambres tend à modifier la limite d'âge pour les officiers généraux.

418. — 6° *Militaires ayant perdu leur grade par suite des événements de* 1851. — Un décret du 12 sept. 1870 (D. P. 70. 4. 88) a accordé à tous les militaires qui avaient perdu leur grade par suite des événements de décembre 1851 le droit de recouvrer, sur leur demande, les emplois que comporte leur situation, et un autre décret, en date du 14 nov. 1870 (D. P. 70. 4. 104) a décidé que ces militaires pourraient être réintégrés dans l'armée avec le grade immédiatement supérieur à celui dont ils étaient pourvus en 1851, et avec date d'ancienneté du 2 décembre 1851. « Le temps passé par eux hors de l'armée, ajoute ce décret, leur sera compté comme service effectif ». Ce temps compte donc pour la pension et, notamment, pour le calcul des années de service après lesquelles le militaire peut être mis d'office à la retraite (Cons. d'Et. 12 mars 1875, aff. Vimont, D. P. 75. 3. 107). — Il a été jugé que le décret qui, par application des décrets des 12 sept. et 15 nov, 1870, a réintégré un officier dans l'armée, fait obstacle à ce que le ministre des finances refuse de faire procéder à la liquidation de sa pension de retraite par le motif que, loin de perdre son grade en vertu d'une mesure individuelle à la suite des événements de décembre 1851, il aurait été mis en réforme pour fautes contre l'honneur (Cons. d'Et. 30 nov. 1877, aff. Violet, D. P. 78. 3. 26). Si le ministre de la guerre avait refusé de faire à cet officier application des décrets des 12 sept. et 14 nov. 1870, la question de savoir si ce refus était justifié aurait pu être portée devant le conseil d'Etat (Cons. d'Et. 12 nov. 1875, aff. Guillemin, D. P. 76. 3. 44); mais lorsqu'un décret a reconnu un grade à l'officier, le droit de celui-ci à tous les avantages qui résultent de son état est acquis sans contestation possible. Le conseil d'Etat a toujours affirmé ce principe d'une manière absolue, quelles que fussent les circonstances des affaires qui lui étaient soumises (V. notamment Cons. d'Et. 13 mars 1852, *Rép.* v° *Organisation militaire*, n° 61; 6 févr. 1874, aff. Hounau, D. P. 75. 3. 17; 5 mars 1875, aff. Doineau, D. P. 75. 3. 113).

419. Les décrets des 12 sept. et 14 nov. 1870 ne contiennent aucune mention de l'armée de mer; néanmoins, la situation des marins était trop semblable à celle des officiers de terre pour qu'on pût hésiter à les faire profiter de ces actes (Cons. d'Et. 12 mars 1875, aff. Vimont, D. P. 75. 3. 107). Mais, de l'absence de toute disposition spéciale, résulte une difficulté assez grave pour la combinaison des décrets précités avec la loi sur l'avancement. Exiger les années de navigation indiquées par cette loi, c'était faire perdre à beaucoup d'officiers le bénéfice de l'art. 2 du décret du 14 novembre. Néanmoins, le conseil d'Etat ne s'est pas arrêté à cette objection. Si un certain temps de navigation est nécessaire pour passer d'un grade à un autre, c'est que la sûreté d'un navire et de son équipage ne peut être confiée qu'à des hommes qui ont justifié d'une expérience pratique suffisante. Il y a là une règle d'ordre supérieur qui ne peut être sacrifiée à des intérêts privés, si respectables qu'ils puissent être. Il a été jugé, en conséquence, que la disposition en vertu de laquelle les officiers qui ont perdu leur grade par suite des événements de 1851 peuvent être promus à un grade immédiatement supérieur, avec rang du 2 déc. 1851, n'a pas dérogé, en ce qui concerne l'armée de mer, aux dispositions de la loi du 20 avr. 1832, qui exige un certain nombre d'années de navigation pour qu'un officier puisse être promu (Cons. d'Et. 12 mars 1875, précité).

420. — IV. Pensions pour cause de blessures ou d'infirmités. (*Rép.* n° 134). — On a expliqué au *Rép.* n°s 134 et suiv. que, aux termes de l'art. 12 des lois des 11 et 18 avr. 1831 (Conf. L. 18 août 1879, art. 1 et 9, D. P. 80. 4. 35), les *blessures* graves et incurables provenant d'événements de guerre ou d'accidents éprouvés dans un service commandé, et les *infirmités* graves et incurables résultant des fatigues ou des dangers du service peuvent donner droit à pension, indépendamment de toute condition d'âge et de durée de services.

Il faut, au point de vue du droit à pension, distinguer entre les blessures ou infirmités qui ont occasionné la cécité, l'amputation ou la perte absolue de l'usage d'un ou plusieurs membres, et les infirmités ou blessures qui ont un caractère moins grave (V. les numéros suivants).

421. Les blessures ou infirmités de la première catégorie ouvrent toujours un droit immédiat à pension (L. 11 et 18 avr 1831, art. 13). Certaines blessures ou infirmités graves leur sont assimilées par la jurisprudence quoique ne rentrant pas strictement dans les termes de l'art. 12 des lois de 1831). Il en est de même des blessures ou infirmités « qui leur sont reconnues équivalentes » (art. 16 mêmes lois). Mais les lois de 1831 n'ayant pas défini les blessures et infirmités qui pourraient être considérées comme équivalant à la perte de l'usage de deux ou d'un membre, l'autorité chargée de liquider la pension est obligée de se livrer, en ce cas, à une appréciation plutôt médicale que légale. Aussi le ministre de la guerre, en transmettant, à la date du 20 sept. 1831 à ses agents, une instruction générale qui constitue comme le manuel officiel des pensions militaires, y a-t-il joint un tableau dressé par les soins du conseil de santé et dans lequel sont décrites les principales blessures et infirmités qui devront être admises comme équivalant à la perte absolue de l'usage de deux membres ou d'un membre et celles qui doivent être rangées dans la catégorie inférieure. Le conseil d'Etat s'est toujours référé en cette matière aux constatations des hommes de l'art (Arr. 23 août 1836, *Rép.* n° 187; 12 juill. 1864, aff. Boymier-Valleteau, *Rec. Cons. d'Etat*, p. 632); mais comme ces constatations doivent être faites suivant des règles générales, et non d'après les impressions plus ou moins favorables des personnes qui ont à examiner chaque cas particulier, lorsqu'il y a désaccord entre l'avis des officiers de santé qui ont examiné le militaire et celui du conseil de santé, c'est d'après l'avis de ce conseil que se décide le conseil d'Etat (Cons. d'Et. 22 août 1838, *Rép.* n° 188; 18 déc. 1839, aff. Danel, *Rec. Cons. d'Etat*, p. 581). Cette jurisprudence maintient à l'instruction du 20 sept. 1831 toute l'autorité qu'elle doit à la compétence exceptionnelle du corps de qui émane le tableau qui y est annexé; il est, d'ailleurs, évident que cette instruction n'a aucun caractère obligatoire pour le juge chargé d'apprécier au contentieux les droits du pensionnaire.

422. Plusieurs circulaires ont successivement complété ou modifié le tableau, joint à celle du 20 sept. 1831, des lésions organiques pouvant donner lieu à ouverture du droit à pension. La circulaire la plus récente et qui reçoit actuellement application, est celle du ministre de la guerre du 23 juill. 1887 (*Journ. milit.* 1887, 2e sem., p. 30. V. aussi Circul. min. guerre, 3 janv. 1879; et, pour l'armée de mer, Circ. min. mar. 8 févr. 1879, citées par Bavelier, t. 2, n° 292). Cette circulaire, comme celles de 1831 et les suivantes, répartit les blessures ou infirmités en six classes, selon leur gravité. La première classe comprend la cécité; la deuxième l'amputation de deux membres; la troisième l'amputation d'un membre; la quatrième la perte absolue de l'usage de deux membres, et certaines infirmités qui lui sont assimilées; la cinquième la perte absolue de l'usage d'un membre et les infirmités y assimilées; enfin, la sixième, certaines infirmités d'une gravité moindre.

Les cinq premières classes donnent, conformément à l'art. 13, ouverture à un droit immédiat à pension. — Quant aux infirmités rentrant dans la sixième classe, V. *infrà*, n° 425.

423. L'énumération des circulaires précitées n'a évidemment pu être complète et a omis certaines lésions ou infirmités. C'est aux médecins chargés de l'examen des militaires qui sollicitent une pension qu'il appartient d'apprécier l'analogie du cas soumis à leur examen avec les cas-types portés au tableau (Bavelier, t. 2, n° 268). Le conseil d'Etat est, d'ailleurs, toujours maître de décider, conformément ou contrairement à leur opinion. Ce pouvoir d'appréciation a donné lieu à d'intéressantes décisions de jurisprudence.

Il a été décidé que l'on ne doit pas considérer comme équivalant à la perte absolue de l'usage d'un membre : 1° l'affaiblissement des facultés mentales, alors même qu'il met l'ancien militaire dans l'impossibilité de pourvoir à sa subsistance (Cons. d'Et. 23 nov. 1877, aff. Pannier, D. P. 78. 3. 29); — 2° La claudication provenant d'une fracture de la jambe (Cons. d'Et. 8 août 1885, aff. Ambert, D. P. 86. 5. 326); — 3° Une infirmité au genou provenant d'un accident de service (Cons. d'Et. 24 juin 1887, aff. Bart, D. P. 88. 3. 399).

Constitue, au contraire, une infirmité équivalant à la perte absolue de l'usage d'un membre : 1° l'amputation de trois doigts de la main (Cons. d'Et. 25 nov. 1881, aff. Robert, D. P. 83. 5. 347); — 2° La paralysie du bras, par suite de la fracture de la clavicule (Cons. d'Et. 12 avr. 1889, aff. Gayraud, D. P. 90. 3. 85). La circulaire du 23 juill. 1887 range dans la 5e classe (n° 41) l'impotence absolue d'un membre résultant d'une pseudarthrose consécutive à une fracture ou à une résection. Dans l'espèce précitée, la question à résoudre était celle de savoir ce qu'il fallait entendre par ces mots *impotence absolue;* l'administration de la Guerre exigeait l'impossibilité de tout mouvement; le conseil d'Etat a écarté cette interprétation trop restrictive.

424. Les tableaux annexés aux circulaires précitées ne considèrent la perte de la vision d'un œil comme rentrant dans la cinquième classe qu'en cas de désorganisation de l'organe, parce que c'est en ce cas seulement que l'on peut craindre une affection sympathique de l'autre œil. Néanmoins le conseil d'Etat, se trouvant ici en présence non d'une appréciation de fait, mais d'une classification réglementaire qui ne lui a pas paru légale, a jugé, contrairement à cet avis et à la jurisprudence rapportée au *Rép.* n° 134, que la perte d'un œil constitue, dans tous les cas, une blessure équivalant à la perte absolue de l'usage d'un membre. Rien, en effet, dans la loi, n'autorise à exiger qu'il y ait eu ablation ou désorganisation du globe de l'œil (Cons. d'Et. 19 déc. 1838, aff. This, *Rec. Cons. d'Etat*, p. 685; 10 mars 1865, aff. Maurié, *ibid.*, p. 274; 9 janv. 1868. aff. Jénot, *ibid.*, p. 11 ; 2 mars 1883, aff. Sénéchal, D. P. 84 3. 109 ; V. aussi *infrà*, n° 426.

425. Les blessures et infirmités d'une gravité moindre, c'est-à-dire celles qui rentrent dans la sixième classe des tableaux (*suprà*, n° 422) ne donnent point par elle-même et dans tous les cas droit à pension. Il y a lieu de distinguer, sur ce point, suivant qu'il s'agit du personnel officier ou du personnel non officier. Aux termes de l'art. 14 des lois de 1831, en ce cas, le droit à la pension est ouvert: 1° *à l'officier* s'il est hors d'état de rester en activité et ne peut plus y rentrer; 2° *au sous-officier, caporal, brigadier ou soldat* s'il lui est impossible de servir désormais *et de pourvoir à sa subsistance* (*Rép.* n° 136).

426. Il a été jugé que l'on ne doit considérer comme constituant des infirmités qui mettent l'ancien militaire dans l'impossibilité de pourvoir à sa subsistance, dans le sens de l'art. 14,... ni la perte de l'index de la main droite (Cons. d'Et. 15 juill. 1887, aff. Calvet, D. P. 88. 3. 110) ; les tableaux contenus dans les circulaires ne comprennent pas cette infirmité dans leur énumération ;... ni la diminution de la vision de l'un des deux yeux (Cons. d'Et. 6 août 1887, aff. Vernat, D. P. 88. 3. 110), à moins que l'ancien militaire ne se trouve déjà, par suite d'une maladie antérieure (contractée même en dehors du service) privé de l'usage de l'autre œil (Cons. d'Et. 30 mai 1884, aff. Thomas, D. P. 85. 5. 358). Doit, au contraire, être considérée comme donnant droit à pension la claudication provenant d'une fracture de la jambe éprouvée dans un service commandé, si elle met celui qui en est atteint dans l'impossibilité de pourvoir à sa subsistance (Cons. d'Et. 8 août 1885, aff. Ambert, D. P. 86. 5. 326).

427. Les mots de l'art. 14 « hors d'état de pourvoir à sa subsistance » doivent-ils être pris dans un sens absolu ou impliquent-ils seulement l'impossibilité de rentrer dans l'emploi occupé avant l'incorporation? C'est la première solution qui a prévalu devant le conseil d'Etat. Décidé qu'il ne suffit pas qu'une blessure reçue en service commandé ait mis un militaire dans l'impossibilité de reprendre le métier qu'il exerçait avant son entrée au service, pour que ce militaire puisse être considéré comme étant dans l'impossibilité de pourvoir à sa subsistance et, par suite, comme ayant droit à pension par application de l'art. 14 de la loi de 1831 ; qu'il en est ainsi notamment de l'ancien militaire qui, par suite de la perte de deux phalanges de l'index de la main droite, n'a pu reprendre l'exercice de sa profession de tisseur, son infirmité ne lui permettant pas de nouer les fils qui viennent à se casser (Cons. d'Et. 8 juill. 1887, aff. Tricaud, D. P. 88. 3. 110).

428. Pour que les blessures ou les infirmités qui ont le caractère de gravité exigé par la loi (*suprà*, n° 417 et suiv., 422 et suiv.) puissent donner ouverture au droit à pension, il faut, aux termes de l'art. 12 des lois de 1831, s'il s'agit de blessures, qu'elles proviennent *d'événements de guerre ou d'accidents éprouvés dans un service commandé*, s'il s'agit d'infirmités, qu'elles résultent *des fatigues ou dangers du service militaire*.

429. Le conseil d'Etat a considéré comme provenant des fatigues ou des dangers du service militaire: 1° les infirmités résultant du séjour qu'un officier a été obligé de faire, en qualité de lieutenant d'habillement, dans des locaux humides et malsains affectés aux magasins d'habillement de son régiment (Cons. d'Et. 13 avr. 1881, aff. Brouillet, D. P. 82. 5. 318); — 2° Les infirmités déterminées par le recul d'un fusil pendant des exercices de tir (Cons. d'Et. 12 mars 1886, aff. Bourdon, D. P. 87. 5. 336); — 3° L'infirmité (perte de l'œil gauche) provenant de ce qu'un militaire obligé, par défaut de place, de coucher à terre près de la porte de la chambrée, a été atteint, par suite des courants d'air auxquels il était exposé, d'une ophtalmie qui a nécessité l'ablation de l'organe (Cons. d'Et. 1er juill. 1892, aff. Salleberry, *Rec. Cons. d'Etat*, p. 586).

Il a été jugé, au contraire, que l'accident de voiture arrivé à un militaire alors qu'il rentrait à son domicile, au retour d'une mission dont il avait été chargé, ne doit pas être considéré comme survenu dans un service commandé (Cons. d'Et. 23 déc. 1881, aff. Laubier, D. P. 83. 3. 39).

430. Le conseil d'Etat a jugé à plusieurs reprises qu'on doit considérer comme éprouvés dans un service commandé les accidents, même purement fortuits, sous la seule condition que le militaire n'y aurait pas été exposé s'il n'avait pas été de service. Ainsi il a décidé que l'infirmité résultant d'une chute faite par un marin dans l'escalier d'un navire, pendant qu'étant de corvée il portait des plats, doit être considérée, pour l'obtention du droit à pension, comme ayant pour cause les dangers du service militaire (Cons. d'Et. 13 déc. 1889, aff. Lavergne, D. P. 91. 3. 51; Comp. anal. Cons. d'Et. 21 mars 1861, aff. Roger, *Rec. Cons. d'Etat*, p. 586; 26 juin 1869, aff. Renouard, *ibid.;* V. aussi *suprà*, n° 100).

431. L'accident, bien que provoqué par l'imprudence d'un tiers, n'en a pas moins le caractère d'un accident fortuit dans les rapports du militaire avec l'Etat, et le recours souvent illusoire que ce militaire pourrait exercer contre l'auteur de l'accident ne peut avoir pour effet de lui faire perdre le bénéfice des art. 12 et 13 de la loi du 11 avr. 1831. Ainsi il a été décidé: 1° que le militaire qui a perdu un œil, par suite d'une blessure causée par un éclat de verre qui l'a atteint, pendant qu'étant de service il lavait les fenêtres de la caserne, a droit à pension pour accident éprouvé dans un service commandé, alors même que l'accident est imputable à l'imprudence d'un tiers (Cons. d'Et. 7 août 1886, aff. Dupond, D. P. 88. 3. 16); — 2° Que lorsqu'un soldat garde-magasin a eu plusieurs doigts emportés par l'explosion d'une amorce de dynamite qu'il venait de trouver dans un casier, en rangeant des effets d'habillement, cette blessure doit être considérée comme le résultat d'un accident éprouvé dans un service commandé et donne droit à pension (Cons. d'Et. 13 juin 1890, aff. Rousse, D. P. 92. 5. 477). Décidé, au contraire, que le militaire qui a été blessé gravement par un de ses camarades qui jouait avec d'autres, dans la pièce où il se trouvait, n'a pas droit à pension pour accident éprouvé dans un service commandé, alors même qu'il était de piquet dans la pièce où l'accident a eu lieu (Cons. d'Et. 11 janv. 1889, aff. Faivre, D. P. 90. 3. 32). Le fait d'être de piquet dans une chambre n'exposait par lui-même ce militaire à aucune chance spéciale d'accident.

432. Lorsque, dans l'accomplissement d'un service commandé, un militaire désobéit aux ordres qui lui ont été donnés, les conséquences de cette faute ne peuvent être considérées comme se rattachant au service pendant lequel elle a été commise. Ainsi, le soldat qui, dans une salle d'armes où il devait prendre une leçon d'escrime, a perdu un œil dans un assaut qu'il soutenait contre le caporal de surveillance, contrairement à la défense du prévôt, aux ordres duquel il devait se conformer, ne peut être considéré comme ayant été blessé dans un service commandé (Cons. d'Et. 17 janv. 1890, aff. Levêque, D. P. 91. 3. 51).

433. La jurisprudence est constante pour décider que l'art. 12 de la loi du 11 avr. 1831, ouvrant droit à pension aux militaires atteints d'infirmités graves et incurables, lorsqu'elles sont reconnues provenir des fatigues ou dangers du service militaire, s'applique au cas où l'infirmité a pour cause une maladie à laquelle le militaire a été exposé à l'occasion de son service. C'est ainsi qu'il a été jugé: 1° que la surdité complète, infirmité équivalant à la perte absolue de l'usage d'un membre, donne droit à pension lorsqu'elle est consécutive à une maladie régnant à l'état épidémique dans les bâtiments où le soldat était caserné et aux influences de laquelle il a été soumis par les obligations de son service (Cons. d'Et. 7 juin 1889, aff. Bachelot, D. P. 90. 3. 103); —2° Qu'un officier atteint de fièvres rebelles par suite de son séjour dans un poste situé près d'un étang malsain, et dont l'état a été aggravé au cours d'une campagne par suite de fatigues éprouvées dans son commandement, doit être considéré comme atteint d'infirmités graves et incurables provenant des fatigues et dangers du service militaire et a droit à pension (Cons. d'Et. 29 nov. 1889, aff. Jonquières, D. P. 91. 3. 50; Conf. Cons. d'Et. 13 avr. 1881, aff. Brouillet, D. P. 82. 5. 318); — 3° Qu'un marin a droit à pension, lorsqu'il a été mis dans l'impossibilité de pourvoir à sa subsistance par une maladie contractée en France, mais dont les conséquences ont été aggravées par une affection endémique dont il avait été antérieurement atteint par suite de son service dans une colonie (Cons. d'Et. 17 mai 1889, aff. Macheras, D. P. 90. 3. 94). — La jurisprudence est analogue en matière de pensions civiles (*suprà*, nos 99 et suiv.).

Il a été jugé, d'ailleurs, qu'une maladie, spécialement la méningite cérébro-spinale, peut être considérée comme épidémique, au point de vue du droit à pension, du moment qu'elle est contagieuse, bien qu'habituellement elle n'atteigne dans les mêmes endroits qu'un petit nombre d'individus et qu'il en ait été ainsi dans les cas de l'espèce (Cons. d'Et., sol. impl. 7 juin 1889, précité). V. les observations en note, D. P. 90. 3. 103).

434. Le conseil d'Etat a eu à se demander si les blessures reçues, au cours de leur service, par les militaires détachés, en vertu de la loi du 13 mars 1875, dans les compagnies de chemins de fer, doivent être considérées comme reçues en service commandé et peuvent, par suite, ouvrir droit à pension. Cette question avait donné lieu, dans la section des finances du conseil d'Etat, à des variations de jurisprudence. Plusieurs pensions avaient été liquidées, conformément à l'avis émis par cette section, en faveur de militaires blessés, alors qu'ils étaient détachés dans le service des chemins de fer; mais à la date du 8 juin 1887, la section émit un avis contraire par le motif que les militaires détachés dans les compagnies sont en congé, aux termes de l'art. 25 de la loi du 13 mars 1875 (D. P. 75. 4. 134). Cette doctrine aurait eu pour conséquence de priver de toute indemnité les militaires blessés dans l'exercice de leurs fonctions, toutes les fois que l'accident n'aurait pas pour cause une faute engageant la responsabilité de la compagnie, dans les conditions du droit commun. Elle a été condamnée, et avec raison, semble-t-il, par le conseil d'Etat (Cons. d'Et. 3 févr. 1888, aff. Canaple, D. P. 89. 3. 46). En effet, l'argument de texte, qui lui servait de base unique, n'était pas concluant : ainsi que l'a fait observer le ministre de la guerre dans ses observations au sujet de cette affaire, l'expression « considérés comme étant en congé » paraît impropre et n'a été acceptée qu'à défaut d'autre pour désigner une situation toute nouvelle. Les soldats du génie à détacher dans les compagnies sont choisis par l'autorité militaire (art. 9 et 10 du règlement du 11 juill. 1886, *Journal militaire*, partie réglementaire, 1886, 2e semestre, p. 885); ils sont astreints aux mêmes devoirs que s'ils étaient présents au corps (art. 11) et ne peuvent être affectés qu'à des services déterminés à l'avance (art. 13). Si, dans cette situation, ils acquièrent les aptitudes techniques voulues pour obtenir de l'avancement, ils peuvent être nommés aux grades de caporal et de sergent (art. 30 et 31); ils restent justiciables des conseils de guerre, et leurs services comptent pour la pension d'ancienneté; s'ils s'absentent sans autorisation, ils sont déserteurs (art. 18). Enfin, s'ils sont obligés de rentrer dans leurs foyers pour affaires personnelles, ils doivent demander un congé à l'autorité militaire (art. 16). Cette dernière disposition suffirait à elle seule pour démontrer que, pendant leur présence dans le service des chemins de fer, leur situation n'est pas en réalité celle du congé proprement dit. Le commissaire du Gouvernement, dans ses conclusions sur l'affaire rapportée cidessus, paraît avoir donné l'explication la plus exacte de l'emploi de ce mot dans l'art. 25 précité, en disant qu'il n'a eu d'autre but que d'exonérer l'Etat de la solde et de l'entretien de ces soldats, et qu'il a pour corollaire l'article des conventions avec les compagnies de chemins de fer qui met à la charge de celles-ci, la nourriture et la solde des soldats ainsi mis à leur disposition.

435. Aux termes de l'art. 1 du décret du 10 août 1886 (D. P. 90. 4. 64), qui a abrogé les décrets des 20 août 1864 (D. P. 64. 4. 111), et 27 nov. 1864 (D. P. 65. 4. 6) et modifié les ordonnances des 2 juill. 1831 (*Rép.* p. 767) et 26 janv. 1832 (*Rép.* p. 769), « si par une aggravation consécutive, les blessures ou infirmités qui ont donné droit à la retraite atteignent un des degrés de gravité spécifiés à l'art. 13 de la loi du 11 avr. 1831, il pourra être procédé à une nouvelle liquidation de la pension » (V. aussi *infrà*, n° 445). — Sur les délais dans lesquels devra être formée la demande d'une nouvelle liquidation (Décr. 15 mai 1889, D. P. 90. 4. 65), V. *infrà*, nos 493 et suiv. — Sur la manière dont il est procédé à cette liquidation (Décr. 1886 et 1889) V. *infrà*, n° 511 et suiv.; 547 et suiv. et 608.

436. Ainsi que le fait observer M. Bavelier (t. 2, n° 270), pour que l'on ait égard aux blessures, il faut qu'elles aient motivé la mise à la retraite. Le militaire dont la pension aurait été réglée à titre d'ancienneté ne pourrait donc se prévaloir de la disposition du décret de 1886. Ainsi, il a été jugé, sous l'empire du décret du 20 août 1864, qu'a remplacé le décret du 10 août 1886, qu'un officier frappé sur le champ de bataille qui, dans l'espérance d'une guériron prochaine et croyant son état peu grave, s'est borné à demander une pension pour ancienneté, ne peut plus obtenir la revision de sa pension en alléguant la perte d'un membre (Cons. d'Et. 6 juill. 1865, aff. Cailly-Duverger, *Rec. Cons. d'Etat*, p. 608. Comp. analog. Cons. d'Et. 28 juill. 1882, aff. Ducourthial, D. P. 84. 3. 1). — Le militaire doit donc toujours, même lorsqu'il a droit à pension d'ancienneté, invoquer les titres qu'il peut avoir à la pension pour infirmités, afin de pouvoir, dans l'avenir, réclamer une revision de sa pension, en cas d'aggravation de ses infirmités (Bavelier, *loc. cit.*).

Il a été jugé, toutefois, qu'un militaire atteint d'infirmités contractées dans un service commandé est fondé à demander la liquidation de sa pension pour infirmités graves et incurables, conformément à l'art. 12 de la loi de 1831, bien qu'il ait été mis en non-activité, et qu'il remplisse les conditions d'ancienneté de services nécessaires pour lui ouvrir droit à pension par application de l'art. 2 de la loi du 25 juin 1861 (Cons. d'Et. 5 déc. 1890, aff. Jean, D. P. 92. 3. 67). Mais il convient de remarquer que la pension prévue par l'art. 2 de la loi de 1861 (V. *suprà*, n° 395) n'est pas, à proprement parler, une pension d'ancienneté, puisque si elle exige vingt-cinq années de services, elle ne peut être accordée qu'en raison d'infirmités mettant l'officier hors d'état de continuer ses services; c'est donc, en réalité, une pension pour infirmités accordée dans des conditions autres que celles de la loi du 18 avr. 1831, dont le législateur n'a certainement pas entendu enlever le bénéfice aux officiers en droit d'en réclamer l'application.

437. — V. Soldes, pensions et gratifications de réforme (*Rép.* n° 138). — On a indiqué au *Rép.* n° 138 ce qu'est la position de *réforme* pour les officiers, et pour quels motifs elle peut être prononcée (L. 19 mai 1834, art. 9, 10, 12 et 27, *Rép.* v° *Organisation militaire*, p. 1895). V. *suprà*, eod. v°, nos 132 et suiv.; *Rép.* eod. v° n° 182). Il ne faut pas confondre la position de *réforme* avec celle de *non-activité*. « Quand un officier en activité, dit le rapport au Corps législatif sur la loi du 25 juin 1861 (D. P. 61. 4. 79), est atteint d'infirmités qui, sans tomber sous l'application de l'art. 12 de la loi du 11 avr. 1831, l'empêchent néanmoins de faire son service, son état est constaté par les officiers de santé du régiment, et le chef de corps le propose à la première inspection pour la *non-activité* pour infirmités temporaires, position définie et réglée par la loi du 19 mai 1834 sur l'état des officiers. L'inspecteur général n'admet cette proposition qu'autant que les officiers de santé en chef de l'hôpital de la garnison, dans une contre-visite qu'ils font subir à cet officier en sa présence, confirment l'opinion des officiers de santé du régiment; il la présente alors avec son avis et toutes les pièces à l'appui, au ministre de la guerre qui, après avoir consulté le conseil de santé des armées, s'il le juge nécessaire, propose à l'empereur de rendre un décret pour faire passer l'officier dont il s'agit dans la non-activité pour infirmités temporaires. Entre deux inspections, le général commandant la division, remplit au besoin les fonctions de l'inspecteur général. Telles sont les formalités à remplir pour la mise en non-activité pour infirmités temporaire d'un officier. Dans cette position, l'officier est hors cadre et sans emploi. S'il est sous-lieutenant ou lieutenant, il touche les trois cinquièmes de la solde d'activité dégagée de tous accessoires, et la moitié seulement s'il a le grade de capitaine ou celui d'officier supérieur. Le même officier est mis *à la réforme* si, après avoir passé trois ans en non-activité, il est reconnu non susceptible d'être rappelé à l'activité par un conseil d'enquête formé suivant les prescriptions de la loi du 19 mai 1834, conseil dont la composition et le mode d'opérer ont été réglés par l'ordonnance du 21 mai 1836. Le traitement d'un officier en réforme est égal aux deux tiers du minimum de la pension de retraite dévolue à son grade, et seulement pendant un laps de temps égal à la moitié de la durée de ses services effectifs, quand cette durée reste au-dessous de vingt ans. S'il a vingt ans de services effectifs et au-dessus, son traitement de réforme est viager, et égal à autant de trentièmes du minimum de sa pension de retraite qu'il a d'années de service. D'après l'art. 21 de la loi précitée, dans aucun cas il ne peut y avoir lieu à réversibilité de tout ou partie de la pension *de réforme* sur les veuves et les orphelins ». — L'avantage de la position de non-activité est donc de permettre aux officiers atteints d'infirmités d'attendre, avec un traitement peu inférieur à celui du minimum de la pension, le jour où leur pension pourra être liquidée pour ancienneté après vingt-cinq ans de services, et en outre d'assurer à leurs veuves et orphelins la réversibilité de cette pension d'ancienneté (V. *suprà*, n° 395).

Sur les diverses propositions en faveur de la veuve de l'officier mis en réforme ou décédé après vingt-cinq ans de services, faites au cours de la préparation de la loi du 25 juin 1861 et rejetées par la commission ou par le conseil d'État, V. D. P. 61. 4. 79, note 7, *in fine*.

438. Lorsque l'officier a moins de vingt ans de services, il obtient une *solde* de réforme. Après vingt ans de service, il obtient une *pension* de réforme (L. 18 août 1879, art. 2). — Sur la quotité de cette solde et de cette pension, laquelle varie suivant que l'officier appartient à l'armée de terre ou à l'armée de mer (même article), V. *infrà*, n° 552 et suiv.

On ne doit, pour la pension de réforme, compter ni les campagnes (*Rép.* n° 141; Bavelier, t. 2, n° 271), ni les services civils (Av. Cons. d'Ét. 7 août 1839; Cons. d'Ét. 16 avr. 1841, aff. d'Escrivan, *Rec. Cons. d'État*, p. 153). Les années de service militaire effectif peuvent seules entrer en compte.

439. Aux termes de l'art. 2 de la loi du 18 août 1879 (D. P. 80. 4. 35; Conf. L. 19 mai 1834, art. 18), nul officier réformé n'a droit à un traitement s'il n'a accompli le temps de service imposé par la loi du recrutement; le rapporteur de la loi au Sénat, tout en acceptant la rédaction proposée avait fait remarquer que cette rédaction était peu claire et permettait de discuter s'il s'agit des cinq années de service *actif* exigé par la loi ou s'il ne fallait pas y ajouter le temps de la réserve; mais il a ajouté que, d'après l'intention de la Chambre des députés et celle de la commission du Sénat, c'était dans le premier sens que l'article devait être entendu (V. *ibid.*, note). C'est aussi dans ce sens que s'est prononcé le conseil d'État, qui a décidé qu'un officier mis en réforme a droit à une solde temporaire, lorsqu'il a accompli les cinq années (aujourd'hui trois) de service exigé par la loi du recrutement (Cons. d'Ét. 17 juill. 1885, aff. Goureau, D. P. 87. 3. 22; 22 nov. 1889, aff. Forestier, D. P. 91. 3. 36).

Il a été jugé, d'ailleurs, sous l'empire de la loi du 27 juill. 1872, que, pour le calcul des cinq années de service, il y a lieu de tenir compte du temps qu'un médecin aide-major a passé comme élève de santé militaire et comme médecin stagiaire à l'École de médecine militaire après son incorporation dans un régiment, et ensuite de congés renouvelables qui lui étaient accordés à cette fin (mêmes arrêts). En effet les élèves du service de santé militaire ont toujours été considérés, au point de vue du recrutement, comme présents sous les drapeaux : avant la loi du 15 juill. 1889, lorsqu'ils faisaient partie de la première portion du contingent, ils étaient affectés pour ordre à un régiment et obtenaient des congés renouvelables dans les conditions déterminées par une lettre circulaire du ministre de la guerre, en date du 6 févr. 1884. En cas de démission ou de licenciement, le département de la guerre leur accordait le bénéfice de l'art. 21 de la loi du 27 juill. 1872, et déduisait du nombre d'années qu'ils devaient accomplir dans l'armée active, le temps passé en qualité d'élève. L'art. 32 de l'ordonnance du 12 août 1836, relative à l'organisation du corps des officiers de santé militaire, reconnaissait formellement que ce temps pouvait compter pour la retraite. Il est vrai que ce principe n'a pas été reproduit dans le décret du 23 mars 1852 (D. P. 52. 4. 120) portant réorganisation du service de santé; mais il semble que cette disposition n'a été omise que pour éviter un double emploi avec l'art. 35 qui, en prévision de l'admission de médecins civils, accorde d'une manière générale à tous les membres du corps de santé cinq années de service à titre de bénéfice d'études préliminaires au moment de leur nomination au grade d'aide-major de première classe (*suprà*, n° 408). On aurait donc soutenu en vain, comme l'a fait le ministre de la guerre, à propos de l'espèce soumise au conseil d'État en 1889, que c'était à tort que les arrêts précités avaient assimilé l'affectation ou incorporation par ordre à un régiment avec l'incorporation effective à l'arrivée du jeune soldat à son régiment, qui constitue la présence sous les drapeaux et qui marque, en principe, le point de départ des services valables pour la réforme ou pour la retraite. Jusqu'à la promulgation de la loi du 15 juill. 1889, sur le recrutement de l'armée, la question pouvait donc être considérée comme définitivement tranchée en jurisprudence. Mais, au premier abord, il semble que l'art. 29 de la loi de 1889 serait de nature à rouvrir la controverse, lorsqu'il dit : « Ceux qui n'obtiendraient pas le grade d'aide-major ou d'aide-vétérinaire, ou qui ne réaliseraient pas l'engagement sexennal sont incorporés dans un corps de troupe pour trois ans, *sans déduction aucune du temps écoulé depuis leur entrée à l'école*. Ces dispositions sont également applicables aux élèves de l'École de médecine navale ». Cet article, cependant, nous paraît avoir plutôt en vue d'établir une pénalité contre les jeunes gens qui ne réalisent pas leur engagement, que de décider, même implicitement, que le temps passé à l'École du service de santé militaire ne peut pas être considéré comme période de service actif; car ce n'est pas seulement le temps passé à l'école, mais même celui qui est passé *à l'armée* comme aide-major ou aide-vétérinaire qui est considéré comme non avenu au point de vue de l'accomplissement de l'obligation du service militaire.

440. Les soldes et pensions de réforme ne peuvent être attribuées qu'aux individus qui ont l'état d'officier, et non à ceux qui en ont le rang sans en avoir l'état. Ainsi les aumôniers militaires n'y ont pas droit (Av. Cons. d'Ét. 21 déc. 1881. Conf. *Rép.* n° 143; V. cependant, Décr. 27 avr. 1881, art. 4).

441. Il est certain qu'un officier ne peut pas être régulièrement mis en réforme s'il a des droits acquis à la retraite. Le conseil d'État a appliqué cette règle même dans le cas où la réforme avait été prononcée pour cause de discipline (Cons. d'Ét. 22 août 1853, aff. Rinderhagen, *Rec. Cons. d'État*, p. 860). Mais il ne suit pas de là que la réforme, une fois qu'elle a été prononcée, même à tort, ne produise pas tous ses effets. Le principe qui domine toutes les questions relatives à l'état des officiers est que cet état ne peut être modifié que dans les cas et dans les formes limitativement déterminés par la loi : le décret prononçant la mise en réforme constitue, en faveur de l'officier, un titre dont la valeur ne peut plus être contestée contre lui (Cons. d'Ét. 5 mars 1875, aff. Doineau, D. P. 75. 3. 113). De même, et par une conséquence nécessaire, il ne peut discuter la situation que lui crée ce décret, lorsqu'il n'en a pas contesté la régularité en temps utile. Aussi a-t-il été jugé que l'officier qui n'a pas attaqué dans les délais prescrits le décret par lequel il a été mis en réforme, n'est pas recevable, après avoir quitté le service, à demander une pension pour infirmités (Cons. d'Ét. 3 août 1877, aff. Lesage, D. P. 78. 3. 5; 10 mai 1878, aff. Chevé, et 5 juill. 1878, aff. Escolle, D. P. 78. 3. 94). Le décret du 22 sept. 1876 qui a prorogé le délai pour demander une pension pour blessures ou infirmités contractées en 1870-1871 n'a d'ailleurs pas eu pour effet d'ouvrir le droit de demander une pension de retraite aux militaires mis en réforme (Cons. d'Ét. 5 juill. 1878, précité).

442. De ce qui précède, il résulte nécessairement que l'ancien officier mis, par un décret, en réforme pour infirmités incurables, est recevable à contester, devant le conseil d'Etat, l'appréciation faite par le chef de l'Etat de l'origine de ses infirmités, un acte de pure administration ne pouvant trancher implicitement et sans recours la question essentiellement contentieuse de savoir si les infirmités qui mettent un officier dans l'impossibilité de continuer son service sont de nature à lui ouvrir droit à pension (V. anal., en ce qui concerne les militaires qui n'ont pas l'état d'officier, Cons. d'Et. 17 juin 1881, aff. Gros ; 2 mars 1883, aff. Grandveaux, D. P. 85. 3. 14). Ainsi il a été jugé qu'un ancien officier est recevable à déférer au conseil d'Etat le décret qui l'a mis en réforme pour infirmités incurables, en se fondant sur ce que les infirmités qui le mettaient dans l'impossibilité de continuer son service étaient de nature à lui ouvrir droit à une pension de retraite (Cons. d'Et. 29 nov. 1889, sol. impl., aff. Jonquières, D. P. 91. 3. 50).

Quand, au contraire, la réforme est prononcée par mesure disciplinaire, l'ancien officier ne peut demander l'annulation du décret qu'en cas d'excès de pouvoir ; et il n'est pas recevable à discuter, au fond, les motifs de la mesure qui l'a frappé (Cons. d'Et. 15 mars 1889, D. P. 90. 3. 62).

443. Il n'existe ni solde ni pension de réforme pour les militaires *non officiers*. Lorsqu'un sous-officier, caporal, brigadier ou soldat est jugé hors d'état de continuer son service, par suite de blessures contractées à l'armée mais ne donnant pas droit à pension, ou pour infirmités antérieures à son incorporation et aggravées par les fatigues du service, il est réformé avec congé dit numéro 1. Il peut, en ce cas, obtenir la *gratification renouvelable* créée par la décision impériale du 3 janv. 1857, jusqu'à ce qu'il ait recouvré la possibilité de travailler, et à la seule condition de faire constater tous les deux ans son état physique (V. *infrà*, n° 553). Quand, au contraire, le non-officier est atteint de blessures ou infirmités auxquelles le service est étranger, il lui est délivré un congé dit numéro 2, qui ne lui confère aucun droit (Instr. min. guerre, 6 nov. 1875).

444. L'art. 39 du décret du 1er mars 1854 (D. P. 54. 4. 40) accorde aux militaires, non officiers de la gendarmerie atteints d'infirmités incurables contractées au service mais n'ouvrant pas droit à pension, une gratification temporaire de réforme égale aux deux tiers du minimum de la pension du grade, et payée seulement pendant un nombre d'années égal à la moitié des services accomplis (Conf. Décis. présid. 30 oct. 1852). Lorsque cette gratification a pris fin, le titulaire qui en fait la demande est admis à la gratification renouvelable dont il est parlé ci-dessus. Quant aux militaires de la gendarmerie dont les infirmités ne sont pas assez graves pour donner droit à une gratification temporaire, ils peuvent être proposés pour la réforme avec l'expectative d'une gratification une fois payée (Décr. 1er mars 1854, art. 39).

445. — VI. AGGRAVATION DES INFIRMITÉS OU BLESSURES. — Aux termes de l'art. 3 du décret du 10 août 1886 (D. P. 90. 4. 64) modifié par le décret du 15 mai 1889 (D. P. 90. 4. 65. Comp. Décr. 20 août 1864, D. P. 64. 4. 111), une pension peut être accordée au militaire ou marin réformé qui, par une *aggravation consécutive* des blessures ou infirmités qui avaient motivé son admission à la réforme, se trouverait placé dans l'un des cas prévus par les art. 12, 13 et 14 des lois des 11 et 18 avr. 1831 (Conf. *suprà*, n° 435). On verra *infrà*, nos 547 et suiv. quel est le taux de cette pension ;... *infrà*, n° 493, dans quel délai la demande doit être formée ; et nos 511 et suiv., dans quelles formes.

446. — VII. RAPPEL A L'ACTIVITÉ. — Quand un militaire retraité a été rappelé à l'activité, on doit, au moment où il est de nouveau mis à la retraite, procéder à une revision de sa pension et la régler sur l'ensemble de tous ses services (Cons. d'Et. 22 août 1853, aff. Rinderhagen, *Rec. Cons. d'Etat*, p. 860. Comp. *suprà*, n° 418). Il est, d'ailleurs, évident que l'on ne doit pas faire entrer en compte, dans cette nouvelle liquidation, le temps passé hors de l'activité avec pension de retraite (L. 11 et 18 avr. 1831, art. 6 ; Conf. Cons. d'Et. 11 janv. 1838 ; 3 mai 1839 ; 21 juin 1839, *Rép.* n° 120).

447. L'application de cette dernière règle a soulevé, dans la pratique, des difficultés assez sérieuses. On a eu à se demander, notamment, si les officiers retraités qui font partie du service du recrutement ou du personnel administratif de l'armée territoriale, alors que cette armée n'est pas mobilisée, ont droit à ce que leur pension soit revisée en tenant compte de leurs nouvelles fonctions. Le conseil d'Etat a résolu la question négativement (Cons. d'Et. 4 avr. 1879, aff. Cravin, D. P. 79. 3. 79 ; 11 mai 1883, aff. Valette, D. P. 85. 5. 361). Sans doute, d'après l'art. 40 de la loi du 24 juill. 1873 (D. P. 73. 4. 81), les officiers de l'armée territoriale sont, pendant la durée de leur présence sous les drapeaux, considérés comme étant en activité, et ceux d'entre eux qui sont retraités peuvent se prévaloir des grades qu'ils ont occupés pendant ce temps, pour faire reviser leur pension. Mais, comme le dit l'arrêt précité, « aucune disposition législative n'a, en dehors du cas de mobilisation prévu par l'article précité, étendu ce bénéfice aux officiers retraités qui font partie du service du recrutement ou du personnel administratif de l'armée territoriale, et dont la pension de retraite, aux termes de l'art. 18, § 7, de la loi du 13 mars 1875, est complétée pendant la durée de leurs fonctions, à la solde d'activité de l'emploi qu'ils occupent » (V. au surplus, pour la discussion de cette question, D. P. 79. 3. 79, note).

448. Une question analogue a été soulevée à l'égard des officiers retraités investis des fonctions de rapporteur ou de commissaire du Gouvernement près les conseils de guerre. Le conseil d'Etat s'est prononcé dans le même sens qu'à l'égard du personnel de l'armée territoriale, et a décidé que ces officiers ne peuvent prétendre que le temps passé dans ces fonctions doit être considéré comme passé en activité de service et, par suite, demander qu'il soit procédé à une nouvelle liquidation de leurs pensions (Cons. d'Et. 23 déc. 1881, aff. Jacquet et Berger, D. P. 83. 3. 39). Il est vrai que les membres des conseils de guerre sont considérés comme faisant partie de l'armée ; le préambule du décret du 29 août 1854 (D. P. 54 4. 155) dit, en effet, que le personnel de la justice militaire est soumis aux lois et ordonnances qui régissent l'armée, et que le service des agents est essentiellement militaire. D'autre part, les tableaux annexés à la loi du 15 déc. 1875 (D. P. 76. 3. 84) comprennent les cadres de la justice militaire dans les cadres et effectifs de l'armée (V. aussi Instr. min. 20 nov. 1860, *Journal militaire* 1860, p. 182 ; Foucher, *Commentaire sur le code de justice militaire*, p. 20 et 343). Ces arguments n'ont pas prévalu auprès du conseil d'Etat.

Il a encore été décidé, par application du même principe, que, nonobstant les termes de l'art. 13 du décret du 29 août 1854, portant que les militaires retraités employés dans les prisons militaires reçoivent, indépendamment de leur pension, une indemnité équivalente à la solde de l'emploi qu'ils remplissent, un ancien militaire n'est pas fondé à soutenir que cette indemnité constitue un traitement d'activité et à demander, en raison des services ainsi rendus dans une prison, la revision de sa pension (Cons. d'Et. 30 janv. 1891, Eichenberger, D. P. 92. 3. 75).

En présence de ces arrêts, la question doit être considérée comme tranchée pour tous les cas où des militaires retraités sont autorisés par la loi à remplir certaines fonctions concurremment avec les militaires de l'armée active, quand même les règlements, dans un intérêt d'ordre et de discipline, soumettent les titulaires de ces fonctions à un régime militaire.

449. Il a été jugé qu'un ancien militaire retraité pour infirmité, qui a ensuite rempli dans le commissariat de la marine des fonctions ayant le caractère de fonctions militaires, est fondé à demander une nouvelle liquidation de sa pension comprenant la totalité de ses services, alors même que, par suite d'une erreur commise par l'administration de la Marine sur le caractère de ses services, il a cumulé avec son traitement la pension dont il était titulaire (Cons. d'Et. 16 mai 1890, aff. Bouvyer de la Motte, D. P. 91. 3. 109. V. en sens contraire : Av. sect. fin. Cons. d'Et. 12 févr. 1889, *ibid.* note). Il est de jurisprudence constante, en effet, que les erreurs de droit commises par l'Administration ne peuvent nuire aux anciens militaires ou fonctionnaires, pour la liquidation de leur pension (Cons. d'Et. 5 mars 1875, aff. Doineau, D. P. 75. 3. 113 ; 12 juill. 1882, aff. Krau, D. P. 83. 3. 120 ; 22 févr. 1889, aff. Larquier, D. P. 90. 5. 378 ; 2 mai 1890, aff. Veuve Mourgue, D. P. 91. 3. 101).

Le conseil d'Etat a cependant décidé que les services rendus par un officier rappelé illégalement à l'activité ne peuvent être considérés comme des services d'activité et n'entrent pas dans la catégorie de ceux qui donnent aux officiers titulaires d'une pension de retraite le droit de la faire reviser (Cons. d'Et. 13 juin 1890, aff. Brou, D. P. 92. 3. 1). Mais cette solution, peu conforme à l'équité, puisqu'elle aboutit à refuser à un ancien officier toute rémunération pour des services militaires accomplis de bonne foi, en vertu d'un titre ayant toutes les formes extérieures de la régularité, paraît en même temps difficile à concilier avec la jurisprudence ci-dessus; car le ministre, en appelant cet officier à l'activité, avait cru agir dans les limites de ses pouvoirs, et rien n'avait pu révéler à l'officier que le titre en vertu duquel il remplissait ses fonctions était irrégulier. Une erreur commune de cette nature peut-elle être considérée comme n'ayant créé aucun droit en faveur de l'officier alors que l'Etat a bénéficié des services qu'il lui a rendus? Les doutes les plus sérieux peuvent subsister sur cette solution.

450. — VIII. FONCTIONNAIRES DU CORPS DU CONTROLE. — La loi du 16 mars 1882, art. 25 et suiv. (D. P. 82. 4. 124) sur l'administration de l'armée a créé un corps spécial chargé du *contrôle* de tous les services de l'armée. Le personnel de ce corps a une hiérarchie propre, qui ne comporte aucune assimilation avec les grades de l'armée ; mais tous ses membres jouissent de l'état d'officier (Même loi, art. 42) et ont droit à l'application des lois et décrets sur les pensions militaires (Même article). Le taux de leurs pensions est déterminé par le tarif 1 annexé à la loi de 1882.

§ 2. — Comment se perd le droit à pension et par quelle cause il est suspendu (*Rép.* n° 145).

451. On a indiqué, *Rép.* n° 145, quelles sont les causes qui font *perdre* le droit à l'obtention ou à la jouissance de la pension (Conf. Bavelier, t. 2, n° 305). A cette énumération, il faut ajouter l'infraction à la prohibition du *cumul* de deux pensions ou d'un traitement et d'une pension (L. 15 mai 1818, art. 15, *Rép.* p. 756. V. *infrà*, n°s 615 et suiv., 629 et suiv. Quant à la *démission* (*Rép.* n° 145), elle ne peut faire perdre le droit à pension que si son acceptation par le chef de l'Etat est antérieure au jour où le militaire a un droit acquis à pension (Av. Cons. d'Et. 13 prair. an 11, approuvé par le premier consul le 15 prair. an 11) ; la pension constitue, en effet, *un droit absolu*, au profit du militaire qui réunit toutes les conditions prescrites pour l'obtenir (Bavelier, *loc. cit.*); il en est différemment, on l'a vu *suprà*, n° 104, en matière de *pensions civiles*.

Par application de ce même principe, le conseil d'Etat a jugé que le militaire commissionné (dans l'espèce un gendarme), qui compte quinze années de services et qui vient à être réformé, même pour inaptitude ou inconduite, a droit à pension (Av. Cons. d'Et. 20 juin 1882).

452. Il a été jugé que les services rendus par un militaire, en vertu d'un acte d'engagement souscrit sous le nom d'un tiers (dans l'espèce, sous le nom de son frère), alors que, par suite d'une condamnation, il était incapable de contracter un engagement volontaire, ne peuvent être considérés comme services effectifs, ni entrer dans la liquidation de sa pension de retraite (Cons. d'Et, 16 déc. 1881, aff. de Wogan, D. P. 83. 3. 25. Conf. Conclus. du commiss. du Gouv. dans cette aff. D. P. *ibid.*); et il en est ainsi, alors même que le condamné a obtenu sa réhabilitation, postérieurement aux services dont il s'agit (Même arrêt). Il est si exact que l'engagement contracté par un incapable ne produit pas les effets d'un contrat régulier, malgré la présence de l'engagé sous les drapeaux, qu'en cas de désertion, les peines édictées par la loi militaire ne lui sont pas applicables (Crim. rej. 23 déc. 1858, aff. Blanke, D. P. 59. 1. 187). La solution adoptée par le conseil d'Etat est d'autant plus importante qu'elle paraît contraire à la pratique administrative du ministère de la guerre ; le ministre, dans l'instruction de l'affaire ci-dessus avait, en effet, soutenu qu'on doit compter comme services effectifs tout le temps qu'un individu a passé, en fait, dans les rangs de l'armée.

453. La condamnation d'un militaire à une peine afflictive et infamante, ne suffit pas, même lorsqu'elle a été prononcée par une cour d'assises, pour entraîner immédiatement la perte du droit à pension; cette perte n'est encourue qu'autant que le condamné a effectivement subi la dégradation militaire, qui doit être la conséquence de cette condamnation (Cons. d'Et. 27 juin 1867, aff. Chaspoul, D. P. 68. 3. 25. Comp. Crim. rej. 13 nov. 1852, aff. Legros, D. P. 52. 1. 308).

454. L'*amnistie* et la *réhabilitation* relèvent le condamné de toutes les incapacités et déchéances dont il a été frappé (Av. Cons. d'Et. 21 déc. 1822, approuvé par le roi le 8 janv. 1823), notamment de la déchéance du droit à pension. Mais elles ne peuvent avoir pour effet que d'effacer les conséquences juridiques de la condamnation, et non les faits matériels qui se sont produits à la suite de ladite condamnation (V. *suprà*, v° *Amnistie*, n° 34). Ainsi le laps de temps écoulé entre la condamnation et l'amnistie qui en a effacé les effets ne saurait entrer en compte pour la liquidation de la pension (Cons. d'Et. 13 mai 1881, aff. Brissy, D. P. 82. 3. 100. Comp. *infrà*, n° 458).

455. Quant à la *grâce*, ses effets diffèrent suivant qu'elle a été accordée ou non avant toute exécution, et l'on a vu (*suprà*, n° 453) que, par exécution, il faut entendre, en matière de droit pénal militaire, l'accomplissement des formalités de la dégradation. Si la grâce intervient après que la condamnation a reçu son exécution, elle ne peut en abolir les effets légaux (V. *suprà*, v° *Grâce*, n° 39; *Rép.* eod. v°, n° 47). Décidé, en conséquence, que le décret accordant une commutation de peine, après que le jugement est devenu définitif, ne peut avoir pour effet de relever le condamné de la déchéance encourue et de lui rendre le droit à une pension de réforme (Cons. d'Et. 31 mars 1882, aff. Guichard, D. P. 83. 3. 70; Conf. Cons. d'Et. 27 juin 1867, aff. Chaspoul, D. P. 68. 3. 25 ; 14 avr. 1873, aff. Lacroix, D. P. 74. 3. 68). Aussi, dit M. Bavelier (t. 2, n° 305), d'après un usage constant, l'administration de la Guerre prescrit-elle de surseoir à toute exécution de la peine jusqu'à ce qu'il ait été statué sur le recours en grâce.

Si, au contraire, la grâce est accordée avant que la condamnation ait été exécutée par la dégradation, le droit à pension est conservé. Il a été jugé, par application de cette règle, que si, avant que la dégradation ait été exécutée, le condamné a obtenu la commutation de sa peine en une peine correctionnelle, il conserve le droit à pension qu'il pouvait avoir acquis antérieurement (Cons. d'Et. 27 juin 1867, cité *suprà*, n° 453, sol. impl.; 31 mars 1882, aff. Guichard, D. P. 83. 3. 70). On ne saurait objecter, d'ailleurs, que la condamnation a emporté la destitution du grade, cette destitution ne faisant perdre le droit à pension qu'autant qu'elle a été prononcée à titre de peine principale (Même arrêt).

Il a même été jugé que les décrets, rendus dans la forme prescrite par la loi, qui ont mis un officier successivement en non-activité et en réforme, ont pour effet de lui reconnaître d'une manière définitive et irrévocable l'état d'officier, et que, par suite, le ministre de la guerre ne peut refuser de faire liquider sa pension, en se fondant sur ce qu'une condamnation antérieure à ces décrets lui aurait fait perdre son grade (Cons. d'Et. 5 mars 1875, aff. Doineau, D. P. 75. 3. 113; Conf. conclus. du commiss. du Gouvern. dans cette affaire, D. P. *ibid.*).

456. M. Bavelier (t. 2, n° 306) estime avec raison que l'on doit faire entrer en compte pour la liquidation de la pension les services qui ont précédé la démission, si le militaire a ensuite été réadmis au service (V. Instruct. 15 sept. 1815, art. 7 ; et anal. L. 9 juin 1853, art. 27, al. 1).

457. On a exposé au *Rép.*, n°s 146 et 206, quelles sont, aux termes des art. 26 de la loi du 11 avr. 1831 et 28 de la loi du 18 avr. 1831, les causes qui *suspendent* le droit à l'obtention ou à la jouissance de la pension. A cette énumération, il faut ajouter la *perte du grade*, dans les circonstances prévues par la loi du 19 mai 1834 (art. 1er), le code de justice militaire de l'armée de terre (L. 9 juin 1857, art. 201) et le code de justice militaire de l'armée de mer (L. 4 juin 1858, art. 259). V. *Rép.*, v° *Organisation militaire*, n°s 164 et suiv.; Bavelier, t. 2, n° 304. V. aussi une autre cause de suspension, *infrà*, n° 459.

Une ordonnance du 24 févr. 1832 (*Rép.* n° 770) a réglé l'exécution de l'art. 26 précité et déterminé la durée d'absence qui ne doit pas être considérée comme résidence à l'étranger, et les catégories de pensionnaires qu'il n'y a pas lieu de soumettre à la nécessité de l'autorisation. Une ordonnance du 11 sept. 1832 (*Rép.* p. 771) a réglé les conditions imposées aux anciens marins, titulaires de pensions sur la caisse des invalides de la marine, qui désirent résider temporairement à l'étranger (V. aussi Décr. 31 mai 1862, sur la comptabilité publique, art. 143 et 278, D. P. 62. 4. 83).

Enfin un décret du 29 juin 1886 (D. P. 87. 4. 39), « considérant qu'en ce qui concerne la jouissance des pensions militaires, il convient d'assimiler la résidence dans les pays de protectorat à la résidence dans les colonies françaises », a décidé que « les pensionnaires militaires de la guerre et de la marine domiciliés dans les pays de protectorat ne seront pas tenus de demander l'autorisation de résidence exigée par l'art. 26 de la loi du 11 avr. 1831 ».

Il a été jugé que l'art. 26 de la loi du 11 avr. 1831, aux termes duquel le droit à la jouissance des pensions militaires est suspendu par la résidence hors de France, sans l'autorisation du Gouvernement, est applicable dans le cas où le titulaire a résidé à l'étranger par suite d'une condamnation par contumace, alors même que les effets de cette condamnation ont été ultérieurement effacés par une amnistie (Cons. d'Et. 7 mai 1880, aff. Solinhac, D. P. 81. 3. 7. Comp. anal. Cons. d'Et. 23 janv. 1880, aff. Souvras, D. P. 80. 3. 63). En effet, ainsi que l'a fait remarquer le ministre de la justice dans ses observations sur cette affaire, « l'amnistie, en mettant en oubli la condamnation et le fait qui l'a motivée et en faisant disparaître pour l'avenir tous les effets légaux de cette condamnation, ne revient pas cependant sur les faits accomplis et laisse subsister pour le passé les conséquences légales de la condamnation (Comp. *suprà*, n° 454).

Il faut remarquer que la disposition des art. 26 et 28 des lois de 1831 étant conçue en termes généraux, doit s'appliquer aux pensions de réforme comme aux pensions de retraite (Av. Cons. d'Et. 2 nov. 1881).

458. Le payement des pensions des anciens militaires et marins admis à l'hôtel des Invalides demeure suspendu pendant tout le temps où les titulaires restent inscrits sur les contrôles de l'hôtel (Décr. 29 juin 1863, art. 8, *Bull. des lois*, 1863, n° 11798).

§ 3. — Droits des veuves et orphelins (*Rép.* n° 148).

459. — I. CAS DANS LESQUELS LES VEUVES DE MILITAIRES PEUVENT AVOIR DROIT A PENSION. — 1° On a exposé au *Rép.* n° 148 que, aux termes de l'art. 19-1° de la loi du 11 avr. 1831, ont droit à pension les veuves des militaires tués sur le champ de bataille ou dans un service commandé (Comp. L. 18 avr. 1831 art. 19-1°, *infrà*, n° 680).

Cette disposition n'est pas applicable au cas où le militaire est mort d'une *maladie* contractée dans un service commandé (Cons. d'Et. 22 juin 1877, aff. David, D. P. 77. 3. 87; 5 janv. 1883, aff. De Baudéan, D. P. 84. 3. 71; 8 juill. 1887, aff. Quémeneur, D. P. 88. 3. 122);... alors même que la maladie (une attaque foudroyante de choléra) aurait enlevé le militaire avant même l'achèvement du service commandé (Arrêt précité du 8 juill. 1887).

460. — 2° Nous avons dit (*Rép.* n° 148) que, d'après l'art. 19-2° de la loi du 11 avr. 1831, avaient droit à pension « les veuves de militaires qui ont péri à l'armée ou hors d'Europe et dont la mort a été causée, soit par des événements de guerre, soit par des maladies contagieuses ou endémiques aux influences desquelles ils ont été soumis par les obligations de leur service ». Un arrêt avait jugé que cette disposition était inapplicable à la veuve d'un militaire atteint des fièvres d'Afrique, mort en France où il avait été envoyé en congé avec solde entière (Cons. d'Et. 8 févr. 1838, *Rép.* n° 149). Cette solution avait soulevé des objections, comme faisant une application exagérée et peu conforme à l'équité du paragraphe 2 de l'art. 19 (V. *Rép. ibid.*); néanmoins le comité des vacations de la guerre et des finances du conseil d'Etat, à la date du 16 oct. 1843, avait interprété la loi de la même manière. Toutefois, en 1848, le comité de la guerre et de la marine parvint à corriger les regrettables effets de cette interprétation, en se basant sur des arrêts du conseil d'Etat rendus en 1836 et 1838 en faveur de veuves de militaires. Il déclara qu'il y avait lieu de subordonner le droit à pension, pour la veuve d'un marin décédé avant vingt-cinq ans de service, à la constatation du décès, à l'origine et à la nature de la maladie, sans tenir compte du lieu du décès (Av. comité guerre et marine 28 mai 1848). Cette jurisprudence fut consacrée de nouveau par un arrêt de la section du contentieux, rendu le 24 déc. 1863 » (aff. Rigollet, *Rec. Cons. d'Etat*, 1863, p. 880). Mais le 4 mai 1881, la section des finances du conseil d'Etat, revenant à son ancienne jurisprudence, émit l'avis que « le paragraphe 2 de l'art. 19 n'est applicable qu'aux veuves d'officiers morts à l'armée ou hors d'Europe, et que l'adoption de considérants analogues à ceux de l'avis du 23 mai 1848 constituerait non pas une interprétation, mais une modification des lois des 11 et 18 avr. 1831. » Et cette jurisprudence a été sanctionnée par la section du contentieux (Cons. d'Et. 1er déc. 1882, aff. Coste, D. P. 84 3. 53). Un arrêt du 8 déc. 1882 décida, en effet, que l'art 19, § 2, de la loi de 1831 ne pouvait être invoqué par la veuve d'un militaire atteint hors de France d'une maladie contagieuse ou épidémique, mais décédé après son retour en France (Cons. d'Et. 8 déc. 1882, aff. Durand, D. P. 84. 3. 53).

461. L'art. 19, § 2°, de la loi du 18 avr. 1831 sur les pensions de l'armée de mer était conçu en termes analogues à ceux de l'art. 19, § 2°, de la loi du 11 avr. 1831; il donnait droit à pensions aux « veuves d'officiers, marins ou autres qui ont péri *sur les bâtiments de l'Etat ou dans les colonies* et dont la mort a été causée soit par des événements de guerre soit par des maladies contagieuses ou endémiques aux influences desquelles ils ont été soumis par les obligations de leur service ». Aussi le conseil d'Etat avait-il, après les hésitations que l'on a indiquées plus haut, adopté en dernier lieu une jurisprudence semblable à celle que l'on vient d'indiquer pour l'armée de terre et avait-il décidé notamment que le bénéfice de la disposition d'après laquelle la veuve d'un marin décédé des suites d'une maladie endémique contractée dans une colonie, a droit à pension si ce marin est décédé sur un bâtiment de l'Etat ou dans une colonie, ne peut être invoqué par la veuve dont le mari est mort après son retour en France des suites de la maladie contractée dans une colonie (Cons. d'Et. 22 juin 1883, aff. Broquet, D. P. 85. 3. 12; 11 janv. 1883, aff. Tournel, *ibid.*; 4 juill. 1884, aff. Salaün, D. P. 85. 5. 359; 4 juill. 1884, aff. Vidal, *ibid.*; 2 juill. 1886, aff. Fournier, D. P. 88. 3. 11; 13 mai 1887, aff. Forinetti, *ibid.*; Comp. *infrà*, n° 466); et qu'il en est ainsi alors même que le marin décédé en France était, au moment de son décès, en activité de service à bord d'un bâtiment attaché au service des côtes (Cons. d'Et. 22 juin 1883, précité). Dans cette dernière espèce, l'officier dont la veuve réclamait une pension, était descendu du navire qu'il commandait quelques heures seulement avant son décès pour recevoir des soins qu'il lui était impossible de se procurer à bord; ce n'est pas à cette circonstance fortuite que le conseil d'Etat s'est attaché pour rejeter la requête; il paraît avoir adopté la doctrine développée par le commissaire du Gouvernement dans ses conclusions, d'après laquelle l'art. 19, § 2, de la loi du 18 avr. 1831, sur les pensions de l'armée de mer ne serait pas applicable quand le bâtiment sur lequel est le marin au moment de son décès se trouve en rade dans un port de la métropole. Cette interprétation est semblable à celle qui avait été adoptée pour l'application de l'art. 19 de la loi du 11 avr. 1831, sur les pensions de l'armée de terre, et d'après laquelle un militaire n'était pas considéré comme étant *à l'armée* dans le sens de cet article, lorsqu'il résidait en France, bien qu'il ne fût pas sorti des cadres de l'armée.

462. L'application ainsi faite des deux lois de 1831 était manifestement contraire à l'équité et portait atteinte aux droits les plus respectables; elle pouvait, dans la pratique, conduire à des conséquences évidemment contraires à celles qu'avait prévues le législateur. « Un marin de notre escadre des mers de Chine, dit M. Barbey dans son rapport au Sénat sur la loi du 15 avr. 1885, un soldat du corps expéditionnaire du Tonkin, à la suite de fatigues héroïquement supportées, contracte une maladie qui le met hors de service. On se hâte de l'éloigner d'un climat dangereux; on l'embarque pour la France afin qu'il puisse se ranimer, reprendre des forces en respirant l'air natal. S'il meurt dans la traversée, ou en entrant au port, sa veuve aura une pension; s'il succombe une fois débarqué, elle en sera totalement privée ». De telles conséquences, impossibles à justifier, en équité, soulevèrent de nombreuses protestations, qui déterminèrent le Gouvernement à déposer un projet de loi dans le but d'étendre le droit des veuves au cas où le mari aurait succombé après son retour en Europe. Ce projet fut adopté sans difficulté et devint la loi du 15 avr. 1885 (D. P. 85. 4. 81).

Le premier alinéa de l'art. 1 de cette loi du 15 avr. 1885 est ainsi conçu : « Ont droit à la pension les veuves des militaires, marins ou assimilés, dont la mort a été causée soit par des événements de guerre, soit par des maladies contagieuses ou endémiques contractées à l'armée, hors d'Europe, à bord des bâtiments de l'Etat ou dans les colonies, et aux influences desquelles ils ont été soumis par les obligations de leur service, pourvu que le mariage soit antérieur auxdits événements de guerre et à l'origine desdites maladies ». Comme cette disposition pouvait donner lieu à des abus préjudiciables au Trésor, la loi de 1885 a subordonné le droit des veuves à certaines conditions qui, d'après l'art. 3, sont prescrites à peines de déchéance. La plus importante de ces conditions est l'existence du mariage antérieurement aux faits qui ont amené, dans la santé du militaire ou du marin, une altération devant avoir une issue fatale. Le législateur de 1831 avait exigé cette condition pour le cas où le mari avait succombé par suite de blessures, le décès, dans ce cas, pouvant ne survenir qu'après un long laps de temps; mais il avait cru inutile de la prescrire pour le cas de décès causé par des événements de guerre ou des maladies contagieuses et endémiques, ce décès n'ouvrant droit à pension en faveur de la veuve qu'autant qu'il avait eu lieu avant le retour en France. Du moment où le droit des veuves était reconnu, à quelque époque que se produisît le décès, les motifs qui avaient fait exiger l'existence antérieure du mariage pour le cas de blessures devaient faire imposer la même condition.

463. Ainsi la veuve ne peut réclamer droit à pension en vertu de la loi de 1885 que si le mariage est antérieur aux événements de guerre ou à l'origine de la maladie (Cons. d'Et. 2 juill. 1886, aff. Fournier, D. P. 88. 3. 11). Mais il en est évidemment autrement dans le cas où, au moment du mariage, la santé du marin était assez bien rétablie pour qu'il ait pu reprendre son service pendant une période qui s'est prolongée pendant plusieurs années et où le retour du mal a été déterminé par une autre maladie absolument différente. C'est ainsi qu'il a été jugé que la veuve d'un marin a droit à pension lorsque son mari a succombé tant à une maladie endémique contractée dans une colonie, postérieurement au mariage, qu'à la récidive d'une autre maladie également contractée dans une colonie et dont il avait été atteint antérieurement, mais dont il ne souffrait plus au moment du mariage (Cons. d'Et. 27 juin 1890, aff. Plouzennec, D. P. 92. 3. 12; Conf. Cons. d'Et. 11 mai 1888, aff. Le Goff, D. P. 89. 3. 83; 11 janv. 1889, aff. Bondvillain, D. P. 90. 5. 380).

464. La veuve ne peut se prévaloir des dispositions de la loi du 15 avr. 1885 qu'autant que la maladie à laquelle a succombé son mari était *endémique* ou *contagieuse* (Cons. d'Et. 26 oct. 1888, aff. Carour, D. P. 89. 5. 363 ; 26 déc. 1890, aff. Floury, D. P. 92. 3. 61) ; ainsi n'a pas droit à pension, la veuve d'un marin mort en France des suites d'une bronchite aiguë (Cons. d'Et. 26 oct. 1888, précité),... ou d'une congestion pulmonaire (Cons. d'Et. 26 déc. 1890, précité) contractée hors d'Europe en service commandé à bord d'un bâtiment de l'Etat.

« Il convient de remarquer, dit M. Bavelier (t. 2, n° 285), que le caractère d'endémicité s'applique aux maladies spéciales des pays chauds, et que celles-ci résultent de l'action d'un climat excessif ou de constitutions géologiques particulières. Il suffit qu'elles sévissent presque exclusivement sur les Européens, pour que la permanence des causes locales soit admise (Note du 25 mars 1868 de l'inspecteur général du service de santé de la marine, sur les certificats à produire conformément à l'ordonnance du 26 janv. 1832, rapportée en note, D. P. 93. 3. 32). D'autre part, l'expression de maladie contagieuse ne doit pas s'entendre en s'astreignant à des définitions d'école qui ont longtemps divisé le monde médical : contagieuse est ici synonyme de transmissible ». — Toutefois, la qualification d'*endémique* ne s'applique pas uniquement aux maladies contractées dans les pays chauds ; le caractère d'endémicité peut également être reconnu aux maladies qui règnent dans certaines régions de l'Europe. Ainsi, il a été jugé que la veuve du marin décédé en France des suites d'une fièvre paludéenne contractée à bord d'un bâtiment de l'Etat sur les côtes de Corse, a droit à pension en vertu de la loi de 1885 (Cons. d'Et. 4 déc. 1891, aff. Condullier, D. P. 93. 3. 32).

D'après une circulaire du ministre de la marine, du 17 juin 1855, la circonstance que le choléra morbus aurait régné épidémiquement à bord d'un navire de l'Etat assure à la veuve le droit à pension; et il devrait en être de même en cas de typhus contracté à la mer ou dans une expédition militaire.

465. Il faut, en outre, que la maladie endémique ou contagieuse contractée à l'armée, hors d'Europe, à bord des bâtiments de l'Etat ou dans les colonies ait été la cause *directe* du décès du militaire ou marin. Ainsi il a été jugé : 1° que la veuve d'un marin qui avait été atteint d'une maladie endémique dans une colonie n'a pas droit à pension, alors que son mari a succombé à une autre maladie dont il a été atteint dans l'hôpital où il était en traitement (Cons. d'Et. 22 févr. 1889, aff. d'Elbée, D. P. 90. 3. 45 ; Conf. analog. Cons. d'Et. 28 nov. 1884, D. P. 86. 3. 61 ; 12 déc. 1884, *ibid.*) ; — 2° Que la veuve d'un marin ayant succombé en France à une maladie, qui n'était ni endémique, ni contagieuse, n'a pas droit à pension, alors même qu'une maladie endémique dont il avait été atteint antérieurement dans une colonie avait influé sur la gravité de celle qui a causé le décès (Cons. d'Et. 26 déc. 1890, sol. implic., aff. Floury, D. P. 92. 3. 61 ; 3 juill. 1891, aff. Barachet, D. P. 93. 3. 8).

Il a été décidé, au contraire, que : 1° la veuve qui justifie, dans les formes prescrites par la loi du 15 avr. 1885, que le décès de son mari qui est survenu en France a eu pour cause une anémie paludéenne contractée dans une colonie, a droit à pension, bien que postérieurement au commencement de cette maladie, son mari ait été envoyé en congé de convalescence comme étant atteint d'une autre maladie (Cons. d'Et. 9 août 1889, aff. Henry, D. P. 91. 5. 397) ; — 2° La veuve d'un marin a droit à pension, lorsqu'elle fait dans les formes exigées par la loi la preuve qu'une maladie endémique contractée hors d'Europe a été la cause directe du décès de son mari, après son retour en France, alors même qu'une maladie de nature différente est venue compliquer son état à ses derniers moments (Cons. d'Et. 11 mai 1888, aff. Le Goff., D. P. 89. 3. 83 ; 11 janv. 1889, aff. Bondvillain, D. P. 90. 5. 380). Il en ainsi, notamment, quand il s'agit, soit d'une diarrhée endémique compliquée d'une pneumonie double (Cons. d'Et. 11 mai 1888 précité),... soit d'une anémie paludéenne compliquée d'une tuberculose généralisée (Arrêt précité du 11 janv. 1889).

466. Le décès du militaire ou du marin, quelle que soit la maladie qui l'a causé, ne peut donner ouverture au droit à une pension au profit de la veuve s'il a eu lieu en France. Il en est ainsi, soit d'après l'art. 19-2° de la loi de 1831, soit d'après la loi de 1885, aux termes de laquelle il faut que cette maladie ait été contractée « à l'armée, hors d'Europe, à bord des bâtiments de l'Etat ou dans les colonies ». — Il a été décidé, en conséquence, que n'a pas droit à pension en vertu de l'art. 19, § 2, de la loi du 11 avr. 1831 : 1° la veuve d'un militaire atteint en France de la maladie aux suites de laquelle il a succombé (Cons. d'Et. 1er déc. 1882, aff. Coste, D. P. 84. 3. 53); — 2° La veuve d'un soldat infirmier décédé des suites d'une maladie contagieuse contractée en faisant son service dans une salle d'hôpital militaire (Cons. d'Et. 7 août 1885, aff. Gauthier, D. P. 87. 3. 49) ;... — 3° La veuve d'un gendarme ayant succombé aux atteintes de l'épidémie cholérique qui sévissait dans une ville, et dont il a été frappé en concourant aux mesures de désinfection prescrites par l'autorité (Cons. d'Et. 18 déc. 1885, aff. Imbert, D. P. 87. 3. 49; — 4° La veuve d'un gendarme décédé des suites d'une bronchite aiguë, ayant eu pour cause un refroidissement qu'il avait subi après avoir longtemps poursuivi un malfaiteur (Cons. d'Et. 19 nov. 1886, aff. Bourdon, D. P. 87. 5. 337); — 5° la veuve d'un sergent réserviste décédé des suites du choléra dont il a été atteint dans un hôpital militaire où il était employé en qualité d'infirmier (Cons. d'Et. 30 déc.

1887, aff. Marcouly, D. P. 88. 5. 369); — 6° La veuve d'un marin qui a succombé en France à une maladie endémique ou contagieuse contractée pendant qu'il accomplissait un service commandé (Cons. d'Et. 8 juill. 1887, aff. Quémeneur, D. P. 88. 3. 122); — 7° La veuve d'un militaire décédé d'une congestion rénale contractée par suite d'un refroidissement éprouvé en service commandé (Cons. d'Et. 20 avr. 1888, aff. Watebled, D. P. 89. 5. 364); — 8° La veuve d'un quartier-maître décédé des suites d'une broncho-pneumonie contractée dans un hôpital d'un port de France où il servait en qualité d'infirmier lors d'une épidémie qui sévissait dans ce port (Cons. d'Et. 9 août 1889, aff. Le Friec, D. P. 91. 5. 398); — 9° La veuve d'un gendarme décédé des suites d'une fièvre typhoïde qu'il avait contractée en allant constater l'état d'un réserviste atteint de cette maladie (Cons. d'Et. 20 déc. 1889, aff. Colombier, D. P. 91. 3. 52. Conf. Cons. d'Et. 3 juill. 1891, aff. Barachet, D. P. 93. 3. 8); — 10° Ni, à plus forte raison, la veuve d'un officier mort des suites d'une maladie non contagieuse et non endémique résultant des fatigues du service (Cons. d'Et. 9 avr. 1886, aff. Antoine, D. P. 87. 3. 99),... ou son enfant mineur (Cons. d'Et. 16 avr. 1886, aff. Grasset, D. P. 87. 3. 99).

Il a été jugé également que le bénéfice de la disposition de la loi du 15 avr. 1885, accordant droit à pension à la veuve dont le mari a péri des suites d'une maladie contagieuse contractée à bord d'un bâtiment de l'Etat, ne peut être invoqué par la veuve dont le mari a contracté la maladie à laquelle il a succombé pendant que le bâtiment où il était embarqué était dans la rade d'un port français (Cons. d'Et. 14 déc. 1888, aff. Le Flern, D. P. 90. 3. 22. Conf. Cons. d'Et. 22 juin 1883 et les arrêts cités *suprà*, n° 460. V. toutefois Cons. d'Et. 4 déc. 1891, aff. Condullier, D. P. 93. 3. 32).

467. L'art. 1 de la loi de 1885 est devenu, dès la promulgation de la loi, applicable à toutes les veuves de militaires et marins qui n'avaient pas encore fait valoir leurs droits à pension, même à celles dont le mari était décédé antérieurement à ladite loi, à la condition toutefois de remplir les conditions qu'elle prescrit (Cons. d'Et. 2 juill. 1886, aff. Fournier, D. P. 88. 3. 11 ; 16 juill. 1886, aff. Rollin, *ibid.*; 27 mai 1887, aff. Gruiec, *ibid.*; 10 déc. 1886, aff. Kermaïdic, *ibid.*; 28 janv. 1887, aff. Mauclerc, *ibid.*; 4 févr. 1887, aff. Nebbia, *ibid.*; 11 mars 1887, aff. Botherel, *ibid.*; 13 mai 1887, aff. Forinetti, *ibid.*; 12 nov. 1886, aff. Quémant, *ibid.*; 4 févr. 1887, aff. Maux, *ibid.*; 13 mai 1887, aff. Ripot *ibid.*);... notamment que le mariage soit antérieur aux événements de guerre ou à l'origine de la maladie (Cons. d'Et. 2 juill. 1886, précité, sur les autres conditions, V. *infrà*, n°s 516 et suiv.).

468. Il a été décidé que la veuve d'un commis de marine décédé en 1880 dans une colonie des suites d'une affection endémique contractée dans une autre colonie, avait droit à pension en vertu de l'art. 19 de la loi du 18 avr. 1831, accordant ce droit aux veuves de marins ayant péri à l'armée et hors d'Europe, à bord des bâtiments de l'Etat ou dans les colonies, par suite de maladies contagieuses ou endémiques aux influences desquelles ils ont été soumis par les obligations de leur service (Cons. d'Et. 28 mars 1888, aff. Duru, D. P. 89. 5. 363. Conf. Cons. d'Et. 5 sept. 1836, *Rép.* n° 148). Par suite, cette veuve n'a à fournir que les justifications exigées par l'ordonnance du 26 janv. 1832, et c'est à tort que le ministre de la marine refuse de procéder à la liquidation de sa pension en se fondant sur ce qu'elle ne rapporte pas le certificat d'origine prescrit à peine de déchéance par la loi du 15 avr. 1885 (Même arrêt). V. numéro précédent.

469. — 3° Ont droit à pension, d'après le 3e alinéa de l'art. 19 : « Les veuves de militaires morts des suites de blessures reçues soit sur le champ de bataille, soit dans un service commandé, pourvu que le mariage soit antérieur à ces blessures » (*Rép.* n° 51). « La cause, la nature et les suites des blessures, ajoute le même article, § 3, seront justifiées dans les formes et dans les délais prescrits par un règlement d'administration publique ».

En vertu de la délégation contenue dans ce dernier alinéa, l'ordonnance réglementaire du 6 juill. 1831 (*Rép.* p. 768 ; Conf, pour les pensions de l'armée de mer, l'ordonnance du 26 janv. 1832, art. 21, *Rép.* p. 769) a, dans son art. 21, disposé que si le décès survient après que le blessé a obtenu guérison suffisante pour reprendre son service, ou après une année révolue depuis la blessure, la veuve ne peut invoquer le bénéfice du paragraphe troisième. — Cette disposition rigoureuse a-t-elle été prise dans les limites de la délégation? Ce point a été très contesté; mais le conseil d'Etat a toujours considéré l'art. 21 des ordonnances du 2 juill. 1831 et du 26 janv. 1832 comme légal (Cons. d'Et. 6 août 1878, aff. Scordia, D. P. 79. 3. 6 ; 23 avr. 1880, sol. implic., aff. Choblet, D. P. 81. 3. 53; V. anal. Cons. d'Et. 14 nov. 1879, aff. Dieulafait, D. P. 81. 3. 53. V. aussi, sur l'autorité des règlements d'administration publique, *suprà*, v° *Lois*, n°s 9 et suiv.; *Rép.* eod. v°, n°s 65 et suiv.). On soutiendrait vainement que cet article ne s'est pas borné à tracer la procédure à suivre pour la justification du droit à pension qui était le seul objet de la délégation faite par le législateur, mais qu'il a édicté une disposition restrictive des droits conférés aux veuves par la loi, en limitant non pas seulement le délai pendant lequel ces droits pouvaient être exercés, mais aussi celui dans lequel ces droits pouvaient s'ouvrir. Le conseil d'Etat a entendu dans un sens plus large la délégation contenue dans l'art. 19 de la loi, et a refusé de considérer comme non obligatoire une disposition qui, depuis 1831, avait, au reste, été constamment appliquée sans réclamation (V. *infrà*, n°s 474, 493 et suiv.). Il est certain, d'ailleurs, que la loi du 26 avr. 1856 (D. P. 56. 4. 52), qui a eu pour unique objet d'augmenter le chiffre de la pension des veuves, n'a pu avoir pour effet de modifier la législation antérieure sur ce point et d'abroger l'art. 21 des ordonnances de 1831 et 1832 (Cons. d'Et. 6 août 1878, précité); car, ainsi que l'a fait remarquer la section des finances dans un avis sur le projet de liquidation de la pension qui a donné lieu à cet arrêt, « il résulte des termes de l'exposé des motifs et du rapport, qui ont précédé le vote de la loi du 26 avr. 1856, que le paragraphe 2 de l'art. 21 de l'ordonnance réglementaire du 2 juill. 1831 doit servir de règle dans l'application de la loi générale du 11 avr. 1831 ».

Sur la question de savoir si la règle posée par l'art. 21 des ordonnances est applicable à la veuve dont le mari est décédé en jouissance d'une pension de retraite, V. *infrà*, n° 474.

470. Le troisième alinéa de l'art. 9 s'applique exclusivement au cas de *blessures* reçues sur le champ de bataille ou dans un service commandé; il ne peut être invoqué lorsque le décès a été la suite d'une maladie contractée dans les mêmes circonstances. C'est ce que le conseil d'Etat a reconnu dans plusieurs des arrêts cités *suprà*, n° 466 (V. notamment : 7 août 1885, 18 déc. 1885, 16 avr. 1886); il résulte de ces arrêts que, dans les espèces auxquelles ils se réfèrent, cette disposition n'était pas plus applicable que celle du second alinéa du même article. Décidé, dans le même sens, que la veuve ou l'enfant mineur d'un officier mort des suites d'une maladie résultant des fatigues du service, ne peut se prévaloir, pour obtenir une pension de retraite, de l'art. 19, § 3, de la loi du 11 avr. 1831, qui n'est applicable qu'au cas où le mari ou le père est mort des suites de blessures reçues sur le champ de bataille ou dans un service commandé (Cons. d'Et. 16 avr. 1886, aff. Jomard, D. P. 87. 3. 99).

Jugé encore qu'un officier de sapeurs-pompiers de Paris asphyxié dans la chambre à coucher qu'il occupait dans la caserne, par suite d'une fuite accidentelle de gaz, ne peut être considéré ni comme ayant été tué dans un service commandé, ni comme étant mort de blessures reçues en service commandé; par suite, sa veuve n'a pas droit à pension en vertu de l'art. 19 de la loi de 1831 (Cons. d'Et. 26 déc. 1891, aff. Jacquemart, D. P. 93. 3. 27).

471. Au reste, le service commandé, dans le sens de l'art. 19 comprend non seulement les heures pendant lesquelles un travail ordonné est exécuté, mais encore le temps employé au repos. C'est ce qui résulte d'un arrêt du conseil d'Etat, du 4 août 1864 (aff. Perrot, *Rec. Cons. d'Etat*, p. 730). — V. dans le même sens les conclusions du commissaire du Gouvernement et, en sens contraire, les observations du ministre de la marine rapportées *ibid.*, note.

472. — 4° Enfin le quatrième alinéa de l'art. 19 de la loi du 11 avr. 1831 donne droit à pension aux « veuves de militaires morts en jouissance de la pension de retraite, ou en possession de droits à cette pension, pourvu que le mariage ait été contracté deux ans avant la cessation de l'activité ou du traitement militaire du mari, ou qu'il y ait un ou plusieurs enfants issus du mariage antérieur à cette cessation » (*Rép.* n° 151. Conf. pour les veuves de marins et assimilés, L. 18 avr. 1831, art. 19).

On doit, pour l'application de cette disposition, considérer comme étant morts en possession du droit à pension : 1° les militaires qui ont accompli le temps de service prescrit pour obtenir une pension à titre d'ancienneté (*suprà*, n°s 391 et suiv.) ; — 2° Les militaires qui sont morts des suites de blessures ou infirmités graves et incurables provenant du service (*suprà*, n°s 420 et suiv.), si, avant leur décès, ils ont formulé une demande à fin de pension, fondée sur les blessures ou infirmités dont s'agit, et sur laquelle l'administration militaire a déjà statué (Bavelier, t. 2, n° 283). C'est en ce sens que l'art. 19, § 4°, a toujours été interprété par l'Administration depuis 1831 (V. Circ. min. guerre, 30 oct. 1831, *Journ. off. milit.*, édit. refondue, t. 1, p. 492). Elle a été implicitement sanctionnée par le conseil d'Etat, qui a décidé, notamment : 1° que l'art. 19, § 4°, de la loi de 1831, ouvrant droit à pension aux veuves des militaires morts en possession de droits à une pension de retraite n'est applicable, au cas où le droit à pension résulterait pour l'officier d'infirmités graves et incurables provenant des fatigues de service, qu'autant que les causes, la nature ou les suites des blessures ont été constatées dans les formes prescrites par un règlement d'administration publique (Cons. d'Et. 9 avr. 1886, aff. Antoine, D. P. 87. 3. 99),... et que la même solution est applicable dans le cas où un enfant mineur d'un militaire décédé demande un secours annuel en vertu de l'art. 19, § 4, précité, et de l'art. 21 de la même loi (Cons. d'Et. 16 avr. 1886, aff. Tuteur Grasset, *ibid.*). ; — 2° Que la veuve d'un officier de marine mort d'une maladie contractée dans un service commandé n'a pas droit à pension comme veuve d'un militaire mort en possession d'un droit à pension, si son mari n'avait pas fait constater régulièrement que l'infirmité dont il était atteint le mettait hors d'état de rester en activité et lui ôtait la possibilité d'y rentrer ultérieurement (Cons. d'Et. 4 janv. 1883, aff. De Baudéan, D. P. 84. 3. 71) ; — 3° La veuve d'un militaire décédé en France des suites d'une affection endémique contractée dans une colonie, ne peut être considérée comme veuve d'un militaire décédé en possession d'un droit à pension et, par suite, n'est pas fondée à réclamer le bénéfice de l'art. 19, § 4, de la loi du 11 avr. 1831, alors que son mari ne s'était pas mis en instance pour obtenir pension et ne s'était pas conformé aux prescriptions de l'ordonnance du 2 juill. 1831 (Cons. d'Et. 12 déc. 1890, aff. Ponard, D. P. 92. 5. 477) ; — 4° Que la veuve du marin mort des suites d'une affection qui a eu pour cause un refroidissement dont il a été atteint en accomplissant un acte de sauvetage n'a pas droit à pension, en vertu de l'art. 19, § 4, de la loi du 18 avr. 1831 (Cons. d'Et. 3 juill. 1891, aff. Barachat, D. P. 93. 3. 8). Décidé, au contraire, que la veuve d'un marin ou d'un agent du ministère de la marine décédé après avoir fait constater que ses infirmités avaient été contractées dans un service commandé, et pendant qu'il était en instance pour obtenir une pension de retraite, a droit à pension comme veuve d'un agent décédé en possession d'un droit à pension (Cons. d'Et. 28 janv. 1887, aff. Ciszeville, 8 juin 1887, aff. Toqué, D. P. 89. 3. 98; 14 mars 1890, aff. Lainé, D. P. 91. 3. 91). Une décision ministérielle qui a rejeté la demande du mari, postérieurement au décès de celui-ci, ne fait, d'ailleurs, pas obstacle à ce que la veuve fasse valoir ses droits, alors que cette décision ne lui a jamais été notifiée (Même arrêt du 14 mars 1890).

473. Il a encore été jugé : 1° que la veuve dont le mari est mort d'une maladie contractée dans un service militaire commandé n'a droit à une pension ni comme veuve d'un homme dont la mort a été causée par un événement de guerre, ni comme veuve d'un individu mort en possession d'un droit à pension (Cons. d'Et. 22 juin 1877, aff. David, D. P. 77. 3. 87) ; — 2° Que la veuve d'un militaire décédé en France des suites d'une affection endémique contractée dans une colonie ne peut être considérée comme veuve d'un militaire décédé en possession d'un droit à pension et, par suite, n'est pas fondée à réclamer le bénéfice de l'art. 19, § 4°, de la loi de 1831, alors que son mari ne s'était pas mis en instance pour obtenir pension et ne s'était pas conformé aux prescriptions de l'ordonnance du 2 juill. 1832 (Cons. d'Et. 12 déc. 1890, aff. Ponard, D. P. 92. 5. 477).

474. L'art. 21 de l'ordonnance du 2 juill. 1831, qui décide que la veuve d'un militaire ne peut fonder sa demande en pension sur ce que son mari serait mort des suites d'un événement de guerre, si la mort est survenue plus d'un an après la blessure (V. *suprà*, n° 469) ne doit pas être appliqué aux veuves dont le droit à pension prend naissance dans le paragraphe 4° de l'art. 19 des lois de 1831 (Cons. d'Et. 23 avr. 1880, aff. Choblet, D. P. 81. 3. 53). En effet, la délégation contenue dans le paragraphe 3° de l'art. 19 (V. *suprà*, *ibid.*) avait pour unique objet de garantir les intérêts du Trésor en imposant des règles spéciales pour *établir* le droit à la pension des veuves qui allèguent que le décès de leur mari, a eu pour cause une blessure antérieure. Cette délégation était étrangère à la liquidation de la pension qui, à cette époque, ne pouvait jamais faire difficulté; car, sous le régime de l'art. 22 de la loi de 1831, la pension des veuves était, dans tous les cas, du quart du maximum de la pension d'ancienneté affectée au grade dont le mari était titulaire. Le fait que des lois postérieures, modifiant l'art. 22 de la loi de 1831 (L. 26 avr. 1856; 20 juin 1851), ont augmenté la pension des veuves dans le cas où le mari est mort des suites d'un événement de guerre, n'a pu avoir pour effet, implicitement et par voie de conséquence, de rendre applicable à l'hypothèse du paragraphe 4 de l'art. 19 de la loi de 1831 les dispositions restrictives de droit commun édictées exclusivement en vue du paragraphe 3.

475. Les pensions *proportionnelles* accordées aux anciens sous-officiers, caporaux, brigadiers et soldats (*suprà*, n°s 398 et suiv.) *ne sont pas réversibles* au profit de leurs veuves (L. 18 août 1879, art. 3 ; 23 juill. 1881, art. 26).

Il en est de même des *pensions de réforme* (L. 25 juill. 1861, art. 21). V. *suprà*, n° 437.

476. L'art. 2 de la loi du 10 avr. 1869 (D. P. 69. 4. 41 ; *infrà*, n°s 685 et suiv.) qui a eu pour but d'édicter, au profit des officiers de l'armée de mer mis en non-activité pour infirmités temporaires et comptant vingt-cinq années de service, des dispositions analogues à celles de la loi du 25 juin 1861 au profit de l'armée de terre (*suprà*, n° 395), donne droit à pension aux veuves des officiers de marine *morts en activité après vingt-cinq ans de service accomplis*. Le paragraphe 2 du même article ajoute : « Cette disposition est applicable aux veuves des officiers de l'armée de terre mentionnés à l'art. 2 de la loi du 25 juin 1861 » (Conf. L. 29 mai 1875, art. 2, D. P. 75. 4. 128). Ainsi donc, *a toujours droit à pension la veuve de l'officier décédé en activité après vingt-cinq ans de services*. Malgré l'ambiguïté des termes de la loi, aucun doute n'est possible sur ce point. En effet, le paragraphe 1 de l'art. 2 se termine par ces mots : « lorsque le mari sera mort *en activité* après vingt-cinq ans de service accomplis ». « Je crains, a dit M. Bethmont dans ses observations au Corps législatif sur cet article, que ces mots ne donnent lieu à des difficultés sérieuses... La loi ne donnant de pensions qu'aux veuves des officiers mentionnés à l'art. 2 de la loi du 25 juin 1861, c'est-à-dire aux veuves des officiers qui ont déjà obtenu la pension de réforme, je crains que la loi n'aille contre nos désirs, et que, au lieu d'étendre ces pensions aux veuves de tous les officiers de l'armée de terre après vingt-cinq ans de service, elle ne les restreigne aux veuves des officiers de l'armée de terre qui auront joui du bénéfice de la loi du 25 juin 1861 ». M. le général Allard, commissaire du Gouvernement, répondit à ces observations dans les termes suivants : « L'interprétation que demande l'honorable M. Bethmont ne pouvait souffrir aucun doute ni dans l'esprit du Gouvernement, ni dans l'esprit de la commission, qui entendait l'article comme nous. Cet article stipule que tout officier atteignant vingt-cinq ans de service et ayant contracté des infirmités qui le mettent hors d'état de servir, a droit à la pension, si un conseil d'enquête l'a déclaré incapable de continuer son service. Il est évident que, dans le même cas, si l'officier vient à décéder, le droit de la veuve à la pension est ouvert et qu'elle doit en bénéficier. L'article nouveau va plus loin. Il ouvre à la veuve le droit à pension même dans l'hypothèse ou le marin, n'ayant pas profité du bénéfice de la pension à vingt-cinq ans, viendrait à décéder avant d'avoir atteint les trente ans de service exigés par la loi. Dans ce dernier cas, la pension s'ouvre pour la veuve, *quelle qu'ait été la position du mari au moment de sa mort*, pourvu seulement qu'elle ait eu lieu en activité de service. C'est bien ce que demande l'honorable M. Bethmont. Il n'y a dans l'esprit du Gouvernement aucun doute à cet égard » (Conf. Bavelier, n° 286). Sous l'empire de la loi de 1831, au contraire, la formalité de l'avis d'un conseil d'enquête était indispensable, ce qui entraînait la perte du droit à pension lorsque, par suite du décès du mari, la formalité n'avait pu être accomplie.

477. Pour que la veuve ait droit à pension comme veuve d'un militaire mort en activité, il faut que son mariage ait été célébré deux ans au moins avant la cessation de l'activité ou du traitement militaire du mari, ou qu'il y ait un ou plusieurs enfants issus du mariage antérieur à cette cessation (L. 11 avr. 1831, art. 19; *Rép.* n° 152). Cette disposition est également applicable aux veuves de militaires de l'armée de mer (L. 18 avr. 1831, art. 19).

478. Il est, d'ailleurs, nécessaire que le mariage ait été dûment autorisé, conformément aux prescriptions du décret du 16 juin 1808, pour les militaires de l'armée de terre, et à celles du décret du 3 août 1808, pour les militaires de l'armée de mer.

En fait, il paraît que, en ce qui concerne le personnel de l'armée de mer, les prescriptions du décret du 3 août 1808 n'ont pas toujours été rigoureusement observées. Une circulaire du 3 mars 1847 avait admis les marins de l'inscription maritime à se marier sans autorisation; une autre circulaire du 6 déc. 1864 avait au contraire exigé cette autorisation pour les inscrits présents au service; une circulaire du 15 nov. 1871 annula la précédente et fit connaître, en outre, qu'il ne serait fait, au point de vue de la liquidation de la pension, aucune distinction entre les veuves qui produiraient l'autorisation et celles qui ne pourraient faire aucune preuve de l'accomplissement de cette formalité. Une circulaire du 30 juin 1873 établit que les officiers mariniers ne pourraient se marier sans autorisation, mais avec cette restriction que le manque d'autorisation n'entraînerait aucune conséquence préjudiciable aux intérêts des veuves des officiers mariniers de l'inscription maritime dont le mariage avait eu lieu sans cette autorisation avant l'adoption d'une jurisprudence définitive sur la matière. Une circulaire du 20 sept. 1885, actuellement en vigueur, exige que tous les marins en activité de service obtiennent, pour se marier, l'autorisation du conseil qui les administre. Enfin une circulaire de décembre 1886, prenant en considération la position des veuves dont le mariage aurait été contracté sans autorisation dans l'intervalle entre 1864 et 1871, a décidé que la pension pourrait leur être accordée à la charge de faire la preuve que, dans les conditions où il avait été contracté, rien ne se serait opposé à ce qu'il fût autorisé, les situations de ces veuves provenant soit de l'ignorance des hommes, soit de celle des maires et étant particulièrement dignes d'intérêt. Les décisions contenues dans ces circulaires ne peuvent cependant prévaloir contre le texte formel de la loi et autoriser la juridiction contentieuse à ne pas l'appliquer. Aussi le conseil d'Etat a-t-il refusé d'entrer dans cette voie, et a-t-il décidé que la veuve d'un marin n'a pas droit à pension, si son mari, alors en activité, n'avait pas été autorisé à contracter mariage (Cons. d'Ét. 26 févr. 1892, aff. Ribouchon, D. P. 93. 3. 56; Conf. Cons. d'Et. 6 janv. 1888, aff. Heurtel, D. P. 89. 3. 35; Anal. Cons. d'Et. 13 juill. 1870, D. P. 71. 3. 98);... bien que mariage ait été célébré sous l'empire d'une circulaire ministérielle d'après laquelle le défaut d'autorisation ne faisait pas obstacle à ce qu'une pension fût accordée à la veuve (Même arrêt de 1892). Quelque regrettable qu'il fût de faire retomber sur la veuve les conséquences d'une erreur commise par l'Administration dans l'interprétation de la loi, cette solution s'imposait.

Cependant, le conseil d'Etat a tempéré la rigueur de cette décision, en admettant que l'on devait se montrer très facile sur la preuve, à fournir par les intéressés, que l'autorisation a été accordée. C'est ainsi qu'il a été jugé que le fait que la veuve d'un marin décédé en possession d'une pension de retraite ne peut produire un acte constatant officiellement que ce marin avait été autorisé, dans les formes réglementaires, à contracter mariage, ne suffit pas pour motiver le rejet de la demande de réversion formée par ladite veuve, alors qu'il résulte de l'instruction que l'autorisation avait été accordée (Cons. d'Et. 6 janv. 1888, aff. Heurtel, D. P. 89. 3. 35).

479. Il a été jugé : 1° que l'officier général placé dans la section de réserve est en activité de service. Par suite, s'il contracte mariage sans l'autorisation du ministre de la guerre, sa veuve n'aura pas droit à pension (Cons. d'Et. 13 juill. 1870, aff. d'Argout, D. P. 71. 3. 98); la position de réserve n'est, en effet, qu'une subdivision de la position d'activité (*Rép.* v° *Organisation militaire*, n° 83); — 2° Que les officiers du corps de maistrance, placés en disponibilité, dans les conditions édictées par les art. 20 et suiv. du décret du 5 juin 1856, et les art. 5, 85 et 88 du décret du 11 août de la même année, doivent être considérés comme en activité de service, et que, dès lors, la veuve d'un officier placé en cette situation lors de son mariage n'a pas droit à pension, lorsque le mariage a été contracté sans autorisation (Cons. d'Et. 11 déc. 1885, aff. Lannuzel, D. P. 87. 3. 46; 16 avr. 1886, aff. Lecoursonnois, *ibid.*

480. — II. EFFETS DE LA SÉPARATION DE CORPS OU DU DIVORCE. — L'art. 20 des lois du 11 et du 18 avr. 1831 portait qu'en cas de séparation de corps, la veuve du militaire ou marin ne pouvait prétendre à aucune pension. Cet article ne faisant aucune distinction entre le cas où la séparation a été prononcée en faveur de la femme et celui où elle a été prononcée contre elle, le conseil d'Etat décidait que la femme séparée de corps ne pouvait *jamais* avoir droit à pension militaire (Il en a toujours été autrement en matière de pensions civiles, V. *suprà*, n°s 138 et suiv.). V. *Rép.* n° 164.

L'art. 6 de la loi du 25 juin 1861 (D. P. 61. 4. 79) pour l'armée de terre et l'art. 2 de la loi du 26 juin 1861 (D. P. 61. 4. 82) pour l'armée de mer ont mis fin à cet état de choses et décidé, en termes identiques, que, « en cas de séparation de corps, la femme *contre laquelle* elle a été admise ne peut prétendre à la pension de veuve; en ce cas, les enfants, s'il y en a, sont considérés comme orphelins (Comp. L. 18 mars 1889, art. 11 *in fine*).

481. Le conseil d'Etat a décidé qu'en cas de séparation de corps, la femme d'un militaire contre laquelle elle a été admise ne peut prétendre à la pension de veuve, alors même que la séparation, demandée par la femme contre le mari sans que celui-ci ait formé reconventionnellement la même demande contre sa femme, a été prononcée par le tribunal contre les deux époux (Cons. d'Et. 26 févr. 1870, aff. Allais, D. P. 70. 3. 81). Cette solution est strictement conforme au texte de l'art. 6 de la loi de 1861 (V. *suprà*, n° 480). Il est vrai qu'en matière de pensions *civiles*, le dernier paragraphe de l'art. 13 de la loi du 9 juin 1853 dispose que « le droit à pension n'existe pas pour la veuve dans le cas de séparation de corps *prononcée sur la demande de son mari* »; et l'on pouvait conclure du rapprochement de ces deux textes que la loi de 1861 devait être entendue comme celle de 1853, qu'en conséquence, la veuve d'un militaire, comme la veuve d'un fonctionnaire civil, ne perdait son droit à pension qu'autant que la séparation avait été prononcée contre elle *sur la demande de son mari*. Il faut reconnaître que le rapprochement indiqué donnait autant de force à l'argument *à contrario*, auquel s'est attaché le conseil d'Etat, qu'à l'argument d'analogie invoqué dans le système contraire. Cependant ce dernier système, trouvait un sérieux appui dans l'exposé des motifs de la loi de 1861, dans lequel on lit : « L'art. 20 de la loi du 11 avr. 1831 porte qu'en cas de séparation de corps la veuve d'un militaire ne peut prétendre à aucune pension. Il n'établit aucune distinction entre le cas où la séparation aurait été prononcée sur la demande du mari et celui où elle aurait été prononcée sur la demande de la femme. La jurisprudence avait fini par combler cette lacune. Mais il y avait lieu de la faire disparaître *en se plaçant dans le droit commun tel qu'il a été formulé par l'art. 13 de la loi du 9 juin 1853 sur les pensions civiles*. Le projet déclare donc que la veuve n'a droit à pension que si la séparation de corps a été prononcée sur sa demande; elle se trouverait déchue de droit si la séparation avait été prononcée sur la demande du mari ». L'intention des auteurs de la loi de 1861 était donc d'appliquer purement et simplement aux pensions militaires l'art. 13 de la loi de 1853. Le conseil d'Etat n'a pas tenu compte de cette intention, qui lui a paru inconciliable avec les termes dans lesquels elle a été exprimée.

482. La réconciliation des époux, qui fait cesser les effets de la séparation, rend à la femme sa vocation au droit à pension (*Rép.* n° 165). La question de savoir s'il y a eu ou non réconciliation est d'ailleurs une question de pur fait dont la solution est laissée à l'appréciation du juge (Cons. d'Et. 7 avr. 1841, aff. Mazian, *Rép.* n° 165; 12 janv. 1844, aff. Philippon, *Rec. Cons. d'Etat*, p. 19).

483. — III. DANS QUELS CAS LA FEMME PERD LE DROIT A PENSION. — Le divorce, qui rompt complètement le lien conjugal, fait perdre à la femme, dans tous les cas et d'une façon irrévocable, le droit à pension (Bavelier, n° 283).

484. La veuve est déchue du droit à pension en cas de violation des règles du non-cumul (V. *suprà*, n° 451). La jouissance de son droit est seulement suspendue, lorsqu'elle perd la qualité de Française (V. *suprà*, n° 457; *Rép.* n° 146).

La loi ne prononce aucune déchéance du droit à pension contre la veuve qui convole en seconde noces.

485. — IV. SECOURS AUX ORPHELINS. — Sur les secours annuels auxquels ont droit les orphelins (L. 11 et 18 avr. 1831, art. 21), V. *Rép.* n° 166.

S'il existe des enfants de plusieurs lits et une veuve, la pension se divise par égales portions entre chacun des lits et la veuve, avec réversibilité des uns sur les autres jusqu'à la majorité des orphelins ou le décès de la veuve (Bavelier, t. 2, n° 288).

§ 4. — Demande d'admission à la pension. — Quotité et liquidation. — Recours. — Jouissance de la pension (*Rép.* n°s 167 à 206).

486. — I. DEMANDE D'ADMISSION A LA PENSION (*Rép.* n°s 167 à 175). — 1° *Délai* (*Rép.* n° 168). — On a vu au *Rép.* n° 168, que, aux termes de l'art. 6 de la loi du 17 avr. 1833 (*Rép.* p. 771), toute demande de pension *pour ancienneté* doit, à peine de déchéance, être formée dans le délai de *cinq ans*, à partir de la cessation de l'activité (Cons. d'Et. 4 avr. 1879, aff. Cravin, D. P. 79. 3. 79 ; Bavelier, t. 2, n° 289 ; V. *infrà*, n° 484).

Il en est de même, en ce qui concerne les demandes de pensions *proportionnelles* (*suprà*, n° 398), les lois des 13 mars 1875 (art. 35) et 15 déc. 1875 (art. 38) n'ayant formulé aucune exception à la règle édictée par la loi de 1833 (Cons. d'Et. 6 août 1881, aff. Flourit, D. P. 83. 3. 12).

487. Il a été jugé que la déchéance qui atteint tout militaire n'ayant pas formé de demande en liquidation de pension dans les cinq années après sa radiation des contrôles d'activité est applicable même dans le cas où le retard provient de ce que la jurisprudence en vigueur pendant la plus grande partie de cette période de cinq années ne reconnaissait pas droit à pension aux militaires dans la situation du requérant (Cons. d'Et. 6 août 1881, sol. implic., aff. Flourit, D. P. 83. 3. 12).

488. S'il s'agit d'une demande de pension *pour blessures ou infirmités*, l'art. 1 de l'ordonnance du 2 juill. 1831 porte que le militaire doit « faire sa demande avant de quitter le service » ; sinon il s'expose à une déchéance dont il ne pourra ensuite être relevé (Cons. d'Et. 7 juin. 1865, aff. l'Allour, *Rec. Cons. d'Etat*, p. 618). Toutefois, la jurisprudence a toujours admis que l'on doit considérer comme ayant satisfait aux prescriptions de cet article le militaire qui, antérieurement à sa libération, a fait régulièrement constater ses infirmités au corps dont il faisait partie (Cons. d'Et. 6 août 1881, aff. Boyer, D. P. 83. 3. 12 : Conf. Bavelier, t. 2, n° 289).

489. Ne doit-on pas aller plus loin encore et accorder, même en ce cas, à l'ancien militaire le bénéfice du délai imparti par l'art. 6 de la loi du 17 avr. 1833 (V. *suprà*, n° 486)? Cet article dispose que, « à l'avenir, tout militaire, veuve ou orphelin de militaire qui se trouvera en demeure de faire valoir ses droits à l'obtention d'une pension ou d'un secours annuel, sera tenu de se pourvoir en liquidation auprès du ministre de la guerre, dans un délai dont la durée ne pourra excéder cinq ans, sans préjudice des règles déjà fixées et des déchéances encourues ou à encourir d'après la législation en vigueur sur les pensions de l'armée de terre. Passé ce délai, les demandes ne seront pas admises ». Cette disposition a-t-elle pour objet de modifier les prescriptions de l'art. 1 de l'ordonnance du 2 juill. 1831 ? L'affirmative n'avait jamais été admise par la jurisprudence du ministère de la guerre. Le décret du 23 janv. 1875 (D. P. 75. 4. 88 ; V. *infrà*, n° 491), qui a prolongé jusqu'au 31 déc. 1876 le délai pendant lequel peuvent être formées les demandes de pension en raison de blessures reçues ou d'infirmités contractées pendant la guerre de 1870-1871, paraît également contraire à cette interprétation. Il vise, en effet, l'ordonnance du 2 juill. 1831, sans aucune référence quelconque à la loi de 1833. Cependant plusieurs arrêts ont décidé que les demandes de pensions pour infirmités ou blessures pouvaient être formées dans le délai fixé par l'art. 6 de la loi précitée.

Le premier en date est un arrêt du 21 mars 1883, décidant que l'ancien militaire qui a formé une demande de pension dans le délai de cinq ans imparti par la loi du 17 avr. 1833, et qui, à cette époque, était atteint d'une infirmité grave et incurable, résultant d'un accident éprouvé dans un service commandé, a droit à pension par application de l'art. 12, § 2, de la loi du 11 avr. 1831 (Cons. d'Et. 21 mars 1883, aff. Lecointe, D. P. 85. 5. 360) ;... alors même, d'ailleurs, que le caractère incurable de cette infirmité n'avait pas été reconnu dans l'instruction qui avait eu lieu avant l'expiration dudit délai, et n'a été constaté qu'à une époque ultérieure (même arrêt). Deux autres arrêts ont confirmé cette jurisprudence et décidé formellement qu'un ancien militaire atteint d'une infirmité grave et incurable résultant d'un accident éprouvé dans un service commandé a un délai de cinq années pour former sa demande en pension (Cons. d'Et. 6 mars 1885, aff. Gérault, D. P. 87. 3. 49 ; 27 nov. 1885, aff. Hornicker, *ibid.*),... et que, d'ailleurs, la circonstance qu'au moment de sa libération une gratification renouvelable lui avait été accordée ne fait pas obstacle à ce que sa demande soit recevable (Mêmes arrêts, sol. impl.). Enfin un autre arrêt a implicitement sanctionné cette doctrine en décidant que le délai de cinq années avant l'expiration duquel tout militaire croyant avoir à faire valoir un droit à pension est tenu de se pourvoir en liquidation auprès du ministre de la guerre, court, pour le militaire réformé pour cause d'infirmités, du jour où il a été réformé (Cons. d'Et. 5 août 1887, aff. Agner, D. P. 88. 5. 366). V. numéro suivant.

490. La jurisprudence peut donc être considérée aujourd'hui comme définitivement établie sur ce point. Il est permis, toutefois, de se demander si elle n'attribue pas à l'art. 6, une portée tout autre que celle que le législateur avait voulu lui donner. Il faut remarquer, en premier lieu, que l'ordonnance du 2 juill. 1831 est un règlement d'administration publique édicté en vertu d'une délégation contenue dans la loi du 11 avril précédent et qu'il a été jugé que cette délégation était assez étendue pour permettre au chef de l'Etat de soumettre à certaines déchéances l'exercice du droit à pension (Cons. d'Et. 6 août 1878, aff. Scordia, D. P. 79. 3, 6. V. *suprà*, n° 469). Ceci étant, la loi de 1833 a-t-elle entendu diminuer les garanties établies par l'ordonnance de 1831 dans l'intérêt du trésor public? Cette loi est une loi de finances ouvrant un crédit pour le service des pensions militaires, et il est vraisemblable, le législateur a voulu mettre une limite aux sacrifices de l'État, plutôt que faire disparaître une condition très rationnelle et ayant pour objet de prévenir les abus qui peuvent se produire, quand une demande en pension est faite plusieurs années après l'époque à laquelle remontent les infirmités ou blessures. D'ailleurs, l'art. 6 réserve expressément les déchéances établies par la législation antérieure. Il a voulu appliquer la déchéance quinquennale, qui forme le droit commun en matière de dettes de l'Etat, aux hypothèses étrangères à l'art. 1er de l'ordonnance. Cette précaution n'était pas inutile dans l'intérêt du budget. Ainsi, sous l'empire d'une ancienne jurisprudence d'après laquelle l'article précité n'était pas applicable aux pensions de l'armée de mer, le conseil d'Etat n'avait rejeté la demande de pension formée par une veuve que par application de la prescription trentenaire (Cons. d'Et. 21 mai 1852, aff. de Leyritz, D. P. 53. 3. 4). Un arrêt a fait de l'art. 6 une application qui paraît rentrer dans le sens juridique de cet article, en décidant qu'il s'oppose à ce qu'un ancien militaire demande une nouvelle pension à raison des services rendus pendant la guerre de 1870, plus de cinq ans après la cessation de ces services (Cons. d'Et. 4 avr. 1879, D. P. 79. 3. 79).

Quoi qu'il en soit, la nouvelle jurisprudence expose-t-elle l'Etat à voir, pendant les cinq années qui suivent la cessation de service, surgir des demandes de pensions fondées sur des allégations dont l'exactitude serait impossible à vérifier? Cette conséquence serait excessive. L'ordonnance du 2 juill. 1831 trace les règles à suivre pour la constatation des blessures ou infirmités, et ces règles supposent que l'Administration est mise en mesure de constater l'état de santé du militaire au moment même où il a droit à la pension ; il ne paraît pas douteux que, si un ancien militaire présentait pour la première fois, plusieurs années après avoir quitté le service, des attestations ou certificats rédigés *ex post facto* sans qu'aucune constatation eut été faite avant son départ de l'armée, sa demande devrait être rejetée.

491. A la suite de la guerre de 1870-1871, et dans le but de faciliter aux militaires qui y avaient pris part l'obtention des pensions auxquelles leur donnaient droit les blessures reçues à l'armée, un décret du 23 janv. 1875 (D. P. 75. 4. 88) a disposé : « Les demandes à fin soit d'obtention de pensions à raison de blessures reçues ou d'infirmités contractées par des militaires ou marins pendant la guerre de 1870-1871, soit de revision de pensions déjà accordées, pour cause d'aggravation consécutive de ces mêmes blessures ou infirmités, devront être faites avant le 31 déc. 1876. — Passé ce délai, il ne sera plus admis aucune exception aux règles établies par les lois et règlements susvisés. » Un décret du 22 sept. 1876 a prorogé le délai ainsi fixé jusqu'au 31 mars 1877.

492. Il a été jugé : 1° que lorsqu'une demande de pension a été formée dans le délai prescrit par le décret du 22 sept. 1876, le fait que le réclamant n'aurait produit aucune pièce justificative à l'appui de sa demande avant l'expiration de ce délai, ne peut avoir pour conséquence de faire déclarer sa demande non recevable (Cons. d'Et. 20 mai 1881, aff. Debrolles, D. P. 82. 5. 317) ; — 2° Que, quand une demande de pension à raison d'*aggravation* de blessures reçues pendant la guerre de 1870 a été formée dans le délai fixé par le décret du 22 sept 1876, le fait que l'aggravation alléguée n'aurait été constatée que postérieurement à l'expiration du délai, ne peut avoir pour conséqueece de faire déclarer la demande non recevable (Cons. d'Et. 25 févr. 1881, aff. Marquet, D. P. 82. 5. 317) ; — 3° Qu'un militaire est fondé à réclamer une pension dans le cas où il résulte de l'instruction que l'infirmité grave et incurable dont il était atteint avant 1877 provient des fatigues exceptionnelles subies pendant la campagne de 1870 et 1871, et où le congé de réforme n° 2, qui lui avait été délivré par erreur, a été transformé en congé n° 1 (Cons. d'Et. 8 janv. 1883, aff. Person, D. P. 85. 3. 15).

Mais il a été jugé que les décrets du 23 janv. 1875 et 22 sept. 1876 n'ont pas eu pour effet d'ouvrir le droit de demander une pension de retraite aux militaires mis en réforme (Cons. d'Et. 5 juill. 1878, aff. Escolle, D. P. 78. 3. 94). Cette solution, bien que rigoureuse, paraît justifiée. Le décret du 22 sept. 1876, ainsi que le constate son préambule, a eu pour objet de donner une facilité nouvelle à un certain nombre de militaires et marins qui avaient éprouvé des retards pour faire constater leurs droits à une pension; il n'a pas voulu remettre en question l'état des anciens officiers qui, en demandant ou en acceptant la mise en réforme, avaient reconnu qu'ils n'avaient pas droit à la pension de retraite.

493. On verra *infrà*, n°s 510 et suiv., que si, par une *aggravation consécutive*, les blessures ou infirmités qui ont donné droit à pension de retraite atteignent un certain degré de gravité, le militaire retraité peut demander une nouvelle liquidation de sa pension (Comp. *suprà*, n°s 435 et suiv. et 445). Comme on l'a vu au *Rép.* n° 188, l'ordonnance du 2 juill. 1831 (*Rép.* p. 767), rendue en vertu de la délégation contenue dans l'art. 12 de la loi du 11 avr. 1831 (Conf. pour les pensions de l'armée de mer : Ordon. 26 janv. 1832, art. 2, *Rép.* p. 769, rendue en vertu de la délégation contenue dans l'art. 12 de la loi du 18 avr. 1831) disposait que, dans ce cas, si, par suite de leur aggravation, les blessures ou infirmités occasionnaient la perte absolue de l'usage d'un membre, le réclamant aurait un délai d'un an pour faire sa demande, à partir du jour de la cessation de l'activité, et que ce délai serait porté à deux ans si les blessures ou infirmités avaient causé l'amputation d'un membre ou la perte totale de la vue. Un décret du 20 août 1864 (D. P. 64. 4. 111), élargissant ces dispositions de faveur, a édicté qu'une pension de faveur pourrait être accordée au militaire réformé qui, par une aggravation consécutive des blessures ou infirmités qui avaient motivé son admission à la réforme, se trouverait placé dans l'un des cas prévus par les art. 12, 13 et 14 de la loi du 11 avr. 1831 ; que ces militaires auraient, pour faire leur demande, un délai de deux ans courant du jour de la cessation de l'activité, et que ce délai serait porté à trois ans, si les blessures ou infirmités occasionnaient l'amputation d'un membre ou la perte totale de la vue (Conf. Décr. 27 nov. 1864, D. P. 65. 4. 6, pour l'armée de mer). Enfin un décret du 10 août 1886 (D. P. 90. 4. 64), qui a abrogé celui de 1865, a augmenté le délai et l'a porté, dans tous les cas, à *cinq ans* à dater du jour de la cessation de l'activité (art. 1er et 3 § 1er du décret du 10 août 1886, non modifié, sur ce point, par le décret du 15 mai 1889, D. P. 90. 4. 65). V. *infrà*, n° 510.

494. On a fait remarquer *suprà*, n°s 469 et 474, que des doutes auraient pu s'élever sur le point de savoir si la délégation donnée au pouvoir exécutif par la loi du 11 avr. 1831 de fixer les délais dans lesquels devaient être faites les justifications nécessaires à l'obtention de la pension, comprenait celle de limiter le délai dans lequel devaient se produire les faits ouvrant droit à cette pension, mais que la jurisprudence avait admis que la délégation allait jusque-là. Cette jurisprudence a été confirmée, en ce qui concerne les délais impartis en cas d'aggravation de blessures, par un arrêt qui, sous l'empire du décret du 20 août 1864, a décidé que l'observation des dispositions réglementaires qui ont limité d'abord à un an ou à deux ans, ensuite à deux ans ou à trois ans, selon les cas, à partir de la cessation d'activité, le délai pendant lequel les anciens militaires peuvent se prévaloir, pour obtenir pension, de l'aggravation des infirmités dont ils étaient atteints au moment où ils ont cessé d'appartenir à l'armée, est prescrite à peine de déchéance de tout droit à pension (Cons. d'Et. 14 nov. 1879, aff. Dieulafait, D. P. 80. 3. 42 ; Conf. Cons. d'Et. 22 févr. 1884, sol. impl., aff. Antoin, D. P. 65. 5. 359; 24 juin 1887, aff. Riban, D. P. 88. 3. 98).

Toutefois, il a été jugé que, dans le cas où le militaire, en traitement dans un hôpital, à raison de ses blessures, a continué à y être soigné en qualité de militaire, et à figurer sur les contrôles de l'armée, postérieurement à la libération de la classe dont il fait partie, le délai ne commence à courir que du jour où il a été mis en réforme (Cons. d'Et. 22 févr. 1884 précité, sol. impl.).

495. Sous l'empire de l'ordonnance de 1831 et du décret de 1864, qui accordaient des délais différents suivant que l'aggravation des blessures occasionnaient ou non l'amputation d'un membre ou la cécité complète, une difficulté d'interprétation s'était produite. On pouvait prétendre que, pour qu'un ancien militaire pût réclamer une revision de sa pension pour perte d'un membre, il était nécessaire que l'amputation du membre eût été effectuée avant l'expiration du délai de trois ans imparti par le décret du 20 août 1864; d'où cette conséquence rigoureuse et, dans certains cas, contraire à l'équité, que le droit du réclamant était anéanti si des considérations d'ordre médical ou autres obligeaient à différer une opération dont la nécessité avait été constatée par les hommes de l'art. Le conseil d'Etat a condamné ce système soutenu par le ministère de la guerre, et a décidé qu'il suffisait que le réclamant eût demandé, avant l'expiration du délai, que la nécessité de l'amputation fût constatée dans les conditions prévues par les règlements (Cons. d'Et. 24 juin 1887, aff. Riban, D. P. 88. 3. 98).

496. Quant aux *veuves* et *orphelins* qui peuvent prétendre droit à une pension, ils doivent, s'il s'agit d'une pension pour ancienneté, former leur demande dans le délai de cinq ans (L. 17 avr. 1833, art. 6, *Rép.* p. 771). S'il s'agit d'une pension pour décès du mari ou du père par suite de blessures, le même délai leur est aujourd'hui imparti (Même article). Mais jusqu'en 1886, il pouvait y avoir doute sur ce point ; car les art. 21 et 23 des ordonnances des

2 juill. 1831 et 26 janv. 1832 donnaient, en ce cas, à la veuve un délai de six mois seulement à dater du jour de la notification du décès au maire de la commune de sa résidence; or cette disposition ne paraissait pas avoir été abrogée par l'art. 6 de la loi de 1833, qui n'avait fixé qu'un délai *maximum* de cinq ans, « sans préjudice des règles déjà fixées et des déchéances encourues ou à encourir d'après la législation en vigueur ». Cependant, en fait, l'administration de la Guerre avait l'habitude de n'opposer jamais que la prescription de cinq ans (Bavelier, t. 2, n° 290). Le décret du 10 août 1886 (D. P. 89. 4. 64) a fait cesser toute incertitude en disposant (art. 8) : « Sont abrogés le dernier paragraphe de l'art. 21 et le dernier paragraphe de l'art. 23 des ordonnances des 2 juill. et 26 janv. 1832, relatifs aux pensions de veuves ».

497. — 2° *A qui la demande doit être adressée* (*Rép.* n° 170). — La demande de pension doit être adressée au ministre de la guerre qui, de son côté, est tenu de la soumettre aux formalités d'instruction prescrites par les lois et règlements, à moins qu'elle ne repose sur aucune justification pertinente et admissible (Cons. d'Et. 31 janv. 1873, aff. Menche de Loisne, D. P. 76. 5. 337; 11 juin 1875, aff. Pierre, *ibid.*; Bavelier, t. 2, n° 291).

Il a cependant été décidé que le ministre de la guerre n'est pas dans l'obligation de soumettre aux formes d'instruction spéciales aux pensions pour cause d'infirmités toutes les demandes de pension qui sont fondées sur ce motif (Cons. d'Et. 13 avr. 1881, aff. Reybaud, D. P. 82. 3. 76), sauf au conseil d'Etat, lorsque les allégations produites par le requérant sont pertinentes et admissibles, à ordonner, avant de statuer au fond, qu'il sera procédé à l'examen du requérant et de ses infirmités de la manière prescrite par l'ordonnance du 2 juill. 1831 (V. *infrà*, n° 508). — Cette doctrine paraît contestable. L'art. 1 de l'ordonnance du 2 juill. 1831 (*Rép.* p. 767. Conf. pour les pensions de l'armée de mer, Ordonn. 26 janv. 1832, art. 1 et 8, *Rép.* p. 769) porte que tout militaire qui aura à faire valoir des droits à la pension de retraite pour cause de blessures ou infirmités devra faire sa demande avant de quitter le service, et que l'administration de la Guerre *fera procéder* immédiatement, après la réception de cette demande, selon les règles établies par ladite ordonnance. L'art. 8 dispose que la demande de tout militaire faisant partie d'un régiment ou d'un corps de troupes *sera instruite* par les soins du conseil d'administration. Tous les autres articles du titre 1 de l'ordonnance ont le même caractère impératif. Si l'on tient compte du caractère des demandes de pensions, qui tendent à faire reconnaître un droit et non à obtenir une faveur, on éprouve quelque hésitation à interpréter ces dispositions réglementaires en ce sens qu'elles ont laissé au ministre le pouvoir d'ordonner ou non la constatation contradictoire des blessures ou infirmités. Sans doute, d'après la doctrine du conseil d'Etat, l'exercice de ce pouvoir n'est pas discrétionnaire, puisque, si la vérification a été refusée à tort, ce conseil se réserve de la prescrire; mais cette vérification tardive, outre les retards qu'elle apporte au règlement de la pension, peut causer un grave préjudice au requérant. Lorsqu'il s'agit d'apprécier l'origine d'une infirmité, un délai qui dépassera souvent une année peut mettre les hommes de l'art dans l'impossibilité de se prononcer; or, comme c'est au réclamant qu'il incombe de faire la preuve que ses infirmités proviennent des fatigues du service, le refus du ministre peut lui causer un tort irréparable.

498. — 3° *Formalités à remplir et justifications à produire* (*Rép.* n° 172). — La première formalité à remplir est la demande de pension, qui doit être faite par l'intéressé lui-même. L'intervention de ce dernier est nécessaire même en cas d'admission d'office à la retraite (Ordonn. 20 juin 1817, art. 3; Circ. 20 sept. 1831, sect. 1; Bavelier, t. 2, n° 289). Sa demande doit être expresse, motivée, et indiquer sommairement quels sont les droits du requérant (Circulaire précitée), et s'il réclame une pension pour ancienneté ou pour blessures ou infirmités (Bavelier, *loc. cit.*).

499. Quant aux justifications à produire à l'appui de la demande, il faut distinguer suivant que celle-ci est formée par le militaire lui-même, ou par sa veuve ou ses enfants mineurs, et, dans le premier cas, suivant qu'il s'agit d'une pension d'ancienneté, d'une pension pour blessures ou infirmités, ou d'une revision de pension pour aggravation des blessures et infirmités. Nous examinerons successivement ces diverses hypothèses, après avoir rappelé sommairement quelques règles générales communes à toutes les demandes de pension.

500. Toute demande de pension doit être accompagnée d'un *extrait de naissance* en forme authentique et légalisé (Bavelier, t. 2, n° 292); un simple bulletin de décès serait insuffisant. — Sur les formes à observer quand l'acte de naissance a été dressé en pays étranger, V. *suprà*, v° *Actes de l'état civil*, nos 83 et suiv. (Conf. Bavelier, *ibid.*).

En principe, l'acte de naissance, si l'on est dans l'impossibilité de le produire, ne peut être remplacé que par un jugement de rectification suppléant aux lacunes ou aux erreurs des registres de l'état civil (C. civ. art. 99. V. *suprà*, eod. v°, nos 34 et suiv.). Cependant le ministre se réserve d'admettre, dans certaines circonstances, un simple acte de notoriété, pourvu qu'il contienne, pour la France, la mention que les actes n'existent plus dans les minutes du greffe du tribunal civil et de la mairie du lieu de naissance, et, pour l'étranger, la mention des causes qui empêchent la délivrance de la pièce. L'acte de notoriété est alors dressé conformément aux règles posées par les art. 70 et 71 c. civ., sans qu'il soit cependant nécessaire de faire homologuer l'acte comme le prescrit l'art. 72 c. civ. (Circ. min. guerre, 20 sept. 1831, tit. 1, sect. 2, § 3; Bavelier, *loc. cit.*).

La demande doit être, en outre, appuyée des *extraits des contrôles* des corps dans lesquels les services ont eu lieu, ou, à leur défaut, par des extraits d'autres documents des archives du département de la guerre délivrés à la demande des intéressés, ou même, s'il y a déjà un commencement de preuve, par d'autres documents authentiques ou par des certificats des autorités militaires.

Les *marins* incorporés dans l'armée justifient de leurs droits soit par un extrait des archives de la marine, s'ils sont entretenus, soit, dans le cas contraire, par un extrait délivré par l'Administration maritime (Bavelier, *loc. cit.*).

On établit les *services civils* par des extraits des archives des administrations où ils ont été accomplis, ou par les archives de la Cour des comptes. A défaut de documents aux archives, on établit, d'abord, cette lacune par une déclaration délivrée par les gardes de ces archives; puis, on produit, à titre de commencement de preuve, les commissions, ordres de services, ou états d'appointements, et en outre un certificat de l'Administration à laquelle appartenait le fonctionnaire; on y joint toutes les pièces, actes d'enquête ou de notoriété que cette dernière administration eût elle-même exigés si elle avait eu à liquider une pension comprenant le temps de service en litige (Circ. min. guerre, 20 sept. 1831, tit. 1, sect. 2, § 1).

Si toutes les pièces produites ne concordent pas entre elles dans l'indication des noms et prénoms de l'individu qu'elles concernent, on est tenu de produire un *acte d'individualité*, c'est-à-dire la déclaration de trois témoins reçue par le maire de la commune, le juge de paix du canton ou le sous-intendant militaire.

501. Tous les actes de l'état civil à produire sont exempts du timbre et légalisés gratis (L. 28 fruct. an 7, art. 64; Décis. min. fin. 27 oct. 1807; L. 15 mai 1818, art. 80). Mais il doit y être mentionné qu'ils ont été délivrés spécialement pour servir à faire valoir les droits à pension militaire.

502. — A. *Demandes de pension pour ancienneté* (*Rép.* n° 172). — C'est le conseil d'administration du corps de troupe ou de l'établissement auquel appartenait le réclamant, qui instruit sa demande. En général, toutes les demandes doivent être présentées au moment de l'inspection générale. L'inspecteur général vérifie l'accomplissement des formalités prescrites et fait préparer par le conseil d'administration le mémoire pour les propositions d'admission à pension, qui est ensuite transmis au ministre (Circ. min. guerre, 20 sept. 1831, tit. 1, § 3 et suiv.). Toutefois, une note ministérielle du 25 mai 1879 a autorisé à transmettre à toute époque de l'année au ministre, et à instruire comme affaires courantes, les demandes d'admission à la retraite formées par les officiers de toutes armes (Bavelier, t. 2, n° 292).

Les généraux de division adressent directement au ministre leurs demandes de liquidation de pension (Circulaire précitée., *ibid.*, § 10).

Le militaire en activité qui ne fait pas partie d'un corps de troupe ou d'un établissement régi par un conseil d'administration doit s'adresser au général commandant la division dans le ressort de laquelle il est employé ; l'instruction est alors faite par un officier général ou supérieur, qui remplit les fonctions dévolues au conseil d'administration (*Ibid.*, § 9).

Si le militaire qui demande son admission à la retraite pour ancienneté est, par suite de maladie, dans l'impossibilité de se transporter au lieu où réside le conseil d'administration de son corps, il doit s'adresser au général commandant la division dans laquelle il se trouve ; celui-ci confie l'instruction au conseil d'administration d'un corps plus rapproché de sa demeure (*Ibid.*, § 8).

503. La demande de pension d'ancienneté formée par un militaire qui n'est plus en activité de service doit être remise au sous-intendant militaire de son département, avec les pièces à l'appui. Le tout est transmis au commandant de la subdivision qui, après vérification, en réfère au général commandant la division. Celui-ci fait un rapport au ministre (Bavelier, t. 2, n° 292).

504. — B. *Demandes de pensions pour blessures ou infirmités* (*Rép.* n° 173). — Ces demandes sont soumises aux règles générales, en ce qui concerne l'état civil du réclamant et la justification de ses services et campagnes. En outre, l'ordonnance du 2 juill. 1831 (*Rép.* p. 767), rendue en exécution de la loi du 11 avr. 1831 (*Conf.* ordon. 26 janv. 1832 pour les pensions de l'armée de mer, *Rép.* p. 769 ; *infrà*, n° 689 et suiv.) a déterminé de quelle façon devrait être faite la justification des causes, de la nature et des suites des blessures et infirmités. Toutefois, un décret du 23 mars 1852 (D. P. 52. 4. 120) ayant réorganisé le personnel du service de santé de l'armée de terre sur des bases différentes de celles qui existaient en 1831, il y a lieu de concilier les dispositions de l'ordonnance du 2 juillet avec l'état de choses nouveau. Depuis 1852, les professions de médecin et de chirurgien militaire ne sont plus distinctes (Décret précité, art. 1, et rapport précédant ce décret) ; dans chaque hôpital il n'y a donc plus qu'un seul chef de service de santé, qui réunit, au point de vue des pensions, les attributions précédemment divisées entre le chef du service de médecine et le chef du service de chirurgie (Circ. min. guerre 21 févr. 1853).

Toute demande doit être appuyée d'un certificat délivré par l'officier de santé en chef de l'hôpital militaire ou de l'hôpital civil et militaire où le dernier traitement aura été suivi (Ordonn. 2 juill. 1831, art. 3 ; Circ. 21 févr. 1853). Ce certificat doit constater la nature et les suites des blessures ou infirmités et déclarer qu'elles paraissent incurables (*Ibid.*). Si le militaire n'a pas été traité dans un établissement militaire ou civil et militaire, le certificat est délivré par l'officier de santé en chef de l'un des hôpitaux militaires ou civils préalablement désigné par le ministre pour ces sortes de visite (*Ibid.*). Les causes des blessures ou infirmités doivent être justifiées, soit par les rapports officiels ou autres documents authentiques qui ont constaté le fait, soit par les certificats des autorités militaires, soit enfin par une information ou enquête prescrite et dirigée par ces mêmes autorités (Ordon. 1831, art. 5 et 7). S'il s'agit de blessures, les justifications doivent spécifier la nature des blessures, ainsi que l'époque, le lieu et les circonstances, soit des événements de guerre, soit du service commandé où elles ont été reçues (Ordon. 2 juill. 1831, art. 6).

505. La demande de tout militaire faisant partie d'un régiment ou autre corps de troupes est instruite par les soins du conseil d'administration dudit corps (Ordon. 2 juill. 1831, art. 8). La demande et les pièces à l'appui sont communiquées au sous-intendant militaire qui, après les avoir visées, les transmet à l'officier commandant la brigade ou la subdivision, lequel désigne deux officiers de santé pris parmi ceux attachés soit au corps, soit à d'autres régiments, soit aux établissements publics. Ces deux officiers de santé examinent les blessures ou infirmités, en présence du conseil d'administration et du sous-intendant. Il est dressé procès-verbal de cette opération (Ordon. 2 juill. 1831, art. 9 et 10).

Ce procès-verbal, ainsi que la demande et les autres pièces y annexées, sont remis à l'inspecteur général, lors de la prochaine inspection. L'inspecteur général, après en avoir pris connaissance, fait procéder, en sa présence, par deux nouveaux officiers de santé choisis dans les catégories indiquées plus haut, à une vérification des causes qui ont motivé la demande. Le sous-intendant les assiste, et dresse un procès-verbal de la séance conforme au modèle annexé à l'ordonnance (Ordon. 1831, art. 11 et 13). En cas d'urgence, le général commandant la division peut exercer lui-même ou déléguer aux commandants de subdivision les attributions de l'inspecteur général (Ordon. 1831, art. 12). Si le réclamant se trouve trop éloigné du corps de troupe auquel il appartient pour pouvoir y être renvoyé ou transporté sans inconvénient, sa demande peut, sur l'ordre du général commandant la division, être renvoyée, pour être instruite, au conseil d'administration d'un corps plus rapproché (Ordonn. 1831, art. 16).

Les demandes de pension formées par les officiers généraux doivent être adressées directement au ministre, qui en ordonne l'instruction dans les formes qui viennent d'être indiquées (Ordon. 1831, art. 19).

Les militaires en activité qui ne font pas partie de corps de troupes ou d'établissements régis par un conseil d'administration doivent se pourvoir hiérarchiquement auprès du général commandant la division dans le ressort de laquelle ils sont employés. Leur demande, établie et appuyée comme ci-dessus, est renvoyée à un officier général ou supérieur qui est chargé d'en suivre l'instruction, comme l'aurait fait un conseil d'administration. Si c'est un général de brigade qui est délégué pour l'instruction, le général commandant la division exerce les attributions de l'inspecteur général et on procède toujours comme s'il y avait urgence (Ordon. 1831, art. 17).

506. Les officiers de santé chargés de l'examen médical du réclamant ont toute liberté pour apprécier le caractère de gravité et d'incurabilité de ses blessures ou infirmités. C'est même à eux que la loi abandonne la solution de la question de savoir si les blessures proviennent d'événements de guerre ou d'accidents de service, ou si les infirmités ont pour cause les fatigues de la guerre ou les dangers du service militaire (V. toutefois *infrà*, n° 507. Mais ils doivent évidemment tenir compte de ce que, aux termes de la loi, le caractère de gravité des blessures ou infirmités donnant droit à pension peut être différent suivant que le réclamant est ou non officier : pour l'officier, en effet, il suffit qu'il soit dans l'impossibilité absolue de rentrer ultérieurement au service, tandis que, pour le non-officier, le droit à pension n'est ouvert que s'il est, en outre, incapable de pourvoir à sa subsistance par son travail (V. *suprà*, n° 425. Circ. min. guerre, 20 sept. 1831, t. 2, sect. 1).

507. On a indiqué, *suprà*, n°s 421 et suiv., que, pour faciliter l'examen des officiers de santé, les conseils réunis des services de santé des armées de terre et de mer ont fait un classement des blessures ou infirmités les plus habituelles et les ont réparties en six classes, dont les cinq premières seules ouvrent un droit immédiat à pension.

508. L'ordonnance du 2 juill. 1831 pour les pensions de l'armée de terre et celle du 26 janv. 1832 pour l'armée de mer ayant été rendues en vertu de la délégation contenue dans les art. 12 des lois des 11 et 18 avr. 1831, les règles qu'elles posent, pour les formes à observer et les justifications à produire par les militaires blessés ou infirmes, doivent être observées, à peine de nullité (V. *suprà*, n°s 469, 474, 488). Ainsi il a été jugé que la décision par laquelle le ministre de la marine rejette une demande de pension pour cause d'infirmité doit être annulée, lorsque l'information à laquelle il a fait procéder n'a pas eu lieu dans les formes prescrites par les art. 8 et suivants de l'ordonnance du 26 janv. 1832 (Cons. d'Ét. 11 juin 1875, aff. Pierre, D. P. 76. 5. 337) ;... ou lorsque l'information prescrite par l'art. 7 de la même ordonnance a eu lieu en l'absence du requérant et n'a pas été suffisante pour établir si les causes, la nature et les suites des infirmités rentrent par leur origine, leur gravité et leur incurabilité dans un des cas déterminés par la loi (Cons. d'Ét. 31 janv. 1873, aff. Menche de Loisne, *ibid.*). De même, si le ministre de la guerre, avant de rejeter une demande de pension fondée sur des infirmités, résultant du service, a fait procéder à une information sans observer les formes prescrites par les art. 10, 13, 14 et 26 de l'ordonnance du 2 juill. 1831, il y a lieu, pour le conseil d'Etat, avant de statuer sur le pourvoi du réclamant, de le renvoyer devant le ministre pour y être procédé à l'examen de ses infirmités par application des articles précités (Cons. d'Et. 7 févr. 1890, aff. Néel, D. P. 91. 3. 72. Conf. Cons. d'Et. 13 avr. 1881, aff. Reybaud, D. P. 82. 3. 76 ; et *suprà*, n° 497).

509. Il est certain que les constatations faites par les médecins militaires dans les conditions prescrites par les art. 9 et 10 de l'ordonnance du 2 juill. 1831 ne lient pas la juridiction contentieuse, en ce sens que celle-ci peut toujours apprécier si, des faits constatés, il résulte que la blessure ou l'infirmité met l'ancien militaire dans l'impossibilité de pourvoir à sa subsistance. Mais, lorsqu'il s'agit d'une constatation purement médicale que le ministre et le conseil d'Etat ne peuvent personnellement contrôler, il est évident que la déclaration des médecins militaires dans l'exercice de leurs fonctions et dans les formes prescrites par les règlements, doit prévaloir sur l'opinion de médecins choisis par le réclamant, agissant en dehors de toute contradiction et qui, quel que soit leur talent professionnel et leur honorabilité, auraient toujours une tendance à tenir plus de compte des intérêts de leur client que de ceux du trésor public. Aussi a-t-il été jugé que, dans le cas où il a été constaté, dans les formes prescrites par les art. 9 et 10 de l'ordonnance du 2 juill. 1831, que l'infirmité résultant d'une blessure en service commandé, n'est pas de nature à mettre un ancien militaire hors d'état de pourvoir à sa subsistance, l'ancien militaire ne peut se prévaloir de certificats délivrés par des médecins consultés par lui, à l'effet de faire déclarer que les médecins militaires ont apprécié inexactement le caractère de l'infirmité (Cons. d'Et. 6 août 1887, aff. Vernet, D. P. 88. 3. 110 ; 16 déc. 1887, aff. Dagonneau, *ibid.* — V. en sens contraire : *Quelques réflexions sur la preuve des infirmités en matière de pensions militaires devant le conseil d'Etat*, dans *Le Droit*, du 22 juin 1892).

510. — C. *Demandes de pension, en cas d'aggravation des blessures ou infirmités.* — Ainsi qu'on l'a vu, *suprà*, n°s 435 et 445, l'ancien militaire qui, par suite d'une aggravation consécutive de ses blessures ou de ses infirmités survenue depuis sa sortie de service, a perdu complètement l'usage d'un membre, peut demander soit une revision de sa pension, s'il est déjà titulaire d'une pension de retraite, soit la concession d'une pension pour infirmités, s'il a été simplement réformé. On a vu, *suprà*, n°s 493 et suiv., dans quels délais doit être formée cette demande.

Les ordonnances du 2 juill. 1831 et 26 janv. 1832, art. 2 (*Rép.* p. 767 et 769) spécifiaient que la demande n'était admissible « qu'autant que les blessures ou infirmités auraient été régulièrement constatées avant que le militaire eût quitté le service ». Les décrets du 20 août 1864 (D. P. 64. 4. 111) et du 27 nov. 1864 (D. P. 65. 4. 6), qui ont modifié l'art. 2 de ces ordonnances, ont reproduit textuellement (art. 1, *in fine*) cette disposition. Mais ces décrets ont été abrogés et leurs dispositions remplacées par un décret du 10 août 1886 (D. P. 90. 4. 64) modifié lui-même, en partie, par décret du 15 mai 1889 (D. P. 90. 4. 65). Les décrets de 1886 et 1889 ont réglementé, d'une façon beaucoup plus précise que ceux de 1864, les formalités à remplir par les militaires qui prétendent à pension pour aggravation de blessures ou infirmités. Nous allons analyser leurs dispositions.

511. Aux termes de l'art. 1 du décret de 1886, le militaire *retraité* qui demande une nouvelle liquidation de sa pension, devra « adresser directement sa demande au ministre de la guerre, dans un délai de cinq ans qui courra du jour de la cessation de l'activité, le tout à peine de déchéance. La concession de la nouvelle pension sera précédée des visite et contre-visite réglementaires et de l'avis du comité consultatif de santé ». Quant au militaire *réformé* pour blessures reçues dans un service commandé, ou pour infirmités contractées aux armées, sa demande de pension pour aggravation de ses blessures ou infirmités doit être adressée de même au ministre dans un délai de cinq ans à partir de la cessation de l'activité (Décret précité, art. 3). L'art. 3 du décret de 1886 ajoutait : « Cette demande ne pourra être admise que si l'état de santé de l'intéressé a été constaté chaque année par une commission spéciale composée du général de brigade commandant territorial ou de son délégué, d'un fonctionnaire de l'intendance, et des officiers commandant la gendarmerie de l'arrondissement et le bureau de recrutement de la subdivision de région. Cette commission constate également les causes et les circonstances des aggravations survenues. Un médecin désigné par l'autorité militaire procède, en présence de la commission, à la visite du militaire réformé ». Cette disposition a été abrogée par le décret de 1889. Le militaire réformé n'est donc plus astreint à la visite annuelle d'une commission spéciale, s'il veut conserver ses droits à pension pour aggravation. Afin de bien établir l'origine des blessures ou infirmités, l'art. 2 du décret de 1886 (non modifié par celui de 1889) dispose que « les titres de réforme pour blessures reçues dans un service commandé ou pour infirmités contractées dans les armées de terre et de mer ne pourront être délivrées aux sous-officiers, caporaux et soldats, qu'après que l'origine, la nature et la gravité desdites blessures ou infirmités auront été constatées par des certificats d'origine et des procès-verbaux de visite et de contre-visite, établis suivant les formes réglementaires en matière de pensions ».

512. Les demandes en liquidation de pension pour aggravation des blessures ou infirmités « sont, lorsqu'elles parviennent au ministère de la guerre, inscrites sur des registres à ce destinés. Il est délivré aux intéressés des bulletins énonçant la date des demandes et les pièces produites. Le ministre de la guerre statue par des décisions spéciales sur les refus de pension. Ces décisions sont notifiées administrativement aux intéressés » (Décr. 10 août 1886, art. 4. V. *infrà*, n° 608).

513. En ce qui concerne les militaires de l'*armée de mer*, l'art. 6 du décret de 1886 porte : « Les dispositions qui précèdent sont applicables aux officiers, officiers mariniers, sous-officiers, marins militaires ou assimilés, appartenant aux départements de la marine et des colonies. Ceux des certificats de congédiement qui tiennent lieu de titre de réforme n° 1, pour les inscrits maritimes, doivent être délivrés dans les conditions prescrites à l'art. 2 du présent décret. Les demandes sont adressées au ministre de la marine et des colonies. L'avis du conseil supérieur de santé remplace l'avis du comité technique de santé ». Le décret de 1889 a reproduit textuellement ces dispositions ; mais il a abrogé, en les passant sous silence, les deux paragraphes qui les suivaient et qui étaient relatifs à la composition de la commission spéciale pour la visite annuelle des réformés.

514. Enfin l'art. 7 du décret de 1886, modifié par celui de 1889 décide que « par mesure transitoire, les militaires ou marins actuellement réformés pour blessures reçues dans un service commandé, ou infirmités contractées dans les armées de terre et de mer, qui, au moment de la promulgation du présent décret, se trouvent encore dans les délais prévus aux décrets des 20 août et 27 nov. 1864 pour obtenir pensions par suite d'aggravation de leurs blessures ou infirmités, peuvent bénéficier des dispositions de l'art. 3 ».

515. — D. *Demandes de pensions par les veuves de militaires* (*Rép.* n° 175). — Les pièces à produire par les veuves à l'appui de leurs demandes de pension diffèrent, comme on l'a dit au *Rép.* n° 175, selon que leur mari est décédé étant ou non en jouissance d'une pension.

Dans le premier cas, la veuve n'a qu'à produire une demande apostillée par l'autorité civile ou faite par cette autorité. Si cependant la veuve se trouve dans le lieu de garnison du régiment où son mari est mort, la demande doit être apostillée ou faite par le conseil d'administration du corps (Bavelier, t. 2, n° 292). Elle joint à cette demande son acte de naissance, son acte de mariage, avec la preuve que l'autorité militaire l'a autorisé, l'acte de décès du mari, un certificat de l'autorité civile dressé, s'il y a lieu, sur la déclaration de trois témoins et attestant qu'elle n'est pas divorcée, que la séparation de corps n'a pas été prononcée contre elle et qu'elle est en possession de ses droits civils ; un certificat du payeur énonçant la quotité de la pension du mari et le numéro de son inscription au Trésor ; enfin, s'il y a lieu, une déclaration constatant que son mari n'a laissé aucun enfant issu d'un premier mariage (Circ. min. guerre 12 mai 1879 ; Bavelier, *loc. cit.*). Si la veuve qui n'a pas été mariée deux ans avant la cessation de l'activité de son mari allègue qu'un ou plusieurs enfants sont nés du mariage antérieurement à cette cessation (L. 1831, art. 19), elle doit établir cette dernière circonstance par la production des actes de naissance des enfants et le certificat de vie de l'un d'eux ou son acte de décès survenu postérieurement à la mort du mari.

516. Si, au contraire, le mari est décédé n'étant pas encore en jouissance d'une pension : ou bien il avait déjà droit à une pension, mais n'en avait pas encore obtenu la liquidation ; sa veuve est tenue alors de compléter l'instruction commencée; ... ou bien il est mort de blessures reçues sur le champ de bataille ou dans un service commandé; sa veuve doit, en ce cas, justifier des causes et de la nature des blessures suivant les règles tracées pour les militaires eux-mêmes et justifier, par un certificat des officiers de santé, que ces blessures ont occasionné la mort, sans que, dans l'intervalle, le militaire ait repris son service ; ... ou bien le mari a succombé aux suites d'une maladie contagieuse ou endémique aux influences de laquelle il a été soumis dans le service, ou est mort par suite d'événements de guerre ; les justifications à faire sont alors déterminées ainsi qu'il suit par la loi du 15 avr. 1885 (D. P. 85. 4. 81 ; V. *suprà*, nos 460 et suiv.) : « Les causes, l'origine et la nature des événements de guerre et des maladies contagieuses ou endémiques seront constatées par un certificat d'origine dressé à l'époque où ils se seront produits et avant le retour en France. Lorsque les militaires et marins, à leur retour en France, ne se considéreront pas comme guéris, ils feront constater, par leurs services médicaux respectifs, que les effets desdits événements et maladies subsistent encore. Cette constatation devra être renouvelée d'année en année, pendant leur séjour en France, par les officiers de santé militaires ou maritimes de la localité où ils résideront. Le médecin qui aura soigné le malade à son décès devra affirmer que les événements de guerre ou les maladies ci-dessus constatées ont été la cause directe de la mort. Tous les certificats médicaux seront légalisés par l'autorité compétente. Si les militaires et marins sont décédés une année révolue après la date de la dernière constatation médicale, leurs veuves seront sans droit à la pension » (L. 1885, art 1). La nécessité de sauvegarder les intérêts du Trésor a fait édicter ces règles et, notamment, la nécessité d'un certificat d'origine de la maladie antérieure au retour en France; cette précaution était indispensable pour prévenir le danger des certificats de complaisance, danger d'autant plus grand, dans l'hypothèse, que les faits relatés se sont passés dans des conditions d'éloignement et souvent d'isolement qui rendent tout contrôle illusoire. Le même motif a fait imposer l'obligation de produire des certificats dressés périodiquement, qui permettent de rattacher le décès aux faits qui en ont été la cause déterminante.

L'art. 3 de la loi de 1885 attache, d'ailleurs, la peine de la déchéance du droit à pension à l'inobservation de toutes ces formalités. M. Bavelier (t. 2, n° 292) pense toutefois, avec raison, que si un médecin n'a pu être appelé au moment du décès, il peut être suppléé au certificat exigé par la loi de 1885 au moyen d'une information administrative prescrite et dirigée par les autorités civiles ou militaires du pays, conformément à l'art. 24, *in fine*, des ordonnances du 2 juill. 1831 et 26 janv. 1842.

517. Il a été jugé, par application des art. 1 et 3 de la loi de 1885, que la veuve du militaire ou marin décédé des suites d'événements de guerre ou d'une maladie contagieuse ou endémique aux influences de laquelle il a été soumis par les obligations de son service, ne peut prétendre droit à pension qu'à la condition : 1° que les causes, la nature et l'origine des maladies aient été constatées par un certificat dressé à l'époque où elles se sont produites et avant le retour en France (Cons. d'Et. 16 juill. 1886, aff. Rollin, D. P. 88. 3. 11 ; 27 mai 1887, aff. Gruiec, *ibid.* ; 11 mars 1887, aff. Botherel, *ibid.* ; 13 mai 1887, aff. Forinetti, *ibid.*) ; — 2° Que la veuve produise des certificats des officiers de santé militaires ou maritimes d'année en année, et constatant que la maladie a subsisté jusqu'au décès (Cons. d'Et. 10 déc. 1886, aff. Kermaïdic, *ibid.* ; 28 janv. 1887, aff. Mauclerc, *ibid.* ; 4 févr. 1887, aff. Nebbia, *ibid.* ; 11 mars et 13 mai 1887, précités; 18 févr. 1887, aff. Verhœven, D. P. 88. 5. 370). Sur les autres conditions, V. *suprà*, n° 462 et suiv.

Il est, d'ailleurs, satisfait aux conditions prescrites par la loi du 15 avr. 1885, relativement à l'origine de la maladie, lorsque celle-ci a été constatée sur les registres de clinique de l'hôpital, et lorsque, au moment du retour, le service médical a constaté que les effets de l'affection subsistaient toujours (Cons. d'Et. 12 nov. 1886, aff. Quémant, D. P. 88. 3. 11 ; 4 févr. 1887, aff. Maux, *ibid.*; 13 mai 1887, aff. Ripot, *ibid.*).

518. Si la veuve réside en pays étranger, elle doit faire parvenir ses pièces, soit au sous-intendant militaire résidant dans le département le plus voisin de la frontière, soit au sous-intendant du département de la Seine. Si elle habite aux colonies, elle a, en outre, la faculté de remettre ses pièces au commissaire de la marine de sa résidence; c'est, en ce cas, le gouverneur de la colonie qui approuve le mémoire de proposition et l'adresse, avec les pièces légalisées, au ministre de la marine, qui le transmet, s'il y a lieu, au ministre de la guerre (Circ. min. guerre 20 sept. 1831, art. 3).

519. — E. *Demandes de secours par les orphelins*. — V. *Rép.* n° 175.

520. — F. *Demandes de pension ou de secours par la femme ou les enfants d'un militaire en état d'absence déclarée*. — Les requérants doivent produire le jugement de déclaration d'absence rendu conformément aux art. 115 et suiv. du code civil (V. *Rép.*, v° *Absence*, nos 186 et suiv.). On ne saurait ici faire une liquidation provisoire au bout de trois années, comme en matière de pensions civiles (*Rép.* nos 95 et suiv.). Toutefois il faut noter que la loi du 9 août 1871 (Comp. L. 15 janv. 1817) a abrégé les délais et autorisé la preuve par voie d'enquête ou par voie de renseignements fournis par le département de la guerre, de l'absence des militaires disparus dans la guerre de 1870-1871. (Comp. *infrà*, n° 697).

521. — II. QUOTITÉ ET LIQUIDATION (*Rép.* nos 176 à 190). — Les services qui entrent en compte pour la liquidation des pensions militaires se comptent, non pas par jour comme pour les pensions civiles, mais *par semestre*, bien que ce mode de procéder ne soit autorisé par aucun texte (Bavelier, t. 2, n° 293). On compte pour un semestre toute période commencée de quinze jours au moins ; toute période de moindre durée est négligée (Circ. min. guerre 15 juill. 1879). On ne tient pas compte des fractions de francs audessous de 50 centimes, et on compte pour un franc celles au-dessus.

522. — 1° *Quotité des pensions d'ancienneté et des pensions proportionnelles*. — Après trente ans de service, les officiers et assimilés et les membres du corps du contrôle de l'armée ont droit au *minimum* de la *pension d'ancienneté* déterminé par les tarifs dont il sera parlé plus loin (L. 11 avr. 1831, art. 9 et tarif annexé; Décis. impér. 14 août 1860, D. P. 60. 4. 140; L. 25 juin 1861, art. 1 et tarif annexé, D. P. 61. 4. 79 ; L. 22 juin 1878, art. 3 et tarif annexé, D. P. 78. 4. 81; L. 16 mars 1882, art. 42, D. P. 82. 4. 124). V. toutefois *infrà*, n° 537. — Après *vingt-cinq ans* de service, les sous-officiers, caporaux, brigadiers et soldats ont également droit au *minimum* de la pension d'ancienneté déterminé par les tarifs (L. 26 avr. 1855, art. 19 ; L. 18 août 1879, art. 2 et 5, D. P. 80. 4. 35 ; 18 août 1881, art. 1, D. P. 82. 4. 81 ; 23 juill. 1881, art. 25).

Quel que soit le grade du militaire, on ajoute à la pension le vingtième de la différence entre le *minimum* et le *maximum*, pour chaque année de service en sus de celles cidessus et pour chaque année de campagne (L. 1831, art. 9).

Le maximum déterminé par les tarifs (V. *infrà*, n° 538 et suiv.), est acquis à cinquante ans de service, campagnes comprises, pour les officiers et assimilés, et à quarante-cinq ans de service pour les non-officiers (L. 11 avr. 1831, art. 9; L. 18 août 1879, art. 5). Comp. *infrà*, n° 701 et suiv.

523. On doit, dans la supputation des années de service faite pour établir la quotité de la pension, compter le temps pendant lequel le militaire, bien qu'ayant été admis à faire valoir ses droits à la retraite, a été maintenu en activité (Cons. d'Et. 12 juill. 1864, aff. Faure, D. P. 65. 5. 294).

Il a même été décidé qu'il y a lieu de tenir compte à l'officier qui a, d'ailleurs, les années de service exigées pour constituer le droit à pension, du temps qu'il a passé en non-activité pour infirmités temporaires en vertu de la même décision qui l'admettait à faire valoir ses droits à la retraite, depuis le jour de cette décision jusqu'à la notification du décret portant liquidation de sa pension (Cons. d'Et. 15 nov. 1872, aff. Grandjean, D. P. 74. 3. 37). En présence du texte formel de l'art. 8 de la loi du 19 mai 1834 (V. *Rép.*, v° *Or-*

gan. milit., n° 180), le conseil d'Etat ne pouvait pas établir une distinction qui n'a pas été faite par le législateur; mais il paraît hors de doute que cet article n'avait pas en vue le cas de l'espèce. La mise en non-activité de l'officier qui attend la liquidation de sa pension est une mesure toute bienveillante qui considère, par une véritable fiction, comme atteint d'infirmités temporaires l'officier qui est reconnu n'être plus en état de reprendre son service, et il est fâcheux que cette faveur devienne pour le Trésor une cause d'aggravation de dépenses. Comment, d'ailleurs, supposer que la loi de 1834 ait voulu consacrer un abus que le conseil d'Etat venait de signaler au moment même où elle était en discussion? V. *suprà*, n° 395.

524. Les services militaires rendus au gouvernement sarde avant l'annexion sont comptés, suivant la loi française, à l'égal de ceux qui ont été rendus depuis à la France par les sujets sardes devenus Français, pour l'établissement de leurs titres à la pension de retraite (Décr. 11 juin 1860, art. 4). En conséquence, un ancien militaire sarde qui, lors de la réunion à la France, a été incorporé dans la gendarmerie de France et n'a acquis ses droits à la retraite que sous l'empire de la loi française, n'est pas fondé à demander le bénéfice d'une loi sarde qui, avant l'annexion de la Savoie, ne lui avait pas constitué de droits (Cons. d'Et. 20 juin 1884, aff. Gaillard, *Rec. Cons. d'Etat*, p. 506. Comp. anal. Cons. d'Et. 26 janv. 1877, aff. Rosnoblet, D. P. 78. 5. 358, et *suprà*, n°s 229 et suiv.).

525. La pension se règle sur *le grade*, en même temps que sur les années de service. Le grade d'après lequel la pension doit être liquidée ne peut jamais être supérieur à celui qu'occupe le militaire au moment où il quitte le service, quelque favorables d'ailleurs que puissent être les circonstances à la suite desquelles il a cessé d'occuper un grade plus élevé (Cons. d'Et. 22 janv. 1875, aff. Poney, D. P. 76. 5. 337; 1er févr. 1878, aff. Clerc, D. P. 78. 3. 54; 2 juill. 1880, aff. Valentin, D. P. 81. 3. 75; 15 juin 1883, aff. Agostini, D. P. 85. 3. 16; 18 janv. 1884, aff. Moll, D. P. 85. 5. 362; 22 juill. 1887, aff. Witmann, D. P. 88. 3. 116. Comp. Cons. d'Et. 23 mars 1872, aff. Ruellan, D. P. 72. 3. 79; V. aussi *suprà*, n°s 206 et suiv. et *infrà*, n° 703). Il en est ainsi notamment : 1° quand il s'agit d'un officier replacé, par la commission de revision des grades instituée par la loi du 8 août 1871, dans un grade inférieur à celui qui lui avait été conféré, pendant la guerre de 1870-1871 (Cons. d'Et. 15 nov. 1872, aff. Piétri, D. P. 73. 3. 73; 22 janv. 1875; 2 juill. 1880, précités); ... même à titre d'ancienneté (Cons. d'Et. 2 juill. 1880, précité); — 2° Ou même quand le militaire a dû renoncer au grade supérieur par suite d'une réorganisation des cadres (Cons. d'Et. 15 juin 1883, précité); — 3° Ou encore à l'égard de l'officier qui avait six ans de grade dans la garde impériale, au moment de la suppression de cette garde, mais qui à l'époque de son admission à la retraite fait partie d'un régiment de ligne avec le grade qu'il avait dans la garde; il ne peut se prévaloir de la disposition de l'art. 8 du décret du 17 juin 1857 qui accordait à l'officier, ayant six ans d'exercice de son grade dans la garde, le droit d'être promu, au moment de la retraite, au grade supérieur (Cons. d'Et. 23 mars 1872, précité. Comp. Cons. d'Et. 24 avr. 1837, aff. Lugan, *Rép.* n° 178); ... alors même que cet officier aurait offert sa démission à une époque où il faisait encore partie de la garde, si cette démission n'a été acceptée que postérieurement à la suppression de ce corps (Même arrêt). C'est, en effet, une règle générale que la démission ne produit son effet que lorsqu'elle a été régulièrement acceptée (V. *Rép.*, v° *Fonctionnaire public*, n° 112). Cette règle s'applique même aux fonctions électives (Cons. d'Et. 13 févr. 1869, aff. Tirard, D. P. 70. 3. 36). A plus forte raison en est-il ainsi dans l'armée, où elle est une condition indispensable de discipline; l'art. 1 de la loi du 19 mai 1834 porte, d'ailleurs, que le grade se perd par la démission *acceptée* par le roi (V. *Rép.*, v° *Organisation militaire*, n° 163, et Crim. régl. jug., 30 août 1855, aff. Ordion, D. P. 55, 1. 415; V. aussi L. 9 juin 1853, art. 19, et Décr. 9 nov. 1853, art. 29).

Il a encore été jugé, par application du principe posé ci-dessus, que si un ancien militaire retraité comme sous-officier, rentré dans l'armée comme agent commissionné et ayant quitté définitivement le service avec le grade de caporal, a le droit de demander une nouvelle liquidation de sa pension, comprenant l'ensemble de ses services, cette liquidation doit avoir lieu d'après son dernier grade, quand même elle serait ainsi inférieure à la pension dont il est actuellement titulaire, et par suite, il est sans intérêt à la demander (Cons. d'Et. 5 déc. 1890, aff. Tourneix, D. P. 92. 3. 67). V. aussi *infrà*, n°s 702 et suiv.).

526. Il a été jugé que la pension du militaire qui a été, pendant la guerre, nommé à un grade dans une compagnie de volontaires non incorporée à l'armée active, ne doit pas être calculée d'après ce grade (Cons. d'Et. 29 janv. 1875, aff. Clouet, D. P. 75. 3. 96; Conf. Cons. d'Et. 31 juill. 1874, aff. Bauzon, D. P. 75. 3. 54). En effet, le décret du 7 sept. 1870, aux termes duquel des commissions pouvaient être délivrées aux officiers des corps francs, stipulait que ces commissions ne leur conféraient aucun grade dans l'armée.

De même, l'officier retraité nommé à un grade supérieur dans un régiment de marche de la garde nationale de Paris n'a pas droit à ce que sa pension soit liquidée à nouveau d'après ce nouveau grade (Cons. d'Et. 21 févr. 1873, aff. Lambert, D. P. 73. 3. 74). La garde nationale mobile avait été appelée par la loi du 20 août 1870 (D. P. 70. 4. 81) à faire partie de l'armée active. Dans les provinces, les corps de gardes nationaux mobilisés organisés en vertu des décrets du 11 octobre et du 2 nov. 1870 (D. P. 70. 4. 81 et 120) avaient été assimilés à cette armée, les grades des officiers qui les commandaient étaient de véritables grades, bien que provisoires, et pouvaient être confirmés à la paix (Décr. 14 oct. 1870, D. P. 70. 4. 118). Mais l'organisation de la garde nationale de Paris n'a jamais eu ce caractère; bien qu'appelée dès le début à la défense de la capitale (Décr. 7 août 1870, D. P. 70. 4. 78), elle avait conservé une organisation absolument distincte de celle de l'armée; ses compagnies de marche avaient continué à faire partie de leurs bataillons respectifs (Décr. 11 oct. et 8 nov. 1870, D. P. 70. 4. 97 et 102), et lorsque, plus tard, ces compagnies ont été réunies en régiments, l'organisation nouvelle a été faite sur un rapport du commandant supérieur qui a proposé au choix du Gouvernement, pour les commander, « quelques-uns des chefs élus qui possédaient les connaissances militaires requises » (D. P. 70. 4. 107). Dans ces conditions, la garde nationale ne pouvait être considérée comme un des corps de l'armée active, bien que les lois sur les pensions militaires fussent applicables à ses membres en cas de blessure et de mort, que les gardes nationaux eussent droit au traitement de la Légion d'honneur et de la Médaille militaire (L. 23 août 1870, D. P. 70. 4. 81), et qu'ils fussent justiciables des conseils de guerre (Décr. 26 sept. et 12 oct. 1870, D. P. 70. 4. 93 et 96).

527. Si le militaire qui demande son admission à la retraite a moins de deux ans de service dans son grade, la pension doit être liquidée sur le grade immédiatement inférieur (L. 11 avr. 1831, art. 10; 25 juin 1861, art. 4; 18 août 1879, art. 8; 23 juill. 1881, art. 13; 10 mars 1882, art. 42). Il a été jugé, par application de ce principe, que: 1° la pension de retraite des sous-officiers est liquidée d'après le grade dont le militaire est titulaire depuis deux années consécutives précédant immédiatement l'admission à la retraite et, dans le cas contraire, sur le grade inférieur; il suit de là que, lorsqu'un militaire ayant obtenu une pension comme sous-officier, a été réadmis dans l'armée comme brigadier, et a été nommé de nouveau sous-officier, quelques mois seulement avant sa mise à la retraite définitive, la nouvelle pension à laquelle il a droit doit être liquidée sur le grade de brigadier (Cons. d'Et. 18 janv. 1884, aff. Moll, D. P. 85. 5. 362); — 2° Lorsqu'un décret, rendu pour régler les mesures transitoires nécessaires à l'exécution d'une loi portant création d'un nouveau corps d'employés militaires, a attribué un grade à des employés, antérieurement en fonctions avec d'autres qualifications, l'employé qui est admis sur sa demande à la retraite moins de deux ans avant d'avoir ainsi obtenu un grade, doit avoir sa pension liquidée, non d'après la fonction qu'il occupait effectivement à cette date, mais d'après le grade qui, dans l'organisation nouvelle, est immédiatement inférieur à celui qu'il occupe actuellement (Cons. d'Et. 9 févr. 1877, aff. Chrétien, D. P. 78. 5. 360). Ainsi un garde du génie de première classe, promu adjoint principal de deuxième classe, en exécution du décret du 30 avr. 1875, et qui comptait, à l'époque de cette promotion, plus de douze ans dans son grade, peut compter ces douze années de service, comme si elles avaient été passées dans le grade d'adjoint de première classe, pour obtenir le bénéfice de l'augmentation du cinquième en sus (Même arrêt). Jugé, dans le même sens, qu'un adjoint principal du génie de deuxième classe qui comptait, lors de sa promotion, plus de douze ans de service, tant comme garde de première classe que comme garde principal, et qui est mis à la retraite pour ancienneté de services moins de deux ans après sa promotion, est fondé, lorsque ce mode de liquidation lui est plus avantageux, à demander que sa pension, au lieu d'être calculée d'après son grade actuel, soit réglée d'après le grade d'adjoint du génie de première classe, avec augmentation du cinquième par application de l'art. 11 de la loi du 11 avr. 1831 (Cons. d'Et. 9 févr. 1877, aff. Rhumeau, D. P. 78. 5. 360).

528. Il faut noter toutefois, en ce qui concerne les officiers, que la liquidation ne doit être faite sur le grade inférieur que quand l'intéressé *a demandé* lui-même sa pension (L. 11 avr. 1831, art. 10). Celle-ci doit donc être réglée d'après le dernier grade, quel que soit le temps depuis lequel le titulaire en est en possession, si ce titulaire a été mis à la retraite d'office (Bavelier, t. 2, n° 274).

Il a été jugé que l'officier général qui a été déclaré démissionnaire du grade et de la position qu'il occupait dans le cadre de l'état-major général (par suite de l'acceptation du mandat de député au Corps législatif), ne peut être considéré comme ayant été mis d'office à la retraite. En conséquence, si, au moment de sa radiation des cadres de l'armée, il ne comptait pas deux ans de son dernier grade, sa pension de retraite doit être réglée, non sur ce même grade, mais d'après le grade immédiatement inférieur, conformément à l'art. 10, § 2, de la loi du 11 avr. 1831 (Cons. d'Et. 6 mars 1856, aff. Lebreton, D. P. 56. 3. 68).

529. On ne doit pas confondre le grade avec le rang. C'est au premier seul que l'on s'attache (Cons. d'Et. 24 avr. 1837, aff. Lugan, *Rép.* n° 178; 19 févr. 1840, aff. De la Polinière, *Rec. Cons. d'Etat*, p. 45; 30 août 1842, aff. Noël, *ibid.*, p. 438; Comp. Cons. d'Et. 23 mars 1872, aff. Ruellan, D. P. 72. 3. 79). Le grade se prouve par le brevet délivré par l'autorité compétente (Cons. d'Et. 28 août 1844, aff. Peter, *Rec. Cons. d'Etat*, p. 542; 30 mars 1838, aff. Billière, *Rép.* n° 177).

530. Aux termes de l'art. 11 des lois des 11 et 18 avr. 1831, la pension de retraite de tout officier, sous-officier, caporal et brigadier ayant douze ans accomplis d'activité dans son grade était augmentée du cinquième (*Rép.* n° 179). Le droit à la même faveur était également accordé aux militaires de la gendarmerie après douze années de service dans ce corps (L. 11 avr. 1831, art. 11). L'art. 5 de la loi du 22 juin 1878 (D. P. 78. 4. 81) a abrogé cette disposition, en ce qui concerne les officiers. L'art. 20 de la loi du 23 juill. 1881 l'a abrogée pour les autres intéressés. Ce dernier article est ainsi conçu : « ... Sont abrogées les dispositions contenues dans l'art. 11 de la loi du 11 avr. 1831, spécifiant que la pension de retraite de tout sous-officier, caporal, brigadier ou gendarme ayant douze ans accomplis de service dans son grade est augmentée d'un cinquième... » Au premier abord, on pourrait croire que ce texte ne vise que les militaires de la gendarmerie ; car, d'une part, il est compris dans le titre 3 de la loi, qui a pour rubrique : « Dispositions spéciales aux adjudants, à la gendarmerie, aux troupes de la marine »; d'autre part, le début et la fin de l'article, qui encadrent la disposition ci-dessus ne s'appliquent qu'aux militaires de la gendarmerie. Mais telle n'est pas la portée de ce texte; l'abrogation qu'il contient doit être considérée comme générale. En effet le tarif annexé à la loi de 1881 (V. *infrà*, n° 538), à la différence de celui qui est joint à la loi du 18 août 1879 (*Bull. des lois*, 1879, n° 8314), contient une colonne spéciale relative à l'augmentation de la pension des militaires de la gendarmerie. D'ailleurs, le texte ci-dessus en employant le terme : *caporal*, désignation de grade qui n'existe pas dans la gendarmerie, semble indiquer qu'il entend viser tous les corps de l'armée (Conf. Rapport à la Chambre des députés, sur un projet de loi relatif aux officiers mariniers, *Journ. off.* 1882, Doc. parlem., Chambre, p. 409; Bavelier, t. 2, n° 275).

531. Il a été jugé, à une époque où l'art. 11 des lois de 1831 était encore en vigueur : 1° que l'officier ou fonctionnaire militaire (spécialement, un médecin principal) qui, bien qu'admis à faire valoir ses droits à la retraite, a été maintenu en activité, a droit à ce que sa pension soit augmentée d'un cinquième, s'il se trouve qu'au moment de la liquidation de sa pension il a accompli, dans son dernier grade, la durée de douze années de service qu'il n'avait pas lors du décret qui l'a admis à la retraite (Cons. d'Et. 12 juill. 1864, aff. Faure, D. P. 65. 5. 294); — 2° Qu'un militaire qui a plus de douze ans de services comme sous-officier a droit au cinquième en sus de la pension afférente à son dernier emploi, bien qu'il ait rempli des emplois dans des corps différents, ne donnant pas tous droit à une pension aussi élevée que celle du dernier emploi (dans l'espèce, un sergent d'armes ayant être précédemment sergent d'infanterie de marine) (Cons. d'Et. 10 déc. 1880, aff. Sclafer, D. P. 82. 3. 47) ; — 3° Que l'art. 11 de la loi du 18 août 1879, aux termes duquel le militaire qui, après être sorti de la gendarmerie pour une cause quelconque, y est réadmis, ne profite de la majoration que pour le temps accompli dans cette arme depuis sa réadmission, est applicable au militaire qui, après avoir été rayé des contrôles par mesure disciplinaire, est rentré dans la gendarmerie, en vertu d'une nouvelle décision ministérielle annulant la première (Cons. d'Et. 16 nov. 1883, aff. Dubus, D. P. 85. 5. 361).

532. La *pension proportionnelle* se détermine, comme la pension d'ancienneté, d'après l'emploi dont le militaire est titulaire depuis deux années consécutives précédant immédiatement l'admission à la retraite, et, dans le cas contraire, sur l'emploi et le grade inférieur (L. 23 juill. 1881, art. 13; L. 18 mars 1889, art. 13).

Le minimum de la pension est acquis aux sous-officiers, caporaux, brigadiers et soldats maintenus sous les drapeaux comme rengagés ou commissionnés, ainsi qu'aux militaires de tout grade de la gendarmerie, lorsqu'ils comptent au moins quinze ans et moins de vingt-cinq ans de services accomplis (L. 18 mars 1889, art. 32).

533. D'après l'art 26 de la loi du 23 juill. 1881, les militaires dont on vient de parler avaient droit à une pension *proportionnelle à la durée de leurs services.* « Ces termes, dit M. Bavelier (t. 2, n° 276), font naître la question de savoir si la pension proportionnelle d'un sous-officier doit être calculée, dans tous les cas, par année, à raison du quinzième du minimum fixé à la première colonne du tarif, ou si ce minimum doit être celui de la pension, lors même que le sous-officier, après ses dix années de rengagement ne compterait pas quinze ans de services. La comparaison entre la législation antérieure et la nouvelle loi indique la solution. La loi du 18 août 1879 (art. 6) accordait au sous-officier ayant accompli deux rengagements de cinq ans prévus par la loi du 22 juin 1878, le minimum de la pension proportionnelle. Ce minimum étant celui qu'elle attribuait après quinze ans de services, elle ne s'est pas préoccupée de savoir si le sous-officier avait appartenu quinze ans à l'armée ; il suffisait qu'il eût accompli deux rengagements de cinq ans. La loi nouvelle, en substituant l'indication de dix ans de rengagement à celle de quinze ans de services effectifs, n'a eu pour objet que de faciliter l'obtention de la pension proportionnelle. L'art. 13 de la loi de 1881 vient encore à l'appui de cette thèse, attendu qu'il se réfère, pour le décompte de pension, aux prescriptions de la loi de 1879. On doit donc reconnaître qu'un sous-officier admis à la retraite proportionnelle, après dix ans de rengagement et ne comptant pas quinze ans de services, a droit au minimum de la pension fixé à la première colonne du tarif » (Avis Cons. d'Et. 4 janv. 1882). Aujourd'hui, la question ne peut plus faire doute, la pension n'étant acquise, aux termes de l'art. 32 de la loi du 18 mars 1889, qu'après quinze années de service.

534. Chaque année de service accomplie en sus des quinze ans, ainsi que chaque campagne, donne droit à une augmentation égale à un dixième de la différence entre le minimum de la pension d'ancienneté et le minimum de la pension proportionnelle. Toutefois, si les campagnes ajoutées aux années de services forment un total de plus de vingt-cinq ans, les années ou campagnes en sus sont calculées sur le taux d'accroissement des pensions d'ancienneté de vingt-cinq à quarante-cinq ans (L. 18 août 1879, art. 7).

535. Aux termes de l'art. 1 de l'ordonnance du 20 janv. 1841, les sous-officiers, caporaux et brigadiers des corps de l'armée admis dans la gendarmerie, soit comme brigadiers, soit comme gendarmes, doivent être considérés, pour la retraite, comme étant restés titulaires de leur ancien grade jusqu'à promotion à un grade supérieur à celui-ci dans la gendarmerie (Cons. d'Et. 13 janv. 1882, aff. Renard, D. P. 84. 5. 386 ; Comp. Cons. d'Et. 28 avr. 1868, aff. Mas, *Rec. Cons. d'Etat*, p. 462). Les art. 20, § 1, de la loi du 23 juill. 1881, et 30 de la loi du 18 mars 1889 ont maintenu formellement cette disposition (Comp. Décis. impér. 1er oct. 1861, relative aux adjudants de l'armée devenus maréchaux des logis dans la gendarmerie). — Il faut noter, à ce sujet, qu'aucun texte n'a abrogé l'art. 2 de l'ordonnance du 20 janv. 1841, aux termes duquel l'interruption des services, quelle qu'en soit la durée, ne met pas obstacle à l'application de l'art. 1er ; ni l'art. 3 de la même ordonnance d'après lequel le grade dont les militaires de la gendarmerie sont pourvus, indépendamment de l'emploi qu'ils occupent dans la gendarmerie, se perd par l'effet de la cassation; on devrait donc encore décider aujourd'hui, ainsi que cela a été jugé avant 1881 (Cons. d'Et. 1er févr. 1878, aff. Clerc, D. P. 78. 3. 54), que le sous-officier, nommé dans la gendarmerie avec le grade de brigadier, qui est ensuite cassé de son grade, ne peut se prévaloir de l'art. 1 de l'ordonnance du 20 janv. 1841 pour demander que sa pension soit liquidée d'après le grade qu'il occupait dans l'armée.

Il a été jugé, d'ailleurs, que la majoration à laquelle a droit un militaire qui avait été caporal d'armes dans les équipages de la flotte, mais qui n'a jamais occupé dans la gendarmerie maritime que le grade de gendarme, est celle de 15 fr. allouée aux gendarmes, et non celle de 18 fr. allouée par la loi de 1881 (V. *infrà*, n° 536) aux sous-officiers et brigadiers de gendarmerie (Cons. d'Et. 13 janv. 1888, aff. Lecomte, D. P. 89. 5. 362).

536. Pour les militaires de la gendarmerie, les pensions sont augmentées, à raison de chaque année d'activité passée dans la gendarmerie au delà de quinze ans de service effectif soit dans l'armée, soit dans la gendarmerie : de 18 francs pour les sous-officiers ou brigadiers, de 15 francs pour les gendarmes. Le droit à ces annuités est acquis après vingt-cinq ans de service effectif. Le maximum de l'augmentation est atteint à trente ans de service effectif ; c'est-à-dire que, au delà de trente ans de service, l'augmentation n'est plus appliquée. (L. 18 août 1879, art. 10 modifié par la loi du 23 juill. 1881, art. 20). Les annuités ci-dessus sont décomptées et fractionnées selon les règles générales adoptées pour la liquidation des pensions militaires ; elles sont déterminées par le grade dont le militaire est titulaire à l'époque de sa mise à la retraite (L. 1879, art. 13). Le militaire qui, après être sorti de la gendarmerie pour une cause quelconque, y est réadmis, ne profite de la majoration dont il s'agit que pour le temps accompli dans cette arme depuis sa réadmission (L. 1879, art. 11). Ainsi le gendarme qui a quitté momentanément le service, par suite d'une mesure disciplinaire annulée par une décision ministérielle postérieure, ne peut prétendre à la majoration que pour le temps accompli depuis sa réadmission dans la gendarmerie (Cons. d'Et. 16 nov. 1883, aff. Dubus, D. P. 85. 5. 361).

537. Ont droit exceptionnellement au minimum de la pension, après vingt-cinq ans seulement de service, les officiers mis en non-activité pour infirmités temporaires, lorsqu'ils ont été reconnus non susceptibles d'être rappelés à l'activité (L. 25 juin 1861, art. 2) (V. *suprà*, n° 395).

538. Un tableau annexé à la loi du 11 avr. 1831 (*Bull. des lois*, 1831, n° 104) établissait, ainsi qu'on l'a indiqué au *Rép.* n° 179, un tarif d'après lequel devaient être liquidées toutes les pensions de l'armée de terre, qu'elles fussent accordées pour ancienneté, pour blessures ou infirmités, ou à des veuves ou orphelins. La première partie de ce tableau, relative aux pensions d'ancienneté, contenait trois colonnes indiquant, suivant chaque grade de l'armée : 1° le chiffre *minimum* de la pension à trente ans de services effectifs ; 2° l'accroissement pour chaque année de service au delà de trente ans et pour chaque année de campagne ; 3° le *maximum* à cinquante ans de services, campagnes comprises.

Ce tarif, en ce qui concerne les militaires *non officiers*, a été l'objet de plusieurs modifications successives. L'art. 19 de la loi du 26 avr. 1855 a augmenté de 165 fr. le minimum et le maximum de la pension de retraite des sous-officiers, caporaux, brigadiers et soldats. La loi du 10 juill. 1874, qui a créé en faveur des sous-officiers une pension de retraite *proportionnelle* (*suprà*, nos 398 et suiv.), en a fixé le taux au vingt-cinquième du minimum de la pension d'ancienneté, pour chaque année de service et pour chaque campagne (art. 3); ce taux a été maintenu par les lois des 13 mars 1875 (art. 35. D. P. 75. 4. 129) et 15 déc. 1875 (D. P. 76. 4. 84), qui ont modifié celle du 10 juill. 1874, et a été étendu par elles à tous les militaires *commissionnés*. La loi sur les pensions des sous-officiers, caporaux, brigadiers, soldats, et assimilés de l'armée de terre du 18 août 1879 a, dans un tableau annexe (*Bull. des lois*, 1879, n° 8. 314) qui abroge celui de 1831, déterminé, suivant le grade, le taux de la pension *d'ancienneté* et de la pension *proportionnelle* des anciens militaires non officiers et de leurs veuves ou orphelins. Ce tarif a lui-même été abrogé et remplacé par un tarif nouveau annexé à la loi du 23 juill. 1881, sur le rengagement des sous-officiers. La loi du 18 mars 1889 a reproduit ce dernier tarif, en substituant seulement la condition de quinze années de service à celle de dix années de rengagement, dans la colonne 3 (V. ce tableau, D. P. 90. 4. 55).

En ce qui concerne les *officiers*, le tableau annexé à la loi du 11 avr. 1831 (V. aussi Décis. imp. 14 août 1860, D. P. 60. 4. 140, fixant le tarif des pensions des vétérinaires militaires) a été remplacé une première fois par un tarif annexé à la loi du 25 juin 1861 (*Bull. des lois*, 1861, n° 9,169), puis par un nouveau tarif, encore actuellement en vigueur, annexé à la loi du 22 juin 1878 sur les pensions de retraite des officiers de l'armée de terre (V. ce tableau D. P. 78. 4. 83), qui modifie les tarifs antérieurs aussi bien pour les pensions pour blessures ou infirmités et les pensions des veuves, que pour les pensions d'ancienneté. — Sur les suppléments de traitement accordés depuis lors aux officiers retraités antérieurement à 1878, V. *infrà*, nos 540 et suiv.

Il a été entendu, au moment du vote de la loi de 1878, que ce tarif ne pourrait être dans la suite modifié par un relèvement de la solde d'activité (Rapport de M. Ant. Proust sur cette loi, D. P. 78. 4. 82, note 3).

539. Le tableau I, annexé à la loi du 16 mars 1880, a déterminé le taux des pensions de retraite des membres du corps du contrôle de l'armée. Mais ce tarif a été implicitement abrogé par la loi du 15 nov. 1890 (D. P. 91. 4. 11) qui, dans un tableau annexe, a déterminé quels sont les grades de la hiérarchie militaire auxquels correspondent, pour la liquidation des pensions, les fonctions de contrôleur de l'armée (Comp. L. 16 mars 1882, art. 42, D. P. 82. 4. 124), de vétérinaire militaire, chef de musique, garde d'artillerie, contrôleur d'armes, adjoint du génie, officier d'administration des services de l'intendance et des hôpitaux militaires, interprète de l'armée, archiviste, officier d'administration, de la justice militaire. — Aux termes de l'art. 3 de la même loi, les fonctionnaires et officiers énumérés ci-dessus, qui étaient, au moment de sa promulgation ou qui ont été dans les deux années suivantes pourvus de grades leur permettant de prétendre, d'après les tarifs de 1878 et 1882, à une pension supérieure à celle qui résulterait de l'application du tableau de correspondance annexé à la loi de 1890, conserveront ce bénéfice, en cas d'admission à la retraite, sans qu'il soit d'ailleurs dérogé aux règles ordinaires du droit à pension.

540. Les lois des 22 juin 1878 (D. P. 78. 4. 81), 18 août 1879 (D. P. 80. 4. 35) et 23 juill. 1881 (D. P. 81. 4. 94) ont on l'a vu *suprà*, n° 538, notablement augmenté le chiffre des pensions de retraite des militaire de l'armée de terre (Conf. L. 5 août 1879, D. P. 80. 4. 32, et 8 août 1883, D. P. 84. 4. 74, pour l'armée de mer). Mais les améliorations ainsi apportées à la situation des retraités militaires n'ont été édictées que pour l'avenir; elles n'ont pas modifié la situation des retraités des régimes antérieurs. « La loi de 1878, dit le rapport au Sénat sur la loi du 18 août 1881; avait bien affecté un million à l'amélioration des retraités de 1861; mais la répartition de cette subvention, qui, d'ailleurs, n'était pas applicable à tous les intéressés, ne donnait aux plus heureux qu'une part bien minime, et les retraités antérieurs à 1861, les plus âgés, les moins bien traités, n'avaient pas le droit d'y participer et devaient se contenter des subventions données par la chancellerie de la Légion d'honneur aux termes des lois de 1864 et 1866. La loi de 1879 sur les retraites des sous-officiers et soldats avait été votée, avec l'ajournement, demandé par le ministre des finances, d'une subvention de 1 200 000 fr. et l'on sollicitait vainement une décision favorable du ministre. Aussi, bien peu de temps après la promulgation de ces deux lois, les Chambres ont reçu de nombreuses pétitions réclamant l'amélioration des anciennes retraites. Le Sénat et la Chambre des députés ont manifesté leur sympathie pour les pétitionnaires en renvoyant les pétitions à MM. les ministres de la guerre, de la marine et des finances. Plusieurs propositions d'amélioration des retraites ont été produites dans les deux Chambres et le Gouvernement présentait le 29 mai 1880, à la Chambre des députés, un projet concerté entre les ministres des finances, de la guerre et de la marine, ayant pour but d'améliorer toutes les retraites ou pensions des officiers, sous-officiers et soldats des armées de terre et de mer. En regard de ce projet, qui n'accordait que des majorations ou suppléments de pensions aux militaires ou marins, et la moitié de ces majorations à leurs veuves ou orphelins, plusieurs députés ont présenté une proposition réclamant, pour tous les pensionnés, l'application des tarifs des dernières lois, ce qu'on a appelé *l'unification des retraites*. Cette unification a été approuvée en principe à la Chambre des députés, dans une première délibération, malgré l'opposition du ministre des finances, qui reculait devant l'excédent de dépense que cette mesure devait entraîner. Dans l'intervalle entre la première et la deuxième délibération, le Gouvernement s'inspirant de la discussion qui venait d'avoir lieu, a modifié son premier projet. Il a continué à repousser l'unification complète qui entraînait une dépense trop considérable, mais il a accepté cette unification pour ceux dont la position était la plus difficile, pour ceux qui en avaient le plus besoin, les sous-officiers et les soldats, leurs veuves et leurs orphelins. Il a maintenu ses propositions pour les officiers, majorant les pensions suivant le grade et les tarifs qui ont présidé à la liquidation de la retraite. La Chambre des députés s'est ralliée au projet du Gouvernement, malgré les efforts de sa commission qui demandait l'unification absolue. Le Sénat s'est prononcé à son tour dans le même sens et le projet est devenu la loi du 18 août 1881 (D. P. 82. 4. 81).

Aux termes de l'art. 1, § 1, de la loi du 18 août 1881, « à partir du 1er janv. 1881, les pensions de retraite de tous les sous-officiers, caporaux, brigadiers, soldats, officiers mariniers, marins et assimilés retraités sous tous les régimes antérieurs aux lois des 5 et 18 août 1879, seront payées selon le tarif établi par ces deux dernières lois ». L'art. 3 porte : « les pensions des veuves de sous-officiers, caporaux, brigadiers, soldats, officiers mariniers, marins et assimilés, et les secours annuels aux orphelins, jusqu'ici réglés selon les tarifs fixés par les lois antérieures à celles des 5 et 18 août 1879, le seront désormais selon les tarifs établis par ces dernières lois ».

Quant aux officiers, le même art. 1 dispose : « Un supplément de pension est accordé, à partir du 1er janv. 1881 : Aux officiers et assimilés de l'armée de terre et à leurs veuves, retraités en vertu des lois antérieures à celle du 22 juin 1878 ; aux officiers et assimilés de la marine et des colonies et à leurs veuves, retraités antérieurement à la loi du 5 août 1879 ».

541. L'art. 1 de la loi de 1881 dispose encore : « Ces suppléments sont fixés conformément aux tarifs annexés à la présente loi, suivant le grade ayant servi de base à la liquidation de la pension. Ils sont soumis aux mêmes conditions de droit et de jouissance que la pension, et sont payés par les mêmes caisses et aux mêmes échéances. Toutefois, le payement en demeurera suspendu pour les pensionnés de toute catégorie pourvus d'emplois civils rétribués par l'Etat, les départements et les communes, ou de débits de tabac, tant que ces pensionnaires seront en possession des emplois ou débits » (V. aussi sur les difficultés qu'a soulevées l'application de cette dernière disposition, *infrà*, nº 617 et 625 et suiv.). Cependant, une loi du 21 déc. 1881 (*Bull.*, nº 11349), qui ouvre ou annule des crédits sur les exercices 1880 et 1881, porte : « Art. 19. Les pensionnaires militaires qui touchaient une subvention sur les fonds de la guerre, de la marine ou de la Légion d'honneur, bien qu'ils fussent pourvus d'emplois civils ou de débits de tabac, pourront cumuler avec le produit de ces emplois ou débits, jusqu'à concurrence du montant de ladite subvention, le supplément de pension qui leur est attribué par la loi du 18 août 1881. Ceux des anciens militaires sardes inscrits au Trésor français qui ont été jusqu'à ce jour compris dans la liste des subventions payées par la Légion d'honneur recevront et pourront cumuler, de même, avec le produit de l'emploi ou du bureau de tabac dont ils seraient actuellement titulaires un supplément de pension égal à la subvention supprimée ». Ce dernier alinéa a été modifié par la loi du 8 juill. 1882, art. 15, qui accorde aux anciens officiers sardes les suppléments de traitements accordés aux officiers français et à leurs veuves par la loi du 18 août 1881, et aux anciens *sous-officiers et soldats* sardes un supplément uniforme de 300 francs, leurs veuves bénéficiant des tarifs de 1879. Le cumul de ces suppléments avec un emploi civil ou un bureau de tabac n'est désormais autorisé que jusqu'à concurrence du montant des subventions précédemment reçues de la Légion d'honneur.

542. Contrairement à ce qui était dit dans le rapport cité *suprà*, nº 540, la loi du 18 août 1881 n'avait pas eu, ainsi qu'on l'a indiqué, *ibid.*, pour résultat d'unifier les pensions de retraite de tous les non-officiers, comme les auteurs de la loi l'avaient annoncé. En effet, quelques jours avant son adoption par les Chambres, une loi avait été promulguée, qui avait abrogé le tarif de 1879 et l'avait remplacé par un tarif plus avantageux pour les pensionnés postérieurs au 23 juill. 1881 (L. 23 juill. 1881, art. 25, *suprà*, nº 538). La Chambre et le Sénat, lorsqu'ils ont voté la loi du 18 août 1881, ont perdu de vue la modification qu'ils venaient d'apporter, dans une loi spéciale au rengagement des sous-officiers, au tarif de 1879; et, dans la loi du 18 août 1881, ce n'est pas au nouveau tarif du 23 juillet précédent qu'ils se sont référés, c'est à celui de 1879 auquel ils venaient d'en substituer un autre. Les réclamations des anciens sous-officiers auxquels on avait cru donner satisfaction ne cessèrent donc pas. Aussi la loi de finances du 30 déc. 1891 (D. P. 92. 4. 25) a-t-elle, dans ses art. 49 et 50 accordé de nouveaux suppléments de pension aux non-officiers retraités avant le 23 juill. 1881 (et avant la loi du 8 août 1883, pour l'armée de mer), dans le but de diminuer l'écart existant entre leurs pensions et celles des retraités postérieurs.

Ces mêmes articles ont également accordé aux officiers retraités en vertu des lois antérieures à celles du 22 juin 1878 pour l'armée de terre et 5 août 1879 pour l'armée de mer, des augmentations de pension qui, sans amener l'unification réclamée par les intéressés, ont cependant notablement amélioré leur situation.

Les art. 49 et 50 de la loi du 30 déc. 1891 sont ainsi conçus : « Art. 49. Une allocation supplémentaire, annuelle et viagère, est accordée, à partir de l'exercice 1892, à tous les pensionnaires militaires et aux agents retraités du service actif des douanes ci-après désignés. Auront droit à cette allocation : 1º les officiers et assimilés des armées de terre et de mer, et leurs veuves, retraités en vertu des lois antérieures à celles des 22 juin 1878 et 5 août 1879 ; 2º les sous-officiers, brigadiers, caporaux et soldats, officiers mariniers, marins et assimilés, ainsi que les veuves, retraités sous les régimes antérieurs aux lois des 23 juill. 1881 et 8 août 1883 ; 3º les agents de tout grade du service actif des douanes retraités avant la loi du 26 févr. 1887, et leurs veuves. — Art. 50. L'allocation accordée par l'art. 49 ci-dessus sera inscrite au 1er janvier de chaque année avec rappel des arrérages à compter du 1er déc. précédent ; le montant en est fixé, pour l'année 1892, conformément au tarif ci-après, suivant le grade ayant servi de base à la liquidation de la pension :... (Suit ce tableau). Elle s'augmentera, les années suivantes, des sommes devenues disponibles en fin d'exercice, par suite d'extinctions. Ces sommes seront réparties proportionnellement entre les ayants droit sur les bases du tarif qui précède. Le reversement cessera d'avoir lieu quand le total de la pension et de l'allocation égalera, pour chaque intéressé, le taux de la pension de son grade telle qu'elle serait liquidée d'après les tarifs actuellement en vigueur. L'allocation supplémentaire est soumise aux mêmes conditions de droit et de jouissance que la pension ; elle est payée par les mêmes caisses et aux mêmes échéances. Cette allocation ne sera accordée aux officiers et assimilés jouissant d'un traitement civil payé par l'Etat, les départements, les communes et les établissements publics, que dans le cas où le total du traitement civil, de la pension militaire et de l'allocation serait inférieur au montant de la solde, sans ses accessoires, dont jouissait le titulaire au moment de son admission à la retraite. Lorsque ce total dépassera le montant de la solde, il y sera ramené par la suspension d'une partie de l'allocation. Les allocations accordées en vertu de l'art. 49 ne pourront avoir, en aucun cas, pour effet de porter les pensions concédées sous le régime antérieur aux lois des 22 juin 1878, 5 août 1879, 23 juill. 1881, 8 août 1883 et 26 févr. 1887, à un taux supérieur à celui des mêmes pensions si elles eussent été liquidées en application desdites lois. La dépense résultant de l'attribution de cette allocation sera portée à un chapitre spécial de la première partie du ministère des finances, distinct de ceux qui concernent les pensions et les suppléments de pensions ».

543. Un décret du 17 sept. 1881 (D. P. 82. 4. 99), rendu pour l'application de la loi du 18 août 1881 porte : « Considérant d'une part, que la revision des suppléments de pension, au nombre de cent douze mille, par la section compétente du conseil d'Etat, entraînerait pour les titulaires des délais dont il est difficile de prévoir le terme; considérant, d'autre part, qu'il ne s'agit pas, dans l'espèce, de constater de nouveaux droits, mais simplement d'appliquer de nouveaux tarifs à des pensions régulièrement concédées, — Décrète: Art. 1er. Les suppléments de pensions militaires alloués par la loi précitée du 18 août 1881 ne seront pas soumis à l'examen du conseil d'Etat. — Art. 2. Ces suppléments ne feront pas l'objet de décrets. Ils seront inscrits sur les livres de la dette viagère au vu des états nominatifs dressés et arrêtés par le ministre de la guerre et par le ministre de la marine, et visés, *ne varietur*, par le ministre des finances ». Un décret du 21 août 1892 (D. P. 93. 4. 19), conçu en termes à peu près identiques, porte également que les allocations accordées par l'art. 49 de la loi de 1891 ne feront pas l'objet de décrets de concession.

544. Aux termes des art. 2 et 6 de la loi du 18 août 1881, « les suppléments de pension institués par la présente loi seront payés sous déduction des compléments servis par la caisse des offrandes nationales en exécution de la loi du 27 nov. 1872 » (art. 2). « Est supprimé, à partir de 1881, le fonds de subvention d'un million institué par l'art. 8 de la loi du 22 juin 1878 pour venir en aide aux pensionnaires placés sous le régime de la loi du 25 juin 1861 » (art. 6).

545. Une question très importante, puisqu'elle intéressait 3700 retraités environ, a été soulevée à propos de l'application de la loi du 18 août 1881 : on a eu à se demander si le bénéfice de cette loi devait être reconnu aux militaires pourvus non d'une pension d'ancienneté, mais d'une *pension proportionnelle*. Pour soutenir la négative le ministre des finances (Décis. 28 juin 1882; Comp. Circ. direct. gén. compt. publ. 11 févr. 1882, § 1) et la section des finances du conseil d'Etat (Av. sect. fin. Cons. d'Et. 6 juin 1882) ont prétendu que les pensions proportionnelles accordées aux sous-officiers, alors qu'ils sont encore dans la force de l'âge, ne seraient pas de véritables pensions, mais auraient simplement pour but d'améliorer le sort des sous-officiers et seraient un des éléments, au même titre que la prime et la haute paye, du contrat passé avec eux pour les déterminer à se rengager. Mais le conseil d'Etat a adopté, avec raison, l'opinion contraire (Cons. d'Et. 15 déc. 1882, aff. Grévin, D. P. 84. 3. 75). Le commissaire du Gouvernement a, dans ses conclusions sur cette affaire, justifié ainsi qu'il suit cette interprétation de l'art. 1 de la loi de 1881 : « Rien ne nous paraît plus clair que cette disposition ; d'une part, par la généralité de ses termes, la loi de 1881 comprend tous les retraités qui ont obtenu pension avant les lois des 5 et 18 août 1879; d'autre part, elle augmente les retraites accordées sous tous les régimes antérieurs à ces lois. Or, il n'est pas douteux que les lois de 1874, 1875 et 1878 qui ont accordé des pensions proportionnelles aux sous-officiers et soldats ne comptant pas vingt-cinq ans de service, ont créé un régime autre que celui résultant des lois des 11 avr. 1831 et 26 avr. 1855. Elles ont les premières reconnu le droit à pension des sous-officiers et soldats après quinze ans de service; elles ont donc modifié la législation antérieure et en ont établi une nouvelle. Les lois de 1874 et 1878 énumèrent à quelles conditions on a droit à la pension de retraite proportionnelle, et celle du 18 août 1879 s'occupe des pensions proportionnelles dans son titre 1, qui règle les droits à la pension de retraite. Donc il est certain que les sous-officiers et soldats pourvus d'une pension proportionnelle sont retraités, et dès lors ils sont compris dans les prévisions du premier paragraphe de l'art. 1 de la loi du 18 août 1881. Pour qu'ils ne le fussent pas, il faudrait qu'ils fussent spécialement exclus.... La portée de cette loi devient encore plus manifeste quand on étudie les travaux préparatoires. En effet, M. Casimir-Perier explique dans ses rapports que le but qu'il s'agit d'atteindre est d'unifier toutes les pensions, de ne pas laisser subsister d'inégalités entre celles postérieures et celles antérieures à la loi de 1879, et il mentionne expressément les retraites proportionnelles comme devant profiter du nouveau tarif. En outre, les tableaux destinés à faire connaître le nombre des intéressés qui bénéficieraient d'une augmentation de pension, ont été dressés en comprenant tous ceux pourvus de pensions avant 1879, et sans défalcation du nombre des retraites proportionnelles. Enfin, à plusieurs reprises, dans la discussion publique, il a été question des sous-officiers et soldats admis à la retraite par application des lois de 1874 et 1878. Aussi nous est-il impossible de nous rallier à la théorie d'après laquelle les pensions proportionnelles ne seraient pas des pensions de retraite; la vérité est qu'elles ne constituent pas des pensions d'ancienneté; mais elles n'en sont pas moins des pensions et ceux qui les ont obtenues jouissent de véritables retraites ». Rien, dans les termes de la loi du 30 déc. 1891 n'indique que le législateur ait entendu donner à la loi de 1881 une interprétation différente de celle adoptée par le conseil d'Etat. L'art. 49 de cette loi accorde l'allocation supplémentaire *à tous les pensionnés militaires*...

546. Les suppléments de pensions accordées par la loi du 18 août 1881, aux termes de laquelle les pensions des sous-officiers retraités avant la loi du 18 août 1879 devront être payées d'après le tarif annexé à ladite loi, sont soumis aux mêmes conditions de droit que la pension elle-même; par suite, le sous-officier n'est pas recevable à soutenir, par voie de recours contre la décision ministérielle réglant le supplément auquel il a droit, que sa pension avait été liquidée d'après des bases erronées (Cons. d'Et. 18 juill. 1884, aff. Davin, D. P. 85. 5. 362). Il a même été jugé que le supplément de pension alloué à un ancien militaire, en vertu de la loi du 18 août 1881, doit être calculé d'après le grade qu'il occupait lorsqu'il a quitté l'armée pour entrer dans un service civil et qui avait servi à la liquidation de sa pension alors même que, postérieurement à son admission à la retraite, cet emploi civil a été transformé en emploi militaire et assimilé à un grade supérieur à celui qui a servi de base à la liquidation de sa pension (Cons. d'Et. 19 janv. 1883, aff. Nithard, D. P. 84. 3. 83). L'augmentation de pension allouée aux militaires retraités antérieurement à 1879 a, en effet, le caractère d'une pure opération matérielle à effectuer sur la simple production des décrets concédant les pensions (V. Décr. 17 sept. 1881, D. P. 82. 4. 8 et 21 août 1892, D. P. 93. 4. 19; V. *suprà*, n° 543).

547. — 2° *Quotité des pensions pour blessures ou infirmités* (*Rép.* n° 182). — La pension pour cause de blessures ou infirmités (*suprà*, nos 420 et suiv.) se règle sur le grade dont le militaire est titulaire au moment de la mise à la retraite (L. 1831, art. 18), *sans limitation du temps d'activité dans le grade*. La quotité de cette pension varie suivant la gravité des blessures ou infirmités.

En cas d'amputation d'un membre ou de perte absolue de l'usage de deux membres, tous les militaires, quel que soit leur grade, reçoivent une pension égale au maximum de la pension d'ancienneté (L. 25 juin 1861, art. 5, D. P. 61. 4. 79 ; 18 août 1879, art. 9, D. P. 80. 4. 35). Ce maximum est, on l'a vu (*suprà*, n° 538), déterminé par les tableaux annexés aux lois du 22 juin 1878 pour les officiers et du 23 juill. 1881 pour les non-officiers.

En cas d'amputation de deux membres ou de perte totale de la vue, ce maximum est augmenté, pour les officiers et les assimilés, de 20 pour 100, et pour les officiers, caporaux, brigadiers et soldats et assimilés, de 30 pour 100. Dans cette dernière augmentation se trouvent comprises toutes les majorations qui avaient pu être accordées par les législations antérieures notamment le supplément alloué par l'art. 33 de la loi du 28 fruct. an 7 (L. 1861, art. 5, § 2; L. 1879, art. 9).

En cas de perte absolue de l'usage d'un membre, ou d'infirmité équivalente, la pension de tous les militaires est égale au minimum de la pension d'ancienneté. Chaque année de services, y compris les campagnes (supputées suivant les art. 7 et 8 de la loi de 1831), ajoute à cette pension un vingtième de la différence entre le minimum et le maximum de la pension d'ancienneté. Le maximum, en ce cas, est acquis à vingt ans de service, campagnes comprises (L. 11 avr. 1831, art. 16, non abrogé par les lois postérieures), c'est-à-dire est égal au maximum de la pension d'ancienneté.

Pour les blessures ou infirmités moins graves (L. 1831, art. 14), la pension est fixée au minimum de la pension d'ancienneté, Elle est augmentée du vingtième de la différence du minimum au maximum, pour chaque année de service *au delà de trente ans*, campagnes comprises, pour les officiers (L. 1831, art. 17), et *au delà de vingt-cinq ans*, campagnes comprises, pour les non-officiers (Même article et L. 26 avr. 1855, art. 19). Le maximum est acquis, pour les premiers à cinquante ans de services, et pour les seconds à quarante-cinq ans (Mêmes articles), c'est-à-dire est égal au maximum de la pension d'ancienneté.

548. Les tableaux annexés aux lois des 11 avr. 1831, 25 juin 1861 et 22 juin 1878 (ce dernier encore en vigueur aujourd'hui, V. *suprà*, n° 538), qui ont fixé successivement le tarif des pensions des *officiers*, ont, pour la détermination des pensions pour blessures et infirmités, fait application pure et simple des règles que l'on vient d'exposer : pour la liquidation de ces pensions il suffit donc de se reporter simplement aux chiffres inscrits dans les colonnes du tableau.

Les tableaux annexés aux lois des 18 août 1879 et 23 juill, 1881 (ce dernier actuellement en vigueur, V. *suprà*, n° 538) qui ont établi le tarif des pensions des *non-officiers*, ne parlent, au contraire, que des pensions proportionnelles et des pensions d'ancienneté; mais, à l'aide des règles ci-dessus, il est facile de déterminer, dans chaque cas particulier, le montant de la pension pour blessures ou infirmités qui revient à l'ancien militaire.

549. Les militaires non officiers de la *gendarmerie* ayant plus de quinze ans de services militaires ont droit, en cas d'admission à la retraite pour blessures ou infirmités, mais seulement pour le nombre d'années de présence dans la gendarmerie, à une majoration de 15 fr. pour les simples gendarmes et de 18 fr. pour les gradés non officiers (L. 18 août 1879, art. 10 et tableau annexé à la loi du 23 juill. 1881).

550. L'art. 1, § 2, de la loi du 25 juin 1861 disposait : « Toutefois, les pensions des généraux de division et généraux de brigade, ainsi que celles des intendants et inspecteurs du service de santé qui leur sont assimilés pour la retraite, ne pourront, en aucun cas, excéder la somme attribuée, selon le grade, aux officiers généraux dans le cadre de réserve ». L'art. 4 de la loi du 22 juin 1878 (D. P. 78. 4. 81) a formellement abrogé cette disposition. Le rapport à la Chambre des députés sur la loi de 1878 explique ainsi qu'il suit cette abrogation : « Il a paru à votre commission que le maintien d'une disposition qui aurait pour conséquence, par suite de l'adoption du nouveau tarif, de donner aux généraux de division et de brigade, ainsi qu'aux fonctionnaires assimilés, une retraite moins élevée que celle qui serait attribuée aux officiers d'un grade inférieur ne pouvait se justifier ».

551. Sur les augmentations de pensions de retraite accordées à tous les anciens militaires retraités sous les régimes antérieurs aux lois des 22 juin 1878 et 5 août 1879 pour les officiers, et aux lois des 5 et 18 août 1879 pour les non-officiers (L. 18 août 1881 et 30 déc. 1891), V. *suprà*, n°s 540 et suiv.

552. — 3° *Quotité des soldes et pensions de réforme.* — La quotité de ces soldes et pensions (*suprà*, n° 437 et suiv.) est réglée actuellement, ainsi qu'il suit, pour les officiers, par la loi du 17 août 1879 (D. P. 80. 4. 34) qui a abrogé l'art. 6 de la loi du 22 juin 1878 (D. P. 78. 4. 81) et modifié l'art. 18 de la loi du 19 mai 1834 : « Tout officier réformé ayant moins de vingt ans de service recevra, pendant un temps égal à la moitié de la durée de ses services effectifs, une solde de réforme égale aux deux tiers du minimum de la pension de retraite de son grade, conformément à ce qui est déterminé par les lois en vigueur ; la solde ne sera que de la moitié de ce minimum si l'officier a été réformé pour cause de discipline. L'officier ayant, au moment de sa réforme, vingt ans ou plus de service effectif recevra une pension de réforme dont la quotité sera déterminée d'après le minimum de la retraite de son grade, à raison d'un trentième pour chaque année de service effectif, s'il appartient à l'armée de terre, ou à raison d'un vingt-cinquième, s'il appartient à l'armée de mer, et sous les conditions indiquées aux paragraphes 1 et 3 de l'art. 1 de la loi du 18 avr. 1831. Si l'officier a été réformé pour cause de discipline, la pension ne sera que de la moitié du minimum de la pension de retraite de son grade, augmentée par chaque année de service effectif au delà de vingt ans, savoir : de l'annuité d'accroissement fixée pour la pension d'ancienneté, s'il appartient à l'armée de terre, et de deux annuités s'il appartient à l'armée de mer, et sous les conditions ci-dessus rappelées. La solde ou la pension des officiers réformés pour prolongation de la position de non-activité au delà de trois ans seront réglées conformément aux dispositions qui précèdent, suivant qu'ils auront été mis en non-activité pour cause d'infirmités ou pour cause de discipline ».

553. En ce qui concerne les non-officiers, s'ils ont été mis en réforme avec congé n° 1, il peut leur être attribué une *gratification renouvelable* (Décis. impér. 3 janv. 1857 ; *suprà*, n° 443). Cette gratification a été fixée à environ la moitié du minimum de la pension du grade (tarif du 26 avr. 1855), savoir : adjudant, 280 francs; sergent-major et maréchal des logis chef, 230 francs; sergent et maréchal des logis, 205 francs; caporal et brigadier, 190 francs; soldat, 180 francs.

Sur la gratification temporaire de réforme accordée aux non-officiers de la gendarmerie, V. *suprà*, *ibid.*

554. — 4° *Quotité de la pension des veuves* (*Rép.* n° 190). — La pension des veuves des maréchaux de France est fixée à 6 000 francs (L. 11 avr 1831, *ibid.*).

La pension des veuves de militaires était fixée par l'art. 12 de la loi de 1831, au quart du maximum de la pension d'ancienneté affectée au grade dont le mari était titulaire quelle que fût, d'ailleurs, la durée de son activité dans ce grade (*Rép.* n° 190). Elle a été portée *au tiers* de ce maximum par la loi du 20 juin 1878 (art. 1, D. P. 78. 4. 80). Elle est encore, en principe, fixée à ce taux pour les veuves d'officiers ou assimilés et des membres du corps du contrôle (V. la dernière colonne du tableau annexé à la loi du 22 juin 1878 et la loi du 16 mars 1882, art. 42).

Quant aux veuves des sous-officiers, caporaux, brigadiers et soldats décédés titulaires ou en possession du droit à pension, leur pension a été élevée à *la moitié* du maximum de la pension d'ancienneté affectée au grade dont le mari était titulaire, par l'art. 14 de la loi du 18 août 1879 (D. P. 80. 4. 35). V. toutefois les numéros suivants. — Rappelons que les pensions proportionnelles et les pensions de réformes ne sont jamais réversibles (*suprà*, n° 475).

555. Par exception, la quotité de la pension de la veuve est plus élevée, lorsque le mari a été tué sur le champ de bataille, ou est mort des suites de blessures reçues pendant la guerre.

L'art. 1 de la loi du 26 avr. 1856 (D. P. 56. 4. 52) disposait : « Est élevée du quart à *la moitié* du maximum de la pension d'ancienneté affectée au grade dont le mari était titulaire, la pension à laquelle ont droit, aux termes des lois des 11 et 18 avr. 1831 et 26 avr. 1855 : 1° les veuves des militaires et marins tués sur le champ de bataille ; 2° les veuves des militaires et marins qui ont péri à l'armée, et dont la mort a été causée par des événements de guerre ; 3° les veuves des militaires et marins morts des suites de blessures reçues dans les circonstances prévues par les deux paragraphes précédents, pourvu que le mariage soit antérieur à ces blessures ». L'art. 2 de la loi du 20 juin 1878

(D. P. 78. 4. 80) s'exprime ainsi : « Les veuves des militaires et marins tués sur le champ de bataille ou dont la mort a été causée par des événements de guerre auront droit, conformément à l'art. 1 de la loi du 26 avr. 1856, à une pension qui sera de *moitié* du maximum de la pension d'ancienneté affectée au grade dont le mari était titulaire ». C'est cet article qui aujourd'hui encore est applicable aux veuves d'*officiers*.

Quant aux veuves des *non-officiers*, l'art. 15 de la loi du 18 août 1879 (D. P. 80. 4. 35) qui a abrogé, en ce qui les concerne, la loi du 20 juin 1878, est ainsi conçu : « Sont élevés de moitié aux trois quarts du maximum de la pension d'ancienneté affectée au grade dont le mari ou le père était titulaire, les pensions et secours auxquels ont droit, aux termes de la loi du 26 avr. 1856, les veuves et orphelins des sous-officiers, brigadiers ou caporaux et soldats, dont les maris ou pères ont été tués sur les champs de bataille, ou qui ont péri à l'armée et dont la mort a été causée par des événements de guerre ».

556. Bien que les art. 2 de la loi du 20 juin 1878 et 15 de la loi du 18 août 1879 soient conçus en termes moins compréhensifs que ceux de la loi de 1856 et ne parlent pas des veuves des militaires et marins morts *des suites de blessures* reçues à l'armée en temps de guerre, il paraît certain que les veuves de militaires morts dans ces circonstances doivent bénéficier des dispositions des lois de 1878 et 1879. Les circonstances dans lesquelles ces lois ont été présentées, les explications formulées lors des travaux préparatoires, démontrent que l'intention du législateur en 1878 n'a pas été d'innover sur ce point, surtout d'une façon restrictive, et qu'en 1879, il a entendu accorder l'augmentation à toutes les veuves de militaires non officiers auxquelles s'appliquaient les lois de 1856 et 1878. Sur la situation de faveur faite aux veuves des militaires de la gendarmerie, V. *infrà*, n° 561.

557. Il a été jugé que les dispositions des lois précitées qui élèvent exceptionnellement la pension de la veuve du militaire mort des suites d'un événement de guerre s'appliquent même quand le mari est décédé titulaire d'une pension de retraite (Cons. d'Et. 23 avr. 1880, aff. Choblet, D. P. 81. 3. 53).

558. Des difficultés se sont souvent élevées, dans la pratique sur la question de savoir ce qu'il faut entendre par les *événements de guerre*, dont parlent les lois de 1856, 1878 et 1879. L'exposé des motifs de la loi de 1856 citait comme exemples : une reconnaissance des positions de l'ennemi, le transport d'un ordre à travers le terrain occupé par ses tirailleurs, le passage d'une rivière, l'entrée de vive force d'un petit bâtiment dans une rade ennemie à l'effet d'en reconnaître les moyens de défense, l'explosion d'un magasin à poudre causée par les projectiles de l'ennemi; il ajoute que la loi sera applicable à une foule de circonstances où des soldats peuvent trouver un trépas quelquefois supérieur à celui du champ de bataille par le dévouement qui l'a causé. Le caractère d'un décès survenu par suite d'un événement de guerre, et donnant lieu par conséquent à application de la loi de 1878, a été reconnu à la mort d'un officier qui avait succombé, le jour même d'un combat, aux suites d'une insolation dont il avait été frappé au moment même où il entraînait ses hommes à l'assaut (Cons. d'Et. 14 mai 1886, aff. Chapuis, D. P. 87. 3. 102).

559. Mais, en général, la jurisprudence du conseil d'Etat a toujours interprété dans un sens très restrictif les mots *événements de guerre*. C'est ainsi qu'il a été jugé : 1° que le bénéfice de l'augmentation de pension accordée par les lois de 1856 et 1878 ne peut être réclamé par la veuve d'un officier qui a péri au retour d'une reconnaissance, d'une hémorragie cérébrale résultant des fatigues qu'il y avait éprouvées (Cons. d'Et. 23 juill. 1886, aff. Mason, D. P. 87. 3. 102) ; — 2° Que ce bénéfice ne peut non plus être accordé à la veuve d'un militaire mort d'une maladie résultant des fatigues et des privations éprouvées pendant la guerre (Cons. d'Et. 15 nov. 1872, aff. De Vignet, D. P. 72. 3. 42) ;... ou d'une maladie contractée en campagne (Cons. d'Et. 23 mai 1884, aff. Malifaud, D. P. 85. 3. 116. Conf. Cons. d'Et. 22 juin 1877, aff. David; 22 févr. 1878, aff. Burie). L'intention du législateur, sur ce point, ressort nettement de la comparaison de l'art. 19 de la loi de 1831 avec les articles précités des lois de 1856, 1878 et 1879. Mais lorsque, en 1831, il s'est agi de constituer le droit à pension de la veuve, la loi a admis, après les événements de guerre, les maladies contagieuses ou endémiques aux influences desquelles le mari a été soumis par les obligations du service. Lorsqu'il s'est agi de constituer des faveurs spéciales à une catégorie de veuves, on conçoit que les conditions aient été plus sévères. Aussi, en 1856, le Corps législatif a-t-il repoussé les amendements ayant pour but d'étendre ces faveurs aux veuves de militaires morts aux armées, de choléra, typhus ou autres maladies contagieuses et épidémiques (Conf. Bavelier, t. 2, n° 287).

560. Le bénéfice de l'augmentation de pension doit être refusé à la veuve dont le mari est mort d'une maladie, alors même qu'il s'agirait d'une maladie endémique (la fièvre jaune) contractée aux colonies (Cons. d'Et. 2 mars 1883, aff. Vouzelle, D. P. 84. 3. 110). Pour assimiler le décès aux colonies par suite d'une maladie endémique, à la mort résultant d'un événement de guerre, on se fonderait à tort sur ce que, d'après l'art. 7 de la loi du 11 avr. 1831, les services hors d'Europe comptent comme services de campagne. Ce raisonnement ne peut être admis en présence des termes limitatifs de l'art. 19 de la loi du 18 août 1879.

561. La loi du 18 août 1879 (D. P. 80. 4. 35) contient des dispositions de faveur spéciales, pour l'arme de la gendarmerie. Aux termes de l'art. 16 de cette loi, « dans le cas où les veuves et orphelins des militaires de la gendarmerie ont droit à des pensions ou à des secours annuels, ces pensions et secours annuels, calculés d'après les lois générales sur les pensions militaires, sont augmentés de la moitié des annuités afférentes au temps d'activité passé dans la gendarmerie par le mari ou le père, si ce dernier avait plus de quinze ans de service effectif, soit dans l'armée, soit dans la gendarmerie ». Quoique cet article parle en termes généraux des veuves et orphelins *militaires* de la gendarmerie, et non pas seulement, comme l'article suivant, des veuves et orphelins « des sous-officiers, brigadiers de gendarmerie ou gendarmes », il paraît certain cependant qu'il ne s'applique pas aux veuves des officiers de gendarmerie, car la loi du 18 août 1879 est uniquement relative aux « pensions des sous-officiers, caporaux, brigadiers et soldats de l'armée de terre » aucune de ses dispositions ne vise les pensions des officiers; il est donc naturel de penser que l'art. 16 n'a pas entendu s'écarter de l'objet de la loi.

L'art. 17 de la même loi dispose : « Sont élevés aux trois quarts du maximum de la pension d'ancienneté affectée au grade dont le mari ou le père était titulaire, les pensions de veuves et les secours annuels accordés aux orphelins mineurs des sous-officiers, brigadiers de gendarmerie ou gendarmes qui ont péri par suite de lutte ou combat soutenu dans l'exercice de leurs fonctions. Les pensions et secours annuels liquidés en vertu du présent article sont augmentés, en outre, des trois quarts des annuités énoncées aux art. 10, 11 et 12 » (Ces derniers articles ont été modifiés par la loi du 23 juill. 1881, *suprà*, n° 536).

562. Il a été jugé qu'un gendarme blessé mortellement par un autre gendarme, qu'il conduisait à la chambre de sûreté sur l'ordre d'un de ses chefs, doit être considéré comme ayant péri non seulement dans un service commandé, mais par suite d'une lutte soutenue dans l'exercice de ses fonctions et que, par suite, la pension de sa veuve doit être liquidée par application de l'art. 17 de la loi du 18 août 1879 (Cons. d'Et. 9 juill. 1886, aff. Gorry, D. P. 88. 3. 4; 18 nov. 1881, aff. Streissel, D. P. 83. 3. 36). En effet, d'après les art. 249 et 276 du décret du 1er mars 1854, tout gendarme, sans qu'il soit besoin d'un ordre ou d'un mandat, doit arrêter tout délinquant surpris en flagrant délit; à plus forte raison agit-il dans l'exercice de ses fonctions lorsqu'il prête son concours à l'ordre d'arrestation donné par un de ses supérieurs, à l'encontre d'un camarade que sa rébellion ouverte constitue en état de flagrant délit.

563. M. Bavelier (t. 2, n° 287) fait justement observer que la pension attribuée à la veuve d'un militaire n'est pas, comme celle de la veuve d'un fonctionnaire civil, une part proportionnelle de la pension du mari. « Ici, la pension de la veuve constitue un chiffre fixe établi d'après le grade (officiers, un tiers ou moitié du maximum; non officiers, moitié ou trois quarts du maximum), lors même que la pension du mari aurait été liquidée d'après le minimum. Il en résulte que, tandis que pour les pensions civiles, on ne saurait, à l'occasion de la pension de la veuve, revenir sur la liquidation de la pension du mari (*suprà*, nos 243 et suiv.), pour les pensions militaires, il est admis qu'en établissant les droits des veuves, il y a lieu de tenir compte des erreurs commises et de les réparer » (Av. Cons. d'Et. 1er juin, 27 oct. et 15 déc. 1880, 20 juill. 1883).

564. Aux termes de l'art. 23 de la loi du 11 avr. 1831, s'il y a lieu de récompenser les services éminents ou extraordinaires d'un militaire, la pension est accordée par une loi spéciale. Par application de cette règle, le décret du 23 oct. 1883, portant règlement sur le service dans les places de guerre et dans les villes de garnison (D. P. 84. 4. 119), décide que la veuve de tout officier commandant une place, tué dans l'accomplissement de ses devoirs, ou mort de ses blessures après une défense honorable a droit à une pension spéciale à titre de récompense nationale, dont le montant est déterminé par une loi, sur la proposition du ministre de la guerre (Comp. Décr. 13 oct. 1863, art. 257, § 2, D. P. 4. 64).

565. — 5° *Quotité des secours annuels accordés aux enfants.* — S'il existe une veuve et des enfants de plusieurs lits, la pension doit être partagée par portions égales entre chacun des premiers lits et la veuve, avec réversibilité des uns sur les autres jusqu'à la majorité des orphelins et au décès de la veuve (Bavelier, t. 2, n° 288).

566. Lorsque la veuve du militaire est décédée ou se trouve déchue de ses droits à pension, et si d'ailleurs le mariage des parents a été autorisé conformément au décret du 16 juin 1808, les enfants mineurs, quel que soit leur nombre, reçoivent un secours annuel égal à la pension que la veuve aurait pu obtenir (L. 11 avr. 1831, art. 21). S'il y a des enfants de plusieurs lits, ce secours est partagé par égales portions entre chacun des lits, et il continue à être payé jusqu'au jour où le plus jeune des enfants a atteint sa majorité, la part des majeurs étant toujours réversible sur les mineurs.

567. Bien qu'aucune disposition de la loi du 20 juin 1878 (D. P. 78. 4. 80) qui a élevé le chiffre de la pension des veuves n'indique que cette loi est applicable aux orphelins, il ne semble pas douteux que ceux-ci doivent bénéficier des dispositions de cette loi; car d'une part l'art. 21 de la loi de 1831 est formel, la pension des orphelins est égale à celle des veuves; d'autre part le titre de la loi de 1878 est ainsi conçu: « Loi qui porte la pension de la veuve *ou les secours des orphelins* d'un militaire ou marin au tiers au lieu du quart, etc. ». Les autres lois qui, antérieurement (L. 26 avr. 1856) ou postérieurement (L. 18 août 1879 pour les non officiers), ont augmenté le chiffre de la pension des veuves ont, d'ailleurs, toujours assimilé, pour la quotité de la pension, les orphelins à la veuve.

568. Comme pour la veuve, la pension est élevée à la moitié ou aux trois quarts du maximum de la pension affectée au grade du père, si celui-ci a été blessé sur un champ de bataille ou a péri à l'armée par suite d'événements de guerre ou de blessures reçues pendant la guerre (L. 26 avr. 1856, art. 1, § 2, D. P. 56. 4. 52; 18 août 1879, art. 14 et 15. V. *suprà*, n° 555 et suiv.).

569. Les enfants mineurs des militaires non officiers de la gendarmerie bénéficient, comme les veuves, des dispositions de faveur contenues dans les art. 16 et 17 de la loi du 18 août 1879 (D. P. 80. 4. 35. V. *suprà*, n° 561).

570. La *liquidation* des pensions militaires est préparée par le ministre de la guerre; puis elle est soumise à la section de la guerre et de la marine du conseil d'Etat, dont l'avis est communiqué au ministre des finances. Celui-ci peut, s'il le juge à propos, soumettre de nouveau la liquidation proposée à la revision des sections réunies de la guerre et de la marine et des finances (Décr. 8 juin 1852, D. P. 52. 4. 102, modifiant l'art. 9 du décr. 30 janv. 1852, D. P. 52. 4. 48). En fait, il est d'habitude, comme pour les pensions civiles, de soumettre à l'examen du ministre des finances les projets de liquidation des pensions militaires avant de les envoyer au conseil d'Etat (Bavelier, t. 2, n° 293).

Le décret de concession doit contenir les énonciations prescrites par l'art. 41 du décret du 9 nov. 1853. Il est contresigné par les ministres de la guerre et des finances et inséré au *Bulletin des lois* (Comp. *infrà*, n° 698).

571. — III. DÉCISIONS EN MATIÈRE DE PENSIONS CIVILES ET MILITAIRES. — Comme on l'a annoncé *suprà*, n° 256, on étudiera ici tout ce qui concerne les décisions qui interviennent et les recours qui sont ouverts en matière de pensions tant *civiles* que *militaires*. Les mêmes principes sont, en effet, applicables, sur ce point, aux deux espèces de pensions.

572. En principe, toutes les questions que soulève la matière des pensions rentrent dans le domaine administratif (Bavelier, t. 1, n° 133). Toutefois, celles qui concernent l'état des personnes sont de la compétence judiciaire (Bavelier, *ibid.*); il en est ainsi, notamment, de la question de savoir si une femme a ou non la situation de veuve (Cons. d'Et. 23 juin 1846, aff. De Vaudoncourt, *Rec. Cons. d'Etat*, p. 358),... ou si un fonctionnaire a perdu ou non la qualité de Français (Cons. d'Et. 27 avr. 1847, aff. Clouet, *Rec. Cons. d'Etat*, *ibid.*, p. 272).

573. Ainsi que l'indique M. Bavelier (t. 1, n° 135), il existe deux sortes de décisions, en matière de pensions: les unes, qui relèvent du pouvoir discrétionnaire, constituent des actes d'administration pure; les autres, qui statuent sur les droits des fonctionnaires, et sont, à ce titre, susceptibles d'un recours par la voie contentieuse.

574. « Au nombre des actes d'administration pure, dit M. Bavelier (t. 1, n° 135), figurent tous ceux qui émanent du pouvoir discrétionnaire et ne sauraient porter atteinte à des droits véritables ». Telles sont les décisions prises par les ministres relativement à des suppressions d'emplois, à des destitutions ou à des révocations (Cons. d'Et. 19 oct. 1825, aff. Guérin; 30 déc. 1858, aff. Vaissié, D. P. 71. 5. 92; 31 déc. 1878, aff. Duval, *Rec. Cons. d'Etat*, p. 1127; 17 et 31 janv. 1879, aff. Spindler et aff. Duperray, D. P. 79. 3. 46; 28 nov. 1879, aff. De Laage, D. P. 80. 3. 51; 9 déc. 1879, aff. Alleau, D. P. 80. 3. 9; 9 juin 1882, aff. Dubois de Romand, D. P. 83. 5. 126; 14 déc. 1883, aff. Lequeux, D. P. 87. 3. 75; V. *suprà*, v° *Fonctionnaire public*, n° 21; *Rép.* eod. v°, n° 113) — Tous ces actes ne peuvent faire l'objet d'aucun recours. Ils constituent des actes de Gouvernement, accomplis sous la seule responsabilité ministérielle (V. *suprà*, v° *Compétence administrative*, n° 132; *Rép.* eod. v°, n° 48; Bavelier, *loc. cit.*).

Il a été jugé, par application de ces principes : 1° que le refus fait par le ministre de la guerre d'accepter une démission, ou l'acceptation tardive de la démission d'un officier ne peut pas donner ouverture à un recours contentieux (Cons. d'Et. 23 mars 1872, aff. Pichon, *Rec. Cons. d'Etat*, p. 183; — 2° Qu'il en est de même du décret admettant d'office à faire valoir ses droits à la retraite l'officier qui a accompli le temps de service exigé par la loi (Cons. d'Et. 9 mars 1877, aff. De Labrousse, *ibid.* p. 244);... alors même que certaines formes prescrites par l'Administration n'auraient pas été observées (Cons. d'Et. 15 juin 1850, aff. D'Agard, *ibid.*, p. 580; 29 déc. 1851, aff. Championnet-Rey, *ibid.*, p. 704; 30 juin 1853, aff. Dumas, *ibid.* p. 656; V. aussi *suprà*, v° *Organisation militaire*, n° 129).

575. Il est une autre catégorie d'actes qui, pour un autre motif, ne peuvent être l'objet d'un recours contentieux; ce sont ceux qui constituent de simples actes d'instruction, ou qui, du moins, ne contenant pas de décision définitive, ne font pas grief aux intéressés. C'est ainsi qu'il a été jugé: 1° qu'en cas d'admission à la retraite, on ne peut attaquer que la liquidation et non l'acte d'admission à la retraite (Cons. d'Et. 27 avr. 1847, aff. Auriscote de Lazarque, *Rec. Cons. d'Etat*, p. 271; V. aussi Cons. d'Et. 21 mars 1883, aff. Puységue, D. P. 84. 5. 386); — 2° Que, le ministre ayant seul qualité pour statuer sur les demandes de pensions, on ne peut déférer au conseil d'Etat, par la voie contentieuse, la dépêche par laquelle un général commandant soit la brigade d'infanterie, soit la subdivision territoriale, informe un militaire qu'il n'a pas droit à la retraite (Cons. d'Et. 7 août 1883, aff. Masselle, D. P. 85. 5. 361; 27 juin 1884, aff. May, D. P. *ibid.* V. anal. Cons. d'Et. 15 mars 1878, aff. Warembourg, D. P. 78. 3. 64; 1er déc. 1882, aff. Jeanrenaud, D. P. 84. 3. 25; 24 janv. 1890, aff. Nicolini, D. P

91. 3. 62); — 3° Que, le ministre des finances étant seul compétent pour faire application aux pensions des lois sur le cumul, la dépêche par laquelle le ministre de la guerre fait connaître que la prétention d'un militaire de cumuler sa pension avec un traitement d'activité ne lui paraît pas fondée, ne constitue pas une décision susceptible d'être déférée au conseil d'Etat (Cons. d'Et. 15 juin 1888, aff. Coulmy, D. P. 89. 3. 94; 5 déc. 1890, aff. Tourreix, D. P. 92. 3. 67. Conf. Cons. d'Et. 23 août 1836, *Rép.* n° 202; 29 mars 1851, *Rép.* v° *Traitement*, n° 222); — 4° Qu'une lettre par laquelle le ministre de l'intérieur a refusé de donner suite à une réclamation contre le chiffre d'une pension qui vient d'être fixé par décret impérial, ne constitue pas une décision contentieuse contre laquelle le réclamant soit recevable à se pourvoir devant le conseil d'Etat; par suite, le réclamant qui, ayant reçu le certificat d'inscription de sa pension, ne s'est pas pourvu dans les trois mois de cette réception, mais seulement dans les trois mois de la lettre ministérielle portant refus de revision, doit être déclaré non recevable dans son recours (Cons. d'Et. 4 déc. 1856, aff. Vassal, D. P. 57. 3. 39).

C'est par application du même principe qu'aucun recours n'est ouvert contre l'avis que le ministre des finances est appelé à donner sur les projets de liquidation étrangers à son département (V. *suprà*, n° 160).

576. Jugé, de même, que la décision ministérielle qui refuse d'accorder à un ancien militaire une pension de retraite pour infirmités et l'admet à faire valoir ses droits à pension pour ancienneté de service, n'est qu'une mesure préparatoire à la liquidation de la pension, et ne fait pas obstacle à ce que le réclamant forme ultérieurement, contre le décret lui allouant une pension de retraite, telles réclamations qu'il se croirait fondé à présenter; que, par suite, cette décision ne peut être déférée au conseil d'Etat par la voie contentieuse (Cons. d'Et. 21 mars 1883, aff. Puységue, D. P. 84. 5. 386). Il en est de même de la décision par laquelle le ministre déclare ne pouvoir faire entrer dans la liquidation qu'il est chargé de préparer les années de service qu'un fonctionnaire prétend devoir lui être comptées par application du décret du 12 sept. 1870 (Cons. d'Et. 20 mai 1881, aff. Biers, *Rec. Cons. d'Etat*, p. 544).

577. Il a été jugé : 1° qu'un marin qui n'avait adressé au ministre de la marine aucune demande de pension au moment où ce ministre a décidé qu'il n'y avait pas lieu de lui accorder une gratification renouvelable, n'est pas recevable à déférer au conseil d'Etat cette décision comme constituant un refus de reconnaître son droit à pension (Cons. d'Et. 13 déc. 1889, sol. implic., aff. Lavergne, D. P. 91. 3. 51); — 2° Qu'un militaire qui n'avait adressé au ministre de la guerre aucune demande de pension n'est recevable à déférer au conseil d'Etat une décision qui prononce sa mise en réforme avec gratification temporaire, comme constituant un refus de reconnaître son droit à pension (Cons. d'Et. 18 mai 1888, aff. Achard, D. P. 89. 3. 80; Conf. Cons. d'Et. 17 juin 1881, aff. Gros, sol. impl., D. P. 83. 3. 14).

Si, au contraire, le militaire avait réclamé une pension antérieurement à l'allocation de la gratification, la question de savoir si cette allocation doit être ou non considérée comme un rejet implicite de la réclamation faisant courir les délais du pourvoi, est très délicate, et ne peut être résolue que d'après les circonstances de chaque affaire (V. sur ce point, *infrà*, n° 604).

578. Doivent, au contraire, être considérés comme constituant, non plus des actes d'administration pure, mais des actes de gestion *contentieuse* produisant, sous un certain nombre de rapports, les mêmes effets que des jugements : les décrets portant liquidation ou radiation de pensions; les décisions ministérielles contenant refus de pensions (V. le numéro suivant. Comp. *suprà*, n° 574), ou se référant à des questions de cumul, si elles émanent du ministre des finances (*infrà*, n° 587), ou qui sont prises en exécution de l'art. 29 de la loi du 9 juin 1853 relatif à la suspension du droit à pension en cas de perte de la qualité de Français. (V. Bavelier, t. 1, n° 136).

579. Relativement aux décrets portant liquidation de pension, on a vu *suprà*, n° 255, qu'ils créent, au profit des titulaires, un droit irrévocable auquel aucune modification ne peut être apportée ultérieurement par le pouvoir exécutif. « Il est, en effet, de principe constant, dit M. Bavelier (t. 1, n° 137), que les décisions portant règlement d'un droit réclamé à la charge du Trésor constituent un titre, soit au profit de l'Etat, soit au profit de la partie qui les a obtenues, et qu'elles ne peuvent être réformées que par un recours formel, dans les termes de la loi ». C'est ainsi qu'il a été décidé qu'il n'appartient pas au ministre des finances de fixer à la jouissance des arrérages d'une pension un point de départ autre que celui qui avait été déterminé pas le décret portant liquidation de la pension, en se fondant sur ce que ce décret aurait fait une fausse application de la loi (Cons. d'Et. 4 avr. 1879, aff. De Soland, D. P. 79. 3. 79. Comp. Cons. d'Et. 1er juin 1836, aff. Michel, *Rec. Cons. d'Etat*, p. 44; 15 août 1839, aff. Arnoux, *ibid.*, p. 44; 24 janv. 1849, aff. De Colmont, D. P. 49. 3. 50).

580. Toutefois, en vertu du principe qui permet toujours, en matière de comptes, de revenir sur les erreurs matérielles, ne doit-on pas admettre le droit de réclamation par voie administrative contre les faux, doubles emplois ou omissions? Deux avis du conseil d'Etat des 17 oct. 1838 et 20 juill. 1839 l'ont admis, en matière de pensions militaires. Conf. Bavelier, *loc. cit.* Une telle action ne pourrait, dit cet auteur, être suivie devant le conseil d'Etat, car « elle a moins pour objet d'attaquer la liquidation déjà faite que de demander un supplément de liquidation ou de faire réformer une erreur échappée aux rédacteurs et sur laquelle il n'a pu s'élever antérieurement de débats, ni intervenir de décisions ». Cette réclamation devrait, par conséquent, être formée d'abord devant l'autorité chargée de fixer la liquidation, dans les mêmes formes que la demande originaire (V. les avis précités des 17 oct. 1838 et 20 juill. 1839) et dans un délai de cinq ans à dater des décrets de concession (L. 9 juin 1853, art. 22).

Cette opinion est conforme à une pratique constante sanctionnée par la jurisprudence de la section des finances. Mais elle semble formellement condamnée par plusieurs arrêts récents du conseil d'Etat, qui ont, en termes absolus, exclu la revision pour quelque motif que ce soit et posé en principe que « les pensions liquidées et notifiées aux parties ne sauraient être l'objet d'une revision purement administrative » (Cons. d'Et. 7 déc. 1883, aff. Astor, D. P. 85. 3. 70; 9 mars 1888, aff. Dauriac et aff. Petibon, D. P. 89. 3. 66. Comp. Cons. d'Et. 7 déc. 1888, aff. Ravard, D. P. 89. 5. 357; Romieu, *Revue d'administration*, 1888, t. 1, p. 434). Jugé, en conséquence, que les pensions liquidées et notifiées aux parties ne peuvent faire l'objet d'une revision purement administrative, et que, dès lors, c'est avec raison que le ministre refuse de donner suite à une demande tendant à obtenir une liquidation nouvelle, dans laquelle seraient compris des services omis par erreur (Cons. d'Et. 7 déc. 1883, précité),... ou dans laquelle une erreur aurait été commise dans l'application du tarif (Arrêts précités du 9 mars 1888). A plus forte raison le ministre ne peut-il se refuser au payement d'une pension régulièrement concédée, sous prétexte que cette pension avait été accordée par erreur (Cons. d'Et. 1er avr. 1887, aff. Aigle, D. P. 88. 3. 75).

Il est permis, toutefois, de se demander si la doctrine consacrée par ces arrêts n'est pas d'une rigueur excessive; l'autorité de la chose jugée, qui fait obstacle à la rectification des erreurs de droit, ne s'oppose pas, en effet, à la rectification des erreurs purement matérielles (V. *suprà*, v° *Chose jugée*, nos 222 et suiv.; *Rép.* eod. v° n° 372 et suiv.).

581. On a vu *suprà*, n° 517, que le conseil d'Etat se montre moins rigoureux en matière de pensions concédées sur des caisses spéciales et notamment sur des caisses départementales.

582. En tout cas, il est incontestable que l'appréciation faite par le décret de liquidation, du caractère des services d'un fonctionnaire civil ou militaire et des dispositions législatives applicables à l'espèce ne peut être revisée par l'autorité administrative. Ainsi il a été jugé que le titulaire d'une pension civile qui ne s'est pas pourvu, dans les délais légaux, contre le décret portant liquidation de sa pension, n'est pas recevable à invoquer, devant le ministère de la guerre, à l'effet d'obtenir une pension militaire, des infirmités contractées pendant la guerre de 1870, et dont il a été tenu compte dans cette liquidation civile (Cons. d'Et. 7 déc. 1883, aff. Lamy, D. P. 85. 3. 70).

583. En ce qui concerne les décisions des ministres, une question de compétence doit être examinée : à quel ministre appartient-il de statuer dans les différents cas indiqués *suprà*, n° 578?

On a vu, *suprà*, n° 149, que chaque ministre est chargé d'accueillir ou de rejeter *les demandes de pension* pour services ressortissant à son département et de préparer, s'il y a lieu, *la liquidation*.

Quant aux autres décisions qui peuvent intervenir, il faut distinguer suivant leur nature.

584. S'il s'agit d'appliquer la déchéance prononcée par l'art. 22 de la loi du 9 juin 1853, lorsque la demande de pension est formée plus de cinq ans après la mise à la retraite, c'est au ministre liquidateur qu'il appartient de la prononcer. « Les raisons qui ont porté le législateur à attribuer compétence à chaque ministre pour reconnaître, vérifier et régler les créances relevant de son département, militent également à l'égard des déchéances à opposer aux demandes en liquidation ; la solution des questions qui s'y réfèrent est subordonnée à des faits que le plus souvent le ministre liquidateur est mieux en état que tout autre d'apprécier » (Bavelier, t. 1, p. 137).

585. C'est, au contraire, le ministre des finances qui est compétent pour provoquer l'application de la déchéance prononcée par l'art. 27 de la loi de 1853, paragraphes 2 et 3, contre le fonctionnaire convaincu de s'être rendu coupable de détournements ou de malversations, ou de s'être démis de son emploi à prix d'argent, ou d'avoir été condamné à une peine afflictive et infamante. La perte du droit est, en ce cas, prononcée par décret rendu sur la proposition du ministre des finances, après avis du ministre liquidateur et de la section des finances du conseil d'Etat (Décr. 9 nov. 1853, art. 43).

586. M. Bavelier (t. 1, n° 137) estime que le ministre des finances, ayant seul qualité, d'après le droit commun, pour apprécier la valeur d'un titre contre le Trésor et invoquer les fins de non-recevoir à opposer aux demandes de payement, est chargé, par cela même, de faire application, lorsqu'il y a lieu, de la disposition de l'art. 29 de la loi de 1853 relative à la suspension de la pension, en cas de perte de la qualité de Français, et de celle de l'art. 30, aux termes duquel les pensions sont rayées des livres du Trésor après trois ans de non-réclamation.

587. Le ministre des finances est encore seul compétent pour prononcer sur la déchéance édictée par l'art. 15 de la loi du 15 mai 1818 (*Rép.* p. 756 ; Conf. L. 25 mars 1817, art. 25 et 27, *Rép.* p. 755) contre « ceux qui, par de fausses déclarations, ou de quelque manière que ce soit, auraient usurpé plusieurs pensions ou un traitement avec une pension ». Ce droit lui était déjà reconnu avant 1853 (Cons. d'Et. 23 août 1836; *Rép.* n° 202 ; 17 déc. 1841, aff. Lacaille, *Rec. Cons. d'Etat*, p. 552 ; 16 juill. 1842, aff. Spinola, *ibid.*, p. 386; 29 mars 1851, *Rép.* v° *Traitement*, n° 222); il l'avait été, notamment, dans une espèce d'autant plus remarquable que le ministre de l'intérieur contestait au ministre des finances le droit de refuser le payement de pensions régulièrement concédées, sous prétexte que ce payement aboutirait à un cumul prohibé par la loi (Cons. d'Et. 28 juin 1851, aff. Baudesson de Richebourg, *Rec. Cons. d'Etat*, p. 470). Il lui est aujourd'hui implicitement conféré par l'art. 44 du décr. du 9 nov. 1853 qui, lorsqu'un pensionnaire est remis en activité, prescrit au ministre duquel il relève d'en donner immédiatement avis au ministre *des finances*, « pour que le payement de la pension soit suspendu ou pour qu'il soit fait application des dispositions de l'art. 31 de la loi du 9 juin relatives au cumul ». C'est ce qu'a reconnu le conseil d'Etat, et il a de nouveau décidé, à plusieurs reprises, que c'est au ministre des finances seul qu'il appartient de faire application aux pensions des lois sur le cumul (Cons. d'Et. 15 juin 1888, aff. Coulmy, D. P. 89. 3. 94; 5 déc. 1890, aff. Tourneix, D. P. 92. 3. 67 ; Conf. Cons. d'Et. 24 janv. 1890, aff. Nicolini, motifs, D. P. 91. 3. 62). Par suite, une dépêche par laquelle le ministre de la guerre se refuse à transmettre au ministre des finances la demande d'un ancien militaire tendant à être autorisé à toucher une pension proportionnelle avec un traitement d'activité, ne constitue pas une décision susceptible d'être déférée au conseil d'Etat par la voie contentieuse (Mêmes arrêts).

588. Le droit de décision est personnel au ministre lui-même qui, en cas d'absence ou d'empêchement, doit être remplacé par un autre ministre. Ses subordonnés ne peuvent jamais avoir qualité pour statuer à sa place, même avec son autorisation ; ils ne peuvent, pour le ministre et par son ordre, que porter à la connaissance des intéressés les décisions prises par ce dernier (Bavelier, *ibid.*). Ainsi il a été décidé que, le ministre étant seul compétent pour statuer sur une réclamation en matière d'arrérages de pension, une lettre par laquelle le directeur de la dette inscrite fait connaître au réclamant que sa demande n'est pas fondée ne constitue pas une décision susceptible d'être déférée au conseil d'Etat par la voie contentieuse (Cons. d'Et. 24 janv. 1898, aff. Nicolini, D. P. 91. 3. 62). V. aussi les arrêts cités *suprà*, n° 575.

Sur la question de savoir si le droit de statuer sur les demandes de pension appartient aux sous-secrétaires d'Etat auxquels un décret a délégué les pouvoirs ministériels pour tous les actes autres que ceux qui sont soumis à la signature du président de la République, V. *suprà*, n° 153.

589. — IV. RECOURS. — Le recours contentieux est ouvert non seulement contre les décisions ministérielles portant refus explicite de reconnaître le droit à pension, mais aussi contre celles qui ont pour effet de mettre obstacle à l'exercice de ce droit ; c'est ainsi que le conseil d'Etat connaît des recours contre les décisions ministérielles refusant à des fonctionnaires le droit de verser, sur le montant de certaines allocations, les retenues dont le payement est nécessaire pour que le montant de ces allocations puisse entrer ultérieurement en compte pour la fixation du traitement sur lequel devra être calculée la pension (Cons. d'Et. 14 juin 1878, aff. Bellemare, D. P. 78. 3. 94). A plus forte raison, le refus de délivrer une pièce nécessaire pour constater des droits acquis peut donner lieu à recours contentieux. C'est ainsi que le pourvoi a été considéré comme recevable, lorsque le requérant, pour réclamer un congé n° 1 au lieu et place du congé n° 2, qui lui a été délivré, se fonde sur ce que le refus du ministre de lui accorder ce congé aurait pour effet de lui dénier le droit à pension militaire qu'il prétend être ouvert à son profit à raison de l'origine de ses infirmités (Cons. d'Et. 17 juin 1881, sol. impl. aff. Gros, D. P. 85. 3. 14) ; le congé n° 2, en effet, quand le militaire en accepte les constatations sans protester, constitue la preuve que ses infirmités ont été contractées *hors du service*, et que, par conséquent, il ne peut s'en prévaloir pour obtenir une pension. Si, au contraire, l'ancien militaire n'élève aucune prétention à pension, les énonciations du congé n° 2 ne peuvent porter atteinte à aucun droit acquis ; elles ne peuvent, par suite, donner lieu à aucun litige devant la juridiction administrative. Ainsi un ancien militaire n'est pas recevable à demander par la voie contentieuse, devant le conseil d'Etat la substitution au congé n° 2 qui lui a été délivré, d'un congé de réforme n° 1, alors qu'il ne prétend pas avoir un droit à une pension que le congé n° 2 ne lui permettrait pas d'obtenir, et qu'il se prévaut uniquement de ce que le congé n° 1 lui permettrait de prétendre à une gratification renouvelable (Cons. d'Et. 2 mars 1883, aff. Grandveaux, D. P. 85. 3. 14).

590. Bien que la loi de 1853 ne contienne aucune disposition relative au recours devant le conseil d'Etat, ce recours est depuis longtemps admis, sans aucune difficulté, en matière de pension (Bavelier, t. 1, n° 138).

Il doit être exercé dans un délai de trois mois, qui commencent à courir du jour où la *notification* a été faite à l'intéressé, s'il s'agit d'une pension civile (Décr. 22 juill. 1806, art. 11 ; *suprà*, v° *Conseil d'Etat*, n°s 238 et suiv.),... du jour seulement *du premier payement des arrérages*, pourvu qu'avant ce premier payement les bases de la liquidation aient été notifiées à l'intéressé, s'il s'agit d'une pension militaire (L. 11 avr. 1831, art. 25 ; 18 avr. 1831, art. 27; Conf. Cons. d'Et. 16 juin 1876, aff. Favet, *Rec. Cons. d'Etat*, p. 574).

D'anciennes décisions du conseil d'Etat ont semblé, il est vrai, même en matière de pensions militaires, admettre qu'en cas de notification du décret portant liquidation de pension ou même d'insertion au *Bulletin des lois*, c'était l'art. 11 du décret du 22 juill. 1806 et non l'art. 25 de la loi du 11 avr. 1831 qui devait être appliqué (Cons. d'Et. 7 juin 1846, *Rép.* v° *Conseil d'Etat*, n° 196; 23 avr. 1847, *Rép.* v° *Pension*, n° 194); mais ce système a été abandonné (*Rép.* n° 193), et il est aujourd'hui de jurisprudence certaine que le pourvoi contre un décret portant liquidation d'une pension militaire peut être formé dans les trois mois à partir du jour du premier payement des arrérages, bien qu'avant ce payement les bases de la liquidation aient été notifiées (Cons. d'Et. 2 juill. 1880, aff. Valentin, D. P. 81. 3. 75; 15 avr. 1858, sol. impl., aff. Cambier, D. P. 58. 3. 75; Bavelier, t. 2, n° 309). L'art. 25 de la loi du 11 avr. 1831 a voulu accorder un délai de faveur aux anciens militaires, dont la situation est généralement digne du plus grand intérêt, et qui sont souvent peu en état de se rendre immédiatement compte des difficultés légales auxquelles donne lieu le règlement de leurs pensions (Comp. Observ. de M. Allent sur l'art. 25 de la loi de 1831, rapportées par Bavelier, t. 2, n° 309).

591. Il a été jugé que la déchéance prononcée, en matière de liquidation de pensions militaires, contre tout pourvoi formé plus de trois mois à partir du premier payement des arrérages, si antérieurement à ce payement les bases de la liquidation avaient été notifiées, est applicable même au pourvoi qui a seulement pour objet de faire changer le point de départ de la jouissance de la pension (Cons. d'Et. 15 avr. 1858, aff. Cambier, D. P. 58. 3. 75);... pourvu qu'à l'époque du premier payement des arrérages la date de ce point de départ ait été portée à la connaissance du titulaire (Même arrêt). Les différentes parties d'une liquidation, bases, fixation et date d'entrée en jouissance, forment un tout indivisible dans l'acte du chef de l'Etat par lequel la pension est réglée et concédée. Et si cet acte a statué sous ces trois rapports, aucun d'eux ne peut échapper, en cas de recours, aux effets de l'art. 25 de la loi de 1831. A cet égard, l'avertissement portant que la jouissance de la pension courra du jour qui sera fixé par le ministre des finances, conformément à l'art. 5 de la loi du 17 avr. 1833, doit être considéré comme une notification suffisante de la date assignée pour point de départ à cette jouissance (Même arrêt).

592. Les parties qui demeurent hors de la France continentale, la Corse et l'Algérie exceptées, jouissent, outre le délai de trois mois ci-dessus, des délais fixés par l'art. 73 c. proc. civ. (Décr. 22 juill. 1806, art. 13; L. 11 juin 1859, art. 1). — Les mois sont pris tels qu'ils sont réglés par le calendrier grégorien (Civ. rej. 12 mars 1816, aff. Dandigné), et l'on n'y comprend ni le jour de la notification, ni celui du terme (C. proc. civ., art. 1033; Bavelier, t. 1, n° 138).

593. Les délais ci-dessus sont de rigueur, et leur échéance rend l'acte non susceptible de réformation; une demande nouvelle ne saurait évidemment avoir pour effet de faire revivre le délai (Cons. d'Et. 28 févr. 1873, aff. Hémery, *Rec. Cons. d'Etat*, p. 205). Il a été jugé toutefois, et avec raison, que la décision ministérielle qui a rejeté la demande de pension d'un militaire, postérieurement au décès de celui-ci, ne fait pas obstacle à ce que sa veuve fasse valoir ses droits, si cette décision ne lui a jamais été notifiée (Cons. d'Et. 14 mars 1890, aff. Lainé, D. P. 91. 3. 91). Si la veuve avait reçu notification de la décision rejetant la demande de son mari, cette notification n'aurait pas rendu sa réclamation non recevable; mais elle l'aurait obligée à la présenter dans le délai de trois mois à peine de déchéance. En l'absence de toute notification, la décision était, à son égard, comme non avenue.

594. La partie qui aurait *acquiescé* à la décision la concernant serait-elle déchue du droit de se pourvoir? L'affirmative peut s'induire de certains arrêts qui déclarent le recours non recevable, en constatant que le réclamant avait touché les arrérages de la pension. Mais ces arrêts relèvent en même temps cette circonstance que l'on avait laissé s'écouler le délai légal sans saisir le conseil d'Etat. Ils se résolvent donc par la question de savoir si l'acquiescement, par lui-même, et alors qu'il interviendrait avant l'expiration de ce délai, serait une cause de déchéance (Cons. d'Et. 4 juill. 1834, aff. Meunier; 14 nov. 1834, aff. Lemonnier; 8 janv. 1836, aff. Barjou; 29 déc. 1853, aff. Mollard, *Rec. Cons. d'Etat*, p. 125).

595. La notification qui sert de point de départ aux délais a lieu dans la forme administrative (Décr. 2 nov. 1864, art. 6), c'est-à-dire par l'intermédiaire des agents administratifs tels que préfets, sous-préfets, maires, commissaires et agents de police, gardes champêtres, gendarmes, etc. (Cons. d'Et. 13 août 1863, aff. De Gromard, *Rec. Cons. d'Etat*, p. 689; Bavelier, t. 1, n° 138). Elle doit renfermer les éléments nécessaires pour que l'intéressé puisse se rendre un compte exact des motifs et du dispositif de la décision, sans qu'il soit, d'ailleurs, nécessaire qu'elle en contienne la copie littérale (Cons. d'Et. 11 déc. 1871, aff. Roussel, *Rec. Cons. d'Etat*, p. 277). V. *suprà*, v° *Conseil d'Etat*, n°s 256 et suiv.

596. Il a été jugé que l'on ne peut considérer comme constituant une notification suffisante: 1° ni l'invitation réitérée d'avoir à retirer un certificat d'inscription de pension civile (Cons. d'Et. 17 août 1866, aff. Dausse, *Rec. Cons. d'Etat*, p. 1029); — 2° Ni le refus de payement opposé à l'intéressé, à la suite d'une radiation (Cons. d'Et. 18 nov. 1869, aff. Henquel, *ibid.*, p. 886). — S'il s'agit d'un décret portant concession d'une pension, la notification résulte de la simple délivrance du certificat d'inscription (Cons. d'Et. 19 nov. 1821, aff. Allier; 2 avr. 1852, aff. Delioux de Savignac, *Rec. Cons. d'Etat*, p. 74; 4 déc. 1856, aff. Vassal, D. P. 57. 3. 39; 17 août 1866, aff. Dausse, *Rec. Cons. d'Etat*, p. 1027; 31 mai 1874, aff. Gréterin, *ibid.*, p. 317). V. *Rép.* n°s 193 et suiv.

597. Il doit être dressé procès-verbal de la remise, à moins qu'un récépissé ne soit délivré par celui auquel la notification est faite. Ainsi que le fait observer M. Bavelier (t. 1, n° 138), c'est cette marche qui est prescrite par divers textes, en d'autres matières que celle des pensions (V. Ordonn. 12 déc. 1821, art. 2, en matière de conflits; Décr. 31 mai 1862, sur la comptabilité publique; 5 août 1881, art. 11 et 77, sur le mode de procéder devant le conseil privé des colonies; L. 22 juill. 1889, art. 7, sur la procédure devant les conseils de préfecture. — V. *suprà*, v°s *Conseil d'Etat*, n°s 256 et suiv. et *Organisation administrative*, n° 165). — La preuve de la notification et sa date ne sauraient résulter du fait de la mise à la poste de la décision (Cons. d'Et. 26 déc. 1862, aff. Salles, *Rec. Cons. d'Etat*, p. 864).

598. Il a été jugé que, dans le cas où une décision portant rejet d'une demande en liquidation de pension n'a pas été notifiée, la notification d'une autre décision accordant une gratification renouvelable ne fait pas courir le délai du pourvoi (Cons. d'Et. 20 mai 1881, aff. Débrolles, D. P. 82. 5. 122). Toutefois, lorsque l'allocation d'une gratification renouvelable peut être considérée comme impliquant rejet de la demande de pension, elle suffit pour faire courir les délais (Cons. d'Et. 13 avr. 1883, aff. Céret, D. P. 85. 5. 360). Il a même été jugé que, dans le cas où le ministre répond à une demande de pension par le retrait de la gratification renouvelable précédemment accordée, la notification de ce retrait fait courir le délai (Cons. d'Et. 31 juill. 1885, aff. Baud, D. P. 87. 3. 20). Mais cette dernière décision prête à de graves objections (V. D. P. *ibid.*, note. Comp. Cons. d'Et. 6 mars 1885, aff. Gérault, D. P. 87. 3. 49; 27 nov. 1885, aff. Hornicker, *ibid.*). V. *infrà*, n° 604.

599. Le recours devant le conseil d'Etat doit être présenté sous forme de requête enregistrée au secrétariat du conseil. Une simple lettre adressée au ministre serait sans effet (Cons. d'Et. 29 déc. 1853, cité *suprà*, n° 594; 4 déc. 1856, aff. Vassal, D. P. 57. 3. 39. V. *suprà*, v° *Conseil d'Etat*, n°s 54, 335 et suiv.).

La requête doit être accompagnée de la décision attaquée. Elle n'est pas recevable si les moyens du pourvoi n'y sont pas indiqués, ou ne sont pas présentés ultérieurement dans un mémoire ampliatif qui doit être déposé dans le délai imparti par la section du contentieux (Cons. d'Et. 14 août 1865, aff. Bassoues, *Rec. Cons. d'Etat*, p. 821), sans que, d'ailleurs ce délai soit de rigueur (Bavelier, t. 1, n° 139). V. *suprà*, v° *Conseil d'Etat*, n° 352.

600. Le recours ne donne pas lieu à une ordonnance de soit communiqué, mais à une simple communication administrative, lorsque l'affaire est engagée contre l'Etat (V. *suprà*, v° *Conseil d'Etat*, n° 371). Il en est autrement en matière de pensions départementales ou communales; l'ordonnance de soit communiqué doit être notifiée dans les deux mois, à peine de nullité (Décr. 2 nov. 1864, art. 3, D. P. 64. 4. 120. *suprà*, eod. v°, n°s 364 et suiv.).

601. Aux termes de l'art. 1 du décret du 2 nov. 1864 (D. P. 64. 4. 120) « les recours contre les décisions portant refus de liquidation ou contre les liquidations de pension » peuvent être portées devant le conseil d'Etat *sans l'intervention d'un avocat* audit conseil, et *sans autre frais que les droits de timbre et d'enregistrement*.

En fait, et malgré les termes de l'art. 19 de la loi du 24 mai 1872, les recours en matière de pension sont toujours portés à l'assemblée publique du conseil (*suprà*, v° *Conseil d'Etat*, n° 54).

602. Le conseil d'Etat ne procède pas lui-même à la liquidation des pensions au sujet desquelles on a recouru devant lui; il se borne à en indiquer les bases et renvoie devant le ministre liquidateur pour l'établissement de la pension (Bavelier, t. 1, n° 139).

603. Si une formalité essentielle, et qui devait précéder la décision attaquée, a été omise, le conseil d'Etat se borne à annuler la décision, sans statuer au fond; il ne peut, en ce cas, évoquer l'affaire (*suprà*, v° *Conseil d'Etat*, n° 83). Il en est ainsi, notamment, lorsqu'un décret a été rendu, en matière de pensions, sans l'avis préalable de la section des finances (Cons. d'Et. 16 nov. 1877, aff. De Maupas, Riché, de la Noue, Berthier, Fortoul, D. P. 78. 3. 25), avis qui doit, à peine de nullité, porter sur le fonds même de la liquidation; il ne suffirait pas que la section eût demandé un supplément d'instruction (Mêmes arrêts).

604. Le conseil d'Etat, pour éviter des involutions frustratoires de procédure, admet que, dans le cas où un pourvoi a été formé directement devant lui par une fausse application de l'art. 1 du décret du 2 nov. 1864, les conclusions prises par le ministre dans ses observations peuvent être considérées comme constituant une décision, à la condition, bien entendu, que le ministre ait, en effet, entendu statuer sur le litige (Cons. d'Et. 16 déc. 1887, aff. Compagnie Morelli, D. P. 89. 3. 15. V. aussi Cons. d'Et. 12 févr. 1870, aff. De Panat, D. P. 70. 3. 108; 21 mars 1879, aff. Mercier, D. P. 79. 3. 75; 20 janv. 1882, aff. Fournier, D. P. 83. 3. 50). Jugé aussi que la déclaration d'un ministre, dans ses observations sur un pourvoi formé contre un acte qui n'avait pas statué sur la demande du requérant, que cette demande doit être rejetée, constitue une décision susceptible d'être déférée au conseil d'Etat (Cons. d'Et. 13 déc. 1889, aff. Lavergne, D. P. 91. 3. 51).

605. Il a été décidé que, dans le cas où, postérieurement au pourvoi formé par un ancien militaire contre une décision ministérielle refusant de lui reconnaître droit à pension, le ministre a reconnu que ce refus n'était pas fondé, et où un décret a accordé une pension inférieure à celle que le requérant avait demandée dans son pourvoi, il appartient au conseil d'Etat, au lieu de déclarer ce pourvoi sans objet, d'examiner si le requérant est fondé à réclamer une pension supérieure à celle qui a été liquidée en sa faveur (Cons. d'Et. 24 juin 1887, sol. impl., aff. Bart, D. P. 88. 3. 99). — Si l'on devait voir dans l'arrêt autre chose qu'une décision d'espèce, il soulèverait de très sérieuses objections. Lorsque le ministre, après avoir rejeté une demande de pension, reconnaît son erreur et provoque un décret liquidant une pension en faveur du réclamant, il rapporte implicitement, mais nécessairement, sa première décision et, dès lors, il semble que le pourvoi n'a plus aucun objet; d'autre part, il paraît impossible, en droit, d'admettre qu'à l'occasion d'un pourvoi dirigé contre une décision ministérielle, le conseil d'Etat examine la valeur d'un décret ultérieur qui ne lui a pas été déféré. S'il avait reconnu que ce décret avait fait une appréciation insuffisante des droits du pensionnaire, aurait-il pu en prononcer l'annulation? non évidemment; comment donc peut-il, dans l'hypothèse contraire, déclarer qu'un décret a fait une juste application de la loi? Si le pensionnaire lui déférait ultérieurement ce décret, pourrait-il lui opposer l'exception de la chose jugée? Ce procédé, si difficile à expliquer en doctrine, présente, d'ailleurs, en fait, de sérieux inconvénients. Lorsque le réclamant attaque une décision ministérielle lui refusant tout droit à pension, il s'attache principalement à établir l'existence de ce droit, et il peut très légitimement se réserver de discuter ultérieurement les bases de la liquidation, si le conseil d'Etat le renvoie devant le ministre pour y faire procéder à cette liquidation. Le conseil d'Etat, en statuant définitivement sur la question de liquidation, s'expose donc à prononcer sur le vu d'une instruction incomplète.

606. — V. JOUISSANCE DE LA PENSION MILITAIRE (*Rép.* n° 197). — En principe, la jouissance des pensions militaires part du jour de la cessation du payement de la solde d'activité, ou du jour où le titulaire, en cas d'infirmités, a cessé d'être traité aux frais de l'Etat (Ourry, *Dictionnaire des pensions inscrites*, v° *Jouissance*, p. 379; Conf. L. 9 juin 1853, art. 25; V. cependant *Rép.* n° 197).

Par application de cette règle, la jouissance compte savoir : 1° pour les officiers, du jour de la remise de la lettre de notification de la pension, qui est celui de la radiation des contrôles de l'activité, si ces officiers sont dans la condition de présence, et de la date du décret de concession, lorsqu'ils se trouvent en congé ou en non-activité (Décis. prés. 27 déc. 1880, citée par Bavelier, t. 2, n° 295); — 2° Pour les sous-officiers, caporaux et soldats, du jour de la radiation, s'ils sont présents sous les drapeaux, et de la date du décret, s'ils se trouvent dans leurs foyers par suite de congé ou de libération provisoire (Même décision) : ceux qui ont été libérés définitivement à une date antérieure à la concession de la pension reçoivent les arrérages à partir de cette libération (Même décision). Les sous-officiers, caporaux et soldats en traitement dans les hôpitaux touchent leur pension à partir de la sortie de ces établissements (Même décision). La pension des officiers généraux de la section de réserve qui ont demandé leur admission à la retraite, et celle qui est accordée à des militaires jouissant depuis un certain temps de la gratification de réforme renouvelable, comptent à partir du jour indiqué par le décret de concession (lequel contient toujours, dans ce cas une date fixe et invariable), mais sous la déduction des sommes reçues depuis cette époque à titre de solde dans la section de réserve (Décis. présid. 15 juill. 1879. citée par Bavelier, *ibid.*), ou à titre de gratification renouvelable (Décis. présid. 17 déc. 1880, citée par Bavelier, *ibid.*).

607. Conformément au principe posé (*suprà*, n° 606), il a été jugé que la jouissance d'une pension accordée à un marin court, non du jour où ont été constatées les infirmités en raison desquelles la pension a été accordée, mais du jour de la cessation de l'activité (Cons. d'Et. 17 janv. 1879, aff. Berton, D. P. 79. 3. 45). Cette solution, toutefois, est contraire à la pratique administrative du département de la marine, pratique qui a été consacrée par l'instruction ministérielle du 13 avr. 1872 (*Bulletin officiel*, p. 398), mais à laquelle il ne paraît pas possible de trouver une base légale.

608. Une disposition de faveur a été édictée par le décret du 10 août 1886 (D. P. 90. 4. 64), modifié depuis par le décret du 15 mai 1889 (D. P. 90. 4. 65), au profit des militaires et marins dont les blessures ont atteint, postérieurement à leur mise à la retraite, un degré de gravité tel qu'il y a lieu de reviser la pension qui leur a été accordée (V. *suprà*, n°s 435 et 511 et suiv.). L'effet de la nouvelle liquidation est reporté rétroactivement au jour où l'aggravation des blessures a pu être officiellement constatée. L'ancien art. 5 du décret du 10 août 1886 fixait ce moment : pour les militaires déjà en possession d'une pension de retraite, à la date des visite et contre-visite réglementaires, à la suite desquelles il a été procédé à une nouvelle liquidation de leur pension; pour les militaires réformés, à la date de la dernière visite passée devant la commission spéciale prévue à l'art. 3, et à la suite de laquelle l'intéressé a été considéré comme se trouvant dans l'un des cas ouvrant des droits à une pension de retraite. Cette disposition a été abrogée par le décret du 15 mai 1889, et remplacée par la disposition suivante : « L'entrée en jouissance des pensions liquidées en exécution des art. 1 et 3 du présent décret est fixée à la date du procès-verbal dressé en exécution de l'art. 13 de l'ordonnance du 2 juill. 1831 qui a servi de base à l'instruction de la pension. Il est fait mention de cette date dans le décret de concession ».

609. Il a été jugé que, lorsque des sommes ont été reversées au Trésor sur le montant d'une pension militaire en vertu d'une décision ministérielle, et que le conseil d'Etat, annulant cette décision, en ordonne la restitution, les intérêts de ces sommes doivent être alloués au réclamant à partir du jour où ils ont été demandés (Cons. d'Et. 1er juin 1883, aff. Datas, D. P. 84. 3. 82. Comp. Cons. d'Et. 24 janv. 1879, aff. Michelet, D. P. 79. 3. 44). L'art. 1153 c. civ. est, en effet, applicable au cas où le retard dans le payement des sommes dues par l'Etat provient du fait de l'Administration (V. *Rép.* v° *Trésor public*, n° 394).

610. L'art. 6 de la loi du 17 avr. 1833 est ainsi conçu : « Les pensions à liquider en faveur des militaires et de leurs veuves, ainsi que les secours annuels en faveur des orphelins, ne pourront donner lieu au rappel de plus de trois années d'arrérages antérieures à la date de l'insertion au *Bulletin des lois* des ordonnances de concession de ces mêmes pensions » (Comp., en matière de pensions civiles, *suprà*, n° 259). Ce texte s'exprime en termes généraux ; il semble exclure toute distinction relativement aux causes qui ont pu retarder la liquidation, et l'on peut, en ce sens, argumenter *à contrario* des art. 9 et 10 de la loi du 29 janv. 1831, qui, après avoir établi la déchéance de cinq ans en matière de dettes de l'Etat, ont jugé nécessaire d'excepter expressément de cette déchéance les créances dont l'ordonnancement et le payement n'auraient pu être effectués dans les délais déterminés, par le fait de l'Administration ou par suite de pourvois formés devant le conseil d'Etat (*Rép.*, v° *Trésor public*, nos 490 et suiv.). Mais, au lieu d'argumenter *à contrario* de ces dispositions, le conseil d'Etat a préféré en argumenter *à pari* ; et il faut reconnaître que les principes généraux du droit peuvent justifier cette interprétation. Décidé que la déchéance établie quant au rappel des arrérages des pensions militaires, par l'art. 6 de la loi du 17 avr. 1833, n'est applicable qu'à ceux qui négligent de faire valoir leurs droits et de justifier de leurs titres dans le délai de trois ans à partir du jour où ce droit s'est ouvert (Cons. d'Et. 10 avr. 1867, aff. Damiens, D. P. 68. 3. 91 ; 16 mars 1870, aff. Meunier, D. P. 71. 3. 48 ; 7 mai 1875, aff. Hébert ; 17 janv. 1879, aff. Berton, D. P. 79. 3. 75) ; qu'en conséquence cette déchéance ne peut être opposée ni à l'ancien militaire dont la liquidation de pension a été retardée par le fait de l'Administration (Cons. d'Et. 16 mars 1870 et 7 mai 1875, précités),... ni à la femme d'un militaire disparu en possession d'un droit à pension, si elle a formé sa demande en temps utile et si elle n'a pu obtenir qu'après trois ans le jugement de déclaration d'absence de son mari, dont la production a été exigée d'elle (Cons. d'Et. 10 avr. 1867, précité). Ajoutons que la jurisprudence a, en matière de pensions civiles, attribué une portée identique à l'art. 25 de la loi du 9 juin 1853, dont les termes sont cependant plus absolus encore que ceux de l'art. 6 de la loi de 1833 (*suprà*, nos 259 et suiv.).

Il a été d'ailleurs jugé que, à l'inverse, il n'y a pas lieu à rappel de plus de trois années d'arrérages, quand le retard dans la liquidation de la pension provient du fait du pensionnaire (Cons. d'Et. 17 janv. 1879, précité).

611. On a expliqué *suprà*, nos 267 et suiv., que, aux termes de l'art. 30 de la loi du 9 juin 1853, les pensions sont rayées du registre du Trésor après trois ans de non-réclamation, sans que leur rétablissement donne lieu à aucun rappel d'arrérages antérieurs à la réclamation. Cette disposition, placée sous la rubrique « Dispositions applicables aux pensions de toute nature », s'applique, ainsi qu'on l'a indiqué au *Rép.* n° 199, aux pensions militaires comme aux pensions civiles (Cons. d'Et. 14 janv. 1876, aff. Fass, D. P. 76. 3. 64). La déchéance est encourue même dans le cas où le défaut de réclamation des arrérages a été provoqué par une fausse indication donnée par l'Administration, cette fausse indication ne mettant pas la partie intéressée dans l'impossibilité de faire valoir ses droits (Même arrêt. Comp. *Rép.* n° 201). Elle est également applicable au cas où les arrérages n'ont pas été réclamés en raison d'une condamnation par contumace dont les effets ont été ultérieurement effacés par une amnistie (Cons. d'Et. 23 janv. 1880, aff. Souvras, D. P. 80. 3. 63 ; 7 mai 1880, aff. Solinhac, *Rec. Cons. d'Etat*, p. 445 ; 19 janv. 1883, aff. Justa, *ibid.* p. 60).

612. La déchéance de l'art. 30 est également applicable aux héritiers ou ayants cause des pensionnaires qui ne produisent pas la justification de leurs droits dans les trois ans qui suivent la date du décès de leur auteur (L. 9 juin 1853, art. 30, *in fine* ; V. *suprà*, n° 267 ; *Rép.* n° 200).

613. Les pensions militaires sont payables par trimestres, comme les pensions civiles, et aux mêmes époques (V. *suprà*, n° 263).

Pour toucher les arrérages de pensions militaires, il est nécessaire de produire un certificat de vie, qui est délivré par les autorités spécifiées *suprà*, n° 267. Mais, à la différence du certificat exigé des pensionnaires civils, celui-ci est *toujours* dispensé du timbre et peut être rédigé sur papier libre (Ordonn. 20 juin 1817, art. 12). Si ce certificat est délivré à l'étranger, il doit être conforme au modèle n° 3 annexé à l'ordonnance du 24 févr. 1832 (*Rép.* p. 770. V. Bavelier, t. 2, n° 299, note). Il n'est d'ailleurs admis, ainsi qu'on l'a vu, *suprà*, nos 457 et suiv. (Conf. *Rép.* n° 206), que si le titulaire a obtenu l'autorisation de résider à l'étranger. A cet effet, le ministre de l'intérieur doit adresser au ministre des finances une ampliation des autorisations accordées sur son rapport. La date et les conditions de l'autorisation sont consignées sur le registre d'inscription des pensions et sur l'état d'arrérages à l'article de chaque pensionnaire (Ordonn. 24 févr. 1832, art. 6). Le titulaire qui produit un certificat de vie délivré en France, pour réclamer plus d'une année d'arrérages, est tenu de justifier, par un certificat du maire de son domicile, qu'il n'a pas résidé plus d'un an hors de France depuis le dernier payement, ou qu'il en avait obtenu l'autorisation (Même ordonnance, art. 8).

614. Les certificats de propriété que doivent produire les héritiers ou ayants cause des titulaires de pensions militaires sont, comme les certificats de vie, dispensés du timbre, quel que soit le montant de la pension (Décis. min. fin. 15 janv. 1823 et 28 févr. 1826).

615. — V. Cumul. — Jusqu'à une date récente (V. L. 26 déc. 1890, art. 31, D. P. 91. 4. 50, *infrà*, nos 630 et suiv.), toutes les pensions militaires, soit pour ancienneté, soit pour blessures ou infirmités, pouvaient, en principe, être *cumulées* sans rectriction avec un traitement civil d'activité (L. 28 fruct. an 7, art. 5 ; 8 flor. an 11, art. 9 ; 25 mars 1817, art 27, § 2 ; 11 avr. 1831, art. 27 ; 18 avr. 1831, art. 29 ; L. 8 août 1883, art. 2 ; Décr. 31 mai 1862, art. 271). Le cumul était également admis entre un traitement civil et la pension de réforme (L. 19 mai 1834, art. 19 ; Décr. 31 mai 1862, art. 271), ou la pension proportionnelle (L. 23 juill. 1881, art. 13, *in fine* ; cette disposition est encore en vigueur aujourd'hui).

616. Il y avait, toutefois, exception pour les pensions dans la fixation desquelles des services civils avaient été comptés, en exécution des art. 4 des lois des 11 et 18 avr. 1831 (L. 11 avr. 1831, art. 27 ; L. 18 avr. 1831, art. 29) ; et, aux termes d'un avis du conseil d'Etat du 11 oct. 1883, on devait entendre cette disposition en ce sens que le cumul n'était interdit que si les services civils avaient concouru à parfaire le temps exigé par la loi pour constituer le droit à pension, mais qu'il était autorisé si, les services militaires ayant suffi pour constituer ce droit, les services civils n'avaient été comptés que pour augmenter le chiffre de la pension.

617. Une autre exception résultait du dernier paragraphe de l'art. 1 de la loi du 18 août 1881 (D. P. 82. 4. 80), qui a accordé des suppléments de pension à certaines catégories d'anciens militaires. Ce paragraphe est ainsi conçu : Le payement des suppléments de pension « demeurera suspendu pour les pensionnés de toute catégorie pourvus d'emplois civils, rétribués par l'Etat, les départements et les communes, ou de débits de tabac, tant que ces pensionnaires seront en possession de ces emplois ou débits » (V. *infrà*, nos 625 et suiv. ; *suprà*, n° 541.

618. La loi de finances du 26 déc. 1890, art 31 (D. P. 91. 4. 50), a, comme on le verra *infrà*, n° 630, modifié la législation antérieure en ce qui concerne le cumul des pensions militaires des officiers ou assimilés. — Nous exposerons d'abord les règles relatives à cette matière telles qu'elles résultaient de la législation antérieure ; nous ferons connaître ensuite les modifications introduites par la loi nouvelle.

619. Aux termes des lois de 1831, avons-nous dit (*suprà* n° 615), les pensions militaires pouvaient, en principe, être cumulées avec un traitement civil. Il en était et il en est encore autrement des traitements *militaires :* le cumul en est, en principe et sauf les exceptions indiquées *infrà*, n° 624, défendu avec les pensions militaires (L. 28 fruct. an 7, art. 4; L. de fin. 25 mars 1817, art. 27; Ordonn. 25 déc. 1837, art. 28; Décr. 8 juin 1883, art. 18; Bavelier, t. 2, n° 302).

620. Mais il est parfois fort délicat de déterminer si certains traitements doivent être, au point de vue du cumul, considérés comme militaires ou civils. Il a été jugé, à cet égard, qu'une pension militaire ne peut être cumulée avec le traitement de surveillant des établissements pénitentiaires aux colonies, cet emploi étant un emploi militaire aux termes du décret du 20 nov. 1867 (Cons. d'Et. 13 déc. 1878, aff. Outrequin, D. P. 79. 5, 317);... ni avec le traitement de portier-consigne (Cons. d'Et. 24 janv. 1890, aff. Nicolini, D. P. 91. 3. 62).

Il a même été décidé qu'un militaire retraité, en vertu de la loi du 18 avr. 1831, ne peut cumuler sa pension avec un traitement d'activité soumis aux prescriptions de la même loi et des autres lois relatives aux pensions de l'armée de mer, et ne peut se prévaloir, pour échapper à la prohibition du cumul, de ce que les fonctions dont il jouit seraient, par leur nature, essentiellement civiles (Cons. d'Et. 18 janv. 1884, aff. Amy, D. P. 85. 3. 83; 23 mai 1884, aff. Ténot, *ibid.*), comme, par exemple, celles de commis de l'administration pénitentiaire de la Nouvelle-Calédonie (Cons. d'Et. 18 janv. 1884, précité. Conf. Cons. d'Et. 13 déc. 1878, précité), ou de surveillant général des arsenaux de la marine (Cons. d'Et. 23 mai 1884, précité). La loi du 18 avr. 1831, ayant pour objet les pensions de l'armée de mer, aurait dû, en stricte logique, ne comprendre dans ses tarifs que des militaires proprement dits, c'est-à-dire des individus *liés* au service militaire; mais le législateur a cru devoir y adjoindre des catégories de fonctionnaires ne remplissant pas cette condition, tels que les trésoriers des invalides, les commissaires-rapporteurs des juridictions maritimes, etc. Plus tard, divers actes ont soumis à la loi du 18 avr. 1831 un grand nombre d'emplois incontestablement civils par leur nature, et n'assujettissant les titulaires à aucune des règles spéciales au régime militaire. En raison de cette anomalie entre le caractère de la fonction et celui de la pension qui y est afférente, il est souvent très difficile de déterminer si les services doivent être considérés comme civils ou comme militaires au point de vue du cumul. On ne saurait cependant s'attacher uniquement ici à la nature même des services, sous prétexte que telle a été la pensée des auteurs de la loi du 28 fruct. an 7, qui n'avaient certainement eu en vue que d'interdire le cumul d'une pension militaire avec le traitement attaché à un service militaire proprement dit, car il faut tenir compte des modifications successivement apportées à la législation. Les lois sur les pensions forment un ensemble et doivent s'interpréter les unes par les autres. Or, du moment que des services sont soumis à toutes les dispositions de la loi sur les pensions militaires, quand il s'agit de l'existence et de la liquidation de la pension, il ne paraît pas possible, en l'absence de toute disposition légale en sens contraire, de leur attribuer un caractère purement civil, à cette seule fin de faire échapper le titulaire à l'application des lois sur le cumul. Il y a là une sorte d'indivisibilité.

621. Il est certain, d'ailleurs, que jamais la pension militaire ne peut être cumulée avec la solde d'activité (Cons. d'Et. 27 août 1857, aff. Rennes, D. P. 58. 3. 36); par suite, le militaire qui a droit à pension, même immédiatement (pour cause, par exemple, de blessure ayant nécessité l'amputation d'un membre), n'est pas fondé à demander que les arrérages lui en soient comptés à partir de la sortie de l'hôpital, sous prétexte qu'il aurait cessé depuis lors d'être compris sur les revues de son régiment, s'il a été placé en subsistance dans un autre corps et a continué à y toucher sa solde, même postérieurement à l'époque fixée pour point de départ de la pension (Même arrêt).

622. Par application des mêmes principes, il a été décidé qu'un officier retraité qui a repris du service, pendant la guerre, dans la garde nationale mobile, ne peut cumuler sa pension avec sa solde (Cons. d'Et. 15 nov. 1872, aff. De Place, D. P. 73. 3. 50). Cette solution s'imposait rigoureusement dans l'état actuel de la législation. L'art. 159 de la loi du 22 mars 1831 (tit. 6, *Des corps détachés de la garde nationale pour le service de la guerre*) portait que les officiers, sous-officiers et soldats jouissant d'une pension de retraite, la cumuleraient, pendant la durée du service, avec la solde d'activité des grades qu'ils auraient obtenus dans les corps détachés. C'est à cette disposition que se rapportaient les art. 6 des lois des 11 et 18 avr. 1831 sur les pensions des armées de terre et de mer; elle était conforme à l'équité. L'appel momentané à un service actif laisse subsister, pour l'officier retraité, une grande partie des charges résultant de l'établissement qu'il a fait depuis sa rentrée dans la vie civile, tout en lui imposant toutes celles qui résultent de la présence sous les drapeaux. Mais, lors de la discussion de la loi du 1er févr. 1868, l'art. 13 du projet du Gouvernement, qui abrogeait simplement les dispositions antérieures contraires à la nouvelle loi, a été remplacé par l'art. 12 actuel, qui abroge expressément en son entier le tit. 6 de la loi du 22 mars 1831.

Le cas prévu par l'art. 159 de cette loi ne peut plus se présenter depuis les lois des 25 août 1871, 27 juill. 1872 et 15 juill. 1889 (D. P. 71. 4. 145; 72. 4. 47). Mais l'organisation de l'armée territoriale, si une guerre motivait son appel à l'activité, pourrait rendre nécessaire un nouvel appel au dévouement des anciens militaires. Il serait assurément à souhaiter qu'en ce cas une mesure analogue fût prise en leur faveur, comme elle l'a été pour le temps de paix par l'art. 1 de la loi du 1er juin 1878, aux termes duquel les militaires de la réserve et de l'armée territoriale, autres que ceux qui appartiennent au personnel administratif de cette dernière armée (pour ces derniers, V. *infrà*, n° 624), « cumulent, *en temps de paix*, les traitements ou pensions dont ils jouissent avec la solde et les prestations qui leur sont attribués pendant les exercices ou manœuvres auxquels ils sont convoqués » (V. *suprà*, nos 68 et 277).

623. L'art. 3 de la loi du 10 juill. 1874 autorisait le cumul des pensions *proportionnelles* avec les traitements d'emplois, *même militaires*, donnés aux anciens sous-officiers. Il a été décidé que cette disposition ne s'appliquait pas aux sous-officiers retraités en vertu de la loi de 1831; que la prohibition du cumul d'une pension militaire avec un traitement militaire subsistait toujours, à l'égard de ces derniers (Cons. d'Et. 13 déc. 1878, aff. Outrequin, D. P. 79. 5. 317; 24 janv. 1890, aff. Nicolini, D. P. 91. 3. 62). — Aujourd'hui, la loi du 23 juill. 1881, art. 13, *in fine*, n'autorise plus le cumul de la pension proportionnelle qu'avec les traitements « afférents aux emplois civils ».

624. Il existe plusieurs exceptions à la règle du non-cumul des pensions militaires avec les traitements militaires d'activité. Nous avons déjà signalé, *suprà*, n° 622, celle qui résulte de l'art. 1 de la loi du 1er juin 1878. D'autre part, afin d'engager les officiers retraités à accepter certains emplois militaires qui peuvent être remplis par eux aussi utilement que par des officiers de l'armée active, on s'est préoccupé de leur assurer un émolument distinct de leur pension et se touchant cumulativement avec elle. C'est ce qui a lieu, notamment, pour les commissaires et rapporteurs près les tribunaux militaires (Décr. 29 août 1854, art. 12);... pour les militaires employés dans les prisons militaires (Même décret, art. 13);... pour le personnel du service de recrutement (L. 13 mars 1875, art. 18);... pour le personnel administratif de l'armée territoriale (Même loi, art. 63; L. de fin. 29 déc. 1882, art. 19), personnel au profit duquel l'art. 1 de la loi du 1er juin 1878 n'a pas eu, par conséquent, à formuler de nouveau une exception (*suprà*, n° 469). M. Bavelier, t. 2, n° 302, estime que le cumul d'une pension militaire doit aussi être admis avec les émoluments attachés à un service militaire local et momentané (Arg. anal. L. 11 avr. 1831, art. 6, V. *suprà*, n° 622).

625. On a vu *suprà*, nos 541 et 617, que les suppléments de pensions militaires accordés par la loi du 18 août 1881 ne peuvent, aux termes du paragraphe 5 de l'art. 1 de cette loi, être cumulés avec un traitement civil ou la concession d'un débit de tabac. — Sur les motifs de cette disposition et les critiques qu'elle a soulevées, V. Discussion d'un amendement de M. Vilfeu au projet de budget de 1893 (Séance de la Chambre des députés du 10 févr. 1893 *Journ. off.* 11 févr. 1893).

Le conseil d'Etat a eu à examiner la question de savoir si

la disposition précitée ne s'applique qu'aux officiers retraités, ou si la prohibition qu'elle contient doit être aussi étendue aux non-officiers pourvus dont la pension de retraite a bénéficié d'une augmentation, par application du paragraphe 1 du même art. 1. Pour soutenir que l'interdiction du cumul édictée par le paragraphe 5 ne s'applique qu'aux officiers, on a invoqué un argument tiré du texte des premiers paragraphes du même article : le premier paragraphe dispose que les pensions des sous-officiers, etc., retraités sous tous les régimes antérieurs aux lois des 5 et 18 août 1879, seront payées selon le tarif établi par ces deux dernières lois, sans employer le mot *supplément*. Ce mot se trouve, au contraire, dans le second paragraphe, qui édicte qu'un supplément sera accordé aux officiers. De là on concluait que, le paragraphe 5 n'interdisant le cumul qu'avec les suppléments accordés par les paragraphes précédents, ce paragraphe ne concernait que ceux des pensionnaires auxquels ces dispositions avaient accordé un avantage qualifié de *supplément*. A l'appui de cette interprétation, on faisait valoir que, devant le Sénat, le colonel Meinadier, rapporteur, avait exprimé des regrets au sujet de la disposition qui excluait du bénéfice de la loi les *officiers* munis d'un emploi rétribué (D. P. 82. 4. 81, note 5). Mais le conseil d'Etat (Arrêt du 7 août 1886, aff. Comyn, D. P. 88. 3. 15) a formellement décidé que, si la rédaction de l'art. 1 n'est pas exempte de toute amphibologie, l'intention du législateur est manifeste, le paragraphe 5 interdisant le cumul du supplément avec un emploi civil aux pensionnaires *de toute catégorie*. Devant la Chambre des députés, M. Casimir-Perier, rapporteur, avait, dans la séance du 7 juin 1881, expliqué que les anciens officiers et soldats qui ne toucheraient pas de supplément sont ceux qui, pourvus d'emplois de l'Etat, peuvent obtenir des pensions civiles. Il faut ajouter que, dans plusieurs des affaires où le conseil d'Etat avait eu occasion de statuer sur l'application de l'art. 1, § 5, de la loi de 1881, il s'agissait de sous-officiers, et que la question de savoir si cette disposition pouvait leur être opposée n'avait pas même été soulevée (V. notamment Cons. d'Et. 12 janv. 1883, aff. Etrillard, D. P. 84. 3. 82; 1er juin 1883, aff. Tillat et aff. Fays, *ibid.*; 23 mai 1884, aff. Chenon, D. P. 85. 3. 116).

626. Que faut-il entendre par les expressions « emplois civils rétribués par l'Etat, les départements ou les communes », dont se sert l'art. 1 de la loi du 18 août 1881? La définition doit être simple, a dit M. le commissaire du Gouvernement dans une affaire soumise au conseil d'Etat (Cons. d'Et. 12 janv. 1883, aff. Etrillard, D. P. 84. 3. 82), et, quant à nous, nous pensons que, par emploi civil, le législateur de 1881 a voulu désigner toute fonction, si modeste qu'elle soit, dont la rétribution est prévue au budget et dont le titulaire figure sur les états du personnel d'une de nos administrations publiques. Les citoyens revêtus d'un de ces emplois font partie de la hiérarchie administrative, leurs fonctions sont permanentes, ils reçoivent un traitement, ils subissent une retenue sur ce traitement, et ils acquièrent, après un certain temps de service, des droits à la retraite. Nous considérons que la loi du 18 août 1881 s'est servie des expressions : *emploi rétribué par l'Etat*, dans le même sens que l'a fait la loi du 9 juin 1853 sur les pensions civiles. Or, il n'est pas douteux que la loi de 1853 ne range dans la vaste catégorie des employés de l'Etat que ceux qui remplissent une fonction permanente et qui sont compris dans les cadres du personnel. Quand ces conditions manquent, on n'exerce pas un emploi de l'Etat, et on doit être assimilé aux auxiliaires, ouvriers et autres que les nécessités des services publics forcent à employer plus ou moins de temps (V. *suprà*, nos 12 et suiv.). Au surplus, les travaux préparatoires de la loi du 18 août 1881 montrent de la façon la plus claire quels sont les employés que le dernier alinéa de l'art. 1 exclut temporairement du bénéfice de la loi. C'est ainsi qu'on lit dans le rapport déposé le 17 déc. 1880 par M. Paul Casimir-Perier : « Les retraités employés *à titre permanent* par l'Etat ne seront point admis au bénéfice de l'unification des pensions, aussi longtemps qu'ils conserveront des fonctions dont les émoluments sont souvent de beaucoup supérieurs à l'accroissement de pension demandé pour chacun ». Plusieurs autres passages du même rapport témoignent qu'on n'a voulu exclure que les anciens militaires devenus fonctionnaires et touchant un traitement civil, et, lors de la discussion de la loi, l'honorable rapporteur a dit, à la séance du 7 juin 1881, que les anciens officiers et soldats qui ne toucheraient pas de supplément de pension sont ceux qui, pourvus d'emplois de l'Etat, peuvent obtenir des pensions civiles.

627. Ainsi, les éléments essentiels, mais suffisants, pour caractériser l'emploi civil rétribué par l'Etat, le département ou la commune, seraient au nombre de deux : permanence de l'emploi ou de la fonction, inscription au budget de l'Etat, du département ou de la commune, d'un crédit affecté spécialement à la rémunération de cet emploi. Le conseil d'Etat a sanctionné cette doctrine dans plusieurs arrêts desquels il est facile de dégager une théorie générale. Il a, notamment, décidé que l'on ne doit considérer comme pourvus d'emplois civils rétribués par l'Etat : 1° ni des employés attachés au ministère des finances à titre d'auxiliaires (Cons. d'Et. 12 janv. 1883, aff. Etrillard, D. P. 84. 3. 82); — 2° Ni des ouvriers attachés aux magasins et docks du ministère de la guerre (Cons. d'Et. 14 mars 1884, aff. Toussaint et autres); — 3° Ni un surveillant des travaux de construction d'un bassin du port du Havre (Cons. d'Et. 1er juin 1883, aff. Tillat, D. P. 84. 3. 82). Ces décisions sont fondées sur ce que ces employés ne faisaient pas partie des cadres du personnel *permanent* du ministère de la guerre ou de l'administration des Ponts et chaussées; qu'ils étaient rétribués au moyen d'un salaire calculé d'après le nombre réel des journées de travail et prélevé sur les fonds affectés soit au service du matériel, soit à l'ensemble des travaux. De même, le conseil d'Etat n'a pas pensé qu'il y eût lieu de considérer comme pourvu d'un emploi civil un individu attaché, en vertu d'une simple désignation du chef de la police municipale, au service des stations de voitures de place où il prenait soin des chevaux; et cela, parce qu'il ne faisait point partie des cadres du personnel de la préfecture de police et qu'il était rétribué au moyen d'un salaire journalier (Cons. d'Et. 1er juin 1883, aff. Fays, D. P. 84. 3. 82).

Un arrêt (Cons. d'Et. 23 mai 1884, D. P. 85. 3. 116) a rangé, au contraire, parmi les employés rétribués par la commune, des personnes attachées à l'administration de l'Octroi de Paris en qualité de préposés aux escortes. Bien que rémunérés au moyen d'un salaire journalier, ces employés font partie des cadres du personnel permanent de cette administration; ils sont pourvus d'une commission; ils prêtent serment, et leur traitement est porté au budget, où un crédit spécial est ouvert à cet effet.

Le *concierge* d'un palais de justice a été, de même, considéré comme pourvu d'un emploi civil rétribué sur les fonds départementaux, bien que son salaire ne fût pas directement porté au budget du département. Cet agent est, en effet, employé d'une façon permanente; il touche un salaire mensuel payé au moyen d'un mandat délivré par le préfet sur le crédit ouvert au budget départemental pour menues dépenses des tribunaux (Cons. d'Et. 7 août 1886, aff. Comyn, D. P. 88. 3. 15. V. toutefois les observations en note sous cet arrêt). Enfin le conseil d'Etat a décidé que le payement du supplément de pension devait être suspendu pour les anciens militaires pourvus d'un emploi d'instructeurs des bataillons scolaires (Cons. d'Et. 27 mai 1887, aff. Vanleem, D. P. 88. 3. 93). Ces instructeurs étaient, en effet, pourvus d'une nomination régulière, qui les appelait à remplir un emploi permanent *et ayant un caractère civil;* ils devaient être considérés comme faisant partie du personnel enseignant; ils recevaient une rétribution payée au moyen des fonds communaux et en vertu d'un crédit spécialement ouvert à cet effet (V. les conclusions du commissaire du Gouvernement dans cette affaire, D. P. *ibid.*).

Il a été jugé encore que la prohibition temporaire édictée par le dernier paragraphe de l'art. 1 de la loi du 18 août 1881 n'est pas applicable à l'officier retraité investi du mandat de député : l'indemnité allouée aux membres du Parlement n'a pas le caractère d'une rétribution; de plus, le mandat de député n'est pas un emploi civil; enfin la loi du 16 févr. 1872 permet le cumul des pensions de retraite avec cette indemnité (Cons. d'Et. 1er juin 1883, aff. Datas, D. P. 84. 3. 82).

Cette jurisprudence, on le voit, est la consécration du principe que nous avons posé, et d'après lequel les emplois dont parle l'art. 1 de la loi de 1881 sont ceux-là seuls qui réunissent les deux caractères de *permanence* et de *rétribution au moyen de fonds inscrits, à cet effet, au budget.* L'emploi doit être permanent, c'est-à-dire que le titulaire doit faire partie des cadres d'une administration de l'Etat, du département ou de la commune. Quelque modeste que soit cette administration, quelque peu nombreux qu'en soit le personnel, du moment où l'employé est pourvu d'une nomination régulière, il appartient à une administration publique, il remplit un emploi civil. Le mode de nomination est indifférent. Peu importe que l'emploi soit conféré par décret, par arrêté ministériel, par le préfet, par le maire ou toute autre autorité à qui il appartient de pourvoir à ces désignations. — En second lieu, l'allocation accordée au titulaire de l'emploi doit être payée au moyen des crédits portés spécialement à cet effet au budget de l'Etat, des départements ou des communes. Il n'est point nécessaire qu'elle soit mensuelle ou annuelle; il n'est point nécessaire non plus que cette rétribution soit soumise à retenue et qu'elle puisse donner lieu à une pension de retraite. Admettre ces dernières conditions, retenue et droit à pension de retraite, serait autoriser un certain nombre d'employés des départements ou des communes à échapper à la prohibition édictée par la loi de 1881. Ces diverses circonstances ne seront pas absolument indifférentes; elles constitueront des éléments accessoires d'appréciation, permettant de faire ressortir plus nettement le caractère de l'emploi occupé et dont il s'agit de déterminer la nature. Mais on ne saurait les ranger parmi les éléments essentiels servant à déterminer si la situation occupée constitue ou non un emploi civil.

Les deux seules conditions nécessaires pour donner à une fonction le caractère d'emploi civil rétribué sont donc la permanence de l'emploi ou de la fonction et l'inscription au budget d'un crédit destiné à pourvoir spécialement au traitement ou au salaire de ces agents.

628. Il a été jugé que l'art. 1 de la loi du 18 août 1881, d'après lequel le payement des suppléments de pension demeure suspendu pour les pensionnaires pourvus de débits de tabac, est général, et ne comporte aucune restriction en ce qui concerne les concessions de bureaux de tabac en Algérie (Cons. d'Et. 7 août 1883, aff. Caffe, D. P. 85. 5. 362). On s'appuyait, pour soutenir la solution contraire, sur ce que, le commerce du tabac étant libre en Algérie, les titulaires des débits ouverts pour la vente des tabacs de la Régie ne pouvaient être assimilés aux débitants investis, dans la métropole, du monopole de la vente.

629. Aux termes de l'art. 19, § 1, de la loi du 21 déc. 1881 (*Bull. des lois*, n° 11349), « les pensionnaires militaires qui touchent une pension sur les fonds de la guerre, de la marine ou de la Légion d'honneur, bien qu'ils fussent pourvus d'emplois civils ou de débits de tabac, pourront cumuler avec le produit de ces emplois ou débits jusqu'à concurrence du montant de ladite subvention, le supplément de pension qui leur est attribué par la loi du 18 août 1881 ».

Quant au cumul des suppléments de pension des anciens militaires sardes avec des traitements ou débits de tabac (Même article, § 2, et L. 8 juill. 1882, art. 15), V. *suprà*, n° 541.

630. On a indiqué *suprà*, n°s 615 et 618, que l'art. 31 de la loi de finances du 26 déc. 1890 (D. P. 91. 4. 50) a retiré, pour l'avenir, aux *officiers* et assimilés le droit, que les lois de 1831 leur avaient reconnu, de cumuler leur pension militaire avec un traitement civil. Cet article est ainsi conçu: « Les pensions militaires concédées à des officiers ou assimilés à partir du 1er janv. 1891 ne pourront se cumuler avec un traitement civil payé par l'Etat, les départements, les communes, ou les établissements publics, que dans le cas où le total du traitement civil et de la pension militaire serait inférieur au montant de la solde, sans les accessoires, dont jouissait le titulaire au moment de son admission à la retraite. Lorsque ce total dépassera le montant de la solde, il y sera ramené par la suspension d'une partie de la pension. Lorsque le traitement civil sera égal ou supérieur au montant de la solde, la pension sera complètement suspendue tant que le titulaire jouira de ce traitement. Seront considérés comme traitements les indemnités ou salaires alloués aux officiers ou assimilés retraités et employés à titre d'auxiliaires permanents par l'Etat, les départements, les communes ou les établissements publics. — Les traitements afférents à des fonctions civiles rétribuées par des remises variables seront déterminés par arrêté ministériel. Toutefois les prescriptions du présent article ne seront pas applicables aux pensions militaires qui seront concédées à des officiers ou assimilés retraités pour blessures ou infirmités équivalant à la perte d'un membre et contractés dans le service. — Les prescriptions sur le cumul édictées par les lois antérieures sont maintenues en tant qu'elles ne sont pas contraires aux dispositions ci-dessus ».

Dans son rapport au Sénat, M. Boulanger s'exprimait ainsi : « L'art. 31 de la loi de finances a pour but d'empêcher désormais le cumul des pensions militaires et des traitements civils. Ce cumul ne paraît plus nécessaire. Les pensions de retraites accordées aux officiers ont été augmentées dans une proportion suffisante pour assurer honorablement les besoins de ces serviteurs de l'Etat et ne pas les contraindre à solliciter des emplois civils en concurrence avec ceux qui n'ont que ce seul moyen d'existence. S'ils le font dans des conditions autorisées par les lois et règlements, il est juste d'éviter que le traitement souvent élevé de la fonction civile s'ajoute à une pension quelquefois importante également, de manière à exagérer la rémunération totale du titulaire. On comprend difficilement, par exemple, qu'un officier supérieur, jouissant d'une retraite de 4000 à 5000 francs, occupe encore un emploi de percepteur ou de receveur particulier qui lui rapporte une somme égale ou supérieure. La Chambre des députés a sagement agi en arrêtant ce cumul. Elle le fait d'ailleurs avec beaucoup de modération, en laissant subsister le cumul pour les officiers retraités par suite de blessures ou d'infirmités contractées au service, et en autorisant, dans tous les cas, ce cumul, jusqu'à concurrence de la solde afférente au dernier grade occupé par l'officier ».

A la séance du 23 déc. 1890, M. le sénateur Meinadier demanda la suppression de l'art. 31. « La pension militaire, dit-il, est la rémunération d'un service accompli; elle constitue un droit acquis entièrement indépendant du service civil que le titulaire peut rendre ultérieurement. C'est en vertu de ce principe que la loi la déclare cumulable avec toute espèce de traitement civil et de pension. Eh bien, la décision qu'on vous propose de prendre irait contre ce droit. Je suis convaincu que la Chambre des députés ne s'est pas rendu compte de la portée de la loi qu'elle a votée. On nous dit dans les considérants que c'est un commencement de réforme des pensions. Mais si l'on veut un commencement de réforme des pensions, il faut faire une loi générale ; je ne crois pas qu'on puisse aller contre des droits que personne ne peut attaquer, qui sont dévolus aux titulaires ; en tout cas, si l'on veut modifier la procédure à suivre pour l'attribution des pensions, il faut une loi et non pas un simple article du budget qui aurait pu échapper à beaucoup d'entre nous ». Le rapporteur répondit que la mesure proposée était rendue nécessaire par l'accroissement des charges publiques.

L'art. 31 fut adopté. Un amendement de M. de Carné demandait la suppression des mots : « ou les établissements publics » dans les paragraphes 1 et 4 de l'article, et proposait un paragraphe additionnel ainsi conçu : « Toutefois, les prescriptions du présent article ne seront pas applicables : 1° aux officiers ou assimilés actuellement en retraite et qui, à la date de la promulgation de la présente loi, seront pourvus d'un emploi civil rétribué sur les fonds de l'Etat; 2° aux pensions militaires qui seront concédées à des officiers ou assimilés, retraités pour blessures ou infirmités ». L'amendement et le paragraphe additionnel furent également repoussés.

631. En ce qui concerne le *cumul des pensions entre elles*, le premier paragraphe de l'art. 27 de la loi du 25 mars 1817 (*Rép.* p. 155), qui l'interdisait dans tous les cas (*Rép.* n° 203), a été abrogé par l'art. 36 de la loi du 9 juin 1853. Il y a lieu d'appliquer, sur ce point, aux pensions militaires les règles que nous avons exposées *suprà*, n°s 278 et suiv., à propos des pensions civiles. L'art. 31 de la loi de 1853 qui autorise le cumul des pensions dans la limite de 6000 francs, pourvu qu'il n'y ait pas de double emploi dans les années de service entrant en liquidation, est, en effet, compris sous la rubrique : « Dispositions applicables aux pensions *de toute nature* ». Il concerne donc aussi bien les pensions militaires que les pensions civiles.

632. Les exceptions à la règle de l'art. 31 de la loi de 1853, que l'on a indiquées *suprà*, nos 278 et suiv., s'appliquent aux pensions militaires comme aux pensions civiles (Conf. Bavelier, n° 302).

633. Ainsi qu'on l'a exposé *suprà*, nos 451 et 484, l'infraction aux règles de la prohibition du cumul entraîne la déchéance du droit à pension.

634. Sur la question de savoir à qui il appartient de faire application aux pensions des lois sur le cumul, V. *suprà*, n° 587.

635. — VI. INCESSIBILITÉ ET INSAISISSABILITÉ. — On a expliqué au *Rép.* n° 104 que, en vertu des art. 28 de la loi du 11 avr. 1831 et 30 de la loi du 18 avr. 1831, les pensions militaires et leurs arrérages sont *incessibles* et *insaisissables*, sauf en cas de débet envers l'Etat, ou dans les circonstances prévues par les art. 203 et 205 c. civ., c'est-à-dire pour dettes d'aliments des parents envers les enfants ou de ceux-ci envers leurs parents. En cas de débet envers l'Etat, l'insaisissabilité de la pension militaire ne cesse que jusqu'à concurrence du *cinquième* de son montant. En cas de dette alimentaire, la saisie ne peut frapper que le *tiers* de la pension. — Cette règle s'applique aux suppléments de pension accordés par la loi du 18 août 1881 (L. 18 août 1881, art. 1; Circ. direct. gén. de la comptab. publ. 27 sept. 1881, § 2, 9 janv. 1882, § 3, 11 févr. 1881, § 1. Comp. ce concerne l'incessibilité et l'insaisissabilité des pensions civiles, *suprà*, nos 284 et suiv.).

636. On s'est demandé si les termes des art. 28 et 30 des lois de 1831 sont limitatifs, ou si, au contraire, la faculté de saisir, pour cause de dette alimentaire, une partie de la pension de retraite ne doit pas être accordée, par extension, à la femme du pensionnaire? (c. civ., art. 214). La question est délicate et a été résolue par la jurisprudence en sens différents. Deux arrêts de cour d'appel se sont prononcés pour l'extension de l'art. 28 de la loi de 1831 à la femme (Toulouse, 18 janv. 1840, *Rép.* n° 204; Paris, 26 juill. 1847, aff. Patorni, D. P. 47. 2. 15). Le premier de ces arrêts déclare que, « malgré la dérogation de l'art. 28 à la règle générale (du droit de saisie), les pensions militaires rentrent dans la classe ordinaire lorsqu'il s'agit d'exécuter les obligations naissant du mariage. Au nombre de ces obligations figurent, non seulement celle qui assujettit les père et mère à nourrir leurs enfants, mais encore celle qui prescrit au mari de pourvoir incessamment aux besoins et à l'entretien de sa femme... Il faut donc décider que la mention des art. 203 et 205 est purement démonstrative et que la femme peut saisir la pension militaire de son mari, lorsque des sommes doivent lui être servies à titre d'aliments (par suite de jugement) ».

La même question avait été soulevée par le pourvoi formé contre un arrêt de la cour de Douai du 24 janv. 1883, qui avait annulé, comme irrégulière, la saisie pratiquée par la femme séparée de corps d'un militaire retraité, sur la pension de celui-ci. Dans son rapport à la chambre des requêtes, sur cette affaire, M. le conseiller Babinet se prononça formellement dans le sens de l'opinion qui refuse à la femme du pensionnaire le droit de saisie-arrêt. Mais la cour de cassation décida qu'il n'y avait lieu de se prononcer sur ce point, par le motif que la séparation de corps avait été prononcée *contre* la femme. Elle rejeta donc le pourvoi. « Attendu, dit l'arrêt, que l'art. 214, spécial au cas où les obligations procédant du mariage n'ont subi aucune modification légale, est bien distinct du cas de séparation; attendu que, d'après le droit commun, la femme, qui a obtenu la séparation, trouve dans l'art. 301 c. civ. le principe d'une créance survivant même au décès du mari, mais que, pour allouer à la femme coupable un secours purement alimentaire, la jurisprudence n'a pu trouver de base que dans la généralité de l'art. 214; attendu, d'autre part, que, bien loin de se montrer plus favorables aux femmes séparées, les lois militaires, quand il s'agit du droit des veuves à la réversibilité d'une partie des traitements ou pensions, réservaient cette prérogative aux femmes qui n'avaient pas cessé d'être protégées par l'art. 214; qu'elles repoussaient indistinctement toutes les autres, malgré les art. 301 et 1518 c. civ., et que la réforme du 25 juill. 1861 n'a réhabilité que celles au profit desquelles la séparation aurait été prononcée; attendu que, dès lors, ni le texte ni l'esprit des lois spéciales n'autorisent la prétention de faire valider une saisie-arrêt sur la pension de retraite du mari » (Req. 24 déc. 1883, aff. Gagnebin, D. P. 84. 1. 196). Enfin, il a été décidé, plus récemment, que la femme d'un militaire, au profit de laquelle la séparation de corps a été prononcée, peut saisir-arrêter, à concurrence du tiers, la pension de retraite de son mari, pour avoir payement d'une pension alimentaire à elle attribuée (Trib. Caen, 27 juill. 1891, aff. Saint-Martin, D. P. 93. 2. 217. — V. dans le même sens : Garsonnet, *Traité de la procédure*, t. 3, p. 556; Dissertation de M. Cohendy, D. P. 93. 2. 217). Ce dernier auteur soutient que, dans tous les cas, et alors même que la séparation a été prononcée aux torts et griefs de la femme, celle-ci peut recourir à la saisie-arrêt pour obtenir l'exécution du jugement qui lui accorde une pension alimentaire. (*Contrà :* Bavelier, t. 2, n° 30. V. au surplus le rapport de M. le conseiller Babinet, rapporté D. P. *ibid.*, et *infrà*, v° *Saisie-arrêt*).

637. Les pensions de réforme sont également incessibles et insaisissables, sauf dans les cas spécifiés par les art. 28 et 30 des lois de 1831, et, en outre, dans le cas de l'art. 214 c. civ. relatif à l'obligation du mari de fournir à sa femme tout ce qui lui est nécessaire, selon ses facultés et son état (L. 19 mai 1834, art. 20). — La question que l'on vient d'examiner *suprà*, n° 636 ne se pose donc pas en ce qui concerne les pensions de réforme; elle est expressément résolue en faveur de la femme du pensionnaire.

638. Les oppositions pour débet envers l'Etat se font par voie administrative (Instr. min. 11 déc. 1879, art. 154).

Lorsqu'il s'agit de dettes alimentaires, elles doivent, au contraire, être faites en vertu de titres exécutoires ou de permissions du juge, conformément aux règles posées par le code de procédure (art. 557 et suiv.), et pour la portion qui est déterminée (Instr. 1879, art. 153. Conf. *Rép.* n° 104. V. *infrà*, v° *Saisie-arrêt*).

En ce qui concerne les suppléments de pension, M. Bavelier (t. 2, n° 301) fait la distinction suivante, quant à la marche à suivre. Si la pension est frappée d'une retenue proportionnelle à son montant (un tiers ou un cinquième), cette retenue frappe le supplément. Si, au contraire, il s'agit d'une somme fixe à retenir chaque trimestre sur la pension, le supplément doit être payé intégralement au titulaire, sauf aux parties intéressées à faire valoir devant la juridiction compétente les motifs qui donneraient lieu au prélèvement d'une retenue sur le supplément. Quant aux retenues pour frais de séjour à l'hôpital, elles ne doivent pas atteindre le supplément, attendu que le prix de la journée d'hôpital est toujours calculé de manière à ne pas absorber la totalité de la pension (Instr. direct. gén. comptab. publ. 27 sept. 1881).

639. De même que pour les pensions civiles, l'insaisissabilité et l'incessibilité cessent à la mort du titulaire de la pension (V. *suprà*, n° 291).

640. Une loi du 5 mai 1869 (D. P. 69. 4. 54) a concédé, en cas d'insuffisance de ressources personnelles, une pension annuelle et viagère de 250 francs à tous les anciens sous-officiers et soldats de la République et de l'Empire remplissant l'une des trois conditions suivantes : deux années de services militaires ; deux campagnes ; une blessure grave reçue dans le service et dûment constatée (V. le texte de cette loi et ses origines, D. P. 69. 4. 54).

ART. 2. — *Pensions de l'armée de mer* (*Rép.* nos 207 à 249).

641. Ainsi qu'on l'a exposé *suprà*, n° 387, le personnel relevant des ministères de la marine et des colonies (ce dernier actuellement rattaché au ministère du commerce) n'est pas soumis, au point de vue des pensions de retraite, à une réglementation unique. Nous n'aurons, d'ailleurs, à nous occuper ici que des pensions des officiers de vaisseau et marins des équipages de la flotte ou assimilés, les seules qui soient l'objet d'une législation spéciale (les pensions dites de demi-solde forment une catégorie à part, dont il sera traité dans un article séparé). — Cette législation se rapproche sur un grand nombre de points de la législation des pensions de l'armée de terre, que l'on vient d'étudier. Un certain nombre de lois sont même communes aux deux catégories de pensions.

Les règles que l'on va exposer sont également applicables aux fonctionnaires et agents du service colonial compris dans le tableau annexé à la loi du 5 août 1875 (*Bull. des lois*, n° 465, p. 226; L. 21 mai 1880, art. 1).

642. Pour les pensions régies par la loi du 18 avr. 1831, comme pour les pensions de l'armée de terre (*suprà*, n° 451), il y a un droit absolu au profit du retraité qui réunit les conditions exigées par la loi (Bavelier, t. 2, n° 311).

643. La loi du 18 avr. 1831 a été calquée sur celle du 11 avr. 1831, relative aux pensions de l'armée de terre; plusieurs de ses articles reproduisent même textuellement ceux de la loi du 11 avril. Aussi un grand nombre de questions qui ont été soulevées à propos de l'interprétation de cette dernière loi se posent-elles également à propos de la loi sur les pensions de l'armée de mer. Elles ont été, pour la plupart, examinées sous l'article précédent. Il suffira donc, dans un grand nombre de cas, d'un simple renvoi à ce que nous avons dit plus haut.

644. — I. CONDITIONS DU DROIT A PENSION (*Rép.* n° 208). — Pour avoir droit à pension de la marine il faut, comme pour avoir droit à pension de l'armée de terre, être *Français* (V. *suprà*, n° 391).

645. On a vu au *Rép.* n° 208 que, aux termes de l'art. 1 de la loi du 18 avr. 1831, le droit à pension d'*ancienneté* est acquis à vingt-cinq ans de services accomplis, pour les marins de tous les grades (officiers, officiers-mariniers, quartiers-maîtres et matelots) et assimilés (Conf. L. 5 août 1879, art. 1).

646. Cependant les trente années de service exigées pour les officiers de l'armée de terre (*suprà*, n° 395) le sont aussi pour les officiers des différents corps de la marine autres que le corps des officiers de vaisseau, et pour les officiers des corps de troupe (L. 18 avr. 1831, art. 1; Cons. d'Et. 9 mai 1834). Par officiers des corps de troupe, il faut entendre ceux de l'infanterie, de l'artillerie et de la gendarmerie de la marine, et des différents corps coloniaux (cipayes, tirailleurs sénégalais, annamites, tonkinois, etc.)

Par exception, cependant, les officiers indigènes annamites sont admis à la retraite après vingt ans de service, et les sous-officiers indigènes annamites après quinze ans (Décr. 2 déc. 1879, art. 4).

647. Toutefois, les officiers des corps de la marine qui n'ont droit à pension qu'après trente ans de service acquièrent ce droit après vingt-cinq ans, comme les officiers de vaisseau, « s'ils réunissent *six ans* de navigation sur les vaisseaux de l'Etat ou de séjour dans les colonies » (L. 5 août 1879, art. 2). La loi de 1831 exigeait neuf ans de séjour dans les colonies (art. 1; *Rép.* n° 208. V. Rapport sur la loi de 1879, n° 3, D. P. 80. 4. 32).

648. Mais, « dans aucun cas, le service des colonies ne motive de réduction sur la durée légale des services que pour les individus envoyés d'Europe ». La loi de 1879, art. 2, ne fait, sur ce point, que reproduire l'art. 1 *in fine*, de la loi de 1831. A propos de cette disposition, le rapporteur au Sénat de la loi de 1879 a présenté les observations suivantes : « Il est juste d'ajouter que, depuis longtemps, la marine et le conseil d'Etat interprètent l'art. 1 de la loi de 1831 dans un sens large et généreux. M. le ministre, interrogé à ce sujet dans le sein de la commission, nous a expressément affirmé qu'il n'était jamais entré dans sa pensée, ni dans celle de personne de son département ou d'ailleurs, de revenir sur cette interprétation bienveillante, mais bien au contraire de la confirmer de plus en plus. Cette disposition avait sa raison d'être en 1831; lorsqu'elle a été prise à cette époque, la vapeur n'existait pas, les relations de colonie à colonie étaient rares et difficiles, et un fonctionnaire né dans une colonie y mourait le plus souvent sans même l'avoir quittée une seule fois. Dans cette condition, on comprend, en effet, qu'il n'avait pas plus droit à la réduction des années de services qu'un Brestois qui n'aurait jamais quitté Brest. Mais depuis lors les choses ont bien changé, et les mouvements de fonctionnaires de colonie à colonie sont devenus relativement plus fréquents que de la métropole aux colonies. Or, un créole, qui, de la Guadeloupe, est expédié en Cochinchine, est tout aussi expatrié et exposé à tout autant de dangers qu'un Toulonnais qui est expédié à Taïti ou à la Martinique, et, dès lors, il a droit aux mêmes avantages. Ainsi donc, selon nous, et cette interprétation est conforme à la jurisprudence établie, le paragraphe 2 de l'art. 2 n'a d'application possible que pour les fonctionnaires coloniaux qui n'ont jamais été déplacés, pour cause de service, de leur pays d'origine, tandis qu'au contraire, doivent être considérés comme envoyés d'Europe et jouir du bénéfice de la retraite à vingt-cinq ans, ceux qui sont envoyés de certaines colonies dans certaines autres, pourvu, bien entendu, qu'ils réunissent les six ans de navigation ou de séjour extérieur exigés par le paragraphe 1 de ce même article » (Comp. Bavelier, n° 312).

649. Un individu né dans une colonie ne peut se prévaloir, pour réclamer le bénéfice de l'art. 7, § 2, de la loi du 18 avr. 1831, de ce qu'il est revenu de France dans cette colonie pour y rentrer au service de la marine, alors qu'il était venu dans la métropole sans y être appelé par l'Administration et qu'il n'y avait rempli aucune fonction (Cons. d'Et. 4 déc. 1891, aff. Saint-Preux, D. P. 93. 3. 3). Le ministre de la marine avait longtemps admis, sans que cette solution eût soulevé d'observations de la part du conseil d'Etat, que l'art. 7, § 2, de la loi du 18 avr. 1831, était applicable aux fonctionnaires nés dans les colonies, qui avaient ensuite séjourné en France même en vertu d'un congé, et qui étaient retournés dans leur pays d'origine pour y reprendre leur service; mais la section des finances du conseil d'Etat a, plus récemment, émis l'avis qu'on ne peut considérer comme « envoyés d'Europe » des fonctionnaires appelés à servir dans le lieu dont ils sont originaires (25 janvier et 17 mai 1887, aff. Pédemonte et Rougon). Cette doctrine paraissant conforme à l'esprit de la loi, le ministre de la marine et des colonies l'a constamment appliquée depuis cette époque. Elle a été définitivement consacrée par l'arrêt précité du 4 déc. 1891.

650. Il a été jugé que le temps passé en rade, à bord des vaisseaux-écoles ou des stationnaires, doit être considéré comme temps de navigation, dans le sens de l'art. 1 *in fine* de la loi de 1831 (Cons. d'Et. 9 mars 1850, aff. Franco, *Rec. Cons. d'Etat*, p. 230; 21 mai 1867, aff. Collet-Corbinière, *ibid.*, p. 503). La jurisprudence du conseil d'Etat s'était prononcée antérieurement en sens contraire (Cons. d'Et. 25 déc. 1840, aff. Blanlot, *ibid.*, p. 444; 9 mai 1845, aff. Gaillard, *ibid.*, p. 267). Mais le service en Algérie ne peut être compté comme service dans les colonies (Cons. d'Et. 27 mai 1863, aff. Devillepoix).

651. Pour les non-officiers (sous-officiers, caporaux, soldats et assimilés) des corps de troupe de la marine, le droit à pension d'ancienneté s'acquiert par vingt-cinq ans accomplis de services effectifs (L. 26 avr. 1855, art. 19; 5 août 1879, art. 17; 23 juill. 1881, art. 13 et 21).

652. Les marins de l'Etat appartenant à l'inscription maritime peuvent être embarqués, par ordre, sur les navires de commerce, à titre de complément d'équipage. Les services qu'ils accomplissent ainsi sont considérés comme rendus à l'Etat et entrent en compte pour la liquidation des pensions (Circ. min. mar. 4 août 1857 et 19 juill. 1881).

En ce qui concerne les officiers de la marine autorisés à servir à bord des paquebots et des navires de commerce, à seconder des entreprises industrielles se reliant à la marine, ou à entrer au service d'un gouvernement étranger, V. *suprà*, v° *Organisation maritime*, n° 59, et *infrà*, n° 669.

653. Les aumôniers de la flotte ont droit à la pension après vingt et un ans de services effectifs (L. 26 juin, et non 25, juin 1861, art. 3, D. P. 61, 4. 82). Le rapporteur de la loi de 1861 justifie, ainsi qu'il suit, cette disposition exceptionnelle : « Ces ecclésiastiques ont besoin d'avoir acquis une certaine expérience de leur ministère avant que l'on puisse les appeler à l'exercer utilement sur un navire, où ils sont complètement livrés à eux-mêmes, loin de toute direction de leurs chefs spirituels. Il est donc nécessaire, au point de vue même de la conservation de leur autorité morale sur les équipages, qu'ils ne soient pas embarqués trop jeunes. Admettant que les aumôniers aient trente ans quand ils sont admis dans le corps, et l'expérience prouve que généralement ils sont même plus âgés, ils seraient obligés de naviguer jusqu'à l'âge de cinquante-cinq ans pour avoir droit à la retraite, condition à peu près impossible à remplir pour des hommes qui sont presque constamment à la mer et dont bien peu ont la faculté de compléter, dans des postes à terre, le temps de service exigé d'eux ».

654. Aux termes de l'art. 1 de la loi du 28 juin 1862 (D. P. 62. 4. 59), « les contremaîtres, aides contremaîtres, ouvriers, apprentis et journaliers des professions non soumises à l'inscription maritime, et les autres agents du département de la marine compris au tarif n° 1 annexé à la présente loi, obtiendront, à l'avenir, des pensions de retraite, conformément audit tarif et aux dispositions de la loi du 18 avr. 1831, au lieu de la pension dite *demi-solde* qui leur était précédemment attribuée par la loi du 13 mai 1791 ». « Le droit à la pension, pour les contremaîtres, aides contremaîtres, ouvriers, apprentis et journaliers désignés dans le précédent article, est acquis après vingt-cinq ans accomplis de services effectifs » (Même loi, art. 2). « La pension d'ancienneté ne peut être réclamée par l'ayant droit avant l'âge de cinquante ans accomplis, à moins d'incapacité définitive de travail ou de service dûment constatée » (Même loi, art. 3. V. le rapport sur cette loi au Corps législatif, D. P. 62. 4. 59, note).

655. Les services qui entrent en compte pour la liquidation de la pension d'un marin sont supputés, non à partir du 1er janvier de l'année pendant laquelle l'ayant droit a été incorporé, mais seulement à partir du jour où il a été appelé sous les drapeaux (Cons. d'Et. 20 mai 1868, aff. Boyé, *Rec. Cons. d'Etat*, p. 568).

656. Les services des agents du ministère de la marine ne peuvent être considérés comme services militaires, au point de vue de l'application des lois sur les pensions, qu'autant qu'ils rentrent dans la catégorie des fonctions auxquelles sont applicables, aux termes des lois et règlements, les prescriptions relatives aux pensions militaires (Cons. d'Et. 6 mars 1885, aff. Deydier, D. P. 86. 3. 127). Jugé, en conséquence, qu'un agent ne peut se prévaloir pour soutenir que ses services ont le caractère militaire, de ce que, postérieurement à son entrée en fonctions, un règlement a assimilé l'emploi dont il était titulaire à un emploi militaire, alors que, depuis ce règlement, il n'a été maintenu que provisoirement dans ses fonctions, qu'il a continuées dans les mêmes conditions que précédemment (Même arrêt. Conf. Cons. d'Et. 23 mai 1884, aff. Ténot, D. P. 85. 3. 33).

657. Les années de services pour la retraite ne comptent qu'à partir de l'âge de seize ans (L. 18 avr. 1831, art. 2). Cependant on a égard au temps de navigation dès l'âge de dix ans, mais seulement à titre de bénéfice (Même loi, art. 7. V. *Rép.* nos 200 et suiv.).

Pour les pensions de *demi-solde*, au contraire, le temps d'embarquement même avant l'âge de seize ans sur des bâtiments de l'Etat autres que les écoles de mousses est compté dans la supputation des années de service exigées pour donner droit à pension (L. 11 avr. 1881, art. 1, D. P. 82. 5. 29. V. *infrà*, n° 737).

658. Pour l'armée de mer, comme pour l'armée de terre (*suprà*, n° 417), l'âge de la mise à la retraite diffère suivant le grade (V. sur ce point, Bavelier, t. 2, n° 318).

659. Sur les années attribuées à titre d'études préliminaires à certains officiers ou fonctionnaires de la marine (L. 1831, art. 5), V. *Rép.* nos 212 et suiv., et *suprà*, nos 407 et suiv. — Ajoutons que, aux termes du décret du 14 juill. 1865, art. 6, on comptait deux années d'étude pour les officiers de santé de la marine qui ont passé un temps égal dans les écoles de médecine navale, en qualité d'étudiants (V. *suprà*, n° 439). — Deux années de service effectif sont aussi comptées à titre d'études préliminaires, et en dehors du stage réglementaire, en faveur des élèves-commissaires de la marine qui sont, au moment de leur admission, pourvus du grade de licencié en droit (Décr. 11 mai 1875, art. 1).

660. Sur l'admissibilité des services civils dans la liquidation des pensions de l'armée de mer (L. 1831, art. 4; Circ. min. mar. 13 juill. 1863), V. *Rép.* n° 211 (Comp. *Rép.* n° 113, et *suprà*, nos 411 et suiv.).

Un avis du conseil d'Etat du 29 nov. 1881 a décidé : 1° que les services accomplis en France et ceux rendus aux colonies peuvent être réunis pour constituer le droit à pension, dans les conditions prévues par la loi du 9 juin 1853, art. 10; — 2° Que dans la jonction des services en France et des services coloniaux, ces derniers doivent compter double. Ces solutions, sans résulter des termes mêmes de la loi, sont conformes à son esprit et à l'équité (Bavelier, t. 2, n° 323).

661. Il faut remarquer que l'art. 4 de la loi de 1831 ne parle que des services « dans les colonies », sans prévoir, comme le fait l'art. 1, les services de « navigation ». Ces derniers restent donc, au point de vue de l'application de cet article, sous l'empire du droit commun, et sont comptés comme services en France; l'art. 2 de la loi du 4 août 1879, qui assimile, pour l'obtention du droit à pension, les services en mer aux services dans les colonies, n'a apporté aucune modification à l'art. 4 de la loi de 1831 (Cons. d'Et. 7 août 1891, aff. Chazelas, D. P. 93. 3. 15. Comp. Bavelier, *loc. cit.*).

662. Il a été jugé que les vingt ans de services dans la marine, exigés par l'art. 4 pour que les services civils entrent en compte, doivent être effectifs : le bénéfice des années en sus pour navigation ne saurait leur être appliqué; car le paragraphe 1 de l'art. 7 de la loi ne concède ce bénéfice qu'aux marins qui ont le temps de service exigé pour constituer le droit à pension (Cons. d'Et. 11 juin 1875, aff. Pierre, *Rec. Cons. d'Etat*, p. 580).

663. Lorsqu'il exige une durée de services déterminée dans le département de la marine, l'art. 4 de la loi du 18 avr. 1831 suppose évidemment que ces services sont des services *militaires*, puisque cette durée est nécessaire pour que les services *civils* puissent entrer en compte. Aussi a-t-il été jugé que les services rendus à l'administration centrale de la Marine, et dont le caractère civil ne peut être contesté, ne doivent pas être comptés comme services dans le département de la marine pour l'application de l'art. 4 précité (Cons. d'Et. 7 août 1891, aff. Chazelas, D. P. 93. 3. 15). Cette solution, contraire à une pratique longtemps suivie par l'Administration, a été adoptée à la suite d'avis émis par le ministre des finances et par la section des finances, de la guerre et des colonies du conseil d'Etat. Elle ne peut soulever, en droit, aucune objection.

664. Jusqu'à une date récente, les services rendus par des employés de la marine au début de leur carrière, en qualité d'écrivains temporaires, avaient toujours été comptés pour la retraite; mais la section des finances émit, à la date du 1er juill. 1885, un avis ainsi conçu : « Considérant que les services rendus dans les cadres permanents des corps ou administrations sont seuls admissibles dans la liquidation des pensions de retraite; — Considérant, d'autre part, que le versement de la retenue de 3 pour 100 à la Caisse des invalides étant applicable à toutes les dépenses du département, ne saurait être invoqué comme un titre à l'admissibilité des services; — Est d'avis qu'il y a lieu de retrancher, etc. » (Av. sect. fin. Cons. d'Et. 1er juin 1885, aff. Petit). Le 1er juillet suivant, la section des finances confirma cet avis doctrinal (Av. sect. fin. Cons. d'Et. 1er juill. 1885). Le ministre de la marine appliqua d'abord, sans aucune réserve, l'avis de la section, et rejeta, dans tous les projets de liquidation de pension, les services rendus par des écrivains qualifiés de temporaires ou d'auxiliaires. Plus tard, il reconnut que l'avis de la section des finances devait, en tout cas, souffrir un tempérament, et une décision ministérielle du 5 juill. 1886 (*Bulletin officiel de la marine*, 1886, n° 33, p. 18) expliqua que la section avait entendu exclure les services des agents employés à titre temporaire, mais non ceux qui auraient été accomplis par des auxiliaires faisant partie des cadres régulièrement constitués en vertu d'actes organiques et dont les fonctions se trouvent, par cela même, avoir le caractère de permanence exigé par la loi. Cette distinction est conforme à la jurisprudence en matière de pensions civiles, d'après laquelle les services même rétribués par l'Etat n'entrent pas en compte lorsqu'ils ont un caractère temporaire, alors que les services rendus par des agents qualifiés d'auxiliaires sont admissibles (V. *suprà*, nos 12 et suiv.).

Plusieurs arrêts ont consacré cette interprétation. Décidé que : 1° l'art. 1 de la loi du 20 avr. 1875 disposant que les écrivains auxiliaires du commissariat de la marine aux colonies ne font pas partie du personnel de la marine et ne subissent sur leurs émoluments aucune retenue, les services rendus en cette qualité dans les bureaux d'un commissariat de la marine ne comptent pas pour la pension (Cons. d'Et. 24 févr. 1888, aff. Travers, D. P. 89. 3. 42; 2 déc. 1892, aff. Mogambury, D. P. 93. 3. 1); — 2° Un employé au service de la marine ne peut faire entrer en compte, pour la liquidation de sa pension, ni les services rendus en qualité d'écrivain temporaire dans les bureaux du commissariat de la marine, alors qu'il n'appartenait à aucun corps de la marine à l'époque où il a rendu ces services, et qu'à cette époque aucune disposition réglementaire n'avait déterminé la situation, ou fixé le cadre des employés de cette catégorie (Cons. d'Et. 6 nov. 1891, aff. Bernard, D. P. 93, 3. 3; 4 déc. 1891, aff. Saint-Preux, *ibid.*), ... ni les services rendus dans les mêmes conditions comme écrivain expéditionnaire ou comme écrivain provisoire (Même arrêt du 4 déc. 1891); — 3° Les services d'un écrivain auxiliaire dans les bureaux de la direction de l'intérieur d'une colonie entrent, au contraire, en compte (Cons. d'Et. 24 févr. 1888, aff. Martini, D. P. 89. 3. 42).

La loi de finances du 28 avr. 1893 a modifié cet état de choses en ce qui concerne les écrivains du commissariat de la marine, et décidé (art. 53), que « les services rendus en qualité d'écrivains temporaires ou auxiliaires et d'auxiliaires civils du commissariat de la marine, pendant la période comprise entre le 23 déc. 1847 et le 29 juin 1878, sont admis pour l'établissement du droit à pension et entrent dans le calcul de la liquidation ».

665. Sur l'admissibilité des services accomplis dans l'armée de terre (L. 1831, art. 3), V. *Rép.* n° 211. — Sur la computation des années passées hors de l'armée par les militaires et marins qui ont perdu leurs grades par suite des événements de 1851, V. *suprà*, n°s 418 et suiv.

666. Le temps d'absence illégale, ou passé en prison à titre de peine, n'entre pas en compte pour la liquidation des pensions (L. 19 mai 1834, art. 24 et 27; Circ. min. mar. 13 juill. 1863. V. *suprà*, n° 406).

667. Les campagnes augmentent le décompte du temps de service exigé par la loi. Pour les militaires des corps de troupe de la marine, elles sont calculées comme il est dit *suprà*, n°s 413 et suiv. et *Rép.* n° 115 (L. 18 avr. 1831, art. 23).

Pour les officiers et marins des équipages de la flotte et leurs assimilés, elles sont comptées suivant les règles contenues dans les art. 7 et 8 de la loi du 18 avr. 1831 (*Rép.* n° 215).

668. Les officiers de vaisseau et assimilés et les membres du personnel administratif des directions de travaux sont, comme les officiers de l'armée de terre, soumis à une retenue, qui, de 3 pour 100, a été portée à 5 pour 100 par la loi du 5 août 1879, art. 13 (D. P. 80. 4. 32). — Sur l'augmentation du taux de la retenue, V. *suprà*, n° 409 (V. aussi rapport au Sénat sur la loi de 1879, n° 13, D. P. 80. 4. 32).

Les officiers-mariniers, marins et assimilés, les agents divers et ouvriers des arsenaux subissent une retenue de 3 pour 100 seulement (L. 1879, art. 13).

Ces retenues, qui étaient autrefois perçues au profit de la Caisse des invalides de la marine, laquelle était chargée du service des pensions de l'armée de mer, le sont, depuis le 1er janv. 1886, au profit du Trésor à qui incombe aujourd'hui le service des pensions militaires de l'armée de mer (L. 22 mars 1885, art. 9 et 11; Décr. 17 nov. 1885, art. 36, D. P. 86. 4. 70).

669. « Les officiers des différents corps de la marine, autorisés par le ministre, soit à servir à bord des paquebots ou des navires de commerce, soit à seconder des entreprises industrielles se reliant à la marine, et par suite rétribués sur d'autres fonds que ceux de l'Etat, sont tenus de verser à la Caisse des invalides de la marine 5 pour 100 de l'intégralité des émoluments qu'ils reçoivent des compagnies de navigation, ou de l'industrie privée » (L. 8 août 1885, art. 11).

Les officiers autorisés à prendre du service auprès des gouvernements étrangers ne subissent, au contraire, aucune retenue (Décr. 18 sept. 1885, art. 2), ce qui ne les empêche pas de compter la durée de ces services pour la retraite (*suprà*, n° 652. V. aussi, sur la retenue, *suprà*, n°s 409 et suiv.).

670. Aux termes de l'art. 1, § 1, de la loi du 10 avr. 1869 (D. P. 69. 4. 41), « les officiers des corps de la marine dans lesquels le droit à pension n'est acquis, aux termes du deuxième paragraphe de l'art. 1 de la loi du 18 avr. 1831, qu'à trente ans de services, auront droit exceptionnellement, après vingt-cinq ans de services effectifs, au minimum de la pension de retraite attribuée à leur grade lorsque, après avoir été mis en non-activité pour infirmités temporaires, ils auront été reconnus par un conseil d'enquête, selon les prescriptions de la loi du 19 mai 1834, non susceptibles d'être rappelés en activité ». Cette mesure, dont la loi du 25 juin 1861 faisait bénéficier l'armée de terre (V. *suprà*, n°s 395 et suiv.), n'avait pas été appliquée à l'armée de mer dans la pensée que les fonctionnaires autres que les officiers de vaisseau pouvaient obtenir, aux termes de l'art. 1, § 3, de la loi du 18 avr. 1831, droit à la pension après vingt-cinq ans de services effectifs, lorsqu'ils comptaient six ans d'embarquement sur les bâtiments de l'Etat, ou neuf ans tant de navigation à bord desdits bâtiments que de service dans les colonies. Or, plusieurs catégories de ces fonctionnaires n'étant pas en situation, par la nature même de leurs fonctions, de remplir ces dernières conditions, il était juste de leur accorder les avantages dont jouissaient leurs assimilés dans l'armée de terre. Et, en effet, les officiers du commissariat du service colonial ne provenant pas de la métropole, les pharmaciens non employés sur la flotte, les officiers du génie maritime qui ne font ordinairement qu'une seule campagne de mer, et enfin les officiers de l'inspection, du service des manutentions, et ceux compris dans le personnel administratif des directions des travaux, qui ne servent que dans les ports de France, ne se trouvaient pas dans les conditions nécessaires pour jouir de l'avantage que l'art. 2 de la loi du 25 juin 1861 accorde aux officiers de l'armée de terre (V. *infrà*, n° 673).

671. Lors de la discussion de la loi du 10 avr. 1869, un débat s'éleva sur le sens qu'il conviendrait d'attribuer aux expressions « les officiers des corps de la marine », dont se sert l'art. 1. Le rapporteur, interrogé sur ce point (D. P. 69. 4. 42, note), répondit : « Ce que la commission a pensé et ce que je pense pour mon propre compte, c'est que l'art. 1, par les mots « officiers des corps de la marine », comprend tous les corps d'officiers de la marine. Or, il y a des lois, des ordonnances qui spécifient quels sont ces officiers; par conséquent, le projet de loi doit s'étendre à tout ce qui est officier des corps de la marine ». Le ministre de la marine ajouta : « Tous ceux qui auront le rang d'officier, d'après la loi du 19 mai 1834, recevront l'application de l'art. 1... J'ajoute que le deuxième paragraphe de l'art. 1, qui comprend les maîtres principaux, les conducteurs principaux des diverses directions de travaux dans les ports et les établissements de la marine, confirme bien cette pensée que le premier paragraphe ne s'applique qu'aux officiers couverts par la loi du 19 mai 1834. En effet, par quel motif a été adopté dans le conseil d'Etat ce deuxième paragraphe? C'est que les gardes principaux et les gardes d'artillerie de la marine jouissent dans la législation actuelle des bénéfices de la loi du 19 mai 1834. Il a donc paru équitable que les maîtres principaux et entretenus, qui, pour les constructions navales, remplissent des fonctions semblables à celles qui sont dévolues aux gardes d'artillerie dans les directions d'artillerie, fussent admis aux mêmes avantages. C'est donc l'esprit de la loi du 19 mai 1834 qui a présidé à la rédaction de l'art. 1, et il n'a été perdu de vue dans aucune de ses conséquences ».

672. Le bénéfice de la disposition de l'art. 1, al. 1, de la loi de 1869 (*suprà*, n° 670), « est applicable aux maîtres principaux et aux maîtres entretenus, aux conducteurs principaux et aux conducteurs des diverses directions de travaux dans les ports et établissements de la marine, après qu'ils auront été reconnus par le ministre de la marine, sur l'avis du conseil de santé, non susceptibles d'être maintenus à l'activité » (Même article, al. 2.).

673. L'art. 1 de la loi du 5 août 1879 (D. P. 80. 4. 32) qui indique les lois d'après lesquelles la pension pour ancienneté des officiers doit être réglée ne comprend pas, dans son énumération, la loi du 10 avr. 1869, tandis que l'art. 7 de la même loi, qui cite les lois applicables aux pensions des veuves, fait mention de ladite loi de 1869. On s'est demandé, en conséquence, si cette dernière n'a pas été, en ce qui concerne les pensions d'ancienneté, implicitement abrogée par la loi de 1879. Mais, comme le fait justement observer M. Bavelier (t. 2, n° 326), « il convient de remarquer, d'une part, que la loi de 1879 n'a pu abroger celle de 1869, dont elle a voulu, au contraire, étendre les dispositions bienveillantes, et, d'autre part, que l'art. 1 de la loi de 1869 n'a fait qu'appliquer à la marine l'art. 2 de celle du 25 juin 1861 (*suprà*, n° 670). Or ce dernier article se trouve implicitement maintenu par la loi du 22 juin 1878, puisque cette loi mentionne les numéros des articles de la loi de 1861 qu'elle abroge, et que l'art. 2 dont il s'agit n'est pas cité » (V. Instr. min. mar. 24 avr. 1882).

674. Les non-officiers des corps de troupe de la marine bénéficient des dispositions de la loi du 23 juill. 1881, qui a accordé aux non-officiers de l'armée de terre droit à une *pension proportionnelle* après un certain nombre d'années de services (L. 23 juill. 1881, art. 21. Conf. L. 18 mars 1889, art. 31. V. *suprà*, nos 398 et suiv.; 535 et suiv.).

Mais un avantage semblable n'existe pas au profit des non-officiers des équipages de la flotte. Cependant, aux termes de l'art. 3 de la loi du 5 août 1879 (D. P. 80. 4. 32), « tout officier marinier, magasinier de la flotte, premier commis aux vivres ou second commis aux vivres réunissant quinze ans de services effectifs au moins et qui a été reconnu impropre à l'embarquement, par suite des fatigues de la navigation, sans avoir droit à une pension pour infirmités, conformément aux art. 12, 13 et 14 de la loi du 18 avr. 1831, peut obtenir une pension proportionnelle. Le taux de cette pension est fixé à raison d'un vingt-cinquième du minimum de la pension d'ancienneté du grade dont l'intéressé est titulaire, pour chaque année de service, campagnes comprises. Au delà de vingt-cinq ans, campagnes comprises, la pension est réglée de la même manière que celle dite d'*ancienneté* ». — Il faut noter que cet article se sert du mot *peut* obtenir; il n'accorde donc pas un *droit* à pension. C'est ce que faisait observer le rapporteur de la loi au Sénat : « Il importe de bien établir que ce n'est pas un droit que la loi consacre au profit de cette catégorie du personnel, mais une faculté qu'elle accorde au ministre de récompenser ainsi certains serviteurs condamnés à l'impuissance de naviguer. Il ne renverra de la sorte dans leurs foyers que ceux d'entre eux qui ne pourraient être utilisés, soit dans les diverses services d'administration des ports, soit dans les divisions et les ateliers où leur spécialité pourra être utilement employée ». L'art. 1 du décret du 18 août 1879 (D. P. 80. 4. 60), rendu en exécution de la loi, stipule même expressément que ces pensions proportionnelles « ne peuvent pas être réclamées par les intéressés. Elles sont concédées en vertu de propositions motivées, *formées d'office* par les chefs sous les ordres desquels ils se trouvent placés ». Le même décret détermine les formes à suivre pour la concession de ces pensions (art. 2, 3 et 4 *infrà*, n° 694).

Ajoutons que l'art. 22 de la loi du 18 mars 1889 (D. P. 90. 4. 52), sur le rengagement des sous-officiers, rend les art. 14, 18 et 20 de la même loi applicables aux officiers-mariniers réformés ou retraités pour blessures ou infirmités contractées au service, s'ils remplissent d'ailleurs les conditions d'aptitude et d'âge déterminées par les art. 16 et 21.

Il faut noter aussi que les dispositions de cette loi du 18 mars 1889 ne sont pas applicables aux officiers-mariniers des équipages de la flotte provenant du recrutement. Ils sont traités, au point de vue des allocations, comme les officiers-mariniers provenant de l'inscription maritime, conformément au décret organique des équipages de la flotte (art. 31).

675. Le texte de la loi du 5 août 1879 démontre jusqu'à l'évidence que l'intention du législateur a été de modifier la situation, au point de vue de la retenue et de la pension, des seuls militaires et fonctionnaires auxquels s'appliquent les lois relatives aux pensions de la marine, mais qu'il n'a pas entendu modifier la position des fonctionnaires régis par la loi du 9 juin 1853, qui n'est pas même mentionnée dans la nouvelle loi. Aussi a-t-il été jugé, par exemple, que la loi de 1879 ne s'applique pas à un ingénieur des ponts et chaussées chargé de la direction des travaux hydrauliques d'un port, et dont la situation, au point de vue de la pension, reste régie par la loi du 9 juin 1853 (Cons. d'Et. 24 déc. 1880, aff. Courbebaisse, D. P. 82. 3. 66).

676. En ce qui concerne les *blessures ou infirmités*, les conditions fixées pour l'obtention de la pension sont les mêmes que celles établies pour l'armée de terre. Les art. 12, 13 et 14 de la loi du 18 avr. 1831 ne font que reproduire les dispositions des mêmes articles de la loi du 11 avril sur les pensions de l'armée de terre; d'autre part, les prescriptions de l'ordonnance du 26 janv. 1832 sur ce point sont conformes à celles de l'ordonnance du 2 juill. 1831 sur les pensions de l'armée de terre; enfin les décrets des 10 août 1886 (D. P. 90. 4. 64) et 15 mai 1889 (D. P. 90. 4. 65) sont communs aux deux catégories de pensions. Il suffit donc, pour tout ce qui concerne les conditions du droit à pension pour blessures ou infirmités, de renvoyer à ce qui est dit *suprà*, nos 420 à 436.

677. Quant aux *pensions de réforme*, les dispositions de l'art. 18 de la loi du 19 mai 1834 et de la loi du 17 août 1879 sont applicables aux officiers de l'armée de mer comme à ceux de l'armée de terre (L. 19 mai 1834, art. 24 et 25. V. *suprà*, nos 437 et suiv.).

D'autre part, une décision impériale du 2 mars 1857, citée par M. Bavelier, t. 2, n° 328, a appliqué aux militaires des troupes de la marine et aux marins des équipages de la flotte le régime des *gratifications de réforme* organisé pour l'armée de terre (V. *suprà*, n° 443).

678. Pour ce qui concerne le cas de remise en activité du militaire retraité, V. également *suprà*, nos 446 et suiv.

679. — II. PERTE ET SUSPENSION DU DROIT A PENSION (*Rép.* n° 216). — Les dispositions applicables aux pensions de la marine sont, sur ce point, identiques à celles que l'on a rappelées relativement aux pensions de l'armée de terre, *suprà*, nos 451 et suiv., et *Rép.* nos 145 et suiv. (L. 18 avr. 1831, art. 28; Ordonn. 11 sept. 1832, *Rép.* p. 771; Circ. min. mar. 12 oct. 1832 et 13 avr. 1872 ; c. just. mil. pour l'armée de mer du 4 juin 1858, art. 242 et 244. Comp. L. 11 avr. 1831, art. 26; Ordonn. 24 févr. 1832; c. just milit. de l'armée de terre du 9 juin 1857). — En ce qui concerne l'amnistie, la réhabilitation et la grâce, *suprà*, nos 454 et suiv., V. Circ. min. mar. 15 déc. 1879 et 29 mars 1884.

680. — III. DROITS DES VEUVES ET ORPHELINS (*Rép.* n° 217). — A droit à pension, pourvu que son mariage ait été autorisé régulièrement (V. *suprà*, n° 478), et ait précédé l'événement ou la maladie qui a amené la mort, la veuve qui se trouve dans l'un des cas suivants : 1° veuve dont le mari a été tué dans un combat ou a péri dans un service commandé ou *requis* (L. 18 avr. 1831, art. 19, § 1 ; *Rép.* n° 217. V. *suprà*, n° 459); — 2° Veuve de marin ou *assimilé* (V. *infrà*, n° 681), dont la mort a été causée soit par des événements de guerre, soit par des maladies contagieuses ou endémiques contractées à l'armée, hors d'Europe, à bord des bâtiments de l'Etat, ou dans les colonies, et aux influences desquelles il a été soumis par les obligations de son service (L. 18 avr. 1831, art. 19, § 2°; L. 15 avr. 1885, art. 1, D. P. 85. 4. 81. V. *suprà*, nos 460 à 468); — 3° Veuve d'officier, marin ou assimilé mort des suites de blessures reçues, soit dans un service commandé ou requis (L. 18 avr. 1831, art. 19, § 3), pourvu que le blessé soit mort dans l'année sans avoir repris son service (Ordonn. 26 janv. 1832, art. 21. V. *suprà*, nos 469 et suiv.).

681. L'art. 1 de la loi du 15 avr. 1885, au lieu d'employer les mots « les veuves... de marins *ou autres* » dont se servait l'art. 19-2° de la loi de 1831, se sert des expressions suivantes : « les veuves des... marins ou *assimilés* ». Cette substitution du mot *assimilés* au mot *autres*, opérée pendant la discussion au Sénat, sur l'initiative du général Robert, n'a pas la portée que l'on serait tenté de lui assigner au premier abord. Le rapporteur de la loi à la Chambre l'a expliqué nettement : « En ce qui touche l'armée de terre, a-t-il dit, le mot *assimilés* ne présente pas d'inconvénient; c'est même le mot le plus propre, les assimilations étant parfaitement précisées dans les lois qui la concernent. On comprend donc que le général Robert, dont la pensée devait particulièrement se porter sur l'armée de terre, ait proposé de substituer ce mot au mot *autres* qui ne se trouve employé que dans la loi du 18 avr. 1831 sur l'armée de mer. Mais, très certainement, il n'a pas pu vouloir priver les veuves des marins des pensions auxquelles elles sont fondées à prétendre, en exécution de la loi du 18 avr. 1831, des lois des 5 août 1879 et 8 août 1883, complétées par le décret du 21 mai 1880. M. le ministre de la marine, après avoir d'abord repoussé cet amendement, n'aurait pas fini par s'y rallier, si son auteur lui avait assigné cette signification. En effet, il a donné pour mobile à son assentiment son grand désir de mettre au plus tôt un terme à la détresse de certaines veuves de marins qui attendent depuis longtemps la liquidation de leurs pensions. Nul doute donc qu'il n'eût persisté dans son premier mouvement d'opposition s'il eût pu croire qu'il compromettait en réalité le principe fondamental de leurs droits. Il reste aussi bien entendu que, par rapport aux veuves des marins, les lois les concernant continueront à leur être appliquées; que celles qui ont droit aujourd'hui à pension, qu'elles soient femmes d'employés, de commis ou d'ouvriers détachés de nos arsenaux, l'obtiendront comme par le passé; qu'il s'agisse « d'*assimilés*, quant au grade dans l'armée de terre » ou « d'*assimilés* sous le rapport du droit à pension dans l'armée de mer », les droits respectifs des veuves des militaires et marins restent les mêmes, sans extension, mais aussi sans restriction d'aucune sorte. Il serait, en effet, absurde que la veuve d'un employé ou ouvrier d'arsenal, qui n'aurait pas quitté la France, fût plus favorablement traitée que la veuve d'un employé ou ouvrier d'arsenal qui serait mort dans nos colonies ou en France à la suite d'accidents et de maladies contractées aux colonies ».

682. Enfin l'art. 19, § 4, de la loi du 18 avr. 1831, calqué sur l'art. 19-4° de la loi du 11 avril, accorde droit à pension aux veuves des officiers, marins ou autres personnes mentionnées au tarif, morts en jouissance de la pension de retraite, ou en possession de droits à cette pension, pourvu que le mariage ait été contracté deux ans avant la cessation de l'activité du mari, ou qu'il y ait un ou plusieurs enfants issus du mariage antérieur à cette cessation (*Rép.* n° 218, *suprà*, n°s 472 et suiv.). Le mariage doit avoir été autorisé conformément aux décrets des 16 juin et 3 août 1808 (*suprà*, n°s 477 et suiv.). Les conditions de l'autorisation sont déterminées par des circulaires du ministre de la marine en date des 20 janv. 1844, 24 mars et 18 juin 1875, 20 sept. 1885.

683. Sur les effets du divorce ou de la séparation de corps (L. 18 avr. 1831, art. 20; L. 26 juin 1861, art. 2; Circ. min. mar. 17 déc. 1859, 18 janv. 1860, 6 déc. 1864; Règlem. 7 nov. 1866, art. 103; Décr. 20 nov. 1867; Instr. min. mar. 15 nov. 1871, 30 juin 1871; Règlem. 17 avr. 1878, 6 avr. 1882), V. *suprà*, n°s 480 et suiv.

684. D'après les art. 1, § 2, et 19-4° combinés de la loi de 1831, la pension ne pouvait être acquise aux veuves des fonctionnaires et agents de la marine autres que les officiers et marins, qu'après *trente* ans de services, si ces fonctionnaires et agents ne réunissaient pas, au moment de leur décès, les années de navigation ou de colonies exigées par l'art. 13, § 3. La loi du 5 août 1879, art. 7 (D. P. 80. 4. 32) a modifié cet état de choses et décidé que « les veuves des fonctionnaires et celles de tous les autres agents qui, aux termes du deuxième paragraphe de l'art. 1 de la loi du 18 avr. 1831, doivent réunir trente ans de services effectifs pour pouvoir prétendre à une pension de retraite, auront désormais droit à la pension quand leurs maris mourront après vingt-cinq ans de services effectifs » (Comp., en ce qui concerne les pensions de l'armée de terre, *suprà*, n° 476).

685. Aux termes de l'art. 2 de la loi du 10 avr. 1869 (D. P. 69. 4. 41), ont, de même, droit à pension, lorsque leur mari est mort en activité après vingt-cinq ans de services, les veuves des officiers des corps de la marine, des maîtres principaux ou autres maîtres entretenus, des conducteurs principaux et des conducteurs des diverses directions de travaux, dans les ports et établissements de la marine (V. les observations présentées, au sujet de cette disposition, par M. Bethmont, lors de la discussion de cet article, au Corps législatif, et la réponse du commissaire du Gouvernement).

686. Les pensions proportionnelles accordées, soit par l'art. 3 de la loi du 5 août 1879 (*suprà*, n° 674), soit par l'art. 3 de la loi du 18 août 1879 et les art. 21 et 26 de la loi du 23 juill. 1881 (*suprà*, n°s 393 et suiv., et 674), ne sont jamais réversibles au profit des veuves des pensionnaires (L. 5 août 1879, art. 10; L. 18 août 1879, art. 3. Comp. *suprà*, n° 475).

Il en est de même des pensions de réforme (L. 19 mai 1834, art. 21).

687. Sur les secours aux *orphelins* (L. 18 avr. 1831, art. 21; 26 avr. 1856, art. 1; 26 juin 1861, art. 2; 5 août 1879, art. 7, 8 et 9; Circ. min. mar. 30 oct. 1834), V. *Rép.* n° 222, et *suprà*, n° 485.

688. Sur l'organisation de l'*Etablissement des pupilles de la marine*, créé par décret du 13 nov. 1862 (D. P. 63. 4. 50. V. aussi *Rép.*, v° *Organisation maritime*, n° 301), et réorganisé par décret du 2 août 1884 et décision du ministre de la marine le 2 août 1884, V. Bavelier, t. 2, n° 340, note.

689. — IV. DEMANDE D'ADMISSION A PENSION (*Rép.* n° 223). — Les formes à suivre pour les demandes de pension sont, ainsi qu'on l'a indiqué au *Rép.* n° 223, déterminées par les ordonnances des 26 janv. 1832 et 18 janv. 1839 (*Rép.* p. 769 et 772; Circ. min. mar. 31 déc. 1832). Dans les cas non prévus par ces circulaires, on se conforme, par analogie, à l'instruction du ministre de la guerre du 20 sept. 1831 (Circ. précitée, 31 déc. 1832). L'ordonnance du 26 janv. 1832 ne fait, d'ailleurs, que reproduire, en grande partie, l'ordonnance du 2 juill. 1831 relative aux pensions de l'armée de terre; on se bornera donc à renvoyer aux explications données au sujet de ces dernières pensions, *suprà*, n°s 487 et suiv., en signalant seulement les particularités spéciales aux pensions de l'armée de mer.

690. Antérieurement à la loi du 15 avr. 1885 (D. P. 85. 4. 81), les demandes de pension de l'armée de mer, à la différence des demandes de pension de l'armée de terre (L. 17 avr. 1833, art. 6, *suprà*, n° 481), et des demandes de pensions civiles (L. 9 juin 1853, art. 22), n'étaient soumises qu'à la prescription trentenaire (Cons. d'Et. 21 mai 1852, aff. De Leyritz, *Rép.* n° 223, 18 janv. 1884, aff. Tournel, *Rec. Cons. d'Etat*, p. 62). Mais l'art. 2 de la loi du 15 avr. 1885 a mis fin à cette situation. « A l'avenir, porte cet article, tout marin ou assimilé, veuve ou orphelin de marin ou assimilé, qui se trouvera en demeure de faire valoir ses droits à l'obtention d'une pension ou d'un secours annuel, sera tenu de se pourvoir en liquidation auprès du ministre de la marine dans un délai dont la durée ne pourra excéder cinq ans, sans préjudice des règles déjà fixées et des déchéances encourues ou à encourir d'après la législation en vigueur sur les pensions de l'armée de mer; passé ce délai, les demandes ne seront pas admises. Les ayants droit qui, au jour de la promulgation de la présente loi, se trouveront déjà en demeure depuis plus de cinq ans, auront un délai d'un an pour se pourvoir à partir de cette promulgation ». — Il importe de noter que ce texte ne statue que *sans préjudice des déchéances prononcées par la législation sur les pensions de l'armée de mer*. Ainsi, sous l'empire du décret du 27 nov. 1864 (abrogé par les décrets des 10 août 1886 et 15 mai 1889 *suprà*, n° 493), les demandes pour aggravation de blessures devaient être formées dans un délai de deux ans ou trois ans suivant les distinctions établies *suprà*, *loc. cit.* De même, la veuve qui fonde sa demande de pension sur des faits de guerre ou de service doit, aujourd'hui encore, la former dans un délai de six mois à dater de la notification du décès du mari au maire de la commune où il résidait (Ordonn. 26 janv. 1832, art. 21 et 23; Instr. min. mar. 30 nov. 1885).

691. Toute demande de pension pour ancienneté de services est soumise, suivant les circonstances, aux autorités indiquées par les circulaires du ministre de la marine des 3 déc. 1832, 1er juill. 1833, 11 nov. 1856, 14 janv. 1859, 14 avr. 1859, 30 nov. 1885.

692. Quant aux demandes de pension pour blessures ou infirmités, l'ordonnance du 26 janv. 1832 (*Rép.* p. 769) détermine, ainsi qu'il suit, de quelles justifications elles doivent être appuyées.

La demande doit être accompagnée, comme dans l'armée de terre (*suprà*, n°s 504 et suiv.), d'un certificat constatant la nature et les suites des infirmités ou leur incurabilité. Il est délivré par l'officier de santé en chef du bâtiment sur lequel la blessure a été reçue ou l'infirmité contractée; par l'officier de santé en chef de l'hôpital militaire ou de l'hospice civil dans lequel le dernier traitement a été suivi; ou bien, à défaut des officiers de santé indiqués en première ligne, par l'officier de santé en chef des hôpitaux militaires ou des hospices civils désignés par le ministre de la marine (Ordonn. 26 janv. 1832, art. 4).

S'il s'agit d'une demande de pension pour *blessures*, ce certificat doit être appuyé : *pour le service de bord :* 1° par un rapport détaillé sur la nature de la blessure, fait et signé par l'officier de santé du bâtiment ; 2° par un certificat de l'officier chargé du détail, visé par le commandant ou, à défaut du commandant, par les deux plus anciens officiers de l'état-major ; 3° par un extrait du rôle de l'équipage délivré par le commissaire des armements et revues ; — *pour le service à terre :* par un rapport indiquant le jour et le lieu de la blessure signé de l'officier de santé appelé à donner les premiers secours et par l'officier de santé en chef de l'hôpital dans lequel le blessé a été traité. Le rapport est, de plus, certifié par le chef de l'atelier ou du magasin dans lequel la blessure a été reçue, par le commissaire de l'hôpital et par le chef de la direction à laquelle le blessé appartient (Même ordonn., art. 4). Toutes les pièces sont soumises au visa du préfet maritime, mais seulement pour légalisation. Dans les colonies, le préfet est remplacé par le gouverneur (art. 5). La nature des blessures, l'époque, le lieu et les circonstances, soit des événements de guerre, soit du service commandé pendant lesquels elles ont été reçues, doivent être spécifiés (art. 6).

Il est justifié des causes des *infirmités* par des rapports officiels et autres documents authentiques, qui constatent l'époque et les circonstances de leur origine ou par une enquête prescrite par les autorités maritimes. Ces justifications ont lieu, savoir, *pour le service à bord :* 1° par un rapport détaillé sur la nature de l'infirmité, signé par l'officier en chef du bâtiment, visé par l'officier chargé du détail et par le commandant ; 2° par un extrait des rôles de l'équipage délivré par le commissaire des armements ; ou, pour le malade traité dans un hospice ou un hôpital, en cas de relâche ou de station, par un certificat de l'officier de santé en chef dudit hôpital, remis au malade à sa sortie, et dans lequel sont relatés les circonstances de la maladie et le traitement (art. 7); — *pour le service à terre :* 1° par un rapport du conseil de santé du port où se trouve le réclamant et, à défaut du conseil de santé, par l'officier de santé en chef; 2° par un extrait des campagnes et autres services ; 3° par un certificat du chef de la direction à laquelle le réclamant appartient, indiquant que les infirmités doivent être attribuées à la nature des services. Ces formalités sont remplies par les directeurs des hôpitaux, si le malade a été traité dans un de ces établissements (Même article).

693. L'instruction de la demande se fait, pour les corps organisés militairement, par le conseil d'administration du corps; dans le cas contraire, elle est confiée aux soins du conseil d'administration du port. Le commissaire des armements et revues transmet les pièces au préfet maritime ou au gouverneur colonial, qui désigne deux officiers de santé pour procéder aux vérifications similaires à celles prescrites pour l'armée de terre (Ordonn. 26 janv. 1832, art. 8 à 11, 13 à 15). En cas d'urgence, le préfet maritime ou le gouverneur de la colonie exerce les fonctions d'inspecteur général et peut déléguer ses pouvoirs aux chefs maritimes dans les ports secondaires et aux commandants militaires dans les colonies (art. 12). C'est aussi au préfet maritime ou au gouverneur colonial du lieu où se trouve le malade qu'il appartient de renvoyer l'examen de sa demande, si son état de santé ne permet pas de le transporter sans inconvénient. Dans ce cas, l'instruction est confiée : pour les officiers ou entretenus de la marine, à un officier supérieur; pour le marin ou l'ouvrier, au commissaire de l'inscription maritime, ou encore au conseil d'administration le plus rapproché, si le réclamant fait partie d'un corps organisé militairement (art. 16). Les officiers généraux, les préfets maritimes et les gouverneurs coloniaux doivent, pour leurs propres pensions, s'adresser directement au ministère de la marine, qui délègue, en France, un vice-amiral, et, dans les colonies, un officier général ou supérieur, pour procéder à l'instruction de la demande (art. 18). Pour les prisonniers de guerre, la constatation de leurs blessures ou infirmités a lieu, s'il se peut, par les officiers de santé militaires et civils et par les officiers de santé du bâtiment auquel ils appartenaient et, à leur défaut, par le commandant et l'administrateur en chef dans la prison et l'officier de santé en chef qui les a traités. A leur retour en France, la pièce est remise soit au conseil d'administration du port, soit au conseil d'administration du corps auquel le malade appartient (art. 17).

En ce qui concerne les agents du personnel ouvrier et autres du département de la marine compris au tarif n° 1 annexé à la loi du 28 juin 1862, et proposés pour la retraite avant l'âge de cinquante ans, ils sont l'objet d'une déclaration de leurs chefs attestant qu'ils ne peuvent plus être employés utilement au service de la marine; ils sont ensuite soumis à une visite et à une contre-visite opérées chaque fois par deux médecins, et devant les mêmes autorités que pour les cas de blessures ou d'infirmités contractées au service (Circ. min. mar. 31 déc. 1885. Conf. *suprà*, n°s 504 et suiv.).

694. Les pensions proportionnelles après quinze ans de service, accordées aux officiers-mariniers et agents reconnus impropres à l'embarquement par suite des fatigues de la navigation (*suprà*, n° 674), sont concédées en vertu de propositions motivées formées *d'office* par les chefs sous les ordres desquels ils se trouvent placés (Décr. 18 août 1879, art. 1, D. P. 80. 4. 60). Les commissions de réforme établies dans les cinq ports, conformément à l'arrêté du 25 mai 1877, sont exclusivement chargées de l'examen des propositions (Même décret, art. 2). Les intéressés doivent toujours comparaître devant elles. Ces commissions recherchent quelles ont été les circonstances de la carrière des officiers-mariniers et agents proposés; elles tiennent compte du genre de la navigation accomplie, des fonctions remplies pendant cette navigation, des maladies survenues, et établissent ainsi les causes qui ont pu influer d'une façon assez décisive sur la santé desdits officiers-mariniers et agents pour motiver leur éloignement du service. Elles formulent ensuite leur opinion dans un rapport détaillé ; ce rapport doit énoncer expressément que les intéressés ne sont pas susceptibles de rendre de bons services dans les corps qui se recrutent parmi les équipages de la flotte, tels que les marins vétérans, les pompiers, les surveillants des prisons maritimes, etc., qui ne sont pas soumis à l'embarquement sur les bâtiments de la flotte (art. 3). Les rapports des commissions de réforme sont transmis au ministre avec l'avis personnel du préfet maritime. Sur la décision prise par le ministre, après avis de l'inspection générale du service de santé, les mémoires de proposition à la pension proportionnelle sont établis par les ports dans lesquels les officiers-magasiniers de la flotte, premiers et seconds commis aux vivres ont été examinés (art. 4).

695. Les veuves justifient des blessures reçues par leurs maris dans des conditions semblables à celles qui auraient été imposées à ces derniers et, en cas de mort causée par accident résultant de faits de service, comme s'il s'agissait de blessures (Bavelier, t. 2, n° 341). Les certificats des officiers de santé établissent, dans cette hypothèse, que ces accidents ont été la cause directe et immédiate de la mort (Ordonn. 1832, art. 23). Si le blessé est arrivé à une guérison suffisante pour reprendre son service, ou si une année s'est écoulée depuis le moment où la blessure a été reçue, la mort n'est plus considérée comme provenant de la blessure, et la veuve ne peut plus réclamer l'application de l'art. 19, § 3, de la loi du 18 avr. 1831 (Même ordonn., art. 21). Les causes de la mort provenant d'événements de guerre ainsi que de maladies contagieuses ou endémiques sont justifiées conformément à la loi du 15 avr. 1885 (*suprà*, n°s 512 et suiv.). — « La loi ne dit pas de qui doit émaner le certificat d'origine destiné à constater les causes et la nature des événements de guerre ou des maladies contagieuses et endémiques. Le législateur a entendu, sans doute, s'en référer à la réglementation antérieure, d'après laquelle les preuves justificatives sont faites, savoir : si le *décès a eu lieu à bord*, par un certificat de l'officier en second du bâtiment visé par le commandant, attestant qu'à l'époque du décès la maladie régnait à bord ou que, par l'effet du service, la personne décédée a été soumise à l'influence de la maladie, et par un rapport détaillé de l'officier de santé du bâtiment qui a traité le malade, constatant que cette maladie a causé la mort ; si le *décès a eu lieu à terre*, par un certificat des autorités militaires ou civiles, attestant que la maladie régnait dans le pays et que la personne décédée a été soumise à l'influence de la maladie par l'effet de son service. Un certificat légalisé, soit de l'officier de santé en chef de l'hôpital, soit de l'officier de santé militaire ou civil qui a traité le malade, atteste que celui-ci a succombé à ladite maladie. S'il devenait impossible de se procurer ce certificat, nous pensons qu'il pourrait y être suppléé par une enquête administrative dirigée par les autorités locales » (Bavelier, t. 2, n° 341).

696. Une circulaire du ministre de la marine du 13 mars 1880 prescrit aussi la production d'une déclaration de la requérante énonçant : 1° s'il existe ou non des enfants mineurs issus de précédents mariages de son mari ; 2° quels sont ces enfants ; 3° quel est leur groupement par lits. La circulaire ajoute que cette déclaration peut être formulée à la suite du certificat de non-séparation ou de non-divorce, délivré par l'autorité civile. Enfin, en vue de l'exécution de l'art. 11 de la loi du 5 août 1879, une circulaire du ministre de la marine du 7 mars 1881 prescrit de joindre à l'appui de tout mémoire de proposition de pension concernant une veuve en secondes ou troisièmes noces, un certificat délivré par le commissaire de l'inscription maritime, et constatant, soit qu'elle n'est pas déjà titulaire d'une pension concédée en vertu de la loi du 18 avr. 1831, soit, dans le cas contraire, qu'elle renonce à cette pension, afin de pouvoir jouir de celle dont elle sollicite la concession (Bavelier, *loc. cit.*).

697. En cas d'*absence*, dans les conditions ordinaires ou par suite de faits de guerre, et sauf le cas où une loi en a autrement ordonné, la pension ne peut être obtenue que sur la production de l'acte de décès, ou de la déclaration d'absence, et après les délais de la loi (V. *suprà*, n°s 520 et suiv.). — En cas de disparition à la mer, il y a lieu de distinguer. A l'égard des *disparitions individuelles*, et à défaut d'un acte judiciaire établissant le décès ou l'absence, l'administration de la marine admet les procès-verbaux de disparition jugés suffisamment probants (Circ. min. mar. 4 sept. 1838). A l'égard *des pertes corps et biens d'un navire de commerce*, on admet : 1° un certificat du commissaire de l'inscription maritime constatant que le bâtiment est réputé avoir sombré et qu'il y a eu radiation sur les registres de la douane ainsi que de la marine ; 2° un certificat de non-comparution du marin délivré par le syndic ; le tout appuyé d'un avis favorable du commissaire général (Circ. 1838 et 23 août 1842). — S'il s'agit d'un *bâtiment de l'Etat*, la demande peut être appuyée par une décision du ministre prise après : 1° un procès-verbal d'enquête par le préfet maritime du port où compte le bâtiment ; 2° une déclaration du conseil d'administration du port sur l'opportunité d'établir les propositions ; 3° l'établissement desdites propositions appuyées des pièces ordinaires ainsi que des certificats des maires constatant que les marins n'ont pas reparu (Ordonn. 18 janv. 1839, *Rép.* n° 722 ; Bavelier, t. 2, n° 341).

698. On a déjà rappelé que, depuis le 1er janv. 1886, le service des pensions de l'armée de mer est à la charge, non plus de la Caisse des invalides de la marine, mais du Trésor (L. 22 mars 1885, art. 9). Ces pensions sont aujourd'hui soumises, en ce qui concerne la liquidation, l'inscription, l'ordonnancement et la mise en payement, à toutes les prescriptions relatives aux pensions des militaires de l'armée de terre (Même loi, art. 10). Les liquidations, préparées par le ministre de la marine, ou celui des colonies, sont soumises à la revision du ministre des finances, puis, avec l'avis de ce dernier, à l'examen de la section des finances du conseil d'Etat (Décr. 17 nov. 1885, art. 18). Les décrets de concession sont rendus sur la proposition du ministre de la marine ou du ministre des colonies, suivant les cas, et sont contresignés par le ministre des finances (Même article), contrairement à ce qui avait lieu lorsque la Caisse des invalides de la marine était chargée du service de ces pensions (Bavelier, t. 2, n° 342. Comp. *suprà*, n° 570).

699. — V. QUOTITÉ ET LIQUIDATION DE LA PENSION (*Rép.* n° 224). — Les officiers et assimilés qui ont accompli la durée du service exigée par la loi ont droit au minimum de la pension fixé par le tarif annexé à la loi du 5 août 1879 (Tarif n° 1, *Bulletin des lois*, 1879, n° 465, p. 226 et suiv. ; *Journ. off.* 6 août 1879). Les membres du personnel non-officier et leurs assimilés ont droit au minimum déterminé au tableau annexé à la loi du 8 août 1883 (*Bull. des lois*, 1883, n° 797, p. 334 et suiv. ; *Journ. off.* 12 août 1883). Quant aux fonctionnaires, employés et agents du service colonial assimilés pour la retraite au personnel militaire du département de la marine, un tableau annexé au décret du 21 mai 1880 a déterminé, pour chacun d'eux, le grade correspondant des tableaux de 1879 (et de 1883) qui devrait servir de base à la fixation de leurs pensions (Comp. Décr. 12 juin 1851, 15 sept. 1851, 19 janv. 1856, 23 déc. 1857, 24 août 1870 ; 18 nov. 1872 ; 27 avr. 1878 ; 6 déc. 1878).

700. Pour chaque année de service, en sus du minimum de services exigé, on ajoute au minimum de pension fixé par les tableaux cités au numéro précédent, un vingtième de la différence entre ce minimum et le maximum déterminé par les mêmes tableaux (Comp. *suprà*, n°s 522 et suiv.). Ces tableaux indiquent, d'ailleurs, dans leur troisième colonne, le chiffre de l'augmentation de la pension par année de service, pour chaque grade, que représente ce vingtième.

701. Le maximum déterminé par les tableaux de 1879 et 1883, pour chaque grade, est acquis pour les officiers de vaisseau et marins à quarante-cinq ans de services ; pour les individus appartenant aux autres corps de la marine, à cinquante ans de services, campagnes comprises, s'ils ne réunissent pas six ans de navigation ou de séjour aux colonies (L. 18 avr. 1831, art. 9), et, dans le cas contraire, à quarante-cinq ans (Même loi, art. 1 ; L. 5 août 1879, art. 2).

702. La pension des officiers se règle sur le grade dont ils sont titulaires. Toutefois, si l'officier ou assimilé demande sa pension avant d'avoir au moins deux ans d'activité dans ce grade, la pension se liquide d'après le grade immédiatement inférieur (L. 1831, art. 10 ; *Rép.* n° 226. Comp. *suprà*, n°s 525 et suiv.).

Quant aux pensions du personnel non-officier et des assimilés, elles sont de même liquidées « sur le grade dont les ayants droit sont titulaires depuis deux ans au moins, sauf le cas de retraite d'office » (L. 8 août 1883, art. 2, D. P. 84. 4. 74). « Toutefois, elles sont liquidées sur le grade immédiatement inférieur si, à raison de l'augmentation du cinquième dans le cas prévu par l'art. 11 de la loi de 1831, il y a avantage pour le marin dans ce mode de liquidation ». (L. 10 avr. 1869, art. 3, D. P. 69, 4. 41 ; Circ. min. mar. 23 août 1883. V. *infrà*, n° 705).

Sur le taux des pensions *proportionnelles* (L. 5 août 1879, art. 3, D. P. 80. 4. 32), V. *suprà*, n° 674.

703. Il a été jugé que : 1° l'art. 2 de la loi du 8 août 1883 doit être entendu en ce sens que, pour que la pension soit liquidée sur le dernier grade de l'impétrant, il faut que celui-ci soit titulaire de ce grade depuis deux années consécutives au moment de la mise à la retraite ; que, par suite, lorsque l'ayant droit avait à différentes reprises occupé ce grade, mais qu'il en jouit depuis moins de deux années au moment de sa mise à la retraite, c'est sur le grade inférieur que sa pension doit être liquidée (Cons. d'Et. 2 juill. 1886, aff. Guilbault, D. P. 87. 5. 336) ; — 2° La pension d'un sous-agent du commissariat de la marine aux colonies, qui ne comptait pas deux années de services en cette qualité, doit être liquidée sur le grade de commis de première classe dont il était revêtu au moment de sa nomination, sans que l'ayant droit puisse demander qu'elle soit réglée sur le grade de commis de la marine dont il avait été titulaire plusieurs années auparavant (Cons. d'Et. 6 mars 1891, aff. Tichet, D. P. 92. 5. 477. Comp. *suprà*, n°s 525 et suiv.).

704. Décidé que le décret du 21 mai 1880, réglant les pensions à forme militaire des agents du service colonial auxquels il y a lieu d'appliquer les tarifs de la loi du 5 août 1879, a été rendu applicable au personnel de la direction de l'intérieur de la Cochinchine, comme à celui des autres colonies, par l'art. 5 du décret du 16 juill. 1884 (Cons. d'Et. 17 juill. 1891, aff. Clerc, D. P. 93. 3. 4. Comp. Cons. d'Et. 21 déc. 1888, D. P. 90. 3. 20).

705. On a indiqué au *Rép.* n° 233 que, d'après l'art. 11 de la loi de 1831, la pension pour ancienneté ou blessures de tout militaire de l'armée de mer, ou assimilé, ayant douze ans d'activité dans son grade, était augmentée d'un cinquième. L'art. 5 de la loi du 5 août 1879 a enlevé aux officiers et assimilés le bénéfice de cette disposition (Comp. L. 22 juin 1878, art. 5, *suprà*, n°s 530 et suiv.) ; mais il l'a maintenu, et l'art. 3 de la loi du 8 août 1883 l'a maintenu après lui, au profit des officiers-mariniers, marins et assimilés, sous la condition que les douze années d'activité aient été accomplies dans un des grades qui figurent à la première section du tarif annexé à la loi de 1883.

Les douze années peuvent, d'ailleurs, avoir été accomplies, non pas dans un seul et même grade, mais aussi dans tous les emplois assimilés à ce grade, pourvu qu'ils soient compris dans la première section du tarif annexé à la loi de 1883 (Bavelier, t. 2, n° 330).

706. Quant aux agents et fonctionnaires du service colonial (*suprà*, n° 699), ils ne peuvent, en aucun cas, invoquer le bénéfice de l'art. 11 de la loi de 1831 : le décret du 21 mai 1880 (art. 2) le dit expressément, et l'art. 3 de la loi du 8 août 1883, qui a décidé que ledit bénéfice est conservé aux officiers-mariniers, marins ou autres assimilés auxquels il a été accordé par l'art. de la loi de 1831, n'a pas eu pour effet de l'étendre aux catégories de personnel auxquelles les dispositions légales ou réglementaires l'avaient précédemment refusé (Cons. d'Et. 27 nov. 1885, aff. Vial, D. P. 87. 5. 335).

707. Il a été jugé que : 1° l'art. 3 de la loi du 8 août 1883, aux termes duquel l'augmentation de pension d'un cinquième, accordée par l'art. 11 de la loi du 18 avr. 1831, n'est conservée aux officiers-mariniers, marins et assimilés ayant douze années d'activité dans leur grade que si ce grade figure dans la première section du tarif annexé à ladite loi du 8 août 1883, n'est pas applicable à un agent occupant depuis moins de deux ans un grade de cette catégorie, bien qu'antérieurement il ait occupé ce même grade à diverses reprises (Cons. d'Et. 2 juill. 1886, aff. Camille, D. P. 87. 5. 336); — 2° L'accroissement du cinquième n'ayant été conservé par ladite loi de 1883 aux officiers-mariniers, marins ou assimilés que sous la condition que les douze années d'activité auront été accomplies dans les grades figurant à la première section du tarif annexé à ladite loi, et l'art. 11 du décret du 22 mars 1884 ayant assimilé les commis du commissariat de la marine aux colonies aux commis du commissariat de la marine qui ne figurent pas dans cette section, un agent de cette catégorie n'est pas fondé à réclamer le cinquième en sus (Cons. d'Et. 6 mars 1891, aff. Tichet, D. P. 92. 5. 478); — 3° Si, pour la liquidation de sa pension, un gendarme maritime a droit, en vertu de l'ordonnance du 20 janv. 1841 et de l'art. 20 de la loi du 23 juill. 1881 (D. P. 82. 4. 37), d'être considéré comme étant encore titulaire du grade de caporal d'armes qu'il avait occupé précédemment dans les équipages de la flotte, ces dispositions ne peuvent avoir pour effet de changer le caractère de sa pension et de lui rendre applicables les lois qui régissent les pensions de l'armée de mer; que, par suite, le bénéfice du cinquième en sus établi par la loi du 12 avr. 1831 sur les pensions de l'armée de terre en faveur des militaires qui ont accompli douze années d'activité dans leur grade ayant été abrogé par l'art. 20 de la loi du 23 juill. 1881 (V. *suprà*, n° 530), il n'est pas fondé à se prévaloir, pour obtenir ce cinquième en sus, de l'art. 3 de la loi du 8 août 1883 qui en a maintenu le bénéfice au profit des seuls officiers-mariniers, marins ou assimilés (Cons. d'Et. 13 janv. 1888, aff. Lecomte, D. P. 89. 5. 361).

708. Le bénéfice du cinquième ne profite jamais aux pensions proportionnelles. La loi de 1831 ne prévoyait pas ces pensions (V. *suprà*, n° 674), et les lois de 1879 et 1883 n'accordent cette faveur que suivant les indications des tarifs qui y sont annexés, lesquels ne concernent nullement les pensions proportionnelles (Bavelier, t. 2, n° 330).

709. Aux termes de l'art. 1 de la loi du 26 juin 1861 (D. P. 61. 4. 82), les pensions des vices-amiraux et des contre-amiraux, et celles des fonctionnaires de la marine qui leur sont assimilés pour la retraite, ne pouvaient, en aucun cas, excéder la solde attribuée, selon le grade, aux officiers généraux dans le cadre de réserve. Cette disposition a été abrogée par l'art. 6 de la loi du 5 août 1879 (Comp. *suprà*, n° 550).

710. Sur les augmentations de pensions accordées aux officiers, marins et assimilés retraités avant les lois des 5 août 1879 et 8 août 1883 (L. 18 août 1881 et L. 30 déc. 1891, art. 49 et 50), V. *suprà*, n°s 5 et suiv.

711. La quotité des *pensions pour blessures ou infirmités* se détermine d'une façon identique à celle qui a été indiquée *suprà*, n°s 547 et suiv. pour les militaires de l'armée de terre (*Rép.* n° 237). Les dispositions des art. 16, 17 et 18 de la loi du 18 avr. 1831 ne font, en effet, que reproduire celles des mêmes articles de la loi du 11 avril précédent, et l'art. 4 de la loi du 26 juin 1861 est calqué sur l'art. 5 de la loi du 25 du même mois.

712. Sur la quotité des *soldes et pensions de réforme*, V. *suprà*, n°s 552 et suiv.

713. La *pension des veuves* d'amiraux est fixée à 6000 fr. (L. 1831, art. 22).

La pension des veuves d'officiers est du tiers du maximum de la pension d'ancienneté du mari (L. 20 juin 1878, art. 1, et tarif n° 1; L. 5 août 1879, art. 7).

La pension des veuves des officiers-mariniers, marins et autres compris au tarif n° 2 sont fixés à la moitié du maximum de la pension affectée au grade dont le mari ou le père était titulaire. Toutefois, aucun des individus compris au tarif n° 2 ne pourra donner à sa veuve ou à ses orphelins droit à une pension supérieure à celle qui est attribuée par le tarif n° 1 aux veuves d'officiers ou assimilés du dernier grade, suivant le corps. Dans aucun cas, la pension de veuve ou le secours d'orphelin ne pourra être inférieur à 300 fr. (L. 5 août 1879, art. 8).

714. Les dispositions des lois des 26 avr. 1856 et 20 juin 1878, qui élèvent, dans certains cas, la pension des veuves *à la moitié* du maximum de la pension du mari, sont applicables aux pensions de la marine (V. sur ce point *suprà*, n°s 555 et suiv.).

Dans ces mêmes cas les pensions des veuves d'officiers-mariniers, marins et assimilés sont élevées aux trois quarts du maximum (L. 5 août 1879, art. 9. Comp. L. 20 juin 1878. V. *suprà*, *ibid.*).

Sur la quotité des *secours aux orphelins* (L. 18 avr. 1831, art. 21; 26 avr. 1856, art. 1; 26 juin 1861, art. 2; 5 août 1879, art. 7, 8, 9), V. *suprà*, n°s 565 et suiv.

715. Ainsi qu'on l'a déjà indiqué, *suprà*, n° 645, les tarifs applicables aux pensions des officiers et des non-officiers de l'armée de terre (*suprà*, n°s 538 et suiv.) sont applicables aux militaires des corps de troupes de la marine.

Sur les faveurs spéciales accordées aux militaires de la gendarmerie et à leurs veuves, V. *suprà*, n°s 535 et suiv.; 563 et suiv.

716. — VI. DÉCISIONS EN MATIÈRE DE PENSIONS. — RECOURS (*Rép.* n° 246). — Tout ce que l'on a dit *suprà*, n°s 571 à 605, s'applique aux pensions de l'armée de mer.

717. — VII. JOUISSANCE DE LA PENSION (*Rép.* n° 247). — Ainsi qu'on l'a exposé au *Rép.* n° 247, les pensions sont personnelles et viagères, et servies à titre de dettes de l'Etat (L. 1831, art. 26); mais, comme on l'a vu *suprà*, n° 698, depuis le 1er janv. 1886, c'est le Trésor public, et non plus la Caisse des invalides de la marine, qui est chargé de leur payement (L. 22 mars 1885).

718. En règle générale, la jouissance des pensions à la charge du Trésor part du jour de la cessation du payement de la solde d'activité (V *suprà*, n° 606).

Aux termes d'un décret du 1er juin 1875 (modifié par décision présidentielle du 1er juill. 1885), les officiers, aspirants ou agents présents en France sont rayés, des contrôles à dater du lendemain du jour où ils reçoivent la notification officielle du règlement de leur pension. Ceux qui se trouvent en congé en attendant la liquidation de leur pension de retraite, et les officiers en non-activité, entrent en jouissance des arrérages de leur pension à compter du jour du décret de concession. Les officiers généraux du cadre de réserve entrent en jouissance des arrérages de leur pension à partir du jour où ils ont été admis à faire valoir leur droits à la retraite (Bavelier, t. 2, n° 343). Les officiers-mariniers, quartiers-maîtres et marins présents en France sont rayés des contrôles à dater du lendemain du jour où ils reçoivent notification officielle du règlement de leur pension. Ceux qui ont été admis à faire valoir leurs droits à la retraite et ont été renvoyés dans leurs foyers en attendant le règlement de leur pension, entrent en jouissance de celle-ci le jour du décret de concession (Décr. 11 août 1856, modifié par décis. présid. 1er juill. 1885; Bavelier, t. 2, n° 343). Les agents du personnel ouvrier sont rayés des contrôles à dater du lendemain du jour où ils reçoivent la notification officielle du règlement de leur pension (Décr. 9 août 1883, modifié par la décision précitée du 1er juill. 1885; Bavelier, *loc. cit.*).

719. Aucun texte ne détermine la marche à suivre en cas

de présence de l'officier ou marin aux colonies au moment de son admission à pension. « A l'égard des individus qui retournent en France, dit M. Bavelier (*loc. cit.*), il semble que la radiation doit être opérée du jour du débarquement, et que, pour ceux qui se fixent aux colonies, la jouissance commence du lendemain de la notification du règlement de leur pension ».

720. Sur l'entrée en jouissance des pensions pour infirmités, V. *suprà*, n° 607.

721. Sur l'entrée en jouissance des pensions accordées à la suite d'aggravation de blessures ou infirmités, V. *suprà*, n° 614.

722. Sur l'interdiction du rappel de plus de trois années d'arrérages, V. *suprà*, n° 610. — Sur la radiation des pensions après trois ans de non-réclamation, V. *suprà*, n° 611. — Sur la déchéance des héritiers, V. *ibid.*

723. La mise en payement a lieu, comme pour les pensions de l'armée de terre (L. 22 mars 1885, art. 10, D. P. 86. 4. 40; Décr. 17 nov. 1885, art. 19, D. P. 86. 4. 70; V. *suprà*, n°s 263 et 613), par trimestres, les 1er mars, 1er juin, 1er septembre et 1er décembre de chaque année.

724. Les pensions sont payables au porteur du certificat de vie du titulaire (Décr. 17 nov. 1885, art. 21). Le certificat de vie est délivré par un notaire, conformément à l'ordonnance du 6 juin 1839 et au décret du 9 nov. 1853, (art. 46). Il peut être établi sans frais, conformément au modèle A annexé au décret de 1885 (*Journ. off.* 22 nov. 1885; *Bull. des lois*, 1885, n° 16097), par le syndic des gens de mer de la localité, pour les pensionnaires qui figuraient sur les matricules de l'inscription maritime avant leur admission à la retraite et qui ont été reportés sur la matricule des hors de service, ainsi que pour les veuves et orphelins d'inscrits maritimes (Décr. 1885, art. 21; L. 22 mars 1885, art. 10). — Sur les règles à observer pour la délivrance des certificats de vie par les syndics des gens de mer, V. note annexée au décret précité du 17 nov. 1885, rapportée par Bavelier (t. 2, n° 344, note).

725. Tout premier payement d'une pension doit être appuyé d'un certificat de radiation du titulaire des contrôles d'activité, mentionnant l'époque à laquelle ce dernier doit entrer en jouissance de ses arrérages (Décr. 17 nov. 1885, art. 24). Il ne peut avoir lieu, dans les départements, que sur le visa du trésorier général des finances; à Paris, il s'effectue exclusivement dans les bureaux du payeur central de la Dette publique (Même décret, art. 25).

En cas de décès, le payement des arrérages dus est effectué aux ayants droit sur pièces justificatives (Même décret, art. 21, § 2, et 25).

726. L'art. 22 du décret du 17 nov. 1885 détermine les différentes caisses auxquelles sont payables les pensions de la marine à la charge du Trésor.

727. Une circulaire du ministre de la marine du 12 déc. 1885, citée par Bavelier, t. 2, n° 344, décide que, depuis 1886, comme à l'époque où le payement était fait par la Caisse des invalides de la marine, quand un pensionnaire est absent, ou ne peut se présenter en personne par suite d'infirmités ou pour autres causes, le payement peut, conformément à l'instruction ministérielle du 19 déc. 1859 (art. 57) et à la circulaire du ministre de la marine du 29 août 1883, être fait à un fondé de pouvoirs porteur d'un certificat de vie contenant déclaration de non-cumul et d'une procuration en forme, laquelle peut être d'ailleurs donnée sur le certificat lui-même (Circ. min. mar. 13 févr. 1855).

728. Les principes énoncés *suprà*, n°s 457 et suiv. et 618, relativement au cas où le pensionnaire réside à l'étranger, sont aussi applicables en matière de pensions de l'armée de mer (Circ. min. mar. 21 déc. 1877. V. aussi sur ce point l'ordonn. du 11 sept. 1832, *Rép.* p. 771).

Si un militaire ou marin titulaire de pension a été autorisé à résider temporairement à l'étranger, le certificat de vie doit être conforme au modèle annexé au décret du 26 juin 1882 (*Bull. des lois*, 1882, n° 703, p. 936; *Journ. off.* 26 juill. 1882) et être revêtu de la légalisation des agents diplomatiques ou consulaires français faisant mention de l'éloignement; la signature de ces agents est elle-même ensuite légalisée par le ministre des affaires étrangères (Décr. 26 juin 1882, D. P. 83. 4. 42).

729. — VIII. CUMUL. — On doit appliquer aux pensions de l'armée de mer les règles formulées plus haut pour les pensions de l'armée de terre, concernant soit le *cumul* de la pension avec un traitement civil d'activité (L. 8 août 1883, art. 2, D. P. 84. 4. 74; Circ. min. mar. 23 août 1883; L. 26 déc. 1890, art. 31, D. P. 91. 4. 50. V. *suprà*, n°s 615 et suiv., 630 et suiv.);... soit l'interdiction du cumul de la pension avec une solde d'activité (L. 28 fruct. an 7, art. 4. V. *suprà*, n°s 619 et suiv.);... soit le cumul de plusieurs pensions entre elles (V. *suprà*, n°s 631 et suiv.). — Quant à ce dernier point, cependant, l'art. 11 de la loi du 5 août 1879 (D. P. 80. 4. 32) contient une disposition particulière aux pensions de la marine; il interdit aux veuves de marins de « cumuler plusieurs pensions militaires »; il les autorise seulement à « opter pour la plus forte quand il y a lieu ». « Cette disposition, dit M. Bavelier (t. 2, n° 347), n'est appliquée que dans ses limites les plus étroites, c'est-à-dire aux pensions réglées en vertu des lois des 18 avr. 1831, 5 août 1879 et 8 août 1883 » (Instr. min. mar. 7 août 1879, 30 août 1881, 26 sept. 1881, 29 déc. 1881).

730. — IX. INCESSIBILITÉ ET INSAISISSABILITÉ. — Les principes sur l'*insaisissabilité* et l'*incessibilité* des pensions sont les mêmes pour les pensions de l'armée de mer que pour celles de l'armée de terre. L'art. 30 de la loi du 18 avr. 1831 ne fait que reproduire textuellement l'art. 28 de la loi du 11 avril (V. *suprà*, n°s 635 et suiv. Conf. Instr. min. 19 déc. 1859, art. 181). — Les formes à observer pour les oppositions, lorsqu'elles sont permises, sont les mêmes que pour les pensions civiles et les pensions de l'armée de terre (Instr. 19 déc. 1859, art. 168 et suiv.; Circ. min. mar. 13 mars 1880). Il faut observer toutefois que, depuis le 1er janv. 1886, les oppositions doivent être pratiquées non plus entre les mains des trésoriers des invalides de la marine, mais entre les mains des trésoriers généraux, dans les départements, et du conservateur des oppositions au ministère des finances, à Paris (Instr. min. mar. 12 déc. 1885, pour l'exécution de l'art. 9 de la loi du 22 mars 1885).

ART. 3. — *Pensions des marins faisant partie de l'inscription maritime, dites « demi-soldes »* (*Rép.* v° *Organisation maritime*, n°s 269 et suiv.).

731. On a étudié au *Rép.* v° *Organisation maritime*, n°s 269 et suiv., la législation des pensions dites de *demi-solde*, qui sont accordées aux gens de mer faisant partie de l'inscription maritime. Comme on l'a indiqué, *ibid.*, ces pensions ne peuvent pas, comme les autres pensions civiles ou militaires, être considérées comme la rémunération de services effectivement rendus; elles sont plutôt une compensation des charges que l'*inscription maritime* fait peser sur les populations maritimes. Cela est si vrai qu'elles sont accordées même aux marins qui n'ont jamais navigué que sur des bâtiments de commerce. — Pour l'historique de ces pensions, V. Bavelier, t. 2, n° 258; Desjardins, *Traité de droit commercial maritime*, t. 3, n° 609.

M. Dupuy de Lôme, dans son rapport sur la loi du 11 avr. 1881, qui régit aujourd'hui les pensions de demi-solde, expose ainsi qu'il suit la raison d'être de ces pensions: « Les prélèvements faits par l'Etat sur les salaires que le marin de l'inscription gagne dans son métier depuis l'âge de dix ans jusqu'à l'âge de cinquante ans (V. sur ces retenues, *infrà*, n° 734) suffiraient seuls pour justifier le principe de la pension dite demi-solde qui lui est allouée et qu'il a droit de réclamer après vingt-cinq ans de services mixtes, soit à l'Etat, soit à la navigation du commerce, lorsqu'en outre il a atteint l'âge de cinquante ans. Mais il importe de rappeler aussi que, par suite de la situation faite au marin de l'inscription maritime, la dette qu'il paye à son pays est autrement lourde que celle acquittée par les autres citoyens français soumis à la loi commune du recrutement. La situation de l'inscrit maritime, au point de vue de ses obligations envers l'Etat, est actuellement définie par la législation dont voici le résumé: 1° par la loi du 3 brum. an 4 qui établit le principe de l'assujettissement de l'inscrit à la levée depuis l'âge de dix-huit ans jusqu'à celui de cinquante ans; 2° par les décrets combinés du 22 oct. 1863, 27 févr. 1866 et 31 déc. 1872, en vertu desquels l'appel du marin inscrit est facultatif pour le ministre de la marine, pendant une période de sept ans dite période obligatoire. Il peut encore être levé, en dehors de ces sept années, pour le service de la flotte militaire, en cas d'armements extraordinaires, mais alors en vertu seulement d'un décret du chef du pouvoir exécutif (V. *Rép.*, v° *Organisation maritime*, n°s 176 et suiv., 193 et suiv.; et *suprà*, eod. v°, n°s 69 et suiv.). Cette période de service obligatoire commence, pour le marin, dès son premier retour en France, quand il a accompli ses vingt ans d'âge, ou dès l'âge de dix-huit ans s'il a été admis à devancer l'appel. La période obligatoire se divise en deux parties : la première, de cinq ans, se passe, en temps normal, tout entière en activité forcée ; la seconde, de deux ans, constitue une sorte de temps de réserve à la disposition du ministre, et se passe, en principe, dans la position du congé renouvelable. Ces deux années de congé renouvelable ne sont comptées, comme service à l'Etat, que si le marin, au moment de la délivrance de ce congé, s'engage à ne naviguer qu'au cabotage, au bornage ou à la petite pêche. Jusqu'à l'âge de cinquante ans, l'inscrit maritime a contracté l'obligation spéciale de ne pouvoir passer en pays étranger, ni servir autrement que sur des bâtiments français, dont le pavillon fait qu'ils sont une partie mobile de la France ».

732. — I. QUELS MARINS PEUVENT AVOIR DROIT A DEMI-SOLDE. — Ont seuls droit aux pensions de demi-solde les marins faisant partie de l'inscription maritime (L. 11 avr. 1881, art. 5, D. P. 82. 4. 29),... parmi lesquels sont compris, depuis 1857, les mécaniciens, chauffeurs et agents inférieurs des machines employés à bord des bâtiments de commerce, suivant les assimilations de grade portées dans l'art. 12 du décret du 28 janv. 1857 (D. P. 57. 4. 51. V. aussi *infrà*, n° 745) ;.., mais au nombre desquels ne figurent pas les commissaires, économes, officiers de santé, domestiques embarqués sur ces mêmes bâtiments. Aussi la loi du 11 avr. 1881 (art. 5) a-t-elle décidé que la retenue qui, jusque-là, était indûment opérée sur les salaires de cette dernière catégorie d'embarqués, cesserait d'être faite à l'avenir, les droits acquis étant, d'ailleurs, sauvegardés par l'art. 9 de la même loi (V. *infrà*, n° 743).

733. Du principe que les inscrits maritimes ont seuls droit à pension, il résulte que les étrangers ne peuvent plus aujourd'hui prétendre à ce droit. En effet, depuis 1876, les marins étrangers, même résidant en France, ne peuvent plus être inscrits (Circ. min. mar. 19 mai 1876; 17 août 1881) comme ils pouvaient l'être auparavant, en vertu de l'arrêté du 14 fruct. an 8. Cependant, la circulaire du 19 mai 1876 permet l'inscription provisoire des étrangers mineurs ; cette inscription cesse si, à leur majorité, ils n'ont pas acquis la qualité de Français. Jusqu'à cette époque ils sont, comme tous les inscrits provisoires, soumis à retenue en faveur de la Caisse des invalides de la marine.

Sur la situation de l'étranger majeur qui obtient sa naturalisation en France, V. Bavelier, t. 2, n° 359.

734. — II. RETENUES. — L'art. 6 de la loi du 11 avr. 1881 a, en ce qui concerne les retenues à opérer au profit de la Caisse des invalides, confirmé les règles posées par les anciens règlements et par la tradition : « Il continuera d'être perçu, au profit de la Caisse des invalides de la marine, trois centimes par franc sur les salaires des marins engagés au mois ou au voyage. Le même prélèvement de trois centimes par franc sera exercé sur les décomptes des marins employés aux pêches de la baleine et de la morue, dites *grandes pêches*, conformément aux dispositions prescrites à cet égard par l'art. 3 de l'ordonnance du 9 oct. 1837. Les marins engagés à la part, soit pour le cabotage, soit pour le pilotage, soit pour la petite pêche ou pêche du poisson frais, payeront à la Caisse des invalides des sommes fixes mensuelles conformément au tarif ci-après :

1° MARINS ENGAGÉS A LA PART POUR LE CABOTAGE OU LE PILOTAGE EN MER.

	Par mois.
Capitaines ou maîtres et pilotes patrons. . . .	3 fr. »
Officiers-mariniers et pilotes.	1 50
Matelots	1 20
Novices	» 75
Mousses.	» 30

2° MARINS FAISANT LA PETITE PÊCHE AU POISSON FRAIS OU LE PILOTAGE EN RIVIÈRE.

	Par mois.
Patrons.	1 fr. 50
Matelots.	» 75
Novices.	» 50
Mousses.	» 25

Le rapport de M. Dupuy de Lôme sur la loi de 1881 indique, ainsi qu'il suit, quelle était, avant 1881, la situation des inscrits maritimes en ce qui concerne la retenue : « Les inscrits maritimes, pendant qu'ils naviguent sur les bâtiments du commerce ou qu'ils se livrent à la pêche, qu'ils soient payés par leurs armateurs au mois ou au voyage, ou qu'ils soient engagés à la part, subissent, sur leur salaire ou sur leur bénéfice, un prélèvement de 3 pour 100 au profit des caisses des invalides de la marine, tout comme pendant le temps qu'ils sont au service de l'Etat et payés par lui. Telle est la règle générale établie par la loi des 30 avr.-13 mai 1791 et par l'arrêté consulaire du 27 niv. an 9. Seulement, pour les marins naviguant à la part au petit cabotage, au pilotage ou à la petite pêche, la retenue de 3 pour 100 sur le décompte des bénéfices a été remplacée depuis par des taxes fixes mensuelles fixées, à la dernière date, par l'ordonnance du 9 oct. 1837 » (V. *Rép.* v° *Organisation maritime*, p. 1660, 1670 et n°s 269 et suiv., 287, 639).

735. — III. AGE. — La demi-solde ne peut être réclamée, à moins d'infirmités, avant l'âge de cinquante ans (Ordonn. 12 mars 1826 ; L. 28 juin 1862, art. 4, D. P. 62. 4. 59 ; 11 avr. 1881, art. 1).

736. — IV. TEMPS DE SERVICE EXIGÉ. — La durée *minima* des services exigée pour avoir droit à demi-solde est de vingt-cinq années accomplies « soit de services pour le compte de l'Etat, soit de navigation sur les bâtiments du commerce » (L. 1862, art. 4 ; L. 1881, art. 1), ou les bâtiments de pêche (*infrà*, n° 741). Cette durée de service est exigée même en cas de pension d'*invalidité* (*infrà*, n° 742).

Dans la pratique, pour désigner ce temps minimum de service, on emploie l'expression *trois cents mois*, parce que le système des demi-soldes est fondé sur la paye mensuelle et une allocation mensuelle pour la retraite (Bavelier, t. 2, n° 364). On a constaté que, quoique leurs services soient comptés de bonne heure, les inscrits maritimes arrivent rarement à pouvoir justifier de trois cents mois de navigation au moment où ils atteignent leur cinquantième année (Bavelier, *ibid.* Conf. Rapport précité de M. Dupuy de Lôme).

737. Dans la supputation du temps de service exigé pour la demi-solde, on compte les services rendus *à la mer* depuis l'âge de *dix ans*, et ceux rendus *à terre* depuis l'âge de *seize ans* (Circ. min. mar. 14 sept. 1832; 21 nov. 1854 ; 13 sept. 1869). Cette règle n'était originairement applicable qu'au temps de navigation sur les bâtiments du commerce ; les services rendus à l'Etat n'entraient jamais en compte qu'à partir de seize ans. L'art. 1 de la loi du 11 avr. 1881 a étendu les principes ci-dessus aux services rendus sur les bâtiments de l'Etat autres que les écoles de mousses. M. Dupuy de Lôme, dans son rapport précité, justifie ainsi qu'il suit cette innovation de la loi de 1881 : « La disposition du paragraphe 2 se justifie par ce fait que, dans le relevé du temps de la navigation au commerce, on compte pour l'inscrit la navigation qu'il a pu faire depuis l'âge de dix ans, tandis que les services de l'Etat ne comptent que depuis seize ans. Il n'est cependant pas rationnel, dans la supputation du service des inscrits pour la demi-solde, de compter la navigation avant seize ans, si elle a eu lieu sur un bâtiment de commerce, et de ne pas la compter si elle a eu lieu sur un bâtiment de l'Etat. On comprend qu'on ne compte pas l'embarquement sur l'école des mousses, qui est une véritable faveur pour l'enfant qui en est l'objet ; mais il ne saurait en être de même pour les embarquements sur les autres navires de la marine militaire. La jurisprudence du conseil d'Etat est encore indécise à cet égard. Il importe de la fixer ».

L'expression « écoles de mousses », employées par la loi de 1881, comprend toutes les écoles particulières de mousses, comme celle de Brest et autres (Sénat, séance du 26 mars 1881, *Journ. off.* 27 mars 1881).

738. Il a été jugé que l'art. 7 de la loi du 11 avr. 1881, aux termes duquel les dispositions de cette loi doivent être appliquées à toutes les pensions non inscrites à la date de sa promulgation, n'a eu d'autre objet que de rendre applicables à ces pensions les tarifs plus avantageux que ceux de la législation antérieure ; qu'en conséquence, l'art. 1 de la loi du 11 avr. 1881, aux termes duquel le temps passé comme mousse, avant l'âge de seize ans, dans les écoles de mousses de l'Etat, n'entre plus dans la supputation des services admissibles, n'est pas applicable à la liquidation de la veuve d'un marin décédé antérieurement à ladite loi (Cons. d'Et. 7 août 1891, aff. Veuve Leroux, D. P. 93. 3. 15).

739. Peuvent être admis en compte : les services rendus dans tous les corps de la marine, et dans les arsenaux maritimes (Circ. min. 21 nov. 1854 et 7 oct. 1862; Cons. d'Et. 12 avr. 1866, aff. Guianvarch, *Rec. Cons. d'Etat*, p. 374); ceux rendus dans l'armée de terre (Mêmes circ.); le temps de captivité, pour les marins pris à bord d'un bâtiment de l'Etat ou d'un navire français armé en course, ou dans un des corps de la marine (Ordonn. 22 janv. 1824, art. 1; Circ. min. mar. 21 nov. 1837, et Circ. précitées de 1854 et 1862); le temps des services civils dans une administration publique, si ces services sont, par leur nature, susceptibles de donner droit à une pension civile et s'ils n'ont cessé ni par démission, ni par révocation ou destitution, à moins que celle-ci n'ait été suivie de réintégration (Circ. min. mar. 1854 et 1862 précitées; 13 juill. 1863 ; 27 juin 1866). Toutefois, par application de l'art. 4 de la loi du 18 avr. 1831, les services civils ne peuvent être admis pour le décompte des trois cents mois que si le marin justifie de vingt ans de services dans la marine, ou de dix ans dans les colonies, pour les individus envoyés d'Europe (Comp. *suprà*, n°s 660 et suiv.).

La navigation sur les bâtiments de commerce ou de pêche ne compte que pour le temps de service où les salaires ont été soumis à retenue (Circ. min. mar. 21 nov. 1854. V. *suprà*, n° 734).

Le temps de navigation à la petite pêche ne peut entrer en compte que s'il a été accompli sur des bateaux ayant mâts, voiles et gouvernail, et munis d'un rôle d'équipage (Bavelier, t. 2, n° 366).

On suppute également le temps de navigation en qualité de passager gagnant son passage (Circ. min. mar. 8 déc. 1876, Bavelier, *ibid.*).

740. On doit retrancher du service les périodes d'absence illégale dépassant six jours (Circ. min. mar. 13 juill. 1863), et le temps passé en prison, le marin ne figurant pas, pendant ce temps, sur les rôles d'équipage (Bavelier, t. 2, n° 366).

On n'a point égard, non plus, au temps de navigation au commerce ou à la pêche, pendant lequel le marin aurait cumulé son salaire avec une pension de retraite (Bavelier, *ibid.*); mais l'Administration, en ce cas, accorde habituellement un secours, en considération des retenues que le marin a versées pendant ce temps à la Caisse des invalides (Circ. min. mar. 11 avr. 1859).

741. Le temps passé à la petite pêche est toujours compté, aujourd'hui, pour la totalité de sa durée (Décr. 10 avr. 1884). La navigation à la petite pêche antérieure à la promulgation du décret de 1884 ne compte toutefois, selon la législation en vigueur à cette époque, que pour les trois quarts de sa durée effective (Ordonn. 29 juin 1828, art. 2), à moins que l'on ne puisse justifier de six ans de services sur les bâtiments de l'Etat ou dans les corps organisés de la marine (Ordonn. 9 oct. 1837, art. 1; Circ. min. mar. 21 nov. 1837; 21 nov. 1854; 7 oct. 1862; 12 juin 1884).

742. Sont *dispensés* de la condition d'âge les marins « que des infirmités évidentes mettent dans l'impossibilité absolue de naviguer ». Leur état doit être constaté par une commission spéciale constituée par décret, au chef-lieu de leur sous-arrondissement maritime (L. 11 avr. 1881, art. 1).

La législation antérieure à 1881 n'accordait le bénéfice de la dispense de la condition d'âge que lorsque l'infirmité avait été contractée au service de l'Etat (V. L. 28 juin 1862, art. 4 et rapp., n° 6, D. P. 62. 4. 59). Aujourd'hui, il n'y a plus à rechercher l'origine de l'infirmité pour savoir si elle ouvre droit à demi-solde; mais, si elle a été contractée au service de l'Etat, elle donne droit à un supplément spécial (*infrà*, n° 749).

Il faut remarquer que, même aujourd'hui, les infirmités ne dispensent que de la condition d'âge, mais non de celle de la durée des services: nul ne peut avoir droit à pension de demi-solde, même pour infirmités, s'il n'a accompli les trois cents mois de service (V. Rapp. de M. Dupuy de Lôme, D. P. 82. 4. 29).

743. Aux termes d'une disposition transitoire de la loi du 11 avr. 1881, « les personnes qui, ayant figuré sur le rôle d'équipage d'un bâtiment de commerce sans faire partie du personnel de l'inscription maritime, ont cependant versé à la Caisse des invalides de la marine, antérieurement à la loi, la retenue de trois centimes par franc sur leurs salaires, seront mises en demeure d'opter entre les deux dispositions suivantes : Ou elles déclareront vouloir cesser tout versement à la Caisse des invalides, auquel cas elles renonceront à leurs droits éventuels à la pension de demi-solde ; ou elles demanderont à continuer ces versements, auquel cas, après avoir accompli les vingt-cinq années de navigation et atteint l'âge de cinquante ans, elles auront droit à des pensions réglées par le tarif transitoire ci-joint » (L. 1881, art. 9, et tarif annexé, n° 2, *Bull. des lois*, p. 458).

744. — V. QUOTITÉ ET MODE D'ÉVALUATION. — La pension de demi-solde doit être liquidée d'après le traitement du dernier grade occupé *dans la marine de l'Etat*, sans tenir compte des services rendus postérieurement soit dans la marine marchande (Ordonn. 31 oct. 1784, tit. 15, art. 3 ; Règlem. annexé à la loi du 13 mai 1791, art. 2 ; Cons. d'Et. 2 août 1878, aff. Reboul, D. P. 79. 3. 8 ; 1er avr. 1881, aff. Viennet, D. P. 82. 3. 75 ; Bavelier, t. 2, n° 372 ; Fournier et Enrici Bason, *Cours d'administration de la marine*, t. 2, p. 37), soit dans l'armée de terre (Arrêt précité du 2 août 1878).

Les marins inscrits subissant la retenue sur les salaires qu'ils gagnent à bord des bâtiments de commerce, il peut paraître rigoureux de ne tenir aucun compte de l'importance de ces salaires. Il y aurait là, en effet, une disposition peu équitable, si la pension était en rapport avec les retenues ; mais ces retenues sont de 3 pour 100 seulement, et, si l'on tient compte des conditions d'âge et de services qui suffisent pour l'obtention de la pension, on reconnaît que la demi-solde est bien plus la compensation des charges qu'impose aux marins l'inscription maritime que le produit des retenues (V. *suprà*, n° 731).

745. Un décret du 28 janv. 1857 (D. P. 57. 4. 51) a dérogé aux règles générales, en permettant aux mécaniciens et chauffeurs de la marine marchande de faire liquider leurs pensions de demi-solde d'après leurs emplois qui ont été assimilés à ceux de la marine militaire dans les conditions déterminées par un tableau annexé à l'art. 12 (V. *suprà*, n° 732) ; mais cette dérogation ne porte aucune atteinte au principe d'après lequel l'importance des traitements accordés par l'industrie privée, ou même par un gouvernement étranger, ne peut avoir pour effet de donner aux marins droit à une pension supérieure à celle qu'ils auraient obtenue s'ils avaient constamment servi sur les vaisseaux de l'Etat. Aussi a-t-il été jugé que les mécaniciens de la marine du commerce, assimilés pour la demi-solde aux mécaniciens de la marine de l'Etat, ne peuvent obtenir une demi-solde supérieure à celle qui leur est attribuée par suite de cette assimilation, alors même que les retenues qu'ils ont supportées sur leurs traitements sont supérieures à celles qu'ils auraient eu à subir s'ils avaient servi dans la marine de l'Etat (Cons. d'Et. 1er avr. 1881, cité *suprà*, n° 744. Conf. Note jointe au tableau annexé à la loi du 11 avr. 1881, *Bull. des lois*, 1881, n° 610, p. 456 et suiv.).

746. La paye reçue au service de l'Etat, qui, dans le plus grand nombre de cas, sert de base pour la fixation de la quotité de la demi-solde, doit s'entendre de la paye fixe, déduction faite de toutes indemnités variables ou accidentelles (Bavelier, t. 2, n° 372).

Pour les marins sans services à l'Etat, elle est établie d'après la paye des matelots de 3e classe (*ibid.*).

747. Le tarif annexé à la loi de 1881 (*Bull. des lois*, 1881, n° 610, p. 456) contient des dispositions exceptionnelles en faveur des capitaines au long cours, maîtres au cabotage, patrons brevetés pour la pêche d'Islande et pilotes lamaneurs allant en mer au-devant des navires (pourvu que ces derniers n'aient pas cessé de figurer sur les matricules de leur quartier, V. Circ. min. mar. 15 juin 1882). Pour tous ces marins, s'ils réunissent les conditions posées par ledit tableau, le taux de la pension de demi-solde est fixé d'après un tarif basé, non sur la paye reçue au service de l'Etat, mais sur leur emploi dans la marine marchande.

748. Il a été jugé que le tarif annexé à la loi de 1881 ne distinguant, au point de vue du droit à pension, qu'entre les pilotes lamaneurs allant en mer au-devant des navires et les pilotes en rivière, un pilote attaché à une station maritime qui avait passé l'examen prescrit par l'art. 4 du décret du 12 déc. 1806 (*Rép.*, v° *Organisation maritime*, p. 1672), qui réunissait toutes les conditions d'âge, d'aptitude et de navigation et qui remplissait, conformément aux art. 8 et 9 de ce décret, les mêmes fonctions que les pilotes allant à la mer, ne peut être placé, au point de vue de la pension, dans une autre catégorie que ceux-ci, en raison de ce que, au moment de son décès, il avait, non le titre de pilote titulaire, mais seulement celui d'aspirant; et que, dès lors, sa veuve a droit au bénéfice du tarif applicable aux pilotes lamaneurs allant à la mer (Cons. d'Et. 6 janv. 1888, aff. Veuve Renaud, *Rec. Cons. d'Etat*, p. 7; 7 déc. 1888, aff. Ravard, D. P. 89. 5. 31; V. Note jointe au tarif de 1881).

749. Le taux des demi-soldes est, en principe, invariable, quelle que soit la durée des services; il ne s'accroît pas, comme pour les autres pensions, par chaque année de service au delà du minimum (Rapport sur la loi du 28 juin 1862, n° 6, D. P. 62. 4. 59; Bavelier, t. 2, n° 374).

Cependant la demi-solde peut être bonifiée des suppléments suivants :

1° Il est alloué aux marins demi-soldiers ou à leurs veuves, pour chacun de leurs enfants âgés de moins de dix ans, un supplément annuel déterminé par le tarif annexé à la loi de 1881 (L. 1881, art. 4; Comp. L. 28 juin 1862, art. 7; L. 13 mai 1791, tit. 2, art. 7). Ce supplément est de 2 ou 3 fr. par mois, suivant la catégorie à laquelle appartient le marin ;

2° Un supplément, variant de 6 à 10 fr. par mois, suivant les catégories, est accordé aux marins ayant cinq ans de services sur les bâtiments de l'Etat ou aux équipages de la flotte (Tarif de 1881, col. 3; Décr. 31 déc. 1872; 5 juin 1883; 10 avr. 1884). Avant 1872, la période de services à l'Etat devait être de six ans (Décr. 11 juill. 1856, D. P. 56. 4. 134). — Il ne suffirait pas, pour avoir droit au supplément, d'avoir servi cinq ans dans l'armée de terre; les années de service en raison desquelles la pension est augmentée doivent avoir été accomplies à bord des bâtiments de l'Etat ou dans les équipages de la flotte (Cons. d'Et. 2 août 1878, aff. Reboul, D. P. 79. 3. 8);

3° Il est dû un supplément variant de 9 à 14 fr. par mois au marin qui est arrivé à soixante ans d'âge, ou qui a contracté *au service de l'Etat* des infirmités graves et incurables (Tarif de 1881, col. 4 ; L. 13 mai 1791, tit. 2, art. 7; Ordonn. 5 oct. 1844, art. 1; 28 juin 1862). Les pensions auxquelles est ajouté ce supplément sont dites pensions d'*invalidité* (V. Bavelier, t 2, n° 375).

750. L'art. 7 de la loi de 1881 décidait que les dispositions de cette loi ne seraient applicables qu'aux pensions non encore inscrites avant sa promulgation. L'art. 13, § 1 de la loi du 8 août 1885 a décidé que les demi-soldes des marins âgés de soixante-dix ans et au-dessus, pensionnés sous les régimes antérieurs à la loi de 1881 seraient revisées et payées, à compter du 1er janv. 1886, d'après les fixations de la loi de 1881. Aux termes du paragraphe 2 du même article, les demi-soldes des marins qui atteindront ultérieurement l'âge de soixante-dix ans seront également revisées et payées, à compter du 1er janvier de l'année suivante, d'après les fixations de ladite loi.

751. — VI. Droits des veuves et orphelins. — Les veuves des marins titulaires de la demi-solde ou ayant le temps voulu pour l'obtenir, ont droit à pension lorsqu'elles ont quarante ans d'âge, ou même avant, lorsqu'elles ont à leur charge un ou plusieurs enfants.

Il n'y a pas lieu, du reste, de se préoccuper de la durée du mariage, pour lequel aucune autorisation de l'Administration n'est, d'ailleurs, nécessaire (Ordonn. 12 mars 1826, art. 5 ; Décis. royale 14 mars 1830 et 9 juin 1834; Instr. min. mar. 7 oct. 1862 et 15 nov. 1871).

752. La pension de la veuve est de la moitié du maximum de la pension attribuée au mari, c'est-à-dire de la moitié du minimum augmenté des bonifications pour services pendant cinq ans sur les bâtiments de l'Etat et pour invalidité, alors même que le mari n'aurait pas eu droit à ces bonifications (L. 1881, art. 2 et tarif annexé, n° 1). La loi de 1791 fixait également la pension de la veuve à la moitié de celle du mari ; mais la loi du 28 juin 1862, art. 5, l'avait abaissée au tiers du maximum (V. Rapp. sur la loi de 1862, n° 7, D. P. 62. 4. 59). — Sur la liquidation de la pension des veuves dont le mari retraité avant 1881 est mort depuis la loi du 11 avr. 1881, V. Av. Cons. d'Et. 21 mars 1883 ; Circ. min. mar. 15 juin 1882).

753. La veuve comme le marin a droit à un supplément de pension pour chaque enfant âgé de moins de dix ans (L. 11 avr. 1881, art. 4, et tarif annexé, n° 1). V. *suprà*, n° 749.

754. Après le décès de la mère, ou lorsqu'elle se trouve déchue de ses droits à la pension, l'enfant ou les enfants mineurs du marin mort en jouissance de droits à cette demi-solde reçoivent un secours annuel égal à la pension que la mère aurait obtenue ou aurait été susceptible d'obtenir. Ce secours est payé jusqu'à ce que le plus jeune d'entre eux ait atteint l'âge de vingt et un ans accomplis ; mais, dans ce cas, la part des majeurs est réversible sur les mineurs (L. 11 avr. 1881, art. 3).

S'il existe des orphelins de lits différents ou des orphelins d'un premier lit et une veuve, ils ne peuvent tous prétendre qu'à une seule pension, qui se partage entre eux par portions égales, suivant le nombre de lits (Circ. min. mar. 13 sept. 1869).

755. Depuis la promulgation de la loi du 28 juin 1862, qui a modifié le régime des demi-soldes, il y a lieu de considérer comme implicitement abrogée la disposition de l'art. 8 du règlement annexé à la loi du 13 mai 1791, qui accordait aux père et mère du marin tué dans un combat, une pension égale, pour chacun d'eux, au tiers de celle à laquelle aurait eu droit le marin par le grade qu'il avait au jour de son décès (Bavelier, t. 2, n° 382). Les père et mère du marin décédé ne peuvent plus aujourd'hui obtenir que l'allocation de secours sur la Caisse des invalides de la marine (Circ. min. mar. 10 févr. 1872). La somme totale à distribuer en secours par ladite caisse est fixée annuellement par la loi du budget (L. 8 août 1885, art. 12). V. *suprà*, v° *Organisation maritime*, n° 100.

756. — VII. Liquidation, jouissance et payement de la pension. — Lorsqu'un marin a terminé ses trois cents mois de service, l'autorité maritime l'avertit qu'il a accompli le temps de service exigé pour la demi-solde. Mais celle-ci ne peut être accordée que si le marin en a formulé expressément la demande (Circ. min. mar. 1er juill. 1882). Les demandes de demi-soldes sont recueillies par les syndics des gens de mer, et transmises aux commissaires de l'inscription maritime dans les quartiers. Ceux-ci font leurs propositions et les présentent aux commissaires généraux ou chefs de service, qui sont appelés à donner leur avis motivé. Les propositions sont ensuite adressées à Paris avant le 31 décembre de chaque année. Des états supplémentaires sont arrêtés le 15 mai suivant, pour les mutations survenues postérieurement (Bavelier, t. 2, n° 382).

757. Les services rendus à l'Etat, soit dans la marine, soit dans l'armée de terre, soit dans une administration civile, sont constatés par des certificats délivrés par les fonctionnaires compétents (Circ. min. mar. 22 juin 1849, 31 oct 1850, 13 août 1851, 21 nov. 1854). Ceux rendus dans la marine marchande sont constatés par les certificats des commissaires de l'inscription maritime du quartier où le désarmement a eu lieu (Bavelier, *loc. cit.*). Les blessures et infirmités sont établies par des certificats visés par les chefs du service dans lequel elles ont été contractées (Circ. min. mar. 21 nov. 1854) et constatées par la commission constituée conformément à l'art. 1 de la loi de 1881 (*suprà*, n° 742).

758. Les veuves doivent produire, outre les pièces exigées des marins eux-mêmes : 1° leur acte de naissance ; 2° leur acte de mariage ; 3° un certificat de non-séparation de corps et de non-divorce, conforme au modèle annexé à la circulaire du 31 oct. 1850 ; 4° l'acte de décès du mari, ou, à son défaut, un procès-verbal de disparition, ou un certificat constatant que le navire à bord duquel se trouvait le mari est réputé avoir sombré et a été rayé des registres de la douane et de la marine ; 5° l'acte de naissance des enfants au-dessous de dix ans.

Les orphelins produisent, outre leur acte de naissance et l'acte de mariage de leurs parents, les actes de décès de ceux-ci ou les justifications en tenant lieu.

Les actes de l'état civil sont délivrés sur papier libre et accompagnés d'une traduction, s'ils sont rédigés en langue étrangère (Circ. min. mar. 13 sept. 1869).

759. Le ministre de la marine, après avoir soumis au conseil d'Etat son projet de liquidation, concède la pension par simple décision ministérielle. Cette décision ne devient définitive qu'après avoir été comprise dans un état général de toutes les pensions concédées, qui est soumis tous les ans à l'approbation du chef de l'Etat (Ordon. 17 juill. 1816, art. 133). Le décret d'approbation est contresigné par le ministre de la marine seul et inséré au *Bulletin des lois*.

760. Les demi-soldes sont personnelles et viagères. Elles sont payées les 1er janvier, 1er avril, 1er juillet et 1er octobre de chaque année (Décis. du 17 nov. 1885, art. 39). L'art. 32 du décret du 17 nov. 1885 indique quelles sont les caisses publiques qui peuvent en effectuer le payement.

Elles sont servies par la Caisse des invalides de la marine, comme dettes propres à cet établissement (V. *suprà*, v° *Organisation maritime*, n° 97 et 100).

Le payement est fait au porteur du titre et d'un certificat de vie du titulaire établi par le syndic des gens de mer de la localité, ou, à défaut, par le maire, conformément au modèle B annexé au décret du 17 nov. 1885. Le porteur donne acquit des arrérages au bas du certificat de vie (Décr. 17 nov. 1885, art. 30).

Le payement du premier trimestre, ainsi que des décomptes d'arrérages après décès, ne peut être fait par les receveurs particuliers que sur le visa du trésorier général des finances (Même décr. art. 33).

761. Suivant M. Bavelier (t. 2, n° 383), l'administration de la Marine, se fondant sur ce que les demi-soldes constituent de véritables pensions, leur applique les principes qui régissent celles de l'armée de mer, au point de vue du délai de la demande (V. Av. Cons. d'Et. 25 janv. 1876), du rappel des arrérages antérieurs à la concession ; de la radiation faute de réclamation des arrérages pendant trois ans ; de l'insaisissabilité et de l'incessibilité ; du cumul ; des causes de suspension et de perte du droit.

762. Sur l'organisation et le caractère de la Caisse des invalides de la marine, V. *suprà*, v° *Organisation maritime*, n° 96 et suiv. ; — *Rép.* eod. v°, n° 275 et suiv. ; Bavelier, t. 2, n° 384 ; Desjardins, *Droit commercial maritime*, t. 3, n° 605 et suiv.

Table sommaire

des matières contenues dans le Supplément et le Répertoire.

(Les chiffres précédés de la lettre *S* renvoient au Supplément; les chiffres précédés de la lettre *R* renvoient au Répertoire.

Table des articles des lois des 11 avr. 1831, 18 avr. 1831, 9 juin 1853 et du décret du 9 nov. 1853

Table chronologique des Lois, Arrêts, etc.

10 août. Décr. 2 c., 435 c., 436 c., 445 c., 493 c., 496 c., 510 c., 511 c., 512 c., 513 c., 514 c., 608 c., 676 c., 690 c.
12 nov. Cons. d'Et. 415 c., 467 c., 517 c.
19 nov. Cons. d'Et. 460 c.
25 nov. Décr. 48 c.
.. déc. Circ. 478 c.
10 déc. Cons. d'Et. 517 c.
24 déc. Cons. d'Et. 199 c., 247 c.,

1887

7 janv. Cons. d'Et. 63 c., 77 c.
21 janv. Cons. d'Et. 24 c.
25 janv. Av. Cons. d'Et. 649 c.
28 janv. Cons. d'Et. 467 c., 472 c., 517 c.
4 févr. Cons. d'Et. 467 c.. 517 c.
18 févr. Cons. d'Et. 80 c., 83 c., 517 c.
26 févr. Loi. 51 c. 201 c., 202 c., 295 c., 303 c., 542 c.
11 mars. Cons. d'Et. 467 c., 517 c.
26 mars. Décr. 384 c.
1er avr. Cons. d'Et. 116 c., 580 c.
13 avr Cons. d'Et. 329 c.
13 mai. Cons. d'Et. 461 c., 467 c., 517 c.
17 mai. Av. Cons. d'Et. 649 c.
27 mai. Cons. d'Et. 467 c., 517 c., 627 c.
8 juin. Cons. d'Et. 434 c., 472 c.
24 juin. Cons. d'Et. 423 c., 495 c., 605 c.
8 juill. Cons. d'Et. 427 c., 460 c., 466 c.
15 juill. Cons. d'Et. 399 c., 426 c.
22 juill. Cons. d'Et. 70 c., 210 c., 247 c., 525 c.
23 juill. Circ. 422 c., 423 c.
24 juill. Cons. d'Et. 494 c.
26 juill. Décr. 51 c., 296 c., 297 c. 298 c.. 299 c., 300 c.. 301 c.. 303 c.
29 juill Cons. d'Et. 110 c.
6 août. Cons. d'Et. 426 c., 509 c.
2 sept. Décr. 48 c.
4 sept. Décr. 48 c.
5 sept. Décr. 48 c.
17 oct. Décr. 48 c.
11 nov. Cons. d'Et. 31 c., 393 c
18 nov. Cons. d'Et. 63 c., 77 c., 400 c.
23 nov. Décr. 48 c.
2 déc. Cons. d'Et. 111 c.
16 déc. Cons. d'Et. 343 c., 346 c., 349 c., 509 c., 604 c.
23 dec. Cons. d'Et. 199 c.
26 déc. Loi. 103 c., 234 c., 257 c., 276 c.
27 déc. Loi. 120 c.
30 déc. Cons. d'Et. 400 c., 466 c.

1888

6 janv. Cons. d'Et. 49 c., 478 c., 748 c.
13 janv. Cons. d'Et. 535 c., 707 c.
23 janv. Décr. 106 c.
3 févr. Cons. d'Et. 434 c.
17 févr. Cons. d'Et. 66 c., 84 c.
24 févr. Cons. d'Et. 338 c., 342 c., 343 c., 359 c., 365 c., 664 c.
9 mars. Cons. d'Et. 580 c.
23 mars. Cons. d'Et. 12 c., 47 c., 204 c., 376 c.
28 mars. Cons. d'Et. 402 c., 468 c.
30 mars. Loi. 5 c., 107 c., 108 c., 417 c.
18 avr Loi. 125 c., 249 c., 331 c.
20 avr. Cons. d'Et. 466 c.
4 mai. Cons. d'Et. 12 c., 46 c.
4 mai. Décr. 48 c., 131 c., 204 c.
11 mai. Cons. d'Et. 191 c., 463 c., 465 c.
18 mai. Cons. d'Et. 577 c.
15 juin. Cons d'Et. 575 c., 587 c.
6 juill. Cons. d Et. 347 c., 361 c.
22 juill. Cons. d'Et. 138 c.
3 août. Cons. d'Et. 100 c., 133 c.
8 août. Cons. d'Et. 351 c.
1er oct. Décr. 48 c.
26 oct. Cons. d'Et. 464 c.
16 nov. Cons. d'Et. 124 c., 243 c., 314 c.
30 nov. Cons. d'Et. 100 c., 101 c.
6 déc Cons. d'Et. 580 c.
7 déc. Cons. d'Et. 748 c.
14 déc. Décr. 408 c.
14 déc. Cons. d'Et. 466 c.
21 déc. Cons. d'Et. 49 c., 173 c., 704 c.

1889

3 janv. Circ. min. guerre 422 c.
7 janv. Cons. d'Et. 344 c.
11 janv. Cons. d'Et. 432 c., 63 c., 465 c.
17 janv. Cons. d'Et. 104., 111 c.
8 févr. Cons. d'Et. 380 c.
12 févr. Cons. d'Et. 449 c.
15 févr. Cons. d'Et. 352 c.
22 févr. Cons. d'Et. 136 c., 167 c., 354 c., 449 c., 465 c.
27 févr. Décr. 48 c.
1er mars. Cons. d'Et. 172 c.
15 mars. Cons. d'Et. 110 c., 236 c., 442 c.
18 mars. Loi. 398 c., 480 c., 525 c., 532 c., 533 c., 538 c., 674 c.
29 mars. Cons. d'Et. 134 c.
1er avr. Cons. d'Et. 16 c.
12 avr. Cons. d'Et. 399 c., 423 c.
15 mai. Décr. 52 c., 48 c., 43 c., 445 c., 498 c., 510 c., 608 c., 676 c., 690 c.
17 mai. Cons. d'Et. 433 c.
24 mai. Cons. d'Et. 260 c.
31 mai. Cons. d'Et. 356 c.
7 juin. Cons d. Et. 207 c., 433 c.
17 juin. Décr. 48 c.
22 juin. Décr. 384 c.
15 juill. Loi. 68 c., 391 c., 405 c., 407 c., 439 c., 622 c.
16 juill. Loi. 407 c.
19 juill. Loi. 18 c., 20 c., 47 c., 53 c., 54 c., 104 c.
22 juill. Loi. 597 c.
9 août. Cons. d'Et. 136 c., 465 c., 466 c.
22 nov. Cons. d'Et. 404 c., 439 c.
29 nov. Cons. d'Et. 433 c., 442 c.
12 déc. Décr. 48 c.
13 déc. Cons. d'Et. 342 c., 344 c., 351 c., 430 c.. 577 c., 604 c.
20 déc. Cons. d'Et. 466 c.
27 déc. Cons. d'Et. 343 c., 349 c.
31 déc. Décr. 53 c.

1890

17 janv. Cons. d'Et. 14 c., 28 c., 432 c.
24 janv. Cons. d'Et. 575 c., 587 c., 620 c., 623 c.
6 févr. Cons. d'Et. 342 c., 344 c., 359 c., 403 c., 508 c.
14 févr. Cons. d'Et. 328 c.
27 févr. Décr. 48 c.
28 févr. Cons. d'Et. 101 c.
24 mars. Cons. d'Et. 472 c., 593 c.
13 mars Loi. 386 c.
10 avr. Loi. 408 c., 659 c.
2 mai. Cons. d'Et. 45 c., 167 c, 181 c., 239 c. 243 c., 353 c., 449 c.
16 mai. Cons. d'Et. 363 c., 449 c.
3 juin. Cons. d'Et. 463 c.
28 juin Cons. d'Et. 431 c., 449 c.,
11 juill. Cons. d'Et. 261 c.
25 juill. Cons. d'Et. 28 c.
1er août. Cons. d'Et. 12 c., 46 c.; 166 c.
3 août. Loi. 75 c., 81 c.
22 août. Loi. 124 c., 217 c., 312 c.
15 nov. Loi. 539 c.
18 nov Décr. 51 c., 201 c., 202 c., 303 c.
21 nov. Cons. d'Et. 247 c.
25 nov. Décr. 48 c.
4 déc. Cons. d'Et. 464 c.
5 déc. Cons. d'Et. 436 c., 525 c., 575 c., 587 c.
10 déc. Cons. d'Et. 467 c.
12 déc. Cons. d'Et. 472 c., 473 c.
19 déc. Cons. d'Et. 28 c.
26 déc. Loi. 20 c., 48 c., 54 c., 60 c., 168 c., 184 c., 464 c., 465 c., 615 c., 618 c., 630 c., 729 c.

1891

24 janv. Cons. d'Et. 588 c.
30 janv. Cons. d'Et. 448 c.
31 janv. Décr. 48 c.
27 févr. Cons. d'Et. 19 c.
6 mars. Cons. d'Et. 703 c., 707 c.
20 mars. Cons. d'Et. 34 c.
29 mars. Cons. d'Et. 73 c.
27 avr Décr. 48 c.
4 mai. Loi. 51 c.
11 juin. Décr. 321 c.
26 juin. Cons. d'Et. 356 c.
3 juill. Cons. d'Et. 465 c., 466 c., 472 c.
17 juill. Cons. d'Et. 704 c.
27 juill. Trib. Caen. 637 c.
7 août. Cons. d'Et. 95 c., 661 c., 663 c., 738 c.
6 nov. Cons. d'Et. 664 c.
20 nov. Cons. d'Et. 12 c., 68 c., 78 c.
4 déc. Cons. d'Et. 466., 649 c., 664 c.
26 déc. Cons. d'Et. 471 c.
30 déc. Loi. 542 c., 545 c., 551 c., 710 c.

1892

7 janv. Décr. 54 c., 184 c.
16 janv. Cons. d'Et. 124 c., 243 c., 314 c.
26 janv. Loi, 2 c., 54 c., 109 c., 302 c., 320 c., 386 c.
14 févr. Loi. 291 c.
19 févr. Cons. d'Et. 176 c.
20 févr. Décr. 320 c.
26 févr. Cons. d'Et. 478 c.
4 mai. Loi. 22 c., 125 c., 201 c., 250 c., 303 c., 304 c.
1er juill. Cons. d'Et. 429 c.
13 juin. Décr. 53 c.
27 juin. Décr. 45 c.
3 juill. Cons. d'Et. 429 c.
4 juill. Décr. 48 c.
8 août. Décr. 109 c.
17 août. Décr. 304 c.
21 août. Décr. 543 c., 546 c.
23 août. Décr. 48 c.
24 nov. Trib. Seine. 287.
2 déc. Cons. d'Et. 664 c.
31 déc. Circ. min. int. 370 c.

1893

11 avr. Loi. 676 c.
28 avr. Loi. 2 ., 27 c., 54 c., 60 c., 122 c., 144 c., 145 c., 202 c., 205 c., 245 c., 294 c., 664 c.

PENSION ALIMENTAIRE. — V. outre les renvois indiqués au *Répertoire, suprà*, v[is] *Compétence civile des tribunaux de paix*, n° 127; *Contrat de mariage*, n°s 185, 688, 1309; *Divorce et séparation de corps*, n°s 291, 319 et suiv.; *Droits civils*, n° 388; *Faillite*, n° 412 ; *Enregistrement*, n°s 207, 855, 1012 et suiv. et 2043; *Obligations*, n°s 389, 503 et suiv.; et *infrà*, v[is] *Rente viagère*; *Saisie arrêt*, *Succession*; — *Rép.* v[is] *Droits civils* n°s 773 et suiv.; *Faillite*, n° 185; *Obligations*, n°s 503 et suiv.. 597, 653, 705, 710, 873, 1491, 1552, 2780, 4885, 5400, 5458; *Rente viagère*, n°s 25, 88, et suiv.; *Saisie arrêt*. n°s 183, 187 et suiv.; *Succession*, n°s 307, 349 et suiv., 378 et suiv.

PENSIONNAT. — V. outre les renvois indiqués au *Répertoire, suprà*, v[is] *Organisation de l'instruction publique*, n°s 184 et suiv.; *Patente*, n°s 545 et 578; — *Rép.* v° *Organisation de l'instruction publique*, n°s 30, 223, 238 et suiv., 262 et suiv., 317 et suiv., 493 et suiv.

PÉPINIÈRE-PÉPINIÉRISTE. — V. outre les renvois indiqués au *Répertoire, suprà*, v[is] *Acte de commerce*, n°s 111 et suiv.; *Biens*, n° 15; *Compétence civile des tribunaux de paix*, n° 47; *Dommage-destruction-dégradation*, n°s 129; *Impôts directs*, n° 46; *Patente*, n° 504; et *infrà*, v° *Propriété*; — *Rép.* v[is] *Dommage-destruction-dégradation*, n° 230; *Patente*, n° 254 ; *Propriété*, n°s 36 et 254.

PERCEPTEUR. — V. outre les renvois indiqués au *Répertoire, suprà*, v[is] *Abus de confiance*, n° 25; *Cautionnement de fonctionnaires*, n° 1; *Commune*, n°s 196, 199, 441; *Contrainte par corps*, n° 93; *Hospices-hôpitaux*, n°s 155 et 160; *Impôts directs*, n°s 180 et suiv., 216, 250 et suiv., 268 et 291; et *infrà*, v° *Trésor public*; — *Rép.* v° *Trésor public*, n°s 84, 740 et suiv., 763, 854, 868, 881, et suiv., 890, 896, 915 et 923.

ERRATA

Une erreur typographique nous oblige à reproduire ci-après le tableau D du mot *Patente.* — Ce qui suit remplace donc le tableau qui se trouve pages 358 et 359 du présent volume.

TABLEAU D.

Taux du droit proportionnel.

Le droit proportionnel est fixé aux taux ci-après :

Taux du 10e.

Le droit proportionnel est, sauf les exceptions énumérées au présent tableau, fixé au 10e de la valeur locative de tous les locaux occupés :

Par les patentables compris dans le tableau B;
Par les entreprises d'assurances non mutuelles;
Par les compagnies, sociétés ou comptoirs de réassurances;
Par les sociétés formées par actions pour opérations de banque, de crédit, d'escompte, de comptes courants, etc.;
Par la Banque de France et ses comptoirs.

Taux du 12e et du 15e.

Le droit proportionnel est fixé au 15e de la valeur locative de tous les locaux occupés par les patentables exerçant les professions ci-après qui comportent le droit proportionnel sans droit fixe :

Architectes ;
Avocats inscrits aux tableaux des cours et tribunaux;
Avocats au conseil d'Etat et à la cour de cassation;
Avoués;
Chirurgiens ;
Commissaires-priseurs ;
Dentistes ;
Greffiers;
Huissiers;
Ingénieurs civils;
Mandataires agréés près les tribunaux de commerce;
Médecins;
Notaires;
Officiers de santé;
Référendaires au sceau;
Vétérinaires.

Les chefs d'institution et maîtres de pension payent également le droit proportionnel au taux du 15e sans droit fixe; mais les locaux affectés au logement et à l'instruction des élèves ne sont pas compris dans l'estimation de la valeur locative.

Par exception, les patentables des dix-sept catégories qui viennent d'être désignées sont passibles du taux du 12e au lieu du 15e pour tous les locaux soumis au droit proportionnel :

1° Lorsque, exerçant leur profession à Paris, ils occupent, soit dans cette ville, soit ailleurs, des locaux imposables d'une valeur locative totale de plus de 4000 fr.;

2° Lorsque, exerçant leur profession dans une autre ville de plus de 100 000 âmes, ils occupent, soit dans cette ville, soit ailleurs, des locaux imposables d'une valeur locative totale de plus de 2000 fr.

Taux du 20e.

Le droit proportionnel est, sauf les exceptions énumérées au présent tableau, fixé au 20e de la valeur locative de tous les locaux occupés :

Par les patentables de la première, de la deuxième et de la troisième classe du tableau A;
Par les patentables de la première partie du tableau C.

Il est fixé au 20e de la valeur locative de la maison d'habitation pour les patentables de la deuxième, de la troisième et de la quatrième partie du tableau C.

Il est fixé au 20e de la valeur locative de la maison d'habitation seulement :

Pour les patentables de la cinquième partie du tableau C;
Pour les concessionnaires, exploitants ou fermiers des droits d'emmagasinage dans un entrepôt ;
Pour les directeurs de diorama, panorama, géorama, néorama ;
Pour les concessionnaires ou fermiers de péage sur un pont.

Le droit proportionnel sur la maison d'habitation est fixé au 20e seulement de la valeur locative pour les entreprises de cabriolets, fiacres et autres voitures semblables, sous remise ou sur place, lorsque le nombre des voitures en circulation n'atteindra pas cinq.

Taux du 30e.

Le droit proportionnel est, sauf les exceptions énumérées au présent tableau, fixé au 30e de la valeur locative de tous les locaux occupés par les patentables de la quatrième, de la cinquième et de la sixième classe du tableau A.

Il est fixé également au 30e de la valeur locative de l'habitation seulement pour les fournisseurs d'objets de consommation dans les cercles et sociétés.

Taux du 40e.

Le droit proportionnel est fixé au 40e de la valeur locative :

Des établissements industriels compris dans la deuxième partie du tableau C.
Des locaux servant à l'exercice des professions ci-après :
Marchand de charbon de terre en demi-gros;
Concessionnaire ou exploitant de chalets de nécessité établis sur la voie publique;
Marchand de farine en gros;
Marchand de grains en gros;
Marchand de houblon en gros ;
Marchand de planches en gros;
Marchand de bois compris dans la première classe du tableau A.
Marchand de charbon de bois et de charbon de terre compris dans la première classe du tableau A;
Marchand de vins en gros;
Marchand d'huiles en gros;
Blanchisseur de linge ayant un établissement de buanderie;
Maître d'hôtel garni, mais seulement pour les locaux loués en garni;
Maître d'hôtel, mais seulement pour les écuries, les remises et locaux destinés au logement particulier des voyageurs. Les salles à manger et les autres locaux destinés à l'usage commun des voyageurs sont imposés au 20e, comme l'habitation du maître d'hôtel;
Exploitant de magasin général;
Imprimeur typographe employant des presses mécaniques;
Individus tenant une école de natation;
Individus tenant un manège d'équitation;
Individus tenant une maison d'accouchement;
Individus tenant un jardin public;
Individus tenant un lavoir public;
Individus tenant un parc aux charrettes;
Magasinier;
Entrepreneur de roulage;
Entrepreneur de bains publics et douches;
Entrepreneur de bains de mer dits *à la lame;*
Entrepreneur de bains de rivière en pleine eau ;
Entrepreneur du logement des troupes au passage;
Entrepreneur de distribution d'eau;
Entrepreneur de fourniture d'eau ;
Entrepreneur d'établissement pour les courses de chevaux, le droit proportionnel ne devant pas, d'ailleurs, porter sur le terrain des courses;
Entrepreneur d'omnibus;
Entrepreneur de cabriolets, fiacres et autres voitures semblables sous remise ou sur place;
Exploitant de wagons ou voitures destinés au transport des voyageurs ou des marchandises sur les lignes de chemins de fer, mais seulement, pour cette dernière profession, en ce qui touche les locaux professionnels autres que les bureaux.
Exploitant ou concessionnaire de dock, cale ou forme pour la réparation des navires;
Loueur de force motrice;
Maître de jeu de paume;
Maître de gymnase;
Marchand de bois de sciage ayant chantier ou magasin et ne

vendant qu'aux menuisiers, ébénistes, charpentiers et particuliers;

Marchand en gros d'engrais ou amendements;

Entreprises d'inhumation et pompes funèbres;

Exploitant de bateaux à laver;

Loueur de chambres ou appartements meublés;

Carrossier fabricant, mais seulement pour l'établissement industriel; l'habitation et les magasins de vente sont imposés au 20e.

Commissionnaire entrepositaire de vins;

Commissionnaire de transport par terre ou par eau, pour les locaux autres que les bureaux servant à l'exercice de la profession; l'habitation et les bureaux sont imposés au 10e.

Tonneaux pour le transport des vins (Loueur de).

Taux du 50e.

Le droit proportionnel est, sauf les exceptions énumérées au présent tableau, fixé au 50e de la valeur locative de tous les locaux occupés par les patentables de la septième et de la huitième classe du tableau A, mais seulement dans les communes de plus de vingt mille âmes.

Il est fixé également au 50e de la valeur locative des établissements industriels compris dans la troisième partie du tableau C.

Taux du 60e.

Le droit proportionnel est fixé au 60e de la valeur locative des établissements industriels compris dans la quatrième partie du tableau C.

Dispositions concernant les magasins de plusieurs espèces de marchandises.

A l'égard des patentables tenant un magasin de plusieurs espèces de marchandises, — ou pour la vente en demi-gros ou aux particuliers de vêtements confectionnés, — ou pour la vente en demi-gros ou en détail de quincaillerie, de ferronnerie et d'articles de ménage, — ou pour la vente en demi-gros ou en détail d'épiceries, liqueurs et conserves, le droit proportionnel est fixé d'après la valeur locative des locaux occupés par lesdits patentables :

Au taux du 5e.

Lorsqu'ils occupent habituellement plus de 500 personnes employées aux écritures, aux caisses, à la surveillance, aux achats et aux ventes intérieures ou extérieures.

Au taux du 7e.

Lorsqu'ils occupent habituellement aux mêmes attributions de 201 à 500 employés.

Au taux du 10e.

Lorsqu'ils occupent habituellement aux mêmes attributions de 101 à 200 employés.

Au taux du 15e.

Lorsqu'ils occupent habituellement aux mêmes attributions de 51 à 100 employés.

Au taux du 20e.

Lorsqu'ils occupent habituellement aux mêmes attributions de 11 à 50 employés.

EXEMPTIONS.

Sont exempts du droit proportionnel :

Les patentables des septième et huitième classe du tableau A qui exercent leur profession en ambulance sous échoppe ou en étalage;

Les patentables des mêmes classes qui résident dans les communes d'une population de vingt mille âmes et au-dessous;

Les loueurs d'une chambre meublée.

Les loueurs de chambres ou appartements meublés, mais seulement pour leur habitation personnelle.

Les entrepreneurs de location d'immeubles et les entrepreneurs de location de baraques et baraquements, mais en ce qui concerne seulement les immeubles, baraques et baraquements objets de l'entreprise;

Les individus qui exploitent soit des machines à faucher ou à moissonner, à nettoyer, à trier ou vanner les grains, soit des moulins ou autres usines à moudre, battre, triturer, broyer, pulvériser, presser, lorsque l'outillage fonctionne exclusivement à bras.

DISPOSITION SPÉCIALE AUX MARCHANDS FORAINS.

Lorsque la patente sera délivrée par application de l'art. 34 de la loi du 5 juill. 1880 à un marchand forain non domicilié dans le département, le droit proportionnel sera en même temps fixé d'une manière uniforme à 10 fr. en principal pour les marchands forains avec voiture, à 7 fr. en principal pour les marchands forains sur bateau, ou à 5 fr. en principal pour les marchands forains avec bête de somme ou avec balle.

Page 53, 1re col., 13e et 14e lignes.

4 août 1892. — Décret modifiant l'art. 127, § 4, du décret du 18 janv. 1887, concernant le personnel de l'enseignement primaire (*Bull. du minist. de l'instr. publ.* 1892, p. 209).

A supprimer comme faisant double emploi avec le décret qui suit.

Page 234, 2e col., en tête. Au lieu de :

1° Les individus qui ont été condamnés à une peine afflictive et infamante ou à une peine infamante dans le cas prévu par l'art. 117 c. pén. :

Lisez : l'art. 177 c. pén.

Page 381. A ajouter au n° 182 :

Il a été décidé qu'on ne pouvait considérer comme *tenant une caisse de recettes et de payements* une société dite des *Coupons commerciaux*, qui délivre aux commerçants, moyennant 5 pour 100 de leur valeur, des bons de différents prix, transmissibles par eux aux clients par portions égales à leurs achats, et qui rembourse les sommes versées, ainsi que la valeur des bons, au moyen d'obligations de 100 fr. payables en quatre-vingt-dix-neuf ans ou par tirages trimestriels; qu'en conséquence, la profession exercée par cette société n'étant dénommée dans aucun tarif, il y avait lieu de la renvoyer devant le préfet pour faire procéder à un classement par analogie (V. *infrà*, nos 456 et suiv.). (Cons. d'Et. 25 janv. 1884, *Rec. Cons. d'Et.*, p. 78). D'après un autre arrêt, une pareille société ne saurait être considérée non plus comme une société d'assurances non mutuelles. (Cons. d'Et. 7 juill. 1882, D. P. 84. 5. 374).

Page 393, 1re col., n° 295, 8e et 9e lignes. Au lieu de :

(Cons. d'Et. 1878, aff. Augé, *Rec. Cons. d'Etat*, p. 1088).

Lisez :

(Cons. d'Et. 27 déc. 1878, aff. Augé, *Rec. Cons. d'Etat*, p. 1090).

FIN DU DOUZIÈME VOLUME

PARIS. — TYPOGRAPHIE P. MOUILLOT, 13, QUAI VOLTAIRE, 13

www.ingramcontent.com/pod-product-compliance
Lightning Source LLC
LaVergne TN
LVHW021040011026
849160LV00007BA/204